北京成人教育招生改革与发展

1996—2005

北京教育考试院　组编

中国人民大学出版社
·北京·

编委会

出版说明

《北京成人教育招生改革与发展（1996—2005）》一书，在各方的大力支持和共同努力下，今天终于正式出版了。本书概述了1996—2005年北京市成人高等教育招生工作的十年发展历程，对今后招生工作的创新与发展具有一定的参考价值，也可作为成人高等教育工作者手头常备的资料书籍。

成人高等教育是我国高等教育的重要组成部分，也是国家教育现代化的重要标志。本书反映的“九五”和“十五”时期，正是我国成人高等教育得到长足发展的时期，1997年全国成人高校在校生规模仅为272.45万人，2005年即发展到436万人，成人高等教育的发展为我国高等教育大众化进程的推进作出了不可磨灭的贡献。活跃在国家建设各个岗位上数以百万计的各类成人高等教育毕业生，也以他们优异的工作成绩和勤奋踏实的敬业精神、严肃认真的工作态度为成人高等教育赢得了良好的社会声誉。

招生工作作为成人高等教育不可或缺的一个环节，与教育的关系可以用叶与树来形容，古语说观一叶而知天下秋，叶虽小，却记录着寒暑交更、岁月变迁，从一“叶”身上所浓缩的故事，可以衬映出成人高等教育事业改革与发展的足迹，从一个独特的角度，记录下成人高等教育事业改革发展的历程。

1996—2005年，是成人高等教育事业改革与发展的十年，也是北京市成人高等教育招生工作改革和发展的十年。奋斗在成人高等教育招生工作一线的广大同志们，在教育部、北京市委、市政府的领导下，坚持科学管理、严肃纪律、严谨务实的作风和服务考生、服务基层、服务社会的宗旨，在各级招生管理机构和相关高校配合下，认真、细致地做好各项工作，积极推进成人高等教育招生改革，推动着北京市成人高等教育招生工作不断迈向新的起点。

进入国家“十一五”规划时期，如何全面落实科学发展观，创新发展模式，提升发展质量，为首都和国家转变经济增长方式、调整产业结构提供更有力的人才与智力支持；如何不断提高作为首善之区的北京的市民素质，进一步提高教育普及水平，加快学习型城市的建设，完善终身教育体系；如何解决各级各类教育及城乡、区域间教育发展不平衡的现象，缓解高等教育需求与发展不相适应的矛盾，为促进社会和谐与安定作出贡献；如何服务于首都社会主义新农村建设的需要等问题，都不约而同地被提到广大教育工作者的面前。正是在这个大背景下，《北京成人教育招生改革与发展（1996—2005）》的编写工作提到了议事日程上来。

通过思考上述问题，我们希望本书最终能达到五个目的：一是镌刻出北京十年来成人教育招生改革发展的立体结构形象；二是勾勒出北京十年来成人教育招生改革发展的动态脉络；三是为研究北京十年来成人教育招生改革和发展提供翔实可靠的资料；四是服务于今后北京成人教育招生的改革、发展与提高；五是为北京市的国际化大都市文化教育建设添砖加瓦，服务于北京市教育科学发展，为北京市完善终身教育体系，建设学习型社会作出应有的贡献。

《北京成人教育招生改革与发展（1996—2005）》一书分为概述、文件汇编、组织与管理、院校基本情况、数据统计、大事记和论文索引七个部分。负责各部分稿件编纂的同志在工作任务非常繁重的情况下依然满怀对成人高等教育事业的热爱和激情，不分昼夜地工作，查找了大量的历史文献，广泛收集整理了成人高等教育招生的各种资料，研究提出了很多有价值的观点和建议，为本书的编撰付出了辛勤劳动和汗水。中国人民大学出版社的李丽虹、龙明明、吕永安、张颖等同志为本书的编辑出版提供了极大帮助，在此一并表示感谢。

本书跨度十年，十年中，斗转星移，物是人非，一些资料的搜集整理客观上存在一定的困难。虽然我们尽全力希望准确、全面地反映这十年北京成人高等教育招生改革与发展的经历，但终究难免挂一漏万，留下了些许的遗憾。我们诚恳希望各位读者能在阅读完本书后，给我们留下一些意见和建议，以帮助我们补正这些不足。

本书编委会

2008 年 9 月

目　录

第一部分　概　述

第二部分　文件汇编

第三部分 成人教育招生组织管理与操作

第四部分 学校简介

第五部分　北京市1996—2005年成人高校招生统计

第六部分　北京市1996—2005年成人高校活动大事记

第七部分　北京市1996—2005年成招科研论文索引

第一部分

概　述

上溯十年，是人类社会将跨入新世纪，进入知识经济、信息化时代的关键历史时期。

科学技术的突飞猛进，生产力的高速发展，物质文明、精神文明成果的不断涌现，标志着先进文化和文明的力量正深深熔铸于民族的创造力、凝聚力、生命力之中，并由此推动着人类社会进入快速发展的新里程。

坚持“三个代表”重要思想，实施科教兴国、人才兴国战略，不断深化教育改革，合理配置教育资源，实现教育公平，建立比较完善的现代国民教育体系，形成全民学习、终身学习的学习型社会，促进人的全面发展，是我国建设社会主义小康社会的重要目标之一；整合各种可利用的教育资源，多层次、多形式、多类别、多渠道地大力发展成人教育事业，全面提高广大成年人的科学文化素质和再创造能力，培养数以千万计的各类专业人才和社会建设者，积极推动学习型组织和学习型社区建设，是完善终身教育体系，建设学习型社会的重要支撑和社会文明发展的重要标志，同时也是北京市建设国际化大都市，实现提前进入学习型社会宏伟目标的重要途径。

1996年～2005年的十年时间内，北京市成人教育招生工作认真贯彻了十五大、十六大“大力发展教育和科学事业”的精神，坚持了《中华人民共和国教育法》关于“国家鼓励发展各种形式的成人教育，使公民接受适当形式的政治、经济、文化、科学、技术业余教育和终身教育”的有关规定，在市委、市政府正确方针的指导下，坚持了科学管理、严肃纪律、严谨作风和服务考生、服务基层、服务社会的宗旨，在各级招生管理机构和各有关部门的支持配合下，积极推进成人教育招生改革，推动北京市成人教育招生工作不断迈上新台阶，创出新成绩，为北京市建立现代国民教育体系，满足广大成年人接受高等教育的迫切要求，解决城乡、区域间教育发展不平衡现象，缓解高等教育需求与发展不相适应的矛盾，促进社会和谐与安定做了大量工作，并为北京市提前进入学习型社会，建成“教育事业最发达，学习资源最丰富，学习氛围最浓厚，学习条件最优越，优势人才最集中并充满创新精神和发展活力的知识化、国际化大都市”作出了应有的贡献。

一、北京市成人教育的基本情况

成人教育是当代社会政治、经济、文化发展和科技进步的必要条件，是教育为社会主义现代化服务的重要途径，是当今社会传统的学校教育向终身教育发展的新型教育制度，也是我国教育事业和现代国民教育体系不可或缺的重要组成部分。蓬勃发展并充满活力的成人教育是终身教育体系和学习型社会的重要支撑，也是社会文明进步的重要标志。北京市作为中华人民共和国的首善之区，全国政治、经济、科学、文化的中心，在近十年的高速发展过程中，对教育事业的发展提出了许多新的、更高的要求。造就数以百万计的高素质劳动者，数以几十万计的各类专门人才和大批顶尖创新人才，全面提高广大市民的思想道德、科学文化和文明生活素养水平的客观要求，已成为首都教育事业发展的不竭动力，并驱动着教育体制、体系改革向纵深发展。调整教育发展战略，完善现代国民教育体系的结构和布局，合理配置教育资源，积极发展成人教育，使处于不同年龄段、不同社会层面、不同地区的不同社会群体都有良好的接受教育的机会，完善终身教育体系、建设学习型社会等不仅引导着人们教育观念的不断更新，而且也推动着近十年来高等教育改革的新潮流，同时也促进了北京市成人教育事业的持续发展。

1996年，北京市举办各类成人高等教育的普通高等学校110所（其中中央各部委属院校67所，北京市属院校43所），独立设置的成人高等学校96所（其中部委属57所，市属39所），共206所。在校成人高等学历教育学生209 320人。经过近十年来的改革和发展，特别是1998年全国高校结构体系调整后，北京市成人高等教育院校布局和结构发生了巨大变化。至2005年，北京市有125所高校（其中中央部委属院校48所，市属院校61所，外埠高等学校16所）在京招生，在校学习的各类成人高等学历教育学生261 955人（未包括非学历教育的各种培训等），占北京市当年高等学校在校生总数的31.7%。

成人高等院校结构调整及成人高等教育的改革和发展，不仅有力地支持了北京市的高等教育大众化进程，缓解了北京市社会主义现代化建设中出现的专业人才供求关系上的新矛盾，而且有效地整合了社会上各种可利用的成人高等教育资源，突出了高等学校在成人教育中的主力军作用，在各级各类教育间架起了“横向沟通、纵向衔接”的高教“立交桥”，一定程度上满足了社会各类成员的多样化教育需求，鼎力支撑了北京市建设学习型城市的伟大工程，促进了首都和谐社会的建设和政治、经济、精神文明的不断进步。

1996 年～2005 年，北京市成人高等教育招生工作在市委、市政府的正确领导下，紧扣时代脉搏，准确把握首都教育发展的新形势、新特点，坚持可持续发展的指导思想，立足本职，着眼全局，面对现实，瞻顾长远，科学调整工作部署，主动适应社会需求的变化，使各方面工作都跨入了新的发展阶段。

（一）招生计划数持续增加

主动适应我国现代化建设蓬勃发展的客观需求，成人高等教育招生计划数持续增长。1996 年北京市成人高等学历教育招生计划共 33 127 人，2005 年招生计划已增加至 74 294 人，与 1996 年相比，十年间增长了 127.27%。

北京市1996—2005年成人高等学历教育招生计划安排情况

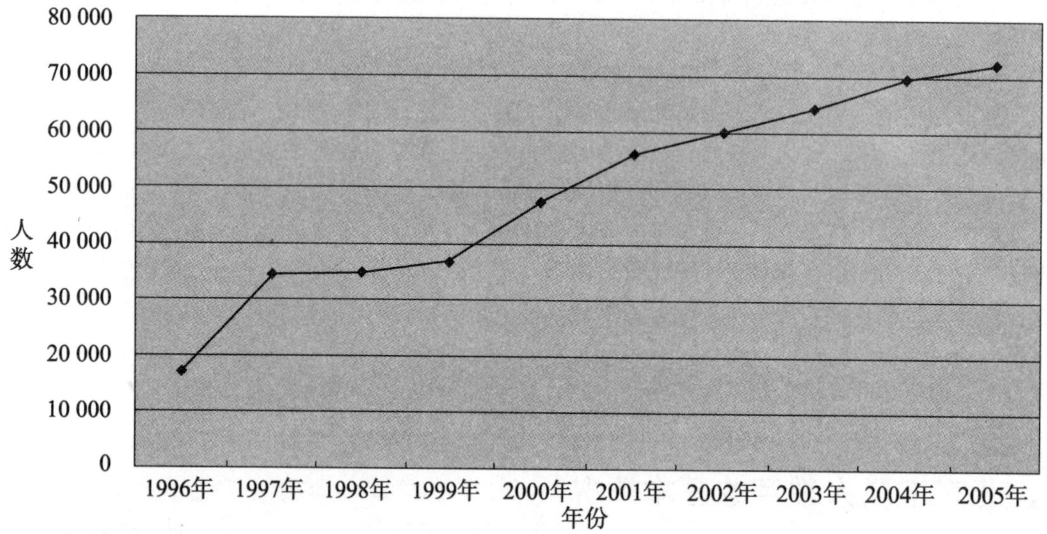

注：本图所用数据未包括 1996 年独立设置的成人高校招生计划数。

（二）成人高等教育报考人数连年增长

终身教育思想日益深入人心，社会各类成年人学习积极性日趋高涨，报考各类成人学历教育的人数连年增长。2005 年北京市各类成人高等教育报名人数由 1996 年的 94 935 人增长至 114 192 人 ，比 1996 年增长了 20.28%。

北京市1996—2005年成人高等学历教育招生报名人数变化情况

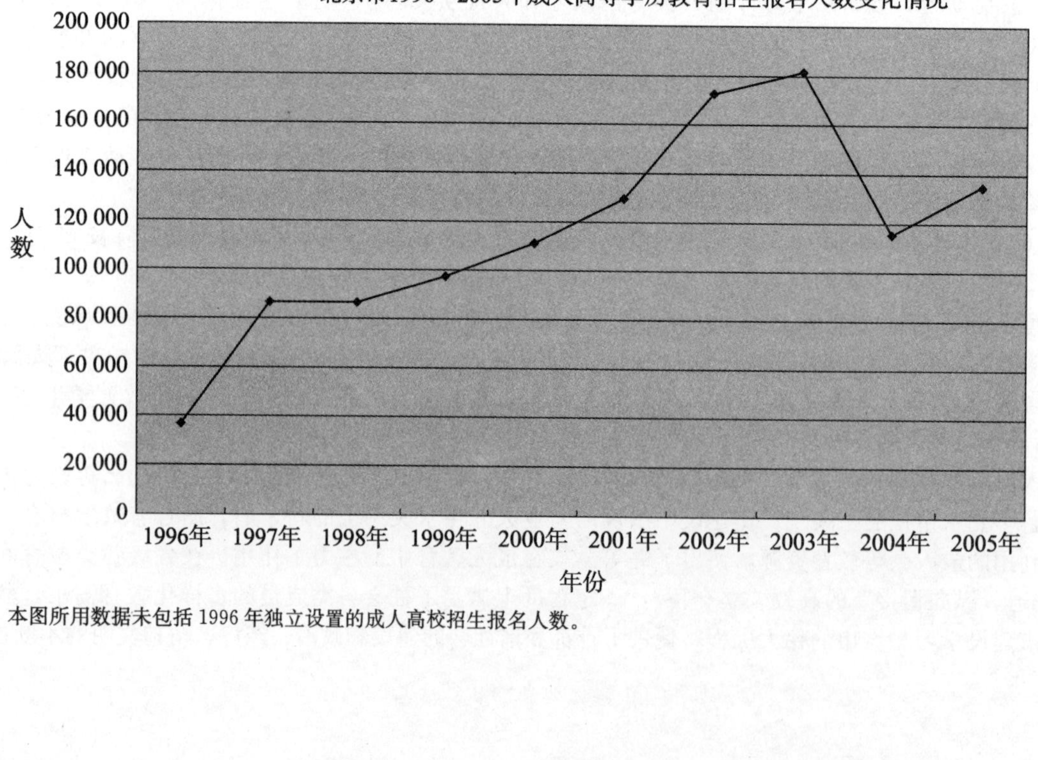

注：本图所用数据未包括 1996 年独立设置的成人高校招生报名人数。

（三）录取人数与年度计划基本持平

社会教育、科技、文化的进步提升了成人教育生源整体素质，录取人数稳步增加，且与年度计划基本持平。

北京市1996—2006年成人高等学历教育招生计划和录取情况对比

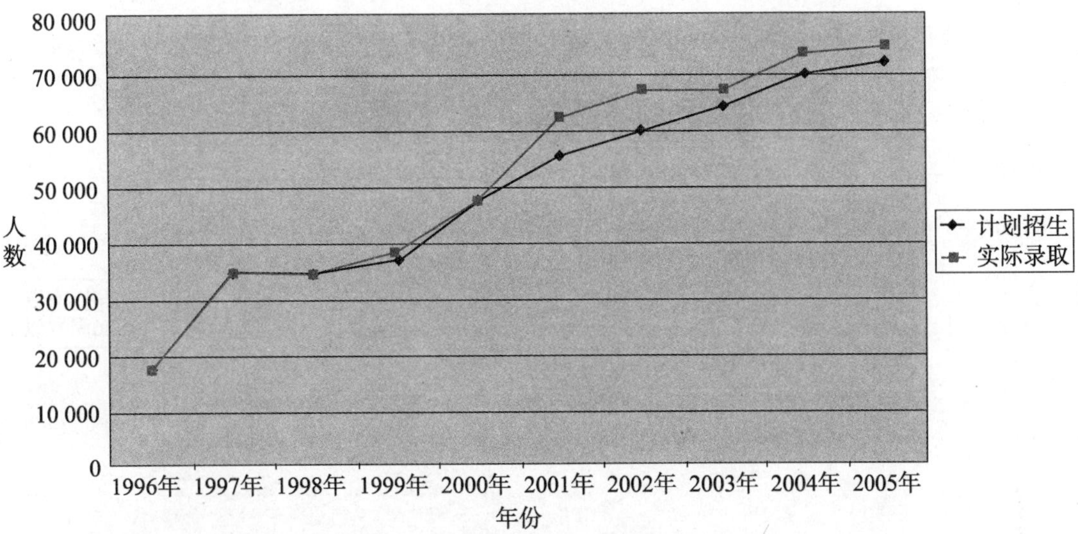

注：本图中所用数据未包括 1996 年独立设置的成人高校招生计划和录取数。

（四）报考成人高等教育本科的增长速率高于报考专科的速率

社会对从业人员学业水平的要求不断提高，成人高等学历教育中本科层次（含高中起点本科和专科起点本科）报名人数增长速率较大，专科层次增长缓慢，社会发展推动了成人高等教育重点向高层次的方向转移。2005 年，高中起点专科报名 65 824 人，比 1996 年的 26 748 人增长 146%，而专科起点本科、高中起点本科报名人数分别为 43 982 人和 25 486 人，比 1996 年增加了 388.9%和 254.9%。

北京市1996—2005年成人高等教育专科起点本科和高中起点本、专科报名情况

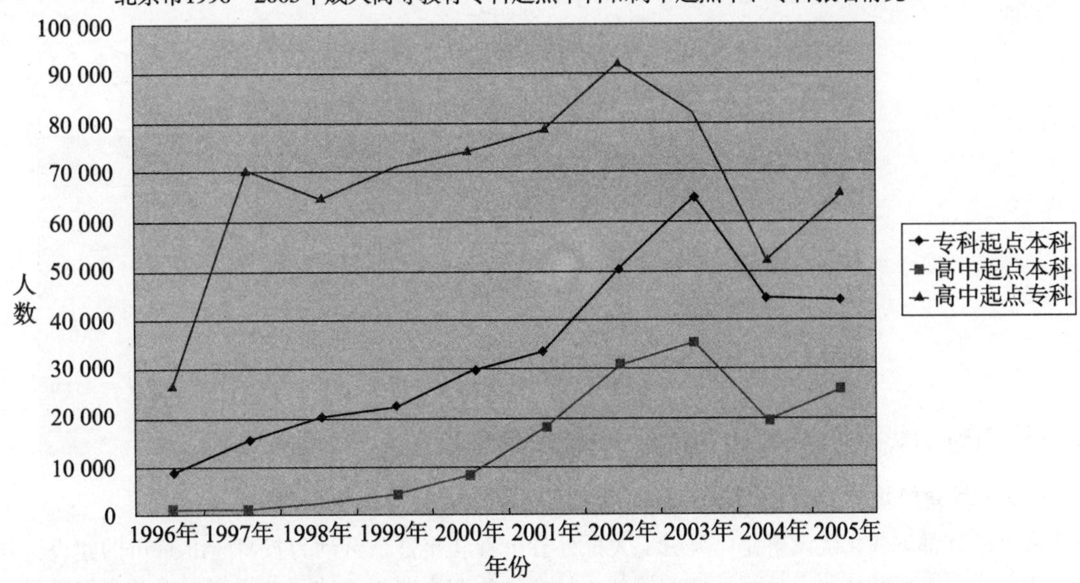

注：本图所用数据未包括 1996 年独立设置的成人高校本、专科报名人数。

（五）成人教育新生平均年龄呈现出更加年轻化的趋势

成人高等教育是传统的学校教育向终身教育发展、充满活力的教育制度，是广大人民群众提高自身学

历水平的重要途径。教育观念的更新使更多的年轻社会公民进入成人教育领域学习，从而也改变了成人高等教育学生年龄结构。十年中，随着我国劳动人口年龄结构的变化，大批已参加工作的中等专业学校、大专和高职、高中毕业生都努力争取边工作边学习的机会，踊跃投入到成人高等教育的学习中来。因而使成人高等教育学生群体的年龄结构出现了新的分布格局。尽管高龄、老龄学生不断增加，但成人高等教育学生平均年龄仍呈现出更加年轻化的趋势。

北京市1996—2005年成人高等学历教育招生中26周岁以下及以上各占总人数的比例

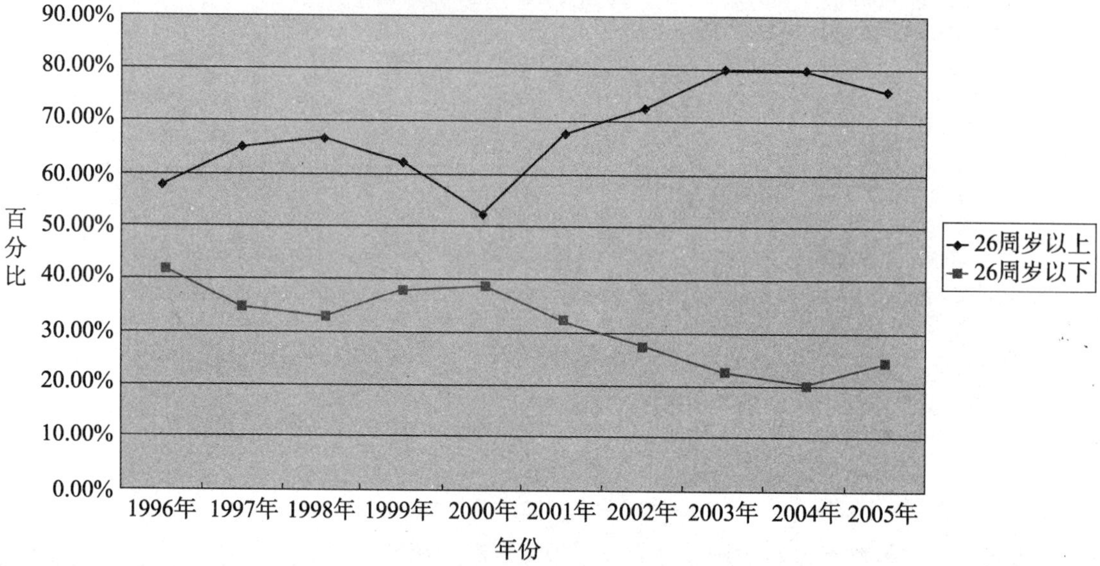

注：本图所用数据未包括1996年独立设置的成人高校新生数据。

（六）各类在职从业人员始终是成人高等教育学生的主体

成人高等教育一直坚持了主要服务于社会各类在职人员提高科技、文化素质的方向，报考的在职从业人员始终在报考者中占主体地位。

1996—2003年在职从业人员占报名总数的比例

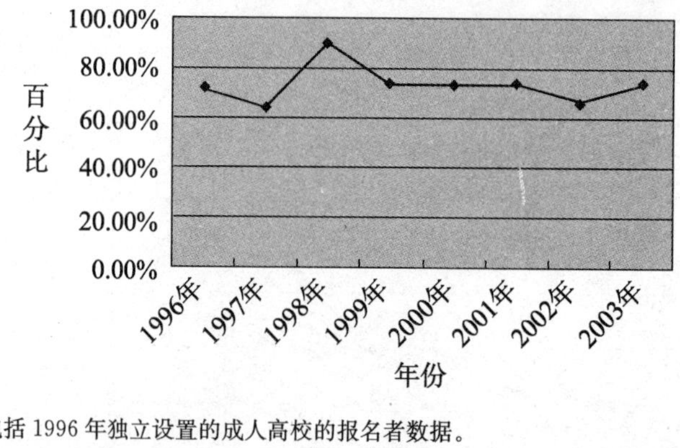

注：本图所依据的数据未包括1996年独立设置的成人高校的报名者数据。

（七）成人教育外埠生源有所增加，但本市生源仍是成人教育的主要部分

飞速发展的首都现代化建设事业，吸引了大批外省市青壮年富余劳动力投身于北京市的建设工作。高素质劳动力的客观需求和从业人员流动性的增加，社会生活和文明程度的不断提高，以及人们科学、文化素质的提升等，带动了成人高等教育事业的前进步伐，也使北京市成人高等学历教育学生所属地域结构发生了深刻变化。近十年中，北京市成人高等教育外埠生源比上一个十年有所增加，但北京市本埠生源始终保持着主体地位未变，并表现出持续增长的势头。本市、外埠生源比例基本平稳，一直分别在65%～80%与20%～35%之间浮动。2005年北京市录取的成人高等学历教育新生中本市户口人数56 895人，占录取总

数的75.9％，比1996年的73.5％又提高了2.4个百分点。同时，社会生活现代化水平的普遍提高，休闲时间的增多，也使一些年龄较大的北京市民走进成人高等教育的学习行列。数据统计结果表明，近几年来报考成人高等教育的人员中55岁以上的人数不断增加，成人教育领域的这个“新亮点”正在引起人们的广泛关注。

北京市1996—2005年成人高等学历教育新生中本市生源及外埠生源占总人数的比例

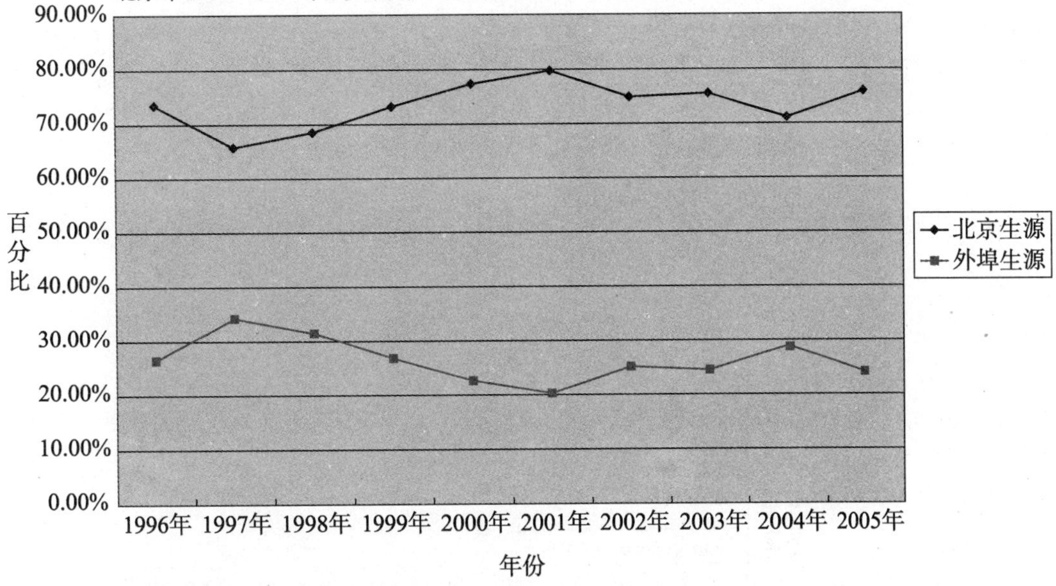

注：本图所依据的数据未包括1996年独立设置的成人高校的有关数据。

(八) 成人脱产教育的招生规模受到控制

各种办学形式在主动适应社会需求的过程中不断进行着调整，成人脱产学习形式的招生规模始终受到控制，业余学习一直是成人高等学历教育的主体。2005年，成人脱产新生人数只占录取总数的29.1％，但夜大学、函授等录取人数却占录取总数的71％，十年中，业余学习形式始终在北京市成人高等教育中占主体位置。

北京市1996—2005年成人高等学历教育新生中脱产、夜大学、函授学生各占比例的情况

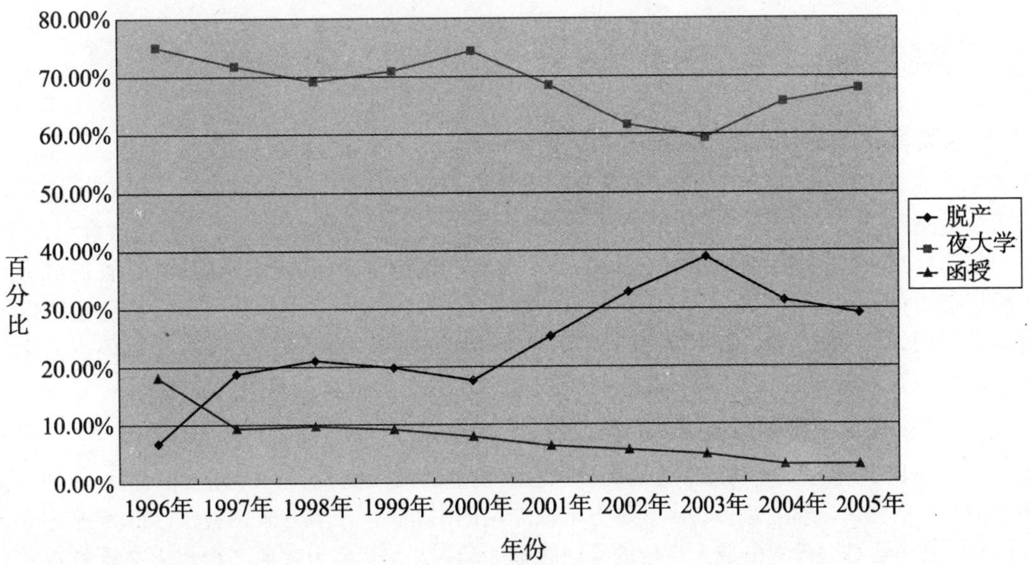

注：本图所依据的数据未包括1996年独立设置的成人高校的数据。

（九）成人高等学历教育专业结构有了较大调整

成人高等学历教育专业设置向着全方位适应日益扩大的科技、文化需求方向转变，招生专业结构有了较大变化。1996 年北京市独立设置的成人高校有 1 397 个本、专科专业招生，普通高校成人高等教育有 616 个本、专科专业招生，总共 2 013 个。经过 1997 年的成人教育办学体系、体制结构调整后，1998 年招生的成人教育本、专科专业共有 1 226 个，比 1996 年减少了 39%。随着改革的不断深入，一些长线专业得到控制，短线专业、社会急需的综合性学科、专业以及新技术领域的理论、应用型专业有所发展，特别是进入二十一世纪后，日益增长的精神、文化需求对成人高等学历教育社会科学类专业发展推动较大，管理科学、文化、艺术专业在社会需求的拉动下显示了新的发展势头。2005 年，北京市成人学历教育本、专科招生专业 1 836 个，其中文史、经济管理、艺术、外语、法学类专业就占 59.4%。

2005年北京市成人高等学历教育招生专业类别分布图

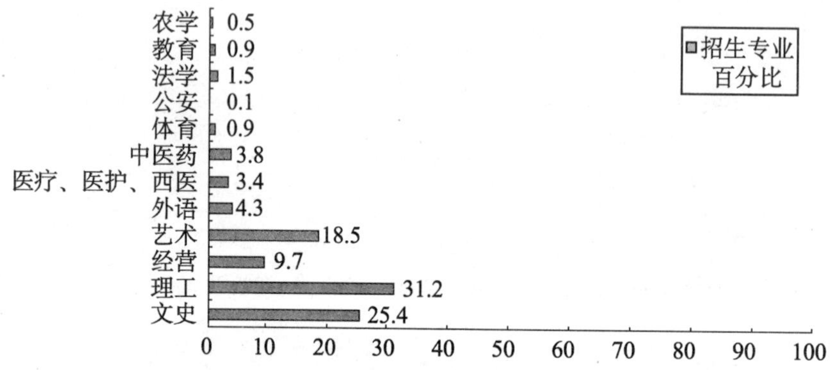

1996—2005年北京市成人教育招生专业变化情况

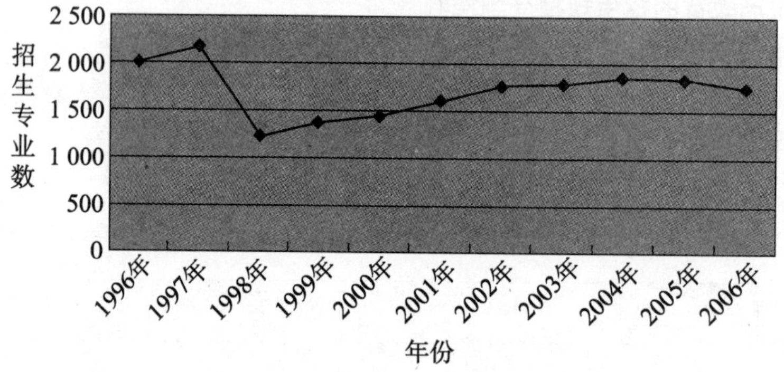

（十）成人高等教育重点开始向大学后继续教育转移

近十年来，北京市成人高等教育始终坚持了学历教育与非学历教育并举的方针，并积极推动了成人教育重点向大学后继续教育的转移。据不完全统计，2004 年，北京市各类成人高校非学历教育培训达 116 299 人次，相当于当年成人学历教育招生录取人数的 157.3 倍。无论是普通高校还是独立设置的成人高校，非学历教育培训能力都有大幅度的提高。高等教育由“精英化”阶段向“大众化”阶段的迈进，以及成人高等学历教育的发展，为各类大学后继续教育奠定了更加雄厚的生源基础，也为在近十年内成人高等教育重点向大学后继续教育的转移创造了基本条件，有力地推动了大学后继续教育的发展与提高。

（十一）成人高等教育基础设施条件不断改善

调查统计资料显示，2004 年北京市普通高校和独立设置的成人高校共有专用校园面积 59 805 亩，校舍建筑面积 2 314 万平方米，学生宿舍 384 万平方米，专用图书馆 92 万平方米，教室 283 万平方米；教职工总数 8 804 人（其中含独立设置的成人高校的专职教师 3 537 人，其余为普通高校成人高等教育和独立设置的成人高等学校的专职工作人员，未含普通高校担任成人教育任务的教师），固定资产达 3 361.31 亿元之多。在党和政府的正确领导以及广大人民群众的关心与支持下，经过 50 多年特别是近十年来的建设、改革

普通高校与独立设置的成人高校年培训情况 （单位：个）

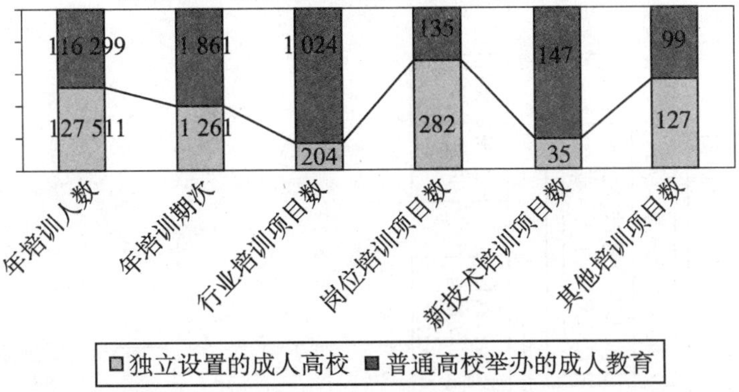

和发展，一个全新的、与国际化大都市建设相适应的成人高等教育体制、体系已基本形成。普通高等学校的成人教育和独立设置的成人高校一起，各展其长，优势互补，在成人高等教育事业中发挥了两大支柱的作用，共同支撑着北京市成人高教“立交桥”的建设工程，拓展着北京市通向终身教育、学习型社会的金光大道，并为满足北京市民日益增长的多样化高等教育需求开创了更加广阔的立体空间。

今日北京的成人教育，已是一个结构比较完备、体制比较健全、管理规范、运转科学、基础稳固、方向明确、前景广阔、现代化建设发展迅速的新的制度体系。作为这一制度体系不可或缺的组成部分，成人教育招生工作也在科学发展观的指导下大胆改革，不断探索，勇于创新，以新的姿态和新的工作业绩去迎接更加光辉的明天。

二、招生管理体制和体系的改革深入进行

20世纪九十年代中期，北京市“三个文明”的进步和社会主义现代化建设事业的发展，推动了成人高等教育的发展，同时也对成人教育管理体制体系的改革提出了新要求。

1996年以前，北京市的成人教育招生工作隶属北京市招生委员会（1977年10月23日成立）办公室成人教育招生科（1991年北京市高教局批准成立）和北京市成人教育局（1984年成立）成人教育考试办公室分别管理，生源计划也由两个机构分别下达。为适应北京市教育发展的新形势，市政府在1996年对教育管理体制进行了改革，对教育管理机构进行了较大幅度的整合调整，将原市文教办公室、市高教局、市教育局、市成人教育局合并成立北京市教育委员会，负责全市的各级各类教育管理工作。1996年4月30日，北京市人民政府办公厅以京政办发［1996］25号文件下发了《北京市人民政府办公厅关于成立北京教育科学研究院、北京教育考试院、北京教育音像报刊总社的通知》，决定在市教育委员会下成立北京教育科学研究院、北京教育考试院等三个机构，并明确教育考试院的主要职责是：“负责本市教育考试的考务、招生及考试指导、服务方面的工作，负责教育考试、招生等方面的研究工作。”1996年12月9日，北京市教育委员会、北京市教育考试院以京教办［1996］059号文下发了《关于对各类成人高等院校招生工作实行统一管理的通知》，决定自1997年起，对北京地区普通高校的成人高等教育和独立设置的成人高等学校的招生工作实行统一管理。统一管理工作由北京教育考试院成人教育招生办公室负责。各区县成人教育招生办公室负责本区县成人高考期间的报名、考试等的组织、实施。至此，原北京市高等学校招生委员会办公室成人教育招生科、北京市成人教育局成人教育考试办公室正式合并，北京市的成人高等教育招生工作完全实现了统筹协调、统一管理、分级负责、服务全市的管理模式，从而为北京市成人高等教育招生工作的改革和发展奠定了重要的组织基础。

1996年底，北京市成人高等教育管理机构调整后，市教育考试院迅速组建了市成人教育招生办公室，配备了符合干部“四化”要求的干部队伍。1996年北京市高等学校招生委员会办公室成人教育招生科科长由李鸿江担任；市成人教育局成人教育考试办公室主任为张宝祥，副主任为谭德深、南雁宾。1997年机构调整后，北京市成人高校招生办公室主任、副主任分别是：1997年主任为张宝祥，副主任为谭德深、南雁宾、李鸿江；1998年主任为张宝祥，副主任为李鸿江；1999年主任为张宝祥，常务副主任为李鸿江；2001年主任为李鸿江，副主任为丁新生、马凤兰；2005年，主任为董维祥，副主任为丁新生、马宏辉。

北京市成人教育招生管理机构沿革情况

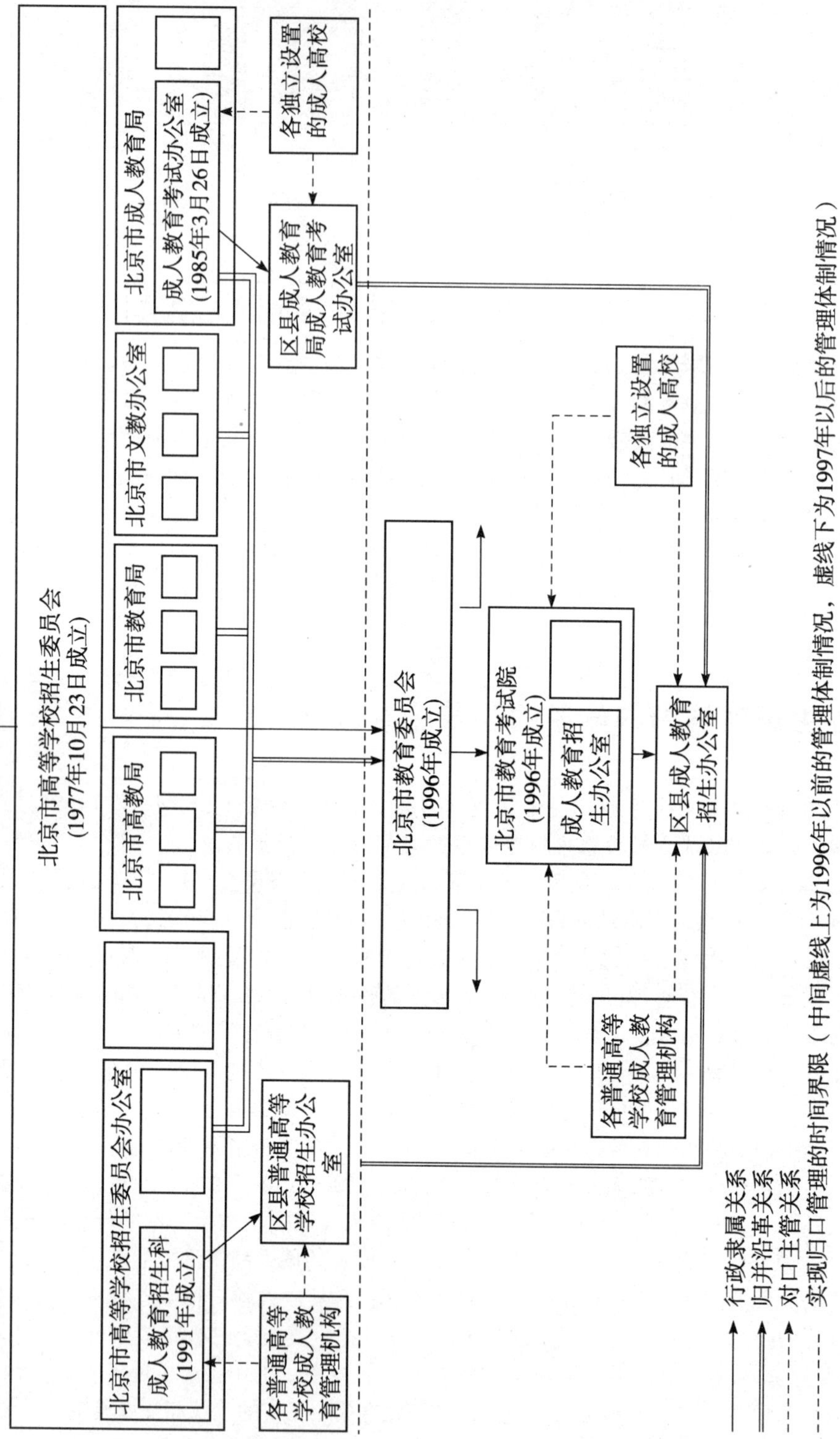

体制机构调整后，北京市教育考试院成人高校招生办公室认真贯彻了中央和北京市的各项方针、政策，坚持了《中华人民共和国教育法》等各项法律法规，进一步明确了各级招生管理机构的职责，完善了各项规章制度体系，理顺了管理运行机制，规范了招生工作各项操作程序，提高了工作效率和服务质量，有效地调动了各级招生管理机构的积极性，推进了成人高等教育招生体制、体系和制度改革，也促进了北京市成人高等教育招生工作的健康发展。

三、招生宣传工作不断创新

招生宣传是组织、选拔优秀成人教育生源，创造公平、均等的教育机会和不断拓展成人教育社会效益的重要手段，也是成人教育招生工作必须做好的一个基础性工作环节。北京市成人高校招生办公室成立后，认真总结了以往的工作经验，深入研究了成人教育生源分布变化情况，准确把握社会需求发展的新动态，及时调整招生工作部署和策略，与全市成人教育工作者一起，协调各宣传媒体机构，积极推动了成人教育招生宣传工作的改革和创新。

（一）扩大了平面媒体宣传渠道

1996年以前，北京市的成人教育招生宣传除各招生院校印发招生简章、专业介绍，刊登广告外，主要是依托《北京日报》和普通高校招生办公室的《北京招生通讯》（1990年创办）成人招生专刊刊登当年的《普通高等学校成人高等教育在京招生专业目录》、《招生简章》向社会进行宣传。1997年后又陆续扩大到多种平面媒体进行宣传。2000年，《北京日报》增加刊登了在北京市招生的部分高校的简介；2002年开始在《北京现代教育报——招生考试专刊》上刊登当年的成人教育招生专业目录，开辟了《走进成招》专栏，组织编写了《北京成人高校招生专业介绍》一书，印发了《考生必读》等宣传资料。2003年，市成人高校招生办公室在《北京现代教育报》等平面媒体上刊登成人招生简章、专业目录和招生章程24版，发行16万份，组织有关部门和有关高校发表文章20余篇，发行成人招生专刊60 000余册，印发《考生必读》18万册。2004年，《北京考试报》共刊登成人教育招生信息60余版，50余万字；《北京日报》、《北京晚报》、《北京青年报》等平面媒体刊登成人教育招生信息30余次。2005年，又继续扩大了可利用的平面媒体宣传渠道，积极向社会各界宣传当年成人教育招生的有关政策规定、报考条件、考试科目、时间、录取原则等相关信息。这些新的信息传播渠道的开通，拓展了平面媒体的宣传领域，增加了原有平面媒体招生信息的传播容量，扩大了平面媒体招生宣传的覆盖面，及时、迅速地向广大考生传达了成人教育招生信息，有效地保证了成人招生信息传播的准确性，也提高了成人招生的宣传效果。

（二）坚持组织成人高考咨询活动

组织成人高考咨询活动，面对面地向广大成人考生及社会各界宣传成人教育方针、政策、法规，介绍招生的学校、专业、学习形式及具体规定、报考程序，宣传成人教育所取得的成果，是北京市成人教育宣传工作的重要方式之一。在成人高考报名前组织各招生院校参加面对面的咨询活动始于1989年。1995—1998年间因各种原因曾一度停办。市教育考试院成人高校招生办公室成立后，于1999—2002年间恢复了成人高考咨询活动的组织工作。在这四年间，成人高考咨询活动参加院校387所（次）；先后参加咨询组织工作的各类工作人员、服务、安全保卫人员18 392人（次）；共接待了前来咨询的考生和相关人员达15万人（次）之多。市成人高校招生办公室及各招生院校的负责同志面对面回答了考生们提出的数以万计的各类问题，既直接沟通了市成人高校招生办公室、各招生院校与考生的联系渠道，解决了考生的疑惑，指导了考生的报考行为，又向社会更广大的层面宣传了成人教育所取得的巨大成绩，一定程度上激发了北京市民参与成人教育的热情，促进了成人教育事业的健康发展。

（三）发展了广播电视等宣传方式，加强了电话咨询服务

成人教育招生宣传涉及千家万户和社会的各行各业、各个层面，如何把成人教育招生信息送到北京市城乡的各个地区、各种社会群体中去，是成人招生宣传工作的关键所在。1996年以来，市成人高校招生办公室充分注意了平面媒体和面对面咨询活动的局限性，在市广播电台、电视台等媒体的支持下，先后多次

组织有关院校在北京市人民广播电台、电视台相关节目中直播招生信息，直接回答人们提出的各种问题；并召开新闻发布会发布招生信息，组织专家、成人教育研究人员和成人教育工作者在电视台公开研讨成人招生的热点问题，点评招生录取情况，宣讲成人教育的招生方针、政策、规定、报名办法及成人教育的发展成果，通过这些行之有效的做法，澄清了一些对成人教育的模糊甚至错误的认识，正确指导了考生的报考行为。1999年1月12日，市成人高校招生办公室首次举行记者招待会，《北京日报》、《北京晚报》、《北京青年报》、北京电视台教育新闻栏目记者出席了会议，市成人教育招生办公室主任张宝祥、副主任李鸿江在会上发布了当年成人教育招生的有关消息。2000年6月14日，市教育考试院召开记者招待会，发布了2000年北京市成人教育招生工作的综合信息。2001年2月22日市成人教育招生办公室就有关当年成人教育招生工作召开新闻发布会；6月15日，考试院就成人招生录取的相关事宜召开新闻发布会，市成人高校招生办公室负责人到会通报了本年度成人高考录取分数线划定情况及录取工作情况。2002年1月29日，市教育考试院召开了北京市成人教育招生工作新闻发布会，公布了当年成人教育招生政策、规定和工作程序；6月13日，市教育考试院又一次召开新闻发布会，通过各新闻媒体向社会通报了已经确定的当年录取最低控制分数线及录取工作原则；同时，还在北京电视台“北京热线”栏目和北京电台“求学新干线”栏目现场解答考生提出的各种问题。2003年，针对各不同阶段工作所遇到的问题多次召开新闻发布会，及时向社会通报工作进展情况；在主要报纸、电台、电视台宣传成人教育招生工作130多次，在电台做了2次成人招生热线咨询。2004年，3次通过北京市广播电台做专题节目，宣传成人教育招生政策和招生办法，现场回答考生的提问；5次通过交通台“一路畅通”节目发布招生报名信息；10余次通过北京电视台发布招生报名消息。市成人高校招生办公室还加强了电话咨询服务工作，准确及时地回答社会各界在电话中提出的各种问题，并要求各区县成招办、各招生院校公布招生咨询电话，耐心、细致地解答社会各界人士提出的相关问题。这些宣传渠道的拓宽与延展，把成人教育招生信息传播到了城镇乡村的各个角落，极大地方便了考生，满足了人们了解成人教育、争取学习机会的客观需求，因而也受到了社会各界的广泛欢迎。

（四）开展网上宣传活动，使成人教育招生宣传向全方位、立体化方向发展

2002年起，为更好地向广大考生和市民进行成人教育招生宣传，市成人高校招生办公室在市教育考试院网站开设了成人招生专栏，直接面向广大考生和市民进行成人教育招生宣传。几年来，市成人高校招生办公室在该专栏上发布了数以百计的各类信息，每年点击此网页的次数均以百万计。2003年3月，一场突如其来的“非典”疫情严重影响了人们正常的生活秩序，也使当年成人教育招生宣传的组织工作受到极大的冲击。在抗击“非典”的同时，做好各项成人招生宣传、报考等组织工作，减少“非典”对成人教育招生工作的影响，是全市成人教育工作者和广大考生都必须共同面对的难题之一。面对这种新情况、新挑战，市成人教育招生办公室在中央、市委、市政府的统一领导和指挥下，冷静观察，沉着应战，迅速提出了紧急应对方案，决定以基本形成的现代信息网络系统为依托，将原定3月份举行的成人高等教育面对面的招生咨询活动改为在互联网上进行。通过在互联网上运用音频、视频及文字信息交流、互动的方式实现招生咨询活动的既定目标，并检验了多年来一直着力建设的成人教育招生网络信息化建设系统，探索出了一条成人招生宣传工作的新模式、新途径。2003年3月8日，市成人教育招生第一次网上咨询活动如期举行，期间上网咨询的总计达74 460人次，点击网页的达415 876人次，声讯咨询的约5 000人次，工作人员解答考生提问约1 740个。

2004年8月4日，市成人高校招生办公室通过北京人民广播电台交通台“1039茶馆”栏目就2004年成人高校招生工作和广大考生比较关心的问题开展了咨询活动。8月13日～14日，市成招办在市教委教育网络和信息中心、教育考试院信息处、宣武区现代教育技术信息中心等有关部门的支持配合下，举行2004年成人教育招生网上咨询宣传活动。为扩大此次咨询活动的影响，8月13日同时通过北京人民广播电台“首都生活在线”栏目进行招生咨询宣传，并现场回答了考生利用手机短信提出的各种问题。此次招生宣传咨询活动是以计算机网络为主，以音频、视频点播为辅，集成多种媒体优势的方式进行的。既解决了考生在不同空间即时与专家“面对面”交流的问题，又节省了咨询者往返于咨询场地的时间，使“服务大众，以人为本”管理理念得到充分体现并受到社会的广泛欢迎。据统计，在咨询期间，上网点击网页201万人次，文字咨询45万人次，共提问38 562个，参加咨询的74所在京招生院校和市招办一起现场解答了咨询者提出的各种问题，问题解答率达 97.6%以上。

为总结几年来的成人教育招生宣传工作经验，探讨成人招生宣传工作的新路子，2005 年 6 月 11 日，市成人高校招生办公室在北京化工大学召开了北京大学、中国人民大学、北京工业大学、北京市朝阳区职工大学等 10 所高校参加的招生宣传工作研讨会，就招生宣传工作进行了认真研讨，并建议进一步改进招生宣传方式，从 2005 年起采取以考试院网络、报纸、电视、广播、160 信息台等信息传播渠道为主，以社会其他媒体、网站等为辅的方式多渠道、多层次地全面展开，努力扩大招生宣传的覆盖面，提高宣传效果。研讨会还提出招生宣传要加强两个层面的工作：第一，市教育考试院成人高校招生办公室、各区县成人教育招生办公室的宣传层面，包括报纸、网络、社会媒体和日常的接待、咨询等；第二，各招生院校层面，包括建设各校成人教育宣传网络、网页，印发各校成人教育招生简章，宣传学校的专业设置、办学特色等。会议下发了《关于加强成人高等学校网站建设的通知》，明确要求各院校要设有成人高等教育招生专用主页，以及时、准确地宣传国家和北京市关于成人教育招生的各项方针、政策、规定，公开有关管理制度、办法、收费标准等，用正确的舆论引导人们更新教育观念，抵制那些虚假、欺骗、歪曲舆论对成人教育招生工作的干扰，主动占领成人教育的宣传阵地。8 月 12～13 日，成人高考网上招生咨询活动以市教育考试院网站为主会场，各区、县成人教育招生办公室、各高校为分会场的网上咨询在北京市全面展开。在京招生院校和市、区、县各成人教育招生办公室参加了此次咨询活动，在网上回答了社会各界人士提出的各类问题，广泛宣传了北京市成人教育的有关方针、政策和多年来改革发展所取得的新成果。

网上咨询宣传方式的采用，进一步丰富了成人教育招生咨询活动的方式，探索了成人教育招生宣传的新路子，促进了成人教育招生工作的信息化、现代化建设，同时也掀开了成人教育招生宣传工作多层次、多渠道、全方位、立体化发展的新篇章。

四、招生信息化建设不断展现新成果

最近十年，是我国社会信息化建设发展最快的十年，也是北京市成人招生工作信息化建设不断加速并全面跨入新的发展之路的十年。

（一）1996 年

市招生委员会办公室成人招生科在使用现代信息传输系统和计算机辅助管理系统等诸多方面进行了有益的探索：第一，1996 年首次使用计算机随机编排考场。即在考生报名获取报名号后，把考生基本信息全部输入计算机，经计算机系统处理后，再以区县为单位随机生成每位考生的准考证号。准考证号与报名号一一对应，形成考场、考试座位的新序列，计算机随机生成准考证号、考场号、座位号，使原来报名时相邻报名者的序列关系得到了重新调整，原来一起报名的同单位同事、朋友、同学、亲属等考试座位自然处于离散状态。准考证的统一塑封，也减少了代考问题的发生。第二，首次试行了成人高考“标准化”试卷的计算机阅卷、评判及核分工作。这一年，在市招办计算机室的支持下，共评阅标准化试卷 184 860 份。在成人高考阅卷、评分、核分等工作中进一步坚持了公平、公正、公开的原则，使阅卷、评分工作向规范化、现代化、信息化方向平稳地迈出了一大步。第三，与北京市电报局 160 信息台联合组织开发了全市考生电话自动查询成人高考成绩系统，通过市话通讯系统向广大考生提供成人高考分数自动查询的服务。第四，使用计算机辅助手段完成了成人高考分数合成、招生计划、考生分类、民族、年龄、报考志愿等信息的统计分析工作，改变了成人招生工作手段比较单一的状况，使招生手段向多种媒体并用的方式转变。同时也为以后成人招生工作的网络化、信息化发展奠定了重要的实践基础。

（二）1997 年

市成人高校招生办公室成立后，进一步加大了信息化建设的工作力度和投入。在巩固、扩大 1996 年信息化建设成果的基础上，对成人招生工作管理程序做了较大修改，制定下发了《北京市 1997 年各类成人统一招生考试客观题（Ⅰ卷）评卷工作实施办法》，培训了各级招生管理人员，在 160 信息台开发并增加了查询成人教育招生录取情况的功能；投入专款，为各区县成人教育招生办公室统一配备了计算机、光电阅读器、塑封机、调制解调器等设备，试行了计算机统计与辅助分析决策相结合的管理方式，运用计算机辅助管理系统预划了成人高考录取最低控制线和各校录取、提档线，第一次在成人教育招生工作中使用了现代信息技术辅助决策系统，推进了成人教育招生工作的网络化和数字化进程。

（三）1998 年

市教育考试院成人高校招生办公室修改了计算机管理软件，提高了计算机网络系统的软硬件配置，加强了区县计算机管理人员的培训，基本实现了报名数据完全由区县成招办采集的目标。同时，试行了报名现场打印出考生信息核对单供考生自己核对，提高了考生报名信息的准确度，对招生报名、信息采集、考场编排、准考证打印、客观试题阅卷、总分合成、数据统计、控制录取等工作均采用了计算机处理有关信息数据的系统管理模式，进一步探索了计算机管理工作体系和规范化建设的有关问题。

（四）1999 年

随着计算机网络、多媒体等信息技术手段向社会生活各个角落的延伸与渗透，为计算机网络与广播、电视、电信技术综合用于成人招生工作的全过程，解决成人考生因所处环境不同而多样化、个性化需求增加与成人招生信息必须高度集成、统一、迅速处理的矛盾创造了条件，同时也为成人招生工作信息化建设迈出新步伐创造了机遇。1999 年市成人高校招生办公室认真研究了以往的工作经验，巩固了以往信息化建设成果，开辟了计算机信息管理工作的新局面——当年进行了在录取前通过计算机网络信息传输系统向各录取高校提供全部信息的试点工作。这一操作方式的启用既方便了各院校，又尝试了网上录取方式，为顺利实施网上录取各工作环节开辟了新的道路。1999 年 11 月 22 日～24 日，教育部学生司在云南省昆明市召开 2000 年全国成人高校招生网上录取试点工作会议，会议探讨了成人教育招生工作中建立计算机信息处理技术和网络技术为支撑，以电子档案流转为基础的技术密集型管理模式和运行机制的可行性，就推进成人高校招生工作方式改革的必要性、重要性和紧迫性达成共识。会议还讨论、拟订了成人教育招生计算机管理系统的信息标准，组成了成人教育招生网上录取工作领导小组，组建了有关专家、管理人员参加的成人教育招生计算机网上录取总课题组，负责系统的开发和研制工作。按照这次会议的精神，北京市又进一步加强了成人教育招生信息化建设的投入，完善了招生考试信息采集和电子档案建设机制，为网上录取试点工作的全面展开做了大量的准备工作。

（五）2000 年

市成人高校招生办公室按照教育部的指示精神，及时总结了 1999 年网上录取的成功做法，进一步理顺了成人招生的信息采集、数据处理、档案资料流转、管理的各项工作程序。按教育部《成人高等学校招生工作管理信息标准》的要求，规范了各工作环节，为招生报名、网上录取及通过教育科研网报送招生统计原始数据等信息化建设工作夯实了基础。2000 年 1 月 14 日，市成人高校招生办公室投入专款154 000元为东城、西城、崇文、宣武、朝阳、海淀、丰台、石景山、通州、大兴、昌平 11 个区县成人招生办公室添置了计算机网络设备，并按教育部《各类成人高等学校招生工作管理信息标准》（教学司［1999］111 号）的要求启用了新的代码系统，改编了原报名号的编排办法，设计采用了只含高中起点、专科起点和二学历三个序列的报名号编排系统，为顺利完成当年成人高考报名者信息采集工作任务奠定了软、硬件基础。3 月 8 日～14 日，成人高考报名期间，这 11 个区县已初步建成局域网系统，并以此系统完成了考生信息采集、报名现场管理、计算机统一编排考场、打印考生信息表由考生当场核对等试点任务。5 月 25 日，市教育考试院考察了报名工作网上试验情况后，又决定拨专款 1 999 000 元用于市成人高校招生办公室和区县成人招生办公室计算机网络系统的软、硬件添置和电子档案系统的建设工作。6 月 27 日录取工作开始前，市成人高校招生办公室又一次尝试着用改进后的网络系统向招生院校提供了考生的各种信息数据。尽管此次传输数据仍是为检验现行网络系统的承载能力、运行效率、信息安全可靠性和功能是否健全的“实战演习”，但该系统信息反馈及时准确、运转效率高、抗拒人为因素干扰能力强的优势也进一步显现。这些都为计算机网络管理系统在成人教育招生工作中的应用展现了广阔的前景。

在全面研究北京市成人教育招生工作情况和互联网招生系统的基本情况以及建立考生电子档案的准备情况后，北京市教育考试院于 2000 年 9 月 13 日以京考成［2000］6 号文件向教育部提出《关于申请在成人高校招生中建立考生电子档案、逐步实现计算机网上录取的请示》报告，并决定在北京市 2001 年成人教育招生考试中开展考生信息采集方式的研究和建立考生电子档案的试验，以便为实现网上录取做好前期准备工作。9月12日～24日，市成人高校招生办公室又组织区县成人招生办公室的有关人员赴云南、四川考察电子档案的建立和网上录取工作，并以此统一大家的认识，培训录取工作人员，为网上报名、建档、录取工作的全面实施，确保网上录取试点成功做好组织、思想、技术上的各项准备工作。

（六）2001 年

教育部《关于做好成人高校招生网上录取改革工作的通知》（教学字［2001］23号）批准北京等九省市进入网上录取试点范围后，北京市成人高校招生办公室在市委及各级政府、各级成人教育招生管理部门、各招生院校的大力支持和市教育考试院的正确领导下，按照“精心准备、精心设计、精心实施”的要求，做了大量工作，推动着北京市成人教育招生工作的现代化、信息化建设迈出了新的步伐。

（1）按教育部《关于编制2001年成人教育学校招生生源计划的通知》（教学司［2000］118号）的要求，用教育部高校学生司开发的2001年新版“成人高校招生生源计划系统”编制了生源计划，并以该系统自动生成的软盘和报表上报教育部，从而使招生计划工作纳入了计算机网络管理系统。

（2）为保证招生时整个计算机网络系统能高效、准确、及时地按系统的设计要求运行，北京市教育考试院在2001年2月21日下发了《关于成人高校招生实施网上录取购置计算机等设备的通知》（京考成招［2001］6号），拨出415 210元专款为区县招办添置计算机扩展卡、刻录机、打印机、摄像头、调制解调器等计算机网络设备，为使用新的招生网上录取系统准备了良好的硬件条件。

（3）根据教育部“思想到位、技术到位、管理到位”的工作要求等有关信息标准的规定，市成人高校招生办公室在充分调研、认真论证的基础上，制定了适合北京市自身特点和实际情况的成人招生网上录取方案和软件开发技术指标要求，为软件开发技术人员开发出“高起点、高标准、高质量”的网上录取软件，建立高水平的网上录取系统创造了条件。在北京工业大学的大力支持和技术专家的共同努力下，一个与全国成人招生系统编码相统一，延展了北京市成人招生工作经验和传统，与原有计算机辅助管理系统兼容并能与教育部开发的招生管理系统互联，独具北京特点的网上招生录取系统在2001年招生录取工作中投入使用。运行结果表明，该系统各项基本指标都达到了设计要求。

（4）对各级招生工作人员进行了培训。为适应网上录取工作环境，做好电子档案的建立、流转等工作，为网上录取做好思想、技术上的准备，市成人高校招生办公室首先对工作人员进行了计算机网络知识、考生电子档案建立和流转程序、网上录取操作等方面的培训。2001年2月19日～23日，市成人高校招生办公室又对各区县成人教育招生办公室主任及有关人员、计算机维护人员分别进行报名管理系统操作、业务流程和考务管理方面的培训，保证了报名工作秩序井然和信息采集的及时准确。在录取工作开始前，市成人高校招生办公室又组织各招生院校利用市成人高校招生办公室通过网络提供的2001年实际招生数据、信息，在新开发的网上录取系统进行了模拟实际操作的演练和培训，以使招生工作人员了解网上录取机制，熟悉新的录取工作秩序，熟练掌握网上录取软件系统的操作方法，为网上录取做好充分准备。

（5）发挥北京市成人招生计算机辅助系统在信息采集、数据处理方面的功能和作用，提升其数据处理能力，为电子档案的形成和网上录取奠定良好的数据信息基础。多年来的经费支持和技术上的不断完善，使各区县成人教育招生管理子系统信息、数据处理能力显著提高。发挥这些子系统在信息采集、基础数据处理方面的作用，对采集到的数据进行科学处理，是电子档案形成和网上录取顺利进行的基本保证。2001年，市成人高校招生办公室通盘考虑了成人教育招生系统的信息化建设情况，指导各区县成人教育招生工作机构为电子档案的建立和网上录取做了下面几项重要的基础性工作。

一是在海淀、大兴、顺义三个区实施了为考生现场摄制电子照片并输入招生信息管理系统的报名操作方式，推进了报名信息采集和处理方式的变革。二是坚持了以光电读卡器等先进设备阅读考生信息卡，当场打印出考生复核单，待考生本人复核签字后再录入考生信息处理系统，有效地保证了即时采集的原始信息和数据的准确率。三是利用各区县成人教育招生工作计算机管理系统对所采集的信息进行初步处理，并建立起可与网上录取兼容连接的电子档案数据库。四是将考场的编排工作下放到各区县成人教育招生机构，由各区县以采集并处理过的考生信息为依据，用本区县成人教育招生工作计算机管理系统编排考场，统计各类试卷的用量，并按考场的安排打印带有数码照片的准考证，向各考点提供带有考生本人照片等信息资料的《考生名册》。同时也再次检验了所建电子档案中信息数据的准确性。

这些工作的完成，既减少了招生报考工作的环节，方便了考生，提高了效率，又强有力地支持了电子档案建设和网上录取工作的顺利展开。

（6）修订了录取工作程序，明确了录取组织机构职责。现代化信息管理手段的使用，必然对传统的管理思想、体制、体系的改革提出新的要求。管理体制、体系的改革和思想观念的更新又会促进现代信息管理手段和技术的发展。在决定开展网上录取试点工作之初，市教育考试院及市成人高校招生办公室就充分注意到了这个问题，并多次组织研讨会，讨论修改了2001年招生录取工作方案。在深入研究、广泛征求意见的基础上，市成人高校招生办公室于2001年6月26日以京考成［2001］14号文件印发了《2001年北京市各类成人高校招生网上录取工作实施办法》。该《实施办法》贯彻了改革精神，根据网上录取的工作要求，修订了原来的录取工作程序，对投档、预录、录取检查、调剂录取、办理录取手续等都做了明确规定。为适应计算机网上录取工作的需要，市教育考试院还调整了招生录取的组织机构，在录取现场设置了市教育考试院党委书记王健为组长，市教育考试院成人高校招生办公室主任张宝祥、市教委计划处副处长彭斌柏为副组长，市教育考试院成人高校招生办公室副主任马凤兰、丁新生为组员的录取工作领导小组，下辖系统管理组、录取检查组、录取审核组、纪检监察组和会务组五个小组负责整个招生录取管理工作，并在《实施办法》中明确了各小组的工作职责和录取工作纪律。这些都为网上录取工作的顺利展开提供了重要的组织、制度上的保证。

深入细致的研究、科学的筹划和部署以及积极务实的工作，使北京市成人教育招生网上录取工作做到了思想认识、技术条件、管理保障"三到位"，并使首次网上录取试点工作取得突破性进展。2001年6月29日～7月15日，北京市成人教育招生网上录取工作如期展开，133所当年在京招生院校通过市成人高校招生办公室在现场建立的局域网完成了66 752名新生的录取工作。在整个过程中，电子档案和网上录取系统运行平稳，反应迅速，方便、快捷、准确、高效的功能特点反映充分。这不仅标志着网上录取试点成功，而且也标志着北京市成人教育招生工作的信息化建设已进入网络信息化发展的新阶段。2001年10月29日，市成人高校招生办公室在海淀区考试中心召开了网上报名、录取信息管理系统方案修订研讨会，部分区县招生办主任和网络技术人员参加了会议。会议在肯定网上录取所取得的成绩、经验的基础上，对网上录取系统存在的问题进行了深入分析和研究，并就完善网上录取系统，改进招生管理工作，增加考生信息的采集范畴等提出了许多建设性意见。这些意见都对推进北京市成人教育招生的信息化建设工作起到了重要的助力作用。

（七）2002年

教育部继续着力推动了全国成人教育招生工作改革和信息化建设工作。先后召开了"2001年成人高校招生网上录取工作总结暨2002年成人高校招生网上录取工作会"、"成人高校招生网上录取系统操作人员培训会"、"网上录取系统功能完善分析工作会"，下发了《关于做好2002年成人高校招生网上录取工作的通知》（教学司［2001］70号）、《关于做好2002年成人高校招生网上录取系统安全工作的通知》（教学司［2002］34号）、《关于报送2002年成人高校招生考试、报名及成绩信息的通知》（教学司［2002］77号）等文件，并将组织研制开发的"全国成人高校招生网上录取系统"正式移交给教育部全国高等学校学生信息咨询与就业指导中心管理、使用，继续推动了网上招生录取的各项工作。北京市教育考试院成人高校招生办公室也按照教育部的统一部署，在市政府的统一领导下，积极、稳步地推动了北京市的成人教育招生改革和信息化建设工作。2001年录取工作结束后，市成人高校招生办公室即组织人力着手修改、完善计算机网上录取系统，扩充了原始信息采集量，加强了系统的查询、统计功能，强化了服务和保密功能，改变了人机界面、系统间界面关系，使界面关系更趋友好，积极为2002年全面实现网上录取做好各项准备工作。2002年1月，市成人高校招生办公室用教育部学生司在网上建立的"成人高校招生分省计划系统"编制并上报了成人招生分省计划。自此，北京市成人教育招生计划制定、修改等操作都进入了网络管理系统。2月25日～28日，市成人高校招生办公室在北京工业大学召开了成人招生报名工作会，对区县成人招生办公室主任和计算机技术人员进行了计算机报名与成人招生考试考务工作管理系统操作的技术培训。3月10日～17日，全市成人教育招生报名期间，各区县都在2001年海淀、大兴、顺义三个区县成功试点的基础上，推行了以数码摄像技术在报名现场即时采集考生照片的办法。这一技术手段的使用，既简化了报名手续，提高了工作效率和原始信息采集的准确率，又能将防止考试作弊的关口前移，因此也受到了广大考生的欢迎。6月24日，市成人高校招生办公室在北方交通大学召开了2002年成人教育招生录取工作预备会议，向与会的133所在京招生院校录取人员传达了教育部今年招生录取的有关文件精神，通报了网上录取工作计划和准备工作情况，并对如何做好网上录取工作提出了新的要求。6月25日～26日，市成人高校招生办公室召开了“2002年北京市成人高校招生网上录取工作培训会”，对在京招生院校的工作人员进行了网上录取操作技术、录取工作程序、要求等的培训。同时以京考成招［2002］20号文件印发了《2002年北京市成人高校招生网上录取工作实施办法》，对2002年网上录取的体制、原则、组织领导、各管理部门的机构设置、岗位职责及整个录取工作流程等作了详细的规定。

高度统一的思想认识、相对完善的管理制度体系，扎扎实实、稳步推进的各项准备工作，以及不断完备的软、硬件设施，高度集成的计算机网络管理系统等，为2002年北京市成人教育网上录取工作的顺利展开铺平了道路，也为北京市成人教育招生工作的信息化建设铸就了新的基石。2002年7月1日，北京市成人教育招生网上录取工作在石油大学（北京）翠宫宾馆拉开帷幕。经过修改、完善的计算机网上录取系统重新亮相录取现场，133所在京招生院校除北京大学作为试点院校通过社会公网——教育科研网进行远程网上录取外，其余132所院校均在现场通过局域网完成了网上录取工作。截止到7月15日，网上录取工作任务基本完成，66 122名符合录取条件的考生被录入各校不同层次、不同办学形式的成人教育专业班学习。在录取过程中，整个计算机网络系统运转平稳，功能发挥正常，方便、快捷、高效、准确、保密的特点反映突出。期间共为约17万名考生建立了完备、精确的电子档案，并顺利实现了网上流转，保证了网上录取工作任务的圆满完成。2002年网上录取工作目标的实现为北京市成人教育招生管理信息化建设竖起了新的里程碑，并标志着北京市成人教育招生管理手段、方式已进入了新的发展时期。

（八）2003年

“非典”疫情的出现严重地冲击了北京市成人教育招生工作计划与部署，也使原准备在3月份举行的面对面成人高考咨询活动和5月份的成人高考不得不另做考虑。面对这种非常情况，市教育考试院和成人高校招生办公室在市政府的统一指挥下，一手抓抗击“非典”，一手抓成人高等教育招生改革工作。在全面审视了抗击“非典”和成人教育招生工作面临的新形势、新问题后，果断决定将原来已准备好的面对面成人教育招生咨询活动改在网上进行。2003年3月18日网上咨询活动的成功举办，把成人教育的各种招生信息通过互联网辐射到北京市的各个地区、各个层面和各个不同的社会群体，极大地满足了人们了解成人教育的客观需求，激发了人们的学习热情，为2003年成人教育招生工作的顺利开展创造了良好的思想、组织和舆论氛围。以此为契机，北京市教育考试院成人高校招生办公室决定，进一步完善计算机网上招生系统，继续开发互联网技术所蕴含的巨大潜力，在成人教育招生、宣传、报名、考试组织、录取和各种数据的统计分析、电子档案的建立和流转工作中全面推行计算机网络管理技术，努力把成人教育招生工作的现代化、信息化建设再向前推进一步。随后，市成人高校招生办公室加大了成人教育招生信息化建设的投入力度，继续完善了网上招生、录取的计算机管理系统，提高了该系统信息采集质量和信息数据处理能力，实现了该系统的升级与更新，为2003年成人教育招生全部纳入计算机互联网系统做了大量坚实的铺垫工作。

2003年1月23日，教育部下发了《关于做好2003年全国成人高校招生工作的通知》（教学［2003］2号），通知中公布了《2003年全国成人高校招生办法》，其中明确提出：2003年成人高校招生工作全部实行计算机网上录取，并分为现场局域网录取和远程广域网录取两种形式进行，据此市成人高校招生办公室就开始着手准备把成人教育招生的其他工作也纳入计算机网络管理系统的有关事宜，并于3月18日成功地举办了全市成人高等教育招生网上咨询宣传活动。

2003年4月24日，教育部考虑了全国抗击“非典”的总体形势，决定将成人高考时间向后推迟。7月14日，教育部以教电［2003］278号文通知，2003年成人高考时间推迟到当年的10月15日～16日。据此精神，市教育考试院、成人高校招生办公室及时调整了工作部署，重新组织有关人员对成人教育招生计算机网络系统进行了必要的修改和完善。为了贯彻、落实教育部有关通知的精神，满足考试时间推迟后已符合报名条件人员参加考试的要求，减少考生报名时在现场聚集停留的时间，市成人高校招生办公室决定发挥计算机网络的优势作用，用网上报名的方式完成补报名工作任务，以进一步探索成人教育招生工作全部使用网络系统进行管理的有关问题。8月20日，市成人高校招生办公室专门召开各区县成人招生办公室负责人参加的网上补报名工作会议。会议传达了教育部的指示精神，介绍了网上报名系统的功能和作用，明确了网上补报名工作的目标、意义和任务要求，规范了网上报名的工作环节和操作程序，安排了网上补报名的具体事宜。自9月1日起，全市20个区县成人招生网上报名系统全部启动，开始接受广大考生的预报名。9月12日～15日，区县成人教育招生办公室在报名点为网上预报名的考生办理资格审查、摄像、缴费、领取准考证等确认手续，并接受未在网上预报名考生的报名申请，现场为其办理补报名手续。至9月15日，全市各区县报名点共接待各类报名者21 089人，其中采用网上报名方式的考生达6 694人，占补报名总数的37%。补报名期间，网上报名系统运转正常，各报名点现场秩序井然，报名者对网上报名方式满意度较高。对2 562名网上报名者问卷调查显示，92%的考生对网上报名持肯定态度。此次网上补报名尝试的成功，标志着成人教育招生计算机网络管理系统正日臻完善。招生报名系统已作为成人招生计算机网络管理系统的"子系统"，填补了该系统的结构空位，强力支持了成人教育招生工作信息系统的不断完善。

2003年是成人高考改在下半年进行的第一年。为做好当年的招生录取工作，教育部在10月24日以教学司［2003］50号文发出通知，发布了《2003年全国成人高校招生远程网上录取实施意见》。2003年12月16日，市成人高校招生办公室在北京航空航天大学召开成人教育招生录取工作会，在京招生院校、各区县成人教育招生办公室共300余人参加了会议，会议总结了2003年度报名、组考及网上补报名试点工作的情况，传达了教育部的文件精神，对全面实施网上录取事宜作出了部署。12月17日～18日，市成人高校招生办公室又在石油大学（北京）组织召开了网上录取系统技术培训会，对参加录取的工作人员进行网上录取技术培训，同时进行了网上录取模拟实操演练，以此检验了网上录取系统与网上报名、考试组织、考生电子档案建立系统的链接、社会公网和局域网的反应速度、网上数据信息传输的质量、网络信息安全系统（包括防病毒、防攻击）运转及效能等情况，又一次严密了技术管理制度，规范了技术操作环节，检验了录取工作人员的实际操作能力，考验了系统的人机界面、各子系统链接界面的友好程度，并就录取组织工作、与社会公网关系的协调及建立应急机制等事宜听取了大家的意见。

经过市成人高校招生办公室统一协调、周密部署和精心组织，北京市成人招生第三次网上录取工作于2003年12月20日在石油大学（北京）翠宫宾馆正式展开，在京招生的123所院校参加网上录取。按照教育部"应努力提高远程网上录取的人数和院校数量"的指示精神，本次录取扩大了异地远程网上录取学校数量，25所招生院校通过异地远程网完成了录取工作。截止到29日，网上录取工作基本结束，全市总共录取新生67 672人，其中异地远程网上录取2万余人，相当于录取总人数的30%左右。整个录取过程贯彻了"以人为本，服务招生学校和考生"的指导思想，坚持了"公平、公正、公开"的工作原则，遵循了"讲秩序、按程序、守纪律"的要求，参与招生的工作人员在市成人高校招生办公室的统一指挥、调度下各司其职，各负其责，保证了网上录取工作的顺利进行。录取期间，计算机网络畅通，运转稳定，秩序良好，各界面链接和谐，数据信息传输精准，保证了网上录取任务的顺利完成。

2003年是北京市在中央领导下众志成城，共同抗击"非典"袭击并取得决定性胜利的一年，也是北京市成人教育招生工作信息化建设全面发展并不断取得新成果的一年。网上报名、网上咨询活动的试点成功标志着北京市成人教育招生计算机网络管理系统功能日趋完善，成人招生工作的信息化建设也步入了全国的先进行列。教育部高度重视北京市成人教育招生工作信息化建设所取得的阶段性成果，并积极推广了北京市的成功做法，推动全国成人教育招生的现代化、信息化建设不断向新的高度发展。

（九）2004年

2004年2月27日，教育部以教试［2004］1号文下发了《2004年高等学校招生全国统一考试考务工作规定》，就普通高校、成人高等学校本专科招生全国统一考试的考务工作作出了详细规定。明确提出要建立、健全考试机构的多级考试信息管理通讯网络，购置必要的设备，配备一定的专业技术人员，逐步实现考试信息管理科学化、规范化、现代化，各级考试机构对考试信息采集与处理要规定严格的管理秩序和严肃的工作纪律，控制误差，保证考试信息的准确性，并按要求及时向上级考试机构准确报告有关考试信息。

4 月 20 日，教育部办公厅以教试［2004］3 号文印发了《2004 年国家教育统一考试网上评卷工作考务管理办法》。该《办法》根据教育部、国家保密局《关于教育工作中国家秘密及其密级具体范围的规定》、教育部《2004 年高等学校招生全国统一考试考务工作规定》等，结合网上评卷工作特点，对包括成人教育在内的各类招生考试的全国统一考试网上评卷各工作环节，如答题卡设计、印刷、运送与保管、评卷工作组织管理、考试阅卷中所产生的数据信息的安全管理、网上评卷的环境和设备及技术维护、违规行为处理等都作出了明确规定。2004 年 5 月 27 日，教育部高校学生司在内蒙古呼和浩特召开“成人高校招生网上报名系统”培训会，北京、天津等五个试点省（市、自治区）教育考试院（中心）、成人高校招生办公室的负责人、业务和技术骨干参加了会议。北京市代表带着几年来成人招生信息化建设成果出席了会议，并应邀在会上做了“成人高校招生网上报名的组织管理工作”的专题讲座。与会代表还就成人高校网上报名的组织管理、网上报名工作的技术解决方案和应用系统的安装、调试及操作等有关内容接受了培训，进行了演练。9 月 21 日，教育部考试中心以教试中心函［2004］131 号文《关于做好 2004 年成人高校招生全国统一考试考务工作的通知》公布了《2004 年成人高考考务信息发布平台使用说明》。10 月 25 日，教育部高校学生司以教学司［2004］38 号文下发了《关于做好 2004 年全国成人高校招生录取工作的通知》，就“做好分省计划网上调整工作”，“做好网上录取前期准备、确保网上录取安全”等提出了具体意见和要求。在同时下发的《2004 年全国成人高校招生分省计划网上调整办法》中对分省计划网上调整的前期准备、开通时间、调整的操作流程等具体操作方式做了具体规定和要求。11 月 4 日～5 日，教育部高校学生司在重庆市召开成人高校网上录取和分省计划网上调整系统培训会，就使用计算机互联网系统调整招生计划和实施网上录取工作等进行了管理和操作方面的培训。

按照教育部的指示精神，北京市成人高校招生办公室结合本市成人招生的实际情况，在原来工作的基础上积极推进了 2004 年成人招生的信息化建设工作，使整个招生工作都纳入了计算机网络管理系统。

（1）按照教育部要求在网上对成人招生计划进行了申报和分省计划调整。

（2）组织了 74 所 2004 年在京招生高校参加了全市的网上咨询活动。网上页面咨询点击人数 201 万余人次，通过文字咨询的 45 万余人次，共提出问题 38 562 个。其中，向市成人高校招生办公室提出问题7 648 个，占提出问题数的 20%；问题处理率为 97.6%。

（3）2004 年，全市首次全部实行网上报名。8 月 16 日～29 日是考生网上输入本人基本信息和报考志愿的时间；9 月 1 日～7 日是考生本人到选定的区县成招办确认办理报名资格审查、审验证书、摄像、缴纳报名考务费、核对考生信息并签名办理确认手续的时间。在此期间，全市共有 115 442 名考生实现了网上报考并办理了各项手续。对 19 525 名网上报名考生调查问卷统计结果显示，16 065 名考生对网上报名持肯定态度，占报名总人数的 83%。同时还试行了网上报名系统与新浪网的成功链接，使网上报名工作既简化了报名手续，提高了工作效率，又方便了考生，因而也受到广大考生的普遍欢迎。

（4）在成人高校全国统一招生考试中使用了现代化考场管理方式。针对利用现代通讯工具作弊现象不断上升的新情况，2004 年北京市在一些考区的部分考场进行了设置“手机探测狗”的试点工作，为探索以现代通讯设备防范考试作弊问题，严肃考风考纪和营造良好的考试氛围提供了更多的技术保证条件。

（5）继续完善了计算机系统评判标准化试卷的管理体系，严格了操作程序、规格，以计算机阅卷系统完成了 2004 年北京市成人高考标准化试题的阅评及相关信息数据的统计工作。

（6）顺利完成了网上录取工作。2004 年，市成人高校招生办公室加强了网上录取系统和网络安全的维护，积极预防并及时处理了网络病毒的侵袭，加强了录取数据的异地备份工作，确保了网络畅通和数据安全，使网上录取工作得以顺利完成。2004 年 11 月 15 日～28 日，北京市成人高校招生网上录取工作在石油大学（北京）进行，122 所在京招生院校参加了计算机局域网或远程异地网上录取工作，共录取新生 72 919 人，其中 48 所招生学校实施了网上远程录取，共录取新生 3 万余人。

至 2004 年，北京市成人教育招生工作各环节都纳入了计算机管理信息系统，并基本实现了操作规范、体系健全、运转正常的工作目标。

（十）2005 年

北京市成人高校招生办公室认真研究了 2004 年在招生工作信息化建设方面所取得的成绩和存在的问

题，并就如何改进、加强、完善成人教育招生工作信息化建设制定了具体方案，同时还以召开各类专题研讨会、培训会等方式进一步总结经验、研究问题、统一思想、提高认识、协调动作、狠抓落实，积极推动了北京市成人教育招生工作的信息化发展。

2005年4月6日、7日和20日市成人高校招生办公室分别召开了各区县成人教育招生办公室工作研讨会和各招生院校参加的工作研讨会，总结了2004年北京市的成人教育招生工作，研讨了有关问题，并明确了2005年的努力方向。5月18～19日，市成人高校招生办公室召开了部分区县成人教育招生办公室、招生院校参加的研讨会，与会各方代表一起专题研究了网上报名和网上阅卷问题，并就如何改进网上报名、推动网上阅卷工作提出了许多建设性意见。

6月11日，市成人高校招生办公室在北京化工大学召开成人教育招生宣传工作研讨会，就如何做好宣传工作，拓展成人教育招生宣传渠道，扩大招生宣传工作覆盖面等问题进行了热烈研讨，同时也就进一步完善网上招生宣传工作机制和2005年网上招生宣传工作方案进行了深入研究。

6月30日，市成人高校招生办公室在首都师范大学召开了2005年成人教育招生工作会议。市成人高校招生办公室主任董维祥在传达教育部有关招生工作的指示精神、介绍了招生政策调整的同时，部署了2005年成人教育招生工作。同时也提出要把招生工作的信息化建设作为2005年招生工作重点之一予以突出，明确提出要重点打击利用高科技手段作弊的行为，加强建章立制，不断完善网站建设，做好网上报名和网上交费、阅卷、录取等工作。

7月8日，市教育考试院考务处、成人高校招生办公室召开成人教育招生报名培训光盘制作工作会议。决定刻录光盘，并以此作为网上报名工作的培训教材，加强对招生报名工作人员和广大考生的培训工作。

8月9日～10日，“2005年北京市成人高校招生报名工作培训会”在颐泉山庄宾馆召开，各区县成人教育招生办公室主任及部分工作人员74人参加了会议。会上就网上报名、网上缴费、现场确认、信息统计及系统维护的操作要领、注意事项、政策把握等做了专门讲解和现场演示。市成人高校招生办公室主任董维祥在总结发言中特别强调要狠抓制度、规范的建设和落实，并要充分考虑到人员流、试卷流、信息流的安全，制定切实可行的应急预案，确保网上报名工作的顺利进行。

9月27日～28日，2005年成人教育招生考务和阅卷工作会议在石油大学（北京）召开，会议就防止现代高科技手段作弊和阅卷等重点工作进行了专题培训和研讨。

11月15日～16日，市成人高校招生办公室在石油大学（北京）召开了录取工作预备会，市成人高校招生办公室主任董维祥部署了本年度的录取工作，在京招生的院校代表出席了会议。会上明确提出今年录取工作开始前要进行网上录取模拟演练。11月17日，北京成人教育招生网上录取系统测试暨模拟演练如期举行，在京各招生院校参加了远程网上录取的模拟数据测试和演练，并检验了完善后的网上录取系统的稳定性、安全性和可靠性，为正式录取做了充分准备。

由于成人教育招生信息化系统在2005年进一步完善了体系，扩充了功能，严密了制度，规范了操作，加强了培训，并做了充分准备，所以，使2005年成人教育招生工作信息化建设又有了新的发展。

（1）网上咨询首次采用主会场与分会场分设的新方案。2005年8月12～13日，北京市各区、县成人教育招生办公室和在京招生的103所高校作为分会场同时开展了网上咨询活动。网上咨询活动以主会场、分会场分开方式的设置和布局，节省了考生往返于报名点所需的时间，扩大了信息交流渠道，提高了宣传工作效率和宣传效果，受到社会和考生的普遍欢迎。

（2）首次实现报名网上交费。2005年8月15日～30日网上报名期间，网上缴费系统同时准时开启运行，为数以万计的报考者提供了新的缴费通道。网上缴费功能的实现，说明网上缴费在成人教育招生工作中具有可行性，标志着试点的成功，同时也为网上收费工作展现了广阔前景。

（3）首次在成人教育招生考试的部分考点使用了无线电信号屏蔽仪，有效地防范了以手机等现代信息传输工具作弊的行为，突破了防范高科技手段作弊的“盲区”，使监考工作纳入了现代化、信息化的发展轨道。

（4）首次实行了所有招生院校均在网上异地远程录取。11月20日～12月20日，招生网上录取工作按类别、院校、层次分三个批次展开。2005年在京招生的125所院校（其中部委院校48所，市属院校61所，外埠院校16所）通过计算机网络完成了网上异地远程录取工作。录取期间，网络畅通，数据传输准确，安全防护措施到位，系统界面开放、友好，保证了网上录取工作的顺利完成。

（5）改进了2004年在市教育考试院网站开辟的成人教育招生录取结果查询系统，完善了2003年试行的部分考生以手机短信订制方式查询成人高考分数和录取结果的功能，坚持了1996年建立起来的160电话信息台查询分数、录取结果的服务，争取使考试成绩、录取结果等信息能在第一时间传达到每个考生并向社会公布。这些措施的实施，有效地增强了招生录取工作的透明度、公信度，缓解了利用传统手段传递考试信息存在的固有的矛盾，提高了工作效率和服务水平，为成人教育招生工作的改革和提高创造了良好的环境。

经过2005年的建设与发展，北京市成人教育招生工作信息化系统结构更加巩固，功能更加完善，制度更加严谨，操作更加规范，信息交流更加准确、及时、安全，运营效率和协调能力不断提高，一个以计算机互联网为“骨干神经”，并和谐链接成人教育招生工作各“神经元”的现代成人教育招生工作信息网络粗具雏形，并鼎立支持了北京市成人教育招生工作主动适应社会发展需要，沿着数字化、信息化、网络智能化的道路，朝着高速度、高效率、高水平和高质量的方向不断前进。

五、成人教育招生的政策与制度变革取得了新进展

主动适应社会需求变化的新情况，积极调整成人教育招生政策、制度，服务于北京市现代化建设与建设和谐社会的需求，实施科教兴国、人才兴国战略，是成人教育招生工作必须遵循的宗旨，也是成人教育招生政策不断调整的基本依据。十年来，北京市教育考试院成人高校招生办公室以“三个代表”重要思想为指导，坚持了“成人教育一是要发展，二是要改革”的指导方针和国家“实行职业教育和成人教育制度”，“建立和完善终身教育体系”的法律、规定，认真贯彻执行了教育部、北京市的指示精神，根据北京市建设国际化大都市、首善之区的新形势、新任务和持续发展的新要求，积极调整了成人教育招生各项政策，在不断革故鼎新的过程中推进了成人教育招生制度的不断变革。

（一）“三生”改革试点

“三生”是成人高等教育招收“预科生”、“资格生”、“往届生”的统称。1988年1月29日，国家教委以（88）教高三字002号文印发了《关于做好一九八八年各类成人高等学校招生改革试点工作的几点意见》，在该《意见》中对“三生”概念及招生录取等都做了明确的政策规定，并要求进行“三生”改革试点的省、直辖市、自治区要在认真调研、论证的基础上，制定符合本地实际的改革试点实施方案，并报国家教委备案。

预科生：为给文化水平偏低，单位又急需培养的先进模范人物、生产骨干及少数民族聚居地区的少数民族考生提供更多入学深造机会，按照《一九八八年各类成人高等学校招生规定》在照顾一定分数段后仍未被录取的，经单位推荐，还可适当降分录入预科班（参加预科班学习的考生简称“预科生”）。在预科班补习高中文化一年，经学校考试合格，即升入高等学校对口的专业学习。预科班招生数纳入下一年的招生计划，预科班的招收人数控制在本地录取新生总数的1%～2%。

1988年，北京市成人教育局和北京市招生委员会办公室分别组织了部分独立设置的成人院校和普通高校制定了预科班的管理制度、培养方案，并开始了预科班的试点工作。

1996年，北京市教育考试院成人高校招生办公室成立后，立即着手研究了预科班的组织、管理和教育、教学工作，使预科班实现了由市成人高校招生办公室统一组织、协调，各办班院校具体负责的管理体制，并在首都师范大学、北京医科大学、北京工业大学、中国人民大学、北京联合大学5所普通高校和北京市教育学院、北京电视大学、北京市总工会职工大学、朝阳职工大学、丰台职工大学、平谷、延庆、昌平、密云等15个独立设置的成人院校、区县成人招生主管机构设立了预科班办学点。同时继续坚持了年龄在28周岁以上（从2002年起调整到25岁以上）且满足其他条件者方能入预科班学习的规定。

1999年3月3日，市教育考试院成人高校招生办公室在下发的《关于北京市各类成人高等学校1998—

1999年度预科班结业考试的通知》（京成招［1999］第08号）中对预科班结业考试作出了新规定，即在各工作站自行组织结业考试的同时，按10%的比例随机抽调各工作站的部分考生到指定地点集中考试，并由市成人高校招生办公室统一组织评卷。根据预科班生源分布及招生情况，1999年又将招生工作站调整为首都师范大学、北京教育学院、北京工业大学、北京医科大学、北京电视大学、轻工职大6个单位。2000年又增加了宣武区红旗业余大学为预科班工作站。

2001年，成人高等教育全国统一招生考试科目改革的问题已初步提出。以此为契机，市成人高校招生办公室对预科班的招生、教学计划、教学组织、结业考试、预科班工作站管理等工作进行了全面总结和研究。7月25日～29日，市成人高校招生办公室召开了预科班工作会，6所高校工作站的负责人参加了会议。会议就预科班的教学组织与管理、教学计划、培养方式、招生录取、结业考试、阅卷及抽查考试、预科生的转正、预科班工作站的管理等事宜进行了广泛深入的研究讨论。在此基础上组织修订了《北京市成人高校预科班工作站管理办法》、《北京市成人高校预科生学籍管理规定》、《北京市成人高校预科班教学计划》、《北京市成人高校预科班考试大纲》、《北京市预科班工作站考核评比办法》，新制定了《北京市成人高校预科班任课教师工作条例及教学质量评估办法》、《北京市成人高校预科班优秀班主任评比条例及实施办法》、《北京市成人高校预科生转站管理办法》及2001—2002年度北京市预科班招生和网上录取工作方案，使预科班工作实现了教学计划和大纲、教材、考试的“三统一”，从而进一步完善了预科班的各项管理制度，强化了预科班的统筹协调、统一管理，推进了预科班工作稳步迈上规范化、制度化、管理工作信息化的新的发展轨道，也促进了预科班教育质量和管理水平的不断提高。

基于对十几年来举办预科班意义的认识和经验的总结、贡献的肯定以及对北京市成人教育招生情况的整体把握和分析，北京市决定继续办好成人教育预科班，为使成人高等教育能为各行业系统培养更多的急需专业人才骨干、先进人物作出贡献。2002年1月16日，北京市教育考试院向教育部学生司上报了《关于继续举办成人高等教育预科班的请示》（京考成招［2002］1号）并得到批准。4月13日～14日，北京市成人高等学校2001—2002年度预科班结业考试分别以各工作站组织和市成人高校招生办公室抽考的方式正常进行。8月2日～8日，市成人高校招生办公室召开了预科班工作会议，7个预科班工作站的负责人参加了会议。会议认真学习了教育部有关文件精神，深入研讨了预科班的各项工作，并进一步修订了各项管理制度，制定了加强管理、保证质量的具体措施，规范了各管理工作环节，推进了预科班制度体系的变革。

2003年是受“非典”疫情冲击的“非常”时期。市成人高校招生办公室在时间紧、抗“非典”和招生工作任务繁重的情况下及时调整了预科班的工作部署。于2002—2003年度预科班结业考试后的7月28日～30日，在门头沟区召开了预科班工作站站长、工作人员、教研员40多人参加的总结研讨会。会议在表彰了评选出的先进集体和个人后，全面分析了预科班面临的新情况、新任务和新问题，对今后工作做了系统安排和布置，并决定2003年对预科班的管理制度做两项大的调整：一是按照《教育部关于〈2003年起调整成人高校招生考试科目设置〉的通知》（教学［2002］8号）精神，将2003年招收的预科生结业考试科目调整为与教育部文件规定的全国成人高校招生统一考试科目相同；二是今后预科生的结业考试不再由各工作站分别组织，而是由市成人高校招生办公室统一组织。这两项政策措施的调整，使北京市的成人高校预科班工作初步实现了“八个统一”，有力地维护了预科班管理制度、政策方面的稳定性和严肃性，为预科班的持续发展创造了良好外部环境。

2005年，针对近几年来成人教育招生工作的大环境和预科生生源变化的情况，市成人高校招生办公室于2005年5月23日～30日在浙江召开了2002—2003年度预科班工作总结会议。全市7个预科班工作站的负责人参加了会议。会议就“预科班今后发展方向”、“如何进一步提高预科生质量”、“如何更加合理配置工作站”等进行了专题研讨，并就有关问题达成了一致意见。决定从2006年开始，预科班工作站实行“轮休”制。2006年开始将原来7个工作站招生，改为4个工作站招生，另3个工作站实行轮休。1996年至2005年的十年中，预科班共向北京市各成人教育招生院校输送15 312名优秀生源，其中每年被北京市成人高校录取的预科班结业生人数分别为：1996年2 845人；1997年2 005人；1998年1 246人；1999年1 781人；2000年1 272人；2001年1 453人；2002年1 377人；2003年1 487人；2004年1 045人；2005年801人。这些预科班的学员均为各行业系统、企事业单位的劳动模范、先进人物，进入预科班学习后又进一步加强、提高了科学文化基础。在各类成人高校学习过程中，他们都继续发挥了学习上的骨干带头作用，刻苦钻研科学文化理论知识和各种新技能，提高了自己的科学文化素养和再创造能力，毕业后受到各单位的普遍欢迎。实践证明，成人高等教育招收预科生的改革是为社会培养各类急需的优秀专业骨干人才的有效途径，也是成人教育坚持面向在职人员招生、为社会发展作出贡献的重要途径。

资格生：1988年1月29日，国家教委（88）教高三字002号《关于做好一九八八年各类成人高等学校招生改革试点工作的几点意见》中指出：为便于企事业单位有计划地培训在职人员，减轻文化成绩合格的考生和送培单位的负担，对参加成人高等学校统一招生考试成绩达到最低控制分数线而未能入学的考生，由招生部门发给成绩证明，在以后两年内，招生部门仍承认其达到了进入成人高等学校学习的文化知识水平，上成人高校可免予入学考试（具备上述条件而取得免试资格的考生简称“资格生”，下同）。是否入学、何时入学均由“资格生”所在单位根据培养计划和本人表现进行推荐。

1988年起，北京市按国家教委（88）教高三字002号文的规定和要求开始招收资格生的试点工作。

1998年，北京市成人高校招生办公室根据国家教委1998年1月21日印发的《1998年全国各类成人高等学校招生规定》第四十六条“继续进行预科生、资格生的试点工作，按照有关文件的要求，严格执行规定的条件，严格报名资格审查，加强试点的管理和监督”的要求，在《北京市一九九八年各类成人高等学校招生规定》（京成考［1998］第1号）中对招收资格生的工作办法、程序和政策重新做了调整，并明确规定“对符合本市录取资格、经调剂后仍不能入学的考生，可向北京市成招办提出保留资格申请”，“对符合资格生条件的考生，经批准后，今后两年内，凭北京市成招办颁发的资格生证书，可免试进入成人高校学习”。

1999年1月7日，教育部在《关于印发〈1999年全国各类成人高等学校招生规定〉的通知》（教学［1999］1号）中提出“各地可根据当地实际情况确定是否进行预科生、资格生试点”的要求。据此，北京市成人高校招生办公室在1999年认真总结、研究了有关资格生招生逐年减少的实际情况，审慎地考虑了这一政策实施的连续性问题，决定当年继续在成人教育招生工作中保留资格生的入口通道，并拟在以后适当时候停止招收资格生。1996年～1998年，北京市成人高等教育共招收资格生1 032名，其中1996年954名，1997年51名，1998年27名。

由于受北京市高等教育事业的进步和各类成人高等教育办学形式多样化发展以及国家在宏观调控中增加了成人高等教育计划指标投放等因素的影响，在世纪之交的1999年前后成人教育招生上线人数多、招生计划数少的矛盾逐步得到缓解，符合录取条件而不能被当年录取的现象也不断减少并趋于消失，一些能被录取却因其他因素制约无法当年入学学习的个别问题，也都通过学籍管理制度改革，以保留入学资格、保留学籍等方式得到妥善解决。基于这些情况的变化，北京市在1999年后自动终止了资格生的招生试点工作。资格生的招生工作也自2000年后退出了招生工作的历史舞台。

往届生：为推动成人高等教育为多种所有制经济服务，适应城市集体所有制企业和农村乡镇企业培养专门人才的客观需求，缓解当时高中生升学的压力，国家教委在1988年1月29日印发的《关于做好一九八八年各类成人高等学校招生改革试点工作的几点意见》（［88］教高三字002号）中公布了往届生的招生政策。规定“一九八五年以来参加普通高校升学考试达到一定分数的往届高中毕业生，在城市集体所有制企业、农村乡镇企业工作一年以上，有一定实践经验，表现较好，符合《一九八八年各类成人高等学校招生规定》的报考条件，经单位推荐，省、自治区、直辖市成人高等学校招生办公室审核，可免试进入有关成人高等学校对口的专业学习（具备上述条件的往届高中毕业生简称‘往届生’，下同）”。

据此文件精神和北京的实际情况，北京市成人教育局和北京市高校招生委员会办公室分别制定了成人高等教育招收往届生的实施办法。1993年第一次面向社会招收往届生，开始了往届生招生试点工作。

1996年北京市教育考试院修订了招收往届生的实施办法，制定并颁布了《北京市一九九六年各类成人高等学校成人高等教育招收往届生的实施办法》（京高招成字［1996］004号）。明确规定1996年各类成人高等教育招收往届生是招收“1992年以来参加全国普通高校招生考试，考试成绩达到300分以上的往届高中毕业生，现为乡镇企事业单位、城市集体所有制企事业单位职工以及其他从业人员，这些人员经所在单位推荐，可报名申请免试进入各类成人高校举办的成人高等教育函授部、夜大学的专科专业学习（对于经过学习取得成人专科学历后，确有以上性质单位聘用，符合上述条件的人员，也可报名，适量招收）”。按此办法，1996 年北京市各类成人教育招生院校共录取往届生 2 426 人。

1997 年 2 月 3 日，国家教委以教成［1997］2 号文件印发了《1997 年全国各类成人高等学校招生规定》。规定中就往届生有关招生政策进行了较大的调整。在第四十五条中明确规定，1997 年各省、直辖市、自治区成人教育要停止招收往届生。按此文件精神，北京市成人高校招生办公室于 1997 年终止了往届生的招生试点工作。原《北京市各类成人高等学校成人高等教育招收往届生的实施办法》也作为成人教育招生制度改革的重要文献和历史标志，永久存入了北京市的成人教育招生改革的历史案卷之中。

（二）第二专业专科学历教育试点

成人教育开办第二专业专科学历教育（一般被简称为“二学历”，本书以下亦用此简称）是成人高等教育招生改革的一项探索性措施。这项改革措施 1992 年底由国家教委提出，1993 年在全国部分省、市、自治区正式启动试点。

1992 年 12 月 28 日，国家教委印发的《关于印发 1993 年全国各类成人高校招生有关规定的通知》（教成［1992］19 号）第四十一条中提出：“各类成人高等学校可根据社会需求和办学条件，在招生计划内开办第二专业专科学历教育。招生对象为在职、从业的国民教育系列大专以上毕业生。学校举办第二专业专科学历教育需经其主管教育行政部门审批”，“第二专业专科学历教育，学员需具有与学习第二专业相应科类的高中文化基础。国家不进行全国统一入学考试，各地各部门自行制定考核录取办法。为有利于归口管理，报名、录取工作由各省、自治区、直辖市招生机构负责，报名时考生须交验国民教育系列大学毕业证书”。

据此文件精神，北京市 1993 年在成人高等教育招生中开始了二学历的试点工作。

1993 年 12 月 18 日，为规范二学历的招生及管理工作，国家教委以教成［1993］17 号文印发了《关于各类成人高等学校举办第二专业专科学历教育的实施意见》。根据文件精神并结合本市的实际情况，北京市也制定了“第二专业专科学历招生办法”，并首次在成人高等教育中招收了第二专业专科学历教育学员。

1996 年，北京市成人招生机构根据几年来不断变化了的新情况，重新修订了“第二专业专科学历招生办法”，于 1996 年 1 月 12 日印发了《北京市一九九六年各类成人高等学校成人高等教育招收第二专业专科学历教育学员的暂行规定》（京高招成字［1996］003 号）。该文件中规定：“举办成人高等学历教育的各类成人高校可根据社会需求和办学条件，举办第二专业专科学历教育”，“第二专业专科学历教育不纳入成人高等教育招生计划之内，不计入该专业招生总容量”。

1999 年，北京市在总结了 1993 年以来招收第二专业专科学历教育学生工作的基础上，制定了《1999 年北京市各类成人高等院校第二专业专科学历教育招生办法》（京考成招［1999］第 02 号），进一步规范了第二专业专科学历教育报名、验证、加试、录取等招生工作环节。这些管理规章的制定和执行，有力地保证了成人高等教育招收第二专业专科学历教育工作的顺利进行。

2004 年，教育部在多年试点的基础上，对成人高等教育二学历招生政策又做了大幅度的调整，决定“从 2004 年起，成人高校招生不再免试招收第二专业专科学历教育学生，考生需参加成人高校招生全国统一招生考试，录取人数纳入招生学校招生计划总数”（《教育部关于做好 2004 年全国成人高校招生工作的通知》，教学［2004］17 号）。

根据教育部的文件精神和北京市的实际情况，北京市高校招生委员会在《关于印发〈2004 年北京市成人高等学校招生规定〉的通知》中宣布，“从 2004 年起，成人高校招生不再免试招收第二专业专科学历教育学生。考生需参加成人高校招生全国统一考试，录取人数纳入招生学校当年招生计划总数”。至此，免试招收第二专业专科学历教育学生的试点宣告结束。

1996 年～2003 年，北京市共录取第二专业专科学历教育学生 44 425 人。成人高等教育第二专业学历教育的开办，适应了北京市一定历史时期内社会发展对复合型专业人才需求扩大的新形势，一定程度上满足了社会经济、产业结构调整对技术、管理人员提高综合素质和能力的新需要，也为成人高等教育人才培养模式的变革做了有益的探索。信息反馈结果表明，这些第二专业学历教育毕业生都在各自岗位上发挥了重要作用，并为社会的进步和经济、文化的发展作出了新的成绩。

（三）医学成人教育招生制度改革

医学成人教育招生制度改革始于2002年。2002年8月2日，教育部、卫生部共同下发了《关于举办高等医学教育的若干意见》（教高［2002］10号），根据高等医学教育规律和我国卫生事业发展对卫生工作人员的需求情况以及行业人才准入的有关规定，对医学成人教育招生政策做了相应调整。决定“自2002年10月31日起，停止自学考试、各类高等学校的远程教育（广播电视教育、函授教育、网络教育等）、学历文凭考试试点学校举办医学类专业学历教育。成人高等教育举办的医学类专业、相关医学类专业、药学类专业的学历教育，自学考试和各类高等学校远程教育举办的相关医学类专业、药学类专业的学历教育，只能招收已取得卫生类职业资格的人员，停止招收非在职人员”。原“经教育部批准的中医药现代远程学历教育试点，可面向在职中医药人员举办本、专科学历教育”。同时明确：“2002年10月31日前，成人高等教育、自学考试、各类高等学校远程教育的医学类专业学历教育，职业技术学院、非医药卫生类专科学校中未经过评估的医学类专业，其入学注册的国内外、境外非在职学生，毕业后取得的医学学历可作为医师资格考试报名的学历依据；自学考试、各类高等学校远程教育举办的相关医学类、药学类专业的学历教育，其入学注册的国内外、境外非在职学生，毕业后取得的学历可作为相应资格考试报名的学历依据。”

依据教育部、卫生部教高［2002］10号文件精神，北京市教育考试院对医学成人教育招生政策进行了重大调整。从2002年10月起，停止了自学考试、广播电视大学、学历文凭考试试点学校医学类专业学历教育的招生；停止了各校函授医学成人高等学历教育在北京市的招生；对成人高等教育中医学类专业、相关医学类专业、药学类专业报考条件做了严格限制，即已取得卫生类执业资格的人员方能报考，不具有卫生类执业资格者不能报考；自学考试和各类高等学校远程教育举办的相关医学类专业、药学类专业的学历教育只招收具有卫生类执业资格的在职人员，非在职人员不得报考。

北京市对医学成人教育招生政策调整后，市成人高校招生办公室认真贯彻了这一调整精神，并采取严格审查医学类成人高等教育报考资格、严密报考手续、加强医学类招生管理工作等措施，保证了医学类成人教育招生政策调整和制度改革的顺利进行，并为医学类成人高等教育坚持办学方向，提高教育质量创造了良好的基础条件。

（四）电大基础班招生

1993年1月7日，国务院办公厅以国办发［1993］3号文件转发了国家教委《关于进一步改革和发展成人高等教育的意见》。该《意见》中提出“为向社会提供更多的接受教育的机会，在部分有需求、有条件的地区应充分利用广播电视大学等成人高等学校现代化教育手段，招收高中毕业的在职人员和社会青年，自费学习大学基础课程。学生考试成绩合格的，发给大学基础课程结业证书。普通高等学校和成人高等学校可招收其中成绩优良者续读大学专、本科专业课程，合格后取得专科或本科学历”。据此精神，北京市成人教育局批准北京电视大学试办了大学基础课程班（后被简称为“电大基础班”）。1993年9月24日，针对一些省市教育行政部门批准试办了“电大基础班”的现实情况，国家教委成人教育司发出了《关于当前试办大学基础教育中若干问题的通知》（教成司［1993］42号），对电大基础班招生对象、招生范围、举办学校、审批办法、教学工作及结业考试等提出了具体要求和规范。北京市的电大基础班也按此要求规定了电大基础班为两年学制，且通过市自学考试委员会办公室组织的结业考试者方可获结业证书及申请续读成人高校的资格。

1996年3月12日，北京市成人教育局成人教育考试办公室根据原北京市成人教育局《北京电大关于九三级大学基础班接续问题的请示的批复》（京成教高字［1995］第066号）精神，制定了《关于北京广播电视大学基础班结业生续读成人高校的录取审批办法》（［96］成教考字005号），并按此办法录取1993级、1994级电大基础班结业生701人入北京电视大学相应专业学习大学专科课程。1997年北京市电视大学又经北京市成人高校招生办公室批准，从电大基础班结业生中录取新生2 431人。

1998年起，成人高等教育院校从电大基础班结业生中录取新生的招生办法即行终止。北京市电大招收基础班的试点工作也旋即结束。

（五）招工与招生相结合招收普通高考应届毕业生（“双招班”）试点

1992—1993年间，为适应某些行业、企业生产一线对专门人才的需求，培养既能掌握高等教育某些专业基本理论知识又有较强实际操作技能的应用型、技艺型专门人才，实现“先培训，后上岗”的要求，少数成人高校进行了从参加普通高考的应届高中毕业生中以招工和招生相结合的方式招收成人高等教育新生的尝试。这一招生方式后被简称为“双招班”试点。国家教委积极面对了这一尝试性的改革，在印发的《关于印发1993年全国各类成人高校招生有关规定的通知》（教成［1992］19号）中明确提出“各类成人高等学校接受委托、以招工与招生相结合的方式招收的应届高中毕业生录取标准，应不低于普通高等学校招收自费生录取分数线”。1993年7月1日，国家教委在《关于一九九三年全国各类成人高校招生录取工作有关事项的通知》（教成［1993］13号）中又对“双招班”的录取工作提出了明确要求：“各类成人高校根据用人部门的需求，以招工与招生相结合方式录取新生，均须由省级成人高校招生办公室审批。审批时学校应有用人部门开具的招工与招生合同。录取参加普通高考的应届高中毕业生，应在不低于当地普通高校招收自费生录取分数线以下10分内录取。”1993年10月28日，国家教委办公厅在《关于一九九四年成人高等教育、中等职业技术教育、基础教育招生计划的编制、管理的通知》（教计厅［1993］29号）中明确提出“双招班”是为适应某些知识密集、技术密集、现代化程度较高的行业要求，为生产第一线培养具有较高文化素质和实际操作技能的工作人员而采取的一项特殊措施，不宜普遍推开。同年12月18日，国家教委以教成［1993］17号文颁布了《关于成人高等学校试办“双招”专科学历教育班的实施意见》，对“双招班”的承办学校、审批程序与招生计划、招生对象及办学形式等进行了详尽地规范。

根据国家教委有关文件精神，北京市独立设置的成人院校从1993年开始举办“双招班”。1996年北京市教育考试院成人高校招生办公室在独立设置的成人高校招生工作文件中规定，凡参加1996年普通高考的考生，总成绩达自费生录取线的，可报考经国家教委批准实行招工招生相结合（简称‘双招’）的独立设置的成人高校有关专业。“双招生”单独编班，实行全日制教学。按此规定，“双招”试点院校从当年高考应届毕业生中录取25名新生。

随着成人高等职业教育、成人脱产班等办学形式的发展，“双招生”的特点和优势也渐渐被湮没。至1997年，“双招班”的办学形式自行退出试点行列，其招生工作也终止了。

（六）“北京市中、高级紧缺人才培训工程（‘5＋2’招生考试）”招生

1993年前后，北京市的改革开放和现代化建设进入了新的发展阶段，建设现代化国际大都市的客观需求，城市现代化建设步伐的加快，产业结构的调整和升级，社会政治、经济、文化事业的发展等都对中、高级适用、复合型专业人才，提出了更为广泛的需求。为适应专业人才需求变化了的新形势，1995年，经北京市和国家教委批准，北京市成人教育局组织实施了“北京市中、高级紧缺人才培训工程”计划，于当年开始了“5＋2”招生考试（也被称为“能力考试”）试点工作。

“5＋2”招生试点是具有一定文化水平又急需培养的行业、系统、单位的骨干，参加全国成人高校招生考试5门课总成绩不低于北京市当年录取最低控制线80％者，另外以口试、笔试或实际操作方式进行2门课的能力测试，并将能力测试成绩以50％计入统考成绩后再决定是否录取为成人高等学历教育学生。“5＋2”招生考试方式的试行，积极探索了将“能力考试”引入成人高考的新机制，也为北京市行业、系统培养急需的中、高级应用、复合型专业人才试探了新的途径。1996年，北京市成人教育局成人教育考试办公室《关于北京市财贸管理干部学院等四所成人高校继续进行能力考试的请示》（［96］成教考字第001号）获得批准后，市成人教育考试办公室及时总结了试点以来“能力考试”的工作经验，制定了《能力考试实施办法》（［96］成教字第006号），积极推动了试点工作的顺利进行。1996年，四所试点独立设置的成人高校共通过“5＋2”考试录取238名新生。

1997年，北京市教育考试院成人高校招生办公室成立后，继续推进了“5＋2”招生考试试点工作，并根据国家教委成人教育司《关于批准北京市财贸管理干部学院等四所成人高校1997年继续进行能力考试的函》（教成司［1997］19号）的精神，修订了《能力考试实施办法》（成教考字［97］第008号），精心组织实施了各项管理工作，积极、稳妥地推进了试点工作的发展。

1998年1月6日，北京市教育考试院发布了《北京市成人高等学校能力考试试点专业（“5＋2”）招生报名及组考办法》（京考成［1998］第7号），市成人高校招生办公室又进一步修订了《能力考试实施办法》（京考成办（98）第06号），规范了各工作环节，完善了管理运行机制，为“5＋2”招生考试试点工作提供

了坚实的保证。

“5+2”招生考试试验工作的开展，为北京市培养了一大批急需的中、高级专业人才，弥补了当时急需复合、应用型专业人才的“缺口”，并在成人高校招生考试制度、体系、形式、内容、科目改革方面做了有益探索，既为“北京市中、高层次紧缺人才培训工程”作出了应有贡献，又为成人高校招生考试制度的改革探索了新的途径。

2000年，鉴于社会发展、进步的新形势以及成人高考制度改革的新情况，北京市成人高校招生办公室结束了“5+2”招生考试的试点工作。有关招生制度、科目、内容、形式的改革探索事宜也纳入了成人高校招生考试制度、体系的总体改革方案中，并在更广泛的层面上展开了更加深入、更加系统的探索和研究。

（七）成人高等职业教育招生

1994年3月11日，国家教委成人教育司下发了《关于北京市高等教育局〈关于在北京市属部分高校试办成人高等职业教育专业的请示〉的批复》（教成司［1994］17号），批准北京市高教局《关于在北京市属部分高校试办成人高等职业教育专业的请示》（京高教大［1994］003号）报告，同意北京工业大学、北京联合大学两所高校试办高等职业教育专业班，并规定招生对象为高中毕业或具有高中毕业同等学力、有实践经验或取得中级技术（专业）等级证书的技术工人（技术人员），入学考试采取5+2方式，两门技能课考试命题工作由北京市高教局负责。北京市1994年开始按此文件精神招收成人高等职业教育班（简称高职班）。

1995年11月9日，国家教育委员会以教成［1995］24号文印发了《关于成人高等学校试办高等职业教育的意见》，就成人高等职业教育的培养目标、专业设置与教学计划、证书及颁发、承办学校、审批程序等事宜做了明确规定。同时明确了招生对象是具有中等专业学校、技工学校、职业高中和普通高中毕业文凭及同等学力的在职从业人员。入学实行三门文化课、两门专业课考试，三门文化课文科类为政治、语文、数学，理科类为语文、数学、物理或化学。专业课入学考试科目由省、自治区、直辖市及计划单列或国务院部委教育行政主管部门视开设专业的实际需要，根据国家教委统一制定的专业课考试科目确定。专业课考试由国家教委考试中心命题，报名、考务及录取工作由省、自治区、直辖市招生部门组织实施。

按此文件规定，1996年北京市独立设置的成人高校试办的“高等职业技术教育班”与北京市普通高校试办的“高等职业技术班”的入学考试均纳入了成人高等教育招生的“3+2”考试体系，并统一简称为“高职班”。两门专业课考试由北京市招生主管部门分别组织实施。

1997年2月3日，国家教委《1997年全国各类成人高等学校招生规定》（教成［1997］2号）要求成人高等职业教育招生计划实行单列，并将入学考试分为两种：（1）报考国务院有关部委院校举办的“高职班”，考试科目仍按全国成人高校统一招生考试的五门统考科目执行。（2）报考地方属院校举办的“高职班”，考试科目实行“3+2”形式，其中三门基础课政治、语文、数学（分理工和文史两类）实行全国统考，两门专业课由省、自治区、直辖市招生办公室组织命题、考试。考试科目在国家教委规定的39个科目中任选两科。按此精神，市成人高校招生办公室对高职班招生考试政策也做了相应的调整，于3月15日成立了北京市高职班专业课命题工作领导小组，制定下发了《北京市属成人高校高职班专业课命题工作方案》（成教考字［97］第010号）并下发执行，为高职班招生改革提供了组织、制度保证。

1998年，北京市成人高校招生办公室继续坚持了国家教委关于高职班试点的政策、原则，并针对北京市的试点情况，完善了相应的管理规范，于1998年1月6日制定下发了《北京市属成人高等学校高职班（“3+2”）招生报名及组考办法》（京考成［1998］第6号），决定将高职班两门专业课命题、评卷、组考工作下放给各招生院校组织实施，在探索成人高等教育专业课考试组织方式的改革中迈出了新的一步。

1999年，市成人高校招生办公室认真研究了高职班专业课命题、组考、评卷工作由各招生院校实施的成功经验和实际情况，大胆地推进了各类成人教育招生专业课考试科目的改革。于1月10日修订下发了《关于各类专业课考试的组织办法》（京考成招［1999］第01号），果断决定在加强监督、检查力度的同时将成人高考中高职班、非师范类专科起点本科的专业课和艺术类、体育类的术科加试科目的命题、阅卷、组考工作一并下放给招生院校组织实施。2000年，市成人高校招生办公室又将各类专业课考试成绩评定办法做了调整，在修订下发的《关于各类专业课考试的组织办法》（高考成招［2000］第03号）中明确规定艺术类、体育类、高职班及非师范专升本专业加试课只报一个成绩；艺术、体育类专业按百分制上报成绩（满分 100 分）；高职班和非师范专升本班的专业课成绩上报时只需注明“合格”与“不合格”。2002 年，成人高等职业教育试验日趋成熟，管理工作也日渐规范，教育部也对有关高职班招生考试运行机制进行了改革。在 1 月 28 日下发的《关于做好 2002 年全国成人高等学校招生工作的通知》（教学［2002］2 号）中提出，高职类政治、语文、数学、外语科目仍实行全国统考，试题由教育部统一命制。两门专业课的考试安排（不含“3＋2”考试科目改革试点学校和专业）由省级成人高校招生办公室自行确定。至此，部属院校成人教育高职班和各省、市、自治区所属院校成人教育高职班招生两门专业课考试实现“并轨”，均由各省级成人高校招生机构确定考试科目并组织实施。

在高职班招生考试改革一步一步地迈向 21 世纪的最初几年中，整个成人高等教育招生考试制度的改革也在不断酝酿发展。此后的高职班招生考试科目改革也被裹挟在这一整体改革之中。2002 年 5 月 17 日，教育部以教学［2002］8 号《教育部关于 2003 年起调整成人高校招生考试科目设置的通知》推出了全国成人高校招生考试科目设置新方案。在《通知》中指出，为了使考试科目的设置更加符合成人高等教育的特点，有利于提高成人高校招生的生源质量和今后的培养，有利于考试的组织和管理，决定从 2003 年起，对现行全国成人高校招生科目设置调整为：(1) 高中起点升专科（含高职）、高中起点升本科考试按文科、理科分别设置统考科目。其中，高中起点升专科（含高职）统考科目为语文、数学（分文科类、理科类两种，下同）、外语 3 门，主要考查考生是否具备接受高等专科层次教育的最基本要求。考虑到本科教育与专科教育培养目标和教学要求的不同，报考高中起点升本科的统考科目的理科类考生增加一门物理化学综合课（简称“物化”），文科类考生增加一门历史地理综合课（简称“史地”）。(2) 专科起点本科统考科目按学科门类设置，不再按生源类别设置。统考科目为政治、外语和专业基础课 3 门。专业基础课根据各学科门类的特点设置 8 门，由招生院校按专业的需要规定考生应试其中一门。(3) 各类考生除参加上述规定的统考科目外，招生院校可根据专业要求自行确定是否再加试一门考试科目。如加试，可在录取前向省级成人高校招生办公室提交加试合格考生名单。录取时，省级成人高校招生办公室根据加试合格考生名单向招生院校投档，招生院校根据考生参加的统考的成绩，由高分到低分择优录取（艺术和体育类专业在考生文化课符合要求的基础上，按加试专业课成绩从高分到低分录取）。(4) 不需加试的院校，按考生参加统考科目的成绩录取。

2003 年 1 月 15 日，市成人高校招生办公室公布的《2003 年北京市成人高等学校招生规定》（高考成招［2003］1 号）贯彻了教育部教学［2002］8 号文件精神，并从 2003 年开始将“高职”和“高中起点本、专科”招生考试政策统一为一个模式，即由原来的“3＋2”改为“3＋X”（“3”是指成人高等职业技术教育，高中起点本、专科必须参加统考的三门基础课及专科起点本科的两门基础课和一门专业基础课；“X”在高职、高专招生考试科目系列中代表各招生院校需加试的专业课；而在高中起点本科招生考试科目系列中代表分科类需加试的“物理、化学综合”、“历史、地理综合”课或招生院校需例外加试的专业课程）。

至此，成人高等职业教育招生考试不再保留单独操作方式，而是与成人高中起点本、专科，专科起点本科招生考试形式归为一体，形成了共处一个系统，共用一种模式，共同采用一种操作方式的成人招生统考新体制、体系，这一新的体制、体系一直沿用至今。

（八）“保送生”招生

保送生是“保送成人中等专业学校优秀毕业生升入成人高校学习”的简称，亦曾被习惯称为“推荐生”、“推荐免试生”。

1995 年 4 月 8 日，国家教委成人教育司根据国家教委《关于改革和发展成人中等专业教育的意见》（教成［1994］3 号）精神，下发了《关于选拔优秀成人中等专业学校毕业生进入成人高校学习的有关事项的通知》（教成司［1995］22 号），在一些省、自治区、直辖市及有关部委进行了选拔优秀成人中等专业学校毕业生免试进入成人高校学习的保送生招生工作。北京市成人教育局系统部分独立设置的成人院校同期进入试点单位行列。

1996 年 1 月 15 日，北京市教育考试院成人教育招生办公室颁发的《北京市一九九六年各类成人高等学校招生规定（独立设置成人高等学校部分）》中规定，凡北京市属成人中等专业学校学习的应届毕业生，成绩优秀者，经推荐和北京市成人教育考试办公室审批，可录入有关成人高校学习。按此招生办法，1996年有33所独立设置的成人高校共录取了272名成人中等专业学校推荐的免试保送生。

1997年2月3日，国家教委印发了《1997年全国各类成人高等学校招生规定》（教成司［1997］2号），其中第四十四条就申明“优秀成人中等专业学校毕业生免试进入成人高等学校学习的办法另行制定。”同年3月4日，国家教委下发了《关于在部分省（市）试点扩大保送成人中等专业学校优秀毕业生升入成人高校学习比例的通知》（教成司［1997］18号）。在该文件中对保送生条件、专业、保送生招生实施办法、招生纪律及质量保证等做了明确规定，并要求“试点扩大的比例不得超过本地区或本部门成人中等专业学校当年的毕业生的5%”（1995年规定录取人数不得超过本地区、本部门成人中专当年毕业生数的2%），且被保送的成人中等专业学校应届毕业生“在校期间，各科学习成绩在80分以上，其中最后一学期毕业统考各科成绩达85分以上”。按此规定，北京市成人高等教育1997年共录取成人中等专业学校保送的优秀毕业生362人入各类成人高等院校学习深造。

1998年1月21日，国家教委在《1998年全国各类成人高等学校招生规定》（教成［1998］1号）中明确：“优秀成人中等专业学校毕业生免试进入成人高等学校学习按国家教委有关文件（成教司［1995］22号和教成司［1997］18号）的规定执行。”同年，《北京市一九九八年各类成人高等学校招生规定》（京成考［1998］第1号，1998年1月8日）中关于推荐生（即“保送生”——编者注）的招生录取事宜规定为：“凡在北京市属成人中等专业学校学习的应届毕业生成绩优秀者，经有关部门推荐和北京市成招办审批，可按招生计划录入有关成人高校学习。”1998年各成人中等专业学校共推荐511名优秀毕业生报名入市成人高等教育院校学习，经北京市成人高校招生办公室审查报名资格、条件后，录取500名进入各成人招生院校学习。

1999年1月15～20日，北京市各类成人教育招生工作会议在怀柔召开。各区县成人教育招生办公室主任、151所在京招生院校校长、招办主任235人出席了会议。会议传达了教育部学生司1999年全国成人高等教育招生集体办公会精神，结合北京市的实际情况研究部署了1999年的招生工作。明确指出，1999年要按教育部的政策规定取消推荐优秀中专毕业生免试进入成人高等学校学习的招生工作。

据此要求，推荐优秀中专毕业生免试进入各类成人高校学习的“保送生”工作于当年宣告终止。

（九）招收“中职应届毕业生”

招收“中职应届毕业生”是“招收中职（包括普通中专、成人中专、职业高中、职业中专及技校）应届毕业生入成人高等学校举办的高职、高专班学习”的简称，也被称为“中等职业技术学校与成人高校高职专业进行接轨试点”（或简称“接轨高职”）。这项试点工作始于1997年，结束于1999年。

1997年前，国家政策规定，凡能取得国家承认学历的各类在校学生不准报考成人高等教育。各类中职应届毕业生自然也在此限制之列。1997年，北京市的中、高等职业教育都有了许多新发展。为解决部分中职优秀毕业生继续升学深造问题，北京市教育委员会以（京教成［1997］006号）文向国家教委上报了《关于解决部分成人高校招收少量应届中职毕业生问题的函》。国家教委成人教育司在《对北京市〈关于解决部分成人高校招收少量应届中职毕业生问题的函〉的复函》（教成司［1997］11号）中批准北京市的东城区职工大学、宣武区红旗业余大学、朝阳区职工大学、西城经济科学大学、市总工会职工大学、市轻工业职工大学、北京工业大学、北京冶金管理干部学院8所院校12个高职专业面向北京财经学校、东城区职业教育中心学校、市第190中学、劲松职业高中等13所中职学校招收少量应届中职毕业生。1997年3月5日，北京市教育考试院成人高校招生办公室以《关于对北京地区部分成人高校招收少量应届中职毕业生实行内部招生的管理办法》（成教考字［97］第006号）对招生院校、招生专业、招生范围、报名办法、考试课程、录取工作等提出了明确要求，并规定报考成人高校的应届中职毕业生必须由所在的中职学校出具证明；非应届毕业班学生不得报考；其他学校的应届中职毕业生不得报考；必须由招生学校采取集体报名办法，不接受应届中职毕业生的单独报名；各区县招办要严格审查报名资格，不符合报名条件的不办理报名手续。学生证复印件、中职学校所出证明存档备案并报市成人高校招生办公室复审；根据国家教委规定，市属成人高校开设高职班专业由北京市教育考试院成人高校招生办公室根据国家教委颁布的复习大纲命题。两门专业课从国家教委规定的39门专业课中选定；录取按国家教委规定执行，录取时考生必须同时交验高中毕业证书及复印件。按此操作方式，1997年北京市部分成人高校第一次招收少量中职学校应届毕业生。

1998年，国家教委在北京、黑龙江、河南等五省市有条件的成人高校扩大了成人高校招收中职应届毕业生的试点工作，并在1月21日印发的《1998年全国各类成人高等学校招生规定》（教成［1998］1号）中明确："高等职业技术教育班（以下简称'高职班'）经国家教委批准，可招收成人中专、成人高中、职业高中、中等职业技术学校的应届毕业生和少量社会青年。"根据这些文件精神，北京市教委先后两次向国家教委提出报告，申请继续开展招收中职应届毕业生入成人高校学习的试点工作。1998年2月5日和3月9日，国家教委先后两次以《关于申请成人高等学校招收应届中职毕业生的复函》（教成司［1998］7号、教成司［1998］22号）批准北京市15所成人高等学校从1998年起招收应届中职毕业生，规定"招生办法按照我委教成［1998］1号文件的有关规定由各地招生部门具体实施"。同时也明确指出："招收应届中职毕业生仅在部分有条件的成人高校进行试点"，希望各试点省、市"要从严控制招生规模，加强学籍管理，切实保证试点班的教育质量"。市成人高校招生办公室以高考成办［98］第02号文及时转发了教育部《关于申请成人高等学校招收应届中职毕业生的复函》，并结合北京市的实际情况制定、公布了《北京市1998年招收应届中职毕业生报名办法》，从而保证了当年试点工作的顺利进行。

1999年，北京市招收中职应届毕业生的成人高校扩大到22所47个专业，招生范围也扩大到了112所中等职业学校。为总结试点工作，推进成人高校招生改革，市教委在征得教育部批准的情况下，于2月1日发出了《关于同意部分中等职业技术学校与成人高校高职专业进行接轨试点的通知》（京教成［1999］003号）。《通知》中说："根据原国家教委成教司《关于成人高等学校试办高等职业教育几点补充意见的通知》（成教司［1997］108号）及市教委协调会议精神，经研究，同意在部分成人高校及中等职业技术学校进行接轨试点"，并明确指出，"这种试点工作今年为最后一年，明年不再进行"。1999年，北京市试点成人高校共招收"接轨高职生"1 591人。此后，成人高等院校"招收中职应届毕业生"工作试点暂告一段落，有关中职毕业生升入成人高等职业学院事宜以另外办法得以解决。尽管教育部在《2000年全国各类成人高等学校招生规定》中仍规定"高等职业技术教育班（以下简称'高职班'）经教育部批准，可招收成人中专、成人高中、职业高中、中等职业技术学校的应届毕业生及社会青年"，但北京市成人高等教育从2000年起一直坚持了不再招收中职应届毕业生的招生政策。到2003年成人高等学校全国统一招生考试调整到10月份后，中职应届毕业生报考成人高等学校的问题随即迎刃而解。

（十）为残疾人单独举行成人高等教育入学考试

随着社会的发展和进步，人们对弱势群体的关注程度也越来越高。对成年的残疾人士实施科学、文化教育，提高他们的科学文化水平素质和适应现代生活的能力，使他们能更有尊严地在现代社会生活中实现自己的人生价值，共享和谐文明的小康社会，是成人高等教育应承担的一项特殊历史使命。北京市各类残疾人有40余万人，其中22岁～40岁的有11万人，而残疾人接受高等教育的比例仅有千万分之一左右。鉴于这种现实情况，2002年5月27日，北京市教育考试院向教育部提出了《关于北京联合大学特殊教育学院成人教育对残疾人实行单考单招的请示》（京考成招［2002］15号）报告，报告分析了北京市成年残疾人接受高等教育的情况和对成年残疾人开展成人教育的重要性、必要性和可行性，申请北京联合大学特殊教育学院针对残疾人的成人教育招生从2003年起实行单考单招的办法，并针对残疾人的不同特点，开设计算机应用（专科）（听障、肢残）、钢琴调律（专科）（视障）、服装设计（专科）（听障、肢残）、针灸推拿（专升本）（视障、听障、肢残）、艺术设计（专升本）（听障、肢残）、服装设计（专升本）（听障、肢残）6个专业，为处于不同层面的社会成员创造均等的高等教育机会，为北京市建设和谐社会作出必要的努力。

2002年8月20日，教育部高校学生司以教学司［2002］48号函批准北京联合大学特殊教育学院从2003年开始单独组织成人高等教育入学考试，招收具有省、地两级残疾人联合会颁发残疾证的残疾成年人，招生范围限于北京市，并由北京联合大学按当年教育部有关招生工作文件规定负责对考生资格的审查、命题和组考、评卷工作。评卷结束后拟录取名单经成人高校招生办公室批准后可录为成人高等教育相应专业的学生。同时在此文件中还颁布了专门制定的《北京联合大学为残疾人举行成人高等教育单独考试的招生专业及对残疾等级的要求》，这些要求是：

1. 专科起点升本科

(1) 针灸推拿专业：招收视障、听障和肢残学生，要求视障残疾等级在二级低视力以上，听障残疾等级在二级重听以上，肢残等级为四级。

(2) 艺术设计专业：招收听障和肢残学生，要求听障残疾等级在二级重听以上，肢残等级为四级。

(3) 服装设计专业：招收听障和肢残学生，要求听障残疾等级在二级重听以上，肢残等级为四级。

2. 高中起点升专科

(1) 计算机应用专业：招收听障和肢残学生，要求听障残疾等级在二级重听以上，肢残等级为三级和四级。

(2) 音乐学专业：招收视障和肢残学生，要求视障残疾等级在二级低视力以上，肢残等级为三级和四级。

(3) 钢琴调律专业：招收视障和肢残学生，要求视障残疾等级在二级低视力以上，肢残等级为三级和四级。

(4) 服装设计专业：招收听障和肢残学生，要求听障残疾等级在二级重听以上，肢残等级为四级。

根据教育部教学司［2002］48号文件精神，北京市教育考试院于2003年1月15日以京考成招［2003］4号《通知》印发了《北京联合大学特殊教育学院成人教育为残疾人举行单独招生考试实施办法》，对成人教育招收残疾人的招生计划制定、报名工作的组织和实施、报考条件、报考手续、考试组织、评阅试卷、录取最低控制分数线的划定、录取原则、录取审批程序、招生录取工作纪律等做了详细规范。2003年11月15日～16日成人高校招生全国统一考试期间，北京市在北京联合大学特殊教育学院考点第一次成功地组织了残疾考生参加的成人高考专场考试，有72名残疾成年考生参加了考试，北京联合大学特殊教育学院成人教育当年录取残疾成年学生63名。自此北京市成人高等教育迈出了服务于特殊社会群体的第一步。

2004年，北京市教育考试院总结了面向残疾成年人单独组织成人教育招生考试录取工作试点经验，研究了北京联合大学特殊教育学院对残疾人学习意向的调查结果及专业需求情况，决定扩大招收残疾人的成人高等教育专业，于2004年4月15日向教育部提出了《关于北京联合大学特殊教育学院成人教育面向残疾人单考单招增加专业的请示》(京考成招［2004］7号)，决定在2003年已开设7个专业的基础上，再增开英语（专科）、艺术设计（专科）、计算机（专科起点升本科）三个专业面向成年残疾人招生。4月26日，教育部高校学生司以教学司函［2004］56号《关于同意北京联合大学特殊教育学院成人教育面向残疾人单考单招增加专业的函》批准了北京市教育考试院的请示。2004年6月25日，市教育考试院以京考成招［2004］13号《通知》公布了重新修订过的《北京联合大学特殊教育学院成人教育为残疾人举行单独招生考试实施办法》，使成人教育为成年残疾人举行的单独招生考试在制度化、规范化建设方面又向前迈进了一大步。同年10月16日～17日，北京市成人高校招生全国统一考试期间，110名残疾人考生参加了北京联合大学特殊教育学院举行的单独招生考试，并有97名残疾考生顺利通过当年的招生考试，被录取为北京联合大学特殊教育学院的成人高等教育学生。至2004年，这项工作已成为北京市成人高等教育招生制度改革的新亮点，并引起了社会各界更加广泛的关注。

2005年，教育部高校学生司以《关于同意北京联合大学特殊教育学院成人教育单独考试增加招生专业的函》(教学招字05020号）批准北京市教育考试院《关于北京联合大学特殊教育学院成人教育面向残疾人单考单招增加专业的请示》(京考成招［2005］7号）报告，批准北京联合大学特殊教育学院2005年增开针灸推拿（专科）、音乐学（专升本）两个专业，使北京市面向残疾成年人招生的成人高等教育专业由原来的9个增加到11个。同时，北京市教育考试院还根据新形势和遇到的新情况，及时修订了有关残疾成年人招生的管理规定和实施办法，并于2005年6月30日以京考成招［2005］13号《通知》颁布了修订的《北京联合大学特殊教育学院成人教育为残疾人举行单独招生考试实施办法》，细化了面向残疾人招生的各项工作要求、制度和规范，保证了这项工作在可持续发展的轨道上稳步、健康地迈入和谐进步的新里程。

(十一)“免试生”招生

“免试生”是指“近五年以来获得全国劳动模范称号，参加重大国际比赛（由世界及国际体育组织主办的各种体育单项比赛、锦标赛、综合性比赛和运动会）获得前三名成绩者，经省、自治区、直辖市招生部门审核，报国家教委批准，可免试进入各类成人高等学校学习”者。“免试生”招生政策规定始见于1997年2月3日国家教育委员会以教成司［1997］2号《通知》所印发的《1997年全国各类成人高等学校招生规定》第七章第三十四条中。北京市教育考试院成人教育招生办公室1997年1月20日印发的《北京市一九九七年各类成人高等学校招生规定》［成教考字（1997）第（001）号］第七章第三十七条做了与国家教委有关文件精神基本一致的规定，并从是年开始招收“免试生”。

1998年1月21日，国家教委以教成［1998］1号《通知》印发的《1998年全国各类成人高等学校招生规定》对“免试生”的招生又做了更为详细的政策规定。其中第七章第三十五条中明确规定：“符合下列条件之一的人员，具备高中毕业文化程度（申请进入专科起点本科的，应具备国家承认学历的专科毕业文凭），本人申请，经省、自治区、直辖市招生部门审核，报国家教委批准，可免试进入各类成人高等学校学习：（1）获得国务院命名的全国劳动模范等称号者；（2）获得奥运会、世界锦标赛、世界杯赛前八名者；亚运会、亚洲锦标赛、亚洲杯赛前三名者；全国运动会、全国锦标赛、全国冠军赛冠军者；在奥运会、世界锦标赛、世界杯赛和亚运会上破世界纪录者。”市成人高校招生办公室除在《北京市一九九八年各类成人高等学校招生规定》（京成考［1998］第1号）中坚持了国家教委关于免试生的政策外，还在1998年1月9日制定下发了《一九九八年北京市各类成人高等学校免试入学申报审批办法》（京考成［1998］第4号），就“免试生”的申报条件、申报办法、审批程序、录取等事宜做了具体规定，并按这些规定录取专科起点本科劳模等免试生67人。

2000年，教育部在印发的《2000年全国各类成人高等学校招生规定》（教学［2000］4号）中对“免试生”政策又做了相应调整，规定“获得全国劳动模范称号者，经省级招生部门审核，报教育部批准，可免试进入各类成人高等学校相应层次学习。优秀运动员免试入学条件另行规定。”2月14日，教育部高校学生司下发了《关于对优秀运动员报考成人高等学校高中起点本、专科有关问题的通知》（教学司［2000］15号），对优秀运动员报考成人高等学校高中起点本、专科的条件进一步明确为“报名时除所需正常手续外，需出具经省（自治区、直辖市）体委人事部门审核后的运动成绩证明；申请免试入学的还需出具经省（自治区、直辖市）体委人事部门审核的《优秀运动员申请免试进入成人高等学校学习推荐表》（该表由国家体育总局监制）”。2月24日，北京市成人高校招生办公室以京考成招［2000］第06号文下发了《2000年北京市各类成人高校招收优秀运动员报名办法》，转发了教育部《关于对优秀运动员报考成人高等学校高中起点本、专科有关问题的通知》（教学司［2000］15号），规范了优秀运动员招生、录取工作程序，修订了有关政策规定和办法，为“免试生”和优秀运动员进入成人高等学校学习开辟了“绿色”通道。

2001年，北京市教育考试院根据成人高校招生中各类照顾对象的实际情况，进一步规范了各项管理工作，下发了《关于2001年北京市各类成人高校招生报名照顾对象审核办法的通知》（京考成招［2001］2号），劳模、优秀运动员“免试生”招生工作程序也得到进一步规范。

2002年，教育部在几年实践基础上重新细化了“免试生”的招生录取条件。在以教学［2002］2号文印发的《2002年全国成人高等学校招生办法》中对“劳模”概念重新界定，并明确规定，“获得‘全国劳动模范’、‘全国先进工作者’称号，全国‘五一’劳动奖章获得者，经省级成人高校招生办公室审核批准后，可免试入学”。这些政策规定及管理办法至今仍在沿用。

1997年～2005年，北京市各类成人高校依照有关规定录取各类“免试生”542人。年度录取人数见下表。

1997—2005年北京市成人高等学校录取各类“免试生”情况表

年份	1997	1998	1999	2000	2001	2002	2003	2004	2005
录取人数		67	33	26	39	163	148	38	28

（十二）运动训练专业单独招生

成人高等教育运动训练专业单独招生试点孕育于1986年。1986年成人高等教育实行全国统一招生考试前，体育院校各类成人教育招生、考试、录取等工作均由国家体委系统统一组织。1986年实行统考后，体育类成人高等教育招生考试也纳入了全国统考系统。但在5月份成人教育全国统一招生考试期间又恰恰是体育比赛和训练的旺季和黄金时段，因此，一些在一线的运动员、教练员就错过了招生考试的机会。为解决这个问题，国家体委与国家教委会商后，于1986年5月27日发出了《关于组织优秀运动队教练员、运动员参加成人高等教育补考有关问题的通知》[（86）体科字112号]，决定由国家教委命题，国家体委统一组织未能参加全国成人教育统一招生考试的运动员、教练员在7月份进行一次“补考”，这一补考就孕育了体育运动训练专业单独招生考试的最初形态。1987年3月23日，国家教委以（87）教高三厅字004号文下发了《国家教育委员会关于补考事的复函》，同意国家体委在1987年“适当时间，为报考运动员专修科及教练员专修科两个专业的运动员、教练员组织一次补考”，但“报考其他专业的考生一律参加五月份的全国统考”。至此，体育运动训练专业单独招生考试的模式基本形成，并沿用至今。

2005年9月5日，教育部下发了《关于印发〈2005年国家体育总局成人高等教育运动训练专业单独招生办法〉的通知》（教学司[2005]27号）。在通知中公布了2005年运动训练专业单独招生学校名单，明确了运动训练专业单独招生的目的和意义，指出：“为提高体育队伍文化素质和训练水平，满足在职教练员、现役运动员继续学习和深造的需要，2005年部分成人高校的运动训练专业继续由国家体育总局单独招生。”同时下发的《2005年国家体育总局成人高等教育运动训练专业单独招生办法》对有关问题作出的规定是：

招生院校必须是“列入国家体育总局成人高等教育运动训练专业单独招生的院校”，其“招生计划列入教育部核定的年度成人高等学历招生计划总数内”。报考条件为优秀运动员（包括省、自治区、直辖市、计划单列市、大军区、各行业体协）的教练员、运动员，运动学校和业余体校的教练员。报考高中起点升专科（高职）者应具有高中毕业文化程度或同等学力。报考专科起点升本科者必须已取得经教育部审定核准的国民教育系列高等学校、高等教育自学考试机构颁发的毕业证书或以上证书。

入学考试由国家体育总局科教司统一组织命题、考试和评卷，考生考试成绩由国家体育总局科教司通知各招生学校。

考试科目：高中起点专科（高职）的文化课考试科目为语文、数学、政治、英语，考试范围不超过国家体育总局科教司制定的成人运动训练专业单独考试复习大纲。专科起点本科文化课考试科目为运动生理学、运动心理学、运动训练学、综合，考试范围不超出运动训练专业专科教学大纲。

报考高中起点升专科（高职）的考生，除文化课考试外，还需参加各招生学校自行组织的运动专项考试，考试成绩供录取时参考。

录取工作程序是国家体育总局科教司划定最低录取控制线，经教育部核准后，各院校在线上由高分到低分确定录取名单，经国家体育总局核准后，报学校所在省级成人教育招生办公室审批后录取。

照顾录取按教育部规定的成人高校招生照顾录取条件执行。

至2005年，国家体育总局成人高等教育运动训练专业单独招生仍按上述文件规定精神进行，其他体育类成人高等教育也在国家有关方针的指引下稳步前进。

（十三）照顾录取政策

成人高等学历教育是面向各类在职成年人招生，培养社会各行业、系统急需的专业人才，开发广大成年人的再创造能力的教育。针对我国社会劳动者群体的结构变化情况，调整成人高等教育招生的照顾录取政策，为英雄模范人物、生产业务骨干和长期奋斗在艰苦行业的第一线职工提高科学文化水平、素质和能力创造条件，是成人高等学历教育招生工作必须坚持的基本方针之一。迄今为止的十年中，北京市以国家成人高等教育招生方针为指导，主动适应社会不断发展变化的新情况，适时调整成人高等教育照顾录取政策，使成人招生照顾录取政策向对社会政治、经济、文化生产作出突出贡献的骨干和艰苦行业的在职职工倾斜，积极推动了北京市社会生产的发展，促进了各行业系统先进模范人物的不断涌现。十年中北京市成人高等学历教育招生照顾录取政策变化情况见下表。

1995—2005年成人高等学历教育照顾录取政策的变化情况表

	照顾录取分数或方式（年份） 照顾对象及条件	一九九五	一九九六	一九九七	一九九八	一九九九	二〇〇〇	二〇〇一	二〇〇二	二〇〇三	二〇〇四	二〇〇五	说明
1	全国劳动模范、全国先进工作者、全国“五一”劳动奖章获得者	/	/	免试入学	免试入学	免试入学	免试入学	免试入学	免试入学	免试入学	免试入学	免试入学	凡当年北京市招生文件未做规定的年份，本表均以自右上方向左下方斜线的方式表示。
2	奥运会、世界杯赛、世界锦标赛的奥运会项目前八名，非奥运会项目前六名；亚运会、亚洲杯赛和亚洲锦标赛的奥运会项目前六名、非奥运会项目前三名；全运会、全国锦标赛和全国冠军赛的奥运会项目前三名，非奥运会项目冠军（注一）	/	/	免试入学	免试入学	免试入学	免试入学	免试入学	免试入学	免试入学	免试入学	免试入学	
3	运动健将和武术类项目武英级运动员	/	/	/	/	/	降50分录取	照顾50分录取	加50分投档	加50分投档	加50分投档	加50分投档	
4	一级运动员	/	/	/	/	/	降30分录取	照顾30分录取	加30分投档	加30分投档	加30分投档	加30分投档	
5	省地市级以上（含地市级）人民政府、国务院各部委及各省（自治区、直辖市）厅、局、总公司、国家特大型企业授予的劳动模范、先进生产（工作）者及科技进步（成果）奖获得者（注二）	照顾20分录取	照顾30分（专升本20分）录取	照顾30分（专升本20分）录取	照顾50分（专升本30分）录取	照顾30分（专升本20分）录取	照顾30分（专升本20分）录取	照顾30分（专升本20分）录取	加30分（专升本20分）投档	加20分投档	加20分投档	加20分投档	
6	省级青工妇等组织授予的“五一劳动奖章”、“新长征突击手”、“三八红旗手”	照顾20分录取	照顾30分（专升本20分）录取	照顾30分（专升本20分）录取	照顾50分（专升本30分）录取	照顾30分（专升本20分）录取	照顾30分（专升本20分）录取	照顾30分（专升本20分）录取	加30分（专升本20分）投档	加20分投档	加20分投档	加20分投档	
7	解放军、武警部队、公安干警荣立三等功以上者	照顾20分录取	照顾30分（专升本20分）录取	照顾30分（专升本20分）录取	照顾50分（专升本30分）录取	照顾30分（专升本20分）录取	照顾30分（专升本20分）录取	照顾30分（专升本20分）录取	加30分（专升本20分）投档	加20分投档	加20分投档	加20分投档	
8	归侨、归侨子女、华侨子女、台湾省籍考生	照顾10分录取	照顾15分（专升本10分）录取	照顾15分（专升本10分）录取	照顾30分（专升本20分）录取	照顾30分（专升本20分）录取	照顾30分（专升本20分）录取	照顾30分（专升本20分）录取	加30分（专升本20分）投档	加20分投档	加20分投档	加20分投档	
9	烈士子女、烈士配偶												
10	边疆、山区、牧区和少数民族聚居区的少数民族考生、国防科技工业三线企业单位（地处地市级人民政府所在地的除外）获企业表彰的先进生产（工作）者												

续前表

照顾录取分数或方式 \ 年份 照顾对象及条件		一九九五	一九九六	一九九七	一九九八	一九九九	二〇〇〇	二〇〇一	二〇〇二	二〇〇三	二〇〇四	二〇〇五	说明
11	解放军、武警部队、公安干警荣立集体二等功以上者				照顾30分（专升本20分）录取								
12	农、林、水利、地质、矿业、公安、监所、测绘、远洋运输、社会福利等艰苦行业专业考生（注三）	照顾10分录取	照顾15分（专升本10分）录取	照顾15分（专升本10分）录取	照顾30分（专升本20分）录取	照顾30分（专升本20分）录取	照顾30分（专升本20分）录取	照顾30分（专升本20分）录取	加30分（专升本20分）投档	在上线生源不足时，在20分幅度内降分投档。			
13	年满28岁考生（注四）					照顾30分（专升本20分）录取	照顾30分（专升本20分）录取	照顾30分（专升本20分）录取	加30分（专升本20分）投档				
14	年满25岁考生（注四）									加20分投档			
15	北京市远郊区县考生（门头沟、房山、通州、大兴、顺义、昌平、怀柔、平谷、密云、延庆、燕山区、矿务局的考生）（注五）									加20分投档			
16	获得北京市区县级以上“见义勇为”荣誉称号者（注六）							照顾30分（专升本20分）录取	加30分（专升本20分）投档	加20分投档			
17	自谋职业的城镇退伍士兵（凭省级民政部门颁发的《自谋职业证》）										加10分投档	加10分投档	

注一：此项照顾对象及条件1997年国家教委教成［1997］2号文件表述为：“参加重大国际比赛（由世界及国际体育组织主办的各种体育单项比赛、锦标赛、综合性比赛和运动会）获得前三名成绩者。”1998年国家教委教成［1998］1号文件表述为：“获奥运会、世界锦标赛、世界杯赛前八名者；亚运会、亚洲锦标赛、亚洲杯赛前三名者；获全国运动会、全国锦标赛、全国冠军赛冠军者；在奥运会、世界锦标赛、世界杯赛和亚运会上破世界纪录者。”1999年教育部教学［1999］1号文的表述与1997年国家教委教成［1997］2号文的表述相同。2000年后改为本表所列的表述方式，并细分了各类比赛项目及获奖名次的要求。

注二：此项照顾对象及条件北京市1998年京成考［1998］1号文及以前表述为“获北京市区、县以上人民政府（党委）、国务院各部委司局及市属（总公司）系统、国家特大型企业授予的享受地厅级劳模待遇的劳动模范、先进生产（工作）者、模范（优秀）党员称号者及科技进步（成果）奖获得者”。1999年后改为本表的表述方法，且与教育部文件表述一致。

注三：此项照顾对象及条件在国家教委教成［1998］1号文的文件中表述为：“在野外、井下、监所（监狱、劳改队、劳教所、少管所）、远洋、民政第一线从事采伐、农垦、地质、水利（农水、农电、防汛、水保、水管、施工、水文、移民）、采矿、勘探、测绘、远洋运输、殡葬和社会福利（孤儿、弃婴、残疾人、老年人、伤残复员退伍军人、精神病人护理）工作，报考对口专业的考生。”1997年前国家教委招生文件中表述与此基本相同，只是没有“殡葬和社会福利……”这一句。本表所用的是1999年后教育部文件的表述方式。

注四：该两项均为大龄考生照顾条件。1999年起，教育部文件规定年满25岁及以上考生享受此照顾条件。而北京市教育考试院在1999年2月25日给教育部学生司《关于1999年北京市各类成人高校招生几个特殊问题的请示》（京考成［1999］第2号）中则规定北京的报考者年满28岁可享受此照顾条件。1999年4月12日教育部高校学生司在《关于〈1999年北京市各类成人高校招生几个特殊问题的请示〉的批复》（教学招字第029号）中同意了北京市的意见。故北京市1999年招生文件中对大龄考生照顾的年龄仍以28岁为界限。本表所列照顾分数及照顾条件按北京市文件规定给出，因此1999年～2002年期间大龄考生照顾条件仍为28周岁及以上者。

注五：此项照顾对象及条件始于2003年，可见北京市教育考试院2003年1月15日印发的《二〇〇三年北京市成人高等学校招生规定》（京考成招［2003］1号文件）。

注六：此项照顾录取政策自2001年6月14日《北京市教育委员会关于印发对获得区、县级以上见义勇为荣誉称号人员在招生录取中给予照顾办法的通知》（京教计［2001］56号）下发后开始。2002年始写入《二〇〇二年北京市成人高等学校招生规定》。

（十四）对成人高等教育报考者文化程度、年龄、工龄的基本要求

为使成人高等教育坚持面向广大成年人，特别是坚持面向各类在职人员的方向，保证各类生源具备进入更高层次大学阶段学习的必要科学文化基础和能力，国家对成人高等学历教育报考者的文化程度、年龄、工龄都有相应的政策规定。随着形势的发展、初中等教育的普及和就业情况的变化，在最近的十年中对报考者的文化程度、年龄、工龄等条件要求也进行了适当的调整。

1. 对各类报考者文化程度的要求

1996年对报考成人高等学历教育高中起点本、专科者的文化程度要求为“须具有高中毕业文化程度”和具有高中毕业“同等学力者”；报考专科起点本科班者必须具有“国家教委审定核准的国民教育系列高等学校或高等教育自学考试机构颁发的大学专科毕业证书”。这一规定一直沿用至今。

2. 关于对各类报考者年龄的要求

1997年国家教育委员会教成［1997］2号文件中规定“以同等学力报考者，年龄需满19周岁”，按此精神，《北京市一九九七年各类成人高等学校招生规定》［成教考字（97）第（001）号］做了同样规定，而对其他类别的考生年龄没有明确限制。从1997年至今这一规定未做调整。

3. 关于对各类报考者工龄的要求

1996年，《北京市各类成人高等学校成人高等教育招生工作规定》（京高招成字［1996］001号）中明确，报考函授、夜大学等业余学习的考生工龄不限；报考成人脱产班的考生，其工龄要求由学校主管部门确定；报考脱产教师本、专科班在职教师须具有三年以上教龄，在职行政干部须具有五年以上工龄。专科起点本科班分为两类，一类是师范类专科起点本科班报考业余学习的中小学教师要求须具有两年以上教龄（工龄）；报考师范类专科起点本科全脱产学习的教师需具有两年以上教龄，中小学校长及其他行政干部须具有五年以上工龄。第二类是非师范类专科起点本科班（不分业余或脱产——编者注）须具有两年以上工龄。

1997年，《北京市一九九七年各类成人高等学校举办大学专科起点本科班招生规定》［成教考字（97）第（002）号］中规定，报考师范类专科起点本科脱产学习的教师“须具有三年以上教龄，校长及其他教育行政干部须具有五年以上工龄”，其他规定未变。1998年招生时继续执行了此规定。

1999年，对考生的工龄要求有了新的调整。在《一九九九年北京市各类成人高等学校招生规定》中只规定“报考专科起点本科班的考生应具有两年以上工龄”，对报考其他类别、层次、形式的成人高等教育考生应具备的工龄（教龄）均未提出具体、明确的要求。2000年教育部、北京市的成人高等教育招生文件中有关考生工龄问题的规定与1999年的文件规定完全相同。

2001年，北京教育考试院印发的《2001年北京市各类成人高等学校招生规定》（京考成招［2001］1号）中未再对各类、各种层次的成人高等教育报考者的工龄要求作出任何规定（2001年教育部教学司［2001］3号文件《关于做好2001年全国成人高校招生工作的通知》中说，2001年仍按2000年教学［2000］4号文件《关于印发2000年全国各类成人高校招生工作的通知》执行，而2000年是有工龄规定的，但实际上2001年执行时并未在考生条件上做工龄方面的限制）。至此，延续了多年的成人高等教育中某些类别、

层次或办学形式的报考者须有一定工龄方能报考的限制被取消。随着人们就业观念的更新和职业流动加快的情况变化，有关成人高等教育招生中对报考者工龄要求的政策也在不断探索中迈出了新的一步。

六、招生考试科目体系改革有了新突破

1986 年各类成人高等学校全国统一招生考试制度、体系建立后，各类成人高等教育招生主管部门和广大成人教育工作者一起，坚持了成人教育“一是要发展，二是要改革”的指导方针，对成人高等教育招生考试制度、体制、体系、内容、形式等进行了广泛、深入的探索与研究，所取得的丰硕成果也极大地充实了成人高等教育理论研究宝库，丰富了成人高等教育改革的实践领域，并为新时期成人教育招生考试改革的进一步发展奠定了坚实的思想基础和实践基础。在社会历史跨入 21 世纪的前前后后，成人高等教育招生考试改革也进入了攻坚阶段。面对这种新形势、新挑战，北京市教育考试院加强了成人高等教育招生考试改革的研究和探索，在 2001 年组织成人教育招生工作者和部分学者、专家参加了成人高等教育招生考试改革的研究和试点的工作，共同培育了成人高等教育改革的新成果，促成了成人高等教育招生科目、体制、体系改革的新突破。

（一）高中起点本、专科招生考试科目设置体系的改革

1986 年，各类成人高等学校招生实行了全国统一考试制度。是年 2 月 5 日，国家教育委员会和财政部共同下发了《关于印发〈一九八六年各类成人高等学校招生规定〉的通知》[（86）教高三字 003 号]，规定高中起点本、专科成人高等教育“理工农医类（含体育、非教师班地理专业）考政治、语文、数学（理工类）、物理、化学五科；文史类（含财经、政法、外语、艺术、教师班地理专业）考政治、语文、数学（文史类）、历史、地理五科（艺术类专业，数学成绩不计入总分，供录取时参考）”，本科各专业“须考公共外语。分英、俄、日三个语种，由考生任选一种，考分按百分之五十计入总分”，“外语专业（含外贸、外经）本、专科均须加试专业外语，由国家教育委员会统一命题……考试成绩不计入总分，单定录取标准”，“某些专业所需加试的科目由学校和主管部门决定并组织命题考试。加试科目的成绩，不计入总分，供录取时参考”。同时还规定“考试命题的范围不超出国家教育委员会制定的《一九八六年全国各类成人高等学校招生考试复习大纲》[（85）教高三厅字 017 号，1985 年 8 月 29 日]”。至此，全国各类成人高等学校招生考试科目设置“老五科”体系基本形成。

1993 年，根据国家教委、卫生部教成［1992］16 号文件精神，成人高等教育西医类专业（不含药学）入学考试科目从“老五科”体系中单列出来，除政治、语文、数学三科外，将原考的物理、化学两科改为生理学和人体解剖学。西医类入学考试科目的调整孕育了成人高等教育招生考试科目设置由“老五科”派生出“3＋2”科目设置体系的最初形态。到 1994 年，“3＋2”考试科目改革试点已扩大到了医疗、高护、西医药类；中医类；司法部属中央劳改劳教管理干部学院招收的劳教劳改管理专业类；劳动部委托有关院校开办机械制造工艺及设备和工业电气自动化共四类招生专业。“‘3＋2’试点”的概念也首次出现在国家教委《一九九四年全国各类成人高等学校招生工作有关事项的通知》（教成［1993］16 号）中。

1996 年，成人高等职业教育招生考试科目设置问题进入“3＋2”招生考试科目改革试点范畴，至此，“3＋2”考试科目改革已涵盖了成人高等教育招生的五种考试类别。“3＋2”试点中开考的两门专业基础课也由原来的 10 门课增加到 1996 年的 39 门。此后至 2002 年，成人本、专科（含高职）招生考试科目设置体系改革一直在“老五科”（主要用于文、理两大类成人本、专科教育形式）和“3＋2”（主要用于成人高等职业教育形式）两个子系统并行不悖的情况下稳步进行。尽管在此过程中曾出现过“5＋2”等招生考试模式的试验，调整过部分考试科目、内容和试点范围，但该考试科目设置体系的基本结构、格局未发生过实质性的变化。

成人高等教育招生考试科目改革的新突破酝酿于 2001 年，落实在 2003 年。早在 2001 年，教育部就针对社会发展出现的新情况和社会对各类专业人才培养提出的新需求开展了大量的调研工作，同时还组织各

省（市、自治区）成人教育招生机构和部分专家开展了大量的考试改革调研工作。北京市教育考试院专门组织了课题组，承担了“成人高校招生考试科目设置改革的研究”课题。2002 年，教育部在汇总调研结果、改革操作方案的基础上，于 5 月 17 日发出了《关于从 2003 年起调整成人高校招生考试科目设置的通知》（教学［2002］8 号），决定对成人高校招生考试科目设置体系作出幅度较大的新调整，以重新构建考试科目体系。在高中起点本、专科（含高职）考试科目设置调整中，自 2003 年起，不再沿用“老五科”和“3＋2”的科目设置体系，而是“按文科、理科分别设置统考科目”，将原来“老五科”的高中起点本科考试科目改为“4＋1”（其中“4”为国家统考科目，“1”为招生院校根据专业要求决定是否自行加试的科目）结构，原考“3＋2”科目的高中起点专科和高等职业教育考试科目改为“3＋1”（“3”为国家统考科目，“1”为招生院校根据专业要求决定是否自行加试的科目）结构。从《高中起点升本专科考试科目设置一览表》给出的考试科目设置情况可以看出，此次考试科目设置改变了原来“按生源类别设置”的规则，启用了“按学科门类设置”考试科目的新规则，在成人高等教育考试科目设置上实现了新的突破。新的招生考试科目设置体系主动适应了社会发展对各类专业人才培养的新需求，突出了成人高等教育学员的认知特点，注意了高等教育与中等教育知识基础结构上的衔接，考虑了进入大学阶段学习不同学科门类所应具备的知识理论基础，实现了“主要考查考生是否具备接受高等教育专科层次教育的最基本要求”的考试目的，同时也为成人教育招生考试科目改革打开了新的突破口，树起了新的标志碑。

高中起点升本专科考试科目设置一览表

报考科类		考试科目	
		统一命题考试科目	加试科目
高中起点升本科	理科	语文、数学（理）、外语、物理、化学	由招生院校确定
	文科	语文、数学（文）、外语、历史、地理	
高中起点升专科	理科	语文、数学（理）、外语	
	文科	语文、数学（文）、外语	

（二）“3＋2”考试科目设置改革

从最早出现“3＋2”招生考试形式到其在 2003 年退出招生考试领域，“3＋2”招生考试科目改革大致经历了初始、拓展、突破三个阶段。

1. 初始阶段

追根溯源，“3＋2”招生考试科目改革试验始于 1990 年，源于医药类成人高中起点本、专科招生考试的试点。

1989 年及以前，医药类成人高等本、专科招生考试科目与理工农类和体育、非教师班的地理专业招生考试科目相同，即考政治、语文、数学（理工类）、物理、化学五科；财经、政法、外语、艺术、教师班地理等文史类专业考政治、语文、数学（文史类）、历史、地理五科（其中艺术类专业数学成绩不计入总分，供录取时参考），这就是俗称“老五科”的成人高等教育招生考试科目。

1990 年，国家教委会同卫生部在黑龙江省进行了医科成人高等教育招生考试科目改革试点，将原医科成人教育考的“老五科”改为考政治、语文、数学（理工类）三科公共课，另加两门专业基础课，即人体解剖学和生理学。试点经验表明，“考试科目改革有利于从在卫生技术第一线工作、政治素质好、具有一定实践经验的在职卫生技术人员中根据工作需要，选送有培养前途者接受医学成人高等教育”。因此，1991 年 12 月 12 日国家教委发布了《关于扩大医学类成人高等教育入学考试科目改革试点范围的通知》（教成厅［1991］18 号），决定在 1992 年将试点范围扩大到黑龙江、山东、山西、湖南、四川、陕西六省的各类医科成人高等学校。人体解剖学、生理学两科考试由国家教委会同卫生部组织编写复习大纲。命题和提供试卷、标准答案（清样）工作委托黑龙江省招生委员会负责。1992 年 11 月 13 日，国家教委、卫生部下发了《关于改革西医类成人高等学校学历教育招生考试科目及〈生理学、人体解剖学复习考试大纲〉有关问题的通知》（教成［1992］16 号），决定“从 1993 年开始，改革成人高教西医类专业（不含药学）入学考试科目为政治、语文、数学、生理学、人体解剖学”。同时国家教委成人教育司和国家中医药管理局人事司以教成

[1992] 61号文件下发了《关于在部分省市进行中医药类专业成人高等学历教育招生考试科目改革及颁发〈中医基础学、中药学复习考试大纲〉有关问题的通知》，决定1993年在部分省市中医药类成人高等教育招生中进行考试科目改革试点。中医药类成人高等教育招生考试科目由原来“老五科”改为政治、语文、数学三门公共课，中医基础学、中药学两门专业基础课。这一阶段可视为“3＋2”考试科目设置改革的“初始阶段”。

2. 拓展阶段

1993年，“3＋2”考试科目改革试点在医药类招生考试科目改革试点顺利进行的基础上，又向个别社会急需、专业对口性和实用性较强的短线专业进行了拓展。同时进行试点的有：(1) 司法部属中央劳改劳教管理干部学院的在职人员，考试科目除三门基础课外，另两门基础课为劳改（劳教）基础、狱政（所政）管理。(2) 报考劳动部委托天津职业技术学院、河南职业技术教育学院、北京市计划劳动管理干部学院三所院校开设的机械制造工艺及设备和工业电气自动化两个专业、旨在培养技工学校生产指导教师的考生，考试科目除三门公共课外，机械制造工艺及设备专业考机械基础、机械制造工艺基础两门专业基础课；工业电气自动化专业考电工基础、电子技术基础两门专业基础课。1993年11月17日，国家教委《一九九四年全国各类成人高等学校招生工作有关事项的通知》（教成 [1993] 16号）首次将“招生考试科目”改革明确简称为“3＋2”试点，并强调指出，1994年“‘3＋2’试点工作仍维持在一九九三年我委批准的范围，考试科目不予改变”，“‘3＋2’试点考试的科目由国家教委依据一九九三年国家教委成人教育司与有关部门联合颁发的复习考试大纲组织命题，由各省招生机构统一组织考试”，“各地招生机构可以受理有组织的集体报名或借考”。

1994年，“3＋2”考试试点在原试点专业不扩大的前提下，对试点地域做了相应调整。1月6日，国家教委成人教育司、国家中医药管理局人事司下发了《关于一九九四年在全国范围内进行中医药类成人高等教育招生考试科目改革的通知》（教成司 [1994] 2号），决定1994年在全国范围内进行中医药类成人高等教育招生考试科目改革，并由此将中医药类成人教育招生考试“3＋2”考试科目改革在全国推开。

1994年12月22日，国家教委在以教成 [1994] 21号文颁发的《一九九五年全国各类成人高等学校招生规定》中，第一次系统地明确了全国医疗、高护、西医类；中医药类；司法部委托举办的劳教劳改专业类；劳动部委托相关院校开办的机械制造及设备和工业电气自动化专业共四类“3＋2”考试科目试点工作的具体要求，积极规范、推进了“3＋2”考试科目改革的试点工作。

在此期间，北京市成人招生主管机构认真贯彻了国家教委关于招生考试科目改革精神，在实施北京市“高、中级紧缺人才工程”的过程中进行了“5＋2”招生考试科目改革的探索。1994年3月11日，国家教委以教成司 [1994] 17号文批准北京市在部分市属高校试办成人高等职业教育专业时，这些试办的成人高等职业教育也曾采用了“5＋2”考试的方式。1995年11月9日国家印发了《关于成人高等学校试办高等职业教育的意见》（教成 [1995] 24号）。该文件对成人高等职业教育提出了“入学实行三门文化课、二门专业课考试”、“专业课入学考试科目由省、自治区、直辖市及计划单列市或国务院部委教育行政主管部门视开设专业的实际需要，根据国家教委统一制定的专业课考试科目确定。专业课考试由国家教委考试中心命题，报名、考务及录取工作由省、自治区、直辖市招生部门组织实施”的要求。由此，北京市将成人职业高等教育招生考试科目改革纳入“3＋2”考试科目改革体系，并在1996年实现了“3＋2”考试科目改革向成人高等职业教育的扩展。

1996年后，“3＋2”考试科目改革已涵盖了西医、高护类；中医药类；司法部系统的劳教、劳改等警官教育类；劳动部委托有关院校举办的机械制造工艺及设备、工业电气自动化类和其他成人职业高等教育共五类成人高等教育招生考试。1996年国家教委在颁布的《1996年全国各类成人高等学校招生规定》中，将使用五类考试形式的招生办学形式统一定义为“高等职业技术教育”，并将这种招生考试形式统称为“高等职业技术教育（下简称为‘高职班’）”，招生考试采用“3＋2”形式（即考三门公共课，两门专业课）。同时，在对西医、高护类；中医药类；司法部系统司法警官教育类和劳动部委托有关院校开办的机械制造、工业电气自动化类招生考试科目已有规定的基础上，对其他高职班专业课考试科目及考试范围做了具体规定，明确了高职班专业课要根据报考专业的不同，在国家教委统一命题的39门专业课中选考两门。这39门专业课是：生理学、人体解剖学、机械基础、BASIC语言、计算机应用基础、电子技术基础、金属切削原理与刀具、电路原理、电工基础、电子与拖动、施工技术基础知识、建筑材料、建筑结构、药剂学、化工基础、轧钢生产管理、炼钢生产管理、高炉冶炼生产管理、冶炼技术基础、经济法基础、营销基础知识、商品知识、会计基础、计算技术、旅游概论、礼仪规范、应用文与写作、实用公共关系、原料加工技术、烹调技术、化学肥料、有机化学、化工分析基础、中医基础理论、监狱（劳教）基础、机械制图、中药学、狱政（所政）管理、机械制造工艺基础。同时还明确了"高职班专业课考试科目命题不超出国家教委成人教育司颁发的复习考试大纲"。

3. 突破阶段

1999年，教育部对"3+2"考试组织方式进行了调整，将两门专业课考试组织工作放给各省、市、自治区招生主管机构。按照教育部《关于印发〈1999年全国各类成人高等学校招生规定〉的通知》（教学［1999］1号）精神和北京市成人高等职业教育发展的实际情况，北京市对成人高等教育"3+2"专业课考试组织方式进行了改革，并将北京市成人高职专业课考试的命题、组织考试工作下放给各招生院校。在《一九九九年北京市各类成人高等学校招生规定》（京考成［1999］第1号）中明确规定，除"3+2"考试科目改革试点前四类的两门专业课依然由教育部、卫生部、国家中医药管理局、司法部、劳动和社会保障部组织命题外，各高职班"两门专业课由招生学校依照原国家教委制定的复习考试大纲组织命题"，并实行三门基础课参加全国统考，"两门专业课由招生学校自行组织考试"。这一举措不仅进一步扩大了成人高等教育各校招生自主权，而且又在尊重各成人高校的改革、创新精神，深化考试改革，争取新的突破方面进行了有益的探索。

2000年，为结合行业特点，适应社会需求的不断变化，教育部继续推进了成人高校招生科目设置改革，把"3+2"招生考试方式改革向部分专业、院校推开。在2000年9月13日下发的《关于对2001年全国成人高校招生"3+2"考试科目设置改革及有关事项的通知》（教学司［2000］90号）中对两门专业课设置进行了适当调整。调整后的考试科目为：（1）所有公安类院校，两门专业课为：警察法学教程、公安学基础理论。（2）司法部属中央司法警官教育学院举办的监狱管理、劳教管理专业，两门专业课为：监狱（劳教）基础、狱政（所政）管理。（3）医学门类（除药学类和医学类外）专业，两门专业课为：医学基础、医学临床。（4）天津职业技术学院、河南职业技术教育学院、北京市计划劳动管理干部学院三所院校开设的机械制造工艺及设备专业、汽车检测与维修专业，两门专业课为：机械基础、机械制造工艺基础；工业电气自动化专业、计算机教育专业，两门专业课为：电子基础、电子技术基础。（5）中医、中药类专业，两门专业课为：中医基础学、中药学。

"3+2"考试科目体系改革新的突破是在2003年。随着成人高等教育考试科目改革的深入和试点的成功，教育部高校学生司根据教育部办公厅教高［2002］8号文件精神，随即下发了《关于从2003年起调整全国成人高校招生部分由有关中央部门统一命题的考试科目设置的通知》（教学司［2002］47号），决定将原成人高校招生中高中起点升专科的"3+2"考试科目设置形式调整为"3+1"，原两科专业课调整为一科专业基础课。语文、数学（分文、理科类）、外语三门公共课仍由教育部统一命题。一门专业基础课仍由公安部、司法部、卫生部、国家中医药管理局四个部门分别组织命题，其招生专业和必须考的一门专业基础课分别为：公安类院校所有专科层次招生专业其专业基础课为公安专业基础；司法部属中央司法警官教育学院举办的监狱管理、劳教管理专科层次专业其专业基础课为监狱（劳教）基础；医学（除药学类和中医学类外）专科层次专业其专业基础课为医学综合；中医、中药类专科层次专业其专业基础课为中医综合；其他成人高等职业教育是否加试由招生学校自行确定。至此，原成人高等职业教育招生考试科目改革实现了新的突破，迈出了新的探索步伐。

（三）专科起点本科招生考试科目改革

早在1984年，全国各类成人高等学校招生尚未实行全国统考时，一些高等师范院校就经教育部批准招收了专科起点本科教师班。1984年12月18日，教育部在《关于一九八五年各类成人高等学校招生工作的通知》［（84）教成字043号］中明确，"经批准招收大专起点的教师本科，其招生考试规则另外通知"。1985年1月18日，教育部以（85）教科三字001号文下发的《关于一九八五年招收大专起点的教师本科班考试规定的补充通知》中进一步明确：根据成人高等师范教育的特点，按照高等师范专科教学计划的基本要求设定的大专起点教师本科班招生考试科目为：公共课：政治（按师范专科公共课教学计划要求）；专业课：二至三门。1986年各类成人高等学校开始实行全国统一招生考试。2月5日，国家教育委员会、财政部在《关于印发〈一九八六年各类成人高等学校招生规定〉的通知》[（86）教高三字003号]中同时颁布了《一九八六年普通高等学校、教育学院举办大学专科起点的中等学校教师本科班招生规定》，该文件关于考试科目的规定为：

普通中学教师（含各类中等学校普通课教师）本科班的考试科目共五科，公共课两科，专业课三科。

公共课：政治理论课（政治教育专业改为中国通史）、教育理论课（教育学、心理学）。

专业课，各专业分别规定如下：

政治教育专业：中共党史、哲学、政治经济学。

汉语言文学专业：现代汉语、中国文学（现代、古代）、文学概论。

历史学专业：中国通史、世界通史、中国历史要籍介绍和选读。

英语专业：精读和泛读、听说、实用语法。

数学专业：空间解析几何、数学分析、高等代数。

物理专业：高等数学、普通物理、普通物理实验。

化学专业：高等数学、有机化学、无机化学（含分析化学）。

地理专业：中国地理、世界地理、自然地理基础。

生物专业：植物学、动物学、人体解剖及生理学。

体育专业：体育理论、运动生理学、综合考试（田径、球类、体操、武术）。

音乐专业：钢琴、声乐、基本乐理。

美术专业：美术技巧（素描、色彩画）、创作、美术史（中外）。

其他教师本科班的考试科目共五科。公共课两科：政治理论课、公共外语课。专业课三科：由省、自治区、直辖市或有关部委教育主管部门确定。

该文件同时还规定："招收普通中学教师的本科班，其命题范围不超出《中学教师进修高等师范专科教学大纲》规定的内容；其他教师本科班的命题要达到大专毕业水平，不能降低要求"，"其考生一般应参加考生所在地的省、自治区、直辖市组织的大专起点的统一招生考试"。

1987年2月25日国家教委以《关于同意北京大学等二十一所高等学校试办函授、夜大学大专起点本科班的复函》[（87）教计字036号]批准北京大学等21所高校开展大专起点本科班的试点工作，并规定"招生对象为年龄在四十岁以下，具有专科毕业后两年以上工作实践的优秀在职干部和职工"。招生和入学考试等事宜参照国家教委当年颁布的《一九八七年普通高等学校、教育学院举办大学专科起点的中等学校教师本科班招生规定》执行，其考试科目基本与专科起点本科教师班考试科目相同。自此，成人高等教育专科起点本科班由原来的教师教育类扩展到了面向社会招收其他在职人员的各类专业，非教师类专科起点本科班也在普通高校和独立设置的成人高校开始了试点工作。

为适应成人高等教育专科起点本科班试点的扩大，国家教委在（89）教高三字002号文件中公布的《一九八九年普通高等学校、教育学院举办大学专科起点的中等学校教师本科班招生规定》中对考试科目做了部分"微调"，将原来普通中学教师（含各类中等学校普通课教师）本科班的考试科目由原来的五科改为四科，公共课由原来的两科改为一科：教育理论（教育学、心理学，侧重教育学部分）。专业课调整的有：政治教育专业原哲学改为马克思主义哲学，中共党史改为中国革命史；英语专业原实用语法改为实用英语；物理专业原普通物理、普通物理实验改为力学热学、光学电磁学；体育专业的综合考试内容中删去了"武术"的内容；音乐专业在音乐基本理论科目中明确了含"乐理、和声"的考试内容，并增加了视唱练耳的考试科目；美术专业原美术技巧（素描、色彩画）、创作、美术史（中、外）改为素描、色彩、创作、美术史论基本知识（中外美术史及技法理论）。其他教师专科起点本科班的考试科目也由五科改为四科，公共课由两科改为一科：公共英语。专业课三科，由省、自治区、直辖市或有关部委教育主管部门确定。

随着专科起点本科成人高等教育社会需求的日趋旺盛和试点范围的扩大，成人高等教育专科起点本科班师范教师类和非师范教师类的区别也越来越清晰。适应这一新情况，在国家教委颁布的《一九九二年全国各类成人高等学校举（试）办大学专科起点本科班招生规定》（教成［1992］2 号）中也对其他教师类及非教师类专升本班的考试科目做了新的调整，并重新规定为考试科目共五科，其中公共课两科为政治和外语；专业课三科，具体科目由各省、自治区、直辖市招生学校或学校主管部门确定。

1993 年，国家教委专门召开会议，总结了成人高等教育专升本班试点情况，研究制定了非师范类专升本招生考试科目设置体系。1993 年 11 月 17 日，国家教委在《一九九四年全国各类成人高等学校招生工作有关事项的通知》（教成［1993］16 号）中公布了这一考试科目设置体系，规定考试科目共四科，即两门公共课，一门专业基础课，一门专业课。公共课和专业基础课分别为：

理科类：政治、英语、高等数学（一）；

经济管理类：政治、英语、高等数学（二）；

文史、中医类：政治、英语、大学语文。

以上三类专业需考的专业课可由招生学校从图书馆学、档案学、文学概论、新闻学、政治学概论、行政管理学、财政金融学、会计学原理、环境保护概论、管理学概论、电子基础、电路原理、机械设计基础、结构力学、化工原理、地质学概论、医学基础、植物生理学、中医基础理论 19 门课中任选一门。

法学类：政治、英语、民法、刑法；

英语类：政治、英语、大学语文、精读和泛读；

同时，文件中还明确，“报考‘专升本科班’的考生，必须参加全国统一招生考试，由国家教委颁布《专科起点本科班各科复习考试大纲》，由国家教委考试中心统一组织命题、制定试卷评分标准”。

1994 年，成人教育中非师范类专科起点本科班完成了试点阶段任务，并迈出了新的发展步伐。与此相适应，北京市的非师范类专科起点本科成人高等教育招生工作也按国家教委《关于进一步改革和发展成人高等教育的意见》（国办发［1993］3 号）指出的方向，迈上了“切实保证学生入学质量”，“结合成人特点逐步改革招生考试办法”的新里程，并在招生考试组织方式、生源质量保证、考生报名办法改革等方面激发了新的亮点，积累了新经验。

1999 年，教育部将专升本专业课命题、组考权授予各省、市、自治区成人教育招生管理机构，不再实行全国统考。以此为契机，北京市教育考试院成人高校招生办公室先于全国其他省、市、自治区在专科起点本科班成人高等教育招生考试组织工作中大胆地进行了新的探索。在坚持教育部确定的专业课“由招生学校在‘专升本班专业课一览表’中任选一科，刑法、民法由司法部组织命题，其他专业课的考试安排，由各省、自治区、直辖市招生机构确定”的原则基础上，北京市教育考试院成人高校招生办公室果断地将非师范类专升本招生考试专业课组考、命题、评卷的工作同时放给各招生院校管理，在《一九九九年北京市各类成人高等学校招生规定》（京考成［1999］第 1 号）中明确规定，专升本招生考试的“专业课由招生学校组织命题、考试”。

这一考试方式的改革，突破了原有招生考试体制的束缚，赋予了各高校成人高等教育招生以更大的自主权，使招生院校可以根据本校专业特点及培养目标的具体要求，选择那些具有专升本学习基础的优秀生源入校学习，为保证专升本的教育水平和质量，造就社会急需的新型中高级专业人才，以及成人招生工作改革的深入发展奠定了重要的思想认识和实践基础。

2001 年，北京市教育考试院按照教育部《关于 2001 年全国成人高等学校招生专科升本科考试科目设置及有关事项的通知》（教学司［2000］76 号）精神，对考试科目进行了微调，将原归类于文史、中医类中的艺术类各招生专业统考科目调整为政治、外语和艺术概论。虽然此次调整对整个考试科目体系、组织方式未做改变，但却为 2001 年以后的招生体制、制度、科目设置体系的改革讨论、研究奏响了前奏曲，并为 2003 年招生科目设置体系改革做了充分的思想和舆论准备。

专科起点升本科招生考试科目设置体系改革的新突破是与高中起点本、专科考试科目设置体系改革的突破同时出现的。在教育部《关于从 2003 年起调整成人高校招生考试科目设置的通知》（教学［2002］8 号）中指出，教育部在总结了教学司［2000］76 号文下发以来成人高校招生考试科目设置改革的经验和调研的结果后认为，对成人高校招生考试科目设置体系进行调整，使之“更加适合成人高等教育的特点”，更

“有利于提高成人高校招生的生源质量”，“有利于考试的组织和管理”，有利于检查考生是否具备自己报考的专业层次所需要的知识基础和能力素养，有利于对各类在职专业人才的培养和提高。因此，“决定从2003年起，对现行全国成人高校招生考试科目设置做进一步地调整”。

在2003年的这次调整中，专科起点升本科招生考试科目设置突破了原来按生源类别设置考试科目的思想局限，坚持按各校开办的学科门类设置招生考试科目的体系设计原则，将原来要考两门基础课、一门专业基础课、一门专业课的统考科目改为两门公共基础课（政治、外语）、一门专业基础课共三门。一门“专业基础课根据各学科门类的特点设置八门，由招生院校按专业的需要规定考生应试其中一门”，是否要加试专业课则由招生院校自行确定。调整后的专升本招生考试科目设置情况见《专科起点升本科各学科门类考试科目设置一览表》。

成人高等教育专科起点升本科各学科门类考试科目设置一览表

<table>
<tr><th rowspan="2">报考学科门类以及一级学科</th><th colspan="2">全国统一命题考试科目</th><th rowspan="2">专业课</th></tr>
<tr><th>公共课</th><th>专业基础课</th></tr>
<tr><td>哲学、文学（艺术学除外）、历史学以及中医学类（一级学科）</td><td rowspan="8">政治、外语</td><td>大学语文</td><td rowspan="8">由招生院校自定</td></tr>
<tr><td>艺术类（一级学科）</td><td>艺术概论</td></tr>
<tr><td>工学、理学（生物科学类、地理科学类、环境科学类、心理学类等四个一级学科除外）</td><td>高等数学（一）</td></tr>
<tr><td>经济学、管理学、农学以及职业教育类、生物科学类、地理科学类、环境科学类、心理学、药学类等一级学科</td><td>高等数学（二）</td></tr>
<tr><td>法学</td><td>民法</td></tr>
<tr><td>教育学（职业类一级学科除外）</td><td>教育理论</td></tr>
<tr><td>农学</td><td>生态学基础</td></tr>
<tr><td>医学（中医学类、药学类两个一级学科除外）</td><td>医学综合</td></tr>
</table>

依据表中所列数据和提供的信息就完全可以勾画出专升本招生考试科目设置新体系的新结构、新特点。而这一新的体系结构以及这一体系所表现的新特点和较强的适应能力都曾是1999年北京市教育考试院将专升本专业课考试交给各招生院校命题、组考的初衷之一，也是这一改革成果能在成人高等教育园地里不断生长、开花、结果的重要原因。

七、考试时间改革有了新突破

成人高等教育招生考试时间改革的新突破是和考试科目设置体系改革的重大突破一起，同时发生在2003年。由于成人教育招生考试时间的早晚会直接影响到学生的入学时间、学校教学计划的组织实施、教学力量的调配、教学管理制度的调整、学制改革、学生毕业时间以及成人学历教育与其他各类教育的横向沟通、纵向衔接等问题，因此，关于成人教育招生考试放在每年哪个月份合适的研究讨论声，在2003年前的十几年中始终不绝于耳，其中，如何避开普通高校招生考试录取时间，避免成人高等教育招生与普通高校招生这“两大升学考试”在招生录取工作上的重叠或冲突，并保证每年第二学期开始后同时开学的问题，也曾是成人高等教育领域讨论的焦点问题之一。

在全国成人教育招生统一考试制度尚未形成的1985年以前，各省、市、自治区院校的自主招生考试、各部委主管高校的单独考试以及校校间联考的时间并不统一。但大多是在普通高等学校招生考试（“高考”）前安排，少部分学校安排在高考后。而普通高等教育和成人高等教育所招新生都在每年第二学期开始时同时报到开学。

1986年，全国成人高校招生考试实行了统一考试大纲、统一考试命题、统一考试时间的“三统一”。为使“两大升学考试”在时间上拉开一定距离，保证各级招生主管部门（当时大多数省、市、自治区成人教育招生工作和普通高等教育招生工作都由一个招生办公室负责——编者注）能从容地完成“两大升学考试”的组考及招生工作任务，并保证在当年的第二学期开学时正常开学，国家教委将成人教育招生考试时间定在每年5月的第二个星期六、星期天。尽管考试时间问题常常成为成人教育界人士讨论的话题，但统一考试时间对建立和完善成人教育招生考试制度体系所起到的历史作用，却从未有人否定过，而且这一“时间制度”一直沿用了十几年。

1998年，随着21世纪的临近，中国高等教育体制、体系的改革也进入了新的发展阶段。为适应建立具有中国特色社会主义教育新体制和完善终身教育体系的需要，主动迎接时代进步带来的新挑战，成人教育招生制度、体系改革问题又一次被提上了教育改革的议事日程。是年，教育部高校学生工作司就成人招生改革问题拟订了7个调查研究课题，考试时间研究就是这7个重点课题之一。1999年，第三次全国教育工作会议召开，预示着我国面向21世纪教育改革的新高潮即将到来。与此相适应，北京市教育考试院组织各区县成人招生工作专家、各院校学者积极参与了教育部7个成人招生的课题调研工作，为成人教育招生改革搜集了大量第一手资料，提供了重要参考依据。2001年11月19日，市教育考试院成人高校招生办公室召开了成人招生改革研讨会，十所院校成人招生工作负责人参加了会议，就招生考试时间、科目、内容及成人招生计算机辅助系统建设等课题进行了广泛研讨。2002年1月21日，市成人高校招生办公室专门召开成人高等教育招生改革立项讨论会，酝酿了考试时间、科目设置改革等重大问题。

广泛深入地调查研究和对现存问题不断深入地分析讨论，使北京市广大成人教育工作者对考试时间改革的认识持续深化，有关成人教育招生考试时间改革的思路也逐步清晰。2002年8月，北京市教育考试院成人高校办公室汇集了多年来的研究成果，就成人高校招生考试时间改革问题拿出了初步方案，并率先向教育部提出了“将成人高校招生全国统一考试时间由5月份改为下半年进行，实行成人高校春季招生”的改革方案和建议，从理论与实践两个方面论证了这一方案的可行性，为2003年成人高校招生全国统一考试时间改革提供了可靠的参考依据。

2003年，是成人教育招生改革取得重大突破最多的一年。全国普通高校招生统一入学考试时间的提前及成人高校招生考试科目设置改革成果的实现，使成人高校招生考试时间改革问题进一步凸显，并将其推上了成人高校招生改革大潮的最前沿。几年研讨提出的多种改革方案重新被摆到了决策机构案头，考试时间“提前”和“错后”的两种意见方案成为研究讨论的中心议题。就在讨论尚在热烈进行时，一场突如其来的抗击“非典”的战役却催生了考试时间改革的新方案。2003年4月，北京市人民政府在慎重研究了市教育考试院提出的推迟北京市成人高校招生考试时间的预案后，于4月21日以京政函［2003］33号文向教育部上报了《关于申请推迟成人高校招生考试时间的函》，郑重提出，“为有效防止疫情扩散与蔓延……考虑到参加成人高校招生考试的人员构成复杂，规模大，且需使用高校或中学教室进行考试等情况，为保证师生的健康与安全，经慎重研究，我市申请将今年成人高校招生考试时间推迟，拟将考试安排在11月1日至2日进行，12月上旬录取，2004年3月新生报到”。

北京市关于推迟2003年成人高校招生考试时间的决定是在对成人高校招生考试时间改革研究不断取得新进展和北京市抗击“非典”形势的系统把握的前提下作出的。因此，不仅得到其他一些省、市、自治区的支持，而且也得到了教育部和国务院的首肯。2003年4月24日，教育部根据北京市等省、市、自治区的建议并报经国务院批准，决定“2003年成人高校招生考试全国统一入学考试推迟到下半年进行”，并将此决定以《关于推迟2003年成人高校招生全国统一入学考试时间的通知》（教电［2003］145号）通知到全国。7月4日，教育部以教电［2003］278号文发出了《关于2003年全国成人高校招生统一入学考试的通知》，决定2003年“全国成人高校招生统一入学考试于11月15日、16日两天进行，12月底前录取工作基本结束，录取新生于2004年春季入学”。至此，成人高校招生考试时间的改革迈出了关键的一步。

为把成人高校招生时间的改革稳步地向前推进，北京市教育考试院成人高校招生办公室在2003年7月9日召开了部分招生院校参加的成人高校招生考试时间改革问题研讨会，北京市教育考试院副院长刘枫耘、教育部高校学生司范卫宏处长、市成人高校招生办公室主任李鸿江、副主任丁新生等领导到会就各校是否同意今后成人高等教育改为“秋季考试、春季入学”、时间安排在几月份合适等问题直接征求各校意见、方案，对招生考试时间改革事宜进行深入研究。

教育部高度重视并及时推广了北京市一手抓抗击“非典”，一手抓改革推进工作的先进经验，于2003年9月3日以教学司函［2003］52号文向全国各省、市、自治区成人高校招生办公室发出《关于成人高校招生实行“秋季考试，春季入学”的征求意见函》，要求各成人高校招生办公室就有关问题向各类成人教育招生院校广泛征求意见，并将征求到的各校书面意见原件在9月30日前特快专递上报教育部学生司，以汇总研究后“为积极、稳妥地推进成人高校招生考试改革”提供参考依据。

2003年的成人高校招生考试是在全国上下奋力抗击“非典”的紧张战斗中进行的，也是考试科目、时间改革后第一次考试。考试、招生工作任务的顺利完成，标志着考试科目、时间的改革实现了新突破，取得了新进展。总结成人高校招生改革方案在2003年的实验结果，汇总、研究了各省、市、自治区成人高校招生办公室、各招生院校提出的建议、方案后，教育部报经国务院同意，决定将成人高校招生考试时间改革实验结果推广开来，延伸下去，于2004年2月5日下发了《关于从2004年起全国成人高校实行“秋季考试，第二年春季入学”的通知》（教学［2004］3号），明确提出“从2004年起全国成人高校招生统一考试定于每年10月的第三个星期六、日举行，录取的新生于第二年春季入学”。同时还要求，“各省级教育行政部门、招生考试机构和成人高校要向社会和广大考生做好成人高校招生工作时间调整的宣传工作，创造良好的社会环境，确保招生工作时间调整后成人高校招生的顺利进行”，并要求“要认真研究成人高等教育和招生工作面临的新情况、新问题，积极探索进一步深化成人高校招生制度改革的新思路”。至此，成人高校招生考试时间改革任务顺利完成，成人教育招生制度改革也跨入了新的发展阶段。

八、招生报名工作的现代化、信息化建设迈出了新步伐

如果说招生宣传是成人教育招生工作整个链条上的第一个环节的话，那么报名工作就是成人高校招生工作的第二个环节，也是整个招生工作中最基础、最重要、最为关键的环节之一。科学制定报名工作计划方案，让考生全面了解招生学校、专业设置情况，正确把握报名工作程序，严格审查考生报名资格，指导考生填报志愿，准确无误地收集每个考生的基本信息，科学、系统地整理数以几十万计的各类数据，为组考、录取等后续工作奠定坚实的基础，是报名工作阶段必须完成的主要任务。1996年以来，北京市教育考试院成人高校招生办公室在上级各主管部门领导下，与各区县成人招生主管机构、各招生院校的同志一起，认真贯彻执行了教育部等上级主管部门的各项指示精神，精心策划、精心组织、精心实施，不仅成功地组织了十一次（含“非典”后的补报名一次）全市成人教育招生的报名工作，而且还持续推进了成人教育招生工作的改革，推动着北京市成人教育招生报名工作稳步迈上现代化、信息化发展的新里程。

北京市的成人教育招生报名工作的程序化、规范化操作系统早在1996年以前就基本形成。1996年成人教育招生报名具体操作办法如下所述。

（一）高中起点本专科报名

（1）符合报考条件的考生按规定的时间到户口所在地（非北京市户口者到工作单位或居住地所在地）的区、县成人教育招生办公室指定地点报名。报名时需交报名费和近期一寸免冠正面同底版照片三张，领取报名登记表、志愿表、报名卡和报名志愿信息卡，并在报名人员指导下如实填写。

（2）将填好的报名登记表拿回本单位由人事部门或职工教育部门签署意见、加盖公章后由盖章部门签封，并在规定的时间内持本人身份证（及复印件一份）将工作单位签封的登记表送交原报名点。符合照顾条件的考生需交验原始证件及复印件一份。照顾对象审核表需由所在单位主管人事、教育部门同意并签署意见、加盖公章、单位签封后，携本人身份证到报名点交区县成人教育招生办公室。

（3）各区、县成人教育招生办公室负责审查考生的报考资格，制作准考证，并在规定的时间为符合报考条件和报考手续的考生发放准考证。

（4）报考体育、艺术类专业及需要加试专业课的考生，除在报名点办理有关手续外，还需到招生院校办理专业课或加试课报名手续。

（二）专科起点本科报名

专科起点本科报名除如高中起点本科报名一样需履行规定的报名手续外，还需在报名时交验国家教委审定核准的国民教育系列高等学校颁发的毕业证书原件和复印件。

（三）第二专业专科学历教育报名

第二专业专科学历教育报名工作按《北京市一九九六年各类成人高等学校成人高等教育招收第二专业专科学历教育学员的暂行规定》（京高招成字［1996］003号）执行。除履行必要的报名手续外，还需在报名时交验国家教委审定核准的国民教育系列高等学校颁发的毕业证书原件和复印件。

1997年，北京市的成人教育招生报名基本沿用了1996年以前的成功做法。所不同的是：第一，在报名规定中增加了“报考各类成人高等学校的考生，须具有高中毕业文化程度（应届生除外）。以同等学力报考者，年龄须满19周岁”的规定。第二，全市专科起点本科和第二专业专科学历教育报名者大专毕业证书的集中审验点由1996年的3个（原北京市成人教育局成人教育考试办公室、中国人民大学、北京师范大学）增改为中国人民大学、北京师范大学、北京广播学院、市总工会职工大学4个。第三，为提高招生报名工作效率，减少考生报名时所花费的时间，北京市教育考试院成人高校招生办公室拨出专款，为各区县成招办统一配备了计算机、光电阅读器、塑封机、调制解调器等设备，组织人力对成人高校招生计算机辅助管理程序做了修改，使之更加适应全市统一管理的报名工作方式。第四，第一次实现了全市成人高校招生考试统一以计算机管理系统随机编排考场的工作。这些规章制度的修订和计算机软、硬件条件的改善，不仅适应了全市成人教育招生统一管理的客观需求，而且也为招生报名管理工作的科学化、现代化发展奠定了重要的基础。

1998年，北京市成人高校招生报名工作在沿用1997年成功做法的前提下，又做了新的改进。其一，发挥现代信息技术手段的优势，改进了报考者各种信息的录入手段。一些区、县招办试行了以机读方式读取考生填写的信息卡，并由计算机输出打印的信息表，由考生当场核对并签字认可。这一做法既节省了考生往返报名点的时间，又保证了考生信息数据的准确性。其二，加强了对各级招生报名工作人员的培训，在报名工作开始前，市成人高校招生办公室集中三天时间对各区县成人招办主任和计算机工作人员进行了上岗前的培训，使其明确职责和任务，熟悉报名工作各项操作规程、程序、办法及计算机操作方式，为报名工作的正常开展做好准备。为提高工作效率，保证报名工作顺利进行，各区县成招办又分别对所属各级招生工作人员300多人进行了培训，并以市成人高校招生办公室摄制的培训录像带作教材，安排专门时间对报名考生进行培训，以保证报名工作的正常秩序和和工作效率。其三，组织有关专家对招生报名管理办法、计算机辅助管理系统程序进行了必要的修改，为贯彻、坚持“精心设计，精心准备，精心实施”的工作方针，提高招生报名工作的现代化、信息化管理水平创造了必要条件。

1999年，北京市成人高校招生办公室根据政策的变化和本市的实际情况，对报名工作部署做了相应调整：（1）在总结以往报名工作经验的基础上，修改了报名工作流程，简化了报名手续，取消了考生《报名登记表》必须由所在单位审核盖章的手续，方便了广大考生报名，减少了报名时考生往返于单位及报名点之间的次数和时间。（2）推广了1998年部分区县试点经验，全市实现了以光电阅读器等信息传输工具读取考生信息，由计算机打印出考生信息表，报名者自己当场核对的报名方式，大大提高了报名信息的准确率。（3）将专升本、第二专业专科学历教育毕业证书的审验工作首次交由城近六区县招生报名点执行，并取得了宝贵经验。（4）对计算机统一管理系统程序做了进一步修改，为规范报名工作操作环节，实现“准确、及时、周密、高效”的工作要求创造了条件。

2000年，为适应招生工作信息化建设的新要求，北京市成人高校招生办公室又一次拨专款为各区县招办添置了计算机网络设备，在11个区县建立了成人高校招生工作的计算机局域网络，提高了报名工作的科技含量，加强了报名工作的科学化和规范化建设。与此同时，市成人高校招生办公室又进一步简化了报名手续，改进了报名工作程序，建立了考生复核单，大幅度提高了报名信息数据的准确程度，为建立完善的考生电子档案奠定了技术、信息管理和组织工作基础。

2001年2月21日，市教育考试院又根据《关于成人高校招生实施网上录取购置计算机等设备的通知》(京考成招［2001］6号)，拨专款为全市20个区县成招办配备了计算机网络系统设备，并召开北京地区各类成人高校招生工作会议，传达教育部关于成人高校招生实行“高校录取，招办监督”体制的改革精神，部署了2001年各类成人高校招生报名、考试科目改革的各项工作，积极推动了招生报名工作的改革步伐，使2001年北京市成人教育招生报名改革又在两个方面实现了新突破：其一是在大兴、顺义等四个区县报名点进行了以数码摄像设备现场采取考生图像、照片的试点并取得成功。这一试点的成功，不仅为以后在全市报名工作中推广现场采取考生图像信息提供了宝贵经验，而且极大地提高了报名组织工作效率，既节约了报名时间，又遏制了以偷换照片为手段进行替考作弊行为的蔓延趋势。其二是在报名时即将各类报考信息数据直接输入计算机管理系统，以计算机网络信息处理技术直接对各类数据进行综合处理后直接生成考生电子档案，减掉了间接录入环节，减少了录入数据时可能产生的偶然误差，提高了各类信息数据的准确率。

2002年，北京市成人教育招生办公室推广了以往的改革经验和成功做法，继续推动了报名工作改革在两个方面取得新进展：一是在全市所有报名点推行了现场为考生采取图像的办法；二是改变了过去在报名时需组织全市专升本、第二专业学历教育考生集中到几个指定点审阅专科毕业证书的做法。决定在报名过程中，不再对专科起点本科考生的毕业证书进行审验。实行在新生入学复查阶段由录取学校对新生专科以上毕业证书进行审验，考试院成招办对该项工作进行检查的办法。这些改革举措的实施，既体现了服务考生的指导思想，方便了广大考生的就近报考，又为以后实行网上报名铺平了道路，较好地解决了网上报名手段难以解决的工作机制和管理方式问题。

北京市成人教育招生报名工作改革迈出跨越式的一步发生在2003年～2004年，其突破点是全面实现网上报名。

2003年，经过多年改革、发展和建设，网上报名的条件基本成熟。抗击“非典”等不可测因素的影响，也呼唤着这项改革方案尽早出台。2003年，成人教育招生全国统一考试时间推迟至11月中旬以后，又有一大批应届毕业生具备了报考资格。如何满足这些符合报考条件者的报考要求，又能有效防止报名时人员流动频率高、密集度大而给“非典”防控带来不利影响，这是北京市各级成人教育招生机构都异常关注的重要问题之一。在抗击“非典”斗争已取得阶段性胜利的7月9日，北京市成人高校招生办公室及时召开了各招生管理机构和招生院校参加的专门会议，就考试时间推迟及补报名事宜进行了热烈讨论和深入研究。会上，大家全面分析了抗击“非典”工作的新形势，回顾了几年来招生工作改革的新进展，研究了推进招生改革、做好2003年成人高校招生各项工作的有关事宜，并就招生补报名和考试组织工作等提出了很多好的建议。根据教育部《关于2003年全国成人高校招生统一入学考试的通知》(教电［2003］278号)中关于“各省级成人高校招生办公室应安排专门时间，接受考试时间推迟后已符合报名条件的人员补报名及相关工作”的指示精神，2003年8月1日，北京市教育考试院以京成招［2003］12号文下发了《关于2003年成人高校招生补报名工作的通知》，决定在2003年9月1日～15日进行成人教育招生补报名工作。为减轻报名现场组织工作的压力，避免报名现场出现人员集结密度过大，给防控“非典”工作带来不利影响等问题的发生，保证报名工作安全、考生信息数据采集及时、电子档案等基础数据准确，北京市决定启用网上报名系统，以检验这一系统的运转情况，努力为成人教育招生报名工作闯出一条信息化发展的新路子。同时公布的补报名工作程序和具体安排是：2003年9月1日～9日，具备报名条件的考生可在网上了解相关的政策规定，参考网上公布的《2003年北京市成人高校招生简章》、《招生专业目录》及《招生院校章程》选择报考志愿并在网上输入报名者的报考志愿和相关的个人信息；9月12日～15日，网上报名者到报名点交验身份证、毕业证、照顾录取证明等相关报名材料，并缴纳报名费用，完成电子摄像、在报名复核单上签字认证等报名确认工作。不具备上网报名条件的报考者则可直接到报名点履行各项报名手续，通过局域网完成各项报名操作，并在指定的时间、地点领取本人准考证。截至9月16日，全市各补报名点共接待21 089名考生报名，其中采取网上预报名方式的共7 702人，最终实际确认的6 694人，占网上预报名总数的86.91%。对2 562名网上报名者问卷调查结果表明，92%的考生对网上报名方式持肯定态度，并拥护网上报名方式的继续使用。

此次网上报名试验的成功，是北京市各级成人教育招生机构认真贯彻市领导有关指示精神，坚持“以人为本，服务考生”的指导思想，不断更新观念、创新管理思路的结果，也是北京市教育考试院成人高校招生办公室以现代化信息技术手段为依托，积极推进成人高校招生制度、方法和运行机制改革的结果。网上报名方式的推广使用不仅有效地避免了报名现场人员聚集过多，不利于防止传染性疾病扩散等弊端，而且也在更广大的范围内满足了处于不同地域考生的报考需求，减少了考生报名时所消耗掉的时间和精力，较大幅度地提高了报名工作效率和报名信息数据的准确程度，为成人教育招生报名工作改革开辟了一条现代化、信息化操作的新路子。

2004 年，北京市成人高校招生办公室组织人力、物力和财力，继续调整成人高校网上报名系统，规范了网上报名工作流程和操作规程，完善了网上报名组织、制度和技术支撑体系，拓展了网上报名系统的查询、访问和快速反应功能，巩固了 2003 年成人高校招生网上报名工作改革成果，推动了成人教育招生报名改革继续向纵深发展。成人教育招生报名网上系统也在 2004 年的成人高考报名工作中再一次经受了考验。2005 年，北京市在成人教育网上招生系统增设了网上缴费系统，并使 29 000 余名考生通过网上报名交费系统办理了报名交费手续。同年年底，市成人高校招生办公室负责同志带着北京市成人教育招生报名工作改革的新成果出席了教育部在北京举行的全国成人教育招生网上报名系统项目验收会议，北京市在成人教育招生报名工作改革中所取得的优异成绩也受到教育部及与会代表的充分肯定。同时，也为北京市成人高校招生报名工作改革迈上现代化、信息化发展的新台阶、开始新起点树起了新的标志。

九、理论研究与探索拓展了新局面

迄今为止的十年，是我国高等教育发展最快的十年，也是高等教育领域改革和发展振幅最大的十年。在这十年中，特别是我国高等教育进入大众化发展阶段的前前后后，成人高等教育的改革发展问题，也成了社会关注的焦点之一。社会需求的变化，高等教育的形式、结构、体系、体制、制度的调整，教学手段、方法和内容的革故鼎新，终身教育体系的不断完善和学习型社会理念的提出等，都不断在成人高等教育研究领域激起新的浪花，推动着成人高等教育的理论研究和实践探索工作。作为成人高等教育改革方阵中的“排头兵”，北京市的成人教育招生工作理论研究和实践探索也迈出了新步伐，拓展了新领域，走上了发展的最前沿。

在此期间，北京市教育考试院成人高校招生办公室在教育部、市政府的正确领导和全市广大成人教育工作者的积极参与下，对成人教育招生的社会需求、生源变化、计划安排、招生宣传、报名工作程序和要求、考试组织与管理、考试科目和内容设置、考风考纪建设、录取原则和方式、招生录取工作规程等实践环节都进行了广泛、深入、细致地调查研究，并撰写了调研报告，积极探索了成人高等教育招生工作规律，推进了招生改革研究工作，也促进了招生工作的改革和管理水平的提高。

生动活泼的改革实践探索，为成人高等教育招生工作的理论研究奠定了丰富、坚实的实践基础，也为理论研究工作不断拓展新领域，开创新局面营造了良好的社会环境和氛围。深入开展的调研工作，坚持了理论联系实际的良好作风，为成人教育招生研究积累了大量的数据、资料。各级成人招生机构十几年中改革探索的新成果和不断创新的尝试，也为成人教育招生理论研究提供了真实可靠的参考依据。在此基础上，北京市成人招生改革的理论研究也触发了一些新亮点，取得了一些新成绩，并在全国成人教育招生理论研究方面发挥了“尖兵”作用，带动了成人教育招生理论研究工作不断向新的领域和深入的层面持续发展。

（一）研究规范了招生管理机构的工作目标

1997 年，北京市教育考试院成人高校招生办公室针对各区县成人教育招生管理机构调整后面临的新情况、新问题，系统总结了原北京市高校招生委员会办公室和市成人教育局招生考试办公室分属成人招生工作的经验，研究了北京市成人教育招生工作的新形势，探索了成人教育招生分级管理的工作规律，着手研究制定了《北京市区县成人教育招生办公室招生考试管理工作责任目标》、《北京市区县成人教育招生办公室招生考试目标管理实施细则》、《北京市区县成人教育招生办公室招生考试目标管理考评办法》、《北京市区县成人教育招生办公室招生考试目标管理自评登记表》，并在1997年4月18日下发了《关于对区县成人教育招生办公室招生考试工作实行目标管理考评的通知》(成教考字（97）第014号)，决定1997年起“对全市各区县成人教育招生办公室招生考试工作实行目标管理考评工作”。1998年4月20日，市成人高校招生办公室在公布1997年区县成人招生工作考评结果的基础上，又以京考成办（98）第09号文下发了《关于对区县成人教育招生办公室招生考试工作实行目标管理考评的通知》，修订了1997年的四个文件，制定了《北京市区县成人招生办公室招生考试工作目标管理考评实施细则》，对目标管理指标进行了分解，并确定了评分标准，从而使成人教育招生目标管理体系更加完善、更加科学、更具有可操作性。为鼓励改革创新，推动成人招生理论研究工作，2003年北京市区县成人招生办公室招生工作目标管理考评指标体系中又增加了“创新措施”、“合理化建议”、“发表论文”附加分指标，以把管理工作的理论研究和管理水平提高紧密结合在一起，共同推进管理工作的理论研究和科学化发展进程。这些目标管理文件的形成，是北京市十几年来区县成人招生工作机构工作经验的科学总结，是成人教育招生工作基本规律的科学抽象与揭示，是成人招生工作提高科学化、规范化、制度化水平必须遵循的一般原则，也是北京市成人教育招生管理理论研究工作所取得的又一新成果。该成果较好地把新的管理思想、理念与管理技术手段、方法有机结合起来，开创了北京市成人教育招生管理工作的新境界，也把成人教育招生工作理论研究提升到了一个新水平。

（二）开发研制了成人教育招生计算机网络管理系统

在现代管理工作中，计算机网络管理系统犹如被数字化的神经系统，在沟通、连接各管理环节、传递各种数据信息、完成智能化分析乃至决策的各项工作中发挥着重要作用。先进管理理念的形成和现代管理水平、效率的提高呼唤着管理手段和方式的变革；管理手段、方式的革新又促进了管理工作效益的提高，推动了管理工作科学化、规范化、现代化进程。北京市在推进成人教育招生考试制度、体制、体系变革的过程中，对成人高等教育招生工作的管理手段、方式改革一直给予高度重视，并投入大量的人力、物力、财力积极推进了成人教育招生计算机网络管理系统的研究、开发与建设工作，使成人教育招生工作理论研究不断加强并向新的领域拓展。

早在1996年前后，北京市就在成人高等教育招生工作中使用了计算机辅助管理系统。1996年，北京市高等学校招生委员会办公室就采用了计算机随机编排成人教育招生考试考场的做法，积极探索了使用计算机网络系统进行辅助分析决策的新路子。

1999年1月25日，市教委副主任、高招委副主任、北京教育考试院院长耿学超就在北京市各类成人高校招生工作会上明确要求要从管理方式上入手，加强成人教育招生研究工作，推行计算机管理，以进一步加强成人教育招生管理工作的规范化和科学化建设工作。1999年，北京市教育考试院成人高校招生办公室正式申报立项，组织了北京工业大学软件学院的专家、技术人员和有关成人教育招生管理工作人员参加的科研课题组，开始了北京市的成人教育招生计算机网络管理系统的研制、开发工作。经过大家的共同努力和几个月的艰苦奋战，到当年6月，该系统结构框架基本形成。系统的核心部分——考生信息的收集、分析、管理子系统数据库也成功建立。在6月28日北京市成人高校招生工作开始前，这一系统投入试运行，并尝试着向各招生院校提供了报考者的各类信息。2000年在完善、修订该管理系统的同时又一次试着向各招生院校提供了考生信息，进一步考验了系统的稳定性、可靠性、保密性和运行速度。后经广泛征求意见、多次研讨，又由课题组修补了存在的漏洞，完善了系统功能，提高了系统的工作效率。2001年6月26日，北京市教育考试院以京考成招［2001］14号文印发了《2001年北京市各类成人高校招生网上录取工作实施办法》，将研制开发的北京市成人教育招生计算机网络管理系统投入使用，为当年成人教育招生网上录取工作的顺利开展提供了技术保障和支持。2003年，北京市成人高等教育招生计算机网络管理系统增添了网上报名系统功能；2005年该系统又增加了网上报名交费功能。至此，一个适应北京市成人教育招生特点，反映北京市成人教育招生工作基本规律，覆盖了成人教育招生工作全过程、各环节的计算机管理体系基本形成，并在试运行期间就表现出了系统平稳、界面友好、反应速度快、数据信息传输准确、安全性和稳定性高、实用性强等特点。

北京市成人教育招生计算机网络管理系统流程和结构拓扑图分别见下图。

成人教育招生网络管理系统流程图

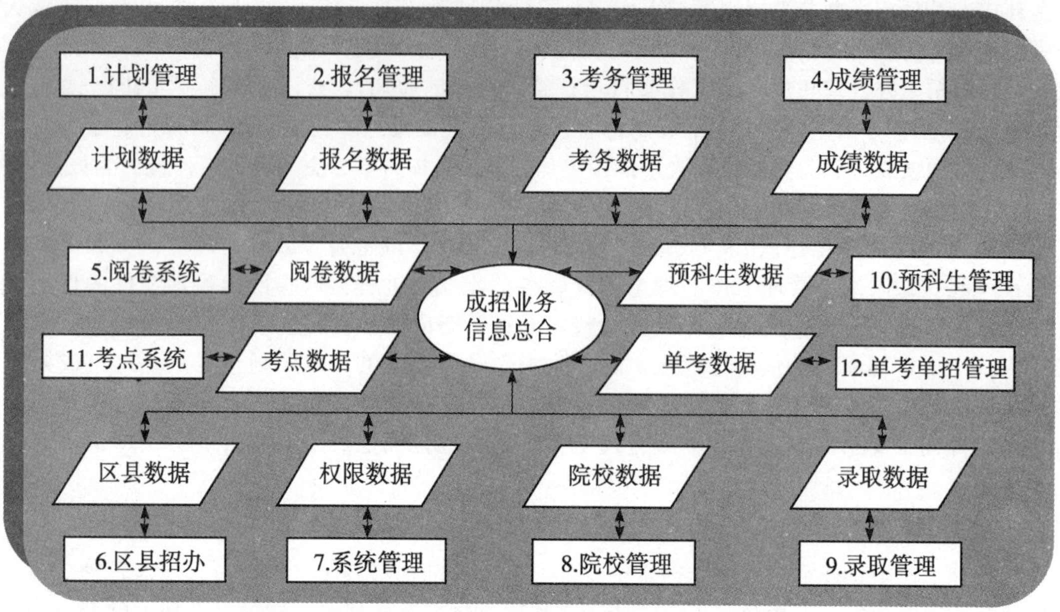

成人教育招生网络管理系统结构拓扑图

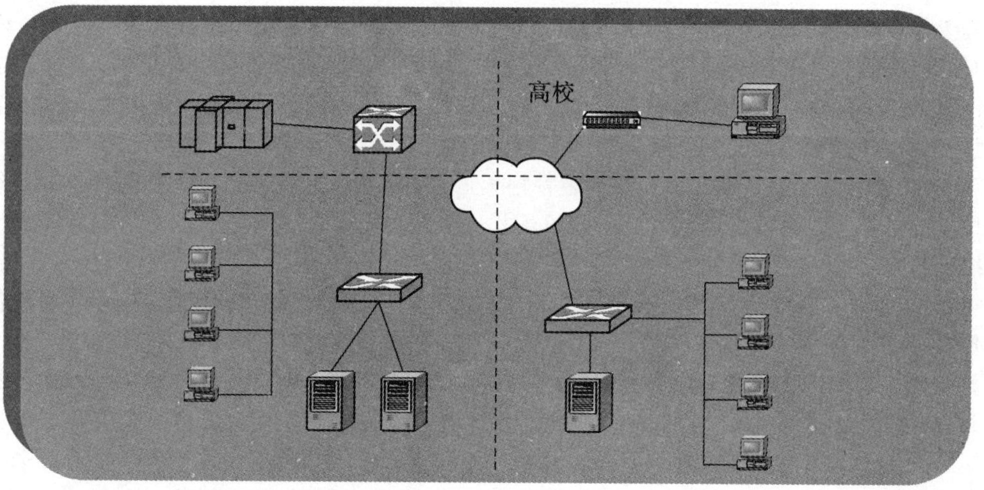

北京市成人教育招生网络管理系统汇集了几十年来广大成人教育招生工作者的工作经验，适应了北京市成人教育招生学校多，生源分布广、离散度高，考生成分复杂，办学专业、层次、形式、类别多，招生组织工作难度大的特点，解决了传统的成人教育招生工作方式难以解决的矛盾和问题，既提高了成人教育招生管理水平和效率，又体现了为考生服务的指导思想。这一管理系统研制、开发工作的启动和发展，强有力地推动了北京市成人教育招生管理工作手段、方式的改革，促进了成人招生管理理念、体制、制度的创新，不仅向人们展示了北京市成人教育招生管理工作在现代化、信息化、规范化建设方面作出了新的成绩，而且也标志着北京市成人教育招生工作的理论、实践研究拓展了新领域，产生了新业绩，跃上了新高度。其成果的推广和使用，极大地减轻了考生和各级招生人员手工操作的劳动强度，体现了以人为本的理念，提高了招生信息的传递、分析、整理的准确性和适时性，抵御了人为因素和各种不正之风对招生工作的冲击和干扰，因而也受到了广大考生和各级招生工作人员的普遍欢迎。

（三）理论研究探索取得了新进展

“理论的基础是实践，又转过来为实践服务”，以不断改革、探索的实践为基础，以理论结合改革发展实践为途径，从成人教育招生管理方式入手，不断加强成人教育招生工作的理论研究，探索新形势下成人教育招生管理工作规律，是北京市成人教育招生理论研究工作的突出特点。在北京市招生委员会、教育考试院的正确领导和各级招生工作机构、各招生院校有关专家、管理工作者的积极参与下，北京市成人招生工作理论研究与探索，也在更广泛的领域和更深入的层面不断展开。

1. 发动各级招生管理人员、科研工作者参与成人教育招生理论研究工作

鼓励各级招生管理人员将改革实践所获得的感性认识上升到理性认识，并进行科学的抽象和总结，是北京市推动成人教育招生理论研究广泛展开的重要方法之一。2002 年 3 月 27 日，北京市教育考试院下发了《关于征集成人高等学校招生工作科研论文的通知》（京考成招［2002］9 号），明确提出“为进一步贯彻落实全国第三次教育工作会议精神，深化成人高校招生工作改革，应对入世后教育面临的新形势，促进成人高等教育的发展”，就理论研究、应用研究、对策研究几方面共 30 多个题目向各成人教育招生院校、各区县成人教育招生办公室征集研究论文，并拟择机召开成人高校招生科研论文交流会。

论文征集通知的下发，极大地激发了各级成人教育招生工作者进行理论研究探索的积极性，促进了北京市成人教育招生工作的理论研究工作，不仅丰富了以后各次成人教育招生工作研讨会的内容，提高了研讨会的理论层次，而且也为北京市成人教育招生改革提供了许多重要的参考资料和理论依据，促进了成人教育招生管理工作的改革和发展。

2. 承担并完成了教育部的研究课题，撰写了研究报告

为成人教育招生改革提供了理论参考。随着社会发展和成人招生改革的深入发展，北京市成人教育招生的理论研究和实践探索也日趋活跃。在世纪之交中国教育改革大潮的推动下，北京市的成人教育招生工作研究也打开了新局面、拓展了新领域，并向更深入的层面重点发展。1999 年 1 月 25 日，北京市成人教育招生工作会上提出“要从管理方式上入手，加强成人教育招生研究工作”的号召后，北京市的成人教育招生研究工作也进入了一个新的活跃期。每年召开的招生总结会、工作会和专题研讨会上，研究、讨论的气氛也越加浓烈，探讨的问题也越加广泛。

2000 年 11 月 27 日～28 日，市教育考试院成人高校招生办公室召开了 15 所招生院校参加的招生工作研讨会，对成人教育招生改革、发展的理论、实践问题进行了广泛、深入的探讨。2001 年，市成人高校招生办公室加紧了成人教育招生计算机网络管理系统的研究开发工作，及时制定了网上录取工作实施办法，在此期间，还带着北京市成人招生工作的一些成果和资料参加了 8 月 6 日教育部召开的成人教育招生考试时间与考试科目改革研讨会。10 月 15 日～17 日，市成人高校招生办公室召开了部分高校参加的成人教育招生改革研讨会。11 月 19 日，市成人高校招生办公室又召开了 10 所招生院校出席的成人教育招生考试科目改革研讨会。在当年的工作总结“明年招生工作的设想”中提出，2002 年要“研讨成人高校招生考试科目改革，力争在 2002 年 5 月前制定北京市成人高校招生考试科目改革方案”的研究工作目标。为推动成人教育招生的科研工作，实现既定目标，2002 年新年伊始，市成人高校招生办公室就召开了成人教育科研课题立项研究会，决定组织成立科研课题组，结合北京市的实际情况，对“成人高校招生考试科目设置改革和招生信息计算机辅助管理系统的研究”两个课题进行总结，并在一定时期内拿出研究成果，撰写出论文。在 2002 年 11 月 26 日市成人高校招生办公室召开的成人教育招生总结研讨会上，市教育考试院对成人教育招生研究提出了明确的指导意见，即理论与实践相结合，重视考试制度、录取制度的改革研究，把握好“创新与完善，统一性与选择性、理想目标与可操作性”三个关系，大力推进成人教育招生的科学研究工作。在正确的思路指导下，北京市的成人教育招生研究工作始终走在全国前列，并在深度和广度上开拓了一些新的工作局面。北京市成人高校招生考试科目设置改革研究所产生的阶段性成果，就是成人教育招生工作研究向深度、广度进军的重要标志，其所获得的大量数据、事例也为教育部作出调整全国成人高校招生考试科目设置的决策提供了重要的理论、政策参考依据。

“非典”使 2003 年成为一个极为特殊的年份。就是在这个特殊的年份，北京市的成人教育招生研究不但没有停滞，反而得到了新的加强。在年初召开的北京市成人教育招生工作会上，市成人高校招生办公室常务副主任李鸿江全面分析了 2003 年成人教育招生工作可能面临的新形势和新问题，提出了 2003 年成人教育招生工作的总的指导思想和重点工作任务。在需重点做好的五项工作中，第一项就是“加强对招生考试的理论研究，制定与成人高等教育相适应的招生考试办法”，积极稳妥地推进成人教育的招生改革。到 2003 年年底，成人教育招生考试科目设置和考试时间的改革研究已基本完成，北京市的成人教育招生理论研究基础也得到了相应的加强和巩固，其所取得的成绩及对全国成人教育招生改革所作的贡献也引起了有关方面的高度关注。考虑到北京市成人教育招生改革和理论研究工作基础雄厚且走在全国前列的现状，中国成人教育协会常务理事会扩大会议又将“成人高考考试科目设置、考试内容、考试大纲如何进一步体现成人招生的特点，如何进一步满足成人高校的招生需求，存在哪些问题，如何进行改革”、“探索成人高校招生中区域化招生改革问题”、“网上报名可行性研究”、“如何针对成人特点加强考试的安全，加强考风考纪建设”、“如何针对中介组织介入成人招生工作规范和完善成人招生管理”五个方面的课题提到了北京市成人招生工作者和研究人员的面前。2004 年 1 月 19 日，教育部高校学生司以教学司函［2004］4 号文下发了《关于请北京教育考试院承担全国成人高校招生考试内容和考试方式改革研究课题的商函》。该文件在阐明了开展这一课题研究的意义后指出：“考虑到北京市成人高等教育比较发达，招生改革工作也是走在全国前列”的实际情况，故将“全国成人高校招生统一考试内容和考试方式如何进一步深化改革的课题研究”任务交给北京市教育考试院。同时还明确要求“课题主要研究 2003 年成人高校招生考试科目调整后，考试内容、方式及考试科目设置能否满足成人高校选拔新生的需要、能否体现成人高校招生特色，从理论和实际两个层面提出下一步改革思路和方案，为进一步改革做准备”。

北京市教育考试院主动承担了这一课题的研究任务，并专题立项成立了以市教育考试院副院长为课题组组长，市成人高校招生办公室领导为副组长，7 所院校专家和市成人高校招生办公室有关科室人员参加的课题研究小组。2004 年 3 月 23 日，市教育考试院召开了“成人高等学校招生考试内容和方式改革”课题项目研究的研讨会。北京师范大学、北京大学、中国人民大学、首都师范大学、北京电影学院、北京市经济管理干部学院、北京市朝阳区职工大学 7 所院校专家和教育考试院课题组成员参加了会议。中央教育科学研究所、市教育考试院科研处的有关人员也出席了会议，课题组组长、市教育考试院副院长刘枫耘到会动员并做了开题报告。会议对课题研究工作进行了部署，在充分研究讨论的基础上，课题组将该研究课题分解为“成人招生考试科目设置和考试内容及方式改革的对策研究”、“成人高校招生考试的历史回顾和理性思考”、“从考试内容和考试方式角度看成人高校招生考试改革与发展”、“独立设置成人高校招生特色研究”、“艺术类招生考试科目改革的研究”、“成人高校招生考试管理的实现与思考”、“我国成人高等教育招生制度的研究”7 个子课题和一个总报告共 8 个项目，由市教育考试院课题组统筹协调，北京师范大学牵头，课题组成员分工负责，以共同完成这一课题的研究任务。4 月 12 日市成招办召开了 2003 年北京市成人高校招生工作研讨总结会。刘枫耘副院长向大会介绍了这一课题的申报、立项和研究进展情况，并要求各有关院校、招生主管机构要对课题组调研活动给予支持，以保证课题研究目标的全面实现。

在各招生主管部门、高校的大力支持下，课题组成员在 4 个月左右的时间里，查阅了大量资料、数据，在北京市成人教育招生研究已取得的成果基础上，认真考察了 20 世纪 50 年代以来全国成人教育招生考试的历史发展、背景及各项改革的历史意义，总结了成人教育招生考试科目、内容改革的经验与教训，研究了成人教育招生考试改革与社会政治、经济、文化、教育发展的关系，探索了中国成人教育在 21 世纪的发展趋势，展望了成人教育招生考试制度的未来前景，提出了成人教育招生考试科目、内容方式改革的具体思路、意见和方案，并撰写了一些文献分析、调研结果、改革方案、措施等调研报告。到 2004 年 8 月，课题研究任务基本完成。8 月下旬，7 个子课题和 1 个课题研究报告撰写完毕并编印成册上报教育部。至此，这个被中国成人教育协会列为 8 个重点课题之一的项目研究工作圆满完成。北京市的成人教育招生考试理论、实践研究也展现了新亮点，创出了新成果。同时也拓开了成人教育招生研究工作新的发展局面，带动着北京市成人教育招生考试的研究工作向更高层次、更深入的理论层面和更广泛的领域不断发展。教育部和中国成人教育协会高度评价北京市的成人教育招生考试研究所取得的成绩，称赞其为全国成人教育招生考试改革提供了鲜明、充实的理论依据和重要的实践参考资料，为全国成人教育招生研究工作的发展和提高作出了重要贡献。

第二部分

北京成人教育招生改革与发展（1996—2005）

文件汇编

1996—2005

一、教育部重要文件汇编

关于印发《1996 年全国各类成人高等学校招生规定》和《1996 年全国各类成人高等学校举办大学专科起点本科班招生规定》的通知

各省、自治区、直辖市教委、教育厅、文教办、成人高等院校（高等学校）招生委员会，计划单列市教委、国务院有关部委教育司（局），新疆建设兵团教委、各委属高等学校：

现将《1996 年全国各类成人高等学校招生规定》和《1996 年全国各类成人高等学校举办大学专科起点本科班招生规定》印发给你们，请遵照执行。

附件：一、1996 年全国各类成人高等学校招生规定

二、1996 年全国各类成人高等学校举办大学专科起点本科班招生规定

附件一

1996 年全国各类成人高等学校招生规定

第一章　总　则

第一条　为有利于成人高等学历教育的改革和发展，保证成人高等学历教育新生入学质量，有利于加强高等学历教育的宏观管理和监督，特制定本规定。

第二条　本规定所指各类成人高等学校包括：经国家教育委员会审定核准的广播电视大学、职工高等学校、农民高等学校、管理干部学院、教育（教师进修）学院、独立设置的函授学院和以函授部、夜大学、教师班、成人脱产班形式举办成人本、专科学历教育的普通高等学校。

第三条　各类成人高等学校招生计划须按有关规定和批准程序纳入国家成人高等教育事业计划后方可招生。

第四条　各类成人高等学校实行全国统一招生。由国家教育委员会颁布复习考试大纲，统一组织命题，确定考试时间，制定试卷评分标准，审定下达各省、自治区、直辖市最低控制分数线。

第五条　由各省、自治区、直辖市成人高等学校招生部门组织招生考试工作，并组织招生学校进行新生的录取工作。

第二章　招生机构及其职责

第六条　各省、自治区、直辖市及其下属市（地、州）、县（市、区）要在各级人民政府或省级招生委员会的领导下，建立、健全常设的成人招生办事机构，增加必要的编制，给予必要的办公条件并逐步创造条件实现计算机管理；国务院有关部委要配备稳定的成人高校招生工作人员；各类成人高等学校要设立招生办公室，配备专职干部。

第七条　国家教育委员会主管全国各类成人高等学校招生工作，其职责是：

（一）制定各类成人高等学校招生方针政策和工作规章；

（二）根据确定的事业计划审核并协调、下发国务院有关部委所属院校、国家教委直属院校和地方属院校（跨省、自治区、协调招生部分）成人高等教育招生生源计划；

（三）组织各类成人高等学校全国统一招生考试；

（四）指导、检查各省、自治区、直辖市实行各类成人高等学校全国统一招生工作；

（五）组织或督促有关部门调查处理招生、考试工作中发生的重大问题，保护考生和招生工作人员的正当权益；

（六）组织开展招生考试的科学研究，指导招生考试的改革试验，培训有关人员，并进行宣传工作。

第八条　各省、自治区、直辖市成人高等学校招生部门的职责是：

（一）执行国家教育委员会有关各类成人高等学校招生方针政策、工作规章，按下达的招生计划并结合本地区实际情况制定具体实施办法；

（二）编制并公布招生专业目录，组织本地区考生报名工作并负责审查考生的报名资格，组织考试、阅卷、录取、身体健康状况检查等工作；

（三）组织实施各类成人高等学校招生改革试点工作；

（四）保护考生和招生工作人员的正当权益，查处违纪舞弊事件；

（五）审批学校提出的新生的录取名单，根据历年新生录取名单向国家教委提供当年成人高等教育毕业生有关数据，协助组织并做好每年毕业证书发放的复查工作；

（六）组织并督促招生学校对录取的新生进行复查；

（七）开展招生、考试的宣传和科学研究工作。

第九条　国务院有关部委招生机构的职责是：

（一）执行国家教育委员会有关各类成人高等学校招生方针政策、工作规章；

（二）依据国家教委核定的招生计划编制所属学校跨省、自治区、直辖市招生生源计划；

（三）根据需要在有关省、自治区、直辖市指定代办单位；

（四）提出招生考试改革建议，协助组织实施国家教委批准的招生改革项目；

（五）组织协调所属学校新生录取工作；

（六）开展招生、考试研究工作。

第十条　各类成人高等学校有关招生工作的职责是：

（一）执行国家教育委员会有关招生方针政策和工作规章及学校所在省、自治区、直辖市成人高等学校招生部门和学校主管部门的补充规定；

（二）执行招生计划并按规定向考生所在省、自治区、直辖市成人高等学校招生部门报送录取新生名单，经审批后，向考生发放录取通知书；

（三）对录取的新生进行复查；

（四）应由招生学校做的其他工作。

第三章　招生计划和生源计划

第十一条　成人高等教育招生计划实行国家宏观指导、总量调控，中央和省、部两级管理、分级负责的管理体制。各地区和各部门根据人才需求、学校办学条件和保证入学质量的原则制定招生计划报国家教委，国家教委负责审核各地区、各部门所属高等学校的办学条件和各种类型成人高等学历教育招生计划。

各地各部门的教育计划管理部门负责编制所属学校的招生计划。

符合第二条规定的学校都应根据国家教育委员会关于统报年度成人高等教育事业计划的精神和要求，按隶属关系将招生计划和生源计划报省、自治区、直辖市、计划单列市教委、高教（教育）厅（局）计划部门或国务院有关部委教育司（局）。电视师范教育高师招生，纳入地方广播电视大学招生计划。

第十二条　编制招生的生源计划应根据国家下达的招生计划，贯彻合理布局、按需培养的原则；在录取新生时，可以根据上线考生数量、质量等实际情况进行必要的调剂。

第十三条　国家教育委员会招生管理部门负责审核、汇总并下达跨省、自治区、直辖市招生（包括地方属院校跨省、自治区、直辖市招生）的生源计划。各省、自治区、直辖市招生机构应在考生报名前一个月，编列分类分校分专业的招生计划，向考生和社会公布；录取结束后，应将实际执行计划情况上报国家教育委员会。

第四章　报　名

第十四条　各类成人高等学校以招收在职、从业人员为主。业余学习的工龄、年龄不限，脱产学习的师范类高等院校、教育（教师进修）学校及普通高等学校举办的教师本、专科班主要招收中小学教师、校长和其他教育行政干部。报考这类学校举办的脱产教师本、专科班的在职教师须具有三年以上教龄并应根据教学工作需要，报考对口专业。教育行政干部须具有五年以上工龄。其他学校对考生的工龄要求由学校主管部门确定。

地方成人高校是否招收社会青年，其条件和比例由省、自治区、直辖市教委、高教（教育）厅（局）会同计划、劳动人事部门研究确定，毕业后国家不包分配工作。部委所属学校招收社会青年，按生源所在地规定执行。

除纳入普通高校招生计划的普通班外，各类成人高校一般不招收应届高中毕业生。适应用人部门需求，独立设置的成人高校经国家教委批准，可以“双招”方式招收应届高中毕业生，招生学校主管部门须提供用人部门的招生合同。

“双招”对象为参加当年普通高校招生考试的高中毕业生。各省、自治区、直辖市成人高校招生机构应根据国家教委下达的“双招”生源计划编制招生专业目录并通过普通高校公布招生专业目录渠道，同期向考生和社会公布。考生在填报普通高校志愿的同时填报“双招”志愿。

第十五条　报考各类成人高等学校的考生，须具有高中毕业文化程度（应届毕业生除外）或同等学力，身体健康。

第十六条　报考各类成人高校的考生，须经本单位或主管部门同意，参加脱产学习的职工需经本单位批准后方可报名。社会青年考生报名需经乡政府或街道办事处签署审查意见。

第十七条　符合报考条件，生活能自理，能坚持学习和工作的残疾人也可报考。

第十八条　考生应到县（市、区）招生机构报名。招生机构也可受理有组织的集体报名。考生填报志愿数一般不少于三个。

第十九条　有下列情形之一者，不得报名：

（一）有反对四项基本原则的言行，经教育而坚持不改者；

（二）凡毕业后能取得国家承认学历的各类高、中等学校在校生、应届毕业生；

（三）因在报考过程中，弄虚作假，违纪舞弊，受到下一年或三年内不准报考处罚者；

（四）触犯刑律而受到处罚的服刑者。

第五章　政治思想品德考核

第二十条　报考各类成人高等学校的考生，必须拥护四项基本原则，拥护改革开放，品德良好，守法。

第二十一条　政治思想品德考核主要看考生本人的表现。

第二十二条　考生所在单位或主管部门，应对考生的政治表现、思想觉悟、道德品质作出组织鉴定。

第六章　考　试

第二十三条　考试科目：

（一）理工农类（含体育、非教师班地理专业）考政治、语文、数学（理工类）、物理、化学五科。

（二）文史类（含财经、政治、外语、艺术、教师班地理专业）考政治、语文、数学（文史类）、历史、地理五科（艺术类专业，数学考试成绩不计入总分，供录取时参考）。

（三）高等职业技术教育班（下简称“高职班”）招生考试试行“3＋2”形式（即考三门基础课、两门专业课），具体范围及考试科目如下：

（1）报考医疗、高护、西医类的考生，考试科目为：政治、语文、数学（理工类）、人体解剖学、生理学。

（2）报考中医药类考生，考试科目为：政治、语文、数学（理工类）、中医基础理论、中药学。

（3）报考司法部属中央司法警官教育学院的在职考生，考试科目为：政治、语文、数学（文史类）、监狱（劳教）基础、狱政（所政）管理。

（4）报考劳动部委托天津职业技术师范学校、河南职业技术教育学院、北京市计划劳动管理干部学院三所院校开设的机械制造工艺及设备和工业电气自动化两个专业、旨在培训技工学校生产实习指导教师的考生，考试科目为：机械制造工艺及设备专业考：政治、语文、数学（理工类）、机械基础、机械制造工艺基础；工业电气自动化专业考：政治、语文、数学（理工类）、电工基础、电子技术基础。

（5）报考高职班其他专业，文史类基础课考试科目为政治、语文、数学（文史类），理工农类基础课考试科目为语文、数学（理工类）、物理（职）或化学（职），专业课考试科目在以下科目中选择两门：

生理学	人体解剖学	机械基础
金属切削原理与刀具	BASIC 语言	电子技术基础
计算机应用基础	电路基础	电工基础
电机与拖动	施工技术基础知识	建筑材料
建筑结构	药剂学	化工基础
轧钢生产管理	炼钢生产管理	高炉冶炼生产管理
冶炼技术基础	经济法基础	营销基础知识
商品知识	会计基础	计算技术
旅游概论	礼仪规范	应用文与写作
实用公共关系	原料加工技术	烹调技术
化学肥料	有机化学	化工分析基础
中医基础学	监狱（劳教）基础	机械制图
中药学	狱政（所政）管理	机械制造工艺基础

本科各专业和外语、外贸、外经专业的专科须加试外语。分英、俄、日三个语种，由考生任选一种（报考外语专业以外的师范类本科各专业的中学教师可不加试外语），由国家教育委员会统一命题，考试成绩不计入总分，但各省、自治区、直辖市必须规定录取标准。

以上各科满分均为 150 分。

某些专业需加试其他科目，由学校或其主管部门决定并组织命题、考试。加试科目的成绩不计入总分，供录取时参考。

第二十四条 高中起点本、专科考试，由国家教育委员会统一命题并制定参考答案和评分标准。政治、语文、数学、地理、历史，物理、化学、外语考试命题的范围不超出国家教育委员会制定的《全国各类成人高等学校招生复习考试大纲》。高职班专业课考试科目命题的范围不超出国家教委成人教育司颁发的复习考试大纲，考试日期与高中起点本、专科考试同时进行。

第二十五条 民族自治地区用本民族语文授课的成人高等学校或系（科）招生，由省、自治区、直辖市用本民族语文自行命题、组织考试。

少数民族聚居地区的少数民族考生，报考用汉语授课的成人高等学校，汉语文试题由国家教育委员会另行命题，不翻译成少数民族文字，并用汉文答卷，其他各科（包括外语试题部分）可翻译成少数民族文字，用本民族文字答卷。有关省、自治区若需加试少数民族语文，可自行决定并负责命题。汉语文成绩必须达到及格水平，方能录取。

第二十六条　由各省、自治区、直辖市成人高等学校招生部门统一组织评卷。考试成绩通知本人，不公布，不查卷。

第二十七条　全国各类成人高等学校招生统一考试定于5月11日、12日进行，具体考试时间表如下：

日期 时间	5月11日	5月12日
9:00—11:00	语文	数学
14:00—15:40	物理　地理 生理学、中医基础理论 监狱（劳教）基础 机械基础 电工基础 高职班其他专业课	化学　历史 人体解剖学、中药学 狱政（所政）管理 机械制造工艺基础 电子技术基础 高职班其他专业课
16:20—18:00	政治 物理（职）化学（职）	

第二十八条　考试工作规则执行国家教育委员会颁发的《普通、成人高等学校本、专科招生全国统一考试工作规则》（教试［1991］3号）。

第七章　录　取

第二十九条　各省、自治区、直辖市在招生计划总额度内拟定本地区最低控制分数线，报国家教育委员会批准，并根据招生计划指标和生源质量情况对各类成人高校招生录取分批次进行。

第三十条　学校确定的实际录取线不得低于考生所在省、自治区、直辖市的最低控制分数线。

为有利于在职人员入学，对社会青年考生可采取另行高划线的办法。录取高职班的新生标准，应五科总成绩不低于考生所在地的专科最低控制分数线。

各省级招生机构应按我委下达到当地的"双招"生源计划总数结合普通高等学校招收自费生计划数确定"双招"新生的录取分数线。新生的审批录取工作一般应在普通高等学校公费专科生录取工作结束后进行，由各省、自治区、直辖市成人高校招生机构负责。录取新生时不得调剂"双招"生源计划。

体育、艺术各专业，本科最低控制分数线不低于当地本科最低控制分数线的百分之七十，专科不低于专科的百分之六十，史论、编导专业本、专科均不低于相同层次的百分之九十。

第三十一条　对在职考生的录取工作必须认真贯彻按需培养，德、智、体全面衡量，由高分到低分择优录取的原则。录取新生时，既要重视考生的总成绩，又要注意与其报考专业相关科目的成绩。各类成人高等学校一律不得录取试读生、超前生、旁听生和单科生，违者追究责任者及其领导责任。

第三十二条　录取新生名单由招生学校提出，由各省、自治区、直辖市成人高等学校（高等学校）招生机构审批。招生学校按审批后的录取名单发放录取通知书。

录取中的遗留问题，由审批录取名单的招生机构负责处理。

第三十三条　招生学校及主管部门可在各地指定代办单位，明确代办任务，代办单位要认真负责地配合当地招生部门搞好招生工作。委托培养学生的单位，不得参与录取工作，但可根据各地生源质量情况，向招生学校提出调整生源计划。

第三十四条　符合下列条件之一的考生，录取时可照顾30分（专科起点升本科为20分）：

（一）以来，获得地、市以上人民政府（党委），国务院各部委及各省、自治区、直辖市厅、局系统，国家特大型企业授予的劳动模范、先进生产（工作）者、模范（优秀）党员称号者及科技进步（成果）奖获得者。

（二）近五年以来。获得省、自治区、直辖市以上工、青、妇等组织授予的"五一劳动奖章"、"新长征突击手"、"三八红旗手"称号者。

（三）近五年以来，人民解放军、武警部队、人民警察荣立三等功以上者。

第三十五条　符合下列条件之一的考生，录取时可照顾15分（专科起点升本科为10分）：

（一）归侨、归侨子女、华侨子女、台湾省籍考生。

（二）烈士子女、烈士配偶。

（三）边疆、山区、牧区和少数民族聚居地区的少数民族考生、国防科技工业三线企业单位（地处地市以上人民政府所在地的除外）获得企业表彰的先进生产（工作）者。

（四）在野外、井下、监所（监狱、劳改队、劳教所、少管所）、远洋第一线从事采伐、农垦、地质、水利（农水、农电、防汛、水保、水管、施工、水文、移民）、采矿、勘探、测绘、远洋运输工作，报考对口专业的考生。

第三十六条 各省、自治区、直辖市可根据本地实际情况，制定有利于录取劳动模范、生产和业务骨干以及农村、乡镇企业、边远和少数民族聚居地区考生相应政策。

第三十七条 报考对口专业并有五年以上专业工龄（教龄）的中年生产业务骨干（教师）、赴前线作战的复员转业人员、退出现役的义务兵及散居的汉族地区的少数民族考生，在与其他考生相同条件下，在相同分数段中应优先录取。

第三十八条 符合照顾条件的考生报名时必须交验相应的原始证件。

第三十九条 在录取的后阶段，根据考生上线情况，在已核定的招生计划总数内，招生机构可提出学校招生计划和生源的调整原则方案，经本省、自治区、直辖市教委批准后实施。涉及地方、部门招生计划总量增减的，需经国家教委计划部门办理划转手续。对因满额或不足开班而调整或停止招生计划未被报考学校录取的合格考生，各地招生机构要根据成人高等教育的特点，本着对考生和用人单位负责的精神，积极搞好调剂录取工作。调剂录取仅限于报考条件及考试科目相同（或相近）专业。考生要填报征得其所在单位同意的调剂录取志愿。调剂录取工作在成人招生机构的领导下进行。

录取工作结束后，各省级招生机构须向国家教委上报当年录取新生数，并向招生学校所在地毕业证验印部门提供当年录取新生名单。

第四十条 新生入学后，学校要对新生进行全面复查，对于不符合报考条件和录取标准以及弄虚作假、违纪舞弊者，学校应取消其入学资格并报省级招生部门备案。因此产生的缺额，如有上线考生，省级招生部门可予以补录。此项工作应在1996年10月10日前完成。

第八章 附 则

第四十一条 关于第二专业专科学历教育：

（一）举办第二专业专科学历教育的学校资格，需经省、自治区、直辖市、计划单列市教育行政部门或国务院有关部委教育主管部门审批。

（二）第二专业专科学历教育招生对象为在职、从业的国民教育系列大学专科或专科以上毕业生，其工龄、年龄不限，学习形式不限。报名工作由各地招生机构统一组织。报名时间应与高中起点本、专科考生报名工作同期进行。第二专业专科学历教育学员报名时，必须向招生机构提供经国家教委审定核准的国民教育系列高等学校颁发的大学专科或专科以上毕业证书和复印件。

（三）第二专业专科学历教育学员入学，国家不组织全国统一考试，由招生学校进行测试。学校录取第二专业专科学历教育考生，应在招生专业录取高中起点合格考生之后，学校提出录取名单，由考生所在省、自治区、直辖市成人高校招生机构负责办理审批录取手续。

第四十二条 免试推荐成人高考中少数考试成绩优秀的考生进入需要招收有实践经验考生的普通高等学校有关专业学习。其办法是：参加成人高等学校招生考试成绩优秀者（年龄在二十八周岁以下，具有三年以上实践经验），本人申请，经省、自治区、直辖市成人高校招生机构向本省、自治区、直辖市所属普通高等学校推荐，学校可以单独考核，审查录取。录取后学生的一切待遇按普通高等学校的有关规定办理。

第四十三条 优秀成人中等专业学校毕业生免试进入成人高等学校学习，按照《关于选拔优秀成人中等专业学校毕业生进入成人高等学校学习的有关事项的通知》（教成司［1995］22号）的要求办理。

第四十四条 预科生、资格生、往届生等招生改革办法另行制定。

第四十五条 有关全国各类成人高等学校举办大学专科起点本科班的招生规定，国家教委另行制定。

第四十六条 违反招生管理或违反考试管理应予处罚的，依照有关教育招生考试管理处罚规定予以处罚。

第四十七条　各省、自治区、直辖市及有关部委可根据本规定精神，结合地区、部门的实际情况作出必要的补充，制定具体实施办法。补充规定如超出本规定范围，须报经国家教育委员会批准。

第四十八条　本规定由国家教育委员会负责解释。

附件二

1996年全国各类成人高等学校举办大学专科起点本科班招生规定

为加强对各类成人高等学校举办大学专科起点本科班（以下简称“专升本科班”）招生工作的宏观管理，保证新生入学质量，现将有关事项规定如下：

一、专升本科班招生分为师范类（系指普通中学教师和各类中等学校普通课教师）和非师范类（系指考生为普通中、小学教师以外其他学校教师以及非教师）。师范类和非师范类专升本科班均须纳入国家成人高等教育事业计划并经国家教委批准正式下达后方可招生。

非师范类专升本科班原则在具有函授、夜大学本科办学资格的普通高等学校中举办，招生专业应在《1994年成人高等教育举办非师范类专科起点本科班招生专业范围》及《1996年成人高等教育非师范类专科起点本科班新增招生专业的通知》（教计厅［1995］10号）之内。举办非师范类专升本科班的学校办学资格及专业一律经国家教委审批，招生计划数纳入学校成人高教招生总量。由国家教委统一下达专升本科班招生生源计划。

二、专升本科班招生一律由各省、自治区、直辖市成人高等学校招生部门负责组织报名、考试、评卷和录取等工作。报考专升本科班的考生应具有两年以上工龄；报名时必须交验经国家教委审定核准的国民教育系列高等学校颁发的大学专科毕业证书原件和复印件。师范类专升本科班除教育管理类专业可招收中学校长和其他少量教育行政干部外，其他专业限招各类中等学校教师。报考脱产学习的教师，还须具有三年以上教龄，校长及其他教育行政干部须具有五年以上工龄。

三、跨省、自治区、直辖市招生的学校，其考生按学校主管部门的规定可以在考生所在地参加考试；经考生所在地省级招办同意也可以在学校所在地借考。报考国家教委直属高校的考生在何地参加考试由学校会同有关省、自治区、直辖市成人高校招生部门确定。

四、考试科目及命题

1. 师范类专升本科班的考试科目共四科：公共课一科，专业课三科（音乐、美术专业除外）。

公共课：教育理论课（教育学、心理学，侧重教育学的部分）。

专业课：各专业分别规定如下：

政治和思想品德教育专业：马克思主义哲学、政治经济学（资本主义部分）、中国革命史。

汉语言文学教育专业：汉语、中国文学（包括古代、现代，现代到一九四九年为止）、文学概论。

历史教育专业：中国通史、世界通史、中国历史要籍介绍和选读。

英语教育专业：精读和泛读、听说、实用语法。

数学教育专业：空间解析几何、数学分析、高等代数。

物理教育专业：高等数学、力学热学、光学电磁学。

化学教育专业：高等数学、有机化学、无机化学（含分析化学定性部分）。

地理教育专业：中国地理、世界地理、自然地理基础。

生物教育专业：动植物学、微生物学、人体解剖及生理学。

体育教育专业：体育理论、运动生理学、综合考试（田径、篮球、体操）。

音乐教育专业：钢琴、声乐、音乐基本理论（乐理、和声）、视唱练耳。

美术教育专业：素描、色彩、创作、美术史论基本知识（中外美术史及技法理论）。

教育管理类专业专升本科班的考试科目共四科，公共课一科：大学语文；专业课三科：教育学、心理学、学校管理。

以上除术科外的各科试题由国家教委考试中心统一命制，其命题范围不超出以《中学教师进修高等师范专科教学大纲》为依据编写的《考试复习大纲》规定的内容。

各科满分成绩分别为：中国通史 120 分、世界通史 120 分、中国历史要籍介绍和选读 60 分、空间解析几何 50 分、数学分析 150 分，动植物学 150 分，微生物学 50 分，其余各科均为 100 分。

2. 非师范类专升本科班的考试科目共四科：公共课两科、专业基础课一科、专业课一科。

公共课和专业基础课分别为：

理工类：政治、英语、高等数学（一）；

经济（管理）类：政治、英语、高等数学（二）；

文史、中医类：政治、英语、大学语文。

专业课：由招生学校在以下各专业课中任选一科。

专业课设置：图书馆学、档案学、文学概论、新闻学、政治学概论、行政管理学、财政金融学、会计学原理、环境保护概论、管理学概论、电子技术基础、电路原理、机械设计基础、结构力学、化工原理、地质学概论、医学基础、植物生理学、中医基础理论、海洋生物学、淡水生物学、家畜生理学、食品微生物学、市场营销学概论、旅游学概论、色彩。

报考法学类和英语类考生考试科目分别为：

法学类：政治、英语、刑法、民法；

英语类：政治、英语、大学语文、精读和泛读。

报考非师范类专升本科班的教师类考生，公共课两科为政治、教育学（职）。

以上各科满分成绩均为 150 分。各科试题由国家教委考试中心统一命制，其命题范围不超出由国家教委颁布的《专科起点本科班各科复习考试大纲》规定的内容。

五、报考专升本科班的考生，必须参加全国统一招生考试。

考试日期定于 5 月 11 日和 12 日，具体考试时间表如下：

日期 时间	5 月 11 日	5 月 12 日
9:00—11:30	政治	英语　教育学（职）
14:00—16:30	高等数学（一）（二） 大学语文 刑法	各专业课 民法 精读与泛读

六、非师范类专升本科招生录取工作与高中起点本、专科招生录取同期进行。最低控制分数线由国家教委划定。由考生所在地省级招生机构审批录取。

七、专升本科招生考试的其他有关事项按《1996 年全国各类成人高等学校招生规定》执行。

关于印发《各类成人高等学校艺术类专科教育招生专业目录》的通知

教成司［1996］101 号

各省、自治区、直辖市教委、高教（教育）厅、成人高等学校（高等学校）招生委员会办公室，国务院有关部委教育司（局），各委属高等学校：

为加强对各类成人高等学校艺术类专科教育的宏观管理，保证成人高等艺术类专科学历教育的质量，根据我国艺术类成人高等教育的实际情况，参照《普通高等学校文科专科专业目录》中的艺术类专业目录和文化部教育司组织专家提出的成人高等教育艺术类专科专业目录，我们制定了《各类成人高等学校艺术类专科教育招生专业目录》，现将该专业目录印发给你们，请你们在成人高等教育招生工作中参照执行。

附件：各类成人高等学校艺术类专科教育招生专业目录

国家教委成人教育司
一九九六年十二月十七日

附件

各类成人高等学校艺术类专科教育招生专业目录

1. 音乐学**
2. 作曲与作曲技术理论
3. 作曲与视唱练耳
4. 指挥
5. 演唱
6. 中国乐器演奏
7. 管弦（打击）乐器演奏
8. 键盘乐器演奏
9. 乐器修造艺术
10. 音乐教育*
11. 文化艺术事业管理
12. 美术史论**
13. 中国画
14. 书法篆刻
15. 油画
16. 版画
17. 雕塑
18. 壁画
19. 绘画
20. 美术教育*
21. 艺术摄影
22. 电脑美术设计
23. 印染艺术设计
24. 织绣艺术设计
25. 服装设计
26. 服装展示
27. 日用陶瓷设计
28. 中国古代舞表演
29. 中国民间舞表演
30. 芭蕾舞表演
31. 外国代表性舞表演
32. 现代舞
33. 国际标准舞
34. 舞蹈编导**
35. 舞蹈学
36. 舞蹈音乐伴奏
37. 舞蹈教育*
38. 播音
39. 节目主持人
40. 影视剧作**
41. 影视导演**
42. 影视广告
43. 电视摄像
44. 影视节目制作
45. 文艺编导**
46. 广播电视文学**
47. 录音艺术
48. 音乐音响导演
49. 电视照明设计
50. 影视化妆
51. 电影摄影
52. 图片摄影
53. 电影表演
54. 动画
55. 影视美术
56. 影视剪辑
57. 影视制片管理
58. 影视发行管理
59. 陶艺
60. 陶瓷雕塑
61. 装潢艺术设计
62. 广告艺术设计
63. 书刊装帧设计
64. 产品造型设计
65. 电脑图形设计
66. 展示设计
67. 室内艺术设计
68. 工艺雕塑
69. 家具设计
70. 玩具设计

71. 金工艺术设计
72. 漆艺
73. 装饰艺术设计
74. 设计艺术教育*
75. 表演
76. 导演**
77. 戏剧文学**
78. 舞台技术管理
79. 舞台设计
80. 舞台绘景
81. 服装与化装设计
82. 舞台灯光
83. 音响设计
84. 公关礼仪
85. 戏曲表演
86. 京剧器乐演奏
87. 戏曲教育*
88. 舞蹈历史与理论
89. 服装工程

注：目录中注“*”、“**”者，其录取最低控制分数线分别为当地最低控制分数线的80%、90%，其他专业为60%。

关于印发《1997 年全国各类成人高等学校招生规定》和《1997 年全国各类成人高等学校举办大学专科起点本科班招生规定》的通知

教成［1997］2 号

各省、自治区、直辖市教委、教育厅、成人高等学校（高等学校）招生委员会，广东省高教厅，计划单列市教委，新疆建设兵团教委，国务院有关部委教育司（局），各委属高等学校：

现将《1997 年全国各类成人高等学校招生规定》和《1997 年全国各类成人高等学校举办大学专科起点本科班招生规定》印发给你们，请遵照执行。

附件：一、1997 年全国各类成人高等学校招生规定

二、1997 年全国各类成人高等学校举办大学专科起点本科班招生规定

国家教育委员会
一九九七年二月三日

附件一

1997 年全国各类成人高等学校招生规定

第一章　总　则

第一条　为保证成人高等学历教育新生入学质量，促进成人高等学历教育的改革和发展，使各类成人高等学校招生工作更好地适应建立社会主义市场经济的新形势，特制定本规定。

第二条　本规定所称各类成人高等学校，包括经国家教育委员会审定核准的广播电视大学、职工高等学校、农民高等学校、管理干部学院、教育（教师进修）学院、独立设置的函授学院和以函授部、夜大学、教师班、成人脱产班形式举办成人本、专科学历教育的普通高等学校。

第三条　各类成人高等学校招生计划按有关规定和批准程序纳入国家成人高等教育事业计划后方可招生。

第四条　各类成人高等学校实行全国统一招生。由国家教育委员会颁布复习考试大纲，统一组织命题，确定考试时间，制定试卷评分标准，审定下达各省、自治区、直辖市招生录取最低控制分数线。

第五条　各省、自治区、直辖市成人高等教育招生部门组织招生考试工作，并组织招生学校进行新生的录取工作。

第二章　招生机构及其职责

第六条　各省、自治区、直辖市及其下属市（地、州）、县（市、区）要在各级人民政府或省级招生委员会的领导下，建立、健全常设的成人招生办事机构，确定必要的编制，并配备相应的人员，给予必要的办公条件并逐步创造条件实现计算机管理；国务院有关部委要配备稳定的成人高等教育招生工作人员；各类成人高等学校要设立招生办公室，配备专职干部。

第七条　国家教育委员会主管全国各类成人高等学校招生工作，其职责是：

（一）制定各类成人高等学校招生方针政策和工作规章；

（二）根据确定的事业计划审核并协调、下发国务院有关部委所属院校、国家教委直属院校和地方属院

校（跨省、自治区、直辖市招生部分）成人高等教育招生生源计划；

（三）组织各类成人高等学校全国统一招生考试；

（四）指导、检查各省、自治区、直辖市实施各类成人高等学校全国统一招生工作；

（五）组织或督促有关部门调查处理招生、考试工作中发生的重大问题，保护考生和招生工作人员的正当权益；

（六）组织开展招生考试的科学研究，指导招生考试的改革试验，培训有关人员，并进行宣传工作。

第八条 各省、自治区、直辖市成人高等学校招生部门的职责是：

（一）执行国家教育委员会有关各类成人高等学校招生方针政策、工作规章，按下达的招生计划并结合本地区实际情况制定具体实施办法；

（二）编制并公布招生专业目录，组织本地区考生报名工作并负责审查考生的报名资格，组织考试、阅卷、录取、身体健康状况检查等工作；

（三）组织实施各类成人高等学校招生改革试点工作；

（四）保护考生和招生工作人员的正当权益，查处违纪舞弊事件；

（五）审批学校提出的新生录取名单；根据历年新生录取名单向国家教委提供当年成人高等教育毕业生有关数据；协助组织并做好每年毕业证书发放的复查工作；

（六）组织并督促招生学校对录取的新生进行复查；

（七）开展招生、考试的宣传和科学研究工作。

第九条 国务院有关部委招生机构的职责是：

（一）执行国家教育委员会有关各类成人高等学校招生方针政策、工作规章；

（二）依据国家教委核定的招生计划编制所属学校跨省、自治区、直辖市招生生源计划；

（三）根据需要在有关省、自治区、直辖市指定代办单位；

（四）提出招生考试改革建议，协助组织实施国家教委批准的招生改革项目；

（五）组织协调所属学校新生录取工作；

（六）开展招生、考试研究工作。

第十条 各类成人高等学校有关招生工作的职责是：

（一）执行国家教育委员会有关招生方针政策和工作规章及学校所在省、自治区、直辖市成人高等学校招生部门和学校主管部门的补充规定；

（二）执行招生计划并按规定向考生所在省、自治区、直辖市成人高等学校招生部门报送录取新生名单，经审批后，向考生发放录取通知书；

（三）对录取的新生进行复查；

（四）应由招生学校做的其他工作。

第三章　招生计划和生源计划

第十一条 成人高等教育招生计划实行国家宏观指导、总量调控，中央和省、部两级管理、分级负责的管理体制。各地区和各部门根据人才需求、学校办学条件和保证入学质量的原则制定招生计划报国家教委，国家教委负责审核、确定各地区、各部门各种类型成人高等学历教育招生计划。

各地各部门的教育计划管理部门负责编制所属学校的招生计划。

符合第二条规定的学校都应根据国家教育委员会关于编报年度成人高等教育事业计划的精神和要求，按隶属关系将招生计划和生源计划报省、自治区、直辖市、计划单列市教委、高教（教育）厅（局）计划部门或国务院有关部委教育司（局）。电视师范教育高师招生，纳入地方广播电视大学招生计划。

第十二条 招生的生源计划应按照国家下达的招生计划，根据合理布局、按需培养的原则编制；在录取新生时，可以根据上线考生数量、质量等实际情况进行必要的调剂。

第十三条 国家教育委员会招生管理部门负责审核、汇总并下达跨省、自治区、直辖市招生（包括地方属院校跨省、自治区、直辖市招生）的生源计划。各省、自治区、直辖市招生机构应在考生报名前一个月，编列分类分校分专业的招生计划，向考生和社会公布；录取结束后，应将实际执行计划情况上报国家教育委员会。

第四章　报　名

第十四条　各类成人高等学校以招收在职、从业人员为主。业余学习的工龄、年龄不限。师范类高等院校、教育（教师进修）学院及普通高等学校举办的教师本、专科班主要招收中小学教师、校长和其他教育行政干部。报考这类学校举办的脱产教师本、专科班的在职教师须具有三年以上教龄并应根据教学工作需要，报考对口专业。教育行政干部须具有五年以上工龄。其他学校对考生的工龄要求由学校主管部门确定。

地方成人高校是否招收社会青年，其条件和比例由省、自治区、直辖市教委、高教（教育）厅（局）会同计划、劳动人事部门研究确定，毕业后国家不包分配工作。部委所属学校招收社会青年，按生源所在地规定执行。

除纳入普通高校招生计划的普通班外，各类成人高校一般不招收应届高中毕业生。适应用人部门需求，独立设置的成人高校经国家教委批准，可以“双招”方式招收应届高中毕业生，招生学校主管部门须提供用人部门的招工合同。各省、自治区、直辖市成人高校招生机构应根据国家教委下达的生源计划编制招生专业目录并通过普通高校公布招生专业目录渠道，同期向考生和社会公布。考生在填报普通高校志愿的同时填报“双招”志愿。

第十五条　报考各类成人高等学校的考生，须具有高中毕业文化程度（应届毕业生除外）。以同等学力报考者，须有年龄限制。报考者必须身体健康。

第十六条　报考各类成人高校的考生，须经本单位或主管部门同意，参加脱产学习的职工须经本单位批准后方可报名。社会青年考生报名须经乡政府或街道办事处签署审查意见。

第十七条　符合报考条件，生活能自理，能坚持学习的残疾人也可报考。

第十八条　考生应到县（市、区）招生机构报名。招生机构也可受理有组织的集体报名。考生填报志愿数一般不少于三个。

第十九条　有下列情形之一者，不得报名：

（一）有反对四项基本原则的言行，经教育而坚持不改者；

（二）凡毕业后能取得国家承认学历的各类高、中等学校在校生、应届毕业生；

（三）因在报名过程中，弄虚作假，违纪舞弊，受到下一年或三年内不准报考处罚者；

（四）触犯刑律而受到处罚的服刑者。

第五章　政治思想品德考核

第二十条　报考各类成人高等学校的考生，必须拥护四项基本原则，拥护改革开放，品德良好，遵纪守法。

第二十一条　政治思想品德考核主要看考生本人的表现。

第二十二条　考生所在单位或主管部门，应对考生的政治表现、思想觉悟、道德品质作出组织鉴定。

第六章　考　试

第二十三条　考试科目：

（一）理工农类（含体育、非教师班地理专业）考政治、语文、数学（理工类）、物理、化学五科。

（二）文史类（含财经、政法、外语、艺术、教师班地理专业）考政治、语文、数学（文史类）、历史、地理五科（艺术类专业，数学考试成绩不计入总分，供录取时参考）。

（三）“3＋2”考试科目改革试点，具体范围及考试科目如下：

（1）报考医疗、高护、西医类的考生，考试科目为：政治、语文、数学（理工类）、人体解剖学、生理学。

（2）报考中医药类考生，考试科目为：政治、语文、数学（理工类）、中医基础学、中药学。

（3）报考司法部属中央司法警官教育学院的在职考生，考试科目为：政治、语文、数学（文史类）、监狱（劳教）基础、狱政（所政）管理。

（4）报考劳动部委托天津职业技术师范学院、河南职业技术教育学院、北京市计划劳动管理干部学院等三所院校开设的机械制造工艺及设备专业考生，考试科目为：政治、语文、数学（理工类）、机械基础、机械制造工艺基础；工业电气自动化专业考生，考试科目为：政治、语文、数学（理工类）、电工基础、电子技术基础。

以上考试科目中，专业课分别由卫生部、国家中医局、司法部、劳动部按国家教委成人教育司颁发的复习考试大纲组织命题。

（四）高等职业技术教育班（以下简称“高职班”），招生实行计划单列，考试分两种情况：

（1）报考国务院有关部委属院校举办的“高职班”，考试科目同本条（一）、（二）款规定；

（2）报考地方属院校举办的“高职班”，考试科目实行“3＋2”形式，其中，三门基础课实行全国统考，两门专业课由各省、自治区、直辖市招生办公室组织命题、考试。基础课考试科目为：政治、语文、数学，专业课考试科目在以下科目中选择两门：

生理学	人体解剖学	机械基础
金属切削原理与刀具	BASIC语言	电子技术基础
计算机应用基础	电路基础	电工基础
电机与拖动	施工技术基础知识	建筑材料
建筑结构	药剂学	化工基础
轧钢生产管理	炼钢生产管理	高炉冶炼生产管理
冶炼技术基础	经济法基础	营销基础知识
商品知识	会计基础	计算技术
旅游概论	礼仪规范	应用文与写作
实用公共关系	原料加工技术	烹调技术
化学肥料	有机化学	化工分析基础
中医基础学	监狱（劳教）基础	机械制图
中药学	狱政（所政）管理	机械制造工艺基础

本科各专业和外语、外贸、外经专业的专科须加试外语，分英、俄、日三个语种，由考生任选一种（报考外语专业以外的师范类本科各专业的中学教师可不加试外语），由国家教育委员会统一命题，考试成绩不计人总分，但各省、自治区、直辖市必须规定录取标准。

以上各科满分均为150分。

高等艺术院校艺术类专业术科加试由院校自行组织，并将考试成绩及时转报考生所在省（自治区、直辖市）招生机构。非高等艺术院校艺术类专业术科加试，原则上由省级招生机构组织进行。

其他专业是否需加试，由学校或其主管部门决定并组织加试科目的命题、考试。加试科目的成绩不计人总分，供录取时参考。

第二十四条 高中起点本、专科考试，由国家教育委员会统一命题并制定参考答案和评分标准。政治、语文、数学、地理、历史、物理、化学、外语考试命题的范围不超出国家教育委员会制定的《全国各类成人高等学校招生复习考试大纲》。高职班考试科目命题的范围不超出国家教委成人教育司颁发的复习考试大纲，考试日期与高中起点本、专科考试同时进行。

第二十五条 民族自治地区用本民族语文授课的成人高等学校或系（科）招生，由省、自治区、直辖市用本民族语文自行命题、组织考试。

少数民族聚居地区的少数民族考生，报考用汉语授课的成人高等学校，汉语文试题由国家教育委员会另行命题，不翻译成少数民族文字，并用汉文答卷；其他各科（包括外语试题部分）可翻译成少数民族文字，用本民族文字答卷。有关省、自治区若需加试少数民族语文，可自行决定并负责命题。汉语文成绩必须达到及格水平，方能录取。

第二十六条 由各省、自治区、直辖市成人高等学校招生部门统一组织评卷。考试成绩通知本人，不公布，不查卷。

第二十七条 全国各类成人高等学校招生统一考试定于5月10日、11日进行，具体考试时间表如下：

日期 时间	5月10日	5月11日
9:00—11:00	语文	数学
14:00—15:40	物理　地理 生理学　中医基础学 监狱（劳教）基础 机械基础　建筑材料 电子基础　药剂学 电子技术基础 计算机应用基础 金属切削原理与刀具 冶炼技术基础 经济法基础 商品知识　计算技术 旅游概论　化学肥料 有机化学 实用公共关系 原料加工技术	化学　历史 人体解剖学　中药学 狱政（所政）管理 机械制造工艺基础 电工基础　建筑结构 BASIC语言　化工基础 施工技术基础知识 高炉冶炼生产管理 营销基础知识 化工分析基础 应用文与写作 炼钢生产管理 轧钢生产管理 会计基础　礼仪规范 烹调技术　机械制图 电机与拖动
16:20—18:00	政治	外语

第二十八条　考试工作规则执行国家教育委员会颁发的《普通、成人高等学校本、专科招生全国统一考试工作规则》（教试［1991］3号）

第七章　录　取

第二十九条　各省、自治区、直辖市在招生计划总额度内拟定本地区最低控制分数线，报国家教育委员会批准，并根据招生计划指标和生源质量情况对各类成人高校招生录取分批次进行。

第三十条　各类成人高等学校应严格按计划录取新生，未经计划主管部门批准，不得对招生计划进行调整。学校确定的实际录取线不得低于考生所在省、自治区、直辖市的最低控制分数线。

为有利于在职人员入学，对社会青年考生可采取另行高划线的办法。

各省级招生机构应按国家教委下达到当地的“双招”生源计划总数，参照普通学校招收专科生录取线确定“双招”生的录取分数线。新生的审批录取工作一般应在普通高等学校公费专科生录取工作结束后进行，由各省、自治区、直辖市成人高校招生机构负责。录取新生时不得调剂“双招”生源计划。

体育、艺术各专业，本科最低控制分数线不低于当地本科最低控制分数线（艺术类专业还应扣除数学部分，下同）的百分之七十，专科不低于专科的百分之六十；史论、编导专业本、专科均不低于相同层次的百分之九十。

第三十一条　新生的录取工作必须认真贯彻按需培养，德、智、体全面衡量，由高分到低分（体育、艺术专业，一般按专业考试成绩）择优录取的原则。既要重视考生的总成绩，又要注意与其报考专业相关科目的成绩。

各类成人高等学校一律不得录取试读生、超前生、旁听生和单科生，违者追究责任者及其领导责任。

第三十二条　录取新生名单由招生学校提出，省、自治区、直辖市成人高等学校（高等学校）招生机构审批。招生学校按审批后的录取名单发放录取通知书。

录取中的遗留问题，由审批录取名单的招生机构负责处理。

第三十三条　招生学校及主管部门可在各地指定代办单位，明确代办任务，代办单位要认真负责地配合当地招生部门搞好招生工作。委托培养学生的单位，不得参与录取工作，但可根据各地生源质量情况，向招生学校提出调整生源计划的要求。

第三十四条　近五年以来，获得全国劳动模范称号，参加重大国际比赛（由世界及国际体育组织主办的各种体育单项比赛、锦标赛、综合性比赛和运动会）获前三名成绩者，经省、自治区、直辖市招生部门审核，报国家教委批准，可免试进入各类成人高等学校学习。

第三十五条 符合下列条件之一的考生，录取时可照顾30分（专科起点升本科考生为20分）：

（1）近五年以来，获得地、市以上人民政府（党委），国务院各部委及各省、自治区、直辖市厅、局系统，国家特大型企业授予的劳动模范、先进生产（工作）者、模范（优秀）党员称号者及科技进步（成果）奖获得者。

（2）近五年以来，获得省、自治区、直辖市工、青、妇等组织授予的"五一劳动奖章"、"新长征突击手"、"三八红旗手"称号者。

（3）近五年以来，人民解放军、武警部队、人民警察荣立三等功以上者。

第三十六条 符合下列条件之一的考生，录取时可照顾15分（专科起点升本科考生为10分）：

（1）归侨、归侨子女、华侨子女、台湾省籍考生。

（2）烈士子女、烈士配偶。

（3）边疆、山区、牧区和少数民族聚居地区的少数民族考生、国防科技工业三线企业单位（地处地市以上人民政府所在地的除外）获得企业表彰的先进生产（工作）者。

（4）在野外、井下、监所（监狱、劳改队、劳教所、少管所）、远洋第一线从事采伐、农垦、地质、水利（农水、农电、防汛、水保、水管、施工、水文、移民）、采矿、勘探、测绘、远洋运输工作，报考对口专业的考生。

第三十七条 各省、自治区、直辖市可根据本地实际情况，制定有利于录取劳动模范、生产和业务骨干以及农村、乡镇企业、边远和少数民族聚居地区考生相应政策。

第三十八条 报考对口专业并有五年以上专业工龄（教龄）的中年生产业务骨干（教师）、赴前线作战的复员转业人员、退出现役的义务兵及散居的汉族地区的少数民族考生，在与其他考生相同条件下，在相同分数段中应优先录取。

第三十九条 符合照顾条件的考生必须于报名时交验相应的原始证件。

第四十条 在录取的后阶段，根据考生上线情况，在已核定的招生计划总数内，招生机构可提出学校招生计划和生源的调整原则方案，经本省、自治区、直辖市教委计划部门批准后实施。对因满额或不足开班而调整招生计划未被报考学校录取的合格考生，各地招生机构要根据成人高等教育的特点，本着对考生和用人单位负责的精神，积极做好调剂录取工作。调剂录取仅限于报考条件及考试科目相同（或相近）专业。考生要填报征得所在单位同意的调剂录取志愿。调剂录取工作在成人招生机构的领导下进行。

录取工作结束后，各省级招生机构须向国家教委上报当年录取新生数，并向招生学校所在地毕业证书验印部门提供当年录取新生名单。各地教育计划部门应将涉及跨越隶属关系的计划调整情况报国家教委。

第四十一条 新生入学后，学校要对新生进行全面复查，对于不符合报考条件和录取标准以及弄虚作假、违纪舞弊者，学校应取消其入学资格并报省级招生部门备案。因此产生的缺额，如有上线考生，省级招生部门可予以补录。此项工作应在1997年10月10日前完成。

第八章 附 则

第四十二条 关于第二专业专科学历教育：

（一）举办第二专业专科学历教育的学校资格，需经省、自治区、直辖市、计划单列市教育行政部门或国务院有关部委教育主管部门审批。

（二）第二专业专科学历教育招生对象为在职、从业的国民教育系列大学专科或专科以上毕业生，其工龄、年龄不限，学习形式不限。报名工作由各地招生机构统一组织。报名时间应与高中起点本、专科考生报名工作同期进行。报考第二专业专科学历教育时，必须向招生机构提供经国家教委审定核准的国民教育系列高等学校颁发的大学专科或专科以上毕业证书及复印件。

（三）第二专业专科学历教育学生入学，国家不组织全国统一考试，由招生学校进行测试。学校录取第二专业专科学历教育考生，应在招生专业录取高中起点合格考生之后，学校提出录取名单，由考生所在省、自治区、直辖市成人高校招生机构负责办理审批录取手续。

第四十三条 试行推荐成人高考中少数考试成绩优秀的符合条件的考生进入需要招收有实际经验考生的普通高等学校有关专业学习。其办法是：参加成人高等学校招生考试成绩优秀者（年龄在二十八周岁以下，具有三年以上实践经验），本人申请，经省、自治区、直辖市成人高校招生机构向本省、自治区、直辖市所属普通高等学校推荐，学校可以单独考核，审查录取。录取后学生的一切待遇按普通高等学校的有关规定办理。

第四十四条 优秀成人中等专业学校毕业生免试进入成人高等学校学习的办法另行制定。

第四十五条 停止招收“往届生”。继续进行“预科生”、“资格生”的试点工作，按照有关文件的要求，严格执行规定的条件，严格报考资格审查，加强试点的管理和监督。

第四十六条 有关全国各类成人高等学校举办大学专科起点本科班的招生规定，国家教委另行制定。

第四十七条 对违反招生管理或违反考试管理规定应予处罚的，依照有关教育招生考试管理处罚规定予以处罚。

第四十八条 各省、自治区、直辖市及国务院有关部委可根据本规定精神，结合地区、部门的实际情况作必要的补充，制定具体实施办法。补充规定如超出本规定范围，须报经国家教育委员会批准。

第四十九条 本规定由国家教育委员会负责解释。

附件二

1997年全国各类成人高等学校举办大学专科起点本科班招生规定

为加强对各类成人高等学校举办大学专科起点本科班（以下简称升本科班）招生工作的宏观管理，保证新生入学质量，现将有关事项规定如下。

一、专升本科班招生分为师范类（系指普通中、小学教师和各类中等学校普通课教师）和非师范类（系指考生为普通中、小学教师以外其他学校教师以及非教师）。师范类和非师范类专升本科班均须纳入国家成人高等教育事业计划并经国家教委批准正式下达后方可招生。

非师范类专升本科班原则上在具有函授、夜大学本科办学资格的普通高等学校中举办，招生专业应在《1994年成人高等教育举办非师范类专科起点本科班招生专业范围》及《1996年成人高等教育非师范类专科起点本科班新增招生专业的通知》（教计厅［1995］10号）之内。举办非师范类专升本科班的学校办学资格及专业一律经国家教委审批，招生计划数纳入学校成人高教招生总量。由国家教委统一下达专升本科班招生生源计划。

二、专升本科班招生一律由各省、自治区、直辖市成人高等学校招生部门负责组织报名、考试、评卷和录取等工作。报考专升本科班的考生应具有两年以上工龄；报名时必须交验经国家教委审定核准的国民教育系列高等学校或高等教育自学考试机构颁发的大学专科毕业证书原件和复印件。师范类专升本科班除教育管理类专业可招收中学校长和其他少量教育行政干部外，其他专业限招各类中等学校教师。报考脱产学习的教师还须具有三年以上教龄，校长及其他教育行政干部须具有五年以上工龄。

三、跨省、自治区、直辖市招生的学校，其考生按学校主管部门的规定可以在考生所在地参加考试；经考生所在地省级招办同意也可以在学校所在地借考。报考国家教委直属高校的考生在何地参加考试由学校会同有关省、自治区、直辖市成人高校招生部门确定。

四、考试科目及命题

1. 师范类专升本科班的考试科目共四科：公共课一科，专业课三科（音乐、美术专业除外）。

公共课：教育理论课（教育学、心理学，侧重教育学部分）。

专业课：各专业课分别规定如下：

政治和思想品德教育专业：马克思主义哲学、政治经济学（资本主义部分）、中国革命史。

汉语言文学教育专业：汉语、中国文学（包括古代、现代，现代到一九四九年为止）、文学概论。

历史教育专业：中国通史、世界通史、中国历史要籍介绍和选读。

英语教育专业：精读和泛读、听说、实用语法。

数学教育专业：空间解析几何、数学分析、高等代数。

物理教育专业：高等数学、力学热学、光学电磁学。

化学教育专业：高等数学、有机化学、无机化学（含分析化学定性部分）。

地理教育专业：中国地理、世界地理、自然地理基础。

生物教育专业：动植物学、微生物学、人体解剖及生理学。

体育教育专业：体育理论、运动生理学、综合考试（田径、篮球、体操）。

音乐教育专业：钢琴、声乐、音乐基本理论（乐理、和声）、视唱练耳。

美术教育专业：素描、色彩、创作、美术史论基本知识（中外美术史及技法理论。）

教育管理类专业专升本科班的考试科目共四科，公共课一科：大学语文；专业课三科：教育学、心理学、学校管理。

以上除术科外的各科试题由国家教委考试中心统一命制，其命题范围不超出以《中学教师进修高等师范专科教学大纲》为依据编写的《考试复习大纲》规定的内容。

各科满分成绩分别为：中国通史 120 分、世界通史 120 分、中国历史要籍介绍和选读 60 分、空间解析几何 50 分、数学分析 150 分，动植物学 150 分，微生物学 50 分，其余各科均为 100 分。

2. 非师范类专升本科班的考试科目共四科：公共课两科、专业基础课一科、专业课一科。

公共课和专业基础课分别为：

理工类：政治、英语、高等数学（一）；

经济（管理）类：政治、英语、高等数学（二）；

文史、中医类：政治、英语、大学语文。

专业课：由招生学校在以下各专业课中任选一科。

图书馆学、档案学、文学概论、新闻学、政治学概论、行政管理学、财政金融学、会计学原理、环境保护概论、管理学概论、电子技术基础、电路原理、机械设计基础、结构力学、化工原理、地质学概论、医学基础、植物生理学、中医基础理论、海洋生物学、淡水生物学、家畜生理学、食品微生物学、市场营销学概论、旅游学概论、色彩。

报考法学类和英语类考生考试科目分别为：

法学类：政治、英语、刑法、民法；

英语类：政治、英语、大学语文、精读和泛读。

报考非师范类专升本科班的教师类考生，公共课两科为政治、教育学（职）。

以上各科满分成绩均为 150 分。各科试题由国家教委考试中心统一命制，其命题范围不超出由国家教委颁布的《专科起点本科班各科复习考试大纲》规定的内容。

五、报考专升本科班的考生，必须参加全国统一招生考试。

考试日期定于 5 月 10 日和 11 日，具体考试时间表如下：

日期 时期	5 月 10 日	5 月 11 日
9:00～11:00	教育理论课 教育学（师）	高等代数　实用语法 人体解剖及生理学　心理学 政治经济学　中国文学 世界地理　力学热学 有机化学　运动生理学
9:00～11:30	政治	英语　教育学（职） 世界通史
14:00～15:00		中国历史要籍介绍和选读 微生物学　空间解析几何
14:00～16:30	马克思主义哲学　汉语 高等数学（师） 中国地理　体育理论 美术史论基本知识	中国革命史　文学概论（师） 光学电磁学　无机化学 自然地理基础 学校管理　综合考试

日期 时期	5月10日	5月11日
14:00～16:30	高等数学（一）（二） 大学语文 刑法 音乐基本理论 中国通史 数学分析 动植物学	精读和泛读　档案学 民法　市场营销学概论 食品微生物学 图书馆学　政治学概论 文学概论　财政金融学 新闻学　环境保护概论 电路原理　电子技术基础 化工原理　医学基础 中医基础理论　行政管理学 会计学原理　结构力学 地质学概论　植物生理学 机械设计基础　管理学概论 海洋生物学　旅游学概论 淡水生物学　家畜生理学 色彩（基础知识部分）

六、专升本科班招生录取工作与高中起点本、专科招生录取同期进行。最低控制分数线由国家教委划定。由考生所在地省级招生机构审批录取。

七、专升本科班招生考试的其他有关事项按《1997年全国各类成人高等学校招生规定》执行。

关于在部分省（市）试点扩大保送成人中等专业学校优秀毕业生升入成人高校学习比例的通知

教成司［1997］18号

北京、山西、上海、江苏、湖北省（市）教委，广东省高教厅，成人高、中等学校招生办公室：

一九九五年，我司根据《关于改革和发展成人中等专业教育的意见》（教成［1994］3号）精神，下发了《关于选拔优秀成人中等专业学校毕业生进入成人高校学习的有关事项的通知》［教成司（1995）22号］，一些省、自治区、直辖市及有关部委进行认真贯彻落实，取得了较好的效果。为了加大成人中等专业学校的改革力度，进一步提高成人中等专业学校的管理水平和教育、教学质量，鼓励在校学生刻苦学习，具有不断进取的精神，决定在你省（市）的成人中等专业学校试点扩大保送优秀毕业生升入成人高校学习的比例。现将有关事项通知如下：

一、保送条件

1. 凡经省人民政府（或授权给省级教育行政部门）及国务院有关部委（或授权给教育部门）批准，并报国家教委备案的评估合格的成人中等专业学校，均可试点扩大比例保送优秀毕业生升入成人高校学习。

2. 保送的毕业生必须是坚持党的基本路线，拥护四项基本原则，拥护改革开放，德、智、体全面发展，品学兼优的成人中等专业学校应届毕业生。在校期间，各科学习成绩在80分以上，其中，最后一学期毕业统考各科成绩达85分以上。

3. 在同等条件下，可优选保送符合下列条件之一的优秀毕业生：

凡经省（市）教委或部委评估，获得优秀的学校和被评为省、部级成人中等专业示范学校的毕业生。

凡连续两年获得校级以上的三好学生、优秀学生干部、优秀党、团员称号的应届毕业生。

受县（市）以上人民政府（党委）及地、市、州以上各业务主管部门授予的劳动模范、先进工作（生产）者、模范（先进）教师、模范（优秀）党员称号及科技进步成果奖获得者。

受地、市、州以上工、青、妇组织授予的“五一”劳动奖、“新长征突击手”等称号者。

人民解放军、武警部队、人民警察荣立三等功以上者。

参加地、市、州以上部门组织的同行业业务竞赛中获前三名等有突出贡献者。

二、保送比例及专业

1. 保送成人中等专业学校优秀毕业生升入成人高校学习，试点扩大的比例不得超过本地区或本部门成人中等专业学校当年毕业生的5%。

2. 保送成人中等专业学校优秀毕业生升入成人高校学习应对口学习相同或相近专业。

三、实施办法

1. 成人中等专业学校试点扩大比例保送优秀毕业生升入成人高校学习，其名额纳入成人高校招生总数。

2. 凡被确定为试点的学校，须由分管校长、中层干部、教师代表等组成保送优秀毕业生领导小组，专门负责此项工作。

3. 为保证学生入学质量，由省级教育行政部门对保送的优秀毕业生进行文化课和专业课测试，并将测试合格者的有关材料送成人招生办公室。

4. 成人招生办公室将保送的优秀毕业生的录取工作与参加成人高考的合格考生的录取工作同步进行。各地省级教育行政部门及成人招生部门作好有关方面的工作，要保证优秀毕业生的保送比例落到实处。

5. 具体保送办法及实施意见由省级教育行政部门负责制定，并将实施方案及录取情况报送国家教委成人教育司。

四、严肃纪律，保证质量

试点扩大比例保送成人中等专业学校优秀毕业生升入成人高校学习，是一项政策性很强的工作，望各地教育行政部门和试点学校要切实加强领导，坚持民主、公开、公正、择优的原则严格选拔，以确保这项工作的顺利进行。凡在推荐保送工作中弄虚作假，徇私舞弊者，一经查实，立即取消有关学校保送优秀毕业生的资格，对已经入学的要取消学籍，同时追究当事人和领导者的责任。

请你省（市）认真总结试点工作经验，以保证试点工作健康顺利地开展，并随时将试点工作中出现的问题及时告我司。

国家教委成人教育司

一九九七年三月四日

关于批准北京市财贸管理干部学院等四所成人高校1997年继续进行能力考试的函

教成司［1997］19号

北京市教育委员会：

你委《关于申请批准北京市财贸管理干部学院等四所成人高校继续进行能力考试的请示》（京教成［1997］010号）收悉。现函复如下：

经研究，同意北京市财贸管理干部学院、北京市机械局职工大学、北京市建设职工大学和北京市房地产职工大学1997年继续进行能力考试。

国家教委成人教育司

一九九七年三月三日

关于停止安排未取得函授、夜大学办学资格的普通高等学校招生的紧急通知

教成司［1997］44号

山西、辽宁、黑龙江、江苏、浙江、湖南、四川、陕西、甘肃省、广西壮族自治区、新疆维吾尔自治区教育委员会、广东省高教厅、成人高等学校招生委员会，机械工业部教育司，有色金属工业总公司人教部：

目前，普通高等学校函授、夜大学评估工作正在进行全面总结。从各省、自治区、直辖市和国务院有关部委上报的评估材料中，发现有些学校（学校名单附后）没有按照国家教委《关于普通高等学校函授、夜大学办学资格审批和专业备案的通知》（教成［1992］17号）的规定，在国家教委未公布其函授、夜大学办学资格的情况下招收了函授、夜大学学生，这种作法严重违反了国家教委对普通高等学校举办函授、夜大学的有关规定。为维护国家高等学历教育的严肃性，切实加强管理，请有关省市、部委今年停止安排这些学校函授、夜大学招生，并在录取时做好有关上线考生的调剂录取工作。希望各省、自治区、直辖市的成人高等学校（高等学校）招生委员会今后不得安排国家教委未公布举办函授、夜大学办学资格的学校招生，杜绝此类违反有关成人高等教育招生及办学规定的问题出现。

附件：未取得函授、夜大学办学资格已经招生的学校名单

国家教育委员会成人教育司
一九九七年五月十八日

附件

未取得函授、夜大学办学资格已经招生的学校名单

主管部门	学校名称	办学形式	评估单位
机械工业部	湖北汽车工业学院	夜大	机械工业部
山西省	太原工业大学	函授	山西省
	长治医学院	函授	
辽宁省	辽宁商业高等专科学校	夜大	辽宁省
黑龙江省	哈尔滨医科大学	函授	黑龙江省
江苏省	南通工学院	函授	江苏省
	淮阴师范专科学校	函授	
	盐城师范专科学校	函授	
	彭城职业大学	夜大	
	常州工业技术学院	夜大	
	沙洲职业工学院	函授	
	淮海工学院	函授	
中国有色金属工业总公司	浙江经济高等专科学校	夜大	浙江省
山东省	淄博师范专科学校	函授	山东省
湖南省	衡阳医学院	函授	湖南省
	湖南商学院	函授	
	湖南大学衡阳分校	函授	
	常德高等专科学校	函授	
	湖南林业专科学校	函授	

主管部门	学校名称	办学形式	评估单位
湖南省	湖南计算机专科学校	函授	湖南省
	湖南建材高等专科学校	函授	
	邵阳高等专科学校	函授	
	岳阳大学	函授	
	湖南医学高等专科学校	函授	
	武陵高等专科学校	函授	
广东省	惠州大学	函授	广东省
	中山学院	夜大	
广西壮族自治区	玉林师范高等专科学校	函授	广西壮族自治区
	广西体育高等专科学校	函授	
四川省	川北医学院	夜大	四川省
	四川三峡学院	函授	
陕西省	陕西工学院	函授	陕西省
	延安大学	函授	
	商洛师范专科学校	函授	
	宝鸡文理学院	函授	
甘肃省	甘肃农业大学	函授	甘肃省
	兰州师范高等专科学校	夜大	
新疆维吾尔自治区	新疆工学院	函授	新疆维吾尔自治区
	喀什师范学院	函授	
	新疆工业高等专科学校	函授 夜大	
	新疆中医学院	函授 夜大	

关于重申非国民教育学历不能作为报考各类成人高校“专升本”、“二学历”学历依据的函

教成司［1997］47号

河南省教委：

最近，我司接到群众来信，反映你省在今年的各类成人高校招生报名中违反我委的规定，允许以非国民教育学历作为报考“专升本”、“二学历”的学历依据。请你委迅速查清情况并报我司。

1996年5月中共中央印发的《1996年—2000年全国干部教育培训规划》（中发［1996］10号）明确规定：“国家教委负责干部国民教育学历及成人教育综合管理工作”。为保证成人高等教育的质量，做好各类成人高校招生工作，请你委在招生工作中严格执行我委《关于重申党校学历不应等同于国民教育学历的复函》（教成厅［1995］15号）、《关于印发〈1997年全国各类成人高等学校招生规定〉和〈1997年全国各类成人高等学校举办大学专科起点本科班招生规定〉的通知》（教成［1997］2号）的有关规定。

国家教委成人教育司

一九九七年六月三日

关于一九九七年高等学校招生全国统一考试工作中加强考试管理、严肃考试纪律的通知

教试中心［1997］45号

各省、自治区、直辖市考试院（局、管理中心）、普通高校招生办公室、成人高校招生办公室：

在一九九六年的成人、普通高等学校招生全国统一考试工作中，各级招生考试机构在各省（自治区、直辖市）招生委员会、教委、高教厅（局）的领导下，经过努力工作，全国未发生一起试题失（泄）密案件，在普通高校高考中无一起重大违纪舞弊案件，是近几年来较好的一年。但在取得的成绩面前，我们清醒地认识到，考风考纪必须毫不放松、常抓不懈，应成为我们考试工作中的重点，只有这样，才能巩固已经取得的成绩，在社会上树立良好的信誉。

一九九七年成人、普通高等学校招生全国统一考试即将举行，为保证此项工作的顺利进行，现就有关事项通知如下：

一、继续认真贯彻落实国家教委教考试［1995］2号（《关于进一步加强全国统一考试管理的意见》）、教试中心［1995］33号（《关于进一步加强全国统一考试管理的几项措施》）、教试中心［1996］24号（《关于进一步加强全国统一考试试卷印刷工作的通知》）等文件和国家教委1995年“进一步加强全国教育统一考试管理、严肃考试纪律”全国电话会议的精神，在总结一九九六年工作的基础上，针对以往管理中的薄弱环节，进一步完善管理措施，堵塞漏洞，强化以法治考和考试实施全过程的规范化管理，继续做好遵守考试纪律的社会舆论宣传工作，保证全国统一考试顺利实施。

二、继续加强试卷、答卷的印刷、运送和保管的安全保卫、保密工作，各环节工作必须严格履行交接手续，责任到人，严格执行教试厅［1992］1号（《关于印发〈试卷保密室、答卷保管室管理办法〉和〈试卷印刷、运送工作管理办法〉的通知》）和教试［1993］4号（《关于加强高等学校入学考试安全保卫、保密工作的通知》）文件的规定，杜绝出现差错。

三、加强对考试工作人员和监考人员的培训。任何监考人员未经培训合格不许上岗，同时加强对监考人员的职业道德教育，严格执行有关规定。

四、加强对密码传真通讯网络的管理，严格执行《全国教育考试系统普通密码传真通讯网络有关工作规定》（教试中心［1996］14号）的要求。

五、各省级招生考试机构要在考试前将考前准备工作情况、考试期间24小时值班电话（考试前一星期告知）；考试后将考试过程情况的概要小结（考试结束后一星期内）及时报我中心考务与监察处，以便汇总报国家教委领导。

六、加强对阅卷工作的管理，尤其要注意在阅卷中发现的雷同卷、异常答卷情况，及时发现问题，及时作出处理，不能手软。

七、考生在考场内严禁携带BP机、移动电话等无线通讯工具和收录机；考生在试（答）卷上严禁使用涂改液。对违反者，一律按违纪处理。

八、重视监督、监察工作，建立健全监督机制。继续执行向社会公布举报电话和举报箱的规定，认真及时处理群众来信来访。

九、我中心在考试期间24小时值班电话、人员如下：

成人高考：5月9日～12日

值班电话：（略）

值班人员：谭松

普通高考：7 月 6 日～10 日
值班电话：（略）
值班人员：罗民

国家教委考试中心
一九九七年四月三日

关于设立全国教育统一考试工作监督举报录音电话的通知

教试中心［1997］126 号

各省（自治区、直辖市）考试院（局、中心）、普通高等学校招生办公室、自学考试办公室、成人高校招生办公室：

目前，全国教育统一考试的规模日渐扩大，社会关注程度也越来越高，每年参加普通高等学校招生全国统一考试、成人高等学校招生全国统一考试、高等教育自学考试等大规模教育考试的人数约为1 500万人。

多年来，在各级政府的领导和社会诸多部门的积极配合下，经过各级教育行政部门和考试机构的努力工作，各项全国教育统一考试得以顺利实施，并赢得了较好的社会声誉。

但是，我们也必须清醒地看到，社会上的一些不正之风正在影响、干扰着全国的教育考试，不仅一般性的违纪舞弊现象时有发生，甚至事故泄题、盗卖试卷、考生集体向监考教师行贿、学校组织考生集体作弊等性质极其恶劣的案件也多次出现。

以上情况就全国范围看虽属局部地区的个别问题，但性质是恶劣的，后果是严重的，社会反响强烈。如不认真对待，任其发展，将会严重地败坏全国教育统一考试的威信。在这种情况下，在狠抓考试队伍建设和考风考纪的同时，必须动员全社会的力量，形成齐抓共管之势，为此，国家教委考试中心（自考办）自 1997 年 10 月将面向社会设立全国教育统一考试工作监督举报录音电话，广泛接受社会各界对考试违纪舞弊行为的投诉、举报，电话号码为：（010）62514429。

各地教育考试机构也要设立监督举报电话，并向社会公布，以广泛接受社会各界对考试违纪舞弊行为的投诉、举报。

特此通知

国家教委考试中心
一九九七年十月二十二日

关于印发《1998 年全国各类成人高等学校招生规定》和《1998 年全国各类成人高等学校举办大学专科起点本科班招生规定》的通知

成人［1998］1 号

各省、自治区、直辖市教委、教育厅、成人高等学校（高等学校）招生委员会，广东省高教厅，计划单列市教委，新疆建设兵团教委，国务院有关部委教育司（局），各委属高等学校：

现将《1998 年全国各类成人高等学校招生规定》和《1998 年全国各类成人高等学校举办大学专科起点本科班招生规定》印发给你们，请遵照执行。

附件：一、1998 年全国各类成人高等学校招生规定
　　　二、1998 年全国各类成人高等学校举办大学专科起点本科班招生规定

国家教育委员会
一九九八年一月二十一日

附件一

1998 年全国各类成人高等学校招生规定

第一章　总　则

第一条　为保证成人高等学历教育新生入学质量，促进成人高等学历教育的改革和发展，使各类成人高等学校招生工作更好地适应建立社会主义市场经济的新形势，特制定本规定。

第二条　本规定所称各类成人高等学校，包括经国家教育委员会审定核准的广播电视大学、职工高等学 、农民高等学校、管理干部学院、教育（教师进修）学院、独立设置的函授学院和以函授部、夜大学、教师班、成人脱产班形式举办成人本、专科学历教育的普通高等学校。

第三条　各类成人高等学校招生计划按有关规定和批准程序纳入国家成人高等教育事业计划后方可招生。

第四条　各类成人高等学校实行全国统一招生。由国家教委颁布复习考试大纲，统一组织命题，确定考试时间，制定试卷评分标准，审定下达各省、自治区、直辖市招生录取最低控制分数线。

第五条　各省、自治区、直辖市成人高等教育招生部门组织招生考试工作，并组织招生学校进行新生的录取工作。

第六条　在各级人民政府的领导下，有关教育行政部门要加强对招生工作的领导和支持，为招生工作的顺利进行创造条件。

第二章　招生机构及其职责

第七条　各省、自治区、直辖市及其下属市（地、州）、县（市、区）要在各级人民政府或省级招生委员会的领导下，建立、健全常设的成人招生办事机构，确定必要的编制，并配备相应的人员，给予必要的办公条件并逐步创造条件实现计算机管理；国务院有关部委要配备稳定的成人高等教育招生工作人员；各类成人高等学校要设立招生办公室，配备专职干部。

第八条　国家教育委员会主管全国各类成人高等学校招生工作，其职责是：

（一）制定各类成人高等学校招生方针政策和工作规章；

（二）根据确定的事业计划审核并协调、下发国务院有关部委所属院校、国家教委直属院校和地方属院校（跨省、自治区、直辖市招生部分）成人高等教育招生生源计划，专科起点本科班及“高职班”招生生源计划；

（三）组织各类成人高等学校全国统一招生考试；

（四）指导、检查各省、自治区、直辖市实施各类成人高等学校全国统一招生工作；

（五）组织或督促有关部门调查处理招生、考试工作中发生的重大问题，保护考生和招生工作人员的正当权益；

（六）组织开展招生考试的科学研究，指导招生考试的改革试点，培训有关人员，并进行宣传工作。

第九条 各省、自治区、直辖市成人高等学校招生部门的职责是：

（一）执行国家教委有关各类成人高等学校招生方针政策、工作规章，按下达的招生计划并结合本地区实际情况制定具体实施方法；

（二）编制并公布招生专业目录，组织本地区考生报名工作并负责审查考生的报名资格，组织考试、阅卷、录取、身体健康状况检查等工作；

（三）组织实施各类成人高等学校招生改革试点工作；

（四）保护考生和招生工作人员的正当权益，查处违纪舞弊事件；

（五）审批学校提出的新生录取名单；根据历年新生录取名单向国家教委提供当年成人高等教育结业生有关数据；协助组织并做好每年毕业证书发放的复查工作；

（六）组织并督促招生学校对录取的新生进行复查；

（七）开展招生、考试的宣传和科学研究工作。

第十条 国务院有关部委招生机构的职责是：

（一）执行国家教委有关各类成人高等学校招生方针政策、工作规章；

（二）依据国家教委核定的招生计划编制所属学校跨省、自治区、直辖市招生生源计划；

（三）根据需要在有关省、自治区、直辖市指定代办单位；

（四）提出招生考试改革建议，协助组织实施国家教委批准的招生改革项目；

（五）组织协调所属学校新生录取工作；

（六）开展招生、考试研究工作。

第十一条 各类成人高等学校有关招生工作的职责是：

（一）执行国家教委有关招生方针政策和工作规章及学校所在省、自治区、直辖市成人高等学校招生部门和学校主管部门的补充规定；

（二）执行招生计划并按规定向考生所在省、自治区、直辖市成人高等学校招生部门报送录取新生名单，经审批后，向考生发放录取通知书；

（三）对录取的新生进行复查；

（四）应由招生学校做的其他工作。

第三章 招生计划和生源计划

第十二条 成人高等学历教育招生计划实行国家宏观指导、总量调控，中央和省、部两级管理、分级负责的管理体制。各地区和各部门根据人才需求、学校办学条件和保证入学质量的原则制定招生计划报国家教委，国家教委负责审核、确定各地区、各部门各种类型成人高等学历教育招生计划。

各地各部门的教育计划管理部门负责编制所属学校的招生计划。

符合第二条规定的学校都应根据国教委关于编报年度成人高等学历教育事业计划的精神和要求，按隶属关系将招生计划和生源计划报省、自治区、直辖市、计划单列市教委、教育（高教）厅计划部门或国务院有关部委教育司（局）。电视师范教育高师招生，纳入地方广播电视大学招生计划。

第十三条 招生的生源计划应按照国家教委下达的招生计划，根据合理布局、按需培养的原则编制；在录取新生时，可以根据上线考生数量、质量等实际情况进行必要的调剂。

第十四条　国家教委招生管理部门负责审核、汇总并下达跨省、自治区、直辖市招生（包括地方属院校跨省、自治区、直辖市招生）的生源计划。

第四章　报　名

第十五条　各类成人高等学校以招收在职、从业人员为主。师范类高等院校、教育（教师进修）学院及普通高等学校举办的教师本、专科班主要招收中小学教师、校长和其他教育行政干部。报考这类学校举办的脱产教师本、专科班的在职教师须具有三年以上教龄并应根据教学工作需要，报考对口专业；教育行政干部须具有五年以上工龄。其他学校考生的工龄要求由学校主管部门确定。

地方成人高等学校是否招收社会青年，其条件和比例由省、自治区、直辖市教委、教育（高教）厅会同计划、劳动人事部门研究确定，毕业后国家不包分配工作。部委所属学校招收社会青年，按生源所在地规定执行。

除纳入普通高等学校招生计划的普通班外，各类成人高等学校不得招收应届高中毕业生。高等职业技术教育班（以下简称"高职班"）经国家教委批准，可招收成人中专、成人高中、职业高中、中等职业技术学校等的应届毕业生和少量的社会青年。

第十六条　报考各类成人高等学校的考生，须具有高中毕业文化程度。以同等学力报考者，须有年龄限制。报考者应身体健康。

第十七条　报考各类成人高等学校的考生，须经本单位或主管部门同意，参加脱产学习的职工须经本单位批准。社会青年考生报名须经乡政府或街道办事处签署审查意见。

第十八条　符合报考条件，生活能自理，能坚持学习的残疾人也可报考。

第十九条　考生应到县（市、区）招生机构报名。招生机构也可受理有组织的集体报名。考生填报志愿数一般不少于三个。

第二十条　有下列情形之一者。不得报名：

（一）有反对四项基本原则的言行，经教育而坚持不改者；

（二）毕业后能取得国家承认学历的各类高、中等学校在校生（符合国家教委有关政策规定的应届生除外）；

（三）因在报考过程中，弄虚作假，违纪舞弊，受到下一年或三年内不准报考处罚者；

（四）触犯刑律而受到处罚的服刑者。

第五章　政治思想品德考核

第二十一条　报考各类成人高等学校的考生，必须拥护四项基本原则，拥护改革开放，品德良好，遵纪守法。

第二十二条　政治思想品德考核主要看考生本人的表现。

第二十三条　考生所在单位或主管部门，应对考生的政治表现、思想觉悟、道德品质作出组织鉴定。

第六章　考　试

第二十四条　考试科目：

（一）理工农类（含体育、非教师班地理专业）考政治、语文、数学（理工类）、物理、化学五科。

（二）文史类（含财经、政法、外语、艺术、教师班地理专业）考政治、语文、数学（文史类）、历史、地理五科（艺术类专业，数学考试成绩不计入总分，供录取时参考）。

（三）"3＋2"考试科目改革试点，具体范围及考试科目如下：

(1) 报考医疗、高护、西医类的考生，考试科目为：政治、语文、数学（理工类）、人体解剖学、生理学。

(2) 报考中医药类考生，考试科目为：政治、语文、数学（理工类）、中医基础学、中药学。

(3) 报考司法部属中央司法警官教育学院的在职考生，考试科目为：政治、语文、数学（文史类）、监狱（劳教）基础、狱政（所政）管理。

（4）报考劳动部委托天津职业技术师范学院、河南职业技术教育学院、北京市计划劳动管理干部学院等三所院校开设的机械制造工艺及设备专业考生，考试科目为：政治、语文、数学（理工类）、机械基础、机械制造工艺基础；工业电气自动化专业考生，考试科目为：政治、语文、数学（理工类）、电工基础、电子技术基础。

以上考试科目中，专业课分别由卫生部、国家中医药局、司法部、劳动部按国家教委制定的《全国成人高等职业教育专业课复习考试大纲》组织命题。

（四）“高职班”招生实行计划单列，考试分两种情况：

（1）报考国务院有关部委属院校举办的“高职班”，考试科目同本条（一）、（二）款规定；

（2）报考地方属院校举办的“高职班”，考试科目实行“3＋2”形式，其中，三门基础课实行全国统考，两门专业课的考试安排，由各省、自治区、直辖市教委及招生办公室确定。基础课考试科目为：政治、语文、数学，专业课考试科目在以下科目中选择相关的两门：

生理学	人体解剖学	机械基础
金属切削原理与刀具	BASIC语言	电子技术基础
计算机应用基础	电路基础	电工基础
电机与拖动	施工技术基础知识	建筑材料
建筑结构	药剂学	化工基础
轧钢生产管理	炼钢生产管理	高炉冶炼生产管理
冶炼技术基础	经济法基础	营销基础知识
商品知识	会计基础	计算技术
旅游概论	礼仪规范	应用文与写作
实用公共关系	原料加工技术	烹调技术
化学肥料	有机化学	化工分析基础
中医基础学	监狱（劳教）基础	机械制图
中药学	狱政（所政）管理	机械制造工艺基础

《全国成人高等职业教育专业课复习考试大纲》不能覆盖的专业课由各地教育行政部门审定。

本科各专业和外语、外贸、外经专业的专科须加试外语，分英、俄、日三个语种，由考生任选一种（报考外语专业以外的师范类本科专业的中学教师可不加试外语），由国家教委统一命题，考试成绩不计入总分，但各省、自治区、直辖市必须规定录取标准。

以上各科满分均为150分。

高等艺术院校艺术类专业术科加试由院校自行组织，并将考试成绩及时转报考生所在省、自治区、直辖市招生机构。非高等艺术院校艺术类专业术科加试，原则上由省级招生机构组织进行。

其他专业是否需加试，由学校或其主管部门决定并组织加试科目的命题、考试。加试科目的成绩不计入总分，供录取时参考。

第二十五条 高中起点本、专科考试，由国家教委统一命题并制定参考答案和评分标准。政治、语文、数学、地理、历史、物理、化学、外语考试命题的范围不超过国家教委制定的《全国各类成人高等学校招生复习考试大纲》。“高职班”考试科目命题的范围不超出国家教委颁发的复习考试大纲。

第二十六条 民族自治地区用本民族语文授课的成人高等学校或系（科）招生，由省、自治区、直辖市用本民族语文自行命题、组织考试。

少数民族聚居地区用民族语文授课的少数民族考生，报考用汉语授课的成人高等学校，汉语文试题由国家教委另行命题，不翻译成少数民族文字，并用汉文答卷；其他各科（包括外语试题部分）翻译成少数民族文字，用本民族文字答卷；其他各科（包括外语试题部分）翻译成少数民族文字，用本民族文字答卷。有关省、自治区、直辖市若需加试少数民族语文，可自行决定并负责命题。汉语文成绩必须达到及格水平，方能录取。

第二十七条 由各省、自治区、直辖市成人高等学校招生部门统一组织评卷。考试成绩通知本人，不公布，不查卷。

第二十八条　全国各类成人高等学校招生统一考试定于5月9日、10日进行，具体考试时间表如下：

时间＼日期	5月10日	5月11日
9:00—11:00	语文	数学
14:00—15:40	物理　地理 生理学　中医基础学 监狱（劳教）基础 机械基础　电子技术基础	化学　历史 人体解剖学 中药学 狱政（所政）管理 机械制造工艺基础　电工基础
16:20—18:00	政治	外语

第二十九条　考试工作规则执行国家教委颁发的《普通、成人高等学校本、专科招生全国统一考试工作规则》（教试［1991］3号）。

第七章　录　取

第三十条　各省、自治区、直辖市在招生计划总额度内拟定本地区最低控制分数线，报国家教委批准，并根据招生计划指标和生源质量情况对各类成人高等学校招生录取分批次进行。

第三十一条　各类成人高等学校应严格按计划录取新生，未经计划主管部门批准，不得对招生计划进行调整。

为有利于在职人员入学，对社会青年考生可采取另行高划线的办法。

体育、艺术各专业，本科最低控制分数线不低于当地本科最低控制分数线（艺术类专业还应扣除数学部分，下同）的百分之七十，专科不低于专科的百分之六十；史论、编导专业本、专科均不低于相同层次的百分之九十。

第三十二条　新生的录取工作必须认真贯彻按需培养，德、智、体全面衡量，由高分到低分（体育、艺术专业，一般按专业考试成绩）择优录取的原则。既要重视考生的总成绩，又要注意与其报考专业相关的成绩。

各类成人高等学校一律不得录取试读生、超前生、旁听生和单科生，违者追究责任者及其领导责任。

第三十三条　录取新生名单由招生学校提出，省、自治区、直辖市成人高等学校（高等学校）招生机构审批。招生学校按审批后的录取名单发放录取通知书。

录取中的遗留问题，由审批录取名单的招生机构负责处理。

第三十四条　招生学校及主管部门可在各地指定代办单位，明确代办任务，代办单位要认真负责地配合当地招生部门搞好招生工作。委托培养学生的单位，不得参与录取工作，但可根据各地生源质量情况，向招生学校提出调整生源计划的要求。

第三十五条　符合下列条件之一的人员，具备高中毕业文化程度（申请进入专科起点本科的，应具备国家承认学历的专科毕业文凭），本人申请，经省、自治区、直辖市招生部门审核，报国家教委批准，可免试进入各类成人高等学校学习：

（1）获得国务院命名的全国劳动模范等称号者；

（2）获奥运会、世界锦标赛、世界杯赛前八名者，亚运会、亚洲锦标赛、亚洲杯赛前三名者；全国运动会、全国锦标赛、全国冠军赛冠军者；在奥运会、世界锦标赛、世界杯赛和亚运会上破世界纪录者。

第三十六条　获得省级人民政府、国务院部委及全国工、青、妇组织授予的享受省部级劳模待遇的劳动模范、先进生产（工作）者等称号的及科技进步奖获得者，具备高中毕业文化程度，经本人申请，省、自治区、直辖市招生部门审核，报国家教委批准，可免试录取为“预科生”。

第三十七条　符合下列条件之一的考生，录取时可照顾50分（专科起点升本科考生为30分）：

（1）获得地、市人民政府，省、自治区、直辖市厅、局系统，国务院部委直属局级机构，国家特大型企业授予的享受地厅级劳模待遇的劳动模范、先进生产（工作）者及科技进步（成果）奖获得者。

（2）获得省、自治区、直辖市工、青、妇组织授予的“五一劳动奖章”、“新长征突击手”、“三八红旗手”称号者。

（3）人民解放军、武警部队、人民警察荣立三等功以上者。

（4）符合第三十六条规定而参加考试的考生。

第三十八条　符合下列条件之一的考生，录取时可照顾30分（专科起点升本科考生为20分）：

（1）归侨、归侨子女、华侨子女、台湾省籍考生。

（2）烈士子女、烈士配偶。

（3）人民解放军、武警部队、人民警察荣立集体二等功以上者。

（4）边疆、山区、牧区和少数民族聚居地区的少数民族考生、国防科技工业三线企业单位（地处地市以上人民政府所在地的除外）获得企业表彰的先进生产（工作）者。

（5）在野外、井下、监所（监狱、劳改队、劳教所、少管所）、远洋、民政第一线从事采伐、农垦、地质、水利（农水、农电、防汛、水保、水管、施工、水文、移民）、采矿、勘探、测绘、远洋运输、殡葬和社会福利（孤儿、弃婴、残疾人、老年人、伤残复员退伍军人、精神病人护理）工作，报考对口专业的考生。

第三十九条　报考对口专业并有五年以上专业工龄（教龄）的中年生产业务骨干（教师）、退出现役的义务兵及散居的汉族地区的少数民族考生，录取时可照顾15分（专科起点升本科考生为10分）。

第四十条　各省、自治区、直辖市可根据本地实际情况，制定有利于录取劳动模范、生产和业务骨干以及农村、乡镇企业、边远少数民族聚居地区考生相应政策，经国家教委批准后实行。

第四十一条　符合照顾条件的考生必须于报名时交验相应的原始证件。符合两项以上照顾政策的考生，其照顾分数不得重复享受。

第三十四条、三十五条、三十七条、三十九条经国家教委批准的项目，应于6月底前报至国家教委。

第四十二条　在录取的后阶段，根据考生上线情况，在已核定的本省、自治区、直辖市招生计划总数内，招生机构可提出学生招生计划和生源的调整原则方案，经所在省、自治区、直辖市教委计划部门批准后实施。各地、各部门不得自行跨越隶属关系调剂招生计划及生源计划。对因满额或不足开班而调整招生计划未被报考学校录取的合格考生，各地招生机构要根据成人高等教育的特点，本着对考生和用人单位负责的精神，积极做好调剂录取工作。调剂录取仅限于报考条件及考试科目相同（或近似）专业。考生要填报征得其所在单位同意的调剂录取志愿。调剂录取工作在成人招生机构的领导下进行。

录取工作结束后，各省级招生机构须向国家教委上报当年录取新生数，并向招生学校所在地毕业证书验印部门提供当年录取新生名单。各地教育计划部门应将涉及跨越隶属关系的计划调整情况报国家教委。

第四十三条　新生入学后，学校要对新生进行全面复查，对于不符合报考条件和录取标准以及弄虚作假、违纪舞弊者，学校应取消其入学资格并报省级招生部门备案。因此产生的缺额，如有上线学生，省级招生部门可予以补录。此项工作应在1998年10月10日前完成。

第八章　附　则

第四十四条　试行推荐成人高考中少数考试成绩优秀的符合条件的考生进入需要招收有实践经验考生的普通高等学校有关专业学习。其办法是：参加成人高等学校招生考试成绩优秀者（年龄在二十八周岁以下，具有三年以上实践经验），本人申请，经省、自治区、直辖市成人高校招生机构向本省、自治区、直辖市所属普通高等学校推荐，学校可以单独考核，审查录取。录取后学生的一切待遇按普通高等学校的有关规定办理。

第四十五条　优秀成人中等专业学校毕业生免试进入成人高等学校学习按国家教委有关文件（教成司

[1995] 22号和成人司 [1997] 18号) 的规定执行。

第四十六条 继续进行“预科生”、“资格生”的试点工作，按照有关文件的要求，严格执行规定的条件，严格报考资格审查，加强试点的管理和监督。

第四十七条 有关全国各类成人高等学校举办大学专科起点本科班的招生规定，国家教委另行制定。

第四十八条 对违反招生管理或违反考试管理规定应予处罚的，依照有关教育招生考试管理处罚规定予以处罚。

第四十九条 各省、自治区、直辖市及国务院有关部委可根据本规定精神，结合地区、部门的实际情况作必要的补充，制定具体实施办法。补充规定如超出本规定范围，须报经国家教委批准。

第五十条 本规定由国家教委负责解释。

附件二

1998年全国各类成人高等学校举办大学专科起点本科班招生规定

为加强对各类成人高等学校举办大学专科起点本科班（以下简称专升本科班）招生工作的宏观管理，保证新生入学质量，现将有关事项规定如下。

一、专升本科班招生分为师范类（系指普通中学教师和各类中等学校普通课教师）和非师范类（系指考生为普通中、小学教师以外其他学校教师以及非教师）。师范类和非师范类专升本科班均须纳入国家成人高等教育事业计划并经国家教委批准正式下达后方可招生。

非师范类专升本专班原则上在具有函授、夜大学本科办学资格的普通高等学校中举办，招生专业应在《1994年成人高等教育举办非师范类专科起点本科班招生专业范围》及《1996年成人高等教育非师范类专科起点本科班新增招生专业的通知》（教计厅 [1995] 10号）之内。举办非师范类专升本科班的学校办学资格及专业一律经国家教委审批，招生计划数纳入学校成人高教招生总量。由国家教委统一下达专升本科班招生生源计划。

二、专升本科班招生一律由各省、自治区、直辖市成人高等学校招生部门负责组织报名、考试、评卷和录取等工作。报考专升本科班的考生应具有两年以上工龄；报名时必须交验经国家教委审定核准的国民教育系列高等学校或高等教育自学考试机构颁发的大学专科毕业证书原件和复印件。师范类专升本科班除教育管理类专业可招收中学校长和其他少量教育行政干部外，其他专业限招各类中等学校教师。报考脱产学习的教师还须具有三年以上教龄，校和及其他教育行政干部须具有五年以上工龄。

三、跨省、自治区、直辖市招生的学校，其考生按学校主管部门的规定可以在考生所在地参加考试；经考生所在地省级招办同意也可以在学校所在地借考。报考国家教委直属高校的考生在何地参加考试由学校会同有关省、自治区、直辖市成人高校招生部门确定。

四、考试科目及命题

1. 师范类专升本科班的考试科目共四科：公共课一科，专业课三科（音乐、美术专业除外）。

公共课：教育理论课（教育学、心理学，侧重教育学部分）。

专业课：各专业课分别规定如下：

政治和思想品德教育专业：马克思主义哲学、政治经济学（资本主义部分）、中国革命史。

汉语言文学教育专业：汉语、中国文学（包括古代、现代，现代到1949年为止）、文学概论。

历史教育专业：中国通史、世界通史、中国历史要籍介绍和选读。

英语教育专业：精读和泛读、听说、实用语法。

数学教育专业：空间解析几何、数学分析、高等代数。

物理教育专业：高等数学、力学热学、光学电磁学。

化学教育专业：高等数学、有机化学、无机化学（含分析化学定性部分）。

地理教育专业：中国地理、世界地理、自然地理基础。

生物教育专业：动植物学、微生物学、人体解剖及生理学。

体育教育专业：体育理论、运动生理学、综合考试（田径、篮球、体操）。

音乐教育专业：钢琴、声乐、音乐基本理论（乐理、和声）、视唱练耳。

美术教育专业：素描、色彩、创作、美术史论基本知识（中外美术史及技法理论。）

教育管理类专业专升本科班的考试科目共四科，公共课一科：大学语文；专业课三科：教育学、心理学、学校管理。

以上除术科（听说、钢琴、声乐、视唱练耳、素描、色彩、创作）外的各科试题由国家教委考试中心统一命制，其命题范围不超出以《中学教师进修高等师范专科教学大纲》为依据编写的《考试大纲》规定的内容。

各科满分成绩分别为：中国通史 120 分、世界通史 120 分、中国历史要籍介绍和选读 60 分、空间解析几何 50 分、数学分析 150 分，动植物学 150 分，微生物学 50 分，其余各科均为 100 分。

2. 非师范类专升本科班的考试科目共四科：公共课两科、专业基础课一科、专业课一科。

公共课和专业基础课分别为：

理工类：政治、英语、高等数学（一）；

经济（管理）类：政治、英语、高等数学（二）；

文史、中医类：政治、英语、大学语文。

专业课：由招生学校在以下各专业课中任选一科。

图书馆学、档案学、文学概论、新闻学、政治学概论、行政管理学、财政金融学、会计学原理、环境保护概论、管理学概念、电子技术基础、电路原理、机械设计基础、结构力学、化工原理、地质学概论、医学基础、植物生理学、中医基础理论、海洋生物学、淡水生物学、家畜生理学、食品微生物学、市场营销学概论、旅游学概论、色彩。

报考法学类和英语类考生考试科目分别为：

法学类：政治、英语、刑法、民法；

英语类：政治、英语、大学语文、精读和泛读。

报考非师范类专升本科班的教师类考生，公共课两科为政治、教育学（职）。

以上各科满分成绩均为 150 分。各科试题由国家教委考试中心统一命制，其命题范围不超出国家教委颁布的《专科起点本科班各科复习考试大纲》规定的内容。

五、报考专升本科班的考生，必须参加全国统一招生考试。

考试日期定于 5 月 9 日和 10 日，具体考试时间一如下：

日期 时间	5 月 10 日	5 月 11 日
9:00—11:00	语文	数学
9:00—11:00	教育理论课 教育学（师）	高等代数　实用语法 人体解剖及生理学　心理学 政治经济学　中国文学 世界地理　力学热学 有机化学　运动生理学
9:00—11:30	政治	英语　教育学（职） 世界通史
14:00—15:00		中国历史要籍介绍和选读 微生物学　空间解析几何 色彩（基础知识部分）

时间＼日期	5月10日	5月11日
14:00—16:00	马克思主义哲学 汉语 高等数学（师） 学校体育理论 美术史论基本知识	中国革命史 文学概论（师） 光学电磁学　无机化学 自然地理基础 学校管理学　综合考试
14:00—16:30	高等数学（一） 高等数学（二） 大学语文 刑法 音乐基础理论 中国通史 数学分析 动植物学	精读和泛读　档案学 民法　市场营销学概论 食品微生物学 图书馆学　政治学概论 文学概论　财政金融学 新闻学　环境保护概论 电路原理　电子技术基础 化工原理　医学基础 中医基础理论　行政管理学 会计学原理　结构力学 地质学概论　植物生理学 机械设计基础　管理学概论 海洋生物学　旅游学概论 淡水生物学　家畜生理学

六、专升本科班招生录取工作与高中起点本、专科招生录取同期进行。最低控制分数线由国家教委划定。由考生所在地省级招生机构审批录取。

七、专升本科班招生考试的有关事项按《1998年全国各类成人高等学校招生规定》执行。

关于申请成人高等学校招收应届中职毕业生的复函

成考司［1998］7号

北京市、黑龙江省、河南省、大连市教委，全国总工会组织部：

关于申请在部分成人高等学校招收应届中职毕业生的函收悉。经研究，批准北京市西城区职工大学等21所试点“高职班”的成人高等学校部分专业（名单附后）从1998年起招收应届中职毕业生，招生办法按照我委教成［1998］1号文件的有关规定由各地招生部门具体实施。目前，招收应届中职毕业生仅在部分有条件的成人高校进行试点，希望你们从严控制招生规模，加强学籍管理，切实保证试点班的教育质量。

附件：招收应届中职毕业生的成人高等学校及专业

国家教委成人教育司

一九九八年二月五月

招收应届中职毕业生的成人高等学校及专业

学校名称	专业
北京市西城区职工大学	公关秘书
北京市东城区职工大学	会计 商场经营与管理
北京市宣武红旗业余大学	计算机应用与管理 食品工业卫生检验
北京市总工会职工大学	市场营销 饭店管理
北京市西城经济科学大学	国际贸易 会计
北京市轻工职工大学	会计 计算机应用与管理
北京市机械局职工大学	计算机应用与管理
北京市经济管理干部学院	会计
北京市财贸管理干部学院	会计
北京市农业管理干部学院	计算机应用与管理
北京市海淀区职工大学	会计
北京市冶金管理干部学院	市场营销 管理信息
中国工运学院	公关文秘与办公自动化 旅游服务与饭店管理
中国一拖集团有限公司拖拉机学院	机电维修 数控技术应用 计算机应用
大连管理干部学院	计算机应用 商贸日语 财务会计
哈尔滨市职工大学	计算机应用 会计电算化
齐齐哈尔市职工大学	重型机械工艺制造与设备 计算机应用 会计电算化 工业企业管理
牡丹江市联合职工大学	计算机应用 会计
佳木斯市联合职工大学	旅游服务 会计电算化
黑龙江省经济管理干部学院	计算机应用 会计 旅游与宾馆管理
哈尔滨市财贸职工大学	会计电算化 市场营销 现代经济文秘 餐旅服务

关于申请成人高等学校招收应届中职毕业生的复函

考成司［1998］22号

北京市教委、北京市招生办公室、林业部人事教育司：

关于申请在部分成人高等学校招收应届中职毕业生的函收悉，经研究，批准北京实验大学“建筑施工技术”专业和北京林业管理干部学院“计算机应用与管理”专业的“高职班”试点，从1998年起招收应届中职毕业生，招生办法按照我委教成［1998］1号文件的有关规定由各地招生部门具体实施。目前，招收应届中职毕业生仅在部分有条件的成人高校进行试点，希望你们从严控制招生规模，加强学籍管理，切实保证试点班的教育质量。

国家教委成人教育司

一九九八年三月九日

关于1998年全国各类成人高校招生录取工作有关事项的通知

教成司［1998］61号

各省、自治区、直辖市教委、教育厅、成人高等学校（高等学校）招生委员会，计划单列市教委，广东省高教厅，国务院有关部委教育司（局），新疆生产建设兵团教委，各部属高等学校：

为做好1998年全国各类成人高校招生录取工作，现就录取工作有关事项通知如下：

一、关于招生录取工作总的原则

在今年的招生录取工作中，各省、自治区、直辖市招生部门，各有关主管部门和各招生院校要认真执行原国家教委确定的1998年各类成人高校招生政策和有关规定，认真落实原国家教委下达的成人高校招生计划，切实保证录取新生的质量。不得自行出台违背国家政策规定的地方性政策，不得自行降低最低控制分数线，不得超计划招生。

二、关于最低控制分数线

1. 各地各类成人高校招生高中起点本、专科最低控制分数线，在保证录取新生质量的前提下，依照原国家教委下达的招生计划划定。个别地方、少数院校、某些专业生源情况不好的可以少招。

2. 师范类与非师范类“专升本”均以平均每科及格（240分和360分）为最低控制线，实际录取线由各地根据招生计划划定。

3. 录取过程中，个别省（自治区、直辖市）由于部委生源计划的调剂造成招生计划总数有较大的变化，其最低控制分数线可相应调整，具体由成教司个案处理。

三、关于“高职班”录取原则

由于今年“高职班”考生报名人数多，计划安排相对少，而且“高职班”实行的是“3＋2”考试，因此，今年“高职班”的录取原则是：参加全国统考的三门基础课分数之和原则上不低于当地高中起点专科相应科类最低控制分数线60％为最低控制分数线，两门专业课成绩达到各省、自治区、直辖市规定的标准者方可录取。在完成“高职班”计划后如仍有上线并符合录取条件的生源，为了支持高等职业教育的发展，各地招生部门可根据当地专科上线情况，在省市招生计划总量内，把上线生源数量不足的非高职专业计划调剂用于录取这部分报考“高职班”的考生。

四、关于照顾录取政策

在成人高校招生录取工作中，国家对劳模、生产业务骨干和艰苦行业、特殊岗位给予一定照顾，制定了相关的政策规定。各地招生部门应严格执行成人高校招生文件中的有关规定，准确掌握照顾幅度，不得自行扩大照顾范围。特别是要严格资格审核，杜绝弄虚作假。对享受免试入学的全国劳模和省部级劳模等，必须经教育部审批。

五、关于严格招生院校的资格审核问题

在成人高等学校布局结构调整中，一批成人高校由于缺乏必要的办学条件而被撤销了建制。今年各地各部门要严格按照我部向社会公布的 1998 年具有高等学历教育招生资格的普通高校成人教育和成人高等学校名单安排招生，撤销建制的学校和其他未经批准、无办学资格的学校一律不得以任何形式安排招生。各地招生部门要严格招生院校的资格审查，凡不具有招生资格的院校一律不得录取新生，以有利于推动成人高等学校布局结构调整工作的顺利进行。

六、关于撤并部委所属院校招生录取工作

根据国务院办公厅转发教育部《关于做好被撤并部委所属高校稳定工作的意见》的精神，撤并部委所属成人高校招生录取工作仍由学校的原主管部门负责，做到不断不乱；在录取工作期间，部委所属院校生源计划调剂工作，由教育部成人教育司负责协调。各地、各部门以及招生院校应积极配合，通力合作，确保平稳过渡和成人高等教育招生工作的照常进行，确保年度招生计划的顺利完成。对录取工作中遇到的重大问题和新问题，各地招生部门应及时请示、报告教育部。

教育部成人教育司（代章）

一九九八年七月一日

附

1998 年全国各类成人高校招生各省、自治区、直辖市高中起点本、专科最低控制分数线一览表

省区市	科类/层次/分数	理工类		文史类		省区市	科类/层次/分数	理工类		文史类	
		本科	专科	本科	专科			本科	专科	本科	专科
11	北京	40	340	465	410	42	湖北	10	380	485	445
12	天津	450	370	490	430	43	湖南	550	390	520	400
13	河北	425	375	435	415	44	广东	455	360	465	390
14	山西	470	360	450	415	45	广西	430	300	440	340
15	内蒙古	520	390	530	410	46	海南	330	310	355	330
21	辽宁	490	330	500	360	50	重庆	385	335	435	385
22	吉林	485	350	480	380	51	四川	425	365	470	410
23	黑龙江	455	370	465	380	52	贵州	410	330	420	390
31	上海	510	370	520	455	53	云南	380	310	420	355
32	江苏	520	370	520	410	54	西藏		300		310
33	浙江	455	370	465	400	61	陕西	440	350	440	380
34	安徽	480	390	480	420	62	甘肃	460	330	450	375
35	福建	410	360	450	400	63	青海	330	300	365	325
36	江西	560	350	540	370	64	宁夏	470	315	470	340
37	山东	485	395	495	425	65	新疆	365	300	375	320
41	河南	500	325	470	365						

附

涉农（农业、农机、渔业、乡镇企业）专业目录

农学
植物保护
园林
农机化技术经济管理
农机维修与技术管理
（农业渔业）经济管理
企业管理
畜牧兽医
土地管理
乡镇工业企业管理
农垦商业贸易管理
现代企业经营管理
土地规划与利用
农产品贮运与加工
动物营养与饲料加工
果树
乳品加工
蔬菜
畜牧兽医
现代农业管理
兽医
园艺
农业综合技术与管理
农业产品加工
农村金融
农学与特作
农业经济管理
农村机电
农业电器自动化
食品检验与发酵工程
药学
农业机械化
蚕桑
农田水利工程
土地管理与房地产经营
林学
农业电气化
热带作物
食品科学与工程
环境保护
农业推广
土地资源
生物学
微生物学
农业气象
土壤与农业化学
农业环境保护
动物营养与饲料加工
农业建筑与环境工程
观赏园艺
淡水渔业
茶学
蚕学
水产养殖
热带作物
土壤与农业化学
海水养殖
食品科学与工程
渔政管理与渔港监督
农业机械设计与制造

关于印发《1999年全国各类成人高等学校招生规定》的通知

教学［1999］1号

各省、自治区、直辖市教委、教育厅、高等学校招生委员会，广东省高教厅，计划单列市教委，新疆生产建设兵团教委，国务院有关部委教育司（局），部属各高等学校：

现将《1999年全国各类成人高等学校招生规定》印发给你们，请遵照执行。

附件：1999年全国各类成人高等学校招生规定

教 育 部

一九九九年一月七日

附件

1999年全国各类成人高等学校招生规定

为保证成人高等学历教育新生入学质量，促进各类成人高等学历教育的改革和发展，使各类成人高等学校招生工作更好地适应建立社会主义市场经济的新形势，教育部决定，经教育部审定核准的广播电视大学、职工高等学校、农民高等学校、管理干部学院、教育（教师进修）学院、独立设置的函授学院和以函授部、夜大学、教师班、成人脱产班形式举办成人本、专科学历教育的普通高等学校（以下统称各类成人高校）实行全国统一招生。由教育部颁布复习考试大纲，统一组织命题，确定考试时间，制定试卷评分标准，审定下达各省、自治区、直辖市招生录取最低控制分数线。

各省、自治区、直辖区成人高等教育招生部门组织招生考试工作，并组织招生学校进行新生的录取工作。

现将有关政策规定如下：

计 划

教育部负责审核、确定各地区、各部门的成人高等学历教育招生计划。

各类成人高等学校主管部门应按照教育部下达的招生计划编制招生的生源计划，在录取新生时，可以根据上线考生数量、质量等实际情况在教育部下达的国务院部门所属成人高教年度招生总规模内进行必要的调剂。专科层次的招生计划不得调为本科层次的招生计划。教育部高校学生司负责审核、汇总并下达跨省、自治区、直辖市招生（包括地方属院校大学专科起点本科班、高等职业技术教育班和跨省、自治区、直辖市招生）的生源计划。

由省级招生机构编制并公布招生专业目录。

报 名

报考各类成人高等学校的考生，必须拥护中国共产党的领导，拥护四项基本原则，品德良好，遵纪守法，身体健康。

除纳入普通高等学校招生计划的普通班外，各类成人高等学校以招收在职、从业人员为主，不得招收应届高中毕业生。高等职业技术教育班（以下简称“高职班”）经教育部批准，可招收成人中专、成人高中、职业高中、中等职业技术学校的应届毕业生以及社会青年。

高中起点本、专科考生应具有高中毕业文化程度。各地对以同等学力报考者是否要有年龄限制，可根据当地生源情况自行确定。报考大学专科起点本科班（以下简称专升本科班）的考生一般应具有两年以上工龄；报名时必须交验经教育部审定核准的国民教育系列高等学校或高等教育自学考试机构颁发的大学专科毕业证书原件和复印件。

符合报名条件，生活能自理，能坚持学习的残疾人也可报考。

考生凭本人身份证和有关证件到县（市、区）招生机构报名。招生机构也可受理有组织的集体报名。考生填报志愿数一般不少于三个。

有下列情形之一者，不得报名：

（一）有反对四项基本原则的言行，经教育而坚持不改者；

（二）毕业后能取得国家承认学历的各类高、中等学校在校生（符合教育部有关政策规定的应届毕业生除外）；

（三）因在报考过程中，弄虚作假，违纪舞弊，受到下一年或三年内不准报考处罚者；

（四）触犯刑律而受到处罚的服刑者。

考　试

一、高中起点本、专科各专业考试科目

（一）理工农类（含体育、非教师班地理专业）考政治、语文、数学（理工类）、物理、化学五科。

（二）文史类（含财经、政治、外语、艺术、教师班地理专业）专政治、语文、数学（文史类）、历史、地理五科（艺术类专业，数学成绩不计入总分，供录取时参考）。

（三）“3＋2”考试科目改革试点，具体范围及考试科目如下：

(1) 报考医疗、高护、西医类的考生，考试科目为：政治、语文、数学（理工类）、人体解剖学、生理学。

(2) 报考中医药类考生，考试科目为：政治、语文、数学（理工类）、中医基础学、中药学。

(3) 报考司法部属中央司法警官教育学院的在职考生，考试科目为：政治、语文、数学（文史类）、监狱（劳教）基础、狱政（所政）管理。

(4) 报考劳动和社会保障部委托天津职业技术师范学院、河南职业技术教育学院、北京市计划劳动管理干部学院等三所院校开设的机械制造工艺及设备专业考生，考试科目为：政治、语文、数学（理工类）、机械基础、机械制造工艺基础；工业电气自动化专业考生，考试科目为：政治、语文、数学（理工类）、电工基础、电子技术基础。

以上考试科目中，专业课分别由卫生部、国家中医药局、司法部、劳动和社会保障部组织命题。

(5) 报考“高职班”的考生，考试科目为：三门基础课（政治、语文、数学）、两门专业课，由招生学校在“高职班专业课一览表”中任选两科（见附表1）

上述考试科目中，三门基础课实行全国统考，两门专业课的考试安排，由各省、自治区、直辖市招生机构确定。

（四）本科各专业和外语、外贸、外经专业的专科须加试外语，分英、俄、日三个语种，由考生任选取一种（报考外语专业以外的师范类本科各专业的中学教师可不加试外语），由教育部统一命题，考试成绩不计入总分，但各省、自治区、直辖市必须规定录取标准。

以上各科满分均为150分。

（五）高等艺术院校艺术类专业术科加试由院校自行组织，并将考试成绩及时转报考生所在省、自治区、直辖市招生机构。非高等艺术院校艺术类专业术科加试，原则上由省级招生机构组织进行。

（六）民族自治区用本民族语言授课的成人高等学校或系（科）招生，由省、自治区、直辖市用本民族语文自行命题，组织考试。

少数民族聚居地区使用本民族语言授课的少数民族考生报考用汉语授课的成人高等学校，汉语文试题由教育部另行命题，不翻译成少数民族文字，并用汉文答卷，汉语语文成绩必须达到及格水平；其他各科（包括外语试题部分）可翻译成少数民族文字，用本民族文字答卷。有关省、自治区、直辖市若需加试少数民族的语文，可自行决定并负责命题。

二、专升本科班考试科目

专升本科班招生分为师范类（系指普通中学教师和各中等学校普通课教师）和非师范类（系指考生为普通中、小学教师以外其他学校教师和非教师）。

（一）师范类专升本科班的考试科目共四科：公共课一科，专业课三科（音乐、美术专业除外）。

公共课：教育理论课（教育学、心理学，侧重教育学部分）。

专业课：各专业课分别规定如下：

政治和思想品德教育专业：马克思主义哲学、政治经济学（资本主义部分）、中国革命史。

汉语言文学教育专业：汉语、中国文学（包括古代、现代，现代到1949年为止）、文学概论。

历史教育专业：中国通史、世界通史、中国历史要籍介绍和选读。

英语教育专业：精读和泛读、听说、实用语法。

数学教育专业：空间解析几何、数学分析、高等代数。

物理教育专业：高等数学、力学热学、光学电磁学。

化学教育专业：高等数学、有机化学、无机化学（含分析化学定性部分）。

地理教育专业：中国地理、世界地理、自然地理基础。

生物教育专业：动植物学、微生物学、人体解剖及生理学。

体育教育专业：体育理论、运动生理学、综合考试（田径、篮球、体操）。

音乐教育专业：钢琴、声乐、音乐基本理论（乐理、和声）、视唱练耳。

美术教育专业：素描、色彩、创作、美术史论基本知识（中外美术史及技法理论）。

教育管理类专业专升本科班的考试科目共四科，公共课一科：大学语文；专业课三科：教育学、心理学、学校管理。

以上除术科（听说、钢琴、声乐、视唱练耳、素描、色彩、创作）外的各科试题由教育部统一命制，其命题范围不超出以《中学教师进修高等师范专科教学大纲》为依据编写的《考试大纲》规定的内容。

各科满分成绩分别为：中国通史120分、世界通史120分、中国历史要籍介绍和选读60分、空间解析几何50分、数学分析150分，动植物学150分，微生物学50分，其余各科均为100分。

（二）非师范类专升本科班的考试科目共四科：公共课两科、专业基础课一科、专业课一科。

公共课和专业基础课分别为：

理工类：政治、英语、高等数学（一）；

经济（管理）类：政治、英语、高等数学（二）；

文史、中医类：政治、英语、大学语文。

英语类：政治、英语、大学语文。

法学类：政治、英语、刑法、民法。

报考非师范类专升本科班的教师类考生，公共课两科为政治、教育学（职）。

专业课：由招生学校在“专升本科班专业课一览表”中任选一科（见附表2）。刑法、民法由司法部组织命题，其他专业课的考试安排，由各省、自治区、直辖市招生机构确定。

经上各科满分成绩均为150分。公共课和专业基础课实行全国统考，由教育部统一命题。

三、各科命题范围不得超出原国家教育委员会颁发的相应科类复习考试大纲。阅卷工作由省级招生机构统一评阅，考生成绩通知本人，不公布，不查卷。

四、考生一般应在户口所在地参加考试；经省级招生机构同意也可以在学校所在地借考。

五、考试日期为5月8日和9日，具体考试时间见附表3、4。

录　取

新生的录取工作必须认真贯彻按需培养，德智体全面衡量，由高分到低分（体育、艺术专业，一般按专业考试成绩）择优录取的原则。高中起点体育、艺术各专业，本科最低控制分数线不低于当地本科最低控制分数线（艺术专业扣除数学成绩）的百分之七十，专科不低于专科的百分之六十，史论、编导专业本、专科均不低于相同层次的百分之九十。

各省级招生机构在招生计划总额度内拟定本地区各层次最低控制分数线，报教育部批准后，组织新生录取工作。

录取新生名单由招生学校提出，省、自治区、直辖市成人高等学校（高等学校）招生机构审批。招生学校按审批后的录取名单发放录取通知书。

录取中的遗留问题，由审批录取名单的招生机构负责处理。在录取的后阶段，根据考生上线情况，在已核定的本省、自治区、直辖市招生计划总数内，招生机构要积极做好调剂录取工作，调剂录取仅限于报考条件及考试科目相同（或相近）专业。

各类成人高等学校一律不得录取试读生、超前生、旁听生和单科生，违者追究责任者及领导责任。

录取工作结束后，各省级招生机构须向教育部上报当年录取新生数，并向招生学校所在地毕业证书验印部门提供当年录取新生名单。

各类成人高校招收的学生，毕业后国家一律不包分配工作。

关于录取政策优惠对象：

1. 获得全国劳动模范称号，参加重大国际比赛（由世界及国际体育组织主办的各种体育单项比赛、锦标赛、综合性比赛和运动会）获前三名成绩者，经省级招生部门审核，报教育部批准，可免试进入各类成人高等学校学习。

2. 符合下列条件之一的考生，录取时可照顾30分（专升本科班考生为20分）：

(1) 获得地、市级以上（含地、市级）人民政府，国务院各部委及各省、自治区、直辖市厅、局系统，国家特大型企业授予的劳动模范、先进生产（工作）者及科技进步（成果）奖获得者。

(2) 获得省、自治区、直辖市工、青、妇等组织授予"五一劳动奖章"、"新长征突击手"、"三八红旗手"称号者。

(3) 人民解放军、武警部队、人民警察荣立三等功以上者。

(4) 归侨、归侨子女、华侨子女、台湾省籍考生。

(5) 烈士子女、烈士配偶。

(6) 边疆、山区、牧区和少数民族聚居地区的少数民族考生、国防科技工业三线企业单位（地处地市以上人民政府所在地的除外）获得企业表彰的先进生产（工作）者。

(7) 年满25周岁以上人员。

(8) 报考农、林、地质、水利、矿业、测绘、监所、远洋运输、社会福利等艰苦行业各专业的考生。

符合上述照顾条件的考生必须于报名时交验相应的原始证件。符合两项以上照顾政策的考生，其照顾分数不得累计。

新生复查

各类成人高等学校录取的新生，一般应在9月初入学。新生入学后，学校要对已报到新生进行全面复查。对其中不符合条件或弄虚作假，违纪舞弊者，学校应取消其入学资格，并报省级招生机构备案。因此而产生的缺额，如有上线考生，省级招生机构可在9月底以前补录。

其　他

1. 关于第二专业专科学历教育。

第二专业专科学历教育招生录取工作由省级招生机构组织实施。报考第二专业专科学历教育的考生必须持有经教育部审定核准的国民教育系列高等学校或高等教育自学考试机构颁发的大学专科或本科毕业证书原件和复印件，并在省级招生机构规定的时间内办理报名的有关手续。学校录取第二专业专科学历教育考生，应在所招生专业录取高中起点合格考生之后进行，学校提出录取名单由考生所在省级招生机构负责办理审批录取手续。第二专业专科录取人数不占用招生计划。

2. 各地根据当地实际情况确定是否进行“资格生”、“预科生”试点。凡进行试点的地方，须报教育部备案，并严格执行有关文件规定的条件，加强管理和监督。

3. 对违反招生管理有关规定应予处罚的，依照原国家教委颁布的《高等学校招生全国统一考试管理处罚暂行规定》执行。

4. 各省、自治区、直辖市及国务院有关部委可结合本地区、本部门的实际情况，制定具体实施意见。如有超出本文件规定范围的，须报教育部批准。

附表1

高职班专业课一览表

生理学	人体解剖学
机械基础	金属切削原理与刀具
BASIC语言	电子技术基础
计算机应用基础	电路基础
电工基础	电机与拖动
施工技术基础知识	建筑材料
建筑结构	药剂学
化工基础	轧钢生产管理
炼钢生产管理	高炉冶炼生产管理
冶炼技术	基础经济法基础
营销基础知识	商品知识
会计基础	计算技术
旅游概论	礼仪规范
应用文与写作	实用公共关系
原料加工技术	烹调技术
化学肥料	有机化学
化工分析基础	中医基础学
监狱（劳教）基础	机械基础
机械制图	中药学
狱政（所政）管理	机械制造工艺基础

附表2

专升本科班专业课一览表

图书馆学	档案学
文学概论	新闻学
政治学概论	行政管理学
财政金融学	会计学原理
环境保护概论	精读和泛读
电子技术基础	管理学概论
机械设计基础	电路原理
化工原理	结构力学

医学基础	地质学概论
中医基础理论	植物生理学
淡水生物学	海洋生物学
食品微生物学	家畜生理学
旅游学概论	市场营销学概论
色彩	

附表 3

高中起点本、专科考试时间表

日期 时间	5月8日	5月9日
9:00—11:00	语文	数学
14:00—15:40	物理 地理 中医 基础学 生理 学监狱（劳教）基础 机械基础 电子技术基础	化学 历史 人体解剖学 中药学 狱政（所政）管理 机械制造工艺基础 电工基础
16:20—18:00	政治	外语

附表 4

专科起点本科考试时间表

日期 时间	5月8日	5月9日
9:00—11:00	教育理论课 教育学（师）	高等代数 实用语法 人体解剖及生理学 政治经济学 中国文学 世界地理 力学热学 心理学 有机化学 运动生理学
9:00—11:00	政治	英语 教育学（职） 世界通史
14:00—15:00		中国历史要籍介绍和选读 微生物学 空间解析几何
14:00—16:00	马克思主义哲学 汉语 高等数学（师） 中国地理 学校体育理论 美术史论基本知识	中国革命史 文学概论（师） 光学电磁学 无机化学 学校管理 综合考试 自然地理基础
14:00—16:30	高等数学（一）（二） 大学语文 音乐基本理论 中国通史 数学分析 动植物学 刑法	精读和泛读 民法

关于《1999 年北京市各类成人高校招生几个特殊问题的请示》的批复

教学招字　第 029 号

北京市成人高校招生办：

京考成［1999］第 2 号文件《关于 1999 年北京市各类成人高校招生几个特殊问题的请示》收悉。经研究：

一、同意北京市 1999 年继续进行预科生、资格生的试点；

二、同意在部分学校的“高职班”招生中，招收成人中考、成人高中、职业高中和中等职业技术学校的应届毕业生；

三、同意对 28 周岁以下考生在录取时予以适当照顾。

教育部高校学生司

1999 年 4 月 12 日

关于在全国教育统一考试工作中加强考务管理、严肃考风考纪的通知

教试中心［1999］35 号

各省、自治区、直辖市考试院（局、管理中心）、普通高校招生办公室、成人高校招生办公室、高等教育自学考试办公室、全国外语水平考试中心：

一九九九年普通高中学校招生全国统一考试、成人高等学校招生全国统一考试、高等教育自学考试、高等教育学历文凭考试、全国外语水平考试（WSK）、英语等级考试等全国教育统一考试即将举行。这些考试涉及面广，社会关注程度高，影响重大，要求我们一定要全力以赴，不断加强考务管理，严肃考风考纪，保证考试的公平、公正。特要求如下：

一、严格贯彻执行《普通、成人高等学校本、专科招生全国统一考试管理工作规则》（原国家教委教试［1991］3 号）、《高等教育自学考试考务、考籍管理工作规则》（考委［1998］7 号）、《全国外语水平考试管理规则》（原国家教委教考试［1995］3 号）、《全国英语等级证书考试规程（试行）》（考试中心［1997］70 号）、《关于印发〈试卷保密室、答卷保管室管理办法〉和〈试卷印制、运送工作管理办法〉的通知》（原国家教委教试厅［1992］1 号）、《关于加强高等学校入学考试安全保卫、保密工作的通知》（原国家教委、公安部、国家保密局教试［1993］4 号）、《关于加强高等教育自学考试考务管理工作的通知》（原国家教委考厅［1997］5 号）、《关于加强全国教育统一考试管理工作的意见》（教考试厅［1998］2 号）、《关于落实全国教育统一考试考风考纪电视电话会议精神的通知》（教试中心［1998］50 号）、《关于进一步加强普通、成人高等学校招生全国统一考生管理工作的意见》（原国家教委教考试［1995］2 号）等文件规定。

二、坚决消除麻痹大意思想，把每一次考试都要当成是第一次考试组织，认真细致地做好项准备工作，确保考试万无一失。每次考试结束后要将本次考试的基本情况简要书面报告我中心。

三、保密工作事关重大，一定要做好各种考试的保密工作，责任到人，确保试、答卷的安全保密，防止失、泄密案件的发生。

四、要针对本省、自治区、直辖市的不同考试的薄弱环节或地区，由主要领导亲自抓，下大力气抓，坚决防止重大、恶性的集体违纪、舞弊案件的发生。

五、加强对考试工作人员的思想纪律教育和业务培养，坚持实行考核聘任制，未经培训合格，决不允许上岗，特别是要加强对监考员的培训和管理。

六、加大监督检查力度，对各种违纪、舞弊案件发现一起，查处一起，决不手软。必要时，要在报纸、电视台等新闻媒体上曝光。

七、要特别注意利用假证件（假身份证、假准考证、假证书等）和现代化手段等的违纪舞弊行为的新形式、新动向，及时发现，及时处理，及时报告，不断完善我们的防范措施。

八、重视来信、来访工作。对群众的来信来访或举报电话要认真做好记录，每一件都要有处理结果。

教育部考试中心
一九九九年三月十九日

关于对 1999 年全国各类成人高等学校招生录取工作有关事项的通知

教学司［1999］60 号

各省、自治区、直辖市教委（教育厅）、广东省高教厅，成人高校（高等学校）招生委员会，国务院有关部委教育（局），新疆生产建设兵团教委，教育部直属高等学校：

为满足人民群众要求上大学的愿望，今年成人高校又较大幅度地扩大了招生规模，在时间紧、任务重的新情况下，请各地、各部门积极努力、精心工作，确保今年全国各类成人高校招生录取工作的顺利完成。现就有关事项通知如下：

一、今年的各类成人高校招生的录取工作必须严格执行《1999 年全国各类成人高等学校招生规定》（教学［1999］1 号）的有关政策和规定，严格执行教育部下达的 1999 年各类成人高校招生计划和招生生源计划。不得自行出台违背国家政策规定的地方性政策，以确保录取工作的顺利完成。

二、1999 年全国各类成人高校招生录取的最低控制分数线已由各省、自治区、直辖市成人高校招生办公室划定（见附件），并经教育部核准，各地可以不低于该控制线的基础上确定各校、各专业的录取分数线。未经我司批准不得自行降低录取新生标准。个别地方、少数院校、某些专业生源情况不好的可以在相应范围内调整生源计划或予以减招。

三、鉴于今年的特殊情况，各地如在录取过程中遇到重大问题，请及时请示汇报。

附件：1999 年全国各类成人高等学校招生录取最低控制分数线

教育部高校学生司
一九九九年六月二十二日

附件

1999年全国各类成人高校招生录取最低控制分数线

一、高中起点本专科

名称	高专文科	高本文科	高专理科	高本理科	名称	高专文科	高本文科	高专理科	高本理科
北京	420	480	350	420	湖北	430	480	375	490
天津	465	525	405	465	湖南	380	530	360	560
河北	415	500	360	490	广东	380	500	340	500
山西	390	490	300	490	广西	360	450	290	460
内蒙古	410	500	400	500	海南	320	350	310	330
辽宁	360	450	310	480	重庆	410	360	365	415
吉林	370	495	340	515	四川	420	480	370	430
黑龙江	370	460	360	460	贵州	380	400	340	390
上海	455	520	370	510	云南	355	410	310	370
江苏	420	520	370	520	西藏	318	350	300	330
浙江	400	455	360	455	陕西	395	440	365	440
安徽	420	490	380	490	甘肃	375	450	330	460
福建	410	475	360	435	青海	360	440	290	420
江西	370	540	340	570	宁夏	315	450	305	450
山东	425	495	395	485	新疆	320	400	300	400
河南	380	500	300	500					

二、高中起点艺术、体育类分数线，按《1999年全国各类成人高等学校招生规定》教学［1999］1号文件执行。

三、高职班最低控制分数线，按统考三门基础课之和不低于同科类高中起点专科最低控制分数线的60%执行。

四、师范类与非师范类“专升本”均以统考科目平均及格（240分和270分）为最低控制线，法学类专业按四门统考科目平均及格（360分）为最低控制分数线，实际录取分数线由各地根据本地实际情况划定，但不得低于最低控制分数线。

教育部高校学生司

一九九九年六月

关于对1999年申请免试进入成人高校学习人员的批复

教学司［1999］61号

有关省、自治区、直辖市成人高校招生办公室：

所报申请免试进入成人高校学习的人员名单收悉。依照《1999年全国各类成人高等学校招生规定》（教学［1999］1号）的规定，经审核，同意下列人员免试进入成人高校学习（名单见附件），请按有关规定办理入学手续。

附件：1999 年免试进入成人高校学习的人员名单。

教育部高校学生司
一九九九年六月二十二日

附件

1999 年免试进入成人高校学习的人员名单

北京市：
郭仁臣　康凯　叶小鹤　马毅　邓羽　张晓欢　夏晔　董一楠
顾贝贝　陈萌　贡明　李延军　王涛　徐今朝　李爱月　王强
孙瑞霞　刘东辉　龚义田　林丽　房秀芬　柳伟　刘志勇　赵伶燕
龚玉岩　汤学钟　于厚润　付妍娜　李海生　孙海鹏　蔡学梅　王海利
魏方
天津市：
周建秋　田雷　田良　李景雪
河北省：
张巧　康海立　郑进锁　云艳红　芦全彬　王亚文　刘昆　曹春英
周静　张英杰　刘丽
内蒙古：
翟丽艳　魏嵬　苏晓黎　术传铭　熊玉喜
辽宁省：
白雪洁　祁亚民　刘非　孙翼　刘笛　刘仲　安丽梅　刘建立
李晓云　杨军　王政权　潘广春　金东翔　王春堂　徐国清　李艳芙
花菊　王福刚　王淑艳　于丽娜　朱劲松　王旭飞　李
吉林省：
孙晓新
上海市：
黄乙君　张丽莉　王欣　哈成峰　袁刚　俞剑峰　郭逾前　王健康
江苏省：
胡星刚　王湘麒　唐鑫　孙聿红　徐或奋　冯明　马敏英　赵玲
苏正南　苏红　徐红艳　乔红梅　毛洪梅　朱业民　钟建华
安徽省：
曹成林　奚建初　许梅花　束庆傲　范小平　许兵
福建省：
陈建平　杨晓燕　李冬英　朱阳和　林长富
江西省：
陈义华　万建春　王晖　曾志强
山东省：
方海霞　王学芹　孟红霞　高永红　杨午钟　张晓鹏　张勇　郝伟
邵红峰　刘静敏
河南省：
马慧珍　王娟娟　李东福　刘进军　李才　马恒祥　周遂记

湖北省：

徐全心　王建波　邵永霞　杨晓　易红　何黎东　刘志豪　贺俊
刘建华　毛英俊　苏科　杨建芳

湖南省：

宋惠明　马英　陈敏捷

广西区：

黄梅　侯卿　颜伟霞　田玉梅　严剑葵　陆瑞珍　林军　吴浩涛
陈虹　邓军

四川省：

李麒　肖松　王翩翩　刘寿斌　焦倩　杨晓燕　梁强

贵州省：

黄本勇　明义

陕西省：

戴琴　张彦生　谷玉华

甘肃省：

许爱武

宁夏区：

丁学军　祁春霞

新疆区：

韩新平　顾宇斌　亢虎明　玛丽亚·尼牙孜

关于暂停和限制部分成人高等学校1999年招生的通知

教发［1999］44号

各省、自治区、直辖市教委、教育厅，广东省高教厅，计划单列市教委，新疆生产建设兵团教委，国务院有关部委教育司（局）：

为了促进成人高校改善办学条件，提高办学质量和效益，根据各学校1998年办学条件统计数据与国家规定的办学条件标准对照，并与有关部门核对后，确定了1999年暂停招生和应限制招生规模的成人高等学校，现予以公布，并就有关事项通知如下：

一、暂停招生学校不得以任何形式安排高等学历教育招生计划。对其中已连续三年暂停招生的学校，主管部门应研究提出调整方案，予以撤销。

二、对限制招生的学校，在校生规模不得增加，主管部门应调整该校1999年招生计划，缩减招生规模，并采取切实有效措施，尽快改善办学条件。对已连续三年被限制招生的学校，主管部门应暂停其招生。部门学校应按照高等学校管理体制改革的精神进行调整。

附件：一、1999年暂停招生的成人高等学校名单
二、1999年限制招生规模的成人高等学校名单

教育部

一九九九年四月五日

附件一

1999年暂停招生的成人高等学校名单（118所）

学校名称	主管部门
国家检察官学院	最高人民检察院
江南社会学院	国家安全部
上海电业职工大学	国家电力公司
乌鲁木齐铁路教育学院	铁道部
中国科学院职工科技大学	中国科学院
中国工商银行长春金融管理干部学院	中国工商银行
中国工商银行杭州金融管理干部学院	中国工商银行
中国农业银行天津金融管理干部学院	中国农业银行
中国农业银行长春管理干部学院	中国农业银行
中国农业银行武汉管理干部学院	中国农业银行
北京船舶工业管理干部学院	中国船舶工业总公司
北京燕山石油化工公司职工大学	中国石油化工集团公司
石油化工管理干部学院	中国石油化工集团公司
天津石油化工公司职工大学	中国石油化工集团公司
抚顺石油化工公司职工大学	中国石油天然气集团公司
锦州石油化工公司职工大学	中国石油天然气集团公司
大庆石油化工总厂职工大学	中国石油天然气集团公司
高桥石油化工职工大学	中国石油化工集团公司
安庆石油化工总厂职工大学	中国石油化工集团公司
齐鲁石油化工公司职工大学	中国石油化工集团公司
荆门炼油厂职工大学	中国石油化工集团公司
茂名石油工业公司职工大学	中国石油化工集团公司
乌鲁木齐石油化工总厂职工大学	中国石油天然气集团公司
华北石油教育学院	中国石油天然气集团公司
河南石油职工大学	中国石油化工集团公司
四川石油管理局职工大学	中国石油天然气集团公司
西安石油勘探仪器总厂职工大学	中国石油天然气集团公司
核工业管理干部学院	中国核工业总公司
银光化学材料厂职工大学	中国兵器工业总公司
沈阳新光动力机械公司职工大学	中国航天工业总公司
新乐精密机器公司职工大学	中国航天工业总公司
南京航天管理干部学院	中国航天工业总公司
中国纺织政治函授学院	北京市
北京市物资贸易职工学院	北京市
天津联合业余大学	天津市
河北承德地区教育学院	河北省
阳泉市教育学院	山西省
山西机电职工学院	山西省
太原职工大学	山西省
太原重型机器厂职工大学	山西省
国营大众机械厂职工大学	山西省

山西省吕梁地区教育学院	山西省
长治市教育学院	山西省
雁北地区教育学院	山西省
临汾地区教育学院	山东省
乌兰察布盟教育学院	内蒙古自治区
北票矿务局职工煤矿专科学校	辽宁省
沈阳市二轻家具职工大学	辽宁省
辽宁轻工职工大学	辽宁省
辽宁冶金职工大学	辽宁省
沈阳重型机器厂职工大学	辽宁省
第一汽车制造厂职工大学	吉林省
舒兰矿务局职工大学	吉林省
吉林省建筑职工大学	吉林省
吉林市职工大学	吉林省
鸡西矿务局职工工学院	黑龙江省
哈尔滨化工医药职工大学	黑龙江省
哈尔滨市成人教育学院	黑龙江省
黑龙江省牡丹江农垦职工大学	黑龙江省
黑龙江省森林工业职工大学	黑龙江省
大兴安岭地区教育学院	黑龙江省
梅山职工大学	上海市
上海金融职工大学	上海市
南京教育学院	江苏省
常州教育学院	江苏省
南京金陵旅馆管理干部学院	江苏省
杭州钢铁厂职工大学	浙江省
宁波市纺织局职工大学	浙江省
温州教育学院	浙江省
福建省漳州业余大学	福建省
福建省三明化工总厂职工业余大学	福建省
三明业余大学	福建省
漳州教育学院	福建省
南平业余大学	福建省
泉州教育学院	福建省
吉安教育学院	江西省
山东省枣庄教育学院	山东省
山东财政职工大学	山东省
山东地质职工大学	山东省
郑州矿务局职工大学	河南省
开封空分设备厂职工大学	河南省
新乡市纺织职工大学	河南省
焦作市职工大学	河南省
武汉冶金安全技术职工大学	湖北省
汽车工业管理干部学院	湖北省
东风轮胎厂职工大学	湖北省

湖北省纺织职工大学	湖北省
襄阳轴承厂职工大学	湖北省
湖北省金融职工大学	湖北省
武汉市机械工业职工大学	湖北省
湖北省地质职工大学	湖北省
武汉市纺织工业职工大学	湖北省
广州市联合职工大学	广东省
湛江市业余大学	广东省
韶关市职工大学	广东省
肇庆工人业余大学	广东省
江门市职工业余大学	广东省
深圳教育学院	广东省
珠海教育学院	广东省
广东省职工体育运动技术学院	广东省
钦州地区教育学院	广西壮族自治区
海南教育学院	海南省
重庆钢铁公司职工大学	重庆市
重庆特殊钢厂职工大学	重庆市
重庆商业职工大学	重庆市
红光电子管厂职工大学	四川省
云南有色金属职工大学	云南省
云南省地质矿产局职工大学	云南省
昆明工业联合职工大学	云南省
个旧市职工业余大学	云南省
云南昭通教育学院	云南省
德宏教育学院	云南省
丽江教育学院	云南省
陕西省财贸管理干部学院	陕西省
甘肃服装职工大学	甘肃省
新疆石油局职工大学	新疆维吾尔自治区
昌吉回族自治州职工大学	新疆维吾尔自治区
新疆维吾尔自治区哈密教育学院	新疆维吾尔自治区

附件二

1999 年限制招生规模的成人高等学校名单（242 所）

学校名称	主管部门
空军第四职工大学	中国人民解放军总后勤部
海军舰船维修第一职工大学	中国人民解放军总后勤部
空军第一职工大学	中国人民解放军总后勤部
北京成人电子工业学院	信息产业部
天津物资管理干部学院	铁道部
齐齐哈尔铁路教育学院	铁道部
兰州铁路工程职工大学	铁道部
中国交响乐团社会音乐学院	文化部

海关管理干部学院	海关总署
云南兵器工业职工大学	国防科技工作委员会
云南主动力机械公司职工工学院	国防科技工作委员会
上海航天职工大学	国防科技工作委员会
陕西航天职工大学	国防科技工作委员会
中国记协职工新闻学院	中华全国新闻工作者协会
机械工业管理干部学院	北京市
北京市海淀区职工大学	北京市
北京市东城区职工业余大学	北京市
北京市西城区职工大学	北京市
北京市崇文区职工大学	北京市
北京市宣武区红旗业余大学	北京市
北京市石景山区业余大学	北京市
北京市朝阳区职工大学	北京市
北京市电子仪表工业局职工大学	北京市
北京市化学工业局职工大学	北京市
* *北京市医药总公司职工大学	北京市
北京市工艺美术品总公司职工大学	北京市
* *北京市立信会计职工大学	北京市
北京市建设职工大学	北京市
北京市房地产职工大学	北京市
北京市职工医学院	北京市
北京市丰台区职工大学	北京市
北京市实验大学	北京市
北京市西城经济科学大学	北京市
北京汽车工业总公司职工大学	北京市
北京市农工商联合总公司职工大学	北京市
* *北京市职工体育运动技术学院	北京市
北京市财贸管理干部学院	北京市
天津市和平区新华职工大学	天津市
天津市河西区职工大学	天津市
天津市河东区职工大学	天津市
天津市红桥区职工大学	天津市
天津市河北区职工大学	天津市
天津市南开区职工大学	天津市
天津市建筑工程业余大学	天津市
天津市职工公用事业学院	天津市
天津汽车工业公司职工大学	天津市
天津市一轻局职工大学	天津市
天津市职工化工学院	天津市
天津市冶金工业局职工大学	天津市
天津市建筑材料工业管理局职工大学	天津市
天津市医药职工大学	天津市
天津市职工科学技术大学	天津市
天津市财贸管理干部学院	天津市

天津市电子仪表局职工大学	天津市
天津市第二轻工业局职工大学	天津市
天津市房地产局职工大学	天津市
天津市职工工艺美术学院	天津市
天津市职工现代化企业管理学院	天津市
河北建材职工大学	河北市
河北地质职工大学	河北市
邯郸市职工大学	河北市
河北省衡水地区教育学院	河北市
廊坊市教育学院	河北市
河北保定地区教育学院	河北市
张家口市职工大学	河北市
太原化学工业公司职工大学	山西市
山西省职工二轻学院	山西市
山西职工文学院	山西市
太原市教育学院	山西市
山西省水利职工大学	山西市
呼和浩特市职工大学	内蒙古自治区
包头教育学院	内蒙古自治区
内蒙古呼和浩特管理干部学院	内蒙古自治区
鞍钢职工工学院	辽宁省
鞍山职工大学	辽宁省
抚顺职工大学	辽宁省
本溪钢铁公司职工工学院	辽宁省
锦州职工大学	辽宁省
铁岭职工大学	辽宁省
长春市建筑职工业余大学	吉林省
吉林省直属机关业余大学	吉林省
长春市直属机关业余大学	吉林省
长春职工医科大学	吉林省
吉林化学工业公司职工大学	吉林省
吉林职工医科大学	吉林省
长春市成人文理学院	吉林省
辽源市职工大学	吉林省
通化市职工大学	吉林省
吉林省油田职工大学	吉林省
延边职工大学	吉林省
延边黎明农民大学	吉林省
梨树农村成人高等专科学校	吉林省
* * 扶余农村成人高等专科学校	吉林省
白城市职工大学	吉林省
吉林卫生管理干部学院	吉林省
哈尔滨轻型车厂职工大学	黑龙江省
双鸭山矿务局职工工学院	黑龙江省
哈尔滨职工轻工学院	黑龙江省

黑龙江省科技职工大学	黑龙江省
哈尔滨科技职工大学	黑龙江省
黑龙江省直属机关职工大学	黑龙江省
哈尔滨市教师体育学院	黑龙江省
黑龙江物资职工大学	黑龙江省
黑龙江省二轻职工大学	黑龙江省
鸡西职工大学	黑龙江省
伊春市职工大学	黑龙江省
黑龙江农垦管理干部学院	黑龙江省
哈尔滨市教育学院	黑龙江省
齐齐哈尔市教育学院	黑龙江省
黑龙江省绥化地区教育学院	黑龙江省
牡丹江市教育学院	黑龙江省
佳木斯市教育学院	黑龙江省
黑龙江省社会科学院职工大学	黑龙江省
黑龙江省职工体育运动技术学院	黑龙江省
上海科技职工大学	上海市
上海市黄浦区业余大学	上海市
上海市南市区业余大学	上海市
上海市卢湾区业余大学	上海市
上海市徐汇区业余大学	上海市
上海市长宁区业余大学	上海市
上海市静安区业余大学	上海市
上海市普陀区业余大学	上海市
上海市闸北区业余大学	上海市
上海市虹口区业余大学	上海市
上海市杨浦区业余大学	上海市
上海市轻工业职工大学	上海市
上海医药职工大学	上海市
上海汽车拖拉机联营公司职工大学	上海市
上海市第二轻工业局职工大学	上海市
上海职工体育运动技术学院	上海市
上海工商学院	上海市
上海市工会管理干部学院	上海市
上海青年管理干部学院	上海市
江苏冶金职工大学	江苏省
江苏省卫生系统职工医科大学	江苏省
南京市机械工业职工大学	江苏省
无锡市城建职工大学	江苏省
常州市机械冶金职工大学	江苏省
常州市电子工业职工大学	江苏省
苏州市建工局职工大学	江苏省
南通市职工大学	江苏省
南通市工人业余大学	江苏省
连云港市机械工业局职工大学	江苏省

淮阴市机械工业职工大学	江苏省
扬州市职工大学	江苏省
苏州教育学院	江苏省
江苏省省级机关干部业余大学	江苏省
江苏省青年管理干部学院	江苏省
东海业余专科学校	浙江省
蚌埠市职工大学	安徽省
合肥职工科技大学	安徽省
安徽宣州教育学院	安徽省
福建工人业余工学院	福建省
福建省直属机关业余大学	福建省
福州业余大学	福建省
福州市工人业余大学	福建省
厦门工人业余大学	福建省
厦门教育学院	福建省
厦门市广播电视大学	福建省
宜春市职工业余大学	江西省
南昌市业余大学	江西省
南昌市工人业余大学	江西省
南昌教育学院	江西省
九江教育学院	江西省
中国重型汽车集团公司职工大学	山东省
济南机械职工大学	山东省
山东省水利职工大学	山东省
青岛市职工业余大学	山东省
烟台职工大学	山东省
济南市职工大学	山东省
济南教育学院	山东省
山东外贸职工大学	山东省
泰山乡镇企业职工大学	山东省
磨料磨具工业职工大学	河南省
平顶山煤矿职工大学	河南省
洛阳有色金属职工大学	河南省
郑州市职工业余大学	河南省
洛阳市职工科学技术学院	河南省
第一拖拉机制造厂拖拉机学院	河南省
洛阳轴承厂职工大学	河南省
开封市职工业余大学	河南省
平顶山教育学院	河南省
新乡教育学院	河南省
河南卫生职工学院	河南省
许昌教育学院	河南省
鄂城钢铁厂职工大学	湖北省
湖北省直属机关业余大学	湖北省
十堰教育学院	湖北省

湖北省黄石教育学院	湖北省
武汉市成人教育学院	湖北省
武汉市经济管理干部学院	湖北省
涟源钢铁总厂职工大学	湖北省
衡阳市职工大学	湖南省
湘潭市职工大学	湖南省
株洲市职工大学	湖南省
长沙市教师进修学院	湖南省
湘潭市教师进修学院	湖南省
郴州地区教师进修学院	湖南省
湘西民族教师进修学院	湖南省
益阳地区教师进修学院	湖南省
湖南纺织职工大学	湖南省
汕头市职工业余大学	广东省
华南文艺成人学院	广东省
广东业余大学	广东省
广东社会科技大学	广东省
广州建筑总公司职工大学	广东省
桂林市职工大学	广西壮族自治区
桂林市教育学院	广西壮族自治区
广西直属机关业余大学	广西壮族自治区
海口市业余大学	海南省
海南铁矿职工大学	海南省
重庆城建职工学院	重庆市
重庆市机械工业管理局职工大学	重庆市
重庆交电分公司职工大学	重庆市
重庆青年管理干部学院	重庆市
成都有色地质职工大学	四川省
中国第二重型机械集团公司职工大学	四川省
四川省机械工业职工大学	四川省
四川省化工职工大学	四川省
贵州铝厂职工大学	贵州省
贵州机械工业职工大学	贵州省
贵州教育学院	贵州省
黔南州教育学院	贵州省
黔东南州教育学院	贵州省
贵州经济管理干部学院	贵州省
贵州政法管理干部学院	贵州省
贵阳职工大学	贵州省
贵州公安管理干部学院	贵州省
云南省公路局职工大学	云南省
云南省文化厅职工大学	云南省
昆明钢铁公司职工大学	云南省
陕西煤炭职工大学	陕西省
西安电力机械制造公司机电学院	陕西省

陕西省纺织工业公司职工大学	陕西省
宝鸡市职工大学	陕西省
陕西省铜川教育学院	陕西省
白银有色金属职工大学	甘肃省
甘肃工业职工大学	甘肃省
新疆职工大学	新疆维吾尔自治区
新疆维吾尔自治区卫生厅职工业余医科大学	新疆维吾尔自治区
和田地区教育学院	新疆维吾尔自治区
新疆石油教育学院	新疆维吾尔自治区

说明：注**者为连续两年被限制招生。

关于印发《2000 年全国各类成人高等学校招生规定》的通知

教学［2000］4 号

各省、自治区、直辖市教委、教育厅、高等学校招生委员会，广东省高教厅，计划单列市教委，新疆生产建设兵团教委，国务院有关部委教育司（局），部属各高等学校：

现将《2000 年全国各类成人高等学校招生规定》印发给你们，请遵照执行。

附件：2000 年全国各类成人高等学校招生规定

教 育 部

二〇〇〇年二月十七日

附件

2000 年全国各类成人高等学校招生规定

为保证成人高等学历教育新生入学质量，促进各类成人高等学历教育的改革和发展，使各类成人高等学校招生工作更好地适应建立社会主义市场经济的新形势，2000 年经教育部审定核准的广播电视大学、职工高等学校、农民高等学校、管理干部学院、教育（教师进修）学院、独立设置的函授学院和以函授部、夜大学、教师班、成人脱产班形式举办成人本、专科学历教育的普通高等学校（以下统称各类成人高校）仍实行全国统一招生，并继续由教育部颁布复习考试大纲，统一组织命题，确定考试时间，制定试卷评分标准，审定下达各省、自治区、直辖市招生录取本科层次最低控制分数线。各省、自治区、直辖市成人高等教育招生部门组织招生考试工作，并组织招生学校进行新生的录取工作。

现将 2000 年全国各类成人高等学校招生有关政策规定如下：

一、计划

全国成人本科教育（含高中起点本科和专科起点本科）招生计划以及中央部委所属高校成人专科教育招生计划，由教育部负责制定并管理。地方所属成人专科教育招生计划由省级人民政府制定并管理。

各类成人高等学校主管部门应按照计划管理部门下达的招生计划编制招生的生源计划，教育部负责审核、汇总并下达跨省、自治区、直辖市招生（包括地方属院校大学专科起点本科、高等职业技术教育和跨省、自治区、直辖市招生）的生源计划。

由省级招生机构编制并公布招生专业目录。

二、报名

报考各类成人高等学校的考生，必须拥护中国共产党的领导，拥护四项基本原则，品德良好，遵纪守法，身体健康。

除纳入普通高等学校招生计划的普通班外，各类成人高等学校以招收在职、从业人员为主，不得招收应届高中毕业生。高等职业技术教育班（以下简称“高职班”）经教育部批准，可招收成人中专、成人高中、职业高中、中等职业技术学校的应届毕业生以及社会青年。

高中起点本、专科考生应具有高中毕业文化程度。各地对以同等学力报考者是否要有年龄限制，可根据当地生源情况自行确定。报考大学专科起点本科（以下简称专升本）的考生一般应具有两年以上工龄，报名时必须交验教育部审定核准的国民教育系列高等学校或高等教育自学考试机构须发的大学专科毕业证书原件和复印件。

符合报名条件，生活能自理，能坚持学习的残疾人也可报考。

考生凭本人身份证和有关证件到县（市、区）招生机构报名，招生机构也可受理有组织的集体报名。

有下列情形之一者，不得报名：

（一）有反对四项基本原则的言行，经教育而坚持不改者；

（二）毕业后能取得国家承认学历的各类高、中等学校在校生（符合教育部有关政策规定的应届毕业生除外）；

（三）触犯刑律而受到处罚的服刑者。

三、考试

（一）高中起点本、专科各专业考试科目

1. 理工农类（含体育、非教师班地理专业）考政治、语文、数学（理工类）、物理、化学五科。

2. 文史类（含财经、政治、外语、艺术、教师班地理专业）考政治、语文、数学（文史类）、历史、地理五科（艺术类专业，数学成绩不计入总分，供录取时参考）。

3. "3+2"考试科目改革试点，具体范围及考试科目如下：

(1) 报考医疗、高护、西医类的考生，考试科目为：政治、语文、数学（理工类）、人体解剖学、生理学。

(2) 报考中医药类的考生，考试科目为：政治、语文、数学（理工类）、中医基础学、中药学。

(3) 报考司法部属中央司法警官教育学院举办的监狱管理、劳教管理专业的考生，考试科目为：政治、语文、数学（文史类）、监狱（劳教）基础、狱政（所政）管理。

(4) 报考劳动和社会保障部委托天津职业技术师范学院、河南职业技术教育学院、北京市计划劳动管理干部学院等三所院校开设的机械制造工艺及设备专业的考生，考试科目为：政治、语文、数学（理工类）、机械基础、机械制造工艺基础；工业电气自动化专业的考生，考试科目为：政治、语文、数学（理工类）、电工基础、电子技术基础。

以上考试科目中，政治、语文、数学实行全国统考；专业课分别由卫生部、国家中医药管理局、司法部、劳动和社会保障部组织命题。

4. 报考"高职班"的考生，考试科目为：三门基础课（政治、语文、数学）、两门专业课。

上述考试科目中，三门基础课实行全国统考，两门专业课的考试安排，由各省、自治区、直辖市招生机构确定。

5. 本科各专业和外语、外贸、外经专业的专科须加试外语，分英、俄、日三个语种，由考生任选取一种（报考外语专业外的师范类本科各专业的中学教师可不加试外语），由教育部统一命题，考试成绩不计入总分，但各省、自治区、直辖市必须规定录取标准。

以上各科满分均为150分。

6. 高等艺术院校艺术类专业术科加试由院校自行组织，并将考试成绩及时转报考生所有省、自治区、直辖市招生机构。非高等艺术院校艺术类专业术科加试，原则上由省级招生机构组织进行。

7. 民族自治区地区用本民族语言授课的成人高等学校或系（科）招生，由省、自治区、直辖市用本民族语文自行命题、组织考试。

少数民族聚居地区使用本民族语言授课的少数民族考生，报考用汉语授课的成人高等学校，汉语文试题由教育部另行命题，不翻译成少数民族文字，并用汉文答卷，汉语文成绩必须达到及格水平；其他各科（包括外语试题部分）可翻译成少数民族文字，用本民族文字答卷。有关省、自治区、直辖市若需加试少数民族语文，可自行决定并负责命题。

（二）专升本考试科目

专升本招生分为师范类（系指普通中学教师和各中等学校普通课教师）和非师范类。

1. 师范类专升本的考试科目共四科：公共课一科，专业课三科（音乐、美术专业除外）。

公共课：教育理论理（教育学、心理学，侧重教育学部分）。专业课：各专业课分别规定如下：

政治和思想品德教育专业：马克思主义哲学、政治经济学（资本主义部分）、中国革命史。

汉语言文学教育专业：汉语、中国文学（包括古代、现代，现代到1949年为止）、文学概论。

历史教育专业：中国通史、世界通史、中国历史要籍介绍和选读。

英语教育专业：精读和泛读、听说、实用语法。

数学教育专业：空间解析几何、数学分析、高等代数。

物理教育专业：高等数学、力学热学、光学电磁学。

化学教育专业：高等数学、有机化学、无机化学（含分析化学定性部分）。

地理教育专业：中国地理、世界地理、自然地理基础。

生物教育专业：动植物学、微生物学、人体解剖及生理学。

体育教育专业：体育理论、运动生理学、综合考试（田径、篮球、体操）。

音乐教育专业：钢琴、声乐、音乐基本理论（乐理、和声）、视唱练耳。

美术教育专业：素描、色彩、创作、美术史论基本知识（中外美术史及技法理论）。

教育管理类专业专升本的考试科目共四科，公共课一科：大学语文；专业课三科：教育学、心理学、学校管理。

以上除术科（听说、钢琴、声乐、视唱练耳、素描、色彩、创作）外的各科试题由教育部统一命制，其命题范围不超出以《中学教师进修高等师范专科教学大纲》为依据编写的《考试大纲》规定的内容。

各科满分成绩分别为：中国通史 120 分、世界通史 120 分、中国历史要籍介绍和选读 60 分、空间解析几何 50 分、数学分析 150 分、动植物学 150 分、微生物学 50 分，其余各科均为 100 分。

2、非师范类专升本的考试科目共四科：公共课两科、专业基础课一科、专业课一科。

公共课和专业基础课分别为：

理工类：政治、英语、高等数学（一）。

经济（管理）类：政治、英语、高等数学（二）。

文史、中医类：政治、英语、大学语文。

英语类：政治、英语、大学语文。

法学类：政治、英语、民法。

报考非师范类专升本的教师类考生，公共课两科为政治、教育学（职）。

公共课和专业基础课实行全国统考，由教育部统一命题。民法由司法部组织命题。专业课的考试安排，由各省、自治区、直辖市招生机构确定。

以上各科满分成绩均为 150 分。

（三）各科命题范围不得超出原国家教育委员会颁发的相应科类复习考试大纲。阅读工作由省级招生机构统一评阅，考生成绩通知本人，不公布，不查卷。

（四）考生一般应在户口所在地参加考试；经省级招生机构同意也可以在学校所在地借考。

（五）考试日期为 5 月 13 日和 14 日，具体考试时间见附表一、附表二。

四、录取

新生的录取工作必须认真贯彻按需培养，德智体全面衡量，由高分到低分（体育、艺术专业，一般按专业考试成绩）择优录取的原则。高中起点体育、艺术各专业，本科最低控制分数线不低于当地本科最低控制分数线（艺术专业扣除数学成绩）的百分之七十，专科不低于当地专科最低控制分数线（艺术专业扣除数学成绩）的百分之六十，史论、编导专业本、专科均不低于相同层次的百分之九十。

各省级招生机构根据专科层次招生计划规模划定本地区专科层次招生的最低控制分数线；本科层次招生的最低控制分数线须报教育部批准后才能执行。

录取新生名单由招生学校提出，省、自治区、直辖市成人高等学校（高等学校）招生机构审核。招生学校按审核后的录取名单发放录取通知书。

录取中的遗留问题，由审核录取名单的招生机构负责处理。在录取的后阶段，根据考生上线情况，在已核定的本省、自治区、直辖市招生计划总数内，招生机构要积极做好调剂录取工作，调剂录取仅限于报考条件及考试科目相同（或相近）专业。

各类成人高等学校一律不得录取试读生、超前生、旁听生和单科生，对违反规定者，追究责任人及其领导的责任。

录取工作结束后，各省级招生机构须向教育部上报 2000 年录取新生情况，并向招生学校所在地毕业证书验印部门提供本年录取新生名单。

各类成人高校招收的学生，毕业后国家一律不包分配工作。

关于录取政策的优惠对象

1. 获得全国劳动模范称号者，经省级招生部门审核，报教育部批准，可免试进入各类成人高等学校相应层次学习。

优秀运动员免试入学条件另行规定。

2. 符合下列条件之一的考生，录取时可照顾30分（专升本科班考生为20分）：

（1）获得地、市级以上（含地、市级）人民政府，国务院各部委及各省、自治区、直辖市厅、局系统，国家特大型企业授予的劳动模范、先进生产（工作）者及科技进步（成果）奖获得者。

（2）获得省、自治区、直辖市工、青、妇等组织授予“五一劳动奖章”、“新长征突击手”、“三八红旗手”称号者。

（3）人民解放军、武警部队、人民警察荣立三等功以上者。

（4）归侨、归侨子女、华侨子女、台湾省籍考生。

（5）烈士子女、烈士配偶。

（6）边疆、山区、牧区和少数民族聚民地区的少数民族考生、国防科技工业三线企业单位（地处地市以上人民政府所在地的除外）获得企业表彰的先进生产（工作）者。

（7）年满25周岁以上人员。

（8）报考农、林、地质、水利、矿业、测绘、监所、远洋运输、社会福利等艰苦行业各专业的考生。

符合上述照顾条件的考生必须于报名时交验相应的原始证件。符合两项以上照顾政策的考生，其照顾分数不得累计。

关于网上录取工作

为进一步提高管理工作的科学化、规范化水平，更好地实现招生工作的公平和公正，今后几年，在成人高校招生工作中，将建立以计算机信息处理技术和计算机网络技术为支撑的、技术密集型的招生管理模式，实现以电子档案流转为基础进行网上录取的目标。2000年，天津、浙江、福建三省市将进行该项工作的试验，其他省、自治区、直辖市应积极做好准备工作。

五、新生复查

各类成人高等学校录取的新生，一般应在9月初入学。新生入学后，学校要对已报到新生进行全面复查。对其中不符合条件或弄虚作假，违纪舞弊者，学校应取消其入学资格，并报省级招生机构备案。因此而产生的缺额，如有上线考生，省级招生机构可在9月底以前予以补录。

六、其他

（一）关于第二专业专科学历教育。第二专业专科学历教育招生录取工作由省级招生机构组织实施。报考第二专业专科学历教育的考生必须持有经教育部审定核准的国民教育系列高等学校或高等教育自学考试机构颁发的大学专科或本科业证书原件和得复印件，并在省级招生机构规定的时间内办理报名的有关手续。学校录取第二专业专科学历教育考生，应在所招生专业录取高中起点合格考生之后进行，学校提出录取名单由考生所在省级招生机构负责办理审批录取手续。第二专业专科录取人数不占用招生计划。

（二）各地根据当地实际情况确定是否继续进行“资格性”、“预科生”试点。凡进行试点的地方，须报教育部备案，并严格按有关文件规定的条件执行，加强管理和监督。

（三）对违反招生管理有关规定应予处罚的，依照原国家教委颁布的《教育行政处罚暂行实施办法》执行。

（四）各省、自治区、直辖市及国务院有关部委可结合本地区、本部门的实际情况，制定具体实施意见。如有超出本文件规定范围的，须报教育部批准。

附表：1. 高中起点本、专科考试时间表

2. 专科起点本科考试时间表

附表一

高中起点本、专科考试时间表

时间 日期	5月13日	5月14日
9:00—11:00	语文	数学
14:00—15:00	物理　地理 中医基础学 生理学 监狱（劳教）基础 机械基础 电子技术基础	化学　历史 人体解剖学 中药学 狱政（所政）管理 机械制造工艺基础 电工基础
16:20—18:00	政治	外语

附表二

专科起点本科考试时间表

日期 时间	5月13日	5月14日
9:00—11:00	教育理论课 教育学（师）	高等代数　实用语法 人体解剖及生理学 政治经济学　中国文学 世界地理　力学热学 心理学　有机化学 运动生理学
9:00—11:30	政治	英语　教育学（职） 世界通史
14:00—15:00		中国历史要籍介绍和选读 微生物学　空间解析几何
14:00—16:00	马克思主义哲学 汉语 高等数学（师） 中国地理 学校体育理论 美术史论基础知识	中国革命史 文学概论（师） 光学电磁学　无机化学 学校管理　综合考试 自然地理基础
14:00—16:30	高等数学（一）（二） 大学语文 音乐基础理论 中国通史 数学分析 动植物学 民法	精读和泛读

关于对优秀运动员报考成人高等学校高中起点本专科有关问题的通知

教学司〔2000〕15号

各省、自治区、直辖市成人高校招生办公室：

为积极鼓励优秀运动员将训练与教育更好地结合起来，促进我国体育事业的发展，现就优秀运动员报考成人高等学校高中起点本专科（报考专科起点本科的不在此列）的有关事宜规定：

一、优秀运动员报考成人高等学校高中起点本专科应符合成人高等学校高中起点本专科招生报名条件。报名时除所需正常手续外，需出具经省（自治区、直辖市）体委人事部门审核后的运动成绩证明；申请免试入学的还需出具省（自治区、直辖市）体委人事部门的《优秀运动员申请免试进入成人高等学校学习推荐表》（该表由国家体育总局监制）。

二、具备下列条件之一者可以免试进入成人高等学校高中起点本专科学习：

1. 奥运会、世界杯赛和世界锦标赛的奥运会项目前八名获得者、非奥运会项目前六名获得者；

2. 亚运会、亚洲杯赛和亚洲锦标赛的奥运会项目前六名获得者、非奥运会项目前三名获得者；

3. 全运会、全国锦标赛和全国冠军赛的奥运会项目前三名获得者、非奥运会项目冠军获得者。

三、对于运动健将和武术项目武英级运动员称号获得者，录取时文化课考试的录取分数线可降低50分；对于一级运动员称号获得者，录取时文化课考试的录取分数线可降低30分。

四、各省、自治区、直辖市体委人事部门负责运动员的资格审查工作，具体事宜由国家体育总局另行规定。

五、每年录取工作结束后，各省、自治区、直辖市成人高校招生办公室须将免试进入成人高等学校高中起点本专科学习的优秀运动员名单报教育部高校学生司备案（表式附后）。

六、其他有关事项按当年教育部颁布的全国各类成人高等学校招生规定执行。

附表：免试进入成人高等学校高中起点本专科学习的优秀运动员名单

教育部高校学生司

二○○○年二月十四日

附表

年免试进入成人高等学校高中起点本专科学习的优秀运动员名单

省（自治区、直辖市）　　　　　　　　盖章

姓名	性别	年龄	学历	运动会名称	名次	高等学校名称	层次	专业名称

关于做好2000年全国成人高校招生录取工作的通知

教学司［2000］65号

各省、自治区、直辖市成人高等学校招生办公室，国务院有关部委教育司（局），教育部直属高等学校成（继）教院：

2000年全国成人高校招生录取工作，应贯彻《2000年全国各类成人高等学校招生规定》的各项要求，遵循“按需培养，德智体全面衡量，由高分到低分择优录取”和“保证公平、公正”的原则，加强招生工作管理，保证招生质量。根据2000年考生报名考试的实际情况，现就录取工作的有关问题通知如下：

一、关于录取分数线

1. 专科起点升本科。各省级招生办公室可根据生源计划总数划定本省（区、市）的最低录取控制分数线，也可按招生院校的生源计划数分院校划定最低录取分数线，但最低不得低于教育部确定的最低资格线（师范类240分、非师范类270分）。

2. 高中起点本科，按教育部在“2000年全国成人高等学校招生录取工作会议”上审定的各省（区、市）最低录取控制分数线执行。

3. 专科层次的最低录取控制分数线由各省、自治区、直辖市招生办公室根据本地生源计划和生源情况自行划定。

二、关于生源计划的调整

经统计，2000年生源计划的调整是大大小于往年，因此教育部决定不再对生源计划组织统一调整。新的调整办法规定如下：

1. 2000年生源计划不做院校之间的调剂，如果招生院校在所有有招生任务的省份均完不成计划，应予减招。

2. 在经教育部审定的高中起点本科录取分数线上生源不足时，高中起点本科招生计划可以转为专科起点升本科招生计划。

3. 招生院校在教育部确定的专升本最低资格线上生源不足时，首先应在院内进行相近专业之间的调剂；或者由省级招生办公室从服从调剂的考生中调剂生源。仍不足时，各省级招生办公室应允许招生院校调出生源计划。程序为：由招生院校提出调出生源计划的申请，并注明调往的省份及生源计划的详细情况，经调出的省级招生办公室同意盖章后，调往生源情况好的省份；同时备份，由生源计划调出省报教育部学生司备案；生源计划调入省必须凭生源计划调出省的证明接收调入的生源计划。

4. 中央部门所属院校及跨省（区、市）招生的地方院校的本科层次招生在各省、区、市生源情况，请上网查询，网址为ftp：//211.69.192.1.

三、少数省份和部委如在安排专科起点升本科招生计划时确有特殊困难，可向教育部提出为少数院校增加本科招生计划的申请，并申述令人信服的理由，包括办学条件的状况，教育部将根据实际情况做微量调整。具体的操作程序是：由招生院校按现隶属关系向教育计划管理部门提出适当增加招生计划的申请，报教育部发展规划司。教育部批准的新增计划，经各主管部门分配到招生院校后，由招生院校自行编制生源计划，径直安排生源好的省（区、市），同时将生源计划于7月5日前报教育部高校学生司备案。

四、关于录取通知书

今年因院校调整而更改校名的成人高等学校，在向录取新生发放录取通知书时，一律使用调整后新的院校名称，但须注明原校名称并附关于更改校名的简短说明。

教育部高校学生司

二〇〇〇年六月二十一日

关于印发《“2000年成人高校招生网上录取试点工作研讨会”纪要》的通知

教学司［1999］107号

各省、自治区、直辖市教委、成人高校招生办公室：

为加快成人高校招生工作改革的步伐，进一步提高管理工作的科学化、规范化水平，更好地实现招生工作的公平和公正，我司于今年11月下旬组织部分省市、高校和有关专家召开了“2000年成人高校招生网上录取试点工作研讨会”，探讨在成人高校招生工作中建立以计算机信息处理技术和网络技术为支撑的、以电子档案流转为基础的、技术密集型招生管理模式的可行性。确定2000年在天津、浙江、福建三省市进行成人高校网上录取试验工作。现将会议纪要以及会议确定的成人高校招生网上录取试点工作课题组名单和工作时间表发给你们，请认真领会和贯彻。

为保证成人高校招生网上录取系统的同一性，未试点省市原则上不宜进行新的招生系统开发研制工作，工作重点应放在加强信息化基础建设上，贯彻执行教育部学生司颁发的《成人高等学校招生工作管理信息标准》，做好信息采集工作，并逐步建立考生电子档案，为实现网上录取做好前期准备工作。

附件：

1.“2000年成人高校招生网上录取试点工作研讨会”纪要

2.2000年成人高校招生网上录取试点工作课题组成员名单

3.2000年成人高校招生网上录取试点工作时间表

教育部高校学生司

一九九九年十二月九日

附件1

“2000年成人高校招生网上录取试点工作研讨会”纪要

（1999年11月25日）

1999年11月22日至24日，教育部高校学生司（以下简称学生司）在云南省昆明市召开了全国成人高校招生网上录取试点工作会议。天津、浙江、福建、广东、山东、云南六个省市招生办公室主管成人高校招生工作的负责人和计算机技术人员、北京大学等三所院校主管成人教育招生工作的负责人、普通高等学校招生网上录取总课题组总工程师王诚教授以及清华大学计算机专家参加了会议。胡扶功处长主持了会议，瞿振元司长到会并作了重要讲话。

这次会议的指导思想是：以第三次全国教育工作会议精神为指导，以录取方式的改革为切入点，积极稳妥地推进成人高校招生考试制度的改革。这次会议的主要任务是：确定2000年成人高校招生计算机网上录取工作的任务目标，统一思想，提高认识，建立机构，作出规划，确保成人高校招生网上录取试点工作做到“高起点、高标准、高质量”。

与会代表经过认真的讨论，就2000年成人高校招生网上录取试点工作的若干问题形成了一致的意见。现将有关问题纪要如下：

一、与会代表对推进成人高校录取方式改革的重要性、必要性和紧迫性形成高度共识。大家一致认为，这次会议很及时、很必要，必将对全面推进全国成人高校招生考试制度改革产生积极的影响。成人高等教育是我国高等教育的重要组成部分，随着成人高等教育事业的不断发展和招生规模的逐年扩大，推进成人高校招生考试制度改革的任务也越发紧迫。进行成人高校招生录取方式的改革，有助于进一步提高成人高校招生工作的科学化、规范化水平；有助于更好地实现招生工作的公平、公正性原则；有助于为全面推进成人高校招生考试制度改革奠定良好基础。录取手段现代化的实现，必将进一步推进教育信息化建设。大家一致认为：要实现成人高校招生计算机网上录取的目标，必须更新观念，敢于创新，勇于破除旧的传统的思维模式和工作模式，建立以计算机信息处理技术和计算机网络技术为支撑的、以电子档案流转为基础的、技术密集型的全新的成人高校招生管理模式，以适应信息化社会和成人高等教育事业发展的需要。

二、本着积极稳妥、由点到面、逐步推开的原则，学生司确定天津、浙江、福建三省市为2000年成高网上录取试点单位，进行网上录取的试验；其他省市进行考生信息采集方式的研究和建立考生电子档案的试验，为实现网上录取做好前期准备工作。计算机网上录取的重点是实现网上远程录取。试点阶段，可以计算机现场录取和网上远程录取同时进行，并逐步扩大网上远程录取的规模。在试点成功的基础上，2001年教育部将进一步扩大成人高校招生网上录取的试点范围，并逐步实现全国范围内的成人高校招生计算机网上录取。

三、会议初步讨论和拟订了成人高校招生计算机管理系统的信息标准，并充分考虑了与全国普通高校招生计算机管理系统信息标准的相关性。代表们认为，要学习和借鉴普通高校计算机网上录取的成功经验，并且把成人高校招生计算机管理系统作为整个高等学校计算机招生管理系统的一个组成部分。在系统的研制开发中，要充分考虑其前瞻性和开放性，做到信息编码的统一、考生基础信息的统一、同级界面的统一和学校录取工作软件的统一；同时，考虑到各省市的具体情况不同，要给省级招生部门对系统的二次开发留有较充裕的空间。

四、会议认为，加强对成人高校招生网上录取工作的领导是这一改革能否成功的关键。为此，学生司决定成立以瞿振元司长为组长，由学生司、清华大学计算机专家、试点省市成人高校招生业务负责人和技术人员组成的全国成人高校招生计算机网上录取总课题组，主要负责系统的研制开发以及协调各省市成人高校招生网上录取工作。同时，要求各试点省市也要成立以招办（考试院、教育招生考试中心）主要负责人为组长的成人高校招生网上录取工作领导小组。

五、会议研究确定了成人高校计算机网上录取试点工作的日程安排以及总课题组的各试点省市招办各自的工作任务。确定了“早动手、高起步、抓紧时间确保2000年试点成功”的工作原则。总课题组要在2000年3月底以前完成系统测试版的开发研制工作，以确保2000年6月份新系统投入使用。各试点省市招办要制定详细的工作方案，加强人力、物力、财力的投放；要加快计算机网络建设和人员培训，特别要做好考生的基础信息采集工作，及时、准确地完成考生电子档案的制作。要为确保试点成功积极做好思想、技术、组织上的准备。

学生司要求各试点省市要尽快将会议精神向省市招办、教委主要负责同志汇报，及早作出工作安排部署，确保试点任务的完成。

附件2

2000年成人高校招生网上录取试点工作课题组成员名单

组　　长：瞿振元（教育部高校学生司司长）
副 组 长：胡扶功（教育部高校学生司招生处处长）（常务）
　　　　　刘卫东（清华大学计算机系副教授）
　　　　　蔡月茹（清华大学计算机系副教授）
总工程师：刘卫东（兼）
成　　员：岳　伟（天津市招生考试中心副主任）
　　　　　思忠义（天津市招生考试中心成招处副处长）
　　　　　罗德俊（天津市招生考试中心副研究员）

宣　成（浙江省招生办公室高级工程师）
毛竞飞（浙江省招生办公室成招科科长）
甘章雄（福建省招生办公室工程师）
方晓彤（福建省招生办公室干部）
林楚雄（广东省招生办公室科长）
范卫宏（教育部高校学生司招生处助理调研员）
王　诚（清华大学计算机系教授）

附件3

2000年成人高校招生网上录取试点工作时间表

时间	学生司	课题组	试点省市
12月15日以前	下发文件，公布总课题组成员		
12月20日以前	公布信息采集标准	完成系统功能需求	
2000年2月底以前		完成系统报名部分的开发	做好硬件设备、计算机网络准备，制定信息采集方案，进行人员培训和技术准备工作
3月底以前			完成考生报名及信息采集工作
4月15日以前		完成整体测试版的开发	建立考生电子档案
4月底以前		完成对系统的第一次测试对系统进行修改完善	确定试点成人高校，并提出设备技术、人员要求，完成本省市各种类据库与数系统的接口，协助课题组进行系统测试
5月10日以前		完成对系统的第二次测试	
5月25日以前		继续对系统进行修改完善	对招办及院校招生人员进行培训
6月5日以前		与远程录取院校进行系统联测	制定网上录取实施细则
6月10日以前	制定并公布成人高校网上录取规则	完成试点省市系统的安装	进行各种招生信息的导入，完成现场录取部分网络环境设备及院校端软件的安装，远程录取院校端软件安装和系统联测、人员培训
7月份		参与试点省市录取工作，保障系统的可靠运行	网上录取

关于加强全国教育统一考试管理和考风考纪工作的意见

教考试厅［2000］3号

各省、自治区、直辖市教育委员会（教育厅）：

普通、成人高等学校招生全国统一考试、高等教育自学考试、高等教育学历文凭考试、全国公共英语等级考试等全国教育统一考试涉及面广，社会关注程度高，多年来，在各级政府和社会各界的重视和支持下，经过各省、自治区、直辖市招生委员会、自学考试委员会和各级招生考试机构的共同努力，取得了良好的社会信誉。

但也应看到，随着各项全国教育统一考试规模逐步扩大，社会不正之风对教育考试的干扰日益严重，局部地区存在着管理不严，考试纪律松懈，考试工作人员素质不高，甚至个别地方出现了大面积违纪舞弊案件等问题。为了加强管理、严肃考试纪律，保证考试的公平、公正，现就进一步加强全国教育统一考试管理和考风考纪工作提出如下意见：

一、各级教育行政部门、考试机构要进一步提高认识，加强法制观念，加强对本地区各项全国统一考试的领导。

各级教育行政部门的主要负责人，必须提高依法行政的能力，进一步加强对全国教育统一考试的领导，把加强考务管理，严肃考风考纪作为保证和促进教育健康发展、培养良好学风、反腐败、反假冒伪劣的大事来抓，确保全国统一考试的良好声誉，使考风考纪得到明显的好转。各级考试机构要根据国家的法律、法规和规章，制定本部门的规章制度，要依法治考，切实保障考试工作人员和考生的合法权益不受侵害。

二、加强考试工作人员的队伍建设和业务培训，提高职业道德水平。

各级考试行政部门和考试机构要建立一支相对稳定、廉洁公正、敢于负责、业务熟练的考试工作人员队伍。要加强对各种专职和兼职考试工作人员的法制教育、思想纪律教育和业务培训，坚持实行考核聘任制，未经培训合格，不许上岗。同时要严格执行回避制度。

三、确保试卷的印制、试卷及答卷的运送和管理中的安全保密工作，严禁各种失密、泄密事件的发生。

试卷启用前（绝密）各级考试机构一定要加强对试卷安全保密的管理工作，严格依法办事，要克服麻痹大意思想。要认真细致地做好对有关人员的保密教育，做好保密环节的检查，责任到人，确保试卷、答卷的安全保密。对失密、泄密事件将依法追究有关人员的刑事或行政责任。

四、加大现代化技术手段在考试管理和防止违纪、舞弊上的作用。

各级教育行政部门和考试机构要不断学习和利用新的科学技术，加大对现代技术手段、经费和人员的投入，逐步实现用现代化技术手段对考试实施全过程管理。同时采用现代化技术手段进行预防，及时发现，及时处理考试过程中出现的各种新形式的违纪舞弊行为。

五、加大监督检查的力度，重视来信、来访工作。

各级教育行政部门和考试机构要加强对考试全过程进行监督、检查，做到制度化、规范化。考前要向社会公布省、地、县三级教育行政部门所设立的有关考试纪律的投诉电话。对各种违纪、舞弊案件发现一起，查处一起，决不手软。必要时，要在报纸、电视台等新闻媒体上曝光。对群众的来信来访和举报电话要认真做好记录，凡事实清楚的，一定要认真调查，要有处理结果。对重大的违纪舞弊案件要将情况及时上报教育部考试中心。

教育部办公厅

二〇〇〇年五月八日

关于编报2001年成人高等学历教育招生计划的通知

教发函［2000］29号

各省、自治区、直辖市教育厅（教委），计划单列市教委，新疆生产建设兵团教委，国务院有关部委教育司（局），教育部直属各高等学校：

现就编报2001年成人高等学历教育招生计划的有关事项通知如下：

一、2001年成人高等学历教育招生计划的安排，要认真贯彻十五届五中全会和《中共中央关于制定国民经济和社会发展第十个五年计划的建议》的精神，积极稳妥地加快成人高等教育发展。

二、成人高等教育的发展，要继续贯彻第三次全国教育工作会议精神，坚持以岗位培训和继续教育为重点，坚持面向在职从业人员的办学方向，为逐渐完善终身教育体系创造条件。

三、2001年全国成人高等学历教育招生规模初步安排167万人。其中：成人本科（含高中起点本科和专科起点本科）招生计划40万人，中央部委所属高校成人高职（专科）招生计划17万人，由教育部下达。地方所属成人高职（专科）招生计划110万人左右，具体安排由地方教育主管部门根据实际情况自行确定调整。

四、招生计划编制要求

1. 成人高等学历教育招生计划的安排要根据社会经济发展的实际需要和办学条件的可能，结合从业人员的特点，合理确定招生计划、招生专业和办学形式。2001年招生计划安排要继续重点支持高等职业技术教育发展和培养普九师资、职教师资，要根据实际需要调整学科、专业结构。

2. 各地、各部门要积极采取措施，切实改善独立设置成人高校的办学条件，努力提高成人高校的办学质量和水平。因办学条件不合格被列为"黄"牌的成人高校，要尽快加大投入，改善条件，确保办学条件与招生规模的增长相适应。

3. 普通高校安排成人高等教育招生规模时，要统筹考虑学校各类教育事业协调发展，确保必要的办学条件，特别是专任教师的数量和质量。普通高校要加强对成人高等教育的教学管理，不断提高成人高等教育教学质量。

4. 成人本科教育（含高中起点本科和专科起点本科）原则上应在普通本科院校中举办。独立设置的成人高校应以举办专科教育为主，为了重点支持中学师资的培养，已经设置本科专业的教育学院，可以继续举办本科教育。普通本科院校举办成人本科教育（含高中起点本科和专科起点本科）的招生专业应为该校已经设置的普通本科专业。各地、各部门应加强对所属高校举办的成人本科专业的管理。

5. 未经教育部正式批准的高校和规定暂停招生的高校，不得安排成人高等学历教育招生计划。教育部将继续加强对成人高校办学条件的监督、检查和评估，并将继续在新闻媒体上公布具有成人高等学历教育招生资格的高校名单。

6. 成人高等学历教育招生计划仍实行按学校隶属关系进行管理的原则。在招生计划编制、下达和执行过程中，各地、各部门不得跨越隶属关系划转和调剂招生计划。

请各地、各部门按本通知和附件的要求，于2000年12月10日以前将招生计划报送教育部发展规划司。

附件：成人高等教育招生计划表式

二〇〇〇年十一月二十九日

附件

成人高等教育招生计划表式

一、成人高等教育分学校、分专业招生计划

学校、专业	招生数	办学形式	备注
总计			
本科小计			
高中起点本科			
师范专升本			
非师范专升本			
专科小计			
××××学校			
高中起点本科			
××××专业			
…			
师范专升本			
××××专业			
…			
专科			
××××学校			
高中起点本科			
××××专业			
…			
师范专升本			
××××专业			
…			
非师范专升本			
××××专业			
…			
专科			
…			

二、成人高等教育分学校招生计划

学校	合计	专科	本科			
			小计	高中起点本科	师范专升本	非师范专升本
总计						
××××学校 ××××学校 …						

说明：招生计划报表及相应的数据软盘请统一使用《成人高等教育招生计划计算机管理系统》软件进行编报。

关于编制 2001 年成人高等学校招生生源计划的通知

教学司［2000］118 号

各省、自治区、直辖市教育厅（教委）、成人高校招生办公室，国务院有关部委教育司（局），教育部直属高等学校成（继）教院：

为做好 2001 年全国成人高等学校招生生源计划的编制工作，现将有关事项通知如下：

一、编制原则

1. 各有关单位应按照我部发展规划司下达的《2001 年成人高等学历教育招生计划安排意见》中确定的规模编制 2001 年成人高等学校招生生源计划。

2. 招生院校应认真研究历年来各省、区、市的生源质量情况，生源计划编制力求准确，避免生源计划向社会公布后又做调整。

3. 为贯彻落实国家西部大开发的战略方针，在保证质量的前提下适当增加西部地区的生源计划。

4. 生源计划编制工作应充分考虑成人高等教育的特点。专业设置上充分考虑社会需求，调整专业结构；学习形式应以业余学习为主，尽量压缩“脱产班”；本科层次计划应主要用于“专升本”。

二、编制程序

1. 国务院有关部委教育司（局）将本部委所属成人高等学校编制的所有招生生源计划汇总、审核后报我司。

2. 各省、自治区、直辖市教育行政部门对本省（区、市）所属成人高校的所有招生生源计划汇总、审核后，将所有“专升本”和“高起本”生源计划以及跨省招生的专科（含高职班）生源计划报我司；而向本省（区、市）招生的专科（含高职班）生源计划，可送交本省（区、市）招生办公室执行，同时报我司备案。

3. 我司负责汇总、审定、下达本科层次生源计划；汇总、下达国务院有关部委所属成人高校专科（含高职班）和各省、区、市所属成人高校跨省招生的专科（含高职班）生源计划。

三、编制办法和有关要求

1. 为推进成人高校招生工作的现代化和规范化，适应计算机网上录取工作的需要，保证上报数据的准确性，同时也为方便工作，各有关单位均必须采用我司开发的 2001 年新版“成人高校招生生源计划系统”（以下简称“系统”）编制 2001 年招生生源计划，并于 2001 年 1 月 14 日前将生源计划软盘及报表（一式两份）报至我司。上报的生源计划必须是由“系统”自动生成的软盘和报表。该“系统”及使用说明可于我司主办的“中国大学生网”站点上下载，网址为：

http：//www. chinadaxuesheng. edu. cn \

或者 http：//www. chinadaxuesheng. com. cn。

联系人：陈刚　联系电话：010-66097328。

2. 招生范围为面向某一地区或城市的，必须在“系统”中备注栏内注明，否则视为全省（区、市）社会招生。

3. 有关对“学习时间”、“函授布局”、“二学历”和“文理兼招”的要求，仍按我司《关于编制 2000 年全国各类成人高等学校招生来源计划的通知》（教学司［1999］97 号）执行。

4. 为维护招生工作的公平、公正，除地方所属院校在当地招生的专科（含高职班）外，未经教育部批准下达的生源计划，地方招生部门不得向社会公布。未向社会公布的院校及专业不得安排招生。

教育部高校学生司

二〇〇〇年十二月四日

关于做好 2001 年全国成人高校招生工作的通知

教学司［2001］3 号

各省、自治区、直辖市教育厅（教委）、成人高校招生办公室，国务院有关部委教育司（局），部直属各高等学校成（继）教院：

2001 年 21 世纪第一年，也是我国“十五”计划的第一年，在新的形势下，成人高校招生工作应继续贯彻第三次全国教育工作会议和党的十五届五中全会精神，推进并演化招生改革，努力提高现代化管理手段和工作水平，进一步严明纪律，保证新生质量。为做好 2001 年全国成人高等学校的招生工作，现将有关事项通知如下：

一、2001 年，北京、天津、江苏、浙江、福建、山东、广西、江西、重庆等九省（区、市）进行成人高校招生网上录取工作，有关单位应按照第三次“2000 年成人高校招生网上录取试点工作课题组”会议后所发《会议纪要》和《工作时间表》（教学司［2000］109 号文附件）认真做好各项工作。不进行成人高校招生网上录取工作的省（区、市），应认真按《全国成人高校招生工作管理信息标准（2001 年修订版）》，建立、健全信息采集制度，有条件的地方建立考生电子档案，为实现网上录取做准备。

二、从 2001 年起，凡已取得国民教育系列或高等教育自学考试专科以上毕业证书者均可报考由“专科起点升本科”的院校。

三、从 2001 年起，所有报考本科专业的考生，参加入学考试时均须应试外语（含报考“高中起点升本科”师范类专业的中学教师）。其中，报考师范类“专科起点升本科”的考生（除报考外语专业的中学教师外），其外语成绩以其卷面分数的 30%计入总分；有关“专科起点升本科”统一考试的其他事项，按照《关于 2001 年全国成人高等学校招生专科起点升本科考试科目设置及有关事项的通知》（教学司［2000］76 号）和《关于对 2001 年成人高校招生非师范类专科起点升本科考试科目设置的补充通知》（教学司［2000］102 号）文件执行。

公安部、司法部、卫生部、劳动和社会保障部及国家中医药管理局等五个部门，按照《关于对 2001 年全国成人高校招生“3+2”考试科目设置改革及有关事项的通知》（教学司［2000］90 号）文件进行“3+2”考试试点。

四、各有关招生管理部门和招生学校要严格执行国家招生政策，把好新生入学质量关。本科层次录取最低控制分数线由教育部审定，各省、自治区、直辖市不得擅自降低要求，特别是“高中起点升本科”，完不成的招生生源计划可调剂到“专科起点升本科”使用。在当前各级各类高等教育蓬勃发展、招生规模年会扩大的形势下，不得单纯为完成招生计划而降低对考生的文化要求。

五、举办函授教育的学校，必须按规定在拟设函授站的省（区、市）办理登记手续、并报我部备案后进行招生。有关省（区、市）招生办公室应认真检查，对不符合上述要求的学校有权制止其招生。

六、各地要切实加强对考试的管理工作，严肃考风考纪，充分利用现代化手段，防范考试舞弊行为，特别要努力杜绝“代考”现象。

七、各招生学校要规范办学行为，招生宣传应如实反映本校的办学条件、师资状况、授课地点等情况，严禁对考生进行误导。

八、2001 年成人高校招生全国统一考试时间为 5 月 12 日和 13 日两天，具体考试科目时间见附表。

九、其他有关事项仍按我部《2000 年全国各类成人高等学校招生规定》（教学［2000］4 号文附件）执行。

附表：2001 年成人高校招生全国统一考试时间表

教育部高校学生司

二〇〇一年一月十八日

附表

2001 年成人高校招生全国统一考试时间表

高中起点升本、专科考试时间表

日期 时间	5 月 12 日	5 月 13 日
9:00—11:00	语文	数学
14:00—15:40	政治	化学　历史　医学临床 中药学　电工基础 机械制造工艺基础 狱政（所政）管理 公安学基础理论
16:20—18:00	物理　地理 医学基础　中医基础学 电工技术基础 机械基础 监狱（劳教）基础 警察法学教程	外语

专科起点升本科考试时间表

日期 时间	5 月 12 日	5 月 13 日
9:00—11:30	政治 （非师范类考生） 教育理论 （师范类和教师类考生）	大学语文 高等数学（一） 高等数学（二） 艺术概论 民法
14:00—16:00	外语	

关于下发 2001 年全国成人高校招生生源计划的通知

教学司［2001］4 号

各省、自治区、直辖市成人高校招生办公室：

现将 2001 年国务院有关部委所属成人高校招生生源计划、各省、自治区、直辖市所属成人高校本科招生生源计划以及各省、自治区、直辖市所属各类成人高校跨省（区、市）招生的专科层次生源计划发给你们，请遵照执行，并就有关事宜通知如下：

一、为维护招生工作的公平、公正，除地方所属院校在当地招生的专科层次计划外，未经教育部批准下达的生源计划，各省（区、市）招生部门不得向社会公布。未经公布的院校及专业一律不得安排招生。

二、按生源计划（含经教育部批准调整的生源计划）录取的学生名单，是学籍学历管理部门进行毕业生毕业资格审核和学历证书管理的依据。请各省（区、市）招生部门严格按本文下达的生源计划执行。

三、对于招生院校在某省（区、市）所安排的生源计划，如未在备注栏中注明为面向该省（区、市）

内的某一地区或城市招生的，一律视为在全省（区、市）范围招生。

四、各省（区、市）招生部门在执行招生计划过程中，要严格执行教育部有关招生政策、规定，加强管理，特别是对于本科层次生源计划的管理。

附件：2001 年全国成人高校招生生源计划总表（分层次、分主管部门、分省）（略）

教育部高校学生司
二〇〇一年一月二十日

关于 2001 年成人高等学校招生全国统一考试统计工作的通知

教试中心［2001］53 号

各省、自治区、直辖市考试院（中心、局），成人高校招生考试办公室：

现将 2001 年高中起点的专科、本科层次的成人高考（以下简称成人高考）统计工作安排如下，请依照执行。

一、综合信息统计

综合信息统计主要是采集考生的基本信息（包括考生的考号、性别、年龄、政治面貌、各科成绩等）并进行分类统计，以达到评价考生、考试总体情况的目的。请各省、自治区、直辖市在考试完成之后将这些信息以报表或数据库文件的形式报送教育部考试中心。工作的具体要求和采集信息标准详见“2001 年成人高等学校招生全国统一考试综合信息统计方案”（附件一）和“成人高等学校招生全国统一考试信息标准”（附件三）。

二、抽样统计

抽样统计是对部分省部分考生的试卷进行抽样，获取抽样试卷的各题得分和答题情况，然后进行统计分析，以评价试题、试卷的质量。今年的全国成人高考抽样工作安排在广西、河南、吉林、辽宁、四川、安徽六个省（自治区）进行，请有关省在考试完成后按抽样的要求采集信息，生成数据库，报送教育部考试中心。具体要求和规定详见“2001 年成人高校招生全国统一考试抽样统计方案”（附件二）。

三、经费

各省应为抽样统计工作划拨必要经费，同时教育部考试中心对参加全国抽样的省给予一定的经费补充。今年按每个抽样考生 3 元人民币付给省里作为抽样劳务费。

附件：一、2001 年成人高校招生全国统一考试综合信息统计方案
二、2001 年成人高校招生全国统一考试抽样统计工作方案
三、成人高等学校招生全国统一考试信息标准
四、各类成人高等学校招生工作管理信息标准 2001 年修订版（部分）

教育部考试中心
二〇〇一年四月十六日

附件一

2001 年成人高等学校招生全国统一考试综合信息统计方案

一、综合信息统计项目

根据“成人高等学校招生全国统一考试信息标准”及“各类成人高等学校招生工作管理信息标准”2001年修订版（部分）（见附件三、附件四）中对文科和理科综合信息数据库的结构、字段、长度等的要求，建立相应的数据库，录入或追加全部考生的综合数据。

二、报送方式和时间

各省将数据整理完毕并确认无误后，以电子邮件、ftp或存入软磁盘（双备份）邮寄的方式，于6月5日前报送至教育部考试中心信息与统计处。

联系人：赵英华　　联系电话：010-62514460

E-mail地址：zhaoyh@mail. neea. edu. cn

邮寄地址：北京市海淀区海淀路167号　　邮编：100080

三、信息反馈

为了让各地了解全国的考试情况，教育部考试中心将于10月底以前将部分统计结果反馈给各省。

附件二

2001年成人高等学校招生全国统一考试抽样统计工作方案

一、抽样方法

抽样方法采用等距抽样。参加抽样的省根据统一的数据库格式，生成相应的数据库文件，通过网络传至教育部考试中心。

二、抽样科目

文　科：政治、语文、数学、历史、地理。

理　科：政治、语文、数学、物理、化学。

小语种：英语、日语、俄语、汉语文。

三、工作安排

1. 抽样范围的确定

各省可根据需要制定本省的抽样工作，全国的抽样工作在各省工作的基础上选定部分省参加，今年确定以下六省：

①广西　②河南　③吉林　④辽宁　⑤四川　⑥安徽

2. 时间安排

5月中旬，教育部考试中心通知抽样数量及数据库结构要求。

7月20日前，各省将做好的数据文件通过E-mail或FTP方式传至教育部考试中心。

附件三

成人高等学校招生全国统一考试信息标准

一、说明

1. 本标准属于教育考试国家级信息标准，仅对全国统一采集的考试信息作出规定。

2. 凡有国家标准的信息，均采用国家标准。

3. 凡是要用字母表示代码或字段的，均采用汉语拼音字头缩写。

4. 本标准参照教育部学生司《各类成人高等学校招生工作管理信息标准2001年修订版》制定，具体信息项及代码与该标准相同。此标准已附后（附件四）。

二、信息库

[1] 文科综合信息库

Field	name	Type	Width	Dec	MC
1	KSH	C	16		考生号

2	XBDM	C	1		性别代码
3	CSR	Q	8		出生日期
4	MZDM	C	2		民族代码
5	ZZMMDM	C	2		政治面貌代码
6	WHCDDM	C	1		文化程度代码
7	GZNY	C	8		工作日期
8	ZYLBDM	C	2		职业类别代码
9	WYYZDM	C	1		应试外语语种代码
10	ZF	N	3		总分
11	ZZ	N	3		政治成绩
12	ZZX	N	4	1	政治选择题成绩
13	YW	N	3		语文成绩
14	YWX	N	4	1	语文选择题成绩
15	SX	N	3		数学成绩
16	SXX	N	4	1	数学选择题成绩
17	LS	N	3		历史成绩
18	LSX	N	4	1	历史选择题成绩
19	DL	N	3		地理成绩
20	DLX	N	4	1	地理选择题成绩
21	WY	N	3		加试外语成绩
22	WYX	N	4	1	外语选择题成绩

［2］理科综合信息库

Field	name	Type	Width	Dec	MC
1	KSH	C	16		考生号
2	XBDM	C	1		性别代码
3	CSRQ	C	8		出生日期
4	MZDM	C	2		民族代码
5	ZZMMDM	C	2		政治面貌代码
6	WHCDDM	C	1		文化程度代码
7	GZNY	C	8		工作日期
8	ZYLBDM	C	2		职业类别代码
9	WYYZDM	C	1		应试外语语种代码
10	ZF	N	3		总分
11	ZZ	N	3		政治成绩
12	ZZX	N	4	1	政治选择题成绩
13	YW	N	3		语文成绩
14	YWX	N	4	1	语文选择题成绩
15	SX	N	3		数学成绩
16	SXX	N	4	1	数学选择题成绩
17	WL	N	3		物理成绩
18	WLX	N	4	1	物理选择题成绩
19	HX	N	3		化学成绩
20	HXX	N	4	1	化学选择题成绩
21	WY	N	3		加试外语成绩
22	WYX	N	4	1	外语选择题成绩

［3］选择题卷面信息库（进行数据抽样的省必须上报）

Field	name	Type	Width	MC
1	KSH	C	16	考生号
2	LX	C	1	试卷（答题卡）类型
3	TTXX	C	题目类	卷面答案字符串

注：LX为试卷类型。当试卷为A卷时，LX=A；当试卷为B卷时，LX=B。

TTXX字段中，每题占一字节。

TTXX字段代码表

序号	符号	选项 [A]	[B]	[C]	[D]
1	A——	{A			}
2	B——	{	B		}
3	C——	{		C	}
4	D——	{			D}
5	E——	{A	B		}
6	F——	{A		C	}
7	G——	{A			D}
8	H——	{	B	C	}
9	I——	{	B		D}
10	J——	{		C	D}
11	K——	{A	B	C	}
12	L——	{A	B		D}
13	M——	{A		C	D}
14	N——	{	B	C	D}
15	O——	{A	B	C	D}
16	P——	{	不选		}

* *

四、文件名约定

［1］考试信息综合库文件名约定

［2］选择题卷面信息库文件名约定

省市代码表

11	北京市	12	天津市	13	河北省
14	山西省	15	内蒙古自治区	21	辽宁省
22	吉林省	23	黑龙江省	31	上海市
32	江苏省	33	浙江省	34	安徽省
35	福建省	36	江西省	37	山东省
41	河南省	42	湖北省	43	湖南省
44	广东省	45	广西壮族自治区	46	海南省
50	重庆市	51	四川省	52	贵州省
53	云南省	54	西藏自治区	61	陕西省
62	甘肃省	63	青海省	64	宁夏回族自治区
65	新疆维吾尔自治区				
71	台湾省	72	香港特别行政区	73	澳门特别行政区

科目代码表

ZZ——政治	HX——化学
YW——语文	YY——英语
SX——数学	RY——日语
LS——历史	EY——俄语
DL——地理	WY——其他外语
WL——物理	

附件四

各类成人高等学校招生工作管理信息标准 2001 年修订版（部分）

一、基本信息项

（一）院校信息类（略）

（二）计划信息类（略）

（三）报名信息类

编号	信息项	类型	宽度	信息项含义	信息项说明
C01	KSH	C	16	考生号	采用教育部标准代码
C03	XBDM	C	1	性别代码	1 男，2 女
C04	ZZMMDM	C	2	政治面貌代码	采用国标，见代码表
C05	CSRQ	C	8	出生日期	年 4 位，月 2 位，日 2 位
C06	WHCDDM	C	1	文化程度代码	见代码表
C07	ZYLBDM	C	2	职业类别代码	采用国标，见代码表
C10	MZDM	C	2	民族代码	采用国标，见代码表
C13	GZNY	C	8	工作日期	年 4 位，月 2 位，日 2 位
C19	WYYZDM	C	1	应试外语语种代码	见代码表

（四）志愿信息类（略）

（五）成绩信息类（略）

（六）录取信息类（略）

二、代码表

C04　ZZMMDM　C　2　政治面貌代码

01　中共党员	02　中共预备党员	03　共青团员
04　民革会员	05　民盟盟员	06　民建会员
07　民进会员	08　农工党党员	09　致公党党员
10　九三学社社员	11　台盟盟员	12　无党派民主人士
13　群众		

C06　WHCDDM　C　1　文化程度代码

1　高中毕业	2　同等学力毕业	3　中专技校毕业
4　大专毕业	5　高职毕业	6　本科及以上毕业

C07　ZYLBDM　C　2　职业类别代码表（GB/T 6565-1999）

代码	名称
01	国家机关、党群组织、企业、事业单位负责人
09	军人
11	专业技术人员
31	办事人员和有关人员
41	商业、服务业人员
51	农、林、牧、渔、水利业生产人员
61	生产、运输设备操作人员及有关人员
00	不便分类的其他从业人员

C10　MZDM　C　2　民族

01	汉族	02	蒙古族	03	回族	04	藏族	05	维吾尔族
06	苗族	07	彝族	08	壮族	09	布依族	10	朝鲜族
11	满族	12	侗族	13	瑶族	14	白族	15	土家族
16	哈尼族	17	哈萨克族	18	傣族	19	黎族	20	傈僳族
21	佤族	22	畲族	23	高山族	24	拉祜族	25	水族
26	东乡族	27	纳西族	28	景颇族	29	克尔克孜	30	土族
31	达斡尔族	32	仫佬族	33	羌族	34	布朗族	35	撒拉族
36	毛南族	37	仡佬族	38	锡伯族	39	阿昌族	40	普米族
41	塔吉克族	42	怒族	43	乌兹别克	44	俄罗斯族	45	鄂温克族
46	崩龙族	47	保安族	48	裕固族	49	京族	50	塔塔尔族
51	独龙族	52	鄂伦春族	53	赫哲族	54	门巴族	55	珞巴族
56	基诺族			97	其他	98	外国血统中国籍人士		

C19　WYYZDM　C　1　应试外语语种代码

1	英语	2	俄语	3	日语	4	德语	5	法语	6	西班牙语

关于做好2001年成人高校招生网上录取改革工作的通知

教学司〔2001〕23号

各省、自治区、直辖市教育厅（教委）、成人高校招生办公室，国务院有关部委教育司（局），教育部直属高等学校成（继）教院：

继2000年成人高校招生网上录取改革实验在天津、浙江、福建三省市取得成功后，教育部决定，2001年在北京、天津、江苏、浙江、福建、江西、山东、广西、重庆等九省（区、市）进行成人高校招生网上录取改革，2002年全国成人高校招生工作基本实现网上录取。此项改革意义重大，各有关单位应提高认识，高度重视。2001年不进行网上录取改革的省（区、市），要加强信息化基础建设，做好信息采集工作，并逐步建立考生电子档案，为2002年全国基本实现网上录取做好准备。

为保证2001年成人高校招生网上录取工作的顺利、有序进行，现就有关事项通知如下：

一、所有在上述九省（区、市）有招生任务的成人高等学校，均应接受实行网上录取的省级招生办公室对网上录取工作的统一部署，成立网上录取领导机构，配备专门的人员和设备，接受其对本校招生工作人员的培训和技术指导。

二、成人高等学校在上述九省（区、市）招生时，一律不再进行已录新生流失后的补录工作。省级招生办视其每年已录新生流失情况和上线生源情况，确定一定的比例进行流失生源的预录，其中本科层次的预录比例最高不得超过5%。

三、2001年在上述九省（区、市），实行“学校负责、招办监督”的录取工作体制。亦即：在符合各类成人高校招生报名条件、考试成绩达到最低控制分数线的考生中，由招生院校根据省级招生办确定的调档比例调阅各类别考生的电子档案，并决定录取与否和录取专业的安排，同时负责对遗留问题的处理；省级招生办在录取时根据国家招生政策对高等学校录取新生工作予以监督，对不符合招生政策的情况予以纠正。

四、考生电子档案是录取新生的依据，实行网上录取的省级招生办要严格按照我司颁发的信息标准建立考生电子档案，招生院校据此录取新生。

五、上述九省（区、市），可根据《关于做好2001年全国成人高校招生工作的通知》及第三次“2000年成人高校招生网上录取试点工作课题组”会议纪要精神，结合本省（区、市）实际情况和网上录取的工作特点，制定网上录取工作实施细则。

六、在实行网上录取的省市录取工作程序如下：

1. 省级招生办负责制定全省录取工作方案、安排录取工作时间和进度，及时发布各种招生信息、对招生院校的录取工作进行监督。

2. 省级招生办及时向各招生院校提供各类招生最低控制分数线及第一志愿上线考生人数和专业分布情况，招生院校据此制定分专业招生方案，向省级招生办提出调档要求，省级招生办审核通过后，将考生的电子档案提供给招生院校。

3. 招生院校应严格遵守省级招生办规定的工作时间，及时下载考生信息，通过网络向省级招生办提交拟录取和拟退档的考生名单（写明退档理由）；对超过时间或不按规定提交拟录取和拟退档考生名单的招生院校，省级招生办有权按照所发出的考生电子档案从低分到高分代为退档。由此产生的遗留问题由招生院校负责解决。

4. 省级招生办对招生院校提交的拟录取和拟退档考生名单进行审核，将核准后的录取考生名单通过网络传给招生院校，同时打印录取考生名单并加盖录取专用章，录取工作结束后分别交招生院校和教育主管部门存档，以此作为录取新生的依据；招生院校据此填写考生录取通知书，加盖招生院校公章后寄发被录取考生。考生凭录取通知书办理报到注册手续。

5. 各级招生部门、招生院校应加强对招生信息的管理工作，对属于考生个人的信息及其他需要保密的内容，应妥为保存，不得擅自公开。

七、实行网上录取的省市，应根据国家和地方的有关政策，制定相应的网上录取费用。

八、请各省、自治区、直辖市教育厅（教委）和国务院有关部委教育司（局）将本文转发至本省、区、市和本部门所属成人高等学校。

教育部高校学生司
二〇〇一年四月十八日

关于做好2001年成人高校招生生源计划网上调整工作的通知

教学司［2001］35号

各省（自治区、直辖市）教育厅（教委）、成人高校招生办公室，国务院有关部委教育司（局），教育部直属高等学校成（继）教院：

为进一步提高成人高校招生工作的现代化管理水平，加强对成人高校招生生源计划的宏观管理和调控能力，提高工作效率，我司决定从2001年起，利用计算机网络进行生源计划调整工作。现将2001年生源计划调整工作的有关事项通知如下：

一、各省（区、市）教育厅（教委）负责调整本省（区、市）所属院校的生源计划；有关中央部委教育司（局）负责调整本部门所属院校的生源计划；教育部直属院校负责调整本校的生源计划。

二、计划调整的范围仅限于经教育部审核下达、并经各省级成人高校招生办公室向社会公布的招生院校和招生专业。

三、生源计划调整的原则

1. 生源计划调整分层次进行。专科层次计划不可调整到本科层次。本科层次中“专升本”生源计划不可调整到“高起本”。

2. 各招生院校生源计划调整尽量在计划下达的省（区、市）内的同层次的专业之间进行，由招生院校会同当地招生部门解决。

若招生院校在某省（区、市）的上线生源总数不足在该省（区、市）生源计划总数时，可将生源计划数余额（最多不超过80%）调剂到其他本校生源好的省（区、市）（20%的生源计划数余额留给第二志愿考生）；在某省（区、市）的上线生源总数超出生源计划数时，一般不得调出在该省（区、市）的生源计划。

3. 一些院校及教育主管部门年初编制生源计划时预留的、未向社会公布的本、专科招生计划数，可在本次生源计划调整时相应追加到“专升本”和专科生源好的省（区、市），但追加范围仅限于已向社会公布的招生院校、招生专业和学习形式，追加后的生源计划总数不得超过国家下达的本部门或本院校招生计划总数。

已核准的“高起本”生源计划总数不得追加。

四、生源计划跨省调整的方法

1. 我司“2001年成人高校招生生源计划网上调整系统”（以下简称“系统”）于6月16日8:00开通。各单位可通过下列网址登陆“系统”，网址：http://zsc.moe.edu.cn 或 http://www.chinadaxuesheng.com。登陆后使用本文所附的用户代码和用户密码（见信封内）进行生源计划的调整，并严格按照网上调整生源计划的原则和“系统”的提示进行工作。该项工作请于6月20日17:00前结束。各单位应妥善保管好本单位的用户代码和用户密码。

2. 6月22日8:00，各省级成人高校招生办公室通过上述网址登陆“系统”并按本文所附的用户代码和用户密码（见信封内）进入“系统”，下载经我司审核后的本省（区、市）生源计划调整结果。

五、成人高校招生生源计划的网上调整工作是成人高校招生工作的一项全新改革，请各有关单位严格按照我司制定的工作程序安排本单位工作时间表，注意工作经验的积累和总结，并及时反映工作中遇到的问题。“系统”管理联系人：张爱萍　电话010-66097328　传真010-66096267

附件：2001年成人高校招生生源计划网上调整系统用户密码（信封内）（略）

教育部高校学生司
二〇〇一年六月五日

关于做好2001年全国成人高校招生录取工作的通知

教学司［2001］41号

各省、自治区、直辖市成人高等学校招生办公室，国务院有关部委教育司（局），教育部直属高等学校成（继）教院：

2001年成人高校招生工作应继续推进并演化招生改革，努力提高现代化管理手段和工作水平。遵循“公平、公正、公开”的原则，加强管理，严明纪律，把好新生入学质量关。现将有关事项通知如下：

一、进一步推进成人高校招生网上录取工作的试点。2001年进行网上录取工作的北京、天津、江苏、浙江、福建、山东、广西、江西、重庆等九省（区、市），应按照我司的统一部署和有关要求，认真做好各项工作，确保网上录取改革的成功。

二、认真严肃地执行招生计划。各省（区、市）要按照我司下发的《关于下发2001年全国成人高校招生生源计划的通知》（教学司［2001］4号）和《关于做好2001年成人高校招生生源计划网上调整工作的通知》（教学司［2001］35号）文件精神，做好录取阶段的计划调整工作，不得超计划招生。

三、本科层次录取最低控制分数线由教育部确定，具体要求如下：

1. 专科起点升本科按全国统考的3科划线：

非师范类270分。其中，内蒙、广西、重庆、四川、贵州、云南、西藏、陕西、甘肃、青海、宁夏和新疆等十二个西部省（区、市）240分；

师范类和教师类最低控制分数线为270分（除报考外语专业的考生外，考生外语成绩以其卷面分数的30%计入总分）；

师范类和教师类中外语类专业的最低控制分数线为270分；

艺术、体育类最低控制分数线不得低于同类别最低控制分数线的70%。

2. 各省（区、市）高中起点升本科最低控制分数线详见附表。其艺术、体育类分数线不得低于同类别最低控制分数线的70%。

3. 各省（区、市）招生办公室可根据本地实际情况对考生的外语成绩和专业课成绩提出要求。

4. 各省级招生办公室应根据本省（区、市）招生院校的计划安排、生源情况分院校或专业划定本科层次的录取分数线，并从严掌握"高中起点升本科"和"专升本教师类"的分数标准，不得单纯为完成招生计划而降低对考生的文化要求。低于教育部确定的最低控制分数线的，应报教育部审批。

四、专科层次的最低录取控制分数线由各省级招生办公室根据本省（区、市）生源计划和生源情况自行划定。其中，公安部、司法部、卫生部、中医药管理局和劳动和社会保障部等"五部委"进行的"3+2"考试科目改革，以5科成绩计算总分。

附表：2001年各省（区、市）高中起点升本科最低控制分数线。

教育部高校学生司

二〇〇一年六月十二日

附表

2001年各省（区、市）高中起点升本科最低控制分数线

省份	文科	理科	省份	文科	理科
北京	415	445	湖北	370	420
天津	450	390	湖南	440	480
河北	435	445	广东	450	450
山西	450	446	广西	425	445
内蒙古	420	420	海南	330	300
辽宁	390	350	重庆	335	305
吉林	390	380	四川	375	320
黑龙江	400	430	贵州	380	380
上海	445	400	云南	395	305
江苏	380	380	西藏	360	360
浙江	450	450	陕西	400	400
安徽	480	430	甘肃	430	415
福建	460	420	青海	380	340
江西	450	480	宁夏	400	400
山东	480	445	新疆	360	360
河南	480	480			

关于做好2002年成人高校招生网上录取工作的通知

教学司［2001］70号

各省、自治区、直辖市教育厅（教委）、成人高校招生办公室，国务院有关部委教育司（局），教育部直属高等学校成（继）教院：

为了进一步加强成人高校招生的管理工作，保证新生入学质量，提高录取手段的现代化水平，根据2002年全国成人高校招生网上录取工作会议精神，2002年全国成人高校招生将全部实行网上录取。为保证此项工作顺利进行，现就有关事项通知如下：

一、各级教育行政主管部门、各招生院校要高度重视这项改革工作，在思想观念、组织形式、工作方式等方面主动适应录取方式的变革，提高认识，加强领导，投入必要的人力、财力（设备要求见附件三）。同时要建立健全与网上录取工作相适应的、高效协调的组织机构和工作机制，结合本省（区、市）实际情况和网上录取的工作特点，制定网上录取工作实施细则。

二、2002年的网上录取分为现场局域网录取和远程广域网录取两种形式，条件具备的省（区、市）应全部实行远程广域网录取，不具备全部实行远程广域网录取条件的省（区、市）应努力提高远程网上录取的人数和院校的数量，为2003年基本实现远程化网上录取奠定基础。

三、成人高校招生网上录取系统由我司委托清华大学课题组开发，各省（区、市）可对系统进行二次开发，以满足本地区的特殊需求。

四、为配合网上录取改革，减小录取工作的复杂性，从2002年起，各省（区、市）成人高校招生不再进行对已录新生流失后的补录工作。招生院校可视往年已录新生流失情况和上线生源情况向省级招生办提出超录比例（或人数），经省级招生办审批后按招生规定执行。超录比例（或人数）不得超过招生院校往年已录新生流失的平均比例（或人数），其中本科层次超录的比例最高不得超过原生源计划数的5%，上线生源不足的招生院校不得超录。

五、2002年网上录取工作，实行“学校负责、招办监督”的录取体制，即：在符合成人高校招生报名条件、考试成绩达到录取分数线的考生中，由招生院校根据“从高分到低分择优录取”的原则，决定考生录取与否和录取的专业，同时负责对遗留问题的处理。省级招生办在录取时根据国家招生政策对招生院校录取名单进行审核，对其录取工作予以监督，对不符合招生政策的情况予以纠正。同时，各招生院校也要发挥校内纪检、监察部门的作用，加强校内自我监督，建立自我约束机制。

六、考生电子档案是录取新生的依据。各省级招生办要严格按照我司颁发的信息标准，在满足国家宏观管理要求和软件系统运行要求的前提下，制定符合本省（区、市）实际的切实可行的信息采集方案，保证考生电子档案的规范和准确。

七、搞好培训工作是实行网上录取成功的重要保证。各省级招生办要在网上录取总课题组（见附件一）对本单位技术骨干进行系统培训的基础上，按照网上录取工作进程（见附件二）制定培训计划，对本单位所有招生工作人员进行系统的技术培训，注重培养一批既懂管理又懂技术的骨干力量。同时，各省级招生办还要负责对在本地区的所有成人高校进行网上录取院校端系统的安装、调试、操作、实现录取等项工作的技术培训，以保证网上录取工作的顺利进行。

八、各省级招生办要随时检测所有设备和数据传输线路，保证录取期间设备正常运行。采取有效措施保证网络安全、电力供应和消防安全。

九、所有招生院校均应接受有关省级招生办对网上录取工作的统一部署，接受其对本校招生工作人员的培训和技术指导。同时，成立校内网上录取领导机构，配备专门的人员和设备（设备要求见附件三）。

十、各招生院校要提前与有关省级招生办建立通畅的联系渠道，提前将本校用于远程录取的计算机IP地址、录取现场联系人、联系电话等信息及时通知有关省级招生办。同时，各省级招生办要在录取现场配备足够数量的电话和传真机，配备专职的联系人。

十一、网上录取工作程序：

1. 省级招生办负责制定全省录取工作方案、安排录取工作时间和进度，及时发布各种招生信息、对招生院校的录取工作进行监督。

2. 省级招生办及时向各招生院校提供各类招生最低控制分数线及第一志愿上线考生人数和专业分布情况，招生院校据此制定分专业招生方案，向省级招生办提出调档要求，省级招生办审核通过后，将考生的电子档案提供给招生院校。

3. 招生院校应严格遵守省级招生办规定的工作时间，及时下载考生信息、通过网络向省级招生办提交拟录取和拟退档的考生名单（写明退档理由）；对超过时间或不按规定提交拟录取和拟退档考生名单的招生院校，省级招生办有权按照所发生的考生电子档案从低分到高分代为退档，遗留问题由招生院校负责解决。

4. 省级招生办对招生院校提交的拟录取和拟退档考生名单进行审核，将核准后的录取考生名单通过网络传给招生院校，同时打印录取考生名单并加盖录取专用章，录取工作结束后分别交招生院校和教育主管部门存档，以此作为录取新生的依据；招生院校据此填写考生录取通知书，加盖招生院校公章后寄发被录取考生。考生凭录取通知书办理报到注册手续。

5. 各级招生部门和招生院校应加强对招生信息的管理工作，对属于考生个人的信息及其他需要保密的内容，应妥为保存，不得擅自公开。

十二、各省（区、市）应根据国家和地方的有关政策，制定相应的网上录取收费标准，经地方主管物价部门批准后，向招生院校收取一定费用。

十三、请各省（区、市）教育厅（教委）和国务院有关部委教育司（局）将本文转发至本省（区、市）和本部门所属成人高等学校。

附件一：成人高校招生网上录取工作课题组成员名单

附件二：2002年成人高校招生网上录取工作进度表

附件三：2002年成人高校招生网上录取设备最低配置要求（供参考）

教育部高校学生司

二〇〇一年十月二十二日

附件一

成人高校招生网上录取工作课题组成员名单

组长：瞿振远（教育部高校学生司司长）

副组长：韩建华（教育部高校学生司副司长）

姜钢（教育部高校学生司招生处处长）

范卫宏（教育部高校学生司招生处副处长）

刘卫东（清华大学计算机系副教授）

总工程师：刘卫东（兼）

宋佳兴（清华大学计算机系讲师）

成员：李鸿江（北京市成人高校招生办副主任）

马宏辉（北京市成人高校招生办计划统计科科长）

岳伟（天津市招生考试中心副主任）

田忠义（天津市招生考试中心成招处副处长）

罗德俊（天津市招生考试中心副研究员）

王希山（天津市招生考试中心考务科干部）

韩荣飞（内蒙古招生考试中心信息中心副主任）

金友鹏（江苏省招生办副主任、高级统计师）
嵇春（江苏省招生办工程师）
张春（南京工程学院成教院招办主任、工程师）
宣成（浙江省招生办高级工程师）
毛竞飞（浙江省招生办成招科科长）
郑元鼎（福建省招生办副主任）
方晓彤（福建省招生办高级工程师）
蔺为民（福建省招生办干部）
黄继晏（江西省招生办副主任）
吴文年（江西省招生办微机科副科长）
张鹏程（山东省招生办成人考务副组长）
周斌（山东省招生办计算机组副组长）
刘刚（河南省招生办信息处处长）
林楚雄（广东省招生办科长）
郭朝东（广西区招生考试院副院长）
唐旭辉（广西区招生考试院计算机室）
王瑜（重庆市招生办干部）
章舫（四川省招生办计算机科科长）
徐卫华（新疆区招生办计算机科副科长）
王诚（清华大学计算机系教授）

附件二

2002年成人高校招生网上录取工作进度表

序号	任务分解	负责单位	完成期限
1	下发关于2002年网上录取意见的通知	教育部学生司	2001年10月25日
2	完成网上录取系统的总体安排	课题组	2001年10月25日
3	完成网上录取工作方案并报教育部学生司	各省、区、市	2001年11月10日
4	完成设备、网络的准备和技术人员的配备	各省、区、市	2001年11月底
5	完成2002年版网上录取系统测试版的开发	课题组	2002年1月10日
6	制定出信息采集方案；使用2001年数据对系统进行第一测试	各省、区、市	2002年1月20日
7	提出并公布成人高校招生网上录取规则	教育部学生司	2002年4月底
8	完成对网上录取系统测试版的修订；培训各省、区、市网上录取的技术人员	课题组	2002年4月底
9	完成信息采集、建立考生电子档案；完成数据库与新系统的接口；协助课题组进行系统的第二次测试；制定网上录取工作的实施细则	各省、区、市	2002年4月底
10	配合有关（区、市）进行网上录取的模拟演练	课题组	2002年4月底
11	完成录取现场局域网的安装调试以及与远程录取院校的网络连接；对招办及院校招生人员进行培训；进行网上录取的模拟演练	各省、区、市	2002年4月底
12	完成系统的最后调试，提供系统的使用说明书	课题组	2002年6月10日
13	完成与招生院校的联络工作	各省（区、市）	2002年6月10日
14	参与网上录取工作，保障系统的可靠运行	课题组	
15	录取	各省（区、市）	

附件三

2002年成人高校招生网上录取设备最低配置要求（供参考）

一、省（自治区、直辖市）招生办要求

（一）硬件系统最低配置

1. 数据库服务器2台，双机热备份。要求：

双CPU，512M以上内存，硬盘36G以上。用RAID盘进行双机热备份。RAID盘容量根据各省市招生办考生数量决定。建议采用Windows 2000操作系统。安装ORACLE8.0 for NT企业版数据库。

2. 数据传输服务器、DNS/E-mail服务器各一台。要求：

单CPU，256M以上内存，硬盘9G以上，采用Windows NT或Windows 2000操作系统。

3. 安全服务器一台。

建议与普通高校招生网上录取系统同样配置。

4. PC机若干台。

建议采用PentiumⅢ以上，128M以上内存，10G以上硬盘。

5. 路由器1台。

建议采用Cisco系列路由器。

6. 交换机若干台。

（二）软件系统和开发工具要求

1. 数据库：ORACLE 8.0企业版。
2. 操作系统：Windows 2000。
3. 开发工具：Powerbuilder，Delphi。
4. 全国成人高校招生网上录取应用系统。
5. 安全软件和防病毒软件。
6. 各省市二次开发的软件模块。

二、招生办院校要求

对成人招生院校，只需要一台连入互联网的PC机就可以完成招生工作。

要求：至少1台PC机：Pentium Ⅲ、内存128M以上，采用Windows 98或以上操作系统。

关于2002年成人高校分省招生计划的通知

教学司［2001］76号

各省、自治区、直辖市教育厅（教委）、成人高校招生办公室，国务院有关部委教育司（局），教育部直属高等学校成（继）教院：

为进一步推进成人高校招生工作管理手段现代化，适应计算机网上录取工作的需要，确保上报分省（区、市）招生计划（以下简称分省招生计划）的准确性，决定2002年成人高校分省招生计划编制工作在计算机网络上进行。现将有关事项通知如下：

一、编制原则

1. 各成人高校应按照我部规划司核定下达的2002年成人高等学历教育招生规模（地方所属成人高校专科层次招生规模由地方政府确定），根据学校所在地社会和经济发展的需要以及成人高等教育的特点编制本单位分省招生计划。

2. 中央部委所属院校要贯彻落实国家西部大开发的战略方针，在保证质量的前提下继续增加西部地区的招生计划；地方所属院校在主要面向所在省（区、市）招生的同时，可根据外省（区、市）对人才的需求安排少量跨省招生计划，地方教育行政部门要对设在本省（区、市）的函授站（点）加强检查，逐步关闭办学条件差、管理水平低、教育质量得不到保证的函授站（点）。

二、编制程序

各成人高校按上述要求和主管部门的有关规定编制的分省招生计划中，所有本科层次招生计划（含“专升本”、“高起本”）以及跨省招生的专科、高职分省招生计划，经主管部门审核、汇总后报我司备案，我司分送各省（区、市）成人高校招生办，由其向社会公布；省（区、市）所属成人高校在本省（区、市）招生的专科层次分专业计划，经主管部门审核、汇总后直接交本省（区、市）成人高校招生办执行。

三、编制办法

1. 各省（区、市）教育厅（教委），国务院有关部委教育司（局）和教育部直属高校成（继）教院凭我司下发的用户名和登录密码（见附件1），登录中华科技大学网站（网址为：http：//www2. hust. edu. cn/moe），进入“成人高校招生分省计划系统”（以下简称“系统”），并按照“系统”提示编制上报我司分省招生计划。网上编制分省计划起止时间为2001年12月15日至2002年1月10日，“系统”将于2002年1月11日零时关闭。

2. 各省（区、市）教育厅（教委）也可以使用该“系统”编制本省（区、市）所属成人高校在本地招生的专科层次分专业计划。

3. 各省（区、市）成人高校招生办凭我司下发的用户名和登录密码（见附件1）登录中华科技大学网站（网址为：http：//www2. hust. edu. cn/moe），进入“系统”并按照“系统”提示下载分省招生计划［不含省（区、市）所属成人高校在本省（区、市）招生的专科层次分专业计划］，时间为2002年1月21日至25日。

4. 教育部高校学生司联系电话：010-66097328。

四、编制要求

1. 招生院校应认真研究历年来各省（区、市）的生源情况，分省计划编制力求切合实际，尽量避免招生计划向社会公布后又做调整。

2. 招生院校编制分省计划时应尽量压缩“脱产班”；本科层次计划应主要用于专科起点升本科，高中起点升本科所占比例最高不得超过本科计划总数的30%；举办业余（包括半脱产、夜大学，下同）形式教育的不得异地招生、办学。

3. 从2002年起，考试科类中取消非师范类中的教师类，其所对应的职业教育类专业合并到师范类中的理工类（二）中进行招生，调整后的专升本招生专业目录和相应的考试科类、统考科目见附件3、4。

4. 进行函授教育的学校，只能在已经按规定履行过函授站登记手续，并报教育部备案的省（区、市）招生。招生区域一般不得超过十个省（区、市），每专业在一省（区、市）内招生人数一般不得少于30人，并在“系统”中备注栏内注明具体授课地点；艺术类、外语类和西医类专业，除经我部批准的学校外，一般不得跨省（区、市）举办函授教育（经教育部批准招生的学校及专业见附件2）。

5. 对于文理兼招专业，编制分省计划时必须将该专业按文、理分列。

6. 第二专业专科学历教育招生不列入招生计划总额内，可以“系统”中“改革项”栏内分别选定“只招第二专科学历”和“兼招第二专科学历”。

7. 招生范围为面向某一地区或城市的、使用网络进行教育的以及其他特别需要说明的，均必须在“系统”中备注栏内注明。

8. 各省（区、市）成人高校招生办接收招生计划的截止时间为2002年1月底。

五、为维护招生工作的公平、公正，所有招生计划必须于报名前由省级招生办向社会公布。

附件1：用户名和登录密码（见信封）（略）

附件2：举办艺术类、外语类和西医类专业函授教育的招生院校及专业名单

附件3：师范类专升本招生专业及统考科目分类表

附件4：非师范类专升本招生专业及统考科目分类表

教育部高校学生司

二〇〇一年十一月二十日

附件 2

举办艺术类、外语类和西医类专业函授教育的招生院校及专业名单

艺术类：
中国音乐学院　　函授专科（限音乐学专业）
北京舞蹈学院　　函授专科（限舞蹈史与舞蹈理论专业）
北京广播学院　　函授本科、专科
北京电影学院　　函授专科
吉林艺术学院　　函授专科（限作曲与作曲理论、文艺编导专业）
云南艺术学院　　函授专科（限音乐学、美术学专业）
四川音乐学院　　函授专科（限音乐学、作曲技术理论专业）
外语类：
上海外国语大学　　函授专科（试办）
北京外国语大学　　函授专科（试办）
大连外国语学院　　函授专科（试办）
医学类：
北京大学　　函授专科（限预防医学专业）
吉林大学　　函授专科（限预防医学专业）
山东大学　　函授专科（限药学专业）
中南大学　　函授专科（限预防医学专业）
包头医学院　　函授专科（限预防医学专业）
内蒙古蒙医学院　　函授专科（限蒙医学专业）
安徽医科大学　　函授专科（限预防医学）
福建医科大学　　函授专科（限预防医学）
郑州大学　　函授专科（限预防医学、药学专业）

附件 3

师范类专升本招生专业及统考科目分类表

考试种类	统考科目	招生专业
文史类	外语 教育理论 大学语文	010101　哲学　030404　思想政治教育 030201　科学社会主义与国际共产主义运动 030202　中国革命与中国共产党党史 040101　教育学　050101　汉语言文学 050102　汉语言　050106　中国语言文化 060101　历史学　060102　世界历史 050200　外国语言文学
艺术类	外语 教育理论 艺术概论	050401　音乐学　050403　音乐表演 050406　美术学　050409　舞蹈学 050421　影视教育

考试种类	统考科目	招生专业
理工类（一）	外语 教育理论 高数（一）	070101　数学与应用数学　070201　物理学 070301　化学　071201　电子信息科学与技术 080605　计算机科学与技术
理工类（二）	外语 教育理论 高数（二）	070701　地理科学　070401　生物科学 040201　体育教育　040202　运动训练 040203　社会体育　040204　运动人体科学 040104　教育技术学　071501　心理学 071401　环境科学　071402　生态学 110101　管理科学　110205　人力资源管理 110301　行政管理　110302　公共事业管理 110501　图书馆学　110502　档案学 040301　农艺教育　040302　园艺教育 040303　特用作物教育　040304　林木生产教育 040305　特用动物教育　040306　畜禽生产教育 040307　水产养殖教育　040308　应用生物教育 040309　农业机械教育　040310　农业建筑与环境控制教育 040311　农产品储运与加工教育　040312　农业经营管理教育 040313　机械制造工艺教育　040314　机械维修及检测技术教育 040315　机电技术教育　040316　电气技术教育 040317　汽车维修工程教育　040318　应用电子技术教育 040319　制浆造纸工艺教育　040320　印刷工艺教育 040321　橡塑制品成型工艺教育　040322　食品工艺教育 040323　纺织工艺教育　040324　染整工艺教育 040325　化工工艺教育　040326　化工分析与检测技术教育 040327　建筑材料与工程教育　040328　建筑工程教育 040329　服装设计与工艺教育　040330　装潢设计与工艺教育 040331　旅游管理与服务教育　040332　食品营养与检验教育 040335　文秘教育　040334　财务会计教育 040337　职业技术教育管理　040336　市场营销教育

附件 4

非师范类专升本招生专业及统考科目分类表

考试科类	统考科目	招生专业
理工类	政治 外语 高数（一）	070101　数学与应用数学　070102　信息与计算科学 070201　物理学　070202　应用物理学 070203　声学　070301　化学 070302　应用化学　070401　生物科学 070402　生物技术　070501　天文学 070601　地质学　070602　地球化学 070701　地理科学　070702　资源环境与城乡规划管理 070703　地理信息系统　070801　地球物理学 070901　大气科学　070902　应用气象学 071001　海洋科学　071002　海洋技术 071101　理论与应用力学　071201　电子信息科学与技术 071202　微电子学　071203　光信息科学与技术

考试科类	统考科目	招生专业
理工类	政治 外语 高数（一）	071301　材料物理　071302　材料化学 071401　环境科学　071402　生态学 071501　心理学　071502　应用心理学 071601　统计学　071701　系统理论 080101　采矿工程　080102　石油工程 080103　矿物加工工程　080104　勘查技术与工程 080105　资源勘查工程　080106　地质工程 080107　矿物资源工程　080201　冶金工程 080202　金属材料工程　080203　无机非金属材料工程 080204　高分子材料与工程　080205　材料科学与工程 080206　复合材料与工程　080301　机械设计制造及其自动化 080302　材料成型及控制工程　080303　工业设计 080304　过程装备与控制工程　080305　机械工程及自动化 080306　车辆工程　080307　机械电子工程 080401　测控技术与仪器　080501　热能与动力工程 080502　核工程与核技术　080503　工程物理 080601　电气工程及其自动化　080602　自动化 080603　电子信息工程　080604　通信工程 080605　计算机科学与技术　080606　电子科学与技术 080607　生物医学工程　080608　电气工程与自动化 080609　信息工程　080610　光源与照明 080701　建筑学　080701　建筑学 080702　城市规划　080703　土木工程 080703　土木工程　080704　建筑环境与设备工程 080705　给水排水工程　080801　水利水电工程 080802　水文与水资源工程　080803　港口航道与海岸工程 080804　港口海岸及治河工程　080901　测绘工程 081001　化学工程与工艺　081102　制药工程 081201　交通运输　081202　交通工程 081203　油气储运工程　081204　飞行技术 081205　航海技术　081206　轮机工程 081301　船舶与海洋工程　081401　食品科学与工程 081402　轻化工程　081403　包装工程 081404　印刷工程　081405　纺织工程 081406　服装设计与工程　081501　飞行器设计与工程 081502　飞行器动力工程　081503　飞行器制造工程 081504　飞行器环境与生命保障工程　081601　武器系统与发射工程 081602　探测制导与控制技术　081603　弹药工程与爆炸技术 081604　特种能源工程与烟火技术　081605　地面武器机动工程 081606　信息对抗技术　081607　武器系统与工程 081701　工程力学　081702　工程结构分析 081801　生物工程　081901　农业机械化及其自动化 081902　农业电气化与自动化　081903　农业建筑环境与能源工程 081904　农业水利工程　082001　森林工程 082002　木材科学与工程　082003　林产化工 082101　刑事科学技术　082102　消防工程 082103　安全防范工程　082104　交通管理工程 100101　基础医学　100201　预防医学 100301　临床医学　100302　麻醉学 100303　医学影像学　100304　医学检验 100305　放射医学　100401　口腔医学 100601　法医学　100701　护理学 100801　药学　100803　药物制剂

考试科类	统考科目	招生专业
经济管理类	政治 外语 高等数学（二）	020101　经济学　020102　国际经济与贸易 020103　财政学　020104　金融学 020105　国民经济管理　020106　贸易经济 020107　保险　020108　环境经济 090101　农学　090102　园艺 090103　植物保护　090104　茶学 090105　烟草　090201　草业科学 090301　林学　090302　森林资源保护与游憩 090303　野生动物与自然保护区管理　090401　园林 090402　水土保持与荒漠化防治　090403　农业资源与环境 090501　动物科学　090502　蚕学 090503　蜂学　090601　动物医学 090701　水产养殖学　090702　海洋渔业科学与技术 110101　管理科学　110102　信息管理与信息系统 110103　工业工程　110104　工程管理 110201　工商管理　110202　市场营销 110203　会计学　110204　财务管理 110205　人力资源管理　110206　旅游管理 110207　商品学　110301　行政管理 110302　公共事业管理　110303　劳动与社会保障 110304　土地资源管理　110305　公共关系学 110401　农林经济管理　110402　农村区域发展 110501　图书馆学　110502　档案学
文史中医类	政治 外语 大学语文	010101　哲学　010102　逻辑学 010103　宗教学　010104　伦理学 050101　汉语言文学　050102　汉语言 050103　对外汉语　050104　中国少数民族语言文学 050105　古典文献　050106　中国语言文化 050200　外国语言文学类 050301　新闻学　050302　广播电视新闻学 050303　广告学　050304　编辑出版学 060101　历史学　060102　世界历史 060103　考古学　060104　博物馆学 060105　民族学　060106　文物保护技术 100501　中医学　100502　针灸推拿学 100503　蒙医学　100504　藏医学 100802　中药学
艺术类	政治 外语 艺术概论	050401　音乐学　050402　作曲与作曲技术理论 050403　音乐表演　050404　绘画 050405　雕塑　050406　美术学 050407　艺术设计学　050408　艺术设计 050409　舞蹈学　050410　舞蹈编导 050411　戏剧学　050412　表演 050413　导演　050414　戏剧影视文学 050415　戏剧影视美术设计　050416　摄影 050417　录音艺术　050418　动画 050419　播音与主持艺术　050420　广播电视编导 050421　影视教育　050422　艺术学

考试科类	统考科目	招生专业
法学类	政治 外语 民法	030101　法学　030102　知识产权 030201　科学社会主义与国际共产主义运动 030202　中国革命史与中国共产党党史 030301　社会学　030302　社会工作 030401　政治学与行政学　030402　国际政治 030403　外交学　030404　思想政治教育 030405　国际文化交流　030501　治安学 030502　侦查学　030503　边防管理

教育部关于做好2002年全国成人高等学校招生工作的通知

教学［2002］2号

各省、自治区、直辖市教育厅（教委）、成人高校招生办公室，新疆生产建设兵团教委，有关部门（单位）教育司（局），部属各高等学校：

为做好2002年全国成人高等学校招生工作，现将有关事项通知如下：

一、成人高等学校招生应根据我国社会和经济发展的需要，调整招生学科专业结构，坚持质量、规模、结构和效益相统一的原则，推进并深化各项改革。

二、各省级成人高校招生办公室和各招生学校要努力提高人员素质和管理水平；进一步建立健全规章制度，加强考务管理，严抓考风考纪；强化质量意识，认识执行录取标准，把好新生入学质量关。

三、网上录取工作将在2002年成人高校招生中全面展开，这项改革是今年成人高校招生工作的重点任务，各省级成人高校招生办公室和各招生学校应加强配合，按教育部的统一部署共同完成好录取工作。

现将《2002年全国成人高等学校招生办法》印发给你们，请遵照执行。

附件：2002年全国成人高等学校招生办法

教育部高校学生司
二〇〇二年一月十八日

附件

2002年全国成人高等学校招生办法

一、招生学校

经教育部审定批准的广播电视大学、职工高等学校、职工技术学院、农民高等学校、管理干部学院、教育（教师进修）学院、独立设置的函授学院和普通高等学校所属的成（继）教院（以下统称成人高校）实行全国统一招生，各学校可选用脱产、业余或函授形式进行成人高等学历教育。

二、招生计划

各成人高校应按照《教育部关于编报2002年成人高等教育招生计划的通知》（教发函［2001］252号）核定的2002年成人高等学历教育招生规模（地方所属成人高校专科层次招生规模由地方政府确定）和主管部门的有关规定，根据学校所在地社会和经济发展的需要，以及成人高等教育的特点编制本学校分省分专业招生计划。其中，本科层次招生计划（含高中起点本科和专科起点本科）和跨省（自治区、直辖市）招生的专科层次招生计划，经主管部门审核、汇总后报教育部备案，教育部将备案的计划汇总，分送各有关省级成人高校招生办公室，由其向社会公布执行；各省（自治区、直辖市）所属成人高校在本省（自治区、直辖市）招生的专科层次分专业计划，经主管部门审核、汇总后直接交本省（自治区、直辖市）成人高校招生办公室公布执行。

成人高校跨省（自治区、直辖市）设置函授站，须经当地省级教育行政部门同意，对未经同意设置的函授站，省（自治区、直辖市）成人高校招生办公室不得公布执行其安排的招生计划。

各省级成人高校招生办公室于报名前向社会公布招生学校及招生专业目录。未向社会公布的学校及专业不得安排招生。

三、报名

（一）报名条件

1. 坚持四项基本原则，遵纪守法，品德良好。

2. 在职、从业人员；国家承认学历的各类高、中等学校在校生（不含中等职业学校的应届毕业生）以外的社会其他人员。

3. 中等职业学校的应届毕业生可报考成人高校的高等职业技术教育专业（以下简称“高职”）。

4. 报考高中起点本、专科考生应具有高中毕业文化程度。报考大学专科起点本科（以下简称“专升本”）的考生必须是已取得经教育部审定核准的国民教育系列高等学校，或高等教育自学考试机构颁发的大学专科毕业证书的人员。

5. 身体健康，符合上述报考条件，生活能自理，能坚持学习的残疾人。

（二）报名信息的采集及要求

报名信息采集工作按照教育部的有关规定以及《各类成人高等学校招生工作管理信息标准（2001 年修订版）》执行。信息报送的电子邮件地址：fanwh@moe. deu. cn。

四、考试

（一）考试科目

1. 高中起点本科及外语（外经外贸）类专科考试均为 6 门，其中外语分英语、日语、俄语三种，由考生任选一种。专科层次中的非外语（外经外贸）类均考 5 门，不考外语。每门满分 150 分。各科类考试科目如下：

（1）文科：政治、语文、数学（文）、外语、物理、地理。试题均由教育部统一命制。

（2）理科：政治、语文、数学（理）、外语、物理、化学。试题均由教育部统一命制。

（3）“高职”类：政治、语文、数学、外语及 2 门专业课，其中，政治、语文、数学、外语实行全国统考，试题由教育部统一命制。2 门专业课的考试安排（不含“3＋2”考试科目改革试点学校和专业），由各省级成人高校招生办公室自行确定。

（4）实行“3＋2”考试科目改革试点，用以招收专科层次新生的学校和专业，3 门公共课试题由教育部统一命制，2 门专业课分别由卫生部、国家中医药管理局、司法部、劳动和社会保障部、公安部组织命题。考试科目如下：

①医疗、高护、西医各类专业：政治、语文、数学（理）、医学基础、医学临床。

②中医药各类专业：政治、语文、数学（理）、中医基础学、中药学。

③司法部属中央司法警官教育学院开设的监狱管理、劳动教育管理专业：政治、语文、数学（文）、监狱（劳教）基础、狱政（所政）管理。

④劳动和社会保障部委托天津职业技术师范学院、河南职业技术教育学院以及北京市计划劳动管理干部学院开设的机械制造工艺及设备专业、汽车检测与维修专业：政治、语文、数学（理）、机械基础、机械制造工艺基础；工业电气自动化专业、计算机教育专业：政治、语文、数学（文）。

⑤公安类学校各专业：政治、语文、数学（文）、警察法学教程、公安学基础理论。

（5）高等艺术学校艺术类专业加试的专业课由招生学校自行命题并自行组织考试，非高等艺术学校艺术类专业加试的专业课，原则上由省级成人高校招生办公室组织进行。

（6）民族自治地区用民族语文授课的成人高校或系（科）的招生，由自治区用民族文字自行命题、组织考试。

少数民族聚居地区使用民族语文授课的少数民族考生，报考用汉语文授课的成人高校，汉语文试题由教育部另行命题，不翻译成少数民族文字，考生使用汉字答卷，汉语文成绩达到及格水平；其他各科（包括外语试题导语）可翻译成少数民族文字，用规定的民族文字答卷。有关省（自治区、直辖市）若需加试少数民族语文，可自行决定并负责命题。

2. 专升本考试科目均为4门，即2门公共课、1门专业基础课、1门专业课。每门满分均为150分。

公共课和专业基础课分别为：

（1）师范类专升本：

理工类（一）：外语、教育理论、高等数学（一）

理工类（二）：外语、教育理论、高等数学（二）

文史类：外语、教育理论、大学语文

艺术类：外语、教育理论、艺术概论

（2）非师范类专升本：

理工类：政治、外语、高等数学（一）

经济（管理）类：政治、外语、高等数学（一）

文史、外语、中医类：政治、外语、大学语文

法学类：政治、外语、民法

艺术类：政治、外语、艺术概论

上述科目实行全国统考。除民法科目由司法部组织命题、非英语外语语种由各省级成人高校招生办公室视本地生源情况自行确定是否开设并自行组织命题外，均由教育部统一命题。专业课的考试安排，由各省级成人高校招生办公室确定（高等艺术学校艺术类专业的专业课由招生学校自行命题考试）。

师范类专业（除外语类专业外）考生的外语科目成绩，以其卷面分数的60%计入总分。

（二）考试的组织

1. 统考科目按教育部2002年6月颁布的复习考试大纲的要求命题。阅卷工作由省级成人高校招生办公室统一组织，考生成绩通知本人，不公布，不查卷。

2. 考生一般应在户口所在地参加考试；经省级成人高校招生办公室同意也可以到学校所在地借考。

3. 考试日期为5月11日和12日，具体考试时间见附表1、2。

五、录取

（一）2002年成人高校招生工作全部实行计算机网上录取，分为现场局域网和远程广域网两种形式。录取工作必须于9月底前结束，不再进行对已录新生流失后的补录工作。招生学校可视往年已录新生流失情况和上线生源情况向省级成人高校招生办公室提出超录比例（或人数），经省级成人高校招生办公室审核后按招生规定执行。其中本科层次超录的比例不得超过已公布招生计划数的5%，超录生必须是上线生。

（二）录取工作实行“学校负责、招办监督”的录取体制，即在符合成人高校招生报名条件、考试成绩达到投档分数的考生中，由招生学校根据“从高分到低分择优录取”的原则，决定考生录取与否和录取的专业，同时负责对遗留问题的处理。省级成人高校招生办公室在录取时根据国家招生政策对招生学校录取名单进行审核，对其录取工作予以监督，对不符合招生政策的情况予以纠正。同时，各招生学校也要发挥校内纪检监察部门的作用，加强校内自我监督，建立自我约束机制。

（三）录取的最低控制分数线按统考科目（“3+2”考试科目改革试点按五门考试科目）的成绩划定，其中外语成绩不计入总分，本科层次（含专升本、高起本，下同）录取的最低控制分数线由各省级成人高校招生办公室提出方案报教育部审核后执行，专科层次招生的最低控制分数线由各省级成人高校招生办公室自行确定。对考生专业课、单科及其他方面的要求，由各省级成人高校招生办公室确定。

（四）本科层次的艺术类专业（除史论、编导专业外），在考生统考科目成绩达到最低控制分数线的

70%后（高起本扣除数学成绩计算），由招生学校按考生专业课成绩由高分到低分择优录取，招生学校必须于有关省（自治区、直辖市）录取工作开始前半个月向有关省级成人高校招生办公室提交专业课考试合格考生名单；本科层次和体育类专业，最低控制分数一律不得低于本科最低控制分数线的70%。

（五）录取新生名单由招生学校提出，省级成人高校招生办公室审核。招生学校按审核后的录取名单发放录取通知书。

（六）录取阶段，各省级成人高校招生办公室要根据考生上线情况，在已核定的本省（自治区、直辖市）招生计划总数内，积极做好调剂录取工作。

（七）录取照顾政策：

1. 获得“全国劳动模范”、“全国先进工作者”称号，“全国‘五一’劳动奖章”获得者，经省级成人高校招生办公室审核批准后，可免试入学。

2. 奥运会、世界杯赛和世界锦标赛的奥运会项目前八名获得者、非奥运会项目前六名获得者；亚运会、亚洲杯赛和亚洲锦标赛的奥运会项目前六名获得者、非奥运会项目前三名获得者；全运会、全国锦标赛和全国冠军赛的奥运会项目前三名获得者、非奥运会项目冠军获得者。上述优秀运动员在出具省级体育行政部门审核的《优秀运动员申请免试进入成人高等学校学习推荐表》（国家体育总局监制）后，可免试入学。

3. 运动健将和武术项目武英级运动员称号获得者（须经省级体育行政部门审核并出具运动成绩证明），由省级成人高校招生办公室决定可以在考生考试成绩基础上增加50分投档（一级运动员称号获得者为30分），由招生学校审查录取。

4. 符合下列条件之一的考生，由省级成人高校招生办公室决定可以在考生考试成绩上增加30分投档（专升本为20分），由招生学校审查录取。

(1) 获得地市级以上（含地市级）人民政府，国务院各部委及各省（区、市）厅、局系统，国家特大型企业授予的劳动模范、先进生产（工作）者及科技进步（成果）奖获得者。

(2) 获得省级工、青、妇等组织授予“五一劳动奖章”、“新长征突击手”、“三八红旗手”称号者。

(3) 人民解放军、武警部队、人民警察荣立三等功以上者。

(4) 归侨、归侨子女、华侨子女、台湾省籍考生。

(5) 烈士子女、烈士配偶。

(6) 边疆、山区、牧区和少数民族聚居地区的少数民族考生、国防科技工业三线企业单位（地处地市以上人民政府所在地的除外）获得企业表彰的先进生产（工作）者。

(7) 年满25周岁以上人员。

(8) 报考农、林、地质、水利、矿业、测绘、监所、远洋运输、社会福利等艰苦行业各专业的考生。

符合上述照顾条件的考生必须于报名时交验相应的原始证件。符合两项以上照顾政策的考生，其照顾分数不得累计。

（八）成人高校不得招收“试读生”、“超前生”、“资格生”，不得招收教育部有关文件（88教高三字002号）规定以外生源的预科生。

（九）录取工作结束后，各省级成人高校招生办公室须向教育部报送录取新生的数据库，并向招生学校所在地毕业证书验印部门提供本年录取新生名单。

六、新生复查

新生入学后，学校要对已报到新生进行全面复查。对其中不符合条件或弄虚作假、违纪舞弊者，学校应取消其入学资格，并报有关省级成人高校招生办公室备案。

七、其他

（一）成人高校可视本校情况开展第二专业专科学历教育。第二专业专科学历教育招生不占用招生计划。该项工作由省级成人高校招生办公室组织实施。报考第二专业专科学历教育的考生，必须持有经教育部审定核准的国民教育系列高等学校或高等教育自学考试机构颁发的大学专科及以上层次毕业证书，并在省级成人高校招生办公室规定的时间内办理报名的有关手续。成人高校录取第二专业专科学历教育考生，应在所招生专业录取高中起点合格考生之后进行，学校提出录取名单由考生所在省级成人高校招生办公室负责办理审批录取手续。

（二）对违反招生管理有关规定应予处罚的，依照原国家教委颁布的《教育行政处罚暂行实施办法》执行。

（三）各省级成人高校招生办公室可根据本办法结合本地区的实际情况做必要的补充规定。

附表：1. 高中起点本、专科考试时间表

2. 专科起点本科考试时间表

附表 1

高中起点本、专科考试时间表

日期 时间	5月11日	5月12日
9:00—11:00	语文	数学
14:00—15:40	政治	化学 历史 医学临床 中药学 狱政（所政）管理 机械制造工艺基础 电工基础 公安学基础理论
16:20—18:00	物理 地理 中药基础学 医学基础 监狱（劳教）基础 机械基础 电子技术基础 警察法学教程	外语

附表 2

专科起点本科考试时间表

日期 时间	5月11日	5月12日
9:00—11:30	政治 教育理论	外语
14:00—16:30	大学语文 高等数学（一） 高等数学（二） 艺术概论 民法	

教育部关于下达2002年成人高等教育招生计划的通知

教发［2002］7号

各省、自治区、直辖市教育厅（教委），计划单列市教育局（教委），新疆生产建设兵团教委，有关部门（单位）教育司（局）：

按照《教育部关于编报2002年成人高等教育招生计划的通知》（教发函［2001］52号）的有关精神，现将2002年成人高等教育招生计划印发给你们，请遵照执行，并将有关注意事项通知如下：

一、成人高等教育是我国高等教育的重要组成部分，做好成人高等教育年度计划安排和管理工作，对促进全国各类高等教育协调、健康发展具有重要意义。2002年成人高等教育招生计划安排要继续重点支持高等职业技术教育发展和相关师资的培养；中央部门和东部沿海省市所属成人高校招生计划安排要继续向西部地区倾斜。

二、要确保教育质量，并将成人高校的规模发展与深化相应改革、增加投入、改善办学条件等工作紧密结合。各地都要采取切实有效措施加大投入，改善办学条件，提高教育质量。普通高校举办成人高等教育，要统筹考虑学校各类教育事业的协调发展，确保必要的办学条件，特别是专任教师的数量和质量。2002年凡生师比（各类在校生折合数与专任教师之比）超过18：1的普通高校，要严格控制并调减成人高等教育的招生规模。

三、进一步加强对成人高等教育招生计划的管理。在招生计划下达和执行过程中，各地、各部门要按照管理职责，坚决维护招生计划管理的严肃性，未经我部批准，不得擅自增加本科层次（含高中起点本科和专科起点本科）招生计划，不得跨越隶属关系划转和调剂招生计划。未经我部正式批准的高校和被确定为暂停招生的高校，不得安排招生。

四、开展现代远程教育试点的学校要坚持现代远程教育的办学方向和办学形式，此次安排下达的现代远程教育成人招生计划不得与其他成人招生计划互相调剂使用。试点学校要积极探索利用现代远程教育技术改进函授教育，努力提高函授教育的办学质量。

附件：2002年成人高等教育招生计划

二○○二年三月八日

附件

2002年全国成人高等教育招生计划

主管部门	合计	专科	本科			
			小计	高中起点本科	师范类专升本	非师范类专升本
合计	1 900 000	1 376 305	523 695	72 589	157 907	293 199
中央部门	302 305	162 950	139 355	25 607	11 920	101 828
最高人民法院	1 300	1 000	300			300
中共中央办公厅	660	150	510	85		425
外交部	340	80	260	130		130
国家民族事务委员会	10 660	6 260	4 400	785	1 200	2 415
公安部	17 800	13 000	4 800	260	4 540	
司法部	1 100	800	300	180		120
国家林业局	750	750				

主管部门	合计	专科	本科			
			小计	高中起点本科	师范类专升本	非师范类专升本
铁道部	5 000	5 000				
交通部	800	600	200	60		140
教育部	220 585	109 620	110 965	21 022	9 985	79 958
卫生部	370	170	200			200
国家体育总局	1 330	540	790			790
国防科技工业委员会	16 000	8 000	8 000	1 875		6 125
海关总署	80	80				
中国民用航空总局	1 600	1 000	600	90		510
国家地震局	150	150				
国务院侨务办公室	3 500	1 800	1 700			1 700
国家煤炭工业局	200	200				
中国科学院	2 600	1 600	1 000	200		800
中国石油天然气集团公司	640	640				
国家电力公司	3 300	1 650	1 650	510		1 140
中华全国总工会	1 000	900	100	40		60
共青团中央委员会	1 500	900	600	180		420
中华全国妇女联合会	1 380	1 100	280	0	40	240
新疆生产建设兵团	8 220	5 520	2 700	190	695	1 815
中国人民解放军总装备部	1 440	1 440				
地方	1 597 695	1 213 355	384 340	46 982	145 987	191 371
北京市			13 000	1 750	5 095	6 155
天津市			6 800	100	2 550	4 150
河北省			15 000	1 650	2 810	10 540
山西省			11 400	1 170	4 500	5 730
内蒙古自治区			11 300	1 630	5 210	4 460
辽宁省			32 400	4 510	6 010	12 880
吉林省			13 000		1 690	11 310
黑龙江省			15 300	2 125	6 630	6 545
上海市			10 590	2 235	1 205	7 150
江苏省			26 000	3 803	9 790	12 407
浙江省			19 000	1 000	8 840	9 160
安徽省			10 000	1 135	4 285	4 580
福建省			10 000	530	6 000	3 470
江西省			11 000	1 400	4 375	5 225
山东省			20 000		8 400	11 600
河南省			18 000	2 180	8 670	7 150
湖北省			17 000	5 100	4 230	7 670
湖南省			16 000	2 600	7 780	5 620
广东省			23 000	545	11 750	10 705
广西壮族自治区			11 000	310	5 500	5 190
海南省			2 700	580	1 000	1 120
重庆市			11 000	2 343	4 367	4 290
四川省			15 200	3 880	5 920	5 400
贵州省			9 000	2 396	3 812	2 792
云南省			10 000	1 125	3 813	5 062

主管部门	合计	专科	本科			
			小计	高中起点本科	师范类专升本	非师范类专升本
西藏自治区			150		110	40
陕西省			14 000	2 035	5 835	6 130
甘肃省			8 400	600	970	6 830
青海省			2 100	100	780	1 220
宁夏回族自治区			2 000		750	1 250
新疆维吾尔自治区			9 000	150	3 310	5 540

2002 年暂停招生的成人高等学校名单（119 所）

国家检察官学院
中南海业余大学
中共中央党校成人教育学院
齐齐哈尔铁路教育学院
中国科学院成都分院职工大学
中国记协职工新闻学院
空军第四职工大学
北京市物资贸易职工学院
北京市农工商联合总公司职工大学
中国纺织政治函授学院
华北电业联合职工大学
天津市房地产局职工大学
天津联合业余大学
河北邯郸地区教育学院
河北省衡水地区教育学院
河北保定地区教育学院
邯郸市教育学院
石油物探职工大学
太原化学工业公司职工大学
山西省晋中地区职工大学
山西省水利职工大学
长治市教育学院
临汾地区教育学院
呼和浩特市职工大学
内蒙古自治区管理干部学院
巴彦淖尔盟教育学院
沈阳市二轻家具职工大学
沈阳新光动力机械公司职工大学
辽宁建设职工大学
东北电业职工大学
鞍山职工大学
鞍钢职工医学专科学校
辽宁轻工职工大学
抚顺职工大学
丹东职工大学
锦州石油化工公司职工大学
朝阳职工大学
辽宁教育学院
本溪职工大学
阜新职工大学
辽宁工运学院
辽宁卫生职工医学院
辽宁冶金职工大学
新乐精密机器公司职工大学
冶金部鞍山冶金管理干部学院
吉林省直属机关业余大学
长春省直属机关业余大学
吉林市职工大学
长春市成人文理学院
通化市职工大学
吉林省油田职工大学
扶余农村成人高等专科学校
吉林电力职工大学
吉林卫生管理干部学院
长春煤炭管理干部学院
哈尔滨轻型车厂职工大学
黑龙江省邮电职工大学
黑龙江省物资职工大学
鸡西市职工大学
大庆石油化工总厂职工大学
五常朝鲜族教师进修学院
黑龙江金融职工大学
上海市南市区业余大学
上海电业职工大学
梅山职工大学
上海市邮电职工大学
上海航空职工大学
上海汽车拖拉机联营公司职工大学

上海金融职工大学
江苏电力职工大学
江苏冶金职工大学
江苏对外贸易职工大学
南通市职工大学
江苏省青年管理干部学院
浙江省政法管理干部学院
富春江水电职工大学
温州市工人业余大学
杭州教育学院
合肥教育学院
福建职工大学
福建省直属机关业余大学
福州市工人业余大学
福建省漳州业余大学
三明业余大学
漳州教育学院
南平业余大学
赣南教育学院
济南市职工大学
山东省滨州教育学院
泰安教育学院
山东省济宁教育学院
山东电力职工大学
山东财政职工大学
山东省职工体育运动技术学院
泰山乡镇企业职工大学
新乡市纺织职工大学
湖北兵器工业职工大学
湖北省纺织职工大学
鄂城钢铁厂职工大学
咸宁教育学院
大冶钢厂职工大学
湘西民族教师进修学院
广州市联合职工大学
湛江市业余大学
汕头市职工业余大学
江门市职工业余大学
广东省政法管理干部学院
广东省职工体育运动技术学院
海南铁矿职工大学
海南教育学院
重庆交电分公司职工大学
红光电子管厂职工大学
四川省化工职工大学
成都水利水电职工大学
黔东南州教育学院
云南省文化厅职工大学
西安石油勘探仪器总厂职工大学
陕西省财贸管理干部学院
乌鲁木齐石油化工总厂职工大学

关于做好2002年成人高校招生分省计划网上调整工作的通知

教学司［2002］27号

各省、自治区、直辖市教育厅（教委）、成人高校招生办公室，国务院有关部委教育司（局），部直属高等学校成（继）教院：

2002年成人高校招生分省计划调整工作仍在计算机网络上进行。现将有关事项通知如下：

一、各省（区、市）教育厅（教委）负责调整本省（区、市）所属院校的分省计划；有关中央部委教育司（局）负责调整本部门所属院校的分省计划；教育部直属院校负责调整本校的分省计划。

二、分省计划调整的原则

1. 各招生院校可根据生源情况在国家核定的本科层次招生总规模内调整本科层次分省计划，本科层次中“专升本”计划不能调整到“高起本”。专科层次分省计划原则上不予调整，使用不完的也不能用于本科层次。

2. 各招生院校本科层次分省计划的调整尽可能地在计划下达的省（区、市）的同层次专业计划之间进行，一般不做跨省（区、市）调整。若招生院校在某省（区、市）本科层次的上线生源总数不足在该省（区、市）安排的本科层次计划总数时，可将在该省（区、市）本科层次计划数的余额（最多不超过80%）调剂到其他生源好的省（区、市）（其中20%的分省计划数余额留给第二志愿考生）；招生院校在某省（区、市）本科层次的上线生源总数超出在该省（区、市）安排的本科层次计划总数时，一般不得调出在该省（区、市）的计划。

3. 少数院校及教育主管部门年初编制分省计划时预留的、未向社会公布的本、专科招生计划数，可在本次生源计划调整时相应追加到"专升本"和专科生源好的省（市、区），但追加范围仅限于已向社会公布招生院校的各招生专业。已核准的"高起本"分省计划不得追加。

三、分省计划跨省调整的方法

1. 全国"2002年成人高校招生分省计划网上调整系统"（以下简称"系统"）于6月14日8:00开通。网址为：http：//zsc.moe.edu.cn，有关院校及教育主管部门登陆后使用《关于做好2001年成人高校招生生源计划网上调整工作的通知》（教学司［2001］35号）所附的用户代码和用户密码进入"系统"，并严格按照网上调整分省计划的原则和"系统"的提示进行工作。该项工作于6月20日17:00前结束。

2. 6月21日8:00开始，各省（区、市）成人高校招生办公室可登陆上述网址，使用《关于做好2001年成人高校招生生源计划网上调整工作的通知》（教学司［2001］35号）所附的用户代码和用户密码进入"系统"，下载经我司审核后的本省（区、市）分省计划调整结果。"系统"管理联系人：张爱萍，电话010-66079328，传真010-66096267。

四、成人高校招生分省计划的网上调整工作是成人高校招生工作的一项重要改革，请各有关单位予以高度重视并切实做好。

教育部高校学生司
二〇〇二年五月十六日

关于将全国成人高校招生网上录取系统的维护工作移交给"全国高等学校学生信息咨询与就业指导中心"的通知

教学司［2002］28号

各省、自治区、直辖市成人高校招生办公室：

受教育部委托，"全国成人高校招生网上录取系统"（以下简称"系统"）的研制、开发工作已由清华大学计算机系基本完成。为保证"系统"维护和技术支持工作的顺利进行，我司决定从2003年起，将"系统"的维护和技术支持工作移交给我部"全国高等学校学生信息咨询与就业指导中心"（以下简称"中心"），由该"中心"聘请和组织有关技术人员承担。请各省（区、市）招生办与"中心"密切配合，做好成人高校招生的网上录取工作。

教育部高校学生司
二〇〇二年五月十五日

关于做好2002年成人高校招生网上录取系统安全工作的通知

教学司［2002］34号

各省、自治区、直辖市成人高校招生办公室：

为确保2002年全国成人高校招生网上录取工作的顺利进行，现就网上录取系统安全工作的有关事项通知如下：

一、各省（区、市）成人高校招生办公室负责本单位及本省（区、市）范围内成人高校招生网上录取的安全工作。要加强对信息资源、计算机设备、网络设备、文档文件和录取场地的管理，根据本省（区、市）实际情况制定完善有效的安全管理制度。同时加强与本省（区、市）公安、安全等计算机安全管理部门的协调合作，提高安全工作的管理水平。

二、各省（区、市）要加强以Cernet网为主要接入方式的网络建设，争取Cernet网的支持，加强网络监控，确保网络通畅。同时，各省还应建立与Cernet接入并存的其他接入方式。（如拨号服务、中国电信网等），以备使用。

三、各省（区、市）应采用性能先进的防火墙、防病毒系统，确保系统安全稳定地进行。已购买了清华得实公司软件防火墙的省（区、市）可在成人高校招生网上录取中继续使用该产品。

四、做好系统安全工作是实现成人高校招生网上录取的重要保证，请各省（区、市）务必予以高度重视，注意改进技术与加强管理相结合，确保2002年成人高校招生网上录取系统的安全顺利进行。

教育部高校学生司
二〇〇二年六月四日

关于做好2002年成人高校招生录取工作的通知

教学司［2002］36号

各省、自治区、直辖市教育厅（教委）、成人高校招生办公室，有关部委教育司（局），部属各高等学校：

根据2002年全国成人高校招生录取工作会议的精神，现就做好2002年成人高校招生录取工作的有关事项通知如下：

一、今年全国各省（区、市）成人高校招生均实行网上录取，各省级招生办要按照《关于做好2002年成人高校招生网上录取工作的通知》（教学司［2002］70号）和《关于做好2002年成人高校招生网上录取系统安全工作的通知》（教学司［2002］34号）的要求做好网上录取工作。

各级招生部门要高度重视，加强领导，在思想观念、组织形式、工作方式等方面主动适应录取方式的变革，建立健全与网上录取工作相适应的、高效协调的组织机构和工作机制。同时，要树立安全第一的思想，加强对信息资源、计算机设备、网络设备、文档文件和录取场地的管理。根据本省（区、市）实际情况制定完善有效的安全管理制度，注意改进技术与加强管理相结合，提高安全工作的管理水平。此外，各级招生部门和招生院校应加强对招生信息的管理工作，对属于考生信息中需要保密的内容，应妥为保存，不得擅自公开。

二、2002年成人高校招生专科起点升本科、高中起点升本科的录取分数线由各省（区、市）根据各高校在本地区安排的招生计划及生源情况自行确定，不再由教育部统一划定。各省（区、市）在确定录取分数线时，不得单纯为完成招生计划而过低地划定录取分数线，注意保证生源质量。

三、招生院校应严格执行国家下达的本科层次计划，国家核定的招生总数不得突破，各省（区、市）招生办应严格按照我司下达的分省招生对院校的招生情况进行监督。对于上线生源不足的招生院校，各省（区、市）招生办应积极协助做好生源调剂工作，确实难以完成招生任务的，各省（区、市）招生办应允许招生院校调出计划。招生院校调出招生计划需经当地省级招生部门同意并由院校主管部门书面报我司批准后调往生源好的省市。年初编制分省计划时预留的招生计划经主管部门书面报我司批准后可追加到生源好的省市。2002年分省招生计划不在网上进行调整。

四、各招生部门、各招生院校要树立质量意识，不得不顾成人高校的办学条件，擅自扩大招生规模。要进一步加强党风廉政建设，录取工作应严格按录取的规定、程序进行并严格执行录取标准，坚决抵制不正之风的干扰。各级教育纪检监察部门要加大招生执法监察的力度，对违反招生考试纪律和规定的案件，要发现一起，查处一起，并按照有关规定严肃处理。

五、各省（区、市）录取工作必须于7月底前结束，并将录取新生的数据库上报我司，对已录新生的流失不再进行补录工作。

教育部高校学生司
二〇〇二年六月十三日

关于全国成人高等学校统一招生考试使用新的复习考试大纲的通知

教学司［2002］44号

各省、自治区、直辖市教育厅（教委）、成人高校招生办公室，国务院有关部委教育司（局），教育部直属高等学校成（继）教院：

根据《教育部关于从2003年起调整全国成人高校招生考试科目设置的通知》（教学［2002］8号）的有关要求，教育部高校学生司和考试中心对《全国成人高等学校招生复习考试大纲》进行了修订和补充。新《大纲》的编写考虑了成人高等教育的特点及成人考生不同的学习背景，在保持与原大纲连续性的基础上对部分内容进行了调整，注重考查考生对基础知识的把握和分析问题、解决问题的实际能力的要求。新《大纲》是统一招生考试命题的依据，同时也是对拟参加成人高校招生考试的考生系统复习文化知识的指导。

新《大纲》包括高中起点升本专科和专科起点升本科两部分。高中起点升本专科大纲包括语文、数学、英语、日语、俄语、物化、史地7个科目，共1册，由人民教育出版社和高等教育出版社共同出版发行；专科起点升本科大纲包括英语、政治、大学语文、艺术概论、高等数学（一）、高等数学（二）、民法、教育理论、生态学基础和医学综合10个科目。为方便报考不同学科专业的考生复习，分为6册，由高等教育出版社出版发行。新《大纲》从2003年成人高校招生开始起用，适用期限到2004年。

此外，为便于考生复习备考，高等教育出版社和全国成人高校招生研究会还根据《大纲》编写了有关辅导教材，并于2002年8月向社会发行。

请各教育行政主管部门将本通知转发到所属成人高校。

教育部高校学生司
二〇〇二年八月一日

关于从 2003 年起调整全国成人高校招生部分由有关中央部门统一命题的考试科目设置的通知

教学司［2002］47 号

各省、自治区、直辖市教育厅（教委）、成人高校招生办公室，国务院有关部门（单位）教育司（局），部属各高等学校：

按照《教育部关于从 2003 年起调整全国成人高校招生考试科目设置的通知》（教学［2002］8 号）的有关要求，结合公安、司法、卫生和中医药行业对培养人才的需求，教育部与有关部门共同研究决定，从 2003 年起，将原成人高校招生高中起点升专科中“3＋2”考试设置形式调整为“3＋1”，即 3 门统考课和 1 门专业基础课。3 门统考课与全国成人高校招生统一考试高中起点升专科考试科目相同，设置为语文、数学和外语，由教育部统一命题。1 门专业基础课分别委托公安部、司法部、卫生部和国家中医药管理局等四个部门分别组织命题。招生专业和专业基础课分别如下：

公安类院校所有专科层次招生专业，专业基础课为公安专业基础。司法部属中央司法警官教育学院举办的监狱管理、劳教管理专科层次专业，专业基础课为监狱（劳教）基础。医学（除药学类和中医学类外）专科层次专业，专业基础课为医学综合。中医、中药类专科层次专业，专业基础课为中医综合。

上述 4 门专业基础课的复习考试大纲由教育部组织负责命题的五个部门编写，并向社会公布。

教育部高校学生司

二〇〇二年七月二十九日

关于同意北京联合大学特殊教育学院成人教育为残疾人举行单独考试的函

教学司［2002］48 号

北京市成人高校招生办公室：

你办京考成招［2002］15 号文收悉。经研究，同意北京联合大学特殊教育学院从 2003 年开始，单独组织成人高等教育入学考试，招收具有省、地两级残疾人联合会颁发的残疾证的残疾人，各招生专业对残疾等级的具体要求见附件。招生计划纳入到经教育部核定的北京联合大学年度成人高等学历教育计划总数内，生源范围限于北京市。北京联合大学负责考生的资格审查、命题和组织考试，拟录名单交你办审核后方可录取。此项工作与全国成人高校统一招生同步进行。其他有关事项按当年教育部有关招生工作文件规定执行。

附件：北京联合大学为残疾人举行成人高等教育单独考试的招生专业及对残疾等级的要求

教育部高校学生司

二〇〇二年八月二十日

附件

北京联合大学为残疾人举行成人高等教育单独考试的招生专业及对残疾等级的要求

一、专科起点升本科

1. 针灸推拿专业招收视障、听障和肢残学生，要求视障残疾等级在二级低视力以上，听障残疾等级在二级重听以上，肢残等级为四级。

2. 艺术设计专业招收听障和肢残学生，要求听障残疾等级在二级重听以上，肢残等级为四级。

3. 服装设计专业招收听障和肢残学生，要求听障残疾等级在二级重听以上，肢残等级为四级。

二、高中起点升专科

1. 计算机应用专业招收听障和肢残学生，要求听障残疾等级在二级重听以上，肢残等级为三级和四级。

2. 音乐学专业招收视障和肢残学生，要求视障残疾等级在二级低视力以上，肢残等级为三级和四级。

3. 钢琴调律专业招收视障和肢残学生，要求视障残疾等级在二级低视力以上，肢残等级为三级和四级。

4. 服装设计专业招收听障和肢残学生，要求听障残疾等级在二级重听以上，肢残等级为四级。

关于报送全国高等学校招生工作先进集体和先进个人评选材料有关事项的通知

各省（区、市）高校招生委员会、教育厅（教委）：

根据《教育部办公厅关于评选全国高等学校招生工作先进集体和先进个人的通知》（教学司函［2002］15号）的部署，现就报送全国高校招生工作先进集体和个人评选材料有关事项通知如下：

1. 各省（区、市）应在完成省级先进集体和个人的评选后，从中确定参加全国先进集体和个人候选的名单。候选名单应注意适当兼顾普通高校招生、成人高校招生和研究生招生三方面的比例。

2. 各省（区、市）在报送有关候选材料（格式见附件1、2）时，须同时报送本省（区、市）评选工作的总结、表彰或确定本省（区、市）省级先进集体和个人的正式文件、本省（区、市）所有招生机构及在编招生人员的总数。

3. 按照表彰工作计划，综合年初各省（区、市）填报的机构人员调查表、1997年表彰情况和近五年来有关省（区、市）工作状况等，各省（区、市）参评全国先进集体数为6个，个人数为20。

4. 各省级高校招生办公室参评全国先进集体，须单独提供自荐材料。自荐材料要求涉及推进改革、加强管理的主要举措，机构队伍、规章制度、基础设施、作风纪律建设等方面内容，文字要求精练、简明，只列举事实、不展开论述，字数不超过2 000字。

请各省（区、市）抓紧工作，尽快将上述材料于11月30日前寄送我司本专科招生处，12月上旬我司拟召开专门会议进行评审。

附件：

1. 参评全国高校招生工作先进集体申报表
2. 参评全国高校招生工作先进个人申报表

教育部高校学生司

二〇〇二年十一月十三日

附件 1

参评全国高校招生工作先进集体申报表

<table>
<tr><td>参评单位
（加盖公章）</td><td></td><td>负责人</td><td></td></tr>
<tr><td>基本情况和
主要业绩
（可另附页）</td><td colspan="3"></td></tr>
<tr><td>省（区、市）
推荐意见</td><td colspan="3">（公章）　　2002 年　月　日</td></tr>
</table>

附件 2

参评全国高校招生工作先进个人申报表

<table>
<tr><td>姓名</td><td></td><td>性别</td><td></td><td>民族</td><td></td><td>出生年月</td><td></td></tr>
<tr><td>政治面貌</td><td></td><td>职务/职称</td><td colspan="2">从事招生
工作年限</td><td colspan="2"></td><td></td></tr>
<tr><td>所在单位</td><td colspan="4"></td><td>邮编</td><td colspan="2"></td></tr>
<tr><td>主要事迹
（可另附页）</td><td colspan="7"></td></tr>
<tr><td>单位意见</td><td colspan="7">（公章）　　2002 年　月　日</td></tr>
<tr><td>省（区市）
推荐意见</td><td colspan="7">（公章）　　2002 年　月　日</td></tr>
</table>

关于进一步明确 2002 年成人高校有关招生规定的通知

教学招字第 02007 号

各省、自治区、直辖市教育厅（教委）、成人高校招生办公室，新疆生产建设兵团教委，有关部委（单位）教育司（局），部属各高等学校：

现就我部《教育部关于做好 2002 年全国成人高等学校招生工作的通知》（教学［2002］2 号）所附《2002 年全国成人高等学校招生办法》中因校对印刷有误之处更正如下：

一、第“五、录取”中第（三）条更改为：“录取的最低控制分数线按统考科目（“3＋2”考试科目改革试点按五门考试科目）的成绩划定，其中高中起点本专科外语成绩不计入总分。本科层次（含专升本、高起本，下同）录取的最低控制分数线由各省级成人高校招生办公室提出方案报教育部审核后执行，专科层次招生的最低控制分数线由各省级成人高校招生办公室自行确定。对考生专业课、单科及其他方面的要求，由各省级成人高校招生办公室确定。”

教育部高校学生司
二〇〇二年三月十四日

更正通知

教学招字第02017号

各省、自治区、直辖市教育厅（教委）、成人高校招生办公室，国务院有关部门（单位）教育司（局），部属各高等学校成（继）教院：

现就《教育部关于从2003年起调整全国成人高校招生考试科目设置的通知》（教学［2002］47号）中因校对印刷有误之处更正如下：

原文件附件一《专科起点升本科各学科门类考试科目设置一览表》“报考学科门类以及一级学科”一栏第四格“经济学、管理学、农学以及职业教育类、生物科学类、地理科学类、环境科学类、心理学类、药学类六个一级学科”中去掉农学，更正为“经济学、管理学以及职业教育类、生物科学类、地理科学类、环境科学类、心理学类、药学类六个一级学科。”

教育部高校学生司
二〇〇二年五月三十日

关于2002年成人高等学校专升本招生全国统一考试英语科使用答题卡、答题纸的通知

教试中心［2002］9号

各省、自治区、直辖市考试院（局、管理中心）、成人高校招生办公室：

为减轻成人高等学校专升本招生全国统一考试英语考试人数增加给评卷工作带来的压力，经研究，决定2002年该考试英语科客观题在答题卡上作答，主观题在答题纸上作答。答题卡、答题纸随试卷发往各省。为此，希望你们作好以下准备工作：

1. 请及时告知考生在考试中要使用答题卡、答题纸的情况并通知他们在考试中需带黑色字迹签字笔和2B铅笔。黑色字迹签字笔用于主观题作答和填写姓名、准考证号等，2B铅笔用于答题卡上填涂信息点和选项。

2. 鉴于各省在准考证号的编排上的不同情况，答题卡中“准考证号”栏预留15位，考生须按本地区准考证号的实际位数从左到右顺序填涂，多余位数不填涂。

3. 对考试工作人员进行培训，按照规定进行装袋和装订工作。

教育部考试中心
二〇〇二年一月十六日

附：1. 答题卡式样（略）
2. 答题纸式样（略）

关于二○○二年成人高等学校招生全国统一考试统计工作的通知

教试中心［2002］44号

各省、自治区、直辖市考试院（中心、局）成人高校招生考试办公室：

为了了解考试的总体情况以及评价试题、试卷的质量，我们每年都要采集相关信息，此前，这项工作在各省、自治区、直辖市考试机构的大力支持下得以很好地完成。这里，为确保2002年度的工作能够顺利进行，我们将2002年高中起点的专科、本科层次的成人高考（以下简称成人高考）统计工作安排如下，请依照执行。

我们需要采集的信息分两类。一类是考试的综合信息，另一类是抽样信息。具体是：

一、综合信息

综合信息主要包括考生的考号、性别、年龄、政治面貌、各科成绩等基本信息。请各省、自治区、直辖市在考试评卷工作结束后将这些信息以报表或数据库文件的形式报送教育部考试中心。工作的具体要求和采集信息标准详见“2002年成人高等学校招生全国统一考试综合信息统计方案”（附件一）和“成人高等学校招生全国统一考试信息标准”（附件二）。

二、抽样信息

抽样信息是通过抽取部分省部分考生的试卷而获取的试卷中各题得分和答题信息。今年的全国成人高考抽样工作安排在广西、河南、辽宁、四川四个省（自治区）进行，请有关省在考试评卷工作结束后按抽样的要求采集信息，生成数据库，报教育部考试中心。具体要求和相关事项将另单独通知。

附件：一、2002年成人高校招生全国统一考试综合信息统计方案
二、成人高等学校招生全国统一信息标准
三、各类成人高等学校招生工作管理信息标准2001年修订版（部分）

附件一

2002年成人高等学校招生全国统一考试综合信息统计方案

一、综合信息统计项目

根据“成人高等学校招生全国统一考试信息标准”（附件二）及“各类成人高等学校招生工作管理信息标准2001年修订版（部分）”（附件三）中对文科和理科综合信息数据库的结构、字段、长度等的要求，建立相应的数据库，录入或追加全部考生的综合数据。

二、报送方式和时间

各省将数据整理完毕并确认无误后，以电子邮件或存入软磁盘（双备份）快递邮寄的方式，于6月5日前报送至教育部考试中心考务管理与监察部。

联系人：李永文 陈景才

联系电话：010-62514534，010-62514017

E-mail地址：liyw@mail. neea. edu. cn

chenjc@mail. neea. edu. cn

通讯地址：北京市海淀区中关村大街39号

邮编：100080

三、信息反馈

为了让各地了解全国的考试情况，教育部考试中心将于10月底以前将部分统计结果反馈给各省。

附件二

成人高等学校招生全国统一考试信息标准

一、说明

1. 本标准属于教育考试国家级信息标准，仅对全国统一采集的考试信息作出规定。

2. 凡有国家标准的信息，均采用国家标准。

3. 凡是要用字母表示代码或字段的，均采用汉语拼音字头缩写。

4. 本标准参照教育部学生司《各类成人高等学校招生工作管理信息标准2001年修订版》制定，具体信息项及代码与该标准相同。此标准已附后（附件三）。

二、信息库结构

［1］文科综合信息库

Field	name	Type	Width	Dec	MC
1	KSH	C	16	考生号	
2	XBDM	C	1	性别代码	
3	CSRQ	C	8	出生日期	
4	MZDM	C	2	民族代码	
5	ZZMMDM	C	2	政治面貌代码	
6	WHCDDM	C	1	文化程度代码	
7	GZNY	C	8	工作日期	
8	ZYLBDM	C	2	职业类别代码	
9	WYYZDM	C	1	应试外语语种代码	
10	ZF	N	3	总分	
11	ZZ	N	3	政治成绩	
12	ZZX	N	4	1	政治选择题成绩
13	YM	N	3	语文成绩	
14	YWX	N	4	1	语文选择题成绩
15	SX	N	3	数学成绩	
16	SXX	N	4	1	数学选择题成绩
17	LS	N	3	历史成绩	
18	LSX	N	4	1	历史选择题成绩
19	DL	N	3	地理成绩	
20	DLX	N	4	1	地理选择题成绩
21	WY	N	3	加试外语成绩	
22	WYX	N	4	1	外语选择题成绩

［2］理科综合信息库

Field	name	Type	Width	Dec	MC
1	KSH	C	16	考生号	
2	XBDM	C	1	性别代码	
3	CSRQ	C	8	出生日期	
4	MZDM	C	2	民族代码	
5	ZZMMDM	C	2	政治面貌代码	
6	WHCDDM	C	1	文化程度代码	
7	GZNY	C	8	工作日期	

8	ZYLBDM	C	2	职业类别代码	
9	WYYZDM	C	1	应试外语语种代码	
10	ZF	N	3	总分	
11	ZZ	N	3	政治成绩	
12	ZZX	N	4	1	政治选择题成绩
13	YW	N	3	语文成绩	
14	YWX	N	4	1	语文选择题成绩
15	SX	N	3	数学成绩	
16	SXX	N	4	1	数学选择题成绩
17	WL	N	3	物理成绩	
18	WLX	N	4	1	物理选择题成绩
19	HX	N	3	化学成绩	
20	HXX	N	4	1	化学选择题成绩
21	WY	N	3	加试外语成绩	
22	WYX	N	4	1	外语选择题成绩

三、省市代码表

11	北京市	12	天津市	13	河北省
14	山西省	15	内蒙古自治区	21	辽宁省
22	吉林省	23	黑龙江省	31	上海市
32	江苏省	33	浙江省	34	安徽省
35	福建省	36	江西省	37	山东省
41	河南省	42	湖北省	43	湖南省
44	广东省	45	广西壮族自治区	46	海南省
50	重庆市	51	四川省	52	贵州省
53	云南省	54	西藏自治区	61	陕西省
62	甘肃省	63	青海省	64	宁夏回族自治区
65	新疆维吾尔自治区				
71	台湾省	72	香港特别行政区	73	澳门特别行政区

附件三

各类成人高等学校招生工作管理信息标准 2001 年修订版（部分）

一、基本信息项

（一）院校信息类（略）

（二）计划信息类（略）

（三）报名信息类

编号	信息项	类型	宽度	信息项含义	信息项说明
C01	KSH	C	16	考生号	采用教育部标准代码
C03	XBDM	C	1	性别代码	1 男，2 女
C04	ZZMMDM	C	2	政治面貌代码	采用国标，见代码表
C05	CSRQ	C	8	出生日期	年 4 位，月 2 位，日 2 位
C06	WHCDDM	C	1	文化程度代码	见代码表

C07	ZYLBDM	C	2	职业类别代码	采用国标，见代码表
C10	MZDM	C	2	民族代码	采用国标，见代码表
C13	GZNY	C	8	工作日期	年4位，月2位，日2位
C19	WYYZDM	C	1	应试外语语种代码	见代码表

（四）志愿信息类（略）

（五）成绩信息类（略）

（六）录取信息类（略）

二、代码表

C04　ZZMMDM　C　2　政治面貌代码

01 中共党员	02 中共预备党员	03 共青团员
04 民革会员	05 民盟盟员	06 民建会员
07 民进会员	08 农工党党员	09 致公党党员
10 九三学社社员	11 台盟盟员	12 无党派民主人士
13 群众		

C06　WHCDDM　C　1　文化程度代码

1 高中毕业	2 同等学力毕业	3 中专技校毕业
4 大专毕业	5 高职毕业	6 本科及以上毕业

C07　ZYLBDM　C　2　职业类别代码（GB/T 6565-1999）

01 国家机关、党群组织、企业、事业单位负责人
09 军人
11 专业技术人员
31 办事人员和有关人员
41 商业、服务业人员
51 农、林、牧、渔、水利业生产人员
61 生产、运输设备操作人员及有关人员
00 不便分类的其他从业人员

C10　MZDM　C　2　民族

01 汉族	02 蒙古族	03 回族	04 藏族	05 维吾尔族
06 苗族	07 彝族	08 壮族	09 布依族	10 朝鲜族
11 满族	12 侗族	13 瑶族	14 白族	15 土家族
16 哈尼族	17 哈萨克族	18 傣族	19 黎族	20 傈僳族
21 佤族	22 畲族	23 高山族	24 拉祜族	25 水族
26 东乡族	27 纳西族	28 景颇族	29 柯尔克孜	30 土族
31 达斡尔族	32 仫佬族	33 羌族	34 布朗族	35 撒拉族
36 毛南族	37 仡佬族	38 锡伯族	39 阿昌族	40 普米族
41 塔吉克族	42 族	43 乌兹别克	44 俄罗斯族	45 鄂温克族
46 崩龙族	47 保安族	48 裕固族	49 京族	50 塔塔尔族
51 独龙族	52 鄂伦春族	53 赫哲族	54 门巴族	55 珞巴族
56 基诺族	97 其他	98 外国血统中国籍人士		

C19WYYZDM　C　1　应试外语语种代码

1 英语	2 俄语	3 日语	4 德语	5 法语	6 西班牙语

教育部办公厅关于评选全国高等学校招生工作先进集体和先进个人的通知

教学厅函［2002］15号

各省、自治区、直辖市高校招生委员会、教育厅（教委）：

恢复高考25年来，特别是近5年来，全国高校招生战线的同志们坚持党的教育方针，实践“三个代表”重要思想，以高度的政治责任感和历史使命感，兢兢业业、勤勤恳恳，投身于高校招生制度的改革，高质量完成招生规模扩大后繁重的招生工作任务，取得了显著成绩。为激励高校招生战线的全体同志，进一步做好高校招生制度改革和高校招生工作，教育部将于年内表彰一批全国高等学校招生工作先进集体和先进个人。现就有关评选事项通知如下：

一、评选范围

全国先进集体的评选范围为地方各级（各、地、县三级）招生办公室（包括独立设置的省级成人招生办公室），普通高校、独立设置的成人高校和招收研究生的科研机构的招生部门。同一高校内普通高校招生、成人高校招生、研究生招生办公室分设的，可各视为一个集体。

全国先进个人的评选范围在上述机构专职从事普通高校招生、成人高校招生和研究生招生工作的在编人员。

二、评选条件

1. 先进集体

（1）坚持党的基本路线，认真贯彻执行党和国家关于高校招生工作的政策、规定，结合本地区、本部门实际，措施得力，工作成绩显著。

（2）对高校招生改革态度积极，步骤稳妥、步子较大，改革措施配套完善。

（3）机构健全，职责分明，规章制度完善；编制、经费、设备、基本建设等满足工作需要。

（4）认真编制、严格执行招生计划，报送各类统计信息数据准确、及时，高质量完成招生各环节的具体工作。

（5）广泛、深入开展招生宣传和咨询活动，热情为考生服务。

（6）积极开展招生科研活动，开拓创新，理论联系实际，成果多、有较高的应用价值。

（7）严格执行招生纪律，狠抓考风考纪，历年来无严重违纪舞弊案件和重大责任事故发生；自觉抑制不正之风，对违纪舞弊事件查处及时、处理得当。

2. 先进个人

（1）坚持党的基本路线，认真贯彻执行党和国家关于高校招生工作政策、规定，高质量地完成各项任务，成绩突出。

（2）与时俱进，刻苦钻研业务，积极参加改革实践和科研活动，努力提高工作水平和能力，对本地区、本部门工作作出了突出贡献。

（3）坚持原则，廉洁奉公，遵纪守法，严于律己，工作中无个人责任事故发生；爱岗敬业，踏实肯干，团结同志。

（4）从事高校招生工作一般应满3年。

三、评选工作安排

1. 11月30日前，各省（自治区、直辖市）高校招生委员会负责组织评选出省级高校招生工作先进集体和先进个人（各省级招生办公室不参加所在省省级先进集体的评选），并从中确定人选、上报材料参加全国高校招生工作先进集体和先进个人的评选。上报工作有关具体要求由我部高校学生司另行通知。

2. 12月上旬，高校学生司负责组成专门的评选委员会，对各省（自治区、直辖市）上报材料进行评审，提出全国高校招生工作先进集体和先进个人建议名单并报教育部审核。

四、评选比例

1. 省级先进集体：普通高校、独立设置的成人高校，以及招收研究生的科研机构的评选比例不超过全省（自治区、直辖市）普通高校、独立设置的成人高校和招收研究生的科研机构总数的5%；地、县级招生办公室的评选比例不超过全省（自治区、直辖市）地、县级招生办公室总数的3%。

2. 省级先进个人：评选比例不超过全省（自治区、直辖市）在编招生工作人员的5%。在评选工作中，各地要根据实际情况适当兼顾普通高校招生、成人高校招生、研究生招生三方面的比例。

五、各省（自治区、直辖市）高校招生委员会、教育厅（教委）要加强对评选工作的组织领导，充分发扬民主，制定细则，严格程序，实行公示制度，确保评选工作质量。各地还要注意将表彰工作与纪念恢复高考25周年的其他活动有机结合，总结招生改革发展经验，弘扬正气，鼓舞士气，增进团结，为招生改革和招生工作取得新的更大的成绩而努力奋斗。

二〇〇年十月十一日

教育部关于从2003年起调整成人高校招生考试科目设置的通知

教学［2002］8号

各省、自治区、直辖市教育厅（教委）、成人高校招生办公室，有关部门（单位）教育司（局），部属各高等学校：

近年来，全国成人高等教育有了长足的发展，招生规模不断扩大，报考人数连年增加。为使成人高校招生工作适应社会经济发展的需要，我部2000年对成人高校招生中部分类别的考试科目设置进行了改革。实践证明，改革是成功的。为了使考试科目的设置更加符合适应成人高等教育的特点，有利于提高成人高校招生的生源质量和今后的培养，有利于考试的组织和管理，决定从2003年起，对现行全国成人高校招生考试科目设置做进一步的调整。现将考试科目设置调整情况及有关事项通知如下：

一、专科起点升本科统考科目按学科门类设置，不再按生源类别设置。统考科目为政治、外语和专业基础课3门。专业基础课根据各学科门类的特点设置8门（见附件一），由招生院校按专业的需要规定考生应试其中1门。

二、高中起点升专科（含高职）、高中起点升本科考试按文科、理科分别设置统考科目。其中，高中起点升专科（含高职）统考科目为语文、数学（分文科类、理科类两种，下同）、外语3门，主要考查考生是否具备接受高等专科层次教育的最基本要求。考虑到本科教育与专科教育培养目标和教学要求的不同，报考高中起点升本科的统考科目的理科类考生增加一门"物理化学综合课"（简称物化），文科类考生增加一门"历史地理综合课"（简称史地）（见附件二）。

三、各类考生除参加上述规定的统考科目考试外，招生院校可根据专业要求自行确定是否再加试一门考试科目。如需加试，招生院校必须在招生简章中注明并自行命题和组织考试，于录取工作开始前，向有关省级成人高校招生办公室提交加试合格考生名单。录取时，省级成人高校招生办公室根据加试合格考生名单向招生院校投档，招生院校根据考生参加统考的成绩，由高分到低分择优录取（艺术类和体育类专业在考生文化课符合要求的基础上，按加试专业课成绩从高分到低分录取）。不需加试的院校，按考生参加统考科目的成绩录取。

四、统考科目除专科升本科考试的民法试题由司法部命制外，其他试题均由教育部统一命制；各门试题满分为150分；高中起点升本科、专科的统考科目每门考试时间为120分钟，专科升本科每门考试时间为150分钟。

五、考试科目设置的调整是成人高校招生改革进一步深化的体现，社会影响也很大。各级教育行政部门、有关招生机构、成人高校要高度重视，以利考试科目设置调整工作平稳顺利地进行，把成人高校招生考试工作做得更好。

附件：1. 专科起点升本科各学科门类考试科目设置一览表

2. 高中起点升本科、专科考试科目设置一览表

二〇〇二年五月十七日

附件一

专科起点升本科各学科门类考试科目设置一览表

<table>
<tr><td rowspan="2">报考学科门类以及一级学科</td><td colspan="2">统一命题考试科目</td><td rowspan="2">专业课</td></tr>
<tr><td>公共课</td><td>专业基础课</td></tr>
<tr><td>哲学、文学（艺术类除外）、历史学以及中医学类（一级学科）</td><td rowspan="8">政治
外语</td><td>大学语文</td><td rowspan="8">由招生院校自定</td></tr>
<tr><td>艺术类（一级学科）</td><td>艺术概论</td></tr>
<tr><td>工学、理学（生物科学类、地理科学类、环境科学类、心理学类等四个一级学科除外）</td><td>高数（一）</td></tr>
<tr><td>经济学、管理学、农学以及职业教育类、生物科学类、地理科学类、环境科学类、心理学类、药学类六个一级学科</td><td>高数（二）</td></tr>
<tr><td>法学</td><td>民法</td></tr>
<tr><td>教育学（职业教育类一级学科除外）</td><td>教育理论</td></tr>
<tr><td>农学</td><td>生态学基础</td></tr>
<tr><td>医学（中医学类、药学类两个一级学科除外）</td><td>医学综合</td></tr>
</table>

附件二

高中起点升本科、专科考试科目设置一览表

<table>
<tr><td rowspan="3" colspan="2">报考科类</td><td colspan="2">考试科目</td></tr>
<tr><td>统一命题考试科目</td><td>加试科目</td></tr>
<tr></tr>
<tr><td rowspan="2">高中起点升本科</td><td>理科</td><td>语文　数学（理）　外语　物化</td><td rowspan="4">由招生院校确定</td></tr>
<tr><td>文科</td><td>语文　数学（文）　外语　史地</td></tr>
<tr><td rowspan="2">高中起点升专科、高中起点升高职</td><td>理科</td><td>语文　数学（理）　外语</td></tr>
<tr><td>文科</td><td>语文　数学（文）　外语</td></tr>
</table>

教育部、卫生部关于举办高等医学教育的若干意见

教高［2002］10号

各省、自治区、直辖市教育厅（教委）、卫生厅（局）、中医药管理局，教育部、卫生部直属各高等学校：

根据高等医学教育规律和我国卫生事业发展对卫生人力的需要以及行业人才准入的有关规定，经研究，现对举办高等医学教育提出以下意见：

一、各类高等学校（办学机构）增设医学类［指临床医学、口腔医学、中医学、藏医学、蒙医学、维吾尔医学、针灸推拿学及预防医学等，现阶段包括麻醉学、医学影像学（五年制）、医学检验（五年制、授医学学士）等，下同］本、专科专业，报教育部，教育部征求卫生部同意后审批；增设相关医学类［指基础医学类、法医学类、护理学类及辅助医疗类、医学技术类，下同］、药学类本、专科专业须根据各地区相

关专业人才需求，报主管部门，主管部门征求省级卫生行政部门同意后批准，本科专业报教育部备案。教育部将适时对专业目录进行调整。

二、根据今年3月教育部、卫生部和中医药管理局共同颁发的《关于医药卫生类高职高专教育的若干意见》规定：职业技术学院和非医药卫生类高等专科学校原则上不得举办医学类专业。因特殊情况确需举办的，应由学校所在地教育行政部门向教育部提出申请，教育部将会同卫生部派专家组对申办学校相应专业的办学条件、实习条件和师资情况进行评估。具备条件且确实需要的由教育部批准后方可招生。

三、自2002年10月31日起，停止自学考试、各类高等学校的远程教育（广播电视教育、函授教育、网络教育等）、学历文凭考试试点学校举办医学类专业学历教育。成人高等教育举办的医学类专业、相关医学类专业、药学类专业的学历教育，自学考试和各类高等学校远程教育举办的相关医学类专业、药学类专业的学历教育，只能招收已取得卫生类执业资格的人员，停止招收非在职人员。

经教育部批准的中医药现代远程学历教育试点，可面向在职中医药人员举办本、专科学历教育。

四、2002年10月31日前，成人高等教育、自学考试、各类高等学校远程教育的医学类专业学历教育，职业技术学院、非医药卫生类专科学校中未经过评估的医学类专业，其入学注册的国内外、境外非在职学生，毕业后取得的医学学历可作为医师资格考试报名的学历依据；自学考试、各类高等学校远程教育举办的相关医学类、药学类专业的学历教育，其入学注册的国内外、境外非在职学生，毕业后取得的学历可作为相应资格考试报名的学历依据。以上所限制的高等教育形式举办的医学类、相关医学类、药学专业，须按教学计划、学籍管理规定，如期完成培养过程。对2002年10月31日前未能取得高等教育学籍的医学类专业“辅导班”中的非在职学员，教育机构要妥善解决遗留问题。

二〇〇二年八月二日

关于修订《各类成人高等学校招生工作管理信息标准》的通知

教学司［2002］67号

各省、自治区、直辖市成人高校招生办公室：

根据成人高校招生考试工作改革的要求和实际工作需要，我司组织有关人员对《各类成人高等学校招生工作管理信息标准》（2001版）进行了修改和补充。

现将修订后的《各类成人高等学校招生工作管理信息标准》（2003年修订版）发给你们，请认真执行。

附件：《各类成人高等学校招生工作管理信息标准》（2003年修订版）

教育部高校学生司

二〇〇二年十一月二十二日

附件

各类成人高等学校招生工作管理信息标准
(2003年修订版)

(2002年10月10日修订)

一、基本信息项

(一) 院校信息

编号	信息项	类型	宽度	信息项含义	信息项说明
A01	ZGBMDM	C	3	主管部门代码	采用国标
A02	ZGBMMC	C	28	主管部门名称	采用国标
A03	YXDM	C	5	院校代码	采用国标
A04	YXMC	C	24	院校名称	采用国标
A05	ZYDM	C	6	专业代码	采用国标
A06	ZYMC	C	24	专业名称	采用国标
A07	YXLBDM	C	1	院校类别代码	见代码表
A08	YXTXDM	C	30	院校通讯地址	汉字
A09	YZBM	C	6	邮政编码	采用国标
A10	DHQH	C	5	电话区号	采用国标
A11	YXFZRXM	C	8	院校负责人姓名	
A12	YXFZRBGDH	C	20	院校负责人办公电话	
A13	YXFZRZZDH	C	20	院校负责人住宅电话	
A14	YXFZRYDDH	C	20	院校负责人移动电话	
A15	ZBFZRXM	C	8	招办负责人姓名	
A16	ZBFZRBGDH	C	20	招办负责人办公电话	
A17	ZBFZRZZDH	C	20	招办负责人住宅电话	
A18	ZBFZRYDDH	C	20	招办负责人移动电话	
A19	DZYJDZ	C	30	电子邮件地址	

(二) 计划信息

编号	信息项	类型	宽度	信息项含义	信息项说明
B01	ZJHS	N	5	专业计划数	
B02	XZ	N	3	学习时间	(实际年限)
B03	GGXDM	C	1	改革项代码	见代码表
B04	WYJSDM	C	1	外语加试代码	见代码表
B05	ZSFWDM	C	1	招生范围代码	见代码表
B06	MLDM	C	2	学科门类代码	见代码表
B07	XXXSDM	C	1	学习形式代码	见代码表
B08	KLDM	C	2	科类代码	见代码表
B09	CCDM	C	1	层次代码	见代码表
B10	BZ	C	100	备注	

(三) 报名信息

编号	信息项	类型	宽度	信息项含义	信息项说明
C01	KSH	C	16	考生号	见图表

C02	XM	C	64	姓名	字间不空，左对齐
C03	XBDM	C	1	性别代码	1 男，2 女
C04	ZZMMDM	C	2	政治面貌代码	采用国标，见代码表
C05	CSRQ	D	8	出生日期	日期型字段
C06	WHCDDM	C	1	文化程度代码	见代码表
C07	ZYLBDM	C	2	职业类别代码	采用国标，见代码表
C08	KSTZBZ	C	2	考生特征标志	见代码表
C09	TZF	N	2	特征分	
C10	MZDM	C	2	民族代码	采用国标，见代码表
C11	SFZH	C	18	身份证号	
C12	TXDZ	C	40	通讯地址	汉字
C13	GZRQ	D	8	工作日期	日期型字段
C14	YZBM	C	6	邮政编码	
C15	LXDH	C	20	联系电话	
C16	BYRQ	D	8	毕业日期	日期型字段
C17	BYXX	C	64	毕业学校及专业	汉字
C18	WYYZDM	C	1	应试外语语种代码	见代码表
C19	XZQHDM	C	6	行政区划代码（省市2位，地市2位，县市2位）	
C20	ZSLBDM	C	1	招生类别代码	见代码表

考生照片信息按比例长＊宽1：0.75，最低像素300＊225，照片存储为jpg格式，考生照片的文件名为考生号。

（四）志愿信息

编号	信息项	类型	宽度	信息项含义	信息项说明
D01	YXZY1	C	5	院校志愿1	采用部标
D02	ZY11	C	6	专业11	采用部标
D03	ZY12	C	6	专业12	采用部标
D04	YXZY2	C	5	院校志愿2	采用部标
D05	ZY21	C	6	专业21	采用部标
D06	ZY22	C	6	专业22	采用部标
D07	YXZY3	C	5	院校志愿3	采用部标
D08	ZY31	C	6	专业31	采用部标
D09	ZY32	C	6	专业32	采用部标

（五）成绩信息

编号	信息项	类型	宽度	信息项含义	信息项说明
E01	KMDM1	C	2	科目1代码	
E02	KMDM2	C	2	科目2代码	
E03	KMDM3	C	2	科目3代码	
E04	KMDM4	C	2	科目4代码	
E05	KMDM5	C	2	科目5代码	
E06	KMDM6	C	2	科目6代码	
E07	KM1	N	3	科目1成绩	
E08	KM2	N	3	科目2成绩	
E09	KM3	N	3	科目3成绩	
E10	KM4	N	3	科目4成绩	

E11	KM5	N	3	科目5成绩	
E12	KM6	N	3	科目6成绩	
E13	WYKSJSF	N	3	外语口试加试分	
E14	ZXCSF	N	3	专项测试分	艺术或体育测试成绩
E15	ZF	N	3	总分	不含加试分、测试分、特征分

（六）录取信息

编号	信息项	类型	宽度	信息项含义	信息项说明
F01	TDLYDM	C	1	退档理由代码	见代码表
F02	DAZTBZ	C	2	档案状态标志	见代码表
F03	LQRQ	D	8	录取日期	日期型

二、代码信息项

A07　YXLBDM　C　1　院校类别代码

0 农民高校　1 职工大学　2 教育学院　3 管理干院　4 电视大学
5 独立函院　6 普通高校　7 高职学院　8 民办学院　9 社区学院

B03　GGXDM　C　1　改革项代码

1 只招二学历　3 兼招二学历　4 四部委“3+1”　5 网络学院

B04　WYJSDM　C　1　外语加试代码

1 英语　2 俄语　3 日语　4 德语　5 法语　6 西班牙语

B05　ZSFWDM　C　1　招生范围代码

1 直属单位　2 委托培养　3 社会招生　4 直属与委培　5 直属与社会

B06　MLDM　C　2　学科门类代码

01 哲学　02 经济学　03 法学　04 教育学　05 文学　06 历史学
07 理学　08 工学　09 农学　10 医学　11 管理学　12 军事学

B07　XXXSDM　C　1　学习形式代码

1 脱产　2 业余　4 函授

C08　KSTZBZ　C　2　考生特征标志

10	25岁以上	11	地市级以上劳模、先进
12	军队、武警、民警三等功以上者	13	少数民族聚居地区
14	烈士子女及配偶	16	台籍、归侨及其子女
17	全国劳模	18	符合免试条件的优秀运动员
19	运动健将、武英级运动员	20	一级运动员

C10　MZDM　C　2　民族

01	汉族	02	蒙古族	03	回族	04	藏族	05	维吾尔族
06	苗族	07	彝族	08	壮族	09	布依族	10	朝鲜族
11	满族	12	侗族	13	瑶族	14	白族	15	土家族
16	哈尼族	17	哈萨克族	18	傣族	19	黎族	20	傈僳族
21	佤族	22	畲族	23	高山族	24	拉祜族	25	水族
26	东乡族	27	纳西族	28	景颇族	29	柯尔克孜	30	土族
31	达斡尔族	32	仫佬族	33	羌族	34	布朗族	35	撒拉族
36	毛南族	37	仡佬族	38	锡伯族	39	阿昌族	40	普米族
41	塔吉克族	42	怒族	43	乌兹别克	44	俄罗斯族	45	鄂温克族
46	崩龙族	47	保安族	48	裕固族	49	京族	50	塔塔尔族
51	独龙族	52	鄂伦春族	53	赫哲族	54	门巴族	55	珞巴族
56	基诺族	97	其他	98	外国血统中国籍人士				

C19　WYYZDM　C　1　应试外语语种代码

1 英语　2 俄语　3 日语　4 德语　5 法语　6 西班牙语

C20　XZQHDM　C　6　行政区划代码（省市 2 位，地市 2 位，县市 2 位）

11	北京市	12	天津市	13	河北省	14	山西省
15	内蒙古自治区	21	辽宁省	22	吉林省	23	黑龙江省
31	上海市	32	江苏省	33	浙江省	34	安徽省
35	福建省	36	江西省	37	山东省	41	河南省
42	湖北省	43	湖南省	44	广东省	45	广西壮族自治区
46	海南省	50	重庆市	51	四川省	52	贵州省
53	云南省	54	西藏自治区	61	陕西省	62	甘肃省
63	青海省	64	宁夏回族自治区			65	新疆维吾尔自治区
71	台湾省	72	香港特别行政区			73	澳门特别行政区

C21　ZSLBDM　C　1　招生类别代码

1 统一考试　2 单独招生　3 资格生 4 预科生　5 专科二学历　7 免试生

E01　KSKMDM　C　2　考试科目代码

1 专升本考试科目代码	10 政治　11 外语　12 高等数学（一） 13 高等数学（二）　14 大学语文　15 民法 16 教育理论　17 艺术概论　18 生态学基础 19 医学综合
3 高中起点考试科目代码	31 语文　32 数学（文、理） 34 物化　35 史地　36 外语
5 四部委“3＋1”专业课考试科目代码	50 医学综合　51 监狱（劳教）基础 52 中医综合　53 公安专业基础

F01　TDLYDM　C　1　退档理由代码

0 低分退档	1 专业课或术科不合格	2 生源不足开班人数
3 本人自动放弃	4 行业限制	5 舞弊考生
6 在校学生	7 文凭不合格	8 重复报名

F02　DAZTBZ　C　2　档案状态标志

01 自由可投	02 已经投档	03 院校在阅	04 院校预录
05 院校预退	06 已录取	07 挂起	

关于征求对2003年全国成人高校招生工作的日程安排意见的函

教学招字第02190号

各省（自治区、直辖市）成人高校招生办公室：

经国务院批准，从2003年起全国普通高校招生统一入学考试时间将提前一个月，于6月7日开始，相应的报名、阅卷和录取时间也将整体向前平移一个月左右。由于大多数省市普通高校招生和成人高校招生的业务同由一个机构负责，如果成人高校招生工作在时间安排上仍维持不变，则部分省市成人高校招生的录取工作与普通高校招生的评卷工作发生交叉，部分省市两大招生工作将会在同一时段内进行，使得省级招生办招生工作的组织和管理难度加大。为此，我司自去年下半年起，多次召开讨论会，研究全国成人高校招生时间是否调整问题。经过综合考虑，绝大多数省（区、市）招生办认为，2003年全国成人高校招生入学考试时间可以不变，其他工作时间可根据普通高校招生时间的变化做适当的调整，建议方案为：考试和评卷的时间维持不变，即：每年5月份的第二个星期六、日（2002年为5月11日和12日）考试，5月中旬至6月上旬评卷并公布成绩。取消6月上中旬的全国成人高校招生录取工作会议（有关要求以文件形式下发，各省市根据招生计划等实际情况自行划定录取分数线，生源计划调整工作在计算机网络上进行），15天左右（6月底前）完成录取工作，8月底前向教育部报送录取情况。普通高校招生的录取工作一般安排在7月5日之后开始，这样两大招生在录取时间安排上基本互不影响。

我们认为，2003年是普通高校招生考试时间更改的第一年，可能遇到的问题以及如何解决还有待于实践，在这样的前提下，上述建议方案有利于省级招生机构在普通高校招生和成人高校招生工作上的协调，比较稳妥。请你们根据本省（区、市）情况对上述方案尽快提出意见，并于10月22日前将意见书面反馈给我司，传真电话010-66097328。

教育部高校学生司

二〇〇二年十月十六日

关于做好编制2003年成人高校分省招生计划的预通知

教学招字第02198号

各省、自治区、直辖市教育厅（教委）、成人高校招生办公室，国务院有关部委教育司（局），教育部直属高等学校成（继）教院：

经国务院批准，从2003年起全国普通高校招生统一入学考试时间将提前一个月，相应的计划、报名、阅卷和录取时间也将整体向前平移一个月左右。为配合这项改革，使有关单位协调好普通高校招生和成人高校招生两块工作，并提前做好准备，现将2003年成人高校分省（区、市）招生计划（以下简称分省招生计划）编制工作的有关要求预先通知如下：

一、编制原则

1. 各成人高校应按照《教育部关于编报2003年成人高等教育招生计划的通知》文件精神及其附件二《2003年成人高等教育招生计划安排建议》确定的规模（地方所属成人高校专科层次招生规模由地方政府确定），根据学校所在地社会经济发展的实际需要和办学条件，以及成人高等教育的特点编制本单位分省招生计划。

2. 中央部委所属院校要继续贯彻落实国家西部大开发的战略方针，在保证质量的前提下继续增加在西部地区的招生计划；地方所属院校在主要面向所在省（区、市）招生的同时，可根据外省（区、市）对人才的需求安排少量跨省招生计划，地方教育行政部门要对各成人高校设在本省（区、市）的函授站（点）加强检查，规范管理，督促其进一步改善办学条件，保证教育质量。

二、编制程序

各成人高校按上述要求和主管部门有关规定编制的分省招生计划中，所有本科层次招生计划（含“专升本”、“高起本”）以及跨省招生的专科、高职分省招生计划，经主管部门审核、汇总后报我司备案，我司汇总后分送各省（区、市）成人高校招生办；地方所属成人高校在本省（区、市）招生的专科、高职的分专业计划，经主管部门审核、汇总后直接交本省（区、市）成人高校招生办执行。所有招生计划均由有关省级成人高校招生办汇总后统一向社会公布。

三、编制方法

1. 2003年成人高校分省招生计划编制工作继续在计算机网上进行。各省（区、市）教育厅（教委）、国务院有关部委教育司（局）和教育部直属高校成（继）教院使用本通知所附本单位的用户名和密码（附件三），登录中国高等教育学生信息网（网址：WWW.CHSI.COM.CN），进入“全国成人高校招生分省计划编制系统”（以下简称“系统”），并按照“系统”提示编制上报我司的分省招生计划。网上编制分省计划起止时间为2002年12月10日至2002年12月25日，“系统”将于2002年12月25日24时关闭。

2. 各省（区、市）教育厅（教委）也可以使用该“系统”编制本省（区、市）所属成人高校在本地招生的专科层次分专业计划。

3. 我司将于12月底前汇总完成全国成人高校分省招生计划，请各省（区、市）成人高校招生办使用本通知所附本单位的用户名和密码（附件三），登录中国高等教育学生信息网，进入“系统”，并按照“系统”提示下载分省招生计划［不含省（区、市）所属成人高校在本省（区、市）招生的专科层次分专业计划］，时间为2003年1月5日至8日。

四、编制要求

1. 招生院校应认真研究近年来各省（区、市）的生源情况，分专业编制，力求切合实际，尽量避免招生计划向社会公布后再做调整。

2. 招生院校编制分省计划时应尽量压缩“脱产班”；本科层次计划应主要用于专科起点升本科，高中起点升本科所占比例最高不得超过本科计划总数的20%；进行业余（包括半脱产、夜大学，下同）形式教育的不得异地招生、办学。

3. 从2003年起，专科起点升本科考试科类按学科门类设置，招生专业和相应的学科门类及统考科目见附件一。

4. 进行函授教育的学校，只能在已经按规定履行过函授站登记手续，并报教育部备案的省（区、市）招生。招生区域一般不得超过10个省（区、市），每专业在一省（区、市）内的招生人数一般不得少于30人，并在"系统"的备注栏内注明具体的授课地点；艺术类、外语类和西医类专业，除经我部批准的学校外，一般不得跨省（区、市）进行函授教育（经教育部批准招生的学校及专业见附件二）。

5. 对于高中起点升本专科文理兼招的专业，编制分省计划时必须将该专业按文、理分列。允许文理兼招的专业已在"系统"相应的招生科类中列出。

6. 第二专业专科学历教育的招生不列入招生计划总额内，可在"系统"中"改革项"栏内分别选定"只招第二专科学历"和"兼招第二专科学历"。

7. 招生范围是面向某一地区或城市的或使用网络进行教育的以及其他特别需要说明的，均必须在"系统"中备注栏内注明。

8. 各省（区、市）成人高校招生办接收招生计划的截止时间为2003年1月15日。

五、编制2003年成人高校分省招生计划的正式通知将于12月中旬下发。

附件一：专科起点升本科招生专业与统考科目对应表

附件二：举办艺术类、外语类和西医类专业函授教育的招生院校及专业名单

附件三：用户名和登录密码（略）

教育部高校学生司

二○○二年十一月二十五日

附件一

专科起点升本科招生专业与统考科目对应表

表一：哲学、文学（艺术类除外）、历史学以及中医、中药学（一级学科）

统考科目	招生专业	
政治 外语 大学语文	010101 哲学	010102 逻辑学
	010103 宗教学	010104 伦理学
	050101 汉语言文学	050102 汉语言
	050103 对外汉语	050104 中国少数民族语言文学
	050105 古典文献	050106 中国语言文化
	050107 应用语言学	050200 外国语言文学类
	050301 新闻学	050302 广播电视新闻学
	050304 编辑出版学	050305 传播学
	060101 历史学	060102 世界历史
	060103 考古学	060104 博物馆学
	060105 民族学	060106 文物保护技术
	100501 中医学	100502 针灸推拿学
	100503 蒙医学	100505 中西医临床医学
	100504 藏医学	100802 中药学
	100804 中草药栽培与鉴定	100805 藏药学
	100806 中药资源与开发	

表二：艺术类（一级学科）

统考科目	招生专业	
政治 外语 艺术概论	050303 广告学	050401 音乐学
	050402 作曲与作曲技术理论	050403 音乐表演
	050404 绘画	050405 雕塑
	050406 美术学	050407 艺术设计学
	050408 艺术设计	050409 舞蹈学
	050410 舞蹈编导	050411 戏剧学
	050412 表演	050413 导演
	050414 戏剧影视文学	050415 戏剧影视美术设计
	050416 摄影	050417 录音艺术
	050418 动画	050419 播音与主持艺术
	050420 广播电视编导	050421 影视教育
	050422 艺术学	

表三：工学、理学（生物科学类、地理科学类、环境科学类、心理学类四个一级学科除外）

统考科目	招生专业	
政治 外语 高数（一）	070101 数学与应用数学	070102 信息与计算科学
	070201 物理学	070202 应用物理学
	070203 声学	070301 化学
	070302 应用化学	070501 天文学
	070601 地质学	070602 地球化学
	070801 地球物理学	070901 大气科学
	070902 应用气象学	071001 海洋科学
	071002 海洋技术	071003 海洋管理
	071004 军事海洋学	071101 理论与应用力学
	071201 电子信息科学与技术	071202 微电子学
	071203 光信息科学与技术	071204 科技防卫
	071205 信息安全	071301 材料物理
	071302 材料化学	071601 统计学
	071701 系统理论	080101 采矿工程
	080102 石油工程	080103 矿物加工工程
	080104 勘查技术与工程	080105 资源勘查工程
	080106 地质工程	080107 矿物资源工程
	080201 冶金工程	080202 金属材料工程
	080203 无机非金属材料工程	080204 高分子材料与工程
	080205 材料科学与工程	080206 复合材料与工程
	080207 焊接技术与工程	080208 宝石及材料工艺学
	080209 粉体材料科学与工程	080210 再生资源科学与技术
	080211 稀土工程	080301 机械设计制造及其自动化
	080302 材料成型及控制工程	080303 工业设计
	080304 过程装备与控制工程	080305 机械工程及自动化
	080306 车辆工程	080307 机械电子工程
	080401 测控技术与仪器	080501 热能与动力工程
	080502 核工程与核技术	080503 工程物理
	080601 电气工程及其自动化	080602 自动化
	080603 电子信息工程	080604 通信工程
	080605 计算机科学与技术	080606 电子科学与技术
	080607 生物医学工程	080608 电气工程与自动化
	080609 信息工程	080610 光源与照明
	080611 软件工程	080612 影视艺术技术
	080613 网络工程	080614 信息显示与光电技术

统考科目	招　生　专　业	
政治 外语 高数（一）	080615 集成电路设计与集成系统	080616 光电信息工程
	080617 广播电视工程	080618 电气信息工程
	080619 计算机软件	080701 建筑学
	080702 城市规划	080703 土木工程
	080704 建筑环境与设备工程	080705 给水排水工程
	080706 城市地下空间工程	080724 道路桥梁与渡河工程
	080801 水利水电工程	080802 水文与水资源工程整治
	080803 港口航道与海岸工程	080804 港口海岸及治河工程
	080901 测绘工程	080902 遥感科学与技术
	081001 环境工程	081002 安全工程
	081101 化学工程与工艺	081102 制药工程
	081103 化工与制约	081201 交通运输
	081202 交通工程	081203 油气储运工程
	081204 飞行技术	081205 航海技术
	081206 轮机工程	081207 物流工程
	081208 海事工程	081301 船舶与海洋工程
	081401 食品科学与工程	081402 轻化工程
	081403 包装工程	081404 印刷工程
	081405 纺织工程	081406 服装设计与工程
	081407 食品质量与安全	081408 酿酒工程
	081501 飞行器设计与工程	081502 飞行器动力工程
	081503 飞行器制造工程	081504 飞行器环境与生命保障工程
	081601 武器系统与发射工程	081602 探测制导与控制技术
	081603 弹药工程与爆炸技术	081604 特种能源工程与烟火技术
	081605 地面武器机动工程	081606 信息对抗技术
	081607 武器系统与工程	081701 工程力学
	081702 工程结构分析	081801 生物工程
	081901 农业机械化及其自动	081902 农业电气化与自动化
	081903 农业建筑环境与能源工程	081904 农业水利工程
	081905 农业工程	081906 生物系统工程
	082001 森林工程	082002 木材科学与工程
	082003 林产化工	082101 刑事科学技术
	082102 消防工程	082103 安全防范工程
	082104 交通管理工程	

表四：经济学、管理学以及职业教育类、生物科学类、地理科学类、环境科学类、心理学类、药学类（除中药学类外）六个一级学科

统考科目	招　生　专　业	
政治 外语 高数（二）	020101 经济学	020102 国际经济与贸易
	020103 财政学	020104 金融学
	020105 国民经济管理	020106 贸易经济
	020107 保险	020108 环境经济
	020109 金融工程	020110 税务
	020111 信用管理	020112 网络经济学
	020113 体育经济	040301 农艺教育
	040302 园艺教育	040303 特用作物教育
	040304 林木生产教育	040305 特用动物教育
	040306 畜禽生产教育	040307 水产养殖教育
	040308 应用生物教育	040309 农业机械教育
	040310 农业建筑与环境控制教育	040311 农产品储运与加工教育
	040312 农业经营管理教育	040313 机械制造工艺教育

统考科目	招生专业
政治 外语 高数（二）	040314 机械维修及检测技术教育　040315 机电技术教育 040316 电气技术教育　040317 汽车维修工程教育 040318 应用电子技术教育　040319 制浆造纸工艺教育 040320 印刷工艺教育　040321 橡塑制品成型工艺教育 040322 食品工艺教育　040323 纺织工艺教育 040324 染整工艺教育　040325 化工工艺教育 040326 化工分析与检测技术教育　040327 建筑材料工程教育 040328 建筑工程教育　040329 服装设计与工艺教育 040330 装潢设计与工艺教育　040331 旅游管理与服务教育 040332 食品营养与检验教育　040333 烹饪与营养教育 040334 财务会计教育　040335 文秘教育 040336 市场营销教育　040337 职业技术教育管理 070401 生物科学　070402 生物技术 070403 生物信息学　070404 生物信息技术 070405 生物科学与生物技术　070701 地理科学 070702 资源环境与城乡规划管理　070703 地理信息系统 071401 环境科学　071402 生态学 071501 心理学　071502 应用心理学 100801 药学　100803 药物制剂 110101 管理科学　110102 信息管理与信息系统 110103 工业工程　110104 工程管理 110201 工商管理　110202 市场营销 110203 会计学　110204 财务管理 110205 人力资源管理　110206 旅游管理 110207 商品学　110208 审计学 110209 电子商务　110210 物流管理 110301 行政管理　110302 公共事业管理 110303 劳动与社会保障　110304 土地资源管理 110305 公共关系学　110304 高等教育管理 110307 公共政策学　110401 农林经济管理 110402 农村区域发展　110501 图书馆学 110502 档案学

表五：法学

统考科目	招生专业
政治 外语 民法	030101 法学　030102 知识产权法 030120 监狱学 030201 科学社会主义与国际共产主义运动 030202 中国革命史与中国共产党党史 030301 社会学　030302 社会工作 030401 政治学与行政学　030402 国际政治 030403 外交学　030404 思想政治教育 030405 国际文化交流　030501 治安学 030502 侦查学　030503 边防管理 030504 火灾勘查　030505 禁毒学

表六：教育学（职业教育类一级学科除外）

统考科目	招生专业
政治 外语 教育理论	040101 教育学　040102 学前教育 040103 特殊教育　040104 教育技术学 040105 小学教育　040106 艺术教育

统考科目	招 生 专 业	
政治 外语 教育理论	040107 人文教育 040201 体育教育 040203 社会体育 040205 民族传统体育	040108 科学教育 040202 运动训练 040204 运动人体科学

表七：农学

统考科目	招 生 专 业	
政治 外语 生态学基础	090101 农学 090103 植物保护 090105 烟草 090107 种子科学与工程 090201 草业科学 090302 森林资源保护与游憩 090401 园林 090403 农业资源与环境 090502 蚕学 090601 动物医学 090702 海洋渔业科学与技术	090102 园艺 090104 茶学 090106 植物科学与技术 090108 应用生物科学 090301 林学 090303 野生动物与自然保护区管理 090402 水土保持与荒漠化防治 090501 动物科学 090503 蜂学 090701 水产养殖学

表八：医学（中医学类、药学类两个一级学科除外）

统考科目	招 生 专 业	
政治 外语 医学综合	100101 基础医学 100301 临床医学 100303 医学影像学 100305 放射医学 100307 康复治疗学 100309 医学技术 100401 口腔医学 100701 护理学	100201 预防医学 100302 麻醉学 100304 医学检验 100306 眼视光学 100308 精神医学 100310 听力学 100601 法医学

附件二

举办艺术类、外语类和西医类专业函授教育的招生院校及专业名单

艺术类：

中国音乐学院	函授专科（限音乐学专业）
北京舞蹈学院	函授专科（限舞蹈史与舞蹈理论专业）
北京广播学院	函授本科、专科
北京电影学院	函授专科
吉林艺术学院	函授专科（限作曲与作曲理论、文艺编导专业）
云南艺术学院	函授专科（限音乐学、美术学专业）
四川音乐学院	函授专科（限音乐学、作曲技术理论专业）

外语类：

上海外国语大学	函授专科（试办）
北京外国语大学	函授专科（试办）
大连外国语学院	函授专科（试办）

医学类：

北京大学	函授专科（限预防医学专业）
吉林大学	函授专科（限预防医学专业）
山东大学	函授专科（限药学专业）
中南大学	函授专科（限预防医学专业）
包头医学院	函授专科（限预防医学专业）
内蒙古蒙医学院	函授专科（限蒙医学专业）
安徽医科大学	函授专科（限预防医学）
福建医科大学	函授专科（限预防医学）
郑州大学	函授专科（限预防医学、药学专业）

关于在2003年成人高等学校专升本招生全国统一考试中增加使用答题卡科目的通知

教试中心［2002］153号

各省、自治区、直辖市考试院（局、管理中心）、成人高校招生办公室、普通高校招生办公室：

为减轻成人高等学校专升本招生全国统一考试人数增加给评卷工作带来的压力，2002年在英语科中采用了考生在答题卡和答题纸作答的形式，并收到一定效果。

经研究，决定在2003年成人高等学校专升本招生全国统一考试中，除英语科继续采用客观题在答题卡上作答、主观题在答题纸上作答的形式外，增加在政治科选择题、生态学基础科选择题和医学综合科全科使用答题卡作答的形式。政治科主观题、生态学基础科主观题仍然在试卷上作答。

答题卡、答题纸随试卷发往各省。同时，请你们做好以下准备工作：

1. 请及时将上述科目使用答题卡、答题纸的情况告知考生，并通知他们在考试中需携带黑色字迹签字笔和2B铅笔。黑色字迹签字笔用于主观题作答和填写姓名、准考证号等，2B铅笔用于答题卡上填涂信息点和选项。

2. 鉴于各省、自治区、直辖市在准考证号编排上的不同情况，答题卡中“准考证号”栏将预留15位，考生须按本地区准考证号的实际位数从左到右顺序填涂，多余位数不填涂。

3. 对考试工作人员进行业务培训，按照规定进行装袋和装订工作。

附件：1. 英语、政治、生态学基础、医学综合科答题卡式样（略）
　　　2. 英语答题纸式样（略）

教育部考试中心

二〇〇二年十二月九日

教育部关于推迟2003年成人高校招生全国统一入学考试时间的通知

教电［2003］145号

各省、自治区、直辖市高校招生委员会、教育厅（教委），新疆生产建设兵团教委，有关部门（单位）教育司（局），部属各高等学校：

鉴于近期我国一些地区出现非典型肺炎疫情的特殊情况，为保护广大考生和相关工作人员的身体健康，维护社会的稳定，经国务院批准，2003年成人高校招生全国统一入学考试推迟到下半年进行，具体时间另行通知。请有关单位以适当方式通知所有招生的高等学校和考生，并做好宣传，解释工作。

教　育　部

二〇〇三年四月二十四日

教育部关于2003年全国成人高校招生统一入学考试的通知

教电［2003］278号

各省、自治区、直辖市高校招生委员会、教育厅（教委），新疆生产建设兵团教委，有关部门（单位）教育司（局），部属各高等学校：

因非典疫情影响，原定5月11日和12日举行的2003年全国成人高考推迟到下半年。鉴于目前抗击非典斗争取得了阶段性重大胜利，经研究决定，今年全国成人高校招生统一入学考试于11月15日、16日两天举行，12月底前录取工作基本结束。录取新生于2004年春季入学，具体工作日程及考试时间安排见附件。现就有关事项通知如下：

一、各省级高校招生委员会应根据本通知规定的时间制定本省（自治区、直辖市）成人高校招生详细工作日程表，合理安排各项工作，保证与其他各类全国性招生考试相协调。

二、各省级教育行政部门和各成人高校应根据招生工作时间的变化对教学计划、教学管理、学生管理等环节做好相应调整工作，确保良好的教学秩序和教学质量。

三、全国成人高校招生考生人数多、涉及面广、社会影响大，各级政府、教育行政部门和招生机构要高度重视，严格执行国家有关招生的各项规章制度，认真落实考务工作责任制和责任追究制。切实加强试题和试卷的安全保密工作，建立健全应对突发事件的工作预案和应急机制。强化考试的组织管理工作，严肃考风考纪，规范录取秩序，采取切实有效措施加大监察力度，坚决杜绝考试和录取过程中舞弊和违纪事件的发生。

四、各有关单位要高度重视宣传工作。向社会和广大考生广泛宣传国家有关成人高校招生的政策、工作时间调整的必要性及考试纪律，取得理解与支持，营造良好的社会环境。

五、各省级成人高校招生办公室应安排专门时间，接受考试时间推迟后已符合报名条件的人员补报名及相关工作。请各省级成人高校招生办公室于9月底前向我部高校学生司重新报送考生报名数据库，2004年1月15日前报送新生录取数据库。

六、关于工作日程安排以外的各项工作仍按《教育部关于做好2003年全国成人高校招生工作的通知》（教学［2003］2号）有关要求执行。

附件：一、2003年全国成人高校招生工作日程安排
　　　二、全国成人高校招生统一考试时间表

教育部
二〇〇三年七月四日

附件一

2003年全国成人高校招生工作日程安排

时　间	工　作　内　容
9月底前	考试中心命题、制作试题清样。 各省区市为考生补报名。
10月底前	各省区市整理报名情况，采集信息。
11月14日前	考试中心下发试题清样和专升本试卷。 各省区市印制试卷，试卷分发考点，编排考场，落实监考人员，阅卷教师聘请及培训。
11月15、16日	考试。
11月底前	各省区市阅卷、登分、公布成绩。
12月10日	制作考生电子档案，网上录取准备和人员培训。
12月底前	基本完成录取工作。
2004年春节 （1月22日）前	处理遗留问题，完成各类统计。
明年春季	新生入学。

附件二

全国成人高校招生统一考试时间表

一、高中起点升本、专科（高职）考试时间表

时间 / 日期	11月15日	11月16日
9:00—11:00	语文	外语
14:30—16:30	数学	理化 史地 医学综合 中医综合 监狱（劳教）基础 公安专业基础

二、高等专科起点升本科考试时间表

时间 日期	11月15日	11月16日
9:00—11:30	政治	大学语文 艺术概论 高等数学（一） 高等数学（二） 民法 教育理论 生态学基础 医学综合
14:30—17:00	外语	

教育部关于做好2003年全国成人高校招生工作的通知

教学［2003］2号

各省、自治区、直辖市教育厅（教委）、成人高校招生办公室，新疆生产建设兵团教委、有关部门（单位）教育司（局），部属各高等学校：

为做好2003年全国成人高校招生工作，现将有关事项通知如下：

一、2003年成人高校招生要认真贯彻党的十六大精神，以培养和造就大批高素质劳动者和专门人才、提高全民族素质为目标，坚持面向广大在职从业人员、为地方社会经济发展服务的方向，根据社会和经济发展的需要积极主动地调整招生学科专业结构，坚持质量、规模、结构和效益相统一的原则，推进并深化成人高校招生的各项改革。

二、自2003年起，全国普通高校招生统一入学考试时间将提前一个月。各省级成人高校招生办公室要根据本地区的实际情况相应调整成人高校招生工作各环节的时间安排，通过简化减少工作环节、提高工作效率、提前录取工作开始时间等措施，使成人高校招生的录取工作尽可能在普通高校招生的录取工作开始（7月10日）前基本完成，确保成人高校招生和普通高校招生的工作有序、协调、顺利进行。

三、2003年成人高校招生考试科目有很大的调整，各省级成人高校招生办公室和成人高校应积极、广泛地向社会和考生宣传考试科目调整的意义，以及考试要求和招生录取政策变化等情况，做好相关的报名、考试和录取等项工作。

四、进一步贯彻落实依法行政、依法治招的要求。各级成人高校招生办公室和成人高校要不断强化法治意识，努力完善招生工作自我约束和监督机制。各成人高校要依法规范和完善招生章程，使招生章程不仅成为高校面向考生的服务指南，也要成为约束自身办学行为的规范。

五、各省级成人高校招生办公室和成人高校在巩固2002年网上录取工作成绩的基础上，在保证招生录取工作质量的前提下，进一步扩大远程录取的院校数量和增加远程录取的人数。各级教育行政部门、成人高校招生办公室及各成人高校要高度重视这项工作，在思想观念、组织形式、工作方式等方面进一步主动适应录取方式的改革，建立健全与网上录取工作相适应的、高效协调的组织机构和工作机制，投入必要的人力和财力。

六、各级成人高校招生办公室和成人高校要努力提高工作人员素质和管理水平，进一步建立健全规章制度，加强考务管理，严抓考风考纪。要充分利用现代化管理手段，遏制“代考”及其他舞弊违纪现象。

七、按照《教育部、卫生部关于举办高等医学教育的若干意见》（教高［2002］10号）的要求，各主管部门要加强对成人高校举办医学门类专业的规范和管理，凡不符合文件要求的，一律不得安排招生。未取得卫生类执业资格的人员一律不得报考医学类各专业。

现将《2003年全国成人高校招生办法》印发给你们，请遵照执行。

附件：2003年全国成人高校招生办法

二〇〇三年一月二十三日

附件

2003年全国成人高校招生办法

一、招生学校

经教育部审定核准的广播电视大学、职工高等学校、职业技术学院、农民高等学校、管理干部学院、教育学院、独立设置的函授学院和普通高校所属的成（继）教院（以下统称成人高校）实行全国统一招生，并选用脱产、业余或函授形式进行成人高等学历教育。

成人高等学历教育分为高等专科起点升本科、高中起点升本科和高中起点升专科（高职）三个层次。

各成人高校应依照《中华人民共和国教育法》、《中华人民共和国高等教育法》和教育部有关招生规定制定本学校招生章程，并以适当方式向社会公布。招生章程必须如实反映本校的实际情况，内容包括招生范围、学习形式、学习时间、办学地点、录取原则、收费标准以及加试科目的时间、地点等。各成人高校应对招生章程的内容承担相应的责任。

二、分省（自治区、直辖市）招生计划

各成人高校应按照《教育部关于编报2003年成人高等教育招生计划的通知》核定的2003年成人高等学历教育招生规模［地方所属成人高校的高中起点升专科（高职）招生规模由地方政府确定］和主管部门的有关规定，根据学校所在地社会和经济发展的需要，以及成人高等教育的特点编制本校分省（自治区、直辖市）分专业招生计划。其中，高等专科起点升本科、高中起点升本科以及跨省（自治区、直辖市）招生的高中起点升专科（高职）计划，经主管部门审核、汇总后报教育部备案，教育部将备案的计划汇总，分送各有关省级成人高校招生办公室；各省（自治区、直辖市）所属成人高校在本省（自治区、直辖市）招生的高中起点升专科（高职）分专业计划，经主管部门审核、汇总后直接交本省（自治区、直辖市）成人高校招生办公室。

各级教育行政部门应对所属成人高校跨省（自治区、直辖市）招生的函授计划加强审核，对于未经拟招生省（自治区、直辖市）的省级教育行政部门同意设置函授站的，不得安排在该省（自治区、直辖市）进行函授招生。

根据《教育部、卫生部关于举办高等医学教育的若干意见》（教高［2002］10号）的要求，从2003年起，医学门类中的临床医学、口腔医学、中医学、藏医学、蒙医学、维吾尔医学、针灸推拿学、预防医学、麻醉学、医学影像学和医学检验等专业不得安排函授招生计划。

各省级成人高校招生办公室于报名前向社会公布招生学校及招生专业目录。未向社会公布的学校及专业不得安排招生。

三、报名

（一）符合下列条件的中国公民可以报名

1. 拥护中国共产党的领导，愿为社会主义现代化建设服务，品德良好，遵纪守法。

2. 国家承认学历的各类高、中等学校在校生和普通高中应届毕业生以外的在职、从业人员和社会其他人员。

3. 报考高中起点升本科或专科的考生应具有高中毕业文化程度。报考高等专科起点升本科的考生必须是已取得经教育部审定核准的国民教育系列高等学校、高等教育自学考试机构颁发的高等专科毕业证书的人员。

4. 报考医学门类各专业的考生必须是已取得卫生类执业资格的在职人员。

5. 身体健康；符合上述报考条件，生活能自理，不影响所报专业学习的残疾人。

（二）报名信息的采集及要求

报名信息采集工作按照教育部的有关规定以及《各类成人高等学校招生工作管理信息标准（2003 年修订版）》执行。信息报送的电子邮件地址：fanwh@moe. edu. cn。

四、考试

（一）考试科目

1. 高中起点升本科、专科（高职）考试按文科、理科分别设置统考科目。公共课统考科目均为语文、数学、外语三门，其中数学分文科类、理科类两种，外语分英语、日语、俄语三个语种，由考生根据报考学校对外语语种的要求选择一种。报考高中起点升本科的考生，还需参加专业基础课的考试，理科类专业基础课为“物理、化学综合”（简称理化），文科类专业基础课为“历史、地理综合”（简称史地）。以上试题均由教育部统一命制。

公安类成人高校的全部专业、医学（中医学类和药学类两个一级学科除外）专业、中医药专业和中央司法警官学院的监狱管理专业、劳教管理专业的高中起点升专科（高职）招生，统考科目均为四门。三门公共课与高中起点升专科（高职）考试科目相同，一门专业基础课分别由公安部、卫生部、国家中医药管理局和司法部组织命制。

上述各科类统一命题考试科目设置见附表一。

民族自治地区用民族语文授课的成人高校或系（科）的招生，由自治区用民族文字自行命题、组织考试。

少数民族聚居地区使用民族语文授课的少数民族考生，报考用汉语文授课的成人高校，汉语文试题由教育部另行命题，不翻译成少数民族文字，考生使用汉文字答卷；其他各科（包括外语试题导语）可翻译成少数民族文字，用规定的民族文字答卷；有关省（自治区、直辖市）可自行决定是否对上述少数民族考生加试少数民族语文，并负责命制试题和组织考试。

2. 高等专科起点升本科考试统考科目均为三门。两门公共课为政治、外语，一门专业基础课根据招生专业所隶属的学科门类确定。各学科门类、专业与统考科目的对照见附表二。以上统一考试科目试题除民法由司法部命制、非英语外语语种由各省级成人高校招生办公室视本地生源情况自行确定是否开设并自行组织命题外，其他均由教育部统一命制。

3. 除上述规定的统考科目考试外，招生学校可在有关省级成人高校招生办公室统一组织下，根据专业要求自行确定是否再加试专业课。如需加试，招生学校必须在有关省级成人高校招生办公室向社会公布的招生简章中注明并自行命题和组织考试，于 5 月底前，向有关省级成人高校招生办公室提交加试合格考生名单。

4. 所有统一考试科目每科试题满分均为 150 分；高中起点升本科、专科（高职）的统考科目每门考试时间为 120 分钟，高等专科起点升本科每门考试时间为 150 分钟。

（二）考试的组织

1. 统考科目按教育部 2002 年 8 月颁布的复习考试大纲的要求命题。阅卷工作由省级成人高校招生办公室统一组织，考生成绩通知本人，不公布。不对考生查卷。

2. 考生一般应在户口所在地报名并参加考试。

3. 考试日期为 5 月 10 日和 11 日，具体考试时间见附表三。

五、录取

（一）2003 年成人高校招生工作全部实行计算机网上录取，分为现场局域网和远程广域网两种形式。录取工作必须于 9 月底前结束。

（二）录取工作实行“学校负责、招办监督”的录取体制，即在符合成人高校招生报名条件、考试成绩达到投档分数线的考生中，由招生学校根据“从高分到低分择优录取”的原则，决定考生录取与否和录取的专业，同时负责对遗留问题的处理。省级成人高校招生办公室在录取时根据国家招生政策对招生学校录取名单进行审核，对其录取工作予以监督，对不符合招生政策的情况予以纠正。同时，各招生学校也要发挥校内纪检、监察部门的作用，加强校内自我监督，建立自我约束机制。

（三）录取的最低控制分数线由各省级高校招生委员会根据考生统考科目成绩和招生学校在本省（自治区、直辖市）安排的招生计划数分考试科类划定。其中，高中起点升本科艺术类专业（除史论、编导类专业外）的最低控制分数线，不得低于相应科类最低控制分数线的70%，考生数学成绩不计入总分，由招生学校录取时作为参考。高中起点升本科的体育类专业，最低控制分数线不得低于相应科类最低控制分数线的70%。录取的最低控制分数线需报教育部备案。

（四）录取时，省级成人高校招生办公室原则上按考生统考科目总成绩向招生学校投档。对于有专业课加试的学校，根据加试合格考生名单向招生学校投档，招生学校根据考生参加统考的成绩，由高分到低分择优录取（艺术类和体育类专业在考生文化课符合要求的基础上，原则上按招生学校的加试专业课成绩从高分到低分择优录取）。

（五）录取新生名单由招生学校提出，省级成人高校招生办公室审核。招生学校按审核后的录取名单发放录取通知书。

（六）录取阶段，各省级成人高校招生办公室要根据考生上线情况，在已核定的本省（自治区、直辖市）招生计划总数内，积极做好调剂录取工作。

（七）录取照顾政策

1. 获得“全国劳动模范”、“全国先进工作者”称号，“全国‘五一’劳动奖章”获得者，经省级成人高校招生办公室审核批准后，可免试入学。

2. 奥运会、世界杯赛和世界锦标赛的奥运会项目前八名获得者、非奥运会项目前六名获得者；亚运会、亚洲杯赛和亚洲锦标赛的奥运会项目前六名获得者、非奥运会项目前三名获得者；全运会、全国锦标赛和全国冠军赛的奥运会项目前三名获得者、非奥运会项目冠军获得者。上述优秀运动员在出具省级体育行政部门审核的《优秀运动员申请免试进入成人高等学校学习推荐表》（国家体育总局监制）后，可免试入学。

3. 运动健将和武术项目武英级运动员称号获得者（须经省级体育行政部门审核并出具运动成绩证明），由省级成人高校招生办公室决定可以在考生考试成绩基础上增加50分投档（一级运动员称号获得者为30分），由招生学校审查录取。

4. 符合下列条件之一的考生，由省级成人高校招生办公室决定可以在考生考试成绩基础上增加20分投档，由招生学校审查录取：

（1）获得地市级以上（含地市级）人民政府，国务院各部委及各省（自治区、直辖市）厅、局系统，国家特大型企业授予的劳动模范、先进生产（工作）者及科技进步（成果）奖获得者。

（2）获得省级工、青、妇等组织授予“五一劳动奖章”、“新长征突击手”、“三八红旗手”称号者。

（3）解放军、武警部队、公安干警荣立个人三等功以上者。

（4）归侨、归侨子女、华侨子女、台湾省籍考生。

（5）烈士子女、烈士配偶。

（6）边疆、山区、牧区和少数民族聚居地区的少数民族考生、国防科技工业三线企业单位（地处地市以上人民政府所在地的除外）获得企业表彰的先进生产（工作）者。

（7）年满25周岁以上人员。

符合上述照顾政策的考生必须于报名时交验相应的原始证件。符合两项以上照顾政策的考生，其照顾分数不得累计。

5. 农、林、水利、地质、矿业、公安、监所、测绘、远洋运输、社会福利等专业，在上线生源不足时可适当降分投档，降分幅度最大不得超过20分。

（八）录取工作结束后，各省级成人高校招生办公室须向教育部报送录取新生的数据库，并向招生学校所在地毕业证书验印部门提供本年录取新生名单。

六、新生复查

新生入学后，招生学校要对已报到新生进行全面复查。对其中不符合条件或弄虚作假、违纪舞弊者，应取消其入学资格，并报有关省级成人高校招生办公室备案。

七、其他

（一）成人高校可视本校情况开展第二专业专科学历教育。第二专业专科学历教育招生不占用招生计划。该项工作由省级成人高校招生办公室组织实施。报考第二专业专科学历教育的考生，必须持有经教育部审定核准的国民教育系列高等学校和高等教育自学考试机构颁发的大学专科及以上层次毕业证书，并在省级成人高校招生办公室规定的时间内办理报名的有关手续。成人高校录取第二专业专科学历教育考生，应在所招生专业录取高中起点合格考生之后进行，学校提出录取名单，由考生所在省级成人高校招生办公室负责办理审批录取手续。

（二）对违反招生管理有关规定应予处罚的，依照原国家教委颁布的《教育行政处罚暂行实施办法》执行。

（三）各省级成人高校招生办公室可根据本办法结合本地区的实际情况做必要的补充规定。

附表一：高中起点升本科、专科（高职）统一命题考试科目一览表

附表二：高等专科起点升本科招生专业与统一命题考试科目对照表

附表三：全国成人高校招生统一考试时间表

附表一

高中起点升本科、专科（高职）统一命题考试科目一览表

层次	报考类别	统一命题考试科目
高中起点升本科	理科	语文、数学（理）、外语、理化
	文科	语文、数学（文）、外语、史地
高中起点升专科（高职）	理科	语文、数学（理）、外语
	文科	语文、数学（文）、外语
	医学（中医学类、药学类两个一级学科除外）各专业	语文、数学（理）、外语、医学综合
	中医学类及中药学各专业	语文、数学（理）、外语、中医综合
	中央司法警官教育学院开设的监狱管理、劳教管理专业	语文、数学（文）、外语、监狱（劳教）基础
	公安类院校各专业	语文、数学（文）、外语、公安专业基础

附表二

高等专科起点升本科招生专业与统一命题考试科目对照表

一、哲学、文学（艺术类除外）、历史学以及中医、中药学（一级学科）

招 生 专 业		统考科目
010101 哲学 010103 宗教学 050101 汉语言文学 050103 对外汉语 050105 古典文献 050107 应用语言学	010102 逻辑学 010104 伦理学 050102 汉语言 050104 中国少数民族语言文学 050106 中国语言文化 050200 外国语言文学类	政治 外语 大学语文

招　生　专　业		统考科目
050301 新闻学	050302 广播电视新闻学	政治 外语 大学语文
050304 编辑出版学	050305 传播学	
060101 历史学	060102 世界历史	
060103 考古学	060104 博物馆学	
060105 民族学	060106 文物保护技术	
100501 中医学	100502 针灸推拿学	
100503 蒙医学	100505 中西医临床医学	
100504 藏医学	100802 中药学	
100804 中草药栽培与鉴定	100805 藏药学	
100806 中药资源与开发		

二、艺术类（一级学科）

招　生　专　业		统考科目
050303 广告学	050401 音乐学	政治 外语 大学语文
050402 作曲与作曲技术理论	050403 音乐表演	
050404 绘画	050405 雕塑	
050406 美术学	050407 艺术设计学	
050408 艺术设计	050409 舞蹈学	
050410 舞蹈编导	050411 戏剧学	
050412 表演	050413 导演	
050414 戏剧影视文学	050415 戏剧影视美术设计	
050416 摄影	050417 录音艺术	
050418 动画	050419 播音与主持艺术	
050420 广播电视编导	050421 影视教育	
050422 艺术学		

三、工学、理学（生物科学类、地理科学类、环境科学类、心理学类四个一级学科除外）

招　生　专　业		统考科目
070101 数学与应用数学	070102 信息与计算科学	政治 外语 高数（一）
070201 物理学	070202 应用物理学	
070203 声学	070301 化学	
070302 应用化学	070501 天文学	
070601 地质学	070602 地球化学	
070801 地球物理学	070901 大气科学	
070902 应用气象学	071001 海洋科学	
071002 海洋技术	071003 海洋管理	
071004 军事海洋学	071101 理论与应用力学	
071201 电子信息科学与技术	071202 微电子学	
071203 光信息科学与技术	071204 科技防卫	
071205 信息安全	071301 材料物理	
071302 材料化学	071601 统计学	
071701 系统理论	080101 采矿工程	
080102 石油工程	080103 矿物加工工程	
080104 勘查技术与工程	080105 资源勘查工程	
080106 地质工程	080107 矿物资源工程	
080201 冶金工程	080202 金属材料工程	
080203 无机非金属材料工程	080204 高分子材料与工程	
080205 材料科学与工程	080206 复合材料与工程	
080207 焊接技术与工程	080208 宝石及材料工艺学	

招 生 专 业		统考科目
080209 粉体材料科学与工程	080210 再生资源科学与技术	政治 外语 高数（一）
080211 稀土工程	080301 机械设计制造及其自动化	
080302 材料成型及控制工程	080303 工业设计	
080304 过程装备与控制工程	080305 机械工程及自动化	
080306 车辆工程	080307 机械电子工程	
080401 测控技术与仪器	080501 热能与动力工程	
080502 核工程与核技术	080503 工程物理	
080601 电气工程及其自动化	080602 自动化	
080603 电子信息工程	080604 通信工程	
080605 计算机科学与技术	080606 电子科学与技术	
080607 生物医学工程	080608 电气工程与自动化	
080609 信息工程	080610 光源与照明	
080611 软件工程	080612 影视艺术技术	
080613 网络工程	080614 信息显示与光电技术	
080615 集成电路设计与集成系统	080616 光电信息工程	
080617 广播电视工程	080618 电气信息工程	
080619 计算机软件	080701 建筑学	
080702 城市规划	080703 土木工程	
080704 建筑环境与设备工程	080705 给水排水工程	
080706 城市地下空间工程	080724 道路桥梁与渡河工程	
080801 水利水电工程	080802 水文与水资源工程	
080803 港口航道与海岸工程	080804 港口海岸及治河工程	
080901 测绘工程	080902 遥感科学与技术	
081001 环境工程	081002 安全工程	
081101 化学工程与工艺	081102 制药工程	
081103 化工与制药	081201 交通运输	
081202 交通工程	081203 油气储运工程	
081204 飞行技术	081205 航海技术	
081206 轮机工程	081207 物流工程	
081208 海事工程	081301 船舶与海洋工程	
081401 食品科学与工程	081402 轻化工程	
081403 包装工程	081404 印刷工程	
081405 纺织工程	081406 服装设计与工程	
081407 食品质量与安全	081408 酿酒工程	
081501 飞行器设计与工程	081502 飞行器动力工程	
081503 飞行器制造工程	081504 飞行器环境与生命保障工程	
081601 武器系统与发射工程	081602 探测制导与控制技术	
081603 弹药工程与爆炸技术	081604 特种能源工程与烟火技术	
081605 地面武器机动工程	081606 信息对抗技术	
081607 武器系统与工程	081701 工程力学	
081702 工程结构分析	081801 生物工程	
081901 农业机械化及其自动化	081902 农业电气化与自动化	
081903 农业建筑环境与能源工程	081904 农业水利工程	
081905 农业工程	081906 生物系统工程	
082001 森林工程	082002 木材科学与工程	
082003 林产化工	082101 刑事科学技术	
082102 消防工程	082103 安全防范工程	
082104 交通管理工程		

四、经济学、管理学以及职业教育类、生物科学类、地理科学类、环境科学类、心理学类、药学类（除中药学类外）六个一级学科

<table>
<tr><th colspan="2">招 生 专 业</th><th>统考科目</th></tr>
<tr><td>020101 经济学
020103 财政学
020105 国民经济管理
020107 保险
020109 金融工程
020111 信用管理
020113 体育经济
040302 园艺教育
040304 林木生产教育
040306 畜禽生产教育
040308 应用生物教育
040310 农业建筑与环境控制教育
040312 农业经营管理教育
040314 机械维修及检测技术教育
040316 电气技术教育
040318 应用电子技术教育
040320 印刷工艺教育
040322 食品工艺教育
040324 染整工艺教育
040326 化工分析与检测技术教育
040328 建筑工程教育
040330 装潢设计与工艺教育
040332 食品营养与检验教育
040334 财务会计教育
040336 市场营销教育
070401 生物科学
070403 生物信息学
070405 生物科学与生物技术
070702 资源环境与城乡规划管理
071401 环境科学
071501 心理学
100801 药学
110101 管理科学
110103 工业工程
110201 工商管理
110203 会计学
110205 人力资源管理
110207 商品学
110209 电子商务
110301 行政管理
110303 劳动与社会保障
110305 公共关系学
110307 公共政策学
110402 农村区域发展
110502 档案学</td><td>020102 国际经济与贸易
020104 金融学
020106 贸易经济
020108 环境经济
020110 税务
020112 网络经济学
040301 农艺教育
040303 特用作物教育
040305 特用动物教育
040307 水产养殖教育
040309 农业机械教育
040311 农产品储运与加工教育
040313 机械制造工艺教育
040315 机电技术教育
040317 汽车维修工程教育
040319 制浆造纸工艺教育
040321 橡塑制品成型工艺教育
040323 纺织工艺教育
040325 化工工艺教育
040327 建筑材料工程教育
040329 服装设计与工艺教育
040331 旅游管理与服务教育
040333 烹饪与营养教育
040335 文秘教育
040337 职业技术教育管理
070402 生物技术
070404 生物信息技术
070701 地理科学
070703 地理信息系统
071402 生态学
071502 应用心理学
100803 药物制剂
110102 信息管理与信息系统
110104 工程管理
110202 市场营销
110204 财务管理
110206 旅游管理
110208 审计学
110210 物流管理
110302 公共事业管理
110304 土地资源管理
110306 高等教育管理
110401 农林经济管理
110501 图书馆学</td><td>政治
外语
高数（二）</td></tr>
</table>

五、法学

<table>
<tr><th colspan="2">招 生 专 业</th><th>统考科目</th></tr>
<tr><td>030101 法学
030120 监狱学
030202 中国革命史与中国共产党党史</td><td>030102 知识产权法
030201 科学社会主义与国际共产主义运动</td><td>政治
外语
民法</td></tr>
</table>

招　生　专　业		统考科目
030301 社会学 030401 政治学与行政学 030403 外交学 030405 国际文化交流 030502 侦查学 030504 火灾勘查	030302 社会工作 030402 国际政治 030404 思想政治教育 030501 治安学 030503 边防管理 030505 禁毒学	政治 外语 民法

六、教育学（职业教育类一级学科除外）

招　生　专　业		统考科目
040101 教育学 040103 特殊教育 040105 小学教育 040107 人文教育 040201 体育教育 040203 社会体育 040205 民族传统体育	040102 学前教育 040104 教育技术学 040106 艺术教育 040108 科学教育 040202 运动训练 040204 运动人体科学	政治 外语 教育理论

七、农学

招　生　专　业		统考科目
090101 农学 090103 植物保护 090105 烟草 090107 种子科学与工程 090201 草业科学 090302 森林资源保护与游憩 090401 园林 090403 农业资源与环境 090502 蚕学 090601 动物医学 090702 海洋渔业科学与技术	090102 园艺 090104 茶学 090106 植物科学与技术 090108 应用生物科学 090301 林学 090303 野生动物与自然保护区管理 090402 水土保持与荒漠化防治 090501 动物科学 090503 蜂学 090701 水产养殖学	政治 外语 生态学基础

八、医学（中医学类、药学类两个一级学科除外）

招　生　专　业		统考科目
100101 基础医学 100301 临床医学 100303 医学影像学 100305 放射医学 100307 康复治疗学 100309 医学技术 100401 口腔医学 100701 护理学	100201 预防医学 100302 麻醉学 100304 医学检验 100306 眼视光学 100308 精神医学 100310 听力学 100601 法医学	政治 外语 医学综合

附表三

全国成人高校招生统一考试时间表

一、高中起点升本、专科（高职）考试时间表

时间 日期	5月10日	5月11日
9：00—11：00	语文	外语
14：30—16：30	数学	理化 史地 医学综合 中医综合 监狱（劳教）基础 公安专业基础

二、高等专科起点升本科考试时间表

时间 日期	5月10日	5月11日
9：00—11：00	政治	大学语文 艺术概论 高等数学（一） 高等数学（二） 民法 教育理论 生态学基础 医学综合
14：30—17：00	外语	

教育部关于下达2003年成人高等教育招生计划的通知

教发［2003］4号

各省、自治区、直辖市教育厅（教委），计划单列市教育局，新疆生产建设兵团教委，有关部门（单位）教育司（局），部属各高等学校：

按照《教育部关于编报2003年成人高等教育招生计划的通知》（教发函［2002］323号）的有关精神，现将2003年成人高等教育招生计划印发给你们，请遵照执行，并将有关注意事项通知如下：

一、成人高等教育是我国国民教育体系的重要组成部分。各地、各部门和各高校要认真贯彻落实十六大精神和《全国教育事业第十个五年计划》的要求，大力发展成人继续教育和现代远程教育，为构建现代国民教育体系和全民学习、终身学习的学习型社会奠定基础。

二、2003年成人高等教育年度招生计划的安排和执行，要按照"巩固、深化、提高、发展"的原则，坚持解放思想，实事求是，开拓创新，深化改革，切实把握好发展的节奏，抓紧解决、消化现存的矛盾和问题，努力创造条件，确保高等教育事业持续、健康发展。

三、各地、各部门要采取切实有效措施加大对成人高校的投入，改善办学条件，提高教育质量。要将

成人高校的规模发展与深化改革、增加投入、改善办学条件等工作紧密结合。普通高校举办成人高等教育，要统筹考虑学校各类教育事业的协调发展，确保必要的办学条件，特别是专任教师的数量和质量。凡2002年生师比（各类在校生折合数与专任教师之比）超过18∶1的普通高校，要严格控制并调减成人高等教育的招生规模。

四、2003年成人高等教育招生计划安排要继续重点支持高等职业技术教育发展和相关师资的培养；中央部门和东部沿海省市所属成人高校招生计划安排要继续向西部地区倾斜。

五、进一步加强对成人高等教育招生计划的管理。在招生计划下达和执行过程中，各地、各部门要按照管理职责，坚决维护招生计划管理的严肃性，未经我部批准，不得擅自增加本科层次（含高中起点本科和专科起点本科）招生计划，不得跨越隶属关系划转和调剂招生计划。未经我部正式批准的高校和被确定为暂停招生的高校，不得安排招生。

六、开展现代远程教育试点的学校要坚持现代远程教育的办学方向和办学形式，此次安排下达的现代远程教育成人招生计划不得与其他成人招生计划互相调剂使用。试点学校要积极探索利用现代远程教育技术改进函授教育，努力提高函授教育的办学质量。

请各地、各部门及我部直属高校于2003年9月20日将所属高校成人高等教育招生计划执行情况报送我部发展规划司。电子信箱：fgs_syjhc@moe.edu.cn。传真：010-66096407。

附件：2003年成人高等教育招生计划（略）

二〇〇三年三月十四日

教育部办公厅关于做好2003年成人高等学校招生全国统一考试考务工作的通知

教考试厅［2003］2号

各省、自治区、直辖市教育厅（教委）：

2003年成人高等学校招生全国统一考试（以下简称成人高考）将于11月15日、16日举行。为做好今年成人高考的考务管理工作，严肃考试纪律，保证考试的公平、公正实施，确保考试实施环节不出现任何问题，现就有关考务工作意见通知如下：

一、加强领导，周密部署。成人高考承担着为国家选拔适合接受成人高等教育合格新生的任务，各级教育行政部门和考试机构要从贯彻落实“三个代表”重要思想和党的教育方针的高度认识和做好成人高考的组织实施工作。今年成人高考因“非典”的原因推迟到11月举行，原定的计划和准备工作均需做相应的调整。各级教育行政部门和考试机构应周密安排，精心组织，并主动加强与公安、卫生、交通、通讯、机要保密、纪检监察等部门的配合，协调好有关高等学校、中学，确保成人高考考点设置、评卷工作的顺利实施。

二、切实做好试卷安全保密工作。试卷的安全保密事关考试能否正常举行和社会稳定，要切实抓好各项安全保密规章制度和责任制度的落实。在成人高考试卷印刷、运送、发放和保管以及答卷回收、运送、保管等环节都要严格按照有关保密规定执行。加强试卷保密室、答卷保管室值班和巡视检查工作，严格履行试卷交接手续，坚决杜绝任何失密、泄密事件的发生。对失密、泄密事件将依法追究有关责任人的行政或刑事责任。

三、严格考风考纪管理。各级教育行政部门和考试机构要按有关规定进一步规范考场的设置和管理，加大督促检查的管理力度，保证考点机构健全、设置规范、管理有力、措施到位，建立考风考纪责任人制度，不断提高成人高考考务管理工作的质量。要将依法治考与从严治考、严格管理与加强监督结合起来，并根据国家有关法律、法规，加强对考试工作人员、考生的职业道德教育和考试纪律教育。进一步加强对考试工作人员、监考人员的业务培训，坚持实行考核聘任制，未经培训或考核不合格人员不能上岗。加强考试巡视检查的力度，切实防范和制止各种形式的违纪舞弊事件的发生。

四、强化监督，从严查处。各级教育行政部门、纪检监察部门和考试机构要加强对成人高考考试全过程的监督、检查，严肃查处弄虚作假和营私舞弊行为。要设立举报箱和举报电话并在考前向社会公布。认真对待来信来访和举报工作，对考试中的各种违纪、舞弊事件，发现一起，查处一起。坚决纠正瞒案不报、压案不查、查而不处的错误行为。

五、实行报告制度。各有关单位必须按附表要求及时上报相关内容，凡属失密、泄密和大规模违纪、舞弊等重大事件必须立即上报。考试期间我部考试中心值班电话是：010-62514017、62514451、62514461（传真）、62514039、62515865（加密传真）。

附表：2003 年成人高等学校招生全国统一考试安全保密工作报告要求（略）

二〇〇三年十月十七日

关于印发“2003 年成人高校招生工作座谈会纪要”的通知

教学司［2003］21 号

各省、自治区、直辖市成人高校招生办公室：

2003 年成人高校招生工作的任务很重，一方面是普通高校招生考试时间提前后，成人高校招生在考试时间不变的前提下须大幅度调整工作程序和工作进程表；另一方面，新的考试科目设置改革于今年实施，招生工作须做相应调整；此外，网上录取改革也需要进一步深化。为了检查各省级招生办对我部提出的 2003 年成人高校招生重点工作的贯彻落实情况，我司于 2 月 27 日～28 日在青岛召开全国省级成人高校招生办主任座谈会。会上，各省级招生办逐一汇报了各自今年的工作方案，介绍了加强考风考纪建设和做好宣传工作的新举措，以及如何应对今年招生工作中遇到的问题或可能出现的问题。我司有关负责同志到会讲话，并对下一步招生录取工作提出了明确的要求。现将这次会议的纪要发给你们，请认真贯彻会议有关精神。

附件：2003 年成人高校招生工作座谈会纪要

教育部高校学生司
二〇〇三年三月二十日

附件

2003 年成人高校招生工作座谈会纪要

（2003 年 3 月 9 日）

2 月 27 日～28 日，高校学生司在青岛召开了全国省级成人高校招生办主任座谈会。这次会议的目的是：检查各地落实教育部提出的 2003 年成人高校招生重点工作的情况，交流经验，提出问题、想出办法，促进工作落实。共有 27 个省（区、市）成人高校招生办负责人出席了这次会议，并逐一汇报了本省（区、市）今年招生工作的落实方案。教育部高校学生司有关负责同志到会并讲了话。代表们一致认为：这次会议开的及时，通过汇报交流达到了相互检查、相互学习，进一步促进各项工作落实的目的，对做好今年的工作十分必要。

一、各省（区、市）交流了2003年重点工作的落实情况。

1. 做好高考时间提前一个月后成人高校招生工作的安排。

各省级招生办普遍高度重视普通高校招生考试时间提前一个月后，成人高校招生与普通高校招生的有序协调工作，绝大部分省级招生办制定了详细的成人高校招生工作进程表，并按照我部提出的要求，6月底前基本完成成人高校招生的录取任务，确保成人高校招生与普通高校招生协调、有序、顺利进行。

2. 加强考试科目调整后的宣传及相关工作的落实。

2003年成人高校招生考试科目进行了重大调整，为此，各省级招生办从去年下半年起就加大了宣传的力度，如江苏省制定了详细的宣传计划，利用报纸、电视、电台、网站，向社会广泛宣传考试科目调整的指导思想、意义、具体方案、考试要求以及录取政策的变化等情况，要求各成人高校设立咨询电话接受考生咨询。从汇报的情况看，各省级招生办针对考试科目的变化，对相关的报名、信息采集、试卷制作、考试和录取等环节所进行的调整工作也已到位。

3. 进一步加强考试管理和考风考纪建设。

由于成人招生的生源比较复杂，也使考试的管理难度加大。近年来成人高校招生的考试管理工作逐渐得到各级地方政府的重视，考风考纪也在逐年好转，但与普通高考相比差距仍然很大。今年，我部将抓好考风考纪建设作为今年的重点工作之一，各省级招生办认真贯彻我部工作要求，主要采取了三个方面的措施。一是建章立制，加强对考务人员的思想和业务培训。二是加强考点建设，努力建设一大批规范化考场。重庆、黑龙江、辽宁、广东等省市还有计划地建设一批带有现代化监控设备的电子化考场，以遏制“传抄”等作弊行为的发生。三是在考试管理中充分利用现代化手段。目前各省级招生办配合网上录取已普遍使用了电子摄像采集考生照片，用于制作考生登记表、准考证、录取通知书和考生电子档案。河北、湖北等省还尝试采用“指纹识别技术”，重点解决“替考”问题。各省级招生办均表示，通过加强管理，力争使今年的考试违纪率比去年有较大幅度的下降。

4. 巩固网上录取改革成果、进一步完善网上录取工作。

各省级招生办都加大了投入，实行网络安全系统升级。同时，继续做好工作人员的技术培训和录取之前的模拟演练，以保障网上录取的万无一失。此外，广东省和天津市进行了网上报名的试验，积极探索从考生信息采集、电子档案制作、考试管理、阅卷登分到录取阶段全程实现信息化。

5. 依法规范成人高校招生章程。

各省级招生办贯彻教育部的要求，在本省（区、市）的招生工作会上和工作文件中，一方面加强宣传，强化招生院校依法办学、规范招生行为的意识，另一方面严格要求招生院校依照教育部有关政策规定，规范和完善招生章程，使招生章程真正成为高校向社会和考生作出的全面、准确、规范的承诺。如北京市发出通知，对招生院校的招生章程提出了统一的格式要求，并规定各院校的招生章程须经市招办审核确认后统一向社会公布。江苏省招办要求招生院校就考生上线人数不足开班、考生上线人数超过计划的取舍等重要问题作出书面说明并报省招生办，由省招生办审核后统一向社会公布。

6. 各省市也反映了一些问题，意见主要集中在卫生部对医学门类专业考生报名资格所作出的规定方面。

二、高校学生司负责同志充分肯定了各省市前期的准备工作，并对如何做好下一步的招生录取工作提出了明确的要求：

1. 招生工作时效性强，个别省（区、市）的工作时间表、工作内容还需要进一步细化，以确保成人高校招生的各项工作落实到位。

2. 进一步落实与考试科目设置调整相关的工作。要继续加强宣传，使社会和考生充分了解考试科目设置调整的社会背景、指导思想和重要意义。再次检查与考试科目设置调整相关的各环节工作是否已做好充分准备。

3. 进一步完善网上录取改革，着重做好三个方面的工作。一是进一步建立健全与网上录取工作相适应的、高效协调的组织机构和工作机制，主动适应录取方式的改革；二是按照《全国成人高校招生管理信息标准》的要求，制定全面、科学的信息采集方案，为整个成人高校招生工作的信息化和其后的在校大学生管理工作的信息化打下坚实的基础；三是在保证录取工作质量和网络信息安全的前提下，进一步扩大远程录取的院校数量和增加远程录取的人数。

4. 加强考风考纪的建设是今年成人招生工作的重点工作之一，它关系到录取新生的质量，关系到招生的公平公正和成人高校招生的社会信誉，各省（区、市）务必下大力气抓好。要进一步加强宣传教育，投入必要的人力和财力，充分应用现代化技术，防范各种考试舞弊行为的发生。要在总结以往经验和教训的基础上建立健全规章制度

5. 严格按照卫生部办公厅、教育部办公厅和国家中医药管理局办公室联合下发的《关于对 2003 年成人高校医学门类专业考生报名资格审查工作的补充通知》（卫办科教发［2003］32 号）的要求，由各地卫生部门负责考生报名资格的审查，报名点在核验资格审查证明后，对符合要求的考生为其办理报名手续。同时注意收集各方面意见和建议，及时向教育部反馈信息。

教育部关于做好 2003 年成人高校招生录取工作的通知

教学司［2003］50 号

各省、自治区、直辖市教育厅（教委）、成人高校招生办公室，新疆生产建设兵团教委、有关部门（单位）教育司（局），教育部直属高等学校成（继）教院：

为做好 2003 年成人高校招生录取工作，现就有关事项通知如下：

一、各级教育行政部门、招生办公室和成人高校，应认真贯彻落实《教育部关于做好 2003 年全国成人高校招生工作的通知》（教学［2003］2 号）精神及其他有关要求，严格执行成人高校招生政策，遵循“公平、公正、公开”的原则，加强管理，严明纪律，维护招生工作的严肃性。

二、为巩固和深化录取手段改革所取得的阶段性成果，今年全国成人高校招生的录取工作全面实行计算机异地远程网上录取。各省、自治区、直辖市原则上不再进行集中式现场局域网录取，各成人高校原则上在本校利用互联网开展录取工作。远程网上录取工作由各省级招办负责组织实施。各有关成人高校要积极配合，加强本校录取场所的规范化建设和管理，投入必要的设备和技术力量，搞好网络建设，确保远程网上录取工作顺利进行。有关要求和具体办法按《2003 年全国成人高校招生远程网上录取实施意见》（见附件）执行。

三、各成人高校应严格执行国家下达的 2003 年成人高等教育本科招生计划，不得突破国家核定的招生总数。各省级招办应严格按照我司下达的分省招生计划对成人高校的招生情况进行监督。对于上线生源不足的成人高校，各省级招办应积极协助做好生源调剂工作，确实难以完成招生任务的，各省级招办应允许其调出计划。成人高校调出招生计划需经当地省级招办同意并由高校主管部门书面报我司批准后再调往生源好的省市。年初编制分省计划时预留的招生计划经主管部门书面报我司批准后可追加到生源好的省市。

四、各招生管理部门、成人高校要树立质量意识，严格执行录取标准，坚决抵制不正之风的干扰。各级教育纪检监察部门要加大招生执法监察的力度，对违反招生考试纪律和规定的案件，按照有关规定严肃处理。

五、各省级招办和高校要建立和完善重大问题报告制度。对于在考试和录取期间发生的影响全局的重大事故和问题，须在第一时间上报我司。

六、各省（区、市）录取工作应于 2004 年 1 月 10 日前结束，并于 1 月 15 日前将录取新生数据库上报我司，不再进行补录工作。

七、请各省级招办将本通知立即转发至本地区所有成人高校。

附件：2003 年全国成人高校招生远程网上录取实施意见

教育部高校学生司

二〇〇三年十月二十四日

附件

2003年全国成人高校招生远程网上录取实施意见

一、提高思想认识，健全规章制度

各省级教育行政部门、招办和各成人高校要高度重视异地远程网上录取工作，克服任何松懈和麻痹思想，加强领导，健全与网上录取工作相适应的组织机构和工作机制，结合本省（区、市）、本校实际情况和网上录取的工作特点，完善网上录取工作实施细则。

二、加强技术培训，组织模拟演练，及时发现并解决问题

1. 各省级招办要以高度负责的精神，在11月5日前完成属地内所有成人高校的培训任务。对于今年新参加远程录取的学校和新增设的成人高校必须培训到位，以保证全国网上录取工作的顺利进行。在外省（区、市）有招生任务的北京地区成人高校，请参加山东省招办组织的网上录取培训。

2. 各省级招办要立足于实战，结合本省（区、市）实际情况，于11月5日至11月6日间组织并实施在本省（区、市）招生的成人高校网上录取的模拟演练工作，检查本单位和各成人高校对网上录取系统的掌握、使用情况，测试网络传输的质量、速度及系统安全情况，并于11月10日前将模拟演练情况报我司。

三、严格技术管理，强化安全防范工作

1. 各省级招办应严格技术管理制度，规范技术操作，加强本省（区、市）网上录取系统的安全和技术管理工作，完善相应的保密措施，尤其是系统源码、文档、参数配置、账号、口令等信息要严格管理，明确职责和权限，不得泄漏给无关人员。

2. 各省级招办要做好录取期间数据库的备份和数据保管工作，制定有效的应急预案。任何人不得擅自操作数据库、修改考生原始信息数据和考生电子档案。如因工作失误确需维护、修改的，须经省级招办主任书面签字同意，并及时做好相关记录和数据库的再备份工作。

3. 各成人高校对本校用于在各省级招办登录的用户名、口令及其他需要保密的内容应妥为保管，严防泄密事件发生。学校招生部门要主动与本校校园网管理部门联系、配合，以确保录取时校园网的安全、畅通，确保在各相关省级招办的登录成功。

4. 各省级招办和成人高校务必采取有效的病毒防范及防攻击措施，加强录取期间网络的实时监控，确保录取系统、网络和数据安全。各省级招办应视本省（区、市）情况制定安全方案。使用清华得实公司NetST和WebST安全系统的省级招办，须在模拟演练工作开始前完成有关产品的安装、配置、调试和对属地内成人高校的安全系统培训等工作。

5. 各省级招办必须充分考虑本省网络及线路的备份措施，如采用多链路备份、拨号服务等，提高应对网络突发故障的能力。

四、加强录取前期准备，及时解决工作隐患，建立有效录取应急预案

1. 各省级招办要认真检测所有设备和数据传输线路，保证录取期间设备正常运行。

2. 对于模拟演练中发现的组织管理、硬件、网络及安全等问题，要认真研究并在录取开始前加以解决。

3. 各省级招办要认真执行我司有关成人高校招生管理的信息标准，按照成人高校招生网上录取系统的技术要求，做好考生电子档案各项信息的处理工作，确保考生电子档案全面、准确和规范。

4. 各省级招生办要结合本地区实际，认真制定本省（区、市）成人高校招生网上录取突发事件（技术、卫生等）应急处理预案，采取有效措施保证工作人员身体健康，保证系统安全、网络安全、消防安全和电力供应，并将应急工作预案于11月30日前报我司。

五、加强录取期间的协调、通讯和技术保障工作

1. 各省级招办负责对本省（区、市）网上录取工作进行统一部署、指导和协调，加强对属地内所有成人高校远程网上录取工作的联络和技术指导。

2. 各成人高校应成立校内网上录取领导机构，配备专门的人员和设备。提前与有关省级招办建立通畅的联系渠道。

3. 我司负责全国网上录取工作的组织协调工作，联系人：范卫宏 010-66097328；录取系统技术指导：蔺为民 010-66097328，linwm@moe.edu.cn；网络管理联系人：陈志文（CERNET 中心）；安全系统技术指导：唐学智（清华得实）010-62988822，crab@th-dascom.com.cn.

关于成人高校招生实行“秋季考试、春季入学”的征求意见函

教学司函［2003］52 号

各省、自治区、直辖市成人高校招生办公室：

为积极、稳妥地推进成人高校招生考试改革，我司决定就成人高校招生是否实行“秋季考试、春季入学”的问题广泛征求各类成人高校的意见和建议：

1. 你校对成人高校招生实行“秋季考试、春季入学”同意与否？请说明理由。

2. 若同意“秋季考试、春季入学”，你校认为报名、考试、录取各放在几月份的那几个工作日为最佳时间安排？为什么？

3. 若不同意“秋季考试、春季入学”，你校认为报名、考试、录取各放在几月份的那几个工作日为最佳时间安排？为什么？

请各省（区、市）招办将上述三个问题发至本地区所有成人高校，并于 9 月 30 日前将各校书面意见（均为原件）收齐后用特快专递上报我司。地址：北京西单大木仓胡同 35 号教育部高校学生司本专科招生处，邮编：100816，联系人：张爱萍，电话：010-66097328（传真）或 66025822。

教育部高校学生司

二〇〇三年九月三日

成人高校招生分省计划调整专函

教学招字第 03007 号

各省、自治区、直辖市成人高校招生办公室：

因部分招生单位工作失误，需对已经通过“中国高等教育学生信息网”下发给你们的 2003 年成人高校招生分省计划做如下调整：

一、教育部直属的西安电子科技大学的专科起点升本科的财务管理专业的招生计划从天津调出 30 个到江西省，招生科类：经济管理类，学科门类：管理学，办学形式：函授，学制：3 年，招生范围：社会招生。

二、国防科工委所属的北京理工大学的高中起点升专科（高职）的装潢艺术设计专业的招生科类由“理工类”改为“艺术类”，其他内容不变。

三、国家民委所属的中央民族大学在云南招生的专科起点升本科的经济学专业改为公共事业管理专业，其他内容不变。

四、铁道部所属的西安铁路运输职工大学的分省招生计划见《2003 年成人招生计划》（略）。

请遵照执行。

教育部高校学生司
二〇〇三年一月十日

关于做好2003年普通高等学校、成人高等学校招生全国统一考试工作的通知

教试中心函［2003］43号

各省、自治区、直辖市教育考试院（中心、局）、普通高校招生办公室、成人高校招生办公室：

普通和成人高等学校招生全国统一考试，涉及面广，社会关注程度高，在各级政府、教育行政部门的高度重视和精心组织下，多年来在考试实施环节上以严格的管理赢得了较高的社会声誉。但在个别地区也存在着管理不严的情况，各种违纪、舞弊现象时有发生。为做好2003年普通、成人高考的组织管理，严肃考试纪律，保证考试的公平、公正，特别是在普通高考提前一个月举行的情况下，一定要确保考试实施环节不出现任何问题。现就有关工作重申如下意见：

一、进一步提高认识。普通、成人高考是为国家选拔适合进入高等学校接受高等教育合格新生的任务，关系着选拔什么人、培养什么人的问题，关系国家的发展，关系到全面建设小康社会的大局。各级教育行政部门和考试机构都要把普通、成人高考考试实施工作的认识提到贯彻落实党的教育方针和“三个代表”重要思想的高度，团结协作，与时俱进，以对国家和人民高度负责的态度认真完成本年度普通、成人高考的组织管理工作。

二、加强领导、周密部署。今年普通高考提前一个月举行，而成人高考仍在五月举行。因此，考试实施的各环节工作在时间安排上均要做好相应的调整，各级教育行政部门和考试机构应严格按照教育部的工作部署，周密安排，精心组织，并主动加强与公安、卫生、交通、通讯、机要保密、纪检监察等部门的协调配合。同时，要协调好高等学校、中学的工作安排，确保普通、成人高考有关考点设置、评卷工作的顺利实施。

采用网上评卷的省级考试部门要高度重视，组织专门力量，做好充分的物质和技术上的准备，制定切实可行的网上评卷组织管理实施细则。加强对考生、考试工作人员和社会的宣传工作，特别要做好网上评卷的模拟演练工作，对可能出现的各种问题要有必要的预案措施，确保此项评卷改革工作万无一失。

三、严格管理，狠抓落实。近年来报名条件的放宽和考生人数的增加，给普通、成人高考的考试组织管理工作带来更大压力，在这种形势下，考试的组织管理和考风考纪工作只能加强，不能放松，各级教育行政部门和考试机构一方面要认真总结以往的经验教训，进一步规范考场的设置和管理，加大督促检查的管理力度，保证考点机构健全、设置规范、管理有力、措施到位，不断提高普通、成人高考管理工作的质量。另一方面，要高度重视考风考纪建设，进一步总结近年来普通、成人高考的管理经验，分析考风考纪现状，克服盲目乐观思想，认真查找存在的问题和隐患，采取切实有效的措施，加强防范。建立考风考纪责任人制度。要将依法治考与从严治考、严格管理与加强监督结合起来，各级教育行政部门和考试机构应根据国家有关的法律、法规，加强对考试工作人员、考生的职业道德教育和考试纪律教育，加大宣传力度，形成强大的社会舆论氛围。进一步加强监考队伍的建设，加强对考试工作人员、监考人员的业务培训，坚持实行考核聘任制，未经培训或考核不合格不能上岗。加强考试巡视检查的力度，切实防范和制止各种形式的违纪舞弊事件的发生。

四、安全保密工作要常抓不懈。各地教育行政部门和考试机构要强化安全保密观念，增强忧患意识，克服麻痹思想，完善各项安全保密规章制度和责任制度。在普通、成人高考的试（答）卷和评分标准印刷、运送、发放和保管环节必须严格按照国家有关保密规定执行，防止失密、泄密事件的发生。按国家规定，评分标准在考试结束后仍属秘密，任何单位、个人不得以任何形式在社会上公布。对失密、泄密

事件将依法追究有关责任人的行政或刑事责任。各地教育行政部门和考试机构应联合公安、保密部门在考前对试卷保密室、保管室进行检查验收。

五、强化监督，从严查处。各级教育行政部门、纪检监察部门和考试机构要加强对普通、成人高考全过程的监督、检查，严肃查处弄虚作假和营私舞弊作为，使其做到制度化、规范化。要设立举报箱和举报电话并在考前要向社会公布。应认真对待来信来访和举报工作，凡事实清楚的，必须认真调查，要有处理结果。对考试中的各种违纪、舞弊事件，发现一起，查处一起。坚决纠正瞒案不报、压案不查、查而不处的错误行为。对重大的违纪舞弊事件必须将情况及时上报教育部。

教育部考试中心
二〇〇三年三月十八日

关于2003年各类成人高等学校招生全国统一考试（高中起点升本、专科）有关科目客观题使用答题卡、答题纸的通知

教试中心函［2003］46号

各省、自治区、直辖市教育考试院（局、管理中心）、成人高校招生办公室、普通高校招生办公室：

根据《关于2003年成人高校招生统考试卷清样申报有关事项的通知》（教试中心函［2003］10号）精神，我中心今年提供给你们的高中起点升本、专科考试语文、英语、数学（文）、数学（理）、物理·化学、历史·地理共六科清样为分卷试卷清样。在试卷分卷清样中，上述六科试卷的Ⅰ卷（客观题）上没有留答题空，考试时考生需要在答题卡或答题纸上作答。请你们及时将此情况通知考生和考试工作人员、监考教师并做好印制答题卡、答题纸和相应的评卷准备工作。

为适应这种形式的变化，方便各省制卷、制卡，我中心今年提供上述六科客观题答题卡、答题纸样式（附后），各省也可根据实际情况，自行设计答题卡、答题纸。如果需要我中心提供答题卡、答题纸清样胶片，请于4月10日前告知我中心考务管理与监察部（联系人：马炳勋，联系电话：010-62514451，传真：010-62514461或62514011）。答题卡设计、制版费为200元/科·套（每科·套均为双色两张版），答题纸胶片费为15元/张。请需要答题卡、答题纸清样胶片的省将所需费用按教试中心函［2003］10号文件提供的账户汇到我中心账户，由我中心与答题卡、答题纸设计、制版的部门进行结算。

另外，自2003年起，各类成人高等学校招生全国统一考试高中起点升本、专科数学科考生可以携带计算器参加考试，有关考务规定按照教试中心［2002］34号文件执行，我中心今后不再单独通知。

教育部考试中心
二〇〇三年三月二十八日

关于对2003年成人高等学校招生全国统一考试推迟后相关试卷和清样进行销毁的通知

教试中心函［2003］64号

各省、自治区、直辖市考试院（局、中心）、成人高校招生办公室：

经国务院同意，教育部决定将原定于2003年5月10日、11日进行的成人高等学校招生全国统一考试推迟。

为保证各省，自治区，直辖市教育考试机构、保密印刷厂的有关工作人员身体健康和试卷的安全保密，经研究决定，将我中心今年4月发送你们的2003年成人高等学校招生全国统一考试高中起点升本、专科和专升本考试各科试卷作废。现将有关具体要求通知如下：

1. 请你们将所有高中起点本、专科考试试卷清样、参考答案、评分标准和已经印刷完的试卷，以及我中心发送的各科试卷清样、参考答案、评分标准的胶片、为印刷制作的版以及其他物品，按绝密级材料派专人进行监销，并将销毁情况以书面形式报我中心考务管理与监察部。

2. 我中心负责命题的专升本考试九科试卷等绝密级材料由我中心通知有关印刷厂按绝密级材料销毁，请我中心委托监印的省级考试机构派人进行监销，并将销毁情况以书面形式报我中心考务管理与监察部。

3. 各地将上述试卷等绝密材料销毁后，所有入闱人员方可解闱。

4. 我中心将根据教育部今年成人高考新的时间安排决定公布后，组织重新命题。新的试卷清样发送时间另行通知。各省在进行新试卷印刷时，对入闱的考试机构和印刷厂的有关工作人员要进行身体健康检查，合格者方可参加试卷的印刷工作。

教育部考试中心
二〇〇三年四月二十五日

关于将“参考答案、评分标准”改为“答案及评分参考”的函

教试中心函［2003］143号

各省、自治区、直辖市教育考试院（中心、局）、普通高校招生办公室、成人高校招生办公室、高等教育自学考试办公室，解放军自学考试委员会办公室：

按照教育部、国家保密局《教育工作中国家秘密及其密级具体范围的规定》（教密［2001］2号）第三条第一款规定：国家教育全国统一考试在启用之前试题（包括副题）、参考答案和评分标准为绝密级事项；文件第三条第三款规定：国家教育全国、省级、地区（市）级统一考试在启用之后的评分标准为秘密级事项。

根据实际操作情况，经研究决定，今后凡由教育部考试中心（全国考办）所命试题的“参考答案、评分标准”，其名称改为“答案及评分参考”，并向省级考试机构提供，其启用前的密级仍按教密［2001］2号文件规定执行。各评卷单位依据“答案及评分参考”所制定的评分细则也须严格执行教密［2001］2号文件

的有关规定。

特此通知

教育部考试中心（自考办）
二〇〇三年十月十六日

关于密切注意社会不法人员利用网络进行诈骗等犯罪活动的紧急通知

教试中心函［2003］157号

各省、自治区、直辖市教育考试院（中心、局）、高等学校招生办公室：

近日，发现有社会不法人员利用互联网兜售所谓“研究生考试试题及参考答案”，并宣称“本人是西部某省的省教育部门考试管理中心的，在研究生考试中可以提供试题或参考答案，考试前72小时到48小时左右，将参考答案发到信箱里”。

为了保证国家教育统一考试的严肃性，确保考试公正、公平，现请各省级教育考试机构密切关注此类事件，一旦发现可疑问题或举报线索，应立即报当地公安部门立案查处。

各地应继续加强国家教育统一考试安全保密管理工作，严格执行有关文件规定，强化安全保密观念，坚决克服麻痹松懈思想，重点做好各项安全保密规章制度的落实工作，建立责任制度。同时认真做好试卷保密室的监督检查工作，确保国家教育统一考试安全保密工作不出现任何问题。

特此通知

教育部考试中心
二〇〇三年十一月二十日

中华人民共和国教育部令

第 18 号

《国家教育考试违规处理办法》已于 2004 年 5 月 10 日经部长办公会议讨论通过，现予发布，自发布之日起施行。

教育部部长　周济

二○○四年五月十九日

附

《国家教育考试违规处理办法》

第一章　总　则

第一条　为规范对国家教育考试违规行为的认定与处理，维护国家教育考试的公平、公正，保障参加国家教育考试的人员（以下简称考生）、从事和参与国家教育考试工作的人员（以下简称考试工作人员）的合法权益，根据《中华人民共和国教育法》及相关法律、行政法规，制定本办法。

第二条　本办法所称国家教育考试是指普通和成人高等学校招生考试、全国硕士研究生招生考试、高等教育自学考试等，由国务院教育行政部门确定实施，由经批准的教育考试机构承办，在全国范围内统一举行的教育考试。

第三条　对参加国家教育考试的考生以及考试工作人员、其他相关人员，违反考试管理规定和考场纪律，影响考试公平、公正行为的认定与处理，适用本办法。

对国家教育考试违规行为的认定与处理应当公开公平、合法适当。

第四条　国务院教育行政部门及地方各级人民政府教育行政部门负责全国或者本地区国家教育考试组织工作的管理与监督。

承办国家教育考试的各级教育考试机构负责有关考试的具体实施，依据本办法，负责对考试违规行为的认定与处理。

第二章　违规行为的认定与处理

第五条　考生不遵守考场纪律，不服从考试工作人员的安排与要求，有下列行为之一的，应当认定为考试违纪：

（一）携带规定以外的物品进入考场或者未放在指定位置的；

（二）未在规定的座位参加考试的；

（三）考试开始信号发出前答题或者考试结束信号发出后继续答题的；

（四）在考试过程中的旁窥、交头接耳、互打暗号或者手势的；

（五）在考场或者教育考试机构禁止的范围内，喧哗、吸烟或者实施其他影响考场秩序的行为的；

（六）未经考试工作人员同意在考试过程中擅自离开考场的；

（七）将试卷、答卷（含答题卡、答题纸等，下同）、草稿纸等考试用纸带出考场的；

（八）用规定以外的笔或者纸答题或者在试卷规定以外的地方书写姓名、考号或者以其他方式在答卷上标记信息的；

（九）其他违反考场规则但尚未构成作弊的行为。

第六条 考生违背考试公平、公正原则，以不正当手段获得或者试图获得试题答案、考试成绩，有下列行为之一的，应当认定为考试作弊：

（一）携带与考试内容相关的文字材料或者存储有与考试内容相关资料的电子设备参加考试的；

（二）抄袭或者协助他人抄袭试题答案或者与考试内容相关的资料的；

（三）抢夺、窃取他人试卷、答卷或者强迫他人为自己抄袭提供方便的；

（四）在考试过程中使用通讯设备的；

（五）由他人冒名代替参加考试的；

（六）故意销毁试卷、答卷或者考试材料的；

（七）在答卷上填写与本人身份不符的姓名、考号等信息的；

（八）传、接物品或者交换试卷、答卷、草稿纸的；

（九）其他作弊行为。

第七条 教育考试机构、考试工作人员在考试过程中或者在考试结束后发现下列行为之一的，应当认定相关的考生实施了考试作弊行为：

（一）通过伪造证件、证明、档案及其他材料获得考试资格和考试成绩的；

（二）评卷过程中被发现同一科目同一考场有两份以上（含两份）答卷答案雷同的；

（三）考场纪律混乱、考试秩序失控，出现大面积考试作弊现象的；

（四）考试工作人员协助实施作弊行为，事后查实的；

（五）其他应认定为作弊的行为。

第八条 考生及其他人员应当自觉维护考试工作场所的秩序，服从考试工作人员的管理，不得有下列扰乱考场及考试工作场所秩序的行为：

（一）故意扰乱考点、考场、评卷场所等考试工作场所秩序；

（二）拒绝、妨碍考试工作人员履行管理职责；

（三）威胁、侮辱、诽谤、诬陷考试工作人员或其他考生；

（四）其他扰乱考试管理秩序的行为。

第九条 考生有第五条所列考试违纪行为之一的，取消该科目的考试成绩。

考生有第六条、第七条所列考试作弊行为之一的，其当次报名参加考试的各科成绩无效；参加高等教育自学考试考生，视情节轻重，可同时给予停考一至三年，或者延迟毕业时间一至三年的处理，停考期间考试成绩无效。

第十条 考生有第八条所列行为之一的，应当终止其继续参加本科目考试，其当次报名参加考试的各科成绩无效；考生及其他人员的行为违反《治安管理处罚条例》的，由公安机关进行处理；构成犯罪的，由司法机关依法追究刑事责任。

第十一条 考生以作弊行为获得的考试成绩并由此取得相应的学位证书、学历证书及其他学业证书、资格资质证书或者入学资格的，由证书颁发机关宣布证书无效，责令收回证书或者予以没收；已经被录取或者入学的，由录取学校取消录取资格或者其学籍。

第十二条 代替他人或由他人代替参加国家教育考试，是在校生的，由所在学校按有关规定严肃处理，直至开除学籍；其他人员，由教育考试机构建议其所在单位给予行政处分，直至开除或解聘，教育考试机构按照作弊行为记录并向有关单位公开其个人基本信息。

第十三条 考试工作人员应当认真履行工作职责，在考试管理、组织及评卷等工作过程中，有下列行为之一的，应当停止其参加当年及下一年度的国家教育考试工作，并由教育考试机构或者建议其所在单位视情节轻重分别给予相应的行政处分：

（一）应回避考试工作却隐瞒不报的；

（二）擅自变更考试时间、地点或者考试安排的；

（三）提示或暗示考生答题的；

（四）擅自将试题、答卷或者有关内容带出考场或者传递给他人的；

（五）在评卷、统分中严重失职，造成明显的错评、漏评或者积分误差的；

（六）在评卷中擅自更改评分细则或者不按评分细则进行评卷的；

（七）因未认真履行职责，造成所负责考场出现雷同卷的；

（八）擅自泄露评卷、统分等应予保密的情况的；

（九）其他违反监考、评卷等管理规定的行为。

第十四条　考试工作人员有下列作弊行为之一的，应当停止其参加国家教育考试工作，由教育考试机构或者其所在单位视情节轻重分别给予相应的行政处分，并调离考试工作岗位；情节严重，构成犯罪的，由司法机关依法追究刑事责任：

（一）为不具备参加国家教育考试条件的人员提供假证明、证件、档案，使其取得考试资格或者考试工作人员资格的；

（二）因玩忽职守，致使考生未能如期参加考试的或者使考试工作遭受重大损失的；

（三）利用监考或者从事考试工作之便，为考生作弊提供条件的；

（四）伪造、变造考生档案（含电子档案）的；

（五）在场外组织答卷、为考生提供答案的；

（六）指使、纵容或者伙同他人作弊的；

（七）偷换、涂改考生答卷、考试成绩或者考场原始记录材料的；

（八）擅自更改或者编造、虚报考试数据、信息的；

（九）利用考试工作便利、索贿、受贿、以权徇私的；

（十）诬陷、打击报复考生的。

第十五条　因教育考试机构管理混乱、考试工作人员玩忽职守，造成考点或者考场纪律混乱，作弊现象严重；或者同一考点同一时间的考试有五分之一（含五分之一）以上考场存在雷同卷的，由教育行政部门取消该考点当年及下一年度承办国家教育考试的资格；高等教育自学考试考区内一个或者一个以上专业考试纪律混乱，作弊现象严重，由高等教育自学考试管理机构给予该考区警告或者停考该考区相应专业一至三年的处理。

对出现大规模作弊情况的考场、考点的相关责任人、负责人及所属考区的负责人，有关部门应当分别给予相应的行政处分；情节严重，构成犯罪的，由司法机关依法追究刑事责任。

第十六条　违反保密规定，造成国家教育考试的试题、答案及评分参考（包括副题及其答案及评分参考，下同）丢失、泄密，或者使考生答卷在保密期限内发生重大事故的，由有关部门视情节轻重，分别给予责任人和有关负责人行政处分；构成犯罪的，由司法机关依法追究刑事责任。

盗窃、损毁、传播在保密期限内的国家教育考试试题、答案及评分参考、考生答卷、考试成绩的，由有关部门依法追究有关人员的责任；构成犯罪的，由司法机关依法追究刑事责任。

第十七条　在职人员及其他人员有下列行为之一的，由教育考试机构建议其所在单位给予行政处分或者由有关部门处理；构成犯罪的，由司法机关依法追究刑事责任：

（一）指使、纵容、授意考试工作人员放松考试纪律，致使考场秩序混乱、作弊严重的；

（二）代替他人或者由他人代替参加国家教育考试的；

（三）参与或者组织他人进行考试作弊的；

（四）利用职权，包庇、掩盖作弊行为或者胁迫他人作弊的；

（五）以打击、报复、诬陷、威胁等手段侵犯考试工作人员、考生人身权利的；

（六）向考试工作人员行贿的；

（七）故意损坏考试设施的；

（八）扰乱、妨害考场、评卷点及有关考试工作场所秩序后果严重的。

第三章　违规行为认定与处理程序

第十八条　考试工作人员在考试过程中发现考生实施本办法第五条、第六条所列考试违纪、作弊行为的，应当及时予以纠正并如实记录；对考生用于作弊材料、工具等，应予暂扣。

考生违规记录作为认定考生违规事实的依据，应当由两名以上（含两名）监考员或者考场巡视员、督考员签字确认。

考试工作人员应当向违纪考生告知违规记录的内容，对暂扣的考生物品应填写收据。

第十九条 教育考试机构发现本办法第七条、第八条所列行为的，应当由两名以上（含两名）工作人员进行事实调查，收集、保存相应的证据材料，并在调查事实和证据的基础上，对所涉及考生的违规行为进行认定。

第二十条 考点汇总考生违规记录，汇总情况经考点主考签字认定后，报送上级教育考试机构依据本办法的规定进行处理。

第二十一条 考生在普通和成人高等学校招生考试、高等教育自学考试中，出现第五条所列考试违纪行为的，由省级教育考试机构或者地（市）级教育考试机构作出处理决定，由地（市）级教育考试机构作出的处理决定应报省级教育考试机构备案；出现第六条、第七条所列考试作弊行为的，由地（市）级教育考试机构签署意见，报省级教育考试机构处理，省级教育考试机构也可以要求地（市）级教育考试机构报送材料及证据，直接进行处理；出现本办法第八条所列扰乱考试秩序行为的，由地（市）级教育考试机构签署意见，报省级教育考试机构按照前款规定处理，对考生及其他人员违反治安管理法律法规的行为，由当地公安部门处理；评卷过程中发现考生有本办法第七条所列考试作弊行为的，由省级教育考试机构作出处理决定，并通知地（市）级教育考试机构。

参加其他国家教育考试考生违规行为的处理由承办有关国家教育考试的考试机构参照前款规定具体确定。

第二十二条 教育行政部门和其他有关部门在考点、考场出现大面积作弊情况或者需要对教育考试机构实施监督的情况下，应当直接介入调查和处理。

发生第十四、十五、十六条所列案件，情节严重的，由省级教育行政部门会同有关部门共同处理，并及时报告国务院教育行政部门；必要时，国务院教育行政部门参与或者直接进行处理。

第二十三条 考试工作人员在考场、考点及评卷过程中有违反本办法的行为的，考点主考、评卷点负责人应当暂停其工作，并报相应的教育考试机构处理。

第二十四条 在其他与考试相关的场所违反有关规定的考生，由地（市）级教育考试机构或者省级教育考试机构作出处理决定；地（市）级教育考试机构作出的处理决定应报省级教育考试机构备案。

在其他与考试相关的场所违反有关规定的考试工作人员，由所在单位根据地（市）级教育考试机构或者省级教育考试机构提出的处理意见，进行处理，处理结果应当向提出处理的教育考试机构通报。

第二十五条 教育考试机构在对考试违规的个人或者单位作出处理决定前，应当复核违规事实和相关证据，告知被处理人或者单位作出处理决定的理由和依据；被处理人或者单位对所认定的违规事实认定存在异议的，应当给予其陈述和申辩的机会。

被处理人受到停考处理的，可以要求举行听证。

第二十六条 教育考试机构作出处理决定应制作考试违规处理的决定书，载明被处理人的姓名或者单位名称、处理事实根据和法律依据、处理决定的内容、救济途径以及作出处理决定的机构名称和作出处理决定的时间。

考试法规处理决定书应当及时送达被处理人。

第二十七条 考生或者考试工作人员对教育考试机构作出的违规处理决定不服的，可以在收到处理决定之日起十五日内，向其上一级教育考试机构提出复核申请；对省级教育考试机构或者承办国家教育考试的机构作出的处理决定不服的，也可以向省级教育行政部门或者授权承担国家教育考试的主管部门提出复核申请。

第二十八条 受理复核申请的教育考试机构、教育行政部门应对处理决定所认定的违规事实和适用的依据等进行审查，并在受理后三十日内，按照下列规定作出复核决定：

（一）处理决定认定事实清楚、证据确凿，适用依据正确，程序合法，内容适当的，决定维持；

（二）处理决定有下列情况之一的，决定撤销或者变更：

1. 违规事实认定不清、证据不足的；

2. 适用依据错误的；

3. 违反本办法规定的处理程序的。

作出决定的教育考试机构对因错误的处理决定给考生造成的损失，应当予以补救。

第二十九条　申请人对复核决定或者处理决定不服的，可以依据《行政复议法》和《行政诉讼法》的有关规定，申请行政复议或者行政诉讼。

第三十条　教育考试机构应当建立考生诚信档案，记录、保留在国家教育考试中作弊考生的相关信息。

教育考试机构应当接受社会有关方面对考生诚信档案的查询，并及时向招生机构提供相关信息。

第三十一条　省级教育考试机构应当及时汇总本地区违反规定的考生及考试工作人员的处理情况，并向国家教育考试机构报告。

第四章　附　则

第三十二条　本办法所称考场是指实施考试的封闭空间；所称考点是指设置若干考场独立进行考务活动的特定场所；所称考区是指由省级教育考试机构设置，由若干考点组成，进行国家教育考试实施工作的特定地区。

第三十三条　非全日制攻读硕士学位全国考试、中国人民解放军高等教育自学考试及其他各级各类教育考试的违规处理可以参照本办法执行。

第三十四条　本办法自发布之日起施行。此前教育部颁布的各有关国家教育考试的违规处理规定同时废止。

教育部关于从2004年起全国成人高校招生实行“秋季考试、第二年春季入学”的通知

教学［2004］3号

各省、自治区、直辖市高等学校招生委员会、教育厅（教委），新疆生产建设兵团教育局，有关部门（单位）教育司（局），部属各高等学校：

按照党的十六大关于全面建设小康社会、构建终身教育体系的要求，为进一步促进我国各类高等教育协调健康发展，优化高等教育资源，加强招生工作管理，使成人高等教育更好地为社会经济发展服务，经报国务院同意，决定全国成人高校招生从2004年起实行“秋季考试、第二年春季入学”。现将有关事项通知如下：

一、从2004年起，全国成人高校招生统一入学考试定于每年10月的第三个星期六、日举行，录取的新生于第二年春季入学。2004年具体工作日程安排见附件。

二、各省级高校招生委员会应按照上述时间安排制定本地区2004年成人高校招生工作的详细计划，并于4月底前报我部备案。

三、各省级教育行政部门和各成人高校应及时调整教学计划、教学管理和学生管理等相关各环节工作，确保教学秩序和培养质量不因招生工作时间的调整而受到影响。

四、各省级教育行政部门、招生考试机构和成人高校要向社会和广大考生做好成人高校招生工作时间调整的宣传工作，创造良好的社会环境，确保招生工作时间调整后成人高校招生的顺利进行。同时，要认真研究成人高等教育和招生工作面临的新情况、新问题，积极探索进一步深化成人高校招生制度改革的新思路，使成人高等教育更好地为社会经济发展服务。

五、请各省级教育行政部门将本通知转发至本地区所有成人高校。

附件：2004年全国成人高校招生工作日程安排

二〇〇四年二月五日

附件

2004 年全国成人高校招生工作日程安排

工 作 内 容	完 成 时 间
各地考生报名，信息采集	9 月 15 日前
各地考前各项准备	10 月 15 日前
全国统一考试	10 月 16、17 日
各地阅卷、登分、公布成绩	10 月底前
各地录取前数据准备、人员培训	11 月 10 日前
各地录取新生，成人高校发出录取通知	12 月底前
各类统计，工作总结	2005 年 1 月底前
成人高校组织新生入学	2005 年春季

教育部关于做好 2004 年全国成人高校招生工作的通知

教学［2004］17 号

各省、自治区、直辖市教育厅（教委）、成人高校招生办公室，新疆生产建设兵团教育局，有关部门（单位）教育司（局），部属各高等学校：

2004 年成人高校招生工作的重点是全面加强考试环境综合整治，加强制度建设，强化考场管理和考风考纪建设，确保招生考试的安全、公平、公正；贯彻成人高校招生为在职从业人员服务的宗旨，进一步深化改革。现将有关事项通知如下：

一、全力以赴，加强管理，狠抓落实，确保成人高校招生考试安全顺利进行。

（一）统一思想，提高认识，进一步增强做好考试安全工作的责任感。全国成人高校招生考试是国家教育考试的重要组成部分，是国家选拔和培养人才的重要方式。各级政府、教育行政部门和招生考试机构要高度重视全国成人高校招生统一考试工作，充分认识考试安全工作的重要性和考试中的违规行为给社会诚信、教育的公平公正所带来的危害。要按照践行“三个代表”重要思想的要求，把考试安全和考风考纪作为建立良好社会风气和维护社会稳定的大事来抓。坚决贯彻教育部、中宣部、公安部、监察部、信息产业部、国家保密局、武警总部等七部门《关于全面加强教育考试环境综合整治工作的通知》（教学［2004］15 号）的精神，制定严格、周密、具体的办法，确保考试安全，防范考试违纪舞弊行为的发生，努力为广大考生提供公平、公正、放心、满意的考试环境。

（二）突出重点，着力抓好考试环境综合整治工作。各级教育行政部门和考试机构要根据近年来成人高校招生考试面临的新形势、出现的新问题，突出抓好四项“整治”工作。一是整治考场秩序，重点治理利用现代通讯工具作弊、代考替考，失职、渎职，纵容考试作弊，扰乱考场秩序等问题。二是整治泄密问题，重点治理疏于管理导致失密，工作人员内外勾结、故意泄密，不法人员盗窃、出售、传播试题等问题。三是整治有组织的考试舞弊行为，重点治理涉考工作人员组织群体性考试舞弊和其他有组织的考试作弊行为。四是整治借考试之名进行诈骗活动，重点治理诈骗、制造传播虚假信息等问题。

（三）加强招生考试工作队伍建设，全面提高招生考试管理水平。各地要选派公正廉洁、认真负责、熟悉业务和不徇私情的人员参加招生考试工作，进一步增强招生考试工作人员的政治意识、责任意识、安全意识和自律意识，加强职业道德教育和招生考试规章制度及其相关的业务培训，尽快建立起对招生考试管理人员、评卷教师选聘的考核和评价制度。

（四）加强考生诚信教育和思想道德建设，形成诚信守纪的文明考风。从今年起，参加全国成人高校招生统一考试的考生，要在考前签订诚信考试承诺书。这是从严治招、综合治理的一项重要措施，也是诚信教育和思想道德建设的重要内容。各级考试机构要在考前通过各种形式和渠道加强对考生的诚信教育和考风考纪教育，使每位考生了解考生守则和考试违规处理办法，努力在广大考生中树立"诚信考试光荣、违纪作弊可耻"的考试理念和文明风尚。

（五）加大执法监察力度，严惩考试违纪舞弊行为。最近我部发布了《国家教育考试违规处理办法》（教育部令第18号），各级教育行政部门和考试机构对招生考试中各种违纪舞弊行为，坚决按照有关法规予以严肃处理，决不姑息，对一些情节严重、影响恶劣的招生考试违规案件坚决予以曝光。同时大力宣传和表彰坚持原则、敢于同歪风邪气作斗争的先进典型，形成正确舆论导向和良好的社会氛围。

（六）加强对报名工作的管理，严格执行招生考试的规定。各省级成人高校招生办公室要统一设置本省（自治区、直辖市）内报名点并向社会公布，不得在本省（自治区、直辖市）外设置报名点。严禁组织外省籍考生到本地报名、考试。

二、强化成人高等教育为在职从业人员服务的办学宗旨，努力为经济社会建设服务。

各成人高校要认真研究我国高等教育进入大众化教育阶段的新情况，进一步发挥成人高等教育主要为在职从业人员服务的作用，继续坚持招收以业余时间学习形式为主的考生，减小全日制在校学习的招生规模，录取时不得超过编制分省招生计划所核定的规模。同时强化为地方经济、社会服务的意识，有效控制跨省招生计划。把提高在职从业人员的理论水平和劳动技能作为主要任务进一步抓好抓实。

三、加快成人高校招生管理现代化的进程，做好网上报名的试点。

按照《2003—2007教育振兴行动计划》关于建设高校招生信息化服务平台的要求，2004年，北京、天津、内蒙古、上海、湖北、广东6省（自治区、直辖市）进行考生网上报名的试点。实施网上报名既可更好地体现为在职从业人员服务的宗旨，也可有效防范在报名期间可能出现的各类公共安全事故。试点的省（自治区、直辖市）要高度重视，投入必要的资金和设备，各项措施要落实到位，加强宣传，确保试点成功。其他省（自治区、直辖市）也要为今后全面实现网上报名做好相关各项准备工作。

四、加强医学院校招生管理，指导考生合理填报志愿。

按照《教育部、卫生部关于举办高等医学教育的若干意见》（教高［2002］10号）的要求，有关主管部门要加强对成人高校举办医学门类专业的规范化管理。凡不符合文件要求的，一律不得安排招生。根据卫生部有关要求，今后医学成人高等教育学历文凭将不能作为参加执业医师、执业护士考试的依据，各省级成人高校招生办公室要以适当方式告知报考临床医学、口腔医学、预防医学、中医学等临床类专业和护理学专业的考生慎重填报志愿。

请各省、自治区、直辖市教育厅（教委），新疆生产建设兵团教育局，有关部门（单位）教育司（局）及时将本通知及附件转发所属各成人高校。

附件：一、2004年全国成人高校招生办法
　　　二、高中起点升本科、专科（高职）统一考试科目一览表
　　　三、专科起点升本科招生专业与统一考试科目对照表
　　　四、全国成人高校招生统一考试时间表

教　育　部

二〇〇四年五月二十五日

附件一

2004年全国成人高校招生办法

一、招生学校

经教育部审定核准的广播电视大学、职工高等学校、职业技术学院、农民高等学校、管理干部学院、教育学院、独立设置的函授学院和普通高校所属的成（继）教院（以下统称成人高校）实行全国统一招生，并选用脱产、业余或函授形式进行成人高等学历教育。

成人高等学历教育分为专科起点升本科、高中起点升本科和高中起点升专科（高职）三种。

各成人高校应依照《中华人民共和国教育法》、《中华人民共和国高等教育法》和教育部有关招生规定制定本学校招生章程，并以适当方式向社会公布。招生章程必须如实反映本校的实际情况，内容包括招生范围、学习形式、学习期限、办学地点、录取原则、收费标准以及加试科目的时间、地点等。各成人高校应对招生章程的内容承担相应的责任。

二、分省（自治区、直辖市）招生计划

（一）2004年全国成人高校招生分省计划的编制统一在互联网上进行。教育部高校学生司在网上管理全国成人高校招生的分省计划编制工作；各省、自治区、直辖市教育厅（教委）和有关部门（单位）教育司（局）在网上管理所属成人高校的分省计划编制工作，包括管理本部门及所属成人高校的账户信息，网上分配、调整、审核、打印所属学校的招生计划；各省级成人高校招生办公室在规定的时间内从指定的网站下载在本省招生的有关学校的招生计划。

（二）各省（自治区、直辖市）教育厅（教委）、新疆生产建设兵团教育局和有关部门（单位）教育司（局）应按照《教育部关于编报2004年成人高等教育招生计划的通知》文件要求及确定的招生计划控制规模数，根据所属成人高校所在地社会经济发展的实际需要和办学条件，指导所属成人高校编制2004年分省（自治区、直辖市）招生计划（以下简称分省招生计划）。教育部直属高校按教育部确定的招生规模编制本校分省招生计划。

（三）中央部门所属成人高校要为地方社会经济发展服务；地方所属成人高校在主要面向所在省（自治区、直辖市）招生的同时，经主管部门同意，可根据外省（自治区、直辖市）对人才的需求安排少量跨省招生计划，跨省计划数原则上不得高于2003年。

（四）分省招生计划的编制要充分体现成人高等教育主要为在职从业人员服务、以业余学习为主的特点，尽可能减小全日制脱产学习的招生规模。本科层次计划应主要用于专科起点升本科。以半脱产、夜大学形式进行教学的不得异地招生、办学。

（五）各省级教育行政部门应对所属成人高校跨省（自治区、直辖市）招生的函授计划加强审核，对于未经拟招生省（自治区、直辖市）的省级教育行政部门同意设置函授站的，不得安排在该省（自治区、直辖市）进行函授招生。同时，对外省（自治区、直辖市）成人高校设在本省（自治区、直辖市）的函授站（点）加强检查，规范管理，督促其进一步改善办学条件，保证教育质量。

（六）根据《教育部、卫生部关于举办高等医学教育的若干意见》（教高［2002］10号）的要求，医学门类中的临床医学、口腔医学、中医学、藏医学、蒙医学、维吾尔医学、针灸推拿学、预防医学、麻醉学、医学影像学和医学检验等专业不得安排函授招生计划。

（七）从2004年起，成人高校招生不再免试招收第二专业专科学历教育学生，拟报考的考生需参加成人高校招生全国统一入学考试，录取人数纳入招生学校当年招生计划总数。

（八）各省级成人高校招生办公室对下载的招生计划进行核对后，统一向社会公布。未经省级成人高校招生办公室统一向社会公布的招生学校和专业不得招生。

三、报名

（一）符合下列条件的中国公民可以报名

1. 拥护中国共产党的领导，愿为社会主义现代化建设服务，品德良好，遵纪守法。

2. 国家承认学历的各类高、中等学校在校生以外的在职、从业人员和社会其他人员。

3. 报考高中起点升本科或专科的考生应具有高中毕业文化程度。报考专科起点升本科的考生必须是已取得经教育部审定核准的国民教育系列高等学校、高等教育自学考试机构颁发的专科毕业证书的人员。

4. 根据卫生部科教司《关于2004年全国成人高校医学类专业招生条件建议的函》（卫科教便函［2004］57号）要求，报考成人高校医学门类专业的考生应具备以下条件：

(1) 报考临床医学、口腔医学、预防医学、中医学等临床类专业的人员，应当取得省级卫生行政部门颁发的相应类别的执业助理医师及以上资格证书或取得国家认可的普通中专相应专业学历；或者县级及以上卫生行政部门颁发的乡村医生执业证书并具有中专学历或中专水平证书。

(2) 报考护理学专业的人员应当取得省级卫生行政部门颁发的执业护士证书。

（3）报考医学门类其他专业的人员应当是从事卫生、医药行业工作的在职专业技术人员。

（4）考生报考的专业原则上应与所从事的专业对口。

5. 身体健康，符合上述报考条件，生活能自理，不影响所报专业学习的残疾人。

（二）报名信息的采集及要求

报名信息采集工作按照教育部的有关规定以及《各类成人高等学校招生工作管理信息标准（2003 年修订版）》执行。信息报送的电子邮件地址：fwhfwh@moe. edu. cn。

四、考试

（一）考试科目

1. 高中起点升本科、专科（高职）考试按文科、理科分别设置统考科目。公共课统考科目均为语文、数学、外语三门，其中数学分文科类、理科类两种，外语分英语、日语、俄语三个语种，由考生根据报考学校对外语语种的要求选择一种。报考高中起点升本科的考生，除参加三门统考公共课的考试外，还需参加专业基础课的考试，理科类专业基础课为“物理、化学综合”（简称理化），文科类专业基础课为“历史、地理综合”（简称史地）。以上试题均由教育部统一命制。

公安类成人高校的全部专业、医学（中医学类和药学类两个一级学科除外）专业、中医药专业和中央司法警官学院的监狱管理专业、劳教管理专业的高中起点升专科（高职）招生，统考科目均为四门。三门公共课与高中起点升专科（高职）考试科目相同，一门专业基础课分别由公安部、卫生部、国家中医药管理局和司法部组织命制。

2. 专科起点升本科考试统考科目均为三门。两门公共课为政治、外语，一门专业基础课根据招生专业所隶属的学科门类确定。以上统一考试科目试题除民法由司法部命制、非英语外语语种由各省级成人高校招生办公室视本地生源情况自行确定是否开设并自行组织命题外，其他均由教育部统一命制。

3. 民族自治地区用民族语文授课的成人高校或系（科）的招生，由自治区用民族文字自行命题、组织考试。

少数民族聚居地区使用民族语文授课的少数民族考生，报考用汉语文授课的成人高校，汉语文试题由教育部另行命题，不翻译成少数民族文字，考生使用汉文字答卷；其他各科（包括外语试题导语）可翻译成少数民族文字，用规定的民族文字答卷；有关省（自治区、直辖市）可自行决定是否对上述少数民族考生加试少数民族语文，并负责命制试题和组织考试。

4. 除上述规定的统考科目考试外，招生学校可在有关省级成人高校招生办公室统一组织下，根据专业要求自行确定是否再加试专业课。如需加试，招生学校必须在有关省级成人高校招生办公室向社会公布的招生简章中注明并自行命题和组织考试，于 9 月底前，向有关省级成人高校招生办公室提交加试合格考生名单。

5. 统考科目按教育部 2002 年 8 月颁布的复习考试大纲的要求命题。所有统一考试科目每科试题满分均为 150 分；高中起点升本科、专科（高职）的统考科目每门考试时间为 120 分钟，专科起点升本科每门考试时间为 150 分钟。

（二）考试的组织

1. 考生一般应在户口所在地报名并参加考试。

2. 考试日期为 10 月 16 日和 17 日。

3. 阅卷工作由省级成人高校招生办公室统一组织，考生成绩通知本人，不公布。不对考生查卷。

五、录取

（一）2004 年成人高校招生工作全部实行计算机网上录取，分为现场局域网和远程广域网两种形式。录取工作必须于 12 月底前结束。

（二）录取工作实行“学校负责、招办监督”的录取体制，即在符合成人高校招生报名条件、考试成绩达到投档分数线的考生中，由招生学校根据“从高分到低分择优录取”的原则，决定考生录取与否和录取的专业，同时负责对遗留问题的处理。省级成人高校招生办公室在录取时根据国家招生政策对招生学校录取名单进行审核，对其录取工作予以监督，对不符合招生政策的情况予以纠正。同时，各招生学校也要发挥校内纪检、监察部门的作用，加强校内自我监督，建立自我约束机制。

（三）录取的最低控制分数线由各省级高校招生委员会根据考生统考科目成绩和招生学校在本省（自治区、直辖市）安排的招生计划数分考试科类划定。其中，高中起点升本科艺术类专业（除史论、编导类专业外）的最低控制分数线，不得低于相应科类最低控制分数线的70%，考生数学成绩不计入总分，由招生学校录取时作为参考。高中起点升本科的体育类专业，最低控制分数线不得低于相应科类最低控制分数线的70%。录取的最低控制分数线需报教育部备案。

（四）录取时，省级成人高校招生办公室原则上按考生统考科目总成绩向招生学校投档。对于有专业课加试的学校，根据加试合格考生名单向招生学校投档，招生学校根据考生参加统考的成绩，由高分到低分择优录取（艺术类和体育类专业在考生文化课符合要求的基础上，原则上按招生学校的加试专业课成绩从高分到低分择优录取）。

（五）录取新生名单由招生学校提出，省级成人高校招生办公室审核。招生学校按审核后的录取名单发放录取通知书。

（六）录取阶段，各省级成人高校招生办公室要根据考生上线情况，在已核定的本省（自治区、直辖市）招生计划总数内，积极做好调剂录取工作。

（七）录取及提档照顾政策

1.获得“全国劳动模范”、“全国先进工作者”称号，“全国‘五一’劳动奖章”获得者，经本人申请，省级成人高校招生办公室审核，招生学校同意，可免试入学。

2.奥运会、世界杯赛和世界锦标赛的奥运会项目前八名获得者、非奥运会项目前六名获得者；亚运会、亚洲杯赛和亚洲锦标赛的奥运会项目前六名获得者、非奥运会项目前三名获得者；全运会、全国锦标赛和全国冠军赛的奥运会项目前三名获得者、非奥运会项目冠军获得者。上述运动员经本人申请并出具省级体育行政部门审核的《优秀运动员申请免试进入成人高等学校学习推荐表》（国家体育总局监制），省级成人高校招生办公室审核，招生学校同意，可免试入学。

3.运动健将和武术项目武英级运动员称号获得者（须经省级体育行政部门审核并出具运动成绩证明），省级成人高校招生办公室可以在考生考试成绩基础上增加50分投档（一级运动员称号获得者为30分），是否录取由招生学校确定。

4.符合下列条件之一的考生，省级成人高校招生办公室可以在考生考试成绩基础上增加20分投档，是否录取由招生学校确定。

(1)获得地市级以上（含地市级）人民政府，国务院各部委及各省（自治区、直辖市）厅、局系统，国家特大型企业授予的劳动模范、先进生产（工作）者及科技进步（成果）奖获得者。

(2)获得省级工、青、妇等组织授予“五一劳动奖章”、“新长征突击手”、“三八红旗手”称号者。

(3)解放军、武警部队、公安干警荣立个人三等功以上者。

(4)归侨、归侨子女、华侨子女、台湾省籍考生。

(5)烈士子女、烈士配偶。

(6)边疆、山区、牧区和少数民族聚居地区的少数民族考生、国防科技工业三线企业单位（地处地市以上人民政府所在地的除外）获得企业表彰的先进生产（工作）者。

(7)年满25周岁以上人员。

5.自谋职业的城镇退役士兵，省级成人高校招生办公室可以在考生考试成绩基础上增加10分投档，是否录取由招生学校确定。

符合上述照顾政策的考生必须于报名时交验相应的原始证件（自谋职业的城镇退役士兵凭省级民政部门颁发的《自谋职业证》）。符合两项以上照顾政策的考生，其照顾分数不得累计。

（八）农、林、水利、地质、矿业、公安、监所、测绘、远洋运输、社会福利等专业，在上线生源不足时可适当降分投档，降分幅度最大不得超过20分。

（九）录取工作结束后，各省级成人高校招生办公室须向教育部报送录取新生的数据库，并向招生学校所在地毕业证书验印部门提供本年录取新生名单。

六、新生复查

新生入学后，招生学校要对已报到新生进行全面复查。对其中不符合条件或弄虚作假、违纪舞弊者，应取消其入学资格，并报有关省级成人高校招生办公室备案。

七、其他

（一）从2004年起，成人高校招生不再免试招收第二专业专科学历教育学生，考生需参加成人高校招生全国统一入学考试，录取人数纳入招生学校当年招生计划总数。

（二）对违反招生有关规定应予处罚的，依照2004年5月发布的教育部18号令《国家教育考试违规处理办法》执行。

（三）各省级成人高校招生办公室可根据本办法结合本地区的实际情况做必要的补充规定。

附件二

高中起点升本科、专科（高职）统一考试科目一览表

层次	报考类别	统一命题考试科目
高中起点升本科	理科	语文、数学（理）、外语、理化
	文科	语文、数学（文）、外语、史地
高中起点升专科（高职）	理科	语文、数学（理）、外语
	文科	语文、数学（文）、外语
	医学（中医学类、药学类两个一级学科除外）各专业	语文、数学（理）、外语、医学综合
	中医学类及中药学各专业	语文、数学（理）、外语、中医综合
	中央司法警官教育学院开设的监狱管理、劳教管理专业	语文、数学（文）、外语、监狱（劳教）基础
	公安类院校各专业	语文、数学（文）、外语、公安专业基础

附件三

专科起点升本科招生专业与统一考试科目对照表

一、哲学、文学（艺术类除外）、历史学以及中医、中药学（一级学科）

招　生　专　业		统考科目
010101 哲学	010102 逻辑学	
010103 宗教学	010104 伦理学	
050101 汉语言文学	050102 汉语言	
050103 对外汉语	050104 中国少数民族语言文学	政治
050105 古典文献	050106 中国语言文化	
050107 应用语言学	050147 秘书学	
050150 文秘与办公自动化	050200 外国语言文学类	
050281 英语教育	050283 外贸英语	外语
050301 新闻学	050302 广播电视新闻学	
050304 编辑出版学	050305 传播学	
060101 历史学	060102 世界历史	

招生专业		统考科目
060103 考古学	060104 博物馆学	大学语文
060105 民族学	060106 文物保护技术	
100501 中医学	100502 针灸推拿学	
100503 蒙医学	100505 中西医临床医学	
100504 藏医学	100802 中药学	
100804 中草药栽培与鉴定	100805 藏药学	
100806 中药资源与开发		

二、艺术类（一级学科）

招生专业		统考科目
040106 艺术教育	050303 广告学	政治 外语 艺术概论
050401 音乐学	050402 作曲与作曲技术理论	
050403 音乐表演	050404 绘画	
050405 雕塑	050406 美术学	
050407 艺术设计学	050408 艺术设计	
050409 舞蹈学	050410 舞蹈编导	
050411 戏剧学	050412 表演	
050413 导演	050414 戏剧影视文学	
050415 戏剧影视美术设计	050416 摄影	
050417 录音艺术	050418 动画	
050419 播音与主持艺术	050420 广播电视编导	
050421 影视教育	050422 艺术学	
110999 公共事业管理（艺术管理）		

三、工学、理学（生物科学类、地理科学类、环境科学类、心理学类四个一级学科除外）

招生专业		统考科目
070101 数学与应用数学	070102 信息与计算科学	政治 外语 高数（一）
070201 物理学	070202 应用物理学	
070203 声学	070301 化学	
070302 应用化学	070501 天文学	
070601 地质学	070602 地球化学	
070701 地理科学	070801 地球物理学	
070901 大气科学	070902 应用气象学	
071001 海洋科学	071002 海洋技术	
071003 海洋管理	071004 军事海洋学	
071101 理论与应用力学	071201 电子信息科学与技术	
071202 微电子学	071203 光信息科学与技术	
071204 科技防卫	071205 信息安全	
071301 材料物理	071302 材料化学	
071601 统计学	071701 系统理论	
080101 采矿工程	080102 石油工程	
080103 矿物加工工程	080104 勘查技术与工程	
080105 资源勘查工程	080106 地质工程	

招　生　专　业		统考科目
080107 矿物资源工程	080201 冶金工程	政治 外语 高数（一）
080202 金属材料工程	080203 无机非金属材料工程	
080204 高分子材料与工程	080205 材料科学与工程	
080206 复合材料与工程	080207 焊接技术与工程	
080208 宝石及材料工艺学	080209 粉体材料科学与工程	
080210 再生资源科学与技术	080211 稀土工程	
080301 机械设计制造及其自动化	080302 材料成型及控制工程	
080303 工业设计	080304 过程装备与控制工程	
080305 机械工程及自动化	080306 车辆工程	
080307 机械电子工程	080366 计算机科学教育	
080401 测控技术与仪器	080501 热能与动力工程	
080502 核工程与核技术	080503 工程物理	
080601 电气工程及其自动化	080602 自动化	
080603 电子信息工程	080604 通信工程	
080605 计算机科学与技术	080606 电子科学与技术	
080607 生物医学工程	080608 电气工程与自动化	
080609 信息工程	080610 光源与照明	
080611 软件工程	080612 影视艺术技术	
080613 网络工程	080614 信息显示与光电技术	
080615 集成电路设计与集成系统	080616 光电信息工程	
080617 广播电视工程	080618 电气信息工程	
080619 计算机软件	080624 医学信息工程	
080650 输电线路工程	080660 计算机应用	
080663 计算机科学教育	080701 建筑学	
080702 城市规划	080703 土木工程	
080704 建筑环境与设备工程	080705 给水排水工程	
080706 城市地下空间工程	080724 道路桥梁与渡河工程	
080741 建筑工程	080801 水利水电工程	
080802 水文与水资源工程	080803 港口航道与海岸工程	
080804 港口海岸及治河工程	080901 测绘工程	
080902 遥感科学与技术	081001 环境工程	
081002 安全工程	081101 化学工程与工艺	
081102 制药工程	081103 化工与制药	
081201 交通运输	081202 交通工程	
081203 油气储运工程	081204 飞行技术	
081205 航海技术	081206 轮机工程	
081207 物流工程	081208 海事工程	
081209 交通设备信息管理	081301 船舶与海洋工程	
081244 汽车应用技术	081401 食品科学与工程	
081402 轻化工程	081403 包装工程	
081404 印刷工程	081405 纺织工程	
081406 服装设计与工程	081407 食品质量与安全	
081408 酿酒工程	081501 飞行器设计与工程	
081502 飞行器动力工程	081503 飞行器制造工程	
081504 飞行器环境与生命保障工程	081601 武器系统与发射工程	

招生专业		统考科目
081602 探测制导与控制技术	081603 弹药工程与爆炸技术	政治 外语 高数（一）
081604 特种能源工程与烟火技术	081605 地面武器机动工程	
081606 信息对抗技术	081607 武器系统与工程	
081701 工程力学	081702 工程结构分析	
081801 生物工程	081901 农业机械化及其自动化	
081902 农业电气化与自动化	081903 农业建筑环境与能源工程	
081904 农业水利工程	081905 农业工程	
081906 生物系统工程	082001 森林工程	
082002 木材科学与工程	082003 林产化工	
082101 刑事科学技术	082102 消防工程	
082103 安全防范工程	082104 交通管理工程	
083054 计算机网络技术	083060 计算机网络工程与管理	
083070 机电工程	083160 电子商务技术及应用	

四、经济学、管理学以及职业教育类、生物科学类、地理科学类、环境科学类、心理学类、药学类（除中药学类外）六个一级学科

招生专业		统考科目
020101 经济学	020102 国际经济与贸易	政治 外语 高数（二）
020103 财政学	020104 金融学	
020105 国民经济管理	020106 贸易经济	
020107 保险	020108 环境经济	
020109 金融工程	020110 税务	
020111 信用管理	020112 网络经济学	
020113 体育经济	040301 农艺教育	
040302 园艺教育	040303 特用作物教育	
040304 林木生产教育	040305 特用动物教育	
040306 畜禽生产教育	040307 水产养殖教育	
040308 应用生物教育	040309 农业机械教育	
040310 农业建筑与环境控制教育	040311 农产品储运与加工教育	
040312 农业经营管理教育	040313 机械制造工艺教育	
040314 机械维修及检测技术教育	040315 机电技术教育	
040316 电气技术教育	040317 汽车维修工程教育	
040318 应用电子技术教育	4040319 制浆造纸工艺教育	
040320 印刷工艺教育	040321 橡塑制品成型工艺教育	
040322 食品工艺教育	040323 纺织工艺教育	
040324 染整工艺教育	040325 化工工艺教育	
040326 化工分析与检测技术教育	040327 建筑材料工程教育	
040328 建筑工程教育	040329 服装设计与工艺教育	
040330 装潢设计与工艺教育	040331 旅游管理与服务教育	
040332 食品营养与检验教育	040333 烹饪与营养教育	
040334 财务会计教育	040335 文秘教育	
040336 市场营销教育	040337 职业技术教育管理	
070143 数学教育	070401 生物科学	

招 生 专 业		统考科目
070402 生物技术	070403 生物信息学	政治 外语 高数（二）
070404 生物信息技术	070405 生物科学与生物技术	
070408 医学信息管理	070701 地理科学	
070702 资源环境与城乡规划管理	070703 地理信息系统	
071401 环境科学	071402 生态学	
071501 心理学	071502 应用心理学	
100801 药学	100803 药物制剂	
110101 管理科学	110102 信息管理与信息系统	
110103 工业工程	110104 工程管理	
110105 工程造价	110106 房地产经营管理	
110147 电子商务与信息管理	110201 工商管理	
110202 市场营销	110203 会计学	
110204 财务管理	110205 人力资源管理	
110206 旅游管理	110207 商品学	
110208 审计学	110209 电子商务	
110210 物流管理	110301 行政管理	
110302 公共事业管理	110303 劳动与社会保障	
110304 土地资源管理	110305 公共关系学	
110306 高等教育管理	110307 公共政策学	
110348 卫生事业管理	110363 电子政务	
110401 农林经济管理	110402 农村区域发展	
110501 图书馆学	110502 档案学	
110503 信息资源管理		

五、法学

招 生 专 业		统考科目
030101 法学	030102 知识产权法	政治 外语 民法
030109 法学（狱政管理）	030143 法律	
030120 监狱学	030201 科学社会主义与国际共产主义运动	
030202 中国革命史与中国共产党党史		
030301 社会学	030302 社会工作	
030401 政治学与行政学	030402 国际政治	
030403 外交学	030404 思想政治教育	
030405 国际文化交流	030501 治安学	
030502 侦查学	030503 边防管理	
030504 火灾勘查	030505 禁毒学	

六、教育学（职业教育类一级学科除外）

招 生 专 业		统考科目
040101 教育学	040102 学前教育	政治 外语 教育理论
040103 特殊教育	040104 教育技术学	
040105 小学教育	040106 艺术教育	
040107 人文教育	040108 科学教育	
040201 体育教育	040202 运动训练	
040203 社会体育	040204 运动人体科学	
040205 民族传统体育		

七、农学

招　生　专　业		统考科目
090101 农学	090102 园艺	政治 外语 生态学 基础
090103 植物保护	090104 茶学	
090105 烟草	090106 植物科学与技术	
090107 种子科学与工程	090108 应用生物科学	
090201 草业科学	090301 林学	
090302 森林资源保护与游憩	090303 野生动物与自然保护区管理	
090401 园林	090402 水土保持与荒漠化防治	
090403 农业资源与环境	090501 动物科学	
090502 蚕学	090503 蜂学	
090601 动物医学	090641 畜牧兽医	
090699 动物防疫与检疫	090701 水产养殖学	
090702 海洋渔业科学与技术		

八、医学（中医学类、药学类两个一级学科除外）

招　生　专　业		统考科目
100101 基础医学	100201 预防医学	政治 外语 医学综合
100301 临床医学	100302 麻醉学	
100303 医学影像学	100304 医学检验	
100305 放射医学	100306 眼视光学	
100307 康复治疗学	100308 精神医学	
100309 医学技术	100310 听力学	
100401 口腔医学	100601 法医学	
100701 护理学		

附件四

全国成人高校招生统一考试时间表

一、高中起点升本、专科（高职）考试时间表

日　期 时　间	10 月 16 日	10 月 17 日
9:00—11:00	语文	外语
14:30—16:30	数学	理化 史地 医学综合 中医综合 监狱（劳教）基础 公安专业基础

二、专科起点升本科考试时间表

时间＼日期	10月16日	10月17日
9:00—11:30	政治	大学语文 艺术概论 高等数学（一） 高等数学（二） 民法 教育理论 生态学基础 医学综合
14:30—17:00	外语	

教育部办公厅关于在国家教育考试前要求考生填写《考生诚信考试承诺书》及有关要求的通知

教学厅［2004］3号

各省、自治区、直辖市高等学校招生委员会、教育厅（教委）：

为维护国家教育统一考试的公平、公正，加强对考生遵守考试纪律的教育，强化考生的自律意识，营造诚实守信的考试环境，树立文明良好的社会风尚，我部决定从2004年开始，在普通高等学校招生全国统一考试、成人高等学校招生全国统一考试、硕士研究生招生全国统一考试、高等教育自学考试等国家教育统一考试中，要求考生在考试前阅读《考生诚信考试承诺书》并签字认可，以表明其对考场纪律的知晓、认可、遵守。此项工作是狠刹考试违纪舞弊歪风、制止“考场腐败”的重要举措，也是考试组织中的必要环节。各省级教育行政部门、考试机构应高度重视，按照方便、实用、有效的原则，积极采取措施，切实落实相关工作。现将有关要求通知如下：

一、《考生诚信考试承诺书》的基本内容

1. 考试有关规定等考生须知晓和遵守的纪律要求；

2. 考生（我）已阅读考试有关规定，愿意在考试中自觉遵守，如有违反将接受处理；

3. 按教育考试机构要求，本人所提供的个人信息是真实、准确的；

4. 考生本人签字、日期等。

二、各省级教育考试机构可根据本地的具体规定制作《考生诚信考试承诺书》。

三、考生应在接到准考证前，阅读《考生诚信考试承诺书》并签名，具体操作办法由各省级教育考试机构自定。

四、各省级考试机构应在对国家教育统一考试的工作部署中，对此项工作进行专项研究和落实，并广泛宣传，促使“诚信考试”的理念深入人心。

二〇〇四年三月五日

关于做好2004年成人高校招生分省计划编制工作的通知

教学司［2004］10号

各省、自治区、直辖市教育厅（教委）、成人高校招生办公室，新疆生产建设兵团教育局，有关部门（单位）教育司（局），部属各高等学校成（继）教院：

为进一步规范成人高校招生分省计划编制工作，满足成人高校招生网上录取工作的需要，2004年全国成人高校招生分省计划的编制统一使用“全国成人高校招生分省计划编制系统”（以下简称“系统”），并全部在“中国高等教育学生信息网”（网址为：www.chsi.com.cn）上进行，现将有关事项通知如下：

一、编制原则及工作要求

1. 各省、自治区、直辖市教育厅（教委）、新疆生产建设兵团教育局和有关部门（单位）教育司（局）应按照《教育部关于编报2004年成人高等教育招生计划的通知》文件精神及其附件《2004年成人高等教育招生计划控制数》中确定的规模，根据所属学校所在地社会经济发展的实际需要和办学条件，指导所属学校2004年分省招生计划的编制工作。教育部直属高等学校按2004年教育部确定的招生规模编制本校分省招生计划。

2. 中央部委所属院校要为地方社会经济发展服务；地方所属院校在主要面向所在省（区、市）招生的同时，经主管部门同意，可根据外省（区、市）对人才的需求安排少量跨省招生计划，跨省计划数原则上不得高于2003年。

3. 招生院校应认真调查和研究近年来的社会需求和生源情况，分省分专业计划的编制力求切合实际，尽可能避免招生计划向社会公布后再做较大调整和“因生源不足开不成班”现象的出现。

4. 各招生院校在分省计划编制过程中要充分体现成人高等教育为在职从业人员服务、以业余学习为主的特点，尽可能减小全日制脱产学习的在校生规模，全日制脱产学习的招生人数原则上不得超过本校招生规模的30%。本科层次计划应主要用于专科起点升本科，高中起点升本科所占比例最高不得超过本校本科计划总数的30%。进行业余（包括半脱产、夜大学，下同）形式教育的不得异地招生、办学。

5. 进行函授教育的院校，只能在已经按规定履行过函授站登记手续，并报教育部备案的省（区、市）招生。招生区域一般不得超过10个省（区、市），每专业在一省（区、市）内的招生人数一般不得少于30人，并在“系统”的备注栏内注明具体的授课地点。根据《教育部、卫生部关于举办高等医学教育的若干意见（教高［2002］10号）》文件要求，西医类专业不得安排函授招生计划。艺术类、外语类专业，除经我部批准的学校外，一般不得安排函授招生计划（经教育部批准招生的学校及专业见附件）。地方教育行政部门要对各成人高校设在本省（区、市）的函授站（点）加强检查，规范管理，督促其进一步改善办学条件，保证教育质量。

6. 高中起点升本科和高职（专科）文理兼招的专业，编制分省计划时必须将该专业按文、理分列。

7. 从2004年起，第二专业专科学历教育的招生不再实行免试，考生一律参加全国统一考试，招生计划纳入计划总数内。

8. 招生范围是面向某一地区或城市的，以及其他特别需要说明的，均必须在“系统”中备注栏内注明。

9. 省级成人高校招生办对下载的招生计划进行核对后，统一向社会公布。未经省级成人高校招生办统一向社会公布的招生院校和专业不得招生。

二、编制办法及时间要求

1. 2004年，所有招生院校均必须使用“系统”在网上编制所有分省计划；教育部高校学生司在网上管理全国成人高校招生的分省计划编制工作；各省、自治区、直辖市教育厅（教委）和有关部门（单位）教育司（局）在网上管理所属成人高校的分省计划编制工作，包括管理本部门及所属成人高校的账户信息，网上分配、调整、审核、打印所属学校的招生计划；各省级成人高校招生办公室在网上下载本省的所有招生计划。

2. 各单位可使用本单位的用户名和密码（随文件下发）登录“中国高等教育学生信息网”进入“系统”。工作前请仔细阅读“系统”上的相关使用说明，并按照编制原则和“系统”提示编制和管理分省计划。

3. 招生院校网上编制分省计划的工作时间为4月12日至4月18日；各省、自治区、直辖市教育厅（教委）和有关部门（单位）教育司（局）的工作时间为4月10日至4月23日；各省级成人高校招生办公室下载分省计划的时间为4月28日至4月30日。

附件：举办艺术类、外语类专业函授教育的招生院校及专业名单

教育部高校学生司
二〇〇四年三月三十一日

附件

举办艺术类、外语类专业函授教育的招生院校及专业名单

艺术类：
中国音乐学院　　函授专科（限音乐学专业）
北京舞蹈学院　　函授专科（限舞蹈史与舞蹈理论专业）
北京广播学院　　函授本科、专科
北京电影学院　　函授专科
吉林艺术学院　　函授专科（限作曲与作曲理论、文艺编导专业）
云南艺术学院　　函授专科（限音乐学、美术学专业）
四川音乐学院　　函授专科（限音乐学、作曲技术理论专业）
外语类：
上海外国语大学　　函授专科（试办）
北京外国语大学　　函授专科（试办）
大连外国语学院　　函授专科（试办）

关于做好2004年成人高校招生专科（高职）“3＋1”考试专业基础课及专升本专业基础课民法的命题工作的通知

教学司［2004］30号

公安部政治部人事训练局、司法部考试司、卫生部科教司、国家中医药管理局科教司：

为确保2004年成人高校招生专科（高职）“3＋1”改革试点专业基础课及专升本专业基础课民法考试的命题工作顺利完成。现将有关事项通知如下：

一、提高认识，狠抓落实，确保命题工作安全顺利进行

全国成人高校招生考试是国家教育考试的重要组成部分，涉及千家万户，事关广大考生的切身利益，确保成人高校招生统一考试安全，维护成人高校招生统一考试的权威性、公正性和严肃性具有十分重要的意义。党中央、国务院也十分重视教育考试工作。请各有关单位按照“三个代表”重要思想的要求，把安全保密工作作为建立良好社会风气和维护社会稳定的大事来抓。坚决贯彻教育部、中宣部、公安部、监察部、信息产业部、国家保密局、武警总部等七部门《关于全面加强教育考试环境综合整治工作的通知》（教

学［2004］15号）的精神，制定严格、周密、具体的办法，狠抓各个环节工作。要按照《中华人民共和国保守国家秘密法》的要求，加强对命题、清样制作、保管和运送等每一个工作环节的监控和管理，健全规章制度，落实相关责任，确保不发生考题泄露和试题清样丢失等恶性事件，同时制定突发事件应急预案。

二、精益求精，严格标准，确保命题工作质量

各命题单位应加强对命题工作的领导，组成有司局级领导参加的命题工作领导小组，要选派公正、廉洁、认真负责、教学经验丰富、学术水平较高、工作在教学第一线、一般应具有副教授及以上职称的人员参加命题工作，命题人员的身份对外保密。命题人员不得参加任何有关成人高考的补习、辅导活动，不得向任何人透露试题的内容和命题工作情况。

试题内容应遵守已向社会公布的复习考试大纲，根据成人高等教育的特点，以测试考生是否具备成人高等学校入学的基本条件和考查考生对本学科基础理论、基本知识和基本技能掌握的程度为主，在此基础上要加强对考生综合分析问题和解决实际问题能力的考查。为减小评卷工作的复杂性、提高评卷质量，各命题单位在保证试题质量的前提下应尽量加大客观题的权重。

三、精心安排，严格程序，确保试题清样安全顺利下发

9月20日为下发试题清样的最后期限。请按照这一要求制定详细的工作计划，周密安排，按时完成命题和试题清样制作（试题清样制作统一采用B4纸横用，样式附后）。为进一步保证试题清样下发过程的安全保密，最大限度减少运转环节和人员接触，试题清样准由各命题单位直接通过机要渠道发往各省级成人高校招生办公室（我司于8月底提供地址、接收人和联系电话）。试题清样的外包装必须按照保密工作规定使用保密袋（参照教育部考试中心试题清样专用保密袋）。

四、严格执行值班和报告制度

从试题清样下发直到考试结束，必须派专人24小时值班。随试题清样一起下发给各省级成人高校招生办公室的有关说明中须公布值班人员的姓名和联系电话并告我司。值班人员须随时与各省级成人高校招生办公室的试题清样接收人核实试卷清样的接收情况，及时处理可能出现的意外情况。遇有试题泄密、试题清样丢失等重大事件必须在第一时间上报本单位负责人和我司，并启动应急预案。

附件：1. 2004年成人高校招生专科（高职）“3＋1”改革试点专业基础课及专升本基础课民法的命题基本原则（略）

2. 试题清样制作样式（略）

教育部高校学生司

二○○四年八月六日

关于做好2004年全国成人高校招生录取工作的通知

教学司［2004］38号

各省、自治区、直辖市教育厅（教委）、成人高校招生办公室，新疆生产建设兵团教委、有关部门（单位）教育司（局），教育部直属高等学校成（继）教院：

为做好2004年成人高校招生录取工作，现就有关事项通知如下：

一、严格执行招生规定，严肃招生纪律

各省、自治区、直辖市教育厅（教委）、成人高校招生办公室和各成人高校，应认真贯彻落实《教育部关于做好2004年全国成人高校招生工作的通知》（教学［2004］17号）精神及有关工作要求，严格执行成人高校招生政策，遵循“公平、公正、公开”的原则，加强管理，严明纪律，维护招生工作的严肃性。教育纪检监察部门要加大招生执法监察力度，对违反招生纪律的，要按有关规定严肃处理。

二、树立质量意识，提高评卷质量，严格录取标准

各省、自治区、直辖市教育厅（教委）、成人高校招生办公室要强化对评卷工作的组织与管理，严格按照有关评分要求进行评卷，控制评分误差、提高评卷质量，对在评卷过程中发现的考生违纪作弊情况要认真处理。同时要组织专家对各考试科目试题内容、考生答卷情况和考试成绩专门进行统计和分析，并将总结报告于11月10日前用电子邮件报我司。

各省级成人高校招生办公室和各成人高校要严格执行录取标准。各省级招生办公室应组成专家组对考生考试情况和考试成绩进行综合分析，在保证生源质量、满足成人高校最低培养要求的基础上确定本省（区、市）录取最低控制分数线，不得单纯为完成招生计划、或为争取成人高校的调整计划而过低地划定录取分数线。公安部、司法部、卫生部、中医药管理局等“四部委”进行的“3＋1”考试科目改革的专业，仍以4科成绩计算总分。

三、严格执行招生计划，做好分省计划网上调整工作

各成人高校2004年招生人数不得突破国家核定的招生规模。录取期间，各省、自治区、直辖市教育厅（教委）和有关部门（单位）教育司（局）不得超出已核定并已向社会公布的招生规模为所属成人高校追加招生计划（包括本科和高职高专），各省级成人高校招生办公室应对成人高校的招生情况进行有效监督。

跨省（区、市）招生的成人高校为解决各省（区、市）间生源不均衡问题，可以在已核定的招生规模内对已公布的分省计划进行省际调整，但高职高专计划不得调整为本科计划，业余和函授计划不得调整为脱产计划。经过调整仍然不能完成招生计划的成人高校应予减招，不得降低分数要求录取新生。

2004年全国成人高校招生分省计划的调整工作统一使用我司开发的系统在互联网上进行。我司负责在互联网上对全国成人高校招生的分省计划调整工作实施监督；各省、自治区、直辖市教育厅（教委）和有关部门（单位）教育司（局）负责在网上管理所属成人高校的分省计划调整工作，包括对所属成人高校进行培训，管理本部门及所属成人高校的密码信息，调整、审核、打印所属成人高校的调整计划等；各省级成人高校招生办公室应通过互联网受理各成人高校分省计划调整的申请。

各省级成人高校招生办公室要积极协助成人高校做好生源调剂和分省计划调整工作，必须在录取工作开始前一个星期向各成人高校公布其各层次、各专业上线生源和可调剂生源情况，以利于各成人高校做好分省计划的网上调整和网上录取前的各项准备工作。

分省计划网上调整工作具体操作办法见附件。

四、做好网上录取前期准备，确保网上录取安全

今年成人高校招生网上录取系统已升级，各省级成人高校招生办公室要在录取工作开始前完成网上录取系统升级测试、对属地所有成人高校的培训和院校端录取系统更新、录取模拟演练等任务，特别要对技术及管理相对薄弱和今年新增的成人高校培训到位，保证录取工作顺利进行。同时，各省级成人高校招生办公室和各成人高校要树立安全第一的思想，加强对信息资源、计算机设备、网络设备、文档文件和录取场地的管理，根据本省（区、市）实际情况制定完善有效的安全管理制度，进一步完善安全措施，提高安全工作的管理水平。对属于考生信息中需要保密的内容，应妥为保管，不得擅自公开。

有关要求和具体办法仍按《2003年全国成人高校招生远程网上录取实施意见》（教学司［2003］50号文件附件）执行。

五、合理安排工作日程，按时完成招生工作

为方便各成人高校做好分省计划网上调整和网上录取前的各项准备工作，各省（区、市）的录取工作应于11月20日左右开始，并于12月20日前结束。12月底前将录取新生数据库上报我司，此后各省（区、市）均不得再进行补录工作。

我司将于11月上旬对有关单位集中进行网上录取系统和分省计划网上调整系统的培训，具体时间和地点另行通知。

请各省级成人高校招生办公室将本通知立即转发至本地区所有成人高校。

附件：2004年全国成人高校招生分省计划网上调整办法

教育部高校学生司

二〇〇四年十月二十五日

附件

2004年全国成人高校招生分省计划网上调整办法

一、前期工作准备

1. 各省、自治区、直辖市教育厅（教委）、成人高校招生办公室，新疆生产建设兵团教委、有关部门（单位）教育司（局），各成人高校要认真对待此项工作，安排熟悉计算机操作的人员负责此项工作。

2. 配置能够接入互联网的计算机和打印机一台。计算机有关配置为：操作系统为Windows98以上，IE6.0版本，1024×768的屏幕分辨率，IE允许Cookies。

二、开通时间

系统将于2004年11月10日开通，12月10日关闭，系统开通期间，各省，自治区、直辖市教育厅（教委）、成人高校招生办公室，新疆生产建设兵团教委、有关部门（单位）教育司（局）工作人员要及时受理学校的计划调整申请。

三、分省计划网上调整的操作流程

1. 系统登录。系统各用户根据我部提供的网址，打开“全国成人高校招生分省计划网上调整系统”主页后，在系统登录框内，输入用户名、口令和验证码，登录系统。

2. 填写注册信息。各用户成功登录系统后，应认真填写注册信息，包括联系人、电话、传真、手机、电子邮件、通讯地址等信息，以保证计划调整工作期间通讯联络的畅通。

3. 学校提交申请。学校依据各省生源情况，填写调整申请表。在调整申请表中填写调出省、层次、专业、学习形式、调整量和对应的调入省、层次、专业、学习形式调整量。

4. 计划调出省的省级招办审核申请。计划调出省的省级成人高校招生办公室依据成人高校招生管理规定和学校的生源情况决定是否同意学校计划的调整意见。如果不同意，则转至第3步，返回学校重新调整；如果同意则转至下一步。

5. 学校上级计划主管部门审核申请（自动审核和人工审核）。学校上级计划主管部门依据成人高校招生计划管理有关规定审核调整申请。如果不同意，则转至第3步，由学校重新调整；如果同意则转至下一步。该步实行自动审核还是人工审核由学校上级计划主管部门决定。

6. 转入计划的省级招办接收计划。转入计划的省级成人高校招生办公室依据本省（自治区、直辖市）的成人高校招生管理规定和学校的生源情况决定是否接收并执行该计划。如果同意接收，则予以执行；不同意接收，则该计划作为学校的预留一部分，等待调入其他省。

四、其他

1. 各学校主管单位对受理的计划调整申请要及时打印相关报表，做好计划调整的备案工作。

2. 各省、自治区、直辖市教育厅（教委）、成人高校招生办公室，新疆生产建设兵团教委、有关部门（单位）教育司（局）和教育部直属高校的用户名和登录口令由我部设定并下发，其他学校的用户名和登录口令由其主管部门设定并下发，各单位务必于11月15日前完成所管用户名和登录口令的下发工作。系统有关用户名和登录口令应妥善保管，一旦发现丢失或泄漏应及时将有关情况报我部。

3. 系统的详细操作使用办法可参考我部提供的系统使用手册。

4. 分省计划调整系统开通后，我部将安排有关人员值班。对于使用过程中出现的问题要及时上报我部。

联系电话：010-66097328、86663629

电子邮件：1inwm@moe.edu.cn

联系人：范卫宏

关于请北京市教育考试院承担全国成人高校招生考试内容和考试方式改革研究课题的商函

教学司函［2004］4号

北京市教育考试院：

我国高等教育已进入大众化教育阶段，成人高校招生工作面临许多新情况、新问题。为进一步深化成人高校招生制度改革，使成人高等教育更好地为社会经济发展和在职从业人员服务，实现党的十六大提出的关于构建终身教育体系的重要目标，做好成人高校招生制度改革的科学研究工作已成当务之急。考虑到北京市成人高等教育比较发达，招生改革工作也走在全国前列，经研究，拟请你院就全国成人高校招生统一考试内容和考试方式如何进一步深化改革的课题进行专门研究。

课题主要研究2003年成人高校招生考试科目调整后，考试内容、方式及考试科目设置能否满足成人高校选拔新生的需要、能否体现成人高校招生特色，从理论和实际两个层面提出下一步改革思路和方案，为进一步改革做准备。

教育部高校学生司

二〇〇四年一月十九日

关于同意北京联合大学特殊教育学院成人教育面向残疾人单考单招增加专业的函

教学司函［2004］56号

北京教育考试院：

你院京考成招［2004］7号文收悉。为满足广大残疾学生参加继续教育的要求，经研究，同意北京联合大学特殊教育学院2004年面向残疾人单考单招增加如下专业：

英语（专科）　　　　招生对象：视障、肢残

艺术设计（专科）　　招生对象：听障、肢残

计算机（专科起点升本科）　　招生对象：听障、肢残

各招生专业对残疾等级的具体要求见附件。招生计划纳入到经教育部核定的北京联合大学年度成人高等学历教育计划总数内，生源范围限于北京市。北京联合大学负责考生的资格审查、命题和组织考试，拟录名单交你办审核后方可录取。此项工作与全国成人高校统一招生同步进行。其他有关事项按2004年教育部有关招生工作文件规定执行

附件：北京联合大学为残疾人新增的成人高等教育单独考试的招生专业及对残疾等级的要求

教育部高校学生司

二〇〇四年四月二十六日

附件

北京联合大学为残疾人新增的成人高等教育单独考试的招生专业及对残疾等级的要求

一、专科起点升本科

1. 计算机专业招收听障和肢残学生，要求听障残疾等级在二级重听以上，肢残等级为三级和四级。

二、高中起点升专科

1. 英语专业招收视障和肢残学生，要求视障残疾等级在二级低视力以上，肢残等级在三级和四级。
2. 艺术设计专业招收听障和肢残学生，要求听障残疾等级在二级重听以上，肢残等级为三级和四级。
3. 服装设计专业招收听障和肢残学生，要求听障残疾等级在二级重听以上，肢残等级为四级。

教育部关于印发《2004年高等学校招生全国统一考试考务工作规定》的通知

教考试［2004］1号

各省、自治区、直辖市高等学校招生委员会、教育厅（教委）：

按照教育部关于做好高等学校招生全国统一考试工作的要求和部署，根据近年来教育考试中面临的新形势和出现的新情况，结合实际工作，对原考务规则进行了修订。现将《2004年高等学校招生全国统一考试考务工作规定》印发给你们，请遵照执行。

附件：2004年高等学校招生全国统一考试考务工作规定

二〇〇四年二月二十七日

附件

2004年高等学校招生全国统一考试考务工作规定

第一章　总　则

第一条　高等学校招生全国统一考试（以下简称高考，特指普通、成人高等学校本专科招生全国统一考试）是国家教育统一考试。为健全高考考务工作制度，保障高考的正常实施，根据《中华人民共和国教育法》及有关法律、法规，特制定本规定。

第二条　高等学校招生，除经教育部批准外，实行全国统一考试。

第三条　高考的主要目的是为高等学校选拔新生提供考试成绩，同时也要有助于中等学校的素质教育和公民文化素质的提高。

第四条　高考的基本原则是科学、公正、准确、规范。

第五条　高考的试题、答案和评分参考（包括副题及其答案和评分参考）在启用之前属国家绝密级材料。

第六条　高考考务工作由教育部领导，教育部考试中心负责管理，地方各级考试机构组织实施。

第七条　各级考试机构要采用现代化技术手段管理高考工作。

第二章　考试工作人员

第八条　各级考试机构要配备与所承担的高考考务工作任务相适应的专职与兼职相结合的考试工作人员。考试工作人员的合法权益受到保护。

第九条　考试工作人员的基本条件是：坚持四项基本原则，思想品德良好，作风正派，遵纪守法，熟悉考试业务，工作认真负责，身体健康，遵守保密工作规定。

第十条　考试工作人员要实行岗位或专业技术职务聘任制，经培训合格才能上岗。

第十一条　实行回避制度。专职的考试工作人员，如有直系亲属参加当年的高考，应回避接触试题、答案和评分参考与答卷（含答题卡，下同）；兼职人员，如有直系亲属参加当年的高考，不得参加当年的考试工作。

第三章　试卷的印制、运送与保管

第十二条　高考的试卷、答案和评分参考由教育部考试中心或有关省级考试机构提供清样，省级考试机构负责印制。

第十三条　教育部考试中心提供的试卷、答案和评分参考清样通过机要部门发往各省级考试机构。各省级考试机构由一名负责人亲自接收，签发回执，并负责本地区试卷、答案和评分参考的保密工作。在试卷的印制、运送与保管过程中，所有涉密事项，必须用加密方式进行联络。

第十四条　试卷、答案和评分参考的清样须存放于省机要室或省级考试机构的保密室。

第十五条　教育部考试中心提供的试卷、答案和评分参考，在印制过程中任何人不得改动。如需变更，必须经教育部考试中心批准。

第十六条　试卷的印制、运送与保管要严格执行有关文件规定。

第四章　考试实施

第十七条　高考的科目和时间，由教育部公布。

第十八条　根据教育部的部署，各省级考试机构在当地政府与招生委员会的领导下，组织实施和管理在本地区的考试工作。

第十九条　考试期间，各级考试机构派督考员或巡视员监督、检查考试实施的情况，协助做好考试工作。

第二十条　高考以地（市）或县（区）为考区，考区设考区委员会，由当地政府负责人任考区主任，教育行政部门及考试机构负责人任副主任，并有公安、监察等部门负责人参加。考区委员会领导、组织、管理本考区的考试实施及处理考试期间本考区发生的重大问题。

第二十一条　考区设若干考点。考点应设在地、县政府所在地。因特殊情况要在地、县政府所在地以外设考点的，须经省级考试机构批准。

考点设主考一人、副主考两人，由考区主任聘任。主考、副主考要遵守《主考、副主考职责》（见附一）。考点设立考务、保卫、医疗、后勤等小组以保证考试正常实施。

第二十二条　考点设若干考场。考场应安全、安静、通风、采光条件好，桌椅整齐，室内除必备物品、文字外，不得留有其他任何物品和字迹。

每个考场考生数为二十五或三十人。考生座位须单人、单桌、单行排列，间距八十厘米以上。

每个考场内配备二至三名监考员，考场外设若干流动监考员。监考员由考点主考聘任。监考员必须恪守《监考员职则》（见附二）。普通高考的监考员不得由高三任课教师或班主任担任；成人高考的监考员不得由补习班或辅导班任课教师或班主任担任。

省级考试机构有权统一调派监考员。

第二十三条　省级考试机构统一制作《考生诚信考试承诺保证书》并制定具体的操作办法。

第二十四条　考试机构对符合报名条件的考生，制作、发放《准考证》。《准考证》存根保存半年。

第二十五条 省级考试机构以县和科类为单位随机编排《准考证》号。《准考证》号的编排按教育部有关文件执行。

第二十六条 各级考试机构和考试工作人员必须严格按照《考试实施程序》（见附三）实施考试；加强对备用卷的管理，启用备用卷应严格履行有关手续。

第二十七条 考生凭《准考证》和省级考试机构规定的其他证件参加考试，考生必须遵守《考生守则》（见附四）。

第二十八条 用汉语授课、学习的考生，参加高考（除外语科外），笔试一律用汉字答卷。用本民族语文授课的民族中学毕业生，报考用汉语授课的高等学校，汉语文科目由教育部考试中心另行命题，不翻译成少数民族文字，并用汉字答卷，其他各科（包括外语试题的汉字部分）可翻译成本民族文字，用本民族文字答卷。

第二十九条 借考考生的答卷要单独装订、密封，由借考地省级考试机构于考试结束后立即通过机要部门送考生户口所在省级考试机构。上述考试机构应指定专人（两人以上）负责借考考生答卷的收发与保管。

第三十条 考生答卷在统一评阅前，任何组织或个人不得以任何借口拆封。

第三十一条 考试期间，各级考试机构应安排昼夜值班，值班电话应在考前告知上下级考试机构。遇有失密、泄密、大面积舞弊等重大事件，须立即报告省级考试机构并转报教育部应急工作领导小组。

第三十二条 考试结束后，省级考试机构要立即将考试情况书面简要报告教育部考试中心。

第三十三条 副题的启用

（一）因自然灾害、战争等不可抗原因造成省（自治区、直辖市）或地、县未能按时实施考试，省级考试机构须及时报告教育部应急工作领导小组，经批准后启用副题进行考试。

（二）因试卷丢失、被窃或其他原因造成试题失密、泄密，省级考试机构须立即采取有效措施控制扩散，并立即报告教育部应急工作领导小组和省（自治区、直辖市）保密局。查清失密、泄密范围后，考前则在失密、泄密范围内立即停止考试，考后由教育部宣布在失密、泄密范围内的此次考试无效，经教育部应急工作领导小组批准后，启用副题重新进行考试。

（三）启用副题进行考试的组织管理、评卷等工作均依照本规定相应条款执行，考试时间由教育部应急工作领导小组确定，教育部考试中心或有关省级考试机构负责提供副题及相应的答案和评分参考。

第三十四条 由于试卷印刷有误或自然灾害等原因造成拖延了全国统一考试开考时间的，须由考区主任立即报省级考试机构批准延长考试结束时间，但延长的考试时间一般不应超过三十分钟。

第五章　评卷与分数报告

第三十五条 评卷工作由省级考试机构负责组织和管理。

第三十六条 考生答卷按国家秘密级材料管理，保存期为半年。考试成绩在通知考生本人前，按国家秘密级材料管理，任何人不得泄露。

第三十七条 答卷的运送与保管应严格执行有关文件规定。

第三十八条 承担评卷任务的高等学校设评卷点。各评卷点成立评卷领导小组，组长由学校主管领导担任，省级考试机构派人参加。

分学科成立学科评卷小组，组长由具有本学科高级职称的人员担任，并必须遵守《学科评卷小组组长职责》（见附五）。学科评卷小组在评卷结束后，撰写学科评卷工作总结和试题评价报告，经省级考试机构报教育部考试中心。

第三十九条 评卷人员由评卷领导小组聘任。评卷人员以高校教师为主，有中学教师或教研员参加，其队伍应相对稳定。作文等非选择题评卷人员。应聘请责任心强、水平高的教师担任。评卷人员必须遵守《评卷人员守则》（见附六）。

第四十条 评卷工作按照《评卷工作要求》（见附七）的规定执行。

第四十一条 评卷中发现一考场一科雷同卷超过五分之一以上或其他异常情况，应迅速报告省级考试机构查处，并及时报告教育部考试中心。

第四十二条　教育部考试中心负责监督检查各地评卷情况。

第四十三条　评卷结束后，考试成绩通知考生本人，省级考试机构制定具体的成绩通知办法和答卷复查办法。

第六章　考试信息管理

第四十四条　建立、健全考试机构的多级考试信息管理、通讯网络，购置必要的设备，配备一定的专业技术人员，逐步实现考试信息管理科学化、规范化、现代化。

第四十五条　考试信息包括考生情况，考区、考点、考场设置情况，考试情况，考试成绩等。各级考试机构要根据考试工作需要及时公布统一规范的考试信息项目及代码。

第四十六条　下一级考试机构按要求及时向上级考试机构准确报告有关考试信息。

第四十七条　各级考试机构对考试信息的采集与处理要规定严格的管理程序和严肃的工作纪律，控制误差，保证考试信息的准确性。

第四十八条　考试信息未公布前按国家秘密级材料管理。各级考试机构要采取相应的保密措施，保证考试信息的安全。

第四十九条　任何单位或个人未经教育部或省级考试机构同意，不得擅自向社会发布考试信息。

第七章　附　则

第五十条　承担高考的有关工作是各级各类学校的责任。各有关学校应为命题、考试、评卷等工作提供条件。

第五十一条　未经教育部批准，任何组织或个人不得翻印、出版和在新闻媒体上公布教育部考试中心命制的试题、试卷、答案和评分参考。

第五十二条　各省级考试机构可根据本规定制定实施细则，并报教育部备案。

第五十三条　本规定在2004年高等学校招生全国统一考试中施行。1991年9月16日原国家教育委员会公布的《普通、成人高等学校本、专科招生全国统一考试工作规则》同时废止。

附：一、主考、副主考职责

二、监考员职责

三、考试实施程序

四、考生守则

五、学科评卷小组组长职责

六、评卷人员守则

七、评卷工作要求

附一

主考、副主考职责

一、主考在考区委员会的领导下，负责本考点的全面工作，主持本考点的考试，副主考协助主考工作。

二、负责选聘和培训监考员及其他工作人员。

三、布置考场及考点，做好考前准备工作。

四、如因试卷不完整、字迹模糊、错装等原因需启封备用试卷，应报告考区主任或副主任批准，并须主考、副主考二人签名负责。

五、负责对因违规需要终止其考试的考生和因违规需中止其工作的考试工作人员及偶发事件作出及时处理。

六、每科考试结束后，组织和验收各考场的答卷装订与密封，并派专人保管与保卫，按时送到考区指定地点。

七、切实组织好安全保卫工作，发现问题及时处理，重大问题要立即报告考区主任。

八、考试结束后，向考区委员会报告本次考试情况。

附二

监考员职责

一、在考点主考领导下，主持本考场的考试，维护考场秩序，严格执行考试实施程序，如实记录考试情况，保证考试正常进行。

二、对考生进行考风考纪教育，宣读《考生守则》，宣布考试注意事项。

三、检查考生《准考证》及规定的其他证件，督促考生填写姓名、准考证号等，并进行核对，发现填涂错误，应要求其改正。

四、监督考生按规定答卷，制止违纪舞弊行为，并按《国家教育考试违规处理办法》等规定做好相关工作。

五、考试中发现异常情况立即报告主考。

六、制止非本考场考生和除主考、副主考、督考员、巡视员外任何人进入考场。

七、遵守监考纪律，不擅离职守，不吸烟，不打瞌睡，不阅读书报，不聊天，不抄题、做题、念题，不检查、暗示考生答题，不得擅自提前和拖延考试时间。

八、在考试期间，不得将手机、BP机等无线通讯工具带入考场，不得以任何理由把试卷、草稿纸带出或传出考场。

九、考前、考后检查、清理考场。

附三

考试实施程序

一、每科开考前二十五分钟（第一科前移十分钟），监考员甲、乙共同领取试卷、答题卡、草稿纸等，检查试卷袋是否有破损，核对试卷袋上标明科目是否与本场考试科目相同，核对无误后直入考场。

二、开考前二十分钟（第一科前移十分钟），监考员组织考生有秩序地进入考场，核对《准考证》及省级考试机构规定的其他证件，指导考生对号入座。

在第一科考试前二十分钟，监考员应认真向考生宣读《考生守则》及考试注意事项。

三、开考前十五分钟，监考员分发答题卡和草稿纸，并指导考生填涂答题卡的姓名、准考证号及科目。

四、开考前十分钟，监考员当众启封试卷袋，并认真核对，若发现有试卷数量不符、错装、漏印、重印、错印等，立即请示主考，采取有效措施，保证考试实施。

五、开考前五分钟分发试卷。

六、试卷分发完毕后，监考员应指导考生清点试卷。在试卷规定的地方填写自己的姓名、准考证号及座位号等。

七、开考信号发出后，监考员宣布开始答卷。

八、考试开始后，监考员甲在前台监试，监考员乙持《准考证》存根再次逐个认真核对考生在试卷上所填写的姓名、准考证号、座位号等是否正确，考生本人与《准考证》上的照片及省级考试机构规定的其他证件是否相符。若有问题，立即查明，予以处理。

九、开考十五分钟后，迟到考生不得入场；监考员对缺考考生试卷和空白试卷应分别在总分处和答题卡的姓名处加盖“缺考”或“空白”印章，缺考考生姓名和准考证号、座位号也由监考员填涂。

十、开考六十分钟后，考生方可交卷出场。

十一、监考员对试题内容不得作任何解释，但对于试卷印刷文字不清之处所提出的询问，应予当众答复，试题有更正时应及时板书当众公布。

十二、监考员应监督考生按规定答卷；制止考生违反考试纪律的行为，并将考生违规情况和考试情况如实填入考场记录单中。

十三、考试终了前十五分钟，监考员应当众宣布离终考所剩时间。

十四、考试终了信号发出后，监考员要求考生立即停止答题。

监考员检查核对考生所填写的准考证号是否准确，试卷页数是否完整，并按座位号（包括缺考考生）从小到大（小号在上、大号在下）的顺序整理好考生答卷、答题卡和草稿纸后，考生起立，依次退出考场。

十五、监考员将整理好的考生答卷、答题卡交主考验收合格后，装订、密封。

十六、每科考试结束后，监考员应清理考场。

十七、外语科听力考试部分有关程序由教育部考试中心另行规定。

附四

考生守则

一、考生在报名时应认真阅读《考生诚信考试承诺保证书》的有关内容，同意后填写。

二、考生必须自觉服从监考员等考试工作人员管理，不得以任何理由妨碍监考员等考试工作人员履行职责，不得扰乱考场及其他考试工作地点的秩序。

三、凭《准考证》和省级考试机构规定的其他证件，按规定时间参加考试。

四、考生入场，除2B铅笔、书写蓝（黑）字迹的钢笔、圆珠笔或签字笔、直尺、圆规、三角板、橡皮外（其他科目有特殊规定的除外），其他任何物品不准带入考场。

严禁携带各种无线通讯工具（如寻呼机、移动电话）、电子存储记忆录放设备以及涂改液、修正带等物品进入考场。

考场内不得自行传递文具、用品等。

五、考生入场后，对号入座，将《准考证》等证件放在桌子上以便核验。考生领到答题卡和试卷后，应在指定位置和规定的时间内准确清楚地填涂姓名、准考证号、座位号等栏目。凡漏填、错填或字迹不清的答卷、答题卡无效。

六、开考信号发出后才能开始答题。

七、开考十五分钟后不准入场，考试开始六十分钟后方可交卷出场（外语科听力考试要求另行规定），交卷出场后不得再进场续考，也不准在考场附近逗留或交谈。

八、在答卷纸的密封线外或答题卡规定的地方答题。不准用规定以外的笔和纸答题，不准在答卷、答题卡上做任何标记。

九、在考场内须保持安静，不准吸烟，不准喧哗，不准交头接耳、左顾右盼、打手势、做暗号，不准夹带、旁窥、抄袭或有意让他人抄袭，不准传抄答案或交换试卷、答题卡，不准将试卷、答卷、答题卡或草稿纸带出考场。

十、遇试卷分发错误及试题字迹不清等问题，可举手询问；涉及试题内容的疑问，不得向监考人员询问。

十一、考试终了信号发出后，立即停笔，根据监考员指令依次退出考场，不准在考场逗留。

附五

学科评卷小组组长职责

一、在评卷领导小组领导下，组织本学科的评卷工作，按时完成评卷任务。严守纪律，保守秘密，严格执行评卷的有关规定。

二、在评卷前组织试评。在试评和学习、掌握答案和评分参考的基础上，制定评分细则。

三、培训评卷人员，使每个评卷人员正确、熟练掌握答案和评分参考及评分细则。

四、检查执行答案和评分参考及评分细则的情况，纠正执行过程中的偏差。

五、负责本学科评卷的质量，裁决有关执行答案和评分参考及评分细则的分歧意见。

六、评卷结束后，对本学科答卷情况进行分析，作出对试题、试卷的定性分析报告，并对试题、答案和评分参考提出意见，报有关考试机构。

附六

评卷人员守则

一、严守纪律，保守秘密，严格执行评卷的有关规定。

二、严格掌握评分标准，防止偏宽、偏严和错评、漏评，按时完成任务。

三、在规定的地点集中评卷，凭《评卷工作证》出入评卷场所。

四、不得将答卷、评卷及统分的文件、资料等带出工作场所，评卷情况不得外传；工作时间不会客，不打电话；不得私自进入答卷保管室内和登分处；不准查询考生分数；不准将寻呼机、移动电话等通讯工具带入评卷场所。

五、评卷一律使用红色字迹签字笔或圆珠笔，其他笔不得带入评卷场所，记分要清楚。如更改，必须有组长和复核人员签字或盖章。

六、不得私自拆密封答卷册，不准撬看密封线内的考生姓名、准考证号等内容。不得涂改考生答卷及成绩。

七、爱护答卷与各种资料，不得损坏答卷。

八、保证评卷场地安全、安静。

附七

评卷工作要求

一、选择题评卷注意事项

（一）选择题采用机器评卷。

（二）成立机器评卷领导小组，组织机器评卷工作。

（三）培训评卷人员，做好计算机、光电阅读器等设备的调试工作。

（四）编制评卷软件。评卷软件必须经过试运行。在正式评卷中，任何人不得擅自修改。

（五）标准答案输入计算机须由两名以上专职人员负责，保证准确无误，标准答案在计算机中的存贮必须采取技术手段加密，防止人为改动。

（六）制定严格的评卷工作程序和工作纪律。

1. 评卷人员的工作用笔为红色字迹签字笔或圆珠笔，不准携带其他笔、橡皮、软盘等进入评卷场所。

2. 评卷组备有专用铅笔和橡皮，由专人保管。

3. 任何人不得修改答题卡的内容。对有问题的答题卡进行技术处理时，须两人以上同时在场，如需复制无法阅读的答题卡，原答题卡保留备查。

4. 建立责任制。各小组要有工作记录，小组之间要履行严格的交接手续，并由专人负责数据文件的管理。任何人不得擅自修改、拷贝数据文件。必须进行技术性修改时，要填写登记表，写明修改前后的数据，并要有机器评卷组负责人在内的两人以上同时在场。

（七）评卷过程中，应有专职技术人员负责维护计算机、光电阅读器等技术设备的正常运转。

（八）评卷过程中，每个工作单元要做好数据备份，加强计算机磁盘使用的管理，防止计算机病毒的破坏。

（九）加强机器评卷的质量检查。

（十）选择题评卷结束后，应将考生成绩按要求存入磁盘，制作备份盘，保存好数据。

二、非选择题评卷注意事项

（一）非选择题含作文、计算题、证明题和论述题等，采用人工评卷。

（二）评卷人员在评卷过程中应按规定签署姓名。

（三）记分要准确、工整。用阿拉伯数字记分，只记得分，不记扣除分数。

（四）计算分数时，对每题和小题中小数点以后的分数不作四舍五入，每科积分时才作四舍五入处理。

（五）作文由两人分别评阅，两人给出的分数在评卷小组设定的评分误差范围内的，取两人所评分数的平均值；超出评分误差范围内的，由评卷小组讨论确定。其他题目采取一人一题单独评阅。疑难问题由评卷小组讨论解决。

（六）各学科每天的复查量不得少于当天评卷数的20%。若有与原评卷教师不同意见。由学科评卷小组组长裁决。

积极推广电脑监控和人工复查相结合的方法，提高评卷质量。

（七）积分复核人员对各题分数、全卷分数全面复核。

（八）分数订正由评卷点指定专人负责。订正后，加盖评卷点分数校对章。

（九）评卷人员、复查人员、积分复核员及分数订正人均应签字负责。

（十）对有异常情况的答卷（如雷同卷、字迹前后不一致、在密封线外写有考生姓名、考号或标记的考生答卷等）先评分，同时填写《答卷异常情况登记表》，由评卷领导小组裁定，报省级考试机构处理。

教育部办公厅关于印发《2004年国家教育统一考试网上评卷工作考务管理办法》的通知

教考试厅［2004］3号

各省、自治区、直辖市高等学校招生委员会、高等教育自学考试委员会、教育厅（教委）：

根据教育部《2004年高等学校招生全国统一考试考务工作规定》，结合近年来国家教育统一考试网上评卷工作情况，在征求各地意见的基础上，对《国家教育统一考试网上评卷工作考务管理办法（征求意见稿）》进行了修改。现将《2004年国家教育统一考试网上评卷工作考务管理办法》印发给你们，请遵照执行。

附件：2004年国家教育统一考试网上评卷工作考务管理办法

二〇〇四年四月二十日

附件

2004年国家教育统一考试网上评卷工作考务管理办法

第一章　总　则

第一条　为做好国家教育统一考试网上评卷工作，根据教育部、国家保密局《关于教育工作中国家秘密及其密级具体范围的规定》、教育部《2004年高等学校招生全国统一考试考务工作规定》、《高等教育自学考试考务、考籍管理工作规则》，结合网上评卷工作的特点，制定本办法。

第二条　本办法适用于普通高等学校招生全国统一考试、成人高等学校招生全国统一考试、硕士研究生入学全国统考科目考试、高等教育自学考试、高等教育学历文凭考试以及全国计算机等级考试、全国英语等级考试的网上评卷工作。

第二章　答题卡的设计、印刷、运送和保管

第三条　网上评卷工作所需答题卡的设计应按照国家有关保密规定进行，由省级教育考试机构指定专人负责。如果需要有关公司参与设计，省级教育考试机构必须与参与工作的公司及具体人员签订保密协议。

第四条　答题卡的印制必须采取安全保密措施，印制过程符合国家秘密载体复制规定的要求。

第五条　如果需要在答题卡上印刷试题内容，必须由省级教育考试机构派专人负责，必须在国家保密部门审定批准的试卷定点印刷厂印制。参与印制的工作人员必须签订保密协议，并实行全封闭入闱管理。

第六条　答题卡的运送、保管必须严格按照国家教育考试考务安全保密工作规定的有关要求进行。

第三章　评卷工作的组织管理

第七条　评卷工作由省级教育考试机构负责组织和管理，有关高等学校给予支持配合。

第八条　评卷工作由省级教育考试机构在指定的高等学校或者指定的场所集中进行。

第九条　评卷场地应有专人保卫，评卷员和评卷工作人员出入须凭《评卷工作证》，不得随意变更，也不得将《评卷工作证》转借他人。

评卷员使用的密码只限本人掌握，不得告知其他评卷员。

第十条　应成立由省级教育考试机构、评卷高校和学科负责人参加的评卷领导小组。

各学科（课程）成立评卷小组，负责人由本学科（课程）具有副教授以上职称的教师担任。

评卷程序和复评数量、标准等由评卷领导小组确定。

第十一条　评卷员由评卷领导小组聘任。评卷员应是从事本学科（课程）教学工作、业务水平较高、责任心强、作风正派的教师。评阅作文、论述等主观性试题的教师，必须具有本学科中、高级以上职称。

第十二条　评卷前应对全体评卷员及有关工作人员进行保密纪律的教育和评卷规定、评卷程序的培训。如果省级教育考试机构直接在社会上聘用评卷员，省级教育考试机构应与所聘任的评卷员签订评卷协议。

第十三条　评卷前各学科（课程）评卷小组负责人应组织本学科（课程）评卷员认真研究试题、答案和评分参考，并进行试评。在试评基础上制定评分细则，评分细则应报省级教育考试机构备案。

第十四条　评卷员必须严格执行评分细则，不得任意提高和降低、不得擅自更改。凡对答案和评分参考有不同意见，属于全国统一命题的科目，须由省级教育考试机构报教育部考试中心（自考办）同意后方可改动；属于省自主命题的科目，须报省级教育考试机构同意后方可改动。

第十五条　学科评卷小组负责人应熟悉评卷系统。评卷过程中，学科评卷小组负责人应随时掌握评卷进度和评卷员的评卷质量。对于不能准确把握评分细则的评卷员，经提出警告后仍不能改正的应及时进行调整。

第十六条　省级教育考试机构应与为网上评卷提供技术支持和服务的有关公司及所聘任的评卷工作人员签订评卷工作协议。

第四章　数据的安全和管理

第十七条　考生的答卷（答题卡）按国家秘密级材料管理，考试成绩在通知考生本人前，任何人不得以任何形式泄露。

评卷期间产生的各种数据、文档只供评卷工作使用，任何人不经省级教育考试机构的同意，不得向外界提供。

第十八条　考生答卷（答题卡）保管场地设施参照省级考试机构答卷保管室标准建设。评卷期间，要有四人以上昼夜值班，无关人员不得入内。

第十九条　考生答卷（答题卡）扫描工作应有省级教育考试机构的人员参加。扫描后的考生答卷（答题卡）必须妥善保管，不得遗失、破损。扫描考生答卷后产生的数据应及时进行备份。扫描后的考生答卷（答题卡）保存期限为半年。

第二十条　扫描人员中应有专人负责与评卷系统操作人员交接扫描考生答卷（答题卡）后产生的数据。交接时对提供的数据所涉及的科目、考生数量、切割后的图片数量等应有明确记录，交接双方必须履行交接手续。

第二十一条　对扫描产生的数据须有校验机制。校验形式、数量由省级教育考试机构确定。

第二十二条　如果在评卷过程中发现扫描的图片存在问题，评卷系统操作人员和扫描人员应及时查找原因并解决。需要重新提供图片等数据时，扫描人员必须提供存在错误的图片的数量、涉及的科目、考生数量等具体信息、系统操作人员必须及时更新相关信息。对于已经评阅过的考生答卷，应取消原来的成绩，将更新后的考生答卷提供评卷人员重新评阅。

第二十三条　评卷过程中，系统操作人员必须每半天进行一次数据备份并妥善管理。

第二十四条　数据库服务器应由省级教育考试机构派专人负责管理。登录系统服务器的密码必须分人、分段掌管。确需修改数据，必须经省级教育考试机构负责人签字同意，并做修改记录。

第五章　网上评卷的环境和设备及技术维护

第二十五条　省级教育考试机构应选择安静、清洁的场所作为网上评卷的场地。

第二十六条　所选的评卷场地必须具备满足网上评卷所需要的网络设施，并保证在评卷时网络畅通。评卷场地的网络连接原则上采用局域网的形式，评卷开始前应与外网实行物理隔断。如需要在互联网上传送数据的，必须采取相应的安全措施，保证数据的绝对安全。

第二十七条　评卷开始前，应将扫描考生答题卡的扫描设备、满足评卷需要的服务器以及满足评卷人员使用的电脑终端调试好，保证评卷的顺利进行。

第二十八条　评卷开始前，必须对网上评卷工作中需要使用的服务器、电脑终端等进行病毒检查，保证使用的设备和系统程序中没有病毒。

第二十九条　网上评卷工作采用的硬件设备必须保证运行正常。存储数据的服务器必须有备份，具备条件的省应该采取异地备份的措施。

第三十条　网上评卷期间，应配备必要的专门技术人员，保障网络、硬件设备和评卷系统的正常使用和维护。同时，应有应急工作预案。

第六章　附　则

第三十一条　对于在评卷中违反规定的人员，按照《国家教育考试违规处理办法》的有关规定进行处理。

第三十二条　各省级教育考试机构可以根据本办法制定工作实施细则。

第三十三条　根据需要进行全国集中网上评卷的考试或科目（课程），由教育部考试中心（自考办）参照本办法实施。

第三十四条　本办法在2004年各类全国教育统一考试网上评卷工作中实施。

教育部办公厅关于调整2004年全国成人高校专升本招生全国统一考试政治科时事部分考核范围的通知

教考试厅函［2004］1号

各省、自治区、直辖市教育厅（教委）、成人高等学校招生办公室，有关部门（单位）教育司（局），部属各高等学校：

鉴于2004年成人高等学校招生全国统一考试的时间调整为10月16日和17日举行，经研究决定，2004年成人高等学校专升本招生全国统一考试政治科时事部分的考核范围调整为：2003年7月至2004年6月的国际、国内重大事件。

请各省、自治区、直辖市成人高等学校招生办公室将上述变化及时通知本地区考生。

二○○四年三月一日

关于2004年成人高考各科试卷分卷及结构有关情况的通知

教试中心函［2004］110号

各省、自治区、直辖市教育考试院（局、中心）、高校招生办公室、成人高校招生办公室：

根据教育部《关于做好2004年全国成人高校招生工作的通知》（教学［2004］17号）规定，今年成人高校招生全国统一考试将于10月16日、17日举行。

为使各地做好今年成人高考答题卡设计、印制的准备工作，现将我中心负责命题的各科试卷分卷及结构有关情况通知如下：

一、高中起点升本专科试卷分卷及结构有关情况

今年成人高考高中起点升本专科全国统一考试科目为语文、汉语文、数学（文）、数学（理）、历史地理、物理化学、英语、日语、俄语共九科。其中汉语文、日语、俄语不分卷，汉语文直接在试卷上作答，日语、俄语直接在答题纸上作答（答题纸式样随试卷清样一并发送）。语文、数学（文）、数学（理）、历史地理、物理化学、英语六科试卷清样为分卷试卷清样，Ⅰ卷、Ⅱ卷均留有答题空间，考生可直接在试卷上作答。需要在这六科选择题（Ⅰ卷）中使用答题卡的省，请按照以下数字设计答题卡：语文1—10小题，共10小题；数学（文）为1—15小题，共15小题；数学（理）为1—15小题，共15小题；物理化学1—15小题，共15小题；历史地理1—40小题，共40小题；英语1—65小题，共65小题。以上六科选择题均为四选一的单项选择题。

二、专升本试卷分卷及结构有关情况

我中心负责命题的成人高考专升本全国统一考试科目为政治、英语、高等数学（一）、高等数学（二）、大学语文、教育理论、艺术概论、生态学基础、医学综合共九科。

1. 政治、英语和生态学基础三科提供分卷清样，客观题卷（Ⅰ卷）不留答题空，选择题均为四选一的单项选择题，考生需要在答题卡上作答，其中政治1—40小题，共40小题；英语1—80小题，共80小题；生态学基础1—30小题，共30小题。

2. 医学综合不分卷，试卷上不留答题空，120道五选一的单项选择题需要在答题卡上作答。

3. 高等数学（一）、高等数学（二）、大学语文、教育理论、艺术概论五科提供不分卷清样，选择题部分留有答题空，试题均为四选一的单项选择题，考生可直接在试卷上作答。需要在这四科选择题中使用答题卡的省，请按照以下数字设计答题卡：高等数学（一）1—5小题，共5小题；高等数学（二）为1—5小题，共5小题；大学语文1—15小题，共15小题；教育理论共26小题，其中1—13小题为教育学部分，23—35小题为心理学部分；艺术概论1—14小题，共14小题。

三、其他

各省级考试机构可以根据本地的实际需要，自行确定除专升本政治、英语、生态学基础和医学综合四科外的其他科目是否使用答题卡，并在试卷印刷中对我中心提供的试卷清样的有关指导语、预留答题空等自行进行调整。

教育部考试中心

二○○四年七月二十六日

关于调整2004年成人高考全国统考试卷清样发送时间的通知

教试中心函［2004］112号

各省、自治区、直辖市教育考试院（局、中心）、高校招生办公室、成人高校招生办公室：

为切实做好国家教育统一考试安全保密工作，按照教育部的部署，2004年成人高等学校招生全国统一考试（含专升本）将缩短试卷印刷时间。原定由我中心负责命题的各科试卷清样9月6日发出，现调整为9月20日前后通过机要渠道发出。请你们务必做好各项准备工作。

工作调整后，各省必须严格按照教育部有关规章制度，采取切实措施，认真做好试卷翻译、印制、运送及保管等各项考务工作。有关省级招办可根据实际情况，采取派专人持省级考试机构介绍信和本人身份证件到我中心接取试卷清样的办法。派专人接取清样的省，请于9月17日与我中心考务管理与监察部高建军、刘关领联系，确定接收具体事宜。联系电话：010-62514461、62514039、13911684411。

试卷清样申报等有关事项仍按教试中心函［2004］87号的要求执行。

教育部考试中心
二○○四年七月三十日

关于做好2004年成人高等学校招生全国统一考试考务工作的通知

教试中心函［2004］131号

各省、自治区、直辖市教育考试院（局、中心）、普通高校招生办公室、成人高等学校招生办公室：

为做好2004年成人高等学校招生全国统一考试考务工作，现就有关要求通知如下：

一、加强领导，周密部署。成人高等学校招生全国统一考试是国家教育统一考试的重要组成部分，承担保证新生入学质量的任务，各级教育行政部门、招生考试机构要从贯彻落实“三个代表”重要思想和讲政治的高度，认识和做好成人高等学校招生全国统一考试的组织实施工作，充分发挥各级政府、招生委员会和国家教育考试工作联席会议的领导作用，主动加强与公安（武警）、宣传、卫生、交通、通讯、机要保密、纪检监察等部门的配合，严格执行《2004年高等学校招生全国统一考试考务工作规定》，针对考试中可能发生的问题，制定切实有效的防范措施和重大突发事件应急预案，保证考试实施和评卷工作的顺利进行。

二、切实做好试卷清样、试卷的安全保密工作。试卷的安全保密事关考试能否正常举行和社会稳定，必须坚持“分级管理，逐级负责”的原则，省级教育行政部门和招生考试机构的一把手对本地区普通高等学校招生全国统一考试安全保密工作负总责，必须从政治大局出发，切实抓好各项安全保密规章制度和责任制度的落实。试卷必须在国家保密局确定的国家统一考试试卷定点印制单位印刷，试卷的运送、发放和保管以及答卷回收、运送、保管等环节都要严格按照教育部、中宣部、公安部、国家保密局发布的《国家教育考试安全保密工作规定》的要求执行。加强安全保密工作人员的业务培训，加强试卷保密室、答卷保管室值班和巡视检查工作、严格履行试卷、答卷交接手续，确保各项保密制度和措施落到实处，坚决杜绝任何泄密事件的发生。

三、严格考风考纪管理。各级教育行政部门和考试机构要按有关规定进一步规范考场的设置和管理，加大督促检查的力度，保证考点机构健全、设置规范、管理有力、措施到位。要采取各种切实有效的措施和现代化技术手段，对各种考场违规行为进行严密监控，做到预防有力、发现及时。建立考风考纪责任人制度，强化对监考人员的培训、考核和对考生的诚信教育并签订诚信考试承诺书，并坚持行之有效的管理办法，不断提高成人高等学校招生全国统一考试考务管理工作的质量。加强考试巡视检查的力度，切实防范和制止各种形式的违纪作弊事件的发生。按照教育部《国家教育考试违规处理办法》对违规行为进行严肃处理。

四、加强监督，从严查处。各级教育行政部门和考试机构要加强对成人高等学校招生全国统一考试考务管理工作全过程的监督、检查，严肃查处弄虚作假和营私舞弊行为。要设立举报箱和举报电话并在考前向社会公布。

五、严格执行值班和报告制度。各级教育行政部门、招生考试机构必须按附件要求及时上报相关内容。2004 年 9 月 21 日～10 月 13 日，我部考试中心开通成人高等学校招生全国统一考试考务管理工作值班电话：010-62514451（带传真）、62514017、62514039、62514461（传真）、62515865（加密传真）、13911684411、13911684422、13911684433（移动电话昼夜开通），自 10 月 13 日起，上述电话均昼夜同时开通。

在开通上述值班电话的同时，我中心自 9 月 27 日开通 2004 年成人高考考务信息网络发布平台，请你们指定专人每天上网浏览（具体使用见附件二）。

附件：一、2004 年成人高等学校招生全国统一考试安全保密工作报告要求（略）
二、2004 年成人高考考务信息网络发布平台使用说明

教育部考试中心
二〇〇四年九月二十一日

附件二

2004 年成人高考考务信息网络发布平台使用说明

为了在 2004 年成人高考实施期间及时与各省级招办机构交换考务工作情况，发布相关信息，进行考务工作的部署，现开通成人高考考务信息网络发布平台。现将该“平台”的使用方法介绍如下：

1. 接入 Internet，在 IE 浏览器的地址栏内填入：http：//www2. neea. edu. cn/oa，进入教育部考试中心的教育考试办公信息网主页，点击“考务部信息发布平台”，进入考务信息网络发布平台的登录界面。

2. 在登录界面填入用户名和密码，进入考务信息网络发布平台主界面。用户名由教育部考试中心统一配发和管理。各省用户名为：ck＋省代码（例：北京用户名为：ck11），各省初始密码与用户名相同，各省进入平台后请自行修改密码。

3. 登录考务信息网络发布平台主界面后，点击相应的功能。下面简要介绍一些功能的使用。

（1）重要通知公告。点击“重要通知公告”后，可浏览教育部考试中心发布的有关考务工作的最新重要通知、公告，点击“更多”可查看全部通知公告，点击该通知公告的标题，进入浏览界面，在该界面可查看通知公告的详细内容，并可在界面下方对通知公告进行回复。

（2）工作通报。点击“工作通报”后，可浏览教育部考试中心发布的有关考务工作情况的最新通报。该栏目操作方法同“重要通知公告”。

（3）重要文件。点击“重要文件”后，可浏览教育部考试中心发布的有关考务工作的最新文件、法规。该栏目操作方法同“重要通知公告”。

（4）最新更新。“最新更新”栏目在考务信息网络发布平台的主界面，该栏目列出了该平台最新发布的 50 条消息。点击消息标题可浏览该消息的详细内容。消息前方“[ ]”中内容为该消息所属栏目名，点击栏目名可浏览该栏目的最新内容。该栏目操作方法同“重要通知公告”。

（5）情况汇报。点击“情况汇报”，进入情况汇报界面，该栏目用于各省级招办向教育部考试中心汇报考务工作情况及教育部考试中心对各省级招办汇报情况作出的回复。在“情况汇报”首页中可看到本省级招办

汇报的情况及教育部考试中心对该情况的回复。利用"发新留言"功能可以向教育部考试中心汇报本省级招办有关考务工作情况，汇报内容的主题填入主题栏中，主题栏不能为空，汇报的内容填入相应的内容栏。

4. 在使用该考务信息网络发布平台的过程中如遇到技术问题，请与教育部考试中心信息与科研处联系，联系人：段伯岩、褚庆军，联系电话：010-62514460、010-62514032。

教育部办公厅关于转发《关于进一步加强国家统一考试保密管理工作的通知》的通知

教密厅［2004］2号

现将中共中央保密委员会办公室、国家保密局《关于进一步加强国家统一考试保密管理工作的通知》（中保办（局）发［2002］3号）转发给你们，请认真贯彻执行。

附

关于进一步加强国家统一考试保密管理工作的通知

（2002年12月25日）

由国家主管部门组织的国家教育、执（职）业资格、国家公务员录用和专业技术人员资格等国家统一考试的试题、答案和评分标准，在启用前均属于国家秘密。为进一步加强国家统一考试的保密管理工作，确保考试工作的顺利进行，依据《中华人民共和国保守国家秘密法》及其实施办法的有关规定，特作如下通知：

一、国家统一考试的保密管理工作，按照"谁主管谁负责"的原则，由组织考试的主管部门负责。组织考试的国家主管部门，应建立由一名主管领导任组长的考试保密工作领导小组，负责考试试卷的命题、印制、运送、保管等环节的保密管理工作。

受委托组织考试的省、自治区、直辖市主管部门，应建立有同级保密工作部门参加的保密工作领导小组，具体负责考试试卷的印制、运送、保管等环节的保密管理工作。

二、国家统一考试启用前的试题（包括副题、备份题）、答案和评分标准，应当由组织考试的国家主管部门分别按照有关国家秘密及其密级具体范围的规定确定密级和知悉范围。

三、组织考试的主管部门应对命题人员和内部工作人员进行审查，加强保密教育，对命题工作的各个环节实行严格的保密管理。

四、命题工作原则上应采取入闱的工作形式，组织考试的主管部门应与命题人员签订保密责任书，对命题人员应当履行的保密义务作出明确规定。参加命题的工作人员在考试前不得参与或授意他人进行与本专业考试命题有关的培训工作，未经考试主管部门准许不得参与编写、出版相关辅导用书和资料。

命题工作结束后，考试原始试题载体的保管应选择具备安全防盗设施的场所，存放在保险柜中，并由双人专门保管。

五、国家统一考试试卷应当在国家统一考试试卷定点印制单位印制。

国家统一考试试卷定点印制单位，由国家保密局及省、自治区、直辖市保密局在具备考试试卷印制保密条件的国家秘密载体定点复制单位中审定，并在《国家秘密载体复制许可证》许可范围一栏加注"考试试卷类印制"字样；对经审查符合考试试卷印制保密条件的监狱印刷厂，可发给其限定许可范围的《国家秘密载体复制许可证》，许可范围一栏应注明"仅限考试试卷类印制"字样。

省、自治区、直辖市保密局审定的考试试卷定点印制单位需报国家保密局备案。国家保密局向国家统一考试的主管部门公布考试试卷定点印制单位的名单，供考试主管部门选定。

有关保密工作部门应定期对考试试卷定点印制单位进行保密监督检查，对违反有关保密规定的应取消其考试试卷定点印制单位的资格。

六、考试试卷运送的保密管理应严格按有关规定执行，通过机要渠道或使用可靠的交通工具，由双人以上专门押送，做到人不离卷，卷不离人。考试试卷的交接应当建立严格的查验手续，保密工作部门对考试试卷的交接过程应在现场进行监督检查。

七、考试试卷封存保管期间，对保管场所应当采取必要的保密防范措施，安装防盗装置和24小时双人守卫等，有关保密工作部门应会同考试主管部门依据有关保密要求进行检查，并将检查结果记录在案。

八、以电子信息形式为载体进行的考试，应按照国家有关保密规定，在涉密载体及计算机信息系统、计算机设备的安全防护和使用、管理等方面，采取严格的保密防范措施；承担考试软件开发、制作的单位，应承担保密义务，有关考试主管部门应与其签订保密协议。保密工作部门应对有关工作进行指导和监督。

九、考试工作中发生泄密事件，有关考试主管部门应立即向所在地的保密工作部门报告，同时报上级考试主管部门。有关保密工作部门应会同考试主管部门立即组织查处，并将有关情况逐级上报国家保密局。对发生泄密事件隐匿不报或拖延报告的，应追究有关责任人和主管领导人的责任。

十、对在考试保密管理工作中取得突出成绩的单位和个人，考试主管部门应当给予表扬和奖励；对考试保密管理工作不力或失职，导致泄露国家秘密的，应依法依纪追究有关责任人和主管领导人的责任。

十一、组织国家统一考试的主管部门每年年初应将全年的考试计划报国家保密局备案；各省、自治区、直辖市考试主管部门应将本地区国家统一考试计划报同级地方保密局备案。

十二、国家保密局会同国家统一考试的主管部门对考试保密管理工作情况进行指导、监督和检查；各省、自治区、直辖市保密局负责本地区国家统一考试保密管理工作监督和检查的组织实施。

国家统一考试的有关主管部门应当按照本通知的要求，结合各自的实际对全国统一考试保密管理工作作出具体安排（本通知可转发至省、自治区、直辖市负责考试工作的有关部门）。

教育部办公厅关于切实做好近期国家教育统一考试安全保密和考风考纪工作的通知

教学厅［2004］17号

成人高等学校招生全国统一考试、高等教育自学考试及2005年招收硕士研究生入学考试等国家教育统一考试，将于近期相继举行。各级教育行政部门要按照国务院关于国家教育统一考试环境综合整治工作电视电话会议精神，认真落实“四整治”、“六加强”的工作目标和任务，切实做好近期国家教育统一考试安全保密和考风考纪工作，确保考试安全万无一失，确保考风考纪明显好转。现通知如下：

一、高度重视，明确责任。国家教育统一考试事关广大考生切身利益，事关教育改革发展和教育形象，事关学校稳定和社会稳定。要站在实践“三个代表”重要思想的高度，高度重视并认真做好国家教育统一考试工作。各级教育行政部门主要负责同志要对本地区国家教育统一考试工作负总责，加强领导，恪尽职守。进一步发挥国家教育统一考试环境综合整治机制，加强与相关部门的工作协调和配合。对国家教育统一考试各个方面和环节，进一步明确相关单位和人员的责任，实行严格的责任制。

二、完善规章，狠抓落实。严格执行教育部等七部局《关于全面加强教育考试环境综合整治工作的通知》（教学［2004］15号）、《国家教育考试违规处理办法》（教育部令第18号）、教育部等四部局《国家教育考试考务安全保密工作规定》（教考试［2004］2号）和《2004年高等学校招生全国统一考试考务工作规定》（教考试［2004］1号）等文件规定，进一步完善本省（自治区、直辖市）有关实施细则。继续加强各项安全保密和防止违纪舞弊措施及硬件设施的落实，对未达标准的试卷保密室、答卷保管室等强化整改，确保达标。

三、突出重点，严厉查处。重点惩处雇人代考或替考、利用现代通讯工具作弊、群体性舞弊等严重考试违规行为，坚决打击教育系统工作人员泄露国家教育统一考试秘密和参与组织、纵容群体性舞弊等行为。对发生的重大违法违规事件，做到及时发现，迅速处理，决不姑息。

四、建立并执行责任追究制。对在国家教育统一考试工作中发生的违法违规行为，按照“谁主管，谁负责”的原则，追究当事人和领导者的责任。情节较轻的，酌情给予必要的党纪政纪处分；情节较重的，责令其辞职或给予撤销职务处分，直至开除公职、开除党籍；触犯刑律的，移送司法机关追究其刑事责任。发生问题严重的地方，要撤销考点甚至考区的设立资格。

五、加强教育培训和宣传舆论引导。认真做好考试工作人员的教育、培训和管理，做好涉考工作人员的选聘和考核，增强其责任意识、安全意识、执纪意识、自律意识，努力造就一支公正廉洁、认真负责、熟悉业务、相对稳定的考试工作人员队伍。加强对所有学生考试纪律专项教育，在国家教育统一考试前，要采用多种形式对考生进行诚信、守规、守纪、守法考试教育，要求每个考生签订诚信考试承诺书。

各地要认真负责地做好宣传工作，发挥媒体积极的导向作用，努力营造良好的国家教育统一考试环境。

六、请将本通知转发至本地区所有高等学校、招生考试机构和其他国家教育统一考试承办单位。

教育部关于高等学校招生工作实施阳光工程的通知

教学［2005］4号

各省、自治区、直辖市高等学校招生委员会、教育厅（教委），新疆生产建设兵团教育局，有关部门（单位）教育司（局），各高等学校：

近年来，各级教育行政部门、招生考试机构和高等学校认真执行国家招生政策、规定，在深化招生制度改革、规范招生行为、公开招生信息、改善招生服务等方面做了大量卓有成效的工作，赢得了广大考生的信任和较高的社会声誉。为了进一步规范招生管理，增加招生工作透明度，更好地维护广大考生的合法权益，确保公平公正，我部决定在高等学校招生工作中实施阳光工程。现就实施阳光工程的有关要求通知如下：

一、高校招生工作实施阳光工程的指导思想和工作目标

以邓小平理论和“三个代表”重要思想为指导，坚持科学发展观，把切实维护广大考生的合法权益作为招生工作的出发点和落脚点，以公平公正为核心、制度建设为基础、信息公开为重点、严格管理为根本、优质服务为依托、有效监督为保障，逐步建立和完善与我国社会发展相适应的更加公开透明的高校招生工作体系。

二、依法管理，从严治招，进一步完善高校招生各项管理规章制度

加强制度建设是依法管理、从严治招、实施阳光工程的重要基础。各级教育行政部门、招生考试机构和高等学校要根据国家有关规定，进一步修订和完善高校招生工作各项管理规定、实施细则和高校招生章程，依法从严规范招生管理工作，切实做到政策执行不走样。

三、明确内容，严格要求，进一步完善招生信息公开制度

各省级教育行政部门、招生考试机构和高等学校要结合高校招生工作的特点和本地区、本学校的实际，建立和完善以“六公开”为主要内容的信息公开制度。规范、明确信息发布的方式、内容、时间和要求，在报名、考试、录取三个主要工作阶段，全面、准确、及时发布相关招生信息。

（一）招生政策公开。各省级招生考试机构公布本省（自治区、直辖市）依据国家招生政策、规定制定的实施细则或招生办法。高等学校公布本校招生章程及录取期间的调整计划使用原则、办法；有关高等学校公布本校依据国家相关规定制定的保送生、艺术类专业、艺术特长生、高水平运动员、自主选拔录取、外语非通用语种单独考试、运动训练及民族传统体育单独考试等招生类型的招生条件、工作程序、日程安排及录取办法。

（二）高校招生资格及有关考生资格公开。各省级招生考试机构公布在本地区招生的具有高等学历教育招生资格的高等学校名单；本地区享受照顾政策类别及具有相应资格的考生名单；本地区具有保送资格的考生名单；经有关高等学校测试合格的艺术特长生、高水平运动员、自主选拔录取入选考生名单，以及艺术类专业考试合格考生名单。有关高等学校在本校网站或教育部指定网站公布本校艺术特长生、高水平运动员、自主选拔录取测试合格以及艺术类专业考试合格的入选考生名单。

（三）招生计划公开。各省级招生考试机构公布经教育部统一分送的高等学校招生来源计划和本省所属高等学校在本地安排的高职（专科）分专业招生计划。高等学校公布本校分省分专业统考招生计划及其他招生形式的招生计划。

（四）录取信息公开。省级招生考试机构公布考生统考成绩和录取结果查询办法；本省统考各批次录取控制分数线及录取时间安排；各录取批次内未完成招生计划的高等学校分专业计划缺额数；各批次录取工作结束后有关高等学校的统考录取人数及录取分数线。高等学校公布本校录取结果查询办法；本校分省分

专业统考录取人数及录取平均分。

（五）考生咨询及申诉渠道公开。各级教育行政部门、招生考试机构和高等学校公布本地区、本学校招生咨询及接受考生申诉的联系方式。

（六）重大违规事件及处理结果公开。各级教育行政部门对在本地区发生的招生重大违规事件及其处理结果及时予以通报，或通过新闻媒体向社会公开。

四、突出重点，强化管理，进一步规范招生行为

各级教育行政部门、招生考试机构和高等学校要按照“标本兼治、重点突破”的原则，把高校招生工作实施阳光工程作为一项长期任务和系统工程抓紧抓实。2005年重点强化四个方面的管理：

（一）严格高校招生调整计划使用管理。高等学校及其主管部门要切实加强对调整计划使用的管理和监督，坚持集体议事、公开透明的原则，严格调整计划的使用原则、使用程序、使用范围和使用责任。录取期间，有关高等学校的调整计划使用方案及调整数在提交有关省级招生考试机构执行前，需报本校所属主管部门备案；各省级招生考试机构在拟使用调整计划数的有关高等学校批次录取控制分数线上，按照考生志愿及分数向有关高等学校顺序投档，不得为吸引高等学校在本地区增投计划而降低投档要求。高等学校不得利用调整计划降低标准指名录取考生，或以任何理由向考生收费。高等学校必须公示本校调整计划的执行结果。

（二）严格高校定向就业招生管理。各省级招生考试机构和有关高等学校要严格执行国家定向就业招生的相关录取政策。高等学校不得指定行业、单位或某一局部地区的生源招收定向就业生。高等学校及定向就业单位不得以任何理由向考生收取与定向就业招生录取挂钩的任何费用。

（三）严格独立学院招生管理。独立学院要全面、如实地开展招生宣传工作，认真执行国家有关规定，严禁委托任何中介机构或个人拉拢、组织生源，严禁擅自扩大招生规模和违规录取考生。申办独立学院的普通高等学校要加强对独立学院招生工作的指导、监督和管理，并负起相应的责任。省级教育行政部门和招生考试机构要加强对独立学院招生工作的管理和监督，及时研究、解决独立学院招生工作中出现的困难和问题，促进独立学院的健康发展。

（四）严格高校特殊类型招生管理。对保送生、艺术类专业、艺术特长生、高水平运动员、自主选拔录取、外语非通用语种单独考试、运动训练及民族传统体育单独考试等招生类型，有关高等学校要按照相关规定和要求，公开选拔标准和录取办法，严格测试程序，加强对测试过程的监督，并实行入选考生公示制。

五、加强招生宣传，全面提高服务质量

各省、自治区、直辖市要成立专门的高校招生宣传工作领导小组，正确引导舆论导向。各级招生考试机构和高等学校要结合招生工作进程，充分利用新闻媒体和计算机网络等渠道，以多种形式开展招生宣传工作，使考生和家长全面、准确地了解招生政策规定、高等学校客观情况、录取日程安排及有关录取规则等招生信息。要切实加强招生信息管理和服务平台建设，逐步建立和完善省级招生考试机构、市（县）级招生考试机构和高等学校三位一体的咨询服务体系。录取期间要成立专门小组并指定专人负责做好对考生的咨询、接待工作。要积极探索优化考生志愿填报办法及投档方式，加强为考生服务的针对性和有效性，进一步提高广大考生对招生工作的满意度。

六、明确责任，严肃纪律，加强监督，确保阳光工程目标的实现

完善招生管理责任和责任追究制度。各级教育行政部门、招生考试机构和高等学校的党政主要领导是本部门、本地区、本学校招生工作第一责任人。要按照“谁主管、谁负责”的原则，把招生工作任务落实到人，责任明确到人。

各级教育行政部门、招生考试机构、高等学校和全体招生工作人员要严格执行招生工作“六不准”，即在招生工作中，不准违反国家有关招生规定，不准徇私舞弊、弄虚作假，不准采取任何方式影响、干扰招生工作正常秩序，不准协助、参与任何中介机构或个人组织的非法招生活动，不准索取或接受考生及家长的现金、有价证券，不准以任何理由向考生及家长收取与招生录取挂钩的任何费用。对有违规收费、擅自突破本校招生规模、不经省级招生考试机构擅自录取考生等行为的高等学校，一经查实，主管校领导要立即停职检查，接受教育纪检监察部门的审查、处理；违规录取的考生将被取消录取资格、已入学的将不予学历电子注册；对协助、参与非法招生活动或向考生违规收费的招生工作人员，将严厉查处，触犯法律构

成犯罪的，将依法追究刑事责任。

各级教育行政部门、招生考试机构和高等学校要建立完善的考生申诉制度，以确保考生申诉渠道的畅通，并建立健全信息快速反馈、问题迅速处理的有效工作机制。各级教育纪检监察部门要进一步加强有效监督，强化对招生重点环节、重点岗位、重点时段的监督，严厉查处顶风违纪案件，做到有诉必应、有案必查、有责必问、有错必纠，把维护考生的合法权益落到实处。

高校招生工作实施阳光工程是新形势下综合整治招生环境、办好让人民满意的高考的一项重要举措。各级教育行政部门、招生考试机构和高等学校要高度重视，加强领导，根据本通知精神认真制定本地区、本学校实施阳光工程的具体工作方案；要精心组织，狠抓落实，形成合力，确保高校招生阳光工程的顺利实施，确保2005年在杜绝招生违规收费、严厉打击非法招生中介和有效遏制违规录取行为等方面取得明显成效。

二〇〇五年三月四日

教育部关于做好2005年全国成人高校招生工作的通知

教学［2005］8号

各省、自治区、直辖市教育厅（教委）、成人高校招生办公室，新疆生产建设兵团教育局，有关部门（单位）教育司（局），部属各高等学校：

为了做好2005年全国成人高校招生工作，现将有关事项通知如下：

一、确保考试安全，进一步整肃考风考纪

各级教育行政部门和招生考试机构要高度重视成人高校招生考试安全工作，克服任何麻痹大意的思想，进一步完善规章制度，从试卷印刷、运送、保管、评卷等各个环节从严管理，做到明确分工，密切配合，责任到人，确保成人高校招生考试安全顺利进行。

考风考纪是当前成人高校招生考试存在的突出问题，各地务必下大力气采取有效措施进行综合治理。要充分利用现代化手段，着重打击有组织的利用现代通讯工具作弊、集体舞弊，特别是有教师或考试工作人员参与的集体舞弊和替考的行为，力争使考风考纪有根本性好转。

继续抓好诚信考试教育活动。各地要根据成人考生的特点，在考前通过各种形式和渠道加强对他们的诚信教育和考风考纪教育，使每位考生了解考生守则和考试违规违纪处理办法。考前要求考生签订诚信考试承诺书，考后要为考生建立诚信档案，要进一步加强宣传工作，弘扬“诚信考试光荣、违纪作弊可耻”的社会风尚，营造“违纪必究、作弊必罚”的社会环境。

二、加强管理，规范办学行为，保证录取质量

各成人高校要紧紧围绕提高全民族素质、为在职从业人员和地方经济社会建设服务这一中心，按照教育部的有关规定，不得在校外举办或变相举办脱产班，不得擅自变更经过主管部门核定的学习形式和扩大全日制在校学习的招生规模。

各省级教育行政部门和成人高校招生办公室要树立正确的科学发展观和政绩观，加强所属成人高校招生计划的管理，科学合理地制定录取要求和分数线。录取中，对办学条件差、生源少、管理不规范的高校要减少其招生计划，特别要坚决制止不顾办学条件和生源质量盲目扩大专科招生规模的行为。各成人高校不得单纯为完成招生计划而降低新生录取要求。

三、积极推进信息化建设，继续扩大网上报名试点范围

实行网上编制和调整分省招生计划是加强科学管理、规范招生行为、提高工作质量和效率的一项重要举措。各省级教育行政部门、成人高校招生办公室和成人高校要高度重视这项工作，选派责任心强、懂业务、懂技术的同志专门负责，并配备必要的设备，建立协调有效的计划编制和调整的网上管理机制。

各省级成人高校招生办公室要充分认识实施网上报名在体现为在职从业人员服务和有效防范报名期间可能出现的各类公共安全事故方面所起到的重要作用，条件成熟的省份应尽早实现网上报名。2004 年已进行网上报名试点的 6 个省（自治区、直辖市）要认真总结经验，进一步完善各项规章制度、操作规程和网上安全保障体系。

请各省、自治区、直辖市教育厅（教委），新疆生产建设兵团教育局，有关部门（单位）教育司（局）及时将本通知及附件转发所属各成人高校。

二〇〇五年六月十五日

附

2005 年全国成人高校招生办法

一、招生学校

经教育部审定核准的广播电视大学、职工高等学校、职业技术学院、农民高等学校、管理干部学院、教育学院、独立设置的函授学院和普通高校所属的成（继）教院（以下统称成人高校）实行全国统一招生，并选用脱产、业余（包括半脱产、夜大学）或函授形式进行成人高等学历教育。

成人高等学历教育分为专科起点升本科、高中起点升本科和高职（高专）三种。

各成人高校应依照《中华人民共和国教育法》、《中华人民共和国高等教育法》和教育部有关招生规定制定本学校招生章程，并以适当方式向社会公布。招生章程必须如实反映本校的实际情况，内容包括招生范围、学习形式、学习期限、办学地点、录取原则、收费标准以及加试科目的时间、地点等。各成人高校应对招生章程的内容承担相应的责任。

二、分省（自治区、直辖市）招生计划

（一）2005 年全国成人高校招生分省计划的编制工作继续统一使用“全国成人高校招生分省计划编制系统”（以下简称“系统”），在“中国高等教育学生信息网”上进行。所有成人高校均必须使用“系统”在网上编制所有招生计划；各省级教育行政部门和有关部门（单位）教育司（局）在网上管理所属成人高校的招生计划编制工作，包括管理本部门及所属成人高校的登陆账户、登录密码，网上调整、审核、打印所属成人高校的招生计划。

（二）各省级教育行政部门和有关部门（单位）教育司（局）应依照本通知精神，根据《教育部关于编报 2005 年成人高等教育招生计划的通知》精神及其附件《2005 年成人高等教育招生计划控制数》中确定的规模和所属成人高校所在地社会经济发展的实际需要和办学条件，指导所属成人高校做好招生分省计划的编制工作。教育部直属各高等学校依照本通知精神，根据教育部确定的 2005 年本校招生规模编制招生分省计划。

（三）各成人高校在分省计划编制过程中要充分体现成人高等教育为在职从业人员服务、以业余学习为主的特点，尽可能减小全日制脱产学习的在校生规模。

（四）成人高校举办函授教育，只能在已经按规定履行过函授站登记手续，并报教育部备案的省（自治区、直辖市）招生；根据《教育部、卫生部关于举办高等医学教育的若干意见》（教高［2002］10 号）要求，医学门类中的临床医学、口腔医学、中医学、藏医学、蒙医学、维吾尔医学、针灸推拿学、预防医学、麻醉学、医学影像学和医学检验等专业不得安排函授招生计划；艺术类、外语类专业，除经教育部批准的学校外，不得安排函授招生计划。

（五）从 2005 年开始，成人高校高职（高专）专业的招生应参照《普通高等学校高职高专教育指导性专业目录（试行）》执行。各成人高校拟新增的目录外专业，应按教育部《普通高等学校高职高专教育专业设置办法》（教高［2004］4 号文附件）规定的程序和时间要求向教育部备案。

（六）各省级成人高校招生办公室不得擅自接收并公布未经教育部汇总分送的分省招生计划，也不得擅自拒绝公布教育部汇总分送的分省招生计划。

三、报名

（一）符合下列条件的中国公民可以报名

1. 拥护中国共产党的领导，愿为社会主义现代化建设服务，品德良好，遵纪守法。

2. 国家承认学历的各类高、中等学校在校生以外的在职、从业人员和社会其他人员。

3. 报考高中起点升本科或高职（高专）的考生应具有高中毕业文化程度。报考专科起点升本科的考生必须是已取得经教育部审定核准的国民教育系列高等学校、高等教育自学考试机构颁发的专科毕业证书或以上证书的人员。

4. 根据卫生部《关于2004年全国成人高校医学类专业招生条件建议的函》（卫科教便函［2004］57号）要求，报考成人高校医学门类专业的考生应具备以下条件：

(1) 报考临床医学、口腔医学、预防医学、中医学等临床类专业的人员，应当取得省级卫生行政部门颁发的相应类别的执业助理医师及以上资格证书或取得国家认可的普通中专相应专业学历；或者县级及以上卫生行政部门颁发的乡村医生执业证书并具有中专学历或中专水平证书。

(2) 报考护理学专业的人员应当取得省级卫生行政部门颁发的执业护士证书。

(3) 报考医学门类其他专业的人员应当是从事卫生、医药行业工作的在职专业技术人员。

(4) 考生报考的专业原则上应与所从事的专业对口。

对于不具备上述条件且要求报考医学门类专业的考生，各省级成人高校招生办公室要以适当方式告知其毕业后所获得的医学成人高等教育学历文凭将不能作为参加执业医师、执业护士考试的依据，请其慎重填报志愿。

5. 身体健康。符合上述报考条件，生活能自理，不影响所报专业学习的残疾人。

（二）报名信息的采集及要求

报名信息采集工作按照教育部的有关规定以及《各类成人高等学校招生工作管理信息标准（2003年修订版）》执行。信息报送的电子邮件地址：fwhfwh@moe. edu. cn。

四、考试

（一）考试科目

1. 高中起点升本科、高职（高专）考试按文科、理科分别设置统考科目。公共课统考科目均为语文、数学、外语三门，其中数学分文科类、理科类两种，外语分英语、日语、俄语三个语种，由考生根据报考学校对外语语种的要求选择一种。报考高中起点升本科的考生，除参加三门统考公共课的考试外，还需参加专业基础课的考试，理科类专业基础课为“物理、化学综合”（简称理化），文科类专业基础课为“历史、地理综合”（简称史地）。以上试题均由教育部统一命制。

2. 专科起点升本科考试统考科目均为三门。两门公共课为政治、外语，一门专业基础课根据招生专业所隶属的学科门类确定。以上统一考试科目试题除非英语外语语种由各省级成人高校招生办公室视本地生源情况自行确定是否开设并自行组织命题外，其他均由教育部统一命制。

3. 民族自治地区用民族语文授课的成人高校或系（科）的招生，由自治区用民族文字自行命题、组织考试。

少数民族聚居地区使用民族语文授课的少数民族考生，报考用汉语文授课的成人高校，汉语文试题由教育部另行命题，不翻译成少数民族文字，考生使用汉文字答卷；其他各科（包括外语试题导语）可翻译成少数民族文字，用规定的民族文字答卷；有关省（自治区、直辖市）可自行决定是否对上述少数民族考生加试少数民族语文，并负责命制试题和组织考试。

4. 除上述规定的统考科目考试外，招生学校可在有关省级成人高校招生办公室统一组织下，根据专业要求自行确定是否再加试专业课。如需加试，招生学校必须在有关省级成人高校招生办公室向社会公布的招生简章中注明并自行命题和组织考试，于9月底前，向有关省级成人高校招生办公室提交加试合格考生名单。

5. 统考科目按教育部2005年2月公布的复习考试大纲的要求命题。所有统一考试科目每科试题满分均为150分；高中起点升本科、高职（高专）的统考科目每门考试时间为120分钟，专科起点升本科每门考试时间为150分钟。

（二）考试的组织

1. 考生一般应在户口所在地报名并参加考试。任何成人高校、机构和个人不得组织考生跨省（自治区、直辖市）参加成人高考。

2. 考试日期为10月15日和16日。

3. 评卷工作由省级成人高校招生办公室统一组织，考生成绩通知本人，不公布。不对考生查卷。

五、录取

（一）2005年成人高校招生工作全部实行计算机网上录取，分为现场局域网和远程广域网两种形式。录取工作必须于11月20日以后开始，并于12月底前结束。

（二）录取工作实行“学校负责、招办监督”的录取体制，即在符合成人高校招生报名条件、考试成绩达到投档分数线的考生中，由招生学校根据“从高分到低分择优录取”的原则，决定考生录取与否和录取的专业，同时负责对遗留问题的处理。省级成人高校招生办公室在录取时根据国家招生政策对招生学校录取名单进行审核，对其录取工作予以监督，对不符合招生政策的情况予以纠正。同时，各招生学校也要发挥校内纪检、监察部门的作用，加强校内自我监督，建立自我约束机制。

（三）录取的最低控制分数线由各省级高校招生委员会根据考生统考科目成绩和招生学校在本省（自治区、直辖市）安排的招生计划数分考试科类划定。其中，高中起点升本科艺术类专业（除史论、编导类专业外）的最低控制分数线，不得低于相应科类最低控制分数线的70%，考生数学成绩不计入总分，由招生学校录取时作为参考。高中起点升本科的体育类专业，最低控制分数线不得低于相应科类最低控制分数线的70%。录取的最低控制分数线需报教育部备案。

（四）录取时，省级成人高校招生办公室原则上按考生统考科目总成绩向招生学校投档。对于有专业课加试的学校，根据加试合格考生名单向招生学校投档，招生学校根据考生参加统考的成绩，由高分到低分择优录取（艺术类和体育类专业在考生文化课符合要求的基础上，原则上按招生学校的加试专业课成绩从高分到低分择优录取）。

高中起点升高职（高专）的公安类成人高校的全部专业、医学（中医学类和药学类两个一级学科除外）专业、中医学类及中医学各专业、中央司法警官学院的监狱管理专业、劳教管理专业的招生，如上线考生不足，可降低分数要求向招生学校投档，但投档分数最低不得低于同科类高职（高专）最低控制分数线的70%。

（五）录取新生名单由招生学校提出，省级成人高校招生办公室审核。招生学校按审核后的录取名单发放录取通知书。

（六）录取阶段，各省级成人高校招生办公室要根据考生上线情况，在已核定的本省（自治区、直辖市）招生计划总数内，积极做好调剂录取工作。

（七）录取及提档照顾政策

1. 获得“全国劳动模范”、“全国先进工作者”称号，“全国‘五一’劳动奖章”获得者，经本人申请，省级成人高校招生办公室审核，招生学校同意，可免试入学。

2. 奥运会、世界杯赛和世界锦标赛的奥运会项目前八名获得者、非奥运会项目前六名获得者；亚运会、亚洲杯赛和亚洲锦标赛的奥运会项目前六名获得者、非奥运会项目前三名获得者；全运会、全国锦标赛和全国冠军赛的奥运会项目前三名获得者、非奥运会项目冠军获得者。上述运动员经本人申请并出具省级体育行政部门审核的《优秀运动员申请免试进入成人高等学校学习推荐表》（国家体育总局监制），省级成人高校招生办公室审核，招生学校同意，可免试入学。

3. 运动健将和武术项目武英级运动员称号获得者（需经省级体育行政部门审核并出具运动成绩证明），省级成人高校招生办公室可以在考生考试成绩基础上增加50分投档（一级运动员称号获得者为30分），是否录取由招生学校确定。

4. 符合下列条件之一的考生，省级成人高校招生办公室可以在考生考试成绩基础上增加20分投档，是否录取由招生学校确定。

(1) 获得地市级以上（含地市级）人民政府，国务院各部委及各省（自治区、直辖市）厅、局系统，国家特大型企业授予的劳动模范、先进生产（工作）者及科技进步（成果）奖获得者。

(2) 获得省级工、青、妇等组织授予“五一劳动奖章”、“新长征突击手”、“三八红旗手”称号者。

(3) 解放军、武警部队、公安干警荣立个人三等功以上者。

(4) 归侨、归侨子女、华侨子女、台湾省籍考生。

（5）烈士子女、烈士配偶。

（6）边疆、山区、牧区和少数民族聚居地区的少数民族考生、国防科技工业三线企业单位（地处地市以上人民政府所在地的除外）获得企业表彰的先进生产（工作）者。

（7）年满25周岁以上人员。

5. 自谋职业的城镇退役士兵，省级成人高校招生办公室可以在考生考试成绩基础上增加10分投档，是否录取由招生学校确定。

符合上述照顾政策的考生必须于报名时交验相应的原始证件（自谋职业的城镇退役士兵凭省级民政部门颁发的《自谋职业证》）。符合两项以上照顾政策的考生，其照顾分数不得累计。

（八）农、林、水利、地质、矿业、公安、监所、测绘、远洋运输、社会福利等专业，在上线生源不足时可适当降分投档，降分幅度最大不得超过20分。

（九）录取工作结束后，各省级成人高校招生办公室需向教育部报送录取新生的数据库，并向招生学校提供本年录取新生名单。

六、新生复查

新生入学后，招生学校要对已报到新生进行全面复查。对其中不符合条件或弄虚作假、违纪舞弊者，应取消其入学资格，并报有关省级成人高校招生办公室备案。

七、其他

（一）2005年成人高校仍停止免试招收第二专业专科学历教育学生，考生需参加成人高校招生全国统一入学考试，录取人数纳入招生学校当年招生计划总数。

（二）对有违反相关考试管理规定行为应予处罚的，依照2004年5月发布的《国家教育考试违规处理办法》（教育部18号令）执行。

（三）各省级成人高校招生办公室可根据本办法结合本地区的实际情况作必要的补充规定。

关于调整全国成人高等学校招生统一考试部分专业基础课考试科目的通知

教学司［2005］5号

各省、自治区、直辖市教育厅（教委）、成人高校招生办公室，新疆生产建设兵团教委，有关部门（单位）教育司（局），部属各高等学校成（继）教院：

经研究并商公安部、司法部、卫生部和国家中医药管理局同意，从招收2006级成人高校学生起（考生2005年10月考试、2006年春季入学），对全国成人高校招生统一考试科目中的部分专业基础课调整如下：

一、取消高中起点升专科（高职）考试科目中的医学综合、中医综合、监狱（劳教）基础、公安专业基础4门专业基础课考试。报考相关专业的考生只参加语文、数学、外语3门统考科目考试。

二、专科起点升本科考试科目中的民法专业基础课考试改由我部考试中心组织命题。

三、公安部、司法部、卫生部和国家中医药管理局不再负责组织以上有关专业基础课考试科目的命题工作。

请各省（区、市）成人高校招生办公室将本通知转发至本地区所有成人高校。

教育部高校学生司

二〇〇五年三月四日

关于做好2005年全国成人高校招生分省计划编制工作的通知

教学司［2005］11号

各省、自治区、直辖市教育厅（教委）、成人高校招生办公室，新疆生产建设兵团教育局，有关部门（单位）教育司（局），部属各高等学校成（继）教院：

为做好2005年全国成人高校招生分省计划的编制，现将有关事项通知如下：

一、编制原则及工作要求

1. 各省、自治区、直辖市教育厅（教委）、新疆生产建设兵团教育局和有关部门（单位）教育司（局）应依照本通知精神，根据《教育部关于编报2005年成人高等教育招生计划的通知》文件精神和附件中确定的规模，以及所属成人高校学校所在地社会经济发展的实际需要和办学条件，指导所属成人高校做好招生分省计划的编制工作。部属各高等学校依照本通知精神，根据我部确定的2005年本校招生规模编制招生分省计划。

2. 各省、自治区、直辖市教育厅（教委）、新疆生产建设兵团教育局和有关部门（单位）教育司（局）应加强对招生计划的管理。在编制和调整招生计划时，要向条件好、生源质量高、办学规范的成人高校倾斜。对条件差、办学不规范、上线生源经常不足的成人高校要坚决削减其招生规模；要坚决制止不顾办学条件盲目扩大招生规模的行为。

各省、自治区、直辖市教育厅（教委）应认真研究近两年本地高职（专科）招生的生源状况，招生规模的确定力求符合实际。

3. 安排跨省（自治区、直辖市）招生的成人高校，可以预留最高不超过本校成人高等教育招生计划规模5%的计划，用于调节各地上线生源的不平衡。各成人高校应认真调查和研究近年来的社会需求和生源情况，尽可能避免招生计划向社会公布后再做较大调整和“因生源不足开不成班”现象的出现。

4. 各成人高校在分省计划编制过程中要充分体现成人高等教育为在职从业人员服务、以业余学习为主的特点，尽可能减小全日制脱产学习的在校生规模，普通高校一般不得超过本校招生规模的15%；外语类专门院校不得超过30%；独立设置成人高校、西医和艺术专门院校不得超过50%。

各成人高校不得举办或变相举办校外脱产班，不得将经过主管部门核定的函授招生计划变更为脱产招生计划。各省市教育行政部门在新生注册时要认真核对学习形式，堵塞漏洞；进行业余（包括半脱产、夜大学，下同）形式教育的不得异地招生、办学。

5. 本科层次计划应主要用于专科起点升本科，高中起点升本科所占比例最高不得超过本校本科计划总数的30%。

6. 进行函授教育的成人高校，只能在已经按规定履行过函授站登记手续，并报教育部备案的省（区、市）招生。招生区域一般不得超过10个省（区、市），每专业在一省（区、市）内的招生人数一般不得少于30人，并在“系统”的备注栏内注明具体的授课地点。

根据《教育部、卫生部关于举办高等医学教育的若干意见》（教高［2002］10号）文件要求，西医类专业不得安排函授招生计划。艺术类、外语类专业，除经我部批准的学校外，一般不得安排函授招生计划（经教育部批准招生的学校及专业见附件）。

7. 高职（专科）专业招生按《普通高等学校高职高专教育指导性专业目录（试行）》执行，各成人高校应及时做好专业名称和教学内容的规范和调整工作。今年4月1日后经批准新增的目录外专业于次年安排招生。

8. 成人高校高中起点升本科和高职（专科）文理兼招的专业，编制分省计划时必须将该专业按文、理分列。

9. 各省、自治区、直辖市教育厅（教委）必须负责统一与相关省级教育行政部门协商所属成人高校拟跨省（自治区、直辖市）安排的高职（专科）招生计划。对未经协商同意安排的高职（专科）跨省（自治区、直辖市）招生计划，相关省级教育行政部门经请示我司同意后可予以削减，并及时通知相应成人高校的省级教育行政部门。

10. 各省、自治区、直辖市成人高校招生办必须从网上接收本省的所有招生计划，经核对后统一向社会公布，不得擅自接收并公布未经网上编制的招生计划，也不得擅自拒绝公布成人高校在网上编制的招生计划。

11. 各有关单位应高度重视成人高校分省招生计划的编制工作，维护计划工作的严肃性。对于不按规定编制分省计划并造成不良社会影响的，将依照有关规定追究相关人员的责任。

二、编制办法及时间要求

1. 今年全国成人高校招生分省计划的编制工作继续统一使用“全国成人高校招生分省计划编制系统”（以下简称“系统”），在“中国高等教育学生信息网”（网址为：WWW. CHSI. COM. CN）上进行，所有成人高校均必须使用“系统”在网上编制所有招生计划；各省、自治区、直辖市教育厅（教委）和有关部门（单位）教育司（局）在网上管理所属成人高校的招生计划编制工作，包括管理本部门及所属成人高校的登录账户、登录密码，网上分配、调整、审核、打印所属成人高校的招生计划。各省、自治区、直辖市成人高校招生办公室从网上下载在本省的所有分省计划。

2. 各单位可使用2004年我司下发的本单位用户名和密码（地方和有关部门所属成人高校的登录账户和密码由主管部门分配）登录“中国高等教育学生信息网”进入“系统”。工作前请仔细阅读“系统”上的相关使用说明，并按照编制原则和“系统”提示编制、管理和下载分省计划。各成人高校和专业的名称、代码，以及各类学习形式的学习时间等相关要求已在“系统”中体现。

3. 为加强招生的工作和协调，各成人高校在登录“系统”后，必须认真填写注册信息，并保证工作期间通讯畅通。

4. 成人高校网上编制分省计划的工作时间为5月18日至5月24日；各省、自治区、直辖市教育厅（教委）和有关部门（单位）教育司（局）的工作时间为5月16日至5月29日。

5. 各省、自治区、直辖市教育厅（教委）、新疆生产建设兵团教育局和有关部门（单位）教育司（局），部属各高等学校计划编制工作结束后，从“系统”上打印本单位分层次、分省市、分学校、分专业、分学习形式报表并加盖公章，于6月10日前报我司备案。

请各省、自治区、直辖市教育厅（教委）、新疆生产建设兵团教育局、有关部门（单位）教育司（局）将本通知迅速转发至所属各成人高校。

附件：举办艺术类、外语类专业函授教育的成人高校及专业名单

教育部高校学生司
二〇〇五年五月十六日

附件

举办艺术类、外语类专业函授教育的成人高校及专业名单

艺术类：

学校	专业
中国音乐学院	函授专科（限音乐表演专业）
北京舞蹈学院	函授专科（限舞蹈表演专业）
北京广播学院	函授本科、专科
中国传媒大学	函授专科
吉林艺术学院	函授专科（限作曲技术、编导专业）
云南艺术学院	函授专科（限音乐表演、美术专业）
四川音乐学院	函授专科（限音乐表演、作曲技术专业）

外语类：

上海外国语大学	函授专科（试办）
北京外国语大学	函授专科（试办）
大连外国语学院	函授专科（试办）

关于2006年全国成人高等学校招生统一考试使用新的复习考试大纲的通知

教学司［2005］1号

各省、自治区、直辖市教育厅（教委）、成人高校招生办公室，新疆生产建设兵团教委、有关部门教育司（局），部属各高等学校成（继）教院：

随着我国高等教育进入了大众化阶段，成人高等教育的发展和生源结构情况也发生了很大变化。为进一步体现成人高等教育面向广大在职从业人员、为地方社会经济发展服务的特色，有利于成人高校选拔新生，我司及教育部考试中心在调查研究的基础上，组织有关专家对2002年编写的《全国各类成人高等学校招生复习考试大纲》（以下简称《大纲》）进行了修订。新《大纲》充分考虑了参加成人高考的各类成人考生所受教育的不同学习背景，要求考生注重对基础知识的把握和分析、解决实际问题能力的提高。

新《大纲》分为高中起点升本专科和专科起点升本科两部分，分别供2005年10月份参加成人高考（2006年春季入学）、具有不同学习背景的考生报考不同层次的成人高校使用。其中，高中起点升本专科大纲包括语文、汉语文（用于少数民族聚居地区使用民族语文授课的少数民族考生报考用汉语文授课的成人高校的语文科目考试）、数学、英语、日语、俄语、物化、史地8个科目，共1册，由人民教育出版社和高等教育出版社共同出版发行；专科起点升本科大纲包括政治、英语、大学语文、艺术概论、高等数学（一）、高等数学（二）、民法、教育理论、生态学基础和医学综合10个科目，分为5册，由高等教育出版社出版发行。

请各省（区、市）成人高校招生办公室将本通知转发至本地所有成人高校。

教育部高校学生司

二〇〇五年二月二日

关于印发《2005年国家体育总局成人高等教育运动训练专业单独招生办法》的通知

各省、自治区、直辖市教育厅（教委）、成人高校招生办公室，各有关高等学校：

为提高体育队伍文化素质和训练水平，满足在职教练员、现役运动员继续学习和深造的需要，2005年部分成人高校的运动训练专业继续由国家体育总局组织单独招生。现将《2005年国家体育总局成人高等教育运动训练专业单独招生办法》印发给你们，请遵照执行。

附件：2005年国家体育总局成人高等教育运动训练专业单独招生学校名单

二〇〇五年九月五日

附件

2005年国家体育总局成人高等教育运动训练专业单独招生学校名单

一、高中起点升专科

北京体育大学
上海体育学院
武汉体育学院
沈阳体育学院
成都体育学院
西安体育学院
南京体育学院
吉林体育学院
天津体育学院
山东体育学院
广州体育学院
北京体育运动技术学院
辽宁体育运动技术学院
黑龙江体育运动技术学院
上海体育运动技术学院
浙江体育运动技术学院
四川体育运动技术学院
湖南体育职业学院

二、专科起点升本科

北京体育大学
上海体育学院
武汉体育学院
沈阳体育学院
成都体育学院
西安体育学院
吉林体育学院
天津体育学院
山东体育学院
广州体育学院

附

2005年国家体育总局成人高等教育运动训练专业单独招生办法

一、招生院校

第一条 列入国家体育总局成人高等教育运动训练专业单独招生的院校名单由国家体育总局科教司确定。

第二条 各招生院校成人高等教育运动训练专业的招生计划列入经教育部核定的年度成人高等学历教育招生计划总数内。

第三条 招生院校应根据教育部有关规定和本办法，制定本校成人运动训练专业的招生章程。招生章程内容应包括：成人高等学校全称、校址、层次、专业方向、办学类型、学习形式、招生人数、具体报考条件、考生身体健康状况要求、录取规则、学费标准、颁发学历证书的学校名称及证书种类，以及报名时间、地点、联系电话、网址和其他有关事宜。招生院校应通过适当方式向社会公布招生章程，并在规定时间内报送国家体育总局科教司备案。招生章程公布后不得随意变更，招生院校应对招生章程的内容承担相应的责任。

二、报　名

第四条 报考国家体育总局成人高等教育运动训练专业的考生必须具备以下条件：

（一）优秀运动队（包括省、自治区、直辖市、计划单列市、大军区、各行业体协）的教练员、运动员；运动学校和业余体校的教练员。

（二）报考高中起点升专科（高职）的应具有高中毕业文化程度或同等学力。报考专科起点升本科的必须已取得经教育部审定核准的国民教育系列高等学校、高等教育自学考试机构颁发的专科毕业证书或以上证书。

第五条 招生院校负责组织考生报名。报名工作结束后应及时将考生报名数据库按教育部规定的信息标准报学校所在省级成人高校招生委员会办公室（以下简称省级成招办）备案。

三、考　试

第六条　高中起点升专科（高职）的文化课考试科目为语文、数学、政治、英语，考试范围不超出国家体育总局科教司制定的《国家体育总局系统成人运动训练专业单独招生复习考试大纲》。专科起点升本科文化课考试科目为运动生理学、运动心理学、运动训练学、综合，考试范围不超出运动训练专业专科教学大纲。

第七条　以上考试科目每科试题满分为150分，每科考试时间为120分钟，均由国家体育总局科教司统一组织命题、考试和评卷。考生考试成绩由国家体育总局科教司通知各招生院校。

第八条　报考高中起点升专科（高职）的考生除参加文化课考试外还需参加运动专项考试。运动专项由各招生院校自行组织命题和考试，考试成绩不计入总分，供录取时参考。

第九条　2005年文化课考试定于11月上旬进行，具体时间由国家体育总局科教司另行通知。

四、录　取

第十条　国家体育总局科教司负责划定最低录取控制分数线，经教育部核准后通知各招生院校。

第十一条　各招生院校在国家体育总局科教司划定的最低录取控制分数线上，划定本校最低录取分数线并确定拟录取考生名单，经国家体育总局科教司核准后，于12月31日前报学校所在省级成招办审批。

第十二条　招生院校要加强与相关省级成招办的联系，并根据省级成招办的要求，全面、准确、规范、及时采集考生有关信息。相关省级成招办负责向教育部报送录取考生的数据库。

第十三条　符合教育部规定的成人高校招生照顾录取条件的，按照教育部有关规定执行。

五、其　他

第十四条　各招生院校应于录取工作结束之日起30日内，对本校招生工作进行自查，并书面上报国家体育总局科教司。

第十五条　对在招生工作中徇私舞弊、弄虚作假的有关招生院校工作人员，一经查实，将依照国家有关法规予以严肃处理；构成犯罪的，依法追究刑事责任。

第十六条　本办法未涉及的事项，按教育部有关文件执行。

第十七条　本办法由教育部高校学生司和国家体育总局科教司负责解释。

教育部关于下达2005年全国成人高等教育招生计划的通知

各省、自治区、直辖市教育厅（教委），计划单列市教育局，新疆生产建设兵团教育局，有关部门（单位）教育司（局），部属各高等学校：

按照《教育部关于编报2005年成人高等教育招生计划的通知》（教发函［2005］70号）的有关精神，现将2005年全国成人高等教育招生计划印发给你们，请遵照执行，并将有关注意事项通知如下：

一、成人高等教育是我国国民教育体系的重要组成部分。各地、各部门和各高校要进一步贯彻落实十六大的有关精神和《2003—2007年教育振兴行动计划》的要求，重视并加强成人高等教育事业的发展与管理，不断提高成人高等教育的办学质量和声誉，积极为创建学习型社会和构筑终身教育体系作出贡献。

二、2005年成人高等教育年度招生计划的安排和执行，要进一步贯彻落实科学发展观，切实把握好发展的节奏，将战略重点从规模扩张转移到深化改革、提高质量上，努力实现高等教育全面、协调、可持续发展。各地、各部门要采取切实有效措施加大成人高校投入，改善办学条件。要将成人高等教育规模的发展与深化改革、增加投入、改善办学条件等工作紧密结合。

三、要根据科技、经济和社会发展的实际需要和办学条件的可能，加快调整成人高等教育的学科、专业结构，积极发展非学历教育特别是大学后继续教育和高层次岗位培训。要坚持主要面向在职从业人员办学，针对成人学习的需求和特点，合理确定学习形式。要坚决控制并逐步减少成人脱产班的招生规模，函授、夜大学等业余学习形式的招生计划一律不得用于招收成人脱产班。

四、普通高校举办的成人高等教育，应当与学校举办的普通本专科、研究生等教育事业发展相协调，要统筹考虑学校各项办学条件，特别是专任教师的数量和质量；凡生师比偏高的普通高等学校，应从严控制成人高等学历教育的办学规模，原则上当年招生规模应不得超过毕业生规模。普通高等学校原则上要停止高等教育自学考试社会助学脱产班的办学。

五、2005 年成人高等教育招生计划安排继续重点支持高等职业技术教育发展和相关师资的培养；中央部门和东部沿海省市所属成人高校招生计划安排要继续向西部地区倾斜。

六、进一步加强成人高等教育招生计划管理。在招生计划下达和执行过程中，各地、各部门要按照管理职责，坚决维护招生计划管理的严肃性，未经我部批准，不得擅自增加招生计划，不得跨越隶属关系划转和调剂招生计划。未经我部正式批准的高校和被确定为暂停招生的高校，不得安排招生。各地、各部门和各高校要加强对成人高等教育的规范管理和质量监控，维护成人高等教育的办学声誉。

请各地、各部门于 2005 年 12 月 31 日前将所属高校成人高等教育招生计划执行情况报送我部发展规划司。电子信箱：fgs _ syjhc@moe. edu. cn，传真：010—66096407。

附件：2005 年全国成人高等教育招生计划（略）

二〇〇五年七月二十九日

教育部关于印发《2005 年高等学校招生全国统一考试考务工作规定》的通知

教考试［2005］1 号

各省、自治区、直辖市高等学校招生委员会、教育厅（教委）：

按照我部关于做好高等学校招生全国统一考试工作的要求和部署，现将《2005 年高等学校招生全国统一考试考务工作规定》印发给你们，请遵照执行。

附件：2005 年高等学校招生全国统一考试考务工作规定

二〇〇五年三月七日

附件

2005年高等学校招生全国统一考试考务工作规定

第一章　总　　则

第一条　高等学校招生全国统一考试（以下简称高考，特指普通、成人高等学校本专科招生全国统一考试）是国家教育统一考试，是政府行为，体现国家意志。为健全高考考务工作制度，保障高考的正常实施，根据《中华人民共和国教育法》及有关法律、法规，特制定本规定。

第二条　高等学校本专科招生，除经教育部批准外，实行全国统一考试。

第三条　高考的主要目的是为高等学校选拔新生提供考试成绩，同时也要有助于中等学校的素质教育和公民文化素质的提高。

第四条　高考的基本原则是公平、安全、科学、准确、规范。

第五条　高考的试题、答案及评分参考（包括副题及其答案和评分参考）在启用之前属国家绝密级材料。

第六条　高考考务工作由教育部领导，教育部考试中心负责管理，地方各级考试机构组织实施。

第七条　各级考试机构要采用现代化技术手段管理高考工作。

第二章　考试工作人员

第八条　各级考试机构要配备与所承担的高考考务工作任务相适应的专职与兼职相结合的考试工作人员。考试工作人员的合法权益受到保护。

第九条　考试工作人员的基本条件是：坚持四项基本原则，思想品德良好，作风正派，遵纪守法，熟悉考试业务，工作认真负责，身体健康，遵守保密工作规定。

第十条　考试工作人员要实行岗位或专业技术职务聘任制，经培训合格才能上岗。

第十一条　实行回避制度。专职的考试工作人员，如有直系亲属参加当年的高考，应回避接触试题、答案及评分参考与答卷（含答题卡，下同）；兼职人员，如有直系亲属参加当年的高考，不得参加当年的考试工作。

第三章　试卷的印制、运送与保管

第十二条　高考的试卷、答案及评分参考由教育部考试中心或有关省级考试机构提供清样，省级考试机构负责印制。

第十三条　教育部考试中心提供的试卷、答案及评分参考清样通过机要部门发往各省级考试机构。各省级考试机构由一名负责人亲自接收，签发回执，并负责本地区试卷、答案及评分参考的保密工作。在试卷的印制、运送与保管过程中，所有涉密事项，必须用加密方式进行联络。

第十四条　试卷、答案及评分参考的清样需存放于省机要室或省级考试机构的保密室。

第十五条　教育部考试中心提供的试卷、答案及评分参考，在印制过程中任何人不得改动。如需变更，必须经教育部考试中心批准。

第十六条　试卷的印制、运送与保管要严格执行有关文件规定。

第四章　考试实施

第十七条　高考的科目和时间，由教育部公布。

第十八条　根据教育部的部署，各省级考试机构在当地政府与招生委员会的领导下，组织实施和管理本地区的考试工作。

第十九条　考试期间，各级考试机构派督考员或巡视员监督、检查考试实施的情况，协助做好考试工作。

第二十条　高考以地（市）或县（区）为考区，考区设考区委员会，由当地政府负责人任考区主任，教育行政部门及考试机构负责人任副主任，并有公安、保密、监察等部门负责人参加。考区委员会领导、组织、管理本考区的考试实施及处理考试期间本考区发生的重大问题。

第二十一条 考区设若干考点。考点应设在地、县政府所在地。因特殊情况要在地、县政府所在地以外设考点的，需经省级考试机构批准。

考点设主考一人、副主考两人，由考区主任聘任。主考、副主考要遵守《主考、副主考职责》（见附一）。

考点设立考务、保卫、医疗、后勤等小组，以保证考试正常实施。

第二十二条 考点设若干考场。考场应安全、安静，通风、采光条件好，桌椅整齐，室内除必备物品、文字外，不得留有其他任何可能影响考试的物品和字迹。

每个考场考生数为二十五或三十人。考生座位须单人、单桌、单行排列，间距八十厘米以上。

每个考场内配备二至三名监考员，考场外设若干流动监考员。监考员由考点主考聘任。监考员必须恪守《监考员职责》（见附二）。普通高考的监考员不得由高三任课教师或班主任担任；成人高考的监考员不得由补习班或辅导班任课教师或班主任担任。

省级考试机构有权统一调派监考员。

第二十三条 省级考试机构统一制作《考生诚信考试承诺书》并制定具体的操作办法。

第二十四条 考试机构对符合报名条件的考生，制作、发放《准考证》。《准考证》存根保存半年。

第二十五条 省级考试机构以县和科类为单位随机编排《准考证》号。《准考证》号的编排按教育部有关文件执行。

第二十六条 各级考试机构和考试工作人员必须严格按照《考试实施程序》（见附三）实施考试；加强对备用卷的管理，启用备用卷应严格履行有关手续。

第二十七条 考生凭《准考证》和省级考试机构规定的其他证件参加考试，考生必须遵守《考生守则》（见附四）。

第二十八条 用汉语文授课、学习的考生，参加高考（除外语科外），笔试一律用汉字答卷。用本民族语文授课的高级中等教育毕业生，报考用汉语文授课的高等学校，在参加全国统考时，汉语文由教育部另行命题，不翻译成少数民族文字，并用汉字答卷；其他各科（包括外语试题的汉语部分）可翻译成本民族文字，用本民族文字答卷。有关省、自治区在考汉语文的同时，也可以考少数民族语文，并负责命题（试题、答案及评分参考报教育部备案）。

第二十九条 借考考生的答卷要单独装订、密封，由借考地省级考试机构于考试结束后立即通过机要部门送考生户口所在省级考试机构。上述考试机构应指定专人（两人以上）负责借考考生答卷的收发与保管。

第三十条 考生答卷在统一评阅前，任何组织或个人不得以任何借口拆封。

第三十一条 考试期间，各级考试机构应安排昼夜值班，值班电话应在考前告知上下级考试机构。遇有失密、泄密、大面积舞弊等重大事件，需立即报告省级考试机构并转报教育部应急工作领导小组。

第三十二条 考试结束后，省级考试机构要按要求立即将考试情况书面简要报告教育部考试中心。

第三十三条 副题的启用

（一）因自然灾害、战争等不可抗原因造成省（自治区、直辖市）或地、县未能按时实施考试，省级考试机构须及时报告教育部考试突发事件应急处置工作组，经批准后启用副题进行考试。

（二）因试卷丢失、被窃或其他原因造成试题失密、泄密，省级考试机构需立即采取有效措施控制扩散，并立即报告教育部考试突发事件应急处置工作组和省（自治区、直辖市）保密局。查清失密、泄密范围后，考前则在失密、泄密范围内立即停止考试，考后由教育部宣布在失密、泄密范围内的此次考试无效，经教育部考试突发事件应急处置工作组批准后，启用副题重新进行考试。

（三）启用副题进行考试的组织管理、评卷等工作均依照本规定相应条款执行，考试时间由教育部考试突发事件应急处置工作组确定，教育部考试中心或有关省级考试机构负责提供副题及相应的答案及评分参考。

第三十四条 由于试卷印刷有误或自然灾害等原因造成拖延了全国统一考试开考时间的，需由考区主任立即报省级考试机构批准延长考试结束时间，但延长的考试时间一般不应超过三十分钟。

第五章 评卷与分数报告

第三十五条 评卷工作由省级考试机构负责组织和管理。

第三十六条 考生答卷按国家秘密级材料管理，保存期为半年。考试成绩在通知考生本人前，按国家秘密级材料管理，任何人不得泄露。

第三十七条 答卷的运送与保管应严格执行有关文件规定。

第三十八条 承担评卷任务的高等学校设评卷点。各评卷点成立评卷领导小组，组长由学校主管领导担任，省级考试机构派人参加。

分学科成立学科评卷小组，组长由具有本学科高级职称的人员担任，并必须遵守《学科评卷小组组长职责》（见附五）。学科评卷小组在评卷结束后，撰写学科评卷工作总结和试题评价报告，经省级考试机构报教育部考试中心。

第三十九条 评卷人员由评卷领导小组聘任。评卷人员以高校教师为主，有中学教师或教研员参加，其队伍应相对稳定。作文等非选择题评卷人员，应聘请责任心强、水平高的教师担任。评卷人员必须遵守《评卷人员守则》（见附六）。

第四十条 评卷工作按照《评卷工作要求》（见附七）的规定执行。

第四十一条 评卷中发现一考场一科雷同卷超过五分之一以上或其他异常情况，应迅速报告省级考试机构查处，并及时报告教育部考试中心。

第四十二条 教育部考试中心负责监督检查各地评卷情况。

第四十三条 评卷结束后，考试成绩通知考生本人，省级考试机构制定具体的成绩通知办法和答卷复查办法。

第六章 考试信息管理

第四十四条 建立、健全考试机构的多级考试信息管理、通讯网络，购置必要的设备，配备一定的专业技术人员，逐步实现考试信息管理科学化、规范化、现代化。

第四十五条 考试信息包括考生情况，考区、考点、考场设置情况，考试情况，考试成绩等。各级考试机构要根据考试工作需要及时公布统一规范的考试信息项目及代码。

第四十六条 下一级考试机构按要求及时向上级考试机构准确报告有关考试信息。

第四十七条 各级考试机构对考试信息的采集与处理要规定严格的管理程序和严肃的工作纪律，控制误差，保证考试信息的准确。

第四十八条 考试信息未公布前按国家秘密级材料管理。各级考试机构要采取相应的保密措施，保证考试信息的安全。

第四十九条 任何单位或个人未经教育部或省级考试机构同意，不得擅自向社会发布考试信息。

第七章 附 则

第五十条 承担高考的有关工作是各级各类学校的责任。各有关学校应为命题、考试、评卷等工作提供条件和支持。

第五十一条 各省级考试机构可根据本规定制定实施细则，并报教育部备案。

第五十二条 本规定在2005年高等学校招生全国统一考试中施行。

附：一、主考、副主考职责

二、监考员职责

三、考试实施程序

四、考生守则

五、学科评卷小组组长职责

六、评卷人员守则

七、评卷工作要求

附一

主考、副主考职责

一、主考在考区委员会的领导下，负责本考点的全面工作，主持本考点的考试，副主考协助主考工作。

二、负责选聘和培训监考员及其他工作人员。

三、布置考场及考点，做好考前准备工作。

四、如因试卷不完整、字迹模糊、错装等原因需启封备用试卷，应报告考区主任或副主任批准，并需主考、副主考二人签名负责。

五、负责对因违规需要终止其考试的考生和因违规需中止其工作的考试工作人员及偶发事件作出及时处理。

六、每科考试结束后，组织和验收各考场的答卷装订与密封，并派专人保管与保卫，按时送到考区指定地点。

七、切实组织好安全保卫工作，发现问题及时处理，重大问题要立即报告考区主任。

八、考试结束后，向考区委员会报告本次考试情况。

附二

监考员职责

一、在考点主考领导下，主持本考场的考试，维护考场秩序，严格执行考试实施程序，如实记录考试情况，保证考试正常进行。

二、对考生进行考风考纪教育，宣读《考生守则》，宣布考试注意事项。

三、检查考生《准考证》及规定的其他证件，督促考生填写姓名、准考证号等，并进行核对，发现填涂错误，应要求其改正。

四、监督考生按规定答卷，制止违纪舞弊行为，并按《国家教育考试违规处理办法》等规定做好相关工作。

五、考试中发现异常情况立即报告主考。

六、制止非本考场考生和除主考、副主考、督考员、巡视员外任何人进入考场。

七、遵守监考纪律，不擅离职守，不吸烟，不打瞌睡，不阅读书报，不聊天，不抄题、做题、念题，不检查、暗示考生答题，不得擅自提前或拖延考试时间。

八、在考试期间，不得将手机、寻呼机等通讯工具带入考场，不得以任何理由把试卷、草稿纸带出或传出考场。

九、考前、考后检查、清理考场。

附三

考试实施程序

一、每科开考前二十五分钟（第一科前移十分钟），监考员甲、乙共同领取试卷、答题卡、草稿纸等，检查试卷袋是否有破损，核对试卷袋上标明科目是否与本场考试科目相同，核对无误后直入考场。

二、开考前二十分钟（第一科前移十分钟），监考员组织考生有秩序地进入考场，核对《准考证》及省级考试机构规定的其他证件，指导考生对号入座。

在第一科考试前二十分钟，监考员应认真向考生宣读《考生守则》及考试注意事项。

三、开考前十五分钟，监考员分发答题卡和草稿纸，并指导考生填涂答题卡的姓名、准考证号及科目。

四、开考前十分钟，监考员当众启封试卷袋，并认真核对，若发现有试卷数量不符、错装、漏印、重印、错印等，立即请示主考，采取有效措施，保证考试实施。

五、开考前五分钟分发试卷。

六、试卷分发完毕后，监考员应指导考生清点试卷，在试卷规定的地方填写自己的姓名、准考证号及座位号等。

七、开考信号发出后，监考员宣布开始答卷。

八、考试开始后，监考员甲在前台监试，监考员乙持《准考证》存根再次逐个认真核对考生在试卷上所填写的姓名、准考证号、座位号等是否正确，考生本人与《准考证》上的照片及省级考试机构规定的其他证件是否相符。若有问题，立即查明，予以处理。

九、开考十五分钟后，迟到考生不得入场；监考员对缺考考生试卷和空白试卷应分别在总分处和答题卡的姓名处加盖“缺考”或“空白”印章，缺考考生姓名和准考证号、座位号也由监考员填涂。

十、开考六十分钟后，考生方可交卷出场。

十一、监考员对试题内容不得作任何解释，但对于试卷印刷文字不清之处所提出的询问，应予当众答复，试题有更正时应及时板书当众公布。

十二、监考员应监督考生按规定答卷，制止考生违反考试纪律的行为，并将考生违规情况和考试情况如实填入考场记录单中。

十三、考试终了前十五分钟，监考员应当众宣布离终考所剩时间。

十四、考试终了信号发出后，监考员要求考生立即停止答题。

监考员检查核对考生所填写的准考证号是否准确，试卷页数是否完整，并按座位号（包括缺考考生）从小到大（小号在上、大号在下）的顺序整理好考生答卷、答题卡和草稿纸后，考生起立，依次退出考场。

十五、监考员将整理好的考生答卷、答题卡交主考验收合格后，装订、密封。

十六、每科考试结束后，监考员应清理考场。

十七、外语科听力考试部分有关程序由教育部考试中心另行规定。

附四

考生守则

一、考生必须自觉服从监考员等考试工作人员管理，不得以任何理由妨碍监考员等考试工作人员履行职责，不得扰乱考场及其他考试工作地点的秩序。

二、凭《准考证》和省级考试机构规定的其他证件，按规定时间参加考试。

三、考生入场，除2B铅笔、书写蓝（黑）字迹的钢笔、圆珠笔或签字笔、直尺、圆规、三角板、橡皮外（其他科目有特殊规定的除外），其他任何物品不准带入考场。

严禁携带各种通讯工具（如手机、寻呼机）、电子存储记忆录放设备以及涂改液、修正带等物品进入考场。

考场内不得自行传递文具、用品等。

四、考生入场后，对号入座，将《准考证》等证件放在桌子上以便核验。考生领到答题卡和试卷后，应在指定位置和规定的时间内准确清楚地填涂姓名、准考证号、座位号等栏目。凡漏填、错填或字迹不清的答卷、答题卡无效。

五、开考信号发出后才能开始答题。

六、开考十五分钟后不准入场，考试开始六十分钟后方可交卷出场（外语科听力考试要求另行规定），交卷出场后不得再进场续考，也不准在考场附近逗留或交谈。

七、在答卷纸的密封线外或答题卡规定的地方答题。不准用规定以外的笔和纸答题，不准在答卷、答题卡上做任何标记。

八、在考场内需保持安静，不准吸烟，不准喧哗，不准交头接耳、左顾右盼、打手势、做暗号，不准夹带、旁窥、抄袭或有意让他人抄袭，不准传抄答案或交换试卷、答题卡，不准将试卷、答卷、答题卡或草稿纸带出考场。

九、遇试卷分发错误及试题字迹不清等问题，可举手询问；涉及试题内容的疑问，不得向监考人员询问。

十、考试终了信号发出后，立即停笔，根据监考员指令依次退出考场，不准在考场逗留。

附五

学科评卷小组组长职责

一、在评卷领导小组领导下，组织本学科的评卷工作，按时完成评卷任务。严守纪律，保守秘密，严格执行评卷的有关规定。

二、在评卷前组织试评。在试评和学习、掌握答案及评分参考的基础上，制定评分细则。

三、培训评卷人员，使每个评卷人员正确、熟练掌握答案和评分参考及评分细则。

四、检查执行答案及评分参考和评分细则的情况，纠正执行过程中的偏差。

五、负责本学科评卷的质量，裁决有关执行答案及评分参考和评分细则过程中的分歧意见。

六、评卷结束后，对本学科答卷情况进行分析，作出对试题、试卷的定性分析报告，并对试题、答案及评分参考提出意见，报有关考试机构。

附六

评卷人员守则

一、严守纪律，保守秘密，严格执行评卷的有关规定。

二、严格掌握评分标准，防止偏宽、偏严和错评、漏评，按时完成任务。

三、在规定的地点集中评卷，凭《评卷工作证》出入评卷场所。

四、不得将答卷、评卷及统分的文件、资料等带出工作场所，评卷情况不得外传；工作时间不会客，不打电话；不得私自进入答卷保管室和登分处；不准查询考生分数；不准将手机、寻呼机等通讯工具带入评卷场所。

五、评卷一律使用红色字迹签字笔或圆珠笔，其他笔不得带入评卷场所。记分要清楚，如更改，必须有组长和复核人员签字或盖章。

六、不得私自拆密封答卷册，不准撬看密封线内的考生姓名、准考证号等内容，不得涂改考生答卷及成绩。

七、爱护答卷与各种资料，不得损坏答卷。

八、保证评卷场地安全、安静。

附七

评卷工作要求

一、选择题评卷注意事项

（一）选择题采用机器评卷。

（二）成立机器评卷领导小组，组织机器评卷工作。

（三）培训评卷人员，做好计算机、光电阅读器等设备的调试工作。

（四）编制评卷软件。评卷软件必须经过试运行。在正式评卷中，任何人不得擅自修改。

（五）标准答案输入计算机需由两名以上专职人员负责，保证准确无误，标准答案在计算机中的存贮必须采取技术手段加密，防止人为改动。

（六）制定严格的评卷工作程序和工作纪律。

1. 评卷人员的工作用笔为红色字迹签字笔或圆珠笔，不准携带其他笔、橡皮、软盘等进入评卷场所。

2. 评卷组备有专用铅笔和橡皮，由专人保管。

3. 任何人不得修改答题卡的内容。对有问题的答题卡进行技术处理时，需两人以上同时在场。如需复制无法阅读的答题卡，原答题卡需保留备查。

4. 建立责任制。各小组要有工作记录，小组之间要履行严格的交接手续，并由专人负责数据文件的管理。任何人不得擅自修改、拷贝数据文件。必须进行技术性修改时，要填写登记表，写明修改前后的数据，并要有机器评卷组负责人在内的两人以上同时在场。

（七）评卷过程中，应有专职技术人员负责维护计算机、光电阅读器等技术设备的正常运转。

（八）评卷过程中，每个工作单元要做好数据备份，加强计算机磁盘使用的管理，防止计算机病毒的破坏。

（九）加强机器评卷的质量检查。

（十）选择题评卷结束后，应将考生成绩按要求存入磁盘，制作备份盘，保存好数据。

二、非选择题评卷注意事项

（一）非选择题含作文、计算题、证明题和论述题等，采用人工评卷。

（二）评卷人员在评卷过程中应按规定签署姓名。

（三）记分要准确、工整。用阿拉伯数字记分，只记得分，不记扣除分数。

（四）计算分数时，对每题和小题中小数点以后的分数不作四舍五入，每科积分时才作四舍五入处理。

（五）作文由两人分别评阅，两人给出的分数在评卷小组设定的评分误差范围内的，取两人所评分数的平均值；超出评分误差范围内的，由评卷小组讨论确定。其他题目采取一人一题单独评阅。疑难问题由评卷小组讨论解决。

（六）各学科每天的复查量不得少于当天评卷数的20%。若与原评卷教师有不同意见，由学科评卷小组组长裁决。

积极推广计算机监控和人工复查相结合的方法，提高评卷质量。

（七）积分复核人员对各题分数、全卷分数全面复核。

（八）分数订正由评卷点指定专人负责。订正后，加盖评卷点分数校对章。

（九）评卷人员、复查人员、积分复核员及分数订正人均应签字负责。

（十）对有异常情况的答卷（如雷同卷、字迹前后不一致、在密封线外写有考生姓名、考号或标记的考生答卷等）先评分，同时填写《答卷异常情况登记表》，由评卷领导小组裁定，报省级考试机构处理。

教育部关于印发《教育部关于实行高等学校招生工作责任制及责任追究暂行办法》的通知

教监［2005］4号

各省、自治区、直辖市招生委员会、教育厅（教委），新疆生产建设兵团教育局，有关部门（单位）教育司（局），部属各高等学校：

为确保国家高等学校招生法规、制度、政策和规定的贯彻落实，全面体现招生工作的公平、公正，进一步健全和完善监督制约机制，促进高等学校招生工作持续健康发展，现将《教育部关于实行高等学校招生工作责任制及责任追究暂行办法》印发给你们，请认真贯彻执行。

附件：教育部关于实行高等学校招生工作责任制及责任追究暂行办法

二〇〇五年三月十五日

附件

教育部关于实行高等学校招生工作责任制及责任追究暂行办法

第一条 为确保国家高等学校（以下简称高校）招生法规、制度、政策和规定的贯彻落实，全面体现招生工作的公平、公正，根据国家有关法律、法规和规定，特制定本办法。

第二条 本办法适用于各级政府举办和管理的普通高等学校、成人高等学校、民办高等学校，以及由普通高等学校申办的独立学院。

第三条 高校招生期间，各级教育行政部门、招生考试机构和高校党政主要领导作为第一责任人，要对本部门、本地区、本校的招生工作负全面领导责任；分管招生工作的领导作为直接主管责任人，要承担领导、组织、协调和监管的责任；招生部门负责人要在规定的职责范围内履行相应职责；招生工作人员要严格执行有关程序和规定，依法正确履行职责。

第四条 对违反高校招生、考试管理规定的行为，将依照国家有关规定作出行政处罚；构成违纪的，依照党和国家的有关规定，追究纪律责任；构成犯罪的，依法追究刑事责任。

第五条 对在高校招生、考试中的违纪违规行为，将按照党风廉政建设责任制规定和“谁主管，谁负责”的原则，追究有关责任者的相应责任：

1. 属于集体决策的，追究主要领导的责任；
2. 属于分管领导或部门负责人决策的，追究有关领导或负责人的责任；
3. 属于招生考试工作人员个人行为的，追究有关当事者的责任。

第六条 对在高校招生、考试中发生下列行为之一的，按照有关规定追究责任：

1. 不执行国家有关规定，擅自扩大本部门、本地区或本校招生规模的；
2. 以任何名义和理由，向考生收取与招生录取挂钩费用的；
3. 违反国家有关规定，录取不符合录取条件的考生的；
4. 以任何方式影响、干扰招生工作正常秩序的；
5. 参与社会中介机构或个人非法招生活动的；
6. 在报名、考试、录取等招生工作中，有徇私舞弊、弄虚作假行为的；
7. 考场纪律混乱、考试秩序失控，出现大面积考试作弊现象的；
8. 索取或者收受考生及其家长的礼品、现金和有价证券的。

第七条 各级教育行政部门、招生考试机构和高校应完善和建立重要事项报告制度、调整计划使用备案制度、回避制度和招生督察等制度，强化招生考试的管理和监督，对发现问题及时纠正和处理。

第八条 各级教育纪检监察部门要积极配合招生管理部门开展工作，针对招生工作中发现的问题，提出改进建议或行政监察建议。

第九条 各级教育纪检监察部门要认真实行对招生管理部门及招生工作人员履行职责的监督，严肃查处招生中的违法违纪案件。对本部门、本地区、本学校招生工作监督不力或不履行监督责任的，以及瞒案不报、压案不查的，将按照有关规定追究有关责任者和主管领导的责任。

第十条 本办法自发布之日起施行。

关于同意北京联合大学特殊教育学院成人教育单独考试增加招生专业的函

教学招字第 05020 号

北京教育考试院：

你院京考成招［2005］7号文收悉。经研究，同意北京联合大学特殊教育学院从2005年开始，单独考试增设针灸推拿（高职高专）和音乐学（专升本）两个招生专业，其他事项仍按我司《关于同意北京联合大学特殊教育学院成人教育为残疾人举行单独考试的函》（教学司［2002］48号）执行。

此复。

教育部高校学生司
二〇〇五年六月六日

关于做好2005年成人高等学校招生全国统一考试考务工作的通知

教试中心函［2005］139号

各省、自治区、直辖市教育考试院（局、中心）、普通高校招生办公室、成人高校招生办公室：

为做好2005年成人高等学校招生全国统一考试考务工作，现就有关要求通知如下：

一、加强领导，周密部署。成人高等学校招生全国统一考试是国家教育统一考试的重要组成部分，承担着保证新生入学质量的任务，各级教育行政部门、招生考试机构要从贯彻落实“三个代表”重要思想和讲政治的高度，认识和做好成人高等学校招生全国统一考试的组织实施工作，充分发挥各级政府、招生委员会和国家教育考试工作联席会议的领导作用，主动加强与公安（武警）、宣传、卫生、交通、通讯、机要保密、纪检监察等部门的配合，严格按照教育部《关于做好2005年全国成人高校招生工作的通知》（教学［2005］8号）和《2005年高等学校招生全国统一考试考务工作规定》（教考试［2005］1号）执行。针对考试中可能发生的问题，制定切实有效的防范措施和重大突发事件应急预案，保证考试实施和评卷工作的顺利进行。

二、切实做好试卷清样、试卷的安全保密工作。试卷的安全保密事关考试能否正常举行和社会稳定，必须坚持“分级管理，逐级负责”的原则，省级教育行政部门和招生考试机构的一把手对本地区成人高等学校招生全国统一考试安全保密工作负总责，必须从政治大局出发，切实抓好各项安全保密规章制度和责任制度的落实。试卷必须在国家保密局确定的国家统一考试试卷定点印制单位印刷，试卷的运送、发放和保管以及答卷回收、运送、保管等环节都要严格按照教育部、中宣部、公安部、国家保密局发布的《国家教育考试安全保密工作规定》的要求执行。加强安全保密工作人员的业务培训，加强试卷保密室、答卷保管室值班和巡视检查工作，严格履行试卷、答卷交接手续，克服任何麻痹大意的思想，确保各项保密制度和措施落到实处，坚决杜绝任何泄密事件的发生。

三、严格考风考纪管理。各级教育行政部门和考试机构要按有关规定进一步规范考场的设置和管理，加大督促检查的力度，保证考点机构健全、设置规范、管理有力、措施到位。要采取多种切实有效的措施和现代化技术手段，对各种考场违规行为进行严密监控，着重打击有组织的利用现代化通讯工具作弊、大规模群体舞弊，特别是有教师或考试工作人员参与的群体舞弊和替考行为。建立考风考纪责任人制度，强化对监考人员的培训、考核和对考生的诚信教育并签订诚信考试承诺书，并坚持行之有效的管理办法，不断提高成人高等学校招生全国统一考试考务管理工作的质量。加强考试巡视检查的力度，对发现的违规行为按照教育部《国家教育考试违规处理办法》进行严肃处理。

四、加强监督，从严查处。各级教育行政部门和考试机构要加强对成人高等学校招生全国统一考试考务管理工作全过程的监督、检查，严肃查处弄虚作假和营私舞弊行为。要设立举报箱和举报电话并在考前向社会公布。

五、严格执行值班和报告制度。各级教育招生考试机构必须按附件要求及时上报相关内容。自2005年9月28日—10月15日，我中心开通成人高考考务管理工作昼夜值班电话13911684411、13911684422、13911684433。自10月11日起，上述移动电话和010-82520113（带传真）、82520114、82520111、82520126（传真）、82520124（加密传真）昼夜开通。

在开通上述值班电话的同时，我中心自10月8日开通2005年成人高考考务信息网络发布平台，请你们指定专人每天上网浏览（具体使用见附件二）。

附件：一、2005年成人高等学校招生全国统一考试安全保密工作报告要求

二、2005年成人高考考务信息网络发布平台使用说明

教育部考试中心

二○○五年九月十六日

附件一

2005年成人高等学校招生全国统一考试安全保密工作报告要求

序号	报告内容	上报人	报送对象	报送电话	上报形式	上报时间及相关要求
1	省、地级考试机构考试值班安排	省级考试机构负责人	教育部考试中心考务管理与监察部	010-82520113	书面报告（签字盖章）	10月9日前上报。内容包括值班人员、值班电话（办公电话、手机、传真）、值班安排等。
2	试卷清样、答案和评分参考等材料的接收情况	同上	同上	010-82520124	同上	接收考试材料当日上报。内容包括收到考试材料的种类、数量、包装情况等。
3	试卷印刷情况	同上	同上	010-82520126	同上	若印刷正常，每三天报一次；否则，必须在发生情况的第一时间报告。
4	试卷运送情况	同上	同上	010-82520113 010-82520126	同上	若运送正常，在到达目的地后立即报告；否则，必须在发生情况的第一时间报告。
5	试卷的考前保管情况	同上	同上	同上	同上	每天22:00前报一次；若发生情况，需第一时间报告。
6	考试实施的情况	同上	同上	同上	同上	每天19:00前报一次。若出现失、泄密或大规模的舞弊事件，必须在发生事件的第一时间报告情况。
7	评卷情况	同上	同上	同上	同上	每天19:00前报一次

* 上述报告内容涉及保密事项的，需通过加密传真系统上报。

附件二

2005年成人高考考务信息网络发布平台使用说明

为了在2005年成人高考实施期间及时与各省级招办机构交换考务工作情况，发布相关信息，进行考务工作的部署，现开通成人高考考务信息网络发布平台。现将该“平台”的使用方法介绍如下：

1. 接入Internet，在IE浏览器地址栏内填入：http: //www2. neea. edu. cn/oa，进入教育部考试中心的教育考试办公信息网主页，点击“考务部信息发布平台”，进入考务信息网络发布平台的登录界面。

2. 在登录界面填入用户名和密码，进入考务信息网络发布平台主界面。用户名由教育部考试中心统一配发和管理。各省用户名为：ck+省代码（例：北京用户名为：ck11），各省初始密码与用户名相同，各省进入平台后请自行修改密码。

3. 登录考务信息网络发布平台主界面后，点击相应的功能。下面简要介绍一些功能的使用。

（1）重要通知公告。

点击“重要通知公告”后，可浏览教育部考试中心发布的有关考务工作的最新重要通知、公告，点击“更多”可查看全部通知公告，点击该通知公告的标题，进入浏览界面，该界面可查看通知公告的详细内容。

（2）工作通报。

点击“工作通报”后，可浏览教育部考试中心发布的有关考务工作情况的最新通报。该栏目操作方法同“重要通知公告”。

（3）重要文件。

点击“重要文件”后，可浏览教育部考试中心发布的有关考务工作的最新文件、法规。该栏目操作方法同“重要通知公告”。

（4）最新更新。

“最新更新”栏目在考务信息网络发布平台的主界面，该栏目列出了该平台最新发布的50条消息。点击消息标题可浏览该消息的详细内容。消息前方“［ ］”中内容为该消息所属栏目名，点击栏目名可浏览该栏目的最新内容。该栏目操作方法同“重要通知公告”。

（5）情况汇报。

点击“情况汇报”，进入情况汇报界面，该栏目用于各省级招办向教育部考试中心汇报考务工作情况及教育部考试中心对各省级招办汇报情况作出的回复。在“情况汇报”首页中可看到本省级招办汇报的情况及教育部考试中心对该情况的回复。利用“发新留言”功能可以向教育部考试中心汇报本省级招办有关考务工作情况，汇报内容的主题填入主题栏中，主题栏不能为空，汇报的内容填入相应的内容栏。

4. 在使用该考务信息网络发布平台的过程中如遇到技术问题，请与教育部考试中心信息与科研处联系，联系人：段伯岩、褚庆军，联系电话：010-82520136、010-82520132。

关于2005年成人高考各科试卷分卷及结构有关情况的通知

教试中心函［2005］140号

各省、自治区、直辖市教育考试院（局、中心）、高校招生办公室、成人高校招生办公室：

根据教育部《关于做好2005年全国成人高校招生工作的通知》（教学［2005］8号）规定，今年成人高校招生全国统一考试将于10月15日、16日举行。

为使各地做好今年成人高考答题卡设计、印制的准备工作，现将我中心负责命题的各科试卷分卷及结构有关情况通知如下：

一、高中起点升本、专科试卷分卷及结构有关情况

今年成人高考高中起点升本、专科全国统一考试科目为语文、汉语文、数学（文）、数学（理）、历史地理、物理化学、英语、日语、俄语共九科。其中汉语文、日语、俄语不分卷，汉语文直接在试卷上作答，日语、俄语直接在答题纸上作答（答题纸式样随试卷清样一并发送）。语文、数学（文）、数学（理）、历史地理、物理化学、英语六科试卷清样为分卷试卷清样，Ⅰ卷、Ⅱ卷均留有答题空间，考生可直接在试卷上作答。需要在这六科选择题（Ⅰ卷）中使用答题卡的省（区、市），请按照以下数字设计答题卡：语文1—10小题，共10小题；数学（文）为1—15小题，共15小题；数学（理）为1—15小题，共15小题；物理化学1—15小题，共15小题；历史地理1—40小题，共40小题；英语1—55小题，共55小题。以上六科选择题均为四选一的单项选择题。

二、专升本试卷分卷及结构有关情况

我中心负责命题的成人高考专升本全国统一考试科目为政治、英语、高等数学（一）、高等数学（二）、大学语文、教育理论、艺术概论、生态学基础、民法、医学综合共十科。

1. 政治、英语、民法和生态学基础四科提供分卷清样，客观题卷（Ⅰ卷）不留答题空，考生需要在答题卡上做答。其中政治 1—40 小题、民法 1—30 小题、生态学基础 1—20 小题、英语 1—55 小题为四选一的选择题，英语 56—60 题为八选一的选择题。

2. 医学综合全部是选择题，试卷不分卷、不留答题空，考生需要在答题卡上作答。其中 1—108 小题为五选一的选择题，109—120 小题为五选多的选择题。

3. 高等数学（一）、高等数学（二）、大学语文、教育理论、艺术概论五科提供不分卷清样，选择题部分留有答题空，试题均为四选一的单项选择题，考生可直接在试卷上作答。需要在这五科选择题中使用答题卡的省，请按照以下数字设计答题卡：高等数学（一）1—10 小题，共 10 小题；高等数学（二）为 1—10 小题，共 10 小题；大学语文 1—20 小题，共 20 小题；教育理论共 24 小题，其中 1—12 小题为教育学部分，19—30 小题为心理学部分；艺术概论 1—15 小题，共 15 小题。

三、其他

各省级考试机构可以根据本地的实际需要，自行确定除专升本政治、英语、民法、生态学基础和医学综合五科外的其他科目是否使用答题卡，并在试卷印刷时对我中心提供的试卷清样中有关指导语、预留答题空等自行进行调整。

教育部考试中心
二〇〇五年九月十六日

二、北京市招生工作文件汇编

北京市一九九六年各类成人高等学校招生规定

（独立设置成人高等学校部分）

第一章 总 则

第一条 为有利于成人高等教育的改革和发展，为加强北京市成人高等学历教育的宏观管理和监督，保证新生入学质量，使成人高等学历教育更直接有效地为社会主义建设服务，根据国家教育委员会《1996年全国各类成人高等学校招生规定》，结合北京市实际，特制定本规定。

第二条 本规定适用于独立设置成人高校，包括：经国家教育委员会审定核准的广播电视大学、职工高等学校、管理干部学院、教育学院、独立设置的函授学院。

第三条 独立设置成人高等学校实行全国统一招生。由国家教育委员会颁布复习考试大纲，统一组织命题，确定考试时间，制定试卷评分标准，下达本市最低录取控制分数线。

第四条 由北京市成人教育考试办公室组织招生考试工作，并组织招生学校进行新生的录取工作。

第二章 招生机构及其职责

第五条 北京市成人教育考试办公室的职责是：

（一）执行国家教育委员会有关独立设置成人高校招生方针政策和工作规章，按下达的招生计划并结合本市实际情况制定具体实施办法。

（二）编制并公布招生专业目录，组织本市考生报名工作并负责审查考生的报名资格，组织考试、阅卷、录取、身体健康状况检查等工作。

（三）组织实施独立设置成人高等学校招生改革试点工作。

（四）保护考生和招生工作人员的正当权益，查处违纪舞弊事件。

（五）审批学校提出的新生录取名单；根据历年新生录取名单向国家教育委员会提供当年成人高等教育毕业生有关数据；协助国家教育委员会做好每年毕业证书发放的复查工作。

（六）组织并督促招生学校对录取的新生进行复查。

（七）开展招生、考试的宣传和科学研究工作。

第六条 各区县成人教育招生办公室的职责是：

（一）执行国家教育委员会有关独立设置成人高等学校招生方针政策和工作规章及北京市成人教育考试办公室的有关补充规定，并结合本区县实际情况制定具体实施办法。

（二）组织本区县考生报名工作并负责审查报名资格和身体健康状况检查工作。

（三）组织考生考试，保护考生和工作人员的正当权益，查处违纪舞弊事件。

（四）组织发放考生成绩、建立考生档案工作。

（五）接待考生咨询和群众信访工作。

（六）开展招生、考试的宣传和科学研究工作。

第七条 独立设置成人高等学校有关招生工作的职责：

（一）执行国家教育委员会有关招生方针政策和工作规章及北京市成人教育考试办公室和学校主管部门的补充规定。

（二）执行招生计划并按规定向北京市成人教育考试办公室报送录取新生名单，经审批后，向考生发放录取通知书。

（三）对录取的新生进行复查。

（四）应由招生学校做的其他工作。

第三章　招生计划和生源计划

第八条 成人高等教育招生计划实行国家宏观指导，总量调控，中央和省、部两级管理、分级负责的管理体制。按隶属关系负责审核制定学校的招生计划总数。

第九条 符合第二条规定的学校都应根据国家教育委员会关于编报年度成人高等教育事业计划的精神和要求，按隶属关系将招生计划和生源计划报北京市教育行政计划部门或国务院有关部委教育司（局），经审查汇总后上报国家教育委员会，正式纳入国家成人高等教育事业计划后方可招生。

第十条 编制招生的生源计划应根据国家下达的招生计划贯彻合理布局，按需培养的原则；在录取新生时，根据上线考生数量、质量等实际情况，进行必要的调整。

第十一条 北京市成人教育考试办公室根据北京市教育行政部门下达的本市计划招生数和国家教育委员会下达的跨省、自治区、直辖市招生的生源计划数，在考生报名前一个月，编列北京地区分类分校分专业的招生专业目录，向考生和社会公布；录取结束后，将实际执行计划情况上报北京市教育委员会、北京市成人高校招生领导小组和国家教育委员会。

第四章　报　名

第十二条

（一）独立设置成人高校以招收在职从业人员为主。业余学习的工龄年龄不限，脱产学习的：教育（教师进修）学院等举办的教师本、专科班主要招收中小学教师、校长和其他教育行政干部。报考这类学校举办的脱产教师本、专科班的在职教师须具有三年以上教龄，并应根据教学工作需要，报考对口专业。教育行政干部须具有五年以上工龄。其他学校对考生的工龄要求由学校主管部门确定。

（二）各校是否招收社会青年、招收比例和报考条件，由招生学校和其主管部门会同计划、劳动、人事等部门研究确定，毕业后国家不包分配工作。部委所属学校招收社会青年，按本市规定执行。

（三）经国家教委批准的独立设置成人高校可以招工招生相结合方式招收参加今年普通高校招生考试的高中毕业生。“双招”对象为参加当年普通高校招生考试的高中毕业生。

第十三条　报考独立设置成人高校的考生，应具有高中毕业文化程度或同等学力，身体健康。

第十四条　符合报考条件，生活能自理，能坚持学习和工作的残疾人也可报考。

第十五条　有下列情形之一的，不得报名：

（一）有反对四项基本原则的言行，经教育而坚持不改者。

（二）凡毕业后能取得国家承认学历的各类高、中等学校在校生、应届毕业生（“双招”除外）。

（三）因在报考过程中弄虚作假、违纪舞弊，受到一年或三年内不准报考处罚者。

（四）触犯刑律被处罚的服刑者。

第十六条

（一）报名期间各区县成人教育招生办公室为报名站并在各招生院校、代办单位设置报名点。

（二）报考独立设置成人高等学校的考生，应在规定时间内到各区、县成人教育招生办公室设置的报名点办理报名手续。要求办理借考的考生一律由户口所在地省级招生办公室开具借考证明，考生到东城区成人教育招生办公室办理报名手续。

无本市户口的往届生不得报名。

（三）报名手续一律由考生自己办理。

（四）考生报名时须持本人居民身份证，应如实认真填写考生登记表、信息卡，交本人近期正面免冠同一底版一寸照片三张和报名费。

（五）报名登记表由考生交本单位主管人事、教育部门审查部门审查同意并签署意见、加盖公章，单位加封后，再由考生本人在报名点规定时间内将报名登记表送交原报名点，交验本人身份证。社会青年报名需经乡政府或街道办事处签署审查意见。

（六）考生可从《北京市1996年各类成人高等学校招生专业目录》选择相应的志愿学校。第二、三志愿可兼报独立设置成人高等学校或普通高校成人高等教育。

（七）文史类、理工类、西医类、中医类以及其他高等职业技术教育专业不得兼报，报考外语类可以报文史类，但文史类考生不得兼报外语类专业。

（八）符合照顾条件的考生及获处级以上各类先进称号的考生，报名时须交验相应的原始证件、证明及复印件（二张），由报名点审核后确认，复印件留交报名点。属于照顾对象的考生须填写照顾对象审核表。考生所在单位审查盖章。过期不予受理。

（九）各报名点或代办单位，应在规定时间内到区县成人教育招生办公室办理集体报名手续。区县成人教育招生办公室应根据有关规定严格审查考生报名资格和手续。对符合报名条件和手续的人员发给准考证（单位不同意报考或经审查不符合报考条件的人员，不发准考证，不退报名考务费）。

第五章　政治思想品德考核

第十七条　报考独立设置成人高等学校的考生，必须拥护四项基本原则，拥护改革开放，品德良好，遵纪守法。

第十八条　政治思想品德考核主要看考生本人的表现。

第十九条　考生所在单位或主管部门，应对考生的政治表现、思想觉悟、道德品质，作出组织鉴定。

第六章　考　试

第二十条　考试科目

（一）理工农类（含体育、非教师班地理专业）考政治、语文、数学（理工类）、物理、化学五科。

（二）文史类（含财经、政法、外语、艺术、教师班地理专业）考政治、语文、数学（文史类）、历史、地理五科（艺术类专业，数学考试成绩不计入总分，供录取时参考）。

（三）高等职业技术教育班（下简称“高职班”）招生考试试行“3+2”形式（即考三门基础课、两门专业课）具体范围及考试科目如下：

(1) 报考医疗、高护、西医类的考生，考试科目为：政治、语文、数学（理工类）、人体解剖学、生理学。

(2) 报考中医药类的考生，考试科目为：政治、语文、数学（理工类）、中医基础理论、中药学。

（3）报考司法部属中央司法警官教育学院的在职考生，考试科目为：政治、语文、数学（文史类）、监狱（劳教）基础、狱政（所政）管理。

（4）报考北京市计划劳动管理干部学院机械制造工艺及设备专业和工业电气自动化两个专业、旨在培训技工学校生产实习指导教师的考生，考试科目为：机械制造工艺及设备专业。考：政治、语文、数学（理工类）；机械基础、机械制造工艺基础；工业电气自动化专业，考：政治、语文、数学（理工类）、电工基础、电子技术基础。

（5）报考高职班其他专业，文史类基础课，考试科目为政治、语文、数学（文史类），理工农类基础课，考试科目为语文、数学（理工类）、物理（职）或化学（职），专业课考试科目在如下专业课中选择两门：

生理学	人体解剖学	机械基础
金属切削原理与刀具	BASIC语言	电子技术基础
计算机应用基础	电路原理	电工基础
电机与拖动	施工技术基础知识	建筑材料
建筑结构	药剂学	化工基础
轧钢生产管理	炼钢生产管理	高炉冶炼生产管理
冶炼技术基础	经济法基础	营销基础知识
商品知识	会计基础	计算技术
旅游概论	礼仪规范	应用文与写作
实用公共关系	原料加工技术	烹调技术
化学肥料	有机化学	化工分析基础
中医基础理论	监狱（劳教）基础	机械制图
中药学	狱政（所政）管理	机械制造工艺基础

本科各专业和外语、外贸、外经及涉外专业的专科须加试外语。分英、俄、日三个语种，由考生任选一种（报考外语专业以外的师范类本科各专业的中学教师可不加试外语），由国家教育委员会统一命题，考试成绩不计入总分，本市另定录取标准。

以上各科满分均为150分。

某些专业需加试其他科目由学校或其主管部门决定并组织命题、考试。加试科目的成绩不计入总分，供录取时参考。

第二十一条 高中起点本、专科考试，由国家教委统一命题并制定参考答案和评分标准。政治、语文、数学、地理、历史、物理、化学、外语考试命题的范围不超出国家教育委员会制定的《全国各类成人高等学校招生复习考试大纲》。高职班专业课考试科目命题的范围不超出国家教委成人教育司颁发的复习考试大纲，考试日期与高中起点本、专科考试同时进行。

第二十二条 基础课均采取分卷（标准化）考试，专业课均不采取分卷（标准化）考试。

第二十三条 评卷工作在全市统一安排下由北京市成人招生机构组织实施。借考考生如由考生所在地省级招生机构审批录取，其试卷由区县成招办寄出。

考试成绩通知本人，不公布，不查卷。

第二十四条 全国各类成人高等学校招生统一考试定于五月十一日、十二日进行，具体考试时间表如下：

高中起点（含“3+2”试点）本、专科考试时间表如下：

日期 时间	五月十一日 （星期六）	五月十二日 （星期日）
9:00—11:00	语文	数学
14:00—15:40	物理　地理 生理学、中医基础理论 监狱（劳教）基础 机械基础、电工基础	化学　历史 人体解剖学、中药学 狱政（所政）管理 机械制造工艺基础

续前表

日　期 时　间	五月十一日 （星期六）	五月十二日 （星期日）
	机械制图、烹调技术 计算机应用基础、药剂学 有机化学、计算技术 电路基础、建筑材料 化学肥料、轧钢生产管理 商品知识、炼钢生产管理 实用公共关系 经济法基础、礼仪规范 高炉冶炼生产管理	电子技术基础、BASIC语言 金属切削原理与刀具 旅游概论、化工分析基础 营销基础知识、会计基础 原料加工技术、建筑结构 应用文与写作、化工基础 电机与拖动 冶炼技术基础知识 施工技术基础知识
16:20—18:00	政治、化学（职）、物理（职）	外语

第二十五条　考试工作规则执行国家教育委员会颁发的《普通、成人高等学校本、专科招生全国统一考试工作规则》（考试［1991］3号）。

第七章　录　取

第二十六条　北京市成人教育考试办公室在切实保证新生入学质量前提下，在本市招生计划总额度内拟定本市最低控制分数线，经北京市教育委员会、北京市成人高校招生领导小组认定，报国家教育委员会批准后执行。

第二十七条　学校确定的实际录取线不得低于本市的最低控制分数线。

以招工招生相结合的方式招收的应届高中毕业生录取标准，应不低于普通高等学校招收自费生录取分数线，新生的审批录取工作在普通高校录取工作结束后进行，由北京市成人教育考试办公室负责，录取新生时不得调剂“双招”生源计划。

体育、艺术各专业，本科最低控制分数线不低于本市本科最低控制分数线的百分之七十，专科不低于专科的百分之六十；史论、编导专业本、专科均不低于相同层次的百分之九十。

录取高职班的新生标准，应五科总成绩不低于本市专科最低控制分数线；“5＋2”试点各专业，五科总成绩不低于本市最低控制分线数的百分之八十，加试的两门能力考核科目分数与五科统考成绩之和应不低于本市志科最低控制分数线。

第二十八条　对在职考生的录取工作必须认真贯彻按需培养，德、智、体全面衡量，由高分到低分择优录取的原则。录取新生时，既要重视考生的总成绩，又要注意与其报考专业相关科目的成绩。各类成人高等学校一律不得录取试读生、超前生、旁听生和单科生，违者追究责任者及其领导责任。

第二十九条　录取新生名单由学校提出，北京市成人教育考试办公室审批。招生学校按审批后的名单发放录取通知书。

录取中的遗留问题，由北京市成人教育考试办公室负责处理。

第三十条　对符合本市录取资格，经调剂后仍不能入学的考生，可在其报考的第一志愿学校申请保留资格二年。招生学校在录取工作结束后向北京市成人教育考试办公室报批保留入学资格的学生名单。

第三十一条　招生学校及其主管部门可在各地指定代办单位，明确代办任务，代办单位要认真负责地配合当地招生部门搞好招生工作。

委托培养学生的单位，不得参与录取工作，但可根据各地生源质量情况，向招生学校提出调整生源计划。

第三十二条　符合下列条件之一的考生录取时可照顾30分（专科起点升本科为20分）：

（一）1990年以来，获得地、市以上人民政府（党委），国务院各部委及各省、自治区、直辖市厅、局系统，国家特大型企业授予的劳动模范、先进生产（工作）者、模范（优秀）党员称号者及科技进步（成果）奖获得者。

（二）1990年以来，获得省、自治区、直辖市以上工、青、妇等组织授予的“五一劳动奖章”、“新长征突击手”、“三八红旗手”称号者。

（三）1990年以来，人民解放军、武警部队、人民警察荣立三等功以上者。

第三十三条 符合下列条件之一的考生录取时可照顾15分（专科起点升本科为10分）：

（一）归侨、归侨子女、华侨子女、台湾省籍考生。

（二）烈士子女、烈士配偶。

（三）边疆、山区、牧区和少数民族考生、国防科技工业三线企业单位（地处地市以上人民政府所在地的除外）获得企业表彰的先进生产（工作）者。

（四）在野外、井下、监所（监狱、劳改队、劳改所、少管所）、远洋第一线从事采伐、农垦、地质、水利（农水、农电、防汛、水保、水管、施工、水文、移民）、采矿、勘探、管教、测绘、远洋运输工作，报考对口专业的考生。

第三十四条 根据本市实际情况，制定有利于录取劳动模范、生产和业务骨干以及农村、乡镇企业、远郊区县考生相应政策。

第三十五条 报考对口专业并有五年以上专业工龄（教龄）的中年生产业务骨干（教师），赴前线作战的复员转业人员、退出现役的义务兵，在与其他考生相同条件下，在相同分数段中应优先录取。

第三十六条 符合照顾条件的考生报名时必须交验相应的原始证件及复印件（二张）。

第三十七条 在录取的后阶段，根据考生上线情况，在已核定的招生计划总数内，北京市成人教育考试办公室提出学校招生计划和生源的调整原则方案，经北京市教育委员会批准后实施。涉及地方、部门招生计划总量增减的，需经国家教委计划部门办理划转手续。以因满额或不足开班名额而调整或停止招生计划未被报考学校录取的合格考生，北京市成人教育考试办公室根据成人高等教育的特点，本着对考生和用人单位负责的精神，积极搞好调剂录取工作。调剂录取仅限于报考条件及考试科目相同（或相近）专业。考生要填报征得其所在单位同意的调剂录取志愿。调剂录取工作在北京市成人教育考试办公室组织下进行。

录取工作结束后，北京市成人教育考试办公室向北京市教育委员会和国家教委上报当地录取新生数，并向招生学校所在地毕业证验印部门提供当年录取新生名单。

第三十八条 新生入学后，学校要对新生进行全面复查，对于不符合报考条件和录取标准以及弄虚作假、违纪舞弊者，学校应取消其入学资格，报北京市成人教育考试办公室备案，对其缺额，如有上线考生，北京市成人教育考试办公室予以补录。此项工作应在1996年10月5日前完成。

第八章 附 则

第三十九条 关于第二专业专科学历教育

（一）举办第二专业专科学历教育的学校资格，须经北京市教育行政部门或国务院有关部委教育主管部门审批。

（二）第二专业专科学历教育招生对象为在职、从业的国民教育系列大学专科或专科以上毕业生，其工龄、年龄不限，学习形式不限。报名工作由北京市成人教育考试办公室统一组织。报名时间与高中起点本、专科考生报名工作同期进行。学员报名时，必须向招生学校提供经国家教委审定核准的国民教育系列高等学校颁发的大学专科或专科以上毕业证书和复印件（二张）。北京市成人教育考试办公室审核学员报名资格。

（三）第二专业专科系列教育学员入学，国家不组织全国统一考试，由招生学校进行测试。学校录取第二专业专科学历教育考生，应在招生专业录取高中起点合格考生之后，学校提出录取名单，由北京市成人教育考试办公室负责办理审批录取手续。

第四十条 关于预科生

对属照顾30分而未达录取分数线的各类先进人员和年龄在25周岁以上，有五年连续工龄的业务骨干，以及特殊行业急需培养的在职业务骨干，达到预科班分数线（另定），本人提出申请，经工作单位推荐和北京市成人教育考试办公室批准后，可作为预科生参加预科班，补习高中文化课一年，考试合格，经北京市成人教育考试办公室审批后，进入原报的第一志愿学校（专业）学习。

第四十一条 关于往届生

对1993年以来参加全国普通高校招生考试而未被录取的高中毕业生（简称往届生），高考分数达到300分，现为乡镇企业、城市集体企事业单位职工以及其他从业人员，可到招收往届生的学校申请办理入学手续。报名时须持本人身份证、高考成绩证和单位介绍信。报名时间与其他考生相同。高考成绩证由北京市高校招生办公室开具。经北京市成人教育考试办公室审批后，可录入有关学校（专业）学习。

第四十二条　关于“双招”生

凡参加1996年普通高考的考生，总成绩达自费生录取线的，可报经国家教委批准实行招工招生相结合（简称“双招”）的独立设置成人高校有关专业。“双招生”单独编班，实行全日制教学。

第四十三条　关于推荐生

凡在北京市属成人中等专业学校学习的应届毕业生，成绩优秀者，经推荐和北京市成人教育考试办公室审批，可录入有关成人高校学习。

第四十四条　凡参加当年各类成人高等学校全国统一招生考试而未被录取，但总成绩达到一定分数线（另定）的考生，由本人申请，经北京市成人教育考试办公室审批，可免试录入有关成人中等专业学校学习。单科成绩达90分以上的考生，可到北京市成人教育考试办公室申办职工单科合格证书。

第四十五条　违反招生管理规定或违反考试管理规定应予处罚的，将依照有关处罚规定予以处罚。

北京教育考试院成人招生办公室

一九九六年一月十五日

北京市一九九六年各类成人高等学校举办大学专科起点本科班招生规定

（独立设置成人高等学校部分）

为加强对各类成人高等学校举办大学专科起点本科班（以下简称专升本科班）招生工作的宏观管理，保证新生入学质量，根据国家教育委员会《一九九六年全国各类成人高等学校举办大学专科起点本科班招生规定》，结合北京市实际，现将有关事项规定如下：

一、专升本科班招生分为师范类（系指普通中学教师和各类中等学校普通课教师）和非师范类（系指考生为普通中、小学教师以外其他学校教师以及非教师）。师范类和非师范类专升本科班均须纳入国家成人高等教育事业计划并经国家教委批准正式下达后方可招生。

二、举办非师范类专升本科班的学校办学资格及专业一律经国家教委审批，招生计划数纳入学校成人高教招生总量。由国家教委统一下达专升本科班招生计划。

三、独立设置成人高等学校专升本科班招生由北京市成人教育考试办公室负责组织报名考试、评卷和录取工作。

四、报考专升本科班的考生应具有两年以上工龄。师范类专升本科班除教育管理类专业可招收中学校长和其他少量教育行政干部外，其他专业限招各类中等学校教师。报考脱产学习的教师还须具有三年以上教龄，校长及其他教育行政干部须具有五年以上工龄。

五、报考专升本科班的考生，到招生学校或代办单位报名点办理报名手续。报名时必须交验经国家教委审定核准的国民教育系列高等学校颁发的大学专科毕业证书原件和复印件（二张）。报名点负责审查考生的报考资格，北京市成人教育考试办公室复核。

六、跨省、自治区、直辖市招生的学校，其考生按学校主管部门的规定可以在考生所在地参加考试；经考生所在地省级招办同意也可以在学校所在地借考。

七、考试科目及命题

1. 师范类专升本科班的考试科目共四科，公共课一科，专业课三科（音乐、美术专业除外）。

公共课：教育理论课（教育学、心理学，侧重教育学的部分）。

专业课：各专业课分别规定如下：

政治和思想品德教育专业：马克思主义哲学，政治经济学（资本主义部分）、中国革命史。

汉语言文学教育专业：汉语、中国文学（包括古代、现代，现代到一九四九年为止）、文学概论。

历史教育专业：中国通史、世界通史、中国历史要籍介绍和选读。

英语教育专业：精读和泛读、听说、实用语法。

数学教育专业：空间解析几何、数学分析、高等代数。

物理教育专业：高等数学、力学热学、光学电磁学。

化学教育专业：高等数学、有机化学、无机化学（含分析化学定性部分）。

地理教育专业：中国地理、世界地理、自然地理基础。

生物教育专业：动植物学、微生物学、人体解剖及生理学。

体育教育专业：体育理论、运动生理学、综合考试（田径、篮球、体操）。

音乐教育专业：钢琴、声乐、音乐基本理论（乐理、和声）、视唱练耳。

美术教育专业：素描、色彩、创作、美术史论基本知识（中、外美术史及技法理论）。

教育管理类专业专升本科班的考试科目共四科，公共课一科：大学语文。专业课三科：教育学、心理学、学校管理。

以上除术科外的各科试题由国家教委考试中心统一命题，其命题范围不超出以《中学教师进修高等师范专科教学大纲》为依据编写的《考试复习说明》规定的内容。

各科满分成绩分别为：中国通史120分、世界通史120分、中国历史要籍介绍和选读60分、空间解析几何50分、数学分析150分、动植物学150分、微生物学50分，其余各科均为100分。

2. 非师范类专升本科班考试科目共四科：公共课两科、专业基础课一科，专业课一科。

公共课和专业基础课分别为：

理工类：政治、英语、高等数学（一）。

经济（管理）类：政治、英语、高等数学（二）。

文史、中医类：政治、英语、大学语文。

专业课：由招生学校在以下各专业课中任选一科。

专业课设置：图书馆学、档案学、文学概论、新闻学、政治学概论、行政管理学、财政金融学、会计学原理、环境保护概论、管理学概论、电子技术基础、电路原理、机械设计基础、结构力学、化工原理、地质学概论、医学基础、植物生理学、中医基础理论、海洋生物学、淡水生物学、家畜生理学、食品微生物学、市场营销学概论、旅游学概论、色彩。

报考法学类和英语类考生考试科目分别为：

法学类：政治、英语、刑法、民法。

英语类：政治、英语、大学语文、精读和泛读。

报考非师范类专升本科班的教师类考生，公共课两科为政治、教育学（职）。

以上各科满分成绩均为150分。

各科试题由国家教委考试中心统一命制，其命题范围不超出国家教委颁布的《专科起点本科班各科复习考试大纲》规定的内容。

八、报考专升本科班的考生必须参加全国统一招生考试。考试日期定于5月11日至12日。

非师范类专升本科班考试时间表如下：

日期 时间	五月十一日 星期六	五月十二日 星期日
9:00—11:30	政治	英语、教育学（职）
14:00—16:30	高等数学（一）（二） 大学语文 刑法	各专业课 民法 精读和泛读

师范类专升本科班考试时间另文通知。

九、非师范类专升本科班录取工作与高中起点本、专科招生录取同期进行。最低控制分数线由国家教委划定。北京市成人教育考试办公室负责审批录取。

十、专升本科班招生考试的其他有关事项按《北京市一九九六年各类成人高等学校招生规定（独立设置成人高校部分)》执行。

北京教育考试院成人招生办公室
一九九六年一月十五日

关于北京市财贸管理干部学院等四所成人高校继续进行能力考试的请示

(1996) 成教考字第 001 号

北京市成人教育局:

一九九五年,经国家教委批准,北京市财贸管理干部学院等五所独立设置成人高校进行了能力考试,收到了较好的效果,获得了国家教委的好评。

今年,北京市财贸管理干部学院等四所独立设置成人高校继续提出申请,要求继续进行能力考试,并正在组织考前辅导。这四所学校及试点专业如下:

1. 北京市财贸管理干部学院工商企业管理、国际金融(计算机辅助管理)专业招生对象:北京市财贸系统优秀中青年干部和职工中的先进模范人物;北京市银行系统干部、职工。

2. 北京市机械局职工大学机电专业、企业管理专业、计算机应用专业招生对象:北京市机械局系统生产骨干及管理人员;北京市朝阳区十八里店乡乡镇企业干部、职工。

3. 北京市建设职工大学(原北京市建筑工程局职工大学)工业与民用建筑专业、建筑企业管理专业招生对象:北京市建筑企业干部职工。

4. 北京市房地产职工大学工业与民用建筑专业、房地产开发与管理专业招生对象:北京市建筑行业干部职工。

考生年龄应在 25 周岁以上。

为加速各系统、各行业急需的中、高层次应用型、复合型管理人才的培养,为继续贯彻实施市委、市政府确定的"北京市中、高层次紧缺人才培训工程",我室拟同意以上四所独立设置成人高校继续进行能力考试。

妥否,请批示。

北京市成人教育考试办公室
1996 年 1 月 2 日

关于北京市独立设置成人高等学校报名费使用办法的通知

(1996) 成教考字第 003 号

各区、县成人教育招生办公室:

根据原北京市成人教育局《关于调整成人高考报名费标准的批复》(京成教财基字 006 号)的规定,现将 1996 年成人高考报名费使用办法通知如下:

1. 报考高中起点大专各专业的考生,每人收报名费 50 元;其中招生学校留存 3 元,区县成人招办留存 20 元,上缴市成人教育考试办公室 27 元。

2. 报考高中起点本科及外语类专业的考生,每人收报名费 60 元;其中招生学校留存 3 元,区县成人招办留存 24 元，上缴市成人教育考试办公室 33 元。

3. 报考高中起点“3+2”改革科目专业的考生，每人收报名费 50 元，其中招生学校留存 3 元，区县成人招办留存 20 元，上缴市成人教育考试办公室 27 元。

4. 报考专科起点升本科专业的考生，每人收报名费 40 元，代国家教委考试中心收取试卷费 12 元，共计 52 元，其中招生学校留存 3 元，区县成人招办留存 16 元，上缴市成人教育考试办公室 33 元（含代国家教委考试中心收取试卷费 12 元）。

5. 免试生每人收报名费 15 元；其中招生学校留存 3 元，上缴市成人教育考试办公室 12 元。

特此通知

北京市成人教育考试办公室
1996 年 2 月 28 日

关于转发国家教委考试中心《关于非师范类专科起点本科班入学考试部分科目要求带计算器的通知》的通知

（1996）成教考字第 004 号

各区县成人招办、各有关成人高校：

现将国家教委考试中心《关于非师范类专科起点本科班入学考试部分科目要求带计算器的通知》（教试中心［1996］21 号）转发给你们，望遵照执行。

附：国家教委考试中心《关于非师范类专科起点本科班入学考试部分科目要求带计算器的通知》

北京市成人教育考试办公室
1996 年 2 月 27 日

附：

《关于非师范类专科起点本科班入学考试部分科目要求带计算器的通知》

教试中心［1996］21 号

各省、自治区、直辖市成人高等学校（普通高等学校）招生办公室：

非师范类专升本考试科目中的结构力学、机械设计基础、电路原理、电子技术基础、化工原理、会计学原理六门科目的考试要求考生带计算器。其他国家教育考试仍按国家教委的有关文件的规定执行。

特此通知

国家教委考试中心
一九九六年二月十三日

关于北京广播电视大学大学基础班结业生续读成人高校的录取审批办法

（1996）成教考字 005 号

根据原北京市成人教育局《关于〈北京电大关于九三级大学基础班接续问题的请示〉的批复》（京成教高字［1995］第 066 号）文件精神，现制定北京广播电视大学大学基础结业生续读成人高校录取审批办法如下：

一、审批对象和条件

在原北京市成人教育局批准举办的九三、九四级大学基础班完成大学专业基础教育两年制学业，经北京市自学考试委员会办公室考试合格，并获结业证书的学员，可申请续读成人高校。

二、录取审批手续

北京广播电视大学负责组织大学基础班结业报名；填写《北京广播电视大学大学基础教育结业审批表》，加盖北京市自学考试委员会办公室和北京广播电视大学公章；组织学员填涂《北京成人院校招生报名信息卡》。

在规定日期内，北京广播电视大学持《北京广播电视大学大学基础教育结业审批表》、《北京成人院校招生报名信息卡》、学员结业证书原件，到北京市成人教育考试办公室办理录取审批手续。

北京市成人教育考试办公室以《北京广播电视大学大学基础教育结业审批表》和学员结业证书原件为依据，审核学员结业资格，留存《北京广播电视大学大学基础教育结业审批表》和《北京成人院校招生报名信息卡》。

北京市成人教育考试办公室对符合结业资格的学员信息，输入计算机，打印（录取新生登记表）一式三份，办理正式录取审批手续。录取院校负责按审批名单向学员发放录取通知书。

三、经费

按有关规定，每录取一名学员，录取院校应向北京市成人教育考试办公室缴纳报名费 12 元，招生费 30 元。

北京市成人教育考试办公室
一九九六年三月十二日

能力考试实施办法

（1996）成教考字第 006 号

为贯彻实施北京市委、市政府确定的“北京市中、高层次紧缺人才培训工程”，为促进成人教育更直接、有效地为北京市经济和社会发展服务，坚持成人高校培养和造就经济建设所需的应用型、技术型、工艺型专门人才的办学方向，坚持为生产、业务第一线的各类先进人物、生产（业务）骨干提供提高专业技能、特长的机会，充分体现成人教育在职在岗和按需培养、专业对口、学以致用的特点，经国家教委批准，1996 年将在北京市四所独立设置的成人高校学历教育招生中进行能力考核试点。为搞好能力考试，现制定能力考试实施办法如下：

一、能力考试组织体系

1. 领导小组

组 长：北京市成人教育考试办公室主任张宝祥

副组长：各试点院校主管院校长

组 员：各试点院校教务处（招生办）负责人

2. 组织实施单位

北京市成人教育考试办公室负责组织能力考试的命题和考试工作，并制定相应的管理办法。

各招生院校负责组织能力考试的实施工作。

二、报名办法

由招生学校组织报名。凡送培单位符合报考条件的干部、职工，应认真如实填写考生登记表，经本单位签署意见、盖章后，将申报表送回有关成人高校。考生报名时应另交报名考务费和照片一张。

有关成人高校按报考条件认真审核考生资格，对符合参加能力考试条件的考生，填写《能力考试考生资格审查表》（附表一）一式二份，报送北京市成人教育考试办公室。

北京市成人教育考试办公室审查合格后，通知有关成人高校。有关成人高校负责向考生发放《成人高校能力考试准考证》。

未经北京市成人教育考试办公室审查通过的考生，不得参加能力考试。

报名时间与其他考生报名时间相同。

三、能力考核考试大纲

招生院校根据本专业培训目标制定能力考核考试大纲，并报北京市成人教育考试办公室审核。

大纲包括能力考试笔试和口试或实际操作的“复习内容”和“考试标准”两部分。复习内容规定复习、考试内容和要求；考试标准按照考试性质规定考试要求、试卷结构等。大纲既对参加能力考试的考生起系统复习的指导作用，又作为能力考试命题的依据。

大纲既注意保持复习所要求的知识的系统性，又尽可能体现考试测量与教学目标的一致性，并促进能力考试更科学化，规范化。

四、命题

1. 命题原则及要求

命题应紧扣大纲，反映报考专业基础知识、技能和规范，体现考生从事工种和报考专业的衔接。命题尽可能充分体现成人考生的在职特点，强调专业对口、学以致用的原则。试题既应有一定的难度，又体现良好的区分度。

各招生院校根据本专业培养目标选定复习教材和操作项目，考核考生专业基础知识、实际操作能力和分析判断能力。

2. 命题领导小组

命题领导小组由三至五人组成，招生院校主管院（校）长任命题领导小组组长，其他成员由副教授职务以上教师担任。

命题领导小组的职责：根据能力考试的要求，对能力考试的命题工作提出建议；推荐若干教师参加命题工作；推荐若干教师审查试题、试卷、口试或实际操作项目的科学性及质量；根据考试反馈信息评价试题、试卷、口试或实际操作质量，提出改进意见；指导与命题有关的科研工作；编写《能力考核考试大纲》。

3. 命题组

笔试、口试或实际操作各命题小组分别由三至五人组成。命题组成员以高等学校教师为主，也可聘请有关单位专职人员参加。招生院校教师不得参加命题组。命题小组组长由副教授职务以上教师担任。

命题工作人员必须坚持四项基本原则，坚持改革开放的方针，严格遵守纪律，认真负责，身体健康，符合保密工作的条件，无直系亲属参加当年的能力考试。命题工作人员必须具有较高的本学科业务水平和教学经验，了解能力考试的要求，并能团结协作共同工作。

命题工作人员由招生院校聘任，并报北京市成人教育考试办公室审核。

命题工作人员身份对外保密，不得参加当年有关能力考试的补习、辅导活动；未经北京市成人教育考试办公室同意，不得以命题人员身份出席会议或发表文章。

命题组的任务包括确定试题、编制试卷、确定口试或实际操作题目（项目）、制定参考答案及评分标准。

试题、试卷、口试或实际操作题目（项目）参考答案及评分标准必须科学、严谨、公正、无误。

试卷要有适当的难度，有较好的区分度；试卷版面设计合理，试题文字准确、简练、规范；口试题目要反映报考专业基本知识；实际操作项目应反映本专业培训目标所需的水平。

口试或实际操作题目（项目）数量应根据考生数量编制，以防止出现过多重复现象。

试题、试卷、口试题目、操作项目、参考答案及评分标准须报命题领导小组和北京市成人教育考试办公室审定。

五、考试

参加能力考试的考生除必须参加国家教委规定的五科文化基础课考试以外，还必须参加能力考试的笔试和口试或实际操作。

能力考试的时间安排在成人高校全国统一招生考试后的第二周内进行。笔试时间为 60 分钟，口试时间为 30 分钟左右（类似课程或毕业答辩），实际操作的时间视实际需要而定。

能力考试在北京市成人教育考试办公室统一组织下进行，各招生院校负责组织实施。

各招生院校组织实施能力考试前二十天内，应将《能力考试考场安排一览表》和监考教师名单报北京市成人教育考试办公室。

组织口试或实际操作时，考生采用抽签方式单独考试，由二至三名教师负责监考和评分，其中一人任主监考。招生院校可根据考生数量将监考教师分成若干小组同时进行考试。

口试或实际操作由监考教师在考生单独考试后立即打分，将考生成绩计入《能力考试（口试）评分表》（附表二）或《能力考试（实际操作）评分表》（表三）。评分要实事求是，不能有意抬高或压低考生分数。当监考教师对评分意见不一致时，由主监考裁决。

主监考教师负责在评分表相应空格内打实分，总分最高不能超过 150 分。监考教师应在评分表上签字并写简要评语。

考试期间，北京市成人教育考试办公室将派巡视员到各考试点进行巡视检查。

六、评卷

评卷工作在北京市成人教育考试办公室统一组织下进行，由各招生院校负责组织实施。

各招生院校成立评卷领导小组，由主管领导任组长，副教授职务以上教师任副组长，评卷教师由招生院校聘请专职教师担任。

评阅笔试试卷要求按《学科评卷小组组长职责》和《评卷工作人员守则》有关规定执行。

各招生院校负责将考生笔试和口试或实际操作成绩折算汇总填入《能力考试成绩综合表》（附表四）。

七、计分方法

参加能力考试的考生，五科文化基础课的成绩应不低于当年北京市最低控制分数线的 80％，能力考试成绩计入总分。

笔试、口试或实际操作成绩满分均为 150 分，各按 50％计算；两者相加即为能力考试成绩。能力考试成绩满分为 150 分。

得分＝最低控制分数线×80％＋能力考试成绩

五科文化基础课成绩与能力考试成绩之和应达到当年本市最低控制分数线。

各招生院校应在规定时间内将《能力考试成绩统计表》（附表五）一式三份报送北京市成人教育考试办公室，北京市成人教育考试办公室以此作为录取依据。

八、录取

审批录取新生工作由北京市成人教育考试办公室负责。各招生院校负责向考生发放录取通知书。

未达到本市最低控制分数线的考生不得录取。

九、招生工作纪律

各级招生工作人员要认真执行有关规定，坚决反对和抵制徇私舞弊和“走后门”等不正之风。对发现和群众揭发的违纪舞弊行为，要认真查处，并追究有关人员的责任。

北京市成人教育考试办公室
1996年3月14日

关于北京广播电视大学“专升本”招生报名时间的请示

（1996）成教考字第007号

北京教育考试院：

国家教育委员会《关于广播电视大学举办“专升本”教育试点的通知》（教计［1996］22号）批准北京广播电视大学1996年开办法学、英语教育、计算机应用（软件）三个专业，招生计划共计250人。因文件下发晚，来不及向社会宣传。为此，拟将上述三专业的报名时间延长至3月24日，其他考生报名时间不变。

妥否，请批示。

附件：国家教委《关于广播电视大学举办“专升本”教育试点的通知》。

北京市成人教育考试办公室
1996年3月15日

关于广播电视大学举办“专升本”教育试点的通知

教计［1996］22号

北京市、天津市、上海市、江苏省、广东省、广西壮族自治区、云南省、新疆维吾尔自治区教委（高教厅），中央广播电视大学：

为落实国家教委批转的《关于广播电视大学贯彻〈中国教育改革和发展纲要〉的意见》，根据中央广播电视大学的提议，经研究，同意广播电视大学1996年举办“专升本”教育试点，现将有关问题通知如下：

一、广播电视大学举办“专升本”教育，从长远看，应采用开放办学的模式。考虑到目前的实际情况，为切实保证教育质量、积累经验，暂按现行办法安排招生计划进行试点。

二、1996年安排八所学校进行试点，招生规模共1 500人，专业为法学、英语教育、计算机应用（软件），具体分配方案见附件。

三、有关培养目标，招生对象及考试、录取等问题，按照我委有关规定办理。

四、请你们严格按本通知下达的计划和有关意见执行，不得自行决定增加招生计划，并应对试点学校加强领导管理，切实保证教育质量。注意在试点过程中总结经验。

附件：试点学校名单

国家教育委员会
一九九六年三月十四日

附件：

试点学校名单

北京广播电视大学、上海广播电视大学、天津广播电视大学、江苏广播电视大学、广东广播电视大学、云南广播电视大学、新疆广播电视大学、广西广播电视大学。

“专升本”试点各专业招生计划分配方案

试点单位	各招生专业计划指标			合计
	法　学	英语教育	计算机应用（软件）	
北京广播电视大学	50	100	100	250
上海广播电视大学	180	30	40	250
天津广播电视大学		100	100	200
江苏广播电视大学	100	50	100	250
广东广播电视大学	100		100	200
云南广播电视大学		100	50	150
新疆广播电视大学	40		60	100
广西广播电视大学	50		50	100
总　　计	520	380	600	1 500

北京市1996年各类成人高等学校招生考试评阅试卷工作规定

评卷工作是整个招生工作的重要环节之一，为了工作的顺利进行，特作如下规定：

一、组织工作

（一）组织领导

评卷工作在市成人招生领导小组领导下进行，阅卷点全市统一设置。各阅卷点成立相应科目的评卷领导小组，科目评卷领导小组在市招生领导小组的领导下负责具体实施工作。

（二）聘请评卷教师

聘请评卷教师（包括登分人员）以高等学校教师为主（要求具有讲师以上职称），吸收高中教师参加，要求是高三年级的骨干教师。评卷教师应在工作责任心强、业务水平较高、有丰富经验、作风正派、遵守纪律、身体健康、当年无直系亲属参加成人高考的教师中选聘。评卷点领导小组有权辞退不符合条件的评卷教师。

（三）分工职责

1. 市评卷领导小组领导全市评卷工作，对评卷工作中有普遍性的重大问题，有最终决定权。

2. 科目评卷点领导小组具体组织本科目试卷的评阅工作，对该科试卷的评阅质量、分数的核对、试卷的保管、保密和评卷工作的进度负责。

3. 各区（县）招生办公室负责将本区（县）试卷运送到评卷点，评卷结束后负责取回本区（县）考生的试卷。

4. 评卷点下设的各小组要对评卷点领导小组分配的任务负责。

5. 市考办将每科派两名联络员负责及时了解评卷质量及登分进度。

二、阅卷评分

（一）研究评分标准，坚持做好试评

各评卷点领导小组，要组织全体评卷教师认真学习、研究《试题答案》和《评分标准》。对于评分标准的宽严尺度要统一认识。评卷前，要集中学习评分标准，进行试评，对考生不同的答题方式进行研究、讨论。遇有争论的问题，要经过反复论证，统一思想，以便取得统一的认识，在此基础上，评卷点领导小组制定出相应科目的“评分标准执行细则”，并使每个评卷教师熟练掌握统一的评分标准及其执行细则，防止在正式评卷中出现偏宽、偏严或宽严不一的现象，以做到“严格、公正、准确”。

（二）实行岗位责任制，采取流水作业法评卷

1. 分组办法。评卷点根据该科目试卷的题目数，编成与题目数相同（或相近）的题目组，每个题目组再分成若干个小组。若该科目试卷数量较多，评卷点可先分成几个大组，每个大组再根据试卷题目数，分成与题目数相同（或相近）的题目组，然后下设若干个小组。组与组之间按时传递流水作业。

2. 各组均设正副组长二至三名，其中一名组长负责领送、分发试卷，并随时掌握评卷进度、质量和出现的问题。

3. 在评卷过程中，作文和论述题由两人分别评阅（一个主评，一个副评，定时交换），在一定幅度内取两个分数的平均分。如超出一定幅度由评卷题目组讨论决定。其他题目一个一题单独评阅，疑难问题由题目组讨论解决。

4. 评卷点要建立严格的复查制度。对评后的试卷，小组要复查，题目组、大组要抽查，阅卷点负责人在抽查的同时要及时解决疑难问题。防止偏严、偏宽或宽严不一及漏判题等问题。

成绩如需订正，订正后要由原评卷教师和订正人签名。

（三）记分和积分

评卷批阅、记分和积分一律用红墨水或红圆珠笔。

1. 记分方法。文史类试卷如政治、语文、历史、地理、外语只记得分，不记扣除的分数，理工类试卷，如数学（理）、物理、化学和数学（文）记减分，并在有错误的字句下做“—”记号。完全答错和未答的，写上“0”记号。题目得分记在得分栏内，同时，评卷人在规定的位置签字，以示负责。每小题中的小数点以后的分数，不作四舍五入，每大题的分数一律四舍五入，大题分不出现小数。

2. 积分是每题的得分相加，得出整个试卷应得分数，即通常说的某科分数。科目总分要四舍五入，不保留小数，积分工作一般分两组，一组加分，一组复核。

3. 如发现答案中有严重的政治错误，须集体讨论审查确定后在有错误的地方做“＝”记号，并在试题成绩栏下做“╳”记号，同时做记录，必要时，由评卷领导小组处理。对有异常情况的试卷（如雷同试卷，字迹前后不一致，在密封线外写有考生姓名、考号或标记等）先评分，同时填写《答案异常情况记录表》，送市考试办公室处理。

（四）坚持集中评卷

1. 各评卷点要克服困难，做到按科目在规定的场地集中评阅试卷。

2. 在试卷袋拆封后，由评卷教师先把卷袋上的密码号填在卷头纸上，保证试卷始终是在密封状况下，然后再进行评阅。

（五）做好试卷的收发、传递、保管和保密工作

1. 评卷点要建立保密室，评卷点要设专人负责收发试卷，发放的试卷，评阅后当天收回，集中在保密室保管。

2. 评卷题目小组组长负责领送试卷，领送试卷前均严格检查试卷密封、编号是否完好，有无缺漏。

3. 评卷题目要做到严格保密，不得将试卷带出评卷场所，不得抄录试卷评阅结果。对评卷有不同意见应及时向组织反映，不得在室外谈论评卷情况和问题。不得在评卷室内会客、接待来访。

4. 评卷教师要自觉遵守保密制度，不得私自拆开试卷密封卷头查阅考生姓名和成绩，更不得向外传播，如发现此种情况，应进行批评教育，情节严重者严肃处理。

5. 要注意做好评卷场所地的安全保卫工作，保持清洁，注意防火、防盗，不要随意乱扔纸张、烟头。

6. 自觉遵守组织纪律，服从工作安排，按时上下班，因病、因事不能上班时应及时请假。

三、登分与复核

（一）登分工作

登分工作是指试卷评阅、积分完毕后，按照统一要求把考生分数登记在登分单上（登分单由北京市成人教育考试办公室统一印制）。

1. 登分时不拆试卷。登分前就首先填好科目名称及用阿拉伯数字填好区县代号、科目代号、考场密码号及应考人数。

2. 登分时按试卷的顺序从上到下填写每个考生的分数。（即按登分单上的序号依次填写，缺考考生的成绩应在相应的位置上填写“0”）。各项数字的书写要注意规范，不能潦草。

3. 填写考生成绩应当用黑色或蓝色墨水钢笔或圆珠笔。一组登完分后，另一组再核对一次。要认真检查区县代号、科目代号、考场密码号和应考人数是否同试卷袋上的区县代号、科目名称、考场密码号、应考人数相同，然后再检查登分单上的分数是否与试卷上分数一致。不一致时应查明原因，及时修改。修改时，应将错误的分数打“×”，再将正确的分数填在“修正分数”栏内，修正人应在“修正人签字”栏内签上自己的姓名。

4. 登分、核分完毕后，集中登分单，按区县代号，分区县整理好，交输机人员输入计算机。输机完毕后再复查一遍，最后打印出成绩单，打印的成绩单随试卷交区县招办，软盘及登分单分科整理好交市考办。

5. 要对登分工作人员加强纪律教育，在市考办正式通知分数之前，任何人不得提前泄露考生的成绩。

（二）复核工作

复核工作是指在评卷、登分、核分后复查分数是否登错或加错。不涉及评分标准掌握问题。这项工作主要由区县成人招生办组织进行。

区县成人招办在规定日期内取走试卷和登分单，并组织人力复核分数。复查前应先参照“准考证号、考场密码号对照表”，将试卷按准考证号顺序整理好，再按科目逐个检查登分单与试卷上的分数是否相符，如发现有错误，须填写《修改错误登记表》。

（三）集中改错

北京市成人教育考试办公室组织各评卷点和各区、县招办在一起共同修改。时间定于6月3日上午8:00。地点：北京广播电视大学。

（四）有关代号

独立设置的成人高等院校招生填用的代号，其中科目代号已在科目代号单上详细注明。登分时请按单中标明的代号填在科目代号栏上。

四、处罚规定

（一）根据国家教委的有关规定，在评卷工作中，违犯下列条例的工作人员，视其情节轻重，分别给予通报批评、取消招生工作人员资格和降级处分。

1. 在评卷中错评、漏评、计分错误较多，经指出又坚持不改的。

2. 丢失、损坏考生试卷、造成不良后果的。

3. 偷换、涂改考生试卷、考试成绩的。

4. 在评卷中，擅自更改评分标准的。

（二）考生在答卷中，如有违犯下列条例的，视情节轻重，分别给予扣除该科分数的百分之三十至百分之五十、通报批评、取消考试资格和一至三年不准报考的处罚。

1. 考场记录表中，考试时在考场内吸烟、交谈、喧哗或者其他影响考场秩序的。

2. 在答卷规定以外的地方写姓名、考号或故意做其他标记的。

3. 考试终了信号发出后继续答卷的。

4. 用规定以外的笔答卷的，扣除所答部分的分数。

5. 在考试中，夹带接传答卷、交换答卷、代考、抄袭他人答案或自己的答案让他人抄袭（包括雷同卷），以及带走试卷的。

评阅试卷，登分工作结束后各学科评卷小组要对本科试题及考生答题情况进行分析并写出书面分析报告交市考办。

北京市成人教育考试办公室
一九九六年四月二十四日

1996 年北京市独立设置成人高校招生调剂工作方案

（1996）成教考字第 014 号

各区县成人教育招生办公室、各成人高校：

今年北京市独立设置成人高校各校各专业上线考生人数差距较大，为此，需进行大量调剂工作。

为保证录取新生工作顺利进行，现制定调剂工作办法如下：

一、各校应认真核对本校各专业上线考生数、往届生数、结业预科生数、资格生数和二学历生数，对因不能开班或超出计划数而需调剂的考生，要按考生第二、三志愿调剂，如第二、三志愿不能录取、应事先与该考生取得联系，征求意见，调往本校相近或其他院校相同或相近专业。

二、北京市成人教育考试办公室向各成人高校提供有关院校取消招生专业。各招生院校应参考《1996 年北京市独立设置成人高校招生专业目录》指导考生更改志愿。各校调剂考生时应与接收考生的院校取得联系，了解该校是否可以接收，以避免出现因超计划而不能录取的新问题。

三、对凡需要调剂录取的考生，应填写《调剂志愿考生名单》一式三份。一份交北京市成人教育考试办公室，北京市成人教育考试办公室根据变更后的志愿打印阅档单；一份交有关区县成人教育招生办公室，有关区县成人教育招生办公室根据变更后的志愿建立考生档案。

四、调剂考生志愿时应注意：文史类与理工类不能互调；外语类可调往非外语类；艺术类调往非艺术类专业按文史类分数线调。体育类调往非体育类专业按理工类分数线调。“3＋2”专业不能调往非“3＋2”专业；“能力考试”专业调往非“能力考试”专业按非“能力考试”专业分数线调。

五、对需调往普通高校成人高等教育的考生，招生院校单独填写《调剂志愿考生名单》，交有关区县成人教育招生办公室。有关区县成人教育招生办公室单独建立考生档案。

六、送交《调剂志愿考生名单》时间：6 月 20 日。

附件：各独立设置成人高校不能开班专业名单

北京市成人教育考试办公室
一九九六年六月十日

各独立设置成人高校不能开班专业名单

校　　名	专业代号	专业名称
北京市东城区职工大学	001101	中文
北京市西城区职工大学	002101	中文
北京市西城区职工大学	002102	高级文秘
北京市西城区职工大学	002801	建筑工程造价（概预算）（职）
宣武红旗业余大学	004103	应用中文
宣武红旗业余大学	004104	旅游经济
宣武红旗业余大学	004105	市场营销
北京市海淀区职工大学	006202	计算机应用
北京市朝阳区职工大学	005101	中文
北京实验大学	009101	餐饮服务与管理
北京实验大学	009104	市场营销
北京实验大学	009105	纪检监察
北京实验大学	009107	社会管理
北京市西城区经济科学大学	010302	涉外财会
北京市总工会职工大学	011105	饭店管理
北京市机械局职工大学	012102	市场营销
北京市机械局职工大学	012103	企业管理（财会专门化）
北京市机械局职工大学	012201	计算机应用
北京汽车工业总公司职工大学	013101	现代会计
北京汽车工业总公司职工大学	012301	汽车维修技术（职）
北京汽车工业总公司职工大学	013802	汽车模具制造工艺（“双招”）
北京市建设职工大学	015201	财务会计
北京市建设职工大学	015102	建筑电气
北京市化工局职工大学	016102	市场营销
北京市化工局职工大学	016201	化学工程
北京市化工局职工大学	016202	化学分析
北京市纺织局职工大学	017801	液压电控操作与维修（职）
北京市成人电子信息大学	019202	计算机辅助设计（CAD）
北京市轻工职工大学	023104	饭店管理
北京市轻工职工大学	023105	商务秘书
北京市轻工职工大学	023107	经济信息管理
北京市轻工职工大学	026101	财务会计（计算机辅助管理）
北京市物资贸易职工大学	026104	市场营销
北京市物资贸易职工大学立信分校	027101	财务会计
北京市房地产职工大学	028701	房地产开发与管理（职）
北京市房地产职工大学	028801	中国古建筑工程（职）
北京市职工医学院	030605	医学影像

续前表

各独立设置成人高校不能开班专业名单

校　　名	专业代号	专业名称
北京市农工商总公司职工大学	031101	财务会计
北京市成人教育学院	032201	计算机应用
北京市成人教育学院	032302	涉外文秘
首都联合总公司职工大学	033102	饭店管理
首都联合总公司职工大学	033103	编辑出版
首都联合总公司职工大学	033104	出版发行管理
首都联合总公司职工大学	033301	旅游日语
首都联合总公司职工大学	033302	涉外文秘
首都联大航天二院分校	038102	企业管理
首都联大科技分校	039201	计算机多媒体应用
首都联大科技分校	039301	外贸英语
首都联大航天机械分校	040101	财会
首都联大航天机械分校	040102	企业管理
首都联大航天机械分校	040201	计算机应用
北京教育学院	101102	教育管理
北京教育学院	101103	学校心理学
北京教育学院	101405	中国烹饪教育
北京市经济管理干部学院	131801	计算机应用与管理（职）
北京市财务管理干部学院	133105	金融（计算机辅助管理）
北京市财务管理干部学院	133701	商场经营与管理（职）
北京市财务管理干部学院	133302	国际贸易
北京市计划劳动管理干部学院	134102	社会保障
北京市计划劳动管理干部学院	134104	现代财会
北京市计划劳动管理干部学院	134105	投资与保险
北京市计划劳动管理干部学院	134803	汽车维修技术（职）
北京市计划劳动管理干部学院	134805	工业电气自动化
北京市农业管理干部学院	135106	农村经济贸易
北京市农业管理干部学院	135107	文秘与办公自动化
北京市农业管理干部学院	135301	国际贸易
北京市农业管理干部学院	135801	计算机应用与管理（职）
北京广播电视大学	200104	汉语言文学
北京广播电视大学	200204	数学
北京广播电视大学	200304	日语

1996年北京地区独立设置成人高校招生录取工作方案

（1996）成教考字第15号

根据国家教委招生工作规定和1996年录取工作会议精神，结合本市实际情况，现制定录取工作方案如下：

一、最低控制分数线和建档线

（一）最低控制分数线

1. 高中起点专科

文史类：425分；

外语类（含外经、外贸）：425分，外语成绩60分以上；

理工类：370分；

艺术类：根据招生计划从高分到低分择优录取；

体育类：根据招生计划从高分到低分择优录取；

“3+2”专业：文史类：425分；

理工类：370分；

能力考试专业：文史类：总成绩425分，其中统考五科总成绩340分；

理工类：总成绩370分，其中统考五科总成绩296分。

2. 高中起点本科

文史类：465分（含外语分，其中外语成绩60分以上）；

理工类：440分（含外语分，其中外语成绩60分以上）。

3. 专科起点本科

师范类：根据招生计划从高分到低分择优录取；

非师范类（含教师类）：360分。

（二）建档线

1. 高中起点专科

文史类：415分，外语类专业（含外经、外贸）外语成绩60分以上；

理工类：360分；

艺术类：199分；

体育类：216分；

“3+2”专业：文史类：415分；

理工类：360分；

能力考试专业：文史类：总成绩415分，其中统考五科成绩332分；

理工类：总成绩360分，其中统考五科总成绩288分。

2. 高中起点本科

文史类：455分（含外语分，其中外语成绩60分以上）；

理工类：430分（含外语分，其中外语成绩60分以上）。

3. 专科起点本科

师范类：240分；

非师范类（含教师类）：350分。

4. 预科班（高中起点本、专科）

文史类：385 分；

理工类：340 分；

外语类（含外经、外贸）：385 分，外语成绩 60 分以上；

“3+2”专业：文史类：385 分；

理工类：340 分；

能力考试专业：文史类：总成绩 385 分，其中统考五科总成绩 300 分；

理工类：总成绩 300 分，其中统考五科总成绩 265 分。

二、建档工作

（一）新生档案

各区县成招办按建档线建考生档案。档案袋内装考生登记表、照顾证明材料、考生志愿卡，档案袋外填写考生各科成绩。

考生档案分学校、分专业从高分到低分顺序排列，并分别填写《档案清册》、《移交档案清单》各一式二份。

（二）待批预科生档案

各区县成招办按各校或送培单位送交《北京市一九九六年各类成人高校预科生录取情况登记表》所列考生名单顺序建立考生档案。档案袋内装考生登记表、照顾证明材料，档案袋外填写各科成绩。

填写预科生《档案清册》、《移交档案清单》各一式二份。

（三）结业预科生档案

结业预科生档案由北京市成人教育考试办公室指导科按学校、分专业建立。在规定时间内送交档案室。

参加统考的劳模预科生的全部档案由区县成人教育招生办公室单独建立。劳模预科班考生档案按成绩由高分到低分顺序排列。填写《档案清册》、《移交档案清单》各一式二份，在规定时间内送交北京市成人教育考试办公室档案室。

（四）其他考生档案

其他考生档案由各区县成招办留存一年。

三、调剂工作

各招生院校根据本校各专业考生数、往届生数、结业预科生数、资格生数及二学历生数。预测各专业开班情况，对因不能开班或超出招生计划数而需调剂录取的人员，应严格按考生第二志愿、第三志愿调剂，如第二志愿、第三志愿不能调人，应及时与其取得联系，征询其调剂志愿，并填写《调剂考生志愿名单》一式三份。在规定日期内报送北京市成人教育考试办公室，以便做好录取准备工作。

有关调剂的要求，请各招生院校务必按北京市成人教育考试办公室《1996 年北京市独立设置成人高校招生调剂工作方案》[（1996）成教考字第 14 号] 文执行。

四、移交考生档案

各区县成招办在规定时间内将考生档案移交北京市成人教育考试办公室档案室。档案室按区县成招办填写的《档案清册》、《北京市一九九六年各类成人高校预科生录取情况登记表》、《移交档案清单》核对各类考生档案。无误后，双方签字。

各区县成招办向档案室交《档案清册》、《移交档案清单》各一份，《北京市一九九六年各类成人高校预科生录取情况登记表》三份。

五、考生档案管理

档案室对上线考生、结业预科生档案按阅档单考生顺序整理码放，对申报预科班考生按区县成招办上交档案分别码放。对各类考生均应做明显标记。其他各项工作按档案室任务及工作程序执行。

对劳模预科生统考档案和预科班档案进行合并。

六、录取原则

1. 录取工作认真贯彻按需培养，专业对口，学以致用，德、智、体全面衡量，从高分到低分择优录取的原则。既要重视考生的总成绩，又要注意与其报考专业相关科目的成绩。不得以任何理由录取不符合条件的考生入学。

2. 录取新生时，要尊重考生志愿，严格按考生志愿录取。

3. 审批录取新生时，严格按各校各专业招生计划录取；对文史类（不含艺术类）、理工农医类（不含体育类）上线考生按同一分数线审批录取。上线考生数少于计划招生数的专业，其考生最低录取分数线不低于本市同科类最低控制分线数。

七、审批录取程序

（一）审批录取新生

1. 招生院校或代办单位凭本单位介绍信到审批组取阅档单，并凭阅档单到档案室领取考生档案。

2. 招生院校或代办单位审查考生档案。对确定录取的考生，其档案由招生院校或代办单位留存，并持阅档单到审批组办理审批录取手续。对不予录取的考生，应将该生档案送回档案室，填写退档单，并更改阅档单，然后再到审批组办理审批录取手续。

3. 招生院校或代办单位审查考生档案时，应认真核对考生姓名、准考证号等基本情况与阅档单是否一致，如有不同，应持考生档案到审批组予以更正。

4. 审批组审批新生时，应收回并核对招生学校或代办单位阅档单，如需更正的，则在更正后在阅档单上签字，并交计算机人员打印《录取新生情况登记表》一式三份。

5. 审批组核对《录取新生情况登记表》与招生院校或代办单位交回的阅档单是否一致，如有出入，应查明原因，予以更正。核对无误后，双方在《录取新生情况登记表》上签字。审批组开具收费条交招生院校或代办单位。

6. 招生院校或代办单位在《录取新生情况登记表》上加盖学校公章。然后到北京市成人教育考试办公室主管领导处签字。

7. 招生院校或代办单位凭审批组开具的收费条到会务组交纳招生经费。

8. 招生院校或代办单位持《录取新生情况登记表》、交费收据，到审批组盖章，并领取统一印制的录取通知书。《录取新生情况登记表》交审批组两份，招生院校或代办单位留一份。

9. 如有调剂考生，由审批组开具《阅档单》，并通知有关招生院校或代办单位。调剂新生录取手续按以上办法办理。

10. 招生院校或代办单位到会务组办理离会手续。

11. 招生院校或代办单位按审批后的名单向考生签发《录取通知书》。

（二）审批录取预科生

1. 审批组审查申报预科班考生资格，按各校录取新生数3%的比例审批预科生。对送培单位报送申报预科班考生待集体研究确定后，由审批组办理审批预科生手续。

2. 主管主任签字后，由北京市成人教育考试办公室向预科生发放录取通知书。

北京市成人教育考试办公室
一九九六年六月十七日

关于认真搞好新生复查等几项工作的通知

（1996）成教考字第018号

各区县成招办、各成人高校：

根据国家教委教成（1996）1号文件关于“新生入学后，学校要对新生进行全面复查，对于不符合报考条件和录取标准以及弄虚作假，违纪舞弊者，学校应取消其入学资格并报省级招生部门备案。因此产生的名额，如有上线考生，省级招生部门可予以补录”的精神，现将北京市独立设置成人高校新生入学复查和招生补录工作的有关事项通知如下：

一、凡经北京市成人教育考试办公室审批录取的新生都属复查范围，各独立设置成人高校要安排对所有新生的自查。

1. 要求新生书写报名情况有关的材料，核对与档案材料是否相同。

2. 核查新生是否符合本校及该专业报考资格和录取资格。特别是要核查是否有在校生和应届毕业生。

如发现代考和不符合报考资格者，要按规定取消入学资格，退回原单位。

二、各校要认真填写附表一、附表二，连同取消录取资格和不报到的考生档案于 9 月 13 日前送交到北京市成人教育考试办公室。

三、新生复查工作是一项严肃认真、细致的工作，各校要按时完成任务，同时要对取消录取资格的考生作好思想工作，防止意外事故的发生。9 月 15 日以后，北京市成人教育考试办公室将抽调专人对各校自查情况进行抽查，抽查工作由学校所在区县成招办负责。各学校应予以积极配合。抽查工作结束后，各区县成招办于 10 月 10 日前要将抽查结果书面报北京市成人教育考试办公室。

四、9 月 16 日、17 日，北京市成人教育考试办公室安排补录工作。对推荐生、双招生的审批录取工作在同一时间进行。

录取地点：北京市成人教育考试办公室（朝阳区西坝河七圣庙 6 号）。

北京市成人教育考试办公室
一九九六年九月二日

附表一：

1996 年独立设置成人高校新生入学情况登记表

学校（盖章）： 填表人：

专　业	招生人数	录取人数	报 到 人 数		未报到人数	备　注
			总人数	其中不合格学生人数		

说明：本表务于 9 月 13 日前交北京市成人教育考试办公室。同时将档案退回。原发报表作废，以本表为准。

附表二：

1996 年独立设置成人高校新生资格复查登记表

招生学校（盖章）：　　　　　　　　　　　　　　　　　　　　　　　　　　填表人：

专　业	姓　名	录取专业	违　纪　情　况	处　理　意　见

说明：本表一式两份。凡认定或怀疑违纪的考生，务必于 9 月 13 日前，持考生档案来北京市成人教育考试办公室审定。

关于北京市 1996 年成人高校招生录取艺术类考生情况的汇报

（1996）成教考字第 021 号

国家教委成教司：

最近，接到国家教委转来的考生家长反映北京市成人高校招生艺术类专业录取工作问题的来信。现将我市独立设置成人高校今年艺术类专业录取工作情况汇报如下：

今年，国家教委下达给本市独立设置成人高校招生计划 11 750 人，原北京市成人教育局安排艺术类专业招生计划 1 129 人。

按国家教委审定的本市文科最低控制分数线测算，艺术类专业上线考生总数多达 3 418 人，超过计划招生数 2 289 人。其他文科类、理工类、外语类上线考生总数超过计划招生数 2 499 人。全市上线考生数超过计划招生数共计 4 788 人。

根据国家教委关于不准突破招生计划总规模的要求，遵照尊重考生第一志愿和择优调剂录取的原则，我们在录取工作中采取如下办法：

1. “分灶吃饭”，即市属独立设置成人高校文科类、理工类、外语类、艺术类、体育类分别按各自的招生计划录取新生。

2. 保开班专业，即对不足开班人数的专业，特别是高职班专业，可以从报考其他专业的上线考生中择优调剂到本专业。

3. 对艺术类专业，按各专业的招生计划从高分到低分择优录取。对完不成招生计划的艺术类专业，从报考其他艺术类专业的考生中择优调剂。

由于考生填报志愿不同，报考各校各专业的上线考生数量差别很大。有的专业上线考生数超过计划招生数上百人，有的专业上线考生数达不到计划招生数。因此，各校各专业实际录取线必然有所不同，有的专业实际录取线与最低控制分数线相同，有的专业实际录取线大大高于最低控制分数线，录取结果仍有

2 000多名艺术类考生无学可上。出现这个问题的原因，除了招生计划数少以外，还有各专业上线考生数的差别问题。实际录取线不同，是正常的。

在招生计划数少于上线考生数的前提上，在各专业上线考生数差别较大的情况下，那种认为达到最低分数线就应被录取，各校各专业实际录取线必须相同的观念是应当改变的。招生学校轻易许诺的作法是极不妥当的。

为此，在今后的工作中，我们将进一步加大宣传力度，使招生学校和考生进一步转变观念，同时，我们也将进一步改进工作，使录取工作更加公正、公平和合理。

北京市成人教育考试办公室
1996 年 10 月 8 日

北京市 1996 年独立设置成人高校招生工作总结

（1996）成教考字第 023 号

北京市 1996 年独立设置成人高校招生工作已经结束。现将工作情况总结如下。

一、指导思想

成人教育是我国现代化教育的重要组成部分。在成人高校招生工作中，北京市成人教育考试办公室在市教委和考试院的领导下，积极贯彻《中国教育改革与发展纲要》和北京市教育工作会议精神，坚持成人教育直接有效地为社会主义现代化建设服务，把开发劳动者智力，加快提高劳动者素质作为根本目的；认真贯彻执行国家教委关于成人高校招生的方针、政策、规定，坚持加强管理、深化改革、严格纪律、改革办法、保证质量、服务建设，为首都经济建设和社会发展努力培养应用型、复合型、开放型的人才服务。

二、基本情况

1. 招生计划

年初招生计划总数为14 747人，其中市属11 610人，部委属3 137人；调整招生计划后总数为16 392人，其中市属12 761人，部委属3 631人。

高中起点本、专科招生计划数为14 633人，其中市属为11 156人，部委属为3 477人。

专科起点升本科招生计划数为1 759人，其中市属为1 605人，部委为 154 人，师范类为1 305人，非师范类为 454 人。

市属招生计划增加1 151人，其中高中起点本、专科增加 806 人，专科起点升本科师范类增加 345 人。高中起点本、专科招生计划部分，部委行文明确支援地方为 540 人，剩余招生计划 266 人，经国家教委计划司批准，806 名招生计划归本市使用。经国家教委计划司批准，追加专科起点升本科师范类 345 名招生计划。

2. 报名情况

今年考生报名总数为50 729人，其中考试生42 640人，资格生 954 人，往届生1 259人，二学历生4 086人，电大大学基础班接续生 701 人，预科生1 089人，其中高中起点本、专科一学历生43 947人，二学历生4 086人，专科起点升本科生2 696人。

3. 录取情况

今年国家教委审定批准的本市最低控制分数线为，文科：425 分，理科 370 分。按此线共录取新生16 091人。其中市属院校录取12 539人，部委院校录取3 552人。

高中起点本、专科共录取14 420人，其中市属院校录取10 939人，部委属院校录取3 481人。文科录取

10 600人，理科录取3 820人。

专科起点升本科共录取1 671人，其中市属院校录取1 600人，部委属院校录取 71 人。师范类录取1 197人，非师范类录取 474 人。

另外，录取二学历生4 086人。

以上共录取20 177人。

三、基本做法

今年是在北京市教育委员会和北京教育考试院领导下进行招生工作的。遵照北京教育考试院领导提出的“统一要求，分头运作”的指示，北京市成人教育考试办公室同北京市高招办在招生工作的各阶段力求统一，如统一公布招生简章，统一报名时间，统一评阅试卷，统一制定最低控制分数线，考生可兼报各类成人高校。

在招生工作中，北京市成人教育考试办公室按照国家教委的招生规定和北京教育考试院的要求，采取了如下措施：

1. 严格执行国家教委规定，审查考生报名资格

在报名工作中，各级招生机构认真审查考生报名资格和照顾证明。要求考生凭本人居民身份证报名，报名时要提供工作单位证明。年龄在 18 周岁以下的考生报名时必须提供本人高中毕业证书，对照顾加分的，要求考生提供原始证件，同时必须有本人工作单位和上级主管部门的证明。对报考专科起点升本科的考生和报二学历的，要求其提供国民教育系列大学专科以上毕业证书原件。

2. 严格执行考试纪律，狠抓考风考纪

今年是北京市教委和北京教育考试院成立的第一年，为切实抓好考风考纪，各级领导和各级招生机构都对严格执行招生考试纪律给予了高度重视，市教委、考试院领导和 145 位区县委、政府、人大、政协和其他委、办局领导亲临考点，检查组考工作。各级招生机构认真贯彻国家教委考试中心《关于一九九六年高等学校招生全国统一考试工作中严肃考试纪律的通知》文件精神，进一步完善考试管理制度，促进招生管理工作规范化。加强试卷保管和保密措施，制定并下发了《区县试卷保密制度》、《保密人员守则》。认真选聘和培训考务人员。认真制定组考工作方案。组织 22 支巡视队伍到各考点检查组考工作。在《北京日报》刊登举报电话，加强监督和检查工作。制定奖励办法，鼓励监考员认真监考，杜绝违纪作弊现象。对 161 名违纪作弊考生按国家教委 18 号令有关规定进行严肃处理。

3. 严格执行招生计划，认真作好招生录取工作

今年，市属独立设置成人高校上线考生数仍然大大超过计划招生数。按国家教委审定的本市最低控制分数线测算，文、理、外三类上线考生超出招生计划数2 500多人，艺术类、体育类上线考生计划招生数2 200多人，共计4 700多人。

为保证录取工作顺利进行。我们采取如下措施：

(1) 分灶吃饭。市属独立设置成人高校文、理、外、艺、体五大类分别按各自的总计划录取。

(2) 保开班专业。对够开班人数的专业，在不低于最低控制分数线的前提下，按招生计划数录取。

(3) 全部录取结业预科生、资格生、往届生、电大大学基础班接续生。

(4) 根据国家教委保高职班的意见，其他同科类考生可调入未完成招生计划的高职班专业。

(5) 对报考不足开班人数专业的上线考生，全部调出。所余招生计划，全市统一使用。

(6) 对艺术类、体育类专业，按招生计划从高分到低分择优录取。

(7) 剩余招生计划数供文、理、外统一使用，全市统一划线，从高分到低分录取剩余上线考生。

采取上述措施后仍剩余2 500多名文、理科考生，本着求援、挖潜的精神，积极解决其入学问题。具体办法是：(1) 请部委院校录取，共录取 800 多人。(2) 请北京市高校录取，共录取 910 人。(3) 请部委教育司支援地方招生计划 540 人。(4) 部委院校剩余招生计划 266 人，由国家教委计划司批归北京市使用。(5) 采用递补办法，录取上线考生。

采取上述措施后，除艺术类、体育类部分上线考生，基本上都解决了入学问题。

四、存在的问题及解决问题的设想

1. 应适当控制免试生的数量

免试生是指占用招生计划的预科生、资格生、往届生、推荐生、电大大学基础班接续生。今年上述免试生共有 3600 多人，占市属招生计划的 30%以上。

为缩小上述免试生所占招生比例，我们建议：

（1）严格按国家教委规定做保留资格生的工作，尽量减少资格生的数量。

（2）提高往届生分数线或按招生比例录取往届生。

2. 规范艺术类专业，统一加试科目，适当提高最低控制分数线

今年 19 所市属独立设置成人高校共设艺术类专业 66 个。其中有的专业划为艺术类不太合理。对其他考生来说，在分数上很不公平。在术科加试科目上，更是各行其是，同一专业，加试科目不同，有的专业，仅考基础知识，这样做，对其他考生更不公平。

为解决这个问题，我们建议：

（1）希望国家教委确定艺术类专业的范围，使其进一步规范化。

（2）规范艺术类专业术科考试科目，同一专业，加试科目必须相同。

3. 进一步严格执行国家教委招生规定

有的招生院校违反国家教委招生规定，采用“先上车后买票”的办法，招收应届毕业生，甚至组织职业高中二年级的在校生报名。为了获得报名资格，考生采用弄虚作假的办法，通过各种渠道弄来“工作单位”的“证明”。对此，要采取有效措施，从根本上杜绝。

除上述问题外，在考风考纪方面还存在这样那样的问题，我们将在今后的工作中进一步完善管理制度，加大奖惩力度，使监考人员尽职尽责，做好监考工作，使考风考纪进一步加强。

北京市成人教育考试办公室

一九九六年十一月三十日

1996 年北京地区独立设置成人高校招生报名工作总结

1996 年北京地区独立设置成人高校招生报名工作自 3 月 10 日至 17 日进行。从总体看，报名工作进展顺利，考生报名人数同去年相比略有增加。现将报名工作小结如下。

一、基本情况

今年，在北京地区招生的独立设置成人高校共 96 所，其中市属独立设置成人高校 39 所，部委属独立设置成人高校 57 所；职工大学 48 所，管理干部学院 46 所，教育学院 1 所，电视大学 1 所。

在京计划招生数为14 747人，其中市属11 610人，部属为3 137人。高中起点本、专科为13 381人，其中市属为10 350人，部属为3 031人；文史类为9 891人，理工类为3 490人。专科起点升本科为1 366人，其中市属为1 260人，部属为 106 人；师范类为 860 人，非师范类为 506 人。

今年，独立设置的成人高校全市报名总数为50 303人，其中统考生为42 637人，资格生为 954 人，往届生为1 259人，二学历考生为3 755人，北京广播电视大学大学基础班接续生 698 人，预科生1 000人。

在上述考生中，高中起点本、专科一学历考生为43 852人，二学历考生为3 755人；专科起点升本科考生为2 696人。

高中起点本、专科考生中（不含预科生数和二学历生数）文史类为36 238人，理工类为7 614人；专科

起点升本科考生中师范类为1 946人，非师范类为750人。

同1995年相比，全市独立设置成人高校报名总数增加了1 131人。

二、情况分析

从报考科类看：报考高中起点本、专科文史类的考生仍占较大比例，为82.37%；理工类考生人数较少，占17.63%。在上述考生中，报考高等职业技术教育班（“3+2”）的考生有明显增加，这说明开办高等职业技术教育专业是较受考生欢迎的。

从报考高中起点本、专科的考生职业看：工人为17 581人，占41.03%，比去年增加6.69%；干部为13 164人，占30.72%，比去年增加0.7%；教师为4 006人，占9.35%，比去年减少5.69%；从业人员为6 316人，占14.74%，比去年增加0.85%；社会青年为1 785人，占4.16%，比去年减少2.55%。

从报考高中起点本、专科考生年龄看：40岁以上的为815人，占1.90%，比去年减少0.94%；30～39岁的为4 658人，占10.87%，比去年减少2.16%；26～29岁的为4 969人，占11.60%，比去年增加0.71%；21～25岁的为6 357个，占38.17%；20岁以下的为16 053人，占37.46%；25岁以下的共占75.63%；比去年增加2.4%。

从全市报名情况看，报考独立设置成人高校的各类考生报名总数比去年略有增加，统考生数与去年相比大体相当，而去年是历年来报名人数最多的一年。今年报名人数仍然较多，是与本市的社会和经济发展紧密相关的。近几年来，随着我市社会和经济的发展，各行各业各部门都看到了人才的重要，作出了培养人才的规划，提高了用人标准和要求。为适应这一形势的要求，广大的群众，特别是中、青年纷纷要求提高自身的学历层次和具有多学历的资格。这是年报考成人高校人数仍然较多的主要原因；招生院校为首都经济建设服务，不断调整专业设置，适应考生和社会需求，以及大力宣传成人教育等等，是报名人数较多的重要原因。

1. 用人部门需求高层次专门人才

用人部门普遍认识到：将来的竞争，说到底是人才的竞争；缺乏人才，就缺乏竞争能力。因此，为加速人才的培养，满足工作的需要，用人部门积极主动向独立设置成人高校选派急需培养的人员，今年成批选派本单位干部和生产业务骨干的有：北京市财贸系统、银行系统、乡镇企业、建筑施工企业以及其他厂矿企事业单位。今年，考生中工人和干部报名比例大幅度增加恰恰说明了这个问题。考生中教师报名比例比去年减少较多，其原因是今年自学考试为提高小学教师学历层次开设了新的专业。

2. 考生要求具备竞争能力

自身的追求和社会的竞争，使考生不满足于现有高中层次学历，他们需要学习和掌握更高层次的知识和技能；本职工作的需要，人才流动的趋势，使已有高层次学历的人员也不满足现有的知识和技能，他们需要学习和掌握与本职工作密切相关或与拓宽择业领域有关的知识和技能。这是一学历考生和二学历考生仍然较多的重要原因。

3. 招生院校适应社会需求，及时调整专业独立设置成人高校办学的宗旨是直接、有效地为本市社会和经济发展服务。为此，各独立设置成人高校在进行调研的基础上，及时调整专业和课程设置，取消了200多个专业，保留了社会和考生欢迎的专业，开设了一些社会需求的新专业。这是考生报名人数较多的又一重要原因。

4. 积极开展招生宣传工作

各独立设置成人高校对开展招生宣传工作极为重视，他们通过各种宣传媒介积极进行招生宣传工作。在市招生部门未能组织全市招生咨询活动的情况下，一些区县成人招生办公室积极组织本区成人高校开展了咨询活动，部分学校也通过其他形式各自开展招生咨询活动，在报名工作中，各独立设置成人高校大力宣传本校专业设置和课程设置情况，介绍本校情况，使考生更加了解独立设置成人高校，从而吸引考生报名。

三、严格执行招生政策和规定，搞好报名工作

在报名工作中，各级招生机构严格执行国家教委有关招生政策和规定，认真审查考生报名资格和照顾

资格，对年龄在18周岁以下的考生，一律要求带高中毕业证书和工作单位证明；对报考专升本专业的考生，由北京市成人教育考试办公室查验国民教育系列大专以上毕业证书和工龄；对往届生和报考二专业的考生，其有关证件也一律由北京市成人教育考试办公室审核。对不符合报名资格和照顾资格的考生，一律不予受理。

今年，招生专业中又增加了许多高等职业技术教育专业，无疑给各级招生部门编排考场和订购试卷增加了很大难度，因此，各级招生部门本着慎之又慎的态度，仔细核对，严防差错。

今年是北京市教育委员会和北京教育考试院成立的第一年，在招生工作的全过程中，我们一定要遵循“统一要求，分头操作”的要求，坚决按照国家教委、北京市教委和北京教育考试院的规定，做好招生的各项工作。

1996年北京地区独立设置成人高校招生全国统一考试圆满结束

按照国家教委统一规定，遵照北京教育考试院的要求，北京地区独立设置成人高校招生全国统一考试工作于5月11—12日进行，现已圆满结束。

全市共设考区20个，考点91个，考场1 524个。应考考生42 733人，其中高中起点本、专科生40 415人，专科起点升本科考生2 318人。高中起点本、专科考生中，文史类考生33 084人，理工农医类7 331人；专科起点升本科考生中，师范类1 565人，非师范类753人。

缺考情况如下：高中起点专科生总缺考率为14.80%，专科起点升本科总缺考率为11.17%。语文缺考5 018人，占该科的12.24%；数学缺考7 914人，占该科的19.58%；政治缺考5 513人，占该科的13.95%，历史缺考4 804人，占该科的15.90%；地理缺考4 149人，占该科的13.73%；物理缺考408人，占该科的7.83%；化学缺考640人，占该科的12.29%。

本次考试，由于各级领导和各级招生部门高度重视，组织严密，措施得力，监考人员严格执行考试纪律，狠抓考风考纪，因此，做到层层有人抓，事事有人管，分工明确，协同作战，考场纪律严明，秩序井然，全部组考工作进展顺利，未发生重大问题，获得社会好评，提高了成人高考的社会信誉。

在考试期间，国家教委副主任王明达同志，成教司副司长黄尧同志、北京市教委主任徐锡安同志、北京市教委副主任、北京教育考试院院长林蒲生同志、北京市教委委员文溷同志、北京教育考试院副院长周子寿同志、刘枫云同志、袁家聪同志前往北京市各考点视察组考工作。各区县共有145位区县委、政府、人大、政协和其他委、办、局领导亲临各考点，检查组考工作。

今年是北京教育委员会和北京教育考试院成立的第一年，为切实搞好今年成人高考，北京市教育委员会、北京教育考试院、各区县委、政府领导同志、各级招生机构都给予了高度重视。

4月29日，北京市成人教育考试办公室召开了北京市独立设置成人高校考务工作会，各区县成人教育局局长和成人教育招生办公室主任参加。会上，北京市教育委员会副主任马叔平同志、委员胡晓松同志、北京教育考试院副院长周子寿同志作了重要讲话；北京市成人教育考试办公室负责同志传达了国家教委有关规定，布置了各项工作安排，提出了加强考试管理，严肃考风考纪的具体措施，要求各区县认真贯彻国家教委考试中心《关于一九九六年高等学校招生全国统一考试工作中严肃考试纪律的通知》文件精神，重视并落实加强遵守考试纪律的宣传教育措施，使考试工作人员、考生及全社会都认识到考试的严肃性，加强制度建设，根据本区县的实际情况，本着“三个精心”（精心计划、精心准备、精心实施）的原则，组织考试。

为加强试卷保管和保密工作，我们制定并下发了《区县试卷保密制度》、《保密人员守则》，5月10日下午和夜间，派出巡视员到各区县成招办检查试卷保管情况。

为加强工作的规范化，我们对试卷传递交接程序、区县成招办及其各小组的任务、考点主考职责、考点各小组任务、考点设置及要求、考场设置及要求、答卷装订密封程序等等都做了详细规定。

为杜绝违纪现象，加强社会监督工作，我们除下发国家教委有关规定之外，还下发国家教委18号令，在各考点张贴；在《北京日报》刊登各区县举报电话；派出22组巡视员到各区县检查组考情况；制定了对监考人员的奖励办法和处罚办法。

各区县都成立了考区领导小组，区县委、政府领导同志任组长，人大、政协、有关委、办、局领导任副组长和小组成员。许多主管教育工作的区、县长亲自作动员工作，指出成人高考是件大事，社会各方面都十分关注，此事关系到跨世纪人才的培养，因此，一定要从思想上给予高度重视、狠抓考风考纪；要精心组织，人人尽职尽责，各环节紧密衔接，各部门照章办事，依规考试。各区县领导多次专题研究组考工作，审查组考工作方案，考试期间亲自坐镇。

各区县成人教育招生办公室认真贯彻国家教委有关规定和北京市教委、北京教育考试院、本区县主管领导和北京市成人教育考试办公室的规定和要求，本着“三个精心”的原则，选聘培训监考人员；布置考点考场；制定组考工作方案；加强试卷保管和保密；对重点环节和薄弱环节制定了详细的工作程序，提出严格要求；设在独立设置成人高校或设在成人教育局内的考点，副主考由一名外校校级领导担任，监考员必须来自不同单位，以加强监督、制约，确保严格执行考试纪律。

各考区严格按北京市成人教育考试办公室要求保管试卷，试卷的交接均有手续。

在考试期间，各考点挂横幅，插彩旗，张贴国家教委18号令，考生守则、考场平面图及有关宣传材料，设立为考生服务的医疗室、存车处、小卖部等等。考场内与考试有关的物品一律予以清理。桌口一律朝外。考生间距符合国家教委规定。

考点加强安全保卫工作，任何人进入考点必须凭有关证件。发卷前，监考员向考生宣读考生守则，并在规定时间内，当众拆封试卷。在考试全过程中，监考员严格按考试实施程序及监考人员守则办事。突出一个“严”字，狠抓考风考纪，对考生实行“五对照”：即准考证存根、准考证、居民身份证、试卷、考生本人相对照。发现问题，立即查清，按国家教委18号令有关规定处理。本次考试，共查处违纪作弊考生161人，其中替考40人，夹带84人，其他违纪作弊37人。

1996年各类成人高校招生报名情况统计表

省（市）：北京　　　　负责人　　统计员：马宏辉，1996年4月9日 08：48：57

			合　计	部属院校	本省院校	外省院校	备　注
合　　计			45 689	5 974	39 715	0	
理工类	小　计		8 249	1 226	7 023	0	
	专升本	师范类	462	0	462	0	
		教　师	0	0	0	0	
		非教师	187	33	154	0	
	高中起点	本　科	27	27	0	0	
		专　科	7 573	1 166	6 407	0	
文史类	小　计		37 440	4 748	32 692	0	
	专升本	师范类	1 527	0	1 527	0	
		教　师	0	0	0	0	
		非教师	566	132	434	0	
	高中起点	本　科	24	24	0	0	
		专　科	35 323	4 592	30 731	0	

注：本表不含“双招”及“二学历”报名数据　　　　填表单位：北京市成人教育考试办公室　CB961102

1996 年各类成人高等学校招生高中起点本、专科报名情况统计表

省(市):北京　　负责人:　　统计员:马宏辉　　电话:　　1996 年 4 月 9 日 08:08:51

项目	人数	学校类别	总　计	职工大学 职工业余 大　学	教育学院 教师进修 学　院	管理干部 学　院	广播电视 大　学	独立设置 函授学院	普通高等学校			
									夜大学	函　授	脱产班	教师班
报名情况	合　计		42 947	24 521	2 438	8 347	7 641	0	—	—	—	—
	学习形式	脱　产	5 776	729	0	4 610	437	0	—	—	—	—
		业　余	37 171	23 792	2 438	3 737	7 204	0	—	—	—	—
	理工农医	小　计	7 600	19 669	537	885	1 326	0	—	—	—	—
		本　科	27	0	0	27	0	0	—	—	—	—
		专　科	7 573	4 852	537	858	1 326	0	—	—	—	—
	文史类	小　计	35 347	19 669	1 901	7 462	6 315	0				
		本　科	24	0	0	24	0	0	—	—	—	—
		专　科	35 323	4 852	1 901	7 438	6 315	0				
职业	工　人		17 634	10 710	34	3 728	3 162	0				
	干　部		13 183	7 346	76	3 249	2 512	0				
	教　师		4 016	859	2 180	130	847	0	—	—	—	—
	从业人员		6 327	4 405	145	991	786	0				
	社会青年		1 787	1 201	3	249	334	0				
学历	高　中		21 299	12 094	270	5 293	3 642	0				
	中专(含中师、中技)		16 378	8 661	2 159	2 250	3 308	0	—	—	—	—
	同等学历		5 270	3 766	9	804	691	0				
性别	男		18 699	11 118	585	3 874	3 122	0	—	—	—	—
	女		24 248	13 403	1 853	4 473	4 519	0	—	—	—	—
年龄	40 岁以上		915	436	70	188	121	0				
	30—39		4 669	2 649	219	973	828	0				
	26—29		4 974	2 906	273	902	893	0	—	—	—	—
	21—25		16 401	8 970	916	3 106	3 409	0				
	20 岁以下		16 088	9 560	960	3 178	2 390	0				
照顾	合计		13 925	4 396	1 396	3 834	4 299	0	—	—	—	—
	一类		901	572	77	193	59	0				
	二类		151	116	0	18	17	0				
	三类		35	25	0	4	6	0	—	—	—	—
	四类		12 838	3 683	1 319	3 619	4 217	0	—	—	—	—

注:本表不含“双招”及“二学历”报名数据

填表单位:北京市成人教育考试办公室　　CB960103

1996 年各类成人高等学校招生专科起点本科班报名情况统计表

省(市):北京　　负责人:　　统计员:马宏辉　　电话:　　1996 年 4 月 9 日 08:13:17

项目	人数＼学校类别		总计	职工大学职工业余大学	教育学院教师进修学院	管理干部学院	广播电视大学	独立设置函授学院	普通高等学校			
									夜大学	函授	脱产班	教师班
报名情况	合计		2 742	188	1 946	506	102	0	—	—	—	—
	学习形式	脱产	144	0	0	144	0	0	—	—	—	—
		业余	2 598	188	1 946	362	102	0	—	—	—	—
	理工农医		694	114	462	33	40	0	—	—	—	—
	文史		2 093	74	1 484	473	62	0	—	—	—	—
职业	工人		84	19	3	55	7	0	—	—	—	—
	干部		1 121	137	493	413	78	0				
	教师		1 472	26	1 410	26	10	0				
	从业人员		62	5	40	12	5	0				
	社会青年		3	1	0	0	2	0				
学历	大学专科		2 617	184	1 878	454	101	0	—	—	—	—
	专科以上		125	4	68	52	1	0	—	—	—	—
性别	男		1 210	106	764	285	55	0				
	女		1 532	82	1 182	221	47	0				
年龄	40 岁以上		539	24	469	30	16	0	—	—	—	—
	30—39		678	50	456	120	52	0				
	26—29		718	59	510	125	24	0				
	21—25		799	55	509	225	10	0				
	20 岁以下		8	0	2	6	0	0				
照顾	合计		1 298	44	982	272	0	0	—	—	—	—
	一类		212	38	153	21	0	0				
	二类		0	0	0	0	0	0				
	三类		2	0	2	0	0	0	—	—	—	—
	四类		1 084	6	827	251	0	0	—	—	—	—

填表单位:北京市成人教育考试办公室　　CB960104

1996 年各类成人高等学校招生二学历报名情况统计表

省（市）：北京　　负责人：　　统计员：马宏辉　　电话：　　1996 年 4 月 9 日 08:09:37

项目		学校类别 / 人数	总计	职工大学 职工业余大学	教育学院 教师进修学院	管理干部学院	广播电视大学	独立设置函授学院	普通高等学校			
									夜大学	函授	脱产班	教师班
报名情况	合计		3 717	2 124	92	499	1 002	0	—	—	—	—
	学习形式	脱产	209	1	0	136	72	0	—	—	—	—
		业余	3 508	2 123	92	363	930	0	—	—	—	—
	理工农医		688	371	19	72	226	0	—	—	—	—
	文史		3 029	1 753	73	427	776	0	—	—	—	—
职业	工人		368	223	2	30	113	0				
	干部		2 637	1 513	6	412	706	0				
	教师		391	182	78	20	111	0	—	—	—	—
	从业人员		307	196	6	35	70	0				
	社会青年		14	10	0	2	2	0				
学历	大学专科		2 570	1 449	48	353	720	0				
	专科以上		1 147	675	44	146	282	0	—	—	—	—
性别	男		1 622	923	24	236	439	0	—	—	—	—
	女		2 095	1 201	68	263	563	0	—	—	—	—
年龄	40 岁以上		267	145	13	51	58	0				
	30—39		1 276	720	29	178	349	0				
	26—29		1 067	607	29	132	299	0	—	—	—	—
	21—25		1 080	640	21	133	286	0				
	20 岁以下		27	12	0	5	10	0				
照顾	合计		0	0	0	0	0	0	—	—	—	—
	一类		0	0	0	0	0	0				
	二类		0	0	0	0	0	0	—	—	—	—
	三类		0	0	0	0	0	0	—	—	—	—
	四类		0	0	0	0	0	0				

填表单位：北京市成人教育考试办公室　　CB960105

1996年各类成人高等学校招生高中起点本、专科报名情况统计表(一)

省(市):北京　　负责人:　　统计员:马宏辉　　电话:　　1996年4月16日07:06:32

项目			总计	东城区01	西城区02	崇文区03	宣武区04	朝阳区05	海淀区06	丰台区07	石景山08	其他区县(09—20)
报名情况	合计		42 947	4 548	8 518	1 195	4 048	7 827	3 156	1 628	1 448	10 579
	学习形式	脱产	5 776	87	791	0	153	1 443	1 144	4	6	2 148
		业余	37 171	4 461	7 727	1 195	3 895	6 384	2 012	1 624	1 442	8 431
	理工农医	小计	7 600	440	1 089	71	303	1 252	1 160	196	394	2 695
		本科	27	0	0	0	0	2	19	0	0	6
		专科	7 573	440	1 089	71	303	1 250	1 141	196	394	2 689
	文史类	小计	35 347	4 108	7 429	1 124	3 745	6 575	1 996	1 432	1 054	7 884
		本科	24	0	0	0	0	0	24	0	0	0
		专科	35 323	4 108	7 429	1 124	3 745	6 575	1 972	1 432	1 054	7 884
职业	工人		17 634	1 710	2 958	717	2 002	3 657	1 279	754	942	3 615
	干部		13 183	1 584	2 265	388	944	2 151	1 371	508	261	3 711
	教师		4 016	115	1 314	49	252	214	42	66	40	1 924
	从业人员		6 327	951	1 730	2	730	1 297	412	229	124	852
	社会青年		1 787	188	251	39	120	508	52	71	81	477
学历	高中		21 298	2 247	4 291	674	1 968	4 125	1 976	753	765	4 499
	中专(含中师、中技)		16 379	1 636	3 224	419	1 277	2 653	941	675	333	5 221
	同等学历		5 270	665	1 003	102	803	1 049	239	200	350	859
性别	男		18 699	2 242	3 232	538	1 745	3 599	1 473	669	782	4 419
	女		24 248	2 306	5 286	657	2 303	4 228	1 683	959	666	6 160
年龄	40岁以上		815	102	205	27	55	62	108	10	10	236
	30—39		4 669	631	965	107	281	681	489	178	136	1 201
	26—29		4 974	619	1 021	161	337	871	317	214	212	1 222
	21—25		16 401	1 614	2 854	497	1 287	2 931	1 165	732	676	4 645
	20岁以下		16 088	1 582	3 473	403	2 088	3 282	1 077	494	414	3 275
照顾	合计		13 936	375	1 000	133	332	808	771	184	256	10 077
	一类		903	109	254	16	67	104	154	25	27	147
	二类		151	3	15	10	4	88	10	5	4	12
	三类		35	5	11	0	5	7	4	1	1	1
	四类		12 847	258	720	107	256	609	603	153	224	9 917

注:本表不含"双招"及"二学历"报名数据　　填表单位:北京市成人教育考试办公室　　CG1-QXTJ

1996 年各类成人高等学校招生高中起点本、专科报名情况统计表(二)

省(市):北京　　负责人:　　统计员:马宏辉　　电话:　　1996 年 4 月 16 日 07:26:04

项目			总　计	门头沟 09	房山区 10	通县 11	大兴县 12	顺义县 13	昌平县 14	怀柔区 15	平谷县 16	密云县 17
报名情况	合　计		42 947	742	1 462	1 000	2 394	751	905	603	645	895
	学习形式	脱　产	5 776	57	21	390	1 286	4	292	67	2	7
		业　余	37 171	685	1 441	610	1 108	747	613	536	643	888
	理工农医	小　计	7 600	218	428	197	301	175	265	195	83	270
		本　科	27	0	0	0	0	0	1	0	0	0
		专　科	7 573	218	428	197	206	175	264	195	83	270
	文史类	小　计	35 347	524	1 034	803	2 093	576	640	408	562	625
		本　科	24	0	0	0	0	0	0	0	0	0
		专　科	35 323	524	1 034	803	2 093	576	640	408	562	625
职业	工　人		17 634	154	241	539	948	328	274	215	154	175
	干　部		13 183	174	519	223	883	294	273	292	242	302
	教　师		4 016	332	514	80	167	28	221	65	191	292
	从业人员		6 327	59	107	96	258	64	121	9	38	81
	社会青年		1 787	23	81	62	138	37	16	22	20	45
学历	高　中		21 298	207	430	598	1407	332	447	260	210	247
	中专(含中师、中技)		16 379	504	911	285	697	403	433	340	417	639
	同等学历		5 270	31	121	117	290	16	25	3	18	9
性别	男		18 699	322	530	363	1 155	308	341	216	212	321
	女		24 248	420	932	637	1 239	443	564	387	433	574
年龄	40 岁以上		815	11	51	6	46	18	13	18	6	26
	30—39		4 669	83	191	74	202	107	92	86	45	84
	26—29		4 974	111	198	86	206	108	93	90	62	107
	21—25		16 401	240	729	474	952	361	360	276	268	477
	20 岁以下		16 088	297	293	360	988	157	347	133	264	201
照顾	合计		13 936	708	1 398	963	2 325	685	889	559	589	854
	一类		903	24	2	16	13	0	17	2	11	4
	二类		151	0	0	0	5	0	0	0	1	0
	三类		35	0	0	0	1	0	0	0	0	0
	四类		12 847	684	1 396	947	2 306	685	872	557	577	850

注:1. 本表不含“双招”及“二学历”报名数据 2. 总计项为全部 20 个区县合计　　填表单位:北京市成人教育考试办公室　　CG1-QXTJ

1996年各类成人高等学校招生高中起点本、专科报名情况统计表(三)

省(市):北京　　负责人:　　统计员:马宏辉　　电话:　　1996年4月16日 07:36:58

项目		区县类别/人数	总　计	延庆县 18	燕山 19	矿务局 20	——	——	——	——	——	——
报名情况	合　计		42 947	368	780	34	0	0	0	0	0	0
	学习形式	脱　产	5 776	1	21	0	0	0	0	0	0	0
		业　余	37 171	367	759		34	0	0	0	0	0
	理工农医	小　计	7 600	35	498	30	0	0	0	0	0	0
		本　科	27	0	0	0	0	0	0	0	0	0
		专　科	7 573	35	498	30	0	0	0	0	0	0
	文史类	小　计	35 347	333	282	4	0	0	0	0	0	0
		本　科	24	0	0	0	0	0	0	0	0	0
		专　科	35 323	333	282	4	0	0	0	0	0	0
职业	工　人		17 634	76	495	16	0	0	0	0	0	0
	干　部		13 183	244	249	16	0	0	0	0	0	0
	教　师		4 016	30	4	0	0	0	0	0	0	0
	从业人员		6 327	9	10	0	0	0	00	0	0	0
	社会青年		1 787	9	22	2	0	0	0	0	0	0
学历	高　中		21 298	130	219	12	0	0	0	0	0	0
	中专(含中师、中技)		16 379	228	345	19	0	0	0	0	0	0
	同等学历		5 270	10	216	3	0	0	0	0	0	0
性别	男		18 699	185	454	12	0	0	0	0	0	0
	女		24 248	183	326	22	0	0	0	0	0	0
年龄	40岁以上		815	32	9	0	0	0	0	0	0	0
	30—39		4 669	116	112	9	0	0	0	0	0	0
	26—29		4 974	52	103	6	0	0	0	0	0	0
	21—25		16 401	134	367	7	0	0	0	0	0	0
	20岁以下		16 088	34	189	12	0	0	0	0	0	0
照顾	合计		13 936	315	758	34	0	0	0	0	0	0
	一类		903	39	19	0	0	0	0	0	0	0
	二类		151	6	0	0	0	0	0	0	0	0
	三类		35	0	0	0	0	0	0	0	0	0
	四类		12 847	270	739	34	0	0	0	0	0	0

注:1. 本表不含“双招”及“二学历”报名数据 2. 总计项为全部20个区县合计　　填表单位:北京市成人教育考试办公室　　CG1-QXTJ

1996年高中起点各类专业考生报名人数统计

序　号	专业类别	报名总数	考试生	免试生	其中往届生	备注
1	财务会计	14 008	12 104	1 904	494	
2	管理	10 520	9 641	879	229	
3	教育	2 453	2 223	230	5	
4	计算机	4 831	4 091	740	195	
5	英语	3 288	1 807	1 481	113	
6	金融	2 844	2 585	259	68	
7	贸易	1 127	987	140	28	
8	营销	691	656	35	7	
9	建筑	1 083	962	121	3	
10	广告	1 632	1 562	70	7	
11	办公自动化	687	647	40	12	
12	医类	832	807	25	0	
13	中文	1 194	1 040	154	15	
14	其他类	1 474	1 302	172	90	
合计		46 664	40 414	6 250	1 266	

COUNT3　　　　1996.04.09

北京市（全部）各类成人高校“二学历”及“三生”改革报名情况总表

填报单位：北京市成人教育考试办公室　　　　1996年6月3日07:55:07

		合　计	二学历	“三生”改革				备　注
				小　计	预科生	资格生	往届生	
文史类	小　计	6 570	3 156	2 727	1 143	542	1 042	687
	文　科	4 350	1 333	2 330	1 131	334	865	687
	艺　术	368	217	151	1	138	12	0
	外　语	1 852	1 606	246	11	70	165	0
理工类	小　计	1 033	703	316	61	27	228	14
	理　科	1 031	702	315	61	26	228	14
	体　育	2	1	1	0	1	0	0
合　计		7 603	3 859	3 043	1 204	569	1 270	701

注：备注中数据为北京电视大学“大基班”考生

北京市（全部）各类成人高校“二学历”及“三生”改革报名情况总表

填报单位：北京市成人教育考试办公室　　　　1996年6月3日07：56：47

		合　计	二学历	“三生”改革				备　注
				小　计	预科生	资格生	往届生	
文史类	小　计	6 193	2 888	2 618	1 099	542	977	687
	文　科	4 071	1 144	2 240	1 088	334	818	687
	艺　术	360	209	151	1	138	12	0
	外　语	1 762	1 535	227	10	70	147	0
理工类	小　计	929	622	293	61	27	205	14
	理　科	927	621	292	61	26	205	14
	体　育	2	1	1	0	1	0	0
合　计		7 122	3 510	2 911	1 160	569	1 182	701

注：备注中数据为北京电视大学“大基班”考生

各类成人高等学校全国统一招生高中起点本专科各科缺考情况统计表

理工农医类：（含“3+2”）　　　　1996.6.3　08:20:29

科　目	报名人数	缺考人数	缺考人数/报名人数	备　注
政　治	6 432	642	9.98%	
语　文	7 332	714	9.74%	
数　学	7 332	833	11.36%	
物　理	5 198	501	9.64%	
化　学	5 198	585	11.25%	
合　计	31 492	3 275	10.40%	

文史类：（含“3+2”）

科　目	报名人数	缺考人数	缺考人数/报名人数	备　注
政　治	33 084	4 663	14.09%	
语　文	33 084	4 277	12.93%	
数　学	33 084	6 944	20.99%	
历　史	30 315	4 640	15.31%	
地　理	30 315	4 001	13.20%	
合　计	159 882	24 525	15.34%	

1996年（全部）各类成人高等学校统一招生高中起点考试成绩分段统计表（体育、艺术除外）

填报单位：北京市成人教育考试办公室　　负责人签字：　　填表人：马宏辉　　1996年6月3日07:03:45

项目		分数段/人数	465以上	460—464	455—459	450—454	445—449	440—444	435—439	430—434	425—429	420—424	415—419	410—414	405—409	400—404	395—399	390—394	385—389	380—385	375—379	370—374	365—369
专科	理工类	各段人数	1 394	122	119	101	142	135	140	124	125	120	121	112	129	111	127	127	152	116	128	110	128
		累计	1 394	1 516	1 635	1 736	1 878	2 013	2 153	2 277	2 402	2 522	2 643	2 755	2 884	2 995	3 122	3 249	3 401	3 517	3 645	3 755	3 883
	文史类	各段人数	2 747	303	316	355	362	372	440	437	434	452	473	459	430	461	514	491	504	516	501	507	479
		累计	2 747	3 050	3 366	3 721	4 083	4 455	4 895	5 332	5 766	6 218	6 691	7 150	7 580	8 041	8 555	9 046	9 550	**	**	**	**
本科	理工类	各段人数	14	0	0	0	0	0	1	0	1	0	1	0	0	0	0	0	0	1	0	0	0
		累计	14	14	14	14	14	14	15	15	16	16	17	17	17	17	17	17	17	18	18	18	18
	文史类	各段人数	9	0	0	0	1	0	0	0	1	0	2	0	1	0	0	0	0	0	1	0	0
		累计	9	9	9	9	10	10	10	10	11	11	13	13	14	14	14	14	14	14	15	15	15

1996年（市属）各类成人高等学校统一招生高中起点考试成绩分段统计表（体育、艺术除外）

填报单位：北京市成人教育考试办公室　　负责人签字：　　填表人：马宏辉　　1996年6月3日07:06:00

分数段人数项目			465以上	460—464	455—459	450—454	445—449	440—444	435—439	430—434	425—429	420—424	415—419	410—414	405—409	400—404	395—399	390—394	385—389	380—385	375—379	370—374	365—369
专科	理工类	各段人数	1 036	98	92	80	116	105	117	111	104	99	105	92	111	101	112	107	126	100	109	99	119
		累计	1 036	1 134	1 226	1 306	1 422	1 527	1 644	1 755	1 859	1 958	2 063	2 155	2 266	2 367	2 479	2 586	2 712	2 812	2 921	3 020	3 139
	文史类	各段人数	2 142	239	262	277	304	305	377	346	353	393	392	364	354	384	419	422	423	427	426	427	398
		累计	2 142	2 381	2 643	2 920	3 224	3 529	3 906	4 252	4 605	4 998	5 390	5 754	6 108	6 492	6 911	7 333	7 756	8 183	8 609	9 036	9 434
本科	理工类	各段人数	0	0	0	0	0	0	0	0	0	0	0	0	0	0	0	0	0	0	0	0	0
		累计	0	0	0	0	0	0	0	0	0	0	0	0	0	0	0	0	0	0	0	0	0
	文史类	各段人数	0	0	0	0	0	0	0	0	0	0	0	0	0	0	0	0	0	0	0	0	0
		累计	0	0	0	0	0	0	0	0	0	0	0	0	0	0	0	0	0	0	0	0	0

1996年(全部)各类成人高等学校统一招生体育艺术类高中起点考试成绩分段统计表

填报单位:北京市成人教育考试办公室　　负责人签字:　　填表人:马宏辉　　1996年6月3日07:11:13

分数段人数项目		261—以上	258—260	255—257	252—254	249—251	246—248	243—245	240—242	237—239	234—236	231—233	228—230	225—227	222—224	219—221	216—218	213—215	210—212	207—209	204—206	201—203	198—200
体育	各段人数	154	3	1	7	4	7	2	0	6	6	3	2	3	1	3	2	5	1	3	4	3	3
	累计	154	157	158	165	169	176	178	178	184	190	193	195	198	199	202	204	209	210	213	217	220	223
艺术	各段人数	2 144	69	73	83	90	67	93	88	75	77	90	69	83	73	50	72	62	52	60	55	45	42
	累计	2 144	2 213	2 286	2 369	2 459	2 526	2 619	2 707	2 782	2 859	2 949	3 018	3 101	3 174	3 224	3 296	3 358	3 410	3 460	3 515	3 560	3 602

1996年(市属)各类成人高等学校统一招生体育艺术类高中起点考试成绩分段统计表

填报单位:北京市成人教育考试办公室　　负责人签字:　　填表人:马宏辉　　1996年6月3日07:13:09

分数段人数项目		261—以上	258—260	255—257	252—254	249—251	246—248	243—245	240—242	237—239	234—236	231—233	228—230	225—227	222—224	219—221	216—218	213—215	210—212	207—209	204—206	201—203	198—200
体育	各段人数	154	3	1	7	4	7	2	0	6	6	3	2	3	1	3	2	5	1	3	4	3	3
	累计	154	157	158	165	169	176	178	178	184	190	193	195	198	199	202	204	209	210	213	217	220	223
艺术	各段人数	1 963	62	64	74	87	64	87	80	71	74	85	67	81	68	41	66	56	50	44	50	39	39
	累计	1 963	2 025	2 089	2 163	2 250	2 314	2 401	2 481	2 552	2 626	2 711	2 778	2 859	2 927	2 968	3 034	3 090	3 140	3 184	3 234	3 273	3 312

1996年各类成人高等学校统一招生高中起点(5+2)考试成绩分段统计表

填报单位:北京市成人教育考试办公室　　负责人签字:　　填表人:马宏辉　　1996年6月3日07:14:29

分数段人数项目		372—以上	368—371	364—367	360—363	356—359	352—355	348—351	344—347	340—343	336—339	332—335	328—331	324—327	320—323	316—319	312—315	308—311	304—307	300—303	296—299	292—295	288—291	284—287
理工类	各段人数	28	5	3	2	1	2	1	4	4	3	0	1	1	1	1	2	3	1	0	0	1	3	0
	累计	28	33	36	38	39	41	42	46	50	53	53	54	55	56	57	59	62	63	63	63	64	67	67
文史类	各段人数	129	6	6	5	11	5	10	6	6	7	8	11	6	3	10	11	14	11	8	14	6	6	11
	累计	129	135	141	146	157	162	172	178	184	191	199	210	216	219	229	240	254	265	273	287	293	299	310

1996 年各类成人高等学校统一招生高中起点外语类考生考试成绩分段统计表

填报单位:北京市成人教育考试办公室　　负责人签字:　　填表人:马宏辉　　1996 年 12 月 12 日 13:33:22

分数段人数项目			465—以上	460—464	455—459	450—454	445—449	440—444	435—439	430—434	425—429	420—424	415—419	410—414	405—409	400—404	395—399	390—394	385—389	380—385	375—379	370—374	365—369
全部	大于00	各段人数	351	19	33	27	35	32	41	49	42	59	57	50	52	51	57	75	55	57	60	47	56
		累　计	351	370	403	430	465	497	538	587	629	688	745	795	847	898	955	1 030	1 085	1 142	1 202	1 249	1 305
	大于40	各段人数	346	18	33	25	32	31	38	46	40	49	51	44	49	44	52	67	53	52	43	41	45
		累　计	346	364	397	422	454	485	523	569	609	658	709	753	802	846	898	965	1 018	1 070	1 113	1 154	1 199
市属	大于00	各段人数	271	13	26	20	23	25	32	34	34	53	50	46	44	43	45	62	47	50	49	40	50
		累　计	271	284	310	330	353	378	410	444	478	531	581	627	671	714	759	821	868	918	967	1 007	1 057
	大于40	各段人数	269	13	26	20	22	24	31	34	33	43	44	40	42	38	40	57	46	46	36	34	40
		累　计	269	282	308	328	350	374	405	439	472	515	559	599	641	679	719	776	822	868	904	938	978

1996 年各类成人高等学校统一招生考试单科成绩分段及平均成绩统计表

填报单位:北京市成人教育考试办公室　　负责人签字:　　填表人:马宏辉　　1996 年 6 月 3 日 08:05:14

理工农医类:

科目	考试人数	平均成绩	分数段	140—以上	120—139	110—119	105—109	100—104	95—99	90—94	85—89	80—84	75—79	70—74	65—69	60—64	55—59	50—54	45—49	40—44	30—39	20—29	10—19	0—9
政治	5 823	65	本段人数	0	2	15	44	93	148	243	358	457	537	619	638	588	509	478	364	273	289	75	16	77
			累计人数	0	2	17	61	154	302	545	903	1 360	1 897	2 516	3 154	3 742	4 251	4 729	5 093	5 366	5 655	5 730	5 746	5 823
语文	6 592	82	本段人数	0	14	100	189	388	664	849	1 022	914	760	558	401	233	154	99	75	62	63	30	5	12
			累计人数	0	14	114	303	691	1 355	2 204	3 226	4 140	4 900	5 458	5 859	6 092	6 246	6 345	6 420	6 482	6 545	6 575	6 580	6 592
数学	6 592	72	本段人数	2	264	442	300	341	353	384	408	400	3 239	375	347	358	317	304	285	270	506	357	96	138
			累计人数	2	266	708	1 008	1 349	1 702	2 086	2 494	2 894	3 239	3 614	3 961	4 319	4 636	4 940	5 225	5 495	6 001	6 358	6 454	6 592
物理	4 705	66	本段人数	11	169	199	130	145	185	205	261	242	292	296	262	287	298	272	272	267	435	273	124	80
			累计人数	11	180	379	509	654	839	1 044	1 305	1 547	1 839	2 135	2 397	2 684	2 982	3 254	3 526	3 793	4 228	4 501	4 625	4 705
化学	4 705	72	本段人数	61	383	269	175	150	184	204	216	235	248	253	272	270	256	248	228	195	365	275	77	141
			累计人数	61	444	713	888	1 038	1 222	1 426	1 642	1 877	2 125	2 378	2 650	2 920	3 176	3 424	3 652	3 847	4 212	4 487	4 564	4 705

文史类:

科目	考试人数	平均成绩	分数段	140—以上	120—139	110—119	105—109	100—104	95—99	90—94	85—89	80—84	75—79	70—74	65—69	60—64	55—59	50—54	45—49	40—44	30—39	20—29	10—19	0—9
政治	28 755	62	本段人数	0	6	95	195	383	635	1 027	1 435	1 927	2 338	2 543	2 739	2 814	2 781	2 554	2 160	1 675	2 082	768	125	473
			累计人数	0	6	101	296	679	1 314	2 341	3 776	5 703	8 041	**	**	**	**	**	**	**	**	**	**	**
语文	28 755	83	本段人数	0	53	654	1 011	1 980	3 046	3 924	4 247	3 870	3 106	2 228	1 465	972	590	450	326	230	349	129	42	83
			累计人数	0	53	707	1 718	3 698	6 744	**	**	**	**	**	**	**	**	**	**	**	**	**	**	**
数学	28 755	59	本段人数	41	817	1 102	785	921	1 115	1 169	1 344	1 371	1 464	1 446	1 464	1 376	1 408	1 474	1 425	1 438	2 669	2 142	880	2 904
			累计人数	41	858	1 960	2 745	3 666	4 781	5 950	7 294	8 665	**	**	**	**	**	**	**	**	**	**	**	**
历史	26 485	66	本段人数	0	166	569	491	793	1 086	1 414	1 611	1 916	1 974	2 139	2 170	2 142	1 987	1 836	1 595	1 251	1 589	579	112	1 065
			累计人数	0	166	735	1 226	2 019	3 105	4 519	6 130	8 046	**	**	**	**	**	**	**	**	**	**	**	**
地理	26 485	62	本段人数	0	125	414	444	576	772	1 027	1 207	1 470	1 631	1 762	1 849	2 083	2 190	2 305	2 232	2 103	2 806	965	93	431
			累计人数	0	125	539	983	1 559	2 331	3 358	4 565	6 035	7 666	9 428	**	**	**	**	**	**	**	**	**	**

1996年(全部)各类成人高等学校举办(试)大学专科起点班考试成绩分段统计表

填报单位:北京市成人教育考试办公室　　负责人签字:　　填表人:马宏辉　　1996年6月10日

分数段人数项目			500—以上	480—499	460—479	440—459	420—439	400—419	380—399	360—379	350—359	340—349	330—339	320—329	310—319	300—309	290—299	280—289	270—279	260—269	250—259	240—249	230—239
师范类	理工类	各段人数	0	0	0	0	0	0	0	3	4	9	11	9	19	18	31	20	35	28	33	26	25
		累　计	0	0	0	0	0	0	0	3	7	16	27	36	55	73	104	124	159	187	220	246	271
	文史类	各段人数	0	0	0	3	3	3	6	32	35	40	63	46	48	50	52	68	63	55	67	52	55
		累　计	0	0	0	3	6	9	15	47	82	122	63	231	279	329	381	449	512	567	634	686	741
非师范类	理工类	各段人数	0	1	0	7	4	5	13	18	7	3	7	11	9	11	6	4	2	10	5	4	2
		累　计	0	1	1	8	12	17	30	48	55	58	65	76	85	96	102	106	108	118	123	127	129
	文史类	各段人数	11	17	22	35	33	46	49	53	7	14	20	18	19	12	15	21	12	9	14	12	8
		累　计	11	28	50	85	118	164	213	266	273	287	307	325	344	356	371	392	404	413	427	439	447

1996 年各类成人高等学校招生高中起点本、专科缺考情况统计表

省(市):北京　　负责人:　　统计员:马宏辉　　电话:　　1996 年 4 月 9 日 08:58:07

项目	人数	学校类别	总　计	职工大学 职工业余 大　学	教育学院 教师进修 学　院	管理干部 学　院	广播电视 大　学	独立设置 函授学院	普通高等学校 夜大学	函　授	脱产班	教师班
缺考情况	合　计		4 772	2 939	151	904	778	0	—	—	—	—
	学习形式	脱　产	350	50	0	290	10	0	—	—	—	—
		业　余	4 422	2 889	151	614	768	0	—	—	—	—
	理工农医	小　计	571	360	32	43	136	0				
		本　科	1	0	0	1	0	0	—	—	—	—
		专　科	570	360	32	42	136	0				
	文史类	小　计	4 201	2 579	119	861	642	0				
		本　科	0	0	0	0	0	0	—	—	—	—
		专　科	4 201	2 579	119	861	642	0				
职业	工　人		1 836	1 125	2	337	372	0				
	干　部		1 680	1 025	11	413	231	0				
	教　师		298	108	135	17	38	0	—	—	—	—
	从业人员		183	560	3	118	102	0				
	社会青年		175	121	0	19	35	0				
学历	高　中		2 498	1 510	23	571	394	0				
	中专(含中师、中技)		1 789	1 077	127	270	315	0	—	—	—	—
	同等学历		485	352	1	63	69	0				
性别	男		2 056	1 280	33	410	333	0	—	—	—	—
	女		2 716	1 659	118	494	445	0	—	—	—	—
年龄	40 岁以上		154	86	15	43	10	0				
	30—39		694	426	16	157	92	0				
	26—29		708	439	14	155	100	0	—	—	—	—
	21—25		1 973	1 177	53	329	414	0				
	20 岁以下		1 246	811	53	220	162	0				
照顾	合计		1 371	424	86	319	542	0	—	—	—	—
	一类		87	53	8	20	6	0				
	二类		26	16	0	5	5	0				
	三类		3	2	0	0	1	0	—	—	—	—
	四类		1 255	353	78	294	530	0	—	—	—	—

注:本表不含"双招"缺考数据　　本表仅统计全科缺考数据

填表单位:北京市成人教育考试办公室　　CB961113

1996年各类成人高等学校招生专科起点本科班缺考情况统计表

省(市):北京　　负责人:　　统计员:马宏辉　　电话:　　1996年10月8日 08:59:42

项目			总计	职工大学 职工业余大学	教育学院 教师进修学院	管理干部学院	广播电视大学	独立设置 函授学院	普通高等学校			
									夜大学	函授	脱产班	教师班
报名情况	合计		280	21	152	84	23	0	—	—	—	—
	学习形式	脱产	3	0	0	3	0	0	—	—	—	—
		业余	277	21	152	81	23	0	—	—	—	—
	理工农医		68	44	44	4	6	0				
	文史		212	7	108	80	17	0	—	—	—	—
职业	工人		18	4	1	10	3	0				
	干部		133	12	36	68	17	0				
	教师		125	5	114	4	2	0	—	—	—	—
	从业人员		4	0	1	2	1	0				
	社会青年		0	0	0	0	0	0				
学历	大学专科		272	21	146	82	23	0		—	—	—
	专科以上		8	0	6	2	0	0	—			
性别	男		135	12	62	49	12	0	—	—	—	—
	女		145	9	90	35	11	0	—	—	—	—
年龄	40岁以上		41	2	33	2	4	0				
	30—39		58	2	22	22	12	0				
	26—29		72	7	36	23	6	0	—	—	—	—
	21—25		107	10	60	36	1	0				
	20岁以下		2	0	1	1	0	0				
照顾	合计		145	3	95	47	0	0	—	—	—	—
	一类		31	3	25	3	0	0				
	二类		0	0	0	0	0	0				
	三类		0	0	0	0	0	0	—	—	—	—
	四类		114	0	70	44	0	0	—	—	—	—

注:本表统计全科缺考数据

填表单位:北京市成人教育考试办公室　　CB961114

1996年各类成人高校招生录取情况统计表

省(市):北京　　负责人:　　统计员:马宏辉　　1996年10月9日 10:54:48

			合计	部属院校	本省院校	外省院校	备注
合计			16 066	3 552	12 514	0	
理工类	小计		4 096	904	3 192	0	
	专升本	师范类	247	0	247	0	
		教师	0	0	0	0	
		非教师	54	10	44	0	
	高中起点	本科	11	11	0	0	
		专科	3 784	883	2 901	0	
文史类	小计		11 970	2 648	9 322	0	
	专升本	师范类	950	0	950	0	
		教师	0	0	0	0	
		非教师	420	61	359	0	
	高中起点	本科	9	9	0	0	
		专科	10 591	2 578	8 013	0	

注:本表不含“双招”及“二学历”录取数据　　填表单位:北京市成人教育考试办公室　CB961115

1996年各类成人高等学校招生高中起点本、专科录取情况统计表

省(市):北京　　负责人:　　统计员:马宏辉　　电话:　　1996年10月8日 09:02:42

项目	学校类别 / 人数		总计	职工大学 职工业余 大学	教育学院 教师进修 学院	管理干部 学院	广播电视 大学	独立设置 函授学院	普通高等学校 夜大学	普通高等学校 函授	普通高等学校 脱产班	普通高等学校 教师班
录取情况	合计		14 395	6 602	854	4 313	2 626	0	—	—	—	—
	学习形式	脱产	3 745	180	0	3 327	238	0	—	—	—	—
		业余	10 650	6 422	854	986	2 388	0	—	—	—	—
	理工农医	小计	3 795	2 390	181	755	469	0				
		本科	17	0	0	17	0	0	—	—	—	—
		专科	3 778	2 390	181	738	469	0				
	文史类	小计	10 600	4 212	673	3 558	2 157	0				
		本科	9	0	0	9	0	0	—	—	—	—
		专科	10 591	4 212	673	3 549	2 157	0				
职业	工人		5 074	2 411	11	1 854	798	0				
	干部		5 770	2 748	25	1 714	1 283	0				
	教师		1 348	283	764	58	243	0	—	—	—	—
	从业人员		1 656	847	51	521	237	0				
	社会青年		547	313	3	166	65	0				
学历	高中		7 183	3 046	102	2 758	1 277	0				
	中专(含中师、中技)		5 982	2 791	749	1 228	1 214	0	—	—	—	—
	同等学历		1 230	765	3	327	135	0				
性别	男		6 721	3 269	178	2 145	1 129	0	—	—	—	—
	女		7 674	3 333	676	2 168	1 497	0	—	—	—	—
年龄	40岁以上		388	187	25	80	90	0				
	30—39		1 829	855	77	409	488	0				
	26—29		1 846	891	117	419	419	0	—	—	—	—
	21—25		5 546	2 488	356	1 572	1 130	0				
	20岁以下		4 786	2 181	279	1 827	499	0				
照顾	合计		779	232	104	275	168	0	—	—	—	—
	一类		110	55	11	39	5	0				
	二类		10	8	0	2	0	0				
	三类		2	2	0	0	0	0	—	—	—	—
	四类		657	167	93	234	163	0	—	—	—	—

注:1. 本表不含“双招”报名数据　2. 照顾项仅统计享受照顾条件后被录取的考生

填表单位:北京市成人教育考试办公室　CB961116

1996 年各类成人高等学校招生专科起点本科班录取情况统计表

省(市):北京　　负责人:　　统计员:马宏辉　　电话:　　1996 年 10 月 9 日 10:45:08

项目			总计	职工大学职工业余大学	教育学院教师进修学院	管理干部学院	广播电视大学	独立设置函授学院	普通高等学校			
									夜大学	函授	脱产班	教师班
录取情况	合计		1 671	104	1 161	160	246	0	—	—	—	—
	学习形式	脱产	61	0	0	61	0	0	—	—	—	—
		业余	1 610	104	1 161	99	246	0	—	—	—	—
	理工农医		301	37	247	10	7	0				
	文史		1 370	67	914	150	239	0	—	—	—	—
职业	工人		26	2	0	24	0	0				
	干部		721	83	399	122	117	0				
	教师		880	15	739	7	119	0	—	—	—	—
	从业人员		43	3	23	7	10	0				
	社会青年		1	1	0	0	0	0				
学历	大学专科		1 613	101	1 116	156	240	0	—	—	—	—
	专科以上		58	3	45	4	6	0				
性别	男		674	49	475	73	77	0	—	—	—	—
	女		997	55	686	87	169	0	—	—	—	—
年龄	40 岁以上		371	14	342	3	12	0				
	30—39		410	34	295	17	64	0				
	26—29		449	20	302	39	88	0	—	—	—	—
	21—25		441	36	222	101	82	0				
	20 岁以下		0	0	0	0	0	0				
照顾	合计		122	4	89	5	24	0	—	—	—	—
	一类		49	4	32	3	10	0				
	二类		0	0	0	0	0	0				
	三类		0	0	0	0	0	0	—	—	—	—
	四类		73	0	57	2	14	0	—	—	—	—

注:照顾项仅统计享受照顾条件后被录取的考生

填表单位:北京市成人教育考试办公室　　CB961117

1996 年各类成人高等学校招生二学历录取情况统计表

省(市):北京　　负责人:　　统计员:马宏辉　　电话:　　1996 年 10 月 9 日 10:50:30

项目 \ 人数 \ 学校类别		总计	职工大学职工业余大学	教育学院教师进修学院	管理干部学院	广播电视大学	独立设置函授学院	普通高等学校 夜大学	普通高等学校 函授	普通高等学校 脱产班	普通高等学校 教师班
录取情况	合计	4 086	2 317	95	590	1 084	0	—	—	—	—
录取情况	学习形式 脱产	304	1	0	228	75	0	—	—	—	—
录取情况	学习形式 业余	3 782	2 316	95	362	1 009	0	—	—	—	—
录取情况	理工农医	726	384	19	79	244	0				
录取情况	文史	3 360	1 933	76	511	840	0	—	—	—	—
职业	工人	381	228	2	37	114	0				
职业	干部	2 799	1 693	9	496	779	0				
职业	教师	403	187	78	20	118	0	—	—	—	—
职业	从业人员	309	198	6	34	71	0				
职业	社会青年	16	11	0	3	2	0				
学历	大学专科	2 870	1 600	51	441	778	0	—	—	—	—
学历	专科以上	1 216	717	44	149	306	0				
性别	男	1 761	997	26	268	470	0	—	—	—	—
性别	女	2 325	1 320	69	322	614	0	—	—	—	—
年龄	40 岁以上	314	172	13	59	70	0				
年龄	30—39	1 381	766	29	202	384	0				
年龄	26—29	1 171	663	31	57	320	0	—	—	—	—
年龄	21—25	1 220	716	22	172	310	0	—	—	—	—
年龄	20 岁以下	0	0	0	0	0	0				
照顾	合计	0	0	0	0	0	0	—	—	—	—
照顾	一类	0	0	0	0	0	0				
照顾	二类	0	0	0	0	0	0				
照顾	三类	0	0	0	0	0	0	—	—	—	—
照顾	四类	0	0	0	0	0	0	—	—	—	—

填表单位:北京市成人教育考试办公室　　CB961118

1996 年各类成人高等学校招生"3+2"录取情况统计表

省(市):北京　　负责人:　　统计员:马宏辉　　电话:　　1996 年 10 月 8 日 09:09:04

项目	人数	学校类别	总计	职工大学 职工业余大学	教育学院 教师进修学院	管理干部学院	广播电视大学	独立设置函授学院	普通高等学校 夜大学	普通高等学校 函授	普通高等学校 脱产班	普通高等学校 教师班
缺考情况	合计		1 991	1 510	0	481	0	0	—	—	—	—
	学习形式	脱产	233	22	0	211	0	0	—	—	—	—
		业余	1 758	1 488	0	270	0	0	—	—	—	—
	理工农医	小计	1 145	1 069	0	76	0	0	—	—	—	—
		本科	0	0	0	0	0	0	—	—	—	—
		专科	1 145	1 069	0	76	0	0	—	—	—	—
	文史类	小计	846	441	0	405	0	0	—	—	—	—
		本科	0	0	0	0	0	0	—	—	—	—
		专科	846	441	0	405	0	0	—	—	—	—
职业	工人		559	368	0	191	0	0	—	—	—	—
	干部		1 191	965	0	226	0	0	—	—	—	—
	教师		61	54	0	7	0	0	—	—	—	—
	从业人员		154	110	0	44	0	0	—	—	—	—
	社会青年		26	13	0	13	0	0	—	—	—	—
学历	高中		611	387	0	224	0	0	—	—	—	—
	中专(含中师、中技)		1 177	959	0	218	0	0	—	—	—	—
	同等学历		203	164	0	39	0	0	—	—	—	—
性别	男		703	520	0	183	0	0	—	—	—	—
	女		1 288	990	0	298	0	0	—	—	—	—
年龄	40 岁以上		52	37	0	15	0	0	—	—	—	—
	30—39		298	225	0	73	0	0	—	—	—	—
	26—29		321	276	0	45	0	0	—	—	—	—
	21—25		634	474	0	160	0	0	—	—	—	—
	20 岁以下		686	498	0	188	0	0	—	—	—	—
照顾	合计		133	92	0	41	0	0	—	—	—	—
	一类		34	19	0	15	0	0	—	—	—	—
	二类		1	1	0	0	0	0	—	—	—	—
	三类		0	0	0	0	0	0	—	—	—	—
	四类		98	72	0	26	0	0	—	—	—	—

注:1. 本表不含"双招"及"二学历"报名数据　2. 照顾项仅统计享受照顾条件后被录取的考生

填表单位:北京市成人教育考试办公室　CB961119

1996年各类成人高等学校招生资格生录取情况统计表

省(市):北京　　负责人:　　统计员:马宏辉　　电话:　　1996年10月8日 09:11:21

项目	人数 / 学校类别		总计	职工大学 职工业余 大学	教育学院 教师进修 学院	管理干部 学院	广播电视 大学	独立设置 函授学院	普通高等学校 夜大学	函授	脱产班	教师班
缺考情况	合计		558	246	158	47	107	0	—	—	—	—
	学习形式	脱产	48	14	0	21	13	0	—	—	—	—
		业余	510	232	158	26	94	0	—	—	—	—
	理工农医	小计	26	15	9	0	2	0				
		本科	0	0	0	0	0	0	—	—	—	—
		专科	26	15	9	0	2	0				
	文史类	小计	532	231	149	47	105	0				
		本科	0	0	0	0	0	0	—	—	—	—
		专科	532	231	149	47	105	0				
职业	工人		136	87	0	19	30	0				
	干部		144	75	5	28	36	0				
	教师		182	17	146	0	19	0	—	—	—	—
	从业人员		52	39	7	0	6	0				
	社会青年		44	28	0	0	16	0				
学历	高中		238	144	16	23	55	0	—	—		
	中专(含中师、中技)		286	80	141	19	46	0	—	—		
	同等学历		34	22	1	5	6	0				
性别	男		223	113	25	31	54	0	—	—	—	—
	女		335	133	133	16	53	0	—	—	—	—
年龄	40岁以上		27	18	9	0	0	0				
	30—39		65	22	28	3	12	0				
	26—29		94	36	37	5	16	0	—	—	—	—
	21—25		263	107	77	22	57	0				
	20岁以下		109	63	7	17	22	0				
照顾	合计		0	0	0	0	0	0	—	—	—	—
	一类		0	0	0	0	0	0				
	二类		0	0	0	0	0	0	—	—	—	—
	三类		0	0	0	0	0	0				
	四类		0	0	0	0	0	0	—	—	—	—

填表单位:北京市成人教育考试办公室　　CB961120

1996 年各类成人高等学校招生预科招生录取情况统计表

省(市):北京　　负责人:　　统计员:马宏辉　　电话:　　1996 年 10 月 8 日 09:13:19

项目	人数	学校类别	总计	职工大学 职工业余大学	教育学院 教师进修学院	管理干部学院	广播电视大学	独立设置函授学院	普通高等学校 夜大学	函授	脱产班	教师班
缺考情况	合计		1 089	554	14	214	307	0	—	—	—	—
	学习形式	脱产	51	2	0	49	0	0	—	—	—	—
		业余	1 038	552	14	165	307	0	—	—	—	—
	理工农医	小计	33	25	0	0	8	0				
		本科	0	0	0	0	0	0	—	—	—	—
		专科	33	25	0	0	8	0				
	文史类	小计	1 056	529	14	214	299	0				
		本科	0	0	0	0	0	0	—	—	—	—
		专科	1 056	529	14	214	299	0				
职业	工人		141	99	0	23	19	0				
	干部		855	403	0	182	270	0				
	教师		31	11	14	2	4	0	—	—	—	—
	从业人员		59	38	0	7	14	0				
	社会青年		3	3	0	0	0	0				
学历	高中		587	294	2	125	166	0				
	中专(含中师、中技)		482	242	12	88	140	0	—	—	—	—
	同等学历		20	18	0	1	1	0				
性别	男		626	307	2	136	181	0	—	—	—	—
	女		463	247	12	78	126	0	—	—	—	—
年龄	40 岁以上		164	74	0	50	40	0				
	30—39		526	264	3	91	168	0				
	26—29		235	119	8	33	75	0	—	—	—	—
	21—25		128	78	2	27	21	0				
	20 岁以下		36	19	1	13	3	0				
照顾	合计		0	0	0	0	0	0	—	—	—	—
	一类		0	0	0	0	0	0				
	二类		0	0	0	0	0	0	—	—	—	—
	三类		0	0	0	0	0	0				
	四类		0	0	0	0	0	0	—	—	—	—

填表单位:北京市成人教育考试办公室　　CB961121

1996年各类成人高等学校招生往届生录取情况统计表

省(市):北京　　负责人:　　统计员:马宏辉　　电话:　　1996年10月10日08:45:38

项目			总计	职工大学 职工业余大学	教育学院 教师进修学院	管理干部学院	广播电视大学	独立设置函授学院	普通高等学校 夜大学	普通高等学校 函授	普通高等学校 脱产班	普通高等学校 教师班
缺考情况	合计		1 222	572	5	213	432	0	—	—	—	—
	学习形式	脱产	160	6	0	152	2	0	—	—	—	—
		业余	1 062	566	5	61	430	0	—	—	—	—
	理工农医	小计	216	114	4	15	83	0	—	—	—	—
		本科	0	0	0	0	0	0				
		专科	216	114	4	15	83	0				
	文史类	小计	1 006	458	1	198	349	0	—	—	—	—
		本科	0	0	0	0	0	0				
		专科	1 006	458	1	198	349	0				
职业	工人		403	194	0	100	109	0	—	—	—	—
	干部		437	129	0	77	231	0				
	教师		25	0	0	1	19	0				
	从业人员		278	197	0	25	56	0				
	社会青年		79	52	0	10	17	0				
学历	高中		932	496	3	195	238	0	—	—	—	—
	中专(含中师、中技)		290	76	2	18	194	0				
	同等学历		0	0	0	0	0	0				
性别	男		568	273	0	106	189	0	—	—	—	—
	女		654	299	5	107	243	0	—	—	—	—
年龄	40岁以上		0	0	0	0	0	0	—	—	—	—
	30—39		0	0	0	0	0	0				
	26—29		0	0	0	0	0	0				
	21—25		941	419	1	112	409	0				
	20岁以下		281	153	4	101	23	0				
照顾	合计		0	0	0	0	0	0	—	—	—	—
	一类		0	0	0	0	0	0	—	—	—	—
	二类		0	0	0	0	0	0				
	三类		0	0	0	0	0	0				
	四类		0	0	0	0	0	0	—	—	—	—

填表单位:北京市成人教育考试办公室　　CB961122

1996 年各类成人高等学校“招工招生相结合”计划与录取情况统计表

省(市):北京市　　负责人:　　统计员:马宏辉　　1996 年 10 月 8 日 09:19:33

		合　计	职工高等学校	管理干部学院	独立设置涵院	农民高等学校
合　计		25	25	0	0	0
计划	理工	25	25	0	0	0
	文史	0	0	0	0	0
合　计		25	25	0	0	0
录取	理工	25	25	0	0	0
	文史	0	0	0	0	0
性别	男	22	22	0	0	0
	女	3	3	0	0	0

北京市成人教育考试办公室　　CB961124

北京(市属)各类成人高校各院校录取情况统计(高中起点本、专科)

日期:1996 年 11 月 25 日　　　　时间:10:20:35

学校代号	学校名称	录取人数(不含 M)	考试生(K)	"3+2"(S)	"5+2"(N)	往届生(W)	大基班(Q)	双招生(Z)	推荐生(T)	资格生(G)	预科生(Y)	二学历(M)	录取总计(全部)
001	北京市东城区职工大学	152	112	22	0	5	0	0	3	3	7	87	239
002	北京市西城区职工大学	327	184	72	0	22	0	0	6	4	39	284	611
003	北京市崇文区职工大学	153	115	0	0	22	0	0	7	0	9	157	310
004	北京市宣武红旗业余大学	310	217	51	0	11	0	0	2	19	10	121	431
005	北京市朝阳区职工大学	222	124	0	0	13	0	0	2	34	49	81	303
006	北京市海淀区职工大学	366	295	37	0	21	0	0	6	7	0	19	385
007	北京市丰台区职工大学	129	45	0	0	16	0	0	19	16	33	76	205
008	北京市石景山区业余大学	120	89	0	0	14	0	0	2	1	14	91	211
009	北京实验大学	288	176	57	0	39	0	0	1	3	12	164	452
010	北京市西城区经济技术大学	270	156	30	0	25	0	0	41	0	18	97	367
011	北京市总工会职工大学	429	105	176	0	24	0	0	6	0	118	48	477
012	北京市机械局职工大学	115	10	17	65	11	0	0	2	6	4	50	165
013	北京汽车工业总公司职工大学	87	37	21	0	2	0	25	1	0	1	6	93
014	北内集团总公司职工大学	17	17	0	0	0	0	0	0	0	0	0	17
015	北京市建设职工大学	155	44	78	28	2	0	0	3	0	0	39	194
016	北京市化工局职工大学	90	15	0	0	64	0	0	6	0	5	27	117
017	北京市纺织局职工大学	24	19	0	0	0	0	0	0	5	0	0	24
018	首钢职工大学	167	118	40	0	5	0	0	0	2	2	89	256
019	北京市成人电子信息大学	238	147	34	0	13	0	0	6	28	10	216	454
020	北京市汽车制造厂职工汽车学院	45	0	45	0	0	0	0	0	0	0	0	45
021	北京市商贸职工大学	26	11	0	0	0	0	0	14	0	1	17	43
022	北京市工艺美术品总公司职工大学	95	94	0	0	0	0	0	1	0	0	39	134
023	北京轻工职工大学	427	233	21	0	78	0	0	0	52	43	275	702
024	北京市医药总公司职工大学	21	0	21	0	0	0	0	0	0	0	1	22
025	北京市职工体育运动技术学院	50	19	0	0	0	0	0	30	1	0	1	51

续前表

学校代号	学 校 名 称	录取人数（不含 M）	考试生（K）	“3＋2”（S）	“5＋2”（N）	往届生（W）	大基班（Q）	双招生（Z）	推荐生（T）	资格生（G）	预科生（Y）	二学历（M）	录取总计（全部）
026	北京市物资贸易职工大学	91	91	0	0	0	0	0	0	0	0	3	94
027	北京物资贸易职工学院立信分校	24	24	0	0	0	0	0	0	0	0	2	26
028	北京市房地产职工大学	189	118	16	22	3	0	0	3	17	10	60	249
029	北京人民警察学院	116	106	0	0	1	0	0	2	0	7	0	116
030	北京职工医学院	703	5	681	0	0	0	0	0	10	7	19	722
031	北京市农工商联合总公司职工大学	95	2	91	0	2	0	0	0	0	0	10	105
032	北京市成人教育学院	472	152	0	0	147	0	0	0	23	150	70	542
033	首都联合职工大学总校	30	23	0	0	0	0	0	0	7	0	1	31
035	首都联大工程技术系	17	17	0	0	0	0	0	0	0	0	6	23
037	首都联大中国歌剧舞剧院艺术系	46	38	0	0	0	0	0	0	8	0	2	48
038	首都联大航天二院分校	24	15	0	0	8	0	0	0	0	1	48	72
039	首都联大科技分校	0	0	0	0	0	0	0	0	0	0	0	0
040	首都联大航天机械公司分校	0	0	0	0	0	0	0	0	0	0	0	0
041	首都联大邮电分校	4	0	0	0	4	0	0	0	0	0	11	15
042	北京成人电子信息大学有线电分校	22	20	0	0	2	0	0	0	0	0	2	24
101	北京教育学院	854	675	0	0	5	0	0	2	158	14	95	949
131	北京市经济管理干部学院	287	132	97	0	48	0	0	8	0	2	90	377
132	北京市政法管理干部学院	180	119	0	0	32	0	0	0	23	6	10	190
133	北京市财贸管理干部学院	329	97	40	123	19	0	0	4	22	24	134	463
134	北京市计划劳动管理干部学院	176	56	73	0	9	0	0	37	0	1	14	190
135	北京市农业管理干部学院	331	152	0	0	2	0	0	33	2	142	0	331
200	北京广播电视大学培训部	2 626	1069	0	0	432	701	0	10	107	307	1 084	3 710

统计学校数目：47　　各项全计：　10 939　5 293　1 720　238　1 101　701　25　257　558　1 046　3 646　14 585

北京(部属)各类成人高校各院校录取情况统计(高中起点本、专科)

日期:1996年11月25日　　　　时间:10:16:28

学校代号	学校名称	录取人数(不含M)	考试生(K)	“3+2”(S)	“5+2”(N)	往届生(W)	大基班(Q)	双招生(Z)	推荐生(T)	资格生(G)	预科生(Y)	二学历(M)	录取总计(全部)
050	华北电业联合职工大学	31	30	0	0	0	0	0	0	0	1	0	31
051	北京成人电子工业学院	143	135	0	0	8	0	0	0	0	0	11	154
052	中央乐团社会音乐学院	37	37	0	0	0	0	0	0	0	0	1	38
053	中国科学院职工科技大学	11	11	0	0	0	0	0	0	0	0	5	16
054	燕山石化公司职工大学	160	153	0	0	5	0	0	2	0	0	9	169
055	中央党校职工业余大学	26	22	0	0	3	0	0	0	0	1	18	44
056	中南海业余大学	7	7	0	0	0	0	0	0	0	0	7	14
058	中国记协新闻学院	52	48	0	0	2	0	0	0	0	2	47	99
060	齐齐哈尔铁路运输职工大学	1	1	0	0	0	0	0	0	0	0	0	1
061	广州铁路运输职工大学	0	0	0	0	0	0	0	0	0	0	0	0
062	兰州铁路运输职工大学	0	0	0	0	0	0	0	0	0	0	0	0
063	抚顺石化公司职工大学	0	0	0	0	0	0	0	0	0	0	0	0
064	铁道部工业职工大学	2	2	0	0	0	0	0	0	0	0	0	2
065	辽宁金融职工大学	0	0	0	0	0	0	0	0	0	0	0	0
066	吉林铁路运输职工大学	1	1	0	0	0	0	0	0	0	0	0	1
067	浙江电力职工大学	0	0	0	0	0	0	0	0	0	0	0	0
140	北京电力管理干部学院	43	38	0	0	4	0	0	0	0	1	62	105
141	北京煤炭管理干部学院	51	50	0	0	1	0	0	0	0	0	23	74
143	核工业部管理干部学院	172	168	1	0	3	0	0	0	0	0	6	178
144	北京化工管理干部学院	192	145	28	0	15	0	0	2	0	0	10	202
146	北京冶金管理干部学院	316	299	0	0	15	0	0	2	0	0	18	334
147	南京航天管理干部学院	0	0	0	0	0	0	0	0	0	0	0	0
149	机械工业管理干部学院	187	181	0	0	4	0	0	1	0	1	23	210
150	北京船舶管理干部学院	71	16	55	0	0	0	0	0	0	0	37	108
151	中国环境管理干部学院	1	1	0	0	0	0	0	0	0	0	0	1
152	中国轻工业管理干部学院	295	253	0	0	22	0	0	0	0	20	19	314
153	北京铁道管理干部学院	4	4	0	0	0	0	0	0	0	0	0	4
156	北京交通管理干部学院	111	111	0	0	0	0	0	0	0	0	0	111
157	民航管理干部学院	22	21	0	0	1	0	0	0	0	0	1	23
158	中央文化管理干部学院	288	214	74	0	0	0	0	0	0	0	7	295

续前表

学校代号	学校名称	录取人数（不含M）	考试生（K）	“3+2”（S）	“5+2”（N）	往届生（W）	大基班（Q）	双招生（Z）	推荐生（T）	资格生（G）	预科生（Y）	二学历（M）	录取总计（全部）
159	农业部乡镇企业管理干部学院	0	0	0	0	0	0	0	0	0	0	0	0
160	北京农垦管理干部学院	196	146	50	0	0	0	0	0	0	0	2	198
161	中央农业管理干部学院北京农机分院	43	43	0	0	0	0	0	0	0	0	22	45
162	北京林业管理干部学院	126	124	0	0	2	0	0	0	0	0	17	143
163	对外经济贸易管理干部学院	30	23	0	0	6	0	0	0	0	1	10	40
164	中央财政管理干部学院	84	84	0	0	0	0	0	0	0	0	0	84
165	北京商业管理干部学院	5	5	0	0	0	0	0	0	0	0	1	6
167	中国人民银行管理干部学院	0	0	0	0	0	0	0	0	0	0	0	0
168	中国科学院管理干部学院	102	96	0	0	6	0	0	0	0	0	0	102
169	中央政法管理干部学院	54	44	0	0	1	0	0	0	0	9	18	72
170	中央司法警官教育学院	0	0	0	0	0	0	0	0	0	0	0	0
171	公安部管理干部学院	0	0	0	0	0	0	0	0	0	0	0	0
172	有色金属管理干部学院	79	79	0	0	0	0	0	0	0	0	0	79
173	国家建材局管理干部学院	198	163	35	0	0	0	0	0	0	0	0	198
174	杭州金融管理干部学院	0	0	0	0	0	0	0	0	0	0	0	0
175	长春金融管理干部学院	1	1	0	0	0	0	0	0	0	0	0	1
177	民政管理干部学院	6	6	0	0	0	0	0	0	0	0	0	6
178	中华女子学院	161	150	3	0	5	0	0	2	0	1	21	182
179	电子工业管理干部学院	36	35	0	0	0	0	0	1	0	0	0	36
181	中国工运学院	101	62	25	0	5	0	0	5	0	4	10	111
182	江南社会学院	0	0	0	0	0	0	0	0	0	0	0	0
183	邮电部管理干部学院	0	0	0	0	0	0	0	0	0	0	0	0
184	广电部管理干部学院	5	5	0	0	0	0	0	0	0	0	0	5
185	南京人口管理干部学院	0	0	0	0	0	0	0	0	0	0	0	0
187	海关管理干部学院	2	2	0	0	0	0	0	0	0	0	0	2
188	中国旅游管理干部学院	17	8	0	0	9	0	0	0	0	0	0	17
189	湖南金融管理干部学院	0	0	0	0	0	0	0	0	0	0	0	0
190	中央文化管理干部学院分部	6	2	0	0	4	0	0	0	0	0	7	13
191	全国法院干部业余法律大学	5	5	0	0	0	0	0	0	0	0	48	53

统计学校数目:59　　各项合计：3 481　　3 031　　271　　0　　121　　0　　0　　15　　0　　43　　440　　3 921

北京(市属)各类成人高校各院校录取情况统计(大专起点本科)

日期:1996 年 11 月 25 日　　　　时间:10:25:09

学校代号	学校名称	录取人数(不含 M)	考试生(K)	"3+2"(S)	"5+2"(N)	往届生(W)	大基班(Q)	双招生(Z)	推荐生(T)	资格生(G)	预科生(Y)	二学历(M)	录取总计(全部)
011	北京市总工会职工大学	30	30	0	0	0	0	0	0	0	0	0	30
012	北京市机械局职工大学	11	11	0	0	0	0	0	0	0	0	0	11
019	北京市成人电子信息大学	26	26	0	0	0	0	0	0	0	0	0	26
032	北京市成人教育学院	37	37	0	0	0	0	0	0	0	0	0	37
101	北京教育学院	1 161	737	0	0	5	0	0	0	424	0	0	1 161
131	北京市经济管理干部学院	69	69	0	0	0	0	0	0	0	0	0	69
133	北京市财贸管理干部学院	20	20	0	0	0	0	0	0	0	0	0	20
200	北京广播电视大学培训部	246	246	0	0	0	0	0	0	0	0	0	246
统计学校数目:8	各项合计:	1 600	1 176	0	0	0	0	0	0	424	0	0	1 600

北京(部属)各类成人高校各院校录取情况统计(大专起点本科)

日期:1996 年 11 月 25 日　　　　时间:10:23:58

学校代号	学校名称	录取人数(不含 M)	考试生(K)	"3+2"(S)	"5+2"(N)	往届生(W)	大基班(Q)	双招生(Z)	推荐生(T)	资格生(G)	预科生(Y)	二学历(M)	录取总计(全部)
140	北京电力管理干部学院	0	0	0	0	0	0	0	0	0	0	0	0
146	北京冶金管理干部学院	43	43	0	0	0	0	0	0	0	0	0	43
160	北京农垦管理干部学院	1	1	0	0	0	0	0	0	0	0	0	1
168	中国科学院管理干部学院	10	10	0	0	0	0	0	0	0	0	0	10
178	中华女子学院	9	9	0	0	0	0	0	0	0	0	0	9
181	中国工运学院	8	8	0	0	0	0	0	0	0	0	0	8
185	南京人口管理干部学院	0	0	0	0	0	0	0	0	0	0	0	0
统计学校数目:7	各项合计:	71	71	0	0	0	0	0	0	0	0	0	71

一九九六年普通高校成人高等教育招生工作总结

北京市1996年普通高校成人高等教育的招生工作，在国家教委、北京市委、市政府和北京教育考试院的领导下，认真贯彻全国教育工作会议的精神和《中国教育改革的发展纲要》，坚持国家教委提出的继续坚持对成人高等学历教育招生的宏观调控，加强管理，保证质量，严明纪律，不断完善招生改革，改进招生办法，使招生工作更好地适应新形势的要求。结合北京市的实际情况，采取有力措施，工作中注重招生政策的贯彻和落实，注意管理水平的不断提高和管理手段的现代化，进一步加强廉政建设，严格招生纪律，严格考风考纪，继续坚持市政府提出的“三个统一”的要求。在招生录取工作中，严格执行国家教委的有关规定，努力处理好规模、质量和效益之间的关系，处理好宏观与微观的关系。

在今年的招生工作中，主要组织了：（1）高中起点本、专科班的招生工作；（2）专科起点本科班的招生工作；（3）“往届生”、“预科生”、“预科转正”的招生工作；（4）第二专业专科学历的招生工作。总的讲，在成人招生情况繁杂、涉及面广，头绪繁多的情况下，在招生学校和各区、县高校招生办以及社会各有关部门的支持与配合下，1996年的招生工作进展顺利，圆满地完成了招生任务，收到了较好的社会效果，受到了社会各界的好评。

一、基本情况

1. 招生计划情况

今年全国共有110所高校、616个专业在京计划招生17 229人。其中文史类计划9 252人、占计划总数53.70%，理工类计划4 840人，占计划总数28.09%；外语类计划1 507人，占计划总数8.75%；西医类计划1 370人，占计划总数7.95%；中医药类计划260人，占计划总数1.51%。

在招生计划总数中：高中起点计划为12 538人，其中文史类计划6 417人，理工类计划3 564人，外语类计划1 177人，西医类计划1 120人，中医药类260人。专科起点计划为4 691人，其中文史类计划2 835人，理工类计划1 276人，外语类计划330人，西医类计划250人。市属院校在京招生计划为5 672人（高中起点4 422人，专科起点1 250人），占计划总数32.92%，其中文史类计划3 046人（高中起点2 436人、专科起点610人），理工类计划1 839人（高中起点1 369人、专科起点470人），外语类计划297人（高中起点167人，专科起点130人），西医类计划460人（高中起点420人，专科起点40人），中医药类计划30人（高中起点30人）。

2. 报名情况

全市招生工作在3月10日至17日进行，共接待44 206名考生报名，报名人数比去年略有增加。在报名总数中，有27 710人报考高中起点本、专科专业，报名比例2.2∶1。其中，文史类18 593人，占高中起点报名总数的67.1%；理工类4 654人，占高中起点报名总数的16.8%；外语类2 073人，占高中起点报名总数的7.5%；西医类2 053人，占高中起点报名总数的7.4%；中医药类337人，占高中起点报名总数的1.2%。

另外，在高中起点总数中，报考高职班的有171人。

报考专科起点本科班专业的考生共8 996人，其中文史类5 649人，理工类2 084人，外语类724人，西医类539人。

在免试的报名中，参加第二专业专科学历报名的约6 500人，比去年有所增加；“往届生”报名的共1 000余人，数量上与去年大体持平。

3. 考试情况

全市成人高等学历教育全国统一考试于5月11、12日两天进行，其中参加高中起点考试的共约27 710人，分布20个考区的957个考场考试，考试的组织工作由各区、县高校招生办实施；参加专科起点考试的8 996人，分布在12个考区的326个考场进行，考试由市高校招生办公室统一组织进行，考试实施顺利，考纪严明，考生情绪稳定，考场秩序井然。

（1）考前准备充分。

为组织好今年的考试工作，市高校招办于4月13、23日分别召开由各区县高校招生办和各有关高等学校参加的高中起点考试工作会和专科起点考试工作会。会上，市高校招生办公室负责同志传达了国家教委关于进一步严肃考风考纪的精神，结合本市的实际情况提出了要求；会上要求各单位要组织考试工作人员认真学习贯彻国家教委关于考试工作的有关规定和“北京市 1996 年普通高校成人高等教育考试工作实施办法”，狠抓各项工作落实，分析考试中可能出现的问题，制定相应措施，严格考试程序，精心组织，给广大考生创造一个公平竞争的环境。

(2) 领导重视。

各级领导今年对此项工作十分重视，考试期间，国家教委副主任王明达同志，成教司副司长黄尧同志，北京市教育委员会副主任、北京市教育考试院院长林浦生同志、副院长周子寿同志、王茂才同志、袁家聪同志、刘枫耘同志分赴各考点进行视察、指导工作；各考区主要领导（区县政府、人大、政协等）以及有关部门的领导始终在考试现场坚持工作，处理考试中出现的问题。各级领导的高度重视为成人高考顺利进行提供了重要保证。

(3) 认真做好组考。

各考点本着对党的教育事业高度负责的精神，各司其职，严格执行国家教委、市高校招生办公室有关招生工作的规定和实施办法，认真完成了本职工作。各考点增强为考生服务的意识，按市高校招生办公室统一要求，在考点明显位置悬挂考点横幅、考点标语和考场平面图、设考点饮水处、自行车存放处、卫生室等。考场干净、整洁、明亮，给考生创造了良好的考试环境，保证了考试的顺利进行。

4. 试卷评阅情况

5 月 13 日至 28 日，全市组织统一评阅试卷。全市评阅高中起点试卷共设 5 个评阅点，评阅主观（笔答）题部分，评卷点分别为：北京大学、首都师范大学、北京医科大学、北京中医药大学、北京广播电视大学。客观题部分的评阅由市高校招生办评阅。

专科起点考试试卷的评阅采取全市统一安排，相对集中的办法。公共课的评阅安排在清华大学和中国人民大学，其他专业课的评阅分别由北京大学、中国政法大学、中央财政金融大学、中国协和医科大学、北京理工大学、中国农业大学、北京服装学院承担；承担师范类试卷评卷任务的学校为首都师范大学、北京体育大学。

为做好评卷工作，在市成人招生领导小组的统一领导下，各评卷点成立了以学校主管领导负责的评卷领导小组，聘请工作责任心强、业务水平高、作风正派、遵守纪律、且当年无直系亲属参加成人高考的教师参加评卷工作。在阅卷过程中，各阅卷点坚持做好试卷的试评工作，继续采取流水作业的工作方式；坚持集中密封阅卷、登分，体现评卷工作的公正；为确保分数的准确无误，继续坚持复核制度，即评卷题目组内的复核和区县招办的核分工作。参加评卷工作的教师近1 000人，累计评卷221 534份（高中起点184 770份，专科起点36 764份）。

高中起点各科成绩统计：

①文史类：

科目	政治	语文	数学	历史	地理	外语
及格率	9.89	41.26	22.10	17.15	15.65	14.15
平均分	63	85	59	63	65	79

②理工类：

科目	政治	语文	数学	历史	地理	外语
及格率	11.89	40.13	43.23	33.17	26.65	15.91
平均分	67	84	80	73	68	6

③外语类：

科目	政治	语文	数学	历史	地理	外语
及格率	15.34	52.51	32.58	19.73	19.39	21.33
平均分	68	88	72	69	67	67

④西医类：

科目	政治	语文	数学	解剖	生理
及格率	11.06	33.53	7.78	63.07	36.12
平均分	67	82	47	95	80

⑤中医药类：

科目	政治	语文	数学	中药	中医基础	外语
及格率	7.22	27.18	9.59	74.23	57.05	9.33
平均分	60	76	45	100	91	12

专科起点各科成绩统计：

①师范类：

科目	科目 1	科目 2	科目 3	科目 4	科目 5
及格率	53.0	79.8	72.8	58.5	8.7
平均分	60	70	68	59	8.1

②非师范类：

科目	科目 1	科目 2	科目 3	科目 4
及格率	52.5	47.9	60.0	62.5
平均分	90	82	93	94

5. 录取情况

本着发展成人高等学历教育，保证成人教育招生质量的原则，经国家教委审定我市成人高校录取控制分数线：

（1）高中起点部分：

文史类：本科 465 分　　　专科 425 分

理工类（含中医药类、西医类）：本科 440 分　　　专科 370 分

外语类：本科 465 分（外语单科限 90 分以上）

专科 425 分（外语单科限 60 分以上）

艺术专业：本科最低录取分数线（不含数学）不低于文史类本科最低控制分数线的百分之七十（260 分），专科不低于专科最低录取控制分数线的百分之六十（240 分）；史论、编导专业本、专科均不低于相同层次的百分之九十（本科 335 分、专科 306 分）。

体育专业：专科最低录取分数线不低于理工类专科最低录取控制分数线的百分之六十（222 分）。

各院校录取新生时，依据考生志愿，在最低录取控制分数线上从高分到低分择优录取，对本科专业考生的外语成绩，由招生学校提出相应的要求，划出单科控制分数线。

（2）专科起点：

录取工作按照招生计划数的录取原则，从高分到低分择优录取，生源不足的专业，师范类：最低录取控制分数线为 240 分（四科）；非师范类：最低录取分数不得低于 360 分。

专科起点本科班的考生，必须具备国家教委审定核准国民教育系列高等学校颁发的大学专科毕业证书。

（3）对符合照顾录取的考生，如其单科成绩未达到规定标准，可以采取把应该照顾的分数除以考试科目数，将所得分数计入单科成绩，择优录取。

（4）第二专业专科学历：

凡在京列有成人招生计划的学校，根据学校生源情况，经过学校主管部门批准，可按规定招收“第二专业专科学历”学员，录取人数不列入本校学年招生计划。

（5）往届生：

凡列有成人招生计划的学校，根据本校生源情况，经学校主管部门批准，可按规定招收“往届生”。被

录取的“往届生”人数列入本校学年招生计划。

(6) 预科生和资格生的转正入学手续。

对各类先进人员报考高中起点班的考生降分后，仍达不到入学标准者和报考对口专业，满25周岁以上(含25周岁)，有五年以上(含五年)连续工龄(教龄)的生产业务骨干(教师)，经所在工作单位推荐还可以适当降低分数(最低录取控制线下文史类40分，理工类30分以内)，作为预科生集中补习高中文化课一年后，经考试合格，即可进入原报考的第一志愿学校(专业)学习。(外语类除外)。

1995年预科生的转正，须参加结业考试，结业考试合格方可办理转正手续，进入原报的第一志愿学校(专业)学习，外语类除外。

(7) 调剂录取。

普通高校成人录取第一阶段工作于7月初结束。据统计，中央部委高校在京录取人数不足计划数，尚缺额1 000多人。为了不使中央院校在京计划指标调转到外地，遵照市教育考试院意见，调剂录取了独立设置成人高校未被录取的线上考生878人。

截止到9月底，普通高等学校举办的成人高等教育在北京共录取17 117人，完成国家教委下达招生建议数的99.3%。在录取总数中，高中起点录取12 440人(含“预科生转正”、“往届生”、“成考办转录”)，其中文史类7 224人，理工类3 056人，外语类677人，西医类1 297人，中医药类186人；按类别统计函授2 207人，夜大学9 073人，脱产班1 159人，教师班1人；专科起点本科班共录取4 677人，其中文史类3 295人，理工类840人，外语类296人，西医类246人，按类别统计函授905人，夜大学3 631人，脱产班141人。另外，免试生共录取7 697人(“往届生”1 240人，二学历6 493人)，预科转正1 756人，今年录取预科生730人。

高中起点录取总数中，市属院校共录取新生4 944人，其中文史类3 136人，理工类1 202人，外语类71人，西医类504人，中医药类31人，专科起点本科班录取总数中，市属院校共录取新生1 183人，其中文史类816人，理工类239人、外语类96人、西医类32人。

二、着重抓好的几项工作

北京市高校招生办公室在1996年的成人招生工作中，认真贯彻《中国教育改革和发展纲要》精神，根据北京市的实际情况，解放思想，实事求是，深化改革，主动适应着首都经济建设和发展的需要，根据国家教委《一九九六年全国各类成人高等学校招生规定》精神，在切实保证新生质量的前提下，制定了一系列具体的措施，圆满地完成了1996年的成人招生工作。

1. 进一步加强报名工作的组织管理，严格报名手续，热情服务考生

报名期间，各报名点认真执行国家教委和市高校招生办有关报名工作的规定，在考生繁多，情况繁杂的情况下，热情为考生服务，认真审查考生报名资格，严格履行报名工作程序。为保证报名数据的准确，各报名点还专门安排时间对考生进行报名政策和填写有关表格的培训，提高了报名数据的准确性。

专升本和第二专业专科学历报名资格的审核仍由市高校招生办统一组织在中国人民大学和北京师范大学进行，考生在各招生学校填报志愿。

今年的考场安排继续坚持“办学”与“办考”分开的原则，高中起点考场的安排由各区县高校招生办统一组织，专科起点考场安排在几所普通高校进行。为进一步加强考场管理，严肃考风考纪，确保一个良好的考场环境，今年首次实行计算机随机编排考场，收到了较好的效果。

2. 完善、落实有关考试工作的政策和规定，保证考试实施

为保证考试工作的顺利实施，市高校招生办和各区县高校招生办分别召开了考试工作会，分别对全市的考试工作实施和各考区的考试工作实施做了布置，特别强调在今年的考试中，切实严肃考风考纪，认真贯彻执行国家教委的有关规定和市高校招生办的《考试工作实施办法》，狠抓各项工作的落实，严格考试工作程序，努力创造一个公平竞争的考试环境。

各级领导对此项工作非常重视，考试期间，国家教委副主任王明达同志，成教司副司长黄尧同志，北京市教委副主任、北京教育考试院院长林浦生同志等领导分赴考点视察指导工作；各考区主要领导自始至终坚持在考试现场指挥，保证了成人高考的顺利进行。

为确保一个良好的考试环境，加强廉政建设，严肃考风考纪，在考试期间主要采取以下措施：

（1）全市考场采用计算机随机编排考场，客观上减少了编排考场中的人为干扰和考试期间考生作弊的可能因素。

（2）考试期间继续向远郊县派驻联络员协助区、县高招办的组考工作。

（3）继续坚持“三证”的对照，即考生准考证，准考证存根和身份证的核对。

（4）加强对考生考试纪律的教育。各考点除在明显位置张贴考试须知和处罚规定外，在第一科考试前，还向考生宣读讲解考生须知。

（5）坚持考前培训考试工作人员，考试中，严格按市高校招生办考试工作程序组织实施。

3. 解放思想，实事求是，积极探索招生工作的改革

（1）今年首次采用计算机随机编排考场。

在今年的招生工作中，除继续做好已出台的各项改革措施以外，主要做了以下几方面的探索。

在年初的招生总结会上，各考试单位对考试期间出现的和可能出现的情况进行了分析，同时对采用计算机随机编排考场的做法进行了讨论。经过讨论，与会代表均认为，采用计算机随机编排考场确实能在一定程度上减少考试期间作弊的可能，同时就随机编排考场在考务工作上的做法提出了大量好的建议。

随机编排考场：基本方法是，首先在考生报名后，每个人确定一个报名号，然后再把考生的基本信息，全部输入计算机，经过计算机处理，以区县为单位再随机生成每个考生的准考证号。这个准考证号同报名号成对应关系，但准考证号的顺序则完全打乱了报名号的顺序，使得同单位，朋友等考生分散在若干个考场里参加考试，这样做就完全克服了相邻考生之间容易发生作弊的问题。为防止替考，各区县招办将准考证在下发前进行塑封，收到良好效果。

（2）在招生中首次开通“160招生信息台”的电话咨询服务

由于参加成人高考的人员繁杂，而且在各自岗位上繁忙的工作，如何更好地宣传招生政策，使考生能很方便地了解到招生的有关政策和信息，就是一个问题。经过市高校招生办反复讨论，决定采取与北京市电报局“160信息台”的横向联合，利用电信部门在通讯方面的优势，通过市话向广大考生宣传政策和招生信息。今年主要开通了成人高考分数的查询服务，共接待近4万余人次的查询，明年准备在总结经验的基础上，开通有关招生政策和其他方面的信息查询，更好的方便考生，为考生服务。

4. 加强纪律检查和严格招生纪律

成人招生是社会的一个热点，特别是北京处于首都，对我们的工作自然有了更高的要求。在考试期间，市、区县招办，各高等学校普遍设立了举报电话，为群众反映问题、咨询情况提供了方便，受到了考生及各界的好评。同时我们还抽调高等学校、纪检、监察和招生部门的干部，派驻远郊区、县，在考试的整个过程中，协助区、县招办工作，检查考风考纪等方面的问题。我们还向社会公布了举报电话，便于群众举报，发现问题及时核实处理。接受新闻单位采访，询问等等。以上做法的目的在于增大招生工作透明度，克服人为的干扰，保证招生工作的顺利进行，保障考生的合法权益。

三、存在的问题及建议

回顾1996年的工作，我们不仅圆满完成了任务，而且取得了显著成绩，但只看到成绩还不够，一方面我们还存在不足，另一方面我们需要从取得的成绩中和存在的不足中总结出经验来，发扬成绩，克服不足，改进我们的工作。

1. 加强报名资格的审查工作

审查报名资格，主要防止中等学校应届生、在校生违反规定报考和不具备国民教育系列专科以上毕业资格者报考“专升本和二学历”。应要求年龄不足20周岁的考生必须出示高中毕业证书原件等，防止应届生报考。对于报考“专升本和二学历”的考生，必须要求具有国民教育系列的文凭，院校录取后应该统一清查，发现有不符合要求的学生混入的必须清退。

2. 如何切实发挥制度对不正之风的制约作用

在全国成人招生工作中，各种先进照顾证书问题确实是困惑各级招生部门的问题，国家教委在招生规定中，明确规定对获得各类先进表彰的人员实行在录取时照顾的政策，这本是一项积极的、适应成人教育特点的、有利于成人教育发展的政策。但在具体执行时，出现两种情况，一是照顾人员的证书应在报名时交验，但仍有相当一部分考生在报名后期，甚至在录取结束后要求补办，有的考生甚至动用各种关系说情，

二是在证书中，有不少是假的，查起来很困难，这种社会问题，反映在招生工作上，确实给具体工作带来很多不必要的麻烦。

3. 预科生照顾问题

今年预科生的录取线文科385分，理科340分。在未被录取的考生中，有些年龄偏大，有些考生只差几分，对于这样的考生，充分考虑到成人教育的特点，能否在划定分数线时，对那些年龄偏大的考生，划定不同的分数线，对他们进行照顾。

4. 加强招生考试科研工作不断提高工作水平

科研工作是各项事业发展的前提。招生工作也是如此，不能光局限只会做具体工作，不愿动脑动手搞调查研究。要具有开创精神，理论联系实际，积极开展调查研究工作，为进一步提高高校招生考试的科学管理水平而再上新台阶。

北京市一九九六年各类成人高等学校成人高等教育招生工作规定

京高招成字［1996］001号

为有利于成人高等学历教育的改革和发展，继续做好各类成人高等学校的成人招生工作，根据国家教委有关文件的精神和要求，结合北京市的具体情况，特制定本规定。

一、报名

（一）报考条件

1. 考生必须拥护四项基本原则，拥护改革开放，品德良好，遵纪守法。

2. 具有高中毕业文化程度或同等学力；身体健康。

3. 报考函授部、夜大学（业余学习）的考生、工龄、年龄不限；报考成人脱产班的考生，其工龄要求由学校主管部门确定。

4. 普通高等学校举办的高中起点教师本、专科班，主要招收中、小学校在职教师、校长和其他教育行政干部。报考脱产的教师本、专科班在职教师须具有三年以上教龄，并应根据工作需要，报考对口专业，教育行政干部须具有五年以上工龄。

5. 报考人员须经本单位或主管部门同意，参加脱产学习的职工需经本单位批准。社会青年报考，须经街道、乡（镇）政府签署意见。各学校是否招收社会青年及其招收比例，由学校和其主管部门确定。

6. 符合上述条件，生活能自理，能坚持学习的残疾人也可报考。

7. 凡毕业后能取得国家承认学历的各类高、中等学校在校生、应届高中毕业生不得报考。

（二）报名办法

报名时间：3月10日至17日。

报名地点：具有本市户口的人员，在其户口所在地的区、县高等学校招生办公室报名；没有北京市户口而又确须在京报考和学习的人员，到在京临时工作单位（或居住）所在地的区、县高等学校招生办公室报名；要求办理借考的学生，由户口所在地的省、自治区、直辖市招生办公室开具借考证明，到北京市高等学校招生办公室办理借考手续，借考所需费用，由考生自理。

符合报考条件的考生按规定时间到上述规定地点报名。报名时，须带近期一寸正面免冠同一底版照片三张，缴纳报名考试费（由本人自理），领取报名登记表、志愿表、报名卡、报名志愿信息卡等。考生要认真填写各种表格，报名登记表还须经本人所在单位人事部门或负责职工教育的部门签署意见、加盖公章，并由单位将报名登记表加封后，再由考生本人于规定时间持本人身份证（外地在京借考的职工还须有借考证明）送原报名点（单位不同意报考或经审查不符合报考条件的人员，不发准考证，不退报名考试费）。

考生报名资格的审查由各区、县高等学校招生办公室负责，并对符合报考条件和手续人员发给准考证。

报考体育、艺术及需专业加试的人员，除到户口所在地的区、县高等学校招生办公室报名并参加文化课考试外，还必须到所报考的第一志愿学校报名并参加专业课加试（报名时间同上）。

对属于照顾对象的考生，均须填写照顾对象审核表，考生所在单位审查盖章，区、县高等学校招生办公室要进行认真复核，并在志愿表有关栏内加盖明显印记，加盖照顾对象相应印章。报名时，考生要交验原始证件，送交复印件，并存档。

二、填报志愿

考生可以在《1996 年各类成人高等学校成人高等教育在京招生专业目录》中选报两个志愿学校，但第一志愿必须在“普通高校部分”中选报，每个志愿学校可以填报 2 个专业。其中第二志愿学校为参考志愿。

外语类考生可以兼报文史类专业，文史类考生不能兼报外语类专业，文、理、西医、中医药类之间不得兼报。

三、考试与评卷

考试科目：

理工农类（含体育专业和非教师班的地理专业）考政治、语文、数学（理）、物理、化学 5 科。

文史类（含财经、政法、艺术类专业和教师班的地理专业）考政治、语文、数学（文）、历史、地理 5 科（艺术类专业考生，数学考试成绩不计入总分，供录取时参考）。

外语类（含外经、外贸等专业）考政治、语文、数学（文）、历史、地理 5 科。

西医类考政治、语文、数学（理）、生理学、人体解剖学 5 科。

中医药类考政治、语文、数学（文）、中医基础学，中药学 5 科。

理工农类、文史类、西医类、中医药类本科各专业（不含师范类教师班）和外语类本、专科各专业均须加试外语，分英、俄、日 3 个语种，由考生任选一种。外语加试成绩不计入总分，但在录取时单独确定录取标准。

以上各科满分均为 150 分。除生理学、人体解剖学、中医基础学、中药学外，均采取分卷考试（每科的第Ⅰ卷是选择题，第Ⅱ卷是笔答题）。

某些专业是否需要加试其他科目，由学校或其主管部门决定并负责组织加试。加试科目的成绩不计入总分，供录取时参考。

考试日期：北京时间 5 月 11 日至 12 日。各科目的考试日期及时间见下表。

考试时间	上　午 9:00—11:00	下　午	
		14:00—15:40	16:20—18:00
5 月 11 日（星期六）	语文	物理、地理、生理学、中医基础学	政治
5 月 12 日（星期日）	数学	化学、历史、人体解剖学、中药学	外语

考生须携带准考证、工作证和身份证在规定时间到指定考试地点应试。

评卷工作由北京市高校招生办公室统一组织。

各科考试成绩统一在 6 月 10 日以后，由区、县高校招生办公室将成绩单邮寄给考生（或到报名点领取）。考生考试成绩不分布、不查卷。

四、录取

录取工作坚持德、智、体全面衡量，择优录取的原则，贯彻按需培养、专业对口、学以致用的精神，同时，既要重视考生的总成绩，又要注意与其报考专业相关科目的成绩。在切实保证新生质量的前提下，结合我市实际情况，由北京市高等学校招生委员会办公室及有关方面拟定统一的录取最低控制分数线（西医类、中医药类的录取新生标准，五科总成绩不低于专科最低控制分数线），并报国家教育委员会批准后执行。录取工作由北京市高校招生办公室统一组织。

在录取工作中，北京市高校招生办公室按照考生第一志愿向招生学校提供考生档案，由学校审查录取，录取名单由北京市高校招生办公室审批。招生学校按审批后的录取名单发放录取通知书。在最低录取控制分数线上的考生，第一志愿学校不能录取时，由北京市高校招生办公室根据考生第二志愿进行调剂。学校之间不能自行转录。

各委托培养单位，一律不得参与录取工作。

没有北京市正式户口而又确须在北京报考和学习的人员，北京市高校招生办公室只负责考生入学资格审查工作。

各学校一律不得招收试读生、超前生、旁听生和单科生。各学校录取的新生，包括招收的在职职工、从业人员和社会青年，均不迁移户口，毕业后国家不负责分配工作。

关于照顾录取

1. 符合下列条件之一的考生，在录取时可照顾 30 分（专科起点本科班为 20 分）。

（1）1990 年以来，获北京市区（县）以上人民政府（党委）、国务院各部委司、局及市属局（总公司）、国家特大型企业授予的劳动模范，先进生产（工作）者、模范（先进）教师、模范（优秀）党员称号者及获得科技进步（成果）奖者。

（2）1990 年以来，获市以上工、青、妇组织授予的“五一劳动奖章”、“新长征突击手”、“三八红旗手”称号者。

（3）1990 年以来，人民解放军、武警部队、公安干警荣立三等功以上者。

2. 符合下列条件之一的考生录取时可照顾 15 分（专科起点本科班为 10 分）。

（1）归侨、归侨子女、华侨子女、台湾省籍考生。

（2）烈士子女、烈士配偶。

（3）山区和少数民族考生；国防科技工业三线企业单位（地处地（市）以上人民政府所在地的除外）获得企业表彰的先进生产（工作）者。

（4）在监所、野外、井下、远洋第一线从事劳改、劳教、采伐、采矿、农垦、勘探、水利、远洋运输工作，报考对口专业的考生。

3. 符合下列条件之一的考生在与其他考生相同条件下，在同一分数段中可优先录取。

（1）报考对口专业并具有 5 年以上工龄（教龄）的中年生产业务骨干（教师）。

（2）退出现役的义务兵。

4. 符合照顾条件的人员报名时必须交验相应的原始证件和复印件，填写有关表格由报名点审查核定后确认。复印件留交报名点。在录取工作中，对拟照顾录取的考生，招生学校要复核审查考生的照顾录取资格。

五、关于招收“预科生”与“往届生”

1. “预科生”

对按政策规定在录取时享受照顾分数（30 分）的各类劳模、先进、优秀人员；经工作单位推荐、有五年工龄的业务骨干，年龄在 25 周岁以上的考生，及在特殊行业（系统）工作又确需培养的考生，照顾后仍达不到入学标准，经所在单位推荐还可以适当降低分数（另定），作为“预科生”进入“预科班”集中补习一年高中文化课，经北京市高校招生办公室考试培训中心考试合格，并经北京市高校招生办公室审批后进入原报考的第一志愿学校（专业）学习。

招生学校录取的“预科生”必须经北京市高校招生办公室审批。

2. “往届生”

对 1992 年以来参加全国普通高校招生考试而未被录取的往届高中毕业生，现为乡镇企事业单位、城市集体所有制企事业单位职工和其他从业人员，及取得大专学历后有以上性质单位聘用的人员，当年高考成绩达到 300 分以上者，可报名申请，经批准免试进入普通高校举办的函授部、夜大学或其他成人高等学校学习。

对“往届生”参加当年全国普通高校招生考试的成绩，一律由北京市高校招生办公室出具证明。

“往届生”须持本人身份证、高考成绩证、高中毕业证和单位介绍信到北京市高校招生办公室报名。

六、对违反规定的处罚

（一）对考生违反有关规定的处罚

有下列行为之一者，视不同情况分别给予取消考试资格、录取资格、入学资格的处罚。情节严重的，建议考生所在单位给予行政处分。

1. 假报年龄、工龄、民族或采取其他手段骗取报考资格的。

2. 在考试中有夹带、传递、抄袭、换卷、代考等舞弊行为的。

3. 在照顾录取中，考生出具假证明材料的。

4. 有其他舞弊行为的。

（二）对招生工作人员违反有关规定的处罚

有下列行为之一的招生工作人员或其他有关人员，根据不同情况分别给予停止其招生工作，取消招生人员资格，对情节严重的给予纪律处分，直至依法惩办。

1. 在出具、审定考生户口及照顾材料中弄虚作假的。

2. 纵容或伙同他人舞弊的。

3. 涂改考生试卷、考试分数及有关材料的。

4. 违反招生规定，给工作造成严重损失的。

5. 盗窃或泄露试题、参考答案或评分标准的。

6. 利用职权，徇私舞弊，行贿受贿的。

7. 其他有破坏招生工作行为的。

七、加强领导

成人高等教育招生工作政策性强，牵涉面广，任务繁重。各区（县）高校招生办公室及各招生学校要切实加强对招生工作的领导。要认真执行有关规定，切实抓好招生考试各项工作的落实；要认真贯彻深化改革，保证质量、严明纪律的精神，严格规定、严肃纪律、端正考风，把今年的招生工作组织好；要认真贯彻执行中央纪律检查委员会、国家教育委员会《关于进一步纠正各类高等学校招生工作中不正之风的通知》的有关规定，坚决反对和抑制徇私舞弊、“走后门”等不正之风。对发现或群众揭发的违纪舞弊行为，必须认真查处，并追究有关人员的责任；对违反规定录取的考生，一经查实，即取消其学籍，并对其责任者给予严肃处理。

一九九六年一月十二日

北京市一九九六年各类成人高校成人高等教育招生工作进程表

日期	工作内容
一九九五年十二月	1. 下发报送各类成人高校成人高等教育1996年在京招生计划通知 2. 参加全国各类成人高校招生工作集体办公会 3. 招生学校（或代办单位）报送招生计划 4. 核对招生计划
一九九六年一月	1. 起草一九九六年各类成人高校成人高等教育招生工作规定 2. 起草一九九六年各类成人高校成人高等教育招生简章 3. 修改、印刷各种表格、证件 4. 召开全市各类成人高校成人招生工作会　15日～17日 5. 汇总一九九六年各类成人高校成人高等教育在京招生计划 6. 编制一九九六年各类成人高校成人高等教育在京招生专业目录　月底前完成 7. 统计分学校、分专业招生计划简明情况
二月	1. 公布北京市一九九六年各类成人高校成人高等教育招生简章　27日 2. 出版“招生通讯”成人专刊　2月28日印刷完毕

续前表

日期	工作内容
三月	1. 公布北京市一九九六年各类成人高校成人高等教育招生专业目录　5日 2. 召开北京市一九九六年各类成人高校成人高等教育报名工作会　3月1日下发： (1) 各种报名表格 (2) 考场编排规定 (3) 有关统计表表样 (4) 招生专业目录 (5) 考生填表须知 3. 咨询现场会　8日 4. 咨询　9日 5. 全市报名　10月～17日　报名8天 6. 市招办汇总报名情况　下旬（读卡） 7. 拟定阅卷工作的具体办法 8. 确定阅卷点 9. 报名点向市招办送交报名统计表，考点分布和考点容量　20日电话报数
四月	1. 报名分类统计　3日 2. 市高招办向国家教委报送考生分类情况统计表 3. 市招办向各区（县）下发准考证和有关表格　15日 4. 监印人员进驻印刷厂，同时提供各种试卷统计表　11日 5. 专科起点本科班的考试工作会　下旬 6. 高中起点考试工作会　下旬 下发：(1) 阅卷工作证 (2) 考点分布表及请柬 (3) 简报 (4) 考试组织工作办法 (5) 阅卷工作规定 (6) 核对试卷需要数量 (7) 阅卷人员名册 (8) 违纪考生登记表 (9) 答卷异常登记表 (10) 专科起点缺考统计表 (11) 缺考情况统计表
五月	1. 北京市招办和区、县招办检查考点、考场　10日 2. 各区、县招办领取考场试卷　9日 3. 考试　11日～12日 4. 各区、县高招办和有关学校向阅卷点送试卷　13日 5. 评阅试卷、包括登分和向计算机室交登分单　16日～30日 6. 试卷拆封、核分（区、县）　30日～6月2日
六月	1. 集中核对登分错误，交改错登分单　3日 2. 计算机室提供各种数据、分数据、分数条、统计表　7日 3. 成人招生考试成绩分类统计 4. 各有关统计表发放给区、县招办　7日 5. 向考生发放成绩　10日 6. 各区、县准备档案　22日送档案 7. 市招办拟定最低控制分数线、确定情况 8. 市招办向市教育委员会和市教育考试院汇报考试情况 9. 向国家教委汇报考试情况和拟定分数线情况 10. 参加全国录取工作会 11. 全市录取工作会 12. 全市录取　下旬

续前表

日期	工作内容
七月	1. 各区（县）在7月初把未录取考生档案送市高招办 2. 市招办在7月13日前建成人档案室、11日前提供预科生名单 3.7月15日～17日预科生录取、各校补录 4.7月19日～20日各校填单独提档申请单（24日开会研究） 5.7月26日～28日处理遗留问题，录取工作结束

注：以上安排如有调整以通知为准。

北京市一九九六年各类成人高等学校成人高等教育举办大学专科起点本科班招生规定

京高招成字［1996］002号

为加强对成人高等学校举办大学专科起点本科班（以下简称专升本科班）招生工作的宏观管理，保证新生入学质量，根据国家教委文件的精神。现将有关事项规定如下：

凡经国家教育委员会审定，各类成人高等学校举办的专升本科班，均须纳入国家成人高等教育事业计划并经批准，正式下达后方可招生。

一、报考条件和办法

专升本科班招生由市高招办组织报名、考试、评卷和录取工作。

师范类专升本科班，除教育管理类专业可招收中学校长和其他少量教育行政干部外，其他专业限招普通中、小学校教师。报考业余学习须具有两年以上教龄（工龄）。报考脱产学习的教师须具有两年以上教龄，校长及其他教育行政干部须具有五年以上工龄。

非师范类专升本科班，其报考条件必须符合《北京市1996年各类成人高等学校成人高等教育招生工作规定》，同时须具有两年以上工龄。

报考各类专升本科班都必须具有国家承认的国民教育系列大学毕业证书。报名时必须交验经国家教委审定核准的国民教育系列高等学校颁发的大学毕业证书原件和复印件。

跨省、自治区、直辖市招生的学校，其考生按学校主管部门的规定可以在考生所在地参加考试；经考生所在地省招办同意，也可以到学校所在地借考。

二、考试科目

1. 师范类（指考生为普通中、小学教师）专升本科班的考试科目共四科。公共课一科，专业课三科（音乐、美术专业除外）。

公共课：教育理论课（教育学、心理学、侧重教育学的部分）。

各专业课分别规定如下：

政治和思想品德教育专业：马克思主义哲学、政治经济学（资本主义部分）、中国革命史。

汉语言文学教育专业：汉语、中国文学（包括古代、现代。现代到一九四九年为止）、文学概论。

历史教育专业：中国通史、世界通史、中国历史要籍介绍和选读。

英语教育专业：精读和泛读、听说、实用语法。

数学教育专业：空间解析几何、数学分析、高等代数。

物理教育专业：高等数学、力学热学、光学电磁学。

化学教育专业：高等数学、有机化学、无机化学（含分析化学定性部分）。

地理教育专业：中国地理、世界地理、自然地理基础。

生物教育专业：动植物学、微生物学、人体解剖及生理学。

体育教育专业：体育理论、运动生理学、综合考试（田径、篮球、体操）。

音乐教育专业：钢琴、声乐、音乐基本理论（乐理、和声）、视唱练耳。

美术教育专业：素描、色彩、创作、美术史论基本知识（中外美术史及技法理论）。

教育管理类专业专升本科班的考试科目共四科，公共课一科：大学语文。专业课三科：教育学、心理学、学校管理。

以上除术科外的各科试题由国家教委统一命制，其命题范围不超出以《中学教师进修高等师范专科教学大纲》为依据编写的（考试复习说明）规定的内容。

各科满分成绩分别为：中国通史 120 分，世界通史 120 分，中国历史要籍介绍和选读 60 分、空间解析几何 50 分，数学分析 150 分、动植物学 150 分、微生物学 50 分、其余各科均为 100 分。

2. 非师范类（指考生为普通中、小学教师以外其他学校教师以及非教师）专科起点本科班、考试科目共四科，公共课两科、专业基础课一科。专业课一科。

公共课和专业基础课分别为：

理工类：政治、英语、高等数学（一）

经济（管理）类：政治、英语、高等数学（二）

文史、中医类：政治、英语、大学语文

专业课：由招生学校在以下各专业课中任选一科。图书馆学、档案学、文学概论、新闻学、政治学概论、行政管理学、财政金融学、会计学原理、环境保护概论、管理学概论、电子技术基础、电路原理、机械设计基础、结构力学、化工原理、地质学概论、医学基础、植物生理学、中医基础理论、刑法、民法、海洋生物学、淡水生物学、家畜生理学、食品微生物学、市场营销学概论、旅游学概论、色彩。

报考法学类和英语类考生考试科目分别为：

法学类：政治、英语、民法、刑法

英语类：政治、英语、大学语文、精读和泛读

以上各科满分成绩均为 150 分。

报考专升本科班的考生，必须参加全国统一招生考试。由国家教委颁布《专科起点本科班各科复习考试大纲》，统一组织命题，制定试卷评分标准。

三、考试时间（见附件一、附件二）

四、录取

专升本科班招生录取工作与全市高中起点本、专科招生录取同期进行。由国家教委按四科总成绩审定并下达北京市最低录取控制分数线，考生须经北京市高校招生办公室审批录取。

专升本科班招生考试和录取工作的其他有关事项，按《北京市 1996 年各类成人高等学校成人高等教育招生工作规定》执行。

附件一、师范类专升本科班考试科目时间表（北京时间）

附件二、非师范类专升本科班考试科目时间表（北京时间）

一九九六年一月十二日

附件一：

师范类专升本科班考试科目时间表（北京时间）

日期 / 专业名称	星期六（5 月 11 日）		星期日（5 月 12 日）	
	9:00～11:00	14:00～16:00	9:00～11:00	14:00～16:00
历史教育	教育理论	中国通史 14:00～16:30	世界通史 9:00～11:30	中国历史要籍介绍和选读 14:00～15:00

续前表

专业名称＼日期	星期六（5月11日）		星期日（5月12日）	
	9:00～11:00	14:00～16:00	9:00～11:00	14:00～16:00
数学教育	教育理论	数学分析 14:00～16:30	高等代数	空间解析几何 14:00～15:00
生物教育	教育理论	动植物学 14:00～16:30	人体解剖及生理学	微生物学 14:00～15:00
政治和思想品德教育	教育理论	马克思主义哲学	政治经济学	中国革命史
汉语言文学教育	教育理论	汉语	中国文学	文学概论
物理教育	教育理论	高等数学	力学热学	光学电磁学
化学教育	教育理论	高等数学	有机化学	无机化学
地理教育	教育理论	中国地理	世界地理	自然地理基础
体育教育	教育理论	体育理论	运动生理学	综合考试
英语教育	教育理论		实用语法	精读和泛读 14:00～16:30
音乐教育	教育理论	音乐基本理论 14:00～16:30		
美术教育	教育理论	美术史论基本知识		
教育管理类	教育学	大学语文 14:00～16:30	心理学	学校管理

附件二：

非师范类专升本科班考试科目时间表

时间＼日期	星期六 （5月11日）	星期日 （5月12日）
9:00～11:30	政治	英语、教育学（职）
14:00～16:30	高等数学（一）（二）、 大学语文、刑法	各专业课 精读和泛读、民法

北京市一九九六年各类成人高等学校成人高等教育招收第二专业专科学历教育学员的暂行规定

京高招成字［1996］003号

根据国家教委的有关招生规定，举办成人高等学历教育的各类成人高校可根据社会需求和办学条件，举办第二专业专科学历教育，为加强对这项招生工作的管理，特作如下暂行规定：

一、招生对象和报名条件

招生对象为已经取得国民教育系列的大学本、专科毕业证书的在职、从业人员，其工龄、年龄不予限制。学员须坚持四项基本原则，并具有与学习第二专业相应科类的高中文化基础。

二、报名办法

参加第二专业专科学历教育的人员，报名时须交验本人身份证、工作单位介绍信、国民教育系列的本、专科毕业证书及复印件和本人近期一寸免冠照片，在全市成人高考统一报名期间参加报名。报名时缴纳招生报名费，填写报名志愿表、报名卡。

三、入学测试

对于报名人员，原所学专业与报考专业，属于相同学科的，可免试入学，参加第二专业专科学历教育学习；属于跨学科的人员，招生学校要组织必要的测试，测试科目和内容，由招生学校确定。

四、录取

经报名资格审查和测试合格的学员，由招生学校提出北京市各类成人高校成人高等教育第二专业专科学历教育新生名单。在全市成人高考统一录取时，报北京市高校招生办公室审核批准。新生录取通知书，由招生学校发送。

五、办学资格的审批及招生计划

凡经国家教委审定可以举办成人高等教育的各类成人高校，都可以申报举办成人第二专业专科学历教育。第二专业专科学历教育招生，需向其教育主管部门提出申请，经批准后，方可进行招生。

各高校根据社会需求和办学条件确定招生专业。第二专业专科学历教育不纳入该校当年成人高等教育招生计划之内，不计入该专业招生总容量。

此规定自公布之日起执行。

一九九六年一月十二日

北京市一九九六年各类成人高等学校成人高等教育招收“往届生”的实施办法

京高招成字［1996］004号

根据国家教委的有关文件规定，结合我市情况，特制定本办法。

北京市1996年各类成人高校成人高等教育招收的“往届生”，是对1992年以来参加全国普通高校招生考试，考试成绩达到300分以上的往届高中毕业生，现为乡镇企事业单位，城市集体所有制企事业单位职工以及其他从业人员，符合《北京市1996年各类成人高等学校成人高等教育招生规定》的要求，经所在工作单位推荐，可报名申请免试进入各类成人高校举办的成人高等教育函授部、夜大学的专科专业学习（对于经过学习取得成人专科学历后，确有以上性质单位聘用，符合上述条件的人员，也可报名，适量招收）。

一、报名

申请免试进入各类成人高校成人高等教育函授部、夜大学学习的“往届生”，于3月10日至3月17日，到北京市高校招生办公室成人招生科办理报名手续。报名时需持本人的《高考成绩证》、所在工作单位介绍信、身份证、高中毕业证和一张一寸照片。

二、《高考成绩证》

在京参加普通高校全国统一招生考试的成绩，一律由北京市高等学校招生委员会办公室（以下简称市高招办）出具证明，方能有效。

要求办理《普通高校全国统一招生考试（北京）成绩证》（以下简称《高考成绩证》）的人员，携带本人身份证、当年高考的《准考证》、一寸照片一张，到市招办考试服务中心办理。

三、填表要求

报名人员须填写《往届生报名志愿表》、《报名卡》和填涂《报名志愿信息卡》。《报名卡》和《报名志愿信息卡》中的报名号是指本人参加高考的准考证号。每个报名人员可选报两个招收“往届生”的志愿学校，在每个志愿学校中可选报两个专科专业。学校和专业区位码从《北京招生通讯》（成人专刊）公布的专科专业目录中查找。报名人员的姓名区位码从考生手册查找。

报名人员须注意：文史类和外语类可以互相兼报；理工类除报理工类招生专业外，还可填报文史类和外语类专业（但须征得所报志愿学校同意）；文史类和外语类不得填报理工类专业。招收外语类（含外经、外贸等专业考生）的学校，应对外语单科成绩提出要求。

报名人员领取表格后，按表格要求，认真填写（涂），经市高校招生办审查，合格者，由市高校招生办在报名登记表规定的地方签字、盖章；考生将报名登记表送所在工作单位或待聘单位的有关部门审查并写出审核意见，盖章后，在3月20日前将报名表格送交所报的第一志愿学校。

四、录取

市高招办根据招收“往届生”高等学校的当年招生计划、报名人数和报名人员的高考成绩等情况，确定各招生高校的最低录取控制分数线。坚持执行从高分到低分、择优录取的原则，贯彻按需培养、学以致用的精神，同时，既重视高考的总成绩，又注意与其选报专业相关科目的成绩。

在录取时，根据报名人员的第一志愿向招生学校提供档案材料。第一志愿学校不能录取时，由市高招办根据报名人员的第二志愿，进行调剂。招生学校之间不能互转档案。

各招生学校提出录取人员名单，经市高招办审核批准后，由招生学校发送录取通知。

五、其他有关规定

报体育、艺术类的人员，高考成绩不足300分者也可报名。同时，必须到本人所报第一志愿学校参加专业加试。

凡招收“往届生”的学校要认真安排使用好招生计划数，参加成人高考考生和“往届生”的录取比例要合理。既不能使参加成人高考的合格考生大幅度落选，也不能拒收“往届生”，造成不良的社会影响。各招收“往届生”的学校及专业，对“往届生”人数要掌握适当比例。

招收“往届生”工作政策性强，牵涉面广，任务繁重。市高招办及各招生学校要切实加强对“往届生”招生工作的领导。认真学习和执行有关政策规定，严肃招生纪律，注意研究工作中出现的新问题，一定把今年招收“往届生”的工作组织好。

一九九六年一月十二日

关于举办一九九六年成人高等教育招生考试咨询活动的请示

京高招秘字［1996］001号

京成教考字［1996］003号

胡昭广副市长：

为成向社会各界和广大考生宣传国家有关成人高等教育招生考试的方针、政策及本市的具体规定，指导广大考生合理选报学校和专业，市高校招生办和市成人考试办拟联合举办第六届成人高等教育招生考试咨询活动。时间：1996年3月9日（星期六）；地点：北京市劳动人民文化宫。预计将有100余所中央部委高校、市属高校和独立设置的成人高校参加，前来咨询人员约3万人。由于咨询属全市性活动，涉及面广，参加人员多，为做好治安、消防及交通安全工作，保证咨询活动的顺利进行，请您批转公安、消取、交通等部门给予大力协助支持。

妥否，请批示。

市高校招生委员会办公室
市成人教育考试办公室
一九九六年一月二十五日

关于举办一九九六年成人高考咨询活动的通知

京高招秘字［1996］004号

各高等学校成人教育招生办公室：

为向广大考生宣传国家各类成人高校招生工作的方针、政策；宣传招生考试的有关规定；向广大考生介绍各类成人高校在京招生专业设置及授课方式；指导考生合理地选择报考学校和专业等，经市政府批准定于1996年3月9日上午9点至下午4点，在劳动人民文化宫举办招生考试咨询活动。根据我市目前情况，在京招生学校原则上都要参加。

今年继续采取咨询活动费用由各参加咨询学校合理负担的方式，每个学校按200元标准收费。请接此通知后于3月5日前到市招办秘宣科办理手续，逾期不予补办。

联系人：韩雷

联系电话：62252277—268　62254313

附件一：回执

附件二：北京市一九九六年成人高考招生咨询活动的几点要求

一九九六年二月二十八日

附件一：

回　执

学校名称：

联系电话：

联系人：

机动车数量及型号：

注：填好后请送市高校招办秘宣科。

通讯地址：北京市海淀区皂君庙甲4号

邮政编码：100081

（学校章）

一九九六年三月　日

附件二：

北京市一九九六年成人高考招生咨询活动的几点要求

1996年全市成人高考咨询活动定于3月9日在劳动人民文化宫举办。为保证咨询活动的安全、顺利进行，向参加咨询活动的单位提出以下要求：

一、各参加单位要服从咨询指挥部的统一领导。

二、各单位要加强安全保卫工作，要有一名负责招生工作的领导同志带队，选派责任心强、组织观念、纪律观念强和熟悉业务的同志参加咨询服务。

三、应认真学习掌握国家教委和北京市有关招生的政策规定，实事求是地向考生宣传和介绍本校的办学及各专业的设置情况。在解答考生提问时，要与教委和本市教委规定相一致。

四、须在划定的场地范围内开展活动。各院校一律采用本校门旗作为各自咨询点服务的识别标志。

五、在条件允许的情况下，可采用多种形式，生动直观地向考生提供咨询服务，如解答提问，陈列图片、出售宣传材料、播放录音录像等，但不可使用高音喇叭等器材以免干扰影响周围院校的活动。

六、各院校参加咨询的工作人员不宜过多，一般限在 10 人以内。工作人员一律佩戴指挥部发放的工作证。

七、各单位注意维护本校划分区域及整个咨询活动场所的安全，发现可疑人员或异常情况，及时向咨询指挥部报告。各院校要责成专人负责保卫工作，如有可能，请本校保卫部门同志参加。

八、应遵守公园的有关规定，爱护设备、注意卫生。不得在古树上钉钉、凿洞或张贴、涂写。

九、必须携带灭火器，严禁使用易燃、易爆物品。

十、各院校应注意搞好同周围院校的团结合作，互相尊重，互相支持，共同搞好咨询服务。

十一、请各院校充分做好准备工作，在宣传咨询活动中，实事求是地反映本校的面貌和水平。

北京市高等学校招生委员会办公室

一九九六年二月二十八日

北京市一九九六年普通高等学校成人高等教育招生考试考场编排的规定

京高招成字［1996］005 号

全国成人高考是国家级考试。它要求严、政策性强、直接面向广大考生，社会关注程度高。为了不断提高组织考试的管理水平，使成人高考做到逐步规范化、科学化，特作如下规定：

一、考点

考点由区、县高校招生办公室安排，区县招办在 3 月 25 日前，向市高校招办报告本区县考点设置数量、地点、考生容量。

二、考场编排

1. 考场按文史类、理工类、外语类、西医类和中医药类五类顺序编排。每个考场统一规定为 30 人，30 人的考场为规则考场，不足 30 人的为不规则考场；要注意尽可能少出现不规则考场，绝对不允许出现多于 30 人的考场。

2. 每个科类的考场号要连续编排，考场号要从小号到大号顺序排列，每个考场里的准考证也要连续编排，准考证号要从小号到大号顺序排列。上一考场里的最后一个考生的准考证号要同下一个考场第一个考生的准考证号相衔接。无论是考场号还是准考证号都要连续，中间不要间断。

3. 编排各科类考场时，应分别在一个或几个考场里适当地留有空号（有准考证号而无考生）。以备将来遇有考生报名或科类统计发生错误时，作为更改时使用。不规则考场应安排在各科类考场的尾部，但不要留得太多，以免造成试卷浪费和阅卷不便。

4. 本科专业和外语类专业的考生要考公共外语和专业外语。在每科类里应先编排应试专业外语的专科考生，后编排应试公共外语的本科考生，然后按语种代号，小号在前、大号在后顺序编排，同科类里的不同语种可以编排在同一考场，同一语种不同科类的考生不能混编在同一考场。一个考场里如有应试两个以上语种的考生，应把相同语种的考生集中在一起，便于阅卷统计和登分。

三、几种代码

1. 区县代码

东城区 31　西城区 32　宣武区 33　崇文区 34　朝阳区 35　海淀区 36
丰台区 37　石景山区 38　燕山区 39　门头沟区 40　通县 41　顺义县 42
平谷县 43　怀柔县 44　密云县 45　房山区 46　昌平县 47　大兴县 58
延庆县 49

2. 科类和科目代号

文史类用“1”表示；理工类用“2”表示；外语类用“3”表示；西医类用“4”表示；中医药类用“5”表示；其他用“9”表示。

3. 报名号与准考证号的使用原则

(1)“报名号”为工作号。自报名始到录取结束，考生工作人员分别使用的有关表格、底册、信息卡片均照常使用报名号，报名号为 7 位；其含义为每个考生的准考证号有 7 位数字，左起第 1、2 位是区、县高校招办代码，第 3 位为考生所报考的科类号，其余 4 位为考生报名顺序号。

区县代码	科类代码	序　号
2 位	1 位	4 位

(2)“准考证号”为考试专用号。准考证号在编排考场时根据报名号和一定规则产生，每个准考证号与每个考生的报名号相关连。准考证号为 9 位；其含意为每位考生的准考证号有 7 位数字，左起第 1、2 位是区县高校招办代码，第 3 位为考生所报考的科类号，其余 4 位为考生报名顺序号。

区县代码	科类代码	考点代码	考场代码	序　号
2 位	1 位	2 位	2 位	2 位

考生作答时，在试卷Ⅱ上只填写准考证号，在试卷Ⅰ的答题卡上只涂准考证号。

4. 科目的编号是：政治“1”；语文“2”；数学“3”；物理“4”；化学“5”；历史“6”；地理“7”；英语“9”；俄语“10”；日语“11”；生理学“18”；人体解剖学“19”；中医基础学“20”；中医药学“21”。

四、考场编排

按以上编排考场原则和代码规则，以每考区为单位、报名号作为工作号随机（打乱原报名号顺序）生成考生准考证号，按区县所报考点和考点容量统计表编排考场，生成相应的考场登记表。

五、生成的表格

(一) 考点和考点容量统计核对表（附表一略）

(二) 全市考场登记表（附表二略）

按文史类、理工类、外语类、西医类和中医药类五大科类分别编排，每科类的考场号、准考证号要连续，从小号到大号顺序排列。每个考场占一行，并在语种代号一栏内标记本考场需考外语的语种代号。如果一个考场有两种语种，则应按相同语种分别另行标记。

(三) 考生报名号与准考证号对应表（以报名号大小为序）（附表三略）

(四) 考生准考证号与报名号对应表（以准考证号大小为序）（附表四略）

(五) 考生准考证及其存根（显示报名号，以报名号大小为序）（附表五略）

(六) 各科目试题需用量明细表（附表六略）

其他统计另文说明。

以上统计应于 4 月 15 日前返回区县招办。

六、发放准考证

考生的准考证原则上在 4 月下旬发放，具体时间各区县高校招办可另行安排。

一九九六年一月十五日

北京市一九九六年专科起点本科班招生考试考场设置和编排的规定

京高招成字［1996］006号

根据我市具体情况，本着集中管理的原则，专升本科班招生考试的考场，由市高校招生办公室统一安排。分别设在部分高等学校，为了便于统一管理，现就有关事宜规定如下。

一、考点设置

1. 考点由市高校招生办商有关高等学校，安排在部分高等学校组考。

2. 凡设考点的学校，须成立考试领导小组，领导小组由3～5人组成，组长由主管招生（教学）的院校长担任。

3. 考点领导小组在市高校招生办公室的领导下进行工作，具体负责本考点在考试期间的全面工作，保证考试的顺序进行。

4. 考点须下设考务室，保密室、保卫室、休息室、考生问询处、饮水处、考生携带物品存在处、自行车存放处、小卖部等。

5. 考点布置要干净、整齐，在明显的位置张贴考场分布图、考场规则、考试时间表、路标等。

二、考场设置

1. 各考点一律不得在本校考点外设考场。

2. 考场须集中设在一个教学楼内，不能设在合班大教室或礼堂内。

3. 考场应安全、安静、通风、采光条件好，室内除必备物品外，不得留有其他任何物品和字迹。

4. 考场内考生座位必须单人、单桌、单行，桌子必须整齐，前后左右保持一定距离。

三、几种代码

1. 报名号

每位考生的报名号为7位，左起3位为报名点代码，其余4位为考生报名顺序号。

报考点代码			考生顺序号			

2. 准考证号

每位考生的准考证号为7位，左起3位为考点代码，4、5位为考场代码，6、7位为考生顺序号。

考点代码			考场代码		考生顺序号	

四、编排考场原则

1. 各考点要于3月20日前向市高校招办上报考点分布和考点容量表（附表一）

2. 本着考生相对集中和相同招生专业相对集中的原则，安排考场。

3. 每个考场规定为30人，不足30人的为不规则考场。考场号和准考证号都要从小到大连续排列，不规则考场要安排在考场的尾部，同时要注意留有适量空号。

4. 在不同专业考试科目和语种之间要适当的留有空号，以备特殊情况使用。

5. 按以上编排考场原则和代码规则，以每个考点为单位（把几个报名单位的考生分划到一个考点）、报名号为工作号随机（打乱原报名顺序）生成考生准考证号，按考点分布和容量表（附表一）编排考场，生成相应的考场登记表。

1996年成人高考专升本考点分布和容量分布表

附表一

考点代码	考点名称	考场数	人数

注意：1. 此表由考点填写，并于3月20日前送市高校招生办。

2. 考场应为30人的标准考场。

3. "人数"为所能容纳的总人数。

五、计算机生成的表格

1. 考场登记表

每考点的考场号，从小号到大号顺序排列的连续的准考证号，考场登记表中每个考场占一行，并在语种代号一栏内标记本考场需考外语的语种代号。如一个考场有两个语种，则应按相同语种分别另起一行登记（附表二）

1996年普通高校成人高等教育专升本考试考场对照表

附表二：　　　　　　　　　　　　　　　考点名称：

序号	始考号	末考号	专业基础课	专业课	考试语种

2. 考生报名号与准考证号对应表（以报名号为序）（附表三略）

3. 考生准考证号与报名号对应表（以准考证为序）（附表四略）

4. 考生准考证及其存根（显示报名号，以报名号为序）

5. 试题需用量表

以上统计于4月15日以前返回报名单位。

六、准考证的发放

准考证的发放原则上在4月下旬，具体时间由各报名点定。

一九九六年一月二十五日

北京市一九九六年专科起点本科班招生考试报名实施办法

京高招成字［1996］007号

专科起点本科班招生考试是国家级考试。为了加强考务管理工作，进一步体现公平竞争和公正选拔的原则，根据我市实际情况，特制定本办法。

一、考生的报名资格审查

专科起点本科班的报考条件须符合《北京市1996年各类成人高等学校成人高等教育招生工作规定》。

市高校招生办将根据国家教委的有关招生文件精神和《北京市1996年各类成人高等学校成人高等教育招生工作规定》，统一组织专升本的报名工作。考生的大学专科毕业证书的审核，由全市统一安排在中国人民大学和北京师范大学进行，考生报名须交验国家教委审定核准的国民教育系列高等学校颁发的大学专科毕业证书原始件和复印件、本人身份证和一张近期一寸正面免冠照片。

在市高校招办统一审验考生毕业证书的基础上，由招生高校审查考生的报名资格，如：履历工龄、报考条件等。报名结束后，市招办再行复核。

审查合格的考生发报名有关表格、填写报名登记表，并由报名单位在报名登记表规定的地方签字、盖章。

有关报名表格的填写：

1. 专科起点本科班考生报名登记表——考生在审验证书的现场填写基本情况。在报名单位填写履历等项目。市招办审验证书加盖公章，报名单位审查资格也要加盖公章。报名登记表留第一志愿学校。

2. 专科起点本科班考生报名志愿卡——由考生在报名单填写志愿表留第一志愿学校，报名号一栏由所报第一志愿学校填写。

3. 照顾对象审核表——属照顾对象的考生，按表中的要求，加盖公章，连同先进证书和复印件送所报第一志愿学校。招生学校审核后留下证书复印件和照顾对象审核表，同时注意检查考生报名志愿卡上是否填好“照顾代码”。

4. 准考证——由考生填写好身份证号、姓名、工作单位。再由招生学校负责填写准考证号、科类、考试语种、考试地点、第几考场。准考证由报名单位加盖骑缝章后发给考生，存根栏由招生学校整理好交市高校招生办。

二、填报志愿学校

报名资格审查合格的考生，可以从北京市高校招生办出版的《成人招生专刊》上查找所要填报的志愿学校和专业的代码，填在考生报名卡和考生报名登记表上，第二志愿报考独立设置成人高校的只填学校名称和专业名称，不填代码，于3月20日前将报名登记表、考生报名卡、准考证和照顾对象审核表，以及三张近期一寸正面免冠同底版照片送所报的第一志愿学校。

三、招生学校接待报名

招生学校应认真宣传招生政策和本学校的专业课设置等情况，耐心解答考生提出的问题。

对报名资格审查合格的考生，要在考生登记表照片处加盖学校骑缝章，辅导考生填写各种表格，检查各种表格填写是否准确、单位主管部门是否同意和是否加盖公章。特别要注意报名卡的填写，应字迹清楚、学校代码及专业代码准确无误，汉字填写部分应用全称。

招生学校收表时需仔细审核报名表与准考证上照片是否一致。

各种表格的报名号由各报名点按编好的考生报名号认真填写。

招生学校要通知考生领取准考证时间。

四、几种代码：

1. 各报名点代码

北京体育大学	061
北京体育师范学院	062
中国音乐学院	063
北京大学	064
清华大学	065
中国人民大学	066
北京师范大学	067
北京理工大学	068
北京科技大学	069
北京化工大学	070
北方交通大学	071
北京航空航天大学	072
中国农业大学（原北京农业大学）	073

北京林业大学	074
中国农业大学（原北京农业工程大学）	075
中国协和医科大学	076
北京医科大学	077
中国政法大学	078
北京外国语大学	079
北京第二外国语学院	080
北京语言学院	081
对外经济贸易大学	082
中央民族大学	083
北京工业大学	084
首都医科大学	085
首都师范大学	086
北京广播学院	087
南开大学	088
天津大学	089
武汉大学	090
天津职业技术师范学院	091
哈尔滨工业大学	092
中国科技大学管理学院	093
北京信息工程学院	094
中国新闻学院	096
北方工业大学	097
北京商学院	098
北京印刷学院	099
中央财政金融学院	100
北京机械工业学院	101
北京工业大学（计算机学院）	102
首都经贸大学（东区）	103
北京建筑工程学院	104
首都经贸大学（西区）	105
华北电力大学（北京）	106
大连轻工业学院	107
北京服装学院	108
北京信息管理学院	109

2. 考生报名号的编写

每位考生的报名号为7位，左起3位为报名代号，其余4位为考生报名顺序号。

3. 非师范类专科起点本科班专业课代码

	科目代码　科目名称	科目代码　科目名称
公共课	01　政治	02　英语
专业基础课	03　高等数学（一） 05　大学语文	04　高等数学（二）

续前表

	科目代码　　科目名称	科目代码　　科目名称
专业课	06　图书馆学	07　档案学
	08　文学概论	09　新闻学
	10　政治学概论	11　行政管理学
	12　财政金融学	13　会计学原理
	14　环境保护	15　管理学概论
	16　电子技术基础	17　电路原理
	18　机械设计基础	19　结构力学
	20　化工原理	21　地质学概论
	22　医学基础	23　植物生理学
	24　中医基础学	25　刑法
	26　民法	27　植物生理学
	28　海洋生物学	29　淡水生物学
	30　家畜生物学	31　食品微生物学
	32　市场营销学概论	33　旅游学概论
	34　色彩	

4. 师范类专科起点本科班专业代码

	科目代码　　科目名称	科目代码　　科目名称
公共课	40　教育理论	
专业课	41　马克思主义哲学	42　政治经济学
	43　中国革命史	44　汉语
	45　中国文学	46　文学概论
	47　中国通史	48　世界通史
	49　中国历史要籍介绍和选读	50　精读和泛读
	51　听说	52　实用语法
	53　空间解析几何	54　数学分析
	55　高等代数	56　高等数学
	57　力学热学	58　光学电磁学
	60　有机化学	61　无机化学
	62　中国地理	63　世界地理
	64　自然地理基础	65　动植物学
	66　微生物学	67　人体解剖及生理学
	68　体育理论	69　运动生理学
	70　综合考试	71　钢琴
	72　声乐	73　音乐基础理论
	74　视唱练耳	75　素描
	76　色彩	77　创作
	78　美术史论基础知识	79　大学语文
	80　教育学	81　心理学
	82　学校管理	83　教育学（职）

五、组考工作

本着相对集中的原则，考点准备由市高校招生办集中安排在几所高校，各学校应配合做好以下工作：

1. 招生学校应在 3 月 20 日前，将考生报名卡、考生报名清单（表样见附件一）连同软盘一同报市高校招生办成人招生科。

2. 学校按市高校招办颁发的每位考生的考点、考场安排表，认真填写考生准考证，特别要注意考点名称、考场号和准考证号的准确填写，同时通知考生具体科目的准确考试时间。

3. 在规定时间（学校自定）发给每一位在本校报名考生的准考证。

附件一：1996 年普通高校成人高等教育专升本科班报名清单

附件二：1996 年专升本科班报名卡录入数据结构

除件三：1996 年专升本科班报名清单数据结构

一九九六年一月二十五日

附件一：

一九九六年普通高校成人高等教育专升本科班报名清单

学校名称：　　　　　　　　　　　　　　　　学校代码：

序号	报名号	姓名	性别	专业代码

注：1. 此表请于 3 月 20 日以前连同软盘报市高校招生办。

2. 专业代码是考生所报专业的专业代码，由于关系到考生所考的专业，请认真填写。

附件二：

一九九六年专升本科班报名卡录入数据结构

		字段名称	数据类型	字段长度
1	高校编号	GXBH	Character	3
2	高校名称	GXMC	Character	30
3	报名号	BMH	Character	7
4	姓名	XM	Character	8
5	科类	KL	Character	1
6	考试语种	KSYZ	Character	1
7	工作单位	GZDW	Character	30
8	性别	XB	Character	1
9	出生年月	CSNY	Character	4
10	参加工作时间	CJGZSJ	Character	4
11	毕业学校	BYXX	Character	20
12	所学专业	SXZY	Character	20
13	大学毕业时间	DXBYSJ	Character	20
14	学历	XL	Character	1
15	考生类别	KSLB	Character	1
16	民族	MZ	Character	1
17	政治面貌	ZZMM	Character	1
18	照顾对象	ZGDX	Character	1
19	第一志愿学校	GX1	Character	3
20	专业 1	ZY1	Character	2
21	专业 2	ZY12	Character	2
22	第二志愿学校	GX2	Character	3
23	专业 1	ZY21	Character	2
24	专业 2	ZY22	Character	2

录入要求及代码

1. 考生姓名、工作单位和通信地址用汉字规范录入；出生年月和参加工作时间按标准格式录入。

例如：1970 年 8 月出生或参加工作，应填写 7 0 0 8；

（一）语种：英语：1；俄语：2；日语：3；

（二）科类：文史类：1；理工类：2；外语类：3；西医类：4；中医药类：5；

（三）性别：男：1；女：2；

（四）学历：大学专科：1；大学本科：2；

（五）考生类别：工人：1；干部：2；教师：3；社会青年：4；从业人员：5；其他：6；

（六）民族：汉族：1；少数民族：2；

（七）政治面貌：共产党员：1；共青团员：2；群众：3；

（八）照顾对象：地、市以上先进：1；华（归）侨子女、台籍：2；烈士子女、配偶：3；军队、公安、武警三等功：4；山区考生：5；

2. 志愿学校和专业分别使用汉字和代码录入。

附件三：

一九九六年专升本科班报名清单数据结构

	字段名称		数据类型	字段长度
1	BMH	报名号	Character	7
2	XM	姓名	Character	8
3	XB	性别	Character	1
4	GX1	第一志愿学校代码	Character	3
5	ZY11	专业、代码	Character	2
6	KM1	考试科目 1	Character	2
7	KM2	考试科目 2	Character	2
8	KM3	考试科目 3	Character	2
9	KM4	考试科目 4	Character	2
10	KM5	考试科目 5	Character	2

考试科目按考试时间顺序为：KM1、KM2、KM3、KM4、KM5

关于印发《北京市一九九六年普通高校成人高等教育招生考试工作实施办法》的通知

京高招成字［1996］008 号

各区、县高校招生办公室：

全国成人高等教育统一招生考试是招生工作的关键环节，为了保证考试工作的顺利进行，根据国家教委《普通、成人高等学校本、专科招生全国统一考试工作规则》及有关规定，结合我市的具体情况，特制定《北京市 1996 年普通高校成人高等教育招生考试工作实施办法》，现印发给你们。请在具体工作中按照本办法中的规定严格要求、加强管理，认真组织实施。

一九九六年四月三日

附：

《北京市一九九六年普通高等学校成人高等教育招生考试工作实施办法》

全国成人高等教育统一招生考试涉及千家万户，不仅政策性强，而且社会关注程度高。为了不断提高考试组织管理水平，使成人高考向规范化、科学化方向发展，特制定本办法。

一、考试科目、时间

考试科目：

1. 理工农类各专科专业（含体育专业和非教师班的地理专业）考政治、语文、数学（理）、物理、化学 5 科。

2. 文史类各专科专业（含财经、政法、艺术类专业和教师班的地理专业）和外语类（含外经、外贸等专业）考政治、语文、数学（文）、历史、地理 5 科（艺术类专业考生，数学考试成绩不计入总分，供录取时参考）。

3. 高等职业技术班

（1）西医类考政治、语文、数学（理）、生理学、人体解剖学5科。

（2）中医药类考政治、语文、数学（理）、中医基础学、中药学5科。

（3）报考司法部属中央司法警官教育学院的在职考生，考政治、语文、数学（文）、监狱（劳教）基础、狱政（所政）管理5科。

（4）报考北京市计划劳动管理干部学院开设的机械制造工艺及设备和工业电气自动化的考生，考试科目为：机械制造工艺及设备专业考政治、语文、数学（理）、机械基础、机械制造工艺基础；工业电气自动化专业考政治、语文、数学（理）、电工基础、电子技术基础。

（5）报考高职班其他专业，文史类基础课考政治、语文、数学（文）；理工农类考语文、数学（理）、物理（职）或化学（职），专业课考试科目在如下专业课中选择两门：

生理学	人体解剖学	机械基础	金属切削原理与刀具
BASIC语言	电子技术基础	计算机应用知识	电路基础
电工基础	电机与拖动	施工技术基础知识	建筑材料
建筑结构	药剂学	化工基础	轧钢生产管理
炼钢生产管理	高炉冶炼生产管理	冶炼技术基础	
经济法基础	营销基础知识	商品知识	会计基础
计算技术	旅游概论	礼仪规范	应用文与写作
实用公共关系	原料加工技术	烹调技术	化学肥料
有机化学	化工分析基础	中医基础理论	监狱（劳教）基础
机械制图	中药学	狱政（所政）管理	机械制造工艺基础

理工农类、文史类、西医类、中医药类本科各专业（不含师范类教师班）和外语类本、专科各专业均须加试外语，分英、俄、日3个语种，由考生任选一种。

考试按全国统一规定的时间进行。各科目的考试日期及时间见下表。

考试时间	上 午	下 午	
	9:00—11:00	14:00—15:40	16:20—18:00
5月11日（星期六）	语文	物理、地理、生理学、中医基础学、高职班其他专业课	政治 物理（职） 化学（职）
5月12日（星期日）	数学	化学、历史、人体解剖学、中药学、高职班其他专业课	外语

各科目考试所用时间：语文、数学120分钟，其他各科为100分钟。

考生须携带准考证、工作证和身份证在规定时间到指定考试地点应试。

除生理学、人体解剖学、中医基础学、中药学，物理（职）、化学（职）、机械制图、机械制造工艺基础、旅游概论、礼貌礼仪、其余各科全部实行分卷考试（每科的第Ⅰ卷是选择题，第Ⅱ卷是笔答题）。各区县高校招生办公室要使与考试有关的人员熟悉考试时间、考试科目，特别是分卷考试常识。

二、考点和考场

1. 考点由区、县高校招生办公室按统一要求安排。考点应具备交通方便、安全可靠、安静、教室采光好等条件。远郊县的考点要设在县城，因特殊需要增设考点，须经市高招办批准。

2. 考点要成立考试领导小组。小组成员由区、县高招办联络员、考点负责人等3至5人组成；组长为主考，由考点负责人担任，另设副主考两人。主考和副主考由区、县高校招生办公室聘任。

3. 考点领导小组在区、县高校招生办公室的领导下进行工作。其职责是：负责本考点在考试期间的全面工作，协调解决考试中出现的一般性问题，检查、督促考点下设机构的工作，保证考试顺利进行。

4. 考点下设考务室、办公室、保密室、保卫室、休息室、医务室、考生问询处、饮水处、考生携带物品存放处、自行车存放处、小卖部等。同时要备好考试用品，如：钢笔水、圆珠笔、胶水、线绳等。

5. 考点布置要干净、整齐，在明显位置张贴考场分布图、考生应试守则、考试科目时间表、路标等，以方便考生。

6. 考场应有良好的环境，桌椅要排放整齐、干净，同时注意通风和灯具完好，以方便考生作答。

7. 考场要做到“三净”：即墙壁地面净、课桌内外净、黑板净。考生座位必须是单人单桌、单行排列，间距在80厘米以上，考生座位号（即准考证号）要按纵向“S”型排列。

8. 每个考场都要张贴本考场的编号、准考证号的起、止号。

9. 每个考场至少配备两名监考员，考场外设若干流动监考员，每个考点还应安排一定数量的工作人员，监考员和工作人员应选派组织纪律观念强、作风正派、工作细致、身体健康，且当年无直系亲属参加成人高考的在职教师担任。

10. 要集中培训监考员和工作人员。在考试前一、二天，考点要集中监考员及工作人员学习有关文件，如：处罚规定、考试实施办法。明确分工、职责和任务，熟悉业务，明确纪律要求，严防考试作弊、试卷泄密、试卷丢失等问题的发生。

三、试卷管理

试卷在启用前为国家绝密级材料。要切实加强对考试管理人员的保密教育，严格试卷管理规定。考试前后和考试期间按以下要求管理试卷：

1. 运送：运送试卷必须专车专人，3人以上押运，并有公安人员协助，押送人员在运送途中不得离开试卷，任何与试卷运送工作无关人员，不得搭乘车。运送途中，任何情况下，试卷现场押运人员不得少于2人。

2. 保管：试卷必须存放在保密室内，要选派3～5名责任心强、纪律观念强的人员担任保管员，保管人员必须昼夜值班，试卷现场值班人员不得少于2人。

3. 试卷启用前，任何人不得以任何借口擅自拆封。如发生失密、泄密等事件，必须立即上报市高校招生办公室，同时采取有效措施，防止扩散，并迅速查明原因。

4. 试卷交接过程中要严格履行交接手续，交接双方要认真清点、核对试卷科目和数量，检查密封、包装是否完好，合格后双方签字负责。

5. 各区、县招办按照市高校招生办公室规定的时间和地点领取试卷，集中保管在保密室内。并在试卷袋右上角填写考点代号、科类代号、考场号。

6. 各区、县高招办负责把当天考试的试卷在第一科开考前1小时运送到各有关考点。当天考试的考生答卷当天收回区县保密室集中保管。

7. 标准答案的护送、保管、交接手续，也要按照上述办法办理。

8. 考生答卷、答题卡按国家秘密级材料管理，保存期为本次考试结束后半年。

9. 考试成绩在通知考生本人前，按国家秘密级材料管理，任何人不得泄露。

四、考试工作程序

1. 每科考试前30分钟（第一科前移10分钟），全体监考人员、工作人员到考点办公室报到，经考点负责人点名后，分赴各自的工作岗位。一名监考员到保密室领取本考场试卷，一名监考员去检查和清理所负责的考场，工作人员到指定的地点值勤。

2. 考试前20分钟（第一科前移10分钟）保密室向监考员发放试卷，监考员按手续领取试卷后集体离开保密室直达考场。

3. 考试前15分钟（第一科前移10分钟），监考员要组织考生入场完毕。此时要逐个对照考生相貌与准考证和准考证存根上的相片是否相符、考生准考证号与考生的座位号（即贴在桌面上的准考证号）是否一致，每场考试都要进行此项工作。座位号贴在桌面右上角，准考证也要放在桌面的右上角。第一科考试前还须向考生宣读和讲解《考生应试守则》及该科考试的注意事项。

4. 开考前15分钟，监考员当众启封试卷袋。核对无误（若有差错，要及时换取备用卷，特殊问题请示主考处理）后，向考生宣布该科试卷卷Ⅰ和卷Ⅱ的总张数、总页数以及大题的题目，并把它清楚地写在黑板上，提醒考生注意。同时作好分发试卷准备。

监考员在启封试卷袋的同时，即可分发答题卡。

5. 考生得到答题卡后，首先检查答题卡，如有折皱、破损和印刷质量问题可向监考员举手示意，监考员确认需要更换，方可更换，但在开考后一律不更换答题卡。

6. 监考员要指导考生在规定的位置写上自己的姓名、准考证号，涂黑自己的准考证号及考试科目。

7. 考前5分钟打预备铃，即向考生分发试卷，包括卷Ⅰ、卷Ⅱ。

此时，监考员要提醒考生注意，试卷Ⅰ的答案填涂在答题卡上，试卷Ⅱ的答案直接答在卷面上。

8. 考生得到试卷后，监考员要指导考生清点试卷页数是否齐全，检查试卷是否有破损、漏印或字迹不清等，然后指导考生在试卷规定的地方填写自己的姓名、准考证号等。如试卷有两张以上，每张都要在规定的地方填写姓名、准考证号。

9. 开考时间到，要准时发出时间信号，考生开始答题。这时一名监考员在前台监考，一名监考员要检查一次考生在试卷上填写的姓名、准考证号是否同准考证上的准考证号一致，检查答题卡上填涂项目是否符合要求，发现问题要作好妥善处理。然后两名监考员一前一后认真执行监考任务。

10. 开考15分钟后，迟到考生不得进入考场。此时监考员要对缺考和空号试卷分别在卷首总分处和答题卡的姓名处注明缺考、空号字样，还要对答题卡上的缺考标记、考试科目和准考证号进行填写和涂黑。

11. 考试30分钟以后，不再继续应试的考生才可离开考场。

12. 考试终止前15分钟，监考员应宣布一次时间，以提醒考生注意掌握考试的结束时间。

13. 考试结束时间到，立即发出信号，考生停止答卷。考生要把自己的试卷按页码顺序整理好，反扣在自己的桌面上，等待监考员收卷。为了防止替考、监考员一律不得让考生单个交卷。

14. 监考员要按考生准考证号的顺序收卷，同时注意核对试卷页码顺序和张数。试卷排列方式为：小号在上，大号在下，缺考和空号的试卷要放在相应的缺、空位置，切勿漏掉或放错位置。

试卷Ⅰ只装订不密封。试卷Ⅰ的签题卡（含缺考如空号的答题卡）要放入答题卡袋内密封。

15. 考生退场后，监考员要填写《考场记录表》和答卷封头纸上的有关内容，对违纪考生要填写《违纪考生登记表》。备用试卷、草稿纸、试卷Ⅰ、《考场记录表》由考点收齐交区、县高校招生办公室保存，《违纪考生登记表》交市高校招生办公室。

16. 每科考试结束后监考员都要认真清理一次考场。

17. 收齐考生答卷（包括答题卡）后，要由两名监考员一同送考务室交主考验收。

五、答卷的装订和密封

（一）试卷Ⅰ及其答题卡

1. 各科的试卷Ⅰ只装订不密封。装订好的试卷Ⅰ由各考点统一收回，交区、县高校招生办公室统一保存。

2. 试卷Ⅰ的答题卡经清点无误后放入答题卡袋，按要求进行密封。但不得装订、不得折皱。

3. 袋内答题卡的数量（含缺考和空号的答题卡）要与本考场应考人数相一致。

4. 对答题卡袋封面所列项目，监考员要按要求认真填写。包括：本考场的首考号、末考员、应考人数、缺考人数、空号人数、缺考号、空考号等。

5. 答题卡密封后同密封后的试卷Ⅱ一起交保密室保存。

（二）试卷Ⅱ的装订和密封

1. 答卷的装订和密封要在考点考务室进行，密封后的答卷要及时交考点保密室。

2. 监考员把答卷送考务室后要再复核一次，重点复核：答卷（试卷）页码顺序和张数是否有误，排列顺序是否有误，有无倒装和错位，缺、空考号试卷是否排放在相应的缺、空位置上。

3. 整理好答卷，在答卷Ⅱ前后两面各放一张空白牛皮纸，然后在卷Ⅱ后再放一张8开空白纸，填好封头纸，并把封头纸放在空白牛皮纸上（即有封头纸字样的一面向里），用夹子夹好。

4. 夹子夹好后，先不要密封，由考点领导小组成员或由考点领导小组指定的专门人员进行检查，看答卷的排列顺序是否按要求由小号到大号排列、页数是否准确、填写的有关项目是否正确。无误后，考点负责人和监考员在答卷封头纸相应的位置上签字，以便个人负责，然后由监考员按统一规定的方法，进行装订密封。

5. 装订后将答卷封头纸翻上，越过卷头用胶水或浆糊贴在试卷后面的白纸上，再把前面的空白牛皮纸翻上，越过卷头贴在后面，进行密封。

6. 将密封好的答卷装入试卷袋中，系好口袋的小绳，贴上密封条，整个密封工作完毕，交保密室保存。区县招办保密室负责在试卷袋右上角方框内写明区县代号和考场代号。

7. 答卷封头纸使用的代号

考点代号：四位码，即考点所在中学的代号。

科类代号：文史类用 1 表示、理工类用 2 表示、外语类用 3 表示、西医类用 4 表示、中药类用 5 表示。

科目代号：政治用 1 表示、语文用 2 表示、数学用 3 表示、物理用 4 表示、化学用 5 表示、历史用 6 表示、地理用 7 表示、英语用 9 表示、俄语用 10 表示、日语用 11 表示、法语用 12 表示、德语用 13 表示、西班牙语用 14 表示、生理学用 18 表示、人体解剖学用 19 表示、中医基础学用 20 表示、中药学用 21 表示、物理（高职）用 22 表示、化学（职）用 23 表示、机械制图用 24 表示、机械制造工艺基础用 25 表示、旅游概论用 26 表示、礼仪规范用 27 表示。

考场号：本考场的编号。

应考人数：指本考场应该参加考试的人数（含缺考号和空号）。

实考人数：实际参加考试的人数。

监考员、主考（考点负责人）都要在试卷封头纸和试卷袋封面相应的位置上签字，以便个人负责。

8. 外语答卷的装订和密封。

如果某个考场只有一个外语语种，则和其他科目的装订密封方法相同。如果有两个以上的语种，则要分语种单独装订和密封。单独装订和密封的方法也同其他科目相同，但要注意考场代号的填写。

考试全部结束后，各区、县要及时集中全部答卷，统一复查各考场的试卷袋是否密封完好，包装打包是否牢固，数量、科类是否准确等。待检查无误后，用专车专人（两人以上）按规定时间送到阅卷点。

六、对违反规定的考试工作人员和考生，区别情况按中华人民共和国国家教育委员会发布的《高等学校招生全国统一考试管理处罚暂行规定》的有关条款处理。

附件 1：主考职责
附件 2：监考员守则（职责）
附件 3：考生应试守则
附件 4：高等学校招生全国统一考试管理处罚暂行规定（摘录）
附件 5：对试卷保管人员的要求
附件 6：北京市一九九六年普通高校成人招生统一考试监考工作程序
附件 7：联络员职责
附件 8：考点工作人员职责
附件 9：考试证件使用说明

附件 1：

主考职责

一、主持本考点的考试，全面负责本考点工作。

二、选聘、培训监考人员及其他工作人员。要明确职责、任务和分工，熟悉和掌握有关规章制度、考试实施办法、考试纪律和考试管理处罚规定等。

三、检查布置考场及考点各项设施，做好考前准备工作。

四、指挥发出考试预备、考试开始、考试终了的信号。

五、精心组织，严格实施，确保考试工作顺利进行。

六、每科考试结束后，组织和验收各考场答卷的装订与密封。

七、确保试卷、答卷在本考点的安全、保密。

八、按规定处理本考点考试期间的一般性问题，遇有重大问题，及时逐级上报。

九、总结考点组考经验。

副主考协助做好上述工作。

附件2：

监考员守则（职责）

一、确保本考场按规定进行考试。

二、熟悉和掌握考试实施办法，考试管理处罚规定。

三、检查、清理考场。

四、组织考生按时进入考场，确保考生按时答卷。考生入场完毕时间为：第一科在开考前25分钟，其他科在开考前15分钟。

五、在第一科开考前认真向考生宣读和讲解《考生应试守则》及该科考试的注意事项。

六、按时领取、启封、核对分发试卷。

七、指导考生清点试卷页数是否完整，检查试卷是否有污染、破损、漏印或字迹不清等。发现问题及时解决。

八、指导考生在试卷规定的地方填写自己的姓名、准考证号。

九、指导考生在答题卡上填写姓名和准考证号，涂黑考试科目和准考证号。

十、对缺考、空号试卷和答题卡按时分别在规定位置作出相应的标记、填写准考证号，涂黑缺考、空号答题卡上的考试科目和准考证号。

十一、监考人员对试卷的内容不作任何解释，但考生对试卷印刷文字不清之处提出询问时，应予当众答复。

十二、发现考生违纪，要提出口头警告并及时制止，同时对违纪考生如实填入《违纪考生登记表》。

十三、监考人员须维护考场秩序，保证考试正常进行，有权制止除巡视员、总监考、本考点主考以外的任何人进入考场。未经市高校招生办公室同意不得在考场内照相、录像。

十四、监考员在考场内应精力集中、严肃认真、忠于职守、不吸烟、不看报、不谈笑、不抄题、不做题、不念题，不检查考生答题情况，不得提前和拖延考试时间。在考试期间，不得以任何理由把试卷带出或传出考场。

十五、考试时间终了前15分钟，监考人员应提醒考生注意掌握时间。考试终了时间一到，要按照统一要求顺序依次收集、装订、密封试卷。填好《考场记录表》和答卷封头纸的相关内容，并立即送交考点负责人验收。

十六、监考人员要模范遵守考场纪律，不得以任何形式营私舞弊。监考人员监守自盗、营私舞弊者，要按党纪国法惩处。

附件3：

考生应试守则

一、凭《准考证》和《身份证》按规定时间参加考试。

二、每科开考15分钟后不得入场；开考30分钟内不得离开考场。

三、考生在试卷Ⅱ纸上直接答题，要求用蓝、黑墨水的钢笔、圆珠笔作答；试卷Ⅰ的答案要填涂在统一的答题卡上，要求用2B铅笔填涂。此外，除有关科目必备的直尺、圆规、三角板、铅笔、橡皮外，其他任何物品不准带入考场。

四、考生按《准考证》的准考证号对号入座，并将自己的《准考证》放在桌子的右上角。只能在答卷纸、答题卡规定的位置填写或涂黑自己的姓名、准考证号、考试科目等，不得在试卷、答题卡其他地方做任何标记。

五、开考信号发出后才能开始答题。

六、不得在答卷纸的密封线内或答题卡规定的位置外答题。

七、在考场内须保持安静，不得吸烟，不得喧哗。

八、考试中，不准交头接耳、左顾右盼、打手势、做暗号，不准夹带、偷看、抄袭或有意让他人抄袭，不准传抄答案或交换试卷、答题卡。

九、考生提问，先举手，得到允许后，可提问有关试卷字迹不清、卷面缺损、污染等问题。

十、考试终了信号发出后，考生须立即停笔，将答卷反扣桌上，待监考员将答卷、答题卡等收齐后，起立、依次退出考场，不准在考场内逗留。

附件 4：

高等学校招生全国统一考试管理处罚暂行规定（摘录）

第二章　　违反考试管理的行为和处罚

第七条　考生有下列情形之一的，扣除该科所得的 30％～50％：

（一）携带规定以外的物品进入考场的；

（二）开考信号发出前答题的；

（三）考试终了信号发出后继续答卷的；

（四）在考场内吸烟、喧哗或有其他影响考场秩序的行为，经劝阻仍不改正的；

（五）在试卷规定以外的地方写姓名、考号的；

（六）用规定以外的笔答题的。

第八条　考生在两科以上考试中有第七条所列情形之一的，所考科目的考试成绩无效。

第九条　考生有下列情形之一的，取消当年考试资格，情节严重的，不准参加下一年度的全国统一考试：

（一）交头接耳、互打暗号、手势的；

（二）夹带的；

（三）接传答案的；

（四）交换答卷的；

（五）抄袭他人答卷的；

（六）有意将自己的答卷让他人抄袭的；

（七）考试期间撕毁试卷或答卷的；

（八）将试卷或答卷带出考场的；

（九）在评卷中被认定为雷同卷的；

（十）有意在答卷中做其他标记的；

（十一）有其他舞弊行为的。

第十条　考生有下列情形之一的，取消当年考试资格，并从下一年起两年内不准参加全国统一考试：

（一）扰乱报名站（点）、考场、评卷场及考试有关工作场所秩序的；

（二）拒绝、阻碍考试工作人员执行公务的；

（三）威胁考试工作人员安全或公然侮辱、诽谤、诬陷考试工作人员的；

（四）伪造证件、证明、档案以取得考试资格的。

第十一条　考生由他人代考的，或偷换答卷、涂改成绩的，取消当年考试资格，并从下一年起三年内不准参加全国统一考试；其中是在职人员的，依照本规定第六条处理。

第十二条　高等学校在校生代他人参加全国统一考试的，由其所在学校勒令退学或开除学籍；在校高中生代他人参加全国统一考试的，从该生毕业当年起两年内不准参加全国统一考试；在职人员代他人参加全国统一考试的，依照本规定第六条处理。

附件5：

对试卷保管人员的要求

一、保密保管人员应符合下列条件：

1. 具有良好的政治素质；

2. 当年无直系亲属参加本次全国成人统一考试的国家干部；

3. 保密观念强、坚持原则、忠于职守、严格遵守纪律、工作认真负责；

4. 身体健康。

二、保密保管人员的职责：

1. 试卷的保密保卫工作；

2. 试卷的保管工作；

3. 试卷的接收、发放工作。

三、保密保管人员应严格执行下述规定：

1. 值班期间严禁会客、睡觉、吸烟、饮酒、文娱活动、通信和私自使用电话；

2. 禁止无关人员进入试卷保密室、答卷保密室；

3. 不得以任何理由开启试卷、答卷袋密封包装、改动考生答卷；

4. 密码铁柜的密码和钥匙由招生负责人与保密室负责人分别掌管，两人共同在场才能开启，不得转交他人或互相代管；

5. 制止违反保密规定的行为，拒绝他人索用试卷保密室、柜钥匙，拒绝代领试卷；

6. 接收发放试卷时，必须严格执行交接制度，办理双方签字的交接单；

7. 发生试卷泄密、失盗、严重损毁、涂改等重大事件，立即逐级上报，并立即采取措施，保护现场，防止扩散。

附件6：

北京市一九九六年普通高校成人招生统一考试监考工作程序

<table>
<tr><td colspan="2">日期</td><td colspan="3">五月十一日（星期六）</td><td colspan="3">五月十二日（星期日）</td></tr>
<tr><td colspan="2">午别</td><td>上午</td><td colspan="2">下午</td><td>上午</td><td colspan="2">下午</td></tr>
<tr><td rowspan="2">科目
与时间</td><td>考试科目</td><td>语文</td><td>物理　地理
生理学
中医基础学</td><td>政治</td><td>数学</td><td>化学　历史
人体解剖学
中药学</td><td>外语</td></tr>
<tr><td>考试时间</td><td>9:00～11:00</td><td>2:00～3:40</td><td>4:20～6:00</td><td>9:00～11:00</td><td>2:00～3:40</td><td>4:20～6:00</td></tr>
<tr><td rowspan="2">监考人
员集中</td><td>时间</td><td>8:20</td><td>1:30</td><td>3:50</td><td>8:30</td><td>1:30</td><td>3:50</td></tr>
<tr><td>工作要点</td><td colspan="6">1. 监考员、工作人员到考务办公室报到，接受主考指示；
2. 核准钟表时间；监考员到考场打开考场门窗。</td></tr>
<tr><td rowspan="2">领取
试卷</td><td>时间</td><td>8:30</td><td>1:40</td><td>4:00</td><td>8:40</td><td>1:40</td><td>4:00</td></tr>
<tr><td>工作要点</td><td colspan="6">1. 一号监考员领取试卷Ⅰ、试卷Ⅱ，核对试卷袋上考试科目、考场号是否正确，办理签收手续；
2. 集体离开保密室，带试卷直达考场。</td></tr>
<tr><td rowspan="2">预备
（打铃）</td><td>时间</td><td>8:35</td><td>1:45</td><td>4:05</td><td>8:45</td><td>1:45</td><td>4:05</td></tr>
<tr><td>工作要点</td><td colspan="6">1. 二号监考员在门口组织考生入场，检查准考证上相片是否与本人相符，检查准考证上考场号是否与本考场号相符；
2. 检查考生准考证号是否与桌子上贴的准考证号一致；
3. 首场考试宣读《考生应试守则》及注意事项。</td></tr>
</table>

续前表

日期		五月十一日（星期六）			五月十二日（星期日）		
午别		上午	下午		上午	下午	
启封试卷	时间	8:45	1:45	4:05	8:45	1:45	4:05
	工作要点	1. 一号监考员当众启封试卷，核对卷Ⅰ、卷Ⅱ科目是否与当场考试科目相符，核对试卷份数、页数及答题卡份数是否准确； 2. 发答题卡。一号监考员给2、4行发B卡，二号监考员给1、3、5行发A卡； 3. 一号监考员组织考生进行“两填两涂”，用蓝色墨水钢笔（或蓝色圆珠笔）在答题卡上填写姓名、考号；用2B铅笔涂黑考试科目及准考证号； 4. 二号监考员检查考生涂答题卡用笔是否正确，填涂是否准确； 5. 一号监考员，将卷Ⅰ、卷Ⅱ总张数、页数、大题数写在黑板上，并做好发卷准备。					
分发试卷（信号）	时间	8:55	1:55	4:15	8:55	1:55	4:15
	工作要点	1. 将卷Ⅰ、卷Ⅱ及草稿纸依次分发给考生；（一号监考员发2、4行，二号监考员发1、3、5行） 2. 一号监考员指导考生在密封线内填写区县、姓名、准考证号、科类； 3. 监考员提醒考生要将试卷Ⅰ的答案填涂在答题卡上，试卷Ⅱ的答案直接答在卷面上。					

续前表

日期		五月十一日（星期六）			五月十二日（星期日）		
午别		上午	下午		上午	下午	
开考（打铃）	时间	9:00	2:00	4:20	9:00	2:00	4:20
	工作要点	1. 宣布考生开始答题； 2. 二号监考员逐一检查考生卷Ⅰ、卷Ⅱ填写的姓名、准考证号是否准确、完整，答题卡上准考证号、科目是否填写、涂黑，然后在考室后监考。 3. 一号监考员在考室前监考。					
停止入场	时间	9:15	2:15	4:35	9:15	2:15	4:35
	工作要点	1. 此时迟到考生停止入场； 2. 一号监考员在答题卡袋上、考场记录表上填写首考号、末考号、缺考号； 3. 在缺考和空号试卷上填写准考证号，在卷首总分处填写“缺考”或“空号”字样；在答题卡上用钢笔填写缺考考生准考证号，并用2B铅笔涂黑相应数字，考试科目和缺考标记。					
允许出场	时间	9:30	2:30	4:50	9:30	2:30	4:50
	工作要点	监考员对于准备早出场的考生试卷要进行检查，经核对试卷份数、页数、答题卡及草稿无误后，将试卷反扣在桌上，方可允许考生出场。					
提醒考试时间	时间	10:45	3:25	5:45	10:45	3:25	5:45
	工作要点	1. 一号监考员提醒考生掌握时间，宣布“距考试结束还有十五分钟”； 2. 二号监考员检查考生答题卡是否将答案涂上； 3. 一号监考员填写考场记录表中考试情况一栏。					
考试结束（打铃）	时间	11:00	3:40	6:00	11:00	3:40	6:00
	工作要点	1. 一号监考员宣布考试结束，考生停止答卷；要求考生将试卷排列好，依次为：答题卡、卷Ⅱ、卷Ⅰ，草稿纸，坐好等待监考员收卷； 2. 二号监考员开始收卷（要做到四收：一收答题卡；二收卷Ⅱ；三收卷Ⅰ；四收草稿纸。顺序为小号在上，大号在下），一号监考员维持秩序； 3. 试卷收完、清点核实后，考生退场； 4. 复查考场记录； 5. 将答题卡、试卷Ⅱ、试卷Ⅰ、按准考证号顺序检查一遍，清查考场，关窗锁门。监考员携带答卷、答题卡、草稿纸等到考务室交主考验收。					

附件7：

联络员职责

一、检查督促考区、考点各机构执行考试纪律和规定情况。
二、会同考区主任、考点主考处理考区、考点发生的重大问题。
三、必要时进入考场，检查考试情况。
四、负责向上级招考部门汇报所巡视的考区、考点的组考情况。

附件8：

考点工作人员职责

一、考点工作人员要自觉接受主考和考点领导小组的工作分配，遵守纪律，做好本职工作。
二、考试前，积极协同考点办公室做好考试准备工作，熟悉和掌握有关规定，明确任务要求。
三、考试期间，主动维护考点秩序，制止无关人员进入考点，禁止他人在考场附近逗留、观望、喧嚷。
四、主动热情地为考生服务，随时服从工作调配，协助监考人员做好场外监护工作。
五、每科考试结束后，协同监考人员清点用品、打扫卫生、关闭门窗。
六、对违反纪律、玩忽职守，造成不良后果者要严肃处理。

附件9：

考试证件使用说明

1. 视察证：市、区（县）级领导，市、区（县）高校招生委员会成员；
2. 总监考证：市高校招生办公室人员；
3. 考区主任：区（县）高校招生办公室主任、副主任；
4. 主考证：考点负责人，即考点领导小组组长；
5. 副主考证：考点领导小组副组长；
6. 监考证：考场监考员；
7. 巡视证：新闻单位记者等；
8. 工作证：考点的服务人员等；
9. 联络员证：区（县）招办派往各考点工作的联络人员；
10. 车证：在考试期间，凡车辆进入考点，一律凭高考车证。

关于印发《北京市一九九六年普通高校成人高等教育专科起点本科班招生考试工作实施办法》的通知

京高招成字［1996］009号

各专升本考点：

全国成人高等教育统一招生考试是招生工作的关键环节，为了保证考试工作的顺利进行，根据国家教委《普通、成人高等学校本、专科招生全国统一考试工作规则》及有关规定，结合我市的具体情况，特制定《北京市1996年普通高校成人高等教育专科起点本科班招生考试工作实施办法》，现印发给你们。请在具体工作中按照本办法中的规定严格要求、加强管理，认真组织实施。

一九九六年四月三日

附：

《北京市一九九六年普通高等学校成人高等教育专科起点本科班招生考试工作实施办法》

全国成人高等教育统一招生考试涉及千家万户，不仅政策性强，而且社会关注程度高。为了不断提高考试组织管理水平，使成人高考向规范化、科学化方向发展，特制定本办法。

一、考试科目、时间

1. 师范类（指考生为普通中、小学教师）专升本科班的考试科目共四科。公共课一科，专业课三科（音乐、美术专业除外）。

公共课：教育理论课（教育学、心理学侧重教育学的部分）。

各专业课分别规定如下：

政治和思想品德教育专业：马克思主义哲学、政治经济学（资本主义部分）、中国革命史。

汉语言文学教育专业：汉语、中国文学（包括古代、现代。现代到一九四九年为止）、文学概论。

历史教育专业：中国通史、世界通史、中国历史要籍介绍和选读。

英语教育专业：精读和泛读、听说、实用语法。

数学教育专业：空间解析几何、数学分析、高等代数。

物理教育专业：高等数学、力学热学、光学电磁学。

化学教育专业：高等数学、有机化学、无机化学（含分析化学定性部分）。

地理教育专业：中国地理、世界地理、自然地理基础。

生物教育专业：动植物学、微生物学、人体解剖及生理学。

体育教育专业：体育理论、运动生理学、综合考试（田径、篮球、体操）。

音乐教育专业：钢琴、声乐、音乐基本理论（乐理、和声）、视唱练耳。

美术教育专业：素描、色彩、创作、美术史论基本知识（中外美术史及技法理论）。

教育管理类专业专升本科班的考试科目共四科，公共课一科：大学语文。专业课三科：教育学、心理学、学校管理。

以上除术科外的各科试题由国家教委统一命制，其命题范围不超出以《中学教师进修高等师范专科教学大纲》为依据编写的《考试复习说明》规定的内容。

各科满分成绩分别为：中国通史 120 分，世界通史 120 分，中国历史要籍介绍和选读 60 分、空间解析几何 50 分，数学分析 150 分、动植物学 150 分、微生物学 50 分、其余各科均为 100 分。

2. 非师范类专科起点本科班考试科目共四科，公共课两科、专业基础课一科、专业课一科。

公共课和专业基础课分别为：

理工类：政治、英语、高等数学（一）

经济（管理）类：政治、英语、高等数学（二）

文史、中医类：政治、英语、大学语文

专业课：由招生学校在以下各专业课中任选一科。图书馆学、档案学、文学概论、新闻学、政治学概论、行政管理学、财政金融学、会计学原理、环境保护概论、管理学概论、电子技术基础、电路原理、机械设计基础、结构力学、化工原理、地质学概论、医学基础、植物生理学、中医基础理论、海洋生物学、淡水生物学、家畜生理学、食品微生物学、市场营销学概论、旅游概论、色彩。

报考法学类和英语类考生考试科目分别为：

法学类：政治、英语、民法、刑法。

英语类：政治、英语、大学语文、精读和泛读。

报考非师范类专升本科班的教师类考生，公共课两科为政治、教育学（职）。

以上各科满分成绩均为150分。各科试题由国家教委考试中心统一命制，其命题范围不超出由国家教委颁布的《专科起点本科班各科复习大纲》规定的内容。

考试按全国统一规定的时间进行。各科目的考试日期及时间见下表。

师范类专升本科班考试科目时间表（北京时间）

专业名称＼日期	星期（5月11日）		星期（5月12日）	
	9:00～11:00	14:00～16:00	9:00～11:00	14:00～16:00
历史教育	教育理论	中国通史 14:00～16:30	世界通史 9:00～11:30	中国历史要籍介绍和选读 14:00～15:00
数学教育	教育理论	数学分析 14:00～16:30	高等代数	空间解析几何 14:00～15:00
生物教育	教育理论	动植物学 14:00～16:30	人体解剖及生理学	微生物学 14:00～15:00
政治和思想品德教育	教育理论	马克思主义哲学	政治经济学	中国革命史
汉语言文学教育	教育理论	汉语	中国文学	文学概论
物理教育	教育理论	高等数学	力学热学	光学电磁学
化学教育	教育理论	高等数学	有机化学	无机化学
地理教育	教育理论	中国地理	世界地理	自然地理基础
体育教育	教育理论	体育理论	运动生理学	综合考试
英语教育	教育理论	实用语法	精读和泛读 14:00～16:30	
音乐教育	教育理论	音乐基本理论 14:00～16:30		
美术教育	教育理论	美术史论基本知识		
教育管理类	教育学	大学语文 14:00～16:30	心理学	学校管理

非师范类专升本科班考试科目时间表

时间＼日期	星期六 （5月11日）	星期日 （5月12日）
9:00～11:30	政治	英语、教育学（职）
14:00～16:30	高等数学（一）（二）、 大学语文、刑法	各专业课 精读和泛读、民法

考生须携带准考证、工作证和身份证在规定时间到指定考试地点应试。

各考点领导小组要使与考试有关的人员熟悉考试时间、考试科目。

二、考点和考场

1. 考点由市高校招生办公室按统一要求安排。考点应具备交通方便、安全可靠、安静、教室采光好等条件。因特殊需要增设考点，须经市高招办批准。

2. 考点要成立考试领导小组。小组成员由3～5人组成；组长为主考，由考点负责人担任，另设副主考两人。

3. 考点领导小组在市高校招生办公室的领导下进行工作。其职责是：负责本考点在考试期间的全面工作，协调解决考试中出现的一般性问题，检查、督促考点下设机构的工作，保证考试顺利进行。

4. 考点下设考务室、办公室、保密室、保卫室、休息室、医务室、考生问询处、饮水处、考生携带物品存在处、自行车存放处、小卖部等。同时要备好考试用品，如：钢笔水、圆珠笔、胶水、线绳等。

5. 考点布置要干净、整齐，在明显位置张贴考场分布图、考生应试守则、考试科目时间表、路标等，以方便考生。

6. 考场应有良好的环境，桌椅要排放整齐、干净，同时注意通风和灯具完好，以方便考生作答。

7. 考场要做到“三净”：即墙壁地面净、课桌内外净、黑板净。考生座位必须是单人单桌、单行排列，间距在80厘米以上，考生座位号（即准考证号）要按纵向“S”型排列。

8. 每个考场都要张贴本考场的编号、准考证号的起、止号。

9. 每个考场至少配备2名监考员，考场外设若干流动监考员，每个考点还应安排一定数量的工作人员，监考员和工作人员应选派组织纪律观念强、作风正派、工作细致、身体健康，且当年无直系亲属参加成人高考的在职教师担任。

三、试卷管理

试卷在启用前为国家绝密级材料。要切实加强对考试管理人员的保密教育，严格试卷管理规定。考试前后和考试期间按以下要求管理试卷：

1. 运送：运送试卷必须专车专人，3人以上押运，并有公安人员协助，押送人员在运送途中不得离开试卷，任何与试卷运送工作无关人员，不得搭乘车。运送途中，任何情况下，试卷现场押运人员不得少于2人。

2. 保管：试卷必须存放在保密室内，要选派3～5名责任心强、纪律观念强的人员担任保管员，保管人员必须昼夜值班，试卷现场值班人员不得少于2人。

3. 试卷启用前，任何人不得以任何借口擅自拆封。如发生失密、泄密等事件，必须立即上报市高校招生办公室，同时采取有效措施，防止扩散，并迅速查明原因。

4. 试卷交接过程中要严格履行交接手续，交接双方要认真清点、核对试卷科目和数量，检查密封、包装是否完好，合格后双方签字负责。

5. 各考点按照市高校招生办公室规定的时间和地点领取试卷，集中保管在保密室内。

6. 各考点负责把当天考试的试卷在第一科开考前1小时运送到各考场。当天考试的考生答卷当天收回保密室集中保管。

7. 标准答案的护送、保管、交接手续，也要按照上述办法办理。

8. 考生答卷按国家秘密级材料管理，保存期为本次考试结束后半年。

9. 考试成绩在通知考生本人前，按国家秘密级材料管理，任何人不得泄露。

四、考试工作程序

1. 每科考试前30分钟（第一科前移10分钟），全体监考人员、工作人员到考点办公室报到，经考点负责人点名后，分赴各自的工作岗位。一名监考员去检查和清理所负责的考场，工作人员到指定的地点值勤。

2. 考试前20分钟（第一科前移10分钟）保密室向监考员发放试卷，监考员按手续领取试卷后直达考场。

3. 考试前15分钟（第一科前移10分钟），一名监考员组织考生入场完毕。此时要逐个对照考生相貌与准考证、身份证和准考证存根上的相片是否相符、考生准考证号与考生的座位号（即贴在桌面上的准考证号）是否一致，每场考试都要进行此项工作。座位号贴在桌面右上角，准考证也要放在桌面的右上角。第一科考试前还须向考生宣读和讲解《考生应试守则》及该科考试的注意事项。

4. 开考前15分钟，监考员当众启封试卷袋。核对无误（若有差错，要及时换取备用卷，特殊问题请示主考处理）后，向考生宣布该科试卷的总张数、总页数以及大题的题目，并把它清楚地写在黑板上，提醒考生注意。同时作好分发试卷准备。

临考员要指导考生在规定的位置写上自己的姓名、准考证号。

5. 考前5分钟打预备铃，即向考生分发试卷。

6. 考生得到试卷后，监考员要指导考生清点试卷页数是否齐全，检查试卷是否有破损、漏印或字迹不清等，然后指导考生在试卷规定的地方填写自己的姓名、准考证号等。如试卷有两张以上，每张都要在规定的地方填写姓名、准考证号。

7. 开考时间到，要准时发出时间信号，考生开始答题。这时一名监考员在前台监督，一名监考员要检查一次考生在试卷上填写的姓名、准考证号是否同准考证上的准考证号一致，发现问题要作出妥善处理。然后两名监考员一前一后认真执行监考任务。

8. 开考15分钟后，考生不得进入考场。此时监考员要对缺考和空号试卷在卷首总分处注明缺考、空号字样。

9. 考试30分钟以后，不再继续应试的考生才可离开考场。

10. 考试终止前15分钟，监考员应宣布一次时间，以提醒考生注意掌握考试的结束时间。

11. 考试结束时间到，监考员立即发出信号，考生停止答卷。考生要把自己的试卷按页码顺序整理好，反扣在自己的桌面上，等待监考员收卷。为了防止替考，监考员一律不得让考生单个交卷。

12. 监考员要按考生准考证号的顺序收卷，同时注意核对试卷页码顺序和张数。试卷排列方式为：小号在上、大号在下，缺考和空号的试卷要放在相应的缺、空位置，切勿漏掉或放错位置。

13. 考生退场后，监考员要填写《考场记录表》和答卷封头纸上的有关内容，对违纪考生要填写《违纪考生登记表》。备用试卷、草稿纸、《考场记录表》交考点办公室保存，《违纪考生登记表》交市高校招生办公室。

14. 每科考试结束后监考员都要认真清理一次考场。

15. 收齐考生答卷后，要由两名监考员一同送考务室交主考验收。

五、答卷的装订和密封

1. 答卷的装订和密封要在考点考务室进行，密封后的答卷要及时交考点保密室。

2. 监考员把答卷送考务室后要再复核一次，重点复核：答卷（试卷）页码顺序和张数是否有误，排列顺序是否有误，有无倒装和错位，缺、空考号试卷是否排放在相应的缺空位置上。

3. 整理好答卷，在答卷前后两面各放一张16开白纸，然后把印刷好的答卷封头纸反放在答卷前面白纸上（即有字的一面向里），用夹子夹好。

夹子夹好后，先不要密封，由考点领导小组成员或由考点领导小组指定的专门人员进行检查，看答卷的排列顺序是否按要求由小号到大号排列、页数是否准确、填写的有关项目是否正确。无误后，考点负责人和监考员在答卷封头纸相应的位置上签字，以便个人负责，然后由监考员按统一规定的方法，进行装订密封。

4. 密封时将答卷封头纸翻上，越过卷头用胶水或浆糊粘在试卷后面的白纸上，再把前面的白纸翻上，越过卷头贴在后面。

5. 将密封好的答卷装入试卷袋中，系好口袋的小绳，贴上密封条，整个密封工作完毕，交保密室保存。考点保密室负责在试卷袋右上角方框内写明考点代号和考场代号：

6. 答卷封头纸使用的代号：

061　北京体育大学
062　北京体育师范学院
063　中国音乐学院
064　北京大学
065　清华大学
066　中国人民大学
067　北京师范大学
068　北京理工大学
069　北京科技大学
070　北京化工大学
071　北方交通大学
072　北京航空航天大学
073　中国农业大学（原北京农业大学）
074　北京林业大学
075　中国农业大学（原北京农业工程大学）
076　中国协和医科大学
077　北京医科大学
078　中国政法大学
079　北京外国语大学
080　北京第二外国语学院

081	北京语言学院	096	中国新闻学院
082	对外经济贸易大学	097	北方工业大学
083	中央民族大学	098	北京商学院
084	北京工业大学	099	北京印刷学院
085	首都医科大学	100	中央财政金融学院
086	首都师范大学	101	北京机械工业学院
087	北京广播学院	102	北京工业大学（计算机学院）
088	南开大学	103	首都经贸大学（东区）
089	天津大学	104	北京建筑工程学院
090	武汉大学	105	首都经贸大学（西区）
091	天津职业技术师范学院	106	华北电力大学（北京）
092	哈尔滨工业大学	107	大连轻工业学院
093	中国科技大学管理学院	108	北京服装学院
094	北京信息工程学院		

科类号：文史类用 1 表示、理工类用 2 表示、外语类用 3 表示。

科目号：

非师范类

01	政治	02	英语	03	高等数学（一）	04	高等数学（二）
05	大学语文	06	图书馆学	07	档案学	08	文学概论
09	新闻学	10	政治学概论	11	行政管理学	12	财政金融学
13	会计学原理	14	环境保护	15	管理学概论	16	电子技术基础
17	电路原理	18	机械设计基础	19	结构力学	20	化工原理
21	地质学概论	22	医学基础	23	植物生理学	24	中医基础学
25	刑法	26	民法	27	植物生理学	28	海洋生物学
29	淡水生物学	30	家畜生物学	31	食品微生物学	32	市场营销学概论
33	旅游学概论	34	色彩				

师范类

40	教育理论	41	马克思主义哲学	42	政治经济学	43	中国革命史
44	汉语	45	中国文学	46	文学概论	47	中国通史
48	世界通史	49	中国历史要籍介绍与选读	50	精读和泛读	51	听说
52	实用语法	53	空间解析几何	54	数学分析	55	高等代数
56	高等数学	57	力学热学	58	光学电磁学	60	有机化学
61	无机化学	62	中国地理	63	世界地理	64	自然地理基础
65	动植物学	66	微生物学	67	人体解剖及生理学	68	体育理论
69	运动生理学	70	综合考试	71	钢琴	72	声乐
73	音乐基本理论	74	视唱练耳	75	素描	76	色彩
77	创作	78	美术史论基础知识	79	教育学	80	心理学

考场号：本考场的编号。

应考人数：指本考场应该参加考试的人数（含缺考号和空号）。

实考人数：实际参加考试的人数。

监考员、主考（考点负责人）都要在试卷封头纸和试卷袋封面相应的位置上签字，以便个人负责。

7. 外语答卷的装订和密封。

如果某个考场两个以上的考试科目，则要分考试科目单独装订和密封。单独装订和密封的方法也同其他科目相同，但要注意考场代号的填写。

六、对违反规定的考试工作人员和考生，区别情况按中华人民共和国国家教育委员会发布的《高等学

校招生全国统一考试管理处罚暂行规定》的有关条款处理

考场全部结束后，各考点要及时集中全部答卷，统一复查各考场的试卷袋是否密封完好，包装打包是否牢固，数量、科类是否准确等。待检查无误后，用专车专人（2 人以上）按规定时间送到阅卷点。

附件 1：主考职责
附件 2：监考员守则（职责）
附件 3：考生应试守则
附件 4：高等学校招生全国统一考试管理处罚暂行规定（摘录）
附件 5：对试卷保管人员的要求
附件 6：监考工作程序
附件 7：联络员职责
附件 8：考点工作人员职责
附件 9：考试证件使用说明

附件 1：

主考职责

一、主持本考点的考试，全面负责本考点工作。

二、选聘、培训监考人员及其他工作人员。要明确职责、任务和分工，熟悉和掌握有关规章制度、考试实施办法、考试纪律和考试管理处罚规定等。

三、检查布置考场及考点各项设施，做好考前准备工作。

四、发出考试预备、考试开始、考试终了的信号。

五、每科考试结束后，组织和验收各考场答卷的装订与密封。

六、确保试卷、答卷在本考点的安全、保密。

七、按规定处理本考点考试期间的一般性问题，遇有重大问题，及时逐级上报。

八、总结考点组考经验。

副主考协助做好上述工作。

附件 2：

监考员守则（职责）

一、确保本考场按规定进行考试。

二、熟悉和掌握考试实施办法，考试管理处罚规定。

三、检查、清理考场。

四、组织考生按时进入考场，确保考生按时答卷。考生入场完毕时间为：第一科在开考前 25 分钟，其他科在开考前 15 分钟。

五、在第一科开考前认真向考生宣读和讲解《考生应试守则》及该科考试的注意事项。

六、按时领取、启封、核对分发试卷。

七、指导考生清点试卷页数是否完整，检查试卷是否有污染、破损、漏印或字迹不清等。发现问题及时解决。

八、指导考生在试卷规定的地方填写自己的姓名、准考证号等。

九、对缺考、空号试卷按时分别在规定位置作出相应的标记、填写准考证号。

十、监考人员对试卷的内容不作任何解释，但考生对试卷印刷文字不清之处提出询问时，应予当众答复。

十一、发现考生违纪，要提出口头警告并及时制止，同时将违纪考生如实填入《违纪考生登记表》。

十二、监考人员须维护考场秩序，保证考试正常进行，有权制止除巡视员、总监考、本考点主考以外的任何人进入考场。未经市高校招生办公室同意不得在考场内照相、录像。

十三、监考员在考场内应精力集中、严肃认真、忠于职守、不吸烟、不看报、不谈笑、不抄题、不做题、不念题，不检查考生答题情况，不得提前和拖延考试时间。在考试期间，不得以任何理由把试卷带出或传出考场。

十四、考试时间终了前15分钟，监考人员应提醒考生注意掌握时间。考试终了时间一到，要按照统一要求顺序依次收集、装订、密封试卷。填好《考场记录表》和答卷封头纸的相关内容，并立即送交考点负责人验收。

十五、监考人员要模范遵守考场纪律，不得以任何形式营私舞弊。监考人员监守自盗、营私舞弊者，要按党纪国法惩处。

附件3：

考生应试守则

一、凭《准考证》和《身份证》按规定时间参加考试。

二、每科开考15分钟后不得入场；开考30分钟内不得离开考场。

三、考生在试卷纸上直接答题，要求用蓝、黑颜色墨水的钢笔、圆珠笔作答；除有关科目必备的直尺、圆规、三角板、铅笔、橡皮外，其他任何物品不准带入考场。

四、考生按《准考证》的准考证号对号入座，并将自己的《准考证》放在桌子的右上角。只能在答卷纸规定的位置填写自己的姓名、准考证号、考试科目等，不得在试卷其他地方做任何标记。

五、开考信号发出后才能开始答题。

六、不得在答卷纸的密封线内答题。

七、在考场内须保持安静，不得吸烟，不得喧哗、不准在考场附近逗留。

八、考试中，不准交头接耳、左顾右盼、打手势、做暗号，不准夹带、偷看、抄袭或有意让他人抄袭，不准传抄答案或交换试卷。

九、考生提问先举手。得到允许后，可提问有关试卷字迹不清、卷面缺损、污染等问题。

十、考试终了信号发出后，考生须立即停笔，将答卷反扣桌上，待监考员将答卷收齐后，起立，依次退出考场，不准在考场逗留。

附件4：

高等学校招生全国统一考试管理处罚暂行规定（摘录）

第二章 违反考试管理的行为和处罚

第七条 考生有下列情形之一的，扣除该科所得的30%～50%：

（一）携带规定以外的物品进入考场的；

（二）开考信号发出前答题的；

（三）考试终了信号发出后继续答卷的；

（四）在考场内吸烟、喧哗或有其他影响考场秩序的行为，经劝阻仍不改正的；

（五）在试卷规定以外的地方写姓名、考号的；

（六）用规定以外的笔答题的。

第八条 考生在两科以上考试中有第七条所列情形之一的，所考科目的考试成绩无效。

第九条 考生有下列情形之一的，取消当年考试资格，情节严重的，不准参加下一年度的全国统一考试：

（一）交头接耳、互打暗号、手势的；

（二）夹带的；

（三）接传答案的；

（四）交换答卷的；

（五）抄袭他人答卷的；

（六）有意将自己的答卷让他人抄袭的；

（七）考试期间撕毁试卷或答卷的；

（八）将试卷或答卷带出考场的；

（九）在评卷中被认定为雷同卷的；

（十）有意在答卷中做其他标记的；

（十一）有其他舞弊行为的。

第十条 考生有下列情形之一的，取消当年考试资格，并从下一年起两年内不准参加全国统一考试：

（一）扰乱报名站（点）、考场、评卷场及与考试有关工作场所秩序的；

（二）拒绝、阻碍考试工作人员执行公务的；

（三）威胁考试工作人员安全或公然侮辱、诽谤、诬陷考试工作人员的；

（四）伪造证件、证明、档案以取得考试资格的。

第十一条 考生由他人代考的，或偷换答卷、涂改成绩的，取消当年考试资格，并从下一年起三年内不准参加全国统一考试；其中是在职人员的，依照本规定第六条处理。

第十二条 高等学校在校生代他人参加全国统一考试的，由其所在学校勒令退学或开除学籍；在校高中生代他人参加全国统一考试的，从该生毕业当年起两年内不准参加全国统一考试；在职人员代他人参加全国统一考试的，依照本规定第六条处理。

附件5：

对试卷保管人员的要求

一、保密保管人员应符合下列条件：

1. 具有良好的政治素质；

2. 当年无直系亲属参加本次全国成人统一考试的国家干部；

3. 保密观念强、坚持原则、忠于职守、严格遵守纪律、工作认真负责；

4. 身体健康。

二、保密保管人员的职责：

1. 试卷的保密保卫工作；

2. 试卷的保管工作；

3. 试卷的接收、发放工作。

三、保密保管人员应严格执行下述规定：

1. 值班期间严禁会客、睡觉、吸烟、饮酒、文娱活动、通信和私自使用电话；

2. 禁止无关人员进入试卷保密室、答卷保密室；

3. 不得以任何理由开启试卷、答卷袋密封包装、改动考生答卷；

4. 密码铁柜的密码和钥匙由招生考点负责人与保密室负责人分别掌管，两人共同在场才能开启，不得转交他人或互相代管；

5. 制止违反保密规定的行为，拒绝他人索用试卷保密室、柜钥匙，拒绝代领试卷；

6. 接收发放试卷时，必须严格执行交接制度，办理双方签字的交接单；

7. 发生试卷泄密、失盗、严重损毁、涂改等重大事件，立即逐级上报，并立即采取措施，保护现场，防止扩散。

附件 6：

监考工作程序

日期		五月十一日（星期六）		五月十二日（星期日）	
午别		上午	下午	上午	下午
科目与时间	考试科目	政治	高等数学（一）、（二）、大学语文、刑法	英语 教育学（职）	各专业课 精读和泛读、民法
	考试时间	9:00～11:30	14:00：～16:30	9:00～11:30	14:00：～16:30
监考人员集中	时间	8:20	13:30	8:30	13:30
	工作要点	1. 监考员、工作人员到考务办公室报到，接受主考指示； 2. 核准钟表时间； 3. 二号监考员到考场打开考场门窗。			
领取试卷	时间	8:30	13:40	8:40	13:40
	工作要点	1. 一号监考员领取试卷，核对试卷袋上考试科目、考场号是否正确，办理签收手续； 2. 集体离开保密室，带试卷直达考场。			
预备（打铃）	时间	8:35	13:45	8:45	13:45
	工作要点	1. 二号监考员在门口组织考生入场，检查准考证上相片是否与本人相符，检查准考证上考场号是否与本考场号相符； 2. 检查考生准考证号是否与桌子上贴的准考证号一致； 3. 首场考试宣读《考生应试守则》及注意事项。			
启封试卷	时间	8:45	13:45	8:45	13:45
	工作要点	1. 一号监考员当众启封试卷，核对科目是否与当场考试科目相符，核对试卷份数、页数是否准确； 2. 二号监考员，将试卷总张数、页数、大题数写在黑板上，并做好发卷准备。			
分发试卷（信号）	时间	8:55	13:55	8:55	13:55
	工作要点	1. 将试卷及草稿纸依次分发给考生。 2. 一号监考员指导考生在密封线内填写区县、姓名、准考证号、科类。			
开考（打铃）	时间	9:00	14:00	9:00	14:00
	工作要点	1. 宣布考生开始答题； 2. 二号监考员逐一检查考生试卷填写的姓名、准考证号是否准确、完整，然后在考室后监考。 3. 一号监考员在考室前监考。			
停止入场	时间	9:15	14:15	9:15	14:15
	工作要点	1. 此时迟到考生停止入场； 2. 一号监考员在答题卡袋上、考场记录表上填写首考号、末考号、缺考号； 3. 在缺考和空号试卷上填写准考证号，在卷首总分处填写“缺考”或“空号”字样。			
允许出场	时间	9:30	14:30	9:30	14:30
	工作要点	监考员对于准备早出场的考生试卷要进行检查，经核对试卷份数、页数、答题卡及草稿无误后，将试卷翻扣在桌上，方可允许考生出场。			

续前表

日期		五月十一日（星期六）		五月十二日（星期日）	
午别		上午	下午	上午	下午
提醒考试时间	时间	11:15	16:15	11:15	16:15
	工作要点	1. 一号监考员提醒考生掌握时间，宣布“距考试结束还有十五分钟”； 2. 二号监考员检查考场记录表中考试情况一栏。			
考试结束（打铃）	时间	11:30	16:30	11:30	16:30
	工作要点	1. 一号监考员宣布考试结束，考生停止答卷；要求考生将试卷排列好，坐好等待监考员收卷； 2. 二号监考员开始收卷，顺序为小号在上，大号在下，一号监考员维持秩序； 3. 试卷收完、清点核实后，考生退场； 4. 复查考场记录； 5. 将试卷按准考证号顺序检查一遍，清查考场，关窗锁门。监考员携带答卷、草稿纸等到考务室交主考验收。			

注：师范类专升本监考工作参照以上程序执行。

附件7：

联络员职责

1. 检查督促考区、考点各机构执行考试纪律和规定情况。
2. 会同考区主任、考点主考处理考区、考点发生的重大问题。
3. 必要时进入考场，检查考试情况。
4. 负责向上级招考部门汇报所巡视的考区、考点的组考情况。

附件8：

考点工作人员职责

一、考点工作人员要自觉接受主考和考点领导小组的工作分配，遵守纪律、做好本职工作。

二、考试前，积极协同考点办公室做好考试准备工作，熟悉和掌握有关规定，明确任务要求。

三、考试期间，主动维护考点秩序，制止无关人员进入考点，禁止他人在考场附近逗留、观望、喧嚷。

四、主动热情地为考生服务，随时服从工作调配，协助监考人员做好场外监护工作。

五、每科考试结束后，协同监考人员清点用品、打扫卫生、关闭门窗。

六、对违反纪律、玩忽职守，造成不良后果者要严肃处理。

附件9：

考试证件使用说明

1. 视察证：市、区（县）级领导、市、区（县）高校招生委员会成员；
2. 总监考证：市高校招生办公室人员；
3. 主考证：考点负责人，即考点领导小组组长；
4. 副主考证：考点领导小组副组长；
5. 监考证：考场监考员；
6. 巡视证：新闻单位记者等；
7. 工作证：考点的服务人员等；
8. 联络员证：市招办派往各考点工作的联络人员；
9. 车证：在考试期间，凡车辆进入考点，一律凭高考车证。

关于印发《北京市一九九六年普通高校成人高等教育招生考试评阅试卷工作规定》的通知

京高招成字［1996］010号

各评卷点、各区（县）高校招生办公室：

现将《北京市1996年普通高校成人高等教育招生考试评阅试卷工作规定》印发给你们，请遵照执行。

一九九六年五月二日

附：

《北京市一九九六年普通高校成人高等教育招生考试评阅试卷工作规定》

评卷工作是整个招生工作的重要环节之一，为了确保评卷工作的顺利进行，特作如下规定。

一、组织工作

（一）组织领导

评卷工作在市成人招生领导小组领导下进行，全市统一设置评卷点。政治科设在首都师范大学，物理、化学、数学（理）和外语科设在北京广播电视大学，以上评卷点由成人教育局考试办公室负责联系和协调；语文科设在北京大学，政治、历史、地理、数学（文）科设在首都师范大学，生理学、人体解剖学科设在北京医科大学，中药学、中医基础学科设在北京中医药大学，机械制图、机械制造工艺基础、旅游概论、礼貌礼仪，物理（职）机械基础学科设在联合大学继续教育学院，以上评卷点由市高校招生办公室负责联系和协调。各评卷点成立相应科目的评卷领导小组，科目评卷领导小组在市招生领导小组的领导下负责具体实施评卷工作。

（二）聘请评卷教师

聘请评卷教师（包括登分人员）以高等学校教师为主（要求具有讲师以上职称），吸收部分高中教师参加，要求是高三年级的骨干教师。评卷教师应在工作责任心强、业务水平较高、有丰富经验作风正派、遵守纪律、身体健康、当年无直系亲属参加成人高考的教师中选聘。评卷点领导小组有权辞退不符合条件的评卷教师。

（三）分工职责

1. 市成人招生领导小组领导全市评卷工作，对评卷工作中有普遍性的重大问题，有最终决定权。

2. 各科分卷考试部分的答题卡，由市高招办计算机室负责阅读。

3. 科目评卷点领导小组具体组织本科目试卷的评卷工作，对该科试卷的评阅质量、分数的核对、试卷的保管、保密和评卷工作的进度负责。

4. 各区（县）招生办公室负责将本区（县）试卷运送到评卷点，答题卡送市高招办计算机室，评卷结束后负责从评卷点取回本区（县）考生的试卷和一份登分单。

5. 评卷点下设的各个小组要对评卷点领导小组分配的任务负责。

二、阅卷评分

（一）研究评分标准，坚持做好试评

各评卷领导小组，要组织全体评卷教师认真学习，研究《试题答案》和《评分标准》，对于评分标准的宽严尺度要统一认识。评卷前要集中学习评分标准，进行试评，对考生不同的答题方式进行研究、讨论。遇有争议的问题，要经过反复论证，统一思想，以便取得统一认识。在此基础上，评卷点领导小组制定出相应科目的“评分标准执行细则”并使每个评卷教师熟悉掌握统一的评分标准及其执行细则，防止在正式评卷中出现偏宽、偏严或宽严不一的现象，以做到“严格、公正、准确”。

（二）实行岗位责任制，采取流水作业法评卷

1. 分组办法。评卷点根据该科目试卷的题目数，编成与题目数相同（或相近）的题目组，每个题目组再分成若干个小组。若该科目答卷数量较多，评卷点可先分成几个大组，每个大组再根据试卷题目数，分成与题目数相同（或相近）的题目组，然后下设若干个小组。组与组之间按时传递流水作业。

2. 各组均设正副组长二至三名，其中一名组长负责领送、分发试卷，并随时掌握评卷进度、质量和出现的问题。

3. 在评卷过程中，作文和论述题由两人分别评阅（一人主评，一人副评，定时交换），在一定幅度内取两个分数的平均数。如超出一定幅度由评卷题目组讨论决定。其他题目一人一题单独评阅。疑难问题由题目组讨论解决。

4. 评卷点要建立严格的复查制度。对评阅后的答卷，小组要复查，题目组、大组要抽查，阅卷点负责内容抽查的同时要及时解决疑难问题。防止偏严、偏宽或宽严不一及漏判题等问题。

成绩如需订正，订正后要由原评卷教师和订正人签名。

（三）记分与积分

评卷批阅、记分和积分一律用红墨水笔或红圆珠笔。

1. 记分方法。文史类试卷如政治、语文、历史、地理、外语只记得分，不记扣除的分数。理工类试卷，如数学（理）、物理、化学和数学（文）记减分，并在有错误的字句下做“—”记号。完全答错和未答的，做“○”记号。题目得分记在得分栏内，同时，评卷人在规定的位置签字，以示负责。每小题中的小数点以后的分数，不作四舍五入。

2. 积分是每题的得分相加，得出整个试卷应得分数，即通常说的某科分数。每大题题首的小数点以后的分数作四舍五入。积分工作一般分两组进行，一组加分，一组复核。

3. 如发现答案中有严重的政治错误，须经集体讨论审查确定后在有错误的地方做“＝”记号，并在试题成绩栏下做“×”记号，同时做记载，必要时，由评卷领导小组处理。对有异常情况的试卷（如雷同试卷；字迹前后不一致；在密封线外写有考生姓名、考号或标记；有《考生违纪情况登记表》登记等），先评分，同时填写《答卷异常情况记录表》，送市高校招生办公室处理。

（四）坚持集中评卷

1. 各评卷点要克服困难，做到按科目在规定的场地集中评阅试卷。

2. 在评卷开始前试卷保管组首先要对考生答卷进行全密封，即在试卷袋拆封后，把试卷袋正面右上角标的“考点代码”、“考场号”等代号，全部覆盖，重新编号，此号称为：“阅卷工作号”，并建立代号底册，一方面便于登分，另一方面，保证试卷始终在密封状况下由评卷教师评阅。

3. 把试卷袋封面的“阅卷工作号”用钢笔或圆珠笔抄写在试卷的密封白纸上，以保证试卷袋的工作号与考卷的工作号一致。

（五）做好答卷的收发、传递、保管和保密工作

1. 评卷点要建立保密室，评卷点要设专人负责收发试卷，发放试卷，评阅后当天收回，集中在保密室保管。

2. 评卷题目小组组长负责领送试卷，领送试卷前均严格检查试卷密封、编号是否完好，有无缺漏。

3. 评卷时要做到严格保密，不得将试卷带出评卷场所，不得抄录试卷评阅结果。对评卷有不同意见应及时向组织反映，不得在室外谈论评卷情况和问题。不得在评卷室内会客、接待来访。

4. 评卷教师要自觉遵守保密制度，不得私自拆开试卷密封卷头查阅考生姓名和成绩，更不得向外传播，如发现此种情况，应进行批评教育，情节严重者要严肃处理。

5. 要注意做好评卷场所的安全保卫工作，保持清洁，注意防火、防盗，不要随意乱扔纸张、烟头。

6. 自觉遵守组织纪律，服从工作安排，按时上下班，因病、因事不能上班时应及时请假。

三、登分与分数录入

(一) 登分工作

登分是指试卷评阅、积分完毕后，按照统一要求把考生分数登记在登分单上。

1. 登分前，先填写“区（县）代号”、“科类号”、“科目号”、“考场号”，然后检查试卷数是否同市招办所发的全市考场登记表上的人数相一致，如果不一致时要认真查找原因，必要时应通知考生所在的区（县）招办查对，要保证应考的人数同本考场的试卷份数相同。只有在上述几项数字准确无误的情况下，才能开始登分。

2. 登分单只填写一份。登分单“准考证号”一栏不填写。

3. 根据考场登记表和试卷袋，逐项填写登分单的顶端部分。特别注意要写好“试卷袋区（县）代号”、“科类号”、“科目号”、“考场号”。

有关代号如下：

普通高等学校成人招生使用的代号：

区县代号：东城 31；西城 32；宣武 33；崇文 34；朝阳 35；海淀 36；丰台 37；石景山 38；燕山 39；门头沟 40；通县 41；顺义 42；平谷 43；怀柔 44；密云 45；房山 46；昌平 47；大兴 48；延庆 49；矿务局 50。

科类代号：文史类 1；理工类 2；外语类 3；西医类 4；中医药类 5；高职 6。

科目号——指考生考试的各科代号。科目代号如下：政治 1；语文 2；数学 3；物理 4；化学 5；历史 6；地理 7；英语 9；俄语 10；日语 11；物理学 18；人体解剖学 19；中医基础学 20；中药学 21；物理（高职）22；化学（职）23；机械制图 24；机械制造工艺 25；旅游概论 26；礼仪规范 27；机械基础 28。

试卷袋工作号——试卷袋右上角贴的“试卷袋工作号”。

人数——本考场应考人数（含空号和缺考数）。

4. 按试卷的顺序从上到下填写每个考生的分数。先填左档，再填右档（即：按登分单上的序号，依次填写），不能颠倒顺序。每个人的分数均按实际分数填写，得多少分就直接写多少分，这里特别要注意空号和缺考考生的成绩应在相应的空、缺位置上填写“0”分。不能合并，不能错位，否则其他考生的成绩将要发生错误。

5. 各项数字的书写要注意规范，不得潦草。特别要注意“0”与“6”、“7”与“2”、“5”与“8”等数字的区分，否则容易造成计算机录入数据时难以辨认或错录。

6. 一组登完分后，另一组再校对一次。要认真检查登分单上的区县号、科类号、科目号、考场号，应考人数等是否同市高招办的考场登记表一致，然后检查登分单上的分数是否同试卷上的分数一致，不一致时应查明原因，及时修改。修改的办法，可在原处打“×”，在旁边写上正确的数字，并签字或盖章（不要盖公章），以示负责。

7. 最后，填表人在下面填好姓名和日期，以区、县为单位按考场号顺序排好装入纸袋里，妥善保管。

8. 要对登分人员加强纪律教育，在市招办正式通知分数之前，任何人不得提前泄露考生的成绩，否则以违反纪律论处。

(二) 成绩录入

评卷结束后，各评卷点要负责将考生成绩录入计算机，录入的技术要求另文说明。

评卷点要将登分单及磁盘文件（考试成绩）在 5 月 27 日上午 9 点前报送市高招办，由市高招办打印复核登分单，供区、县高校招生办组织复核考生成绩使用。

(三) 复核工作

复核工作指在评卷、登分、核分后复查分数是否登错或加错，不涉及评分标准掌握问题。这项工作主要由各区（县）高招办组织进行。

1. 首先检查“复核登分单”上的区（县）号、考场号、科类号、科目号、应考人数是否同封头纸上所标明的相一致；试卷的份数是否同考场应考人数一致（含空号和缺考考生），不一致时，要认真查找原因，及时解决。

2. 各区、县招办进行卷头纸拆封，检查准考证号的顺序是否从小号到大号连续排列，中间是否有其异常现象，如有，应及时纠正。

3. 在前两项均符合规定的情况下，可开始核分工作，逐个检查“复核登分单”上的分数是否同试卷上的分数相符。在复核中如有错误，须填写《修改错误登记表》。

（四）集中改错

市高招办将组织各评卷点和各区、县招办在一起共同修改，时间定于6月1日（星期六）上午8:00，地点在北京广播电视大学阶梯教室。

四、处罚规定

评卷教师在评卷工作中，违反国家教委有关规定及发现考生答卷中有可疑之处时，按国家教委颁发的《高等学校招生全国统一考试管理处罚暂行规定》中第二章“违反考试管理的行为和处罚”的条款处理。

附件：1：北京市1996年普通高校成人高考评卷工作时间安排
2：1996年普通高校成人高考试卷评阅地址一览表（高中起点）
3：1996年北京大学等大学评卷领导小组成员名单（高中起点）
4：1996年北京市普通高校成人高考评卷数量清单

附件1：

北京市1996年普通高校成人高考评卷工作时间安排

时间	工作进度要求
4月25日	下午2:00在市招办召开高中起点考试科目评卷会
5月初	上午9:00在市招办一楼会议室召开计算机录入分数人员工作会
5月11日	考语文、物理、（地理）、政治、生理学、中医基础学
5月12日	考数学、化学、（历史）、外语、人体解剖学、中药学
5月13日	各区（县）向评卷点集中送试卷、评卷点接收试卷
5月14日至27日	阅卷、登分结束。5月27日评卷点向市高招办报成绩磁盘（含专升本）
5月28日	各区（县）专升本考点到评卷点取试卷。到市高招办取成绩复核登分单
5月28日至31日	各区（县）招办专升本考点复核分数
6月1日	在海淀区皂君庙甲4号 北京广播电视大学阶梯教室集中改错、高中起点、专升本

注：时间安排若有变化，另行电话通知。

附件2：

1996年普通高校成人高考试卷评阅地址一览表（高中起点）

学校	科目	地址	联系人及电话
北京大学	语文	北大文化活动中心（艺园4楼）	屈兵：68529922呼8151 62751905
首都师范大学	历史、地理 政治、数学（文）	教工活动中心二层	马辛：68437553 阅卷点：68414411—2632
北京医科大学	生理学 人体解剖学	办公楼二层205、206	高素英：62092260 62091260
北京中医药大学	中医基础、中药学	阅卷地点：管理系楼208室	于红星：64286619 64287014
北京广播电视大学	物理、化学、 外语、数学（理）	西直门内小后仓甲36号	张岱霞：66160314 66162277—384

续前表

学校	科目	地址	联系人及电话
联大继续教育学院	机械制图 机械制造工艺基础 旅游概论 礼貌礼仪 物理（职） 机械基础	联大旅游学院成教处	凌天成：64224307 狄瑞和：64914433—成教处

附件3：

1996年北京大学评卷领导小组成员名单（高中起点）

组长：吕已桥（北大成教院副院长）
副组长：闵开德（北大成人招办 纪委书记）
张连荣（中文系副主任）
王理嘉（中文系教授）
成员：屈兵（北大成人招办）
张虹（北大成教院培训科科长）
高宏鹏（北大成人招办）
联系人：屈兵
阅卷地点：北大文化活动中心（艺园4楼）
西侧门沿路往南走学五食堂南侧
电话62751905 68529922呼8151

1996年首都师范大学评卷领导小组成员名单（高中起点）

组长：李椿年（教务长 院长）
副组长：郑开义（常务副院长）
成员：马辛（招生办公室主任）
朱德朴（数学系副主任）
李增彬（地理系副主任）
叶小兵（历史系副主任）
蔡清生（政法系副主任）
刘向阳（管理系副主任）
李松林（马列教研室副主任）
张连仲（英语系副主任）
阅卷地点：教工活动中心二层
联系人：马辛
阅卷点电话：68414411—2632
办公室：68437553

1996年北京中医药大学评卷领导小组成员名单（高中起点）

组长：何珉
副组长：程丽娟 高薇
成员：于红星 郭宪
地点：管理系楼208室

联系人：于红星
电话：64286619　64287014

1996 年联大继续教育学院评卷领导小组成员名单（高中起点）

组长：凌天成（教育处长）
电话：64224307
地点：联大旅游学院成教处
联系人：狄瑞和
电话：64914433 转成教处

1996 年北京医科大学评卷领导小组成员名单（高中起点）

组长：吕兆丰（教育处长、副书记）
副组长：梅林（生理教研室副主任　副教授）
　　　　汪亚晴（解剖教研室教授）
　　　　高素英（教育处综合科科长　副研究员）
电话：62091260　62092260
送考卷地点：北医大办公楼二层 205、206

1996 年北京广播电视大学评卷领导小组名单（高中起点）

校长：张岱霞
处长：胡幼梅
系主任：张继永
科长：高赤东
联系人：张岱霞
电话：66160314 66162277—384

附件 4：

1996 年北京市普通高校成人高考评卷数量清单

阅卷点	科类	评卷份数
北京大学	语文	27 964
首都师范大学	政治	27 964
	数学（文）	20 940
	历史	41 703
	地理	41 703
北京医科大学	生理学	2 061
	人体解剖学	2 061
北京广播电视大学	数学（理）	7 024
	物理	4 622
	化学	4 622
	英语	2 831
	日语	103
	俄语	10

续前表

阅 卷 点	科　类	评卷份数
中医药大学	中药学	341
	中医基础学	341
联大继续教育学院	机械制图	90
	机械制造工艺基础	150
	旅游概论	90
	礼貌礼仪	90
	物理（职）	90
	机械基础	60

关于印发《北京市一九九六年普通高校成人高等教育专科起点本科班招生考试评阅试卷工作规定》的通知

京高招成字［1996］011号

各有关高等院校：

现将《北京市一九九六年普通高校成人高等教育专科起点本科班招生考试评阅试卷工作规定》印发给你们，请遵照执行。

一九九六年五月二日

附：

北京市一九九六年普通高校成人高等教育专科起点本科班招生考试评阅试卷工作规定

评卷工作是整个招生工作的重要环节之一，为了确保评卷工作的顺利进行，特作如下规定：

一、组织工作

（一）组织领导

普通高校成人高考专升本科班考试的评卷工作，由北京市高招办统一组织，全市统一设置评卷点，具体安排如下：

政治、英语、高等数学（二）、新闻学试卷评阅点：中国人民大学

高等数学（一）、结构力学试卷评阅点：清华大学

刑法、民法试卷评阅点：中国政法大学

大学语文、图书馆、行政管理学、化工原理试卷评阅点：北京大学

会计学原理试卷评阅点：中央财政金融学院

医学基础试卷评阅点：中国协和医科大学

管理学概论、电路原理、电子技术基础、机械设计基础评阅点：北京理工大学

食品微生物学、家畜生理学、植物生理学试卷评阅点：北京农业大学

综合考试、体育理论、运动生理阅卷点：北京体育大学

精读和泛读、教育学（职）、其他师范类试卷评阅点：首都师范大学

色彩试卷评阅点：北京服装学院

以上评卷点由市高校招生办公室负责联系和协调。各评卷点成立相应科目的评卷领导小组，科目评卷领导小组在市招生领导小组的领导下负责具体实施评卷工作。

（二）聘请评卷教师

聘请评卷教师（包括登分人员）以高等学校教师为主（要求具有讲师以上职称）。评卷教师应在工作责任心强、业务水平较高、有丰富经验、作风正派、遵守纪律、身体健康、当年无直系亲属参加成人高考的教师中选聘。评卷点领导小组有权辞退不符合条件的评卷教师。

（三）分工职责

1. 市成人招生领导小组领导全市评卷工作，对评卷工作中有普遍性的重大问题，有最终决定权。

2. 科目评卷点领导小组具体组织本科目试卷的评卷工作，对该科试卷的评阅质量、分数的核对、试卷的保管、保密和评卷工作的进度负责。

3. 各考点负责将本考点试卷运送到评卷点，评卷结束后负责从评卷点取回本考点考生的试卷和一份登分单。

4. 评卷点下设的各个小组要对评卷点领导小组分配的任务负责。

二、阅卷评分

评卷点建立严格的复查制度。对评阅后的答案，小组要复查，题目组、大组要抽查，阅卷点负责人在抽查的同时要及时解决疑难问题。防止偏严、偏宽或宽严不一及漏判题等问题。

成绩如需订正，订正后要由原评卷教师和订正人签名，以示负责。

（一）记分与积分

评卷批阅、记分和积分一律用红墨水钢笔或红圆珠笔。

1. 记分方法。文史类试卷如政治、语文、历史、地理、外语只记得分，不记扣除的分数。

理工类试卷，如数学（理）、物理、化学和数学（文）记减分，并在有错误的字句下做“—”记号。完全答错和未答的，做“○”记号。题目得分记在得分栏内，同时，评卷人在规定的位置签字，以示负责。每小题中的小数点以后的分数，不作四舍五入，每大题题首分的小数点以后的分数，作四舍五入。

2. 积分是每题的得分相加，得出整个试卷应得分数，即通常说的某科分数。积分工作一般分两组进行，一组加分，一组复核。

3. 如发现答案中有严重的政治错误，须经集体讨论审查确定后在有错误的地方做“＝”记号，并在试题成绩栏下做“╳”记号，同时做记载，必要时由评卷领导小组处理。对有异常情况的试卷（如雷同试卷；字迹前后不一致；在密封线外写有考生姓名、考号或标记；有《考生违纪情况登记表》登记等），先评分，同时填写《答卷异常情况记录表》，送市高校招生办公室处理。

（一）研究评分标准，坚持做好试评

各评卷点领导小组，要组织全体评卷教师认真学习、研究《试题答案》和《评分标准》，对于评分标准的宽严尺度要统一认识。评卷前要集中学习评分标准，进行试评，对考生不同的答题方式进行研究、讨论。遇有争议的问题，要经过反复论证，统一思想，以便取得统一认识。在此基础上，评卷点领导小组制定出相应科目的“评分标准执行细则”并使每个评卷教师熟练掌握统一的评分标准及其执行细则，防止在正式评卷中出现偏宽、偏严或宽严不一的现象，以做到“严格、公正、准确”。

（二）实行岗位责任制，采取流水作业法评卷

1. 分组办法。评卷点根据该科目试卷的题目数，编成与题目数相同（或相近）的题目组，每个题目组再分成若干个小组。若该科目答卷数量较多，评卷点可先分成几个大组，每个大组再根据试卷题目数，分成与题目数相同（或相近）的题目组，然后下设若干个小组。组与组之间按时传递流水作业。

2. 各组均设正副组长二至三名，其中一名组长负责领送、分发试卷，并随时掌握评卷进度、质量和出现的问题。

3. 在评卷过程中，论述题由两人分别评阅（一人主评，一人副评，定时交换），在一定幅度内取两个分数的平均数。如超出一定幅度由评卷题目组讨论拟定。其他题目一人一题单独评阅。疑难问题由题目组讨论解决。

（四）坚持集中评卷

1. 各评卷点要克服困难，做到按科目在规定的场地集中评阅试卷。

2. 在评卷开始前试卷保管组首先要对考生答卷进行全密封，即在试卷袋拆封后，把试卷袋正面右上角标的“考点代码”、“考场代码”等代号，全部覆盖，重新编号，此号称为：“阅卷工作号”，并建立代号底册，一方面便于登分，另一方面，保证试卷始终在密封状况下由评卷教师评阅。

3. 把试卷袋封面的“阅卷工作号”用钢笔或圆珠笔抄写在试卷的密封白纸上。以保证试卷袋的工作号与考卷的工作号一致。

（五）做好答卷的收发、传递、保管和保密工作

1. 评卷点要建立保密室，评卷点要设专人负责收发试卷，发放的试卷，评阅后当天收回，集中在保密室保管。

2. 评卷题目小组组长负责领送试卷，领送试卷前均严格检查试卷密封、编号是否完好，有无缺漏。

3. 评卷时要做到严格保密，不得将试卷带出评卷场所，不得抄录试卷评阅结果。对评卷有不同意见应及时向组织反映，不得在室外谈论评卷情况和问题。不得在评卷室内会客、接待来访。

4. 评卷教师要自觉遵守保密制度，不得私自拆开试卷密封卷头查阅考生姓名和成绩，更不得向外传播，如发现此种情况，应进行批评教育，情节严重者要严肃处理。

5. 要注意做好评卷场所的安全保卫工作，保持清洁，注意防火、防盗，不要随意乱扔纸屑、烟头。

6. 自觉遵守组织纪律，服从工作安排，按时上下班，因病、因事不能上班时应及时请假。

三、登分

登分是指试卷评阅、积分完毕后，按统一要求把考生分数登记在登分单上。

1. 登分前，先填写“考点代号”、“科目号”、“考场号”然后检查试卷数是否同市招办所发的全市考场登记表上的人数相一致，如果不一致时要认真查找原因，必要时应通知考生所在考点查对，要保证应考的人数同本考场的试卷份数相同。只有在上述几项数字准确无误的情况下，才能开始登分。

2. 登分单只填写一份。登分单“准考证号”一项不填写。

3. 根据考场登记表和试卷袋，逐项填写登分单的顶端部分，特别注意填好“考点代号”、“科目代号”、“考场号”、“人数”。

4. 有关代号如下：

（1）考点代号：

北京大学 01、中国人民大学 02、北京理工大学 03、中央财政金融学院 04、中国政法大学 05、首都师范大学 06、北京医科大学 07、北京科技大学 08、北京航空航天大学 09、对外经济贸易大学 10、北京工业大学 11、北京经济学院 12。

（2）科目代号：

非师范类

科目代码	科目名称	科目代码	科目名称
01	政治	02	英语
03	高等数学（一）	04	高等数学（二）
05	大学语文		
06	图书馆学	07	档案学
08	文学概论	09	新闻学

10	政治学概论	11	行政管理学
12	财政金融学	13	会计学原理
14	环境保护	15	管理学概论
16	电子技术基础	17	电路原理
18	机械设计基础	19	结构力学
20	化工原理	21	地质学概论
22	医学基础	23	植物生理学
24	中医基础学	25	刑法
26	民法		
28	海洋生物学	29	淡水生物学
30	家畜生物学	31	食品微生物学
32	市场营销学概论	33	旅游学概论
34	色彩		
师范类			
40	教育理论	41	马克思主义哲学
42	政治经济学	43	中国革命史
44	汉语	45	中国文学
46	文学概论	47	中国通史
48	世界通史	49	中国历史要籍介绍和选读
50	精读和泛读	51	听说
52	实用语法	53	空间解析几何
54	数学分析	55	高等代数
56	高等数学	57	力学热学
58	光学电磁学	60	有机化学
61	无机化学	62	中国地理
63	世界地理	64	自然地理基础
65	动植物学	66	微生物学
67	人体解剖及生理学	68	体育理论
69	运动生理学	70	综合考试
71	钢琴	72	声乐
73	音乐基本理论	74	视唱练耳
75	素描	76	色彩
77	创作	78	美术史论基础知识
79	教育学	80	心理学
98	俄语	99	日语

（3）考场号：该袋试卷所在的考场号

（4）人数：本考场应考人数（含空号和缺考数）

5. 按试卷顺序从上到下填写每个考生的分数。先填左档，再填右档（即按登分单上的序号，依次填写），不能颠倒顺序。每个人的分数均按实际分数填写，这里特别强调要注意空号和缺考考生的成绩应在相应的空、缺位置上填写“0”分，不能合并，不能错位，否则其他考生的成绩将要发生错误。

6. 各项数字的书写要注意规范，不得潦草。特别要注意“0”与“6”、“7”与“2”、“5”与“8”等数字的区分，否则容易造成计算机录入数据时难以辨认或错误。

7. 登分工作应分两组进行，一组登完分后，另一组再校对一次。要认真检查登分单上的考点代号、考场号、科目号、应考人数等是否同市招办的考场登记表一致，然后检查登分单上的分数是否同试卷上的分数一致，不一致时应查明原因，及时修改。修改的办法，可在原处打“×”，在旁边写上正确的数字，并签字或盖章（不要盖公章），以示负责。

8. 最后，填表人在下面填好姓名和日期；以考点为单位按考场号顺序排好装入纸袋里，妥善保管。

9. 要对登分人员加强纪律教育，在市招办正式通知分数之前，任何人不得提前泄露考生的成绩，否则以违反纪律论处。

四、分数录入

评卷结束后，各评卷点要负责将考生成绩录入计算机，录入的技术要求另作说明。

各评卷点在5月27日上午9:00前把考试成绩软盘和登分单交市高校招生办，由市高校招生办打印复核登分单，供各考点组织复核成绩使用。

五、分数复核

复核工作指在评卷、登分、核分后复查分数是否登错或加错，不涉及评分标准掌握问题。这项工作由各考点组织进行。具体要求如下：

1. 首先检查“复核登分单”上的考点代号、考场号、科目代号和应考人数是否同封头纸上所标明的相一致；试卷的份数是否同考场人数一致（含空号和缺考考生），不一致时，要认真查找原因，及时解决。

2. 各考点进行卷头纸拆封，检查准考证号的顺序是否从小号到大号连续排列，中间是否有其他异常现象，如有应及时纠正。

3. 在前两项均符合规定的情况下，可开始核分工作，逐个检查“复核登分单”上的分数是否同试卷上的分数相符。在复核中如有错误，须填写“修改错误登记表”。

六、集中改错

市高招办组织各评阅点和各考点登分中出现的错误进行修改，时间定于6月1日（星期六）上午8:00，地点定在海淀皂君庙甲4号，北京广播电视大学阶梯教室。

附件：1. 北京市一九九六年普通高校成人高考评卷工作时间安排
2. 北京市一九九六年成人高考试卷评阅地址一览表（专科起点）
3. 北京市一九九六年成人高考阅卷领导小组名单
4. 北京市一九九六年普通高校成人高考评卷数量清单（专升本）
5. 北京市一九九六年普通高校成人高考专升本各阅卷点评卷数量

附件1：

北京市一九九六年普通高校成人高考评卷工作时间安排

时间	工作进度要求
4月25日	上午9:00在市招办召开专升本考试科评卷会
5月初日	上午9:00在市招办一楼会议室召开计算机录入分数人员工作会
5月11日	考政治、高等数学（一）（二）、刑法
5月12日	考英语、教育学（职）、各专业课、精读和泛读、民法
5月13日	各考试单位向评卷点集中送试卷、评卷点接收试卷
5月14日至27日	阅卷、登分结束。5月27日评卷点向市高招办报成绩磁盘（含专升本）
5月28日	各报名单位到评卷点取试卷。到市高招办取成绩复核登分单
5月28日至31日	各报名单位复核分数
6月1日	在海淀区皂君庙甲4号 北京广播电视大学阶梯教室集中改错、高中起点、专升本

注：时间安排若有变化，另行电话通知。

附件2：

北京市一九九六年成人高考试卷评阅地址一览表（专科起点）

学校	科目	地址	联系人及电话
人大	政治、英语、数学（二）、新闻学	资料楼304	高宪法 62511196
清华	数学（一）、结构力学	清华36所	康静安 6251226　62595519
政法	刑法、民法	教学楼108	于向荣 62015577－2971
北大	大学语文、图书馆学、行政管理学、化工原理	北大文化活动中心（艺园4楼）	屈兵 68852922 呼 8151 阅卷点 62751905
中财	会计学原理	办公楼308	李卫 62243370　62251188－321
协和医科大学	医学基础	夜大第三教室、继续教育处	65125127　王江波 65295943
理工大	管理学概论 电路原理 电子技术基础 机械设计基础	主楼205室	朱建刚　68416688-2315
首都师大	精读和泛读、教育学（职）专升本师范类试卷	教工活动中心	马辛 68437554-225 阅卷点 68414411-2632
农大	食品微生物学、家畜生理学、植物生理学	小灰楼二层会议室 教务处会议室	吕天敏 62632904
服装学院	色彩	化纤楼406房	华宗 64215526
体育大学	综合考试、体育理论、运动生理学	图书馆1楼会议室	惠民 62562233-397

附件3：

北京市一九九六年成人高考阅卷领导小组名单

政法大学阅卷领导小组名单

组长：刘金友
副组长：刘亚军　庄敬华
联系人：于向荣
电话：62015577-2971

体育大学阅卷领导小组名单

组长：吴从斌
副组长：惠民

成员：
体育：刘少曾（副教授）
运动生理学：刘柏（讲师）
田径：简容章
体操：董进
篮球：吴从宾
地点：图书馆1楼会议室　保密员：石玲
联系电话：62562233-397

服装学院阅卷领导小组名单

组长：陈蕾华
副组长：华宗
成员：
王蕴强（教授）
谷守山（教授）
何宁（讲师）
地点：化纤楼405房
电话：64215526

北京大学阅卷领导小组名单

组长：吕已桥（北大成教院副院长）
副组长：闵开德（北大成人招办纪委书记）
张连荣（中文系副主任）
王理嘉（北大中文系教授）
成员：屈兵（北大成人招办）
张虹（北大成教院培训科科长）
高宏鹏（北大成人招办）
联系人：屈兵
地点：北大文化活动中心（艺园4楼）
（西侧门沿路往南走学五食堂南侧）
电话 62751905　68852922 呼 8151

北京理工大学阅卷领导小组名单

组长：周广忠（副院长）
副组长：钟治汉（教研部主任）
成员：林谦（招办成员）
接收试卷地点：北京理工大学主楼2015室
联系人：林谦
电话：68416688 转 2315

中国人民大学阅卷领导小组名单

组长：顾宗莲　教务处处长
副组长：高宪法（招办主任）

成员：朱光贵　教授
　　　佟学伶　教授
　　　朱立言　教授
地点：资料室 304 室
联系人：高宪法
电话：62511196

中央财政金融学院阅卷领导小组名单

组长：邹超英（成教部副主任）
副组长：程占龙（学生科副科长）
成员：金舟（科员）
联系人：程占龙
电话：6221188-322
接收试卷成员
联系人：程占龙
地点：院办公楼 301 室（成人教育部）
电话：62251188-322

北京农业大学阅卷领导小组名单

领导小组：吕天敏、高咏才（副处长）
圆明园路 2 号（小灰楼二层会议室）
阅卷地点：教务处会议室
电话：62632904

协和医科大学阅卷领导小组名单

组长：郑超强
副组长：王江波
成员：郭玉娥、康鹏、徐承涛、林嘉友
阅卷组长：徐承涛、林嘉友教授
阅卷地点：夜大第三教室
送卷地点：继教处
电话：65125127　65295943

清华大学阅卷领导小组名单

组长：黄智　清华继续教育学院副院长
成员：王瑞武（力学系教师）康静安（数学系教师）
地点：清华大学夜大学（西门进，气象台下）
电话：62561226
联系人：康静安

附件 5：

北京市一九九六年普通高校成人高考专升本各阅卷点评卷数量

阅卷点	考试科目	数量
中国人民大学	政治	7 724
	英语	7 174
	数学（二）	3 412
	新闻学	119
	合计	18 429
清华大学	数学（一）	2 127
	结构力学	239
	合计	2 366
政法大学	刑法	625
	民法	625
	合计	1 250
北京大学	大学语文	1 082
	图书馆学	90
	行政管理学	219
	化工原理	12
	合计	1 403
首都师范大学	精读和泛读	751
	其他师范类（含北京体育大学）	6 995
	合计	7 746
中央财政金融学院	会计学原理	3 220
	合计	3 220
协和医科大学	医学基础	541
	合计	541
北京理工大学	管理学概论	361
	电路原理	987
	电子技术基础	148
	机械设计基础	169
	合计	1 665
北京农业大学	食品微生物学	8
	家畜生理学	9
	植物生理学	43
	合计	60
北京服装学院	色彩	42
	合计	42

关于准备和报送一九九六年成人高考考生档案的通知

京高招成字［1996］012 号

名区（县）高校招生办公室：

我市普通高校成人高考的阅卷及分数处理工作已经结束。国家教委近期召开全国录取工作会议，明确了录取工作的原则。市高校招生办公室将在 6 月下旬组织招生学校集中录取，现将各区（县）高招办准备和报送档案的有关事宜通知如下：

1. 考生档案主要是考务材料，备档线上的考生档案袋应装有：（1）考生报名登记表；（2）高考试卷（语文科）；（3）申请照顾录取的证件复印件有关材料等。档案袋正面要贴上考生志愿表。

2. 在考生报名登记表和考生志愿表上“统考科目和成绩”栏处，要分别贴上考生成绩条。

3. 统考成绩文史类 395 分、理工类 340 分为备档线（不含体育、艺术专业）。对这部分考生档案，区（县）高招办按照市高校招生办公室提供的调档单准备档案（根据考生第一志愿从高分到低分排序）。体育、艺术类考生档案单独排序。

4. 备档线以下的考生材料的管理办法：（1）高考试卷以报名号为序（从小号到大号）存放在区（县）

高招办；（2）对考生报名登记表、志愿表及有关证明材料，按每100个考生的材料为一袋（从小号到大号）装档案袋，档案袋封面要列出本袋考生的考号、姓名和总分数。

5. 送档

（1）最低控制分数线上的档案按市高招办提供的调档单在录取点进行验收，备档线以上最低控制分数线以下的考生档案，根据考生报名号从小号到大号排序送录取点。

（2）备档线下的考生材料，按以上要求（不含考生答卷），送录取点。

（3）送档时间：6月24日下午2:00。

（4）录取地点：怀柔双阳宾馆。

一九九六年六月十七日

关于做好一九九六年普通高校成人高考录取工作的意见

京高招成字［1996］013号

各区（县）高校招生办公室、各招生学校、各在京招生代办单位：

根据国家教委有关文件规定和全国成人高校招生录取工作会议的精神，结合我市的具体情况，现就录取工作提出以下意见：

一、坚持录取标准，确保新生质量

新生质量直接关系到成人高等学历教育的质量。因此，所录取新生必须拥护中国共产党，拥护社会主义制度，坚持四项基本原则，拥护改革开放，有理想、品德良好、遵纪守法，具备应有的文化知识水准。在招生录取工作中，各招生学校要认真贯彻德、智、体全面衡量，择优录取的原则，同时要根据成人高等教育的特点，贯彻“按需培养，学以致用”的精神。

二、关于最低录取控制分数线

成人高考最低录取控制分数线是成人考生接受高等学历教育应具有的文化知识水平的基本要求，国家教委审定了我市录取新生的最低录取控制分数线，各招生学校不得自行录取线下考生。

各科类最低录取控制分数线如下：

1. 高中起点：（所列分数，均不含外语科成绩）：

文史类：本科 465

专科 425

理工类（含西医、中医药类）：本科 440

专科 370

外语类：本科465，外语单科限90分以上

专科425，外语单科限60分以上

艺术专业：本科最低录取分数线（不含数学）不低于文史类本科最低录取控制分数线的百分之七十（260）分，专科不低于专科最低录取控制分数线的百分之六十（204）分；史论、编导专业本、专科均不低于相同层次的百分之九十（本科335分、306分）。

体育专业：专科最低录取分数线不低于理工类专科最低录取控制分数线的百分之六十（222）分。

各院校录取新生时，要依据考生志愿，在最低录取控制分数线上由高分到低分择优录取，既要重视考生的总成绩，又要注意与其报考专业相关科目的成绩。各学校要对本科专业考生的外语成绩，提出相应的要求，划出单科控制分数线。

2. 专科起点：

师范类：专科起点本科班最低录取控制分数线为240分（四科）；非师范类：专科起点本科班按照招生计划数和录取原则，从高分到低分择优录取，生源不足的专业最低录取分数不得低于360分。

专科起点本科班的考生，必须具备国家教委审定核准的国民教育系列高等学校颁发的大学专科毕业证书。

3. 对符合照顾录取的考生，如其单科成绩未达到规定的标准，可以采取把应该照顾的分数除以考试科目数，将所得分数计入单科成绩，择优录取。

三、关于照顾录取

1. 符合下列条件之一的考生，可以在最低录取控制分数线下30分（专科起点本科班为20分）以内择优录取。

1991年以来，区（县）级以上人民政府（党委）、国务院各部委司（局）及市属局（总公司）系统、国家特大型企业授予的劳动模范、先进生产（工作）者，模范（先进）教师，模范（优秀）党员称号获得者；科技进步（成果）获奖者；市级以上工、青、妇组织授予的“五一劳动奖章”、“新长征突击手”、“三八红旗手”称号获得者；人民解放军、武警部队、公安干警荣立三等功以上者。

2. 符合下列条件之一的考生，可以在最低录取控制线下15分（专科起点本科班为10分）以内择优录取。

归侨、华（归）侨子女、台湾省籍考生、烈士子女、烈士配偶、少数民族聚居地的各少数民族考生；国防科技工业三线企业单位（地处地、市以上人民政府所在地的除外）及在野外、井下、监所、远洋第一线从事采伐、农垦、地质、采矿、勘探、劳改、劳教、远洋运输工作，报考对口专业的考生。

3. 对报考对口专业并具有五年以上工龄（教龄）的中年生产业务骨干（教师）、赴前线作战的复员、转业人员、退出现役的义务兵，在与其他考生相同条件下，在相同分数段中优先录取。

各招生学校对符合照顾条件的考生，在录取新生过程中要严格审查《照顾对象审核表》、有关证件和考生履历，做好把关工作。对于不符合照顾条件，而又填写《照顾对象审核表》的考生档案，招生学校要及时退还市高招办。

四、关于录取“往届生”

凡在京列有成人招生计划的学校，根据本校生源情况，经学校主管部门批准，可按规定招收“往届生”。被录取的“往届生”列入本校当年招生计划，并做相应的统计。

招生学校可根据生源情况和办学条件，确定本校招收“往届生”的数量和“往届生”的录取分数线。

录取“往届生”的原则及其他事宜，按有关规定执行。

五、第二专业专科学历录取工作

凡在京列有成人招生计划的学校，根据学校生源情况，经过学校主管部门批准，可按规定招收“第二专业专科学历”的学生。被录取的“第二专业专科学历”不列入本校当年招生计划。

招生学校可根据招生计划和办学条件，确定本校招收“第二专业专科学历”的招生数量。录取“第二专业专科学历”的原则，按有关规定执行。

六、专科起点升本科班录取工作

根据国家教委审定（及备案）的录取控制分数线，从高分到低分择优录取，个别学校生源不足的，最低录取分数线不得低于360分，需要调剂录取的考生，应按考生志愿，调剂到第二志愿学校，并且考试科目相同的专业录取。招生学校提出录取名单，经市高招办审查批准后，由学校发放录取通知书。

七、预科生和资格生的转证入学手续。

1995年预科生转证手续在录取点进行，转证时要核对预科生名单（资格）。同时要求每科成绩达到及格水平，具体办法可参照学籍管理的有关规定执行。

八、加强领导，严肃纪律

普通高校成人高等教育的招生录取工作情况比较复杂，各有关方面要加强对这一工作的领导，要认真贯彻“深化改革，保证质量，严明纪律”的指导思想，既要主动适应，又要加强管理，招生工作要认真执行中央纪律检查委员会、国家教委《关于进一步纠正各类高等学校招生工作不正之风的通知》的有关规定，严肃纪律，坚决反对和抑制徇私舞弊、“走后门”等不正之风，对招生工作中出现各种形式的违纪、舞弊事件，必须严格按照国家教育委员会颁布的《高等学校招生全国统一考试管理处罚暂行规定》认真查处，追究责任。对违反规定录取的考生，一经查实，立即取消学籍，并对责任者给予严肃处理，以维护成人高考工作的社会信誉，保证成人招生工作的顺利进行。

招生学校要将录取的新生名单通知到考生单位并张榜公布，注明照顾条件，以便接受群众监督，对群众举报的问题要深入调查，确属违纪者要一律做出严肃处理。

各学校一律不得招收旁听生和试读生。不得违反规定，乱许愿，乱办学。

录取的新生一律不迁转户口、不包分配。

凡违反规定，录取新生造成不良后果的，一切责任自负。

九、录取体制

各招生学校提出录取新生名单（一式三份），经市高校招生办公室审查批准后，由招生学校发放录取通知书。

对于个别跨省、自治区、直辖市招生的部委所属院校的录取名单，经国家教委同意，可报其主管部委教育部门审批后，由学校发放录取通知书。此类学校的考生调剂、统计报表及遗留问题的处理，均由录取审批部门负责，并须将在京录取的新生简明情况登记表抄送市高校招生办公室备案。

十、录取工作时间安排

6月20日上午9:00，召开录取工作预备会。

6月20日至24日为录取准备时间。生源情况较好，需要增加招生人数的学校和跨省、市招生的学校，须请示国家教委和主管部门做好计划调整工作，录取时招生学校须提供上级主管部门签发调整计划意见，方允许增加招生人数。

6月24日上午，市高招办录取工作人员进驻录取点。

6月24日下午，2:00，各区（县）高招办向录取点报送档案清单。

6月25日上午，各区（县）高招办参加普校考试工作会。

6月25日下午，各招生学校录取工作人员报到。

6月26日上午，8:00，发档。

7月1日上午录取工作结束，下午撤录取点。

录取期间各招生学校及代办单位人员的食宿费自理。

录取阶段的工作比较紧张，各招生学校要集中力量，按规定时间阅档和审录。调剂录取时，要尊重考生志愿，根据社会需要安排好第一志愿落选考生。

录取地点：怀柔县双阳宾馆。

一九九六年六月十五日

关于成人高考调剂录取的请示

京高招成字［1996］014号

市教育考试院领导：

我办公室负责的普通高校成人录取第一阶段工作已经结束。据统计，市属高校的录取人数（高中起点）与计划数（4400余人）已持平。中央部委高校在京录取人数不足计划数，尚缺额1000多人。这些高校都表示，愿意接受独立设置成人高校未被录取的文（425分以上）、理（370分以上）两科考生。

为了不使中央院校在京计划指标调转到外地。我们希望尽早进入第二阶段调剂，原则意见已与成考办协商过，具体为：

1.7月10日市成人考试办公室向市高招办，一次性提供独立设置成人高校未录取考生的档案材料，并附名单及这些考生基本情况的软盘。

2.市高招办抽出专人，根据考生专业志愿情况先进行内部调剂分配。

3.7月15日～16日市招办将内部调剂分配的档案，移交有关高校，具体征求考生意见。

4.7月18日～19日市高招办办理调剂录取手续。

5.7月22日市高招办把不能调剂的考生档案，一次性退还市成人考试办公室。

以上意见如无不妥，请批转市成人考试办公室协助，以便我们尽早通知有关高校。

一九九六年七月四日

关于成人高考调剂录取的情况汇报

京高招成字［1996］015号

市教育考试院领导：

根据院领导对"关于成人高考调剂录取请示"（京高招成字［1996］014号）的批复意见，市考办于7月10日按时将未录考生档案移交我办。现将调剂情况汇报如下。

一、在征求意见过程中，有的考生已收到原第一志愿学校的录取通知书，我们考虑到调剂录取的原则应以成考办移交的考生档案为调剂录取的依据，所以也按"两个倾向"做了调剂。

二、我办共接收档案944份，经学校征求意见和根据考生原报学校的"专业倾向"和"地区倾向"，共调剂录取878人。

三、由于时间较紧，部分考生没有联系上。我们与学校协商，请学校先办录取手续再通知考生，以免考生落选。

四、这次调剂录取中远郊区县考生占了较大比例（近40%）。由于普通高校在远郊区县开班的专业较少，调剂困难。为了避免上线考生落榜，招生学校在部分远郊区县增设、扩大了办学点。

五、在调剂录取中，招生学校普遍希望考生原报第一志愿学校不要再向考生乱许愿、打保票要回考生，避免影响学校的开班计划。为此，经我办研究决定，免收了招生学校的"招生录取费"，以避免招生学校可能出现的经济损失。

六、未能调剂录取考生原因如下：

1.原报第一志愿学校要求留档，不参加调剂。（共22人）

2."3+2"考生。部分"3+2"考生由于其专业性质、考试科目比较特殊，普通高校难以接收安排。（共27人）

3.个别考生属于在校生或应届毕业生，故未予录取。（9人）

4.个别考生已在原报第一志愿学校跟读1～2年，故未予录取。（共3人）

5.个别考生已被原单位辞退，报名登记表中无家庭住址，无法发放录取通知书或考生明确表示今年不上，故未予录取（共4人）。

6.市考办误转线下考生1人。未予录取。

以上未调剂录取考生共66人，已按原定时间7月22日退还成考办。

七、按原定安排，我们将尽早做好下一阶段的收尾工作。

特此报告。

一九九六年七月二十二日

1997 年北京市各类成人高等学校招生工作总结

北京市各类成人高等学校招生工作已经结束，现将招生工作情况总结如下。

一、指导思想

在 1997 年北京地区各类成人高校招生工作中，继续坚持了招生计划宏观调控、加强管理、遵守纪律、确保质量的思想，同时紧密联系我市成人高校招生管理体制改变的实际，继续提高工作的规范化程度，增强服务意识，做到平稳过渡，使招生工作更好地适应新形势的要求。

二、基本情况

1. 招生计划

年初招生计划总数为34 022人，其中市属为17 761人，部属为16 261人；调整后招生计划总数为34 397人，其中市属为18 055人，部属为16 342人。

高中起点本、专科招生计划数为28 175人，其中市属为15 281人，部属为12 894人。

专科起点生本科招生计划数为6 222人，其中市属为2 774人，部属为3 448人；师范类为2 241人，非师范类为3 981人。

2. 报名情况

今年，在北京市招生的各类成人高等学校共 212 所，其中市属成人高校 53 所，部委属成人高校 159 年；普通高校成人教育 109 所，职工大学 48 所，管理干部学院 53 所，教育学院 1 所，电视大学 1 所。

全市统考考生报名总数为81 696人，其中高中起点本、专科考生为66 399人，专科起点升本科考生为15 297人。

高中起点本、专科考生中文史类为52 014人，理工类为14 385人；脱产学习的为11 725人，业余学习的为54 674人。

专科起点升本科考生中师范类为4 422人，非师范类为10 875人（其中教师类为 92 人，非教师类为10 783人）；脱产学习的为 449 人，业余学习的为14 848人。

报考市属成人高校的考生总数为49 679人，报考部委成人高校的考生总数为32 017人。

另外，有预科生2 005人，电大基础班结业生2 431人，资格生 51 人，推荐生 362 人，第二专业专科学历生10 748人。

以上报名考生数共计97 293人。

3. 组考情况

按照国家教委统一规定，北京市各类成人高等学校招生全国统一考试工作于 5 月 10—11 日进行。全市共设考区 20 个，考点 138 个，考场2 889个。

本次考试，由于各级领导和各级招生部门高度重视，组织严密，措施得力，监考人员严格执行考试纪律，狠抓考风考纪，因此，做到层层有人抓，事事有人管，分工明确，协同作战，考场纪律严明，秩序井然，全部组考工作进展顺利，获得社会好评，提高了成人高考的社会信誉。

本次考试，共查处违纪作弊考生216人，其中替考57人，夹带113人，抄袭26人，用BP机作弊9人，其他违纪作弊11人。

4. 录取情况

今年国家教委审定批准的本市高中起点本、专科录取最低控制分数线为：文科425分，理科370分；专科起点升本科录取最低控制分数线，师范类为240分，非师范类为360分。北京市成招办按此线组织新生录取审批工作。

高中起点本、专科共录取28 167人，其中市属院校录取17 782人，部委院校录取10 385人；文史类录取20 149人，理工类录取8 018人。专科起点升本科共录取6 216人，其中市属院校录取2 885人，部委院校录取3 331人；师范类录取2 262人，非师范类录取3 954人。考试生共录取新生34 383人。此外，录取第二专业专科学历新生10 748人。以上共录取新生45 131人。

三、基本做法

自今年起，北京地区各类成人高等学校招生工作实行统一管理。为确保招生工作顺利进行，在北京市教育委员会、北京教育考试院领导下，认真做好以下几项工作：

1. 消除顾虑，统一认识，团结协作，共同完成招生任务

面对北京市成人高校招生管理体制的改变，各类招生院校和市区招生机构的工作人员产生了各种思想顾虑。为消除顾虑，加强协作，我们通过召开座谈会，进行个别走访的办法，促使大家进一步统一了对管理体制改变的认识，增强了信心，协调了步调。经过交流，大家一致认识到：管理体制的统一反映了社会的发展，反映了时代的前进，是成人高等教育发展中的一个进步；管理体制的统一有助于成人高校招生政策规定的贯彻执行，有利于招生工作规范化程度的提高；管理体制的统一有利于全面综合管理，确保招生工作质量。同时大家也认识到，管理体制的改变，促使各级招生工作人员的责任更重了，负担更大了，面临的困难更大了。大家一致表示：只要我们能互相理解，互相支持，团结合作，就一定会圆满地完成招生工作。

由于大家消除顾虑，统一了认识，故1997年我市成人高校招生工作是在一个极为和谐气氛中，顺利地开展了各阶段工作，圆满地完成了全年招生任务。

2. 修改管理制度、完善管理办法，使招生工作进一步规范化、科学化

（1）修订了《北京市各类成人高校工作细则》、《北京市成人高等院校招生工作职责》、《北京市成人高等学校招生工作人员行为规范守则》。

（2）对计算机管理程序做了较大修改，使其适应统一管理的要求。

（3）为提高区县成招办的管理水平，市成招办投入部分专款，为各区县成人教育招生办公室统一配备了计算机、光电阅读器、塑封机、调制解调器。

（4）制定了《北京市区县成人教育招生办公室招生考试工作目标管理》、《北京市区县成人教育招生办公室招生考试工作目标管理实施细则》和《北京市区县成人教育招生办公室招生考试工作目标管理考评办法》。

3. 严格审查考生报名资格和照顾资格

在报名工作中，各级招生机构严格执行国家教委有关招生政策和规定，认真审查考生报名资格和照顾资格。

（1）要求年龄在19周岁以下的考生，凭高中毕业证书报名，有效地控制了应届高中毕业和在校生的报考。

（2）在全市设立四个验证工作站，抽调40多名验证工作人员，对报考专升本专业和第二专业专科学历教育的考生统一查验毕业证书。

（3）对报考专升本专业的考生严把工龄（教龄）关。对不符合国家教委规定的考生，一律不准报名。

（4）对群众举报的情况，经查实后，坚决按国家教委有关规定进行处理。

4. 加强考试管理，严肃考试纪律，认真做好组考工作

北京市教委、北京教育考试院、各区县委、政府、人大、政协以及区县教委（成人教育局）领导同志都给予了高度重视，有关部门给予大力支持和配合。

北京市成人教育招生办公室布置了各项工作安排，提出了加强考试管理，严肃考风考纪的具体措施，

要求各区县认真贯彻北京市教育委员会、中共北京市纪律检查委员会、北京市监察局下发的《印发〈关于进一步加强成人高等学校招生工作纪律的规定〉的通知》（京教监字［1997］005号》文件精神，认真贯彻国家教委考试中心《关于一九九七年高等学校全国统一考试工作中加强考试管理严肃考试纪律的通知》文件精神，认真按北京市成人教育招生办公室制定的《北京市一九九七年各类成人高校招生考试工作实施办法》以及《招生工作细则》、《招生工作职责》、《招生工作人员行为规范守则》有关规定和要求组织考试，要求各区县成招办必须本着"精心计划、精心准备、精心实施"的原则和"准备、及时、周密、高效"的要求，认真做好对考点主考和监考人员的培训工作。

为加强考试管理，今年实行了计算机随机编排考场。

今年，北京市成人教育招生办公室继续做好保密工作。要求各区县、评卷点以及有关人员认真执行本室制定的各种有关制度、守则、工作程序等，并进行了检查，有效地防止了试卷丢失、泄密现象的发生。

在考试全过程中，监考员严格按考试实施程序及监考人员守则进行监考，严格考试纪律，狠抓考风考纪。

今年组考工作进展顺利，获得社会好评，提高了成人高考的社会声誉。

5. 做好招生录取工作

根据国家教委确定的最低控制分数线，北京市成招办对各校各专业考生上线情况进行详细测算，并根据调整后的招生计划组织审批录取新生工作。

在录取新生工作中，认真核查考生录取资格，对不符合录取条件的考生，坚决予以清退。

对艺术类、体育类专业在不低于最低控制分数线的前提下，按术科加试成绩由高分到低分择优录取。

对高职班（3+2）专业，根据国家教委全国录取工作会议精神进行录取。

在审批录取新生时，根据考生志愿，认真做好调剂录取工作。

6. 加大社会监督力度

请有关部门协助做好招生考试工作，向社会公布举报电话，通过160信息台提供考生考试成绩和新生录取情况，供考生查询。

7. 加强廉政建设

在招生工作中，北京市成招办全体工作人员始终把廉政建设当做一件大事来抓，把为考生服务、为招生学校服务放在重要地位。对难以推辞的礼品，一律登记上交。坚决抵制"走后门"等不正之风，维护了成人高校招生工作的社会声誉。

关于对各类成人高等院校招生工作实行统一管理的通知

京教办［1996］059号

各区县政府文教办公室、教委、教育局、成教局、各类成人高等院校：

为进一步加强对各类成人高等院校招生工作的管理，不断提高招生工作质量，经研究，决定自1997年起，对北京地区普通高校的成人高等教育和独立设置成人高等院校的招生工作实行统一管理。统一管理工作由北京教育考试院成人教育招生办公室负责，各区县成人教育招生办公室负责本区县成人高考期间的报名、考试等工作的组织、实施。各区县高招办对原来负责的成人招生，要做好有关善后工作。

各区县成人教育招生办公室，要进一步增强服务意识，积极认真做好各项工作，确保1997年招生任务的完成。

特此通知

北京市教育委员会　北京教育考试院

一九九六年十二月九日

关于全面做好成人高校招生考试工作的通知

京教考［1997］003号

各区县政府文教办、教委、成教局，各有关单位：

成人高校招生考试，属国家级考试，此项工作政策性强，时间性强、涉及面广、难度较大，同时也直接关系到广大考生的切身利益，对社会有着广泛的影响。为全面做好成人高校招生考试工作，现就有关问题通知如下：

一、加强领导，确保招生考试工作顺利进行。国家教委规定："成人高等学校本、专科招生全国统一考试以地区为考区。请当地政府负责人任考区主任，教委及招生考试机构负责人任副主任，并请公安、监察等有关部门负责人参加，领导、组织、管理本考区的考试实施及处理考试期间本考区发生的重大问题。"依照此规定，请各区县及时调整、充实本考区领导机构的人员，听取有关招生考试工作安排情况的汇报，切实加强对成人高校招生报名、组考工作的领导。

二、有关单位要通力协作、密切配合，为成人高校招生考试工作提供必要的场地、人员及其他条件，加强考试期间辖区内的交通管理和安全保卫工作，确保考试工作能准时顺利地完成。

三、区县成人高校招生工作主管部门及招生机构要积极认真、严格执行国家教委有关成人高校招生考试工作的各项政策、规定和要求；要精心设计报名、组考工作方案，精心做好各项准备工作，精心组织实施各环节的工作；要加强考卷保管工作，确保试卷安全。

四、严格考风考纪，维护成人高校招生考试的社会声誉。组考期间各区县要狠抓考风考纪工作，积极做好宣传教育工作，不断提高全体工作人员和广大考生的法制观念，增强遵纪守法的自觉性。对违反考试纪律的人员和考生，坚决按国家教委的有关规定严肃处理。

以上要求请各区县认真贯彻，全面落实，确保成人高校招生考试工作顺利进行，维护成人高校招生考试工作的社会声誉和首都的社会稳定。

一九九七年三月二十四日

印发《关于进一步加强成人高等学校招生工作纪律的规定》的通知

京教监字［1997］005号

各区县教委、文教办、成人教育局、纪委、监察局、各高等学校、成人高校：

现将《关于进一步加强成人高等学校招生工作纪律的规定》印发给你们，请遵照执行。

北京市教育委员会
中共北京市纪律检查委员会
北京市监察局
一九九七年六月十二日

附

关于进一步加强成人高等学校招生工作纪律的规定

各类成人高等院校招生属全国统一招生，其招生考试为国家级考试。为进一步加强成人高校招生工作纪律，充分体现招生工作的“公平、公正、公开”原则，维护其权威性和严肃性，特做如下规定：

一、国家教委颁发的《普通成人高等学校本、专科招生全国统一考试工作规定》、《高等学校招生全国统一考试管理处罚暂行规定》和《全国各类成人高等学校招生规定》，是组织实施各类成人高等学校招生工作的重要依据，各类招生机构的全体工作人员和招生院校工作人员都应认真学习，严格执行，不得违规另立招生政策。如有未经批准另立政策的单位，要进行批评教育，情节严重者，要严肃处理。

二、市、区（县）各级招生机构和全体工作人员要进一步增强政策观念，树立守法意识，加强廉政建设。要全面、严格地贯彻执行各项招生政策和规定，严守招生工作纪律。不准以权谋私；不准向考生许愿；不准接受考生和家长的礼品财物；不准向考生或家长暗示或索要财物；不准参加招生院校和考生家长的宴请；不准铺张浪费；不准超越职权违章录取；不准擅离职守、贻误工作；不准上下推诿不负责任。对不遵守招生工作纪律，违反招生政策和规定的人员，要进行批评教育，对坚持不改者，要取消其招生工作人员资格；对情节严重造成不良影响的，一经查实，坚决予以严肃处理。

三、各招生院校要严格执行经国家教委、市教委批准的招生计划，不得随意变更。不准计划外招生、不准招收“旁听生、试读生”、不准对不符合录取条件的考生采用“先上车、后买票”的办法未经批准擅自决定入学。凡违反国家教委制定的招生政策和规定，在招生工作中造成严重后果的，要追究当事人的责任。

四、加强社会监督，充分发挥纪检、监察部门的职能作用。在招生工作中，对社会各界举报的问题，各级招生部门要积极配合纪检、监察部门认真检查核实。对确属违反招生政策、规定和招生工作纪律的，要依有关规定严肃处理，并注意做好保护举报者的工作。凡对举报者进行打击的单位或个人，查实后，将根据有关规定从严惩处。

五、各级招生机构和招生院校，负责招生工作的领导人员，要以身作则，廉洁自律，以实际行动支持招生工作的监督检查工作，在加强廉政建设中起带头表率作用。

北京市一九九七年各类成人高等学校招生规定

成教考字（1997）第（001）号

第一章　总　则

第一条　为有利于成人高等教育的改革和发展，为加强成人高等学历教育的宏观管理和监督，保证新生入学质量，使成人高等学历教育更直接有效地为社会主义建设服务，根据国家教育委员会《1997 年全国各类成人高等学校招生规定》，结合北京市实际，特制定本规定。

第二条　本规定所称各类成人高等学校，包括经国家教育委员会审定核准的广播电视大学、职工高等学校、管理干部学院、教育学院、独立设置的函授学院和以函授部、夜大学、教师班、成人脱产班形式举办的成人本、专科学历教育的普通高等学校。

第三条　各类成人高等学校招生计划按有关规定和批准程序纳入国家成人高等教育事业计划后方可招生。

第四条　各类成人高等学校实行全国统一招生。由国家教育委员会颁布复习考试大纲，统一组织命题，确定考试时间，制定试卷评分标准，审定下达招生录取最低控制分数线。

第五条　北京教育考试院成人教育招生办公室负责组织招生考试工作，并组织招生学校进行新生的录取工作。

第二章　招生机构及其职责

第六条　在北京市成人高校招生领导小组、北京市教育委员会、北京教育考试院领导下，设立北京教育考试院成人教育招生办公室和区县成人教育招生办公室，配备专职干部；各成人高校要设立招生办公室，配备专职干部。

第七条　北京市成人教育招生办公室的职责是：

（一）执行国家教育委员会有关各类成人高校招生方针政策和工作规章，按下达的招生计划并结合本市实际情况制定具体实施方法；

（二）编制并公布招生专业目录，组织本市考生报名工作并负责审查考生的报名资格，组织考试、阅卷、录取、身体健康状况检查等工作；

（三）组织实施各类成人高等学校招生改革试点工作；

（四）保护考生和招生工作人员的正当权益，查处违纪舞弊事件；

（五）审批学校提出的新生录取名单；根据历年新生录取名单向国家教育委员会提供当年成人高等教育毕业生有关数据；协助组织并做好每年毕业证书发放的复查工作；

（六）组织并督促招生学校对录取的新生进行复查；

（七）开展招生、考试的宣传和科学研究工作。

第八条　各区县成人教育招生办公室的职责是：

（一）执行国家教育委员会有关各类成人高等学校招生方针政策和工作规章及北京市成人教育招生办公室的有关补充规定，并结合本区县实际情况制定具体实施办法；

（二）组织本区县考生报名工作并负责审查报名资格和身体健康状况检查工作；

（三）组织考生考试，保护考生和工作人员的正当权益，查处违纪舞弊事件；

（四）组织发放考生成绩、建立考生档案工作；

（五）接待考生咨询和群众信访工作；

（六）开展招生、考试的宣传和科学研究工作。

第九条　国务院有关部委招生机构的职责是：

（一）执行国家教育委员会有关各类成人高等学校招生方针政策和工作规章；

（二）依据国家教育委员会核定的招生计划编制所属学校跨省、自治区、直辖市招生生源计划；

（三）根据需要在有关省、自治区、直辖市指定代办单位；

（四）提出招生考试改革建议，协助组织实施国家教育委员会批准的招生改革项目；

（五）组织协调所属学校新生录取工作；

（六）开展招生、考试研究工作。

第十条　各类成人高等学校有关招生工作的职责是：

（一）执行国家教育委员会有关招生方针政策和工作规章及北京市成人教育招生办公室和学校主管部门的补充规定；

（二）执行招生计划并按规定向北京市成人教育招生办公室报送录取新生名单，经审批后，向考生发放录取通知书；

（三）对录取的新生进行复查；

（四）应由招生学校做的其他工作。

第三章　招生计划

第十一条　成人高等教育招生计划实行国家宏观指导、总量调控，中央和省、部两级管理、分级负责的管理体制。

第十二条　北京市成人教育招生办公室按北京市教育委员会下达的市属招生计划组织招生；按国家教育委员会批准的专科起点本科、高等职业技术教育、双招生以及部委属院校或外埠地方院校高中起点本、专科在京招生计划组织招生。

未经北京市教育委员会或国家教育委员会批准的一律不予组织招生。

第十三条 北京市成人教育招生办公室根据北京市教育委员会下达的本市计划招生数和国家教育委员会下达的跨省、自治区、直辖市招生的生源计划数，在考生报名前一个月，编列北京地区分类分校分专业的招生专业目录，向考生和社会公布。

第十四条 在录取新生时，根据各校、各专业上线考生数量、质量等实际情况，对招生计划进行必要的调整。录取结束后，将实际执行计划情况上报北京市教育委员会、北京教育考试院、北京市成人高校招生领导小组和国家教育委员会。

第四章　报　名

第十五条 各类成人高校以招收在职、从业人员为主。业余学习的工龄、年龄不限。师范类高等院校、教育学院及普通高等学校举办的教师本、专科班主要招生中小学教师、校长和其他教育行政干部。报考这类学校举办的脱产教师本、专科班的在职教师须具有三年以上教龄，并应根据教学工作需要，报考对口专业。教育行政干部须具有五年以上工龄。其他学校对考生的工龄要求由学校主管部门确定。

北京市属成人高等学校是否招收社会青年、招收比例和报考条件，由北京市教育委员会会同计划、劳动、人事等部门研究确定，毕业后国家不包分配工作。部委所属学校招收社会青年，按本市规定执行。

除纳入普通高等学校招生计划的普通班外，各类成人高等学校一般不招收应届高中毕业生。独立设置成人高校经国家教育委员会批准，可以招工招生相结合方式招收参加今年普通高校招生考试的高中毕业生，其招生专业目录将通过普通高校公布招生专业目录渠道，同期向社会公布。

第十六条 报考各类成人高等学校的考生，须具有高中毕业文化程度（应届生除外）。以同等学力报考者，年龄须满19周岁（1978年8月31日以前出生）。报考者必须身体健康。

第十七条 报考各类成人高等学校的考生，须经本单位或主管部门同意，参加脱产学习的职工需经本单位批准后方可报名。社会青年报名需经乡政府或街道办事处签署审查意见。

第十八条 符合报考条件，生活能自理，能坚持学习的残疾人也可报考。

第十九条 有下列情形之一者，不得报名：

（一）有反对四项基本原则的言行，经教育而坚持不改者；

（二）凡毕业后能取得国家承认学历的各类高、中等学校在校生、应届毕业生；

（三）因在报考过程中，弄虚作假，违纪舞弊，受到一年或三年内不准报考的处罚者；

（四）触犯刑律而受到处罚的服刑者。

第二十条 报名时间：3月9日至16日。

第二十一条 报名办法：报名期间各区县成人教育招生办公室设报名站。

考生在招生简章公布的报名日期内到户口所在地的区县成招办办理报名手续。考生也可由代办单位在本区县成招办办理集体报名手续。

没有北京市户口而又确需在京参加报考和学习的人员，到在京临时工作单位（或居住）所在地的区县成招办报名。

要求办理借考的考生一律由户口所在地的省级招生办公室开具借考证明，到北京市成人教育招生办公室办理借考手续。需由考生户口所在省招生机构录取的考生，到东城区成人教育招生办公室报名，不需考生户口所在省招生机构录取的考生，可到在京居住地区县成人教育招生办公室报名。借考考生到区县成人教育招生办公室报名时，必须出据北京市成人教育招生办公室同意的借考证明。借考所需费用，由考生自理。

报考西医类户口在东城区、西城区、崇文区、宣武区、朝阳区、海淀区、丰台区、石景山区的考生，到东城区、宣武区、海淀区成招办报名。户口在远郊区县的考生，到本区县成招办报名。

报考中医药类的考生，到西城区成招办报名。

报考能力考试试点专业（5+2）的考生到招生学校报名并参加由招生学校组织的能力考试。

报名时考生须持本人居民身份证，交近期同一底版的一寸照片三张（报名登记表、准考证及存根各一张）。交纳报名考务费。报名手续一律由考生自己办理。

报考艺术类、体育类及需参加专业加试的考生，除到区县成招办报名参加文化课考试外，还必须参加专业加试。报考高等艺术院校的考生到第一志愿学校参加专业加试；报考其他院校艺术类专业的考生由北京市成人教育招生办公室统一组织专业加试。

符合照顾加分条件和获处级以上先进称号的应附相应的原件及复印件二张（如获多种称号，只附一件级别最高的原件及复印件）。经区县成招办审验，北京市成人教育办公室核查后确认。属于照顾对象的考生须填写照顾对象审核表。考生所在单位审查盖章。过期不予办理。

考生报名时可以在《北京市1997年各类成人高等学校招生专业目录》中选报三个志愿。

文史类、理工类、西医类、中医药类以及其他高等职业技术教育专业不得兼报，报考外语类的可以兼报文史类专业，但报考文史类的不得兼报外语类专业。第二、三志愿可兼报其他院校。考生报名登记表和照顾对象审核表需由考生所在单位主管人事、教育部门审查同意并签署意见、加盖公章，单位加封后，再由考生本人在规定时间内交区县成招办，同时交验本人身份证。

第五章　政治思想品德考核

第二十二条　报考各类成人高等学校的考生，必须拥护四项基本原则，拥护改革开放，品德良好，遵纪守法。

第二十三条　政治思想品德考核主要看考生本人的表现。

第二十四条　考生所在单位或主管部门，应对考生的政治表现、思想觉悟、道德品质作出组织鉴定。

第六章　考　试

第二十五条　考试科目

（一）理工农类（含体育、非教师班地理专业）考政治、语文、数学（理工类）、物理、化学五科。

（二）文史类（含财经、政法、外语、艺术、教师班地理专业）考政治、语文、数学（文史类）、历史、地理五科（艺术类专业，数学考试成绩不计入总分，供录取时参考）。

（三）“3＋2”考试科目改革试点，具体范围及考试科目如下：

（1）报考医疗、高护、西医类的考生，考试科目为：政治、语文、数学（理工类）、人体解剖学、生理学。

（2）报考中医药类的考生，考试科目为：政治、语文、数学（理工类）、中医基础学、中药学。

（3）报考司法部属中央司法警官教育学院的在职考生，考试科目为：政治、语文、数学（文史类）、监狱（劳教）基础、狱政（所政）管理。

（4）报考北京市计划劳动管理干部学院机械制造工艺及设备专业的考生，考试科目为：政治、语文、数学（理工类）、机械基础、机械制造工艺基础；报考工业电气自动化专业的考生，考试科目为：政治、语文、数学（理工类）、电工基础、电子技术基础。

以上考试科目中，专业课分别由卫生部、国家中医药管理局、司法部、劳动部按国家教委成人教育司颁发的复习考试大纲组织命题。

（四）高等职业技术教育班（下简称“高职班”），招生实行计划单列，考试分两种情况：

（1）报考国务院有关部委属院校举办的“高职班”考试科目同本条（一）、（二）款规定；

（2）报考北京市属院校举办的“高职班”，考试科目实行“3＋2”形式，其中，三门基础课实行全国统考，两门专业课由北京市成人教育招生办公室组织命题、考试。基础课考试科目为：政治、语文、数学（按专业类别考文或理），专业课考试科目应在如下专业课中选择两门：

生理学	人体解剖学	机械基础
金属切削原理与刀具	BASIC语言	电子技术基础
计算机应用基础	电路基础	电工基础
电机与拖动	施工技术基础知识	建筑材料
建筑结构	药剂学	化工基础
轧钢生产管理	炼钢生产管理	高炉冶炼生产管理

冶炼技术基础	经济法基础	营销基础知识
商品知识	会计基础	计算技术
旅游概论	礼仪规范	应用文与写作
实用公共关系	原料加工技术	烹调技术
化学肥料	有机化学	化工分析基础
中医基础学	监狱（劳教）基础	机械制图
中药学	狱政（所政）管理	机械制造工艺基础

本科各专业和外语、外贸、外经及涉外专业的专科须加试外语。（报考高中起点本科的考生加试公共外语，报考高中起点专科外语类专业的考生考专业外语），分英、俄、日三个语种，由考生任选一种（报考外语专业以外的师范类本科各专业的中学教师可不加试外语），由国家教育委员会统一命题，考试成绩不计入总分，本市另定录取标准。

以上各科满分均为150分。

高等艺术院校艺术类专业科加试由院校自行组织，并将考试成绩在规定时间内报北京市教育考试院成人教育招生办公室。非高等艺术院校艺术类专业术科加试，由北京市成人教育招生办公室统一组织。

其他专业是否需加试，由学校或其主管部门决定并组织加试科目的命题、考试。

加试科目的成绩不计入总分，供录取时参考。

第二十六条 高中起点本、专科考试，则国家教委统一命题并制定参考答案和评分标准。政治、语文、数学、地理、历史、物理、化学、外语考试命题的范围不超出国家教育委员会制定的《全国各类成人高等学校招生复习考试大纲》。高职班专业课考试科目命题的范围不超出国家教委成人教育司颁发的复习考试大纲，考试日期与高中起点本、专科考试同时进行。

第二十七条 基础课均采取分卷（标准化）考试，专业课均不采取分卷（标准化）考试。

第二十八条 全国各类成人高等学校招生统一考试定于五月十日、十一日进行，具体考试时间表如下：

时间＼日期	五月十日 星期六	五月十一日 星期日
9：00～11：00	语文	数学
14：00～15：40	物理　地理 生理学　中医基础学 监狱（劳教）基础 机械基础　建筑材料 电路基础　药剂学 电子技术基础 计算机应用基础 金属切削原理与刀具 冶炼技术基础 经济法基础 商品知识　计算技术 旅游概论　化学肥料 有机化学 实用公共关系 原料加工技术	化学　历史 人体解剖学　中药学 狱政（所政）管理 机械制造工艺基础 电工基础　建筑结构 BASIC语言　化工基础 施工技术基础知识 高炉冶炼生产管理 营销基础知识　化工分析基础 应用文与写作 炼钢生产管理 轧钢生产管理 会计基础　礼仪规范 机械制图　烹调技术 电机与拖动
16：20～18：00	政治	外语

第二十九条 考生须携带准考证、工作证和身份证在规定时间到指定地点应试。

第三十条 考试工作规则执行国家教育委员会颁发的《普通、成人高等学校本、专科招生全国统一考试工作规则》（教试［1991］3号）。

第三十一条 评卷工作统一由北京市成人教育招生办公室组织实施。借考考生如由考生所在地省级招生机构审批录取，其试卷经北京教育考试院成人教育招生办公室评阅后由各区县成招办寄出。

考试成绩通知本人，不公布，不查卷。

第七章　录　取

第三十二条　北京市成人教育招生办公室在招生计划总额度内拟定本市最低控制分数线，经北京市成人高校招生领导小组、北京教育考试院认定，报国家教育委员会批准，并根据招生计划指标和生源质量情况对各类成人高等学校招生录取分批次进行。

第三十三条　各类成人高等学校应严格按计划录取新生，未经计划部门批分数线。

北京市成人教育招生办公室按国家教育委员会下达到本市的“双招”生源计划总数参照普通高等学校招收专科生录取线确定“双招”生的录取分数线。新生的审批录取工作在普通高校录取工作结束后进行，由北京市成人教育招生办公室负责。录取新生时不得调剂“双招”生源计划。

体育、艺术各专业，本科最低控制分数线不低于本市本科最低控制分数线（扣除数学部分，下同）的百分之七十，专科不低于专科的百分之六十；史论、编导专业本、专科均不低于相同层次的百分之九十。

第三十四条　新生的录取工作必须认真贯彻按需培养，德、智、体全面衡量，由高分到低分（体育、艺术专业，一般按专业考试成绩）择优录取的原则。既要重视考生的总成绩，又要注意与其报考专业相关科目的成绩。

各类成人高等学校一律不得录取试读生、超前生、旁听生和单科生，违者追究责任者及其领导责任。

第三十五条　录取工作，由北京市成人教育招生办公室按照上线考生第一志愿向招生学校提供考生档案，招生学校确定录取名单，经北京市成人教育招生办公室审批。招生学校按审批后的录取名单发放录取通知书。对因满额或不足开班而调整招生计划未报考学校录取的合格考生，北京市成人教育招生办公室将在报考条件及考试科目相同（或相近）专业中进行调剂录取；对不服从分配者，不予调剂录取。

录取中的遗留问题，由北京市成人教育招生办公室负责处理。

第三十六条　招生学校及其主管部门在京招生可指定代办单位，明确代办任务，代办单位要认真负责地配合北京市成人教育招生办公室搞好招生工作。委托培养学生的单位，不得参与录取工作，但可根据各地生源质量情况，向招生学校提出调整生源计划的要求。

第三十七条　1992年以来，获得全国劳动模范称号，参加重大国际比赛（由世界及国际体育组织主办的各种体育单项比赛、锦标赛、综合性比赛和运动会）获前三名成绩者，经北京市成人教育招生办公室审核，报国家教委批准，可免试进入各类成人高等学校学习。

第三十八条　符合下列条件之一的考生，录取时可照顾30分（专科起点本科为20分）：

（一）1992年以来，获北京市区、县以上人民政府（党委），国务院各部委及市属局系统、国家特大型企业授予的劳动模范、先进生产（工作）者、模范（优秀）共产党员称号者及科技进步（成果）奖获得者。

（二）1992年以来，获得北京市以上工、青、妇等组织授予的“五一劳动奖章”、“新长征突击手”、“三八红旗手”称号者。

（三）1992年以来，人民解放军、武警部队、人民警察荣立三等功以上者。

第三十九条　符合下列条件之一的考生，录取时可照顾15分（专科起点升本科为10分）：

（一）归侨、归侨子女、华侨子女、台湾省籍考生。

（二）烈士子女、烈士配偶。

（三）山区和少数民族考生、国防科技工业三线企业单位（地处地市以上人民政府所在地的除外）获得企业表彰的先进生产（工作）者。

（四）在野外、井下、监所（监狱、劳改队、劳改所、少管所）、远洋第一线从事采伐、农垦、地质、水利（农水、农电、防汛、水保、水管、施工、水文、移民）、采矿、勘探、测绘、远洋运输工作，报考对口专业的考生。

第四十条　根据本市实际情况，制定有利于录取劳动模范、生产和业务骨干以及农村、乡镇企业、远郊区县考生相应政策。

第四十一条 报考对口专业并有五年以上专业工龄（教龄）的中年生产业务骨干（教师），赴前线作战的复员转业人员、退出现役的义务兵，在与其他考生相同条件下，在相同分数段中应优先录取。

第四十二条 符合照顾条件的考生报名时必须交验相应的原始证件及复印件（二张）。

第四十三条 录取工作结束后，北京市成人教育招生办公室向北京市教育委员会、北京教育考试院和国家教委上报当年录取新生数，并向招生学校所在地毕业证验印部门提供当年录取新生名单。

第四十四条 新生入学后，学校要对新生进行全面复查，对于不符合报考条件和录取标准以及弄虚作假、违纪舞弊者，学校应取消其入学资格，报北京市成人教育招生办公室备案，对其缺额，如有上线考生，北京市成人教育招生办公室可予以补录。此项工作应在1997年10月5日前完成。

第八章 附 则

第四十五条 关于第二专科学历教育

（一）招生对象和报名条件

招生对象为已经取得国民教育系列的大学本、专科毕业证书的在职、从业人员，其工龄、年龄不限、学习形式不限。

（二）报名办法

参加第二专业专科学历教育的人员，报名前须持本人居民身份证，国民教育系列的本、专科毕业证书及复印件（两张）和本人近期一寸免冠照片一张，到指定地点进行资格审查。经审查合格者，可在全市成人高考统一报名期间到招生学校报名。报名时缴纳招生报名费，填写报名表和报名信息卡。

对符合参加第二专业专科学历教育要求的人员，由招生学校到本区县成人教育招生办公室办理集体报名手续。

（三）入学测试

对于报名入学人员，招生学校应该组织必要的测试，测试科目和内容，由招生学校确定。

（四）录取

经报名资格审查和测试合格的人员，在全市成人高考统一录取新生时，由市成人教育招生办公室办理审批新生手续。新生录取通知书，由招生学校发送。

（五）办学资格的审批及招生计划

凡经国家教委审定可以举办成人高等教育的各类成人高等学校，都可以申报举办成人第二专业专科学历教育。经北京市教育委员会或国务院有关部委教育主管部门批准后，方可进行招生。

各成人高校根据社会需求和办学条件确定招生专业。第二专业专科学历教育不占用该校招生计划。

第四十六条 关于推荐生

凡在北京市属成人中等专业学校学习的应届毕业生，成绩优秀者，经有关部门推荐和北京市成人教育招生办公室审批，可按招生计划录入有关成人高校学习。

第四十七条 对符合本市录取资格，经调剂后仍不能入学的合格考生，可向北京市成人教育招生办公室提出保留资格申请，对符合资格生条件的考生，经批准后，自1998年起两年内，凭北京市成人教育招生办公室签发的资格生证书，可免试进入成人高校学习。

第四十八条 关于预科生

对属照顾30分而未达录取分数线的各类先进人员和年龄在25周岁以上，有五年连续工龄的业务骨干，以及特殊行业急需培养的在职业务骨干，达到预科班分数线（另定），本人提出申请，经工作单位推荐和北京市成人教育招生办公室批准后，可作为预科生参加预科班，补习高中文化一年。考试合格，经北京市成人教育招生办公室审批后，进入原报的第一志愿学校（专业）学习。

第四十九条 关于往届生

自1997年起停止招收往届生。

第五十条 凡参加当年各类成人高等学校全国统一招生考试而未被录取，但总成绩达到一定分数线

（另定）的考生，由本人申请，经北京市成人教育招生办公室审批，可免试录入有关成人中等专业学校学习。

第五十一条 违反招生管理规定或违反考试管理规定应予处罚的，将依照有关处罚规定予以处罚。

北京教育考试院成人教育招生办公室
一九九七年一月二十日

北京市一九九七年各类成人高等学校举办大学专科起点本科班招生规定

成教考字（1997）第（002）号

为加强对各类成人高等学校举办大学专科起点本科班（以下简称专升本科班）招生工作的管理，保证新生入学质量，根据国家教育委员会《一九九七年全国各类成人高等学校举办大学专科起点本科班招生规定》，结合北京市实际，现将有关事项规定如下：

一、招生学校和招生计划

专升本科班招生分为师范类（系指普通中学教师和各类中等学校普通课教师）和非师范类（系指考生为普通中、小学教师以外其他学校教师以及非教师）。师范类和非师范类专升本科班均须纳入国家成人高等教育事业计划并经国家教委批准正式下达后方可招生。

非师范类专升本科班原则在具有函授、夜大学本科办学资格的普通高等学校中举办，招生专业应在《1994年高等教育举办非师范类专科起点本科班招生专业范围》及《1996年成人高等教育非师范类专科起点本科班新增招生专业的通知》（教计厅［1995］10号）之内。举办非师范类专升本科班的学校办学资格及专业一律经国家教委审批，招生计划数纳入学校成人高教招生总量。由国家教委统一下达专升本科班招生生源计划。

二、报考条件和报名办法

专升本科班招生由北京市成人教育招生办公室负责组织报名、考试、评卷和录取工作。

报考专升本科班的考生应具有两年以上工龄。师范类专升本科班除教育管理类专业可招收中学校长和其他少量教育行政干部外，其他专业限招各类中等学校教师。报考脱产学习的教师还须具有三年以上教龄，校长及其他教育行政干部须具有五年以上工龄。

考生报名时，必须持国家教委审定核准的国民教育系列高等学校或高等教育自学考试机构颁发的大学专科以上毕业证书原件和复印件（二张），到北京市成人教育招生办公室指定的学校进行资格审核。审核合格后，考生持上述证件和审核证明到招生学校报名。

跨省、自治区、直辖市招生的学校，其考生按学校主管部门的规定可以在考生所在地参加考试；经考生所在地省级招办同意也可以在学校所在地借考。报考国家教委直属高校的考生在何地参加考试由学校和有关省、自治区、直辖市成人高校招生部门确定。

三、考试科目及命题

1. 师范类专升本科班的考试科目共四科：公共课一科，专业课三科（音乐、美术专业除外）。

公共课：教育理论课（教育学、心理学，侧重教育学部分）。

专业课：各专业课分别规定如下：

政治和思想品德教育专业：马克思主义哲学、政治经济学（资本主义部分）、中国革命史。

汉语言文学教育专业：汉语、中国文学（包括古代、现代。现代到一九四九年为止）、文学概论。

历史教育专业：中国通史、世界通史、中国历史要籍介绍和选读。

英语教育专业：精读和泛读、听说、实用语法。

数学教育专业：空间解析几何、数学分析、高等代数。

物理教育专业：高等数学、力学热学、光学电磁学。

化学教育专业：高等数学、有机化学、无机化学（含分析化学定性部分）。

地理教育专业：中国地理、世界地理、自然地理基础。

生物教育专业：动植物学、微生物学、人体解剖及生理学。

体育教育专业：体育理论、运动生理学、综合考试（田径、篮球、体操）。

音乐教育专业：钢琴、声乐、音乐基本理论（乐理、和声）、视唱练耳。

美术教育专业：素描、色彩、创作、美术史论基本知识（中、外美术史及技法理论）。

教育管理类专业专升本科班的考试科目共四科，公共课一科：大学语文；专业课三科：教育学、心理学、学校管理。

以上除术科外的各科试题由国家教委考试中心统一命制，其命题范围不超出以《中学教师进修高等师范专科教学大纲》为依据编写的《考试复习大纲》规定的内容。

各科满分成绩分别为：中国通史 120 分、世界通史 120 分、中国历史要籍介绍和选读 60 分、空间解析几何 50 分、数学分析 150 分，动植物学 150 分，微生物学 50 分，其余各科均为 100 分。

2. 非师范类专升本科班考试科目共四科：公共课两科、专业基础课一科，专业课一科。

公共课和专业基础课分别为：

理工类：政治、英语、高等数学（一）；

经济（管理）类：政治、英语、高等数学（二）；

文史、中医类：政治、英语、大学语文。

专业课：由招生学校在以下各专业课中任选一科。

图书馆学、档案学、文学概论、新闻学、政治学概论、行政管理学、财政金融学、会计学原理、环境保护概论、管理学概论、电子技术基础、电路原理、机械设计基础、结构力学、化工原理、地质学概论、医学基础、植物生理学、中医基础理论、海洋生物学、淡水生物学、家畜生理学、食品微生物学、市场营销学概论、旅游学概论、色彩。

报考法学类和英语类考生考试科目分别为：

法学类：政治、英语、刑法、民法；

英语类：政治、英语、大学语文、精读和泛读。

报考非师范类专升本科班的教师类考生，公共课两科为政治、教育学（职）。

以上各科满分成绩均为 150 分。

各科试题由国家教委考试中心统一命制，其命题范围不超出国家教委颁布的《专科起点本科班各科复习考试大纲》规定的内容。

四、考试时间

报考专升本科班的考生必须参加全国统一招生考试。

考试日期定于 5 月 10 日和 11 日，具体考试时间表如下：

日期 时间	五月十日 星期六	五月十一日 星期日
9:00～11:00	教育理论课 教育学（师）	高等代数、实用语法 人体解剖学及生理学、心理学 政治经济学、中国文学 世界地理、力学热学 有机化学、运动生理学
9:00～11:30	政治	英语、教育学（职）　世界通史
14:00～15:00		中国历史要籍介绍和选读 微生物学、空间解析几何

续前表

时间＼日期	五月十日 星期六	五月十一日 星期日
14:00～16:30	马克思主义哲学、汉语 高等数学（师） 中国地理、体育理论 美术史论基本知识	中国革命史、文学概论（师） 光学电磁学、无机化学 自然地理基础 学校管理、综合考试
14:00～16:30	高等数学（一）（二） 大学语文 刑法 音乐基本理论 中国通史 数学分析 动植物学	精读和泛读、档案学 民法、市场营销学概论 食品微生物学 图书馆学、政治学概论 文学概论、财政金融学 新闻学、环境保护概论 电路原理、电子技术基础 化工原理、医学基础 中医基础理论、行政管理学 会计学原理、结构力学 地质学概论、植物生理学 机械设计基础、管理学概论 海洋生物学、旅游学概论 淡水生物学、家畜生理学 色彩（基础知识部分）

四、录取

专升本科班录取工作与高中起点本、专科招生录取同期进行。由国家教育委员会划定并下达北京市最低控制分数线。北京市成人教育招生办公室负责审批录取工作。

五、其他事项

专升本科班招生考试的其他有关事项按《北京市一九九七年各类成人高等学校招生规定》执行。

北京教育考试院成人教育招生办公室
一九九七年一月二十日

北京市一九九七年各类成人高等学校招生考试考场编排规定

（成教考字（1997）第003号）

全国各类成人高等学校招生考试是国家级考试，具有很强的政策性和严肃性。成人高考直接面向广大考生，社会关注程度高。为不断提高组织考试的管理水平，使成人高考逐步做到科学化、规范化、制度化，特对考场编排作如下规定：

一、考点

考点由各区县成人教育招生办公室（以下简称区县成招办）按《考点设置及要求》选定。各区县成招办在规定时间内，向北京教育考试院成人教育招生办公室（以下简称北京市成招办）报告本区县考点设置的数量、地点、各考点考生容量。

二、考场编排原则

1. 高中起点本、专科考场按文史类、理工类、外语类（含高中起点本科文科）、高中起点本科理科及高中起点专科理科加试外语、“3＋2”文科、“3＋2”理科等六类顺序编排。报部委属院校高职班的考生五科文化基础课，对此类考生编入相应科类考场。

专科起点本科班考场按文、理两大类编排。

每考场统一规定为30人。

2. 每个科类的考场序号要连续编排，考场号要从小号到大号顺序排列；每个考场内的准考证号也要连续排列。

3. 尾数考场的考生可以合并安排在同一教室之内。

三、报名号编排方法和准考证号编排方法

在招生工作细则中对报名号编排方法和准考证号编排方法作了详细规定，编排报名号和准考证号时必须按照该规定执行。

四、报名号和准考证号的使用原则

1. 报名号为工作号。自报名始至录取结束，招生工作人员所使用的有关表格、信息卡等均以考生使用报名号为准。

2. 准考证号为考试专用号。准考证号在编排考场时根据报名号和一定规则产生。考场门上贴准考证起止号，考场内桌子左上角贴考生准考证号。考生答题时，在试卷Ⅰ的答题卡上只涂准考证号，在试卷Ⅱ上只填写准考证号。

五、科目代号

1. 高中起点本、专科

001 政治　002 语文　003 数学(文)　004 历史
005 地理　006 物理　007 化学　008 英语
009 日语　010 俄语　011 计算技术　012 会计基础
013 计算机应用基础　014BAISC 语言　015 商品知识　016 机械基础
017 机械制图　018 电工基础　019 电子技术基础　020 原料加工技术
021 烹调技术　022 建筑材料　023 建筑结构　024 施工技术基础知识
025 实用公共关系　026 营销基础知识　027 有机化学　028 化工分析基础
029 旅游概论　030 礼仪规范　031 监狱(劳教)基础　032 狱政(所政)管理
033 应用文写作　034 电路基础　035 冶炼技术基础　036 轧钢生产管理
037 经济法基础　038 生理学　039 人体解剖学　040 中医基础学
041 中药学　042 机械制造工艺基础　043 金属切削原理与刀具
044 电机与拖动　045 药剂学　046 化工基础　047 炼钢生产管理
048 高炉冶炼生产管理　049 化学肥料　050 数学（理）

2. 专科起点本科

101 政治　102 英语　103 高等数学（一）　140 高等数学（二）
105 大学语文　106 图书馆学　107 档案学　108 文学概论(非师范类)
109 新闻学　110 政治学概论　111 行政管理学　112 财政金融学
113 会计学原理　114 环境保护概论　115 管理学概论　116 电子技术基础
117 电路原理　118 机械设计基础　119 结构力学　120 化工原理
121 地质学概论　122 医学基础　123 植物生理学　124 中医基础理论
125 刑法　126 民法　127 海洋生物学　128 淡水生物学
129 家畜生理学　130 食品微生物学　131 市场营销学概论　132 旅游学概论
133 色彩(非师范类)　134 精读和泛读　135 教育学（职）　140 教育理论学
141 马克思主义哲学　142 政治经济学　143 中国革命史　144 汉语
145 中国文学　146 文学概论(师范类)　147 中国通史
148 中国历史要籍介绍和选读　150 听说　151 实用语法
152 空间解析几何　153 数学分析　154 高等代数　155 高等数学（物理）

156 力学热学	157 光学电磁学	158 高等数学（化学）	159 有机化学
160 无机化学	161 中国地理	162 世界地理	163 自然地理基础
164 动植物学	165 微生物学	166 人体解剖及生理学	167 体育理论
168 运动生理学	169 综合考试	170 钢琴	171 声乐
172 音乐基本理论	173 视唱练耳	174 素描	175 色彩（师范类）
176 创作	177 美术史论基本知识		178 教育学（师范类）
179 心理学	180 学校管理	181 俄语	182 日语
183 世界通史			

六、计算机随机编排准考证号

以每考区为单位，以考生报名号为工作号随机（打乱原报名号顺序）生成考生准考证号，按各区县所报考点和考点容量统计表编排考场，生成相应的考场登记表。

七、表格

1. 考点和考点容量统计核对表（附件一）（略）。

2. 全市考场登记表（附件二）（略）。

每考场占一行，注明该考场全部试卷科目代号。

3. 考生报名与准考证号对照表（附表三）（略）。

4. 考生准考证及其存根（显示报名号，按报名号顺序），由北京成招办打印发至各区县成招办。

5. 各科目试卷袋数需用量明细表，由北京市成招办打印。

以上统计应于 4 月 3 日前返回各区县成招办。

八、发放准考证

考生准考证原则上在 4 月下旬发放，具体时间由各区县成招办自行确定。

北京教育考试院成人教育招生办公室
一九九七年一月二十日

关于北京地区各类成人高等院校招生报名考务费使用办法的通知

（1997）成教考字第 004 号

各区、县成人教育招生办公室：

经北京教育考试院批准，现将 1997 年成人高等院校招生考试报名考务费使用办法通知如下。

1. 报考高中起点大专各专业的考生，每人收报名考务费 50 元；其中，区、县成人招办留取 23 元（含报名费 3 元），上缴市成人教育招生办公室 27 元。

2. 报考高中起点本科及外语类专业的考生，每人收报名考务费 60 元；其中，区、县成人招办留取 27 元（含报名费 3 元），上缴市成人教育招生办公室 33 元。

3. 报考高中起点“3＋2”改革科目专业的考生，每人收报名考务费 50 元；其中，区、县成人招办留取 23 元（含报名费 3 元），上缴市成人教育招生办公室 27 元。

4. 报考专科起点升本科各专业的考生，每人收报名考务费 40 元，代国家教委考试中心收取试卷费 12 元，共计 52 元；其中，招生院校留取报名费 3 元，区、县成人招办留取 16 元，上缴市成人教育招生办公室 33 元（含代国家教委考试中心收取试卷费 12 元）。

5. 免试生每人收报名费 15 元；其中，招生学校留取 3 元，上缴市成人教育招生办公室 12 元。

特此通知

北京教育考试院成人教育招生办公室
1997 年 2 月 20 日

关于成人高校部分专业停止面向社会招生的紧急通知

成教考字（1997）第 005 号

各区县成人教育招生办公室：

应招生学校的要求，以下专业停止面向社会招生，请各区县成招办报名工作人员在指导考生填报志愿时务必注意，要求考生不要填报：

北京市东城区职工大学

00102 现代会计（30）*

00106 国际贸易（30）*

北京市朝阳区职工大学

00504 旅游饭店管理（30）#

北京市总工会职工大学

01103 市场营销（40）#

北京冶金管理干部学院

40370 市场营销（50）#

特此紧急通知。

北京教育考试院成人教育招生办公室
1997 年 3 月 5 日

关于对北京地区部分成人高校招收少量应届中职毕业生实行内部招生的管理办法

成教考字（1997）第 006 号

根据国家教委成人教育司《对北京市〈关于解决部的分成人高校招收少量应届中职毕业生问题的函〉的复函》（教成司［1997］11 号）文件精神，结合北京市实际情况，现决定对北京地区部分成人高校招收少量应届中职毕业生实行内部招生的管理办法。

一、招生院校、招生专业及招生范围

根据国家教委有关意见和北京市教育委员会《关于解决部分成人高校招收少量应届中职毕业生问题的函》（京教成［1997］006 号）文的安排，对北京地区以下招生院校、招生专业允许招收应届中职毕业生：

001　北京市东城区职工大学

文史类：72 现代会计（30 科目：计算技术、会计基础）* ※

（招生范围：北京财经学校）

73 国际贸易（30 科目：会计基础、实用公共关系）*※
（招生范围：东城职业教育中心学校）
70 商场经营与管理（30 科目：实用公共关系、营销基础知识）*※
（招生范围：第 190 中学；社会）
004　北京宣武红旗业余大学
文史类：03 财会（电算化）（30）*
（招生范围：北京市工商管理学校：社会）
04 旅游经济（30）*
（招生范围：北京市 149 外贸服务学校；社会）
005　北京市朝阳区职工大学
文史类：71 旅游饭店管理（30 科目：旅游概论、礼仪规范）*※
（招生范围：劲松职业高中）
010　北京西城经济科学大学
文史类：03 涉外会计（40）*※
（招生范围：北京市 38 中综合高中；社会）
04 国际贸易（60）*※
（招生范围：北京市 38 中综合高中、北京外贸职业学校；社会）
001　北京市总工会职工大学
文史类：75 商场营销（40 科目：营销基础知识、经济法基础）＃
（招生范围：北京商业学校）
023　北京市轻工业职工大学
理工类：73 计算机应用与管理（30 科目：计算机应用基础、BASIC 语言）*※
（招生范围：北京市第一轻工业学校；社会）
050　北京工业大学
艺术类：10 艺术摄影（40）*
（招生范围：劲松职业高中；社会）
403　北京冶金管理干部学院
文史类：72 市场营销（50 科目：会计基础、商品知识）＃※
（招生范围：北京市 17 中学；社会）

二、报名办法

为严格执行国家教委招生规定、政策，加强报名管理工作，报名办法如下：

1. 报考上述成人高校的应届中职毕业生必须由上述中职学校出具证明，非应届毕业生不得报考。其他学校的应届中职毕业生不得报考。

2. 上述中职学校的应届中职毕业生报名时必须交验本人学生证原件，并备两张复印件。

3. 上述中职学校的应届毕业生由招生学校采取集体报名办法。

4. 有关区县成招办对上述考生报名资格应进行严格审查，不符合报名资格的一律不得为其办理报名手续。学生证复印件，一张存入考生档案，一张送交北京市成招办备案；中职学校出具的证明送交北京市成招办。

三、专业课

根据国家教委招生规定，市属成人高校开设高职班专业，由北京教育考试院成人教育招生办公室根据国家教委颁布的复习考试大纲命题。两门专业课从国家教委规定的 39 门专业课中选定。

四、录取新生

录取新生时，按国家教委有关规定执行；考生同时必须交验高中毕业证书及复印件。

北京教育考试院成人教育招生办公室
1997 年 3 月 5 日

关于北京市财贸管理干部学院等四所成人高校继续进行能力考试的通知

成教考字（1997）第007号

各区县成招办、有关成人高校：

根据国家教委《关于批准北京市财贸管理干部学院等四所成人高校1997年继续进行能力考试的函》（教成司［1997］19号）和北京市教育委员会《关于申请批准北京市财贸管理干部学院等四所成人高校继续进行能力考试的请示》（京成教［1997］010号）文件精神，1997年在北京市财贸管理干部学院等四所成人高校继续进行能力考核试点。

一、招生学校、招生专业及招生对象

1. 北京市财贸管理干部学院

专　业：商业企业管理　（55人）

金融（计算机辅助管理）　（55人）

招生对象：北京市财贸系统优秀中青年干部和职工中先进模范人物；北京市银行系统干部、职工。

2. 北京市机械局职工大学

专　业：财务会计（计算机辅助管理）　（30人）

企业管理　（30人）

机电　（30人）

招生对象：北京市机械局所属企业职工及通县西集镇乡镇企业职工。

3. 北京市建设职工大学

专　业：工业与民用建筑　（45人）

招生对象：北京市建筑企业25周岁以上生产技术骨干或科以上干部、局以上先进。

4. 北京市房地产职工大学

专　业：工业与民用建筑　（40人）

招生对象：北京市建筑企业25周岁以上生产技术骨干或科以上干部、局以上先进。

二、报名条件

报考上述成人高校能力考试试点专业的考生，除应符合北京教育考试院成人教育招生办公室招生规定（成教考字［97］第001号）中的报名条件外，年龄还应达到25周岁（1972年8月31日以前出生），连续工龄应5年以上。

三、报名办法

由招生学校组织考生集体报名。专业代号与《考生手册》中相同专业一致，不再新编专业代号。

四、考试办法

报考上述成人高校能力考试专业的考生，实行“5＋2”考试形式，即考5门文化基础课，考2门专业课。5门文化基础课为全国统考；2门专业课由招生学校命题，考试办法按北京教育考试院成人教育招生办公室《能力考试实施办法》（成教考字（97）第008号）文件操作。

北京教育考试院成人教育招生办公室

1997年3月10日

能力考试实施办法

成教考字（1997）第008号

为贯彻实施北京市委、市政府确定的“北京市中、高层次紧缺人才培训工程”，为促进成人教育更直接、有效地为北京市经济和社会发展服务，坚持成人高校培养和造就经济建设所需的应用型、技术型、工艺型专门人才的办学方向，坚持为生产、业务第一线的各类先进人物、生产（业务）骨干提供提高专业技能、特长的机会，充分体现成人教育在职在岗和按需培养、专业对口、学以致用的特点，根据国家教委《关于批准北京市财贸管理干部学院等四所成人高校1997年继续进行能力考试的函》（教成司［1997］19号）和北京市教育委员会《关于申请批准北京市财贸管理干部学院等四所成人高校继续进行能力考试的请示》（京成教［1997］010号）文件精神，1997年在北京市财贸管理干部学院等四所成人高校继续进行能力考核试点。为搞好能力考试，现制定能力考试实施办法如下：

一、能力考试组织体系

1. 领导小组

组　长：北京教育考试院成人教育招生办公室主任张宝祥

副组长：各试点院校主管院校长

组　员：北京教育考试院成人教育招生办公室副主任谭德深
　　　　各试点院校教务处（招生办）负责人

2. 组织实施单位

北京教育考试院成人教育招生办公室负责组织能力考试的命题和考试工作，并制定相应的管理办法。

各招生院校负责组织能力考试的实施工作。

二、报名办法

由招生学校组织报名。凡送培单位符合报考条件的干部、职工，应认真如实填写考生登记表，经本单位签署意见、盖章后，将申报表送回有关成人高校。考生报名时应另交报名考务费和照片一张。

有关成人高校按报考条件认真审核考生资格，对符合参加能力考试条件的考生，填写《能力考试考生资格审查表》（附表一）一式二份，报送北京教育考试院成人教育招生办公室。

北京教育考试院成人教育招生办公室审查合格后，通知有关成人高校。有关成人高校负责向考生发放《成人高校能力考试准考证》。

未经北京教育考试院成人教育招生办公室审查通过的考生，不得参加能力考试。

报名时间与其他考生报名时间相同。

三、能力考核考试大纲

招生院校根据本专业培训目标制定能力考核考试大纲，并报北京教育考试院成人教育招生办公室审核。

大纲包括能力考试笔试和口试或实际操作的“复习内容”和“考试标准”两部分。“复习内容”规定复习、考试内容和要求；“考试标准”按照考试性质规定考试要求、试卷结构等。大纲既对参加能力考试的考生起系统复习的指导作用，又作为能力考试命题的依据。

大纲既注意保持复习所要求的知识的系统性，又尽可能体现考试测量与教学目标的一致性，并促进能力考试更科学化、规范化。

四、命题

1. 命题原则及要求

命题应紧扣大纲，反映报考专业基础知识、技能和规范，体现考生从事工种和报考专业的衔接。命题尽可能充分体现成人考生的在职特点，强调专业对口、学以致用的原则。试题既应有一定的难度，又体现良好的区分度。

各招生院校根据本专业培养目标选定复习教材和操作项目，考核考生专业基础知识、实际操作能力和分析判断能力。

2. 命题领导小组

命题领导小组由三至五人组成，招生院校主管院（校）长任命题领导小组组长，其他成员由副教授职称以上教师担任。

命题领导小组的职责：根据能力考试的要求，对能力考试的命题工作提出建议；推荐若干教师参加命题工作；推荐若干教师审查试题、试卷、口试或实际操作项目的科学性及质量；根据考试反馈信息评价试题、试卷、口试或实际操作质量，提出改进意见；指导与命题有关的科研工作；编写《能力考核考试大纲》。

3. 命题组

笔试、口试或实际操作各命题小组分别由三至五人组成。命题组成员以高等学校教师为主，也可聘请有关单位专职人员参加。招生院校教师不得参加命题组。命题小组组长由副教授职务以上教师担任。

命题工作人员必须坚持四项基本原则，坚持改革开放的方针，严格遵守纪律，认真负责，身体健康，符合保密工作的条件，无直系亲属参加当年的能力考试。命题工作人员必须具有较高的本学科业务水平和教学经验，了解能力考试的要求，并能团结协作共同工作。

命题工作人员由招生院校聘任，并报北京教育考试院成人教育招生办公室审核。

命题工作人员身份对外保密，不得参加当年有关能力考试的补习、辅导活动；未经北京教育考试院成人教育招生办公室同意，不得以命题人员身份出席会议或发表文章。

命题组的任务包括确定试题、编制试卷、确定口试或实际操作题目（项目）、制定参考答案及评分标准。

试题、试卷、口试或实际操作题目（项目）参考答案对评分标准必须科学、严谨、公正、无误。

试卷要有适当的难度，有较好的区分度；试卷版面设计合理，试题文字准确、简练、规范；口试题目要反映报考专业基础知识；实际操作项目应反映本专业培训目标所需的水平。

口试或实际操作题目（项目）数量应根据考生数量编制，以防止出现过多重复现象。

试题、试卷、口试题目、操作项目、参考答案及评分标准须报命题领导小组和北京教育考试院成人教育招生办公室审定。

五、考试

参加能力考试的考生除必须参加国家教委规定的五科文化基础课考试以外，还必须参加能力考试的笔试和口试或实际操作。

能力考试的时间安排在成人高校全国统一招生考试后的第二周内进行。笔试时间为 60 分钟，口试时间为 30 分钟，实际操作的时间视实际需要而定。

能力考试在北京教育考试院成人教育招生办公室统一组织下进行，各招生院校负责组织实施。

各招生院校组织实施能力考试前二十天内，应将《能力考试考场安排一览表》和监考教师名单报北京市教育考试院成人教育招生办公室。

组织口试或实际操作时，考生采用抽签方式单独考试，则二至三名教师负责监考和评分，其中一人任主监考，招生院校可根据考生数量将监考教师分成若干小组同时进行考试。

口试或实际操作由监考教师在考生单独考试后立即打分，将考生成绩计入《能力考试（口试）评分表》（附表二）或《能力考试（实际操作）评分表》（附表三）。评分要求实事求是，不能有意抬高或压低考生分数。当监考老师对评分意见不一致时，由主监考裁决。

主监考教师负责在评分表相应空格内打实分，总分最高不能超过 150 分。监考教师应在评分表上签字并写简要评语。

考试期间，北京教育考试院成人教育招生办公室将派巡视员到各考试点进行巡视检查。

六、评卷

评卷工作在北京市成人教育招生办公室统一组织下进行，由各招生院校负责组织实施。

各招生院校成立评卷领导小组，由主管领导任组长，副教授职称以上教师任副组长，评卷教师由招生院校聘请专职教师担任。

评阅笔试试卷要求按《学科评卷小组组长职责》和《评卷工作人员守则》有关规定执行。

各招生院校负责将考生笔试和口试或实际操作成绩折算汇总填入《能力考试成绩综合表》（附表四）

七、计分方法

参加能力考试的考生，五科文化基础课的成绩应不低于当年北京市最低控制分数线有80%，能力考试成绩应达到及格水平（90分），能力考试成绩计人总分。

笔试、口试或实际操作成绩满分均为150分，各按50%计算；两者得分＝最低控制分数线×80%＋能力考试成绩。

五科文化基础课成绩与能力考试成绩之和应达到当年本市最低控制分数线。

各招生院校应在规定时间内将《能力考试成绩统计表》（附表五）一式三份报送北京教育考试院成人教育招生办公室，北京市成人教育招生办公室以此作为录取依据。

八、录取

审批录取新生工作由北京教育考试院成人教育招生办公室负责。各招生院校负责向考生发放录取通知书。

未达到本市最低控制分数线的考生不得录取。

九、招生工作纪律

各级招生工作人员要认真执行有关规定，坚决反对和抵制徇私舞弊和“走后门”等不正之风。对发现和群众揭发的违纪舞弊行为，要认真查处，并追究有关人员的责任。

北京教育考试院成人教育招生办公室
1997年3月15日

北京市各类成人高等学校艺术类专业术科考试的规定

成教考字（1997）第009号

为加强对各类成人高等学校艺术类专科教育的宏观管理，保证成人高等艺术类专科学历教育的质量，特制定本规定。

一、命题

高等艺术院校举办艺术类专业术科加试科目由本校命题。

非高等艺术院校举办艺术类专业术科加试科目由本校命题；每个专业应有两个以上加试科目。每个科目应备有三种考题。

二、考试时间

高等艺术院校可自行确定考试日期。

非高等艺术院校术科考试日期定于5月17日至5月19日进行。

三、术科考试办法

高等艺术类院校术科考试由本校组织。

非高等艺术院校术科考试由北京教育考试院成人教育招生办公室组织。各院校在考试前20天内，应将术科考试题送交北京教育考试院成人教育招生办公室备案。考试时间安排同期报北京教育考试院成人教育招生办公室。

术科评卷工作均由本校组织。

四、报送成绩时间

各校应于5月27日前将术科考试成绩报送北京教育考试院成人教育招生办公室。考生成绩应与其统考报名号相对应。

北京教育考试院成人教育招生办公室
1997年3月15日

北京市属成人高校高职班专业课命题工作方案

成教考字（1997）第010号

根据国家教委《1997年全国各类成人高等学校招生规定》中“报考地方属院校举办的‘高职班’，考试科目实行‘3＋2’形式。其中，三门基础课实行全国统考，两门专业课由各省、自治区、直辖市招生办公室组织命题、考试”的规定，现制定北京市属成人高校高职班专业课命题工作方案如下：

一、高职班专业课命题工作领导小组

组　长：北京教育考试院成人教育招生办公室主任　张宝祥

组　员：谭德深、王志明

二、命题大纲

各科命题以国家教委成人教育司颁发的复习考试大纲为依据。命题内容不超出大纲规定的范围。

三、命题原则及要求

命题应紧扣大纲。试题既应有一定的难度，又应体现良好的区分度。

四、命题工作人员

命题工作人员由北京教育考试院成人教育招生办公室从成人高校中选聘。每门专业课命题工作由两名教师负责。

命题工作人员必须坚持四项基本原则，坚持改革开放的方针，严格遵守纪律，认真负责，身体健康，符合保密工作的条件，无直系亲属参加当年的该专业课的考试。命题工作人员必须具有较高的本学科业务水平和教学经验，了解考试的要求，并能团结协作共同工作。

命题工作人员身份对外保密，不得参加当年有关专业课考试的补习、辅导活动；未经北京教育考试院成人教育招生办公室同意，不得以命题人员身份出席会议或发表文章。

命题工作人员必须遵守《命题工作人员守则》（见附件）。

五、命题任务

命题任务包括确定试题、编制试卷，制定参考答案及评分标准。

试题、试卷、参考答案及评分标准必须科学、严谨、公正、无误。

试卷要有适当的难度，有较好的区分度；试卷版面设计合理，试题文字准确、简练、规范。

每科每名命题教师分A、B卷各命一套题，然后每科再综合命制A、B卷各一套。

六、命题工作时间

3月下旬，召集命题教师布置命题工作。命题教师按命题要求准备A、B卷各一套。

4月中旬，命题教师携带A、B卷试题入闱。入闱期间，综合命制A、B卷，做好试卷清样校对工作。

北京市成人教育招生办公室确定使用A或B卷。

高职班专业课试卷由北京教育考试院成人教育招生办公室负责印制。

附件：命题工作人员守则

北京教育考试院成人教育招生办公室
1997年3月15日

附件：

命题工作人员守则

一、不得暴露命题人员身份和命题地点。

二、命题一律使用统一下发的编号稿纸和草稿纸。稿纸和草稿纸不得遗失、撕毁，命题结束后要如数交还。

三、严防失密。命题中的片纸只字，工作中的废纸，要分科集中销毁。离开工作场所时，要认真检查。

四、从接触试题到考试结束，必须集中食宿。不准回家，不准会客，不准写信，不准打电话，不准单独活动，不准在工作场所之外议论试题内容。如遇就医等特殊情况，经批准三人以上同行前往。

五、互相关心、互相监督。对工作中出现的问题，要及时汇报。对违反纪律的行为要制止和报告。对于违反纪律者，视情节轻重，按党纪国法严肃处理。

六、提高警惕，防火、防盗、防事故。

七、命题工作结束，回到原单位，没有向单位领导汇报命题工作的任务。

关于转发国家教委考试中心《关于一九九七年高等学校招生全国统一考试工作中加强考试管理严肃考试纪律的通知》的通知

成教考字（1997）第013号

各区县成人教育招生办公室：

现将国家教育委员会考试中心《关于一九九七年高等学校招生全国统一考试工作中加强考试管理严肃考试纪律的通知》（教试中心［1997］45号）文件转发给你们，请遵照执行。

附：国家教委考试中心《关于一九九七年高等学校招生全国统一考试工作中加强考试管理严肃考试纪律的通知》

北京教育考试院成人教育招生办公室
1997年4月11日

附：

《关于一九九七年高等学校招生全国统一考试工作中加强考试管理严肃考试纪律的通知》

教试中心［1997］45号

各省、自治区、直辖市考试院（局、管理中心）、普通高校招生办公室、成人高校招生办公室：

在一九九六年的成人、普通高等学校招生全国统一考试工作中，各级招生考试机构在各省（自治区、直辖市）招生委员会、教委、高教厅（局）的领导下，经过努力工作，全国未发生一起试题失（泄）密案件，在普校高考中无一起重大违纪舞弊案件，是近几年来较好的一年。但在取得的成绩面前，我们应清醒地认识到，考风考纪必须毫不放松、常抓不懈，应成为我们考试工作中的重点，只有这样，才能巩固已经取得的成绩，在社会上树立良好的信誉。

一九九七年成人、普通高等学校招生全国统一考试即将举行，为保证此项工作的顺利进行，现就有关事项通知如下：

一、继续认真贯彻落实国家教委教考试［1995］2号（《关于进一步加强全国统一考试管理的意见》）、考试中心［1995］33号（《关于进一步加强全国统一考试管理的几项措施》）、考试中心［1996］24号（《关于进一步加强全国统一考试试卷印刷工作的通知》）等文件和国家教委1995年“进一步加强全国教育统一考试管理、严肃考试纪律”全国电话会议的精神，在总结一九九六年工作的基础上，针对以往管理中的薄弱环节，进一步完善管理措施，堵塞漏洞，强化依法治考和考试实施全过程的规范化管理，继续做好遵守考试纪律的社会舆论宣传工作，保证全国统一考试顺利实施。

二、继续加强试卷、答卷的印刷、运送和保管的安全保卫、保密工作，各环节工作必须严格履行交接手续，责任到人，严格执行教试厅［1992］1号（《关于印发〈试卷保密室、答卷保管室管理办法〉和〈试卷印刷、运送工作管理办法〉的通知》）和教试［1993］4号（《关于加强高等学校入学考试安全保卫、保密工作的通知》）文件的规定，杜绝出现差错。

三、加强对考试工作人员和监考人员的培训。任何监考人员未经培训合格不许上岗，同时加强对监考人员的职业道德教育，严格执行有关规定。

四、加强对密码传真通讯网络的管理，严格执行《全国教育考试系统普通密码传真通讯网络有关工作规定》（教试中心［1996］14号）要求。

五、各省级招生考试机构要在考试前将考前准备工作情况、考试期间24小时值班电话（考试前一星期告之）；考试后将考试过程情况的概要小结（考试结束后一星期内）及时报我中心考务与监察处，以便汇总报国家教委领导。

六、加强对阅卷工作的管理，尤其要注意在阅卷中发现的雷同卷、异常答卷情况，及时发现问题，及时作出处理，不能手软。

七、考生在考场内严禁携带BP机、移动电话等无线通讯工具和收录音机；考生在试（答）卷上严禁使用涂改液。对违反者，一律按违纪处理。

八、重视监督、监察工作，建立健全监督机制。继续执行向社会公布举报电话和举报箱的规定，认真及时处理群众来信来访。

九、我中心在考试期间24小时值班电话、人员如下：

成人高考：5月9日～12日

值班电话：62514451，62514014（FAX）

值班人员：谭松

普通高考：7月6日～10日

值班电话：62514451，62514014（FAX）

值班人员：罗民

国家教委考试中心
一九九七年四月三日

关于对区县成人教育招生办公室招生考试工作实行目标管理考评的通知

成教考字（1997）第014号

各区县成人教育招生办公室：

为加强对各类成人学校招生考试工作的管理，不断提高招生考试管理工作的科学化、规范化程度，经研究决定自一九九七年起，对全市各区县成人教育招生办公室招生考试工作实行目标管理考评工作。现将《北京市区县成人教育招生办公室招生考试管理工作责任目标》、《北京市区县成人教育招生办公室招生考试工作目标管理考评办法》和《北京市区县成人教育招生办公室招生考试工作目标管理实施细则》发给你们，望结合本区县实际情况，认真研究，制定切实可行的措施，争取更大成绩。

附件：

一、北京市区县成人教育招生办公室招生考试管理工作责任目标

二、北京市区县成人教育招生办公室招生考试工作目标管理实施细则

三、北京市区县成人教育招生办公室招生考试工作目标管理考评办法

四、北京市区县成人教育招生办公室招生考试工作目标管理自评登记表

北京市成人教育招生办公室

1997 年 4 月 18 日

附件一：

北京市区县成人教育招生办公室招生考试管理工作责任目标

为有利于对区县成人教育招生办公室招生考试工作实行目标管理和考评，不断提高招生工作的科学化、规范化程度，现就区县成人教育招生办公室招生考试管理工作的责任目标规定如下：

一、机构设置

1. 依照《普通、成人高等学校本、专科招生全国统一考试工作规则》中的有关规定成立以主管区、县长为首的招生委员会。领导、组织、管理、监督本区、县的考试实施及协调、处理重大问题。

2. 按规定设立本区、县独立的成人教育招生办公室，配备专职工作人员 2～4 名。工作人员分工明确，职责清楚，要求具体。

3. 办公室有固定的办公地点、计算机房、保密室和必要的通讯设备及其必要的办公条件。

二、宣传

1. 采取多种形式积极宣传成人高校、成人中专招生工作的政策、规定办法和要求，抓好落实，注重效果。

2. 根据全市的统一安排并结合本区、县的实际，制定切实可行的宣传工作方案。

3. 在报名期间准确预测、及时领取考生报名材料。

三、报名工作

1. 按北京市成人教育招生办公室的有关规定并结合本区、县的实际，制定出本区、县报名工作方案，做到报名工作的组织落实、人员落实、任务落实。按规定时间将方案报送北京市成招办。

2. 依照有关规定严格审核考生的报名资格和照顾录取条件，建立完备的审核手续，准确无误、完整、规范地汇总报名材料，按规定时间报送北京市成招办。

3. 指派专人认真细致地做好考生报名辅导培训工作，指导考生选报志愿，准确填涂有关表、卡。

4. 按规定时间完成报名工作，及时、准确地将《考生报名情况统计表》、《考生信息卡》、《照顾考生名册》等有关材料报送北京市成招办。

四、考试

1. 按北京市成招办制定的《考点设置及要求》、《考场设置及要求》、选择、布置考点和考场。保证考生进入考点后明确方位，明确要求，准时考试。

2. 按北京市成招办制定的《实施细则》及有关规定，认真做好监考人员、工作人员的培训工作，使全体人员均做到职责清楚、办法明确、要求具体。

3. 按北京市成招办制定的《考试实施程序》、《考生守则》、《监考人员守则》、组织考试，保证考场秩序井然，纪律良好。

4. 按北京市成招办制定的《试卷、答卷传递交接程序》和《答卷装订、密封程序》做好试卷、答卷的分发和装订工作，确保不错、不漏、不乱。

五、复核成绩及建档工作

1. 按照北京市成招办制定的《复核考生成绩办法》及时、准确的复核每个考生成绩。保证不错、不漏。

2. 按北京市成招办制定的建档工作要求按时建立考生档案，保证考生档案材料齐全，排列有序。

六、保密工作

1. 按照北京市成招办制定的试卷印刷、运送和保管要求，按时领取和送交试卷、答卷。保证试卷、答卷不错、不丢，不发生泄密事件。

2. 按照北京市成招办制定的《试卷印刷、保管工作人员守则》和《保密人员守则》保管试卷、答卷，保证不丢、不错、不泄密。

七、录取工作

录取期间能及时、准确送档，严格执行各项规定，主动维护录取现场秩序，积极配合做好录取工作。

八、廉政建设

1. 全体工作人员应为政清廉、秉公办事，严格执行要求和有关政策、规定，自觉抵制不正之风。

2. 认真做好群众来访、信访工作，耐心听取群众意见，积极处理有关问题。

3. 严肃认真地查处各种违纪行为，对各种违纪行为查实后尽快处理，不包庇，不说情，不护短。

4. 制定廉政工作措施，公布举报电话，主动接受社会监督。

九、工作总结

1. 在组织完成报名、组考工作后应及时地写出本区县的工作简报，作为阶段工作小结。简报和工作小结应按规定日期报北京市成招办。

2. 全部招生工作结束后应结合本区县实际作出全面总结，并将总结及时送本区县招生委员会和北京市成招办。

3. 积极开展有关招生考试工作的科研工作。

北京市成人教育招生办公室

附件二：

北京市区县成人教育招生办公室招生考试工作目标管理实施细则

一、机构设置（100分）（考核单位：秘书科）

1. 按要求成立以主管区、县长为首的招生工作委员会。招生工作委员会能对本区、县招生考试工作实施领导、督促、检查、协调，切实解决招生考试工作的实际问题。（50分）

2. 按规定，在区、县招生工作领导小组下设成人教育招生办公室，办公室设立专职招生工作人员。专职招生工作人员应根据本区、县情况设2～4人。工作人员之间应该有明确分工，职责清楚。办公室人员应该有固定办公地点，同时设立计算机房、保密室等。（50分）

3. 出现以下情况的，每项扣10分：

（1）和其他科室联合办公，成招办没单独设置的；

（2）专职工作人员未达到最低要求人数的；

（3）工作人员不固定或分工不明确的；

（4）缺少必要办公条件的。

（区县成招办自评报秘书科）

二、宣传（50分）（考核单位：秘书科）

1. 能采取多种形式积极宣传当年的招生政策及规定，层层抓落实，宣传无死角。（20分）（区县成招办自评报秘书科）

2. 在每年宣传工作中能根据本区县情况写出宣传方案。(20分)

3. 准确预测、及时领取考生报名资料。(10分)

4. 出现下列情况的，每项扣5分：

(1) 未制定宣传方案的；

(2) 宣传活动不力的；

(3) 领取考生报名资料超过规定幅度的。

三、报名(200分)(考核单位：综合科)

1. 按规定时间及报考条件组织考生报名，并及时准确地将《考生报名情况统计表》、《考生信息卡》、《考生报名软盘》报送北京市成招办得40分。每超过一天扣5分。

2. 认真辅导考生实事求是地选报志愿，能采取多种形式向考生提供咨询指导得20分。

3. 报名情况出现差错：其人次差错小于0.5%得60分；大于0.5%小于0.7%得40分；大于0.7%小于1%得30分，大于1%小于1.5%得20分，超过1.5%不得分。

4. 报名信息卡应按规定时间送交北京市成招办。信息卡无褶皱、无破损，填涂规范。其人次差错小于0.5%得40分，大于0.5%小于0.7%得30分；大于0.7%小于1%得20分，大于1%小于1.5%得10分，超过1.5%不得分。(差错率以通过机器为准)

5. 按规定审核考生报名资格和照顾考生资格，无差错得40分。每出现一处差错扣2分。

四、考试(250分)(考核单位：综合科、考试科)

按北京市成招办下发的考试办法认真组织培训、考试实施，考试期间纪律好；分发、密封试卷符合要求无差错；考生在标准化及分卷考试中填涂答题卡上的信息(指准考证号、考试科目、非铅笔填涂和使用涂改液。下同)无差错(以通过机器阅读为准)得250分。

1. 考试期间，监考不严，出现违纪考生监考员未登记，或在阅读中发现雷同试卷，监考员未登记的，每发现一起扣10分。

2. 试卷装订及密封出现姓名、准考证号外露、试卷页码顺序颠倒、试卷倒置等差错的人次，每超过0.1%扣10分。

3. 监考员未按规定在缺考及空号试卷上填(涂)上缺考、考员，每发生一起扣2分。

4. 不按规定填写试卷袋内容的，每出现一起扣2分。

5. 漏装或丢失试卷(包括答题卡)，每出现一起扣20分。

6. 答题卡信息差错率大于0.3%，小于0.5%扣10分；大于0.5%，小于0.7%扣20分；大于0.7%，小于1%扣30分，大于1%扣50分。

五、核分(50分)(考核单位：考试科)

按要求核对考生分数。核对考生分数后，再次要求更正考生成绩的，每出现一起扣1分。

六、建档(100分)(考核单位：考试科)

按规定建立考生档案；档案材料齐全；按送档清单排列顺序准确得100分。

发生以下情况，总差错率不超0.1%的得满分，每超过0.1%扣4分。

1. 档案材料不全(档案材料包括考生报名登记表、考生先进证书复印件和照顾对象审核表、毕业证书复印件、报名登记表和档案袋应贴的成绩单)。

2. 照顾对象与实际情况不符。

3. 装错档案材料。

4. 贴错成绩单。

七、录取(50分)(考核单位：秘书科、考试科)

录取期间，能配合做好录取工作，及时准确送档。严格执得各项规定，按章办事，主动维护录取现场秩序，得50分。

录取期间，违反录取现场规定及违反录取工作规定，影响工作或造成不好社会影响的，视情况相应扣分。

八、保密工作（100分）（考核单位：综合科）

1. 领取、保管、分发、送交试卷符合保密规定，有安全措施，稳妥可靠，无丢失或泄密现象，得100分。

2. 试卷管理、运送不符合保密要求或因运送试卷不及时而影响考试，视其情节相应扣分。

3. 出现泄密事件，取消评奖资格，并按有关规定进行处罚。

九、廉政建设（50分）（考核单位：秘书科）

1. 制定廉政工作的具体措施和办法，并向社会公开，主动接受社会监督得10分。

2. 全体招生工作人员能坚持按照政策和规定办事。为政清廉，秉公办事，自觉抵制各种不正之风，得20分。

3. 认真做好信访工作，热情接待来访人员，耐心听取群众意见，按照政策做好解释工作，积极处理遗留问题，不推诿、不拖延、不误办，得20分。

4. 在廉政建设中发现问题相应扣分。

5. 在廉政建设中违纪情节严重者按国家教委“18号令”及有关法律处理，视情况取消评奖资格。（区县成招办自报秘书科）

十、工作总结与资料积累（50分）（考核单位：秘书科）

1. 在组织成人高考报名、考试建档等项工作中能及时写出简报、总结或经验材料得10分。

2. 在当年招生工作结束后，能及时结合目标管理要求对本区县工作做出全面总结，并积极向本区县招生工作领导小组汇报得10分。

3. 对本区县的成人高考资料能按有关档案管理规定分门别类建档保管得30分。

4. 没有做到以上要求或虽然做了但不完全的相应扣分。

（区县成招办自评报秘书科）

十一、附加分（考核单位：综合科、考试科、秘书科）

1. 积极开展科研活动，每年在市级以上刊物中及研究论文中刊登或受奖者得20分。撰写文章在市级以上刊物发表的一般性文章得10分。

2. 在组织考试中有创新，能有效地防止考生作弊或有效地排除非智力因素对考试的影响得20分。

3. 在编排考场、装订试卷或在标准化考试中有创新，能减轻劳动负担，有效地克服组织考试、装订试卷中的问题得20分。

4. 组考经验对提高全市考试管理水平有促进作用得20分。

5. 关心全市招生工作。能根据实际工作情况，提出对全市招生工作有较大促进和影响和意见和建议每条得20分。

6. 及时发现问题，并提出改进意见和措施，杜绝事故的，每起得20分。

7. 计算机在招生考试中能发挥作用，能为兄弟区县提供经验得20分。

北京市成人教育招生办公室

附件三：

北京市区县成人教育招生办公室招生考试工作目标管理考评办法

北京市区县成人教育招生办公室招生考试工作目标管理考评工作，是以国家教委颁布的《普通、成人高等学校本、专科招生全国统一考试工作》、《成人高等学校招生规定》和北京市成人教育招生办公室制定的《北京市成人高（中）等学校招生工作细则》为依据，以北京市成人教育招生办公室制定的《北京市区县成人教育招生办公室招生考试管理工作责任目标》为标准，以各区县成人教育招生办公室的实际工作情况为基础，采用区县自评和全市评审相结合的办法进行。具体办法是：

一、由北京市成人教育招生办公室负责根据《北京市区县成人教育招生办公室招生考试管理工作责任目标》和《北京市区县成人教育招生办公室招生考试工作目标管理实施细则》组织考核、评审工作，并公布评审结果。

二、区县成人教育招生办公室在招生工作的每阶段进行自评，及时填写《目标管理自评登记表》，并于当年第四季度前写出本区县的目标管理自评总结材料报送北京市成招办。

三、全市评审工作由北京市成招办于每年第四季度组织进行。

四、北京市成招办将在不同阶段及时向各区县成招办通报目标管理考核信息。

五、目标管理考评成绩分基础分和附加分两类。基础分为千分制。考核评比标准为：基础总分满900分为达标，基础总分满1 000分和基础总分满980分以上再加上附加分后满1 000分以上为一等奖。基础总分达950分以上不足1 000分的为二等奖。

六、目标管理考评结果在每年总结会上公布，并进行奖励表彰。

七、目标管理考评结果向全市各招生机构所在区县政府通报。

北京市成人教育招生办公室

附件四：

北京市区县成人教育招生办公室招生考试目标管理自评登记表

序号	项目	满分	自评记录	得分
1	机构设置	100		
2	宣传	50		
3	报名	200		
4	考试	250		
5	核分	50		
6	建档	100		
7	录取	50		
8	保密	100		
9	廉政建设	50		
10	工作总结与资料积累	50		
附加分				
合计（不含附加分）		1000		

关于北京市各类成人高校招生考试工作的通知

成教考字（1997）第015号

各区县成人教育招生办公室：

为加强对各类成人高校招生考试工作的管理，不断提高招生考试管理工作的科学化、规范化程度，现制定《北京市一九九七年各类成人高校招生考试工作实施办法》，望各区县成人教育招生办公室认真执行。

附件：北京市一九九七年各类成人高校招生考试工作实施办法

北京市成人教育招生办公室
一九九七年四月十八日

附件：

北京市一九九七年各类成人高校招生考试工作实施办法

全国各类成人高等学校统一招生考试是国家大考，为不断提高考试组织管理水平，使成人高考向规范化、科学化方向发展，进一步严肃考试纪律，特制定本办法：

一、考试科目和考试时间

考试科目：

1. 理工农类（含体育、非教师班地理专业）考政治、语文、数学（理工类）、物理、化学5科。

2. 文史类（含财经、政法、外语、艺术、教师班地理专业）考政治、语文、数学（文史类）、历史、地理5科（艺术类专业，数学考试成绩不计入总分，供录取时参考）。

3. "3＋2"考试科目改革试点，具体范围及考试科目如下：

(1) 报考医疗、高护、西医类的考生，考试科目为：政治、语文、数学（理工类）、人体解剖学、生理学。

(2) 报考中医药类的考生，考试科目为：政治、语文、数学（理工类）、中医基础学、中药学。

(3) 报考司法部属中央司法警官教育学院的在职考生，考试科目为：政治、语文、数学（文史类）、监狱（劳教）基础、狱政（所政）管理。

(4) 报考北京市计划劳动管理干部学院机械制造工艺及设备专业的考生，考试科目为：政治、语文、数学（理工类）、机械基础、机械制造工艺基础；报考工业电气自动化专业的考生，考试科目为：政治、语文、数学（理工类）、电工基础、电子技术基础。

4. 高等职业技术教育班（下简称"高职班"），招生实行计划单列，考试分两种情况：

(1) 报考国务院有关部委属院校举办的"高职班"，考试科目同本条1、2款规定；

(2) 报考北京市属院校举办的"高职班"，考试科目实行"3＋2"形式，基础课考试科目为：政治、语文、数学（按专业类别考文或理），专业课考试科目在如下专业课中选择两门：

生理学	人体解剖学	机械基础
金属切削原理与刀具	BASIC语言	电子技术基础
计算机应用基础	电路基础	电工基础
电机与拖动	施工技术基础知识	建筑材料
建筑结构	药剂学	化工基础
轧钢生产管理	炼钢生产管理	高炉冶炼生产管理
冶炼技术基础	经济法基础	营销基础知识
商品知识	会计基础	计算技术
旅游概论	礼仪规范	应用文与写作
实用公共关系	原料加工技术	烹调技术
化学肥料	有机化学	化工分析基础
中医基础学	监狱（劳教）基础	机械制图
中药学	狱政（所政）管理	机械制造工艺基础

考试时间：

考试按全国统一规定的时间进行。各科目的考试日期及时间见下表：

1. 高中起点本、专科：

时间＼日期	五月十日 （星期六）	五月十一日 （星期日）
9：00～11：00	语文	数学
14：00～15：40	物理　地理 生理学、中医基础学 监狱（劳教）基础 机械基础　建筑材料 电路基础　药剂学 电子技术基础 计算机应用基础 金属切削原理与刀具 冶炼技术基础知识 经济法基础 商品知识、计算技术 旅游概论、化学肥料 有机化学 实用公共关系 原料加工技术	化学　历史 人体解剖学、中药学 狱政（所政）管理 机械制造工艺基础 电工基础、建筑结构 BASIC 语言、化工基础 施工技术基础知识 高炉冶炼生产管理 营销基础知识 化工分析基础 应用文与写作 炼钢生产管理 轧钢生产管理 会计基础、礼仪规范 机械制图、烹调技术 电机与拖动
16：20～18：00	政治	外语

2. 专科起点本科：

时间＼日期	五月十日 （星期六）	五月十一日 （星期日）
9：00～11：00	教育理论课 教育学（师）	高等代数　实用语法 人体解剖学及生理学　心理学 政治经济学　中国文学 世界地理　力学热学 有机化学　运动生物学
9：00～11：30	政治	英语　教育学（职） 世界通史
14：00～15：30		中国历史要籍介绍和选读 微生物学　空间解析几何
14：00～16：00	马克思主义哲学、汉语 高等数学（师） 中国地理　体育理论 美术史论基本知识	中国革命史　文学概论（师） 光学电磁学　无机化学 自然地理基础 学校管理　综合考试

续前表

时间 \ 日期	五月十日 （星期六）	五月十一日 （星期日）
14：00～16：30	高等数学（一）（二） 大学语文 刑法 音乐基本理论 中国通史 数学分析 动植物学	精读和泛读　档案学 民法　市场营销学概论 食品微生物学 图书馆学　政治学概论 文学概论　财政金融学 新闻学　环境保护概论 电路原理　电子技术基础 化工原理　医学基础 中医基础理论　行政管理学 会计学原理　结构力学 地质学概论　植物生理学 机械设计基础　管理学概论 海洋生物学　旅游学概论 淡水生物学　家畜生理学 色彩（基础知识部分）

除高职班各专业课，高中起点本、专科日语、俄语，专科起点本科班各科目外其余各科全部实行分卷考试（每科的第Ⅰ卷为选择题，答案填涂在答题卡上；第Ⅱ卷为非选择题，答案写在试卷上）。各区县成人教育招生办公室（以下简称区县成招办）要使与考试有关的人员熟悉考试时间、考试科目，特别是分卷考试常识。

二、考点和考场安排及培训工作

各区县成招办要按北京教育考试院成人教育招生办公室（以下简称北京市成招办）编制的《北京市成人高（中）等学校招生工作细则》、《北京市成人高（中）等学校招生工作职责》和《北京市成人高（中）等学校招生工作人员行为规范守则》中的规定和要求选定考点、安排考场、组织培训和考试工作。培训材料如下：

（一）北京市成人高（中）等学校招生工作细则

1. 试卷、答卷传递交接程序（附件十一）
2. 考点设置及要求（附件十二）
3. 考场设置及要求（附件十三）
4. 组考人员证件标志（附件十四）
5. 考试实施程序（附件十五）
6. 考生守则（附件十六）
7. 答卷装订、密封程序（附件十七）
8. 处理考场偶发事件参考意见（附件十八）
9. 对违反考试管理规定的考生处罚办法（附件二十三）

（二）北京市成人高（中）等学校招生工作职责

1. 区县成人教育招生办公室职责
2. 监考员职责
3. 主考职责
4. 区县成人教育招生办公室各小组职责
5. 考点各小组职责

（三）北京市成人高（中）等学校招生工作人员行为规范守则

1. 招生工作人员行为规范

2. 监考员守则

3. 违反招生管理规定处罚办法

在考试前三、四天，各区县成招办要集中各考点主考、副主考学习有关文件。在考试前一、二天，各考点要集中监考员及工作人员学习有关文件，明确分工，熟悉业务，明确纪律要求，严防考试作弊、试卷失密、试卷丢失等问题的发生。

三、关于试卷保管和保密工作

各类成人高等学校全国统一招生考试，是国家大考，试卷密级为“绝密”。为加强试卷保管和保密工作，严防泄密、丢失、损坏和差错，特提出以下几项要求和措施：

1. 各招生机构必须按《中华人民共和国保守国家秘密法》要求和北京市成招办制定的《试卷、答卷传递交接程序》、《区县试卷保密制度》、《保密人员守则》要求，做好试卷的保管和保密工作。

2. 在各个工作环节上，对试卷的领取、交接、分发、回收都要办理交接手续。交接过程中，要逐项核对试卷科目、袋数；向考点分发试卷时，要核对当日、当场考试试卷的科目、袋数。

3. 各区县成招办在保密室内张贴分发试卷图表，图表中要详细、清楚地标明每天、每考点所用试卷的科目和袋数，要求保密员按图表标明的试卷科目和袋数发放。

4. 各种试卷必须在考场里，在规定的时间内，先向考生展示试卷密封情况，然后当着考生的面启封试卷。不得在考场以外的地方启封试卷。

5. 送交试卷时，北京市成招办将在各阅卷点设一名工作人员，查验各区县成招办实用试卷数量。各区县成招办应按原实用试卷袋数向阅卷点送交答卷。

6. 交答题卡时，各区县成招办应将备用卷送交北京市成招办备查。如备用试卷曾启封，应在书面材料中说明所用试卷数量及用于哪个考场。

7. 北京市成招办将向各区县成招办提供一定数量备用封条和密封纸。如试卷袋内漏装封条和密封纸，可使用备用封条和密封纸。交答题卡时将剩余封条和密封纸交回北京市成招办。如使用备用封条和密封纸，应在书面材料中说明所用试卷数量及用于哪个考场。

8. 按规定向考生分发答题卡。如出现差错，在加强监考的前提下，可按现分发顺序组织考生考试，尽量不拆封备用试卷。此情况仅限于区县成招办灵活掌握。

四、专科起点本科班考务说明

根据国家教育委员会考试中心《关于1997年专升本入学考试若干考务问题说明的通知》（教试中心[1997] 23号）文件精神，特对专升本入学考试若干考务问题说明如下：

1. 非师范类专升本电路原理、机械设计基础、电子技术基础、结构力学、化工原理、会计学原理六科考试，要求考生带计算器。

2. 师范类英语教育专业和非师范类英语专业的精读和泛读同用一份试卷，师范类教育管理类专业公共课和非师范类公共课的大学语文同用一份试卷，卷面分数为100分，非师范类考生的成绩须按照“试题参考答案与评分标准”的要求转换为150分制的分数。

3. 非师范类色彩试卷分为理论和绘画写生两部分。理论知识部分的考试时间为60分钟，绘画写生部分的考试时间为180分钟。绘画写生部分的考试要求考生带以下物品：(1) 八开图画纸；(2) 水粉或水彩颜料；(3) 画板、水粉笔或水彩笔、调色板、调色盒、图钉、洗笔用具等必备绘画工具。

五、严格执行考试纪律，切实抓好考风考纪

各区县成招办一定要从维护国家大考的严肃性，提高成人教育的信誉，维护北京市教委和北京教育考试院的声誉的高度来认识自己所承担的任务，务必严格执行考试纪律，切实抓好考风考纪。

1. 组建相应的管理机构。各区县要组建由区县委（政府）主管教育的领导、区县成人教育局、成招办以及其他政府部门负责人员组成的领导小组，负责本区县的考试管理工作。可聘请区县人大、政协部门领导。加强社会监督。

2. 制定详细的组考工作计划。各区县成招办要根据本区县的具体情况和所承担的任务，根据国家教委和北京市成招办的要求，认真制定详细的组考工作计划。既要有总体的要求，也应对各个环节、各个岗位的工作提出明确具体的要求，做到层层有人抓，事事有人管，分工明确，协同作战，使整个考试工作事多不乱，有序进行。

3. 抓好考点的选择和监考员的选聘工作。有关考点的要求见《招生工作细则》中考点设置的要求。关于选聘监考员的要求请见《招生工作细则》第四十条。对曾受到通报批评的监考员，不得再选聘为监考员。要坚持回避制度，凡有直系亲属参加今年成人高考的人员，不得选聘为监考员，不得做与接触试卷有关的工作。

4. 认真抓好培训工作。各区县要组织组考工作人员认真学习《高等学校招生全国统一考试管理处罚暂行规定》（即国家教委 18 号令）及本文件第二条中列举的规定、职责、守则等文件，要让全体组考工作人员明确考试有关规定和要求，明确自己所承担的任务、职责和要求，坚决按规定办。

5. 布置好考点环境。要求各区县在考点挂横幅、插彩旗、张贴国家教委 18 号令、考生守则、考场平面图以及其他有关宣传材料。考场内不得保留与考试有关的文字或图表等。桌口一律朝前，书包及复习资料一律集中存放。要为考生创造一个既严格执法又热情服务的良好环境，为考生提供公平竞争的良好条件。

6. 认真执法，严防作弊。在监考过程中，要求监考员必须认真负责。按《考试实施程序及监考人员守则》监考。要认真实行“五对照”：即与准考证、准考证存根、居民身份证、试卷、考生本人对照，考生姓名是否相同，面貌是否相符。

7. 实行奖励办法。如发现考生违反考试纪律，属应受取消科目成绩以上处罚的，对监考员按每名考生发给奖金 10 元。对上述监考员另行予以通报表扬。奖金由北京市成招办提供，区县成招办统一领取后如数发给有关监考人员。对违纪考生，监考员要填写《考生违纪情况记录单》，同时备有考生书面检查材料，考生基本情况和身份证号。此外，区县成招办要集中填写《违纪考生名册》，名册中应有受减分处罚考生的情况。

8. 为便于阅卷，请各区县将考场密码号同时写在封好的密封纸上。密码号要内外一致。

请各区县成招办在考试期间留专人值班，以便北京市成招办及时与各区县取得联系。

附件：

一、北京市一九九七年各类成人高校招生高中起点本、专科统一考试监考工作程序

二、北京市一九九七年各类成人高校招生专科起点本科班统一考试监考工作程序

北京市成人教育招生办公室

1997 年 4 月 18 日

附件一：

北京市一九九七年各类成人高校招生高中起点本、专科统一考试监考工作程序

日期		五月十日（星期六）			五月十一日（星期日）		
午别		上午	下午		上午		下午
时间与科目	考试科目	语文	物理、地理、高职班其他科目	政治	数学	化学、历史、高职班其他科目	外语
	考试时间	9：00～11：00	14：00～15：40	16：20～18：00	9：00～11：00	14：00～15：40	16：20～18：00
监考人员集中	时间	8：20	13：30	15：50	8：30	13：30	15：50
	工作要点	1. 监考员、工作人员到考务办公室报到，接受主考指示； 2. 核准钟表时间； 3. 监考员到考场打开考场门。					
领取试卷	时间	8：30	13：40	16：00	8：40	13：40	16：00
	工作要点	1. 主监考领取试卷Ⅰ试卷Ⅱ，核对试卷上考试科目、考场号是否正确，办理签收手续； 2. 集体离开保密室，带试卷直达考场。					

续前表

日期		五月十日（星期六）			五月十一日（星期日）		
午别		上午	下午		上午		下午
预备（打铃）	时间	8：35	13：45	16：05	8：45	13：45	16：05
	工作要点	1. 监考员在门口组织考生入场，检查准考证上照片是否与本人相符，检查准考证上准考证号是否与本考场相符； 2. 检查考生准考证号是否与桌子上贴的准考证号相符； 3. 首场考试宣读《考生守则》及注意事项。					
启封试卷	时间	8：45	13：45	16：05	8：45	13：45	16：05
	工作要点	1. 主监考当众启封试卷，核对试卷科目是否与当场考试科目相符，核对试卷份数、页数及答题卡份数是否准确； 2. 发答题卡。奇数号考生发 A 卡，偶数号考生发 B 卡； 3. 主监考组织考生进行“两填两涂”，用蓝色钢笔墨水或蓝色圆珠笔在答题卡上填写姓名、考号；用 2B 铅笔涂黑考试科目及准考证号； 4. 监考员检查考生填涂答题卡用笔是否正确，填涂是否准确； 5. 主监考将试卷总张数、页数、大题数写在黑板上，并做好发卷准备； 6. 监考员在黑板上写出本考场全部考试科目及时间。					
分发试卷（信号）	时间	8：55	13：55	16：15	8：55	13：55	16：15
	工作要点	1. 将卷Ⅰ卷Ⅱ及草稿纸依次分发给考生； 2. 主监考指导考生在密封线内填写区县、姓名、准考证号、科类； 3. 监考员提醒考生要将试卷Ⅰ的答案填涂在答题卡上，试卷Ⅱ的答案直接答在卷面上。					
开考（打铃）	时间	9：00	14：00	16：20	9：00	14：00	16：20
	工作要点	1. 宣布考生开始答题； 2. 监考员逐一检查考生卷Ⅱ填写的姓名、准考证号是否准确、完整，答题卡上准考证号、科目是否填写涂黑，然后在考室后监考； 3. 主监考在考室前监考。					
停止入场	时间	9：15	14：15	16：35	9：15	14：15	16：35
	工作要点	1. 此时迟到考生停止入场； 2. 主监考在答题卡袋上、考场记录表上填写缺考号； 3. 在缺考和空号试卷上填写准考证号，在卷首总分处填写“缺考”或“空号”字样；在答题卡上用钢笔填写缺考考生准考证号，并用 2B 铅笔涂黑相应数字、考试科目和缺考标记。					
允许出场	时间	9：30	14：30	16：50	9：30	14：30	16：50
	工作要点	监考员对于准备早出场的考生试卷要进行检查，经核对试卷份数、页数、答题卡及草稿纸无误后，将试卷翻扣在桌子上，方可允许考生出场。					
提醒考试时间	时间	10：45	15：25	17：45	10：45	15：25	17：45
	工作要点	1. 主监考提醒考生掌握时间，宣布“距考试结束还有 15 分钟”； 2. 监考员检查考生答题卡是否将卷Ⅰ答案涂上； 3. 主监考填写考场记录表中考试情况一栏。					
考试结束（打铃）	时间	11：00	15：40	18：00	11：00	15：40	18：00
	工作要点	1. 主监考宣布考试结束，考生停止答卷；要求考生将试卷排列好，依次为：答题卡、卷Ⅱ、卷Ⅰ、草稿纸；坐好等待监考员收卷； 2. 监考员开始收卷（要做到四收：一收答题卡；二收卷Ⅱ；三收卷Ⅰ；四收草稿纸；顺序为：小号在上，大号在下。）主监考维持秩序； 3. 试卷收完、清点核实后，考生退场； 4. 复查考场记录； 5. 将答题卡、试卷Ⅱ、试卷Ⅰ，按准考证号顺序检查一遍，清查考场，关窗锁门；监考员携带答卷、答题卡、草稿纸等到考务室交主考验收。					

附件二：

北京市一九九七年各类成人高校招生专科起点本科班统一考试监考工作程序

<table>
<tr><td colspan="2">日期</td><td colspan="2">五月十日（星期六）</td><td colspan="2">五月十一日（星期日）</td></tr>
<tr><td colspan="2">午别</td><td>上午</td><td>下午</td><td>上午</td><td>下午</td></tr>
<tr><td rowspan="2">科目与时间</td><td>考试科目</td><td>政治</td><td>高等数学（一）、（二）、大学语文、刑法</td><td>英语、教育学（职）</td><td>各专业课、精读和泛读、民法</td></tr>
<tr><td>考试时间</td><td>9：00～11：30</td><td>14：00～16：30</td><td>9：00～11：30</td><td>14：00～16：30</td></tr>
<tr><td rowspan="2">监考人员集中</td><td>时间</td><td>8：20</td><td>13：30</td><td>8：30</td><td>13：30</td></tr>
<tr><td>工作要点</td><td colspan="4">1. 监考员、工作人员到考务室报到，接受主考指示；
2. 核准钟表时间；
3. 监考员到考场打开门。</td></tr>
<tr><td rowspan="2">领取试卷</td><td>时间</td><td>8：30</td><td>13：40</td><td>8：40</td><td>13：40</td></tr>
<tr><td>工作要点</td><td colspan="4">1. 主监考领取试卷，核对试卷袋上考试科目、考场号是否正确，办理签收手续；
2. 集体离开保密室，带试卷直达考场。</td></tr>
<tr><td rowspan="2">预备（打铃）</td><td>时间</td><td>8：35</td><td>13：45</td><td>8：45</td><td>13：45</td></tr>
<tr><td>工作要点</td><td colspan="4">1. 监考员在门口组织考生入场，检查准考证上相片是否与本人相符，检查准考证上考场号是否与本考场相符；
2. 检查考生准考证号是否与桌子上贴的准考证号一致；
3. 首场考试宣读《考生守则》及注意事项。</td></tr>
<tr><td rowspan="2">启封试卷</td><td>时间</td><td>8：45</td><td>13：45</td><td>8：45</td><td>13：45</td></tr>
<tr><td>工作要点</td><td colspan="4">1. 主监考当众启封试卷，核对科目是否与当场考试科目相符，核对试卷份数、页数是否准确；
2. 监考员将试卷总张数、页数、大题数写在黑板上，并做好发卷准备。
3. 监考员在黑板上写出本考场全部考试科目及时间。</td></tr>
<tr><td rowspan="2">分发试卷（信号）</td><td>时间</td><td>8：55</td><td>13：55</td><td>8：55</td><td>13：55</td></tr>
<tr><td>工作要点</td><td colspan="4">1. 将试卷及草稿纸依次分发给考生；
2. 主监考指导考生在密封线内填写区县、姓名、准考证号、科类。</td></tr>
<tr><td rowspan="2">开考（打铃）</td><td>时间</td><td>9：00</td><td>14：00</td><td>9：00</td><td>14：00</td></tr>
<tr><td>工作要点</td><td colspan="4">1. 宣布考生开始答题；
2. 监考员逐一检查考生试卷填写的姓名、准考证号是否准确、完整，然后在考室后监考。
3. 主监考在考室前监考。</td></tr>
<tr><td rowspan="2">停止入场</td><td>时间</td><td>9：15</td><td>14：15</td><td>9：15</td><td>14：15</td></tr>
<tr><td>工作要点</td><td colspan="4">1. 此时迟到考生停止入场；
2. 主监考在试卷袋上、考场记录表上填写缺考号；
3. 在缺考和空号试卷上填写准考证号，在卷首总分处填写“缺考”或“空号”字样。</td></tr>
<tr><td rowspan="2">允许出场</td><td>时间</td><td>9：30</td><td>14：30</td><td>9：30</td><td>14：30</td></tr>
<tr><td>工作要点</td><td colspan="4">监考员对于准备早出场的考生试卷要进行检查，经核对份数、页数、及草稿纸无误后，将试卷反扣在桌上，方可允许考生出场。</td></tr>
<tr><td rowspan="2">提醒考试时间</td><td>时间</td><td>11：15</td><td>16：15</td><td>11：15</td><td>16：15</td></tr>
<tr><td>工作要点</td><td colspan="4">1. 主监考提醒考生掌握时间，宣布“距考试结束时间还有 15 分钟”；
2. 监考员填写考场记录表中考试情况一栏。</td></tr>
</table>

续前表

日期		五月十日（星期六）		五月十一日（星期日）	
午别		上午	下午	上午	下午
考试结束（打铃）	时间	11∶30	16∶30	11∶30	16∶30
	工作要点	1. 主监考宣布考试结束，考生停止答卷；要求考生将试卷排列好、做好，等待监考员收卷； 2. 监考员开始收卷，顺序为小号在上，大号在下；主监考维护秩序； 3. 试卷收完、清点核实后，考生退场； 4. 复查考场记录； 5. 将试卷按准考证号顺序检查一遍，清查考场，关窗锁门；监考员携带答卷、草稿纸等到考务室交主考验收。			

注：师范类专升本监考工作参照以上程序执行。

关于印发《1997年北京市各类成人高等学校招生考试评阅试卷工作规定》的通知

成教考字（1997）第017号

各区、县成人教育招生办公室、各评卷单位：

为做好1997年北京市各类成人高等学校招生考试评阅试卷工作，使评卷工作向着科学化、规范化的方向发展，确保高质量地完成评卷工作，现下发《1997年北京市各类成人高等学校招生考试评阅试卷工作规定》，望遵照执行。

附：《1997年北京市各类成人高等学校招生考试评阅试卷工作规定》

北京教育考试院成人教育招生办公室
1997年4月17日

附：

《1997年北京市各类成人高等学校招生考试评阅试卷工作规定》

评卷工作是整个招生工作的重要环节之一，为了工作的顺利进行，特作如下规定：

一、组织工作

（一）组织领导

北京市成人高考的评卷工作在北京教育考试院成人教育招生办公室（以下简称市成招办）统一领导下进行。阅卷点全市统一设置（见附表）。各阅卷点要成立评卷领导小组，各评卷点在评卷领导小组的领导下，要建立评卷、核分、质量检查、登分、分数录入、试卷保管、后勤保卫等若干小组。各小组对评卷领导小组分配的任务负责。各评卷点统一在市评卷领导小组的领导下负责具体实施评卷工作。

（二）评卷教师

评卷教师（包括登分人员）以高等学校教师为主（要求具有讲师以上职称），吸收学院附中高三年级的骨干教师。评卷教师应在工作责任心强、业务水平较高、有丰富经验、作风正派、遵守纪律、身体健康、当年无直系亲属参加成人高考的教师中选聘。评卷点领导小组有权辞退不符合条件的评卷教师。

（三）分工职责

1. 市成招办评卷领导小组领导全市评卷工作，对评卷工作中有普遍性的重大问题，有最终决定权。

2. 科目评卷点领导小组具体组织本科目试卷的评阅工作，对该科试卷的评阅质量、分数的核对、试卷的保管、保密和评卷工作的进度负责。

3. 各区（县）招生办公室负责将本区县试卷运送到评卷点，评卷结束后负责取回本区（县）考生的试卷并进行试卷成绩的复核工作。

4. 评卷点下设的各小组要对评卷点领导小组分配的任务负责。

5. 市成招办每科将派两名联络员负责及时了解评卷质量及登分进度。

二、阅卷评分

（一）研究评分标准，坚持做好试评

各评卷点领导小组，要组织全体评卷教师认真学习、研究《试题答案》和《评分标准》。对于评分标准的宽严尺度要统一认识。评卷前，要集中学习评分标准，进行试评，对考生不同的答题方式进行研究、讨论。遇有争论的问题，要经过反复论证，统一思想，以便取得统一的认识，在此基础上，评卷点领导小组制定出相应科目的“评分标准执行细则”，并使每个评卷教师熟练掌握统一的评分标准及其执行细则，防止在正式评卷中出现偏宽、偏严或宽严不一的现象，充分体现“宽严适度、首尾一致”和“严格、公正、准确”的原则。

（二）实行岗位责任制，采取流水作业法评卷

1. 分组办法。评卷点根据该科目试卷的题目数，设立与题目数相同（或相近）的题目组，每个题目组再分成若干个小组。若该科目试卷数量较多，评卷点可先分成几个大组，每个大组再根据试卷题目数，分成与题目数相同（或相近）的题目组，然后下设若干个小组。组与组之间按题目传递流水作业。

2. 各组均设正副组长二至三名，其中一名组长负责领送、分发试卷，并随时掌握评卷进度、质量和出现的问题。

3. 在评卷过程中，作文和论述题由两个人分别评阅（一人主评，一人副评，定时交换），在一定幅度内取两个分数的平均分。如超出一定幅度由评卷题目组讨论决定。其他题目一人一题单独评阅，疑难问题由题目组讨论解决。

4. 评卷点要建立严格的复查制度。对评后的试卷，小组要复查，题目组、大组要抽查，阅卷点负责人在抽查的同时要及时解决疑难问题。防止偏严、偏宽或宽严不一及漏判题等问题。对评分标准掌握不当的评卷人员应予提醒，对不能正确掌握评分标准（或多次提醒不改正）的评卷人员，应调换其工作。

成绩如需订正，订正后要由原评卷教师和订正人签名。

（三）记分与积分

批阅、记分和积分。一律用红墨水笔或红圆珠笔。要求记分要规范，积分要准确。

1. 记分方法。文史类试卷如政治、语文、历史、地理、外语只记得分，不记扣除分数。理工类试卷，如数学（理）、物理、化学和数学（文）只记扣除分数，并在有错误的字句下做“—”记号。完全答错和未答的，做“○”记号。题目得分记在得分栏内，同时，评卷人在规定的位置签字，以示负责。每小题中的小数点以后的分数，不作四舍五入，每大题的分数一律四舍五入，大题分不出现小数。

2. 积分是每题的得分相加，得出整个试卷应得分数，即通常说的某科分数。科目总分要四舍五入，不保留小数。积分工作一般分两组，一组加分，一组复核。

3. 如发现答案中有严重的政治错误，须集体讨论审查确定后在有错误的地方做“＝”记号，并在试题成绩栏下做“×”记号，同时做记载，必要时，由评卷领导小组处理。对有异常情况的试卷（如雷同试卷，字迹前后不一致，在密封线外写有考生姓名、考号或标记等），先评分，同时填写《答案异常情况记录表》，送市成招办处理。

（四）坚持集中评卷

1. 各评卷点要克服困难，做到按科目在规定的场地集中评阅试卷。

2. 在试卷袋拆封后，由评卷教师先把试卷袋上的密码号填在卷头纸上，保证试卷始终是在密封状况下，然后再进行评阅。

（五）做好试卷的收发、传递、保管和保密工作

1. 评卷点要建立保密室，评卷点要设专门人负责收发试卷，发放的试卷，评阅后当天收回，集中在保密室保管。

2. 评卷题目小组组长负责领送试卷，领送试卷前均严格检查试卷密封、编号是否完好，有无缺漏。

3. 评卷时要做到严格保密，不得将试卷带出评卷场所，不得抄录试卷评阅结果。对评卷有不同意见应及时向组织反映，不得在室外谈论评卷情况和问题。不得在评卷室内会客、接待来访。

4. 评卷教师要自觉遵守保密制度，不得私自拆开试卷密封卷头查阅考生姓名和成绩，更不得向外传播，如发现此种情况，应进行批评教育，情节严重者要严肃处理。

5. 要注意做好评卷场所的安全保卫工作，保持清洁，注意防火、防盗，不要随意乱扔纸张、烟头。

6. 自觉遵守组织纪律，服从工作安排，按时上下班，因病、因事不能上班时应及时请假。

三、登分与复核

（一）登分工作

登分工作是指试卷评阅、积分完毕后，按照统一要求把考生分数登记在登分单上（登分单由市成招办统一印制）。

1. 登分时不拆试卷。登分前应首先填好科目名称及用阿拉伯数字填好区县代号、科目代号、考场密码号及应考人数。

2. 登分时按试卷的顺序从上到下填写每个考生的分数。（即按登分单上的序号依次填写，缺考考生的成绩应在相应的位置上填写“0”）。各项数字的书写要注意规范，不能潦草。

3. 填写考生成绩应当用黑色或蓝色墨水的钢笔或圆珠笔。一组登完分后，另一组再核对一次。要认真检查区县代号、科目代号、考场密码号和应考人数是否同试卷袋上的区县代号、科目代号、考场密码号、应考人数相同，然后再检查登分单上的分数是否与试卷上分数一致。不一致时应查明原因，及时修改。修改时，应将错误的分数打“×”，再将正确的分数填在“修正分数”栏内，修正人应在“修正人签字”栏内签上自己的姓名，以示负责。

4. 登分、核分完毕后，集中登分单，按区县代号，分区县整理好，交输机人员输入计算机。第一次输机完毕后进行第二次输机，对比无误后打印出成绩单一式三份。两份成绩单随试卷交区县成招办，另一份成绩单、软盘及登分单分科整理好交市成招办。

5. 要对登分工作人员加强纪律教育，在市成招办正式通知分数之前，任何人不得提前泄露考生的成绩。

（二）复核工作

复核工作是指在评卷、登分、核分后复查分数是否登错或加错，不涉及评分标准掌握问题。这项工作主要由区县成招办组织进行。

1. 首先检查“打印成绩单”上区（县）号考场密码号、科目代号、应考人数是否与封头纸上所标明的相一致；试卷的份数是否同考场人数相一致（含空号和缺考号考生），不一致时，要认真查找原因，及时解决。

2. 各区、县招办进行卷头拆封时，检查准考证号的顺序是否从小号到大号连续排列，中间是否有其他异常现象，如有，应及时纠正。

3. 在前两项均符合规定的情况下，可开始核分工作，逐个检查“打印成绩单”上的分数是否与试卷上的分数相符。在复核中如有错误。须填写《修改错误登记表》。

（三）集中改错

市成招办组织各评卷点和各区、县成招办在一起对登分中出现的错误共同修改。时间定于6月1日上午8：00。地点：市成招办。

四、处罚规定

在评卷工作中，违犯国家教委有关规定及发现考生答卷中有可疑之处时，按国家教委颁发的《高等学校招生全国统一考试管理处罚暂行规定》中第二章“违反考试管理的行为和处罚”的条款处理。

评阅工作结束后，各评卷点领导小组要及时总结评卷工作经验，表彰优秀评卷人员，写出评卷工作总结报告。结合评卷工作对本评卷点评阅的科目应做出分析、评价，对今后的命题工作提出意见和建议。

附件：一、1997年北京市成人高考评卷领导小组名单

二、一九九七年北京成人高考阅卷工作时间安排
三、科目代号
四、一九九七年北京成人高考试卷评卷地址一览表（高中起点）和（专科起点）
五、一九九七年北京市成人高考各科考试人数统计表
六、评卷工作人员守则
七、统分输机工作人员守则
八、保密人员守则
九、评卷点答卷保管人员守则
十、评选优秀评卷工作人员实施办法

北京教育考试院成人教育招生办公室
一九九七年四月二十日

附件一：

1997 年北京市成人高考评卷领导小组名单

组　长：张宝祥　北京教育考试院成人教育招生办公室主任
副组长：谭德深　北京教育考试院成人教育招生办公室副主任
　　　　李鸿江　北京教育考试院成人教育招生办公室副主任
成　员：杜文清　刘金友　吕以乔　邹超英　高素英　周广中　李瑞珍　郑开义　胡幼梅
　　　　程丽娟　赵丽珠
办公室成员：王志明　马兰新

附件二：

一九九七年北京市成人高考阅卷工作时间安排

时间	工作进度和要求
1997 年 4 月 25 日	下午 2：00 在首都师范大学主楼 123 会议室召开阅卷工作会
5 月 5 日	上午 9：00 召开考试成绩计算机录入人员工作会议（市招办）
5 月 10 日～11 日	各院校组织成人入学考试
5 月 12 日	各考试单位向阅卷点集中送试卷、阅卷点接收试卷
5 月 13 日～26 日	各阅卷点组织阅卷、登分工作。26 日向市招办报成绩软盘
5 月 27 日	各区（县）招生办到阅卷点领取试卷及打印成绩单
5 月 28 日～5 月 31 日	各区（县）招生办复核考生分数
6 月 1 日	统一对考生成绩进行改错 改错地点：朝阳区西坝河七圣庙 6 号市公用局干校院内 （市成招办所在地）
附注：专升本、高职班阅卷进度同上	

附件三：

科目代号

001 政治
002 语文
003 数学（文）
004 历史

005 地理
006 物理
007 化学
008 英语
009 日语
010 俄语
011 计算技术
012 会计基础
013 计算机应用基础
014 BAISC 语言
015 商品知识
016 机械基础
017 机械制图
018 电工基础
019 电子技术基础
020 原料加工技术
021 烹调技术
022 建筑材料
023 建筑结构
024 施工技术基础知识
025 实用公共关系
026 营销基础知识
027 有机化学
028 化工分析基础
029 旅游概论
030 礼仪规范
031 监狱（劳教）基础
032 狱政（所政）管理
033 应用文写作
034 电路基础
035 冶炼技术基础
036 轧钢生产管理
037 经济法基础
038 生理学
039 人体解剖学
040 中医基础学
041 中药学
042 机械制造工艺基础
043 金属切削原理与刀具
044 电机与拖动
045 药剂学
046 化工基础
047 炼钢生产管理
048 高炉冶炼生产管理
049 化学肥料
050 数学（理）
101 政治
102 英语
103 高等数学（一）
104 高等数学（二）
105 大学语文
106 图书馆学
107 档案学
108 文学概论（非师范类）
109 新闻学
110 政治学概论
111 行政管理学
112 财政金融学
113 会计学原理
114 环境保护概论
115 管理学概论
116 电子技术基础
117 电路原理
118 机械设计基础
119 结构力学
120 化工原理
121 地质学概论
122 医学基础
123 植物生理学
124 中医基础理论
125 刑法
126 民法
127 海洋生物学
128 淡水生物学
129 家畜生理学
130 食品微生物学
131 市场营销学概论
132 旅游学概论
133 色彩（非师范类）
134 精读和泛读
135 教育学（职）
140 教育理论课
141 马克思主义哲学
142 政治经济学
143 中国革命史
144 汉语
145 中国文学
146 文学概论（师范类）
147 中国通史
148 中国历史要籍介绍和选读
150 听说
151 实用语法
152 空间解析几何
153 数学分析
154 高等代数
155 高等数学（物理）
156 力学热学
157 光学电磁学
158 高等数学（化学）
159 有机化学

160 无机化学
161 中国地理
162 世界地理
163 自然地理基础
164 动植物学
165 微生物学
166 人体解剖及生理学
167 体育理论
168 运动生理学
169 综合考试
170 钢琴
171 声乐
172 音乐基本理论
173 视唱练耳
174 素描
175 色彩（师范类）
176 创作
177 美术史论基本知识
178 教育学（师范类）
179 心理学
180 学校管理
181 俄语
182 日语
183 世界通史

附件四：

一九九七年北京成人高考试卷评阅地址一览表（高中起点）

学校名称	阅卷科目	联系人	联系电话	阅卷地址
北京大学	语文	高宏鹏	62751940	北大法学楼5层马列学院
首都师大	政治　数学（文） 历史　地理	马辛	68902803	首师大教工活动中心二楼
北京电大	数学（理） 物理　化学 英语　日语	胡幼梅	66160314	西内南草厂小后仓甲36号5层教务处
北京医科大学	西医类： 人体解剖 生理学	高素英	62092260	海淀区学院路38号办公楼205室教育处
中医药大学	中医药类： 中医基础理论 中药学	程丽娟	64286619	北三环东路11号管理系楼二层210室
北京联合大学	高职班各考试科目 （科目名称附后）	李宝生	64930069	安外小营北京联合大学主楼1513房间
附注：（高职班考试科目名称）计算技术　会计基础　计算机应用基础　BASIC语言　商品知识　机械基础　电工基础　电子技术基础　原料加工技术　烹调技术　建筑材料　施工技术基础知识　实用公共关系　营销基础知识　旅游概论　礼仪规范　应用文写作　电路原理　经济法基础　机械制造工艺基础　机械制图				

注：各区（县）成招办请将答题卡送市成招办综合科。
联系电话：64225669　　联系人：李秀云

一九九七年北京成人高考试卷评阅地址一览表（专科起点）

学校名称	阅卷科目	联系人	联系电话	阅卷地址
清华大学	数学(一) 数学(二)结构力学　英语	杜文清	62782714 62785519	清华大学东门外建筑馆北门（见附页）
政法大学	刑法　　民法	刘金友	62015577 —2971	海淀区学院路41号成教学院三层会议室

续前表

学校名称	阅卷科目	联系人	联系电话	阅卷地址
北京大学	大学语文 政治 图书馆学 新闻学 行政管理学 食品微生物学 家畜生理学 植物生理学	高宏鹏	62751940	北大法学楼5层马列学院
中央财政金融学院	会计学原理	邹超英	62243370	海淀区学院南路39号办公楼402室
北京医科大学	医学基础	高素英	62092260	海淀区学院路38号办公楼教务处205室
中医药大学	中医基础理论	程丽娟	64286619	北三环东路11号管理系楼二层210号
北京理工大学	管理学概论 电路原理 电子技术基础 机械设计基础	周广忠	68412877 68913115	海淀区白石桥路7号主楼201室
教育学院	政治学概论 色彩（非师范类） 精读和泛读 教育学（职） 师范类各考试科目 （科目名称附后）	李瑞珍	62018382	德胜门外黄寺大街什坊街2号北楼106室
附注：（师范类考试科目名称）教育理论课 马克思主义哲学 政治经济学 汉语 中国革命史 中国文学 文学概论 中国通史 中国历史要籍和选读 实用语法 空间解析几何 数学分析 高等代数 高等数学（物理） 力学 热学 光学电磁学 高等数学（化学） 有机化学 无机化学 中国地理 世界地理 自然地理基础 动植物学 微生物学 人体解剖及生理学 体育理论 运动生理学 综合考试 音乐基本理论 美术史论基本知识 教育学 心理学 学校管理 世界通史				

附件五：

一九九七年北京市成人高考各科考试人数统计表

科目代码	科目名称	考试人数	科目代码	科目名称	考试人数
001	政治	66 399	010	俄语	0
002	语文	66 399	011	计算技术	2 284
003	数学（文）	52 014	012	会计基础	2 315
004	历史	47 914	013	计算机应用基础	596
005	地理	47 914	014	BAISC 语言	596
006	物理	9 122	015	商品知识	84
007	化学	9 122	016	机械基础	253
008	英语	3 906	017	机械制图	224
009	日语	116	018	电工基础	328
019	电子技术基础	307	106	图书馆学	75
020	原料加工技术	93	107	档案学	0
021	烹调技术	93	108	文学概论（北师范类）	0
022	建筑材料	342	109	新闻学	237
023	建筑结构	0	110	政治学概论	3

续前表

科目代码	科目名称	考试人数	科目代码	科目名称	考试人数
024	施工技术基础知识	342	111	行政管理学	186
025	实用公共关系	885	112	财政金融学	0
026	营销基础知识	808	113	会计学原理	4 900
027	有机化学	0	114	环境保护概论	0
028	化工分析基础	0	115	管理学概论	742
029	旅游概率	511	116	电子技术基础	141
030	礼仪规范	457	117	电路原理	1 617
031	监狱（劳教）基础	0	118	机械设计基础	145
032	狱政（所政）管理	0	119	结构力学	357
033	应用文写作	350	120	化工原理	0
034	电路基础	104	121	地质学概论	0
035	冶炼技术基础	0	122	医学基础	738
036	轧钢生产管理	0	123	植物生理学	44
037	经济法基础	166	124	中医基础理论	101
038	生理学	3 349	125	刑法	809
039	人体解剖学	3 349	126	民法	809
040	中医基础学	389	127	海洋生物学	0
041	中药学	389	128	淡水生物学	0
042	机械制造工艺基础	112	129	家畜生理学	3
043	金属切削原理与刀具	0	130	食品微生物学	7
044	电机与拖动	0	131	市场营销学概论	0
045	药剂学	0	132	旅游学概论	0
046	化工基础	0	133	色彩（非师范类）	132
047	炼钢生产管理	0	134	精读和泛读	1 302
048	高炉冶炼生产管理	0	135	教育学（职）	92
049	化学肥料	0	140	教育理论课	3 763
050	数学（理）	14 385	141	马克思主义哲学	623
101	政治	10 875	142	政治经济学	623
102	英语	10 783	143	中国革命史	623
103	高等数学（一）	3 009	144	汉语	1 115
104	高等数学（二）	5 403	145	中国文学	1 115
105	大学语文	2 313	146	文学概论（师范类）	1 115
147	中国通史	61	166	人体解剖及生理学	78
148	中国历史要籍介绍和选读	61	167	体育理论	185
150	听说	0	168	运动生理学	185
151	实用语法	664	169	综合考试	185
152	空间解析几何	423	170	钢琴	0
153	数学分析	423	171	声乐	0
154	高等代数	423	172	音乐基本理论	173
155	高等数学（物理）	118	173	视唱练耳	0
156	力学热学	118	174	素描	0
157	光学电磁学	118	175	色彩（师范类）	214
158	高等数学（化学）	63	176	创作	0
159	有机化学	63	177	美术史论基本知识	214
160	无机化学	63	178	教育学（师范类）	659
161	中国地理	46	179	心理学	659
162	世界地理	46	180	学校管理	659
163	自然地理基础	46	181	俄语	0
164	动植物学	78	182	口语	0
165	微生物学	78	183	世界通史	61

附件六：

评卷工作人员守则

一、严格掌握评分标准，按时完成任务。

二、爱护答卷与各种资料，不得损坏答卷。

三、评卷一律使用红墨水钢笔或红芯圆珠笔，记分要清楚，如更改，必须有组长和复核人员签字或盖章。

四、不得私自拆密封答卷册，不准撬看密封线内的考生姓名、考号，不得涂改考生答卷及成绩。

五、严守纪律，保守秘密。在规定的地点评卷。答卷不准带出阅卷室，评卷情况不得外传；工作时间不会客，不打电话，不得私自进入试卷保管室和登记处。不准查询考生分数；不得将评卷、统分的文件、资料等带出工作场所。

六、保证评卷场地安全、安静。做好防火、防盗工作。

附件七：

统分输机工作人员守则

一、所有统分输机工作人员必须随身佩戴专用出入证，并妥善保管，不得遗失和转借他人。

二、严守纪律，不迟到不早退。工作场所严禁吸烟，工作时间不会客不接电话。坚守工作岗位，不得与自己无关的岗位闲谈，不进入与自己无关的工作室。非计算机操作人员不得随意动计算机键盘。

三、所有工作人员必须保守机密，不向外界透露统分进度有关情况，不准查询考试考分，更不准改动考生考分。如发现有改动考分的可疑情况，应及时向有关负责同志报告。主控操作人员不得以任何借口改动考生考分。

四、所有工作人员一律使用蓝、黑色钢笔或圆珠笔。登分卡填写不清须复查试卷，复查结果应有查卷人签字，更改的考分必须有二人签字，并由负责人审核后签字。

五、录入人员不得随意挑选或交换登分卡进行录入。任何人不得随意翻阅登分卡或在登分卡上改动分数。

六、爱护考生答题卡和登分卡，严防污染、破损现象发生。

七、对违反纪律和徇私舞弊者，要从严处理。

附件八：

保密人员守则

一、保密人员必须认真学习国家规定的保密法规，学习各级招生部门制定的有关条例、管理规定和实施办法，提高保密意识，自觉遵守保密纪律，勇于保卫试卷安全。

二、保密人员必须坚持原则，不得以任何理由为借口启封试卷袋，更不得监守自盗。

三、保密人员必须做到昼夜 24 小时值班，不得擅离职守，就餐时间，每班不得少于二人值班。

四、保密室内不准吸烟、酗酒、打闹、不得进行文娱活动，不准无关人员进入保密室。

五、开启保密柜，必须有二人同时在场。接收和发出试卷，必须细心清点科目和数量，认真查验封签，严格履行交接手续。

附件九：

评卷点答卷保管人员守则

一、答卷必须存放指定的安全房间。存放答卷要有秩序有规律。

二、答卷保管室内必须保持有二人以上并昼夜值班做到室不离人，不许任何非答卷保管人员进入室内。

三、答卷保管员必须坚持原则，严守机密，不在工作场所之外谈论答卷情况，不打听评卷核分情况，不准任何人抄录卷面成绩。除处理装订不合格或有标记的答卷外，不得翻阅答卷。

四、答卷保管员要及时做好发放答卷的准备工作，做到不错不乱，不丢失，不损坏。答卷收发要有登记表，收发要签字。

五、在答卷保管室内不准吸烟，保管人员不准用红笔。

六、答卷保管员要遵守纪律，坚守岗位，不打电话、不会客、不写信、不串门、出入佩戴胸章。

七、对违反纪律和徇私舞弊者要严肃处理，情节严重的要按党纪国法惩处。

附件十：

评选优秀评卷工作人员实施办法

为推进评卷工作不断向规范化、高质量方向发展，充分体现评卷结果的“严格、公正、准确”，本着鼓励评卷教师努力工作，研究探索评卷工作的现状与发展的原则，特制定本办法：

一、组织原则

评选优秀评卷工作人员工作在市评卷领导小组领导下进行，各评卷点领导小组负责本评卷点优秀评卷工作人员的评选工作。各评卷点在群众充分评议的基础上，选出符合条件的优秀评卷工作人员。被评选的优秀评卷工作人员的比例，一般占评卷教师的10%以内。

二、评选条件和办法

当选的优秀评卷教师应具有较高的政治素质，工作责任心强；在工作中，主动承担重任，任劳任怨，遵守纪律；高质量地完成评卷任务，正确掌握评分标准，宽严适度，评卷中不出现差错；努力探索提高评卷质量，主动、及时向评卷领导小组提出评卷工作意见。

三、工作安排

在评卷结束前两天，各评卷小组经群众评议，向评卷点领导小组提出推荐名单，经评卷点领导小组初审后，填写《1997年北京市成人高考优秀评卷人员登记表》（一式两份），加盖评卷点所在院校招生办公室公章，于5月26日前报市成人招生办公室审批备案。市成招办公室将向有关上级部门汇报，并于年底颁发荣誉证书，以资鼓励。

1997年北京市成人高考优秀评卷人员登记表

评卷科目：

<table>
<tr><td>姓名</td><td></td><td>性别</td><td></td><td>政治面貌</td><td></td><td>年龄</td><td></td></tr>
<tr><td>工作单位</td><td colspan="3"></td><td colspan="2">职务或职称</td><td colspan="2"></td></tr>
<tr><td>主要表现</td><td colspan="7"></td></tr>
<tr><td>评卷单位评语</td><td colspan="7">加盖公章
领导签字：　　　　年　　月　　日</td></tr>
</table>

注：此表报送北京市成人招生办公室一式二份。

关于1997年高职班入学考试考务问题说明的通知

成教考字（1997）第018号

各区县成人教育招生办公室：

根据国家教育委员会制定的《全国成人高等职业教育专业课复习考试大纲》规定，请区县成招办通知考生，参加计算技术专业课考试时带算盘（不许带计算器）。

特此通知

北京市成人教育招生办公室
1997年4月30日

1997年北京市各类成人高校招生录取工作意见

成教考字（1997）第022号

根据国家教委招生工作规定和1997年录取工作会议精神，结合本市实际情况，现制定录取工作方案如下：

一、最低控制分数线

成人高考最低录取控制分数线是成人考生接受高等教育应具有的文化知识水平的基本要求，经国家教委批准，我市各科类最低录取控制分数线如下：

1. 高中起点（以下分数均不含外语分）

文史类：本科465分；

专科425分；

外语类（含外经、外贸）：专科425分（外语成绩60分以上）；

理工类：本科440分；

专科370分；

艺术类：本科最低文化控制分数线（不含数学）不低于文史类本科最低录取控制分数线的百分之七十（260分），专科不低于专科最低录取控制分数线的百分之六十（204分）；史论、编导专业本、专科不低于相同层次的百分之九十（本科335分、专科306分）。

体育类：专科最低文化控制分数线不低于理工类最低录取控制分数的百分之六十（222分）。

“3＋2”专业：文史类：425分；

理工类：370分；

能力考试专业：

文史类：总成绩425分，其中统考五科总成绩340分；

理工类：总成绩370分，其中统考五科总成绩296分；

高职班专业：

文史类：三科统考课总分不低于文史类最低控制分数线的百分之六十（255分）；

理工类：三科统考课总分不低于理工类最低控制分数线的百分之六十（222分）。

2. 专科起点本科：

师范类：240分；

非师范类（含教师类）：360分；

二、录取原则

1. 录取工作认真贯彻按需培养，专业对口，学以致用，德、智、体全面衡量，从高分到低分择优录取的原则。既要重视考生的总成绩，又要注意与其报考专业相关科目的成绩。不得以任何理由录取不符合条件的考生入学。

2. 录取新生时，应严格按各校各专业招生计划和考生志愿顺序进行录取，不得在最低录取控制分数线下录取考生。

3. 对艺术类、体育类专业的录取，应在最低控制分数线上，严格按招生计划和考生术科加试成绩从高分到低分择优录取。

4. 专科起点本科班的录取应按招生计划数从高分到低分录取，生源不足专业的录取分数线不得低于最低录取控制分数线。

5. 有关各类先进考生的录取，按国家教育委员会教成司［1997］2号文件执行。

三、录取工作程序

为保证录取工作的顺利进行，录取工作应按以下程序进行。

1. 招生院校或代办单位（简称：招生院校，下同）报到后先到录取检查组（简称：录检组，下同）核对招生计划，对需调整计划的，按有关规定办理计划变更手续。

2. 招生院校在规定时间到档案室领取考生档案。

3. 招生院校审查考生档案时，应认真核对考生姓名、报告号等基本情况与"阅档单"是否一致，如有不同，应经录检组确认后在"阅档单"上更改；对确定录取的考生，其档案由招生院校留存。对不予录取的考生，须连同该生档案先到录检组办理退档手续，填写"退档单"；对同意退档的考生档案，到档案室办理退档手续。

4. 招生院校办理录取结束手续时，应先到录检组进行录取资料的审查。审查通过的，录检组在"录取结束通知单"上签字，然后到档案室，档案室在确认与招生院校档案结清时在"录取结束通知单"上签字。

5. 招生院校把有录检组和档案室签字的"录取结束通知单"交到计算机室，计算机室打印"录取新生登记表"和"录取情况统计表"。

6. 招生院校持"录取新生登记表"到录取审批组签字。

7. 招生院校持有市成招办主任签字的"录取新生登记表"和有会务组签字的"录取情况统计表"到录检组办理录取手续，领取统一印制的录取通知书。招生院校按审批后的名单向考生签发录取通知书，结束录取工作。

四、加强领导、严肃纪律

成人高等教育招生录取工作情况复杂，各有关方面应加强对这项工作的领导。在录取工作中，应继续贯彻"深化改革，保证质量，严明纪律"的指导思想，严肃纪律，坚决反对和抵制徇私舞弊、"走后门"等不正之风；对招生工作中出现的各种形式的违纪、舞弊事件，必须按照国家教育委员会颁布的《高等学校招生全国统一考试管理处罚规定》的有关规定追究责任，认真查处；对违反规定录取的考生，一经查实，立即取消学籍，并对责任者给予严肃处理。以维护成人高考招生工作的社会信誉，保证成人招生工作的顺利进行。

各招生院校一律不得招收旁听生和试听生，不得违反规定乱许愿、乱办学。

录取的新生一律不迁转户口、不包分配。

五、录取工作时间安排

6月25日下午2：00，召开录取工作预备会。

6月26日至7月6日为录取准备时间。生源较好需要增加招生计划的学校，须请示国家教委和主管部门做好计划调整工作，录取时招生院校须提供上级主管部门签发调整计划意见，方允许增加招生人数。

7月3日上午，市招办录取工作人员进驻录取点。

7月4日上午，各区（县）成招办向录取点报送档案。

7月7日下午，第一批录取院校报到。

7月11日下午，第一批录取院校撤离录取现场。

7月12日下午，第二批录取院校报到。

7月18日录取工作结束，第二批录取院校和录取工作人员撤离录取现场。

录取地点：怀柔县京环宾馆

北京教育考试院成人教育招生办公室

1997年6月12日

关于准备和报送1997年成人高考档案的通知

成教考字（1997）第023号

各区、县成人教育招生办公室：

我市各类成人高等学校招生考试的阅卷和分数处理工作已经结束。在国家教委近期召开的全国录取工作会议上，明确了录取工作的原则，审批确定了我市成人高等学校招生录取各类考生的最低录取控制分数线。北京教育考试院成人教育招生办公室（简称：市成人招生办，下同）将于7月7日起组织招生院校集中录取，为做好考生档案的准备和报送工作，现将有关事宜通知如下：

一、建档线

1. 高中起点专科

文史类：410分；

外语类（含外经、外贸）：410分；

理工类：355分；

艺术类：194分；

体育类：212分；

“3＋2”专业：文史类：410分；

理工类：355分；

能力考试专业：文史类：总成绩410分，其中统考五科总成绩332分；

理工类：总成绩355分，其中统考五科总成绩288分。

高职班专业：文史类：三科统考课总分240分；

理工类：三科统考课总分207分；

2. 专科起点本科

师范类：240分；

非师范类（含教师类）：360分。

二、建档工作

1. 考生档案是招生院校录取考生的依据。各区、县成招办按建档线建立考生档案。档案袋内应装考生登记表、照顾证明材料、考生志愿卡。

2. 在考生登记表和档案袋上“考生成绩”栏处，要分别贴上考生成绩条。

3. 成人高考考生试卷，作为考生考务材料一部分存放在区、县成人招办，为期一年。

三、送档

1. 建档线以上考生档案，各区、县成招办在规定时间内将考生档案按市成人招生办提供的调档单顺序移交市成人招生办（录取现场）。这时要认真核对考生志愿和考生基本情况是否正确，如有问题请在调档单上如实更改。

2. 建档线以下考生档案，对考生报名登记表、照顾证明材料等，按每100名考生的材料为一袋（按报名号从小号到大号）装档案袋，档案袋封面要列出本袋考生的报名号、姓名和总分，在规定时间送市成人招生办。

3. 送档时间：7月4日上午。

4. 送档地点：怀柔县京环宾馆。

北京教育考试院成人教育招生办公室
1997年6月12日

北京市1997年各类成人统一招生考试客观题（Ⅰ卷）评卷工作实施办法

为做好各类成人统一招生考试客观题（Ⅰ卷）评卷工作，确保评卷结果的“严格、公正、准确”，特制定本办法：

一、组织机构

各类成人统一招生考试客观题（Ⅰ卷）的评卷工作在市阅卷领导小组的领导下统一进行。评卷工作由市成人招生办承担，市成人招生办成立评卷领导小组，组长由市成人招生办主任担任。市成人招生办评卷领导小组主要负责组织实施整个评卷工作。评卷小组由负责技术和管理人员组成，分别负责评卷工作中的技术和调度工作。

二、评卷办法

评卷工作应设立试卷保管组和试卷评阅组，试卷保管组主要负责试卷的安全、保密、试卷交接等工作。试卷评阅组主要负责试卷的评阅、数据的准确、安全和保密工作。

评卷工作按以下程序进行：

1. 分别设立试卷评阅室和试卷保密室，评卷室和保密室均应达到防火、防盗和保密的要求。

2. 试卷保管组负责接收区、县招办送交的试卷，清点无误后，将试卷分区、县、分科目放入保密柜中保存。

3. 当评阅某科目试卷时，试卷保管组将试卷分区、县从保密柜中取出，当众清点、启封试卷，无误后，按交接手续把试卷移交到试卷评阅组。

4. 试卷评阅组领取试卷时，应先清点数目，核对无误后，接收人在交接单上签字，领走试卷。评阅后，亦应清点无误后，分区、县将试卷移交试卷保管组。

5. 试卷保管组在接收已评试卷时，清点无误后，办理交接手续，然后将试卷分区、县、分科目放回保密柜中，同时在评卷进度表上标明进度。

三、试卷的保管

试卷属国家绝密材料，应加强对试卷的保管工作。

试卷保管组由三人组成，在任何情况下，保密室内不得少于2人。

试卷从保密柜中取出或放回，均应立即上锁，钥匙由保密组组长掌管。保密室的钥匙另有专人掌管。当天评卷结束后，应立即清理室内与评卷有关的东西，将保密室钥匙携出保密室，并向夜间值班人员交接工作，填写值班记录。负责保密柜钥匙的人员不得参与夜间值班，值班人员必须严格遵守试卷保管人员的要求和守则。

四、试卷的评阅

评阅的主要设备是光电阅读器。为体现评卷过程中的“严格、公正、准确”，每台阅读器在评卷前，应认真调试，确定良好的工作状态。光电阅读器要进行编号，并分成若干组；评卷时，试卷由一台阅读器初阅，再由另外一台阅读器对其结果进行复核。

评卷工作应遵守以下工作程序：

1. 评阅试卷时应分为初阅和复核两个组，分别由不同人员担任。

2. 初评时，评卷人员将一袋试卷经阅读器阅读后，应确认阅读张数是否同本袋封面上的“应考人数”相一致，如不一致，必须查明原因。在确定本袋试卷全部经过阅读器后，将其装入原袋内，并在“阅卷人”

处填写本台阅读器的编号，然后送至复核组。

3. 复核时，复核人员将已阅读过的试卷进行复核，应保证所有的试卷都经过阅读器，遇有结果不一致的情况，应以试卷上标记的客观情况为准进行人工确定，严禁以考生的主观愿望和阅卷人员的主观愿望进行判别。有疑义时，应立即请示评卷组组长。阅读后，确保将试卷装入本袋内，在“复核人”处填写本阅读器的编号，送回试卷保管组。

4. 评卷现场的铅笔、橡皮一律由评卷组组长统一保管，遇有因考生准考证、考试科目填涂有误、考生使用非铅笔答卷或试卷损坏无法阅读时，要向评卷组组长请示，经同意后予以修改；当确需技术修改处理考生试卷时，必须在评卷组组长在场情况下进行，并由其在试卷及试卷袋上标明签字，同时要进行修改记录和备案。

五、误差控制和数据的安全保密

1. 评卷标准的设定

某一科考试结束后，即按试卷和评分标准设置磁盘介质的评分标准。设置评分标准时，应由两人进行，同时进行校验；在设置评分标准的同时，要特别注意评分标准中有关得分的说明。

2. 各科目试卷评卷之前，随机选定两个考场先进行人工评卷，并记录结果；用阅读器先阅读这两个考场的试卷，比较人工和机械评卷结果是否一致，确定双方结果一致后再开始正式阅读和复核。

3. 数据的安全保密

为保证评卷信息的安全、保密，在整个阅卷期间的数据管理由 2 人负责，即评卷技术负责人和评卷领导小组组长共同负责。评卷期间应设立文件服务器评卷程序管理员口令，口令由以上两人分别掌握其中的几位，同时要注意暂时取消网络中其他用户的权限，确保只有两人同时在场才能使用和修改试卷的评阅结果，以防止意外事故对评卷工作的影响。

为防止意外事件的发生，每天工作结束后必须对数据进行备份（两份数据软盘），保存在远离机房的不同房间；当遇到意外情况必须使用备份数据时，应确保两个备份结果一致，否则不得使用备份数据，同时上报领导研究处理。

六、违犯有关规定的处罚

全体评卷工作人员应认真执行本实施办法，对违犯有关规定的人员，按照国家教委颁布的《高等学校招生统一考试管理处罚暂行规定》的有关条款处理。

附件一：试卷保管人员的要求和守则

附件二：客观题机读工作人员守则

北京教育考试院成人教育招生办公室

1997 年 4 月 17 日

附件一：

试卷保管人员的要求和守则

一、试卷保管人员应符合下列条件：

1. 具有良好的政治素质；

2. 无直系亲属参加本次全国统一考试；

3. 保密观念强、坚持原则、忠于职守、严格遵守纪律、工作认真负责；

4. 身体健康；

二、试卷保管人员的职责：

1. 试卷的保密保卫工作；

2. 试卷的保管工作；

3. 试卷的接收、发放工作；

三、试卷保管人员应严格执行以下规定：

1. 值班期间严禁会客、睡觉、吸烟、饮酒、文娱活动、通信和私自使用电话；

2. 禁止无关人员进入试卷保密室、答卷保管室；

3. 不得以任何理由开启试卷、答卷袋密封包装、改动考生答卷；

4. 保密室和保密柜的钥匙由招生负责人和保密室负责人分别掌管，两人共同在场才能开启，不得转交他人或互相代管；

5. 制止违犯保密规定的行为，拒绝他人索用试卷保密室、柜钥匙，拒绝代领试卷；

6. 接收、发放试卷时，必须严格执行交接制度，办理双方签字的交接单；

7. 发生试卷泄密、失盗、严重损坏、涂改等重大事件，立即逐级上报，并立即采取措施，保护现场，防止扩散。

附件二：

客观题机读工作人员守则

1. 所有机读工作人员必须随身佩戴阅卷工作证，妥善保管，不得遗失和转借他人。

2. 严守纪律，不迟到不早退。工作场所严禁吸烟，工作时间不会客、不接电话。坚守工作岗位，不得到与自己无关的岗位闲谈，不进入与自己无关的工作室。非机读工作人员不得随意动计算机键盘。

3. 机读工作人员必须严守机密，不许查询考生分数，更不许改动考生分数。如发现有改动考分的可疑情况，应及时向有关领导汇报。

4. 机读工作人员工作时，禁止使用铅笔、橡皮随意改动答题卡上的信息点，确需改动的，应请示评卷组长同意后更改，同时做好更改记录。

5. 爱护考生答题卡，严防污染、损坏的现象发生。

6. 对违反纪律和徇私舞弊者，按国家教委颁发的《高等学校招生考试全国统一考试管理处罚暂行规定》的有关条款处理。

1998 年北京市各类成人高等学校招生工作总结

北京市各类成人高等学校招生工作在北京市委、市政府、北京市高等学校招生委员会、北京市教育委员会和北京教育考试院的领导下，认真贯彻执行教育部有关成人高校招生的方针和政策，进一步加强管理，保证质量，严明纪律，不断完善和改进招生办法，努力提高招生工作的规范化程度，简化工作程序，使招生工作更好地适应新形势的要求。紧密联系北京招生工作的实际，采取有力措施，工作中注重招生政策的贯彻和落实，注意管理水平的不断提高 和管理手段的现代化，进一步加强廉政建设，严肃招生纪律，严肃考风考纪，维护招生考试的公平竞争原则。在招生录取工作中，严格执行教育部的有关规定，努力处理好规模、质量、效益之间的关系，处理好宏观与微观的关系。在今年的招生工作中，主要组织了：A. 高中起点本、专科招生工作；B. 专科起点本科招生工作；C. 劳模免试生招生工作；D. 劳模预科生招生工作；E. 1997 年预科生转正录取工作；F. 成人中专推荐优秀毕业生录取工作。总之，在成人招生工作情况复杂、涉及面广、头绪繁多的情况下，在招生院校、区县成招办和各有关部门的配合与支持下，1998 年的招生工作进展顺利，圆满地完成了招生任务，现将招生工作总结如下。

一、基本情况

（一）招生计划

1998 共有 232 所各类成人高等学校在京招生，招生专业1 226个，其中北京市属院校 68 所，部委属院校 164 所。举办函授、夜大的普通高等学校 121 所，职工大学 54 所，管理干部学院 53 所，教育学院 2 所，电视大学 1 所，独立设置的函授学院 1 所。

年初汇总的招生计划为33 956人，调整后的招生计划为34 848人。其中北京市属院校为18 433人，部委属院校为16 415人。

高中起点本、专科招生计划为27 887人，北京市属院校为15 763个，部委属院校为12 124人；文史类计划招生11 707人，理工类4 833人，外语类1 456人，“3＋2”专业 55 人，西医类1 501人，中医药类 231 人，艺术类4 504人，体育类 293 人，“5＋2”专业 170 人，高职班3 137人。

专科起点本科班招生计划为6 961人，北京市属院校为2 670人，部委属院校为4 291人，其中师范类计划招生2 391人，非师范类计划招生4 570人。

（二）报名情况

全市报名工作在 3 月 8 日至 14 日进行，共接待88 422名各类考生报名，报名人数比去年略有增加。在报名总数中，统考生报名总数为86 550人，其中，1997 年资格生 27 人，结业预科生1 245人，成人中专推荐优秀毕业生 600 人。

在统考生报名总数中，高中起点本、专科生为66 658人，专科起点本科班为19 892人。报考高中起点本、专科文史类考生为34 493人，理工类考生为7 690人，外语类的2 415人，“3＋2”专业 90 人，西医类3 889人，中医药类 469 人，体育类 663 人，艺术类6 527人，“5＋2”专业 540 人，高职班9 882人。报名脱产学习的12 647人，业余学习的54 011人。

在报考专科起点本科的考生中师范类为6 883人，非师范类为13 009人（其中教师类为 356 人，非教师类为12 653人）；报考脱产学习的 814 人，业余学习的19 078人。

（三）组考情况

全市成人高校招生全国统一招生考试于5月9日、10日两天进行，共接待8万余名考生考试，考试分布在20个考区的3 003个考场考试，其中，高中起点考场2 301人，专科起点本科考场702个。考试由北京教育考试院成人教育招生办公室统一组织，各区县招办组织实施，考试进展顺利，考纪严明，考生情绪稳定，考场秩序井然。

经统计，高中起点本、专科考试总缺考率为12.90%，专科起点本科为17.61%。

按有关规定，在考试中共查处违纪考生181人，其中替考61人，私藏夹带54人，偷看抄袭51人，互换试卷6人，BP机作弊7人，其他2人。

（四）阅卷情况

全市统一阅卷工作于5月11日至25日进行。全市评阅高中起点试卷共设6个评阅点，评阅主观题部分。评卷点分别为：北京大学、首都师范大学、中国协和医科大学、北京中医药大学、北京广播电视大学、北京理工大学；客观题部分由北京市成招办负责评阅。

专科起点本科班试卷评阅采取全市统一安排、相对集中的办法，分别安排在北京大学、清华大学、中国人民大学、中国协和医科大学、中国政法大学、中央财经大学、北京中医药大学、北京理工大学、北京教育学院。

高中起点考试成绩统计情况：

1. 文史类

	政治	语文	数学	历史	地理
平均分	77	73	56	74	63
及格率（%）	18.8	19.5	15.3	18.6	23.5

2. 理工类

	政治	语文	数学	物理	化学
平均分	78	74	52	55	65
及格率（%）	21.9	31.2	26.3	16.0	25.1

（五）录取情况

关于分数线

本着发展成人高等学历教育，保证成人教育招生质量的原则，根据考试情况统计，并报经教育部审定批准，北京市成招办组织新生录取的最低控制分数线为：

（1）高中起点

文史类：专科410分；本科465分，外语60分；

外语类：410分；外语40分；

理工类：专科340分；本科440分，外语40分；

西医类：370分；

中医药类：370分；

艺术类：197分；

体育类：204分；

“3+2”文：410分；

“3+2”理：370分；

能力考试专业：

文：总成绩410分，其中统考五科总成绩328分；

理：总成绩370分，其中统考五科总成绩272分；

高职班专业：

文：三科统考课总分246分；

理：三科统考课总分204分；

（2）专科起点本科

师范类：285 分；

非师范类（含教师类）：375 分；

（3）调剂录取

今年，北京市各类成人高校招生共录取新生34 569人，其中，高中起点本、专科录取27 647人，专科起点本科班录取6 922人。

在高中起点本、专科录取总数中，文史类录取11 753人，理工类录取4 236人，外语类录取1 001人，“3＋2”录取 51 人，西医类录取1 841人，中医药类录取 206 人，艺术类录取4 285人，体育类录取 501 人，“5＋2”录取 277，高职班录取3 496人；专科起点本科班录取总数中，师范类录取2 250人，非师范类录取4 672人。

在录取的新生中成人中专推荐优秀毕业生为 500 人，1997 年资格生为 277 人，1997 年预科生转正1 226人，高中起点免试生 48 人，专科起点本科劳模免试生 67 人。

北京市属院校录取18 985人，部委属院校录取15 584人。

另外，按规定录取了劳模免试预科生 66 人，普通预科生1 800人。

二、重点做好的几项工作

为确保招生工作顺利进行，在北京市高校招生委员会、北京市教育委员会、北京教育考试院领导下，北京市成招办本着“精心设计，精心准备，精心实施”的工作方针，在保证招生质量的前提下做了一些工作：

（一）严格报名手续，服务考生

报名期间，各报名站在考生多、情况复杂的情况下，认真执行教育部有关成人招生的规定和办法，按照北京市成招办的具体安排和要求，认真审查考生的报名资格，严格履行报名工作程序，热情为考生服务。为提高报名数据的准确，报名站采取安排专门时间对考生进行报名政策和填写有关表格的培训，北京市成招办还为此摄制培训录像带；有的报名站还采取将考生信息卡入机后向考生提供核对用的信息表，保证了报名数据的准确。

今年对报考专升本科班考生毕业证书继续采用全市统一的验证办法，由北京市成招办统一安排在中国人民大学、北京师范大学、北京广播电视大学、北京市总工会职工大学进行。

（二）加强考试管理、严肃考试纪律，做好组考工作

为严肃考风考纪，确保考试工作的顺利实施，北京市政府召开了各区县主管教育的区县长、教委主任会议，北京市成招办召开了各区县成人教育局局长会议和区县成招办考务工作会，会上分别传达了教育部副部长张天保同志在全国教育统一考试考风考纪电视电话会议上的讲话精神，提出了加强考试管理、严肃考风考纪的具体措施，要求各区县成招办认真按北京市成招办制定的《北京市 1998 年各类成人高校招生考试工作实施办法》等有关规定和要求组织考试，狠抓各项工作的落实，严格考试工作程序，按照“准确、及时、周密、高效”的要求培训考试人员，努力创造一个公平竞争的考试环境。

北京市高等学校招生委员会、北京市教育委员会、北京教育考试院、各区县委、政府、人大、政协以及区县教委（成人教育局）领导同志都给予了高度重视，有关部门给予了大力支持和配合。

为确保良好的考试环境，考试期间主要采取以下措施：

（1）继续实行计算机随机编排考场。

（2）考试期间继续向各区县派驻巡视员协助区县成招办工作。

（3）继续坚持准考证、准考证存根、身份证（即“三证”）的对照。

（4）进一步加强对考生考试纪律的教育。

（5）坚持考前对考试工作人员进行考试工作程序的培训。

（三）解放思想，实事求是，积极探索招生工作改革

在今年的招生工作中，在保证工作质量的前提下，做了以下的探索：

1. 现场打印考生核对单

为解决由于考生错涂或误涂信息卡所造成的数据错误，保证考生报名信息的准确，今年试行在报名现场打印出考生信息的核对单供考生核对，此项措施大大提高了报名信息的准确性。

2. 调整录取工作程序

为最大限度的方便招生学校，在录取时改变按招生专业投档的办法，采取按招生学校投档的方式，即按招生学校分类别招生计划投档，同一类别的考生录取由招生学校依据考生志愿录取，减少了领退档的次数。

3. 报名数据采集

在去年区县成招办计算机管理的基础上，北京市成招办修改了管理软件，加强对区县计算机管理人员进行培训，基本实现报名数据完全由区县成招办采集的设想。

（四）实行招生考试工作目标管理考评，促进工作质量的提高

为提高北京市成人招生工作质量，加快实现招生工作的科学化、制度化、规范化步伐，适应社会主义市场经济发展的需要，更好地为招生学校和广大考生服务，今年继续在成人招生的考务工作中实行目标管理考评工作。通过对区县成招办在机构设置、报名工作、组考工作、复核成绩和建档、保密工作等每一阶段工作的目标管理考评，促进了区县成招办的考务工作质量的提高，进一步规范了考务工作程序，同时，也有利于经验的积累和交流。

（五）加大社会监督力度，加强廉政建设

在今年的招生工作中，始终把廉政建设当做一件大事来抓，各级招生部门普遍设立了举报电话，一方面为广大群众咨询招生政策提供方便，另一方面也便于群众举报，发现问题及时处理提供了方便，受到考生和社会各界的好评；考试期间，在邀请各级人大、政协、公安等各部门帮助和检查工作的同时，还向各区县派驻巡视员，协助区县成招办工作；同时，邀请新闻单位报道招生考试情况，加大宣传力度。继续通过信息台提供考生考试成绩和录取情况，供考生查询；以上措施的目的在于加大招生工作的透明度，克服人为因素的干扰，保证招生工作的顺利进行，为考生提供一个公平竞争的环境，保障考生的合法权益。

北京市成招办始终把为考生和招生院校服务的思想放在重要位置，解放思想，实事求是，不断改进和完善招生工作办法，简化工作程序，提高招生工作的规范化程序，促进北京各类成人高校招生工作向科学化、制度化、规范化方向发展。

关于北京市朝阳区职工大学高职专业招收应届中职毕业生的通知

京教成［1998］020号

北京教育考试院：

经国家教委批准，我市已有18所成人高校招收应届中职毕业生。经研究，增加北京市朝阳区职工大学会计（高职）专业招收朝阳区职工中等专业学校应届毕业生，请你院安排相关报名和招生工作。

北京市教育委员会

一九九八年三月二十六日

北京市一九九八年各类成人高等学校招生规定

京成考［1998］第1号

第一章 总 则

第一条 为有利于成人高等教育的改革和发展，为加强北京市成人高等学历教育的宏观管理和监督，保证新生入学质量，使成人高等学历教育更直接有效地为社会主义建设服务，根据国家教育委员会《1998

年全国各类成人高等学校招生规定》，结合北京市实际，特制定本规定。

第二条　本规定所称各类成人高等学校，包括经国家教育委员会审定核准的广播电视大学、职工高等学校、管理干部学院、教育学院、独立设置的函授学院和以函授部、夜大学、教师班、成人脱产班形式举办的成人本、专科学历教育的普通高等学校。

第三条　各类成人高等学校招生计划按有关规定和批准程序纳入国家成人高等教育事业计划后方可招生。

第四条　各类成人高等学校实行全国统一招生。由国家教育委员会颁布复习考试大纲，统一组织命题，确定考试时间，制定试卷评分标准，审定下达本市招生录取最低控制分数线。

第五条　北京教育考试院成人教育招生办公室（以下简称北京市成招办）组织招生考试工作，并组织招生学校进行新生的录取工作。

第二章　招生机构及其职责

第六条　在北京市成人高校招生领导小组、北京市教育委员会、北京教育考试院领导下，设立北京市成招办和区县成人教育招生办公室（以下简称区县成招办），配备专职干部；各成人高校要设立招生办公室，配备专职干部。

第七条　北京市成招办的职责是：

（一）执行国家教育委员会有关各类成人高校招生方针政策和工作规章，按下达的招生计划并结合本市实际情况制定具体实施办法；

（二）编制并公布招生专业目录，组织本市考生报名工作并负责审查考生的报名资格，组织考试、阅卷、录取、身体健康状况检查等工作；

（三）组织实施各类成人高等学校招生改革试点工作；

（四）保护考生和招生工作人员的正当权益，查处违纪舞弊事件；

（五）审批学校提出的新生录取名单；根据历年新生录取名单向国家教育委员会提供当年成人高等教育毕业生有关数据；协助组织并做好每年毕业证书发放的复查工作；

（六）组织并督促招生学校对录取的新生进行复查；

（七）开展招生、考试的宣传和科学研究工作。

第八条　各区县成招办的职责是：

（一）执行国家教育委员会有关各类成人高等学校招生方针政策和工作规章及北京市成招办的有关补充规定，并结合本区县实际情况制定具体实施办法；

（二）组织本区县考生报名工作并负责审查报名资格和身体健康状况检查工作；

（三）组织考生考试，保护考生和工作人员的正当权益，查处违纪舞弊事件；

（四）组织发放考生成绩、建立考生档案工作；

（五）接待考生咨询和群众信访工作；

（六）开展招生、考试的宣传和科学研究工作。

第九条　各类成人高等学校有关招生工作的职责是：

（一）执行国家教育委员会有关招生方针政策和工作规章及北京市成招办和学校主管部门的补充规定；

（二）执行招生计划并按规定向北京市成招办报送录取新生名单，经审批后，向考生发放录取通知书；

（三）对录取的新生进行复查；

（四）应由招生学校做的其他工作。

第三章　招生计划

第十条　成人高等教育招生计划实行国家宏观指导，总量调控，中央和省、部两级管理、分级负责的管理体制。按隶属关系负责审核制定学校的招生计划总数。

第十一条　北京市成招办按北京市教育委员会下达的市属招生计划组织招生；按国家教育委员会批准的专科起点本科、高等职业技术教育以及部委属院校或外埠地方院校高中起点本、专科在京招生计划组织招生。

未经北京市教育委员会或国家教育委员会批准的一律不予组织招生。

第十二条 北京市成招办根据北京市教育委员会下达的本市计划招生数和国家教育委员会下达的跨省、自治区、直辖市招生的生源计划数，在考生报名前一个月，编列北京地区分类分校分专业的招生专业目录，向考生和社会公布。

第十三条 在录取新生时，根据高校、各专业上线考生数量、质量等实际情况，对招生计划进行必要的调整。录取结束后，将实际执行计划情况上报北京市教育委员会、北京教育考试院、北京市成人高校招生领导小组和国家教育委员会。

第四章 报 名

第十四条 各类成人高校以招收在职从业人员为主。业余学习的工龄、年龄不限。师范类高等院校、教育学院及普通高等学校举办的教师本、专科班主要招收中小学教师、校长和其他教育行政干部。报考这类学校举办的脱产教师本、专科班的在职教师须具有三年以上教龄，并应根据教学工作需要，报考对口专业。教育行政干部须具有五年以上工龄。其他学校对考生的工龄要求由学校主管部门确定。

北京市属成人高等学校是否招收社会青年、招收比例和报考条件，由北京市教育委员会会同计划、劳动、人事等部门研究确定，毕业后国家不包分配工作。部委所属学校招收社会青年，按本市规定执行。

除纳入普通高等学校招生计划的普通班外，各类成人高等学校一般不招收应届高中毕业生。高等职业技术教育班（以下简称“高职班”）经国家教委批准，可招收少量的社会青年和普通中专、成人中专、职业高中、职业中专及技校的应届毕业生。

第十五条 报考各类成人高等学校的考生，须具有高中毕业文化程度（应届生除外）。以同等学力报考者，年龄须满 19 周岁（1979 年 8 月 31 日以前出生）。报考者必须身体健康。

第十六条 报考各类成人高等学校的考生，须经本单位或主管部门同意，参加脱产学习的职工需经本单位批准后方可报名。社会青年报名须经乡政府或街道办事处签署审查意见。

第十七条 符合报考条件，生活能自理，能坚持学习和工作的残疾人也可报考。

第十八条 有下列情形之一者。不得报名：

（一）有反对四项基本原则的言行，经教育而坚持不改者；

（二）凡毕业后能取得国家承认学历的各类高、中等学校在校生；

（三）因在报考过程中弄虚作假、违纪舞弊，受到下一年或三年内不准报考处罚者；

（四）触犯刑律而受到处罚的服刑者。

第十九条 报名时间：3 月 7 日至 13 日。

第二十条 报名办法：报名期间各区县成招办设报名站。

考生在招生简章公布的报名日期内到户口所在地的区县成招办办理报名手续。没有北京市户口而又确需在京参加报考和学习的人员，到在京临时工作单位（或居住）所在地的区县成招办报名。

要求办理借考的考生一律由户口所在地的省级招生办公室开具借考证明，到北京市成招办办理借考手续。借考考生统一到东城区成招办报名。报名时，必须出具北京市成招办同意的借考证明。借考所需费用，由考生自理。

报考西医类的考生，到东城区、宣武区、海淀区成招办报名。

报考中医药类的考生，到西城区成招办报名。

报考能力考试试点专业（5+2）的考生到招生学校报名并参加由招生学校组织的能力考试。招生学校负责办理集体报名手续。

报考市属高职班的考生到招生学校报名并参加招生学校组织的专业课考试。招生学校负责办理集体报名手续。

报名时各类考生须持本人居民身份证，交近期同一底版正面免冠一寸照片三张（报名登记表、准考证及存根各一张）。交纳报名考务费。报名手续一律由考生自己办理。

报考艺术类、体育类及需要参加专业加试的考生，除到区县成招办报名参加文化课考试外，还必须到第一志愿学校参加专业加试报名。

符合照顾加分条件和获处级以上先进称号的应附相应的原件及复印件二张（如获多种称号，只附一件级别最高的原件及复印件）。经区县成招办确认，属于照顾对象的考生须填写照顾对象审核表。考生所在单位审查盖章，过期不予办理。

考生报名时可以在《北京市1998年各类成人高等学校招生专业目录》中选报两个志愿学校。

文史类、理工类、西医类、中医药类以及其他高等职业技术教育专业不得兼报，报考外语类可以兼报文史类专业，但文史类不得兼报外语类专业。艺术类、体育类专业必须填在第一志愿学校的第一专业；报考艺术类专业，可以兼报文史类专业；报考体育类专业，可以兼报理工类专业。考生报名登记表和照顾对象审核表需由考生所在本单位主管人事、教育部门审查同意并签署意见、加盖公章，单位加封后，再由考生本人在规定时间内将报名登记表交区县成招办，交验本人身份证。

第五章　政治思想品德考核

第二十一条　报考各类成人高等学校的考生，必须拥护四项基本原则，拥护改革开放，品德良好，遵纪守法。

第二十二条　政治思想品德考核主要看考生本人的表现。

第二十三条　考生所在单位或主管部门，应对考生的政治表现、思想觉悟、道德品质作出组织鉴定。

第六章　考　试

第二十四条　考试科目

（一）理工农类（含体育、非教师班地理专业）考政治、语文、数学（理工类）、物理、化学五科。

（二）文史类（含财经、政法、外语、艺术、教师班地理专业）考政治、语文、数学（文史类）、历史、地理五科（艺术类专业，数学考试成绩不计入总分，供录取时参考）。

（三）“3+2”考试科目改革试点，具体范围及考试科目如下：

1. 报考医疗、高护、西医类的考生，考试科目为：政治、语文、数学（理工类）、人体解剖学、生理学。

2. 报考中医药类的考生，考试科目为：政治、语文、数学（理工类）、中医基础学、中药学。

3. 报考司法部属中央司法警官教育学院的在职考生，考试科目为：政治、语文、数学（文史类）、监狱（劳教）基础、狱政（所政）管理。

4. 报考北京市计划劳动管理干部学院机械制造工艺及设备专业的考生，考试科目为：政治、语文、数学（理工类）、机械基础、机械制造工艺基础；报考工业电气自动化专业的考生，考试科目为：政治、语文、数学（理工类）、电工基础、电子技术基础。

以上考试科目中，专业课分别由卫生部、国家中医药管理局、司法部、劳动部按国家教委制定的《全国成人高等职业教育专业课复习考试大纲》组织命题。

（四）高等职业技术教育班（下简称“高职班”），招生实行计划单列，考试分两种情况：

1. 报考国务院有关部委属院校举办的“高职班”，考试科目同本条（一）、（二）款规定：

2. 报考北京市属院校举办的“高职班”，考试科目实行“3+2”形式，其中，三门基础课实行全国统考，两门专业课由招生学校按照国家教委制定的复习考试大纲组织命题、考试。基础课考试科目为政治、语文、数学（按专业类别考文或理），专业课考试在以下科目中选择相关的两门：

生理学	人体解剖学	机械基础
金属切削原理与刀具	BASIC语言	电子技术基础
计算机应用基础	电路基础	电工基础
电机与拖动	施工技术基础知识	建筑材料
建筑结构	药剂学	化工基础
轧钢生产管理	炼钢生产管理	高炉冶炼生产
冶炼技术基础	经济法基础	营销基础知识
商品知识	会计基础	计算技术

旅游概论	礼仪规范	应用文与写作
实用公共关系	原料加工技术	烹调技术
化学肥料	有机化学	化工分析基础
中医基础学	监狱（劳教）基础	机械制图
中药学	狱政（所政）管理	机械制造工艺基础

《全国成人高等职业教育专业课复习考试大纲》不能覆盖的专业课由教育行政部门审定。

本科各专业和外语、外贸、外经及涉外专业的专科须加试外语，（报考高中起点外语类专业的考生考专业外语，报考其他科类本科专业的考公共外语），分英、俄、日三个语种，由考生任选一种（报考外语专业以外的师范类本科各专业的中学教师可不加试外语），由国家教育委员会统一命题，考试成绩不计入总分，本市另定录取标准。

以上各科满分均为150分。

高等艺术院校艺术类专业术科加试由院校自行组织，并将考试成绩在规定时间内报北京市成招办。非高等艺术院校艺术类专业术科加试，由北京市成招办统一组织。

其他专业是否需加试，由学校或其主管部门决定并组织加试科目的命题、考试。

加试科目的成绩不计入总分，供录取时参考。

第二十五条 高中起点本、专科考试，由国家教育委员会统一命题并制定参考答案和评分标准。政治、语文、数学、地理、历史、物理、化学、外语考试命题的范围不超过国家教育委员会制定的《全国各类成人高等学校招生复习考试大纲》。高职班专业课考试科目命题的范围不超出国家教育委员会制定的复习考试大纲。

第二十六条 基础课均采取分卷（标准化）考试，专业课均不采取分卷（标准化）考试。

第二十七条 全国各类成人高等学校招生考试定于五月九日、十日进行。

考试时间表如下：

时间＼日期	五月九日 （星期六）	五月十日 （星期日）
9:00～11:00	语文	数学
14:00～15：40	物理　地理 生理学　中医基础学 监狱（劳教）基础 机械基础 电子技术基础	化学　历史 人体解剖学 中药学 狱政（所政）管理 机械制造工艺基础 电工基础
16:20～18:00	政治	外语

第二十八条 考生须携带准考证、工作证和身份证在规定时间到指定地点应试。

第二十九条 考试工作规则执行国家教育委员会颁发的《普通、成人高等学校本、专科招生全国统一考试工作规则》（教试［1991］3号）。

第三十条 评卷工作在全市统一安排下由北京市成招办组织实施。借考考生试卷经北京市成招办评阅后由区县成招办寄出。

考试成绩通知本人，不公布，不查卷。

第七章 录 取

第三十一条 北京市成招办在本市招生计划总额度内拟定本市最低控制分数线，经北京教育考试院、北京市成人高校招生领导小组认定，报国家教育委员会批准，并根据招生计划指标和生源质量情况对各类成人高等学校招生录取分批次进行。

第三十二条 各类成人高等学校应严格按计划录取新生，未经计划部门批准，不得对招生计划进行调整。学校确定的实际录取线不得低于本市最低控制分数线。

体育、艺术各专业，本科最低控制分数线不低于本市本科最低控制分数线（艺术类专业还应扣除数学部分，下同）的百分之七十，专科不低于专科的百分之六十；史论、编导专业本、专科均不低于相同层次的百分之九十。

第三十三条　新生的录取工作必须认真贯彻按需培养，德、智、体全面衡量，由高分到低分（体育、艺术专业，一般按专业考试成绩）择优录取的原则。录取新生时，既要重视考生的总成绩，又要注意与其报考专业相关科目的成绩。

各类成人高等学校一律不得录取试读生、超前生、旁听生和单科生，违者追究责任及其领导责任。

第三十四条　在录取工作中，由北京市成招办按照考生第一志愿向招生学校提供考生档案，由招生学校审查录取，录取名单由北京市成招办审批。招生学校按审批后的录取名单发放录取通知书。在最低控制分数线上的考生，第一志愿学校不能录取时，由北京市成招办根据考生的第二志愿进行调剂，学校之间不能自行转录。如第二志愿不能录取，对服从分配者，北京市成招办将在报考条件及考试科目相同（或相近）的专业中进行调剂录取；对不服从分配者，不予调剂录取。招生学校对拟照顾录取的考生，要复核审查考生的照顾录取资格。

录取中的遗留问题，由北京市成招办负责处理。

第三十五条　招生学校及其主管部门在京招生可指定代办单位，明确代办任务，代办单位要认真负责地配合北京市成招办搞好招生工作。委托培养学生的单位，不得参与录取工作，但可根据各地生源质量情况，向招生学校提出调整生源计划的要求。

第三十六条　获国务院命名的全国劳动模范称号者；经省部级认定的重大或突出贡献者；获奥运会、世界锦标赛、世界杯赛前八名者；亚运会、亚洲锦标赛、亚洲杯赛前三名者；全国运动会、全国锦标赛、全国冠军赛冠军者；在奥运会、世界锦标赛、世界杯赛和亚运会上破世界纪录者，具备高中毕业文化程度（申请进入专科起点本科学习应具备国家承认学历的专科毕业文凭），经北京市成招办审核，报国家教委批准，可免试进入各类成人高等学校学习。

获得省级人民政府（党委），国务院部委及全国工、青、妇组织授予的享受省部级劳模待遇的劳动模范、先进生产（工作）者、模范（优秀）党员称号者及科技进步（成果）奖获得者，具备高中毕业文化程度，经北京市成招办审核，报国家教委批准，可免试录取为“预科生”。

第三十七条　符合下列条件之一的考生，录取时可照顾50分（专科起点升本科考生为30分）：

（一）获北京市区、县以上人民政府（党委），国务院各部委司局及市属局（总公司）系统、国家特大型企业授予的享受地厅级劳模待遇的劳动模范、先进生产（工作）者、模范（优秀）共产党员称号者及科技进步（成果）奖获得者。

（二）获得北京市以上工、青、妇等组织授予的“五一劳动奖章”、“新长征突击手”、“三八红旗手”称号者。

（三）人民解放军、武警部队、人民警察荣立三等功以上者。

第三十八条　符合下列条件之一的考生，录取时可照顾30分（专科起点升本科考生为20分）：

（一）归侨、归侨子女、华侨子女、台湾省籍考生。

（二）烈士子女、烈士配偶。

（三）山区和少数民族考生、国防科技工业三线企业单位（地处地市以上人民政府所在地的除外）获得企业表彰的先进生产（工作）者。

（四）在野外、井下、监所（监狱、劳改队、劳教所、少管所）、远洋第一线从事采伐、农垦、地质、水利（农水、农电、防汛、水保、水管、施工、水文、移民）、采矿、勘探、测绘、远洋运输、殡葬和社会福利（孤儿、弃婴、残疾人、老年人、伤残复员退伍军人、精神病人护理）工作，报考对口专业的考生。

（五）人民解放军、武警部队、人民警察荣立集体二等功以上者。

第三十九条　报考对口专业并有五年以上专业工龄（教龄）的28周岁以上生产业务骨干（教师），人民解放军、武装警察部队复员转业人员，录取时可照顾15分（专科起点升本科为10分）。

第四十条　根据本市实际情况，制定有利于录取劳动模范、生产和业务骨干以及农村、乡镇企业、远郊区县考生相应政策。

第四十一条 符合照顾条件的考生报名时必须交验相应的原始证件及复印件（二张）。符合两项以上照顾政策的考生，其照顾分不得合并计算。

第四十二条 录取工作结束以后，北京市成招办向北京市教育委员会、北京教育考试院和国家教委上报当年录取新生数，并向招生学校所在地毕业证验印部门提供当年录取新生名单。

第四十三条 新生入学后，学校要对新生进行全面复查，对于不符合报考条件和录取标准以及弄虚作假、违纪舞弊者，学校应取消其入学资格，报北京市成招办备案，对其缺额，如有上线考生，北京市成招办可予以补录。此项工作应在 1998 年 10 月 5 日前完成。

第八章 附 则

第四十四条 关于推荐生

凡在北京市属成人中等专业学校学习的应届毕业生，成绩优秀者，经有关部门推荐和北京市成招办审批，可按招生计划录入有关成人高校学习。

第四十五条 关于资格生

对符合本市录取资格，经调剂后仍不能入学的考生，可向北京市成招办提出保留资格申请。

对符合资格生条件的考生，经批准后，今后两年内，凭北京市成招办颁发的资格生证书，可免试进入成人高校学习。

第四十六条 关于预科生

对属照顾 50 分而未达录取分数线的各类先进人员和年龄在 25 周岁以上、在五年连续工龄的业务骨干，以及特殊行业急需培养的在职业务骨干，达到预科班分数线（另定），本人提出申请，经工作单位推荐和北京市成招办批准后，可作为预科生参加预科班，补习高中文化一年。考试合格，经北京市成招办审批后，进入原报的第一志愿学校（专业）学习。

第四十七条 凡参加当年各类成人高等学校全国统一招生考试而未被录取，但总成绩达到一定分数线（另定）的考生，由本人申请，经北京市成招办审批，可免试录入有关成人中等专业学校学习。

第四十八条 违反招生管理规定或违反考试管理规定应予处罚的，将依照有关处罚规定予以处罚。

北京教育考试院
一九九八年一月八日

北京市一九九八年各类成人高等学校举办大学专科起点本科班招生规定

京成考［1998］第 2 号

为加强对各类成人高等学校举办大学专科起点本科班（以下简称专升本科班）招生工作的宏观管理，保证新生入学质量，根据国家教育委员会《一九九八年全国各类成人高等学校举办大学专科起点本科班招生规定》，结合北京市实际，现将有关事项规定如下：

一、招生学校和招生计划

专升本科班招生分为师范类（系指普通中，小学教师和各类中等学校普通课教师）和非师范类（系指考生为普通中、小学教师以外其他学校教师以及非教师）。师范类和非师范类专升本科班均须纳入国家成人高等教育事业计划并经国家教委批准正式下达后方可招生。

非师范类专升本科班原则上由具有函授、夜大学本科办学资格的普通高等学校举办，招生专业应在《1994 年成人高等教育举办非师范类专科起点本科班招生专业范围》及《1996 年成人高等教育非师范类专科起点本科班新增招生专业的通知》（教计厅［1995］10号）之内。举办非师范类专升本科班的学校办学资格及专业一律经国家教委审批，招生计划数纳入学校成人高教招生总量。由国家教委统一下达专升本科班招生生源计划。

二、报考条件和报名办法

专升本科班招生由北京市成招办负责组织报名、考试、评卷和录取等工作。

报考专升本科班的考生应具有两年以上工龄。师范类专升本科班除教育管理类专业可招收中学校长和其他少量教育行政干部外，其他专业限招普通中、小学教师和各类中等学校教师。

报考脱产学习的教师还须具有三年以上教龄，校长及其他教育行政干部须具有五年以上工龄。

跨省、自治区、直辖市招生的学校，其考生按学校主管部门的规定可以在考生所在地参加考试；经考生所在地省级招办同意也可以在学校所在地借考。报考国家教委直属高校的考生在何地参加考试由学校和有关省、自治区、直辖市成人高校招生部门确定。

三、考试科目及命题

1. 师范类专升本科班的考试科目共四科：公共课一科，专业课三科（音乐、美术专业除外）。

公共课：教育理论课（教育学、心理学，侧重教育学部分）。

专业课：各专业课分别规定如下：

政治和思想品德教育专业：马克思主义哲学、政治经济学（资本主义部分）、中国革命史。

汉语言文学教育专业：汉语、中国文学（包括古代、现代。现代到一九四九年为止）、文学概论。

历史教育专业：中国通史、世界通史、中国历史要籍介绍和选读。

英语教育专业：精读和泛读、听说、实用语法。

数学教育专业：空间解析几何、数学分析、高等代数。

物理教育专业：高等数学、力学热学、光学电磁学。

化学教育专业：高等数学、有机化学、无机化学（含分析化学定性部分）。

地理教育专业：中国地理、世界地理、自然地理基础。

生物教育专业：动植物学、微生物学、人体解剖及生理学。

体育教育专业：体育理论、运动生理学、综合考试（田径、篮球、体操）。

音乐教育专业：钢琴、声乐、音乐基本理论（乐理、和声）、视唱练耳。

美术教育专业：素描、色彩、创作、美术史论基本知识（中、外美术史及技法理论。）

教育管理类专业专升本科班的考试科目共四科，公共课一科：大学语文；专业课三科：教育学、心理学、学校管理。

以上除术科外的各科试题由国家教委考试中心统一命制，其命题范围不超出以《中学教师进修高等师范专科教学大纲》为依据编写的《考试大纲》规定的内容。

各科满分成绩分别为：中国通史120分、世界通史120分、中国历史要籍介绍和选读60分、空间解析几何50分、数学分析150分，动植物学150分，微生物学50分，其余各科均为100分。

2. 非师范类专升本科班的考试科目共四科：公共课两科、专业基础课一科、专业课一科。

公共课和专业基础课分别为：

理工类：政治、英语、高等数学（一）；

经济（管理）类：政治、英语、高等数学（二）；

文史、中医类：政治、英语、大学语文。

专业课：由招生学校在以下各专业课中任选一科。

图书馆学、档案学、文学概论、新闻学、政治学概论、行政管理学、财政金融学、会计学原理、环境保护概论、管理学概念、电子技术基础、电路原理、机械设计基础、结构力学、化工原理、地质学概论、医学基础、植物生理学、中医基础理论、海洋生物学、淡水生物学、家畜生理学、食品微生物学、市场营销学概论、旅游学概论、色彩。

报考法学类和英语类考生考试科目分别为：

法学类：政治、英语、刑法、民法；

英语类：政治、英语、大学语文、精读和泛读。

报考非师范类专升本科班的教师类考生，公共课两科为政治、教育学（职）。

以上各科满分成绩均为150分。

各科试题由国家教委考试中心统一命制，其命题范围不超出国家教委颁布的《专科起点本科班各科复习考试大纲》规定的内容。

四、考试时间

报考专升本科班的考生必须参加全国统一招生考试。

考试日期定于5月9日、10日，考试时间表如下：

日期 时期	五月九日 星期六	五月十日 星期日
9:00～11:00	教育理论课 教育学（师）	高等代数　实用语法 人体解剖学及生理学　心理学 政治经济学　中国文学 世界地理　力学热学 有机化学　运动生理学
9:00～11:30	政治	英语　教育学（职） 世界通史
14:00～15:00		中国历史要籍介绍和选读 微生物学　空间解析几何
14:00～16:00	马克思主义哲学 汉语　高等数学（师） 中国地理、体育理论 美术史论基本知识	中国革命史 文学概论（师） 光学电磁学　无机化学 自然地理基础 学校管理学　综合考试
14:00～16:30	高等数学（一） 高等数学（二） 大学语文 刑法 音乐基本理论 中国通史　数学分析 动植物学	精读和泛读　档案学 民法　市场营销学概论 食品微生物学 图书馆学　政治学概论 文学概论　财政金融学 新闻学　环境保护概论 电路原理　电子技术基础 化工原理　医学基础 中医基础理论　行政管理学 会计学原理　结构力学 地质学概论　植物生理学 机械设计基础　管理学概论 海洋生物学　旅游学概论 淡水生物学　家畜生理学 色彩（基础知识部分）

五、录取

专升本科班录取工作与高中起点本、专科招生录取同期进行。由国家教育委员会按四科总成绩审定并下达北京市录取最低控制分数线。北京市成招办负责专升本科班新生的审批录取工作。

六、其他事项

专升本科班招生考试的其他有关事项按《北京市一九九八年各类成人高等学校招生规定》执行。

北京教育考试院

1998年1月8日

一九九八年北京市各类成人高校免试入学申报审批办法

京考成［1998］第4号

各成人高等院校：

根据国家教委一九九八年全国各类成人高等学校招生规定中对全国劳动模范、优秀运动员免试进入各类成人高校学习的规定结合北京市的实际情况，特制定全国劳动模范、优秀运动员免试入学申报审批办法如下：

一、申报条件

1. 获得国务院命名的全国劳动模范等称号者。

2. 获得奥运会、世界锦标赛、世界杯赛前八名者，亚运会、亚洲锦标赛、亚洲杯赛前三名者；全国运动会、全国冠军赛冠军者；在奥运会、世界锦标赛、世界标赛和亚运会上破世界纪录者。

3. 经省部级机构认定的重大或突出贡献者。

二、申报时间

3月16日～3月20日。

三、申报办法

1. 全国劳动模范申请免试进入专科专业学习的凭身份证、高中毕业证件（申请免试进入本科专业的凭国民教育系列的专科毕业证书）、劳模证书、一寸同一底片正面免冠照片三张和本人申请到拟报院校办理申请手续。优秀运动员申请免试进入专科专业学习的凭身份证、高中毕业证书（申请免试进入本科专业学习的凭国民教育系列的专科毕业证书）、获奖证书、奖牌和北京市体委或国家体委出具的获奖证明（国内比赛由北京市体委出具，国际比赛由国家体委出具），一寸同一底片正面免冠照片三张和本人申请到拟报院校办理申请手续。经省部级机构认定的重大或突出贡献者申请进入专科专业学习的凭身份证、高中毕业证书（申请免试进入本科专业的凭国民教育系列的专科毕业证书）、经省部级机构认定的重大或突出贡献的获奖证书（或由省部级机构人事部门出具证明）。一寸同一底片正面免冠照片三张和本人申请到拟报院校办理申请手续。

以上所有证书、证明均需两份复印件（A4）。

2. 接收免试生的院校在3月23日将所有报名材料送交北京市成人教育招生办公室审核并领取申报审批登记表。

3. 招生院校在4月1日将申请人填写的申报审批登记表送交北京市成人教育招生办公室。

四、审批办法

北京市成人教育招生办公室将审核后的名单及相应材料送交国家教委审批。

北京教育考试院

一九九八年一月六日

关于北京市各类成人高等学校艺术类、体育类专业术科考试的规定

京考成［1998］第5号

为加强对各类成人高等学校艺术类术科加试、体育类专业加试科目的宏观管理，保证成人高等艺术类、

体育类专业招生工作的质量，特制定本规定。

一、命题

举办艺术类专业的成人高等院校术科加试科目由本校命题。每个专业应有两个以上加试科目，每个科目应备有三种考题。考题采用百分制。

师范院校举办体育类专业加试根据有关部门规定由学校组织命题。

二、考试时间

高等艺术院校术科考试及非高等艺术院校艺术专业术科考试日期定于5月16日～5月17日。

举办体育类专业的院校的加试科目考试定于5月16日～5月17日。

三、术科考试办法

举办高等艺术类专业的院校术科考试由本校组织。各院校在考试前一周内，应将术科考试题送交北京教育考试院成人教育招生办公室备案。考试时间、地点安排同时报北京教育考试院成人教育招生办公室。考试试题由北京教育考试院成人教育招生办公室选定并通知招生院校。举办体育类专业的院校加试科目考试由本校组织。评卷工作均由本校组织。

四、加强考风考纪

举办高等艺术类专业的院校及举办体育类专业的院校，在组织考试过程中要严格执行国家教委及北京市教育考试院成人招生办公室的有关组考规定。加强保密措施。评分要充分体现公平、公正。

五、报送成绩

各招生院校应将考生加试综合成绩输入计算机（软盘在报题时发放）。并于5月25日～5月26日将软盘及打印的成绩单（并在成绩单上签字、盖章）报送北京教育考试院成人教育招生办公室。

考试成绩必须在5月26日前通知考生，并在校内张榜公布。

北京教育考试院

一九九八年一月六日

北京市市属成人高等院校高职班（“3＋2”）招生报名及组考办法

京考成［1998］第6号

各成人高校：

根据国家教委《1998年全国各类成人高等学校招生规定》的文件精神，为有利于推进高职班考试试点工作的顺利进行，加强对这项工作的管理，结合本市情况，制定本办法。

一、报名

1. 报考市属高职班的考生由招生院校统一组织集体报名。招生院校应按国家教委规定认真审核考生资格，指导考生按要求填写报名材料，并于3月14日前将报名材料统一报送区县成招办。

2. 各区县成招办将考生材料汇总后，将信息卡及考生基本信息软盘报送北京教育考试院成人教育招生办公室（以下简称市成招办）。

3. 招生院校于3月26日到市成招办领取报名工作软盘（含报名信息，专业课考试登分程序）。并按报名工作软盘中的考生信息自行打印《专业课考试准考证》。于4月20日与《全国成人高考准考证》一同发放给考生。

二、命题

1. 专业课的命题由有关院校自行安排。

2. 院校应成立命题领导小组。命题领导小组组长由招生院校主管院（校）长担任，其他成员由副教授职称以上教师担任。命题工作人员由招生院校负责聘任。

3. 命题小组应按照国家教委制定的《全国成人高等职业教育专业课复习考试大纲》组织命题，应反映报考专业基础知识、技能。命题应充分体现成人考生的在职特点。试题既应有一定的难度，又应体现良好的区分度。命题工作人员身份对外保密，不得参加当年有关专业课的补习、辅导活动。每科试题满分为150分。考试时间为100分钟。

三、组考

参加专业考试的考生除必须参加国家教委规定的文化基础课考试以外，还必须参加专业课考试。考试的时间全市统一安排在5月16日进行。上午9:00～10:40考科目1，下午1:00～2:40考科目2。考试期间，市成招办将派巡视员到各考试点进行巡视检查。

四、评卷、登分

高职班（“3＋2”）专业课评卷、登分工作由招生院校组织进行。各项工作程序应严格按照《北京市成人高（中）等学校招生工作细则》有关规定执行。各院校于5月27—5月28日向市成招办上报考试成绩（软盘及打印成绩单并加盖公章）。

五、招生工作纪律

各级招生工作人员要认真执行有关规定，坚决反对和抵制徇私舞弊和“走后门”等不正之风。对发现和群众揭发的违纪舞弊行为，要认真查处，并追究有关人员的责任。

北京教育考试院
一九九八年一月六日

北京市成人高等院校能力考试试点专业（“5＋2”）招生报名及组考办法

京考成［1998］第7号

有关成人高校：

根据国家教委“对北京市《关于北京市财贸管理干部学院等四所成人高校继续进行能力考试的请示》的复函”（教成司［1997］107号）的精神，1998年在北京市财贸管理干部学院等四所成人高校继续进行能力考试试点。为加强对能力考试工作的管理，特制定能力考试报名及组考办法如下：

一、报名

1. 参加能力考试试点专业的考生由招生院校统一组织集体报名。有关院校应指导考生认真填写报名材料，考生同时应填写《能力考试申报表》，经本单位签署意见、盖章后，将申报表送回有关成人高校。

2. 有关成人高校按报考条件认真审核考生资格，对符合参加能力考试条件的考生，填写《能力考试考生资格审查表》，和《能力考试申报表》一起报送北京教育考试院成人教育招生办公室（以下简称市成招办）审查。考生其他报名材料于3月14日前统一报送区县成招办。

3. 市成招办对参加能力考试的考生进行资格审查，未经市成招办审查通过的考生，不得参加能力考试。

4. 有关成人院校于3月26日到市考办领取报名工作软盘（含报名信息，专业课考试登分程序）。有关成人高校按报名工作软盘中的考生信息自行打印《专业课考试准考证》。于4月20日与《全国成人高考准考证》一同发放给考生。

二、命题

由院校组成命题小组，对专业课进行命题。命题应紧扣大纲，反映报考专业基础知识、技能。命题尽可能充分体现成人考生的在职特点，强调专业对口、学以致用的原则。试题既应有一定的难度，又应体现良好的区分度。命题工作人员由招生院校聘任，并报市成招办备案。命题工作人员身份对外保密，不得参加当年有关专业课的补习、辅导活动。命题组的任务包括确定试题、编制试卷、制定参考答案及评分标准（笔试试题两套，分A、B卷，满分150分，考试时间100分钟）。试题、试卷及参考答案及评分标准必须科学、严谨、公正、无误。能力考试试题、试卷及参考答案及评分标准于4月10日前报市成招办备案。市成招办于考前10天通知使用A卷或B卷。院校应在保密的环境下进行印刷和密封。开考前10分钟当众启封试卷。

三、组考

参加能力考试的考生除必须参加国家教委规定的文化基础课考试以外，还必须参加专业课考试。考试的时间全市统一安排在5月16日～17日进行。5月16日上午9:00～10:40考笔试，下午1:00开始实际操作。考试期间，市成招办将派巡视员到各考试点进行巡视检查。

四、评卷、登分

能力考试评卷、登分工作在市成招办统一组织下进行，由各招生院校负责组织实施。各项工作程序应严格按照《北京市成人高（中）等学校招生工作细则》有关规定执行。各院校于5月27～5月28日向市成招办上报考试成绩（软盘及打印成绩单并加盖公章）。

五、计分方法

参加能力考试（“5+2”）专业的考生，五科文化基础课的成绩应不低于当年北京市最低控制分数线的80%，专业课考试综合成绩应达到及格水平（90分）。综合考试成绩满分为150分。

六、招生工作纪律

各级招生工作人员要认真执行有关规定，坚决反对和抵制徇私舞弊和“走后门”等不正之风。对发现和群众揭发的违纪舞弊行为，要认真查处，并追究有关人员的责任。

北京教育考试院

一九九八年一月六日

北京市1998年各类成人高校招生报名照顾对象审核办法

京考成办（98）第01号

照顾对象的审核工作是各类成人高校招生报名工作的重要环节。为做好这项工作，根据国家教委《1998年全国各类成人高等学校招生规定》和京考成［1998］第1号《北京市一九九八年各类成人高等学校招生规定》，结合市实际情况，特制定本办法。

一、关于照顾类型

1. 符合下列条件之一的考生，录取时可照顾50分（专科升本科考生为30分）。

获得、北京市区县以上人民政府（党委）、国务院各部委司局及市属局（总公司）系统、国家特大型企业授予享受地厅级劳模待遇的劳动模范、先进生产（工作）者、模范（优秀）共产党员称号获得者及科技进步（成果）奖获得者。

获得北京市以上工、青、妇等组织授予的“五一劳动奖章”、“新长征突击手”、“三八红旗手”称号者。

人民解放军、武警部队、人民警察荣立三等功以上者。

2. 符合下列条件之一的考生，录取时可照顾30分（专科起点升本科考生为20分）。

归侨、归侨子女、华侨子女、台湾省籍考生。

烈士子女、烈士配偶。

山区和少数民族考生、国防科技工业三线企业单位（地处地市以上人民政府所在地的除外）获得企业表彰的先进生产（工作）者。

在野外、井下、监所（监狱、劳改队、劳教所、少管所）、远洋、民政第一线从事采伐、农垦、地质、水利（农水、农电、防汛、水保、水管、施工、水文、移民）、采矿、勘探、测绘、远洋运输、殡葬和社会福利（孤儿、弃婴、残疾人、老年人、伤残复员退伍军人、精神病人护理）工作者。

人民解放军、武警部队、人民警察荣立二等功以上者。

3. 符合下列条件之一的考生，录取时可照顾 15 分（专科起点升本科为 10 分）。

对报考对口专业并具有 5 年以上专业工龄（教龄）的 28 周岁以上生产业务骨干（教师），人民解放军、武装警察部队复员转业人员。

二、验证点的机构及其职能

各区县成招办应加强对各类照顾证明验证工作的管理，派出政策观念强，工作认真负责、坚持原则、有丰富工作经验的同志担任此项工作，报名站要设立独立的管理照顾证明验证点，对不符合照顾条件考生坚决不予受理。

三、验证工作程序

1. 验证点在审查考生照顾资格时，在确认照顾材料是考生本人后，首先要确认照顾材料是否符合招生规定中的要求，照顾对象审核表是否经其所在工作上级主管部门加盖公章。

2. 对符合享受照顾录取条件的考生，验证工作人员要在其两张证书（明）复印件上分别签字、注上考生报名号、加盖验证专用章。证书原件退还考生，一张复印件与考生报名登记表、考生照顾审核表作为考生档案合并存放，另一张复印件由区县招办留存。

3. 区县成招办要对符合照顾条件的考生确认照顾类型，并将照顾信息输入计算机，打印出照顾考生名册，在规定时间送交北京市成招办。

四、加强领导、严肃纪律

各区县成招办应加强对验证工作的领导，重视对验证工作人员的政策和业务培训，认真执行国家教委和北京市成招办的有关招生规定，自觉抵制徇私舞弊、“走后门”等不正之风的干扰，严肃招生工作纪律，对招生工作中出现的各种形式的违纪、舞弊事件，一经查实，将按照国家教委颁布的《高等学校招生全国统一考试管理处罚规定》追究责任者责任。

附：北京市机关、市属局、总公司名单

北京市成人教育招生办公室
一九九八年二月十二日

附

北京市机关、市属局、总公司名单

一、市机关

01. 北京市高级人民法院　　02. 北京市中级人民法院
03. 北京市无线电管理委员会办公室　　04. 北京市计划生育委员会
05. 北京市计划委员会　　06. 北京市市政委员会
07. 北京市对外经济贸易委员会　　08. 北京市体育运动委员会
09. 北京市经济体制改革委员会　　10. 北京市经济委员会
11. 北京市城乡建设委员会　　12. 北京市科学技术委员会

二、市属局

01. 北京市机械工业管理局　　02. 北京市电子工业办公室
03. 北京市电力工业局　　04. 北京市供电局
05. 北京市铁路局　　06. 北京市国家税务局

07. 北京市物资管理局
08. 北京市地质矿产局
09. 北京市地方税务局
10. 北京市城市规划管理局
11. 北京市市政工程局
12. 北京市房屋土地管理局
13. 北京市环境卫生管理局
14. 北京市园林局
15. 北京市公用局
16. 北京市电信管理局
17. 北京市交通局
18. 北京市邮政管理局
19. 北京市第一商业局（现改为亿商集团总公司）
20. 北京市粮食局
21. 北京市旅游事业管理局
22. 北京市民政局
23. 北京市监狱管理局
24. 北京市烟草专卖局
25. 北京市林业局
26. 北京市农业局
27. 北京市水利局
28. 北京市气象局
29. 北京市卫生局
30. 北京市文化局
31. 北京市新闻出版局
32. 北京市文物局
33. 北京市广播电视局
34. 北京市审计局
35. 北京市劳动局
36. 北京市技术监督局
37. 北京市财政局
38. 北京海关
39. 北京市工商局
40. 北京市物价局
41. 北京市监察局
42. 北京市司法局
43. 北京市公路局
44. 北京市供销合作总社
45. 北京市公安局
46. 北京市文物事业管理局
47. 北京市外交人员服务局
48. 北京市机械设备成套局
49. 北京市老干部局
50. 北京市统计局
51. 北京市环境保护局
52. 北京市国营农场局
53. 北京市建筑工程局
54. 北京市二轻工业局
55. 北京市一轻工业局
56. 北京市科技干部局
57. 北京市档案局
58. 北京市畜牧局
59. 北京市第二商业局
60. 北京市进出口商品检验局
61. 北京市工商行政管理局

三、总公司

01. 北京市公共交通总公司
02. 北京市有色金属总公司
03. 北京化学工业集团公司
04. 北京汽车工业集团总公司
05. 北京市煤炭总公司
06. 北京市纺织工业总公司
07. 北京一轻总公司
08. 北京二轻工业总公司
09. 北京印刷集团总公司
10. 首都钢铁总公司
11. 北京市医药总公司
12. 北京燕山石油化工公司
13. 北京建工集团总公司
14. 北京城建集团总公司
15. 北京城建开发集团总公司
16. 北京建筑材料集团总公司
17. 北京住宅开发建设集团总公司
18. 北京市地下铁道总公司
19. 北京市饮食服务总公司
20. 北京市石油产品销售总公司
21. 北京市粮油贸易总公司
22. 北京市水产总公司
23. 北京市仪器仪表总工业控股（集团）公司

关于转发《关于申请成人高等学校招收应届中职毕业生的复函》的通知

京考成办（1998）第02号

各区县成招办及有关成人高校：

为保证部分成人高等学校招收应届中职毕业生报名工作顺利进行，现将国家教委《关于申请成人高等学校招收应届中职毕业生的复函》和北京市教育考试院成人教育招生办公室制定的《北京市1998年招收应届中职毕业生报名办法》一同下发。望遵照执行。

附件一：《关于申请成人高等学校招收应届中职毕业生的复函》

附件二：1998年北京市招收应届中职毕业生报名办法

北京教育考试院成人教育招生办公室

1998年2月17日

附件一：

《关于申请成人高等学校招收应届中职毕业生的复函》

教成司［1998］7号

北京市、黑龙江省、河南省、大连市教委，全国总工会组织部：

关于申请在部分成人高等学校招收应届中职毕业生的函收悉。经研究，批准北京市西城区职工大学等21所试点“高职班”的成人高等学校部分专业（名单附后）从1998年起招收应届中职毕业生，招生办法按照我委教成［1998］1号文件的有关规定由各地招生部门具体实施。目前，招收应届中职毕业生仅在部分有条件的成人高校进行试点，希望你们从严控制招生规模，加强学籍管理，切实保证试点班的教育质量。

附件：招收应届中职毕业生的成人高等学校及专业

国家教委成人教育司

一九九八年二月五日

招收应届中职毕业生的成人高等学校及专业

学校名称	专业
北京市西城区职工大学	公关秘书
北京市东城区职工大学	会计 商场经营与管理
北京市宣武红旗业余大学	计算机应用与管理 食品工业卫生检验
北京市总工会职工大学	市场营销 饭店管理

续前表

学校名称	专业
北京市西城经济科学大学	国际贸易 会计
北京市轻工职工大学	会计 计算机应用与管理
北京市机械局职工大学	计算机应用与管理
北京市经济管理干部学院	会计
北京市财贸管理干部学院	会计
北京市农业管理干部学院	计算机应用与管理
北京市海淀区职工大学	会计
北京市冶金管理干部学院	市场营销 管理信息
中国工运学院	公关文秘与办公自动化 旅游服务与饭店管理

附件二：

1998年北京市招收应届中职毕业生报名办法

各区县成招办及有关成人高校：

根据国家教委教成［1998］1号“关于印发《1998年全国各类成人高等学校招生规定》和《1998年全国各类成人高等学校举办大学专科起点本科班招生规定》的通知”和国家教委教成司［1998］7号“关于申请成人高等学校招收应届中职毕业生的复函”的文件精神，结合北京市具体情况，北京教育考试院成人教育招生办公室（以下简称成招办）特制定报名办法如下：

一、招收应届中职毕业生的范围

招收应届中职毕业生的范围应严格控制在国家教委批准的院校和专业内。未经批准的院校和专业一律不得招收应届中职毕业生。

二、生源组织

报名前，有关成人高校应积极与有关中职学校联系，向有关中职学校宣传招生政策和有关中职学校配合做好学生的报名组织工作。

三、报名及报名资格审查

应届中职毕业生应在规定时间到相关的成人高校报名。报名可采取集体报名形式。考生所在学校要向有关成人高校出具应届中职毕业生名册并加盖公章，同时将考生学生证原件及复印件两张（A4复印纸）一同交有关成人高校。各有关成人高校要指导考生认真如实填写报名材料。

各有关成人高校应在规定时间内到区县成招办办理集体报名手续，应保证报名材料、考生名册、学生证、学生证复印件与报名号顺序一致。各区县成招办收到有关成人高校报送的报名材料后，根据有关规定和考生报名材料对考生报名资格进行审查。区县成招办审查后将学生证原件退回招生院校，学生证复印件一张放入考生档案内，以便录取时核对。考生名册及另一张复印件由各区县成招办存档备查。

四、招生工作纪律

各级招生工作人员要认真执行有关规定，坚决反对和抵制徇私舞弊和“走后门”等不正之风。对发现和群众揭发的违纪舞弊行为，要认真查处，并追究有关人员的责任。

北京教育考试院成人教育招生办公室

1998年2月17日

关于转发国家教委“对北京市《关于北京市财贸管理干部学院等四所成人高校继续进行能力考试的请示》的复函”的通知

京考成办（1998）第03号

各有关成人高校及区县成招办：

现将国家教委“对北京市《关于北京市财贸管理干部学院等四所成人高校继续进行能力考试的请示》的复函”抄送给你们，请认真组织、实施。

附件一：对北京市《关于北京市财贸管理干部学院等四所成人高校继续进行能力考试的请示》的复函

附件二：1998年举办能力考试的招生学校及专业代码

北京教育考试院成人教育招生办公室

一九九八年二月十二日

附件一：

对北京市《关于北京市财贸管理干部学院等四所成人高校继续进行能力考试的请示》的复函

教成司［1997］107号

北京教育考试院：

你院《关于北京市财贸管理干部学院等四所成人高校继续进行能力考试的请示》（京考［1997］8号）收悉，经研究，同意北京市四所成人高等学校继续进行能力考试（“5+2”）。请你们严格掌握试点条件，限定在四所学校及其申报的六个专业、你院请示中特定的招生对象，精心组织，加强领导，确保试点工作的顺利进行。

国家教委成人教育司

一九九七年十二月十五日

附件二：

1998年举办能力考试的学校及专业代码

学校代号	学校名称	专业代号	专业名称
012	北京市机械局职工大学	50	机械电子工作
		51	财务会计（计算机辅助管理）
		52	企业管理
020	北京市建设职工大学	50	工业与民用建筑
028	北京市房地产职工大学	50	工业与民用建筑
102	北京市财贸管理干部学院	50	商业企业管理
		51	金融（计算机辅助管理）

关于印发《北京市成人高（中）等学校招生工作细则》的通知

京考成办［1998］第04号

各区县成人教育招生办公室、各有关成人高等学校：

根据国家教育委员会《1998年各类成人高等学校招生规定》和北京市成招办补充规定，为逐步实现北京市成人高校招生工作的科学化、制度化、规范化，结合北京市实际情况，现将《北京市成人高（中）等学校招生工作细则》印发给你们，请遵照执行。

附件：北京市成人高（中）等学校招生工作细则（此处略——编者注）

北京教育考试院成人教育招生办公室
一九九八年二月十七日

关于北京地区各类成人高等院校招生报名考务费使用办法的通知

京考成办（1998）第05号

各区、县成人教育招生办公室：

经批准，现将1998年成人高等院校招生考试报名考务费使用办法通知如下：

1. 报考高中起点大专各专业的考生，每人收报名考务费50元；其中，区、县成人招办留取23元（含报名费3元），上缴市成人教育招生办公室27元。

2. 报考高中起点本科及外语类专业的考生，每人收报名考务费60元；其中，区、县成人招办留取27元（含报名费3元），上缴市成人教育招生办公室33元。

3. 报考高中起点“3＋2”改革科目专业的考生，每人收报名考务费50元；其中，区、县成人招办留取23元（含报名费3元），上缴市成人教育招生办公室27元。

4. 报考专科起点升本科各专业的考生，每人收报名考务费40元，代国家教委考试中心收取试卷费12元，共计52元；其中，招生院校留取报名费3元，区、县成人招办留取16元，上缴市成人教育招生办公室33元（含代国家教委考试中心收取试卷费12元）。

5. 报考市属校高职班各专业（3＋2）的考生，每人收报名考务费50元；其中，招生院校留取报名费22元，区、县成人招办留取15元，上缴市成人教育招生办公室13元。

6. 免试生每人收报名费15元；其中，招生学校留取3元，上缴市成人教育招生办公室12元。

上述各项费用，主要是用于组织考生报名和考试工作，各单位要严格管理，不得挪作他用。

特此通知

北京教育考试院成人教育招生办公室
一九九八年二月十六日

能力考试实施办法

京考成办（98）第06号

为贯彻实施北京市委、市政府确定的“北京市中、高层次紧缺人才培训工程”，为促进成人教育更直接、有效地为北京市经济和社会发展服务，坚持成人高校培养和造就经济建设所需的应用型、技术型、工艺型专门人才的办学方向，坚持为生产、业务第一线的各类先进人物、生产（业务）骨干提供提高专业技能、特长的机会，充分体现成人教育面向在职从业人员服务和按需培养、专业对口、学以致用的特点，根据国家教委对北京市《关于北京市财贸管理干部学院等四所成人高校继续进行能力考试的请示》的复函（教成司［1998］19号）文件精神，1998年在北京市财贸管理干部学院等四所成人高校继续进行能力考核试点。为搞好能力考试，制定能力考试实施办法如下：

一、能力考试组织机构

1. 领导小组

组长：北京教育考试院成人教育招生办公室（以下简称：北京市成招办）主任　张宝祥

副组长：各试点院校主管院校长

组员：北京市成招办副主任　李鸿江

各试点院校教务处（招生办）负责人

2. 组织实施单位

北京市成招办负责组织能力考试的命题和考试工作，并制定相应的管理办法。

各招生院校负责组织能力考试的实施工作。

二、报名资格

参加能力考试的考生必须年龄在25周岁以上并有5年以上工龄。

三、报名办法

由招生学校组织报名。凡送培单位符合报考条件的干部、职工，应认真如实填写考生登记表，经本单位签署意见、盖章后，将申报表送回有关成人高校。考生报名时应另交报名考务费和照片四张。

有关成人高校按报考条件认真审核考生资格，对符合参加 能力考试条件的考生，填写《成人高校能力考试考生资格审查表》（附表一）一式二份，报送北京市成招办。

北京市成招办审查合格后，通知有关成人高校。有关成人高校负责向考生发放《成人高校能力考试准考证》。

未经北京市成招办审查通过的考生，不得参加能力考试。

报名时间与其他考生报名时间相同。

四、能力考核考试大纲

招生院校根据本专业培养目标制定能力考核考试大纲，并报北京市成招办审核。

大纲包括能力考试笔试和口试或实际操作的“复习内容”和“考试标准”两部分。“复习内容”规定复习、考试内容和要求；“考试标准”按照考试性质规定考试要求、试卷结构等。大纲既对参加能力考试的考生起系统复习的指导作用，又作为能力考试命题的依据。

大纲既注意保持复习内容所要求知识的系统性，又尽可能体现考试测量与教学目标的一致性，并促进能力考试更科学化、规范化。

五、命题

1. 命题原则及要求

命题应紧扣大纲，反映报考专业基础知识、技能和规范，体现考生从事工种和报考专业的衔接。命题尽可能充分体现成人考生的在职特点，强调专业对口、学以致用的原则。试题既应有一定的难度，又应能体现良好的区分度。

各招生院校根据本专业培养目标选定复习教材和操作项目，考核考生专业基础知识、实际操作能力和分析判断能力。

2. 命题领导小组

命题领导小组由三至五人组成，招生院校主管院（校）长任命题领导小组组长，其他成员由副教授职称以上教师担任。

命题领导小组的职责：根据能力考试的要求，对能力考试的命题工作提出建议；推荐若干教师参加命题工作；推荐若干教师审查试题、试卷、口试或实际操作项目的科学性及质量；根据考试反馈信息评价试题、试卷、口试或实际操作质量，提出改进意见；指导与命题有关的科研工作；编写《能力考核考试大纲》。

3. 命题组

笔试、口试或实际操作各命题小组分别由三至五人组成。命题组成员以高等学校教师为主，也可聘请有关单位专职人员参加。招生院校教师不得参加命题组。命题小组组长由副教授职务以上教师担任。

命题工作人员必须坚持四项基本原则，坚持改革开放的方针，严格遵守纪律，认真负责，身体健康，符合保密工作的条件，无直系亲属参加当年的能力考试。命题工作人员必须具有较高的本学科业务水平和教学经验，了解能力考试的要求，并能团结协作共同工作。

命题工作人员由招生院校聘任，并报北京教育考试院成人教育招生办公室备案。

命题工作人员身份对外保密，不得参加当年有关能力考试的补习、辅导活动；未经北京市成招办同意，不得以命题人员身份出席会议或发表文章。

命题组的任务包括确定试题、编制试卷、确定口试或实际操作题目（项目）、制定参考答案及评分标准。

试题、试卷、口试或实际操作题目（项目）参考答案及评分标准必须科学、严谨、公正、无误。

试卷要有适当的难度，有较好的区分度；试卷版面设计合理，试题文字准确、简练、规范；口试题目要反映报考专业基本知识；实际操作项目应反映本专业培养目标所需的水平。

口试或实际操作题目（项目）数量应根据考生数量编制，以防止出现过多重复现象。

试题、试卷、口试题目、操作项目、参考答案及评分标准须报命题领导小组和北京市成招办备案。

六、考试

参加能力考试的考生除必须参加国家教委规定的五科文化基础课考试以外，还必须参加能力考试的笔试和口试或实际操作。

能力考试的时间安排在成人高校全国统一招生考试后的第二周内进行。笔试时间为60分钟，口试时间为30分钟，实际操作的时间视实际需要而定。

能力考试在北京市成招办统一组织下进行，各招生院校负责组织实施。

各招生院校组织实施能力考试前二十天内，应将《能力考试考场安排一览表》和监考教师名单报北京教育考试院成人教育招生办公室。

组织口试或实际操作时，考生采用抽签方式单独考试，由二至三名教师负责监考和评分，其中一人任主监考。招生院校可根据考生数量将监考教师分成若干小组同时进行考试。

口试或实际操作由监考教师在考生单独考试后立即打分，将考生成绩计入《能力考试（口试）评分表》（附表二）或《能力考试（实际操作）评分表》（表三）。评分要实事求是，不能有意抬高或压低考生分数。当监考教师对评分意见不一致时，由主监考裁决。

主监考教师负责在评分表相应空格内打实分，总分最高不能超过150分。监考教师应在评分表上签字并写简要评语。

考试期间，北京市成招办将派巡视员到各考试点进行巡视检查。

七、评卷

评卷工作在北京市成招办统一组织下进行，由各招生院校负责组织实施。

各招生院校成立评卷领导小组，由主管领导任组长，副教授职称以上教师任副组长，评卷教师由招生院校聘请专职教师担任。

评阅笔试试卷要求按《学科评卷小组组长职责》和《评卷工作人员守则》有关规定执行。

各招生院校负责将考生笔试和口试或实际操作成绩折算汇总填入《能力考试成绩综合表》（附表四）。

八、计分方法

参加能力考试专业的考生，五科文化基础课的成绩应不低于当年北京市最低控制分数线的80%，专业课考试综合成绩应达到及格水平（90 分）。综合考试成绩满分为 150 分。

九、录取

审批录取新生工作由北京市成招办负责。各招生院校负责向考生发放录取通知书。

未达到本市最低控制分数线的考生不得录取。

十、招生工作纪律

各级招生工作人员要认真执行有关规定，坚决反对和抵制徇私舞弊和“走后门”等不正之风。对发现和群众揭发的违纪舞弊行为，要认真查处，并追究有关人员的责任。

北京教育考试院成人教育招生办公室

1998 年 2 月 17 日

附表一

成人高校能力考试考生资格审查表

招生学校：　　负责人：　　填表人：　　年　月　日

报名号	姓名	性别	年龄	工龄	民族	职别	何种资格	备注

北京教育考试院成人教育招生办公室负责人：　　审核人：　　盖章：

附表二

能力考试（口试）评分表

<table>
<tr><td>报名号</td><td colspan="2">考生姓名</td><td colspan="2">报考学校及专业</td><td colspan="4">何种资格参加能力考试</td></tr>
<tr><td></td><td colspan="2"></td><td colspan="2"></td><td colspan="4"></td></tr>
<tr><td>试题项目</td><td colspan="8">成绩档次</td></tr>
<tr><td rowspan="2">专业基础知识
40%（60 分）</td><td colspan="2">知识全面</td><td colspan="2">较好</td><td colspan="2">有所了解</td><td colspan="2">较差</td></tr>
<tr><td>60 分</td><td></td><td>45 分</td><td></td><td>35 分</td><td></td><td>25 分</td><td></td></tr>
<tr><td rowspan="2">分析理解能力
40%（60 分）</td><td colspan="2">对问题能正确理解和作深刻分析</td><td colspan="2">较好</td><td colspan="2">经启发后对问题有一定理解和分析</td><td colspan="2">较差</td></tr>
<tr><td>60 分</td><td></td><td>45 分</td><td></td><td>35 分</td><td></td><td>25 分</td><td></td></tr>
<tr><td rowspan="2">口头表达能力
20%（30 分）</td><td colspan="2">表达清晰、用词正确、逻辑性强</td><td colspan="2">较好</td><td colspan="2">表达一般</td><td colspan="2">较差</td></tr>
<tr><td>30 分</td><td></td><td>24 分</td><td></td><td>18 分</td><td></td><td>10 分</td><td></td></tr>
<tr><td>总分</td><td colspan="2">教师签字</td><td colspan="2"></td><td colspan="4"></td></tr>
<tr><td colspan="9">简要评语：

年　月　日</td></tr>
<tr><td colspan="9">备注：1. 请主监考教师在相应项目空格内打实分
2. 总分最高为 150 分</td></tr>
</table>

北京教育考试院成人教育招生办公室

附表三

能力考试（实际操作）评分表

报名号	考生姓名	报考学校及专业	何种资格参加能力考试				
实操项目	成绩档次						
仪器搭设准确性及速度	能熟练地搭设仪器并且表盘平整		较好		一般		较差
	50 分		40 分		35 分		25 分
仪器操作读数的准确性	准确的读出所测绘的数字		较好误差较小		一般		较差
	50 分		40 分		35 分		25 分
测量记录及分析的准确性	测量记录整洁，计算无误		较好		一般		较差
	50 分		40 分		35 分		25 分
总分	教师签字						
简要评语： 年　月　日							
备注：1. 请主监考教师在相应项目空格内打实分 2. 总分最高为 150 分							

北京教育考试院成人教育招生办公室

附表四

能力考试成绩综合表

报名号	考生姓名	报考学校及专业	具备何种资格参加能力考试
口试成绩	笔试成绩	综合评定成绩	
考试成绩	主考：　　日期：		
领导小组审核	盖章：　　日期：		

附表五

1998 年北京市成人高校招生能力考试成绩统计表

报名号	姓名	笔试成绩（50%）	口试（实际操作）成绩（50%）	综合成绩

续前表

报名号	姓名	笔试成绩（50%）	口试（实际操作）成绩（50%）	综合成绩

招生学校：　　　　　　　　　　填表人：　　　　　　　　　　年　月　日

注：本表一式三份，交市成招办两份。

北京市一九九七年各区县成人教育招生办公室招生考试管理工作考评结果

京考成办（1998）第07号

各区县成人教育招生办公室：

根据北京市成招办成教考字（1997）第014号文件精神，我们对北京市各区县成人教育招生办公室，在一九九七年招生考试工作的报名、考试等环节，实行目标管理进行考评，现将考评结果公布如下：

一、获一等奖的有（四个单位）：

1. 宣武区成人教育招生办公室。
2. 大兴县成人教育招生办公室。
3. 延庆县成人教育招生办公室。
4. 矿务局成人教育招生办公室。

二、获二等奖的有（六个单位）

1. 崇文区成人教育招生办公室。
2. 石景山区成人教育招生办公室。
3. 顺义县成人教育招生办公室。
4. 通州区成人教育招生办公室。
5. 怀柔县成人教育招生办公室。
6. 燕山成人教育招生办公室。

三、达标的区县成人教育招生办公室有：

东城区、西城区、朝阳区、海淀区、丰台区、门头沟区、房山区、平谷县、昌平县、密云县。

北京教育考试院成人教育招生办公室

一九九八年二月十九日

关于对北京市区县成人教育招生办公室招生考试工作实行目标管理考评的通知

京考成办（1998）第09号

各区县成人教育招生办公室：

现将《北京市区县成人教育招生办公室招生工作目标管理考评办法》、《北京市区县成人教育招生办公室招生管理工作责任目标》、《北京市区县成人教育招生办公室招生工作目标管理实施细则》发给你们，请结合本区实际情况，认真研究，制定切实可行的措施，贯彻落实。

附件：

一、《北京市区、县成人教育招生办公室招生工作目标管理考评办法》

二、北京市区、县成人教育招生办公室招生工作管理责任目标

三、《北京市区、县成人教育招生办公室招生工作目标管理考评实施细则》

北京市成人教育招生办公室

一九九八年四月二十日

附件一：

北京市区、县成人教育招生办公室招生工作目标管理考评办法

北京市区、县成人教育招生办公室招生工作目标管理考评工作，是以原国家教委颁布的《普通、成人高等学校本、专科招生全国统一考试工作规则》、《成人高等学校招生规定》和北京市成人教育招生办公室（以下简称：北京市成招办）制定的《北京市成人高（中）等学校招生工作细则》为依据，以北京市成招办制定的《北京市区、县成人教育招生办公室招生工作管理责任目标》为标准，以各区、县成人教育招生办公室的实际工作情况为基础进行评审。具体办法如下：

1. 北京市成招办根据《北京市区、县成人教育招生办公室招生工作责任目标》和《北京市区、县成人教育招生办公室招生工作管理目标实施细则》负责组织考核、评审工作，并公布评审结果。

2. 评审将采取分阶段分区、县以区、县成招办实际工作情况为基础进行评审和邀请部分区、县参加的全市综合评审相结合的办法进行评审。全市综合评审将于第四季度进行。

3. 目标管理考评成绩满分为1000分。

区县招办得分＝1000－实际扣除分数

实际扣除分数＝应扣分×（1－本区、县报名人数/全市总报名人数）

总得分在900分以上不满950分的为达标。总得分在950分以上的作为优秀奖。

4. 对在各阶段工作中，凡成效显著，切实提高本区、县招生工作质量；能促进整个招生工作的规范化、科学化水平；便于其他区县学习，有利于全市招生工作整体发展的，设单项工作奖。

5. 目标管理考评结果将向全市公布，并进行奖励表彰。

附件二：

北京市区、县成人教育招生办公室招生工作管理责任目标

为确保对区、县成人教育招生办公室招生管理考评工作的严肃性、合理性、增强透明度，不断提高招生工作的科学化、规范化程度，充分体现工作量、工作质量与工作业绩的关系，本着自评与北京市成招办考评、阶段考评与年终总评相结合的原则，且兼顾这一工作的实操性，将之落到实处，为此，就区、县成招办招生管理工作的责任目标规定如下：

一、机构设置

1. 依照《普通、成人高等学校本、专科招生全国统一考试工作规则》中的有关规定成立成人教育招生办公室。按北京市成人教育招生办公室制定的《区、县成人教育招生办公室职责》负责组织、实施本区、县的成人高等院校、成人中等专业学校的招生工作。

2. 区、县成人教育招生办公室，应有一名主任主管成人招生工作并配备相应数量的工作人员，远郊1～2人，城近郊2～3人，其中应配备一名微机操作人员。工作人员应熟悉的招生业务，分工明确，职责清楚，要求具体。

3. 办公室有固定的办公地点、计算机房、保密室和必要的通讯设备及办公条件。

二、报名工作

1. 按北京市成人教育招生办公室的有关规定并结合本区、县的实际，制定出本区、县报名工作方案。做到报名工作组织落实、人员落实、任务落实。按规定时间将方案报送北京市成招办。

2. 依照有关规定严格审核考生的报名资格和照顾录取条件，建立完备的审核手续，准确无误、完整、规范地汇总报名材料。

3. 指派专人认真细致地做好考生报名辅导培训工作，指导考生选报志愿，准确填涂有关表、卡。

4. 在规定时间内完成报名工作，及时、准确地将《考生报名情况统计表》、《考生信息卡》、《照顾考生名册》等有关材料经认真复查后报送北京市成招办。

三、考试

1. 依照北京市成招办制定的《考点设置及要求》、《考场设置及要求》、选择、布置考点和考场，保证考试按时顺利进行。

2. 依照北京市成招办制定的《实施细则》及有关规定，认真做好监考人员、工作人员的培训工作，使全体人员均做到职责清楚、办法明确、要求具体。

3. 按北京市成招办制定的《考试实施程序》、《考生守则》、《监考人员守则》组织考试，保证考场秩序井然，纪律良好。

4. 按北京市成招办制定的《试卷、答卷传递交接程序》和《答案装订、密封程序》做好试卷、答卷的分发和装订工作，确保不错、不漏、不乱。

四、复核成绩及建档工作

1. 按照北京市成招办制定的《复核考生成绩办法》及时、准确地复核每个考生成绩保证不错、不漏。

2. 按北京市成招办制定的建档工作要求按时建立考生档案，保证考生档案材料齐全，排列有序。按时准确送报所建立档案。

五、保密工作

1. 区、县招办建立符合要求的保密室，并按规定指派专人保管试卷答案。

2. 按照北京市成招办制定的试卷印刷、运送和保管要求，按时领取和送交试卷、答卷。保证试卷、答卷不错、不丢、不发生泄密事件。

3. 按照北京市成招办制定的《试卷印刷、保管工作人员守则》和《保密人员守则》保管试卷、答案，保证不丢、不错、不泄密。

六、工作总结

1. 在组织完成报名、组考工作后应及时地写出本区、县的工作小结。并按规定日期报北京市成招办。

2. 全部招生工作结束后应结合本区、县实际作出全面总结，并按规定时间报北京市成招办。

3. 结合招生工作的需要及本区、县的实际情况积极开展有关招生考试工作的科研工作。

北京教育考试院成人教育招生办公室
一九九八年三月十七日

附件三：

北京市区、县成人教育招生办公室招生工作目标管理考评实施细则

本细则配合责任目标实施，通过整体、综合考核，做到有利于加强当年招生工作的管理，有利于推动招生工作标准化、科学化的改进，有利于经验的积累、成效的提高及工作的创新，便于各区、县在业务上进行交流与促进。

《细则》以表格的方式予以体现，共分七个表格：总表；机构设置；报名工作；组考工作；复核成绩与建档；保密工作；工作总结。

招生工作目标管理考评内容、标准分总表

序号	内容	标准分
1	机构设置	50
2	报名工作	250
3	组考工作	300
4	复核成绩及建档	250
5	保密工作	100
6	工作总结	50
合计		1 000

一、机构设置：

<table>
<tr><th colspan="3">责任目标</th><th colspan="3">实施情况</th></tr>
<tr><th rowspan="2">序号</th><th rowspan="2">内容</th><th rowspan="2">满分</th><th colspan="3">全面完成责任目标得满分</th></tr>
<tr><th>序号</th><th>未能完成责任目标项</th><th>扣分</th></tr>
<tr><td rowspan="2">1</td><td rowspan="2">按规定成立本区、县成人招生办公室，并负责领导组织实施本区县成人高校，成人中专校的招生工作。</td><td rowspan="2">10</td><td>(1)</td><td>没成立区、县招生办公室</td><td>10</td></tr>
<tr><td>(2)</td><td>成立区、县招生办公室，但机构不健全的</td><td>5</td></tr>
<tr><td rowspan="4">2</td><td rowspan="4">区、县成招办有一名主任主管成人招生工作并配齐工作人员（远郊1～2人；城近郊2～3人），其中应配备一名微机操作人员。工作人员要业务熟悉，分工明确，职责清楚。</td><td rowspan="4">30</td><td>(3)</td><td>没有一名主任主管的</td><td>5</td></tr>
<tr><td>(4)</td><td>工作人员没达到最低人数的</td><td>5</td></tr>
<tr><td>(5)</td><td>工作人员（含微机人员）业务不熟练的</td><td>5</td></tr>
<tr><td>(6)</td><td>分工不固定或不明确的</td><td>5</td></tr>
<tr><td>3</td><td>有固定的办公地点和办公室，必要的办公条件（微机房，通讯设备等）</td><td>10</td><td>(7)</td><td>缺少必要办公条件之一的</td><td>2/项</td></tr>
</table>

二、报名工作：

责任目标			实施情况		
			全面完成责任目标得满分		
序号	内容	满分	序号	未能完成责任目标项	扣分
1	制定出本区、县报名工作方案，并做到组织、人员、任务三落实。方案在规定时间报市招办	25	(1)	报名工作方案不明确，不具体，三落实执行不得力的，不按时报市招办的	10
2	审核考生报名资格和照顾录取条件手续完备，准确无误，完整规范地汇总报名材料	100	(2)	报名情况（如违反规定混报志愿，填错项目等）出现差错的	2/起
			(3)	出现不符合报名资格和照顾条件的	5/人
3	派专人辅导培训考生，指导考生选报志愿，填涂有关表卡	25	(4)	报名表格，信息卡填错，不清楚的	2/处
			(5)	信息卡褶皱、破损、填涂不规范的	1/处
4	在规定时间内，及时准确地将《考生情况统计表》、《考生信息卡》、《照顾考生名册》等有关材料报送市成招办	100	(6)	材料没按时上报，超过一天的	5/天
				超过三天的	取消资格
			(7)	漏报考生材料或照顾材料的	5/人
			(8)	大类材料不齐的	5/起

三、组考工作：

责任目标			实施情况		
			全面完成责任目标得满分		
序号	内容	满分	序号	未能完成责任目标项	扣分
1	依《考点设置及要求》、《考场设置及要求》选择、布置考点和考场，保证考试按时、顺利进行	25	(1)	没能认真逐项落实“设置和要求”的	2/项
2	认真做好监考工作人员的培训。全体人员应职责清楚、办法明确要求具体	100	(2)	没按要求进行培训的	10
			(3)	培训不到位，造成职责不清，办法不明等情况在具体问题上出现纰漏的	5/起
3	依《考试实施程序》、《考生守则》，《监考人员守则》组考，保证考场秩序井然，纪律良好	100	(4)	考场发现问题，监考员未记录处理的	20/起
			(5)	监考不严，阅卷中发现雷同，试卷监考员未作记录的	20 起
4	按《试卷答卷传递交接程序》、《答卷装订、密封程序》做好试卷、答卷的分发、装订确保不错、不漏、不乱	150	(6)	分发试卷违反程序，但未造成泄密的	10/起
			(7)	未按规定在试卷、答题卡上填涂缺考考生号等标记的	2/起
			(8)	不按规定填写试卷袋内容的	2/起
			(9)	漏装试卷、答题卡的	20/起
			(10)	答卷装订不规范、密封线外姓名、准考证号出现，页码顺序颠倒、考生准考证号顺序混乱的	2/起
			(110)	发错试题、丢失试题、答卷集体作弊及发生违反规定等重大事件有关规定处理的	取消资格

关于进一步加强管理，严肃考风考纪，切实做好组考工作的紧急通知

京考成办（1998）第10号

各区县成人教育招生办公室：

为贯彻教育部四月七日召开的“全国高等教育统一考试考风考纪电视电话会议”精神，进一步加强管理、严肃考风考纪，切实做好一九九八年全国各类成人高等学校招生北京地区的组考工作，现就有关问题紧急通知如下：

一、认真学习、积极贯彻全国高等教育统一考试考风考纪电视电话会议精神

在全国高等教育统一考试考风考纪电视电话会议上张天保副部长作了重要讲话。讲话对全国高等教育统一考试工作面临的形势和存在的问题进行了深刻分析，对加强考试管理严肃考风考纪提出了具体措施和要求。对张天保副部长的讲话应认真学习，广泛宣传，积极贯彻，为此，请各区县成招办：

1. 在四月三十日以前安排一定的时间组织本区县成招办的全体工作人员认真学习讲话内容，深刻领会讲话精神，并结合当地的实际情况对成人高校招生组考工作进行全面分析，在充分肯定成绩的基础上，找出存在的问题，制定具体的切实可行的有效措施。

2. 在五月八日前，集中时间，集中精力，做好各考点监考教师、工作人员的培训工作，培训中要将宣传张天保副部长的讲话内容作为重点进行。通过培训使全体监考教师、工作人员认清形势，明确职责，增强做好工作的自觉性。

3. 请将“全国高等教育统一考试考风考纪电视电话会议”精神、本区县成招办学习情况以及面临的问题和采取的措施及时向当地教育行政部门的领导、主管区县长汇报，以便争取领导的重视和支持。

二、严肃考纪，加大监督检查力度

在成人高校招生组考工作中各区县成招办的全体工作人员要严格执行《全国各类成人高校招生规定》、《普通、成人高等学校本、专科招生全国统一考试规则》、《北京市成人高（中）等学校招生工作细则》。

对各考点的监考教师、工作人员，各区县成招办要严格要求，敢于管理。凡承担成人高校招生统一考试工作的学校和人员都必须认真履行和落实考点和监考人员职责，必须树立以法治考的观念，都要廉洁奉公，敢于负责，敢于斗争，熟练业务。

对在考试中有违纪、舞弊行为的考生，各级工作人员和监考教师都要敢抓敢管，坚决查处。

对在考试中工作态度不认真、不认真履行职责，甚至放纵考生伙同作弊的监考教师、工作人员要坚决依照《高等学校招生全国统一考试管理处罚规定》严肃处理，情节严重的要撤销其考点和监考资格。

各区县成招办要继续加强与当地监察、纪检部门的合作，并接受监督，在严肃考试纪律，处理违纪、作弊工作中主动争取监察、纪检部门的配合，以加强对违纪、作弊的处罚力度和监督措施。

三、加强巡视检查

组考期间，北京市成人教育招生办公室将向各区县派出巡视员。市成招办所派巡视员将在考试期间代表市成招办对各区县的考点、考场设置，试卷的保管分发、监考教师、工作人员履行职责状况、考场纪律等有关情况，进行监督检查。发现问题后，有权与当地区县成招办或考点主考共同研究，及时处理。

各区县成招办，在组考期间也应组织相应数量的巡视人员，代表区县成招办到本区县内的各考点、考场进行巡视检查。巡视中如发现问题可及时与考点主考联系并及时向本区县成招办汇报，研究处理。

巡视员要由政治可靠，作风正派，工作认真，坚持原则，有一定组织能力的各成人高校的教师及各区

县教育行政部门的干部担任。

市区成招办要对巡视人员做好培训工作，使其了解考试安排，掌握有关规定，明确职责和要求。

各级巡视员，工作结束后应及时的向派出单位做书面巡视情况汇报。

四、加强保密观念，做好试卷的保管分发工作

为保护考生平等竞争的权利，保障招生考试工作的顺利进行，各区县成招办必须增强保密观念切实做好试卷（答卷）的保管分发工作。在组考期间各区县成招办除按市成招办制定的《区县试卷保密制度》、《招生工作细则》中有关试卷印刷、运送和保管的规定执行外，还需切实做到：

1. 各区县成招办从市成招办领取全部试卷后，应立即在保密室内、在考区领导小组监护下，依照《1998年北京市各区县各科目试卷征订表》进行核对清点。核对无误后再依照《1998年北京市各考点各科目试卷征订表》核对清点，并按考试时间、按考点，分科装入保险柜内。

2. 考试期间，当日开考科目的试卷，由区县成招办于当日上午八时前用专车送达考点，考点保密人员依照《1998年北京市各类成人院校招生考试考场登记表》核对，无误后装入保险柜内。每场考试前一小时由保密人员按考场、科目将试卷准备好。

五、加强值班制度

组考期间，各区县成招办设值班室，值班室每日（五月九、十日）早8:00至晚8:00必须有专人值班，保证联络畅通。

值班室地址、电话、值班人员姓名请于五月七日报市成招办秘书科。

各区县成招办值班室，每日下午6时～8时准时将本考区当日考试情况电话汇报市成招办值班室。

市成招办值班电话：64225669

北京教育考试院成人教育招生办公室
一九九八年四月二十一日

关于印发《1998年北京市各类成人高等学校招生考试评阅试卷工作规定》的通知

京考成办［1998］第11号

各区、县成人教育招生办公室、各评卷单位：

为做好1998年北京市各类成人高等学校招生考试评阅试卷工作，使评卷工作向着科学化、规范化的方向发展，确保高质量地完成评卷工作，现将《1998年北京市各类成人高等学校招生考试评阅试卷工作规定》发给你们，望遵照执行。

附件：《1998年北京市各类成人高等学校招生考试评阅试卷工作规定》

北京教育考试院成人教育招生办公室
一九九八年四月二十日

附件：

《1998年北京市各类成人高等学校招生考试评阅试卷工作规定》

评卷工作是全国各类成人高校招生工作的重要环节，为使此项工作能顺利开展，确保质量，现依据原

国家教育委员会颁布的《普通成人高等学校本专科招生全国统一考试工作规则》特作如下规定：

一、评卷工作的原则及依据

为充分体现全国统一考试的“科学、公正、准确、规范”的原则，在全部评卷工作中应坚持：

1. 评卷工作必须严格执行教育部制定的参考答案和评分标准，不得提高或降低，不得擅自更动。遇有不同意见须经请示，经同意后方可变动。

2. 全部评卷工作自始至终要坚持“宽严适度”、“首尾一致”。

3. 评卷工作应集中人员在统一时间、统一场所内进行。

二、组织领导及分工

（一）组织领导

评卷工作应在北京市各类成人高校招生考试评卷领导小组的领导下进行。市领导小组由北京教育考试院主管院长、市成招办负责人及各评卷点领导小组组长组成。

评卷点全市统一设置，各评卷点应成立评卷领导小组，组长由承担评卷工作的院校主管校长担任。

各学科成立学科评卷领导小组，组长由本学科副教授级职称的教师担任。

各评卷点应设立：评卷、核分、登分、检查、成绩录入、试卷保管、后勤等组。

北京市成人教育招生办公室为北京市评卷领导小组的办事机构。

（二）各部门职责

1. 北京市评卷领导小组领导组织全市评卷工作，对评卷工作中普遍性的重大问题有最终决定权。

2. 评卷点领导小组具体组织各科目试卷的评阅工作，对各科试卷的评阅质量、分数的核对、试卷的保管、保密和评卷工作的进度负责。

3. 评卷点下设的各小组要对评卷点领导小组分配的任务负责。

三、阅卷评分

（一）研究评分标准，坚持做好试评

各评卷点领导小组，要组织全体评卷教师认真学习、研究《试题答案》和《评分标准》对于评分标准的宽严尺度，要统一认识。评卷前，要根据评分标准进行试评，对考生不同的答题方式进行研究、讨论、归纳。遇到有争论的问题，需要请示上级部门的要及时请示，要经过反复论证，统一思想，以便取得统一的认识，在此基础上，评卷点领导小组制定出相应科目的“评分标准执行细则”，并使每个评卷教师熟练掌握统一的评分标准及其执行细则，防止在正式评卷中出现偏宽、偏严或宽严不一的现象，充分体现“宽严适度、首尾一致”和“严格、公正、准确”的原则。

（二）实行岗位责任制，采取流水作业法评卷

1. 分组办法。评卷点根据该科目试卷的题目数，设立与题目数相同（或相近）的题目组，每个题目组再分成若干个小组。若该科目试卷数量较多，评卷点可先分成几个大组，每个大组再根据试卷题目数，分成与题目数相同（或相近）的题目组，然后下设若干个小组，组与组之间按题目传递流水作业。

2. 各组均设正副组长二至三名，其中一名组长负责领送、分发试卷，并随时掌握评卷进度、质量和出现的问题。

3. 在评卷过程中，作文和论述题由两人分别评阅（一人主评，一人副评，定时交换），在一定幅度内取两个分数的平均分。如超出一定幅度由评卷题目组讨论决定。其他题目一人一题单独评阅，疑难问题由题目组讨论解决。

4. 评卷点要建立严格的复查制度。对评后的试卷，小组要复查，题目组、大组要抽查，阅卷点负责人在抽查的同时要及时解决疑难问题。防止偏严、偏宽或宽严不一及漏判题等问题的发生。

对评分标准掌握不当的评卷人员应予提醒，对不能正确掌握评分标准（或多次提醒不改正）的评卷人员，应调换其工作。

（三）记分与积分

批阅、记分和积分。一律用红墨水钢笔或红芯圆珠笔。要求记分要规范，积分要准确。

1. 记分方法。文史类试卷如政治、语文、历史、地理、外语等只记得分，不记扣除分数。理工类试卷，如数学（理）、物理、化学和数学（文）等只记扣除分数，并在有错误的字句下用“—”记号。完全答错和未答的，记大型“O”记号。题目得分记在得分栏内，同时，评卷人在规定的位置签字，以示负责。每题中的小数点以后的分数，不作四舍五入，成绩如需订正，订正后要由原评卷教师和订正人签名，以示负责。

2. 积分是每题的得分相加，得出整个试卷应得分数，即通常说的某科分数。科目总分要四舍五入，不保留小数。积分工作一般分两组，一组加分，一组复核。

3. 如发现答案中有严重的政治错误，须集体讨论审查确定后在有错误的地方做“＝”记号，并在试题成绩栏下做“╳”记号，同时做记载，必要时，由评卷领导小组处理。对有异常情况的试卷（如有雷同试卷，字迹前后不一致，在密封线外写有考生姓名、考号或标记等）。先评分，同时填写《答案异常情况记录表》，会同评卷领导小组处理。

（四）坚持集中评卷

1. 各评卷点要克服困难，做到按科目在规定的场地集中评阅试卷。

2. 各评卷点在试卷袋拆封前，应将试卷袋上的密码号用纸封上，并填写试卷袋编号；在试卷袋拆封后，由评卷教师先把试卷袋上的编号填在卷头纸上，保证试卷始终是在密封状况下进行评阅。评卷后，要注意将试卷装回原试卷袋中。

（五）做好试卷的收发、传递、保管和保密工作

1. 评卷点要建立保密室，制定保密制度。设立专门人员负责收发试卷，健全试卷收发手续。发放的试卷，评阅后当天收回，集中在保密室保管。

2. 评卷题目小组组长负责领送试卷，领送试卷前均严格检查试卷密封、编号是否完好，有无缺漏。

3. 评卷时要做到严格保密，不得将试卷带出评卷场所，不得抄录试卷评阅结果。对评卷有不同意见应及时向组织反映，不得在室外谈论评卷情况和问题。不得在评卷室内会客、接待来访者。

4. 评卷教师要自觉遵守保密制度，不得私自拆开试卷密封卷头查阅考生姓名和成绩，更不得向外传播，如发现此种情况，应进行批评教育，情节严重者严肃处理。

5. 要注意做好评卷场所的安全保卫工作，保持清洁，注意防火、防盗，不要随意乱扔纸张、烟头。

6. 自觉遵守组织纪律，服从工作安排，按时上下班，因病、因事不能上班时应及时请假。

四、登分与复核

（一）登分工作

登分工作是指试卷评阅、积分完毕后，按照统一要求把考生分数登记在登分单上（登分单由市成招办统一印制）。

1. 登分前，首先检查考场试卷数是否同北京市成招办所发的全市考场登记表上每个考场的应考人数相一致，如不一致时要认真查找原因，必要时可与试卷所在的区、县成招办联系，要保证试卷份数与本考场应考人数相一致。只有在试卷份数与考场应考人数一致时，才能开始登分。

2. 登分前应逐项填写登分单的顶端部分。要注意写好“考场密码号”、科目代号、应考人数，特别要注意有关代号的填写。

3. 登分时按试卷的顺序从上到下填写每个考生的分数。不能空位、合并，不能错位，否则其他考生的成绩会随之发生错误（即按登分单上的序号依次填写，缺考考生的成绩应在相应的位置上填写“—1”）。各项数字的书写要注意规范，不能潦草。特别要注意“0”与“6”、“7”与“2”、“5”与“8”等数字的区分，否则容易造成计算机录入数据时难以辨认或错误录入。

4. 填写考生成绩应当用黑色或蓝色墨水钢笔或圆珠笔。一组登完分后，另一组再核对一次。要认真检查区县代号、科目代号、考场密码号和应考人数是否同试卷袋上的区县代号、科目代号、考场密码号、应考人数相同，然后再检查登分单上的分数是否与试卷上的分数一致。不一致时应查明原因，及时修改。修改时，应将错误的分数打“╳”再将正确的分数填在“修正分数”栏内，修正人应在“修正人签字”栏内签上自己的姓名。

5. 登分单只填一份。登分、核分完毕后，集中登分单，按区县代号，分区县整理好，交输机人员输入

计算机。第一次输机完毕后进行第二次输机，经核对后，将软盘及登分单分科整理好交北京市成招办。

6. 要对登分工作人员加强纪律教育，在北京市成招办正式通知分数之前，任何人不得提前泄露考生的成绩。

（二）复核工作

复核工作是指在评卷、登分、核分后复查分数是否登错或加错，不涉及评分标准掌握问题。这项工作主要由区、县成招办组织进行。

1. 复核试卷应在试卷启封的状态下进行。复核时首先检查“成绩复核单”上区（县）号、考场密码号、科目代号、应考人数是否与封头纸上所标明的相一致；试卷的份数是否同考场人数相一致（含空号和缺考号考生），不一致时，要认真查找原因，及时解决。

2. 注意检查准考证号的顺序是否从小号到大号连续排列，中间是否有其他异常现象，如有，应及时纠正。

3. 在前两项均符合规定的情况下，可开始核分工作，逐个检查“成绩复核单”上的分数是否与试卷上的分数相符。

4. 在复核中如有错误，应在“成绩复核单”上“修正分数”栏上写上正确分数，同时区、县招办主任在“修正人签字”栏上签字，以示负责。

（三）集中改错

市成招办组织各评卷点和各区、县成招办在一起对登分中出现的错误共同修改。时间定于 5 月 31 日上午 8:00。地点：北京市成招办。

五、处罚规定

在评卷工作中，对违反教育部有关规定的工作人员和发现试卷雷同等违纪现象时，按原国家教委颁发的《高等学校招生全国统一考试管理处罚暂行规定》中第二章“违反考试管理的行为和处罚”的条款处理。

评阅工作结束后，各评卷点领导小组要及时总结评卷工作经验，表彰优秀评卷人员，写出评卷工作总结报告。结合评卷工作对本评卷点评阅的科目应做出分析、评价，对今后的命题工作提出意见和建议。

附件 1：1998 年北京市成人高考评卷领导小组名单

附件 2：1998 年北京市成人高考阅卷工作时间安排

附件 3：1998 年北京市成人高考试卷评阅点地址一览表（高中起点）、（专科起点）

附件 4：1998 年北京市成人高考各科目代号与评卷数量统计表

附件 5：评卷工作人员守则

附件 6：统分输机工作人员守则

附件 7：保密人员守则

附件 8：评卷点答卷保管人员守则

北京教育考试院成人教育招生办公室

一九九八年四月二十日

附件 1：

1998 年北京市成人高考评卷领导小组名单

组　长：王茂才　北京教育考试院副院长

副组长：张宝祥　北京教育考试院成人教育招生办公室主任

副组长：李鸿江　北京教育考试院成人教育招生办公室副主任

成　员：王义道　关志成　郑开义　王季音　周广忠　刘晓程　关首曾　顾宗连　李连友　刘立春　刘金友

办公室成员：祝丰　吴莉莉

附件 2：

一九九八年北京市成人高考阅卷工作时间安排

时间	工作进度和要求
1998 年 4 月 27 日	下午 2:00 在首都师范大学主楼 123 会议室召开阅卷工作会
5 月 5 日	上午 9:00 召开考试成绩计算机录入人员工作会议（市成招办）
5 月 9 日～10 日	成人入学考试
5 月 11 日	各考试单位向阅卷点集中送试卷、阅卷点接收试卷
5 月 12 日～24 日	各阅卷点组织阅卷、登分工作，24 日向市成招办报成绩软盘
5 月 26 日	各区（县）成招办上午 9:00 到市成招办开核分工作会，并领取成绩核对单；会后到阅卷点领取试卷
5 月 27 日～30 日	各区（县）成招办复核考生分数
5 月 31 日	统一对考生成绩进行改错 改错地点：朝阳区西坝河七圣庙 6 号市公用局党校院内 （市成招办所在地）
附注：专升本、阅卷进度同上。	

附件 3：

一九九八年北京市成人高考试卷评阅点地址一览表（高中起点）

学校名称	阅卷科目	联系人	联系电话	阅卷地址
北京大学	语文	高宏鹏	62751455	北大法学楼 5 层马列学院
首都师大	政治　数学（文） 历史　地理	马辛	68902803	首师大教工活动中心二楼
北京电大	数学（理） 物理　化学 英语　日语　俄语	徐佩明	66117618	西直门内南草厂街小后仓甲 36 号 5 层
北京理工大学	（高职班） 机械基础 电工基础 电子技术基础 机械制造工艺	周广忠	68412877 68913115	海淀区白石桥路 7 号校内主楼 202 室
协和医科大学	西医类： 人体解剖 生理学	王江波	65125127	东城区东单三条 9 号
中医药大学	中医药类： 中医基础理论 中药学	程丽娟 于红星	64286619	北三环东路 11 号管理系楼二层 210 室

注：各区（县）成招办请将答题卡送市成招办综合科。
联系电话：64229544　　联系人：祝丰

一九九八年北京市成人高考评阅点地址一览表（专科起点）

学校名称	阅卷科目	联系人	联系电话	阅卷地址
清华大学	高等数学（一） 结构力学	范文彬	62785519	清华大学东门
政法大学	刑法　民法	李国 于向荣	62229885	学院路 41 号成教学院 7 号楼三层会议室

续前表

学校名称	阅卷科目	联系人	联系电话	阅卷地址
北京大学	大学语文　图书馆学 政治　行政管理学 食品微生物学　植物生理学	高宏鹏	62751455 62751458	北大法学楼5层 马列学院
中国人民大学	高等数学（二） 英语　新闻学	高宪法	62511196	人大资料楼
中央财政金融学院	会计学原理	邹超英	62243370 62217744	海淀区学院南路39号办公楼402室
协和医科大学	医学基础理论	王江波	65125127	东城区东单三条9号
中医药大学	中医基础理论	程丽娟 于红星	64286619	北三环东路11号管理系楼二层210室
北京理工大学	管理学概论 电路原理 电子技术基础 机械设计基础	周广忠	68412877 68913115	海淀区白石桥路7号主楼202室
教育学院	色彩（非师范类） 精读和泛读 教育学（职） 师范类各考试科目 （科目名称附后）	刘立春	62018382	德胜门外黄寺大街什坊街2号北楼106室
附注：（师范类考试科目名称）教育理论课　马克思主义哲学　政治经济学　汉语　中国革命史　中国文学　文学概论　中国通史　中国历史要籍介绍和选读　实用语法　空间解析几何　数学分析　高等代数　高等数学（物理）　力学热学　光学　电磁学　高等数学（化学）　有机化学　无机化学　中国地理　世界地理　自然地理基础　动植物学　微生物学　人体解剖及生理学　体育理论　运动生理学　综合考试　音乐基本理论　美术史论基本知识　教育学　心理学　学校管理　世界通史				

附件4：

1998年北京市成人高考各科目代号与评卷数量统计表

一、高中起点本、专科：

科目代号	科目名称	考试人数
001	政治	66 631
002	语文	66 631
003	数学（文）	51 638
004	历史	44 041
005	地理	44 041
006	物理	8 387
007	化学	8 387
008	英语	4 446
009	日语	71
010	俄语	2
016	机械基础	40
018	电工基础	50

续前表

科目代号	科目名称	考试人数
019	电子技术基础	50
038	生理学	3 889
039	人体解剖学	3 889
040	中医基础学	469
041	中药学	469
042	机械制造工艺基础	40
050	数学（理）	14 993

二、专科起点本科：

科目代号	科目名称	考试人数	科目代号	科目名称	考试人数
101	政治	13 063	146	文学概论（师范类）	1 463
102	英语	12 969	147	中国通史	95
103	高等数学（一）	3 812	148	中国历史要籍介绍和选读	95
104	高等数学（二）	6 247	151	实用语法	1 186
105	大学语文	3 117	152	空间解析几何	629
106	图书馆学	73	153	数学分析	629
109	新闻学	452	154	高等代数	629
111	行政管理学	322	155	高等数学（物理）	200
113	会计学原理	5 141	156	力学热学	200
115	管理学概论	1 450	157	光学电磁学	200
116	电子技术基础	42	158	高等数学（化学）	128
117	电路原理	2 193	159	有机化学	128
118	机械设计基础	128	160	无机化学	128
119	结构力学	410	161	中国地理	77
122	医学基础	992	162	世界地理	77
123	植物生理学	26	163	自然地理基础	77
124	中医基础理论	136	164	动植物学	139
125	刑法	887	165	微生物学	139
126	民法	887	166	人体解剖及生理学	139
130	食品微生物学	4	167	体育理论	272
133	色彩（非师范类）	94	178	运动生理学	272
134	精读和泛读	1 899	169	综合考试	272
135	教育学（职）	94	172	音乐基本理论	283
140	教育理论课	5 829	177	美术史论基本知识	381
141	马克思主义哲学	976	178	教育学（师范类）	1 000
142	政治经济学	976	179	心理学	1 000
143	中国革命史	976	180	学校管理	1 000
144	汉语	1 463	183	世界通史	95
145	中国文学	1 463			

附件5：

评卷工作人员守则

一、严格掌握评分标准，按时完成任务。

二、爱护答卷与各种资料，不得损坏答卷。

三、评卷一律使用红墨水钢笔或红芯圆珠笔，记分要清楚，如更改，必须有组长和复核人员签字或盖章。

四、不得私自拆密封答卷册，不准撬看密封线内的考生姓名、考号，不得涂改考生答卷及成绩。

五、严守纪律，保守秘密。在规定的地点评卷。答卷不准带出阅卷室，评卷情况不得外传；工作时间不会客，不打电话，不得私自进入试卷保管室和登记处。不准查询考生分数；不得将评卷、统分的文件、资料等带出工作场所。

六、保证评卷场地安全、安静。做好防火、防盗工作。

附件6：

统分输机工作人员守则

一、所有统分输机工作人员必须随身佩戴专用出入证，并妥善保管，不得遗失和转借他人。

二、严守纪律，不迟到不早退。工作场所严禁吸烟，工作时间不会客不接电话。坚守工作岗位，不到与自己无关的岗位闲谈，不进入与自己无关的工作室。非计算机操作人员不得随意动计算机键盘。

三、所有工作人员必须保守机密，不向外界透露统分进度有关情况，不准查询考试考分，更不准改动考生考分。如发现有改动考分的可疑情况，应及时向有关负责同志报告。主控操作人员不得以任何借口改动考生考分。

四、所有工作人员一律使用蓝、黑色墨水钢笔和圆珠笔。登分卡填写不清须复查试卷，复查结果应有查卷人签字，更改的考分必须有二人签字，并由负责人审核后签字。

五、录入人员不得随意挑选或交换登分卡进行录入。任何人不得随意翻阅登分卡或在登分卡上改动分数。

六、爱护考生答题卡和登分卡，严防污染、破损现象发生。

七、对违反纪律和徇私舞弊者，要从严处理。

附件7：

保密人员守则

一、保密人员必须认真学习国家规定的保密法规，学习各级招生部门制定的有关条例、管理规定和实施办法，提高保密意识，自然遵守保密纪律，勇于保卫试卷安全。

二、保密人员必须坚持原则，不得以任何理由为借口启封试卷袋，更不得监守自盗。

三、保密人员必须做到昼夜24小时值班，不得擅离职守，就餐时间，每班不得少于二人值班。

四、保密室内不准吸烟、酗酒、打闹，不得进行文娱活动，不准无关人员进入保密室。

五、开启保密柜，必须有二人同时在场。接收和发出试卷，必须细心清点科目和数量，认真查验封签，严格履行交接手续。

附件8：

评卷点答卷保管人员守则

一、答卷必须存放指定的安全房间。存放答卷要有秩序有规律。

二、答卷保管室必须保持有二人以上并昼夜值班做到室不离人，不许任何非答卷保管人员进入室内。

三、答卷保管员必须坚持原则，严守机密，不在工作场所之外谈论答卷情况，不打听评卷核分情况，不准任何人抄录卷面成绩。除处理装订不合格或有标记的答卷外，不得翻阅答卷。

四、答卷保管员要及时做好发放答卷的准备工作，做到不错不乱、不丢失、不损坏。答卷收发要有登记表，收发要签字。

五、在答卷保管室内不准吸烟，保管人员不准用红笔。

六、答卷保管员要遵守纪律，坚守岗位，不打电话、不会客、不写信、不串门、出入佩戴胸章。

七、对违反纪律和徇私舞弊者要严肃处理，情节严重的要按党纪国法惩处。

关于准备和报送1998年成人高考档案的通知

京考成招（1998）第12号

各区、县成人教育招生办公室：

我市各类成人高等学校招生考试的阅卷和分数处理工作已经结束。在教育部近期召开的全国录取工作会议上，明确了录取工作的原则，审批确定了我市成人高等学校招生录取各类考生的最低录取控制分数线。北京教育考试院成人教育招生办公室（简称：北京市成招办，下同）将于6月28日起组织招生院校集中录取，为做好考生档案的准备和报送工作，现将有关事宜通知如下：

一、建档线

（一）高中起点本、专科

文史类：395分；

外语类：（含外经、外贸）：395分；

理工类：325分；

西医类：355分；

中医药类：355分；

艺术类：187分；

体育类：194分；

“3+2”专业：文史类：395分；

理工类：325分。

能力考试专业：文史类：313分；

理工类：257分。

普通高职班专业：

文史类：三科统考课总分231分；

理工类：三科统考课总分189分。

（二）专科起点本科

师范类：275分；

非师范类：（含教师类）：370分。

二、建档工作

（一）考生档案是招生院校录取考生的依据。各区、县成招办按建档线建立考生档案。档案袋内应装考生登记表、照顾证明材料。

（二）在考生登记表和档案袋上“考生成绩”栏处，要分别贴上考生成绩条。

（三）成人高考考生试卷，作为考生考务材料的一部分存放在区、县成招办，为期一年。

三、送档

（一）最低录取控制分数线以上考生档案，各区、县成招办在规定时间内将考生档案按北京市成招办提供的调档单顺序移交北京市成招办（录取现场）。要认真核对考生志愿和考生基本情况是否正确，如有问题请在调档单上如实更改。

（二）建档线以上、最低录取控制分数线以下考生档案，按北京市成招办提供的调档单送档。

（三）建档线以下考生档案，对考生报名登记表、照顾证明材料等，按每 50 名考生材料为一袋（按报名号从小号到大号）装档案袋，档案袋封面要列出本袋考生的报名号、姓名和总分，在规定时间送市成招办。

（四）送档时间：6 月 24～25 日

（五）送档地点：怀柔县红螺圆饭店

北京教育考试院成人教育招生办公室
一九九八年六月十六日

1998 年北京市各类成人高校招生录取工作意见

京考成招（1998）第 13 号

根据教育部招生工作规定和 1998 年录取工作会议精神，结合本市实际情况，现制定录取工作方案如下：

一、最低控制分数线

成人高考最低录取控制分数是成人考生接受高等教育应具有的文化知识水平的基本要求，经教育部批准，我市各科类最低录取控制分数线如下：

（一）高中起点（以下分数均不含外语分）

文史类：本科 465 分，外语 60 分；

专科 410 分；

外语类：（含外经、外贸）：专科 410 分（外语成绩 40 分以上）；

理工类：本科 440 分；外语 60 分；

专科 340 分；

西医类：专科 370 分；

中医药类：370 分；

艺术类：本科最低文化控制分数线（不含数学）不低于文史类本科最低录取控制分数线的百分之七十（260 分），专科不低于专科最低录取控制分数线的百分之六十（197 分）；史论、编导专业本、专科不低于相同层次的百分之九十（本科 355 分、专科 295）。

体育类：专科最低文化控制分数线不低于理工类最低录取控制分数线的百分之六十（204 分）。

“3＋2”专业：文史类：410 分；

理工类：340 分；

能力考试专业：

文史类：总成绩 410 分，其中统考五科总成绩 328 分；

理工类：总成绩 430 分，其中统考五科总成绩 272 分；

市属高职班专业：

文史类：三科统考课总分不低于文史类最低控制分数线的百分之六十（246 分）；

理工类：三科统考课总分不低于理工类最低控制分数线的百分之六十（204 分）；

（二）专科起点本科：

师范类：285分；

非师范类（含教师类）：375分。

二、录取原则

（一）录取工作认真贯彻按需培养，专业对口，学以致用，德、智、体全面衡量，从高分到低分择优录取的原则。既要重视考生的总成绩，又要注意与其报考专业相关科目的成绩。不得以任何理由录取不符合条件的考生入学。

（二）录取新生时，应严格按招生计划和考生志愿顺序进行录取，不得在最低录取控制分数线下录取考生。

（三）对报考艺术类、体育类专业考生的录取，应在最低控制分数线上，严格按招生计划和考生术科加试成绩从高分到低分择优录取。

（四）专科起点本科班的录取应按招生计划数从高分到低分录取，生源不足专业的录取分数线不得低于最低录取控制分数线。

（五）市属"高职班"专业录取时，原则上要求两门专业课要达到及格水平。

（六）关于各类先进考生的录取，按原国家教育委员会教成［1998］1号文件执行。

三、录取前准备

招生计划是招生学校录取考生的依据，为保证录取工作的顺利进行，各招生院校应根据北京市成招办提供分专业的上线考生名单和各专业招生计划，在进录取点前应做好计划的调整工作；对于生源好的专业，应请示主管部门追加计划；对于生源不好不足开班的专业，应做好计划合并或取消的调整工作。市成招办将根据调整后的招生计划向招生学校提供档案，在录取过程中一律不办理计划变更手续。

四、加强领导、严肃纪律

成人高等教育招生录取工作情况复杂，各有关方面应加强对这项工作的领导。在录取工作中，应继续贯彻"深化改革，保证质量，严明纪律"的指导思想，严肃纪律，坚决反对和抵制徇私舞弊、"走后门"等不正之风；对招生工作中出现的各种形式的违纪、舞弊事件，必须按照国家教育委员会颁布的《高等学校招生全国统一考试管理处罚规定》的有关规定追究责任，认真查处；对违反规定录取的考生，一经查实，立即取消学籍，并对责任者给予严肃处理，以维护成人高考招生工作的社会信誉，保证成人招生工作的顺利进行。

各招生院校一律不得招收旁听生和试听生，不得违反规定乱许愿乱办学。录取的新生一律不迁转户口、不包分配。

录取工作时间安排：

6月23日下午2:00，召开录取工作预备会

6月24日至6月27日为录取准备时间。生源较好需要增加招生计划的学校，须请示国家教委和主管部门做好计划调整工作，录取时招生院校须提供上级主管部门签发调整计划意见，方允许增加招生人数。

6月25日下午，市招办录取工作人员进驻录取点。

6月26日下午，各区（县）成招办向录取点送档案。

6月28日下午，第一批录取院校报到。

7月2日下午，第一批录取院校撤离录取现场。

7月4日下午，第二批录取院校进驻录取点。

7月8日下午，第二批录取院校和工作人员撤离录取现场。

录取地点：怀柔县红螺园饭店

北京教育考试院成人教育招生办公室

一九九八年六月十六日

关于一九九八年区县成招办招生工作目标管理考评结果的决定

京考成办（1998）第15号

根据市成招办《关于对区县成人教育招生办公室招生考试工作实行目标管理考评通知》〈京考成办（1998）第09号〉的规定，为深化成人高校招生改革，规范管理，确保招生工作质量，经各区县成招办总结和自评、市成招办综合评定，一九九八年北京市各区县成招办招生工作目标管理考评结果如下：

获得优秀奖的区县成人教育招生办公室：

东城区、崇文区、宣武区、丰台区、石景山区、门头沟区、房山区、通州区、顺义区、昌平县、怀柔县、密云县、燕山、矿务局。

获得达标奖的区县成人教育招生办公室：

海淀区、大兴县、延庆县。

对上述各获奖单位，北京教育考试院将分别给以奖励。

特此通报。

北京教育考试院成人教育招生办公室

一九九八年十一月十日

1999年北京市各类成人高等学校招生工作总结

北京市各类成人高等学校招生工作在北京市委、市政府、北京市高招委、北京市教委和考试院的领导下，认真贯彻执行教育部有关成人高校招生的方针和政策，进一步加强管理，不断完善和改进招生办法，提高招生工作的规范化程度，努力使招生工作更好地适应新形势的要求。工作中，紧密联系北京市的实际情况，采取有力的措施，注重招生政策的贯彻和落实，注意加强科学化管理手段在招生工作中的应用，进一步加强廉政建设，严肃招生纪律，严格考风考纪，维护招生考试的公平竞争原则。

在今年的招生工作中，主要组织了：(1) 高中起点本、专科招生工作；(2) 专科起点本科招生工作；(3) 劳模免试生招生工作；(4) 1998年预科生转正录取工作。总之，在成人招生工作情况复杂、涉及面广、头绪繁多的情况下，在招生院校、区县成招办和各有关部门的配合与支持下，1999年的招生工作进展顺利，圆满地完成了招生任务，现将招生工作总结如下：

一、基本情况

(一) 招生计划

1999年共有188所各类成人高等学校在京招生，招生专业1 363个，其中北京市属院校72所，部委属院校116所。举办函授、夜大的普通高等学校99所，职工大学47所，管理干部学院39所，教育学院2所，电视大学1所。

年初汇总的招生计划为34 783人，调整后的招生计划为40 499人。其中北京市属院校为23 286人，部委属院校为17 213人。

高中起点本、专科招生计划为32 292人，其中，北京市属院校为18 986人，部委属院校为13 306人；文史类计划招生11 510人，理工类5 739人，外语类1 900人，“3+2”专业119人，西医类2 523人，中医药类340人，艺术类4 590人，体育类604人，“5+2”专业132人，高职班4 835人。

专科起点本科班招生计划8 207人，其中，北京市属院校为4 300人，部委属院校为3 907人，其中师范类计划招生3 401人，非师范类计划招生4 806人。

(二) 报名情况

全市报名工作在3月8日至14日进行，共接待106 541名各类考生报名，报名人数比去年略有增加。在报名总数中，统考生报名总数为97 396人，1998年结业预科生1 834人，二学历为7 311人。

在统考生报名总数中，报考市属成人高校的考生为60 582人，报考部委属院校的考生为36 814人；报考高中起点本、专科生为75 415人，其中，报考本科专业的考生为3 906人，专科的考生为71 509人；专科起点本科班为21 981人，其中，师范类为7 132人，非师范类为14 849人。

报考高中起点本、专科文史类考生为30 768人，理工类考生为8 690人，外语类3 986人，“3+2”专业214人，西医类5 396人，中医药类683人，体育类764人，艺术类8 149人，“5+2”专业225人，高职班16 540人。

在高中起点考生中，按年龄分，年龄在25周岁以上的57 264人，25周岁以上的18 151人；按考生职业类别分，在职人员（工人、干部、教师）34 602人，从业和社会青年40 813人，属各种照顾的考生31 970人。

在专科起点本科考生中，年龄在25周岁以下的5 898人，25周岁以上的16 083人；按考生职业类别分，在职人员（工人、干部、教师）18 505人，从业和社会青年3 476人，属各种照顾的考生13 571人。

（三）组考情况

全市成人高等学历教育全国统一招生考试于5月8、9日两天进行，共接待9万余名考生考试，考试分布在20个考区、考点163人、3 396个考场，其中，高中起点考场2 639个，专科起点本科考场757个。考试由市成招办统一组织，各区县招生办组织实施，考试进展顺利，考纪严明，考生情绪稳定，考场秩序井然。

经统计，高中起点本、专科考试总缺考率为13.33%，专科起点本科为17.99%。

按有关规定，在考试中共查处违纪考生231人，其中替考69人，私藏夹带113人，偷看抄袭18人，互换试卷6人，BP机作弊20人，试卷带出考场3人，其他2人。

（四）阅卷情况

全市统一阅卷工作于5月11日至25日进行。全市评阅高中起点试卷共设5个评阅点，评阅主观题部分，评卷点分别为：清华大学、北京师范大学、首都师范大学、中国协和医科大学、北京中医药大学、北京广播电视大学；客观题部分由北京市成招办负责评阅。

专科起点本科班试卷评阅采取全市统一安排、相对集中的办法，分别安排在清华大学、中国人民大学、北京师范大学、中国政法大学、北京教育学院。

高中起点考试成绩统计情况：

1. 文史类

	政治	语文	数学	历史	地理
平均分（分）	84	67	63	70	72
及格率（%）	38.49	17.18	26.68	22.58	25.73

2. 理工类

	政治	语文	数学	物理	化学
平均分（分）	86	67	61	78	74
及格率（%）	43.16	9.97	24.43	39.83	35.71

文史类总平均分比1998年提高了13分，理工类总平均分比1998年提高了42分。

（五）录取情况

1. 录取分数线

本着发展成人高等学历教育、保证成人教育招生质量的原则，根据考试情况统计，并报经教育部审定批准，北京市成招办组织新生录取的最低控制分数线为：

（1）高中起点。

文史科：专科420分；本科480分，外语60分；

外语类：专科420分；外语40分；本科480分，外语60分；

理工科：专科350分；本科420分，外语60分；

西医类：370分；

中医药类：370分；

艺术类：202分；

体育类：210分；

“3+2”文：420分。

能力考试专业：

文：总成绩420分，其中统考五科总成绩336分；

理：总成绩350分，其中统考五科总成绩280分。

高职班专业：

文：三科统考课总分 265 分；

理：三科统考课总分 235 分。

接轨高职班：

文：三科统考课总分 275 分；

理：三科统考课总分 235 分。

（2）专科起点本科。

师范类：260 分；

非师范类（含教师类）：270 分。

2. 调剂录取

今年，北京市各类成人高校招生共录取新生38 409人，完成招生计划 94.84%，其中，高中起点本、专科录取30 944人，完成招生计划的 95.83%；专科起点本科班录取7 465人，完成招生计划的 90.96%；北京市属院校录取23 120人，完成招生计划的 99.29%；部委属院校录取15 289人，完成招生计划的 88.82%。

在高中起点本、专科录取总数中，文史类录取10 906人，理工类录取5 373人，外语类录取1 732人，“3＋2”录取 119 人，西医类录取2 523人，中医药类录取 271 人，艺术类录取4 547人，体育类录取 584 人，“5＋2”录取 132 人，普能高职班录取3 176人，接轨高职班录取1 591人；专科起点本科班录取总数中，师范类录取3 392人，非师范类录取4 073人。

在录取的新生中，1998 年预科生转正1 781人，高中起点劳模免试生 13 人，专科起点本科劳模免试生 20 人。

另外，录取第二专业专科学历学员6 620人；2000 年度预科生1 271人。

二、重点做好的几项工作

为确保招生工作的顺利进行，在北京市高招委、北京市教委、考试院的领导下，北京市成招办坚决执行教育部成人高校招生的规定，本着“精心设计，精心准备，精心实施”的工作方针，在保证招生质量的前提下做了以下一些工作：

（一）严格报名手续，服务考生

根据今年教育部成人高校招生政策的变化，结合北京市的实际情况，对报名工作作了调整，充分体现了报名工作管理的科学化、实际操作的简单化和方便考生的服务意识的思想。报名期间，各报名站在考生多、情况复杂的情况下，认真执行教育部有关成人招生的规定和办法，按照市成招办的具体安排和要求认真审查考生的报名资格，严格履行报名工作程序，热情为考生服务。为提高报名数据的准确，报名站采取安排专门时间对考生进行报名政策的填写有关表格的培训，市成招办还为此摄制了培训录像带。

（二）加强考试管理，严肃考试纪律，做好组考工作

为保证考试工作的顺利实施，市成招办分别召开了各区县成人教育局局长会议和区县成招办考务工作会，会上就如何进一步严肃考风考纪传达了教育部的有关通知精神，提出了加强考试管理、严肃考风考纪的具体措施，要求各区县成招办认真按北京市成招办制定的《北京市 1999 年各类成人高校招生考试工作实施办法》等有关规定和要求组织考试，狠抓各项工作的落实，严格考试工作程序，按照“准确、及时、周密、高效”的要求培训考试工作人员，努力创造一个公平竞争的考试环境。

北京市高招委、北京市教委、考试院、各区县委政府、人大、政协以及区县教委（成人教育局）领导同志都给予了高度的重视，有关部门给予了大力的支持和配合。

为确保考试的顺利进行，考试期间主要采取以下措施：

（1）继续实行计算机随机编排考场；

（2）考试期间继续向各区县派驻巡视员以协助区县成招办的工作；

（3）继续坚持准考证、准考证存根、身份证（即“三证”）的对照；

（4）加强对考生考风考纪的教育；

（5）坚持对考试工作人员进行职业道德和考试工作程序的培训。

（三）解放思想，实事求是，积极探索招生工作的改革

在今年的招生工作中，在确保工作质量的前提下，进行了以下方面的探索和完善：

（1）全部实现报名现场由考生自己核对信息，提高报名数据的准确。为了解决由于考生错涂或误涂信息卡所造成的数据错误，在1998年工作的基础上，今年全部实现在报名现场由考生自己核对信息，此项措施大大提高了报名信息的准确性。

（2）今年对报考专升本科班和第二学历的考生首次尝试由区县验毕业证书、报名的办法，取得了宝贵的经验。

（3）调整录取工作程序。为保障考生的合法权益，确保艺术类考生按志愿录取，增设了艺术类专业志愿栏。

（4）“网上录取”。在往年计算机辅助管理的基础上，今年尝试通过计算机网络在录取前向招生学校提供考生信息，为录取工作的顺利实施打下基础，也为今后实现计算机“网上录取”进行了有益的探索。

（四）加大社会监督力度，加强廉政建设

在今年的招生工作中，始终把廉政建设当作一件大事来抓，各级招生部门普遍设立了举报电话，受到了考生和社会各界的好评；在考试期间，在邀请各级人大、政协、公安等帮助和检查工作的同时，还向各区县派驻巡视员，协助区县成招办工作，同时，邀请新闻单位报道招生考试的情况，加大宣传力度。继续通过信息台提供考生考试成绩和录取情况，供考生查询。以上措施的目的是在于加大招生工作的透明度，克服人为因素的干扰，保证招生工作的顺利进行，从而为考生提供了一个公平竞争的环境，维护考生的合法权益。

第三次全教会的召开，向全国人民发出了“深化教育改革，全面推进素质教育”和实施科教兴国的号召，预示着我国面向21世纪教育改革高潮的到来。招生工作是教育改革中十分重要的环节，市成招办将始终把为考生和招生院校服务的思想放在重要的地位，解放思想，实事求是，不断改进和完善招生办法，提高招生工作的规范化程度，促进北京各类成人高校招生工作向科学化、制度化、规范化的方向发展，为北京市教育改革做出应有的贡献。

一九九九年十月十日

印发《关于进一步加强成人高等学校招生工作纪律的规定》的通知

京高招委字［1999］009号

各区县教委、文教办、成人教育局、纪委、监察局、各高等学校、成人高校：

现将《关于进一步加强成人高等学校招生工作纪律的规定》印发给你们，请遵照执行。

一九九九年六月十八日

附：

《关于进一步加强成人高等学校招生工作纪律的规定》

各类成人高等院校招生属于全国统一招生，其招生考试为国家级考试。为进一步加强成人高校招生工作纪律，充分体现招生工作的“公平、公正、公开”原则，维护其权威性和严肃性，特做如下规定：

一、国家教委颁发的《普通成人高等学校本、专科招生全国统一考试工作规定》、《高等学校招生全国统一考试管理处罚暂行规定》和《全国各类成人高等学校招生规定》，是组织实施各类成人高等学校招生工作的重要依据，各级招生机构的全体工作人员和招生院校工作人员都应认真学习，严格执行，不得违规另立招生政策。如有未经批准另立政策的单位，要进行批评教育，情节严重者，要严肃处理。

二、严格执行教育部审定批准的最低录取控制分数线。

三、市、区（县）各级招生机构和全体工作人员要进一步增强政策观念，树立守法意识，加强廉政建设。要全面、严格地贯彻执行各项招生政策和规定，严守招生工作纪律。不准以权谋私；不准向考生许愿；不准接受考生和家长的礼品财物；不准向考生和家长暗示或索要财物；不准参加招生院校和家长的宴请；不准铺张浪费；不准超越职权违章录取；不准擅离职守、贻误工作；不准上下推诿不负责任。对不遵守招生工作纪律、违反招生政策和规定的人员，要进行批评教育，对坚持不改者，要取消其招生工作人员的资格；对情节严重造成不良影响的，一经查实，坚决予以严肃处理。

四、各招生院校要严格执行经教育部、市教委批准的招生计划，不得随意变更。不准计划外招生、不准招收"旁听生、试读生"，不准对不符合录取条件的考生采用"先上车，后买票"的办法未经批准擅自决定入学。凡违反教育部制定的招收政策和规定，在招收工作中造成严重后果的，要追究当事人的责任。

五、加强社会监督，充分发挥纪检、监察部门的职能作用。在招收工作中，对社会各界举报的问题，各级招生部门要积极配合纪检、监察部门认真调查核实。对确实属于违反招生政策、规定和招生工作纪律的，要依有关规定严肃处理，并注意做好保护举报者的工作。凡对举报者进行打击报复的单位和个人，查实后，将根据有关规定从严惩处。

六、各级招生机构和招生院校，负责招生工作的领导人员，要以身作则，廉洁自律，以实际行动支持招生工作的监督检查工作，在加强廉政建设中起带头表率的作用。

一九九九年六月

关于报名考务等收费标准缴拨办法的通知

各区县成人招生办公室：

根据《北京市人民政府转发〈国务院关于加强预算外资金管理决定〉的通知》的精神，为加强预算外资金管理，规范预算外资金收支行为，我院就报名考务等收费的缴拨手续做如下通知：

一、对执行单位为北京教育考试院的各项报名考务费，均采取由各区县组考单位或考点代收集中汇缴市教育考试院的办法，各区县在规定的时间内按时上缴。

二、为贯彻市财政对预算外资金实行"集中管理、专户专储"的精神，各区县组考单位或考点在收费时要用市教育考试院的统一收费收据，在使用时要加强对票据的管理和监督，严格规范收费内容、范围和标准，收费收据不得挪作他用。

三、成人高考报名考务费收费标准为每科12元，成人高考招生经费收费标准为每人40元，报考"3+2"各专业及非师范类专升本专业的考生凡其中2门或1门由组考院校进行考试的，其报名考务费由组考院校代收，收费标准每科12元，考试院不再收取。

四、代教育部考试中心收取的报考专科起点升本科各专业的试卷费每科3元，免试生收取咨询、手续费每人15元。收费时不使用收费收据，各组考单位或考点在结算时由考试院财务处统一开具往来发票及专用发票。

五、经考试院领导决定对各区县报考费的下拨比例为：

东城、西城、崇文、宣武、朝阳、海淀、丰台、石景山区每科4.8元。

通州、大兴、顺义、昌平区每科5.4元

房山、怀柔、门头沟、燕山、平谷、密云、延庆、矿务局每科6元。

收取的成人高考招生经费足额上缴。

六、各区县组考单位或考点向市教育考试院上缴收费收入时，按以下规定办理手续。

1. 在收取各项考试的报考费用时，将收到的现金直接信汇到教育考试院账户，收取的转账支票直接交教育考试院财务处。

2. 组考单位按教育考试院规定的留成比例开具一张本单位“北京市行政事业单位统一银钱收据”，票样为：

今收到　　　　　　　　　　　　北京教育考试院

交　来　　　　　　　　　　　　　下拨考试费

人民币（大写）　　　　　　XXXXXXXX　￥　xxxxx

组考单位持开具的教育考试院收费收据、银行信汇凭证、银钱收据一并上交教育考试院财务处，经财务处审核后按比例下拨。

七、本办法自一九九九年一月一日起执行。

考试院的开户银行及账号：

户　名：北京教育考试院

开户行：工商银行北太平庄分理处

行　号：100

账　号：881053—16

联系人：侯燕群、韩亚岚、刘宇声

电　话：62226487　　　　62220056

一九九八年十二月三十一日

关于同意部分中等职业技术学校与成人高校高职专业进行接轨试点的通知

京教成［1999］003号

北京教育考试院：

根据原国家教委成教司《关于成人高等学校试办高等职业教育几点补充意见的通知》（教成司［1997］108号）及市教委协调会议的精神，经研究，同意在部分成人高校及中等职业技术学校进行接轨试点。请做好有关工作。这种试点工作今年为最后一年，明年不再进行。有关中职毕业生升入高等职业学院将另有办法进行。

附件：1999年成人高校招收应届中职毕业生学校及专业

一九九九年二月一日

附件：

1999年成人高校招收应届中职毕业生学校及专业

成人高校名称	专业名称	招收人数	中职学校名称
北京市西城区职工大学	外事英语 会计	40 30	市西城区职工中专 市海淀区职工中专 市二轻总公司管理干部中专 184中职业高中 崇文职业高中 128中职业高中 126中职业高中 中科院附属中专
北京市西城经济科学大学	国际贸易 会计 金融	30 30 30	市西城区职工中专 市机械工业职工中专 北京中华会计函授学校 西城区外国语学校 西城区金融财会职业高中 128中职业高中 北京38中综合高中
北京市机械局职工大学	计算机应用 会计	35 35	市机械工业职工中专 市丰台区职工中专 北京市机械工业学校 海淀信息管理学校 海淀电子职业高中 交大昌平分校中专部 北京189中学
北京农业管理干部学院	计算机应用	35	密云职业学校 大兴区成人中专
			大兴区第一职业高中 大兴区第二职业高中 通州第一职业高中 通州第三职业高中 平谷第一职业高中 房山第二职业高中
北京实验大学	烹饪 计算机应用	35 35	朝阳幸福村中学职业高中 北京古城旅游职业高中 北京财经学校 北京城乡建设学校 北京一轻工业学校职工中专部 北京西城区职工中专 北京新源里二中
北京经济管理干部学院	计算机应用 会计	35 35	新源里三中职业学校 将台路中学职业高中 密云职业学校
北京市成人电子信息大学	应用电子技术 会计	30 30	北京无线电工业学校 北京市电子工业学校 北京市仪器仪表工业学校 北京财会学校 朝阳区劲松二中

续前表

成人高校名称	专业名称	招收人数	中职学校名称
北京市朝阳区职工大学	会计	35	市朝阳区财贸职工中专 蒲黄榆中学职业高中 新中街职业高中 光华路职业高中
北京市汽车工业总公司职工大学	汽车维修技术	35	市丰台区职工中专 市大兴县成人中专 北京市汽车工业学校 朝阳将台路职业高中 昌平农村职业学校
北京联合大学	现代商务管理 外贸会计	30 40	市二轻总公司管理干部中专 朝阳水碓子中学职业高中 朝阳团结湖二中职业高中 市二经工业学校 北京市商业技术学校 北京 61 中职业高中 西城金融财会职业高中 北京无线电动力技工学校 北京新源里二中 北京将台路中学
北京市东城区职工大学	物业管理 会计	30 40	市东城区职工中专 北京市财经学校 东城职教中心校 东城商业学校
北京市海淀区职工大学	计算机应用	30	市海淀信息管理学校 北京 189 中职业高中 北京花园路职业高中
北京市宣武红旗业余大学	现代文秘 外事英语	35 35	宣武职教中心校 市 148 中职业高中 市 149 中职业高中 北京中医药学校
北京财贸管理干部学院	商场经营与管理 会计	30 30	北京市物价学校 朝阳新中街职业高中 北京市商业学校
北京市总工会职工大学	饭店管理 市场营销	35 35	市 176 中职业高中 北京新源里职业高中 北京右安门职业高中 北京外事服务学校 北京市商业学校
北京市轻工职工大学	电脑美术设计 物业电气技术	30 30	市一轻工业学校 市一经工业学校职工中专部 北京信息管理学校 北京印刷学校 北京将台路中学 北京包装职工学校
北京教育学院	幼儿艺术教育	35	北京西城职工中专 西城艺术职业学校 东城职教中心校

续前表

成人高校名称	专业名称	招收人数	中职学校名称
中国工运学院	会计 旅游服务与饭店管理 公关文秘与办公自动化	35 35 35	北京市海淀区职工中专 海淀旅游职业学校 通县四中 中国旅游院附中
北京冶金管理干部学院	市场营销 日语 信息管理	50 50 50	十里堡职业高中 大兴县第二职业高中 北京 17 中学
北京船舶工业管理干部学院	交通营运管理 计算机应用与管理 金融与财务管理 财务 会计	15 45 45 45	北京市花园路职业高中 北京市信息管理学校 北京市兴华职业高中 北京市 34 中职业高中 北京市四季青成人中专 北京海淀职工中专 北京华夏职业高中 北京博技职业高中
北京林业管理干部学院	计算机应用与管理 商品花卉	20 20	北京市昌平农村职业学校 北京市黄庄职业中学 北京市大兴县成人中等专业学校 北京市大兴县第一职业中学 北京市昌平第三中学 北京市大兴县第二职业中学
北京印刷学院	出版发行 印刷技术 电脑制版 印刷图文处理 电脑艺术设计	20 20 15 15 17	北京印刷学校 宣武职教中心学校 北京轻工高级技工学校

一九九九年北京市各类成人高等学校招生规定

京考成招［1999］第 1 号

第一章　总　则

第一条　为有利于成人高等教育的改革和发展，为加强北京市成人高等学历教育的宏观管理和监督，保证新生入学质量，使成人高等学历教育更直接有效地为社会主义建设服务，根据教育部《1999 年全国各类成人高等学校招生规定》，结合北京市的实际情况，特制定本规定。

第二条　本规定所称各类成人高等学校，包括经原国家教育委员会审定核准的广播电视大学、职工高等学校、管理干部学院、教育学院、独立设置的函授学院和以函授部、夜大学、教师班、成人脱产班形式举办的成人本、专科学历教育的普通高等学校。

第三条　各类成人高等学校招生计划按有关规定和批准程序纳入国家成人高等教育事业计划后方可招生。

第四条　各类成人高等学校实行全国统一招生。由原国家教育委员会颁布复习考试大纲，统一组织命题，确定考试时间，制定试卷评分标准，审定下达本市招生录取最低控制分数线。

第五条　北京教育考试院成人教育招生办公室（以下简称北京市成招办）组织招生考试工作，并组织招生学校进行新生的录取工作。

第二章　招生机构及其职责

第六条　在北京市高等学校招生委员会、北京市教育委员会、北京教育考试院的领导下，设立北京市成招办和区县成人教育招生办公室（以下简称区县成招办），配合专职干部；各成人高校要设立招生办公室配备专职干部。

第七条　北京市成招办的职责是：

（一）执行教育部有关各类成人高校招生方针政策和工作规章，按下达的招生计划并结合本市的实际情况制定具体的实施办法；

（二）编制并公布招生专业目录，组织本市考生报名工作并负责审查考生的报名资格，组织考试、阅卷、录取、身体健康状况的检查等工作；

（三）组织实施各类成人高等学校招生改革试点工作；

（四）保护考生和招生工作人员的正当权益，查处违纪舞弊事件；

（五）审批学校提出的新生录取名单；根据历年新生录取名单向教育部提供当年成人高等教育毕业生的有关数据；协助组织并做好每年毕业证书发放的复查工作；

（六）组织并督促招生学校对录取的新生进行复查；

（七）开展招生、考试的宣传和科学研究工作。

第八条　各区县成招办的职责是：

（一）执行教育部有关各类成人高等学校招生方针政策和工作规章及北京市成招办的有关补充规定，并结合本区县的实际情况制定具体实施办法；

（二）组织本区县考生报名工作并负责审查报名资格和身体健康状况的检查工作；

（三）组织考生考试，保护考生和工作人员的正当权益，查处违纪舞弊事件。

（四）组织核对并发放考生成绩、建立考生档案工作；

（五）接待考生咨询和群众信访工作；

（六）开展招生、考试的宣传和科学研究工作。

第九条　各类成人高等学校有关招生工作的职责是：

（一）执行教育部有关招生方针政策和工作规章及北京市成招办和学校主管部门的补充规定；

（二）执行招生计划并按规定向北京市成招办报送录取新生的名单，经审批后，向考生发放录取通知书；

（三）对录取的新生进行复查；

（四）应由招生学校做的其他工作。

第三章　招生计划

第十条　成人高等教育招生计划实行国家宏观指导，总量调控，中央和省、部两级管理、分级负责的管理体制。按隶属关系负责审核制定学校的招生计划总数。

第十一条　北京市成招办按北京市教育委员会下达的市属招生计划组织招生；按国家教育批准的专科起点本科、高等职业技术教育以及部委属院校或外埠地方院校高中起点本、专科在京招生计划组织招生。

未经北京市教育委员会或教育部批准的一律不予组织招生。

第十二条　北京市成招办根据北京市教育委员会和国家教育部下达的生源计划数，在考生报名前一个月编列北京地区招生专业目录，向考生和社会公布。

第十三条　在录取新生时，按计划部门调整后的计划执行。录取结束后，将实际执行计划情况上报北京教育考试院、北京市教育委员会、北京市高等学校招生委员会和教育部。

第四章　报　名

第十四条　除纳入普通高等学校招生计划的普通班外，各类成人高等学校以招收在职、从业人员为主，不得招收应届高中毕业生。高等职业技术教育班（以下简称“高职班”）经教育部批准，可招收成人中专、成人高中、职业高中、中等职业技术学校的应届毕业生以及社会青年。

师范类专业本科班招收普通中学教师和各中等学校普通课教师，非师范类专业本科班招收考生为普通中、小学教师以外其他学校教师和非教师。

第十五条　报考高中起点本、专科专业的考生，须具有高中毕业文化程度，以同等学力报考者，年龄须满19周岁（1980年8月31日以前出生）；报考专科起点本科班的考生应具有两年以上的工龄，报名时必须交验经教育部审定核准的国民教育系列高等学校或高等教育自学考试机构颁发的大学专科毕业证书原件和复印件。

第十六条　符合报考条件，生活能自理，能坚持学习和工作的残疾人也可报考。

第十七条　有下列情形之一者，不得报名：

（一）有反对四项基本原则的言行，经教育而坚持不改者；

（二）凡毕业后能取得国家承认学历的各类高、中等学校在校生（符合教育部有关规定的应届毕业生除外）；

（三）因在报考过程中弄虚作假、违纪舞弊，受到一年或三年内不准报考处罚者；

（四）触犯刑律的服刑者。

第十八条　报名时间：3月8日至14日。

第十九条　报名办法：报名期间各区县成招办设报名站。

考生在招生简章公布的报名日期内到户口所在地的区县成招办办理报名手续。没有北京市户口而又确需在京参加报考和学习的人员，到在京临时工作单位（或居住）所在地的区县成招办报名。

报考专升本科班和第二专业专科学历教育专业的考生，可就近到东城区、西城区、崇文区、宣武区、朝阳区、海淀区成招办办理查验毕业证书和报名手续。其中报考师范类专升本科班的考生到西城区办理查验毕业证书和报名手续。

报名时各类考生须持本人居民身份证（在京临时工作的还须持在京暂住证），交近期同一底版正面免冠一寸照片三张（报名登记表、准考证及存根各一张）；报考经教育部批准可以招收成人中专、成人高中、职业高中、中等职业技术学校应届毕业生专业的考生，报名时必须携带学生证和所在学校出具的证明；报考专升本科班和第二专业专科学历的考生必须携带毕业证书原件和复印件两张，报考师范类专升本科班的，还须携带本人的工作证。交纳报名考务费。报名手续一律由考生自己办理。

报考艺术类、体育类、高等职业技术教育类专业、专升本科班、“5＋2”能力考试专业需参加专业加试的考生，除到区县成招办报名参加文化课考试外，还必须在报名后一周内持“报名复核单”到第一志愿学校参加专业加试报名。

报考第二专业专科学历的考生，除到区县成招办报名外，还必须在报名后一周内持“报名复核单”到第一志愿学校登记或测试。

符合照顾加分条件的应附相应的原件及复印件二张（如获多种称号，只附一件级别最高的原件及复印件），区县成招办确认，过期不予办理。

考生报名时可以在《1999年北京市各类成人高等学校招生专业目录》中选报志愿学校和专业。

文史类、理工类、西医类、中医类以及其他高等职业技术教育专业不得兼报，报考外语类可以兼报文史类专业，但文史类不得兼报外语类专业。艺术类、体育类专业必须填在“艺术、体育志愿栏”；报考艺术类专业，可以兼报文史类专业；报考体育类专业，可以兼报理工类专业。

专升本科班专业只能在专试科目相同的专业中兼报。

第五章　考　试

第十二条　考试科目

一、高中起点本、专科各专业考试科目

（一）理工农类（含体育、非教师班地理专业）考政治、语文、数学（理工类）、物理、化学五科。

（二）文史类（含财经、政法、外语、艺术、教师班地理专业）考政治、语文、数学（文史类）、历史、地理五科（艺术类专业，数学考试成绩不计入总分，供录取时参考）。

（三）“3＋2”考试科目改革试点，具体范围及考试科目如下：

1. 报考医疗、高护、西医类的考生，考试科目为政治、语文、数学（理工类）、人体解剖学、生理学。

2. 报考中医药类的考生，考试科目为政治、语文、数学（理工类）、中医基础学、中药学。

3. 报考司法部属中央司法警官教育学院的在职考生，考试科目为政治、语文、数学（文史类）、监狱（劳教）基础、狱政（所政）管理。

4. 报考北京市计划劳动管理干部学院机械制造工艺及设备专业的考生，考试科目为政治、语文、数学（理工类）、机械基础、机械制造工艺基础；报考工业电气自动化专业的考生，专试科目为政治、语文、数学（理工类）、电工基础、电子技术基础。

以上考试科目中，专业课分别由卫生部、国家中医药管理局、司法部、劳动和社会保障部组织命题。

5. 报考高等职业技术教育班（以下简称高职班），考试科目为三门基础课（政治、语文、数学）、两门专业课，由招生学校在“高职班专业课一览表”中任选两科。两门专业课由招生学校按照原国家教委制定的复习考试大纲组织命题。

上述考试科目中，三门基础课实行全国统考，两门专业课由招生学校自行组织考试。

本科各专业和外语、外贸、外经专业的专科须加试外语（报考高中起点外语、外经、外贸类专业的考生考专业外语，报考其他科类本科专业的考公共外语），分英、俄、日三个语种，由考生任选一种（报考外语、外经、外贸专业以外的师范类本科各专业的中学教师可不加试外语），由教育部统一命题，考试成绩不计入总分，本市另定录取标准。

以上各科满分均为 150 分。

高等艺术院校艺术类专业术科加试由院校自行组织，非高等艺术院校艺术类专业术科加试，由北京教育考试院成人教育招生办公室统一组织。

加试科目的成绩不计入总分，供录取时参考。

其他专业的加试，由招生学校或其主管部门决定并组织加试科目的命题、考试。

各类专业加试科目成绩在规定时间内报北京市成招办。

二、大学专科起点本科班（以下简称专升本科班）考试科目

专升本科班招生分为师范类（系指普通中学教师和各中等学校普通课教师）和非师范类（系指考生为普通中、小学教师以外其他学校教师和非教师）。

（一）师范类专升本科班的考试科目共四科，公共课一科，专业课三科（音乐、美术专业除外）。

公共课：教育理论课（教育学、心理学，侧重教育学部分）。

专业课：各专业分别规定如下：

政治和思想品德教育专业：马克思主义哲学、政治经济学（资本主义部分）、中国革命史。

汉语言文学教育专业：汉语、中国文学（包括古代和现代，现代到一九四九年为止）、文学概论。

历史教育专业：中国通史、世界通史、中国历史要籍介绍和选读。

英语教育专业：精读和泛读、听说、实用语法。

数学教育专业：空间解析几何、数学分析、高等代数。

物理教育专业：高等数学、力学热学、光学电磁学。

化学教育专业：高等数学、有机化学、无机化学（含分析化学定性部分）。

地理教育专业：中国地理、世界地理、自然地理基础。

生物教育专业：动植物学、微生物学、人体解剖及生理学。

体育教育专业：体育理论、运动生理学、综合考试（田径、篮球、体操）。

音乐教育专业：钢琴、声乐、音乐基本理论（乐理、和声）、视唱练耳。

美术教育专业：素描、色彩、创作、美术史论基本知识（中外美术史及技法理论）。

教育管理类专业专升本科班的考试科目共四科，公共课一科：大学语文；专业课三科：教育学、心理学、学校管理。

以上除术科（听说、钢琴、声乐、视唱练耳、素描、色彩、创作）外的各科试题由教育部统一命制，其命题范围不超过以《中学教师进修高等师范专科教学大纲》为依据编写的《考试大纲》规定的内容。

各科满分成绩分别为：中国通史 120 分、世界通史 120 分、中国历史要籍介绍和选读 60 分、空间解析几何 50 分、数学分析 150 分，动植物学 150 分，微生物学 50 分，其余各科均为 100 分。

（二）非师范类专业专升本科班的考试科目共四科：公共课两科、专业基础课一科、专业课一科。

公共科和专业基础课分别为：

理工类：政治、英语、高等数学（一）；

经济（管理）类：政治、英语、高等数学（二）；

文史、中医类：政治、英语、大学语文；

法学类：政治、英语、民法、刑法；

英语类：政治、英语、大学语文。

报考非师范类专升本科班的教师类考生，公共课两科为政治、教育学（职）。

专业课：由招生学校在专升本科班专业课一览表中任选一科；刑法、民法由司法部组织命题。

以上各科满分成绩均为150分。其中公共课和专业基础课实行全国统考，由教育部统一命题。专业课由招生学校组织命题、考试。

第二十一条　各科命题范围不超出原国家教委颁布的相应科类复习大纲的要求。

第二十二条　全国各类成人高等学校招生考试定于5月8日、9日进行。

考试时间如下：

一、高中起点本、专科班：

日期 时间	5月8日 （星期六）	5月9日 （星期日）
9:00—11:00	语文	数学
14:00—15:40	物理　地理 生理学 中医基础学 监狱（劳教）基础 机械基础 电子技术基础	化学　历史 人体解剖学 中药学 狱政（所政）管理 机械制造工艺基础电工基础
16:20—18:00	政治	外语

二、专升本科班：

日期 时间	五月八日（星期六）	五月九日（星期日）
9:00—11:00	教育理论课 教育学（师）	高等代数　实用语法 人体解剖及生理学　心理学 政治经济学　中国文学 世界地理　力学热学 有机化学　运动生理学
9:00—11:00	政治	英语　教育学（职） 世界通史
14:00—15:00		中国历史要籍介绍和选读 微生物学　空间解析几何
14:00—16:00	马克思主义哲学 汉语 高等数学（师） 中国地理 体育理论 美术史论基本知识	中国革命史 文学概论（师） 光学电磁学　无机化学 自然地理基础 学校管理　综合考试

续前表

时间＼日期	五月八日（星期六）	五月九日（星期日）
14:00—16:30	高等数学（一）（二） 大学语文 音乐基本理论 中国通史 数学分析 动植物学 刑法	精读和泛读　民法

第二十三条　考生须携带准考证、身份证在规定时间内到指定地点应试。

第二十四条　考试工作规则执行原国家教育委员会颁发的《普通、成人高等学校本、专科招生全国统一考试工作规则》（教试［1991］3号）。

第二十五条　评卷工作在全市统一安排下由北京市成招办组织实施。

考试成绩通知本人，不公布，不查卷。

第六章　录　取

第二十六条　北京市成招办在本市招生计划总额度内拟定本市的最低控制分数线，经北京教育考试院、北京市高等学校招生委员会认定，报教育部批准，并根据招生计划和生源情况对各类成人高等学校招生录取分批次进行。

第二十七条　各类成人高等学校应严格按计划录取新生，未经计划部门批准，不得对招生计划进行调整。学校确定的实际录取线不得低于本市的最低控制分数线。

体育、艺术各专业，本科最低控制分数线不低于本市本科最低控制分数线（扣除数学部分，下同）的70％，专科不低于专科最低控制分数线的60％；史论、编导专业本、专科不低于相同层次的90％。

第二十八条　新生的录取工作必须认真贯彻按需培养，德、智、体全面衡量，由高分到低分（体育、艺术专业一般按专业考试成绩）择优录取的原则。录取新生时，既要重视考生的总成绩，又要注意与其报考专业相关科目的成绩。

各类成人高等学校一律不得录取试读生、超前生、旁听生和单科生，违者追究责任者及其领导责任。

第二十九条　在录取工作中，由北京市成招办按照考生第一志愿向招生学校提供考生档案，由招生学校审查录取，录取名单由北京市成招办审批。招生学校按审批后的录取名单发放录取通知书。在最低控制分数线上的考生，第一志愿学校不能录取时，由北京市成招办根据考生的第二志愿进行调剂，学校之间不能自行转录。如第二志愿不能录取，对服从分配者，北京市成招办将在报考条件及考试科目相同（或相近）的专业中进行调剂录取；对不服从分配者，不予调剂录取。招生学校对拟照顾录取的考生，要复核审查考生的照顾录取资格。

录取中的遗留问题由北京市成招办负责处理。

第三十条　招生学校及其主管部门在京招生可指定代办单位，明确代办任务，代办单位要认真负责地配合北京市成招办搞好招生工作。委托培养学生的单位不得参与录取工作，但可根据各地生源的质量情况，向招生学校提出调整生源计划的要求。

第三十一条　获全国劳动模范称号，参加重大国际比赛（由世界及国际体育组织主办的各种体育单项比赛、锦标赛、综合性比赛和运动会）获前三名成绩者，经北京市成招办审核，报教育部批准，可免试进入各类成人高等学校学习。

第三十二条　符合下列条件之一的考生录取时可照顾30分（专科起点本科为20分）：

（一）获得地、市级以上（含地、市级）人民政府，国务院各部委及各省、自治区、直辖市厅、局系统、国家特大型企业授予的劳动模范、先进生产（工作）者及科技进步（成果）奖获得者。

（二）获得省、自治区、直辖市工、青、妇等组织授予的“五一劳动奖章”、“新长征突击手”、“三八红旗手”称号者。

（三）人民解放军、武警部队、人民警察荣立三等功以上者。

（四）归侨、归侨子女、华侨子女、台湾省籍考生。

（五）烈士子女、烈士配偶。

（六）山区、少数民族考生，国防科技工业三线单位（地处地市以上人民政府所在地的除外）获得企业表彰的先进生产（工作）者。

（七）报考农、林、地质、水利、矿业、测绘、监所、远洋运输、社会福利等艰苦行业专业的考生。

（八）年满28周岁以上的人员。

第三十三条　根据本市的实际情况制定有利于录取劳动模范、生产和业务骨干以及农村、乡镇企业考生的相应政策。

第三十四条　符合照顾条件的考生报名时必须交验相应的原始证件及复印件（二张）。符合两项以上照顾政策的考生，其照顾分不得合并计算。

第三十五条　录取工作结束后，北京市成招办向北京教育考试院、北京市教育委员会和教育部上报当年录取的新生数，并向招生学校所在地毕业证验印部门提供当年录取的新生名单。

第三十六条　新生入学后，学校要对新生进行全面复查，对于不符合报考条件和录取标准以及弄虚作假、违纪舞弊者，学校应取消其入学资格，报北京市成招办备案，对其缺额，如有上线考生，北京市成招办可予以补录。此项工作应在1999年9月20日前完成。

第七章　附　则

第三十七条　关于第二专业专科学历教育：

第二专业专科学历教育招生录取工作由北京市成招办组织实施。

报名条件：报考第二专业专科学历教育的考生必须具有经教育部审定核准的国民教育系列高等学校或高等教育自学考试机构颁发的大学专科或本科毕业证书。

录取：录取第二专业专科学历教育的考生，学校提出录取名单，经北京市成招办审批后录取。

第二专业专科学历教育录取人数不占用学校当年的招生计划。

第三十八条　关于资格生：

对符合本市录取资格，经调剂后仍不能入学的考生，可向北京市成招办提出保留资格的申请。

对符合资格生条件的考生，经批准后，今后两年内，凭北京市成招办颁发的资格生证书，可免试进入成人高校学习。

第三十九条　关于预科生：

对属受照顾而未达录取分数线、受表彰（三十条（一）、（二）、（三）款）的各类先进人员和年龄在25周岁以上，有五年连续工龄的业务骨干，以及特殊行业急需培养的在职业务骨干，达到预科班分数线（另定）的，本人提出申请，北京市成招办批准后，可作为预科生参加预科班，补习高中文化一年。考试合格，经北京市成招办审批后，进入原报的第一志愿学校（专业）学习。

第四十条　凡参加当年各类成人高等学校全国统一招生考试而未被录取，但总成绩达到一定分数线（另定）的考生，由本人申请，经北京市成招办审批，可免试录入有关成人中等专业学校学习。

第四十一条　违反招生管理规定或违反考试管理规定应予处罚的，将依照有关处罚规定予以处罚。

附件一：高职班专业课一览表

附件二：专升本科班专业课一览表

一九九九年一月十日

附件一：

高职班专业课一览表

生理学	人体解剖学	机械基础
金属切削原理与刀具	BASIC 语言	电子技术基础
计算机应用基础	电路基础	电工基础
电机与拖动	施工技术基础知识	建筑材料
建筑结构	药剂学	化工基础
轧钢生产管理	炼钢生产管理	高炉冶炼生产管理
冶炼技术基础	经济法基础	营销基础知识
商品知识	会计基础	计算技术
旅游概论	礼仪规范	应用文与写作
实用公共关系	原料加工技术	烹调技术
化学肥料	有机化学	化工分析基础
中医基础学	监狱（劳教）基础	机械制图
中药学	狱政（所政）管理	机械制造工艺基础

附件二：

专升本科班专业课一览表

图书馆学	档案学	文学概论
新闻学	政治学概论	行政管理学
财政金融学	会计学原理	环境保护概论
管理学概论	精读和泛读	电子技术基础
电路原理	机械设计基础	结构力学
化工原理	地质学概论	医学基础
植物生理学	中医基础理论	海洋生物学
淡水生物学	家畜生理学	食品微生物学
市场营销学概论	旅游学概论	色彩

关于举办 1999 年北京市各类成人高校招生咨询活动的请示

京考办［1999］第 2 号

签发人：王茂才

林文漪副市长：

为面向广大考生及社会各界宣传教育部有关成人高等学校招生的方针、政策及本市的具体规定，指导考生合理选报学校和专业，我院拟于 2 月 27 日上午 9 点至下午 4 点在北京工人体育场外围举办 1999 年成人高等学校招生考试的咨询活动。预计将有 180 余所中央部委、市属成人高等学校参加，前来咨询的人员约 10 万人。由于咨询活动属全市性活动，涉及面广、参加人员多，为做好治安、消防及交通安全工作，请您批转公安、消防、交通等有关部门给予大力的协助与支持。

妥否，请批示。

一九九九年一月十五日

关于举办1999年北京市各类成人高等学校招生咨询活动的请示

北京市公安局：

随着改革的不断深入和对人才的需求，我市在职从业人员要求进入各类成人高校学习的人数激增。为满足社会需求，北京教育考试院拟举办各类成人高等学校招生咨询活动，届时将向考生介绍各校招生专业、1999年招生的有关规定和具体报名等事宜。为此，特向贵局请示。

时间：1999年2月27日上午9点至下午4点。

地点：北京工人体育场外围。

妥否，请批示。

一九九九年一月六日

北京市1999年成人高考咨询活动安全保卫方案

为搞好北京地区1999年成人高校招生考试的工作，经市政府批准，由北京教育考试院举办本次成人高等招生的咨询活动。

时间：1999年2月27日上午9:00至下午4:00。

地点：工人体育场外围。

一、具体情况

本次咨询活动约有180余所高校参加。咨询工作人员约1 500人，机动车约240辆，预计全天有10万名考生参加咨询活动。

二、安全保卫组织形式

1. 本活动安全保卫负责人：

北京教育考试院副院长　王茂才

2. 设立安全保卫总指挥部。负责人：

北京教育考试院成人教育招生办公室　张宝祥

3. 总指挥部设在工体保卫科内。

4. 流动巡逻人员不少于20人。

三、安全保卫的主要措施

1. 自行车一律按要求存放。

2. 机动车有专人调度，上午8:00以前必须出场，下午4:30才能进场。

3. 注意防火，场内不准吸烟，各咨询院校必须携带灭火器，用电一律用阻燃电缆，并用安全电源插板。

4. 维护场内清洁，不准随地吐痰，乱扔废弃物，咨询后要净场。

5. 发放销售资料的单位，不能游动及占领过道。

6. 遇到紧急情况，服从命令，听从指挥。

7. 召开各咨询院校安全保卫责任会。

四、有关责任和要求

1. 各咨询院校必须有专职保卫干部负责本院校咨询场地的安全。

2. 本次活动本着谁主办谁负责的精神，要求各单位妥善安排，加强治安保卫责任心。

为使咨询活动顺利进行，望公安、消防、交通等部门给予必要的指导和帮助。

一九九九年一月六日

关于1999年北京市各类成人高校招生几个特殊问题的请示

京考成招［1999］第2号

教育部学生司：

按照教育部《1999年全国各类成人高等学校招生规定》的精神，为保持北京市成人招生工作的连续性和稳定性，直接有效地为社会主义建设服务，结合北京市的实际情况，特就几个问题请示如下：

一、成人高校招生的主要对象是在职、从业人员。为给年龄偏大、工作在生产第一线的生产业务骨干提供更多的学习机会，特申请继续进行“预科生”、“资格生”的试点。

二、根据北京市教育委员会关于“高职班”招生协调会议的精神，特申请北京市西城职工大学等22所招生学校中47个职业招收成人中专、成人高中、职业高中、中等职业技术学校的应届毕业生。

三、由于近几年北京市成人高校招生报名考生中25周岁以上的占全部考生的近40%，为切实对年龄偏大的考生进行照顾，特申请对28周岁以上的考生在录取时予以照顾。

当否，请批示。

一九九九年二月二十五日

关于报批1999年北京市各类成人高等学校免试生的请示

京考成招［1999］第3号

签发人：王茂才

教育部高校学生司：

根据教育部《1999年全国各类成人高等学校招生规定》教学［1999］1号中“获得全国劳动模范称号，参加重大国际比赛（由世界及国际体育组织主办的各种体育单项比赛、锦标赛、综合性比赛和运动会）获得前三名成绩者，经省级招生机构审核，报教育部批准，可免试进入各类成人高等学校学习”。的规定，经北京市成招办审核，申请免试进入高中起点本、专科学习和专科起点本科学习的共33人。现将有关材料报上。

当否，请审批。

附件一：

1. 一九九九年北京市各类成人高校招生高中起点本、专科免试生名册（具体内容略——编者注）

2. 一九九九年北京市各类成人高校招生专科起点本科班免试生名册（具体内容略——编者注）

附件二：

1. 免试进入高中起点本、专科学习个人材料共计13份（含审核表、国家体育总局证明）（具体内容略——编者注）

2. 免试进入专升本科班学习个人材料共计20份（含审核表、国家体育总局证明、国家承认学历的大专毕业证书复印件）（具体内容略——编者注）

一九九九年四月十五日

北京教育考试院关于印发《北京教育考试违规行为处理暂行办法》的通知

京考办［1999］第12号

各区县考试中心、招（考）办，考试院各处室：

为加强考试管理，维护北京地区各级各类教育考试的正常秩序，保证教育考试的顺利进行，保证招生考试的公平、公正、公开，我们受北京市教委的委托，拟定了《北京教育考试违规行为处理暂行办法》，现印发给你们，望遵照执行。执行中如发现问题，请及时向我们反映。

一九九九年七月一日

附：

北京教育考试违规行为处理暂行办法

第一章　总　则

第一条　为维护北京各级各类教育考试秩序，保证国家教育考试的顺利进行，维护国家教育考试的严肃性，保障考生和有关人员的合法权益，特制定本办法。

第二条　本办法适用于北京地区的研究生招生考试、普通高等学校招生考试、成人教育招生考试、高级中等学校招生考试、高中毕业会考等各级各类学历考试和全国计算机等级考试、全国公共英语等级证书考试等非学历教育考试。

第三条　参加北京教育考试的考生必须遵守各级各类教育考试的考试规则和有关规定。

第四条　凡违反考试规则和有关规定的考生，根据情节轻重，依据本办法进行处理。

第五条　北京教育考试院主管教育考试管理工作；北京教育考试院高等学校招生办公室、中等学校招生办公室、成人教育招生办公室、社会考试办公室在职权范围内分别负责对违规行为进行处理的具体工作。

第二章　违反考试管理规定的行为和处理办法

第六条　考生未填涂“机读答题卡”的，该部分试题记零分。

第七条　考生在考试中有下列情形之一的，扣除该科所得分数的30%～50%：

1. 携带规定以外的物品进入考场的；

2. 开考信号发出前答题的；

3. 考试终了信号发出后继续答卷的；

4. 在试卷规定以外的地方书写姓名、考号或注有其他标记的；

5. 用规定以外的笔答题的；

6. 自行传递考试文具的。

第八条 考生有下列情形之一的，该科成绩记零分：

1. 交头接耳、互打暗号、手势的；

2. 窥视、抄袭他人答卷或有意将自己的答卷让他人抄袭的；

3. 夹带书本、资料、纸条等材料的；

4. 接传答案，交换答卷的；

5. 在评卷中被认定为雷同卷的；

6. 将试卷或答卷带出考场的；

7. 利用 BP 机等通讯工具作弊的；

8. 考试期间撕毁试卷或答卷的；

9. 在考场内吸烟、喧哗或有其他影响考场秩序的行为，经劝阻仍不改正的；

10. 有其他舞弊行为的。

第九条 考生有下列情形之一的，所考科目记零分，并取消当年（次）的考试资格：

1. 伪造证件、证明、档案以取得考试资格的；

2. 考生由他人代考的，或偷换答卷、涂改成绩的。

第十条 考生有下列情形之一的，所考科目记零分，并取消当年（次）的考试资格，情节特别严重的，移交行政机关或司法部门依法处理：

1. 盗窃试卷的；

2. 有违规行为且不服从工作人员管理，无理取闹，扰乱报名站（点）、考场、评卷场以及考试有关工作场所秩序，威胁工作人员安全或侮辱、诽谤、诬蔑工作人员的；

3. 打击、报复检举人的。

第十一条 考生通过舞弊、欺骗等手段参加教育考试，已经被录取或取得学籍的，按照《教育行政处罚暂行实施办法》，责令学校退回招收的学员。

第十二条 考试工作人员有下列情况之一的，当年（次）不得继续参加考试工作，并给予通报批评：

1. 监考中不履行职责，吸烟、看书、看报、打瞌睡、聊天、擅自离开岗位等，经指出仍不改正的；

2. 在评卷、统分中错评、漏评、积分差误较多，经指出仍不改正的；

3. 泄漏评卷、统分工作情况的；

第十三条 考试工作人员有下列情形之一的，当年（次）及下一年（次）不得继续参加考试工作，并由考试院会同纪检监察部门责成（建议）其所在单位视情节轻重按党纪、政纪、条规给予处理：

1. 利用监考或从事考试工作之便，为考生舞弊提供条件的，或故意隐瞒舞弊事实的；

2. 考试期间，擅自将试卷带出或传出场外的；

3. 擅自变动考生答卷时间的；

4. 提示或暗示考生答卷的；

5. 在监考、评卷、统分中，丢失、损坏考生答卷或有违反监考、评卷、统分工作规定，造成严重后果的。

第十四条 考试工作人员有下列情形之一的，由考试院会同纪检监察部门责成（建议）其所在单位按党纪、政纪、条规给予处理，并调离考试工作岗位，以后不准再从事教育考试工作：

1. 伪造、涂改考生档案的；

2. 为不具备参加全国统一考试条件的人员提供假证明、证件、档案，使其取得报考资格的；

3. 在评卷中擅自更改评分标准的；

4. 指使、纵容、创造条件或伙同他人舞弊的；

5. 应回避考试工作却隐瞒不报，或利用工作之便索贿、受贿、以权谋私的；

6. 诬陷、打击、报复考生的；

7. 场外组织答卷、为考生提供答案的；

8. 偷换、涂改考生答卷、考试成绩的。

第十五条　各级国家机关、企事业单位负责干部或其他在职人员有下列情形之一的，由考试院会同纪检监察部门责成（建议）其所在单位按党纪、政纪、条规给予处理，或由行政监察机关依法查处：

1. 指使、纵容、授意考试工作人员放松考试纪律，致使考生混乱、舞弊严重的；

2. 打击、报复、诬陷考试工作人员的；

3. 利用职务之便，胁迫他人舞弊的；

4. 利用职权，包庇、掩盖舞弊行为情节严重的。

第十六条　因考试工作人员玩忽职守，造成考点或部分考场纪律混乱，舞弊、抄袭严重，或一考场一科 1/3 以上答卷雷同，取消此考点下一年（次）举办教育考试的资格，有关责任人员不得再参加教育考试工作，并由考试院会同纪检监察部门责成（建议）其所在单位按党纪、政纪、条规给予处理；同时追究考区负责人的领导责任。

第十七条　有下列情形之一的，构成犯罪的，由公安机关依照《刑法》追究刑事责任：

1. 考试工作人员利用职务之便，收受贿赂的；

2. 向考试工作人员行贿的；

3. 以升学考试为名，进行诈骗的；

4. 考试工作人员由于玩忽职守，致使考试工作遭受重大损失的。

第十八条　盗窃未经启用的教育考试试题、参考答案及评分标准（包括“副题”）和盗窃、损毁在保密期限内的考生答卷、考试成绩的，依照《刑法》第 167 条的规定，追究刑事责任。

国家工作人员违反保密规定，造成教育考试的试题、参考答案及评分标准（包括“副题”）泄密，或使考生答卷在保密期限内发生重大事故，由公安机关依照《刑法》第 186 条的规定追究刑事责任；不够刑事处罚的，依《国家保密法》第 31 条的规定，给予行政处分。

对招生考试机构负责人，视具体情况，追究其领导责任。

第三章　处理程序

第十九条　违反教育考试管理规定的行为，除法律、法规和本《办法》另有规定外，由北京教育考试院给予处理。

第二十条　监考人员发现考生违规时，应将其违规情况如实记入《考场记录表》，并请违规考生在《考场记录表》上签字，由考点负责人提出初步处理意见，同时填写《违规考生登记表》，并将两表及时报区县招（考）办，由区县招（考）办报北京教育考试院，由北京教育考试院招（考）办提出处理意见，填写《违规处理通知书》，并转区县招（考）办，通知考生本人。

第二十一条　阅卷人员在阅卷期间发现考生有第六条和第七条第 5、6 款所列违规行为时，应及时填写《试卷异常情况登记表》，由评卷点负责人复核后转北京教育考试院，由北京教育考试院招（考）办提出处理意见，填写《违规处理通知书》，并转区县招（考）办，通知考生本人。

第二十二条　阅卷人员在阅卷期间发现或怀疑有雷同试卷的问题时，应及时填写《试卷异常情况登记表》，评卷点负责人审核签字后及时报评卷领导小组和北京教育考试院，由北京教育考试院会同有关单位认定后签发《违规处理通知书》，并转区县招（考）办，通知考生本人。

第二十三条　考试期间，市、区分别设立监督举报电话，并向各考点派出巡视检查员。接到举报电话反映或巡视员发现第十二至十四条问题，应逐级上报考试院，由考试院核实后，依本办法处理。

第二十四条　发现第十五、十六条重大问题，由考试院会同有关部门调查核实后依本办法处理。

第二十五条　发现第十七、十八条问题，及时报公安机关等有关部门调查处理。

第二十六条　对于违反高级中等学校招生考试管理规定的考生的处理，由区县中招办根据本办法实施，并报北京教育考试院备案。

第二十七条　第二十条至第二十二条所提到的表单格式，在没有使用统一的表单格式以前，由北京教育考试院各招（考）办根据各自情况自行设计制作。

第四章　附　则

第二十八条　本办法的解释权属北京教育考试院。

第二十九条 本办法自发布之日起执行。

关于各类专业课考试的组织办法

（京考成招［1999］第01号）

各有关成人高校：

根据教育部《1999年全国各类成人高等学校招生规定》中的有关规定，为加强对此项工作的管理，保证考试组织的顺利实施，特制定本办法。

一、各类专业课的范围

各类专业课是指“高职班”的两门专业课；专科起点本科班非师范类的专业课；艺术类、体育类的术科加试科目。

二、报名

报考以上各类专业的考生，在全市统一报名结束后一周内持“报名核对单”到所报考的第一志愿学校参加专业加试报名。为方便院校工作，市成招办将于3月29日—30日向有关院校提供考生报名的信息。

三、命题

专业课考试科目由有关成人高校按有关规定选定，并按原国家教委颁发相应的复习考试大纲组织命题。每科满分150分，考试时间“高职班”的专业课为100分钟；专科起点本科班非师范类专业课为150分钟。考试科目、考试时间、考试试题、参考答案及评分标准、考场安排于5月7日前报市成招办备案。

四、考试

专业课考试的时间全市统一安排在5月10日—16日进行。考试期间，市成招办将派巡视员到各考试点进行巡视检查。

五、评卷、登分

专业课考试评卷、登分工作由招生院校组织进行。各院校于5月28日前按有关要求向市成招办上报考试成绩（软盘及打印成绩单，并加盖公章）。艺术类、体育类上报综合成绩，满分100分。

六、招生工作纪律

各级招生工作人员要认真执行有关规定，坚决反对和抵制徇私舞弊和“走后门”等不正之风。对发现和群众揭发的违纪舞弊行为，要认真查处，并追究有关人员的责任。

一九九九年一月十日

1999年北京市各类成人高等院校第二专业专科学历教育招生办法

（京考成招［1999］第02号）

各区县成人教育招生办公室、各有关成人高等院校：

根据教育部《1999年全国各类成人高等学校招生规定》，结合北京市的具体情况，特制定第二专业专科学历教育（以下简称第二学历）招生办法如下：

一、报名

（一）报名时间

3月8日至14日。

（二）报名地点

报名期间考生可就近到东城区、西城区、崇文区、宣武区、朝阳区、海淀区办理查验毕业证书和报名手续。

（三）报名条件及手续

报考第二学历的考生，必须持有教育部审定核准的国民教育系列高等学校或高等教育自学考试机构颁发的大学专科或本科毕业证书（复印件两张，B5复印纸）；居民身份证（确需在京学习，外埠人员除要居民身份证外，还须有暂住证）；交近期一寸正面免冠照片一张及报名材料费。

（四）填写有关报名表格

报第二学历的学生应填写《1999年北京市各类成人高等学校第二专业专科学历教育招生报名登记表》、《北京市各类成人高校招生报名信息卡》、《1999年北京市各类成人高等学校第二专业专科学历教育招生报名档案袋》。

考生填写《登记表》中报考志愿一栏时，可填报两所学校，每个学校可填报两个专业。

（五）验证工作程序

验证点要对报考第二学历考生所持的毕业证书原件进行审查，对符合报名资格的考生，验证人员要在报名表规定的地方和两张复印件上签字，并分别加盖验证章。证书退还本人，一张复印件与报名登记表一并放入学生档案内存放，另一张复印件由区成招办留存。

发现假毕业证书时，应予以没收，并上交北京教育考试院成人教育招生办公室（以下简称市成招办）。

（六）登记与加试

报第二学历的考生应在报名结束后一周内，持“报名复核单”到所报第一志愿学校办理登记或测试手续。

二、录取

第二学历考生的录取人数不占用招生计划。

各招生院校可根据市成招办提供的报名情况，结合本校的实际情况提出录取意见。

三、补录

在三月份招生报名截止后，各招生院校根据本院校的情况，可按以上的报名条件招收第二学考历生。

各招生院校在9月6日—8日到市成招办办理集体报名与补录手续。

一九九九年一月十日

能力考试实施办法

（京考成招［1999］第03号）

为贯彻实施北京市委、市政府确定的“北京市中、高层次紧缺人才培训工程”，为促进成人教育更直接、有效地为北京市经济和社会发展服务，坚持成人高校培养和造就经济建设所需的应用型、技术型、工艺型专门人才的办学方向，坚持为生产、业务第一线的各类先进人物、生产（业务）骨干提供提高专业技能、特长的机会，充分体现成人教育在职在岗和按需培养、专业对口、学以致用的特点，1999年在北京市财贸管理干部学院等三所成人高校继续进行能力考核试点。北京教育考试院成人教育招生办公室（以下简称北京市成招办）为搞好能力考试试点工作，现制定能力考试实施办法如下：

一、能力考试组织机构

1. 领导小组

组　长：北京市成招办主任　张宝祥

副组长：各试点院校主管院校长

组　员：北京市成招办副主任　李鸿江

各试点院校教务处（招生办）负责人

2. 组织实施单位

北京市成招办负责组织能力考试的命题和考试工作，并制定相应的管理办法。

各招生院校负责组织能力考试的实施工作。

二、报名资格

参加能力考试的考生必须年龄在25周岁（1974年8月31日以前出生）以上并有5年以上工龄的先进或业务骨干。

三、报名办法

报考能力考试试点专业的考生，除要参加五门文化课的考试外，还应参加由招生学校组织的能力考试。考生在3月8日至14日，首先到户口或工作单位所在地的区县报名参加文化课考试报名，然后持“报名复核单”到所要报考的招生学校参加能力考试报名。

有关成人院校于3月29日至30日到北京市成招办领取报名工作软盘（含报名信息，专业课考试登分程序）。院校自行打印《专业课考试准考证》，于4月20日前发放给考生。

四、能力考核考试大纲

招生院校根据本专业培训目标制定能力考核考试大纲，并报北京市成招办审核。

大纲包括能力考试笔试和口试或实际操作的“复习内容”和“考试标准”两部分。“复习内容”规定复习、考试内容和要求；“考试标准”按照考试性质规定考试要求、试卷结构等。

大纲既对参加能力考试的考生起系统复习的指导作用，又作为能力考试命题的依据。

大纲既注意保持复习所要求的知识的系统性，又尽可能地体现考试测量与教学目标的一致性，并促进能力考试更科学化、规范化。

五、命题

1. 命题原则及要求

命题应紧扣大纲，反映报考专业的基础知识、技能和规范，体现考生从事工种和报考专业的衔接。命题尽可能充分地体现成人考生的在职特点，强调专业对口、学以致用的原则。试题既应有一定的难度，又应体现良好的区分度。

各招生院校根据本专业培养目标选定复习教材和操作项目，考核考生的专业基础知识、实际操作能力和分析判断能力。

2. 命题领导小组

命题领导小组由三至五人组成，招生院校主管院（校）长任命题领导小组组长，其他成员由副教授职称以上的教师担任。

命题领导小组的职责：根据能力考试的要求，对能力考试的命题工作提出建议；推荐若干教师参加命题工作；推荐若干教师审查试题、试卷、口试或实际操作项目的科学性及质量；根据考试反馈信息评价试题、试卷、口试或实际操作质量，提出改进意见；指导与命题有关的科研工作；编写《能力考核考试大纲》。

3. 命题组

笔试、口试或实际操作各命题小组分别由三至五人组成。命题组成员以高等学校教师为主，也可聘请有关单位的专职人员参加。招生院校教师不得参加命题组。命题小组组长由副教授职务以上的教师担任。

命题工作人员必须坚持四项基本原则，坚持改革开放的方针，严格遵守纪律，认真负责，身体健康，符合保密工作的条件，无直系亲属参加当年的能力考试。命题工作人员必须具有较高的本学科业务水平和教学经验，了解能力考试的要求，并能团结协作、共同工作。

命题工作人员由招生院校聘任，并报北京市成招办审核。

命题工作人员的身份对外保密，不得参加当年有关能力考试的补习、辅导活动；未经北京市成招办同意，不得以命题人员的身份出席会议或发表文章。

命题组的任务包括确定试题、编制试卷、确定口试或实际操作题目（项目）、制定参考答案及评分标准。

试题、试卷、口试或实际操作题目（项目）参考答案及评分标准必须科学、严谨、公正、无误。

试卷要有适当的难度，有较好的区分度；试卷版面设计合理，试题文字准确、简练、规范。

口试题目要反映报考专业的基本知识；实际操作项目反映本专业培训目标所需的水平。

口试或实际操作题目（项目）数量应根据考生数量编制，以防止出现过多重复的现象。

试题、试卷、口试题目、操作项目、参考答案及评分标准须报命题领导小组和北京市成招办审定。

六、考试

参加能力考试的考生除必须参加教育部规定的五科文化基础课考试以外，还必须参加能力考试和笔试和口试或实际操作。

能力考试的时间安排在5月10日至16日进行。笔试时间为60分钟，口试时间为30分钟，实际操作的时间视实际需要而定。

能力考试要在北京市成招办在统一组织下进行，各招生院校负责组织实施。

各招生院校组织实施能力考试在5月7日前应将能力考试试题、考场安排及具体时间报北京市成招办。

组织口试或实际操作时，考生采用抽签方式单独考试，由二至三名教师负责监考和评分，其中一人任主监考。招生院校可根据考生数量将监考教师分成若干小组同时进行考试。

口试或实际操作由监考教师在考生单独考试后立即打分，将考生成绩计入《能力考试（口试）评分表》（附件二）或《能力考试（实际操作）评分表》（附件三）。评分要实事求是，不能有意抬高或压低考生的分数。当监考教师对评分意见不一致时，由主监考裁决。

主监考教师负责在评分表相应空格内打实分，总分最高不能超过150分。监考教师应在评分表上签字并填写简要评语。

考试期间，北京市成招办将派巡视员到各考试点进行巡视检查。

七、评卷

评卷工作在北京市成招办统一组织下进行，由各招生院校负责组织实施。

各招生院校成立评卷领导小组，由主管领导任组长，副教授职称以上的教师任副组长，评卷教师由招生院校聘请专职教师担任。

评阅笔试试卷要求按《学科评卷小组组长职责》和《评卷工作人员守则》的有关规定执行。

各招生院校负责将考生笔试和口试或实际操作成绩折算汇总填入《能力考试成绩综合表》（附件四）。

八、计分方法

参加能力考试专业的考生，五科文化基础课的成绩应不低于当年北京市最低控制分数线的80%，专业课考试综合成绩应达到及格水平（90分），综合考试成绩满分为150分。各招生院校于5月28日前向北京市成招办上报考试成绩（软盘及打印成绩单并加盖公章）。

九、录取

审批录取新生工作由北京市成招办负责。各招生院校负责向考生寄发录取通知书。

未达到本市最低控制分数线的考生不得录取。

十、招生工作纪律

各级招生工作人员要认真执行有关规定，坚决反对和抵制徇私舞弊和“走后门”等不正之风。对发现和群众揭发的违纪舞弊行为，要认真查处，并追究有关人员的责任。

一九九九年一月十日

附件一：

1999年北京市成人高校招生能力考试成绩统计表

报名号	姓　名	笔试成绩 （50%）	口试（实际操作） 成绩（50%）	综合成绩

招生学校：　　　　　　　　填表人：　　　　　年　　月　　日

注：本表一式三份，交市成招办两份。

附件二：

能力考试（口试）评分表

<table>
<tr><td>报 名 号</td><td colspan="2">考生姓名</td><td colspan="2">报考学校及专业</td><td colspan="3">何种资格参加能力考试</td></tr>
<tr><td></td><td colspan="2"></td><td colspan="2"></td><td colspan="3"></td></tr>
<tr><td>试 题 项 目</td><td colspan="7">成 绩 档 次</td></tr>
<tr><td rowspan="2">专业基础知识
40%（60分）</td><td colspan="2">知识全面</td><td colspan="2">较　好</td><td>有所了解</td><td colspan="2">较　差</td></tr>
<tr><td>60分</td><td></td><td>45分</td><td></td><td>35分</td><td>25分</td><td></td></tr>
</table>

续前表

报名号	考生姓名	报考学校及专业	何种资格参加能力考试

分析理解能力 40%（60分）	对问题能正确理解和作深刻分析	较　好	经启发后对问题有一定的理解和分析	较　差
	60分	45分	35分	25分
口头表达能力 20%（30分）	表达清晰、用词正确、逻辑性强	较　好	表达一般	较　差
	30分	24分	18分	10分
总　分	教师签字			

简要评语

年　　月　　日

备注：1. 请主监考教师在相应项目空格内打实分；
　　　2. 总分最高为150分。

北京教育考试院成人教育招生办公室

附件三：

能力考试（实际操作）评分表

<table>
<tr><td colspan="2">报 名 号</td><td>考生姓名</td><td colspan="3">报考学校及专业</td><td colspan="2">何种资格参加能力考试</td></tr>
<tr><td colspan="2"></td><td></td><td colspan="3"></td><td colspan="2"></td></tr>
<tr><td colspan="2">实 操 项 目</td><td colspan="8">成 绩 档 次</td></tr>
<tr><td colspan="2" rowspan="2">仪器搭设准确性及速度</td><td colspan="2">能熟练地搭设仪器并且表盘平整</td><td colspan="2">较 好</td><td colspan="2">一 般</td><td colspan="2">较 差</td></tr>
<tr><td>50分</td><td></td><td>40分</td><td></td><td>35分</td><td></td><td>25分</td><td></td></tr>
<tr><td colspan="2" rowspan="2">仪器操作读数的准确性</td><td colspan="2">准确地读出所测绘的数字</td><td colspan="2">较 好
误差较小</td><td colspan="2">一 般</td><td colspan="2">较 差</td></tr>
<tr><td>50分</td><td></td><td>40分</td><td></td><td>35分</td><td></td><td>25分</td><td></td></tr>
<tr><td colspan="2" rowspan="2">测量记录及分析的准确性</td><td colspan="2">测量记录整洁，计算无误</td><td colspan="2">较 好</td><td colspan="2">一 般</td><td colspan="2">较 差</td></tr>
<tr><td>50分</td><td></td><td>40分</td><td></td><td>35分</td><td></td><td>25分</td><td></td></tr>
<tr><td>总 分</td><td></td><td colspan="2">教师签字</td><td colspan="2"></td><td colspan="2"></td><td colspan="2"></td></tr>
<tr><td colspan="10">简要评语

年 月 日</td></tr>
<tr><td colspan="10">备注：1. 请主监考教师在相应项目空格内打实分；
2. 总分最高为150分。</td></tr>
</table>

北京教育考试院成人教育招生办公室

附件四：

能力考试成绩综合表

<table>
<tr><td>报 名 号</td><td>考生姓名</td><td>报考专业</td><td colspan="2">具备何种资格参加能力考试</td></tr>
<tr><td></td><td></td><td></td><td colspan="2"></td></tr>
<tr><td>口试成绩</td><td>笔试成绩</td><td colspan="3">综 合 评 定 成 绩</td></tr>
<tr><td></td><td></td><td colspan="3"></td></tr>
<tr><td>考试成绩</td><td colspan="4">主考：　　　　日期：</td></tr>
<tr><td>领导小组审核</td><td colspan="4">盖章：　　　　日期：</td></tr>
</table>

关于免试进入各类成人高校学习的申报办法

京考所招［1999］第04号

各招生院校、区县成招办：

根据教育部《1999年全国各类成人高等学校招生规定》中对全国劳动模范、优秀运动员免试进入各类成人高校学习的规定，结合北京市的实际情况，现就全国劳动模范、优秀运动员免试入学的申报办法规定如下：

一、申报资格

（一）获全国劳动模范称号者。

（二）参加重大国际比赛（由世界及国际体育组织主办的各种体育单项比赛、锦标赛、综合性比赛和运动会）获前三名成绩者。

二、申报时间

3月16日—3月25日。

三、申报办法

全国劳动模范申请免试学习的凭身份证、劳模证书；优秀运动员申请免试学习的凭身份证、获奖证书、奖牌和国家体育运动总局相应训练中心出具的获奖证明；交近期一寸同一底片正面免冠照片三张到北京市成招办办理申请手续。

以上所有证书、证明均需两张复印件（B5复印纸）。

四、审批办法

北京市成招办将审核后的名单及相应材料送交教育部审批。经教育部审批合格者，方能进入有关高校学习。

一九九九年一月十日

1999年北京市各类成人高校招生报名照顾对象审核办法

京考成招［1999］第05号

照顾对象的审核工作是各类成人高校招生报名工作的重要环节。为做好这项工作，根据教育部《1999年全国各类成人高等学校招生规定》和京考成招［1999］第1号《1999年北京市各类成人高等学校招生规定》，结合本市的实际情况，特制定本办法。

一、关于照顾类型

符合下列条件之一的考生，录取时可照顾30分（专升本科班考生20分）。

获得地、市级以上（含地、市级）人民政府、国务院部委及各省、自治区、直辖市厅、局系统、国家特大型企业授予的劳动模范、先进生产（工作）者及科技进步（成果）奖获得者；

获得省、自治区、直辖市工、青、妇等组织授予的“五一劳动奖章”、“新长征突击手”、“三八红旗手”称号获得者；

人民解放军、武警部队、人民警察荣立三等功以上者；

归侨、归侨子女、华侨子女、台湾省籍考生；

烈士子女、烈士配偶；

山区和少数民族考生、国防科技工业三线企业单位（地处地市以上人民政府所在地的除外）获得企业表彰的先进生产（工作）者；

年满28周岁以上的人员；

报考农、林、地质、水利、矿业、测绘、监所、远洋运输、社会福利等艰苦行业专业的考生。

二、验证点的机构及其职能

各区县成招办应加强对各类照顾证明验证工作的管理，派出政策观念强、工作认真负责、坚持原则、有丰富工作经验的同志担任此项工作；报名站要设立独立的管理照顾证明验证点，对不符合照顾条件的考生坚决不予受理。

三、验证工作程序

（一）验证点在审查考生照顾资格时，在确认照顾材料是考生本人后，首先要确认照顾材料是否符合招生规定的要求。

（二）对符合享受照顾录取条件的考生，验证工作人员要在其两张证书（明）复印件上分别签字、注上考生报名号、加盖验证专用章。证书原件退还考生，一张复印件与考生报名登记表作为考生档案合并存放，另一张复印件由区县招办留存。

（三）区县成招办对符合照顾条件的考生确认照顾类型，并与报名信息卡核对，确保考生照顾信息的准确无误。报名结束后，打印照顾考生名册，在规定时间送交北京市成招办。

四、加强领导、严肃纪律

各区县成招办应加强对验证工作的领导，重视对验证工作人员的政策和业务培训，认真执行教育部和北京市成招办的有关招生规定，自觉抵制徇私舞弊、“走后门”等不正之风的干扰，严肃招生工作纪律，对招生工作中出现的各种形式的违纪、舞弊事件，一经查实，将按照原国家教委颁布的《高等学校招生全国统一考试管理处罚规定》追究责任者责任。

附：北京市市机关、市属局系统、市属总公司、国务院各部委名单

一九九九年一月十日

附件

北京市机关、市属局系统、市属总公司名单

一、市机关

01. 北京市计划生育委员会
02. 北京市计划委员会
03. 北京市市政管理委员会
04. 北京市对外经济贸易委员会
05. 北京市体育总局
06. 北京市经济体制改革委员会
07. 北京市经济委员会
08. 北京市城乡建设委员会
09. 北京市科学技术委员会
10. 北京市教育委员会
11. 北京市教育工作委员会
12. 北京市政法委
13. 北京市市委组织部
14. 市委办公厅
15. 市委宣传部
16. 市委统战部
17. 北京市商业委员会
18. 市政府办公厅
19. 北京市民族事务委员会

二、市属局系统

01. 北京市机械工业管理局
02. 北京市电子工业办公室
03. 北京市电力工业局
04. 北京市供电局
05. 北京铁路局
06. 北京市国家税务局
07. 北京市物资管理局
08. 北京市地质矿产局
09. 北京市地方税务局
10. 北京市城市规划管理局
11. 北京市市政工程局
12. 北京市房屋土地管理局
13. 北京市环境卫生管理局
14. 北京市园林局
15. 北京市公用局
16. 北京市电信管理局
17. 北京市交通局
31. 北京市新闻出版局
32. 北京市文物事业管理局
33. 北京市广播电视局
34. 北京市审计局
35. 北京市劳动局
36. 北京市技术监督局
37. 北京市财政局
38. 北京海关
39. 北京市工商局
40. 北京市物价局
41. 北京市监察局
42. 北京市司法局
43. 北京市公路局
44. 北京市供销合作总社
45. 北京市公安局
46. 北京市老干部局
47. 北京市统计局

18. 北京市邮政管理局
19. 北京市第一商业局
20. 北京市粮食局
21. 北京市旅游事业管理局
22. 北京市民政局
23. 北京市监狱管理局
24. 北京市烟草专卖局
25. 北京市林业局
26. 北京市农业局
27. 北京市水利局
28. 北京市气象局
29. 北京市卫生局
30. 北京市文化局
48. 北京市环境保护局
49. 北京市国营农场局
50. 北京市建筑工程局
51. 北京市二轻工业局
52. 北京市一轻工业局
53. 北京市科技干部局
54. 北京市档案局
55. 北京市第二商业局
56. 北京市进出口商品检验局
57. 北京市社会保障局
58. 北京市乡镇企业局
59. 北京市人事局
60. 北京市矿务局

三、总公司

01. 北京市公共交通总公司
02. 北京市有色金属总公司
03. 北京市化学工业集团公司
04. 北京市汽车工业集团总公司
05. 北京市煤炭总公司
06. 北京市纺织工业总公司
07. 北京市一轻总公司
08. 北京二轻工业总公司
09. 北京印刷集团总公司
10. 首都钢铁总公司
11. 北京市医药总公司
12. 北京燕山石油化工公司
13. 北京建工集团总公司
14. 北京城建开发集团总公司
15. 北京建筑材料集团总公司
16. 北京住宅开发建设集团总公司
17. 北京市地下铁道总公司
18. 北京市饮食服务总公司
19. 北京市石油产品销售总公司
20. 北京市粮油贸易总公司
21. 北京市水产总公司
22. 北京市仪器仪表总工业控股（集团）公司

四、政协系统

1. 北京市政协

五、人大系统

1. 北京市人大

六、群众团体

1. 北京市妇女联合会
2. 北京市总工会
3. 北京市科学技术协会
4. 共青团北京市委员会
5. 北京市文学艺术界联合会

中华人民共和国国务院各部委名单

一、已取消和更名的部委：

01. 电力工业部
02. 煤炭工业部
03. 冶金工业部
04. 机械工业部
05. 电子工业部
06. 化学工业部
07. 国内贸易部
08. 邮电部
10. 广播电影电视部
11. 地质矿产部
12. 林业部
13. 国家体育运动委员会
14. 国防科学技术工业委员会
15. 国家经济体制改革委员会
16. 国家计划委员会
17. 科学技术委员会

09. 劳动部
18. 国家教育委员会

二、国务院各部委（机构改革后）
01. 外交部
02. 国防部
03. 国家发展计划委员会
04. 国家经济贸易委员会
05. 教育部
06. 科学技术部
07. 国防科学技术委员会
08. 民族事务委员会
09. 公安部
10. 国家安全部
11. 监察部
12. 民政部
13. 司法部
14. 财政部
15. 人事部
16. 劳动和社会保障部
17. 国土资源部
18. 建设部
19. 铁道部
20. 交通部
21. 信息产业部
22. 水利部
23. 农业部
24. 对外贸易经济合作部
25. 文化部
26. 卫生部
27. 国家计划生育委员会
28. 中国人民银行
29. 中华人民共和国审计署

一九九九年北京市各类成人高等学校招生考试考场编排规定

京考成招［1999］第06号

全国各类成人高等学校招生考试是国家级考试，具有很强的政策性和严肃性。成人高考直接面向广大考生，社会关注程度高。为了不断地提高组织考试的管理水平，使成人高考逐步做到科学化、规范化、制度化，特对考场编排作如下规定：

一、考点

考点由各区县成人教育招生办公室（以下简称区县成招办）按《考点设置及要求》选定。各区县成招办在规定的时间内，向北京市教育考试院成人教育招生办公室（以下简称北京市成招办）报名本区县考点设置的数量、地点、各考点考生容量。特别强调的是：

（一）不能选择小学校作为考点；

（二）不得使用阶梯教室作考场和拼考场；

（三）每个考点必须设十个以上考场，因特殊情况达不到十个考场的考点须经北京市成招办批准。

二、考场编排原则

（一）高中起点本、专科考场按文史类、理工类、外语类（含高中起点本科文科）、高中起点本科理科、“3＋2”文科、“3＋2”理科、“高职班”文科、“高职班”理科八类顺序编排。

专科起点本科班考场按师范类、非师范类、教师类三大类编排。

每考场统一规定为30人。

（二）每个科类的考场序号要连续编排，考场号要从小号到大号顺序排列；每个考场内的准考证号也要连续排列。

（三）尾数考场的考生可以合并安排在同一教室之内，但每个教室不得超过30人。

（四）考场设置严格按《北京市成人高（中）等学校招生工作细则》中《考场设置及要求》的规定执行。

三、报名号编排方法和准考证号编排方法

在招生工作细则中对报名号编排方法和准考证号编排方法作了详细的规定，编排报名号和准考证号时必须按照该规定执行。

四、报名号和准考证号的使用原则

（一）报名号为工作号。自报名始至录取结束，招生工作人员所使用的有关表格、信息卡等均以考生报名号为准。

（二）准考证号为考试专用号。准考证号在编排考场时根据报名号和一定规则产生。考场门上贴准考证起止号，考场内桌子左上角贴考生准考证号。考生答题时，在答题卡和试卷Ⅱ上只填涂（写）准考证号。

五、计算机随机编排准考证号

以每考区为单位，以考生报名号为工作号随机（打乱原报名号顺序）生成考生准考证号，按各区县所报考点和考点容量统计表编排考场，生成相应的考场登记表。

六、表格

（一）考点和考点容量安排表（由区县成招办输机并打印）于3月18日、19日报市成招办。

（二）全市考场登记表。每考场占一行，注明该考场全部试卷科目代号，于3月31日前返回各区县成招办。

（三）考生报名号与准考证号对照表，于3月31日前返回各区县成招办。

（四）各科目试卷需用量明细表，于3月31日前返回各区县成招办。

（五）考生准考证及其存根（显示报名号，按报名号顺序）。由北京市成招办打印后于4月15日前发至各区县成招办。

七、发放准考证

考生准考证原则上在4月下旬发放，具体时间由各区县成招办自行确定。

一九九九年一月二十五日

关于对区县成人教育招生办公室招生考试工作实行目标管理考评的通知

京考成招［1999］第07号

各区县成人教育招生办公室：

现将《北京市区、县成人教育招生办公室招生工作目标管理考评办法》、《北京市区、县成人教育招生办公室招生管理工作责任目标》、《北京市区、县成人教育招生办公室招生工作目标管理实施细则》发给你们，请结合本区的实际情况，认真研究，制定切实可行的措施，并贯彻落实。

附件：

一、《北京市区、县成人教育招生办公室招生工作目标管理考评办法》

二、《北京市区、县成人教育招生办公室招生管理工作责任目标》

三、《北京市区、县成人教育招生办公室招生工作目标管理考评实施细则》

一九九九年二月八日

关于北京市各类成人高等学校 1998—1999 年度预科班结业考试的通知

京考成招［1999］第 08 号

各工作站：

根据北京市各类成人高等学校预科班的教学要求和教学计划的安排，1998－1999 年度预科班结业考试定于 1999 年 4 月 10 日－11 日进行，请按成人高等学校招生考试的有关规定执行，安排好预科班结业考试工作。

一、考试科目

文史类：语文、数学、政治、历史、地理；

理工类：语文、数学、政治、物理、化学；

西医类：语文、数学、政治、人体解剖、生理学；

中医类：语文、数学、政治、中医基础理论、中药学；

高职班：语文、数学、政治。

二、考试时间

日　期	时　间	科　目
1999.4.10	9:00—11:00	语　文
	14:00—15:40	物理、地理、生理学、中医基础学
1999.4.11	9:00—11:00	数　学
	14:00—15:40	政　治
	16:20—18:00	化学、历史、人体解剖、中药学

三、考试办法

1. 各工作站自行组织本站预科班的考试工作。

2. 考试抽考工作，由北京市成招办负责抽考；抽考考生按工作站、学员顺序等距离确定，并在同一时间到市成招办集中考试，抽考人员名单附后。

3. 考试期间由市成招办派出巡视员到各工作站巡视。

4. 考试后由市成招办集中组织评卷工作。

四、组考要求

1. 各工作站要成立预科生结业考试工作领导小组，具体负责考试工作，领导小组由正、副站长组成。

2. 预科班的结业考试应视同成人高考，各项工作均按市成招办颁发的《北京市成人高（中）等学校招生工作细则》执行。组考中，要严密做好各项准备工作；做好监考人员培训工作，严肃考风考纪，确保考试工作的顺利完成。

3. 各工作站在 3 月 19 日将本站考试安排情况上报我办。

五、取送试卷时间及要求

1. 取试卷时间和地点：1999 年 4 月 9 日上午 11:00 时前。

北京教育考试院成人教育招生办公室考试科

联系人：白希友

联系电话：64229544

2. 送试卷时间和地点：

1999 年 4 月 12 日上午 11:00 时前

北京教育学院招生办公室（北楼 1121 室）

联系人：王红、韩玉稳

联系电话：62018382

3. 各工作站取送试卷必须两人以上，同时带介绍信。

六、其他

1. 各工作站在 3 月 19 日将平时成绩单及软盘上报市成招办考试科。

2. 5 月 7 日各工作站到市成招办考试科领取预科生结业考试成绩。

一九九九年三月三日

首师大工作站：

你站共有预科生 345 人，间隔 10 人抽取考生，考生名单如下：

21001001	胡文倩	21001013	申　彤
21001025	赵达南	21001038	张　利
21001048	刘晓文	21001059	余洪燕
21001072	张德庆	21001086	冯天娇
21001099	范淑霞	21001115	纪敬慧

注："3＋2"学生不参加抽考。

教育学院工作站：

你站共有预科生 162 人，文、理科分别间隔 10 人抽取考生，其中文科生抽取 7 人，理科生抽取 3 人，共抽取 10 人，考生名单如下：

21002001	顾　华	21002011	卢爱荣
21002021	曹亚宾	21002031	王永会
21002041	赵立志	21002051	张　雷
21002061	王丹口	22002001	郭小兵
22002011	王立辉	22002021	刘可欣

北工大工作站：

你站共有预科生 288 人，间隔 10 人抽取考生，考生名单如下：

21003001	甄久长	21003011	董　玮
21003021	王　杰	21003031	舒常顺
21003041	王　茜	21003051	杨铭铭
21003061	苍立红	21003071	周菁楠
21003081	孙朱珠	21003091	韩以红

北医大工作站：

你站共有预科生 196 人，西医、中医类分别间隔 10 人抽取考生，其中西医类抽取 8 人，中医类抽取 2 人，共抽取 10 人，考生名单如下：

26004001	陈春林	26004011	杨欣红
26004021	冯晓青	26004031	申凤兰
26004041	张香兰	26004051	罗静芳

26004061	李玉芝	26004071	邱惠娟
27004003	郭激扬	27004013	王宗华

北京电大工作站：

你站共有预科生151人，文、理科分别间隔10人抽取考生，其中文科生5人，理科生5人，共抽取10人，考生名单如下：

21005001	王佳捷	21005011	田　义
21005021	王燕云	21005031	金　波
21005041	田丽杰	22005001	田建军
22005011	周国安	22005021	柯肇杰
22005031	范纪军	22005041	马成林

轻工职大工作站：

你站共有预科生324人，间隔10人抽取考生，考生名单如下：

21006001	王冬梅	21006011	刘全喜
21006021	夏　婧	21006031	盛金生
21006041	肖　军	21006051	赵忠华
21006051	汪丽琴	21006071	刘利新
23006081	郝　杰	21006090	赵　健

注："3＋2"学生不参加抽考。

市总职大工作站：

你站共有预科生37人，间隔10人抽取考生，共抽取3人，考生名单如下：

21104001	曹惠玲	21104011	鲍淑萍
21104021	栗九政		

朝阳职大工作站：

你站共有预科生37人，间隔10人抽取考生，共抽取3人，考生名单如下：

21105001	韩宝生	21105011	李　勇
21105021	宋　艳		

丰台职大工作站：

你站共有预科生66人，间隔10人抽取考生，共抽取6人，考生名单如下：

21107001	张学文	21107012	关　宏
21107024	李　英	21107033	赵玉荣
21107045	刘长清	21107057	郑爱民

门头沟工作站：

你站共有预科生35人，间隔10人抽取考生，共抽取3人，考生名单如下：

21109001	张晓利	21109013	李德敏
21109026	龚亚洁		

房山工作站：

你站共有预科生21人，间隔10人抽取考生，共抽取2人，考生名单如下：

21110001	杨全英	21110011	刘　瑞

通州工作站：

你站共有预科生 36 人，间隔 10 人抽取考生，共抽取 3 人，考生名单如下：

21111001	李学田	211112011	王伟
211112021	苏丽娟		

顺义工作站：

你站共有预科生 32 人，间隔 10 人抽取考生，共抽取 3 人，考生名单如下：

21113001	沈振作	21113011	袁晓宾
21113021	田雨梅		

昌平工作站：

你站共有预科生 26 人，间隔 10 人抽取考生，共抽取 2 人，考生名单如下：

21114001	金淑慧	21114013	吴春生

怀柔工作站：

你站共有预科生 54 人，间隔 10 人抽取考生，共抽取 5 人，考生名单如下：

21115001	蓝　茂	21115011	梁怀利
21115021	王海荣	21115031	乔庆祥
21115041	张桐富		

平谷工作站：

你站共有预科生 25 人，间隔 10 人抽取考生，共抽取 2 人，考生名单如下：

21116001	王国利	21116011	李立萍

密云工作站：

你站共有预科生 34 人，间隔 10 人抽取考生，共抽取 3 人，考生名单如下：

21117001	刘克民	21117011	王明春
21117021	张静云		

延庆工作站：

你站共有预科生 32 人，间隔 10 人抽取考生，共抽取 3 人，考生名单如下：

21118001	董　森	21118014	李小林
21118025	林俊峰		

关于进一步加强管理，严肃考风考纪，切实做好组考工作的通知

京考成招［1999］第 09 号

各区县成人教育招生办公室：

为贯彻教育部考试中心《关于在全国教育统一考试工作中加强考务管理、严肃考风考纪的通知》（考试中心［1999］35 号）的精神，进一步加强管理、严肃考风考纪，切实做好 1999 年全国各类成人高等学校招

生统一考试北京地区的组考工作，现就有关问题通知如下：

一、认真学习、积极贯彻教育部考试中心《关于在全国教育统一考试工作中加强考务管理、严肃考风考纪的通知》的精神

对教育部考试中心（考试中心［1999］35号）的文件，应认真学习，积极贯彻，同时要严格执行以下五个文件的规定：

1.《普通、成人高等学校本、专科招生全国统一考试管理工作规则》（原国家教委考试［1999］3号）；

2.《关于印发〈试卷保密室、答卷保管室管理办法〉和〈试卷印制、运送工作管理办法〉的通知》（原国家教委教试厅［1992］1号）；

3.《关于加强全国教育统一考试管理工作的意见》（教考试厅［1998］2号）；

4.《关于落实全国教育统一考试考风考纪电视电话会议精神的通知》（教试中心［1998］50号）；

5.《关于进一步加强普通、成人高等学校招生全国统一考试管理工作的意见》（原国家教委教考试［1995］2号）。

为此，请各区县成招办做好以下工作：

(1) 在4月30日以前安排一定的时间组织本区县成招办的全体工作人员认真学习有关考试工作的文件，并结合当地的实际情况对成人高校招生组考工作进行全面分析，在充分肯定成绩的基础上，找出存在的问题，制定具体的切实可行的组考方案。

(2) 在5月5日前集中时间，集中精力，做好各考点主考、副主考、监考教师、工作人员的培训工作。通过培训使全体监考教师、工作人员认清形势，明确职责，增强做好工作的自觉性。

(3) 请将本区县成招办的学习情况以及面临的问题和采取的措施及时向当地教育行政部门的领导、主管区县长汇报，以便争取领导的重视和支持。

二、严肃考纪，加大监督检查力度

在成人高校招生组考工作中各区县成招办的全体工作人员要严格执行《全国各类成人高校招生规定》、《普通、成人高等学校本、专科招生全国统一考试规则》、《北京市成人高（中）等学校招生工作细则》。

对各考点的监考教师、工作人员，各区县成招办要严格要求，敢于管理。凡承担成人高校招生统一考试工作的学校和人员都必须认真履行和落实考点和监考人员的职责，必须树立以法治考的观念，都要廉洁奉公，敢于负责，敢于斗争，熟练业务。

对于考试中有违纪、舞弊行为的考生，各级工作人员和监考教师都要敢抓敢管，坚决查处。

对在考试中工作态度不认真、不认真履行职责，甚至放纵考生伙同作弊的监考教师、工作人员要坚决依照《高等学校招生全国统一考试管理处罚规定》严肃处理，情节严重的要撤销其考点和监考的资格。对以前在监考中出现过上述问题的人员，不能参加组考工作。

各区县成招办要继续加强与当地监察、纪检部门的合作，并接受监督，在严肃考试纪律，处理违纪、作弊工作中主动争取监察、纪检部门的配合，以加强对违纪、作弊的处罚力度和监督措施。

三、加强巡视检查

组考期间，北京教育考试院成人教育招生办公室（以下简称市成招办）将向各区县派出巡视员。市成招办所派巡视员将在考试期间代表市成招办对各区县的考点、考场设置、试卷的保管分发、监考教师、工作人员履行职责的状况、考场纪律等有关情况进行监督检查。发现问题后，与当地县成招办或考点主考共同研究、提出处理意见，并及时向市成招办汇报。

各区县成招办，在组考期间也应组织相应数量的巡视人员，代表区县成招办到本区县内的各考点、考场进行巡视检查。巡视中如发现问题可及时与考点主考联系并及时向本区县成招办汇报。

巡视员要由政治可靠、作风正派、工作认真、坚持原则、有一定组织能力的各成人高校的教师及各区县教育行政部门的干部担任。

市区成招办要对巡视人员做好培训工作，使其了解考试安排，掌握有关规定，明确职责和要求。

各组巡视员工作结束后应及时地向派出单位做书面巡视情况汇报。

四、加强保密观念，做好试卷的保管分发工作

为保护考生平等竞争的权利，保障招生考试工作的顺利进行，各区县成招办必须增强保密观念，切实

做好试卷（答卷）的保管分发工作。在组考期间各区县成招办除按市成招办制定的《区县试卷保密制度》、《招生工作细则》中有关试卷印刷、运送和保管的规定执行外，还需切实做到：

1. 各区县成招办从市成招办领取全部试卷后，应立即在保密室内、在考区领导小组的监护下，依照《1999 年北京市各区县各科目试卷征订表》进行核对清点。核对无误后再依照《1999 年北京市各考点各科目试卷征订表》核对清点，并按考试时间、考点分科装入保险柜内。

2. 考试期间，当日开考科目的试卷由区县成招办于当日上午 8 时前用专车送达考点，考点保密人员依照《1999 年北京市各类成人院校招生考试考场登记表》核对，无误后装入保险柜内。每场考试前一小时由保密人员按考场、科目将试卷准备好。

五、加强值班制度

组考期间，各区县成招办设值班室并要求 24 小时有人值班，值班室每日（5 月 8、9 日）早 8:00 至晚 8:00 必须有专人值班，保证联络畅通。

值班室地址、电话、值班人员姓名请于 5 月 5 日前报成招办秘书科。

各区县成招办值班室每日下午 6 时至 8 时准时将本考区当日的考试情况电话汇报。市成招办值班室。市成招办值班电话：

白天（8:00—18:00）：64225669　　　64229577

夜间（18:00 至次日 8:00）：64236163

附：《关于在全国教育统一考试工作中加强考务管理、严肃考风考纪的通知》（略）

一九九九年四月二十一日

关于印发《1999 年北京市各类成人高等学校招生考试评阅试卷工作的规定》的通知

京考成招［1999］第 10 号

各区、县成人教育招生办公室、各评卷单位：

为做好 1999 年北京市各类成人高等学校招生考试评阅试卷的工作，使评卷工作向着科学化、规范化的方向发展，确保高质量地完成评卷工作，现将《1999 年北京市各类成人高等学校招生考试评阅试卷工作的规定》发给你们，望遵照执行。

附：《1999 年北京市各类成人高等学校招生考试评阅试卷工作的规定》

一九九九年四月二十日

附：

1999 年北京市各类成人高等学校招生考试评阅试卷工作的规定

评卷工作是全国各类成人高校招生工作的重要环节，为使此项工作能顺利地开展，确保质量，现依据原国家教育委员会颁布的《普通成人高等学校本专科招生全国统一考试工作规则》特作如下规定：

一、评卷工作的原则及依据

为充分体现全国统一考试的“科学、公正、准确、规范”的原则，在全部评卷工作中应坚持：

1. 评卷工作必须严格执行教育部制定的参考答案和评分标准，不得提高或降低，不得擅自更动。遇有不同意见须经请示，经同意后方可变动。

2. 全部评卷工作自始至终要坚持“宽严适度”、“首尾一致”。

3. 评卷工作应集中人员在统一时间、统一场所内进行。

二、组织领导及分工

（一）组织领导

评卷工作应在北京市各类成人高校招生考试评卷领导小组的领导下进行。市领导小组由北京教育考试院主管院长、市成招办负责人及各评卷点领导小组组长组成。

评卷点全市统一设置，各评卷点应成立评卷领导小组，组长由承担评卷工作的院校主管校长担任。

各学科成立学科评卷领导小组，组长由本学科副教授职称以上的教师担任。

各评卷点应设立评卷、核分、登分、检查、成绩录入、试卷保管、后勤等组。

北京市成人教育招生办公室为北京市评卷领导小组的办事机构，具体协调、解决阅卷中出现的重大问题。

（二）各部门的职责

1. 北京市评卷领导小组领导、组织全市的评卷工作，对评卷工作中普遍性的重大问题有最终决定权。

2. 评卷点领导小组具体组织各科目试卷的评阅工作，对各科试卷的评阅质量、分数的核对、试卷的保管、保密和评卷工作的进度负责。

3. 评卷点下设的各小组要对评卷点领导小组分配的任务负责。

三、阅卷评分

（一）研究评分标准，坚持做好试评

各评卷点领导小组要组织全体评卷教师认真学习、研究《试题答案》和《评分标准》，对于评分标准的宽严尺度要统一认识。评卷前，要根据评分标准进行试评，对考生不同的答题方式进行研究、讨论、归纳。遇有争论的问题需要请示上级部门的要及时请示，要经过反复论证，统一思想，以便取得统一的认识，在此基础上，评卷点领导小组制定出相应科目的“评分标准执行细则”，并使每个评卷教师熟练掌握统一的评分标准及其执行细则，防止在正式评卷中出现偏宽、偏严或宽严不一的现象，充分体现“宽严适度、首尾一致”和“严格、公正、准确”的原则。

（二）实行岗位责任制，采取流水作业法评卷

1. 分组办法。评卷点根据该科目试卷的题目数设立与题目数相同（或相近）的题目组，每个题目组再分成若干个小组。若该科目试卷数量较多，评卷点可先分成几个大组，每个大组再根据试卷题目数分成与题目数相同（相近）的题目组，然后下设若干个小组，组与组之间按题目传递流水作业。

2. 各组均设正副组长二至三名，其中一名组长负责领送、分发试卷，并随时掌握评卷进度、质量和出现的问题。

3. 在评卷过程中，作文和论述题由两个分别评阅（一人主评，一人副评，定时交换），在一定幅度内取两个分数的平均分，如超出一定幅度由评卷题目组讨论决定，其他题目一人一题单独评阅，疑难问题由题目组讨论解决。

4. 评卷点要建立严格的复查制度。对评后的答卷，小组要复查，题目组、大组要抽查，阅卷点负责人在抽查的同时要及时解决疑难问题，防止出现偏严、偏宽或宽严不一及漏判题等问题。对评分标准掌握不当的评卷人员应予提醒，对不能正确掌握评分标准（或多次提醒不改正）的评卷人员应调换其工作。

（三）记分与积分

批阅、记分和积分一律用红墨水笔或红圆珠笔，要求记分要工整规范，积分要准确。

1. 记分方法。文史类试卷如政治、语文、历史、地理、外语等只记得分，不记扣除分数。

理工类试卷，如数学（理）、物理、化学和数学（文）等只记扣除分数，并在有错误的字句下做“—”记号。完全答错和未答的记大型“○”记号。题目得分记在得分栏内，同时，评卷人在规定的位置签字，以示负责。每题中的小数点以后的分数不作四舍五入，成绩如需订正，订正后要由原评卷教师和订正人签名，以便个人负责。

2. 积分是每题的得分相加，得出整个试卷的应得分数，即通常说的某科分数。科目总分要四舍五入，

不保留小数。积分工作一般分两组，一组加分，一组复核。

3. 如发现答案中有严重的政治错误，须集体讨论审查确定后在有错误的地方做“＝”记号，并在试题成绩栏下做“×”记号，同时做记载，必要时，由评卷领导小组处理。对有异常情况的试卷（如雷同试卷，字迹前后不一致，在密封线外写有考生姓名、考号或标记等。）先评分，同时填写《答案异常情况记录表》和答案异常鉴定材料，会同评卷领导小组处理。

（四）坚持集中评卷

1. 各评卷点要克服困难，做到按科目在规定的场地集中评阅试卷。

2. 在试卷袋拆封后，由评卷教师先把试卷袋上的密码号填在卷头纸上，保证试卷始终是在密封状况下进行评阅。评卷后，要注意将试卷装回原试卷袋中。

（五）做好试卷的收发、传递、保管和保密工作

1. 评卷点要建立保密室，制定保密制度。设立专门人员负责收发试卷，健全试卷收发手续。发放的试卷评阅后当天收回，集中在保密室保管。

2. 评卷题目小组组长负责领送试卷，领送试卷前均严格检查试卷密封、编号是否完好，有无缺漏。

3. 评卷时要做到严格保密，不得将试卷带出评卷场所，不得抄录试卷评阅结果。对评卷有不同意见应及时向组织反映，不得在室外谈论评卷的情况和问题。不得在评卷室内会客、接待来访。

4. 评卷教师要自觉遵守保密制度，不得私自拆开试卷密封卷头查阅考生的姓名和成绩，更不得向外传播，如发现此种情况，应进行批评教育，情节严重者要严肃处理。

5. 要注意做好评卷场所的安全保卫工作，保持清洁，注意防火、防盗，不要随意乱扔纸张、烟头。

6. 自觉遵守组织纪律，服从工作安排，按时上下班，因病、因事不能上班时应及时请假。

四、登分与复核

（一）登分工作

登分工作是指试卷评阅、积分完毕后，按照统一要求把考生分数登记在登分单上（登分单由市成招办统一印制）。

1. 登分前，首先检查考场试卷数是否同北京市成招办所发的全市考场登记表上每个考场的应考人数相一致，如不一致时要认真查找原因，必要时可与试卷所在的区县成招办联系，要保证试卷份数与本考场应考人数相一致。只有在试卷份数与考场应考人数一致时才能开始登分。

2. 登记前应逐项填写登分单的顶端部分。要注意写好考场密码号、科目代号、应考人数，特别要注意有关代号的填写。

3. 登分时按试卷的顺序从上到下填写每个考生的分数。不能空位、合并，不能错位，否则其他考生的成绩会随之发生错误（即按登记单上的序号依次填写，缺考考生的成绩应在相应的位置上填写“－1”）。各项数字的书写要注意规范，不能潦草。特别要注意“0”与“6”、“7”与“2”、“5”与“8”等数字的区分，否则容易造成计算机录入数据时难以辨认或错误录入。

4. 填写考生成绩应当用黑色或蓝色钢笔或圆珠笔。一组登完分后，另一组再核对一次。要认真检查区县代号、科目代号、考场密码号和应考人数是否同试卷袋上的区县代号、科目代号、考场密码号、应考人数相同，然后再检查登分单上的分数是否与试卷上的分数一致。不一致时应查明原因，及时修改。修改时，应将错误的分数打“×”，再将正确的分数填在“修正分数”栏内，修正人应在“修正人签字”栏内签上自己的姓名。

5. 登分单只填一份。登分、核分完毕后，集中登分单，按区县代号，分区县整理好，交输机人员输入计算机。第一次输机完毕后进行第二次输机，经核对后，将软盘及登分单分科整理好交北京市成招办。

6. 要对登分工作人员加强纪律教育，在北京市成招办正式通知分数之前，任何人不得提前泄漏考生的成绩。

（二）复核工作

复核工作是指在评卷、登分、核分后复查分数是否登错或加错，不涉及评分标准掌握问题。

这项工作主要由区县成招办组织进行。

1. 复核试卷应在试卷启封的状态下进行，复核时首先检查“成绩复核单”上区（县）号、考场密码号、科目代号、应考人数是否与封头纸上所标明的相一致；试卷的份数是否同考场人数相一致（含空号和缺考考生），不一致时，要认真查找原因，及时解决。

2. 注意检查准考证号的顺序是否从小号到大号连续排列，中间是否有其他异常现象，如有，应及时纠正。

3. 在前两项均符合规定的情况下，可开始核分工作，逐个检查“成绩复核单”上的分数是否与试卷上的分数相符。

4. 在复核中如有错误，应在“成绩复核单”上“修正分数”栏写上正确分数，同时区县招办主任在“修正人签名”栏上签名，以示负责。

（三）集中改错

市成招办组织各评卷点和各区、县成招办在一起对登分中出现的错误共同修改。时间定于 5 月 30 日上午 8:00。地点在北京市成招办。

五、处罚规定

在评卷工作中，对违反教育部有关规定的工作人员和发现试卷雷同等违纪现象的考生时，按原国家教委颁发的《高等学校招生全国统一考试管理处罚暂行规定》中第二章“违反考试管理的行为和处罚”的条款处理。

评阅工作结束后，各评卷点领导小组要及时总结评卷工作经验，表彰优秀评卷人员，写出评卷工作总结报告。结合评卷工作对本评卷点评阅的科目应做出分析、评价，对今后的命题工作提出意见和建议。

附件：

1. 1999 年北京市成人高考评卷领导小组名单
2. 1999 年北京市成人高考阅卷工作时间安排
3. 1999 年北京市成人高考试卷评阅地址一览表（高中起点）
4. 1999 年北京市成人高考试卷评阅地址一览表（专科起点）
5. 1999 年北京市成人高考各科科目代号与评卷数量统计表
6. 评卷工作人员守则
7. 统分输机工作人员守则
8. 保密人员守则
9. 评卷点答卷保管人员守则

一九九九年四月二十日

附件 1：

1999 年北京市成人高考评卷领导小组名单

组　长：王茂才　北京教育考试院副校长
副组长：张宝祥　北京教育考试院成人教育招生办公室主任
副组长：李鸿江　北京教育考试院成人教育招生办公室副主任
成　员：李德芳　郑开义　王季音　范文斌　王江波
　　　　程丽娟　顾宗连　赵相林　李　方
办公室成员：白希友　吴莉莉　滕岩

附件 2：

1999 年北京市成人高考阅卷工作时间安排

时　间	工作进度和要求
1999 年 4 月 27 日	下午 2:00 在首都师范大学主楼 123 会议室召开阅卷工作会
5 月 5 日	上午 9:00 召开考试成绩计算机录入人员工作会议（市成招办）
5 月 8 日—9 日	成人入学考试
5 月 10 日	各考试单位向阅卷点集中送试卷、阅卷点接收试卷
5 月 11 日—24 日	各阅卷点组织阅卷、登分工作，24 日向市成招办报成绩软盘
5 月 26 日	各区（县）招生办上午 9:00 到市成招办开会，并领取打印成绩单；会后到阅卷点领取试卷。
5 月 27 日—30 日	各区（县）招生办复核考生分数
5 月 30 日	统一对考生成绩进行改错 改错地点：朝阳区西坝河七庙 6 号市公用局党校院内（市成招办所在地）
附注：专升本、阅卷进度同上。	

附件 3：

1999 年北京市成人高考试卷评阅地址一览表（高中起点）

学校名称	阅卷科目	联系人	联系电话	阅卷地址
北师大	语文	范继芳	62208167	新街口外大街 19 号
首都师大	政治　数学（文） 历史　地理	马　辛	68902632	首师大教工活动中心二楼
北京电大	数学（理） 物理　化学 英语　日语	徐佩明	66117633	西直门内南草厂街小后仓甲 36 号教学楼 3 层
清华大学	“3＋2” 机械基础 电工基础 电子技术基础 机械制造工艺	范文斌	62785519	清华大学三教学楼 3412 号房间
协和医科大学	西医类“3＋2”： 人体解剖 生理学	王江波	65125127	东城区东单三条 9 号
中医药大学	中医药类“3＋2”： 中医基础理论 中药学	程丽娟 于红星	64287546	北三环东路 11 号 管理系统楼二层 210 室

注：各区（县）成招办请将答题卡送市成招办考试科。

联系电话：64229544　　联系人：白希友

附件4：

1999年北京市成人高考试卷评阅地址一览表（专科起点）

学校名称	阅卷科目	联系人	联系电话	阅卷地址
清华大学	高等数学（一）	范文斌	62785519	三教学楼3412号房间
政法大学	刑法　民法	李　国 于向荣	62229971	学院路41号成教学院7号楼3层会议室
北师大	大学语文 政治	范继芳	62208167	新街口外大街19号
中国人民大学	高等数学（二） 英语	高宪法	62511196	人大资料楼3层301室
教育学院	精读和泛读 教育学（职） 师范类各考试科目 （科目名称附后）	刘立春	62018382	德胜门外黄寺大街什坊街2号北楼106室
附注：（师范类考试科目名称）教育理论课　马克思主义哲学　政治经济学　汉语　中国革命史　中国文学　文学概论　中国通史　中国历史要籍介绍和选读　实用语法　空间解析几何　数学分析　高等代数　高等数学（物理）　力学热学　光学电磁学　高等数学（化学）　有机化学　无机化学　中国地理　世界地理　自然地理基础　动植物学　微生物学　人体解剖及生理学　体育理论　运动生理学　综合考试　音乐基本理论　美术史论基本知识教育学　心理学　学校管理　世界通史				

附件5：

1999年北京市成人高考各科科目代号与评卷数量统计表

一、高中起点本、专科

科目代码	科目名称	考试人数
001	政治	75 402
002	语文	75 402
003	数学（文）	54 536
004	历史	43 110
005	地理	43 110
006	物理	9 459
007	化学	9 459
008	英语	7 797
009	日语	92
010	俄语	2
016	机械基础	149
018	电工基础	65
019	电子技术基础	65

二、专科起点本科

科目代码	科目名称	考试人数
101	政治	14 848
102	英语	14 683
103	高等数学（一）	4 635
104	高等数学（二）	6 812
105	大学语文	3 160
125	刑法	1 082
126	民法	1 082
134	精读和泛读	1 130
135	教育学（职）	165
140	教育理论课	6 273
141	马克思主义哲学	977
142	政治经济学	977
143	中国革命史	977

续前表

科目代码	科目名称	考试人数
038	生理学	5 396
039	人体解剖学	5 396
040	中医基础学	683
041	中药学	683
042	机械制造工艺基础	149
050	数学（理）	20 866
152	空间解析几何	666
153	数学分析	666
154	高等代数	666
155	高等数学（物理）	213
156	力学热学	213
157	光学电磁学	213
158	高等数学（化学）	93
159	有机化学	93
160	无机化学	93
161	中国地理	57
162	世界地理	57
163	自然地理基础	57
144	汉语	1 917
145	中国文学	1 917
146	文学概论（师范类）	1 917
147	中国通史	91
148	中国历史要籍介绍和选读	91
151	实用语法	1 130
164	动植物学	51
165	微生物学	51
166	人体解剖及生理学	51
167	体育理论	432
168	运动生理学	432
169	综合考试	432
172	音乐基本理论	259
177	美术史论基本知识	387
178	教育学（师范类）	841
179	心理学	841
180	学校管理	841
183	世界通史	91

附件 6：

评卷工作人员守则

一、严格掌握评分标准，按时完成任务。

二、爱护答卷与各种资料，不得损坏答卷。

三、评卷一律使用红墨水钢笔或红芯圆珠笔，记分要清楚，如更改，必须有组长和复核人员签字或盖章。

四、不得私自拆密封答卷册，不准撬看密封线内的考生姓名、考号，不得涂改考生答卷及成绩。

五、严守纪律，保守秘密。在规定的地点评卷。答卷不准带出阅卷室，评卷情况不得外传；工作时间不会客，不打电话，不得私自进入试卷保管室和登记处，不准查询考生分数；不得将评卷、统分的文件、资料等带出工作场所。

六、保证评卷场地安全、安静。做好防火、防盗工作。

附件 7：

统分输机工作人员守则

一、所有统分输机工作人员必须随身佩戴专用出入证，并妥善保管，不得遗失和转借他人。

二、严守纪律，不迟到不早退。工作场所严禁吸烟，工作时间不会客不接电话。坚守工作岗位，不到与自己无关的岗位闲谈，不进入与自己无关的工作室。非计算机操作人员不得随意动计算机键盘。

三、所有工作人员必须保守机密，不向外界透露统分进度有关情况，不准查询考试考分，更不准改动考生考分。如发现有改动考分的可疑情况，应及时向有关负责同志报告。主控操作人员不得以任何借口改动考生考分。

四、所有工作人员一律使用蓝、黑色墨水钢笔或圆珠笔。登分卡填写不清须复查试卷，复查结果应有查卷人签字，更改的考分必须有二人签字，并由负责人审核后签字。

五、录入人员不得随意挑选或交换登分卡进行录入。任何人不得随意翻阅登分卡或在登分卡上改动分数。

六、爱护考生答题卡和登分卡，严防污染、破损现象发生。

七、对违反纪律和徇私舞弊者，要从严处理。

附件8：

保密人员守则

一、保密人员必须认真学习国家规定的保密法规，学习各级招生部门制定的有关条例、管理规定和实施办法，提高保密意识，自觉遵守保密纪律，勇于保卫试卷安全。

二、保密人员必须坚持原则，不得以任何理由为借口启封试卷袋，更不得监守自盗。

三、保密人员必须做到昼夜24小时值班，不得擅离职守，就餐时间每班不得少于两人值班。

四、保密室内不准吸烟、酗酒、打闹，不得进行文娱活动，不准无关人员进入保密室。

五、开启保密柜必须有两人同时在场。接收和发出试卷必须细心清点科目和数量，认真查验封签，严格履行交接手续。

附件9：

评卷点答卷保管人员守则

一、答卷必须存放指定的安全房间。存放答卷要有秩序、有规律。

二、答卷保管室内必须保持有两人以上昼夜值班并做到室不离人，不许任何非答卷保管人员进入室内。

三、答卷保管员必须坚持原则，严守机密，不在工作场所之外谈论答卷情况，不打听评卷、核分的情况，不准任何人抄录卷面成绩。除处理装订不合格或有标记的答卷外，不得翻阅答卷。

四、答卷保管员要及时做好发放答卷的准备工作，做到不错、不乱、不丢失、不损坏。答卷收发要有登记表，收发要签字。

五、在答卷保管室内不准吸烟，保管人员不准用红笔。

六、答卷保管员要遵守纪律，坚守岗位，不打电话、不会客、不写信、不串门，出入佩戴胸章。

七、对违反纪律和徇私舞弊者要严肃处理，情节严重的要按党纪国法惩处。

北京市成人中等专业学校招生新生录取审批实施办法

京考成招［1999］第11号

根据北京市教育委员会下发的《关于进一步改革北京市成人中等专业学校招生办法的通知》中有关“继续在成人中专学校实行多种招生办法并存的招生制度”、“录取新生名单须到北京教育考试院成人教育招生办公室办理审批手续”和“学校按规定时间将试题报送北京教育考试院成人教育招生办公室备案”的规定，特制定《北京市成人中等专业学校招生新生录取审批实施办法》，本《办法》自1999年6月起执行。

一、录取审批的范围和对象

凡经教育行政部门批准并列入当年招生计划的职工中等专业学校、农民科技学校、广播电视中等专业学校，采用自行命题组考评卷录取、预科制等形式招收的考试生、各种免试生、登记生均须到北京教育考试院成人教育招生办公室办理录取审批手续。

二、录取审批办法

1. 采用自行命题、组考、录取办法招生的学校自2000年起，须在当年5月30日前将本校招生考试的各科试题报送我室备案。

2. 采用自行命题、组考、录取办法招收的新生由招生学校填写《北京市成人中等专业学校招生录取审批表》（一式三份）和本校当年招生录取分数线报告。

3. 招生学校录取的各种免试生，由招生学校填写《免试生录取审批名册》并将各种免试生本人的免试证件原件及复印件（B5 纸一张）依《免试生录取审批名册》顺序备齐一并送我室审批。即：

（1）1981 年以来普通高中（含职业高中）、中专、技校的毕业生和 1983 年以来的成人中专、成人高中毕业生的毕业证书原件及复印件（一张）。

（2）下岗、转岗人员的三年以内的《北京市转岗人员培训结业证书》（市教委印制）原件和复印件（一张）。

（3）1979 年以来具有农村户口的初中毕业生的毕业证书原件和复印件（一张），本人户口和复印件（一张）。

4. 招生学校详细填写《北京市成人中等专业学校招生录取情况统计表》。

三、录取审批的时间安排

全市成人中等专业学校招生录取审批工作统一在当年 7 月 20 日至 7 月 30 日之间进行，各招生学校应按市成招办规定的日期备齐各种材料，按时到市成人教育招生办公室办理录取审批手续。

四、招生经费

根据北京市物价局、北京市财政局〈1998〉第 147 号文件《关于调整招生报名考务费收费标准的函》的规定，招生学校每录取一名新生应向北京教育考试院交纳人民币 35 元。

一九九九年五月二十五日

关于准备和报送 1999 年成人高考档案的通知

京考成招［1999］第 12 号

各区、县成人教育招生办公室：

我市各类成人高等学校招生考试的阅卷和分数处理工作已经结束。根据教育部的有关精神并经北京教育考试院批准，我市将于 6 月 28 日起组织招生院校集中录取，为做好考生档案的准备和报送工作，现将有关事宜通知如下：

一、建档线

（一）高中起点本、专科

文史类：405 分；

理工类：335 分；

外语类：（含外经、外贸）：405 分；

外语：40 分；

西医类：355；

中医药类：355；

艺术类：202；

体育类：210；

“3＋2”专业：理工类：335。

能力考试专业：文史类：336；

理工类：280。

普通高职班专业：

文史类：三科统考课总分 255 分；

理工类：三科统考课总分225分。

接轨高职班专业：

文史类：三科统考课总分275分；

理工类：三科统考课总分235分。

（二）专科起点本科

师范类：280分；

非师范类（含教师类）：270分。

二、建档工作

（一）考生档案是招生院校录取考生的依据。

各区、县成招办按建档线建立考生档案。档案袋内应装考生登记表、照顾证明材料，二学历、专升本考生，要将学历证书复印件放入袋内。

（二）在考生登记表和档案袋上“考生成绩”栏处要分别贴上考生成绩条。

（三）成人高考考生试卷作为考生考务材料的一部分存放在区、县成人招办，为期一年。

三、送档

（一）建档线以上考生档案，各区、县成招办在规定时间内将考生档案按北京市成人招办提供的建档单顺序移交北京市成人招办（录取现场）。要认真核对考生志愿和考生基本情况是否正确，如有问题请在建档单上如实更改。

（二）建档线以下考生档案，按每100名考生档案为一捆（按报名号从小号到大号）在规定时间内送市成人招生办。

（三）送档时间：6月24日上午8:00　矿务局　燕山　延庆　密云　平谷　昌平　怀柔

下午1:30　顺义　大兴　通县　房山　门头沟　石景山　丰台

25日上午8:00　海淀　朝阳　崇文

下午1:30　东城　西城　宣武

（四）送档地点：怀柔县红螺园饭店。

一九九九年六月十六日

关于1999年北京市各类成人高校招生艰苦行业专业建档线的通知

京考成招［1999］第13号

各区、县成人教育招生办公室：

根据教育部的有关精神，1999年北京市各类成人高校招生中，艰苦行业专业有28个，录取时可享受照顾。现将有关建档线通知如下：

一、高中起点本、专科中，艰苦行业专业的建档线是在高中起点本、专科的建档线上再降30分。

二、专科起点本科中，艰苦行业专业的建档线是在专科起点本科的建档线上再降20分。

附：1999年北京市各类成人高校招生艰苦行业专业表

一九九九年六月十四日

附件

1999年北京市各类成人高校招生艰苦行业专业表

学校	专业代码	专业
北京市朝阳区职工大学	00502	乡镇企业管理
北京市丰台区职工大学	00704	乡镇企业管理
北京人民警察学院	02902	刑事侦察
北京市成人教育学院	03201	乡镇企业管理
北京农学院	05760	农业技术推广
北京农学院	05761	畜牧集约化生产
北京农学院	05762	淡水养殖技术
北京农学院	05763	农村经济管理
北京市农业管理干部学院	10401	农村经济管理
北京市农业管理干部学院	10402	乡镇企业经济管理
北京市农业管理干部学院	10403	乡镇企业经济管理
北京市农业管理干部学院	10461	农村经济管理
北京教育学院	16091	生物科学
北京师范大学	27388	生物科学
北京水利电力函授学院	27501	农田水利工程
中国农业大学（西区）	28102	土地规划与利用
中国农业大学（西区）	28108	农产品贮藏与加工
中国农业大学（西区）	28109	土地规划与利用
中国农业大学（西区）	28110	动物营养与饲料加工
中国农业大学（西区）	28111	果树
中国农业大学（西区）	28112	蔬菜
中国农业大学（西区）	28170	土地资源管理
中国农业大学（西区）	28172	土地资源管理
中国农业大学（西区）	28180	农林经济管理
中国农业大学（西区）	28182	动物医学
中国农业大学（西区）	28183	农学
北京林业大学	28201	园林
北京林业大学	28209	园林
北京林业大学	28280	林学
中国地质大学（北京）	29404	土地利用与管理
中国地质大学（北京）	29409	土地利用与管理
武汉测绘科技大学（华北函授站）	33301	土地管理与地籍测量
武汉测绘科技大学（华北函授站）	33302	工程测量
武汉测绘科技大学（华北函授站）	33303	土地管理与地籍测量
武汉测绘科技大学（华北函授站）	33380	测绘工程
民政管理干部学院	42005	现代殡仪技术与管理
民政管理干部学院	42011	现代殡仪技术与管理
北京林业管理干部学院	42301	林业经济管理
北京林业管理干部学院	42307	林业经济管理

1999 年北京市各类成人高校招生录取工作意见

京考成招［1999］第 14 号

根据教育部招生工作规定和 1999 年全国各类成人高校招生录取工作集体办公会议的精神，结合本市的实际情况，现制定录取工作方案如下：

一、最低控制分数线

成人高考最低录取控制分数线是成人考生接受高等教育应具有的文化知识水平的基本要求，经教育部批准，我市各科类最低录取控制分数线如下：

（一）高中起点（以下分数均不含外语分）

文史类：本科　480 分，外语 60 分；

　　　　专科　420 分。

外语类（含外经、外贸）：专科 420 分（外语成绩 40 分以上）；本科 480 分（外语成绩 60 分以上）。

理工类：本科　420 分，外语 60 分；

　　　　专科 350 分。

西医类：专科 370 分。

中医药类：370 分。

艺术类：本科最低文化控制分数线（不含数学）不低于文史类本科最低录取控制分数线的 70％（269 分，外语 40 分以上），专科不低于专科最低录取控制分线的 60％（202 分）；史论、编导专业本、专科不低于相同层次的 90％（本科 346 分，外语 40 分以上、专科 302）。

体育类：专科最低文化控制分数线不低于理工类最低录取控制分数线的 60％（210 分）。

“3＋2”专业：文史类：420 分；

　　　　　　理工类：350 分。

能力考试专业：

文史类：总成绩 420 分，其中统考五科总成绩 336 分。

理工类：总成绩 350 分，其中统考五科总成绩 280 分。

普通高职班专业：

文史类：265 分；

理工类：235 分。

接轨高职班专业：

文史类：275 分；

理工类：235 分。

（二）专科起点本科

师范类：260 分；

非师范类（含教师类）：270 分。

二、录取原则

（一）录取工作认真贯彻按需培养，专业对口，学以致用，德、智、体全面衡量，从高分到低分择优录取的原则。既要重视考生的总成绩，又要注意与其报考专业相关科目的成绩。不得以任何理由录取不符合条件的考生入学。

（二）录取新生时，应严格按招生计划和考生志愿顺序进行录取，不得在最低录取控制分数线下录取考生。

（三）对报考艺术类、体育类专业考生的录取，应在最低控制分数线以上，严格按招生计划和考生术科加试成绩从高分到低分择优录取。

（四）专科起点本科班的录取应按招生计划数从高分到低分录取，生源不足专业的录取分数线不得低于最低录取控制分数线。

（五）“高职班”和非师范类专升本专业录取时，原则上要求专业课要达到及格水平。

（六）关于各类先进考生的录取，按北京教育考试院《1999年各类成人高等学校招生规定》（京考成招［1999］第1号）文件执行。

三、录取前准备

招生计划是招生学校录取考生的依据，为保证录取工作的顺利进行，各招生院校应根据北京市成招办提供分专业的考生名单和各专业的招生计划，在进录取点前做好计划的调整工作；对于生源好的专业，应请示主管部门追加计划；对于生源不好、不足开班的专业，应做好计划合并或取消的调整工作。市成招办将根据调整后的招生计划向招生学校提供档案，在录取过程中一律不办理计划变更手续。

四、加强领导、严肃纪律

成人高等教育招生录取工作情况复杂，各有关方面应加强对这项工作的领导。在录取工作中，应继续贯彻“深化改革，保证质量，严明纪律”的指导思想，严肃纪律，坚决反对和抵制徇私舞弊、“走后门”等不正之风；对招生工作中出现的各种形式的违纪、舞弊事件，必须按照国家教育部颁布的《高等学校招生全国统一考试管理处罚规定》的有关规定追究责任，认真查处；对违反规定录取的考生，一经查实，立即取消学籍，并对责任者给予严肃处理，以维护成人高考招生工作的社会信誉，保证成人招生工作的顺利进行。

各招生院校一律不得招收旁听生和试听生，不得违反规定乱许愿、乱办学。录取的新生一律不迁转户口、不包分配。

录取工作时间安排：

6月18日下午2:00召开全市录取工作会。

6月19日至6月27日为录取准备时间。

6月24日至25日需调整招生计划的院校到市成招办计划统计科办理计划变更手续。

6月28日至7月7日为录取时间。

生源较好需要增加招生计划的学校，须请示教育部和主管部门做好计划调整工作，录取时招生院校须提供上级主管部门签发的调整计划意见，方允许增加招生人数。

6月23日下午，市招办录取工作人员进驻录取点。

6月24日，各区（县）成招办向录取点送档案。

6月28日上午11:00点前，第一批录取院校报到。

7月2日下午，第一批录取院校撤离录取现场。

7月3日上午11:00点前，第二批录取院校进驻录取点。

7月7日下午，第二批录取院校和工作人员撤离录取现场。

录取地点：怀柔县红螺园饭店。

一九九九年六月十六日

关于船舶工业管理干部学院招收 99级高职班的情况汇报

京考成招［1999］第15号

林文漪副市长：

郑欣同志关于船舶工业管理干部学院招收99级接轨高职班问题的信已收到。下面把今年高职班的招生情况、该校在今年招生中的做法和市成招办对该校问题的处理意见向您汇报如下：

一、关于“高职班”招生

按教育部1999年成人高校招生规定的精神，“高职班”经教育部批准，可招收成人高中、成人中专、职业高中、中等职业技术学校的应届毕业生（简称应届中职毕业生），北京市教委为贯彻高教改革的精神，进一步推动高等职业技术教育的发展，在今年的招生计划中安排了“高职班”的招生计划，同时针对成人教育的特点等因素规定在高职专业中只有部分学校中的部分专业可以招收应届中职毕业生（见附件1），亦称接轨高职班；此类专业共批了23所学校中的57个专业，全市计划招生1 752名。

市成招办为贯彻教育部、市教委的精神，在安排招生工作时规定了只有经市教委同意、报教育部批准的学校和专业（接轨专业）才能招收应届中职毕业生，应届中职毕业生只能报接轨专业，其他考生不能报考这类专业。为慎重起见，在专业目录向社会公布前，市成招办再次向招生学校核对、确定接轨专业，核对无误后向社会公布。

考试结束后，市成招办考虑到年初市教委规定接轨高职班的招生规模和考生的考试情况，报林副市长同意，接轨高职班的录取实行计划单列，不得增加招生计划，最低录取控制分数线为275分；普通高职班的最低录取控制分数线为265分。按照这个分数线接轨高职班共录取考生1 618名。

二、船舶工业管理干部学院在招生中的做法

该校今年在北京有高职专业招生，并经市教委同意可以招收应届中职毕业生，也就是定为接轨专业（见附件1）；市成招办慎重起见也向该校核对过接轨高职班专业情况（见附件2）。学校讲事后才知道什么是接轨专业、接轨的含义是什么、接轨专业与普通高职班有什么不同，这显然是不符合实际情况的。

该校在今年的招生宣传中为扩大生源，采取了违反招生规定向考生乱许愿，从而欺骗考生的行为，这不仅影响了正常的招生工作、给其他学校的招生带来了影响，而且也使部分考生精神上和经济上蒙受损失，引起招生学校、考生所在校、考生家长的强烈不满，他们纷纷打电话到市成招办反映这种情况，主要表现在以下几个方面：

1. 向考生宣传该校有的是计划，招生不受计划限制，其他学校计划有限；

2. 可以在全市最低录取控制分数线下录取考生，其他学校不能；

3. 违反规定在普通高中发动生源；

4. 向考生宣传接轨高职班和普通高职班没有区别，引起考生的误解和误报；

5. 在录取前向考生收取录取费。

以上这些情况，市成招办及时与该校联系，并提出了严厉的批评，要求核校以实际行动来挽回不好的影响；作为典型事例，在全市的录取工作会上对该校的错误做法提出了批评。

三、市成招办对该校问题的处理意见

在录取前和录取过程中，该校提出了“增加接轨高职班招生计划和该校接轨高职班的录取分数线下调到265分录取”的请求。在录取过程中，市教委副主任耿学超同志、考试院副校长王茂才同志、市成招办主任张宝祥同志、副主任李鸿江同志在听取学校的意见后研究决定：

1. 同意该校增加接轨高职班的招生计划；

2. 为保持招生政策的一致性，不同意学校提出的降低接轨高职班录取分数线的请求。

以上情况特此报告，不妥之处，请领导指示。

一九九九年八月十三日

关于同意部分中等职业技术学校与成人高校高职专业进行接轨试点的通知

高教成［1999］003号

北京教育考试院：

根据原国家教委成教司《关于成人高等学校试办高等职业教育几点补充意见的通知》（教成司［1997］108号）及市教委协调会议的精神，经研究，同意在部分成人高校及中等职业技术学校进行接轨试点。请做好有关工作。这种试点工作今年为最后一年，明年不再进行。有关中职毕业生升入高等职业学院将另有办法进行。

附件：1999年成人高校招收应届中职毕业生学校及专业

附件：

1999年成人高校招收应届中职毕业生学校及专业

成人高校名称	专业名称	招收人数	中职学校名称
北京市西城区职工大学	外事英语 会计	40 30	市西城区职工中专 市海淀区职工中专 市二轻总公司管理干部中专 184中职业高中 崇文职业高中 128中职业高中 126中职业高中 中科院附属中专
北京市西城经济科学大学	国际贸易 会计 金融	30 30 30	市西城区职工中专 市机械工业职工中专 北京中华会计函授学校 西城区外国语学校 西城区金融财会职业高中 128中职业高中 北京38中综合高中
北京市机械局职工大学	计算机应用 会计	35 35	市机械工业职工中专 市丰台区职工中专 北京市机械工业学校 海淀信息管理学校 海淀电子职业高中 交大昌平分校中专部 北京189中学
北京农业管理干部学院	计算机应用	35	密云职业学校 大兴县成人中专

续前表

成人高校名称	专业名称	招收人数	中职学校名称
			大兴县第一职业高中 大兴县第二职业高中 通县第一职业高中 通县第三职业高中 平谷第一职业高中 房山第二职业高中
北京实验大学	烹饪 计算机应用	35 35	朝阳幸福村中学职业高中 北京古城旅游职业高中 北京财经学校 北京城乡建设学校 北京一轻工业学校职工中专部 北京西城区职工中专 北京新源里二中
北京经济管理干部学院	计算机应用 会计	35 35	新源里三中职业学校 将台路中学职业高中 密云职业学校
北京市成人电子信息大学	应用电子技术 会计	30 30	北京无线电工业学校 北京市电子工业学校 北京市仪器仪表工业学校 北京财会学校 朝阳区劲松二中
北京市朝阳区职工大学	会计	35	市朝阳区财贸职工中专 蒲黄榆中学职业高中 新中街职业高中 光华路职业高中
北京市汽车工业总公司职工大学	汽车维修技术	35	市丰台区职工中专 市大兴县成人中专 北京市汽车工业学校 朝阳将台路职业高中 昌平农村职业学校
北京联合大学	现代商务管理 外贸会计	30 40	市二轻总公司管理干部中专 朝阳水碓子中学职业高中 朝阳团结湖二中职业高中 市二轻工业学校 北京市商业技术学校 北京 61 中职业高中 西城金融财会职业高中 北京无线电动力技工学校 北京新源里二中 北京将台路中学
北京市东城区职工大学	物业管理 会计	30 40	市东城区职工中专 北京市财经学校 东城职教中心校 东城商业学校
北京市海淀区职工大学	计算机应用	30	市海淀信息管理学校 北京 189 中职业高中 北京花园路职业高中

续前表

成人高校名称	专业名称	招收人数	中职学校名称
北京市宣武红旗业余大学	现代文秘 外事英语	35 35	宣武职教中心校 市148中职业高中 市149中职业高中 北京中医药学校
北京财贸管理干部学院	商场经营与管理 会计	30 30	北京市物价学校 朝阳新中街职业高中 北京市商业学校
北京市总工会职工大学	饭店管理 市场营销	35 35	市176中职业高中 北京新源里职业高中 北京右安门职业高中 北京外事服务学校 北京市商业学校
北京市轻工职工大学	电脑美术设计 物业电气技术	30 30	市一轻工业学校 市一轻工业学校职工中专部 北京信息管理学校 北京印刷学校 北京将台路中学 北京包装职工学校
北京教育学院	幼儿艺术教育	35	北京西城职工中专 西城艺术职业学校 东城职教中心校
中国工运学院	会计 旅游服务与饭店管理 公关文秘与办公自动化	35 35 35	北京市海淀区职工中专 海淀旅游职业学校 通县四中 中国旅游学院附中
北京冶金管理干部学院	市场营销 日语 信息管理	50 50 50	十里堡职业高中 大兴县第二职业高中 北京17中学
北京船舶工业管理干部学院	交通营运管理 计算机应用与管理 金融与财务管理 财务会计	15 45 45 45	北京市花园路职业高中 北京市信息管理学校 北京市兴华职业高中 北京市34中职业高中 北京市四季青成人中专 北京海淀职工中专 北京华夏职业高中 北京博技职业高中
北京林业管理干部学院	计算机应用与管理 商品花卉	20 20	北京市昌平农村职业学校 北京市黄庄职业中学 北京市大兴县成人中等专业学校 北京市大兴县第一职业中学 北京市昌平县第三中学 北京市大兴县第二职业中学
北京印刷学院	出版发行 印刷技术 电脑制版 印刷图文处理 电脑艺术设计	20 20 15 15 17	北京印刷学校 宣武职教中心学校 北京轻工高级技工学校

关于有关院校确定高职接轨专业的通知

为搞好1999年招生录取工作，请北京市教育委员会成教处批准进行接轨试点的成人高校确定该校接轨高职专业的专业代码（专业代码见1999年成人高考考生手册），请学校于1999年6月3日前将回执传真至北京市成人教育招生办公室计划统计科。

联系电话：64215789　传真号：64292488

一九九九年五月三十日

回　执

学校名称：　　　　　　　　　　学校代码：

序号	专　业　名　称	专业代码	备　　注
1	计算机应用与管理	40560	
2	计算机应用与管理	40561	
3	财务会计	40562	
4	财务会计	40563	
5	金融与财务管理	40564	
6	金融与财务管理	40565	
7	城市公共交通营运管理	40566	

学校签字（盖章）

关于1999年区县成招办招生工作目标管理考评结果的通报

京考成招［1999］第19号

根据市成招办《关于对区县成人教育招生办公室招生考试工作实行目标管理考评通知》（京考成招［1999］第07号）文件的精神，为深化成人高校招生改革，规范管理，进一步做好招生工作，经各区县成招办总结和考评，市成招办综合评定，1999年北京各区县成招办招生工作目标管理考评结果如下：

优秀奖获得区县：东城区　崇文区　海淀区
丰台区　石景山区　门头沟区
房山区　大兴县　顺义区
怀柔县　平谷县　延庆县
燕山　矿务局

达标奖获得区县：西城区　宣武区　朝阳区
通州区　昌平区　密云县

特此通报。

一九九九年十一月二十五日

北京成人教育招生改革与发展(1996—2005)
2000

2000 年北京市各类成人高等学校招生工作总结

北京市各类成人高等学校招生工作在北京市委、市政府、北京高招委、北京市教委和考试院的领导下，贯彻全教会的精神，坚决执行教育部有关成人高校招生的方针和政策，进一步加强管理，不断完善和改进招生办法，提高工作科学化、规范化的程度，努力使招生工作更好地适应成人高等教育发展的要求。工作中，紧密联系北京市的实际情况，采取有力措施，注重招生政策的贯彻和落实，进一步加强廉政建设，严肃招生纪律，严格考风考纪，维护招生考试的公平竞争原则。

在今年的招生工作中，主要组织了：(1) 高中起点本、专科招生工作；(2) 专科起点本科招生工作；(3) 劳模免试生招生工作；(4) 1999 年预科生转正录取工作。总之，在成人招生工作情况复杂、涉及面广、头绪繁多的情况下，在招生院校、区县成招办和各有关部门的配合与支持下，2000 年的招生工作进展顺利，圆满地完成了招生任务，现将招生工作总结如下：

一、基本情况

(一) 招生计划

2000 年共有 163 所各类成人高等学校在京招生，招生专业1 441个，其中市属院校 64 所，部委属院校 99 所。举办函授、夜大的普通高等学校 96 所，职工大学 40 所，管理干部学院 23 所，教育学院 2 所，电视大学 1 所。

年初汇总的招生计划为44 849人，调整后的招生计划为49 714人。其中市属院校为27 435人，部委属院校为22 279人。

高中起点本、专科招生计划为37 978人，其中，市属院校为22 457人，部委属院校为15 521人；文科类计划招生9 995人，理工类5 132人，外语类2 195人，“3＋2”专业 174 人，西医类2 950人，中医药类 330 人，艺术类6 793人，体育类 555 人，高职班6 695人。

专科起点本科班招生计划为11 736人，其中，市属院校为4 978人，部委属院校为6 758人，其中师范类计划招生3 406人，非师范类计划招生8 330人。

(二) 报名情况

全市报名工作在 3 月 8 日至 14 日进行，共接待116 643名各类考生报名，是历史上报名人数最多的一年，比 1999 年增加了 1 万余人，增长幅度为 9.48%。在报名总数中，统考生报名总数为111 068人，1999 年结业预科生1 313人，二学历为5 575人。

在统考生报名总数中，报考市属成人高校的考生为68 968人，报考部委属院校的考生为42 082人；报考高中起点本、专科生为81 681人，其中，报考本科专业的考生为7 489人，专科的考生为74 192人；专科起点本科班为29 387人。其中，师范类为11 423人，非师范类为17 964人。

报考高中起点本、专科文史类考生为29 211人，理工类考生为6 153人，外语类的3 689人，“3＋2”专业 248 人，西医类6 978人，中医药类 989 人，体育类 635 人，艺术类10 230人，高职班16 059人。

在高中起点考生中，按年龄分，年龄在 25 周岁以下的61 468人，25 周岁以上的20 213人；按考生职业类别分，在职人员（工人、干部、教师）35 776人，从业和社会青年45 905人；属各种照顾的考生36 375人。

在专科起点本科考生中，年龄在 25 周岁以下的8 849人，25 周岁以上的20 538人；按考生职业类别分，在职人员（工人、干部、教师）23 896人，从业和社会青年5 491人；属各种照顾的考生18 782人。

（三）组考情况

全市成人高等学历教育全国统一招生考试于5月13、14日两天进行，共接待9万余名考生考试，考试分布在20个考区、考点176个、3 818个考场，其中，高中起点考场2 804个，专科起点本科考场1 014个。考试由市成招办统一组织，各区县招办组织实施，考试进展顺利，考纪严明，考生情绪稳定，考场秩序井然。

经统计，高中起点本、专科考试总缺考率为10.84%，专科起点本科为18.02%。

按有关规定，在考试中共查处违纪考生267人，其中替考107人，私藏夹带、偷看抄袭、互换试卷143人，BP机作弊17人。

（四）阅卷情况

全市统一阅卷工作于5月15至28日进行。全市评阅高中起点试卷共设5个评阅点，评阅主观题部分，评卷点分别为清华大学、北京师范大学、首都师范大学、中国协和医科大学、北京中医药大学、北京广播电视大学；客观题部分由北京市成招办负责评阅。

专科起点本科班试卷评阅采取全市统一安排、相对集中的办法，分别安排在清华大学、中国人民大学、北京师范大学、中国政法大学、北京教育学院。

此间，共评阅各类试卷855 906份，其中，主观试卷484 382份，客观试卷371 524份。

高中起点考试成绩统计情况：

1. 文史类

	政治	语文	数学	历史	地理
平均分	75	63	59	67	73
及格率	6.8	15.9	41.05	29.07	16.33

2. 理工类

	政治	语文	数学	物理	化学
平均分	75	64	54	71	66
及格率	6.07	15.30	15.59	30.10	24.88

文史类总平均分比1998年降低了19分，理工类总平均分比1998年降低了36分。

（五）录取情况

关于分数线

本着发展成人高等学历教育和保证质量的原则，根据考试情况统计，专科层次录取分数线报经市招委会审定批准，本科层次报经教育部审定批准，北京市录取新生的最低控制分数线为：

1. 高中起点

文史科：专科410分；本科465分，外语50分；

外语类：410分，外语40分；本科465分，外语60分；

理工科：专科320分；本科410分，外语50分；

西医类：370分；

中医药类：370分；

艺术类：197分；

体育类：192分；

"3+2"理：320分。

高职班专业：

文：三科统考课总分235分；

理：三科统考课总分215分。

2. 专科起点本科

师范类：300分；

非师范类（含教师类）：270 分。

3. 调剂录取

今年，北京市各类成人高校招生共录取各类新生53 862人，其中，考试生录取47 352人，完成招生计划的 95.25%，二学历录取6 510人。在考试生中，高中起点本、专科录取35 739人，完成招生计划的 94.10%；专科起点本科班录取11 613人，完成招生计划的 98.95%；北京市属院校录取27 453人，完成招生计划的 100.1%；部委属院校录取19 899人，完成招生计划的 89.32%。

在高中起点本、专科录取总数中，文史类录取9 726人，理工类录取4 202人，外语类录取1 731人，“3+2”录取 174 人，西医类录取2 930人，中医药类录取 305 人，艺术类录取6 532人，体育类录取 555 人，高职班录取6 632人；专科起点本科班录取总数中，师范类录取3 359人，非师范类录取8 254人。

在录取的新生中，1999 年预科生转正1 272人，高中起点劳模免试生 24 人，专科起点本科劳模免试生 2 人。

另外，录取 2001 年度预科生1 474人。

从基本情况反映出几个特点：

(1) 报名人数达到历史最高纪录，各类考生报名人数达到 11.6 万人，特别是近几年报名人数的持续增长，表现出社会旺盛的学习气氛，表明人们希望通过学习提高素质以更好地适应社会经济发展需要的迫切心情。

(2) 本科层次报名人数激增。今年，高中起点本科报名人数为7 489人，比 1999 年增加了3 583人，增长幅度为 92%；专科起点本科班报名人数是29 387人，比 1999 年增加了7 406人，增长幅度为 34%。这些表明用人部门为适应经济建设发展需要对高层次人才的需求不断增加。

(3) 招生计划增长幅度较大。今年年初，各招生院校确定的招生计划是44 849人，比 1999 年增加了4 350人，增长幅度为 11%。在录取期间，各院校根据生源情况调整了招生计划。调整后的招生人数为49 714人，比年初增加了4 867人，增长了 10.6%，比 1999 年增长了 22.8%。招生计划的增加表明高等教育改革的不断深入，符合社会经济发展的需要，满足了人们迫切希望接受高等教育的愿望。

二、重点做好的几项工作

为确保招生工作的顺利进行，市成招办坚决执行教育部成人高校的招生规定，本着“精心设计，精心准备，精心实施”的工作方针，在保证招生质量的前提下做了一些工作：

（一）严格报名手续，服务考生

本着体现管理科学规范化、实际操作简单化和方便考生的思想，在各报名站考生多、情况复杂的情况下，各区县招办认真执行教育部有关成人招生的规定和办法，按照市成招办的具体安排和要求，充分体现政府行为，认真审查考生的报名资格，严格履行报名工作程序，强化服务意识，热情为考生服务，为考生提供了良好的报名环境。为提高报名数据的准确，报名站安排了专门时间对考生进行报名政策和填写有关表格的培训。市成招办为此摄制了培训录像带。

（二）加强考试管理，严肃考试纪律，做好组考工作

为保证考试工作的顺利实施，市成招办召开了各区县成招办考务工作会，会上就如何进一步严肃考风考纪传达了教育部的有关通知精神，提出了加强考试管理、严肃考风考纪的具体措施，要求各区县成招办认真按北京市成招办制定的《北京市 2000 年各类成人高校招生考试工作实施办法》等有关规定和要求组织考试，狠抓各项工作的落实，严格考试工作程序，按照“准确、及时、周密、高效”的要求培训考试工作人员，努力创造一个公平竞争的考试环境。

北京市高招委、北京市教委、考试院、各区县政府、人大、政协以及区县教委（成人教育局）领导同志都给予了高度重视，有关部门给予了大力的支持和配合。

为确保考试的顺利进行，考试期间主要采取以下措施：

(1) 继续实行计算机随机编排考场；

(2) 在试卷发至区县后，市招办到各区县抽查，检查试卷保密、保管工作；

(3) 考试期间继续坚持由市招办向各区县派驻巡视员、各区县招办向考点派驻联络员的做法；

(4) 继续坚持准考证、准考证存根、身份证（即“三证”）的对照；

(5) 加强对考生考风考纪的教育；

(6) 坚持对考试工作人员进行职业道德和考试工作程序的培训。

（三）解放思想，实事求是，积极探索招生工作改革

在今年的招生工作中，在确保工作质量的前提下，进行了以下方面的探索和完善：

(1) 改变报名号的编排办法，设计采用了只含高中起点、专升本、二学历三个序列的报名号编排办法，方便了考生，有利于区县组织，提高了工作效率。为方便区县报名现场的管理，在11个报名人数较多的区县建立了计算机局域网，并运行使用成功，从而提高了报名工作的科学化、规范化，提高了报名工作中的科技含量，确保了报名数据的准确。

为解决由于考生错涂或误涂信息卡所造成的数据错误，继续实行在报名现场由考生自己核对信息，此项措施大大提高了报名信息的准确性。

(2) 今年，本着扩大招生院校自主权的思想，对专升本科班和高职班专业课的管理办法从去年由市招办划定统一专业课及格线改为由招生学校确定考生加试是否及格。

(3) 调整录取工作的程序。确保艺术类、体育类考生按志愿录取，增设了艺术类专业志愿栏并提前进行录取。

(4) 利用现代信息技术为招生院校和区县招办服务。在往年计算机辅助管理的基础上，今年继续尝试通过计算机网络在录取前向招生学校提供考生信息，为录取工作的顺利实施打下了基础，也为今后实现计算机“网上录取”进行了有益的探讨。

（四）加大社会监督力度，加强廉政建设

在今年的招生工作中，始终把廉政建设当作一件大事来抓，加强制度建设，保障廉政建设工作的实施；各级招生部门普遍设立了举报电话，受到考生和社会各界的好评；在考试期间，在邀请各级人大、政协、公安等部门帮助和检查工作的同时，还向各区县派驻巡视员，协助区县成招办的工作；同时，邀请新闻单位报道招生考试的情况，加大宣传力度。继续通过信息台提供考生的考试成绩和录取情况，供考生查询；以上措施的目的在于加大招生工作的透明度，克服人为因素的干扰，维护考生的合法权益，保证招生工作的顺利进行，为考生提供一个公平竞争的环境。

第三次全教会的召开向全国人民发出了“深化教育改革，全面推进素质教育”和实施“科教兴国”的号召，预示着我国面向21世纪高等教育发展高潮的到来。招生工作是高等教育改革中十分重要的环节，市成招办将始终把为考生和招生院校服务的思想放在重要的地位，解放思想，实事求是，不断改进和完善招生办法，提高工作的规范化程度，促进北京成人高校招生工作向科学化、制度化、规范化的方向发展，为北京市高等教育改革做出应有的贡献。

印发《关于进一步加强成人高等学校招生工作纪律的规定》的通知

京高招委字［1999］009号

各区县教委、文教办、成人教育局、纪委、监察局、各高等学校、成人高校：

现将《关于进一步加强成人高等学校招生工作纪律的规定》印发给你们，请遵照执行。

一九九九年六月十八日

附

《关于进一步加强成人高等学校招生工作纪律的规定》

各类成人高等院校招生属于全国统一招生，其招生考试为国家级考试。为进一步加强成人高校招生工

作纪律，充分体现招生工作的“公平、公正、公开”原则，维护其权威性和严肃性，特做如下规定：

一、国家教委颁发的《普通成人高等学校本、专科招生全国统一考试工作规定》、《高等学校招生全国统一考试管理处罚暂行规定》和《全国各类成人高等学校招生规定》，是组织实施各类成人高等学校招生工作的重要依据，各级招生机构的全体工作人员和招生院校工作人员都应认真学习，严格执行，不得违规另立招生政策。如有未经批准另立政策的单位，要进行批评教育，情节严重者要严肃处理。

二、严格执行教育部审定批准的最低录取控制分数线。

三、市、区（县）各级招生机构的全体工作人员要进一步增强政策观念，树立守法意识，加强廉政建设。要全面、严格地贯彻执行各项招生政策和规定，严守招生工作纪律。不准以权谋私；不准向考生许愿；不准接受考生和家长的礼品财物；不准向考生和家长暗示或索要财物；不准参加招生院校和家长的宴请；不准铺张浪费；不准超越职权违章录取；不准擅离职守、贻误工作；不准上下推诿不负责任，对不遵守招生工作纪律、违反招生政策和规定的人员，要进行批评教育，对坚持不改者，要取消其招生工作人员的资格；对情节严重造成不良影响的，一经查实，坚决予以严肃处理。

四、各招生院校要严格执行经教育部、市教委批准的招生计划，不得随意变更。不准计划外招生、不准招生“旁听生、试读生”，不准对不符合录取条件的考生采用“先上车、后买票”的办法未经批准擅自决定入学。凡违反教育部制定的招生政策和规定，在招生工作中造成严重后果的，要追究当事人的责任。

五、加强社会监督，充分发挥纪检、监察部门的职能作用。在招生工作中，对社会各界举报的问题，各级招生部门要积极配合纪检、监察部门认真调查核实。对确实属违反招生政策、规定和招生工作纪律，要依有关规定严肃处理，并注意做好保护举报者的工作。凡对举报者进行打击的单位和个人，查实后，将根据有关规定从严惩处。

六、各级招生机构的招生院校，负责招生工作的领导人员，要以身作则，廉洁自律，以实际行动支持招生工作的监督检查工作，在加强廉政建设中起带头表率作用。

一九九九年六月

关于2000年北京地区各类成人高校招生有关问题的请示

（京考办［2000］第5号）

教育部学生司：

按照教育部《2000年全国各类成人高校招生规定》的精神，为保持北京地区成人高校招生工作的连续性和稳定性，直接有效地为社会主义建设服务，给年龄偏大、工作在生产第一线的业务骨干提供更多的学习机会，特申请继续进行“预科班”、“资格生”的招生试点。

当否，请批示。

二〇〇〇年二月十五日

关于举办 2000 年北京地区成人高校招生咨询活动的请示

京考办［1999］第 19 号

林文漪市长：

为面向广大考生及社会各界宣传教育部门有关全国成人高等学校招生的方针、政策及本市的具体规定，指导考生合理选报学校和专业，我院拟于 2000 年 2 月 26 日上午 9:00 至下午 4:00 在北京市劳动人民文化宫举办各类成人高等学校招生考试咨询活动。预计将有 150 余所中央部委、市属成人高校参加，前来咨询的人员约 7 万～8 万人。由于咨询属全市性活动，涉及面广、参加人员多，为做好治安、消防及交通安全工作，请您批转公安、消防、交通等有关部门给予大力的协助与支持。

妥否，请批示。

一九九九年十二月二十一日

关于转发成人第二专业学历教育和开放式教育招生报考费、审定费收费标准文件的通知

京教财办［2000］001 号

北京教育考试院、广播电视大学：

现将北京市物价局、北京市财政局《关于成人第二专业学历教育和开放式教育招生报考费、审定费收费标准的函》（京价（收）［1999］第 425 号）转发给你们，请遵照执行。

二〇〇〇年一月三十一日

附：

《关于成人第二专业学历教育和开放式教育招生报考费、审定费收费标准的函》

京价（收）字［1999］第 425 号

市教委：

你委《关于申请收取成人第二专业专科学历教育和电大开放式教育招生报名费和审定费的函》收悉。经研究，同意你委及区县招办对申报第二专业学历教育的学生收取报名费、审定费的收费标准：报名费（区县招办收取）每人次 10 元，审定费（市考试院收取）每人次 10 元。

实施开放式教育的电大等学校对不参加面授辅导的学生可收取报考费，收费标准按照自学考试成人大

专考试报名费每人每科 18 元执行。

上述有关单位需持本函到物价部门办理收费许可证并使用财政部门印制的统一收费收据后，方可收费。

本函自发文之日起执行。

一九九九年十一月十四日

关于印发《二〇〇〇年北京市各类成人高等学校招生规定》的通知

（京考成招［2000］第 1 号）

各招生院校、各区县成招办：

现将《二〇〇〇年北京市各类成人高等学校招生规定》印发给你们，请遵照执行。

附：2000 年北京市各类成人高等学校招生规定

二〇〇〇年一月二十日

附：

二〇〇〇年北京市各类成人高等学校招生规定

第一章　总　则

第一条　为有利于成人高等教育的改革和发展，加强北京市成人高等学历教育的宏观管理和监督，保证新生入学质量，使成人高等学历教育更直接有效地为社会主义建设服务，根据教育部《2000 年全国各类成人高等学校招生规定》，结合北京市的实际情况，特制定本规定。

第二条　本规定所称各类成人高等学校，包括经教育部审定核准的广播电视大学、职工高等学校、管理干部学院、教育学院、独立设置的函授学院和以函授部、夜大学、教师班、成人脱产班形式举办的成人本、专科学历教育的普通高等学校。

第三条　各类成人高等学校招生计划按有关规定和批准程序纳入国家成人高等教育事业计划后方可招生。

第四条　各类成人高等学校实行全国统一招生。由教育部颁布复习考试大纲，统一组织命题，确定考试时间，制定试卷评分标准，本、专科层次招生的最低控制分数线由北京教育考试院成人教育招生办公室（以下简称北京市成招办）根据本、专科层次招生计划规模提出，专科层次的最低控制分数线经市政府批准后确定；本科层次的最低控制分数线需报教育部批准后方能执行。

第五条　北京市成招办组织招生考试工作，并组织招生学校进行新生的录取工作。

第二章　招生机构及其职责

第六条　在北京市高等学校招生委员会、北京市教育委员会、北京教育考试院的领导下，设立北京市成招办和区县成人教育招生办公室（以下简称区县成招办），配备专职干部；各成人高校要设立招生办公室，配备专职干部。

第七条　北京市成招办的职责是：

（一）执行教育部有关各类成人高校招生方针政策和工作规章，按下达的招生计划并结合本市的实际情况制定具体的实施办法；

（二）编制并公布招生专业目录，组织本市考生报名工作并负责审查考生的报名资格，组织考试、阅卷、录取、身体健康状况检查等工作；

（三）组织实施各类成人高等学校招生改革试点工作；

（四）保护考生和招生工作人员的正当权益，查处违纪舞弊事件；

（五）审批学校提出的新生录取名单；向教育部提供当年成人高等教育毕业生的有关数据；协助组织并做好每年毕业证书发放的复查工作；

（六）组织并督促招生学校对录取的新生进行复查；

（七）开展招生、考试的宣传和科学研究工作。

第八条　各区县成招办的职责是：

（一）执行教育部有关各类成人高等学校招生方针政策和工作规章及北京市成招办的有关补充规定，并结合本区县的实际情况制定具体的实施办法；

（二）组织本区县考生报名工作并负责审查报名资格；

（三）组织考生考试，保护考生和工作人员的正当权益，查处违纪舞弊事件；

（四）组织核对并发放考生成绩、建立考生档案工作；

（五）接待考生咨询和群众信访工作；

（六）开展招生、考试的宣传和科学研究工作。

第九条　各类成人高等学校有关招生工作的职责是：

（一）执行教育部有关招生方针政策和工作规章及北京市成招办和学校主管部门的补充规定；

（二）执行招生计划并按规定向北京市成招办报送录取新生名单，经审批后，向考生发放录取通知书；

（三）对录取的新生进行复查；

（四）应由招生学校做的其他工作。

第三章　招生计划

第十条　成人高等教育招生计划实行国家宏观指导，总量调控，中央和省、部两级管理、分级负责的管理体制。按隶属关系负责审核制定学校的招生计划总数。

第十一条　北京市成招办按北京市教育委员会下达的市属招生计划组织招生；按教育部批准的专科起点本科、高等职业技术教育以及部委属院校或外埠地方院校高中起点本、专科在京招生计划组织招生。

未经北京市教育委员会或教育部批准的一律不予组织招生。

第十二条　北京市成招办根据北京市教育委员会和教育部下达的生源计划数编列北京地区招生专业目录，报名前向考生和社会公布。

第十三条　在录取新生时，按计划部门调整后的计划执行。录取结束后，将实际执行计划的情况上报北京教育考试院、北京市教育委员会、北京市高等学校招生委员会和教育部。

第四章　报　名

第十四条　除纳入普通高等学校招生计划的普通班外，各类成人高等学校以招收在职、从业人员为主，一律不得招收普通高中、成人中专、成人高中、职业高中、中等职业技术学校的应届毕业生。

师范类专升本科班招收普通中学老师和各中等学校普通课教师，非师范类专升本科班招收普通中、小学老师以外其他学校教师和非教师。

第十五条　报考高中起点本、专科专业的考生，须具有高中毕业文化程度，以同等学力报考者，年龄须满19周岁（1981年8月31日以前出生）；报考专科起点本科班的考生应具有两年以上工龄，报名时必须交验经教育部审定核准的国民教育系列高等学校或高等教育自学考试机构颁发的大学专科毕业证书原件和复印件。

第十六条　符合报考条件，生活能自理，能坚持学习和工作的残疾人也可报考。

第十七条　有下列情形之一者，不得报名：

（一）有反对四项基本原则的言行，经教育而坚持不改者；

（二）凡毕业后能取得国家承认学历的各类高、中等学校在校生；

（三）触犯刑律处罚的服刑者。

第十八条 报名时间：3月8日至3月14日。

第十九条 报名办法：报名期间各区县成招办设报名站。

考生在招生简章公布的报名日期内到户口所在地的区县成招办办理报名手续。没有北京市户口而又确需在京参加报考和学习的人员，到在京临时工作单位（或居住）所在地的区县成招办报名。

报考大学专科起点本科班（以下简称专升本）和第二专业专科学历教育专业（以下简称第二学历）的考生，可到北京市成招办指定的验证点验证。审查合格后，考生就近到东城区、西城区、崇文区、宣武区朝阳区、海淀区、丰台区、石景山区成招办办理报名手续，其中报考师范类专升本的考生到拟报考的第一志愿学校报名，由学校到西城区成招办办理集体报名手续。

报考高中起点中医药类的考生到东城区成招办报名。

报考高中起点本科各专业和外语、外贸、外经专业的专科需加试日语、俄语的考生，到宣武区成招办报名。

报考司法部属中央司法警官教育学院举办监狱管理、劳教管理专业的考生和报考北京市计划劳动管理干部学院机械制造工艺及设备专业、工业电气自动化专业的考生到朝阳区成招办报名。

报名时各类考生须持本人居民身份证（在京临时工作的还须持在京暂住证），交近期同一底版正面免冠一寸照片三张（报名登记表、准考证及存根各一张）；报考专升本和第二学历的考生必须携带毕业证书复印件（一张）和《2000年北京市各类成人高校招生专科以上毕业证书验证单》，报考师范类专升本的考生还须携带本人工作证，交纳报名考务费。报名手续一律由考生本人办理。

报考艺术类、体育类、高等职业技术教育班专业、专升本专业需参加专业课加试的考生，除到区县成招办报名参加文化课考试外，还必须在3月19日前持“报名复核单”到第一志愿学校参加专业加试报名。

符合照顾加分条件应附相应的原件及复印件一张（如获多种称号，只附一件级别最高的原件及复印件），在报名时由区县成招办确认，过期不予办理。

考生报名时可以在《2000年北京市各类成人高等学校招生专业目录》中选报志愿学校。

文史类、理工类、西医类、中医药类以及高职班不得兼报，报考外语类可以兼报文史类专业，但文史类不得兼报外语类专业。艺术类、体育类专业必须填在“艺术类、体育类志愿栏”；报考艺术类专业，可以兼报文史类专业；报考体育类专业，可以兼报理工类专业。专升本专业只能在考试科目相同的专业中兼报。

第五章 考 试

第二十条 考试科目

一、高中起点本、专科各专业考试科目

（一）理工农类（含体育、非教师班地理专业）考政治、语文、数学（理工类）、物理、化学五科。

（二）文史类（含财经、政法、外语、艺术、教师班地理专业）考政治、语文、数学（文史类）、历史、地理五科（艺术类专业，数学考试成绩不计入总分，供录取时参考）。

（三）“3+2”考试科目改革试点，具体范围及考试科目如下：

1. 报考医疗、高护、西医类的考生，考试科目为政治、语文、数学（理工类）、人体解剖学、生理学。

2. 报考中医药学的考生，考试科目为政治、语文、数学（理工类）、中医基础学、中药学。

3. 报考司法部属中央司法警官教育学院举办的监狱管理、劳教管理专业的考生，考试科目为政治、语文、数学（文史类）、监狱（劳教）基础、狱政（所政）管理。

4. 报考劳动和社会保障部委托北京市计划劳动管理干部学院开设的机械制造工艺设备专业的考生，考试科目为政治、语文、数学（理工类）、机械基础、机械制造工艺基础；报考工业电气自动化专业的考生，考试科目为政治、语文、数学（理工类）、电工基础、电子技术基础。

以上考试科目中，专业课分别由卫生部、国家中医药管理局、司法部、劳动和社会保障部组织命题。

（四）报考高等职业技术教育班的考生，考试科目为三门基础课（政治、语文、数学）、两门专业课。

三门基础课实行全国统考，两门专业课由北京市成招办统一组织。

本科各专业和外语、外贸、外经专业的专科需加试外语（报考高中起点外语、外贸、外经专业的考生考专业英语，报考其他科类本科专业考公共英语），分英、俄、日三个语种，由考生任选一种（报考外语、外贸、外经专业以外的师范类本科各专业的中学教师可不加试外语），由教育部统一命题，考试成绩不计入总分，本市另定录取标准。

以上各科满分均为150分。

高等艺术院校艺术类专业术科加试由院校自行组织，非高等艺术院校艺术类专业术科加试由北京市成招办统一组织。

加试科目的成绩不计入总分，供录取时参考。

其他专业的加试由招生学校或其主管部门决定并组织加试科目的命题、考试。

各类专业加试科目成绩在规定时间内报北京市成招办。

二、专升本科班考试科目

专升本科班招生分为师范类（系指普通中学教师和各中等学校普通课教师）和非师范类（系指考生为普通中、小学教师以外其他学校教师和非教师）。

（一）师范类专升本科的考试科目共四科：公共课一科，专业课三科（音乐、美术专业除外）。公共课：教育理论（教育学、心理学，侧重教育学部分）。专业课：各专业课分别规定如下：

政治和思想品德教育专业：马克思主义哲学、政治经济学（资本主义部分）、中国革命史。

汉语言文学教育专业：汉语、中国文学（包括古代、现代，现代到1949年为止）、文学概论。

历史教育专业：中国通史、世界通史、中国历史要籍介绍和选读。

英语教育专业：精读和泛读、听说、实用语法。

数学教育专业：空间解析几何、数学分析、高等代数。

物理教育专业：高等数学、力学热学、光学电磁学。

化学教育专业：高等数学、有机化学、无机化学（含分析化学定性部分）。

地理教育专业：中国地理、世界地理、自然地理基础。

生物教育专业：动植物学、微生物学、人体解剖及生理学。

体育教育专业：体育理论、运动生理学、综合考试（田径、篮球、体操）。

音乐教育专业：钢琴、声乐、音乐基本理论（乐理、和声）、视唱练耳。

美术教育专业：素描、色彩、创作、美术史论基本知识（中外美术史及技术法理论）。

教育管理类专业专升本科班的考试科目共四科，公共课一科：大学语文；专业课三科：教育学、心理学、学校管理。

以上除术科（听说、钢琴、声乐、视唱练耳、素描、色彩、创作）外的各科试题由教育部统一命制，其命题范围不超出以《中学教师进修高等师范专科教学大纲》为依据编写的《考试大纲》规定的内容。

各科满分成绩分别为：中国通史120分、世界通史120分、中国历史要籍介绍和选读60分、空间解析几何50分、数学分析150分、动植物学150分、微生物学50分，其余各科均为100分。

（二）非师范类专升本科班的考试科目共四科：公共课两科、专业基础课一科、专业课一科。

公共课和专业基础课分别为：

理工类：政治、英语、高等数学（一）；

经济（管理）类：政治、英语、高等数学（二）；

文史、中医类：政治、英语、大学语文；

英语类：政治、英语、大学语文；

法学类：政治、英语、民法；

报考非师范类专升本科班的教师类考生，公共课两科为政治、教育学（职）。

专业课：专业课的考试由北京市成招办统一组织。

以上各科满分成绩均为150分。公共课和专业基础课实行全国统考，由教育部统一命题，民法由司法部组织命题。

各专业课考试成绩在规定时间内报北京市成招办。

第二十一条 各科命题范围不得超出原国家教育委员会颁发的相应科类复习考试大纲。

第二十二条 全国各类成人高等学校招生统一考试定于 5 月 13 日、14 日进行。

考试时间如下：

一、高中起点本、专科考试时间表

日期 时间	5 月 13 日 （星期六）	5 月 14 日 （星期日）
9:00—11:00	语文	数学
14:00—15:40	物理　地理　生理学 中医基础学　监狱（劳教）基础 机械基础　电子技术基础	化学　历史　人体解剖学中药学　狱政（所政）管理 机械制造工艺基础电子基础
16:20—18:00	政治	外语

二、专升本科班

日期 时间	5 月 13 日 （星期六）	5 月 14 日 （星期日）
9:00—11:00	教育理论课 教育学（师）	高等代数　实用语法 人体解剖及生理学　心理学 政治经济学　中国文学 世界地理　力学热学 有机化学　运动生理学
9:00—11:30	政治	英语　教育学（职）　世界通史
14:00—15:00		中国历史要籍介绍和选读 微生物学　空间解析几何
14:00—16:00	马克思主义哲学　汉语 高等数学（师）　中国地理 体育理论　美术史论基本知识	中国革命史　文学概论（师） 光学电磁学　无机化学 自然地理基础 学校管理　综合考试
14:00—16:30	高等数学（一）（二） 大学语文　音乐基本理论 中国通史　数学分析 动植物学	外语　精读和泛读　民法

第二十三条 考生须携带准考证、居民身份证在规定时间到指定地点应试。

第二十四条 考试工作规则执行原国家教育委员会颁发的《普通、成人高等学校本、专科招生全国统一考试工作规则》（考试［1991］3 号）。

第二十五条 评卷工作在全市统一安排下，由北京市成招办组织实施。

考生成绩通知本人，不公布，不查卷。

第六章　录　取

第二十六条 北京市成招办在本市专科层次招生计划总额度内拟定本市专科层次招生的最低控制分数线报北京教育考试院、北京市高等学校招生委员会批准后执行；本科层次招生的最低控制分数线报教育部批准后执行，并根据招生计划和生源情况对各类成人高等学校招生录取分批次进行。

第二十七条 各类成人高等学校应严格按计划录取新生，未经计划部门批准，不得对招生计划进行调整。学校确定的实际录取线不得低于本市的最低控制分数线。

体育类、艺术类名专业，本科最低控制分数线不得低于当地本科最低控制分数线（艺术类专业扣除数学成绩）的70%，专科不低于专科的60%，史论、编导专业本、专科不低于相同层次的90%。

第二十八条 新生的录取工作必须认真贯彻按需培养，德、智、体全面衡量，由高分到低分（体育类、艺术类专业一般按术科加试成绩）择优录取的原则。录取新生时，既要重视考生的总成绩，又要注意与其报考专业相关科目的成绩。

各类成人高等学校一律不得录取试读生、超前生、旁听生和单科生，对违反规定者，追究责任人及其领导的责任。

第二十九条 在录取工作中，由北京市成招办按照考生第一志愿向招生学校提供学生档案，由招生学校审查录取，录取名单由北京市成招办审批。招生学校按审批后的录取名单发放录取通知书。在最低控制分数线上的考生，第一志愿学校不能录取时，由北京市成招办根据考生的第二志愿进行调剂，学校之间不能自行转录。如第二志愿不能录取，对服从分配者，北京市成招办在报考条件及考试科目相同（或相近）专业中进行调制录取；对不服从分配者，不予调剂录取。招生学校对有照顾条件的考生，要复核审查考生的照顾录取资格。

录取中的遗留问题由北京市成招办负责处理。

第三十条 招生学校及其主管部门在京招生可指定代办单位，明确代办单位要认真负责地配合北京市成招办搞好招生工作。委托培养学生的单位不得参与录取工作，但可根据各地的生源质量情况，向招生学校提出调整生源计划的要求。

第三十一条 获得全国劳动模范称号者，经省级招生部门审核，报教育部批准，可免试进入各类成人高等学校相应层次学习。

优秀运动员免试入学条件另行规定。

第三十二条 符合下列条件之一的考生，录取时可照顾30分（专升本科班考生为20分）：

(1) 获得地、市级以上（含地、市级）人民政府，国务院各部委及各省、自治区、直辖市厅、局系统，国家特大型企业授予的劳动模范、先进生产（工作）者及科技进步（成果）奖获得者。

(2) 获得省、自治区、直辖市工、青、妇等组织授予“五一劳动奖章”、“新长征突击手”、“三八红旗手”称号者。

(3) 人民解放军、武警部队、人民警察荣立三等功以上者。

(4) 归侨、归侨子女、华侨子女、台湾省籍考生。

(5) 烈士子女、烈士配偶。

(6) 边疆、山区、牧区和少数民族聚居地区的少数民族考生、国防科技工业三线企业单位（地处地市以上人民政府所在地的除外）获得企业表彰的先进生产（工作）者。

(7) 年满28周岁以上人员。

(8) 报考农、林、地质、水利、矿业、测绘、监所、远洋运输、社会福利等艰苦行业各专业的考生。

第三十三条 根据本市的实际情况，制定有利于录取劳动模范、生产和业务骨干以及农村、乡镇企业考生的相应政策。

第三十四条 符合两项以上照顾政策的考生，其照顾分不得合并计算。

第三十五条 录取工作结束后，北京市成招办向北京教育考试院、北京市教育委员会和教育部上报当年的录取新生数，并向招生学校所在地毕业证验印部门提供当年录取新生的名单。

第三十六条 新生入学后，学校要对新生进行全面复查。对于不符合报考条件和录取标准以及弄虚作假、违纪舞弊者，学校应取消其入学资格，报北京市成招办备案，对其缺额，如有上线考生，北京市成招办可予以补录。此项工作应在2000年9月10日前完成。

第七章 附 则

第三十七条 关于第二专业专科学历教育：

第二专业专科学历教育招生录取工作由北京市成招办组织实施。

报名条件：报考第二专业专科学历教育的考生必须具有经教育部审定核准的国民教育系列高等学校或高等教育自学考试机构颁发的大学专科或本科毕业证书。

录取：录取第二专业专科学历教育的考生，学校提出录取名单，经北京市成招办审批后录取。

第二专业专科学历教育录取人数不占用学校当年的招生计划。

第三十八条 关于预科生：

对属照顾而未达到录取分数线、受表彰（三十二条（一）、（二）、（三）款）的各类先进人员和年龄在25周岁以上以及特殊行业急需培养的在职业务骨干，达到预科班分数线（另定），本人提出申请，经北京市成招办批准后，可作为预科生参加预科班，补习高中文化一年。考试合格，经北京市成招办审批后，进入原报的第一志愿学校（专业）学习。

第三十九条 违反招生管理规定或违反考试管理规定应予处罚的，将依照有关处罚规定予以处罚。

附件：2000年北京市各类成人高校招生工作进度表

附件：

2000年北京市各类成人高校招生工作进度表

日期	工作内容	承办单位	参加单位
1月24、25日	市成人高校招生工作会	市成招办	区县招办招生院校
2月21日	刊登招生简章（北京日报）	市成招办	
2月22日—23日	召开报名工作培训会、发报名表格	市城招办	各区县成招办
2月25日	刊登招生专业目录（北京日报）	市城招办	
2月25日	召开全市招生咨询活动预备会	市成招办	各招生院校
2月26日	全市招生咨询活动	市成招办	各招生院校
3月2日	验证人员培训会（毕业证书）	市成招办	
3月3日前	交报名工作方案	市成招办	区县招办
3月5日	北京电视台《热线咨询》 ——2000年招生咨询	市成招办	
3月7日—13日	全市验证工作	市成招办	5个验证点
3月8日—14日	全市统一报名	区县招办	
3月8日—19日	接收考生的专业课加试及第二学历的报名		各有关招生院校
3月20日上午	交各种报名材料，缴纳报名、考务费、考试工作安排一览表	市成招办	09—20区县成招办
3月20日下午	同上	市成招办	01—08区成招办
3月21日—24日	免试生报名	市成招办	
3月24日前	报名复查工作，补报	区县招办	各区县成招办
3月29日—30日	1. 有专升本、高职班、艺术、体育类专业的院校领取分程序软盘； 2. 招生院校领取报名情况统计表。		

续前表

日期	工作内容	承办单位	参加单位
3月31日	领取报名号与准考证号对应表、试卷预订单、征订试卷	市成招办	各区县成招办
4月14日	领取准考证	市成招办	各区县成招办
4月20日前	报专业课或加试考试题及考试时间备案	市成招办考试科	有关招生院校
4月21日	考务工作会	市成招办	各区县成招办
5月8日	巡视员培训会	市成招办	巡视员
5月11日	发放试卷并交组考工作方案	市成招办	区县招办
5月12日	布置考点考场，考生熟悉考场	区县招办	各区县成招办
5月13日—14日	全国统一考试，组织巡视	市成招办	市、区县成招办
5月15日	送答卷及备用卷并交组考工作小结	市成招办	各区县成招办
5月15日—21日	专升本、高职班的专业课考试；艺术、体育类术科考试	市成招办	各有关招生院校
5月15日—28日	全国统考阅卷工作	市成招办	
5月29日	领取考生答卷、登分表，核对考生成绩	市成招办	招生院校
6月2日前	上报专升本、高职班的专业课考试成绩；上报、艺术类、体育类加试成绩（软盘）		
6月3日	统一核对考生成绩	市成招办	各区县成招办
6月11日	向社会公布全国统考成绩	市成招办	
6月12日	向各区县成招办发成绩	市成招办	各区县成招办
6月15日	各招生院校领取成绩序列表	市成招办	各院校
6月中旬	召开建档工作会、布置建档工作、建立考生档案	市成招办	各区县成招办
	召开录取工作预备会	市成招办	各有关招生院校
6月24日—26日	交送考生档案	市成招办	各区县成招办
6月27日—7月7日	召开录取工作会	市成招办	各有关招生院校
9月6日—8日	第二学历生补录工作	市成招办	各有关招生院校
9月10日前	处理遗留问题	市成招办	
9月20日前	交全年招生工作总结	市成招办秘书科	区县成招办

注：以上工作如有变化，应以通知为准。

关于对区县成人教育招生办公室招生考试工作实行目标管理考评的通知

京考成招〔2000〕第02号

各区县成人教育招生办公室：

现将《北京市区、县成人教育招生办公室招生工作目标管理考评办法》、《北京市区、县成人教育招生办公室招生管理工作责任目标》、《北京市区、县成人教育招生办公室招生工作目标管理实施细则》发给你们，请结合本区实际情况，认真研究，制定切实可行的措施，贯彻落实。

附件：

一、《北京市区县成人教育招生办公室招生工作目标管理考评办法》

二、《北京市区县成人教育招生办公室招生工作管理责任目标》

三、《北京市区县成人教育招生办公室招生工作目标管理考评实施细则》

二〇〇〇年三月九日

附件一：

北京市区县成人教育招生办公室招生工作目标管理考评办法

北京市区县成人教育招生办公室招生工作目标管理考评工作，是以原国家教委颁布的《普通、成人高等学校本、专科招生全国统一考试工作规则》、《成人高等学校招生规定》和北京市成人教育招生办公室（以下简称北京市成招办）制定的《北京市成人高等学校招生工作细则》为依据，以北京市成招办制定的《北京市区县成人教育招生办公室招生工作管理责任目标》为标准，以各区县成人教育招生办公室的实际工作情况为基础进行评审。具体办法如下：

1. 北京市成招办根据《北京市区县成人教育招生办公室招生工作责任目标》和《北京市区县成人教育招生办公室招生工作管理目标实施细则》负责组织考核、评审工作，并公布评审结果。

2. 评审的办法采取分阶段、分区县，以区县成招办实际工作情况为基础进行评审，并邀请部分区县参加进行全市综合性评审。全市综合评审将于第四季度进行。

3. 目标管理考评成绩满分为 1 000 分。

区县招办得分＝1 000－实际扣除分数＋“4”

实际扣除分数＝应扣分×（1－本区县报名人数/全市总报名人数）

总得分在 900 分以上不满 950 分且具备三个以上单项一等的为达标。总得分在 950 以分上且具备四个以上单项一等的为优秀。

4. 以全市报名总数除以区县数得出的平均数为基数，在此基础上每超过千人加 3 分。

5. 对在各阶段工作中，凡成效显著，切实提高本区县招生工作质量；能促进整个招生工作的规范化、科学化水平；便于其他区县学习，有利于全市招生工作整体发展的，设单项工作奖。

6. 目标管理考评结果将向全市公布，并进行奖励表彰。

附件二：

北京市区县成人教育招生办公室招生工作管理责任目标

为确保对区县成人教育招生办公室招生管理考评工作的严肃性、合理性、增强透明度，不断提高招生工作的科学化、规范化程度，充分体现工作量、工作质量与工作业绩的关系，本着自评与北京市成招办考评、阶段考评与年终总评相结合的原则，且兼顾这一工作的实操性，将之落到实处，为此，就区县成招办招生管理工作的责任目标规定如下：

一、机构设置（责任科：秘书科）

1. 依照《普通、成人高等学校本、专科招生全国统一考试工作规则》中的有关规定成立成人教育招生办公室。按北京市成人教育招生办公室制定的《区县成人教育招生办公室职责》负责组织、实施本区县的成人高等院校的招生工作。

2. 区、县成人教育招生办公室应有一名主任主管成人招生工作并配备相应数量的工作人员，远郊 1 人～2 人，城近郊 2 人～3 人，其中应备一名微机操作人员。工作人员应熟悉成招业务，分工明确，职责清楚，要求具体。

3. 办公室有固定的办公地点、计算机房、保密室和必要的通讯设备及办公条件。

二、报名工作（责任科：综合科、计划统计科）

1. 按北京市成招办的有关规定并结合本区、县的实际，制定出本区、县报名工作方案。做到报名工作组织落实、人员落实、任务落实。按规定时间将方案报送北京市成招办。

2. 依照有关规定严格审核考生的报名资格和照顾录取条件，建立完备的审核手续，准确无误、完整、规范地汇总报名材料。

3. 指派专人认真细致地做好考生报名辅导培训工作，指导考生选报志愿，准确填涂有关表、卡。

4. 在规定的时间内完成报名工作，及时、准确地将《考生报名情况统计表》、报名数据盘等材料报送北京市成招办。

三、组考工作（责任科：考试科、综合科）

1. 依照北京市成招办制定的《考点设置及要求》《考场设置及要求》选择、布置考点和考场。保证考试按照顺序进行。

2. 依照北京市成招办制定的《实施细则》及有关规定，认真做好监考人员、工作人员的培训工作，使全体人员均做到职责清楚、办法明确、要求具体。

3. 按北京市成招办制定的《考试实施程序》、《考生守则》、《监考人员守则》组织考试，保证考场秩序井然，纪律良好。

4. 按北京市成招办制定的《试卷、答卷传递交接程度》和《答卷装订、密封程序》做好试卷、答卷的分布和装订工作，确保不错、不漏、不乱。

四、复核成绩及建档工作（责任科：考试科、综合科）

1. 按照北京市成招办制定的《复核考生成绩办法》及时、准确地复核每个考生成绩，保证不错、不漏。

2. 按北京市成招办制定的建档工作要求按时建立考生档案，保证考生档案材料齐全，排列有序。按时准确地送报所建档案。

五、保密工作（责任科：秘书科、综合科）

1. 区县招办建立符合要求的保密室，并按规定指派专人保管试卷答卷。

2. 按照北京市成招办制定的试卷印刷、运送和保管要求，按时领取和送交试卷、答卷。保证试卷、答卷不错、不丢、不发生泄密事件。

3. 按照北京市成招办制定的《试卷印刷、保管工作人员守则》和《保密人员守则》保管试卷、答卷，保证不丢、不错、不泄密。

六、工作总结（责任科：秘书科、综合科）

1. 在组织完成报名、组考工作后应及时地写出本区县的工作小结，并按规定日期报北京市成招办。

2. 全部招生工作结束后应结合本区县的实际情况做出全面总结，并按规定时间报北京市成招办。

3. 结合招生工作的需要及本区县的实际情况积极开展有关招生考试工作的科研工作。

二〇〇〇年二月十八日

附件三：

北京市区县成人教育招生办公室招生工作目标管理考评实施细则

本细则配合责任目标实施，通过整体、综合考核，做到有利于加强当年招生工作的管理，有利于推动招生工作标准化、科学化的改进，有利于经验的积累、成效的提高及工作的创新，便于各区县在业务上进行交流与促进。

《细则》以表格的方式予以体现，共分七个表格：总表、机构设置、报名工作、组考工作、复核成绩与建档、保密工作、工作总结。

招生工作目标管理考评内容、标准分总表

序　号	内　容	标　准　分
1	机构设置	50分
2	报名工作	250（达标150，一等240分以上）
3	组考工作	300（达标180，一等290分以上）
4	复核成绩及建档	250（达标150分，一等240分以上）
5	保密工作	100（达标60，一等100分）
6	工作总结	50（达标30，一等50分）
合计		1 000分

注：优秀应具备单项4个以上一等；达标应具备3个以上单项一等。

一、机构设置

责任目标			实施情况		
序号	内容	满分	全面完成责任目标得满分		
			序号	未能完成责任目标项	扣分
1	按规定成立本区县成人招生办公室，并负责领导、组织、实施本区县成人高校的招生工作。	10	(1)	没成立区县招生办公室的。	10
			(2)	成立区县招生办公室，但机构不健全的。	5
2	区、县成招办有一名主任主管成人招生工作并配齐工作人员（远郊：1人～2人；城近郊2人～3人），其中应必备一名微机操作人员。工作人员要业务熟悉，分工明确，职责清楚。	30	(3)	没有一名主任主管的。	5
			(4)	工作人员没达到最低人数的。	5
			(5)	工作人员（含微机人员）业务不熟练的。	5
			(6)	分工不固定或不明确的。	5
3	有固定的办公地点和办公室，必要的办公条件（微机房、通讯设备等）。	10	(7)	缺少必要办公条件之一的。	2/项

二、报名工作

责任目标			实施情况		
序号	内容	满分	全面完成责任目标得满分		
			序号	未能完成责任目标项	扣分
1	制定出本区县报名工作方案，并做到组织、人员、任务三落实。方案在规定时间报市招办。	25	(1)	报名工作方案不明确、不具体，三落实执行不得力的，不按时报市招办的。	10
2	审核考生报名资格的照顾录取条件、手续完备，准确无误、完整规范地汇总报名材料。	100	(2)	报名情况出现差错，影响录取工作的。	2/起
			(3)	出现不符合报名资格和照顾条件的。	5/人
3	派专人辅导培训考生，指导考生选报志愿，填涂有关表、卡。	25	(4)	是否组织考前培训（看录像、咨询、开培训会）。	5/处
4	在规定时间内及时准确地将《考生情况统计表》报名数据软盘等有关材料报送市成招办。	100	(5)	材料没按时上报超过一天的。	5/天
			(6)	超过三天的。	取消资格
			(7)	上报材料不齐的。	5/起

三、组考工作

责任目标			实施情况		
序号	内容	满分	全面完成责任目标满分		
			序号	未能完成责任目标项	扣分
1	依《考点设置及要求》、《考场设置及要求》选择、布置考点和考场，保证考试按时、顺利进行。	25	(1)	没能认真逐项落实“设置和要求”的。	2/项
2	认真做好监考工作人员的培训。全体人员应职责清楚、办法明确、要求具体。	25	(2)	没按要求进行培训的。	10
			(3)	培训不到位，造成职责不清、办法不明等情况，在具体问题上出现纰漏的。	5/起
3	依《考试实施程序》、《考生守则》，《监考人员守则》组考，保证考场秩序井然，纪律良好。	100	(4)	考场发现违纪现象，监考员未记录处理的。	20/起
			(5)	监考不严，阅卷中发现雷同试卷，监考员未作记录的。	20/起
4	按《试卷答卷传递交接程序》、《答卷装订、密封程序》做好试卷、答卷的分发，装订确保不错、不漏、不乱。	150	(6)	分发试卷违反程序，但未造成泄密的。	10/起
			(7)	未按规定在试卷、答题卡上填涂缺考考生号等标记的。	2/起
			(8)	不按规定填写试卷袋内容的。	2/起
			(9)	漏装、漏订试卷、答题卡的。	20/起
			(10)	答卷装订不规范，密封线外姓名、准考证号出现页码顺序颠倒、考生准考证号顺序混乱的。	2/起
			(11)	发错试题、丢失试题、答卷集体作弊及发生违反规定等重大事件按有关规定处理的。	取消资格

四、复核成绩及建档工作

责任目标			实施情况		
序号	内容	满分	全面完成责任目标得满分		
			序号	未能完成责任目标项	扣分
1	按要求及时、准确复核考生成绩，保证不错不漏。	150	(1)	核对考生成绩后，再次发现错漏和要求更正的。	5/起
2	按规定建立考生档案，保证档案材料齐全，排列有序，按时准确送档。	100	(2)	档案材料不齐全的。	5/人
			(3)	未按送档清单顺序排列的。	50
			(4)	没按时准确送档，影响工作的。	20

五、保密工作

责任目标			实施情况		
序号	内容	满分	序号	未能完成责任目标项	扣分
1	建立符合要求的保密室，有健全的保密制度，有专人保管试卷、答卷。	40	(1)	保密室设备不符合要求的。	20/外
			(2)	保密制度不健全的。	5/项
			(3)	保密值班员违反规定，不尽职的。	10/次
2	按规定领取、保管、分发、送交试卷、答卷、符合保密要求，有安全措施，保证按时、不丢、不错、不泄密。	60	(4)	试卷运送不及时，影响考试视情节和后果的。	20至取消资格
			(5)	试卷、答卷管理运送不符合保密要求的。	10/处
			(6)	出现泄密，按规定处罚的。	取消资格

六、工作总结

责任目标			实施情况		
序号	内容	满分	全面完成目标得满分		
			序号	未能完成责任目标项	扣分
1	报名、组考工作结束后及时写出简报、小结。小结按时报市招办。	15	(1)	报名、组考工作小结，待该项工作完成后两周内交报市考办，超过一天的。	5/天
2	全部工作结束后，写出总结。总结及时报送本区、县主管局（委）和市成招办。	20	(2)	未按时交总结的，超过一天的。	5/天
3	积极开展有关成教招生考试工作和资料积累和科研工作。	15	(3)	资料积累不认真的。	5

关于调整报名考务等收费标准及有关事项的通知

各区县成人招生办公室、考试中心及各有关招生学校：

根据北京市物价局、北京市财政局京价（收）字［2000］94号《关于调整成人招生、自学考试等招生考试收费标准的函》的精神，现就成人招生报名考务费等有关事项作如下通知：

一、收费标准

1. 成人高考报名考务费收费标准为每科25元。

2. 报考“3＋2”各专业及非师范类专升本专业的考生，凡其中两门或一门由组考院校进行考试的，其报名考务费由组考院校代收，收费标准为每科25元。

3. 按照国家计委计价费［1998］140号文件的规定，代教育部考试中心收取的报考专科起点本科入学考试各专业的试卷费每科3元。

4. 二学历报名费由区县成招办、考试中心按北京市物价局、北京市财政局京价（收）字［1999］第425号文件的规定收取。

5. 学历资格审定费收费标准为每人10元。

二、经考试院领导研究决定，对各区县报考费的下拨标准作如下调整：

1. 东城、西城、崇文、宣武、朝阳、海淀、丰台、石景山每科10.50元。

2. 通州、大兴、顺义、昌平每科12元。

3. 房山、怀柔、门头沟、燕山、平谷、密云、延庆、矿务局每科13.75元。

4. 收取的学历资格审定费及代教育部考试中心收取的试卷费足额上缴，不进行下拨。

三、各区县组考单位或考点在向考生收取报考费时，应执行北京市财政局京财综［1998］1290号《关于委托区县招生办公室收取报考费使用票据的函》的规定，由各区县招生办公室、考试中心开具本单位财务部门“北京市行政事业性统一银钱收据”，并注明代收考务费。

四、请各区县招生办公室、考试中心在规定时间内及时将款项足额上缴，考试院以此作为年终评比考核的条件之一，交款时请务必携带本单位的“北京市行政事业性统一银钱收据”领取下发拨款。

二〇〇〇年三月一日

关于调整成人招生经费的通知

各有关院校：

根据北京市物价局、北京市财政局京价（收）字［2000］94号文件《关于调整成人招生、自学考试等招生考试收费标准的函》的规定，现将成人高考、成人中专招生经费的调整标准通知如下：

1. 成人高考招生经费每人50元。

2. 成人中专招生经费每人50元。

以上费用均由各招生院校录取时由教育考试院交纳。

二〇〇〇年三月十三日

关于进一步加强管理，严肃考风考纪，切实做好组考工作的通知

京考成招［2000］第3号

各区县成人教育招生办公室：

为进一步加强管理、严肃考风考纪，切实做好2000年全国各类成人高等学校招生统一考试北京地区的组考工作，现就有关问题通知如下：

一、认真学习、积极贯彻教育部的有关规定，加强考务管理、严肃考风考纪，要严格执行以下五个文件规定

1.《普通、成人高等学校本、专科招生全国统一考试管理工作规则》（原国家教委考试［1991］3号）；

2.《关于印发〈试卷保密室、答卷保管室管理办法〉和〈试卷印刷、运送工作管理办法〉的通知》（原国家教委教试厅［1992］1号）；

3.《关于加强全国教育统一考试管理工作的意见》（教考试厅［1998］2号）；

4.《关于落实全国教育统一考试考风考纪电视电话会议精神的通知》（教试中心［1998］50号）；

5.《关于进一步加强普通、成人高等学校招生全国统一考试管理工作的意见》（原国家教委教考试［1995］2号）。

为此，请各区县成人教育招生办公室（以下简称区县成招办）要做好以下工作：

（1）在4月28日以前安排一定的时间组织本区县成招办的全体工作人员认真学习有关考试工作的文件，并结合当地的实际情况对全国成人高校招生统一考试的组考工作进行全面分析，在充分肯定成绩的基础上，找出存在的问题，制定具体的切实可行的组考方案。

（2）在5月10日前，集中时间，集中精力，做好各考点主考、副主考、监考员、工作人员的培训工作。通过培训使全体监考员、工作人员认清形势，明确职责，增强做好工作的自觉性。

（3）请将本区县成招办的学习情况以及面临的问题和采取的措施及时地向当地教育行政部门的领导、主管区县长汇报，以便争取领导的重视和支持。

二、严肃考纪，加大监督检查力度

在全国成人高校招生统一考试的组考工作中，各区县成招办的全体工作人员要严格执行《2000年北京市各类成人高等学校招生规定》、《北京市各类成人高等学校招生工作细则》。

对各考点的监考员、工作人员，各区县成招办要严格要求，敢于管理。凡承担全国成人高校招生统一考试工作的学校和人员都必须认真履行和落实考点和监考人员职责，必须树立以法治考的观念，要廉洁奉公，敢于负责，敢于斗争，熟练业务。

对在考试中有违纪、舞弊行为的考生、各级工作人员和监考员都要敢抓敢管，坚决查处。

对在考试中不认真履行职责，甚至放纵考生伙同作弊的监考员、工作人员要坚决依照《北京教育考试院违规行为处理暂行办法》严肃处理，情节严重的要撤销其考点和监考资格。对以前在监考中出现过上述问题的人员，不能参加组考工作。

各区县成招办要继续加强与当地监察、纪检部门的合作，并接受监督，在严肃考试纪律，处理违纪、作弊工作中主动争取监察、纪检部门的配合，以加强对违纪、作弊的处罚力度和监督措施。

三、加强巡视检查

组考期间，北京教育考试院成人教育招生办公室（以下简称北京市成招办）将向各区县派出巡视员。北京市成招办所派巡视员将在考试期间代表北京市成招办对各区县的考点、考场设置、试卷的保管分发、监考员、工作人员履行职责的情况、考场纪律等进行监督检查。发现问题后，与当地区县成招办或考点主考共同研究、提出处理意见，并及时向北京市成招办汇报。

各区县成招办。在组考期间也应组织相应数量的巡视人员，代表区县成招办到本区县内的各考点、考场进行巡视检查。巡视中如发现问题可及时与考点主考联系并及时向本区县成招办汇报。

四、加强保密观念，做好试卷的保管分发工作

为保护考生平等竞争的权利，保障招生考试工作的顺利进行，各区县成招办必须增强保密观念，切实做好试卷（答卷）的保管分发工作。在组考期间各区县成招办除按市成招办制定的《区县试卷保密制度》、《招生工作细则》中有关试卷印刷、运送和保管的规定执行外，还需切实做到：

1. 各区县成招办从北京市成招办领取全部试卷后，应立即在保密室内、在考区领导小组监护下依照《2000年北京市各区县各科目试卷征订表》进行核对清点，核对无误后再依照《2000年北京市各考点各科目试卷征订表》核对清点，并按考试时间、考点分科装入保险柜内。

2. 考试期间，当日开考科目的试卷，由区县成招办于当日上午8时前用专车送达考点，考点保密人员依照《2000年北京市各类成人院校招生考试考场登记表》核对试卷数量和考试科目，无误后装入保险柜内。每场考试前一小时由保密人员按考场、科目将试卷准备好。

五、加强值班制度

组考期间，各区县成招办设值班室并要求24小时有人值班，保证联络畅通。

值班室地址、电话、值班人员姓名请于5月11日前报北京市成招办秘书科。

各区县成招办值班室，每日下午6时至8时须将本考区当日考试情况电话汇报市成招办值班室。

北京市成招办值班电话：

白天（8:00—18:00）：64952480　64951513

夜间（18:00至次日8:00）：64952147

二〇〇〇年四月二十日

关于申请在成人高校招生中建立考生电子档案，逐步实现计算机网上录取的请示

京考成招［2000］第6号

教育部学生司：

为贯彻落实教育部关于积极稳妥地进行成人高校招生改革，特别是录取方式改革的精神，经过广泛的调研和积极的准备，我市拟在2001年成人高校招生中进行考生信息采集方式的研究和建立考生电子档案的试验，并为实际网上录取做好前期准备工作。

妥否，请批示。

二〇〇〇年九月十三日

关于2000年区县成招办招生工作目标管理考评结果的通报

京考成招［2000］第7号

各区县成招办：

为深化成人高校招生改革，规范管理，进一步做好招生工作，根据考试院《关于对区县成人教育招生办公室招生考试工作实行目标管理考评通知》［京考成招（2000）第02号］文件的精神，经各区县成招办总结和考评、市成招办综合评定，2000年北京市各区县成招办招生工作，目标管理考评结果如下：

优秀奖：

崇文区　宣武区　海淀区　石景山区　门头沟区　通州区

大兴县　顺义区　昌平区　怀柔县　密云县　延庆县　燕山

达标奖：

东城区　西城区　朝阳区　丰台区　平谷县

特此通报。

二〇〇〇年十月二十五日

关于举办2000年北京各类成人高校招生咨询活动的请示

考试院：

为面向广大考生及社会各界宣传教育部有关成人高校招生的方针、政策及本市的具体规定，指导考生合理选报学校和专业，我办经与天安门地区公安局协商，拟将今后几年的成人高校招生咨询活动稳定在市劳动人民文化宫举办。2000年的咨询活动时间定于2月26日上午9点至下午4点。预计将有150余所中央部委、市属成人高校参加，前来咨询的人员约7万人～8万人。

由于咨询活动属全市活动，有关事宜请考试院予以指导。

当否，请批示。

一九九九年十二月十六日

附件一：

2000年北京市各类成人高校招生生源计划报送表（高中起点本、专科）

学校代号：________学校名称：____________通信地址：____________邮政编码：__________
联 系 人：________联系电话：________ 登报（广告）电话：________ BP：________ E-mail：________
学校所属部委：

序号	专业名称	生源计划	学制	学习形式	专业层次	招生类别	专业类别	加试外语语种	是否招收二学历	是否登报	备注
1											
2											
3											
4											
5											
6											
7											
8											
9											
10											

续前表

序号	专业名称	生源计划	学制	学习形式	专业层次	招生类别	专业类别	加试外语语种	是否招收二学历	是否登报	备注
高中起点计划合计											

说明：①此表为高中起点本、专科计划报表。

②有关项目代码见附件三。

③文理兼收专业必须分别填写。

④加试外语语种中，若允许多语种请注明。

⑤若希望在《北京日报》等地方报刊刊登专业信息，请在登报处打“√”。

⑥请在备注中注明有关招生范围、招生对象及其他需注明的招生信息。

⑦高职班专业请在备注中注明两门加试课的名称。

⑧只招二学历专业的生源计划请填“0”。

附件二：

2000 年北京市各类成人高校招生生源计划报送表（专科起点本科）

学校代号：________学校名称：____________通信地址：____________邮政编码：__________

联 系 人：________联系电话：________ 登报（广告）电话：________ BP：________ E-mail：________

学校所属部委：

序号	专业名称	生源计划	学制	学习形式	专业层次	招生类别	考试科目					是否登报	备注
							科目 1	科目 2	科目 3	科目 4	科目 5		
1													
2													
3													
4													
5													
6													
7													
8													
9													
10													
专升本计划合计													

负责人签字（盖章）

说明：①此表为专科起点本科计划报表。

②有关项目及科目代码见附件三、四。

③文理兼收专业必须分别填写。

④若希望在《北京日报》等地方报刊刊登专业信息，请在登报处打“√”。

⑤请在备注中注明有关招生范围、招生对象及其他需注明的招生信息。

附件三：

有关项目代码

	代码	表示内容		代码	表示内容
学习形式	1	业余	专业类别	1	文史类
	2	脱产		2	理工类
专业层次	1	高中起点专科		3	外语类
	2	高中起点本科		4	—
	3	专科起点师范类		5	—
	4	专科起点非师范类		6	西医类
	5	专科起点非师范教师类		7	中医类
招生类别	1	职工大学		8	体育类
	2	管理干部学院		9	艺术类
	3	教育学院		10	高职班（理）
	4	广播电视大学		11	高职班（文）
	5	独立设置函授大学	是否招收二学历	1	兼招
	6	普通高校夜大		2	不招
	7	普通高校函授		3	只招
	8	普通高校脱产班			
	9	普通高校教师班			
加试外语语种	1	不加试外语			
	2	英语			
	3	日语			
	4	俄语			

附件四：

专升本考试科目代码

科目名称	科目名称	科目代码	科目名称	科目代码	科目名称
专升本非师范考试科目		127	海洋生物学	157	光学电磁学
		128	淡水生物学	158	高等数学（化学）
101	政治	129	家畜生理学	159	有机化学
102	英语	130	食品微生物学	160	无机化学
103	高等数学（一）	131	市场营销学概论	161	中国地理
104	高等数学（二）	132	旅游学概论	162	世界地理
105	大学语文	133	色彩（非师范类）	163	自然地理基础
106	图书馆学	134	精读和泛读	164	动植物学
107	档案学	135	教育学（职）	165	微生物学
108	文学概论（非师范类）			166	人体解剖及生理学

续前表

科目名称	科目名称	科目代码	科目名称	科目代码	科目名称
109	新闻学	专升本师范类考试科目		167	体育理论
110	政治学概论			168	运动生理学
111	行政管理学	140	教育理论课	169	综合考试
112	财政金融学	141	马克思主义哲学	170	钢琴
113	会计学原理	142	政治经济学	171	声乐
114	环境保护概论	143	中国革命史	172	音乐基本理论
115	管理学概论	144	汉语	173	视唱练耳
116	电子技术基础	145	中国文学	174	素描
117	电路原理	146	文学概论（师范类）	175	色彩（师范类）
118	机械设计基础	147	中国通史	176	创作
119	结构力学	148	中国历史要籍介绍和选读	177	美术史论基本知识
120	化工原理	150	听说	178	教育学（师范类）
121	地质学概论	151	实用语法	179	心理学
122	医学基础	152	空间解析几何	180	学校管理
123	植物生理学	153	数学分析	181	俄语
124	中医基础理论	154	高等代数	182	日语
125	刑法	155	高等数学（物理）	183	世界通史
126	民法	156	力学热学		

注：表中斜体字为专升本师范类考试科目。

2000年北京市各类成人
高校招生报名照顾对象审核办法

京考成招［2000］第02号

照顾对象的审核工作是各类成人高校招生报名工作的重要环节。为做好这项工作，根据教育部《2000年全国各类成人高等学校招生规定》和京考成招［2000］第1号《2000年北京市各类成人高等学校招生规定》，结合本市的实际情况，特制定本办法。

一、关于照顾类型

1. 获得全国劳动模范称号者，经省级招生部门审核，报教育部批准，可免试进入各类成人高等学校相应层次学习。

优秀运动员免试入学条件另行规定。

2. 符合下列条件之一的考生，录取时可照顾30分（专升本科班考生为20分）：

（1）获得地、市级以上（含地、市级）人民政府，国务院各部委及各省、自治区、直辖市厅、局系统，国家特大型企业授予的劳动模范、先进生产（工作）者及科技进步（成果）奖获得者。

（2）获得省、自治区、直辖市工、青、妇等组织授予“五一劳动奖章”、“新长征突击手”、“三八红旗手”称号者。

（3）人民解放军、武警部队、人民警察荣立三等功以上者。

（4）归侨、归侨子女、华侨子女、台湾省籍考生。

（5）烈士子女、烈士配偶。

（6）边疆、山区、牧区和少数民族聚居地区的少数民族考生、国防科技工业三线企业单位（地处地市以上人民政府所在地的除外）获得企业表彰的先进生产（工作）者。

（7）年满28周岁以上人员。

（8）报考农、林、地质、水利、矿业、测绘、监所、远洋运输、社会福利等艰苦行业各专业的考生。

符合上述照顾条件的考生必须于报名时交验相应的原始证件。符合两项以上照顾政策的考生，其照顾分数不得累计。

二、验证点的机构及其职能

各区县成招办应加强对各类照顾证明验证工作的管理，派出政策观念强，工作认真负责、坚持原则、有丰富工作经验的同志担任此项工作；报名站要设立独立的管理照顾证明验证点，对不符合照顾条件的考生坚决不予受理。

三、验证工作程序

1. 验证工作人员在审查考查考生照顾资格时，在确认照顾材料是考生本人后，首先要确认照顾材料是否符合招生规定中的要求。

2. 对符合享受照顾录取条件的考生，验证工作人员要在其证书（明）复印件上分别签字、注上报名号、加盖验证专用章。证书原件退还考生，复印件与考生报名登记表合并放入考生档案。

3. 区县成招办对符合照顾条件的考生确认照顾类型，并与报名信息卡核对，确保考生照顾信息卡的准确无误。

四、加强领导、严肃纪律

各区县成招办应加强对验证工作的领导，重视对验证工作人员的政策和业务培训，认真执行教育部和北京市成招办的有关招生规定，自觉抵制徇私舞弊、“走后门”等不正之风的干扰，严肃招生工作纪律，对招生工作中出现的各种形式的违纪、舞弊事件，一经查实按北京教育考试院印发的《北京教育考试违规行为处理暂行办法》追究责任者责任。

附：国务院各部委、北京市机关、市属局系统、市属总公司名单

二〇〇〇年一月十日

中华人民共和国国务院各部委名单

一、已取消和更名的部委

1. 电力工业部
2. 煤炭工业部
3. 冶金工业部
4. 机械工业部
5. 电子工业部
6. 化学工业部
7. 国内贸易部
8. 邮电部
9. 劳动部
10. 广播电影电视部
11. 地质矿产部
12. 林业部
13. 国家体育运动委员会
14. 国防科学技术工业委员会
15. 国家经济体制改革委员会
16. 国家计划委员会
17. 科学技术委员会
18. 国家教育委员会

二、国务院各部委（机构改革后）

1. 外交部
2. 国防部
3. 国家发展计划委员会
4. 国家经济贸易委员会
5. 教育部
6. 科学技术部
16. 劳动和社会保障部
17. 国土资源部
18. 建设部
19. 铁道部
20. 交通部
21. 信息产业部

7. 国防科学技术委员会
8. 民族事务委员会
9. 公安部
10. 国家安全部
11. 监察部
12. 民政部
13. 司法部
14. 财政部
15. 人事部
22. 水利部
23. 农业部
24. 对外贸易经济合作部
25. 文化部
26. 卫生部
27. 国家计划生育委员会
28. 中国人民银行
29. 中华人民共和国审计署

北京市市机关、市属局系统、市属总公司名单

一、市机关

01. 北京市计划生育委员会
02. 北京市计划委员会
03. 北京市市政管理委员会
04. 北京市对外经济贸易委员会
05. 北京市体育运动委员会
06. 北京市经济体制改革委员会
07. 北京市经济委员会
08. 北京市城乡建设委员会
09. 北京市科学技术委员会
10. 北京市教育委员会
11. 北京市教育工作委员会
12. 北京市政法委
13. 北京市市委组织部
14. 市委办公厅
15. 市委宣传部
16. 市委统战部
17. 北京市商业委员会
18. 市政府办公厅
19. 北京市民族事务委员会

二、市属局系统

01. 北京市机械工业管理局
02. 北京市电子工业办公室
03. 北京市电力工业局
04. 北京市供电局
05. 北京铁路局
06. 北京市国家税务局
07. 北京市物资管理局
08. 北京市地质矿产局
09. 北京市地方税务局
10. 北京市城市规划管理局
11. 北京市市政工程局
12. 北京市房屋土地管理局
13. 北京市环境卫生管理局
14. 北京市园林局
15. 北京市公用局
16. 北京市电信管理局
17. 北京市交通局
18. 北京市邮政管理局
19. 北京市第一商业局
20. 北京市粮食局
21. 北京市旅游事业管理局
22. 北京市民政局
31. 北京市新闻出版局
32. 北京市文物事业管理局
33. 北京市广播电视局
34. 北京市审计局
35. 北京市劳动局
36. 北京市技术监督局
37. 北京市财政局
38. 北京海关
39. 北京市工商局
40. 北京市物价局
41. 北京市监察局
42. 北京市司法局
43. 北京市公路局
44. 北京市供销合作总社
45. 北京市公安局
46. 北京市老干部局
47. 北京市统计局
48. 北京市环境保护局
49. 北京市国营农场局
50. 北京市建筑工程局
51. 北京市二轻工业局
52. 北京市一轻工业局

23. 北京市监狱管理局
24. 北京市烟草专卖局
25. 北京市林业局
26. 北京市农业局
27. 北京市水利局
28. 北京市气象局
29. 北京市卫生局
30. 北京市文化局
53. 北京市科技干部局
54. 北京市档案局
55. 北京市第二商业局
56. 北京市进出口商品检验局
57. 北京市社会保障局
58. 北京市乡镇企业局
59. 北京市人事局
60. 北京市矿务局

三、总公司

01. 北京市公共交通总公司
02. 北京市有色金属总公司
03. 北京化学工业集团公司
04. 北京汽车工业集团总公司
05. 北京市煤炭总公司
06. 北京市纺织工业总公司
07. 北京一轻总公司
08. 北京二轻工业总公司
09. 北京印刷集团总公司
10. 首都钢铁总公司
11. 北京市医药总公司
12. 北京燕山石油化工公司
13. 北京建工集团总公司
14. 北京城建开发集团总公司
15. 北京建筑材料集团公司
16. 北京住宅开发建设集团总公司
17. 北京市地下铁道总公司
18. 北京市饮食服务总公司
19. 北京市石油产品销售总公司
20. 北京市粮油贸易总公司
21. 北京市水产总公司
22. 北京市仪器仪表总工业控股（集团）公司

四、政协系统

北京市政协

五、人大系统

北京市人大

六、群众团体

1. 北京市妇女联合会
2. 北京市总工会
3. 北京市科学技术协会
4. 共青团北京市委员会
5. 北京市文学艺术界联合会

关于各类专业课考试的组织办法

京考成招［2000］第03号

各有关成人高校：

根据教育部《2000年全国各类成人高等学校招生规定》中的有关规定，为加强对此项工作的管理，保证考试组织的顺利实施，特制定本办法。

一、各类专业课的范围

各类专业课是指“高职班”的两门专业课；专科起点本科班非师范类专业课；艺术类、体育类的术科加试科目。

二、报名

报考以上各类专业的考生在3月19日前持报名核对单到所报考的第一志愿学校参加专业加试报名。为方便院校工作，市成招办将于3月29日至30日向有关院校提供考生报名的信息。

三、命题

专业课考试科目由有关招生学校选定，并按原国家教委颁发的相应复习考试大纲组织命题。每科满分150分，考试时间："高职班"的专业课为100分钟；专科起点本科班非师范类专业课为150分钟。考试科目、考试时间、考试试题、参考答案及评分标准、考场安排于4月20日前报市成招办考试科备案。

四、考试

专业课考试的时间全市统一安排在5月15日至21日进行。考试期间，市成招办将派巡视员到各考试点进行巡视检查。

五、评卷、登分专业来课考试评卷、登分工作由招生院校组织进行登分工作请招生院校按以下要求进行：

1. 招生院校请于2000年3月29、30日到市成招办领取登分程序软盘，或到网上下载，网址另行通知。

2. 招生院校请于2000年6月2日前向市成招办计划统计科上报包含专业课成绩的数据库软盘，由市成招办统一打印，学校核对无误后签字、盖章且以后不得更改。

3. 上报成绩要求：艺术类、体育类、高职班及非师范专升本科班专业加试课只上报一个综合成绩；艺术、体育类专业按百分制上报成绩（满分100分）；高职班和非师范专升本科班的专业课成绩上报时只需注明"合格"或"不合格"。

六、招生工作纪律

各级招生工作人员要认真执行有关规定，坚决反对和抵制徇私舞弊和"走后门"等不正之风。对发现和群众揭发的违纪舞弊行为，要认真查处，并追究有关人员的责任。

二〇〇〇年一月十三日

关于2000年北京市各类成人高校招生专升本、二学历的验证报名工作办法

京考成招［2000］第04号

各有关成人高校、区县成招办：

2000年北京市各类成人高等学校招生，专升本与二学历考生毕业证的验证工作由市成招办统一组织，集中设立验证点，共设以下5个验证点：

1. 中国人民大学
2. 北京师范大学
3. 北京广播电视大学
4. 北京市总工会职工大学
5. 首都经济贸易大学（东区）

验证点负责对报名考生的大专以上毕业证书的审验，验证合格后，发给考生《2000年北京市成人高校招生专科以上毕业证书验证单》。

经验证符合报名资格的考生，按有关规定到报名点办理报名手续。

二〇〇〇年一月十五日

2000年北京市各类成人高等学校招生考试考场编排规定

京考成招［2000］第05号

全国各类成人高等学校招生考试是国家级考试，具有很强的政策性和严肃性。成人高考直接面向广大考生，社会关注程度高。为了不断提高组织考试的管理水平，使成人高考逐步做到科学化、规范化、制度化，特对考场编排作如下规定：

一、考点

考点由各区县成人教育招生办公室（以下简称区县成招办）按《考点设置及要求》选定。各区县成招办在规定时间内，向北京教育考试院成人教育招生办公室（以下简称北京市成招办）报告本区县考点设置的数量、地点、各考点考生容量。特别强调的是：

（一）不能选择小学校作为考点；

（二）不得使用阶梯教室作考场和拼考场；

（三）每个考点必须设十个以上考场，因特殊情况达不到十个考场的考点，须经北京市成招办批准。

二、考场编排原则

（一）高中起点本、专科考场按文史类、理工类、外语类（含高中起点本科文科）、高中起点本科理科、“3＋2”文科、“3＋2”理科、“高职班”文科、“高职班”理科八类顺序编排。

专科起点本科班考场按师范类、非师范类、教师类三大类编排。

每考场统一规定为30人。

（二）每个科类的考场序号要连续编排，考场号要从小号到大号顺序排列；每个考场内的准考证号也要连续排列。

（三）尾数考场的考生可以合并安排在同一教室之内。但每个教室不得超过30人。

（四）考场设置严格按《北京市各类成人高校招生工作细则》中《考场设置及要求》的规定执行。

三、报名号编排方法和准考证号编排方法

在招生工作细则中对报名号编排方法和准考证号编排方法作了详细的规定，编排报名号和准考证号时必须按照该规定执行。

四、报名号和准考证号的使用原则

（一）报名号为工作号。自报名始至录取结束，招生工作人员所使用的有关表格、信息卡等均以考生报名号为准。

（二）准考证号为考试专用号。准考证号在编排考场时根据报名号和一定的规则产生。考场门上贴准考证起止号，考场内桌子右上角贴考生准考证号。考生答题时，在答题卡和试卷Ⅱ上只填涂（写）准考证号。

五、计算机随机编排准考证号

以每考区为单位，以考生报名号为工作号随机（打乱原报名号顺序）生成考生准考证号，按各区县所报考点和考点容量统计表编排考场，生成相应的考场登记表。

六、表格

（一）考点和考点容量安排表（由区县成招办输机并打印）于3月20日报市成招办。

（二）全市考场登记表。每考场占一行，注明该考场全部试卷科目代号，于3月31日前返回各区县成招办。

（三）考生报名号与准考证号对照表于3月31日前返回各区县成招办。

（四）各科目试卷需用量明细表，于3月31日前返回各区县成招办。

（五）考生准考证及其存根（显示报名号，按报名号顺序），由北京市成招办打印后于4月14日前发至各区县成招办。

七、发放准考证

考生准考证原则上在4月下旬发放，具体时间由各区县成招办自行确定。

二〇〇〇年一月十七日

2000年北京市各类成人高校招收优秀运动员报名办法

京考成招［2000］第06号

各成人高校：

根据教育部《关于对优秀运动员报考成人高等学校高中起点本专科有关问题的通知》（考学司［2000］15号）文件的精神，结合北京市的实际情况，特制定本办法：

（1）符合免试进入各类成人高等学校高中起点本专科学习条件的优秀运动员，于4月3日至4月7日持市体委人事部门审核后的运动成绩证明和《优秀运动员申请免试进入成人高校学习推荐表》到北京市成招办办理手续。

（2）符合录取时照顾加分条件的优秀运动员，于4月3日至4月7日持证书原件及复印件一张（B5复印纸）到市成招办办理登记手续。

附件：《关于对优秀运动员报考成人高等学校高中起点本、专科有关问题的通知》

二〇〇〇年二月二十四日

附件：

关于对优秀运动员报考成人高等学校高中起点本、专科有关问题的通知

教学司［2000］15号

各省、自治区、直辖市成人高校招生办公室：

为积极鼓励优秀运动员将训练与教育更好地结合起来，促进我国体育事业的发展，现就优秀运动员报考成人高等学校高中起点本专科（报考专科起点本科的不在此列）的有关事宜规定如下：

一、优秀运动员报考成人高等学校高中起点本、专科应符合成人高等学校高中起点本、专科招生报名条件。报名时除所须正常手续外，须出具经省（自治区、直辖市）体委人事部门审核后的运动成绩证明；申请免试入学的还须出具省（自治区、直辖市）体委人事部门的《优秀运动员申请免试进入科成人高等学校学习推荐表》（该表由国家体育总局监制）。

二、具备下列条件之一者可以免试进入成人高等学校高中起点本、专科学习：

1. 奥运会、世界杯赛和世界锦标赛的奥运会项目前八名获得者、非奥运会项目前六名获得者；

2. 亚运会、亚洲杯赛和亚洲锦标赛的奥运会项目前六名获得者、非奥运会项目前三名获得者；

3. 全运会、全国锦标赛和全国冠军赛的奥运会项目前三名获得者、非奥运会项目冠军获得者。

三、对于运动健将和武术项目武英级运动员称号获得者，录取时文化课考试的录取分数线可降低50分；对于一级运动员称号获得者，录取时文化课考试的录取分数线可降低30分。

四、各省、自治区、直辖市体委人事部门负责运动员的资格审查工作，具体事宜由国家体育总局另行规定。

五、每年录取工作结束后，各省、自治区、直辖市成人高校招生办公室须将免试进入成人高等学校高中起点本专科学习的优秀运动员名单报教育部高校学生司备案。

六、其他有关事项按当年教育部颁布的全国各类成人高等学校招生规定执行。

二○○○年二月十四日

关于北京市各类成人高等学校 1999—2000年度预科班结业考试的通知

京考成招［2000］第07号

各工作站：

根据北京市各类成人高等学校预科班的教学要求和教学计划的安排，1999－2000年度预科班结业考试定于2000年4月8日至9日进行，请按成人高等学校招生考试的有关规定执行，安排好预科班结业考试工作。

一、考试科目

文史类：语文、数学、政治、历史、地理；

理工类：语文、数学、政治、物理、化学；

西医类：语文、数学、政治、人体解剖、生理学；

中医类：语文、数学、政治、中医基础理论、中药学；

高职班：语文、数学、政治。

二、考试时间

日　期	时　间	科　目
2000.4.8	9:00－11:00	语文
	14:00－15:40	物理、地理、生理学、中医基础学
2000.4.9	9:00－11:00	数　学
	14:00－15:40	政　治
	16:20－18:00	化学、历史、人体解剖、中药学

三、考试办法

1. 各工作站按市招办的统一要求，自行组织本站预科班的考试工作。

2. 北京教育考试院成人教育招生办公室（简称市成招办）负责预科生抽考工作，各站抽考考生按学号顺序等距离确定，并在指定时间到市成招办集中考试（抽考学生名单附后）。

3. 考试期间由市成招办派出巡视员巡视各工作站的考试情况。

4. 市成招办集中组织评卷、登分工作。

四、组考要求

1. 各工作站要成立预科生结业考试工作领导小组，具体负责考试工作，领导小组由正、副站长组成。

2. 预科班的结业考试属省级统一考试，各项工作均按市成招办颁发的《北京市成人高等学校招生工作细则》的有关规定执行。组考中，要严密做好各项准备工作；做好监考人员培训工作，严肃考风考纪，确保考试工作的顺利完成。

3. 各工作站在 3 月 15 日将本站考试安排情况上报市成招办。

4. 市成招办定于 2000 年 4 月 7 日下午 3 点整在我办召开预科生结业考试考务工作会，请各工作站负责人及一名工作人员参加。

五、取送试卷时间及要求

1. 取试卷时间和地点：2000 年 4 月 7 日

北京教育考试院成人教育招生办公室

考试科　　联系人：白希友

联系电话：64952147

2. 送试卷时间和地点：2000 年 4 月 10 日上午 11:00 前。

首师大成教学院（西三环北路 56 号）

联系人：马辛、裘海鹏

联系电话：68901570

3. 各工作站取送试卷必须两人以上，同时需带介绍信。

六、其他

1. 各工作站在 4 月 7 日将平时成绩单及软盘上报市成招办考试科。

2. 5 月 7 日各工作站到市成招办考试科领取预科生结业考试成绩。

二〇〇〇年二月二十日

附：

抽考学生名单

首师大工作站：

你站共有预科生 240 人，学号末位取 1，按 10%（四舍五入）比例，间隔 10 人抽取考生，共抽取 24 人，考生名单如下：

21001001	李文凯	21001011	冯军	21001021	雷云
21001031	张旭东	21001051	石淑静	21001071	吴宏
21001081	沈艳红	21001091	郭辉	21001101	韩燕
21001121	吴静	21001131	司徒海露	21001151	熊群韬
21001161	孙晓东	21001171	姚玉珍	21001191	刘颖
21001221	韩莉	21001231	杜晓蕾	21001251	张艳玲
21001261	李羽超	21001271	张靖	21001281	唐彬彬
21001291	李志伟	21001301	周红兵	21001313	孙海伶

注：“3＋2”学生不参加抽考。

教育学院工作站：

你站共有预科生 175 人，学号末位取 5，按 10%（四舍五入）比例，间隔 10 人抽取考生，共抽取 18 人，考生名单如下：

21002005	王辉	21002015	何道秀	21002025	肖静
21002035	宋银龙	21002045	白建民	21002055	戴瑗瑗
21002065	石颖	21002075	王璐	21002085	刘月
21002095	王晓东	21002105	孔建凯	21002115	陈嵬
21002125	徐东波	21002135	闫菁	21002145	段鹏
21002155	马艳红	21002165	陆鸿仪	21002175	臧炜

北工大工作站：

你站共有预科生196人，学员位取0，按10%（四舍五入）比例，间隔10人抽取考生，共抽取20人，考生名单如下：

21003010	谷淑民	21003020	张福德	21003030	赵志武
21003040	刘向明	21003050	王浩宇	21003060	王兰芝
21003070	白和平	21003080	杨靖	21003090	关英红
21003100	聂建华	21003110	唐平	21003120	李雪霞
21003130	赵田	21003140	于洁	21003150	赵建华
21003160	田利	21003170	许东	21003180	宋福龙
21003190	邢杰	21003191	赵成威		

北医大工作站：

你站共有预科生241人，学号末位取5，西医、中医类分别按10%（四舍五入）比例，间隔10人抽取考生，其中西医类抽取21人，中医类抽取4人，共抽取25人，考生名单如下：

26004005	叶树娟	26004015	冯媛	26004025	雷志蕊
26004035	李欣	26004045	周燕	26004055	邢维丽
26004065	张艺	26004075	于冬梅	26004085	王丽萍
26004095	陈鲜艳	26004105	李莉	26004115	平春霞
26004125	张伟霄	26004135	史爱华	26004145	孙利红
26004155	倪静	26004165	闻炬明	26004175	金鑫
26004185	张亚云	26004196	刘娜	26004205	赵文芝
27004005	娄仔深	27004015	杨永丽	27004025	龚学军
27004035	高亚男				

北京电大工作站：

你站共有理科预科生84人，学号末位取5，按10%（四舍五入）比例，间隔10人抽取考生，共抽取8人，考生名单如下：

22005005	梁革红	22005015	张淑惠	22005025	周海雁
22005035	王金雨	22005045	阮口琪	22005055	刘连庆
22005065	关威	22005075	马庆来		

注："3+2"学生不参加抽考

轻工职大工作站：

你站共有文科预科生101人，学号末位取5，按10%（四舍五入）比例，间隔10人抽取考生，共抽取10人，考生名单如下：

21006005	金丽	21006015	边军	21006025	龚丽茹
21006035	潘宁	21006045	王红	21006055	焦爱平
21006065	金薇	21006075	刘宁	21006085	戴铁山
21006086	王钊				

注："3+2"学生不参加抽考。

关于专升本科班《民法》课考试时间的更改通知

京考成招［2000］第08号

各有关区成招办及有关院校：

根据教育部教学［2000］4号《关于印发〈2000年全国各类成人高等学校招生规定〉的通知》中的有关规定，现通知如下：

《民法》课考试时间更改为：

5月13日下午14:00—16:00

望各有关区成招办注意调整考场工作安排。各有关区成招办及院校务必通知每个考生。

二〇〇〇年三月一日

关于印发《2000年北京市各类成人高等学校招生考试评阅试卷工作规定》的通知

京考成招［2000］第10号

各区、县成人教育招生办公室、各评卷单位：

为做好2000年北京市各类成人高等学校的招生考试评阅试卷工作，使评卷工作向着科学化、规范化的方向发展，确保高质量地完成评卷工作，现将《2000年北京市各类成人高等学校招生考试评阅试卷工作规定》发给你们，望遵照执行。

附：2000年北京市各类成人高等学校招生考试评阅试卷工作规定

二〇〇〇年四月二十日

附：

《2000年北京市各类成人高等学校招生考试评阅试卷工作规定》

评卷工作是全国各类成人高校招生工作的重要环节，为使此项工作能顺利开展，确保质量，现依据原国家教育委员会颁布的《普通、成人高等学校本专科招生全国统一考试工作规则》特作如下规定：

一、评卷工作的原则及依据

为充分体现全国统一考试的“科学、公正、准确、规范”的原则，在全部评卷工作中应坚持：

（一）评卷工作必须严格执行教育部制定的参考答案和评分标准，不得提高或降低，不得擅自更动。遇有不同意见须经请示，经同意后方可变动。

（二）评卷工作自始至终要坚持“宽严适度”、“首尾一致”。

（三）评卷工作应集中人员在统一时间、统一场所内进行。

二、组织领导及分工

（一）组织领导

评卷工作应在北京市各类成人高校招生考试评卷领导小组的领导下进行。市领导小组由北京教育考试院主管院长、市成招办负责人及各评卷点领导小组组长组成。

评卷点全市统一布置，各评卷点应成立评卷领导小组，组长由承担评卷工作的院校主管校长担任。

各学科成立学科评卷领导小组，组长由本学科副教授职称以上的教师担任。

各评卷点应设立评卷、核分、登分、检查、成绩录入、试卷保管、后勤等组。

北京教育考试院成人教育招生办公室为北京市评卷领导小组的办事机构，具体协调、解决阅卷中出现的重大问题。

（二）各部门职责

1. 北京市评卷领导小组领导组织全市的评卷工作，对评卷工作中普遍性的重大问题有最终决定权。

2. 评卷点领导小组具体组织各科目试卷的评阅工作，对各科试卷的评阅质量、分数的核对、试卷的保管、保密和评卷工作的进度负责。

3. 评卷点下设的各小组要对评卷点领导小组分配的任务负责。

三、阅卷评分

（一）研究评分标准，坚持做好试评

各评卷点领导小组要组织全体评卷教师认真学习、研究《试题答案》和《评分标准》，对于评分标准的宽严尺度要统一认识。评卷前，要根据评分标准进行试评，对考生不同的答题方式进行研究、讨论、归纳。遇有争论的问题需要请示上级部门的要及时请示，要经过反复论证，统一思想，以便取得统一的认识，在此基础上，评卷点领导小组制定出相应科目的“评分标准执行细则”，并使每个评卷教师熟练掌握统一的评分标准及其执行细则，防止在正式评卷中出现偏宽、偏严或宽严不一的现象，充分体现“宽严适度、首尾一致”和“严格、公正、准确”的原则 。

（二）实行岗位责任制，采取流水作业法评卷

1. 分组办法。评卷点根据该科目试卷的题目数设立与题目数相同（或相近）的题目组，每个题目组再分成若干个小组。若该科目试卷数量较多，评卷点可先分成几个大组，每个大组再根据试卷的题目数分成与题目数相同（或相近）的题目组，然后下设若干个小组，组与组之间按照题目传递流水作业。

2. 各组均设正副组长二至三名，其中一名组长负责领送、分发试卷，并随时掌握评卷的进度、质量和出现的问题。

3. 在评卷过程中，作文和论述题由两人分别评阅（一人主评，一人副评，定时交换），在一定幅度内取两个分数的平均分。如超出一定幅度由评卷题目组讨论决定。其他题目一人一题单独评阅，疑难问题由题目组讨论解决。

4. 评卷点要建立严格的复查制度。对评后的试卷小组要复查，题目组、大组要抽查，阅卷点负责人在抽查的同时要及时解决疑难问题。防止偏严、偏宽或宽严不一及漏判题等问题。对评分标准掌握不当的评卷人员应予提醒，对不能正确掌握评分标准（或多次提醒不改正）的评卷人员应调换其工作。

（三）记分与积分

批阅、记分和积分一律用红墨水或红圆珠笔，要求记分要工整规范，积分要准确。

1. 记分方法。文史类试卷如政治、语文、历史、地理、外语等只记得分，不记扣除分数。

理工类试卷，如数学（理）、物理、化学和数学（文）等只记扣除分数，并在有错误的字句下做“—”记号。完全答错和未答的，做“○”记号。题目得分记在得分栏内，同时，评卷人在规定的位置签字，以示负责。每题中的小数点以后的分数不作四舍五入，成绩如需订正，订正后要由原评卷教师和订正人签名，以示负责。

2. 积分是每题的得分相加，得出整个试卷的应得分数，即通常说的某科分数。科目总分要四舍五入，不保留小数。积分工作一般分两组，一组加分，一组复核。

3. 如发现答案中有严重的政治错误，须集体讨论审查确定后在有错误的地方做“＝”记号，并在试题成绩栏下做“×”记号，同时做记载，必要时由评卷领导小组处理。对有异常情况的试卷（如雷同试卷，字迹前后不一致，在密封线外写有考生姓名、考号或标记等）选评分，同时填写《答案异常情况记录表》

和答案异常鉴定材料，会同评卷领导小组处理。

（四）坚持集中评卷

1. 各评卷点要克服困难，做到按科目在规定的场地集中评阅试卷。

2. 在试卷袋拆封后，由评卷教师先把试卷袋上的密码号填在卷头纸上，保证试卷始终是在密封状况下进行评阅。评卷后，要注意将试卷装回原试卷袋中。

（五）做好试卷的收发、传递、保管和保密工作

1. 评卷点要建立保密室，制定保密制度。设立专门人员负责收发试卷，健全试卷收发手续。发放的试卷评阅后当天收回，集中放在保密室保管。

2. 评卷题目小组组长负责领送试卷，领送试卷前均严格检查试卷密封、编号是否完好，有无缺漏。

3. 评卷时要做好严格保密，不得将试卷带出评卷场所，不得抄录试评卷阅结果。对评卷有不同意见应及时向组织反映，不得在室外谈论评卷情况和问题。不得在评卷室内会客、接待来访。

4. 评卷教师要自觉遵守保密制度，不得私自拆开试卷密封卷头查阅考生的姓名和成绩，更不得向外传播，如现发此种情况，应进行批评教育，情节严重者严肃处理。

5. 要注意做好评卷场所的安全保卫工作，保持清洁，注意防火、防盗，不要随意乱扔纸张、烟头。

6. 自觉遵守组织纪律，服从工作安排，按时上下班，因病、因事不能上班时应及时请假。

四、登分与复核

（一）登分工作

登分工作是指试卷评阅、积分完毕后，按照统一要求把考生分数登记在登分单上（登分单由市成招办统一印制）。

1. 登分前，首先检查考场试卷是否同北京市成招办所发的全市考场登记表上每个考场的应考人数相一致，如不一致时要认真查找原因，必要时可与试卷所在的区县成招办联系，要保证试卷份数与本考场应考人数相一致。只有在试卷份数与考场应考人数相一致时，才能开始登分。

2. 登分前应逐项填写登分单的顶端部分。要注意写好考场密码号、科目代号、应考人数，特别要注意有关代号的填写。

3. 登分时按试卷的顺序从上到下填写每个考生的分数。不能空位、合并，不能错位，否则其他考生的成绩会随之发生错误（即按登分单上的序号依次填写，缺考考生的成绩应在相应的位置上填写“－1”）。各项数字的书写要注意规范，不能潦草。特别要注意“0”与“6”、“7”与“2”、“5”与“8”等数字的区分，否则容易造成计算机录入数据时难以辨认或错误录入。

4. 填写考生成绩应当用黑色或蓝色的钢笔或圆珠笔。一组登完分后，另一组再核对一次。要认真检查区县代号、科目代号、考场密码号和应考人数是否同试卷袋上的区县代号、科目代号、考场密码号、应考人数相同，然后再检查登分单上的分数是否与试卷上分数一致。不一致时应查明原因，及时修改。修改时，应将错误的分数打“×”，再将正确的分数填在“修正分数”栏内，修正人应在“修正人签字”栏内签上自己的姓名。

5. 登分单只填一份。登分、核分完毕后，集中登分单，按区县代号分区县整理好，交输机人员输入计算机。第一次输机完毕后进行第二次输机，经核对后，将软盘及登分单分科整理好交北京市成招办。

6. 要对登分工作人员加强纪律教育，在北京市成招办正式通知分数之前，任何人不得提前泄漏考生的成绩。

（二）复核工作

复核工作是指在评卷、登分、核分后复查分数是否登错或加错，不涉及评分的标准掌握问题。这项工作主要由区县成招办组织进行。

1. 复核试卷应在试卷启封的状态下进行。复核时首先检查“成绩复核单”上的区（县）号、考场密码号、科目代号、应考人数是否与封头纸上所标明的相一致；试卷的份数是否同考场人数相一致（含空号和缺考号考生），不一致时，要认真查找原因，及时解决。

2. 注意检查准考证号的顺序是否从小号到大号连续排列，中间是否有其他异常现象，如有，应及时纠正。

3. 在前两项均符合规定的情况下，可开始核分工作，逐个检查“成绩复核单”上的分数是否与试卷上的分数相符。

4. 在复核中如有错误，应有“成绩复核单”的“修正分数”栏写上正确的分数，同时区县招办主任在“修正人签名”栏上签名，以示负责。

（三）集中改错

市成招办组织各评卷点和各区、县成招办在一起对登分中出现的错误共同修改。时间定于6月3日上午8点。地点在北京市成招办。

五、处罚规定

在评卷工作中，对违反教育部有关规定的工作人员和发现试卷雷同等违纪现象的考生，按北京教育考试院《北京教育考试违规行为处理暂行办法》的通知中的有关规定处理。

评阅工作结束后，各评卷点领导小组要及时总结评卷工作经验，表彰优秀评卷人员，写出评卷工作总结报告。结合评卷工作对本评卷点评阅的科目应做出分析、评价，对今后的命题工作提出意见和建议。

附件：1.2000年北京市成人高考评卷领导小组名单
2.2000年北京市成人高考阅卷工作时间安排
3.2000年北京市成人高考试卷评阅地址（商中起点）
4.2000年北京市成人高考试卷评阅地址一览表（专科起点）
5.2000年北京市成人高考各科评卷数量统计

二〇〇〇年四月二十五日

附件1

2000年北京市成人高考评卷领导小组名单

组　长：王茂才　　北京教育考试院副院长
副组长：张宝祥　　北京教育考试院成人教育招生办公室主任
副组长：李鸿江　　北京教育考试院成人教育招生办公室副主任
成　员：李德芳　郑开义　王季音　范文斌　王江波　程丽娟　顾宗连　赵相林　叶久成
办公室成员：白希友　吴莉莉　滕岩

附件2

2000年成北京市人高考阅卷工作时间安排

时　间	工作进度和要求
4月28日	上午9:00在首师大成教院211会议室召开阅卷工作会。
5月13日—14日	成人入学考试。
5月15日	各考试单位向阅卷点集中送试卷，阅卷点接收试卷。
5月16日—29日	各阅卷点组织阅卷登分工作，29日向市成招办报成绩软盘。
5月30日	各区（县）招生办上午9:00到市成招办开会，并领取打印成绩复核单；会后到阅卷点领取试卷。
5月31日—6月3日	各区（县）招生办复核考生分数。
6月3日	统一对考生成绩进行改错。 改错地点：朝阳区育慧里5号市成教学院西侧院内。 （市成招办所在地）
附注：专升本、阅卷进度同上。	

附件 3

2000 年北京市成人高考试卷评阅地址一览表（高中起点）

学校名称	阅卷科目	联系人	联系电话	阅卷地址
北师大	语文	范继芳	62208167	新街口外大街 19 号北师大化学楼
首都师大	政治 数学（文） 历史 地理 俄语	马辛	68902620	首师大教工活动中心二楼
北京电大	数学（理） 物理 化学 英语 日语	张纪勇 于永钢	66117630 66167633	西直门内南草厂街小后仓 甲 36 号数学楼 5 层
清华大学	“3＋2”机械基础 电工基础 电子技术基础 机械制造工艺	范文斌	62785519	清华大学三教学楼 3412 号房间
协和医科大学	西医类“3＋2”： 人体解剖 生理学	王江波	65125127 65295943	东城区东单三条 9 号 18 楼 101 室成教院
中医大学	中医药类“3＋2”： 中医基础理论 中药学	程丽娟 于红星	64287546 64286619	北三环东路 11 号管理系楼二层 208 室（和平街北口）

注：各区（县）成招请将答题卡送市成招办考试科。
联系电话：64952147 联系人：白希友

附件 4

2000 年北京市成人高考试卷评阅地址一览表（专科起点）

学校名称	阅卷科目	联系人	联系电话	阅卷地址
清华大学	高等数学（一）	范文斌	62785519	三教学楼 3412 号房间
政法大学	民法	李 国 于向荣	62229971	西土城路 25 号法大成教院 7 号楼 3 层会议室
北师大	大学语文 政 治	范继芳	62208167	新街口外大街 19 号北师大化学楼
中国人民大学	高等数学（二） 英 语	高宪法	62511196	人大资料楼 1 层 106 室
教育学院	精读和泛读教育学（职） 师范类各考试科目（科目名称附后）	刘立春	62018382 82089138	德胜门外黄寺大街什坊街 2 号北楼 106 室

附注：（师范类考试科目名称）

教育理论课	马克思主义哲学	政治经济学	汉语	中国革命史	中国文学
文学概论	中国通史	中国历史要籍介绍和选读		实用语法	空间解析几何
数学分析	高等代数	高等数学（物理）	力学热学	光学电磁学	
高等数学（化学）	有机化学	无机化学	中国地理	世界地理	世界通史
自然地理基础	动植物学	微生物学	人体解剖及生理学		体育理论
运动生理学	综合考试	音乐基本理论	美术史论基本知识		教育学
心理学	学校管理	世界通史			

附件5

2000年北京市成人高考各科评卷数量统计表

一、高中起点本、专科

科目代号	科目名称	考试人数
001	政治	81 805
002	语文	81 805
003	数学（文）	57 920
004	历史	47 718
005	地理	47 718
006	物理	9 785
007	化学	9 785
008	英语	11 157
009	日语	29
016	机械基础	175
018	电工基础	73
019	电子技术基础	73
038	生理学	6 988
039	人体解剖学	6 988
040	中医基础学	990
041	中药学	990
042	机械制造工艺基础	175
050	数学（理）	23 885
152	空间解析几何	857
153	数学分析	857
154	高等代数	857
155	高等数学（物理）	265
156	力学热学	265
157	光学电磁学	265
158	高等数学（化学）	104
159	有机化学	104
160	无机化学	104
161	中国地理	107
162	世界地理	107
163	自然地理基础	107

二、专科起点本科

科目代号	科目名称	考试人数
101	政治	18 132
102	英语	17 835
103	高等数学（一）	5 693
104	高等数学（二）	7 622
105	大学语文	5 730
126	民法	1 447
134	精读和泛读	1 033
135	教育学（职）	297
140	教育理论课	8 943
141	马克思主义哲学	902
142	政治经济学	902
143	中国革命史	902
144	汉语	3 605
145	中国文学	3 605
146	文学概论（师范类）	3 605
147	中国通史	178
148	中国历史要籍介绍和选读	178
151	实用语法	1 033
164	动植物学	113
165	微生物学	113
166	人体解剖及生理学	113
167	体育理论	680
168	运动生理学	680
169	综合考试	680
172	音乐基础理论	550
177	美术史论基本知识	549
178	教育学（师范类）	2 360
179	心理学	2 360
180	学校管理	2 360
183	世界通史	178

北京市成人中等专业学校招生新生录取审批实施办法

京考成招［2000］第11号

根据北京市教育委员会下发的京教成招［1999］024号《关于进一步改革北京市成人中等专业学校招生办法的通知》的精神，为做好北京市成人中等专业学校的招生工作，特制定2000年《北京市成人中等专业学校招生新生录取审批实施办法》。

一、录取审批的对象

凡经教育行政部门批准并列入当年招生计划的各类成人中等专业学校均须到北京教育考试院成人教育

招生办公室办理录取审批手续。

二、各招生学校须在5月30日前将本校招生考试的各科试题报送我室备案。

三、录取审批的时间及办法

（一）录取审批的时间安排

全市各类成人中等专业学校招生寻取审批工作统一在7月24日至7月28日之前进行，各招生学校应按市成招办规定的时间备齐各种材料，按时到市成人教育招生办公室办理录取审批手续。

（二）新生录取名单由各招生学校提出并填写《北京市成人中等专业学校招生免试生录取审批名册》（见附件三）并将各种免试生本人的免试证件原件及复印件（B5纸一张）依《免试生录取审批名册》顺序备齐一并送我室审批，即：

1.1981年以来普通高中（含职业高中）、中专、技校的毕业生和1983年以来的成人中专、成人高中毕业生的毕业证书原件及复印件（一张）。

2.下岗、转岗人员三年以内的《北京市转岗人员培训结业证书》（市教委印制）原件和复印件（一张）。

3.1979年以来具有农村户口的初中毕业生的毕业证书原件和复印件（一张），本人户口和复印件（一张）。

4.招生学校详细填写《北京市成人中等专业学校招生录取情况统计表》（见附件四）。

四、招生经费

各招生学校每录取一名新生应向北京教育考试院交纳人民币50元。

二〇〇〇年四月二十五日

关于转发教育部办公厅《关于加强全国教育统一考试管理和考风考纪工作的意见》的通知

京考成招［2000］第12号

各区县成人教育招生办公室：

全国各类成人高校统一招生考试即将开始，现将教育部办公厅《关于加强全国教育统一考试管理和考风考纪工作的意见》（教考试厅［2000］3号）转发给你们。请遵照执行。

附：《关于加强全国教育统一考试管理和考风考纪工作的意见》

二〇〇〇年五月十二日

附：

关于加强全国教育统一考试管理和考风考纪工作的意见

教考试厅［2000］3号

各省、自治区、直辖市教育委员会（教育厅）：

普通、成人高等学校招生全国统一考试、高等教育自学考试、高等教育学历文凭考试、全国公共英语等级考试等全国教育统一考试涉及面广，社会关注程度高，多年来，在各级政府和社会各界的重视和支持下，经过各省、自治区、直辖市招生委员会、自学考试委员会和各级招生考试机构的共同努力，取得了良好的社会信誉。

但也应该看到，随着各项全国教育统一考试规模的逐步扩大，社会不正之风对教育考试的干扰日益严重，局部地区存在着管理不严、考试纪律松懈、考试工作人员素质不高、甚至个别地方出现了大面积违纪舞弊案件等问题。为了加强管理、严肃考试纪律，保证考试的公平、公正，现就进一步加强全国教育统一考试管理和考风考纪工作提出如下意见：

一、各级教育行政部门、考试机构要进一步提高认识、加强法制观念，加强对本地区各项全国统一考试的领导。

各级教育行政部门的主要负责人必须提高依法行政的能力，进一步加强对全国教育统一考试的领导，把加强考务管理、严肃考风考纪作为保证和促进教育健康发展、培养良好学风、反腐败、反假冒伪劣的大事来抓，确保全国统一考试的良好声誉，使考风考纪得到明显的好转。各级考试机构要根据国家的法律、法规和规章，制定本部门的规章制度，要依法治考，切实保障考试工作人员和考生的合法权益不受侵害。

二、加强考试工作人员的队伍建设和业务培训，提高职业道德水平。

各级教育行政部门和考试机构要建立一支相对稳定、廉洁公正、敢于负责、业务熟练的考试工作人员队伍。要加强以各种专职和兼职考试工作人员的法制教育、思想纪律教育和业务培训，坚持实行考核聘任制，未经培训合格不许上岗，同时要严格执行回避制度。

三、确保试卷的印制、试卷及答卷的运送和管理中的安全保密工作，严禁各种失密、泄密事件的发生。

试卷启用前（绝密）各级考试机构一定要加强对试卷安全保密的管理工作，严格依法办事，要克服麻痹大意思想。要认真细致地做好对有关人员的保密教育，做好保密环节的检查，责任到人，确保试卷、答卷的安全保密。对失密、泄密事件将依法追究有关人员的刑事或行政责任。

四、加大现代化技术手段在考试管理和防止违纪、舞弊上的作用。

各级教育行政部门和考试机构要不断学习和利用新的科学技术，加大对现代化技术手段、经费和人员的投入，逐步实现用现代化技术手段对考试实施全过程的管理。同时采用现代化技术手段进行预防，及时发现、及时处理考试过程中出现的各种新形式的违纪舞弊行为。

五、加大监督检查的力度，重视来信、来访工作。

各级教育行政部门和考试机构要加强对考试全过程进行监督、检查，做到制度化、规范化。考前要向社会公布省、地县三级教育行政部门所设立的有关考试纪律的投诉电话。对各种违纪、舞弊案件发现一起，查处一起，决不手软。必要时要在报纸、电视台等新闻媒体上曝光。对群众的来信来访和举报电话要认真做好记录，凡事实清楚的一定要认真调查，要有处理结果，对重大的违纪舞弊案件要将情况及时上报教育部考试中心。

二○○○年五月八日

关于2000年北京市各类成人高校招生拟定艰苦行业专业的请示

京考成招［2000］第13号

章院长：

根据教育部“关于印发《2000年全国各类成人高等学校招生规定》的通知”（教学［2000］4号）文件中“报考农、林、地质、水利、矿业、测绘、监所、远洋运输、社会福利等艰苦行业各专业的考生，录取时可照顾30分（专升本科班考生为20分）”的文件精神，在2000年北京市各类成人高校招生专业中共有28个专业符合文件要求，录取时拟按艰苦行业享受照顾。

当否，请批示。

附件：2000年北京市各类成人高校招生拟定艰苦行业专业目录

二○○○年五月二十三日

附件

2000年北京市各类成人高校招生拟定艰苦行业专业目录

学校	专业代码	专业
北京人民警察学校	02902	刑事侦察
北京农学院	05760	农业技术推广
北京农学院	05761	园林植物种植
北京农学院	05762	畜牧集约化生产
北京市农业管理干部学院	10401	乡镇企业经济管理
北京市农业管理干部学院	10460	农村经济管理
北京市农业管理干部学院	10464	乡镇企业经济管理
青岛远洋船员学校	22101	国际航运管理
北京水利电力函授学院	27501	农田水利工程
中国农业大学（西区）	28102	农业经济管理
中国农业大学（西区）	28108	农业经济管理
中国农业大学（西区）	28120	农业经济管理
中国农业大学（西区）	28126	园艺
中国农业大学（西区）	28127	果树
中国农业大学（西区）	28128	动物营养与饲料加工
中国农业大学（西区）	23136	农业经济管理
中国农业大学（西区）	28180	农学
中国农业大学（西区）	28181	动物医学
中国农业大学（西区）	28183	农林经济管理
中国农业大学（西区）	28188	农村区域发展
中国农业大学（西区）	28189	农业水利工程
中国农业大学（西区）	28191	园艺
北京林业大学	28282	园林
武汉测绘科技大学（华北函授站）	33301	地籍测量与土地管理
武汉测绘科技大学（华北函授站）	33302	测量工程
武汉测绘科技大学（华北函授站）	33303	地籍测量与土地管理
武汉测绘科技大学（华北函授站）	33380	测绘工程
民政管理干部学院	42002	社会福利与社区工作

关于2000年北京市各类成人高校招收优秀运动员降低录取分数线的请示

京考成招［2000］第14号

章院长：

根据教育部《关于对优秀运动员报考成人高等学校高中起点本专科有关问题的通知》（教学司［2000］15号）文件的精神，经审核王微娜等运动员符合照顾录取条件，拟在录取时降低分数线录取。

当否，请批示。

附：符合照顾录取条件的运动员名单。

二○○○年五月十七日

附

符合照顾录取条件的运动员名单

一、符合录取时分数线降低 50 分条件
报名号：00605689 姓名：王微娜
报名号：00400249 姓名：马艳娟
报名号：00101589 姓名：张一兵
二、符合录取时分数线降低 30 分条件
报名号：00800278 姓名：梁洁
报名号：00703336 姓名：曹友忠
报名号：00204228 姓名：阎冬梅
报名号：00500786 姓名：徐辉
报名号：01301805 姓名：陈立生
报名号：00304019 姓名：刘申坤
报名号：00304017 姓名：袁坤
报名号：00304018 姓名：罗伟

关于申请在成人高校招生中建立考生电子档案的请示

京考成招［2000］第 16 号

章院长：

全国各类成人高校统一招生已走过了 14 年的历程，北京地区的考生报名人数也从 1986 年的 4.8 万人发展到今年的 11.6 万人。成人高等教育事业的不断发展，考生人数的逐年增强，增强了招生考试制度改革的紧迫性，招生办法的改革已经迫在眉睫。1997 年成人高校招生录取会上，林文漪副市长看到档案室现状时，指出：“要提高现代化管理水平，建立考生电子档案。”在年初的全国各类成人高校招生工作会上，学生司司长瞿振元同志提出：“逐步实现全国范围内的成人高校招生计算机网上录取。”

对此，我办经过两年的调研和准备，目前条件已经成熟，特申请在 2001 年成人高校招生中建立考生电子档案，为此需经费 199 万元（所需设备附后）。

妥否，请批示。

二○○○年五月二十五日

附

成招办考生电子档案系统及网络建设专项经费

一、系统目标

1. 建立北京市各类成人高校招生报名考生电子档案系统。

2. 实现与 Interne 的广域网互联。

二、方案说明

1. 电子档案系统

目的：建立北京市各类成人高校招生报名考生电子档案系统。通过区县报名点采集考生图像信息，与考生基本信息合并组成考生的电子档案。

硬件费用：

为区县招办配备设备：

(1) 摄像系统：28套　3 500元/套

(2) 计算机：28台　18 000元/台

(3) 激光打印机：20台　15 000元/台

分配原则：在一定时间内，按各区县报名工作量大小及每套设备每天的完成量（2 000张/台）来确定为各区县配备设备的数量。每个区县的摄像工作应在2天～3天中完成。报名人数在5 000人以下的一套，5 000人～15 000人的两套，15 000人以上的三套。

成招办需要设备：

(1) 文件服务器：1台　100 000元/台

(2) 不间断电源：1台　10 000元/台

(3) 投影机：1台　8 000元/台

(4) 计算机：2台　2 000元/台

(5) 笔记本计算机：2台　30 000元/台

(6) 摄像系统：2套　3 500元/台

合计：1 199 000元

软件及软件开发费用：200 000元

合计：1 399 000元

2. 实现与Internt的互联及有关应用的开发

硬件：网络应用服务器提供WEB浏览、FTP传输、电子邮件等功能。

路由器

其他相关网络设备

费用：20万元

软件及开发费用：20万元

合计：40万元

3. 改进系统

根据前两个阶段工作的实施情况，完善有关设备及系统软件再开发。

费用：20万元

整体项目需要经费：1 999 000元

2000年北京市各类成人高校招生录取工作意见

京考成招［2000］第17号

根据教育部招生工作的规定和2000年全国各类成人高校招生录取工作会议的精神，结合本市的实际情况，现制定录取工作方案如下：

一、最低控制分数线

录取最低控制分数线是成人考生接受高等教育应具有文化知识水平的基本要求，专科层次经市高等学校招生委员会的批准，本科层次经教育部的批准，我市各科类最低录取控制分数线如下：

（一）高中起点（以下分数均不含外语分）

文史类：本科 465 分，外语 50 分；

专科 410 分。

外语类（含外经、外贸）：专科 410 分（外语成绩 40 分以上）；本科 465 分（外语 60 分以上）。

理工类：本科 410 分，外语 50 分；

专科 320 分。

西医类：专科 370 分。

中医药类：专科 370 分。

艺术类：本科最低文化控制分数线（不含数学）不低于文史类本科最低录取控制分数线的 70%（260 分，外语 40 分以上），专科不低于专科最低录取控制分数线的 60%（197 分）；史论、编导专业本、专科不低于相同层次的 90%（本科 335 分，外语 40 分以上；专科 295 分）。

体育类：专科最低文化控制分数线不低于理工类最低录取控制分数线的 60%（192 分）。

“3＋2”专业理工类：320 分。

高职班专业：

文史类：235 分（三门文化课）。

理工类：215 分（三门文化课）。

（二）专科起点本科

师范类：300 分；

非师范类（含教师类）：270 分。

二、录取原则

（一）录取工作认真贯彻按需培养，专业对口，学以致用，德、智、体全面衡量，从高分到低分择优录取的原则。既要重视考生的总成绩，又要注意与其报考专业相关科目的成绩。不得以任何理由录取不符合条件的考生入学。

（二）录取新生时，应严格按招生计划和考生志愿顺序进行录取，不得在最低录取控制分数线下录取考生。

（三）对报考艺术类、体育类专业考生的录取，应在最低控制分数线上严格按招生计划和考生术科加试成绩从高分到低分择优录取。

（四）“高职班”和非师范类专升本专业录取时，要求专业课要达到合格水平。

（五）关于各类属照顾考生的录取，按北京教育考试院《2000 年各类成人高等学校招生规定》（京考成招［2000］第 1 号）文件执行。

三、录取前准备

招生计划是招生学校录取考生的依据，为保证录取工作的顺序进行，各招生院校应根据北京市成招办提供分专业的考生名单和各专业招生计划，在进录取点前做好计划的调整工作；对于生源不好、不足开班的专业，应做好计划合并或取消的调整工作。市成招办将根据调整后的招生计划向招生学校提供档案，在录取过程中一律不办理计划变更手续。

四、加强领导、严肃纪律

成人高等教育招生录取工作情况复杂，各有关方面应加强对这项工作的领导。在录取工作中，应继续贯彻“深化改革，保证质量，严明纪律”的指导思想，严肃纪律，坚持反对和抵制徇私舞弊、“走后门”等不正之风；对招生工作中出现的各种形式的违纪、舞弊事件，必须按照北京教育考试院颁布的《北京教育违规行为处理暂行办法》的有关规定追究责任，认真查处；对违反规定录取的考生，一经查实，立即取消学籍，并对责任者给予严肃处理，以维护成人高校招生工作的社会信誉。

各招生院校一律不得招收旁听生和试听生，不得违反规定乱许愿、乱办学。录取的新生一律不迁转户口、不包分配。

录取工作时间安排：

6 月 19 日上午 2:00 召开全市录取工作会；

6月20日至6月26日为录取准备时间；

6月27日至7月8日为录取时间；

6月24日，各区（县）成招办向录取点送档案；

6月27日上午11:00前，有艺术类、体育类专业的院校报到；（一阶段）

6月29日上午5:00前，第一阶段录取院校报到；

7月4日下午5:00前，第二阶段录取院校报告。

录取地点：北京市公交职工培训中心（北京市昌平区水库东侧）

二〇〇〇年六月十五日

关于准备和报送2000年成人高考档案的通知

京考成招［2000］第18号

各区、县成人教育招生办公室：

我市各类成人高等学校招生全国统一考试的阅卷和分数处理工作已经结束。专科层次的最低控制分数线已经市招生委员会批准；本科层次最低控制分数线已经教育部审批。北京教育考试院成人教育招生办公室（简称北京市成招办）将于6月27日起组织招生院校集中录取，为做好考生档案的准备和报送工作，现将有关事宜通知如下：

一、建档线

（一）高中起点专科

文史类：395分；

外语类（含外经、外贸）：395分；

理工类：305分。

西医类：355分；

中医药类：355分；

艺术类：197分；

体育类：192分；

“3+2”专业理工类：305分。

高职班专业：

文史类：三科统考课总分225分；

理工类：三科统考课总分205分。

（二）专科起点本科

师范类：280分；（其中音乐学、美术学专业：390分）

非师范类（含教师类）：255分。

二、建档工作

（一）考生档案是招生院校录取考生的依据。各区、县成招办应按建档线建立考生档案。档案袋内应装考生登记表、照顾证明材料。

（二）在考生登记表和档案袋上“考生成绩”栏处，要分别贴上考生成绩条。

（三）成人高考考生试卷，作为考生考务材料的一部分存放在区、县成招办，为期一年。

三、送档

（一）最低控制分数线以上考生档案。调档时，要认真核对考生志愿和考生的基本情况是否正确，如有问题请在调档单上如实更改。

（二）建档线以下考生档案。按每 50 名考生材料为一捆，将每捆打印的“考生名单”放在最上面捆好。

（三）送档时间：6 月 24 日上午 9 点东城、朝阳、海淀、昌平、延庆、怀柔、顺义成招办送档；6 月 24 日上午其他区县成招办送档。

（四）送档地点：

北京市公交职工培训中心

地址：北京市昌平区水库东侧

二〇〇〇年六月十二日

2001 年北京市成人高等学校招生工作总结

2001 年北京市成人高校招生工作在教育部和北京市委、市政府的关怀下，在市高招委、市教委和北京教育考试院的直接领导下，在各区县和招生院校的大力支持下，努力实践“三个代表”重要思想，认真贯彻教育部有关成人高校招生的方针和政策，加强管理，进一步完善招生办法，实现了计算机网上录取，提高了招生工作的管理水平，体现了公平、公正、公开的原则，更好地适应了成人高等教育发展的要求，圆满地完成了各项工作任务。

一、基本情况

经统计，成人高校在京招生年初计划55 408人，全市报名133 196人，录取66 752人，完成年初招生计划的 112.06%，升学比率为 50.1%。

（一）招生计划

今年共有 133 所成人高等学校在京招生，其中市属院校 54 所，部（委）及外埠院校 79 所。举办函授、脱产、夜大的普通高等学校 87 所，职工大学 30 所，管理干部学院 14 所，教育学院 1 所，广播电视大学 1 所。招生专业共有1 603个。

年初计划招生55 408人，比 2000 年的44 849人增加了10 559人，增长 23.5%，其中，市属院校计划招生29 699人，部委及外埠院校计划招生25 709人。

高中起点本、专科招生计划为39 899人，比 2000 年增加了4 280人，增长 12%。市属院校22 701人，部委及外埠院校17 198人。其中，文史类11 309人，理工类7 947人，外语类2 784人，艺术类7 491人，体育类 730人，西医类1 881人，中医、药类 545 人，高等职业技术教育班6 446人，“3+2”理工类与公安类专业 766 人。

专科起点本科班招生计划为15 509人，比 2000 年增加了6 279人，增长 68%。市属院校6 998人，部委及外埠院校8 511人。其中，师范类4 957人，非师范类10 552人。

（二）报名

全市报名工作于 3 月 9 日至 15 日进行，共接待各类报名考生133 196名，是历年来报名人数最多的一年，比 2000 年的116 643人增加了16 553人，增长 14.14%。

参加成人高校招生全国统一考试的共有129 587人，第二学历报名3 609人。此外，预科转正1 453人，其他免试生 39 人。

报考高中起点本、专科100 369人，比 2000 年的81 681人增加了18 688人，增长 22.9%。其中高中起点本科17 872人，比 2000 年的7 489人增加了10 383人，增长 138.6%；高中起点专科82 497人，比 2000 年的74 192人增加了8 305人，增长 11.2%。

报考高中起点本、专科文史类36 938人，理工类12 565人，外语类5 707人，艺术类11 214人，体育类 403人，西医类6 359人，中医、药类1 036人，高等职业技术教育班21 035人，“3+2”理工类与公安类专业1 503人。

报考专科起点本科32 827人，比 2000 年的29 387人增加了3 440人，增长 11.7%。其中师范类10 031人，非师范类22 796人。

按年龄划分，25 周岁以下的报考者为93 588人，占考生总数的 72.2%；26 周岁至 29 周岁的报考者为

18 643人，占考生总数的 14.5%；30 周岁以下的报考者为17 160人，占考生总数的 13.3%。

按考试生户口所在地划分，北京户口生源99 049人，占考生总数的 76.4%；非北京户口生源30 538人，占考生总数的 23.6%。

在考试生中可享受分数照顾的考生59 456人，占考生总数的 46%。其中可享受边远山区照顾的32 260人。

全市设“专升本”、第二学历的大专以上毕业证书审验点 5 个，其审验大专以上毕业证书38 139人次，其中专升本32 900人次，第二学历5 239人次；发现假证书 310 人次。

今年的报名情况反映出如下特点：

1. 报名人数增长幅度较长，比 2000 年增长了 14.14%。

2. 本科层次的报名人数仍呈上升趋势，比 2000 年增长了 138.6%。

3. 报考高等职业技术教育班的人数仍呈强劲势头，比 2000 年增长了 31.3%。

4. 25 周岁以下的考生仍占主体位置，占报名总数的 72.2%。

5. 在报考高中起点本、专科考生中，职业技术院校毕业和同等学力的考生人数占多数，占 60.7%。

6. 二学历报名人数持续下降。

（三）组考

全市 20 个考区，共设立 201 个考点，4 440个考场。为保证全国统一考试的顺利进行，根据教育部和北京教育考试院下发的有关规定进行了培训，使各级组考人员职责分明，有章可循，有法可依；在考试期间，向 20 个考区分别派出巡视员监督、监察考试情况；市人大、市政协等有关领导视察检查工作；教育部学生司、考试中心领导检查指导工作，进一步严肃了考风考纪，考场秩序井然。

据统计，高中起点本、专科考试总缺考率为 9%，专科起点本科考试总缺考率为 15%。

（四）阅卷

阅卷工作于 5 月 14 日至 28 日进行。

高中起点本、专科考试试卷主观题部分由首都师范大学、北京师范大学、清华大学、中国政法大学、中国协和医科大学、北京中医药大学、北京广播电视大学等七个阅卷点评阅，客观题部分由考试院成招办评阅。

专科起点本科考试试卷由清华大学、中国政法大学、北京教育学院三个阅卷点评阅。

全市共评阅各类试卷543 419份。

各考试科目平均分和及格率

高中起点本专科			专科起点本科		
科目	平均分	及格率	科目	平均分	及格率
语文	65.48	8.8%	政治	79.53	53.7%
政治	55.22	1.6%	外语	52.71	25.5%
物理	63.92	9.9%	高数一	73.24	34.6%
化学	70.75	33.9%	高数二	72.55	36.8%
历史	53.05	9.4%	大学语文	85.67	56.2%
地理	62.86	3.4%	民法	72.35	37.3%
数学（文）	43.70	62.2%	教育理论	78.93	47.2%
数学（理）	48.93	13.4%	艺术概论	97.06	64.6%
英语	46.75	4%			

（五）录取

1. 最低录取控制分数线

（1）高中起点本科。

文史类：　415（外语：40）

理工类：　445（外语：40）

外语类：　415（外语：50）

艺术类：　232（外语：40）

(2) 高中起点专科。

文史类：	350
理工类：	285
外语类：	350（外事专业：30）
艺术类：	170（编导专业：252）
体育类：	175

高等职业技术教育班（文）：215

高等职业技术教育班（理）：200

“3+2”科目设置改革专业

西医类：	335
中医、药类：	300
机械专业：	355
电子专业：	460
公安类：	300

(3) 专科起点本科。

非师范类：	270
非师范类艺术体育类：	189
师范类：	220
师范类外语类：	270
师范类艺术体育类：	154

2. 录取人数

各成人高校在京招生共录取新生66 752人，其中录取考试生60 597人，完成年初招生计划的112.1%；录取免试生6 155人，其中第二学历录取4 663人，录取2000年转正预科生1 453人，录取国务院授予的劳动模范以及优秀运动员免试生39人。

在录取考生中，高中起点本、专科录取45 464人，完成年初招生计划的113.9%，其中高中起点本科录取4 887人，完成年初招生计划的105.6%，高中起点专科录取40 577人，完成年初招生计划的115%；专科起点本科录取16 625人，完成招生计划的107.2%。在京招生院校中市属院校共录取35 624人，完成年初招生计划的120%，部委及外埠院校录取26 465人，完成年初招生计划的102.9%。

在高中起点本、专科中，文史类录取14 413人，理工类录取8 698人，外语类录取2 721人，艺术类录取8 217人，体育类录取333人，西医类录取2 078人，中医、药类录取593人，高等职业技术教育班录取7 595人，“3+2”理工类录取528人，“3+2”公安类录取288人。

在专科起点本科中，师范类录取5 721人，非师范类录取10 904人。

录取2001—2002年度预科生1 976人。

3. 录取志愿情况

在京招生院校平均第一志愿录取率为95.4%（其中高职97.8%，专升本95.2%，艺术类93.8%），第二志愿及调剂录取4.6%。

二、积极推进与深化招生工作的改革

（一）调整招生政策，适应改革与发展的要求

为了适应成人高等院校教育发展的需要，认真贯彻教育部文件的精神，对今年的招生政策进行了调整。

1. “专升本”放宽了报考条件，取消必须工作两年后方可报考的工龄限制；

2. 调整师范类“专升本”考试科目，由原来的考试科目36门减少到6门，非外语类考生外语成绩按30%计入总分；

3. 新增加了“3+2”科目改革的院校和专业；

4. 专科层次计划管理权限下放到地方管理。

（二）进一步扩大了成人高校招生的自主权

按照教育部有关文件的精神，进一步扩大了成人高校招生的自主权，实行了“院校负责、招办监督”

的录取工作体制。主要措施如下：

1. 根据教育部有关文件的精神，考虑到录取后的流失情况，规定招生院校在录取时，部委属院校的本、专科可按招生计划的105%比例以内录取；市属院校根据上线情况及时调整了招生计划，院校按调整后的计划进行录取。

2. 专业课的录取标准由院校确定。

3. 在调剂录取阶段，实现了网上调剂录取，使调剂情况公开，招生院校按需调剂录取，达到了相对公平，院校反应良好。

（三）强化管理意识，推进手段现代化

在认真总结2000年招生工作的基础上，本着“精心设计、精心准备、精心实施”的工作要求，强化管理，提高服务意识。

1. 继续实行招生院校网上报送与核对招生计划，提高了效率，方便了招生院校。

2. 海淀区、大兴区、顺义区采取了现场摄像报名的方式，具有准确、快捷、清晰的特点。

3. 建立了考生电子档案，实现了考生档案无纸化，为计算机网上录取打下了良好的基础。

4. 在技术手段与管理水平不断提高的前提下，将编排考场工作下放到区县成招办管理，由区县招办自行编排考场和统计试卷需用量。

5. 建立电子档案后，按考场提供带照片的《考生名册》，使监考员工作更直观方便，有效地防止了考生替考现象的发生。

（四）增强服务意识，方便了院校与考生

招生政策的调整，带来了招生办法的改变，今年将师范类专升本的报名点由原来只在西城报名扩大到城近八个区。

三、狠抓招生工作中的关键环节

（一）实施计算机网上录取

为推进成人高校的招生改革，不断提高成人高校招生管理的水平，2001年教育部确定了包括北京在内的九个省市进行成人高校招生计算机网上录取试点。根据教育部“思想到位、技术到位、管理到位”的要求和网上录取工业的有关文件精神，在各级领导的关怀与支持下，在北京工业大学的大力支持下，按照“高起点、高标准、高质量”的原则，建立了北京市成人高校招生网上录取系统。

在录取工作期间，认真贯彻考试院领导提出的增强“计划意识、公平意识、质量意识、稳定意识”的指导思想，精心组织，精心实施，顺利地完成了网上录取工作。重点做好以下几个环节的工作：

1. 规划与调研

通过学习、调研、论证，制定了适合北京市自身特点的成人高校招生网上录取方案，为软件开发技术人员提供了较为详细的需求。

2. 制作准确的考生电子档案

采集考生信息，建立考生电子档案是实现网上录取的基础。在工作中继续采取光电阅读考生信息卡，打印考生复核单，由考生本人复核签字，保证了信息的准确性。

3. 培训与演练

为做好今年的录取工作，对各招生院校进行了技术培训，并使用今年的实际考生数据进行实战演练。通过培训和演练使各院校招生人员熟悉了网上录取系统的操作，掌握了此系统的特点，提出了修改系统的意见，取得了良好的测试效果，为录取工作的顺利进行打下了坚实的基础。

4. 录取现场局域网的建立

在录取现场建立了局域网。为方便院校，精心布置工作区，建立了院校专用机房，保障录取工作的顺利进行。

5. 调整录取现场组织机构

为了适应计算机网上录取的需要，在录取现场设置了领导小组、系统管理组、录取审核组、录取检查组、纪检监察组、会务组，并制定了各部门的工作职责。

6. 制定了新的录取工作程序

对于投档、预录、录检、调剂录取、办理录取手续等工作程序做了明确的规定，各院校和各录取工作部门严格按工作程序办事，使录取工作紧张而有序。

录取实践证明，系统设计合理，运行正常，涵盖了录取工作的主要功能，基本满足了录取工作的需要，具有方便、快捷、准确、高效的特点。

（二）做好对各级各类招生工作人员的培训工作

招生考试工作的具体实施要依靠各级招生工作人员。有一支高素质的招生工作人员队伍，才能适应成人高等教育改革与发展的需要，才能为招生院校和考生提供优质的服务，才能高质量地完成招生任务。

1. 对市招办工作人员的培训

为做好成人高校的招生工作，适应网上录取工作的需要，对招生工作人员进行了计算机知识的培训、验证工作培训、成人考前培训、网上录取培训等。通过培训，统一了思想认识，更加准确地执行有关招生政策，明确工作职责，规范了工作程序。

2. 对区县招办工作人员的培训

对各区县成招办主任及有关工作人员分别进行报名管理系统操作、业务流程和考务管理的培训。保证了报名考试工作秩序井然。

3. 对招生院校工作人员的培训

组织各招生院校利用2001年实际招生数据在录取系统上进行实际操演练，使招生院校了解网上录取机制，熟悉新的录取工作方式，掌握软件系统操作，保证录取工作顺利进行。

（三）加强考试管理，严肃考风考纪

为保证考试工作的顺利进行，维护全国统考的严肃性，召开了全市成人招生考务工作会。会上就如何进一步加强考试管理、严肃考风考纪传达了教育部副部长吕福源在《2001年国家教育统一考试考风考纪电视电话会议上的讲话》和市教委下发的《北京市教育委员会关于进一步加强教育考试管理工作的通知》的有关精神，提出了具体的措施。要求各区县成招办认真按照考试院颁布的《北京教育考试考务管理规定(暂行)》和考试院成招办制定的《北京市2001年各类成人高校招生考试工作实施办法》等有关规定做好试卷保管工作和组考工作，努力创造一个公平竞争的招生考试环境。

为确保考试工作的顺利进行，采取以下几项具体措施：

1. 加强对考生关于考风考纪方面的教育。向考生印发《考生应试守则》、《北京教育考试违规行为处理暂行办法》。

2. 坚持对考试工作人员进行职业道德和考试工作程序的培训。

3. 继续实行计算机随机编排考场的做法。

4. 加强保密工作，对各考区的试卷保管工作进行检查。

5. 在考试期间，邀请人大、政协视察考试现场，派出巡视员对各考区的考试工作进行检查和监督。

6. 公布北京教育考试院、各区县成招办的监督举报电话，加大社会的监督力度。

按照《北京教育考试违规行为处理暂行办法》的有关规定，认真查处违纪考生317人（其中替考91人，私藏夹带、偷看抄袭1 772，利用寻呼机等现代化通讯工具作弊49人），进一步严肃了考风考纪。

（四）加强招生宣传工作力度，努力服务社会

为方便广大考生了解招生工作的有关政策和进程，通过各种媒体在招生各阶段向社会做广泛的宣传，各招生院校也采取了各种形式宣传招生政策和院校的专业设置情况，给予考生正确的引导。主要做了以下几项宣传工作：

1. 在《北京日报》上刊登《2001年北京市成人高等院校招生简章》及《2001年北京市成人高等院校招生专业目录》。

2. 组织在京招生院校在地坛公园举行大型咨询活动，由招生院校直接回答广大考生提出的有关院校介绍和专业设置等方面的问题，取得了良好的社会效果。

3. 在北京电视台《北京热线》栏目中现场解答考生提出的各种招生问题，在160信息台通过网络咨询。

4. 通过信息台向社会公布各阶段的招生信息和考试分数、录取情况的查询。

（五）加强预科生工作管理

预科班自开办十几年以来，为北京的成人高等院校输送了大量的合格结业生，为北京的成人教育事业做出了一定的贡献，它的存在和发展具有重要的意义。

今年，对预科班的工作加强了领导，进一步严格管理。

1. 组织修订了《预科班工作站管理办法》、《预科生学籍管理规定》、《预科班工作站考核评比办法》、《预科班考试大纲》、《预科班教学计划》；制定了《预科班任课教师工作条例及教学质量评估办法》、《预科班优秀班主任评比条例及实施办法》、《预科生转站的管理办法》。

2. 制定了2001—2002年度预科生录取工作方案，实行了计算机录取。

3. 做好预科班工作的日常管理，如结业考试、阅卷及抽考工作、预科生的转正、预科班工作站巡视检查工作。

4. 召开了预科班工作站教学研讨会，对教学中提出的问题进行了研究。

（六）加强廉政建设

今年在招生工作中仍然把廉政建设作为一项重要工作来抓。

1. 加强招生队伍的思想建设，为严肃招生纪律下发了《关于进一步加强成人高等院校招生工作纪律的规定》，组织各级招生工作人员认真学习，提高认识。

2. 增大招生工作的透明度。实行了招生报名规定公开、录取政策公开、录取结果公开、咨询举报电话公开的四公开制度。

3. 集体研究特殊问题。对录取中特殊问题的处理召开办公会，本着集体研究、集体决定、集体负责、上报主管领导审核的程序进行录取，这样既保证了录取的公平、公正的原则，又维护了党和政府的形象。

4. 建立礼品登记上交制度。对院校等送的礼品一律拒收，对无法拒收的小礼品交由专人登记造册，并上报考试院。

5. 加强社会监督。在考试及录取期间，邀请市人大、市政协委员视察考试现场和录取现场。

四、存在的问题

（一）网上录取系统

1. 电子档案不够完善。建立信息完备的电子档案十分重要。今年报名信息卡中未设专业调剂栏，院校录取不够方便。

2. 系统的查询统计与服务功能不够完备，系统界面不够美观。

3. 调剂录取不够有序。

（二）考务管理

1. 考务管理规定落实不够到位。如个别考点、考场不够规范；试卷的印刷未完全按要求；个别考点考务工作人员的培训不够细致等。

2. 阅卷质量有待提高，专业考试成绩仍存在漏报、错报现象。

（三）招生宣传

现代社会是高度的网络化、信息化社会，这就给招生考试宣传工作提出了更高的要求。在宣传工作中缺乏更贴近考生的、通俗易懂的宣传内容。

（四）生源与计划矛盾突出

在录取中，各招生院校生源状况不平衡，部分理工类专业和个别农科院校专业生源不足；一些市属院校生源较好，招生计划不足使得院校矛盾突出。

五、明年招生工作的设想

根据教育部提出的全国三年内实现成人高校招生网上远程录取的总体目标，2002年北京市成人高校招生工作的目标是：在成功实现北京市成人高校招生计算机局域网的基础上，探索进行成人高校招生计算机远程录取；进一步完善计算机辅助管理系统，争取达到“2001年系统能用，2002年好用，2003年完善”；进一步理顺招生管理办法，使之适应计算机管理的要求，实现科学化管理。具体设想有以下几点：

（一）完善计算机网上录取，实现计算机远程录取

建立健全考生电子档案，增加采集考生信息量，并在全市推行在报名现场采集考生头像，增加调剂录取的手段；提高系统的查询、统计与服务功能，使系统界面更趋友好，操作更加人性化；实现计算机远程录取，采取加密措施，保证数据安全可靠。

（二）调整管理办法，以适应计算机管理

要进一步完善招生院校网上报送招生计划程序；实现与区县招办网上信息交换；简化工作程序，报名号由计算机随机生成。

（三）试行免试“高职班”专业课的办法。在“高职班”的招生中对某些具有职业等级证书者，招生学校可以实行免试专业课的办法。

（四）切实加强考务管理，推进标准化考点建设，建立考点和监考员信息库，建立稳定的考点和监考队伍。

（五）加强阅卷管理，保证阅卷质量。推行计算机小分录入的办法；抓好评卷误差控制，做好分数复核工作。

（六）研讨成人高校招生考试科目的改革。力争在2002年5月前制定北京市成人高校招生考试科目改革方案。

（七）加强宣传工作，更好地为考生服务。

编写考生所关心的成人招生《答考生问》、《招生学校、专业介绍》，通过报刊、电台及网络向考生进行宣传，制作考生报名须知的光盘，力求科学准确、通俗易懂；做好日常咨询和举办全市大型咨询活动。

北京市教育委员会关于印发对获得区、县级以上见义勇为荣誉称号人员在招生录取中给予照顾办法的通知

京教计［2001］56号

北京教育考试院：

现将《关于对获得区、县级以上见义勇为荣誉称号人员在招生录取中给予照顾的办法》印发给你们，请遵照执行。

二〇〇一年六月十四日

附：

《关于对获得区、县级以上见义勇为荣誉称号人员在招生录取中给予照顾的办法》

在贯彻落实《北京市见义勇为人员奖励和保护条例》，根据北京市人民政府《关于研究解决保护见义勇为人员权益有关问题的会议纪要》（京政会［2001］1号）的精神，特制定本办法。

一、研究生招生录取

根据研究生招生录取的有关政策，视具体情况，由招生学校研究决定，在同等条件下优先审查录取。

二、普通高等学校招生录取

对获得区、县级以上见义勇为荣誉称号的人员，在录取时，增加20分向学校提供档案，由学校审查录取。

对于见义勇为事迹特别突出的，还可在学校同批控制分数线线下20分以下向学校提供档案，由学校审查录取。

三、成人高等学校招生录取

对获得区、县级以上见义勇为荣誉称号人员，在成人高等学历教育招生录取中，报考专科（高职）层次可以增加30分，报考专科升本科班可以增加20分，由学校审查录取。

北京教育考试院关于举办2001年北京各类成人高校招生咨询活动的请示

京考成招［2000］第8号

林文漪副市长：

为面向广大考生及社会各界宣传教育部有关成人高校的招生方针、政策及本市的具体规定，指导考生合理选报学校和专业，2001年拟继续举办北京各类成人高校招生咨询活动。拟定2001年3月3日上午9:00至下午4:00，在北京市地坛公园举办招生咨询活动。预计将有100余所中央部委、市属成人高校参加，前来咨询的考生和家长4至5万人。如同意举办咨询活动，届时请您指示公安、交通等有关部门给予支持和协助。

妥否，请批示。

二〇〇〇年十二月二十四日

关于转发《关于对2001年全国成人高校招生“3+2”考试科目设置改革及有关事项的通知》的通知

京考成招［2000］第22号

各成人高校：

现将教育部教学司［2000］90号《关于对2001年全国成人高校招生“3+2”考试科目设置改革及有关事项的通知》转发给你们，请各有关成人高校在2001年招生工作中按此通知执行。

附：关于对2001年全国成人高校招生“3+2”考试科目设置改革及有关事项的通知

二〇〇〇年十月十三日

附：

关于对2001年全国成人高校招生“3+2”考试科目设置改革及有关事项的通知

教学司［2000］90号

各省、自治区、直辖市教委、高教（教育）厅、成人高校招生办公室，国务院有关部委教育司（局），教育部直属高等学校成（继）教院：

为结合行业特点，继续推进对成人高校招生考试科目设置的改革，经研究决定，2001年在部分院校及专业高中起点升专科招生实行的“3+2”考试方式中增加新的院校和专业，并对专业课考试科目进行调整。5门考试科目中的3门基础课（政治、语文、数学）仍由教育部统一命题，2门专业题分别委托公安部、司法部、卫生部、劳动和社会保障部及国家中医药管理局等五个部门分别组织命题。有关事项通知如下：

一、“3+2”考试施行范围及专业课考试科目

（1）所有公安类院校，2门专业课为：警察法学教程、公安学基础理论。

(2) 司法部属中央司法警官教育学院举办的监狱管理、劳教管理专业，2门专业课为：监狱（劳教）基础、狱政（所政）管理。

(3) 医学门类（除药学类和中医学类外）专业，2门专业课为：医学基础、医学临床。

(4) 天津职业技术师范学院、河南职业技术教育学院、北京市计划劳动管理干部学院等三所院校开设的机械制造工艺及设备专业、汽车检测与维修专业，2门专业课为：机械基础、机械制造工艺基础；工业电气自动化专业、计算机教育专业，2门专业课为：电子基础、电子技术基础。

(5) 中医、中药类专业，2门专业课为：中医基础学、中药学。

二、考试方式及录取

“3+2”考试工作纳入全国成人高校统一招生考试；录取时按考生5门课的总成绩划定最低控制分数线。

三、专业课复习考试大纲

专业课的复习考试大纲由教育部组织上述五个部门编写，并由上述五个部门向社会公布。

二〇〇〇年九月十三日

关于印发《北京教育考试考务管理规定（暂行）》的通知

京考办［2000］第21号

各区县考试中心（中招办、高招办、自考办、成招办），社考各考点，院内各处室：

为加强对各级各类教育考试的考务管理工作，根据教育部的有关规定，经过研究制定了《北京教育考试考务管理规定（暂行）》。现印发给你们，请从2001年开始严格执行本规定。

二〇〇〇年十二月二十五日

附：

《北京教育考试考务管理规定（暂行）》

为加强北京市的高级中等学校招生考试、普通高中毕业会考、全国普通高等学校招生考试、全国成人高等教育招生考试、高等教育自学考试以及北京教育考试院管理的其他类考试（以下分别简称中考、会考、高考、成考、自考、社考）的考试管理工作，确保考试公平、公正地顺利进行，根据教育部《普通、成人高等学校本、专科招生全国统一考试工作细则》（教试［1991］03号）和《高等教育自学考试考务、考籍管理工作规则》（考委［1998］07号）文件的精神，结合北京市的具体情况，特制定本规定。

第一章　考试机构

第一条　北京教育考试院负责管理北京地区的中考、会考、高考、成考、自考、社考，制定考试组织实施的有关规定及组织考试的实施。

第二条　北京教育考试院各招考办公室主管的各类考试按本规定组织实施。各招考办公室可根据各类考试特点制定相应的补充规定，处理考试实施过程中发生的问题。

第三条　区县级相应的招生考试机构具体组织实施本区县范围内的相应类别考试，执行本规定和各相应招考办的补充规定。

第二章　考点设置

第四条　作为考试地点（以下简称考点）的学校一般应是初中以上的学校。学校作为考点，要经区县级考试机构的批准，报北京教育考试院备案。考点学校在区县级考试机构组织领导下负责实施考试。

第五条　考点应选择在交通便利、考试期间周围环境干扰较少、考场教室周围安静、校内整体设施较好的学校。一个考点学校安排的考场一般不少于10个。

第六条　考点设主考1人，副主考1人～2人，主考由校长担任。考点实行主考负责制，主考主持本考点考试，全面负责本考点工作，处理考试期间发生的问题。

第七条　考点下设考务（含保密）、安全保卫、后勤等职能组。考务组负责实施考试、保管当天考试的试卷和答卷，安全保卫组负责学校和考场教学楼门口验证及校园内的安全，后勤组负责安排医务、交通、休息场所。

第八条　考点考务组须下设考务办公室、保密室。考务办公室各项条件应能满足监考员领取试卷、装订密封等工作的需要，保密室应就近于考务办公室，存放当天考试的试卷和答卷。

第九条　考试期间，考点学校门口应挂有北京教育考试院统一规定格式的考点标志横幅，校内明显处应张贴考场平面图、考生应试守则、考试时间表、违纪处罚规定等。

第十条　考点须设置医务室、问询处、存包处、自行车存放处，并应有明显的路标。

第十一条　考场应选择采光通风良好的教室，一般应是标准教室，并应配有广播系统。考场须整洁，不能有与考试内容相关的文字材料。考试期间，设有考场的教学楼不能同时用于影响考试的其他活动。

第十二条　考场入口处应有明显的标志，注明本考场起讫准考证号（座位号）及考场序号、考试种类等内容。

第十三条　每个考场设30名考生座位（多余桌椅须移出考场），单人单桌排列，相互间距均等。课桌面要平整，没有字迹，课桌内没有纸张杂物等。考生座位号（准考证号）贴在桌面右上角。

第三章　考点工作人员

第十四条　考点工作人员包括主考、副主考、监考员、保密员及其他工作人员。各岗位人员的胸卡由北京教育考试院统一规定格式，盖有区县级考试机构公章（考点学校校章）方为有效。考试期间考点工作人员一律佩戴胸卡上岗。

第十五条　考点工作人员考前都须参加不少于半天的培训。

第十六条　考点工作人员必须思想作风正派，责任心强，熟悉考试工作，身体健康，当次无子女或直系亲属参加本考点的考试。

第十七条　监考员原则上应是教师，每个考场的两名监考员不能来自同一单位或是不能监考本校的考生。

第十八条　每个考场配备两名监考员，考点同时再配备一定数量的机动监考员。考点总的工作人员数量一般按每个考场2.5人～3人的比例配备。

第四章　试卷与考试材料的印制格式

第十九条　考场上所有的考试材料都统一封装在试卷袋内，包括试卷32份（卷Ⅰ和卷Ⅱ），答题卡30张，草稿纸30张（须印有标题及要求考生填写姓名、准考证号、座位号的位置），答题卡袋1个，考场记录表1张，封头纸1张，密封签（黑色字体）2长1短。考生人数不足30人的考场，试卷袋中考试材料的数量由各招考办自定。

第二十条　试卷版式：每科试卷分为卷Ⅰ（客观题）、卷Ⅱ（主观题）两部分；卷Ⅰ不密封，在装订线内只印考生填写准考证号（座位号）的位置；卷Ⅱ密封线内考生准考证号（座位号）及姓名的填写位置各招考办自定，在距试卷中间折线（或左沿）上离试卷上沿5厘米处印制2×2厘米的骑线黑方块。卷Ⅰ左上角切去一角（直角边为2厘米的三角）。

第二十一条　试卷袋：用中间接缝上端开口的“起墙”档案袋；正面大字标题说明考试年度及考试种类，在明显处注明本袋试卷的考试时间，右下角印有“北京教育考试院监制”字样。

第二十二条　密封签：密封签共5张，4长1短；考前试卷袋上封一横一竖2张长的，字样为红色；考后密封答卷袋时用一横一竖2张长的，密封答题卡袋用1张短的，字样均为黑色；密封签字样为三行，第一行说明考试性质，字样为“年度＋考试范围＋考试种类”，第二行字样为“试卷（答卷）密封签”，第三行字样为“北京教育考试院监制”。

第二十三条　答题卡：答题卡任选一种颜色；两种题号排列顺序的卡不出现“A、B”字样；每个试卷袋内两种卡各装15张，装入试卷袋前用洗牌的方式随机交叉；右下角加印“北京教育考试院监制”。

第二十四条　答题卡袋正面注明考试年度、科目名称，印有供监考员签字和填写本考场首末位准考证号（座位号）及缺考考号的表格，最下边注有“北京教育考试院监制”字样。

第二十五条　装订答卷的封头纸为16开牛皮纸，正面印有密封要求，并标有打孔位置、穿线轨迹及胶水涂抹范围。

第五章　考试实施

第二十六条　每科开考前30分钟（第一科前移10分钟），全体工作人员到考务办公室报到，经考点负责人点名并宣布监考员监考考场（监考员采取抽签或随机分配的办法安排监考考场），然后主监考员到考务室领取本考场试卷，副监考员到所监考场做考前准备。工作人员到指定的地点上岗。

第二十七条　考试前20分钟（第一科前移10分钟），保密员向主监考员发放试卷，主监考员按手续领取试卷后集体离开直达考场。

第二十八条　考试前20分钟（第一科前移10分钟），考点统一发出时间信号，副监考员组织本考场考生入场，检验考生准考证（身份证），核对考生本人相貌与准考证存根上的照片是否相符，提醒监督考生将不允许带入考场的物品放到指定位置。

第二十九条　考生准考证及有关证件要放在桌面的右上角，每场考试都要进行核查。第一科考前20分钟考点统一用广播向考生宣读《考生应试守则》。

第三十条　开考前10分钟，主监考员要当众举起试卷袋宣布“我们现在启封试卷袋”。启封后核对袋内材料，要特别注意试卷Ⅰ与试卷Ⅱ的区分标记。

第三十一条　试卷袋内材料核对无误后，主监考员向考生宣布考试科目名称、考试开始时间、结束时间、试卷Ⅰ和试卷Ⅱ的页数及题数，并清楚地写在黑板上。

第三十二条　副监考员发放答题卡，发放时随机抽取发放。主监考员提醒考生检查答题卡是否有破损及折皱。

第三十三条　监考员要指导并逐一检查考生在答题卡上规定的位置填、涂自己的姓名、准考证号（座位号）及考试科目标记。

第三十四条　考前5分钟考点统一发出信号，监考员逐一向考生（包括未到考生）分发试卷，包括卷Ⅰ、卷Ⅱ（不得让考生传递试卷）。

第三十五条　考生得到试卷后，监考员要指导考生清点试卷页数是否齐全，检查试卷是否有破损、漏印或字迹不清楚，然后指导考生在试卷Ⅱ的规定位置填写自己的姓名、准考证号（座位号）等。如试卷Ⅱ有两张以上，每张都要在规定的地方填写自己的姓名、准考证号（座位号）。试卷Ⅰ只填写准考证号（座位号）。此时，主监考员要提醒考生注意，试卷Ⅰ的答案要填涂在答题卡上，试卷Ⅱ的答案直接答在卷面上。

第三十六条　考点按规定时间统一发出开考信号后，考生开始答题。这时主监考员在前台监考，副监考员要再次逐一核对考生本人相貌与准考证及有效身份证件上的照片是否相符，同时逐一检查考生在试卷上填写的姓名、准考证号（座位号）与准考证是否一致，逐一检查考生在答题卡、草稿纸上填、涂的姓名、准考证号（座位号）与准考证是否一致，发现问题要做出妥善处理。然后两名监考员一前一后轮换站立巡视，认真执行监考任务。

第三十七条　开考15分钟后，迟到考生不得进入考场。

第三十八条　开考15分钟后，考务工作人员及时到各考场对备用的试卷加盖“备用试卷专用章”。此时副监考员要对缺考和空号的试卷做技术处理，在试卷Ⅰ、Ⅱ上的规定位置填上准考证号（座位号）后紧跟着注明“缺考”或“空号”字样，在试卷Ⅱ卷首总分处注明“缺考”或“空号”字样，对缺考或空号的答题卡，要填写和涂黑卡上的缺、空考标记、考试科目名称及准考证号（座位号）。

第三十九条 考试30分钟以后，不再继续考试的考生获准后方可离开考场。

第四十条 考试终了前15分钟，主监考员宣布“还有15分钟考试结束”，提醒考生注意掌握考试时间。

第四十一条 考点统一发出考试结束信息后，主监考员要求考生立即停止答卷，将各自的试卷按页码顺序理好，反扣在自己的桌面上，等待收卷。主监考员站在前台注视全场。

第四十二条 副监考员要按考生准考证号（座位号）的顺序从小到大依次收卷。收卷时，一要收齐答题卡，二要收齐试卷Ⅱ，三要收齐试卷Ⅰ，四要收齐草稿纸，并分别码放。试卷收齐后立即进行核对，一要核对本考场卷Ⅱ中有无夹杂卷Ⅰ、卷Ⅰ中有无夹杂卷Ⅱ；二要核对准考证号（座位号）顺序是否连续或与考场座位号一致；三要核对每份试卷页码顺序是否准确。试卷排列方式为：小号在上，大号在下，缺考和空号的试卷要放在相应的缺、空位置，切勿漏掉或放错位置。对两份备用的试卷，将卷Ⅰ与卷Ⅱ分开，分别放在卷Ⅰ和卷Ⅱ本的最上面和最下面作为衬纸。答题卡（含缺考和空号的答题卡）装入答题卡袋。试卷Ⅱ装入试卷袋。试卷Ⅰ及草稿纸单独码齐。

第四十三条 考试材料收齐并检查无误后主监考员宣布考生退场。然后两名监考员共同填写《考场记录表》，检查清理并封闭考场后，一起带考试材料到考务室。

第四十四条 答卷Ⅱ和答题卡在密封前都要由主考本人或主考指定的工作人员复核签字。

第四十五条 答卷Ⅱ的密封：在复核后并码齐的本考场答卷Ⅱ正面放好封头纸（字面向上），监考员和有关人员签字后，按打孔位置穿孔再用小线装订，然后在规定位置涂抹胶水，将封头纸反折过来粘在答卷本上。答卷本封好后放入原来的试卷袋内，绕好线绳，用长密封条一横一竖加封。答卷Ⅰ和草稿纸只装订不密封。

第四十六条 答题卡袋的密封：将复核后的本考场答题卡装入袋中，监考人员填写答题卡袋正面有关表格后用小密封签加封。

第四十七条 答卷Ⅱ和答题卡在密封后即交保密室。试卷Ⅰ和草稿纸由保密室保存。待全部考试材料收齐后，主考应就本场考试实施中的问题及下场考试要注意的问题进行讲评。

第六章 保密及安全工作

第四十八条 全国统考的试卷（答案）在开考前为绝密材料，北京市统考的试卷（答案）在开考前为机密材料。从取得试卷（答案）清样开始，在印制、运送、保管过程中，直到拆封启用前，各级考试机构及负责人、有关工作人员都必须按照国家保密法认真履行自己的职类。

第四十九条 考试试卷及考试材料由北京教育考试院指定印刷厂印刷。印刷厂必须持有市保密局核发的秘密载体准印证，必须与考试院签订试卷印制安全保密合同，包括安全设施、保密措施等。

第五十条 考试院各招考办具体负责安排试卷印制。

第五十一条 试卷印制期间，各招考办应向印刷厂派出两名以上的监印人员，对印刷厂的安全设施进行定时检查，对各项保密措施的落实进行监督，对印刷质量进行检查。遇有涉及保密及安全的问题，监印人员应立即报告考试院相关招考办。

第五十二条 试卷及答卷的取送由考试院各招考办及区县考试机构执行。到印刷厂接取试卷需专车、专人，并配备公安人员随车，每车除司机外不得少于3人。考试结束后的答卷必须当天取回至区县考试机构，专车专人，除司机外不得少于2人。执行取送试卷答卷的车辆不得中途兼顾其他任务，不得中途停车处理其他事项，不得搭乘与考试无关的其他人员。

第五十三条 考试院各招考办、区县考试机构应设有固定的专用保密室，保密室应有齐备的防盗防火设施。考点的保密室必须配有铁皮柜。

第七章 考试巡视

第五十四条 建立考试巡视制度是考试顺利实施的重要保证。每次考试，北京教育考试院和区县考试机构都要分别组织考试巡视组，加强对考试实施过程的监督检查。考试巡视证件由北京教育考试院统一印制。

第五十五条 市级考试巡视组由北京教育考试院组织，主管院长担任组长，邀请市人大、政协、市教委的有关领导参加。各招考办还须组织熟悉考试业务的人员分成若干小组，采取常驻或巡检的方式分赴各区县考试机构及考点检查考试实施过程。

第五十六条　区县级考试巡视组由区县考试机构组织、区县教育行政部门负责人担任组长，邀请区县人大、政协的有关领导参加，并组织熟悉考试业务的人员到考点检查考试实施过程。

第五十七条　考试巡视组主要检查考试机构及考点在考试组织过程中各部门各环节工作是否认真执行有关规定，检查考场的考试情况，对检查中发现的问题一般不直接处理，但应向考点主考说明，重大问题要尽快向上级报告。

第五十八条　考试结束后，巡视人员应写出巡视报告交各招考办。

第八章　奖励与处罚

第五十九条　考试院定期对各区县级考试机构、考点的考试实施工作进行量化评比，对排名前列的给予表彰及一定的物质奖励。对表现优秀的工作人员给予表彰和奖励。

第六十条　对考试期间违规违纪行为的处理办法执行北京教育考试院1999年制定的《北京教育考试违规行为处理暂行办法》。如国家另有规定按有关规定执行。

第六十一条　对于违反有关规定，在考试过程中因弄虚作假、徇私舞弊、渎职触犯法律的各级考试管理实施机构负责人和直接责任人要追究法律责任。

第九章　附　则

第六十二条　本规定是北京教育考试院中考、会考、高考、成考、自考、社考等考试组织实施的规定性文件。对于本规定未涉及而又需规定的内容，各招考办可制定补充规定，但须报请考试院院务会议批准。

第六十三条　本规定只适用于在规定的环境下、在规定的时间内、用笔在纸上作答的考试。直接下发试卷的国家级考试如有相应的考务管理规定应按其规定执行。

第六十四条　本规定自2001年起执行。

第六十五条　本规定由北京教育考试院负责解释。

附件：1. 监考员职责

2. 考生应试守则

3. 试卷保密管理规定

4. 考试材料格式

附件一：

监考员职责

1. 监考员是考试实施真实有效的监督人。监考人员必须以高度负责的精神做好考场的监督检查工作，严格维护考场纪律，监督考生按《考生应试守则》应试，确保考试公平顺利地进行。

2. 监考员监考前必须参加培训，认真学习考试的有关规定，熟悉考试业务，不经培训不准监考。

3. 监考员必须严格遵守各项工作制度，按规定时间到指定地点执行监考职责。

4. 每科开考前布置、清理、检查考场及座位。

5. 按规定领取、启封、核对、分发试卷、答题卡及草稿纸。按规定封装答卷及答题卡。

6. 核对考生本人与有关证件是否相符，指导并检查考生填、涂准考证号（座位号）、姓名及相关内容。

7. 开考信号发出后向考生宣布可以答题，考试结束前15分钟提醒考生注意时间，考试结束信号发出后要求考生停止答题。

8. 对缺考、空号的试卷和答题卡做出标记。按规定填空考场记录及答卷袋、答题卡袋上的监考记录。

9. 制止和处理考生在考场上的违纪行为，填写有关记录。

10. 除有考点主考通知外，监考员有权阻止没有佩戴巡视证、主考证的其他人员进入本考场。

11. 监考员进入考场不准携带任何通讯工具，不准携带任何与监考工作无关的物品，不准做与监考无关的活动，不得有影响考生正常答卷的行为，不准解答试卷，不准吸烟、谈笑、阅读书报，不准随意离开考场，不准将试卷传出考场。

12. 除因试卷字迹印刷不清可就考生提问当众说明外，不准对试题做任何提示和解释。

13. 监考员应注意自身仪表。

14. 监考员失职、违纪、渎职的要根据有关规定给予处分。

附件二：

考生应试守则

1. 考前 20 分钟（第一科提前 10 分钟）考生持准考证等有关证件进入考场。

2. 开考 15 分钟后不得进入考场，开考 30 分钟后经获准方可离开考场。

3. 考生进入考场只准携带规定的考试用具，不准携带任何通讯工具，不准随身夹带文字材料及其他与考试无关的物品。

4. 进入考场后按准考证号（座位号）入座，将准考证及证件放在桌子右上角。

5. 按要求在试卷及答题卡上的指定位置填、涂准考证号（座位号）、姓名等有关内容。

6. 开考信号发出后才能答题。

7. 不得在试卷的密封线外或答题卡上规定的位置以外答题，不得使用红色笔或铅笔（除画图或填涂答题卡外）答卷，不得使用涂改液、胶条。

8. 在考场内须保持安静，不得吸烟、不得喧哗，自觉遵守考试纪律。

9. 考试中不准交头接耳、左顾右盼，不准打手势做暗号、不准偷看、抄袭或有意让他人抄袭，不准传抄答案、交换试卷、答题卡等。

10. 考生提问须先举手。对试卷有疑问只限于印刷字迹不清、卷面破损及污染。

11. 考试结束前要离开考场的考生须先将答卷及答题卡反扣在桌面上，再举手提出，经监考员允许后才准离开考场，离开后不准在考场附近逗留。

12. 考试终了信号发出后，考生须立即停笔，并将答卷和答题卡反扣在桌面上，静候收卷。待监考人员收齐答卷检查无误发出指令后，考生才准离开考场。

13. 考生不得将试卷、答题卡、草稿纸等考场上所发的任何考试材料带出考场。

14. 对违反应试守则的考生，按照《北京教育考试违规行为处理暂行办法》处理。

附件三：

试卷保密管理规定

北京教育考试院管理的高级中等学校招生考试、北京市普通高中毕业会考、全国普通高等学校招生考试、全国成人高等教育招生考试、高等教育自学考试以及其他类考试，各项考试的试卷（含答案，下同）在考前均为绝密（或机密）材料，在印制、运送、保管过程中，直至启用开封，各级考试机构及其负责人都必须按照国家保密法认真履行自己的职责，严格执行有关规定，确保试卷开考前的安全。

一、保密室的设置

1. 考试院及区县考试机构都必须设有专用的保密室用以保管解密前的试卷。

2. 保密室门窗必须设有防盗加固的外门外窗，保密室周围安全环境较差时还应加装报警装置。

3. 保密室最好是内外套门，内门存放试卷，外间住人。

4. 保密室需配备足够数量的铁皮柜，以满足分科存放试卷的要求。

5. 保密室内外都要配备灭火器。

6. 保密室在每次使用前都必须重新检查门窗和铁皮柜的安全状况。

二、保密员的条件

遵纪守法、工作认真、无子女及近亲参加当次考试，身体健康，男同志为宜。

三、保密室工作规定

1. 按规定手续接收发放试卷。

2. 试卷需按科目名称及考试时间分类存放在铁皮柜内。

3. 存放试卷的铁皮柜的钥匙由考务部门负责人掌握。考务部门负责人不能同时担任保密员。铁皮柜的加封、开封须在两名保密员同时在场的情况下由考务部门负责人本人操作。保密室的钥匙由保密员掌握。

4. 保密室在存放试卷期间必须保持每天 24 小时都有两名保密员同时在场。

5. 保密室内不准吸烟、饮酒、娱乐。

6. 使用电器必须要有安全防火措施。

附件四：

考试材料格式

一、试卷袋

1. 须用质地坚韧的 150 克牛皮纸制作，中间接缝上端开口，“起墙”高度为 3 厘米左右。

2. 试卷袋宽 24.5 厘米，长 32.5 厘米（不含袋舌），袋舌高 8 厘米，袋舌顶部宽 20 厘米，试卷袋背面和袋舌上各有一个圆形卡片，直径为 25 毫米，袋舌卡片连接小线，线长 35 厘米。

3. 试卷袋正面大字标题说明考试年度及考试种类，在明显处注明本袋试卷的考试时间及阅卷用的其他标识等，右下角印有“北京教育考试院监制”字样。

二、答题卡袋

1. 须用质地坚韧的 150 克牛皮纸制作，中间接缝上端开口。

2. 答题卡袋宽 17.5 厘米，长 22 厘米（不含袋舌），袋舌高 3.5 厘米，袋舌顶部宽 15.5 厘米。

3. 答题卡袋正面注明考试年度、科目名称，印有供监考人员签字和填写本考场首末位准考证号（座位号）及缺考考号的表格，最下边注有“北京教育考试院监印”字样。

三、封头纸

1. 须用质地坚韧的 150 克牛皮纸印制。

2. 封头纸宽 26 厘米，长 19 厘米，封头纸下端密封线与顶端距离为 4 厘米，两端各留 2.5 厘米宽的抹胶水处。

3. 封头纸正面应印有密封注意事项，并标有打孔位置、穿线轨迹及胶水涂抹面。

四、考场记录表

1. 用 16 开 70 克凸版纸。

2. 考场记录表内容包括：考试科目、科类号、考场号、应考人数、实到人数、缺考人数、缺考人准证号、考场情况（有无违反考场纪律情况，原因及处理过程）、监考员签字、考点负责人签字等。

3. 填表说明：(1) 此表由监考员认真填写，随试卷交区县招办。(2) 区县招办按考点顺序分科汇总装订成册。

五、试卷、答卷袋密封签

1. 用 20 克硫酸纸。

2. 试卷、答卷袋密封签宽 8.5 厘米，长 24 厘米，中心印有宽 6 厘米、长 21.5 厘米方框。试卷、答卷袋密封签共 4 张，考前试卷袋上封一横一竖，字样为红色；考后密封答卷袋时用一横一竖，字样均为黑色；密封签方框内字样为三行，第一行说明考试性质，字样为“年度＋考试范围＋考试种类”，第二行字为“试卷、答卷袋密封签”，第三行字为“北京教育考试院监制”。

六、答题卡袋密封签

1. 用 20 克硫酸纸。

2. 密封签宽 8.5 厘米，长 17.5 厘米，中心印有宽 5.5 厘米、长 13 厘米方框。答题卡袋密封签方框内字样为三行，第一行说明考试性质，字样为“年度＋考试范围＋考试种类”，第二行字为“答题卡袋密封签”，第三行字为“北京教育考试院监制”。

关于印发《2001年北京市各类成人高等学校招生规定》的通知

京考成招［2001］1号

各招生院校、各区县成招办：

现将《2001年北京市各类成人高等学校招生规定》印发给你们，请遵照执行。

二〇〇一年一月二十日

附：

《2001年北京市各类成人高等学校招生规定》

第一章　总　则

第一条　为有利于成人高等教育的改革和发展，加强北京市成人高等学历教育的宏观管理和监督，保证新生入学质量，使成人高等学历教育更直接有效地为社会主义建设服务，根据教育部《关于做好2001年全国成人高校招生工作的通知》的精神，结合北京市的实际情况，特制定本规定。

第二条　本规定所称各类成人高等学校，包括经教育部审定核准的广播电视大学、职工高等学校、管理干部学院、教育学院、独立设置的函授学院和以函授部、夜大学、教师班、成人脱产班形式举办的成人本、专科学历教育的普通高等学校。

第三条　各类成人高等学校招生计划按有关规定和批准程序纳入国家成人高等教育事业计划后方可招生。

第四条　各类成人高等学校实行全国统一招生。由教育部颁布复习考试大纲，统一组织命题，确定考试时间，制定试卷评分标准，本、专科层次招生的最低控制分数线由北京教育考试院根据本、专科层次招生计划规模提出，专科层次的最低控制分数线经市政府批准后确定；本科层次的最低控制分数线需报教育部批准后才能执行。

第五条　考试院成招办组织招生考试工作，并组织招生学校进行新生的录取工作。

第二章　招生机构及其职责

第六条　在北京市高等学校招生委员会、北京市教育委员会、北京教育考试院领导下，设立北京市成人教育招生办公室（以下简称考试院成招办）区县成人教育招生办公室（以下简称区县成招办），配备专职干部；各成人高校要设立招生办公室，配备专职干部。

第七条　考试院成招办的职责是：

（一）执行教育部有关各类成人高校的招生方针政策和工作规章，按下达的招生计划并结合本市的实际情况制定具体的实施办法。

（二）编制并公布招生专业目录，组织本市考生报名工作并负责审查考生的报名资格，组织考试、阅卷、录取、身体健康状况检查等工作。

（三）组织实施各类成人高等学校招生改革试点工作。

（四）保护考生和招生工作人员的正当权益，查处违纪舞弊事件。

（五）审批学校提出的新生录取名单；向教育部提供当年成人高等教育毕业生的有关数据；协助组织并

做好每年毕业证书发放的复查工作。

（六）组织并督促招生学校对录取的新生进行复查。

（七）开展招生、考试的宣传和科学研究工作。

第八条　各区县成招办的职责是：

（一）执行教育部有关各类成人高等学校招生方针政策和工作规章及考试院成招办的有关补充规定，并结合本区县的实际情况制定具体的实施办法。

（二）组织本区县考生报名工作并负责审查报名资格。

（三）组织考生考试，保护考生和工作人员的正当权益，查处违纪舞弊事件。

（四）组织核对并发放考生成绩、建立考生档案工作。

（五）接待考生咨询和群众信访工作。

（六）开展招生、考试的宣传和科学研究工作。

第九条　各类成人高等学校有关招生工作的职责是：

（一）执行教育部有关招生方针政策和工作规章及考试院成招办和学校主管部门的补充规定。

（二）执行招生计划并按规定向考试院成招办报送录取新生名单，经审批后，向考生发放录取通知书。

（三）对录取的新生进行复查。

（四）应由招生学校做的其他工作。

第三章　招生计划

第十条　成人高等教育招生计划实行国家宏观指导，总量调控，中央和省、部两级管理、分级负责的管理体制。按隶属关系负责审核制定学校的招生计划总数。

第十一条　考试院成招办按北京市教育委员会下达的市属招生计划组织招生；按教育部批准的专科起点本科以及部委属院校或外埠地方院校高中起点本、专科在京招生计划组织招生。

未经北京市教育委员会或教育部批准的一律不予组织招生。

第十二条　考试院成招办根据北京市教育委员会和教育部下达的生源计划数，编列北京地区招生专业目录，报名前向考生和社会公布。

第十三条　在录取新生时，按计划部门调整后的计划执行。录取结束后，将实际执行计划情况上报北京教育考试院、北京市教育委员会、北京市高等学校招生委员会和教育部。

第四章　报　名

第十四条　除纳入普通高等学校招生计划的普通班外，各类成人高等学校以招收在职、从业人员为主，一律不得招收普通高中、成人中专、成人高中、职业高中、中等职业技术学校的应届毕业生。

师范类专升本科班招收普通中学老师和各中等学校普通课教师，非师范类专升本科班招收普通中、小学教师以外其他学校教师和非教师。

第十五条　报考高中起点本、专科专业的考生，须具有高中毕业文化程度，以同等学力报考前，年龄须满19周岁（1982年8月31日以前出生）；报考专科起点本科班的考生，报名时必须交验经教育部审定核准的国民教育系统高等学校或高等教育自学考试机构颁发的大学专科毕业证书原件和复印件。

第十六条　符合报考条件，生活能自理，能坚持学习和工作的残疾人也可报考。

第十七条　有下列情形之一者，不得报名：

（一）有反对四项基本原则的言行，经教育仍坚持不改者；

（二）凡毕业后能取得国家承认学历的各类高、中等学校在校生；

（三）触犯刑律处罚的服刑者。

第十八条　报名时间：3月9日至3月15日。

第十九条　报名办法：报名期间各区县成招办设报名站。

考生在招生简章公布的报名日期内到户口所在地的区县成招办办理报名手续。没有北京市户口而又确需在京参加报考和学习的人员，到在京临时工作单位（或居住）所在地的区县成招办报名。

报考大学专科起点本科班（以下简称专升本）和第二专业专科学历教育专业（以下简称第二学历）的考生，可到考试院成招办指定的验证点验证。审查合格后，考生就近到东城区、西城区、崇文区、宣武区、朝阳区、海淀区、丰台区、石景山区成招办办理报名手续。

报考高中起点中医药类的考生到东城区成招办报名。

报考高中起点本科各专业和外语、外贸、外经专业的专科需加试日语、俄语的考生，到宣武区成招办报名。

报考“3+2”考试科目设置改革公安部所有公安类院校，司法部属中央司法警官教育学院举办监狱管理、劳教管理专业的考生和报考北京市计划劳动管理干部学院机械制造工艺及设备专业、汽车检测与维修专业、工业电气自动化专业、计算机网络专业的考生到朝阳区成招办报名。

报考成人高等学校高中起点本、专科并有享受运动员加分照顾政策的考生，到崇文区成招办报名。

全国劳动模范、优秀运动员享受免试入学政策的考生，可在 3 月 19 日至 23 日到考试院成招办报名。

报名时各类考生须持本人居民身份证（在京临时工作的还需持在京暂住证），交近期同一底版正面免冠一寸照片两张；报考专升本和第二学历的考生，必须携带毕业证书复印件（一张）和《2001 年北京市各类成人高校招生专科以上毕业证书验证单》，报考师范类专升本的考生还须携带本人工作证。交纳报名考务费。报名手续必须由考生本人办理。

报考艺术类、体育类、高等职业技术教育班专业、专升本专业需要专业课加试的考生，除到区县成招办报名参加文化课考试外，还必须在 3 月 16 日前持“报名复核单”到第一志愿学校参加专业加试报名。

报考第二学历的考生，除到区县成招办报名外，还必须在 3 月 16 日前持“报名复核单”到第一志愿学校登记或测试。

符合照顾加分条件应持相应的原件及复印件一张（如获多种称号，只持一件级别最高的原件及复印件），在报名时由区县成招办确认，过期不予办理。

考生报名时可以在《2001 年北京市各类成人高等学校招生专业目录》中选报志愿学校。

文史类、理工类、西医类、中医药类以及高等职业技术教育班不得兼报，报考外语类可以兼报文史类专业，但文史类不得兼报外语类专业。艺术类、体育类专业必须在“艺术类、体育类志愿栏”；报考艺术类专业，可以兼报文史类专业；报考体育类专业，可以兼报理工类专业。专升本专业只能在考试科目相同的专业中兼报。

第五章　考　试

第二十条　考试科目

一、高中起点本、专科各专业考试科目

（一）理工农类（含体育、非教师班地理专业）考政治、语文、数学（理工类）、物理、化学五科。

（二）文史类（含财经、政法、外语、艺术、教师班地理专业）考政治、语文、数学（文史类）、历史、地理五科（艺术类专业），数学考试成绩不计入总分，供录取时参考。

（三）“3+2”考试科目改革试点，具体范围及考试科目如下：

1. 报考医疗、高护、西医类的考生，考试科目为政治、语文、数学（理工类）、医学基础、医学临床。

2. 报考中医药类的考生，考试科目为政治、语文、数学（理工类）、中医基础学、中药学。

3. 报考司法部属中央司法警官教育学院举办的监狱管理、劳教管理专业的考生，考试科目为政治、语文、数学（文史类）、监狱（劳教）基础、狱政（所政）管理。

4. 报考劳动和社会保障部委托北京市计划劳动管理干部学院开设的机械制造工艺及设备专业、汽车检测与维修专业的考生，考试科目为政治、语文、数学（理工类）、机械基础、机械制造 工艺基础；报考工业电气自动化专业、计算机网络专业的考生，考试科目为政治、语文、数学（理工学）、电工基础、电子技术基础。

5. 报考所有公安类院校的考生，考试科目为政治、语文、数学（文史类）、警察法学教程、公安学基础理论。

以上考试科目中，专业课分别由公安部、卫生部、国家中医药管理局、司法部、劳动和社会保障部组织命题。

（四）报考高等职业技术教育班的考生，考试科目为三门基础课（政治、语文、数学）、两门专业课。

三门基础课实行全国统考，两门专业课由考试院成招办统一组织。

本科各专业和外语、外贸、外经专业的专科需加试外语（报考高中起点外语、外贸、外经专业的考生考专业英语，报考其他科类本科专业考公共英语），分英、俄、日三个语种，由考生任选一种，由教育部统一命题，考试成绩不计入总分，本市另定录取标准。

以上各科满分均为150分。

高等艺术院校艺术类专业本科加试由院校自行组织，非高等艺术院校艺术类专业本科加试，由考试院成招办统一组织。

加试科目的成绩不计入总分，供录取时参考。

其他专业的加试由招生学校或其主管部门决定并组织加试科目的命题、考试。

艺术类、体育类专业本科加试成绩在5月28日前报考试院成招办。

高等职业技术教育班专业课的考试成绩在5月28日前报考试院成招办。

二、专升本科班考试科目

专升本科班的考试科目共四科：公共课两科、专业基础课一科、专业课一科。

专升本科班招生分为师范类（系指普通中学教师和各中等学校普通课教师）和非师范类（系指考生为普通中、小学教师以外其他学校教师和非教师）。

（一）公共课与专业基础课

1. 师范类

文史类：外语、教育理论、大学语文；

理工类（一）：外语、教育理论、高等数学（一）；

理工类（二）：外语、教育理论、高等数学（二）；

艺术类：外语、教育理论、艺术概论。

2. 非师范类

理工类：政治、外语、高等数学（一）；

经济、管理类：政治、外语、高等数学（二）；

文史、中医类：政治、外语、大学语文；

法学类：政治、外语、民法；

教师类：教育理论、外语、高等数学（二）。

其中文史、中医类中艺术专业，考试科目为：政治、外语、艺术概论。

以上各科满分成绩均为150分。其中师范类考生和非师范类中教师类考生的外语成绩，以考生本人卷面分数的30%计入总分。师范类中外语专业的考生外语成绩，以本人卷面分数计入总分。公共课和专业基础课实行全国统考，由教育部统一命题，民法由司法部组织命题。

（二）专业课

专业课的考试由考试院成招办统一组织。

各专业课考试成绩在5月28日前报考试院成招办。

第二十一条　各科命题范围不得超出教育部颁发的相应科类复习考试大纲。

第二十二条　全国各类成人高等学校招生统一考试定于5月12日、13日进行。

考试时间如下：

高中起点本、专科考试时间表

日期 时间	5月12日	5月13日
9:00—11:00	语文	数学
14:00—15:40	政治	化学　历史　中药学 医药临床　电工基础 机械制造工艺基础 狱政（所政）管理 公安学基础理论
16:20—18:00	物理　地理 医学基础 中医基础学 电子技术基础 机械基础 监狱（劳教）基础 警察法学教程	外语

专升本科班考试时间表

日期 时间	5月12日	5月13日
9:00—11:30	政治 （非师范类考生） 教育理论 （师范类和教师类考生）	大学语文 高等数学（一） 高等数学（二） 艺术概论 民法
14:30—16:30	外语	

第二十三条　考生须携带准考证、居民身份证在规定时间到指定地点应试。

第二十四条　考试工作规则执行原国家考试委员会颁发的《普通、成人高等学校本、专科招生全国统一考试工作规则》（教试［1991］3号）。

第二十五条　评卷工作在全市统一安排下由考试院成招办组织实施。

考生成绩通知本人，不公布，不查卷。

第六章　录　取

第二十六条　考试院成招办在本市专科层次招生计划总额度内拟定本市专科层次招生的最低控制分数线报北京市高等学校招生委员会批准后执行；本科层次招生的最低控制分数线报教育部批准后执行，并根据招生计划和生源情况对各类成人高等学校招生录取分批次进行。

第二十七条　各类成人高等学校应严格按计划录取新生，未经计划部门批准，不得对招生计划进行调整。学校确定的实际录取线不得低于本市最低控制分数线。

体育类、艺术类各专业，本科最低控制分数线不低于当地本科最低控制分数线（艺术类专业扣除数学成绩）的70%，专科不低于专科的60%，史论、编导专业本、专科不低于相同层次的90%。

第二十八条　新生的录取工作必须认真贯彻按需培养，德、智、体全面衡量，由高分到低分（在最低控制分数线以上体育类、艺术类专业，一般按术科加试成绩；其他专业课加试成绩要求达到合格水平）择优录取的原则。录取新生时，既要重视考生的总成绩，又要注意与其报考专业相关科目的成绩。

各类成人高等学校一律不得录取试读生、超前生、旁听生和单科生，违者追究责任及其领导责任。

第二十九条　在录取工作中，由考试院成招办按照考生第一志愿向招生学校提供考生档案，由招生学校审查录取，录取名单由考试院成招办审批。招生学校按审批后的录取名单发放录取通知书。在最低控制分数线上的考生，第一志愿学校不能录取时，由考试院成招办根据考生的第二志愿进行调剂，学校之间不能自行转录。如第二志愿不能录取，对服从分配者，考试院成招办在报考条件及考试科目相同（或相近）专业中进行调剂录取；对不服从分配者，不予调剂录取。

录取中的遗留问题由考试院成招办负责处理。

第三十条　招生学校及其主管部门在京招生可指定代办单位，明确代办单位要认真负责地配合考试院成招办搞好招生工作。委托培养学生的单位不得参与录取工作，但可根据各地生源的质量情况，向招生学校提出调整生源计划的要求。

第三十一条　获得全国劳动模范称号者，经省级招生部门审核，报教育部批准，可免试进入各类成人高等学校相应层次学习。

优秀运动员具备下列条件之一者可免试进入各类成人高等学校高中起点本、专科学习（报考专科起点本科班的不在此列）。

（一）奥运会、世界杯赛和世界锦标赛的奥运会项目前八名获得者、非奥运会项目前六名获得者；

（二）亚运会、亚洲杯赛和亚洲锦标赛的奥运会项目前六名获得者、非奥运会项目前三名获得者；

（三）全运会、全国锦标赛和全国冠军赛的奥运会项目前三名获得者、非奥运会项目冠军获得者。

第三十二条　符合下列条件之一的考生，录取时可照顾30分（专升本科班考生为20分）：

（一）获得地、市级以上（含地、市级）人民政府，国务院各部委及各省、自治区、直辖市厅、局系统，国家特大型企业授予的劳动模范、先进生产（工作）者及科技进步（成果）奖获得者。

（二）获得省、自治区、直辖市工、青、妇等组织授予“五一劳动奖章”、“新长征突击手”、“三八红旗手”称号者。

（三）人民解放军、武警部队、人民警察荣立三等功以上者。

（四）归侨、归侨子女、华侨子女、台湾省籍考生。

（五）烈士子女、烈士配偶。

（六）边疆、山区、牧区和少数民族聚居地区的少数民族考生、国防科技工业三线企业单位（地处地市以上人民政府所在地的除外）获得企业表彰的先进生产（工作）者。

（七）年满28周岁以上人员。

（八）报考农、林、地质、水利、矿业、测绘、监所、远洋运输、社会福利等艰苦行业各专业的考生。

（九）一级运动员称号获得者。

第三十三条　符合下列条件的考生，录取时可照顾50分：运动健将和武术项目武英级运动员称号获得者。

第三十四条　根据本市的实际情况，制定有利于录取劳动模范、生产和业务骨干以及农村、乡镇企业考生相应政策。

第三十五条　符合两项以上照顾政策的考生，其照顾分不得合并计算。

第三十六条　录取工作结束后，考试院成招办向北京市教育委员会和教育部上报当年录取的新生数，并向招生学校所在地毕业证验印部门提供当年录取的新生名单。

第三十七条　新生入学后，学校要对新生进行全面复查，对于不符合报考条件和录取标准以及弄虚作假、违纪舞弊者，学校应取消其入学资格，报考试院成招办备案，对其缺额，如有上线考生，考试院成招办可予以补录。此项工作应在2001年9月10日前完成。

第七章　附　则

第三十八条　关于第二专业专科学历教育

第二专业专科学历教育招生录取工作由考试院成招办组织实施。

报名条件：报考第二专业专科学历教育的考生必须具有经教育部审定核准的国民教育系列高等学校或高等教育自学考试机构颁发的大学专科或本科毕业证书。

录取：录取第二专业专科学历教育的考生，学校提出录取名单，经考试院成招办审批后录取。

第二专业专科学历教育录取人数不占用学校当年招生计划。

第三十九条 关于预科生

对属于照顾而未达到录取分数线、受表彰（第三十二条（一）、（二）、（三）款）的各类先进人员和年龄在25周岁以上以及特殊行业急需培养的在职业务骨干，达到预科班分数线（另定），本人提出申请，考试院成招办批准后，可作为预科生参加预科班，补习高中文化一年。考试合格，经考试院成招办审批后，进入原报的第一志愿学校（专业）学习。

第四十条 违反招生管理规定或违反考试管理规定应予处罚的，将依照有关处罚规定予以处罚。

附件：2001年北京市各类成人高校招生工作进度表

附件：

2001年北京市各类成人高校招生工作进度表

日期	工作内容	承办单位	参加单位
2月12日—15日	市成人高校招生工作会	市成招办	招生院校
2月19日—23日	区县成招办计算机人员培训会	市成招办	各区县成招办
2月22日—23日	市招生报名工作培训会	市成招办	各区县成招办
2月26日	刊登招生简章（北京日报）	市成招办	
2月28日	交报名工作方案	市成招办	区县成招办
3月2日	刊登招生专业目录（北京日报）	市成招办	
	全市招生咨询活动预备会	市成招办	各招生院校
3月3日	全市招生咨询活动（地点：地坛）	市成招办	各招生院校
3月4日	北京电视台《热线咨询》 ——2001年招生咨询	市成招办	
3月6日	市级验证人员培训会（专升本毕业证书）	市成招办	
3月8日—14日	全市验证工作（专升本毕业证书）	市成招办	5个验证点
3月9日—15日	全市招生统一报名	区县招办	
3月16日前	学校接收考生的专业课加试报名	市成招办	各有关招生院校
3月19日—23日	全国劳模和优秀运动员免试入学登记	市成招办	
3月20日前	交考点设置方案	市成招办	区县成招办
3月27日上午	区县招办交考生报名信息盘（含备份盘）；缴纳报名、考务费；考试工作安排一览表；交试卷预订单，征订试卷；交报名工作小结	市成招办	09—20区县招办
3月27日下午	同上	市成招办	01—08区成招办
4月5日	招生院校网上下载有关报名信息及登分软件	市成招办	各有关招生院校
4月19日	全市考务工作会	市成招办	各区县成招办
4月20日	报专业课或加试题及考试时间备案	市成招办	各招生院校
5月9日	市级巡视员培训会	市成招办	巡视员
5月10日	发放领取试卷、交组考工作方案	市成招办	区县招办
5月11日	布置考点考场	区县招办	各区县成招办
5月12日—13日	全国统一考试	市成招办	市、区县成招办
	各级巡视员巡视考场	市成招办	
5月14日	送答卷及备用卷、交组考工作小结	市成招办	各区县成招办
5月20日前	高中起点本、专科艺术类、体育类术科考试专升本、高职班的专业课考试		各有关招生院校

续前表

日期	工作内容	承办单位	参加单位
5月28日前	有关院校上报高中起点本、专科艺术类、体育类加试成绩（含备份盘）上报专升本、高职班的专业课考试成绩	市成招办	招生院校
5月14日—28日	全国统考阅卷工作	市成招办	
5月29日	各区县领取考生答卷、登分表，核对考生成绩	市成招办	各区县成招办
6月3日	全市统一核对考生成绩	市成招办	各区县成招办
6月7日	开通声讯台，查询成人高考成绩	市成招办	
	区县成招办网上下载本区县成人高考成绩	市成招办	各区县成招办
	招生院校网上下载成人高考成绩序列表	市成招办	各招生院校
6月12日	向各区县成招办发考生成绩单	市成招办	各区县成招办
6月13日	区县成招办陆续向考生发放成绩单	区县招办	
6月14日—15日	各招生院校网上录取培训会	市成招办	招生院校
6月中旬	召开录取工作预备会	市成招办	各有关招生院校
7月2日—13日	召开录取工作会	市成招办	各区县成招办
7月30日	各区县网上下载区县录取情况	市成招办	各区县成招办
9月5日—7日	第二学历补录工作	市成招办	各有关招生院校
9月10日	2001年招生录取工作结束	市成招办	
9月14日前	交全年招生工作总结（交秘书科）	市成招办	各区县成招办

关于2001年北京市各类成人高校招生报名照顾对象审核办法的通知

京考成招［2001］2号

各区县成招办：

照顾对象的审核工作是各类成人高校招生报名工作的重要环节。为做好这项工作，根据教育部《关于做好2001年全国成人高校招生工作的通知》和《2001年北京市各类成人高等学校招生规定》，结合本市的实际情况，特制定本办法。

一、关于照顾类型

（一）获得全国劳动模范称号者，经考试院成招办审核，报教育部批准，可免试进入各类成人高等学校相应层次学习。

（二）获下列条件之一者可以免试进入成人高等学校高中起点本、专科学习：

1. 奥运会、世界杯赛和世界锦标赛的奥运会项目前八名获得者、非奥运会项目前六名获得者；

2. 亚运会、亚洲杯赛和亚洲锦标赛的奥运会项目前六名获得者、非奥运会项目前三名获得者。

3. 全运会、全国锦标赛和全国冠军赛的奥运会项目前三名获得者、非奥运会项目冠军获得者。

（三）对于运动健将和武术项目武英级运动员称号获得者，录取时可照顾50分；一级运动员称号获得者，录取时可照顾30分。

（四）符合下列条件之一的考生，录取时可照顾30分（专升本科班考生为20分）：

1. 获得地、市级以上（含地、市级）人民政府，国务院各部委及各省、自治区、直辖市厅、局系统，国家特大型企业授予的劳动模范、先进生产（工作）者及科技进步（成果）奖获得者。

2. 获得省、自治区、直辖市工、青、妇等组织授予“五一劳动奖章”、“新长征突击手”、“三八红旗手”称号者。

3. 人民解放军、武警部队、人民警察荣立三等功以上者。

4. 归侨、归侨子女、华侨子女、台湾省籍考生。

5. 烈士子女、烈士配偶。

6. 边疆、山区、牧区和少数民族聚居地区的少数民族考生、国防科技工业三线企业单位（地处地市以上人民政府所在地的除外）获得企业表彰的先进生产（工作）者。

7. 年满28周岁以上人员。

8. 报考农、林、地质、水利、矿业、测绘、监所、远洋运输、社会福利等艰苦行业各专业的考生。

符合上述照顾条件的考生必须于报名时交验相应的原始证件。符合两项以上照顾政策的考生，其照顾分数不得累计。

二、验证点的机构及其职能

各区县成招办负责对各类照顾考生的验证工作（全国劳动模范及符合免试入学的优秀运动员由考试院成招办审核，享受加分照顾条件的优秀运动员的验证工作由崇文区成招办负责），要加强验证工作的管理，安排政策观念强，工作认真负责、坚持原则、有丰富工作经验的同志担任此项工作；报名站要设立独立管理照顾证明的验证点，对不符合照顾条件的考生坚决不予受理。

三、验证工作程序

（一）验证工作人员在审核考生照顾资格时，在确认照顾材料是考生本人后，首先要确认照顾材料是否符合招生规定中的要求。

（二）对符合享受照顾录取条件的考生，验证工作人员要在其证书（明）复印件上分别签字、注上报名号并加盖验证专用章。证书原件退还考生，复印件放入考生档案。

（三）区县成招办对符合照顾条件的考生确认照顾类型，并与报名信息卡核对，确保考生照顾信息准确无误。

四、加强领导、严肃纪律

各区县成招办应加强对验证工作的领导，重视对验证工作人员的政策和业务培训，认真执行教育部和考试院成招办的有关招生规定，自觉抵制徇私舞弊、“走后门”等不正之风的干扰，严肃招生工作纪律，对招生工作中出现的各种形式的违纪、舞弊事件，一经查实按北京教育考试院印发的《北京教育考试违规行为处理暂行办法》追究责任者责任。

附：国务院各部委、北京市机关、市属局系统、总公司名单

二〇〇一年一月十日

附：

中华人民共和国国务院各部委名单

一、已取消和更名的部委

1. 电力工业部
2. 煤炭工业部
3. 冶金工业部
4. 机械工业部
5. 电子工业部
6. 化学工业部
7. 国内贸易部
8. 邮电部
9. 劳动部
10. 广播电影电视部
11. 地质矿产部
12. 林业部
13. 国家体育运动委员会
14. 国防科学技术工业委员会
15. 国家经济体制改革委员会
16. 国家计划委员会
17. 科学技术委员会
18. 国家教育委员会

二、国务院各部委（机构改革后）

1. 外交部

16. 劳动和社会保障部

2. 国防部
3. 国家发展计划委员会
4. 国家经济贸易委员会
5. 教育部
6. 科学技术部
7. 国防科学技术委员会
8. 民族事务委员会
9. 公安部
10. 国家安全部
11. 监察部
12. 民政部
13. 司法部
14. 财政部
15. 人事部
17. 国土资源部
18. 建设部
19. 铁道部
20. 交通部
21. 信息产业部
22. 水利部
23. 农业部
24. 对外贸易经济合作部
25. 文化部
26. 卫生部
27. 国家计划生育委员会
28. 中国人民银行
29. 中华人民共和国审计署

北京市机关、市属局系统、市属总公司名单

一、市机关
1. 北京市计划生育委员会
2. 北京市计划委员会
3. 北京市市政管理委员会
4. 北京市对外经济贸易委员会
5. 北京市体育运动委员会
6. 北京市经济体制改革委员会
7. 北京市经济委员会
8. 北京市城乡建设委员会
9. 北京市科学技术委员会
10. 北京市教育委员会
11. 北京市教育工作委员会
12. 北京市政法委
13. 北京市市委组织部
14. 市委办公厅
15. 市委宣传部
16. 市委统战部
17. 北京市商业委员会
18. 市政府办公厅
19. 北京市民族事务委员会

二、市属局系统
1. 北京市机械工业管理局
2. 北京市电子工业办公室
5. 北京铁路局
6. 北京市国家税务局
7. 北京市物资管理局
8. 北京市地质矿产局
9. 北京市地方税务局
10. 北京市城市规划管理局
11. 北京市市政工程局
12. 北京市房屋土地管理局
13. 北京市环境卫生管理局
14. 北京市园林局
15. 北京市公用局
16. 北京市电信管理局
17. 北京市交通局
18. 北京市邮政管理局
19. 北京市第一商业局
3. 北京市电力工业局
4. 北京市供电局
33. 北京市广播电视局
34. 北京市审计局
35. 北京市劳动局
36. 北京市技术监督局
37. 北京市财政局
38. 北京海关
39. 北京市工商局
40. 北京市物价局
41. 北京市监察局
42. 北京市司法局
43. 北京市公路局
44. 北京市供销合作总社
45. 北京市公安局
46. 北京市老干部局
47. 北京市统计局

20. 北京市粮食局
21. 北京市旅游事业管理局
22. 北京市民政局
23. 北京市监狱管理局
24. 北京市烟草专卖局
25. 北京市林业局
26. 北京市农业局
27. 北京市水利局
28. 北京市气象局
29. 北京市卫生局
30. 北京市文化局
31. 北京市新闻出版局
32. 北京市文物事业管理局
48. 北京市环境保护局
49. 北京市国营农场局
50. 北京市建筑工程局
51. 北京市二轻工业局
52. 北京市一轻工业局
53. 北京市科技干部局
54. 北京市档案局
55. 北京市第二商业局
56. 北京市进出口商品检验局
57. 北京市社会保障局
58. 北京市乡镇企业局
59. 北京市人事局
60. 北京市矿务局

三、总公司

1. 北京市公共交通总公司
2. 北京市有色金属总公司
3. 北京化学工业集团公司
4. 北京汽车工业集团总公司
5. 北京市煤炭总公司
6. 北京市纺织工业总公司
7. 北京一轻总公司
8. 北京二轻工业总公司
9. 北京印刷集团总公司
10. 首都钢铁总公司
11. 北京市医药总公司
12. 北京燕山石油化工公司
13. 北京建工集团总公司
14. 北京城建开发集团总公司
15. 北京建筑材料集团总公司
16. 北京住宅开发建设集团总公司
17. 北京市地下铁道总公司
18. 北京市饮食服务总公司
19. 北京市石油产品销售总公司
20. 北京市粮油贸易总公司
21. 北京市水产总公司

四、政协系统

北京市政协

五、人大系统

北京市人大

六、群众团体

1. 北京市妇女联合会
2. 北京市总工会
3. 北京市科学技术协会
4. 共青团北京市委员会
5. 北京市文学艺术界联合会

关于各类专业课考试组织办法的通知

京考成招［2001］3号

各有关成人高校：

根据教育部《关于做好2001年全国成人高校招生工作的通知》中的有关规定，为加强对此项工作的管理，保证考试组织的顺利实施，特制定本办法。

一、各类专业课的范围

各类专业课是指高等职业技术教育班的两门专业课；专科起点本科班专业课；艺术类、体育类的术科加试科目。

二、报名

报考以上各类专业的考生，在3月16日前持报名核对单到所报考的第一志愿学校参加专业加试报名。为方便院校工作，考试院成招办将于4月5日向有关院校提供考生报名信息（网址：www. bjcz. com. cn）。

三、命题

专业课考试科目由有关招生学校选定，并按国家教育部颁发的相应复习考试大纲组织命题。并将考试科目、考试时间、考试试题、参考答案及评分标准、考场安排于4月20日报考试院成招办考试科备案。

四、考试

专业课考试的时间全市统一安排在5月20日前进行。考试期间，考试院成招办将派巡视员到各考试点进行巡视检查。

五、评卷、登分

专业课考试评卷、登分工作由招生院校组织进行。登分工作请招生院校按以下要求进行：

（一）招生院校请于4月5日在网上下载登分程序软盘。

（二）招生院校请于2001年5月28日前向考试院成招办计划统计科上报包含专业课成绩的数据库软盘（含备份盘），由考试院成招办统一打印，学校核对无误后签字、盖章以后不得更改。

（三）上报成绩要求：艺术类、体育类术科加试与高等职业技术教育班及各专升本科班专业课加试只上报一个综合成绩；艺术、体育类专业按百分制上报成绩（满分100分）；高等职业教育班和专升本科班的专业课成绩上报时只需注明“合格”或“不合格”。

六、招生工作纪律

各级招生工作人员要认真执行有关规定，坚决反对抵制徇私舞弊和“走后门”等不正之风。对发现和群众揭发的违纪舞弊行为要认真查处，并追究有关人员的责任。

二〇〇一年一月十二日

关于2001年北京市各类成人高等学校招生考试考场编排规定的通知

京考成招［2001］4号

各区县成招办：

全国各类成人高等学校招生考试是国家级考试，具有很强的政策性和严肃性。成人高考直接面向广大考生，社会关注程度高。为不断提高组织考试的管理水平，使成人高考逐步做到科学化、规范化、制度化，特对考场编排作如下规定：

一、考点设置

考点由各区县成人教育招生办公室（以下简称区县成招办）按《考点设置及要求》选定。各区县成招办于3月20日向北京教育考试院成人教育招生办公室（以下简称考试院成招办）报告本区县考点设置的方案。特别强调的是：

（一）不能选择小学校作为考点。

（二）不得使用阶梯教室作考场。

（三）每个考点必须设十个以上考场，因特殊情况达不到十个考场的考点，须经考试院成招办批准。

二、考场编排的原则

（一）高中起点本、专科考场按专业类别编排。专科起点本科班考场按师范类、非师范类编排。

每考场统一规定为30人。

（二）每个科类的考场序号要连续编排，考场号要从小号到大号顺序排列；每个考场内的准考证号也要连续排列。

（三）尾数考场的考生可以安排在同一教室之内。但每个教室不得超过30人。

（四）考场设置严格按《北京市各类成人高校招生工作细则》（以下简称《招生工作细则》）中《考场设置及要求》的规定执行。

三、报名号和准考证号编排方法

在《招生工作细则》中对报名号编排方法和准考证号编排方法作了详细的规定，编排报名号和准考证号时必须按照该规定执行。

四、报名号和准考证号的使用原则

（一）报名号为工作号。自报名始至录取结束，招生工作人员所使用的有关表格、信息卡等均以考生报名号为准。

（二）准考证号为考试专用号。准考证号在编排考场时根据报名号和一定规则产生。考场门上贴准考证起止号，考场内桌子右上角贴考生准考证号。考生答题时，在答题卡和试卷Ⅱ上只填涂（写）准考证号。

五、计算机随机编排准考证号

以每考区为单位，以考生报名号为工作号按考点和考点容量编排考场，随机（打乱原报名号顺序）生成考生准考证号。

六、表格

（一）考点设置方案于3月20日前报考试院成招办。

（二）考点、考场工作安排一览表于3月27日报考试院成招办。

（三）各区县成招办于3月27日向市考试院成招办交“试卷需用量”登记表。

（四）考生准考证由各区县成招办打印、塑封、发放。

（五）各考场考生名册由各区县成招办打印、发放至各考点。

七、发放准考证

考生准考证原则上于考试前十天发给考生，具体时间由各区县成招办自行确定。

二〇〇一年一月十七日

关于2001年北京市各类成人高等学校第二学历补报办法的通知

京考成招［2001］5号

各有关成人高等学校（院）：

为保证第二学历补报工作的顺利进行，现就第二学历补报的有关事项通知如下：

一、报名时间

从2001年3月16日起至8月30日止。

二、报名手续

（一）报名条件应按《2001年北京市各类成人高等学校招生规定》文件执行，由考生直接到拟报学校办理报名手续。

考生应交近期一寸照片一张，填写《报名登记表》（附后），并交毕业证书原件及复印件（B5复印纸）

一份，缴纳报名费10元，学历资格审定费10元。

（二）各院校直接采用计算机采集考生信息的办法，考生姓名应以本人身份证为准。

（三）报名号的编排方法：

第一位为“9”；

第二、三、四位为学校代码；

第五、六、七、八位为序号。

（四）补报程序由考试院成招办提供

提取方式：4月5日后可从网上（网址：www.bjca.com.cn）下载程序。

三、验证与录取

各院校应在9月5日至7日到考试院成招办办理第二学历的验证与录取手续（其中5日为市属院校补录；7日为部委院校补录）。

院校所报材料：

（一）补报考生信息盘（含备份盘）；

（二）考生的毕业证书原件及一张复印件（B5复印纸），其顺序按报名号的顺序从小到大排列；

（三）学历资格审定费10元/人，招生经费50元/人。

附：2001年北京市各类成人高等学校招生第二学历报名登记表（样）

二〇〇一年一月十一日

附：

2001年北京市各类成人高等学校招生第二学历报名登记表

报名号：

<table>
<tr><td rowspan="6">照片</td><td>姓名</td><td></td><td>性别</td><td></td><td>出生年月</td><td></td></tr>
<tr><td>身份证号</td><td colspan="5"></td></tr>
<tr><td>民族</td><td></td><td>文化程度</td><td></td><td>职业类别</td><td></td></tr>
<tr><td>政治面貌</td><td></td><td colspan="2">参加工作的时间</td><td></td><td></td></tr>
<tr><td>详细通讯地址</td><td colspan="3"></td><td>邮政编码</td><td></td></tr>
<tr><td>工作单位</td><td></td><td>联系电话（BP）</td><td colspan="3"></td></tr>
<tr><td colspan="7">考生报考志愿</td></tr>
<tr><td colspan="3">学校代号及名称</td><td colspan="4">专业代号及名称</td></tr>
<tr><td>代号</td><td colspan="2">学校名称</td><td colspan="2">代号</td><td colspan="2">专业名称</td></tr>
<tr><td>毕业学校名称</td><td colspan="6"></td></tr>
<tr><td>所学专业名称</td><td colspan="4"></td><td>毕业证书号</td><td></td></tr>
</table>

关于成人高校招生实施网上录取购置计算机等设备的通知

京考成招［2001］6号

各区县考试中心、成招办：

2001年成人高校招生网上录取工作是一个系统工程，在该系统中，区县成招办负责建立报名考生的电子档案工作。为了使整个系统准确、及时、高效地运行，各区县设备的配备按系统和任务的要求，由北京教育考试院统一采购。根据2000年报名人数和设备功能，凡报名人数在5 000人以下的区县需配置一套设备，5 000人～15 000人的区县需配置二套设备，15 000人以上的区县需配置三套。设备购置费由考试院和区县各担负一半。付款方式为区县招办先将全部款项交至北京国闹科贸责任有限公司，由该公司统一购置设备。北京教育考试院将一半购置费用作为设备款返还区县招办。请各区县招办于2001年2月28日前把所需金额交至北京国闹科贸有限公司。

附件：各区县需配设备及金额

二〇〇一年二月二十一日

附件：

各区县需配设备及金额

区县名称	计算机（台）	摄像设备（套）	打印机（台）	内存 64M（片）	MODEM（台）	需付金额（元）
东城区	2	2	1	1		52 570
西城区	3	3	1	1		70 880
崇文区	1	1	1	1		34 260
宣武区	2	2	1	1		52 570
朝阳区	3	3	1	1		70 880
海淀区	3	3	1	1		70 880
丰台区	1	1	1	1		34 260
石景山区	1	1	1	1		34 260
门头沟区	1	1	1		1	34 120
房山区	1	1	1		1	34 120
通州区	1	1	1	1		34 260
大兴县	1	1	1	1		34 260
顺义区	1	1	1		1	34 120
昌平区	1	1	1	1		34 260
怀柔县	1	1	1		1	34 120
平谷县	1	1	1		1	34 120
密云县	1	1	1		1	34 120
延庆县	1	1	1		1	34 120
燕山	1	1	1		1	34 120
矿务局	1	1	1		1	34 120
合计	28	28	20	11	9	830 420

注：计算机HPD2704A 128M 15G 17寸加ISA扩展卡，每区县有一台计算机含刻录机。
打印机：HPLJ5000。
摄像设备：包括：摄头、图像采集卡、三脚架。
内存：2000年为11个区县配置的服务器内存由64M扩充到128M。
调制解调器：56k给9个2000年未配调制解调器的区县。

转发教育部考试中心《关于2001年成人高考数学科考试有关考务规定的通知》

京考成招［2001］7号

各区县考试中心、成人教育招生办公室：

现将教育部考试中心《关于2001年成人高考数学科考试有关考务规定的通知》（教试中心［2001］34号）转发给你们，请遵照执行。

二○○一年四月九日

附：

《教育部考试中心关于2001年成人高考数学科考试有关考务规定的通知》

教试中心［2001］34号

各省、自治区、直辖市教育考试院（局、管理中心）、成人高校招生办、普通高校招生办：

根据2001年《全国各类成人高等学校招生复习考试大纲—高中起点升本、专科》的规定，今年在成人高考高中起点升本、专科数学科（专科升本科数学科除外）考试中可以使用计算器。为此，特对今年成人高考数学科考试做出如下规定：

一、考生可以带计算器进入考场，但不得互相借用。

二、附带计算器功能的无线通讯工具、记忆存储等设备和附带无线通讯功能、记忆存储功能的计算器不得带入考场，否则按违纪处理。

三、各省级招生考试机构可以制定具体实施细则。

二○○一年三月八日

转发教育部加强考试管理，严肃考风考纪，维护国家教育统一考试的社会声誉的通知

京考成招［2001］8号

各区县考试中心、成人教育招生办公室：

全国各类成人高校招生统一考试将于5月12日、13日进行。现将教育部副部长吕福源同志在2001年国家教育统一考试考风考纪电视电话会议上的讲话《加强考试管理，严肃考风考纪，维护国家教育统一考试的社会声誉》转发给你们，请认真学习，提高认识，切实从代表最广大人民群众根本利益出发，加强管理，制定严密措施，确保全国各类成人高校招生考试工作的顺利进行。

二○○一年四月九日

附：

《加强考试管理　严肃考风考纪维护国家教育统一考试的社会声誉》

——教育部副部长吕福源同志在2001年国家教育统一考试考风考纪电视电话会议上的讲话

同志们：

改革开放以来，国家教育统一考试工作在各级党政领导及社会各界的重视和支持下，取得了很大的成绩，赢得了良好的信誉，成为当前我国选拔人才的最重要手段之一。现在，一年一度的4月份高等教育自学考试、5月份成人高校招生全国统一考试和7月份普通高等学校招生全国统一考试即将举行，为了加强国家教育统一考试的管理工作，严肃考风考纪，保证国家教育统一考试工作能严格地贯彻落实国家的有关方针、政策和规定，教育部决定召开这次会议。这次会议的主题是：进一步贯彻、落实教育部关于做好国家教育统一考试工作的一系列规定和要求；提高对考试管理工作重要性的认识，把思想统一到贯彻落实江泽民同志“三个代表”重要思想的高度上来，把它当成代表最广大人民群众根本利益的一件大事来抓，当成确保我国教育事业健康发展的一件大事来抓，当成培养我国青年良好学风的大事来抓，当成教育战线反腐败、纠正不正之风的大事来抓，珍视国家教育统一考试的声誉，使考风考纪得到明显的好转。下面我讲几点意见：

一、全面、深入地认识我国教育事业发展的大好形势，从贯彻“三个代表”重要思想的高度，切实加强和改进国家教育统一考试管理工作

“九五”期间，党中央、国务院为实施科教兴国战略，制定了一系列加快发展、深化改革、全面推进素质教育的重大举措。教育优先发展战略地位进一步落实，教育投入持续增长，各级各类教育加快发展；高教管理体制改革取得了突破性的进展，高校招生收费制度和毕业生就业制度改革进一步深化，高校后勤社会化取得了显著的成效；高水平大学和高层次创新人才队伍的建设带动了高等教育整体水平的提高，高校的高新技术成果为培育新的经济增长点做出了贡献，“两基”工作取得决定性成果，素质教育普遍实施，其中，特别值得指出的是，作为“九五”教育发展成就的重要标志之一，高等教育连续扩大招生规模，使本专科招生数从1995年184万人增加到2000年的376万人，增长了一倍以上；研究生同期从5万余人增加到12万余人；高等教育毛入学率同期从7.2%上升到11%左右。这是党中央审时度势，根据我国经济社会发展战略以及改革开放面临的新形势所做出的重大决策。1999年召开的第三次全国教育工作会议明确了这一方针，指出“调整现有教育体系结构，扩大高中阶段教育和高等教育的规模，拓宽人才成长的道路，减缓升学压力、通过多种形式积极发展高等教育”。实践表明，这一举措深受社会各方面和广大人民群众的欢迎。应该看到，教育战线取得的成就来之不易，作为系统工程，改革举措每个子系统都要密切配合，协调一致。扩大高校规模后，一方面更多愿意升入高等学校学习的学生都希望通过公平竞争的选拔机制来实现入学愿望，另一方面为高校输送成百万品学兼优的合格学生也是教育考试战线义不容辞的责任。但是，当这种公平公正的考试选择机制被破坏时，它对成百万诚实守信的考生所造成的恶劣影响决不可一般看待。考试工作中各种违纪行为冲击了多年来在公正公平原则基础上建立起来的国家考试制度，损坏了国家统一考试的严肃性和良好形象，影响了教育改革的全局。因此，教育考试战线的同志们应当明确认识到维护国家教育考试声誉是保持教育稳定大局的基本前提，也是加快事业发展、深化体制改革的重要基础。

“十五”计划纲要确定的各项事业发展的奋斗目标鼓舞人心，在坚持把发展作为主题的指导方针下，明确教育发展与改革的任务是“采取多种形式，积极发展高等教育，扩大培养规模，保证教育质量，逐步形成大众化、社会化的终身教育体系”。同时，确定了高等教育发展的预期目标是高等教育毛入学率力争达到15%左右。这一目标既是广大人民群众的心声，也是党中央、国务院代表最广大人民群众的利益和要求做出的符合实际、深受人民群众欢迎的决策，充分体现了提高人民生活水平作为根本出发点，以人民利益为最高利益的思想，《纲要》是落实江总书记“三个代表”重要思想的典范。深刻认识并领会“十五”计划纲要及教育发展目标，是摆在各级教育考试部门当前首要的任务，保证国家教育统一考试的健康进行是完成这一任务的重要环节。应当看到，一方面高等教育规模的继续扩大和高等教育质量的保证都与招生考试的

质量紧密相关。规模持续扩大意味着考生人数增加和由此带来考场规模扩大，以及管理人员和管理工作量增大，同时，严格考试纪律的任务也就更加艰巨，教育考试战线“十五”期间应该着力研究并拿出有力的措施。另一方面高等教育保持持续良好生源是保证高等教育质量不断提高的条件，国家统一考试是目前选拔考生相对公平、公正并为广大人民群众所拥护的重要途径，严密地组织好、管理好全国教育统一考试，是保证“十五”期间教育改革与发展，确保“十五”目标实现的最重要的环节之一。

维护国家教育考试的社会声誉和良好形象，坚决查处有关违纪舞弊案件，纠正行业不正之风，是实现“三个代表”重要思想，对人民利益高度负责的重要体现。改革开放以来，在全社会各方面的共同努力下，高考招生考试工作总体上是好的，赢得了广大学校、考生和社会各界的良好赞誉，并成为历年来涉及面最广、信誉最高的国家教育考试。这是多年来各级党委和政府以及教育部门、招考机构和学校方方面面人员共同努力的成果，是确保高等教育发展与改革全局并使之健康持续发展的基础。因此，严肃考风考纪，确保高校招生公平公正的局面，是各级有关领导和工作人员义不容辞的重大职责。去年发生的几起严重的考试违纪、舞弊案件，引起了社会各界的强烈反映，使国家教育统一考试的声誉和信誉都受到了极大的影响。这些违纪、舞弊案件给我们敲了警钟，使我们看到，个别地区、个别管理部门和个别管理人员的严重失职，丧失了行使公正公平权力的资格，败坏了国家教育统一考试的权威性和严肃性；还有一些部门管理松懈，制度形同虚设，漏洞不少。尽管对几起案件已作了处理，但一些地方和部门工作的隐患和漏洞有的还并未引起重视。教育部门纠正行业不正之风是今年部党组重点工作之一，国家教育考试将会成为大家关注、监督的焦点，因此，我们必须高度重视。

二、教育部高度重视、严肃处理全国教育统一考试中出现的几起影响较大的违纪舞弊事件，维护了国家统一考试公平、公正的原则和良好信誉

当前国家教育统一考试中存在的主要问题有以下几个方面：

一是个别教育行政部门的领导、考试机构的工作人员和参与考试工作的部分教师参与甚至组织舞弊，这是近几年发生的案件特点之一。从近几年发生的违纪、舞弊案件看，很多违纪、作弊行为已不仅是考生个人的行为，有相当多的案件都是有组织、有计划或是考场内外串通的集体作弊案。例如2000年普通高考广东电白县BP机舞弊案，湖南嘉禾县高考大面积舞弊案，震惊全国，造成了十分恶劣的影响。

二是一些基层教育行政部门和考试机构管理、职责不明或流于形式，缺乏有效的监督。有些教育行政部门、考试机构及其工作人员，怕因抓考风考纪而得罪人，认为抓违纪、舞弊把“财源”抓断了；有的考试工作人员缺乏责任感和职业道德，对考试中的不正之风、违纪现象不抓不管。

三是考试违纪、舞弊的形式和手段呈多样化、隐蔽化的发展趋势。由于现代化设备和通讯手段的普及，有的考生利用变造、伪造的证件替考；有的考生利用现代化通信工具传递答案。

这些违纪、舞弊的现象就全国范围来看虽属局部地区和个别问题，但性质是严重的，影响是恶劣的，教育部对此十分重视，每年教育部都要就全国教育考试管理和考风考纪工作下发通知或召开专题会议，要求各级教育行政部门的主要负责人进一步加强对全国教育统一考试的领导，确保全国统一考试的良好声誉，使考风考纪得到明显的好转。针对2000年湖南嘉禾县、广东电白县发生的高考舞弊事件，教育部又发出紧急通知，要求各级教育行政部门要态度鲜明，对高考中发生的各种违纪舞弊案件，严格依照《教育行政处罚暂行实施办法》和原国家教委18号令等有关规定，发现一起，查处一起，曝光一起。对触犯刑律的责任人，要移送司法机关，依法追究刑事责任。各级政府也采取积极措施，如对广东电白、湖南嘉禾县的处理和追究刑事责任，起到了很好的作用。去年以来，教育部和各级人民政府采取的一系列措施，维护了国家考试“公平公开公正”的原则，受到社会各界的肯定。

三、各级教育行政部门和各级考试机构要采取切实有效的措施，进一步强化管理，加大监督检查力度，确保招生考试工作质量

国家教育统一考试的目的就是为国家科学、公正地选拔优秀学生。各级教育行政部门、考试机构对此义不容辞地承担着重大的责任。从事教育和考试工作的同志，必须对此有正确的认识。今年各科国家教育考试工作已经和将要开始，为保证招生录取工作质量，这里我强调以下几点具体意见：

（一）建立和完善各项规章制度并切实加以落实。经过20多年的工作实践，各级教育招生考试机构已建立了一套较为完善的规章制度。这些规章制度是在多年工作的基础上形成的。实践证明，有了一套健全

的规章制度是远远不够的，更重要的是要让这些规章制度切实得到落实。各级教育行政部门和各级各类学校要迅速对现有规章制度进行全面清理和核查，制度不健全的学校要抓紧制定，对已有的制度要加大落实的力度。同时，要根据有关法规，针对教育改革发展中出现的新情况，探索建立和完善新的管理模式和制度。各地各校还要建立健全定期检查和日常工作结合的制度。还要定期分析情况、随时研究对策，及时准确地掌握本地区学校考务工作中存在的突出问题，制定近期整改措施和长期建设规划。同时各地教育行政部门、考试机构在实施考试、处理考生时也要注意提高依法治考、依法行政的意识。

（二）要努力建设一支廉洁公正、敢于负责、业务熟练和相对稳定的考务工作人员队伍，加强业务培训，提高职业道德水平。有没有一支政治过硬、业务精湛、纪律严明的队伍是搞好国家教育考试工作的关键。一要加强对各种专职和兼职考务工作人员的法制教育、思想纪律教育和业务培训，坚持实行考核聘任制，未经培训合格，不许上岗。同时要严格执行回避制度。二要尽快建立对监考教师、巡考人员、评卷教师选聘、考核和评价的制度。无论专职还是兼职考试工作人员，都要将其在考试工作中的表现作为教学或行政工作考核内容之一。三要把对考点、考场和监考教师的管理作为考试管理工作中的重点。凡承担各项全国教育统一考试工作的学校都必须认真履行考点及评卷点的职责，谁出问题由谁负责。各地招生考试机构要在地方教育行政部门的领导和支持下，加快建设全国统一考试的规范化考点和规范化考场。一方面要积极利用现代化的硬件手段来强化对考场的监管能力；另一方面要进一步加强和完善考点、考场管理职责和制度方面的建设，努力维护国家教育统一考试的质量和声誉。

（三）要充分重视现代化手段在考试管理和预防违纪、舞弊中的作用，运用现代技术提高考风考纪工作质量。现代化社会的飞速发展，高科技的广泛应用以及考试面临的人多、面大等新特点，要求各级教育行政部门和考试机构要不断学习和利用新的科学技术，加大对现代化技术手段、经费和人员的投入，逐步实现对现代化技术手段对考试实施全过程管理。同时采用现代化技术手段进行预防、及时发现、及时处理考试过程中出现的各种新形式的违纪舞弊行为。各地考试机构要充分利用计算机等现代化手段对大规模考试进行有效的管理。要按规定实行计算机随机编排考场；要积极创造条件在研究生入学考试、普通高考、成人高考中推广摄像跟踪技术，以防止替考和顶替入学的现象；对开放性较强的自学考试要逐步使用全国统一的考务考籍管理系统，以规范考试管理的基本行为。

（四）严肃执纪，加大监督检查力度。各级考试机构要继续加强与纪检、监督部门的合作，并接受监督，在严肃考试纪律、处理违纪、舞弊工作中主动争取纪检、监察部门的配合，以加强对违纪、舞弊行为的处罚力度。要特别重视加强舆论宣传和社会监督的作用，依靠宣传媒体做好对政策、法规的宣传。同时，我们要重视信访工作，因为很多大案、要案都是从群众的举报中获得线索的，使全国教育统一考试置于社会监督之下。在此，教育部重申，今后各级考试管理部门的领导和责任人要建立责任事故追究制，把依法治考落到实处。今年，发现的违纪事件，查出一起，查处一起，曝光一起，我们不仅欢迎新闻界监督，而且欢迎全社会共同监督。

对于因专（兼）职考试工作人员失职、失察、造成考场大面积舞弊或评卷混乱等事故的，一方面要对责任人严肃处理；另一方面要追究考区、考点和当地教育行政部门、考试机构负责人的责任；情节严重的要撤销考点甚至考区的设考资格。纪检监察部门和司法部门依法查处违纪和犯罪案件，受到法律和党纪的保护，任何部门不得干预，教育行政部门和考试机构要积极支持和配合。教育行政部门、各级纪检、监察部门要支持考试机构的工作，考试管理人员要严格管理、严格执法，敢于和善于同违纪行为作斗争。从而在全社会形成依法治考、严格管理、严肃考纪的良好风气。

同志们，国家教育统一考试既是国家选拔和培养人才的大事，又是关系到千家万户、广大考生利益的大事，各级教育行政部门和各级各类学校一定要以高度的责任心做好这项工作，以实际行动把学习、贯彻、落实江泽民同志“三个代表”的重要思想落到实处，落实措施要到位，实施工作一定要规范，管理制度一定要严格，要努力创造和维护良好的公平竞争环境。通过大家的共同努力，把教育考试工作真正办得让人民放心，使各项考试的实施和管理工作水平再上一个台阶，确保国家教育统一考试的声誉和质量，推进我国教育事业的健康发展。

谢谢同志们！

关于加强考试管理，严肃考风考纪，切实做好成人高考组考工作的通知

京考成招［2001］9号

各区县考试中心、成人教育招生办公室：

为进一步贯彻《北京市教育委员会关于进一步加强教育考试管理工作的通知》的精神，强化管理、加大监督检查力度，确保北京市2001年全国各类成人高等学校招生统一考试的组考工作质量，现就有关问题通知如下。

一、认真学习、积极贯彻教育部的有关规定，加强考务管理、严肃考风考纪

为做好这项工作，要严格执行以下六个文件的规定：

1.《普通、成人高等学校本、专科招生全国统一考试管理工作规则》（原国家教委教试［1991］3号）。

2.《关于印发〈试卷保密室、答卷保管室管理办法〉和〈试卷印制、运送工作管理办法〉的通知》（原国家教委教试厅［1992］1号）。

3.《关于加强全国教育统一考试管理工作的意见》（教考试厅［1998］2号）。

4.《加强考试管理，严肃考风考纪，维护国家教育统一考试的社会声誉》是教育部副部长吕福源同志在2001年国家教育统一考试考风考纪电视电话会议上的讲话。

5.《关于进一步加强普通、成人高等学校招生全国统一考试管理工作的意见》（原国家教委教考试［1995］2号）。

6.《北京市教育委员会关于进一步加强教育考试管理工作的通知》（京教办［2001］13号）。

为此，请各区县成人教育招生办公室（以下简称区县成招办）做好以下工作：

（1）5月9日前组织所有考试工作人员认真学习有关文件，特别是教育部副部长吕福源同志在2001年国家教育统一考试考风考纪电视电话会议的讲话，提高对考试管理工作重要性的认识，把思想统一到贯彻落实江泽民同志“三个代表”重要思想上来，把加强考务管理、严肃考风考纪当成代表最广大人民群众根本利益的大事来抓，当成确保教育事业健康发展的大事来抓，当成培养青年良好学风的大事来抓，当成教育战线反腐败、纠正行业不正之风的大事来抓，增强做好本职工作的自觉性。

（2）认真贯彻落实《北京市教育委员会关于进一步加强教育考试管理工作的通知》的精神，加强考点建设，加强监考人员的队伍建设，加强制度建设，争取领导支持，做好今年的组考工作。

（3）学习中要结合当地的实际情况对全国成人高校招生统一考试的组考工作进行全面地分析，在充分肯定成绩的基础上，找出存在的问题，制定具体的切实可行的组考方案。

（4）要集中时间，集中精力，做好各考点主考、副主考、监考员、工作人员的培训工作。通过培训使全体监考员、工作人员认清形势，明确职责，增强做好工作的自觉性。

（5）请各区县成招办将本区县成招办的学习情况以及面临的问题和采取的措施及时向当地教育行政部门的领导、主管区县长汇报，以便争取领导的重视和支持。

二、严肃考纪，加大监督检查力度

在全国成人高校招生统一考试组考工作中各区县成招办的全体工作人员要严格执行了《北京市教育委员会关于进一步加强教育考试管理工作的通知》、《2001年北京市各类成人高等学校招生规定》、《北京教育考试考务管理规定（暂行）》、《北京市各类成人高等学校招生工作细则》。

对各考点的监考员、工作人员，各区县成招办要严格要求，敢于管理。凡承担全国成人高校招生统一考试工作的学校和人员都必须认真履行和落实考点和监考人员职责，必须树立以法治考的观念，要廉洁奉公，敢于负责，敢于斗争，熟练业务。

各考场的监考人员要实行每场轮换制度。

对在考试中有违纪、舞弊行为的考生，各级工作人员和监考员都要敢抓敢管，坚决查处。

对在考试中不认真履行职责，甚至放纵考生伙同作弊的监考员、工作人员要坚决依照《北京教育考试院违规行为处理暂行办法》严肃处理，情节严重的要撤销其考点和监考资格。对以前在监考中出现过上述问题的人员，不能参加今年的组考工作。

各区县成招办要继续加强与当地监察、纪检部门的合作，并接受监督，在严肃考试纪律，处理违纪、作弊工作中主动争取监察、纪检部门的配合，以加强对违纪、作弊的处罚力度和监督措施。

三、加强巡视检查

组考期间，北京教育考试院成人教育招生办公室（以下简称考试院成招办）将向各区县派出巡视员。考试院成招办所派巡视员将在考试期间代表考试院成招办对各区县的考点、考场设置、试卷的保管分发、监考员、工作人员履行职责的情况、考场纪律等进行监督检查。发现问题后，与当地区县成招办或考点主考共同研究、提出处理意见，并及时向考试院成招办汇报。

各区县成招办的在组考期间也应组织相应数量的巡视人员，代表区县成招办到本区县内的各考点、考场进行巡视检查。巡视中如发现问题可及时与考点主考联系并及时向本区县成招办汇报。

四、加强保密观念，做好试卷的保管分发工作

为保护考生平等竞争的权利，保障招生考试工作的顺利进行，各区县成招办必须增强保密观念，切实做好试卷（答卷）的保管分发工作。在组考期间各区县成招办除按市成招办制定的《区县试卷保密制度》、《招生工作细则》中有关试卷印刷、运送和保管的规定执行外，还需切实做到：

1. 各区县成招办从考试院成招办领取全部试卷后，应立即存放保密室内，在考区领导小组监护下，依照《2001年成人高考试卷需用量统计表》进行核对清点，核对无误后再依照《2001年成人高考考点试卷需用量统计表》按考试时间、按考点、分科装入保险柜内。

2. 考试期间，当日开考科目的试卷，由区县成招办于当日上午8时前用专车送达考点，考点保密人员依照《2001年成人高考考点、考场安排一览表》核对试卷数量和考试科目，无误后装入保险柜内。每场考试前一小时由保密人员按考场、科目将试卷准备好。

五、加强值班制度

组考期间，各区县成招办设值班室并要求24小时有人值班，保证联络畅通。

值班室地址、电话、值班人员姓名请于5月10日前报考试院成招办秘书科。

各区县成招办值班室每日下午6时至8时须将本考区当日的考试情况电话汇报考试院成招办值班室。

北京教育考试院成招办值班电话：

白天（8:00—18:00）：64952480　64951513

夜间（18:00至次日8:00）：64952147

二〇〇一年四月九日

转发北京市教育委员会关于进一步加强教育考试管理工作文件的通知

京考成招［2001］10号

各区县考试中心、成人教育招生办公室：

为了加强管理，严肃成人高考的考风考纪，创造公平、公正竞争的良好环境，保证考试质量，现将北京市教育委员会《关于进一步加强教育考试管理工作的通知》（京教办［2001］13号）转发给你们。请认真学习，提高认识，切实贯彻落实《通知》中的各项要求，确保全国各类成人高校招生考试工作的顺利进行。

二〇〇一年四月九日

附：

《北京市教育委员会关于进一步加强教育考试管理工作的通知》

京教办［2001］13号

各区县教委、教育局、成教局，各高等学校、中等专业学校，北京教育考试院：

为加强考试管理，严肃考风考纪，净化考试环境，杜绝违纪、舞弊歪风现象，保证考试质量，现就加强我市教育考试管理工作的有关要求通知如下：

一、切实加强对教育考试工作的领导

考试工作是一项社会性和政策性很强的工作，关系到社会的稳定和群众的切身利益。各区县教育行政部门和学校的领导要进一步提高认识，把加强考试管理作为首都教育贯彻落实江泽民同志“三个代表”重要思想和《关于教育问题的谈话》精神的重要工作，从严治教，从严治考，切实负起领导责任，认真抓好。要把加强考试管理、防止和制止各种形式的违纪、舞弊现象同建设社会主义精神文明结合起来，同清除教育领域的腐败现象结合起来，同保证教育健康发展、实施素质教育结合起来。在具体安排考试组织工作时要充分发挥招生委员会的作用，统一思想认识和工作安排，各有关部门齐抓共管，形成严肃考风考纪的氛围。

二、切实加强标准化考点建设

杜绝违纪、舞弊现象的必要措施之一就是加强标准化考点和考场建设。各区县教育行政部门要把标准化考点和考场建设纳入本地区学校和教育机构的建设，增加对标准化考点的投入，完善标准化考点必需的硬件设施。

各区县教育行政部门要按我委颁布的标准化考点的条件，以高等学校和市、区县重点中学、中等专业学校为重点，规划好本地区的考点布局。市、区县教育考试机构要加强对考点建设的指导和帮助。市教委将适时组织检查验收，合格的考点授予相应称誉并挂牌。

三、建设一支高素质的稳定的监考员队伍

要经常对监考教师及工作人员进行职业道德教育、法纪观念教育，加强业务培训，要把教师担任监考工作的情况纳入工作考核的内容中，并采取措施保持监考员队伍的相对稳定。

四、加强制度建设，坚持依法治考

教育考试管理工作要以《普通、成人高等学校本、专科招生全国统一考试工作细则》（教试［1991］003号）、《高等教育自学考试考务、考籍管理工作规则》（考委［1998］7号）、《国家教育委员会海外考试考务管理规则》（教试［1990］005号）、《广播电视大学“注册视听生”全国统一考试实施细则》（教成司［1996］59号）和《全国公共英语等级考试（RETS）考务管理规程》（教试中心［1999］93号）等有关规定为依据，不断完善相关制度、健全管理，提高规范化水平。市教委委托北京教育考试院按照《北京教育考试违规行为处理暂行办法》对我市各类教育考试违纪违规行为进行处理。

五、充分运用现代化技术手段，提高考试管理的科学水平

各级教育行政部门和招生考试机构要充分利用现代化技术手段提高考务管理水平，防范各种违纪、舞弊行为。要加大投入，逐步实现使用现代化技术手段对考试环节进行全过程管理，提高组考水平。

六、加强各级教育考试机构建设

北京教育考试院要以“三个代表”重要思想为指导，总结经验，发扬成绩，不断改革创新，进一步加强内部建设，加大考务公开的力度，改进工作作风，并加强对区县考试机构的工作指导，全面提高教育考试的管理水平和工作质量。

各区县在机构改革中必须充分重视考试机构的建设，根据各类教育考试、招生的任务需求，合理定编，满额配备工作人员。要选择年富力强、有知识、有能力、懂管理的优秀人才担任考试机构的负责人。

二〇〇一年三月二十三日

关于印发《2001 年北京市各类成人高等学校招生考试评阅试卷工作规定》的通知

京考成招［2001］11 号

各区、县考试中心、成人教育招生办公室，各评卷单位：

为做好 2001 年北京市各类成人高等学校招生考试评阅卷工作，提高评卷工作的科学化、规范化程度，确保高质量地完成评卷工作，现将《2001 年北京市各类成人高等学校招生考试评阅试卷工作规定》印发给你们，请遵照执行。

二〇〇一年四月十一日

附：

2001 年北京市各类成人高等学校招生考试评阅试卷工作规定

评卷工作是全国各类成人高校招生工作的重要环节，为使此项工作能顺利开展，确保质量，现依据原国家教育委员会颁布的《普通、成人高等学校本专科招生全国统一考试工作规则》特作如下规定：

一、评卷工作的原则及依据

为充分体现全国统一考试的“科学、公正、准确、规范”的原则，在全部评卷工作中应坚持：

（一）评卷工作必须严格执行教育部制定的参考答案和评分标准，不得提高或降低，不得擅自更动。遇有不同意见须经请示，经同意后方可变动。

（二）评卷工作自始至终要坚持“宽严适度”、“首尾一致”。

（三）评卷工作应集中人员在统一时间、统一场所内进行。

二、组织领导及分工

（一）组织领导

评卷工作应在北京市各类成人高校招生考试评卷领导小组的领导下进行。市领导小组由北京教育考试院主管领导、市成招办负责人及各评卷点领导小组组长组成。

评卷点全市统一设置，各评卷点应成立评卷领导小组，组长由承担评卷工作的院校主管院校长担任。

各学科成立学科评卷领导小组，组长由本学科副教授职称以上的教师担任。

各评卷点应设立评卷、核分、登分、检查、成绩录入、试卷保管、后勤等组。

北京教育考试院成人教育招生办公室为北京市评卷领导小组的办事机构，具体协调、解决阅卷中出现的重大问题。

（二）各部门的职责

1. 北京市评卷领导小组领导组织全市评卷工作，对评卷工作中普遍性的重大问题有最终决定权。

2. 评卷点领导小组具体组织各科目试卷的评阅工作，对各科试卷的评阅质量、分数的核对、试卷的保管、保密和评卷工作的进度负责。

3. 评卷点下设的各小组要对评卷点领导小组分配的任务负责。

三、阅卷评分

（一）研究评分标准，坚持做好试评

各评卷点领导小组要组织全体评卷教师认真学习、研究《试题答案》和《评分标准》，对于评分标准的宽严尺度要统一认识。评卷前，要根据评分标准进行试评，对考生不同的答题方式进行研究、讨论、归纳。遇有争论的问题，需要请示上级部门的要及时请示，要经过反复论证，统一思想，以便取得统一的认识，在此基础上，评卷点领导小组制定出相应科目的“评分标准执行细则”，并使每个评卷教师熟练掌握统一的评分标准及其执行细则，防止在正式评卷中出现偏宽、偏严或宽严不一的现象，充分体现“宽严适度、首尾一致”和“严格、公正、准确”的原则。

（二）实行岗位责任制，采取流水作业法评卷

1. 分组办法。评卷点根据该科目试卷的题目数设立与题目数相同（或相近）的题目组，每个题目组再分成若干个小组。若该科目试卷数量较多，评卷点可先分成几个大组，每个大组再根据试卷题目数分成与题目数相同（或相近）的题目组，然后下设若干个小组，组与组之间按题目传递流水作业。

2. 各组均设正副组长二至三名，其中一名组长负责领送、分发试卷，并随时掌握评卷进度、质量和出现的问题。

3. 在评卷过程中，作文和论述题由两人分别评阅（一人主评，一人副评，定时交换），在一定幅度内取两个分数的平均分。如超出一定幅度由评卷题目组讨论决定。其他题目一人一题单独评阅，疑难问题由题目组讨论解决。

4. 评卷点要建立严格的复查制度。对评后的试卷小组要复查，题目组、大组要抽查，阅卷点负责人在抽查的同时要及时解决疑难问题。防止偏严、偏宽或宽严不一及漏判题等问题。对评分标准掌握不当的评卷人员应予提醒，对不能正确掌握评分标准（或屡次提醒不改正）的评卷人员，应调换其工作。

（三）记分与积分

批阅、记分和积分一律用红墨水笔或红圆珠笔，要求记分要工整规范，积分要准确。

1. 记分方法。文史类试卷如政治、语文、历史、地理、外语等只记得分，不记扣除分数。理工类试卷，如数学（理）、物理、化学和数学（文）等只记扣除分数，并在有错误的字句下做“—”记号。完全答错和未答的，做“○”记号。题目得分记在得分栏内，同时评卷人在规定的位置签字，以示负责。每题中的小数点以后的分数不作四舍五入，成绩如需订正，订正后要由原评卷教师和订正人签名，以示负责。

2. 积分是每题的得分相加，得出整个试卷的应得分数，即通常说的某科分数。科目总分要四舍五入，不保留小数。积分工作一般分两组，一组加分，一组复核。

3. 如发现答案中有严重的政治错误，须集体讨论审查确定后在有错误的地方做“＝”记号，并在试题成绩栏下做“×”记号，同时做记载，必要时，由评卷领导小组处理。对有异常情况的试卷（如雷同试卷，字迹前后不一致，在密封线外写有考生姓名、考号或标记等）先评分，同时填写《答案异常情况记录表》和答案异常鉴定材料，会同评卷领导小组处理。

（四）坚持集中评卷

1. 各评卷点要克服困难，做到按科目在规定的场地集中评阅试卷。

2. 在试卷袋拆封后，由评卷教师先把试卷袋上的密码号填在卷头纸上，保证试卷始终是在密封状况下进行评阅。评卷后，要注意将试卷装回原试卷袋中。

（五）做好试卷的收发、传递、保管和保密工作

1. 评卷点要建立保密室，制定保密制度。设立专门人员负责收发试卷，健全试卷收发手续。发放的试卷评阅后当天收回，集中在保密室保管。

2. 评卷题目小组组长负责领送试卷，领送试卷前均严格检查试卷密封、编号是否完好，有无缺漏。

3. 评卷时要做到严格保密，不得将试卷带出评卷场所，不得抄录试卷评阅结果。对评卷有不同意见应及时向组织反映，不得在室外谈论评卷情况和问题。不得在评卷室内会客、接待来访。

4. 评卷教师要自觉遵守保密制度，不得私自拆开试卷密封卷头查阅考生的姓名和成绩，更不得向外传播，如发现此种情况，应进行批评教育，情节严重者严肃处理。

5. 要注意做好评卷场所的安全保卫工作，保持清洁，注意防火、防盗，不要吸烟，不要随意乱扔纸张、烟头。

6. 自觉遵守组织纪律，服从工作安排，按时上下班，因病、因事不能上班时应及时请假。

四、登分与复核

（一）登分工作

登分工作是指试卷评阅、积分完毕后，按照统一要求把考生分数登记在登分单上（登分单由考试院成招办统一印刷）。

1. 登分前，首先检查考场试卷数是否同考试院成招办所发的全市考场登记表上每个考场的应考人数相一致，如不一致时要认真查找原因，必要时可与试卷所在的区县成招办联系，并在记录单上记录下考场密

码号，要保证试卷份数与本考场应考人数相一致。只有在试卷份数与考场应考人数一致时，才能开始登分。

2. 登分前应逐项填写登分单的顶端部分。要注意写好考场密码号、科目代号、应考人数，特别要注意有关代号的填写。

3. 登分时按试卷的顺序从上到下填写每个考生的分数。不能空位、合并，不能错位，否则其他考生的成绩会随之发生错误（即按登分单上的序号依次填写，缺考考生的成绩应在相应的位置上填写“－1”)。各项数字的书写要注意规范，不能潦草。特别要注意“0”与“6”、“7”与“2”、“5”与“8”等数字的区分，否则容易造成计算机录入数据时难以辨认或错误录入。

4. 填写考生成绩应当用黑色或蓝色墨水的钢笔或圆珠笔。一组登完分后，另一组再核对一次。要认真检查区县代号、科目代号、考场密码号和应考人数是否同试卷袋上的区县代码、科目代码、考场密码号、应考人数相同，然后再检查登分单上的分数是否与试卷上分数一致。不一致时应查明原因，及时修改。修改时，应将错误的分数打“×”，再将正确的分数填在“修正分数”栏内，修正人应在“修正人签字”栏内签上自己的姓名。

5. 登分单只填一份。登分、核分完毕后，集中登分单，按区县代号，分区县整理好，交输机人员输入计算机。第一次输机完毕后进行第二次输机，经核对后，将软盘及登分单分科整理好交考试院成招办。

6. 要对登分工作人员加强纪律教育，在考试院成招办正式向社会公布分数之前，任何人不得提前泄漏考生的成绩。

（二）复核工作

复核工作是指在评卷、登分、核分后复查分数是否登错或加错，不涉及评分标准掌握的问题。这项工作主要由区县成招办组织进行。

1. 复核工作应在试卷启封的状态下进行。复核时首先检查“成绩复核单”上区（县）号、考场密码号、科目代号、应考人数是否与封头纸上所标明的相一致；试卷的份数是否同考场人数相一致（含空号和缺考号考生），不一致时，要认真查找原因，及时解决。

2. 注意检查准考证号的顺序是否从小号到大号连续排列，中间是否有其他异常现象，如有异常情况，应及时纠正。

3. 在前两项均符合规定的情况下，可开始核分工作，逐个检查“成绩复核单”上的分数是否与试卷上的分数相符。

4. 在复核中如有错误，应在“成绩复核单”上“修正分数”栏写上正确分数，同时区县招办主任在“修正人签名”栏上签名，以示负责。

（三）集中改错

考试院成招办组织各评卷点和各区、县成招办在一起对登分中出现的错误共同修改。时间定于6月3日上午8点。地点在考试院成招办。

五、处罚规定

在评卷工作中，对违反教育部有关规定的工作人员和发现试卷雷同等违纪现象的考生，按北京教育考试院《北京教育考试违规行为处理暂行办法》的通知中的有关规定处理。

评阅工作结束后，各评卷点领导小组要及时总结评卷工作经验，表彰优秀评卷人员，写出评卷工作总结报告。结合评卷工作对本评卷点评阅的科目应做出分析、评价，对今后的命题工作提出意见和建议。

附件：1. 2001年北京市成人高考评卷领导小组名单

2. 2001年北京市成人高考阅卷工作时间安排

3. 2001年北京市成人高考试卷评阅地址一览表（高中起点）

4. 2001年北京市成人高考试卷评阅地址一览表（专科起点）

5. 2001年北京市成人高考各科评卷数量统计表

6. 评卷工作人员守则

7. 统分输机工作人员守则

8. 保密人员守则

附件1：

2001年北京市成人高考评卷领导小组名单

组　长：王　健　　北京教育考试院党委书记
副组长：张宝祥　　北京教育考试院成人教育招生办公室主任
　　　　李鸿江　　北京教育考试院成人教育招生办公室副主任
　　　　黄建平　　首都师范大学成教院院长
成　员：李德芳　王季音　范文斌　王江波　郑守曾　赵相林　叶久成
办公室成员：白希友　吴莉莉

附件2：

2001年北京市成人高考阅卷工作时间安排

时间	工作进度和要求
4月27日	上午9点在首师大成教院211会议室召开阅卷工作会。
5月12日—13日	成人高校招生统一考试。
5月14日	各考试单位向阅卷点集中送交答卷（各科答题卡请送成招办）、阅卷点接收试卷。
5月15日—28日	各阅卷点组织阅卷登分工作，29日向考试院成招办报成绩软盘。
5月29日	各区（县）招生办上午9点到考试院成招办开会，并领取打印成绩复核单；会后到阅卷点领取试卷。
5月29日—6月2日	各区（县）招生办复核考生分数。
6月3日	统一对考生成绩进行改错。改错地点：朝阳区育慧里5号市成教学院西侧院内（市成招办所在地）。
附注：专升本、阅卷进度同上。	

附件3：

2001年北京市成人高考试卷评阅地址一览表（高中起点）

学校名称	阅卷科目	联系人	联系电话	阅卷地址
政法大学	公安学基础理论、警察法学教程	李国 于向荣	62229971 62229252	海淀区西土城路25号7号楼法大成教院会议室
首都师大	政治　数学（文）　历史　地理	马辛	68902620	首师大教工活动中心二楼
北京电大	数学（理）物理　化学　英语　日语	张纪勇 于永钢	66117630 66117633	西直门内南草厂街小后仓甲36号
清华大学	“3＋2”：机械基础　电工基础　电子技术基础　机械制造工艺	范文斌	62785519	清华大学三教学楼3412号房间
协和医科大学	西医类“3＋2”：基础医学　医学临床	王江波	65125127 65295943	东城区东单三条9号成教院
中医药大学	中医药类“3＋2”：中医基础理论　中药学	程丽娟 于红星	64287546 64286619	朝阳区和平街北口北京中医药大学校内成教部208房间
北师大	语文	范继芳	62208167 66182562	西城区定阜大街1号继续教育学院

附件 4：

2001 年北京市成人高考试卷评阅地址一览表（专科起点）

学校名称	阅卷科目	联系人	联系电话	阅卷地址
清华大学	高等数学（一）	范文斌	62785519	三教学楼 3412 号房间
政法大学	民法	李国 于向荣	62229971	西土城路 25 号 法大成教院 7 号楼 3 层会议室
教育学院	政治　英语 高等数学（二） 大学语文 教育理论课 艺术概论	王红 乌兰	62018382	德胜门外黄寺大街 什坊街 2 号楼 4 层 16 教室

注：各区（县）成招办请将答题卡送考试院成招办考试科。
联系电话：64952147
联系人：白希友

附件 5：

2001 年北京市成人高考各科评卷数量统计表

一、高中起点本、专科

科目代号	科目名称	考试人数
20	政治	96 728
21	语文	96 728
22	数学（文）	68 507
25	历史	53 844
26	地理	53 844
23	物理	12 951
24	化学	12 951
27	英语	20 620
28	日语	37
46	机械基础	234
48	电工基础	840
49	电子技术基础	840
40	医学基础	6 359
41	临床医学	6 359
44	中医基础学	1 036
45	中药学	1 036
47	机械制造工艺基础	234
30	数学（理）	28 221
50	警察法学教程	429
51	公安学基础理论	429
合计		462 227

二、专科起点本科

科目代号	科目名称	考试人数
10	政治	22 794
11	英语	32 825
12	高等数学（一）	8 834
13	高等数学（二）	10 327
14	大学语文	9 276
15	民法	1 913
16	教育理论课	10 031
17	文学概论（师范类）	2 475
合计		98 475

附件6：

评卷工作人员守则

一、严格掌握评分标准，按时完成任务。

二、爱护答卷与各种资料，不得损坏答卷。

三、评卷一律使用红墨水钢笔或红芯圆珠笔，记分要清楚，如更改，必须有组长和复核人员签字或盖章。

四、不得私自拆密封答卷册，不准撬看密封线内的考生姓名、考号，不得涂改考生答卷及成绩。

五、守纪律，保守秘密。在规定的地点评卷。答卷不准带出阅卷室，评卷情况不得外传。工作时间不会客，不打电话，不得私自进入试卷保管室和登记处。不准查询考生分数，不得将评卷、统分的文件、资料等带出工作场所。

六、保证评卷场地安全、安静。做好防火、防盗工作。

附件7：

统分输机工作人员守则

一、统分输机工作人员必须随身佩戴专用出入证，并妥善保管，不得遗失和转借他人。

二、守纪律，不迟到不早退。工作场所严禁吸烟，工作时间不会客，不接打电话。坚守工作岗位，不到与自己无关的岗位闲谈，不进入与自己无关的工作室。非计算机操作人员不得随意动计算机键盘。

三、所有工作人员必须保守机密，不向外界透露统分进度等有关情况，不准查询考生的考分，更不准改动考生的考分。如发现有改动考分的可疑情况，应及时向有关负责同志报告。主控操作人员不得以任何借口改动考生的考分。

四、所有工作人员一律使用蓝、黑色墨水钢笔或圆珠笔。登分卡填写不清须复查试卷，复查结果应有查卷人签字，更改的考分必须有两人签字，并由负责人审核后签字。

五、录入人员不得随意挑选或交换登分单进行录入。任何人不得随意翻阅登分卡或在登分单上改动分数。

六、爱护考生答题卡、登分卡，严防污染、破损现象发生。

七、对违反纪律和徇私舞弊者，要从严处理。

附件8：

保密人员守则

一、保密人员必须认真学习国家规定的保密法规，学习各级招生部门制定的有关条例、管理规定和实施办法，提高保密意识，自觉遵守保密纪律，勇于保卫答卷的安全。

二、保密人员必须坚持原则，不得以任何理由为借口启封答卷袋，更不得监守自盗。

三、保密人员必须做到昼夜24小时值班，不得擅离职守，就餐时间每班不得少于两人值班。

四、保密室内不准吸烟、酗酒、打闹，不得进行文娱活动，不准无关人员进入保密室。

五、开启保密柜，必须有两人同时在场。接收和发出答卷必须细心清点科目和数量，认真查验封签，严格履行交接手续。

六、答卷保管人员必须坚持原则，严守机密，不在工作场所之外谈论答卷情况，不打听评卷、核分的情况，不准任何人抄录卷面成绩。除处理装订不合格或有标记的答卷外，不得翻阅答卷。

七、答卷保管员要及时做好发放答卷的准备工作，做到不错、不乱，不丢失，不损坏。答卷收发要有登记表，收发要签字。

2001年北京市各类成人高校招生录取工作意见

京考成招［2001］13号

各有关成人高校：

根据教育部招生工作规定和2001年全国各类成人高校招生录取工作会议的精神，并结合本市的实际情况，现制定录取工作意见如下。

一、指导思想

2001年成人高校招生工作应继续贯彻第三次全国教育工作会议的精神，继续推进并深化招生改革，努力提高现代化管理手段和工作水平，使其更加符合成人高等教育的特点，有利于成人高校选拔新生，有利于提高成人高校的生源质量，促进成人高等教育的发展，有利于实施素质教育。

二、录取工作的体制和原则

2001年成人高校招生录取工作采取试行计算机网上录取的办法。实行教育部制定的“学校负责，招办监督”的工作体制，其录取工作原则是：

（一）严格执行教育部制定的有关招生工作的规定，依照考生成绩从高分到低分择优录取。不得跳录，不得选录，不得点名录取。

（二）依照考生所报志愿顺序和学校招生计划录取。

（三）高中起点本、专科艺术体育类专业录取按照招生计划在最低控制分数线上按术科加试成绩从高分到低分录取。

（四）“高职班”、专升本专业录取要求专业课考试达到合格水平，应在最低控制分数线上，严格按照招生计划和考生文化课总成绩从高分到低分择优录取。

（五）根据教育部《关于做好2001年成人高校招生网上录取改革工作的通知》（教学司［2001］23号）中“成人高等学校在上述九省（区、市）招生时，一律不再进行已录新生流失后的补录工作。省级招生办视其每年已录新生流失情况和上线生情况，确定一定的比例进行流失生源的预录”的原则，各招生院校按以下规定录取。

1. 部属招生院校及外埠招生院校的本、专科可按招生计划的105％以内录取。

2. 市属成人高校按调整后的招生计划录取。

（六）根据招生专业性质与学历层次，全市分三批录取。

三、最低控制分数线

录取最低控制分数线是成人考生接受高等教育应具有文化知识水平的基本要求，本科层次的最低录取控制分数线由教育部批准，专科层次经市高等学校招生委员会批准，我市各科类最低录取控制分数线如下：

（一）高中起点本、专科：

1. 文史类

本科415分，（外语成绩40分以上）；

专科350分。

2. 外语类（含外经、外贸）

本科415分，（外语成绩50分以上）；

专科350分，（外语成绩30分以上）。

3. 理工类

本科445分，（外语成绩40分以上）；

专科285分。

4. “3＋2”考试科目设置改革专业

西医类：335分；

中医药类：300分；

机械专业：355分；

电子专业：460分；

公安类：300分。

5. “高职班”专业

文史类：215分（三门文化课）；

理工类：200分（三门文化课）。

6. 艺术类、体育类

艺术类本科：232分（编导299分）；

艺术类专科：170分（编导252分）；

体育类专科：175分。

（二）专科起点本科

1. 师范类：220分；

师范类外语专业：270分；

师范类艺术、体育专业；154分；

2. 非师范类：270分；

非师范类艺术、体育专业：189分。

四、加强网上录取工作的领导，落实各岗位职责

今年为网上录取工作的第一年，有关部门要高度重视，要成立录取工作领导小组，安排一定的技术人员，制定网上录取的具体方案和岗位职责。

五、录取前准备

招生计划是招生学校录取考生的依据，为保证录取工作的顺利进行，各招生院校应根据北京教育考试院成招办提供分专业的考生名单和各专业招生计划，在进录取点前做好计划的调整工作。北京教育考试院成招办将根据调整后的招生计划向招生学校提供档案，在录取过程中一般不办理计划变更手续。

六、录取工作时间与地点

6月26日下午2:00召开全市录取工作会；

6月27日至7月2日为录取准备时间；

7月2日至7月14日为录取时间。

录取地点：石油大学（北京）·翠宫（北京市昌平区府学路）。

七、招生工作纪律

成人高等教育招生录取工作情况复杂，各有关方面应加强对这项工作的领导。在录取工作中，应继续贯彻“深化改革，保证质量，严明纪律”的指导思想，严肃纪律，坚决反对和抵制徇私舞弊、“走后门”等不正之风；对招生工作中出现的各种形式的违纪、舞弊事件必须按照北京教育考试院颁布的《北京教育考试违规行为处理暂行办法》的有关规定追究责任，认真查处；对违反规定录取的考生，一经查实，立即取消学籍，并对责任者给予严肃处理，以维护成人高校招生工作的社会信誉。

各招生院校一律不得招收旁听生和试听生，不得违反规定乱许愿、乱办学。录取的新生一律不迁转户口、不包分配。

二〇〇一年六月二十五日

关于印发《2001年北京市各类成人高校招生网上录取工作实施办法》的通知

京考成招［2001］14号

各有关成人高校：

为做好2001年北京市各类成人高校招生的网上录取工作，根据教育部《关于做好2001年成人高校招生网上录取改革工作的通知》（教学司［2001］第23号）和北京教育考试院《2001年北京市各类成人高校招生录取工作意见》（京考成招［2001］第13号）的精神，结合本市的实际情况，现制定《2001年北京市各类成人高校招生网上录取工作实施办法》，发给你们，请按本文的有关规定组织录取工作。

北京市各类成人高校招生网上录取工作目前为试行阶段，望各有关招生院校加强对此项工作的领导，认真组织落实与实施，遵守各项规定，认真总结经验，发现问题及时反映，不断改进工作。

二〇〇一年六月二十六日

附：

2001年北京市各类成人高校招生网上录取工作实施的办法

2001年，北京是全国九省、市进行成人高校招生网上录取试点之一。成人高校招生计算机网上录取是实现招生录取现代化、科学化管理的重要途径。为做好此项工作，特制定本实施办法。

一、录取工作体制、原则和录取批次

成人高校招生网上录取工作实行教育部制定的“学校负责，招办监督”的工作体制，其原则按北京教育考试院《2001年北京市各类成人高校招生录取工作意见》（京考成招［2001］第13号）执行。

北京市成人高校招生计算机网上录取工作，分三批进行。

第一批：高中起点本、专科艺术体育类专业；

第二批：高中起点本科及专科起点本科；

第三批：高中起点专科。

二、录取系统、试点范围

北京市各类成人高校招生计算机网上录取系统是北京教育考试院与北京工业大学共同研制，并结合北京市的实际情况开发的。其功能为借助于先进的网络技术，信息处理技术，通讯技术实现网上录取。

北京市成人高校招生计算机网上录取院校范围为在北京地区招生的各类成人高校共133所，其中市属成人高校54所，部委属在京成人高校41所，外埠院校38所。

三、组织领导及机构设置

（一）领导小组

录取工作设录取领导小组。其主要的职责是：负责对各职能组职责权限的分配和工作的管理、协调、监督；制定和调整录取工作的政策，处理录取中特殊问题及重大问题。

组　长：王　健（北京教育考试院党委书记）

副组长：张宝祥（北京教育考试院成招办主任）

　　　　彭斌柏（北京市教育委员会计划处副处长）

成　员：马凤兰（北京教育考试院成招办副主任）

　　　　丁新生（北京教育考试院成招办副主任）

（二）系统管理组

负责网上录取管理系统、网络及系统安全和计算机设备的运行和维护，保证网络和系统的安全正常运行；为各部门提供技术服务，按时完成考生信息的处理；在网上发布各类招生录取信息，打印录取新生名册与收费单。

（三）录取检查组

负责对招生院校预录取、预退档情况的检查、审核工作；督促招生院校按时完成各阶段的招生录取工作；对招生院校《录取新生名册》加盖录取章；保管录取过程中的信息资料，审查学校录取方案，接收招生院校申请解决特殊问题的报告；及时向领导反映录检中的问题和录取进度情况。

（四）录取审核组

负责对院校招生计划的管理和录取考生审核工作，综合协调工作，及时向领导反映计划执行情况和录取进度情况。

（五）纪检监察组

负责对录取全过程的监督检查，受理各种举报。

（六）会务组

负责录取工作的后勤保障，各种费用的收取工作，安全保卫工作，信访接待工作。

四、网上录取工作的流程

（一）录取前的准备

招生院校在录取前，根据所下载考生成绩数据、各专业类别录取最低控制分数线及考生上线情况，制定院校录取方案，调整专业计划。

招生院校到录取现场后应到录取审核组核对计划，并与负责本校的录检员联系；有特殊问题的学校在规定时间内将报告交录检员；调试计算机及相关设备，保证其正常运行。

（二）录取程序

1. 第一志愿投档与预录

投档。系统管理组进行第一志愿专业投档。将报第一志愿专业的上线考生投档到所报院校。

预录。院校浏览投档考生信息，根据招生计划、录取原则进行考生预录，学校录取顺序：免试生、考试生，对考试生应从高分到低分择优录取；对考生预录专业在符合转类及考生同意的前提下可以进行调整。

预退档。对于未录取的考生应进行预退档处理，确定退档原因。退档的主要原因有：计划已满；本人申请放弃录取；生源不足开班人数；不符合本校生源范围；其他原因（根据实际情况注明原因）。

院校完成预录取后，提交录检。

录检。录取检查组按照录取原则，检查学校所提交的预录情况是否合格。对符合要求的，返回预录信息；对不符合要求的，注明原因，将该院校的预录取信息返回。

2. 第二志愿投档与预录

录取检查组对全部学校的第一志愿考生预录信息处理完毕后，系统管理组按照考生志愿进行第二志愿投档。将第一志愿未录取且有第二志愿的上线考生投档到第二志愿专业院校。第二志愿投档原则为本层次有计划剩余。

院校浏览投档的第二志愿考生信息，再次预录，提交、录检。

3. 调剂录取

在第一、二志愿录取后，进行调剂录取。系统管理组在网上公布本批次所有未录取线上的考生，本批次已录考生人数小于年初计划的学校在征求考生意见后选中要录取的考生并输入预录专业，提交录检进行录取检查。

4. 结束本批次录取

学校在每批次预录取结束后必须向录取检查组申请本批次录取结束，录取检查组同意后将意见提交给录取审核组，通过后由系统管理组打印录取新生名册与收费单。

5. 办理录取手续

招生学校在每批录取结束后，到系统管理组领取录取新生名册和收费单，依次到录取审核组签字、会务组缴费、录取检查组盖章。

招生院校根据录取新生名册自行发放录取通知书。

五、严格遵守规定，严肃招生纪律

（一）招生院校应严格执行招生计划，不能超计划招生。

（二）招生院校应严格遵守录取规定的工作时间。及时处理考生信息，按时提交预录取和预退档的考生名单。对超过时间或不按规定提交预录取和预退档的院校，系统管理组将按照所发出的考生电子档案从低分到高分代为退档。由此产生的遗留问题由招生院校负责解决。

（三）招生部门和院校应加强对招生信息的管理工作，对于属于考生个人的信息及其他需要保密的内容应妥为保存，不得擅自公开。

（四）招生工作人员应严格执行有关招生政策、规定，遵守工作纪律，坚守岗位，做好本职工作。

（五）各招生部门和招生院校应严肃纪律，坚决反对和抵制徇私舞弊等不正之风，对于违反规定者认真查处。

附：

2001年北京市各类成人高校招生网上录取工作时间安排

第一批　高中起点本、专科艺术体育类		
7月2日	15:00前	报到
	15:30	召开现场会　会后核对录取计划
7月3日	8:30	第一志愿投档
	15:00	第一志愿录取结束
	17:00	第二志愿投档
	22:00	第二志愿录取结束
7月4日	8:30	调剂投档
	11:30	结束本批次录取
7月5日	12:00前	录取院校离会
第二批　高中起点本科和专升本		
7月5日	15:00前	报到
	15:30	召开现场会　会后核对录取计划
7月6日	8:30	第一志愿投档
	17:00	第一志愿录取结束
	20:00	第二志愿投档
7月7日	12:00	第二志愿录取结束
	15:00	调剂投档
7月8日	12:00	结束本批次录取
7月9日	12:00前	录取院校离会
第三批　高中起点专科		
7月9日	15:00前	报到
	15:30	召开现场会　会后核对录取计划
7月10日	8:30	第一志愿投档
	20:00	第一志愿录取结束
7月11日	14:00	第二志愿投档
	20:00	第二志愿录取结束
7月12日	8:30	调剂投档
	20:00	结束本批次录取
7月13日	全天	办理结束手续
7月14日	12:00前	录取院校离会

关于收取成人高考报名考务费的通知

各区县考试中心、成人招生办公室及各有关招生学校：

根据北京市物价局、北京市财政局《关于调整成人招生、自学考试等招生考试收费标准的函》京价（收）字［2000］94号的精神，现对2001年成人高考报名考务的收费工作做如下通知：

1. 成人高考报名考务费收费标准为每科25元。

2. 报考“3＋2”各专业及专升本专业的考生，凡其中2门或1门由组考院校进行考试的，其报名考务费由组考院校代收，收费标准为每科25元。

3. 按照国家计委计价费［1998］140号文件的规定，代教育部考试中心收取的报考专科起点本科入学考试各专业的试卷费每科3元。

4. 成人第二专业学历报名费由区县成招办、考试中心按北京市物价局、北京市财政局《关于成人第二专业学历教育和开放式教育招生报考费、审定费收费标准的函》京价（收）字［1999］第425号文件的规定收取。

5. 成人第二专业学历审定费收费标准为每人次10元。

以上标准请各区县考试中心、成人招生办公室及有关招生学校严格执行，擅自提高收费标准的单位其责任自负。

二〇〇一年二月二十日

关于收取第二专业学历审定费的通知

各成人院校：

根据北京市物价局、北京市财政局《关于成人第二专业学历教育和开放式教育招生报考费、审定费收费标准的函》京价收字（1999）425号的精神，现就各成人高校代收代缴第二专业学历教育学历审定费的有关事项通知如下：

1. 第二专业学历教育的考生报名学历审定费标准为每人10元。

2. 报名期间（3月8日—15日）因未收取考生学历审定费，此项费用由录取院校代为收取。补报二学历考生的学历审定费在考生补报时由院校代为收取。

3. 各成人高校在录取时，第二专业学历审定费与录取费用一并上缴考试院材基处。

特此通知。

二〇〇一四月二十三日

关于 2001 年北京市各类成人高校招生拟定艰苦行业专业的请示

王书记：

根据教育部《关于做好 2001 年全国成人高校招生工作的通知》（教学［2001］3 号文件）和《关于印发［2000 年全国各类成人高等学校招生规定］的通知》（教学［2000］4 号）文件中“报考农、林、地质、水利、矿业、测绘、监所、远洋运输、社会福利等艰苦行业各专业的考生，录取时可照顾 30 分（专升本科班考生为 20 分）”的文件精神，在 2001 年北京市各类成人高校招生专业中共有 29 个专业符合文件要求，录取时拟按艰苦行业享受照顾。

当否，请批示。

二〇〇一年五月三十日

附：

2001 年北京市各类成人高校招生艰苦行业专业目录

学校名称	专业代码	专业名称
北京人民警察学院	02901	刑事侦察
北京农学院	05701	农业技术推广
北京农学院	05702	动物疾病诊疗及检疫
北京农学院	05703	园林植物种植
北京联合大学化学工程学院	06203	化学分析与环境监测技术
北京市农业管理干部学院	10405	农村经济管理
中国农业大学	28102	农业经济管理
中国农业大学	28104	土地资源管理
中国农业大学	28116	农业经济管理
中国农业大学	28126	畜牧兽医
中国农业大学	28127	园艺
中国农业大学	28135	农业经济管理
中国农业大学	28139	农业经济管理
中国农业大学	28141	农业水利工程
中国农业大学	28143	农学
中国农业大学	28151	土地资源管理
中国农业大学	28156	土地资源管理
中国农业大学	28161	动物科学
中国农业大学	28163	动物医学
中国农业大学	28164	园艺
中国农业大学	28171	农业水利工程
中国农业大学	28175	农林经济管理

中国农业大学	28178	园艺
中国农业大学	28180	农学
中国农业大学	28183	农林经济管理
北京林业大学	28272	园林
武汉大学	33301	地籍测量与土地管理
武汉大学	33303	地籍测量与土地管理
武汉大学	33370	测绘工程

北京成人教育招生改革与发展（1996-2005）
2002

2002年北京市成人高等学校招生工作总结

2002年，在教育部和北京市委、市政府的关怀下，在市高招委、市教委和北京教育考试院的直接领导下，在各区县、招生院校和有关部门的大力支持下，圆满地完成了北京市成人高校招生工作任务。工作中，始终坚持以邓小平理论为指导，努力实践“三个代表”重要思想，按照“讲政治、讲大局、讲稳定”的要求，贯彻教育部2002年全国成人高校招生工作会议精神和有关方针政策，深化改革，严格管理，严明纪律，加强调查研究，积极推进和探索招生管理手段现代化，进一步改进和完善招生办法，努力提高招生工作质量和管理水平，实现了计算机局域网录取，进行了网上远程录取的试点工作，充分体现了“公平、公正、公开”的原则。

一、基本情况

成人高校招生全国统一考试报名人数171 240人，录取70 010人（其中含二学历2 975人），完成招生计划的97.27%。

（一）招生计划

今年共有133所成人高等学校在京招生。其中市属院校55所，部委及外埠院校78所。举办函授、脱产、夜大的普通高校共88所，职工大学29所，管理干部学院14所，教育学院1所，广播电视大学1所。

年初计划招生59 866人，在录取中，各招生院校根据生源情况，增加在北京地区招生计划的投放；同时在计划部门的支持下，加大对师范类专科起点升本科、西医类等专业的倾斜力度，使北京地区成人高校招生计划大幅度增加，缓解了由于考生人数增多带来的招生计划相对不足的矛盾，减轻了社会压力，一定程度上起到了稳定社会的作用，调整后的计划为69 192人，比年初计划增加了9 326人，增幅为15.58%。比2001年的64 821人增加了4 371人，增长6.7%。其中，市属院校计划招生38 489人，部委及外埠院校计划招生3 0703人。

高中起点本、专科招生计划为49 165人，比2001年的46 953人增加了2 212人，增长4.7%。市属院校29 250人，部委及外埠院校19 915人。其中，文史类14 845人，理工类8 685人，外语类3 569人，艺术类9 834人，体育类430人，西医类2 235人，中医、中药类628人，高等职业技术教育班7 487人，技工师资类335人，公安类1 117人。

专科起点升本科招生计划为20 027人。比2001年的17 868人增加了2 159人，增长了12.1%。市属院校9 239人，部委及外埠院校10 788人。其中，师范类5 199人，非师范类14 828人。

（二）报名

全市报名工作于3月10日至17日进行，共计8天。共接待报名考生171 240人，报名人数再创历史新高，比2001年的133 196人增加了38 044人，增长28.56%。其中，享受教育部文件中“全国劳动模范、优秀运动员”免试入学条件的141人。

此外，2001—2002年度预科生转入成人高校学习1 377人，第二学历报名2 975人。

报考高中起点本、专科专业的考生为121 008人，比2001年的100 369人增加了20 639人，增长了20.56%。其中，高中起点本科30 422人，比2001年的17 872人增加了12 550人，增长70.22%；高中起点专科90 586人，比2001年的82 497人增加了8 089人，增长9.81%。

报考高中起点本、专科文史类47 540人，理工类13 301人，外语类7 825人，艺术类14 851人，体育类367人，西医类7 365人，中医、中药类1 085人，高等职业技术教育班26 244人，技工师资类1 164人，公安类专业1 266人。

报考专科起点升本科专业的考生为50 232人，比2001年的32 826人增加了17 405人，增长53.02%。其中师资类12 285人，非师范类37 947人。

按年龄划分，25周岁以下的报考者为130 006人，占考生总数的75.92%；26周岁至29周岁的报考者为21 472人，占考生总数的12.54%；30周岁以上的报考者为19 762人，占考生总数的11.54%。

按考试生户口所在地划分，北京户口生源124 664人，占考生总数的72.8%；非北京户口生源46 576人，占考生总数的27.2%。

享受照顾录取条件的考生75 991人，占考生总数的44.33%。其中可享受边远山区照顾录取条件的41 645人。

今年从报名情况中反映出如下特点：

1. 报名人数增长幅度很大，比2001年增长28.56%。

2. 本科层次的报名人数仍呈上升趋势，报名人数达到80 654人，占考生总数的47.01%，其中，专科起点升本科比2001年增长了53.02%，高中起点本科比去年增长了70.22%。

3. 在今年"高职"政策放开后，报考高等职业技术教育班的人数仍呈强劲势头，比2001年增长了24.76%。

4. 考生趋于低龄化，25周岁以下的考生人数仍占主体位置，占报名总数的75.92%，比2001年增长了36 418人，增长38.9%。

5. "低龄"考生主要报考全日制脱产专业。今年报考脱产专业的考生为52 720人，占全市考生总数的30.79%；25周岁以上报考脱产专业的考生数为49 148人，占所有脱产考生的93.22%。

6. 非北京市户口考生大幅增加，报名人数47 217人，占考生总数的27.10%，比2001年增长了52.52%。

7. 考生竞争力增强。全市招生计划与报名考生数之比为1∶2.86，特别是本科层次显示出旺盛的需求。高中起点本科计报比为1∶5.55；高中起点专科计报比为1∶3.52；专科起点本科计报比为1∶3.03。

上述这些特点说明：

1. 国内、外形势变化和新世纪我国经济与社会发展的要求有力地促进了成人高等教育的蓬勃发展。

2. "终身教育"的思想逐渐被社会所接受，人们把成人高等教育作为提高自身学历水平的重要选择之一。

3. 人力资源管理部门对本行业从业人员的学历要求不断提高。

4. 成人高等教育初步树立了良好的社会信誉，吸引了社会各界踊跃报考。

5. 成人教育灵活的办学形式适应了在职从业人员进行深造和学习。

（三）组考

全市20个考区，共设立267个考点，5 808个考场。其中，高中起点本、专科4 102个，专科起点本科1 706个。为保证全国统一考试的顺利进行，根据教育部和北京教育考试院下发的有关规定对各级各类组考人员进行集中的系统培训，做到职责分明，有章可循，有法可依，突出考务管理工作的规范化、制度化；加强巡视工作，分别向各考点派出400余名巡视员，监督、检查考试情况；继续邀请了教育部、市委、市政府、人大、政协以及区县等有关领导视察考试工作。考试中，考生情绪稳定，考场秩序井然。共查处违纪、违规考生共624人。

据统计，今年考试总缺考率为10.2%。

（四）阅卷

阅卷工作于5月13日至27日进行。今年阅卷共29科，试卷主观题为73.6万份，客观题为61万份。共聘请阅卷工作人员1 631人。

主观题部分由首都师范大学、北京教育学院、北京理工大学、北京师范大学、中国政法大学、北京中医药大学、北京大学医学部、北京广播电视大学等八个阅卷点评阅。

客观题部分由考试院成招办评阅。

各阅卷点分别成立了以本校主管领导为组长的评卷领导小组，选聘教师队伍中的骨干作为阅卷人员；认真评阅试卷，严格保密制度，强化试卷管理，保证万无一失。加强了分数复核工作的力度和做好阅卷分析和总结工作。

为提高阅卷工作的质量，避免在登分、输机工作过程中造成人为误差，今年首次进行了计算机录入小分的有益尝试，取得了一定的经验。

今年各科目考试的平均分和及格率如下：

各考试科目平均分和及格率统计表

高中起点本、专科			专科起点本科		
科目	平均分	及格率	科目	平均分	及格率
语文	73.07	12.23%	政治	86.51	46.24%
政治	66.17	8.12%	英语	75.07	33.70%
物理	62.18	24.07%	高数一	77.59	42.95%
化学	66.26	24.89%	高数二	98.71	66.51%
历史	69.80	20.63%	大学语文	99.24	72.74%
地理	62.18	7.11%	民法	91.88	58.89%
数学文	56.99	16.39%	教育理论	85.89	47.11%
数学理	55.19	15.28%	艺术概论	91.31	54.74%
英语	54.55	7.08%			

注：本表统计不含缺考考生。

（五）录取

1. 确定最低录取控制分数线。

（1）高中起点本科。

文史类：460 分，外语成绩 40 分以上。

理工类：435 分，外语成绩 40 分以上。

外语类：460 分，外语成绩 50 分以上。

艺术类：258 分，（编导 331 分）外语成绩 40 分以上。

体育类：305 分，外语成绩 40 分以上。

（2）高中起点专科。

文史类：395 分。

理工类：285 分。

外语类：395 分，外语成绩 30 分以上。

艺术类：190 分，（编导 284 分）。

体育类：171 分。

高职班（文）：245 分（三门文化课）。

高职班（理）：210 分（三门文化课）。

“3+2”科目设置改革专业

西医类：350 分。

中医、中药类：290 分。

机械专业：350 分。

电子专业：350 分。

公安类：280 分。

（3）专科起点本科。

师范类：

文史类：255 分。

外语类：295 分。

理工类（一）：234 分。

理工类（二）：234分。

体育类：164分。

艺术类：179分。

非师范类：

文史、中医：295分。

经管类：305分。

理工类：270分。

艺术类：214分。

法学类：295分。

2. 录取人数。在京招生成人高校共录取新生70 010人，其中录取考试生、“全国劳模、优秀运动员”免试生、预科转正生共67 035人。完成招生计划的97.27%（录取考试生65 495人，免试生163人，预科转正生1 377人）；此外，第二学历录取2 975人。

在录取新生中，高中起点本、专科录取48 187人，完成招生计划的98.01%，其中高中起点本科录取5 488人，完成招生计划99.31%，高中起点专科录取42 699人，完成招生计划的97.85%；专科起点升本科录取18 848人，完成招生计划的94.11%。在京招生院校中市属院校共录取37 953人，完成招生计划的98.61%，部委及外埠院校录取29 082人，完成招生计划的94.72%。

在高中起点本、专科中，文史类录取13 472人，理工类录取9 018人，外语类录取2 898人，艺术类录取9 997人，体育类录取278人，西医类录取2 231人，中医类录取652人，高等职业技术教育班录取8 150人，技工师资类录取357人，公安类录取1 134人。

在专科起点本科中，师范类录取5 063人，非师范类录取13 785人。

录取2002—2003年预科生2 134人。

二、深化招生工作改革，改进和完善招生办法

为了适应成人高等学校教育改革和发展的需要，在2002北京市成人高校招生工作中，认真贯彻了教育部有关文件的精神，对2002年的招生政策和办法进行了相应的调整。

（一）中职应届毕业生可报考高职专业

根据教育部“中等职业技术学校应届毕业生可以报考经教育部批准招生的成人教育高等职业技术教育专业”文件的精神，取消对中等职业技术学校应届毕业生报考的限制，允许中等职业技术学校应届毕业生报考高等职业技术教育专业。

（二）试行成人高校招生网上远程录取

按照教育部成人高校招生网上远程录取安排和“应努力提高远程网上录取的人数和院校的数量”的精神，在去年成功地进行成人高校招生局域网录取的基础上，对有条件的学校进行了计算机网上远程录取试点工作。

（三）全市推行报名现场采集考生图像

在2001年三个区县试点的基础上，2002年推行在全市进行报名现场采集考生图像的办法。

（四）试行由招生学校决定，在“高职班”专业课考试中承认相应等级证书的办法。

在“高职班”的招生中，对获得国家劳动和社会保障部统一印制、北京市劳动和社会保障局颁发的技能鉴定证书和教育部考试中心颁发的全国计算机等级考试证书、全国计算机应用技术考试证书（NIT）、全国英语等级考试证书（一级以上）、北京市财政局颁发的会计证书和剑桥英语五级证书考试（MSE）PET以上等人员，招生学校可以实行免试专业课的办法。是否承认相应等级证书由招生学校决定。

（五）调整专升本的报名工作程序

在报名过程中，不再对报考专科起点本科考生的毕业证书进行审验。实行在新生入学复查阶段由录取学校对新生专科以上毕业证书进行审验，考试院成招办对该项工作进行检查的办法。

（六）改变第二学历报名办法

招生报名工作改由招生学校组织实施，九月份统一到考试院成招办办理录取手续。

（七）进行计算机录入小分试点

这可以提高阅卷工作的质量，这次是在首都师范大学阅卷点进行计算机录入试卷小题分的试点工作。

（八）调整调剂录取方式

在调剂录取阶段，依据“上线生”的情况和招生学校的计划情况，将符合调剂录取条件的考生全部放到网上，实行由学校选择录取，招办审核考生录取资格的方式进行调剂。

三、重点做好的几项工作

（一）继续实施计算机网上录取，进行网上远程录取的试点工作

为深化成人高校招生改革，不断提高管理水平，根据教育部“思想到位、技术到位、管理到位和网上录取系统2001年能用，2002年好用，2003年完善”的要求，认真贯彻教育部《关于做好2002年成人高校招生网上录取工作的通知》的文件精神，在各级领导的关怀与支持下，按照“高起点、高标准、高质量”的原则，在总结2001年的实践经验的基础上，调整和完善北京市成人高校网上录取系统，全部新生通过计算机局域网进行录取，在北京大学进行计算机远程录取，共录取新生4 000余人。

在录取工作期间，认真贯彻考试院领导提出的增强“计划意识、公平意识、质量意识、稳定意识”的指导思想，精心组织，认真实施，本着“执行政策，依照程序，平等协商，妥善处理”的原则，解决和处理录取中出现的问题，维护了“公平、公正”的录取原则。

重点做好以下几个环节的工作：

1. 总结经验，完善录取系统。在2001年网上录取经验的基础上，深入调研、论证，完善了适应北京市自身特点的成人高校招生网上录取方案，调整了网上录取系统程序，增强了查询、统计功能和调剂录取功能。

2. 加强网上录取工作的领导。招办和各招生学校均成立了以主管领导为组长、纪检监察部门参加的录取工作领导小组，安排专业技术人员，加强了计算机设备建设和信息管理，制定了网上录取的实施方案和岗位职责，确保了网络通畅和数据安全，使网上录取工作顺利实施。

3. 制作准确的考生电子档案。建立准确的考生电子档案是实现网上录取顺利进行的基础，今年我们在全市范围内实行利用计算机采集考生基本信息和图像信息的办法。考生信息需由考生本人复核签字后生效，保证了信息的准确性，准确地建立了17万余份考生的电子档案。

4. 培训与演练。为做好今年的网上录取工作，对考试院成招办、各区县招办及各招生院校的有关工作人员进行了考务和技术培训，并使用今年的实际考生数据进行实战演练。通过培训和演练使招生工作人员熟悉了网上录取系统的操作，掌握了系统特点，同时提出了修改系统的意见，取得了良好的测试效果，为网上录取工作的顺利进行打下了坚实的基础。

5. 录取现场网络的建立。本着保证录取工作顺利进行和数据安全的思想，录取前对录取现场网络进行反复测试，保证了每一个站点的畅通；加强数据安全管理，对招生学校的系统操作及操作规程提出了明确的要求，保证录取数据的准确无误。

6. 完善网上录取管理模式。在总结去年网上录取工作的基础上，对现场管理机构进行了优化和调整，作为录取中重要部门之一，将录取审核组、录取检查组、纪检监察组合署办公，加强了各职能组之间的沟通，提高了办事效率；对网络系统进行改造，增加了信息管理，增强了学校和招办之间的联系，同时本着为学校服务的思想，在网上向学校及时提供信息，方便了学校录取；完善了批件查询系统，使各职能组都能在网络上查到相关的批件，增加了录取工作的透明度和减少了工作环节。

实践证明，系统设计合理，运行正常，涵盖了录取工作的主要功能，克服了2001年录取工作中的不足之处，基本满足了录取工作的需要，具有方便、快捷、准确、高效的特点。同时，录取工作采用计算机网上录取，对确保招生工作的质量，确保“公平、公正”的原则起到至关重要的作用。

（二）做好对各级各类招生工作人员的培训工作

招生考试工作的具体实施要依靠各级招生工作人员。有一支高素质的工作人员队伍，才能适应成人高等教育招生改革与发展的需要，才能为招生院校和考生提供优质的服务，才能高质量地完成招生任务。我们结合成人高校招生考试工作特点，对各级各类招生工作人员进行了培训。

1. 对考试院成招办工作人员的培训。为适应网上录取工作的需要，对成招办工作人员进行了计算机知

识的培训、验证工作培训、考前培训、网上录取培训等。通过培训，统一了思想认识，更加准确地执行有关招生政策，明确工作职责，规范了工作程序。

2. 对区县招办工作人员的培训。对各区县成招办主任及有关工作人员分别进行了报名管理系统操作、业务流程、考务管理、目标管理的培训，保证了报名考试工作的顺利进行。

3. 对招生院校工作人员的培训。组织各招生院校利用2002年实际招生数据在录取系统上进行实操演练，使招生院校了解网上录取机制，熟悉新的录取工作方式，掌握软件系统操作，保证录取工作的顺利进行。

（三）加强考试管理，严肃考风考纪

为保证考试工作的顺利进行，维护全国统考的严肃性，继续贯彻《2001年国家教育统一考试考风考纪电视电话会议上的讲话》的精神，认真执行市教委下发的《北京市教育委员会关于进一加强教育考试管理工作的通知》的有关规定，要求各区县成招办认真按照《北京教育考试考务管理规定（暂行）》和《北京市2002年成人高校招生考试工作实施办法》等有关规定做好试卷保密、保管和组考工作，加强考务管理，严肃考风考纪，努力创造一个公平竞争的招生考试环境。

1. 为确保考试工作的顺利进行，采取以下几项具体措施：

（1）加强对考生关于考风考纪方面的教育。向考生印发《考生应试守则》、《北京教育考试违规行为处理暂行办法》；坚持在开考前宣读《考生应试守则》，要求考生遵守考试纪律，倡导良好学风。

（2）争取各级领导对招生考试工作的支持。依据主管市长的批示，在考试期间得到了公安、交通以及其他有关部门的大力协助，取得了良好的社会保证。

（3）坚持对考试有关人员，特别是监考人员进行职业道德和考试工作程序的培训，制作了有关考务工作的培训光盘，取得了明显的效果。

（4）坚持实行由计算机随机编排考场的做法。

（5）加强试卷保密工作。市、区、县分别派出巡视员对试卷保密、保管工作进行检查。

（6）在考试期间，邀请有关领导视察考试现场，派出巡视员对各考区的考试工作进行检查。

（7）公布北京教育考试院、各区、县成招办的监督举报电话，努力保证来访、信访渠道畅通，加大社会的监督力度。

（8）对考试分数有疑问的考生，可携带准考证到区、县成招办进行查询，充分体现了招生工作中的“公平、公正、公开”的原则。

2. 为进一步严肃考风考纪，按照《北京教育考试违规行为处理暂行办法》的有关规定，2002年共查处违纪、违规考生624人。其中违纪考生435人，违规考生189人，替考83人，私藏夹带195人，抄袭19人，利用通讯工具作弊116人，传接、交换试卷9人，携带考试规定以外物品10人，将答卷带出考场7人，在考卷上做标记的59人，在试卷规定区域以外答题的120人，雷同试卷3人。

违纪行为具有如下特点：

（1）利用通讯工具作弊所占的比例较高，占查处考生的18.59%。

（2）替考人数较2001年有所减少。

（3）非北京市户口考生违纪人数较多，达312人，占违纪总人数的71.72%。

（4）作弊方式的形式增多。

（四）加强招生宣传工作的力度，努力为考生服务

为方便广大考生了解招生工作的有关政策和进程，充分尊重考生的知情权，指导考生参加考试，通过各种媒体以多种方式在招生各阶段向社会做广泛的宣传，各招生院校也采取了各种形式宣传招生政策和院校的专业设置情况，给予考生及时、准确的引导。主要做了以下几项宣传工作：

1. 在报名前刊登《2002年北京市成人高等院校招生简章》和《2002年北京市成人高等院校招生专业目录》，印制《考生必读》等宣传材料，对考生进行招生政策等方面的宣传。同时，组织编写了《北京成人高校招生专业介绍》一书，对社会进行更详尽、更广泛的宣传。

2. 组织在京招生院校在地坛公园举行了大型的咨询活动，由招生院校直接解答广大考生提出的有关院校介绍和专业设置等方面的问题，取得了良好的社会效果。

3. 在北京电视台《北京热线》栏目和北京电台“求学新干线”节目中现场解答考生提出的各种招生问题，同时在160信息台通过网络进行现场咨询。

4. 通过信息台向社会提供各阶段的招生信息和考试分数、录取情况的查询。

5. 通过考试院网站（www.bjeea.edu.cn）中设置的“成人高考”栏目和“北京现代教育报—招生考试专刊”的“走进成招”栏目向社会和考生广泛宣传招生政策、有关规定和及时地介绍招生工作的进程。

6. 设立咨询专线电话，委派工作人员接听电话，解答考生提出的问题。

（五）继续加强预科班工作管理，完善各项规章制度

预科班开办十几年来，为成人高校输送了大批的合格结业生，为成人教育事业做出了一定的贡献，它的存在和发展具有重要的意义。

今年，对预科班工作加强了领导，进一步严格管理。

1. 组织讨论、修订了《预科班工作站管理办法》、《预科生学籍管理规定》、《预科班工作站考核评比办法》、《预科班考试大纲》、《预科班教学计划》；制定了《预科班任课教师工作条例及教学质量评估办法》、《预科班优秀班主任评比条例及实施办法》、《预科生转站的管理办法》，为实现预科班的科学化、规范化管理奠定了制度上的保障。

2. 研制了预科生计算机录取系统。

3. 做好预科班的日常管理工作，努力实现“八个统一”。

4. 召开预科班工作站教学研讨会，对在教学中发现的问题进行了研究。

（六）加强招生考试队伍的廉政建设

今年在招生工作中，仍然把廉政建设作为一项极为主要的工作来抓。

1. 加强招生队伍的思想建设，加强理论学习。为严肃招生纪律，下发了《关于进一步加强成人高等院校招生工作纪律的规定》，组织各级各类招生工作人员认真学习，提高认识。

2. 增大招生工作的透明度。实行了招生报名规定公开，录取政策公开，录取结果公开，咨询举报电话公开的“四公开”制度。

3. 坚持集体研究特殊问题。对录取中特殊问题的处理召开集体办公会，本着集体研究、集体决定、集体负责、上报主管领导审核的程序进行录取，这样既保证了录取的公平、公正的原则，又维护了成人高校招生工作良好的社会声誉。

4. 建立礼品登记、上交制度。对院校等送的礼品一律拒收，对无法拒收的小礼品交由专人登记造册，并上报考试院处理。

5. 加强社会监督。在考试及录取期间，邀请市人大、市政协委员视察考试现场和录取现场。纪检监察人员参与招生考试的全过程，加强监察力度。

6. 在考试期间，邀请各区、县考试中心领导和各招办主任到现场指导工作并听取意见。

（七）加强招生考试的理论研究工作

中央把2002年定为“转变作风年，调查研究年”。应对“入世”的挑战，加强了招生考试的研究工作，尤其加强对成人高等学历教育自身发展的研究。要求各区、县成招办、各招生学校结合本区或学校实际情况和发展特点，做深入细致的调查研究，撰写科研论文，作为成人高等教育改革和发展的理论依据。同时，我们按照考试院的统一安排，紧密结合工作实际，立足于招生考试改革，成立科研课题组，确定“成人高校招生考试科目设置改革的研究”和“计算机辅助系统研究”两个课题的研究。

四、存在的问题与建议

（一）生源持续增长，录取率较低，社会压力较大

自第三次全国教育工作会以来，北京市成人高校招生报名人数持续增长，从1999年的10万人，增加到2002年的17万人，增长了70%。尽管招生计划相应有所增加，但仍然缓解不了计划紧张、录取率较低、社会压力大的矛盾。就今年而言，在京招生各成人高校计划招生6万，报名人数达到17万，计划与报名之比是1:2.86，录取率为39.0%。这种现象在本科层次更加明显，计划与报名之比是1:3.3，录取率仅为30%左右。报名人数的急剧增加表明社会对成人高等教育旺盛的需求，同时也反映出社会对各类实用性、技能型、应用型人才的需求。

按教育部规定的计划管理权限，各地为解决考生多、计划少的矛盾，经省教育厅决定，都在一定数量上追加招生计划，提高了录取率，缓解了社会压力。如天津录取率高达59.1%，上海高达63.6%，北京在全国众多省市中录取率是最低的，这与首都的地位极不相称，与首都的经济和社会发展要求极不相称。建议计划部门针对首都经济和社会发展的需要以及对人才需求的情况，制定相应的招生计划，缓解生源多、计划少的矛盾。

（二）专升本招生办法有待进一步完善

为解决应届专科毕业生报考专升本的问题，今年把对报考专升本考生毕业证书的验证工作放在9月份新生入学复查阶段来进行，使应届专科毕业生有了通过报考专升本而继续学习的可能，受到了招生学校和考生的普遍欢迎，客观上起到稳定社会的作用。在具体工作中有一些问题尚待解决，如证书真伪鉴定、证书的保管等问题。对此，考试院成招办正积极调研，寻找解决问题的办法，为明年工作做准备。

由于当年应届生取证时间是7月上旬，要解决应届专科毕业生的报考问题，我们认为最好的解决办法是推迟考试时间。建议教育部将成人高校招生全国统一考试时间由5月份改为下半年进行，实行成人高校春秋招生。

（三）招生网远程录取有待进一步研究

按教育部“应努力提高远程网上录取的人数和院校的数量”的精神，今年北京选择了北京大学1所院校进行了试点。通过实践，我们感到有如下问题：

1. 数据的传输速度和质量取决于教育科研网状况的好坏与稳定，直接影响到录取进程，从北京大学录取工作的实践看，因为公共网络的不确定因素，导致了VPN通道非常困难，往往要重复几次才能成功一次，且数据传输速度较慢。

2. 采用硬件加密卡的兼容性不好，且驱动程序只支持到Windows98，具有局限性。

3. VPN客户端软件操作不够方便。

因此，我们感到扩大远程网上录取人数与院校数条件还不具备。对明年的成人招生录取建议仍然以局域网为主。

关于印发在高校招生工作中进一步加强廉政建设，严肃招生纪律若干规定的通知

京高招委［2002］6号

各高等学校，各区、县高校招生委员会，各区、县纪委、监察局：

高等学校招生工作历来为社会各界所关注，不仅关系到广大考生的切身利益，也关系到教育事业的良好形象和社会的稳定。各有关部门要进一步提高对高等学校招生工作重要性的认识，把思想统一到贯彻落实江泽民同志“三个代表”重要思想的高度上来，把它当成代表最广大人民群众根本利益的一件大事来抓。为了进一步加强廉政建设，严肃招生纪律，保证高校招生改革和各项工作的顺利进行，现将《关于在高校招生工作中进一步加强廉政建设，严肃招生纪律的若干规定》印发给你们，请遵照执行。

北京市高等学校招生委员会
中共北京市纪律检查委员会
北京市教育委员会
北京市监察局
二〇〇二年六月五日

附

关于在高校招生工作中进一步加强廉政建设、严肃招生纪律的若干规定

一、加强招生队伍建设，提高招生工作人员的思想素质和业务素质。各高等学校和区、县招生办公室要认真选派熟悉招生政策、作风正派、秉公办事的同志参加招生录取工作，建立一支政策熟、作风正、业务精、尽责任、守纪律的招生队伍；要按要求对招生工作人员进行系统的教育和培训，明确纪律要求，明确招生职责，使招生工作人员廉洁自律，自觉抑制不正之风对招生工作的干扰。

二、严格执行招生工作的各项政策和规定，坚持依法治招。要认真学习教育部和北京市的普通高校招生工作的规定，坚决执行国家有关方针、政策，切实做到公正、公平；报考条件、录取标准、录取程序和规则等必须事先在招生章程中公布，做到公开、透明；录取过程中不得随意更改在招生章程中对考生和社会的各项承诺；要加强招生宣传管理，实事求是地向考生和家长介绍学校情况和录取规则，不做可能误导考生和家长的承诺。

三、严格执行招生计划，杜绝乱收费。凡是未向社会公布的招生计划，不得安排招生，凡是已向社会公布的招生计划，要严格执行，维护招生计划的严肃性。严禁利用计划安排和计划调整乱收费。

四、严格执行工作程序。高校招生部门和各区县要认真总结经验，进一步建立健全报名、考试和录取各环节的工作制度和工作程序，在报名、考试和录取工作中，必须严格执行工作制度和工作程序，在规定的权限内，尽职尽责把工作做好。特别是在录取工作中，要发挥制度、程序对建立良好内部环境的促进作用和对不正之风的制约作用，使不正之风无孔可钻，无机可乘。

五、严格执行招生工作纪律。招生工作人员必须廉洁自律，严格遵守“十三个不准”。即不准降分照顾本单位或“关系”单位职工子女；不准领导干部利用职权要求学校录取考生或特批录取考生；不准将捐资、赠物、赞助与入学挂钩；不准徇私情、指名录取不符合条件的考生；不准学校以个人或集体名义向招办赠送财物；不准招办向学校暗示或索要财物；不准在录取场所随意串岗；不准私自向学校提供考生档案；不准随意公开考生的电子信息；不准接受考生和家长的礼品财物；不准接受考生和家长的宴请；不准向考生或家长暗示或索要财物；不准无故拖延录取时间。

六、进一步排除干扰，净化录取环境。坚决防范以招生或帮助升学为名乱许愿，损害招生工作的权益和声誉；坚决防范招生工作人员与非招生工作人员相串通牟取不正当利益；坚决防范利用方便条件随时向考生通报信息、要人情、牟私利；坚决防范违反规定更改数据、影响计算机网上录取的正常进行；坚决防范招生学校不按规定行使招生自主权的行为。

七、加强监督，充分发挥纪检、监察部门的职能作用。按照中央和市委关于党风廉政建设责任制的要求，高校招生工作中的党风廉政建设工作实行谁主管谁负责。各高校的纪检、监察部门要派人监督检查学校的录取工作，保障高校招生工作的顺利进行。对招生中发现的问题及社会举报的问题，招生部门和纪检、监察部门要积极配合，认真调查核实，严肃处理。

八、违纪处理办法。对于违反本规定，不遵守招生纪律的招生人员，要进行批评教育；对于坚持不改的，要取消其录取工作人员的资格；对于情节严重，在社会上造成不良影响的，要向违纪人所在单位提供违纪事实材料，由违纪人所在单位按有关规定给予党纪、政纪处理。对于进入录取现场的非录取工作人员违反本规定、进行违纪活动的，要坚决予以清除并追究引入者的责任。

九、实行计算机远程网上录取的学校，要依照本规定加强对本校的录取管理，确保招生工作的公平、公正、公开。

关于评选高等学校工作先进集体和先进个人的通知

京高招委［2002］16号

各区县考试中心高招办、各在京高等学校招生办公室，各区县考试中心成招办、各成人招生院校招生办公

室，各高等院校、科研院所研究生招生办公室：

为了纪念恢复高考25周年，表彰招生战线上的优秀集体和个人，激励广大招生工作人员继续做好北京市高校招生工作，根据教育部有关文件的要求，市高招委决定于近期开展评选北京市高校招生工作先进集体和先进个人的工作，现将评选有关事项通知如下：

一、评选范围

1. 北京市先进集体的评选范围为各区、县招生办公室（包括独立设置的区、县级成人招生办公室），普通高校、独立设置的成人高校和招收研究生的科研机构的招生部门。同一高校内普通高校招生、成人高校招生、研究生招生办公室分设的，可各视为一个集体。

2. 北京市先进个人的评选范围应是上述机构专职从事普通高校招生、成人高校招生和研究生招生工作的在编人员。

二、评选条件

1. 先进集体

（1）坚持党的基本路线，认真贯彻执行党和国家关于高校招生工作的政策、规定，结合实际情况，措施得力，工作成绩显著。

（2）对高校招生改革的态度积极，改革步骤稳妥、步子较大，改革措施配套完善。

（3）机构健全，职责分明，规章制度完善；编制、经费、设备、基本建设等满足工作需要。

（4）认真编制、严格执行招生计划，报送各类统计信息数据准确、及时，高质量完成招生各环节的具体工作。

（5）广泛、深入开展招生宣传和咨询活动，热情为考生服务。

（6）积极开展招生科研活动，开拓创新，理论联系实际，成果多、有较高的应用价值。

（7）严格执行招生纪律，狠抓考风考纪，历年来无严重违纪舞弊案件和重大责任事故发生；自觉抑制不正之风，对违纪舞弊事件查处及时、处理得当。

2. 先进个人

（1）坚持党的基本路线，认真贯彻执行党和国家关于高校招生工作的政策和规定，高质量地完成各项任务，成绩突出。

（2）与时俱进，刻苦钻研业务，积极参加改革实践和科研活动，努力提高工作水平和能力，对招生工作做出了突出贡献。

（3）坚持原则，廉洁奉公，遵纪守法，严于律己，工作中无个人责任事故发生；爱岗敬业，踏实肯干，团结同志。

（4）从事高校招生工作一般应满三年。

三、评选办法

1. 成立北京市评选工作领导小组，领导小组由市高招委、北京教育考试院的有关领导组成，负责审批并确定北京市高校招生工作先进集体和先进个人名单。

2. 成立北京市评选委员会（以下简称评委会），评委会由市、区、县招生办公室、普通高校、独立设置的成人高校，以及招收研究生的科研机构等有关代表组成，负责对各单位的上报材料进行评审，提出北京市高校招生工作先进集体和先进个人候选名单并报评选工作领导小组和市高招委审批。

3. 此次评选工作按照自愿申报，评委会审核选举产生候选名单，评选工作领导小组和市高招委批准的办法进行。

四、评选比例及名额

根据教育部的有关要求，市级先进集体的评选比例不超过全市招生单位和招生机构总数的5%；市级先进个人的评选比例不超过全市在编招生工作人员的5%。

根据目前北京市高校招生工作机构及在编工作人员的初步统计数字，评选名额确定如下：

普校招生部分：先进集体10个，先进个人20人；

成人招生部分：先进集体10个，先进个人20人；

研究生招生部分：先进集体10个，先进个人20人。

五、评选工作安排及要求

1. 各单位要加强对评选工作的组织领导，充分发扬民主，制定细则，严格程序，实行公示制度，确保评选工作的质量。各单位在此次评选工作中要注意总结招生改革和发展的经验，弘扬正气，鼓舞士气，增进团结，为招生改革和招生工作取得新的、更大的成绩而努力奋斗。

2. 申报参评先进集体单位要认真填写《参评北京市高校招生工作先进集体申报表》并提供详细的申报材料。申报材料要求涉及推进改革加强管理的主要举措以及机构队伍、规章制度、基础设施、作风纪律建设等方面内容，文字要求精练、简明，只列举事实、不展开论述，字数不超过2 000字。

申报参评先进个人的招生工作人员要认真填写《参评北京市高校招生工作先进个人申报表》，并附上详尽的事迹材料。

请各单位抓紧进行本单位的评选推荐工作，并于2003年1月18日前将申报材料报送市招生委员会办公室。

联系人：谢玉平

联系电话：62198011

通信地址：北京市海淀区皂君庙甲4号

邮政编码：100081

附件1：《参评北京市高校招生工作先进集体申报表》

附件2：《参评北京市高校招生工作先进个人申报表》

二〇〇二年十二月二十六日

附件1：

参评北京市高校招生工作先进集体申报表

参评单位（加盖公章）		负责人	
基本情况和主要业绩（可另附页）			
单位意见	（公章）　　年　　月　　日		
评委会意见	（公章）　　年　　月　　日		

附件 2:

参评北京市高校招生工作先进个人申报表

<table>
<tr><td>姓名</td><td></td><td>性别</td><td></td><td>民族</td><td></td><td>出生年月</td><td></td></tr>
<tr><td>政治面貌</td><td></td><td>职务/职称</td><td colspan="2"></td><td>从事招生
工作的年限</td><td colspan="2"></td></tr>
<tr><td>所在单位</td><td colspan="4"></td><td>邮编</td><td colspan="2"></td></tr>
<tr><td>主要事迹（可另附页）</td><td colspan="7"></td></tr>
<tr><td>单位
意见</td><td colspan="7">（公章） 年 月 日</td></tr>
<tr><td>评委会
意见</td><td colspan="7">（公章） 年 月 日</td></tr>
</table>

北京市教育委员会转发教育部
关于做好 2002 年成人高校招生网上录取工作文件的通知

京教计［2002］13 号

各有关高等学校：

现将《教育部关于做好 2002 年成人高校招生网上录取工作的通知》（教学司［2001］70 号）转发给你们，并提出如下要求，请一并贯彻执行：

一、各校要认真贯彻落实《通知》精神，在思想观念、组织形式、工作方式等方面，积极适应网上录取工作的需要，结合本校实际情况和网上录取工作的特点，加强对网上录取工作的领导，制定网上录取工作的实施细则。

二、要精心组织、周密安排，投入必要的人力、财力，按照通知要求配置网上录取设备。加强管理，确保录取期间设备正常运行。

三、各校要维护招生计划的严肃性。从 2002 年起，成人高校招生不再进行对已录取新生流失后的补录工作，为解决学生不报到问题，学校可视新生流失情况和上线生源情况，向北京教育考试院成人招生办公室提出超录比例，经市成招办审批后，按有关招生规定执行。各校本、专科层次超录的最高比例不得超过原生源计划的 5%。但教育部公布的 2002 年暂停和限制招生的普通高等学校和独立设置成人高等学校以及上线生源不足的招生院校不得超录。

二〇〇二年二月四日

北京教育考试考务管理规定（暂行）

为加强北京市的高级中等学校招生考试、普通高中毕业会考、全国普通高等学校招生考试、全国成人高等教育招生考试、高等教育（中等教育）自学考试以及北京教育考试院管理的其他类考试（以下分别简称中考、会考、高考、成考、自考、社考）的考试管理工作，确保考试公平、公正地顺利地进行，根据教育部《普通、成人高等学校本、专科招生全国统一考试工作细则》（教试［1991］03号）和《高考教育自学考试考务、考籍管理工作规则》（考委［1998］07号）文件的精神，结合北京市具体情况，制定本规定。

第一章 考试机构

第一条 北京教育考试院负责管理北京地区的中考、会考、高考、成考、自考、社考，制定考试组织实施的有关规定及组织考试的实施。

第二条 北京教育考试院各招考办公室按本规定分别组织实施各类考试并处理考试实施过程中发生的问题。

第三条 区县级相应的招生考试机构按本规定具体组织实施本区县范围内的相应类别考试。

第二章 考点与考场设置

第四条 作为考试地点（以下简称考点）的学校一般应是初中以上的学校。学校作为考点，要经区县级考试机构批准，报北京教育考试院备案。考点学校在区县级考试机构组织领导下负责实施考试。

第五条 考点应选择在交通便利、考试期间周围环境干扰较少、校内整体设施较好、考场教室周围安静的学校。一个考点学校安排的考场一般不少于10个。

第六条 考点设主考1人，副主考2人，主考由考点学校校长担任。考点实行主考负责制，主考主持本考点考试，全面负责本考点工作，处理考试期间发生的问题。

第七条 考点下设考务（含保密）、安全保卫、后勤等职能组。考务组负责实施考试、保管当天考试的试卷和答卷，安全保卫组负责学校和考场教学楼门口验证及校园内安全，后勤组负责安排医务、交通、休息场所。

第八条 考点考务组须下设考务办公室、保密室。考务办公室各项条件应能满足监考员领取试卷、装订密封等工作的需要，保密室应就近于考务办公室，配备铁皮柜存放当天考试的试卷。

第九条 考试期间，考点学校门口应挂有北京教育考试院统一规定格式的考点标志横幅，校内明显处应张贴考场平面图、考生应试守则、考试时间表、违纪处罚规定等。

第十条 考点须设置医务室、问询处、存包处、自行车存放处，并应有明显的路标。

第十一条 考场应选择采光通风良好的教室，一般应是标准教室，并应配有广播系统。考场须整洁，不能有与考试内容相关的文字材料。考试期间，设有考场的教学楼不能同时用于影响考试的其他活动。

第十二条 考场入口处应有明显的标志，注明本考场的考试科目（种类）、考场编号及准考证号（座位号）等内容。

第十三条 每个考场设30名考生座位（多余桌椅须移出考场），单人单桌排列，一般应5列6行排列，相互间距均等。课桌面要平整，没有字迹，课桌内没有纸张杂物等。考生座位号（准考证号）贴在桌面右上角。

第三章 考点工作人员

第十四条 考点工作人员包括主考、副主考、联络员、考务员、监考员、保密员及其他工作人员。考试期间考点所有工作人员一律佩戴证件上岗。

第十五条　考点工作人员必须思想作风正派，责任心强，熟悉考试工作，身体健康，当次无子女或直系亲属参加本考点的考试。

第十六条　考点工作人员考前都须参加不少于半天的培训。

第十七条　监考员原则上应是教师，每个考场的两名监考员不能来自同一单位或是不能监考本校的考生。

第十八条　每个考场配备两名监考员，考点同时还须配备一定数量的机动监考员。考点总的工作人员数量一般按每个考场2.5人～3人的比例配备。

第四章　试卷与考试材料的印制格式

第十九条　考场上所有的考试材料都统一封装在试卷袋内，包括：试卷32份（卷Ⅰ和卷Ⅱ），答题卡30张，草稿纸30张（须印有标题及相关内容），答题卡袋1个，考场记录表1张，封头纸1张，密封签（黑色字）2长1短。考生人数不足30人的考场，试卷袋中考试材料的数量由各招考办自定。

第二十条　试卷版式：每科试卷分为卷Ⅰ（客观题）、卷Ⅱ（主观题）两部分；卷Ⅰ左右上角各切去一角（直角边为2厘米的三角）。卷Ⅱ在距试卷中间折线（或左沿）上离试卷上沿5厘米处印制2×2厘米的骑线黑方块；考生准考证号（座位号）、姓名等内容的填写位置由各招考办自定。

第二十一条　试卷袋：用中间接缝上端开口的"起墙"档案袋；正面大字标题注明考试年份及考试类别、科目，在明显处注明本袋试卷的考试时间，右下方印有"北京教育考试院监制"字样。

第二十二条　密封签：密封签共5张，4长1短；考前试卷袋上封一横一竖两张长的，字为红色；考后密封答卷袋时用一横一竖两张长的，密封答题卡袋用1张短的，字为黑色；密封签字样为三行，第一行字样为"年份＋考试类别"，第二行字样为"试卷袋密封签"，第三行字样为"北京教育考试院监制"。

第二十三条　答题卡：按题号排列顺序的不同分为两种；每个试卷袋内两种卡各装15张，装入试卷袋前用洗牌的方式随机交叉；右下方印有"北京教育考试院监制"。

第二十四条　答题卡袋正面注明考试年份及科目名称，印有供监考员签字和填写本考场首末位准考证号（座位号）及缺考考号的表格，右下方印有"北京教育考试院监制"字样。

第二十五条　装订答卷的 封头纸为16开牛皮纸，正面印有密封要求，并标出打孔位置、穿线轨迹及胶水涂抹范围。

第五章　考试实施

第二十六条　每科开考前30分钟（第一科前移10分钟），全体监考员到考务办公室报到，经考点负责人点名并宣布监考员监考考场（监考员采取抽签或随机分配的办法安排监考考场），然后主监考员到考务室领取本考场试卷，副监考员到所监考场做考前准备。工作人员到指定的地点上岗。

第二十七条　考试前20分钟（第一科前移10分钟），保密员向主监考员发放试卷，主监考员按手续领取试卷后集体离开直达考场。

第二十八条　考试前20分钟（第一科前移10分钟），考点统一发出时间信号，副监考员组织本考场考生入场，检验考生准考证（成考、自考及部分其他考试还须有身份证或军官证，下同），核对考生本人相貌与准考证（存根）上的照片是否相符，提醒并监督考生将不允许带入考场的物品放到指定位置。

第二十九条　考生准考证及有关证件要放在桌面的右上角，每场考试都要进行核查。第一科考前20分钟考点统一用广播向考生宣读《考生应试守则》。

第三十条　开考前15分钟，主监考员要当众举起试卷袋宣布（或由广播室统一宣布）"现在启封试卷"。启封后核对袋内材料，要特别注意试卷Ⅰ与试卷Ⅱ的区分标记。

第三十一条　试卷袋内材料核对无误后，主监考员向考生宣布（或由广播室统一宣布）考试科目名称、开始时间及结束时间、试卷Ⅰ和试卷Ⅱ的页数及题数，并清楚地写在黑板上。

第三十二条　副监考员发放答题卡，发放时随机抽取发放，随后发放草稿纸。主监考员提醒考生检查答题卡是否有破损及折皱。

第三十三条　监考员要指导并逐一检查考生在答题卡上规定的位置填、涂自己的姓名、准考证号（座位号）及考试科目标记。

第三十四条 考前5分钟考点统一发出信号，监考员逐一向考生分发试卷（未到考生的试卷放到其桌子上），包括卷Ⅰ、卷Ⅱ（不得让考生传递试卷）。

第三十五条 考生得到试卷后，监考员要指导考生检查试卷页数是否齐全、是否有破损、漏印或字迹不清楚，然后指导考生在试卷Ⅱ的规定位置填写自己的姓名、准考证号（座位号）等。如试卷Ⅱ有两张以上，每张都要在规定的地方填写自己的姓名、准考证号（座位号）。主监考员还要提醒考生注意，试卷Ⅰ的答案要填涂在答题卡上，试卷Ⅱ的答案直接答在卷面上，在草稿纸上答题一律无效。

第三十六条 考点按规定时间统一发出开考信号后，考生开始答题。这时主监考员在前台监考，副监考员要再次逐一核对考生本人相貌与准考证（准考证存根或身份证、军官证）及有效身份证件上的照片是否相符，同时逐一检查考生在试卷及答题卡上填写的姓名、准考证号（座位号）与准考证是否一致，发现问题要做出妥善处理。然后两名监考员一前一后轮换站立巡视，认真执行监考任务。

第三十七条 开考15分钟后，迟到考生不得进入考场。

第三十八条 开考15分钟后，考务员须及时到各考场对备用的试卷加盖“备用试卷专用章”。此时副监考员要对缺考和空号的试卷做技术处理，在试卷Ⅱ上的规定位置填上准考证号（座位号）并在卷首总分处注明‘缺考’或‘空号’字样，对缺考或空号的答题卡，要填写和涂黑卡上的缺、空考标记、考试科目名称及准考证号（座位号）。

第三十九条 考试30分钟以后，不再继续考试的考生获准后方可离开考场。

第四十条 考试结束前15分钟，主监考员宣布‘距考试结束还有15分钟’，提醒考生注意掌握考试时间。同时提醒“卷Ⅰ的答案答在答题卡上”。

第四十一条 考点统一发出考试结束信号后，主监考员要求考生立即停止答卷、将各自的试卷按页码顺序理好，反扣在自己的桌面上，等待收卷。

第四十二条 主监考员站在前台注视全场。副监考员要按考生准考证号（座位号）的顺序从小到大依次收卷。收卷时，一要收齐答题卡，二要收齐试卷Ⅱ，三要收齐试卷Ⅰ，四要收齐草稿纸，并分别码放。试卷收齐后立即进行核对，一要核对本考场试卷Ⅱ中有无夹杂试卷Ⅰ、试卷Ⅰ中有无夹杂试卷Ⅱ；二要核对卷面上所填写的准考证号（座位号）顺序是否连续或与考场座位号一致；三要核对每份试卷页码顺序是否连续。试卷排列方式为：小号在上，大号在下，缺考和空号的试卷要放在相应的缺、空位置，切勿漏掉或放错位置。对两份备用的试卷，将试卷Ⅰ与试卷Ⅱ分开，分别放在试卷Ⅰ和试卷Ⅱ本的最上面和最下面作为衬纸。答题卡（含缺考和空号的答题卡）装入答题卡袋。试卷Ⅱ装入试卷袋。试卷Ⅰ及草稿纸单独码齐。

第四十三条 考试材料收齐并检查无误后主监考员宣布考生退场，然后两名监考员共同复查《考场记录表》，检查清理并封闭考场后，一起带考试材料到考务室。

第四十四条 试卷Ⅱ和答题卡在密封前都要由主考本人或主考指定的考务员复核签字。

第四十五条 试卷Ⅱ的密封：在复核后并码齐的本考场试卷Ⅱ本正面放好封头纸（字面向上），按打孔位置穿孔再用小线装订；然后由监考员签字交主考验收签字，再在规定位置涂抹胶水，将封头纸反折过来粘在试卷本上。试卷本封好后放入原来的试卷袋内，绕好线绳，用长密封条一横一竖加封。试卷Ⅰ和草稿纸只装订不密封。

第四十六条 答题卡袋的密封：将复核后的本考场答题卡装入袋中，监考人员填写答题卡袋正面有关表格后用小密封签加封。

第四十七条 密封后的试卷Ⅱ和答题卡及试卷Ⅰ和草稿纸即交保密室保管。待全部考试材料收齐后，主考应就本场考试实施中的问题及下场考试要注意的问题进行讲评。

第四十八条 考试期间各区县考试机构（各考点）可配有备用试卷。备用试卷按规定与考试用卷统一保管。开考后考点如需启用备用试卷，须经区县考试机构负责人同意（区县考试机构并要立即上报考试院有关招考办），同时考点主考要写出书面报告，两名负责人、一名经手人签字备查。考试结束后，考点须将备用试卷（如备用试卷已启封必须附报告）送回区县考试机构。

第六章 保密及安全工作

第四十九条 全国统考的试卷（包括备用卷、参考答案、评分标准）在开考前为绝密材料，北京市统考的试卷（包括备用卷、参考答案、评分标准）在开考前为机密材料。从取得试卷（包括备用卷、参考答案、评分标准）清样开始，在印制、运送、保管过程中，直到拆封启用前，各级考试机构及负责人、有关工作人员都必须按照国家保密法认真履行自己的职责。

第五十条 考试试卷及考试材料由北京教育考试院指定的印刷厂印刷。印刷厂必须持有市保密局核发的秘密载体准印证，必须与考试院签订试卷印制安全保密合同，包括安全设施、保密措施等。

第五十一条 考试院各招考办具体负责安排试卷印制。试卷印制期间，各招考办应向印刷厂派出两名以上的监印人员，对印刷厂的安全设施进行定时检查，对各项保密措施的落实进行监督，对印刷的质量进行检查。遇有涉及保密及安全的问题，监印人员应立即向厂方指出并报告考试院相关招考办。

第五十二条 试卷的取送由考试院各招考办及区县考试机构负责。取送试卷须专车、专人，并根据需要配备公安人员随车，每车除司机外不得少于 3 人，不得中途兼顾其他任务，车辆不得搭乘与考试无关的其他人员。考试结束后的试卷必须当天送回至区县考试机构。

第五十三条 考试院和区县考试机构须设有固定的专用保密室，保密室应配有齐备的防盗防火设施。

第七章 考试巡视和检查

第五十四条 考试期间，北京教育考试院和区县考试机构要分别组织考试组巡视，加强对考试组织管理工作的检查。市级考试巡视组由北京教育考试院组织，主管院长担任组长，邀请有关部门和上级领导参加。区县级考试巡视组由区县考试机构组织，区县教育行政部门负责人担任组长，邀请有关部门和有关领导参加。

第五十五条 考试期间，北京教育考试院还要组织熟悉考试业务的人负分赴各区县考试机构及考点检查有关规定的执行情况，检查考场的考试情况。对检查中发现的问题一般不直接处理，但应向考点主考说明，重大问题要尽快向上级报告。考试结束后，应向相关招考办提交书面报告。

第八章 奖励与处罚

第五十六条 考试院定期对各区县考试机构、考点的考试实施工作进行量化评比，对排名前列的给予表彰和奖励。对表现优秀的工作人员给予表彰和奖励。

第五十七条 对考试期间违规违纪行为的处理办法执行北京教育考试院 1999 年制定的《北京教育考试违规行为处理暂行办法》。如国家另有规定按有关规定执行。

第九章 附 则

第五十八条 本规定是北京教育考试院中考、会考、高考、成考、自考、社考等考试组织实施的规定性文件，相应的有关操作性规定见附件。考试院各招考办可根据所管考试类别的实际需要对附件中相应的操作性规定进一步细化，并翻印下发作为培训教材和考试实施过程中的操作规程。

第五十九条 本规定只适用于在规定的环境下、在规定的时间内、用笔在纸上作答的考试。直接下发试卷的国家级考试如有相应的考务管理规定应按其规定执行。

第六十条 本规定自 2002 年起执行。

第六十一条 本规定由北京教育考试院负责解释。

附件一：考点工作人员的职责

附件二：考试证件名称及使用说明

附件三：试卷保密管理的规定

附件四：考试材料的格式

附件五：试卷装订密封的办法

附件六：考试实施过程中的规范化用语

附件七：监考工作的标准程序

附件八：考场偶发事件的处理办法

附件九：高等教育自学考试的补充规定

附件十：考生应试守则

附件一

考点工作人员的职责

一、主考及副主考的职责

1. 主持本考点考试，全面负责本考点的各项工作。

2. 熟悉和掌握有关规章制度、考试实施办法、有关工作纪律、考试纪律和违纪处理规定；严密组织、严格实施，保证考试按规定顺利的进行。

3. 选聘、培训监考人员及其他工作人员。

4. 每科考试结束后，组织和验收各考场试卷的装订和密封；对本场考试情况进行讲评。

5. 确保试卷在本考点的安全与保密。

6. 按规定处理本考点考试期间发生的一般性问题，遇有重大问题，须及时采取措施，尽力减少影响，并立即上报。

7. 副主考协助主考履行上述职责。

二、监考员的职责

1. 监考员是考试实施真实有效的监督人。监考人员必须以高度负责的精神做好考场的监督检查工作，严格维护考场纪律，监督考生按《考生应试守则》应试，确保考试公平顺利的进行。

2. 监考员监考前必须参加培训，认真学习考试的有关规定，熟悉考试业务，不经培训不准监考。

3. 监考员必须严格遵守各项工作制度，按规定时间到指定地点履行监考职责。

4. 每科开考前布置、清理、检查考场及座位。

5. 按规定领取、启封、核对、分发试卷、答题卡及草稿纸。按规定封装试卷及答题卡。

6. 核对考生本人与有关证件是否相符，指导并检查考生填、涂准考证号（座位号）、姓名及相关内容。

7. 开考信号发出后向考生宣布可以答题，考试结束前15分钟提醒考生注意时间，考试结束信号发出后要求考生停止答题。

8. 对缺考、空号的试卷和答题卡做出标记。按规定填写考场记录及试卷袋、答题卡袋上的监考记录。

9. 制止和处理考生在考场上的违纪行为并填写有关记录。

10. 监考员应阻止没有佩戴巡视证、主考证、联络员证的人员进入本考场。

11. 监考员进入考场不准携带任何通讯工具，不准携带任何与监考工作无关的物品，不准做与监考无关的活动，不得有影响考生正常答卷的行为，不准解答试卷，不准吸烟、谈笑、阅读书报，不准随意离开考场，不准将试卷传出考场。

12. 除因试卷字迹印刷不清可就考生提问当众说明外，不准对试题做任何提示和解释。

13. 监考员应注意自身的仪表。

三、巡视员的职责

1. 检查试卷的安全保密情况，包括保密室设施、保密人员的值班卫生情况及试卷的交接。

2. 检查各考点内外环境的布置情况，检查考场的设置情况。

3. 检查考试工作人员的培训情况。

4. 检查考试实施过程、考场纪律。

5. 检查考点试卷的领取、启封、分发、整理、装订密封等操作情况。

6. 遇有发生影响考试顺利进行的问题，应积极配合区县考试机构和考点负责人工作，并提醒及时向上级报告。

7. 考试结束应向派出机构书面报告巡视的考试情况。

四、联系员的职责

1. 作为区县考试机构的派出人员，协助考点主考工作。

2. 检查考点执行有关规定、试卷的安全保密及考试过程等情况。

3. 遇有考点发生影响考试顺利进行的问题，联络员须积极配合主考处理，提出建议，并及时提醒主考向上报告有关情况。

4. 考试结束后向派出机构报告考点的组考情况。

五、考务员的职责

1. 考前在考点考务室向监考员发放试卷袋。

2. 考试 15 分钟后进入考场在备用卷上加盖“备用试卷专用章”。

3. 考试结束后，在监考员密封试卷前检查核对试卷、答题卡并指导监考员装订密封。

4. 协助主考、副主考处理考试过程中发现的问题。

六、考点工作人员的职责

1. 服从主考和考点领导小组的工作安排。

2. 明确各自承担的工作任务，熟悉和掌握有关规定。

3. 主动热情地为考生服务，做好考场外的监护工作。

4. 考试期间，主动维护考点秩序，制止无关人员进入考点，制止他人在考场附近逗留、观望、喧哗。

5. 每科考试结束后协助监考人员清点物品、打扫卫生、关闭门窗。

七、考生领队的职责

1. 为方便考生参加考试，考生所在学校或街道办事处可以组织考生集体到考点参加考试，但事先必须经区县考试机构同意，并由领队带队。

2. 对考生集体进行考试规则、考试纪律及安全教育。

3. 妥善安排好考生的食宿、往返交通等后勤事务。

4. 提醒考生注意事项，检查考生考试用具及生活用品的准备情况。

5. 了解和掌握考生的考试情况，特别是缺考情况，关心考生考试期间的身体状况，做好有关工作。

6. 考试期间在指定地点休息，服从考点的统一安排，做好联络工作，必要时协助考点处理有关问题。

八、保密员的职责

1. 保密员对保密室内的试卷负有保密的责任。

2. 保密员必须熟知保密制度，工作认真负责。

3. 按规定手续接收及发放试卷。

4. 试卷存放期间，保密室内必须有两名保密员同时在场。

5. 保密员在保密室内值班时不准吸烟、饮酒、娱乐，不准擅离职守。

附件二

考试证件名称及使用说明

考试期间，各类工作人员一律凭证进入考点，各类工作人员证件由北京教育考试院统一印刷下发。

1. “巡视”证：市、区县招考委成员，市、区县领导及教育行政部门领导，北京教育考试院派出巡视员。

2. “主考”证：考点主考，考点领导小组组长。

3. “副主考”证：考点副主考，考点领导小组成员。

4.“监考员”证：监考员、考务员。

5.“联络员”证：区县考试机构派往考点的工作人员。

6.“保密员”证：保密室工作人员。

7.“工作人员”证：考点的其他岗位人员。

8.“领队”证：组织考生集体到考点参加考试的学校或街道办事处工作人员。

9.“采访”证：新闻单位记者。

10.“车证”：考试期间机动车进入考点学校的凭证。

11. 考试期间，只有佩带巡视、主考、副主考、监考员、联络员证件的人员可进入考场；持其他证件的工作人员一律不准进入考场。

附件三

试卷保密管理的规定

一、保密室的设置

1. 考试院和区县考试机构都必须设有固定的专用保密室，用以保管解密前的试卷。

2. 保密室门窗必须设有防盗加固的外门外窗，并装有报警装置。

3. 保密室最好是内外套间，内间存放试卷，外间住人。

4. 保密室需配备足够数量的铁皮柜，以满足分科存放试卷的要求。

5. 保密室内外都要配有灭火器。

6. 保密室在每次使用前都必须重新检查门窗和铁皮柜的安全状况。

二、保密室的工作规定

1. 按规定手续接收及发放试卷。

2. 试卷需按科目名称及考试时间分类存放在铁皮柜内。

3. 存放试卷的铁皮柜的钥匙由考务部门负责人掌握。考务部门负责人不能同时担任保密员。铁皮柜的加封、开封须在两名保密员同时在场的情况下由考务部门负责人本人操作。保密室的钥匙由保密员掌握。

4. 保密室在存放试卷期间必须保持每天 24 小时都有两名保密员同时在场。

5. 保密室内不准吸烟、饮酒、娱乐。

6. 使用电器必须有安全防火措施。

三、试卷交接的规定

1. 区县考试机构按规定时间持介绍信和《领取试卷凭证》（一式两联）到指定地点领取试卷。

2. 考试院各招考办工作人员按凭证上注明的数量发放试卷。

3. 试卷清点领取结束后双方都要在《领取试卷凭证》上签字，各存一份。

4. 区县考试机构领取试卷后立即送本机构保密室，由保密员和考务人员共同核对科目、数量，入柜加锁贴封后在《领取试卷凭证》上签字。

5. 从区县考试机构保密室考前领取及考后送回试卷，按区县考试机构的规定办理。

6. 考点保密室考前向监考员发放试卷及考后收回试卷，按区县考试机构的规定办理。

7. 区县考试机构须按规定时间将考后试卷送交指定阅卷地点并按阅卷点的规定办理交接手续（包括取回试卷及成绩）。

附件四

考试材料的格式

一、试卷袋

1. 须用质地坚韧的150克牛皮纸制作，中间接缝上端开口，“起墙”高度为3厘米左右。

2. 试卷袋宽24.5厘米，长32.5厘米（不含袋舌），袋舌高8厘米，袋舌顶部宽20厘米，试卷袋背面和袋舌上各有一个圆形卡片，直径为2.5厘米，袋舌卡片连接小线的线长为35厘米。

3. 试卷袋正面大字标题说明考试年份及考试类别科目，在明显处注明本袋试卷的考试时间及阅卷用的其他标识等，右下方印有“北京教育考试院监制”字样。

二、答题卡袋

1. 须用质地坚韧的150克牛皮纸制作，中间接缝上端开口。

2. 答题卡袋宽17.5厘米，长22厘米（不含袋舌），袋舌高3.5厘米，袋舌顶部宽15.5厘米。

3. 答题卡袋正面注明考试年份及科目名称，印有供监考人员签字和填写本考场首末位准考证号（座位号）及缺考考号的表格，右下方印有“北京教育考试院监印”字样。

三、封头纸

1. 须用质地坚韧的150克牛皮纸印制。

2. 封头纸宽26厘米，长19厘米，封头纸下端密封线与顶端距离为4厘米，两端各留2.5厘米宽的抹胶水处。

3. 封头纸正面应印有密封注意事项，并标出打孔位置、穿线轨迹及胶水涂抹面。

四、考场记录表

1. 用16开70克凸版纸。

2. 考场记录表内容包括：考试科目、科类号、考场号、应考人数、实到人数、缺考人数、缺考人准考证号、考场情况（有无违反考场纪律情况，原因及处理过程）、监考员签字、考点负责人签字等。

3. 填表说明：(1) 此表由监考员认真填写，随试卷交区县招办。(2) 区县招办按考点顺序分科汇总装订成册。

五、试卷、答卷袋密封签

1. 用20克硫酸纸。

2. 试卷、答卷袋密封签宽8.5厘米，长24厘米，印有宽6厘米、长21.5厘米方框。

3. 试卷密封签共4张，考前试卷袋上封一横一竖，字为红色；考后密封时用一横一竖，字为黑色；密封签方框内字样为三行，第一行字样为“年度＋考试种类”，第二行字样为“试卷袋密封签”，第三行字样为“北京教育考试院监制”。

六、答题卡袋密封签

1. 用20克硫酸纸。

2. 密封签宽8.5厘米，长17.5厘米，印有宽5.5厘米、长13厘米方框。

3. 答题卡袋密封签方框内字样为三行，第一行字样为“年度＋考试类别”，第二行字样为“答题卡袋密封签”，第三行字样为“北京教育考试院监制”。

附件五

试卷装订密封的办法

一、试卷Ⅰ和草稿纸

收齐清点无误后只做简单装订，不密封。

二、试卷Ⅱ

1. 按考生准考证号（座位号）的顺序码放整齐，小号在上，大号在下，缺考号和空号的试卷要放在相应的缺、空位置，不能漏放和错放。

2. 装订前要由主考指定的考务员复核。

3. 在复核并码齐的本考场试卷Ⅱ本正面放好封头纸（字面向上），按打孔位置穿孔用小线装订；然后由监考员签字交主考验收并签字，再在规定的位置涂抹胶水，将封头纸反折过来粘在试卷本上。试卷封好后放入原来的试卷袋内，绕好线绳，用长密封签一横一竖加封。

三、答题卡

1. 按考生准考证号（座位号）的顺序码放整齐，小号在上，大号在下，缺考号和空号的答题卡要放在相应的缺、空位置，不能漏放和错放。

2. 将复核后的本考场答题卡装入答题卡袋中，监考人员填写答题卡袋正面的有关表格并按要求签字后用短密封签加封。

四、密封后的工作

试卷Ⅱ和答题卡在密封后即交考务员，考务员验收后即交保密室，由保密室按保密规定封存。试卷Ⅰ和草稿纸也同时交保密室保存。

附件六

考试实施过程中的规范化用语

1. 考前20分钟（第一科前移10分钟）

·现在请考生入场。

·请考生出示准考证（身份证、军官证），经监考员核对后进入考场，对号入座。

·请进入考场的考生注意：

将准考证（身份证、军官证）放在课桌的右上角并与课桌上的座位号核对，再次确认是否是自己考试的座位。

·课桌上只允许放置考试必需的文具。不允许使用涂改液、胶带纸，不允许携带任何通讯工具。

·请考生遵守考试纪律、按《考生应试守则》参加考试。

（第一科宣读《考生应试守则》）

2. 考前15分钟

·现在请监考员当众举起试卷袋。

·现在启封试卷袋。

·现在分发答题卡和草稿纸，请考生注意答题卡不能有破损、褶皱、污迹。

·现在请用钢笔或圆珠笔在答题卡姓名栏内填上姓名，在准考证号栏内填上准考证号。然后用铅笔涂黑本考场科目名称对应的信息点，涂黑准考证号码对应的数字信息点。

·请你注意“正确填涂”的示例。

·请你注意所用答题卡上题目编号的排列顺序。

3. 考前5分钟

·请大家把笔放好，现在由监考员发放试卷。

·本场考试科目为＊＊＊＊，试卷分为卷Ⅰ和卷Ⅱ，考试时间从＊＊点到＊＊点。

·拿到试卷后请考生核对：

试卷Ⅰ从第——页至第——页，从第——道大题至第——道大题；

试卷Ⅱ从第——页至第——页，从第——道大题至第——道大题。

·请检查试卷是否有空白、污损、字迹不清等问题，如有问题请举手说明。

·请用钢笔或圆珠笔在试卷Ⅱ的指定位置填写准考证号（座位号）、姓名等内容。

·注意密封线外不要做其他标记，否则评卷时扣分，填写完毕请考生放下笔，开考信号发出前不要动笔答题，否则按违反考场纪律处理。

·做试卷Ⅰ时，须用铅笔将答案填涂在答题卡上，在试卷Ⅰ上答题一律不计成绩。

·做试卷Ⅱ时，须用蓝色或黑色墨水的钢笔、圆珠笔在卷面上直接作答，不能使用红色墨水笔答题，不能使用涂改液、胶带纸，否则不计成绩或按在试卷面做标记扣分。

4. 统一发出开考信号后

·现在开始答题。

5. 考试结束前15分钟，由监考员口头宣布：离考试结束还有15分钟。

6. 考试结束信号发出后

·请考生立即停止答卷，从上到下依次将答题卡、试卷Ⅱ、试卷Ⅰ、草稿纸整好，平放在课桌上（广播两遍）。

·请考生注意：

待监考员收齐试卷并示意后方准离开考场，考生将试卷、答题卡、草稿纸带出考场，考试成绩无效。

附件七：

监考工作的标准程序

考试时间	工作要点	工作内容
考前30分钟（第一科开考再提前10分钟）	监考员到考务办公室报到	1. 听取主考指示。 2. 按规定办法确定监考考场。 3. 核准钟表时间。 4. 主监考员准备领取试卷，副监考员准备去考场。
考前20分钟	领取试卷； 组织考生进场	1. 主监考员领取试卷，核对试卷上的考试科目、考试时间、考场号、办理领取手续后集体离开考务室去各自监考的考场。 2. 副监考员组织考生进考场，检查考生准考证上的照片是否与本人相符，检查准考证与身份证（军人证）上的照片是否相符，检查考生准考证上的考场号是否与本考场一致。 3. 首场考试提醒考生收听（或向考生宣读）《考生应试守则》及注意事项。
考前15分钟	启封试卷袋；分发答题卡；在黑板上注明试卷题目、编号及考试时间	1. 主监考员当众举起试卷袋，并宣布（或听从广播指挥）“现在启封试卷”，启封后两名监考员随即核对袋内试卷科目、份数及考试材料的份数是否与试卷袋上注明的一致。 2. 副监考员随机向考生发放答题卡、草稿纸。 3. 主监考员提醒考生答题卡填涂注意事项及答题卡上题号的排列顺序。 4. 副监考员在黑板上注明本科目试卷的页数及题目数量。 5. 检查考生是否按要求填涂答题卡。
考前5分钟	分发试卷、草稿纸	1. 两名监考员同时分别向考生分发试卷Ⅰ和试卷Ⅱ。 2. 主监考员指导考生填写姓名、准考证号（座位号）等内容，并提醒考生将试卷Ⅰ的答案填涂在答题卡上，将试卷Ⅱ的答案直接答在卷面上。 3. 副监考员注意观察不要让考生提前答题。
开考信号发出，考试开始	宣布开始答题	1. 主监考员宣布“现在开始答题”，站在前台监考。 2. 副监考员逐一检查考生在卷Ⅱ和答题卡上填写（涂）的内容是否完整、是否与准考证上的内容一致。
考试开始15分钟	停止考生入场	1. 停止迟到的考生入场。 2. 副监考员在考场记录上填写缺考考生号及相关内容。 3. 副监考员在缺考及空号试卷上填写考号，并在卷首总分处填上“缺考”或“空号”字样；在缺考或空号的答题卡上用钢笔或圆珠笔填上准考证号，并用2B铅笔涂黑相应的准考证号涂点及考试科目名称、缺考标记。自考还须填、涂缺考违纪卡。 4. 考务员开始在备用试卷上加盖“备用试卷专用章”。

续前表

考试时间	工作要点	工作内容
考试开始30分钟后	准许考生离开考场	主监考员对准备提前离开考场的考生要先核对发给该生的试卷及考试材料数量无误、准考证号填写无误后再准其离开考场。
考试过程	轮流站立； 核对身份	1. 两名监考员应保持一名监考员在前台站立监考。 2. 主监考员须适时再逐一核查一遍考生本人的相貌与准考证（身份证、军人证）上的是否相符。 3. 副监考员须再逐一检查一遍考生在试卷Ⅱ、答题卡上填写（涂）的准考证是否与准考证上的一致。
考试结束前15分钟	提醒考生考试时间	主监考当众提醒考生“距考试结束还有15分钟”、“请考生检查是否将试卷Ⅰ的答案填涂在答题卡上”。
结束信号发出、 考试时间结束	终止考生答题； 收卷及考试材料核对； 宣布考生退场； 填写考场记录	1. 主监考员宣布考试结束，考生停止答卷；要求考生将试卷排列好，依次为答题卡、卷Ⅱ、卷Ⅰ、草稿纸，要求考生坐好等待收卷。 2. 副监考员开始收卷（要做到四收：一收答题卡；二收试卷Ⅱ；三收试卷Ⅰ；四收草稿纸。）小号在上，大号在下。注意核对试卷Ⅱ卷头准考证号与考生座位号是否相一致并核对试卷页码的顺序。主监考员注视全场，维持秩序。 3. 收完试卷、清点核对后，宣布考生退场。 4. 两名监考员共同复查考场记录。 5. 将答题卡、试卷Ⅱ、试卷Ⅰ按准考证号顺序检查一遍，清查考场，关窗锁门。 6. 监考员携带试卷、答题卡、草稿纸等到考务室装订密封并交主考验收。

附件八：

考场偶发事件的处理办法

序号	偶发事件	处理办法	
		监考员	考点主考
1	考生忘记带或遗失了“准考证”（身份证或军官证）。	会考、高考、成考：先验证考生相貌，若与准考证存根上照片相符，可先安排考生进场考试，要求考生下一科考试时带来，将情况报告考点主考。中考：要求领队确认。自考：不得进场考试。	掌握无“准考证”进场应考的考生情况，及时报告区县考试机构。
2	考试中发现考生相貌与准考证（身份证或军官证）上的照片不符。	立即将情况报告主考。该科考试结束以后将考生带到考点办公室，由主考处理。	核实情况，确系代考，填写《违纪考生登记表》，报告区县考试机构。
3	主监考员领取试卷时发现试卷袋口或密封有异常迹象。	立即报告考点主考并调换备用试卷。	与监考员共同将异常情况记录在案后，监考员换备用试题袋，主考应负责查明原因，立即逐级上报。
4	试卷启封时发现有内装试卷与所考科目不符或混装、错装。	立即装回原试卷袋内。通过场外机动监考员向考点主考报告，安排考生在考场等候。	请示区县考试机构，启用备用试卷；另派未接触装错科目试卷的机动监考员接替该监考员工作；对原监考员采取隔离措施，直到错装试卷科目考完为止。

续前表

序号	偶发事件	处理办法	
		监考员	考点主考
5	试卷启封后发现有缺页、漏印、重印、损坏等无法使用的情况。	在本考场无法调整的情况下，向考点主考申请动用备用试卷。记住所耽误的考试时间。	先核实情况，用备用试卷补齐，然后立即请示区县考试机构。
6	因试卷印刷字迹不清，考生提出询问。	如个别试卷字迹不清，可参阅备用试卷，并当众答复（声音稍大些），如整个考场考生试卷同一处或几处的字迹不清，则立即通过场外机动监考员请示考点主考。	参阅试卷，如整个考点出现同样问题，立即请示区县考试机构。
7	开考后发现部分试卷混装、错装，与所考科目不符。	将这些试卷收齐，清点后当场密封，同时通过场外机动监考员请示考点主考。	请示区县考试机构，动用备用试卷。将错发试卷密封保存保密室，并对接触错发试卷的人员立即隔离，其中考生下科考试单独进行，直到失密科目开考。
8	试卷中发现试题明显错误且无勘误表。	不作回答，通过场外机动监考员请示考点主考。	将情况报告区县考试机构，得到更正通知后及时更正，在未得到更正通知前暂不处理。
9	考试中个别考生的考试用具发生问题。	考生不离座。监考员采用适当的方式协助解决。	考前适当地准备墨水及答题用笔等文具。
10	考生坐错位置。	要求考生回到自己的座位就座。	
11	考试中发现考生将规定外的东西带入考场。	如实记入《违纪考生登记表》。	核实情况后在《违纪考生登记表》签上字。
12	同一科目，发现考生两次抢答或拖答。	第一次抢答当众警告，第二次抢答及拖答，记住抢答及拖答的题目，答在什么地方，答的内容文字，如实记入《违纪考生登记表》，并报告主考。	处理同上。
13	发现考生抄袭、偷看、传递、夹带等舞弊行为。	1. 如属个别考生，则立即制止，并如实记入《违纪考生登记表》，考试结束后，将考生连同违纪证据送到考务室。 2. 如发生较大面积的舞弊事件，则应全力制止，并立即通过场外机动监考员报告考点主考。 3. 如发现泄密，立即通过场外机动监考员报告考点主考。	1. 处理同上。 2. 组织力量调查，并立即将情况报告区县考试机构。
14	考试期间需要向考生传达有关通知。	按要求原原本本向考生传达。	召开考点有关人员会议，形成文字通知，分头传达到考场的监考员。
15	考生发生晕场、疾病的情况。	通过场外机动监考员报告考点主考。	指挥和监督就地治疗或送至就近医院治疗。如果开考还不到30分钟，则实行隔离治疗。
16	考场内部发生喧哗。	予以制止、记录，通过场外机动监考员报告考点主考。	立即组织工作人员予以制止并报告区县考试机构。

续前表

序号	偶发事件	处理办法	
		监考员	考点主考
17	考生在试卷上书写的姓名、准考证号（座位号）均与考生本人准考证不符。	该科考试结束后，将其带到考点办公室，向主考说明情况。	核实情况，记录在《违纪考生登记表》并报区县考试机构。
18	考生无意弄脏或损坏试卷、答题卡、要求更换。	开考前向主考申请备用试卷和答题卡。开考后，不再更换。	核实情况，动用备用的试卷、答题卡并如实记录。
19	考生带走试卷、答题卡或草稿纸。	未出考场，立即予以收回；已离考场，尽量追回并立即报告考点主考。	组织力量，设法追回。记录在《违纪考生登记表》并报区县考试机构。

附件九：

高等教育自学考试的补充规定

一、关于考点设置

第十二条 自学考试考场不注明起讫准考证号。

第十三条 要求考场内课桌桌口朝前。

二、关于试卷与考试材料的印制格式

第十九条 试卷袋内试卷份数定为30、20、10份三种规格。

第二十条 自学考试不分卷Ⅰ、卷Ⅱ，均按试卷Ⅱ有关办法执行。

第二十二条 考前试卷密封签字样按考试单元分别为红、紫等颜色。

三、关于考试实施

第二十六条 自学考试各科考试准备时间均不前移。

第二十八条 不对照准考证存根。

第二十九条 各单元开考前均要宣读《考生应试守则》。

第三十八条 开考15分钟后，考务工作人员将各考场多余的试卷收齐并交考务办公室，无须加盖缺考、空号章。

第四十二条 只装订有效试卷，装订时不使用备用卷，使用衬纸。

第四十八条 自学考试的备用卷，每科每区县1袋（有30、20、10份装）。

附件十：

考生应试守则

1. 考前20分钟（第一科提前10分钟）考生持准考证等有关证件进入考场。

2. 开考15分钟后不得进入考场，开考30分钟后经获准方可离开考场。

3. 考生进入考场只准携带规定的考试用具，不准携带任何通讯工具，不准随身夹带文字材料及其他与考试无关的物品。

4. 进入考场后按准考证号（座位号）入座，将准考证及证件放在桌子右上角。

5. 按要求在试卷及答题卡上的指定位置填、涂准考证号（座位号）、姓名等有关内容。

6. 开考信号发出后才能答题。

7. 不得在试卷的密封线外或答题卡上规定的位置以外答题，不得使用红色笔或铅笔（除画图或填涂答题卡外）答题，不得使用涂改液、胶带纸，不得在试卷上做其他任何与答题无关的标记。

8. 在考场内须保持安静，不得吸烟、喧哗，自觉遵守考试纪律。

9. 考试中不准交头接耳、左顾右盼，不准打手势做暗号、不准偷看、抄袭或有意让他人抄袭，不准传抄答案、交换试卷、答题卡、草稿纸等。

10. 考生提问须先举手，经监考员同意后轻声提问。对试卷有疑问只限于印刷字迹不清、缺页、漏页、卷面破损及污染等情况。

11. 考试结束前要离开考场的考生须先将答卷及答题卡反扣在桌面上，再举手提出，经监考员允许后才准离开考场，离开后不准在考场附近逗留。

12. 考试结束信号发出后，考生须立即停笔，并将答卷和答题卡反扣在桌面上，静候收卷。待监考人员收齐答卷检查无误发出指令后，考生才准离开考场。

13. 考生不得将试卷、答题卡、草稿纸等考场上所发的任何考试材料带出考场。

14. 对违反应试守则的考生，按照《北京教育考试违规行为处理暂行办法》及有关规定处理。

北京教育考试院关于举办2002年成人高校招生咨询活动的请示

京考办［2002］1号

林文漪副市长：

为面向广大考生及社会各界宣传教育部今年有关成人高校招生的方针、政策及本市的具体规定，帮助考生全面了解成人高等教育的办学特点、专业设置等情况，指导考生合理选报学校和专业，拟于2002年3月3日（星期日）9:00—16:00在北京市地坛公园举办成人高校招生咨询活动。预计将有100余所中央部委、市属成人高校参加，前来咨询的人数约为5万～6万人。为保证咨询活动的顺利进行，请您批转公安、交通等有关部门给予支持和协助。

妥否，请批示。

二〇〇一年十二月三十日

关于《北京教育考试考务管理规定（暂行）》执行中若干具体问题的补充说明

京考科［2002］3号

各区县考试中心（中招办、高招办、会考办、自考办、成招办），社会各考点，院内各处室：

2001年12月20日，北京教育考试院制定了《北京教育考试考务管理规定（暂行）》，并下发了京考办［2001］22号通知。今年初的几次考试都认真执行了本规定，但在考试具体操作过程中也发现规定中若干具体问题仍需进一步明确，以利组考。现将有关问题补充说明如下。

一、文件第四页第十三条补充“考生座号应从讲台（监考员面对考生时）左侧的第一个座位贴起，纵向S型排列”。

二、规定中第六页第五行“主监考员到考务办公室领取本考场试卷……”与第二十页倒数第四行“考点保密室考前向监考员发放试卷……”不很明确。现统一明确为：“应由两名保密员将试卷送到考务办公室，主监考员按手续领取。”

三、规定中第六页倒数第三行“主监考员向考生宣布考试科目……并清楚地写在黑板上”与第二十七页倒数第三行“副监考员在黑板上注明……”不一致。现统一明确为：“主监考员在黑板上注明试卷的科目、页数、题目数量及考试时间。”

四、文件第六页第三十一条补充“凡用广播播出试卷的科目、页数、题目数量及考试时间的应由考务员（两名）按照统一规定的时间（考前15分钟）到距广播室最近的考场在试卷袋拆封后将有关内容抄好后送广播室播出，未经批准不得拆封备用卷。”

五、规定中第八页第四十一条“将各自的试卷按页码顺序整理好，反扣在自己的桌面上”与第二十六页倒数第四行“……草稿纸，平放在课桌上”不一致，现统一执行第二十九页第十四行的规定“要求考生将试卷排列好，依次为：答题卡、卷Ⅱ、卷Ⅰ、草稿纸，坐好等待收卷。”

六、规定中第九页第五行规定“试卷Ⅱ和答题卡在密封前都要由主考指定的考务员复核签字”，现取消“签字”两字。

七、规定中第十五页第十一行“监考员应阻止没有佩带巡视证、主考证、联络员证的人员进入本考场”，改为“监考员应阻止没有佩带巡视证、主考证、副主考证、监考员证、联络员证的人员进入本考场”。

八、规定中第二十七页倒数第十二行“主监考员当众举起试卷袋”改为“主监考员要当众举起试卷袋”。

九、规定中第二十八页第一行“考前5分钟分发试卷、草稿纸”，应为“考前5分钟，分发试卷”。

对今年各类考试组考过程中需要统一协调的其他具体问题，在年底修订考务管理规定时一并考虑。

二○○二年四月一日

关于继续举办成人高等教育预科班的请示

京考成招［2002］1号

教育部学生司：

根据教育部《关于做好一九八八年各类成人高等学校招生改革试点工作几点意见》（88教高三字002号）通知的精神，北京市成人高校自1988年开始举办预科班。十四年来，共招收预科生15 000余人，为高校输送了一大批合格的新生，取得了良好的效果。

为保证预科生的质量，我们采取有力的措施加强管理。一是实现了“三个统一”。既统一教学大纲和教学计划，统一教材，统一考试。二是抓好预科班制度建设，制定了《北京市成人高等学校预科班管理规定及办法》、《预科生管理规定》等，保证了教学质量和教学秩序，大多数学生经过预科学习提高了文化水平，为进入高校学习奠定了良好的基础。

实践证明，举办预科班是注重培养在职从业大龄青年，缓解其升学压力的有效措施。特别是随着我国终身教育的发展，报考条件的放宽，成人教育出现了低龄化的趋势，大龄青年接受高等教育依然需要特殊政策给予支持，以适应经济建设的需要。因此，继续举办预科班具有一定的现实意义。

根据以上实际情况，我市拟于2002年继续举办成人高等教育预科班。

以上意见妥否，请批示。

二○○二年一月十六日

关于印发《2002年北京市成人高等学校招生规定》的通知

京考成招［2002］2号

各有关成人高等学校、各区县成人教育招生办公室：

现将《2002年北京市成人高等学校招生规定》印发给你们，请遵照执行。

二〇〇二年一月二十五日

附：

《2002年北京市成人高等学校招生规定》

第一章　总则

第一条　为有利于成人高等教育的改革和发展，加强北京市成人高等学历教育的宏观管理和监督，保证新生的入学质量，使成人高等学历教育更直接有效地为社会主义建设服务，根据教育部《关于做好2002年全国成人高校招生工作的通知》（教学［2002］2号）文件的精神，结合北京市的实际情况，特制定本规定。

第二条　本规定所称成人高等学校包括经教育部审定核准的广播电视大学、职工高等学校、职业技术学院、农民高等学校、管理干部学院、教育（教师进修）学院、独立设置的函授学院和普通高等学校成（继）教院。

第三条　成人高等学校招生计划按有关规定和批准程序纳入国家成人高等教育事业计划后方可招生。

第四条　成人高等学校实行全国统一招生。由教育部颁布复习考试大纲，统一组织命题，确定考试时间，制定试卷评分标准，本、专科层次招生的最低控制分数线由北京教育考试院根据本、专科层次招生计划规模提出，专科层次的最低控制分数线经北京市政府批准后确定；本科层次的最低控制分数线需报教育部批准后才能执行。

第五条　2002年北京市成人高等学校招生工作全部实行计算机网上录取，分为现场局域网和远程广域网两种形式。

第六条　北京教育考试院成人教育招生办公室组织招生考试工作，并组织招生学校进行新生的录取工作。

第二章　招生机构及其职责

第七条　在北京市高等学校招生委员会、北京市教育委员会领导下，设立北京教育考试院成人教育招生办公室（以下简称“考试院成招办”）区县成人教育招生办公室（以下简称“区县成招办”），配备专职干部；各成人高校要设立招生办公室，配备专职干部。

第八条　考试院成招办的职责：

（一）执行教育部有关成人高校招生方针政策和工作规章，按下达的招生计划并结合本市的实际情况制定具体实施办法；

（二）编制并公布招生专业目录，组织本市考生报名工作并负责审查考生的报名资格，组织考试、阅卷、录取；

（三）组织实施成人高等学校招生改革试点工作；

（四）保护考生和招生工作人员的正当权益，查处违纪舞弊事件；

（五）审核学校提出的新生录取名单；向教育部提供当年成人高等教育新生的有关数据；

（六）组织并督促招生学校对录取的新生进行复查；

（七）开展招生、考试的宣传和科学研究工作。

第九条 各区县成招办的职责：

（一）执行教育部有关成人高等学校招生方针政策和工作规章及考试院成招办的有关补充规定，结合本区的县实际情况制定具体实施办法；

（二）组织本区县考生报名工作并负责审查报名资格；

（三）核对考生的报名信息，建立考生档案工作；

（四）组织考生考试，保护考生和工作人员的正当权益，查处违纪舞弊事件，及时上报考试院成招办；

（五）组织核对并发放考生成绩，对考生提供查分服务；

（六）接待考生咨询和群众信访工作；

（七）开展招生、考试的宣传和科学研究工作。

第十条 成人高等学校有关招生工作的职责：

（一）执行教育部有关招生方针政策和工作规章及考试院成招办和学校主管部门的补充规定；

（二）执行招生计划并按规定向考试院成招办报送录取新生名单，经审批后，向考生发放录取通知书；

（三）对录取的新生进行复查；

（四）应由招生学校做的其他工作。

第三章　招生计划

第十一条 成人高等教育招生计划实行国家宏观指导，总量调控，中央和省、部两级管理、分级负责的管理体制。按隶属关系负责审核制定学校的招生计划总数。

第十二条 考试院成招办按北京市教育委员会下达的市属招生计划组织招生；按教育部批准的专科起点本科以及部委属院校或外埠地方院校高中起点本、专科在京招生计划组织招生。

未经北京市教育委员会或教育部批准的一律不予组织招生。

第十三条 考试院成招办根据北京市教育委员会和教育部下达的生源计划数编制北京地区招生专业目录，报名前向考生和社会公布，未向社会公布的院校及专业不得安排招生。

第十四条 在录取新生时，按计划部门调整后的计划执行。录取结束后，将实际执行计划情况上报北京市教育委员会、北京市高等学校招生委员会和教育部。

第四章　报　名

第十五条 符合以下条件人员可以报考：

一、坚持四项基本原则，遵纪守法，品德良好。

二、在职、从业人员，国家承认学历的各类高、中等学校在校生（不含中等职业学校的应届毕业生）以外的社会其他人员。

三、中等职业学校的应届毕业生可报考成人高等院校的高等职业技术教育专业（以下简称“高职”）。

四、高中起点本、专科考生应具有高中毕业文化程度。报考大学专科起点本科（以下简称“专升本”）的考生必须是已取得经教育部审定核准的国民教育系列高等学校或高等教育自学考试机构颁发的大学专科毕业证书的人员。

五、身体健康；符合上述报考条件，生活能自理，能坚持学习的残疾人均可报考。

第十六条 报考高中起点本、专科专业的考生，须具有高中毕业文件程度，以同等学力报考者，年龄须满 19 周岁（1983 年 8 月 31 日以前出生）。

第十七条　报名时间：3月10日至3月17日。

第十八条　报名办法：报名期间各区县成招办设报名站。

考生在招生简章公布的报名日期内到户口所在地的区、县成招办办理报名手续。没有北京市户口而又确需在京参加报考和学习的人员，到在京临时工作单位（或居住）所在地的区、县成招办报名。

报考专升本的考生就近到东城区、西城区、崇文区、宣武区、朝阳区、海淀区、丰台区、石景山区成招办办理报名手续。

报考高中起点中医药类的考生到东城区成招办报名。

报考专升本、高中起点本科各专业和外语、外贸、外经专业的专科需加试日语、俄语的考生，到宣武区成招办报名。

报考"3+2"考试科目设置改革的公安部所有公安类院校，司法部属中央司法警官教育学院举办监狱管理、劳教管理专业的考生和报考北京市计划劳动管理干部学院机械制造工艺及设备专业、汽车检测与维修专业、工业电气自动化专业、计算机网络专业的考生到朝阳区成招办报名。

享受运动员加分照顾政策的考生，到崇文区成招办报名。

全国劳动模范、优秀运动员享受免试入学政策的考生，可在3月18日至20日到考试院成招办报名。报名时考生须持本人居民身份证（在京临时工作的还需持在京暂住证）。

报名手续必须由考生本人办理。

报考艺术类、体育类、高职、专升本需参加专业课加试的考生，除到区县成招办报名参加文化课考试外，还必须在3月19日前持"报名复核单"到第一志愿学校参加专业加试报名。报考专升本的考生，必须携带经教育部审定核准的国家教育系列高等学校或高等教育自学考试机构颁发的大学专科以上毕业证书原件和复印件。报考师范类专升本的考生还须携带本人工作证。

符合照顾加分条件应附相应的原件及复印件一张（如获多种称号，只附一件级别最高的原件及复印件），在报名时由区县成招办确认，过期不予办理。

考生报名时可以在《2002年北京市成人高等学校招生专业目录》中选报志愿学校。

文史类、理工类、西医类、中医药类以及高职不得兼报，报考外语类可以兼报文史类专业，但文史类不得兼报外语类专业。艺术类、体育类专业必须填在"艺术类、体育类志愿栏"；报考艺术类专业，可以兼报文史类专业；报考体育类专业，可以兼报理工类专业。专升本专业只能在考试科目相同的专业中兼报。

第十九条　第二专业专科学历教育（以下简称"二学历"）报名

报名时间：3月10日至17日

报名办法：考生到所报招生院校办理报名手续。

报名时须持本人居民身份证（在京临时工作的还需持在京暂住证），必须交验经教育部审定核准的国民教育系列高等学校或高等教育自学考试机构颁发的大学专科以上毕业证书原件和复印件。交近期同一底版正面免冠一寸照片一张；交纳报名费及证书审定费。

报名手续必须由考生本人办理。

第五章　考　试

第二十条　高中起点本、专科各专业考试科目：

高中起点本科及外语（外经外贸）类专科考试均为6门，其中外语分英语、日语、俄语三个语种由考生任选一种，考试成绩不计入总分。专科层次中的非外语（外经外贸）类均考5门，不考外语。每门满分150分。各科类考试科目如下：

（一）文史类：政治、语文、数学（文）、外语、历史、地理。试题均由教育部统一命制。

（二）理工类：政治、语文、数学（理）、外语、物理、化学。试题均由教育部统一命制。

（三）高职类：政治、语文、数学及两门专业课，其中，政治、语文、数学实行全国统考，试题由教育部统一命制。两门专业课的考试安排（不含“3+2”考试科目改革试点院校和专业），由考试院成招办统一组织。

报考高职的考生凡获得国家劳动和社会保障部统一印制、北京劳动和社会保障局颁发的技能鉴定证书和教育部考试中心颁发的全国计算机等级考试证书（二级以上）、全国计算机应用技术考试证书（NIT）、全国公共英语等级考试证书（一级以上）、北京市财政局颁发的会计证书、剑桥英语五级证书考试（MSE）PET以上等人员，经招生学校认定，可以实行免试相应专业课的办法。

（四）实行“3+2”考试科目改革试点用以招收专科层次新生的院校，3门公共课试题由教育部统一命制，2门专业课分别由卫生部、国家中医药管理局、司法部、劳动和社会保障部、公安部组织命题。考试科目如下：

1. 医疗、高护、西医各类专业：政治、语文、数学（理）、医学基础、医学临床。

2. 中医药各类专业：政治、语文、数学（理）、中医基础学、中药学。

3. 司法部属中央司法警官教育学院开设的监狱管理、劳教管理专业：政治、语文、数学（文）、监狱（劳教）基础、狱政（所政）管理。

4. 劳动和社会保障部委托北京市计划劳动管理干部学院开设的机械制造工艺及设备专业、汽车检测与维修专业：政治、语文、数学（理）、机械基础、机械制造 工艺基础；工业电气自动化专业、计算机教育专业：政治、语文、数学（理）、电工基础、电子技术基础。

5. 公安类院校各专业：政治、语文、数学（文）、警察法学教程、公安学基础理论。

（五）高等艺术院校艺术类专业加试的专业课由招生院校自行命题并自行组织考试，非高等艺术院校艺术类专业加试的专业课由考试院成招办组织进行。

第二十一条　专升本考试科目：

专升本考试科目均为4门，即2门公共课、1门专业基础课、1门专业课。每门满分均为150分。外语试题分英语、俄语、日语三个语种。

专升本分为师范类（系指普通中学教师和各中等学校普通课教师）和非师范类（系指考生为普通中、小学教师以外其他学校教师和非教师）。

公共课和专业基础课分别为：

（一）师范类专升本：

理工类（一）：外语、教育理论、高等数学（一）；

理工类（二）：外语、教育理论、高等数学（二）；

文史类：外语、教育理论、大学语文；

艺术类：外语、教育理论、艺术概论。

（二）非师范类专升本：

理工类：政治、外语、高等数学（一）；

经济（管理）类：政治、外语、高等数学（二）；

文史、外语、中医类：政治、外语、大学语文；

法学类：政治、外语、民法；

艺术类：政治、外语、艺术概论。

上述科目实行全国统考。除民法由司法部组织命题，日语、俄语由考试院成招办自行组织命题外，其他的均由教育部统一命题。专业课的考试安排由考试院成招办组织。

师范类专业（除外语类专业外）考生的外语科目成绩以其卷面分数的60%计入总分。

第二十二条　各科命题范围不得超出教育部颁发的相应科类复习考试大纲。

第二十三条　全国成人高等学校招生统一考试定于5月11日、12日进行。专业课于5月19日前进行，具体时间由招生学校确定。

第二十四条　统考时间：

高中起点本专科考试时间表

时间＼日期	5月11日	5月12日
9:00—11:00	语文	数学
14:00—15:40	政治	化学 历史 医药临床 中药学 狱政（所政） 管理学 机械制造 工艺基础 电工基础 公安学基础理论
16:20—18:00	物理 地理 中医基础学 医学基础 监狱（劳教）基础 机械基础 电子技术基础 警察法学教程	外语

专科起点本科班考试时间表

时间＼日期	5月11日	5月12日
9:00—11:30	政治 教育理论	语文
14:00—16:30	大学语文 高等数学（一） 高等数学（二） 艺术概论 民法	

第二十五条　考生须携带准考证、居民身份证在规定时间到指定的地点应试。

第二十六条　考试工作规则执行原国家教育委员会颁发的《普通、成人高等学校本、专科招生全国统一考试工作规则》（教试［1991］3号）及北京教育考试院颁发的《北京教育考试考务管理规定（暂行）》（京考办［2001］22号）。

第二十七条　统考科目命题按教育部2000年6月颁布的复习考试大纲的要求为准。阅卷工作由考试院成招办统一组织；专业课考试科目命题、阅卷、发布成绩由招生学校负责。

考生成绩通知本人，不公布，不查卷。

第六章　录　取

第二十八条　2002年北京市成人高校招生工作全部实行计算机网上录取。为减小网上录取工作的复杂性，成人高校招生不再进行对已录新生流失后的补录工作，录取工作于9月10日前结束。招生院校可视往年已录新生的流失情况和上线生源情况，在5月27日前提出超录比例（或人数），其中本科层次超录的比例最高不得超过已公布招生计划的5%，经考试院成招办审核后按招生规定执行。上线生源不足的招生院校不得超录。

第二十九条　考试院成招办在本市专科层次招生计划总额度内拟定本市专科层次招生的最低控制分数

线，报北京市高等学校招生委员会批准后执行；本科层次招生的最低控制分数线报教育部批准后执行。录取工作根据招生计划和生源情况对成人高等学校招生录取分批次进行。

第三十条 录取工作实行“学校负责、招办监督”的录取体制，即在符合成人高校招生报名条件、考试成绩达到投档分数线的考生中，由招生院校根据“从高分到低分择优录取”的原则，决定考生录取与否和录取的专业，同时负责对遗留问题的处理。考试院成招办在录取时根据国家招生政策对招生院校录取名单进行审核，对其录取工作予以监督，对不符合招生政策的情况予以纠正。

各招生院校也要发挥校内纪检、监察部门的作用，加强校内自我监督，建立自我约束机制。

第三十一条 成人高等学校应严格按计划录取新生，未经计划部门的批准，不得对招生计划进行调整。学校确定的实际录取线不得低于本市的最低控制分数线。

体育类、艺术类各专业，本科最低控制分数线不低于本科最低控制分数线（艺术类专业扣除数学成绩）的70%，专科不低于专科的60%。

第三十二条 录取新生的工作采取由高分到低分（在最低控制分数线以上体育类、艺术类专业，一般按术科加试成绩；其他专业课加试成绩要求达到合格水平）择优录取的原则。录取新生时，既要重视考生的总成绩，又要注意与其报考专业相关科目的成绩。

成人高等学校不得录取“试读生”、“超前生”、“资格生”，不得招收教育部有关文件（88教高三字002号）规定的以外生源的预科生。

第三十三条 在录取工作中，由考试院成招办按照考生第一志愿向招生学校提供考生档案，由招生学校审查录取，录取名单由考试院成招办审核。招生学校按审批后的录取名单发放录取通知书。在最低控制分数线上的考生，第一志愿学校不能录取时，由考试院成招办根据考生的第二志愿进行调剂，学校之间不能自行转录。如第二志愿不能录取，对服从分配者，在报考条件及考试科目相同（或相近）专业中进行调剂录取；对不服从分配者，不予调剂录取。

录取中的遗留问题，由考试院成招办负责处理。

第三十四条 招生学校及其主管部门在京招生可指定代办单位，明确代办单位要认真负责地配合考试院成招办搞好招生工作。委托培养学生的单位不得参与录取工作，但可根据各地生源质量情况，向招生学校提出调整生源计划的要求。

第三十五条 录取照顾政策如下：

一、获得“全国劳动模范”、“全国先进工作者”称号。“全国‘五一’劳动奖章”获得者，经考试院成招办审核批准后，可免试入学。

二、奥运会、世界杯赛和世界锦标赛的奥运会项目前八名获得者、非奥运会项目前六名获得者；亚运会、亚洲杯赛和亚洲锦标赛的奥运会项目前六名获得者、非奥运会项目前三名获得者；全运会、全国锦标赛和全国冠军赛的奥运会项目前三名获得者、非奥运会项目冠军获得者。上述优秀运动员在出具省级体委人事部门的《优秀运动员申请免试进入成人高等学校学习推荐表》（该表由国家体育总局监制）后，经考试院成招办审核批准，可免试入学。

三、运动健将和武术项目武英级运动员称号获得者（须经省级体委人事部门审核并出具运动成绩证明），在考生考试成绩基础上增加50分投档（一级运动员称号获得者为30分），由招生院校审查录取。

四、符合下列条件之一的考生，在考生考试成绩基础上增加30分投档（专升本为20分），由招生院校审查录取：

（一）获得地、市级以上（含地市级）人民政府、国务院各部委及各省（区、市）厅、局系统、国家特大型企业授予的劳动模范、先进生产（工作）者及科技进步（成果）奖获得者。

（二）获得省级工、青、妇等组织授予“五一劳动奖章”、“新长征突击手”、“三八红旗手”称号者。

（三）人民解放军、武警部队、人民警察荣立三等功以上者。

（四）归侨、归侨子女、华侨子女、台湾省籍考生。

（五）烈士子女、烈士配偶。

（六）边疆、山区、牧区和少数民族聚居地区的少数民族考生、国防科技工业三线企业单位（地处地市以上人民政府所在地的除外）获得企业表彰的先进生产（工作）者。

（七）年满28周岁以上人员。

（八）报考农、林、地质、水利、矿业、测绘、监所、远洋运输、社会福利等艰苦行业的考生。

（九）获得区县级以上“见义勇为”荣誉称号的人员。

符合上述照顾条件的考生必须于报名时交验相应的原始证件。符合两项以上照顾政策的考生，其照顾分数不得累计。

第三十六条　根据本市的实际情况，制定有利于录取劳动模范、生产和业务骨干以及农村、乡镇企业考生的相应政策。

第三十七条　录取工作结束后，考试院成招办向北京市教育委员会和教育部上报当年录取的新生数，并向招生学校所在地毕业证验印部门提供当年录取的新生名单。

第三十八条　新生入学后，学校要对新生进行全面的复查，对于不符合报考条件和录取标准以及弄虚作假、违纪舞弊者，应取消其入学资格，报考试院成招办备案。

第七章　附　则

第三十九条　关于第二专业专科学历教育：

二学历招生录取工作由考试院成招办组织实施。

报名条件：报考第二学历的考生必须具有经教育部审定核准的国民教育系列高等学校或高等教育自学考试机构颁发的大学专科或本科毕业证书。

录取：二学历的招生由学校提出录取名单，经考试院成招办审批后录取。

二学历录取人数不占用学校当年的招生计划。

第四十条　关于预科生：

对属照顾而未达到录取分数线受表彰的各类先进人员和年龄在25周岁以上；以及特殊行业急需培养的在职业务骨干，达到预科班分数线的，经考试院成招办批准后，可作为预科生参加预科班，补习高中文化课一年。考试合格，经考试院成招办审批后，进入原报考的第一志愿学校（专业）学习。

第四十一条　对于违反招生管理规定或违反考试管理规定的，将依照有关规定进行处理。

附件：2002年北京市成人高校招生工作进度表

附件

2002年北京市成人高校招生工作进度表

日期	工作内容	参加单位
1月29日下午	全市成人高校招生工作会	招生院校
1月30日—31日	成人高校核对招生计划	招生院校
2月25日	刊登招生简章（北京日报）	考试院成招办
2月25日—28日	市招生报名工作培训会	区县成招办
3月1日	刊登招生专业目录（北京日报）	考试院成招办
3月1日上午	全市招生咨询活动预备会	招生院校
3月2日	广播电台招生咨询	部分招生院校
3月3日	全市招生咨询活动	招生院校
3月4日	布置预科生工作站，核对报名志愿工作	考试院成招办
3月7日	交报名工作方案，报考点库	区县成招办
3月9日	网上招生咨询	考试院成招办

续前表

日期	工作内容	参加单位
3月10日	北京电视台《北京热线》招生咨询	考试院成招办
3月10日—17日	全市招生统一报名	区县招办、学校
3月19日前	考生专业课加试报名	招生院校
3月18日—20日	全国劳模和优秀运动员免试入学登记	考试院成招办
3月20日	确定考点	区县成招办
3月21日	上报预科生志愿	预科班工作站
3月27日	交考生报名信息盘（含备份盘）、考试工作安排一览表、试卷需求量统计表、报名工作小结，缴纳报名考务费	区县成招办
4月1日	网上下载有关报名的信息	招生院校
4月13、14日	预科生结业考试	考试院成招办
4月17—19日	全市报名工作小结及考务工作会	各区县成招办
4月24日	阅卷工作会	考试院成招办
4月25日	向考生发放准考证，对考生进行考前教育	各区县成招办
4月26日前	报专业课或加试课的考试时间、地点	各招生院校
5月8日	市级巡视员培训会	巡视员
5月9日	发放领取试卷、交组考工作方案	市、区、县招办
5月10日	布置考点考场	各区县成招办
5月11日—12日	全国统一考试，各级巡视员巡视考场	市、区、县成招办
5月13日	送答卷及备用卷、交组考工作小结	各区县成招办
5月19日前	高中起点本、专科艺术类、体育类术科考试，专升本、高职的专业课考试	各有关招生院校
5月13日—26日	全国统考阅卷工作	考试院成招办
5月27日前	报高中起点本、专科艺术类、体育类加试成绩；报专升本、高职的专业课考试成绩	招生院校
5月27日	领取考生答卷、登分表，核对考生成绩	各区县成招办
6月1日	全市统一核对考生成绩	各区县成招办
6月3日晚	网上下载本区县成人高考成绩	各区县成招办
6月4日	开通声询台，考生可查询成人高考成绩	考试院成招办
6月5日	网上下载第一志愿考生成绩	各招生院校
6月11日前	向考生发放成绩单	区县成招办
	向考生发放专业课成绩	招生院校
6月15日前	考生查分	院校、区县成招办
6月中旬	召开录取工作预备会	院校、区县成招办
6月17日	更正考生成绩	院校、区县成招办
6月25日—26日	网上录取培训会	招生院校
7月1—15日	录取工作	招生院校
7月上旬	声询台分批次公布录取情况	考试院成招办
7月16日前	分批次从网上下载区县录取情况	各区县成招办
7月22—25日	处理院校遗留问题	考试院成招办
7月29—31日	录取预科生	考试院成招办
8月5—7日	2001—2002年度北京市预科班总结会	预科生工作站
9月2—6日	第二学历录取工作	有关招生院校
9月10日	招生录取工作结束	

续前表

日期	工作内容	参加单位
9月10日—27日	专升本新生的复查	有关招生院校
9月13日前	交全年招生工作总结	各区县成招办
10月	招生工作人员的培训，四市协作会	考试院成招办
	招生工作研讨会	部分招生院校
11月	招生工作总结会，科研论文交流会	区县招办、学校
12月	资料归档、编制年报、筹备下一年的工作	考试院成招办

注：以上工作如有变化，以通知为准。

关于做好2002年北京市成人高校招生专业课考试组织工作的通知

京考成招［2002］3号

各有关成人高校：

为加强对成人高校招生专业课考试工作的管理，保证考试的顺利实施，根据教育部《关于做好2002年全国成人高校招生工作的通知》（教学司［2002］2号）和北京教育考试院《2002年北京市成人高等学校招生规定》（京考成招［2002］2号）文件的精神，现将专业课考试组织办法通知如下：

一、专业课的范围

成人高校招生考试专业课的范围，系指高等职业技术教育专业（以下简称“高职”）的专业课；专科起点本科（以下简称“专升本”）的专业课；艺术类、体育类的专业加试。

二、报名

报考成人高校需参加专业课考试的考生，于3月19日前持《报名复核单》（专升本考生还须携带专科以上毕业证书原件和复印件）到所报考的第一志愿学校参加专业课考试报名。为方便院校工作，考试院成招办将于4月1日向有关院校提供考生报名信息。

三、命题、考试科目与考试时间

专业课考试科目由有关招生学校选定，并按原国家教委颁发的相应复习考试大纲组织命题。每科满分150分，高职专业课考试时间为100分钟；专升本专业课为150分钟。招生学校应将考试科目、考试时间、考试地点、考试负责人等项内容于4月26日前报考试院成招办考试科备案，可用传真或E-mail方式。

联系电话：62198017（FAX）

E-mail：bjcrykb@public3. bra. net. cn

四、考试日期

专业考试全市统一安排在5月19日前进行。具体时间由招生学校确定。考试期间，考试院成招办将派巡视员到各考点进行巡视检查。

五、评卷、登分

专业课考试评卷、登分工作由招生院校组织进行。登分工作按以下要求进行：

（一）登分程序统一编制。请于4月1日到考试院成招办领取登分程序软盘或在网上下载。

（二）5月27日前向考试院成招办报专业课成绩的数据库软盘，由考试院成招办统一打印，学校核对无误后签字、盖章后原则上不得更改。

（三）报送成绩要求，各类专业加试课只报综合成绩；艺术类、体育类专业按百分制报成绩（满分100分）；高职和专升本的专业课成绩只报“合格”或“不合格”。

六、招生工作纪律

各级招生工作人员要认真执行有关规定，坚决反对和抵制徇私舞弊和“走后门”等不正之风。对发现和群众揭发的违纪舞弊行为要认真查处，并追究有关人员的责任。

二〇〇二年一月二十八日

关于2002年北京市成人高校二学历招生工作的通知

京考成招［2002］4号

各有关成人高校：

2002年北京市成人高等学校第二专业专科学历教育（以下简称“二学历”）的招生，采取由招生学校组织报名，统一办理录取手续的办法。为保证此项工作的顺利进行，现将有关事项通知如下：

一、报名时间

3月10日至17日。

二、报名工作要求

（一）报名条件

“二学历”的报名条件应按北京教育考试院《2002年北京市成人高等学校招生规定》（京考成招［2002］2号）文件执行，由考生直接到拟报学校办理报名手续。考生应交近期一寸照片一张，填写《报名登记表》，并交毕业证书原件及复印件（B5复印纸），缴纳报名费10元，学历资格审定费10元及加试费。

（二）各院校直接采用计算机采集考生信息的办法，考生姓名应以本人居民身份证为准

（三）报名号的编排方法

报名号为八位，如图：

1	2	3	4	5	6	7	8

第一位为“1”，表示二学历；第二、三、四位为学校代码；第五、六、七、八位为考生报名序号。

（四）报名程序

报名程序由考试院成招办提供，可从网上下载程序及《报名登记表》格式（网址：www.bjcz.com.cn）。

三、录取

（一）录取时间

9月2日至6日为录取时间，其中2日至3日为市属院校录取。4日至5日为部委院校录取。

各院校应按规定时间到考试院成招办办理第二学历的验证与录取手续。

（二）录取要求

各招生院校录取时应执行北京教育考试院《2002年北京市成人高等学校招生规定》（京考成招［2002］2号）文件中的有关规定，严格进行资格审查，对不符合报名资格的考生坚决予以清退。

（三）院校所报材料

招生学校录取时须携带考生信息盘（含备份盘）；考生的毕业证书原件及复印件（B5复印纸），按报名号的顺序从小到大排列；缴纳学历资格审定费10元/人，招生经费50元/人。

二〇〇二年一月二十八日

关于做好2002年北京市成人高校专升本招生工作的通知

京考成招［2002］5号

各有关成人高校：

按照教育部“学校负责、招办监督”的录取体制，2002年北京市成人高校招生专科起点本科（以下简称“专升本”）考生毕业证书的验证工作，采取由招生院校负责，北京教育考试院成人教育招生办公室（以下简称“考试院成招办”）进行复查的办法。为保证此项工作的顺利进行，现将有关工作要求通知如下：

一、报名条件

专升本的报名条件应按北京教育考试院《2002年北京市成人高等学校招生规定》（京考成招［2002］2号）执行。考生应具有经教育部审定核准的国民教育系列高等学校或高等教育自学考试机构颁发的大学专科以上毕业证书。

二、认真履行报名手续

招生学校对持有“报名复核单”（区县报名站提供）的考生，办理加试报名手续，审验考生毕业证书原件及复印件（B5复印纸），并按规定收取加试费。

三、毕业证书的审验

各招生院校应加强对这项工作的管理，严格进行考生毕业证书的审查。验证工作人员由院校选聘，应选聘具有一定工作经验、工作责任心强的工作人员担任。

四、验证注意事项

院校应认真核对考生毕业证书、居民身份证及“报名复核单”的姓名是否一致（考生姓名应以身份证为准）；核对毕业证书是否符合规定，鉴别毕业证书的真伪。如对毕业证书有疑问，可要求考生提供其他有关证明材料。

发现毕业证书属伪造证件，应将证书扣留，并要求考生提供书面材料，说明假证书的来源后，报送考试院成招办，以便提交有关部门追查，清除造假根源。

对经查实不具备报名资格的考生，院校应将事实通知考生本人，其报名考务费不退还。

五、做好录取新生的复查工作

招生学校要做好对新生的复查工作，全市复查工作于9月10日至27日进行，届时，考试院成招办将派专门人员巡视检查此项工作。为做好新生复查工作，招生学校应在新生报到时收取毕业证书原件以便复查。

六、严格招生工作纪律

招生学校应发挥校内纪检、监察部门的作用，加强校内自我监督，建立自我约束机制，做好专升本的招生录取工作。对于不符合报名条件的，坚决予以清退，所余计划不再进行补录；对违反规定的现象一经发现，将依据有关规定进行严肃处理。

二〇〇二年一月二十八日

关于2002年北京市成人高校招生网上录取计算机及网络环境要求的通知

京考成招［2002］6号

各在京招生成人高校：

2002年北京市成人高校招生录取试行网上远程录取，为保证招生工作的顺利进行，请各招生院校于5月31日前准备好与网上录取有关的计算机设备和网络环境，保证软硬件正常运行。

下面就网上录取所需设备及最低配置要求如下：

计算机：CPU：PⅢ800以上

内存：256M

硬盘：30G

10/100M网卡

56K调制解调器

操作系统：windows98以上

打印机

参加远程录取的院校需具备上网条件，上网方式可通过校园网或拨号上网。

二〇〇二年一月二十五日

关于2002年区县成人教育招生办公室招生工作目标管理的通知

京考成招［2002］7号

各区县招生考试中心、成招办：

为认真贯彻落实教育部《2002年全国成人高等学校招生办法》和北京教育考试院《2002年北京市成人高等学校招生规定》文件的精神，进一步提高本市成人高等学校招生工作的规范化、科学化管理水平和工作质量，确保此项工作的顺利进行，在总结经验，认真调查研究，广泛征求意见的基础上，修订了《北京市区县成人教育招生办公室招生工作目标管理考评办法》、《区县成人教育招生办公室招生工作管理责任目标》、《区县成人教育招生办公室招生工作目标管理考评实施细则》。现发给你们，请认真执行。

二〇〇二年三月二十一日

北京市区县成人教育招生办公室招生工作目标管理考评办法（试行）

北京市区县成人教育招生办公室（以下简称区县成招办）招生工作目标管理考评工作，是以原国家教委颁布的《普通、成人高等学校本、专科招生全国统一考试工作规则》、教育部《2002年全国成人高等学校招生办法》和北京教育考试院《2002年北京市成人高等学校招生规定》、《北京教育考试院考务管理规定(暂行)》为依据，以《区县成人教育招生办公室招生工作管理责任目标》为标准，以各区县实施情况为基础进行评审。具体办法如下：

1. 北京市教育考试院成招办根据《北京市区县成人教育招生办公室招生工作责任目标》和《北京市区县成人教育招生办公室招生工作管理目标实施细则》负责组织考核、评审工作，并公布评审结果。

2. 评审工作采取分阶段、自评与考评相结合，以区县实施情况为基础进行评审的办法。全市综合评审将于第四季度进行。

3. 目标管理考评成绩基础总分满分为1 000分，各项工作标准分如下：

机构设置50分；

报名工作350分；

组考工作300分；

复核成绩150分；

保密工作100分；

工作总结50分。

区县招办总得分＝区县招办基础总分＋附加分

4. 鼓励创新，设附加分。招生工作每项创新措施加10分；对全面工作有指导意义的合理化建议每项建议加3分；在报纸杂志上公开发表的招生工作论文每篇加5分。

5. 各项扣分原则为扣完责任目标相应项目满分为止。

6. 实行奖励。设优秀奖、达标奖和单项奖。优秀奖：950分以上；达标奖：900分～949分。对切实提高本区县招生工作质量、提高工作效率、有利于推动全市招生工作整体发展的创新措施，设单项工作奖。

7. 区县成招办应认真对本区县招生工作目标管理进行自评，填写《自评记录表》和《附加分情况统计表》，于10月10日前报考试院成招办。

8. 目标管理考评结果将向全市公布，并于年底进行奖励表彰。

9. 成人高等教育与高等职业技术教育的联系和区别；

10. 成人高校招生实行“3＋2”考试科目改革的积极意义；

11. 成人高校招生在我国经济体制和经济增长方式转变中的作用；

12. 在成人高校招生中应用现代信息技术的可行性研究；

13. 成人高校宣传工作的特点及其与生源状况的关系；

14. 成人高考考试内容如何体现成人教育及成人考生的特点；

15. 成人高校招生考前辅导与招生质量的关系；

16. 成人高考考场管理的科学化和规范化；

17. 怎样建立与全国第三次教育工作会议精神相适应的招生考试模式；

18. 成人高校招生对实现我国高等教育“两条腿走路”发展方针的积极作用；

19. 成人高校招生考试科目的设置及实践；

20. 成人高校招生录取工作的特点及运转形式；

21. 成人高校招生考试舞弊形式及制约措施；

22. 成人高校新生入学率调查及分析；

23. 探索21世纪我国成人高校招生考试的新模式；

24. 成人高校招生基本估计和基本经验；

25. 成人高校招生计划的特点及科学管理办法；

26. 计算机管理在成人高校招生工作中的应用与前景；

27. “西部大开发”对成人高校招生工作的积极影响；

28. 成人高考考风考纪问题；

29. 成人高校招生对提高中华民族素质的积极作用；

30.“入世”后成人高校招生面临的主要问题及应对措施。

关于加强考试管理，严肃考风考纪，切实做好成人高考组考工作的通知

京考成招［2002］10号

各区县考试中心、成人教育招生办公室：

为进一步贯彻《北京市教育委员会关于进一步加强教育考试管理工作的通知》的精神，进一步加强考试工作管理、加大监督检查力度，提高工作质量，确保北京市2002年全国成人高等学校招生统一考试的顺利进行，现将有关事宜通知如下：

一、认真执行有关文件的规定，加强考务管理

（一）加强对组考工作的领导。将本区县组考工作方案以及面临的问题和采取的措施及时向当地教育行政部门的领导、主管区县长汇报，主动争取领导的重视和支持。

（二）加强考点及监考人员的队伍建设。认真贯彻落实《北京市教育委员会关于进一步加强教育考试管理工作的通知》的精神，加强考点建设，加强监考人员的队伍建设，加强制度建设，坚持不合格的考点不用，不符合条件的监考员不用，不经培训的监考员不用，切实做好今年的组考工作。

（三）制定组考方案。学习中要结合当地的实际情况对全国成人高校招生统一考试的组考工作进行全面地分析，在充分肯定成绩的基础上，找出存在的问题，制定具体切实可行的组考方案。

（四）认真培训，明确职责，熟悉业务。要集中时间，集中精力，组织全体考试工作人员认真学习有关文件，做好各级考试工作人员的业务培训和职业道德教育。通过培训使全体考试工作人员提高对考试管理工作重要性的认识，认清形势，明确职责，增强做好工作的自觉性。

二、严肃考风考纪，加大监督检查的力度

严格执行规定，依法治考。在组考工作中要严格执行《北京市教育委员会关于进一步加强教育考试管理工作的通知》、《北京教育考试考务管理规定（暂行）》。

工作中必须认真落实考点和监考人员的职责，必须树立依法治考的观念，要严格要求，敢于管理，廉洁奉公，敢于负责，熟练业务。对违纪、舞弊的考生都要敢抓敢管，坚决查处。

各考场要实行监考人员轮换制度。

严肃处理违纪人员。对在考试中不认真履行职责，甚至放纵考生作弊的监考员、工作人员要坚决依照《北京教育考试违规行为处理暂行办法》严肃处理，情节严重的要撤销其考点和监考的资格。对以前在监考中出现过上述问题的人员，不得参加今年的组考工作。

要继续加强与当地监察、纪检部门的合作与配合，加大对违纪、作弊的处罚力度和监督力度。

三、加强巡视检查

要认真选派巡视员。组考期间，北京教育考试院成人教育招生办公室（以下简称考试院成招办）将向各区县派出巡视员。巡视员将在考试期间对考点、考场的设置、试卷的保管分发、监考员、工作人员履行职责情况、考场纪律等进行监督检查。发现问题后，与当地区县成招办或考点主考共同研究、提出处理意见，并及时向考试院成招办汇报。

各区县在组考期间也应组织相应数量的巡视人员，到本区县内的各考点、考场进行巡视检查。巡视中如发现问题可及时与考点主考联系并及时向本区县成招办汇报。

四、加强保密观念，做好试卷的保管分发工作

（一）要增强保密观念，切实做好试卷（答卷）的保管分发工作。在组考期间，各区县成招办按市考试院《试卷保密管理规定》执行。

（二）各区县领取全部试卷后，应立即存放保密室内，在考区领导小组的监护下，依照《2002年成人高

考试卷需用量统计表》进行核对清点，核对无误后再按考试时间、考点分科装入保险柜内。

（三）考试期间，当日开考科目的试卷由区县于当日上午八时前用专车送达考点，考点保密人员依照《2002年成人高考考点、考场安排一览表》核对试卷数量和考试科目，无误后装入保险柜内。每场考试前一小时由保密人员按考场、科目将试卷准备好。

五、加强值班制度

各区县设值班室并要求24小时有人值班，保证联络畅通。

请于4月28日前将值班室地址、电话、值班人员姓名及试卷保密室地点、电话、值班人员安排报考试院成招办秘书科。

考试期间，每日下午6时至8时须将本考区当日的考试情况电话汇报考试院成招办值班室。

北京教育考试院成招办值班电话：

白天（8:00—18:00）：62198012　62198015

夜间（18:00至次日8:00）：62198024

二〇〇二年四月九日

关于转发教育部《关于2002年成人高考高中起点升本、专科数学科考试有关考务规定的通知》的通知

京考成招［2002］11号

各区县成人教育招生办公室：

根据教育部文件的精神，2002年成人高等学校招生全国统一考试高中起点升本、专科数学科（专科升本科数学除外）考试中，考生可以使用无记忆存储功能的计算器。现将教育部《关于2002年成人高考高中起点升本、专科数学科考试有关考务规定的通知》（教试中心［2002］34号）转发给你们，请认真执行。

二〇〇二年四月十八日

附：

关于2002年成人高考高中起点升本、专科数学科考试有关考务规定的通知

考试中心［2002］34号

各省、自治区、直辖市教育考试院（局、管理中心）、成人高校招生办公室、普通高校招生办公室：

2002年成人高等学校招生全国统一考试将于5月11日、12日进行，现将高中起点升本、专科数学科考生可以携带计算器参加考试的有关考务规定通知如下：

1. 高中起点升本、专科数学科（专科升本科数学除外）考试中考生可以使用计算器，但不得互相借用。

2. 附带计算器功能的无线通讯工具、记忆存储等设备和附带无线通讯功能、记忆存储功能的计算器不得带入考场，否则按违纪处理。

3. 各省级招生考试机构可以制定具体的实施细则。

二〇〇二年四月八日

关于委托北京理工大学评阅成人高考试卷的函

京考成招［2002］12号

北京理工大学：

多年来，贵校对北京市成人高校的招生工作给予了大力的支持，我们十分感谢。

今年我市成人高考评阅试卷工作量较大，任务繁重。经协商与研究，现委托贵校评阅成人高考部分科目试卷，科目及数量如下：

科目	数量
机械基础	218份
机械制造工艺	218份
电工基础	946份
电子技术基础	946份
高数（一）	11 573份
合计：	13 901份

阅卷时间：5月13至25日。

请按《2002年北京市成人高等学校招生考试评阅试卷工作规定》做好此项工作。

感谢贵校的大力支持！

二〇〇二年四月二十三日

关于委托北京大学（医学部）评阅成人高考试卷的函

京考成招［2002］13号

北京大学（医学部）：

多年来，贵校对北京市成人高校的招生工作给予了大力的支持，我们十分感谢。

今年我市成人高考评阅试卷工作量较大，任务繁重。经协商与研究，现委托贵校评阅成人高考部分科目试卷，科目及数量如下：

医学基础：7 365份

医学临床：7 365份

阅卷时间：5月13至25日。

请按《2002年北京市成人高等学校招生考试评阅试卷工作规定》做好此项工作。

感谢贵校的大力支持！

二〇〇二年四月二十三日

关于印发《2002 年北京市成人高等学校招生考试评阅试卷工作规定》的通知

京考成招［2002］14 号

各区、县考试中心、成人教育招生办公室、各评卷单位：

为做好 2002 年北京市成人高等学校招生考试评阅卷的工作，提高评卷工作的科学化、规范化程度，确保高质量地完成评卷工作，现将《2002 年北京市成人高等学校招生考试评阅试卷工作规定》印发给你们，请遵照执行。

二〇〇二年四月二十八日

附：

《2002 年北京市成人高等学校招生考试评阅试卷工作规定》

评卷工作是全国成人高校招生工作的重要环节，为使此项工作能顺利开展，确保质量，根据原国家教育委员会颁布的《普通、成人高等学校本专科招生全国统一考试工作规则》，特作如下规定：

一、评卷工作的原则及依据

为充分体现全国统一考试的“科学、公正、准确、规范”的原则，在全部评卷工作中应坚持：

（一）必须严格执行教育部制定的参考答案和评分标准，不得提高或降低评分标准，不得擅自变更，遇有不同意见须经请示。

（二）自始至终要坚持“宽严适度”、“首尾一致”。

（三）应集中人员在统一时间、统一场所内进行评卷。

二、组织领导及分工

（一）组织领导

评卷工作应在北京市成人高校招生考试评卷领导小组（以下简称市领导小组）的领导下进行。市领导小组由北京教育考试院主管领导、考试院成招办负责人及各评卷点领导小组组长组成。

全市统一设置评卷点。各评卷点应成立评卷领导小组，组长由承担评卷工作院校的主管院校长担任。

各学科成立学科评卷领导小组，组长由本学科副教授职称以上的教师担任。

各评卷点应设立评卷、核分、登分、检查、成绩录入、试卷保管、后勤等小组。

考试院成招办为北京市评卷领导小组的办事机构，具体协调、解决阅卷中出现的重大问题。

各区县成人高校招生办公室负责将本区答卷运送到评卷点，评卷结束后取回答卷并做好分数复核工作。

（二）各部门职责

1. 市评卷领导小组负责组织全市的评卷工作，及时处理评卷工作中出现的普遍性的重大问题。

2. 评卷点领导小组具体组织各科目试卷的评阅工作，对各科试卷的评阅质量、分数的核对、试管的保管、保密和评卷工作的进度负责。

3. 评卷点下设的各小组要对评卷点领导小组分配的任务负责。

（三）评卷教师

评卷教师由各评卷单位选聘。评卷教师以高等学校教师为主，一般应有讲师以上职称。评卷教师应是思想品德好、工作责任心强、业务水平较高、有一定的评卷工作经验、作风正派，遵守纪律、身体健康、当年无直系亲属参加成人高考的教师。评卷领导小组要加强对评卷教师和工作人员的管理。对于不遵守纪律或不能胜任阅卷工作的人员，评卷领导小组有权辞退不符合条件的评卷教师。

三、阅卷评分

（一）研究评分标准，坚持做好试评

各评卷点领导小组要组织全体评卷教师认真学习、研究《试题答案》和《评分标准》，对于评分标准的宽严尺度要统一认识。评卷前，要根据评分标准进行试评，对考生不同的答题方式进行研究、讨论、归纳。遇到有争论的问题，需要请示上级部门的要及时请示，要经过反复论证，统一思想，以便取得统一的认识，在此基础上，评卷点领导小组制定出相应科目的“评分标准执行细则”，并使每个评卷教师熟练掌握统一的评分标准及其执行细则，防止在正式评卷中出现偏宽、偏严或宽严不一的现象，充分体现“宽严适度、首尾一致”和“严格、公正、准确”的原则。

（二）实行岗位责任制，采取流水作业法评卷

1. 分组办法。评卷点根据该科目试卷的题目数设立与题目数相同（或相近）的题目组，每个题目组再分成若干个小组。若该科目试卷数量较多，评卷点可先分成几个大组，每个大组再根据试卷题目数分成与题目数相同（或相近）的题目组，然后下设若干个小组，组与组之间按题目传递流水作业。

2. 发挥组长作用。各组均设正副组长二至三名，其中一名组长负责领送、分发试卷，并随时掌握评卷进度、质量和出现的问题。

3. 题目分工。在评卷过程中，作文和论述题由两人分别评阅（一人主评，一人副评，定时交换），在一定幅度内取两个分数的平均分。如超出一定幅度由评卷题目组讨论决定。其他题目一人一题单独评阅，疑难问题由题目组讨论解决。

4. 要建立复查制度。对评后的试卷，小组要复查，题目组、大组要抽查，阅卷点负责人在抽查的同时要及时解决疑难问题，防止偏严、偏宽或宽严不一及漏判题等问题。对评分标准掌握不当的评卷人员应予提醒，对不能正确掌握评分标准（或多次提醒不改正）的评卷人员，应调换其工作。

（三）记分与积分

批阅、记分和积分一律用红墨水笔或红圆珠笔，要求记分要工整规范，积分要准确。

1. 记分方法。评卷只记得分，不记扣除分数。完全答错和未答的，做“○”记号。题目得分记在得分栏内，同时，评卷人在规定的位置签字，以示负责。每题中的小数点以后的分数不作四舍五入。成绩如需订正，订正后要由原评卷教师和订正人签名，以便个人负责。

2. 积分是每题的得分相加，得出整个试卷应得分数，即通常说的某科分数。科目总分要四舍五入，不保留小数。积分工作一般分两组，一组加分，一组复核。

3. 如发现答案中有严重的政治错误，须集体讨论审查确定后在有错误的地方做“＝”记号，并在答题成绩栏下做“×”记号，同时做记载，必要时，由评卷领导小组处理。对有异常情况的试卷（如雷同试卷，字迹前后不一致，在密封线外写有考生姓名、考号或标记等），先评分，同时填写《答案异常情况记录表》和答案异常鉴定材料，会同评卷领导小组处理。

（四）坚持集中评卷

1. 各评卷点要克服困难，做到按科目在规定的场地集中评阅试卷。

2. 在试卷袋拆封后，由评卷教师先把试卷袋上的密码号填在卷头纸上，保证试卷始终是在密封状况下进行评阅。评卷后，要注意将试卷装回原试卷袋中。

（五）做好试卷的收发、传递、保管和保密工作

1. 评卷点要建立保密室，制定保密制度。设立专门人员负责收发试卷，健全试卷收发手续。发放的试卷，评阅后当天收回，集中在保密室保管。

2. 评卷题目小组组长负责领送试卷，领送试卷前均严格检查试卷密封、编号是否完好，有无缺漏 。

3. 评卷时要做到严格保密，不得将试卷带出评卷场地，不得抄录试卷评阅结果。对评卷有不同意见应

及时向组织反映，不得在室外谈论评卷情况和问题。不得在评卷室内会客、接待来访者。

4. 评卷教师要自觉遵守保密制度，不得私自拆开试卷密封卷头查阅考生姓名和成绩，更不得向外传播，如发现此种情况，应进行批评教育，情节严重者严肃处理。

5. 要注意做好评卷场所的安全保卫工作，保持清洁，注意防火、防盗，不要吸烟，不要随意乱扔纸张、烟头。

6. 自觉遵守组织纪律，服从工作安排，按时上下班，因病、因事不能上班时应及时请假。

四、登分与复核

（一）登分工作

登分工作是指试卷评阅、积分完毕后，按照统一要求把考生分数登记在登分单上（《登分单》由考试院成招办统一印制）。今年部分科目实行计算机小分录入办法（见《登分系统操作使用说明》）

1. 登分前，首先检查考场试卷数是否同考试院成招办所发的全市考场登记表上每个考场的应考人数相一致，如不一致时要认真查找原因，必要时可与试卷所在的区县成招办联系，并在记录单上记录下考场的密码号，要保证试卷份数与本考场应考人数相一致。只有在试卷份数与考场应考人数一致时，才能开始登分。

2. 登分前应逐项填写登分单的有关项目。要注意写好考场密码号、科目代号、应考人数，特别要注意有关代号的填写。

3. 登分时按试卷的顺序从上到下填写每个考生的分数。不能空位、合并，不能错位，否则其他考生的成绩会随之发生错误（即按登分单上的序号依次填写，缺考考生的成绩应在相应的位置上填写“－1”）。各项数字的书写要注意规范，不能潦草。特别要注意“0”与“6”、“7”与“2”、“5”与“8”等数字的区分，否则容易造成计算机录入数据时难以辨认或错误录入。

4. 填写考生成绩应当用黑色或蓝色钢笔或圆珠笔。一组登完分后，另一组再核对一次。要认真检查区县代号、科目代号、考场密码号和应考人数是否同试卷袋上的区县代号、科目代号、考场密码号、应考人数相同，然后再检查登分单上的分数是否与试卷上分数一致。不一致时应查明原因，及时修改。修改时，应将错误的分数打“×”，再将正确的分数填在“修正分数”栏内，修正人应在“修正人签字”栏内签上自己的姓名。

5. 登分单只填一份。登分、核分完毕后，集中登分单，按区县代号，分区县整理好，交输机人输入计算机。第一次输机完毕后进行第二次输机，经核对无误后，将软盘及登分单分科整理好交考试院成招办。

6. 要对登分工作人员加强纪律教育，在考试院成招办正式向社会公布分数之前，任何人不得提前泄漏考生的成绩。

（二）复核工作

复核工作是指在评卷、登分、核分后复查分数是否登错或加错，不涉及评分标准掌握的问题。这项工作主要由区县成招办组织进行。

1. 复核试卷工作应在试卷启封的状态下进行。复核时首先检查“成绩复核单”上区（县）号、考场密码号、科目代号、应考人数是否与封头纸上所标明的相一致；试卷的份数是否同考场考生人数相一致（缺考号考生），不一致时，要认真查找原因，及时解决。

2. 注意检查准考证号的顺序是否从小号到大号连续排列，中间是否有其他异常现象，如有，应及时纠正。

3. 在前两项均符合规定的情况下，可开始核分工作，逐个检查“成绩复核单”上的分数是否与试卷上的分数相符。

4. 在复核中如有错误，应在“成绩复核单”上“修正分数”栏写上正确分数，同时区县招办主任在“修正人签字”栏上签字，以示负责。

（三）集中改错

考试院成招办组织各评卷点和各区、县成招办对登分中出现的错误共同修改。时间定于6月1日上午8:00。地点：考试院成招办。

五、处罚规定

在评卷工作中，对违反教育部有关规定的工作人员和发现试卷雷同等违纪现象的考生，按北京教育考试院《北京教育考试违规行为处理暂行办法》中的有关规定处理。

六、评卷总结与试卷分析

试卷评阅工作结束后，各评卷点领导小组要及时总结评卷工作的经验，评选优秀评卷人员（占阅卷教师的10%），写出评卷工作总结；对各科目进行阅卷分析，并单附200字左右的试题评价；对今后的命题工作提出意见和建议，于6月1日交考试院成招办考试科。（交软盘及书面材料）

附件：1. 2002年北京市成人高考评卷领导小组名单
2. 2002年北京市成人高考阅卷工作时间安排
3. 2002年北京市成人高考试卷评阅点地址一览表（高中起点）
4. 2002年北京市成人高考各科评卷数量统计表
5. 评卷工作人员守则
6. 统分输机工作人员守则
7. 保密人员守则
8. 2002年北京市成人高等学校招生全国统一考试试卷装订及考生答卷异常情况登记表
9. 评选优秀评卷员的条件及工作要求

附件1

2002年北京市成人高考评卷领导小组名单

组　长：王健　北京教育考试院党委书记
副组长：李鸿江　北京教育考试院成人教育招生办公室常务副主任
马凤兰　北京教育考试院成人教育招生办公室副主任
黄建平　首都师范大学成教学院院长
成　员：李德芳　王季音　弭晓英　吕兆丰　郑守曾　朱勇　李方
成招办评卷工作联系人：
祝丰　马宏辉　赵虎　吴莉莉
评卷点联络员：
王维克　北京教育学院　北京大学（医学部）
李　新　首都师范大学　北京理工大学
滕　岩　北京师范大学　中国政法大学
杨　兵　中医药大学　北京广播电视大学

附件2：

2002年北京市成人高考阅卷工作时间安排

时间	工作进度和要求
4月24日	上午9:00在首师大成教院211会议室召开阅卷工作会。
5月11日—12日	成人高校招生统一考试。
5月13日	各考试单位向阅卷点集中送交答案（各科答题卡送考试院成招办）、阅卷点接收试卷。
5月14日—26日	各阅卷点组织阅卷登分工作，26日前向考试院成招办报成绩软盘。
5月27日	各区（县）招生办上午9:00到考试院成招办开会，并领取打印成绩复核单；会后到阅卷点领取试卷。
5月27日—31日	各区（县）招生办复核考生分数。
6月1日	统一对考生成绩进行改错。改错地点：北京教育考试院成招办。

附件3：

2002年北京市成人高考试卷评阅点地址一览表（高中起点）

学校名称	阅卷科目	联系人	联系电话	阅卷地址
中国政法大学	公安学基础理论、警察法学教程	于向荣	62229971 62228304	海淀区西土城路25号7号楼三层成教院会议室
首都师范大学	政治 数学（文） 历史 地理	马辛	68902620	首师大教工活动中心二楼
北京广播电视大学	数学（理） 物理 化学 英语 日语	张纪勇	62148309	海淀区皂君庙甲4号电大三楼319房间
北京理工大学	“3+2”：机械基础 电工基础 电子技术基础 机械制造工艺	吴砚农	68913115	北京理工大学继续教育学院401房间（校田径场东南角逸夫楼四层）
北京大学医学部	西医类：基础医学 医学临床	高素英	62092260	海淀区学院路38号办公楼203室
中医药大学	中医药类 中医基础理论 中药学	程丽娟 于红星	64287546 64286829	和平街北口北京中医药大学继续教育学院教二楼208室
北京师范大学	语文	范继芳	62208167 62208165	北京师范大学化学楼
北京理工大学	高等数学（一）	吴砚农	68913115	北京理工大学继续教育学院401房间（校内逸夫楼四层）
中国政法大学	民法	于向荣	62229971	海淀区西土城路25号7号楼3层法大成教院会议室
北京教育学院	政治 英语 高等数学（二） 大学语文 教育理论课 艺术概论	王红 乌兰	62018382 82089235	德胜门外黄寺大街什坊街2号楼4层16教室

注：各区（县）成招办请将答题卡送考试院成招办考试科。
联系电话：62198017 62198013
联系人：祝丰 马宏辉 赵虎 吴莉莉

附件4：

2002年北京市成人高考各科评卷数量统计表

高中起点本、专科			高中起点本、专科		
科目代号	科目名称	评卷份数	科目代号	科目名称	评卷份数
20	政治	120 961	10	政治	37 930
21	语文	120 961	11	英语	49 949
22	数学（文）	90 549	12	高等数学（一）	11 573
23	物理	13 636	13	高等数学（二）	16 143
24	化学	13 636	14	大学语文	12 608
25	历史	70 202	15	民法	4 335
26	地理	70 202	16	教育理论课	12 208
27	英语	33 395	17	艺术概论	5 479

续前表

高中起点本、专科			高中起点本、专科		
科目代号	科目名称	评卷份数	科目代号	科目名称	评卷份数
28	日语	45	18	日语	189
30	数学（理）	30 412			
40	医学基础	7 365			
41	医学临床	7 365			
44	中医基础学	1 085	合计		150 414
45	中药学	1 085			
46	机械基础	218			
47	机械制造工艺	218			
48	电子基础	946			
49	电子技术基础	946			
50	警察法学教程	1 266			
51	公安学基础理论	1 266			
合计		585 759			

附件5：

评卷工作人员守则

一、严格掌握评分标准，按时完成任务。

二、爱护答卷与各种资料，不得损坏答卷。

三、评卷一律使用红墨水钢笔或红芯圆珠笔，记分要清楚，如更改，必须有组长和复核人员签字或盖章。

四、不得私自拆密封答卷册，不准撬看密封线内的考生姓名、考号，不得涂改考生答卷及成绩。

五、遵守纪律，保守秘密。在规定的地点评卷。答卷不准带出阅卷室，评卷情况不得外传。工作时间不会客，不打电话，不得私自进入试卷保管室和登记处。不准查询考生分数，不得将评卷、统分的文件、资料等带出工作场所。

六、保证评卷场地安全、安静。做好防火、防盗工作。

附件6：

统分输机工作人员守则

一、统分输机工作人员必须随身佩戴专用出入证，并妥善保管，不得遗失和转借他人。

二、遵守纪律，不迟到不早退。工作场所严禁吸烟，工作时间不会客不接打电话。坚守工作岗位，不到与自己无关的岗位闲谈，不进入与自己无关的工作室。非计算机操作人员不得随意动计算机键盘。

三、所有工作人员必须保守机密，不向外界透露统分进度的有关情况，不准随意查询考试成绩，更不准改动考生成绩。如发现有改动考试成绩的可疑情况，应及时向有关负责同志报告。主控操作人员不得以任何借口改动考生的成绩。

四、所有工作人员一律使用蓝、黑色钢笔或圆珠笔。登分单填写不清须复查试卷，复查结果应有查卷人签字，更改的成绩必须有二人签字，并由负责人审核后签字。

五、录入人员不得随意挑选和交换登分单进行录入。任何人不得随意翻阅登分单或在登分单上改动分数。

六、爱护考生答题卡，严防污染、破损现象发生。

七、对违反纪律和徇私舞弊者，要从严处理。

附件7：

保密人员守则

一、保密人员必须认真学习国家规定的保密法规，提高保密意识，自觉遵守保密纪律，勇于保卫试卷安全。

二、保密人员必须坚持原则，不得以任何理由为借口启封试卷袋，更不得监守自盗。

三、保密人员必须做到昼夜24小时值班，不得擅离职守，就餐时间每班不得少于二人值班。

四、保密室内不准吸烟、酗酒、打闹，不得进行文娱活动，不准无关人员进入保密室。

五、开启保密柜，必须有两人同时在场。接收和发出试卷，必须细心清点科目和数量，认真查验封签，严格履行交接手续。

六、试卷保管人员必须坚持原则，严守机密，不在工作场所之外谈论试卷情况，不打听评卷核分情况，不准任何人抄录卷面成绩。除处理装订不合格或有标记的答卷外，不得翻阅试卷。

七、试卷保密员要及时做好发放试卷的准备工作，做到不错不乱，不丢失，不损坏。试卷收发要有登记表，收发要签字。

附件 8：

2002 年北京市成人高等学校招生全国统一考试试卷装订及考生答卷异常情况登记表

考场密码号	试卷序号	试卷倒装	页码倒装	考号不顺	卷Ⅰ卷Ⅱ合订一起	混装卷Ⅰ未装卷Ⅱ	装订不齐考号外露	胶水过多试卷粘连	未按规定装订试卷		姓名写在密封线外	铅笔答卷	雷同试卷	试卷有标记	用涂改液	备注	评卷人签字
									卷册未附白卷	未装订缺考生试卷							

注：①在发生情况栏内划“V”号标记。
②其他需要说明的问题可在备注栏内填写。　　填表人：

附件9：

评选优秀评卷员的条件及工作要求

一、评选的条件

1. 具有较高的思想水平，工作责任心强，主动承担重任，遵守纪律。

2. 正确掌握评分标准，宽严适度，评卷无差错，保质保量。

3. 努力探索提高评卷的质量，主动及时地提出评卷工作的建议，积极参与试题、答卷和评卷质量的分析评价工作。

二、工作要求

评选优秀评卷员原则上占评卷教师的10%以内。

在评卷结束前一两天，各评卷小组提出推荐名单报评卷点领导小组，经阅卷点领导小组初审后，填写《优秀评卷人员登记表》及《优秀评卷人员名单》并一式二份，加盖阅卷点院校招生办公室公章，于6月10日前报考试院成招办审批。考试院成招办于年底前颁发荣誉证书，以资鼓励。

北京市成人高校招生优秀评卷人员名单

评卷点名称： 年 月 日

序号	姓名	性别	职务或职称	工作单位	评卷科目	备注
1						
2						
3						
4						
5						
6						
7						
8						
9						
10						
11						
12						
13						
14						
15						
16						
17						
18						
19						
20						
21						
22						
23						
24						
25						

注：此表填写一式二份，其中一份于6月10日前交考试院成招办

填表人签字： 负责人签字：

优秀评卷员登记表

<table>
<tr><td>姓名</td><td></td><td>年龄</td><td></td><td>政治面貌</td><td></td><td>民族</td><td></td></tr>
<tr><td>工作单位</td><td colspan="3"></td><td>职务</td><td></td><td>职称</td><td></td></tr>
<tr><td>评卷年度</td><td colspan="3"></td><td>评卷科目</td><td colspan="3"></td></tr>
<tr><td colspan="8">事迹：</td></tr>
<tr><td colspan="8">评卷点意见：

负责人签字：　　　　评卷点招办盖公章
20　　年　　月　　日</td></tr>
<tr><td colspan="8">考试院成招办意见：

负责人签字：　　　　20　　年　　月　　日</td></tr>
</table>

注：此表填写一式两份，于6月10日前交考试院成招办一份。

关于北京联合大学特殊教育学院成人教育对残疾人实行单考单招办法的请示

京考成招［2002］15号

教育部高校学生司：

北京联合大学特殊教育学院是一所从事残疾人教育、对残疾人实施文化知识传授和技能培训的高等学校。北京市残疾人有40余万人，其中，22岁以下青少年接近10万人，22岁至40岁有11万人左右。目前，残疾人接受高等教育的比例远远小于健全人的水平，全国范围内残疾人接受高等教育的比例只有万分之一，北京市也仅有千分之一。残疾人是社会劳动力的组成部分之一，针对残疾人的特点实施特殊教育，满足他们对知识的渴望、能力提高和适应社会发展的迫切要求是十分必要的，为此，特申请北京联合大学特殊教育学院针对残疾人的成人教育招生从2003年起实行单考单招的办法，并根据残疾人特点开设计算机应用（专科）（听障、肢残）、钢琴调律（专科）（视障）、服装设计（专科）（听障、肢残）、针灸推拿（专升本）（视障、听障、肢残）、艺术设计（专升本）（听障、肢残）、服装设计（专升本）（听障、肢残）。

妥否，请批示。

二〇〇二年五月二十七日

教育部关于从2003年起调整成人高校招生考试科目的设置的通知

教学［2002］8号

各省、自治区、直辖市教育厅（教委）、成人高校招生办公室，有关部门（单位）教育司（局），部属各高等学校：

近年来，全国成人高等教育有了长足的发展，招生规模不断扩大，报考人数连年增加。为使成人高校的招生工作适应社会经济发展的需要，我部2000年对成人高校招生中部分类别的考试科目设置进行了改革。实践证明，改革是成功的。为了使考试科目的设置更加符合适应成人高等教育的特点，有利于提高成人高校招生的生源质量和今后的培养，有利于考试的组织和管理，决定从2003年起对现行全国成人高校招生考试科目设置做进一步的调整。现将考试科目调整情况及有关事项通知如下：

一、专科起点升本科统考科目按学科门类设置，不再按生源类别设置。统考科目为政治、外语和专业基础课共三门。专业基础课各学科门类的特点设置8门（见附件1），由招生院按专业需要规定考生应试其中的一门。

二、高中起点升专科（含高职）、高中起点升本科考试按文科、理科分别设置统考科目。其中，高中起点升专科（含高职）统考科目为语文、数学（分文科类、理科类两种，下同）、外语三门，主要考查考生是否具备接受高等专科层次教育的最基本要求。考虑到本科教育与专科教育培养目标和教学要求的不同，报考高中起点升本科的统考科目的理科类考生增加一门“物理化学综合课”（简称物化），文科类考生增加一门“历史地理综合课”（简称史地）（见附件2）。

三、各类考生除参加上述规定的统考科目考试外，招生院校可根据专业要求自行确定是否再加试一门考试科目。如需加试，招生院校必须在招生简章中注明并自行命题和组织考试，于录取工作开始前向有关省级成人高校招生办公室提交加试合格考生的名单。录取时，省级成人高校招生办公室根据加试合格考生的名单向招生院校投档，招生院校根据考生参加统考的成绩，由高分到低分择优录取（艺术类和体育类专业在考生文化课符合要求的基础上，按加试专业课成绩从高分到低分录取）。不需加试的院校，按考生参加统考科目的成绩录取。

四、统考科目除专科升本科考试的民法试题由司法部命题外，其他试题均由教育部统一命制；各科试题满分为50分；高中起点升本科、专科的统考科目每门考试时间为120分钟，专科升本科每门考试时间为150分钟。

五、考试科目设置的调整是成人高校招生改革进一步深化的体现，社会影响也很大。各级教育行政部门、有关招生机构、成人高校要高度重视，以利考试科目设置调整工作平稳顺利地进行，把成人高校招生考试工作做得更好。

附件1：专科起点升本科各学科门类考试科目设置一览表

附件2：高中起点升本科、专科考试科目设置一览表

二〇〇二年五月十七日

附件 1：

专科起点升本科各学科门类考试科目设置一览表

<table>
<tr><th rowspan="2">报考学科门类以及一级学科</th><th colspan="2">统一命题考试科目</th><th rowspan="2">专业课</th></tr>
<tr><th>公共课</th><th>专业基础课</th></tr>
<tr><td>哲学、文学（艺术类除外）、历史学以及中医学类（一级学科）</td><td rowspan="8">政治
外语</td><td>大学语文</td><td rowspan="8">由招生院校自定</td></tr>
<tr><td>艺术类（一级学科）</td><td>艺术概论</td></tr>
<tr><td>工学、理学（生物科学类、地理科学类、环境科学类、心理学类四个一级学科除外）</td><td>高数（一）</td></tr>
<tr><td>经济学、管理学、农学以及职业教育类、生物科学类、地理科学类、环境科学类、心理学类、药学类等六个一级学科</td><td>高数（二）</td></tr>
<tr><td>法学</td><td>民法</td></tr>
<tr><td>教育学（职业教育类一级学科除外）</td><td>教育理论</td></tr>
<tr><td>农学</td><td>生态学基础</td></tr>
<tr><td>医学（中医学类、药学类等两个一级学科除外）</td><td>医学综合</td></tr>
</table>

附件 2：

高中起点升本科、专科考试科目设置一览表

<table>
<tr><th colspan="2" rowspan="2">报考科类</th><th colspan="2">考试科目</th></tr>
<tr><th>统一命题考试科目</th><th>加试科目</th></tr>
<tr><td rowspan="2">高中起点升本科</td><td>理科</td><td>语文　数学（理）　外语　物化</td><td rowspan="4">由招生院校确定</td></tr>
<tr><td>文科</td><td>语文　数学（文）　外语　史地</td></tr>
<tr><td rowspan="2">高中起点升专科、
高中起点升高职</td><td>理科</td><td>语文　数学（理）　外语</td></tr>
<tr><td>文科</td><td>语文　数学（文）　外语</td></tr>
</table>

2002 年北京市成人高校招生录取工作意见

京考成招［2002］19 号

各有关成人高等学校、各区县考试中心、成人教育招生办公室：

根据教育部《关于做好 2002 年全国成人高校招生工作的通知》（教学司［2002］2 号）和《关于做好 2002 年成人高校招生录取工作的通知》（教学司［2002］36 号）文件的精神，结合本市的实际情况，确定录取工作意见如下：

一、指导思想

2002 年成人高校招生工作应继续贯彻第三次全国教育工作会议的精神，严格执行教育部关于招生工作的方针、政策，结合北京市实际情况，深化改革，严明纪律，严格管理，加强研究，积极推进和探索招生管理手段的现代化，有利于成人高校选拔新生，有利于提高成人高校的生源质量，有利于实施素质教育，促进成人高等教育的发展。

二、录取工作体制和原理

2002年成人高校招生录取工作实行“学校负责，招办监督”的工作体制，即在符合成人高校招生报名条件、考试成绩达到投档分数线的考生中，由招生院校根据“从高分到低分择优录取”的原则，决定考生录取与否和录取的专业，同时负责对遗留问题的处理。考试院成招办在录取时根据国家招生政策对招生院校录取名单进行审核，对其录取工作予以监督，对不符合招生政策的情况予以纠正。

录取工作遵循以下原则：

（一）严格执行教育部制定的有关成人高校招生工作的规定，依照考生成绩从高分到低分择优录取。不得跳录，不得选录，不得点名录取。

（二）依照考生所报志愿顺序和学校招生计划录取。

（三）艺术、体育类专业录取按照招生计划在最低控制分数线上按术科加试成绩从高分到低分择优录取。

（四）高职、专升本专业录取，要求专业课考试达到合格水平，文化课总成绩应在最低控制分数线上，严格按照招生计划和考生文化课总成绩从高分到低分择优录取。

（五）根据教育部《关于做好2002年成人高校招生网上录取工作的通知》（教学司［2001］70号）文件的精神，结合北京市的实际情况，确定在京招生学校新生流失的预录比例控制在5%以内；上线生源不足的招生院校不得超录。

（六）录取中，如遇突出问题，应坚持政策，依照程序平等协商、妥善处理，以维护社会的稳定。

三、最低控制分数线

录取最低控制分数线是成人考生接受高等教育应具有文化知识水平的基本要求，是录取新生的依据。经市高等学校招生委员会批准，本市各科类最低录取控制分数线如下：

（一）高中起点本、专科：

1. 文史类

本科460分（外语成绩40分以上）；

专科395分。

2. 外语类（含外经、外贸）

本科460分（外语成绩50分以上）；

专科395分（外语成绩30分以上）。

3. 理工类

本科435分（外语成绩40分以上）；

专科285分。

4. “3+2”考试科目设置改革专业

西医类：350分；

中医药类：290分；

机械专业：350分；

电子专业：350分；

公安类：280分。

5. “高职班”专业

文史类：245分（三门文化课）；

理工类：210分（三门文化课）。

6. 艺术类、体育类

艺术类本科：258分（史论编导311分，外语成绩40分以上）；

艺术类专科：190分（史论编导284分）；

体育类专科：171分。

（二）专科起点本科

1. 师范类

文史类：255 分；
艺术类：179 分；
理工类（一）：234 分；
理工类（二）：234 分；
外语类：295 分；
体育类：164 分。
2. 非师范类
理工类：270 分；
经管类：305 分；
文史、中医类：295 分；
法学类：295 分；
艺术类：214 分。

四、加强网上录取工作的领导

今年仍采取现场局域网的录取方式。各招生院校要成立以主管院（校）长为组长、纪检监察部门参加的录取工作领导小组，安排一定的技术人员，加强计算机设备建设和系统安全，制定网上录取的具体方案和岗位职责，确保网上录取工作的顺利实施。

五、录取前的准备工作

招生计划是招生学校录取新生的依据，为保证录取工作的顺利进行，各招生院校应根据上线考生的分布情况，在进录取点前做好计划的调整工作，录取过程中一般不办理计划变更手续。

六、录取工作安排

6 月 24 日上午：9:00 召开全市录取工作会；
6 月 24 日至 30 日：录取准备；
7 月 1 日至 15 日：录取；
录取地点：石油大学（北京）·翠宫（北京市昌平区府学路）。
9 月 2 日至 6 日：第二专业专科学历教育专业录取；
9 月 11 日至 25 日：专升本专业录取工作检查。

七、招生工作纪律

成人高校招生录取是招生工作的重要环节，各有关方面应加强对此项工作的领导。各招生院校应在录取工作领导小组的领导下工作，要选派作风正派、政策性、原则性强、业务熟练的同志参加录取工作。在录取工作中，应继续贯彻“深化改革，保证质量，严明纪律”的指导思想，坚决执行教育部、市委、市政府有关成人高校招生的方针和政策，严格执行招生计划，严格录取工作程序，严肃工作纪律，坚决反对和抵制徇私舞弊、“走后门”等不正之风；加强对新生的复查工作；对招生工作中出现的各种形式的违纪、舞弊事件，必须按照北京教育考试院颁布的《北京教育考试违规行为处理暂行办法》的有关规定追究责任，认真查处；对违反规定录取的考生，一经查实，立即取消学籍，并对责任者给予严肃的处理，以维护成人高校招生工作的社会信誉。

各招生院校一律不得招收旁听生和试听生，不得违反规定乱许愿、乱办学。录取的新生一律不迁转户口、不包分配。

二〇〇二年六月十七日

关于印发《2002年北京市成人高校招生网上录取工作实施办法》的通知

京考成招［2002］20号

各有关成人高等学校、各区县考试中心、成人教育招生办公室：

为做好2002年北京市成人高校招生网上的录取工作，根据教育部《关于做好2002年成人高校招生网上录取工作的通知》（教学司［2001］第70号）和北京教育考试院《2002年北京市成人高校招生录取工作意见》（京考成招［2002］第19号）的精神，结合本市的实际情况，现制定《2002年北京市成人高校招生网上录取工作实施办法》，并发给你们，请按本文的有关规定组织录取工作。

北京市成人高校招生实行网上录取工作，各有关招生院校要高度重视，加强对此项工作的领导，认真组织实施，严格录取管理，遵守各项规定，如发现问题请及时反映，认真总结经验，不断改进工作。

二○○二年六月二十六日

附：

2002年北京市成人高校招生网上录取工作实施办法

成人高校招生计算机网上录取是实现招生录取现代化、科学化管理的重要举措，2002年北京市成人高校招生录取工作继续实行计算机网上录取。为做好此项工作，根据教育部有关文件的精神及本市的实际情况，特制定本实施办法。

一、录取体制和录取原则

成人高校招生计算机网上录取实行“学校负责，招办监督”的录取体制。即招生院校在符合各类成人高校招生报名条件、考试成绩达到最低控制分数线的考生中，调阅各类考生的电子档案，并决定录取与否和录取专业的安排，同时负责对遗留问题的处理；北京教育考试院成人教育招生办公室（以下简称考试院成招办）在录取时根据国家招生政策对高等学校录取新生工作予以监督，对不符合招生政策的情况予以纠正，录取原则如下：

（一）严格执行教育部招生工作规定和在京招生计划，认真贯彻德、智、体全面发展，按需培养，专业对口，学以致用，从高分到低分择优录取的原则。

录取新生时，应严格根据招生计划，按考生志愿顺序进行录取。

（二）各有关招生院校应根据生源情况，做好录取阶段的计划调整工作。计划调整应遵循：专科层次计划不可调整到本科层次；本科层次中“专升本”生源计划不可调整到“高起本”；生源计划调整尽量在同层次的专业之间进行。艺术、体育类专业原则上不能增加计划。

（三）对报考艺术类、体育类专业考生的录取，要求专业课要达到合格水平，文化课应在最低控制分数线上，严格按招生计划和考生术科加试成绩从高分到低分择优录取。

（四）高职和专升本专业录取时，要求专业课要达到合格水平，文化课应在最低控制分数线上，严格按招生计划和考生文化课总成绩从高分到低分择优录取。

（五）关于各类照顾考生的录取，按北京教育考试院《二○○二年各类成人高等学校招生规定》（京考成招［2002］第2号）文件执行。

（六）录取中如遇突出矛盾，应坚持政策，依照程序平等协商、妥善处理，以维护社会的稳定。

二、组织领导

为保证北京市成人高校招生计算机网上录取的顺利进行，在市高招委、市教委的直接领导下，成立市录取领导小组。各招生院校应成立由主管院长为组长、纪检监察部门参加的录取领导小组。录取工作在市录取领导小组的领导下实施，各招生院校领导小组负责制定本校录取工作方案和人员安排。考试院成招办是市录取领导小组办事机构，具体负责采集考生信息、制作电子档案，录取现场的网络建设，确保计算机网上录取工作顺利进行。

三、录取期间各部门的设置及职能

北京市成人高校招生录取期间，设置录取领导小组、系统管理组、审核组、录取检查组、纪检监察组、会务组。各部门职能如下：

录取领导小组：由考试院有关领导和市成招办负责人组成。负责对招生录取工作的领导和管理；对各职能组权限的分配和工作的管理、协调、监督；对录取政策的制定与调整；对录取中特殊问题的处理和重大问题的决策。

系统管理组：负责网上录取管理系统、网络安全系统和计算机设备的运行及维护，保证网络和系统的安全及正常运行；负责核对院校计划；为各部门提供技术服务，按时完成考生信息的处理；在网上发布各类招生录取信息，打印录取新生名册、收费单。

审核组：负责审核院校的录取结果。

录取检查组：负责对招生院校预录取、预退档情况的检查；督促招生院校按时完成各阶段的招生录取工作；对招生院校《录取新生名册》加盖录取章；接收招生院校提交的特殊录取方案；及时向领导反映录检中的问题和录取进度的情况。

纪检监察组：纪检监察组负责对录取全过程的监督检查；受理各类举报。

会务组：负责录取工作的后勤保障；各种费用的收取工作；安全保卫工作；信访接待工作。

四、录取工作流程

（一）录取前的准备

院校在录取前，根据所下载的考生成绩数据，各专业类别录取最低控制分数线及考生上线情况制定院校录取方案，调整专业计划。

学校到录取现场后应到系统管理组核对计划，并与负责本校的录检员联系；调试计算机及相关设备，保证其正常运行。

（二）录取程序

1. 第一志愿投档与预录

投档。系统组进行第一志愿专业投档。将报第一志愿专业的全部线上考生投档到所报院校。

预录。院校浏览投档考生信息，根据招生计划、录取原则进行考生预录，预录顺序为：免试生、考试生，对考试生应从高分到低分择优录取；可以对预录专业在符合转类及考生同意的前提下进行调整。

预退档。对于未录取的考生，应进行预退档处理，确定退档原因。退档的主要原因有：计划已满；本人申请放弃录取；生源不足开班人数；不符合本校生源范围及其他（根据实际情况注明原因）。

院校完成预录取后，提交录检。

录检。录检组按照录取原则，检查学校所提交的预录情况是否合格。对合格的，返回合格信息；对不合格的，例如出现不录高分录低分的情况，将该院校的预录取信息返回院校，招生院校重新进行预录。

2. 第二志愿投档与预录

录检组对全部学校的第一志愿考生预录信息处理完毕后，系统管理组按照考生志愿进行第二志愿投档。将第一志愿未录取且有第二志愿的上线考生投档到第二志愿专业院校。第二志愿投档原则为，本批次有计划剩余。

院校浏览投档的第二志愿考生信息，再次预录、提交、录检。

3. 调剂录取

在第一、二志愿录取后，进行调剂录取。系统组在网上公布本批次所有未录取线上的考生，本批次已录考生人数小于调整计划的学校选中要录取的考生并选择预录专业，提交录检进行录取检查。

4. 结束本批次录取

学校每批次结束后必须向录检申请本批次录取结束，录检同意后将意见提交给有关领导审核，通过后由系统组打印录取新生的名册和收费单。

5. 办理录取手续

招生学校在每批录取结束后领取录取新生名册和收费单签字后依次到招办主任处签字、会务组缴费、录检组盖章。

招生院校根据录取新生名册填发录取通知书。

五、严格遵守规定

（一）招生院校应严格执行招生计划。

（二）招生院校应严格遵守录取规定的工作时间。及时处理考生信息，按时提交拟录取和拟退档的考生名单。对超过时间或不按规定提交拟录取和拟退档的院校，系统管理组将按照所发出的考生电子档案从低分到高分代为退档，由此产生的遗留问题由招生院校负责解决。

（三）招生部门和院校应加强对招生信息的管理工作，对属于考生个人信息及其他需要保密的内容，应妥为保存，不得擅自公开。

附件一：2002 年北京成人高校招生录取工作流程（略）

附件二：2002 年北京市成人高校招生录取工作时间安排

附件二

2002 年北京市成人高校招生录取工作时间安排

第一批　高中起点本；专科艺术体育类		
7 月 1 日	15:00 前	报到
	15:30	召开现场会；会后核对录取计划
7 月 2 日	8:00 前	第一志愿投档
	15:00	第一志愿录取结束
	17:00	第二志愿投档
	21:00	第二志愿录取结束
7 月 3 日	8:00	调剂投档
	11:30	调剂录取结束
	21:30 前	办理录取结束手续
7 月 4 日	12:00 前	录取院校，离现场
第二批　高中起点本科和专升本		
7 月 5 日	15:00 前	报到
	15:30	召开现场会；会后核对录取计划
7 月 6 日	8:00 前	第一志愿投档
	12:00	第一志愿录取结束
	15:00	第二志愿投档
	18:00	第二志愿录取结束
	20:00	调剂投档（未完成年初计划院校调剂）
	21:00	调剂投档（所有未完成计划院校调剂）
	22:00	结束调剂录取
7 月 7 日	全天	办理录取结束手续
7 月 8 日	12:00 前	录取院校，离现场

第三批　高中起点专科		
7月10日	15:00前	报到
	15:30	召开现场会；会后核对录取计划
7月11日	8:00前	第一志愿投档
	20:00	第一志愿录取结束
7月12日	8:00前	第二志愿投档
	11:00	第二志愿录取结束
	14:00	调剂投档（未完成年初计划院校调剂）
	15:00	调剂投档（所有未完成计划院校调剂）
	18:00	调剂录取结束
7月13日	全天	办理录取结束手续
7月14日	12:00前	录取院校，离现场
	14:00	录取预科生及发预科生录取通知书
7月15日	全天	

关于对教育部2003年全国成人高校招生工作日程安排意见的函

京考成招［2002］26号

教育部学生司：

《关于征求对2003年全国成人高校招生工作日程安排的意见的函》（教学招生第02190号）收悉。经研究，我们基本同意明年的日程安排的意见，建议不要限制6月底完成录取工作，只要求8月底前向教育部报送录取情况即可。

二〇〇二年十月十八日

关于征求对2003年全国成人高校招生工作的日程安排意见的函

教学招字第02190号

各省（自治区、直辖市）成人高校招生办公室：

经国务院批准，从2003年起全国普通高校招生统一入学考试时间将提前一个月，于6月7日开始，相应的报名、阅卷和录取时间也将整体向前平移一个月左右。由于大多数省市普通高校招生和成人高校招生的业务同由一个机构负责，如果成人高校招生工作在时间安排上仍然维持不变，则部分省市成人高校招生的录取工作与普通高校招生的评卷工作发生交叉，部分省市两大招生工作将会在同一时段内进行，使得省级招生办招生工作的组织和管理难度加大。为此，我司自去年下半年起，多次召开讨论会，研究全国成人高校招生时间的变化做适当的调整，建议方案为：考试和评卷的时间维持不变，即每年5月份的第二个星期六、日（2002年为5月11日和12日）考试，5月中旬到6月上旬评卷并公布成绩。取消6月上中旬的全国成人高校招生录取工作会议，有关要求以文件的形式下发，各省市根据招生计划等实际情况自行划定录取分数线，生源计划调整工作在计算机网络上进行，15天左右（6月底前）完成录取工作，8月底前向教育部报送录取情况。普通高校招生的录取工作一般安排在7月5日之后开始，这样两大招生在录取时间安排上基本互不影响。

我们认为，2003年是普通高校招生考试时间更改的第一年，可能遇到的问题以及如何解决还有待于实践，在这样的前提下，上述建议方案有利于省级招生机构在普通高校招生和成人高校招生工作上的协调，比较稳妥。请你们根据本省（区、市）的情况对上述方案尽快提出意见，并于10月22日前将意见书反馈给我司，传真电话：010－66097328。

教育部高校学生司
二○○二年十月十六日

关于北京市成人高校招生优秀评卷员表彰的通报

京考成招［2002］27

有关成人高校、区县成人教育招生办公室：

2002年成人高校招生考试的评卷工作在各区县成招办、成人高校的大力支持下，经过首都师范大学、北京教育学院、北京师范大学、北京广播电视大学、北京理工大学、北京大学医学部、北京中医药大学、中国政法大学评卷点领导和工作人员的共同努力，顺利地完成了北京市成人高校招生统一考试评卷工作。

各评卷点根据《2002年北京市成人高等学校招生考试评阅试卷工作规定》的文件要求，评选出101名优秀评卷员，特此通报表彰。

附：2002年北京市成人高校招生优秀评卷员名单

二○○二年十一月十九日

附：

2002年北京市成人高校招生优秀评卷员名单

序号	姓名	性别	职务或职称	工作单位	评卷科目	阅卷学校名称
1	陶文牛	男	副教授	首都师范大学	历史	首都师范大学
2	董增刚	男	讲师	首都师范大学	历史	首都师范大学
3	宋卫忠	男	副教授	首都师范大学	历史	首都师范大学
4	梁占军	男	副教授	首都师范大学	历史	首都师范大学
5	刘屹	男	讲师	首都师范大学	历史	首都师范大学
6	程文进	男	讲师	首都师范大学	历史	首都师范大学
7	陈建堂	男	副主任	首都师范大学	历史	首都师范大学
8	方敏	男	副教授	首都师范大学	历史	首都师范大学
9	叶小兵	男	教授　主任	首都师范大学	历史	首都师范大学
10	周兴旺	男	副教授　书记	首都师范大学	历史	首都师范大学
11	汪清平	男	助教	首都师范大学	地理	首都师范大学
12	诸云强	男	助教	首都师范大学	地理	首都师范大学
13	张玉华	男	助教	首都师范大学	地理	首都师范大学
14	张兰兰	女	助教	首都师范大学	地理	首都师范大学
15	冯琰	女	助教	首都师范大学	地理	首都师范大学
16	王小利	女	助教	首都师范大学	地理	首都师范大学
17	刘胜利	男	副教授	首都师范大学	数学	首都师范大学

续前表

序号	姓名	性别	职务或职称	工作单位	评卷科目	阅卷学校名称
18	罗振东	男	教授	首都师范大学	数学	首都师范大学
19	张小声	男	副教授	首都师范大学	数学	首都师范大学
20	马雷松	男	讲师	首都师范大学	数学	首都师范大学
21	张海山	男	副教授	首都师范大学	数学	首都师范大学
22	时红廷	男	副教授	首都师范大学	数学	首都师范大学
23	管冰辛	女	副教授	首都师范大学	数学	首都师范大学
24	张青菊	男	副教授	首都师范大学	数学	首都师范大学
25	柴连起	男	讲师	首都师范大学	数学	首都师范大学
26	施清秀	女	讲师	首都师范大学	政治	首都师范大学
27	薛晓燕	女	讲师	首都师范大学	政治	首都师范大学
28	魏歆	女	讲师	首都师范大学	政治	首都师范大学
29	金庆欣	男	讲师	首都师范大学	政治	首都师范大学
30	王秀刚	男	讲师	首都师范大学	政治	首都师范大学
31	崔德华	男	讲师	首都师范大学	政治	首都师范大学
32	刘志英	女	讲师	首都师范大学	政治	首都师范大学
33	李胜	男	讲师	首都师范大学	政治	首都师范大学
34	郭海龙	男	讲师	首都师范大学	政治	首都师范大学
35	龙斯钊	男	讲师	首都师范大学	政治	首都师范大学
36	于淑卿	女	讲师	北京教育学院	英语	北京教育学院
37	韩幼萍	女	讲师	北京教育学院	英语	北京教育学院
38	李宝荣	女	讲师	北京教育学院	英语	北京教育学院
39	周莹	女	讲师	北京教育学院	英语	北京教育学院
40	滕小萍	女	讲师	北京教育学院	英语	北京教育学院
41	李玲	女	讲师	北京教育学院	英语	北京教育学院
42	夏素彦	女	讲师	北京教育学院	日语	北京教育学院
43	范春玲	女	讲师	北京教育学院	政治	北京教育学院
44	赵力	女	讲师	北京教育学院	政治	北京教育学院
45	陈红	女	副教授	北京教育学院	政治	北京教育学院
46	胡英才	男	副教授	北京教育学院	政治	北京教育学院
47	吴恺声	女		北京教育学院	政治	北京教育学院
48	乔自洁	女	副教授	北京教育学院	政治	北京教育学院
49	张亚新	男	教授	北京教育学院	大学语文	北京教育学院
50	张义明	女	助研	北京教育学院	大学语文	北京教育学院
51	刘晓光	女	讲师	北京教育学院	大学语文	北京教育学院
52	陈永辉	男	副教授	北京教育学院	大学语文	北京教育学院
53	杨秋荣	男	讲师	北京教育学院	艺术概论	北京教育学院
54	常克敏	女	副教授	北京教育学院	高等数学（二）	北京教育学院
55	顿继安	女	副教授	北京教育学院	高等数学（二）	北京教育学院
56	石敏琪	女	副教授	北京教育学院	高等数学（二）	北京教育学院
57	简冬利	女	副教授	北京教育学院	高等数学（二）	北京教育学院
58	高明书	女	副教授	北京教育学院	教育理论（心理学）	北京教育学院
59	齐建芳	女	讲师	北京教育学院	教育理论（心理学）	北京教育学院
60	陈爱苹	女	副教授	北京教育学院	教育学	北京教育学院
61	肖北方	女	副教授	北京教育学院	教育学	北京教育学院
62	胡淑云	女	副教授	北京教育学院	教育学	北京教育学院
63	白桂香	女	副教授	北京教育学院	心理学	北京教育学院
64	赵如宝	男	教授	北京理工大学	高等数学（一）	北京理工大学
65	庄效桓	女	教授	北京理工大学	电工基础	北京理工大学
66	李金生	女	教授	北京理工大学	高等数学（一）	北京理工大学
67	陈亚琴	女	副教授	北京理工大学	机械基础	北京理工大学

续前表

序号	姓名	性别	职务或职称	工作单位	评卷科目	阅卷学校名称
68	路敦勇	男	副教授	北京理工大学	机械制造工艺基础	北京理工大学
69	弭晓英	女	教授	北京理工大学	高等数学（一）	北京理工大学
70	朱建刚	男	讲师	北京理工大学	高等数学（一）	北京理工大学
71	吴砚农	男	副教授	北京理工大学	高等数学（一）	北京理工大学
72	侯彦华	女	副教授	北京广播电视大学	物理	北京广播电视大学
73	杨睿	女	讲师	北京广播电视大学	英语	北京广播电视大学
74	刘其隆	男	副教授	北京广播电视大学	数学	北京广播电视大学
75	赵廷富	男	副教授	北京广播电视大学	化学	北京广播电视大学
76	肖兰	女	助教	北大医学部	医学基础	北京大学医学部
77	赵靖	男	讲师	北大医学部	医学基础	北京大学医学部
78	王金岩	男	教授	积水潭医院	医学临床	北京大学医学部
79	周宁	男	副主任医师	积水潭医院	医学临床	北京大学医学部
80	郭佩芳	女	研究员	北京大学医学部	医学临床	北京大学医学部
81	李兴广	男	副教授	北京中医药大学	中药学	北京中医药大学
82	李晓君	女	副教授	北京中医药大学	中药学	北京中医药大学
83	黄娟	女	副教授	中国政法大学	刑法	中国政法大学
84	庄敬华	女	副教授	中国政法大学	民法	中国政法大学
86	杨聚臣	男	副教授	北京师范大学	语文	北京师范大学
87	吴万刚	男	副教授	北京师范大学	语文	北京师范大学
88	李保初	男	教授	北京师范大学	语文	北京师范大学
89	张燕玲	女	副教授	北京师范大学	语文	北京师范大学
90	王增永	男	副教授	北京师范大学	语文	北京师范大学
91	宋茜	女	讲师	北京师范大学	语文	北京师范大学
92	张泽伟	男	副教授	北京师范大学	语文	北京师范大学
93	林方	男	副教授	北京师范大学	语文	北京师范大学
94	张燕	女	讲师	北京师范大学	语文	北京师范大学
95	童肇勤	女	讲师	北京师范大学	语文	北京师范大学
96	李季	男	讲师	北京师范大学	语文	北京师范大学
97	李和	男	教授	北京师范大学	语文	北京师范大学
98	朱生营	男	讲师	北京师范大学	语文	北京师范大学
99	黎金慈	女	中教高级	北京师范大学	语文	北京师范大学
100	邢来锁	男	办公室副主任	北京师范大学	语文	北京师范大学
101	范继芳	女	副研究员	北京师范大学	语文	北京师范大学

关于2002年区县成招办招生考试工作目标管理考评结果的通报

京考成招［2002］28号

各区、县成招办：

为了加快北京市成人教育改革的步伐，与时俱进，提高招生考试工作的管理水平。依据北京教育考试院《关于2002年区县成人教育招生办公室招生工作目标管理的通知》（京考成招［2002］7号）文件的精神和今年北京市成人教育招生考试工作的实际，考试院成招办对2002年各区县成招办招生考试工作目标管理进行了综合评定。考试结果如下：

优秀：

东城区、西城区、宣武区、朝阳区、海淀区、丰台区、石景山区、门头沟区、通州区、顺义区、昌平

区、怀柔区、平谷区、密云县、燕山区

达标：

房山区、大兴区、延庆县、矿务局

二〇〇二年十一月一十八日

关于做好申报和评选全国高等学校招生工作先进集体和先进个人的通知

京考高招［2002］51号

各成人高校、各区县考试中心成招办：

为了纪念高考恢复25周年，教育部决定组织评选全国高等学校招生工作先进集体和先进个人。这项工作通过表彰招生战线中的先进集体和先进个人，展示我市高校招生工作的精神面貌，激励高校招生战线的全体同志进一步做好高校招生工作有着非常重要的意义。请各有关单位高度重视，认真对待，踊跃申报，推荐出能够代表我市先进水平的集体和个人。本次评选工作采取自愿申报，市评审委员会审核、市高招委批准，上报全国评选委员会评审的办法。具体安排如下：

1. 根据《教育部办公厅关于评选全国高等学校招生工作先进集体和先进个人的通知》（附件1）和《关于报送全国高等学校招生工作先进集体和先进个人评选材料有关事项的通知》（附件2）的精神，请对照有关评选条件和组织程序，加强对评选工作的组织领导，充分发扬民主，制定细则，严格程序，以确保评选工作的质量。

2. 此次评选活动的申报汇总工作采取以普校招生、成人招生和研究生招生三个部分，分别报送、统一汇总的方法。具体名额比例如下：

普校招生部分：先进集体2个　　先进个人7人；

研究生招生部分：先进集体2个　　先进个人7人；

成人招生部分：先进集体2个　　先进个人7人；

3. 申报单位和个人要认真填写《参评全国高校招生工作先进集体申报表》和《参评全国高校招生工作先进个人申报表》，并于12月7日前上报北京教育考试院成招办。

联系人：谢玉平

通讯地址：海淀区皂君庙甲4号

邮政编码：100081

联系电话：62198011

传真：62198011

二〇〇二年十一月二十九日

2003年北京市成人高校招生工作总结

2003年是贯彻落实十六大提出的各项任务的开局之年，是进一步学习领会“三个代表”重要思想的一年，是全国人民取得了抗击“非典”重大胜利的一年，同样也是成人高校招生经受严峻考验的一年。在市委、市政府、市教委的领导下，北京市成人高校招生工作以邓小平理论、“三个代表”重要思想和党的“十六大”精神为指导，贯彻执行教育部关于招生工作的方针、政策，严格执行各项规定，本着“以人为本，服务考生”的工作宗旨，不断增强“依法治招、依法治考”意识，努力探索招生工作管理的新途径，积极稳妥地推进各项招生改革，精心设计，精心组织，精心实施各环节的招生工作，努力提高工作质量和服务水平，确保招生工作的顺利进行。经过各区县考试中心、成招办和各成人高校以及公安、交通等相关部门的共同努力，圆满地完成了报名、考试和录取工作。现将全年工作总结如下：

一、基本情况

招生学校：共有123所成人高等学校在京招生。其中市属院校45所，部（委）及外埠院校78所。举办函授、脱产、夜大的普通高校共88所，职工大学19所，管理干部学院14所，教育学院1所，广播电视大学1所。

招生计划：今年计划招生64 084人，比2002年增加4 218人，增长7.5%。其中，高中起点专科（高职）39 171人，高中起点本科5 009人，专科起点升本科19 904人。

报名：今年报名人数连续第4年持续增长，报名总数达到181 699人，比2002年的171 240增加10 459人，增长6.10%。其中，考试生180 053人，预科转正生1 487人，劳模、优秀运动员免试生159人。报考高中起点专科（高职）82 035人，比2002年的90 586人减少8 551人，降低9.4%，计报比为1∶2.05；报考高中起点本科35 115人，比2002年的30 442人增加4 673人，增长15.35%，计报比为1∶7；报考专科起点升本科64 549人，比2002年的50 232人增加14 317人，增长28.5%，计报比为1∶3.24。

从报名情况中反映出如下几个特点：

(1) 本科层次报名人数仍呈上升趋势。报名人数达到99 664人，占考生总数的54.8%，比去年的80 654人增加19 010人，增长23.6%，提高7.8个百分点。

(2) 学校之间和专业之间报名人数差异较大，有53%的招生学校报名人数和计划之比大于2，有46%的招生专业其报名人数和计划之比大于2。

(3) 考生仍呈现低龄化趋势。25周岁以下考生仍是考生主体，报名人数141 946人，占报名总数的78.12%，比去年提高2.2个百分点。25周岁以上的考生占考生总数的21.88%，比去年的24.08%下降2.2个百分点；30岁以上考生人数17 011人，占考生总数的9.36%，比去年下降2.46个百分点。

(4) 低龄考生主要报考全日制脱产专业。今年报考脱产专业的考生为59 932人，占考生总数的32.98%；其中，25周岁以下考生人数为56 217人，占报考脱产考生的93.8%。

(5) 非北京市户口考生所占比例仍然较大。非北京市户口考生报名人数为53 507人，占考生总数的29.45%。

(6) 享受各种照顾的考生比例较大。享受各种照顾的考生人数为92 034人，占考生总数的50.65%。

(7) 未从业考生所占比例较大。在全部考生中，未从业考生46 721人，占考生总数的25.7%，这些考生中有67.2%的考生报考脱产专业，有60.8%的考生报考本科层次专业。

考试：今年全市共设20个考区，273个考点，6 091个考场，13万余名考生参加了考试，缺考率达到近30%。考试中共查处违纪考生435人，违纪率比2003年有所下降，为3.35‰。

录取：今年共录取新生71 394人，其中，考试生和符合照顾录取政策的免试生共录取69 120人，完成计划的107.9%，第二学历专科教育专业录取2 274人。

在考试生和符合政策的免试生中，高中起点升本科录取5 125人，完成计划的102.3%；高中起点升专科录取41 982人，完成计划的107.2%；专升本录取22 013人，完成计划的110.3%。

市属高校录取38 757人，完成计划的105.3%；部属高校录取30 363人，完成计划的111.1%。其中，普通高校录取51 761人，占录取总数的74.9%；社区学院、高职学院录取11 946人，占录取总数的17.3%；教育学院录取4 346人，占录取总数的6.3%。

优秀运动员、全国劳动模范免试生录取148人。

面向残疾人单考单招录取新生63人。

另外，2003—2004年度预科生录取1 086人。

二、重点做好的几项工作

(一) 积极稳妥地推进招生改革

1. 实施新的考试科目设置方案

2002年底教育部下发《教育部关于从2003年起调整全国成人高校招生考试科目设置的通知》(教学[2002] 8号)和《关于从2003年起调整全国成人高校招生部分由有关中央部门统一命题的考试科目设置的通知》(教学司[2002] 48号)，确定高中起点本专科专业考试科目和专升本考试科目以及专业可加试的有关规定，规定"高中起点本、专科"考试科目为语文、数学、外语，本科专业需加试史地综合和物化综合；对专升本专业规定按学科门类分为八个类别，等等。北京市成人高校招生工作认真贯彻文件精神，制定出与之相配套的招生办法，做好对广大考生的宣传工作，确保招生改革的顺利进行。

2. 探索宣传工作新途径

针对现代信息技术飞速发展的实际和确保招生工作安全的客观要求，在去年二月底清华、北大相继发生爆炸事件后，全市性咨询活动组织面临巨大困难的情况下，积极探索利用互联网技术、报纸等多种媒体进行多层次、多形式、多渠道宣传招生政策的模式。通过互联网以音频、视频以及文字交互等技术，首次举办了北京市成人高校招生网上咨询活动，向广大考生宣传招生政策，解答考生问题，共有41万人次点击咨询网页，其中实际参与咨询7.4万人次，同时在线人数达5 000多人，人均在线咨询时间约25—30分钟，参与电话声讯咨询的考生近5 000人次，解答考生各类问题1 740个，取得了较好的宣传效果。同时，通过北京教育考试院网站成招专栏向广大考生宣传，全年共有260多万人次点击(3月份为375 727人次，7月份为219 240人次)；

另外，发挥《北京考试报》的教育考试招生宣传主渠道作用，不定期地向有关招生部门和成人高校约稿，发表文章20余篇；

刊登成人招生简章、专业目录和招生章程24版，发行量16万份；

编制成招专刊，共发行6万余册；

《考生必读》共发行18万份，基本做到人手一册；

在不同工作阶段召开新闻发布会，各主要报纸、电台、电视台参加并宣传130多次；

在电台做2次成人招生热线咨询；

各招生学校结合本学校实际，积极向考生宣传自己的办学特色和专业设置等情况；

各区县招办也设置专人随时回答考生问题。

通过以上这些工作基本上达到了宣传目的，考生表示基本满意。

3. 进行网上报名试点工作

针对报名人数逐年增加和生源状况不确定性给报名组织工作带来较大困难的实际，为解决考生在报名现场滞留时间过长造成的拥挤现象，方便区县招办组织，确保报名组织的安全，信息卡信息容量有限不能满足招生和学校需求，减少考生报考的盲目性，提高信息质量，方便考生报考等问题，在9月份成人高校补报名工作中，成功地应用现代网络技术进行网上预报名的尝试，共有6 694人采取网上报名，占补报名考生总数的31.74%。从对2 562名网上报名考生的调查问卷中反映出，对网上报名方式持肯定态度的考生占

92%，网上报名得到绝大部分考生的肯定。同时，网上报名减少报名环节，减轻报名点的压力，考生确认所需时间是传统报名时间的10%～15%，只需3～5分钟即可，减少考生在报名现场的滞留时间。同时，考生可以根据网上统计选择报名人数相对较少的一天去确认信息，有效地进行生源分流。

通过实践，我们认为网上报名方式不仅很大程度地满足了成人考生的报考需求，大幅度地提高工作效率，同时在有效地避免报名现场人员聚集，减少考生在报名现场滞留时间，保持良好报名秩序和防止传染病扩散，减轻区县成招办组织报名工作压力，加速高校教学管理信息建设等方面也发挥了积极作用。

4. 贯彻落实“依法治招，依法治考”的要求，组织学校制定招生章程

依据教育部通知精神，贯彻落实“依法治招，依法治考”的要求，组织各招生学校编制本校招生章程，使之真正成为高校对社会做出的全面、准确、规范的招生承诺，真正成为约束高校招生行为的行为规范，真正成为考生和各级高校招生办公室监督高校招生行为的重要依据。各招生学校十分重视招生章程的编制工作，共有104所学校按要求编制并由考试院成招办统一向考生发布。

5. 调整照顾录取政策

根据教育部文件精神，结合考试科目改革对大龄考生的影响和报名考生呈现低龄化趋势的实际，为给大龄考生提供更多上学机会，将原照顾政策中“28周岁以上照顾录取”改为“25周岁以上照顾录取”。

6. 做好残疾人招生工作

为提高残疾人文化水平和就业能力，支持残疾人教育事业发展，经教育部批准，北京联合大学特殊教育学院部分专业面向视障、听障残疾考生进行单独招生考试，共录取63名新生。

7. 继续进行计算机“小分”录入试点

阅卷工作是招生工作的重要环节。为确保招生工作的“公平、公正”，提高阅卷工作质量，避免成绩合成中的人为误差，在去年试点的基础上，今年在全市范围内全面推行“小分”录入试点工作，取得试点经验。各评单位密切配合，配备了满足工作要求的网络环境和设备，集中一定人员，克服困难，为小分录入试点的成功做出了贡献。

8. 完善计算机录取系统，扩大远程录取试点范围

2003年是北京市成人高校招生实行网上录取的第三年。按照教育部“应努力提高远程网上录取的人数和院校的数量”的指示精神，在去年计算机网上远程录取试点工作的基础上，针对存在的问题进行研究，完善了录取系统并积极推进试点工作，扩大远程录取的学校数量和录取新生人数，共有25所学校参加了远程录取，共录取新生2万余人。

（二）加强管理，狠抓落实，确保招生工作顺利进行

为保证今年各项招生工作的顺利实施，继续严格贯彻执行教育部有关招生工作的各项方针、政策，结合北京市实际情况，制定工作方案，明确职责任务，努力做到各项工作的落实，主要做好以下几方面工作：

1. 严格过程管理，切实落实岗位责任制

要求各区县考试中心、成招办认真分析招生考试每一环节工作，找出薄弱环节，制定有效措施，比如，为保证报名考试工作的安全，各区县都制定了详细的安全措施，并请公安部门协助工作；切实落实岗位责任制，明确职责任务，建立责任追究制度，从制度上保证了招生工作的顺利进行。

2. 加强队伍建设

做好招生工作，人的因素是关键，应该把建设一支高素质的招生队伍放在重中之重的位置抓紧抓好。考试院成招办结合成人高校招生考试工作的特点，通过多种途径、利用多种方式对招办和各招生学校的工作人员、特别是监考员进行了职业道德和业务技能等方面的培训。特邀教育部考试中心负责人就如何加强考试管理作专题报告。报告通报了全国教育考试面临的形势，列举了全国教育考试发生的案例，阐述了加强考试管理的重要性。再有，在报名和考试工作前对区县进行业务培训，经过培训，全市招生工作人员统一了思想认识，准确掌握有关招生政策，规范了工作程序，熟练掌握计算机管理系统的操作，提高了工作效率和服务质量，等等这些都为高质量地完成招生任务提供了保证。

3. 维护全国统考的严肃性，狠抓考风考纪

为保证“公平、公正”的考试环境，继续贯彻教育部关于国家统一考试考风考纪电视电话会议精神，认真执行市教委下发的《北京市教育委员会关于进一加强教育考试管理工作的通知》和《北京教育考试考务管理规定（暂行）》的有关规定，采取以下几项措施，将严肃考风考纪工作落到实处。

（1）对考生加强考风考纪方面的教育。向考生发放《加强考务管理，严肃考风考纪，发扬良好学风一

致广大考生的公开信》、《北京教育考试违规行为处理暂行办法（摘录）》和《成人高考防控“非典”须知》等宣传材料，对考生明示考试违纪作弊处理办法，要求考生遵守考试纪律，倡导良好考风。

（2）服务考生，畅通考生监督、举报渠道。为维护好考生的合法权益，更好地为考生服务，公布考试院成招办和各区县成招办的监督举报电话，保证来访、信访渠道畅通，加大社会监督力度，增加社会透明度。今年，共接到并处理考生举报电话20余个，处理考生举报信件10余封，取得了良好的社会反响。

（3）强化依法治考意识，加强监督检查力度。依据有关规定对违纪作弊考生进行严肃处理，做到事实清楚、证据充足、适用法规得当。加强监督检查力度，继续邀请教育部、市委、市政府、市教委有关领导视察指导招生考试工作，邀请人大、政协领导监督检查工作实施情况。在考试期间，市、区两级成招办共派出400余名巡视员监督检查各区考点试卷保密情况和考试实施情况，确保考试顺利进行。

4. 加强考试安全和试卷保密工作

加强试卷保密，确保考试安全，是做好成人高校招生工作的重要前提和根本保证，为此，要求各区县考试中心、成招办要增强安全、保密意识，按保密规定进行试卷的运送和保管，严格试卷交接手续。落实保密值班制度，建立试卷保存情况报告制度。在考试期间，要求各区县成招办将每天的考试实施情况和试卷保存情况向考试院成招办进行汇报，同时要求遇有重大情况要立即汇报，做到考试期间信息的畅通。

5. 应对突发事件，建立应急机制

“考试无小事”，在招生考试期间如果有紧急事件发生，势必会影响工作的顺利进行，甚至造成巨大的损失。为此，考试院成招办对报名和考试期间有可能发生的突发事件进行了分析，制定了详细的突发事件处理应急预案和措施，建立了考试安全和试卷保密情况的汇报制度，确保了应急工作的安全运行。

6. 加强宣传力度，改进宣传方式、做好服务工作

成人高校招生工作关系考生切身利益，关系学校选拔合格培养对象，关系首都的社会稳定，社会关注度很高。怎样使广大考生清楚地了解成人高考，准确地掌握招生政策和信息，宣传工作就显得尤其重要。

为更好地为考生服务，充分尊重考生“知情权”，更大限度地方便广大考生了解招生政策和信息，指导考生报名和考试，今年考试院成招办以考试院网站、《北京现代教育报一考试招生专刊》为主要宣传途径，辅助以电视台、电台、报刊和160信息台等多种媒体对招生各阶段的工作进行了多形式、多层次、多渠道的广泛宣传；同时，各区县成招办和招生学校也通过电话、网络等多种形式向考生进行了宣传，取得了良好的宣传效果。

各单位切实加强政策咨询、信访工作，安排专人接听考生咨询电话、接待考生来访和负责信访工作，耐心、细致地解答考生提出的问题，及时、妥善处理信访反映的问题。为方便考生，今年继续通过160信息台向社会提供各阶段的招生信息和考试分数、录取情况的查询，同时，部分考生采用了手机短信订制方式查询考试成绩和录取结果。

7. 加强阅卷管理，提高阅卷质量

为不断提高试卷评阅工作的科学化、规范化程度，确保高效率、高质量地完成阅卷工作，各评卷单位成立了以本校主管领导为组长的评卷领导小组，聘请思想品德好，工作责任心强、业务水平高的骨干人员作为评卷员，同时做好业务培训工作，加强评卷质量控制，做好阅卷点的试卷保密工作，较高质量地完成了评卷任务，为招生工作做出了贡献。

为提高成绩登录速度和阅卷质量，有效地避免人为因素产生的分数合成误差，维护好考生合法权益，在去年进行考试成绩“小分”录入试点的基础上，今年继续在所有考试科目内推行此项工作。

8. 落实“依法治招”的要求，确保录取工作的公平、公正、公开

2003年成人高校招生录取安排在12月下旬，为确保招生工作的公平、公正，各招生学校克服年底工作较多、人员紧张的困难，按要求成立由主管院（校）长为组长、纪检监察部门参加的录取领导小组，派专人参加录取工作。录取工作继续坚持计划意识，质量意识，公平意识，稳定意识，依照程序，妥善处理的原则，在成招办和各招生学校密切配合下，录取工作平稳有序；对于录取中出现的突出问题，考试院成招办继续坚持集体研究，集体负责，审慎操作的原则，积极争取领导支持，密切配合有关部门，处理和解决录取工作中的突出问题，缓解了矛盾。2003年继续实行计算机广域网和局域网相结合的录取方式，录取结果继续通过信息台向考生发布，确保了公平、公正、公开的录取环境。

9. 应对考试科目改革，做好预科班管理工作

应对今年考试科目调整的新情况，认真做好2002—2003年度预科班的各项管理工作。组织修订了预科班管理、考核办法、教学大纲、教学计划和预科生学籍管理规定。做好预科班的日常管理工作，定期派出巡视员检查工作站管理情况和学生学习状况，召开预科班工作站教学研讨会解决教学中的突出问题。加强结业考试管理，严肃考风考纪，共查处违纪和违反学习管理规定的考生55名，保证了预科生培养质量，确保了预科生试点工作的健康发展。

三、工作中存在的主要矛盾

（一）社会需求持续增长，生源结构矛盾突出

1. 学校之间报名人数不平衡

从对各学校报名情况的分析中反映出招生学校报考人数差异较大和专业人数分布不均的问题。一些学校生源充足，但招生计划严重不足；相反一些学校生源严重不足，但招生计划相对充足，这种情况将对录取工作产生影响。

2. 考生报考专业不平衡

从对考生所报考的第一志愿专业进行统计发现，考生报考主要集中在经济管理类、财务会计类、艺术体育类、计算机类、法学类、外语类，报名人数占考生总数的85%以上。

（二）考生不断增长的需求与宣传工作相对滞后的矛盾

成人考生的分散性和不固定性的特点，给我们的招生宣传工作带来了较大的困难，我们感觉到，目前的宣传途径和现有的招生信息内容还不能完全满足考生的需要，有些宣传形式需要调整，一些宣传内容需要充实，宣传范围需要进一步扩大，宣传力度仍需进一步加强。

四、2004年工作思路

党的十六大提出："构建现代国民教育体系和终身教育体系，建设学习型社会。"成人高等教育是现代国民教育体系和终身教育体系的重要组成部分，在全面建设小康社会的进程中发挥着重要作用。根据教育部2004年成人高校招生"一手抓管理，一手抓改革，侧重于抓管理"的主要工作思路，确定北京市2004年成人高校招生工作基本思路是：

在去年工作的基础上"巩固、完善、提高"已出台的改革措施，重点推进三个方面工作：

（1）推进网上咨询方式，努力探索新形式下成人高校招生宣传的新模式；

（2）推进网上报名工作，最大程度地方便考生和有利于区县招办组织；

（3）推进网上远程录取工作，进一步提高参加远程录取的学校数和录取新生数，使成人高校招生工作更好地适应经济和社会发展的需要。

具体有以下几方面的工作：

（一）继续完善计算机录取系统，进一步扩大远程录取范围

认真总结今年远程录取试点的经验，继续完善网上录取系统和与之相适应的工作模式，进一步增加远程录取的学校数和录取人数，使参加远程录取的学校数和新生数达到或超过50%。

（二）积极完善网上咨询方式和探索招生宣传新模式

（1）认真总结2003年网上咨询的经验，积极探索招生学校参加的网上咨询方式；同时，通过考试院网站全年向考生宣传，提倡学校办好自己的网站，并建立与考试院网站的链接，建立咨询信息平台。

（2）利用电台、电视台、报纸、网络等多种形式、多层次、多方位的宣传成招政策；以及区域性院校联合咨询和院校开放日相结合的招生咨询方式。

（3）办好"高校开放日和部分学校联合"的宣传咨询活动。

（4）充分发挥《北京考试报》作用，准确及时宣传成人高校招生政策。

（5）160信息台

（三）全面推行网上报名

在2003年成功进行网上报名试点工作的基础上，完善网上报名系统，增强系统访问能力、查询能力，拓展网上服务范围和内容，使广大考生能够更便捷、更安全地参加报名。针对个别不具备上网条件考生报考问题，各考试中心要积极想办法，采取灵活方式，妥善解决考生不具备上网报考问题；同时，希望各招生学校积极配合，为本校补习班中不具备上网条件考生提供环境和辅导。

（四）加强考试管理和考试安全

加强考试管理和考试安全作为今年一项主要工作来抓。一方面，加强管理，进一步落实岗位责任制和责任追究制，确保考试各环节和考试安全不出问题；另一方面，加强对考生考风考纪和诚信方面的教育，提高广大考生遵守纪律的自觉性。

（五）加强招生队伍建设，确保工作顺利进行

加强培训，努力提高市、区两级招生工作人员的思想素质和业务水平，特别是要建立一只相对稳定的、高素质的监考员队伍，从而保证各项招生政策的贯彻执行，为此，今年还将不定期地组织各工作单位进行招生业务培训。

（六）加强招生研究工作

成人高校招生基本完成了考试科目设置和考试时间的改革，教育部学生司正在思考改革后的相关问题。中国成人高校研究会常务理事扩大会议关于加强成人高校招生研究布置了几个问题：

（1）成人高考考试科目的设置、考试内容、考试大纲如何进一步体现成人招生的特点，如何进一步满足成人高校的招生需求，存在哪些问题，如何改。

（2）探索成人高校招生中区域化招生改革问题。

（3）网上报名可行性研究。

（4）如何针对成人特点加强考试安全，加强考风考纪建设。

（5）如何针对中介组织介入成人招生工作，规范和完善成人招生管理。

北京市人民政府关于申请推迟成人高校招生考试时间的函

京政函［2003］33号

教育部：

按照贵部统一安排，2003年全国成人高校招生考试将于5月10日至11日进行。今年3月初以来，我市陆续发现“非典型肺炎”病例。为了有效防止疫情扩散与蔓延，我市已采取了坚决的防治措施，包括控制校外人员进入校园，尽量避免大规模聚集活动等。考虑到参加成人高校招生考试的人员构成复杂，规模大，且需要使用高校或中学教室进行考试等情况，为保证师生的健康与安全，经慎重研究，我市申请将今年成人高校招生考试时间推迟。拟将考试安排在11月1日至2日进行，12月上旬录取，2004年3月新生报到。

专此函达，请予审复。

二〇〇三年四月二十一日

关于在高校招生工作中进一步加强廉政建设严肃招生纪律的若干规定

一、加强招生队伍建设，提高招生工作人员的思想素质和业务素质。各高等学校和区县招生办公室要认真选派熟悉招生政策、作风正派、秉公办事的同志参加招生录取工作，建立一支政策熟、作风正、业务精、尽责任、守纪律的招生队伍；要按要求对招生工作人员进行系统的教育和培训，明确纪律要求，明确招生职责，使招生工作人员廉洁自律，自觉抵制不正之风对招生工作的干扰。

二、严格执行招生工作的各项政策和规定，坚持依法治招。要认真学习教育部和北京市的普通高校招生工作规定，坚决执行国家有关方针、政策，切实做到公正、公平；报考条件、录取标准、录取程序和规则等必须事先在招生章程中公布，做到公开、透明；录取过程中不得随意更改在招生章程中对考生和社会的各项承诺；要加强招生宣传管理，实事求是地向考生和家长介绍学校情况和录取规则，不做可能误导考生和家长的承诺。

三、严格执行招生计划，杜绝乱收费。凡是未向社会公布的招生计划，不得安排招生，凡是已向社会公布的招生计划，要严格执行，维护招生计划的严肃性。严禁利用计划安排和计划调整乱收费。

四、严格执行工作程序。高校招生部门和各区县要认真总结经验，进一步建立健全报名、考试和录取各环节的工作制度和工作程序，在报名、考试和录取工作中，必须严格执行工作制度和工作程序，在规定的权限内，尽职尽责把工作做好。特别是在录取工作中，要发挥制度、程序对建立良好内部环境的促进作用和对不正之风的制约作用，使不正之风无孔可钻，无机可乘。

五、严格执行招生工作纪律。招生工作人员必须廉洁自律，严格遵守“十三个不准”。即：不准降分照顾本单位或“关系”单位职工子女；不准领导干部利用职权要求学校录取考生或特批录取考生；不准将捐资、赠物、赞助与入学挂钩；不准徇私情、指名录取不符合条件的考生；不准学校以个人或集体名义向招办赠送财物；不准招办向学校暗示或索要财物；不准在录取场所随意串岗；不准私自向学校提供考生档案；不准随意公开考生的电子信息；不准接受考生和家长的礼品财物；不准接受考生和家长的宴请；不准向考生或家长暗示或索要财物；不准无故拖延录取时间。

六、进一步排除干扰，净化录取环境。坚决防范以招生或帮助升学为名乱许愿，损害招生工作权益和声誉；坚决防范招生工作人员与非招生工作人员相串通谋取不正当利益；坚决防范利用方便条件随时向考生通报信息、要人情谋私利；坚决防范违反规定更改数据、影响计算机网上录取的正常进行；坚决防范招生学校不按规定行使招生自主权的行为。

七、加强监督，充分发挥纪检、监察部门的职能作用。按照中央和市委关于党风廉政建设责任制的要求，高校招生工作中的党风廉政建设工作实行谁主管谁负责。各高校的纪检、监察部门要派人监督检查学校的录取工作，保障高校招生工作顺利进行。对招生中发现的问题及社会举报的问题，招生部门和纪检、监察部门要积极配合，认真调查核实，严肃处理。

八、违纪处理办法。对于违反本规定，不遵守招生纪律的招生人员，要进行批评教育；对于坚持不改的，要取消其录取工作人员资格；对于情节严重，在社会上造成不良影响的，要向违纪人所在单位提供违纪事实材料，由违纪人所在单位按有关规定给予党纪、政纪处理。对于进入录取现场的非录取工作人员违反本规定、进行违纪活动的，要坚决予以清除并追究引入者的责任。

九、实行计算机远程网上录取的学校，要依照本规定加强对本校的录取管理，确保招生工作的公平、公正、公开。

北京市高等学校招生委员会
关于表彰高等学校招生工作先进集体和先进个人的通知

京高招委［2003］12号

各区县考试中心、高招办、成招办，各在京普通高校招生办公室、各成人高校招生办公室，各高等院校、科研院所、研究生招生办公室：

五年来，我市高校招生工作战线的同志们坚持党的教育方针，认真实践“三个代表”重要思想，以高度的社会责任感和历史使命感，不断加强管理，开拓创新，高质量完成了高校招生工作各项任务，为我市高校招生工作做出了重要的贡献。

为了激励高校招生战线的全体同志，进一步做好高校招生制度改革和高校招生工作，根据教育部办公厅《关于评选全国高等学校招生工作先进集体和先进个人的通知》（教学厅函［2002］15号）的文件精神，我们评选出全国高校招生工作先进集体9个，先进个人21名，北京市高校招生工作先进集体30个，先进个人60名，现对以上先进集体和先进个人予以表彰。

附件一：全国高校招生工作先进集体和先进个人名单
附件二：北京市高校招生工作先进集体和先进个人名单

二〇〇三年十一月二十五日

附件一：

全国高校招生工作先进集体和先进个人名单

先进集体（9个）
北京市高等学校招生委员会办公室
（含普通高等学校招生办公室、成人教育招生办公室）
北京大学招生办公室
清华大学招生办公室
北京市西城区高校招生办公室
首都师范大学成人教育学院
北京市海淀区招生考试中心
清华大学研究生招生办公室
北京理工大学研究生招生办公室
先进个人（21人）
李梓华　北京师范大学招生办公室
胡洁　首都师范大学招生办公室
李建平　北京工业大学招生办公室
刘林　海淀走读大学招生办公室
王庆新　北京市东城区高校招生办公室
富砚斌　北京市昌平区招生考试中心高校招生办公室
张万福　北京市通州区高校招生办公室
屈兵　北京大学继续教育学院
高宪法　中国人民大学成人高等教育学院
胡建生　对外经济贸易大学继续教育学院
李仁山　北京经济管理干部学院
吴砚农　北京理工大学成人教育学院
王建平　北京市昌平区招生考试中心成人教育招生办公室
张冈　北京市西城区成人教育招生办公室
周援　北京航空航天大学研究生院
马小侠　中国人民大学研究生院
张红　中国农业大学研究生院
卢菁　中国协和医科大学研究生院
王秀彦　北京工业大学研究生部
刘瑞生　中国空间技术研究院研究生院
李文　北京科技大学研究生招生办公室

附件二：

北京市高校招生工作先进集体和先进个人名单

普通高等学校招生部分

先进集体（10个）

北京师范大学招生办公室

北京邮电大学招生办公室

北京外国语大学招生办公室

北京理工大学招生办公室

首都师范大学招生办公室

北京工业大学招生办公室

北京城市学院招生办公室

北京市宣武区招生考试中心高校招生办公室

北京市丰台区高校招生办公室

北京市昌平区招生考试中心高校招生办公室

先进个人（20人）

董德刚　　北京大学招生办公室

王燕　　清华大学招生办公室

邓小林　　中国人民大学招生办公室

易本兴　　北京大学医学部招生办公室

王人慧　　北京航空航天大学招生就业处招生办公室

穆岩　　北京交通大学招生办公室

张闯　　北京林业大学招生办公室

万彩英　　北京体育大学招生办公室

杨贡　　首都经济贸易大学招生办公室

赵东　　北京服装学院招生办公室

刘萍　　北京工商大学招生办公室

马淑媛　　北京农学院招生办公室

李晓章　　北京建筑工程学院招生办公室

何践理　　北京联合大学师范学院招生办公室

梁长江　　北京联合大学应用文理学院招生办公室

覃华　　北京教育考试院高等学校招生办公室

段玉兰　　北京市崇文区招生考试中心高校招生办公室

杨扬　　北京市怀柔区教育考试中心高校招生办公室

安永杰　　北京市延庆县考试中心高校招生办公室

张卫捷　　北京市海淀区招生考试中心高校招生办公室

成人教育招生部分

先进集体（10个）

北京工业大学继续教育学院

北京化工大学成人教育学院

首都经济贸易大学成人教育学院

北京师范大学继续教育学院

中国地质大学（北京）成人教育学院

北京教育学院

北京广播电视大学

北京宣武红旗业余大学
北京市丰台区成人教育招生办公室
北京市门头沟区成人教育招生办公室
先进个人（20人）
贺洪松　北京工商大学继续教育学院
官希明　北京广播学院继续教育学院
高杰　中国人民公安大学继续教育学院
麻一青　北京联合大学特殊教育学院成人教育学院
宋青　首都体育大学成人教育部
李侃卓　北京信息工程学院成人教育部
王荔　武汉大学北京市测绘设计研究院函授站
王兵　首都医科大学继续教育学院
侯高潮　中国青年政治学院继续教育学院
高然　北京外国语大学成人教育学院
程英　国家法官学院
白新睿　北京市朝阳区职工大学
汪丽萍　北京市东城区职工业余大学
季仰予　中国劳动关系学院
陈颖　北京市丰台区职工大学
钱玉萍　北京信息职业技术学院
祝丰　北京教育考试院成人教育招生办公室
杨秀华　北京市平谷区成人教育招生办公室
刘京生　北京市宣武区招生考试中心成人教育招生办公室
张智武　北京市通州区成人教育招生办公室
研究生招生部分
先进集体（10个）
北京大学研究生招生办公室
中国人民大学研究生招生办公室
北京工业大学研究生招生办公室
北京科技大学研究生招生办公室
北京林业大学研究生招生办公室
中国矿业大学（北京校区）研究生招生办公室
中国科学院研究生招生办公室
中国农业科学院研究生招生办公室
中国工程物理研究院研究生招生办公室
中国人民解放军装甲兵工程学院研究生招生办公室
先进个人（20人）
蒋予民　清华大学研究生院
曲虹　北京理工大学研究生院
吴荔荔　北京化工大学研究生招生办公室
李爱秀　北京师范大学研究生院
宋军　首都师范大学研究生部
高丽　北京语言大学研究生处
韩银安　外交学院研究生部
章小辉　中国人民公安大学研究生部

张国强　中央戏剧学院研究生部
苏日娜　中央民族大学研究生院
薛谦　石油大学（北京）研究生院
杜红荣　中国科学院国家天文台人教处
李燕明　中国人民银行研究生部
熊浩平　中国石油勘探开发研究院研究生部
顾新起　电信科学技术研究院研究生部
姜维康　中国艺术研究院研究生部
刘占林　石油化工科学研究院研究生部
牛慧贤　北京有色金属研究总院研究生部
余刚军　解放军医院进修学院政治部研究生招生办公室
白成刚　解放军装备指挥技术学院研究生招生办公室

关于印发《北京教育考试考务管理暂行规定》的通知

京考办［2003］1号

各区县考试中心（中招办、高招办、会考办、自考办、成招办），社考各考点，院内各处室：

为进一步加强对各级各类教育考试的考务管理工作，根据教育部有关规定，在原有考务管理文件的基础上重新修订了《北京教育考试考务管理暂行规定》。现印发给你们，请遵照执行。

今后，考试院各招考办不再下发与本规定内容相同的考务管理文件，各类考试均须严格执行本规定。为考试组织工作方便，各招考办可根据本规定印制有关操作手册。

附件：1. 考点工作人员职责
2. 考试证件名称及使用说明
3. 试卷保密管理规定
4. 考试材料格式
5. 试卷装订密封办法
6. 考试实施过程中的规范化用语
7. 监考工作标准程序
8. 考生偶发事件处理办法
9. 高等教育自学考试补充规定
10. 考生应试守则

二〇〇二年十二月二十日

附：

北京教育考试考务管理暂行规定

为加强北京市的高级中等学校招生考试、普通高中毕业会考、全国普通高等学校招生考试、全国成人高等教育招生考试、高等教育（中等教育）自学考试以及北京教育考试院管理的其他类考试（以下分别简称中考、会考、高考、成考、自考、社考）的考试管理工作，确保考试公平、公正地顺利进行，根据教育部《普通、成人高等学校本、专科招生全国统一考试工作细则》（教试〔1991〕03号）和《高等教育自学考试考务、考籍管理工作细则》（考委〔1998〕07 号）文件精神，结合北京市具体情况，制定本规定。

第一章　考试机构

第一条　北京教育考试院负责管理北京地区的中考、会考、高考、成考、自考、社考，制定考试组织实施的有关规定及组织考试的实施。

第二条　北京教育考试院各招考办公室按本规定分别组织实施各类考试并处理考试实施过程中发生的问题。

第三条　区县级相应的招生考试机构按本规定具体组织实施本区县范围内的相应类别考试。

第二章　考点与考场设置

第四条　作为考试地点（以下简称考点）的学校一般应是初中以上的学校。学校作为考点，要经区县级考试机构批准，报北京教育考试院备案。考点学校在区县级考试机构组织领导下负责实施考试。

第五条　考点应选择在交通便利、考试期间周围环境干扰较少、校内整体设施较好、考场教室周围安静的学校。一个考点学校安排的考场一般不少于 10 个。

第六条　考点设主考 1 人，副主考 2 人，主考由考点学校校长担任。考点实行主考负责制，主考主持本考点考试，全面负责本考点工作，处理考试期间发生的问题。

第七条　考点下设考务（含保密）、安全保卫、后勤等职能组。考务组负责实施考试、保管当天试卷，安全保卫组负责学校和考场教学楼门口验证及校园内安全，后勤组负责安排医务、交通、休息场所。

第八条　考点考务组须下设考务办公室、保密室。考务办公室各项条件应能满足监考员领取试卷、装订密封等工作需要，保密室应就近于考务办公室，配备铁皮柜存放当天考试的试卷。

第九条　考试期间，考点学校门口应挂有北京教育考试院统一规定的考点标志横幅，校内明显处应张贴考场平面图、考生应试守则、考试时间表、违纪处理规定等。

第十条　考点须设置医务室、问询处、存包处、自行车存放处，并应有明显路标。

第十一条　考场应选择采光通风良好的教室，一般应是标准教室，并应配有广播系统。考场须整洁，不能有与考试内容相关的文字材料。考试期间，设有考场的教学楼不能同时用于影响考试的其他活动。

第十二条　考场入口处应有明显标志，注明本考场的考试科目（种类）、考场编号及起讫准考证号（座位号）等内容。

第十三条　每个考场设 30 名考生座位（多余桌椅须移出考场），单人单桌排列，一般应 5 列 6 行排列，相互间距均等。课桌面要平整，没有字迹，课桌内没有纸张杂物等。考生座位号（准考证号）贴在桌面右上角。考生座位号应从讲台（监考员面对考生时）左侧的第一个座位贴起，纵向 S 型排列。

第三章　考点工作人员

第十四条　考点工作人员包括主考、副主考、联络员、考务员、监考员、保密员及其他工作人员。考试期间考点所有工作人员一律佩带证件上岗。

第十五条　考点工作人员必须思想作风正派，责任心强，熟悉考试工作，身体健康，当次无子女或直系亲属参加本考点考试。

第十六条　考点工作人员考前都须参加不少于半天的培训。

第十七条　监考员原则上应是教师，每个考场的 2 名监考员不能来自同一单位或是不能监考本校的考生。

第十八条　每个考场配备 2 名监考员，考点同时还须配备一定数量的机动监考员。考点总的工作人员数量一般按每个考场 2.5—3 人的比例配备。

第四章　试卷与考试材料的印制格式

第十九条　考场上所有的考试材料都统一封装在试卷袋内，包括：试卷 32 份（卷Ⅰ和卷Ⅱ），答题卡袋 1 个（内装答题卡 30 张，短密封签 1 张），草稿纸 30 张（须印有标题及相关内容），考场记录表 1 张，封头纸 1 张，长密封签 2 张。考生人数不足 30 人的考场，试卷袋中考试材料的数量由各招考办自定。

第二十条　试卷印刷版式：每科试卷分为卷Ⅰ（客观题）、卷Ⅱ（主观题）两部分；卷Ⅰ右上角切去一直角边为 2 厘米的三角或采取与卷Ⅱ不同的印刷版式；卷Ⅱ在距试卷中间折线（或左沿）上离试卷上沿 5 厘米处印制 2＊2 厘米的骑线黑方块；考生准考证号（座位号）、姓名等内容的填写位置由各招考办自定。

第二十一条　试卷袋：用中间接缝上端开口的“起墙”档案袋；正面大字标题注明考试年份及考试类别、科目，在明显处注明本袋试卷的考试时间，右下方印有“北京教育考试院监制”字样。

第二十二条　密封签：密封签共 5 张，4 长 1 短；考前试卷袋上封一横一竖 2 张长的，字为红色；考后密封试卷袋时用一横一竖 2 张长的，密封答题卡袋用 1 张短的，字为黑色；密封签字样为三行，第一行字样为“年份＋考试类别”，第二行字样为“试卷袋密封签”，第三行字样为“北京教育考试院监制”。

第二十三条　答题卡：按题号排列顺序的不同分为两种；每个试卷袋内两种卡各装 15 张，装入试卷袋前用洗牌的方式随机交叉；右下方印有“北京教育考试院监制”。

第二十四条　答题卡袋正面注明考试年份及科目名称，印有供监考员签字和填写本考场首末位准考证号（座位号）及缺考考员的表格，右下方印有“北京教育考试院监制”字样。

第二十五条　装订试卷的封头纸为 16 开牛皮纸，正面印有密封要求，并标出打孔位置、穿线轨迹及胶水涂抹范围。

第五章　考试实施

第二十六条　每科开考前 30 分钟（第一科前移 10 分钟），全体监考员到考务办公室报到，考点负责人主持开会布置监考工作并安排监考员监考考场（监考员采取抽签或随机分配的办法安排监考考场），然后主监考员准备领取本考场试卷，副监考员到所监考场做考前准备。其他工作人员按规定时间到指定地点上岗。

第二十七条　考试前 20 分钟（第一科前移 10 分钟），由两名保密员将试卷送至考务室，主监考员按手续领取，然后集体离开直达考场。

第二十八条　考试前 20 分钟（第一科前移 10 分钟），考点统一发出时间信号，副监考员组织本考场考生入场，检验考生准考证（成考、自考及部分其他考试还须有身份证或军官证，下同），核对考生本人相貌与准考证（存根）上的照片是否相符，提醒并监督考生将不允许带入考场的物品放到指定位置。

第二十九条　考生准考证及有关证件须放在桌面的右上角，每场考试都要进行核查。第一科考前 20 分钟考点统一用广播向考生宣读《考生应试守则》。

第三十条　开考前 15 分钟，主监考员须当众举起试卷袋宣布（或由广播室统一宣布）“现在启封试卷”。启封后核对袋内材料，要特别注意试卷Ⅰ与试卷Ⅱ的区分标记。

第三十一条　试卷袋内材料核对无误后，主监考员在黑板上注明试卷的科目、名称、题目数量及考试时间。

第三十二条　副监考员发放答题卡，发放时随机抽取发放，随后发放草稿纸。主监考员提醒考生检查答题卡是否有破损及折皱。

第三十三条　主监考员指导考生填涂答题卡，副监考员逐一检查考生在答题卡上的规定位置填、涂自己的姓名、准考证号（座位号）及考试科目标记。

第三十四条　考前 5 分钟考点统一发出信号，副监考员逐一向考生（未到考生的试卷放到其桌上）分发试卷，包括卷Ⅰ、卷Ⅱ（不得让考生传递试卷）。

第三十五条　考生得到试卷后，主监考员要指导考生检查试卷页数是否齐全、是否有破损、漏印或字迹不清楚，然后指导考生在试卷Ⅱ的规定位置填写自己的姓名、准考证号（座位号）等。如试卷Ⅱ有两张以上，每张都要在规定的地方填写自己的姓名、准考证号（座位号）。同时还要提醒考生注意，试卷Ⅰ的答案要填涂在答题卡上，试卷Ⅱ的答案直接答在卷面上，在草稿纸上答题一律无效。

第三十六条　考点按规定时间统一发出开考信号后，考生开始答题。这时主监考员在前台监考，副监考员要再次逐一核对考生本人相貌与准考证（准考证存根或身份证、军官证）及有效身份证件上的照片是否相符，同时逐一检查考生在试卷及答题卡上填写的姓名、准考证号（座位号）与准考证是否一致，发现问题要做出妥善处理。然后两名监考员一前一后、轮换站立巡视，认真执行监考任务。

第三十七条 开考后15分钟，迟到考生不得进入考场。

第三十八条 开考15分钟后，考务员须及时到各考场对备用的试卷加盖“备用试卷专用章”。此时副监考员要对缺考和空号的试卷做技术处理，在试卷Ⅱ上的规定位置填上准考证号（座位号）并在卷首总分处注明“缺考”或“空号”字样，对缺考或空号的答题卡，要填写和涂黑卡上的缺、空考标记、考试科目名称及准考证号（座位号）。

第三十九条 考试开始30分钟以后，副监考员对准备提前离开考场的考生要先核对发给考生的试卷及考试材料数量无误、准考证号填写无误后再准其离开考场。

第四十条 考试结束前15分钟，主监考员宣布“距考试结束还有15分钟”，提醒考生注意掌握考试时间。同时提醒“卷Ⅰ的答案答在答题卡上”。

第四十一条 考点统一发出考试结束信号后，主监考员要求考生立即停止答卷、同时将试卷排列好，依此为：答题卡、卷Ⅱ、卷Ⅰ、草稿纸，坐好等待收卷。

第四十二条 主监考员站在前台注视全场。副监考员要按考生准考证号（座位号）的顺序从小到大依次收卷。收卷时，一要收齐答题卡，二要收齐试卷Ⅱ，三要收齐试卷Ⅰ，四要收齐草稿纸，并分别码放。试卷收齐后立即进行核对，一要核对本考场试卷Ⅱ中有无夹杂试卷Ⅰ、试卷Ⅰ中有无夹杂试卷Ⅱ；二要核对卷面上所填写的准考证号（座位号）顺序是否连续或与考场座位号一致；三要核对每份试卷页码顺序是否连续。试卷排列方式为：小号在上，大号在下，缺考和空号的试卷要放在相应的缺、空位置，切勿漏掉或放错位置。对两份备用的试卷，将试卷Ⅰ与试卷Ⅱ分开，分别放在试卷Ⅰ和试卷Ⅱ本的最上面和最下面作为衬纸。答题卡（含缺考和空号的答题卡）装入答题卡袋。试卷Ⅱ装入试卷袋。试卷Ⅰ及草稿纸单独码齐。

第四十三条 考试材料收齐并检查无误后主监考员宣布考生退场。然后两名监考员共同复查《考场记录表》，检查清理并封闭考场后，一起带考试材料到考务室。

第四十四条 试卷Ⅱ和答题卡在密封前都要由主考指定的考务员复核后在卷Ⅱ封头纸和答题卡袋上的指定位置签字。

第四十五条 试卷Ⅱ的密封：在复核后并码齐的本考场试卷Ⅱ本正面放好封头纸（字面向上），按打孔位置穿孔用小线装订；然后由监考员签字交主考验收签字，再在规定位置涂抹胶水，将封头纸反折过来粘在试卷本上。试卷本封好后放入原来的试卷袋内，绕好线绳，用长密封条一横一竖加封。试卷Ⅰ和草稿纸只装订不密封。

第四十六条 答题卡袋的密封；将复核后的本考场答题卡装入袋中，监考人员填写答题卡袋正面有关表格后用小密封签加封。

第四十七条 密封后的试卷Ⅱ和答题卡及试卷Ⅰ和草稿纸即交保密室保管。待全部考试材料收齐后，主考应就本场考试实施中的问题及下场考试要注意的问题进行讲评。

第四十八条 考试期间各区县考试机构（各考点）可配有备用试卷。备用试卷按规定与考试用卷统一保管。开考后考点如需启用备用试卷，须经区县考试机构负责人同意（区县考试机构并要立即上报考试院有关招考办），同时考点主考要写出书面报告，2名负责人、1名经手人签字备查。考试结束后，考点须将备用试卷（如备用试卷已启封必须附报告）送回区县考试机构。

第六章　保密及安全工作

第四十九条 全国统考的试卷（包括备用卷、参考答案、评分标准）在开考前为绝密材料，北京市统考的试卷（包括备用卷、参考答案、评分标准）在开考前为机密材料。从取到试卷（包括备用卷、参考答案、评分标准）清样开始，在印制、运送、保管过程中，直到拆封启用前，各级考试机构及负责人、有关工作人员都必须按照国家保密法认真履行自己的职责。

第五十条 考试试卷及考试材料由北京教育考试院指定印刷厂印制。印刷厂必须持有市保密局核发的秘密载体准印证，必须与考试院签订试卷印制安全保密合同，包括安全设施、保密措施等。

第五十一条 考试院各招考办具体负责安排试卷印制。试卷印制期间，各招考办应向印刷厂派出2名以上的监印人员，对印刷厂的安全设施进行定时检查，对各项保密措施的落实进行监督，对印刷质量进行检查。遇有涉及保密及安全的问题监印人员应立即向厂方指出并报告考试院相关招考办。

第五十二条　试卷的取送由考试院各招考办及区县考试机构负责。取送试卷须专车、专人，并根据需要配备公安人员随车，每车除司机外不得少于3人，不得中途兼顾其他任务，车辆不得搭乘与考试无关的其他人员。考试结束后的试卷必须当天送回至区县考试机构。

第五十三条　考试院和区县考试机构须设有固定的专用保密室，保密室应配有齐备的防盗防火设施。

第七章　考试巡视和检查

第五十四条　考试期间，北京教育考试院和区县考试机构要分别组织考试巡视，加强对考试组织管理工作的检查。市级考试巡视组由北京教育考试院组织，主管院长担任组长，邀请有关部门和上级领导参加。区县级考试巡视组由区县考试机构组织，区县教育行政部门负责人担任组长，邀请有关部门和有关领导参加。

第五十五条　考试期间，北京教育考试院还要组织熟悉考试业务的人员分赴各区县考试机构及考点，检查有关规定的执行情况，检查考场的考试情况。对检查中发现的问题一般不直接处理，但应向考点主考说明，重大问题要尽快向上级报告。考试结束后，应向相关招考办提交书面报告。

第八章　奖励与处罚

第五十六条　考试院定期对各区县考试机构、考点的考试实施工作进行量化评比，对排名前列的给予表彰和奖励。对表现优秀的工作人员给予表彰和奖励。

第五十七条　对考试期间违规违纪行为的处理办法执行北京教育考试院1999年制定的《北京教育考试违规行为处理暂行办法》。如国家另有规定按有关规定执行。

第九章　附　则

第五十八条　本规定是北京教育考试院中考、会考、高考、成考、自考、社考等考试组织实施的规定性文件，相应的有关操作性规定见附件。为方便组织考试，各招考办可根据所管考试类别的实际需要对附件中相应的操作性规定进一步细化，并翻印下发作为培训教材和考试实施过程中的操作手册。

第五十九条　本规定只适用于在规定的环境下、在规定的时间内、用笔在纸上做答的考试。直接下发试卷的国家级考试如有相应的考务管理规定应按其规定执行。

第六十条　本规定自2003年起执行。

第六十一条　本规定由北京教育考试院负责解释。

附件一

考点工作人员职责

一、主考及副主考职责

1. 主持本考点考试，全面负责本考点各项工作。

2. 熟悉和掌握有关规章制度、考试实施办法、有关工作纪律、考试纪律和违纪处理规定；严密组织、严格实施，保证考试按规定顺利进行。

3. 选聘、培训监考人员及其他工作人员。

4. 每科考试结束后，组织和验收各考场试卷的装订和密封；对本场考试情况进行讲评。

5. 确保试卷在本考点的安全与保密。

6. 按规定处理本考点考试期间的一般性问题，遇有重大问题，须及时采取措施，尽力减少影响，并立即上报。

7. 副主考协助主考履行上述职责。

二、监考员职责

1. 监考员是考试实施真实有效的监督人。监考人员必须以高度负责的精神做好考场的监督检查工作，严格维护考场纪律，监督考生按《考生应试守则》应试，确保考试公平顺利地进行。

2. 监考员监考前必须参加培训，认真学习考试的有关规定，熟悉考试业务，不经培训不准监考。

3. 监考员必须严格遵守各项工作制度，佩带“监考员证”，按规定时间到指定地点执行监考职责。

4. 每科开考前布置、清理、检查考场及座位。

5. 按规定领取、启封、核对、分发试卷、答题卡及草稿纸。按规定封装试卷及答题卡。

6. 核对考生本人与有关证件是否相符，指导并检查考生填、涂准考证号（座位号）、姓名及相关内容。

7. 开考信号发出后向考生宣布可以答题，考试结束前15分钟提醒考生注意时间，考试结束信号发出后要求考生停止答题。

8. 对缺考、空号的试卷和答题卡做出标记。按规定填写考场记录及试卷袋、答题卡袋上的监考记录。

9. 制止和处理考生在考场上的违纪行为，填写有关记录。

10. 监考员应阻止没有配戴巡视证、主考证、副主考证、监考证、联络员证的人员进入本考场。

11. 监考员进入考场不准携带任何通讯工具，不准携带任何与监考工作无关的物品，不准做与监考无关的活动，不得有影响考生正常答卷的行为，不准解答试卷，不准吸烟、谈笑、阅读书报，不准随意离开考场，不准将试卷传出考场。

12. 除因试卷字迹印刷不清可就考生提问当众说明外，不准对试题做任何提示和解释。

13. 监考员应注意自身仪表。

三、巡视员职责

1. 检查试卷的安全保密情况，包括保密室设施、保密人员的值班守卫情况，试卷的交接。

2. 检查各考点内外环境的布置情况，检查考场设置情况。

3. 检查考试工作人员培训情况。

4. 检查考试实施过程、考场纪律。

5. 检查考点试卷领取、启封、分发、整理、装订密封等操作情况。

6. 遇有发生影响考试顺利进行的问题，应积极配合区县考试机构和考点负责人工作，并提醒及时向上级报告。

7. 考试结束应向派出机构书面报告巡视的考试情况。

四、联络员职责

1. 作为区县考试机构的派出人员，协助考点主考工作。

2. 检查考点执行有关规定、试卷的安全保密及考试过程等情况。

3. 遇有考点发生影响考试顺利进行的问题，联络员须积极配合主考处理，提出建议，并及时提醒主考向上级报告有关情况。

4. 考试结束后向派出机构报告考点组考情况。

五、考务员职责

1. 考前在考点考务室向监考员发放试卷袋。

2. 考试15分钟后进入考场在备用卷上加盖“备用试卷专用章”。

3. 考试结束后，在监考员密封试卷前检查核对试卷、答题卡并指导监考员装订密封。

4. 协助主考、副主考处理考试过程中发生的问题。

六、考点工作人员职责

1. 服从主考和考点领导小组的工作安排。

2. 明确各自承担的工作任务，熟悉和掌握有关规定。

3. 主动热情为考生服务，做好考场外的监护工作。

4. 考试期间，主动维护考点秩序，制止无关人员进入考点，制止他人在考场附近逗留、观望、喧哗。

5. 每科考试结束后协助监考人员清点物品、打扫卫生、关闭门窗。

七、考生领队职责

1. 为方便考生参加考试，考生所在学校或街道办事处可以组织考生集体到考点参加考试，但事先必须经区县考试机构同意，并由领队带队。

2. 对考生集体进行考试规则、考试纪律及安全教育。

3. 妥善安排好考生的食宿、往返交通等后勤事务。

4. 提醒考生注意事项，检查考生考试用具及生活用品的准备情况。

5. 了解和掌握考生考试情况，特别是缺考情况，关心考生考试期间的身体状况，做好有关工作。

6. 考试期间在指定地点休息，服从考点统一安排，做好联络工作，必要时协助考点处理有关问题。

八、保密员职责

1. 保密员对保密室内的试卷负有保管保护保密的责任。

2. 保密员必须熟知保密制度，工作认真负责。

3. 按规定手续接收及发放试卷。

4. 试卷存放期间，保密室内必须有2名保密员同时在场。

5. 保密员在保密室内值班时不准吸烟、饮酒、娱乐，不准擅离职守。

附件二

考试证件名称及使用说明

考试期间，各类工作人员一律凭证进入考点，各类工作人员证件由北京教育考试院统一印制下发。

1. "巡视"证：市、区县招考委成员，市、区县领导及教育行政部门领导，北京教育考试院派出巡视员。

2. "主考"证：考点主考，考点领导小组组长。

3. "副主考"证：考点副主考，考点领导小组成员。

4. "监考员"证：监考员、考务员。

5. "联络员"证：区县考试机构派往考点的工作人员。

6. "保密员"证：保密室工作人员。

7. "工作人员"证：考点的其他岗位人员。

8. "领队"证：组织考生集体到考点参加考试的学校或街道办事处工作人员。

9. "采访"证：新闻单位记者。

10. "车证"：考试期间机动车进入考点学校的凭证。

11. 考试期间，只有佩带巡视、主考、副主考、监考员、联络员证件的人员可进入考场；持其他证件的工作人员一律不准进入考场。

附件三

试卷保密管理规定

一、保密室的设置

1. 考试院和区县考试机构都必须设有固定的专用保密室用以保管解密前的试卷。

2. 保密室门窗必须设有防盗加固的外门外窗，并装有报警装置。

3. 保密室最好是内外套间，内间存放试卷，外间住人。

4. 保密室需配备足够数量的铁皮柜，以满足分科存放试卷的要求。

5. 保密室内外都要配有灭火器。

6. 保密室在每次使用前都必须重新检查门窗和铁皮柜的安全状况。

二、保密室工作规定

1. 按规定手续接收及发放试卷。

2. 试卷须按科目名称及考试时间分类存放在铁皮柜内。

3. 存放试卷的铁皮柜的钥匙由考务部门负责人掌握。考务部门负责人不能同时担任保密员。铁皮柜的加封、开封须在两名保密员同时在场的情况下由考务部门负责人本人操作。保密室的钥匙由保密员掌握。

4. 保密室在存放试卷期间必须保持每天24小时都有2名保密员同时在场。

5. 保密室内不准吸烟、饮酒、娱乐。

6. 使用电器必须有安全防火措施。

三、试卷交接管理规定

1. 区县考试机构按规定时间持介绍信和《领取试卷凭证》（一式两联）到指定地点领取试卷。

2. 考试院各招考办工作人员按凭证上注明的数量发放试卷。

3. 试卷清点领取结束后双方都要在《领取试卷凭证》上签字，各存一份。

4. 区县考试机构领取试卷后立即送本机构保密室，由保密员和考务人员共同核对科目、数量，入柜加锁贴封后在《领取试卷凭证》上签字。

5. 从区县考试机构保密室考前领取及考后送回试卷按区县考试机构规定办理。

6. 考点保密室考前向监考员发放试卷及考点收回试卷按区县考试机构规定办理。

7. 区县考试机构须按规定时间将考后试卷送交指定阅卷地点并按阅卷点规定办理交接手续（包括取回试卷及成绩）。

附件四

考试材料格式

一、试卷袋

1. 须用质地坚韧的150克牛皮纸制作，中间接缝上端开口，“起墙”高度为3厘米左右。

2. 试卷袋宽24.5厘米，长32.5厘米（不含袋舌），袋舌高8厘米，袋舌顶部宽20厘米，试卷袋背面和袋舌上各有一个圆形卡片，直径为2.5厘米，袋舌卡片连结小线线长35厘米。

3. 试卷袋正面大字标题说明考试年份及考试类别科目，在明显处注明本袋试卷的考试时间及阅卷用的其他标识等，右下方印有“北京教育考试院监制”字样。

二、答题卡袋

1. 须用质地坚韧的150克牛皮纸制作，中间接缝上端开口。

2. 答题卡袋宽17.5厘米，长22厘米（不含袋舌），袋舌高3.5厘米，袋舌顶部宽15.5厘米。

3. 答题卡袋正面注明考试年份及科目名称，印有供监考人员签字和填写本考场首末位准考证号（座位号）及缺考考号的表格，右下方印有“北京教育考试院监印”字样。

三、封头纸

1. 须用质地坚韧的150克牛皮纸印制。

2. 封头纸宽26厘米，长19厘米，封头纸下端密封线与顶端距离为4厘米，两端各留2.5厘米宽的抹胶水处。

3. 封头纸正面应印有密封注意事项，并标出打孔位置、穿线轨迹及胶水涂抹面。

四、考场记录表

1. 用16开70克凸版纸。

2. 考场记录表内容包括：考试科目、科类号、考场号、应考人数、实到人数、缺考人数、缺考人准考证号、考场情况（有无违反考场纪律情况，原因及处理过程）、监考员签字、考点负责人签字等。

3. 填表说明：（1）此表由监考员认真填写，随试卷交区县考试机构。（2）区县考试机构按考点顺序分科汇总装订成册。

五、试卷袋密封签

1. 用20克拷贝纸。

2. 试卷袋密封签宽8.5厘米，长24厘米，印有宽6厘米、长21.5厘米方框。

3. 试卷袋密封签共4张，考前试卷袋上封一横一竖，字为红色；考后密封时用一横一竖，字为黑色；

密封签方框内字样为三行，第一行字样为“年份＋考试类别”，第二行字样为“试卷袋密封签”，第三行字样为“北京教育考试院监制”。

六、答题卡袋密封签

1. 用20克拷贝纸。密封签宽8.5厘米，长17.5厘米，印有宽5.5厘米、长13厘米方框。

2. 答题卡袋密封签方框内字样为三行，第一行字样为“年份＋考试类别”，第二行字样为“答题卡袋密封签”，第三行字样为“北京教育考试院监制”。

附件五

试卷装订密封办法

一、试卷Ⅰ和草稿纸

收齐清点无误后只做简单装订，不密封。

二、试卷Ⅱ

1. 按考生准考证号（座位号）顺序码放，小号在上，大号在下，缺考号和空号的试卷要放在相应的缺、空位置，不能漏放和错放。

2. 装订前要由主考指定的考务员复核签字。

3. 在复核后并码齐的本考场试卷Ⅱ本正面放好封头纸（字面向上），按打孔位置穿孔用小线装订；然后由监考员签字交主考验收并签字，再在规定位置涂抹胶水，将封头纸反折过来粘在试卷本上。试卷本封好后放入原来的试卷袋内，绕好线绳，用长密封条一横一竖加封。

三、答题卡

1. 按考生准考证号（座位号）顺序码放，小号在上，大号在下，缺考号和空号的答题卡要放在相应的缺、空位置，不能漏放和错放。

2. 将复核后的本考场答题卡装入答题卡袋袋中，监考人员填写答题卡袋正面有关表格并按要求签字后用短密封签加封。

四、密封后工作

试卷Ⅱ和答题卡在密封后即交考务员，考务员验收后即交保密室，由保密室按保密规定封存。试卷Ⅰ和草稿纸也同时交保密室保存。

附件六

考试实施过程中的规范化用语

1. 考前20分钟（第一科前移10分钟）

·现在请考生入场。

·请考生出示准考证（身份证、军官证）经监考员核对后进入考场，对号入座。

·请进入考场的考生注意

将准考证（身份证、军官证）放在课桌的右上角并与课桌上的座位号核对，再次确认是否是自己考试的座位。

·课桌上只允许放置考试必须的文具。不允许使用涂改液、胶带纸，不允许携带任何通讯工具。

·请考生遵守考试纪律、按《考生应试守则》参加考试。

（第一科宣读《考生应试守则》）

2. 考前15分钟

·现在请监考员当众举起试卷袋。

·现在启封试卷袋。

·现在分发答题卡和草稿纸，请考生注意答题卡不能有破损、褶皱、污迹。

·现在请用钢笔或圆珠笔，在答题卡姓名栏内填上姓名，在准考证号栏内填上准考证号；然后用 2B 铅笔，涂黑本考场科目名称对应的信息点，涂黑准考证号码对应的数字信息点。

·请你注意"正确填涂"的示例。

·请你注意所用答题卡上题目编号的排列顺序。

3. 考前 5 分钟

·请大家把笔放好，现在由监考员发放试卷。

·本场考试科目为×××，试卷分为卷Ⅰ和卷Ⅱ，考试时间从××点到××点。

·拿到试卷后请考生注意监考员在黑板上注明的试卷科目、页数、题目数量及考试时间，查对自己的试卷。

·请检查试卷是否有空白、污损、字迹不清等问题，如有问题请举手说明。

·请用钢笔或圆珠笔在试卷Ⅱ的指定位置填写准考证号（座位号）、姓名等内容。

·注意密封线外不要做其他标记，否则评卷时扣分，填写完毕请考生放下笔，开考信号发出前不要动笔答题，否则按违反考场纪律处理。

·做试卷Ⅰ时，须用 2B 铅笔将答案填涂在答题卡上，在试卷Ⅰ上答题一律不计成绩。

·做试卷Ⅱ时，须用蓝色或黑色墨水的钢笔、圆珠笔在卷面上直接做答，不能使用铅笔或红色墨水笔答题（作图可以使用黑色铅笔），不能使用涂改液、胶带纸，否则不计成绩或按在卷面做标记扣分。

4. 统一发出开考信号后

·现在开始答题。

5. 考试结束前 15 分钟

·由主监考员口头宣布：离考试结束还有 15 分钟，请考生检查试卷Ⅰ的答案是否填涂在答题卡上。

6. 考试结束信号发出后

·请考生立即停止答卷，从上到下，依次将答题卡、试卷Ⅱ、试卷Ⅰ、草稿纸整好，平放在课桌上，坐好等待收卷（广播两遍）。

·请考生注意：

待监考员收齐试卷并示意后方准离开考场，考生将试卷、答题卡、草稿纸带出考场，考试成绩无效。

附件七

监考工作标准程序

考试时间	工作要点	工作内容
考前 30 分钟（第一科开考再提前 10 分钟）	监考员到考务办公室报到	1. 听取主考指示。 2. 按规定办法确定监考考场。 3. 核准钟表时间。 4. 主监考员准备领取试卷，副监考员准备去考场。
考前 20 分钟	领取试卷组织考生进场	1. 主监考员领取试卷，核对试卷上的考试科目、考试时间、考场号、办理领取手续后集体离开考务室去各自监考的考场。 2. 副监考员组织考生进考场，检查考生准考证上的照片是否与本人相符，检查准考证与身份证（军人证）上的照片是否相符，检查考生准考证上的考场号是否与本考场一致。 3. 首场考试提醒考生收听（或向考生宣读）《考生应试守则》及注意事项。
考前 15 分钟	启封试卷袋分发答题卡在黑板上注明试卷题目编号及考试时间	1. 主监考员须当众举起试卷袋，并宣布（或听从广播指挥）"现在启封试卷"，启封后两名监考员随即核对袋内试卷科目、份数及考试材料的份数是否与试卷袋上注明的一致。 2. 副监考员随即向考生发放答题卡，草稿纸。 3. 主监考员提醒考生答题卡填涂注意事项及答题卡上题号的排列顺序。 4. 主监考员在黑板上注明试卷的科目、页数、题目数量及考试时间。 5. 副监考员检查考生是否按要求填涂答题卡。

续前表

考试时间	工作要点	工作内容
考前5分钟	分发试卷	1. 副监考员向考生分发试卷Ⅰ和试卷Ⅱ。 2. 主监考员指导考生填写姓名、准考证号（座位号）等内容，并提醒考生将试卷Ⅰ的答案填涂在答题卡上，将试卷Ⅱ的答案直接答在卷面上。 3. 副监考员注意观察不要让考生提前答题。
开考信号发出考试开始	宣布开始答题	1. 主监考员宣布“现在开始答题”，站在前台监考。 2. 副监考员逐一检查考生在卷Ⅱ和答题卡上填写（涂）的内容是否完整、是否与准考证上的内容一致。
考试开始15分钟后	停止考生入场	1. 停止迟到考生入场。 2. 副监考员在考场记录上填写缺考考生号及相关内容。 3. 副监考员在缺考及空号试卷上填写考号，并在卷首总分处填上“缺考”或“空号”字样；在缺考或空号的答题卡上用钢笔或圆珠笔填上准考证号，并用2B铅笔涂黑相应的准考证号涂点及考试科目名称、缺考标记。自考还须填涂缺考违纪卡。 4. 考务员开始在备用试卷上加盖“备用试卷专用章”。
考试开始30分钟后	准许考生离开考场	副监考员对准备提前离开考场的考生要先核对发给该考生的试卷及考试材料数量无误、准考证号填写无误后再准其离开考场。
考试过程	轮流站立核对身份	1. 两名监考员应保持一名监考员在前台站立监考。 2. 主监考员须适时再逐一核查一遍考生本人相貌与准考证（身份证、军人证）上的照片是否相符。 3. 副监考员须再逐一检查一遍考生在试卷Ⅱ、答题卡上填写（涂）的准考证号是否与准考证上的一致。
考试结束前15分钟	提醒考生考试时间	主监考员当众提醒考生“离考试结束还有15分钟”，“请考生检查是否将试卷Ⅰ的答案填涂在答题卡上”。
结束信号发出考试时间结束	终止考生答题收卷及考试材料 核对 宣布考生退场 填写考场记录	1. 主监考员宣布考试结束，考生停止答卷；要求考生将试卷排列好，依次为：答题卡、卷Ⅱ、卷Ⅰ，草稿纸，坐好等待收卷。 2. 副监考员开始收卷（要做到四收：一收答题卡；二收试卷Ⅱ；三收试卷Ⅰ；四收草稿纸）。小号在上，大号在下。注意核对试卷Ⅱ卷头准考证号与考生座位号是否相一致，核对试卷页码顺序。主监考员注视全场维持秩序。 3. 收完试卷、清点核对后，宣布考生退场。 4. 两名监考员共同复查考场记录。 5. 将答题卡、试卷Ⅱ、试卷Ⅰ，按准考证号顺序检查一遍，清查考场，关窗锁门。 6. 监考员携带试卷、答题卡、草稿纸等到考务室装订密封交主考验收。

附件八

考场偶发事件处理办法

序号	偶发事件	处理办法	
		监考员	考点主考
1	考生忘记带或遗失了“准考证”（身份证或军官证）	会考高考成考：先验证考生相貌，若与准考证存根上照片相符，可先安排考生进场考试，要求考生下一科考试时带来，将情况报告考点主考； 中考：要求领队确认； 自考：不得进场考试。	掌握无“准考证”进场应考的考生情况，及时报告区县考试机构。

续前表

序号	偶发事件	处理办法	
		监考员	考点主考
2	考试中发现考生相貌与准考证（身份证或军官证）上的照片不符	立即将情况报告主考。该科考试结束以后，将考生带到考点办公室，让主考处理。	核实情况，确系代考，填写《违纪考生登记表》，报告区县考试机构。
3	主监考员领取试卷时发现试卷袋口或密封有异常迹象	立即报告考点主考并调换备用试卷。	与监考员共同将异常情况记录在案后，监考员换备用试题袋，主考应负责查明原因，立即逐级上报。
4	试卷启封时，发现内装试卷与所考科目不符或混装、错装	立即装回原试卷袋内。通过场外机动监考员向考点主考报告，安排考生在考场等候。	请示区县考试机构，启用备用试卷；另派未接触装错科目试卷的机动监考员接替该监考员工作；对原监考员采取隔离措施，直到错装试卷科目考完为止。
5	试卷启封后，发现在缺页、漏印、重印、损坏等无法使用的情况	在本考场无法调整的情况下，向考点主考申请动用备用试卷。 记住所耽误的考试时间。	先核实情况，用备用试卷补齐。然后立即请示区县考试机构。
6	因试卷印刷字迹不清，考生提出询问	如个别试卷字迹不清，可参阅备用试卷，并当众答复（声音稍大些），如整个考场考生试卷同一处或几处的字迹不清，则立即通过场外机动监考员请示考点主考。	参阅备用试卷，如整个考点出现同样问题，立即请示区县考试机构。
7	开考后，发现部分试卷混装、错装，与所考科目不符	将这些试卷收齐，清点后当场密封。同时通过场外机动监考员请示考点主考。	请示区县考试机构，动用备用试卷。将错发试卷密封存保密室，并对接触错发试卷人员立即隔离，其中考生下科考试单独进行，直到失密科目开考。
8	试卷中发现试题明显错误且无勘误表	不作回答，通过场外机动监考员请示考点主考。	将情况报告区县考试机构，得到更正通知后及时更正，在未得到更正通知前，暂不处理。
9	考试中，个别考生的考试用具发生问题	考生不离座。监考员采取适当方式协助解决。	考前适当准备墨水及答题用笔等文具。
10	考生坐错位置	要求考生回到自己的座位就座。	
11	考试中发现考生将规定外的东西带入考场	如实记入《违纪考生登记表》	核实情况后在《违纪考生登记表》上签字。
12	同一科目，发现考生二次抢答或拖答	第一次抢答当众警告，第二次抢答及拖答，记住抢答及拖答的题目，答在什么地方，答的内容文字，如实记入《违纪考生登记表》，并报告主考。	处理同上。
13	发现考生抄袭、偷看、传递、夹带等舞弊行为	1. 如属个别考生，则立即制止，并如实记入《违纪考生登记表》，考试结束后，将考生连同违纪证据送到考务室。 2. 如发生较大面积的舞弊事件，则应全力制止，并立即通过场外机动监考员报告考点主考。 3. 如发现泄密，立即通过场外机动监考员报告考点主考。	1. 处理同上。 2. 组织力量调查，并立即将情况报告区县考试机构。

续前表

序号	偶发事件	处理办法	
		监考员	考点主考
14	考试期间，需要向考生传达有关通知	按要求原原本本向考生传达。	召开考点有关人员会议，形成文字通知，分头传达到考场的监考员。
15	考生发生晕场、疾病的情况	通过场外机动监考员报告考点主考。	指挥和监督就地治疗或送至就近医院治疗。如果开考还不到30分钟，则实行隔离治疗。
16	考场内部发生喧哗	予以制止、记录，通过场外机动监考员报告考点主考。	立即组织工作人员予以制止并报告区县考试机构。
17	考生在试卷上书写的姓名、准考证号（座位号）均与考生本人准考证不符	该科考试结束后，将其带到考点办公室，向主考说明情况。	核实情况，记录在《违纪考生登记表》并报区县考试机构。
18	考生无意弄脏或损坏试卷、答题卡，要求更换	开考前，向主考申请备用试卷和答题卡。开考后，不再更换。	核实情况，动用备用试卷、答题卡，如实记录。
19	考生带走试卷、答题卡或草稿纸	未出考场，立即予以收回；已离考场，尽量追回并立即报告考点主考。	组织力量，设法追回。记录在《违纪考生登记表》并报区县考试机构。

附件九

高等教育自学考试补充规定

一、关于考点设置

第十二条　自学考试考场不注明起讫准考证号。

第十三条　要求考场内课桌桌口朝前。

二、关于试卷与考试材料的印制格式

第十九条　试卷袋内试卷份数定为30、20、10份三种规格。

第二十条　自学考试不分卷Ⅰ、卷Ⅱ，均按试卷Ⅱ有关办法执行。

三、关于考试实施

第二十六条　自学考试各科考试准备时间均不前移。

第二十八条　不对照准考证存根。

第二十九条　各单元开考前均要宣读《考生应试守则》。

第三十八条　开考15分钟后，考务工作人员将各考场多余试卷收齐交考务办公室，无须加盖缺考、空号章。

第四十二条　只装订有效试卷，装订时不使用备用卷，使用衬纸。

第四十八条　自学考试的备用卷，每科每区县1袋（有30、20、10份装）。

四、开考15分钟后，监考员让考生逐一签到。

附件十

考生应试守则

1. 考前20分钟（第一科提前10分钟）考生持准考证等有关证件进入考场。

2. 开考15分钟后不得进入考场，开考30分钟后经获准方可离开考场。

3. 考生进入考场只准携带规定的考试用具，不准携带任何通讯工具，不准随身夹带文字材料及其他与考试无关的物品。

4. 进入考场后按准考证号（座位号）入座，将准考证及证件放在桌子右上角。

5. 按要求在试卷及答题卡上的指定位置填、涂准考证号（座位号）、姓名等有关内容。

6. 开考信号发出后才能答题。

7. 不得在试卷的密封线外或答题卡上规定的位置外答题，不得使用红色笔或铅笔（除画图或填涂答题卡外）答题，不得使用涂改液、胶带纸，不得在试卷上做其他任何与答题无关的标记。在试卷Ⅰ及草稿纸上答卷无效。

8. 在考场内须保持安静，不得吸烟，不得喧哗，自觉遵守考试纪律。

9. 考试中不准交头接耳、左顾右盼，不准打手势做暗号，不准偷看、抄袭或有意让他人抄袭，不准传抄答案、交换试卷、答卷卡、草稿纸等。

10. 考生提问须先举手，经监考员同意后轻声提问。对试卷有疑问只限于印刷字迹不清、缺页、漏页、卷面破损或污染。

11. 考试结束前要离开考场的考生须先将答卷及答题卡反扣在桌面上，再举手提出、经监考员允许后才准离开考场，离开后不准在考场附近逗留。

12. 考试结束信号发出后，考生须立即停笔，并将答题卡和答卷从上至下按照答题卡、试卷Ⅱ、试卷Ⅰ、草稿纸的顺序平放在桌面上，坐好静候收卷。待监考人员收齐答卷检查无误发出指令后才准离开考场。

13. 考生不得将试卷、答题卡、草稿纸等考场上所发的任何考试材料带出考场。

14. 对违反应试守则的考生，将按照《北京教育考试违规行为处理暂行办法》及有关规定处理。

关于在北京市教育考试期间做好“非典型肺炎”预防控制工作的紧急通知

京考办［2003］6号

各区县考试中心、高招办、成招办、中招办、自考办：

2003年4月16日上午，范伯元副市长到北京教育考试院就在北京教育考试期间做好“非典型肺炎”预防控制工作进行调研，并对近期我市教育考试（自学考试、成人高考、中考、会考和高考）工作中，落实市委、市政府关于预防“非典型肺炎”的统一要求和部署进行了专门研究，并做了重要讲话。

现结合近期我市教育考试的安排，将有关的具体防治措施通知如下，请你们在实际工作中认真加以贯彻落实。

一、各区县考试中心、各招考办要对此项工作予以充分地重视，要把在我市教育考试工作中具体落实市委、市政府关于预防“非典型肺炎”的要求和部署，作为实践“三个代表”重要思想，和执政为民的具体行动来认识。切实做到思想上要重视、工作中有安排、准备上有预案。

二、根据上级的统一安排，原定的高校和高级中学的开放日等活动予以取消。高招和中招的咨询将采取以网上咨询和电话咨询为主、媒体宣传辅助的方式进行。其中中招网上咨询定于4月19日进行，高招网上咨询定于4月30日进行。各考试中心和招办要积极引导考生和考生家长通过网络、媒体及其他宣传资料，了解招生工作的政策并对考生和考生家长做好耐心、细致的解释工作。

三、在考试期间，组织考点校加大对所有考场教室的消毒力度。每次考试在考前和考后都要对考场进行消毒；考试进行中，要打开教室的门窗，保证通风；要在洗手池处放置洗涤卫生用品。

四、要加强考务工作的组织和监管的力度，特别是要加强对特殊情况的处理和处置。每个考点要设置备用考场；在考试组织过程中，一旦发现特殊情况，要使用备用考场对相关人员进行隔离，并迅速向市急救中心（电话：120）报告，同时上报上级主管部门。

五、各考点要加强考生进场和退场时的疏散和疏导，避免考生长时间聚集，维持考场正常秩序。

六、在考试期间，各考试中心和各招考办要争取区县卫生防疫部门到考场进行巡视，指导工作。各考点学校要认真予以协助和配合。

七、以上措施，各考试中心、各招考办请及时在实际工作中组织各考点校贯彻和落实。如有特殊情况，请及时报我院办公室。联系人：刘泓，联系电话：62116787。

特此通知。

二〇〇三年四月十六日

关于进一步做好教育考试保密安全工作的通知

京考办［2003］26号

各区县考试中心：

教育考试的保密安全是一项直接影响考试的公正、公平、事关国家与广大考生利益的重要工作，历来为各级政府及考试管理机构所重视，为社会所关注。进入2003年以来，尤其是今年高考前夕，四川高考窃密案的发生，更引起了党中央的高度关注，考试的保密安全已成为影响稳定大局的重要因素。为防患于未然，今年9月，考试院在《北京教育考试考务管理规定（暂行）》的基础上，根据国家相关法律、规定的要求，重新制定并实施了《北京教育考试保密管理暂行规定》。与此同时，在市教委的支持下，及时向市财政申请专项资金用于我市教育考试的保密安全建设。这一切，均为我市进一步做好教育考试的保密安全工作奠定了基础，提供了保障。

2004年即将到来，各区县又将迎来繁忙的一年。为进一步做好考试的保密安全工作，确保2004年各级各类教育考试的顺利进行，特提出如下要求：

一、考试的保密安全工作事关大局，各区县应从贯彻“三个代表”的政治高度认识和对待这一工作，做到常抓不懈。

二、认真贯彻执行考试院制定的《北京教育考试保密管理暂行规定》的有关要求，对照相关条款逐一检查，做到组织落实、管理措施落实、人员落实、设备设施到位、责任到人。

三、各区县要根据检查中发现的问题及时进行调整，增加资金投入，并积极争取区县财政对保密安全建设的支持。要合理使用考试院下拨的保密专项补贴，做到专款专用，严禁挪作他用。

2004年4月，考试院将召开全市考试保密安全会议。在此之前，考试院将对各区县保密安全工作的落实情况进行专项检查，并将检查结果直接计入年终考核指标。请各区县考试中心根据上述要求，认真做好相关工作，抓好基础设施的建设，使考试的保密安全工作建立在坚实的制度基础上。

北京教育考试院
二〇〇三年十二月二十五日

附：

保密室基础设施建设标准及装备配备要求

1. 保密室必须设置在区县教委、考试中心或指定学校的办公楼内，一般不得设置在底层或顶层。

2. 保密室须分为内外两间，内室存放试卷，外室供交接试卷和保密员值班使用。

3. 保密室内室不设窗户。外室窗户应为推拉式，在窗户位置的墙内外各装一套铁栅栏。铁栅栏材料须为角钢或方钢，与墙体的连接必须紧固，锚固点应隐蔽不便拆卸。

4. 保密室只得设2个出口，一个是内外室的隔门，一个是外室的进门。内外室的隔门应用上部为铁栅栏的防盗门。外室的进门须设两道门，室内的一道可以是原有的房门，面对室外的一道须是带有猫眼的全封闭式防盗门。

5. 内室用于存放试卷的铁皮柜必须牢固并配有密码锁和弹子锁。铁柜钢板厚度不应小于0.1cm。

6. 保密室内须配备符合消防安全要求的灭火器材并装有烟雾报警装置。

7. 保密室须配备室内室外监视器，监视保密室内室外窗、外门及其周围环境的安全。

8. 保密室内须配备外窗、外门及内室隔门、铁柜正面位置的红外报警装置，并应与区县公安分局安全部门连接。

9. 防盗门、监视器、烟雾报警器及红外报警装置等安全设备都必须是经过公安局认证的产品，并具有合格证书。

关于印发《北京教育考试保密管理暂行规定》的通知

京考科［2003］2号

各区县考试中心、考试院各处室：

为统一规范北京教育考试的保密管理工作，切实贯彻落实中共中央保密委员会办公室、国家保密局《关于进一步加强国家统一考试保密管理工作的通知》（中保办（局）发［2002］3号）的精神，现将我院制定的《北京教育考试保密管理暂行规定》印发给你们，请遵照执行。

保密管理是保证考试公平、公正和国家考试权威性的重要方面，各级考试机构和所有参与考试工作的人员都必须充分重视。希望各部门、各单位认真执行文件，并将有关问题及时反馈给我们。

二〇〇三年七月三十日

附：

北京教育考试保密管理暂行规定

第一章　总　则

第一条　为保证北京市各级各类教育考试的公平公正，维护国家和广大考生的利益，根据《中华人民共和国保守国家秘密法》以及中共中央保密委员会办公室、国家保密局《关于进一步加强国家统一考试保密管理工作的通知》（中保办（局）发［2002］3号）精神，制定本规定。

第二条　教育考试的保密管理主要包括命题、试卷印刷、试卷存放、运送、阅卷等工作环节的保密管理工作。

第三条　北京教育考试院负责北京市全市的高级中等学校招生考试、普通高中会考、全国普通高等学校招生考试、全国成人高等学校招生考试、高等教育（中等教育）自学考试以及考试院管理的其他种类考试，包括非学历证书考试的保密管理工作。

第四条　各区县教育考试中心（考试机构）负责本区县各类教育考试的保密管理工作。

第五条　考试院和区县考试中心须成立保密管理工作领导小组，组长由主管领导担任。考试院主管相应类别考试的处室（区县考试中心为科室）必须有一位领导专门负责保密管理工作。

第二章　教育考试秘密的范围和密级

第六条　命题。命题组织部门要对命题人员进行审查。从命题工作开始，直至所命试卷开考30分钟内，命题教师、命题工作人员不得向任何人泄露或暗示试题内容，并不得以任何方式指导考生复习。试卷样式及相关的命题文稿要按规定严格保管，防止失窃。

第七条　试卷印制。考试试卷的印制应在国家保密局和北京市保密局审核确定的统一考试的试卷定点印制单位印制。考试院必须按《印制、复印等行业复制国家秘密载体暂行管理办法》的要求与试卷定点印刷厂签订试卷印刷保密管理协议。

第八条　试卷的运送与保管。试卷运送必须安排专车、专人（不得少于3人），试卷保管必须有专用保密室及保险柜，保密期间保密室内同时不得少于两名保密员。试卷运送与保管期间都须请公安部门参与并协助工作。

第九条　以电子信息形式为载体进行的考试，应按照国家有关保密规定，在涉密载体及计算机信息系统、计算机设备的安全防护和使用管理等方面，采取严格的保密防范措施；承担考试软件开发、制作的单位，应承担保密义务，考试院要与其签订保密协议。

第十条　全国统一考试在启用之前的试题（包括副题、备用题）、参考答案和评分标准按"绝密"级进行管理。

市级统一考试在启用之前的试题（包括副题、备用题）、参考答案和评分标准按"机密"级进行管理。

全国、市级、区县级统一考试命题工作及参与人员的有关情况，区县级统一考试启用前的试题（包括副题）、参考答案和评分标准，各级统一考试启用之后的评分标准、公布成绩之前的答卷、答题卡按"秘密"级管理。

各级统一考试结束后不应公开的试题和考生答卷以及考生的档案材料不属于国家秘密，但只限一定范围的人员掌握，不得擅自扩散和公开。

第十一条　在命题、试卷印制、考试实施及阅卷期间，发现泄密、失密或发现工作人员违反保密管理规定的行为，保密管理责任人必须立即采取断然措施，设法阻止失密范围的扩大，同时立即向上级保密责任人报告。

第三章　保密制度

第十二条　命题工作保密规定（见附件一）

第十三条　试（答）卷的运送与保管规定（见附件二）

第十四条　阅卷保密管理规定（见附件三）

第四章　行政责任与法律责任

第十五条　对违反本规定泄露试题试卷内容，或造成试（答）卷失窃的有关当事人，由考试主管机构会同有关部门视情节及后果，根据有关法规追究行政责任或法律责任。

附件一

命题工作保密规定

一、命题组织部门组织命题时应对命题人员和内部工作人员进行审查，有直系亲属参加当次考试者不得参与命题工作。命题人员的身份对外保密。

二、命题工作原则上应采取入闱的工作形式，命题管理部门应对命题人员进行保密教育并签订保密责任书，对命题人员应当履行的保密义务作出明确规定。

三、命题人员在考试前不得以任何方式向任何人泄露或暗示试题内容，不得参与或授意他人进行与本专业（课程）考试命题有关的辅导或培训，未经命题管理部门准许不得参与编写、出版与之相关的辅导用书和资料。

四、命题管理部门应对命题工作的各个环节实行严格的保密管理。命题工作应选择具备保密条件的场所进行，并采取相应的保密、防护措施。命题人员不得在命题场所以外谈论试题内容，非命题人员不得进入命题场所；与命题有关的文字材料、软盘等应妥善存放，未经允许不得带出命题场所；废弃的草稿等要指定专人按规定定时销毁。

五、试题的递送。试题及相关材料的递送不得通过普通邮政及乘坐公共汽车，要经密封后通过机要通信局进行投递或指定专人专车递送。递送过程应采取相应的保密措施，中途不得停留，不得兼顾其他任务，以免失密或丢失。

六、命题期间，用于打印试题、试卷的计算机要严格管理，不得带出命题场所，不得上网；工作人员不得擅自操作、使用；计算机要有电子安全防护措施。命题有关资料在解密前不得在传真机上发送，不得在电话中交谈。复印资料要指定专人进行。

七、命题工作结束后，原始试题载体的保管应选择具备安全防盗设施的场所，存放在保险柜中，并采用双人双锁的方式，保密室和保险柜的钥匙不能集中一人掌握。

附件二

试（答）卷的印刷、运送与保管规定

一、考试试卷及有关材料由北京教育考试院指定在国家保密局和北京市保密局审核确定的统一考试定点印刷厂印制。考试院要按照《印制、复印等行业复制国家秘密载体暂行管理办法》的要求与定点印刷厂签订试卷印制安全保密协议。

二、考试院各相关类别考试的主管处室负责具体安排试卷印制。试卷印制期间，考试院应向印刷厂派出 2 名以上的监印人员。监印人员要对印刷厂的安全设施定时进行检查，对各项保密措施的落实进行监督，对印刷质量进行检查。遇有涉及保密及安全的问题，监印人员须立即向厂方指出并报告考试院主管处室。

三、印刷厂自监印人员携样卷进厂至试卷启用前的全部过程中，必须实行全封闭工作，每天二十四小时安排人员内外巡逻值班。

四、所有接触试卷、参考答案及评分标准的人员，包括考试院派出的监印人员必须严格遵守试卷印刷保密规定，一律采取入闱方式，隔断与外界的一切联系；入闱期间，严禁将各种无线通讯工具带入印刷厂。

五、试题、试卷的交接应指定专人负责，凭领取试卷介绍信、交接单，在安全场所当面交接。要建立严格的查验手续，按科目、份数进行交接，并做好书面交接记录。

做好备用试卷的管理、验收工作。考试期间如启用备用试卷，必须严格履行登记手续，经区县考试机构负责人批准后方可启用。考试结束后，要将备用试卷的使用情况报考试院。

六、试卷的运送指区县考试机构从印刷厂运回试卷并送至考点学校的过程。试卷的运送由区县考试机构负责。运送试卷必须专车、专人，车况必须良好，司机必须有良好的职业道德及丰富的驾驶经验，押运人员不得少于 3 人，并根据需要配备公安人员随车。运送试卷的车辆不得搭载其他人员，中途不得兼顾其他任务或停车。

试卷运到后，各区县考试机构要及时向考试院相关招考办报告。

七、试卷保管应采取必要的保密防范措施。考试院及区县考试机构应配备专用保密室。试卷封存期间，应锁入保险柜。存放试卷的场所应有铁制护栏或防盗门，并配备两名保密员 24 小时守卫。保险柜钥匙由考务部门负责人掌握，考务部门负责人不能同时担任保密员。保险柜的加封、开封须有两名保密员同时在场的情况下由考务部门负责人本人操作。保密室的钥匙由保密员掌握。

附件三

评卷保密管理规定

一、评卷人员应分组与评卷点集体签订评卷保密责任书。

评卷人员应遵守评卷纪律，评卷期间不得向外界透露评卷情况、分数等信息，不得为任何人查阅分数。

二、评卷应在指定场所进行，出入凭评卷工作证。评卷人员不得将答卷擅自带出评卷场所，不得将评卷工作证转借他人。非评卷人员不得进入评卷场所。

未经考试院主管部门允许，评卷点不得接受媒体采访，不得接待考生来访。

三、评卷使用的试题答案、评分标准及评分细则按秘密级材料管理，只限在评卷点评卷时使用，评卷结束前由评卷点收回交还各招考办。

如需另做它用，须经考试院相关招考办批准。

四、各招考办要指定专人负责编写试卷密码代号，代号要严格保密，不得外泄。

试卷应在保密情况下评阅，凡涉及试卷需拆封处理事项，应由试卷保管人员处理，其他人员不得以任何借口擅自拆封试卷。考试结束后，评卷点应将试卷拆封情况以书面形式报考试院。

五、评卷点须设置答卷保密室，24 小时有人值守，并有防火防盗设施。

六、评卷点要建立答卷取送登记制度，严格履行相关手续。做好清点与检查工作，责任到人，保证试卷安全。

七、评卷点登分的计算机必须在单独设置的局域网上工作或单机进行，不得登陆其他任何网站。

关于印发 2003 年北京市成人高等学校招生规定的通知

京考成招［2003］1 号

各有关成人高等学校、各区县成人教育招生办公室：

现将《2003 年北京市成人高等学校招生规定》印发给你们，请遵照执行。

二〇〇三年一月十五日

附：

2003 年北京市成人高等学校招生规定

第一章　总　则

第一条　为有利于成人高等教育的改革和发展，加强北京市成人高等学历教育的宏观管理和监督，保证新生入学质量，使成人高等学历教育更直接有效地为首都经济和社会发展服务，根据《教育部关于做好 2003 年全国成人高校招生工作的通知》精神，结合北京市的实际情况，特制定本规定。

第二条　本规定所称成人高等学校，包括经教育部审定核准的广播电视大学、职工高等学校、职业技术学院、农民高等学校、管理干部学院、教育学院、独立设置的函授学院和普通高等学校所属的成（继）教院。

第三条　成人高等学校招生计划按有关规定和批准程序纳入国家成人高等教育事业计划后方可招生。

第四条　成人高等学校实行全国统一招生。由教育部颁布复习考试大纲（以 2002 年 8 月颁布的复习考试大纲为准），统一组织命题，确定考试时间，制定试卷评分标准，统一录取工作。

第五条　北京市成人高校招生全部实行计算机网上录取，分为现场局域网和远程广域网两种形式。

第六条　北京教育考试院成人教育招生办公室（以下简称：考试院成招办）组织招生考试工作，并组织招生学校进行新生的录取工作。

第二章　招生机构及其职责

第七条　在北京市高等学校招生委员会、北京市教育委员会领导下，设立考试院成招办和区县成人教育招生办公室（以下简称：区县成招办），配备专职干部；各成人高校要设立招生办公室，配备专职干部。

第八条 考试院成招办的职责：

（一）执行教育部有关成人高校招生方针政策和工作规章，按下达的招生计划并结合本市实际情况制定具体实施办法；

（二）编制并公布招生专业目录，组织本市考生报名工作并负责审查考生的报名资格、组织考试、阅卷、录取；

（三）组织实施成人高等学校招生改革试点工作；

（四）保护考生和招生工作人员的正当权益，查处违纪舞弊事件；

（五）审核学校提出的新生录取名单；向教育部提供当年成人高等教育新生有关数据；

（六）组织并督促招生学校对录取的新生进行复查；

（七）开展招生、考试的宣传和科学研究工作。

第九条 区县成招办的职责是：

（一）执行教育部有关成人高等学校招生方针政策和工作规章及考试院成招办的有关补充规定和办法，并结合本区县实际情况制定具体实施办法；

（二）组织本区县考生报名工作并负责审查报名资格；

（三）核对考生报名信息，建立考生电子档案工作；

（四）组织考生考试，保护考生和工作人员的正当权益，查处违纪舞弊事件，及时报送考试院成招办；

（五）组织核对并发放考生成绩，对考生提供查分服务；

（六）接待考生咨询和群众信访工作；

（七）开展招生、考试的宣传和科学研究工作。

第十条 成人高等学校有关招生工作的职责：

（一）执行教育部有关招生方针政策、工作规章及考试院成招办、学校主管部门的补充规定和办法；

（二）依照《中华人民共和国教育法》、《中华人民共和国高等教育法》和有关规定制定本校招生章程，并向社会公布；

（三）执行招生计划并按规定向考试院成招办报送录取新生名单，经审核后，向考生发放录取通知书；

（四）对录取的新生进行复查；

（五）处理遗留问题；

（六）应由招生学校做的其他工作。

第三章 招生计划

第十一条 成人高等教育招生计划实行国家宏观指导，总量调控，中央和省、部两级管理，分级负责的管理体制。按隶属关系负责审核制定学校的招生计划总数。

第十二条 考试院成招办按北京市教育委员会下达的市属专科层次招生计划组织招生；按教育部备案的本科层次以及部委属院校或外埠地方院校高中起点本、专科在京招生计划组织招生。

未经北京市教育委员会或教育部备案的学校一律不予组织招生。

第十三条 考试院成招办根据北京市教育委员会和教育部下达的生源计划数，编列北京地区招生专业目录，报名前向考生和社会公布，未经向社会公布的院校及专业不得安排招生。

第十四条 在录取新生时，按计划部门调整后的计划执行。录取结束后，将实际执行计划情况上报北京市教育委员会、北京市高等学校招生委员会和教育部。

第四章 报　名

第十五条 符合下列条件的中国公民可以报考

（一）拥护中国共产党的领导、愿为社会主义现代化建设服务，品德良好，遵纪守法。

（二）国家承认学历的各类高、中等学校在校生和普通高中应届毕业生以外的在职、从业人员和社会其他人员。

（三）报考高中起点升本科或专科的考生应具有高中毕业文化程度。报考高等专科起点升本科（以下简称：专升本）的考生必须是已取得经教育部审定核准的国民教育系列高等学校、高等教育自学考试机构颁发的高等专科毕业证书的人员。

（四）报考医学门类各专业的考生必须是已取得卫生类执业资格的在职人员。

（五）身体健康；符合上述报考条件，生活能自理，不影响所报专业学习的残疾人。

第十六条　报考高中起点升本、专科专业的考生（不含中等职业学校的应届毕业生），须具有高中毕业文化程度，以同等学力报考者，年龄须满19周岁（1984年8月31日以前出生）；报考专升本的考生，应具有经教育部审定核准的国民教育系列高等学校或高等教育自学考试机构颁发的大学专科毕业证书。

第十七条　报名时间：3月10日至3月17日。

第十八条　报名办法：报名期间各区县成招办设报名站。

考生在招生简章公布的报名日期内到户口所在地的区县成招办办理报名手续。没有北京市户口而又确需在京参加报考和学习的人员，到在京临时工作单位（或居住）所在地的区县成招办报名。

报考专升本的考生就近到东城区、西城区、崇文区、宣武区、朝阳区、海淀区、丰台区、石景山区成招办报名。

报考高中起点中医药类的考生到东城区成招办报名。

考生根据所报招生院校专业要求选择应试外语语种，选择日语、俄语的考生，到宣武区成招办报名。公安类成人高校的全部专业，中央司法警官教育学院举办监狱管理、劳教管理专业的考生到朝阳区成招办报名。

享受运动员加分照顾政策的考生，到崇文区成招办报名。

全国劳动模范、优秀运动员享受免试入学政策的考生，应先到所报学校确认后，于3月19日至20日到考试院成招办报名。

报名时考生需持本人居民身份证（在京临时工作的还需持在京暂住证），报考专升本的考生，还必须携带毕业证书原件和复印件（B5复印纸），凡报名时尚未取得毕业证书，且在2003年7月31日前能取得经教育部审定核准的国民教育系列高等学校或高等教育自学考试机构颁发的高等专科及以上层次毕业证书的考生，应持“毕业学校证明”到区招办办理报名手续。“毕业学校证明”内容包括：姓名、性别、身份证号、毕业专业名称、学历层次、应毕业年月、考生本人照片并加盖学校学籍管理部门骑缝章；报考高中起点升本、专科不满19周岁的考生（不含中等职业学校的应届毕业生），需携带高中毕业证书。

报名手续必须由考生本人办理，采用现场摄像采集考生头像信息。

报考艺术类、体育类、专升本及《考生必读》内《2003年北京市成人高等学校招生专业目录》中注明需专业课加试的考生，除到区县成招办报名参加文化课考试外，还必须在3月19日前持“报名复核单”到第一志愿学校参加专业加试报名。

报考专升本的考生，必须携带经教育部审定核准的国民教育系列高等学校或高等教育自学考试机构颁发的高等专科及以上层次毕业证书原件和复印件（B5复印纸）或“毕业学校证明”、报名复核单到所报考第一志愿学校办理加试或登记手续。

报考医学门类各专业的必须持卫生类执业资格证书。

符合照顾加分条件应提交相应的原件及复印件（B5复印纸）（如获多种称号，只附一件级别最高的原件及复印件），在报名时由区县成招办确认，过期不予办理。

考生报名时应在《考生必读》中《2003年北京市成人高等学校招生专业目录》选报志愿学校。

高中起点文史类、理工类专业不得兼报。高中起点升本科可以兼报高中起点升专科。公安类成人高校的全部专业、医学（中医学类、药学类等两个一级学科除外）、中医药和中央司法警官教育学院的监狱管理、劳教管理专业不得相互兼报，但可以兼报文史或理工类中文化课考试科目相同的专业。艺术类、体育类专业必须填在“艺术类、体育类志愿栏”；报考艺术类专业，可以兼报文史类专业；报考体育类专业，可以兼报理工类专业。专升本专业只能在统考考试科目相同的专业中兼报。

第十九条　第二专业专科学历教育专业（以下简称：第二学历）报名

报名时间：3月10日—17日

报名办法：考生到所报招生院校办理报名手续。

报名时须持本人居民身份证（在京临时工作的还需持在京暂住证），必须交验经教育部审定核准的国民教育系列高等学校或高等教育自学考试机构颁发的高等专科及以上层次毕业证书原件和复印件。交近期同一底版正面免冠一寸照片一张；交纳报名费及证书审定费。

报名手续必须由考生本人办理。

第五章　考　试

第二十条　高中起点升本科、专科（高职）考试科目

高中起点升本科、专科（高职）考试按文科、理科分别设置统考科目。公共课统考科目均为语文、数学、外语三门，其中数学分文科类、理科类两种，外语分英语、日语、俄语三个语种，由考生根据报考学校对外语语种的要求任选一种。其中，报考高中起点升本科的考生还需参加专业基础课的考试，理科类专业基础课为“物理、化学综合”（简称：理化），文科类专业基础课为“历史、地理综合”（简称：史地）。以上试题均由教育部统一命制，每门满分150分。

（一）高中起点升本科各专业考试科目

文史类（含外语类）：语文、数学（文）、外语、史地（艺术类专业，数学成绩不计入总分，供录取时参考）。

理工类：语文、数学（理）、外语、理化。

（二）高中起点升专科（高职）各专业考试科目

文史类（含外语类）：语文、数学（文）、外语（艺术类专业，数学成绩不计入总分，供录取时参考）。

理工类：语文、数学（理）、外语。

（三）公安类成人高校的全部专业、医学（中医学类、药学类等两个一级学科除外）、中医药和中央司法警官教育学院的监狱管理、劳教管理的高中起点升专科（高职）专业，统考科目均为四门。三门公共课与高中起点升专科（高职）考试科目相同，设置为语文、数学、外语，试题均由教育部统一命制，一门专业课分别由公安部、卫生部、国家中医药管理局和司法部组织命题。

考试科目如下：

1. 医学（中医学类、药学类等两个一级学科除外）各专业：语文、数学（理）、外语、医学综合。

2. 中医学类及中药学各专业：语文、数学（理）、外语、中医综合。

3. 中央司法警官教育学院开设的监狱管理、劳教管理专业：语文、数学（文）、外语、监狱（劳教）基础。

4. 公安类院校各专业：语文、数学（文）、外语、公安专业基础。

高等艺术院校艺术类专业加试的由专业课招生院校自行命题并自行组织考试。

上述各科类统一命题考试科目设置见附表一。

第二十一条　专升本考试科目

专升本科考试统考科目均为三门。二门公共课为政治、外语，一门专业基础课根据招生专业所隶属的学科门类确定。每门满分均为150分。外语试题分英语、俄语、日语三个语种，由招生院校提出语种要求，由考生从中任选一种。

（一）哲学、文学（艺术类除外）历史学以及中医、中药学（一级学科）：政治、外语、大学语文。

（二）艺术类（一级学科）：政治、外语、艺术概论。

（三）工学、理学、（生物科学类、地理科学类、环境科学类、心理学类等四个一级学科除外）：政治、外语、高数（一）。

（四）经济学、管理学以及职业教育类、生物科学类、地理科学类、环境科学类、心理学类、药学类（除中药学类外）等六个一级学科：政治、外语、高数（二）。

（五）法学：政治、外语、民法。

（六）教育学（职业教育类一级学科除外）：政治、外语、教育理论。

（七）农学：政治、外语、生态学基础。

（八）医学（中医学类、药学类等两个一级学科除外）：政治、外语、医学综合。

上述科目实行全国统考。除民法由司法部组织命题，日语、俄语由考试院成招办自行组织命题外；均由教育部统一命题。各学科门类、专业与统考科目对照表见附表二。

除规定的统考科目外，招生学校可在考试院成招办统一组织下，根据专业要求自行确定是否再加试专业课。如需加试，招生学校必须在《考生必读》中《2003 年北京市成人高等学校招生专业目录》注明，专业课考试由招生学校自行命题和组织考试。

第二十二条　各科命题范围不得超出教育部颁发的相应科类复习考试大纲。

第二十三条　全国成人高等学校招生统一考试定于 5 月 10 日、11 日进行。

第二十四条　高中起点升本科、专科（高职）的统考科目每门考试时间为 120 分钟，高等专科起点升本科每门考试时间为 150 分钟。具体考试时间见附表三。

第二十五条　考生需携带准考证、居民身份证在规定时间到指定地点应试。

第二十六条　考试工作规则执行原国家教育委员会颁发的《普通、成人高等学校本、专科招生全国统一考试工作规则》（教试［1991］3 号）及北京教育考试院颁发的《北京教育考试考务管理规定（暂行）》。

第二十七条　统考科目按教育部 2002 年 8 月颁布的复习考试大纲的要求命题。阅卷工作由考试院成招办统一组织；专业课考试科目命题、考试、阅卷、发布成绩由招生学校负责。考生成绩通知本人，不公布，不查卷。

第六章　录　取

第二十八条　2003 年北京市成人高校招生工作全部实行计算机网上录取，分为现场局域网和远程广域网两种形式。录取工作于 9 月 10 日前结束，不再进行对已录新生流失后的补录工作。招生院校可视往年已录新生流失情况和上线生源情况，在 5 月 27 日前提出超录比例（或人数），超录的比例最高不得超过已公布招生计划的 5%，经考试院成招办审核后按招生规定执行。上线生源不足的招生院校不得超录。

第二十九条　录取的最低控制分数线由北京教育考试院按考生统考科目成绩根据本市招生计划数分考试科类划定。其中，专科层次招生的最低控制分数线，报北京市高等学校招生委员会批准后执行；本科层次招生的最低控制分数线，报教育部备案后执行。录取工作根据招生计划和生源情况对成人高等学校招生录取分批次进行。

第三十条　录取工作实行“学校负责、招办监督”的录取体制，即：在符合成人高校招生报名条件、考试成绩达到投档分数线的考生中，由招生院校根据“从高分到低分择优录取”的原则，决定考生录取与否和录取的专业，同时负责对遗留问题的处理。考试院成招办在录取时根据国家招生政策对招生院校录取名单进行审核，对其录取工作予以监督，对不符合招生政策的情况予以纠正。各招生院校也要发挥校内纪检、监察部门的作用，加强校内自我监督，建立自我约束机制。

第三十一条　成人高等学校应严格按计划录取新生，未经计划部门批准，不得对招生计划进行调整。学校确定的实际录取线不得低于本市最低控制分数线。

艺术类专业（考生数学成绩不记入总分，由招生学校录取时做参考）和体育类专业，高中起点升本科最低控制分数线不得低于相应科类最低控制线的 70%；高中起点升专科（高职）最低控制分数线不得低于相应科类最低控制分数线的 60%，史论、编导专业本、专科不得低于相应科类最低控制分数线的 90%。

第三十二条　录取时，考试院成招办原则上按统考科目总成绩向招生院校投档，对于有专业课加试的院校，根据加试合格考生名单向招生院校投档，招生院校根据考生参加统考的成绩，由高分到低分择优录取。

成人高等学校不得录取“试读生”、“超前生”，不得招收教育部有关文件（88 教高三字 002 号）规定以外生源的预科生。

第三十三条　在录取工作中，由考试院成招办按照考生第一志愿向招生学校提供考生档案，由招生学校审查录取，录取名单由考试院成招办审核。招生学校按审核后的录取名单发放录取通知书。在最低控制分数线上的考生，第一志愿学校不能录取时，由考试院成招办根据考生的第二志愿进行调剂，学校之间不能自行转录。如第二志愿不能录取，对服从分配者，在报考条件及考试科目相同（或相近）专业中进行调剂录取；对不服从分配者，不予调剂录取。

录取中的遗留问题，由招生学校负责处理。

第三十四条 招生学校及其主管部门在京招生可指定代办单位，明确代办单位要认真负责地配合考试院成招办搞好招生工作。委托培养学生的单位，不得参与录取工作，但可根据各地生源质量情况，向招生学校提出调整生源计划的要求。

第三十五条 录取照顾政策如下：

一、获得“全国劳动模范”、“全国先进工作者”称号、“全国‘五一’劳动奖章”获得者，经考试院成招办审核批准后，可免试入学。

二、奥运会、世界杯赛和世界锦标赛的奥运会项目前八名获得者、非奥运会项目前六名获得者；亚运会、亚洲杯赛和亚洲锦标赛的奥运会项目前六名获得者、非奥运会项目前三名获得者；全运会、全国锦标赛和全国冠军赛的奥运会项目前三名获得者、非奥运会项目冠军获得者。上述优秀运动员在出具省级体育行政部门审核的《优秀运动员申请免试进入成人高等学校学习推荐表》（国家体育总局监制）后，经考试院成招办审核批准，可免试入学。

三、运动健将和武术项目武英级运动员称号获得者（须经省级体育人事部门审核并出具运动成绩证明），在考生考试成绩基础上增加 50 分投档（一级运动员称号获得者为 30 分），由招生院校审查录取。

四、符合下列条件之一的考生，在考生考试成绩基础上增加 20 分投档，由招生院校审查录取：

（一）获得地、市级以上（含地、市级）人民政府，国务院各部委及各省（区、市）厅、局系统，国家特大型企业授予的劳动模范、先进生产（工作）者及科技进步（成果）奖获得者。

（二）获得省级工、青、妇等组织授予“五一劳动奖章”、“新长征突击手”、“三八红旗手”称号者。

（三）人民解放军、武警部队、人民警察荣立个人三等功以上者。

（四）归侨、归侨子女、华侨子女、台湾省籍考生。

（五）烈士子女、烈士配偶。

（六）少数民族考生、国防科技工业三线企业单位（地处地市以上人民政府所在地的除外）获得企业表彰的先进生产（工作）者。

（七）远郊区县考生（指门头沟区、房山区、通州区、大兴区、顺义区、昌平区、怀柔区、平谷区、密云县、延庆县、燕山区、矿务局的考生，以身份证和户口本为准）。

（八）年满 25 周岁以上人员。

（九）获得区县级以上见义勇为荣誉称号人员。

符合上述照顾条件的考生必须于报名时交验相应的原始证件。符合两项以上照顾政策的考生，其照顾分数不得累计。

五、报考农、林、地质、水利、矿业、测绘、公安、监所、远洋运输、社会福利等艰苦行业各专业的考生。在上线生源不足时可适当降分投档，降分幅度最大不得超过 20 分。

第三十六条 根据本市实际情况，制定有利于录取劳动模范、生产和业务骨干以及农村、乡镇企业考生的相应政策。

第三十七条 录取工作结束后，考试院成招办向北京市教育委员会和教育部上报当年录取新生数，并向招生学校所在地毕业证验印部门提供当年录取新生名单。

第三十八条 新生入学后，学校要对新生进行全面复查，对于不符合报考条件和录取标准以及弄虚作假、违纪舞弊者，学校应取消其入学资格，报考试院成招办备案。

第七章　附　则

第三十九条 关于第二学历

第二学历招生录取工作由考试院成招办组织实施。

报名条件：报考第二学历的考生必须具有经教育部审定核准的国民教育系列高等学校或高等教育自学考试机构颁发的高等学校专科或以上层次毕业证书。

录取：录取第二学历的考生，学校提出录取名单，经考试院成招办审核后录取。

第二学历录取人数不占用学校当年招生计划。

第四十条　关于预科生

对属照顾而未达到录取分数线、受表彰的各类先进人员和年龄在25周岁以上以及特殊行业急需培养的在职业务骨干，达到预科班分数线，且在报名时提出读预科申请的考生，考试院成招办批准后，可作为预科生参加预科班，补习高中文化一年。考试合格，经考试院成招办审批后，进入原报考的第一志愿学校专科（专业）学习。

第四十一条　对于违反招生管理规定或违反考试管理规定应予处罚的，将依照有关处罚规定予以处罚。

附件：

一、高中起点升本科、专科（高职）统一命题考试科目一览表。

二、高等专科起点升本科招生专业与统一命题考试科目对照表。

三、全国成人高校招生统一考试时间表。

四、2003年北京市成人高校招生工作进程表。

附件一：

高中起点升本科、专科（高职）统一命题考试科目一览表

层次	报考类别	统一命题考试科目
高中起点升本科	理科	语文、数学（理）、外语、理化
	文科（含外语类）	语文、数学（文）、外语、史地
高中起点升专科（高职）	理科	语文、数学（理）、外语
	文科（含外语类）	语文、数学（文）、外语
	医学（中医学类、药学类等两个一级学科除外）各专业	语文、数学（理）、外语、医学综合
	中医学类及中药学各专业	语文、数学（理）、外语、中医综合
	中央司法警官教育学院开设的监狱管理、劳教管理专业	语文、数学（文）、外语、监狱（劳教）基础
	公安类院校各专业	语文、数学（文）、外语、公安专业基础

附件二：

高等专科起点升本科招生专业与统一命题考试科目对照表

<table>
<tr><th rowspan="2">报考学科门类及一级学科</th><th colspan="2">统一命题考试科目</th><th rowspan="2">专业课</th></tr>
<tr><th>公共课</th><th>专业基础课</th></tr>
<tr><td>哲学、文学（艺术类除外）历史学以及中医、中药学（一级学科）</td><td rowspan="8">政治
外语</td><td>大学语文</td><td rowspan="8">由招生院校自定</td></tr>
<tr><td>艺术类（一级学科）</td><td>艺术概论</td></tr>
<tr><td>工学、理学、（生物科学类、地理科学类、环境科学类、心理学类等四个一级学科除外）</td><td>高数（一）</td></tr>
<tr><td>经济学、管理学以及职业教育类、生物科学类、地理科学类、环境科学类、心理学类、药学类（除中药学类外）等六个一级学科</td><td>高数（二）</td></tr>
<tr><td>法学</td><td>民法</td></tr>
<tr><td>教育学（职业教育类一级学科除外）</td><td>教育理论</td></tr>
<tr><td>农学</td><td>生态学基础</td></tr>
<tr><td>医学（中医学类、药学类等两个一级学科除外）</td><td>医学综合</td></tr>
</table>

附件三：

全国成人高校招生统一考试时间表

一、高中起点升本、专科（高职）考试时间表

日期 时间	5月10日	5月11日
9：00—11：00	语文	外语
14：30—16：30	数学	理化 史地 医学综合 中医综合 监狱（劳教）基础 公安专业基础

二、高等专科起点升本科考试时间表

日期 时间	5月10日	5月11日
9：00—11：30	政治	大学语文 艺术概论 高等数学（一） 高等数学（二） 民法 教育理论 生态学基础 医学综合
14：30—17：00	外语	

附件四：

2003年北京市成人高校招生工作进程表

日期	工作内容	参加单位
1月16日上午	全市成人高校招生工作会	院校、区县招办
1月20日—21日	成人高校核对招生计划	招生院校
2月20日—21日	市招生报名工作培训会	区县成招办
2月23日	刊登招生简章	考试院成招办
3月1日	刊登招生专业目录	考试院成招办
3月4日	验证培训	区县招办、招生院校
3月7日	交报名工作方案，报考点库，监考员库	区县招办
3月7日上午	全市招生咨询活动预备会	招生院校
3月8日	全市招生咨询活动	招生院校
3月9日	网上招生咨询	考试院成招办
3月10日—17日	全市招生统一报名	区县招办、学校
	北京联合大学特教学院单招报名	考试院成招办
3月19日前	考生专业课加试报名	招生院校
3月19日—20日	全国劳模和优秀运动员免试入学登记	考试院成招办
3月20日	确定考点	区县成招办
3月21日	上报预科生志愿	预科班工作站

续前表

日期	工作内容	参加单位
3 月 27 日	交考生报名信息盘（含备份盘）、考试工作安排一览表、考试试卷需求量统计表、报名工作小结、缴纳报名考务费。	区、县招办
4 月 1 日	网上下载有关报名信息	招生院校
4 月 5 日—6 日	预科生结业考试	考试院成招办
4 月 16 日	全市考务工作会	各区县成招办
4 月 24 日	阅卷工作会	考试院成招办
4 月 30 日前	向考生发放准考证、对考生进行考前教育	各区县成招办
5 月 8 日上午	领取试卷、交组考工作方案	市、区县招办
5 月 9 日上午	市级巡视员培训会	巡视员
5 月 9 日	布置考点考场	各区县成招办
5 月 10 日—11 日	全市统一考试	市、区县成招办
	北京联合大学特教学院单独招生考试	招生院校
5 月 12 日	送答卷、交组考工作小结	各区县成招办
5 月 12 日—27 日	全国统考阅卷工作	
5 月 27 日	领取考生答卷、登分表，核对考生成绩招生院校书面提出超录比例（或人数）	各区县成招办
5 月 27 日—28 日	报高中起点本、专科艺术类、体育类加试成绩及其他各类专业课考试成绩，并向考生发放专业课成绩	招生院校
5 月 31 日	全市统一核对考生成绩	各区县成招办
6 月 3 日	网上下载本区县成人高考成绩	各区县成招办
	开通声询台，考生可查询成人高考成绩	考试院成招办
	网上下载第一志愿考生成绩	各招生院校
6 月 5 日	向考生发成绩单	区县成招办
6 月 6 日	录取工作预备会	院校、区县招办
6 月 10 日前	考生查分	院校、区县招办
6 月 10 日—11 日	网上录取培训会	招生院校
6 月 12 日	更正考生成绩	区县招办
6 月 14 日—26 日	录取工作	招生院校
6 月底前	声询台分批次公布录取情况	考试院成招办
6 月 26 日前	分批次从网上下载区县录取情况	各区县成招办
7 月 2 日—3 日	录取 2003—2004 年度预科生	考试院成招办
7 月 7 日—10 日	处理院校遗留问题	考试院成招办
7 月 21 日—23 日	2002—2003 年度北京市预科班总结会	预科生工作站
8 月 2 日—3 日	2003—2004 年度预科生报到注册	预科生工作站
8 月 11 日—14 日	预科教研工作会	考试院成招办
8 月 23 日—24 日	预科班开学典礼及入学教育	考试院成招办
9 月 1 日—5 日	第二学历录取工作	有关招生院校
9 月 10 日	招生录取工作结束	
9 月 12 日前	交全年招生工作总结（交秘书科）	各区县成招办
9 月 1 日—25 日	新生复查工作	招生院校
9 月 26 日	报新生复查工作情况小结	招生院校
10 月	招生工作人员培训	考试院成招办
	部分院校研讨会	部分招生院校
11 月上旬	招生工作总结会	区县招办、学校
12 月	资料归档，编制年报，筹备下一年工作	考试院成招办

注：以上工作如有变化，以通知为准。

关于做好2003年北京市成人高校专升本招生工作的通知

京考成招［2003］2号

各有关成人高校、区县成招办：

为贯彻《教育部关于做好2003年全国成人高等学校招生工作的通知》精神，进一步深化招生改革，加强管理，保证质量，2003年北京市成人高校高等专科起点升本科（以下简称：专升本）的报名资格审验工作，将采取区成招办初审，招生学校复查，考试院成招办监督的办法。为确保此项工作的顺利进行，现将有关事宜通知如下：

一、报名条件

考生必须是已取得经教育部审定核准的国民教育系列高等学校或高等教育自学考试机构颁发的大学专科以上毕业证书的人员。

二、报名办法

考生需在东城区、西城区、崇文区、宣武区、朝阳区、海淀区、丰台区、石景山区办理报名手续。

报名时，考生应先持毕业证书原件到上述区办理报名手续。区招办应认真审查考生报名资格，对符合条件的考生，为其办理报名手续；对不符合条件的考生，不准其报考。

凡报名时尚未取得毕业证书，且在2003年7月31日前能取得经教育部审定核准的国民教育系列高等学校或高等教育自学考试机构颁发的高等专科及以上层次毕业证书的考生，应持毕业学校证明到区招办办理报名手续。学校证明内容应包括：姓名、性别、身份证号、毕业专业名称、应毕业年月、考生本人照片并加盖学校学籍管理部门骑缝章。

考生还需持毕业证书原件、复印件（或毕业证明）、报名复核单，到所报考第一志愿学校办理加试或登记手续。此时，招生院校应对考生毕业证书进行复核，对不符合报考条件的，通知考生和区招办取消其报名资格，不允许其参加考试；对符合报考条件的，为其办理加试或登记手续，同时，留存考生证书复印件或毕业证明。

各区招办、各招生院校应加强管理，选聘具有一定工作经验、工作责任心强的同志担任此项工作。严格考生报名资格审查，维护招生的“公平、公正”原则。

应认真核对考生毕业证书、居民身份证及“报名复核单”的姓名是否一致（考生姓名应以身份证为准）；核对毕业证书是否符合规定，鉴别毕业证书的真伪。对有疑问的毕业证书，应要求考生提供其他相关证明材料。

发现毕业证书属伪造证件，应将证书扣留，并要求考生提供书面材料，说明假证书的来源后，报送考试院成招办。

对经复查不具备报名资格的考生，应及时通知考生本人，取消其报名、考试资格，其报名考务费不退。

三、新生复查工作

录取工作将继续坚持“学校负责、招办监督”的录取体制。各招生院校要在市、校录取领导小组的领导下，认真做好复查工作。要求所有录取新生持毕业证书原件报到，对报考资格进行复查，并将新生复查结果于9月26日前以书面形式报考试院成招办。经复查不符合报考条件的考生，应该取消其学籍，填写《2003年北京市成人高校注销新生名单》，对所余计划可从线上考生中递补录取。

2003年7月31日前能取得经教育部审定核准的国民教育系列高等学校颁发的大学专科及以上层次毕业证书的考生，招生学校应审验其毕业证书，确认录取资格，并填写《2003年北京市成人高校专升本专业招生新生复查登记表》，对没有毕业证书或证书不合格的新生，要取消其学籍，并填写《2003年北京市成人高校注销新生名单》，以上表格请于9月26日前报考试院成招办。

四、严肃招生工作纪律

招生学校应发挥校内纪检、检察部门的作用，加强校内自我监督，建立自我约束机制，做好专升本的招生录取工作。对于不符合报名条件的，坚决予以清退，对违反规定现象一经发现，将依据有关规定进行严肃处理。

二〇〇三年一月十五日

附件一：

关于大专以上毕业证书的几点说明

为做好专升本和第二学历的毕业证书的审验工作，现进行以下几点说明：

一、国民教育系列高等教育

从学历系列上讲包括专科、本科、第二学士学位班、研究生班（已停办）、硕士研究生和博士研究生六个方面。经国家教育主管部门（教育部）批准具有举办学历教育资格的成人高等学校、普通高等学校（含培养研究生的科研单位）、民办高等学校所颁发的学历证书，国家予以承认。另外，通过自学考试、由国务院自学考试委员会授权各省（自治区、直辖市）自学考试委员会颁发的自学考试毕业证书、高等教育学历文凭考试毕业证书；经国家教育主管部门（教育部）批准，纳入国家招生计划并参加全国统一考试录取在党校、军事院校中就读的学生所取得的毕业证书；经教育部批准试点的颁发的远程（网络）教育毕业证书，以及符合教育部、总参谋部、总政治部关于《中国人民解放军院校学历证书管理暂行规定》（教学［1995］2号）所颁发的学历证书，国家同样予以承认。

二、国家统一印制的高等教育学历证书

为保证高等学历教育的规格和质量，维护国家高等教育学历（学位）证书制度的严肃性及社会声誉，加强对高等教育毕业证书的管理，便于用人单位对高等教育毕业证书、学位证书的认定，原国家教委决定成人高等教育自一九九三年、普通高等教育自一九九四年起，高等教育学历证书实行国家教育主管部门、省（自治区、直辖市、计划单列市中的青岛和大连）教育主管部门（或国务院有关部委）和学校三级管理，证书内芯由国家教育行政部门统一印制。高等教育自学考试的毕业证书仍由各省、市、自治区自考办负责印制。成人高等教育学历证书由国家教育行政主管部门授权省级（含青岛、大连和国务院部分部委）教育行政主管部门实施验印。从2000年起，教育部开始建立高等教育学历证书电子注册制度，此项改革将使教育部不再统一印制高等教育学历证书内芯，改由高等学校自行印制，但必须进行电子注册，并供网上查询。2000年在北京、天津、辽宁、湖北、重庆五省市试点，2001年在全国实行各类高等教育学历证书电子注册制度。

三、国民教育系列学历（学位）证书的发放范围

经国家教育行政主管部门批准、备案的独立设置的普通高等学校（含设在成人高等学校、军事院校中的普通班）、成人高等学校（即：广播电视大学、职工高等学校、农民高等学校、管理干部学院、教育学院、独立设置的函授学院以及普通高等学校的函授、夜大学教育）、具有学历教育资格的民办高等学校所举办的高等学历教育的毕业生，以及高等教育自学考试毕业生和社会力量办学单位所举办的高等教育学历文凭考试合格生。

具体学校名称可参见教育部高校学生司编《高等教育学历问题咨询手册》（1999年8月版）。

四、非国民教育系列的毕业证书

（1）社会力量办学的学校（民办高校）自主发证。

（2）各级党校颁发的毕业证书。

（3）社会人员取得的军队院校毕业证书（无军人证、士兵证、复员证者）。

（4）高等院校所属的二级学院所发证书。

（5）研究生课程班毕（结）业证书。

（6）1993—2001年间，非教育部（国家教委）统一印制的成人高等教育毕业证书或没有验印章的证书。

（7）1994—2000年非教育部（国家教委）统一印制的普通高等教育毕业证书，其中2000年北京、天津、辽宁、湖北、重庆五省市试点由普通高等学校自行颁发毕业证书的除外。

五、国家关于打击假证的规定

（一）为了加强对学历、学位证书的管理，严厉打击伪造、买卖学历、学位证书的违法犯罪活动，1998年6月2日，教育部、公安部联合下发了《关于加强学历、学位证书管理和严厉打击伪造、买卖学历、学位证书的通知》（教学［1998］9号），具体内容如下：

1. 各省、自治区、直辖市教委、教育厅（高教厅）要加强对所在地区中等和高等学校学历、学位证书的管理，严格按照国家招生和证书管理的有关政策、规定发放学历、学位证书，杜绝无视国家招生规定，乱招生、乱办班、乱发学历、学位证书的现象发生。

2. 要加强印章和印刷企业的日常管理。公安机关要协助印章和印刷企业建立健全验证登记等制度，对违章非法承制印章和印刷各种学历、学位证书的，要依法予以查处，公安派出所和巡警、治安部门要将辖区内的日常管理与巡逻检查结合起来，进一步加强对社会面的控制，对流动刻字摊点和买卖学历、学位证书的，要及时进行清理。

3. 用人部门在招聘、录用人员时，对应聘人员的毕业人事档案和学历、学位证书如有疑问，可向教育主管部门、有关学校或研究生培养单位进行咨询。教育主管部门要积极配合，对用人单位送检的学历、学位证书认真审查和鉴定。经审查、鉴定是假学历、学位证书的，予以没收。对使用假证书者由其所在单位给予行政处分。

4. 各地公安机关发现伪造、买卖学历、学位证书的，要迅速组织力量，采取有力措施，深挖细查制贩窝点和团伙，对违法犯罪分子依法从严查处，典型事例要在宣传媒体曝光。

（二）《刑法》第二百八十条规定："伪造、变造、买卖或者盗窃、抢夺、毁灭国家机关的公文、证件、印章的，处三年以下有期徒刑、拘役、管制或者剥夺政治权利；情节严重的，处三年以上十年以下有期徒刑"；"伪造公司、企业、事业单位、人民团体的印章的，处三年以下有期徒刑、拘役、管制或者剥夺政治权利"。最高人民法院、最高人民检察院公布的《关于办理伪造、贩卖伪造的高等院校学历、学位证明刑事案件如何适用法律问题的解释》对《刑法》第二百八十条第二款的法律适用作出了如下解释："对于伪造高等院校印章制作学历、学位证明的行为，应当依照刑法第二百八十条第二款的规定，以伪造事业单位印章罪定罪处罚"；"明知是伪造高等院校印章制作的学历、学位证明而贩卖的，以伪造事业单位印章罪的共犯论处"。

六、学历认证与咨询

（一）学历认证单位

1. 全国高等学校学生信息咨询与就业指导中心

联系地址：北京市海淀区中关村南大街理工科技大厦306室。

邮政编码：100081。

联系电话：010－68914155 。

传 真：010－68914160。

2. 北京高校毕业生就业指导中心

联系地址：北京市西城区新街口外大街14号。

邮编：100088。

联系电话：010－62351525 64240037 传真：62013456。

（二）学历查询网址：

2001年毕业生：

http：//www. chinadaxuesheng. com/xuelichaxun/index. htm。

2002年毕业生：

http：//www2. chsi. com. cn/。

七、本说明依据《中国大学生网》（www. chinadaxuesheng. com）及教育部高校学生司编《高等教育学历问题咨询手册》（1999年8月版）撰写 。

附件二

2003年北京市成人高校专升本专业招生新生复查登记表

院校名称：　　　　　　　　　　　　　　　　院校代码：

序号	报名号	姓名	毕业学校	毕业专业	入学年份	毕业证书号码
1						
2						
3						
4						
5						
6						
7						
8						
9						
10						
11						
12						
13						
14						
15						

注：此表用于报名时尚未取得毕业证书者的登记。

院校盖章：　　　　　　　　　　　　　　　　填表人：

联系电话：　　　　　　　　　　报表日期：　　　年　　月

附件三

2003年北京市成人高校注销新生名单

院校名称：　　　　　　　　　　　　　　　　院校代码：

序号	报名号	姓名	录取专业名称	注销原因
1				
2				
3				
4				
5				
6				
7				
8				
9				
10				
11				
12				
13				
14				
15				

院校盖章：　　　　　　填表人：　　　　　　　　院校招办负责人签字：

联系电话：　　　　　　报表日期：　　　年　　月　　日

关于2003年北京市成人高校第二学历招生工作的通知

京考成招［2003］3号

各有关成人高校：

2003年北京市成人高等学校第二专业专科学历教育（以下简称：二学历）的招生，采取由招生学校组织报名，统一办理录取手续的办法。为保证此项工作的顺利进行，现将有关事项通知如下。

一、报名时间

3月10日至17日。

二、报名工作要求

（一）报名条件

二学历的报名条件应按照北京教育考试院《2003年北京市成人高等学校招生规定》（京考成招［2003］1号）文件执行，由考生直接到拟报学校办理报名手续。考生应交近期一寸照片一张，填写《报名登记表》，并交毕业证书原件及复印件（B5复印纸），缴纳报名费10元，学历资格审定费10元及加试费。

（二）各院校直接采用计算机采集考生信息的办法，考生姓名应以本人居民身份证为准。

（三）报名号的编排方法

报名号为八位，如图：

1	2	3	4	5	6	7	8

第一位为“1”，表示二学历；第二、三、四位为学校代码；第五、六、七、八位为考生报名序号。

（四）信息采集

二学历录入程序已含在院校端程序中，请到以下网址下载最新院校端程序和《报名登记表》样张，网址：http：//ksy. bjpu. edu. cn。

三、录取

（一）录取时间

9月1日至5日为录取时间，其中1日至2日为市属院校录取；3日、4日为部委院校录取；各院校应按规定时间到考试院成招办办理第二学历录取手续。

（二）录取要求

各招生院校录取时应执行北京教育考试院《2003年北京市成人高等学校招生规定》（京考成招［2003］1号）文件中有关规定，严格资格审查，对不符合报名资格的考生，坚决予以清退。

（三）院校所报材料

招生学校录取时需携带考生信息盘（含备份盘）；考生的毕业证书原件及复印件（B5复印纸），按报名号的顺序从小到大排列；缴纳学历资格审定费10元/人，招生经费50元/人。

二〇〇三年一月十五日

关于《北京联合大学特殊教育学院成人教育为残疾人举办单独招生考试实施办法》的通知

京考成招［2003］4号

北京联合大学：

为提高残疾人的文化水平和素质，适应社会发展的需要，经教育部和市教委批准，2003年北京联合大学特殊教育学院成人教育部分专业招收视障、听障残疾考生。

为确保此项工作顺利进行，现将《北京联合大学特殊教育学院成人教育为残疾人举办单独招生考试实施办法》印发给你们，请遵照执行。

二〇〇三年一月十五日

附：

北京联合大学特殊教育学院成人教育为残疾人举行单独招生考试实施办法

按照教育部学生司《关于同意北京联合大学特殊教育学院成人教育为残疾人举行单独考试的函》（教学司［2002］48号）和北京教育考试院《2003年北京市成人高校招生工作规定》（京考成招［2003］1号）的文件精神，北京联合大学特殊教育学院成人教育对残疾人实行单独招生考试，特制定实施办法。

一、招生计划

招生计划由市教委下达，招生专业、学制、人数等如下：

专业	专业类别	层次	学制	形式	招生对象	招生人数
计算机应用	理工类	高中起点专科	3年	脱产	听障、肢残	15
钢琴调律	艺术类	高中起点专科	2年	脱产	视障、肢残	15
艺术设计	艺术类	专升本	3年	脱产	听障、肢残	15
针灸推拿学	中医学类	专升本	3年	业余	视障、肢残	15

二、报名

报名工作由北京联合大学特殊教育学院组织实施。

（一）报名时间：3月10日至3月17日。

（二）报名地点：北京联合大学特殊教育学院（丰台区永定门外蒲黄榆2巷甲1号，电话：67665517、67644999）。

（三）报名条件

1. 报考人员必须坚持四项基本原则，遵纪守法，品德良好。报考高中起点本专科考生应具有高中毕业文化程度，报考大学专科起点本科的考生必须是已取得经教育部审定核准的国民教育系列高等学校或高等教育自学考试机构颁发的大学专科毕业证书人员。

2. 报考人员需是省、市级残联核准的残疾人员，身体健康，并能独立生活和学习。

（1）计算机应用专业招收听障和肢残学生，要求听障残疾等级在二级重听以上，肢残等级为三级和四级。

（2）钢琴调律专业招收视障和肢残学生，要求视障残疾等级在二级低视力以上，肢残等级为三级和四级。

（3）针灸推拿专业招收视障、听障和肢残学生，要求视障残疾等级在二级低视力以上，听障残疾等级在二级重听以上，肢残等级为四级。

（4）艺术设计专业招收听障和肢残学生，要求听障残疾等级在二级重听以上，肢残等级为四级。

（四）报名手续

报名时考生需持本人居民身份证（没有北京市户口的外埠在京工作人员，还需持在京暂住证）、省、市级残联核准颁发的中华人民共和国残疾人证书、一寸免冠正面照片三张及报名考务费。填写《单考单招考生报名登记表》。

三、考试

考试日期：5 月 10 日、11 日。

考试科目及考试时间见下表

专业	统考科目			专业加试
	5 月 10 日上午 9：00—11：00	5 月 10 日下午 2：00—4：00	5 月 11 日上午 9：00—11：00	5 月 11 日下午 1：30—4：30
计算机应用	语文	数学	英语	综合理科
钢琴调律	语文	数学	英语	练耳、乐理（笔试）、声乐器乐
艺术设计 （广告摄影）	大学语文	艺术概论	英语	摄影理论 设计基础
针灸推拿学	大学语文	中医学基础	英语	中医推拿学基础

命题一般不超出考纲要求。命题及考试工作按有关要求，由北京联合大学负责组织。

四、评阅试卷

考试结束后，按照《北京市二〇〇三年成人高校招生评卷工作规定》统一要求，由北京联合大学组织评阅试卷，并于 5 月 25 日前向考试院成招办报送成绩。

五、录取

录取最低控制分数线由考试院根据考生文化成绩和招生计划，确定录取控制分数线。招生学校对达到控制分数线以上的考生，按照德、智、体全面衡量择优录取的原则，依据文化课成绩、从高分至低分择优录取，同时负责对遗留问题的处理。对专业基础课成绩的要求由学校自行确定。拟录取名单需在 6 月 10 日前报送考试院。考试院成招办根据国家招生政策对拟录名单进行审核，学校按审核后的录取名单发放录取通知书。

六、严格招生纪律

招生学校要加强对此项工作的领导，坚持原则，秉公办事，严肃纪律，杜绝不正之风。对于违反工作纪律的有关人员，根据教育部的有关规定给予严肃处理。

附件：单考单招考生报名登记表

附件

单考单招考生报名登记表

报名号：

<table>
<tr><td rowspan="4"></td><td>姓名</td><td></td><td>性别</td><td></td><td>民族</td><td></td></tr>
<tr><td colspan="2">身份证号</td><td colspan="4"></td></tr>
<tr><td>文化程度</td><td colspan="2"></td><td colspan="2">政治面貌</td><td></td></tr>
<tr><td colspan="2">职业类别</td><td colspan="4"></td></tr>
<tr><td>照顾类型</td><td colspan="2"></td><td colspan="2">联系电话</td><td colspan="2"></td></tr>
<tr><td>通信地址</td><td colspan="3"></td><td colspan="2">邮编</td><td></td></tr>
<tr><td>残疾类型</td><td></td><td>联系人姓名</td><td></td><td>电话</td><td colspan="2"></td></tr>
</table>

续前表

联系人地址		邮编		
考生单位				
毕业学校				
特长				
第一志愿				
第二志愿				
是否同意调剂				
视障生考试时是否使用盲文		盲文使用	1 双拼	2 现行
考生是否参加考前辅导班				
备注				

关于成人高等学校在京招生宣传工作的通知

京考成招［2003］5 号

各有关成人高等学校：

为进一步促进成人高等教育的发展，提高成人高校招生质量，方便广大考生了解在京招生院校、专业及招生办法，我院成招办拟将有关内容通过报刊、网站进行宣传，现将有关工作通知如下：

1. 各招生学校应采取多种方式对考生进行招生政策和招生办法的宣传。

2. 贯彻落实教育部“各成人高校要依法规范和完善招生章程，使招生章程不仅成为高校面向考生的服务指南，也要成为约束自身办学行为的规范，并以适当方式向社会公布”的文件精神，我们拟将各校招生章程集中刊登于《现代教育报·招生考试专刊》和利用考试院网站进行宣传。

3. 学校招生章程应真实、准确、规范，如实反映本校的实际情况，内容包括招生范围、学习形式、学习时间、办学地点、录取原则、录取特殊要求（语种、加试成绩等）、收费标准，加试科目及时间、地点。专升本专业是否招收 2003 年 7 月 31 日前能取得经教育部审定核准的国民教育系列高等学校或高等教育自学考试机构颁发的高等专科及以上层次毕业证书的考生以及学校地址、邮编、咨询电话、网址等。招生章程全文请限制在 800 字以内。

4. 考试院成招办通过网站宣传招生政策、规定、办法的同时，利用“友情链接”，考生可直接查询或登录院校主页，了解学校介绍、专业介绍等内容。

5. 请于元月 25 日前将“学校招生章程”和院校网址以及相应软盘报北京教育考试院成招办。

联系人：滕岩 电话：62198015。

E-mail：mhh@bjeea. net. cn。

北京教育考试院网址：www. bjeea. edu. cn。

地址：海淀区皂君庙甲 4 号学府宾馆楼 4 层 416 房间。

邮编：100081。

附件：1. ××（学校名称）2003 年成人高等教育招生章程（样本）。

2. 北京教育考试院成人教育招生宣传工作安排。

二〇〇三年一月十日

附件一

××（学校名称）2003年成人高等教育招生章程（样本）

第一条 为了保证本校成人高等教育招生工作的顺利进行，规范招生行为，维护考生合法权益，提高生源质量，依照教育部《2003年全国成人高校招生办法》，结合本校成人高等教育的具体情况，特制定本章程。

第二条 本校成人高等教育面向社会招收坚持四项基本原则，遵纪守法，品德良好的在职、从业人员及国家承认学历的各类高、中等学校在校生和普通高中应届毕业生以外的社会其他人员。

第三条 报考专科起点升本科（以下简称“专升本”）的考生必须是已取得经教育部审定核准的国民教育系列高等学校或高等教育自学考试颁发的大学专科毕业证书的人员。其所报专业应与其专科所学专业相同或相近。

第四条 本校成人高等教育有夜大、函授、脱产等学习形式。其中夜大、函授为业余学习。授课方式为××××××面授和函授。

第五条 本校成人高等教育学习时间分不同层次及学习形式，一般为2－6年不等，实行学分制。其中业余学习的面授、辅导时间一般安排在周×、周×。上课地点在××××××。脱产学习的学生在××××××学习。

第六条 在京招收的专升本学生需报名参加本校组织的专业课加试。加试时间为×月×日×午×时×分至×时×分。加试成绩作为录取的条件之一。

第七条 本校成人高等教育以“公平、公正、公开”为原则，依照招生地区的省级成人高校招生办公室所确定的最低录取控制线，按招生计划、分专业、按考生第一志愿、按总成绩从高分到低分择优录取学生。

第八条 符合国家规定的照顾录取条件的考生其增加投档的分数计入总成绩。符合免试录取条件的专升本考生应参加本校组织的专业课加试。

第九条 当考生第一志愿专业录取已满额时考虑其第二志愿专业。按不同情况，考生所报专业志愿差为×－×分。在第一志愿生源不足的情况下接收非第一志愿的考生，非第一志愿考生的分数不低于当地的最低录取控制线。经调剂录取后仍不足30人开班人数的专业予以停办，已上线考生转至其第二志愿或由省级成人高校招生办公室调整至其他院校录取。

第十条 本校成人高等教育部分脱产专业定向招收委培单位选送的考生。凡注明“委托培养”的专业不对社会招生，社会考生不应填报此类专业。误报“委托培养”专业的上线考生转至其他志愿录取，我校不能录取者则转至其他志愿学校或调剂录取。

第十一条 按学校所属地的原则，本校成人高等教育收费标准为：按专业、层次不同，业余学习（含函授）为：×元－－×元/学年·人；脱产学习为：×元/学年·人；或按学分收费：×－－×元/学分·人。住宿费：×元－－×元/学年·人，业余学习者不安排住宿。

第十二条 新生入学后，本校将对已录取报到的新生进行全面复查，对其中不符合条件或弄虚作假、违纪舞弊者，无论何时发现，一律取消其入学资格，并报相关机构备案。

第十三条 本校成人高等教育招生工作由学校纪委监察室、各省级成人高校招生办公室负责监督。

第十四条 本校地址为：北京市××区×××××，邮政编码：××××××。校内办公地址：××大学××楼××室。

咨询电话：××××××××。

第十五条 本章程由本校成人教育招生办公室负责解释。

附件二

2003年北京市成人高校招生宣传主要工作安排

1. 2月23日，在考试院网站和《现代教育报·招生考试专刊》上登载《2003年北京市成人高校招生简章》。

2. 2月27日，通过北京广播电台《求学新干线》栏目进行现场咨询。

3. 3月1日，在考试院网站和《现代教育报·招生考试专刊》上登载《2003年北京市成人高校招生专业目录》。

4. 3月9日，通过160网站进行现场咨询。

5. 3月10日前，在考试院网站和《现代教育报·招生考试专刊》上登载《2003年招生工作答考生问》。

6. 4月16日后，通过《现代教育报·招生考试专刊》宣传"严肃考风考纪"的内容。

7. 6月6日，通过考试院网站和《现代教育报·招生考试专刊》公布录取分数线。

8. 6月14日至26日，考生通过160信息台查询录取信息。

关于做好中国人民大学网络教育学院在京招生报名、组考工作的通知

京考成招［2003］6号

各有关区县考试中心、成人教育招生办公室：

随着信息技术的高速发展和广泛应用，我国高校网络教育迅速兴起。中国人民大学网络教育学院自1998年以来，充分利用本校优质教育资源，开展现代远程教育，并已取得成效。为进一步贯彻《教育部关于加强高校网络教育学院管理，提高教育质量的若干意见》教高［2002］8号文件精神，适应新世纪远程教育及成人教育发展的时代要求，提高网络教育综合质量，该院与我院协商，委托北京教育考试院成招办承办中国人民大学网络教育学院今年北京地区学历教育招生报名、组考工作。为做好此项工作，现将有关事宜通知如下。

一、确实加强领导，提高认识。现代远程教育是成人高等教育的组成部分。做好此项工作，不仅是提高现代远程教育综合质量与水平的有益尝试，也是招生考试专业部门和教学部门发挥各自优势，探索转变职能，实现优势互补的有益尝试。以网络学历教育招生和入学测试组织合作为起点，共同探索建立专业化、规范化、品牌化和规模化网络教育社会服务体系，促进北京地区网络教育及成人高等教育事业的发展。因此，各中心领导应给予高度重视。

二、将此项工作纳入整体工作计划。选派专人精心设计、认真实施，进行有效的系统组织及必要的人力、物力投入，体现组织管理的专业水平。

三、充分利用宣传渠道，开展招生咨询活动。考试院将配合中国人民大学网络教育学院利用《现代教育报考试·招生专刊》、考试院网站进行宣传，区县招办应做好报名现场的宣传工作，热情接待考生，详细解答问题。

四、依据教育部、考试院有关报名、考试的文件规定，努力做好各环节工作。采取有效措施，抵制弄虚作假等不正之风，抓好考风考纪，维护公平竞争。

附件：一、关于组织中国人民大学网络教育学院在京招生报名、考务工作办法

二、中国人民大学网络教育学院在京招生工作日程安排

二〇〇三年三月七日

附件一

关于组织中国人民大学网络教育学院在京招生报名、考务工作办法

为进一步贯彻落实教育部关于提高网络教育质量的有关文件精神，做好中国人民大学网络教育学院委托北京教育考试院成招办具体组织北京地区学历教育招生报名、入学测试工作，特制定本办法。

一、招生专业

中国人民大学网络教育学院依托中国人民大学的优秀教育资源和学科优势，采用计算机互联网模式和完全学分制教学管理方式办学。今年在京招生的专业：金融、会计、国际贸易、工商企业管理、市场营销、财政税收、公共事业管理、法学、汉语言文学。除公共事业管理专业只招收专升本考生外，其他各专业均招收专科、本科和专升本的考生。

学制：高中起点专科、专科起点本科学制 3 年，学习期限 2—5 年，80 学分；高中起点本科学制 5 年，学习期限 4—7 年，160 学分。

学生毕业颁发中国人民大学毕业证书（毕业证书式样可在人大网站查询），国家承认学历。

二、招生对象和报考条件

面向全市招生，以在职人员为主；考生应具有上网学习的基本条件；报考高中起点本、专科专业需具有普通高中、中专或职业技术学校毕业证书；报考专科起点本科专业需具有国民教育系列的专科或专科以上毕业证书；专业不限，年龄不限。

报读同等学力层次第二专业者免试入学，不具备免试条件者需参加并通过入学测试。

三、报名

报名时间：3 月 10 日至 17 日。

报名地点：报考高中起点本、专科专业和专科起点本科专业均在各区县成人教育招生报名站报名。

报名手续：考生应携带身份证、毕业证书原件、复印件（分别用 B5 纸复印）、4 张一寸近期同底板彩色免冠照片（两张照片分别贴于登记表，一张用于准考证，一张用于学生证。免试者少交一张照片）。照片背面填写姓名和身份证号。考生填写《中国人民大学网络教育学院学历教育报名登记表》（附后）一式二份。报名时，应按要求认真指导考生准确填写表格，书写工整，具体要求详见填表说明。

注：报名测试费暂不收取。

区县招办保存材料：《登记表》下联和一张照片（用于贴准考证）。

报送材料：报名期间每天上午将前一天报名人数（分专升本和高中起点本专科）用传真（fax 62198012）报送考试院成招办。应将制作学生证的一张照片、报名登记表（上联）、身份证复印件、毕业证书复印件用曲别针别在一起（照片别在报名登记表的左上角），每百人材料装一袋，材料袋封面注明考生报名登记表序号的范围，于 3 月 20 日交考试院成招办。全市统一组织录入报名信息。

四、测试

测试日期：6 月 29 日（星期日）

测试具体时间与科目：

高中起点本、专科：上午 9:00—11:00 语文、计算机与网络知识，下午 2:00—4:00 数学、外语；专科起点本科：上午 9:00—12:00 公共事业管理、汉语言文学、法学专业测试大学语文、外语、计算机与网络知识，其他专业测试外语、数学和计算机与网络知识。

测试内容：除计算机与网络知识外，各科目均按《2003 年全国成人高考复习大纲》要求测试。由中国人民大学网络学院组织单独命题。

测试办法按照《北京教育考试考务管理暂行规定》执行。

五、考务工作

全市统一编排考场。原则上在考生报名的区县设置考点，对于报名人数较少的将统筹安排。使用计算机统一打印准考证，区县招办负责粘贴准考证的考生照片，加盖区县成人教育招生办公室骑缝章并塑封，于 6 月 15 日前发至考生。

招生学校在网上通知考生测试成绩和录取结果。考生可在 7 月 15 日后上网录入姓名和身份证号码

查询。

中国人民大学现代远程教育网：http：//www.cmr.com.cn。

E-mail：zhaosheng@cmr.com.cn。

招生工作联系方式。

考试院成招办电话：62198018 联系人：戴广钰。

中国人民大学网络教育学院电话：83915012 联系人：吴洁。

地址：首都时代广场东翼12层（西长安街88号）。

考生咨询电话：83915522。

中国人民大学网络教育学院学历教育报名登记表

提示：报名前，应认真阅读中国人民大学网络教育学院招生简章，充分了解我学校网络教育的办学模式，并愿意遵守学校的各项规定和要求，努力完成学业。

学生填写： NO. 310000

姓名		性别		出生年月		民族	贴照片处
政治面貌		身份证件类型	□身份证 □军官/士兵证				
*职业		身份证件号码					
通信地址				邮编			
电子邮件地址							
单位/住宅电话		移动通信号码		原毕业学校			
原毕业层次		原毕业专业		原毕业时间			
原毕业证书编号				原毕业证书是否属国民教育系列	□是 □否		
学历教育报名信息	□高中升本科 □高中升专科 □专科第二学历 □高中升本科 □本科第二学历		填报专业： 第1选择：________；第2选择：________。				
	就读服务站						

★ 报读高中起点本科学历教育的学生，当测试成绩在本科录取线下专科录取线上时，是否愿意选择就读高中起点专科层次：□是 / □否

★ 报读学历教育而未通过入学测试的学生，是否愿意转为非学历教育学习：□是 / □否

如是，请选择转为：□单科选修 □专业进修，进修专业为：________。

注意事项：1. 填表人应对本表所填写内容的真实性负责；2. 职业选择：公务员、技术人员、职员、管理人员、工人、农业劳动者、军人、教师、学生、待业、其他从业人员；3. 该表需用蓝黑色钢笔或签字笔并用正楷准确地填写，此表将随成绩等进入学生档案；4. 选择性填表，在'□'内打'V'。

学生本人（签字）：__________________ 日期：______年____月____日

服务站教师填写：

注：1. 除有特殊说明的栏外，其余各项不得为空，否则予以退学处理；2. 审核教师必须签字。

入学方式	□ 测试 □ 免试（□专科第二学历 □本科第二学历 □通知书免试）		
准考证号（免试生勿填）		是否为跨专业	□是 □否
档案号码		所属年级	
缴费情况	报名费______元； 测试费______元	报名点名称	

审核教师（签字）：__________________ 日期：______年____月____日

报名表的填写说明

报名表内容分为“学生填写”内容和“教师填写”内容。无论是学生还是教师，均需用蓝黑色墨水钢笔或签字笔并用正楷准确地填写。

“学生填写”完毕、教师审验无误后，学生本人需签字确认；“教师填写”完毕，审核教师需签字确认。

学生须对“学生填写”内容的真实性负责；审核教师需对“教师填写”内容的真实性及对“学生填写”有关项目的审核负责。

“学历教育报名登记表”填写项目说明：

“学生填写”项目说明：

（1）姓名（2）—以身份证为准；

（3）性别—；—以身份证为准；

（4）出生年月—：具体到月份即可，（5）如1978年5月；

（6）民族—；以身份证为准；

（7）＊政治面貌—填写中共党员、共青团员、群众等；

（8）身份证件类型—（9）不得为空，（10）选择性填写，（11）在‘□’内打‘V’；

（12）身份证件号码—；以身份证为准

（13）＊职业—（14）不得为空，（15）依据报名（16）表“注意事项3”填写；

（17）通信地址—能联系到本人的地址；

（18）邮编—（19）不得为空；

（20）电子邮件地址—尽量填写，（21）可为空；

（22）单位/住宅电话—尽量填写，（23）可为空，（24）但不（25）可与移动通信号码项目同（26）时为空；

（27）移动通信号码—尽量填写，（28）可为空，（29）但不（30）可与单位/住宅电话项目同（31）时为空；

（32）原毕业学校—（33）不得为空；

（34）原毕业层次—指（35）本科、专科、高中、中专、职高、技校等；

（36）原毕业专业—报读高中起点专科、高中起点本科的可为空，（37）报读专科第二学历、专科升本科、本科第二学历的（38）不得为空；

（39）原毕业时间—（40）不得为空，（41）具体到年月即可，（42）如1978年5月；

（43）原毕业证书编号—（44）不得为空；

（45）原毕业证书是否属国民教育系列—（46）不得为空，（47）选择性填写，（48）在‘□’内打‘V’；

（49）学历教育报名（50）信息：报名（51）层次—（52）不得为空，（53）选择性填写

（54）在‘□’内打‘V’；填报专业—（55）不得为空，（56）分第一选择、第二选择；就读服（57）务站—（58）不得为空，（59）填写“北京”；

（60）报读高中起点本科学历教育的学生，（61）当测试成绩在本科录取线下专科录取线上时，（62）是否愿意选择就读高中起点专科层次—（63）不得为空，（64）选择性填写，（65）在‘□’内打‘V’；

（66）报读学历教育而（67）未通过入学测试的学生，（68）是否愿意转为非学历教育学习—（69）不得为空，（70）选择性填写，（71）在‘□’内打‘V’；若学生选择“否”，（72）则无须进行以下项目填写，（73）若学生选择“是”，（74）则进行下一项：如是，（75）请选择转为—（76）不得为空，（77）选择性填写，（78）在‘□’内打‘V’，（79）若选择专业进修，（80）则进行下一项目：进修专业为—（81）不得为空。

“教师填写”项目说明：

（82）入学方式—（83）不得为空，（84）选择性填写，（85）在‘□’内打‘V’。“通知书免试”指（86）：学生持上一次招生即2002年秋季招生时学院发放的录取通知书可免试入学，（87）签发日期为2002

年11月或12月；

(88) 准考证号一可为空；

(89) 是否为跨专业一（90）不得为空，(91) 选择性填写，(92) 在‘□’内打‘V’(93) 依据《关于各专业专升本跨专业认定的管理规定》判断；

(94) 档案号码一为空。

(95) 所属年级一（96）不得为空，(97) 填写“200309”；

(98) 缴费情况一（99）不得为空，(100) 按实际数字填写。

(101) 报名（102）点（103）名称一填写区县成招办（104）名称。

教师审核注意事项

1. “学生填写”项目：所有项目须按要求填写，

2. 姓名

3. 身份证件类型、身份证件号码、原毕业学校、原毕业层次、原毕业专业、原毕业时间、原毕业证书编号等项目需与学生提供的证件相符。

4. 原毕业证书需属国民教育系列。

5. 学历教育报名。

6. 信息需与入学资格相符等。

7. “教师填写”项目：所有项目需按要求填写。

8. 审验“通知书免试”学生的录取通知书。

9. 并留存通知书复印件随报名表一起存档。

附件二

中国人民大学网络教育学院在京招生工作日程安排

日期	工作内容	负责单位
2月20日前	印制《招生简章》、《考生必读》及报名材料	招生学校
2月20日—21日	报名工作培训	考试院成招办
2月23日	简章刊登于《现代教育报·考试招生专刊》	考试院成招办
3月10日—17日	报名	区县成招办
3月20日	报送《考生登记表》、《身份证》复印件、毕业证书复印件、照片	区县成招办
4月底前	编排考场	考试院成招办
6月15日前	发准考证	区县成招办
6月中旬	考试培训会	考试院成招办
6月25日前	印卷	招生学校
6月27日	领取试卷	市、区成招办
6月29日	考试（当日送答卷至招生学校）	区县成招办
7月15日后	考生可在网上查询成绩及录取结果	招生学校

关于印发2003年区县成人教育招生办公室招生工作目标管理考评办法的通知

京考成招［2003］7号

各区县考试中心、成招办：

为进一步贯彻落实教育部关于成人高等学校招生工作改革的精神，提高全市成人高等学校招生工作的质量，确保招生工作的科学、规范，决定继续在2003年成人高校招生工作中对区县招生工作实行目标管理。现将《2003年区县成人教育招生办公室招生工作目标管理考评办法》、《区县成人教育招生办公室招生工作目标管理责任目标》、《区县成人教育招生办公室招生工作目标管理考评实施细则》。印发给你们，请认真执行。

二〇〇三年三月十三日

附：

2003年区县成人教育招生办公室招生工作目标管理考评办法

北京市区县成人教育招生办公室（以下简称区县成招办）招生工作目标管理考评工作，是以原国家教委颁布的《普通、成人高等学校本、专科招生全国统一考试工作规则》、教育部《教育部关于做好2003年全国成人高校招生工作的通知》（教学［2003］2号）和北京教育考试院《关于印发2003年北京市成人高等学校招生规定的通知》（京考成招［2003］1号）、《关于印发〈北京教育考试考务管理暂行规定〉的通知》（京考办1号）为依据，以《区县成人教育招生办公室招生工作管理责任目标》为标准，以各区县实施情况为基础进行评审。具体办法如下：

一、北京教育考试院成招办根据《北京市区县成人教育招生办公室招生工作责任目标》和《北京市区县成人教育招生办公室招生工作管理目标实施细则》负责组织考核、评审工作，并公布评审结果。

二、评审工作采取分阶段、自评与考评相结合，以区县实施情况为基础进行评审的办法。全市综合评审将于第四季度进行。

三、目标管理考评成绩基础总分满分为1000分，各项工作标准分如下：

机构设置50分；

报名工作350分；

组考工作300分；

复核成绩150分；

保密工作100分；

工作总结50分。

区县招办总得分＝区县招办基础总分＋附加分

四、鼓励创新，设附加分。招生工作每项创新措施加10分；对全面工作有指导意义的合理化建议，每项建议加3分；在报刊上公开发表的招生工作论文，每篇加5分。

五、各项扣分原则为扣完责任目标相应项目满分为止。

六、实行奖励。设优秀奖、达标奖和单项奖。优秀奖：950分以上；达标奖：900－949分。对切实提高本区县招生工作质量，提高工作效率，有利于推动全市招生工作整体发展的创新措施，设单项工作奖。

七、区县成招办应认真对本区县招生工作目标管理进行自评，填写《自评记录表》和《附加分情况统计表》，于10月10日前报考试院成招办。

八、目标管理考评结果将向全市公布，并于年底进行奖励表彰。

区县成人教育招生办公室招生工作管理责任目标

为促进区县成人教育招生办公室（以下简称区县成招办）做好招生工作，不断提高招生工作的科学化、规范化水平，确保招生工作质量，现制定区县成招办招生工作管理责任目标。

一、机构设置

（一）依照教育部《普通、成人高等学校本、专科招生全国统一考试工作细则》中的有关规定成立区县成人教育招生办公室。按北京教育考试院制定的《关于印发2003年北京市成人高等学校招生规定的通知》（京考成招［2003］1号）负责组织、实施本区县的成人高等学校招生工作。

（二）区县成招办应有一名主任主管成人招生工作，并配备相应数量的工作人员。工作人员应熟悉成招业务，分工明确，职责清楚。

（三）办公室有固定的办公地点，配备计算机房、保密室和必要的通讯设备及办公条件。

二、报名工作

（一）按考试院成招办的有关规定并结合实际制定出本区县报名工作方案。做到报名工作组织落实、人员落实、设备落实、任务落实。在规定的时间内将方案报送考试院成招办。

（二）按照有关规定严格审核考生的报名资格和照顾录取条件，建立完备的审核手续，准确、完整、规范的汇总报名材料。

（三）指派专人认真细致地做好考生的报名辅导工作，指导考生选报志愿，准确填涂报名信息卡。

（四）按照收费标准收取考生报名考务费。

（五）建立好考生电子档案数据库，分类按报名号顺序整理好考生报名复核单、各类照顾证明材料和有关复印件。

（六）在规定的时间内完成报名工作，及时、准确地将《考生报名情况统计表》、报名电子档案数据盘等材料报送考试院成招办。

（七）在规定时间内将报名考务费款项足额上缴北京教育考试院。

三、组考工作

（一）依照《北京教育考试考务管理暂行规定》组织考试；选择、布置考点和考场；保证考试顺利进行。

（二）认真做好监考人员、工作人员的培训工作，使全体人员均做到职责清楚，办法明确，要求具体。

（三）严格按照《北京教育考试考务管理暂行规定》组织考试，保证考场秩序井然，纪律良好。

（四）按照《北京教育考试考务管理暂行规定》做好试卷、答卷的分发和装订工作，做到不错、不丢、不乱。

（五）保护考生和招生工作人员的正当权益，按照有关规定，认真查处违纪舞弊事件。

四、复核成绩

按考试院成招办复核考生成绩办法及时、准确地复核每个考生成绩，做到不错、不漏。

五、保密工作

（一）区县成招办建立符合要求的保密室，并按规定指派专人保管试卷、答卷。

（二）按照试卷印刷、运送和保管要求，按时领取和送交试卷、答卷，保证试卷、答卷不错、不丢、不发生泄密事件。

（三）按《北京教育考试考务管理暂行规定》保管好试卷、答卷，保证不丢、不错、不泄密。

六、工作总结

（一）在报名、组考工作结束后应及时写出本区县工作小结，并在规定日期内报送考试院成招办。

（二）招生工作结束后，应写出本区县招生工作总结，并在规定时间内报送考试院成招办。

（三）结合本区县情况，积极开展有关招生考试工作研究，将已发表报刊的论文报送考试院成招办。

区县成人教育招生办公室招生工作目标管理考评实施细则

一、机构设置

责任目标			实施情况		
			全面完成责任目标得满分		
序号	内容	满分	序号	未能完成责任目标按项扣分	扣分
1	按规定成立本区县成人教育招生办公室，并负责领导组织实施本区县成人高校招生工作	10	(1)	没有成立区县成人教育招生办公室	10
			(2)	成立区县成人教育招生办公室，但机构不健全的	5
2	区县成招办有一名主任主管成人招生工作并配备1名以上工作人员。工作人员要业务熟悉，分工明确，职责清楚	30	(3)	没有主任主管的	5
			(4)	工作人员没有达到最低人数的	5
			(5)	工作人员（含微机人员）业务不熟练的	5
			(6)	分工不固定或不明确的	5
3	有固定的办公地点和办公室，必要的办公条件（微机房、通讯设备保密室等）	10	(7)	缺少必要办公条件之一的	2/项

二、报名工作

责任目标			实施情况		
			全面完成责任目标得满分		
序号	内容	满分	序号	未能完成责任目标按项扣分	扣分
1	制定出本区县报名工作方案，并做到组织、人员、设备、任务落实。方案在规定时间报考试院成招办	25	(1)	报名工作方案不明确、不具体，落实执行不得力的，不按时报市招办的	10
2	审核考生报名资格和照顾录取条件手续完备，准确无误、完整规范地汇总报名材料	90	(2)	报名情况出现差错，影响录取工作	2/起
			(3)	出现不符合报名资格和照顾条件的	5/人
3	派专人辅导培训考生，指导考生选报志愿，填涂信息卡	25	(4)	未组织报名培训：（看录像或发培训材料、咨询、开培训会）	5/处
4	在规定时间内，及时准确地将报名电子档案数据软盘等有关材料报送考试院成招办	80	(5)	材料没有按时上报的超过一天	5/天
			(6)	超过三天	取消资格
			(7)	上报材料不齐的	5/起
5	在规定时间内，按规定数额收取报名考务费，并按时上缴市考试院	50	(8)	每推迟一天	5/天
			(9)	不按规定数额收取	取消资格
6	建立考生电子档案数据库，分类按报名号顺序整理好考生各类照顾证明材料和复印件	80	(10)	报名材料不齐全	5/人
			(11)	未按报名号顺序排列	5/人

三、组考工作

责任目标			实施情况		
			全面完成责任目标得满分		
序号	内容	满分	序号	未能完成责任目标按项扣分	扣分
1	依照考点设置及要求、考场设置及要求选择、布置考点和考场，保证考试按时顺利进行	25	(1)	未能认真逐项落实“设置和要求”的	2/项
2	认真做好监考工作人员的培训。全体人员应职责清楚、办法明确，要求具体	25	(2)	未按要求进行培训的	10
			(3)	培训不到位，造成职责不清，办法不明等情况，在具体问题上出现纰漏的	5/起
3	依考试实施程序、考生守则、监考人员守则组考，保证考场秩序井然，纪律良好，认真查处违纪舞弊	100	(4)	考场出现违纪现象，监考员未记录处理的	20/起
			(5)	监考不严，阅卷中出现雷同试卷监考员未做记录的	20/起
			(6)	因招生工作人员违纪舞弊，造成重大失误的	取消资格
4	按试卷答卷传递交接程序、答卷装订、密封程序做好试卷、答卷的分发、装订，确保不错、不漏、不乱	150	(7)	分发试卷违反程序，但未造成泄密	5分/起
			(8)	未按规定在试卷、答题卡上填涂缺考考生号等标记的	对超过3.5‰的每超过一个千分点扣2分
			(9)	贴错试卷袋密码号的	每起扣10分
			(10)	漏装漏订答卷、答题卡的	同（11）
			(11)	答卷倒装、页码错装、考号不顺、主客观卷合订、未密封、未按规定密封造成姓名外露、准考证号外露，错装试卷、考生准考证号顺序混乱、未装封头纸	对超过1‰的每超过一个千分点扣除5分。
			(12)	发错试题、丢失试题、答卷，集体作弊及发生违反规定等重大事件按有关规定处理的	取消资格

四、复核成绩

责任目标			实施情况		
			全面完成责任目标得满分		
序号	内容	满分	序号	未能完成责任目标按项扣分	扣分
1	按要求及时、准确复核考生成绩，保证不错不漏	150	(1)	核对考生成绩后，再次发现错漏和要求更正的	2分/起

五、保密工作

责任目标			实施情况		
			全面完成责任目标得满分		
序号	内容	满分	序号	未能完成责任目标按项扣分	扣分
1	建立符合要求的保密室，有健全的保密制度，有专人保管试卷、答卷	40	(1)	保密室不符合要求	20/处
			(2)	保密制度不健全	5/项
			(3)	保密值班员违反规定，不尽职	10/起
2	按规定领取、保管、分发、送交试卷、答卷，符合保密要求，有安全措施，保证按时、不丢、不错、不泄密	60	(4)	试卷运送不及时影响考试视情节和后果	20至取消资格
			(5)	试卷、答卷管理、运送不符合保密要求	10/起
			(6)	出现泄密，按规定处罚	取消资格

六、工作总结

责任目标			实施情况		
			全面完成责任目标得满分		
序号	内容	满分	序号	未能完成责任目标按项扣分	扣分
1	报名、组考工作结束后及时写出简报、小结。小结按时报市招办	15	(1)	报名、组考工作小结待该项工作完成后两周内交报市招办，超过一天	5/天
2	全部工作结束后，写出总结。总结及时报送本区、县教委、考试中心和考试院成招办	20	(2)	未按时交总结的，超过一天	5/天
3	认真进行资料积累，积极开展科研工作	15	(3)	资料积累和科研不认真的	5

区县招生工作目标管理自评记录表

区县名称：

项目	扣分原因	满分	扣分	得分
机构设置		50		
报名工作		350		
组考工作		300		
复核成绩		150		
保密工作		100		
工作总结		50		
合计		1 000		

区县招生工作目标管理附加分情况统计表

区县：

<table>
<tr><td>项目</td><td colspan="3">名称</td><td colspan="2">作用</td><td>得分</td></tr>
<tr><td rowspan="4">创新措施</td><td colspan="3"></td><td colspan="2"></td><td></td></tr>
<tr><td colspan="3"></td><td colspan="2"></td><td></td></tr>
<tr><td colspan="3"></td><td colspan="2"></td><td></td></tr>
<tr><td colspan="3"></td><td colspan="2"></td><td></td></tr>
<tr><td rowspan="4">合理化建议</td><td colspan="3"></td><td colspan="2"></td><td></td></tr>
<tr><td colspan="3"></td><td colspan="2"></td><td></td></tr>
<tr><td colspan="3"></td><td colspan="2"></td><td></td></tr>
<tr><td colspan="3"></td><td colspan="2"></td><td></td></tr>
<tr><td rowspan="6">发表论文</td><td>题目</td><td>撰写人</td><td>刊物名称</td><td>字数</td><td>刊登日期</td><td></td></tr>
<tr><td></td><td></td><td></td><td></td><td></td><td></td></tr>
<tr><td></td><td></td><td></td><td></td><td></td><td></td></tr>
<tr><td></td><td></td><td></td><td></td><td></td><td></td></tr>
<tr><td></td><td></td><td></td><td></td><td></td><td></td></tr>
<tr><td colspan="6">合计：</td></tr>
</table>

关于2002—2003年度北京市成人高等学校预科班结业考试工作的通知

京考成招［2003］8号

各预科工作站：

根据北京市成人高等学校预科班教学要求和教学计划的安排，2002－2003年度预科班结业考试定于2003年4月6日在首师大预科班工作站和北工大预科班工作站进行。请各预科班工作站协助做好结业考试工作。

一、考试科目

文史类、理工类、西医类、中医类、高职班考：语文、数学、英语。

二、考试时间

日期	时间	科目
4月6日	9:00—11:00	语文
	13:00—15:00	数学
	15:40—17:40	英语

三、考试办法

1. 为保证结业考试的质量，体现公平、公正的原则，今年实行统一设置考点统一考试的方式，分东、西两个考点。

2. 各工作站应按《北京教育考试考务管理暂行规定》和《北京市成人高等学校预科生管理规定》中所规定的考试管理办法做好考生的考前教育与培训。

3. 考试期间，考试院成招办将派出巡视员巡视考试情况。

4. 考试院成招办集中组织评卷、登分工作，各工作站负责将考试成绩通知本人，不公布，不查分。

四、组考要求

1. 各考点要成立预科生结业考试工作领导小组，具体负责考试工作实施。

2. 预科班的结业考试属省级考试，各项工作均按考试院有关规定执行。要严密做好各项准备工作和监考员培训工作，严肃考风考纪，确保考试工作顺利完成。

3. 各考点站在3月28日前，将组考工作方案（组考小组成员组成及分工情况、考点地址、考场地点、试卷存放地点、保密工作人员名单）上报考试院成招办。

五、取送试卷时间及要求

1. 取试卷时间和地点：2003年4月4日上午9:00大兴印厂。

联系人：吴莉莉

联系电话：62198017。

2. 送试卷时间和地点：2003年4月6日晚7:00前，首师大成教学院（西三环北路56号）。

联系人：马骅　王芳　杨京丽。

联系电话：68901570　68902830。

3. 负责组考的工作站取送试卷，必须两人以上，同时需带介绍信。

六、其他

1. 各工作站在4月7日前将平时成绩单及软盘上报考试院成招办综合科。

2. 5月15日各工作站到考试院成招办综合科领取预科生结业考试成绩。

3. 考务费每人22.00元，各工作站请于3月28日前将考务费交到首师大工作站。

二〇〇三年三月十九日

关于加强考试管理，严肃考风考纪，切实做好成人高考工作的通知

京考成招［2003］9号

各区县考试中心、成人教育招生办公室：

为贯彻落实教育部考试中心《关于做好2003年普通高等学校、成人高等学校招生全国统一考试工作的通知》精神，加强考试工作管理、加大监督检查力度，提高工作质量，确保北京市2003年成人高等学校招生全国统一考试顺利进行，现将有关事宜通知如下：

一、认真贯彻有关文件规定，加强考务管理

（一）加强对组考工作的领导。将本区县组考工作方案以及面临的问题和采取的措施及时向当地教育行政部门的领导、主管区县长汇报，以便争取领导的重视和支持。同时，还应主动加强与公安、卫生、交通、通讯、机要保密、纪检监察等部门的协调配合。

（二）加强考点及监考人员队伍建设。考点是承担考试任务的基层单位，监考工作人员的责任心、业务水平关系到监考工作的质量，因而加强考点建设，加强监考人员的队伍建设，对于组考至关重要。为保证考试工作的质量，应坚持不合格的考点不用，不符合条件的监考员不用，不经培训或培训不合格的监考员不得上岗。

（三）制定组考方案。贯彻落实教育部、市教委、考试院等有关文件精神，结合本地实际情况对成人高校招生组考工作进行全面分析，在总结经验的基础上，找出存在问题，制定切实可行的组考方案。

（四）认真培训，明确职责，熟悉业务。要集中时间，集中精力，认真学习有关文件，对各级考试工作人员进行业务培训和职业道德教育，通过培训使其提高对考试管理工作重要性的认识，明确职责，增强做好此项工作的自觉性。

二、严肃考风考纪，加大监督检查力度

（一）严格执行规定，依法治考。在组考工作中要严格执行《北京教育考试考务管理暂行规定》。

（二）认真落实考点和监考人员职责，树立依法治考的观念，严格要求，敢于管理，廉洁奉公，敢于负责，对违纪、舞弊的现象要敢抓敢管，坚决查处。

（三）各考区要根据实际情况实行监考人员轮换制度，以遏制“人情风”。

（四）严肃处理违纪人员。对在考试中不认真履行职责，甚至放纵考生伙同作弊的监考员、工作人员要坚决依照《北京教育考试违规行为处理暂行办法》严肃处理，情节严重的要撤销其考点和监考资格。对以前在监考中出现过上述问题的人员，不得参加今年的组考工作。

（五）要继续加强与当地监察、纪检部门的合作与配合，加大对违纪、作弊的处罚力度和监督力度。

三、加强巡视检查

考试期间，北京教育考试院成人教育招生办公室（以下简称：考试院成招办）将向各区县派出巡视员。巡视员将在考试期间对考点、考场设置，试卷的保管分发，监考员、工作人员履行职责情况，考场纪律等进行监督检查。发现问题后，与当地区县成招办或考点主考共同研究、提出处理意见，并及时向考试院成招办汇报。

各区县在组考期间也应组织相应数量的巡视人员，到本区县内的各考点、考场进行巡视检查。巡视中如发现问题可及时与考点主考联系并及时向本区县成招办汇报。

四、加强保密观念，做好试卷的保管分发工作

（一）要增强保密观念，切实做好试卷（答卷）的保管分发工作。在组考期间各区县成招办按市《试卷保密管理规定》执行。

（二）各区县领取全部试卷后，应立即存放保密室内，在考区领导小组监护下，依照《2003年成人高考

试卷需用量统计表》进行核对清点，核对无误后再依照考试时间、按考点、分科装入保险柜内。

（三）考试期间，当日开考科目的试卷，由区县于当日上午八时前用专车送达考点，考点保密人员依照《2003年成人高考考点、考场安排一览表》核对试卷数量和考试科目，无误后装入保险柜内。每场考试前一小时由保密人员按考场、科目将试卷准备好。

五、加强值班制度

各区县设值班室并要求24小时有人值班，保证联络畅通。

请于4月28日前将值班室地址、电话、值班人员姓名报考试院成招办秘书科。

考试期间，每日下午考试结束后需将本考区当日考试情况电话汇报考试院成招办值班室。

北京教育考试院成招办值班电话：

白天（8:00—18:00）：62198012　62198015。

夜间（18:00至次日8:00）：62198024。

二〇〇三年四月十日

关于2003年成人高校招生补报名工作的通知

京考成招［2003］12号

各区县考试中心、成人教育招生办公室，各有关成人高等院校：

根据《教育部全国成人高校招生统一考试通知》的文件精神，全国成人高校招生统一考试将于11月15日、16日举行，为接受因考试时间推迟后已符合报名条件的人员报考，北京市成人高校招生将进行补报名工作。现将有关事项通知如下：

一、成人高校招生补报名工作除报名时间、报名办法、考试时间进行调整外，其招生对象、报考条件、填报志愿、考试科目、录取等项工作均按《2003年北京市成人高校招生规定》执行。

二、报名办法

为方便考生报考，增加考生的信息量，减轻报名现场组织工作的压力，进一步提高招生现代化管理水平，报名工作采取先在网上预报名，输入报名信息及志愿信息，然后再到报名点确认，办理报名资格审验、摄像、交费等手续的办法。

对于没有上网条件者，可采取直接到报名点填涂报名信息卡的方法。

三、报名时间

采用网上报名的分为网上预报名和到区县进行报名确认两个阶段。

网上预报名：9月1日—9日。

报名确认：9月12日—15日。

没有上网条件者，于9月12日—15日直接到报名点报名。

四、报名流程

（一）采用网上报名的考生应按以下工作流程进行报名。

1. 网上预报名

（1）了解查询相关政策信息，按照报名网站公布的《2003年北京市成人高校招生简章》、《招生专业目录》及《招生院校章程》选报志愿。报名网址：www.bjeea.edu.cn。

（2）在预报名期间登录报名网站进行预报名，录入考生基本信息和志愿信息（录入信息项目与3月初相同）。

（3）提交。系统校验信息无误后给出考生预报名号，考生可以下载打印报名信息。

预报名号为10位，第1位为层次，A为高中起点本专科，B为专升本；第2、3位年份；第4—10位序号。如某考生报专升本专业，欲在西城区考试，则预报名号为“B030000001”。

（4）考生可以根据预报名号和密码在预报名期间对本人信息进行修改，若忘记密码则需要重新填报。

2. 报名确认

（1）考生在确认时间内到所选择区县报名点依据预报名号交验相关报名材料（身份证、毕业证书、照顾证明等）。

（2）电子摄像，系统给出正式报名号，打印复核单，考生对报名信息签字确认。

（3）缴纳报名费。

（二）没有上网条件的考生在报名点报名，报名流程与3月份相同。

五、网上宣传与服务

网上报名是一种新的招生管理模式，各单位要配合考试院做好网上宣传与服务工作。宣传的主要内容如下：

1. 招生政策、规定的宣传。公布修订的本年度招生简章，院校招生章程、招生学校专业目录，专业加试要求等。

2. 问题解答。总结、归纳、整理“答考生问”。

3. 有关查询。

（1）报名点查询：报名点地址、电话、乘车路线、地图等。

（2）招生学校查询：招生学校简介、办学特点、地址、电话、网址等。

（3）招生专业查询：通过学校、学习形式、专业类别、专业层次，查询全市专业设置及招生情况。

六、工作要求

各有关单位要加强对成人高校招生补报名工作的领导，根据教育部、考试院有关文件精神和工作安排，结合实际情况制定具体工作方案，保证人力、物力投入，做好各项准备工作。

区县招办于9月10日下午2点应从报名网站下载本区县预报名考生信息，并导入数据库。报名结束后要重新编排考场，于9月25日将报名数据（光盘两张）报送成招办，同时报送考试工作安排、试卷需求量统计表、报名工作小结，交报名考务费。

有关招生学校应于9月12日—16日接待补报考生办理专业加试报名手续，并安排好专业加试工作（含补报名考生）。9月29日学校可下载报考本校考生信息，于12月4日、5日报送专业成绩 。

二〇〇三年八月一日

2002—2003年度北京市成人高等学校预科班考核评比结果通报

京考成招［2003］12号

各工作站：

根据《北京市成人高校预科工作站考核评比办法》、《北京市成人高校预科任课教师教学质量评比办法》、《北京市成人高校预科优秀班主任评选条例及实施办法》、《北京市成人高校预科优秀管理人员评比条例及实施办法》的规定，在各预科工作站认真总结的基础上，北京教育考试院成人教育招生办公室进行了综合考核评比。现将考评结果通报如下：

一、优秀工作站（按名次排列）

轻工职技学院　首都师范大学　北京大学医学部

（其余为达标单位）

二、优秀教师

首都师范大学：时红廷　　　北京教育学院：伍春兰

北京工业大学：张秋利　　北京大学医学部：常寿
北京广播电大：杨光　　轻工职技学院：安淑春
宣武红旗业大：黄中军

三、优秀班主任

首都师范大学：孙月英　　北京教育学院：吴凯声
北京工业大学：张淑华　　北京大学医学部：王伟
北京广播电大：姚玉英　　轻工职技学院：刘湛
宣武红旗业大：郭静

四、优秀管理人员

首都师范大学：马骍　　北京大学医学部：高素英
轻工职技学院：王琦

二〇〇三年七月十五日

关于印发《2003 年北京市成人高校招生全国统一考试期间防控传染性非典型肺炎应急预案》的通知

京考成招［2003］13 号

各区县考试中心、成招办：

现将《2003 年北京市成人高校招生全国统一考试期间防控传染性非典型肺炎应急预案》印发给你们，请你们根据“非典”疫情情况，结合本区县的实际，制定并落实本区县的“非典”防控应急预案，确保“非典”疫情发生后考生与工作人员的身体健康和生命安全，确保成人高考的顺利进行。

二〇〇三年十月二十八日

附：

《2003 年北京市成人高校招生全国统一考试期间防控传染性非典型肺炎应急预案》

根据《北京防治传染性非典型肺炎应急预案》及《北京教育考试院防控传染性非典型肺炎应急预案》的精神，为做好成人高考期间“非典”的防控工作，现制定本预案。

一、领导机构

（一）决策领导机构

北京教育考试院成人高考防控非典型肺炎领导工作小组（简称：考试院防控办）是成人高考防控非典型肺炎工作的决策领导机构。考试院防控办根据疫情预测和变化情况，研究决定成人高考防控非典型肺炎工作的重要事项和重大决策。

（二）区县成招办职责

各区县成招办对辖区成人高考工作中的防控非典型肺炎工作负责。根据本预案研究制定辖区内考试工作中防控非典型肺炎工作应急预案；疫情发生时，根据考试院防控办的部署启动辖区内成人高考应急预案；配合本区县卫生防疫部门，组织协调、督促检查辖区内考点、工作人员和考生防控非典型肺炎措施的落实情况。

二、三级疫情应急响应

（一）一级疫情

1. 考场以30人标准安排，相互间距均等。

2. 各考点根据实际情况增设流动监考员。

3. 考试院防控办根据北京市“非典”疫情发生情况，在交通方便的地区设1—2个隔离考点，专门接收全市隔离区的考生考试。隔离考点设置10个以内考场，每个隔离考场安排考生不超过8人，隔离区工作人员可戴口罩、手套、穿白大褂进行适当防护。

4. 每考点设一个备用考场，以接收考试当天发烧、咳嗽的考生考试，同时配备两名监考员，备用监考员可戴口罩、手套、穿白大褂进行适当防护。

5. 使用远红外线测温仪对考生及工作人员进行体温检测。

6. 各考区、考点配备医务工作人员，考区配备医务专用车。

7. 考生于疫情公布之日开始填写《健康登记卡》，凭《准考证》及《健康登记卡》参加考试。

8. 被确认“非典”患者或疑似“非典”患者的考生一律不得参加考试。

9. 考生在每科考试45分钟前到达考点。

10. 隔离考点、备用考场考生的试卷、答题卡进行单人单封装入塑料袋单独存放。

11. 消毒工作：对每个考场考前（14日）、考后（16日）各消毒一次。喷洒消毒使用2%过氧乙酸，擦拭消毒使用0.2%过氧乙酸，手消毒使用75%医用酒精，消毒后必须充分通风3小时，考前40分钟监考员负责开启门窗再次通风。

12. 做好宣传工作。在发放《准考证》的同时发放《健康卡》和《成人高考防控非典须知》。

13. 物品准备：测温仪、温度计、消毒液、医用酒精、手套；空白试卷袋每考点10个、备用试卷袋每考点10个。

14. 区县招办应及时掌握本区县隔离区考生情况，报考试院成招办。

（二）二级疫情

1. 考场以30人标准安排，相互间距均等。

2. 各考点根据实际情况增设流动监考员。

3. 使用远红外线测温仪对考生及工作人员进行体温检测。

4. 各考区、考点配备医务工作人员，考区配备医务专用车。

5. 考生于疫情公布之日开始填写《健康登记卡》，凭《准考证》及《健康登记卡》参加考试。

6. 被确认“非典”患者或疑似“非典”患者的考生一律不得参加考试。

7. 考生在每科考试45分钟前到达考点。

8. 备用考场考生的试卷、答题卡进行单人单封装入塑料袋单独存放。

9. 做好宣传工作。在发放《准考证》的同时发放《健康卡》和《成人高考防控非典须知》。

（三）三级疫情

1. 考场以30人标准安排，相互间距均等。

2. 考生于疫情公布之日开始填写《健康登记卡》，考生凭《准考证》及《健康登记卡》参加考试。

3. 被确认“非典”患者或疑似“非典”患者的考生一律不得参加考试。

4. 考生在每科考试45分钟前到达考点。

5. 备用考场考生的试卷、答题卡进行单人单封装入塑料袋单独存放。

6. 做好宣传工作。在发放《准考证》的同时发放《健康卡》和《成人高考防控非典须知》。

附件：

1. 考点工作人员职责。

2. 考点、考场消毒要求。

3. 隔离考点的设置要求和工作人员的防护措施。

4. 体温检测程序。

附件1

考试工作人员职责

一、主考及副主考职责

（一）在市、区县招生部门领导下，按照有关规定，对本考点各项工作全面负责。

（二）督促、检查、落实各项考务工作和防控“非典”工作。

（三）了解有关传染病防治方面的知识，负责本考点“非典”防控工作的具体实施。

（四）组织制定本考点考试过程中现场应急预案，并负责考试期间突发事件的处理。

（五）负责及时汇报考点突发事件及处理情况。

二、监考员职责

（一）负责查验本考场考生的《健康状况登记卡》，并于最后一场考试收取考生《健康状况登记卡》。

（二）负责考试过程中时时观察本考场每个考生的身体状况。

（三）如本考场出现发热、咳嗽、气喘、呼吸困难等异常症状的考生，须及时上报主考，并协助主考处理突发事件。

三、巡视员职责

（一）检查考点“非典”防控物品的配置情况。

（二）检查考点“非典”防控措施的落实。

四、联络员职责

如考试中考点出现发热、咳嗽、气喘、呼吸困难等异常症状人员，需积极配合主考处理，提出建议，及时提醒主考向上级报告，并如实记录处理过程。

五、考点工作人员职责

（一）负责本考点、考场的考前消毒工作。

（二）负责查验进入考点人员的身份，并对其进行体温检测。

（三）配合主考、监考员做好考试期间突发事件的处理。

六、保密员职责

（一）做好考试期间本考点试卷考前、考后的领发、保存、保管工作。

（二）做好隔离考场考生答卷的消毒处理工作。

附件2

考点、考场消毒要求

一、考点消毒范围为：本考点考场、楼道、楼梯、扶手、相关办公室、卫生间等所有考生、监考员及工作人员接触的区域。

二、要求对本考点考试区域进行认真消毒。成人高考考前、考后各进行一次消毒。

三、考点负责消毒工作的人员，须经疾病防控部门培训。

四、各考试区域使用全市统一指定的过氧乙酸消毒。喷洒消毒使用2%过氧乙酸。擦拭消毒使用0.2%过氧乙酸。手消毒使用75%医用酒精。由经过疾病防控部门培训的专人负责消毒液的配制及消毒用品的保管、分发，确保使用安全。

五、考场消毒程序：

使用2%过氧乙酸超低容量喷雾，8ml/ m 3;，密闭1小时后，实施充分通风。桌面擦拭消毒：0.2%过氧乙酸擦拭，擦拭30分钟后，以清水擦掉消毒剂。注意：消毒剂对呼吸道有刺激，每次消毒后必须充分通风3小时以上，以防止学生受到消毒剂的危害。

附件3

隔离考点的设置要求和工作人员的防护措施

一、每个隔离考点需设置10个隔离考场。

二、每个隔离考场考生人数不超过8人。

三、需配备专用车辆接送隔离考点考生。车辆的消毒规范由所在区县疾病预防控制中心确定。

四、隔离考点的监考人员的防护措施参照卫生部《传染性非典型肺炎流调人员现场防护指导原则（试行）》，按照一级防护要求进行防护。即：穿戴普通工作衣帽（白工作服、白工作帽），戴12层—16层棉纱口罩，使用4小时后，消毒更换。每次接触考生或考生用品后立即洗手和消毒。手消毒用0.3%—0.5%碘伏消毒或快速手消毒（洗必泰醇、新洁尔灭、75%酒精）揉搓1—3分钟。

五、隔离考点考生需戴12—16层口罩应试。

六、备用考场监考员可戴口罩、手套，穿白大褂，进行适当防护。

附件4

体温检测程序

一、用远红外测温仪排查高温症状人员。将测温仪透镜筒垂直对准被测对象额头中心，并在距额头15cm以内扳动扳机，对测温仪未鸣响警示音者放行。

二、对测温仪鸣响警示音者，过几分钟后再次进行排查，对未鸣响警示音者放行。

三、对再次排查后仍然鸣响警示音者，要求当即使用玻璃体温计对其进行腋下体温测试。对体温低于38℃者予以放行。

四、对体温仍高于38℃者，按《偶发事件处理办法》第五条规定处理。

关于印发《2003年北京市成人高等学校招生考试评阅试卷工作规定》的通知

京考成招［2003］15号

各区、县考试中心、成人教育招生办公室、各评卷单位：

为做好2003年北京市成人高等学校招生考试评阅试卷工作，提高评卷工作的科学化、规范化程度，确保高质量地完成评卷任务，现将《2003年北京市成人高等学校招生考试评阅试卷工作规定》印发给你们，请遵照执行。

二○○三年十一月十三日

附：

2003年北京市成人高等学校招生考试评阅试卷工作规定

评卷工作是成人高校招生全国统一考试工作的重要环节，为保证此项工作顺利进行，根据原国家教育委员会颁布的《普通、成人高等学校本专科招生全国统一考试工作规则》，特作如下规定。

一、评卷工作的原则及依据

评卷工作要坚持“科学、公正、准确、规范、宽严适度、首尾一致”的原则，评卷工作的依据为教育部制定的参考答案和评分标准。

二、组织领导及分工

（一）组织领导

评卷工作应在北京市成人高校招生考试评卷领导小组（以下简称市评卷领导小组）的领导下进行。市评卷领导小组由北京教育考试院主管领导、考试院成招办负责人及各评卷点领导小组组长组成。

全市统一设置评卷点。各评卷点应成立评卷领导小组，组长由承担评卷工作院校的主管院校长担任。

各学科成立学科评卷领导小组，组长由本学科副教授以上职称的教师担任。

各评卷点应设立评卷、检查、成绩录入、试卷保管、后勤等小组。

考试院成招办为市评卷领导小组的办事机构，具体协调、解决阅卷中出现的重大问题。

各区县成人高校招生办公室负责将本区答卷运送到评卷点，评卷结束后取回答卷并做好分数复核工作。

（二）各部门职责

市评卷领导小组负责组织全市评卷工作，及时处理评卷工作中出现的普遍性的重大问题。

评卷点领导小组具体组织有关科目试卷的评阅工作，保证试卷的评阅质量和进度，做好试卷评阅、试卷保管、保密等项工作。

评卷点下设的各小组要认真完成评卷点领导小组分配的任务。

（三）评卷教师

评卷教师由各评卷单位选聘。评卷教师以高等学校教师为主，一般应有讲师以上职称。评卷教师应思想品德好，工作责任心强，业务水平较高，有一定的评卷工作经验，作风正派，遵守纪律、身体健康、当年无直系亲属参加成人高考。评卷领导小组要加强对评卷教师和工作人员的管理。对于不遵守纪律或不能胜任阅卷工作的人员，评卷领导小组有权辞退不符合条件的评卷教师。

三、阅卷评分

（一）研究评分标准，坚持做好试评

各评卷点领导小组，要组织全体评卷教师认真学习、研究《答案》及《评分参考》，对于评分标准的宽严尺度，要统一认识。

评卷前，要根据评分标准进行试评，对考生不同的答题方式进行研究、讨论、归纳。遇有争论的问题，要经过反复论证，统一思想；在此基础上，评卷点领导小组制定出相应科目的“评分标准执行细则”，并使每个评卷教师熟练掌握统一的评分标准及其执行细则，防止在正式评卷中出现偏宽、偏严或宽严不一的现象。

（二）实行岗位责任制，采取流水作业法评卷

1. 分组办法。评卷点根据该科目试卷的题目数，设立与题目数相同（或相近）的题目组，每个题目组再分成若干个小组。若该科目试卷数量较多，评卷点可先分成几个大组，每个大组再根据试卷题目数，分成与题目数相同（或相近）的题目组，然后下设若干个小组，组与组之间按题目传递流水作业。

2. 发挥组长作用。各组均设正副组长二至三名，其中一名组长负责领送、分发试卷，并随时掌握评卷进度、质量和出现的问题。

3. 题目分工。在评卷过程中，作文和论述题由两人分别评阅（一人主评，一人副评，定时交换），在一定幅度内取两个分数的平均分。如超出一定幅度由评卷题目组讨论决定。其他题目一人一题单独评阅，疑难问题由题目组讨论解决。

4. 要建立复查制度。对评阅后的试卷，小组要复查，题目组、大组要抽查，阅卷点负责人在抽查的同时要及时解决疑难问题，防止偏严、偏宽或宽严不一及漏判题等问题。对评分标准掌握不当的评卷人员应予提醒，对不能正确掌握评分标准（或多次提醒不改正）的评卷人员，应调换其工作。

（三）记分

批阅、记分，一律用红墨水笔或红圆珠笔，记分要准确、工整、规范。

1. 记分方法。评卷只在每道小题号前记得分，不记扣除分数。完全答错和未答的，做“○”记号。评卷人在规定的位置签字，以示负责。每题中的小数点以后的分数，不作四舍五入。成绩如需订正，订正后要由原评卷教师和订正人签名，以便个人负责。

2. 每小题的分数，应工整地写在相应小题号的前面，大题的题首分不用累计。

3. 如发现答案中有严重的政治错误，需集体讨论审查确定后在有错误的地方做“＝”记号，并在试题成绩栏下做“×”记号，同时做记载，必要时，由评卷领导小组处理。对有异常情况的试卷（如雷同试卷，字迹前后不一致，在密封线外写有考生姓名、考号或标记等）先评分，同时填写《答案异常情况记录表》和写出答案异常情况鉴定，会同市评卷领导小组处理。

（四）坚持集中评卷

1. 各评卷点要克服困难，做到按科目在规定的时间、场地集中评阅试卷。

2. 在试卷袋拆封后，由评卷教师先把卷袋上的密码号填在卷头纸上，保证试卷始终是在密封状况下进行评阅。评卷后，要注意将试卷装回原试卷袋中。

（五）做好试卷的收发、传递、保管和保密工作

1. 评卷点要建立保密室，制定保密制度。设立专门人员负责收发试卷，健全试卷收发手续。发放的试卷，评阅后当天收回，集中在保密室保管。

2. 评卷题目小组组长负责领送试卷，领送试卷前均严格检查试卷密封、编号是否完好，有无缺漏。

3. 评卷时要做到严格保密，不得将试卷带出评卷场所，不得抄录试卷评阅结果。对评卷有不同意见应及时向组织反映，不得在室外谈论评卷情况和问题。不得在评卷室内会客、接待来访。

4. 评卷教师要自觉遵守保密制度，不得私自拆开试卷密封卷头查阅考生姓名和成绩，更不得向外传播，如发现此种情况，应进行批评教育，情节严重者严肃处理。

5. 要注意做好评卷场所的安全保卫工作，保持清洁，注意防火、防盗，不要吸烟，不要随意乱扔纸张、烟头。

6. 自觉遵守组织纪律，服从工作安排，按时上下班，因病、因事不能上班时应及时请假。

四、登分工作

今年登分工作试行小分录入，即阅卷点在试卷评阅完毕后，按照要求把考生每道小题所得分数录入计算机。

（一）登分要求

1. 登分采取两遍录入的方式，即每份试卷必须录入两遍，第一遍为“一录”，第二遍为“复核”。

2. “一录”录入小分，录完一份试卷后，将计算机自动合成的考生总分用红笔写在该卷卷首总分处。“复核”时若发现与“一录”不符，由复核人确定正确分数，在原错误分数上划“\”，重新写出正确分数并签字。

3. 录入前应认真输入考场密码号及考试科目，检查系统给出考场人数是否与实际相符，如不一致要认真查找原因，必要时与考试院成招办联系。

4. 对登分录入的人员要进行纪律教育，在考试院成招办正式向社会公布分数之前，任何人不得提前泄露考生成绩。

5. 阅卷点小分录入系统要有相应的设备配置，最低配置如下：

对于阅卷科次在5万以上的阅卷点需要使用专用服务器，其最低配置：Intel Xeon 800M CPU /内存1G/硬盘10G＊3（RAID5）/100M网卡。

对于阅卷科次在5万以下的阅卷点可以使用高档PC机做服务器，其最低配置：Intel P4 1.8G CPU /内存512M /硬盘30G/ 100M网卡。

客户端PC机最低配置：P2－450/ 内存64M/硬盘10G，10/100M网卡。

登分地点要求具有与外界隔离的独立的局域网，采用100M交换机。在登分期间保障网络畅通、无病毒。

（二）操作方法

见《阅卷点小分录入系统使用说明》。

五、复核工作

复核工作是指在评卷、登分、核分后复查分数是否登错或加错，不涉及评分标准掌握问题。这项工作主要由区县成招办组织进行。

1. 复核工作应在试卷启封的状态下进行。复核时首先检查“成绩复核单”上区（县）号、考场密码号、

科目代号、应考人数是否与封头纸上所标明的相一致；试卷的份数是否同考场人数相一致（缺考号考生），不一致时，要认真查找原因，及时解决。

2. 注意检查准考证号的顺序是否从小号到大号连续排列，中间是否有其他异常现象，如有异常情况，应及时纠正。

3. 在前两项均符合规定的情况下，可开始核分工作，逐个检查“成绩复核单”上的分数是否与试卷上的分数相符。

4. 在复核中如有错误，应在“成绩复核单”上“修正分数”栏写上正确分数，同时区县招办主任在“修正人签名”栏上签名，以示负责。

（三）集中改错

考试院成招办组织各评卷点和各区、县成招办对登分中出现的错误共同修改，时间定于12月6日上午8：00，地点：北京电大阶梯教室。

六、处罚规定

在评卷工作中，对违犯规定的工作人员和发现试卷雷同等违纪行为的考生，按北京教育考试院《北京教育考试违规行为处理暂行办法》中的有关规定处理。

七、评卷总结与试卷分析

试卷评阅工作结束后，各评卷点领导小组要及时总结评卷工作经验，评选优秀评卷人员（占阅卷教师的10%），写出评卷工作总结；对各科目进行阅卷分析，并单附200字左右的试题评价；对今后的命题工作提出意见和建议，于12月6日交考试院成招办考务科。（交软盘及书面材料）

八、“非典”应急预案

各阅卷点在阅卷期间，根据《2003年北京市成人高校招生全国统一考试阅卷期间防控传染性非典型肺炎应急预案》的精神，研究制定本阅卷点在阅卷工作期间防控非典型肺炎的应急预案。疫情发生时，根据北京教育考试院成人高考防控非典型肺炎领导工作小组的部署启动辖区内应急预案，并协助领导小组监督本阅卷点预案实施情况。

附件：1. 2003年北京市成人高考评卷领导小组名单

2. 2003年北京市成人高考阅卷工作时间安排

3. 评卷点地址一览表

4. 各科目代号与评卷数量统计

5. 评卷工作人员守则

6. 统分输机工作人员守则

7. 保密人员守则

8. 评选优秀评卷员的条件及工作要求

9.《2003年北京市成人高校招生全国统一考试阅卷期间防控传染性非典型肺炎应急预案》

10. 表格1—5

附件1

2003年北京市成人高考评卷领导小组名单

组　长：刘枫耘　　北京教育考试院副院长

副组长：李鸿江　　北京教育考试院成人教育招生办公室主任

　　　　马凤兰　　北京教育考试院成人教育招生办公室副主任

　　　　黄建平　　首都师范大学成教学院院长

成　员：李德芳　王季音　朱勇　郭世安

成招办评卷工作联系人：

祝丰　马宏辉　吴莉莉　李新　杨兵

附件 2

2003 年北京市成人高考阅卷工作时间安排

时间	工作进度和要求
11 月 5 日	上午 9:00 在成招办六楼会议室召开阅卷工作会。
11 月 15 日—16 日	成人高校招生全国统一考试。
11 月 17 日	各考试单位向阅卷点集中送交答卷（各科答题卡送考试院成招办）、阅卷点接收试卷。
11 月 17 日—29 日	各阅卷点组织阅卷登分工作，29 日前向考试院成招办报成绩软盘。
12 月 1 日	各区（县）招生办上午 9:00 到考试院成招办开会，并领取打印成绩复核单；会后到阅卷点领取试卷。
12 月 1 日—5 日	各区（县）招生办复核考生分数。
12 月 6 日	统一对考生成绩进行改错。改错地点：北京广播电视大学阶梯教室（皂君庙）。

注：阅卷期间值班电话：62198024　62198017　62198012（传真）

附件 3

2003 年北京市成人高考试卷评阅地址一览表（高中起点）

学校名称	阅卷科目	联系人	联系电话	阅卷地址
中国政法大学	公安学专业基础	于向荣 李国	62229971 62228803 89718127	海淀区西土城路 25 号政法大学联合楼 2 层 227 房间
首都师范大学	数学（文） 史地	马辛	68902632	首师大教工活动中心二楼
北京广播电视大学	数学（理）　理化 英语　日语　俄语	张纪勇	62148309	海淀皂君庙甲 4 号电大二楼卷库
北京师范大学	语文	范继芳	62208167 62207843	北京师范大学化学楼

2003 年北京市成人高考评阅地址一览表（专科起点）

学校名称	阅卷科目	联系人	联系电话	阅卷地址
中国政法大学	民法	于向荣 李国	62229971 62228803 89718127	海淀区西土城路 25 号政法大学联合楼 2 层 227 房间
首都师范大学	政治 教育理论课 艺术概论	马辛	68902632	首师大教工活动中心二楼
北京师范大学	大学语文	范继芳	62208167 62207843	北京师范大学化学楼
北京教育学院	高等数学（一） 高等数学（二） 英语　日语　俄语 生态学基础	孟令惠	82089213	德胜门外黄寺大街什坊街 2 号配楼 4 层 16 教室

注：各区（县）成招办将答题卡送考试院成招办考务科（学府宾馆六楼）。
联系电话：62198017　62198024。
联系人：祝丰　马宏辉　吴莉莉　李新　杨兵。

附件 4

2003 年北京市成人高考各科评卷数量统计表

高中起点本、专科		
科目代号	科目名称	评卷份数
31	语文	115 639
32	数学（文）	91 262
33	数学（理）	24 377
34	理化	7 239
35	史地	27 861
36	英语	115 507
37	日语	118
38	俄语	14
53	公安专业基础	1 287
合计		383 304

专科起点本科		
科目代号	科目名称	评卷份数
10	政治	64 414
11	英语	64 084
12	高等数学（一）	10 156
13	高等数学（二）	20 726
14	大学语文	11 758
15	民法	5 734
16	教育理论	3 217
17	艺术概论	7 935
18	生态学基础	335
20	日语	317
21	俄语	13
合计		188 689

附件 5

评卷工作人员守则

一、严格掌握评分标准，按时完成任务。

二、爱护答卷与各种资料，不得损坏答卷。

三、评卷一律使用红墨水钢笔或红芯圆珠笔，记分要清楚，如更改，必须有组长和复核人员签字或盖章。

四、不得私自拆启密封答卷册，不准撬看密封线内的考生姓名、考号，不得涂改考生答卷及成绩。

五、遵守纪律，保守秘密。在规定的地点评卷。答卷不准带出阅卷室，评卷情况不得外传。工作时间不会客，不打电话，不得私自进入试卷保管室和登记处。不准查询考生分数，不得将评卷、统分的文件、资料等带出工作场所。

六、保证评卷场地安全、安静。做好防火、防盗工作。

附件 6

统分输机工作人员守则

一、统分输机工作人员必须随身佩戴专用出入证，并妥善保管，不得遗失和转借他人。

二、遵守纪律，不迟到不早退。工作场所严禁吸烟，工作时间不会客不接打电话。坚守工作岗位，不到与自己无关的岗位闲谈，不进入与自己无关的工作室。非计算机操作人员不得随意触动计算机键盘。

三、所有工作人员必须保守机密，不向外界透露统分进度有关情况，不准随意查询考试成绩，更不准改动考生成绩。如发现有改动考试成绩的可疑情况，应及时向有关负责同志报告。主控操作人员不得以任何借口改动考生成绩。

四、所有工作人员一律使用红色圆珠笔。试卷分数填写不清或漏判的需请评阅教师复查或评判，其结果应有评卷教师签字，更改的成绩必须有二人签字，并由负责人审核后签字。

五、爱护考生答题卡，严防污染、破损现象发生。

六、对违反纪律和徇私舞弊者，要从严处理。

附件 7

保密人员守则

一、保密人员必须认真学习国家制定的保密法规，提高对保密工作的认识，自觉遵守保密纪律，勇于保卫答卷安全。

二、保密人员必须坚持原则，不得以任何理由为借口启封答卷袋，更不得监守自盗。

三、保密人员必须做到昼夜 24 小时值班，不得擅离职守，每班不得少于二人值班。

四、保密室内不准吸烟、酗酒、打闹，不得进行文娱活动，不准无关人员进入保密室。

五、开启保密柜，必须有二人同时在场。接收和发出答卷，必须细心清点科目和数量，认真查验封签，严格履行交接手续。

六、答卷保管人员必须坚持原则，严守机密，不在工作场所之外谈论答卷情况，不打听评卷核分情况不准任何人抄录卷面成绩。除处理装订不合格或有标记的答卷外，不得翻阅答卷。

七、答卷保管员要及时做好发放答卷的准备工作，做到不错不乱，不丢失，不损坏。答卷收发要有登记表，收发要签字。

附件 8

评选优秀评卷员的条件及工作要求

一、评选的条件

1. 具有较高的思想水平，工作责任心强，主动承担重任，遵守纪律。

2. 正确掌握评分标准，宽严适度，评卷无差错，保质保量。

3. 努力探索提高评卷质量新途径，主动提出评卷工作建议，积极参与试题、答卷和评卷质量的分析评价工作。

二、工作要求

评选优秀评卷员原则上占评卷教师 10%以内。在评卷结束前一两天，各评卷小组提出推荐名单报评卷点领导小组，经阅卷点领导小组初审后，填写《优秀评卷人员登记表》及《优秀评卷人员名单》一式二份，并加盖阅卷点院校招生办公室公章，于 12 月 20 日前报考试院成招办审批。对于评选出的优秀评卷人员，考试院成招办将适时予以表彰，以资鼓励。

附件 9

2003 年北京市成人高校招生全国统一考试阅卷期间防控传染性非典型肺炎应急预案

根据《北京防治传染性非典型肺炎应急预案》及《北京教育考试院防控传染性非典型肺炎应急预案》的精神，为做好成人高考阅卷期间“非典”的防控工作，从保护考试工作人员和阅卷教师生命安全出发，按照三级疫情制定本预案。

一、一级至二级疫情

1. 阅卷场地通风，阅卷人员人均工作空间面积 3 平方米以上。

2. 消毒工作：阅卷场地在阅卷前后各消毒一次，阅卷期间每两天消毒一次。喷洒消毒使用 2%过氧乙酸，擦拭消毒使用 0.2%过氧乙酸，手消毒使用 75%医用酒精，消毒后必须充分通风 3 小时，阅卷前 40 分钟专人负责开启门窗通风。

3. 阅卷工作人员在阅卷期间每天测体温，填写健康卡。

4. 阅卷前用紫光灯照射试卷。

5. 隔离考场备用考场试卷用紫光灯照射。

二、三级疫情

阅卷工作人员在阅卷期间每天测体温，填写健康卡。

北京市成人高考阅卷点工作人员登记表

阅卷学校：

序号	姓名	性别	年龄	职务 职称	工作单位	阅卷期 间任职
1						
2						
3						
4						
5						
6						
7						
8						
9						
10						
11						
12						
13						
14						
15						
16						
17						
18						
19						
20						

注一：阅卷期间任职系指：领导工作、阅卷或登分工作、保密工作、后勤工作中其中一项。

注二：此表填写一式二份，11 月 20 日交成招办联络员一份带回。

填表人签字：　　　　　　　　　　负责人签字：

2003 年北京市成人高考阅卷点人员统计表

阅卷学校：

工作类别	人数	备注
领导小组人员		
阅卷人员		
登分人员		
保密工作人员		
后勤服务人员		
合计		

注：各阅卷点于 11 月 17 日前将此表交考试院成招办。

填表人签字：　　　　　　　　　　负责人签字：

北京市成人高校招生优秀评卷人员名单

评卷点名称：　　　　　　　　　　　　　　　　　　　　　　　　　　年　　月　　日

序号	姓名	性别	职务或职称	工作单位	评卷科目	备注
1						
2						
3						
4						
5						
6						
7						
8						
9						
10						
11						
12						
13						
14						
15						
16						
17						
18						
20						
21						
22						
23						
24						
25						

注：此表填写一式两份，于12月20日前交考试院成招办一份。

填表人签字：　　　　　　　　　　　　　　　负责人签字：

优秀评卷员登记表

<table>
<tr><td>姓名</td><td></td><td>年龄</td><td></td><td>政治面貌</td><td></td><td>民族</td><td></td></tr>
<tr><td>工作单位</td><td colspan="3"></td><td>职务</td><td></td><td>职称</td><td></td></tr>
<tr><td>评卷年度</td><td colspan="3"></td><td>评卷科目</td><td colspan="3"></td></tr>
<tr><td colspan="8">事迹：</td></tr>
</table>

续前表

<table>
<tr><td>姓名</td><td></td><td>年龄</td><td></td><td>政治面貌</td><td></td><td>民族</td><td></td></tr>
<tr><td>工作单位</td><td colspan="3"></td><td>职务</td><td></td><td>职称</td><td></td></tr>
<tr><td>评卷年度</td><td colspan="3"></td><td>评卷科目</td><td colspan="3"></td></tr>
<tr><td colspan="8">评卷点意见：

评卷点招办盖章
2003 年　　月　　日</td></tr>
<tr><td colspan="8">考试院成招办意见：

2003 年　　月　　日</td></tr>
</table>

注：此表填写一式二份，于 12 月 20 日前交考试院成招办一份。

关于 2003 年成人高考考生申请复查分数的通知

京考成招［2003］17 号

各区县考试中心、成人教育招生办公室：

为成人高考考生提供查分服务，是增加招生考试工作透明度、保证公平公正录取新生的重要措施。为做好此项工作，现将有关事项通知如下：

一、查分范围

考生查分，只限复查其试卷各小题的分数有无漏判、漏写，总分有无错登、错加和计算机在处理分数时有无错录等情况，不涉及评分标准掌握问题。

二、查分时间

考生在接到成考分数通知单后，如对自己的分数有疑问，可在 12 月 15 日前到所报名的区县成人教育招生办公室（以下简称区县招办）提出查分申请。

三、查分程序

考生申请查分，首先出示《准考证》，填写《查分登记表》和交费后，按区县招办规定的办法等候查分结果。

对考生申请复查的试卷，应安排两人以上负责复查。卷Ⅱ试卷各小题分数应抄写在考生申请单上，写明有无问题，盖章或签字以示负责。

对考生申请复查卷Ⅰ成绩，应使用卷Ⅰ分数库，输入该生准考证号，打印《考生卷Ⅰ成绩查询单》，供考生核对。

四、更正分数

对于确属查分范围中所规定的几种类型的错误，区县招办在《更正分数登记表》上签字、加盖公章，并于 12 月 16 日下午携带考生试卷到北京航空航天大学科技会议中心办理更正分数手续。

五、工作要求

（一）区县招办要本着对考生负责、对国家培养人才负责的精神，严密组织、精心安排，耐心接待考生，正确履行手续。

印制《查分登记表》、《更正分数登记表》，表样见《2003年报名工作手册》。

（二）严禁利用查分机会违反规定更改分数。一经发现舞弊行为，将按照有关规定严肃处理。

二〇〇三年十二月五日

2003年北京市成人高校招生录取工作意见

京考成招［2003］19号

各有关成人高等学校、区县考试中心、区县成人教育招生办公室：

根据教育部《关于做好2003年全国成人高校招生录取工作的通知》（教学司〔2003〕50号）和《关于做好2003年全国成人高校招生工作的通知》（教学司〔2003〕2号）文件精神及有关要求，结合本市实际情况，确定录取工作意见如下：

一、指导思想

2003年北京市成人高校招生录取工作，要认真贯彻落实教育部有关文件精神，严格执行成人高校招生政策、规定，按照“公平、公正、公开”的原则，加强管理，严明纪律，维护招生工作的严肃性。本着有利于成人高校选拔新生，有利于提高成人高校的生源质量，有利于实施素质教育的主导思想，积极推进和探索招生管理手段现代化，进一步促进成人高等教育的发展。

二、录取工作体制和原则

2003年成人高校招生录取工作，实行“学校负责，招办监督”的工作体制，即：在符合成人高校招生报名条件、考试成绩达到最低录取控制分数线的考生中，由招生院校根据“从高分到低分择优录取”的原则，决定考生录取与否和确定录取的专业，同时负责对遗留问题的处理。考试院成招办在录取时根据国家招生政策对招生院校录取名单进行核准，对其录取工作予以监督，对不符合招生政策的情况予以纠正。录取工作遵循以下原则：

（一）严格执行教育部制定的有关成人高校招生工作规定，依照考生成绩从高分到低分择优录取。不得跳录，不得选录，不得点名录取。

（二）依照考生所报志愿顺序和学校招生计划录取，各有关招生院校应根据生源情况，做好录取阶段的计划调整工作。计划调整应遵循：专科层次计划不可调整到本科层次，本科层次中“专升本”生源计划不可调整到“高起本”；生源计划只能在同层次的专业之间进行调整。

（三）艺术、体育类专业录取按照招生计划在最低控制分数线上按术科加试成绩从高分到低分录取。

（四）录取中，如遇到突出问题，坚持政策，依照程序，平等协商，妥善处理，维护社会稳定。

（五）坚持“公平、公正、公开”的原则，增强录取工作的透明度。

三、最低控制分数线

录取最低控制分数线是考生接受成人高等教育应具有文化知识水平的基本要求，是录取新生的依据。经北京市高等学校招生委员会批准，确定了各科类最低录取控制分数线（见附表）。

四、加强网上录取工作的领导

为巩固和深化录取工作手段改革所取得的阶段性成果，今年仍采取现场局域网与远程网相结合的录取方式。各招生院校要成立以主管院（校）长为组长，纪检监察部门参加的录取工作领导小组，安排一定的技术人员，加强计算机设备建设和系统安全，制定网上录取的具体方案和岗位职责，确保网上录取工作的顺利实施。

五、录取前的准备工作

招生计划是招生学校录取新生的依据。为保证录取工作的顺利进行，各招生院校应根据上线考生分布情况，在正式录取前做好计划的调整工作，在录取过程中一般不办理计划变更手续。

六、第二学历的录取

第二学历的录取工作，将在录取现场进行。各有关招生院校应提前做好准备工作。要携带报考第二学历的考生信息盘（含备份盘）及相关毕业证书原件及复印件（B5 复印纸，按报名号从小号到大号顺序排列），到录取现场审验，经审验合格打印录取名单。艺术、体育类院校的二学历录取时间为 21 日，普通专科的二学历录取时间为 26 日—28 日。

七、录取培训及录取时间、地点

12 月 16 日下午 2：00 召开全市录取工作预备会。

12 月 17 日—18 日录取培训。

12 月 20 日—29 日录取。

培训及录取地点：石油大学（北京）翠宫（北京市昌平区学府路）。

八、招生工作纪律

成人高校招生录取是招生工作的重要环节，各有关方面应加强对此项工作的领导。各招生院校应在录取工作领导小组的领导下工作，选派作风正派，政策性、原则性强，业务熟练的同志参加录取工作。在录取工作中，要认真贯彻教育部有关文件精神，严格管理、严明纪律、遵守录取工作规定，严格执行招生计划，严格录取工作程序，严格工作纪律，坚决反对和抵制徇私舞弊，“走后门”等不正之风。

加强对新生的复查工作，对招生工作中出现的各种形式的违纪、舞弊事件，严格按照北京教育考试院颁布的《北京市教育考试违规行为处理暂行办法》的有关规定追究责任，认真查处。对违反规定录取的考生，一经查实，立即取消学籍，并对责任者给予严肃处理，以维护成人高校招生工作的社会信誉。

各招生院校一律不得招收旁听生、试听生，不得违反规定乱许愿办学。录取新生一律不迁户口，不包分配。

附：2003 年北京市成人高校招生录取分数控制线

二〇〇三年十二月九日

附：

2003 年北京市成人高校招生录取最低控制分数线

<table>
<tr><th colspan="2">层次</th><th>类别名称</th><th>分数线</th></tr>
<tr><td colspan="2" rowspan="4">高中起点升本科</td><td>文史类（含外语类）</td><td>386</td></tr>
<tr><td>理工类</td><td>378</td></tr>
<tr><td>艺术类</td><td>203（其中史论编导专业 347 分）</td></tr>
<tr><td>体育类</td><td>200</td></tr>
<tr><td rowspan="7">高中起点升专科</td><td rowspan="4">专科（高职）</td><td>文史类（含外语类）</td><td>231</td></tr>
<tr><td>理工类</td><td>162</td></tr>
<tr><td>艺术类</td><td>104（其中史论编导专业 208 分）</td></tr>
<tr><td>体育类</td><td>97</td></tr>
<tr><td rowspan="3">“3＋1”</td><td>医疗医护西医类</td><td>237</td></tr>
<tr><td>中医药类</td><td>200</td></tr>
<tr><td>公安类</td><td>258</td></tr>
</table>

续前表

层次	类别名称	分数线
专科起点升本科	文史中医类	291
	理工类	242
	经济管理类	283
	法学类	255
	教育学类	210
	农学类	216
	医学类	277
	艺术类	222
	体育类	200

关于印发《2003年北京市成人高校招生网上录取工作实施办法》的通知

京考成招［2003］20号

各有关成人高等学校、区县考试中心、成人教育招生办公室：

为做好2003年北京市成人高校招生网上录取工作，根据教育部《关于做好2003年成人高校招生录取工作的通知》（教学司〔2003〕50号）和北京教育考试院《2003年北京市成人高校招生录取工作意见》（京考成招〔2003〕19号）文件精神，结合本市实际情况，制定《2003年北京市成人高校招生网上录取工作实施办法》，现发给你们，请按本文有关规定组织录取工作。

二○○三年十二月九日

附：

2003年北京市成人高校招生网上录取工作实施办法

成人高校招生计算机网上录取是实现招生录取科学管理的重要举措。2003年北京市成人高校招生录取继续实行计算机网上录取。为做好此项工作，根据教育部有关文件精神和《2003年北京市成人高校招生录取工作意见》（京考成招〔2003〕19号）及本市实际情况，特制定本实施办法。

一、组织领导

为保证北京市成人高校招生计算机网上录取的顺利进行，在市高招委、市教委的直接领导下，成立市录取领导小组。各招生院校应成立由主管院长为组长的纪检监察部门参加的录取领导小组。录取工作在市录取领导小组的领导下实施，各招生院校领导小组负责制定本校录取工作方案和人员安排。考试院成招办是市录取领导小组办事机构，具体负责采集考生信息、制作电子档案，录取现场的网络建设及录取组织工作，确保计算机网上录取工作顺利进行。

二、录取期间各部门的设置及职能

北京市成人高校招生录取期间，设置录取领导小组、系统管理小组、审核组、录取检查组、纪检监察组、会务组。各部门职能如下：

录取领导小组：由考试院有关领导、市成招办负责人和纪检监察部门组成。负责对招生录取工作的领导和管理。对各职能组权限的分配和工作的管理、协调与监督；对录取办法的制定与调整；对录取中特殊问题的研究与处理。

系统管理组：负责网上录取管理系统、网络安全系统和计算机设备的运行及维护，保证网络和系统的安全及正常运行；负责核对院校计划；为各部门提供技术服务，按时完成考生信息的处理；在网上发布各类招生录取信息，打印录取新生名册、收费单。

审核组：负责审核院校录取结果。

录取检查组：负责对招生院校预录取、预退档情况的检查；督促招生院校按时完成各阶段的招生录取工作；对招生院校《录取新生名册》加盖录取章；及时向领导反映录检中的问题和录取进度的情况。

纪检监察组：纪检监察组负责对录取全过程的监督检查；受理各类举报。

会务组：负责录取工作的后勤保障；各种费用的收取工作；安全保卫工作；信访接待工作；宣传工作。

三、录取工作流程

（一）录取前的准备

院校在录取前，根据所下载的考生成绩数据、各专业类别录取最低控制分数线及考生上线情况制定录取方案，调整专业计划。

学校到录取现场后应到系统管理组核对计划，并与负责本校的录检员联系；调试计算机及相关设备，保证其正常运行。

（二）录取程序

1. 第一志愿投档与预录

投档。系统组进行第一志愿专业投档。将报第一志愿专业的全部上线考生投档到所报院校。

预录。院校浏览投档考生信息，根据招生计划、录取原则进行考生预录，预录顺序为：免试生、考试生，对考试生应从高分到低分择优录取。

预退档。对未录取的考生，应进行预退档处理，确定退档原因。退档的主要原因有：0. 低分退档；1. 专业课成绩不合格；2. 生源不足开班人数；3. 本人申请放弃录取；4. 行业限制；5. 舞弊考生；6. 在校学生；7. 文凭不合格。

院校完成预录取后，提交录检。

录检。录检组按照录取原则，检查学校提交的预录情况是否符合录取原则。对符合录取原则的，返回信息；对不符合录取原则的，例如出现跳录的情况，将该院校的预录取信息返回院校，招生院校重新进行预录。

2. 第二志愿投档与预录

录检组对全部学校的第一志愿考生预录信息处理完毕后，系统组按照考生志愿投档。将第一志愿未录取，且有第二志愿的上线考生投档到第二志愿学校专业。第二志愿投档原则为，本批次有计划剩余。

院校浏览投档的第二志愿考生信息，再次预录、提交、录检。

3. 调剂录取

在第一、二志愿录取后，进行调剂录取。系统组在网上公布本批次所有未录取线上考生，本批次未完成招生计划的学校应参加调剂录取。要选取可调剂的考生并确定预录专业，提交录检进行录取检查。

4. 结束本批次录取

学校每批次结束后必须向录检申请本批次录取结束，录检同意后将意见提交给审核组进行审核，通过后由系统组打印录取新生名册和收费单。

5. 办理录取手续

招生学校应在每批次录取结束后到系统组领取新生名册和收费单，院校负责人签字后依次到招办主任处签字、会务组缴费、录检组盖章。

招生院校根据录取新生名单填发录取通知书。

四、严格遵守规定

（一）招生院校要严格执行招生计划。

（二）招生院校要严格遵守录取工作时间。及时处理考生信息，按时提交录取和拟退档的考生名单。对超过时间或不按规定时间提交拟录取和拟退档的院校，系统管理组将按照所发出的考生电子档案从低分到高分退档，由此产生的遗留问题由招生院校负责解决。

（三）招生部门和院校应加强对招生信息的管理工作，对属于考生个人的信息及其他需要保密的内容，应妥为保存，不得擅自公开。

五、专升本新生复查

专升本招生工作应按北京教育考试院《关于做好2003年北京市成人高校专升本招生工作的通知》（京考成招〔2003〕2号）文件要求做好新生复查工作，审验其毕业证书，确认录取资格，并填写《2003年北京市成人高校注销新生名单》，此表于2004年3月31日前报考试院成招办。

附件：2003年北京市成人高校招生录取工作时间安排

附件：

2003年北京市成人高校招生录取时间安排表

第一批　高中起点升本、专科艺术类体育类		
12月20日	15:00前	报到
	15:30	召开现场会，会后核对录取计划
12月21日	8:00前	第一志愿投档
	12:00	第一志愿录取结束
	14:00前	第二志愿投档
	17:00	第二志愿录取结束
	20:00	调剂投档
	22:00	调剂录取结束
12月22日	10:00前	办理录取结束手续
	12:00前	录取院校离现场
12月23日	15:00前	报到
	15:30	召开现场会，会后核对录取计划
12月24日	8:00前	第一志愿投档
	12:00	第一志愿录取结束
	14:00前	第二志愿投档
	17:00	第二志愿录取结束
	20:00	调剂投档（未完成年初计划院校调剂）
	21:00	调剂投档（所有未完成计划院校调剂）
	22:30	结束调剂录取
12月25日	11:00前	办理录取结束手续
	12:00前	录取院校离现场
第二批　高中起点升本科和专科起点升本科（专升本）		
第三批　高中起点升专科		
12月26日	15:00前	报到
	15:30	召开现场会，会后核对录取计划
12月27日	8:00前	第一志愿投档
	15:00	第一志愿录取结束
	17:00前	第二志愿投档
	22:00	第二志愿录取结束
12月28日	8:00	调剂投档（未完成年初计划院校调剂）
	9:00	调剂投档（所有未完成计划院校调剂）
	12:00	结束调剂录取
	17:00前	办理录取结束手续
12月29日	12:00前	录取院校离现场

注：录取时间安排如有变动，以录取现场通知为准。

关于2003年成人高校招生考试工作区县目标管理考评结果的通报

京考成招［2004］6号

各区县考试中心、成招办：

为进一步提高招生考试工作的管理水平，依据北京教育考试院《关于2003年区县成人教育招生办公室招生工作目标管理考评办法的通知》（京考成招［2003］7号）文件精神和区县成招办自评结果，对2003年各区县成人高校招生考试工作目标管理进行了综合评定，考评结果如下。

获得优秀奖：东城区、西城区、崇文区、宣武区、朝阳区、海淀区、丰台区、石景山区、门头沟区、房山区、通州区、大兴区、顺义区、昌平区、平谷区、密云县、延庆县、燕山区、矿务局。

特此通报

二〇〇四年四月二日

北京成人教育招生改革与发展（1996-2005）
2004

2004年北京市成人高校招生工作总结

在市委、市政府、市高招委和市教委的领导下，北京教育考试院成人教育招生办公室（简称考试院成招办）在2004年的成人高校招生工作中严格贯彻落实了教育部制定的各项方针、政策，本着“以人为本，服务考生”的工作宗旨，按照科学发展观的要求，积极、稳妥地推进了各项招生改革，重点抓好了全面加强国家教育考试环境综合整治工作，进一步严肃考风考纪，加强管理，狠抓落实，确保了招生工作的安全、公平、公正，加强招生队伍建设，抓好对党员和全体干部职工进行思想教育和廉政教育，认真落实各项内部管理制度，圆满地完成了各项工作任务。现将办公室工作总结如下：

一、基本情况

招生学校：今年共有122所成人高等学校在京招生。招生专业1 860个。

招生计划：计划招生69 628人，比去年的64 084人增加5 544人，增长7.96%。其中，高中起点本科5 144人，比去年的5 009人增加135人，增长2.62%；高中起点专科（高职）42 333人，比去年的39 171人增加3 162人，增长7.47%；专科起点升本科22 151人，比去年的19 904人增加2 247人，增长10.14%。

报名：全市报名人数为115 427人，比去年的181 699人减少66 272人，降幅为36.5%，计报比为1∶1.65。其中，考试生114 293人，录取预科生1 117人，全国劳动模范、优秀运动员免试生17人。在考生中，报考高中起点本科19 177人，比去年的35 115人减少15 938人，降幅为45.4%，计报比为1∶3.7；报考高中起点专科（高职）50 797人，比去年的82 035人减少31 238人，降幅为38.1%，计报比为1∶1.2；报考专科起点升本科44 319人，比去年的64 549人减少20 230人，降幅为31.3%，计报比为1∶2。

考试：全市共设20个考区、173个考点、3 954个考场，11万余名考生参加了考试，考试工作人员总计近1.5万人。

录取：共录取新生72 919人，完成招生计划的91.5%。其中，高中起点本、专科艺术、体育类录取9 974人，完成招生计划的85.9%；本科层次录取28 242人，完成招生计划的95.1%；专科（高职）层次录取34 703人，完成招生计划的90.4%。

二、重点抓好的几个环节工作

（一）积极、稳妥地推进各项招生改革

1. 严格贯彻教育部各项政策、规定

（1）调整考试时间。依据教育部文件精神，从2004年，全国成人高校招生统一入学考试调整至下半年举行。制定了与之相适应的招生办法，做好了对考生和社会的宣传工作，确保了此项改革的顺利实施。

（2）对自谋职业的城镇退役士兵，可在考生考试成绩基础上增加10分投档，录取与否由招生学校确定。

（3）从2004年起，报考成人高校第二专业专科学历教育的考生，需参加成人高校招生全国统一入学考试，录取人数纳入招生学校当年招生计划总数。

（4）对报考医学门类专业考生的报考条件进行调整。根据卫生部科教司《关于2004年全国成人高校医学类专业招生条件建议的函》（卫科教便函［2004］57号）的要求，调整了报考成人高校医学门类专业考生的报考条件，此外，卫生部还规定，今后医学成人高等教育学历文凭将不能作为参加执业医师、执业护士考试的依据。

(5) 按照教育部考试中心颁布的考务管理规定要求，考生在开考60分钟后方可离开考场。

2. 全面加强国家教育考试环境综合整治

贯彻国务院及北京市分别召开的关于加强国家教育考试环境综合整治工作电视电话会议精神，突出抓好四项整治工作，落实教育部各项政策规定，加强对考生进行诚信考试方面的教育，要求每一名考生都要在考前签订《诚信考试承诺书》，进一步严肃考风考纪，严格工作纪律，依据《国家教育考试违规处理办法》，对招生工作中出现的各类违规行为进行严肃处理，确保招生工作的公平、公正、公开和安全、顺利实施。

3. 增强服务意识，深入探索宣传工作新途径

组织了74所成人高校参加的全市网上咨询活动。学校的参与为考生提供了一个直接与学校进行交流的平台，使得考生可以更详细地了解学校招生情况，更便捷地解决自己的疑问。网上咨询方式受到了考生的普遍欢迎，取得了更为显著的宣传效果。今年网上咨询页面的点击率为201万余人次（2003年为41万余人次），参加文字咨询为45万余人次，共提出各类有关问题38 562个。考生关注的问题集中在报考条件、照顾政策、具体报名办法以及各招生学校专业设置和收费情况等方面。

此外，积极探索了区域性高校联合咨询的新的宣传模式。今年对外经济贸易大学组织了有中国人民大学、北京化工大学等12所成人高校参加的联合咨询活动，备受考生关注，取得了良好的宣传效果和宝贵的实践经验。

4. 全面实行网上报名

在去年网上报名成功试点的基础上，今年在全市范围内首次实行了网上报名。从对19 525名网上报名考生的调查问卷中反映出，对网上报名方式持肯定态度的考生为16 056人，所占比例为83%，网上报名得到绝大部分考生的欢迎，取得了良好的社会效果。

各区县考试中心、成招办对报名工作给予了高度重视。严格执行了各项政策规定，制定了详细的工作方案和预案，投入了充足的人力和物力，有些中心领导还亲赴报名第一线，为考生服务。为保证确实没有上网条件的考生顺利进行网上报名，今年各区县共设立了43个网报点，接待了近6 000名考生报名。在报名确认期间，各区县均设立明显路标和指示牌，张贴招生政策、工作流程以及考生注意事项，以最饱满的热情和最规范的工作为考生服务，确保了报名工作的顺利进行。

5. 对远郊区县专升本考生的报考规定进行调整

规定报考专升本的远郊区县户口考生，原则上在户口所在地参加报考。

6. 进一步扩大远程录取试点范围

进一步完善录取系统，采取有效措施保证网络设备和录取信息安全，扩大了参加远程录取的学校数量，由去年的25所增加到48所。

(二) 加强管理，狠抓落实，确保招生工作安全、顺利进行

严格贯彻落实国务院及北京市召开的加强国家教育考试环境综合整治工作电视电话会议精神，依照教育部“成人高校招生为在职从业人员服务”的工作宗旨和“严肃考风考纪、确保招生考试的安全、公平、公正”的具体要求，加强领导，严格执行各项方针、政策，制定工作方案，明确职责任务，切实落实岗位责任制，主要抓好以下几个环节的工作：

1. 加强领导，严格管理，确保考试安全、顺利进行

对今年的招生考试工作，国家、市、区政府部门都给予了高度重视。国务院及北京市分别召开的加强国家教育统一考试环境综合整治工作电视电话会议，市政府召开了北京市国家教育考试局际联席会扩大会议，对今年的成考工作提出具体工作要求。各区县政府制定具体措施，加强各有关部门之间的配合与协调，有力地保证了考试工作的顺利实施。考试期间，市、区县政府领导分别巡视指导了考试实施情况。考试工作还得到了公安、交通、宣传、安全、保密、供电、卫生、防疫等有关部门的大力协助。各区县考试中心、成招办严格执行各项招生政策规定，进一步提高了责任意识和安全意识，实施了分层管理、逐级负责的管理模式，切实落实责任到人、制度到岗的岗位责任制，通过大家的共同努力，保证了考试工作的顺利实施。

2. 加强招生队伍建设，不断提高工作人员各方面素质

通过多种途径和不同方式对各级招生工作人员、特别是监考员进行了职业道德和业务技能等方面的培

训，制作了监考员手册和考务培训光盘，规范了操作程序，提高了招生工作人员的业务水平；强化依法治招，依法治考的意识，统一了思想认识，增强了招生工作人员严格执行有关规定和工作程序的自觉性，有力地保证了招生工作的顺利进行。

3. 严肃考风考纪，维护国家教育考试良好的社会声誉

（1）加强对考生进行诚信考试和严肃考风考纪方面内容的教育。加强了对考生进行树立“诚信考试光荣、违纪作弊可耻”考试理念的教育，向考生发放了《提倡良好学风　诚信考试光荣——致广大考生的公开信》，每一名考生都按要求在考前签订了《诚信考试承诺书》，营造了一个良好的考试环境。依据《国家教育考试违规处理办法》的有关规定，今年共查处违规考生361人，其中，做取消当科成绩处理的157人，做取消当次成绩处理的204人。

（2）维护考生合法权益，畅通监督、举报渠道。考试院成招办设立接待室，专门负责接待考生来电、来访，公布考试院成招办和各区县成招办的监督举报电话，专门设立了录取现场的咨询和举报电话，安排专人接听，及时、妥善地处理矛盾。今年，共接到并处理了涉及考生违纪作弊、学校收费以及违反规定录取考生等方面问题的举报电话20余个，举报信件13封，维护了考生的合法权益和社会稳定。

（3）强化依法治考意识，加强监督检查力度。继续邀请教育部、市委、市政府、市高招委、市教委有关领导视察指导招生工作，邀请人大、政协领导监督检查工作实施情况。在考试期间，市、区两级成招办共派出近200名巡视员监督检查各区考点试卷保密情况和考试实施情况，确保了招生工作的顺利进行。

4. 加强试卷保密、确保考试安全

各区县强化了安全、保密意识，严格依照教育部的有关规定进行了保密室的建设，认真执行了有关规定程序实施接送、保管试卷，落实保密值班制度，安排专人实施了24小时保密值班。严格执行了请示汇报制度，加强了考试院成招办与各区县成招办之间的沟通，各区县成招办按规定将当天的考试及试卷保密情况向考试院成招办进行了汇报，有力地保证了考试工作的安全实施。

5. 保证网络安全通畅，确保考生信息保密

为维护好考生的合法权益，确保网上报名、网上录取等工作的安全、顺利进行，贯彻安全保密工作会议的指示精神，确保报名和录取等工作阶段的网络通畅运行，做好网络和相关设备的维护，积极进行对计算机病毒的防控工作。采取有效措施，保证考生信息保密，在报名和录取期间做好数据备份工作，严格按照有关规定程序进行信息操作，确保考生信息不对外泄露。

6. 扩大远程录取范围，确保录取公平公正

成立市录取领导小组，制定了详细的岗位职责和工作细则，进一步增强了招生工作人员的大局意识、责任意识、协调意识、纪律意识、服务意识、安全意识，实施了分层管理、逐级负责的管理模式，切实落实岗位责任制，确保了录取工作的安全、顺利实施。继续实行了“学校负责，招办监督”的录取工作体制，严格按照规定程序，依据考生所报志愿顺序和招生学校计划投档，择优录取。采取了现场局域网和远程异地相结合的录取方式，共有48所成人高校实施了网上远程录取。为方便远程录取学校工作，将投档时间全部调整到白天（早8:00至下午17:00），加强了与招生学校的联系，及时沟通信息，快速解决录取中遇到的问题。成招办对远程录取工作的实施进行了检查。继续增强了录取工作的透明度，将每批次录取情况及时地向社会公布，通过声讯电话、手机订制以及考试院网站查询等方式向考生发布录取结果。

7. 加强宣传力度，改进宣传方式，做好服务工作

宣传工作贯穿招生工作全过程，是联系社会和广大考生的纽带，是考生了解成人高考、准确掌握招生政策和信息的途径。

为最大限度地使社会了解招生政策、规定及学校招生等有关情况，积极调整宣传方式，努力拓展宣传渠道。继续采取以《北京考试报》和北京教育考试院网站为主，辅助以电视台、电台、报纸、社会网站、咨询电话等媒介进行多渠道、多层次、多角度宣传的模式，统一宣传渠道，规范宣传内容，积极引导社会媒体进行正面报道，努力避免恶意新闻炒作，同时，充分调动招生学校和区县成招办的积极性，发挥其各

自优势，取得了较好的宣传效果。在今年的招生工作中，《北京考试报》共刊登成招信息60余版，50余万字；考试院网站登载各类招生通告、消息20余次，成招信息约50万字；三次通过广播电台作专题节目宣传招生政策和招生办法，现场解答考生问题，同时，5次通过交通台"一路畅通"栏目发布招生报名信息；网上报名系统与新浪网实施链接；10余次通过北京电视台发布招生报名消息；通过《北京日报》、《北京青年报》、《北京晚报》等报纸刊登各类招生信息30余次。

切实加强咨询工作，安排专人接听考生咨询电话。据不完全统计，全年每天平均接听考生咨询电话上百个，报名、考试、录取等工作阶段平均每天需要接听500余个电话。

8. 加强阅卷管理，提高阅卷质量

今年试卷的主观题部分由北京师范大学、首都师范大学、北京教育学院和北京广播电视大学四所高校分别评阅，客观题部分由考试院成招办负责机读评阅。各单位高度重视试卷评阅工作。分别成立了阅卷领导小组，选聘职业素质好、工作责任心强、业务水平高的骨干人员担任评卷员，加强业务培训，实施规范管理，加强保密值班，严格汇报制度，认真依照有关规定和操作程序实施，高效率、高质量地完成了阅卷工作。

三、存在的主要问题

（一）对社会弱势群体的关注程度仍需加强

通过工作实践我们感觉到，近几年的成招改革力度比较大，步伐比较快，充分地发挥了现代网络信息技术在成招工作中的作用，较好地适应了首都经济建设和社会发展的需求，更大程度地满足了考生和招生学校的需要，网上咨询、网上报名等项工作都取得了良好的社会效果，但这些又给成招工作提出了新的问题，就是在现代社会条件下，如何使社会弱势群体也能很好地进行参与，顺利地报考，不断提高自身素质和执业能力。通过考生意见反馈了解到，有些考生、尤其是边远山区的考生家庭条件确实很差，信息非常闭塞，导致这些考生无法正常进行报考，应对这些情况，认为宣传力度仍需加强，适应这一群体的招生方式有待研究。此外，还需研究如何更好地落实对残疾考生的单考单招政策，切实为残疾考生顺利地接受成人高等教育服务等问题。

（二）招生队伍素质需进一步提高

招生工作能否顺利进行，人的因素是关键，加强招生队伍建设是保证，其必要性和迫切性是毋庸赘言的，我们感到招生队伍建设工作必须进一步抓紧抓好，特别是要建立一支思想素质好、业务水平高、相对稳定的招生队伍，这是高质量地完成各项招生工作的有力保障。

四、2005年工作要点

（一）指导思想

2005年北京市成人高校招生工作将继续以邓小平理论、"三个代表"重要思想为指导，按照科学发展观的要求和首都教育大会对我市高等教育事业发展提出的目标和任务，积极稳妥地推进成招工作的改革与发展。贯彻落实教育部各项方针、政策，进一步规范招生管理，加强队伍建设和廉政建设，严肃考风考纪，增加招生工作透明度，确保招生工作公平公正；全面加强国家教育考试环境综合整治工作，突出抓好招生考试的安全保密工作；努力探索网上阅卷，积极完善网上报名，继续推进网上远程录取，积极拓展现代信息技术在招生工作中的应用。

（二）重点做好的几方面工作

1. 加强考试管理，严肃考风考纪，确保招生考试工作安全保密

全面加强国家教育考试环境综合整治工作，突出抓好招生考试安全保密工作，将安全保密工作放在重中之重的地位抓好抓实。

教育部于3月10日下发了《2005年高等学校招生全国统一考试考务工作规定》（教考试［2005］1号）的通知，对试卷的印制、运送与保管、考试实施、评卷和考试信息管理等内容进行了详细的规定。

教育部考试中心也于3月10日下发了《关于进行国家教育考试安全保密工作检查的通知》（教试中心函［2005］41号），指出试卷安全保密工作直接关系到考试能否正常进行和社会稳定，要求各省级成人高校招生办公室将试卷安全保密工作作为考试工作的第一要务来抓；提出"要继续全力做好考试安全和整肃考风考纪工作"、"确保所有试卷保密室、答卷保管室等安全措施全部达标"的要求，同时明确要求要按照有

关文件规定对试卷保密室“逐一检查，不留空白”，对不符合国家有关安全保密工作要求的，应制定出限期整改措施并及时改进。考试院制定了进行安全保密工作检查的各项具体措施，各区县考试中心的自查工作应已结束，下一步考试院还要依照有关文件规定进行全市检查和专项检查。

为贯彻落实教育部有关文件精神，在今年的招生工作中，应继续加强招生队伍建设，组织多种形式的学习、教育和培训活动，不断提高全体同志业务素质和廉洁自律意识，确保招生工作顺利进行；加强考试管理，强化分层管理，分级负责，制度到岗、责任到人的管理制度；进一步严肃考风考纪，确保试卷保密和考试安全，为考生营造公平、公正的良好考试环境。

2. 进一步规范招生管理，在招生工作中实施阳光工程

在今年的3月初，教育部下发了《关于高等学校招生工作实施阳光工程的通知》（教学［2005］4号），高校招生工作实施阳光工程是新形势下综合整治招生环境、办好让人民满意的高考的一项重要举措。阳光工程的实施是为了进一步规范招生管理，增加招生工作透明度，更好地维护广大考生的合法权益，确保招生工作公平公正。文件对以下几方面内容进行了详细的规定：

（1）要求进一步修订和完善高校招生工作各项管理规定、实施细则和高校招生章程，依法从严规范招生管理工作，切实做到政策执行不走样。

（2）建立和完善以“六公开”为主要内容的信息公开制度。规范、明确信息发布的方式、内容、时间和要求，在报名、考试、录取三个主要工作阶段，全面、准确、及时发布相关招生信息。要确保招生政策公开、高校招生资格及有关考生资格公开、招生计划公开、录取信息公开、考生咨询及申诉渠道公开、重大违规事件及处理结果公开。

（3）要求把高校招生工作实施阳光工程作为一项长期任务和系统工程抓紧抓实，2005年重点强化四个方面的管理。严格高校招生调整计划使用管理；严格高校定向就业招生管理；严格独立学院招生管理；严格高校特殊类型招生管理。

（4）完善招生管理责任和责任追究制度，本着“谁主管、谁负责”的原则，把招生工作任务落实到人，责任明确到人。建立完善考生申诉制度，建立健全信息快速反馈、问题迅速处理的有效工作机制。教育部要求要严格执行招生工作“六不准”，同时严格规定，对各项违规行为一经查实，将依法依规给予严厉查处。

（5）充分利用新闻媒体和计算机网络等渠道，正确引导舆论导向，以多种形式开展招生宣传工作。

贯彻落实教育部“关于高等学校招生工作实施阳光工程的通知”精神，认真依法从严规范招生管理工作，建立和完善以“六公开”为主要内容的信息公开制度，严格执行招生工作“六不准”的有关规定，加强宣传力度，维护好广大考生的合法权益，确保招生工作公平公正，办好让人民满意的高考。

3. 加强科研工作，对招生工作进行深入研究

按照科学发展观的根本要求，营造良好的理论研究氛围，重视对基础数据的统计分析工作，针对当前招生工作中出现的问题，加强对成人高校招生政策的研究，使成人高校招生更好地适应新形势发展的需要；积极完善网上报名系统和报名办法，继续推进网上远程录取试点工作，努力探索网上阅卷；组织有关部门、人员认真完成中国成教协会下达的关于“成人高校招生考试内容与方式”的课题研究任务。

4. 开展“纪念成人高校招生全国统一考试二十周年”相关活动

以“纪念活动”为契机，进一步推进成招事业的全面发展。充分讨论、研究“纪念活动”的有关筹备事宜，投入充足的人力、物力，充分发挥各相关单位的主动作用，确保各项“纪念活动”的顺利开展。

关于印发《北京市国家教育考试考务安全保密工作实施办法》的通知

京教办［2004］26号

各区县教委、公安分局、保密局，各区县委宣传部，各有关高等学校：

根据教育部、中共中央宣传部、公安部、国家保密局《国家教育考试考务安全保密工作规定》（教考试［2004］2号），我们制定了《北京市国家教育考试考务安全保密工作实施办法》，现印发给你们，请遵照执行。

北京市教育委员会
中共北京市委宣传部
北京市公安局
北京市国家保密局
二〇〇四年六月二日

附：

北京市国家教育考试考务安全保密工作实施办法

第一章　总　则

第一条　为确保北京市国家教育考试的顺利实施和北京市各级各类国家教育考试的公平公正，维护国家和广大考生的利益，根据教育部、中共中央宣传都、公安部、国家保密局《国家教育考试考务安全保密工作规定》，制定本办法。

第二条　本办法中的北京市国家教育考试包括全国普通高等学校招生考试、全国硕士学位研究生入学考试、全国成人高等学校招生考试、高等教育（中等教育）自学考试，以及由教育考试部门主管的北京市高级中等学校招生考试、高中会考、学历文凭考试等各类考试。

第三条　北京市国家教育考试的考务安全保密主要包括命题、试卷印刷、试卷存放、运送、阅卷等环节的安全保密管理工作。

第四条　北京市国家教育考试的安全保密工作，贯彻“分级管理、逐级负责”的原则。北京教育考试院在北京市教委的领导下，负责全市教育考试的安全保密管理工作。各区县教育考试机构具体负责本区县教育考试的安全保密管理工作。北京教育考试院和区县教育考试机构需成立保密管理工作领导小组，组长由主管领导担任。市、区县考试机构各业务主管处室必须有一位领导专门负责安全保密工作。

第五条　北京教育考试院负责相关考试试卷（含答案及评分参考、听力磁带等，以下简称试卷）的命题环节的安全保密工作；北京市保密局负责对此环节的监督检查。北京教育考试院和承担试卷印刷工作的试卷定点印制单位（以下简称“定点印刷厂”）共同负责试卷印刷过程中的安全保密工作；北京市保密局负责监督检查。试卷、答卷的运送、保管由市、区县教育考试机构分别负责；阅卷期间答卷的保管由承担阅卷任务的学校、单位负责；市、区县公安和保密部门协助配合，在当地政府的领导和支持下，共同做好试卷、答卷运送、保管的安全保密工作。

第二章　命题环节的安全保密

第六条　命题组织部门组织命题时应对命题人员和内部工作人员进行审查，有直系亲属参加当次考试者不得参与命题工作，命题人员的身份对外保密。

第七条 命题工作原则上应采取入闱的工作形式，命题管理部门需对命题人员进行保密教育并签订保密责任书，同时对命题人员应当履行的保密义务作出明确规定。

第八条 命题人员在考试前不得以任何方式向任何人泄露或暗示试题内容，不得参与或授意他人进行与本专业（课程）考试命题有关的辅导或培训，未经命题管理部门准许不得参与编写、出版与之相关的辅导用书和资料。

第九条 命题管理部门应对命题工作的各个环节实行严格的保密管理。命题工作应选择具备保密条件的场所进行，并采取相应的保密、防护措施。命题人员不得在命题场所以外谈论试题内容，非命题人员不得进入命题场所；与命题有关的文字材料、软盘等应妥善存放，未经允许不得带出命题场所；废弃的草稿等要指定专人按规定定时销毁。

第十条 试题及相关材料的递送不得通过普通邮政及乘坐公共汽车，要经密封后通过机要通信局进行投递或指定专人专车递送。递送过程应采取相应的保密措施。中途不得停留，不得兼顾其他任务。

第十一条 命题期间，用于打印试题、试卷的计算机要严格管理，不得带出命题场所，不得与互联网连接；工作人员不得擅自操作、使用。计算机要有电子安全防护措施。命题有关资料在解密前不得在传真机上发送，不得在电话中交谈。复印资料要指定专人进行。

第十二条 命题工作结束后，原始试题载体的保管应选择具备安全防盗设施的场所，存放在保险柜中，并采用双人双锁的方式，保密室和保险柜的钥匙不能集中一人掌握。

第三章 试卷印刷环节的安全保密

第十三条 北京市国家教育考试试卷的印制由北京教育考试院负责，必须在经国家保密局审定批准的定点印刷厂印制。双方应当签订安全保密、印刷质量等方面的协议。北京教育考试院应当在印卷工作开始之前将承印定点印刷厂及印刷项目、时间等情况报教育部考试中心、北京市教委和北京市保密局备案。

第十四条 北京教育考试院对定点印刷厂在承担试卷印制工作期间负有监督、检查的职责，必须向定点印刷厂派驻 2 名以上入闱监印人员。

（一）入闱监印人员必须具备以下条件：

1. 无直系亲属参加当次考试；

2. 遵守国家保密法律、法规和定点印刷厂的安全保密制度；

3. 身体健康。

（二）入闱监印人员的职责是：

1. 监督、检查定点印刷厂的安全保密执行情况，责成定点印刷厂及时整改不符合规定的操作环节，并将工作情况及时报北京教育考试院相关部门；

2. 检查试卷及相关材料的印刷质量；

3. 遵守国家保密法律、法规和定点印刷厂的保密规定及相关措施，接受教育考试机构及定点印刷厂的安全保密教育。

第十五条 承担试卷印制工作的定点印刷厂应当对试卷及相关考试材料在厂区的安全保卫与保密工作负责，除必须具备国家保密局规定的“国家统一考试试卷定点印制单位保密基本标准”外，还应当具备以下条件：

（一）厂区（指厂内封闭区，下同）与外界应当有高墙隔断，非生产人员不得进入生产区。生产工人不准进入其他车间，任何人不得单独进入存有试卷的场所。严禁厂内向外运送任何物品。加强对车间门窗、下水道、排水管等特殊部位的监控。

（二）凡接触试卷及相关材料的定点印刷厂工作人员应当强制入闱。

1. 入闱人员必须经过审查，并具备以下条件：

（1）无直系亲属参加当次考试；

（2）遵守国家保密法律、法规和定点印刷厂的安全保密制度；

（3）身体健康。

2. 入闱人员应当遵守以下规定：

(1) 入闱人员不许出厂。因公、伤、病必须出厂的，需经工厂入闱负责人及教育考试机构的监印人员共同同意，并有两名以上安全保卫人员同行。

(2) 严格遵守安全保密制度，不会客、不通信、不打电话、不串车间、不议论与试卷有关的问题。非入闱人员不得进厂。因公需要进厂的，需经入闱负责人同意，至指定地点会谈，会谈时需有三人以上（包括工厂入闱负责人或者北京教育考试院的监印人员）在场。

（三）厂区内的生产区、试卷库、废卷库、生活区等能够隔离；生产、生活设施维护良好，有能力自行维修主要设备；备件、备料充足；消防器材齐全。

（四）具有足够的安全保卫人员，确保试卷的安全保密。

公安机关应当加强对厂区外围的巡逻防范，切实提高治安控制能力。

厂区内由入闱职工组成内部保卫队伍，负责厂区安全保密工作，负责对车间门、单独设置的试卷库、废卷库和厂区内部实行昼夜警卫值班。

值班巡逻人员应当有详细的值班巡逻记录。

（五）严禁个人将无线电话机、对讲机、手机等通讯工具以及带有摄像、录音功能的器材带入厂区。入闱人员使用厂内专控电话必须经入闱负责人同意，并指定两人在场，对电话内容进行记录（录音）。厂区内应当安装可覆盖整个厂区的无线信号屏蔽设备，并保证入闱期间连续开机工作。

（六）建立保密室，专人专柜保管试卷清样、校样、印版、纸型、底片等物品，专人负责试卷库、废卷库等涉及试卷及相关材料的场所安全，并制定相应的保密管理制度。

（七）各生产工序之间必须履行严格的交接手续，严格核对生产用纸与成品、废页的数量。废页、残页必须经清点、登记后在教育考试机构入闱监印人员监督下当日销毁，销毁成品等与试卷有关的材料必须经教育考试机构入闱监印人员批准。

（八）严禁在车间、仓库区使用明火、吸烟。

（九）外出设备、车辆和人员必须接受检查。

（十）重视安全保密教育，严格管理。严格审查入闱人员及负责外围安全保密工作的公安人员的情况，组织开展经常性的安全保密教育，检查安全保密措施的落实情况。

第十六条 试卷包装封面需标明密级标识，并注明所包装材料的解密时间，试卷包装必须用专用密封签密封。对有试题内容的答题卡的印刷与试卷要求相同。

第十七条 试卷清样进厂、试卷及相关考试材料的制成品等出厂应当履行严格的交接手续。

北京教育考试院、定点印刷厂必须有专门的交接记录单，由专人负责接收。各环节的经手人必须在交接记录单上记录交接材料名称、数量、时间、地点等相关信息，并签署姓名。做到“谁经手、谁签字、谁负责”。

第四章 试卷（答卷）运送环节的安全保密

第十八条 试卷的运送指区县考试机构从印刷厂运回试卷并送至考点学校的过程；答卷的运送指区县考试机构将考生答卷送至指定阅卷地点的过程。试卷（含答卷，以下同）的运送由区县考试机构负责，区县考试机构负责试卷运送工作中的安全保密。

第十九条 市、区教育考试机构应当指定一名主要负责人分管试卷运送工作。

第二十条 运送试卷必须做到：

（一）运送试卷的车辆运送前应当进行车辆检修并对驾驶员进行安全教育，确保运送过程中交通安全。

（二）以密封车运送，配备押运车辆。

（三）由教育考试机构负责人带队，有公安（或者武警）人员参加。单车三人以上押运，两辆车以上押运时按每车不少于两人配备。

（四）在任何情况下，运送途中试卷现场押运人员不得少于两人。

（五）严禁搭乘与试卷运送无关的人员，或者搭载与试卷运送工作无关的物品。

（六）在试卷抵达后，立即向北京教育考试院报告试卷运送途中情况。试卷运送途中如发生异常情况，必须在第一时间向北京教育考试院和当地教育行政、公安及保密部门报告。

第二十一条 试卷押运人员必须经过审查，同时符合以下条件：

（一）无直系亲属参加当次考试；

（二）遵守国家和教育考试机构的安全保密制度；

（三）身体健康。

第五章 保密室的安全保密

第二十二条 市、区县级教育考试机构都必须建立试卷保密室，专门用于存放启用前的国家教育考试试卷。考试实施期间，试卷保密室同时作为答卷（含答题卡，下同）保管室使用。

第二十三条 北京教育考试院保密室的建设必须符合保密要求，并经北京市公安、保密部门的检查验收；区县试卷保密室的建设，必须符合保密要求并经北京教育考试院和区县公安、保密部门的检查验收；每次使用，区县教育考试机构需自查并接受北京教育考试院和公安、保密部门的监督检查。

第二十四条 试卷保密室必须设在楼房的第二层以上。房间必须是钢混（或者砖混）结构的套间，具备防盗、防火、防潮、防鼠功能，配备铁门、铁窗、铁柜，套间的外屋供值班巡逻人员使用，内屋用于存放试卷，内外屋之间需安装防盗门，应当保证外屋可观察到内屋情况。铁柜数量以能够满足分科存放全部试卷为准。试卷保密室应当配备报警和视频监控设备，并保证这些设备在试卷保密室使用期间一直处于正常工作状态。试卷保密室使用期间的监控资料由教育考试机构至少应当保存到考试结束半年。试卷保密室的设置应当考虑到值班人员就餐、用水、卫生等方面的便利。

第二十五条 试卷保密室至少设置两道锁，分别为：内屋门锁和铁柜门锁，钥匙分别掌管。

条件允许，还应当使用密码铁柜。掌管铁柜密码的人员不得同时掌管铁柜钥匙。

试卷保密室在非试卷保存期间一般不应挪作他用。如确需挪作他用的，在下次启用前必须更换内屋门锁和铁柜锁，密码铁柜必须更换密码。

第二十六条 市、区县教育考试机构应当确定一名主要负责人分管试卷保密室的工作，监督本办法的执行。

区县教育考试机构在开考前保管试卷不得超过两天。边远交通极不方便地区必须超过两天以上保管时间的，应当由北京教育考试院批准。

第二十七条 试卷保密室应当有详细的值班巡逻记录（参见附表一）。

第二十八条 试卷保密室使用期间，人员配备如下：

（一）负责人两名，其中一名必须是市或者是区县教育考试机构负责人；

（二）值班巡逻人员四人以上（不含试卷保密室负责人）；

（三）如有密码铁柜，则需安排专人掌管密码（不含试卷保密室负责人和值班巡逻人员），密码可由两人分别掌管一部分。

第二十九条 试卷保密室负责人、值班巡逻人员及铁柜钥匙（密码）掌管人员应当符合下列条件：

（一）坚持原则，忠于职守，严格遵守纪律，工作认真负责；

（二）当年无直系亲属参加本次考试的市、区县教育行政或者考试机构、高等院校的正式在职在编人员和公安（或者武警）人员；

（三）身体健康。

第三十条 试卷保密室负责人的职责：

（一）全面负责试卷存放期间试卷保密室的安全保卫、保密工作；

（二）一人掌管试卷保密室内屋门锁钥匙，另一人掌管铁柜门锁钥匙；

（三）负责试卷的接收、保管和发放工作。试卷接收和发放应当当面清点试卷袋数量，核实科目，检查试卷袋密封情况，履行交接手续，填写接收和发放记录（参见附表二）。

第三十一条　值班巡逻人员的职责：

（一）昼夜值守，实时监控试卷保密室内屋的情况；

（二）负责试卷保密室的安全保卫，填写值班记录表；

（三）负责试卷保密室外围的安全保卫，每半小时应当派出两人对试卷保密室周边进行一次全面检查，并做详细的值班巡逻记录；

（四）随时向试卷保密室负责人报告保密室的情况。

第三十二条　对漏封、破损或者其他影响正常考试的试卷，试卷保密室负责人需报告当地教育考试机构有关负责人，经批准后，指定专人（两人以上）进行技术处理，并如实记录相关情况；对接触外漏试题内容的人员应当采取有效隔离措施。

第三十三条　试卷保密室负责人和值班巡逻人员上岗前应当接受安全保密教育，学习国家保密法律、法规，熟悉试卷的收发要求和手续。每次进行接收、分拣、分发等工作时，必须逐袋清点，数量符合要求后办理相关手续。应当特别注意对备用试卷袋的检查工作。

第三十四条　自试卷运抵各考区起，区县教育考试机构必须安排人员昼夜在试卷保密室进行值班巡逻。

试卷保密室负责人及值班巡逻人员应严格执行以下规定：

（一）值班期间严禁在试卷保密室会客、吸烟、饮酒、文娱活动、私自使用电话；

（二）禁止无关人员进入试卷保密室；

（三）不得以任何理由开启试卷密封包装；

（四）不得将试卷保密室的钥匙转交他人或者互相代管，不得泄露密码；

（五）拒绝他人索用试卷保密室门、铁柜钥匙，拒绝代领试卷；

（六）在试卷保管期间，教育考试机构按规定逐级上报试卷的安全保密情况。

第三十五条　试卷保密室使用期间，当地教育行政、公安、保密部门应当成立联合检查组，定期对试卷保密室进行全面检查。

第三十六条　试卷保密室使用期间发生试卷泄密、被盗、损毁、涂改等重大事件，应立即报告北京教育考试院和区县教育行政、公安、保密部门，并立即采取措施，保护现场，防止扩散；同时由北京教育考试院报教育部考试中心。

第三十七条　试卷保密室负责人和值班巡逻人员不执行本办法，发生试卷泄密、被盗、损毁、涂改等重大事故的，追究其直接责任。

第六章　评卷期间答卷保管室的安全保密

第三十八条　承担阅卷工作的学校、单位应当建立答卷保管室，用于存放评卷期间的答卷。

第三十九条　答卷保管室的建设，必须符合保密要求并经市公安、保密部门检查验收。在评卷期间，答卷保管室由北京教育考试院和承担阅卷工作的学校、单位负责管理，接受教育部考试中心和北京市公安及保密部门的监督检查。

第四十条　答卷保管室必须是钢混（或者砖混）结构的房间，具备防盗、防火、防潮、防鼠功能，配备铁门、铁窗，铁门应配备两道锁。答卷保管室应当配备报警和视频监控设备，并保证这些设备在存放答卷期间一直处于工作状态。从答卷存入答卷保管室到评卷结束期间的监控资料由北京教育考试院至少应当保存到考试成绩公布后半年。答卷保管室的设置应当考虑到值班人员能随时观察到答卷存放情况，同时应当考虑到就餐、用水、卫生等方面的便利。

第四十一条　北京教育考试院有关处室应当确定一名主要负责人分管答卷保管工作，监督本办法的执行。

第四十二条　答卷保管室应当有详细的值班巡逻记录（参见附表一）。

第四十三条　答卷保管室使用期间，人员配备如下：

（一）负责人两名，其中一人必须由北京教育考试院指派，另一人为评卷所在单位负责人；

（二）值班巡逻人员四人以上（不含答卷保管室负责人）。

第四十四条　答卷保管室负责人及值班巡逻人员应当符合下列条件：

（一）具有良好的政治素质；

（二）当年无直系亲属参加本次考试的教育考试机构、高等院校正式在职在编人员和公安（或者武警）人员；

（三）坚持原则，忠于职守，严格遵守纪律，工作认真负责；

（四）身体健康。

第四十五条 答卷保管室负责人的职责：

（一）全面负责答卷存放期间答卷保管室的安全保卫、保密工作。

（二）分别掌管进入答卷保管室的钥匙。

（三）负责答卷的接收、保管和发放工作。答卷接收和发放应当当面清点答卷袋数量，核实科目，检查答卷袋密封情况，履行交接手续。填写接收和发放记录（参见附表二）。

第四十六条 值班巡逻人员的职责：

（一）昼夜值守，实时监控答卷保管室的情况；

（二）负责答卷保管室的安全保卫，填写值班记录表；

（三）负责答卷保管室外围的安全保卫，每一小时应当派出两人对答卷保管室周边进行一次全面检查，并做详细的值班巡逻记录；

（四）随时向答卷保管室负责人报告保管室的情况。

第四十七条 对漏封、破损或者其他影响正常评卷的答卷，答卷保管室负责人需报告北京教育考试院有关处室负责人，经批准后，指定专人（两人以上）进行技术处理，并如实记录有关情况。

第四十八条 答卷保管室负责人和值班巡逻人员上岗前应当接受安全保密教育，学习国家保密法律、法规，熟悉答卷的收发要求和手续。

第四十九条 答卷保管室负责人及值班巡逻人员应当严格执行下述规定：

（一）值班期间严禁在答卷保管室会客、吸烟、饮酒、文娱活动；

（二）禁止无关人员进入答卷保管室；

（三）不得以任何理由开启答卷密封包装；

（四）答卷保管室负责人分别掌管的钥匙不得转交他人或者互相代管；

（五）拒绝他人索用答卷保管室钥匙，拒绝代领答卷。

第五十条 答卷保管室使用期间，北京市教委、公安局、保密局应当成立联合检查组，定期对答卷保管室进行全面检查。

第五十一条 答卷保管室使用期间发生答卷被盗、损毁、涂改等重大事件，应当立即报告北京教育考试院、市公安局和保密局，并立即采取措施，保护现场。

第五十二条 答卷保管室负责人和值班巡逻人员不执行本办法，发生答卷被盗、损毁、涂改等重大事故，追究其直接责任。

第七章 评卷、考试成绩的安全保密

第五十三条 评卷情况、考试成绩等相关信息的安全保密工作由北京教育考试院和承担阅卷工作的学校、单位负责。严禁泄露未正式公布的考生信息、考试信息、评卷信息等。

第五十四条 参与评卷工作的考试工作人员不得向外界透露统分进度和有关情况。考试分数未经北京教育考试院主要负责人同意不准擅自查询考生考分，更不准改动考生考分。如发现有改动考分的可疑情况应当及时向有关负责人报告。计算机操作人员不得以任何借口改动考生考分。

第五十五条 做好计算机机房、计算机硬件设备的安全和维护工作，防止黑客恶意的攻击或者自然灾害的损害，保证数据的安全。

第五十六条 经北京教育考试院负责人授权的工作人员可以使用内部网络，未经授权人员不得操作、使用内部网络内的任何计算机。

第五十七条 考试数据实行备份制度。成绩数据库由数据管理员和系统管理员共同负责。数据管理员每天定时对数据进行备份，并异地保存。

第五十八条 计算机密码应当由北京教育考试院指定专人负责掌管，重要计算机的密码必须有二人以上共同掌管。

第八章 新闻宣传环节的安全保密

第五十九条 市、区县教育考试机构在考试前后应当实行新闻发言人制度。新闻发言人由市、区县教育考试机构指定专人担任。所有考试信息应当由新闻发言人向新闻媒体提供，其他任何个人或者部门都无权发布。任何新闻媒体不得以任何方式炒作关于考试中发生的有关事件。

第六十条 市、区县教育考试机构在宣传工作中，不得泄露涉及具体试卷印刷场地、发送时间、运输路线、保存地点和评卷场所等内容。

第六十一条 在考试期间，不得向任何媒体提供或者在任何媒体上发表考试试题、答案及评分参考。考试结束后，不得向任何媒体提供或者在任何媒体上发表考试试题的评分细则；三个月内不得向任何媒体提供或者在任何媒体上发表对高考试题的评价。

第六十二条 评卷工作结束之前，不得以任何方式公布考生成绩。

第九章 报告制度

第六十三条 区县教育考试机构应当将下列情况报北京教育考试院：

（一）区县教育考试机构考试值班安排；

（二）试卷运送情况；

（三）试卷的考前保管情况；

（四）考试实施情况；

（五）答卷的运送情况；

（六）安全保密工作情况。

第十章 附 则

第六十四条 本办法自发布之日起执行，教育考试机构原有相关规定同时停止使用。

附表一

试卷保密室/答卷保管室值班巡逻记录（式样）

单位名称： 考试类别： 考试时间：

<table>
<tr><td colspan="2">保管地点</td><td></td><td>保管时间</td><td></td><td>负责人</td><td></td></tr>
<tr><td colspan="2">保管人员
签 名</td><td></td><td></td><td></td><td></td><td></td></tr>
<tr><td rowspan="3">情况记载</td><td>上 午</td><td colspan="5">记载人：</td></tr>
<tr><td>下午</td><td colspan="5">记载人：</td></tr>
<tr><td>晚上</td><td colspan="5">记载人：</td></tr>
<tr><td colspan="2">交接班
时 间</td><td colspan="5"></td></tr>
<tr><td colspan="2">交班人
签 名</td><td colspan="5"></td></tr>
<tr><td colspan="2">接班人
签 名</td><td colspan="5"></td></tr>
</table>

注：情况记载包括何人何时何故到达、何时离开试卷保密室/答卷保管室，以及其他异常情况。

附表二

试卷/答卷接收和发放记录（式样）

接收方：　　　　　　　　　　　　　　　　　发送方：

科　目	试卷/答卷袋 数量	试卷/答卷袋 密封情况	备　注
接收方负责人签字		发送方负责人签字	
时间	年　月　日　时　分		

关于印发《2004年北京市成人高等学校招生工作规定》的通知

京高招委［2004］10号

各有关成人高等学校、各区县招生考试中心、成招办：

根据《教育部关于做好2004年全国成人高校招生工作的通知》（教学［2004］17号）文件精神，结合北京市的实际情况，现将有关事项通知如下：

一、认真学习贯彻落实教育部文件精神

各成人高校、各区县考试中心要组织全体招生工作人员认真学习《教育部关于做好2004年全国成人高校招生工作的通知》的文件精神，统一思想，提高认识，认真贯彻落实，进一步增强做好工作的责任感和自觉性。各区县高招委要高度重视成人高考工作，把综合整治成人高考考试环境提高到坚持立党为公、执政为民，维护人民群众根本利益的高度来认识。我们必须以对人民群众高度负责的态度，努力为广大考生提供公平、公正、放心、满意的考试环境。消除成人高考中一切损害公平竞争和社会公正的不利因素是招生考试机构不容推卸的责任。

二、加强管理，严肃考风考纪，确保考试的安全

各区县考试中心、各招生院校要按照实践“三个代表”重要思想的要求，加强管理，坚决执行教育部关于成人高校招生政策，严格执行招生计划，把考试安全和考风考纪作为重中之重来抓。要严格报名工作程序和报名资格审查，建立健全岗位责任制和责任追究制。要充分认识考试安全的重要性和考试中违规行为给社会诚信、教育公平公正所带来的危害。把考试安全和考风考纪作为建立良好社会风气和维护社会稳定的大事来抓，狠抓考试环境综合整治工作，除按教育部要求抓好考试秩序、泄密问题、考试舞弊行为、

借考试之名进行诈骗的“综合整治”工作外，还要在考前通过各种形式加强对考生的诚信教育和考风考纪教育，与考生签订诚信考试承诺书，努力在广大考生中树立“诚信考试光荣、违纪作弊可耻”的考试理念和文明风尚。针对近年来出现考生全程替考、使用假证书蒙混入学等现象，要加大新生复查工作的力度，进一步加大监督、执法力度，对不符合录取条件的新生，坚决予以清除。

三、深化招生改革，努力推进招生考试管理现代化进程

成人高校招生实行网上录取、网上咨询、网上报名是实现现代化管理手段的重要标志。今年将全面实行网上报名，远程录取的院校数和录取新生数“双过半”。各招生单位要主动适应管理手段的提高对人员素质、设备的要求，加强对工作人员的业务培训和设备的投入，重视与之相关各项工作的准备，确保各项改革的顺利实施。

现将《2004年北京市成人高等学校招生工作规定》印发给你们，请遵照执行。

二〇〇四年六月二十五日

附：

2004年北京市成人高等学校招生工作规定

第一章　总　则

第一条　为有利于成人高等教育的改革和发展，加强北京市成人高等学历教育的宏观管理和监督，保证新生入学质量，使成人高等学历教育直接有效地为首都经济和社会发展服务，根据《教育部关于做好2004年全国成人高校招生工作的通知》精神，结合北京市的实际情况，特制定本规定。

第二条　本规定所称成人高等学校，包括经教育部审定核准的广播电视大学、职工高等学校、职业技术学院、农民高等学校、管理干部学院、教育学院、独立设置的函授学院和普通高等学校所属的成（继）教院（简称成人高校）。

第三条　成人高等学历教育专科起点升本科、高中起点升本科和高中起点升专科（高职）三种。

第四条　成人高校招生计划按有关规定和批准程序纳入国家成人高等教育事业计划后方可招生。

第五条　成人高校实行全国统一招生，并选用脱产、业余或函授形式进行成人高等学历教育。由教育部颁布复习考试大纲（以2002年8月颁布的复习考试大纲为准），统一组织命题，确定考试时间，制定试卷答案及评分参考，统一录取工作。

第六条　北京市成人高校招生实行计算机网上录取，进一步推进广域网远程录取试点范围。

第七条　北京教育考试院成人教育招生办公室（简称考试院成招办）组织招生考试工作，并组织招生学校进行新生的录取工作。

第二章　招生机构及其职责

第八条　在北京市高等学校招生委员会、北京市教育委员会领导下，设立考试院成招办；在区县高等学校招生委员会、区县教育委员会领导下设立区县成人教育招生办公室（简称区县成招办），配备专职干部；各成人高校设立招生办公室，配备专职干部。

第九条　考试院成招办的职责：

（一）执行教育部有关成人高校招生方针政策和工作规章，按下达的招生计划并结合本市实际情况制定具体实施办法；

（二）编制并公布招生专业目录，组织本市考生报名工作并负责审查考生的报名资格、组织考试、阅卷、录取；

（三）组织实施成人高等学校招生改革试点工作；

（四）保护考生和招生工作人员的正当权益，查处违纪舞弊事件；

（五）审核学校提出的新生录取名单，向教育部提供当年成人高等教育新生有关数据；

（六）组织并督促招生学校对录取的新生进行复查；

（七）开展招生、考试的宣传和科学研究工作。

第十条 区县成招办的职责：

（一）执行教育部有关成人高等学校招生方针政策和工作规章及考试院的有关规定和办法，并结合本区县实际情况制定具体实施办法；

（二）组织本区县考生报名工作并负责审查报名资格；

（三）组织考生网上报名信息进行确认，建立考生电子档案工作；

（四）组织考生考试，保护考生和工作人员的正当权益，查处违纪舞弊事件，及时报送考试院成招办；

（五）组织核对并发放考生成绩，对考生提供查分服务；

（六）接待考生咨询和群众信访工作；

（七）开展招生、考试的宣传和科学研究工作。

第十一条 成人高等学校有关招生工作的职责：

（一）执行教育部有关招生方针政策、工作规章及考试院、学校主管部门的补充规定和办法；

（二）依照《中华人民共和国教育法》、《中华人民共和国高等教育法》和教育部有关规定制定本校招生章程，并向社会公布；

（三）执行招生计划并按规定向考试院成招办报送录取新生名单，经审核后，向考生发放录取通知书；

（四）对录取的新生进行复查；

（五）处理遗留问题；

（六）应由招生学校做的其他工作。

第三章 招生计划

第十二条 成人高等教育招生计划实行国家宏观指导，总量调控，中央和省、部两级管理，分级负责的管理体制。按隶属关系负责审核制定学校的招生计划总数。

第十三条 考试院成招办按北京市教育委员会下达的市属专科层次招生计划组织招生；按教育部编制的本科层次以及部委属院校或外埠地方院校在京招生计划组织招生。

未经北京市教育委员会或教育部编制的招生计划一律不予组织招生。

第十四条 考试院成招办根据北京市教育委员会和教育部下达的生源计划数和院校具体专业招生计划，编列北京地区招生专业目录，报名前向考生和社会公布，未经向社会公布的院校及专业不予安排招生。

第十五条 在录取新生时，按计划部门调整后的计划执行。录取结束后，将实际执行计划情况上报北京市教育委员会、北京市高等学校招生委员会和教育部。

第四章 报 名

第十六条 符合下列条件的中国公民可以报考：

（一）拥护中国共产党的领导、愿为社会主义现代化建设服务，品德良好，遵纪守法。

（二）国家承认学历的各类高、中等学校在校生以外的在职、从业人员和社会其他人员。

（三）报考高中起点升本科、专科的考生应具有高中毕业文化程度。以同等学力报考者，年龄须满19周岁（1986年2月28日前出生）；报考专科起点升本科（简称专升本）的考生必须是已取得经教育部审定核准的国民教育系列高等学校、高等教育自学考试机构颁发的高等专科毕业证书的人员。

（四）根据卫生部科教司《关于2004年全国成人高校医学类专业招生条件建议的函》（卫科教便函[2004]57号）要求及教育部的规定，报考成人高校医学门类各专业的考生应具备以下条件：

1. 报考临床医学、口腔医学、预防医学、中医学等临床类专业的人员，应当取得省级卫生行政部门颁发的相应类别的执业助理医师及以上资格证书或取得国家认可的普通中专相应专业学历；或者县级及以上卫生行政部门颁发的乡村医生执业证书并具有中专学历或中专水平证书。

2. 报考护理学专业的人员应当取得省级卫生行政部门颁发的执业护士证书。

3. 报考医学门类其他专业的人员应当是从事卫生、医药行业工作的在职专业技术人员。

4. 考生报考的专业原则上应与从事的专业对口。

（五）身体健康；符合上述报考条件，生活能自理，不影响所报专业学习的残疾人。

第十七条　报名时间：8月16日至8月29日。

第十八条　报名确认时间：9月1日至7日。

报名办法：报名工作采取网上报名方式。

考生应登录北京教育考试院网站（网址：http：//www.bjeea.cn），按登录程序填写本人报名基本信息及志愿，然后再到报名点确认，办理报名资格审验、摄像、确认本人的报名信息与志愿、签订《考生诚信考试承诺书》、交费等手续。

报名期间各区县成招办设报名确认点。报名确认手续必须由考生本人办理。

考生一般应在本人户口所在地、在规定时间内到区县报名确认点办理确认手续。没有北京市户口而又确需在京参加报考和学习的人员，到在京临时工作单位（或居住）所在地的区县报名确认点办理确认手续。

报考高中起点中医药类的考生到东城区成招办办理报名确认手续。

考生根据所报招生院校专业要求选择应试外语语种，选择日语、俄语的考生，到宣武区成招办办理报名确认手续。

报考公安类专业的考生到朝阳区成招办办理报名确认手续。

享受运动员加分照顾政策的考生，到崇文区成招办办理报名确认手续。

全国劳动模范、优秀运动员享受免试入学政策的考生，应先到所报学校确认后，于8月28日到考试院成招办报名确认。

报名时考生需持本人居民身份证（在京临时工作的还需持在京暂住证），报考专升本的考生，还必须携带毕业证书原件和复印件两张（B5复印纸），报考高中起点升本、专科不满19周岁的考生，需携带高中毕业证书。

符合照顾加分条件应提交相应的原件及复印件（B5复印纸）（如获多种称号，只附一件级别最高的原件及复印件），在报名时由区县成招办确认，过期不予办理。

报考艺术类、体育类、专升本等需要专业课加试的考生，除到区县成招办确认报名资格、参加文化课考试外，还必须在9月8日前持“报名复核单”到第一志愿学校参加专业加试报名。

报考专升本的考生，必须携带经教育部审定核准的国民教育系列高等学校或高等教育自学考试机构颁发的高等专科及以上层次毕业证书原件和复印件（B5复印纸）、报名复核单到所报考第一志愿学校办理加试或登记手续。

报考医学门类各专业的必须持相应资格证书。

第十九条　填报志愿

考生报名时应在公布的《2004年北京市成人高等学校招生专业目录》选报志愿学校。

高中起点：在艺术体育类专业（第一批录取）栏，可选报两个志愿学校，每个志愿学校可选报一个专业；在高中起点本科非艺术体育类专业（第二批录取）栏，可选报两个志愿学校，每个志愿选报一个专业；在高中起点升专科非艺术体育类专业（第三批录取）栏，可选报两个志愿学校，每个志愿学校可选报两个专业。

专升本：可选报两个志愿学校，每个志愿学校可选报两个专业。

在报考志愿信息中，必须填写是否同意调剂。如同意调剂，可选填“相近学习形式、相近专业、就近院校”项目。

高中起点文史类、理工类专业不得兼报。高中起点升本科可以兼报高中起点升专科。公安类专业、医学（中医学类、药学类等两个一级学科除外）、中医药专业不得相互兼报，但公安类专业可兼报文史类专科，中医药类、西医学专业可兼报理工类专科。艺术类、体育类专业必须填在“艺术类、体育类志愿栏”；报考艺术类专业，可以兼报文史类专业；报考体育类专业，可以兼报理工类专业。专升本专业只能在统考考试科目相同的专业中兼报。

第五章　考　试

第二十条　高中起点升本科、专科（高职）考试科目

高中起点升本科、专科（高职）考试按文科、理科分别设置统考科目。公共课统考科目均为语文、数学、外语三门，其中数学分文科类、理科类两种，外语分英语、日语、俄语三个语种，由考生根据报考学校对外语语种的要求任选一种。其中，报考高中起点升本科的考生还需参加专业基础课的考试，理科类专业基础课为“物理、化学综合”（简称理化），文科类专业基础课为“历史、地理综合”（简称史地）。以上试题均由教育部统一命制，每门满分150分。

（一）高中起点升本科各专业考试科目

文史类（含外语类）：语文、数学（文）、外语、史地（艺术类专业，数学成绩不计入总分，供录取时参考）。

理工类：语文、数学（理）、外语、理化。

（二）高中起点升专科（高职）各专业考试科目

文史类（含外语类）：语文、数学（文）、外语（艺术类专业，数学成绩不计入总分，供录取时参考）。

理工类：语文、数学（理）、外语。

（三）公安类专业、医学（中医学类、药学类等两个一级学科除外）、中医药高中起点升专科（高职）专业，统考科目均为四门。三门公共课与高中起点升专科（高职）考试科目相同，设置为语文、数学、外语，试题均由教育部统一命制，一门专业课分别由公安部、卫生部、国家中医药管理局和司法部组织命题。

考试科目如下：

1. 医学（中医学类、药学类等两个一级学科除外）各专业：语文、数学（理）、外语、医学综合。

2. 中医学类及中药学各专业：语文、数学（理）、外语、中医综合。

3. 公安类专业：语文、数学（文）、外语、公安专业基础。

高等艺术院校艺术类专业加试的专业课由招生院校自行命题并自行组织考试。非高等艺术院校艺术类专业术科，由考试院成招办统一组织。

加试科目的成绩不计入总分，供录取时参考。

上述各科类统一命题考试科目设置见附表一。

第二十一条　专科起点升本科考试科目

专升本考试统考科目均为三门。两门公共课为政治、外语，一门专业基础课根据招生专业所隶属的学科门类确定。每门满分均为150分。外语试题分英语、俄语、日语三个语种，由招生院校提出语种要求，由考生从中任选一种。

（一）哲学、文学（艺术类除外）、历史学以及中医、中药学（一级学科）：政治、外语、大学语文。

（二）艺术类（一级学科）：政治、外语、艺术概论。

（三）工学、理学、（生物科学类、地理科学类、环境科学类、心理学类等四个一级学科除外）：政治、外语、高数（一）。

（四）经济学、管理学以及职业教育类、生物科学类、地理科学类、环境科学类、心理学类、药学类（除中药学类外）等六个一级学科：政治、外语、高数（二）。

（五）法学：政治、外语、民法。

（六）教育学（职业教育类一级学科除外）：政治、外语、教育理论。

（七）农学：政治、外语、生态学基础。

（八）医学（中医学类、药学类等两个一级学科除外）：政治、外语、医学综合。

上述科目实行全国统考。除民法由司法部组织命题，日语、俄语由北京教育考试院自行组织命题外，均由教育部统一命题。各学科门类、专业与统考科目见附表二。

除规定的统考科目外，招生学校可在考试院成招办统一组织下，根据专业要求自行确定是否再加试专

业课。如需加试，招生学校必须在报送《2004 年北京市成人高等学校招生计划》中注明，专业课考试由招生学校自行命题和组织考试。

第二十二条　各科命题范围不得超出教育部颁发的相应科类复习考试大纲。

第二十三条　全国成人高等学校招生统一考试定于 10 月 16 日、17 日进行。

第二十四条　高中起点升本科、专科（高职）的统考科目每门考试时间为 120 分钟，专科起点升本科每门考试时间为 150 分钟。具体考试时间见附表三。

第二十五条　考生需携带准考证、居民身份证在规定时间到指定地点应试。

第二十六条　考试工作执行教育部《2004 年高等学校招生全国统一考试考务工作规定》（教考试[2004] 1 号）及北京教育考试院《北京教育考试考务管理暂行规定》。

第二十七条　统考科目按教育部 2002 年 8 月颁布的复习考试大纲的要求命题。阅卷工作由考试院成招办统一组织；专业课考试科目命题、考试、阅卷、成绩发布由招生学校负责。

考生成绩通知本人，不公布，不对考生查卷。

第六章　录　取

第二十八条　2004 年北京市成人高校招生实行计算机网上录取。录取工作分三个批次进行，第一批录取高中起点本、专科艺术类、体育类；第二批录取高中起点升本科与专科起点升本科；第三批录取高中起点升专科。录取工作于 12 月 20 前结束。

第二十九条　录取的最低控制分数线由北京教育考试院按考生统考科目成绩根据本市招生计划数分考试科类划定。其中，专科层次招生的最低控制分数线，报北京市高等学校招生委员会批准后执行；本科层次招生的最低控制分数线，报教育部备案后执行。录取工作根据招生计划和生源情况对成人高等学校招生录取分批次进行。

第三十条　录取工作实行“学校负责、招办监督”的录取体制，即：在符合成人高校招生报名条件、考试成绩达到投档分数线的考生中，由招生院校根据“从高分到低分择优录取”的原则，决定考生录取与否和录取的专业，同时负责对遗留问题的处理。考试院成招办在录取时根据国家招生政策对招生院校录取名单进行审核，对其录取工作予以监督，对不符合招生政策的情况予以纠正。

各招生院校要发挥校内纪检、监察部门的作用，加强校内自我监督，建立自我约束机制。

第三十一条　成人高等学校应严格按计划录取新生，未经计划部门批准，不得对招生计划进行调整。学校确定的实际录取线不得低于本市最低控制分数线。

艺术类专业（除史论、编导专业外）和体育类专业，高中起点升本科最低控制分数线不得低于相应科类最低控制线的 70%；高中起点升专科（高职）最低控制分数线不得低于相应科类最低控制分数线的 60%。

第三十二条　录取时，考试院成招办原则上按统考科目总成绩向招生院校投档，对于有专业课加试的院校，根据加试合格考生名单向招生院校投档，招生院校根据考生参加统考的成绩，由高分到低分择优录取。

第三十三条　在录取工作中，由考试院成招办按照考生第一志愿向招生学校提供考生档案，由招生学校审查录取，录取名单由考试院成招办审核。招生学校按审核后的录取名单发放录取通知书。在最低控制分数线上的考生，第一志愿学校不能录取时，由考试院成招办根据考生的第二志愿进行调剂，学校之间不能自行转录。如第二志愿不能录取，对服从分配者，在报考条件及考试科目相同（或相近）专业中进行调剂录取；对不服从分配者，不予调剂录取。

录取中的遗留问题，由招生学校负责处理。

第三十四条　招生学校及其主管部门在京招生可指定代办单位。委托培养学生的单位，不得参与录取工作，但可根据各地生源质量情况，向招生学校提出调整生源计划的要求。

第三十五条　录取照顾政策如下：

一、获得“全国劳动模范”、“全国先进工作者”称号、“全国五一劳动奖章”获得者，经本人申请、考试院成招办审核、招生学校同意，可免试入学。

二、奥运会、世界杯赛和世界锦标赛的奥运会项目前八名获得者、非奥运会项目前六名获得者；亚运会、亚洲杯赛和亚洲锦标赛的奥运会项目前六名获得者、非奥运会项目前三名获得者；全运会、全国锦标赛和全国冠军赛的奥运会项目前三名获得者、非奥运会项目冠军获得者。上述优秀运动员经本人申请并出具省级体育行政部门审核的《优秀运动员申请免试进入成人高等学校学习推荐表》（国家体育总局监制），经考试院成招办审核、招生学校同意，可免试入学。

三、运动健将和武术项目武英级运动员称号获得者（需经省级体育人事部门审核并出具运动成绩证明），在考生考试成绩基础上增加50分投档（一级运动员称号获得者为30分），是否录取由招生院校确定。

四、符合下列条件之一的考生，在考生考试成绩基础上增加20分投档，由招生院校审查录取：

（一）获得地市级以上（含地市级）人民政府，国务院各部委及各省（自治区、直辖市）厅、局系统，国家特大型企业授予的劳动模范、先进生产（工作）者及科技进步（成果）奖获得者。

（二）获得省级工、青、妇等组织授予“五一劳动奖章”、“新长征突击手”、“三八红旗手”称号者。

（三）解放军、武警部队、公安干警荣立个人三等功以上者。

（四）归侨、归侨子女、华侨子女、台湾省籍考生。

（五）烈士子女、烈士配偶。

（六）少数民族考生、国防科技工业三线企业单位（地处地市以上人民政府所在地的除外）获得企业表彰的先进生产（工作）者。

（七）远郊区县的考生，指门头沟区、房山区、通州区、大兴区、顺义区、昌平区、怀柔区、平谷区、密云县、延庆县、燕山、矿务局的考生（以身份证和户口本为准）。

（八）年满25周岁以上人员（1980年2月29日以前出生）。

（九）获得区县级以上见义勇为荣誉称号人员。

五、对于自谋职业的城镇退役士兵，在考生考试成绩基础上增加10分投档，是否录取由招生学校确定。

符合上述照顾条件的考生必须于报名时交验相应的原始证件（自谋职业的城镇退役士兵凭省级民政部门颁发的《自谋职业证》），符合两项以上照顾政策的考生，其照顾分数不得累计。

六、农、林、水利、地质、矿业、测绘、公安、监所、远洋运输、社会福利等专业，在上线生源不足时可适当降分投档，降分幅度最大不得超过20分。

第三十六条 录取新生名单由招生学校提出，考试院成招办审核，招生学校按审核后的录取名单发放录取通知书。

第三十七条 录取工作结束后，考试院成招办向北京市教育委员会和教育部上报当年录取新生数。

第三十八条 新生入学后，学校要对已报到的新生进行全面复查，对其中不符合报考条件或弄虚作假、违纪舞弊者，应取消其入学资格，报考试院成招办备案。

第七章　附　则

第三十九条 关于预科生

在报考高中起点升专科（高职）的考生中，对属照顾而未达到录取分数线、受表彰的各类先进人员和年龄在25周岁以上以及特殊行业急需培养的在职业务骨干，达到预科班分数线，且在报名时提出读预科申请的考生，考试院成招办批准后（《预科生录取通知书》由考试院发放），可作为预科生参加预科班，补习高中文化一年。考试合格，经考试院成招办审核后，不再参加当年的全国成人高校统一招生考试，进入原报考的第一志愿学校专科（专业）学习。

第四十条 关于第二专业专科学历教育生

从2004年起，成人高校招生不再免试招收第二专业专科学历教育学生。考生需参加成人高校招生全国统一入学考试，录取人数纳入招生学校当年招生计划总数。

第四十一条 对于违反有关规定应予处罚的，依照2004年5月发布的教育部第18号令《国家教育考试违规处理办法》执行。

附表一

高中起点升本科、专科（高职）统一命题考试科目一览表

层次	报考类别	统一命题考试科目
高中起点升本科	理科	语文、数学（理）、外语、理化
	文科（含外语类）	语文、数学（文）、外语、史地
高中起点升专科（高职）	理科	语文、数学（理）、外语
	文科（含外语类）	语文、数学（文）、外语
	医学（中医学类、药学类等两个一级学科除外）各专业	语文、数学（理）、外语、医学综合
	中医学类及中药学各专业	语文、数学（理）、外语、中医综合
	公安类院校各专业	语文、数学（文）、外语、公安专业基础

附表二

高等专科起点升本科招生专业与统一命题考试科目对照表

<table>
<tr><th rowspan="2">报考学科门类及一级学科</th><th colspan="2">统一命题考试科目</th><th rowspan="2">专业课</th></tr>
<tr><th>公共课</th><th>专业基础课</th></tr>
<tr><td>哲学、文学（艺术类除外）、历史学以及中医、中药学（一级学科）</td><td rowspan="9">政治
外语</td><td>大学语文</td><td rowspan="9">由招生院校自定</td></tr>
<tr><td>艺术类（一级学科）</td><td>艺术概论</td></tr>
<tr><td>工学、理学、（生物科学类、地理科学类、环境科学类、心理学类等四个一级学科除外）</td><td>高数（一）</td></tr>
<tr><td>经济学、管理学以及职业教育类、生物科学类、地理科学类、环境科学类、心理学类、药学类（除中药学类外）等六个一级学科</td><td>高数（二）</td></tr>
<tr><td>法学</td><td>民法</td></tr>
<tr><td>教育学（职业教育类一级学科除外）</td><td>教育理论</td></tr>
<tr><td>农学</td><td>生态学基础</td></tr>
<tr><td>医学（中医学类、药学类等两个一级学科除外）</td><td>医学综合</td></tr>
</table>

附表三

全国成人高校招生统一考试时间表

一、高中起点升本、专科（高职）考试时间表

日期＼时间	10 月 16 日	10 月 17 日
9:00—11:00	语文	外语
14:30—16:30	数学	理化 史地 医学综合 中医综合 公安专业基础

二、高等专科起点升本科考试时间表

时间 日期	10 月 16 日	10 月 17 日
9:00—11:30	政治	大学语文 艺术概论 高等数学（一） 高等数学（二） 民法 教育理论 生态学基础 医学综合
14:30—17:00	外语	

附件

2004 年北京市成人高等学校招生工作进程表

日期	工作内容	参加单位
5 月下旬	成人高校核对招生计划	招生院校
6 月 29 日	全市成人高校招生工作会	院校、区县成招办
7 月 4 日 7 月 31 日—8 月 1 日	登招生简章（北京考试报） 电台咨询	考试院成招办 考试院成招办
8 月 8 日 8 月 10 日 8 月 11 日 8 月 13 日—14 日 8 月 16 日—29 日 8 月 28 日 8 月 31 日前	刊登招生专业目录（北京考试报） 市招生报名工作培训会 验证工作培训 交报名工作方案，报考点库 全市网上招生咨询活动 全市招生网上报名 全国劳模和优秀运动员免试入学登记 报送预科生志愿	考试院成招办 区县成招办 区县招办、招生院校 区县招办 招生院校 市成招办、区县招办 考试院成招办 预科班工作站
9 月 1 日—7 日 9 月 8 日前 9 月 13 日 9 月 15 日 9 月 15 日—16 日 9 月 18 日—19 日 9 月 23 日—24 日 9 月 24 日 9 月 30 日前	报名确认与考生资格审验 考生专业课加试报名 报送考生信息盘（含备份盘）、携带单位公章、交报名工作小结、缴纳报名考务费、确定考点 网上下载有关报名信息 全市考务工作会 预科生结业考试 阅卷工作会 监印人员进印厂 向考生发放准考证、对考生进行考前教育	区县招办、有关院校 招生院校 区县成招办 招生院校 各区县成招办 考试院成招办 考试院成招办 考试院成招办 各区县成招办

续前表

日　期	工　作　内　容	参加单位
10 月 13 日下午	市级巡视员培训会	巡视员
10 月 14 日上午	领取试卷、交组考工作方案	市、区县招办
10 月 15 日	布置考点考场	各区县成招办
10 月 16 日—17 日	全市统一考试	市、区县成招办
	北京联合大学特教学院单独招生考试	招生院校
10 月 18 日	送答卷、交组考工作小结	各区县成招办
10 月 18 日—26 日	全国统考阅卷工作	市成招办、阅卷学校
10 月 27 日	领取考生答卷、登分资料，核对考生成绩	各区县成招办
10 月 31 日	全市统一核对考生成绩	各区县成招办
11 月 3 日	网上下载本区县成人高考成绩	各区县成招办
	开通声询台，考生可查询成人高考成绩	考试院成招办
	网上下载第一志愿考生成绩	各招生院校
11 月 6 日前	区县向考生发放统考成绩单，院校发放专业成绩单	区县招办、有关院校
11 月 8 日	确定录取分数线	考试院成招办
11 月 9 日	录取工作预备会	院校、区县招办
11 月 11 日—12 日	网上录取培训会，报专业课成绩	院校、区县招办
11 月 12 日前	考生查分	院校、区县招办
11 月 13 日	更正考生成绩	区县招办
11 月 15 日—28 日	录取工作，声讯台分批次公布录取情况	招生院校
11 月 30 日前	分批次从网上下载区县录取情况	各区县成招办
12 月 7 日—10 日	处理院校遗留问题	考试院成招办
12 月 10 日前	交全年招生工作总结	各区县成招办
12 月 14 日—15 日	录取 2004—2005 年度预科生	考试院成招办
12 月 20 日	招生录取工作结束	有关招生院校
2005 年		
1 月 21 日—23 日	2003—2004 年度北京市预科班总结会	预科生工作站
3 月初—4 月底	新生复查工作	招生院校
3 月 2 日—3 日	2004—2005 年度预科生报到注册	预科班工作站
	预科班开学典礼及入学教育	考试院成招办
3 月 23 日—24 日	招生工作人员培训	考试院成招办
3 月	部分院校研讨会	部分招生院校
4 月上旬	招生工作总结会	区县招办、学校
4 月至 5 月	资料归档，编制年报，筹备下一年度工作	考试院成招办
4 月底前	报新生复查工作情况小结	招生院校

注：以上工作如有变化，以通知为准。

关于 2004 年北京市成人高等学校招生录取工作的通知

京高招委［2004］13 号

各有关成人高等学校：

根据教育部《关于做好 2004 年全国成人高校招生工作的通知》和教育部《关于做好 2004 年成人高校招生录取工作的通知》的文件要求，现将 2004 年北京市成人高校招生录取工作通知发给你们，请认真遵照执行，做好成人高校招生录取工作。

一、加强领导，严格执行规定

各学校应成立由主管院（校）长为组长、纪检监察部门参加的招生录取领导小组，切实加强对招生录取工作的领导。进一步完善与网上录取工作相适应的规章制度和工作机制，认真执行招生政策和规定，加强管理，严明纪律，采取有效措施保证网上录取工作秩序，确保网上录取工作顺利实施。

二、严肃招生纪律，坚持依法治招

各招生学校要加强对招生工作人员的教育和培训；加强招生管理，坚持依法治招，建立和完善自我约束和监督制约机制；严格执行党风廉政建设责任制和责任追究制度；严格执行“三不准，一禁止”；即：不准擅自扩大招生计划，不准特批未达到录取条件的学生进入学校，不准利用职务和工作的便利向招生考试机构和高等学校递条子、打招呼；禁止招生考试机构及其工作人员参与社会中介组织及其工作人员介绍、拉拢生源的任何活动。严格执行纪检监察部门全程监督录取工作的制度。自觉维护考生切身利益和公平、公正的录取原则。

三、严格执行计划，做好计划调整工作

各招生学校应严格执行招生计划，经主管部门同意，可根据生源情况调整计划。高职高专计划不得调整为本科计划，业余和函授计划不得调整为脱产计划。经过调剂仍然不能完成招生计划的高校应予减招，不得要求降分录取新生。各招生学校应于11月15日以前完成在京招生计划的调整。

四、做好网上录取工作

（一）录取组织工作

2004年北京市成人高校招生录取工作由北京市高等学校招生委员会成人教育招生办公室（以下简称考试院成招办）统一组织各有关成人高校进行。不同层次、不同科类考生的录取，分别执行相应的最低录取控制分数线，执行“学校负责，招办监督”的录取体制，录取中的遗留问题由招生学校负责处理。

录取工作分为高中起点艺术类、体育类专业录取（第一批）；高中起点本科、专科升本科专业录取（第二批）；高中起点非艺术、体育类专科（高职）专业录取（第三批）共三个批次。

录取工作将继续实行现场局域网与远程网相结合的录取方式，进一步推进远程网上录取工作。

（二）工作要求

1. 配置与工作相适应的硬件及通讯设备，切实保证录取期间的联络畅通。要配置计算机、打印机、传真机、直拨电话。招生学校在首次登录录取系统后，要输入招生录取的联系人、电话、手机等信息。

2. 保证网络安全和数据安全。树立安全第一的思想，加强对信息资源、计算机设备、网络设备、文档文件和录取场地的管理，完善安全管理制度，对于考生信息中需要保密的内容应为妥善保管，不得擅自公开。加强对用户名和密码保密管理，确保录取期间系统的安全保密和信息畅通。

3. 及时阅档、退档，按时提交录取信息，办理录取手续。要及时浏览网上发布的录取工作信息。凡退回电子档案应注明退档理由，遗留问题由院校负责处理。对于不按时阅档、退档的学校，考试院成招办将根据发出的电子档案按计划从高分到低分代为录取。

4. 实行远程录取的学校可派一名联络员负责录取工作联系和办理录取相关手续。

五、招生工作纪律

录取工作应认真执行北京市四委办局《关于印发在高校招生工作中进一步加强廉政建设，严肃招生纪律若干规定的通知》，每个工作人员必须严格遵守“十三个不准”，切实做好“五个坚决防范”。对招生工作中出现的各种形式的违纪、舞弊事件，将严格按照教育部《国家教育考试违规处理办法》的有关规定追究责任，认真查处。各招生学校应加大新生复查力度，特别是对专升本录取新生录取资格的复查工作。此项工作按考试院《关于做好2004年北京市成人高校专升本招生工作的通知》（京考成招［2004］12号）执行，对违反规定录取的考生，一经查实，立即取消学籍，并对责任者给予严肃处理，以维护成人高校招生工作的社会信誉。

六、具体事宜

（一）录取地点：2004年北京市成人高校招生录取工作地点设在石油大学翠宫招待所（位于昌平镇内）。

（二）录取工作人员到录取现场应携带本人身份证、工作证、单位介绍信及录取等项费用（携带食宿费每天每人 180.00 元、录取费及广告费三张支票，录取费、广告费支票请填写第三批结束时的日期，即 11 月 28 日，食宿费可分批结算）。

参加远程录取的院校，录取结束后，要将 ekey 退还考试院成招办。

（三）根据北京市物价局、财政局京价（收）字［2000 年］94 号《关于调整成人招生、自学考试等招生考试收费标准的函》的文件规定，招生学校在京招生需缴纳新生录取费：50 元/生（支票或现金）。

（四）录取期间联系电话

主任室：80110850。

秘书组：80110975（会务）。

80110970（咨询）。

80110861（举报）。

录检组：录检 1　80110672（FAX）。

录检 2　80110862（FAX）。

录检 3　80110593（FAX）。

录检 4　80110931（FAX）。

审核组：80110839。

系统组：80110957 。

80110027。

80110917。

80110627。

附件：1. 北京市 2004 年成人高校招生录取时间安排

2. 北京市 2004 年成人高校招生录取工作程序

3. 录取机构组成及职能

4. 北京市 2004 年成人高校招生录取分批院校名单

5. 北京市 2004 年成人高校招生录取最低控制分数线

北京市高等学校招生委员会

北京教育考试院

二〇〇四年十一月八日

附件一

北京市 2004 年成人高校招生录取时间安排

第一批　高中起点艺术、体育类		
11 月 15 日	16:00 前	第一批院校核对完招生计划
	17:00 前	第一志愿投档
11 月 16 日	11:30	第一志愿录取结束
	14:00 前	第二志愿投档
	17:00	第二志愿录取结束
11 月 17 日	8:30	调剂投档
	11:30	调剂投档结束
	17:00 前	办理录取结束手续
11 月 18 日		调整
第二批　高中起点本科及专升本		
11 月 19 日	16:00 前	第一批院校核对完招生计划
	17:00 前	第一志愿投档
11 月 20 日	16:00	第一志愿录取结束

续前表

第二批　高中起点本科及专升本		
11月21日	8:00前	第二志愿投档
	11:00	第二志愿录取结束
	14:00	调剂投档
	17:00	调剂投档结束
11月22日	17:00前	办理录取结束手续
11月23日		调整
第三批　高中起点专科		
11月24日	16:00前	第一批院校核对完招生计划
	17:00前	第一志愿投档
11月25日	16:00	第一志愿录取结束
11月26日	8:00前	第二志愿投档
	11:00	第二志愿录取结束
	14:00	调剂投档
	17:00	调剂投档结束
11月27日		办理录取结束手续
11月28日	17:00前	录取结束

注：1. 参加局域网录取的院校报到时间：第一批11月15日15:00前；第二批11月19日15:00前；第三批11月24日15:00前。
2. 录取时间如有变动，以录取现场通知为准。

附件二

北京市2004年成人高校招生录取工作程序

一、录取前的准备

院校在录取前，根据所下载的考生成绩数据、各专业类别、录取最低控制分数线及考生上线情况制定录取方案，调整专业计划。调试计算机及相关设备，保证其正常运行。

二、录取程序

成人高校招生分三个批次录取：第一批，高中起点艺术类、体育类；第二批，高中起点本科和专升本；第三批，高中起点专科。

（一）第一志愿投档与预录

投放档案。系统组按规定时间向招生院校投档。将报第一志愿专业的全部上线考生电子档案投放给院校。

预录取。院校浏览投档考生信息，根据招生计划、录取原则进行考生预录取，预录顺序为：免试生、考试生，对考试生应从高分到低分择优录取。

预退档。对未录取的考生，应进行预退档处理，确定退档原因。退档的主要原因有：0. 低分退档；1. 专业课成绩不合格；2. 生源不足开班人数；3. 本人申请放弃录取；4. 行业限制；5. 舞弊考生；6. 在校学生；7. 文凭不合格。

院校完成预录取后，提交录检。

录取检查。录取检查组按照录取原则，检查学校提交的预录情况是否符合录取原则。对符合录取原则的，返回信息；对不符合录取原则的，例如出现跳录的情况，将该院校的预录取信息返回院校，招生院校重新进行预录。

（二）第二志愿投档与预录

录检组对全部学校的第一志愿考生预录信息处理完毕后，系统组按照考生志愿投档。将第一志愿未录取且有第二志愿的上线考生投档到第二志愿学校专业。第二志愿投档原则为本批次有剩余计划。

院校浏览投档的第二志愿考生信息，再次预录、提交、录检。

（三）调剂录取

在第一、二志愿录取后，进行调剂录取。在网上公布本批次所有未录取的线上考生，本批次未完成招生计划的学校应参加调剂录取。要选取可调剂的考生并确定预录专业，提交录检进行录取检查。

（四）结束本批次录取

学校每批次结束后必须向录检申请本批次录取结束，录检同意后将意见提交给审核组进行审核，通过后由系统组打印录取新生名册和收费单。

（五）办理录取手续

招生学校应在录取结束后到系统组领取新生名册和收费单，院校负责人签字后依次进行招办主任签字、会务组缴费、录检组盖章。

院校根据录取新生名单填发录取通知书。

附件三

录取期间各部门的设置及职能

招生录取期间，设置录取领导小组、系统管理小组、审核组、录取检查组、纪检监察组、秘书组。各部门职能如下：

录取领导小组：在市高招委、市教委的直接领导下，成立北京市成人高校招生录取领导小组。

录取领导小组成员：

组　长：线联平　北京市教育委员会副主任

副组长：刘枫耘　北京教育考试院副院长

成　员：李鸿江　周亦慧　丁新生　马凤兰

考试院成招办是市录取领导小组办事机构，负责对招生录取工作的领导和管理。对各职能组的管理、协调与监督；对录取办法的制定；对录取中特殊问题的研究与处理。

各招生院校应成立由主管院长为组长的纪检监察部门参加的录取领导小组。负责制定本校录取工作方案和人员安排。制定与网上录取工作相适应的录取机制与制度，确保本校录取工作的顺利实施。

系统管理组：负责网上录取管理系统、网络安全系统和计算机设备的运行及维护，保证网络和系统的安全及正常运行；负责核对院校计划；为各部门提供技术服务，按时完成考生信息的处理；在网上发布招生录取信息，打印录取新生名册、收费单。

审核组：负责审核院校录取结果。

录取检查组：负责对招生院校预录取、预退档情况的检查；督促招生院校按时完成各阶段的招生录取工作；对招生院校《录取新生名册》加盖录取章；及时反映录取问题和录取进度情况。

纪检监察组：纪检监察组负责对录取全过程的监督检查；受理各类举报。

秘书组：负责录取工作的后勤保障；各种费用的收取工作；安全保卫工作；信访接待工作；宣传工作。

录取工作现场各组分布平面图（略）

附件四

2004年北京市成人高校录取分批情况一览表

序号	代码	院校名称	一批	二批	三批	远程	录检组别
1	001	北京市东城区职工业余大学	√		√		1
2	002	北京市西城经济科学大学	√		√		2
3	003	北京市崇文区职工大学	√		√		3
4	004	北京市宣武区红旗业余大学	√		√		4

续前表

序号	代码	院校名称	一批	二批	三批	远程	录检组别
5	005	北京市朝阳区职工大学	√		√		1
6	006	北京市海淀区职工大学	√		√		2
7	007	北京市丰台区职工大学	√		√	√	3
8	008	北京市石景山区业余大学	√		√		4
9	011	北京市总工会职工大学	√	√	√		1
10	012	北京市机械工业局职工大学		√	√		2
11	013	北京汽车工业总公司职工大学			√		3
12	018	首钢工学院		√	√		4
13	020	北京市建设职工大学	√		√		1
14	024	北京市医药总公司职工大学			√		2
15	025	北京市职工体育运动技术学院	√			√	3
16	028	北京市房地产职工大学	√		√	√	4
17	029	北京人民警察学院			√		1
18	046	首都联合职工大学	√		√	√	2
19	050	北京工业大学	√	√	√	√	3
20	051	首都医科大学		√	√	√	4
21	052	首都师范大学	√	√	√	√	1
22	053	北京青年政治学院			√		2
23	054	首都经济贸易大学（东区）		√	√		3
24	055	首都经济贸易大学（西区）		√	√		4
25	056	北京建筑工程学院	√	√	√		1
26	057	北京农学院		√	√	√	2
27	058	北京联合大学机电学院		√	√		3
28	059	北京联合大学商务学院	√	√	√		4
29	061	北京联合大学应用文理学院	√	√	√		1
30	062	北京联合大学生物化学工程学院		√	√		2
31	064	北京联合大学旅游学院		√	√		3
32	065	北京联合大学继续教育学院	√	√	√		4
33	066	北京联合大学师范学院	√	√	√		1
34	067	北京联合大学特殊教育学院	√	√	√		2
35	068	北京联合大学	√	√	√		3
36	069	北京城市学院	√	√	√	√	4
37	070	北京工业大学继续教育学院西区		√	√	√	1
38	071	首都体育学院	√	√			2
39	075	北方工业大学		√	√		3
40	076	北京服装学院	√	√			4
41	077	北京工商大学	√	√	√	√	1
42	078	北京物资学院		√	√		2
43	079	北京机械工业学院		√	√		3
44	080	北京信息职业技术学院	√	√	√	√	4

续前表

序号	代码	院校名称	一批	二批	三批	远程	录检组别
45	081	北京轻工职业技术学院	√		√	√	1
46	082	中国音乐学院	√	√		√	2
47	083	北京电影学院	√	√			3
48	084	中国戏曲学院	√	√			4
49	085	北京舞蹈学院	√	√			1
50	086	北京第二外国语学院		√	√	√	2
51	087	北京石油化工学院		√	√	√	3
52	088	北京印刷学院	√	√	√		4
53	089	北京信息工程学院	√	√	√		1
54	090	北京农业职业学院			√		2
55	091	北京艺术设计学院	√			√	3
56	092	北京政法职业学院			√		4
57	093	北京财贸职业学院	√	√	√		1
58	100	北京市经济管理干部学院		√	√	√	2
59	103	北京市计划劳动管理干部学院			√	√	3
60	150	北京市广播电视大学	√		√	√	4
61	160	北京教育学院	√	√	√		1
62	208	陕西航天职工大学			√		2
63	212	齐齐哈尔铁路运输职工大学			√		3
64	216	国家法官学院		√	√		4
65	217	国家检察官学院		√	√	√	1
66	218	西安铁路运输职工大学			√		2
67	219	天津市医药职工大学			√		3
68	220	河北地质职工大学			√		4
69	253	中国人民公安大学		√	√		1
70	255	中国青年政治学院		√	√		2
71	256	国际关系学院		√	√	√	3
72	257	北京电子科技学院		√	√	√	4
73	258	外交学院		√	√		1
74	260	北京体育大学	√	√		√	2
75	263	中央音乐学院	√	√		√	3
76	266	中央戏剧学院	√	√		√	4
77	270	北京大学		√	√	√	1
78	271	清华大学		√			2
79	272	中国人民大学		√	√		3
80	273	北京师范大学	√	√	√	√	4
81	274	北京化工大学		√	√		1
82	276	北京理工大学	√	√	√	√	2
83	277	北京科技大学	√	√	√		3
84	278	北京交通大学	√	√	√		4

续前表

序号	代码	院校名称	一批	二批	三批	远程	录检组别
85	280	北京航空航天大学		√	√		1
86	281	中国农业大学		√	√	√	2
87	282	北京林业大学	√	√	√		3
88	284	北京广播学院	√	√	√		4
89	285	中国协和医科大学		√	√		1
90	287	北京中医药大学		√	√		2
91	288	中国政法大学		√	√		3
92	289	北京外国语大学		√	√	√	4
93	291	北京语言大学		√	√		1
94	292	对外经济贸易大学		√	√		2
95	293	中央民族大学	√	√	√		3
96	294	中国地质大学（北京）	√	√	√	√	4
97	297	北京邮电大学		√	√	√	1
98	299	华北电力大学（北京）		√	√		2
99	300	中国矿业大学（北京）		√	√	√	3
100	303	武汉理工大学		√	√		4
101	305	沈阳药科大学		√			1
102	312	南华大学		√			2
103	317	中央美术学院	√	√			3
104	318	中央财经大学		√	√	√	4
105	319	中国美术学院	√	√			1
106	321	大连铁道学院			√		2
107	330	南京气象学院		√	√		3
108	331	中国民用航空学院		√	√		4
109	333	武汉大学		√	√	√	1
110	334	中国科学技术大学		√			2
111	338	哈尔滨工业大学		√		√	3
112	348	中国人民武装警察部队学院		√	√	√	4
113	357	重庆大学		√	√		1
114	363	防灾技术高等专科学校			√		2
115	368	铁道警官高等专科学校			√		3
116	371	华东交通大学			√		4
117	377	广东亚视演艺职业学院	√				1
118	378	金陵职业大学			√		2
119	379	江苏大学		√			3
120	380	西南财经大学		√	√		4
121	381	西南民族大学	√			√	1
122	382	石油大学（北京）		√			2
123	383	长沙理工大学			√	√	3
124	384	长江大学		√	√	√	4

续前表

序号	代码	院校名称	一批	二批	三批	远程	录检组别
125	415	中华女子学院	√	√	√	√	1
126	416	中国劳动关系学院		√	√		2
127	421	民航管理干部学院			√	√	3
128	428	中国环境管理干部学院			√		4
129	429	海关管理干部学院			√		1
130	430	广播电影电视管理干部学院	√			√	2
131	432	公安部管理干部学院			√		3
132	434	中央司法警官学院		√			4
合计：(所)		132	55	92	108	44	

附件五

2004 年北京市成人高校招生录取最低控制分数线

一、高中起点升本科：

1. 文史类（外语类）： 344 分；
2. 理工类： 317 分；
3. 艺术类（不含数学）： 153 分；
4. 体育类： 190 分。

二、专科（高职）

1. 文史类（含外语类）： 180 分；
2. 理工类： 162 分；
3. 艺术类（不含数学）： 72 分；
4. 体育类： 90 分；
5. 医疗医护西医类： 220 分；
6. 中医药类： 150 分；
7. 公安类： 150 分。

三、专科起点升本科

1. 文史类： 280 分；
2. 艺术类： 195 分；
3. 理工类： 210 分；
4. 经济管理类： 288 分；
5. 法学类： 235 分；
6. 教育学类： 205 分；
7. 农学类： 210 分；
8. 医学类： 286 分；
9. 体育类： 130 分；
10. 中医药类： 245 分。

关于提请批转有关单位对我市成人高考工作给予协助的请示

京考办［2004］12号

范副市长：

成人高校招生全国统一考试将于10月16日、17日两日举行。此次考试我市共设立20个考区、173个考点、3 954个考场，有11万余名考生报考。

为确保试卷保密和考试安全，拟请公安、交通部门给予支持，协助维护考点秩序，为运送试卷的车辆提供方便。

以上请示如无不妥，请您批示有关部门。

附件：1.2004年北京市成人高考时间表

2.2004年北京市成人高考考点考场表

二〇〇四年十月九日

附件略。

关于表彰北京市成人高校招生优秀评卷员的通报

京考成招［2004］5号

有关成人高校：

2003年成人高校招生考试的评卷工作在各区县成招办、成人高校的大力支持下，经过首都师范大学、北京教育学院、北京师范大学、北京广播电视大学、中国政法大学评卷点领导和工作人员的共同努力，顺利地完成了北京市成人高校招生统一考试评卷工作。

各评卷点根据《2003年北京市成人高等学校招生考试评阅试卷工作规定》的文件要求，评选出76名优秀评卷员，特此通报表彰。

二〇〇四年三月三十一日

附件

2003年北京市成人高校招生优秀评卷员名单

序号	姓名	性别	职务或职称	工作单位	评卷科目	阅卷学校名称
1	徐改	女	副教授	首都师范大学	艺术概论	首都师范大学
2	赖彧煌	男	博士生	首都师范大学	艺术概论	首都师范大学
3	张爽	女	讲师	首都师范大学	教育理论	首都师范大学
4	韩景辉	男	副教授	首都师范大学	史地综合	首都师范大学
5	刘永顺	男	副教授	首都师范大学	史地综合	首都师范大学
6	张桂珠	女	副教授	首都师范大学	史地综合	首都师范大学

续前表

序号	姓名	性别	职务或职称	工作单位	评卷科目	阅卷学校名称
7	史春芳	女	副教授	首都师范大学	史地综合	首都师范大学
8	赵军秀	女	副教授	首都师范大学	史地综合	首都师范大学
9	陈建堂	男	讲师	首都师范大学	史地综合	首都师范大学
10	金滢坤	男	讲师	首都师范大学	史地综合	首都师范大学
11	宋卫忠	男	副教授	首都师范大学	史地综合	首都师范大学
12	陶文牛	男	副教授	首都师范大学	史地综合	首都师范大学
13	果海英	女	讲师	首都师范大学	政治	首都师范大学
14	杨芷英	女	副教授	首都师范大学	政治	首都师范大学
15	应宵燕	女	讲师	首都师范大学	政治	首都师范大学
16	吴艳君	女	副教授	首都师范大学	政治	首都师范大学
17	滕丽	女	讲师	首都师范大学	政治	首都师范大学
18	王建军	男	讲师	首都师范大学	政治	首都师范大学
19	董海州	男	讲师	首都师范大学	政治	首都师范大学
20	姚俊义	男	讲师	首都师范大学	政治	首都师范大学
21	刘胜利	男	副教授	首都师范大学	数学（文）	首都师范大学
22	时红庭	男	副教授	首都师范大学	数学（文）	首都师范大学
23	张晓声	男	副教授	首都师范大学	数学（文）	首都师范大学
24	张春易	男	副教授	首都师范大学	数学（文）	首都师范大学
25	弓思林	男	副教授	首都师范大学	数学（文）	首都师范大学
26	罗振东	男	教授	首都师范大学	数学（文）	首都师范大学
27	钟中	女	办公室主任	首都师范大学	数学（文）	首都师范大学
28	伍春兰	女	副教授	北京教育学院	高数（一）	北京教育学院
29	常克敏	女	副教授	北京教育学院	高数（二）	北京教育学院
30	顿继安	女	讲师	北京教育学院	高数（二）	北京教育学院
31	刘保平	女	副教授	北京教育学院	高数（二）	北京教育学院
32	王建明	男	副教授	北京教育学院	高数（二）	北京教育学院
33	于淑卿	女	副教授	北京教育学院	英语（专）	北京教育学院
34	王媛	女	副教授	北京教育学院	英语（专）	北京教育学院
35	马丽	女	副教授	北京教育学院	俄语（专）	北京教育学院
36	张洲	男	副教授	北京教育学院	英语（专）	北京教育学院
37	刘宝霞	女	副教授	北京教育学院	日语（专）	北京教育学院
38	刘志伟	男	职员	北京教育学院	英语（专）	北京教育学院
39	李慎英	女	副教授	北京教育学院	生态学	北京教育学院
40	程玉合	男	讲师	北京师范大学	大学语文	北京师范大学
41	唐巧美	女	讲师	北京师范大学	大学语文	北京师范大学
42	王海平	女	讲师	北京师范大学	大学语文	北京师范大学
43	王立阳	男	副教授	北京师范大学	大学语文	北京师范大学
44	张芳	女	讲师	北京师范大学	大学语文	北京师范大学
45	焦仕刚	男	副教授	北京师范大学	大学语文	北京师范大学
46	韩宜恒	男	讲师	北京师范大学	大学语文	北京师范大学
47	廖高会	男	讲师	北京师范大学	大学语文	北京师范大学
48	李和	男	教授	北京师范大学	大学语文	北京师范大学
49	米生营	男	讲师	北京师范大学	大学语文	北京师范大学
50	陈桂霞	女	干部	北京师范大学	大学语文	北京师范大学
51	范继芳	女	副研究员	北京师范大学	大学语文	北京师范大学

续前表

序号	姓名	性别	职务或职称	工作单位	评卷科目	阅卷学校名称
52	郑丽娟	女	副教授	北京广播电大	化学	北京广播电大
53	李京	女	讲师	北京广播电大	化学	北京广播电大
54	杜晨渝	女	实验师	北京广播电大	化学	北京广播电大
55	姚行洲	男	副教授	北京广播电大	物理	北京广播电大
56	张立红	女	副教授	北京广播电大	物理	北京广播电大
57	夏海云	女	副教授	北京广播电大	物理	北京广播电大
58	侯彦华	女	副教授	北京广播电大	英语（高）	北京广播电大
59	刘永权	男	讲师	北京广播电大	英语（高）	北京广播电大
60	何岚湘	女	讲师	北京广播电大	英语（高）	北京广播电大
61	郭明	女	副教授	北京广播电大	英语（高）	北京广播电大
62	刘延	女	讲师	北京广播电大	英语（高）	北京广播电大
63	张宝	男	讲师	北京广播电大	英语（高）	装甲兵学院
64	郑英秀	女	讲师	北京广播电大	英语（高）	北京广播电大
65	任冠伟	男	讲师	北京广播电大	英语（高）	北京广播电大
66	赵红梅	女	讲师	北京广播电大	英语（高）	北京广播电大
67	苏明	女	助教	北京广播电大	英语（高）	北京广播电大
68	史颖	女	讲师	北京广播电大	英语（高）	北京广播电大
69	周书先	女	副教授	北京广播电大	数学（理）	北京广播电大
70	张克兢	女	副教授	北京广播电大	数学（理）	北京广播电大
71	尤伯欣	女	副教授	北京广播电大	数学（理）	北京广播电大
72	张启林	男	副教授	北京广播电大	数学（理）	北京广播电大
73	张清利	女	讲师	北京广播电大	数学（理）	北京广播电大
74	朱晓娟	女	讲师	中国政法大学	民法	中国政法大学
75	薛永慧	女	讲师	中国政法大学	民法	中国政法大学
76	张中	男	讲师	中国政法大学	公安专业	中国政法大学

关于2003年成人高校招生考试工作区县目标管理考评结果的通报

京考成招［2004］6号

各区县考试中心、成招办：

为进一步提高招生考试工作的管理水平，依据北京教育考试院《关于2003年区县成人教育招生办公室招生工作目标管理考评办法的通知》（京考成招［2003］7号）文件精神和区县成招办自评结果，对2003年各区县成人高校招生考试工作目标管理进行了综合评定，考评结果如下。

获得优秀奖：东城区、西城区、崇文区、宣武区、朝阳区、海淀区、丰台区、石景山区、门头沟区、房山区、通州区、大兴区、顺义区、昌平区、平谷区、密云县、延庆县、燕山、矿务局。

特此通报

二○○四年四月二日

关于北京联合大学特殊教育学院成人教育面向残疾人单考单招增加专业的请示

京考成招［2004］7号

教育部高校学生司：

经教育部批准，2003年北京联合大学特殊教育学院成人教育部分专业首次面向残疾人单考单招，根据残疾人特点开设了计算机应用（专科）、钢琴调律（专科）、服装设计（专科）、针灸推拿（专升本）、艺术设计（专升本）、服装设计（专升本）专业，在社会中引起较大反响，认为高等教育面向残疾人实行单考单招的政策体现了党和国家对残疾人教育事业的关怀，广大残疾人倍感温馨，同时在北京市特殊教育构架中填补了残疾人继续教育的空白。

北京有60多万残疾人，许多人对学习新知识、提高就业能力的渴望十分强烈。根据北京联合大学特殊教育学院对残疾人学习意向的调查，2004年申请下列专业对残疾人实行单考单招，以满足广大残疾人求学的愿望。

英语（专科）招生对象：视障、肢残。

艺术设计（专科）招生对象：听障、肢残。

计算机（专科起点升本科）招生对象：听障、肢残。

依据教育部学生司《关于同意北京联合大学特殊教育学院成人教育为残疾人举行单独考试的函》（［2002］48号）的文件精神，残疾人报考各专业的残疾等级标准为：

英语（专科）：视障等级在二级低视力以上，肢残等级在三级和四级。

艺术设计（专科）：听障等级在二级重听以上；肢残等级在三级和四级。

计算机（专科起点升本科）：听障等级在二级重听以上；肢残等级在三级和四级。

妥否，请批示。

二〇〇四年四月十五日

关于做好2004年北京市成人高校招生宣传工作的通知

京考成招［2004］10号

各在京招生成人高校、各区县考试中心、区县成招办：

为适应新形势的需要，加强宣传力度，使社会和广大考生准确、及时、全面地了解招生政策和办法，积极稳步地推进成人高校招生工作的改革与发展，确保各项招生工作的顺利实施，北京教育考试院成人教育招生办公室（简称考试院成招办）在今年的宣传工作中，将继续按照“以人为本、服务第一”的宗旨，依据教育部的各项招生政策，以考试院网站、《北京考试报》为主要宣传途径，辅助以电视台、电台、报纸和160信息台等多种媒体对招生工作进行多形式、多层次、多渠道的广泛宣传。为保证各项宣传工作的顺利实施，现将有关要求通知如下：

一、充分认识成人高校招生宣传工作的重要性

随着首都经济的不断发展，面对构建终身教育体系和创建学习型社会的新形势，人们接受成人高等教

育的需求不断增强，广大考生的法制观念和维权意识也在不断增强，这对招生宣传工作提出了更高的要求，同时现代信息技术的普及应用也为促进成招宣传工作的改革与发展提供了难得的契机。因此，我们各级招生部门要认清形势，抓住机遇，积极应用现代信息技术手段，精心组织，认真实施，不断满足社会和考生的需要。

二、找准定位，服务考生

招生工作是为考生顺利进入成人高校、接受良好高等教育服务的。因此，各单位的招生宣传工作要从践行“三个代表”重要思想的高度认识，紧密围绕“服务考生”这个宗旨开展，为考生提供准确翔实的招生信息和热情周到的服务，确保招生工作的顺利进行。

三、统一宣传口径，把握好尺度

各区县成招办和招生学校要严格依据教育部制定的各项招生政策，按照考试院下发的招生规定和实施办法，统一宣传口径，进行规范宣传，同时，要加强领导，逐步建立责任追究制度，对于不规范的宣传行为要进行严肃查处；不断增强法治意识和责任意识，对于一些敏感问题，要把握好宣传尺度，进行适度宣传。

四、做好招生咨询接待工作

各区县成招办和招生学校要安排熟练掌握招生政策且责任心强的工作人员接听考生咨询电话。耐心细致地向考生宣传招生政策和办法，切实从考生利益出发，解决考生在招生过程中遇到的问题，为考生排忧解难。

依据招生政策和有关规定，做好宣传解释工作，尽量缓解矛盾。遇有重大问题和突出矛盾，及时向上级主管部门反映。

五、充分利用自身资源优势，努力扩大宣传面

要充分利用各自的资源优势，寻求与社会传媒的密切合作，努力开拓宣传渠道，充实宣传内容，加大宣传力度。同时，积极与考试院配合，共同做好各项宣传工作。

本着“学校组织、学校负责”的原则，举办院校区域性咨询和院校开放日活动。请各有关学校自行办理好有关审批手续后，将活动方案等有关材料报考试院成招办备案。

六、不断加强队伍建设，争取媒体支持

要高度重视舆论媒体的社会监督作用，加强对招生工作人员进行职业道德教育和业务能力培训，苦练内功，加强管理，确保招生工作不出纰漏；同时，正确引导社会舆论，使宣传媒体从有利于招生工作顺利实施的角度以积极的态度进行宣传，尽量避免过度的或不切合实际的新闻炒作。

七、加强考试安全、严肃考风考纪、倡导考试诚信和招生部门廉政建设以及招生工作“公平、公正、公开”原则等内容的宣传力度。

二〇〇四年六月十七日

附：

2004年北京市成人高校招生宣传主要工作安排

1. 7月4日开始，通过北京考试报连续刊登2004年招生简章、招生学校及专业介绍、招生章程、答考生问、网上报名实施办法及流程、招生专业目录等内容。

2. 7月上旬开始，通过考试院网站陆续登载2004年招生简章、招生专业目录、招生学校及专业介绍、招生章程、答考生问、网上报名实施办法及流程等内容。

3. 7月中旬，考生可从各区县成招办、国闻教育考试书店获取《考生必读》。

4. 7月下旬，通过北京人民广播电台进行成人高校招生宣传。

5. 8月13日、14日，通过考试院网站举办网上咨询活动。

6. 11月3日开始，考生可查询考试成绩。

7. 11月9日左右，公布最低录取控制分数线。

8. 11月15日开始，考生可随录取进程查询录取结果。

关于印发2004年区县成人高校招生考试工作目标管理考评办法的通知

京考成招［2004］11号

各区县考试中心、成人教育招生办公室：

为贯彻落实教育部关于成人高等学校招生工作改革的精神，确保招生考试顺利进行，提高成人高等学校招生工作的质量，决定继续对2004年区县成人高校招生工作实行目标管理。现将《北京市区县成人高校招生考试工作管理目标（试行）》、《北京市区县成人高校招生考试工作目标管理实施细则（试行）》印发给你们，请认真执行。

二〇〇四年六月十八日

附：

北京市区县成人高校招生考试工作管理目标

（试行）

一、机构与队伍（120分）

1.1机构与制度（60分）

1.成立由主管区（县）长任主任，教育、财政、卫生、人事、劳动、公安、交管、保密、城管及招生考试中心等部门负责人为委员的招生考试委员会，每年至少研究一次本区（县）该项招生考试工作，对本区（县）招生考试工作实施领导、督促、检查、协调，切实解决招生考试工作的实际问题。（20分）

2.建立完善的日常管理和工作制度，按要求及时上报各项工作计划和工作总结。（20分）

3.各区县考试中心及时向区县教委及有关部门汇报工作，主动争取区（县）领导对招生考试工作的支持与指导。（20分）

1.2工作人员（30分）

4.招考办内部人员配备符合工作要求，岗位明确，职责清楚。（15分）

5.工作人员具有良好的职业道德与业务素质，公正廉洁、奉公守法，自觉维护北京教育考试的整体形象，具有一定的稳定性。（15分）

1.3办公条件（30分）

6.有固定的办公地点，工作场所能满足日常办工、考生接待、报名等需要。（15分）

7.有确保相关各方联络便捷、畅通的通讯设备。（15分）

二、宣传与信访（120分）

2.1宣传（60分）

8.能采取多种形式，包括利用网站、广播等及时宣传招生考试的政策 、规定。（20分）

9.加强咨询。要有接待来访人员，并设立咨询电话。特别是报名、考试期间必须有固定的接待咨询服务并设咨询电话（不含录音电话），咨询电话要有人接听。（20分）

10.积极组织考生、学校订阅招生考试的有关资料，做好相关咨询工作，妥善处理组织订阅过程中出现

的矛盾与问题。(20 分)

2.2 信访（60 分）

11. 有专、兼职信访工作人员。(20 分)

12. 有健全的信访接待与督办制度。工作中不推诿，政策解答明确，重大事项及时上报。凡要求回复的，应在规定期限内及时告知处理结果。(20 分)

13. 妥善保管信访材料，及时归纳并向各业务主管上级反馈信访、咨询信息，明确处理意见和问题。(20 分)

三、考务管理（600 分）

3.1 报名（140 分）

14. 根据考试院的要求及本区（县）的实际，制定并上报本区（县）报名工作方案，做到报名工作组织落实、人员落实、设备落实、场地落实、任务落实。(20 分)

15. 报名场所宽敞整洁，工作流程安排合理、标志醒目，有专人负责报名现场秩序的维护与疏导。(20 分)

16. 指派专人，认真做好考生报名的指导与现场咨询工作，政策解答准确无误，态度和蔼。(20 分)

17. 按照有关规定，建立完备的审核制度，确保资格审核的准确。(20 分)

18. 严格执行报名收费项目和标准。报名结束后，及时、足额向考试院交纳相关费用。(20 分)

19. 信息采集及时、准确，有质量保证。(20 分)

20. 按规定及时报送有关数据。(20 分)

3.2 组考（170 分）

21. 按规定认真做好考点的选择、组考工作的布置，做到任务落实、责任到人、计划周密、措施得当。(30 分)

22. 按规定进行监考人员培训，要求监考员职责明确、程序清楚、工作规范。(30 分)

23. 考点的布置。考点环境整洁、标志明显；考场分布图摆放位置适宜、醒目，并在显著位置公布举报、投诉电话；考场内桌椅的码放与座次的排布符合考试要求。考点校、区县考办、市招考办之间联络畅通。(30 分)

24. 监考员正确填涂缺考生的机读卡和考生违纪情况记录单，指导考生正确填涂机读卡。(30 分)

25. 按规定认真做好答卷的验收、装订、密封工作，做到不漏装、不错装。(30 分)

26. 及时、安全地将答卷送至指定地点，严格履行答卷的交接手续，保证答卷袋数与份数的准确无误。(20 分)

3.3 考风考纪（120 分）

27. 组考过程中，所有岗位人员要按工作程序严格履行各自职责，各司其职，严守工作岗位，敢于严格管理。(20 分)

28. 遇特殊情况监考员需暂离考场，必须有流动监考员及时补充，确保考场内始终有 2 名监考员履行监考职责。(15 分)

29. 严格依规定程序处理考试过程中发生的违规行为，做到执纪严明、查处坚决、处理及时，如实上报，并做好违规证据的登记保全工作。(40 分)

30. 建立巡视检查制度。选派经验丰富、办事公正的人员赴考点担任巡视联络工作，巡视员、联络员要按规定要求进行巡视，并有书面记录或报告。(30 分)

31. 阅卷过程未发现雷同试卷。(15 分)

3.4 核分（50 分）

32. 有核分工作安排。(20 分)

33. 认真选聘、培训核分工作人员，并认真操作。(20 分)

34. 在规时间内完成核分工作任务。(10 分)

3.5 保密（120 分）

35. 符合招生考试保密要求的保密室 。(30 分)

36. 有健全的安全保密制度，保密责任人明确并切实履行职责。(30分)

37. 按规定选派专人负责试卷与答卷的保管，安全防护措施明确、周密，落实到位。(30分)

38. 试卷的领取、运送、分发及答卷的上交等环节符合保密的要求，并有完备的监督、保障与应急处理措施。(30分)

四、计算机管理（110分）

39. 有工作必备且符合要求的计算机房及相应设备。(20分)

40. 有健全的计算机管理制度与信息安全防护措施，注重设备的日常维护。(20分)

41. 有操作熟练、责任心强、能严格自律的专职工作人员。(20分)

42. 工作过程中数据不丢失，统计无差错，考场编排与保密号生成无误。(30分)

43. 确保上报数据的及时、准确、安全，上交的报表与电子文件相符，相关报表间数据一致。按规定存档备份。(20分)

五、廉政建设（50分）

制定廉政工作的具体措施和办法，并向社会公开，主动接受社会监督。(20分)

全体招生工作人员能坚持按照政策和规定办事，为政清廉，秉公办事，自觉抵制各种不正之风。(30分)

六、奖励与惩罚

有下列表现的，予以加分：

1. 工作中有创新，对本区县工作有显著成效的。
2. 提出合理化建议并被考试院采用，对工作有促进。
3. 研究工作对招生考试工作的改进与发展发挥积极影响。
4. 重视宣传与研究，采取多种形式进行宣传，如通过网站或广播等，在各类刊物上发表文章。
5. 有全局观念，支持全市招生考试工作。

有下列表现之一者，取消评比资格：

1. 工作中出现重大失误，导致考试工作无法正常进行，在社会上造成严重不良影响。
2. 考试中发生泄密、考场大面积作弊（同一考场作弊人数占应考人数的三分之一以上）等舞弊行为。
3. 丢失试卷、答卷（包括因遗漏造成个别答卷未与同考场其他答卷一同装订密封上交）。
4. 工作人员在廉政建设方面出现问题，造成一定影响的。

北京市区县成人高校招生考试工作目标管理实施细则（试行）

一、机构与队伍（120分）

责任目标			实施情况		
序号	内容	满分	序号	全面完成责任目标的满分 未能完成责任目标按项扣分	扣分
1	机构设置	60	1	招生考试委员会未按要求研究本区县招生考试工作的	10
			2	招生考试期间，招生考试委员会未履行相应职责的	10/项
			3	日常管理与工作制度不健全的	5
			4	工作无计划、工作结束后无总结（包括各阶段工作，下同）	15/项
			5	未按时上报工作计划或工作总结的	5/项
			6	各区县考试中心未及时向区教委或区政府领导汇报考试工作、争取领导支持不力的	20

续前表

责任目标			实施情况		
序号	内容	满分	序号	全面完成责任目标的满分 未能完成责任目标按项扣分	扣分
2	工作人员	30	7	工作人员配备不符合工作要求的	5
			8	工作人员岗位不清、职责不明的	10
			9	工作人员出现违规行为尚未造成重大影响的	30
				和考生发生纠纷，处理不当，导致考生到考试院的上级单位上访或被媒体报道，经查属实，造成不良影响的	20
3	办公条件	30	10	无固定办公地点或办公场所不能满足工作要求的	20
			11	因联络不畅导致工作迟误的	20

二、宣传与信访（120分）

责任目标			实施情况		
序号	内容	满分	序号	全面完成责任目标的满分 未能完成责任目标按项扣分	扣分
1	宣传	60	1	宣传计划不落实的	15
			2	宣传内容不符合要求的	5
			3	报名考试期间咨询电话或咨询窗口无人值守的（社会举报后经提示仍有无人接听或应答）	5
			4	由于指导咨询错误给考生造成较大损失的	20
			5	资料订阅或咨询中与考生发生冲突并造成不良影响的	5/起
2	信访	60	6	未设置专、兼职信访工作人员的	10
			7	信访电话未向社会公布的	5
			8	因处理信访事件不及时、推诿导致考生越级上访上告（包括到考试院）的	5/起
			9	不及时反馈信访、咨询中的问题给工作带来影响的	5/起

三、考务管理（600分）

责任目标			实施情况		
序号	内容	满分	序号	全面完成责任目标的满分 未能完成责任目标按项扣分	扣分
1	报名	140	1	未制定工作方案的	10
			2	工作方案落实不到位的	10
			3	未按要求安排报名场所或报名现场无显著标识的	10
			4	环境脏乱的	10
			5	咨询现场混乱不利于工作的	10
			6	咨询人员不到位、不称职的	10
			7	违规接受考生报考的	20/每考生
			8	报名期间，未经物价部门批准随意增设收费项目或擅自抬高收费标准的	10
			9	不按时交费或交费数额不足的	10
			10	图像采集质量差的	10
			11	数据有差错，差错率超过3‰、低于5‰的	10
			12	差错率超过5‰的，每增加1‰的	再扣5
			13	数据未及时上报的	20

续前表

责任目标			实施情况		
				全面完成责任目标的满分	
序号	内容	满分	序号	未能完成责任目标按项扣分	扣分
2	组考	170	14	组考工作计划不落实的	20
			15	考点不符合要求或组考工作布置不到位的	15
			16	对考试工作人员未按要求进行培训的	30
			17	考点及考场布置不符合要求的	5/项
			18	考试期间通讯联络不畅通的	10
			19	考试机读答题卡、考生违纪情况记录单（差错率超过相应项目3‰但小于5‰的）的	10
				差错率每增加1‰的	再扣5
			20	因试卷装订及密封不符合要求出现姓名等外露、试卷页码顺序颠倒、试卷倒置等差错的，差错率占区县报考科次1‰以下的	
				每增加1‰的	再扣5
			21	试卷交、接出现差错（袋数）的	10/每门
3	考风考纪	120	22	监考及其他考试工作人员工作期间擅离职守或未严格履行职责的	5/每起
			23	未按规定安排监考员或流动监考员，致使无法保证任何情况下考场有2名监考员在场的	10/起
			24	未按规定或规定程度及时处理违规行为的	10/起
			25	未按规定处理给后续工作造成被动的	20/起
			26	未派巡视组或联络员的	20
			27	巡视或联络人员未按要求巡视或未履行职责的、发现问题没有书面记录或报告上报的	5/起
			28	考点出现问题，巡视或联络员未发现的	5/起
			29	阅卷中发现雷同试卷，但尚未构成大面积作弊（同一考场雷同试卷份数占应考试卷份数三分之一以下）的	15
			30	同一考点或考区若干个考场出现雷同试卷，但尚未构成大面积作弊的，扣除本大项全部得分的	120
4	核分	50	31	未按规定认真选聘、培训核分工作人员，操作不认真的	120
			32	未按规定时间内完成核分工作任务的	10
5	保密	120	33	保密室设置不符合要求的	30
			34	保密制度不健全，责任不明的	30
			35	未按规定履行交接手续、缺少严格的值班制度，值班人员未按要求配备或中途脱岗，防盗门与保险柜钥匙未分别管理，试卷长时间堆放在保险柜外的	10/项
			36	试卷及答卷的接送车有非工作人员搭乘的	10
			37	中途兼顾其他任务的	10
			38	押运人员少于规定人数的	10

四、计算机管理（110分）

责任目标			实施情况		
序号	内容	满分	序号	全面完成责任目标的满分 未能完成责任目标按项扣分	扣分
1	计算机	110	1	计算机房及设备不符合工作要求的	20
			2	计算机管理无制度或安全防护措施不健全的	10
			3	因日常管理不善导致设备故障给工作造成影响的	10
			4	计算机工作人员工作不负责、操作不熟练的	10
			5	工作人员利用工作之便有舞弊行为的	110
			6	数据未按规定存档备份的	10
			7	出现数据丢失、考场编排错误等的	20
			8	上报数据不准确、相关报表数据不一致的	20

五、廉政建设（50分）

责任目标			实施情况		
序号	内容	满分	序号	全面完成责任目标的满分 未能完成责任目标按项扣分	扣分
1	廉政建设	50	1	未制定廉政建设具体措施的	5
			2	廉政建设措施未向社会公开的	5
			3	社会举报经核实未认真查处的	20
			4	协同考生骗取考试资格的、对非照顾对象给予照顾的	20

六、奖励与惩罚

责任目标		实施情况		
序号	内容	序号	全面完成责任目标的满分 未能完成责任目标按项扣分	
1	奖励	1	工作中有创新，对本区县工作有显著成效的	10/每项加
		2	提出合理化建议并被考试院采用，对工作有促进的	20/每项加
		3	在一般刊物上发表有关考试的稿件或通过广播进行宣传的	5/每篇加
		4	结合招生考试实际撰写的论文在市级以上刊物发表的	10/每篇加
1	惩罚	5	工作中出现重大失误，导致考试工作无法正常进行，在社会上造成不良影响的	取消资格
		6	考试中发生泄密、考场大面积作弊等严重舞弊行为的	取消资格
		7	丢失试卷、答卷（包括因遗漏造成个别答卷未与同考场其他答卷一同装订密封上交）的	取消资格
		8	在廉政建设方面工作人员出现问题造成一定影响的	取消资格

2004年区县成人教育招生办公室
招生工作目标管理考评办法

北京市区县成人招生工作目标管理考评工作，是以教育部关于国家教育考试考务管理有关文件、教育部《教育部关于做好2004年全国成人高校招生工作的通知》和北京教育考试院《关于印发〈2004年北京市成人高等学校招生工作规定〉的通知》为依据，以《北京市区县招生考试工作管理目标》为标准，以各区县实施情况为基础进行评审。具体办法如下：

一、北京教育考试院成招办根据《北京市区县成人高校招生考试工作管理目标》和《北京市区县成人高校招生考试工作目标管理实施细则》负责组织考核、评审工作，并公布评审结果。

二、评审工作采取分阶段、自评与考评相结合，以区县实施情况为基础进行评审的办法。全市综合评审将于本年度录取工作结束后进行。

三、目标管理考评成绩基础总分满分为 1 000 分，各项工作标准分如下：

机构与队伍　　120 分
宣传与信访　　120 分
考务管理　　600 分
计算机管理　　110 分
廉政建设　　50 分

区县招办总得分＝区县招办基础总分＋附加分

四、鼓励创新，设附加分。招生工作每项创新措施；对全面工作有指导意义的合理化建议；在报刊上公开发表的招生工作论文。

五、各项扣分原则为扣完责任目标相应项目满分为止。

六、实行奖励。设优秀奖、达标奖和单项奖。优秀奖：950 分以上；达标奖：900—949 分。对切实提高本区县招生工作质量，提高工作效率，有利于推动全市招生工作整体发展的创新措施，设单项工作奖。

七、区县成招办应认真对本区县招生工作目标管理进行自评，填写《自评记录表》和《附加分情况统计表》，于 12 月底报考试院成招办。

八、目标管理考评结果将向全市公布，并于本年度录取工作结束后进行奖励表彰。

区县招生工作目标管理自评记录表

区县名称：

项目	扣分原因	满分	扣分	得分
机构与队伍		120		
宣传与信访		120		
考务管理		600		
计算机管理		110		
廉政建设		50		
合计		1 000		

区县成人高校招生考试工作目标管理附加分情况统计表

区县名称：

项目	名　称	作　用	得分
创新措施			
合理化建议			

续前表

项目	名　称			作　用		得分
发表文章	题目	撰写人	刊物名称	字数	刊登日期	
	合计：					

区县招办主任签字：

报表日期：　　年　　月　　日

关于做好2004年北京市成人高校专升本招生工作的通知

京考成招［2004］12号

各有关成人高校、各区县考试中心、成招办：

为贯彻《教育部关于做好2004年全国成人高等学校招生工作的通知》精神，进一步深化招生改革，加强管理，保证质量，2004年北京市成人高校高等专科起点升本科（简称专升本）的报名资格审验工作将采取区县成招办初审、招生学校复查、考试院成招办监督的办法实施。为确保此项工作的顺利进行，现将有关事宜通知如下：

一、报名条件

考生必须是已取得经教育部审定核准的国民教育系列高等学校或高等教育自学考试机构颁发的大学专科以上毕业证书的人员。

二、报名办法

考生需先在网上报名后到区县报名点办理确认报名手续。

确认时，考生应持毕业证书原件复印件两张（B5复印纸），到区县报名点办理确认手续。区县招办应认真审查考生报名资格，对符合条件的考生，为其办理确认手续，需在复印件上盖验印章并签字，一张区县招办留存，一张交给考生本人；对不符合条件的考生，不准其报名。

考生还需持毕业证书原件、复印件、报名复核单，到所报考第一志愿学校办理加试或登记手续。此时，招生院校应对考生毕业证书进行复核，对于不符合报考条件的，通知考生和区县招办取消其报名资格，不允许其参加考试；对符合报考条件的，为其办理加试或登记手续，同时，留存考生毕业证书复印件。

各区县招办、各招生院校应加强管理，选聘具有一定工作经验、工作责任心强的同志担任此项工作。严格考生报名资格审查，维护招生的“公平、公正”原则。

应认真核对考生毕业证书、居民身份证及“报名复核单”的姓名是否一致（考生姓名应以身份证为准）；核对毕业证书是否符合规定，鉴别毕业证书的真伪。对有疑问的毕业证书，应要求考生提供其他相关证明材料。

发现毕业证书属于伪造证件，应将证书扣留，并要求考生提供书面材料，说明假证书的来源后，报送考试院成招办。

对经复查不具备报名资格的考生，应及时通知考生本人，取消其报名、考试资格，其报名考务费不退。

三、新生复查工作

录取工作将继续坚持“学校负责、招办监督”的录取体制。各招生院校要在市、校录取领导小组的领导下，认真做好复查工作。要求所有录取新生持毕业证书原件和身份证报到，对报考资格进行复查，并将新生复查结果于2005年4月底前以书面形式报考试院成招办。经复查不符合报考条件的考生，应该取消其学籍。由此产生的计划余额可在来年招生计划一并使用。

四、严肃招生工作纪律

对违反招生有关规定应予处罚的，依照 2004 年 5 月发布的教育部 18 号令《国家教育考试违规处理办法》执行。

二〇〇四年六月二十五日

附件一

关于大专以上毕业证书的几点说明

为做好专升本毕业证书的审验工作，现进行以下几点说明：

一、国民教育系列高等教育

从学历系列上讲包括专科、本科、第二学士学位班、研究生班（已停办）、硕士研究生和博士研究生六个方面。经国家教育主管部门（教育部）批准具有举办学历教育资格的成人高等学校、普通高等学校（含培养研究生的科研单位）、民办高等学校所颁发的学历证书，国家予以承认。另外，通过自学考试、由国务院自学考试委员会授权各省（自治区、直辖市）自学考试委员会颁发的自学考试毕业证书、高等教育学历文凭考试毕业证书；经国家教育主管部门（教育部）批准，纳入国家招生计划并参加全国统一考试录取在党校、军事院校中就读的学生所取得的毕业证书；经教育部批准试点而颁发的远程（网络）教育毕业证书，以及符合教育部、总参谋部、总政治部关于《中国人民解放军院校学历证书管理暂行规定》（教学［1995］2 号）所颁发的学历证书，国家同样予以承认。

二、国家统一印制的高等教育学历证书

为保证高等学历教育的规格和质量，维护国家高等教育学历（学位）证书制度的严肃性及社会声誉，加强对高等教育毕业证书的管理，便于用人单位对高等教育毕业证书、学位证书的认定，原国家教委决定成人高等教育自 1993 年、普通高等教育自 1994 年起，高等教育学历证书实行国家教育主管部门、省（自治区、直辖市、计划单列市中的青岛和大连）教育主管部门（或国务院有关部委）、学校三级管理，证书内芯由国家教育行政部门统一印制。高等教育自学考试的毕业证书仍由各省、市、自治区自考办负责印制。成人高等教育学历证书由国家教育行政主管部门授权省级（含青岛、大连和国务院部分部委）教育行政主管部门实施验印。从 2000 年起，教育部开始建立高等教育学历证书电子注册制度，此项改革将使教育部不再统一印制高等教育学历证书内芯，改由高等学校自行印制，但必须进行电子注册，并供网上查询。2000 年在北京、天津、辽宁、湖北、重庆五省市试点，2001 年在全国实行各类高等教育学历证书电子注册制度。

三、国民教育系列学历（学位）证书的发放范围

经国家教育行政主管部门批准、备案的独立设置的普通高等学校（含设在成人高等学校、军事院校中的普通班）、成人高等学校（即广播电视大学、职工高等学校、农民高等学校、管理干部学院、教育学院、独立设置的函授学院以及普通高等学校的函授、夜大学教育）、具有学历教育资格的民办高等学校所举办的高等学历教育的毕业生，以及高等教育自学考试毕业生和社会力量办学单位所举办的高等教育学历文凭考试合格生。

具体学校名称可参见教育部高校学生司编写的《高等教育学历问题咨询手册》（2002 年修订版）。

四、非国民教育系列的毕业证书

（1）社会力量办学的学校（民办高校）自主发证。

（2）各级党校颁发的毕业证书。

（3）社会人员取得的军队院校毕业证书（无军人证、士兵证、复员证者）。

（4）高等院校所属的二级学院所发证书。

（5）研究生课程班毕（结）业证书。

（6）1993 年—2001 年间，非教育部（国家教委）统一印制的成人高等教育毕业证书或没有验印章的证书。

（7）1994年—2000年非教育部（国家教委）统一印制的普通高等教育毕业证书，其中2000年北京、天津、辽宁、湖北、重庆五省市试点由普通高等学校自行颁发毕业证书的除外。

五、国家关于打击假证的规定

（一）为了加强对学历、学位证书的管理，严厉打击伪造、买卖学历、学位证书的违法犯罪活动，1998年6月2日，教育部、公安部联合下发了《关于加强学历、学位证书管理和严厉打击伪造、买卖学历、学位证书的通知》（教学［1998］9号），具体内容如下：

1. 各省、自治区、直辖市教委、教育厅（高教厅）要加强对所在地区中等和高等学校学历、学位证书的管理，严格按照国家招生和证书管理的有关政策、规定发放学历、学位证书，杜绝无视国家招生规定，乱招生、乱办班、乱发学历、学位证书的现象发生。

2. 要加强印章和印刷企业的日常管理。公安机关要协助印章和印刷企业建立健全验证登记等项制度，对违章非法承制印章和印刷各种学历、学位证书的，要依法予以查处，公安派出所和巡警、治安部门要将辖区内的日常管理与巡逻检查结合起来，进一步加强对社会面的控制，对流动刻字摊点和买卖学历、学位证书的人员，要及时进行清理。

3. 用人部门在招聘、录用人员时，对应聘人员的毕业人事档案和学历、学位证书如有疑问，可向教育主管部门、有关学校或研究生培养单位进行咨询。教育主管部门要积极配合，对用人单位送检的学历、学位证书认真审查和鉴定。经审查、鉴定是假学历、学位证书的，予以没收。对使用假证书者由其所在单位给予行政处分。

4. 各地公安机关发现伪造、买卖学历、学位证书的，要迅速组织力量，采取有力措施，深挖细查制贩窝点和团伙，对违法犯罪分子依法从严查处，典型事例要在宣传媒体上曝光。

（二）《刑法》第二百八十条规定："伪造、变造、买卖或者盗窃、抢夺、毁灭国家机关的公文、证件、印章的，处三年以下有期徒刑、拘役、管制或者剥夺政治权利；情节严重的，处三年以上十年以下有期徒刑"；"伪造公司、企业、事业单位、人民团体的印章的，处三年以下有期徒刑、拘役、管制或者剥夺政治权利"。最高人民法院、最高人民检察院公布的《关于办理伪造、贩卖伪造的高等院校学历、学位证明刑事案件如何适用法律问题的解释》对《刑法》第二百八十条第二款的法律适用作出了如下解释："对于伪造高等院校印章制作学历、学位证明的行为，应当依照刑法第二百八十条第二款的规定，以伪造事业单位印章罪定罪处罚"；"明知是伪造高等院校印章制作的学历、学位证明而贩卖的，以伪造事业单位印章罪的共犯论处"。

六、学历认证与咨询

（一）学历认证单位

1. 全国高等学校学生信息咨询与就业指导中心

联系地址：北京市海淀区中关村南大街理工科技大厦306室。

邮政编码：100081。

联系电话：010—68914155。

传　　真：010—68914160。

2. 北京高校毕业生就业指导中心

联系地址：北京市西城区新街口外大街14号。

邮　　编：100088。

联系电话：010—62351525　64240037　传真：62013456。

（二）学历查询网址

2001年毕业生：

http：//www.chinadaxuesheng.com/xuelichaxun/index.htm。

2002年毕业生：

http：//www2.chsi.com.cn/

七、本说明依据《中国大学生网》（www.chinadaxuesheng.com）及教育部高校学生司编《高等教育学历问题咨询手册》（2002年修订版）撰写。

附件二

2004年北京市成人高校注销新生名单

院校名称：　　　　　院校代码：

序号	报名号	姓名	录取专业名称	注销原因
1				
2				
3				
4				
5				
6				
7				
8				
9				
10				
11				
12				
13				
14				
15				

院校盖章：　　　　填表人：　　　　院校招办负责人签字：
联系电话：　　　　报表日期：　　　年　　月　　日

关于印发《北京联合大学特殊教育学院成人教育为残疾人举办单独招生考试实施办法》的通知

京考成招［2004］13号

北京联合大学：

为提高残疾人的文化水平和素质，适应社会发展的需要，经教育部和市教委批准，2004年北京联合大学特殊教育学院成人教育部分专业招收视障、听障残疾考生。

为确保此项工作顺利进行，现将《北京联合大学特殊教育学院成人教育为残疾人举办单独招生考试实施办法》印发给你们，请遵照执行。

二〇〇四年六月二十五日

附：

北京联合大学特殊教育学院成人教育为残疾人举行单独招生考试实施办法

按照教育部学生司《关于同意北京联合大学特殊教育学院成人教育为残疾人举行单独考试的函》（教学司［2002］48号）、《关于同意北京联合大学特殊教育学院成人教育面向残疾人单考单招增加专业的函》（教学司函［2004］56号）和北京教育考试院《2004年北京市成人高校招生工作规定》的文件精神，北京联合大学特殊教育学院成人教育对残疾人实行单独招生考试，特制定实施办法。

一、招生计划

招生计划由市教委下达，招生专业、学制、人数等如下：

专　业	专业类别	层　次	学制	形式	招生对象	计划
英语	文史类	专科	3年	业余	视障、肢残	60
钢琴调律	艺术类	专科	2年	脱产	视障、肢残	15
艺术设计（电脑美术）	艺术类	专科	3年	业余	听障、肢残	40
计算机应用	理工类	高职（专科）	3年	脱产	听障、肢残	15
针灸推拿学	中医学类	专升本	3年	业余	视障、肢残	15
艺术设计	艺术类	专升本	3年	业余	听障、肢残	8
计算机科学与技术	理工类	专升本	3年	业余	听障、肢残	7

二、报名

报名工作由北京联合大学特殊教育学院组织实施。

（一）报名时间：即日起至9月8日。

（二）报名地点：北京联合大学特殊教育学院（丰台区永定门外蒲黄榆2巷甲1号，电话：67665517、67644999）。

（三）报名条件

1. 报考人员必须坚持四项基本原则，遵纪守法，品德良好。报考高中起点本专科考生应具有高中毕业文化程度，报考大学专科起点本科的考生必须是已取得经教育部审定核准的国民教育系列高等学校或高等教育自学考试机构颁发的大学专科毕业证书人员。

2. 报考人员需是省、市级残联核准的残疾人员，身体健康，并能独立生活和学习。

（1）计算机应用专业招收听障和肢残学生，要求听障残疾等级在二级重听以上，肢残等级为三级和四级。

（2）钢琴调律专业招收视障和肢残学生，要求视障残疾等级在二级低视力以上，肢残等级为三级和四级。

（3）针灸推拿专业招收视障、听障和肢残学生，要求视障残疾等级在二级低视力以上，听障残疾等级在二级重听以上，肢残等级为四级。

（4）艺术设计专业（专升本）招收听障和肢残学生，要求听障残疾等级在二级重听以上，肢残等级为四级。

（5）艺术设计专业（专科）招收听障和肢残学生，要求听障残疾等级在二级重听以上，肢残等级为三级和四级。

（6）英语专业招收视障和肢残学生，要求视障残疾等级在二级低视力以上，肢残等级在三级和四级。

（四）报名手续

报名时考生需持本人居民身份证（没有北京市户口的外埠在京工作人员，还需持在京暂住证），省、市级残联核准颁发的中华人民共和国残疾人证书，一寸免冠正面照片三张及报名考务费。填写《单考单招考生报名登记表》。

三、考试

考试日期：10月16日、17日。

考试科目及考试时间见下表：

专业	统考科目			专业加试
	10月16日上午 9:00—11:00	10月16日下午 2:30—4:30	10月17日上午 9:00—11:00	10月17日下午 1:30—4:30
计算机应用	语文	英语	数学	综合理科
钢琴调律	语文	英语	数学	练耳、乐理（笔试）声乐器乐
英语	语文	英语	数学	听力、口语
艺术设计（电脑）	语文	英语	数学	色彩、素描
艺术设计	大学语文	艺术概论	大学英语	摄影理论、设计基础
针灸推拿学	大学语文	中医学基础	大学英语	中医推拿学基础
计算机科学与技术	大学语文	高等数学	大学英语	程序设计基础

命题一般不超出考纲要求。命题及考试工作按有关要求，由北京联合大学负责组织。

四、评阅试卷

考试结束后，按照《北京市2004年成人高校招生评卷工作规定》统一要求，由北京联合大学组织评阅试卷，并于11月2日前向考试院成招办报送成绩。

五、录取

录取最低控制分数线由考试院根据考生文化成绩和招生计划，确定录取控制分数线。招生学校对达到控制分数线以上的考生，按照德、智、体全面衡量择优录取的原则，依据文化课成绩、从高分至低分择优录取，同时负责对遗留问题的处理。对专业基础课成绩的要求由学校自行确定。拟录取名单需在11月30日前报送考试院。考试院成招办根据国家招生政策对拟录名单进行审核，学校按审核后的录取名单发放录取通知书。

六、严格招生纪律

对违反招生有关规定应予处罚的，依照2004年5月发布的教育部18号令《教育部考试违规处理办法》执行。

附件：单考单招考生报名登记表

附件

单考单招考生报名登记表

报名号：

	姓名		性别		民族	
	身份证号					
	文化程度		政治面貌			
	职业类别					
照顾类型			联系电话			
通讯地址			邮编			
残疾类型		联系人姓名		电话		
联系人地址			邮编			

<table>
<tr><td colspan="2">考生单位</td><td colspan="4"></td></tr>
<tr><td colspan="2">毕业学校</td><td colspan="4"></td></tr>
<tr><td colspan="2">特　　长</td><td colspan="4"></td></tr>
<tr><td colspan="2">第一志愿</td><td colspan="4"></td></tr>
<tr><td colspan="2">第二志愿</td><td colspan="4"></td></tr>
<tr><td colspan="2">是否同意调剂</td><td colspan="4"></td></tr>
<tr><td colspan="2">视障生考试时是否使用盲文</td><td></td><td>盲文使用</td><td>1 双拼</td><td>2 现行</td></tr>
<tr><td colspan="2">考生是否参加考前辅导班</td><td colspan="4"></td></tr>
<tr><td>备注</td><td colspan="5"></td></tr>
</table>

关于2004年度北京市成人高等学校预科班结业考试工作的通知

京考成招［2004］14号

各预科工作站：

根据北京市成人高等学校预科班教学要求和教学计划的安排，2004年度预科班结业考试定于2004年9月19日在北工大预科班工作站进行。请各预科班工作站协助做好结业考试工作。

一、考试科目

文史类、理工类、西医类、中医类、高职班考：语文、数学、英语。

二、考试时间

日期	时间	科目
9月19日	9:00—11:00	语文
	13:00—15:00	数学
	15:40—17:40	英语

三、考试办法

（一）为保证结业考试的质量，体现公平、公正的原则，今年仍实行统一设置考点统一考试的方式和单独设立考点。

（二）各工作站应按《北京教育考试考务管理暂行规定》和《北京市成人高等学校预科生管理规定》中所规定的考试管理办法做好考生的考前教育与培训，并建立考生诚信考试承诺书制度，考前由考生签订考生诚信考试承诺书。

（三）考试期间，考试院成招办将派出巡视员巡视考试情况。

（四）考试院成招办集中组织评卷、登分工作，各工作站负责将考试成绩通知本人，不公布，不查分。

四、组考要求

（一）考点要成立预科生结业考试工作领导小组，具体负责考试工作的实施。

（二）预科班的结业考试属省级考试，各项工作均按考试院有关规定执行。要严密做好各项准备工作和监考员培训工作，严肃考风考纪，确保考试工作顺利完成。

（三）考点站在9月5日前，将组考工作方案（组考小组成员组成及分工情况、考点地址、考场地点、咨询电话、试卷存放地点、保密工作人员名单）上报考试院成招办。

五、取送试卷时间及要求

（一）取试卷时间和地点：2004年9月18日上午9:00
大兴区宝旺印刷厂
联系人：王维克
联系电话：62198017

（二）送试卷时间和地点：2004年9月19日晚7:00前
首师大成教学院（西三环北路56号）
联系人：马骅　王芳　杨京丽
联系电话：68901570　68902830

（三）负责组考的工作站取送试卷，必须二人以上，同时需带介绍信。

六、其他

（一）各工作站将平时成绩单及电子件上报考试院成招办。

（二）9月30日各工作站到考试院成招办秘书科领取预科生结业考试成绩。

（三）考务费每人22.00元，请各工作站交到首师大工作站。

二〇〇四年七月五日

关于加强考试管理严肃考风考纪切实做好成人高考工作的通知

京考成招［2004］15号

各区县考试中心、成人教育招生办公室：

为贯彻落实教育部《关于做好2004年成人高等学校招生工作的通知》精神，加强考试工作管理，加大监督检查力度，提高工作质量，确保北京市2004年成人高等学校招生全国统一考试顺利进行，现将有关事宜通知如下：

一、提高认识，加强对考务工作的管理

教育部确定的2004年成人高校招生工作重点是：全面加强考试环境综合整治，加强制度建设，强化考场管理和考风考纪建设，确保招生考试的安全、公平、公正。各区县考试中心应贯彻落实教育部指示精神，要按照践行“三个代表”重要思想的要求，把考试安全和考风考纪作为建立良好社会风气和维护社会稳定的大事来抓。突出抓好四项整治工作，一是整治考场秩序，二是整治泄密问题，三是整治有组织的考试舞弊行为，四是整治借考试之名进行诈骗活动。进一步明确任务，增强责任感，制定严密有效的措施，全力以赴，加强考试管理，努力为广大考生提供公平公正、放心满意的考试环境，确保成人高校招生考试的顺利进行。

（一）加强对组考工作的领导。考试工作应在各区县政府、教委、招生委员会的领导下工作。各区县考试中心要将组考工作方案以及面临的问题和采取的措施及时向当地政府、教委、招生委员会的领导汇报，争取领导的重视和支持。同时，还应主动联系并争取公安、卫生、交通、城管、电力、通讯、机要保密、纪检监察等部门的支持与配合。

（二）制定组考方案。要认真贯彻落实教育部、市教委、考试院等有关文件精神，结合本地实际情况对成人高校招生组考工作进行全面分析，在总结经验的基础上，找出存在问题，制定周密细致的组考方案。针对可能发生的突发事件，制定相应预案。组考方案与突发事件预案于10月8日前上报考试院成招办。

（三）加强考点和监考队伍建设。考点是承担考试任务的基层单位，监考工作人员的责任心、业务水平关系到监考工作的质量，因而加强考点建设，加强监考人员的队伍建设，对于组考至关重要。要选派公正廉洁、认真负责、熟悉业务和不徇私情的人员参加考试工作，为保证考试工作的质量，应坚持不合格的考点不用，不符合条件的监考员不用，不经培训或培训不合格的监考员不得上岗。

（四）认真培训，明确职责。要集中时间，集中精力，认真学习有关文件，对各级考试工作人员进行职业道德教育和业务培训。通过培训提高各级考试工作人员对考试管理工作重要性的认识，增强政治意识、责任意识，安全意识和自律意识，进一步明确职责，增强做好考试工作的自觉性。

（五）加强考试诚信教育和思想道德教育

加强考试诚信教育和思想道德教育是形成诚信守纪文明考风的基础工作。要通过多种形式对考生加强诚信教育和考风考纪教育。区县招办要在发放准考证时将《提倡良好学风　诚信考试光荣——致广大考生的公开信》发给考生，各考点要在考试前一天张贴《国家教育考试违规处理办法》和《考生应试守则》，使广大考生了解考生守则和考试违规处理办法，树立诚信考试光荣、违纪作弊可耻的考试理念和文明风尚。

二、严肃考风考纪，严惩考试违纪舞弊行为

（一）要严格执行《北京教育考试考务管理暂行规定》（京考［2004］2号），认真落实考点和监考人员职责，树立依法治考的观念，严格要求，敢于管理，廉洁奉公，敢于负责。

（二）各考区要根据实际情况实行监考人员轮换制度，以遏制“人情风”对考试工作的干扰。

（三）要继续加强与当地监察、纪检部门的合作与配合，加大对违纪、作弊的处罚力度和监督力度。

（四）对于各类违纪、舞弊现象，要按照《国家教育考试违规处理办法》（教育部18号令）予以严肃处理，决不姑息。各考点要及时填写《违纪考生登记表》，收集相关证据，详细记录违纪情节，监考员和考点负责人签字后送区县成招办。区县成招办将违纪考生情况录入计算机，于10月20日前将信息盘和《违纪考生登记表》报送考试院成招办。

（五）严肃处理违纪工作人员。对在考试中不认真履行职责，甚至放纵考生伙同作弊的监考员、工作人员要坚决依照《国家教育考试违规处理办法》严肃处理，情节严重的要撤销其考点和监考资格。对以前在监考中出现过上述问题的人员，不得参加今年的组考工作。

三、加强巡视检查和考评

（一）考试期间，考试院将向各区县派出巡视员。巡视员将在考试期间对考点、考场设置，试卷的保管分发，监考员、工作人员履行职责情况，考场纪律等进行监督检查。各区县也应组织相应数量的巡视人员，到本区县内的各考点、考场进行巡视检查。巡视员应将发现的问题及时与考点主考联系，并及时向考试院成招办和区县成招办汇报。

（二）对考点和监考员实行考评是督促做好考试工作的有效措施。区县要建立考点信息库、监考员和考务工作人员信息库，对于考试工作情况详细记载，并对考点实行考评制，采取考点自评和考区派巡视员考评相结合的办法。考试结束后，将《考点考试情况考评表》汇总情况报考试院成招办备案。

四、增强保密观念，做好试卷的保管分发工作

（一）要增强保密观念，切实做好试卷（答卷）的保管分发工作。在组考期间，试卷（答卷）的保管分发工作。要按市教委、市委宣传部、市公安局、市国家保密局《关于印发北京市国家教育考试考务安全保密工作实施办法的通知》（京教办［2004］26号）执行。

（二）今年试卷领取采取区县引领印厂送卷专车直接送达各区县考试中心的办法。送达路线详见《领送试卷安排表》。具体要求为：领送试卷双方由试卷保密负责人带队，配备公安人员或武警人员随车，每车不得少于三人；区县招办试卷保密负责人凭单位介绍信进行试卷交接工作；试卷清点无误后，印厂和区县招办要在领取试卷清单上签字，加盖区县招办公章。交接手续完备后，要及时向考试院成招办通报情况，电话：62198016。

（三）各区县领取、核对试卷后，应立即存放保密室内，在考区领导小组监护下，依照《2004年成人高考试卷需用量统计表》进行核对清点，核对无误后再依照考试时间、按考点、分科装入保险柜内。

（四）考试期间，当日开考科目的试卷，由区县于当日上午8:00前用专车送达考点，考点保密人员依照《2004年成人高考考点、考场安排一览表》核对试卷数量和考试科目，无误后装入保险柜内。每场考试前一小时由保密人员按考场、科目将试卷准备好。

五、加强值班，严格报告制度

（一）各区县要建立应急反应机制和应急工作预案。一旦发生涉及考试安全保密工作的重大突发事件，应必须在第一时间同时报告考试院和当地教育行政主管部门，并按照考试院制定的《处置试卷安全突发事件工作预案》的有关程度采取措施，防止事态扩大，把风险和损失降到最低程度。

（二）考试期间，考试院设立值班办公室，负责处理各项考务工作。各区县设值班室并要求 24 小时有人值班，保证联络畅通。

请于 9 月 30 日前将值班安排，即值班室地址、电话（办公电话、手机、传真）和值班人员姓名等书面报考试院成招办秘书科。

（三）进一步落实突发性重大事件直报和考试情况日报制度，试卷到达区县后，每天 6：00 前将试卷保密情况、每日下午考试结束后需将本考区当日考试情况、答卷运送情况电话报考试院成招办。

考试院成招办值班电话：

白天（8:00—18:00）：62198012、62198016。

夜间（18:00 至次日 8:00）：62113626。

六、几项具体事宜

（一）考试时间：北京市 2004 年成人高校招生全国统一考试时间定于 10 月 16 日、17 日，详见附表。

（二）领取试题：各区县成招办于 10 月 14 日领取试题。

（三）运送试卷：10 月 18 日上午将各科试卷按规定送到阅卷点。

二〇〇四年九月十三日

附表

全国成人高校招生统一考试时间表

一、高中起点升本、专科（高职）考试时间表

日期 时间	10 月 16 日 星期六	10 月 17 日 星期日
9:00—11:00	语文	外语
14:30—16:30	数学	理化 史地 医学综合 中医综合 公安专业基础

二、专科起点升本科考试时间表

日期 时间	10 月 16 日 星期六	10 月 17 日 星期日
9:00—11:30	政治	大学语文 艺术概论 高等数学（一） 高等数学（二） 民法 教育理论 生态学基础 医学综合
14:30—17:00	外语	

关于印发《2004年北京市成人高等学校招生考试评阅试卷工作规定》的通知

京考成招［2004］17号

各区、县考试中心、成人教育招生办公室、各评卷单位：

为做好2004年北京市成人高等学校招生考试评阅试卷工作，提高评卷工作的科学化、规范化程度，确保高质量地完成评卷任务，现将《2004年北京市成人高等学校招生考试评阅试卷工作规定》印发给你们，请遵照执行。

二〇〇四年十月十日

附：

2004年北京市成人高等学校招生考试评阅试卷工作规定

评卷工作是成人高校招生全国统一考试工作的重要环节，为保证此项工作顺利进行，根据教育部《关于印发〈2004年高等学校招生全国统一考试考务工作的规定〉的通知》（教考试［2004］1号）文件精神，结合北京市实际情况，特作如下规定。

一、评卷工作的原则及依据

评卷工作要坚持“科学、公正、准确、规范、宽严适度、首尾一致”的原则，评卷工作的依据为教育部制定的答案和评分参考。

二、组织领导及分工

（一）组织领导

评卷工作应在北京市成人高校招生考试评卷领导小组（以下简称市评卷领导小组）的领导下进行。市评卷领导小组由北京教育考试院主管领导、考试院成招办负责人及各评卷点领导小组组长组成。

全市统一设置评卷点。各评卷点应成立评卷领导小组，组长由承担评卷工作院校的主管院校长担任。各学科成立学科评卷领导小组，组长由本学科副教授以上职称的教师担任。

各评卷点应设立评卷、检查、成绩录入、试卷保管、后勤等小组。

考试院成招办为市评卷领导小组的办事机构，具体协调、解决阅卷中出现的重大问题。

各区县成人教育招生办公室负责将本区答卷运送到评卷点，评卷结束后取回答卷并做好分数复核工作。

（二）各部门职责

市评卷领导小组负责组织全市评卷工作，及时处理评卷工作中出现的普遍性的重大问题。

评卷点领导小组具体组织有关科目试卷的评阅工作，保证试卷的评阅质量和进度，做好试卷评阅、试卷保管、保密等项工作。

评卷点下设的各小组要认真完成评卷点领导小组分配的任务。

（三）评卷教师

评卷教师由各评卷单位选聘。评卷教师以高等学校教师为主，一般应有讲师以上职称。评卷教师应思想品德好，工作责任心强，业务水平较高，有一定的评卷工作经验，作风正派，遵守纪律、身体健康、当年无直系亲属参加成人高考。评卷领导小组要加强对评卷教师和工作人员的管理。评卷领导小组有权辞退不遵守纪律或不能胜任阅卷工作的人员。

三、阅卷评分

（一）研究评分参考，坚持做好试评

各评卷点领导小组，要组织全体评卷教师认真学习、研究《答案》及《评分参考》，对于评分标准的宽严尺度，要统一认识。

评卷前，要根据评分参考进行试评，对考生不同的答题方式进行研究、讨论、归纳。遇有争论的问题，要经过反复论证，统一思想；在此基础上，评卷点领导小组制定出相应科目的“评分标准执行细则”，并使每个评卷教师熟练掌握统一的评分标准及其执行细则，防止在正式评卷中出现偏宽、偏严或宽严不一的现象。

（二）实行岗位责任制，采取流水作业法评卷

1. 分组办法。评卷点根据该科目试卷的题目数，设立与题目数相同（或相近）的题目组，每个题目组再分成若干个小组。若该科目试卷数量较多，评卷点可先分成几个大组，每个大组再根据试卷题目数，分成与题目数相同（或相近）的题目组，然后下设若干个小组，组与组之间按题目传递流水作业。

2. 发挥组长作用。各组均设组长，指定专人负责领送、分发试卷。要随时掌握评卷进度、质量和出现的问题。

3. 题目分工。在评卷过程中，作文和论述题由两人分别评阅（一人主评，一人副评，定时交换），在一定幅度内取两个分数的平均分。如超出一定幅度由评卷题目组讨论决定。其他题目一人一题单独评阅，疑难问题由题目组讨论解决。

4. 要建立复查制度。对评阅后的试卷，小组要复查，题目组、大组要抽查，各学科每天的复查量不得少于20%。阅卷点负责人在抽查的同时要及时解决疑难问题，防止偏严、偏宽或宽严不一及漏判题等问题。对评分标准掌握不当的评卷人员应予提醒，对不能正确掌握评分标准（或多次提醒不改正）的评卷人员，应调换其工作。

（三）记分

批阅、记分，一律用红墨水笔或红芯圆珠笔，记分要准确、工整、规范。

1. 记分方法。评卷只在每道小题号前记得分，不记扣除分数。完全答错和未答的，做“○”记号。评卷人在规定的位置签字，以示负责。每题中的小数点以后的分数，不作四舍五入，每科积分时才作四舍五入。成绩如需订正，订正后要由原评卷教师和订正人签名，以便个人负责。

2. 每小题的分数，应工整地写在相应小题号的前面，大题的题首分不用累计。

3. 如发现答案中有严重的政治错误，需集体讨论审查确定后在有错误的地方做“＝”记号，并在试题成绩栏下做“×”记号，同时做记载，必要时，由评卷领导小组处理。对有异常情况的试卷（如雷同试卷，字迹前后不一致，在密封线外写有考生姓名、考号，铅笔答卷或标记等）先评分，同时填写《答案异常情况记录表》和写出答案异常情况鉴定，会同市评卷领导小组处理。

（四）坚持集中评卷

1. 各评卷点要克服困难，做到按科目在规定的时间、场地集中评阅试卷。

2. 在试卷袋拆封后，由评卷教师先把卷袋上的密码号填在卷头纸上，保证试卷始终是在密封状况下进行评阅。评卷后，要注意将试卷装回原试卷袋中。

（五）做好试卷的收发、传递、保管和保密工作

1. 评卷点要建立保密室，制定保密制度。各阅卷点要设值班室，要求24小时有人值班，保证联络畅通。设立专门人员负责收发试卷，健全试卷收发手续。发放的试卷，评阅后当天收回，集中在保密室保管。

2. 评卷题目小组组长负责领送试卷，领送试卷前均严格检查试卷密封、编号是否完好，有无缺漏。

3. 评卷时要做到严格保密，不得将试卷带出评卷场所，不得抄录试卷评阅结果。对评卷有不同意见应及时向组织反映，不得在室外谈论评卷情况和问题，不得在评卷室内会客、接待来访。

4. 要注意做好评卷场所的安全保卫工作，保持清洁，注意防火、防盗，不要吸烟，不要随意乱扔纸张、烟头。

四、登分工作

登分工作全部实行小分录入，即阅卷点在试卷评阅完毕后，按照要求把考生每道小题所得分数录入计算机。

（一）登分要求

1. 所有登分工作人员应经培训后上岗。

2. 登分采取两遍录入的方式，即每份试卷必须录入两遍，第一遍为“一录”，第二遍为“复核”。

3. 录入前应认真输入考场密码号及考试科目，检查系统给出考场人数是否与实际相符，如不一致要认真查找原因，必要时与考试院成招办联系。

4. 在“一录”小分时，录完一份试卷后，将计算机自动合成的考生总分用红笔写在该卷卷首总分处。“复核”时若发现与“一录”不符，由复核人确定正确分数，在原错误分数上划“\”，重新写出正确分数并签字。

5. 阅卷点小分录入系统要有相应的设备配置，最低配置如下：

对于阅卷科次在5万以上的阅卷点需要使用专用服务器，其最低配置：Intel Xeon 800M CPU /内存1G/硬盘10G＊3（RAID5）/100M网卡。

对于阅卷科次在5万以下的阅卷点可以使用高档PC机做服务器，其最低配置：Intel P4 1.8G CPU /内存512M /硬盘30G/ 100M网卡。

客户端PC机最低配置：P2－450/ 内存64M/硬盘10G，10/100M网卡。

登分地点要求具有与外界隔离的独立的局域网，采用100M交换机。在登分期间保障网络畅通、无病毒，电源不间断。要注意数据及时备份。

（二）操作方法

见《阅卷点小分录入系统使用说明》。

五、复核工作

复核工作全部采用小分录入复核方式。复核工作是指在评卷、登分、核分后复查分数是否登错或加错，不涉及评分标准掌握问题。这项工作主要由区县成招办组织进行。

1. 复核工作应在试卷启封的状态下进行。复核时首先检查“试卷袋”上区（县）号、考场密码号、科目代号、应考人数是否与试卷一致，试卷的份数是否同考场人数相一致；不一致时，要认真查找原因，及时解决。

2. 注意检查准考证号的顺序是否从小号到大号连续排列，中间是否有其他异常现象，如有异常情况，应及时纠正。

3. 在前两项均符合规定的情况下，可开始复核工作。录入每张试卷小分。当发现与阅卷点所录分数不一致时请录入正确分数，并注明错误原因。

4. 当复核工作结束后导出并上交“复核成绩库”。

六、建立应急预案，加强值班，严格报告制度

各阅卷点要建立应急反应机制和应急工作预案。一旦发生涉及试卷安全保密工作的重大突发事件，应必须在第一时间同时报告考试院和院校领导。

要进一步落实突发性重大事件直报和阅卷情况日报制度。考生答卷到达阅卷点后，每天下午6：00前应将试卷保密情况电话报告考试院成招办。

考试院值班电话：白天（8:00—18:00）62198012　62198016。

夜间（18:00至次日8:00）62113626。

七、集中改错

考试院成招办组织各评卷点和各区、县成招办对登分中出现的错误共同修改。

（一）改错时间、地点

2004年10月31日上午8:00，地点：北京电大阶梯教室。

（二）改错方法

区县需携带成绩复核数据盘、需更改分数的试卷。依据考试院成招办打印的成绩复核单，经阅卷教师对分数错误进行核对，无误后签字交成招办。

八、处罚规定

在评卷工作中，对违犯规定的工作人员和发现试卷雷同等违纪行为的考生，按北京教育考试院《北京

教育考试违规行为处理暂行办法》中有关规定处理。

九、评卷总结与试卷分析

试卷评阅工作结束后，各评卷点领导小组要及时总结评卷工作，写出评卷工作总结；对各科目进行阅卷分析，并单附200字左右的试题评价；对今后的命题工作提出意见和建议；评选出优秀评卷员，评选的数量占阅卷教师的10%。上述材料（软盘及书面材料）于10月31日前交考试院成招办考务科。

附件：1.2004年北京市成人高考评卷领导小组名单

2.2004年北京市成人高考阅卷工作时间安排

3.2004年北京市成人高考评阅主观题试卷一览表

4.2004年北京市成人高考评阅客观题试卷一览表

5. 评卷工作人员守则

6. 学科评卷小组组长职责

7. 统分输机工作人员守则

8. 保密人员守则

9. 评选优秀评卷员的条件及工作要求

10. 表格1至表格5

附件一

2004年北京市成人高考评卷领导小组名单

组　长：刘枫耘　北京教育考试院副院长

副组长：李鸿江　北京教育考试院成人教育招生办公室主任

马凤兰　北京教育考试院成人教育招生办公室副主任

黄建平　首都师范大学成教学院院长

成　员：包华影　王季音　郭世安

成招办评卷工作联系人：祝丰　马宏辉　李新　吴莉莉　赵虎

附件二

2004年北京市成人高考阅卷工作时间安排

时　间	工作进度和要求
9月27日上午	在成招办六楼会议室召开阅卷工作会。
10月16日—17日	成人高校招生全国统一考试。
10月18日上午	各考试单位向阅卷点集中送交答卷，阅卷点接收试卷。
10月19日—26日	各阅卷点组织阅卷登分工作，26日前向考试院成招办报成绩软盘。
10月27日上午9:00	各区（县）招生办上午9:00到考试院成招办开会，并领取打印成绩复核单；会后到阅卷点领取试卷。
10月27日—30日	各区（县）招生办复核考生分数。
10月31日	统一对考生成绩进行改错。改错地点：北京广播电视大学阶梯教室（皂君庙）。

注：阅卷期间值班电话：62198024　62198018　62198012（传真）。

附件三

（略）

附件四

2004年北京市成人高考评阅客观题试卷一览表

代码	阅卷科目	袋数	卡数	起点
10	政治	1564	44 326	专科起点
11	英语	1 553	44 068	专科起点
15	民法	144	4 014	专科起点
18	生态学基础	23	262	专科起点
19	医学综合	143	3 977	专科起点
31	语文	2 383	69 986	高中起点
32	数学（文）	1 664	49 262	高中起点
33	数学（理）	719	20 724	高中起点
34	理化	137	3 861	高中起点
35	史地	519	15 318	高中起点
36	英语	2 378	69 917	高中起点
50	医学综合	131	3 647	高中起点
52	中医综合	32	932	高中起点
53	公安专业基础	22	651	高中起点
总计	14科	11 412	330 945	

注：1. 客观卷（答题卡）由北京教育考试院成招办负责评阅。
2. 区县成招办将答题卡送考试院成招办计统科（学府宾馆六楼）。
3. 联系电话：62198024　　联系人：马宏辉　赵虎。

附件五

评卷工作人员守则

一、严守纪律，保守秘密，严格执行评卷的有关规定。

二、严格掌握评分标准，防止偏宽、偏严和错评、漏评，按时完成任务。

三、在规定的地点集中评卷，凭《评卷工作证》出入评卷场所。答卷不准带出阅卷场所。

四、不得将评卷、统分的文件、资料等带出工作场所。评卷情况不得外传。工作时间不会客，不打电话；不得私自进入试卷保管室和登记处。不准查询考生分数。不准将寻呼机、移动电话等通讯工具带入评卷场所。

五、评卷一律使用红签字笔或红芯圆珠笔，其他笔不得带入评卷场所。记分要清楚，如更改，必须有组长和复核人员签字或盖章。

六、不得私自拆启密封答卷册，不准撬看密封线内的考生姓名、准考证号等内容，不得涂改考生答卷及成绩。

七、爱护答卷与各种资料，不得损坏答卷。

八、保证评卷场地安全、安静。

九、自觉遵守组织纪律，服从工作安排，按时上下班，因病、因事不能上班时应及时请假。

附件六

学科评卷小组组长职责

一、在评卷领导小组领导下，组织本学科的评卷工作，按时完成评卷任务。严守纪律，保守秘密，严格执行评卷的有关规定。

二、在评卷前组织试评。在试评和学习、掌握答案和评分参考的基础上，制定评分细则。

三、培训评卷人员，使每个评卷人员正确、熟练掌握答案和评分参考及评分细则。

四、检查执行答案和评分参考及评分细则的情况，纠正执行过程中的偏差。

五、负责本学科评卷的质量，裁决有关执行答案和评分参考及评分细则的分歧意见。

六、评卷结束后，对本学科答卷情况进行分析，做出对试题、试卷的定性分析报告，并对试题、答案和评分参考提出意见，报有关考试机构。

附件七

统分输机工作人员守则

一、统分输机工作人员必须随身佩戴专用出入证，并妥善保管，不得遗失和转借他人。

二、遵守纪律，不迟到、不早退。工作场所严禁吸烟，工作时间不会客、不接打电话。坚守工作岗位，不到与自己无关的岗位闲谈，不进入与自己无关的工作室。非计算机操作人员不得随意动计算机键盘。

三、所有工作人员必须保守机密，不向外界透露统分进度有关情况，不准随意查询考试成绩，更不准改动考生成绩。如发现有改动考试成绩的可疑情况，应及时向有关负责同志报告。主控操作人员不得以任何借口改动考生成绩。

四、所有工作人员一律使用红色圆珠笔。试卷分数填写不清或漏判的需请评阅教师复查或评判，其结果应有评卷教师签字，更改的成绩必须有二人签字，并由负责人审核后签字。

五、爱护考生答题卡，严防污染、破损现象发生。

六、对违反纪律和徇私舞弊者，要从严处理。

附件八

保密人员守则

一、保密人员必须认真学习国家制定的保密法规，提高对保密工作的认识，自觉遵守保密纪律，勇于保卫答卷安全。

二、保密人员必须坚持原则，不得以任何理由为借口启封答卷袋，更不得监守自盗。

三、保密人员必须做到昼夜24小时值班，不得擅离职守，每班不得少于二人值班。

四、保密室内不准吸烟、酗酒、打闹，不得进行文娱活动，不准无关人员进入保密室。

五、开启保密柜，必须有二人同时在场。接收和发出答卷，必须细心清点科目和数量，认真查验封签，严格履行交接手续。

六、答卷保管人员必须坚持原则，严守机密，不在工作场所之外谈论答卷情况，不打听评卷核分情况，不准任何人抄录卷面成绩。除处理装订不合格或有标记的答卷外，不得翻阅答卷。

七、答卷保管员要及时做好发放答卷的准备工作，做到不错不乱、不丢失、不损坏。答卷收发要有登记表，收发要签字。

附件九

评选优秀评卷员的条件及工作要求

一、评选的条件

1. 具有较高的思想水平，工作责任心强，主动承担重任，遵守纪律。

2. 正确掌握评分标准，宽严适度，评卷无差错，保质保量。

3. 努力探索提高评卷质量新途径，主动提出评卷工作建议，积极参与试题、答卷和评卷质量的分析评价工作。

二、工作要求

评选优秀评卷员原则上占评卷教师10%以内。在评卷结束前一两天，各评卷小组提出推荐名单报评卷点领导小组，经阅卷点领导小组初审后，填写《优秀评卷员登记表》及《优秀评卷人员名单》一式二份，并加盖阅卷点院校招生办公室公章，于10月26日报考试院成招办审批。对于评选出的优秀评卷人员，考试院成招办将适时予以表彰，以资鼓励。

附件十

表格1（略）

表格2 **北京市成人高考阅卷点工作人员登记表**

阅卷学校：

序号	姓名	性别	年龄	职务	职称	工作单位	阅卷期间任职
1							
2							
3							
4							
5							
6							
7							
8							
9							
10							
11							
12							
13							
14							
15							
16							
17							
18							
19							
20							

注：1. 阅卷期间任职系指：领导工作、阅卷或登分工作、保密工作、后勤工作中其中一项。

2. 此表填写一式二份，10月20日前交成招办联络员一份带回。

填表人签字：　　　　负责人签字：

表格3 **2004年北京市成人高考阅卷点人员统计表**

阅卷学校：

工作类别	人　数	备　注
领导小组人员		
阅卷人员		
登分人员		
保密工作人员		
后勤服务人员		
合　计		

注：各阅卷点于10月20日前将此表交考试院成招办。

填表人签字：　　　　负责人签字：

表格 4 **北京市成人高校招生优秀评卷人员名单**

评卷点名称： 年 月 日

序号	姓名	性别	职务或职称	工作单位	评卷科目	备注
1						
2						
3						
4						
5						
6						
7						
8						
9						
10						
11						
12						
13						
14						
15						
16						
17						
18						
20						
21						
22						
23						
24						
25						

注：此表填写一式二份，于10月31日前交考试院成招办一份

填表人签字： 负责人签字：

表格 5 **优秀评卷员登记表**

<table>
<tr><td>姓名</td><td></td><td>年龄</td><td></td><td>政治面貌</td><td></td><td>民族</td><td></td></tr>
<tr><td>工作单位</td><td colspan="3"></td><td>职务</td><td></td><td>职称</td><td></td></tr>
<tr><td>评卷年度</td><td colspan="3"></td><td>评卷科目</td><td colspan="3"></td></tr>
<tr><td colspan="8">事迹：</td></tr>
<tr><td colspan="8">评卷点意见：
评卷点招办盖章
2004年 月 日</td></tr>
<tr><td colspan="8">考试院成招办意见：
2004年 月 日.</td></tr>
</table>

注：此表填写一式二份，于10月26日前交考试院成招办一份。

关于 2004 年成人高考考生申请复查分数工作通知

京考成招［2004］19 号

各区县考试中心、成人教育招生办公室：

为增加成人高校招生考试的透明度，今年继续为考生提供查分服务，为做好此项工作，现将有关事项通知如下：

一、查分范围

对于考生查分，仅限在考生接到成人高考分数通知单后复查试卷中大、小题的分数有无漏判、漏登、错登、错加和计算机在处理分数时错登、错录等项目，不涉及评分标准的掌握问题。

二、查分时间

考生在接到成人高考分数通知单后按区县成人教育招生办公室规定的时间地点提出查分申请，填写《查分登记表》后，领取查分结果。在正式通知考生分数前，各区县一律不得接待考生查分。

三、查分程序

考生申请查分，需首先出示准考证，填写《查分登记表》。区县复查试卷，应安排两人以上负责。要核对考生的准考证号，按照分数库打印各小题分数单，再与考生试卷进行比对。对于查分结果无误的，要在《查分登记表》上写明"试卷分数无误"的结论，并二人签名以示负责。对于确属查分范围规定的几种类型错误，应在《更正分数登记表》上签字盖章，并于 11 月 12 日下午携带此表和考生试卷到考试院成人教育招生办公室审查，确认后办理有关手续。

四、工作纪律

各区县成人教育招生办公室要本着对考生负责、对国家培养人才负责的精神，耐心接待考生。严禁利用查分机会违反规定更改分数，一经发现舞弊者，按照《国家教育考试违规处理办法》执行。

二〇〇四年十一月二日

关于对成人高考中违规考生处理的通知

京考成招［2004］20 号

各区县考试中心、成人教育招生办公室：

2004 年成人高校招生全国统一考试于 10 月 16 日—17 日进行。市、区县、考点领导及考务工作人员认真贯彻落实教育部有关文件精神，加强考试管理、严格考试纪律，确保了考试工作的顺利进行。其间共查处违规考生 361 名，严肃了考风考纪，维护了国家教育考试的严肃性和成人高考的社会声誉。根据《国家教育考试违规处理办法》文件规定，对违规考生做出相应处理。现将违规考生名单转发给你们，请填写《违规考生处理通知单》，并通知到本人。

一、根据《国家教育考试违规处理办法》第九条、第十条规定，204 名作弊考生各科成绩无效。其中，携带与考试内容相关的文字材料和存储有与考试内容相关资料的电子设备参加考试的 101 名；抄袭和协助他人抄袭试题答案以及与考试内容相关资料的 3 名；在考试过程中使用通讯设备（手机）的 56 名；由他人冒名代替参加考试的 40 名；在答卷上填写与本人身份不符的姓名、考号等信息的 2 名；传、接物品或者交换试卷、答卷、草稿纸的 2 名（具体名单见附件 1）。

二、根据《国家教育考试违规处理办法》第九条对 157 名考生取消违纪科目的考试成绩。其中，携带规定以外物品进入考场和未放在指定位置的 68 名；考试开始信号发出前答题和考试结束信号发出后继续答题的 2 名；在考试过程中旁窥、交头接耳、互打暗号和手势的 1 名；用规定以外的笔和纸答题以及在试卷规定以外的地方书写姓名、考号和以其他方式在答卷上标记信息的 81 名考生；未经考试工作人员同意擅自离开考场的 4 名；将答题卡带出考场的 1 名（具体名单见附件 2）。

二〇〇四年十一月三日

附件略。

2004 年北京市成人高校招生考试工作总结

2004 年北京市成人高校招生考试工作在市委、市政府、市高招委、市教育工委和市教委的领导下，贯彻落实教育部有关成人高校招生工作的方针、政策，努力实践“三个代表”重要思想，本着“以人为本，服务考生”的工作宗旨，按照科学发展观的根本要求，积极、稳妥地推进各项招生改革，重点抓好国家教育考试环境综合整治工作，加强管理，狠抓落实，确保了招生工作的安全、公平、公正，在区县、招生学校和有关部门的共同努力下，圆满地完成了成人高校的招生任务。

一、基本情况

今年共有115 427人参加成人高考，计划招生69 628人，实际录取72 919人。

（一）招生计划情况

今年共有 123 所成人高校在京招生，计划招生69 628人，比去年增长 7.96%，其中，高中起点本科 5 144人，高中起点专科（高职）42 333人，专科起点升本科22 151人。

（二）报名情况

全市参加全国成人高校统一招生考试人数为115 548人，比去年减少12 195人，降幅为 9.5%，其中，考试生114 293人，预科转正生1 117人，全国劳动模范、优秀运动员免试生 17 人，参加面向残疾人单考单招考生 121 人。在考生中，报考高中起点升本科的19 177人，报考高中起点升专科（高职）的50 797人，报考专科起点升本科的44 319人。

（三）考试情况

全市设 20 个考区、173 个考点、3 954个考场，11 万余名考生顺利应试。考试工作认真贯彻落实国务院、北京市分别召开的国家教育考试环境综合整治电视电话会议精神，进一步加强考试管理，严格考试工作程序，严肃考风考纪，考生情绪平稳，考场秩序井然，考试进展顺利。

（四）录取情况

共录取新生72 919人，完成招生计划的 104.7%。其中，高中起点升本科录取4 925人，高中起点升专科录取44 001人，专升本录取23 993人。

二、重点做好的几项工作

工作中，认真贯彻落实教育部和北京市关于做好 2004 年成人高校招生工作的要求，在做好常规性工作的同时，按照科学发展观的根本要求，以“以人为本，服务考生”为宗旨，积极稳妥地推进成人高校招生改革，精心设计，精心组织，精心实施，确保了成人高校招生工作的顺利实施。

（一）积极、稳妥地推进各项招生改革

1. 采取措施，确保教育部各项改革的顺利实施

2004 年教育部对全国成人高校招生进行了重大改革，主要包括以下几个方面：

(1) 全国成人高校招生统一入学考试调整至下半年举行；

(2) 对自谋职业的城镇退役士兵，可在考生考试成绩基础上增加 10 分投档，录取与否由招生学校确定；

(3) 从 2004 年起，对报考成人高校第二专业专科学历教育的考生，需参加成人高校招生全国统一入学

考试，录取人数纳入招生学校当年招生计划总数；

(4) 调整了报考成人高校医学门类专业考生的报考条件，此外，卫生部还规定，今后医学成人高等教育学历文凭将不能作为参加执业医师、执业护士考试的依据；

(5) 按照教育部考试中心颁布的考务管理规定要求，考生在开考60分钟后方可离开考场。

按照教育部文件精神，结合北京市实际情况，制定了与之相适应的招生办法，采取多种形式，加大宣传力度，方便社会了解成人高校招生情况和政策变化，为各项改革的平稳进行打下了基础。

2. 增强服务意识，努力探索宣传工作新途径

宣传工作充分发挥招生学校宣传主渠道的作用，组织招生学校通过互联网、电台、电视台等宣传成人高校招生政策、办法和学校招生、办学情况，统一宣传渠道，规范宣传内容，积极引导社会媒体进行正面报道。

(1) 完善成人高校网上咨询方式。共有74所成人高校参加的全市网上咨询活动，使考生可以更详细地了解学校招生情况，受到了考生的普遍欢迎，取得了更为显著的宣传效果。今年网上咨询页面的点击率为201万余人次（2003年为41万余人次），参加文字咨询的为45万余人次，共提出各类有关问题38 562个。

(2) 探索区域性高校联合咨询的新方式。今年对外经济贸易大学、中国人民大学、北京化工大学等12所成人高校面向社会在对外经济贸易大学组织了联合咨询活动，有5 000余人参加了咨询，取得了良好的宣传效果和宝贵的实践经验。

(3) 努力拓展宣传渠道。继续采取以《北京考试报》和北京教育考试院网站为主，以电视台、电台、报纸、社会网站、咨询电话等媒介为辅的多渠道、多层次、多角度的宣传模式。在全年的工作中，《北京考试报》共刊登成招信息60余版，50余万字；考试院网站登载各类招生通告、消息20余次，成招信息约50万字等。

(4) 切实加强咨询工作。要求招生学校、区县招办安排专人接听考生咨询电话，解决考生报考中的问题，极大地方便了考生。

3. 全面实行网上报名

在去年网上报名成功试点的基础上，今年考生全部通过互联网参加了报名。从对19 525名网上报名考生的调查问卷中反映出，对网上报名方式持肯定态度的考生为16 056人，所占比例为83%，网上报名得到绝大部分考生的欢迎，取得了良好的社会效果。

4. 对远郊区县专升本考生的报考规定进行调整

为方便远郊区县考生参加专升本专业报名考试，今年制定了报考专升本远郊区县户口的考生，原则上可以在户口所在地参加报考的办法。

5. 进一步扩大远程录取试点范围

为实现扩大远程录取试点范围的工作目标，采取了三大措施：一是完善了录取系统；二是采取有效措施，保证了网络设备和录取信息安全；三是调整了工作时间和安排等，确保了录取工作的顺利进行。这使参加远程录取的学校数量达到48所（去年为25所），录取新生数占全部新生的45%。

（二）加强管理，狠抓落实，确保招生工作安全、顺利进行

严格贯彻执行教育部及北京市做好2004年成人高校招生工作的通知精神，依照教育部“成人高校招生为在职从业人员服务”的工作宗旨和“严肃考风考纪、确保招生考试的安全、公平、公正”的具体要求，加强领导，严格执行各项方针、政策，制定工作方案，明确职责任务，切实落实岗位责任制，主要抓好以下几个环节的工作：

1. 加强领导，确保招生工作顺利进行

(1) 对今年的招生考试工作，国家、市、区政府各部门都给予了高度重视。国务院及北京市分别召开了加强国家教育统一考试环境综合整治工作电视电话会议，教育部、北京市下发了关于做好2004年全国成人高校招生工作的通知，市政府召开了北京市国家教育考试局际联席会扩大会议，对今年的成考工作提出具体工作要求。

(2) 各区县政府高度重视，制定具体措施，协调各有关部门，有力地保证了考试工作的顺利实施。

(3) 考试期间，市、区、县政府领导分别巡视指导了考试实施情况。

另外，考试工作还得到了公安、交通、宣传、安全、保密、供电、卫生、防疫等有关部门的大力协助。

2. 加强考试管理，严肃考风考纪，维护国家教育考试良好的社会声誉

今年的成考工作，全面落实了国家及北京市有关会议精神，突出抓好了四项整治工作，重点加强考试安全工作，加大对考生诚信考试方面的教育，严肃考风考纪，严格考试工作程序和岗位责任制，保证了考试工作的公平、公正和安全实施。

(1) 加强对考生进行诚信考试和严肃考风考纪方面内容的教育。向考生发放了《提倡良好学风　诚信考试光荣——致广大考生的公开信》，每一名考生都按要求在考前签订了《诚信考试承诺书》，营造了一个良好的考试环境。

(2) 加强试卷保密、确保考试安全

严格依照教育部的有关规定进行了保密室的建设，认真执行了有关规定程序实施接送、保管试卷，落实保密值班制度。严格请示汇报制度，加强了考试院成招办与各区县成招办之间的沟通，有力地保证了考试工作的安全实施。

(3) 畅通监督、举报渠道，努力维护考生合法权益。考试院成招办设立接待室，专门负责接待考生来电、来访；公布市区两级招生机构监督举报电话，及时、妥善地处理矛盾。今年，共接到并处理了涉及考生违纪作弊、学校乱收费以及违反规定录取考生等方面问题的举报电话 20 余个，举报信件 13 封，维护了考生的合法权益和社会稳定。

(4) 加强监督检查力度。继续邀请教育部、市委、市政府、市高招委、市教委有关领导视察指导招生工作，邀请人大、政协领导监督检查工作实施情况。在考试期间，市、区两级成招办共派出近 200 名巡视员监督检查各区考点试卷保密情况和考试实施情况，确保了招生工作的顺利进行。

(5) 为积极探索防范利用现代通讯工具作弊的有效措施，今年进行了设置“手机探测狗”的试点工作，有力地震慑了违纪作弊考生，取得了宝贵的实践经验。今年利用手机作弊的考生人数有较大幅度的下降，为 56 人，与去年同比减少了近 50 人。

3. 扩大远程录取范围，确保录取公平公正

继续采取现场局域网和远程异地相结合的录取方式，共有 48 所成人高校实施了网上远程录取。

(1) 在市录取领导小组的领导下，制定了详细的岗位职责和工作细则，建立了分层管理、逐级负责的管理模式，切实落实岗位责任制，确保了录取工作的安全、顺利实施。

(2) 强化集体研究录取中突出问题的工作机制。对录取中出现的问题，坚持集体研究，集体负责的工作机制；本着坚持政策、依照程序、平等协商、维护稳定的原则，妥善处理出现的矛盾，维护社会稳定。

(3) 依照继续实行“学校负责，招办监督”的录取工作体制，严格按照规定程序，依据考生所报志愿顺序和招生学校计划投档，择优录取。

(4) 调整工作机制，服务远程录取。为方便远程录取学校工作，将投档时间全部调整到白天（早 8:00 至下午 17:00)；同时，加强了与招生学校的联系，及时沟通信息，快速解决录取中遇到的问题，大大提高了工作效率。

(5) 严肃招生工作纪律。一是严格执行教育部“三不准、一禁止”的要求。二是加强对招生工作人员的业务培训和纪律教育。要求每一名参加录取的工作人员，必须严格遵守“十三个不准”，切实做好“五个坚决防范”；要求参加录取的考试院工作人员严格遵守“五严禁”的工作纪律，增强执行各项政策规定的自觉性。三是严格录取现场管理制度。录取期间，除录取工作人员、纪检监察和招办批准的人员，任何人不得进入指定的工作场所。

(6) 加强对录取工作的监督检查。录取期间，邀请政协委员到录取现场检查工作，听取录取工作汇报。请纪检监察部门的同志参加录取工作，对录取全过程进行监督检查。同时，加强社会监督作用，通过《北京考试报》、网站等媒体向社会宣传录取政策、录取工作安排和录取结果，坚持做到：录取政策公开、录取体制和规则公开、录取进度公开、录取结果公开、举报电话公开。

4. 做好面向残疾考生单考单招工作

残疾成人高等继续教育体现党和政府对残疾人教育事业的关爱，它适应了高等教育的发展潮流。开辟残疾人终身教育的新渠道，提高了残疾人受教育程度，解决了残疾人就业问题，减轻了社会压力。成人高

考面向残疾人单考单招政策进一步完善了我国成人高考制度，填补了我国成人教育面向残疾人招生政策的空白，体现了成人高等教育的公正性、公平性，实现了残疾人接受高等教育的梦想，在全国起到典范作用，创建了我国残疾人高等继续教育事业新的里程碑。

今年继续采取由北京联合大学特殊教育学院（简称特教院）负责组织生源、命题、印刷、考试工作，北京教育考试院负责对招生工作的组织、监督以及对合格新生的录取资格审查工作。工作中，特教院派出业务水平高、责任心强、热爱残疾人教育事业的同志参加此项工作，严密组织，精心操作，体现关爱，顺利地完成了面向残疾人的招生工作。在考前，考试院听取了特教院对单考单招工作准备情况的汇报，考试期间，北京市副市长范伯元同志到考场看望残疾考生，巡视考试工作，听取了对残疾人招生工作的汇报。

5. 加强招生队伍建设，不断提高工作人员各方面素质

通过多种途径和不同方式对各级招生工作人员特别是监考员进行了职业道德和业务技能等方面的培训，制作了监考员手册和考务培训光盘，规范了操作程序，提高了招生工作人员的业务水平，增强了招生工作人员严格执行有关规定和工作程序的自觉性，有力地保证了招生工作的顺利进行。

6. 加强宣传力度，改进宣传方式，做好服务工作

宣传工作贯穿招生工作全过程，是联系社会和广大考生的纽带，是考生了解成人高考、准确掌握招生政策和信息的途径。

今年的宣传工作突出招生学校宣传主渠道的作用，继续采取以《北京考试报》和北京教育考试院网站为主，辅助以电视台、电台、报纸、社会网站、咨询电话等媒介进行多渠道、多层次、多角度宣传的模式，统一宣传渠道，规范宣传内容，积极引导社会媒体进行正面报道。

今年的招生工作中，组织全市性网上咨询活动一次，共74所学校参加；《北京考试报》共刊登成招信息60余版，50余万字；考试院网站登载各类招生通告、消息20余次，成招信息约50万字；3次通过广播电台作专题节目宣传招生政策和招生办法，现场解答考生问题，同时，5次通过交通台“一路畅通”栏目发布招生报名信息；网上报名系统与新浪网实施链接；10余次通过北京电视台发布招生报名消息；通过《北京日报》、《北京青年报》、《北京晚报》等报纸刊登各类招生信息30余次。

7. 保证网络安全通畅，确保考生信息保密

为确保网上报名、网上录取等工作的安全顺利进行，贯彻安全保密工作会议的指示精神，会同市教委信息中心、信息网、石油大学信息中心等部门，采取有力措施，做好网络、相关设备的维护和病毒防控工作，保证了报名和录取等工作阶段网络的通畅运行。同时，建立信息工作的岗位责任制和保密制度，严格按照有关规定程序进行信息操作，确保考生信息安全和保密。

8. 加强阅卷管理，提高阅卷质量

今年试卷的主观题部分由北京师范大学、首都师范大学、北京教育学院和北京广播电视大学四所高校分别评阅，客观题部分由考试院成招办负责机读评阅。各单位高度重视试卷评阅工作。分别成立了阅卷领导小组，选聘职业素质好、工作责任心强、业务水平高的骨干人员担任评卷员，加强业务培训，实施规范管理，加强保密值班，严格汇报制度，认真依照有关规定和操作程序实施，高效率、高质量地完成了阅卷工作。

9. 加强预科班管理，做好预科生结业考试工作

完善、修订了预科班有关管理规定，不定期地派出巡视员检查工作站管理情况，了解学生的学习状况，召开工作站会议和预科教研会，解决管理和教学中存在的突出问题。设立统一考点，加强结业考试管理，严肃考风考纪，确保预科班试点工作的健康发展。

三、有待研究的问题

（一）招生学校之间与专业之间不均衡的问题

（二）方便社会弱势群体的参加成考问题

关于2005年北京市成人高校预科生录取分数线的通知

京考成招［2005］1号

各预科工作站：

根据2004年成人高考录取预科生源情况及确保预科生质量的原则，经研究确定2005年预科生录取分数线如下：

一、文史类、外语类120分

二、理工类110分

三、中、西医学类190分

关于2004年成人高校招生考试工作区县目标管理考评结果的通报

京考成招［2005］4号

各区县考试中心、成招办：

为进一步提高招生考试工作的管理水平，依据北京教育考试院《关于2004年区县成人教育招生办公室招生工作目标管理考评办法的通知》（京考成招［2004］11号）文件精神和区县成招办自评结果，对2004年各区县成人高校招生考试工作目标管理进行了综合评定，考评结果如下。

获得优秀奖：东城区、西城区、崇文区、宣武区、朝阳区、海淀区、丰台区、石景山区、门头沟区、房山区、通州区、大兴区、顺义区、昌平区、怀柔区、平谷区、密云县、延庆县、燕山、矿务局。

特此通报

二〇〇五年四月十四日

关于表彰北京市成人高校招生考试优秀评卷员的通报

京考成招［2005］5号

有关成人高校：

2004年成人高校招生考试的评卷工作在各区县成招办、成人高校的大力支持下，经过首都师范大学、北京教育学院、北京师范大学、北京广播电视大学评卷点领导和工作人员的共同努力，顺利地完成了北京市成人高校招生统一考试评卷工作。

各评卷点根据《2004年北京市成人高等学校招生考试评阅试卷工作规定》的文件要求，评选出63名优秀评卷员，特此通报表彰。

二〇〇五年四月十四日

附：

2004年北京市成人高校招生考试优秀评卷员名单

序号	姓名	性别	职务或职称	工作单位	评卷科目	阅卷学校名称
1	蔡清生	男	副院长	首都师范大学	政治	首都师范大学
2	刘向阳	男	副教授	首都师范大学	政治	首都师范大学
3	邹相高	男	讲师	首都师范大学	政治	首都师范大学
4	靳海山	男	副教授	首都师范大学	政治	首都师范大学
5	陈　慧	女	讲师	首都师范大学	政治	首都师范大学
6	马玉茹	女	讲师	首都师范大学	政治	首都师范大学
7	吴高臣	男	讲师	首都师范大学	民法	首都师范大学
8	孙军红	女	副教授	首都师范大学	数学（文）	首都师范大学
9	罗振东	男	教授	首都师范大学	数学（文）	首都师范大学
10	张春苟	男	副教授	首都师范大学	数学（文）	首都师范大学
11	张晓声	男	副教授	首都师范大学	数学（文）	首都师范大学
12	王培根	男	副教授	首都师范大学	数学（文）	首都师范大学
13	马恩林	男	副教授	首都师范大学	数学（文）	首都师范大学
14	朱一心	男	副教授	首都师范大学	数学（文）	首都师范大学
15	刘胜利	男	副教授	首都师范大学	数学（文）	首都师范大学
16	董增刚	男	副教授	首都师范大学	史地综合	首都师范大学
17	金滢坤	男	副教授	首都师范大学	史地综合	首都师范大学
18	刘　屹	男	副教授	首都师范大学	史地综合	首都师范大学
19	程文进	男	讲师	首都师范大学	史地综合	首都师范大学
20	陈建堂	男	讲师	首都师范大学	史地综合	首都师范大学
21	林喜杰	女	讲师	首都师范大学	艺术概论	首都师范大学
22	黄　曼	女	博士研究生	首都师范大学	艺术概论	首都师范大学
23	赖彧煌	男	博士研究生	首都师范大学	艺术概论	首都师范大学
24	付　华	男	教授	首都师范大学	史地综合	首都师范大学
25	尹　刚	男	助教	首都师范大学	史地综合	首都师范大学
26	史春芳	女	讲师	首都师范大学	史地综合	首都师范大学
27	安维亮	男	副院长	首都师范大学	史地综合	首都师范大学
28	韩景辉	男	副教授	首都师范大学	史地综合	首都师范大学
29	甘超华	男	硕士研究生	首都师范大学	史地综合	首都师范大学
30	南秋菊	女	硕士研究生	首都师范大学	史地综合	首都师范大学
31	张亚伶	女	副教授	首都师范大学	教育理论	首都师范大学
32	姜　月	女	讲师	首都师范大学	教育理论	首都师范大学
33	付和玉	男	副教授	北京教育学院	生态学基础	北京教育学院
34	于淑卿	女	副教授	北京教育学院	英语	北京教育学院

续前表

序号	姓名	性别	职务或职称	工作单位	评卷科目	阅卷学校名称
35	曹志华	女	副教授	北京教育学院	英语	北京教育学院
36	马英华	女	副教授	北京教育学院	英语	北京教育学院
37	刘宝霞	女	副教授	北京教育学院	日语	北京教育学院
38	魏亚亮	男	副教授	北京教育学院	高数（一）	北京教育学院
39	伍春兰	女	副教授	北京教育学院	高数（一）	北京教育学院
40	王建明	男	副教授	北京教育学院	高数（二）	北京教育学院
41	常克敏	女	副教授	北京教育学院	高数（二）	北京教育学院
42	张燕玲	女	副教授	北京师范大学	大学语文	北京师范大学
43	王增永	男	副教授	北京师范大学	大学语文	北京师范大学
44	苏晓暹	女	硕士研究生	北京师范大学	大学语文	北京师范大学
45	黄志伟	男	硕士研究生	北京师范大学	大学语文	北京师范大学
46	潘彩凤	女	硕士研究生	北京师范大学	大学语文	北京师范大学
47	林芳艳	女	硕士研究生	北京师范大学	大学语文	北京师范大学
48	陈桂霞	女	干部	北京师范大学	大学语文	北京师范大学
49	李　和	男	教授	北京师范大学	大学语文	北京师范大学
50	王亚明	女	副院长	北京师范大学	大学语文	北京师范大学
51	范继芳	女	副研究员	北京师范大学	大学语文	北京师范大学
52	何岚湘	女	讲师	北京广播电大	英语	北京广播电大
53	赵春荣	女	讲师	北京广播电大	英语	北京广播电大
54	刘永权	男	讲师	北京广播电大	英语	北京广播电大
55	刘　延	女	讲师	北京广播电大	英语	北京广播电大
56	王　玲	女	讲师	北京广播电大	英语	北京广播电大
57	张清利	男	讲师	北京广播电大	数学	北京广播电大
58	张启林	男	副教授	北京广播电大	数学	北京广播电大
59	尤伯欣	女	副教授	北京广播电大	数学	北京广播电大
60	姚行洲	男	副教授	北京广播电大	理化综合	北京广播电大
61	夏海云	女	副教授	北京广播电大	理化综合	北京广播电大
62	李　京	女	讲师	北京广播电大	理化综合	北京广播电大
63	郑丽娟	女	系主任	北京广播电大	理化综合	北京广播电大

关于2004年北京市成人高校预科工作站考核评比结果的通报

京考成招［2005］6号

各预科工作站：

为进一步提高成人高校预科工作站的管理水平，依据北京教育考试院《北京市成人高等学校预科管理规定及办法》文件规定，对各站的工作完成情况进行综合考核评比。以下工作站为达标工作站：

首都师范大学预科工作站

北京教育学院预科工作站

北京工业大学预科工作站

北京大学医学部预科工作站
北京广播电视大学预科工作站
北京电子科技职业学院预科工作站
北京宣武红旗业余大学预科工作站
现对以上工作站给予表扬和奖励。
特此通报

二〇〇五年五月八日

关于北京联合大学特殊教育学院成人教育增设面向残疾人单考单招专业的请示

京考成招[2005]7号

教育部高校学生司:

经教育部批准，北京联合大学特殊教育学院从2003年开始部分专业对残疾人实行单考单招，已开设计算机应用(专科)、钢琴调律(专科)、服装设计(专科)、针灸推拿(专升本)、艺术设计(专升本)和服装设计(专升本)六个专业。根据北京市残联反映的情况和学校针对残疾人学习意向的调查，为满足广大残疾人对各种专业求学的愿望，特申请北京联合大学特殊教育学院增设以下单考单招专业:

1. 针灸推拿(专科)　招生对象:视障、肢残
2. 音乐学(专升本)　招生对象:视障、肢残

妥否，请批示。

二〇〇五年五月二十六日

关于转发教育部办公厅建立高等学校招生全国统一考试考生诚信档案的通知

京考成招[2005]9号

各在京招生成人高校:

现将教育部办公厅《关于建立高等学校招生全国统一考试考生诚信档案的通知》(教学厅[2005]11号)转发给你们，请遵照执行。

二〇〇五年六月十日

关于做好2005年北京市成人高校专升本招生工作的通知

京考成招［2005］11号

各有关成人高校、各区县考试中心、成招办：

为贯彻《教育部关于做好2005年全国成人高等学校招生工作的通知》精神，进一步深化招生改革，加强管理，保证质量，2005年北京市成人高校专科起点升本科（以下简称：专升本）的报名资格审验工作将采取区县成招办初审、招生学校复查、考试院成招办监督的办法实施。为确保此项工作的顺利进行，现将有关事宜通知如下：

一、报名条件

考生必须是已取得经教育部审定核准的国民教育系列高等学校或高等教育自学考试机构颁发的大学专科以上毕业证书的人员。

二、报名办法

考生需先在网上报名后到区县报名点办理确认报名手续。

确认时，考生应持毕业证书原件复印件一张（B5复印纸），到区县报名点办理确认手续。区县招办应认真审查考生报名资格，对符合条件的考生，为其办理确认手续，需在复印件上盖验印章并签字，区县招办留存，对不符合条件的考生，不准其报名。

各区县招办、各招生院校应加强管理，选聘具有一定工作经验、工作责任心强的同志担任此项工作。严格考生报名资格审查，维护招生的“公平、公正”原则。

三、新生复查工作

录取工作将继续坚持“学校负责、招办监督”的录取体制。各招生院校要在市、校录取领导小组的领导下，认真做好复查工作。新生入学后，学校要对已报到的新生进行全面复查，应认真核对考生毕业证书、居民身份证的姓名是否一致（考生姓名应以身份证为准）；核对毕业证书是否符合规定，鉴别毕业证书的真伪。对有疑问的毕业证书，应要求考生提供其他相关证明材料。对其中不符合报考条件或弄虚作假、违纪舞弊者，应取消其入学资格，报考试院成招办备案。

招生学校应按要求做好新生复查，在4月底前将复查情况向考试院成招办提交书面报告。考试院成招办5月份采取自查、抽查或互查等方式，检查学校新生复查工作。

四、严肃招生工作纪律

对违反招生有关规定应予处罚的，依照2004年5月发布的教育部18号令《国家教育考试违规处理办法》执行。

二〇〇五年六月三十日

附件一

关于大专以上毕业证书的几点说明

为做好专升本毕业证书的审验工作，现进行以下几点说明：

一、国民教育系列高等教育

从学历系列上讲包括专科、本科、第二学士学位班、研究生班（已停办）、硕士研究生和博士研究生六个方面。经国家教育主管部门（教育部）批准具有举办学历教育资格的成人高等学校、普通高等学校（含培养研究生的科研单位）、民办高等学校所颁发的学历证书，国家予以承认。另外，通过自学考试、由国务院自学考试委员会授权各省（自治区、直辖市）自学考试委员会颁发的自学考试毕业证书、高等教育学历文凭考试毕业证书；经国家教育主管部门（教育部）批准，纳入国家招生计划并参加全国统一考试录取在党校、军事院校中就读的学生所取得的毕业证书；经教育部批准试点的颁发的远程（网络）教育毕业证书，以及符合教育部、总参谋部、总政治部关于《中国人民解放军院校学历证书管理暂行规定》（教学［1995］2号）所颁发的学历证书，国家同样予以承认。

二、国家统一印制的高等教育学历证书

为保证高等学历教育的规格和质量，维护国家高等教育学历（学位）证书制度的严肃性及社会声誉，加强对高等教育毕业证书的管理，便于用人单位对高等教育毕业证书、学位证书的认定，原国家教委决定成人高等教育自1993年、普通高等教育自1994年起，高等教育学历证书实行国家教育主管部门、省（自治区、直辖市、计划单列市中的青岛和大连）教育主管部门（或国务院有关部委）、学校三级管理，证书内芯由国家教育行政部门统一印制。高等教育自学考试的毕业证书仍由各省、市、自治区自考办负责印制。成人高等教育学历证书由国家教育行政主管部门授权省级（含青岛、大连和国务院部分部委）教育行政主管部门实施验印。从2000年起，教育部开始建立高等教育学历证书电子注册制度，此项改革将使教育部不再统一印制高等教育学历证书内芯，改由高等学校自行印制，但必须进行电子注册，并供网上查询。2000年在北京、天津、辽宁、湖北、重庆五省市试点，2001年在全国实行各类高等教育学历证书电子注册制度。

三、国民教育系列学历（学位）证书的发放范围

经国家教育行政主管部门批准、备案的独立设置的普通高等学校（含设在成人高等学校、军事院校中的普通班）、成人高等学校（即广播电视大学、职工高等学校、农民高等学校、管理干部学院、教育学院、独立设置的函授学院以及普通高等学校的函授、夜大学教育）、具有学历教育资格的民办高等学校所举办的高等学历教育的毕业生，以及高等教育自学考试毕业生和社会力量办学单位所举办的高等教育学历文凭考试合格生。

具体学校名称可参见教育部高校学生司编《高等教育学历问题咨询手册》（2002年修订版）。

四、非国民教育系列的毕业证书

（1）社会力量办学的学校（民办高校）自主发证。

（2）各级党校颁发的毕业证书。

（3）社会人员取得的军队院校毕业证书（无军人证、士兵证、复员证者）。

（4）高等院校所属的二级学院所发证书。

（5）研究生课程班毕（结）业证书。

（6）1993年—2001年间，非教育部（国家教委）统一印制的成人高等教育毕业证书或没有验印章的证书。

（7）1994年—2000年非教育部（国家教委）统一印制的普通高等教育毕业证书，其中2000年北京、天津、辽宁、湖北、重庆五省市试点由普通高等学校自行颁发毕业证书的除外。

五、国家关于打击假证的规定

（一）为了加强对学历、学位证书的管理，严厉打击伪造、买卖学历、学位证书的违法犯罪活动，1998年6月2日，教育部、公安部联合下发了《关于加强学历、学位证书管理和严厉打击伪造、买卖学历、学位证书的通知》（教学［1998］9号），具体内容如下：

1. 各省、自治区、直辖市教委、教育厅（高教厅）要加强对所在地区中等和高等学校学历、学位证书的管理，严格按照国家招生和证书管理的有关政策、规定发放学历、学位证书，杜绝无视国家招生规定，乱招生、乱办班、乱发学历、学位证书的现象发生。

2. 要加强印章和印刷企业的日常管理。公安机关要协助印章和印刷企业建立健全验证登记等制度，对违章非法承制印章和印刷各种学历、学位证书的，要依法予以查处，公安派出所和巡警、治安部门要将辖区内的日常管理与巡逻检查结合起来，进一步加强对社会面的控制，对流动刻字摊点和买卖学历、学位证书的，要及时进行清理。

3. 用人部门在招聘、录用人员时，对应聘人员的毕业人事档案和学历、学位证书如有疑问，可向教育主管部门、有关学校或研究生培养单位进行咨询。教育主管部门要积极配合，对用人单位送检的学历、学

位证书认真审查和鉴定。经审查、鉴定是假学历、假学位证书的，予以没收。对使用假证书者由其所在单位给予行政处分。

4. 各地公安机关发现伪造、买卖学历、学位证书的，要迅速组织力量，采取有力措施，深挖细查制贩窝点和团伙，对违法犯罪分子依法从严查处，典型事例要在宣传媒体上曝光。

(二)《刑法》第二百八十条规定："伪造、变造、买卖或者盗窃、抢夺、毁灭国家机关的公文、证件、印章的，处三年以下有期徒刑、拘役、管制或者剥夺政治权利；情节严重的，处三年以上十年以下有期徒刑"；"伪造公司、企业、事业单位、人民团体的印章的，处三年以下有期徒刑、拘役、管制或者剥夺政治权利"。最高人民法院、最高人民检察院公布的《关于办理伪造、贩卖伪造的高等院校学历、学位证明刑事案件如何适用法律问题的解释》对《刑法》第二百八十条第二款的法律适用作出了如下解释："对于伪造高等院校印章制作学历、学位证明的行为，应当依照刑法第二百八十条第二款的规定，以伪造事业单位印章罪定罪处罚"；"明知是伪造高等院校印章制作的学历、学位证明而贩卖的，以伪造事业单位印章罪的共犯论处"。

六、学历认证与咨询

(一) 学历认证单位

全国高等学校学生信息咨询与就业指导中心

联系地址：北京市海淀区中关村南大街理工科技大厦302室。

邮政编码：100081。

联系电话：(010) 68914154—202。

(二) 学历查询网址

http：//www. chsi. com. cn/

七、本说明依据教育部高校学生司编《高等教育学历问题咨询手册》(2002年修订版) 撰写。

附件二

2005年北京市成人高校注销新生名单

院校名称：　　　　　　院校代码：

序号	报名号	姓名	录取专业名称	注销原因
1				
2				
3				
4				
5				
6				
7				
8				
9				
10				
11				
12				
13				
14				
15				

院校盖章：　　　　填表人：　　　　院校招办负责人签字：

联系电话：　　　　报表日期：　　　　年　月　日

关于印发 2005 年区县成人高校招生考试工作目标管理考评办法的通知

京考成招［2005］12 号

各区县考试中心、成人教育招生办公室：

为贯彻落实教育部关于成人高等学校招生工作改革的精神，确保招生考试顺利进行，提高成人高等学校招生工作的质量，决定继续对 2005 年区县成人高校招生工作实行目标管理。现将《北京市区县成人高校招生考试工作管理目标（试行）》、《北京市区县成人高校招生考试工作目标管理实施细则（试行）》印发给你们，请认真执行。

二〇〇五年六月三十日

附：

北京市区县成人高校招生考试工作管理目标

（试行）

一、机构与队伍（120 分）

1.1 机构与制度（60 分）

1. 成立由主管区（县）长任主任，教育、财政、卫生、人事、劳动、公安、交管、保密、城管及招生考试中心等部门负责人为委员的招生考试委员会，每年至少研究一次本区（县）该项招生考试工作，对本区（县）招生考试工作实施领导、督促、检查、协调，切实解决招生考试工作的实际问题。（20 分）

2. 建立完善的日常管理和工作制度，按要求及时上报各项工作计划和工作总结。（20 分）

3. 各区县考试中心及时向区县教委及有关部门汇报工作，主动争取区（县）领导对招生考试工作的支持与指导。（20 分）

1.2 工作人员（30 分）

4. 招考办内部人员配备符合工作要求，岗位明确，职责清楚。（15 分）

5. 工作人员具有良好的职业道德与业务素质，公正廉洁、奉公守法，自觉维护北京教育考试的良好形象，具有一定的稳定性。（15 分）

1.3 办公条件（30 分）

6. 有固定的办公地点，工作场所能满足日常办工、考生接待、报名等需要。（15 分）

7. 有确保有关各方联络便捷、畅通的通讯设备。（15 分）

二、宣传与信访（120 分）

2.1 宣传（60 分）

8. 能采取多种形式，包括利用网站、广播等及时宣传招生考试的政策 、规定。（20 分）

9. 加强咨询。要有接待来访人员，并设立咨询电话。特别是报名、考试期间必须有固定的接待咨询服务并设咨询电话（不含录音电话），咨询电话要有人接听。（20 分）

10. 积极组织考生、学校订阅招生考试的有关资料，做好相关咨询工作，妥善处理组织订阅过程中出现的矛盾与问题。（20 分）

2.2 信访（60 分）

11. 有专、兼职信访工作人员。（20 分）

12. 有健全的信访接待与督办制度。工作中不推诿，政策解答明确，重大事项及时上报。凡要求回复

的，应在规定期限内及时告知处理结果。(20 分)

13. 妥善保管信访材料，及时归纳并向各业务主管上级反馈信访、咨询信息，明确处理意见和问题。(20 分)

三、考务管理（600 分）

3.1 报名（140 分）

14. 根据考试院的要求及本区（县）的实际，制定并上报本区（县）报名工作方案，做到报名工作组织落实、人员落实、设备落实、场地落实、任务落实。(20 分)

15. 报名确认场所宽敞整洁，工作流程安排合理、标志醒目，有专人负责报名确认现场秩序的维护与疏导。(20 分)

16. 指派专人，认真做好考生报名及确认的指导与现场咨询工作，政策解答准确无误，态度和蔼。(20 分)

17. 按照有关规定，建立完备的审核制度，确保资格审核的准确。(20 分)

18. 严格执行报名收费项目和标准。报名结束后，及时、足额向考试院交纳相关费用。(20 分)

19. 信息采集及时、准确，有质量保证。(20 分)

20. 按规定及时报送有关数据。(20 分)

3.2 组考（170 分）

21. 按规定认真做好考点的选择、组考工作的布置，做到任务落实、责任到人、计划周密、措施得当。(30 分)

22. 按规定进行监考人员培训，要求监考员职责明确、程序清楚、工作规范。(30 分)

23. 考点的布置。考点环境整洁、标志明显；考场分布图摆放位置适宜、醒目，并在显著位置公布举报、投诉电话；考场内桌椅的码放与座次的排布符合考试要求。考点校、区县考办、市招考办之间联络畅通。(30 分)

24. 监考员正确填涂缺考生的机读卡、考场记录表、试卷袋和考生违纪情况记录单，指导考生正确填涂机读卡。(30 分)

25. 按规定认真做好答卷的验收、装订、密封工作，做到不漏装、不错装、不倒装。(30 分)

26. 及时、安全地将答卷送至指定地点，严格履行答卷的交接手续，保证答卷袋数与份数的准确无误。(20 分)

3.3 考风考纪（120 分）

27. 组考过程中，所有岗位人员要按工作程序严格履行各自职责，各司其职，严守工作岗位，敢于严格管理。(20 分)

28. 遇特殊情况监考员需暂离考场，必须有流动监考员及时补充，确保考场内始终有 2 名监考员履行监考职责（15 分）

29. 严格依规定程序处理考试过程中发生的违规行为，做到执纪严明、查处坚决、处理及时，如实上报，并做好违规证据的登记保全工作。(40 分)

30. 建立巡视检查制度。选派经验丰富、办事公正的人员赴考点担任巡视联络工作，巡视员、联络员要按规定要求进行巡视，并有书面记录或报告。(30 分)

31. 阅卷过程未发现雷同试卷。(15 分)

3.4 核分（50 分）

32. 有核分工作安排。(20 分)

33. 认真选聘、培训核分工作人员，并认真操作。(20 分)

34. 在规定时间内完成核分工作任务。(10 分)

3.5 保密（120 分）

35. 符合招生考试保密要求的保密室 。(30 分)

36. 有健全的安全保密制度，保密责任人明确并切实履行职责。(30 分)

37. 按规定选派专人负责试卷与答卷的保管，安全防护措施明确、周密，落实到位。(30 分)

38. 试卷的领取、运送、分发及答卷的上交等环节符合保密的要求，并有完备的监督、保障与应急处理措施。(30 分)

四、计算机管理（110分）

39. 有工作必备且符合要求的计算机房及相应设备。（20分）

40. 有健全的计算机管理制度与信息安全防护措施，注重设备的日常维护。（20分）

41. 有操作熟练、责任心强、能严格自律的专职工作人员。（20分）

42. 工作过程中数据不丢失，统计无差错，考场编排与保密号生成无误。（30分）

43. 确保上报数据的及时、准确、安全，上交的报表与电子文件相符，相关报表间数据一致。按规定存档备份。（20分）

五、廉政建设（50分）

制定廉政工作的具体措施和办法，并向社会公开，主动接受社会监督。（20分）

全体招生工作人员能坚持按照政策和规定办事，为政清廉，秉公办事，自觉抵制各种不正之风（30分）

六、奖励与惩罚

有下列表现的，予以加分：

1. 工作中有创新，对本区县工作有显著成效的。
2. 提出合理化建议并被考试院采用，对工作有促进。
3. 研究工作对招生考试工作的改进与发展发挥积极影响。
4. 重视宣传与研究，采取多种形式进行宣传如通过网站或广播等，在各类刊物上发表文章。
5. 有全局观念，支持全市招生考试工作。

有下列表现之一者，取消评比资格：

1. 工作中出现重大失误，导致考试工作无法正常进行，在社会上造成严重不良影响。
2. 考试中发生泄密、考场大面积作弊（同一考场作弊人数占应考人数的三分之一以上）等舞弊行为。
3. 丢失试卷、答卷（包括因遗漏造成个别答卷未与同考场其他答卷一同装订密封上交）。
4. 在廉政建设方面工作人员出现问题，造成一定影响的。

北京市区县成人高校招生考试工作目标管理实施细则

（试行）

一、机构与队伍（120分）

责任目标			实施情况		
序号	内容	满分	序号	全面完成责任目标的满分	
				未能完成责任目标按项扣分	扣分
1	机构设置	60	1	招生考试委员会未按要求研究本区县招生考试工作的	10
			2	招生考试期间，招生考试委员会未履行相应职责的	10/项
			3	日常管理与工作制度不健全的	5
			4	工作无计划、工作结束后无总结（包括各阶段工作，下同）的	15/项
			5	未按时上报工作计划或工作总结的	5/项
			6	各区县考试中心未及时向区教委或区政府领导汇报考试工作、争取领导支持不力的	20
2	工作人员	30	7	工作人员配备不符合工作要求的	5
			8	工作人员岗位不清、职责不明的	10
			9	工作人员出现违规行为尚未造成重大影响的	30
				和考生发生纠纷，处理不当，导致考生到考试院的上级单位上访或被媒体报道，经查属实，造成不良影响的	20
3	办公条件	30	10	无固定办公地点或办公场所不能满足工作要求的	20
			11	因联络不畅导致工作迟误的	20

二、宣传与信访（120 分）

责任目标			实施情况		
序号	内容	满分	序号	全面完成责任目标的满分	
				未能完成责任目标按项扣分	扣分
1	宣传	60	1	宣传计划不落实的	15
			2	宣传内容不符合要求的	5
			3	报名考试期间咨询电话或咨询窗口无人值守的（社会举报后经提示仍无人接听或应答）	5
			4	由于指导咨询错误给考生造成较大损失的	20
			5	资料订阅或咨询中与考生发生冲突并造成不良影响的	5/起
2	信访	60	6	未设置专、兼职信访工作人员的	10
			7	信访电话未向社会公布的	5
			8	因处理信访事件不及时、推诿导致考生越级上访上告（包括到考试院）的	5/起
			9	不及时反馈信访、咨询中的问题给工作带来影响的	5/起

三、考务管理（600 分）

责任目标			实施情况		
序号	内容	满分	序号	全面完成责任目标的满分	
				未能完成责任目标按项扣分	扣分
1	报名	140	1	未制定工作方案的	10
			2	工作方案落实不到位的	10
			3	未按要求安排报名场所或报名现场无显著标识的	10
			4	环境脏乱的	10
			5	咨询现场混乱不利于工作的	10
			6	咨询人员不到位、不称职的	10
			7	违规接受考生报考的	20/每考生
			8	报名期间，未经物价部门批准随意增设收费项目或擅自抬高收费标准的	10
			9	不按时交费或交费数额不足的	10
			10	图像采集质量差的（现有的像素是 384×512）	10
			11	数据有差错，差错率超过 3‰低于 5‰的（含照片）	10
			12	差错率超过 5‰的，每增加 1‰	再扣 5
			13	数据未及时上报的	20

续前表

责任目标			实施情况		
序号	内容	满分	序号	全面完成责任目标的满分	
				未能完成责任目标按项扣分	扣分
2	组考	170	14	组考工作计划不落实的	15
			15	考点不符合要求或组考工作布置不到位的	15
			16	对考试工作人员未按要求进行培训的	30
			17	考点及考场布置不符合要求的	5/项
			18	考试期间通讯联络不畅通的	10
			19	考试机读答题卡、考生违纪情况记录表（差错率超过相应项目3‰，但小于5‰的）	10
				差错率每增加1‰的	再扣5
			20	因试卷装订及密封不符合要求出现姓名等外露、试卷页码顺序颠倒、试卷倒置等差错的，差错率占区县报考科次1‰以下的	5
				每增加1‰的	再扣5
			21	试卷交、接出现差错（袋数）的	10/每门
3	考风考纪	120	22	监考及其他考试工作人员工作期间擅离职守或未严格履行职责的	5/每起
			23	未按规定安排监考员或流动监考员，致使无法保证任何情况下考场有2名监考员在场的	10/起
			24	未按规定或规定程序及时处理违规行为的	10/起
			25	未按规定处理给后续工作造成被动的	20/起
			26	未派巡视组或联络员的	20
			27	巡视或联络人员未按要求巡视或未履行职责的、发现问题没有书面记录或报告上报的	5/起
			28	考点出现问题，巡视或联络员未发现的	5/起
			29	阅卷中发现雷同试卷，但尚未构成大面积作弊（同一考场雷同试卷份数占应考试卷份数三分之一以下）的	15
			30	同一考点或考区若多个考场出现雷同试卷，但尚未构成大面积作弊的，扣除本大项全部得分	120
4	核分	50	31	未按规定认真选聘、培训核分工作人员，操作不认真的	20
			32	未按规定时间内完成核分工作任务的	10
5	保密	120	33	保密室设置不符合要求的	30
			34	保密制度不健全，责任不明的	30
			35	未按规定履行交接手续、缺少严格的值班制度，值班人员未按要求配备或中途脱岗，防盗门与保险柜钥匙未分别管理、试卷长时间堆放在保险柜外的	10/项
			36	试卷及答卷的接送车有非工作人员搭乘的	10
			37	中途兼顾其他任务的	10
			38	押运人员少于规定人数的	10

四、计算机管理（110分）

<table>
<tr><th colspan="3">责任目标</th><th colspan="3">实施情况</th></tr>
<tr><th rowspan="2">序号</th><th rowspan="2">内容</th><th rowspan="2">满分</th><th rowspan="2">序号</th><th colspan="2">全面完成责任目标的满分</th></tr>
<tr><th>未能完成责任目标按项扣分</th><th>扣分</th></tr>
<tr><td rowspan="8">1</td><td rowspan="8">计算机</td><td rowspan="8">110</td><td>1</td><td>计算机房及设备不符合工作要求的</td><td>20</td></tr>
<tr><td>2</td><td>计算机管理无制度或安全防护措施不健全的</td><td>10</td></tr>
<tr><td>3</td><td>因日常管理不善导致设备故障给工作造成影响的</td><td>10</td></tr>
<tr><td>4</td><td>计算机工作人员工作不负责、操作不熟练的</td><td>10</td></tr>
<tr><td>5</td><td>工作人员利用工作之便有舞弊行为的</td><td>110</td></tr>
<tr><td>6</td><td>数据未按规定存档备份的</td><td>10</td></tr>
<tr><td>7</td><td>出现数据丢失、考场编排错误的</td><td>20</td></tr>
<tr><td>8</td><td>上报数据不准确、相关报表数据不一致的</td><td>20</td></tr>
</table>

五、廉政建设（50分）

<table>
<tr><th colspan="3">责任目标</th><th colspan="3">实施情况</th></tr>
<tr><th rowspan="2">序号</th><th rowspan="2">内容</th><th rowspan="2">满分</th><th rowspan="2">序号</th><th colspan="2">全面完成责任目标的满分</th></tr>
<tr><th>未能完成责任目标按项扣分</th><th>扣分</th></tr>
<tr><td rowspan="4">1</td><td rowspan="4">廉政建设</td><td rowspan="4">50</td><td>1</td><td>未制定廉政建设具体措施的</td><td>5</td></tr>
<tr><td>2</td><td>廉政建设措施未向社会公开的</td><td>5</td></tr>
<tr><td>3</td><td>社会举报经核实未认真查处的</td><td>20</td></tr>
<tr><td>4</td><td>协同考生骗取考试资格的、对非照顾对象给予照顾的</td><td>20</td></tr>
</table>

六、奖励与惩罚

<table>
<tr><th colspan="3">责任目标</th><th colspan="2">实施情况</th></tr>
<tr><th rowspan="2">序号</th><th rowspan="2">内容</th><th rowspan="2">序号</th><th colspan="2">全面完成责任目标的满分</th></tr>
<tr><th>未能完成责任目标按项扣分</th><th>扣分</th></tr>
<tr><td rowspan="4">1</td><td rowspan="4">奖励</td><td>1</td><td>工作中有创新，对本区县工作有显著成效的</td><td>10/每项加</td></tr>
<tr><td>2</td><td>提出合理化建议并被考试院采用，对工作有促进的</td><td>20/每项加</td></tr>
<tr><td>3</td><td>在一般刊物上发表有关考试的稿件或通过广播进行宣传的</td><td>5/每篇加</td></tr>
<tr><td>4</td><td>结合招生考试实际撰写的论文在市级以上刊物发表的</td><td>10/每篇加</td></tr>
<tr><td rowspan="4">1</td><td rowspan="4">惩罚</td><td>5</td><td>工作中出现重大失误，导致考试工作无法正常进行，在社会上造成不良影响的</td><td>取消资格</td></tr>
<tr><td>6</td><td>考试中发生泄密、考场大面积作弊等严重舞弊行为的</td><td>取消资格</td></tr>
<tr><td>7</td><td>丢失试卷、答卷（包括因遗漏造成个别答卷未与同考场其他答卷一同装订密封上交）的</td><td>取消资格</td></tr>
<tr><td>8</td><td>在廉政建设方面工作人员出现问题造成一定影响的</td><td>取消资格</td></tr>
</table>

2005年区县成人教育招生办公室
招生工作目标管理考评办法

北京市区县成人招生工作目标管理考评工作，是以教育部关于国家教育考试考务管理的有关文件、教育部《关于做好2005年全国成人高校招生工作的通知》和北京教育考试院《关于印发〈2005年北京市成人高等学校招生工作规定〉的通知》为依据，以《北京市区县招生考试工作管理目标》为标准，以各区县实施情况为基础进行评审。具体办法如下：

一、北京教育考试院成招办根据《北京市区县成人高校招生考试工作管理目标》和《北京市区县成人高校招生考试工作目标管理实施细则》负责组织考核、评审工作，并公布评审结果。

二、评审工作采取分阶段、自评与考评相结合，以区县实施情况为基础进行评审的办法。全市综合评审将于本年度录取工作结束后进行。

三、目标管理考评成绩基础总分满分为1 000分，各项工作标准分如下：

机构与队伍　　120分

宣传与信访　　120分

考务管理　　600分

计算机管理　　110分

廉政建设　　50分

区县招办总得分＝区县招办基础总分＋附加分

四、鼓励创新，设附加分。招生工作每项创新措施；对全面工作有指导意义的合理化建议；在报刊上公开发表的招生工作论文。

五、各项扣分原则为扣完责任目标相应项目满分为止。

六、实行奖励。设优秀奖、达标奖和单项奖。优秀奖：950分以上；达标奖：900—949分。对切实提高本区县招生工作质量，提高工作效率，有利于推动全市招生工作整体发展的创新措施，设单项工作奖。

七、区县成招办应认真对本区县招生工作目标管理进行自评，填写《自评记录表》和《附加分情况统计表》，于2月底报考试院成招办。

八、目标管理考评结果将向全市公布，并于本年度录取工作结束后进行奖励表彰。

区县招生工作目标管理自评记录表

区县名称：

项目	扣分原因	满分	扣分	得分
机构与队伍		120		
宣传与信访		120		
考务管理		600		
计算机管理		110		
廉政建设		50		
合计		1 000		

区县成人高校招生考试工作目标管理
附加分情况统计表

区县名称：

项目	名　　称	作　用	得分
创新措施			

续前表

项目	名　　称			作　用		得分
合理化建议						
发表文章	题目	撰写人	刊物名称	字数	刊登日期	
	合计：					

区县招办主任签字：

报表日期：　　年　月　日

关于北京联合大学特殊教育学院成人教育为残疾人举办单独招生考试实施办法的通知

京考成招［2005］13号

北京联合大学：

为提高残疾人的文化水平和素质，适应社会发展的需要，经教育部和市教委批准，2005年北京联合大学特殊教育学院成人教育部分专业招收肢残、视障、听障残疾考生。

为确保此项工作顺利进行，现将《北京联合大学特殊教育学院成人教育为残疾人举办单独招生考试实施办法》印发给你们，请遵照执行。

二〇〇五年六月三十日

附：

北京联合大学特殊教育学院成人教育为残疾人举行单独招生考试实施办法

按照教育部学生司《关于同意北京联合大学特殊教育学院成人教育为残疾人举行单独考试的函》（教学司［2002］48号）、《关于同意北京联合大学特殊教育学院成人教育面向残疾人单考单招增加专业的函》（教学司函［2004］56号）、《关于同意北京联合大学特殊教育学院成人教育单独考试增加招生专业的函》（教学招字第05020号）和北京教育考试院《2005年北京市成人高校招生工作规定》的文件精神，北京联合大学特殊教育学院成人教育对残疾人实行单独招生考试，特制定实施办法。

一、招生计划

招生计划由市教委下达，招生专业、学制、人数等如下：

专　业	专业类别	层次	学制	形式	招生对象	计划
英语	文史类	专科	3年	业余	视障、肢残	40
针灸推拿学	中医学类	专科	2年	脱产	视障、肢残	2
针灸推拿学	中医学类	专科	3年	业余	视障、肢残	40
艺术设计（电脑美术）	艺术类	专科	3年	业余	听障、肢残	40

续前表

专　业	专业类别	层次	学制	形式	招生对象	计划
计算机网络技术	理工类	高职（专科）	3年	脱产	听障、肢残	5
针灸推拿学	中医学类	专升本	3年	业余	视障、肢残	30
艺术设计	艺术类	专升本	3年	业余	听障、肢残	4
计算机科学与技术	理工类	专升本	3年	业余	听障、肢残	1

二、招生对象及报名条件

报名工作由北京联合大学特殊教育学院组织实施。

符合下列条件的中国公民可以报名：

1. 拥护中国共产党的领导，愿为社会主义现代化建设服务，品德良好，遵纪守法。

2. 报考高中起点升本科、专科的考生应具有高中毕业文化程度，报考高等专科起点升本科的考生必须是已取得经教育部审定核准的国民教育系列高等学校或高等教育自学考试机构颁发的高等专科毕业证书的人员。

3. 报考人员需是持有省、市级残联核准颁发的《中华人民共和国残疾证》并能独立生活和学习的残疾人员。

（1）计算机类专业招收听障和肢残学生，要求听障残疾等级在二级重听以上，肢残等级为三级和四级。

（2）针灸推拿专业招收视障、听障和肢残学生，要求视障残疾等级在二级低视力以上，听障残疾等级在二级重听以上，肢残等级为四级。

（3）艺术专业（专升本）招收听障和肢残学生，要求听障残疾等级在二级重听以上，肢残等级为四级。

（4）英语专业招收视障和肢残学生，要求视障残疾等级在二级低视力以上，肢残等级在三级和四级。

三、报名时间及报名办法

（一）报名时间：即日起至9月8日。

（二）报名地点：北京联合大学特殊教育学院（丰台区永定门外蒲黄榆2巷甲1号，电话：67665517、67644999）。

（三）报名手续

报名时考生需持本人居民身份证（没有北京市户口的外埠在京工作人员，还需持在京暂住证），省、市级残联核准颁发的中华人民共和国残疾人证书，一寸免冠正面照片三张及报名考务费。填写《单考单招考生报名登记表》。

四、考试

考试日期：2005年10月15日、16日。

考试科目及考试时间见下表：

专　业	统考时间/统考科目		
	10月15日上午 9:00—11:00	10月15日下午 2:30—4:30	10月16日上午 9:00—11:00
计算机网络技术	语文	英语	数学
针灸推拿学	语文	英语	数学
英语	语文	英语	数学
艺术设计（电脑）	语文	英语	数学
艺术设计	大学语文	艺术概论	大学英语
针灸推拿学	大学语文	中医学基础	大学英语
计算机科学与技术	大学语文	高等数学	大学英语

命题一般不超出《北京市成人高等教育为残疾人单考单招复习大纲》的要求。命题及考试工作按有关要求，由北京联合大学负责组织。

五、评阅试卷

考试结束后，按照《北京市2005年成人高校招生评卷工作规定》统一要求，由北京联合大学组织评阅试卷，并于11月2日前向考试院成招办报送成绩。

六、录取

录取最低控制分数线由考试院根据考生文化成绩和招生计划，确定录取控制分数线。招生学校对达到控制分数线以上的考生，按照德、智、体全面衡量择优录取的原则，依据文化课成绩、从高分至低分择优录取，同时负责对遗留问题的处理。对专业基础课成绩的要求由学校自行确定。拟录取名单需在 11 月 30 日前报送考试院。考试院成招办根据国家招生政策对拟录名单进行审核，学校按审核后的录取名单发放录取通知书。

七、严格招生纪律

对违反招生有关规定应予处罚的，依照 2004 年 5 月发布的教育部 18 号令《教育部考试违规处理办法》执行。

附件：单考单招考生报名登记表

附件

单考单招考生报名登记表

报名号：

	姓　名		性 别		民族	
	身份证号					
	文化程度		政治面貌			
	职业类别					
照顾类型		联系电话				
通信地址			邮编			
残疾类型		联系人姓名		电话		
联系人地址				邮编		
考生单位						
毕业学校						
特长						
第一志愿						
第二志愿						
是否同意调剂						
视障生考试时是否使用盲文		盲文使用		1 双拼	2 现行	
考生是否参加考前辅导班						
备注						

关于举办2005年北京市成人高校招生网上咨询活动的通知

京考成招［2005］14号

各在京招生成人高校：

为配合2005年北京市成人高校招生工作，方便广大考生了解学校招生情况，北京教育考试院将于8月12日、13日举办“2005年北京市成人高校招生网上咨询活动”，请各在京招生成人高等学校安排参加。

今年咨询将采用主会场与分会场相结合的方式，考试院成招办在主会场，招生院校作为分会场在各自学校进行网上咨询，解答考生提出的问题。

现将有关事宜通知如下：

一、各招生学校需安排熟悉招生政策和工作流程的招生工作人参加网上咨询（参加咨询的同志如不能熟练掌握文字录入，需安排录入员）。

二、参加咨询活动的工作人员需按时到岗，坚守岗位；回答咨询问题需符合教育部和北京市有关招生工作规定。

三、请参加咨询活动的各招生院校工作人员提前一小时到岗，熟悉咨询软件的使用。

四、做好咨询前计算机网络测试工作。测试时间7月4日—5日，7月8日返回测试结果，具体测试方法请登录院校招生工作平台查看有关测试说明。

五、为保证暑假期间市招办院校之间通讯畅通，请在返回测试结果时注明暑假期间联系电话，以便及时通知有关事宜。

六、咨询时间安排：

8月12日：13:30—17:00，18:00—21:00

8月13日：8:30—12:00，13:30—17:00，18:00—21:00

联系人：戴广钰　陈进生。

联系电话（传真）：62198016，62198011。

二〇〇五年六月三十日

关于2005年度北京市成人高等学校招生预科生结业考试工作的通知

京考成招［2005］15号

各预科生工作站：

根据北京市成人高等学校预科生教学要求和教学计划的安排，2005年度预科生结业考试定于2005年9月25日在北京工业大学预科生工作站进行。请各预科生工作站要加强对预科生结业考试工作的领导，切实采取有效措施，做好预科生结业考试工作。

一、考试科目

文史类、理工类、西医类、中医类、高职班考：语文、数学、英语。

二、考试时间

日期	时间	科目
9月25日	9：00—11：00	语文
	13:00—15:00	数学
	15:40—17:40	英语

三、考试办法

（一）为保证预科生结业考试的质量，体现公平、公正的原则，今年继续实行集中考试的方式，考点设在北京工业大学。

（二）各预科生工作站应按《国家教育考试违规处理办法》、《北京教育考试考务管理暂行规定》和《北京市成人高等学校预科生管理规定》中所规定的考试管理办法做好考生的考前教育与培训，并继续执行考前由考生签订考生诚信考试承诺书制度。

（三）考试期间，考试院成招办及各预科生工作站的工作人员将现场巡查考试情况。

（四）考试院成招办集中组织评卷、登分工作，各工作站负责将考试成绩通知本人，不公布，不查分。

四、组考要求

（一）考点要成立预科生结业考试工作领导小组，具体负责考试工作的实施。

（二）预科班的结业考试属省级考试，各项工作均按考试院有关规定执行，考前的各类培训应不少于半天。要严密做好各项准备工作和监考员培训工作，严肃考风考纪，确保考试安全，圆满完成考试任务。

（三）请北京工业大学预科生工作站于9月7日前，将组考工作方案（组考小组成员组成及分工情况、考点地址、考场地点、咨询电话、试卷存放地点、保密工作人员名单）上报考试院成招办。

五、关于试卷印制、运送工作

（一）试卷印制工作按考试院指定印刷厂印制。

（二）按照试卷保密有关规定运送、接取试卷，必须严格交接手续。

二〇〇五年九月七日

关于印发2005年北京市成人高等学校招生考试评阅试卷工作规定的通知

京考成招［2005］17号

各区县考试中心、成人教育招生办公室、各成人高校：

为做好2005年北京市成人高等学校招生考试评阅试卷工作，提高评卷工作的科学化、规范化程度，确保高质量地完成评卷任务，现将《2005年北京市成人高等学校招生考试评阅试卷工作规定》印发给你们，请遵照执行。

二〇〇五年九月二十六日

附：

2005年北京市成人高等学校招生考试评阅试卷工作规定

评卷工作是成人高校招生全国统一考试工作的重要环节，为保证此项工作顺利进行，根据教育部《关于印发〈2005年高等学校招生全国统一考试考务工作的规定〉的通知》（教考试［2005］1号）文件精神，结合北京市实际情况，特作如下规定。

一、评卷工作的原则及依据

评卷工作要坚持“科学、公正、准确、规范、宽严适度、首尾一致”的原则，评卷工作的依据为教育部制定的答案和评分参考。

二、组织领导及分工

（一）组织领导

评卷工作在北京市成人高校招生考试评卷领导小组（以下简称市评卷领导小组）的领导下进行。市评卷领导小组由北京教育考试院主管领导、考试院成招办负责人及各评卷点领导小组组长组成。

全市统一设置评卷点。各评卷点应成立评卷领导小组，组长由承担评卷工作院校的主管招生院校长担任。

各学科成立学科评卷领导小组，组长由本学科副教授以上职称的教师担任。

各评卷点应设立评卷、检查、成绩录入、试卷保管、后勤等小组。

考试院成招办为市评卷领导小组的办事机构，具体协调、解决阅卷中出现的重大问题。

各区县成人高校招生办公室负责将本区答卷运送到评卷点，评卷结束后取回答卷并做好分数复核工作。

（二）各部门职责

市评卷领导小组负责组织全市评卷工作，及时处理评卷工作中出现的普遍性的重大问题。

评卷点领导小组具体组织有关科目试卷的评阅工作，保证试卷的评阅质量和进度，做好试卷评阅、试卷保管及安全保密等项工作。

评卷点下设的各小组要认真完成评卷点领导小组分配的任务。

（三）评卷教师

评卷教师由各评卷单位选聘。评卷教师以高等学校教师为主，一般应具有讲师以上职称。评卷教师应思想品德好，工作责任心强，业务水平较高，有一定的评卷工作经验，作风正派，遵守纪律、身体健康、当年无直系亲属参加成人高考。评卷前要签订《2005年参加成人高考评卷承诺书》（见附件5）。评卷领导小组要加强对评卷教师和工作人员的管理。评卷领导小组有权辞退不遵守纪律或不能胜任阅卷工作的人员。

三、阅卷评分

（一）研究评分参考，坚持做好试评

各评卷点领导小组，要组织全体评卷教师认真学习、研究《答案》及《评分参考》，对于评分标准的宽严尺度，要统一认识。

评卷前，要根据《评分参考》进行试评，对考生不同的答题方式进行研究、讨论、归纳。遇有争论的问题，要经过反复论证，统一思想；在此基础上，评卷点领导小组制定出相应科目的“评分标准执行细则”，并使每个评卷教师熟练掌握统一的评分标准及其执行细则，防止在正式评卷中出现偏宽、偏严或宽严不一的现象。

（二）实行岗位责任制，采取流水作业法评卷

1. 分组办法。评卷点根据该科目试卷的题目数，设立与题目数相同（或相近）的题目组，每个题目组再分成若干个小组。若该科目试卷数量较多，评卷点可先分成几个大组，每个大组再根据试卷题目数，分成与题目数相同（或相近）的题目组，然后下设若干个小组，组与组之间按题目传递流水作业。

2. 组长职责。各题目组均设组长，组长指定专人负责领送、分发试卷；要随时掌握评卷进度、质量和出现的问题。

3. 题目分工。在评卷过程中，作文和论述题由两人分别评阅（一人主评，一人副评，定时交换），在一定幅度内取两个分数的平均分。如超出一定幅度由评卷题目组讨论决定。其他题目一人一题单独评阅，疑难问题由题目组讨论解决。

4. 要建立复查制度。对评阅后的试卷，小组要复查，题目组、大组要抽查，各学科每天的复查量不得

少于20%。阅卷点负责人在抽查的同时要及时解决疑难问题，防止偏严、偏宽或宽严不一及漏判题等问题。对评分标准掌握不当的评卷人员应予提醒，对不能正确掌握评分标准（或多次提醒不改正）的评卷人员，应调换其工作。若有与原评卷教师不同意见，由学科评卷小组组长裁决。

5. 积极推广计算机监控和人工复查相结合的方法，提高评卷质量。

6. 评卷人员在评卷过程中，应按规定签署姓名。

（三）记分

批阅、记分，一律用红墨水钢笔或红芯圆珠笔，记分要准确、书写要工整、规范。

1. 记分方法。用阿拉伯数字记分，评卷只在每道小题号前记得分，不记扣除分数。完全答错和未答的，做“○”记号。评卷人在规定的位置签字，以示负责。每题中的小数点以后的分数，不作四舍五入，每科积分时才作四舍五入处理。成绩如需订正，订正后要由原评卷教师和订正人签名，以便个人负责。

2. 每小题的分数，应工整地写在相应小题号的前面，大题的题首分不用累计。

3. 如发现答案中有严重的政治错误，需集体讨论审查确定后在有错误的地方做“＝”记号，并在试题成绩栏下做“×”记号，同时做记载，必要时，由评卷领导小组处理。对有异常情况的试卷（如雷同试卷，字迹前后不一致，在密封线外写有考生姓名、考号，铅笔答卷或标记等）先评分，同时填写《答卷异常情况记录表》和写出答卷异常情况鉴定，会同市评卷领导小组处理。

（四）坚持集中评卷

1. 各评卷点要克服困难，做到按科目在规定的时间、场地集中评阅试卷。

2. 在试卷袋拆封后，由评卷教师先把卷袋上的密码号填在卷头纸上，保证试卷始终是在密封状况下进行评阅。评卷后，要注意将试卷装回原试卷袋中。

（五）做好试卷的收发、传递、保管和保密工作

1. 评卷点要建立保密室，制定保密制度。各阅卷点要设值班室，要求24小时有人值班，保证联络畅通。设立专门人员负责收发试卷，健全试卷收发手续。发放的试卷，评阅后当天必须收回，集中保密室保管。

2. 评卷题目小组组长负责领送试卷，领送试卷前均严格检查试卷密封、编号是否完好，有无缺漏。

3. 评卷时要做到严格保密，不得将试卷带出评卷场所，不得抄录试卷评阅结果。对评卷有不同意见应及时向组织反映，不得在室外谈论评卷情况和问题。不得在评卷室内会客、接待来访。

4. 要注意做好评卷场所的安全保卫工作，保持清洁，注意防火、防盗，不要吸烟，不要随意乱扔纸张。

四、登分工作

登分工作全部实行小分录入，即阅卷点在试卷评阅完毕后，按照要求把考生每道小题所得分数录入计算机。

（一）登分要求

1. 所有登分工作人员应经培训后上岗。

2. 登分采取两遍录入的方式，即每份试卷必须录入两遍，第一遍为“一录”，第二遍为“复核”。

3. 录入前应认真输入考场密码号及考试科目，检查系统给出考场人数是否与实际相符，如不一致要认真查找原因，必要时与考试院成招办联系。

4. 在“一录”小分时，录完一份试卷后，将计算机自动合成的考生总分用红笔写在该卷卷首总分处。“复核”时若发现与“一录”不符，由复核人确定正确分数，在原错误分数上划“\”，重新写出正确分数并签字。

5. 阅卷点小分录入系统要有相应的设备配置，最低配置如下：

对于阅卷科次在5万以上的阅卷点需要使用专用服务器，其最低配置：Intel Xeon 800M CPU /内存1G/硬盘10G*3（RAID5）/100M网卡。

对于阅卷科次在5万以下的阅卷点可以使用高档PC机做服务器，其最低配置：Intel P4 1.8G CPU /内存512M /硬盘30G/ 100M网卡。

客户端PC机最低配置：P2—450/ 内存64M/硬盘10G，10/100M网卡。

登分地点要求具有与外界隔离的独立的局域网，采用100M交换机。在登分期间保障网络畅通、无病毒，电源不间断。要注意数据及时备份。

（二）操作方法

见《阅卷点小分录入系统使用说明》。

五、复核工作

复核工作全部采用小分录入复核方式。复核工作是指在评卷、登分、核分后复查分数是否登错或加错，不涉及评分标准掌握问题。这项工作主要由区县成招办组织进行。

（一）复核工作应在试卷启封的状态下进行。复核时首先检查“试卷袋”上区（县）号、考场密码号、科目代号、应考人数是否与试卷一致，试卷的份数是否同考场人数相一致；不一致时，要认真查找原因，及时解决。

（二）注意检查准考证号的顺序是否从小号到大号连续排列，中间是否有其他异常现象，如有异常情况，应及时纠正。

（三）在前两项均符合规定的情况下，可开始复核工作。录入每张试卷小分。当发现与阅卷点所录分数不一致时请录入正确分数，并注明错误原因。

（四）积分复核人员对各题分数、全卷分数全面复核。

（五）分数订正由评卷点指定专人负责。订正后加盖评卷点分数校对章。

（六）当复核工作结束后导出并上交“复核成绩库”。

六、建立应急预案，加强值班，严格报告制度

各阅卷点要建立应急反应机制和应急工作预案。一旦发生涉及试卷安全保密工作的重大突发事件，应必须在第一时间同时报告考试院和院校领导。

要进一步落实突发性重大事件直报和阅卷情况日报制度。考生答卷到达阅卷点后，每天下午6:00前应将试卷保密情况电话报考试院成招办。

考试院值班电话：白天（8:00—18:00）62198012　62198016。

　　　　　　　　夜间（18:00至次日8:00）62113626。

七、集中改错

考试院成招办组织各评卷点和各区、县成招办对登分中出现的错误共同修改。

（一）改错时间、地点

2005年10月30日上午8：30，地点：北京电大阶梯教室。

（二）改错方法

区县需携带成绩复核数据盘、需更改分数的试卷。依据考试院成招办打印的成绩复核单，经阅卷教师对分数错误进行核对，无误后签字交成招办。

八、处罚规定

在评卷工作中，对违犯规定的工作人员和发现试卷雷同等违纪行为的考生，按北京教育考试院《北京教育考试违规行为处理暂行办法》中有关规定处理。

九、评卷总结与试卷分析

试卷评阅工作结束后，各评卷点领导小组要及时总结评卷工作，写出评卷工作总结；对各科目进行阅卷分析，并单附200字左右的试题评价；对今后的命题工作提出意见和建议；评选出优秀评卷员，评选的数量占阅卷教师的10%。上述材料（软盘及书面材料）于10月31日前交考试院成招办考务科。

附件：

1. 2005年北京市成人高考评卷领导小组名单

2. 2005年北京市成人高考阅卷工作时间安排

3. 2005年北京市成人高考评阅主观卷一览表
4. 2005年北京市成人高考评阅客观卷一览表
5. 2005年成人高考评卷人员承诺书
6. 评卷工作人员守则
7. 学科评卷小组组长职责
8. 统分输机工作人员守则
9. 保密人员守则
10. 评选优秀评卷员的条件及工作要求
11. 附表1—附表5

附件一

2005年北京市成人高考评卷领导小组名单

组　长：吴凤臣　北京教育考试院副院长
副组长：董维祥　北京教育考试院成人教育招生办公室主任
　　　　马宏辉　北京教育考试院成人教育招生办公室副主任
　　　　黄建平　首都师范大学成教学院院长
成　员：包华影　王季音　郭世安
成招办评卷工作联系人：祝丰　李新　吴莉莉　赵虎

附件二

2005年北京市成人高考阅卷工作时间安排

时　间	工作进度和要求
9月28日—29日	召开阅卷工作会。
10月15日—16日	成人高校招生全国统一考试。
10月17日上午	各考试单位向阅卷点集中送交答卷，阅卷点接收试卷。
10月18日—25日	各阅卷点组织阅卷登分工作，25日前向考试院成招办报成绩软盘。
10月26日上午	各区（县）招生办上午9:00到考试院成招办开会，并领取打印成绩复核单；会后到阅卷点领取试卷。
10月26日—29日	各区（县）招生办复核考生分数。
10月30日	统一对考生成绩进行改错。改错地点：北京广播电视大学阶梯教室（皂君庙）。

注：阅卷期间值班电话：62198024　62198018　62198012（传真）。

附件三

2005年北京市成人高考评阅主观卷一览表

阅卷学校	高中起点				专科起点升本科				联系人	联系电话	阅卷地址
	科目代码	阅卷科目	阅卷份数	阅卷袋数	科目代码	阅卷科目	阅卷份数	阅卷袋数			
首都师范大学	32	数学(文)	49 605 份	1 676 袋	15	民法	3 338 份	123 袋	马骅	68902632	首都师范大学教工活动中心二楼
	35	史地综合	14 489 份	495 袋	10	政治	44 475 份	1 567 袋			
	/	/	/	/	16	教育理论课	3 668 份	134 袋			
	/	/	/	/	17	艺术概论	5 074 袋	180 袋			
	学校合计	2 科	64 094 份	2 171 袋	学校合计	4 科	56 555 份	2 004 袋			
北京广播电视大学	33	数学(理)	20 112 份	693 袋	/	/	/	/	张纪勇	62148309	海淀区皂君庙甲4号北京广播电视大学二楼
	34	理化综合	3 708 份	136 袋	/	/	/	/			
	36	英语	69 628 份	2 364 袋	/	/	/	/			
	37	日语	87 份	4 袋	/	/	/	/			
	38	俄语	2 份	1 袋	/	/	/	/			
	学校合计	5 科	93 537 份	3 198 袋	学校合计	/	/	/			
北京师范大学	31	语文	69 717 份	2 369 袋	14	大学语文	6 797 份	237 袋	范继芳	58808167 58807843	北京师范大学化学楼
	学校合计	1 科	69 717 份	2 369 袋	学校合计	1 科	6797 份	237 袋			
北京教育学院	/	/	/	/	12	高数(一)	6 491 份	227 袋	孟令惠	82089213	西城区德胜门外黄寺大街什坊街二号北京教育学院
	/	/	/	/	13	高数(二)	14 119 份	481 袋			
	/	/	/	/	11	英语	44 269 份	1 559 袋			
	/	/	/	/	20	日语	204 份	7 袋			
	/	/	/	/	21	俄语	2 份	1 袋			
	/	/	/	/	18	生态学基础	321 份	22 袋			
	学校合计	/	/	/	学校合计	6 科	65 406 份	2 297 袋			
总计		8 科	227 348 份	7 738 袋		11 科	128 758 份	4 538 袋			

注:各区县成招办将答题卡送成招办计统科。联系电话:62198018　62198024。联系人:祝丰　李新　吴莉莉　赵虎。

附件四

2005 年北京市成人高考评阅客观卷一览表

代码	阅卷科目	袋数（袋）	卡数（张）	起点
10	政治	1 567	47 010	专科起点
11	英语	1 559	46 770	专科起点
15	民法	123	3 690	专科起点
18	生态学基础	22	660	专科起点
19	医学综合	163	4 890	专科起点
31	语文	2 369	71 070	高中起点
32	数学（文）	1 676	50 280	高中起点
33	数学（理）	693	20 790	高中起点
34	理化	136	4 080	高中起点
35	史地	495	14 850	高中起点
36	英语	2 364	70 920	高中起点
总计	11 科	11 167	335 010	

注：各区县成招办将答题卡送成招办计统科（考试院成招办六楼）。联系电话：62198018　62198024。联系人：赵虎。

附件五

2005 年成人高考评卷人员承诺书

根据教育部、北京教育考试院关于教育考试安全的有关文件精神，本人将于 2005 年 10 月 17 日至 26 日间，参加本年度北京市成人高考相关科目试卷的评卷工作。按照《国家教育考试违规处理办法》、《2005 年北京市成人高等学校招生考试评阅试卷工作规定》等有关文件要求，为保守国家秘密，高质量地做好成人高考试卷的评阅工作，在此愿郑重承诺：

1. 服从本学科评卷工作组和阅卷工作组的指挥，严格执行教育部制定的参考答案和评分标准，认真执行本学科评分细则；坚持“宽严适度”、“首尾一致”的原则，确保质量，按时完成任务。

2. 不向非评卷工作人员泄露评分情况，不私自进入试卷保管室，不查询考生分数。

3. 爱护答卷与各种资料，按照有关规定领送试卷，并保管保护好所领试卷，遇有特殊情况及时向有关领导汇报，以便迅速采取措施，防止试卷受损。

4. 评卷过程中使用红墨水钢笔或红芯圆珠笔，坚持按评卷统一要求评卷和记分，记分科学、公正、准确、规范、工整、清楚，并对所评试卷或题目签字负责。

5. 遵守纪律、保守秘密，在规定的地点评卷。认真做到不将答卷带出阅卷室，不将评卷、统分的文件和资料等带出工作场所。不在工作时间会客和打电话。

6. 不在评卷工作场所吸烟，保持评卷场所的安静与秩序，注意做好防火、防盗、防水、防损工作。

承诺人（签字）：

年　月　日

附件六

评卷工作人员守则

一、严守纪律，保守秘密，严格执行评卷的有关规定。

二、严格掌握评分标准，防止偏宽、偏严和错评、漏评，按时完成任务。

三、在规定的地点集中评卷，凭《评卷工作证》出入评卷场所。

四、不得将答卷、评卷及统分的文件、资料等带出工作场所，评卷情况不得外传；工作时间不会客，不打电话；不得私自进入答卷保管室和登记处；不准查询考生分数；不准将手机、寻呼机等通讯工具带入评卷场所。

五、评卷一律使用红色字迹签字笔或圆珠笔，其他笔不得带入评卷场所。记分要清楚，如更改，必须有组长和复核人员签字或盖章。

六、不得私自拆启密封答卷册，不准撬看密封线内的考生姓名、准考证号等内容，不得涂改考生答卷及成绩。

七、爱护答卷与各种资料，不得损坏答卷。

八、保证评卷场地安全、安静。

附件七

学科评卷小组组长职责

一、在评卷领导小组领导下，组织本学科的评卷工作，按时完成评卷任务。严守纪律，保守秘密，严格执行评卷的有关规定。

二、在评卷前组织试评。在试评和学习、掌握答案及评分参考的基础上，制定评分细则。

三、培训评卷人员，使每个评卷人员正确、熟练掌握答案和评分参考及评分细则。

四、检查执行答案和评分参考及评分细则的情况，纠正执行过程中的偏差。

五、负责本学科评卷的质量，裁决有关执行答案及评分参考和评分细则过程中的分歧意见。

六、评卷结束后，对本学科答卷情况进行分析，做出对试题、试卷的定性分析报告，并对试题、答案和评分参考提出意见，报有关考试机构。

附件八

统分输机工作人员守则

一、统分输机工作人员必须随身佩戴专用出入证，并妥善保管，不得遗失和转借他人。

二、遵守纪律，不迟到、不早退。工作场所严禁吸烟，工作时间不会客、不接打电话。坚守工作岗位，不到与自己无关的岗位闲谈，不进入与自己无关的工作室。非计算机操作人员不得随意动计算机键盘。

三、所有工作人员必须保守机密，不向外界透露统分进度有关情况，不准随意查询考试成绩，更不准改动考生成绩。如发现有改动考试成绩的可疑情况，应及时向有关负责同志报告。主控操作人员不得以任何借口改动考生成绩。

四、所有工作人员一律使用红色圆珠笔。试卷分数填写不清或漏判的需请评阅教师复查或评判，其结果应有评卷教师签字，更改的成绩必须有二人签字，并由负责人审核后签字。

五、爱护考生答题卡，严防污染、破损现象发生。

六、对违反纪律和徇私舞弊者，要从严处理。

附件九

保密人员守则

一、保密人员必须认真学习国家制定的保密法规，提高对保密工作的认识，自觉遵守保密纪律，勇于保卫答卷安全。

二、保密人员必须坚持原则，不得以任何理由为借口启封答卷袋，更不得监守自盗。

三、保密人员必须做到昼夜 24 小时值班，不得擅离职守，每班不得少于二人值班。

四、保密室内不准吸烟、酗酒、打闹，不得进行文娱活动，不准无关人员进入保密室。

五、开启保密柜，必须有二人同时在场。接收和发出答卷，必须细心清点科目和数量，认真查验封签，严格履行交接手续。

六、答卷保管人员必须坚持原则，严守机密，不在工作场所之外谈论答卷情况，不打听评卷核分情况，不准任何人抄录卷面成绩。除处理装订不合格或有标记的答卷外，不得翻阅答卷。

七、答卷保管员要及时做好发放答卷的准备工作，做到不错不乱、不丢失、不损坏。答卷收发要有登记表，收发要签字。

附件十

评选优秀评卷员的条件及工作要求

一、评选的条件

（一）具有较高的思想水平，工作责任心强，主动承担重任，遵守纪律。

（二）正确掌握评分标准，宽严适度，评卷无差错，保质保量。

（三）努力探索提高评卷质量新途径，主动提出评卷工作建议，积极参与试题、答卷和评卷质量的分析评价工作。

二、工作要求

评选优秀评卷员原则上占评卷教师10%以内。在评卷结束前一两天，各评卷小组提出推荐名单报评卷点领导小组，经阅卷点领导小组初审后，填写《优秀评卷员登记表》及《优秀评卷人员名单》一式二份，并加盖阅卷点院校招生办公室公章，于10月31日前报考试院成招办审批。对于评选出的优秀评卷人员，考试院成招办将适时予以表彰，以资鼓励。

附件十一

附表1　　2005年北京市成人高等学校招生全国统一考试试卷装订及考生答卷异常情况登记表（样）

科目代码：　　　　科目名称：　　　　区县　　　　评卷学校：

考场密码号	试卷序号	未按规定装订试卷										答卷异常						评卷人签字（二人）	
		卷头未封	试卷倒装	页码倒装	考号不顺	卷Ⅰ卷Ⅱ合订一起	混装卷Ⅰ未装卷Ⅱ	装订不齐考号外露	胶水过多试卷粘连	卷册未附白卷	未装订缺考生试卷	姓名写在密封线外	铅笔答卷	雷同试卷	试卷上有标记	用涂改液	异常答卷题号		

注：此表由阅卷点填写。一式二份，交考试院成招办。一份由考试院成招办存档，另一份发区县以便复核。

阅卷点负责人签字：

年　月　日

附表 2

北京市成人高考阅卷点工作人员登记表

阅卷学校：

序号	姓名	性别	年龄	职务职称	工作单位	阅卷期间任职
1						
2						
3						
4						
5						
6						
7						
8						
9						
10						
11						
12						
13						
14						
15						
16						
17						
18						
19						
20						

注：1. 阅卷期间任职系指领导工作、阅卷或登分工作、保密工作、后勤工作中其中一项。

2. 此表填写一式二份，10 月 30 日交成招办联络员一份带回。

填表人签字：　　　　　　负责人签字：

附表 3

2005 年北京市成人高考阅卷点人员统计表

阅卷学校：

工作类别	人 数	备 注
领导小组人员		
阅卷人员		
登分人员		
保密工作人员		
后勤服务人员		
合计		

注：各阅卷点 10 月 20 日前将此表交考试院成招办。

填表人签字：　　　　　　负责人签字：

附表4

北京市成人高校招生优秀评卷人员名单

评卷点名称：　　　　　　　　年　月　日

序号	姓名	性别	职务或职称	工作单位	评卷科目	备注
1						
2						
3						
4						
5						
6						
7						
8						
9						
10						
11						
12						
13						
14						
15						
16						
17						
18						
19						
20						
21						
22						
23						
24						

注：此表填写一式二份，于10月31日前交考试院成招办一份。

填表人签字：　　　　　负责人签字：

附表 5　　**优秀评卷员登记表**

姓 名		年龄		政治面貌		民族	
工作单位				职 务		职称	
评卷年度				评卷科目			
事迹：							
评卷点意见： 评卷点招办盖章 2005 年　月　日							
考试院成招办意见： 2005 年　月　日							

注：此表填写一式二份，于 10 月 31 日交考试院成招办一份。

关于加强考试管理整肃考风考纪
做好成人高考工作的通知

京考成招［2005］18 号

各区县考试中心、成人教育招生办公室：

为贯彻落实教育部《关于做好 2005 年成人高等学校招生工作的通知》（教学［2005］8 号）和教育部考试中心《关于做好 2005 年成人高等学校招生全国统一考试考务工作的通知》（教试中心函［2005］139 号）文件精神，加强考试工作管理、加大监督检查力度，提高工作质量，确保 2005 年北京市成人高等学校招生全国统一考试顺利进行，现将有关事宜通知如下：

一、加强领导，提高认识，做好考务工作

教育部 2005 年成人高校招生全国统一考试工作重点是：严密部署、高度负责，确保考试安全，进一步整肃考风考纪，力争使违纪率进一步下降，考风考纪进一步好转。各区县考试中心应贯彻落实教育部指示精神，要按照践行“三个代表”重要思想的要求，把考试安全和考风考纪作为建立良好社会风气和维护社会稳定的大事来抓。突出抓好“四项整治，一个建立”工作，一是整治考场秩序，二是整治泄密问题，三是整治有组织的考试舞弊行为，四是整治借考试之名进行诈骗活动；建立有效的网上高考有害信息防范和打击的工作机制。各级考试机构要进一步认清当前组考的新形势、新情况，进一步明确任务，明确职责，增强责任感，制定严密有效的措施，全力以赴，加强考试管理，克服经验主义与麻痹思想，努力为广大考生提供公平公正、放心满意的考试环境。

（一）加强对组考工作领导。考试工作应在各区县人民政府、教委、招生委员会的领导下进行。各区县考试中心主任要将组考工作方案以及面临的问题和采取的措施及时向当地政府、教委、招生委员会的领导汇报，争取领导的重视和支持。同时，还应主动争取公安、卫生、交通、城管、电力、通讯、机要保密、纪检监察等部门的支持与配合。

（二）制定组考与试卷（答卷）安全保密方案。区县成招办主任要认真贯彻落实教育部、市教委、考试院等有关文件精神，结合本地实际情况对成人高校招生组考工作进行全面分析，在总结经验的基础上，找出存在问题，制定周密细致的组考与试卷（答卷）安全保密方案。针对可能发生的突发事件，制定相应预案。

组考与试卷（答卷）安全保密方案及突发事件预案要有五明确：一是明确工作内容，二是明确岗位职责，三是明确专人负责，四是明确联系方式，五是明确检查落实措施。并于10月11日前用电子邮件形式，将方案报考试院成招办（电子邮件地址：wull@bjeea.cn）。

（三）加强考点和监考队伍建设。考点实行主考负责制，主持本考点考试工作。考点是承担考试任务的基层单位，监考工作人员的责任心、业务水平关系到监考工作的质量，因而加强考点建设，加强监考人员的队伍建设，对于组考至关重要。要选派身体健康、公正廉洁、认真负责、熟悉业务和不徇私情的人员参加考试工作，为保证考试工作的质量，应坚持不合格的考点不用，不符合条件的监考员不用，不经培训或培训不合格的监考员不得上岗。

（四）认真培训，明确职责。区县成招办主任负责组织本区县的考试工作人员培训，时间不得少于半天。要集中精力，认真学习有关文件，对各级考试工作人员进行职业道德教育和业务培训。通过培训提高对考试工作重要性的认识，增强政治意识、责任意识、安全意识和自律意识，增强做好考试工作的自觉性。

（五）加强考试诚信教育和思想道德教育

加强考试诚信教育和思想道德教育是形成诚信守纪文明考风的基础工作。要通过多种形式对考生加强诚信教育和考风考纪教育。区县招办要在发放准考证时将《提倡良好学风　诚信考试光荣——致广大考生的公开信》发给考生，各考点要在考试前一天张贴《国家教育考试违规处理办法》和《考生应试守则》，使广大考生了解考生守则和考试违规处理办法，树立“诚信考试光荣，违纪作弊可耻”的考试理念和文明风尚。

（六）建立网上有害信息防范和打击的工作机制。考试院成招办成立了成人高考防范打击有害信息工作组，由秘宣科同志具体负责。各区县也要指定一名专人负责加强对有害信息的监测，一旦发现网上与成人高考有关的有害信息，要采取“先封后查”的果断措施，并立即报考试院成招办。各区县用电子邮件形式在10月11日将“防范打击有害信息工作组”名单报考试院成招办秘宣科（电子邮件地址：wangwk@bjeea.cn；电话：62198017）。

二、严肃考风考纪，严惩考试违纪舞弊行为

（一）要严格执行《北京教育考试考务管理暂行规定》（京考［2005］13号），认真落实考点主考和监考人员职责，树立依法治考的观念，严格要求，敢于管理，廉洁奉公，敢于负责。

（二）各考区要根据实际情况实行监考人员轮换制度，以遏制“人情风”对考试工作的干扰。

（三）要继续加强与当地监察、纪检部门的合作与配合，加大对违纪、作弊的处罚力度和监督力度。

（四）对于各类违纪、舞弊的现象，要按照《国家教育考试违规处理办法》（教育部18号令）予以严肃处理，决不姑息。考点主考与主监考员应明确职责与工作程序，要及时认真填写《违纪考生登记表》，收集相关证据，详细记录违纪情节，监考员和考点负责人签字后送区县成招办。区县成招办将违纪考生情况录入计算机，于10月20日前将考生违纪信息和《违纪考生登记表》报送考试院成招办。

根据《教育部办公厅关于建立高等学校招生全国统一考试诚信档案的通知》（教学厅［2005］11号）的要求，要加强对考生的诚信考试教育，建立考生考试诚信档案，作为成人高等学校决定是否录取考生的重要依据之一。

（五）严肃处理违纪工作人员。对在考试中不认真履行职责，甚至放纵考生伙同作弊的监考员、工作人员要坚决依照《国家教育考试违规处理办法》严肃处理，情节严重构成犯罪的，由司法机关依法追究刑事责任。对以前在监考中出现过上述问题的人员，不得参加今年的组考工作。

三、加强巡视检查

考试期间，考试院将向各区县派出巡视员。认真做好市级巡视员的岗前培训，巡视员将在考试期间对考点、考场设置，试卷的保管分发，监考员、工作人员履行职责情况，考场纪律等进行监督检查。各区县也应组织相应数量的巡视人员，到本区县内的各考点、考场进行巡视检查。巡视员应将发现的问题及时与考点主考联系，并及时向考试院成招办和区县成招办汇报。

四、增强保密观念，做好试卷的保管分发工作

（一）要增强保密观念，切实做好试卷（答卷）的保管分发工作。从试卷送达区县招办到答卷送交考试院成招办期间，试卷的安全保密第一责任人是区县招办主任。在组考期间，试卷（答卷）的保管分发工作要按市教委、市委宣传部、市公安局、市国家保密局《关于印发北京市国家教育考试考务安全保密工作实施办法的通知》（京教办［2004］26号）执行。

（二）今年试卷领取采取印刷厂送卷专车直接送达各区县考试中心的办法。送达路线详见《领送试卷安排表》。具体要求为：各区县成招办由招办主任负责，配备公安人员或武警人员在本单位接收试卷；区县招办主任凭单位介绍信进行试卷交接工作（应2人以上同时在场）；试卷清点无误后，印刷厂和区县招办主任要在领取试卷清单上签字，加盖区县招办公章。交接手续完备后，区县招办主任要及时向考试院成招办通报情况（电话：62198016），并告下一站区县成招办印刷厂车辆已出发。

（三）各区县招办主任领取、核对试卷后，应立即存放保密室内，依照《2005年成人高考试卷需用量统计表》进行核对清点，核对无误后再依照考试时间、按考点、分科装入保险柜内。

（四）考试期间，当日开考科目的试卷，由区县于当日上午8:00前用专车送达考点，考点保密人员依照《2005年成人高考考点、考场安排一览表》核对试卷数量和考试科目，无误后装入保险柜内。每场考试前一小时由保密人员按考场、科目将试卷准备好。

五、加强值班，严格报告制度

（一）各区县要建立应急反应机制和应急工作预案。一旦发生涉及考试安全保密工作的重大突发事件，必须在第一时间报告考试院成招办和区县教育行政主管部门，并按照考试院制定的《处置试卷安全突发事件工作预案》的有关程序采取措施，防止事态扩大，把风险和损失降到最低程度。

（二）考试期间，考试院设立成考值班办公室，负责处理各项考务工作。各区县设值班室并要求24小时有人值班，保证联络畅通。

请于10月11日前将值班安排，即值班室地址、电话（办公电话、手机、传真）、值班人员姓名等书面报考试院成招办秘书科。

（三）进一步落实突发性重大事件直报和考试情况日报制度，从10月13日开始至17日止。每天18:00前将试卷保密情况、当日考试情况及答卷运送情况电话报考试院成招办。

考试院成招办值班电话：

白天（8:00—18:00）：62198012、62198016。

夜间（18:00至次日8:00）：62113626。

10月8日—16日24小时联系电话：

13718378091（董维祥）、13718378092（马宏辉）、13718378093（祝丰）

六、几项具体事宜

（一）考试时间：北京市2005年成人高校招生全国统一考试时间定于10月15日、16日（详见附表）。

（二）领取试卷：各区县成招办于10月13日领取试卷。

（三）运送答卷：10月17日上午将各科试卷按规定送到阅卷点。

（四）10月16日将举行“北京国际马拉松比赛”。有关区县招办一定要提前做好准备工作，确保试卷发放与答卷接收工作顺利进行。10月15日各区县要在考点采取广播、公告和监考员提醒的方式向考生进行宣传，请考生提前选择路线，以免影响考试。

二〇〇五年九月二十八日

附表

全国成人高校招生统一考试时间表

一、高中起点升本、高职（高专）考试时间表

时间＼日期	10 月 15 日	10 月 16 日
9:00—11:00	语文	外语
14:30—16:30	数学	理化 史地

二、专科起点升本科考试时间表

时间＼日期	10 月 15 日	10 月 16 日
9:00—11:30	政治	大学语文 艺术概论 高等数学（一） 高等数学（二） 民法 教育理论 生态学基础 医学综合
14:30—17:00	外语	

关于 2005 年北京市成人高考考生申请复查分数工作的通知

京考成招［2005］20 号

各区县考试中心、成人教育招生办公室：

为增加成人高校招生考试的透明度，今年继续为考生提供查分服务，为做好此项工作，现将有关事项通知如下：

一、查分范围

对于考生查分，仅限在考生接到成人高考分数通知单后复查试卷中大、小题的分数有无漏判、漏登、错登、错加和计算机在处理分数时错登、错录等项目，不涉及评分标准的掌握问题。

二、查分时间

考生在接到成人高考分数通知单后按区县成人教育招生办公室规定的时间地点提出查分申请，填写《查分登记表》后，领取查分结果。在正式通知考生分数前，各区县一律不得接待考生查分。考生查分工作 11 月 12 日结束。

三、查分程序

考生申请查分，须首先出示准考证，填写《查分登记表》。区县复查试卷，应安排两人以上负责。要核对考生的准考证号，按照分数库打印各小题分数单，再与考生试卷进行比对。对于查分结果无误的，要在《查分登记表》上写明“试卷分数无误”的结论，并二人签名以示负责。对于确属查分范围规定的几种类型错误，应在《更正分数登记表》上签字盖章，并于 11 月 15 日携带此表和考生试卷到考试院成人教育招生办

公室审查，确认后办理有关手续。

四、工作纪律

各区县成人教育招生办公室要本着对考生负责、对国家培养人才负责的精神，耐心接待考生。考生不得接触试卷，不给考生复印答卷，不向考生透露评卷情况。严禁利用查分机会违反规定更改分数，一经发现舞弊者，按照《国家教育考试违规处理办法》执行。

二〇〇五年十一月三日

关于转发教育部高校学生司评选全国成人高等学校招生工作先进集体和先进个人的通知

京考成招［2005］21号

各成人高等学校、区（县）考试中心：

为进一步做好成人高校招生全国统一考试20周年纪念活动，现将教育部高校学生司《关于评选全国成人高等学校招生工作先进集体和先进个人的通知》（教学司［2005］28号）转发给你们。望重视此项工作，组织相关人员认真学习和落实通知精神，加强领导，认真组织，严格程序，充分发扬民主并实行公示制度，确保公平、公正、公开，保证评选工作高质量如期完成。

本次评选范围，为在京成人高等学校和各区（县）考试中心。所报材料必须加盖成人高等学校和考试中心的印章，各成人高等学校、区（县）考试中心的先进集体和先进个人材料及招生机构、人员状况调查表，务必于12月30日前报至市评选工作办公室（一式15份及电子版，E-mail：yangb@bjeea.cn），逾期报送则视为主动放弃。

为做好我市成人高等学校招生先进集体和先进个人的评选工作，市高校招生委员会专门成立了评选领导小组，组成了评审委员会和评选工作办公室，统一领导和负责评选工作。其机构组成如下：

评选工作办公室

主　任：董维祥

副主任：丁新生、马宏辉

成　员：戴广钰、杨兵、王维克、陈进生

电　话：62198016

附：教育部《关于评选全国成人高等学校招生工作先进集体和先进个人的通知》（教学司［2005］28号）

二〇〇五年十一月二十五日

附：

关于评选全国成人高等学校招生工作先进集体和先进个人的通知

教学司［2005］28号

各省、自治区、直辖市高校招生委员会、教育厅（教委）：

成人高校招生自1986年起实行全国统一考试。20年来，招生战线的同志们兢兢业业、努力工作、锐意改革，以构建我国终身教育体系、创造学习型社会、提高全民族素质、促进人的全面发展和促进社会与经济进步为己任，在为成人高校选拔合格新生，维护招生的公平与公正，以及科学化、规范化管理等方面，取得了突出的成绩。

为进一步做好成人高校招生工作，深化招生制度改革，激发成人高校招生战线全体同志的工作热情，我司将于年内表彰一批全国成人高校招生工作的先进集体和先进个人。现就有关评选事项通知如下：

一、评选范围

全国先进集体的评选范围为省、地、县高校招生办公室（包括独立设置的省级成人高校招生办公室），普通高校成（继）教院和独立设置的成人高校招生办公室。

全国先进个人的评选范围为在上述单位或机构专职从事成人高校招生的在编人员。

二、评选条件

1. 先进集体

（1）认真贯彻执行国家关于成人高校招生的政策、规定，措施得力，工作成绩显著。立足于为广大在职从业人员和地方经济建设服务，积极改善办学条件，招生行为规范。

（2）机构健全，规章制度完善；人员编制、经费、设备、基本建设等满足工作需要。

（3）考试环境综合治理措施得力，成效显著。

（4）严格执行国家招生计划，报送各类统计信息数据准确、及时，高质量完成招生各环节的工作。

（5）积极开展招生管理改革研究，努力推进信息化建设进程，成绩突出。

2. 先进个人

（1）拥护党的领导，坚持党的教育方针。认真贯彻执行成人高校招生工作的政策、规定，高质量地完成各项任务，成绩突出。

（2）与时俱进，刻苦钻研业务，积极参加改革和科研实践，努力提高工作水平和能力，为本地区、本部门成人高校招生工作作出了突出贡献。

（3）坚持原则，廉洁奉公，遵纪守法，严于律己，工作中无个人责任事故发生；爱岗敬业，踏实肯干，团结同志。

（4）从事成人高校招生工作时间一般不少于3年。

三、评选工作安排

1.12月30日前，各省（自治区、直辖市）高校招生委员会负责组织、评选本省（区、市）成人高校招生工作先进集体和先进个人，并将全国先进集体和个人的推荐材料上报我司。报送有关推荐材料（格式见附件1、2）时，需同时报送本省（区、市）评选工作的简要总结、表彰或确定本省（区、市）省级先进集体和个人的正式文件、本省（区、市）所有成人高校招生机构及在编招生人员的总数（格式见附件3）。各省级成人高校招生办公室参评全国先进集体，需单独提供推荐材料。推荐材料要求涉及加强管理推进改革的主要举措、机构队伍、规章制度、基础设施、作风纪律建设等方面内容，文字要求精练、简明，只列举事实，字数不超过2 000字。

2.2006年1月上中旬，由我司组织的评选委员会，将对各省（自治区、直辖市）上报材料进行评审，确定全国高校招生工作先进集体和先进个人。

四、评选比例

1. 先进集体推荐的单位数不超过全省（自治区、直辖市）成人高校招生机构总数的5%。

2. 先进个人推荐的人数不超过全省（自治区、直辖市）成人高校招生机构在编招生工作人员的5%。

五、工作要求

各省（自治区、直辖市）高校招生委员会和教育厅（教委）要加强对评选工作的组织领导，充分发扬民主，制定评选实施办法细则，严格程序并实行公示制度，确保评选工作质量。各地要根据本通知的有关精神自行组织省级先进集体和先进个人的表彰，还要注意将表彰活动与其他纪念统考20周年的活动有机结合，为我国成人高等教育事业的发展起到积极的推动作用。

附件（略）。

关于做好北京市成人高等教育招生年鉴编撰工作的通知

京考成招［2005］22号

各区县考试中心、各在京招生成人高校：

为了记录成人高等教育的沿革及发展轨迹，迎接考试院建院十周年，北京教育考试院将进行《北京市成人高等教育招生工作年鉴（1996—2005）》（以下简称“年鉴”）编撰工作。年鉴以记载年度史实为主要内容，是了解北京市成人高等教育事业改革与发展的重要文献，将对成人高等教育事业的健康发展产生深远的影响，具有重大史料价值。

2005年11月9日召开了编撰年鉴工作会议并成立年鉴编撰工作筹备组。

筹备组组长：董维祥

副组长：丁新生、马宏辉

成　员：李国斌、屈兵、李德芳、陈兴滨、朱长发、缪代文、李建平

工作人员：戴广钰、王维克、贾文章、陈晓

筹备组办公地点：中国人民大学继续教育学院（清华东路甲7号）教学楼303室；邮政编码：100083；联系电话：62339120；E-mail：rdcjyyx@sina. com ；联系人：陈晓。

编撰年鉴是区县考试中心、各在京招生成人校的共同任务，希望各单位予以大力支持，当前需要进行的工作是：

1. 请各成人高校迅速成立年鉴编撰领导小组，并将小组成员名单、负责人、联系人、联系电话、E-mail，于2006年1月18日前报筹备组办公室。

2. 请各成人高校按范文体例写出1 000字左右的学校概况（电子版：word文档格式）、照片1张（电子版：300—500KB，JPEG格式）。

3. 收集知识产权属于北京市成人高等教育招生方面的公开在书籍、报纸、杂志上发表或出版的论文，按下表要求予以如实填写。

论文题目	
作者姓名	
在何书（刊）发表	
发表年度时间	
报送单位	

要求：

1. 附论文复印件（A4复印纸）。

2. 于2006年1月15日前传真（送）到筹备组。

附：院校概况范文

二〇〇五年十二月二十二日

附：

前进在现代化、信息化进程中的北京大学成人、继续教育

坐落在北京西郊园林风景区的北京大学是教育部重点直属综合大学。她以具有光荣的革命传统和悠久

的历史而闻名；以学科齐全、师资力量雄厚、科研成果显著而著称。以科学信息密集、校风优良而吸引着海内外莘莘学子。现在的北京大学，正阔步前进在建设世界一流大学的历史征程中！

北京大学的成人、继续教育有着悠久的历史。早在1918年，著名的民主革命家、教育家蔡元培先生就在北大开办了“平民夜校”和新闻学研究班，首开了中国普通高校举办成人教育的历史先河。新中国建立后，北大继承了这一传统，50年代初就以多种成人教育形式，为新中国的民主改革和社会主义建设培养了大批急需的专业人才。

20世纪80年代中后期，北大的成人教育顺利地渡过了“文化大革命”后的恢复时期，进入了新的发展阶段。学校在将其发展的目标列入“七五”规划的同时，还迅速传达贯彻了《国家教委关于改革发展成人教育的决定》精神，于1987年成立了成人教育学院，推进了成人、继续教育的改革发展。在1991年全国成人教育治理整顿时，其改革发展成果获得了国家教委的高度评价，曾在全国起到示范带头作用。

1992年，我国改革开放进入了一个新的历史时期。为主动适应社会发展的需要，学校进一步明确了成人教育在学校事业中的地位和作用，推动着她“改革向教学领域深入，层次不断向上提升，管理不断加强，教学手段和方法不断创新，教育质量和水平不断提高，重点开始向高层次大学后继续教育转移”。同时，又据国家教委的指示精神开办了成人脱产班，建设了成人教育办学基地，并修订了教学计划，更新了教学内容，开出了一些社会急需的新学科方向。1996年，在全国函授、夜大学教育评估中北大获得了“双优秀”的好成绩。

1998年百年校庆后，学校提出了创建世界一流大学的发展目标。成人、继续教育“控制规模，调整结构，提升层次、提高质量。重点发展高层次的大后继续教育，积极稳步地发展现代远程教育，努力为建设与世界一流大学相称的成人、继续教育新体系奠定了坚实的基础，为我国完善终生教育体系作出新贡献”的指导思想也被列入了创建世界一流大学发展规划中。同时，设立了继续教育部，大力推进了成人教育教学和管理制度的改革，发展了高层次继续教育和远程教育。现在，北大校本部成人教育有昌平、圆明园两个校区，在全国有函授站28个，现代远程教育中心30个，法学远程教育覆盖了全国各省的高法、高检系统。在校学习的各类成人学历教育学生共26 744人。非学历教育2004年培训了24 932多人次。1990年至今，北京大学共向社会输送了成人本、专科毕业生48 849人，非学历教育结业生150 000人次之多。

“桃李不言，下自成蹊”，这些人经过北大成人教育培养后，绝大多数成为行业系统、单位的骨干，许多人还成为高级管理、技术骨干或学科带头人；一些人被授予“有突出贡献专家”的称号并受到奖励和表彰；一些人的科研论文还被SCI检索录用，还有一些人直接考取了研究生，开始了在科学路上的新攀登……这些毕（结）业生在实践中创造出的新价值，充分昭示了北大成人、继续教育的质量和水平，也为北大赢得了良好的社会声誉。

成人、继续教育是现代教育体系和我校教育事业的重要组成部分，也是建立终身教育体系、通向学习型社会的重要桥梁。在信息技术飞速发展的当今时代，完善终身教育体系，建设学习型社会，已成为当今教育改革的新潮流，也正在引发一场教育领域的深刻革命。面对新的形势，北大及时召开了全校继续教育工作大会，通过了《北京大学继续教育改革发展纲要》，建立了校继续教育部直属的成人教育学院、网络教育学院、培训中心三个成人继续教育服务平台，努力推动着成人、继续教育为我国完善终生教育体系、建设和谐社会作出新的贡献！

北京大学的成人、继续教育正在党和国家正确方针指引下，朝着现代化、信息化和高层次、高水平、高质量的方向阔步前进……

对外经济贸易大学简介

始建于1951年的对外经济贸易大学，为隶属于原对外贸易经济合作部管辖的国家重点大学，是首批进入“211工程”建设的大学之一。2000年6月与原中国金融学院合并，成为教育部直属的全国重点大学之一。

对外经济贸易大学现设有14个学院和1个直属系，以及独立设置的研究生部和体育部。共开设有25个本科专业和2个博士后流动站，另有国际贸易学和国际法学2个国家级重点学科和1个国家级人文社科研究基地。这是一所以国际经济与贸易、国际经济法和商务英语为学科特色和专业优势的多科性大学。

对外经济贸易大学现有教职工1 500余人，其中专任教师650余人，学校每年还聘请外国专家100多人次。学校承担了多项国家级科研项目，获得高水平科研成果奖近百项。

对外经济贸易大学现有各类学生30 000余人，其中普通全日制本科生6 400余人，研究生3 500余人，各类成人高等学历教育学生14 000余人。

对外经济贸易大学以其优雅的校园环境、功能齐全的保障设施、技术先进的教学设备、雄厚的师资力量、高水平的科研能力和广阔的就业前景，吸引了全国大批品学兼优的学生报考、就读。在经济全球化和中国对外开放不断扩展的新世纪，对外经济贸易大学永远是培养和造就一流经贸人才的摇篮。

对外经济贸易大学继续教育学院简介

对外经济贸易大学的成人高等学历教育始于1984年。1994年，在学校原函授教育部、夜大教育部、经济英语培训中心和外贸英语中心四个部门合并的基础上，成立了继续教育学院。继续教育学院为学校所属的14个学院之一，是学校专司继续教育工作的职能部门与具体组织实施教学和管理的实体。

学院现设有招生、教学管理、学生管理、教材保障等12个管理机构，教职工近90名，其中专职教师20余名。同时，拥有一支近百名由教授、副教授和青年骨干教师组成的兼职教师队伍，并设有近十名知名学者、教授组成的院学术委员会。

学院拥有可供3 000人同时上课的专用教室，其中可供200人上课的多媒体教室6个，以及设备先进的48座语音教室6个和保证300人同时上机的计算机教室；另有可安排2 500人住宿的学生公寓。与此同时，还建有一个藏书40 000余册的图书阅览室。

学院充分利用学校教学、科研资源和先进的教学设施、设备，以“社会需求为本，以培养实用人才为标准”，积极开展成人高等学历教育。现有各类成人学历本、专科在校生14 000余名。教学类别为函授、夜大和全脱产三种。其招生范围、层次和专业如下：

函授：仅限外埠招生。在全国29个省、市、自治区设有32个函授站。

高中起点专科：“国际贸易”、“会计学”、“金融学”、“工商管理”、“物流”五个专业；

专科起点本科：“国际经济与贸易”、“会计学”、“金融学”三个专业。

夜大：仅限北京地区招生。

高中起点本科：“国际经济与贸易”和“金融学”两个专业；

高中起点专科：“国际贸易”、“会计学”、“金融学”、“商务英语”四个专科专业；

专科起点本科：“国际经济与贸易”、“英语”、“会计学”和“金融学”四个专升本科专业。

全脱产：面向全国招生。

高中起点专科：“国际贸易”、“商务英语”、“金融学”、“物流管理”四个专业；

专科起点本科：“国际经济与贸易”、“英语”、“金融学”三个专业。

对外经济贸易大学开展成人高等学历教育22年来，已为国家培养了2万余名毕业生，受到了用人单位和社会各界的广泛好评。经过20余年的改革与发展，继续教育学院已成为我国对外经济贸易成人高等学历教育的重要基地。学院将随着国家经济的发展和成人教育不断变化的形势，积极开拓，锐意进取，以质量求生存，以改革求发展，坚持“专业＋外语”的教育特色，力争为我国对外经贸事业的发展作出更大的贡献。

关于建立高等学校招生全国统一考试考生诚信档案的通知

教学厅［2005］11号

各省、自治区、直辖市高校招生委员会、教育厅（教委），有关部门（单位）教育司（局），部属各高等学校：

为进一步规范高等学校招生工作，确保高等学校招生全国统一考试（含普通、成人高校招生全国统一考试、全国硕士生统一入学考试，以下简称全国统考）的公平、公正，加大考试诚信教育力度，切实维护广大考生的合法权益，依据《国家教育考试违规处理办法》（教育部令第18号）、《2005年普通高等学校招生工作规定》（教学［2005］2号文件附件），自2005年起，由各省级招生考试机构负责建立本省、自治区、直辖市参加全国统考考生考试诚信档案。现将有关要求通知如下：

一、参加全国统考考生考试诚信档案的主要内容为考生参加全国统考发生违规行为的简要事实及处理结果。各省级招生考试机构负责采集、确认本地区考生的考试诚信记录信息，并建立相应的参加全国统考考生考试诚信档案数据库。

二、承办全国统考的各级教育考试机构要严格按照《国家教育考试违规处理办法》和考务工作规定的有关要求，认真实施考试程序，如实准确记录违规考生的情况，在调查事实和证据的基础上，切实做好对所涉及考生的违规行为进行认定及处理工作，加强对考生考试诚信档案的规范化管理。

三、用于普通高校招生、成人高校招生网上录取的考生电子档案必须含有考生历年参加全国统考的考试诚信记录信息，并按有关规定在考生特征标志信息项中，对有违规记录的考生统一用字母W予以标识。录取时，省级招生考试机构需以附加表的方式向高等学校提供违规考生历年参加全国统考的违规简要事实及处理结果，作为高等学校决定是否录取考生的重要参考依据之一。

四、高等学校在录取工作中，应贯彻公平竞争、公正选拔，德智体美全面考核、综合评价，择优录取的原则，在认真审阅考生电子档案以及其中考试诚信记录信息等附加表的基础上，提出是否予以录取等相关审录意见。

五、各省级招生考试机构需在全国统考结束后2日内完成本省（自治区、直辖市）在本次考试实施过程中发现的考生实施违规行为的数据统计汇总工作，并及时报我部（考试中心），具体要求另文通知。

各省级招生考试机构在本省（自治区、直辖市）录取工作开始前，应将已经认定的本省（自治区、直辖市）违规考生考试诚信记录信息以数据库形式（数据库结构见附件一，考试违规事实代码表见附件二）报我部（考试中心）备案，正在处理过程中的，认定后及时上报。

六、各省级教育行政部门、招生考试机构和学校要加强对考生的诚信考试教育，加大对诚信、守规、守纪、守法考试的宣传力度，通过全社会的共同努力和有效监督，营造“诚信光荣”的良好社会风尚。

请各省、自治区、直辖市招生委员会速将本通知转发至本地区所有高等学校。

附件：1. 考生考试诚信记录信息数据库结构
　　　2. 考试违规事实代码表

教育部办公厅

二〇〇五年五月二十七日

附件一

考生考试诚信记录信息数据库结构

文件名：年份（2位）＋省份代码＋CXJL. DBF

序号	字段名	类型	宽度	说　明
1	SFZH	C	18	考生身份证号
2	KSH	C	20	考生号（左对齐）
3	XM	C	24	考生姓名（字间不空，左对齐，缺字用？表示）
4	XBDM	C	1	性别代码：1—男，2—女
5	CLJDSBH	C	24	考试违规处理决定书编号
6	KSLBDM	C	1	考试类别代码：1—普通高考，2—成人高考，3—硕士生统考

续前表

序号	字段名	类型	宽度	说　明
7	KSSJ	C	12	考试时间：年4位+月2位+日2位+时2位+分2位
8	KSKMMC	C	24	考试科目名称
9	WGLXDM	C	1	违规类型代码：0—无违规，1—违纪，2—作弊，3—其他违规
10	WGSSDM	C	2	违规事实代码：违纪51～59，作弊61～69、71～75，其他违规81～84；详见考试违规事实代码表
11	WGSS	C	254	违规事实简要说明（取自考试违规处理决定书相关内容）
12	WGCLDM	C	1	违规处理代码：1—取消单科成绩，2—当次报名考试各科成绩无效，3—其他处理结果
13	WGCL	C	254	违规处理结果（取自考试违规处理决定书相关内容）
14	BZ	C	254	备注

附件二

考试违规事实代码表

违纪：

51　携带规定以外的物品进入考场或者未放在指定位置

52　未在规定的座位参加考试

53　考试开始信号发出前答题或者考试结束信号发出后继续答题

54　在考试过程中旁窥、交头接耳、互打暗号或者手势

55　在考场或者教育考试机构禁止的范围内，喧哗、吸烟或者实施其他影响考场秩序的行为

56　未经考试工作人员同意在考试过程中擅自离开考场

57　将试卷、答卷（含答题卡、答题纸等）、草稿纸等考试用纸带出考场

58　用规定以外的笔或者纸答题或者在试卷规定以外的地方书写姓名、考号或者以其他方式在答卷（含答题卡、答题纸等）上标记信息

59　其他违反考场规则但尚未构成作弊的行为

作弊：

61　携带与考试内容相关的文字材料或者存储有与考试内容相关资料的电子设备参加考试

62　抄袭或者协助他人抄袭试题答案或者与考试内容相关的资料

63　抢夺、窃取他人试卷、答卷（含答题卡、答题纸等）或者强迫他人为自己抄袭提供方便

64　在考试过程中使用通讯设备

65　由他人冒名代替参加考试

66　故意销毁试卷、答卷（含答题卡、答题纸等）或者考试材料

67　在答卷（含答题卡、答题纸等）上填写与本人身份不符的姓名、考号等信息

68　传、接物品或者交换试卷、答卷（含答题卡、答题纸等）、草稿纸

69　其他作弊行为

71　通过伪造证件、证明、档案及其他材料获得考试资格和考试成绩

72　评卷过程中被发现同一科目同一考场有两份以上（含两份）答卷（含答题卡、答题纸等）答案雷同

73　考场纪律混乱、考试秩序失控，出现大面积考试作弊现象

74　考试工作人员协助实施作弊行为，事后查实

75　其他应认定为作弊的行为

其他违规：

81　故意扰乱考点、考场、评卷场所等考试工作场所秩序

82　拒绝、妨碍考试工作人员履行管理职责
83　威胁、侮辱、诽谤、诬陷考试工作人员或其他考生
84　其他扰乱考试管理秩序的行为

考生诚信考试承诺书

本人将于 2005 年 9 月 25 日参加北京市成人高等学校预科生结业考试，对招生有关规定、《考生应试守则》和《国家教育考试违规处理办法》已详细阅读，在此愿郑重承诺：

1. 在报名考试过程中，本人愿自觉遵守招生考试有关规定以及《考生应试守则》中的各项要求，服从工作人员的管理。

2. 按照招生考试的有关要求，本人所提供的个人信息真实、准确。

3. 如违反招生考试的有关规定，自愿接受《国家教育违规处理办法》相应处罚。

二〇〇五年九月

关于提请批转有关单位对我市成人高考工作给予协助的请示

京考办［2005］8 号

范伯元副市长：

成人高校招生全国统一考试将于 10 月 15 日、16 两日举行。此次考试我市共设立 20 个考区、166 个考点、3 948个考场，有 11 万余名考生报考。

为确保试卷保密和考试安全，拟请公安、交通部门给予支持，协助维护考点秩序，为运送试卷的车辆提供方便。

以上请示如无不妥，请您批示有关部门。

附件：1. 2005 年北京市成人高考时间表（略）
　　　2. 2005 年北京市成人高考考点考场表（略）

二〇〇五年十月九日

关于印发《2005 年北京市成人高等学校招生工作规定》的通知

京高招委［2005］9 号

各有关成人高等学校、各区县招生考试中心、成招办：

根据《教育部关于做好 2005 年全国成人高校招生工作的通知》文件精神，结合北京市实际情况，现将有关事项通知如下：

一、认真学习贯彻落实教育部、北京市文件精神

2005 年成人高校招生工作要认真贯彻落实中共党的十六届三中、四中全会关于树立科学发展观，加强

执政能力建设的精神，以为在职从业人员服务为宗旨，进一步加强规范管理，提高服务意识，积极研究探索新形势下成招工作的特点，稳步推进成招工作改革。

各成人高校、各区县考试中心要组织全体招生工作人员认真学习《教育部关于做好2005年全国成人高校招生工作的通知》（教学［2005］8号）、《教育部关于高等学校招生工作实施阳光工程的通知》（教学［2005］4号）、《教育部办公厅关于建立高等学校招生全国统一考试诚信档案的通知》（教学厅［2005］11号）、《教育部关于实施高等学校招生工作责任制及责任追究暂行办法》（教监［2005］4号）及《2005年北京市综合整治考试招生环境电视电话会议》的文件精神，统一思想，提高认识，认真贯彻落实，进一步增强做好工作的责任感和自觉性。各区县高招委要高度重视成人高考工作，把综合整治成人高考考试环境提高到坚持立党为公、执政为民、维护人民群众根本利益的高度来认识。我们必须以对人民群众高度负责的态度，努力为广大考生提供公平、公正的考试环境。

各成人高校、区县成招办要结合成人高校招生的特点和本地区、本学校的实际，建立和完善以“六公开”为主要内容的信息公开制度，全体招生工作人员要严格执行招生工作“六不准”。要加强领导，精心组织，狠抓落实，形成合力，确保阳光工程的顺利实施。

二、加强管理，严肃考风考纪，确保考试的安全

各级招生考试机构要高度重视成人高校招生考试安全工作，克服任何麻痹大意的思想，进一步完善规章制度，从试卷印刷、运送、保管、评卷等各个环节从严管理，做到明确分工、密切配合、责任到人，确保成人高校招生考试安全顺利进行。

充分利用现代化手段，着重打击有组织的利用现代通讯工具作弊、集体舞弊，特别是有教师或考试工作人员参与的集体舞弊和替考的行为。

加强考前宣传教育工作。通过各种形式对考生进行诚信教育和考风考纪教育，努力在广大考生中树立“诚信考试光荣、违纪作弊可耻”的考试理念和文明风尚。构筑正面教育、舆论引导、制度约束、违规处罚四位一体的诚信考试体系。

针对近年来出现利用虚假信息骗取报名、录取资格的现象，要加大新生复查工作的力度，对不符合录取条件的新生，坚决予以清除。

在巩固2004年成人高考环境综合整治工作成果的基础上，要从制度、组织和宣传三个方面入手，逐一检查各项制度落实情况，不留隐患和漏洞，注重细节管理；建立快速反应机制和招生考试应急机制；配合媒体做好宣传工作，保证良好的工作环境，以确保成人高校招生考试安全顺利进行。

三、深化招生改革，努力推进招生考试管理现代化进程

进一步加强现代化信息技术在招生工作中的应用，促进招生管理手段现代化。今年将全面实行网上咨询、网上报名、网上缴费、网上录取。各招生单位要主动适应现代化管理手段的提高，加强对工作人员的业务培训和设备的投入，重视与之相关各项工作的准备，确保各项改革的顺利实施。

现将《2005年北京市成人高等学校招生规定》印发给你们，请遵照执行。

二〇〇五年六月三十日

附：

2005年北京市成人高等学校招生工作规定

第一章　总　则

第一条　为有利于成人高等教育的改革和发展，加强北京市成人高等学历教育的宏观管理和监督，保证新生入学质量，使成人高等学历教育直接有效地为首都经济和社会发展服务，根据《教育部关于做好2005年全国成人高校招生工作的通知》（教学［2005］8号）精神，结合北京市的实际情况，特制定本规定。

第二条　本规定所称成人高等学校，包括经教育部审定核准的广播电视大学、职工高等学校、职业技

术学院、农民高等学校、管理干部学院、教育学院、独立设置的函授学院和普通高等学校所属的成（继）教院（以下简称成人高校）。

第三条　成人高等学历教育分为三种：专科起点升本科（以下简称专升本）、高中起点升本科（以下简称高起本）、高中起点升高职（高专）[以下简称高职（高专）]。

第四条　成人高校招生计划按有关规定和批准程序纳入国家成人高等教育事业计划后方可招生。

第五条　成人高校实行全国统一招生，并选用脱产、业余或函授形式进行成人高等学历教育。由教育部颁布复习考试大纲（以2005年3月颁布的复习考试大纲为准），统一组织命题，确定考试时间，制定试卷答案及评分参考，统一录取工作。

第六条　北京市成人高校招生实行网上咨询、网上报名、网上缴费、网上录取。

第七条　北京教育考试院成人教育招生办公室组织招生考试工作，并组织招生学校进行新生录取工作。

第八条　根据《教育部关于高等学校招生工作实施阳光工程的通知》（教学［2005］4号）的文件精神，在成人高校招生工作中落实阳光工程，进一步规范招生管理，增加招生工作透明度，更好地维护广大考生的合法权益，确保公平公正。

第九条　根据《教育部办公厅关于建立高等学校招生全国统一考试诚信档案的通知》（教学厅［2005］11号）的要求，要加强对考生的诚信考试教育，加大对诚信、守规、守纪、守法考试的宣传力度，营造“诚信光荣”的良好社会风气。自2005年起，建立考生考试诚信档案，作为成人高等学校决定是否录取考生的重要依据之一。

第二章　招生机构及其职责

第十条　在北京市高等学校招生委员会、北京市教育委员会领导下，设立北京教育考试院成人教育招生办公室（以下简称：考试院成招办）；在区县高等学校招生委员会、区县教育委员会领导下设立区县成人教育招生办公室（以下简称：区县成招办），配备专职干部；各成人高校设立招生办公室，配备专职干部。

第十一条　考试院成招办的职责：

（一）执行教育部有关成人高校招生方针政策和工作规章，按下达的招生计划并结合本市实际情况制定具体实施办法。

（二）编制并公布招生专业目录，组织本市考生报名工作并负责审查考生的报名资格，组织考试、阅卷、录取工作。

（三）组织实施成人高等学校招生改革试点工作。

（四）保护考生和招生工作人员的正当权益，查处违纪、舞弊事件。

（五）与考生签订《考生诚信考试承诺书》，建立考生诚信档案，录取时向招生学校提供考生诚信档案。

（六）审核学校提出的新生录取名单，向教育部提供当年成人高等教育新生有关数据。

（七）组织并督促招生学校对录取的新生进行复查。

（八）开展招生、考试的宣传和科学研究工作。

第十二条　区县成招办的职责：

（一）执行教育部有关成人高等学校招生方针政策、工作规章及考试院的有关规定和办法，并结合本区县实际情况制定具体实施办法。

（二）组织本区县考生报名工作并负责审查报名资格。

（三）组织考生网上报名信息确认，建立考生电子档案。

（四）组织考生考试，保护考生和工作人员的正当权益，查处违纪、舞弊事件，及时报送考试院成招办。

（五）组织核对并发放考生成绩，向考生提供查分服务。

（六）接待考生咨询和群众信访工作。

（七）开展招生、考试的宣传和科学研究工作。

第十三条 成人高等学校有关招生工作的职责：

（一）执行教育部有关招生方针政策、工作规章及考试院、学校主管部门的补充规定和办法。

（二）依照《中华人民共和国教育法》、《中华人民共和国高等教育法》和教育部有关规定制定本校招生章程，并向社会公布；招生章程必须如实反映本校的实际情况，内容包括招生范围、学习形式、学习期限、办学地点、录取原则、收费标准以及加试的时间、地点等。各成人高校应对招生章程的内容承担相应的责任。

（三）执行招生计划并按规定向考试院成招办报送录取新生名单，经审核后，向考生发放录取通知书。

（四）对录取的新生进行复查。

（五）处理遗留问题。

（六）应由招生学校做的其他工作。

第三章 招生计划

第十四条 成人高等教育招生计划实行国家宏观指导，总量调控，中央和省、部两级管理，分级负责的管理体制。按隶属关系负责审核制定学校的招生计划总数。

第十五条 考试院成招办按北京市教育委员会下达的市属专科层次招生计划组织招生；按教育部编制的本科层次以及部委属院校或外埠地方院校在京招生计划组织招生。

未经北京市教育委员会或教育部编制的招生计划一律不予组织招生。

第十六条 考试院成招办根据北京市教育委员会和教育部下达的生源计划数和院校具体专业招生计划，编列北京地区招生专业目录，报名前向社会公布，未经公布的院校及专业不予安排招生。

第十七条 在录取新生时，按计划部门调整后的计划执行。录取结束后，将实际执行计划情况上报北京市教育委员会、北京市高等学校招生委员会和教育部。

第四章 报 名

第十八条 符合下列条件的中国公民可以报考：

（一）拥护中国共产党的领导，愿为社会主义现代化建设服务，品德良好，遵纪守法。

（二）国家承认学历的各类高、中等学校在校生以外的在职、从业人员和社会其他人员。

（三）报考高起本或高职（高专）的考生应具有高中毕业文化程度。以同等学力报考者，年龄需满19周岁（1987年2月28日前出生）；报考专升本的考生必须是已取得经教育部审定核准的国民教育系列高等学校、高等教育自学考试机构颁发的高等专科毕业证书或以上证书的人员。

（四）根据卫生部《关于2004年全国成人高校医学类专业招生条件建议的函》（卫科教便函［2004］57号）要求及教育部的规定，报考成人高校医学门类专业的考生应具备以下条件：

1. 报考临床医学、口腔医学、预防医学、中医学等临床类专业的人员，应当取得省级卫生行政部门颁发的相应类别的执业助理医师及以上资格证书或取得国家认可的普通中专相应专业学历；或者县级及以上卫生行政部门颁发的乡村医生执业证书并具有中专学历或中专水平证书。

2. 报考护理学专业的人员应当取得省级卫生行政部门颁发的执业护士证书。

3. 报考医学门类其他专业的人员应当是从事卫生、医药行业工作的在职专业技术人员。

4. 考生报考的专业原则上应与从事的专业对口。

对于不具备上述条件且要求报考医学门类专业的考生，其毕业后所获得的医学成人高等教育学历文凭将不能作为参加执业医师、执业护士考试的依据。

（五）身体健康；符合上述报考条件，生活能自理，不影响所报专业学习的残疾人。

第十九条 报名时间：8月15日至8月29日。

报名确认时间：9月1日至7日。

第二十条 报名方式：报名采取网上报名。

报名网址：www.bjeea.cn或www.bjeea.edu.cn。

报名期间各区县成招办设报名确认点。报名确认手续必须由考生本人办理。未办理报名确认手续报名无效。

具体步骤：

1. 考生登录报名网站填写报名基本信息、志愿信息和其他报名辅助信息，提交后生成网报号。

2. 网上缴费。

3. 在规定的报名确认期间到所选报名确认点办理报名资格审查、摄像、报名复核、签订《考生诚信考试承诺书》等报名确认手续；网上缴费不成功的考生可在报名确认时补缴费。

考生一般应在本人户口所在地、在规定时间内到区县报名确认点办理确认手续。没有北京市户口而又确需在京参加报考和学习的人员，到在京临时工作单位（或居住）所在地的区县报名确认点办理确认手续。

考生根据所报招生院校专业的要求选择应试外语语种，选择应试外语语种为日语或俄语的考生，到宣武区成招办办理报名确认手续。

享受运动员加分照顾政策的考生，到崇文区成招办办理报名确认手续。

全国劳动模范、优秀运动员享受免试入学政策的考生，应先到所报学校确认后，于 8 月 26 日到考试院成招办报名确认。

报名时考生需持本人居民身份证（在京临时工作的还需持在京暂住证），报考专升本的考生，还必须携带毕业证书原件和复印件一张（B5 复印纸），报考高起本、高职（高专）不满 19 周岁的考生，需携带高中毕业证书原件。

符合照顾加分条件的考生应提交相应的原件及复印件一张（B5 复印纸）（如获多种称号，只附一件级别最高的原件及复印件），在报名时由区县成招办确认，过期不予办理。

报考艺术类、体育类及其他需要加试专业课的考生，还必须在 9 月 8 日前持“报名复核单”到第一志愿学校参加加试专业课报名。

第二十一条 填报志愿

考生报名时应在公布的《2005 年北京市成人高等学校招生专业目录》中选报志愿学校。

高中起点：在艺术体育类专业（第一批录取）栏，可选报两个志愿学校，每个志愿学校可选报一个专业；在高中起点本科非艺术体育类专业（第二批录取）栏，可选报两个志愿学校，每个志愿选报一个专业；在高职（高专）非艺术体育类专业（第三批录取）栏，可选报两个志愿学校，每个志愿学校可选报两个专业。

专升本：可选报两个志愿学校，每个志愿学校可选报两个专业。

在报考志愿信息中，必须填写是否同意调剂。如同意调剂，可选填“相近学习形式、相近专业、就近院校”项目。

报考高职（高专）和专升本专业，只能在统考考试科目相同的专业中兼报。高起本可以兼报高职（高专）。报考艺术类专业，可以兼报文史类专业；报考体育类专业，可以兼报理工类专业。

第五章 考 试

第二十二条 高起本、高职（高专）考试科目

高起本、高职（高专）考试按文科、理科分别设置统考科目。公共课统考科目均为语文、数学、外语三门，其中数学分文科类、理科类两种，外语分英语、日语、俄语三个语种，由考生根据报考学校对外语语种的要求任选一种。其中，报考高起本的考生还需参加专业基础课的考试，理科类专业基础课为“物理、化学综合”（简称理化），文科类专业基础课为“历史、地理综合”（简称史地）。以上试题均由教育部统一命制，每门满分 150 分。

（一）高起本各专业考试科目

文史类、外语类、艺术类：语文、数学（文）、外语、史地（艺术类专业，数学成绩不计入总分，供招生学校录取时参考）。

理工类、体育类：语文、数学（理）、外语、理化。

（二）高职（高专）各专业考试科目

文史外语类、艺术类、公安类：语文、数学（文）、外语（艺术类专业，数学成绩不计入总分，供招生

学校录取时参考）。

理工类、体育类、西医类、中医类：语文、数学（理）、外语。

上述各科类统一命题考试科目设置见附表一。

第二十三条 专升本考试科目

专升本考试统考科目均为三门。两门公共课为政治、外语，一门专业基础课根据招生专业所隶属的学科门类确定。每门满分均为150分。外语试题分英语、俄语、日语三个语种，考生根据招生院校在招生专业目录中明确的语种要求进行选择。

（一）文史中医类：政治、外语、大学语文。

（二）艺术类：政治、外语、艺术概论。

（三）理工类：政治、外语、高数（一）。

（四）经济管理类：政治、外语、高数（二）。

（五）法学：政治、外语、民法。

（六）教育学：政治、外语、教育理论。

（七）农学：政治、外语、生态学基础。

（八）医学：政治、外语、医学综合。

（九）体育类：政治、外语、教育理论。

上述科目实行全国统考。除日语、俄语由北京教育考试院自行组织命题外，均由教育部统一命题。各学科门类、专业与统考科目见附表二。

第二十四条 专业课加试

除规定的统考科目外，招生学校可在考试院成招办统一组织下根据专业要求进行专业课加试。其中艺术类、体育类专业必须加试专业课，其他专业是否加试由招生学校自行决定。加试专业课的招生学校必须在报送《2005年北京市成人高等学校招生计划》时注明并向社会公布；专业课加试由招生学校自行命题和组织考试，招生学校要按要求做好加试工作，于9月30日前按照考试院成招办提供的加试考生名单，通过电子邮件以数据库形式报送加试成绩。电子邮件地址：zhaoh@bjeea.cn。

第二十五条 各科命题范围不得超出教育部颁发的相应科类复习考试大纲。

第二十六条 全国成人高等学校招生统一考试定于10月15日、16日进行。

第二十七条 高起本、高职（高专）的统考科目每门考试时间为120分钟，专升本每门考试时间为150分钟。具体考试时间见附表三。

第二十八条 考生需携带准考证、居民身份证在规定时间到指定地点应试。

第二十九条 考试工作执行教育部《2005年高等学校招生全国统一考试考务工作规定》（教考试［2005］1号）及北京教育考试院《北京教育考试考务管理暂行规定》（京考［2005］13号）。

第三十条 统考科目按教育部2005年3月颁布的复习考试大纲的要求命题。阅卷工作由考试院成招办统一组织；专业课考试科目命题、考试、阅卷、成绩发布由招生学校负责。

考生成绩通知本人，不公布，不对考生查卷。

第六章 录 取

第三十一条 2005年北京市成人高校招生实行计算机网上录取。录取工作分三个批次进行，第一批录取高起本或高职（高专）艺术类、体育类；第二批录取高起本与专升本；第三批录取高职（高专）。录取工作于12月底结束。

第三十二条 录取的最低控制分数线由北京市高校招生委员会根据考生统考科目成绩和招生学校在京安排的招生计划数分考试科类划定。录取的最低控制分数线报教育部备案。

第三十三条 录取工作实行“学校负责、招办监督”的录取体制，即：在符合成人高校招生报名条件、考试成绩达到投档分数线的考生中，由招生院校根据“从高分到低分择优录取”的原则，决定考生录取与否和录取的专业，同时负责对遗留问题的处理。考试院成招办在录取时根据国家招生政策对招生院校录取名单进行审核，对其录取工作予以监督，对不符合招生政策的情况予以纠正。

各招生院校要发挥校内纪检、监察部门的作用，加强校内自我监督，建立自我约束机制。

第三十四条　成人高等学校应严格按计划录取新生，未经计划部门批准，不得对招生计划进行调整。学校确定的实际录取线不得低于本市最低控制分数线。

艺术类专业（除史论、编导专业外）和体育类专业，高起本最低控制分数线不得低于相应科类最低控制线的70%；高职（高专）最低控制分数线不得低于相应科类最低控制分数线的60%。

高职（高专）的公安类成人高校的全部专业、医学（中医学类和药学类两个一级学科除外）专业、中医药专业的招生，如上线考生不足，可降低分数要求向招生学校投档，但投档分数最低不得低于同科类高职（高专）最低控制分数线的70%。

第三十五条　录取时，考试院成招办原则上按统考科目总成绩向招生院校投档，对于有专业课加试的学校，根据加试合格考生名单向招生学校投档，招生学校根据考生参加统考的成绩，由高分到低分择优录取（艺术类和体育类专业在考生文化课符合要求的基础上，原则上按招生学校的加试专业课成绩从高分到低分择优录取）。

第三十六条　在录取工作中，由考试院成招办按照考生第一志愿向招生学校提供考生档案，由招生学校审查录取，录取名单由考试院成招办审核。招生学校按审核后的录取名单发放录取通知书。在最低控制分数线上的考生，第一志愿学校不能录取时，将参加有计划剩余的第二志愿学校录取。如第二志愿学校不能录取，对同意调剂的考生，在考试科目相同的专业中进行调剂录取；对不同意调剂的考生，不予调剂录取。

录取中的遗留问题，由招生学校负责处理。

第三十七条　招生学校及其主管部门在京招生可指定代办单位。委托培养学生的单位，不得参与录取工作，但可根据各地生源质量情况，向招生学校提出调整生源计划的要求。

第三十八条　录取照顾政策如下：

一、获得“全国劳动模范”、“全国先进工作者”称号、“全国五一劳动奖章”获得者，经本人申请、考试院成招办审核、招生学校同意，可免试入学。

二、奥运会、世界杯赛和世界锦标赛的奥运会项目前八名获得者、非奥运会项目前六名获得者；亚运会、亚洲杯赛和亚洲锦标赛的奥运会项目前六名获得者、非奥运会项目前三名获得者；全运会、全国锦标赛和全国冠军赛的奥运会项目前三名获得者、非奥运会项目冠军获得者。上述优秀运动员经本人申请并出具省级体育行政部门审核的《优秀运动员申请免试进入成人高等学校学习推荐表》（国家体育总局监制），经考试院成招办审核、招生学校同意，可免试入学。

三、运动健将和武术项目武英级运动员称号获得者（需经省级体育人事部门审核并出具运动成绩证明），在考生考试成绩基础上增加50分投档（一级运动员称号获得者为30分），是否录取由招生院校确定。

四、符合下列条件之一的考生，在考生考试成绩基础上增加20分投档，由招生院校审查录取：

（一）获得地市级以上（含地市级）人民政府，国务院各部委及各省（自治区、直辖市）厅、局系统，国家特大型企业授予的劳动模范、先进生产（工作）者及科技进步（成果）奖获得者。

（二）获得省级工、青、妇等组织授予“五一劳动奖章”、“新长征突击手”、“三八红旗手”称号者。

（三）解放军、武警部队、公安干警荣立个人三等功以上者。

（四）归侨、归侨子女、华侨子女、台湾省籍考生（区、县级以上侨办证明）。

（五）烈士子女、烈士配偶（区、县民政部门颁发的证书）。

（六）少数民族考生、国防科技工业三线企业单位（地处地、市以上人民政府所在地的除外）获得企业表彰的先进生产（工作）者。

（七）远郊区县的考生，指门头沟区、房山区、通州区、大兴区、顺义区、昌平区、怀柔区、平谷区、密云县、延庆县、燕山、矿务局的考生（以身份证和户口簿为准）。

（八）年满25周岁以上人员（1981年2月28日以前出生）。

（九）获得区县级以上见义勇为荣誉称号人员（北京市、区、县文明办颁发的证书）。

五、对于自谋职业的城镇退役士兵（省级民政部门颁发《自谋职业证》），在考生考试成绩基础上增加

10 分投档，是否录取由招生学校确定。

符合上述照顾条件的考生必须于报名时交验相应的原始证件和复印件一张（B5 复印纸），符合两项以上政策照顾的考生，其照顾分数不得累计。

六、农、林、水利、地质、矿业、测绘、公安、监所、远洋运输、社会福利等专业，在上线生源不足时可适当降分投档，降分幅度最大不得超过 20 分。

第三十九条 高等学校在录取工作中，应贯彻公平竞争、公正选拔，德智体美全面考核、综合评价、择优录取的原则，在认真审阅考生电子档案、考生诚信档案的基础上录取新生。

第四十条 录取新生名单由招生学校提出，考试院成招办审核，招生学校按审核后的录取名单发放录取通知书。

第四十一条 录取工作结束后，考试院成招办向北京市教育委员会和教育部上报当年录取新生数。

第四十二条 新生入学后，学校要对已报到的新生进行全面复查，对其中不符合报考条件或弄虚作假、违纪舞弊者，应取消其入学资格，报考试院成招办备案。

招生学校应按要求做好新生复查，在 4 月底前将复查情况向考试院成招办提交书面报告。考试院成招办 5 月份采取自查、抽查或互查等方式，检查学校新生复查工作。

第七章　附　则

第四十三条 关于预科生

在报考高职（高专）的考生中，对属照顾而未达到录取分数线、受表彰的各类先进人员和年龄在 25 周岁以上（1981 年 2 月 28 日以前出生）以及特殊行业急需培养的在职业务骨干，达到预科班分数线，且在报名时提出预科申请的考生，经考试院成招办批准后（《预科生录取通知书》由考试院发放），可作为预科生参加预科班，补习高中文化一年。考试合格，经考试院成招办审核后，不再参加当年的全国成人高校统一招生考试，进入原报考的第一志愿学校专科（专业）学习。

第四十四条 关于第二专业专科学历教育生

成人高校招生仍停止免试招收第二专业专科学历教育学生。考生需参加成人高校招生全国统一入学考试，录取人数纳入招生学校当年招生计划总数。

第四十五条 经教育部批准，北京联合大学特殊教育学院成人教育继续为残疾人单独招生单独考试。

第四十六条 对于违反有关规定应予处罚的，依照 2004 年 5 月发布的教育部第 18 号令《国家教育考试违规处理办法》执行。

附表一

高中起点升本科、高中起点升高职（高专）
统一命题考试科目一览表

层次	报考类别	统一命题考试科目
高中起点升本科	理工类、体育类	语文、数学（理）、外语、理化
	文史类、外语类、艺术类	语文、数学（文）、外语、史地
高中起点升高职（高专）	理工类、体育类、西医类、中医类	语文、数学（理）、外语
	文史类、外语类、艺术类、公安类	语文、数学（文）、外语

附表二

专科起点升本科招生专业与统一命题考试科目对照表

报考学科门类及一级学科	统一命题考试科目	
	公共课	专业基础课
文史中医类	政治 外语	大学语文
艺术类		艺术概论
理工类		高数（一）
经济管理类		高数（二）
法学		民法
教育学		教育理论
农学		生态学基础
医学		医学综合
体育类		教育理论

附表三

全国成人高校招生统一考试时间表

一、高中起点升本、高职（高专）考试时间表

日期 时间	10 月 15 日	10 月 16 日
9:00—11:00	语文	外语
14:30—16:30	数学	理化 史地

二、专科起点升本科考试时间表

日期 时间	10 月 15 日	10 月 16 日
9:00—11:30	政治	大学语文 艺术概论 高等数学（一） 高等数学（二） 民法 教育理论 生态学基础 医学综合
14:30—17:00	外语	

附表四

2005 年北京市成人高等学校招生工作进程表

日期	工作内容	参加单位
6 月 13 日—20 日	成人高校核对招生计划	招生院校
6 月 30 日	全市成人高校招生工作会	院校、区县成招办
7 月 3 日	刊登招生简章（北京考试报）	考试院成招办
7 月 7 日	刊登招生专业目录（北京考试报）	考试院成招办
7 月 10 日	刊登招生章程（北京考试报）	考试院成招办
8 月 9 日—11 日	市招生报名工作培训会、交报名工作方案，报考点库	区县成招办
8 月 11 日	验证工作培训	招生院校
8 月 12 日—19 日	电台咨询	考试院成招办
8 月 13 日	全市网上招生咨询活动	市成招办、招生院校
8 月 15 日—29 日	全市招生网上报名	区县招办
8 月 26 日	全国劳模和优秀运动员免试入学登记	市成招办、招生院校
8 月 31 日前	报送预科生志愿	预科班工作站
9 月 1 日—7 日	报名确认与考生资格审验	区县招办、有关院校
9 月 8 日前	考生专业课加试报名	招生院校
9 月 13 日	报送考生信息光盘、携带公章、缴纳报名考务费、确定考点	区县成招办
9 月 15 日前	网上下载有关报名信息	招生院校
9 月 14 日—16 日	全市考务工作会、交报名工作小结、市级巡视员培训会	各区县成招办
9 月 17 日—18 日	预科生结业考试	考试院成招办
9 月 20 日—21 日	阅卷工作会	考试院成招办
9 月 23 日	监印人员进印厂	考试院成招办
9 月 30 日前	向考生发放准考证、对考生进行考前教育	各区县成招办
	报专业课加试成绩	招生院校
10 月 12 下午	市级巡视员培训会	巡视员
10 月 13 上午	领取试卷	市、区县招办
10 月 14 日	布置考点考场、交组考工作方案	各区县成招办
10 月 15、16 日	全市统一考试	市、区县成招办
	北京联合大学特教学院单独招生考试	招生院校
10 月 17 日	送答卷	各区县成招办
10 月 20 日前	交组考工作小结	各区县成招办
10 月 18 日—25 日	全国统考阅卷工作	市成招办、阅卷学校
10 月 26 日	领取考生答卷、登分资料，核对考生成绩	各区县成招办
10 月 30 日	全市统一核对考生成绩	各区县成招办
11 月 2 日	网上下载本区县成人高考成绩	各区县成招办
	开通声询台，考生可查询成人高考成绩	考试院成招办
	网上下载第一志愿考生成绩	各招生院校
11 月 4 日前	区县向考生发统考成绩单，院校发专业成绩单	区县招办、有关院校
11 月 10 日	确定录取分数线	考试院成招办
11 月 12 日前	考生查分	区县招办
11 月 14 日	更正考生成绩	院校、区县招办
11 月 15 日	录取工作预备会	院校、区县招办
11 月 20 日至	录取工作，声讯台分批次公布录取情况	招生院校
12 月底	录取 2004—2005 年度预科生	

续前表

日期	工作内容	参加单位
	处理院校遗留问题 分批次从网上下载区县录取情况	 区县招办
12月23日前 12月底	交全年招生工作总结 招生录取工作结束	考试院成招办 考试院成招办
2006年		
1月	全市招生工作总结会 2004—2005年度北京市预科班总结会	区县招办、学校 预科生工作站
2月	2005—2006年度预科生报到注册 预科班开学典礼及入学教育	预科班工作站 预科班工作站
3月—4月 3月	新生复查工作 招生工作人员考察、培训 部分院校研讨会	考试院成招办 考试院成招办 部分招生院校
4月 4月底前 5月	资料归档，编制年报，筹备下一年度工作 报新生复查工作情况小结 检查学校新生复查工作	考试院成招办 招生院校 考试院成招办

注：以上工作如有变化，以通知为准。

关于2005年北京市成人高等学校招生录取工作的通知

京高招委［2005］12号

各有关成人高等学校：

根据教育部《关于做好2005年全国成人高校招生工作的通知》（教学［2005］8号）和教育部《关于做好2005年成人高校招生录取工作的通知》（教学司［2005］33号）的文件要求，现将2005年北京市成人高校招生录取工作通知发给你们，请认真遵照执行，做好成人高校招生录取工作。

一、加强领导，严格执行有关政策规定

各学校应成立由主管院（校）长为组长、纪检监察部门参加的招生录取领导小组，切实加强对招生录取工作的领导。进一步完善与网上录取工作相适应的规章制度和工作机制，认真执行成人高校招生录取工作的各项政策和规定，加强管理，严明纪律。创造适合网上录取的工作环境，采取有效措施保证网上录取工作秩序，加强安全、保密工作，确保网上录取工作顺利实施。

二、严肃招生纪律，坚持依法治招

各招生学校要加强对招生工作人员的教育和培训；加强招生管理，坚持依法治招，建立和完善自我约束和监督制约机制；严格执行党风廉政建设责任制和责任追究制度；严格执行“三不准，一禁止”，即：不准擅自扩大招生计划，不准特批未达到录取条件的学生进入学校，不准利用职务和工作的便利向招生考试机构和高等学校递条子、打招呼；禁止招生考试机构及其工作人员参与社会中介组织及其工作人员介绍、拉拢生源的任何活动。严格执行纪检监察部门全程监督录取工作的制度，维护考生切身利益和公平、公正的录取原则。

三、严格执行计划，做好计划调整工作

各招生学校应严格执行招生计划，经主管部门同意，可根据生源和考试情况进行适当微调。但高职高专计划不得调整为本科计划，业余和函授计划不得调整为脱产计划。经过调剂仍然不能完成招生计划的高校予以减招，不得要求降分录取新生。各招生学校应于 11 月 20 日以前完成在京招生计划的调整。

四、做好网上录取工作

（一）录取组织工作

2005 年北京市成人高校招生录取工作由北京市高等学校招生委员会、北京市教育委员会和北京教育考试院成人教育招生办公室（以下简称考试院成招办）统一组织。不同层次、不同类别考生的录取，分别执行相应的最低录取控制分数线。坚持“学校负责，招办监督”的录取体制，录取中的遗留问题由招生学校负责解决。

录取工作分为三批进行，第一批高中起点艺术类、体育类专业录取；第二批高中起点本科、专科起点升本科专业录取；第三批高职（高专）专业录取。

录取工作将全部实行远程录取方式。

（二）工作要求

1. 招生学校要配置相关设备，如计算机、打印机、宽带网络、传真机、直拨电话等，切实保证录取期间的网络与通讯畅通。

2. 保证网络安全和数据安全。树立安全第一的思想，加强对信息资源、计算机设备、网络设备、文档文件和录取场地的管理，完善安全管理制度，对考生信息中需要保密的内容妥善保管，不得擅自公开，录取密钥和密码要由专人管理。

3. 及时阅档、退档，按时提交录取信息，办理录取手续。要及时浏览网上发布的录取工作信息。凡退回电子档案应注明退档理由，遗留问题由院校负责解决。对于不按时阅档、退档的学校，考试院成招办将按规定时间代为办理退档。

4. 考试院成招办向招生学校（院）提供考生考试诚信档案，作为成人高校决定是否录取考生参考依据之一。

5. 保证录取期间联络畅通。招生学校首次登陆录取系统后，输入招生录取的联系人、电话、传真、手机等信息。

6. 录取期间招生学校根据实际情况可派一名联络员负责录取工作联系和办理录取相关手续。

五、招生工作纪律

录取工作应认真执行北京市四委办局《关于印发在高校招生工作中进一步加强廉政建设，严肃招生纪律若干规定的通知》，每个工作人员必须严格遵守“四个严格”、“十三个不准”，切实做好“五个坚决防范”。对招生工作中出现的各种形式的违纪、舞弊事件，将严格按照教育部《国家教育考试违规处理办法》的有关规定追究责任，认真查处。各招生学校应加大新生复查力度，特别是对专升本新生录取资格的复查工作。此项工作按考试院《关于做好 2005 年北京市成人高校专升本招生工作的通知》（京考成招［2005］11 号）执行，对违反规定录取的考生，一经查实，立即取消学籍，并对责任者给予严肃处理，以维护成人高校招生工作的社会信誉。

六、录取最低控制分数线

高职（高专）

文史类：　177 分；

外语类：　177 分；

艺术类：　71 分；

理工类：　130 分；

体育类：　78 分；

西医类：　169 分；

中医类：　138 分；

公安类：　124 分。

高中起点本科

文史类：　337 分；

外语类：　　　　337 分；
艺术类：　　　　177 分；
理工类：　　　　272 分；
体育类：　　　　190 分。

专科起点升本科

文史中医类：　　254 分；
艺术类：　　　　153 分；
理工类：　　　　204 分；
经济管理类：　　229 分；
法学类：　　　　220 分；
教育学类：　　　204 分；
农学类：　　　　195 分；
医学类：　　　　260 分；
体育类：　　　　110 分。

七、具体事宜

（一）录取地点：2005 年北京市成人高校招生录取工作地点设在石油大学（北京）翠宫招待所（位于昌平镇内）。

（二）录取工作人员到录取现场应携带本人身份证、工作证、单位介绍信及录取新生的各项费用。录取结束后，要将密钥退还考试院成招办。

（三）根据北京市物价局、财政局京价（收）字［2000］94 号《关于调整成人招生、自学考试等招生考试收费标准的函》的文件规定，招生学校在京招生需缴纳新生录取费：50 元/人（支票或现金）。

（四）录取期间联系电话

主任室：80110970
秘书组：89735408（会务）
　　　　89735405（咨询）
　　　　89735407（举报）
录检组：录检 1　80110931（FAX）
　　　　录检 2　89735411（FAX）
　　　　录检 3　80110521（FAX）
　　　　录检 4　80110257（FAX）
审核组：89735414
系统组：89735410
　　　　89735409
　　　　89735413
　　　　89735412

附件：1. 2005 年北京市成人高校招生录取时间安排
　　　2. 2005 年北京市成人高校招生录取工作程序
　　　3. 2005 年北京市成人高校招生录取期间各部门的设置及职能
　　　4. 2005 年北京市成人高校录取批次、录检组别情况一览表

北京市高等学校招生委员会
北京教育考试院
二〇〇五年十一月十五日

附件一

2005年北京市成人高校招生录取时间安排

第一批　高中起点艺术类、体育类		
11月19日—20日		整理数据、第一批录取准备
11月21日	15:00前	第一批院校核对完招生计划
11月22日	8:30前	第一志愿投档
	15:00	第一志愿录取结束
11月23日	8:30前	第二志愿投档
	11:00	第二志愿录取结束
11月24日	9:00	调剂投档
	11:00	调剂投档结束
	15:00前	办理录取结束手续
11月25日—26日		整理数据、第二批录取准备
第二批　高中起点本科及专升本		
11月27日	15:00前	第二批院校核对完招生计划
11月28日	8:30前	第一志愿投档
	16:00	第一志愿录取结束
11月29日	9:00前	第二志愿投档
	15:00	第二志愿录取结束
11月30日	9:00	调剂投档
	15:00	调剂投档结束
12月1日	15:00前	办理录取结束手续
12月2日—3日		整理数据、第三批录取准备
第三批 高职(高专)		
12月4日	15:00前	第三批院校核对完招生计划
12月5日	8:30前	第一志愿投档
12月6日	11:00	第一志愿录取结束
12月7日	9:00前	第二志愿投档
	16:00	第二志愿录取结束
12月8日	9:00	调剂投档
	15:00	调剂投档结束
12月9日	15:00前	办理录取结束手续
12月10日		整理数据
12月11日	12:00前	远程录取结束
12月12日—16日		处理遗留问题
12月19日—20日		录取2005—2006年度预科生

注:录取工作期间:上午8:30—11:30;下午2:30—5:00;晚上8:00—10:00。

附件二

2005年北京市成人高校招生录取工作程序

一、录取前的准备

招生院校在录取前,根据所下载的考生成绩数据、各专业类别录取最低控制分数线及考生上线情况制定录取方案,调整计划。调试计算机及相关设备,保证其正常运行。

录取方案有调整,要与本校公布的招生章程主要内容相一致,应在录取工作开始前,将调整后的录取方案交录检组,录取工作开始后不再接收院校的录取方案。

二、录取工作程序

成人高校招生分三批录取：第一批高中起点艺术类、体育类专业录取；第二批高中起点本科和专升本专业录取；第三批高职（高专）专业录取。

（一）第一志愿投档与预录取

投放档案。系统组按规定时间向招生院校投档。将报第一志愿专业的全部上线考生电子档案投放给院校。

预录取。院校浏览投档考生信息，根据招生计划、录取原则进行考生预录取，预录取顺序为：免试生、考试生，对考试生应从高分到低分择优录取。

预退档。对未录取的考生，应进行预退档处理，确定退档原因。退档的主要原因有：0. 低分退档；1. 专业课成绩不合格；2. 生源不足开班人数；3. 本人申请放弃录取；4. 行业限制；5. 舞弊考生；6. 在校学生；7. 文凭不合格；8. 计划不足；9. 其他（需注明退档的其他原因）。

院校完成预录取后，提交录检组。

录取检查。录取检查组按照录取原则，检查学校提交的预录取情况是否符合录取原则。对符合录取原则的，返回信息；对不符合录取原则的，例如出现不按顺序录取的情况，将该院校的预录取信息返回院校，招生院校重新进行预录取。

（二）第二志愿投档与预录取

录检组对全部学校的第一志愿考生预录取信息处理完毕后，系统组按照考生志愿投档。将第一志愿未录取，且有第二志愿的上线考生投档到第二志愿学校专业。第二志愿投档原则为，本批次有剩余计划。

院校浏览投档的第二志愿考生信息，再次预录取、提交给录检组。

（三）调剂录取

在第一、二志愿录取后，进行调剂录取。在网上公布本批次所有未录取线上考生，本批次未完成招生计划的学校应参加调剂录取。要选取可调剂的考生并确定预录取专业，提交录检组进行录取检查。

（四）结束本批次录取

学校每批次结束后必须向录检组申请本批次录取结束，录检组同意后将意见提交给审核组进行审核，通过后由系统组打印录取新生名册和收费单。

（五）办理录取手续

招生学校应在录取结束后到系统组领取新生名册和收费单，院校负责人签字后依次进行招办主任签字、会务组缴费、盖章。

院校根据录取新生名单填发录取通知书。

附件三

2005年北京市成人高校招生录取期间各部门的设置及职能

招生录取期间，在北京市高校招生委员会、北京市教育委员会的领导下，成立北京市成人高校招生录取工作领导小组，全面负责对招生录取工作的组织和管理，负责对录取工作人员的业务培训和纪律教育，及时研究录取工作中的重要问题，确定处理问题原则。

录取领导小组成员

组　长：王　健　北京教育考试院院长

副组长：吴凤臣　北京教育考试院副院长

领导小组下设办公室，具体协调录取检查组、录取审核组、系统组和秘书组四个职能组的工作，按照领导小组确定的原则处理日常事务。

主任：董维祥

成员：丁新生　马宏辉

1. 录取检查组：按照录取工作有关政策、规定，负责对招生院校预录取、预退档情况进行检查；负责录取期间与招生院校的联系，督促招生院校按时完成各阶段的招生录取工作；及时反映录取中的问题和录取进度情况。

组　长：马宏辉

副组长：祝　丰

2. 录取审核组：负责审核院校录取结果。

组　长：丁新生

副组长：祝　丰

3. 系统组：负责网上录取管理系统、网络安全系统和计算机设备的运行及维护；负责保证录取数据的准确，保证网络、系统的安全及正常运行；负责核对院校计划；为各部门提供技术服务，按时完成考生信息的处理；在网上发布招生录取信息，打印录取新生名册、收费单。

组　长：马宏辉

副组长：赵　虎

4. 秘书组：负责录取工作的后勤保障；负责信访接待工作；负责录取期间文字材料，包括简报、专报、新闻稿等；负责宣传工作；负责各种费用的收缴；对招生院校《录取新生名册》加盖录取章；负责录取现场安全保卫工作等工作。

组　长：丁新生

副组长：戴广钰

另设纪检监察组：负责对录取全过程的监督检查；受理各类举报。

组　长：周亦慧

录取工作现场各组分布平面图如下所示：

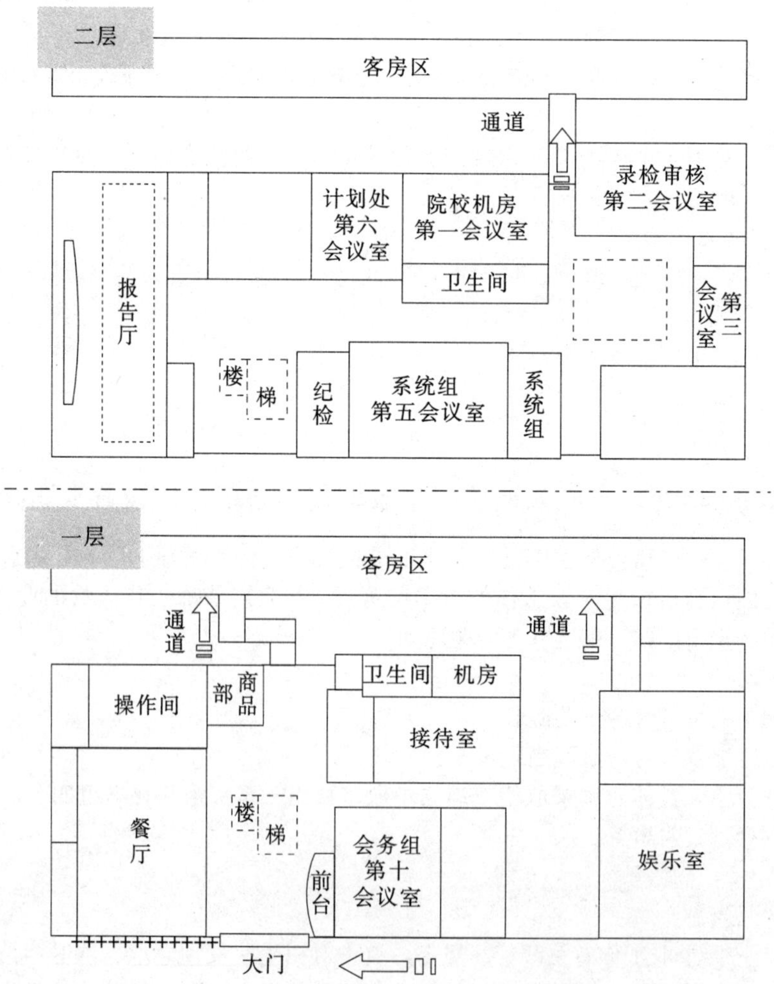

附件四

2005年北京市成人高校录取批次、录检组别情况一览表

学校代码	学校名称	第一批 艺术/体育	第二批 高起本/专升本	第三批 高起专	录检组别
001	北京市东城区职工业余大学	☆		☆	1
002	北京市西城经济科学大学	☆		☆	2
003	北京市崇文区职工大学	☆		☆	3
004	北京宣武红旗业余大学	☆		☆	4
005	北京市朝阳区职工大学	☆		☆	1
006	北京市海淀区职工大学	☆		☆	2
007	北京市丰台区职工大学	☆		☆	3
008	北京市石景山区业余大学	☆		☆	4
011	北京市总工会职工大学	☆	☆	☆	1
012	北京市机械工业局职工大学		☆	☆	2
013	北京市汽车工业总公司职工大学			☆	3
018	首钢工学院		☆	☆	4
020	北京市建设职工大学	☆		☆	1
024	北京医药集团职工大学			☆	2
025	北京市职工体育运动技术学院	☆			3
028	北京市房地产职工大学	☆		☆	4
029	北京人民警察学院			☆	1
046	首都联合职工大学	☆		☆	2
050	北京工业大学		☆	☆	3
051	首都医科大学		☆	☆	4
052	首都师范大学	☆	☆	☆	1
053	北京青年政治学院			☆	2
054	首都经济贸易大学（东区）		☆	☆	3
055	首都经济贸易大学（西区）		☆	☆	3
056	北京建筑工程学院	☆	☆	☆	1
057	北京农学院		☆	☆	2
058	北京联合大学机电学院		☆	☆	4
059	北京联合大学商务学院	☆	☆	☆	4
061	北京联合大学应用文理学院	☆	☆	☆	4
062	北京联合大学生物化学工程学院		☆	☆	4
064	北京联合大学旅游学院		☆	☆	4
065	北京联合大学继续教育学院	☆	☆	☆	4
066	北京联合大学师范学院	☆	☆		4
067	北京联合大学特殊教育学院	☆	☆	☆	4
068	北京联合大学	☆	☆	☆	4
069	北京城市学院	☆	☆	☆	4
071	首都体育学院	☆	☆		1
075	北方工业大学		☆	☆	2
076	北京服装学院	☆	☆		3
077	北京工商大学	☆	☆	☆	4
078	北京物资学院		☆	☆	1
079	北京机械工业学院		☆	☆	2
080	北京信息职业技术学院	☆		☆	3

续前表

学校代码	学校名称	第一批 艺术/体育	第二批 高起本/专升本	第三批 高起专	录检组别
081	北京电子科技职业学院	☆		☆	4
082	中国音乐学院	☆	☆		1
083	北京电影学院	☆	☆		2
084	中国戏曲学院	☆	☆		3
085	北京舞蹈学院	☆	☆		4
086	北京第二外国语学院		☆	☆	1
087	北京石油化工学院		☆	☆	2
088	北京印刷学院	☆	☆	☆	3
089	北京信息工程学院	☆	☆	☆	2
090	北京农业职业学院			☆	1
091	北京艺术设计学院	☆			2
092	北京政法职业学院			☆	3
093	北京财贸职业学院	☆		☆	4
094	北京工业职业技术学院			☆	1
100	北京市经济管理干部学院		☆	☆	2
103	北京市计划劳动管理干部学院			☆	3
150	北京广播电视大学	☆		☆	4
160	北京教育学院	☆	☆	☆	1
208	陕西航天职工大学			☆	2
212	齐齐哈尔铁路运输职工大学			☆	1
216	国家法官学院		☆	☆	4
217	国家检察官学院		☆	☆	1
219	天津市医药职工大学			☆	2
220	河北地质职工大学			☆	3
221	吉林铁路运输职工大学			☆	1
253	中国人民公安大学		☆	☆	1
255	中国青年政治学院		☆	☆	2
256	国际关系学院		☆	☆	3
257	北京电子科技学院		☆	☆	4
258	外交学院		☆	☆	1
260	北京体育大学	☆	☆		2
263	中央音乐学院	☆	☆		3
270	北京大学		☆	☆	4
271	清华大学		☆		1
272	中国人民大学		☆	☆	2
273	北京师范大学	☆	☆	☆	3
274	北京化工大学		☆	☆	4
276	北京理工大学	☆	☆	☆	1
277	北京科技大学		☆	☆	2
278	北京交通大学		☆	☆	3
280	北京航空航天大学		☆	☆	4
281	中国农业大学	☆	☆	☆	1
282	北京林业大学	☆	☆	☆	2
284	中国传媒大学	☆	☆		3
285	中国协和医科大学		☆	☆	4
287	北京中医药大学		☆	☆	1

续前表

学校代码	学校名称	第一批 艺术/体育	第二批 高起本/专升本	第三批 高起专	录检组别
288	中国政法大学		☆	☆	2
289	北京外国语大学		☆	☆	3
291	北京语言大学		☆	☆	4
292	对外经济贸易大学		☆	☆	1
293	中央民族大学	☆	☆	☆	2
294	中国地质大学（北京）		☆	☆	3
297	北京邮电大学		☆	☆	4
299	华北电力大学（北京）		☆	☆	1
300	中国矿业大学（北京）		☆	☆	2
303	武汉理工大学		☆		3
305	沈阳药科大学		☆		2
312	南华大学		☆		1
317	中央美术学院	☆	☆		2
318	中央财经大学		☆	☆	3
321	大连交通大学			☆	4
330	南京信息工程大学		☆	☆	1
331	中国民用航空学院		☆	☆	2
333	武汉大学		☆	☆	3
338	哈尔滨工业大学		☆		4
357	重庆大学		☆	☆	1
368	铁道警官高等专科学校			☆	1
371	华东交通大学			☆	3
378	金陵科技学院			☆	4
380	西南财经大学		☆	☆	1
383	长沙理工大学			☆	2
384	长江大学		☆	☆	3
385	齐齐哈尔医学院			☆	4
386	上海交通大学		☆		1
387	中北大学			☆	2
388	南京审计学院		☆		3
415	中华女子学院	☆	☆	☆	4
416	中国劳动关系学院	☆	☆	☆	1
421	民航管理干部学院			☆	2
428	中国环境管理干部学院			☆	3
430	广播电影电视管理干部学院	☆			4
434	中央司法警官学院		☆		1
合计 125 所		49 所	85 所	103 所	

第三部分

成人教育招生组织管理与操作

一、成人教育管理机构设置与队伍建设

（一）北京市成人教育招生机构设置体系

【北京市成人教育招生组织机构设置体系】　按照国务院批转教育部《关于1977年高等学校招生工作的意见》（国发［1977］112号）中关于对招生工作领导体制的规定精神，北京市于1977年10月23日成立了高等学校招生委员会，在国家教委和市政府“双重领导”下，负责统管全市的高等学校招生管理工作。1984年成人高等教育实行各省、市、自治区统一组织入学考试后，北京市按照教育部、财政部《关于成人高等学校1984年由省、市、自治区统一招生考试的通知》（84教成字006号）关于“各省、市、自治区应成立成人高等学校招生委员会或领导小组，请政府负责同志担任主任委员或组长，并请有关部门负责同志参加。下设招生办公室，办公室以高教（教育）厅（局）为主，尽量与普通高校招生办公室联合，也可以单独设置”的要求精神，在市高校招生委员会办公室增加了普通高校成人教育招生工作的管理职能。独立设置成人院校的招生管理工作则由北京市成人教育局成人教育考试办公室管理。各区、县也设置了相应的招生管理机构分别与市级两个成人教育招生管理部门相对口。1993年，北京市按照国家教委教成［1992］19号文下发的《1993年全国各类成人高等学校招生规定》中“各省、自治区、直辖市及其下属市（地、州）、县（市、区）要在各级人民政府或省级招生委员会的领导下，建立、健全常设的成人教育招生办事机构，增加必要的编制，给予必要的办公条件并逐步创造条件实现计算机管理”的精神，进一步加强了各级成人教育招生办事机构的建制。1996年，北京市政府对教育管理体制和各级教育管理机构进行了较大规模的调整。成人教育系统原两个常设的招生管理机构也合并为北京市教育考试院成人高校招生办公室一个机构，同时实现了全市成人教育招生考试由教育考试院成人高校招生办公室统一归口管理的运行机制。1997年1月20日北京教育考试院下发的《北京市1997年各类成人高等学校招生规定》（成教考字［1997］第001号）明确要求“在北京市成人高校招生领导小组、北京市教育委员会、北京教育考试院领导下，设立北京教育考试院成人教育招生办公室和区县成人教育招生办公室，配备专职干部；各成人高校要设立招生办公室，配备专职干部”。按此规定，北京市各区、县也重新组合了成人教育招生管理机构，并负责对口市教育考试院成人高校招生办公室统管各区县的成人教育招生工作。至此，一个全新的成人教育招生组织机构框架在北京市基本形成，并在此后的几年中顺利地完成了各项工作任务，推动着北京市的成人教育招生工作稳步迈入21世纪并进入新的历史发展时期。其框架图如下所示。

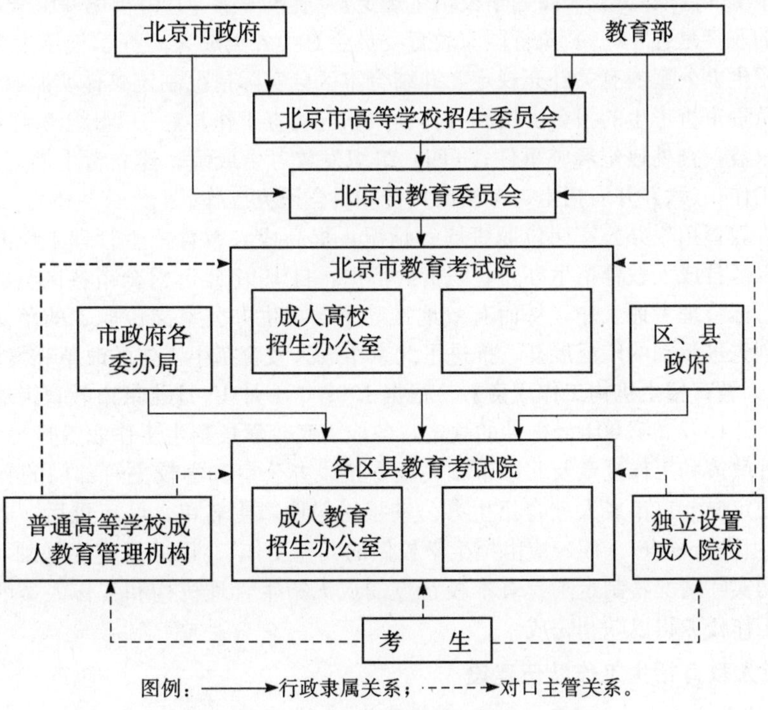

北京市成人教育招生管理机构设置示意图

（二）北京市成人教育招生机构职责

【北京市高等学校招生委员会职责】 按照1987年4月27日国家教育委员会颁布的《普通高等学校招生暂行条例》（[1987] 教学字014号）的规定，北京市高等学校招生委员会的职责是："（一）执行国家教育委员会有关普通高等学校招生工作的规章，并结合本地区实际制定必要的补充规定；（二）执行国家下达的招生计划；（三）组织本地区考生报名、政治思想品德考核、身体健康状况检查、考试、录取工作；（四）开展招生、考试科学研究工作和宣传工作；（五）保护考生和招生工作人员的正当权益，调查处理本地区招生工作中发生的重大问题。"1984年之后，成人教育招生管理工作也纳入了北京市招生委员会管理职责范围之中并延续至今。

【北京市成人高等学校招生办公室职责】 1991年1月15日，国家教委以教成 [1991] 1号文印发的《1991年各类成人高等学校招生规定》中对省、自治区、直辖市成人高等学校招生部门的工作职责做了具体规定。北京市高等学校招生委员会办公室成人教育招生科和北京市成人教育局成人教育考试办公室分别以此文件为依据，对各级招生机构的职责范围做了相应规定。1997年，北京市教育管理体制调整后，北京市教育考试院成人高等学校招生办公室又以国家教委印发的《1997年全国各类成人高等学校招生规定》中"招生机构及其职责"的有关条款为依据，在认真总结了几年来成人教育招生工作规律的基础上，重新明确了本市各级成人教育招生机构的工作职责。在1997年1月20日下发的《北京市1997年各类成人高等学校招生规定》（成教考字 [1997] 第001号）中明确北京市成人高校招生办公室的职责是："（一）执行国家教委有关各类成人高等学校招生方针、工作规章，按下达的招生计划并结合本地区实际情况制定具体实施办法；（二）编制并公布招生专业目录，组织本市考生报名工作并负责审查考生的报名资格，组织考试、阅卷、录取、身体健康状况检查等工作；（三）组织实施各类成人高等学校招生改革试点工作；（四）保护考生和招生工作人员的正当权益，查处违纪舞弊事件；（五）审批学校提出的新生录取名单；根据历年新生录取名单向国家教委提供当年成人高等学校毕业生有关数据；协助组织并做好每年毕业证书发放的复查工作；（六）组织并督促招生学校对录取的新生进行复查；（七）开展招生、考试的宣传和科学研究工作。"此后的几年中，北京市教育考试院成人高校招生办公室在国家教委、北京市政府、北京市高等学校招生委员会和市教育委员会领导下，认真履行了自己的工作职责，推动了北京市成人教育招生的各项工作，促进了成人教育的改革和发展。

【北京市各区县成人教育招生办公室职责】 按照1997年1月15日北京市教育考试院成人高校招生办公室下发的《北京市1997年各类成人高等学校招生规定》（成教考字 [1997] 第001号）的规定，各区县成人教育招生办公室的职责是："（一）执行国家教育委员会有关各类成人高等学校招生方针政策和工作规章及北京市成人教育招生办公室的有关补充规定，并结合本区县实际情况制定具体实施办法；（二）组织本区县考生报名工作并负责审查考生的报名资格和身体健康状况检查工作；（三）组织考生考试，保护考生和招生工作人员的正当权益，查处违纪舞弊事件；（四）组织发放考生成绩、建立考生档案工作；（五）接待考生咨询和群众信访工作；（六）开展招生、考试的宣传和科学研究工作。"

为考评区县成人教育招生办公室岗位职责履行情况，提高成人教育招生管理工作的科学化、规范化建设水平，北京市还以区县成人教育招生办公室职责为依据，自1997年起对全市各区县成人教育招生办公室招生考试工作实行目标管理考评工作，从而有效地推动了各招生办公室岗位职责的落实，促进了各成人教育招生办公室争优创先进活动的广泛展开，推进了北京市成人教育招生工作的改革和发展。

【各高等学校成人教育招生机构工作职责】 根据1997年1月15日北京市教育考试院成人高校招生办公室下发的成教考字 [1997] 第001号文件的规定，各成人高等学校招生工作职责是"（一）执行国家教育委员会有关招生方针政策和工作规章及北京市成人教育招生办公室和学校主管部门的有关补充规定；（二）执行招生计划并按规定向北京市成人教育招生办公室报送录取新生名单，经审批后，向考生发放录取通知书；（三）对录取新生进行复查；（四）应由招生学校做的其他工作"。以此规定为基础，各招生学校都结合本校成人教育招生的实际情况，制定了具有本校特点的成人招生管理机构和工作人员的岗位职责，从而使历年成人教育招生工作任务得以顺利完成。

（三）北京市成人教育招生工作队伍建设

【北京市成人高等学校招生办公室】 1996年北京市教育管理体制调整后组建，隶属于北京市教育考试院内设机构，是全市成人教育招生工作的组织、领导和归口管理及招生、考试、录取的实施机构，也称“北京市成人教育招生办公室”。2005 年，北京市成人高等学校招生办公室主任为董维祥，副主任丁新生、马文辉。下设计划统计科、考务科、秘书宣传科、办公室四个科室，共有工作人员 13 人。

【北京市各区县成人教育招生办公室】 1996 年北京市教育管理体制改革调整后组建，是各区县教育考试中心内设机构之一，是所在区县成人教育招生宣传、报名、考试、录取组织、管理工作的实施机构，一般设工作人员 3～5 人不等。2005 年各区县局成人教育招生办公室主任如下所示。

北京市区县成人教育招生办公室主任名录

代码	区县名称	主任姓名
01	东城区考试中心成人教育招生办公室	王庆新
02	西城区教育考试中心成人教育招生办公室	范　任
03	崇文区招生考试中心成人教育招生办公室	段玉兰
04	宣武区招生考试中心成人教育招生办公室	刘京生
05	朝阳区招生考试中心成人教育招生办公室	张　进
06	海淀区招生考试中心成人教育招生办公室	马　红
07	丰台区招生考试中心成人教育招生办公室	赵咏萍
08	石景山区教育考试中心成人教育招生办公室	汪嘉平
09	门头沟区成人教育考试中心成人教育招生办公室	付景娟
10	房山区考试中心成人教育招生办公室	李　军
11	通州区教育考试中心成人教育招生办公室	蔡秀玲
12	大兴区教育考试中心成人教育招生办公室	韩凤启
13	顺义区成人教育招生办公室	姚俊英
14	昌平区招生考试中心成人教育招生办公室	王建平
15	怀柔区教育考试中心成人教育招生办公室	温普详
16	平谷区成人教育招生办公室	杨秀华
17	密云县考试中心成人教育招生办公室	任玉梅
18	延庆县考试中心成人教育招生办公室	崔秀云
19	燕山教育考试中心成人教育招生办公室	吴嵩岩
20	矿务局成人教育招生办公室	钱学武

【各高校成人教育招生管理工作队伍】 与 1984 年成人教育招生实行省、市、自治区统一考试体制相适应，各招生院校大多建立了专门的成人教育招生机构或设专岗负责成人教育招生工作。1987 年按照国家教委印发的《普通高等学校函授教育暂行工作条例》的规定，各招生院校都在成人教育管理机构中设立了招生管理机构或岗位。1991 年国家教委《1991 年各类成人高等学校招生规定》（教成［1991］1 号）下发后，北京市招生的各普通高校和独立设置成人高校都按文件要求规范了成人教育招生管理机构设置，确定了人员编制，进一步明确了成人教育招生工作岗位职责。2005 年，北京市各独立设置成人院校都设置了招生办公室，各普通高等学校也在成人教育学院（继续教育学院）、成人教育部（继续教育部）、成人继续教育管理处等管理部门设立了成人教育招生机构或专职管理人员，负责按教育部、北京市的有关要求认真履行自身的岗位职责，完成各项招生工作任务。2005 年北京市的普通高校和独立设置成人高校专门负责招生工作的工作人员有 412 人之多。他们与北京市成人高校招生办公室、各区县考试中心成人教育招生办公室一起，共同支撑着北京市成人教育招生工作体系，维持着该系统的正常运转。

二、成人教育招生宣传工作

【全方位、立体化的成人教育招生宣传工作体系基本形成】 成人教育是涉及社会各个层面、各类社会群体、各种知识层次成人社会成员的教育形态。建立全方位、立体化、覆盖社会较大空间的招生网络体系，把成人教育招生信息准确、及时地传播开来，辐射出去，为“阳光工程”增添色彩，是北京市成人教育招生宣传工作始终追求的目标之一。十年中，北京市成人高校招生办公室和全市广大成人教育工作者一起，主动协调好各有关部门及各宣传媒体间的工作关系，积极整合各种可利用的媒体资源，不断拓展宣传渠道，改善宣传方式，使成人教育招生宣传向着立体化、现代化的方向不断发展，并显现出一些新的亮点：（1）停止了定时定点面对面进行大规模成人高考咨询活动的组织工作，把成人招生咨询、宣传工作经常化并贯穿于各级招生管理机构年度工作的全过程。市、区县、各院校成人教育招生主管机构随时都可接待有关成人教育招生工作的各种咨询，使成人教育招生咨询突破时空界限局限，贯穿于各单位年度工作的始终。（2）增设了咨询电话，向社会敞开了语音电讯咨询服务窗口，为关心、关注成人教育招生工作的各方面人士提供及时迅捷的咨询服务。据不完全统计，2005 年仅各院校向社会公布的咨询服务电话就达 400 多部，比十年前增加了两倍多。（3）扩大了平面媒体宣传渠道。2005 年平面媒体宣传渠道已由 1996 年的 2 种增加到 7 种，且平面媒体宣传覆盖面也更加广泛。（4）在广播电台、电视台发布招生信息，直接回答社会各界人士提出的各种问题，充分利用音视频媒体信息传播速度快，覆盖面大的优势，将成人教育招生信息送到各行各业和各个领域、地区。（5）市、区县、各高校都设立了成人教育招生专门网页，通过网络信息传播渠道及时、准确、高效地宣传了成人教育的各项方针政策和招生信息，扩大了成人教育招生宣传效果，引导了人们教育观念的更新。同时，也沟通了成人教育招生宣传的“数字神经”系统，使全方位、立体化、现代化的招生宣传工作体系更加完善。

【招生宣传工作】 招生宣传是招生工作整个链条中的第一个环节。做好招生宣传工作，让广大成年人了解成人教育招生的方针、政策、法规、招生学校、专业、招生规模及各类成人教育办学形式的特点、对生源的要求等，是组织好生源队伍、提高生源质量和完成当年招生工作任务的前提条件。北京市每年招生工作总结会、新一年的招生工作研讨、部署会上，招生宣传工作都是讨论的重要议题之一。为总结十年来的招生宣传工作经验，推动成人教育招生宣传工作改革，2005 年 6 月 11 日北京市成人高校招生办公室在北京化工大学专门召开了北京市成人教育招生宣传工作专题研讨会。北京市成人高校招生办公室主任董维祥出席并主持了这次研讨会议。北京化工大学、北京大学、中国人民大学、对外经济贸易大学、中央民族大学、北京工业大学、北京朝阳区职工大学、北京丰台区职工大学、北京城市建设大学、北京市总工会职工大学 10 所院校成人教育主管机构领导和相关人员出席了会议。会议总结了多年来成人教育招生宣传工作经验，研究了面临的新情况、新问题，就加强宣传媒介的开发、利用，扩大宣传渠道，改革招生宣传方法、手段等问题进行了深入研讨。会议经研讨后明确提出，今后招生宣传工作要注意抓好“两个层面”、“一个建设”，调动多方面的积极性。“两个层面”即市教育考试院成人教育招生办公室、各区（县）成人教育招生办公室层面和各招生院校层面。第一个层面是由市、区（县）成人教育招生主管部门组成，主要是协调政府各主管部门，统筹全市各种社会媒介、平面媒体、网站，随时发布招生工作信息，集中组织通过各种媒介的大型宣传活动，登载、公布招生简章，宣传有关方针政策，做好日常咨询接待工作，把握宣传动态和舆论导向，烘托成人招生宣传主旋律，指导第二层面的招生宣传工作。第二个层面是各招生院校层面，主要是科学制定、印发招生简章并利用可利用的宣传方式主动向社会及广大考生宣传招生院校特色、专业设置和办学特点、招生计划、报考条件及成人教育对社会作出的贡献等，并做好日常咨询来访的接待工作。“一个建设”就是建设好各级成人教育招生管理机构和各招生院校的门户网站，设立成人教育招生网页，主动占领网络宣传阵地，抵制不良信息对成人教育招生宣传工作的干扰，坚持正确的舆论导向。与此相配合，市成人高校招生办公室还下发了《关于加强成人高等学校网站建设的通知》，要求各招生学校设立成人教育招生专用主页，并指定专人负责，不断加强管理，及时更新网页和宣传内容，如实、准确、及时、高效地宣传国家的各项招生政策规定，扼守招生宣传的前沿关口，抵制不法中介、有害信息对成人教育招生的非法侵害，主动维护成人教育的尊严和形象，保护学校的合法权益。会议还就调动多方面的积极因素，克服各种消极因素对成人教育招生工作的影响，主动迎接信息技术发展为成人教育招生宣传工作带来的新挑战等事宜进行了研讨，并产生了一些研究、探讨的新成果。

本次会议也是 2005 年成人教育招生宣传工作全面展开的一次动员会、培训会、准备会。会议就 2005 年成人教育招生宣传工作做了部署后圆满结束。实践证明，此次会议对 2005 年成人教育招生宣传工作产生了深刻的影响，并推动着 2005 年成人教育招生宣传工作开创了新局面，迈出了新步伐，激发了新亮点。

【公布招生简章、专业目录】 公布招生简章、专业目录和招生工作程序、进程、办法，让考生全面了解招生考试的操作办法与流程，是当年成人教育招生宣传拉开序幕的标志。每年成人教育招生宣传开始前，北京市都在关键媒体上公布招生简章、招生专业介绍、招生计划安排、招生工作进程等主要信息。十年中随着社会现代化程度的不断提高，招生宣传方式也在不断创新，招生信息传播渠道也在拓宽，2005 年北京市采取了多种方式公布了招生有关信息。

(1) 继续以平面媒体公布有关招生信息。7 月 3 日和 7 月 10 日，北京市成人高校招生办公室两次在北京市教育考试报上刊登《2005 年北京市成人高等学校招生简章》，公布《2005 年全国成人高等学校招生统一考试时间表》、《2005 年北京市成人高等学校招生工作进度表》，并刊登《答考生问》就有关政策调整、网上报名、交费程序、报考注意事项、考试要求等关键重点问题向社会做了详尽解释。

7 月 7 日，市成人高校招生办公室在北京教育考试报上刊登了《2005 年北京市成人高等学校招生专业目录》，并公布了在京招生院校代码、地址、联系电话及网址。

与北京市成人高等学校招生简章公布相配合，在京招生的有关院校也在相关媒体上做了大量的招生广告，如实公布了相关信息。

这些招生信息的广泛传播，形成了成人教育招生工作即将开始的舆论氛围，吸引了人们关注成人教育的社会视点，在成人教育宣传中发挥了重要作用。2005 年刊登成人高等学校招生简章等信息的《北京考试报》当天发行量均在 6 万份以上。

(2) 在平面媒体刊登招生简章的同时，北京市成人高校招生办公室也将招生简章等资料信息一起挂在市教育考试院成人教育招生专用网页上，并与社会各公共网站进行了友好链接。各招生院校也在本校网站上公布本校的招生简章、招生专业目录、报考方法、注意事项、联系方式等，以供各社会公网链接转载和广大考生随时上网查询、下载所需资料。

网上公布、刊载《招生简章》等宣传资料和信息是北京市成人教育招生宣传方式改革的一大进步，它不仅以正确的舆论占领了网络宣传阵地，而且也突破了人们了解成人教育招生信息的时空界限限制，极大地方便了广大考生和社会各界了解成人教育的广泛需求。

(3) 组织编写了《2005 年北京市成人高等学校招生考生必读》一书，并由开明出版社出版。《考生必读》是一本当年成人教育招生报名、考试等事宜的“小百科全书”，内容包括当年的招生简章、招生专业目录、计划招生人数、专业介绍，往年招生录取最低控制线，当年招生工作计划安排，报名考试办法、程序、纪律、要求、各招生院校计算机代码、地址、联系电话及网址等。该书是在原《北京市招生通讯——成人招生专刊》的基础上发展而成，也是报考者报考时必备的工具资料书。该书一面市就受到广大考生的热烈欢迎，当年就发行了 12 万册之多。同时各招生院校印发的学校简介、招生简章、专业介绍等宣传资料的广泛散发，也在引导广大考生避开非法中介的引诱、进入正规的报考渠道方面发挥了重要作用。据不完全统计，2005 年各招生院校印发的各类宣传资料有 18 万份之多。

【北京市成人高等学校招生简章】　招生简章是成人教育招生必须遵循的基本政策制度、办法、程序要求的集中体现，也是招生工作必须遵守的一般原则。随着形势的发展、政策的调整，每年招生简章的内容都有新的变动。《2005 年北京市成人高等学校招生简章》主要内容是：

2005 年北京成人高等学校招生简章

本简章所指成人高等学校包括：经教育部审定核准的广播电视大学、职工高等学校、职业技术学院、农民高等学校、管理干部学院、教育学院、独立设置的函授学院和普通高校所属的成（继）教院（以下简称成人高校）。

成人高校实行全国统一招生，并选用脱产、业余（包括半脱产、夜大学）或函授形式进行成人高等学历教育。

一、招生对象及报名条件

符合下列条件的中国公民可以报名：

（一）拥护中国共产党的领导，愿为社会主义现代化建设服务，品德良好，遵纪守法。

（二）国家承认学历的各类高、中等学校在校生以外的在职、从业人员和社会其他人员。

（三）报考高起本、高职（高专）的考生应具有高中毕业文化程度。以同等学力报考者，年龄须满 19

周岁（1987年2月28日以前出生）；报考专升本的考生必须是已取得经教育部审定核准的国民教育系列高等学校、高等教育自学考试机构颁发的高等专科毕业证书或以上证书的人员。

（四）根据卫生部《关于2004年全国成人高校医学类专业招生条件建议的函》（卫科教便函［2004］57号）要求及教育部的规定，报考成人高校医学门类专业的考生应具备以下条件：

1. 报考临床医学、口腔医学、预防医学、中医学等临床类专业的人员，应当取得省级卫生行政部门颁发的相应类别的执业助理医师及以上资格证书或取得国家认可的普通中专相应专业学历；或者县级及以上卫生行政部门颁发的乡村医生执业证书并具有中专学历或中专水平证书。

2. 报考护理学专业的人员应当取得省级卫生行政部门颁发的执业护士证书。

3. 报考医学门类其他专业的人员应当是从事卫生、医药行业工作的在职专业技术人员。

4. 考生报考的专业原则上应与从事的专业对口。

（五）身体健康；符合上述报考条件，生活能自理，不影响所报专业学习的残疾人。

成人高校招生，均不迁户口，毕业后国家不负责分配工作。

二、报名时间及报名办法

报名时间：8月15日零点至8月29日24点。

报名确认时间：9月1日至7日。

报名方式：网上报名。

报名网址：www.bjeea.cn或www.bjeea.edu.cn。

报名期间各区县成招办设报名确认点。报名确认手续必须由考生本人办理。未办理报名确认手续报名无效。

具体步骤：

1. 考生登录报名网站填写报名基本信息、志愿信息和其他报名辅助信息，提交后生成网报号。

2. 网上交费。

3. 在规定的报名确认期间到所选报名确认点办理报名资格审查、摄像、报名复核、签订《考生诚信考试承诺书》等报名确认手续；网上交费不成功的考生可在报名确认时补交费。

考生一般应在本人户口所在地、在规定时间内到区县报名确认点办理确认手续。没有北京市户口而又确需在京参加报考和学习的人员，到在京临时工作单位（或居住）所在地的区县报名确认点办理确认手续。

考生应在8月15日至8月29日完成网上报名；9月1日至9月7日到本人网上选定的区县报名确认点办理确认手续。

考生根据所报招生院校专业的要求选择应试外语语种，选择应试外语语种为日语或俄语的考生，到宣武区成招办办理报名确认手续。

享受运动员加分照顾政策的考生，到崇文区成招办办理报名确认手续。

报名确认时考生须持本人居民身份证（在京临时工作的还需持在京暂住证），同时提供网报号。报考专升本的考生，还必须携带毕业证书原件和复印件一张（B5复印纸），符合条件的考生，区县招办为其办理确认手续，需在复印件上盖验印章并签字。报考高起本、高职（高专）不满19周岁（1987年3月1日以后出生）的考生，需携带高中毕业证书原件和复印件一张（B5复印纸）。

符合照顾加分条件的考生应提交相应的原件及复印件一张（B5复印纸）（如获多种称号，只附一件级别最高的原件及复印件），在报名时由区县成招办确认，过期不予办理。

报考艺术类、体育类及其他需要加试专业课的考生，还必须在9月8日前持“报名复核单”到第一志愿学校参加加试专业课报名。

考生报名时应在公布的《2005年北京市成人高等学校招生专业目录》中选报志愿学校。

高中起点：在艺术体育类专业（第一批录取）栏，可选报两个志愿学校，每个志愿学校可选报一个专业；在高中起点本科非艺术体育类专业（第二批录取）栏，可选报两个志愿学校，每个志愿选报一个专业；在高职（高专）非艺术体育类专业（第三批录取）栏，可选报两个志愿学校，每个志愿学校可选报两个专业。

专升本：可选报两个志愿学校，每个志愿学校可选报两个专业。

在报考志愿信息中，必须填写是否同意调剂。如同意调剂，可选填“相近学习形式、相近专业、就近院校”项目。

报考高职（高专）和专升本专业，只能在统考考试科目相同的专业中兼报。高起本可以兼报高职（高专）。报考艺术类专业，可以兼报文史类专业；报考体育类专业，可以兼报理工类专业。

三、考试科目及考试时间

（一）高起本、高职（高专）考试科目

高起本、高职（高专）考试按文科、理科分别设置统考科目。公共课统考科目均为语文、数学、外语三门，其中数学分文科类、理科类两种，外语分英语、日语、俄语三个语种，由考生根据报考学校对外语语种的要求任选一种。其中，报考高起本的考生还需参加专业基础课的考试，理科类专业基础课为“物理、化学综合”（简称理化），文科类专业基础课为“历史、地理综合”（简称史地）。以上试题均由教育部统一命制，每门满分150分。

1. 高起本各专业考试科目

文史类、外语类、艺术类：语文、数学（文）、外语、史地（艺术类专业，数学成绩不计入总分，供招生学校录取时参考）。

理工类、体育类：语文、数学（理）、外语、理化。

2. 高职（高专）各专业考试科目

文史外语类、艺术类、公安类：语文、数学（文）、外语（艺术类专业，数学成绩不计入总分，供招生学校录取时参考）。

理工类、体育类、西医类、中医类：语文、数学（理）、外语。

（二）专升本考试科目

专升本考试统考科目均为三门。两门公共课为政治、外语，一门专业基础课根据招生专业所隶属的学科门类确定。每门满分均为150分。外语试题分英语、俄语、日语三个语种，考生根据招生院校在招生专业目录中明确的语种要求进行选择。

1. 文史中医类：政治、外语、大学语文。
2. 艺术类：政治、外语、艺术概论。
3. 理工类：政治、外语、高数（一）。
4. 经济管理类：政治、外语、高数（二）。
5. 法学：政治、外语、民法。
6. 教育学：政治、外语、教育理论。
7. 农学：政治、外语、生态学基础。
8. 医学：政治、外语、医学综合。
9. 体育类：政治、外语、教育理论。

上述科目实行全国统考。除日语、俄语由北京教育考试院自行组织命题外，均由教育部统一命题。

各科命题范围不得超出教育部颁发的相应科类复习考试大纲。

（三）专业课加试

除规定的统考科目外，招生学校可在考试院成招办统一组织下根据专业要求进行专业课加试。其中艺术类、体育类专业必须加试专业课，其他专业是否加试由招生学校自行决定。需专业课加试的科目已在《2005年北京市成人高等学校招生专业目录》中注明；专业课加试由招生学校自行命题和组织考试。

（四）考试时间

全国成人高校招生统一考试定于10月15日、16日进行。

高起本、高职（高专）的统考科目每门考试时间为120分钟，专升本每门考试时间为150分钟。

具体考试时间见附表。

考生须携带准考证、居民身份证在规定时间到指定的地点应试。

考试工作执行教育部《2005年高等学校招生全国统一考试考务工作规定》及北京教育考试院颁发《北京教育考试考务管理暂行规定》。

统考科目按教育部2005年3月颁布的复习考试大纲的要求命题。阅卷工作由考试院成招办统一组织；专业课考试科目命题、考试、阅卷、发布成绩由招生学校负责。

考生成绩通知本人，不公布，不对考生查卷。

四、录取原则及录取工作

2005年北京市成人高校招生实行计算机网上录取。录取的最低控制分数线由北京市高校招生委员会根据考生统考科目成绩和招生学校在京安排的招生计划数分考试科类划定。录取的最低控制分数线报教育部备案。录取工作分三个批次进行，第一批录取高起本或高职（高专）艺术类、体育类；第二批录取高起本与专升本；第三批录取高职（高专）。录取工作于12月底结束。

录取工作实行“学校负责、招办监督”的录取体制，即：在符合成人高校招生报名条件、考试成绩达到投档分数线的考生中，由招生院校根据“从高分到低分择优录取”的原则，在认真审阅考生电子档案以及其中考试诚信记录信息的基础上，决定考生录取与否和录取的专业。考试院成招办在录取时根据国家招生政策对招生院校录取名单进行审核，对其录取工作予以监督，对不符合招生政策的情况予以纠正。

各招生院校要发挥校内纪检、监察部门的作用，加强校内自我监督，建立自我约束机制。

成人高等学校应严格按计划录取新生，未经计划部门批准，不得对招生计划进行调整。学校确定的实际录取线不得低于本市最低控制分数线。

艺术类专业（除史论、编导专业外）和体育类专业，高起本最低控制分数线不得低于相应科类最低控制线的70%；高职（高专）最低控制分数线不得低于相应科类最低控制分数线的60% 。

高职（高专）的公安类成人高校的全部专业、西医类专业、中医药类专业的招生，如上线考生不足，可降低分数要求向招生学校投档，但投档分数最低不得低于同科类高职（高专）最低控制分数线的70%。

录取时，考试院成招办原则上按统考科目总成绩向招生院校投档，对于有专业课加试的学校，根据加试合格考生名单向招生学校投档，招生学校根据考生参加统考的成绩，由高分到低分择优录取（艺术类和体育类专业在考生文化课符合要求的基础上，原则上按招生学校的加试专业课成绩从高分到低分择优录取）。

在录取工作中，由考试院成招办按照考生第一志愿向招生学校提供考生档案，由招生学校审查录取，录取名单由考试院成招办审核。招生学校按审核后的录取名单发放录取通知书。在最低控制分数线上的考生，第一志愿学校不能录取时，将参加有计划剩余的第二志愿学校录取。如第二志愿学校不能录取，对同意调剂考生，在考试科目相同的专业中进行调剂录取；对不同意调剂的考生，不予调剂录取。

录取中的遗留问题，由招生学校负责处理。

报考成人高校的运动健将和武术项目武英级运动员称号获得者（须经省级体育行政部门审核并出具运动成绩证明），在考生统考总分基础上增加50分投档（一级运动员称号获得者为30分），由招生院校审查录取。

符合下列条件之一的考生，在统考总分基础上增加20分投档，由招生院校审查录取：

（一）获得地市级以上（含地市级）人民政府，国务院各部委及各省（自治区、直辖市）厅、局系统，国家特大型企业授予的劳动模范、先进生产（工作）者及科技进步（成果）奖获得者。

（二）获得省级工、青、妇等组织授予“五一劳动奖章”、“新长征突击手”、“三八红旗手”称号者。

（三）解放军、武警部队、公安干警荣立个人三等功以上者。

（四）归侨、归侨子女、华侨子女、台湾省籍考生（区县级以上侨办证明）。

（五）烈士子女、烈士配偶（区县民政部门颁发的证书）。

（六）少数民族考生、国防科技工业三线企业单位（地处地市以上人民政府所在地的除外）获得企业表彰的先进生产（工作）者。

（七）远郊区县考生（指门头沟区、房山区、通州区、大兴区、顺义区、昌平区、怀柔区、平谷区、密云县、延庆县、燕山、矿务局的考生，以身份证和户口本为准）。

（八）年满25周岁以上人员（1981年2月28日前出生）。

（九）获得区县级以上见义勇为荣誉称号人员（北京市、区县文明办颁发的证书）。

自谋职业的城镇退役士兵（省级民政部门颁发《自谋职业证》），省级成人高校招生办公室可以在考生考试成绩基础上增加10分投档，是否录取由招生学校确定。

符合上述照顾条件的考生必须于报名时交验相应的原始证件及复印件一张（B5复印纸）。符合两项以上照顾政策的考生，其照顾分数不得累计。

报考农、林、水利、地质、矿业、公安、监所、测绘、远洋运输、社会福利等专业的考生。在上线生源不足时可适当降分投档，降分幅度最大不得超过20分。

新生入学后，招生学校要对已报到新生进行全面复查。对其中不符合报考条件和录取标准以及弄虚作假、违纪舞弊者，学校应取消其入学资格，报考试院成招办备案。

五、其他

（一）关于免试生

全国劳动模范、优秀运动员的免试入学，按照教育部文件精神，录取工作由考试院成招办组织实施。经审核后，可免试进入成人高等学校学习。

报名条件：

1. 符合成人高等学校报名条件；获得“全国劳动模范”、“全国先进工作者”称号、“全国五一劳动奖章”获得者。

2. 符合成人高等学校报名条件；奥运会、世界杯赛和世界锦标赛的奥运会项目前八名获得者、非奥运会项目前六名获得者；亚运会、亚洲杯赛和亚洲锦标赛的奥运会项目前六名获得者、非奥运会项目前三名获得者；全运会、全国锦标赛和全国冠军赛的奥运会项目前三名获得者、非奥运会项目冠军获得者。

报名时间：8月26日

报名地点：北京教育考试院成人教育招生办公室（海淀区皂君庙甲4号）

联系电话：62198018

具体步骤：

1. 先与所报院校联系是否招收免试生。

2. 持以下报名材料到考试院成招办办理报名资格审查、摄像、报名复核、签订《考生诚信考试承诺书》等报名手续：

（1）本人居民身份证（在京临时工作的外埠人员还需持在京暂住证）。

（2）报名费。

（3）报考专升本的考生，必须携带毕业证书原件和复印件一张（B5复印纸）。

（4）全国劳动模范需持劳模证书原件和复印件一张（B5复印纸）。

（5）优秀运动员需持省级体育行政部门审核的《优秀运动员申请免试进入成人高等学校学习推荐表》（该表由国家体育总局监制）及成绩证书原件。

报名手续必须由考生本人办理。

（二）关于预科生

在报考高中起点升专科的考生中，对属照顾而未达到录取分数线、受表彰的各类先进人员和年龄在25周岁以上以及特殊行业急需培养的在职业务骨干，达到预科班分数线，且在报名时提出读预科申请的考生，考试院成招办批准后（《预科生录取通知书》由考试院成招办发放），可作为预科生参加预科班，补习高中文化一年。考试合格，经考试院成招办审核后，不再参加当年的全国成人高校统一招生考试，进入原报考的第一志愿学校专科（专业）学习。

全市统一组织举办预科班，下设七个工作站：首都师范大学、北京工业大学、北京大学医学部、北京广播电视大学、北京电子科技职业学院（原北京轻工职业技术学院）、北京宣武红旗业余大学、北京教育学院。学习形式以业余学习为主。

（三）关于二学历

2005年成人高校仍停止免试招收第二专业专科学历教育学生，考生需参加成人高校招生全国统一入学考试，录取人数纳入招生学校当年招生计划总数。

（四）经教育部批准，北京联合大学特殊教育学院继续为残疾人单独招生单独考试。

报名地点：北京市丰台区永定门外蒲黄榆二巷1号

联系电话：67665517、67644999

六、招生工作纪律

对违反招生规定应予处罚的，依照2004年5月发布的教育部18号令《国家教育考试违规处理办法》执行。

【答考生问】 《答考生问》是北京市成人高校招生办公室遵照当年政策规定精神，对成人招生报名考试中考生可能遇到的难点、疑点等重大问题最富有权威性的解释，是为各类成人教育报考者“解惑”的重要资料，也是成人教育招生宣传工作中的重要文献。2005年，北京市成人教育招生考试的《答考生问》由北京市成人高校招生办公室编纂，印发、其主要内容是：

答考生问

一、报名

1. 问：2005年成人高校招生政策办法有哪些调整？

答：根据教育部2005年全国成人高校招生办法，结合北京市实际情况，2005年招生政策、办法作了如下调整：

（1）增加了招生考试工作的透明度。

为进一步规范招生管理，增加招生工作透明度，更好地维护广大考生的合法权益，确保公平公正，教育部要求各地、各高校建立和完善以“六公开”为主要内容的信息公开制度，严格执行招生工作“六不准”，在高校招生工作中实施阳光工程。“六公开”的主要内容是：招生政策公开、高校招生资格及有关考生资格公开、招生计划公开、录取信息公开、考生咨询及申诉渠道公开和重大违规事件及处理结果公开。要严格执行招生工作“六不准”，即：不准违反国家有关招生规定，不准徇私舞弊、弄虚作假，不准采取任何方式影响、干扰招生工作正常秩序，不准协助、参与任何中介机构或个人组织的非法招生活动，不准索取或接受考生及家长的现金、有价证券，不准以任何理由向考生及家长收取与招生录取挂钩的任何费用。考试院成招办为配合教育部“阳光工程”公开招生举报电话：62198011。

（2）使用新的复习考试大纲。

新《大纲》充分考虑了参加成人高考的各类成人考生所受教育的不同学习背景，要求考生注重对基础知识的把握和分析、解决实际问题能力的提高。

（3）高中起点升高职（高专）取消医学类、中医药类、公安类的专业基础课的考试。

医学类、中医药类、公安类的专业基础课的考试不再列入全国统一考试的考试科目，高职（高专）的公安类成人高校的全部专业、医学类专业和中医药类专业，如上线考生不足，可降低分数要求向招生学校投档，但投档分数最低不得低于同科类高职（高专）最低控制分数线的70%。

2. 问：为什么要实行网上报名、网上交费？

答：随着成人教育事业的不断发展，近几年北京市成人高校招生报名人数每年达到十几万人，出现了报名人数多与报名现场容量有限及招生学校所需信息量与提供信息有限的两大矛盾。出现了报名现场拥堵，考生报名滞留时间长的现象。采取网上报名、网上交费，主要有三点益处：一是方便考生查阅招生资料，可在报名前充分了解招生政策、办法及有关招生信息，有足够的时间思考报考的志愿；二是可增加考生的信息量，方便招生学校了解考生情况；三是考生填写基本信息与志愿信息已在网上进行，区县招办可了解预报名人数，合理安排人力、设备，大大减轻报名现场组织工作的压力；四节省时间、方便考生。

3. 问：报名具体程序是怎样的？

答：报名时间（网上）：8月15日零点至8月29日24点。

报名确认时间（现场）：9月1日至7日。

报名方式：网上报名。

报名网址：www.bjeea.cn 或 www.bjeea.edu.cn。

报名期间各区县成招办设报名确认点。报名确认手续必须由考生本人办理。未办理报名确认手续报名无效。

具体步骤：

1. 考生登录报名网站填写报名基本信息、志愿信息和其他报名辅助信息，提交后生成网报号。

2. 网上交费。

3. 在规定的报名确认期间到所选报名确认点办理报名资格审查、摄像、报名复核、签订《考生诚信考试承诺书》等报名确认手续；网上交费不成功的考生可在报名确认时补交费。

请考生注意：网上报名时间各报名确认点不受理现场报名或办理报名确认手续，报名确认时间段不再接受考生报名。

确认地点：报名期间各区县成人教育招生办公室设报名确认点。

4. 问：对计算机不太熟悉的考生或没有上网条件的考生如何网上报名？

答：如果考生对计算机不太熟悉，上网后按照程序提示，逐步进行，一般十几分钟可完成网上报名。网上报名期间市、区县考试办公室都设有咨询电话。报名期间考生可随时上网查询自己报名信息，并可以修改信息。报名确认后考生信息不能修改。

5. 问：2005年除网上报名外，是否还有其他报名方式？

答：没有。2005年北京市所有参加成人高考的考生都要在网上报名。

6. 问：考生如何确定自己报名成功与否？是否还需要到区县办理手续？

答：系统提示成功，说明本次报名信息提交成功。考生应记住网上所给的“网报号”和自己设定的“密码”，以便在区县报名确认和网上修改信息时使用。考生网上报名成功后，还应到报名点确认，办理报名资格审查、摄像等手续，而且需要考生本人办理。考生本人在“报名复核单”上签字确认后，报名才成功。

7. 问：网上报名如专业需要变更是否可以？

答：考生在进行网上报名后如需要变更信息，可重新上网输入网报号和密码进行专业变更手续。报名确认后考生信息不能修改。

8. 问：网上报名地址是什么？何时开通？有无时间限制？

答：报名的网址为：www.bjeea.cn或www.bjeea.edu.cn，报名时间为8月15日零点至8月29日24点；报名确认时间：9月1日至9月7日，过期不予办理。

9. 问：网上报名都应注意哪些问题？

答：考生在网上报名要注意的事项：

(1) 考生在网上报名前，应认真阅读《考生必读》中《北京市成人高校招生简章》、《学校招生章程》、《招生专业目录》，详细了解2005年北京市高校招生政策与办法。

(2) 要确认本人所报考的类别。

首先要确认是高中起点升本科、高中起点升高职（高专），还是专科起点升本科。

高中起点升本科有：文史类、外语类、理工类、艺术类、体育类。

高中起点升高职（高专）有：文史类、外语类、理工类、艺术类、体育类、公安类、西医类、中医药类。

专科起点升本科有：文史中医类、理工类、经济管理类、法学类、教育学类、农学类、医学类、艺术类、体育类。

(3) 要准确输入本人的信息与报考志愿。

(4) 网上报名输入本人信息并提交前，要记住本人的网报号和密码。

10. 问：考生报名确认时应带齐什么证件，应注意什么问题？

答：报名确认时考生须带本人居民身份证（在京临时工作的还需持在京暂住证），报考专升本的考生，还必须携带毕业证书原件和复印件一张，报考高起本、高职（高专）不满19周岁的考生，需携带高中毕业证书原件和复印件一张。

符合照顾加分条件的考生应提交相应的原件及复印件一张（如获多种称号，只附一件级别最高的原件及复印件），在报名时由区县成招办确认，过期不予办理。

报考艺术类、体育类及其他需要加试专业课的考生，还必须在9月8日前持“报名复核单”到第一志愿学校参加加试专业课报名。

11. 问：如何查询各招生高校专业、计划数、加试科目、上课地点以及学校地址、咨询电话等情况？

答：可通过北京教育考试院网站 www. bjeea. cn 或 www. bjeea. edu. cn 查询。也可从《考生必读》中查询。

12. 问：为何在考前签订考生诚信考试承诺书？

答：根据《教育部办公厅关于建立高等学校招生全国统一考试诚信档案的通知》的要求，要加强对考生的诚信考试教育，加大对诚信、守规、守纪、守法考试的宣传力度，营造“诚信光荣”的良好社会风气。自 2005 年起，建立考生考试诚信档案，作为成人高等学校决定是否录取考生的重要依据之一。

13. 问：报名复核单的作用是什么？

答：考生到区县成招办理报名资格审验、摄像后，发给每个考生报名复核单，其作用如下：

（1）考生本人报名信息的确认。对有问题的，在报名现场提出修改，直至无误后签字确认。

（2）用于查验是否完成网上交费。

（3）考生领取全国成人高考准考证的凭证。

（4）考生到所报考第一志愿学校参加加试或测试报名的凭证。

14. 问：外埠人员是否可以报考？需要什么手续？

答：外埠在京工作、确需在京学习的人员可以参加北京成人高校招生考试。报名时携带本人身份证和在京暂住证到工作或居住所在区县成招办办理报名手续。

15. 问：考生报考什么专业需到指定区县成招办办理报名确认手续？

答：报考选择日语、俄语的考生，到宣武区成招办办理报名确认手续。

报考成人高等学校享受运动员加分照顾政策的考生到崇文区成招办办理报名确认手续。

全国劳动模范、优秀运动员享受免试入学政策的考生到北京教育考试院成招办办理报名确认手续。

16. 问：考生填报志愿有何限制？

答：报考高职（高专）和专升本专业，只能在统考考试科目相同的专业中兼报。高起本可以兼报高职（高专）。报考艺术类专业，可以兼报文史类专业；报考体育类专业，可以兼报理工类专业。

17. 问：符合免试入学条件的考生需要办理哪些手续？

答：（一）全国劳动模范免试入学

按照教育部文件精神，获得“全国劳动模范”、“全国先进工作者”称号、“全国五一劳动奖章”获得者，本人申请、经考试院成招办审核、招生学校同意，可免试进入相应层次成人高等学校学习。符合条件的考生报名时，应持本人身份证、劳模证书原件和复印件，以及报名资料费和手续费，于 8 月 26 日到考试院成招办办理申请手续。

报名手续必须由考生本人办理，采用现场摄像方式采集考生头像信息。

（二）优秀运动员免试入学

按照教育部文件精神，优秀运动员的录取工作由考试院成招办组织实施。

报名条件：符合成人高等学校报名条件；奥运会、世界杯赛和世界锦标赛的奥运会项目前八名获得者、非奥运会项目前六名获得者；亚运会、亚洲杯赛和亚洲锦标赛的奥运会项目前六名获得者、非奥运会项目前三名获得者；全运会、全国锦标赛和全国冠军赛的奥运会项目前三名获得者、非奥运会项目冠军获得者。

报名手续：上述优秀运动员在报名时，应先到所报学校确认后，须持本人居民身份证（在京临时工作的还需持在京暂住证），报考专升本的考生，还必须携带毕业证书原件和复印件，除此正常手续外，还需出具省级体育行政部门的《优秀运动员申请免试进入成人高等学校学习推荐表》（该表由国家体育总局监制），以及报名费，于 8 月 26 日到考试院成招办办理报名手续。

报名手续必须由考生本人办理。

18. 问：专升本招生报考条件有哪些？

答：报考专升本专业的考生必须具有教育部审定核准的国民教育系列高等学校或高等教育自学考试机构颁发的专科以上层次毕业证书。

19. 问：职工大学专科毕业可以报考其他学校的专科升本科专业吗？

答：《招生专业目录》中所列的职工大学，均属于在教育行政部门备案具有招生资格的高等学校，凡经过全国招生统一考试被正式录取到这类院校的毕业生，其毕业证书国家承认。因此，职工大学专科毕业可以报考专科升本科专业。

20. 问：哪些证书属非国民教育系列的毕业证书？

答：(1) 社会力量办学的学校（民办高校）自主发证；

(2) 各级党校颁发的毕业证书；

(3) 社会人员取得的军队院校毕业证书（无军人证、士兵证、复员证者）；

(4) 高等院校所属的二级学院所发证书；

(5) 研究生课程班毕（结）业证书；

(6) 1993—2001年间，非教育部（国家教委）统一印制的成人高等教育毕业证书或没有验印章的证书；

(7) 1994—2000年非教育部（国家教委）统一印制的普通高等教育毕业证书，其中2000年北京、天津、辽宁、湖北、重庆五省市试点由普通高等学校自行颁发毕业证书的除外。

21. 问：考生户口和身份证是城区的，家住在远郊区，如果在远郊区报名考试，能享受远郊区、县20分的照顾吗？

答：不可以。享受远郊区县分数照顾的应具有远郊区县的身份证和户口本。

22. 问：外地在京工作人员没有暂住证或暂住证已过期可以报名吗？

答：不可以。在京工作人员必须持有效的在京暂住证办理报名手续。

23. 问：在《招生专业目录》中，如果学校招生专业后注明“定向招生”是否说明该专业不面向社会招生？

答：一般学校招生专业后注明或“委托培养”、“定向招生”的有生源范围。考生可在填报志愿前向招生学校咨询清楚。

24. 问：考生报考“专升本”专业，学校不进行专业课加试，是否还要到学校去登记？

答：不需要。

25. 问：填写身份证号时，户口本上身份证号是18位，身份证上15位，以哪个为准？

答：以18位号码为准。

26. 问：报考医学门类各专业人员需要具备何种资格证书？

答：根据卫生部有关文件规定，2005年报考医学门类各专业的考生需要具备以下条件：

1. 报考临床医学、口腔医学、预防医学、中医学等临床类专业的人员，应当取得省级卫生行政部门颁发的相应类别的执业助理医师及以上资格证书或取得国家认可的普通中专相应专业学历；或者县级及以上卫生行政部门颁发的乡村医生执业证书并具有中专学历或中专水平证书。

2. 报考护理学专业的人员应当取得省级卫生行政部门颁发的执业护士证书。

3. 报考医学门类其他专业的人员应当是从事卫生、医药行业工作的在职专业技术人员。

4. 考生报考的专业原则上应与从事的专业对口。

对于不具备上述条件且要求报考医学门类专业的考生，其毕业后所获得的医学成人高等教育学历文凭将不能作为参加执业医师、执业护士考试的依据。要慎重报考。

27. 问：具有本科毕业证书，并取得了学士学位，欲再学一个本科，是否可以免试参加专科升本科的学习？

答：除符合免试入学条件的劳动模范、优秀运动员以外的考生，必须参加考试。

28. 问：在2005年成人高校招生照顾政策中，可享受照顾录取的条件是什么？如何办理申请照顾录取的手续？

答：属照顾录取的人员可以分为以下三种：

第一种情况是“运动健将”和武术项目中“武英级运动员”称号的获得者可在考试成绩基础上增加50分进行投档（一级运动员称号获得者为30分）。

上述运动员要携带本人居民身份证（非北京市户口的学生还要携带北京暂住证）和经省级体育行政部门审核并出具的运动成绩证明，统一到崇文区成招办办理报名手续。

第二种情况是符合下列条件之一的考生，在考试成绩基础上增加20分进行投档：

（1）获得地、市级以上（含地、市级）人民政府，国务院各部委及各省（区、市）厅、局系统，国家特大型企业授予的劳动模范、先进生产（工作）者，以及科技进步（成果）奖获得者。

（2）获得省级工、青、妇等组织授予“五一劳动奖章”、“新长征突击手”、“三八红旗手”称号者。

（3）人民解放军、武警部队、人民警察荣立个人三等功以上者。

（4）归侨、归侨子女、华侨子女、台湾省籍考生（区县级以上侨办证明）。

（5）烈士子女、烈士配偶（区县民政部门颁发的证书）。

（6）少数民族考生、国防科技工业三线企业单位（地处地市以上人民政府所在地的除外）获得企业表彰的先进生产（工作）者。

（7）远郊区县考生（指门头沟区、房山区、通州区、大兴区、顺义区、昌平区、怀柔区、平谷区、密云县、延庆县、燕山、矿务局的考生，以身份证和户口本为准）。

（8）年满25周岁以上人员。

（9）获得区县级以上见义勇为荣誉称号人员（北京市、区县文明办颁发的证书）。

第三种情况是对于自谋职业的城镇退役士兵（省级民政部门颁发《自谋职业证》），在考生考试成绩基础上增加10分投档，是否录取由招生学校确定。

符合上述照顾条件的考生必须于报名时交验相应的原始证件和复印件一张，符合两项以上照顾政策的考生，其照顾分数不得累计。照顾条件的审核工作只限在报名期间由考生本人办理，逾期一律不予办理。

29. 问：计算机专业专科毕业生，今年想报考艺术类本科表演专业，有没有政策上的限制？

答：报考专升本的考生是否为本专业的毕业生目前没有具体规定，但有些学校对考生是有专业要求的。因此，凡报考专科起点升本科的考生应首先仔细阅读《招生简章》、《学校招生章程》等资料，而且在报名前必须与所要报考的学校取得联系，咨询学校有关情况后，再办理报名手续。

30. 问：高中起点升本科的报考条件与高中起点升高职（高专）是否相同？可否兼报？

答：高中起点升本科与高中起点升高职（高专）的报考条件是相同的。考生可兼报高中起点升高职（高专）。

31. 问：高中起点升本科有哪几个招生专业类别？各专业类别考试科目如何设置？

答：高中起点升本科招生类别有：文史类、理工类、外语类、艺术类。

文史类、外语类、艺术类考试科目为：语文、数学（文）、外语、史地综合。

理工类考试科目为：语文、数学（理）、外语、理化综合。

32. 问：高中起点升本科有哪几种学习形式？学习时间有什么规定？

答：高中起点升本科有以下两种学习形式：

脱产学习形式：学员在学习期间基本脱离工作（生产）岗位，把主要精力用于学习。脱产学习年限：理工类专业一般为5年，文史、外语类专业一般为4年。

业余（夜大、函授）学习形式：业余（夜大、函授）学习形式是一种以业余学习为主的学习形式。较少占用或基本不占用工作时间，具体情况可向招生学校了解。业余学习年限：理工类专业一般为5—6年，其他专业一般为5年。

33. 问：高中起点升本科与高中起点升高职（高专）外语类的外语考试内容是否相同？

答：高中起点升本科与高中起点升高职（高专）外语类的外语考试内容是相同的，均为统考科目。外语类分为英语、日语、俄语三个语种，由考生根据自身学习外语情况和报考学校对外语语种的要求任选一种，满分150分。

34. 问：报考专升本考生的毕业证书丢失，需要办理何种手续？

答：专升本考生的毕业证书丢失，可以到原毕业高校开具《毕业证明书》，持《毕业证明书》和本人人事档案中的《干部履历表》进行报名。

35. 问：艺术类包括哪些专业？报考艺术专业人数是否增多了？

答：成人高校开设的艺术类招生专业主要有艺术设计、装饰、装潢、书法、绘画、音乐、美术、戏剧表演、播音、服装设计、摄影等专业。随着人民群众物质文化水平的提高和社会主义精神文明建设的加强，成人高校艺术类招生专业数量和报考人数呈现增长的趋势。

36. 问：艺术类有哪几种学习形式？学习时间有什么规定？

答：艺术类学习形式主要有业余、脱产两种。各学校根据自己的情况安排学习时间，具体学习时间规定详见各学校招生简章。

37. 问：体育类包括哪些专业？

答：体育教育、运动训练与体育管理、体育运动等专业都属体育类招生专业。

38. 问：体育类招生对象和报考条件有哪些规定？

答：体育类专业主要招收有一定体育基础并需深造以提高学历层次的人员，运动员、教练员及中小学体育教师和体育爱好者等均可报考成人高校体育类专业。

39. 问：体育类有哪些招生层次？采取何种考试形式？考试命题有什么规定？

答：体育类招生层次为：专升本和高中起点升本科、高职（高专）。凡报体育类的考生除按规定参加文化考试外，还需参加专业术科加试。体育类专业文化课考试由国家统一命题，术科加试由招生院校自行命题考试。

40. 问：残疾人能否报考？有何特殊政策？

答：生活能自理，不影响所报专业学习的残疾人，符合其他报考条件可以报考。今年北京联合大学特殊教育学院成人教育为残疾人举办单独招生考试，具体事宜请与北京联合大学特殊教育学院联系。电话：67665517、67644999。

二、网上交费

1. 问：不能网上交费或网上交费不成怎么办？

答：如不具备上网条件或网上交费因种种原因不能成功，可在报名确认时补交费。

2. 问：哪些银行和银行卡可以办理网上交费？

答：支持的银行及卡种共有18种（银行及卡种名称此处略——编者注）。

3. 问：哪些银行办理网上交费前需要提前？

答：网上交费前需要提前注册的银行有：中国工商银行、中国建设银行、中国农业银行、招商银行、广东发展银行、兴业银行、中国民生银行、交通银行、深圳发展银行、华夏银行、上海浦东发展银行、顺德农村信用合作社、广州农村信用合作社、上海市农村信用合作社、深圳市商业银行、广州市商业银行、手机支付、首信易支付会员账户支付。

4. 问：哪些情况可以退费？如何退费？

答：已进行现场报名确认考生不退费。

已在网上交费符合以下条件之一的考生可以退费：

1. 现场报名确认时认定不符合报考要求。

2. 2005年9月7日前未进行现场报名确认。

3. 由于网上付费操作不当，造成重复付款。

退费方式：返回考生交费所用账户。请考生报名后不要注销银行卡，否则将给退款造成麻烦。

退款将于9月24日—30日统一处理，退款到账通常需要一周，特殊情况有可能出现半个月左右时间。因此，考生可在9月30日后一个月之内查询到账情况，发现问题请与首信公司联系。

电话：(010) 96102（24小时）、(010) 88511155—6826，6811，6817。

5. 问：网上交费需要注意哪些事情？

答：网上交费相对大多数考生都比较陌生，在支付报名费之前，一定先阅读相关银行卡的使用说明及注意事项；在交费过程中，随时注意支付平台和银行给出的提示信息，必要时一边对照说明一边进行操作。

（一）网络问题：

(1) 请统一使用IE浏览器（5.5版本及以上），不要使用腾讯或其他浏览器，以免因系统不兼容导致无法正常交费。考生使用的电脑有可能需要先下载加密程序（IE128位高加密包）、JAVA虚拟机或安全控件（工行、招行、民生银行都需要）才能够满足网上交费要求，建议考生交费前到“下载专区”下载相关程序或银行端安全控件（参见支付页面）。

(2) 交费时如果进行到某一步骤出现异常，刷新不起作用，不要按IE浏览器“返回”键，而应重新点击“网上交费”按钮，否则系统会一直报错。

（3）如果重复交费几次提示的错误一样，原因可能是IE缓存造成，可以在IE的工具菜单中选择“Internet选项”，点击“删除cookies”和“删除文件”的按钮后再重新交费。

（4）如果因上网条件或网络传输等原因造成系统速度缓慢，请考生冷静并耐心等待，尽量不要重复点击，如果页面无法显示，可尝试刷新。

（5）务必关闭“3721上网助手”等类似工具，否则很可能会在交费成功后屏蔽掉弹出的交费成功页面。如使用Windows XP操作系统，请关闭操作系统自带的弹出窗口拦截工具。

（6）由于报名人数较多，请尽量提前做准备，尽量避开报名、交费高峰期，以免网络拥堵，影响报名。

（二）银行卡问题：

（1）银行卡：考生持有的银行卡必须包含在首信易支付平台上该银行支持的地域范围内，并开通网上付费功能。

（2）银行卡中余额必须大于将要付费的金额，且至少要多10元。

（3）上网环境安全可靠，建议尽量不要在网吧等公共场所使用。

（4）请统一使用IE浏览器（5.5版本及以上），不要使用腾讯或其他浏览器，以免因系统不兼容导致无法正常交费。考生使用的电脑有可能需要先下载加密程序（IE128位高加密包）、JAVA虚拟机或安全控件（工行、招行、民生银行都需要）才能够满足网上交费要求，建议考生交费前到“下载专区”下载相关程序或银行端安全控件（参见支付页面）。

（三）考生对银行卡的自我保护

1. 上网环境安全可靠，建议尽量不要在网吧等公共场所使用；

2. 尽量在不同场合使用有所区别的密码；

3. 牢记密码，如作记录则应妥善保管；

4. 考生要分清不同银行卡和不同密码，不同的密码会有不同的用途与功能，如支付密码、取款密码等，考生不要弄混；

5. 密码不得告诉他人，包括自己的亲朋好友；

6. 在用户登陆或网上付费密码输入时，应防止左右可疑的人窥视；

7. 预留密码时不要选用您的身份证、生日、电话、门牌、吉祥、重复或连续等易被他人破译的数字，建议选用既不易被他人猜到又方便记忆的数字；

8. 发现泄密危险时，及时更换密码；

9. 不定期更换密码；

10. 注意电脑中是否有键盘记录或远程控制等木马程序，使用病毒实时监控程序和网络防火墙，并注意升级更新。

三、考试

1. 问：是否进行专业课加试，由何部门确定？

答：除艺术类、体育类专业必须加试外，是否需要加试专业课、加试科目和加试办法均由招生学校确定，考生可与学校进行联系咨询。

2. 问：是否我在哪区报名确认，就在那个区考试？

答：是。因为所报名确认的区县负责安排考场。

3. 问：高中起点升本科和高中起点升高职（高专）的语文、数学、外语试卷是否一样？

答：报考高中起点升本科和高中起点升高职（高专）的语文、数学、外语试卷是一样的。

4. 问：2005年北京市成人高校招生全国统一入学考试确定在什么时间进行？

答：根据教育部《2005年全国成人高校招生办法》的精神，全国成人高校招生统一入学考试将于2005年10月15日、16日进行。

5. 问：考生通过何途径可随时了解到有关成人招生考试的信息？

答：考生可随时登录北京教育考试院网站查询招生考试信息（北京教育考试院网址：www. bjeea. cn或www. bjeea. edu. cn），或拨打北京教育考试院成人教育招生办公室咨询电话（010—62198015）和各区县成招办咨询电话进行咨询，各区县成招办咨询电话请考生在考试院网站上查阅。另外，有关招生信息也将陆续在《北京考试报》上刊登，请广大考生予以关注。

6. 问：考生在报名、考试过程中哪些行为属于违纪或作弊行为？国家有关规定是如何处理的？

答：根据教育部《国家教育考试违规处理办法》中有关规定，考生不遵守考场纪律，不服从考试工作人员的安排与要求，有下列行为之一的，应当认定为考试违纪：

（一）携带规定以外的物品进入考场或者未放在指定位置的；

（二）未在规定的座位参加考试的；

（三）考试开始信号发出前答题或者考试结束信号发出后继续答题的；

（四）在考试过程中旁窥、交头接耳、互打暗号或者手势的；

（五）在考场或者教育考试机构禁止的范围内，喧哗、吸烟或者实施其他影响考场秩序的行为的；

（六）未经考试工作人员同意在考试过程中擅自离开考场的；

（七）将试卷、答卷（含答题卡、答题纸等，下同）、草稿纸等考试用纸带出考场的；

（八）用规定以外的笔或者纸答题或者在试卷规定以外的地方书写姓名、考号或者以其他方式在答卷上标记信息的；

（九）其他违反考场规则但尚未构成作弊的行为。

考生违背考试公平、公正原则，以不正当手段获得或者试图获得试题答案、考试成绩，有下列行为之一的，应当认定为考试作弊：

（一）携带与考试内容相关的文字材料或者存储有与考试内容相关资料的电子设备参加考试的；

（二）抄袭或者协助他人抄袭试题答案或者与考试内容相关的资料的；

（三）抢夺、窃取他人试卷、答卷或者强迫他人为自己抄袭提供方便的；

（四）在考试过程中使用通讯设备的；

（五）由他人冒名代替参加考试的；

（六）故意销毁试卷、答卷或者考试材料的；

（七）在答卷上填写与本人身份不符的姓名、考号等信息的；

（八）传、接物品或者交换试卷、答卷、草稿纸的；

（九）其他作弊行为。

教育考试机构、考试工作人员在考试过程中或者在考试结束后发现下列行为之一的，应当认定相关的考生实施了考试作弊行为：

（一）通过伪造证件、证明、档案及其他材料获得考试资格和考试成绩的；

（二）评卷过程中被发现同一科目同一考场有两份以上（含两份）答卷答案雷同的；

（三）考场纪律混乱、考试秩序失控，出现大面积考试作弊现象的；

（四）考试工作人员协助实施作弊行为，事后查实的；

（五）其他应认定为作弊的行为。

考生有考试违纪行为之一的，取消该科目的考试成绩。考生有考试作弊行为之一的，其当次报名参加考试的各科成绩无效；考生以作弊行为获得的考试成绩并由此取得相应的学位证书、学历证书及其他学业证书、资格资质证书或者入学资格的，由证书颁发机关宣布证书无效，责令收回证书或者予以没收；已经被录取或者入学的，由录取学校取消录取资格或者其学籍。代替他人或由他人代替参加国家教育考试，是在校生的，由所在学校按有关规定严肃处理，直至开除学籍；其他人员，由教育考试机构建议其所在单位给予行政处分，直至开除或解聘，教育考试机构按照作弊行为记录并向有关单位公开其个人基本信息。

四、录取

1. 问：录取新生的原则是什么？

答：录取工作实行“学校负责、招办监督”的录取体制，即：在符合成人高校招生报名条件、考试成绩达到投档分数线的考生中，由招生院校根据“从高分到低分择优录取”的原则，决定考生录取与否和录取的专业，同时负责对遗留问题的处理。考试院成招办在录取时根据国家招生政策对招生院校录取名单进行审核，对其录取工作进行监督，对不符合招生政策的情况进行纠正。

2. 问：考生考试成绩达到最低录取控制分数线，是否一定被录取？

答：考生统考考试成绩达到最低录取控制分数线不一定被录取，因为如果考生所填报的志愿学校上线考生数大于招生计划数，考生有可能不被所报院校录取，如考生不服从调剂，将不被录取。如考生同意调剂，将在上线生源不足的院校中按考生志愿进行调剂，录取的可能性将加大。

3. 问：报高中起点本科又兼报专科，如果高中起点本科未录取，专科能录取吗？

答：报考高中起点本科又兼报专科的考生，本科未被录取而达到专科最低录取控制分数线的考生，将按所报专科第一志愿投档，并按专科程序录取。

4. 问：各招生学校往年的录取分数线和录取人数如何查询？

答：请与所要查询的学校联系。

5. 问：高中起点升本科和高中起点升高职（高专）最低录取控制分数线相同吗？

答：不相同。因为高中起点升本科和高中起点升高职（高专）的考试科目不同，本科比专科多一门史地综合或理化综合。

6. 问：今年被学校录取了，不去报到，会不会影响以后的报名？

答：不会。但考生应珍惜学习的机会，否则会浪费院校的教育资源，应克服困难报到学习。

7. 问：艺术类数学成绩不计入总分，数学成绩的作用是什么？

答：艺术类数学成绩虽然不计入总分，但作为录取的参考。有的学校艺术专业录取时对数学成绩有要求。考生如果兼报非艺术类的本科或专科专业，当非艺术类的本科或专科专业录取时则数学将计入总分。

8. 问：考生被录取后将在何时入学？

答：2005 年录取的考生将在 2006 年春季入学。一般学校将在 2006 年 2 月底以前完成新生报到注册工作，具体报到时间和安排请向录取学校咨询。

9. 问：2004 年北京市录取分数线是多少？

答：2004 年北京市成人高校招生录取最低控制分数线如下所示。

2004 年北京市成人高校招生录取最低控制分数线一览表

层次	类别名称	分数线
高中起点本科	文史类（含外语类）	344
	理工类	317
	艺术类（不含数学分）	153
	体育类	190
高中起点专科（高职）	文史类（含外语类）	180
	理工类	162
	艺术类（不含数学分）	72
	体育类	90
	医疗医护西医类	220
	中医药类	150
	公安类	150
专科起点升本科	文史类	280
	艺术类	195
	理工类	210
	经济管理类	288
	法学类	235
	教育学类	205
	农学类	210
	医学类	286
	体育类	130
	中医药类	245

五、关于毕业

1. 问：脱产、函授和业余的学习形式所发毕业证书有区别吗？

答：没有区别。脱产、函授和业余的区别仅在于其学习形式不同，脱产一般是以全天面授为主；函授是以面授形式为辅、自学形式为主；业余是以周六、周日或晚上授课为主。

2. 问：高职和大专的毕业证书有何不同？

答：高职和高中起点升专科的毕业证书均属国家承认的国民教育系列大专毕业证书，高职（高专）和专科的区别就在于学习课程不同，高职教学侧重于职业技术。

3. 问：成人高校与普通高校的毕业证书和学位证书一样吗？

答：不一样。成人高校毕业证书以及学位证书上都标有“成人教育”字样。

4. 问：专升本毕业生能否获得学士学位？

答：经国家学位管理部门批准，专升本学生获得规定级别的外语等级证书、其他学科成绩和在校期间表现达到一定标准和要求的即可根据有关规定获得学士学位。应向招生学校了解具体情况。

5. 问：成人高校毕业后有就业报到证吗？

答：没有。

六、其他

1. 问：成人高校入学需要体检吗？

答：一般不需要。特殊专业请考生咨询招生学校。

2. 问：被北京成人高校录取的外地新生是否要迁移户口？

答：根据教育部有关招生文件规定，成人高校招生，均不迁移户口。

3. 问：北京教育考试院网址是什么？

答：北京教育考试院网址：www. bjeea. cn，www. bjeea. edu. cn。

4. 问：什么是预科生？

答：按照教育部文件精神，对在报考高中起点升专科（高职）的考生中，未达到录取分数线符合以下条件：受表彰的各类先进人员；年龄在25周岁以上；特殊行业急需培养的在职业务骨干，达到预科班分数线，且报名时提出读预科申请的考生，经考试院成招办批准后（《预科生录取通知书》由考试院成招办发放），成为预科生。预科生参加市考试院成招办统一组织举办的预科班，补习高中文化一年，结业考试合格，方可进入原报考的第一志愿学校专科（高职）专业学习，预科生只录取有专科志愿的考生。

招收预科生是教育部进行的一项成招改革项目。预科生经过一年的文化补习，即可以进一步地提高高中阶段文化知识水平，为进入成人高校学习奠定良好的文化基础，又可通过结业考试后，不必参加全国成人高考而顺利进入成人高校学习，因而深受广大考生欢迎。

5. 问：预科生入学后实行何种学习方式？

答：预科生入学后采取业余学习方式。学习时间一般为晚上、周六、周日或平日1—2个半天。

6. 问：社会上举办成人高等学历教育预科班的学校很多，哪些是根据国家政策举办的？

答：根据教育部文件精神，预科生是成人高校招生改革项目，由省级成人教育招生部门具体组织实施。考试院成招办具体负责北京地区预科生的录取、组建预科班和预科班的教学管理工作。预科班下设七个工作站：首都师范大学工作站、北京工业大学工作站、北京大学医学部工作站、北京广播电视大学工作站、北京电子科技职业学院（原北京轻工职业技术学院）工作站、北京宣武红旗业余大学工作站、北京教育学院工作站。

【成人教育招生咨询】　北京市成人教育招生咨询活动是成人教育招生最为重要和规模最大的宣传活动，也是北京市成人招生工作一直坚持的传统的宣传方式之一。1999年至2002年的四年间，成人教育招生咨询活动均以定时定点组织面对面咨询的方式进行。随着现代信息网络技术的日趋普及，运用计算机网络系统组织大规模的成人教育咨询活动的条件已基本成熟。北京市成人高校招生办公室审时度势，果断决定从2003年开始停止面对面成人教育招生咨询的组织工作，将每年必须举行的成人教育咨询活动改在网上进行，积极探索成人教育招生咨询的新途径。

经过两年的实践与探索，网上咨询工作已积累了丰富的组织工作经验。2005年6月11日，在北京市成人教育招生宣传工作专题研讨会上，与会代表一致肯定了网上招生咨询方式的优势和特点，并就加强各级招生管理机构网站建设、完善网络信息传播体系达成高度共识。根据与会代表的一致意见，北京市教育考试院决定，2005 年成人高等教育招生咨询仍在网上进行，并提出各区县成人教育招生机构与各院校要按照市成人高校招生办公室《关于加强成人高等学校网站建设的通知》要求，进一步完善网络系统，建设并管理好各自的网站（页），培训好网络管理人员和网上咨询人员，为成人教育招生网上咨询、报名、录取等工作做好充分准备。

2005 年 6 月 30 日，北京市成人高校招生办公室以京考成招［2005］14 号文下发了《关于举办 2005 年北京市成人高校招生网上咨询活动的通知》，确定“2005 年北京市成人高校招生网上咨询活动将采用市教育考试院为主会场，各区县招办、各院校为会场，主会场和分会场相结合的方式举行，时间定在 8 月 12 日、13 日两天”。为保证咨询时网络系统正常运行，还要求各有关单位在 7 月 4～5 日按北京市招生工作网络信息平台的操作要求先进行实际操作演习测试，并以此培训计算机网络技术人员和参加网上咨询的工作人员。

2005 年 8 月 12 日至 13 日，北京市成人教育招生网上咨询活动如期举行。咨询活动以市教育考试院网站为中心站点，以各区县、各招生院校网站（页）为中间结点，通过社会公网将咨询者使用的计算机终端与招生院校、主管机构联系起来，组成了一个全市规模的招生咨询网络平台。北京市成人高校招生办公室、20 个区县成人教育办公室和 103 所高校的招生工作人员、专家同时在线，为处于不同地域的咨询者提供了满意的咨询服务，并因此而受到社会各界的充分赞许和肯定。据统计，网上咨询的两天时间，网页浏览量 494 146 人次，访问人数（以 IP 数计）19 469 人，咨询者提出的各类问题达 35 256 个之多，问题解答、处理率达 98.2%以上。

此次咨询活动以计算机网络技术为依托，以文字交互方式为主要途径，以北京市成人教育招生管理机构和各招生院校网站（页）为双层节点，积极调动了“两个层面”的宣传工作积极性，发挥“一个建设”成果在咨询工作中的特定作用，从更广大的层面上践行了以人为本的管理思想和理念，坚持了为考生服务、为首都人才培养服务、为社会进步服务的根本宗旨，有力地指导了广大考生的报考行为，锻炼了考生网上报名等方面的操作能力，为后续的网上报名工作奠定了重要的组织工作和认识基础。各种信息反馈表明，网上咨询活动受到了社会各界的热烈欢迎并收到了预期效果，达到了预期目标。

三、报名工作管理与操作

【北京市成人教育招生报名方式的变革】 报名工作的组织与管理是成人教育招生每年都必须做好的一项常规工作。随着成人教育招生现代化、信息化建设步伐的加快，十年中成人教育招生报名的组织管理方式也发生了深刻变革，并实现了由人工操作向计算机网络化管理的过渡。2003 年补报名试行了网上报名后，2004 年又首次试行了全市成人教育招生网上报名并获得成功，但网上报名交费事宜仍需要通过人工操作来完成。2005 年，市成人招办组织开发的网上交费子系统投入运行，从而使成人教育报名组织方式、管理思想与操作手段都提升到一个新的发展阶段。

【北京市成人高校招生报名工作培训会】 为确保 2005 年北京市成人教育网上招生报名工作的顺利进行以及网上交费系统的运行成功，市成人高校招生办公室于 2005 年 8 月 9 日至 10 日在北京颐泉山庄宾馆召开了“2005 年北京市成人高校招生报名工作培训会”。参加培训的有各区、县（矿务局、燕山）教育考试中心主任及成人教育招生办公室工作人员共 74 人。会议由市成人高校招生办公室副主任丁新生、马宏辉主持，董维祥主任做了总结讲话。

培训会议上，市成人高校招生办公室就网上报名和现场确认的程序、相关政策的把握、招生系统的维护，以及网上缴费的操作要领、注意事项等做了专门讲解，并进行了现场演示。与此同时，还聘请了北京市公安局制证处和验证工作经验丰富的高校同志就身份证、毕业证的识别做了专题讲座。与会人员就讲解和讲座的内容、操作技术等问题进行了深入、细致的研究、讨论和实际试练。

董维祥主任在总结中充分肯定了各区、县教育考试中心在网上报名培训及各种准备工作中所取得的成绩后，对做好 2005 年成人教育招生报名工作提出了四点明确要求：一是提高对稳定和安全工作重要意义的认识，在组织和实施报名的工作中绝不可忽视社会的稳定和安全工作，更不可存有麻痹和懈怠的心理。二是要强化服务意识，明确各级招生部门的工作职责，每一项工作、每一个细节都要充分体现方便考生、服务考生的宗旨。三是要狠抓制度建设与落实。报名阶段的各项工作，均要做到制度健全、组织严密、人员到位、工作扎实，确保报名工作有条不紊地进行。四是要制定切实可行的应急预案。要充分考虑到人员流、信息流的安全性问题，在报名工作开始前，各区县都要组织一次预演，以便发现问题，堵塞漏洞，保证报名工作不出疏漏，万无一失。

此次会议安排紧凑，内容全面、重点突出，培训效果明显，并实现了统一思想认识、统一操作步骤、统一执行标准的既定目标，为2005年全面实现网上报名工作做了比较充分的准备工作。

【报考条件】　按照教育部和北京市成人高等学校招生的有关规定，2005年北京市成人高等教育的报考条件是：

1. 拥护中国共产党的领导，愿为社会主义现代化建设服务，品德良好，遵纪守法。

2. 国家承认学历的各类高、中等学校在校生以外的在职、从业人员和社会其他人员。

3. 报考高起本、高职（高专）的考生应具有高中毕业文化程度。以同等学力报考者，年龄须满19周岁（1987年2月28日以前出生）；报考专升本的考生必须是已取得经教育部审定核准的国民教育系列高等学校、高等教育自学考试机构颁发的高等专科毕业证书或以上证书的人员。

4. 根据卫生部《关于2004年全国成人高校医学类专业招生条件建议的函》（卫科教便函［2004］57号）要求及教育部的规定，报考成人高校医学门类专业的考生应具备以下条件：

（1）报考临床医学、口腔医学、预防医学、中医学等临床类专业的人员，应当取得省级卫生行政部门颁发的相应类别的执业助理医师及以上资格证书或取得国家认可的普通中专相应专业学历；或者县级及以上卫生行政部门颁发的乡村医生执业证书并具有中专学历或中专水平证书。

（2）报考护理学专业的人员应当取得省级卫生行政部门颁发的执业护士证书。

（3）报考医学门类其他专业的人员应当是从事卫生、医药行业工作的在职专业技术人员。

（4）考生报考的专业原则上应与从事的专业对口。

5. 身体健康；符合上述报考条件，生活能自理，不影响所报专业学习的残疾人。

【报考志愿】　北京市成人高等学校招生专业目录每年都先于报名时间公布当年的招生专业目录，考生在当年公布的招生专业目录范围内选择、填报志愿学校和专业。其中：

高中起点：报考艺术体育类专业（第一批录取）的考生，可选报两个志愿学校，每个志愿学校可选报一个专业。

报考高中起点本科非艺术体育类专业（第二批录取）的考生，可选报两个志愿学校，每个志愿选报一个专业。

报考高职（高专）非艺术体育类专业（第三批录取）的考生，可选报两个志愿学校，每个志愿学校可选报两个专业。

专科起点升本科：报考专科起点升本科的考生，可选报两个志愿学校，每个志愿学校可选报两个专业（报名时要求在报考志愿信息中，必须填写是否同意调剂。如同意调剂，须选填“相近学习形式、相近专业、就近院校”项目）。

报考高职（高专）和专升本的考生，只能在统考考试科目相同的专业中选择兼报专业。报考高中起点本科的考生，可以兼报高职（高专）。报考艺术类专业的考生，可以兼报文史类专业；报考体育类专业的考生，可以兼报理工类专业。

【报名组织工作】　经过20多年的研究、探索与实践，北京市成人教育招生报名已摸索出一套行之有效的组织办法。2003年实现网上报名后，这套组织办法又有新的改革；2005年成人教育招生报名组织工作新的办法体系基本形成。其主要的操作要点是：

1. 凡报考者均要登录报名网站，填写报名的基本信息、志愿信息和其他报名辅助信息，上网提交后获得网上自动生成的本人报名号，并按规定进行网上交费。

2. 在规定的时间内到所选报名确认点（一般应选在本人户口所在区县的报名确认点，没有北京市户口而又在京参加报考的人员，一般应在临时工作单位或居住的所在地区县报名确认点）办理报名资格审查、摄像、报名复核、签订《考生诚信考试承诺书》等报名确认手续；网上缴费不成功或不具备网上缴费条件的考生可在报名资格确认时补缴费。

3. 考生须持本人居民身份证（在京临时工作的还需持在京暂住证），报考专升本的考生，还必须携带毕业证书原件和复印件一张（B5复印纸），报考高起本、高起专、高职不满19周岁的考生，需携带高中毕业证书原件，符合照顾加分条件的考生应提交相应的原件及复印件一张（B5复印纸）（如获多种称号，只附一件级别最高的原件及复印件），到报名确认点办理确认手续。

4. 应试外语语种为日语、俄语的考生须在北京市指定的区县报名确认点办理确认手续。

5. 全国劳动模范、优秀运动员、享受免试入学政策的考生先持有关证明文件到所报学校确认后，再到北京市教育考试院成人高校招生办公室办理报名确认手续。

6. 报考艺术类、体育类及其他需要加试专业课的考生，必须在报名确认后，带着“报名复核单”到第一志愿学校参加加试专业课报名。

【考生提供的证明文件审验】 对考生在报考时提供的有关证明文件的审验包括：(1) 身份证原件（25岁以上或少数民族考生需附交复印件）。(2) 19岁以下考生提供的高中毕业证书。(3) 报考专升本考生提供的大专毕业证书原件及复印件。(4) 各类符合照顾条件考生提供的证明文件和原件。(5) 外埠考生在北京的暂住证。(7) 报考医学类专业考生提供的各类证明文件。

2001年以前，专升本考生提供的大专毕业证书由北京市成人高校招生办公室组织有关专家、工作人员在全市分设数个地点集中审验。其他证件由报名点审验。2002年，专升本报名工作程序调整后，专升本考生的大专毕业证书审验工作改为“新生入学阶段由录取学校对新生专科以上毕业证书进行审验，考试院成招办对该项工作进行检查的办法”。2003年后，专升本考生提供的专科以上毕业证书及其他类别考生提供的各类证明文件均“采取区县报名点初验，招生学校复验，考试院成招办监督的方式”进行。这种“三级把关”的验证方式提高了验证工作的准确率，有力地抵御了社会上制假贩假的不正之风，维护了国家学历证件的尊严、权威性和严肃性。

为使“三级把关”的验证工作有效展开，北京市除在报名工作研讨、培训会上对相关人员培训外，还自2003年起就随招生工作主要文件印发了有关毕业证书认定问题的说明，以增加各级验证工作人员辨别真、伪毕业证书的能力。2005年北京市成人高校招生办公室在《关于做好2005年北京市成人高校专升本招生工作的通知》（京考成招［2005］11号）中附发了《关于大专以上毕业证书的几点说明》，其主要内容是：

关于大专以上毕业证书的几点说明

一、国民教育系列高等教育

从学历系列上讲包括专科、本科、第二学士学位班、研究生班（已停办）、硕士研究生和博士研究生六方面。经国家教育主管部门（教育部）批准具有举办学历教育资格的成人高等学校、普通高等学校（含培养研究生的科研单位）、民办高等学校所颁发的学历证书，国家予以承认。另外，通过自学考试、由国务院自学考试委员会授权各省（自治区、直辖市）自学考试委员会所颁发的自学考试毕业证书、高等教育学历文凭考试毕业证书；经国家教育主管部门（教育部）批准，纳入国家招生计划并参加全国统一考试录取在党校、军事院校就读学生取得的毕业证书；经教育部批准试点的颁发的远程（网络）教育毕业证书，以及符合教育部、总参谋部、总政治部关于《中国人民解放军院校学历证书管理暂行规定》（教学［1995］2号）所颁发的学历证书，国家同样予以承认。

二、国家统一印制的高等教育学历证书

为保证高等学历教育的规格和质量，维护高等学历（学位）证书的严肃性及社会声誉，加强对高等教育毕业证书的管理，便于用人单位对高等教育毕业证书、学位证书的认定，原国家教委决定成人高等教育自1993年、普通高等教育自1994年起，高等教育学历证书实行国家教育主管部门、省（自治区、直辖市、计划单列市中的青岛和大连）教育主管部门（或国务院有关部委）、学校三级管理，证书内芯由国家教育行政部门统一印制。高等教育自学考试的毕业证书仍由各省、市、自治区自考办负责印制。成人高等教育学历证书由国家教育行政主管部门授权省级（含青岛、大连和国务院部分部委）教育行政主管部门实施验印。从2000年起，教育部开始建立高等教育学历证书电子注册制度，此项改革将使教育部不再统一印制高等教育学历证书内芯，改由高等学校自行印制，但必须进行电子注册，并供网上查询。2000年在北京、天津、辽宁、湖北、重庆五省市试点，计划2001年在全国实行各类高等教育学历证书电子注册制度。

三、国民教育系列学历（学位）证书的发放范围

经国家教育行政主管部门批准、备案的独立设立的普通高等学校（含设在成人高等学校、军事院校中的普通班）、成人高等学校（即广播电视大学、职工高等学校、农民高等学校、管理干部学院、教育学院、独立设置的函授学院以及普通高等学校的函授、夜大学教育）、具有学历教育资格的民办高等学校所举办的高等学历教育的毕业生，以及高等教育自学考试毕业生和社会力量办学单位所举办的高等教育学历文凭考试合格生。

四、非国民教育系列的毕业证书

(1) 社会力量办学的学校（民办高校）自主发证。

(2) 各级党校颁发的毕业证书。

(3) 社会人员取得的军队院校毕业证书（无军人证、士兵证、复员证者）。

(4) 高等院校所属的二级学院所发证书。

(5) 研究生课程班毕（结）业证书。

(6) 1993年—2001年间，非教育部（国家教委）统一印制的成人高等教育毕业证书或没有验印章的证书。

(7) 1994年—2000年非教育部（国家教委）统一印制的普通高等教育毕业证书，其中2000年北京、天津、辽宁、湖北、重庆五省市试点由普通高等学校自行颁发毕业证书的除外。

五、国家关于打击假证的规定

（此处略——编者注）

六、学历证书与咨询

（一）学历认证单位

全国高等学校学生信息咨询与就业指导中心

联系地址：北京市海淀区中关村南大街理工科技大厦302室

邮政编码：100081

联系电话：(010) 68914154—202

（二）学历查询网址

http://www.chsi.com.cn/

七、本说明依据教育部高校学生司编《高等教育学历问题咨询手册（2002年修订版）》撰写

【网上交费】　在2004年全部实行网上报名的基础上，2005年北京市成人教育招生报名信息化、现代化建设水平又提高一步，即全市范围内首次实行了网上交费。

为保证首次实行网上收费工作安全进行、万无一失，并能达到既定的目标要求，北京市在报名工作开始前专门印发了《2005年北京成人高校招生报名网上交费说明》。该文件全文如下。

2005年北京成人高校招生报名网上交费说明

2005年北京市成人高校招生全国统一考试报名采取网上报名、网上交费方式，现将网上交费有关事宜说明如下：

2005年成人高考报名费和资料费通过“首信易支付平台”提供的在线支付业务进行收缴。考生在通过“首信易支付平台”选择任一银行卡付费通道后立即进入银行网关。银行卡资料全部在银行网关加密页面上填写，考生输入银行卡资料提交过程全部采用国际通用的SSL协议进行加密传输并采用数字证书进行身份认证，安全性由银行全面提供支持和保护。

银行和首信易支付平台以及考试院之间是通过数字签名和加密验证传送交费订单信息，提供层层安全保护，无论是支付平台还是考试院网站都无法看到或了解到任何银行卡资料。

考生网上交费不需要再额外支出如手续费等其他费用。

由于种种原因网上交费不成功的考生可在报名确认期间在报名点进行补交费。

报名费：

高中起点升高职（高专）：84元。

高中起点升本科：112元。

专科起点升本科：88.5元。

一、网上交费准备

1. 银行卡：考生持有的银行卡必须包含在首信易支付平台上该银行支持的地域范围内，并开通网上付费功能。

支持的银行及卡种：

(1) 中国银行：长城借记卡：北京、上海、广东（除深圳外）

(2) 中国工商银行：牡丹信用卡：全国；牡丹灵通卡：全国

(3) 中国工商银行电话银行：存折：北京；灵通卡：北京

(4) 招商银行：专业版一卡通：全国；大众版支付卡：全国

(5) 中国建设银行：龙卡信用卡：全国（除西藏、青海外）；龙卡储蓄卡：全国（除西藏、青海外）

(6) 中国农业银行：金穗信用卡：全国；金穗储蓄卡：全国

(7) 北京银行：京卡：北京；存折：北京；

(8) 中国光大银行：阳光卡：全国；

(9) 深圳发展银行：发展信用卡：全国；发展借记卡：全国

(10) 兴业银行：兴业卡：全国

(11) 广东发展银行：银联广发信用卡：全国；银联广发借记卡：全国

(12) 民生银行：民生信用卡：全国；民生借记卡：全国

(13) 华夏银行：华夏银联卡：全国

(14) 交通银行：太平洋信用卡：上海、广州、郑州；太平洋借记卡：上海、广州、郑州

(15) 农村信用社：银联麒麟储蓄卡：广州；如意卡：上海；恒通卡：顺德

(16) 商业银行：万事顺卡：深圳；羊城银联借记卡：广州

(17) 上海浦发银行：东方银联卡：广州

(18) 中国邮政：银联储蓄卡：广东（除深圳外）

无须申请或注册，可直接应用于网上付费的银行有：

中国工商银行（电话银行、存折）、北京银行、中国银行、光大银行。

必须申请或注册，才可以进行网上付费的方式有：

中国工商银行、中国建设银行、中国农业银行、招商银行、广东发展银行、兴业银行、中国民生银行、交通银行、深圳发展银行、华夏银行、上海浦东发展银行、顺德农村信用合作社、广州农村信用合作社、上海市农村信用合作社、深圳市商业银行、广州市商业银行、手机支付、首信易支付会员账户支付。

2. 银行卡中余额必须大于将要付费的金额，且至少要多10元。

3. 考生要分清不同银行卡和不同密码，不同的密码会有不同的用途与功能，如支付密码、取款密码等，考生不要弄混。

二、网上交费注意事项

1. 网上交费相对大多数考生都比较陌生，在支付报名费之前，一定先阅读相关银行卡的使用说明及注意事项；在交费过程中，随时注意支付平台和银行给出的提示信息，必要时一边对照说明一边进行操作。

2. 请统一使用IE浏览器（5.5版本及以上），不要使用腾讯或其他浏览器，以免因系统不兼容导致无法正常交费。考生使用的电脑有可能需要先下载加密程序（IE128位高加密包）、JAVA虚拟机或安全控件（工行、招行、民生银行都需要）才能够满足网上交费要求，建议考生交费前到“下载专区”下载相关程序或银行端安全控件（参见支付页面）。

3. 交费时如果进行到某一步骤出现异常，刷新不起作用，不要按IE浏览器“返回”键，而应重新点击

“网上交费”按钮，否则系统会一直报错。

4. 如果重复交费几次提示的错误一样，原因可能是IE缓存造成，可以在IE的工具菜单中选择“Internet选项”，点击“删除cookies”和“删除文件”的按钮后再重新交费。

5. 如果因上网条件或网络传输等原因造成系统速度缓慢，请考生冷静并耐心等待，尽量不要重复点击，如果页面无法显示，可尝试刷新。

6. 务必关闭“3721上网助手”等类似工具，否则很可能会在交费成功后屏蔽掉弹出的交费成功页面。如使用Windows XP操作系统，请关闭操作系统自带的弹出窗口拦截工具。

7. 由于报名人数较多，请尽量提前做准备，尽量避开报名、交费高峰期，以免网络拥堵，影响报名。

8. 考生对银行卡的自我保护：

（1）上网环境安全可靠，建议尽量不要在网吧等公共场所使用；

（2）尽量在不同场合使用有所区别的密码；

（3）牢记密码，如作记录则应妥善保管；

（4）密码不得告诉他人，包括自己的亲朋好友；

（5）在用户登陆或网上付费密码输入时，应防止左右可疑的人窥视；

（6）预留密码时不要选用您的身份证、生日、电话、门牌、吉祥、重复或连续等易被他人破译的数字，建议选用既不易被他人猜到又方便记忆的数字；

（7）发现泄密危险时，及时更换密码；

（8）不定期更换密码；

（9）注意电脑中是否有键盘记录或远程控制等木马程序，使用病毒实时监控程序和网络防火墙，并注意升级更新。

三、交费后的说明

1. 查询交费处理情况，可与首信客户服务中心联系，首信有专人为考生提供查询服务。查询时需提供查询的必要信息，如网报号、付费的卡种、金额等，否则无法查询。

客服电话：(010) 96102 (24小时)、(010) 88511155—6826，6811，6817。

E-mail：e-c@capinfo. com. cn，ecs@capinfo. com. cn。

银行卡付费中出现问题，请点击相关银行帮助找寻答案。

2. 如果系统没有提示交费失败或成功，考生可通过登录网上银行、电话、ATM、柜台等各种方式查询账户内余额，如果报名费已经支出，可以稍后登陆考试院网站查看交费状态即可。

3. 如果确定交费成功24小时后系统仍然未更新交费状态，可与北京教育考试院成招办联系，电话：62198024。

4. 如果发现没有交费成功，则需要重新交费。

四、关于退费

已进行现场报名确认考生不退费。

已在网上交费符合以下条件之一的考生可以退费：

1. 现场报名确认时认定不符合报考要求；

2. 2005年9月7日前未进行现场报名确认；

3. 由于网上付费操作不当，造成重复付款。

关于退费的政策和条件最终解释权归北京教育考试院成招办。

退费方式：返回考生交费所用账户。请考生报名后不要注销银行卡，否则将给退款造成麻烦。

请考生在进行网上交费前认真核对自己的报名信息，网上交费后将不能修改志愿信息。

退款将于9月24日—30日统一处理，退款到账通常需要一周，特殊情况有可能出现半个月左右时间。因此，考生可在9月30日后一个月之内查询到账情况，发现问题请与首信公司联系。

电话：(010) 96102 (24小时)、(010) 88511155—6826，6811，6817

在《网上交费说明》的指导下，2005年北京市成人教育招生报名期间，有29 011名考生实现了网上交费，占全部报名确认考生的25.4%。

网上交费初试成功，提高了报名交费工作效率，方便了广大考生，考验了网上交费“子系统”，为以后全面实行网上交费积累了组织工作经验，奠定了技术工作基础。

【网上报名操作程序与办法】 网上报名系统的使用，要求每个考生在计算机网络终端上远距离实现报名工作的全过程。如果没有统一规范的操作流程和办法，亦很难保证操作的准确无误，并直接影响报名工作效率。2005 年，北京市成人高校招生办公室根据前两年实行网上报名的工作经验和增加了网上交费功能的新情况，重新修订完善了网上报名办法和操作规范，在网上及《考生必读》一书中公布了《2005 年北京市成人高校招生网上报名办法及流程》。

2005 年北京市成人高校招生网上报名办法及流程

2005 年北京成人高考报名将于 2005 年 8 月 15 日—29 日进行，考生先在网上输入考生基本信息及志愿信息、网上缴费，然后再到报名确认点，办理报名资格审查、摄像及打印复核单等手续。其中报名时间为 8 月 15 日至 29 日，报名确认时间为 9 月 1 日至 7 日。

报名流程如下所示：

第一阶段：网上报名

第一步：登录北京教育考试院网站 http：//www. bjeea. cn 或 http：//www. bjeea. edu. cn，点击“成人高考报名”进入报名页面。建议显示器分辨率设为 1024×768。

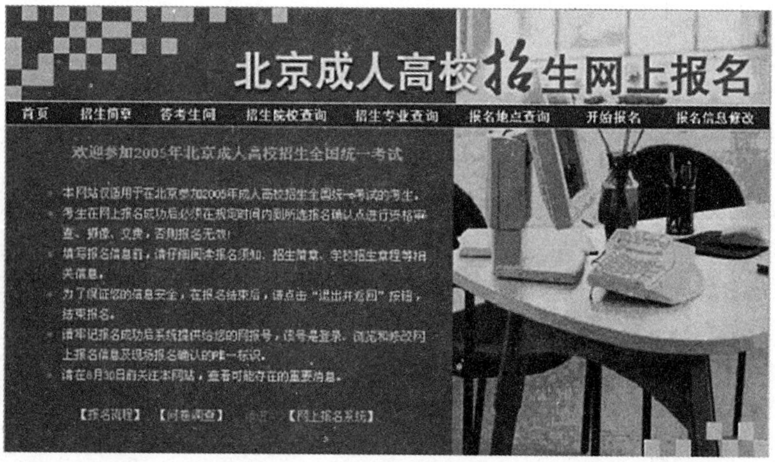

第二步：通过对“招生简章”、“答考生问”、“招生院校查询”、“招生专业查询”、“报名地点查询”的阅读了解以下内容：自己是否符合报考条件；网上报名的办法；自己选报志愿学校代码和专业代码；报名确认点的具体地点和行车路线等。

第三步：开始报名。

1. 点击“开始报名”。

2. 认真阅读“报名须知”。

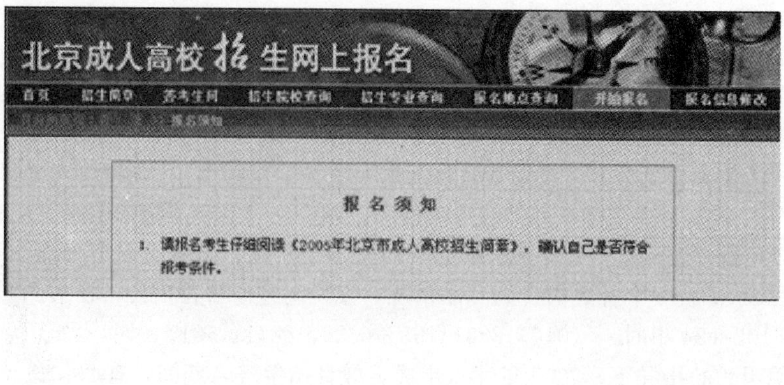

3. 了解报名须知后点击“我已了解”按钮。

5. 关于报名考务费：
每科28元，其中专升本每科另交试卷费3元。

6. 考生在了解上述报名须知后，请选择“我已了解”，然后点击相应的按钮进行报名。

○放弃　◎我已了解

[高中起点报名]　[专升本报名]

4. 选择报考层次。报考高中起点本、专科的考生选择“高中起点报名”，报考专升本的考生选择“专升本报名”。

5. 输入考生基本信息、志愿信息和辅助信息。

(1) 考生基本信息。

高中起点考生报名登记表

考生基本信息		
姓名：		◇ 生僻字请用拼音代替
性别：	男○　女○	◇ 请选择您的性别
民族：	请选择...	◇ 请选择您的民族
证件类型：	请选择...	◇ 关于身份证号说明
证件号：		◇ 请选输入正确的证件号
出生日期：	请选择... 年　月　日	◇ 如果证件是身份证，此项自动生成
政治面目：	请选择...	◇ 请选择您的政治面目
文化程度：	请选择...	◇ 请选择您的文化程度
职业类别：	请选择...	◇ 请选择您的职业类别
邮政编码：		◇ 请填写您的邮政编码
通讯地址：		◇ 请填写您的有效通讯地址
固定电话：		◇ 请填写您的有效的固定电话
移动电话：	◇	◇ 此项可选择填写
E-Mail：	◇	◇ 此项可选择填写
是否上预科：	是○　否○	◇ 有关预科生的说明
照顾类型：	请选择...	◇ 有关照顾的说明
调剂方式：	请选择...	◇ 请选择调剂方式
应试外语语种：	请选择	◇ 请选择您的应试外语语种

除移动电话、E-mail 项外均为必填项。

(2) 志愿信息。

<table>
<tr><th colspan="5">考生志愿信息</th></tr>
<tr><td rowspan="2">艺术体育类
(第一批录取)</td><td colspan="2">第一志愿</td><td>填写专业代码</td><td rowspan="8">[显示志愿信息]

专业信息查询</td></tr>
<tr><td colspan="2">第二志愿</td><td>填写专业代码</td></tr>
<tr><td rowspan="2">高起本
非艺术体育类
(第二批录取)</td><td colspan="2">第一志愿</td><td>填写专业代码</td></tr>
<tr><td colspan="2">第二志愿</td><td>填写专业代码</td></tr>
<tr><td rowspan="4">高起专
非艺术体育类
(第三批录取)</td><td rowspan="2">第一志愿
学校</td><td>专业一：</td><td>填写专业代码</td></tr>
<tr><td>专业二：</td><td>填写专业代码</td></tr>
<tr><td rowspan="2">第二志愿
学校</td><td>专业一：</td><td>填写专业代码</td></tr>
<tr><td>专业二：</td><td>填写专业代码</td></tr>
</table>

(3) 辅助信息。

选择进行报名确认的时间、地点。考生选择在哪个区县进行报名确认就将在哪个区县考试。

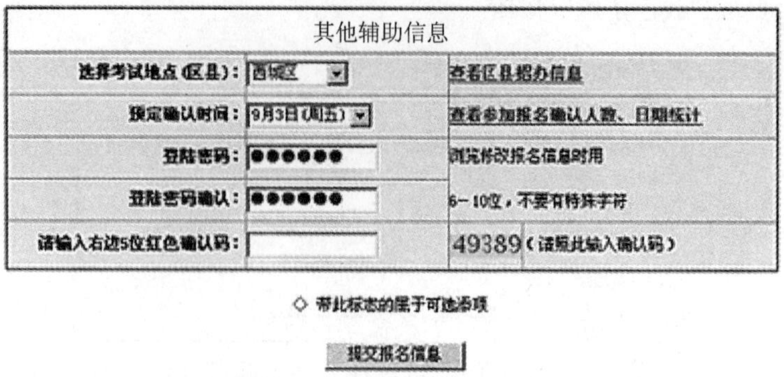

第四步：提交报名信息成功后再次核实报名信息并应牢记系统提供的网报号，考生开始网上缴费。

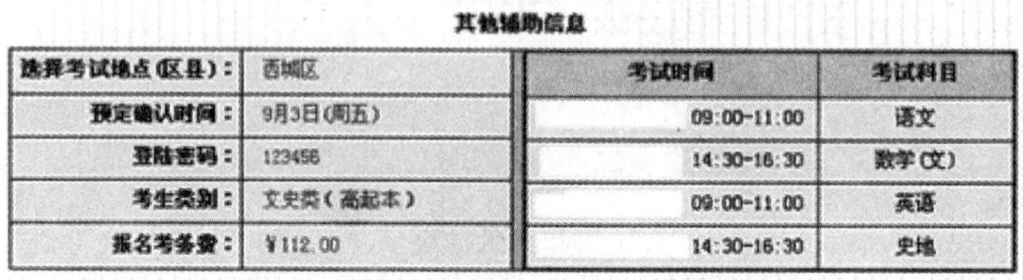

第五步：网上缴费。

1. 点击“网上缴费”后，正式生成此次网上缴费订单：

2. 点击“确定”后，进入首信易网上支付平台：

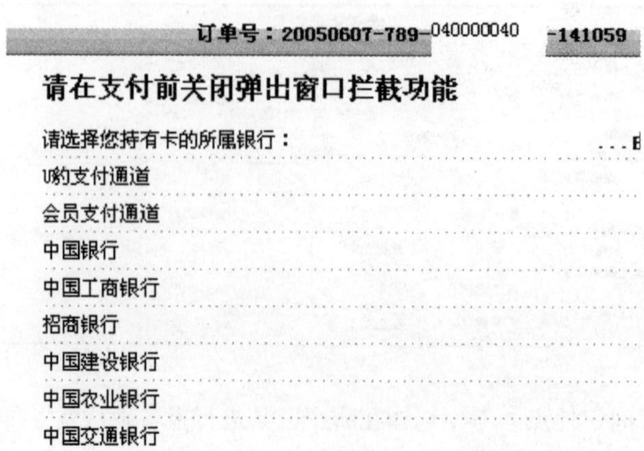

注意：使用网上缴费，关闭弹出窗口拦截功能。

3. 选择您持有卡的所属银行，点击进入（例：中国工商银行）：

4. 输入你的卡号、密码、验证码，然后点击“提交”按钮，进入下一步。确认信息无误后，点击“提交”后进入下一界面，如果缴费成功，则弹出一个窗口：

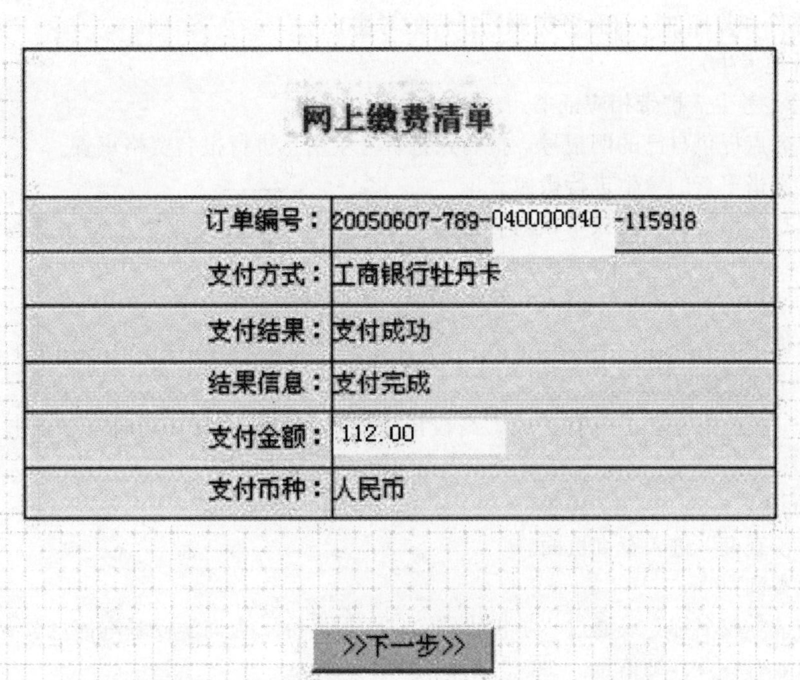

5. 如果弹出上图页面窗口则缴费成功，若缴费成功后如果没有自动出现，点击下图界面“到商城取货”。

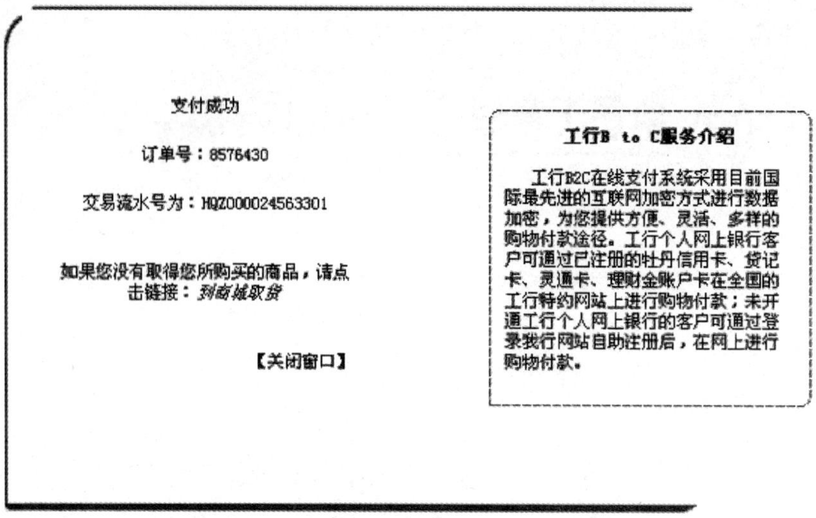

第二阶段：报名确认

主要内容为审查报名资格、摄像、交报名考试费。此项工作在各区县考试中心设定的报名点进行。考生应根据本人选择的时间、地点并携带有关报名材料到报名点进行报名确认。

所需携带的报名材料如下（复印件请使用B5复印纸）：

1. 身份证原件（25岁以上或少数民族考生需要复印件）。

2. 高中毕业证书（19岁以下考生指1987年2月28日以后出生）。

3. 大专毕业证书原件和复印件（报考专升本的考生）。

4. 照顾证明原件和复印件（符合各类照顾条件的考生）。

5. 暂住证（外地考生）。

6. 报考医学门类考生需携带相应证书。

第一步：向报名点提供自己的网报号，报名点查看考生信息进行报名资格审查。

第二步：通过资格审查的考生进行摄像。

第三步：根据打印出的报名复核单核对自己报名信息，无误后在复核单上签字并签订《考生诚信承诺书》。

第四步：报名结束。

有关信息的查询：

1. 有关招生政策和办法的查询

考生可以点击“招生简章”了解有关成人高校招生政策和办法；有疑问时可以点击“答考生问”进一步了解。

2. 招生院校查询

点击“招生院校查询”进入查询页面。

学校基本信息查询：

可以直接点击“学校名称”或通过“学校代码”、“学校名称”查询学校基本信息及专业设置情况。

点击专业可以查看专业详细信息。

3. 专业查询

点击“招生专业查询”进入查询页面。

在查询页面左边是招生专业目录，点击“专升本”、“高起本”或“高起专”可以查看所有在京招生学校专业信息。

在查询页面右边是专业信息的组合查询。

在“招生专业查询”中考生可以通过选择专业层次、专业类别、学习形式或专业名称进行组合查询，找出适合自己的学校及专业。

在“专业代码查询”中输入 5 位专业代码，可以查询出此专业详细信息。

4. 报名点查询

点击“报名地点查询”进入查询页面，点击选择的区县可以查看详细情况。

【2005 年网上报名工作的实施】　经过广泛的宣传和充分的准备，2005 年北京市成人高校网上报名工作于 8 月 15 日正式开始，截止到 8 月 29 日 24 点，全市网上报名页面点击共 450 万余人次，网上报名考生 133 904 人，其中网上交费 29 650 人，占网上报名人数的 22.14%。考生中报考高中起点本科的 21 956 人，占网上报名人数的 16.39%；报考高职（专）的 59 864 人，占网上报名人数的 44.71%；报考专科起点升本科的 52 084 人，占网上报名人数的 38.90%。网上报名信息数据统计分析和过程监控结果表明，此次网上报名期间，网络系统运行正常，信息数据反馈准确及时，报名工作秩序良好，达到了网上报名工作预期的要求，实现了网上报名工作的既定目标。网上报名方式的科学运用，适应了成人教育考生的分布特点，更好地坚持了“以人为本，服务考生”的指导思想，大幅度地提高了报名工作效率，有效地缓解了报名时人员过分集中而可能产生的各种问题，极大地方便了广大考生，因而也受到广大考生的欢迎。

【网上报名资格确认】　报名确认结束意味着报名工作圆满完成。2005 年 9 月 1 日至 7 日是报名考生到各区县成人教育招生办公室办理资格审查、提交证明文件、进行现场摄像、非网上交纳报名费用、在报名复核单上签字等手续，进行报名资格确认的时间。期间全市有 114 192 名考生办理了报名确认手续，占网上报名人数的 80.4%。其中，报考高中起点本科的有 18 197 人办理了资格确认手续，占网上报名人数的 82.88%；报考高职（高专）的有 51 520 人，占网上报名人数的 86.09%；报考专科起点本科的有 44 475 人，占网上报名人数的 85.39%。此外还为 22 名全国劳模、优秀运动员（其中报考高中起点免试生 18 人，专科起点本科免试生 4 人）办理了免试生报名手续。审验各类资格证明文件 4 万余本。

报名资格确认时考生需签署的《报名复核单》式样如下：

A040014175　*(网上已经交费)*

北京成人高等学校招生全国统一考试

报名复核单

此联区县招办留存　　**高职高专—艺术类(高起专)**

姓名: ××　**报名号: 00600001**
性别: 男　**民族:** 汉族　**文化程度:** 中专技校毕业
身份证号: ××××××××××　**出生年月:** 1977/1/1
政治面目: 群众
职业类别: 不便分类的其他从业人员
照顾类型: *25岁以上(1980年2月29日前出生)*
工作单位:
邮政编码: 100083 **通信地址:** 北京市学院路37号
联系电话: 13333333333　**Email:**

艺术体育类专业
第一志愿　26601 中央戏剧学院　表演
第二志愿
高中起点本科
第一志愿
第二志愿
高中起点专科
第一志愿学校
专业1 ——　专业2 ——
第二志愿学校
专业1 ——　专业2 ——

是否上预科: 是　**应试外语语种:** 英语
是否同意调剂: 不同意

考试科目: 语文 英语 数学(文)
报名考试费: 84.00元　材料费: 3.00元
注意: 请在9月8日前到院校办理专业课加试登记手续
中央戏剧学院；所报专业： 表演
**领取准考证: 请凭此复核单于9月26日、27日上午8：00-11：30
下午1:30-5:00到石景山区成招办领取准考证和考试用品**

sa　2005年6月24日 11:50　**北京教育考试院**

A040014175　*(网上已经交费)*

北京成人高等学校招生全国统一考试

报名复核单

此联考生留存　　**高职高专—艺术类(高起专)**

姓名: ××　**报名号: 00600001**
性别: 男　**民族:** 汉族　**文化程度:** 中专技校毕业
身份证号: ××××××××××　**出生年月:** 1977/1/1
政治面目: 群众
职业类别: 不便分类的其他从业人员
照顾类型: *25岁以上(1980年2月29日前出生)*
工作单位:
邮政编码: 100083 **通信地址:** 北京市学院路37号
联系电话: 13333333333　**Email:**

艺术体育类专业
第一志愿　26601 中央戏剧学院　表演
第二志愿
高中起点本科
第一志愿
第二志愿
高中起点专科
第一志愿学校
专业1 ——　专业2 ——
第二志愿学校
专业1 ——　专业2 ——

是否上预科: 是　**应试外语语种:** 英语
是否同意调剂: 不同意

考试科目: 语文 英语 数学(文)
报名考试费: 84.00元　材料费: 3.00元
注意: 请在9月8日前到院校办理专业课加试登记手续
中央戏剧学院；所报专业： 表演
**领取准考证: 请凭此复核单于9月26日、27日上午8：00-11：30
下午1:30-5:00到石景山区成招办领取准考证和考试用品**

sa　2005年6月24日 11:50　**北京教育考试院**

北京成人高等学校招生全国统一考试报名

收费联

报名号:
00600001

姓名:
××

报名考试费:
84.00元

材料费:
3.00元

合计费用:
(网上已经交费)
87.00元

北京教育考试院

高中起点报名复核单

B040016212　*(网上已经交费)*

北京成人高等学校招生全国统一考试

报名复核单

此联区县招办留存　　**专升本—经济管理类(专升本)**

姓名: ××　**报名号: 70600005**
性别: 男　**民族:** 回族　**文化程度:** 大专毕业
身份证号: ××××××××　**出生年月:** 1977/1/1
政治面目: 共青团员
职业类别: 商业、服务业人员
照顾类型: *少数民族*

Email: alite@yahoo.com.cn
工作单位: 北京大学
邮政编码: 100088　**通信地址:** 北京市海淀区中关村5号楼
电话1: 13333333333　**电话2:** 01088888888
原毕业学校: 北京大学
原毕业专业: 计算机应用
毕业时间: 2003年7月　**毕业证号:** 222142145325325

第一志愿学校　北京师范大学
专业1 27380 国际经济与贸易　专业2 27379 工商管理

第二志愿学校　北京联合大学应用文理学院
专业1 06171 会计学　专业2 06172 信息管理与信息系统

应试外语语种: 英语　**是否同意调剂:** 同意，相近学习形式+相近专业+就近学校

考试科目: 政治 英语 高等数学(二)
报名考试费: 88.50元　**材料费:** 3.00元

注意: 请在9月8日前到院校办理专业课加试登记手续

领取准考证: 请凭此复核单于9月26日、27日上午8:00-11:30
下午1:30-5:00到石景山区成招办领取准考证和考试用品

2005年6月24日 11:44　**北京教育考试院**

B040016212　*(网上已经交费)*

北京成人高等学校招生全国统一考试

报名复核单

此联考生留存　　**专升本—经济管理类(专升本)**

姓名: ××　**报名号: 70600005**
性别: 男　**民族:** 回族　**文化程度:** 大专毕业
身份证号: ××××××××　**出生年月:** 1977/1/1
政治面目: 共青团员
职业类别: 商业、服务业人员
照顾类型: *少数民族*

Email: alite@yahoo.com.cn
工作单位: 北京大学
邮政编码: 100088　**通信地址:** 北京市海淀区中关村5号楼
电话1: 13333333333　**电话2:** 01088888888
原毕业学校: 北京大学
原毕业专业: 计算机应用
毕业时间: 2003年7月　**毕业证号:** 222142145325325

第一志愿学校　北京师范大学
专业1 27380 国际经济与贸易　专业2 27379 工商管理

第二志愿学校　北京联合大学应用文理学院
专业1 06171 会计学　专业2 06172 信息管理与信息系统

应试外语语种: 英语　**是否同意调剂:** 同意，相近学习形式+相近专业+就近学校

考试科目: 政治 英语 高等数学(二)
报名考试费: 88.50元　**材料费:** 3.00元

注意: 请在9月8日前到院校办理专业课加试登记手续

领取准考证: 请凭此复核单于9月26日、27日上午8:00-11:30
下午1:30-5:00到石景山区成招办领取准考证和考试用品

2005年6月24日 11:44　**北京教育考试院**

北京成人高等学校招生全国统一考试报名

收费联

报名号:
70600005

姓名:
××

报名考试费:
88.50元

材料费:
3.00元

合计费用:
(网上已经交费)
91.50元

北京教育考试院

专科起点升本科报名复核单

2005年报名资格确认期间，北京市成人高校招生办公室派出了巡视人员数十次分赴各区县报名确认点了解情况，解决问题，指导工作，从而确保了报名资格确认工作各环节顺利实施，并使报名工作任务圆满完成。

四、招生考试的组织与管理

（一）考前准备

【试卷印制、保存及运送管理】　北京市成人教育招生考试自1986年开始即纳入成人高等学校招生全国统一考试，所用试题均由教育部考试中心统一组织命制。教育部考试中心提供试题清样后，市成人高校招生办公室按照教育部是年颁发的《高等学校招生全国统一考试考务工作规定》要求，在指定的印刷厂由市成人高校招生办公室在保密监印的情况下印制，并按有关保密规定进行保存、运送和管理。经过各有关方面的共同努力，北京市成人教育招生考试试卷的印制、保存、运送等管理工作已形成了完善的管理体制和操作规范。这些管理办法和操作规范都包含在2001年后实行的《北京教育考试考务管理规定（暂行）》中。北京市依据国家教育考试考务管理有关规定精神修订下发的《2005年北京教育考试考务管理暂行规定》（京考［2005］13号）及附件三、四、五对试卷印制、保管运送的管理规定主要有以下几个方面。

2005年北京教育考试考务管理暂行规定（部分）

第四章　试卷与考试材料的印制格式

第二十一条　考场上所有的考试材料都统一封装在试卷袋内，包括：试卷32份（试卷Ⅰ和试卷Ⅱ），答题卡袋1个（内装答题卡30张，短密封签1张），草稿纸30张（须印有标题及相关内容），考场记录表1张，封头纸1张，长密封签2张。考生人数不足30人的考场，试卷袋中考试材料的数量由各招考办自定。

第二十二条　试卷印刷版式：每科试卷分为试卷Ⅰ（客观题）、试卷Ⅱ（主观题）两部分；试卷Ⅰ为16开，试卷Ⅱ为8开；考生准考证号（座位号）、姓名等内容的填写位置由各招考办自定。

第二十三条 试卷袋：用中间接缝上端开口的“起墙”档案袋；正面大字标题注明考试年份及考试类别、科目，在明显处注明本袋试卷的考试时间，右下方印有“北京教育考试院监制”字样。

第二十四条 密封签：密封签共5张，4长1短；考前试卷袋上封一横一竖2张长的，字为红色；考后密封试卷袋时用一横一竖2张长的，密封答题卡袋用1张短的，字为黑色；密封签字样为三行，第一行字样为“年份＋考试类别”，第二行字样为“试卷袋密封签”，第三行字样为“北京教育考试院监制”。

第二十五条 答题卡：按题号排列顺序的不同分为两种；每个试卷袋内两种卡各装15张，装入试卷袋前用洗牌的方式随机交叉；右下方印有“北京教育考试院监制”。

第二十六条 答题卡袋正面注明考试年份及科目名称，印有供监考员签字和填写本考场首末位准考证号或座位号及缺考考号的表格，右下方印有“北京教育考试院监制”字样。

第二十七条 装订试卷的封头纸为16开牛皮纸，正面印有密封要求，并标出打孔位置、穿线轨迹及胶水涂抹范围。

第五十二条 国家教育全国统一考试的试题、答案和评分参考（包括备用卷）在启封并使用完毕前为绝密材料，北京市统考的试卷、答案和评分参考（包括备用卷）在启封并使用完毕前为机密材料。从取到试卷（包括备用卷、参考答案、评分参考）清样开始，在印制、运送、保管过程中，直到启封并使用完毕前，各级考试机构及负责人、有关工作人员都必须按照《国家教育考试考务安全保密工作规定》认真履行自己的职责。

第六章 保密及安全工作

第五十三条 考试试卷及考试材料由北京教育考试院指定印刷厂印制。印刷厂必须持有国家或市保密局核发的秘密载体准印证，必须与考试院签订试卷印制安全保密合同，包括安全设施、保密措施等。

第五十四条 考试院各招考办具体负责安排试卷印制。试卷印制期间，各招考办应向印刷厂派出2名以上的监印人员，对印刷厂的安全设施进行定时检查，对各项保密措施的落实进行监督，对印刷质量进行检查。遇有涉及保密及安全的问题，监印人员应立即向厂方指出并报告考试院相关招考办。

第五十五条 试卷的取送由考试院各招考办及区县考试机构负责，并指定一名主要负责人分管此项工作。

第五十六条 取送试卷须专车、专人，并配备公安（或武警）人员随车，每车除司机外不得少于3人，不得中途兼顾其他任务，车辆不得搭乘与考试无关的其他人员。运送试卷的车辆事前要进行检修，确定车辆运行状况良好后方可使用；试卷押运人员必须经过审查，且符合无直系亲属参加当次考试、能遵守国家和教育考试机构的安全保密制度、身体健康等条件。考试结束后的答卷必须当天送至区县考试机构或指定地点。

第五十七条 考生答卷在统一评阅前属机密级（或秘密级）材料，任何组织和个人不得以任何借口拆封。

第五十八条 考试院和区县考试机构须设有符合要求的专用保密室，保密室应设在楼房的二层以上，配有齐备的防盗、防火设施。试卷（包括备用卷、答案及评分参考）存放期间，考试院和区县考试机构必须由部门负责同志担任保密室负责人，并按规定安排专人（不少于4人，其中配备2名公安人员）24小时昼夜值守，严格履行相关规定。

第五十九条 实施考试日报、重大突发事件直报制度。区县考试机构在每天考试结束后，要将当天考试情况及时上报给考试院有关部门；考试期间（包括试卷存放期间）如遇涉及保密安全、人身安全的重大突发事件，应立即上报考试院有关部门，并采取相应措施，尽可能降低损失，避免事态扩大。

附件三

试卷保密管理规定

一、保密室的设置

1. 考试院和区县考试机构都必须设试卷保密室，专门用于保管启用前的试卷。考试实施期间，试卷保密室同时作为答卷保密室使用。

2. 试卷保密室必须设置在楼房的二层以上，房间必须是钢混（或者砖混）结构的套间，具备防火、防盗、防潮、防鼠功能，内间用于存放试卷，外间供值班巡逻人员使用。内外间之间须安装防盗门，并保证外屋可以观察到内屋情况。

3. 试卷保密室要配备有报警和视频监控设备，并保证这些设备在试卷保密室使用期间一直处于正常状态。试卷保密室使用期间的监控资料由教育考试机构至少保存到考试结束半年。

4. 试卷保密室需配备铁门、铁窗及足够数量符合分科存放要求的铁皮保险柜，门窗必须设有防盗加固的外门外窗，并装有报警装置；试卷保密室的设置要考虑到值班人员就餐、用水、卫生等方面的便利。

二、保密室工作规定

1. 按规定手续接收及发放试卷。

2. 试卷需须按科目名称及考试时间分类存放在铁皮保险柜内。

3. 存放试卷的铁皮保险柜及内屋门锁的钥匙试卷保密室负责人二人分别掌管。铁皮保险柜的加封、开封须在至少两名保密员同时在场的情况下由试卷保密室负责人本人操作；保密值班室的进门钥匙由保密员掌握。

4. 保密室在存放试卷期间必须保持每天 24 小时都有至少 2 名保密员同时在场。

5. 保密室内不准会客、吸烟、饮酒、娱乐。

6. 使用电器必须有安全防火措施。

7. 保密室在每次使用前必须重新检查门窗和铁皮保险柜的安全状况。

8. 试卷保密室在非试卷保存期间一般不应挪作他用。如确需挪作他用，在下次启用前必须更换内屋门锁和保险柜密码。

9. 保险柜密码的设置由专人完成，掌握密码的人不得同时掌握保险柜钥匙。

三、试卷交接管理规定

1. 区县考试机构按规定时间持介绍信和《领取试卷凭证》（一式两联）到指定地点领取试卷。

2. 试卷清点领取结束后送领双方都要在《领取试卷凭证》上签字，各存一份。

3. 区县考试机构领取试卷后立即送本机构保密室，由保密室负责人和考务人员共同核对科目、数量，入柜加锁贴封后在《领取试卷凭证》上签字。

4. 考点从区县考试机构考前领取试卷及考后送回答卷均按区县考试机构有关规定办理。

5 考点考前向监考人员发放试卷及考后收回答卷按区县考试机构的有关规定办理。

6. 区县考试机构须按规定时间将考试答卷送交指定阅卷地点并按阅卷有关规定办理交接手续（包括取回答卷及成绩）。

附件四

考试材料格式

一、试卷袋

1. 须用质地坚韧的 150 克牛皮纸制作，中间接缝上端开口，“起墙”高度为 3 厘米左右。

2. 试卷袋宽 24.5 厘米，长 32.5 厘米（不含袋舌），袋舌高 8 厘米，袋舌顶部宽 20 厘米，试卷袋背面和袋舌上各有一个圆形卡片，直径为 2.5 厘米，袋舌卡片连结小线线长 35 厘米。

3. 试卷袋正面大字标题说明考试年份及考试类别科目，在明显处注明本袋试卷的考试时间及阅卷用的其他标识等，右下方印有“北京教育考试院监制”字样。

二、答题卡袋

1. 须用质地坚韧的 150 克牛皮纸制作，中间接缝上端开口。

2. 答题卡袋宽 17.5 厘米，长 22 厘米（不含袋舌），袋舌高 3.5 厘米，袋舌顶部宽 15.5 厘米。

3. 答题卡袋正面注明考试年份及科目名称，印有供监考人员签字和填写本考场首末位准考证号（座位号）及缺考考号的表格，右下方印有“北京教育考试院监印”字样。

三、封头纸

1. 须用质地坚韧的 150 克牛皮纸印制。

2. 封头纸宽 26 厘米，长 19 厘米，封头纸下端密封线与顶端距离为 4 厘米，两端各留 2.5 厘米宽的抹胶水处。

3. 封头纸正面应印有密封注意事项，并标出打孔位置、穿线轨迹及胶水涂抹面。

四、考场记录表

1. 用 16 开 70 克凸版纸。

2. 考场记录表内容包括：考试日期及时间、考试科目、科类号、考场号、应考人数、实到人数、缺考人数、缺考考生准考证号、考场情况（有无违反考场纪律情况，原因及处理过程）、监考员签字、考点负责人签字等。

3. 填表说明：(1) 此表由监考员认真填写，随试卷交区县考试机构；(2) 区县考试机构按考点顺序分科汇总装订成册。

五、试卷袋密封签

1. 用 20 克拷贝纸。

2. 试卷袋密封签宽 8.5 厘米，长 24 厘米，印有宽 6 厘米、长 21.5 厘米方框。

3. 试卷袋密封签共 4 张，考前试卷袋上封一横一竖，字为红色；考后密封时用一横一竖，字为黑色；密封签方框内字样为三行，第一行字样为"年份＋考试类别"，第二行字样为"试卷袋密封签"，第三行字样为"北京教育考试院监制"。

六、答题卡袋密封签

1. 用 20 克拷贝纸。密封签宽 8.5 厘米，长 17.5 厘米，印有宽 5.5 厘米、长 13 厘米方框。

2. 答题卡袋密封签方框内字样为三行，第一行字样为"年份＋考试类别"，第二行字样为"答题卡袋密封签"，第三行字样为"北京教育考试院监制"。

附件五

试卷装订密封办法

一、试卷Ⅰ和草稿纸

收齐清点无误后只做简单装订，不密封。

二、试卷Ⅱ

1. 按考生准考证号（座位号）顺序码放，小号在上，大号在下，缺考号和空号的试卷要放在相应的缺、空位置，不能漏放和错放。

2. 装订前要由主考指定的考务员复核签字。

3. 在复核后并码齐的本考场试卷Ⅱ正面放好封头纸（字面向上），按打孔位置穿孔用小线装订；然后由监考员签字交主考验收并签字，再在规定位置涂抹胶水，将封头纸反折过来粘在试卷本上。试卷本封好后放入原来的试卷袋内，绕好线绳，用长密封条一横一竖加封。

三、答题卡

1. 按考生准考证号（座位号）顺序码放，小号在上，大号在下，缺考号和空号的答题卡要放在相应的缺、空位置，不能漏放和错放。

2. 将复核后的本考场答题卡装入答题卡袋袋中，监考人员填写答题卡袋正面有关表格并按要求签字后用短密封签加封。

四、密封后工作

试卷Ⅱ和答题卡在密封后即交考务员，考务员验收后即交保密室，由保密室按保密规定封存。试卷Ⅰ和草稿纸也同时交保密室保存。

按照这些操作规范的要求，2005 年 9 月 23 日，北京市教育考试院成人高校招生办公室选派的监印人员进入印刷厂，开始了成人高校全国统一招生考试试卷的印制工作，至 10 月 12 日，20 科类共 36 万份试卷印刷结束并按考场分装到了试卷密封袋内。10 月 13 日，这些考卷由公安保卫人员押送分别送到全市 20 个区县 166 个考点进行加密保管备用。由于管理严格，操作规范，制度严谨，考卷印制、保管、运送过程中未出现任何问题，为 2005 年北京市成人招生考试工作的顺利进行提供了重要的前提保障。

【考试工作的保密管理】　成人教育招生考试与普通高考、研究生招生考试等一样，属于国家级教育考试。这一考试同样涉及社会各个层面，关系到广大人民群众的切身利益。其安全保密与否不仅关系到考试工作能否顺利进行，而且还会影响到社会稳定，因而也受到社会的广泛关注。为保证成人教育招生考试工作的顺利进行，切实贯彻 2002 年中共中央保密委员会办公室、国家保密局下发的《关于进一步加强国家统一考试保密管理工作的通知》（中保办（局）发［2002］3号）精神，北京市教育考试院于2003年7月30日制定并下发了《北京教育考试保密管理暂行规定》（京考科［2003］2号）。2004年4月6日，教育部、中宣部、公安部、国家保密局以教考试［2004］2号文印发了《国家教育考试考务安全保密工作规定》。据此精神，北京市教育委员会、中共北京市委宣传部、北京市公安局、北京市国家保密局于2004年6月2日下发了《北京市国家教育考试考务安全保密工作实施办法》（京教办［2004］26号）。2005年，北京市成人高校招生办公室在招生考试前又重申了京考科［2003］2号文和京教办［2004］26号文的文件精神，并在2005年成人教育招生考试中认真贯彻执行，从而确保了成人教育招生考试保密管理工作做到万无一失。京考科［2003］2号文和京教办［2004］26号文发布的规定和办法分别见以下内容。

北京教育考试保密管理暂行规定

第一章　总　则

第一条　为保证北京市各级教育考试的公平公正，维护国家和广大考生的利益，根据《中华人民共和国保守国家秘密法》以及中共中央保密委员会办公室、国家保密局《关于进一步加强国家统一考试保密管理工作的通知》（中保办（局）发［**2002**］**3**号）精神，制定本规定。

第二条　教育考试的保密管理主要包括命题、试卷印刷、试卷存放、运送、阅卷等工作环节的保密管理工作。

第三条　北京教育考试院负责北京市全市的高级中学招生考试、普通高中会考、全国普通高等学校招生考试、全国成人高等学校招生考试、高等教育（中等教育）自学考试以及考试院管理的其他种类考试，包括非学历证书考试的保密管理工作。

第四条　各区县教育考试中心（考试机构）负责本区县各类教育考试的保密管理工作。

第五条　考试院和区县考试中心必须成立保密管理工作领导小组，组长由主管领导担任。考试院主管相应类别考试的处室（区县考试中心为科室）必须有一位领导专门负责保密管理工作。

第二章　教育考试秘密的范围和密级

第六条　命题。命题组织部门要对命题人员进行审查。从命题工作开始，直至所命试卷开考30分钟内，命题教师、命题工作人员不得向任何人泄露或暗示试题内容，并不得以任何方式指导考生复习，试卷样式及相关的命题文稿要按规定严格保管，防止失窃。

第七条　试卷印制。考试试卷的印制应在国家保密局和北京市保密局审核确定的统一考试的试卷定点印制单位印刷。考试院必须按《印制、复印等行业复制国家秘密载体暂行管理办法》的要求与试卷定点印刷厂签订试卷印刷保密管理协议。

第八条　试卷的运送与保管。试卷运送必须安排专车、专人（不得少于3人），试卷保管必须有专用保密及保险柜，保密期间保密室内同时不得少于两名保密员，试卷运送与保管期间都须请公安部门参与并协助工作。

第九条　以电子信息形式为载体进行的考试，应按照国家有关保密规定，在涉密载体及计算机信息系统、计算机设备的安全防护和使用管理等方面，采用严格的保密防范措施；承担考试软件开发、制作的单位，应承担保密义务，考试院要与其签订保密协议。

第十条　全国统一考试在启用之前的试题（包括副题、备用题）、参考答案和评分标准按“绝密”级进行管理。

市级统一考试在启用之前的试题（包括副题、备用题）、参考答案和评分标准按“机密”级进行管理。

全国、市级、区县级统一考试命题工作及参与人员的有关情况，区县级统一考试启用之前的试题（包括副题）、参考答案和评分标准，在各级统一考试启用之前的评分标准、公布成绩之前的答卷、答题卡按“秘密”级管理。

各级统一考试结束后不应公开的试题和考生答卷以及考生的档案材料不属于国家秘密，但只限一定范围的人员掌握，不得擅自扩散和公开。

第十一条　在命题、试卷印刷、考试实施及阅卷期间，发现泄密、失密或发现工作人员违反保密管理规定的行为，保密管理责任人必须立即采取断然措施，设法阻止失密范围的扩大，同时立即向上级保密责任人报告。

第三章　保密制度

第十二条　命题工作保密规定（见附件一）。

第十三条　试（答）卷的运送与保管规定（见附件二）。

第十四条　阅卷保密管理规定（见附件三）。

第四章　行政责任与法律责任

第十五条　对违反本规定泄露试题试卷内容，或造成试（答）卷失窃的有关当事人，由考试主管机构会同有关部门视情节及后果，根据有关法规追究行政责任或法律责任。

附件一

命题工作保密规定

一、命题组织部门组织命题时应对命题人员和内部工作人员进行审查，有直系亲属参加当次考试者不得参与命题工作。命题人员的身份对外保密。

二、命题工作原则上应采取入闱的工作形式，命题管理部门应对命题人员进行保密教育并签订保密责任书，对命题人员应当履行的保密义务作出明确规定。

三、命题人员在考试前不得以任何方式向任何人泄露或暗示试题内容，不得参与或授意他人进行与本专业（课程）考试命题有关的辅导或培训，未经命题管理部门准许不得参与编写、出版与之相关的辅导用书和资料。

四、命题管理部门应对命题工作的各个环节实行严格的保密管理。命题工作应选择具备保密条件的场所进行，并采取相应的保密、防护措施。命题人员不得在命题场所以外谈论试题内容，非命题人员不得进入命题场所；与命题有关的文字材料、软盘等应妥善存放，未经允许不得带出命题场所；废弃的草稿等要指定专人按规定定时销毁。

五、试题的递送。试题及相关材料的递送不得通过普通邮政及乘坐公共汽车，要经密封后通过机要通信局进行投递或指定专人专车递送。递送过程应采取相应的保密措施，中途不得停留，不得兼顾其他任务，以免失密或丢失。

六、命题期间，用于打印试题、试卷的计算机要严格管理，不得带出命题场所，不得上网；工作人员不得擅自操作、使用；计算机要有电子安全防护措施。命题有关资料在解密前不得在传真上发送，不得在电话中交谈。复印资料要指定专人进行。

七、命题工作结束后，原始试题载体的保管应选择具备安全防盗设施的场所，存放在保险柜中，并采用双人双锁的方式，保密室和保险柜的钥匙不能集中一人掌握。

附件二

试（答）卷的运送与保管规定

一、考试试卷及有关材料由北京教育考试院指定在国家保密局和北京市保密局审核确定的统一考试定点印刷厂印制。考试院要按照《印制、复印等行业复制国家秘密载体暂行管理办法》的要求与定点印刷厂签订试卷印制安全保密协议。

二、考试院各相关类别考试的主管处室负责具体安排试卷印制。试卷印制其间，考试院应向印刷厂派出2名以上的监印人员。监印人员要对印刷厂的安全设施定时进行检查，对各项保密措施的落实进行监督，对印刷质量进行检查。遇有涉及保密及安全的问题，监印人员须立即向厂方指出并报告考试院主管处室。

三、印刷厂自监印人员携样卷进厂至试卷启用前全部过程中，必须实行全封闭工作，每天24小时安排人员内外巡逻值班。

四、所有接触试卷、参考答案及评分标准的人员，包括考试院派出的监印人员必须严格遵守试卷印刷保密规定，一律采取入闱方式，隔断与外界的一切联系；入闱期间，严禁将各种无线通讯工具带入印刷厂。

五、试题、试卷的交接应指定专人负责，凭领取试卷介绍信、交接单，在登记手续、经区县考试机构负责人批准后方可启用。考试结束后，要将备用试卷的使用情况报考试院。

六、试卷的运送指区县考试机构从印刷厂运回试卷并送至考点学校的过场。试卷的运送由区县考试机构负责。运送试卷必须专车、专人，车况必须良好，司机必须有良好的职业道德及丰富的驾驶经验，押运人员不得少于3人，并根据需要配备公安人员随车。运送试卷的车辆不得搭载其他人员，中途不得兼顾其他任务停车。

试卷运到后，各区县考试机构要及时向考试院相关招考办报告。

七、试卷保管应采取必要的保密防范措施。考试院及区县考试机构应配备专用保密室。试卷封存期间，应锁入保险柜。存放试卷的场所应有铁制护栏或防盗门，并配备两名保密员24小时守卫。保险柜钥匙由考务部门负责人掌握，考务部门负责人不能同时担任保密员。保险柜的加封、开封须在两名保密员同时在场的情况下由考务部门负责人本人操作。保密室的钥匙由保密员掌握。

附件三

评卷保密管理规定

一、评卷人员应分组与评卷点集体签订评卷保密责任书。

评卷人员应遵守评卷纪律，评卷其间不得向外界透露评卷情况、分数等信息，不得为任何人查阅分数。

二、评卷应在指定场所进行，出入凭评卷工作证。评卷人员不得将答卷擅自带出评卷场所。不得将评卷工作证转借他人。非评卷人员不得进入评卷场所。

未经考试院主管部门允许，评卷点不得接受媒体采访，不得接待考生来访。

三、评卷使用的试题答案、评分标准及评分细则按秘密级材料管理，只限在评卷点评卷时使用，评卷结束前由评卷点收回交还各招考办。

如需另做它用，须经考试院相关招考办批准。

四、各招考办要指定专人负责编写试卷秘密代号，代号要严格保密，不得外泄。

试卷应在保密情况下评阅；凡涉及试卷需拆封处理事项，应由试卷保管人员处理，其他人员不得以任何借口擅自拆封试卷。考试结束后，评卷点应将试卷拆封情况以书面形式报考试院。

五、评卷须设置答卷保密室，24小时有人值守，并有防火防盗设施。

六、评卷点要建立答卷取送登记制度，严格履行相关手续，做好清点与检查工作，责任到人，保证试卷安全。

七、评卷点登分的计算机必须在单独设置的局域网上工作或单机进行，不得登陆其他任何网站。

北京市国家教育考试考务安全保密工作实施办法

第一章　总　则

第一条　为确保北京市国家教育考试的顺利实施和北京市各级各类国家教育考试的公平公正，维护国家和广大考生的利益，根据教育部、中共中央宣传部、公安部、国家保密局《国家教育考试考务安全保密工作规定》，制定本办法。

第二条　本办法中的北京市国家教育考试包括全国普通高等学校招生考试、全国硕士学位研究生入学考试、全国成人高等学校招生考试、高等教育（中等教育）自学考试，以及由教育考试部门主管的北京市高级中等学校招生考试、高中会考、学历文凭考试等各类考试。

第三条　北京市国家教育考试的考务安全保密主要包括命题、试卷印刷、试卷存放、运送、阅卷等环节的安全保密管理工作。

第四条　北京市国家教育考试的安全保密工作，贯彻"分级管理、逐级负责"的原则。北京教育考试院在北京市教委的领导下，负责全市教育考试的安全保密管理工作。各区县教育考试机构具体负责本区县教育考试的安全保密管理工作。北京教育考试院和区县教育考试机构须成立保密管理工作领导小组，组长由主管领导担任。市、区县考试机构各业务主管处室必须有一位领导专门负责安全保密工作。

第五条　北京教育考试院负责相关考试试卷（含答案及评分参考、听力磁带，以下简称试卷）的命题环节的安全保密工作；北京保密局负责对此环节的监督检查。北京教育考试院和承担试卷印刷工作的试卷定点印制单位（以下简称定点印刷厂）共同负责试卷印刷过程中的安全保密工作；北京市保密局负责监督检查。试卷、答卷的运送、保管由市、区县教育考试机构分别负责；阅卷期间答卷的保管由承担阅卷任务的学校、单位负责；市、区县公安和保密部门协助配合，在当地政府的领导和支持下，共同做好试卷、答卷运送、保管的安全保密工作。

第二章　命题环节的安全保密

第六条　命题组织部门组织命题时应对命题人员和内部工作人员进行审查，有直系亲属参加当次考试者不得参与命题工作。命题人员的身份对外保密。

第七条　命题工作原则上应采取入闱的工作形式，命题管理部门应对命题人员进行保密教育应签订保密责任书，同时对命题人员应当履行的保密义务作出明确规定。

第八条　命题人员在考试前不得以任何方式向任何人泄露或暗示试题内容，不得参与或授意他人进行与本专业（课程）考试命题有关的辅导或培训，未经命题管理部门准许不得参与编写、出版与之相关的辅导用书和资料。

第九条　命题管理部门应对命题工作的各个环节实行严格的保密管理。命题工作应选择具备保密条件的场所进行，并采取相应的保密、防护措施。命题人员不得在命题场所以外谈论试题内容，非命题人员不得进入命题场所；与命题有关的文字材料、软盘等应妥善存放，未经允许不得带出命题场所；废弃的草稿等要指定专人按规定定时销毁。

第十条　试题及相关材料的递送不得通过普通邮政及乘坐公共汽车，要经密封后通过机要通信局进行投递或指定专人专车递送。递送过程应采取相应的保密措施，中途不得停留，不得兼顾其他任务。

第十一条　命题期间，用于打印试题、试卷的计算机要严格管理，不得带出命题场所，不得与互联网连接；工作人员不得擅自操作、使用。计算机要有电子安全防护措施。命题有关资料在解密前不得在传真上发送，不得在电话中交谈。复印资料要指定专人进行。

第十二条　命题工作结束后，原始试题载体的保管应选择具备安全防盗设施的场所，存放在保险柜中，并采用双人双锁的方式，保密室和保险柜的钥匙不能集中一人掌握。

第三章　试卷印刷环节的安全保密

第十三条　北京市国家教育考试试卷的印制由北京教育考试院负责，必须在经国家保密局审定批准的定点印刷厂印制。双方应当签订安全保密、印刷质量等方面的协议。北京教育考试院应当在印卷工作开始之前将承印定点印刷厂的印刷项目、时间等情况报教育部考试中心、北京市教委和北京市保密局备案。

第十四条　北京教育考试院对定点印刷厂在承担试卷印制工作期间负有监督、检查的职责，必须向定点印刷厂派驻2名以上入闱监印人员。

（一）入闱监印人员必须具备以下条件：

1. 无直系亲属参加当次考试；

2. 遵守国家保密法律、法规和定点印刷厂的安全保密制度；

3. 身体健康。

（二）入闱监印人员的职责是：

1. 监督、检查定点印刷厂的安全保密执行情况，责成定点印刷厂及时整改不符合规定的操作环节，并将工作情况及时报北京教育考试院相关部门；

2. 检查试卷及相关材料的印刷质量；

3. 遵守国家保密法律、法规和定点印刷厂的保密规定及相关措施，接受教育考试机构及定点印刷厂的安全保密教育。

第十五条　承担试卷印制工作的定点印刷厂应当对试卷及相关考试材料在厂区的安全保卫与保密工作负责，除必须具备国家保密局规定的“国家统一考试试卷定点印制单位保密基本标准”外，还应当具备以下条件：

（一）厂区（指厂内封闭区，下同）与外界应当有高墙隔断，非生产人员不得进入生产区。生产工人不准进入其他车间，任何人不得单独进入存有试卷的场所。严禁厂内向外运送任何物品。加强对车间门窗、下水道、排水管等特殊部位的监控。

（二）凡接触试卷及相关材料的定点印刷厂工作人员应当强制入闱。

1. 入闱人员必须经过审查，并具备以下条件：

（1）无直系亲属参加当次考试；

（2）遵守国家保密法律、法规和定点印刷厂的安全保密制度；

（3）身体健康。

2. 入闱人员应当遵守以下规定：

（1）入闱人员不许出厂。因公、伤、病必须出厂的，须经工厂入闱负责人及教育考试机构的监印人员共同同意，并有两名以上安全保卫人员同行。

（2）严格遵守安全保密制度，不会客、不通信、不打电话、不串车间、不议论与试卷有关的问题。非入闱人员不得进厂。因公需要进厂的，须经入闱负责人同意，至指定地点会谈，会谈时需有三人以上（包括工厂入闱负责人或者北京教育考试院的监印人员）在场。

（三）厂区内的生产区、试卷库、废卷库、生活区等能够隔离；生产、生活设施维护良好，有能力自行维修主要设备；备件、备料充足；消防器材齐全。

（四）具有足够的安全保卫人员，确保试卷的安全保密。

公安机关应当加强对厂区外围的巡逻防范，切实提高治安控制能力。

厂区内由入闱职工组成内部保卫队伍，负责厂区安全保密工作，负责对车间门、单独设置的试卷库、废卷库和厂区内部实行昼夜警卫值班。

值班巡逻人员应当有详细的值班巡逻记录。

（五）严禁个人将无线电话机、对讲机、手机等通讯工具以及带有摄像、录音功能的器材带入厂区。入闱人员使用厂内专控电话必须经入闱负责人同意，并指定两人在场，对电话内容进行记录（录音）。厂区内应当安装可覆盖整个厂区的无线信号屏蔽设备，并保证入闱期间连续开机工作。

（六）建立保密室，专人专柜保管试卷清样、校样、印版、纸型、底片等物品，专人负责试卷库、废卷库等涉及试卷及相关材料的场所安全，并制定相应的保密管理制度。

（七）各生产工序之间必须履行严格的交接手续，严格核对生产用纸与成品、废页的数量。废页、残页必须经清点、登记后在教育考试机构入闱监印人员监督下当日销毁，销毁成品等与试卷有关的材料必须经教育考试机构入闱监印人员批准。

（八）严禁在车间、仓库区使用明火、吸烟。

（九）外出设备、车辆和人员必须接受检查。

（十）重视安全保密教育，严格管理。严格审查入闱人员及负责外围安全保密工作的公安人员的情况，组织开展经常性的安全保密教育，检查安全保密措施的落实情况。

第十六条 试卷包装封面须标明密级标识，并注明所包装材料的解密时间，试卷包装必须用专用密封签密封。对有试题内容的答题卡的印刷同试卷要求。

第十七条 试卷清样进厂、试卷及相关考试材料的制成品等出厂应当履行严格的交接手续。

北京教育考试院、定点印刷厂必须有专门的交接记录单，由专人负责接收。各环节的经手人必须在交接记录单上记录交接材料名称、数量、时间、地点等相关信息，并签署姓名，做到“谁经手、谁签字、谁负责”。

第四章 试卷（答卷）运送环节的安全保密

第十八条 试卷的运送指区县考试机构从印刷厂运回试卷并送至考点学校的过程；答卷的运送指区县考试机构将考生答卷送至阅卷地点的过程。试卷（含答卷，以下同）的运送由区县考试机构负责，区县考试机构负责试卷运送工作中的安全保密。

第十九条 市、区教育考试机构应当指定一名主要负责人分管试卷运送工作。

第二十条 运送试卷必须做到：

（一）运送试卷的车辆运送前应当进行车辆检修并对驾驶员进行安全教育，确保运送过程中交通安全。

（二）以密封车运送，配备押运车辆。

（三）由教育考试机构负责人带队，有公安（或者武警）人员参加。单车三人以上押运，两辆车以上押运时按每车不少于两人配备。

（四）在任何情况下，运送途中试卷现场押运人员不得少于两人。

（五）严禁搭乘与试卷运送无关的人员，或者搭载与试卷运送工作无关的物品。

（六）在试卷抵达后，立即向北京教育考试院报告试卷运送途中情况。试卷运送途中如发生异常情况，必须在第一时间向北京教育考试院和当地教育行政、公安及保密部门报告。

第二十一条 试卷押运人员必须经过审查，同时符合以下条件：

（一）无直系亲属参加当次考试；

（二）遵守国家和教育考试机构的安全保密制度；

（三）身体健康。

第五章 保密室的安全保密

第二十二条 市、区县教育考核机构都必须建立试卷保密室，专门用于存放启用前的国家教育考试试卷。考试实施期间，试卷保密室同时作为答卷（含答题卡，下同）保管室使用。

第二十三条 北京教育考试院保密室的建设必须符合保密要求，并经北京市公安、保密部门的检查验收；区县试卷保密室的建设，必须符合保密要求并经北京教育考试院和区县公安、保密部门的检查验收；每次使用，区县教育考核机构须自查并接受北京教育考试院和公安、保密部门的监督检查。

第二十四条 试卷保密室必须设在楼房的第二层以上，房间必须是钢混（或者砖混）结构的套间，具备防盗、防火、防潮、防鼠功能，配备铁门、铁窗、铁柜，套间的外屋供值班巡逻人员使用，内屋用于存放试卷，内外屋之间须安装防盗门，应当保证外屋可观察到内屋情况。铁柜数量以能够满足分科存放全部试卷为准。试卷保密应当配备报警和视频监控设备，并保证这些设备在试卷保密室使用期间一直处于正常工作状态。试卷保密使用期间的监控资料由教育考试机构至少应当保存到考试结束半年。试卷保密室的设置应当考虑到值班人员就餐、用水、卫生等方面的便利。

第二十五条 试卷保密室至少设置两道锁，分别为内屋门锁和铁柜门锁，钥匙分别掌管。

条件允许，还应当使用密码铁柜。掌管铁柜密码的人员不得同时掌管铁柜钥匙。

试卷保密室在非试卷保存期间一般不应挪作他用。如确需挪作他用的，在下次启用前必须更换内屋门锁和铁柜锁，密码铁柜必须更换密码。

第二十六条 市、区县教育考核机构应当确定一名主要负责人分管试卷保密室的工作，监督本办法的执行。

区县教育考试机构在开考前保管试卷不得超过两天。边远、交通极不方便地区需超过两天以上保管时间的，应当由北京教育考试院批准。

第二十七条 试卷保密室应当有详细的值班巡逻记录（参见附表一）。

第二十八条 试卷保密室使用期间，人员配备如下：

（一）负责人两名，其中一名必须是市或者区县教育考试机构负责人；

（二）值班巡逻人员四人以上（不含试卷保密室负责人）；

（三）如有密码铁柜，则需安排专人掌管密码（不含试卷保密室负责人和值班巡逻人员），密码可由两人分别掌管一部分。

第二十九条 试卷保密室负责人、值班巡逻人员及铁柜钥匙（密码）掌管人员应当符合下列条件：

（一）坚持原则，忠于职守，严格遵守纪律，工作认真负责；

（二）当年无直系亲属参加本次考试的市、区县教育行政或者考试机构、高等院校的正式在职在编人员和公安（或者武警）人员；

（三）身体健康。

第三十条 试卷保密室负责人的职责：

（一）全面负责试卷存放期间试卷保密室的安全保卫、保密工作；

（二）一人掌管试卷保密室内屋门锁钥匙，另一人掌管铁柜门锁钥匙；

（三）负责试卷的接收、保管和发放工作；试卷接收和发放应当当面清点试卷袋数量，核实科目，检查试卷袋密封情况，履行交接手续，填写接收和发放记录（参见附表二）。

第三十一条 值班巡逻人员的职责：

（一）昼夜值守，实时监控试卷保密室内屋的情况；

（二）负责试卷保密室的安全保卫，填写值班记录表；

（三）负责试卷保密室外围的安全保卫，每半小时应当派出两人对试卷保密室周边进行一次全面检查，并做详细的值班巡逻记录；

（四）随时向试卷保密室负责人报告保密室的情况。

第三十二条 对漏封、破损或者其他影响正常考试的试卷，试卷保密室负责人须报告当地教育考试机构有关负责人，经批准后，指定专人（两人以上）进行技术处理，并如实记录相关情况；对接触外漏试题内容的人员应当采取有效隔离措施。

第三十三条 试卷保密室负责人和值班巡逻人员上岗前应当接受安全保密教育，学习国家保密法律、法规，熟悉试卷的收发要求和手续。每次进行接收、分拣、分发等工作时，必须逐袋清点，数量符合要求后办理相关手续。应当特别注意对备用试卷袋的检查工作。

第三十四条 自试卷运抵各考区起，区县教育考试机构必须安排人员昼夜在试卷保密室进行值班巡逻。

试卷保密室负责人及值班巡逻人员应严格执行以下规定：

（一）值班期间严禁在试卷保密室会客、吸烟、饮酒、文娱活动、私自使用电话；

（二）禁止无关人员进入试卷保密室；

（三）不得以任何理由开启试卷密封包装；

（四）不得将试卷保密室的钥匙转交他人或者互相代管，不得泄露密码；

（五）拒绝他人索用试卷保密室门、铁柜钥匙，拒绝代领试卷；

（六）在试卷保管期间，教育考试机构按规定逐级上报试卷的安全保密情况。

第三十五条 试卷保密室使用期间，当地教育行政、公安、保密部门应当成立联合检查组，定期对试卷保密室进行全面检查。

第三十六条 试卷保密室使用期间发生试卷泄密、被盗、损毁、涂改等重大事件，应立即报告北京教育考试院和区县教育行政、公安、保密部门，并立即采取措施，保护现场，防止扩散；同时由北京教育考试院报教育部考试中心。

第三十七条 试卷保密室负责人和值班巡逻人员不执行本办法，发生试卷泄密、被盗、损毁、涂改等重大事故的，追究其直接责任。

第六章　评卷期间答卷保管室的安全保密

第三十八条 承担阅卷工作的学校、单位应当建立答卷保管室，用于存放评卷期间的答卷。

第三十九条 答卷保管室的建设，必须符合保密要求并经市公安、保密部门检查验收。在评卷期间，答卷保管室由北京教育考试院和承担阅卷工作的学校、单位负责管理，接受教育部考试中心和北京市公安及保密部门的监督检查。

第四十条 答卷保管室必须是钢混（或者砖混）结构的房间，具备防盗、防火、防潮、防鼠功能，配备铁门、铁窗，铁门应配备两道锁。答卷保管室应当配备报警的视频监控设备，并保证这些设备在存放答卷期间一直处于工作状态。从答卷存入答卷保管室到评卷结束期间的监控资料由北京教育考试院至少应当保存到考试成绩公布后半年。答卷保管室的设置应当考虑到值班人员能随时观察到答卷存放情况，同时应当考虑到就餐、用水、卫生等方面的便利。

第四十一条 北京教育考试院有关处室应当确定一名主要负责人分管答卷保管工作，监督本办法的执行。

第四十二条 答卷保管室应当有详细的值班巡逻记录（参见附表一）。

第四十三条 答卷保管室使用期间，人员配备如下：

（一）负责人两名，其中一人必须由北京教育考试院指派，另一人为评卷所在单位负责人；

（二）值班巡逻人员四人以上（不含答卷保管室负责人）。

第四十四条 答卷保管室负责人及值班巡逻人员应当符合下列条件：

（一）具有良好的政治素质；

（二）当年无直系亲属参加本次考试的教育考试机构、高等院校正式在职在编人员和公安（或者武警）人员；

（三）坚持原则，忠于职守，严格遵守纪律，工作认真负责；

（四）身体健康。

第四十五条 答卷保管室负责人的职责：

（一）全面负责答卷存放期间答卷保管室的安全保卫、保密工作；

（二）分别掌管进入答卷保管室的钥匙；

（三）负责答卷的接收、保管和发放工作；答卷接收和发放应当面清点答卷袋数量，核实科目，检查答卷袋密封情况，履行交接手续；填写接收和发放记录（参见附表二）。

第四十六条　值班巡逻人员的职责：

（一）昼夜值守，实时监控答卷保管室的情况；

（二）负责答卷保管室的安全保卫，填写值班记录表；

（三）负责答卷保管室外围的安全保卫，每一小时应当派出两人对答卷保管室周边进行一次全面检查，并做详细的值班巡逻记录；

（四）随时向答卷保管室负责人报告保管室的情况。

第四十七条　对漏封、破损或者其他影响正常评卷的答卷，答卷保管室负责人须报告北京教育考试院有关处室负责人，经批准后，指定专人（两人以上）进行技术处理，并如实记录有关情况。

第四十八条　答卷保管室负责人和值班巡逻人员上岗前应当接受安全保密教育，学习国家保密法律、法规，熟悉答卷的收发要求和手续。

第四十九条　答卷保管室负责人及值班巡逻人员应当严格执行下述规定：

（一）值班期间严禁在答卷保管室会客、吸烟、饮酒、文娱活动；

（二）禁止无关人员进入答卷保管室；

（三）不得以任何理由开启答卷密封包装；

（四）答卷保管室负责人分别掌管的钥匙不得转交他人或者互相代管；

（五）拒绝他人索用答卷保管室钥匙，拒绝代领答卷。

第五十条　答卷保管室使用期间，北京市教委、公安局、保密局应当成立联合检查组，定期对答卷保管室进行全面检查。

第五十一条　答卷保管室使用期间发生答卷被盗、损毁、涂改等重大事件，应当立即报告北京教育考试院、市公安局和保密局，并立即采取措施，保护现场。

第五十二条　答卷保管室负责人和值班巡逻人员不执行本办法，发生答卷被盗、损毁、涂改等重大事故，追究其直接责任。

第七章　评卷、考试成绩的安全保密

第五十三条　评卷情况、考试成绩等相关信息的安全保密工作由北京教育考试院和承担阅卷工作的学校、单位负责。严禁泄露未正式公布的考生信息、考试信息、评卷信息等。

第五十四条　参与评卷工作的考试工作人员不得向外界透露统分进度和有关情况。考试分数未经教育考试院主要负责人同意不准擅自查询考生考分，更不准改动考生考分。如发现有改动考分的可疑情况应当及时向有关负责人报告。计算机操作人员不得以任何借口改动考生考分。

第五十五条　做好计算机机房、计算机硬件设备的安全和维护工作，防止黑客恶意的攻击或者自然灾害的损害，保证数据的安全。

第五十六条　经北京教育考试院负责人授权的工作人员可以使用内部网络，未经授权人员不得操作、使用内部网络内的任何计算机。

第五十七条　考试数据实行备份制度。成绩数据库由数据管理员和系统管理员共同负责。数据管理员每天定时对数据进行备份，并异地保存。

第五十八条　计算机密码应当由北京教育考试院指定专人负责掌管，重要计算机的密码必须有二人以上共同掌管。

第八章　新闻宣传环节的安全保密

第五十九条　市、区县教育考试机构在考试前后应当实行新闻发言人制度。新闻发言人由市、区县教育考试机构指定专人担任。所有考试信息应当由新闻发言人向新闻媒体提供，其他任何个人或者部门都无权发布。任何新闻媒体不得以任何方式炒作关于考试中发生的有关事件。

第六十条　市、区县教育考试机构在宣传工作中，不得泄露涉及具体试卷印刷场地、发送时间、运输路线、保存地点和评卷场所等内容。

第六十一条　在考试期间，不得向任何媒体提供或者在任何媒体上发表考试试题、答案及评分参考。

考试结束后，不得向任何媒体提供或者在任何媒体上发表考试试题的评分细则；三个月内不得向任何媒体提供或者在任何媒体上发表对高考试题的评价。

第六十二条 评卷工作结束之前，不得以任何方式公布考生成绩。

第九章 报告制度

第六十三条 区县教育考试机构应当将下列情况报北京教育考试院：

（一）区县教育考试机构考试值班安排；

（二）试卷运送情况；

（三）试卷的考前保管情况；

（四）考试实施情况；

（五）答卷的运送情况；

（六）安全保密工作情况。

第十章 附 则

第六十四条 本办法自发布之日起执行，教育考试机构原有相关规定同时停止使用。

附表一：试卷保密室/答卷保管室值班巡逻记录（式样）

（此处略——编者注）

附表二：试卷／答卷接收和发放记录（式样）

（此处略——编者注）

【招生考试的教育与宣传】 通过宣传和对广大考生和各级招生考试工作人员的教育，协调政府各有关部门的工作，把招生考试政策交给广大考生，对于贯彻、实施《教育部关于高等学校招生工作实施阳光工程的通知》（教学［2005］4号）中“坚持科学发展观，把切实维护广大考生的合法权益作为招生工作的出发点和落脚点，以公平公正为核心、制度建设为基础、信息公开为重点、严格管理为根本、优质服务为依托、有效监督为保障，逐步建立和完善与我国社会发展相适应的更加公开透明的高校招生工作体系”、“增加招生工作的透明度”的有关精神，为成人招生工作赢得较高的社会信任和声誉等都具有重要意义。北京市历年成人教育招生考试开始的前前后后，都在考试的宣传教育方面做了大量的组织、协调和指导工作。

2005年，北京市教育考试院及时传达了《教育部关于高等学校招生工作实施阳光工程的通知》（教学［2005］4号）和教育部、中共中央宣传部、公安部、监察部、信息产业部、国家保密局、武警总部《关于全面加强教育考试环境综合整治工作的通知》（教学［2004］15号）等文件精神，于2005年10月9日向市政府提出了《关于提请批转有关单位对我市成人高考工作给予协助的请示》（京考办［2005］8号）报告，并开始了成人教育招生考试的宣传和对考生的考风考纪教育工作，主动把成人教育招生考试工作置于社会各界的监督之下，积极引导了社会舆论的关注点，公布了可公开的考试信息，增加了考试工作的透明度，整肃了成人教育招生考试环境，为成人教育招生考试营造了良好工作氛围。

【建立成人教育招生考生诚信档案】 为进一步规范高等学校招生全国统一考试工作，确保高等学校招生全国统一考试的公平、公正性，加大考试诚信教育力度，切实维护广大考生的合法权益，抵制考试作弊等不正之风对教育考试、招生录取工作的冲击和影响，2005年5月27日教育部办公厅下发了《关于建立高等学校招生全国统一考试考生诚信档案的通知》（教学厅［2005］11号），要求各级招生机构“依据《国家教育违规处理办法》（教育部令第18号）、《2005年普通高等学校招生工作规定》（教学［2005］2号文件附件），自2005年起，由各省级招生考试机构负责建立本省、自治区、直辖市参加全国统考考生考试诚信档案”，同时明确“全国统考考生考试诚信档案的主要内容为考生参加全国统考发生违规行为的简要事实及处理结果。各省级招生考试机构负责采集、确认本地区考生的考试诚信记录信息，并建立相应的参加全国统考考生考试诚信档案数据库”，并特别指出：“用于普通高校招生、成人高校招生网上录取的考生电子档案必须含有考生历年参加全国统考的考试诚信记录信息，并按有关规定在考生特征标志信息项中对有违规记录的考生统一用字母W予以标识。录取时省级招生考试机构须以附加表的方式向高等学校提供违规考生历年参加全国统考的违规简要事实及处理结果，作为高等学校决定是否录取考生的重要参考依据之一。”文件还同时规定了《考生考试诚信记录信息数据库结构》，颁布了《考试违规事实代码表》，要求“各省级教育行政部门、招生考试机构和学校要加强对考生的诚信考试教育、加大对诚信、守规、守纪、守法考试的宣传力度，通过全社会的共同努力和有效监督，营造‘诚信光荣’的良好社会风尚。”

2005 年 6 月 10 日，北京市教育考试院以京考成招［2005］9 号文转发了教育部教学厅［2005］11 号文件，在招生宣传中加大了对诚信考试的宣传力度，坚持了对广大考生进行自觉抵制考试违纪作弊、“考场腐败”歪风的教育，继续执行了教育部办公厅《关于在国家教育考试前要求考生填写〈考生诚信考试承诺书〉及有关要求的通知》（教学厅［2004］3 号）精神，在报名时动员组织全部考生签署了《考生诚信考试承诺书》，为考生诚信档案的建立奠定了资料基础。同时，组织技术力量在成人招生网上录取系统建立了考生诚信档案数据库，从管理制度、体系上完善诚信考试教育的功能，把诚信考试教育融于日常组织管理工作之中，部署于工作计划方案之内，并利用向考生发放准考证的机会，面对面地对每一个考生进行诚信考试教育，以多种方式推动了诚信、守规、守纪、守法考试的教育活动，和广大考生、有关部门及社会各界一起，努力净化了北京市成人教育招生考试环境，共同营造了国家统一考试良好的工作氛围。

北京市成人教育招生《考生诚信承诺书》全部内容为：

考生诚信考试承诺书

北京教育考试院：

本人将于 2005 年 10 月 15 日至 16 日在京参加全国成人高校招生统一考试，对招生有关规定、《考生应试守则》和《国家教育考试违规处理办法》已详细阅读，在此愿郑重承诺：

1. 在报名考试过程中，本人愿自觉遵守招生考试有关规定以及《考生应试守则》中的各项要求，服从工作人员的管理。

2. 按照招生考试的有关要求，本人所提供的个人信息真实、准确。

3. 如违反招生考试的有关规定，自愿接受《国家教育违规处理办法》相应处罚。

承诺人（签名）：

年　　月　　日

（二）考试组织工作的实施

【北京市成人高校招生考务工作培训会】　为做好成人教育招生考试各项工作，保证当年成人教育招生考试工作的顺利进行，北京市成人高校招生办公室每年都在考试前召开考试考务工作会议，研究部署有关考务工作。

2005 年 9 月 27 日，北京市成人高校招生考务工作会议在石油大学（北京）召开。北京市各区县教委、考试中心、市教育考试院成人高校招生办公室负责人及工作人员出席了本次会议。

会上，市成人高校招生办公室负责同志传达了 9 月 16 日教育部在山西省召开的全国各省、市、自治区成人高校招生办公室主任工作会议和有关文件精神，通报了当年招生报名情况，总结了近几年组考工作的经验和存在的问题，分析了组考工作面临的形势与任务，就 2005 年的成人教育招生考试考务工作进行了业务培训，并对考试组织实施等具体工作进行了部署。

为进一步提高广大招生工作人员的政策、业务水平，针对北京市成人教育发展特点和新形势，会议聘请了教育部考试中心副主任梁育民做了“科学、公平、安全、准确、规范地做好考务工作”的专题报告。梁育民副主任在报告中详尽论述了当前国家考试面临的形势和任务，就如何做好成人高考的组织实施等工作进行了详细探讨。他指出，抓好考风考纪是考务工作的核心，考试公平也是社会公平的心理底线；我们的工作最高标准是万无一失，最低标准还是万无一失，在考试组织工作标准上没有第二种选择。考试工作不是一荣俱荣，但肯定是一损俱损。如果考风考纪出问题，整个工作就要前功尽弃。出了问题，群众不能容忍，政府不能答应，我们的工作就意味着失败。因此，在考务工作中要牢记两个要务：第一是安全，第二是考风考纪。这也是我们必须常抓不懈的永恒主题。

北京市国家保密局监察处处长杨文忠到会做了“增强保密观念，切断泄密渠道”的专题报告。杨文忠处长从保密法的基本要求、保密工作基本常识和泄密的 11 个可能渠道及保密方式等问题出发，阐述了增强保密观念、加强考试安全的重要意义，并就做好国家考试保密安全工作提出了个人见解。

两个报告还以近几年来各类国家考试试卷安全和考风考纪方面出现的问题为案例，深入剖析了各种不正之风对教育考试干扰、冲击的规律和特点，使参会人员受到一次深刻的警示教育。

通过会议的培训，各级招生考试组织管理机构和工作人员进一步明确了成人招生考试考务工作任务和肩上的责任，强化了保密工作意识，增强了考试的法制观念，提高了驾驭考试全局、处理突发事件的工作能力，为确保各项考务工作的落实和组考任务的完成奠定了坚实的思想和组织工作基础。

【成人高考考务工作培训光盘】 为加强成人教育招生考试的规范化管理，完善考务工作的操作程序，规范考务人员的组织工作行为，北京市成人高校招生办公室搜集整理了多年来积累的考试组织管理工作音视频资料，制作了包括成人高考组织管理工作全过程、操作比较规范的成人高考考务工作培训光盘。在对区县局成人教育招生办公室主任进行演示培训后，刻录了22份下发给各区县局成人教育招生办公室，由区县局成人教育招生办公室以此为教材再对各考点、考场及考试巡查人员进行全员培训，以解决原来存在的“层层培训、层层衰减”和具体操作不规范、不到位问题。

2005年北京市成人高考考务工作培训光盘贯彻了《北京市教育考试院考试考务管理暂行规定》和教育部有关文件、规定的原则和精神，体现了北京市十几年来组织成人教育招生考试的工作经验和对考试管理工作规律的探讨，反映了考试组织管理手段现代化的新发展。培训光盘囊括了考场安排、接收试卷、组织考生入场、启封发卷、监考、考场巡查、考试结束收卷、答卷装订、密封、保密运送、保管和考试舞弊行为、影响考场秩序等特殊问题处理及考务工作的全部操作程序，是一部考务工作人员培训的好教材。2005年使用后受到各级招生机构、各类考务人员的普遍欢迎，并收到了良好效果。

【《2005年北京市成人高等学校招生规定》中关于考试的规定】 2005年6月30日，北京市高等学校招生委员会、北京教育考试院共同下发了《关于印发〈2005年北京市成人高等学校招生工作规定〉的通知》（京高招委［2005］9号）。在《2005年北京市成人高等学校招生工作规定》中对考试工作的规定是：

2005年北京市成人高等学校招生工作规定（部分）

第五章　考试

第二十二条　高起本、高职（高专）考试科目

高起本、高职、（高专）考试按文科、理科分别设置统考科目。公共课统考科目均为语文、数学、外语三门，其中数学分文科类、理科类两种，外语分英语、日语、俄语三个语种，由考生根据报考学校对外语语种的要求任选取一种。其中，报考高起本的考生还需参加专业基础课的考试，理科类专业基础课为“物理、化学综合”（简称理化），文科类专业基础课为“历史、地理综合”（简称史地）。以上试题均由教育部统一命制，每门满分150分。

（一）高起本各专业考试科目

文史类、外语类、艺术类：语文、数学（文）、外语、史地（艺术类专业，数学成绩不计入总分，供招生学校录取时参考）。

理工类、体育类：语文、数学（理）、外语、理化。

（二）高职（高专）各专业考试科目

文史外语类、艺术类、公安类：语文、数学（文）、外语（艺术类专业，数学成绩不计入总分，供招生学校录取时参考）。

理工类、体育类、西医类、中医类：语文、数学（理）、外语。

上述各科类统一命题考试科目设置见附表一。

第二十三条　专升本考试科目

专升本考试统考科目均为三门。两门公共课为政治、外语，一门专业基础课根据招生专业所隶属的学科门类确定。每门满分均为150分。外语试题分英语、俄语、日语三个语种，考生根据招生院校在招生专业目录中明确的语种要求进行选择。

（一）文史中医类：政治、外语、大学语文。

（二）艺术类：政治、外语、艺术概论。

（三）理工类：政治、外语、高数（一）。

（四）经济管理类：政治、外语、高数（二）。

（五）法学：政治、外语、民法。

（六）教育学：政治、外语、教育理论。

（七）农学：政治、外语、生态学基础。

（八）医学：政治、外语、医学综合。

（九）体育类：政治、外语、教育理论。

上述科目实行全国统考。除日语、俄语由北京教育考试院自行组织命题外，均有教育部统一命题。各学科门类、专业与统考科目见附表二。

第二十四条　专业课加试

除规定的统考科目外，招生学校可在考试院成招办统一组织下根据专业要求进行专业课加试。其中艺术类、体育类专业必须加试专业课，其他专业是否加试由招生学校自行决定。加试专业课的招生学校必须在保送《2005 年北京市成人高等学校招生计划》时注明并向社会公布；专业课加试由招生学校自行命题和组织考试，招生学校要按要求做好加试工作，于 9 月 30 日前按照考试院成招办提供的加试考生名单，通过电子邮件以数据库形式保送加试成绩。电子邮件地址：zhaoh@bjeea.cn。

第二十五条　各科命题范围不得超出教育部颁发的相应科类复习考试大纲。

第二十六条　全国成人高等学校招生统一考试定于 10 月 15 日、16 日进行。

第二十七条　高起本、高职（高专）的统考科目每门考试时间为 120 分钟，专升本每门考试时间为 150 分钟。具体考试时间见附表三。

第二十八条　考生须携带准考证、居民身份证在规定时间到指定地点应试。

第二十九条　考试工作执行教育部《2005 年高等学校招生全国统一考试考务工作规定》（教考试［2005］1 号）及北京教育考试院《北京教育考试考务管理暂行规定》（京考［2005］13 号）。

第三十条　统考科目按教育部 2005 年 3 月颁布的复习考试大纲的要求命题。阅卷工作由考试院成招办统一组织；专业课考试科目命题、考试、阅卷、成绩发布由招生学校负责。

考生成绩通知本人、不公布、不对考生查卷。

【北京教育考试考务管理暂行规定】　国家教育主管机构及各级政府主管部门都高度重视成人高等学校全国统一考试的考务工作。在每年招生工作文件中都就做好考务管理工作提出明确要求。1991 年国家教委教育考试中心下发了《普通、成人高等学校本、专科招生全国统一考试管理工作规则》（教试［1991］3 号），1992 年下发了《关于印发〈试卷保密室、答卷保密室管理办法〉和〈试卷印刷、运送管理办法〉的通知》（教试厅［1992］1 号），1993 年国家教委、公安部、国家保密局下发了《关于加强高等学校入学考试安全保卫、保密工作的通知》（教试［1993］4 号），1995 年下发了《关于进一步加强普通、成人高校招生全国统一考试管理工作的意见》（教考试［1995］2 号），1998 年下发了《关于加强全国教育统一考试管理工作的意见》（教考试厅［1998］2 号）和《关于落实全国教育考试考风考纪电话会议精神通知》（教试中心［1998］50 号），1999 年教育部教育考试中心下发了《关于在全国教育统一考试工作中加强考务管理、严肃考风考纪的通知》（教试中心［1999］35 号）。北京市成人高校招生办公室在历年的成人教育招生考试中认真贯彻了这些文件精神，不断规范了成人高考的考务管理工作，并结合北京市成人高等教育招生考试的实际情况，制定了北京市的教育考试考务管理规定。2000 年 12 月 25 日，北京市教育考试院《关于印发〈北京教育考试考务管理规定（暂行）〉的通知》（京考办［2000］第 21 号）的通知中开宗明文地指出“为加强对各级各类教育考试的考务管理工作，根据教育部有关规定，经过研究制定了《北京教育考试考务管理规定（暂行）》”，并要求“从 2001 年开始严格执行本规定”。2001 年 12 月 20 日，北京市教育考试院以京考办［2001］22 号文印发了修订的《北京教育考试考务管理规定（暂行）》，明确“从 2001 年开始，考试院各招考办不再下发与本规定内容相同的考务管理文件，各类考试均须严格执行本规定”。2002 年，北京市教育考试院又根据教育部有关规定精神，将该文件重新修订为《北京教育考试考务管理暂行规定》于 2003 年 1 月 10 日以京考办［2003］1 号文下发执行。2004 年 2 月 27 日，教育部办公厅《关于印发〈2004 年高等学校招生全国统一考试考务工作规定〉的通知》（教考试［2004］1 号）后，北京市又根据此文件精神，于 2005 年 5 月 18 日将重新修订的《北京教育考试考务管理暂行规定》以京考［2005］13 号文印发各级考试管理机构和考点设置单位，并指示各有关部门和单位要严格按此规定执行。

《北京教育考试考务管理暂行规定》的出台，是北京市教育考试院改革开放 20 年来对教育考试考务管理工作不断实践、总结、改革、发展、丰富、完善的结果，也是北京市教育考试院主管的各级各类教育考试考务工作基本规律的探索、概括和总结。它的出台进一步规范了北京市各级各类教育考试考务工作的操作模式，全面理顺了考务管理操作运行机制，建立并统一了北京市国家考试管理工作操作实施标准，促进了北京市成人教育招生考试考务工作的科学化、规范化发展进程，并为教育部制定相应的政策，出台相应的管理规范提供了重要的参考依据。2005 年 5 月 18 日印发的《北京教育考试考务管理暂行规定》的主要内容是：

北京教育考试考务管理暂行规定

为加强北京市的高级中等学校招生考试、普通高中毕业会考、全国普通高等学校招生考试、全国成人高等学校招生考试、高等教育（中等教育）自学考试（以下分别简称中考、会考、高考、成考、自考）以及北京教育考试院管理的其他考试的考试管理工作，确保考试公平、公正地顺利进行，根据教育部有关考试考务管理规定和教育部等四部局《国家教育考试考务安全保密工作规定》精神，以及有关法律法规的规定，结合北京市具体情况，制定本规定。

第一章　考试机构

第一条　北京教育考试院负责管理北京地区的中考、会考、高考、成考、自考以及其他考试，制定考试组织实施的有关规定及组织考试的实施。

第二条　北京教育考试院各招考办公室按本规定分别组织实施各类考试并处理考试实施过程中发生的重大问题。

第三条　区县级相应的招生考试机构按本规定具体组织实施本区县范围内的相应类别考试，并采用现代技术手段管理考务工作。未设区县考试机构的考试项目，按相关规定组织考试。

第四条　以区县为单位设立考区。考区设考区委员会，由区县政府负责人任主任，教育行政部门及考试机构负责人任副主任，并有公安、监察等部门负责人参加。考区委员会领导、组织、管理本考区的考试及处理考试期间本考区发生的重大问题。

第二章　考点与考场设置

第五条　考点应设在区县政府所在地。作为考点的学校一般应是初中以上的学校，自学考试考场不得设在自考助学单位的办学场所。考点在区县级考试机构的具体组织领导下负责实施考试。

第六条　考点要经区县级考试机构批准，报北京教育考试院备案。因特殊情况要在其他地区设考点时，须经北京教育考试院批准。

第七条　考点应选择在交通便利、考试期间周围环境干扰较少、校内整体设施较好、考场教室周围安静的学校。一个考点安排的考场一般不少于 10 个。

第八条　考点设主考 1 人，副主考 2 人，由区县级考试机构聘任，主考由考点学校校长担任。考点实行主考负责制，主考主持本考点考试，全面负责本考点工作，处理考试期间本考点发生的问题。

第九条　考点下设考务、安全保卫、后勤等小组。考务组负责实施考试、保管和确保试卷存放期间的试卷安全；安全保卫组负责考点校门和设有考场的教学楼门口的验证、考生疏导及开考前后校园内秩序的维护；后勤组负责安排医务、交通、休息场所。

第十条　考点考务组须下设考务办公室、保密室。考务办公室各项条件应能满足监考员领取试卷、装订密封等工作需要，保密室应就近于考务办公室，配备铁皮柜存放当天考试的试卷。

第十一条　考试期间，考点门口应挂有北京教育考试院统一规定的考点标志横幅，校内明显处应张贴考场平面图、考生应试守则、考试时间表、违规处理规定等。

第十二条　考点须设置医务室、问询处、存包处、自行车存放处，并应有明显路标。

第十三条　考场应安全、安静、通风、采光条件好，一般应是标准教室，桌椅整齐，室内整洁，并应配有广播系统。室内除必备物品和文字外，不得留有其他任何可能影响考试的物品和字迹。考试期间，设有考场的教学楼不能用于其他活动。

第十四条　考场入口处应有明显标志，注明本考场的考试科目、考场编号、起讫准考证号或座位号等内容。

第十五条　每个考场考生人数为30名。考场座位为单人单桌、5列6行排列，相互间距均等，多余桌椅须移出考场。课桌面要平整，没有字迹，课桌内没有纸张杂物等。考生座位号或准考证号贴在桌面右上角。讲台左侧的第一个座位为起始号，纵向S型排列。

第三章　考点工作人员

第十六条　考点工作人员包括主考、副主考、联络员、考务员、监考员、保密员及其他工作人员。考试期间考点所有工作人员一律佩带证件上岗。

第十七条　考点工作人员必须思想品德良好，作风正派，遵纪守法，责任心强，熟悉考试业务，工作认真负责，身体健康，当次无子女或直系亲属参加本考点考试，遵守保密工作规定。

第十八条　考点工作人员考前须参加不少于半天的培训。经培训合格才能上岗。

第十九条　每个考场内配备2名监考员，考场外设若干流动监考员。监考员由考点主考聘任。监考员必须恪守《监考员守则》。考点总的工作人员数量一般按每个考场2.5—3人的比例配备。

第二十条　普通高考的监考员不得由高三任课教师或班主任担任；成人高考的监考员不得由补习班或辅导班任课教师或班主任担任；自学考试的监考员不得由助学单位工作人员及辅导班任课教师担任。

第四章　试卷与考试材料的印制格式

（此处略——编者注）

第五章　考试实施程序

第二十八条　每科开考前30分钟（第一科前移10分钟），全体监考员到考务办公室报到，考点负责人布置监考工作并安排监考员监考的考场（采取抽签或随机分配的办法）。

第二十九条　考试前25分钟（第一科前移10分钟），由两名保密员将试卷送至考务室，两名监考员按手续领取试卷等，检查试卷袋是否破损，核对试卷袋上标明科目是否与本场考试科目相同，核对无误后直达考场。

第三十条　开考前20分钟（第一科前移10分钟），考点统一发出时间信号，副监考员组织本考场考生入场，检验考生准考证（成考、自考及部分其他考试还须有身份证或军人证件，下同），核对考生本人相貌与准考证（存根）上的照片是否相符，提醒并监督考生将不允许带入考场的物品放到指定位置。

第三十一条　考生准考证及有关证件须放在桌面的右上角，每场考试都要进行核查。第一科考前20分钟考点统一用广播（或由监考员）向考生宣读《考生应试守则》。

第三十二条　开考前15分钟，主监考员须当众举起试卷袋宣布（或由广播室统一宣布）“现在启封试卷”。启封后核对袋内材料。若发现试卷数量不符、错装、漏装、重印、错印等，应立即请示主考，采取有效措施，保证考试实施。

第三十三条　试卷袋内材料核对无误后，主监考员在黑板上注明试卷的科目、页数、名称、题目数量及考试时间，副监考员随机发放答题卡，随后发放草稿纸。主监考员提醒考生检查答题卡是否有破损及折皱。

第三十四条　主监考员指导考生填涂答题卡，副监考员逐一检查考生在答题卡上的规定位置填、涂自己的姓名、准考证号、座位号及考试科目标记。

第三十五条　开考前5分钟，考点统一发出信号，副监考员逐一向考生分发试卷（未到考生的试卷放到其桌子上），包括试卷Ⅰ、试卷Ⅱ，不得让考生传递试卷。

第三十六条　考生得到试卷后，主监考员要指导考生检查试卷页数是否齐全、是否有破损、漏印或字迹不清楚，然后指导考生在试卷Ⅱ的规定位置填写自己的姓名、准考证号（座位号）等。如试卷Ⅱ有两张以上，每张都要在规定的地方填写自己的姓名、准考证号（座位号）。同时还要提醒考生注意，试卷Ⅰ的答案要填涂在答题卡上，试卷Ⅱ的答案直接答在卷面上，在试卷Ⅰ和草稿纸上答题一律无效。

第三十七条　考点按规定时间统一发出开考信号后，考生开始答题。这时主监考员在前台监考，副监考员要再次逐一核对考生本人相貌与准考证（准考证存根或身份证、军人证件）及有效身份证件上的照片是否相符，同时逐一检查考生在试卷及答题卡上填写的姓名、准考证号（座位号）与准考证是否一致，发现问题要做出妥善处理。然后两名监考员一前一后、轮换站立巡视，认真执行监考任务。

第三十八条　开考15分钟后，迟到考生不得进入考场。

第三十九条　开考15分钟后，考务员须及时到各考场对备用的试卷加盖“备用试卷专用章”。此时副监考员要对缺考和空号的试卷做技术处理，在试卷Ⅱ上的规定位置填上准考证号（座位号）并在卷首总分处注明“缺考”或“空号”字样，对缺考或空号的答题卡，要填写和涂黑卡上的缺、空考标记、考试科目名称及准考证号（座位号）。同时将缺考考生的准考证号、姓名填入考场记录表。

第四十条 考试开始60分钟以后，考生方可交卷出场。副监考员对准备提前离开考场的考生要先核对发给考生的试卷、考试材料数量无误，以及姓名、准考证号（座位号）等填写无误后再准其离开考场。

第四十一条 监考员对试题内容不得作任何解释，但对于试卷印刷文字不清之处所提出的询问，应予当众答复；试题有更正时，应及时板书当众公布。

第四十二条 监考员应监督考生按规定答卷，制止考生违反考试纪律的行为，并将考生违规情况如实填入考场记录表中。

第四十三条 考试结束前15分钟，主监考员宣布“距考试结束还有15分钟”，提醒考生注意掌握考试时间。同时提醒“试卷Ⅰ的答案答在答题卡上”。

第四十四条 考点统一发出考试结束信号后，主监考员要求考生立即停止答卷，同时将试卷排列好，依次为：答题卡、试卷Ⅱ、试卷Ⅰ、草稿纸，坐好等待收卷。

第四十五条 主监考员站在前台注视全场。副监考员要按考生准考证号或座位号的顺序从小到大依次收卷。收卷时，一要收齐答题卡，二要收齐试卷Ⅱ，三要收齐试卷Ⅰ，四要收齐草稿纸，并分别码放。试卷收齐后立即进行核对：一要核对本考场试卷Ⅱ中有无夹杂试卷Ⅰ、试卷Ⅰ中有无夹杂试卷Ⅱ；二要核对卷面上所填写的准考证号或座位号顺序是否连续或与考场座位号一致；三要核对每份试卷页码顺序是否连续，答题卡同步头方向是否相同。试卷排列方式为：小号在上，大号在下，缺考和空号的试卷要放在相应的缺、空位置，切勿漏掉或放错位置。对两份备用的试卷，将试卷Ⅰ与试卷Ⅱ分开，分别放在试卷Ⅰ和试卷Ⅱ的最上面和最下面作为衬纸。答题卡（含缺考和空号的答题卡）装入答题卡袋。试卷Ⅱ装入试卷袋。试卷Ⅰ及草稿纸单独码齐。

第四十六条 考试材料收齐并检查无误后，主监考员宣布考生退场。然后两名监考员共同复查《考场记录表》，检查清理并封闭考场后，一起带考试材料到考务室。

第四十七条 试卷Ⅱ和答题卡在密封前都要由主考指定的考务员复核后在试卷Ⅱ封头纸和答题卡袋上的指定位置签字。

第四十八条 试卷Ⅱ的密封：在复核后码放整齐的本考场试卷Ⅱ正面放好封头纸（字面向上），按打孔位置穿孔用小线装订；然后由监考员签字交主考验收签字，再在规定位置涂抹胶水，将封头纸反折过来粘在试卷本上。试卷本封好后放入原来的试卷袋内，绕好线绳，漏出线头，用长密封条先竖后横加封。试卷Ⅰ和草稿纸只装订不密封。

第四十九条 答题卡袋的密封：将复核后的本考场答题卡装入袋中，监考员填写答题卡袋正面有关表格后用小密封签加封。

第五十条 密封后的试卷Ⅱ和答题卡及试卷Ⅰ和草稿纸即交保密室保管。待全部考试材料收齐后，主考应就本场考试实施中的问题及下场考试要注意的问题进行讲评。

第五十一条 考试期间各区县考试机构（各考点）可配有备用试卷。备用试卷按规定与考试用卷统一保管。开考后考点如需启用备用试卷，须经区县考试机构负责人同意（区县考试机构并要立即上报考试院有关招考办），同时考点主考要写出书面报告，2名负责人、1名经手人签字备查。考试结束后，考点须将备用试卷（如备用试卷已启封必须附报告）送回区县考试机构。

第六章 保密及安全工作

（此处略——编者注）

第七章 考试巡视和检查

第六十条 考试期间，北京教育考试院和区县考试机构要分别组织考试巡视，加强对考试组织管理工作的检查。市级考试巡视组由北京教育考试院组织，主管院长担任组长，邀请有关部门和上级领导参加；区县级考试巡视组由区县考试机构组织，区县教育行政部门负责人担任组长，邀请有关部门和有关领导参加。

第六十一条 考试期间，北京教育考试院还要组织熟悉考试业务的人员到各区县考试机构及考点巡视，检查有关规定的执行情况，检查考场的考试情况。对检查中发现的问题一般不直接处理，但应向考点主考说明，重大问题要尽快向上级报告。考试结束后，应向相关招考办提交书面报告。

第八章　奖励与处罚

第六十二条　考试院定期对各区县考试机构、考点的考试实施工作进行量化评比，对排名前列的给予表彰和奖励。对表现优秀的工作人员给予表彰和奖励。

第六十三条　对考试期间违规行为的处理办法执行或参照执行教育部制定的《国家教育考试违规处理办法》。

第九章　附　则

第六十四条　本规定是北京教育考试院中考、会考、高考、成考、自考等考试组织实施的规定性文件，相应的有关操作性规定见附件。为方便组织考试，各招考办可根据所管考试类别的实际需要对附件中相应的操作性规定进一步细化，并翻印下发作为培训教材和考试实施过程中的操作手册。其他考试参照本规定执行。

第六十五条　本规定只适用于在规定的环境下、在规定的时间内、用笔在纸上做答的考试。直接下发试卷的国家级考试如有相应的考务管理规定应按其规定执行。采用网上阅卷科目的管理办法另行制定。

第六十六条　本规定自2005年6月起执行。

第六十七条　本规定由北京教育考试院负责解释。

附件一

考试工作人员职责

一、主考、副主考职责

1. 主考在区县考试机构的领导下，主持本考点考试，全面负责本考点各项工作；副主考协助主考工作。

2. 熟悉和掌握有关规章制度、考试实施办法、有关工作纪律、考试纪律和违规处理规定；严密组织、严格实施，保证考试按规定顺利进行。

3. 选聘、培训监考员及考点其他工作人员。

4. 如因试卷不完整、字迹模糊、错装等原因需启封备用试卷，应报告区县考试机构负责人批准，并需主考、副主考二人及一名经手人签名负责。

5. 每科考试结束后，组织和验收各考场试卷的装订和密封；对本场考试情况进行讲评。

6. 确保试卷在本考点的安全与保密。

7. 按有关规定处理本考点考试期间的一般性问题，遇有重大问题，须及时采取措施，尽力减少影响，并立即上报。

8. 考试结束后，向本区县考试机构报告本次考试情况。

二、监考员职责

1. 监考员是考试实施真实有效的监督人，在考点主考领导下，主持本考场考试。监考员必须以高度负责的精神做好考场的监督检查工作，严格维护考场纪律与秩序，如实记录考试情况，监督考生按《考生应试守则》应试，确保考试正常、公平、顺利地进行。

2. 对考生进行考风考纪教育，组织考生收听或宣读《考生应试守则》，宣布考试注意事项。

3. 监考员监考前必须参加培训，认真学习考试的有关规定，熟悉考试业务，不经培训不准监考。

4. 监考员必须严格遵守各项工作制度，佩带“监考员”证按规定时间到指定地点执行监考任务。

5. 每科考试考前、考后布置、清理、检查考场及座位。

6. 按规定领取、启封、核对、分发试卷、答题卡及草稿纸。按规定封装试卷及答题卡。

7. 检查考生《准考证》及规定的其他证件，核对考生本人相貌与其有关证件上的照片是否相符，督促指导并检查考生填、涂错误，应要求其改正。

8. 开考信号发出后向考生宣布可以答题，考试结束前15分钟提醒考生注意时间，考试结束信号发出后要求考生停止答题。

9. 对缺考、空号的试卷和答题卡做出标记。按规定填写考场记录及试卷袋、答题卡袋上的监考记录。

10. 监督考生按规定答卷，制止和处理考生在考场上的违纪舞弊行为，填写有关记录，并按《国家教育考试违规处理办法》等规定做好相关工作。

11. 监考员应制止非本考场考生和除主考、副主考、联络员、总监考、巡视员外任何人进入本考场。

12. 监考员进入考场不准携带任何通讯工具，不准携带任何与监考工作无关的物品，不准做与监考无关的活动，不得有影响考生正常答卷的行为。遵守考试纪律，不擅离职守，不吸烟，不打瞌睡，不阅读书报，不聊天，不抄题、做题、念题，不检查、不暗示考生答题，不得擅自提前和拖延考试时间，不准随意离开考场，不得以任何理由将试卷、草稿纸带出或传出考场。

13. 除因试卷字迹印刷不清可就考生提问当众说明外，不准对试题做任何提示和解释。

14. 考试中发现异常情况立即报告主考。监考员应注意自身仪表。

三、考务员职责

1. 考前在考点考务室向监考员发放试卷袋。开考 15 分钟后，进入考场在备用卷上加盖“备用试卷专用章”。

3. 考试结束后，在监考员密封试卷前检查核对试卷、答题卡并指导监考员装订密封。

4. 协助主考、副主考处理考试过程中发生的问题。

四、考点保密员职责

1. 保密员对试卷负有保管、保护、保密的责任。

2. 保密员必须熟知并遵守保密制度，工作认真负责。

3. 按规定手续接收及发放试卷。

4. 遇有涉密事件立即向上一级汇报。

五、考点工作人员职责

1. 服从主考和考点领导小组的工作安排。

2. 明确各自承担的工作任务，熟悉和掌握有关规定。

3. 主动热情为考生服务，做好考场外的监护工作。

4. 开考信号发出后，及时提醒并督促尚未进入考场的考生进入考场。

5. 考试期间，主动维护考点秩序，制止无关人员进入考点，制止他人在考场附近逗留、观望、喧哗。

6. 每科考试结束后，协助监考人员清点物品、打扫卫生、关闭门窗。

六、联络员职责

1. 作为区县考试机构的派出人员，协助考点主考工作。

2. 检查考点执行有关规定、试卷的安全保密及考试过程等情况。

3. 遇有考点发生影响考试顺利进行的问题，联络员须积极配合主考处理，提出建议，并及时提醒主考向上级报告有关情况。

4. 考试结束后向派出机构书面报告考点组考情况。

七、区县试卷保密室负责人职责

1. 全面负责试卷存放期间试卷保密室的安全保卫、保密工作。

2. 一人掌管试卷保密室内屋门锁钥匙，另一人掌管铁柜门锁钥匙。

3. 负责试卷的接收、保管、发放工作。试卷接收和发放要当面清点试卷袋数量，核实科目，检查试卷袋密封情况，履行交接手续，填写试卷接收和发放单。

八、区县保密室值班人员职责

1. 昼夜值守实时监控试卷保密室内屋的情况。

2. 负责试卷保密室的安全保卫，填写值班记录表。

3. 负责试卷保密室外围的安全保卫，定时对试卷保密室周边进行全面检查，并做详细的值班巡逻记录。

4. 随时向试卷保密负责人报告保密室的情况。

九、巡视员职责

1. 考试期间负责检查试卷的安全保密情况，包括保密室设施、保密人员的值班守卫情况、值班记录及试卷的交接。

2. 检查各考点内外环境的布置情况，检查考场设置情况。

3. 检查考试工作人员培训情况。

4. 检查考试实施过程、考场纪律。

5. 检查考点试卷领取、启封、分发、整理、装订密封等操作情况。

6. 遇有发生影响考试顺利进行的问题，应积极配合区县考试机构和考点主考工作，并提醒及时向上级报告。

7. 考试结束应向派出机构书面报告巡视的考试情况。

十、考生领队职责

1. 为方便高考、中考、会考考生参加考试，考生所在学校或街道办事处可以组织考生集体到考点参加考试，但事先必须经区县考试机构同意，并由领队带队。

2. 对考生集体进行考试规则、考试纪律及安全教育。

3. 妥善安排好考生的食宿、往返交通等后勤事务。

4. 提醒考生注意事项，检查考生考试用具及生活用品的准备情况。

5. 了解和掌握考生考试情况，特别是缺考情况，关心考生考试期间的身体状况，做好有关工作。

6. 考试期间在指定地点休息，服从考点统一安排，做好联络工作，必要时协助考点处理有关问题。

附件二

考试证件名称及使用说明

考试期间，各类工作人员一律凭证进入考点，各类工作人员证件由北京教育考试院统一印制下发，其使用范围如下：

1. “巡视”证：市、区县招考委成员，市、区县领导及教育行政部门领导，北京教育考试院派出的巡视员。

2. “主考”证：考点主考，考点领导小组组长。

3. “副主考”证：考点副主考，考点领导小组成员。

4. “监考员”证：监考员、考务员 。

5. “联络员”证：区县考试机构派往考点的工作人员。

6. “保密员”证：区县考试机构保密室工作人员及考点试卷保管工作人员。

7. “工作人员”证：考点的其他岗位人员。

8. “领队”证：组织考生集体到考点参加考试的学校或街道办事处工作人员。

9. “采访”证：新闻单位记者。

10. “车证”：考试期间机动车进入考点学校的凭证。

考试期间，只有佩戴巡视、主考、副主考、监考员、联络员证件的人员可进入考场；持其他证件的工作人员一律不准进入考场。

附件三

试卷保密管理规定

（此处略——编者注）

附件四

考试材料格式

一、试卷袋

1. 须用质地坚韧的150克牛皮纸制作，中间接缝上端开口，“起墙”高度为3厘米左右。

2. 试卷袋宽24.5厘米，长32.5厘米（不含袋舌），袋舌高8厘米，袋舌顶部宽20厘米，试卷袋背面和袋舌上各有一个圆形卡片，直径为2.5厘米，袋舌卡片连结小线线长35厘米。

3. 试卷袋正面大字标题说明考试年份及考试类别科目，在明显处注明本袋试卷的考试时间及阅卷用的其他标识等，右下方印有“北京教育考试院监制”字样。

二、答题卡袋

1. 须用质地坚韧的150克牛皮纸制作，中间接缝上端开口。

2. 答题卡袋宽17.5厘米，长22厘米（不含袋舌），袋舌高3.5厘米，袋舌顶部宽15.5厘米。

3. 答题卡袋正面注明考试年份及科目名称，印有供监考人员签字和填写本考场首末位准考证号（座位号）及缺考考号的表格，右下方印有“北京教育考试院监印”字样。

三、封头纸

1. 须用质地坚韧的150克牛皮纸印制。

2. 封头纸宽26厘米，长19厘米，封头纸下端密封线与顶端距离为4厘米，两端各留2.5厘米宽的抹胶水处。

3. 封头纸正面应印有密封注意事项，并标出打孔位置、穿线轨迹及胶水涂抹面。

四、考场记录表

1. 用16开70克凸版纸。

2. 考场记录表内容包括：考试日期及时间、考试科目、科类号、考场号、应考人数、实到人数、缺考人数、缺考考生准考证号、考场情况（有无违反考场纪律情况，原因及处理过程）、监考员签字、考点负责人签字等。

3. 填表说明：(1) 此表由监考员认真填写，随试卷交区县考试机构；(2) 区县考试机构按考点顺序分科汇总装订成册。

五、试卷袋密封签

1. 用20克拷贝纸。

2. 试卷袋密封签宽8.5厘米，长24厘米，印有宽6厘米、长21.5厘米方框。

3. 试卷袋密封签共4张，考前试卷袋上封一横一竖，字为红色；考后密封时用一横一竖，字为黑色；密封签方框内字样为三行，第一行字样为“年份＋考试类别”，第二行字样为“试卷袋密封签”，第三行字样为“北京教育考试院监制”。

六、答题卡袋密封签

1. 用20克拷贝纸。密封签宽8.5厘米，长17.5厘米，印有宽5.5厘米、长13厘米方框。

2. 答题卡袋密封签方框内字样为三行，第一行字样为“年份＋考试类别”，第二行字样为“答题卡袋密封签”，第三行字样为“北京教育考试院监制”。

附件五

试卷装订密封办法

一、试卷Ⅰ和草稿纸

收齐清点无误后只做简单装订，不密封。

二、试卷Ⅱ

1. 按考生准考证号（座位号）顺序码放，小号在上，大号在下，缺考号和空号的试卷要放在相应的缺、空位置，不能漏放和错放。

2. 装订前要由主考指定的考务员复核签字。

3. 在复核后并码齐的本考场试卷Ⅱ正面放好封头纸（字面向上），按打孔位置穿孔用小线装订；然后由监考员签字交主考验收并签字，再在规定位置涂抹胶水，将封头纸反折过来粘在试卷本上。试卷本封好后放入原来的试卷袋内，绕好线绳，用长密封条一横一竖加封。

三、答题卡

1. 按考生准考证号（座位号）顺序码放，小号在上，大号在下，缺考号和空号的答题卡要放在相应的缺、空位置，不能漏放和错放。

2. 将复核后的本考场答题卡装入答题卡袋袋中，监考人员填写答题卡袋正面有关表格并按要求签字后用短密封签加封。

四、密封后工作

试卷Ⅱ和答题卡在密封后即交考务员，考务员验收后即交保密室，由保密室按保密规定封存。试卷Ⅰ和草稿纸也同时交保密室保存。

附件六

考试实施过程中的规范化用语

1. 考前20分钟（第一科前移10分钟）

·现在请考生入场。

·请考生出示准考证（身份证、军官证）经监考员核对后进入考场，对号入座。

·请进入考场的考生注意。

·将准考证（身份证、军官证）放在课桌的右上角并与课桌上的座位号核对，再次确认是否自己考试的座位。

·课桌上只允许放置考试必需的文具。不允许使用涂改液、胶带纸，不允许携带任何通讯工具。

·请考生遵守考试纪律、按《考生应试守则》参加考试。

（第一科宣读《考生应试守则》）

2. 考前15分钟

·现在请监考员当众举起试卷袋。

·现在启封试卷袋。

·现在分发答题卡和草稿纸，请考生注意答题卡不能有破损、褶皱、污迹。

·现在请用钢笔或圆珠笔，在答题卡姓名栏内填上姓名，在准考证号栏内填上准考证号；然后用2B铅笔，涂黑本考场科目名称对应的信息点，涂黑准考证号码对应的数字信息点。

·请你注意“正确填涂”的示例。

·请你注意所用答题卡上题目编号的排列顺序。

3. 考前5分钟

·请大家把笔放好，现在由监考员发放试卷。

·本场考试科目为××××，试卷分为卷Ⅰ和卷Ⅱ，考试时间从××点到××点。

·拿到试卷后请考生注意监考员在黑板上注明的试卷科目、页数、题目数量及考试时间，查对自己的试卷。

·请检查试卷是否有空白、污损、字迹不清等问题，如有问题请举手说明。

·请用钢笔或圆珠笔在试卷Ⅱ的指定位置填写准考证号（座位号）、姓名等内容。

·注意密封线外不要做其他标记，否则评卷时扣分，填写完毕请考生放下笔，开考信号发出前不要动笔答题，否则按违反考场规定处理。

·做试卷Ⅰ时，须用2B铅笔将答案填涂在答题卡上，在试卷Ⅰ上答题一律不计成绩。

·做试卷Ⅱ时，须用蓝色或黑色墨水的钢笔、圆珠笔在卷面上直接做答，不能使用铅笔或红色墨水笔答题（作图可以使用黑色铅笔），不能使用涂改液、胶带纸，否则不计成绩或按在卷面做标记扣分。

4. 统一发出开考信号后

·现在开始答题。

5. 考试结束前15分钟

·由监考员口头宣布：离考试结束还有15分钟。请考生检查试卷Ⅰ的答案是否填涂在答题卡上。

6. 考试结束信号发出后

·请考生立即停止答卷，从上到下，依次将答题卡、试卷Ⅱ、试卷Ⅰ、草稿纸整好，平放在课桌上，坐好等待收卷（广播两遍）。

·请考生注意：待监考员收齐试卷并示意后方准离开考场，考生将试卷、答题卡、草稿纸带出考场的，考试成绩无效。

附件七

监考工作标准程序

考试时间	工作要点	工作内容
考前30分钟（第一科开考再提前10分钟）	监考员到考务办公室报到并领取试卷	1. 听取主考指示。 2. 按规定办法确定监考考场。 3. 核准钟表时间。 4. 两名监考员共同领取试卷等，检查试卷袋是否有破损，核对试卷袋上标明科目是否与本场考试科目相同，核对无误后直接进入考场。
考前20分钟（第一科开考前再提前10分钟）	监考员组织考生进场	1. 监考员组织考生有秩序地进入考场，检查考生准考证上的照片是否与本人相符，检查考生准考证上的考场号是否与本考场一致。 2. 首场考试提醒考生收听（或向考生宣读）《考生应试守则》及注意事项。
考前15分钟	启封试卷袋 分发答题卡及条形码 在黑板上注明试卷科目、页数及考试时间；注明答题卡的张数、页数等	1. 主监考员须当众举起试卷袋，并宣布（或听从广播指挥）“现在启封试卷”，启封后两名监考员随即核对袋内试卷科目、份数及考试材料的份数是否与试卷袋上注明的一致，若发现有与试卷袋数量不符、错袋、漏印、重印、错印等，立即请示主考，采取有效措施，保证考试实施。 2. 副监考员随机向考生发放答题卡，草稿纸。 3. 主监考员提醒考生答题卡填涂注意事项及答题卡上题号的排列顺序。 4. 主监考员在黑板上注明试卷的科目、页数、题目数量及考试时间。 5. 副监考员检查考生是否按要求填涂答题卡。
考前5分钟	分发试卷	1. 副监考员向考生分发试卷Ⅰ和试卷Ⅱ。 2. 主监考员指导考生清点试卷，在试卷规定的地方填写姓名、准考证号（座位号）等内容，并提醒考生将试卷Ⅰ的答案填涂在答题卡上，将试卷Ⅱ的答案直接答在卷面上。 3. 副监考员注意观察不要让考生提前答题。
考试开始	发出开考信号 宣布开始答题	1. 主监考员宣布“现在开始答题”，站在前台监考。 2. 副监考员持《准考证》存根再次逐个认真核对考生在卷Ⅱ和答题卡上填涂的内容是否完整、是否与准考证上的内容一致、考生本人与《准考证》上的照片及身份证（军人证）上的照片是否相符。若有问题，立即查明，予以处理。
考试开始15分钟后	停止考生入场	1. 停止迟到考生入场，关闭考点大门。 2. 副监考员在考场记录表上填写缺考考生号及相关内容。 3. 副监考员缺考及空号试卷上填写准考证号（座位号），并在卷首总分处填上“缺考”或“空号”字样；在缺考或空号的答题卡的姓名处用钢笔或圆珠笔填上准考证号，并用2B铅笔涂黑相应的准考证号信息点及考试科目名称、缺考标记。自考还须填涂缺考违规登记卡。 4. 考务员开始在备用试卷上加盖“备用试卷专用章”。
考试开始60分钟	准许考生离开考场	副监考员对准备提前离开考场的考生要先核对发给该考生的试卷及考试材料数量无误、姓名、准考证号（座位号）填写无误后再准其离开考场。

续前表

考试时间	工作要点	工作内容
考试过程	轮流站立核对身份	1. 两名监考员应保持一名监考员在前台站立监考。 2. 主监考员须适时再逐一核查一遍考生本人相貌与准考证（身份证、军人证）上的照片是否相符。 3. 副监考员须再逐一检查一遍考生在试卷Ⅱ、答题卡上填、涂的准考证是否与准考证上的一致。
考试结束前15分钟	提醒考生考试时间	主监考员当众提醒考生“距考试结束还有15分钟上”、“请考生检查是否将试卷Ⅰ的答案填涂在答题卡上”。
考试时间结束	发出结束信号 终止考生答题 收试卷及答题卡 核对宣布考生退场 填写考场记录表	1. 主监考员宣布考试结束，考生停止答卷；要求考生将考试材料排列好，依次为：答题卡、试卷Ⅱ、试卷Ⅰ，草稿纸，坐好等待收卷。 2. 副监考员开始收卷（要做到四收：一收答题卡；二收试卷Ⅱ；三收试卷Ⅰ；四收草稿纸）；按准考证号或座位号（包括缺考考生）从小到大（小号在上，大号在下）的顺序同方向整理好考生答卷、答题卡和草稿纸。注意核对试卷Ⅱ卷头准考证号与考生座位号是否相一致，核对试卷页码顺序。主监考员注视全场维持秩序。 3. 收完试卷，清点核对后，宣布考生依次退场。 4. 两名监考员共同复查考场记录。 5. 将答题卡、试卷Ⅱ、试卷Ⅰ按准考证号或座位号顺序检查一遍，清查考场，关窗锁门。 6. 两名监考员共同携带试卷、答题卡、草稿纸等到考务室装订密封交主考验收。

附件八

考场偶发事件处理办法

序号	偶发事件	处理办法	
		监考员	考点主考
1	考生忘记带或遗失了“准考证”（身份证或军人证）	会考、高考、成考：先验证考生相貌，若与准考证存根上照片相符，可先安排考生进场考试，要求考生下一科考试时带来，将情况报告考点主考； 中考：要求领队确认； 自考：不得进场考试。	掌握无“准考证”进场应考的考生情况，及时报告区县考试机构。
2	考试中发现考生相貌与准考证（身份证或军人证）上的照片不符	立即将情况报告主考。该科考试结束以后，将考生带到考点办公室，由主考处理。	核实情况，确系代考，填写《违规考生登记表》，报告区县考试机构。
3	主监考员领取试卷时发现试卷袋口或密封有异常迹象	立即报告考点主考。	与监考员共同将异常情况记录在案后，监考员换备用试题袋，主考应负责查明原因，立即逐级上报。
4	试卷启封时，发现内装试卷与所考科目不符或混装、错装	立即装回原试卷袋。通过场外流动监考员向考点主考报告，安排考生在考场等候。	请示区县考试机构，启用备用试卷；另派未接触装错科目试卷的流动监考员接替该监考员工作；对原监考员采取隔离措施，直到错装试卷科目考完为止。
5	试卷启封后，发现有缺页、漏印、重印、损坏等无法使用的情况	在本考场无法调整的情况下，向考点主考申请动用备用试卷。记住所耽误的考试时间。	先核实情况，用备用试卷补齐，然后立即报告区县考试机构。

续前表

序号	偶发事件	处理办法	
		监考员	考点主考
6	因试卷印刷字迹不清，考生提出询问	如个别试卷字迹不清，可参阅备用试卷，并当众答复（声音稍大些），如整个考场考生试卷同一处或几处的字迹不清，则立即通过场外流动监考员请示考点主考。	参阅备用试卷，如整个考点出现同样问题，立即请示区县考试机构。
7	开考后，发现部分试卷混装、错装，与所考科目不符	将这些试卷收齐，清点后当场密封。同时通过场外流动监考员请示考点主考。	请示区县考试机构，动用备用试卷。将错发试卷密封存保密室，并对接触错发试卷人员立即隔离，其中考生下科考试单独进行，直到失密科目开考。
8	试卷中发现试题明显错误且无勘误表	不作回答，通过场外流动监考员请示考点主考。	将情况报告区县考试机构，得到更正通知后及时更正，在未得到更正通知前，暂不处理。
9	考试中，个别考生考试用具发生问题	考生不离座。监考员采取适当方式协助解决。	考前适当准备墨水及答题用笔等文具。
10	考生未在规定的座位参加考试	如实记入《违规考试登记表》。	核实情况后在《违规考生登记表》上签字。
11	考试中发现考生将规定外的东西带入考场	如实记入《违规考试登记表》。	处理同上
12	考试开始信号发出前答题或者考试结束信号发出后继续答题的	记住抢答及拖答的题目，答在什么地方，答的内容文字，如实记入《违规考试登记表》，并报告主考。	处理同上
13	发现考生抄袭、偷看、传递、夹带等舞弊行为	1. 如属个别考生，则立即制止，并如实记入《违规考生登记表》，考试结束后，将考生连同违规证据送到考务室。 2. 如发生较大面积的舞弊事件，则应全力制止，并立即通过场外流动监考员报告考点主考。 3. 如发现泄密，立即通过场外流动监考员报告考点主考。	1. 组织力量调查，并立即将情况报告区县考试机构。 2. 其他处理同上。
14	考试期间，需要向考生传达有关通知	按要求原原本本向考生传达。	召开考点有关人员会议，形成文字通知，分头传达到考场的监考员。
15	考生发生晕场、疾病的情况	通过场外流动监考员报告考点主考。	指挥和监督就地治疗或送至就近医院治疗。如果开考还不到 60 分钟，则实行隔离治疗。
16	考场内部发生喧哗	予以制止、记录，通过场外流动监考员报告考点主考。	立即组织工作人员予以制止并报告区县考试机构。
17	考生在试卷上书写的姓名、准考证号（座位号）均与考生本人准考证不符	该科考试结束后，将其带到考点办公室，向主考说明情况。	核实情况，记录在《违规考生登记表》并报告区县考试机构。
18	考生无意弄脏或损坏试卷、答题卡，要求更换	开考前，向主考申请备用试卷和答题卡。开考后，不再更换。	核实情况，动用备用试卷、答题卡，如实记录。
19	考生带走试卷、答题卡或草稿纸	未出考场，立即予以收回；已离考场，尽量追回并立即报告考点主考。	组织力量，设法追回。记录在《违规考生登记表》并报区县考试机构。

续前表

序号	偶发事件	处理办法	
		监考员	考点主考
20	未经考试工作人员同意在考试过程中擅自离开考场的	如实记入《违规考生登记表》。	核实情况后在《违规考生登记表》上签字。
21	未列入本办法中的偶发情况	通过流动监考员报告考点主考。	根据有关文件规定进行处理。或上报区县考试机构，请示处理意见。

附件九

高等教育自学考试补充规定

（此处略——编者注）

附件十

考生应试守则

1. 考生必须自觉服从监考员等考试工作人员管理，不得以任何理由妨碍监考员等考试工作人员履行职责，不得扰乱考场及其他考试工作地点的秩序。凭准考证等，按规定时间参加考试。

2. 考前20分钟（第一科提前10分钟）考生持准考证等有关证件进入考场。

3. 开考15分钟后不得进入考场，开考60分钟后经获准方可交卷离开考场（外语科听力考试要求另行规定）。

4. 考生进入考场只准携带规定的考试用具，严禁携带各种通讯工具（如手机、寻呼机）、电子存储记忆录放设备（如MP3），以及涂改液、修正带等物品进入考场，考场内不得自行传递文具用品等，不准随身夹带文字材料及其他与考试无关的物品。

5. 入考场后按准考证号（座位号）入座，将准考证及证件放在桌子右上角。

6. 考生在领到答题卡和考卷后，应按要求在规定的时间内在试卷及答题卡上的指定位置准确、清楚地填、涂姓名、准考证号（座位号）等栏目。

7. 开考信号发出后才能答题。

8. 考生在试卷Ⅱ卷面上直接答题，要求用蓝、黑色墨水的钢笔或圆珠笔，不得使用红色笔或铅笔（除画图外）答题；试卷Ⅰ的答案要用2B铅笔填涂在统一的答题卡上，在试卷Ⅰ上答题无效。

9. 考生应在试卷或答题卡上规定的位置答题，不得在试卷上做其他任何与答题无关的标记。

10. 在考场内须保持安静，不得吸烟、不得喧哗，自觉遵守考试纪律。

11. 考试中不准交头接耳、左顾右盼，不准打手势做暗号，不准偷看、抄袭或有意让他人抄袭，不准交换试卷、答题卡、草稿纸，不得自行传递文具等。

12. 试卷分发错误及试题字迹不清等问题，考生须先举手，经监考员同意后轻声提问。涉及试题内容的疑问，不得向监考员询问。

13. 考试结束前要离开考场的考生须先将答卷及答题卡反扣在桌面上，再举手提出离场，经监考员允许后才准离开考场，离开后不准在考场附近逗留。

14. 考试结束信号发出后，考生须立即停笔，将答题卡和答卷从上至下按照答题卡、试卷Ⅱ、试卷Ⅰ、草稿纸的顺序平放在桌面上，坐好静候收卷。待监考人员收齐答卷检查无误发出指令后才准离开考场。

15. 考生不得将试卷、答题卡、草稿纸等考场上所发的任何考试材料带出考场。

16. 对违反应试守则的考生，按《国家教育考试违规处理办法》的有关规定处理。

【教育部市政府领导视察北京市成人教育招生考试准备工作】　2005年10月14日，北京市成人教育招生考试即将开始的前一天，教育部副部长袁贵仁，北京市副市长、市高等学校招生委员会主任范伯元，教育部考试中心副主任戴家干等领导视察了北京市成人高考工作准备情况，北京市教委主任耿学超、北京教育考试院院长王键陪同教育部和市政府领导到西城区教育考试中心、朝阳区成人高考考点视察。视察中袁贵仁、范伯元、戴家干等查看了试卷保管、考试准备、考场安排情况，听取了北京市成人高校招生办公室、西城区教育考试中心和朝阳区成人高考考点负责人的工作汇报。袁贵仁副部长对北京市成人高考各项准备工作给予充分肯定，并强调指出，各级政府主管部门要高度重视成人高等教育招生考试工作；面对新形势、新情况和新任务，应加强对成人高等教育研究，促进全民学习、终身学习的学习型社会建设；成人高等教育招生考试工作要加强科学管理，加大对考试中发生事故的查处力度，积极慎重、稳妥地处理招生考试中发生的各种问题，共创良好的考试氛围，贯彻公平、公正的原则，实施“阳光工程”，维护好国家考试的严肃性和权威性。

【北京市成人教育招生全国统一考试】 2003年后，成人高等学校全国统一招生考试改在每年的下半年举行。按照教育部的统一规定，2005年北京市成人高等学校招生全国统一考试于10月15日开始，16日下午全部结束。全市共设20个考区，166个考点，3 948个考场；报名应考人数为114 192人，实际参加考试105 165人，缺考9 027人，缺考率为7.91%，比2004年的8.02%略有下降。考试期间依据《国家教育考试违规处理办法》查处违纪、违规考生481人。同时，还组成调查组积极配合公安部门对大兴县考区涉嫌手机短信舞弊事件展开了调查。

此次考试工作自始至终继续得到公安、交通等有关部门的大力支持与协助；考试期间市教育考试院、各区（县）委、区（县）政府、教育行政部门、考试招生机构的有关领导巡视了考场；市、区两级成招办派出巡视员检查了试卷保密和考试实施情况，在维持良好考试秩序，保证试卷的安全、保密等工作中起到了重要的检查、监督和促进作用。

在2005年的成人教育招生考试中，市教育考试院和各级招生管理机构继续加强对考试实施过程的监督检查力度，加强了考试管理，严肃了考风考纪；贯彻执行了教育部文件精神和考试院考试工作实施办法，严格治理考试、考场腐败；加强了对各级考试工作人员的业务培训和职业道德教育，严格执行了各项考务管理规定；依照教育部要求，每一名考生都签订了《诚信考试承诺书》，对考生进行诚信考试和严肃考风考纪方面的宣传和教育；加强了试卷管理，严格依照有关规定程序接送、保管试卷，实施专人24小时保密值班，确保试卷安全保密工作的万无一失。向各区、县考点派出了37名经过培训的考试巡视人员，要求各区、县成人教育招生办公室每天向市成人高校招生办公室汇报试卷保密和考试组织实施情况，以确保考试工作平稳进行。同时，还注意发挥市、区两级人大、政协及新闻媒体的监督作用，及时公布、报导成人教育招生考试的进展情况和可公开的相关信息及出现的问题，除接受教育部、市政府、市高校招生委员会、市教委领导到考试现场检查指导工作外，还专门邀请了部分市、区两级人大、政协委员、代表到现场检查、监督考试工作，从而保证了成人教育招生考试工作在全市有秩序、按步骤地顺利展开并胜利结束。

【积极探索防范以现代通讯工具作弊的新措施】 随着现代信息通讯工具的普及和发展，利用现代通讯工具作弊的现象也时有发生，在成人教育招生考试中积极防范以现代通讯工具作弊行为，净化考试环境，是成人教育招生考试必须面对的新挑战。多年来，北京市教育考试院在这方面曾进行过多种防范措施的研究和探索。为防范和打击利用现代信息通讯工具的作弊行为，2005年，北京市教育考试院在这方面又进行了积极的研究和新的探索，在成人教育招生考试 时在顺义、昌平、石景山区和大兴县考区首次实验使用“无线电信号屏蔽仪”200余台。有效地遏制了以现代通讯手段进行考试作弊、扰乱考场秩序行为的发生。同时，也为遏制考试作弊、维持考场秩序、净化考试环境、营造良好考试氛围探索了新途径，对考试组织工作的现代化、信息化建设和管理也是一次有益的尝试。

（三）招生考试试卷评阅

【制定评阅试卷工作方案】 北京市成人教育招生高校多、报考人数多，考试科类齐全，因此，考试阅卷工作量大，组织工作复杂。要顺利完成阅卷评分工作，没有科学细致的组织工作、周密的工作安排方案和得力的措施是难以保质、保量、保时地完成阅卷工作任务的。为保证成人教育招生考试阅卷工作顺利完成，北京市教育考试院于2005年9月15日就向各阅卷学校发出了《关于制定2005年北京市成人高校招生考试评阅试卷工作方案的通知》（京考成招〔2005〕16号），明确提出：“为贯彻落实教育部《2005年高等学校招生全国统一考试考务工作规定》（教考试〔2005〕1号），确保2005年北京市成人高校招生考试评阅试卷工作的顺利实施”，各阅卷学校要“根据北京市教育委员会、中共北京市委宣传部、北京市公安局、北京市保密局印发的《北京市国家教育考试考务安全保密工作实施办法》（京教办〔2004〕26号），制定本校的评阅试卷工作方案”，上报北京市教育考试院成人高校招生办公室。阅卷工作方案主要内容包括“（1）阅卷领导小组的组成情况；（2）各部门的组织机构、分工、职责及人员名单；（3）保密室、阅卷及登分场所的设置情况；（4）各部门的工作程序和时间安排；（5）阅卷期间试卷及数据安全保密保管措施；（6）突发事件应急预案”等。2005 年 9 月 22 日前，各阅卷点设置院校均按此要求上报了阅卷方案，并开始了阅卷的准备工作。

【明确成人教育招生考试评阅试卷的工作要求】　制定评阅试卷基本要求，统一评阅试卷标准是提高评阅试卷工作科学化、规范化水平，确保评阅卷质量，保障考生合法权益的重要前提。为保证这一前提的完全实现，北京市每年都下发成人高等学校招生考试评阅试卷规定，明确有关评阅试卷的工作要求和操作规范。与成人教育招生考试改革推进的步伐相适应，2005 年北京市教育考试院又一次修订了有关办法，并于 9 月 26 日以京考成招［2005］17 号文件下发了《2005 年北京市成人高等学校招生考试评阅试卷工作规定》。该文件下发后有效地指导了 2005 年成人高考的评阅试卷工作，保证了评阅试卷工作的顺利完成。

2005 年北京市成人高等学校招生考试评阅试卷工作规定

评卷工作是成人高校招生全国统一考试工作的重要环节，为保证此项工作顺利进行，根据教育部《关于印发〈2005 年高等学校招生全国统一考试考务工作的规定〉的通知》（教考试［2005］1 号）文件精神，结合北京市实际情况，特作如下规定。

一、评卷工作的原则及依据

评卷工作要坚持“科学、公正、准确、规范、宽严适度、首尾一致”的原则，评卷工作的依据为教育部制定的答案和评分参考。

二、组织领导及分工

（一）组织领导

评卷工作在北京市成人高校招生考试评卷领导小组（以下简称市评卷领导小组）的领导下进行。市评卷领导小组由北京教育考试院主管领导、考试院成招办负责人及各评卷点领导小组组长组成。

全市统一设置评卷点。各评卷点应成立评卷领导小组，组长由承担评卷工作院校的主管招生院校长担任。

各学科成立学科评卷领导小组，组长由本学科副教授以上职称的教师担任。

各评卷点应设立评卷、检查、成绩录入、试卷保管、后勤等小组。

考试院成招办为市评卷领导小组的办事机构，具体协调、解决阅卷中出现的重大问题。

各区县成人高校招生办公室负责将本区答卷运送到评卷点，评卷结束后取回答卷并做好分数复核工作。

（二）各部门职责

市评卷领导小组负责组织全市评卷工作，及时处理评卷工作中出现的普遍性的重大问题。

评卷点领导小组具体组织有关科目试卷的评阅工作，保证试卷的评阅质量和进度，做好试卷评阅、试卷保管及安全保密等项工作。

评卷点下设的各小组要认真完成评卷点领导小组分配的任务。

（三）评卷教师

评卷教师由各评卷单位选聘。评卷教师以高等学校教师为主，一般应有具有讲师以上职称。评卷教师应思想品德好，工作责任心强，业务水平较高，有一定的评卷工作经验，作风正派，遵守纪律、身体健康、当年无直系亲属参加成人高考。评卷前要签订《2005 年参加成人高考评卷承诺书》（见附件 5）。评卷领导小组要加强对评卷教师和工作人员的管理。评卷领导小组有权辞退不遵守纪律或不能胜任阅卷工作的人员。

三、阅卷评分

（一）研究评分参考，坚持做好试评

各评卷点领导小组，要组织全体评卷教师认真学习、研究《答案》及《评分参考》，对于评分标准的宽严尺度，要统一认识。

评卷前，要根据《评分参考》进行试评，对考生不同的答题方式进行研究、讨论、归纳。遇有争论的问题，要经过反复论证，统一思想；在此基础上，评卷点领导小组制定出相应科目的“评分标准执行细则”，并使每个评卷教师熟练掌握统一的评分标准及其执行细则，防止在正式评卷中出现偏宽、偏严或宽严不一的现象。

（二）实行岗位责任制，采取流水作业法评卷

1. 分组办法。评卷点根据该科目试卷的题目数，设立与题目数相同（或相近）的题目组，每个题目组再分成若干个小组。若该科目试卷数量较多，评卷点可先分成几个大组，每个大组再根据试卷题目数，分成与题目数相同（或相近）的题目组，然后下设若干个小组，组与组之间按题目传递流水作业。

2. 组长职责。各题目组均设组长，组长指定专人负责领送、分发试卷；要随时掌握评卷进度、质量和出现的问题。

3. 题目分工，在评卷过程中，作文和论述题由两人分别评阅（一人主评，一人副评，定时交换），在一定幅度内取两个分数的平均分。如超出一定幅度由评卷题目组讨论决定。其他题目一人一题单独评阅，疑难问题由题目组讨论解决。

4. 要建立复查制度。对评阅后的试卷，小组要复查，题目组、大组要抽查，各学科每天的复查量不得少于 20%。阅卷点负责人在抽查的同时要及时解决疑难问题，防止偏严、偏宽或宽严不一及漏判题等问题。对评分标准掌握不当的评卷人员应予以提醒，对不能正确掌握评分标准（或多次提醒不改正）的评卷人员，应调换其工作。若有与原评卷教师不同意见，由学科评卷小组组长裁决。

5. 积极推广计算机监控和人工复查相结合的方法，提高评卷质量。

6. 评卷人员在评卷过程中，应按规定签署姓名。

（三）记分

批阅、记分，一律用红墨水笔或红圆珠笔，记分要准确、书写要工整、规范。

1. 记分方法。用阿拉伯数字记分，评卷只在每道小题号前记得分，不记扣除分数。完全答错和未答的，做“○”记号。评卷人在规定的位置签字，以示负责。每题中的小数点以后的分数，不作四舍五入，每科积分时才作四舍五入处理。成绩如需订正，订正后要由原评卷教师和订正人签名，以便个人负责。

2. 每小题的分数，应工整地写在相应小题号的前面，大题的题首分不用累计。

3. 如发现答案中有严重的政治错误，须集体讨论审查确定后在有错误的地方做“＝”记号，并在试题成绩栏下做“×”记号，同时做记载，必要时，由评卷领导小组处理。对有异常情况的试卷（如雷同试卷，字迹前后不一致，在密封线外写有考生姓名、考号，铅笔答卷或标记等）先评分，同时填写《答卷异常情况记录表》和写出答卷异常情况鉴定，会同市评卷领导小组处理。

（四）坚持集中评卷

1. 各评卷点要克服困难，做到按科目在规定的时间、场地集中评阅试卷。

2. 在试卷袋拆封后，由评卷教师先把卷袋上的密码号填在卷头纸上，保证试卷始终是在密封状况下进行评阅。评卷后，要注意将试卷装回原试卷袋中。

（五）做好试卷的收发、传递、保管和保密工作

1. 评卷点要建立保密室，制定保密制度。各阅卷点要设置值班室，要求 24 小时有人值班，保证联络畅通。设立专门人员负责收发试卷，健全试卷收发手续。发放的试卷，评阅后当天必须收回，集中保密室保管。

2. 评卷题目小组组长负责领送试卷，领送试卷前均严格检查试卷密封、编号是否完好，有无缺漏。

3. 评卷时要做到严格保密，不得将试卷带出评卷场所，不得抄录试卷评阅结果。对评卷有不同意见应及时向组织反映，不得在室外谈论评卷情况和问题。不得在评卷室内会客、接待来访。

4. 要注意做好评卷场所的安全保卫工作，保持清洁，注意防火、防盗，不要吸烟，不要随意乱扔纸张。

四、登分工作

登分工作全部实行小分录入，即阅卷点在试卷评阅完毕后，按照要求把考生每道小题所得分数录入计算机。

（一）登分要求

1. 所有登分工作人员应经培训后上岗。

2. 登分采取两遍录入的方式，即每份试卷必须录入两遍，第一遍为“一录”，第二遍为“复核”。

3. 录入前应认真输入考场密码号及考试科目。检查系统给出考试人数是否与实际相符，如不一致要认真查找原因，必要时与考试院成招办联系。

4. 在“一录”小分时，录完一份试卷后，将计算机自动合成的考生总分用红笔写在该卷卷首总分处。“复核”时若发现与“一录”不符，由复核人确定正确分数，在原错误分数上划“＼”，重新写出正确分数并签字。

5. 阅卷点小分录入系统要有相应的设备配置，最低配置如下：

对于阅卷科次在 5 万以上的阅卷点需要使用专用服务器，其最低配置：Intel Xeon800M CPU / 内存 1G / 硬盘 10G * 3（RAID5）/100M 网卡。

对于阅卷科次在 5 万以下的阅卷点可以使用高档 PC 机做服务器，其最低配置：Intel P4 1.8G CPU/内存 512M/硬盘 30G/100M 网卡。

客户端 PC 机最低配置：P2—450/内存 64M/硬盘 10G，10/100M 网卡。

登分地点要求具有与外界隔离的独立的局域网，采用 100M 交换机。在的登分期间保障网络畅通、无病毒，电源不间断。要注意数据及时备份。

（二）操作方法

见《阅卷点小分录入系统使用说明》。

五、复核工作

复核工作全部采用小分录入复核方式。复核工作是指在评卷、登分、核分后复查分数是否登错或加错，不涉及评分标准掌握问题。这项工作主要由区县成招办组织进行。

（一）复核工作应在试卷启封的状态下进行。复核时首先检查“试卷袋”上区（县）号、考场密码号、科目代码、应考人数是否与试卷一致，试卷的份数是否同考场人数相一致；不一致时，要认真查找原因，及时解决。

（二）注意检查准考证号的顺序是否从小号到大号连续排列，中间是否由其他异常现象，如有异常情况，应及时纠正。

（三）在前两项均符合规定的情况下，可开始复核工作。录入每张试卷小分。当发现与阅卷点所录分数不一致时请录入正确分数，并注明错误原因。

（四）积分复核人员对各题分数、全卷分数全面复核。

（五）分数订正由评卷点指定专人负责。订正后加盖评卷点分数校对章。

（六）当复核工作结束后导出并上交“复核成绩库”。

六、建立应急预案，加强值班，严格报告制度

各阅卷点要建立应急反应机制和应急工作预案。一旦发生涉及试卷安全保密工作的重大突发事件，必须在第一时间同时报告考试院和院校领导。

要进一步落实突发性重大事件直报和阅卷情况日报制度。考生答卷到达阅卷点后，每天下午 6:00 前应将试卷保密情况电话报考试院成招办。

考试院值班电话：白天（8:00—18:00）62198012　62198016。

夜间（18:00 至次日 8:00）62113626。

七、集中改错

考试院成招办组织各评卷点和各区、县成招办对登分中出现的错误共同修改。

（一）改错时间、地点

2005 年 10 月 30 日上午 8:30，地点：北京电大阶梯教室。

（二）改错方法

区县需携带成绩复核数据盘、需更改分数的试卷。依据考试院成招办打印的成绩复核单，经阅卷教师对分数错误进行核对，无误后签字交成招办。

八、处罚规定

在评卷工作中，对违犯规定的工作人员和发现试卷雷同等违纪行为的考生，按北京教育考试院《北京教育考试违规行为处理暂行办法》中有关规定处理。

九、评卷总结与试卷分析

试卷评阅工作结束后，各评卷点领导小组要总结评卷工作，写出评卷工作总结；对各科目进行阅卷分析，并单附 200 字左右的试题评价；对今后的命题工作提出意见和建议；评选出优秀评卷员，评选的数量占月间教师的 10%。上述材料（软盘及书面材料）于 10 月 31 日前交考试院成招办考务科。

附件一

2005 年北京市成人高考评卷领导小组名单

组长：吴凤臣 北京教育考试院副院长

副组长：董维祥　北京教育考试院成人教育招生办公室主任

马宏辉　北京教育考试院成人教育招生办公室副主任

黄建平　首都师范大学成教学院院长

成员：包华影　王季音　郭世安

成招办批卷工作联系人：祝丰　李新　吴莉莉　赵虎

附件二

2005 年北京市成人高考阅卷工作时间安排

时间	工作进度和要求
9 月 28 日—29 日	召开阅卷工作会。
10 月 15 日—16 日	成人高校招生全国统一考试。
10 月 17 日上午	各考试单位向阅卷点集中送交答案。
10 月 18 日—25 日	各阅卷点组织阅卷登分工作，25 日前向考试院成招办报成绩软盘。
10 月 26 日上午	各区（县）招生办上午 9:00 到考试院成招办开会，并领取打印成绩复核单；会后到阅卷点领取试卷。
10 月 26 日—29 日	各区（县）招生办复核考生分数。
10 月 30 日	统一对考生成绩进行改错。改错地点：北京广播电视大学阶梯教室（皂君庙）。

注：阅卷期间值班电话：62198024　62198018　62198012（传真）。

附件三

2005 年北京市成人高考评阅主观卷一览表

阅卷学校	高中起点				专科起点升本科				联系人	联系电话	阅卷地址
	科目代码	阅卷科目	阅卷份数	阅卷袋数	科目代码	阅卷科目	阅卷份数	阅卷袋数			
首都师范大学	32	数学（文）	49 605 份	1 676 袋	15	民法	3 338 份	123 袋	马骅	68902632	首都师范大学教工活动中心二楼
	35	史地综合	14 489 份	495 袋	10	政治	44 475 份	1 567 袋			
	134 袋	/	/	/	16	教育理论课	3 668 份	134 袋			
	/	/	/	/	17	艺术概论	5 074 份	180 袋			
	学校合计	2 科	64 094 份	2 117 袋	学校合计	4 科	56 555 份	2 004 袋			
北京广播电视大学	33	数学（理）	20 112 份	693 袋	/	/	/	/	张纪勇	62148309	海淀区皂君庙甲 4 号北京广播电视大学二楼
	34	理化综合	3 708 份	136 袋	/	/	/	/			
	36	英语	69 628 份	2 364 袋	/	/	/	/			
	37	日语	87 份	4 袋	/	/	/	/			
	38	俄语	2 份	1 袋	/	/	/	/			
	学校合计	5 科	93 537 份	3 198 袋	学校合计	/	/	/			
北京师范大学	31	语文	69 717 份	2 369 袋	14	大学语文	6 797 份	237 袋	范继芳	58808167 58807843	北京师范大学化学楼
	学校合计	1 科	69 717 份	2 369 袋	学校合计	1 科	6 797 份	237 袋			
北京教育学院	/	/	/	/	12	高数（一）	6 491 份	227 袋	孟令惠	82089213	西城区德胜门外黄寺大街什坊街二号北京教育学院
	/	/	/	/	13	高数（二）	14 119 份	481 袋			
	/	/	/	/	11	英语	44 269 份	1 559 袋			
	/	/	/	/	20	日语	204 份	7 袋			
	/	/	/	/	21	俄语	2 份	1 袋			
	/	/	/	/	18	生态学基础	321 份	22 袋			
	学校合计	/	/	/	学校合计	6 科	65 406 份	2 297 袋			
总计		8 科	227 348 份	7 738 袋		11 科	128 758 份	4 538 袋			

注：各区县成招办将答题卡送成招办计统科。联系电话：62198018、62198024。联系人：祝丰　李新　吴莉莉　赵虎。

附件四

2005年北京市成人高考评阅客观卷一览表

代码	阅卷科目	袋数（袋）	卡数（张）	起点
10	政治	1 567	47 010	专科起点
11	英语	1 559	46 770	专科起点
15	民法	123	3 690	专科起点
18	生态学基础	22	660	专科起点
19	医学综合	163	4 890	专科起点
31	语文	2 369	71 070	高中起点
32	数学（文）	1 676	50 280	高中起点
33	数学（理）	693	20 790	高中起点
34	理化	136	4 080	高中起点
35	史地	495	14 850	高中起点
36	英语	2 364	70 920	高中起点
总计	11科	1 167	335 010	

注：各区县成招办将答题卡送成招办计统科（考试院成招办六楼）。联系电话：62198018　62198024。联系人：赵虎。

附件五

2005年成人高考评卷人员承诺书

根据教育部、北京教育考试院关于教育考试安全的有关文件精神，本人将于2005年10月17日至26日间，参加本年度北京市成人高考相关科目试卷的评卷工作。按照《国家教育考试违规处理办法》、《2005年北京市成人高等学校招生考试评阅试卷工作规定》等有关文件要求，为保守国家秘密，高质量地做好成人高考试卷的评阅工作，在此愿郑重承诺：

1. 服从本学科评卷工作组和阅卷工作组的指挥，严格执行教育部制定的参考答案和评分标准，认真执行本学科评分细则；坚持“宽严适度”、“首尾一致”的原则，确保质量，按时完成任务。

2. 不向非评卷工作人员泄露评分情况，不私自进入试卷保管室，不查询考生分数。

3. 爱护答卷与各种资料，按照有关规定领送试卷，并保管保护好所领试卷，遇有特殊情况及时向有关领导汇报，以便迅速采取措施，防止试卷受损。

4. 评卷过程中，使用红墨水钢笔或红芯圆珠笔，坚持按评卷统一要求评卷和记分，记分科学、公正、准确、规范、工整、清楚，并对所评试卷或题目签字负责。

5. 遵守纪律、保守秘密，在规定的地点评卷。认真做到不将答卷带出阅卷室，不将评卷、统分的文件和资料等带出工作场所，不在工作时间会客和打电话。

6. 不在评卷工作场所吸烟，保持评卷场所的安静与秩序，注意做好防火、防水、防损工作。

承诺人（签字）：

年　　月　　日

附件六

评卷工作人员工作守则

一、严守纪律，保守秘密，严格执行评卷的有关规定。

二、严格掌握评分标准，防止偏宽、偏严和错评、漏评，按时完成任务。

三、在规定的地点集中评卷，凭《评卷工作证》出入评卷场所。

四、不得将答卷、评卷及统分的文件、资料等带出工作场所，评卷情况不得外传；工作时间不会客，不打电话；不得私自进入答案保管室和登分处；不准查询考生分数；不准将手机、传呼机等通讯工具带入评卷场所。

五、评卷一律使用红色字迹签字笔或圆珠笔，其他笔不得带入评卷场所。记分要清楚，如更改，必须有组长和复核人员签字或盖章。

六、不得私自拆密封答卷册，不准撬看密封线内的考生姓名、准考证号等内容，不得涂改考生答卷及成绩。

七、爱护答卷与各类资料，不得损坏答卷。

八、保证评卷场地安全、安静。

附件七

学科评卷小组组长职责

一、在评卷领导小组领导下，组织本学科的评卷工作，按时完成评卷任务。严守纪律，保守秘密，严格执行评卷的有关规定。

二、在评卷前组织试评。在试评和学习、掌握答案及评分参考的基础上，制定评分细则。

三、培训评卷人员，使每个评卷人员正确、熟练掌握答案和评分参考及评分细则。

四、检查执行答案和评分参考及评分细则的情况，纠正执行过程中的偏差。

五、负责本学科评卷的质量，裁决有关执行答案及评分参考和评分细则过程中的偏差。

六、评卷结束后，对本学科答卷情况进行分析，做出对试题、试卷的定性分析报告，并对试题、答案和评分参考提出意见，报有关考试机构。

附件八

统分输机工作人员守则

一、统分输机工作人员必须随身佩戴专用出入证，并妥善保管，不得遗失和转借他人。

二、遵守纪律，不迟到不早退。工作场所严禁吸烟，工作时间不会客、不接打电话。坚守工作岗位，不到与自己无关的岗位闲谈，不进入与自己无关的工作室。非计算机操作人员不得不得随意动计算机键盘。

三、所有工作人员必须保守机密，不向外界透露统分进度有关情况，不准随意查询考试成绩，更不准改动考生成绩。如发现有改动考试成绩的可疑情况，应及时向有关负责同志报告。主控操作人员不得以任何借口改动考生成绩。

四、所有工作人员一律使用红色圆珠笔。试卷分数填写不清或漏判的须请评阅教师复查或评判，其结果应有评卷教师的签字，更改的成绩必须有二人签字，并有负责人审核后签字。

五、爱护考生答题卡，严防污染、破损现象发生。

六、对违反纪律和徇私舞弊者，要从严处理。

附件九

保密人员守则

一、保密人员必须认真学习国家制定的保密法规，提高对保密工作的认识，自觉遵守纪律，勇于保卫答卷安全。

二、保密人员必须坚持原则，不得以任何理由为借口启封答卷袋，更不得监守自盗。

四、保密人员必须做到昼夜 24 小时值班，不得擅离职守，每班不得少于二人值班。

五、保密室内不准吸烟、酗酒、打闹，不得进行娱乐活动，不准无关人员进入保密室。

六、开启保密柜，必须有二人同时在场。接收和发出答卷，必须细心清点科目和数量，认真查验封签，严格履行交接手续。

七、答卷保管人员必须坚持原则，严守机密，不在工作场所之外谈论答卷情况，不打听评卷核分情况，不准任何人抄袭卷面成绩。除处理装订不合格或有标记的答卷外，不得翻阅答卷。

八、答卷保管员要及时做好发放答卷的准备工作，做到不错不乱、不丢失、不损坏。答卷收发要有登记表，收发要签字。

附件十

评选优秀评卷员的条件及工作要求

一、评选的条件

（一）具有较高的思想水平，工作责任心强，主动承担重任，遵守纪律。

（二）正确掌握评分标准，宽严适度，评卷无差错，保证质量。

（三）努力探索提高评卷质量新途径，主动提出评卷工作建议，积极参与试题、答卷和评卷质量的分析评价工作。

二、工作要求

评选优秀评卷员原则上占评卷教师10%以内。在评卷结束前一两天，各评卷小组提出推荐各单报评卷点领导小组，经阅卷点领导小组初审后，填写《优秀评卷员登记表》及《优秀评卷人员名单》一式二份，并加盖阅卷点院校招生办公室公章，于10月31日前报考试院成招办审批。对于评选出的优秀评卷人员，考试院成招办将适时予以表彰，以资鼓励。

附件十一

附表1至附表5

附表1　　**2005年北京市成人高等学校招生全国统一考试试卷装订及考生答卷情况登记表（样）**

科目代码：　　　　科目名称：　　　　区县　　　　评卷学校：

考试密码号	试卷序号	未按规定装订试卷										答卷异常						评卷人签字（二人）
		卷头未封	试卷倒装	页码倒装	考号不顺	卷Ⅰ卷Ⅱ合订一起	混装卷Ⅰ未装卷Ⅱ	装订不齐考号外露	胶水过多试卷粘连	卷册未附白卷	未装订缺考生试卷	姓名写在密封线外	铅笔答卷	雷同试卷	试卷上有标记	用涂改液	异常答卷题号	

注：此表由阅卷点填写。一式二份，交考试院成招办。一份由考试院成招办存档，另一份发区县以便复核。

阅卷点负责人签字：

年　　月　　日

附表 2

北京市成人高考阅卷点工作人员登记表

阅卷学校：

序号	姓名	性别	年龄	职务职称	工作单位	阅卷期间任职
1						
2						
3						
4						
5						

注：1. 阅卷期间任职系指领导工作、阅卷或登分工作、保密工作、后勤工作中其中一项。

2. 此表填写一式二份，10 月 30 日交成招办联络员一份带回。

填表人签字：　　　　负责人签字：

附表 3

2005 年北京市成人高考阅卷点人员统计表

阅卷学校：

工 作 类 别	人 数	备 注
领导小组人员		
阅卷人员		
登分人员		
保密工作人员		
后勤服务人员		
合计		

注：各阅卷点 10 月 20 日前将此表交考试院成招办。

填表人签字：　　　　负责人签字：

附表 4

北京市成人高校招生优秀评卷人员名单

评卷点名称：

序号	姓名	性别	职务或职称	工作单位	评卷科目	备注
1						
2						
3						
4						
5						

注：此表填写一式二份，于 10 月 31 日前交考试院成招办一份。

填表人签字：　　　　负责人签字：

附表 5

优秀评卷员登记表

<table>
<tr><td>姓名</td><td></td><td>年龄</td><td></td><td>政治面目</td><td></td><td>民族</td><td></td></tr>
<tr><td>工作单位</td><td colspan="3"></td><td>职务</td><td></td><td>职称</td><td></td></tr>
<tr><td>评卷年度</td><td colspan="3"></td><td>评卷科目</td><td colspan="3"></td></tr>
<tr><td colspan="8">事迹：</td></tr>
<tr><td colspan="8">评卷点意见：
评卷点招办盖章
2005 年　月　日</td></tr>
<tr><td colspan="8">考试院成招办意见：
2005 年　月　日</td></tr>
</table>

注：此表填写一式二份，于 10 月 31 日交考试院成招办一份。

【成人高等学校招生考试阅卷工作会议】　为统筹协调好2005年成人高等学校招生考试阅卷工作，保质、保量、保时地完成阅卷工作任务，北京市成人高校招生办公室在各阅卷院校工作计划上报后的9月28日，即在石油大学（北京）召开了2005年北京市成人高等学校招生考试阅卷工作会议。承担阅卷工作任务的北京师范大学、首都师范大学、北京广播电视大学、北京教育学院四个学校阅卷点主管领导和市成人高校招生办公室领导出席了会议。会议认真领会了教育部、北京市有关全国统一招生考试评阅试卷工作的文件、规定精神，明确了2005年的阅卷工作任务和要求，统筹协调了阅卷工作计划、方案，研究了实施阅卷工作方案可能遇到的新问题，酝酿了相应的解决问题预案。通过研究和认真的讨论，各阅卷点进一步明确了工作责任、目标和阅卷工作总体指导思想、操作规范及质量标准。大家一致表示，这次会议是一次阅卷工作的协调会、动员会，也是阅卷工作开始前的一次筹备会。回去后，各阅卷点都要认真贯彻这次会议精神，开始阅卷准备工作，落实阅卷工作方案，做好阅卷教师、工作人员的动员、组织工作和阅卷的信息安全工作，努力提高阅卷工作的科学化、规范化水平，争取确保阅卷工作万无一失，按时完成。

【成人高考试题分析座谈会】　2005年10月15日，在成人高校招生考试开始的第一天，教育部高校学生司和考试中心在北京邮电会议中心召开2005年成人高考试题分析座谈会，北京市成人高考阅卷学校的负责人、各科目阅卷教师、辅导教师、命题教师及考试中心工作人员共90多人出席了会议。

会议由教育部考试中心命题部韩家勋处长主持，教育部学生司本专科招生处范卫宏调研员做大会发言。

范卫宏调研员介绍了目前成人高考的现状，分析了成人教育生源情况，提出了进一步深化成人高校招生考试政策改革的建议。他指出，随着我国高等教育已进入大众化教育阶段的新发展，成人高校招生工作面临着许多新情况新问题。1998年前因各方面条件限制，招生规模一直处于受控状态；1999年以后招生规模有所扩大，成人教育生源情况也随着发生了较大变化，报考高中起点的具有“三校生”（中专、职高、技校）背景的考生比例占到了60%；高中毕业考生比例明显下降；报考专升本的考生由过去比较单一的普通高校和成人高校的毕业生群体发展成为有普通高职高专、成人高职高专、自学考试专科毕业、电大、网络教育学院专科毕业等多种学历背景的考生群体。科教兴国，人才兴国战略的实施，终身教育体系的完善，学习型社会建设目标的确立，等等，都推动了成人教育的发展，也为成人教育招生考试体制、体系改革提出了新要求。

范卫宏调研员指出，1999年后成人高考改革稳步推进，考试科目已由原100多门改为目前的10多门，考试时间也由上半年调整到下半年，考试内容也进行了新的调整。但是，面对社会发展和成人教育需求以及生源情况的不断变化，成人教育招生考试科目、内容、方式、体系改革的任务更加艰巨，触及的深层次问题也越来越多。因此，在2005年成人高考开始的第一天，就请北京的命题、阅卷及教学组织工作的专家和有丰富工作经验的同志们一起来开个试题分析座谈会，就成人教育招生考试科目、内容等改革问题听取大家意见和建议，以推进成人教育招生考试改革，促进成人教育事业的健康发展。

随后，会议进行了分组讨论。与会的专家、教授和成人教育招生工作人员结合2005年成人高等教育招生考试考题分析情况就成人教育招生考试科目、内容、形式、方式等改革提出了许多富有建设性的意见和建议，并就有关问题进行了较为广泛、深入的探讨。

此次会议虽然是在2005年成人高考期间“插空”召开，但却是一次很及时、富有成效的研讨会议。会议不仅对于北京市2005年成人教育招生考试的阅卷工作具有重要的指导作用，而且还开阔了人们的眼界，强化了改革、发展意识，创新了人们的思维方式。对北京市承担的成人高考科目、内容、考试方式改革的课题研究起到了重要的再动员和推动的作用。

【招生考试试卷评阅】　2005年10月17日全市各区县考点开始将考试答卷分送北京师范大学、首都师范大学、北京教育学院、北京电视大学四个阅卷点。阅卷点立即组织试评，并对评分标准的宽严尺度统一思想和要求。10月18日，评卷工作全面展开并按原计划正常进行。至10月30日，包括各区县招办复核专业分数、市成人高校招生办公室组织阅卷改错等工作在内的所有阅卷程序全部履行完毕，阅卷工作随告顺利结束。

此次阅卷四个阅卷点共评阅试卷Ⅱ（主观题部分）356 106份，其中，北京师范大学负责评卷专升本大学语文和高中起点语文两科，共评阅试卷76 514份；首都师范大学负责评阅专升本和高中起点的政治、民法、史地综合等6科，共评阅试卷120 649份；北京教育学院负责评阅专升本英语、日语、高等数学（一）等6科，共评阅试卷65 406份；北京广播电视大学负责评阅高中起点的数学（理）、理化综合、英语等5

种，共评阅试卷 93 537 份。试卷Ⅰ（客观题部分）均由市成人高校招生办公室负责使用计算机机读方式评阅，共评阅语文、政治、数学（文、理）等 11 科试卷 335 010 份。

在阅卷组织工作中，各阅卷点认真贯彻了教育部的有关指示精神和阅卷工作公平、公正的原则，坚持了《2005 年北京市成人高等学校招生考试评阅试卷工作规定》中的具体要求，选派了业务水平高、责任心强、工作作风严谨、认真负责的教师参加评卷工作，并加强了对评卷人员的科学指导、规范管理和评卷工作具体要求、正确把握标准及评卷工作管理、操作规范方面的业务培训，因而也提高了阅卷人员的科学操作水平，保证了本年度阅卷工作任务的顺利完成。

【招生考试分数的公布】 由于参加成人高考的考生分布在北京市各地区、各工作领域，且工作繁忙，时间宝贵，如何使各考生能及时了解考试分数情况，使其能更方便、及时、准确地了解招生考试信息、录取政策规定，是北京市成人招生工作一直高度关注的问题之一。1996 年北京市首次使用北京市“160 电话信息台”公布考生成绩，为考生查询考试成绩提供服务，直接推动了招生考试信息查询方式的变革。2005 年在总结以往工作经验的基础上，继续使用“160 电话信息台”声讯系统公布考试成绩，并在网上增加了考试成绩查询系统，使考生可以突破时空限制，随时查到自己的考试成绩等信息。2005 年 11 月 2 日，市招办在网上向各区县成人教育招生办公室发送考试成绩的同时就开通了声讯台和网上考试成绩查询系统，所有考生都可通过电话或上网查到自己考试成绩的准确信息。各招生院校也可以在网上下载第一志愿报考本校考生的考试成绩，并进入招生录取工作的预备状态。11 月 4 日，各区县成人教育招生办公室向考生发送了纸介质的成人高校招生全国统一考试的成绩单。专业课考试成绩单也由各相关院校直接发送给各个考生。多渠道、多种技术手段并用公布考试成绩的方式，为考生及时了解考试成绩等相关信息提供了方便、快捷、准确的服务，也受到了广大考生的普遍欢迎。

【为考生申请复查考试成绩提供服务】 为增强成人教育招生考试工作的透明度、公信度，进一步向社会宣传招生考试工作的公开、公平、公正性原则，维护考生的合法权益，北京市一直坚持为考生申请复查自己考试成绩提供复查试卷的服务。2003 年开始，市成人高校招生办公室每年都专门发出通知，公布复查试卷的时间、地点及操作办法，安排专人接待考生，为申请复查成绩的考生提供复查试卷的服务工作。2005 年成人教育招生考试分数公布后的 11 月 3 日，北京市教育考试院即发出了《关于 2005 年北京市成人高考考生申请复查分数工作的通知》（京考成招［2005］20 号），安排部署了接受考生申请复查试卷分数的工作。各区县教育考试中心、成人教育招生办公室均认真贯彻了这一文件精神，并按文件的要求为申请复查分数的考生提供了满意的服务。该文件全文为：

关于 2005 年北京市成人高考考生申请复查分数工作的通知

京考成招［2005］20 号

各区县考试中心、成人教育招生办公室：

为增加成人高校招生考试的透明度，今年继续为考生提供查分服务。为做好此项工作，现将有关事项通知如下：

一、查分范围

对于考生查分，仅限在考生接到成人高考分数通知单后复查试卷中大、小题的分数有无漏判、漏登、错登、错加和计算机在处理分数时错登、错误等项目，不涉及评分标准的掌握问题。

二、查分时间

考生在接到成人高考分数通知单后按区县成人教育招生办公室规定的时间地点提出查分申请，填写《查分登记表》后，领取查分结果。在正式通知考生分数前，各区县一律不得接待考生查分。考生查分工作 11 月 12 日结束。

三、查分程序

考生申请查分，须首先出示准考证，填写《查分登记表》。区县复查试卷，应安排两人以上负责。要核对考生的准考证号，按照分数库打印各小题分数单，再与考生试卷进行比对。对于查分结果无误的，要在《查分登记表》上写明“试卷分数无误”的结论，并二人签名以示负责。对于确属查分范围规定的几种类型错误，应在《更正分数登记表》上签字盖章，并于 11 月 15 日携带此表和考生试卷到考试院成人教育招生办公室审查，确认后办理有关手续。

四、工作纪律

各区县成人教育招生办公室要本着对考生负责、对国家培养人才负责的精神，耐心接待考生。考生不得接触试卷，不给考生复印答卷，不向考生透露评卷情况。严禁利用查分机会违反规定更改分数，一经发现舞弊者，按照《国家教育考试违规处理办法》执行。

北京教育考试院
二〇〇五年十一月三日

（四）考风考纪建设与管理

【致每位考生的公开信】 加强对考生进行诚信教育和考风考纪教育，是考风建设和管理的必备环节。北京市每年都将考风考纪教育工作贯穿于成人教育招生全过程且不断加强。2005年除与每位考生签订《诚信考试承诺书》，建立了考生诚信档案外，还向每一位考生印发了《提倡良好学风　诚信考试光荣——致广大考生的公开信》，积极弘扬了“诚信考试光荣，违纪作弊可耻”的社会风尚，强化了“违纪必纠、作弊必罚”的约束机制。努力营造了“遵守考试纪律，树立良好考风”的考试氛围，促进了成人教育招生考试的考风考纪建设工作不断向更深入、更广泛的层面拓展。其全文如下：

倡导良好学风　诚信考试光荣

——致广大成考生的公开信

各位考生：

欢迎您参加2005年北京市成人高等学校招生全国统一考试。

成人高等学校招生考试是由教育部统一组织命题、统一考试时间、统一试题答案和评分参考的国家级考试，它与普通高校招生入学考试和研究生招生入学考试一起列为国家高等教育三大统一入学考试。近年来，随着我国经济和社会的发展，对各类专门人才需求的急剧增加，激发了人们接受高等教育的强烈愿望，人们踊跃参加成人高考，形成成人高等教育发展的良好势头。

近年来受社会不正之风的影响，在教育考试中违纪、舞弊现象时有发生，作弊手段呈多样化、隐蔽化的趋势。2004年北京市在成人高考中查处作弊考生361人，主要表现形式为替考、私藏夹带、传递答案和抄袭、利用通讯工具作弊等。其中查处携带规定以外的物品进入考场、在试卷规定以外的地方写姓名（考号）或用规定以外的笔答题的考生157人；以上考生按照有关规定，分别受到取消考试资格、取消该科成绩等相应处理。

教育法中第36条规定：受教育者在入学、升学、就业等方面依法享有平等权利。为维护国家教育考试公平、公正，保护考生的合法权益，今年教育部要求着力抓好四个整治，即整治考场秩序，整治失密、泄密、窃密问题，整治有组织的违纪、舞弊行为，整治借考试之名进行诈骗活动。同时教育部还颁布了《国家教育考试违规处理办法》，对严肃考场纪律、纠正考试中的违纪行为提出了明确的要求和处理办法。加强考试管理，严肃考风考纪，提倡良好学风，共同维护考场纪律，营造公平、公正的考试环境，是每一个考生的根本要求和愿望，是每一个考生拥有的权利和义务，共同维护成人高校招生统一考试良好的社会信誉是每一个考生不可推卸的责任。诚信考试是学生道德规范和思想品德的重要内容；考风考纪是社会诚信的重要组成部分和社会风气的直接体现。广大考生应树立“诚信考试光荣，作弊违纪可耻”的考试理念，从我做起，共同维护公平、公正的考试环境。

为此，我们特别提醒各位考生：应认真学习《国家教育考试违规处理办法》和《考生应试守则》，按照已签订的《考生诚信考试承诺书》中的内容，自觉遵守考试纪律。同时，应保持良好的临考心态，发挥出应有水平，取得良好成绩。让我们共同努力，摒弃不良考试违纪行为，去除侥幸心理，自觉严格执行考试纪律，以积极、健康、向上的心态，应对每一科考试，共同营造良好的考试氛围。

预祝您考出好成绩，圆您的大学梦！

北京教育考试院
二〇〇五年九月

【传达教育部文件精神，下发整肃考风考纪的通知】 考风考纪建设始终是北京市成人教育招生考试工作中给予高度重视的工作任务之一。每年成人教育招生考试前，北京市教育考试院都认真传达贯彻教育部有关文件、规定和指示精神，针对本市考风考纪建设的实际情况，下发通知部署整肃考风考纪工作。2005年5月17日，教育部、中宣部、公安部、监察部、信息产业部、国家保密局、武警总部《关于全面加强教育考试环境综合整治工作的通知》（教学［2004］15号）和《国家教育考试考务安全保密工作规定》下发后，北京市迅速传达了两个文件精神，并于2005年9月28日下发了《关于加强考试管理整肃考风考纪做好成人高考工作的通知》（高考成招［2005］18号），对抓紧2005年成人教育招生考试的考风考纪建设工作做出部署。该通知的全文为：

关于加强考试管理整肃考风考纪做好成人高考工作的通知

京考成招［2005］18号

各区县考试中心、成人教育招生办公室：

为贯彻落实教育部《关于做好2005年成人高等学校招生工作的通知》（教学［2005］8号）和教育部考试中心《关于做好2005年成人高等学校招生全国统一考试考务工作的通知》（教试中心函［2005］139号）文件精神，加强考试工作管理，加大监督检查力度，提高工作质量，确保2005年北京市成人高等学校招生全国统一考试顺利进行，现将有关事宜通知如下：

一、加强领导，提高认识，做好考务工作

教育部2005年成人高校招生全国统一考试工作重点是：严密部署、高度负责，确保考试安全。进一步整肃考风考纪，力争使违纪率进一步下降、考风考纪进一步好转，各区县考试中心应贯彻落实教育部指示精神，要按照践行“三个代表”重要思想的要求，把考试安全和考风考纪作为建立良好社会风气和维护社会稳定的大事来抓。突出抓好“四项整治，一个建立”工作，一是整治考场秩序，二是整治泄密问题，三是整治有组织的考试舞弊行为，四是整治借考试之名进行诈骗活动；建立有效的网上高考有害信息防范和打击的工作机制。各级考试机构要进一步认清当前组考的新形势、新情况，进一步明确任务，明确职责，曾强责任感，制定严密有效的措施，全力以赴，加强考试管理，克服经验主义与麻痹思想，努力为广大考生提供公平公正、放心满意的考试环境。

（一）加强对组考工作领导。考试工作应在各区县人民政府、教委、招生委员会的领导下进行。各区县考试中心主任要将组考工作方案以及面临的问题和采取的措施及时向当地政府、教委、招生委员会的领导汇报，争取领导的重视和支持。同时，还应主动争取公安、卫生、交通、城管、电力、通讯、机要保密、纪检监察等部门的支持与配合。

（二）制定组考与试卷（答卷）安全保密方案。区县成招办主任要认真贯彻落实教育部、市教委、考试院等有关文件精神，结合本地实际情况对成人高校招生工作进行全面分析，在总结经验的基础上，找出存在的问题，制定周密细致的组考与试卷（答卷）安全保密方案，针对可能发生的突发事件，制定相应的预案。

组考与试卷（答卷）安全保密方案及突发事件预案要有五明确：一是明确工作内容，二是明确岗位职责，三是明确专人负责，四是明确联系方式，五是明确检查落实措施。并于10月11日前用电子邮件形式，将方案报考试院成招办（电子邮件地址：wull@bjeea.cn）。

（三）加强考点和监考队伍建设。考点实行主考负责制，主持本考点考试工作。考点是承担考试任务的基层单位，监考工作人员的责任心、业务水平关系到监考工作的质量，因而加强考点建设，加强监考人员的队伍建设，对于组考至关重要。要选派身体健康、公正廉洁、认真负责、熟悉业务和不徇私情的人员参加考试工作，为保证考试工作的质量，应坚持不合格的考点不用，不符合条件的监考员不用，不经培训或培训不合格的监考员不得上岗。

（四）认真培训，明确职责。区县成招办主任负责组织本区县的考试工作人员培训，时间不得少于半天。要集中精力，认真学习有关文件，对各级考试工作人员进行职业道德教育和业务培训。通过培训提高对考试工作重要性的认识，增强政治意识、责任意识、安全意识和自律意识，增强做好考试工作的自觉性。

（五）加强考试诚信教育和思想道德教育

加强考试诚信教育和思想道德教育是形成诚信守纪文明考风的基础工作。要通过多种形式对考生加强诚信教育和考风考纪教育，区县招办要在发放准考证时将《提倡良好学风　诚信考试光荣——致广大考生的公开信》发给考生，各考点要在考试前一天张贴《国家教育考试违规处理办法》和《考生应试守则》，使广大考生了解考生守则和考试违规处理办法，树立“诚信考试光荣，违纪作弊可耻”的考试理念和文明风尚。

（六）建立网上有害信息防范和打击的工作机制。考试院成招办成立了成人高考防范打击有害信息工作组，由秘宣科同志具体负责。各区县也要指定一名专人负责加强对有害信息的监测，一旦发现网上与成人高考有关的有害信息，要采取“先封后查”的果断措施，并立即报考试院成招办。各区县用电子邮件形式在10月11日将“防范打击有害信息工作组”名单报考试院成招办秘宣科（电子邮件地址：wangwk@bjeea.cn；电话：62198017）。

二、严肃考风考纪，严惩考试违纪舞弊行为

（一）要严格执行《北京教育考试考务管理暂行规定》（京考［2005］13号），认真落实考点主考和监考人员职责，树立依法治考的观念，严格要求，敢于管理，廉洁奉公，敢于负责。

（二）各考区要根据实际情况实行监考人员轮换制度，以遏制“人情风”对考试工作的干扰。

（三）要继续加强与当地监察、纪检部门的合作与配合，加大对违纪、作弊的处罚力度和监督力度。

（四）对于各类违纪、舞弊的现象，要按照《国家教育考试违规处理办法》（教育部18号令）予以严肃处理，决不姑息。考点主考与主监考员应明确职责与工作程序，要及时认真填写《违纪考生登记表》，收集相关证据，详细记录违纪情节，监考员和考点负责人签字后送区县成招办。区县成招办将违纪考生情况录入计算机，于10月20日前将考生违纪信息和《违纪考生登记表》报送考试院成招办。

根据《教育部办公厅关于建立高等学校招生全国统一考试诚信档案的通知》（教育厅［2005］1号）的要求，要加强对考生的诚信考试教育，建立考生考试诚信档案，作为成人高等学校决定是否录取考生的重要依据之一。

（五）严肃处理违纪工作人员。对在考试中不认真履行职责，甚至放纵考生伙同作弊的监考员、工作人员要坚决依照《国家教育考试违规处理办法》严肃处理，情节严重的构成犯罪的，由司法机关依法追究刑事责任。对以前在监考中出现过上述问题的人员，不得参加今年的组考工作。

三、加强巡视检查

考试期间，考试院将向各区县派出巡视员。认真做好市级巡视员的岗前培训，巡视员在考试期间对考点、考场设置，试卷的保管分发，监考员、工作人员履行职责情况，考场纪律等进行监督检查。各区县也应组织相应数量的巡视人员，到本区县的各考点、考场进行巡视检查。巡视员应将发现的问题及时与考点主考联系，并及时向考试院成招办和区县成招办汇报。

四、增强保密观念，做好试卷的保管分发工作

（一）要增强保密观念，切实做好试卷（答卷）的保管工作。从试卷送达区县招办到答卷送交考试院成招办期间，试卷的安全保密第一责任人是区县招办主任。在组考期间，试卷（答卷）的保管分发工作要按市教委、市委宣传部、市公安局、市国家保密局《关于印发北京市国家教育考试考务安全保密工作实施办法的通知》（京教办［2004］26号）执行。

（二）今年试卷领取采取印刷厂送卷专车直接送达各区县考试中心的办法。送达路线详见《领送试卷安排表》。具体要求为：各区县成招办由招办主任负责，配备公安人员在本单位接收试卷；区县招办主任凭单位介绍信进行试卷交接工作（应2人以上同时在场）；试卷清点无误后，印刷厂和区县招办主任要在领取试卷清单上签字，加盖区县招办公章。交接手续完备后，区县招办主任要及时向考试院成招办通报情况（电话：62198016），并告下一站区县成招办印刷厂车辆已出发。

（三）各区县招办主任领取、核对试卷后，应立即存放保密室内，依照《2005年成人高考试卷需用量统计表》进行核对清点，核对无误后再依照考试时间、按考点、分科装入保险柜内。

（四）考试期间，当日开考科目的试卷，由区县于当日上午八时前用专车送达考点，考点保密人员依照《2005年成人高考考点、考场安排一览表》核对试卷数量和考试科目，无误后装入保险柜内。每场考试前一小时由保密人员按考场、科目将试卷准备好。

五、加强值班，严格报告制度

（一）各区县要建立应急反应机制和应急工作预案。一旦发生涉及考试安全保密工作的重大突发事件，必须在第一时间报告考试院成招办和区县教育行政主管部门，并按照考试院制定的《处置试卷安全突发事件工作预案》的有关程序采取措施，防止事态扩大，把风险和损失降到最低程度。

（二）考试期间，考试院设立成考值班办公室，负责处理各项考务工作。各区县设值班室并要求24小时有人值班，保证联络畅通。

请于10月11日前将值班安排，即值班室地址、电话（办公室、手机、传真）及值班人员姓名等书面报考试院成招办秘书科。

（三）进一步落实突发性重大事件直报和考试情况日报制度，从10月13日开始至17日止。每天18:00前将试卷保密情况、当日考试情况及答案运送情况电话报考试院成招办。

考试院成招办值班电话：

白天（8:00—18:00）：62198012、62198016

夜间（18:00至次日8:00）：62113626

10月8日—16日24小时联系电话：（略）

六、几项具体事宜

（一）考试时间：10月15日、16日，详见附表。

（二）领取试卷：各区县成招办于10月13日领取试卷。

（三）运送答卷：10月17日上午将各科试卷按规定送到阅卷点。

（四）10月16日将举行“北京国际马拉松比赛”。有关区县招办一定要提前做好准备工作，确保试卷发放与答卷接收工作顺利进行。10月15日各区县要在考点采取广播、公告和监考员提醒的方式向考生进行宣传，请考生提前选择路线，以免影响考试。

北京教育考试院

二〇〇五年九月二十八日

【北京市成人高考违规、作弊处置专家工作组听证会】 为使成人高校招生考试工作真正体现公正、公平、公开的原则精神，进一步严肃考风考纪，维护国家考试的严肃性、权威性和社会声誉，北京市历年都依据国家和《北京教育考试违规行为处理暂行办法》的规定，对招生考试中违规、作弊的考生予以处理。2004年5月19日教育部以第18号令颁布了《国家教育考试违规处理办法》后，北京市教育考试院迅速转发了教育部的第18号令，并依据第18号令精神加强了考风考纪建设与管理，严格了违纪作弊问题的处理程序。2005年在成人高考结束后的10月30日，北京市就在市教育考试院学府宾馆三楼会议室召开了成人高考违规、作弊处置专家工作组听证会，就2005年成人高考中发现的违规、作弊问题的处理意见进行听证研究。参加听证会的专家工作组成员有组长、北京教育考试院副院长吴凤臣；副组长、北京教育考试院成人高校招生办公室主任董维祥，副主任丁新生、马宏辉；西城区考试中心副主任、成人教育招生办公室主任范任；朝阳区成人教育招生办公室主任张进；通州区考试中心副主任、成人教育招生办公室主任蔡秀玲；北京广播电视大学英语阅卷组教师刘延；北京师范大学数学（文）阅卷组教师李和；北京师范大学文学院语文阅卷组教师石艳华；首都师范大学数学阅卷组教师张燕勤；北京教育学院副院长王松美和市成人高校招生办公室有关科室的同志。

会议由市成人高校招生办公室主任董维祥主持。董维祥在讲话中首先阐明了举行听证会的主旨是按教育部18号令精神就成人高考中违规、作弊问题处理听取意见，履行必要的工作程序，完善处理过程和手续。之所以扩大范围，请阅卷专家和教师参加，是让阅卷专家和教师共同把握处理准则，参与对事实的认定与判别，以使违纪、作弊问题处理更加准确、合理、合法，更加公平、公正、公开，进而达到处理个别违纪、作弊者，教育广大应试人员，共创良好的考试社会环境的目的。

市成人高校招生办公室副主任马宏辉将2005年北京市成人高考期间区县和阅卷点上报的违规、作弊情况以及考生名单向听证会进行了汇报，并要求与会专家和区县领导参与和协助认定。

市教育考试院副院长吴凤臣在会议上强调，对雷同试卷问题的处理一定要慎重，要根据线索去进行核实，然后才能认定异常试卷的性质。他还指出，除了教育部18号令中规定的考场内的雷同试卷，还应该围绕现在高科技的各种信息流来查证和鉴别雷同试卷，调查证实一个处理一个。

经过讨论，会议对2005年北京市成人教育招生考试期间区县和阅卷点上报的违规、作弊问题作出如下判定：

1. 对于违反18号令第五条第一款（携带规定以外的物品进入考场或者未放在指定位置）的67人，违反18号令第五条第三款（考试开始信号发出前答题或者考试结束信号发出后继续答题）的3人，违反18号令第五条第四款（考生在考试过程中旁窥、交头接耳、互打暗号或者手势）的1人，违反18号令第五条第八款（用规定以外的笔或者纸答题或者在试卷规定以外的地方书写姓名、考号或者以其他方式在答卷（含答题卡、答题纸）上标记信息）的244人，作出取消该科目考试成绩的处理。

2. 对于违反18号令第六条第一款（携带与考试内容相关的文字材料或者存储有与考试内容相关资料的电子设备参加考试）的77人，违反18号令第六条第二款（抄袭或者协助他人抄袭试题答案或者与考试内容相关的材料）的1人，违反18号令第六条第四款（在考试过程中使用通讯设备）的71人，违反18号令第六条第五款（由他人冒名代替参加考试）的35人，作出当次报名参加考试的各科成绩无效的处理。

3. 经过专家和区县领导的争议和论证，对于原违规、违纪记录中违反18号令第六条第八款（传、接物品或者交换试卷、答卷（含答题卡、答题纸、草稿纸））的考生金晓程，认定为违反18号令第五条第九款（其他违反考场规则但尚未构成作弊行为）；对于原违规、违纪记录中违反18号令第八条第二款（拒绝、妨碍考试工作人员履行管理职责）的考生刘慈花，认定为违反18号令第五条第一款（携带规定以外的物品进入考场或者未放在指定位置），作出取消该科目考试成绩的处理。

4. 根据与会提出的意见，经过调查论证，对于原违规、违纪记录中违反18号令第七条第二款（评卷过程中被发现同一科目同一考场有两份以上（含两份）答卷（含答题卡、答题纸）答案雷同）的43人中的7人认定为没有违规、作弊行为；8人认定为违反18号令第五条第四款（在考试过程中旁窥、交头接耳、互打暗号或者手势），作出取消该科目的考试成绩的处理；其余29人成招办将于会后会同有关部门，以事实为依据，以教育部18号令为准绳，进一步深入调查核实和鉴别后，再就有关问题性质作出认定，并做出处理。

2005年，依据《国家教育考试违规处理办法》查处成人高考违纪、违规考生共481人。

【严肃处理大兴考区三个考点涉嫌手机短信舞弊事件】 大兴考区三个考点涉嫌手机短信舞弊事件发生在2005年北京市举行全国成人高等学校招生统一考试期间，调查处理于考试结束后、录取工作开始之前。

2005年10月17日，即全国成人高等学校招生统一考试结束后的第一天，《京华时报》、《新京报》等新闻媒体分别以"答案短信发进成考考场"、"成人高考涉嫌集体舞弊"为题，报道成人高考期间大兴考区三个考点涉嫌有考生以手机短信舞弊问题。教育部、北京市政府领导高度重视，相继做出批示，要求迅速查明真相，依法处理涉案人员。北京教育考试院于10月17日上午即成立调查组开始调查工作，10月18日北京市公安局文保处立案侦查。

经查，事件起因是北京某科技开发公司副总经理林代伦租用北京物资储备职工中等专业学校的校舍（北京市海淀区五路居甲11号），成立了所谓的首都师范大学成人教育学院西校区。2005年3月至8月共招收了成人高考预备班342名学生，分别以5 000元、7 200元不同的标准收取了学费。由于这批预备班学生基础差，在模拟考试中有2/3的学生不能达到2004年的录取分数线。为使这些学生通过2005年的成人高考，林代伦指定聂明堂和范立伟以合法身份报名参加成人高考，充当"枪手"，开考一小时后聂、范二人离开考场，将选择题答案互相核对后通过短信方式传给事先安排好的几名参与作弊的该校教师，再由他们发给自己分管的学生。经调查组和公安部门密切协作，深入调查、取证后认定，这是一起林代伦为首在考场外组织策划的涉嫌以手机短信为信息传播工具的舞弊事件。为此，公安部门于10月20日刑事拘留了林代伦等五名主要组织者，并依法进行处罚。两名"枪手"被所在学校依照国家和学校的有关规定做了开除学籍处理。依据证据情况，考试院对涉嫌手机舞弊的考生按情节轻重进行甄别，并依照相应的法律、规定履行了严格的处理工作程序，做出了相应处理。这一事件的公正处理有力地维护了国家教育考试的权威性、公正性、公平性和严肃性，维护了广大考生的合法权益，有力地回击了社会上各种不正之风和错误思想行为对国家教育考试工作的侵袭，维护了国家教育考试的良好形象，同时也为广大考生和考试工作人员上了一堂深刻的警示教育课，并从另一个侧面肯定了北京市在国家教育考试中使用"无线电信号屏蔽仪"等现代信息高科技手段防范作弊行为的试点成果，预示着现代科技手段进考场，提高考试组织、管理方式的科技含量已是势在必行。

五、招生录取工作的组织与管理

【北京市成人高等学校招生工作规定中对录取工作的要求】 根据教育部有关文件的精神，北京市每年都在下发的招生工作文件中对录取事宜做出相应的规定。在2005年6月30日下发的《2005年北京市成人高等学校招生规定》（京高招委［2005］9号）中对成人教育招生录取工作的规定是：

2005年北京市成人高等学校招生规定（部分）

第六章　录取

第三十一条　2005年北京市成人高校招生实行计算机网上录取，录取工作分三个批次进行，第一批录取高起本和高职（高专）艺术类、体育类；第二批录取高起本与专升本；第三批录取高职（高专）。录取工作于12月底结束。

第三十二条　录取的最低控制分数线由北京市高校招生委员会根据考生统考科目成绩和招生学校在京安排的招生计划数分考试科类划定。录取的最低控制分数线报教育部备案。

第三十三条　录取工作实行"学校负责、招办监督"的录取体制。即：符合成人高校招生报名条件、考试成绩达到投档分数线的考生中，由招生院校根据"从高分到低分择优录取"的原则，决定考生录取与否和录取的专业，同时负责对遗留问题的处理。考试院成招办在录取时根据国家招生政策对招生学校录取名单进行审核，对其录取工作予以监督，对不符合招生政策的情况予以纠正。

各招生院校要发挥校内纪检、监察部门的作用，加强校内自我监督，建立自我约束机制。

第三十四条　成人高校应严格按计划录取新生，未经计划部门批准，不得对招生计划进行调整。学校确定的录取分数线不得低于本市最低控制分数线。

艺术类（除史论、编导专业外）和体育类专业，高起本最低控制分数线不得低于相应科类最低控制线的70%；高职（高专）最低控制分数线不得低于相应科类最低控制线的60%。

高职（高专）的公安类成人高校的全部专业、医学（中医学类和药学类两个一级学科除外）专业、中医药专业的招生，如上线考生不足，可降低分数要求向招生学校投档，但投档最低不得超过同科类高职（高专）最低控制分数线的70%。

第三十五条　录取时，考试院成招办原则上按统考科目总成绩向招生院校投档，对于有专业课加试的院校，根据加试合格考生名单向招生院校投档，招生院校根据考生参加统考的成绩，由高分到低分择优录取（艺术类和体育类专业在考生文化课符合要求的基础上，原则上按招生学校的加试专业课成绩从高分到低分择优录取）。

第三十六条　在录取工作中，由考试院成招办按照考生第一志愿向招生学校提供考生档案，由招生学校审查录取，录取名单由考试院成招办审核。招生学校按审核后的录取名单发放录取通知书。在最低控制分数线上的考生，第一志愿学校不能录取时，将参加有计划剩余的第二志愿学校录取。如第二志愿不能录取，对同意调剂考生，在考试科目相同的专业中进行调剂录取；对不同意调剂的考生，不予调剂录取。

录取中的遗留问题，由招生学校负责处理。

第三十七条　招生学校及其主管部门在京招生可指定代办单位。委托培养学生的单位，不得参与录取工作，但可根据各地生源质量情况，向招生学校提出调整生源计划的要求。

第三十八条　录取照顾政策如下：

一、获得"全国劳动模范"、"全国先进工作者"称号、"全国五一劳动奖章"获得者，经本人申请、考试院成招办审核、招生学校同意，可免试入学。

二、奥运会、世界杯赛和世界锦标赛的奥运会项目前八名获得者、非奥运会项目前六名获得者；亚运会、亚洲杯赛和亚洲锦标赛的奥运会项目前六名获得者、非奥运会项目前三名获得者；全运会、全国锦标赛和全国冠军赛的奥运会项目前三名获得者、非奥运会项目冠军获得者。上述优秀运动员经本人申请并出具省级体育行政部门审核的《优秀运动员申请免试进入成人高等学校学习推荐表》（国家体育总局监制），经考试院成招办审核、招生学校同意，可免试入学。

三、运动健将和武术项目武英级运动员称号获得者（须经省级体育人事部门审核并出具运动成绩证明），在考生考试成绩基础上增加50分投档（一级运动员称号获得者为30分），是否录取由招生院校确定。

四、符合下列条件之一的考生，在考生考试成绩基础上增加20分投档，由招生院校审查录取：

（一）获得地、市级以上（含地、市级）人民政府，国务院各部委及各省（区、市）厅、局系统，国家特大型企业授予的劳动模范、先进生产（工作）者及科技进步（成果）奖获得者。

（二）获得省级工、青、妇等组织授予“五一劳动奖章”、“新长征突击手”、“三八红旗手”称号者。

（三）人民解放军、武警部队、人民警察荣立个人三等功以上者。

（四）归侨、归侨子女、华侨子女、台湾省籍考生。

（五）烈士子女、烈士配偶（区、县民政部门颁发的证书）。

（六）少数民族考生、国防科技工业三线企业单位（地处地市以上人民政府所在地的除外）获得企业表彰的先进生产（工作）者。

（七）远郊区县考生（指门头沟区、房山区、通州区、大兴区、顺义区、昌平区、怀柔区、平谷区、密云县、延庆县、燕山、矿务局的考生，以身份证和户口本为准）。

（八）年满25周岁以上人员（1981年2月28日以前出生）。

（九）获得区县级以上见义勇为荣誉称号人员（北京市、区、县文明办颁发的证书）。

五、对于自谋职业的城镇退役士兵（省级民政部门颁发《自谋职业证》），在考生考试成绩基础上增加10分投档，是否录取由招生学校确定。

符合上述照顾条件的考生必须于报名时交验相应的原始证件和复印件一张（B5复印纸）。符合两项以上照顾政策的考生，其照顾分数不得累计。

六、农、林、地质、水利、矿业、测绘、公安、监所、远洋运输、社会福利等艰苦行业各专业的考生，在上线生源不足时可适当降分投档，降分幅度最大不得超过20分。

第三十九条　高等学校在录取工作中应贯彻公平竞争、公正选拔、德智体美全面考核、综合评价择优录取的原则，在认真审阅考生电子档案、考生诚信档案的基础上录取新生。

第四十条　录取新生名单由招生学校提出，考试院成招办审核。招生学校按审核后的录取名单发放录取通知书。

第四十一条　录取工作结束后，考试院成招办向北京市教育委员会和教育部上报当年录取新生数。

第四十二条　新生入学后，学校要对已报到新生进行全面复查，对其中不符合报考条件或弄虚作假、违纪舞弊者，应取消其入学资格，报考试院成招办备案。

招生学校应按要求做好新生复查，在4月底前将复查情况向考试院成招办提交书面报告。考试院成招办5月份采取自查、抽查或互查等方式，检查学校新生复查工作。

【转发教育部《关于做好2005年全国成人高校招生录取工作的通知》】　2005年10月24日，教育部以教学司［2005］33号文下发了《关于做好2005年全国成人高校招生录取工作的通知》，就成人教育招生录取“加强领导，严格执行国家招生政策”、“精心组织工作，严格录取标准、保证录取质量”、“认真做好录取期间分省计划网上调整工作”、“认真落实责任制和责任追究制度、严肃招生纪律”和“分省招生计划网上调整办法”等做了部署并提出了明确要求。北京市教育考试院于2005年11月1日向各区县教育考试中心、成人教育招生办公室、在京招生院校下发了《关于转发教育部做好2005年全国成人高校招生录取工作的通知》（京考成招［2005］19号），要求各有关机构按教育部文件要求安排好录取工作计划，为2005年招生录取做好各项准备工作。同时也宣告了2005年成人教育招生录取工作进入启动程序。

【成人教育招生录取工作汇报会】　2005年11月9日，北京市高校招生委员会召开会议，研究划定成人教育招生录取工作和录取最低控制分数线等事宜。北京市教委副主任线联平、北京教育考试院院长王健、副院长吴凤臣、成人高校招生办公室主任董维祥出席了会议，并向会议汇报了2005年成人教育招生考试和录取准备工作情况，北京市副市长、市高校招生委员会主任范伯元做了重要讲话。

会议经研究讨论后同意市成人高校招生办公室提出的录取分数线划线原则：（1）控制招生规模，保证新生质量。（2）对部分行业、特殊专业予以倾斜。（3）根据招生计划，分层次、分类别按1：1的比例划定录取最低控制分数线。

根据这一划线原则，会议确定了2005年北京市成人高校招生录取最低控制线，同时批准适时公布本年度成人高校招生录取最低控制线，展开录取工作。

【北京市成人高等学校招生录取工作的通知】 在成人教育招生录取工作正式开始前，北京市成人高校招生办公室每年都下发通知，重申本年度招生录取工作的政策、原则、工作纪律、明确生源计划、调整录取操作、录取最低控制分数线、录取工作程序、时间安排、录取管理机构设置及职能等具体安排，使各招生院校提前做好各项录取准备工作。

2005年，北京市高等学校招生委员会、北京教育考试院于11月15日以京高招委［2005］12号文向各招生院校发出了《关于2005年北京市成人高等学校招生录取工作的通知》，就招生录取工作作出了部署。该通知是：

关于2005年北京市成人高等学校招生录取工作的通知

各有关成人高等学校：

根据教育部《关于做好2005年全国成人高校招生工作的通知》（教学［2005］8号）和教育部《关于做好2005年成人高校招生录取工作的通知》（教学司［2005］33号）的文件要求，现将2005年北京市成人高校招生录取工作通知发给你们，请认真遵照执行，做好成人高校招生录取工作。

一、加强领导，严格执行有关政策规定

各学校应成立由主管院（校）长为组长、纪检监察部门参加的招生录取领导小组，切实加强对招生录取工作的领导。进一步完善与网上录取工作相适应的规章制度和工作机制，认真执行成人高校招生录取工作的各项政策和规定，加强管理，严明纪律。创造适合网上录取的工作环境，采取有效措施保证网上录取工作秩序，加强安全、保密工作，确保网上录取工作顺利实施。

二、严肃招生纪律，坚持依法治招

各招生学校要加强对招生工作人员的教育和培训；加强招生管理，坚持依法治招，建立和完善自我约束和监督制约机制；严格执行党风廉政建设责任制和责任追究制度；严格执行“三不准，一禁止”，即：不准擅自扩大招生计划，不准特批未达到录取条件的学生进入学校，不准利用职务和工作的便利向招生考试机构和高等学校递条子、打招呼；禁止招生考试机构及其工作人员介绍、拉拢生源的任何活动。严格执行纪检监察部门全程监督录取工作的制度，维护考生切身利益和公平、公正的录取原则。

三、严格执行计划，做好计划调整工作

各招生学校应严格执行招生计划，经主管部门同意，可根据生源和考试情况进行适当微调。但高职高专计划不得调整为本科计划，业余和函授计划不得调整为脱产计划。经过调剂仍然不能完成招生计划的高校予以减招，不得要求降分录取新生。各招生学校应于11月20日以前完成在京招生计划的调整。

四、做好网上录取工作

（一）录取组织工作

2005年北京市成人高校招生录取工作由北京市高等学校招生委员会、北京市教育委员会和北京教育考试院成人教育招生办公室（以下简称考试院成招办）统一组织。不同层次、不同类别考生的录取，分别执行相应的最低录取控制分数线。坚持“学校负责，招办监督”的录取体制，录取中的遗留问题由招生学校负责解决。

录取工作分为三批进行，第一批高中起点艺术类、体育类专业录取；第二批高中起点本科、专科起点升本科专业录取；第三批高职（高专）专业录取。

录取工作将全部实行远程录取方式。

（二）工作要求

1. 招生学校要配置相关设备，如计算机、打印机、宽带网络、传真机、直拨电话等，切实保证录取期间的网络与通讯畅通。

2. 保证网络安全和数据安全。树立安全第一的思想，加强对信息资源、计算机设备、网络设备、文档文件和录取场地的管理，完善安全管理制度，对考生信息中需要保密的内容妥善保管，不得擅自公开，录取密钥和密码要由专人管理。

3. 及时阅档、退档，按时提交录取信息，办理录取手续。要及时浏览网上发布的录取工作信息。凡退回电子档案应注明退档理由，遗留问题由院校负责解决。对于不按时阅档、退档的学校，考试院成招办将按规定时间代为办理退档。

4. 考试院成招办向招生学校（院）提供考生考试诚信档案，作为成人高校决定是否录取考生参考依据之一。

5. 保证录取其间联络畅通。招生学校首次登陆录取系统后，输入招生录取的联系人、电话、传真、手机等信息。

6. 录取期间招生学校根据实际情况可派一名联络员负责录取工作联系和办理录取相关手续。

五、招生工作纪律

录取工作应认真执行北京市四委办局《关于印发在高校招生工作中进一步加强廉政建设，严肃招生纪律若干规定的通知》，每个工作人员必须严格遵守“四个严格”、“十三个不准”，切实做好“五个坚决防范”。对招生工作中出现的各种形式的违纪、舞弊事件，将严格按照教育部《国家教育考试违规处理办法》的有关规定追究责任，认真查处。各招生学校应加大新生复查力度，特别是对专升本新生录取资格的复查工作。此项工作按考试院《关于做好 2005 年北京市成人高校专升本招生工作的通知》（京考成招［2005］11 号）执行，对违反规定录取的考生，一经查实，立即取消学籍，并对责任者给予严肃处理，以维护成人高校招生工作的社会信誉。

六、录取最低控制分数线

高职（高专）

文史类：177 分；

外语类：177 分；

艺术类：71 分；

理工类：130 分；

体育类：78 分；

西医类：169 分；

中医类：138 分；

公安类：124 分。

高中起点本科

文史类：337 分；

外语类：337 分；

艺术类：177 分；

理工类：272 分；

体育类：190 分。

专科起点升本科

文史中医类：245 分；

艺术类：153 分；

理工类：204 分；

经济管理类：229 分；

法学类：220 分；

教育学类：204 分；

农学类：195 分；

医学类：260 分；

体育类：110 分。

七、具体事宜

（一）录取地点：2005 年北京市成人高校招生录取工作地点设在石油大学（北京）翠宫招待所（位于昌平镇内）。

（二）录取工作人员到录取现场应携带本人身份证、工作证、单位介绍信及录取新生的各项费用。录取结束后，要将密钥退还考试院成招办。

（三）根据北京市物价局、财政局京价（收）字［2000］94 号《关于调整成人招生、自学考试等招生考试收费标准的函》的文件规定，招生学校在京招生需缴纳新生录取费:50 元/人（支票或现金）。

（四）录取期间联系电话

（略）

北京市高等学校招生委员会 北京教育考试院

二〇〇五年十一月十五日

附件一

2005 年北京市成人高校招生录取时间安排

第一批　高中起点艺术类、体育类		
11 月 19—20 日		整理数据、第一批录取准备
11 月 21 日	15:00 前	第一批院校核对完招生计划
11 月 22 日	8:30 前	第一志愿投档
	15:00	第一志愿录取结束
11 月 23 日	8:30 前	第二志愿设档
	11:00	第二志愿录取结束
11 月 24 日	9:00	调剂投档
	11:00	调剂投档结束
	15:00 前	办理录取结束手续
11 月 25—26 日		整理数据、第二批录取准备
第二批　高中起点本科及专升本		
11 月 27 日	15:00 前	第二批院校核对完招生计划
11 月 28 日	8:30 前	第一志愿投档
	16:00	第一志愿录取结束
11 月 29 日	9:00 前	第二志愿投档
	15:00	第二志愿录取结束
11 月 30 日	9:00	调剂投档
	15:00	调剂投档结束
12 月 1 日	15:00 前	办理录取结束手续
12 月 2—3 日		整理数据、第三批录取准备
第三批　高职（高专）		
12 月 4 日	15:00 前	第三批院校核对完招生计划
12 月 5 日	8:30 前	第一志愿投档
12 月 6 日	11:00	第一志愿录取结束
12 月 7 日	9:00 前	第二志愿投档
	16:00	第二志愿录取结束
12 月 8 日	9:00	调剂投档
	15:00	调剂投档结束
12 月 9 日	15:00 前	办理录取结束手续
12 月 10 日		整理数据
12 月 11 日	12:00	远程录取结束
12 月 12—16 日		处理遗留问题
12 月 19— 20 日		录取 2005—2006 年度预科生

附件二

2005年北京市成人高校招生录取工作程序

一、录取前的准备

招生院校在录取前，根据所下载的考生成绩数据、各专业类别录取最低控制分数线及考生上线情况制定录取方案，调整计划。调试计算机及相关设备，保证其正常运行。

录取方案有调整，要与本校公布的招生章程主要内容相一致，应在录取工作开始前，将调整后的录取方案交录检组，录取工作开始后不再接收院校的录取方案。

二、录取工作程序

成人高校招生分三批录取：第一批高中起点艺术类、体育类专业录取；第二批高中起点本科和专升本专业录取；第三批高职（高专）专业录取。

（一）第一志愿投档与预录取

投放档案。系统组按规定时间向招生院校投档。将报第一志愿专业的全部上线考生电子档案投放给院校。

预录取。院校浏览投档考生信息，根据招生计划、录取原则进行考生预录取，预录取顺序为：免试生、考试生，对考试生应从高分到低分择优录取。

预退档。对未录取的考生，应进行预退档处理，确定退档原因。退档的主要原因有：0. 低分退档；1. 专业课成绩不合格；2. 生源不足开班人数；3. 本人申请放弃录取；4. 行业限制；5. 舞弊考生；6. 在校学生；7. 文凭不合格；8. 计划不足；9. 其他（须注明退档的其他原因）。

院校完成预录取后，提交录检组。

录取检查。录取检查组按照录取原则，检查学校提交的预录取情况是否符合录取原则。对符合录取原则的，返回信息；对不符合录取原则的，例如出现不按顺序录取的情况，将该院校的预录取信息返回院校，招生院校重新进行预录取。

（二）第二志愿投档与预录取

录检组对全部学校的第一志愿考生预录取信息处理完毕后，系统组按照考生志愿投档。将第一志愿未录取且有第二志愿的上线考生投档到第二志愿学校专业。第二志愿投档原则为，本批次有剩余计划。

院校浏览投档的第二志愿考生信息，再次预录取、提交给录检组。

（三）调剂录取

在第一、二志愿录取后，进行调剂录取。在网上公布本批次所有未录取线上考生，本批次未完成招生计划的学校应参加调剂录取。要选取可调剂的考生并确定预录取专业，提交录检组进行录取检查。

（四）结束本批次录取

学校每批次结束后必须向录检组申请本批次录取结束，录检组同意后将意见提交给审核组进行审核，通过后由系统组打印录取新生名册和收费单。

（五）办理录取手续

招生学校应在录取结束后到系统领取新生名册和收费单，院校负责人签字后依次进行招办主任签字、会务组缴费、盖章。

院校根据录取新生名单填发录取通知书。

附件三

2005年北京市成人高校招生录取期间各部门的设置及职能

招生录取期间，在北京市高校招生委员会、北京市教育委员会的领导下，成立北京市成人高校招生录取工作领导小组，全面负责对招生录取工作的组织和管理，负责对录取工作人员的业务培训和纪律教育，及时研究录取工作中的重要问题，确定处理问题的原则。

录取领导小组成员

组　长：王　健　北京市教育考试院　院　长

副组长：吴凤臣　北京市教育考试院　副院长

领导小组下设办公室，具体协调录取检查组、录取审核组、系统组和秘书组四个职能组的工作，按照领导小组确定的原则成立日常事务。

主　任：董维祥

成　员：丁新生　马宏辉

1. 录取检查组：按照录取工作有关政策、规定，负责对招生院校预录取、预退档情况进行检查，负责录取期间预招生院校的联系，督促招生院校按时完成各阶段的招生录取工作；及时反映录取中的问题和录取进度情况。

组　长：马宏辉

副组长：祝　丰

2. 录取审核组：负责审核院校录取结果。

组　长：丁新生

副组长：祝　丰

3. 系统组：负责网上录取管理系统、网络安全系统和计算机设备的运行及维护；负责保证录取数据的准确，保证网络、系统的安全正常运行；负责核对院校计划；为各部门提供技术服务，按时完成考生的信息处理；在网上发布招生录取信息，打印录取新生名册、收费单。

组　长：马宏辉

副组长：赵　虎

4. 秘书组：负责录取工作的后勤保障；负责信访接待工作；负责录取期间文字材料，包括简报、专报、新闻稿等；负责宣传工作；负责各种费用的收缴；对招生院校《录取新生名册》加盖录取章；负责录取现场安全保卫工作等工作。

组　长：丁新生

副组长：戴广钰

另设纪检监察组：负责对录取全过程的监督检查；受理各类举报。

组　长：周亦慧

附件四

2005年北京市成人高校录取批次、录检组别情况一览表

学校代码	学校名称	第一批 艺术/体育	第二批 高起本/专升本	第三批 高起专	录检 组别
001	北京市东城区职工业余大学	☆		☆	1
002	北京市西城经济科学大学	☆		☆	2
003	北京市崇文区职工大学	☆		☆	3
004	北京宣武红旗业余大学	☆		☆	4
005	北京市朝阳区职工大学	☆		☆	1
006	北京市海淀区职工大学	☆		☆	2
007	北京市丰台区职工大学	☆		☆	3
008	北京市石景山区业余大学	☆		☆	4
011	北京市总工会职工大学	☆	☆	☆	1
012	北京市机械工业局职工大学		☆	☆	2
013	北京市汽车工业总公司职工大学			☆	3
018	首钢工学院		☆	☆	4
020	北京市建设职工大学	☆		☆	1
024	北京医药集团职工大学			☆	2
025	北京市职工体育运动技术学院	☆			3

续前表

学校代码	学校名称	第一批 艺术/体育	第二批 高起本/专升本	第三批 高起专	录检 组别
028	北京市房地产职工大学	☆		☆	4
029	北京人民警察学院			☆	1
046	首都联合职工大学	☆		☆	2
050	北京工业大学		☆	☆	3
051	首都医科大学		☆	☆	4
052	首都师范大学	☆	☆	☆	1
053	北京青年政治学院			☆	2
054	首都经济贸易大学（东区）		☆	☆	3
055	首都经济贸易大学（西区）		☆	☆	3
056	北京建筑工程学院	☆	☆	☆	1
057	北京农学院		☆	☆	2
058	北京联合大学机电学院		☆	☆	4
059	北京联合大学商务学院	☆	☆	☆	4
061	北京联合大学应用文理学院	☆	☆	☆	4
062	北京联合大学生物化学工程学院		☆	☆	4
064	北京联合大学旅游学院		☆	☆	4
065	北京联合大学继续教育学院	☆	☆	☆	4
066	北京联合大学师范学院	☆	☆		4
067	北京联合大学特殊教育学院	☆	☆	☆	4
068	北京联合大学	☆	☆	☆	4
069	北京城市学院	☆	☆	☆	4
071	首都体育学院	☆	☆		1
075	北方工业大学		☆	☆	2
076	北京服装学院	☆	☆		3
077	北京工商大学	☆	☆	☆	4
078	北京物资学院		☆	☆	1
079	北京机械工业学院		☆	☆	2
080	北京信息职业技术学院	☆		☆	3
081	北京电子科技职业学院	☆		☆	4
082	中国音乐学院	☆	☆		1
083	北京电影学院	☆	☆		2
084	中国戏曲学院	☆	☆		3
085	北京舞蹈学院	☆	☆		4
086	北京第二外国语学院		☆	☆	1
087	北京石油化工学院		☆	☆	2
088	北京印刷学院	☆	☆	☆	3
089	北京信息工程学院	☆	☆	☆	2
090	北京农业职业学院			☆	1
091	北京艺术设计学院	☆			2
092	北京政治职业学院			☆	3
093	北京财贸职业学院	☆		☆	4
094	北京工业职业技术学院			☆	1

续前表

学校代码	学校名称	第一批 艺术/体育	第二批 高起本/专升本	第三批 高起专	录检 组别
100	北京市经济管理干部学院		☆	☆	2
103	北京市计划劳动管理干部学院			☆	3
150	北京广播电视大学	☆		☆	4
160	北京教育学院	☆	☆	☆	1
208	陕西航天职工大学			☆	2
212	齐齐哈尔铁路运输职工大学			☆	1
216	国家法官学院		☆	☆	4
217	国家检察官学院		☆	☆	1
219	天津市医药职工大学			☆	2
220	河北地质职工大学			☆	3
221	吉林铁路运输职工大学			☆	1
253	中国人民公安大学		☆	☆	1
255	中国青年政治学院		☆	☆	2
256	国际关系学院		☆	☆	3
257	北京电子科技学院		☆	☆	4
258	外交学院		☆	☆	1
260	北京体育大学	☆	☆		2
263	中央音乐学院	☆	☆		3
270	北京大学		☆	☆	4
271	清华大学		☆		1
272	中国人民大学		☆	☆	2
273	北京师范大学	☆	☆	☆	3
274	北京化工大学		☆	☆	4
276	北京理工大学	☆	☆	☆	1
277	北京科技大学		☆	☆	2
278	北京交通大学		☆	☆	3
280	北京航空航天大学		☆	☆	4
281	中国农业大学	☆	☆	☆	1
282	北京林业大学	☆	☆	☆	2
284	中国传媒大学	☆	☆		3
285	中国协和医科大学		☆	☆	4
287	北京中医药大学		☆	☆	1
288	中国政法大学		☆	☆	2
289	北京外国语大学		☆	☆	3
291	北京语言大学		☆	☆	4
292	对外经济贸易大学		☆	☆	1
293	中央民族大学	☆	☆	☆	2
294	中国地质大学（北京）		☆	☆	3
297	北京邮电大学		☆	☆	4
299	华北电力大学（北京）		☆	☆	1
300	中国矿业大学（北京）		☆	☆	2
303	武汉理工大学		☆		3
305	沈阳药科大学		☆		2
312	南华大学		☆		1
317	中央美术学院	☆	☆		2
318	中央财经大学		☆	☆	3

续前表

学校代码	学校名称	第一批 艺术/体育	第二批 高起本/专升本	第三批 高起专	录检 组别
321	大连交通大学			☆	4
330	南京信息工程大学		☆	☆	1
331	中国民用航空学院		☆	☆	2
333	武汉大学		☆	☆	3
338	哈尔滨工业大学		☆		4
357	重庆大学		☆	☆	1
368	铁道警官高等专科学校			☆	1
371	华东交通大学			☆	3
378	金陵科技学院			☆	4
380	西南财经大学		☆	☆	1
383	长沙理工大学			☆	2
384	长江大学		☆	☆	3
385	齐齐哈尔医学院			☆	4
386	上海交通大学		☆		1
387	中北大学			☆	2
388	南京审计学院		☆		3
415	中华女子学院	☆	☆	☆	4
416	中国劳动关系学院	☆	☆	☆	1
421	民航管理干部学院			☆	2
428	中国环境管理干部学院			☆	3
430	广播电影电视管理干部学院			☆	3
434	中央司法警官学院		☆		1
合计 125 所		49 所	85 所	103 所	

【招生录取工作预备会】　在录取工作开始前，召开录取工作预备会，传达教育部有关成人教育招生录取工作的各项指示精神，学习有关招生录取的具体政策、规定，安排招生录取工作操作事宜，是北京市成人教育招生工作历年来一直坚持的成功做法之一。2005 年 11 月 15 日，成人教育招生录取工作开始的前夕，北京市成人高校招生办公室在石油大学（北京）的翠宫饭店召开了 2005 年成人高校招生录取工作预备会，在京招生的有关院校招生工作人员出席了会议。会上，市成人教育招生办公室主任董维祥做了工作报告；教育部学生司招生处范卫宏副处长，北京市教委副主任线联平，考试院院长王键、副院长吴凤臣，纪检委副书记周亦慧分别就成人招生录取工作的相关政策、录取工作纪律和工作要点等有关问题做了指示。

线联平副主任在会上做了《树立科学发展观，促进成人招生工作的发展》的专题报告，报告从提高质量和突出特色上论述了如何树立和落实科学发展观及成人教育的发展方向，特别提出了招生录取人员的“两个不许”，即不许私下承诺录取不符合条件的考生，不许擅自承诺降低学校录取分数线。

会议总结了招生报名、考试工作，分析了本年度录取工作面临的新形势，下发了京高招委［2005］12 号文件，明确了录取工作指导思想、工作体制、工作流程及需要把握的政策原则，要求各招生院校、全体招生工作人员要“认清形势，严肃纪律、精心组织强化管理”，严格按照“坚守岗位、遵守纪律、执行规定、掌握政策、严格程序、精通业务”的要求落实岗位责任制和分层管理、逐级负责的管理模式，继续实行“学校负责、招办监督”的录取体制，严格按照规定的工作程序，依据考生所报志愿顺序和学校计划投档并择优录取。招生人员要树立“大局意识、服务意识、纪律意识”，严密组织、严肃纪律、严格管理、认真实施，确保首次全部网上录取工作的顺利进行。市成人高校招生办公室将加强与各招生院校的联系和信息沟通，维护好网上录取操作系统，协调好各有关方面的关系，及时解决远程录取中可能出现的各种问题，保证远程网上录取任务的顺利完成。

此次会议是招生录取前的一次培训会、动员会和工作协调会。会议的召开，标志着录取工作的开始和招生录取的准备工作已基本就绪。

【远程录取系统模拟演练】 2005年是北京市成人教育招生实现全部网上远程录取的第一年。为保障网上远程录取的顺利进行，使录取人员熟练掌握招生网上远程录取的政策规定、运行机制和操作技能，确保各项操作环节的顺利实施，北京市成人高校招生办公室在向各招生院校发放网上远程录取系统使用说明、进行了必要的操作培训后，于11月17日又在石油大学（北京）翠宫饭店组织进行了远程网上录取模拟演练。2005年在京招生院校通过网上下载市考试院已发布的第一志愿考生分数等实际数据的方式进行了远程网上录取的操作演练和系统测试。此次演练和测试使招生录取工作人员进一步熟悉了远程网上录取工作安全、保密及防控计算机病毒侵袭和干扰的操作方式，为维护网上录取工作秩序和网上信息数据安全传输奠定了重要基础，同时也总结了网上远程录取管理、操作上的关键节点和技术要领，为顺利实施网上录取提供了技术上的保证。

【成人高校招生录取】 2005年11月20日，以石油大学（北京）翠宫饭店为中心点、各招生院校为分点的远程网上录取系统正式开通，2005年北京成人招生远程网上录取工作按原计划分批次地正式展开。在京招生的125所高校（其中部委属高校48所，市属高校61所，外埠院校16所）1 836个招生专业全部实现远程网上录取。到12月10日录取工作结束时，共录取考生74 003人，完成原计划（74 294人）的99.6%，完成调整后计划（84 160人）的87.9%；实际录取人数比2004年多71人，增长率为0.1%。

录取工作分三批进行。第一批于11月21日开始，至11月26日结束，共录取高中起点本、专科（艺术、体育类）考生9 846人，完成原计划（10 645人）的92.5%，完成调整后计划（11 771人）的83.6%。第二批于11月27日至12月3日进行，共录取高中起点本科和专科起点本科31 401人，完成原计划（30 877人）的101.7%，完成调整后计划（人）的91.5%。第三批于12月4日至12月11日期间完成录取工作，共录取高中起点专科、高职考生32 756人，完成原计划（32 772人）的99.95%，完成调整后计划（38 083人）的86%。至此，2005年北京市成人教育招生考试录取工作基本结束。

录取工作中，市成人高校招生办公室和各级招生管理机构认真贯彻了教育部和北京市有关做好2005年成人高校录取工作的各项指示精神，坚持了“学校负责、招办监督”的招生录取机制，落实了阳光工程的各项要求，确保了录取工作的公开、公正。录取期间，网络运转正常、安全畅通、数据传输及时准确，各项管理工作井然有序，录取工作效率明显提高。录取工作进行的过程中，北京市副市长范伯元、市政府副秘书长张建东、市教委副主任线联平共同视察了录取现场。部分市政协委员也到现场视察工作。各位领导都对2005年北京成人高校招生录取工作所取得的成绩给予充分肯定。

六、特殊招生形式的组织与管理

（一）预科生的培养与招生管理

【开办预科班与预科工作站】 预科班是1988年国家实施的成人高等教育招生制度改革的产物。预科工作站是举办预科班、培养预科学生办学机构的总称。北京市预科工作站分设在普通高校、独立设置的成人高校及少数区县成人教育招生主管机构。1998年以前开办预科班的高校、单位被称作预科班办学点。1999年3月3日，北京市教育考试院成人高校招生办公室下发的京考成招［1999］8号文中首次使用了“预科工作站”的名称，后一直沿用至今。

【北京市成人高等学校预科工作管理】 2002年全国成人教育招生改革全面铺开后，预科班工作也必须面对这一改革带来的新挑战。与此相适应，北京市审时度势，及时调整了预科班的培养方案和工作要求，在向教育部上报的《关于继续举办成人高等教育预科班的请示》（京考成招［2002］1号）获批准后，立即组织各工作站教师，管理人员共同修订了有关管理制度，并于2003年发布执行。同时颁布的五个预科班管理办法是：

北京市成人高校预科生学籍管理规定

为保证北京市成人高校预科教学质量，建立正常的教学秩序，加强对预科生的管理，参照教育部的有关规定，特制定本学籍管理规定。

一、入学与注册

1. 凡经全国成人高等学校招生统一考试，符合预科条件已被录取的预科生，须持考试院成招办所发的“预科生录取通知书”，按照规定的日期时间到指定工作站报到注册。逾期两周不报到者，取消入学资格。

2. 预科生入学后，各工作站将对其资格进行复查，对复查后不符合条件者，应根据情况予以处理，直至取消入学资格。凡属弄虚作假、徇私舞弊者，不论何时发现，一经查实，由工作站报经考试院成招办批准，取消其预科生资格。

3. 预科生注册后，不得转学。因个人原因退学者，不予退还学费。

4. 预科生因故不能报到者或其他原因不能完成学习者，不保留预科生资格。

二、考核与考试

1. 考勤

（1）预科生必须按时上课，参加面授、辅导。因故不能参加者，必须提前出具有关请假证明，否则按旷课论处。旷课时数累计达总学时数的 10％者，作退学处理。

（2）预科生因病、因事、因公请假，累计超过总学时 30％者，取消其预科生资格。累计三次迟到、早退且每次均超过 20 分钟者按旷课一课时计算。

2. 平时成绩

预科生必须遵守考勤制度和按时完成作业，对预科生考勤情况和完成作业情况的考核纳入平时成绩进行统计。该成绩计入预科生结业考试总成绩。预科班共补习三门课程，预科生平时成绩包括作业与考勤两项共 90 分。其中：

（1）考勤分 45 分，每门课程考勤分为 15 分，缺课一课时，扣 0.5 分。每门课程最多扣除 15 分。

（2）作业分 45 分，每门课程作业分为 15 分，缺一次作业扣除 3 分。

（3）平时总成绩达到 54 分者，方可参加结业考试，平时成绩计入总成绩。

3. 结业考试

（1）预科生结业考试采用一次性考试的办法，不设补考。

（2）预科生未参加结业考试者或参加考试未通过者，取消其预科生资格。

（3）预科生必须严格遵守《考生应试守则》，执行《北京教育考试违规行为处理暂行办法》的规定。

4. 结业成绩

预科班结业考试采用三门课程总分制结业。每门课程满分为 150 分，其中结业考试卷面成绩占 80％，平时成绩占 20％。三门课程总分达到 270 分，且每门课程不低于 40 分，方可结业。

三、结业与转正

1. 预科生修满教学计划规定的课程，经结业考试成绩合格者，准予结业。

2. 预科生结业后直接进入原报第一志愿学校及专业学习，原则上不得转学、转专业。预科生转正前，进行核对确认原报专业。

进入预科学习的预科生，原报考高中起点本科志愿的考生限报考专科层次学校及专业；原报高中起点专科外语类的考生，参加全国成人高等学校招生统一考试外语成绩低于当年录取分数线者，限报文史类专业。

3. 合格预科生的转正手续统一由考试院成招办办理，“录取通知书”由录取学校发给预科生本人。

北京市成人高等学校预科生转站工作管理办法

一、根据《北京市成人高等学校预科生学籍管理办法》的规定，预科生报到、注册、交纳学费后一律不准转站，如果确有特殊困难，须在报到、注册前提出转站申请。

二、转出工作站接到预科生的转站申请，根据实际情况确定无误后，为其办理转站手续。由预科生填写《北京市成人高校预科生转站申请表》（见附件九），经审核同意后加盖公章。

三、转入工作站在接到预科生的《北京市成人高校预科生转站申请表》并经审核同意后，加盖公章。

四、考试院成招办在接到预科生的《北京市成人高校预科生转站申请表》并经审核后，为符合转站条件的预科生办理转站手续，对不符合转站条件的预科生不予办理转站手续。

五、转入工作站在接到考试院成招办审批同意并加盖公章的《北京市成人高校预科生转站申请表》后，方可为预科生办理报到、注册手续。

六、要求转站的预科生，应在接到《北京市成人高等学校预科生录取通知书》后三周内，办理完毕转站手续，逾期不再办理。

七、《北京市成人高等学校预科生转站工作管理办法》的解释，由北京教育考试院成人招生办公室负责。

北京市成人高等学校预科工作站管理办法

为了加强北京市成人高等学校预科的教育、教学与管理，提高教学质量和管理水平，特制定本办法。

一、预科班及工作站

1. 北京教育考试院成人教育招生办公室（以下简称考试院成招办）根据教育部的有关规定，举办成人高等学校大专预科。考试院成招办对预科的管理实行“八个统一”，即负责统一制定教学大纲、统一安排教学计划、统一编制教学课时、统一制定学籍管理规定、统一选用教材，统一安排考试，统一评阅卷、统一登分。考试院成招办对预科工作站实行宏观管理，监督、检查各预科工作站（以下简称工作站）日常管理情况并对各工作站进行评估。

2. 考试院成招办根据有关规定设立预科工作站。各工作站应和考试院成招办共同负担起培养合格预科结业生的重任。工作站的主要任务是：

（1）贯彻、执行上级领导机关有关预科的方针、政策和规定；

（2）做好预科生的思想教育工作；

（3）按照考试院成招办统一安排的教学进度组织实施教学全过程；

（4）选聘任课教师、落实教学活动场所、发放教材及资料；

（5）对预科生的学籍管理；

（6）按时上报有关材料；

（7）保证预科的教育教学质量。

二、工作站组织机构

工作站应由正、副站长各1名，及工作人员2—3名组成。

1. 正站长由校（院）长兼任，负责领导预科全面工作。

2. 副站长由校（院）主管预科工作的具体领导担任，负责具体实施预科各项工作。

3. 工作人员负责学籍管理、教学计划的实施、考试工作及日常的管理协调工作。

4. 工作站应根据办学条件及学员人数等具体情况组成教学班。每班应有专职班主任1名，负责考勤、教学纪律、思想教育等工作，为教师和预科生做好服务工作。

5. 工作站应在各教学班中组建班委会，协助班主任工作，沟通工作站与预科生之间的关系。

6. 工作站的机构组建后，应填写《北京市成人高等学校预科工作站备案登记表》（见附件一），报考试院成招办审批备案。

三、工作站的主要职责

1. 工作站在考试院成招办的统一领导下，及时做好预科生的录取、报到注册工作。

2. 工作站应对预科生进行编班、造册，并按时把名册上报考试院成招办。将未报到注册的预科生姓名填写到《北京市成人高等学校预期科班未注册预科生名单》（见附件八）上，上报考试院成招办。

3. 工作站要认真做好预科生的入学教育工作，组织预科生学习《北京市成人高等学校预科生学籍管理规定》和各工作站的有关规章制度，使预科生了解预科教育的特点、规定，明确学习目的，端正学习态度，以良好的学风自觉学习，顺利完成预科阶段的学习任务。

4. 工作站应定期与不定期召开教师、预科生座谈会，了解预科教学及管理的情况，听取教师及预科生的意见与建议，及时解决预科教学与管理中存在的问题，并定期将座谈会纪要上报考试院成招办。

5. 工作站应在预科开学后的第二周内，将各科的课程安排、预科生上课时间、地点等情况填写《北京市成人高校预科开课情况统计表》（见附件二），报考试院成招办备案。

6. 工作站须做好预科生的考勤工作。工作站应要求班主任亲自到班检查预科生出勤情况，对经常缺勤的预科生要及时批评和给予必要的关心和帮助，以使其能保证按时听课。班主任应及时、准确、认真地填写《北京市成人高校预科月考勤情况统计表》（见附件三）。

7. 工作站应在每月第一周的星期五前，将上月的预科生缺勤情况填写《北京市成人高校预科月考勤情况汇总表》（见附件四）后上报考试院成招办。

8. 预科结业考试属省市级考试，其试卷属机密试卷，各有关单位应配合考试院成招办做好结业考试的组织工作。设置为预科结业考试考点的单位，应按有关要求设置考场、选派监考人员，做好试卷的保密、保管工作。严格执行《北京市教育考试考务管理规定》。考点应在结业考试前三周，将本站的组考安排、考试地点、试卷存放点上报考试院成招办备案。考点应坚持“公平、公正”的原则，严格考场纪律，杜绝舞弊现象的发生。

9. 工作站须做好学生平时成绩的登录工作。在结业考试前，各工作站应将平时成绩登记在《预科生平时成绩登记表》（见附件五）上，并按时上报考试院成招办。

10. 工作站应做好各类档案的管理工作。工作站应对已注册的预科生要分班建立档案，在预科生结业后，把档案材料整理好上交考试院成招办。

11. 工作站应做好年度总结评比工作。在结业考试结束后，各工作站要写出全年的工作总结，总结经验并推选出“优秀教师”、“优秀班主任”、“优秀管理人员”各1名，并将个人事迹及工作站推荐意见上报考试院成招办。

12. 工作站须按时参加考试院成招办召开的筹备会、协调会、教研会、总结会及经验交流会，学习兄弟工作站的经验，提高本单位工作站管理水平，保证教学质量。

四、为加强预科的管理，提高各工作站对预科工作的重视程度，考试院成招办负责组建预科领导小组和成立预科协调小组。

1. 预科领导小组对预科的思想教育、教学组织与管理进行指导。其成员为考试院成招办主任、各工作站站长。

2. 预科协调小组在领导小组的直接领导下，负责具体工作实施，定期与不定期地召开工作协调会，协调各工作站的教学进度，解决管理工作中的困难，交流各工作站的办学经验。其成员为考试院成招办主管预科的工作人员及各工作站副站长。

五、为提高预科的教育、教学质量，确保教学计划的顺利实施，考试院成招办负责组建预科教研组。

教研组负责审定预科教学计划、教学大纲、指导各站预科任课教师等工作。

1. 教研组应聘请热爱成人教育事业，在成人高考教学中有一定教学经验，在本学科教学活动中能起带头人作用的教师参加。

2. 教研组教师须填写《北京市成人高等学校预科教研组教师聘任审批表》（见附件六），报考试院成招办审批备案。

3. 工作站可根据预科生情况聘请若干名辅导教师。可以从本校（院）教师中聘请，也可从校（院）外能胜任辅导工作的教师中聘请。辅导教师应保持相对稳定，并填写《北京市成人高等学校预科辅导教师备案登记表》（见附件七），报考试院成招办审批备案。

六、考试院成招办负责对各工作站工作情况进行定期与不定期的监督、检查。

预科班主任工作职责

预科班主任是教育教学管理工作中的基层管理者，在对预科学生管理、保证教学秩序、提高教学质量等工作中担负着重要任务。为规范班主任工作，制定《预科班主任工作职责》。

1. 在考试院的领导下，协助工作站做好预科生的报到、注册、组班、入学教育等工作。

2. 及时组建班委会，调动预科生自我管理的积极性，根据班里情况，有针对性地开展班务活动，树立良好班风。

3. 配合工作站，定期召开预科生座谈会，听取教师和预科生的意见和建议，及时反馈给工作站。

4. 严格考勤制度，如实填写考勤表，及时交到工作站。班主任在每次上课前、课间、课结束必须检查考勤。要及时了解情况，督促缺勤的预科生按时来上课，保证预科生到课率在85%以上。

5. 协助任课教师督促预科生按时完成和上交作业，并如实做好登记后交工作站。

6. 协助工作站对预科生进行出勤、课堂、结业考试等方面的纪律教育，在管理工作中，搞好预科的风气培养。

7. 协助工作站做好服务工作，热情为教师和预科生服务，帮助他们正确处理工学矛盾和教学矛盾，使预科生能顺利完成学业。

8. 完成工作站交给的各项预科教育教学工作。

北京市成人高校预科任课教师工作条例及教学质量评估办法

为适应成人高等教育改革和发展的需要，加强和完善预科教学和管理工作，稳定教学秩序，提高预科教育教学质量，特制定预科任课教师工作条例及教学质量评估办法。

一、预科教师任课条件

1. 忠诚党的教育事业，为人师表，刻苦钻研业务，治学严谨；

2. 能发挥教师的主导作用，敢于严格要求与管理预科生，因材施教，循循善诱，教书育人；

3. 熟悉并掌握成人预科生的学习规律和特点，具有一定成人高考考前辅导的经历和经验，教学效果良好；

4. 任课教师必须具有中级以上专业技术职称。

二、任课教师的主要职责和要求

1. 必须按规定参加考试院成招办组织的集体备课与教研活动，交流经验，取长补短，不断提高教学水平。

2. 根据北京市成人高等学校预科的教学要求，按规定的学时和进度完成教学任务。

3. 努力钻研预科的教材与教学大纲，认真备课，按教学要求抓住基本概念、基本理论、基本方法和每个章节的基本要求，写出详细的教案。

4. 课堂讲授应做到基本理论、概念准确、清晰，条理清楚，论证严密，逻辑性强，突出重点、难点和疑点。

5. 任课教师在教学过程中应严格要求预科生认真、独立地完成作业，并对预科生作业进行认真批改和评述。

6. 任课教师在执教期间要严格遵守教学纪律，按时上、下课，不得无故缺课、迟到或提前下课。

三、任课教师教学质量评估办法

1. 评估目的

开展任课教师教学质量评估工作，对于加强教师教学工作的考核，激发广大教师的积极性、创造性，促进教学任务的完成，提高教学质量，具有重要的意义，也为评聘教师提供依据。

2. 评估内容及办法

教师教学质量评估工作分为以下两方面进行：

（1）预科生抽样评价。

预科生是教学的直接对象，预科生的评价是整个教学质量评估的重要组成部分。预科生评价主要分为师德、工作态度、教学内容、教学方法、教学效果等几个方面的内容。

具体做法：期中考试后由各工作站组织各班主任分别在本班进行抽样无记名问卷评价（见附件十），问卷按不低于班级预科生人数40%的比例发放和统计，预科生评价表由班主任统计后统一交到工作站站长处保存、备查。

（2）召开预科生座谈会（见《预科工作站管理办法》）。

（3）工作站管理者评价（见附件十一）。

3. 评估结果

质量评估的最终结果用优、良、合格、不合格四个等级来表示，即总分≥90为优，80—89为良，60—

79 为合格，<60 为差。

预科生抽样评价部分权重 70%，预科生座谈会和工作站管理评价部分权重 30%，两部分汇总成绩为教师教学评价总成绩。

各工作站将教师教学评价总成绩作为是否续聘教师和评选优秀教师的依据。

4. 奖励

凡是预科生问卷评价结果为“优”、教学效果突出（单科结业考试及格率 90%以上）或教学效果优良（单科结业考试及格率 70%以上）并在管理部门及预科生中普遍反映优秀的教师，在学年末可被推选为校“优秀教师”及北京市成人高等学校预科“优秀教师”，由学校（院）及考试院成招办进行表彰及奖励。

这些管理办法的修订完善，加强了预科班的教学管理，提高了预科班的教学质量，稳定了预科班的工作程序，促进了预科班工作的健康发展，保证了预科班工作一直延续举办，并为成人高校输送了大量的优秀生源。

【预科班结业考试】 预科班是上一年度参加全国成人教育统一招生考试，在照顾一定分数段后仍未被录取者的高中文化课程补习班。按照国家相关政策的规定，预科生补习一年高中文化课后不需要再参加全国成人高等教育招生统一考试，而是由市教育考试院依据预科班结业考试成绩划定录取分数线予以录取。因此，组织好预科班的统一结业考试是北京市成人教育招生考试组织工作的重要任务之一。2005 年 9 月 7 日，教育考试院不仅依照惯例在成人高考开始前下发了《关于 2002 年度北京市成人高等学校招生预科生结业考试工作的通知》（京考成招［2005］15 号），组织指导了 2004 年入学的预科生于 9 月 25 日参加了在北京工业大学举行的预科班统一考试，而且同时就预科班统一结业考试的阅卷评分工作做了具体部署，并保证各高校成人教育招收预科生的录取工作与其他成人教育招生录取工作同步完成。该通知的全文如下：

关于 2005 年度北京市成人高等学校招生预科生结业考试工作的通知

京考成招［2005］15 号

各预科生工作站：

根据北京市成人高等学校预科生教学要求和教学计划的安排，2005 度预科生结业考试定于 2005 年 9 月 25 日在北京工业大学预科生工作站进行。请各预科生工作站要加强对预科生结业考试工作的领导，切实采取有效措施，做好预科生结业考试工作。

一、考试科目

文史类、理工类、西医类、中医类、高职班考：语文、数学、英语。

二、考试时间

日期	时间	科目
9 月 25 日	9:00—11:00	语文
	13:00—15:00	数学
	15:40—17:40	英语

三、考试办法

（一）为保证预科生结业考试的质量，体现公平、公正的原则，今年继续实行集中考试的方式，考点设在北京工业大学。

（二）各预科生工作站应按《国家教育考试违规处理办法》、《北京教育考试考务管理暂行规定》和《北京市成人高等学校预科生管理规定》中所规定的考试管理办法做好考生的考前教育与培训，并继续执行考前由考生签订考生诚信考试承诺书制度。

（三）考试期间，考试院成招办及各预科生工作站的工作人员将现场巡查考试情况。

（四）考试院成招办集中组织评卷、登分工作，各工作站负责将考试成绩通知本人，不公布，不查分。

四、组考要求

（一）考点要成立预科生结业考试工作领导小组，具体负责考试工作的实施。

（二）预科班的结业考试属省级考试，各项工作均按考试院有关规定执行，考前的各类培训应不少于半天。要严密做好各项准备工作和监考员培训工作，严肃考风考纪，确保考试安全，圆满完成考试任务。

（三）请北京工业大学预科生工作站于 9 月 7 日前，将组考工作方案（组考小组成员组成及分工情况、考点地址、考场地点、咨询电话、试卷存放地点、保密工作人员名单）上报考试院成招办。

五、关于试卷印制、运送工作

（一）试卷印制工作按考试院指定印刷厂印制。

（二）按照试卷保密有关规定运送、接取试卷，必须严格交接手续。

北京教育考试院

二〇〇五年九月七日

【成人高校招收预科结业生录取工作】 2005 年各成人高校招收预科生的录取工作按照京高考委［2005］12 号文件颁布的《2005 年北京市成人高校招生录取工作程序》要求与其他考生的录取同时进行，并在 11 月 21 日至 12 月 10 日间完成预科生的网上远程录取工作。期间共录取在各预科班结业的预科生 801 名，其中脱产学习的 60 名，夜大学 735 名，函授 6 名，均为高中起点专科或高职专业录取。

【2005—2006 年度预科班新生招生】 在北京市成人高校招生录取即将结束的 2005 年 12 月 19 日至 29 日，北京市成人高校招生办公室组织各预科工作站进行了 2005—2006 年度预科班招新生的录取工作。全市参加 2005 年全国成人高校招生统一考试未被录取且符合预科生条件的 810 名考生，分别被录取到北京市举办的 4 个预科生工作站，并开始了一年的预科学习。

（二）国家体育总局成人高等教育运动训练专业单独招生的组织与管理

【国家体育总局成人高等教育运动训练专业单独招生办法】 2005 年 9 月 5 日教育部高校学生司下发了教学司［2005］27 号文，印发了《2005 年国家体育总局成人高等教育运动训练专业单独招生办法》，该办法全文如下：

2005 年国家体育总局成人高等教育运动训练专业单独招生办法

一、招生院校

第一条 列入国家体育总局成人高等教育运动训练专业单独招生的院校名单由国家体育总局科教司确定。

第二条 各招生院校成人高等教育运动训练专业的招生计划列入经教育部核定的年度成人高等学历教育招生计划总数内。

第三条 招生院校应根据教育部有关规定和本办法，制定本校成人运动训练专业的招生章程。招生章程内容应包括：成人高等学校全称、校址、层次、专业方向、办学类型、学习形式、招生人数、具体报考条件、考生身体健康状况要求、录取规则、学费标准、颁发学历证书的学校名称及证书种类，以及报名时间、地点、联系电话、网址和其他有关事宜。招生院校应通过适当方式向社会公布招生章程，并在规定时间内报送国家体育总局科教司备案。招生章程公布后不得随意变更，招生院校应对招生章程的内容承担相应的责任。

二、报名

第四条 报考国家体育总局成人高等教育运动训练专业的考生必须具备以下条件：

（一）优秀运动队（包括省、自治区、直辖市、计划单列市、大军区、各行业体协）的教练员、运动员；运动学校和业余体校的教练员。

（二）报考高中起点升专科（高职）的应具有高中毕业文化程度或同等学力。报考专科起点升本科的必须已取得经教育部审定核准的国民教育系列高等学校、高等教育自学考试机构颁发的专科毕业证书或以上证书。

第五条 招生院校负责组织考生报名。报名工作结束后应及时将考生报名数据库按教育部规定的信息标准报学校所在省级成人高校招生委员会办公室（以下简称省级成招办）备案。

三、考试

第六条 高中起点升专科（高职）的文化课考试科目为语文、数学、政治、英语，考试范围不超出国家体育总局科教司制定的《国家体育总局系统成人运动训练专业单独招生复习考试大纲》。专科起点升本科文化课考试科目为运动生理学、运动心理学、运动训练学、综合，考试范围不超出运动训练专业专科教学大纲。

第七条 以上考试科目每科试题满分为150分，每科考试时间为120分钟，均由国家体育总局科教司统一组织命题、考试和评卷。考生考试成绩由国家体育总局科教司通知各招生院校。

第八条 报考高中起点升专科（高职）的考生除参加文化课考试外还需参加运动专项考试。运动专项由各招生院校自行组织命题和考试，考试成绩不计入总分，供录取时参考。

第九条 2005年文化课考试定于11月上旬进行，具体时间由国家体育总局科教司另行通知。

四、录取

第十条 国家体育总局科教司负责划定最低录取控制分数线，经教育部核准后通知各招生院校。

第十一条 各招生院校在国家体育总局科教司划定的最低录取控制分数线上划定本校最低录取分数线并确定拟录取考生名单，经国家体育总局科教司核准后，于12月31日前报学校所在省级成招办审批。

第十二条 招生院校要加强与相关省级成招办的联系，并根据省级成招办的要求，全面、准确、规范、及时地采集考生有关信息。相关省级成招办负责向教育部报送录取考生的数据库。

第十三条 符合教育部规定的成人高校招生照顾录取条件的，按照教育部有关规定执行。

五、其他

第十四条 各招生院校应于录取工作结束之日起30日内，对本校招生工作进行自查，并书面上报国家体育总局科教司。

第十五条 对在招生工作中徇私舞弊、弄虚作假的有关招生院校工作人员，一经查实，将依照国家有关法规予以严肃处理；构成犯罪的，依法追究刑事责任。

第十六条 本办法未涉及事项，按教育部有关文件执行。

第十七条 本办法由教育部高校学生司和国家体育总局科教司负责解释。

【2005年国家体育总局成人高等教育运动训练专业单独招生考试】 2005年9月19日，国家体育总局下发了《关于2005年国家体育总局成人高等教育运动训练专业单独招生考试的通知》（体科字［2005］236号），其主要内容是：

关于2005年国家体育总局成人高等教育运动训练专业单独招生考试的通知

2005年国家体育总局成人高等教育运动训练专业单独招生考试将于11月5日、6日举行。现将有关事宜通知如下：

一、招生院校

（一）成人运动训练专业高中起点升专科招生院校：

北京体育大学，上海、武汉、沈阳、成都、西安、南京、吉林、天津、山东、广州体育学院，北京、辽宁、黑龙江、上海、浙江、四川体育运动技术学院，湖南体育职业学院。

（二）成人运动训练专业专科起点升本科招生院校：

北京体育大学，上海、武汉、沈阳、成都、西安、吉林、天津、山东、广州体育学院。

二、招生对象

（一）高中起点升专科：具有高中毕业及同等学力，优秀运动队（包括省、自治区、直辖市、计划单列市、大军区、各行业体协）的教练员、运动员；运动学校和业余体校的教练员。

（二）专科起点升本科：具有专科学历，优秀运动队（包括省、自治区、直辖市、计划单列市、大军区、各行业体协）的教练员、运动员；运动学校和业余体校的教练员。

三、报名办法

（一）考生应按有关院校招生简章的要求，在征得本单位同意后，向所在省、自治区、直辖市及计划单列市体育局申请办理报名手续，并按当地规定的标准交纳考务费。考生报名时，必须交验身份证、工作证原始件，现役运动员须交验运动员注册证，报考“专升本”的考生须交验经教育部审定核准的国民教育系列高等学校或高等教育自学考试机构颁发的大学专科毕业证书原始件；并由考生所在训练单位人事部门（含有关人事主管部门）和地、市级体育局以上人事部门出具运动员或教练员的资格证明。报名表必须经市、地级以上体育局审核并加盖公章。

各级体育部门和招生院校要充分认识单独招生工作的重要性和严肃性，自觉维护考试的权威性，切实做好报考考生的资格审查和复查工作，严把资格关。

（二）各省、自治区、直辖市及计划单列市体育局，应根据有关院校招生简章的要求，认真组织报考，负责考生资格审查、政审、体检等，并将考生报名登记表及有关部门材料连同考务费于 8 月 30 日前寄往考生报考的院校。

各招生院校务必于 9 月 30 日前将招生简章、报考人数、考点设置情况及地方教育部门批复的运动训练专业招生计划复印件报总局科教司。

（三）有关招生院校收到各地体育局寄来的考生有关材料后，对考生资格等情况进行认真复审。对符合条件者，于 10 月 1 日前寄出准考证。准考证编号按教育部教试［1991］3 号文要求，采用 11 位数字编排，方法如下：

年号：01；02；03；…；依此类推。

方式号：专科代号 1；专升本代号 2。

院校号：体育院校为：北京体育大学 01、沈阳体院 02、上海体院 03、武汉体院 04、成都体院 05、西安体院 06、南京体院 07、吉林体院 08、天津体院 09、山东体院 15、广州体院 18。体育运动技术学院（体育职业学院）为：北京 10、辽宁 11、黑龙江 12、上海 13、浙江 14、湖南 16、四川 17。

考场号：各院校从 01 按序排列，不得间隔或重复。

考生序号：各院校从 001 按序排列，不得间隔或重复。

例：2004 年北京体育大学专科第九考场 1181 号考生考号应为

0	4	1	0	1	0	9	1	1	8	1
年号		方式号	院校号		考场号		考生序号			

四、试卷命题范围、考试科目、日期及地点

（一）运动训练专业高中起点升专科的试卷在教育部指导下进行命题与印制：考试命题范围不超出国家体育总局科教司制定的《国家体育总局成人高等教育运动训练专业单独招生复习考试大纲》。

考试科目：语文、数学、政治、英语四科并加试运动专项（面试）。考试各科满分均为 150 分。加试运动专项（面试）的试题、考试由各院校组织，加试成绩不计入总分，供录取时参考。

考试时间：11 月 6 日、7 日（星期六、日）两天，具体安排如下：

时间	上午	下午	
	8:30—10:30	1：30—3:30	3:50—5:30
11 月 5 日（六）	语文	数学	运动专项面试
11 月 6 日（日）	政治	英语	

（二）运动训练专业专科起点升本科由教育部委托国家体育总局负责命题，组织实行统一考试。考试命题范围不超出运动训练专业专科教学大纲。

考试科目：运动生理学、运动心理学、运动训练学、综合考试，每科满分均为 150 分。综合考试包括知识能力（占 50%）和实践能力（占 50%）。

其中知识能力包括：体育常识 30 分；体育史 15 分；体育管理 15 分；体育概论 15 分。

实践能力包括：结合专项的案例分析或作文 75 分。

考试时间：11 月 5 日、6 日（星期六、星期日）两天。具体安排如下：

时间	上午	下午
	8:30—10:30	1:30—3:30
11月5日（六）	运动生理学	运动心理学
11月6日（日）	运动训练学	综合考试

（三）考点

依据国家体育总局考点设置的有关规定，考点必须设置在省会城市，不得擅自变更。

各院校新设考点必须向国家体育总局提出书面申请。

考点发生下列情况之一的，将取消该考点承办国家体育总局成人高等教育运动训练专业招生考试资格：

1. 违反保密规定，造成国家体育总局成人高等教育运动训练专业招生考试试题、答案及评分参考（包括副题及其答案及评分参考）丢失、泄密的；

2. 违反保密规定，使考生答卷在保密期限内发生重大事故的；

3. 因教育考试机构管理混乱、考试工作人员玩忽职守，造成考点或考场纪律混乱，作弊现象严重的；

4. 同一考点同一时间的考试存在大面积雷同现象的；

5. 违反考务规定，造成其他严重后果的。

（四）考务

考务工作由招生院校负责。试卷保管和考场设置必须严格按照教育部的有关规定执行。

考试期间，各院校须聘请省级招生考试机构巡视员，督促检查考点考务工作，协助处理偶发事件和重大问题。

考生参加考试必须凭三证进入考场，即准考证、工作证、身份证。

五、评卷及录取

（一）评卷工作由国家体育总局统一组织，阅卷教师由国家体育总局选聘。

（二）考点在考试结束后，按规定将试卷装订密封，并派专人于11月9日前护送到指定地点。

（三）11月30日前结束评卷、登分造册工作，并将考生成绩通知各招生院校。

（四）国家体育总局根据招生计划与考试成绩，提出最低录取控制分数线，经教育部审定后于2005年12月10日前通知招生院校，各院校根据招生计划确定院校实际录取线。

（五）有关优秀运动员、教练员报考运动训练专业免试和照顾条件仍按教育部《关于对优秀运动员报考成人高等学校高中起点本专科有关问题的通知》（教学司［2000］15号）、《关于对教育部〈关于对优秀运动员报考成人高等学校高中起点本专科有关问题的通知〉的补充通知》（体科字［2000］024号）以及国家体育总局等六部委《关于进一步做好退役运动员就业安置工作的意见》（体人字［2002］411号）的有关规定执行。符合免试条件的运动员、教练员报名时必须填写《优秀运动员免试进入成人高等学校学习推荐表》（国家体育总局体科字［2000］024号文规定的表式），并签注省级体育部门推荐意见，加盖公章。符合免试和照顾条件的运动员、教练员报名时都必须交验相应的原始证明和学历证明，由各院校统一报国家体育总局审批。凡发现伪造照顾录取条件证明的情况将依法追究当事人和招生院校责任。

（六）各招生院校到国家体育总局办理录取新生核准手续的时间另行通知。

（七）核准工作结束后，各院校将本年录取新生名册报学校所在地省级成人高校招生办公室审批。各院校待审批后发录取通知书。

六、招生经费

（一）试卷命题费、阅卷费及机要费等由国家体育总局支付。

（二）各招生院校按试卷数量上交考务费（每套50元），并于9月30日前汇入国家体育总局指定账户。

（三）场地租用费、监考补助费、监考教师往返考点交通、食宿、取送和存管试卷等费用均由招生院校与设考点单位协商解决。

七、考试纪律

各有关单位严格按教育部《2005年高等学校招生全国统一考试考务工作规定》（教考试［2005］1号），教育部、中宣部、公安部、监察部、信息产业部、国家保密局、武警总部等七部门《关于全面加强教育考试环境综合整治工作的通知》（教学［2004］15号），以及《国家教育考试违规处理办法》（教育部令第18号）等有关文件精神，制定严格、周密、具体的办法，确保考试安全，防范考试违纪舞弊行为的发生，努力为广大考生提供公平、公正、放心、满意的考试环境。同时，加强组织纪律性，坚决反对和抵制徇私舞弊等不正之风。对发现和群众检举揭发的违纪舞弊事件必须认真查处，严肃处理，追究责任，决不姑息。

此外，总参军训部、总政宣传部及各行业体协的运动员、教练员考生的报名事宜，参照上述有关办法办理。

收款人：国家体育总局

开户行：中信实业银行北京崇文支行

账　号：7112210189800002207

二〇〇五年九月十九日

附件

2005年国家体育总局成人高等教育运动训练专业单独招生考试工作进度表

时　间	工作内容	主办单位
8月30日前	省（区、市）及计划单列市体育局对考生进行资格审查，并将报名登记表及有关材料，连同考务费寄往考生报考院校	各省（区、市）及计划单列体育局，总参军训部、总政宣传部，各行业体协等
9月30日前	招生院校报考人数考点设置有关情况及地方教育部门批复的招生计划复制件报国家体育总局科教司同时上交考务费	各招生院校
10月1日前	对考生进行复审，发准考证	国家体育总局
10月15日前	印刷试卷	教育部
10月18日	寄出试卷	教育部
11月5日	提取试卷	各招生院校
11月5日至6日	考试	各招生院校
11月9日	护送试卷到北京体育大学	各招生院校
11月15日	阅卷教师到指定地点集中、阅卷	国家体育总局
11月30日	结束评卷、登分造册并将成绩通知各招生院校	国家体育总局
12月10日	寄出最低控制分数线	国家体育总局
12月中旬	各招生院校到国家体育总局办理新生录取核准手续	国家体育总局及各招生院校
12月31日前	各招生院校到学校所在省级成招办办理新生录取审批手续	学校所在省级成招办

【国家体育总局成人高等教育运动训练专业单独招生考试及录取工作的实施】 按照教育部教学司［2005］27号和国家体育总局体科字［2005］236号文件的规定，北京体育大学、北京体育运动技术学院成人教育主管机构接受了国家体育总局成人高等教育运动训练专业单独招生考试的报名等工作任务，并按要求在2005年12月31日前将符合录取条件且在国家体育总局办理了录取新生核准手续的录取名册上报北京市成人高校招生办公室审批。北京市成人高校招生办公室即时办理了有关手续，并核准北京体育大学运动训练专业成人高等教育录取新生1 365名（其中高中起点本科50名，高中起点专科236名，专升本1 079名），北京体育运动技术学院录取运动训练专业成人高等教育录取高中起点专科新生55名。至此，北京市运动训练成人高等教育招生录取工作圆满结束。

（三）北京联合大学特殊教育学院成人教育面向残疾人单考单招工作的组织与管理

【《关于北京联合大学特殊教育学院成人教育面向残疾人单考单招增加专业的请示》及教育部的批复】

2002年教育部批准北京联合大学特殊教育学院成人教育面向残疾人单独考试招生后，2003年北京联合大学以单考单招的方式招收了第一批残疾人成人教育学生。2004年北京联合大学特殊教育学院成人教育已有专科、专科起点本科两个层次共7个专业面向残疾人招生。为满足社会需求，在连续两年招生办学试点取得经验的基础上，2005年北京市教育考试院以京考成招［2005］7号文请示教育部，申请增加开设专业。

该请示全文如下：

关于北京联合大学特殊教育学院成人教育增设面向残疾人单考单招专业的请示

京考成招［2005］7号

教育部高校学生司：

经教育部批准，北京联合大学特殊教育学院从2003年开始部分专业对残疾人实行单考单招，已开设计算机应用（专科）、钢琴调律（专科）、服装设计（专科）、针灸推拿（专升本）、艺术设计（专升本）和服装设计（专升本）六个专业。根据北京市残联反映的情况和学校针对残疾人学习意向的调查，为满足广大残疾人对各种专业求学的愿望，特申请北京联合大学特殊教育学院增设以下单考单招专业：

1. 针灸推拿（专科）　　招生对象：视障、肢残
2. 音乐学（专升本）　　招生对象：视障、肢残

妥否，请批示。

北京教育考试院

二〇〇五年五月二十六日

2005年6月6日，教育部高校学生司以《关于北京联合大学特殊教育学院成人教育单独考试增加招生专业的函》（教学招字第05020号）批复，“同意北京联合大学特殊教育学院从2005年开始，单独考试增设针灸推拿（高职高专）和音乐学（专升本）两个招生专业，其他事项仍按我司《关于同意北京联合大学特殊教育学院成人教育为残疾人举行单独考试的函》（教学司［2002］48号）执行”。至此，北京联合大学特殊教育学院面向残疾人单考单招的两种层次成人教育已达9个专业。报名、考试、录取等招生工作也在不断总结、完善的基础上，步入了规范化、制度化发展轨道。

【为残疾人举行单独招生考试录取工作的实施】 为保证北京联合大学特殊教育学院成人教育为残疾人举行单考单招工作的健康发展，促进这项工作的规范化、制度化进程，2005年北京市修订了有关管理办法，并于6月30日以京考成招［2005］13号文印发了《北京联合大学特殊教育学院成人教育为残疾人举行单独招生考试实施办法》。该办法全文如下：

北京联合大学特殊教育学院成人教育为残疾人举行单独招生考试实施办法

按照教育部学生司《关于同意北京联合大学特殊教育学院成人教育为残疾人举行单独考试的函》（教学司［2002］48号）、《关于同意北京联合大学特殊教育学院成人教育面向残疾人单考单招增加专业的函》（教学司函［2004］56号）、《关于同意北京联合大学特殊教育学院成人教育单独考试增加招生专业的函》（教学招字第05020号）和北京教育考试院《2005年北京市成人高校招工作规定》的文件精神，北京联合大学特殊教育学院成人教育对残疾人实行单独招生考试，特制定实施办法。

一、招生计划

招生计划由市教委下达，招生专业、学制、人数等如下：

专业	专业类别	层次	学制	形式	招生对象	计划
英语	文史类	专科	3年	业余	视障、肢残	40
针灸推拿学	中医学类	专科	2年	脱产	视障、肢残	2
针灸推拿学	中医学类	专科	3年	业余	视障、肢残	40
艺术设计（电脑美术）	艺术类	专科	3年	业余	听障、肢残	40
计算机网络技术	理工类	高职（专科）	3年	脱产	听障、肢残	5
针灸推拿学	中医学类	专升本	3年	业余	视障、肢残	30
艺术设计	艺术类	专升本	3年	业余	听障、肢残	4
计算机科学与技术	理工类	专升本	3年	业余	听障、肢残	1

二、招生对象及报名条件

报名工作由北京联合大学特殊教育学院组织实施。

符合下列条件的中国公民可以报名：

1. 拥护中国共产党的领导，愿为社会主义现代化建设服务，品德良好，遵纪守法。

2. 报考高中起点升本科、专科的考生应具有高中毕业文化程度，报考高等专科起点升本科的考生必须是已取得经教育部审定核准的国民教育系列高等学校或高等教育自学考试机构颁发的高等专科毕业证书的人员。

3. 报考人员须是持有省、市级残联核准颁发的《中华人民共和国残疾证》并能独立生活和学习的残疾人员。

（1）计算机类专业招收听障和肢残学生，要求听障残疾等级在二级重听以上，肢残等级为三级和四级。

（2）针灸推拿专业招收视障、听障和肢残学生，要求视障残疾等级在二级低视力以上，听障残疾等级在二级重听以上，肢残等级为四级。

（3）艺术专业（专升本）招收听障和肢残学生，要求听障残疾等级在二级重听以上，肢残等级为四级。

（4）英语专业招收视障和肢残学生，要求视障残疾等级在二级低视力以上，肢残等级在三级和四级。

三、报名时间及报名办法

（一）报名时间：即日起至 9 月 8 日。

（二）报名地点：北京联合大学特殊教育学院（丰台区水定门外蒲黄榆 2 巷甲 1 号，电话：67665517、67644999）

（三）报名手续

报名时考生须持本人居民身份证（没有北京市户口的外埠在京工作人员，还需持在京暂住证）、省（市）级残联核准颁发的中华人民共和国残疾人证书、一寸免冠正面照片三张及报名考务费。填写《单考单招考生报名登记表》。

四、考试

考试日期：2005 年 10 月 15 日、16 日。

考试科目及考试时间见下表：

专业	统考时间/统考科目		
	10 月 15 日上午 9:00—11:00	10 月 15 日下午 2:30—4:30	10 月 16 日上午 9:00—11:00
计算机网络技术	语文	英语	数学
针灸推拿学	语文	英语	数学
英语	语文	英语	数学
艺术设计（电脑）	语文	英语	数学
艺术设计	大学语文	艺术概论	大学英语
针灸推拿学	大学语文	中医学基础	大学英语
计算机科学与技术	大学语文	高等数学	大学英语

命题一般不超出《北京市成人高等教育为残疾人单考单招复习大纲》的要求。命题及考试工作按有关要求，由北京联合大学负责组织。

五、评阅试卷

考试结束后，按照《北京市 2005 年成人高校招生评卷工作规定》统一要求，由北京联合大学组织评阅试卷，并于 11 月 2 日前向考试院成招办报送成绩。

六、录取

录取最低控制分数线由考试院根据考生文化成绩和招生计划，确定录取控制分数线。招生学校对达到控制分数线以上的考生，按照德、智、体全面衡量择优录取的原则，依据文化课成绩、从高分至低分择优录取，同时负责对遗留问题的处理。对专业基础课成绩的要求由学校自行确定。拟录取名单须在 11 月 30 日前报送考试院。考试院成招办根据国家招生政策对拟录名单进行审核，学校按审核后的录取名单发放录取通知书。

七、严格招生纪律

对违反招生有关规定应予处罚的，依照2004年5月发布的教育部18号令《教育部考试违规处理办法》执行。

附件

单考单招考生报名登记表

报名号：

（照片）	姓名		性别		民族	
	身份证号					
	文化程度		政治面目			
	职业类别					
照顾类型			联系电话			
通信地址				邮编		
残疾类型		联系人姓名		电话		
联系人地址				邮编		
考生单位						
毕业学校						
特　　长						
第一志愿						
第二志愿						
是否同意调剂						
视障生考试时是否使用盲文			盲文使用	1双拼	2现行	
考生是否参加考前辅导班						
备注						

按此实施办法，北京市顺利完成了2005年北京联合大学特殊教育学院成人教育招收残疾人的单考单招工作。2005年北京联合大学特殊教育学院成人学历教育报名的残疾人考生186人，实际参加考试183人，最后实际录取了147名残疾人入该院学习。

七、廉政建设与监督检查机制

【全国普通高校函授夜大学评估对北京市成人教育招生工作规范化建设的促进与推动】　依据《中华人民共和国教育法》中关于“国家实行教育督导制度和学校及其他教育机构评估制度”以及学校等教育机构要“依法接受监督”的规定精神，1995年6月14日，国家教委发出了《关于做好普通高等学校函授、夜大学教育评估工作的通知》（教成［1995］7号），1996年全国普通高校函授、夜大学教育评估工作全面展开，并于1997年5月胜利结束。

此次评估是成人教育领域的第一次评估，也是迄今为止规模最大、内容最丰富的一次成人教育工作的督导与检查。招生工作是否“遵守政府法令和有关政策法规”，操作管理是否规范等，也被作为衡量各高校成人教育办学指导思想端正与否的重要标志之一被列入国家教委颁布的评估指标体系之中。这种把成人教育招生纳入评估、检查之列并赋予相当的权重的举措实施后，有力地推动了各校成人教育招生工作的规范化、制度化、科学化进程，促进了成人教育招生考试制度体系的不断完善。1996年评估检查开始后，各招生院校都本着“以评促建、以评促改、以评促发展”的指导思想，对招生计划安排、招生宣传、报名信息管理、考试操作、录取建档等工作进行了全面审视检查，从学校层面加强了招生工作管理，推进了招生工作的规范化、制度化建设进程。与评估工作进入“汇总结果、总结表彰、制定整改措施”阶段相适应，北京市教育考试院成人高校招生办公室也针对北京成人教育招生工作面临的新情况、新发展和新问题，于1997年开始，重新修订了《北京市各类成人高校招生工作细则》、《北京市成人高等学校招生工作职责》、《北京市成人高等学校招生工作人员行为规范守则》等规定性文件，修改完善了成人教育招生计算机辅助管理系统，制定了《北京市区县成人教育招生办公室招生考试工作目标管理责任目标》、《北京市区县成人教育招生办公室招生考试工作目标管理实施细则》和《北京市区县成人教育招生办公室招生考试目标管理考评办法》等制度规定及实施办法，从而进一步严密了成人教育招生工作程序，严格了操作规范，严明了监督检查制度规定，严肃了招生工作纪律，加强了招生管理工作，促进了北京市成人教育招生工作的科学化、制度化、规范化进程，为深化成人教育招生改革和完善招生考试的监督、检控机制奠定了重要的实践基础，有效地推动了成人教育招生工作的健康发展和管理水平的不断提高。

【贯彻《关于在高校招生工作中进一步加强廉政建设严肃招生纪律的若干规定》精神，加强招生工作的廉政建设】 为进一步加强招生工作的廉政建设，严肃招生纪律，继北京市高校招生委员会、北京市教育委员会、中共北京市纪律检查委员会、北京市监察局1999年印发了《关于进一步加强成人高等学校招生工作纪律的规定》（京高招委字［1999］009号）后，北京市高校招生委员会又于2002年6月5日以京高招委［2002］6号文印发了《关于在高校招生工作中进一步加强廉政建设严肃招生纪律的若干规定》并执行至今。该规定全文如下：

关于在高校招生工作中进一步加强廉政建设严肃招生纪律的若干规定

一、加强招生队伍建设，提高招生工作人员的思想素质和业务素质。各高等学校和区县招生办公室要认真选派熟悉招生政策、作风正派、秉公办事的同志参加招生录取工作，建立一支政策熟、作风正、业务精、尽责任、守纪律的招生队伍；要按要求对招生工作人员进行系统的教育和培训，明确纪律要求，明确招生职责，使招生工作人员廉洁自律，自觉抵制不正之风对招生工作的干扰。

二、严格执行招生工作的各项政策和规定，坚持依法治招。要认真学习教育部和北京市的普通高校招生工作规定，坚决执行国家有关方针、政策，切实做到公正、公平；报考条件、录取标准、录取程序和规则等必须事先在招生章程中公布，做到公开、透明；录取过程中不得随意更改在招生章程中对考生和社会的各项承诺；要加强招生宣传管理，实事求是地向考生和家长介绍学校情况和录取规则，不做可能误导考生和家长的承诺。

三、严格执行招生计划，杜绝乱收费。凡是未向社会公布的招生计划，不得安排招生，凡是已向社会公布的招生计划，要严格执行，维护招生计划的严肃性。严禁利用计划安排和计划调整乱收费。

四、严格执行工作程序。高校招生部门和各区县要认真总结经验，进一步建立健全报名、考试和录取各环节的工作制度和工作程序，在报名、考试和录取工作中，必须严格执行工作制度和工作程序，在规定的权限内，尽职尽责把工作做好。特别是在录取工作中，要发挥制度、程序对建立良好内部环境的促进作用和对不正之风的制约作用，使不正之风无孔可钻、无机可乘。

五、严格执行招生工作纪律。招生工作人员必须廉洁自律，严格遵守“十三个不准”。即：不准降分照顾本单位或“关系”单位职工子女；不准领导干部利用职权要求学校录取考生或特批录取考生；不准将捐资、赠物、赞助与入学挂钩；不准徇私情、指名录取不符合条件的考生；不准学校以个人或集体名义向招办赠送财物；不准招办向学校暗示或索要财物；不准在录取场所随意串岗；不准私自向学校提供考生档案；不准随意公开考生的电子信息；不准接受考生和家长的礼品财物；不准接受考生和家长的宴请；不准向考生或家长暗示或索要财物；不准无故拖延录取时间。

六、进一步排除干扰，净化录取环境。坚决防范以招生或帮助升学为名乱许愿，损害招生工作权益和声誉；坚决防范招生工作人员与非招生工作人员相串通谋取不正当利益；坚决防范利用方便条件随时向考生通报信息、要人情谋私利；坚决防范违反规定更改数据、影响计算机网上录取的正常进行；坚决防范招生学校不按规定行使招生自主权的行为。

七、加强监督，充分发挥纪检、监察部门的职能作用。按照中央和市委关于党风廉政建设责任制的要求，高校招生工作中的党风廉政建设工作实行谁主管谁负责。各高校的纪检、监察部门要派人监督检查学校的录取工作，保障高校招生工作顺利进行。对招生中发现的问题及社会举报的问题，招生部门和纪检、监察部门要积极配合，认真调查核实，严肃处理。

八、违纪处理办法。对于违反本规定，不遵守招生纪律的招生人员，要进行批评教育；对于坚持不改的，要取消其录取工作人员资格；对于情节严重，在社会上造成不良影响的，要向违纪人所在单位提供违纪事实材料，由违纪人所在单位按有关规定给予党纪、政纪处理。对于进入录取现场的非录取工作人员违反本规定、进行违纪活动的，要坚决予以清除并追究引入者的责任。

九、实行计算机远程网上录取的学校，要依照本规定加强对本校的录取管理，确保招生工作的公平、公正、公开。

《关于在高校招生工作中进一步加强廉政建设严肃招生纪律的若干规定》下发后，北京市成人高校招生办公室立即传达了文件精神，进一步加强了成人教育招生工作的廉政建设工作，提高了北京市成人教育招生工作廉政建设水平。2002 年至 2005 年，围绕成人教育廉政建设和严肃招生纪律的主线做了大量工作。

第一，加强了招生工作队伍的思想作风建设，加强了招生管理人员的理论、政策、纪律规定的学习和研究，下发了《关于进一步加强成人高等学校招生工作纪律的规定》；在各类培训、工作研讨会上组织大家学习有关文件精神，重申若干规定中的“四个严格”和“十三个不准”精神，以提高各级招生工作人员坚持廉洁自律，自觉抵制各种不正之风对成人教育招生工作干扰的自觉性。

第二，坚持集体研究特殊问题的制度。对录取中的特殊问题，用召开集体办公会形式，按集体研究、集体决定、集体负责并上报主管领导审核把关的工作程序予以解决，努力坚持公平、公正、公开的原则，维护好成人教育招生工作的良好社会声誉。

第三，增大招生工作的透明度，落实了招生报名规定公开、录取政策公开、录取结果公开、监督举报电话公开的“四公开”制度、措施，提高了成人教育招生工作的透明度，把招生工作全过程都置于社会的监督之下。

第四，建立礼品登记、上交制度。对院校等单位及个人所送礼品一律拒收，实在拒收不了的交由专人登记造册，并上报有关部门处理。

第五，加强对招生组织工作环节和操作过程的监督。在考试、录取期间，继续坚持了邀请市人大、市政协委员视察考试现场和录取工作现场，请纪检监察机构派员监督招生工作全过程，以保证各项招生工作都能在制度规定、纪律约束的范围内有序操作，平稳实施。

廉政建设、严肃招生工作纪律的教育和各项措施的落实，提高了北京市成人教育招生工作的廉政建设、纪律制度完善水平，也保证了成人教育招生改革和各项工作稳步向纵深推进。

【2005 年北京教育考试安全保密工作检查】　2005 年 3 月 10 日，教育部考试中心以教试中心函［2005］41 号文发出了《关于进行国家教育考试安全保密工作检查的通知》，落实教育部提出的“要继续全力做好考试安全和整肃考风考纪工作”，“确保所有试卷保密室、答卷保管室等安全措施全部达标”。为确保 2005 年国家教育考试的顺利实施，教育部考试中心将对省、直辖市、自治区招生主管机构安全保密工作进行一次专项检查，并要求各省、直辖市、自治区招生主管机构对本地教育考试安全保密工作进行自查，于 4 月 15 日前将自查结果书面报教育部考试中心。

按教育部文件要求，北京教育考试院成立了检查工作领导小组，转发了教育部考试中心函［2005］41 号文件，并印发了《关于进行 2005 年北京教育考试安全保密工作检查的通知》（京考考务［2005］2 号），就安全保密工作检查事宜做出部署。该通知主要内容为：

关于进行 2005 年北京教育考试安全保密工作检查的通知

一、检查内容

本次教育考试安全保密工作检查的重点是试卷的保密室及答卷的保管室的安全措施达标情况。保密室的设置标准按照北京市教育委员会、中共北京市委宣传部、北京市公安局、北京市国家保密局印发的《关于印发北京市国家教育考试考务安全保密工作实施办法的通知》（京教办［2004］26 号）文件要求执行。

二、检查范围

检查范围涵盖各区（县）考试中心组织的教育考试（中考、会考、高考、成考、自考）、有关高校承担的国家教育考试阅卷以及承担考试院主管的其他考试的考试安全保密工作。

三、检查工作安排

根据教育部考试中心的要求，结合北京市地区教育考试的实际，北京地区 2005 年教育考试安全保密工作检查分三个阶段进行：

1. 自查工作

2005 年 4 月 1 日—4 月 12 日为各区县考试中心、有关高等学校的自查阶段。各单位要根据文件要求对各自的试卷保密室和答卷的保管室进行全面的检查，并于 4 月 12 日前将自查结果书面报北京教育考试院考务处。

2. 全市检查

2005 年 4 月 15 日—5 月 15 日为北京教育考试院对各区（县）考试中心、有关高等学校的考试安全保密工作进行全市统一检查。

3. 专项检查

在市、区（县）两级自查的基础上迎接教育部考试中心的专项检查。具体检查行程根据教育部考试中心的统一安排另行通知。

四、检查工作领导小组

组长：北京教育考试院副院长　　　　吴凤臣
成员：北京教育考试院考务处处长　　谭德深
　　　北京教育考试院高招办主任　　周　轩
　　　北京教育考试院成招办主任　　董维祥
　　　北京教育考试院自考办主任　　高福勤
　　　北京教育考试院中招办主任　　王大平
　　　北京教育考试院社考办主任　　王国良

五、要求

各区（县）考试中心、各有关普通高校要加强对教育考试安全保密检查工作的领导，要成立检查工作领导小组，实行分级管理、明确岗位、责任到人，确实将检查工作落到实处。

各单位要对各自的试卷保密室和答卷保管室“逐一检查，不留空白”，对检查中发现的问题要尽快制定整改措施，及时解决，确保 2005 年有关国家教育考试的安全保密工作万无一失。

自查报告及保密工作检查表报送地点：北京教育考试院学府宾馆 206、205 房间

地　　址：海淀区皂君庙甲 4 号
邮　　编：100081
联 系 人：马凤兰、孙秀芹
联系电话：62113573—8206、62113575—8205
传真电话：62198016

附件一

北京教育考试安全保密工作检查表

单位名称（盖章）

序号	项目	自查情况
1	保密室是否已经公安、保密部门的检查验收	
2	保密室所设楼号、楼层	
3	保密室面积（平方米）	
4	保密室是否钢混结构，还是砖混结构	
5	保密室是否达到铁门、铁窗、铁柜的要求	
6	保密室铁柜数量	
7	保密室是否密码铁柜	
8	保密室是否将铁柜放于套间	
9	保密室值班人员就餐、用水、卫生等方面是否便利	
10	保密室是否有报警和视频监视设备	
11	保密室监控资料是否保存半年	
12	保密室设置是否有两道锁（内屋门锁和铁柜门锁）	
13	保密室的门锁和铁柜门锁的钥匙是否做到分别掌管	

续前表

序号	项目	自查情况
14	保密室使用期间是否具有详细的值班巡逻记录	
15	保密室在使用期间是否有两名负责人，其中一名是教育考试机构负责人，负责人姓名	
16	保密室在使用期间能否保证有四人以上值班巡逻人员	
17	保密室负责人、值班巡逻人员及铁柜钥匙（密码）掌握人员是否符合规定的条件	
18	发放试卷是否按规定履行交接手续，填写接收和发放记录，是否存档	
19	考点是否配备了存放试卷的保密柜	
其他保密措施		

联系人：　　　　　　办公电话：　　　　　　手机：

注：请各单位将自查结果填写在自查情况栏内，与自查报告一同交北京教育考试院考务处，未达到要求的原因及整改措施另附说明。

附件二

检查单位名单

一、各区县考试中心

二、阅卷学校（阅卷点）

序号	学校	承担考试类别		
		普通高考	成人高考	自学高考
1	北京大学	*		*
2	清华大学	*		*
3	北京师范大学	*	*	*
4	首都师范大学	*	*	*
5	北京教育学院	*	*	*
6	北京广播电视大学		*	
7	北京工业大学	*（单考）		
8	北京联合大学师范学院	*（单考）		
9	人民大学			*

此次检查进一步加强了北京市成人教育招生考试安全保密工作，促进了各项安全保密工作措施的落实，从而保证了2005年成人教育招生考试各项工作在安全保密的情况下顺利进行。

【贯彻教育部《关于高等学校招生工作实施阳光工程的通知》】　2005年3月4日，教育部办公厅下发了《关于高等学校招生工作实施阳光工程的通知》（教学［2005］4号），提出“为进一步规范招生管理，增加招生工作透明度，更好地维护广大考生的合法权益，确保公平公正”，教育部“决定在高等学校招生工作中实施阳光工程”。

教学［2005］4号文从明确“高校招生工作实施阳光工程的指导思想和工作目标”，“依法管理、从严治招，进一步完善高校招生各项管理规章制度”、“明确内容，严格要求，进一步完善招生信息公开制度”、“突出重点，强化管理，进一步规范招生行为”、“加强招生宣传，全面提高服务质量”，“明确责任，严肃纪律，加强监督，确保阳光工程目标的实现”六个方面对实施阳光工程做了布置，并指出“高校招生工作实施阳光工程是新形势下综合整治招生环境、办好让人民满意的高考的一项重要举措”。要求各级教育行政部门、招生考试机构和高等学校要高度重视，切实加强领导，根据本通知精神认真制定本地区、本学校实施阳光工程的具体工作方案；要精心组织，狠抓落实，形成合力，确保高校招生阳光工程的顺利实施，确保2005年在杜绝招生违规收费、严厉打击非法招生中介和有效遏制违规录取行为等方面取得明显成效。

北京市成人高校招生办公室迅速传达了教学［2005］4号文件精神，并在2005年成人教育招生中建立和完善了招生政策公开、招生资格及有关专业资格公开、招生计划公开、录取信息公开、考生咨询及申诉渠道公开、重大违规时间及处理结果公开的“六公开”制度。通过招生宣传在网站、新闻媒体公开了2005年的成人教育招生政策、各院校的招生资格、招生简章、招生计划，通过与160信息咨询台的合作，使用声讯电话、手机定制等方式及时公布了成人高考考试成绩和分批次录取结果；以公布监督、投诉电话，为考生提供核对试卷判分的复查试卷服务，对网站留言及时分析、研究反馈等方式拓宽了考生咨询、申诉渠道；以组成调查组、举行听证会等方式配合公安部门公开处理了大兴考区三个考点涉嫌手机短信违纪、作弊事件及网上留言举报的有人贩卖成人高考试题等问题；明确了各阶段信息发布方式、内容、时间和要求，在报名、考试、录取三个主要阶段及时、准确、广泛地发布相关信息，保证了“六公开”制度能在招生工作中得到落实。在成人教育 2005 年的招生工作中，北京市教育考试院还进一步严格了成人教育招收残疾人考生、预科生等特殊招生形式的管理制度；提出了各招生工作人员、招生管理机构必须遵守“不准违反国家有关规定招生，不准徇私舞弊、弄虚作假，不准采取任何方式影响、干扰招生工作正常秩序，不准协助、参与任何中介机构或个人组织的非法招生活动，不准索取或接受考生及家长的现金、有价证券，不准以任何理由向考生及家长收取与招生录取挂钩的任何费用”的“六不准”规定和纪律要求；强化了成人教育招生重点环节、重点岗位、重点时段的监督与控制措施，确保了阳光工程各操作环节件件落到实处。如在试卷清样转运时由一名市成人高校招生办公室副主任带队押送试卷至印刷厂；试卷运输首次采用了印刷厂到考区“点对点”专人专车运送；派出市成人高校招生办公室、考务处多路巡视人员对区县成人教育招生办公室保密室及试卷运送情况进行检查；首次采取了远程监控巡查的方式对各区县保密室进行时时监控及坚持每天“零”汇报制度，等等，都有效地减少了中间环节，消除了安全隐患，保证了监控机制运转灵活，措施到位，并形成长效机制，确保了阳光工程的有效实施和招生、考试、录取等工作任务的顺利完成。

【传达贯彻了《教育部关于实行高等学校招生工作责任制及责任追究暂行办法》】 为确保国家高等学校招生法规、制度、政策和规定的贯彻落实，全面体现招生工作的公平、公正，进一步健全和完善监督制约机制，促进高等学校招生工作持续健康发展，2005 年 3 月 15 日，教育部以教监［2005］4 号文印发了《教育部关于实行高等学校招生工作责任制及责任追究暂行办法》。该办法全文如下：

教育部关于实行高等学校招生工作责任制及责任追究暂行办法

第一条 为确保国家高等学校（以下简称高校）招生法规、制度、政策和规定的贯彻落实，全面体现招生工作的公平、公正，根据国家有关法律、法规和规定，特制定本办法。

第二条 本办法适用于各级政府举办和管理的普通高等学校、成人高等学校、民办高等学校，以及由普通高等学校申办的独立学院。

第三条 高校招生期间，各级教育行政部门、招生考试机构和高校党政主要领导作为第一责任人，要对本部门、本地区、本校的招生工作负全面领导责任；分管招生工作领导作为直接主管责任人，要承担领导、组织、协调和监管的责任；招生部门负责人要在规定的职责范围内履行相应职责；招生工作人员要严格执行有关程序和规定，依法正确履行职责。

第四条 对违反高校招生、考试管理规定的行为，将依照国家有关规定作出行政处罚；构成违纪的，依照党和国家的有关规定，追究纪律责任；构成犯罪的，依法追究刑事责任。

第五条 对在高校招生、考试中的违纪违规行为，将按照党风廉政建设责任制规定和“谁主管，谁负责”的原则，追究有关责任者的相应责任：

1. 属于集体决策的，追究主要领导的责任；
2. 属于分管领导或部门负责人决策的，追究有关领导或负责人的责任；
3. 属于招生考试工作人员个人行为的，追究有关当事者的责任。

第六条 对在高校招生、考试中发生下列行为之一的，按照有关规定追究责任：

1. 不执行国家有关规定，擅自扩大本部门、本地区或本校招生规模的；
2. 以任何名义和理由，向考生收取与招生录取挂钩费用的；
3. 违反国家有关规定，录取不符合录取条件的考生；
4. 以任何方式影响、干扰招生工作正常秩序的；
5. 参与社会中介机构或个人非法招生活动的；
6. 在报名、考试、录取等招生工作中，有徇私舞弊、弄虚作假行为的；
7. 考场纪律混乱、考试秩序失控，出现大面积考试作弊现象的；
8. 索取或者收受考生及家长的礼品、现金和有价证券的。

第七条 各级教育行政部门、招生考试机构和高校应完善和建立重要事项报告制度、调整计划使用备案制度、回避制度和招生督察等制度，强化招生考试的管理和监督，对发现问题及时纠正和处理。

第八条 各级教育纪检监察部门要积极配合招生管理部门开展工作，针对招生工作中发现的问题，提出改进建议或行政监察建议。

第九条 各级教育纪检监察部门要认真实行对招生管理部门及招生工作人员履行职责的监督，严肃查处招生中的违法违纪案件。对本部门、本地区、本学校招生工作监督不力或不履行监督责任的，以及瞒案不报、压案不查的，将按照有关规定追究有关责任者和主管领导的责任。

第十条 本办法自发布之日起施行。

北京市成人高校办公室按通知要求，迅速学习传达了教监［2005］4号文件精神，并在招生宣传、报名、考试、录取各关键工作阶段成立了领导小组、专家组等，详细制定了各级各类招生工作岗位职责和工作细则，按照“坚守岗位，遵守纪律，执行规定，掌握政策，严格程序，精通业务，认真负责”的要求实行了分层管理、逐级负责，并进一步明确了岗位职责、工作要求、报批程序等，使岗位责任制切实得到落实，为贯彻实行高等学校招生工作责任制及责任追究暂行办法奠定良好的制度、体制和组织工作基础。

【公布招生工作监督举报电话，接受社会的监督】 为加强北京市成人教育招生的廉政建设工作，把成人教育招生工作置于广大人民群众的监督之下，北京市早在1996年前后就设立并向社会公布了成人教育招生举报电话。每年招生宣传工作一开始，就安排专人接听举报电话。2000年后，又将举报电话改为监督举报电话，并在招生宣传工作一开始即将各级招生机构的监督、举报电话通过各种宣传媒介向社会公布，指定专人接听值守，保证社会监督信息渠道的畅通。2005年各级招生机构都按要求在公布招生简章的同时公布了招生监督举报电话。北京市成人高校招生办公室还在印发的《考生必读》中和报纸、网站上同时公布了各区县成人教育高校招生办公室的监督、举报电话。

举报监督电话的公布，不仅昭示了北京市成人教育招生实施阳光工程的决心，表明了成人教育招生自觉接受社会监督的明确态度，而且也突出了成人教育招生廉政建设新成果，标志着成人教育招生监督工作制度、体制、体系的不断完善。实践证明，招生工作监督举报电话的公布，加强了招生主管机构和监督机构与广大人民群众的沟通和联系，促进了成人教育招生工作的廉政建设，也为成人教育招生工作任务在社会的广泛监督下顺利完成提供了保证。这一措施实施，受到了社会各界的普遍欢迎，良好效果也得到人民群众的充分肯定。

【坚持了巡视员巡视检查考试现场制度】 近十年来，北京市成人高校招生办公室始终坚持了在招生考试时向各考点派出巡视员巡查考试情况的监督制度。每年都根据考场安排情况选派那些作风正派、敢坚持原则、具有组织管理和监考经验的专家、招生工作干部分赴各考点巡查，监察、指导考试组织和监考工作，检查、监督各类考试工作人员履行岗位职责情况和考试氛围、考风考纪管理、考试环境建设等情况。2005年市教育考试院还先期召开了招生考试巡视人员培训会，现场演示了2005年成人高考培训光盘，对37名考试巡视员进行了巡考人员的任务、考务管理规定、组考程序、监考操作要求、违反考试纪律、规则问题的发现与现场处理等方面培训。考试期间向每区县分别派出一位巡视员协助指导考试组织工作，并对考场设置、试卷管理、监考及考试人员履行职责、考风考纪等情况进行全面监督检查，使巡视检查的监督工作形成制度，落实在整个考试过程中，进一步完善了成人教育招生工作监督体制和运行机制。

2005年除邀请了教育部、市委、市政府、市高招委、市教委领导检查指导成人教育招生工作外，还继续邀请各区、县委、政府，各区、县人大、政协委员、代表做监察员，参与成人教育招生考试现场巡查工作，从而更加严密了国家考试的监察体制，严格了招生考试的监察工作，严肃了招生考试的监察制度，对于建立健全科学合理、制约有效的成人教育招生监督机制进行了有益的探索。

【坚持了各招生院校对录取新生的复查制度，加强对招生过程的“回检”监督】 早在1986年各类成人高等学校实行全国统一招生考试时，国家教委即在印发的第一个成人教育招生规定性文件《1986年各类成人高等学校招生规定》［（86）教高三003号］中明确要求要以复查录取新生情况的办法加强对成人教育招生工作的监督，抵制不正之风对成人教育招生工作干扰。文件强调指出：“招生工作必须坚决反对和抵制徇私舞弊、‘走后门’等不正之风。对招生工作中出现的违法乱纪事件，各地必须认真查处，追究责任，对违反规定录取的考生经查证属实，取消入学资格。”此为招生录取工作“回检”监督制度确立之始。北京市成人教育招生工作十几年来一直坚持了这一制度。2005 年 6 月 30 日，在印发的《2005 年北京市成人高等学校招生工作规定》（京高招委［2005］9 号）第 42 条中明确提出，“新生入学后，学校要对报到的新生进行全面复查，对其中不符合报考条件或弄虚作假、违纪舞弊者，应取消其入学资格，报考试院成招办备案”，并要求“招生学校应按要求做好新生复查，在 4 月底前将复查情况向考试院成招办提交书面报告。考试院成招办 5 月份采取自查、抽查或互查等方式，检查学校新生复查工作”。

2005 年所招新生入学后的 2006 年 3 月，北京教育考试院又发布通知，就新生复查工作做出具体安排。该通知的全文如下：

关于进行 2005 年北京市成人高校招生新生复查工作的通知

京考成招［2006］3 号

各在京招生成人高校：

根据《教育部关于做好 2005 年全国成人高校招生工作的通知》（教学［2005］8 号）精神，结合我市工作实际，现决定进行 2005 年北京市成人高校招生新生复查工作，各招生学校要对已报到新生进行全面复查，对其中不符合条件或弄虚作假、违纪舞弊者，应取消其入学资格，报考试院成人教育招生办公室备案。

请各在京招生成人高校按照《新生入学报到注册情况表》相关复查内容填写，于 4 月 15 日前将调查表发电子邮件（daigy@bjeea. cn 或 chenjsh@bjeea. cn，传真电话：62198016）反馈考试院成招办。

考试院成招办将对部分招生学校进行抽查，抽查结果按文件形式予以通报。

北京教育考试院

二〇〇六年三月二十七日

附表

2005 年北京市成人高校招生新生入学报到注册情况调查表

<table>
<tr><td>代码：</td><td colspan="7">院校：</td></tr>
<tr><td colspan="4">联系电话：</td><td colspan="4">联系人：</td></tr>
<tr><td colspan="3">实际录取人数：</td><td colspan="5">新生报到注册人数：</td></tr>
<tr><td></td><td>脱产</td><td>业余</td><td>合计</td><td>脱产</td><td>业余</td><td>合计</td><td></td></tr>
<tr><td>专科起点升本科</td><td></td><td></td><td></td><td></td><td></td><td></td><td></td></tr>
<tr><td>高中起点本科</td><td></td><td></td><td></td><td></td><td></td><td></td><td></td></tr>
<tr><td>高职高专</td><td></td><td></td><td></td><td></td><td></td><td></td><td></td></tr>
<tr><td colspan="3">录取总人数合计：</td><td colspan="5">报到总人数合计：</td></tr>
<tr><td>新生未报到原因</td><td colspan="7"></td></tr>
<tr><td>新生复查情况</td><td colspan="7"></td></tr>
<tr><td>备注</td><td colspan="7"></td></tr>
</table>

注：请各院校将调查情况表于 4 月 15 日前发电子邮件反馈考试院成招办。

新生复查工作的有效实施，不仅查处了那些弄虚作假、违纪作弊的考生，消除了不正之风对招生工作的污染，弘扬了“诚信为荣、舞弊可耻”的正气，更重要的是对招生工作结果的再考验，也是对整个招生操作过程的再监察、再检验。开展新生复查工作对于建立和完善成人教育招生工作监督机制，在成人教育招生工作中贯彻、坚持公正、公平、公开的原则和阳光工程的实施都具有重要的推动作用。十几年来，北京市成人高校招生办公室从未间断过新生的复查工作，其所取得的良好效果也得到社会各界的充分肯定。

【对区县成人教育招生考试工作实行了目标管理】　为推进北京市成人教育招生管理工作的科学化、现代化、规范化管理水平，北京市1997年起即对全市各区县成人教育招生办公室招生考试工作实行了目标管理，并及时进行了每年的目标管理考评工作。

2005年，北京市教育考试院根据成人教育招生工作的新发展、新要求，重新修订了管理目标体系、实施细则和考评办法，并于6月30日以京考成招［2005］12号文下发了《关于印发2005年区县成人高校招生考试工作目标管理考评办法的通知》。通知中明确提出，“为贯彻落实教育部关于成人高等学校招生工作改革的精神，确保招生考试顺利进行，提高成人高等学校招生工作质量，决定继续对2005年区县成人高校招生工作实行目标管理”。

该文件同时附印下发的三个目标管理文件是：

北京市区县成人高校招生考试工作管理目标（试行）

一、机构与队伍（120分）

1.1　机构与制度（60分）

1. 成立由主管区（县）长任主任，教育、财政、卫生、人事、劳动、公安、交管、保密、城管及招生考试中心等部门负责人为委员的招生考试委员会，每年至少研究一次本区（县）该项招生考试工作，对本区（县）招生考试工作实施领导、督促、检查、协调，切实解决招生考试工作的实际问题。（20分）

2. 建立完善的日常管理和工作制度，按要求及时上报各项工作计划和工作总结。（20分）

3. 各区县考试中心及时向区县教委及有关部门汇报工作，主动争取区（县）领导对招生考试工作的支持与指导。（20分）

1.2　工作人员（30分）

4. 招考办内部人员配备符合工作要求，岗位明确，职责清楚。（15分）

5. 工作人员具有良好的职业道德与业务素质，公正廉洁、奉公守法，自觉维护北京教育考试的良好形象，具有一定的稳定性。（15分）

1.3　办公条件（30分）

6. 有固定的办公地点，工作场所能满足日常办公、考生接待、报名等需要。（15分）

7. 有确保有关各方联络便捷、畅通的通讯设备。（15分）

二、宣传与信访（120分）

2.1　宣传（60分）

8. 能采取多种形式，包括利用网站、广播等及时宣传招生考试的政策、规定。（20分）

9. 加强咨询。要有接待来访人员，并设立咨询电话。特别是报名、考试期间必须有固定的接待咨询服务并设咨询电话（不含录音电话）。咨询电话要有人接听。（20分）

10. 积极组织考生、学校订阅招生考试的有关资料，做好相关咨询工作，妥善处理组织订阅过程中出现的矛盾与问题。（20分）

2.2　信访（60分）

11. 有专、兼职信访工作人员。（20分）

12. 有健全的信访接待与督办制度。工作中不推诿，政策解答明确，重大事项及时上报。凡要求回复的，应在规定期限内及时告知处理结果。（20分）

13. 妥善保管信访材料，及时归纳并向各业务主管上级反馈信访、咨询信息，明确处理意见和问题。（20分）

三、考务管理（600分）

3.1　报名（140分）

14. 根据考试院的要求及本区（县）的实际，制定并上报本区（县）报名工作方案，做到报名工作组织落实、人员落实、设备落实、场地落实、任务落实。（20分）

15. 报名确认场所宽敞整洁，工作流程安排合理、标志醒目，有专人负责报名确认现场秩序的维护与疏导。（20分）

16. 指派专人，认真做好考生报名及确认的指导与现场咨询工作，政策解答准确无误，态度和蔼。（20分）

17. 按照有关规定，建立完备的审核制度，确保资格审核的准确。（20分）

18. 严格执行报名收费项目和标准。报名结束后，及时、足额向考试院交纳相关费用。（20分）

19. 信息采集及时、准确，有质量保证。（20分）

20. 按规定及时报送有关数据。（20分）

3.2　组考（170分）

21. 按规定认真做好考点的选择、组考工作的布置，做到任务落实、责任到人、计划周密、措施得当。（30分）

22. 按规定进行监考人员培训，要求监考员职责明确、程序清楚、工作规范。（30分）

23. 考点的布置。考点环境整洁、标志明显；考场分布图摆放位置适宜、醒目，并在显著位置公布举报、投诉电话；考场内桌椅的码放与座次的排布符合考试要求。考点校、区县考办、市招考办之间联络畅通。（30分）

24. 监考员正确填涂缺考生的机读卡、考场记录表、试卷袋和考生违纪情况记录单，指导考生正确填涂机读卡。（30分）

25. 按规定认真做好答卷的验收、装订、密封工作，做到不漏装、不错装、不倒装。（30分）

26. 及时、安全地将答卷送至指定地点，严格履行答卷的交接手续，保证答卷袋数与份数的准确无误。（20分）

3.3　考风考纪（120分）

27. 组考过程中，所有岗位人员要按工作程序严格履行各自职责，各司其职，严守工作岗位，敢于严格管理。（20分）

28. 遇特殊情况监考员需暂离考场，必须有流动监考员及时补充，确保考场内始终有2名监考员履行监考职责。（15分）

29. 严格依规定程序处理考试过程中发生的违规行为，做到执纪严明、查处坚决、处理及时、如实上报，并做好违规证据的登记保全工作。（40分）

30. 建立巡视检查制度。选派经验丰富、办事公正的人员赴考点担任巡视联络工作，巡视员、联络员要按规定要求进行巡视，并有书面记录或报告。（30分）

31. 阅卷过程中未发现雷同试卷。（15分）

3.4　核分（50分）

32. 有核分工作安排。（20分）

33. 认真选聘、培训核分工作人员，并认真操作。（20分）

34. 在规定时间内完成核分工作任务。（10分）

3.5　保密（120分）

35. 符合招生考试保密要求的保密室。（30分）

36. 有健全的安全保密制度，保密责任人明确并切实履行职责。（30分）

37. 按规定选派专人负责试卷与答卷的保管，安全防护措施明确、周密、落实到位。（30分）

38. 试卷的领取、运送、分发及答卷的上交等环节符合保密的要求，并有完备的监督、保障与应急处理措施。（30分）

四、计算机房管理（110 分）

39. 有工作必备且符合要求的计算机机房和相应设备。（20 分）

40. 有健全的计算机管理制度与信息安全防护措施，注重设备的日常维护。（20 分）

41. 有操作熟练、责任心强、能严格自律的专职工作人员。（20 分）

42. 工作过程中数据不丢失，统计无差错，考场编排与保密号生成无误。（30 分）

43. 确保上报数据的及时、准确、安全，上交的报表与电子文件相符，相关报表间数据一致。按规定存档备份。（20 分）

五、廉政建设（50 分）

制定廉政工作的具体措施和办法，并向社会公开，主动接受社会监督。（20 分）

全体招生工作人员能坚持按照政策和规定办事，为政清廉，秉公办事，自觉抵制各种不正之风。（30 分）

六、奖励与惩罚

有下列表现的，予以加分：

1. 工作中有创新，对本区县工作有显著成效的。
2. 提出合理化建议并被考试院采用，对工作有促进。
3. 研究工作对招生考试工作的改进与发展发挥积极影响。
4. 重视宣传与研究，采取多种形式进行宣传如通过网站或广播等，在各类刊物上发表文章。
5. 有全局观念，支持全市招生考试工作。

有下列表现之一者，取消评比资格：

1. 工作中出现重大失误，导致考试工作无法正常进行，在社会上造成严重不良影响。
2. 考试中发生泄密、考场大面积作弊（同一考场作弊人数占应考人数的三分之一以上）等舞弊行为。
3. 丢失试卷、答卷（包括因遗漏造成个别答卷未与同考场其他答卷一同装订密封上交）。
4. 在廉政建设方面工作人员出现问题，造成一定影响的。

北京市区县成人高校招生考试工作目标管理实施细则（试行）

一、机构与队伍（120 分）

责任目标			实施情况		
				全面完成责任目标的满分	
序号	内容	满分	序号	未能完成责任目标按项扣分	扣分
1	机构设置	60	1	招生考试委员会未按要求研究本区县招生考试工作的	10
			2	招生考试期间，招生考试委员会未履行相应职责的	10/项
			3	日常管理与工作制度不健全的	5
			4	工作无计划、工作结束后无总结（包括各阶段工作，下同）的	15/项
			5	未按时上报工作计划或工作总结的	5/项
			6	各区县考试中心未及时向区教委或区政府领导汇报考试工作、争取领导支持不力的	20
2	工作人员	30	7	工作人员配备不符合工作要求的	5
			8	工作人员岗位不清、职责不明的	10
			9	工作人员出现违规行为尚未造成重大影响的	30
				和考生发生纠纷，处理不当，导致考生到考试院的上级单位上访或被媒体报道，经查属实，造成不良影响的	20
3	办公条件	30	10	无固定办公地点或办公场所不能满足工作要求的	20
			11	因联络不畅导致工作迟误的	20

二、宣传与信访（120分）

责任目标			实施情况		
序号	内容	满分	序号	全面完成责任目标的满分 未能完成责任目标按项扣分	扣分
1	宣传	60	1	宣传计划不落实的	15
			2	宣传内容不符合要求的	5
			3	报名考试期间咨询电话或咨询窗口无人值守的（社会举报后经提示仍无人接听或应答）	5
			4	由于指导咨询错误给考生造成较大损失的	20
			5	资料订阅或咨询中与考生发生冲突并造成不良影响的	5/起
2	信访	60	6	未设置专、兼职信访工作人员的	10
			7	信访电话未向社会公布的	5
			8	因处理信访事件不及时、推诿导致考生越级上访上告（包括到考试院）的	5/起
			9	不及时反馈信访、咨询中的问题给工作带来影响的	5/起

三、考务管理（600分）

责任目标			实施情况		
序号	内容	满分	序号	全面完成责任目标的满分 未能完成责任目标按项扣分	扣分
1	报名	140	1	未制定工作方案的	10
			2	工作方案落实不到位的	10
			3	未按要求安排报名场所或报名现场无显著标识的	10
			4	环境脏乱的	10
			5	咨询现场混乱不利于工作的	10
			6	咨询人员不到位、不称职的	10
			7	违规接受考生报考的	20/每考生
			8	报名期间，未经物价部门批准随意增设收费项目或擅自抬高收费标准的	10
			9	不按时交费或交费数额不足的	10
			10	图像采集质量差的（现有的像素是384×512）	10
			11	数据有差错，差错率超过3‰低于5‰的（含照片）	10
			12	差错率超过5‰的，每增加1‰	再扣5
			13	数据未及时上报的	20
2	组考	170	14	组考工作计划不落实的	15
			15	考点不符合要求或组考工作布置不到位的	15
			16	对考试工作人员未按要求进行培训的	30
			17	考点及考场布置不符合要求的	5/项
			18	考试期间通讯联络不畅通的	10
			19	考试机读答题卡、考生违纪情况记录表（差错率超过相应项目3‰但小于5‰的	10
				差错率每增加1‰	再扣5
			20	因试卷装订及密封不符合要求出现姓名等外露、试卷页码顺序颠倒、试卷倒置等差错的，差错率占区县报考科次1‰以下的	5
				每增加1‰的	再扣5
			21	试卷交、接出现差错（袋数）的	10/每门

续前表

责任目标			实施情况		
序号	内容	满分	序号	全面完成责任目标的满分 未能完成责任目标按项扣分	扣分
3	考风考纪	120	22	监考及其他考试工作人员工作期间擅离职守或未严格履行职责的	5/每起
			23	未按规定安排监考员或流动监考员，致使无法保证任何情况下考场有 2 名监考员在场的	10/起
			24	未按规定或规定程序及时处理违规行为的	10/起
			25	未按规定处理给后续工作造成被动的	20/起
			26	未派巡视组或联络员的	20
			27	巡视或联络人员未按要求巡视或未履行职责的、发现问题没有书面记录或报告上报的	5/起
			28	考点出现问题，巡视或联络员未发现的	5/起
			29	阅卷中发现雷同试卷但尚未构成大面积作弊（同一考场雷同试卷份数占应考试卷份数三分之一以下）的	15
			30	同一考点或考区若多个考场出现雷同试卷但尚未构成大面积作弊的，扣除本大项全部得分的	120
4	核分	50	31	未按规定认真选聘、培训核分工作人员，操作不认真的	20
			32	未按规定时间内完成核分工作任务的	10
5	保密	120	33	保密室设置不符合要求的	30
			34	保密制度不健全，责任不明的	30
			35	未按规定履行交接手续、缺少严格的值班制度，值班人员未按要求配备或中途脱岗，防盗门与保险柜钥匙未分别管理、试卷长时间堆放在保险柜外的	10/项
			36	试卷及答卷的接送车有非工作人员搭乘的	10
			37	中途兼顾其他任务的	10
			38	押运人员少于规定人数的	10

四、计算机管理（110 分）

责任目标			实施情况		
序号	内容	满分	序号	全面完成责任目标的满分 未能完成责任目标按项扣分	扣分
1	计算机	110	1	计算机房及设备不符合工作要求的	20
			2	计算机管理无制度或安全防护措施不健全的	10
			3	因日常管理不善导致设备故障给工作造成影响的	10
			4	计算机工作人员工作不负责、操作不熟练的	10
			5	工作人员利用工作之便有舞弊行为的	110
			6	数据未按规定存档备份的	10
			7	出现数据丢失、考场编排错误等的	20
			8	上报数据不准确、相关报表数据不一致	20

五、廉政建设（50 分）

责任目标			实施情况		
序号	内容	满分	序号	全面完成责任目标的满分 未能完成责任目标按项扣分	扣分
1	廉政建设	50	1	未制定廉政建设具体措施的	5
			2	廉政建设措施未向社会公开的	5
			3	社会举报经核实未认真查处的	20
			4	协同考生骗取考试资格的，对非照顾对象给予照顾的	20

六、奖励与惩罚

<table>
<tr><td colspan="2">责任目标</td><td colspan="3">实施情况</td></tr>
<tr><td rowspan="2">序号</td><td rowspan="2">内容</td><td rowspan="2">序号</td><td colspan="2">全面完成责任目标的满分</td></tr>
<tr><td>未能完成责任目标按项扣分</td><td>扣分</td></tr>
<tr><td rowspan="4">1</td><td rowspan="4">奖励</td><td>1</td><td>工作中有创新，对本区县工作有显著成效的</td><td>10/每项加</td></tr>
<tr><td>2</td><td>提出合理化建议并被考试院采用，对工作有促进的</td><td>20/每项加</td></tr>
<tr><td>3</td><td>在一般刊物上发表有关考试的稿件或通过广播进行宣传</td><td>5/每篇加</td></tr>
<tr><td>4</td><td>结合招生考试实际撰写的论文在市级以上刊物发表的</td><td>10/每篇加</td></tr>
<tr><td rowspan="4">1</td><td rowspan="4">惩罚</td><td>5</td><td>工作中出现重大失误，导致考试工作无法正常进行，在社会上造成不良影响</td><td>取消资格</td></tr>
<tr><td>6</td><td>考试中发生泄密、考场大面积作弊等严重舞弊行为</td><td>取消资格</td></tr>
<tr><td>7</td><td>丢失试卷、答卷（包括因遗漏造成个别答卷未与同考场其他答卷一同装订密封上交）</td><td>取消资格</td></tr>
<tr><td>8</td><td>在廉政建设方面工作人员出现问题造成一定影响的</td><td>取消资格</td></tr>
</table>

2005年区县成人教育招生办公室招生工作目标管理考评办法

北京市区县成人招生工作目标管理考评工作，是以教育部关于国家教育考试考务管理的有关文件、教育部《关于做好2005年全国成人高校招生工作的通知》和北京教育考试院《关于印发〈2005年北京市成人高等学校招生工作规定〉的通知》为依据，以《北京市区县招生考试工作管理目标》为标准，以各区县实施情况为基础进行评审。具体办法如下：

一、北京教育考试院成招办根据《北京市区县成人高校招生考试工作管理目标》和《北京市区县成人高校招生考试工作目标管理实施细则》负责组织考试、评审工作，并公布评审结果。

二、评审工作采取分阶段、自评与考评相结合，以区县实施情况为基础进行评审的办法。全市综合评审将于本年度录取工作结束后进行。

三、目标管理考评成绩基础总分满分为1 000分，各项工作标准分如下：

机构与队伍　　120分

宣传与信访　　120分

考务管理　　600分

计算机管理　　110分

廉政建设　　50分

区县招办总得分＝区县招办基础总分得分＋附加分

四、鼓励创新，设附加分。招生工作每项创新措施；对全面工作有指导意义的合理化建议；在报刊上公开发表的招生工作论文。

五、各项扣分原则为扣完责任目标相应项目满分为止。

六、实行奖励。设优秀奖、达标奖和单项奖。优秀奖：950分以上；达标奖：900—949分。对切实提高本区县招生工作质量，提高工作效率，有利于推动全市招生工作整体发展的创新措施，设单项工作奖。

七、区县成招办应认真对本区县招生工作目标管理进行自评，填写《自评记录表》和《附加分情况统计表》，于2月底报考试院成招办。

八、目标管理考评结果将向全市公布，并于本年度录取工作结束后进行奖励表彰。

【建立预科工作站的年度考核评比制度】 为加强预科工作站的建设和管理，强化监控、监督机制，北京市成人高校招生办公室组织预科工作站教师和工作人员共同研究、制定了预科工作站优秀班主任、优秀管理人员考核、评比办法，并于2003年修订下发执行。这些规章制度的确立，从多方面强化了预科教育的监控机制，促进了预科工作站各项工作的不断提高。这三个办法是：

北京市成人高校预科工作站考核评比办法

一、考核评比将根据各工作站预科生工作完成情况采取综合评比记分的办法进行。

二、考核评比共分七项：及格率、结业率、出席会议、报送材料、平时检查、教师和学生座谈会、教学效果，每项均为100分，考评总分为700分。

三、考核评比名次是把各工作站各项得分相加后，从高分到低分排列得出，北京教育考试院成人教育招生办公室将对前三名工作站给予表扬与奖励。

四、各项记分方法：

1. 及格率：每1%按1分计算（不足1%按四舍五入）。（100分）

及格率 ＝及格人数÷（参加考试人数－作弊人数）×100%

2. 结业率：每1%按1分计算（不足1%按四舍五入）。（100分）

结业率 ＝结业人数÷在册人数×100%

3. 平均考试成绩：由考试院成招办按各工作站参加考试的学生人数的三科平均成绩即为该站该项得分。（100分）

平均考试成绩＝学生的数学、语文、英语成绩之和÷学生人数之和×100%

4. 出席会议：按时参加考试院成招办召开的筹备会、协调会、教研会、总结与交流会等，缺席一次会议扣10分，每迟到15分钟扣2分，最高扣除10分。（100分）

5. 报送材料：按时向考试院成招办报送月考勤汇总表、学生报到注册登记表、结业生档案等各种材料和表格。漏报一次扣10分，材料不全扣5分；每迟交一天扣2分，最高扣除10分。（100分）

6. 平时检查：考试院成招办定期检查或抽查各工作站预科生出勤情况，考勤缺勤在10%（小数点后四舍五入）以内的不扣分，超过10%部分按每缺一人扣1分计算。（100分）

7. 定期与任课教师和学生座谈：各工作站应定期召开任课教师和学生座谈会，听取任课教师和学生对教学及预科管理工作的意见，并将座谈会纪要报考试院成招办。座谈会共计三次，其中教师座谈会一次，学生座谈会两次；教师座谈会40分，学生座谈会每次30分；所缺内容将扣除相应分数。（100分）

北京市成人高校预科优秀班主任评选条例及实施办法

为更好地落实《北京市成人高等学校预科管理办法》、《北京市成人高等学校预科生学籍管理规定》、做好班主任工作，使班主任工作科学化、规范化、制度化，切实提高预科的管理质量，特制定《北京市成人高等学校预科优秀班主任评比条例及实施办法》。

一、预科优秀班主任评选条件

1. 评选范围

（1）所有预科工作站的教学班班主任，有资格参加北京市成人高等学校预科学年度优秀班主任的推荐和评选。

（2）在本学年度连续担任预科专职班主任6个月以上者，有资格参加优秀班主任的推荐和评选。

2. 评选条件

（1）忠诚党的教育事业，热爱预科工作，热爱预科生，为人师表，具有奉献精神，全心全意为教师和预科生服务，坚持原则，遵守职业道德。

（2）积极主动开展工作，在预科管理中善于发现规律，总结经验，能协调、组织好教学及预科生工作，及时反馈教与学的情况。

（3）对预科工作认真负责，对预科生严格要求，敢于管理，班级出勤率能达到85%以上，能圆满完成工作站规定的岗位职责。

（4）在预科管理工作中以身作则，遵守纪律，做出突出成绩，受到预科生和教师的好评。

二、预科优秀班主任评选实施办法

1. 优秀班主任评比工作由考试院成招办统一部署和领导，每学年进行一次。

2. 预科优秀班主任评选分初评和复评两个阶段。初评由各工作站主持，复评由考试院成招办主持。

3. 初评工作由各工作站组成优秀班主任考评小组，根据班主任岗位职责考核及做出的突出成绩，评选出候选人，并填写《优秀班主任推荐表》。各工作站负责将本站初评结果报送考试院成招办。

4. 复评工作由考试院组织成立考评小组，按照预科优秀班主任评选条件，对各工作站上报的候选人进行综合考评，评选出北京市成人高等学校预科年度优秀班主任 3—6 名。

5. 考试院成招办将评选结果通知各工作站及优秀班主任本人，并对预科优秀班主任及推荐工作站进行表扬及奖励。

北京市成人高等学校预科工作站优秀管理人员评选条例及实施办法

为了更好地落实《北京市成人高等学校预科管理办法》及《北京成人高等学校预科学籍管理规定》，使预科管理工作更加科学化、规范化、制度化，提高各工作站管理人员的管理素质，提高预科的管理质量，特制定《北京市成人高等学校工作站优秀管理人员评比条例及办法》。

一、预科站管理人员评比条例

1. 所有工作站的各级管理人员均有资格参加北京市成人高等学校预科学年度优秀管理人员的推荐和评选。

2. 参加学年度优秀管理人员推荐与评选的管理人员包括各工作站的站长、副站长，以及从事学籍管理、教学管理、班级管理、财务管理等工作站的专职管理人员。

3. 工作站管理人员评比共分德、能、责、绩四项。

（1）德。忠诚党的教育事业，热爱预科生工作，遵守和执行各项法律、法规及市教委、考试院有关各项规章制度，有责任意识和服务意识，遵守职业道德。

（2）能。具有相应的理论、政策水平以及较强的组织管理能力和协调能力，有发现问题和解决问题的能力和应变能力、计划能力，能创造性地进行管理工作。

（3）责。能圆满完成考试院成招办及工作站规定的岗位职责，协助成招办做好本站的各项管理工作。组织任课教师制定教学计划、集体备课及参加考试院成招办组织的教研活动，督促检查班主任工作，做好结业考试及预科生更改志愿的工作。按时参加考试院成招办召开的各种会议，及时上报材料。

（4）绩。在预科管理工作中做出的突出成绩和事迹。

二、评选预科站优秀管理人员实施办法

1. 预科站优秀管理人员学年度评比工作由考试院成招办统一领导和部署，每学年进行一次。

2. 预科站优秀管理人员评比分为初评和复评两个阶段。初评由各工作站主持，复评由考试院成招办主持。

3. 初评

各工作站成立考评小组，负责本站预科站优秀管理人员的推荐和初评审定工作。

（1）各工作站推荐和初评的预科站优秀管理人员须参加工作站管理人员年度考核并填写《北京市成人高等学校预科优秀管理人员年度考核表》。

（2）各工作站考评小组按预科优秀管理人员评比条例对候选人进行严格考评和审定，并填写《北京市成人高等学校预科优秀管理人员年度考核评价表》。各工作站考评小组确定本站推荐和初评北京市成人高等学校预科优秀管理人员 1 人。

（3）各工作站将本站优秀管理人员初评结果及相应事迹材料于每年 7 月上报考试院成招办。

4. 复评

（1）考试院成招办成立预科优秀管理人员考评小组，按照预科优秀管理人员评比条例，对各工作站上报的优秀管理人员进行综合考评，于每年 8 月评选出北京市成人高等学校预科学年度优秀管理人员 3—7 名。

（2）考试院成招办将评比结果通知工作站及优秀管理人员本人，并对预科优秀管理人员及推荐工作站进行表扬、奖励。

八、总结与激励机制

【2004 年度成人教育招生工作总结会】 2005 年 4 月 20 日，北京市成人高校招生办公室在首都师范大学召开了 2004 年招生工作总结会。北京市各招生院校的主管院校长、招生部门工作人员、各区县考试中心

主管领导、区县成人教育招生办公室的招生工作人员参加了会议。北京市教育委员会副主任线联平、教育考试院院长王健、副院长刘枫耘出席了大会。会议由市成人高校招生办公室副主任丁新生主持，线联平副主任做重要讲话；市成人高校招生办公室主任董维祥对2004年成人招生工作进行了总结回顾；刘枫耘副院长做了总结发言，中国人民大学成人高等教育学院副院长缪代文、海淀区成人教育招生办公室主任马红在会上做了交流发言。

线联平在讲话中充分肯定了2004年的成人教育招生工作，指出北京市成人高等教育要根据首都教育大会制定的方针，走内涵发展的道路；要求各主管部门和相关院校要进一步调整成人高等教育的功能定位，优化专业结构，适当控制规模，努力改善办学条件，规范办学行为，不断加强管理，提高生源和教学质量；并重申要坚决采取有力措施，杜绝招生办学活动中的违规行为，对各种违规违纪的办学行为发现一起处理一起，决不手软。

市成人高校招生办公室主任董维祥总结了2004年全市成人教育招生工作，分析了成人教育招生工作面临的新形势和存在的新问题，提出了2005年的工作目标和思路，指出成人教育招生工作要按照科学发展观的要求，积极、稳妥地推进改革；要继续加强管理，综合治理招生考试环境，贯彻落实教育部关于招生工作实施“阳光工程”的精神，加强思想教育和廉政建设，不断提高招生队伍的整体素质，确保招生工作安全、顺利进行。

市教育考试院院长王健在会上宣布了2004年成人高校招生工作区县目标管理考评结果，宣读了《关于表彰北京市成人高校招生考试优秀评卷员的通报》，并对有关单位、人员提出表彰。

教育考试院副院长刘枫耘在会议总结中就北京市承担的成人高校考试科目内容改革课题研究的有关情况和大家共同关心的问题做了说明，同时也肯定了会议所取得的成果，并对2005年成人教育招生工作提出了指导性原则意见和一些具体要求。

【2005年北京教育考试院成人高校招生办公室工作总结研讨会】　经考试院批准召开的北京市成人高校招生办公室工作总结研讨会议，于2006年1月23日至24日在中国劳动关系学院中工大厦举行。这次会议对大兴区出现场外手机短信舞弊事件（以下简称“大兴事件”）进行了研究和分析；总结了事件所给予的教训、启示和反思，研讨了做好考务工作的具体措施；总结了各部门全年的工作。会议明确了成人高等教育在全国教育事业中的地位、作用、任务，重点查摆了部门自身工作中存在的漏洞。与会人员认为会议开得很好，对确保招生考试安全起到了推动作用，对办好成人高等教育增强了信心。会议由成招办主任董维祥主持。

会议期间，考试院副院长吴凤臣到会讲话，通报了“大兴事件”情况，并提出了具体要求。他说：要不断地检查工作中的漏洞；要有居安思危的意识；有危机管理的意识；要常抓不懈；做到反应迅速、信息畅通、指挥得力、措施有效、处理果断，确保以后招生考试工作顺利进行。

经过充分的讨论，大家认识到：对考务培训的力度是不够的，培训后对区县考务工作的跟踪不够。今后要充分认识社会的“三高”因素，即社会对招生工作的要求高，利用现代高科技手段作弊的频率高，黑中介的利益高。要集中突破盲点，加大培训管理和监督管理的力度，尤其加大对第一线监考员工作的管理力度。要充分认识社会的利益驱动点所在，尤其关注带有倾向性事件的发生，有应对突发事件的能力，还要正确地把握媒体舆论的导向。

会议认为“大兴事件”的发生，再一次警示从事成人教育招生工作的同志要不断地树立法制观念，加强法制意识，做到依法治招、依法治考，确保招生考试工作万无一失，办好让人民满意的教育。

会议还对2005年招生考试工作做内部总结，就全年完成的报名、考试、阅卷、录取、数据系统管理、宣传咨询等方面的工作进行了回顾和总结。

【2005年度北京市成人高校招生工作总结会】　为总结2005年的成人教育招生工作，北京市成人高校招生办公室于2006年5月12日14:00在考试院新址三层报告厅召开了2005年度成人高校招生工作总结会。

考试院副院长吴凤臣、成招办主任董维祥、副主任马宏辉参加了会议；100所在京招生成人高校（院）主管成人招生工作的校（院）长及成招办主任、18个区县20个考区的考试中心主管主任及成招办主任参加了会议。成招办副主任丁新生主持会议。

董维祥主任首先就2005年北京市成人高校招生工作基本情况、2005年北京市成人高校招生重点工作、工作中存在的主要问题、2006年北京市成人高校招生工作思路四个方面做了总结报告。

吴凤臣副院长在最后的讲话中谈到：成人高等教育招生作为一种门槛式的招生，越来越有它的生命力，有适应社会发展和经济改革发展的一面，但同时他也提出三个方面的问题供大家研究讨论：

1. 怎样看待成人教育招生工作的改革与发展。改革体现在整个招生工作的各个环节，体现在整个招生和“十一五”教育发展的衔接上，同时也要研究成人高等教育和其他类别高等教育的相互协调问题。在普通高校大幅度实行扩招的情况下，成人教育的事业如何发展；怎么思考质量、规模、效益的关系，探索高等教育的新增长点，等等，都是成人教育研究领域应该关心的问题。

2. 管理水平上要跟上。只讲改革不讲发展是不符合辩证法的。如何把综合整治招生考试环境落实到工作中去，要从积极方面思考问题。招生环节主要是在高校，高校工作的重点主要体现在计划的编制和执行、生源的组织和考前培训上。这些管理问题都应该要作为专题来研究。区县工作要注意成人招生的特点，要研究参加考试对象的全面情况，进行综合整治，把管理水平提高到一个新高度。

3. 要经常不断地研究工作中出现的问题，特别是新情况、新问题，要善于举一反三，总结经验，引以为戒。

吴凤臣副院长还向大会通报了向教育部上报的《关于北京市成人高考考生涉嫌短信舞弊调查情况》的报告，并要求各单位要从此次事件中汲取经验教训，注意反思自己的工作。同时要注意，今后的各项工作都要把关口前移，尽量防患于未然，避免类似事件的发生。要准备好各种突发事件的处理预案，一旦发生就要做到“反应迅速、信息畅通，指挥有力、处置规范，措施有效”，尽量以高效率的工作把突发事件对整个招生、社会生活的影响降低到最低限度。

会议在表彰了2005年度区县成人教育招生目标管理先进单位和优秀评卷教师后结束。

【评选表彰全国高等学校招生工作先进集体和个人】 激励表彰是现代管理体制不可或缺的手段方法之一。近十年里，北京市成人教育招生改革全面推进，各方面工作都取得了新成绩，同时也涌现出一些招生工作的先进集体和个人。贯彻教育部的文件精神，表彰在成人教育招生工作中涌现的先进集体和个人，建立考核、评优、奖励机制，是北京市成人教育招生工作管理体系不断完善的重要标志。

继1997年表彰活动之后，2002年11月13日，教育部高校学生司下发了《关于报送全国高等学校招生工作先进集体和先进个人评选材料有关事项的通知》（教学司［2002］61号），要求各省、市、自治区高校招生委员会、教育厅根据《教育部办公厅关于评选全国高等学校招生工作先进集体和先进个人的通知》（教学厅函［2002］15号）的部署，在完成省（区、市）级招生工作先进集体和个人的评选后，从中确定参加全国先进集体和个人表彰的候选人名单，并按要求上报教育部高校学生司候选。

根据教育部文件要求，北京市教育考试院于2002年11月29日下发了如下通知：

关于做好申报和评选全国高等学校招生工作先进集体和先进个人的通知

京考高招［2002］51号

各成人高校、各区县考试中心成招办：

为了纪念高考恢复25周年，教育部决定组织评选全国高等学校招生工作先进集体和先进个人。这项工作通过表彰招生战线中的先进集体和先进个人，展示我市高校招生工作的精神面貌，激励高校招生战线的全体同志进一步做好高校招生工作，有着非常重要的意义。请各有关单位高度重视，认真对待，踊跃申报，推荐出能够代表我市先进水平的集体和个人。

本次评选工作采取自愿申报、市评审委员会审核、市高招委批准，上报全国评选委员会评审的办法。具体安排如下：

1. 根据《教育部办公厅关于评选全国高等学校招生工作先进集体和先进个人的通知》（见附件1）和《关于报送全国高等学校招生工作先进集体和先进个人评选材料有关事项的通知》（见附件2）精神，请对照有关评选条件和组织程序，加强对评选工作的组织领导，充分发扬民主，制定细则，严格程序，确保评选工作质量。

2. 此次评选活动的申报汇总工作采取普校招生、成人招生和研究生招生三个部分分别报送、统一汇总的方法，具体名额比例如下：

普校招生部分：先进集体2个，先进个人7人；

研究生招生部分：先进集体 2 个，先进个人 7 人；

成人招生部分：先进集体 2 个，先进个人 7 人；

3. 申报单位和个人要认真填写《参评全国高校招生工作先进集体申报表》和《参评全国高校招生工作先进个人申报表》，并于 12 月 7 日前上报北京教育考试院成招办。

联 系 人：谢玉平

通讯地址：海淀区皂君庙甲 4 号

邮政编码：100081

联系电话：62198011

传　　真：62198011

北京市教育考试院

二〇〇二年十一月二十九日

2002 年 12 月 26 日，北京市高等学校招生委员会又发出通知，就评选条件、办法、工作要求做出具体部署。

关于评选高等学校工作先进集体和先进个人的通知

京高招委［2002］16 号

各区县考试中心高招办、各在京高等学校招生办公室，各区县考试中心成招办、各成人招生院校招生办公室，各高等院校、科研院所研究生招生办公室：

为了纪念恢复高考 25 周年，表彰招生战线上的优秀集体和个人，激励广大招生工作人员继续做好北京市高校招生工作，根据教育部有关文件要求，市高招委决定于近期开展评选北京市高校招生工作先进集体和先进个人的工作，现将评选有关事项通知如下：

一、评选范围

1. 北京市先进集体的评选范围为各区、县招生办公室（包括独立设置的各区、县级成人招生办公室），普通高校、独立设置的成人高校和招收研究生的科研机构的招生部门。同一校内普通高校招生、成人高校招生、研究生招生办公室分设的可各视为一个集体。

2. 北京市先进个人的评选范围为在上述机构专职从事普通高校招生、成人高校招生和研究生招生工作的在编人员。

二、评选条件

1. 先进集体

(1) 坚持党的基本路线，认真贯彻执行党和国家关于成人高校招生工作的政策、规定，结合实际情况，措施得力，工作成绩显著。

(2) 对高校招生改革态度积极，改革步骤稳妥、步子较大，改革措施配套完善。

(3) 机构健全，职责分明，规章制度完善；编制、经费、设备、基本建设等满足工作需要。

(4) 认真编制、严格执行招生计划，报送各类统计信息数据准确、及时；高质量完成招生各环节的具体工作。

(5) 广泛、深入开展招生宣传和咨询活动，热情为考生服务。

(6) 积极开展招生科研活动，开拓创新，理论联系实际，成果多、有较高的应用价值。

(7) 严格执行招生纪律，狠抓考风考纪，历年来无严重违纪舞弊案件和重大责任事故发生；自觉抵制不正之风，对违纪舞弊事件查处及时、处理得当。

2. 先进个人

(1) 坚持党的基本路线，认真贯彻执行党和国家关于高校招生工作政策、规定，高质量地完成各项任务，成绩突出。

(2) 与时俱进，刻苦钻研业务，积极参加改革实践和科研活动，努力提高工作水平和能力，对招生工作作出了突出贡献。

（3）坚持原则，廉洁奉公，遵纪守法，严于律己，工作中无个人责任事故发生；爱岗敬业，踏实肯干，团结同志。

（4）从事高校招生工作一般应满3年。

三、评选办法

1. 成立北京市评选工作领导小组。领导小组由市高招委、北京教育考试院有关领导组成，负责审批并确定北京市高校招生工作先进集体和先进个人名单。

2. 成立北京市评选委员会（以下简称评委会）。评委会由市、区县招生办公室、普通高校、独立设置的成人高校，以及招收研究生的科研机构的有关代表组成，负责对各单位的上报材料进行评审，提出北京市高校招生工作先进集体和先进个人候选名单并报评选工作领导小组和市高招委审批。

3. 此次评选工作按照自愿申报，评委会审核选举产生候选名单，评选工作领导小组和市高招委批准的办法进行。

四、评选比例及名额

根据教育部有关要求，市级先进集体的评选比例不超过全市招生单位和招生机构总数的5%；市级先进个人的评选比例不超过全市在编招生工作人员的5%。

根据目前北京市高校招生工作机构及在编工作人员的初步统计数字，评选名额确定如下：

普校招生部分：先进集体10个，先进个人20人；

成人招生部分：先进集体10个，先进个人20人；

研究生招生部分：先进集体10个，先进个人20人；

五、评选工作安排及要求

1. 各单位要加强对评选工作的组织领导，充分发扬民主，制定细则，严格程序，实行公示制度，确保评选工作质量。各单位在此次评选工作中要注意总结招生改革和发展的经验，弘扬正气，鼓舞士气，增进团结，为招生改革和招生工作取得新的更大的成绩而努力奋斗。

2. 申报参评先进集体单位要认真填写《参评北京市高校招生工作先进集体申报表》并提供详细申报材料。申报材料要求涉及推进改革加强管理的主要举措以及机构队伍、规章制度、基础设施、作风纪律建设等方面内容，文字要求精练、简明，只列举事实，不展开论述，字数不超过2 000字。

申报参评先进个人的招生工作人员要认真填写《参评北京市高校招生工作先进个人申报表》，并附上详尽的事迹材料。

请各单位抓紧进行本单位的评选推荐工作，并于2003年1月18日前将申报材料送市招生委员会办公室。

联 系 人：谢玉平

联系电话：62198011

通信地址：北京市海淀区皂君庙甲4号

邮政编码：100081

北京市高等学校招生委员会
二〇〇二年十二月二十六日

上述通知下发后，经过基层推荐、市里评选、征求意见、选优上报、研究审批等评选工作程序，北京市高等学校招生委员会于2003年11月25日下发了表彰通知，对评选出的先进集体、个人进行表彰。其中北京被评为全国招生工作先进集体的成人教育招生机构2个，先进个人7人。北京市评选并表彰的成人教育招生工作先进集体10个，先进个人20名。表彰文件的主要内容如下：

关于表彰高等学校招生工作先进集体和先进个人的通知

京高招委［2003］12号

各区县考试中心、高招办、成招办，各在京普通高校招生办公室、各成人高校招生办公室，各高等院校、科研院所研究生招生办公室：

五年来，我市高校招生工作战线的同志们坚持党的教育方针，认真实践“三个代表”重要思想，以高度的社会责任感和历史使命感，不断加强管理，开拓创新，高质量地完成了高校招生工作各项任务，为我市高校招生工作作出了重要的贡献。

为了激励高校招生战线的全体同志，进一步做好高校招生制度改革和高校招生工作，根据教育部办公厅《关于评选全国高等学校招生工作先进集体和先进个人的通知》（教学厅函［2002］15号）的文件精神，我们评选出全国高校招生工作先进集体9个，先进个人21名，北京市高校招生工作先进集体30个，先进个人60名，现对以上先进集体和先进个人予以表彰。

北京市高等学校招生委员会
二○○三年十一月二十五日

附件一

全国高校招生工作先进集体和先进个人名单

先进集体（9个）

北京市高等学校招生委员会办公室（含普通高等学校招生办公室、成人教育招生办公室）
北京大学招生办公室
清华大学招生办公室
北京市西城区高校招生办公室
首都师范大学成人教育学院
北京市海淀区招生考试中心
清华大学研究生招生办公室
北京理工大学研究生招生办公室

先进个人（21人）

李梓华　北京师范大学招生办公室
胡　洁　首都师范大学招生办公室
李建平　北京工业大学招生办公室
刘　林　海淀走读大学招生办公室
王庆新　北京市东城区高校招生办公室
富砚斌　北京市昌平区招生考试中心高校招生办公室
张万福　北京市通州区高校招生办公室
屈　兵　北京大学成人教育招生办公室
高宪法　中国人民大学成人高等教育学院
胡建生　对外经济贸易大学继续教育学院
李仁山　北京经济管理干部学院
吴砚农　北京理工大学成人教育学院
王建平　北京市昌平区招生考试中心成人教育招生办公室
张　冈　北京市西城区成人教育招生办公室
周　援　北京航空航天大学研究生院
马小侠　北京人民大学研究生院
张　红　中国农业大学研究生院
卢　菁　中国协和医科大学研究生院
王秀彦　北京工业大学研究生院
刘瑞生　中国空间技术研究院研究生院
李　文　北京科技大学研究生招生办公室

附件二

北京市高校招生工作先进集体和先进个人名单

普通高等学校招生部分

（此处略——编者注）

成人教育招生部分

先进集体（10 个）

北京工业大学继续教育学院

北京化工大学成人教育学院

首都经济贸易大学成人教育学院

北京师范大学继续教育学院

中国地质大学（北京）成人教育学院

北京教育学院

北京广播电视大学

北京市宣武红旗业余大学

北京市丰台区成人教育招生办公室

北京市门头沟区成人教育招生办公室

先进个人（20 人）

贺洪松　北京工商大学继续教育学院

官希明　北京广播学院继续教育学院

高　杰　中国人民公安大学继续教育学院

麻一青　北京联合大学特殊教育学院成人教育学院

宋　青　首都体育大学成人教育部

李侃卓　北京信息工程学院成人教育部

王　荔　武汉大学北京市测绘设计研究院函授站

王　兵　首都医科大学继续教育学院

侯高潮　中国青年政治学院继续教育学院

高　然　北京外国语大学成人教育学院

程　英　国家法官学院

白新睿　北京市朝阳区职工大学

汪丽萍　北京市东城区职工业余大学

季仰予　中国劳动关系学院

陈　颖　北京市丰台区职工大学

钱玉萍　北京信息职业技术学院

祝　丰　北京教育考试院成人教育招生办公室

杨秀华　北京市平谷区成人教育招生办公室

刘京生　北京市宣武区招生考试中心成人教育招生办公室

张智武　北京市通州区成人教育招生办公室

研究生招生部分（此处略——编者注）

2005 年，为纪念成人高校全国招生统一考试 20 周年，北京市根据教育部的文件精神，又一次组织了成人教育招生工作先进集体和个人的评选活动，并下发了如下通知：

关于转发教育部高校学生司评选全国成人高等学校招生工作先进集体和个人的通知

京考成招［2005］21号

各成人高等学校、区（县）考试中心：

为进一步做好成人高校招生全国统一考试20周年纪念活动，现将教育部高等学生司《关于评选全国成人高等学校招生工作先进集体和先进个人的通知》（教学司［2005］28号）文件转发给你们。望重视此项工作，组织相关人员认真学习和落实通知精神，加强领导，认真组织，严格程序，充分发扬民主并实行公示制度，确保公平、公正、公开，保证评选工作高质量如期完成。

本次评选范围，为在北京成人高等学校和各区（县）考试中心。所报材料必须加盖成人高等学校和考试中心的印章，各成人高等学校、区（县）考试中心的先进集体和先进个人材料及招生机构、人员状况调查表，务必于12月30日前报至市评选工作办公室（一式15份及电子版，E-mail：yangb@bjeea. cn），逾期报送则视为主动放弃。

为做好我市成人高等学校招生先进集体和先进个人的评选工作，市高校招生委员会专门成立了领导小组，组成了评审委员会和评选工作办公室，统一领导和负责评选工作。其机构组成如下：

评选工作办公室

主　任：董维祥

副主任：丁新生　马宏辉

成　员：戴广钰　杨　兵　王维克　陈进生

电　话：62198016

附：教育部《关于评选全国成人高等学校招生工作先进集体和先进个人的通知》（教学司［2005］28号）

北京教育考试院

二〇〇五年十一月二十五日

根据教育部的文件要求，经市高校招生委员会组织成立的评选领导小组、评审委员会的认真组织和严格评审，2006年2月评选工作基本完成。2月21日，北京市教育考试院备文向教育部报送了评选结果。该报告全文如下：

关于评选北京市全国成人高等学校招生工作先进集体和先进个人的报告

京考成招［2006］2号

教育部学生司：

根据教育部《关于评选全国成人高等学校招生工作先进集体和先进个人的通知》（教学司［2005］28号）文件精神，在北京市高校招生委员会的领导下，我院成立了以王健院长为主任、吴凤臣副院长为副主任，考试院成招办以及北京大学成教院、中国人民大学继续教育学院、西城考试中心等10个单位负责人为委员的评选委员会。

评选委员会在认真回顾我市成人高校招生20年发展历程的基础上，从改革与创新、发展和规范的角度，对各在京招生院校、区县招办申报的材料进行了认真评议。经评委会研究决定，中国人民大学继续教育学院等9个单位被评为先进集体，中国人民大学辛铁山等18名同志被评为先进个人，具体名单如下：

一、先进集体（9个单位）

1. 部属成人高校3个，分别为中国人民大学继续教育学院、北京师范大学继续教育与教师培训学院、北京化工大学继续教育学院。

2. 市属成人高校3个，分别为首都医科大学成人教育招生办公室、北京建筑工程学院继续教育学院、北京市朝阳区职工大学。

3. 区县成招办3个，分别为海淀区成人教育招生办公室、昌平区招生考试中心成招办、门头沟区招生办公室。

二、先进个人（18名）

1. 部属成人高校8名，分别为中国人民大学辛铁山、北京师范大学范继芳、北京化工大学张敏、外交学院许敏、中央民族大学刘规划、中国传媒大学官希明、中国农业大学曹兆红、中国民航管理干部学院卢宝庆。

2. 市属成人高校7名，分别为首都体育学院宋青、北京信息职业技术学院许晓陆、北京服装学院赵金玉、北京市西城经济科学大学林颖、北京市丰台区职工大学陈颖、北京市经济管理干部学院毕志辉、北京宣武红旗业余大学王微。

3. 区县成招办3名，分别为北京市东城区教育考试中心成招办刘佳苗、北京市崇文区招生办考试中心成招办段玉兰、北京市海淀区成人教育招生办公室付明。

特此报告。

北京教育考试院
二〇〇六年二月二十一日

2006年8月31日，教育部高校学生司通知了全国成人高等学校招生先进集体和个人评选结果，并发文在全国进行表彰。表彰通知主要内容如下：

关于通报表扬全国成人高等学校招生工作先进集体和先进个人通知

教学司［2006］27号

各省、自治区、直辖市高校招生委员会、教育厅（教委），有关部门（单位）教育司局，部属各高等学校：

成人高校招生自1986年起实行全国统一考试。20年来，全国成人招生战线的同志们坚持党的教育方针，以高度的社会责任感和历史使命感，积极投身于成人高校招生制度改革和创新，确保公平公正，高质量地完成了成人高校招生工作各项任务，为构建我国终身教育体系、创建学习型社会、提高全民族素质、促进人的全面发展、经济发展和社会进步作出了重要贡献。

为进一步做好成人高校招生工作，深化招生制度改革，激发成人高校招生战线全体同志的工作热情，决定对天津市高校招生办公室等251个全国成人高等学校招生工作先进集体、辛铁山等689名全国成人高等学校招生工作先进个人予以通报表扬。

教育部高校学生司
二〇〇六年八月三十一日

附件一

全国成人高等学校招生工作先进集体名单
（251个）

北京市（9个）：

海淀区成人教育招生办公室
昌平区招生考试中心成人招生办公室
门头沟区招生办公室
中国人民大学继续教育学院
北京师范大学继续教育与教师培训学院
北京化工大学继续教育学院
首都医科大学成人教育招生办公室
北京建筑工程学院继续教育学院
北京市朝阳区职工大学

天津市（5个）

（以下略——编者注）

附件二

全国成人高等学校招生工作先进个人名单
（689人）

北京市（18人）：

段玉兰（北京市崇文区招生考试中心）
刘佳苗（北京市东城区教育考试中心）
付　明（北京市海淀区成人教育招生办公室）
辛铁山（中国人民大学继续教育学院）
范继芳（北京师范大学继续教育与教师培训学院）
张　敏（北京化工大学继续教育学院）
许　敏（外交学院成人教育学院）
刘规划（中央民族大学成人教育学院）
官希明（中国传媒大学远程与继续教育学院）
曹兆红（中国农业大学继续教育学院）
宋　青（首都体育学院成人教育部）
许晓陆（北京信息职业技术学院成人招生办公室）
赵金玉（北京服装学院继续教育学院）
林　颖（北京市西城经济科学大学）
陈　颖（北京市丰台区职工大学）
毕志辉（北京市经济管理干部学院）
王　微（北京宣武红旗业余大学）
卢宝庆（中国民航管理干部学院）
（以下略——编者注）

【奖励区县成人教育招生办公室目标管理考评结果优良单位】 1997年北京市对各区县成人教育招生办公室实行目标管理后，每年都在年度考评时，按照当年的考评奖励办法开展评优活动，并对考评成绩优良者进行表彰。其中1997年度评出一等奖4个，二等奖6个，达标奖10个；1999年度评出优秀奖14个，达标奖6个；2000年度评出优秀奖13个，达标奖5个；2002年度评出优秀奖15个，达标奖4个；2003年度评出优秀奖19个；2004年度评出优秀奖19个；2005年度评出优秀奖17个，达标奖1个。

2005年度的考评结果表彰通报全文如下：

关于2005年成人高校招生考试工作区县目标管理考评结果的通报

京考成招［2006］6号

各区县考试中心、成招办：

为进一步提高招生考试工作的管理水平，依据北京教育考试院《关于印发2005年区县成人教育招生办公室工作目标管理考评办法的通知》（京考成招［2005］12号）文件精神，经过各区县成招办自评，考试院成招办的综合评定，考评结果如下：

优秀奖：东城区、西城区、崇文区、朝阳区、海淀区、丰台区、石景山区、门头沟区、房山区、通州区、顺义区、昌平区、平谷区、密云县、延庆县、燕山、矿务局。

达标奖：怀柔区。

特此通报

北京教育考试院
二〇〇六年四月二十六日

【预科工作站考核评比与表彰】 2003年进一步完善了预科工作站各项管理制度后，北京市每年都按预科工作站的有关制度规定，对预科班工作进行考核、评比和表彰，激励预科教育工作不断向新的高度迈进。2003年度后历年预科班考核评比结果通报分别如下：

2002—2003年度北京市成人高等学校预科班考核评比结果通报

京考成招［2003］12号

各工作站：

根据《北京市成人高校预科工作站考核评比办法》、《北京市成人高校预科任课教师质量评比办法》、《北京市成人高校预科管理人员评比条例及实施办法》的规定，在各预科工作站认真总结的基础上，北京教育考试成人教育招生办公室进行了综合考核评比。现将考评结果通报如下：

一、优秀工作站（按名次排列）

轻工职技学院　　首都师范学院　　北京大学医学部

（其余为达标单位）

二、优秀教师

首都师范大学：时红延　　北京教育学院：伍春兰

北京工业大学：张秋利　　北京大学医学部：常寿

北京广播电大：杨光　　轻工职技学院：安淑春

宣武红旗业大：黄中军

三、优秀班主任

首都师范大学：孙月英　　北京教育学院：吴凯声

北京工业大学：张淑华　　北京大学医学部：王伟

北京广播电大：姚玉英　　轻工职技学院：刘湛

宣武红旗业大：郭静

四、优秀管理人员

首都师范大学：马骍　　北京大学医学部：高素英

轻工职技学院：王琦

北京教育考试院

二〇〇三年七月十五日

关于2004年度北京市成人高校预科工作站考核评比结果的通报

京考成招［2005］6号

各预科工作站：

为进一步提高成人高校预科工作站的管理水平，依据北京教育考试院《北京市成人高等学校预科管理规定及办法》文件规定，对各站的工作完成情况进行综合考核评比。以下工作站为达标工作站：

首都师范大学预科工作站

北京教育学院预科工作站

北京工业大学预科工作站

北京大学医学部预科工作站

北京广播电视大学预科工作站

北京电子科技职业学院预科工作站

北京市宣武区红旗业余大学预科工作站

现对以上工作站给予表扬和奖励。

特此通报

北京教育考试院

二〇〇五年五月八日

关于2005年度北京市成人高校预科工作站考核评比结果的通报

京考成招［2006］4号

各预科工作站：

根据北京教育考试院《北京市成人高等学校预科管理规定及办法》文件规定，考试院成招办对各站的工作完成情况进行综合考核评比。以下工作站为达标工作站：

首都师范大学预科站

北京教育学院预科站

北京工业大学预科站

北京大学医学部预科站

北京广播电视大学预科站

北京电子科技职业学院预科站

北京市宣武区红旗业余大学预科站

特此通报

北京教育考试院

二〇〇六年四月三日

【表彰成人教育招生考试优秀评卷员】　2002年起，每年阅卷工作完成后，北京教育考试院都对评选出为优秀评卷人员进行表彰。2002年、2003年、2004年曾分别表彰了101名、76名、63名阅卷教师。2005年招生工作结束后，北京教育考试院又下专文对69名优秀阅卷人员进行了表彰。表彰通知全文如下：

关于表彰北京市成人高校招生考试优秀评卷员的通报

京考成招［2006］5号

有关成人高校：

2005年北京市成人高校招生考试的评卷工作在各区县成招办、成人高校的大力支持下，经过首都师范大学、北京教育学院、北京师范大学、北京广播电视大学评卷点领导和工作人员的共同努力，顺利完成了北京市成人高校招生统一考试评卷工作。

各评卷点根据《2005年北京市成人高等学校招生考试评阅试卷工作规定》的文件要求、经各评卷小组推荐、阅卷点领导小组初审、考试院成招办审批后，评选出69名优秀评卷员，特此通报表彰。

北京教育考试院

二〇〇六年四月二十六日

附

2005年北京市成人高校招生优秀评卷员名单

序号	姓名	性别	职务或职称	工作单位	评卷科目	阅卷学校名称
1	蔡清生	男	副院长	首都师范大学	政治	首都师范大学
2	刘向阳	男	副教授	首都师范大学	政治	首都师范大学
3	田玉梅	女	副教授	首都师范大学	政治	首都师范大学
4	史锡禄	男	副教授	首都师范大学	政治	首都师范大学
5	陈　慧	女	助理研究员	首都师范大学	政治	首都师范大学
6	马玉茹	女	助理研究员	首都师范大学	政治	首都师范大学
7	秦延国	男	博士生	首都师范大学	政治	首都师范大学
8	程海礁	男	博士生	首都师范大学	政治	首都师范大学
9	李光辉	男	博士生	首都师范大学	政治	首都师范大学
10	彭　丽	女	硕士生	首都师范大学	民法	首都师范大学
11	李艳勤	女	副教授	首都师范大学	数学（文）	首都师范大学

续前表

序号	姓名	性别	职务或职称	工作单位	评卷科目	阅卷学校名称
12	罗振东	男	教授	首都师范大学	数学（文）	首都师范大学
13	马雪松	男	讲师	首都师范大学	数学（文）	首都师范大学
14	刘胜利	男	副教授	首都师范大学	数学（文）	首都师范大学
15	时红廷	男	副教授	首都师范大学	数学（文）	首都师范大学
16	刘卫红	女	讲师	首都师范大学	数学（文）	首都师范大学
17	钟　中	女	讲师	首都师范大学	数学（文）	首都师范大学
18	王　芳	女	讲师	首都师范大学	数学（文）	首都师范大学
19	董增刚	男	副教授	首都师范大学	史地综合	首都师范大学
20	金滢坤	男	副教授	首都师范大学	史地综合	首都师范大学
21	刘　屹	男	副教授	首都师范大学	史地综合	首都师范大学
22	程文进	男	讲师	首都师范大学	史地综合	首都师范大学
23	陈建堂	男	讲师	首都师范大学	史地综合	首都师范大学
24	梁占军	男	副教授	首都师范大学	史地综合	首都师范大学
25	张　淳	女	硕士生	首都师范大学	艺术概论	首都师范大学
26	林喜杰	女	博士生	首都师范大学	艺术概论	首都师范大学
27	陈芝国	男	博士生	首都师范大学	艺术概论	首都师范大学
28	付　华	男	教授	首都师范大学	史地综合	首都师范大学
29	史春芳	女	讲师	首都师范大学	史地综合	首都师范大学
30	安维亮	男	副院长	首都师范大学	史地综合	首都师范大学
31	申玉铭	男	副教授	首都师范大学	史地综合	首都师范大学
32	张明庆	男	副教授	首都师范大学	史地综合	首都师范大学
33	徐振剑	男	硕士生	首都师范大学	史地综合	首都师范大学
34	张亚伶	女	副教授	首都师范大学	教育理论	首都师范大学
35	付和玉	男	副教授	北京教育学院	生态学基础	北京教育学院
36	张　洲	男	副教授	北京教育学院	英语	北京教育学院
37	李健莉	女	讲师	北京教育学院	英语	北京教育学院
38	周　莹	女	讲师	北京教育学院	英语	北京教育学院
39	仇　妍	女	讲师	北京教育学院	日语	北京教育学院
40	伍春兰	女	副教授	北京教育学院	高数（一）	北京教育学院
41	石敏琪	女	副教授	北京教育学院	高数（二）	北京教育学院
42	常克敏	女	副教授	北京教育学院	高数（二）	北京教育学院
43	吴万钢	男	副教授	北京师范大学	大学语文	北京师范大学
44	于树漫	女	讲师	北京师范大学	大学语文	北京师范大学
45	陈桂霞	女	干部	北京师范大学	语文	北京师范大学
46	李　和	男	教授	北京师范大学	语文	北京师范大学
47	崔　博	男	副教授	北京师范大学	语文	北京师范大学
48	王增永	男	副教授	北京师范大学	语文	北京师范大学
49	李　琴	女	硕士生	北京师范大学	语文	北京师范大学
50	岳　雯	女	硕士生	北京师范大学	语文	北京师范大学
51	杨　鑫	女	硕士生	北京师范大学	语文	北京师范大学
52	杨　萌	女	硕士生	北京师范大学	语文	北京师范大学
53	郭世娴	女	硕士生	北京师范大学	语文	北京师范大学
54	王　尧	女	讲师	北京师范大学	语文	北京师范大学
55	何岚湘	女	讲师	北京广播电大	英语	北京广播电大
56	赵春荣	女	讲师	北京广播电大	英语	北京广播电大
57	刘永权	男	讲师	北京广播电大	英语	北京广播电大
58	刘　延	女	讲师	北京广播电大	英语	北京广播电大

续前表

序号	姓名	性别	职务或职称	工作单位	评卷科目	阅卷学校名称
59	王 玲	女	讲师	北京广播电大	英语	北京广播电大
60	李晓贺	女	助教	北京广播电大	英语	北京广播电大
61	张 然	女	助教	北京广播电大	英语	北京广播电大
62	张国艳	女	讲师	北京广播电大	数学	北京广播电大
63	张清利	男	讲师	北京广播电大	数学	北京广播电大
64	张启林	男	副教授	北京广播电大	数学	北京广播电大
65	尤伯欣	女	副教授	北京广播电大	数学	北京广播电大
66	姚行洲	男	副教授	北京广播电大	理化综合	北京广播电大
67	夏海云	女	副教授	北京广播电大	理化综合	北京广播电大
68	李 京	女	副教授	北京广播电大	理化综合	北京广播电大
69	郑丽娟	女	系主任	北京广播电大	理化综合	北京广播电大

九、成人教育招生工作的理论探索与实践研究

【区县成人教育招生办公室工作总结研讨会】 2005年4月6日至7日，北京市成人高校招生办公室在石油大学（北京）召开了区县成人教育招生办公室工作总结研讨会。北京市教育考试院副院长刘枫耘和各区县成人教育招生办公室负责同志出席了会议。市成人高校招生办公室主任董维祥对2004年北京市成人高校招生工作情况做了总结通报后，会议就如何做好2005年成人教育招生工作问题进行了广泛、深入的研究讨论，并就网上报名工作存在的问题及需要改进的方面，如何严肃考风考纪、确保考试安全，报名时毕业证书审验工作存在的问题，2005年成人教育招生工作进程安排，如何开展“纪念成人高等学校招生全国统一考试二十周年”活动，如何做好成人教育招生考试课题研究和调研工作等提出了许多很有价值的意见。这次研讨会虽然规模小、时间短，但研究讨论的问题重点突出，形成的思想认识意见、方案、措施共识度较高、可行性强，对2005年北京市成人教育招生工作方案的制定具有重要参考价值。同时也为北京市2004年成人教育招生总结会和2005年招生工作会做了充分的准备，是这两个会议召开之前的一次成功的预备会。

【招生院校成人教育招生管理机构工作研讨会】 继区县成人教育招生办公室工作研讨会后，市成人高校招生办公室于2005年4月11日～12日又在石油大学（北京）召开了部分招生院校工作小型研讨会。首都医科大学、首都师范大学、北京工业大学、北京第二外国语大学、北京电影学院、北京城市学院、北京市丰台职业学院、西城经济科学大学、北京大学、北京师范大学、北京化工大学、中国人民大学、清华大学、中国政法大学、中国戏剧学院、北京航空航天大学、北京林业大学、中国石油大学（北京）共21所院校成人教育主管领导和招生部门工作人员参加了会议。市教育考试院副院长刘枫耘同志参加了会议。市成人高校招生办公室主任董维祥就2004年北京市成人教育招生工作总结的基本内容和要点向会议做了通报。与会者就招生工作面临的形势与问题、困难与挑战、应对措施与改革思路等问题进行了认真的研讨，并就落实“六公开”与“六不准”规定、抓好廉政建设推进阳光工程、进一步做好招生宣传工作、实施考试科目改革、院校如何做好新生复查工作、成人教育招生理论研究、纪念成人高等学校招生全国统一考试二十周年，做好网上咨询、报名、阅卷（部分客观题）、录取工作，完善计算机网络管理系统等事宜进行了研究，并提出了许多切实可行的意见和方案。与区县成人教育招生办公室工作研讨会相一致，本次部分院校成人教育招生小型研讨会是一次开放度高、自由度大、研讨问题深入而广泛的会议，也是一次富有成效、效率较高的研讨会。它与区县成人教育招生办公室工作研讨会一起，共同为北京市2004年成人教育招生工作总结会和2005年工作研讨会做了充分的准备，也为做好2005年成人教育招生工作奠定了思想认识基础和组织工作基础。

【市教育考试院、市成人高校招生办公室领导到北京大学成人教育学院昌平园区调研】 2005年5月25日，北京教育考试院副院长刘枫耘、市成人高校招生办公室主任董维祥、副主任马宏辉、秘书科科长戴广钰等一行到北京大学成人教育学院昌平园区进行实地调研。刘枫耘一行听取了北京大学成人教育学院领导

关于成人脱产班招生、教育教学工作和校园规划建设情况的汇报，实地察看了成人脱产班的课堂教学、语音教室、计算机房、图书馆、学生宿舍、餐厅、体育运动场等教学、生活设施和校园环境，对北京大学在建设世界一流大学规划中为成人教育准确定位和成人教育教学、管理改革所取得的成绩，以及对成人教育改革发展的研究和思考给予了高度评价，并就成人教育在普通高校和终身教育、现代国民教育体系中的地位、作用和未来发展，成人学历教育的教学组织管理、教学质量保证，高等教育进入大众化教育阶段后面临的新形势，成人学历教育招生工作面对的新挑战，成人学历教育招生考试科目体系、内容方式改革、招生考试、录取管理方式改革所遇到的新情况、新的理论实践问题等，与北京大学成人教育工作人员、教师进行了广泛的交流和讨论。

通过此次调研活动，市教育考试院、成人高校招生办公室领导进一步了解了北京大学成人脱产班及其他形式的成人、继续教育办学情况，获得了大量的第一手资料，并与北京大学基层成人教育工作者一起探讨了成人教育理论研究和思考的前沿问题，对于把成人教育招生工作投影到社会发展，终身教育体系完善，学习型社会建设大的背景下，推进北京市的成人教育招生工作改革和研究探索工作起到了重要的促进作用。

【成人高校招生考试网上阅卷专题研讨会】 招生考试是成人教育招生工作中的核心工作，召开成人教育招生考试工作专题研讨会，就考试的组织实施、阅卷等工作分专题进行研讨，研究成人教育招生考试各具体工作环节、操作程序、办法和规范，完善各项工作管理制度，培训各级管理人员，稳步推进成人教育招生各项工作的改革，是北京市成人高校招生办公室始终坚持的一贯做法。

2005年5月18日至19日，北京市成人高校招生办公室就招生考试阅卷改革问题在石油大学（北京）召开了北京市成人高校招生考试工作专题研讨会。市教育考试院信息处、北京启明万凯有限公司、部分区县和部分高校成人教育招生办公室的有关人员出席了会议。会议由市成人高校招生办公室副主任马宏辉主持。他在主持讲话中明确，此次会议的主旨之一就是对招生考试阅卷方式改革问题进行专题研讨。同时他也指出，市成人高校招生办公室几年来一直高度关注网上阅卷工作，对全国各类考试网上阅卷工作的进展情况进行了大量的考察和调研工作；并以此为基础，就网上阅卷方式使用给成人教育招生考试可能带来的影响及其对策等问题进行了许多探讨；同时还组织了北京市成人教育招生考试网上阅卷方案的初步研究和探讨，推动了考试组织、防范违纪作弊及阅卷方式、手段改革的探索工作。

北京启明万凯有限公司总经理岳俊江向与会者演示了网上阅卷工作流程，详细讲解了网上阅卷系统的操作方法。在演示了广东省成人高考评阅试卷的流程后，与会者就网上阅卷事宜进行了热烈讨论。大家一致认为，网上阅卷系统的使用，能更好地体现考试工作的公平、公正性原则，减少主观性误差，有利于评卷工作的保密安全，有利于减少非公平、非公正因素的干扰和人工劳动强度，有利于提高工作效率和考试数据的准确程度，便于考试数据的保存、查询及成人招生各种信息的合成、统计、存贮和考生电子档案的建立与流转，对成人教育招生考试方式、内容、试题结构的改革也会起到巨大的推动作用，是今后考试阅卷工作的发展方向。同时，与会者还就网上阅卷设备配置升级，建立完整、系统的网上阅卷的规定规范，以及试卷答题卡格式的规范化设计，对考试组织人员、考生培训等事宜提出了许多好的建议。与会者同时提出，为使考生充分了解、把握新的考试方式，可以在考前委托国闱公司拟出模拟试题，对考生进行模拟训练，使他们能在考试时按试卷要求的格式答题，以适应新的考试形式，为网上阅卷工作的顺利实施创造最基本条件。

最后，市成人高校招生办公室主任董维祥对网上阅卷的研讨情况进行了总结。他强调指出，网上阅卷工作还需要更广泛地听取各方面意见，进行充分论证，并在思想认识、组织工作和物质上做好充分准备。现在，我们可以充分利用网上阅卷的现有资料、资源，就阅卷方式的选择、设备场地问题的解决、考试中异常情况的处理方法等进行深入研究，以制定出一套适应北京市成人高考实际情况的网上阅卷组织管理、技术保障、制度规范、工作方式和培训考生、阅卷工作人员的实施方案，以保证网上阅卷的试验工作能顺利实现其预期目的。

此次会议为网上阅卷开展试验工作做了必要准备，同时也触及了成人教育招生考试方式、试卷结构、考试内容改革的许多深层次问题，对成人教育招生考试改革工作起到了推动和助力作用。

【成人教育招生艺术类、体育类专业术科加试工作研讨会】 2003年成人高等教育招生考试时间、科目设置改革实现新的突破后，艺术、体育类专业术科考试的改革也被提到招生工作的议事日程。现代信息科技手段在成人教育招生中的普遍使用，也使艺术、体育类术科加试的变革问题更加突出。面对这种新情况和新问题，北京市成人高校招生办公室决定召开艺术、体育类专业术科加试工作研讨会，就有关艺术、体育类专业术科考试工作进行研讨，积极探索成人教育招生考试中艺术、体育类专业术科考试的改革问题。

2005 年 6 月 14 日，北京市成人高校招生办公室在中央民族大学召开了成人高考艺术、体育类专业术科加试工作研讨会。市成人高校招生办公室董维祥，副主任丁新生、马宏辉，考试院财务处副处长刘宇声等出席了会议。在京招生的中央民族大学、首都体育师范学院、北京电影学院、中国传媒大学、清华大学工艺美术学院、首都师范大学、中国音乐学院、北京舞蹈学院、宣武区红旗业余大学 9 所院校参加了研讨会。市成人高校招生办公室主任董维祥在会上介绍了成人教育招生考试改革的新进展，总结了成人教育招生艺术、体育类术科加试组织工作经验，分析了目前面临的新形势、新情况、新问题，强调了艺术、体育类术科加试工作的特殊性和重要性，提出了艺术、体育类术科加试改革的新课题。

市成人高校招生办公室主任董维祥讲话后，与会各艺术、体育类院校专家、成人教育负责人围绕着专业术科考试内容、方式、组织管理和如何更好地坚持公平、公正、公开的招生工作原则，以及招生收费标准等问题展开了广泛、深入的讨论，并就成人教育招生艺术、体育类专业术科加试改革问题提出了许多富有建设性的意见和建议。会议结束时大家表示，回去后要以此次会议形成的共识统一思想，进一步提高对成人教育招生考试改革重要意义的认识，积极推动艺术、体育类专业术科考试内容、组织方式、管理工作的改革，使成人教育招生考试改革持续不断地向纵深发展。

此次会议是艺术、体育专业术科考试工作的总结会、交流会，也是一次全面推动成人教育招生考试工作体系体制改革的动员会、研讨会，会议研讨的问题，提出的建议，形成的共识，对推动艺术、体育术科考试的改革等具有重要的实践意义和历史、现实意义。

【2005 年北京市成人教育招生工作研讨会】　2005 年 6 月 30 日，北京市成人高校招生工作研讨会在首都师范大学召开。全市 18 个区县及燕山矿务局考试中心主管领导、成人教育招生部门负责人及有关工作人员，113 所院校主管领导、成人教育招生的院（校）长、招生部门负责人及有关工作人员共 300 多人出席了会议。会议由市成人高校招生办公室副主任丁新生主持，北京市教育考试院副院长刘枫耘、北京市教委计划处副处长周彤出席了大会。

会上，北京市成人教育招生办公室主任董维祥首先传达了教育部关于做好 2005 年成人高校招生工作的主要精神和招生政策调整的有关情况，就北京市 2005 年成人教育招生计划安排、主要政策调整、工作重点及市成人招生工作进度、时间等进行了部署。他在讲话中指出，2005 年成人教育招生政策有两个方面变化：一是取消了“3＋1”中的专业基础课考试；在招生计划上表现为“两个扩大”、“两个控制”和“两个倾斜”。“两个扩大”是扩大本科层次招生计划，扩大业余成人教育的招生计划。“两个控制”是控制专科招生计划，控制成人脱产班的招生计划。“两个倾斜”是招生计划一要向生源好、条件好、质量高、办学规范的院校倾斜。二是要向理工类、教育学类、医学类倾斜。明确要求 2005 年北京市成人高校招生工作重点应放在狠抓安全保密、严肃考风考纪、实施阳光工程上。同时提出，2005 年，要全面贯彻落实北京市综合整治考试招生环境电话会议精神，着力抓好考风考纪工作，重点打击利用高科技手段作弊行为，努力从根本上扭转和改善考试环境。要求要不断完善网站建设，加强招生咨询宣传工作，做好网上报名、缴费的组织工作，确保招生工作万无一失。

市教育考试院副院长刘枫耘同志在总结中强调，北京市的成人教育招生工作坚持了以人为本，完善了科学管理，已迈入了科学、公正、公平、公开的发展轨道。成人招生工作队伍整体素质和招生工作现代化管理水平不断提高，坚持了服务考生、服务社会、服务北京市急需人才培养、教育发展的大局意识和以人为本的思想理念，在社会上取得了较高的公信度。2005 年成人教育招生工作要认真贯彻教育部、市高校招生委员会有关文件精神，以高度的责任意识大局意识、服务意识科学安全地做好各项工作。要通过“阳光工程”的实施，确保招生考试工作公平、公正、公开，在政府、招生院校、考生间架起和谐稳固的沟通桥梁；招生工作要做到咨询服务热情周到、报名手续简洁高效、考试组织安全有序、阅卷评分科学严谨，录取工作精确公道，确保本年度成人教育招生录取任务的完成，为北京市和谐社会的建设作出新贡献。

【2005 年部分院校招生工作研讨会】　为总结 2005 年前一阶段成人教育招生工作，沟通有关工作进展情况，研究招生录取工作的工作计划、方案，保证后一阶段招生工作在各校招生管理机构配合下和谐稳步

推进，北京市成人教育招生办公室于2005年11月3日—4日，分别在首都经贸大学、对外经贸大学召开了部分在京招生院校招生工作研讨会，市成人高校招生办公室主任董维祥同志带队分别参加了在两校分别举行的研讨会。会上，董维祥分别介绍、通报了前一段成人教育招生工作的进展情况及有关事件的处理情况，并就如何做好下一阶段的招生工作提出了意见，做了布置。

在研讨过程中，与会各校代表一致同意董维祥主任对前一段招生工作的总结和下一阶段的具体工作安排，并表示要认真研究前一阶段招生工作中的经验和教训，全面审视招生工作各个环节和操作程序，严肃招生纪律，严格招生组织工作，严密各项操作规程和工作步骤，自觉抵制各种不正之风的干扰，共创成人教育招生工作的良好环境，确保2005年招生工作的顺利进行并圆满完成各项工作任务。

【《北京市成人教育改革与发展（1996—2005）》编撰工作会议】 为纪念成人教育全国统一招生考试20周年，迎接北京教育考试院建院10周年，记录北京成人教育招生考试改革发展历程，为成人教育招生工作在“十一五”期间发展提供翔实的研究资料，北京市教育考试院决定启动《北京成人教育改革与发展（1996—2005）》的编纂准备工作，并于2005年11月9日召开专题会议，研究了这部编年体的大型资料工具书编纂工作的指导思想、编纂原则、形式结构、体系内容、选材要求、工作步骤等有关问题。

北京教育考试院在2005年12月22日专门下发了京考成招［2005］22号文件，公布该书编纂工作筹备组，就有关问题通知各区县成人教育招生办公室和在京招生的各个高校，明确提出该书将“记录成人教育的沿革与发展轨迹，迎接考试院建院十周年”，该书将“以记载年度史实为主要内容，是了解北京成人高等教育事业改革与发展的重要文献”，“具有重要的史料价值”，“将对成人高等教育事业的健康发展产生深远的影响”。同时要求各级招生主管部门和招生院校结合该书编纂总结十年来成人高等教育改革发展经验，汇集有关研究论文，按要求整理好相关资料，为该书的编纂工作提供必要的支持。京考成招［2005］22号文件公布的《北京市成人教育改革与发展（1996—2005）》编纂工作筹备组如下：

组长：董维祥

副组长：丁新生、马宏辉

成　员：李国斌、屈兵、李德芳、陈兴滨、朱长发、缪代文、李建平

工作成员：戴广钰、王维克、贾文章、陈晓。

筹备组办公地点：中国人民大学继续教育学院（清华东路甲7号）教学楼303室；邮政编码：100083；联系电话：62339120；E-mail：rdcjyyx@sina.com；联系人：陈晓。

【2005年度北京市成人高校招生预科教学工作研讨会】 2005年度北京市成人高校招生预科教学工作研讨会于2006年4月9日～13日在广西南宁市召开。参加研讨会的有：首都师范大学预科工作站、北京教育学院预科工作站、北京工业大学预科工作站、北京大学医学部预科工作站、北京广播电视大学预科工作站、北京宣武红旗业余大学预科工作站。

与会的6所预科工作站分别就2005年度预科教学与管理工作进行了回顾和总结，并就有关问题进行了广泛深入的交流与研讨。

回顾2005年度预科教育工作，大家一致认为，抓好预科教学质量是办好预科的关键。从管理上下工夫，严格执行北京成人高校预科管理规定和学籍管理规定，是办好预科的保证。既要坚持原则，又要把工作做细，是办好预科的重要方法。在讨论中，北京教育学院预科工作站就如何做好预科教育统一考试的安全保密工作做了阐述，提出：一要领导高度重视，认真学习、领会上级精神，提高对考试保密工作意义的认识；二是加强学习、教育和宣传；三是加强保密管理制度建设，对涉密人员把好关；四是加强对各类涉密载体的管理，制定周密的工作方案，做到责任人，强化检查制度。

北京工业大学预科工作站发言时提出要加强考试规范管理、强化考务管理水平，提出预科工作站一定要加强考前对考生的教育工作。因为，考生是参加考试的主体，考生的准备和积极配合是搞好考试管理的重要方面。另外是要做好考试规范管理工作。因为做好考试的规范管理对学生养成良好的学习习惯和学习风气有明显的作用。

北京红旗业余大学预科工作站提出加强管理与服务，是确保预科教育质量的重要条件。大家从学生的特点和教学实际出发，指出了注重管理与服务相结合，坚持做到“四个必须”的重要性。即必须负责，毫不含糊；必须

自始至终常抓不懈；必须办事公道，一碗水端平；必须区别对待，批评和表扬相结合。

北京大学医学部预科工作站发言的题目是“吸取‘大兴事件’教训，强化考务管理工作”，提出：第一，领导重视是做好考务工作的重要保证；第二，是要落实考试责任制，加强监考队伍建设；第三，是提高考生的诚信度，要从严治考。

首都师范大学预科工作站发言是切实做好考试报名工作，推进教学管理改革的进程。

北京广播电视大学预科工作站在发言中就如何加强教师队伍建设和考风考纪问题进行了探讨，提出要进一步加强教师队伍建设，树立“以学生为本”的理念，把培养合格人才作为学校一切工作的出发点和落脚点；要正确处理质量、规模、效益三者的关系，把严肃考风考纪作为头等大事来抓。

会议还对北京市成人高等学校预科工作职责及学籍管理规定及办法修正案展开了讨论，就北京市预科教育的发展前景谈了各自的看法。讨论中大家谈到，北京市的预科教育能办到现在，得力于上级领导的支持，得力于政策上的照顾，得力于预科工作站的强有力的管理和教学组织工作。今后要根据社会发展情况，有针对性地做些前瞻性调查，结合内外环境变化提出搞好预科办学的相应对策。

会议就整个预科工作提出了一些建议：认为要加大对预科政策的宣传力度，适当地考虑做一些软性广告，要尽量提前录取时间；报名时是否可以使用类似专用代码的预科站代码，考生点击的标记最好不要限制年龄；可以采用学员自由选择工作站的办法；远郊区县可以建立工作站教学点，解决预科学员交通问题，确保报到率；建议成人高考录取会后马上进行预科录取工作，工作站宁做繁琐的录取、退档工作，也要保证预科生源；需要解决考试期间证件的多样化（身份证、军官证、警官证、护照）问题；等等。

最后，成招办副主任丁新生就2005年度北京市成人高校招生预科工作做了总结发言。他说，北京市成人高等预科教育能办到今天，是和在座的各预科工作站的努力工作分不开的；领导的积极重视是关键，在提高教学质量的工作上，预科教研组起了核心的作用，在教学研究机制上下了工夫。同时他也指出，今后一定抓好教师队伍建设，抓好教学工作，坚持以学生为本，从严治教。总之，办好北京市成人高等预科教育是我们的责任，目的只有一个，就是努力为北京市的成人高校输送优秀生源。

第四部分

学校简介

北京市东城区职工大学简介

北京市东城区职工大学是教育部备案、北京市教委批准成立的独立设置的成人高等学校，是全国恢复成人高等教育以来建校最早的院校之一。目前学校融成教、职教、远程教育、国外合作教育于一体。

学校已开设有会计、物业管理、资产评估、电子商务、金融与证券、工商管理、计算机信息管理、公共事业管理、计算机网络技术、室内艺术设计、实用美术、电脑美术设计、多媒体设计、英语、旅游饭店管理等 16 个专业，以业余、脱产学习形式进行成人高等学历教育，学生毕业后获得国家承认的大专学历文凭。

学校教学设施齐全，拥有多媒体教室、多功能厅、语音视听教室、会计模拟室、视听阅览室、美术教室、高配置机房、图书馆等，能够满足多方面教学需求。

学校拥有一支近百人的高水平专兼职教师队伍，教师年龄结构合理，学历层次高、实践经验丰富。学校注重人才培养，坚持把教学质量放在首位，努力把学生培养成基础扎实、知识面宽、素质高、能力强的创新型、应用型、职业型人才。建校 20 多年来，学校不断努力创新，奋发进取，为适应首都经济需要培养了大批人才。

学校采取多渠道、多层次、多元化办学。学校与新加坡华夏管理学院联合成立了北京华夏管理学院，实行中西结合的办学模式与科学的教学管理，学生毕业后同时可获学历证书及国外行业资格证书，并保留学分为继续出国深造打下基础。

学校将以良好的教学环境、先进的教学设备、现代化的教学手段、高素质的师资队伍，迎接莘莘学子的到来。

学校将在成人高考报名期间开放机房，义务为考生提供网上报名辅导，见 http：//www. dczd. com。

北京市西城经济科学大学简介

北京市西城经济科学大学是北京市所属独立设置并经教育部备案的成人高校，颁发国家承认学历的大专毕业证书。学校下设经管系、理工系、会计系、电子商务系、美术系、外语系及培训中心等教学单位，开设了计算机信息管理、工商管理、经济信息管理、国际贸易、会计、理财与税收、会计信息管理、保险营销、电子商务、物流管理、外事英语、计算机网络技术、广告艺术设计、电脑艺术设计、室内艺术设计、环境艺术设计、实用美术 17 个专业。学校全部在京招生，以业余、脱产等形式进行成人高等学历教育。学校还有电大学历教育、中专学历教育和各类非学历培训。

学校共有 5 个教学点，占地面积 2 万平方米，建筑面积 2.1 万平方米。学校设有计算机房 11 个、微机 500 台，建有校园网，具有现代教学所需功能；语音教室 4 个，配有优良的视听设施，可供 160 人同时上课；多媒体教室 7 个；还有社区教育网站、计算机网络实验室、计算机硬件实验室、会计模拟室、天光教室、美术实训基地等先进的教学设施及多功能厅、餐厅等服务设施，并有各类图书资料 13 万余册。学校拥有近百名的高水平专职教师，其中具有副高级职称的教师 20 多人。20 多年来共培养了 2 万多名大学专科毕业生，并进行了 10 万多人次的各类培训。目前，大专学历教育年招生1 200人，大学专科在校生已达到 3 600人，电大分校在校生1 700人、培养毕业生近8 000人，中专学历教育在校生1 200余人，同时每年还对 1 万多人进行岗位培训等。

该校是北京市独立设置的成人高校中较有影响的一所大学，各方面办学与社会需求同步，办学规模在同类成人高校中名列前茅。学校地处市中心，交通极为方便。在已有成绩基础上，为了适应首都经济建设和社会发展对人才的培养需求，在学生在校期间，学校还将组织他们培训考取“职业资格证”。培养既有学历又有就业资格的新型实用型人才，毕业时使学生持双证上岗，是学校育人模式的新方向。今天的西城经济科学大学日益显示出高层次、综合性、实用型、开放式的办学特色。

北京市崇文区职工大学简介

北京市崇文区职工大学（简称崇文职大）坐落在风景优美的龙潭湖北侧，是崇文区内唯一一所经教育部备案并由政府主办的综合性、大众性、开放式的区域性公立成人高等院校。学员通过成人高考入学，毕业后可获得国家承认的大专学历文凭。

崇文职大成立于1958年，是新中国成立后北京市率先涉足成人教育的学校之一。进入21世纪以来，在崇文区区委、区政府尤其是区教委的大力支持下，学校实施了大规模的校舍改扩建工程，装备了现代化的多媒体教室、网管中心、监控室、图书馆、摄影室、暗房、天光画室、机房、雕塑室、财会模拟实验室和具有多功能的语音教室等，使学校教学面积达到1万多平方米，办学条件得到进一步改善。目前学校有以教授、副教授、讲师为主体的教学经验丰富的专兼职教师近百人，常年在校人数达3 000多人。

近几年来，学校紧扣时代发展脉搏，以市场需求为导向，坚持高质量的办学标准，不断优化专业设置和学科建设，现开设有经济管理、经济信息管理、电子商务、金融与保险、网络营销与物流管理、工商管理、经济法、计算机应用技术、会计、英语、外事英语、导游、装饰艺术设计、图片摄影、广告摄影、广告策划与制作、烹饪等专业，努力培养适应社会主义市场经济发展需要的现代化管理人才和应用人才。

北京市宣武区红旗业余大学简介

北京市宣武区红旗业余大学始建于1958年6月，是全国成立最早的成人高等学校之一，是教育部批准备案、国家承认学历的成人高等专科学校。学校建校近50年来，为社会输送了大批技能型、实用型人才，1998年被北京市教育委员会评定为北京市成人高等学校示范校，成为北京地区成人高等学校的排头兵。

改革开放以来尤其是近10年，学校在教育改革与创新中不断发展壮大，办学规模已从过去单一的大专学历教育，发展到目前的高等职业教育、本科学历教育、党校教育、岗位技能培训和中高级专业人员继续教育，几年来学校的办学质量多次得到上级主管部门肯定和好评，曾先后被评为北京市A类成人高校、北京市先进成人高等学校，学校开设的实用美术专业被北京市教育委员会评定为北京地区成人高校特色专业。

目前，学校开设的高等专科和高等职业教育主要专业有会计、旅游管理、物业管理、工商管理、计算机信息管理、外事英语、英语、实用美术、艺术摄影、室内艺术设计、电脑美术设计等文科、外语、艺术类等专业，吸引了一批又一批有志成才的在职人员报考学习。

学校与北京理工大学继续教育学院、北京石油化工学院继续教育学院联合举办的专科和本科学历教育，与北京理工大学现代远程教育学院联合开办的专升本远程教育，呈现出良好的发展前景。目前，各类学历教育在校生人数已达3 000多人，2003年学校被评为北京市高等学校招生工作先进集体。

学校拥有一支以高、中级职称教师为骨干的专职教师队伍，其中拥有中高级专业技术职称的教师占80%以上。中青年教师全部参加过研究生课程的进修。有的教师具有教师和律师、注册会计师等“双师”资格。先后有5名教师被评为北京市优秀教师，有2名教师被评为宣武区跨世纪人才，1名教师被评为宣武区拔尖人才。此外，在教师队伍中还有不少人取得了丰硕的教学科研成果，多名教师出版了专著和教材，有的教师成为中国和北京市美术家协会会员，经常参加国内外举办的各类大展，多幅作品被收藏，在社会上产生了广泛的影响，为红旗大学赢得了荣誉。广大教师热爱教育事业，一心扑在教育教学上，为培养各类人才默默地奉献着自己的聪明才智。

学校在重视学科建设的同时，高度重视环境建设。目前拥有两处校舍，共有大小标准教室50余间，设有美术专用画室、会计模拟实验室、多媒体计算机房、多媒体语音室、多媒体教室及摄影室、暗室等教学设施，为各专业的学生提供了现代化的教学条件。

学校在完成学历教育任务的同时，根据社会需求广泛开展了多学科、多层次的各类培训、岗位技能培训、中高级专业技术人员继续教育等，参加各类培训的人数每年均保持在5 000人以上，2001年被授予“北京市实施成人教育培训工程优秀培训项目奖”。

在几十年的办学实践中，学校始终坚持直接有效地为地区经济和社会发展服务的办学宗旨，积累了丰富的办学经验，建立了一套规范的管理体制，形成了多规格、多层次、多形式、多功能的办学模式，取得了显著的社会效益，走出了一条特色鲜明的“红大之路”。

进入21世纪，学校加快了前进的步伐，在市、区各级领导的关怀支持下，学校建设有了质的飞跃，充分保证了学生拥有一流的学习环境。同时，学校非常重视专业建设，加快教学改革步伐，根据社会需求调整培养目标和课程设置，努力培养造就更多更好的适应社会经济发展要求的各类专门人才。

红旗大学热忱欢迎每一位渴求知识、立志成才的学子报考，与学校一同发展，共同进步，迎接祖国更加美好的未来。

北京市朝阳区职工大学简介

北京市朝阳区职工大学是北京市第一所试办社区学院的公立成人高等院校，其融成教、职教、远程教育为一体，集学历教育、非学历教育于一身，具有综合性、社区性、职业性的特点。

学校的学历教育系国民教育系列，国家承认学历。学校在办学实践中“以社区为依托，以改革为主线，以教学为中心，以质量求生存，以特色求发展”，集计算机类、外语类、经济类、艺术类、社区类专业为一体，形成多学科、多规格、多层次、多形式的办学格局，并与对外经贸大学、北京工业大学、首都师范大学等高校联合办学，共建专业，共同培养适应区域经济和社会发展需要的实用型人才，多年来向社会输送了大批应用型、复合型技术管理人才，深受用人单位的好评。学校十分重视专业与课程改革。会计专业于1997年被评为北京市成人高校特色专业，“会计专业课程改革”课题也于1999年通过专家组验收，并被评定为A级。

为适应我国加入世贸组织（WTO）的需要，培养国际人才，目前学校正与国外高校洽谈联合办学事宜，今后将通过互派留学生学习、考察、工作、学术研讨等方式，开展广泛的交流与合作。

学校欢迎致力于为首都建设储备能量的有识之士报考。学校将凭着优美的教学环境、先进的教学设施、现代化的教学手段、高水平的师资队伍、创新型的教育方式助学子学业有成。

学校办学条件：

1. 卓越的教育理念：学校坚持“以人为本，尊重个性”的理念，以培养应用型、技能型人才为目标，搭建起求学与就业的“立交桥”。

2. 优越的地理位置：学校地处朝阳区，有花园式的校区四处：和平里教学区、雅宝路教学区、双龙教学区和首都机场教学区。

3. 先进的教学设施；学校设有多媒体教室、多功能厅、语音教室、会计模拟室、电脑机房、形体教室、天光美术教室、钢琴房、体育馆、风雨操场、教学楼、学生公寓楼、餐厅、浴室等，教育教学及生活设施齐全。建有现代化的校园网络，利用Internet和局域网广泛地进行信息资源开发，使现代化的信息技术及网上资源在教育教学及学校管理工作中得以充分利用。

4. 优秀的教师队伍：学校有一支师德高尚、教学经验丰富、业务精湛的专业化职业化教师队伍（其中有市级中青年骨干教师及享受政府特殊津贴的优秀教师）并有长年聘请的北京大学、中国人民大学、对外经济贸易大学、北京工业大学、中央戏剧学院和首都师范大学兼职教师队伍。

5. 实用的特色专业：学校专业设置贴近市场需求，注重创新性、实用性，学生毕业以后容易就业。

咨询电话：84250538，64289651

网　　址：www.bjccc.com

北京市海淀区职工大学简介

北京市海淀区职工大学（中关村学院）是由海淀区政府举办并管理，以高等学历教育为基础，集学历教育和非学历教育于一体，为区域经济文化建设服务的地区性高等教育机构。

三级网络式的组织结构是学校的鲜明特点。由海淀区职工大学等多家教育机构合并组建为中心校，此为网络的第一级。学校的二级网络包括15所不同类型的驻区高等学校。这些名牌高校发挥各自的优势，对学校的教育提供强力支持。第三级网络成员主要由本区街道办事处和镇政府所属的社区教育培训中心、海淀老龄大学、三所区属中等专业学校所组成。学校的第三级网络既为学校的发展提供教育需求，也是学校的基层教学区。学校的三个网络层次不相互隶属，均围绕发展社区教育、促进学习型海淀建设的目标发挥各自主体的优势和积极性，相互协作，形成覆盖全区、布局合理的办学网络。可以说，这是一所没有围墙的大学。

学校立足中关村，服务首都，面向全国。学校中心校一校四址，占地面积约102亩，建筑面积30 817平方米。目前学校学历教育在校生总数达到6 000多人，其中各类高等教育在校生为5 500多人。学校拥有一支精通本专业、熟悉成人高等教育特点的教师队伍，其中高级职称教师20人，中级职称教师65人。

2004年成人高考招生专业如下：

高职文科：会计（业余）、物流管理（全日制双证）、计算机信息管理（全日制）、医药商品贸易（全日制）、汽车营销与管理（全日制）、商务管理（全日制）、园林（全日制）、中国烹饪与餐饮管理（全日制）。

高职理科：计算机应用技术（业余、全日制）、汽车检测与维修技术（全日制双证）。

大专艺术类：电脑美术设计（业余、全日制，加试科目：素描、色彩）、实用美术（业余，加试科目：素描、色彩）、军乐艺术（全日制，加试科目：乐理、演奏）。

双证是指取得大专毕业证书和职业资格证书。

凡具有高中、职高、中专、中技毕业或同等学力的在职人员，社会青年（包括北京郊区、县的考生，外省市在京的考生）均可报考。

学校同时承担大学后的继续教育、转岗与下岗再就业培训，以及注册会计师、物流师、HSK（国家汉语水平考试）等多种证书教育的培训、考试工作。学校还承担着海淀区社区教育的协调、统筹和指导工作。海淀区文明市民学校总校设在该校。

学校地址：北京市海淀区北四环中路271号（邮编：100083）

咨询电话：62347024，62341115—239，62393929

网　　址：www.zgcxy.com.cn

北京市丰台区职工大学简介

北京市丰台区职工大学于1984年成立，是北京市教育委员会所属独立设置的成人高等学校，学校下设财经系、管理系、英语系、计算机系、中文系、艺术系、远程教育部及社区文化教育培训中心等教学单位，开设了应用中文、财务会计、金融、经济管理、工业企业管理、乡镇企业管理、英语、实用翻译、机械制造工艺与设备、数控机床应用技术、计算机信息管理、会计、工商企业管理、建筑企业管理、电脑美术设计、室内装饰设计、电脑动画制作等专业，并举办各类考前辅导，文化、职业技能、社区教育、岗位培训等，还有以业余、脱产等形式进行的成人高等学历教育和各类培训。学校总部设在丰台镇东安街1号，同时还在丰台永外五间楼1号、长辛店大街曹家口26号、长辛店朱家坟五里5号、大兴区黄村卫星城三中西巷1号分别设立了四个学区。学校占地近80亩，总建筑面积2万平方米，建有计算机房、语音教室、多媒体教室、双向视频教室、电子阅览室和操场等教学设施，以及学生宿舍、餐厅等服务设施，并收集各类图书资料近5万册。学校拥有一支近百人的高水平专兼职教师队伍，其中具有高级及中级职称的教师68人，近20年共培养了近万名专、本科毕业生。目前，在校学生近3 000人，每年各类培训4 000多人。

近几年来，学校不断探索校企合作办学之路，与北京北方车辆集团有限公司、北京中海昌达装饰工程有限公司、北京卓笔动画有限公司联合举办高职大专学历教育，开设数控机床应用技术、机械制造工艺与设备、计算机信息管理、室内装饰设计、电脑动画制作等专业。充分发挥各自优势，为学生提供优质的理论教学和实践教学，使教学与实践紧密结合，真正培养出既具备大专理论水平又具备专业技术的高级实用型、技能型人才。

2002年以来，学校努力探索中外合作办学之路，与美国新侨大学、英国明爱（伦敦）学院签订了合作办学意向书，开展各类培训和学历教育。2003年举办实用翻译专业。

学校地址：北京市丰台区丰台镇东安街一号（邮编：100071）

咨询电话：63866496，63814348，83821285

网　　址：www. ftzdedu. gov. cn

北京市石景山区业余大学简介

北京市石景山区业余大学暨北京市石景山社区学院成立于1981年，是石景山区人民政府主办并经北京市教委批准的一所集高等学历教育，非学历教育、社区教育于一体的综合性、社区性新型高等学校。学院本着“按需施教，注重实效”的原则，不断汲取先进的教育教学经验，逐渐形成了多学科、多规格、多层次、多形式的办学格局。

学院以业余、全日制等多种形式进行成人高等教育、高等职业教育和广播电视大学等高等学历教育，并进行以社区教育、职业资格教育、继续教育、岗位证书、等级证书、考前辅导及技能培训为主的非学历教育。

学院设有三个学区，即中心教学区（校本部）、东教学区、西教学区，它们分布于石景山区中部及东、西部地区，建筑面积28 000平方米，周边与丰台区、门头沟区、海淀区相邻，有地铁与市区相通，交通方便。

学校现有在校生3 400余人，开设9个本科专业：会计学、法学、工商管理、金融学、计算机科学与技术、英语、汉语言文学、小学教育、行政管理；20个专科专业：会计学、法学、经济管理、工商管理、市场营销、金融学、护理学、药学、计算机应用技术、计算机网络技术、计算机信息管理、电子商务、外事英语、英语、医药商品贸易、社区管理、电脑动画美术设计、广告艺术设计、幼儿艺术教育、行政管理。现已形成本科、专科相互衔接配套的专业格局。

学生进入正常大学学习阶段，修满相关课程后，除了获得国民教育系列学历证书外，通过培训和鉴定，还可获得职业资格证书，实行“毕业证书＋职业资格证书”的双证书教育。学历证书和职业资格证书双证书的获得，将大大提高学生就业率，扩大学生的择业范围，学校将为学生择优推荐工作。

学校地址：石景山区八角北路7号（邮编：100043）

咨询电话：68861127，68874596—8105，9626820080（市话）

网　　址：www.sjsyd.com.cn

乘车路线：地铁八角游乐园站、古城站下车，换乘389、399、850、622、小18、小66路公共汽车至西街北口下车。

北京市总工会职工大学简介

北京市总工会职工大学是教育部批准备案的一所成人高校，同时也是工会系统的高级人才培训基地和市委党校学历教育分院。自1980以来，学校已向首都各界输送了大学本科、专科毕业生数万人。学校集科研、教学、培训于一身，具有完善的现代化教学设施，师资力量雄厚，治学严谨，管理科学，成绩卓越，先后被教育部、中华全国总工会、北京市政府、北京市教育委员会授予“全国成人高等教育先进学校”、“先进职工大学”、“北京市成人高等学校示范校”等称号，并被市委党校确定为首批教学改革扩权试点分院。

学校的办学宗旨是：为首都建设服务，为工会建设服务，为职工学习服务。学校努力突出成人教育特色，面向全市各行业招收在职从业人员、社会青年、应届毕业生。学校下设继续教育部、培训部、工会干部教育部等教学部门，有成人高等教育系列（专科、本科），开设专业：行政管理（本科）、企业管理、金融投资、会计、电子商务、饭店管理、英语导游、计算机应用技术、工商管理、经济信息管理、电脑美术设计（艺术类）等；党校教育系列（专科、本科、研究生），开设专业：经济管理、行政管理、工商管理、法律等；自考应用技术类，开设专业：网络技术应用与服务、计算机应用、饭店管理、导游、文秘、市场营销等。学校开办多种类型的培训，有公共英语等级取证、计算机普及培训、计算机等级取证、计算机应用技术证书考试、会计职称取证、注册会计师取证、会计实操培训、会计人员继续教育培训、房地产经营培训等。学校被北京市教育考试院、市财政局、市人事局指定为各类考试的考点和培训点。

学校位于宣武区陶然亭公园北侧，地处市中心，交通便利，占地31亩，建筑面积约3万平方米。学校建有普通教室、专用教室、阶梯教室、会计模拟教室、计算机房；图书馆藏书10万余册，阅览室订有各种期刊杂志上百种；有容纳700余人的多功能报告厅，供1 000人用餐的餐厅，以及各种规格的客房及学生公寓。学校拥有一支110余人的高水平专兼职教师队伍，其中具有高级职称的教师占教师总数的50%左右。目前，大学本、专科在校生3 000余人，参加各种非学历培训的学员达万人。

学校地址：宣武区陶然亭路53号

咨询电话：63525061，83557861

网　　址：www.ghgy.com.cn

北京市机械工业局职工大学简介

北京市机械局职工大学是1980年经国家教委批准成立的、隶属北京市教委的公办成人高等院校。学校教学条件优越，师资力量雄厚，治学严谨，质量上乘。1990年在北京市成人高校评估中被评为A级，1997年经北京市成人高等学校特色专业专家评估，学校的“机械电子工程”专业被确认为成人高等学校特色专业。“机械电子应用技术”专业被北京市教委评为高职高专试点专业。

学校设有机电工程系、信息管理系、公共基础三个系，现有专职教师110人，其中具有高级技术职称的教师40余人。20多年来培养各类专业毕业生5 000余人，他们在北京市各行业不同的岗位上发挥着专业特长，深受用人单位的好评。

学校还是机械工程师进修大学北京分校。除进行成人高等学历教育外，还开展机电、财会、计算机、外语等中、高级专业技术职称考前培训和高级技术工人等级培训。随着教育改革的深入发展，学校已成为一所涵盖理工、经贸、管理、外语等多学科、多专业、多层次、多技能、多形式的综合性成人高校。

北京市汽车工业总公司职工大学简介

北京市汽车工业总公司职工大学是经北京市人民政府批准、教育部备案的一所独立办学的成人高等院校，学生毕业后颁发国家承认的大专毕业证书。

北京市汽车工业总公司职工大学自1983年成立以来，为适应社会经济发展的需要，大力发展成人教育和职业技术教育。20多年来学校共计培养汽车制造、汽车检测与维修、机电一体化（数控技术）、计算机及应用、财务会计、电子商务、市场营销等方面的大专人才1 000多人。在职业技术教育方面，学校在多层次、多形式、多学制办学方面进行了积极探索，并积累了丰富的经验。

北京市汽车工业总公司职工大学不仅拥有一支素质优良的教职工队伍，还拥有雄厚的办学设施。学校占地面积31亩，建筑面积28 000平方米，建有三座教学楼、一座办公楼、一座设备齐全的实习工厂、试验室16个，有从日本引进的汽车检测线和设施完备的汽车实验楼，有可同时容纳250人上机操作的计算机房和网络实验室；建立了校园网，实现了教学、科研、管理的网络化；还有藏书7万余册的图书馆，以及宽敞明亮的阅览室和可以上网漫游的电子阅览室。

1999年学校取得世界银行职教项目贷款，新建并扩建汽车构造实验室、汽车故障诊断室、数控技术实验室、机电伺服实验室和机电实习厂等，实习条件达到或接近国内先进水平。

2004年招生专业设置（高职）

<table>
<tr><th>专业名称</th><th>类别</th><th>学制（年）</th><th>学习形式</th><th colspan="2">考试科目</th></tr>
<tr><td>电子商务（汽车商务）</td><td>文史（高职）</td><td>三</td><td>业余</td><td>语文、英语、数学（文）、</td><td rowspan="3">免试专业课</td></tr>
<tr><td>汽车运用与维修</td><td>理工（高职）</td><td>四</td><td>业余</td><td rowspan="2">语文、英语、数学（理）、</td></tr>
<tr><td>计算机网络技术</td><td>理工（高职）</td><td>四</td><td>业余</td></tr>
</table>

首钢工学院成教学院简介

首钢工学院成教学院（原首钢职工大学）是1978年成立、隶属教育部独立设置的成人高校，2003年经北京市教育委会批准，首钢职工大学并入首钢工学院，更名为首钢工学院成教学院，使教育资源进一步优化整合，综合办学实力明显增强。学院立足北京，面向全国，重点为首都经济和社会发展服务，面向社会统一招生，为国家培养高级应用性技术和管理人才。

学院坐落在风景秀丽的北京西郊，位于西五环路与阜石路交汇处西北侧的晋元庄路6号和石景山区苹果园地铁站北侧，共占地187 253平方米，校舍建筑面积62 410平方米，固定资产总值8 307万元；拥有设施先进的教学楼、实验中心和图书馆，校园网业已服务于教学、教研科研和日常管理，教学整体设施完备，学习环境良好，办学基本条件在北京市属同类院校中名列前茅。

学院开办了成人高等教育、电大、函大、函授、学历培训以及各类岗位培训班，并具有公共英语、计算机等级、职称计算机、NIT等考试和培训资格，开设了机械设计制造与自动化、冶金工程2个专升本科专业和法律、工商管理、会计、机电设备运行与维修、计算机网络技术、计算机应用、计算机应用技术、金融保险、物业管理、商务英语、计算机通信、工企自动化等10多个成人高等教育专科专业，涉及经济管理、计算机技术、建筑、机电、环境、冶金等领域，有着广阔的发展前景，深受考生欢迎。学院创建以来，已培养全日制本专科毕业生及成人高等学历教育毕业生10 000余人。

学院现有专职教师140人，其中具有副教授以上职称的教师45人，具有研究生学历的教师28人，并拥有一支高水平的兼职教师队伍。学院教师主编的教材、专著164种，在国家各类刊物上发表论文800余篇，部分获市级或行业协会奖项。首钢工学院研究开发的高炉全液压开口机属我国冶金工业技术一项开创性成果。

学院弘扬自强、求实、团结、创新的校训精神，精心打造人才培养方案，注重学生实践能力和创业能力培养。专业建设紧贴市场，从社会对人才的知识、技能要求入手，采用模块化的设计思路，构建专业人才培养体系。校内建有高水平的实训基地，并依托知名企业，创建了一批校外实训和产学合作教育基地，为培养学生的专业技能和创新能力奠定了基础。

首钢工学院成教学院近30年的发展历程，积累了许多成功经验，建设水平不断提升，逐步构建以职业教育为主，多学科、多层次、多类型、开放式的成人高等教育新体系。目前在校生5 540人，其中合作培养研究生129人，全日制高等职业教育2 385人，成人本专科学历教育3 026人。

首钢工学院成教学院作为一所市属普通高等院校，以跨地区、跨行业、跨所有制、跨国经营的首钢集团为依托，进一步发挥办学强势，突出技能培养特色，培养高素质应用型人才，为首都经济建设发展服务。

学校地址：北京市石景山区苹果园地铁站北侧首钢工学院成教学院（邮编：100041）

传　　真：88726251

网　　址：www. sgit. com. cn 或 www. sgit. edu. cn

E-mail：Sggxyzb@163. com

北京市建设职工大学简介

北京市建设职工大学是北京市建委系统唯一的一所成人高等学校。学校的办学宗旨是面向全市建筑业，服务全社会，为首都经济建设培养具有大专以上学历的应用型技术和管理人才。

北京市建设职工大学是于1983年经北京市政府批准、教育部备案的职工高等学校，是北京市建设委员会所属独立设置的成人高等学校。学校下设建筑系、市政系、经济管理系、培训科等教学单位，开设了工业与民用建筑、建筑工程造价、市政工程施工、市政企业管理、建筑企业管理、空调制冷技术、给水排水技术、计算机应用技术、装饰艺术设计等九个专业。学校以业余形式进行成人高等学历教育和建筑业岗位培训。学校地处北京市朝阳区团结湖小区，靠近朝阳公园与朝阳体育馆，交通便利，校园环境整洁优美。学校占地面积52亩，建筑面积3万余平方米，建有设施完善的教学楼、综合实验楼、学生公寓楼、餐厅等服务设施，还有田径运动场、足球场和篮球场，为学员提供了良好的学习、生活环境和设施。学校拥有各专业所需要的实验室，有设备先进的计算机中心和电化教学中心等，其中建材实验中心是经市建筑工程质量监督总站和市计量局认定的具有一级资质的建筑材料检测中心。学校图书馆图书资料6.3万多册，阅览室宽敞明亮，为培养人才创造了良好的学习条件。

20多年来，学校在市教委，市建委的领导下，积累了丰富的办学经验，形成了一支具有较高水平的教师队伍，学校现有教职工103人，其中专职教师70人，有高级职称的28人，中级职称的34人。具有一定的教学、管理和科研能力。相当一部分教师曾在企业中任职，实践经验丰富。学校还建立了一支稳定的兼职教师队伍，既有北京建工学院、北京工业大学等大专院校的教师学者，也有在建筑业享有盛誉的管理和技术方面的专家，形成了一支专兼结合、优势互补、教学水平较高的师资队伍，为学员成才奠定了基础。学校依托建委系统，为学员理论联系实际、开阔眼界、了解企业提供了良好的实践、实习条件。

该校是成人高校招生办法改革试点学校，1995年试行了对部分企业骨干加试能力考核入学试点（即“五加二”）。1995年以来对部分专业实行“三加二”等招生改革，为考生提供更多的入学机会。在稳定发展学历教育的同时，学校还大力发展职业技术教育和继续教育，现为北京市城乡建设管理中高层次紧缺人才培训中心、北京市人事局指定的外语晋职考试培训点和教育部考试中心指定的全国计算机应用技术证书NIT考点。学校现已形成了多层次、多形式、多渠道的办学体系。

根据经济发展的需要，学校积极探索新形势下的发展方向，不断深化教学改革，建立以提高教学质量和办学效益为中心的教学、科研、生产相结合的新型教学体系，不断调整专业结构和开发新专业，突出行业办学特色，不断地把成熟的管理经验和施工技术引入课堂，增强了教学的实用性和针对性。自1995年起，学校根据北京市关于重点关键岗位人员须持证上岗的要求，在学历教育的同时，融入岗位培训的教学内容，使学员在毕业前取得北京市建委颁发的相应的工长、预算员、项目经理等岗位证书，实现了一次学习取得多证的目标，满足企业对实用型、技术型人才的需求。

20多年来学校共培养了1 300名大学专科毕业生，并对3万多人进行了建筑业（工长、预算员、项目经理、质量员等）岗位培训，他们在各自的工作岗位做出了出色的成绩，成为技术和管理工作的骨干，受到用人单位的好评。目前，大学专科在校学生已达到847人。2004年已开设工业与民用建筑、建筑工程造价、市政工程施工、空调制冷技术、给水排水技术、装饰艺术设计等六个专业。

北京医药集团职工大学简介

北京医药集团职工大学是北京市教育委员会备案的独立设置的成人高等院校。其招生纳入国家计划，参加全国统一成人高考。学生在校期间完成教学计划规定的全部课程并考试合格后，颁发国家教委统一印制的大专毕业证书。

20多年来学校开设有中医药、医药商品贸易、医疗器械制造、医用电子仪器、药学等专业。学校依托行业办学，以行业急需人才为学校办学方向，主动适应社会发展的需求，采取多样化办学、多层次办学；以学历教育为主线，以质量求生存，开发多种形式的非学历教育，为医药行业培养大批具有专业特长的技术人才。

我校坐落在丰台区宋家庄，校园干净、整齐。学校的教学设施完善，配备有机型先进的计算机房，建有校园网，并有多功能会议厅及设备先进的语音教室、多媒体教室；学校的实验设施齐全，有与教学配套的无机/有机药物分析、药物化学、微生物、基础护理、中药鉴定、药物制剂等实验室及先进的分析仪器；并且学校还建有教师及学生食堂等生活设施。

在现有的基础上校领导按照教育部的要求，有计划、分步骤地不断改进和完善实验设备，使学生在校期间能够充分利用各种教学设施学习，在宽松的学习环境中通过系统的学习，掌握了药学、中药学、医药商品学基本理论、基本知识和基本技能，得到科学研究方法的初步训练，具备多样化知识结构和较强的适应能力及一定的科研能力，并保障教学计划的顺利实施，为医药行业各药物研究与开发单位、医药院校、医药生产和贸易企业、医院、药检所等单位培养了大批合格的人才。

学校拥有一支素质较高、业务精湛、热爱成人教育事业、具有丰富教学实践经验的师资队伍和稳定的兼职教师队伍。其中具有高、中级职称的教师占教师总数的80%以上，现有在校生486人，非学历教育13 000人次/年。学校教学制度严谨、合理，校领导十分重视教育教学改革，突出成人教育优势及行业特点，因材施教，因企业需要设置专业，加强校企、校校联合办学，直接有效地为本市医药行业培养人才而服务。

学校的办学宗旨是：为企业服务，以质量求生存，用服务作保障，为企业培养技术过硬的高素质合格人才。

1. 招生对象：面向从事医药行业及相关职业的具有高中以上文化程度的人员及社会青年招生。

2. 招生专业：中医药、医药商品贸易。

3. 培养目标：本专业为药监局、各类药物研究及开发单位、医药生产和贸易企业、医院、药检所、医药情报等单位培养人才。学生通过在校学习，掌握必要的基础知识、医药专业知识和商品贸易知识，熟练使用计算机常用软件，解决医药领域人才的需求。

4. 主要课程：

（1）中医药：英语、计算机、中医基础学、中药学、中药炮制、药理学、中药鉴定学、中药制剂、中药化学、方剂学、中医诊断学、中医内科学、西医内科学、药事管理与法规等。

（2）医药商品贸易：英语、计算机、数学、人体解剖生理学、药剂学、药理学、药物分析、药物化学、中医基础学、中药学、药事管理与法规、市场营销学、会计学等。

5. 学习形式及学费：

中医药专业：业余学习四年，2 200元/学年。

医药商品贸易专业：业余学习三年，2 030元/学年 。

学校地址：北京市丰台区宋家庄苇子坑148号（邮编：100078）

咨询电话：87613211—2603

网　　址：www. bjyyjy. org. cn

北京市职工体育运动技术学院简介

北京市职工体育运动技术学院成立于1984年，是一所培养优秀运动员、教练员和体育管理人才的成人高等院校。建院20年来，不仅涌现出金志扬、李辉、高洪波、高峰、杨凌、牛志远、汤学忠等一大批著名的教练员、运动员，还为体育场馆、休闲健身俱乐部、厂矿企业培养了大批懂理论、善管理、会经营、勤实践的优秀人才。学院目前在校生近千人，专兼职教师、教练员140人，80%以上具有中、高级职称。

1998年，市体育局投资1 600多万元在占地100多亩的木樨园运动训练基地建成了建筑面积7 000多平方米的教学、科研办公楼。校园内拥有建筑面积34 000平方米的训练场馆、近7 000平方米的运动员公寓及附属设施。新教学大楼内教室宽敞明亮，还建有设施先进的实验室、多功能语音教室、计算机教室、图书阅览室，为教学、科研、学习提供了良好的条件。学院在努力探索竞技体育规律和文化教育规律相结合的同时，适应新时期人们健身、健康、健美的需要，适应市场发展前景广阔的社会需要，坚持办学特色，立足体育局，面向全社会，向广大体育工作者、爱好体育的社会人士敞开学习的大门。为此，学院成人大专开设的运动训练、体育管理、运动保健和体育经营与管理专业均面向社会招生。2001年以来，又分别与首都体育学院、北京体育大学联合开办竞技体育系和运动训练本科层次的教育。当前，学院在市体育局及教育主管部门的关怀支持下，正以素质教育为突破口，积极进行教育教学改革，力争在新时期把学院建成更加适应社会需求的体育院校，为2008年北京奥运会、为北京市体育战线培养更多优秀人才。

北京市房地产职工大学简介

北京市房地产职工大学创建于1975年，1983年经北京市人民政府批准、国家教委备案成为一所正规的成人高等院校，并在1990年北京市成人高校评估中被评为A类学校。该校是北京市国土资源和房屋土地管理局所属独立设置的成人高校，学校建筑面积20 055平方米，有两个教学区，北校校址位于东城区北新桥三条36号，南校校址位于劲松南路华威北里18号楼，交通方便。校内有电教室、语音室、计算机房、图书馆、中国古建筑实训基地、物业管理实训基地等教学设备和设施，以及学生宿舍、餐厅等服务设施，并有各类图书资料6万余册。学校拥有一支196人的高水平的专兼职教师队伍，其中具有正高级职称的教师1人，副高及中级职称的教师9人。学校设有教务处、培训部、建筑工程系、房地产管理系、房地产职工大学培训中心等教学管理机构，办公室、行政科、财务科等行政后勤部门全力为教学一线服务。20多年来学校共培养了2 129名大学专科毕业生，并对10多万人进行了各类短期培训。目前，大学专科在校学生496人。

学校先后开办了工业与民用建筑、建筑工程管理、园林管理、供热与空调、房地产开发与管理、房地产综合开发、房地产财会、物业管理、建筑装饰、装饰艺术设计、中国古建筑工程、中国传统建筑艺术、建筑工程造价及管理等13个专业。2004年学校论证了房地产评估与经纪专业并开始招生。学校面向社会招收在职干部、职工和社会青年。其中，房地产开发与管理、中国古建筑工程专业，被市教委评定为特色专业。中国古建筑工程专业于1984年在全国首先创立，毕业生具有高等教育的理论知识和古建专业的实用知识，并具有较强的职业技能和实际工作能力，1999年在北京市教委高等职业教育工作检查中被评为优秀专业。学员分布在全国17个省市。学员在校期间均具有较强的实践能力，他们曾参加了布达拉宫修缮工程和北京市智化寺等多处古建筑修缮工程设计，受到有关部门的好评。目前，毕业生当中有的已成为古建筑公司经理、总工程师、重大古建修缮工程设计主持人、文物古建管理单位负责人。他们已在中国古代建筑行业中发挥越来越大的作用。

1999年，在各级领导的关心、支持下，学校完成了“中国古建实训基地”的建设，实训基地突出了实物与模型相结合、动手与展示相结合、传统技术与现代化手段相结合的特点，为提高学生的实践能力提供了条件，受到国内古建专家和教育专家的高度评价。2000年“中国古建实训基地”获得了北京市人民政府颁发的北京市高等教育教学成果二等奖、北京市国土资源和房屋土地管理局颁发的技术进步二等奖。

房地产开发与管理和物业管理专业是房地产行业的特色专业，学校充分发挥行业办学的优势，着重加强学生理论与实践相结合的能力，培养出了一批批合格的中、高级应用型人才。

作为全市房地产行业高等教育培训基地，学校除开办大专学历班外，还承担着房地产行业的岗位培训及继续教育任务，如房地产估价师、土地估价师、房地产经济师、房地产评估员、房地产经纪人、古建预算员、物业管理部门经理及管理人员岗位培训等资格性培训。学生在校期间，符合一定条件，在取得大专学历的同时，可取得相应的岗位资格证书。

学校的校训是：团结、进取、勤奋、成才。

学校始终认真贯彻党的教育方针和市教委的有关办学政策规定，贯彻教学与实践、教学与科研相结合的办学方针。教学科研成果累累，多次获得建设部、北京市科技成果奖，教师撰写的专著、论文甚丰，学生优秀毕业设计屡被采用，数十篇优秀毕业论文发表在各类学术刊物上。

建校以来，学校为全市乃至全国房地产行业培养了大批毕业生，毕业生回单位后专业对口率达95%以上。绝大多数毕业生已经成为管理、设计、科研工作的骨干，部分工作成绩显著的还担任了高级职务。学校承担的各类非学历教育，培训人数仅近两年已过万人，为改变行业人员的专业知识结构、提高干部文化素质和技术素质作出了贡献。

学校现有一支高、中、初级技术职称相结合的有实力的专职教师队伍和由一批高校学者和行业专家组成的稳定的兼职教师队伍，能高质量地完成教学任务。

经北京市教委批准，学校常年开办高职大专班。考生均需参加当年全国成人高考，成绩符合标准，即可入学。为配合全国成人高考，本校常年举办成人高考辅导业余班（双休日）。

2004年招生专业及入学考试科目

专业名称	办学形式	招生范围	类别	学费/年
装饰艺术设计	业余三年	全市	艺术	2 900
中国传统建筑艺术	脱产二年	全市	艺术	4 350
物业管理	脱产二年	全市	文史	2 940
房地产开发与管理	业余三年	全市	文史	1 900
物业管理	业余三年	全市	文史	1 956
房地产评估与经纪	业余三年	全市	文史	1 900

文史类统考课程：语文、数学（文）、英语。

艺术类统考课程：语文、英语，本校加试：素描、水粉。

通讯地址：东城区北新桥三条36号（北校区）（邮电编码：100007）

咨询电话：84042080，64042329

网　　址：www.fdcjy.com

E-mail：fdczgdx@263.sina.com

首都联合职工大学简介

首都联合职工大学（简称首都联大）是1988年2月经国家教委正式批准成立的、独立设置的成人高校。现包括工商管理分校、中国社会科学院分校、中国歌剧舞剧院分校、邮电分校、航天一分校、航天二分校、青云分校、国家图书馆分校、核研分校、科技分校。1999年5月后隶属于北京市商务局（原北京市对外经济贸易委员会）。首都联大建校十几年来受到教育部和市教委的极大关怀与支持，学校不断壮大，为首都的经济建设与发展作出了重要的贡献。

办学宗旨、办学特色

首都联大在“三个代表”重要思想指引下，全面贯彻党的十六大、十六届三中全会精神和北京市第九次党代会的总体部署，按照市委市政府的要求，遵循北京市教育大会的精神，为适应深化改革、扩大开放和社会主义时期经济发展的需要，培养各级各类高层次、复合型人才。首都联大在办学过程中积极探索教育产业化的道路，认真贯彻“因需办学”的方针，根据社会主义市场经济和世界经济发展对人才的需求开设专业，科学设置课程。首都联大充分利用自身和首都丰厚的教育资源，不断提高教学质量，为社会培养出了一批批合格人才。

首都联大不断探索办学新思路，既重视学历教育，又积极开展各种培训。在大力办好学历教育的同时，又多层次、多规格地开展各种形式的非学历教育、继续教育和岗位培训。现有全国计算机等级考试培训点、考点，北京市国家公务员信息技术与电子政务考试培训点、考点，北京市英语口语等级考试培训点、考点，全国国际商务专业人员职业资格考试（国际商务师、外销员资格）北京培训、考试点，国际货运代理从业人员资格培训考试、考点，全国会计人员继续教育培训、考试点，全国职称外语培训、考试点，会计从业资格培训、考试点，中级会计职称培训、考试点，职业技能鉴定站等多种办学资格。

办学规模

首都联大占地面积790亩，校舍条件良好，多数分校位于三环与四环之间，交通便利。首都联大拥有现代化的教学设施设备，如配有较先进的录像设备、语言视听教学设备的语音室，计算机教室，以及多媒体教室、实验室、实习车间、实训基地等。除此之外，还有良好的成套闭路电视系统及电子商务模拟中心，校园网开通使用。图书馆、阅览室藏书12.77余万册。体育场设施齐全。优美的校园为学员创造了良好的生活、学习和活动环境。

首都联大现有教职工312人，专任教师144人，其中具有高级职称的74人，具有相当的教学、管理、科研能力，并且具有丰富的教学经验。学校还聘请了部分在京知名院校的教授和国内外知名专家、学者，目前已形成了一支高水平的、稳定的师资队伍，为学员的学习提高打下了良好的基础。学校现有在校学生2 629人。历届毕业生6 000余人。毕业生中担任国家机关副部级领导、局级领导、处级领导职务的有200余人，取得了良好的社会效益。

目前首都联大开设有会计、国际商务、商务英语、经济法、市场营销、工商管理、机电技术、粘接工程、材料工程、计算机应用技术、计算机通信、计算机信息管理、电子商务、机加工艺与设备（数控）、美容与形象设计、声乐表演、舞蹈表演、器乐演奏音乐剧等多个专业。

通讯地址：北京市朝阳区惠新东街16号（邮编：100029）
联系电话：64496046，64496032
传　　真：64496046
E-mail：sdld6032@sina.com

北京工业大学简介

北京工业大学是我市东南地区唯一一所国家重点高校，是较早举办成人高等教育且北京地区成人教育办得比较出色的学院之一。1996年被国家和北京市教委评估为“优良学校”，2001年顺利地通过了北京市教委进行的本科评估工作。

1998年9月北京工业大学通过了“211工程”立项审核，正式进入国家21世纪重点建设的百所学校行列。继续教育学院作为北京工业大学成人教育的主管部门，始终坚持为首都经济和科技进步服务的办学指导思想，不断拓宽成人教育的办学功能。为方便学生就学，学院采取东、西区教学互补模式办学，院本部位于北京市朝阳区平乐园路，地处东三环与四环交接带，紧邻CBD中心区；西教学区位于海淀区西三环北路，紧邻紫竹院立交桥和花园村立交桥，交通极为便利。

继续教育学院以北京工业大学高水平的师资和实验设备为依托，办学条件优越，师资力量雄厚，拥有设备齐全的多媒体教室、实验室、语音教室等，新落成的逸夫图书馆环境优美，学习氛围良好，拥有藏书120多万册，涉及各个学科和专业，能满足不同专业学生的不同需求，并配有现代化电子阅览室，可供学生上网查询资料。任课教师有丰富的教学经验和实践理论，他们中大多参与过与国外同类专业专家的交流和学习活动。

继续教育学院本着不断满足北京市经济建设对外向型、复合型人才需求的宗旨，面向市场、拓宽专业、突出特色，遵循“厚基础、宽口径、适应性强”的教学原则，注重加强对学生进行素质和能力的培养。从1980年至今，学院为国家经济建设培养了近3万名专业技术与管理人才，大多已成为各条战线上的业务骨干，正在充分施展着才华。

为适应我国改革开放发展的需要，继续教育学院相继开设了20多个招生专业，已基本形成了门类齐全（理、工、管、文）、层次多样（专科、本科、专升本科）、学习形式多种（夜大、业余、脱产、函授）、规格多样（学历教育、岗位培训、等级考试、自考助学、短期培训）、互补性较强的学科体系。目前，学院正探索推进弹性学习制度目标，将以实施学分制为切入点，积极进行教育教学制度的创新，建立适应经济建设、社会进步和个人发展需要的更加灵活、更加开放的教学组织和管理制度。

首都医科大学夜大学简介

首都医科大学是北京市属重点高等医学院校，担负着为北京市培养高级医学专门人才的任务。该校夜大学于1985年经国家教委批准正式开始招生。从2001年起，北京联合大学中医药学院、北京医学高等专科学校和北京职工医学院的成人教育都并入首都医科大学夜大学招生。这三所院校并入后，分别更名为首都医科大学中医药学院、首都医科大学顺义校区和首都医科大学继续教育学院。首都医科大学校本部和各学院、校区的成人教育实行统一招生。这使该校夜大学的专业设置增加，办学覆盖面扩大，更加方便学生选择地点就近学习。

2004年夜大学专升本层次招生专业有临床医学、口腔医学、预防医学、护理学、中医学、中药学、生物医学工程七个专业，专科层次招生专业有临床医学、口腔医学、预防医学、全科医学、护理学、中医学、中药学、药学、医学检验、医学信息管理等十个专业。

首都医科大学具有机能实验室、形态学实验室、语音教室、多功能教室、计算机房、多媒体实验室、微机检索教室、图书馆等良好的教学条件，基础和临床教学均具有高水平的师资队伍，并且具有雄厚教学力量的临床教学基地。目前承担首都医科大学夜大学临床教学任务的有北京宣武医院、北京友谊医院、北京朝阳医院、北京同仁医院、北京天坛医院、北京安贞医院、北京口腔医院、北京儿童医院、北京复兴医院、北京中医医院、北京佑安医院等附属医院。同时，还有解放军 301 医院、海军总医院、武警总医院、北京市急救中心、北京市普仁医院、北京电力医院、北京市回民医院、北京市丰台医院、北京市中西医结合医院等作为教学医院和毕业实习基地。

首都医科大学校本部紧靠南二环路菜户营立交桥，地处北京市区西南方向交通枢纽位置，交通便利。中医药学院位于东城区和平里北街。顺义校区位于顺义镇大东路。继续教育学院位于海淀区万寿路西街（长安街西延长线）。同时，根据郊区卫生事业的发展需要并方便学生学习，夜大学在部分郊区县（通州、大兴、房山、门头沟、怀柔、密云、平谷、延庆、昌平）还开设了校外教学班。

夜大学始终以为北京市卫生事业改革和发展服务为宗旨，以注重教学质量和方便学生学习为办学指导思想。在 1996 年北京市教委组织的北京地区夜大学评估中，首都医科大学夜大学荣获优良学校称号。

学校地址：北京市海淀区万寿路西街 12 号首都医科大学继续教育学院（邮政编码：100036）

咨询电话：68158714

网　　址：www. cpums. edu. cn

E-mail：cclare@263. net

首都师范大学简介

首都师范大学是北京地区较早举办成人高等教育的学校之一。该校于 1977 年开始创办函授教育，于 1981 年创办夜大学，并于 1983 年被首批列入教育部公布的北京地区普通高等学校函授及夜大学教育招生学校之列。1994 年成立成人教育学院。学校成人教育坚持“规模、质量、结构、效益协调发展”的道路，经过近 30 年的巩固和发展，首都师范大学成人高等教育办学的规模不断扩大，现已形成一个具有脱产、函授、夜大学、业余学习等形式的，具有本专科、专升本、第二学历、高职、高教自考、继续教育（岗位教育）、职业资格证书班、研究生主要课程班以及各类长短期培训的，多专业、多层次、多形式的成人与继续教育办学体系。成人教育作为首都师范大学的重要组成部分，已基本实现了办学的正规化、教育形式的多样化、管理工作的科学化、教学质量的标准化，日趋适应经济建设对人才多方位、多层次、多规格的需求，为北京市的经济建设培养了大批合格的人才。

一、成人教育发展简史

首都师范大学成人教育自建校初期到现在已有近 50 年的历史，其中经历了创办、“文化大革命”之后的恢复、稳步发展和成立成人教育学院后的快步发展四个阶段。1955 年成立北京师范学院，并设立进修部，负责成人教育工作。1960 年学校参与了建立北京市电视大学的工作，除协助北京市委研究有关电视大学教学的重大问题外，还选派了一批优秀的教师承担电视大学的教学任务，同时负责电视大学预科班的全部教学工作。在 1977 年恢复成人高等教育后，中文专业（函授）开始招生，学制为三年制专科和三二分段制本科。1981 年创办夜大学，中文、数学、政教等专业本（专）科开始招生，学制五年（专科三年）。1983 年我校被首批列入中央教育部公布的北京地区普通高等学校函授及夜大学教育招生学校之列，开始举办函授、夜大学本（专）科班，并从 1985 年起师范类各专业开始举办专科起点教师本科班。1994 年学校成立成人教育学院。成人教育学院成立后，成人教育的专业设置和结构逐步由比较单一的师范教育向多学科、综合化的方向转变，进一步满足了社会发展的实际需要，为首都和其他省市的经济建设和社会发展作出了贡献。

1992 年 5 月学校被国家教委授予“全国普通高校成人高等教育先进单位”称号；培训处 1992 年 10 月被北京市人民政府评为“北京市成人高等教育先进单位”；1997 年学校通过北京市教委组织的普通高等学校函授夜大学教育的评估，被评为“优良学校”。我校成人教育学院招生办公室于 2003 年 1 月被教育部授予“全国高校招生工作先进集体”称号。此外，由成人教育学院主编的《大学本科艺术设计》系列教材（共六册）和《书法专业系列教程》（共六册）分别获得2002年度和2003年度北京市高等教育精品教材的立项。

二、成人教育专业设置与办学规模

目前，学校有12个学院、7个系（部）招收成人教育学员。学校成人高等教育设有40个本科专业，共60个成人教育本科专业及方向，有70多个专科专业。2004年度成人高等学历教育注册生15 209人，分布在全国十多个省市、自治区的51个教学站（点）。2003年度的成人教育招生规模达到4 765人。此外，学校每年还同时在全国各地开展多种教学形式的各类研究生主要课程、高层次继续教育和各类培训，学员达到数千人次。

首都师范大学各专业均面向社会招生，已开设的专业有中文、文秘、政法、经济管理、行政管理、思想政治教育、历史、政史、文博、学校教育、学前教育、教育管理、数学、计算机应用、物理、电化教育、化学、实验技术、生物、地理、地理制图、音乐、舞蹈、美术、书法、国画、实用美术、英语、俄语、日语、法语、德语、西班牙语等专业（方向）的函授、夜大学的本专科及专科起点续本科专业。根据社会的需求，在保留原设优势专业的基础上，近几年又进一步调整和拓宽专业方向，陆续新增了应用化学、食品营养与卫生检验、历史旅游文化、法律、财务会计、经济管理、旅游资源与管理、外贸英语、高级涉外文秘、信息工程、现代教育技术、应用电子技术、艺术摄影、幼儿艺术教育、电脑美术设计、初等教育、教育学、资源环境与城乡规划管理、数学与应用数学、信息与计算科学、电子信息工程、艺术设计、应用英语、电子商务、网络技术、广播电视编导、影视表演、法学、生物技术、软件工程技术、电子政务、物流管理、生物医药、数字艺术、应用日语、化学分析与检测技术等一批直接为经济建设服务的应用型专业（方向）。

随着改革开放的深入、经济与教育国际化程度的提高和高等教育大众化趋势的实现，我校成人教育和继续教育充分挖掘和利用首都的地域优势、品牌优势、师资优势，进一步坚持为社会服务的宗旨，面向市场、巩固成果、深化改革、提高质量、创新发展，为实现一个学习化的社会和诚信的社会而努力。

从1977年至2003年，我校成人高等教育毕业人数已达40 911人，占首都师范大学建校50年来培养的学历教育合格毕业生总人数的45%，他们中的许多人成为各行各业的领导和骨干，在伟大祖国的经济建设和发展中发挥着作用。

三、成人教育的管理与特色

在稳步发展成人教育的过程中，我校成人教育始终把坚持社会主义的办学方向，坚持为基础教育服务，坚持质量第一，作为学校办学的宗旨。在实施教育的全过程中，我校着重抓好招生、教学、考试、毕业四个环节。首都师范大学成人高等教育经过50年的发展，已逐渐形成以“立足首都辐射全国，深化为基础教育服务，坚持办学态度的严肃性、办学形式的多样性、办学管理的网络协调性”的办学特色。目前，成人高等教育实行学年制管理。

成人教育学院是学校目前成人与继续教育办学的管理机构。为确保教学质量，学校在教学计划的制定、日常教学管理和毕（结）业审查等方面，都提出了严格的要求。经过近十年来的努力，我校已逐步建立健全了一整套规章制度，建立和逐步完善了网络化的教务管理系统、智能办公系统和成人教育网络体系，成人教育的教学水平和管理水平趋于科学化、制度化和规范化。

自1995年以来，结合社会发展的需要，学院对成人高等教育各专业教学计划和教学大纲进行了三次修订工作，使各专业的教学计划中的课程设置更规范、更科学、更实际。学院组织成立了教学专家巡视组，并在各班级设置信息员，学院还制定了听课和与学生座谈等教学检查等管理办法以保证对各专业教学质量的监控和检查。

学院在2002年首次设立成人教育团总支和学生会，直属学校团委领导，组织开展了丰富多彩的团队活动，通过参加学校大学生运动会、大学生艺术节、北京市三好学生评选等活动，使成人教育学员充分地感受到大学的文化氛围。在成人教育脱产班学生中，以班级为单位建立了班级委员会和团支部。

随着成人教育办学规模的不断扩大，办学部门和函授教育站点的拓宽，不仅仅在教学质量方面需要大力提高，成人教育的管理同样也需要进一步提高。1998年学院进行成人教育信息管理系统的开发，2002年学院开发建设了首都师范大学成人教育学院网页，2003年学院开发了成人教育智能办公系统，从而进一步促进了学校成人教育管理手段和管理质量的提高，为成人教育管理进一步实现规范化、现代化、网络化奠定了基础。

四、成人教育的发展远景与展望

为实现党的“十六大”提出的关于构建终身教育体系的重要目标和北京市的“十五”规划及远景规划，成人教育学院将“以服务求支持，以贡献求发展”为宗旨，坚持“以人为本”、“诚信服务”的指导思想，积极参与构建成人继续教育、终身教育体系，高质量地为社会经济发展和在职从业人员服务。

北京青年政治学院简介

北京青年政治学院是教育部批准的具有高等学历教育招生资格的市属全日制普通高等院校。1986 年在党中央和北京市政府的亲切关怀下正式成立，邓小平同志亲自为学院题写了院名。经过十多年的建设，学院办学条件日臻完善，教育教学和科研水平不断提高，在青少年教育与东方道德研究等领域，居于领先的学术地位；少儿教育、青年教育学科被列北京市重点学科；学院还先后获得“文明校园”、“首都文明单位”等称号。

为适应首都经济社会发展的需要，学院办学规模不断扩大，2000 年在东方大学城设立了分院，2001 年为应对加入世贸组织（WTO）的挑战，与加拿大戴尔特商务学院建立了合作关系，成立了北京青年政治学院泰尔弗商务学院，主要由外籍教师执教。学院现下设 8 个教学系部，2 个研究所。全日制在校大学生3 149人，教职员工 310 人，中级职称以上教师占教师总数的 70%左右，已经拥有了一支较高教学水平的教师队伍。

在市教委的支持下，学院近几年在教学设备和基本教学设施上的投入有较大的增幅，建设了电子商务实验室、电脑美术设计实验室、文秘与办公自动化实验室、多媒体语音室和多功能教室，并已建成覆盖全院楼宇的千兆光纤主干网，实现了百兆到桌面的内部局域网。目前学院又建成一座实训楼，增设了一批实验室、实训设施，学院实验、实训系统已渐成规模。

我院成人教育经北京市教委批准建立夜大学，多年来，为北京市经济建设各条战线培养了数千名急用人才。夜大学隶属学院成教处，目前开设了 4 个专业，在校三个年级 10 个班。成教处的学历教育办学项目除夜大学外，还有自学考试应用技术类教育助学、北京市委党校成人教育，非学历教育办学项目有教育管理研究生课程班、成人高考考前辅导及各种应用技术培训取证班等。

在学院领导的关怀下，学院成人教育事业正呈现出蓬勃发展的态势。

首都经济贸易大学成人高等教育简介

首都经济贸易大学是北京市属重点大学，是一所已有 46 年建校历史的全日制财经类综合大学。学校不仅有一支力量较强、水平较高的教学、科研队伍，而且已经形成了博士、硕士研究生、全日制本、专科生、外国留学生、成人夜大、函授在内的多层次、多形式、多规格的办学体系和合理的办学规模，成为一所拥有经济学、管理学、法学、文学、理学、工学等 6 大学科的高等财经院校。首都经济贸易大学设有国际文化交流学院、信息学院、劳动经济学院、人文学院、工商管理学院、财政金融学院、会计学院、成人教育学院等 8 个学院，有企业管理、商务管理、公共管理、安全工程、财政、金融、城市经济、经济学、法学、统计学等 10 个系的本科专业 34 个。现有 17 个硕士学位授权点及工商管理硕士 MBA，3 个博士学位授权点。各类在校生总数17 000多名，其中成人高等学历教育在校生近9 000名。

首都经济贸易大学的成人高等学历教育是北京市规模较大、办学声誉较好的普通高等学校之一。1997 年经过北京市教委的评估审定，我校被授予“北京市普通高等学校成人教育评估优秀学校”称号。20 世纪 80 年代初先后创办夜大学和函授教育。经过 20 多年的发展，已形成多类型（成人高考、干部培训、继续教育）、多层次（在职研究生、专升本科、大专、高中起点本科）、多种办学形式（函授、夜大学、第二学历、脱产班、继续教育、中外合作办学）的一套较为完整的全方位发展的成人教育体系。成人学历教育和继续教育得到蓬勃发展。

首都经济贸易大学成人教育学院于2000年7月成立，是学校成人教育办学的管理机构。成人教育教学分东西两个校区及京外10多个函授站。东校区在朝阳区红庙，西校区在宣武区广安门内。成人教育学院坚持社会主义办学方向，坚持质量第一的办学思想，为确保教学质量，坚持不断地深化改革。重视加强教学基本建设，全面推进素质教育。目前，学校已建立健全了一整套规章制度，正规办学规范管理，通过20多年的不懈努力，逐步办出了自己的特色，取得了多方面的教学成果。从1981年至今，首都经济贸易大学成人高等教育毕业人数已达3万多人。

北京建筑工程学院简介

北京建筑工程学院是北京市所属普通高等工业学校。学院具有良好的办学条件和丰富的办学经验，形成了以工为主，理、工、管、法多门类的学科专业结构体系，是北京市城市规划、城市建设、城市管理人才的培养基地和职业教育与技术培训基地。学院位于西城区展览馆路，交通方便快捷。

继续教育学院是北京建筑工程学院的二级学院，是举办成人高等学历教育和非学历培训的教学单位。北京建筑工程学院早在1956年就开始举办成人教育，为首都以至全国的城乡建设事业培养了大批人才。40多年来，特别是改革开放以来，北京建筑工程学院成人教育始终坚持为首都经济建设和社会发展服务，依托建设行业，发挥专业优势，积极为首都城市规划、城市建设、城市管理培养适用人才的办学方针，形成了多种层次、多种规模、多种形式、面向多种对象的办学体系，走出了一条有自己特色的办学道路。学院适应社会需求不断开设新专业，成人高等学历教育各专业广受社会欢迎，考生报名踊跃。

北京农学院简介

北京农学院是一所市属普通高等农林本科院校。学校地处北京北郊，城市铁路和八达岭高速路在此交错构成便捷的交通网，学校占地面积70万平方米。

学校现有生物技术系、植物科学技术系、动物科学技术系、经济贸易系、园林系、食品科学系、基础科学系、政法系、外语教学部等9个系部及继续教育学院、职业技术教育学院、国际学院3个二级学院。

继续教育学院是我校负责成人高等教育的主管部门，学院设有园林、动物医学、农业技术推广、淡水养殖技术、农村经济管理、法学、计算机及食品科学等多个本、专科专业。

学校建立了一支年龄、学历、职称结构合理的学术梯队和精干的管理队伍，现有专任教师355人，其中具有正高、副高级职称的170人，具有博士学位的36人，具有硕士学位的171人，具有副高以上职称和硕士以上学位的教师占教师总数的比例均已超过全国高校平均数。

学校教学设施齐备，建有各类基础和专业实验室、语音室、计算机室、多媒体教室，其中农业应用新技术实验室为北京市重点实验室。

学校立足北京，以服务首都经济、农业和农村现代化为目标，培养兼具理论知识与实践能力的技术、经营和管理人才，为实现首都农村城市化、农业现代化和农民知识化提供有效的人才与智力支持。

学校地址：北京回龙观北（八达岭高速路东侧）北农路7号（邮编：102206）
咨询电话：80799314（兼传真）联系人：周老师 张老师
E-mail：bnjxjy@sohu.com

北京联合大学机电学院简介

北京联合大学是1985年经教育部正式批准建立的北京市属公办综合性普通高等院校，其前身是1978年北京市依托在京重点大学创建的30多所大学分校，是伴随着改革开放，紧紧围绕首都经济建设和社会发展的需要而发展起来的，以本科为主，学科门类较齐全的一所大学。学校下设15所学院，形成了以亚运村小营校区为中心，集中与分散相结合的办学布局。现有在校生近3万人，建校26年来，已经为国家培养出7万余名本专科毕业生。

北京联合大学机电学院地处正在兴建的北京中央商务区（CBD）内东三环三里屯地区。学院有机械工程及自动化、计算机与自动化、汽车与交通、建筑环境与设备工程、材料工程与质量检测、工业工程与工业设计和工程基础七个教研部和北京市教委重点建设的机电应用技术实训基地。

北京联合大学机电（原机械工程）学院地处东三环内三里屯地区，交通便利，地理位置优越。学院成人高等教育自1983年开办以来，重视基础理论教学和专业能力培养，本专科毕业生2 100余人，其中取得学士学位的本科毕业生213人。目前，成人教育在校生有1 480人，其中本科生314人。

北京联合大学商务学院简介

北京联合大学商务学院坐落在朝阳区东四环红领巾桥的西南侧，是以工商管理、电子商务、艺术设计等专业为主的综合性市属高等院校，以培养国际化复合型人才为教育目标。学院治学严谨、校风优良，重视国际交流与合作，聘请了国内外知名学者、专家为客座教授，积极借鉴国外的先进教学经验和管理模式，并与英国的几所大学、芬兰麦尔梅商学院和亚洲（澳门）国际公开大学等院校建立了联合培养学生的友好校际合作关系，为学习优秀的本、专科学生提供了外向型、高层次的学习机会。其中与英国几所大学合作开设“3＋1”、“2＋1”办学模式已在教育部备案，每年有相当数量的学生出国留学深造。

北京联合大学应用文理学院简介

北京联合大学应用文理学院是一所以培养本科生为主、兼有少量硕士研究生的市属普通高校，学院前身是1978年建立的北京大学分校和中国人民大学二分校。现分北院（学院路46号、北土城西路197号）、南院（西城区丰盛胡同13号）和双清路三个校区及通州区办学点（通州镇中山街50号）。

建校以来，从北京大学、中国人民大学和其他重点院校陆续调入了一批教授、副教授和博士生、硕士生，逐步形成了目前结构比较合理、有较高的教学和科研水平的师资队伍。现有专任教师220人，其中具有高级职称的90余人，有突出贡献和享受政府津贴的专家10人。北京市高校青年学科带头人、北京市科技新星多人，此外还有北京大学、中国人民大学、中国科学院的教师以及外籍教师40多人在学院兼课。

“面向首都经济、发展应用学科、培养应用型专门人才”是学院的办学宗旨。根据当代科技、文化、教育及相关产业的发展趋势和首都高等教育已走向大众化的形势，为进一步增强学院夜大学学生毕业后的就业能力，学院对学科做了进一步的调整。各专业在加强和拓宽基础的同时，形成鲜明的专业特色，使毕业生具有较强的竞争实力。

学院地处学院路，这是全国最大的高校区，教育资源十分丰富。1999年在北京市教委的组织下，包括该院在内的16所高校组成“教学共同体”，各校可以互开选修课及其辅修专业。

北京联合大学生物化学工程学院简介

北京联合大学生物化学工程学院是教育部门批准的全日制以本科为主的北京市属普通高等院校，具有独立法人资格。学院创建于1978年，校址位于朝阳区垡头小区，占地面积84 150平方米，建筑面积42 000平方米，现有全日制在校生2 800余人。学院由教学楼、实验楼、中试实训基地、办公楼、食堂及多功能厅、学生公寓和教工宿舍楼等建筑群组成。图书电子阅览室与校园网联通，检索系统实现采、编、流、查询自动化管理。图书馆藏有自1907年以来近百年的《美国化学文摘》等精品图书，校园宽带网接通到教室、办公室、学生公寓和教职工宿舍。市教委支持建设的中试实训基地和现代化的实验室设备以及几乎覆盖所有教室的网络多媒体教学设备，为学生学习和实践技能的提高创造了有利条件，教学条件得到明显改善。学生公寓可供全部学生住宿，设备配套齐全，生活条件便利。

学院以工为主，工管结合，产、学、研结合办学。学院面向21世纪最有发展前景的生物医药行业，及时调整办学思路和专业布局，先后与北京医药总公司、北京同仁堂集团、燕山石化总公司等企业开展合作办学，大力发展生物工程和新医药专业，为首都经济建设积极培养既具有化学工程和装备控制技术，又具有生物和医药工程技术的复合型技术应用性专门人才，以满足社会发展对生物、化工及制药专业技术人才的需要，同时拓宽毕业生的就业空间。学院经过20多年的发展，教学质量逐年提高。学院学生参加全国大学英语四级考试，本科生通过率连续多年在北京联合大学名列前茅。2002年学院外语教研室荣获北京市总工会颁发的“五一”劳动奖状。

学院现有教职工250多人，其中副教授以上专任教师占34%，有一大批具有博士或硕士学位的中青年教师活跃在教学和科研第一线，有北京市高校青年学科带头人一名，北京“百千万”工程青年学科带头人一名，北京市高等院校优秀青年骨干教师八名。学院积极开展科学研究，并在北京市重点投资中试验实训基地建设及北京市重点高职专业建设的研究与实践方面取得了较丰富的成果。

学院成人教育培训部作为一个办学单位，负责学院各类成人教育、继续教育及短期培训，办学严谨，管理严格，师资质量高，目前有成人在校生600多人。我院自1985年开办夜大学以来，为在职职工及社会各界提供了接受高等教育的良好学习机会。

2004年我院继续开设专科商务管理（财务会计）专业和电子政务专业。专升本开设化学工程与工艺（分析检测与环保）专业。

学校地址：朝阳区垡头西里三区18号（邮编：100023）

乘车路线：乘坐348、907、821、710、小10路至垡头下车向西即可到达

联系电话：67363366—8346，67380641，67368346（传真）

网　　址：www.shpxzx.com

北京联合大学旅游学院简介

北京联合大学旅游学院始建于1978年，是我国成立最早的一所专门培养中高级旅游管理人才的市属普通高等院校。

学院1985年创办夜大学，在全国率先开设成人高等教育旅游专业，是北京市高等教育自学考试旅游专业的主考院校。学院成人高等教育依托雄厚的师资和较完善的教学设施，为北京市旅游事业的发展培养了大批专业人才。

北京联合大学继续教育学院简介

一、学校概况

北京联合大学继续教育学院是市属普通高等院校。

北京联合大学继续教育学院是北京联合大学一所专门从事成人高等学历教育和继续教育的学院。

北京联合大学继续教育学院有西城区西单北大街丰盛胡同13号和西城区鼓楼大街前海东沿50号两个校区，交通便利，多路电、汽车和地铁直达学院。

学院根据学科建设的需求，建立了一支能适应成人教育教学特点、结构合理、教学经验丰富、专兼职相结合的、稳定的教师队伍。教师队伍中具有高级职称的教师达75%。学院为适应专业建设发展的需求，逐年增加教学投入，相继建设了多媒体教室、语言实验室、计算机教室以及摄影棚、暗房、会计等专业实验室。

学院的成人高等学历教育形成了以英语、艺术设计、信息管理与信息系统为特色的本科专业和计算机、广告摄影、财会等专业为龙头的专科专业。在高等职业教育中，电子商务、物业管理、文秘、市场营销、计算机网络技术等专业进行学历教育与取得相关职业技能的“双证书”教育。学院常年进行各类专业培训和财会、统计和计算机类等级考试等从业人员的继续教育。

北京联合大学继续教育学院自建院以来，恪守“团结、勤奋、严谨、求实”的校训，忠诚党的教育事业，加强学科建设、优化课程体系，服务首都经济。学院在多年的成人高等学历和非学历教育中，为首都经济的发展和建设培养了外语类、计算机类、艺术类、经济类和法律等专业近2万名专门人才。

学院在1997年教育部成人教育教学评估工作中被评为“优良校”，并多次获市教委和教育部的表彰。

二、继续教育学院专业介绍

1. 英语（外语类，专升本）

本专业为专科起点本科外语类成人高等教育，业余学习，学制三年。

该专业注重培养学生较系统地掌握英语语言及语言文化的基础知识及理论，使之具有较为扎实的英语“听、说、读、写、译”诸方面必备的基础知识及基本技能，有较流畅的语言交际和笔译能力。

学院开设英语专业多年，积累了丰富的教学和管理经验，且具师资力量强，授课教师均为有丰富教学经验的教授、副教授和留学归来的中青年教师。

开设的主干课程有：实用英语语法、高级阅读、听说、英语写作、英美文学、口译、英译中、中译英、报刊阅读、视听说、美国概况论文写作、第二外语（法语、日语）等。

2. 艺术设计（摄影）（艺术类，专升本）

本专业为专科起点本科艺术类成人高等教育，业余学习，学制三年。

艺术设计（摄影）专业注重提升学生的广告摄影理论水平和对作品的鉴赏与批评，使学生了解和掌握多种广告摄影理论和广告摄影形式，并通过多种实践教学形式丰富教学内容，以培养学生具有较高水平的广告摄影作品创作理论与创作技巧。

开设的主干课程有：暗房工艺、感光材料与曝光控制、摄影史、摄影构图与影调控制、美术、广告实物、广告摄影、艺术概论、摄影构图与影调控制、摄影美学、摄影数码技术、专题摄影等，并通过摄影棚、课外实习以及作品在暗房后期制作的实践教学，提高学生的实际动手能力。

3. 会计学（经济类，专升本）

本专业为专科起点本科经济类成人高等教育，业余学习，学制三年。

会计学专业为专升本经济类成人高等教育。本专业旨在培养学生较系统地掌握会计学理论，经过三年的培养和系统学习，达到财会专业本科学历程度，成为有较高理论水平和一定实际动手操作能力，并能适应银行、证券行业及各类企事业单位财会部门工作的较高层次专业人才。

开设的主干课程有：邓小平理论、线性代数、概率与数理统计、大学英语、西方经济学、财政金融学、管理学、货币银行学、经济法、财务会计、管理会计、财务管理、成本会计、审计学、国际贸易、国际金融、涉外会计、经济应用文写作。

4. 信息管理与信息系统（经济管理类，专升本）

本专业为专科起点本科经济管理类成人高等教育，业余学习，学制三年。信息管理与信息系统专业为专升本经济管理类成人高等教育。本专业旨在培养现代经济学、管理学理论知识和计算机技能，掌握信息管理与信息系统的基本理论、基本方法，具有信息组织管理、分析研究、开发与利用能力的复合型信息管理人才。

开设的主干课程有：邓小平理论、大学英语、高等数学、运筹学、管理学原理、高级计算机应用基础、数据库原理与应用、计算机网络、计算机程序设计语言、管理信息系统、信息检索、西方经济学、市场营销学等。

5. 广告摄影（艺术类，大专，招收二学历）

广告摄影专业为高中起点专科艺术类专业。本专业旨在培养学生成为具备一定的广告摄影技能的专业人才。该院开设摄影专业多年，具有专业摄影棚、暗房、计算机房，实践教学内容丰富，注重培养学生的实际动手能力和创作能力。该校历届学生连续在全国高校摄影大赛上获得金奖，并有多人次在其他国家和市级摄影大赛中获奖。

开设的主干课程有：照相机及使用、感光材料、摄影构图、用光与用色、曝光技术、暗房技术、人像摄影、风光摄影、专题摄影、广告摄影、广告学等。

6. 计算机网络技术（理工类，大专）

计算机网络技术专业为高中起点专科理工类专业。本专业旨在培养学生成为具备一定的计算机网络专业技能和管理的人才。该院开设计算机专业多年，在教学中采用专业理论培养和职业技术能力培训相结合的方式，目的是为首都经济建设培养计算机网络专业的管理与技术相结合的复合型人才。

开设的主干课程有：离散数学、专业英语、C语言程序设计、VB程序设计、数据结构、数据库原理及应用、微机原理、接口技术、通信系统原理、计算机网络技术基础、网络原理与技术、NT网络系统管理、网页制作等。

7. 计算机应用技术（理工类，大专）

本专业培养具有计算机应用专业知识和操作技能的技术人才，教学注重把理论基础、专业技术和实践相结合，通过本专业学习，能够培养学生具有较强市场适应能力和继续深造能力。

开设的主干课程有：大学英语、高等数学、电工电子学、计算机科学、数据结构、计算方法、计算机软件工程、计算机网络、汇编语言程序设计、微机原理与维修、多媒体技术、接口与通信技术、面向对象程序设计，操作系统、计算机网络原理等。

8. 计算机软件（理工类，大专）

软件是计算机的灵魂，软件的发展需要一大批具有计算机软件开发、管理及维护的专业技术人才，这也是本专业致力的培养目标。

开设的主干课程有：高等数学、基础英语、专业英语、计算机操作基础、计算机操作引论、计算机网络基础、多媒体素材编辑软件应用基础、计算机原理和硬件基础、数据库基础、高级程序设计语言基础——C与C＋＋、Vbscript和Javascaript、事件编程方法——VB语言基础、HTML与XHTML网页设计、网络管理和网络服务实务、Web数据库开发技术、脚本设计与Asp动态网页等。

9. 电子商务（理工类，大专）

本专业是一个边缘学科，它实现了商务和网络的有机结合，从而使电子商务成为极具增长潜力的商务模式。通过学习，主要培养具有现代化经营管理、市场营销理念和手段的高级复合型人才。

开设的主干课程有：经济数学、基础英语、应用写作、计算机应用基础、专业英语、计算机网络基础、数据库基础、VB可视编程、网页制作、网站建设与管理、经济学基础、电子商务安全与支付、金融财会与税收基础等。

10. 财务会计（经济类，大专）

财务会计在现代管理中的地位与日俱增，企业理财、项目评估、投资分析与决策、经济预测与决策等现代企业财务管理手段在企业管理中的广泛运用有效地提高了管理效率，减少了决策的失误。本专业致力培养具有现代企业管理理论与基本方法的高级管理专业人才。

开设的主干课程有：经济数学、大学英语、财经应用文写作、会计学基础与会计核算实务、工业会计与商业会计、财务会计、税收原理与实务、企业财务分析、审计学原理、财务与金融、经济法、管理会计、国际金融、计算机原理、数据库及应用、常用财会软件等。本专业还安排会计模拟实习，会计电算化等实习课，学生在校期间可获得会计从业资格、会计电算化等相关证书。

11. 外贸会计（经济类，大专）

加入世贸组织（WTO）后，我国经济与外国经济将更加紧密地联系在一起，对外贸易也将获得长足的增长，外贸会计在传统会计职能的基础上更偏重对外贸易的财务管理。本专业致力于培养具有国际贸易基础理论知识和财务管理专业的高级复合型人才。

开设的主干课程有：高等数学、大学英语、计算机应用基础、计算机网络基础、会计学原理、市场营销、财务管理学、数据库原理及应用、财务会计实务、管理学原理、经济法、公共关系、国际贸易、国际商法、外贸函电、中国对外贸易等。

北京联合大学特殊教育学院简介

北京联合大学特殊教育学院是2000年经北京市人民政府批准成立的市属普通高等学校，隶属北京联合大学，是全国第一所承担综合性教学任务的特殊教育学院。学院设有特殊教育系、听力语言康复技术系、生物与医学系、艺术系、电子信息系、特教师资培训中心、基础部、成教部、培训部等教学单位，开设特殊教育、学前教育、听力语言康复技术、艺术设计、办公自动化、电脑美术设计、园林、针灸推拿、艺术摄影、服装设计、英语、音乐学、钢琴调律、计算机应用技术、装饰艺术、文秘、网络技术应用与服务等十多个专业，培养致力于特殊教育事业的专业教师和管理人员，同时为残疾人自强、自立，努力学习提高工作能力和增加就业机会创造了有利条件。按照教育部、市教委的相关文件指示精神，自2003年起该院成人教育开始面向残疾人单考单招。

2004年成人教育招生专业有：教育学（语康、专科）、教育学（语康、专升本）、教育学（特教、专升本）。

2004年残疾人单考单招招生专业有：计算机应用（专科）、钢琴调律（专科）、英语（专科）、艺术设计（电脑美术、专科）、艺术设计（摄影、专升本）、针灸推拿学（专升本）、计算机应用（专升本）。

学院以业余、脱产和网上交流等形式进行成人高等学历教育和继续教育培训；建有教学楼、实验楼、特教综合楼，体育馆，田径场，以及宿舍楼、餐厅、商店等服务设施；与中国残疾人联合会合作在北京、山西、浙江、广东、河南等地建有学生实训基地。学院建立了与各专业教学相配套的计算机教室、电工实验室、自动化实训室、广告设计专用苹果机教室、语音教室、按摩教室、心理实验室、听力检测及语言训练室、图书馆、琴房等。特教学院发挥北京联合大学多学科办学的优势，拥有较为雄厚的师资力量，聘有多名全国知名专家教授。学院根据我国市场经济和国际教育交流的需要，积极开展校际间和跨行业间的合作，并与香港爱国人士李嘉诚先生所辖的长江实业集团、中国残联、北京市残联、中国摄影家学会等单位有多项合作办学项目。学院占地面积26 000平方米，位于南二环路玉蜓桥畔，北邻天坛公园，交通便利。

学校地址：北京市丰台区永定门外蒲黄榆二巷甲1号（邮编：100075）

咨询电话：67665517，67644999

传　　真：67665517

E-mail：tjcz@263. net. cn

北京联合大学简介

北京联合大学是一所市属普通高校，成立于1978年。成人高等教育始于1985年，以联合大学高水平的师资和实验设备为依托，师资力量雄厚，办学条件优越，拥有设备齐全的多媒体教室、实验室、语音教室等，学习氛围良好。

学校本着不断满足北京经济建设对外向型、复合型人才需求的宗旨，面向市场、拓宽专业、突出特色，注重加强对学生进行素质和能力的培养。

随着改革开放的深入、经济与教育国际化程度的提高和高等教育大众化趋势的实现，我校成人教育进一步坚持为社会服务的宗旨，面向市场、巩固成果、深化改革、提高质量、创新发展，为实现一个学习化的社会和诚信的社会而努力。

北京联合大学现有4所分院，校本部位于北四环东路97号，其中包括信息学院、管理学院和自动化学院，广告学院位于东城南小街干面胡同，交通方便。为满足南城学生的需要，管理学院在宣武区盆儿胡同建立了教学点，开设两个专科专业。

1. 信息学院

地址：北京朝阳区北四环东路97号（邮编：64900927）

开设专业：计算机科学与技术、通信工程、商务英语、计算机网络技术、电子商务。

2. 自动化学院

地址：北京朝阳区北四环东路97号（邮编：64900512）

开设专业：计算机应用技术、办公自动化、自动化（智能控制网络技术）。

3. 管理学院

地址：北京朝阳区北四环东路97号（邮编：64900702）

工商管理、工程管理。

开设专业：北京市宣武区盆儿胡同55号（邮编：63524094）

4. 广告学院

地址：北京市东城区朝内南小街干面胡同10号（邮编：65237954）

开设专业：广告学、艺术设计（广告方向）。

北京城市学院简介

北京城市学院（原海淀走读大学）创建于1984年，是国家承认学历的市属综合性普通高校。建校20年来，先后为国家培养了20 000多名大学毕业生。学校现有成人教育学部、理工学部、经济管理学部、信息学部等12个学部，开设了100多个专业。现有普通高考入学和成人高考入学的学生15 000余人。全日制自考面授学生12 000余人。北京城市学院已成为北京发展高等职业教育的重要基地。江泽民、李岚清等党和国家领导人都曾来学校视察。

北京城市学院成人教育学部是北京城市学院的重要组成部分，分工负责学校的成人高等学历教育，同时也开展职业技能培训等工作。目前，成人教育学部在校生共计3 000余人。成人教育学部以“改革探索、勤奋进取、艰苦创业、开拓前进”为校训，以教育质量为根本，主动适应社会经济发展的需要，与时俱进，创新务实，加强管理，强调服务，为首都经济建设培养应用型、技术型人才。

2004年成人教育学部继续招收成人高考的考生，包括高中起点专科和专科起点本科两个层次，学生学习期满，完成教学计划，在校内考试成绩全部合格，颁发国家承认学历的大学专科和大学本科毕业证书。

学院免费为毕业生推荐工作。学校对本校专科毕业欲升本科的学生提供帮助指导。

北京工业大学分部简介

北京工业大学是国家“211工程”重点大学，北京工业大学分部是北工大继续教育学院为方便考生就读而设在海淀区的教学点（简称北工大分部或北工大继教院西教学区）。

北京工业大学分部是本市一所成人计算机科技人才的培养基地。其夜大学以北工大雄厚的师资力量为依托，办学条件优越，拥有以专家教授为骨干的师资队伍，任课教师有丰富的教学经验和实践理论，大多参与过与国外同类专业专家的交流和学习活动。西教学区配有专供夜大学学生使用的数字逻辑、电子电工、计算机维修实验室，以及英语语音室和装备260台P4型微机的机房，夜大学所有教室均配有先进的多媒体教学设备。

北京工业大学分部从1989年至今，为北京经济建设培养了近1万名专业技术与管理人才，其中许多学生已成为各条战线上的业务骨干，正在充分施展着才华。

北京工业大学分部目前主要开设计算机类和管理类、会计类专业，以业余学习形式为主培养专科、专升本科学生。

北京工业大学分部位于海淀区西三环北路，紧邻花园村立交桥，有十几路公交车直达学院门前，交通十分便利。雄厚的师资力量、齐备的软硬件设备、便利的交通，为学员提供了良好的学习和实践环境。

北工大分部上课地点为：北京市海淀区车公庄西路35号。为方便学生就读，在丰台区东高地一中、宣武财贸干校设有校外上课点。

乘车路线：392、27、701、941路公共汽车，114、118路电车至花园村下车路北50米；704、323、300、811、817、944、103、108、211、836、849路至花园村站下车；332、374、小12、特8、特5、967路至紫竹院下车，行至花园村立交桥再向东50米路北。

咨询电话：88514272，68468283，68907090

东高地一中上课点电话：67972672，68752924

宣武财贸干校上课点电话：63182015，63025993

首都体育学院简介

首都体育学院（原北京体育师范学院）建于1956年，是北京市所属院校，坐落于北京著名的蓟门烟树景区，毗邻中关村高科技园区。

学院南北两个校区占地367亩，建有大型体育场馆设施达5万多平方米，曾先后承办了第十一届亚运会、第六届远南运动会、第七届全运会、第二十一届世界大学生运动会的部分竞赛项目。

学院现设有涵盖体育学科的全部专业，包括体育教育、运动训练、运动人体科学、社会体育、民族传统体育、体育管理、体育新闻。学院面向全国22个省、市、自治区以及港、澳、台地区招生，是国内同类院校中少数几所可以招收高级访问学者、外国留学生及培训高级教练员的体育院校之一。

学院以培养高素质的体育师资、高水平的竞技体育人才、高层次的体育科研人才、全民健身的组织管理人才、新型体育产业的经营管理人才为目标。学院将建成在国内外具有较大影响的一流水平的体育学院。

北方工业大学简介

一、学校概况

北方工业大学坐落在风景秀丽的北京西山脚下，位于西五环路与阜石路的交汇处，是一所以工为主，理、工、文、经、管、法相结合的多科性大学。其前身是国立北平高级工业职业学校，创建于1946年，以后几经变迁，1978年经国务院批准，成立北京冶金机电学院，全面举办本科高等教育，1985年改为现名。1998年9月以前，学校隶属原中国有色金属工业总公司，以后管理体制改为由中央与北京市共建，以北京市管理为主。

目前，学校已经形成以本科教育为主，具有本科、专科、二学位、硕士研究生教育等多个层次，以及普通高等教育、高等职业技术教育与成人高等教育等多种类型的高等教育办学体系。现有22个本科专业，并有12个硕士学位点、3个第二学士学位点以及1个高职（专科）专业，共同面向社会招生。学校实行校院两级管理，现有7个学院，29个学科，9个教学实验中心，7个研究设计院所，以及图书馆、计算机中心和电教远程教育中心等。

学校以培养高素质的应用型人才为目标，注重学生综合素质的提高，力求精心建设富于特色的高质量本科教育。学校十分注重办学条件的不断改善，近年来，在办学规模迅速扩大的情况下，学校进行了超常规的教学设备投入，生均教学仪器设备总值始终保持或超过教育部规定的A级标准，学生住宿、教室等多项办学指标亦走在同类院校前列。现在，学校所有公共教室均配有先进的计算机多媒体教学设备，并有三分之一容量的教室安装了中央空调；已建成的计算机校园网服务于学校日常的教学、科研及管理；图书馆实行开放式借阅，并配备了先进的自动查询检索系统；学生公寓的生均住宿面积接近10平方米。另外，学校又新近规划设计完成近80 000平方米的校内建筑，并于2004年内破土动工。

2004年我校在全国30个省区共计招生2 560人，新学年学校全日制在校生将达到1万人，夜大及函授生3 700余人。就职于学校的教职工共计千余人，全体教师中高级职称比例达到48%，博士13%，硕士60%，35岁以下青年教师中具有博士、硕士研究生学历的达到86%。

为适应当前高等教育形势发展，拓展学生自主学习空间，营造创新精神培育环境，应对日益增长的个性化教育需求，提升高等教育服务观念，学校自1999年开始全面实行弹性学分制管理，即：实行按课程注册管理，允许辅修任何本科专业，允许分阶段完成学业，允许选择3—8年毕业，等等。

近年来学校科研工作取得较大发展，获省部级奖励40余项，获国家专利60余项，发表学术论文1 700余篇，出版专著、译著150余部。

学校还十分注重对外学术交流，已同美国、英国、德国、日本、澳大利亚等10多个国家20多所大学建立了校际合作关系。

“十五”期间，北京市重点支持学校发展微电子学等专业，把北方工业大学建设成为北京市微电子人才培养和技术服务基地，以适应首都经济结构调整和高新技术产业发展的需要。

该校学生近年来参加各类学科竞赛硕果累累。在全国大学生电子设计竞赛、“挑战杯”全国大学生发明竞赛、北京地区大学生数学竞赛（甲、乙组）、北京地区大学生物理竞赛、全国大学生英语竞赛等诸多赛事中，共有300人次（2000年以来）分别获得了多个一、二、三等奖。

学校占地500余亩，环境优美清雅，拥有功能完备的体育场、体育馆和游泳池。学校重视素质教育和校园文化建设，率先获得北京市高校“文明校园”称号。

二、成人教育学院简介

学校于1988年开始创办函授教育，1993年正式成立成人教育学院。十几年来，学校成人高等教育发展迅速，面向全国10多个省市招生，在全国各地设有十几个教学站，已形成具有脱产、函授、夜大学本专科、非师范专升本、第二学历等层次的成人高等教育办学体系，并于1996年通过了北京市教委专家组进行的函授教育评估。成人教育学院开设有计算机科学与技术、自动化、机械制造及自动化、土木工程、会计学、法学、工商管理、机电工程、经济信息管理、计算机信息管理、法律、文秘等本、专科专业。从1988年起至今，该校成人高等教育毕业人数已达5 929人，为社会培养了大批有用人才。对通过全国成人高考录取入学，完成教学计划规定的全部课程和教学环节，成绩合格者，发给教育部统一制作、北京市教委注册、国家承认学历的北方工业大学毕业证书，对符合条件的本科毕业生经审批后可授予学士学位。

1998年以后，随着学校隶属关系的变更，我校成人教育的服务对象在面向全国、面向有色行业的同时，逐步做到了重点为首都经济和京西地区发展服务。学院在扩大办学规模的同时，不断提高教育教学质量，增强服务意识，以培养高素质人才为中心，努力把学院的各项建设和改革推向前进，办出水平，办出特色，实现北方工业大学成人高等教育的跨越式发展。

学校地址：北京市石景山区晋元庄路5号

联系电话：68885505，88803282，88803283，88803284

网址：www. ncut. edu. cn

E-mail：chjiao@ncut. edu. cn

北京服装学院简介

一、学院概况

北京服装学院是以服装学科和服装材料学科为主体的艺术、工程经贸多学科结合的高等学府。学院位于北京市朝阳区和平街北口，校园傍依风景秀丽、幽静典雅的元大都古城遗址公园。

学院始建于1959年，原名北京纺织工学院。为发展我国的化纤事业，1961年改名为北京化纤工学院。随着我国服装工业的现代化及对人才的需求，1987年，在原有办学条件的基础上，改扩建为北京服装学院。学院主管部门为北京市教育委员会，学院为普通高等学校。

学院现有校园面积8.7万平方米，建筑面积12.66万平方米，其中服装综合大楼集图书馆、服装服饰博物馆、服装设计中心、信息中心、检测中心、电化教育中心、科学报告厅和服装表演厅于一体，建筑面积为3.7万平方米，甚为雄伟壮观。学院图书馆藏书22万余册，中外文期刊资料600余种，在图书馆内设有服装信息中心，拥有原版时装杂志100余种、5 000余册，并对社会开放。

学院设有10个系（部），11个本科专业，2个高职专业，4个研究所，2个中心，1个服装服饰博物馆，13个教学、科研实验室、实验基地和一批校办企业。学院实行学位制，除授予四年制本科毕业生学士学位外，尚有服装设计与工程、材料学、纺织化学与染整工程、化学工程、机械电子工程、设计艺术等6个学科可授予硕士学位，还有兼职博士生导师4名。

学院现有教职工600多人，在教师队伍中有一批学术造诣颇深、国内外享有盛誉的专家和知名学者，其中教授、副教授和高级工程师近200人。他们和学院从国内外聘请的客座教授及顾问结合起来，构成了一支智力兼容、实力雄厚的专家群体，对学院教学、科研上水平、出成果，办出特色，发挥了举足轻重的作用。

目前，学院在校学生5 500多人。建院以来，为国家培养数以万计的各层次专业人才。其中许多人已成为生产、科研、教学领域的领导和业务骨干，对我国纺织、服装、工美、化纤事业的发展作出了积极贡献。

北京服装学院努力坚持“教育要面向现代化、面向世界、面向未来”的方针，为了把学院办成培养高层次、复合型、外向型优秀人才的摇篮，办成国内领先、国际著名的现代化、民族化、国际化的高等学府，学院十分重视提高教育质量，着力优化学生知识结构。一方面紧密围绕学院的办学目标，立足高起点，扬弃旧传统，加大教育、教学改革的力度，积极贯彻“加强基础，注重能力，拓宽专业面，增强适应性”的原则；一方面从培养跨世纪人才的战略高度出发，大力加强高水平师资队伍建设，以保证学生的培养规格和能力素质，集中地体现出学院科、艺、工、贸相结合的办学特色。

学院十分重视科学研究工作，瞄准科技前沿组织攻关；主动面向国家经济建设的主战场。多年来，先后承担了若干科研项目，其中有国家级重点攻关任务、部市级重大科技项目和直接为经济建设服务的横向攻关项目，取得了一批具有国际、国内先进水平的科技成果，部分获得国家级科技进步奖、发明奖、星火计划奖及省、市、部级科技成果奖、科技进步奖。艺术专业师生设计的作品，曾多次在国内外各种大赛中获奖，有的作品还为国家填补了空白。

学院积极实施开放式办学，坚持立足北京、服务全国、走向世界的方针，努力探索国内联合办学、国际合作办学的新路子。在国内，学院同众多的大公司、高校和研究机构建立了优势互补、利益共享、相互促进的合作关系，增强了学院的办学实力和活力；在国际和地区之间，积极开展文化、学术、技术交流和合作。目前学院已与美国、日本、法国、英国、德国、加拿大、瑞士、瑞典、韩国、朝鲜及我国台湾和香港地区的一些高校、研究机构、集团、公司建立双边联系和友好合作关系。与法国时装学院、韩国时装学院结为友好学院，与日本文化女子大学结为“姐妹学院”，并与加拿大拉萨尔时装学院联合创办了北京服装学院——莱佛士国际时装学院。经国家教委批准，北京服装学院从1997年开始招收外国留学生及港澳台学生，每年都有大批外宾来学院参观、访问或讲学。学院也不断派出教师到国外进行学术交流、留学和进修。

北京服装学院正在朝气蓬勃地前进，把学院建成一所工程、艺术、贸易结合，以教学为中心，教学、科研相结合的新型服装学院，建成一座无愧于五千年服饰文明的中华服饰文化艺术的殿堂，建成一所具有民族化、现代化、国际化特色的高等学府。

二、成人教育概况

北京服装学院继续教育学院的前身是成人教育部，主要负责学院成人教育工作，成立于1984年，主要从事成人高等学历教育的管理工作。办学方向以艺术类为主，学历层次有大专、专升本。开设专业有服装设计、装潢设计、环境艺术设计、电脑美术设计、外贸英语，办学形式有夜大学、脱产，目前在校生有1 600人。

继续教育学院设在北京服装学院院内，所有开设班级都在院本部授课，任课教师由学院各系部选派，继续教育学院自身也配置了计算机教室、多媒体教室、工艺实验室，学生在校与普高学生资源共享。

继续教育学院重视实践环节的教学，各专业实践课程均占到三分之一左右，打破了传统教育“重理论，轻实践”的模式，毕业生动手能力强，受到用人单位的欢迎。

北京服装学院设计类专业所开设课程密切联系社会生产实际，学生在校期间要参加社会市场调研，了解商情变化和流行趋势，学生的设计作品都是面向市场、面向社会的，学用结合、直接为社会经济服务是北京服装学院多年办学的成功经验。

北京服装学院开设有工科、文科的商贸类、管理类专业，办学过程中多学科交融，全方位共进，为学生创造了一个广阔的发展空间，艺术设计与工学、文学相结合是北京服装学院办学的特色。

北京服装学院艺术氛围浓厚，尤其适合学习服装设计、装潢设计专业的学生提高艺术素养，加强学术交流，是培养新一代设计师的摇篮。

三、招生专业介绍

1. 装潢设计（专科）

培养目标：培养德、智、体、美全面发展的具有产品包装、装潢的整体设计、书籍装帧、商业广告、展示设计等综合能力，能适应中国加入世贸组织（WTO）后产品包装、广告竞争环境的专业人才。

主要课程：英语、计算机基础、素描、色彩、装饰图案、构成基础、色彩构成、字体设计、书籍装帧、品牌包装设计、广告设计、展示设计、计算机二维软件应用、企业形象策划、标志设计等。

脱产：两年。

2. 电脑美术设计（专科）

培养目标：培养在广告业、影视业及因特网从事平面艺术设计、多媒体设计、网页设计以及动画设计等设计工作的，具有艺术创造设计理论和技能的专门人才。

主要课程：英语、素描、色彩、构成基础、色彩构成、版式设计、计算机应用基础、计算机二维软件应用、计算机三维软件应用、卡通设计、网络广告设计、网络动画设计、多媒体设计、企业形象策划等。

脱产：两年。

3. 服装设计（专科）

培养目标：培养德、智、体、美全面发展的具有独立的服装服饰设计、制版能力的应用型服装设计人才。

主要课程：英语、计算机基础、素描、色彩、时装画技法、服装色彩学、服饰图案、服饰配件、服装结构学、成衣纸样与工艺、服装材料学、服装CAD、服装设计学等。

脱产：两年。

夜大学：三年。

4. 艺术设计——服装设计方向（专科起点本科）

培养目标：熟悉我国服装工业发展的有关方针政策和国内外服装信息，具有系统的服装和服饰设计的理论知识，着重学习材料、色彩、造型、工艺四项组合的创意设计，使学生具有高级服装设计水平和较强的工艺制作能力，掌握高科技在服装方面的应用，成为服装设计高级人才，并能承担服装专业教学工作。

主要课程：英语、计算机基础、时装画技法、针织服装概论、中外服装史、服装色彩学、摄影、服装结构学、成衣纸样与工艺、服装设计学（Ⅰ、Ⅱ、Ⅲ）、服饰手工艺、美学、立体裁剪、服装CAD、服装社会心理学、传统服装设计、礼服设计、服装市场学、毕业设计展示等。

脱产：两年。

夜大学：三年。

5. 艺术设计——装潢设计方向（专科起点本科）

培养目标：培养德、智、体、美全面发展的，能在企业部门、院校、科研单位、民营私企从事包装装潢的整体设计、商业广告设计、企业形象策划、书籍装帧、展示设计等适应时代发展需要的高级专门人才。

主要课程：英语、素描、构成基础、装饰图案、广告设计、广告摄影、计算机二维软件应用、计算机三维软件应用、展示设计、桌面出版与印刷、书籍整体设计、品牌包装设计、商业插图设计、企业形象策划、多媒体设计、网页设计等。

夜大学：三年。

6. 艺术设计——环境设计方向（专科起点本科）

培养目标：通过本专业学习，使学生掌握艺术设计理论，熟悉本专业的生产工艺和材料应用，了解本学科的前沿发展概况，有较强的实践能力，培养具有创新意识的环境艺术设计高素质人才。

主要课程：素描、制图基础、室内设计、建筑设计、电脑建筑设计CAD、综合环境设计、建筑室内模型制作、展示设计、景观艺术设计、小区规划设计等。

夜大学：三年。

7. 外贸英语（专科起点本）

培养目标：本专业培养德、智、体全面发展，牢固掌握必需的科学知识和具有较高的英语听、说、写、译能力，具有一定的外贸管理方面的专业知识，能够用英语在外事、经贸、教育等领域从事翻译、教学、管理、研究等工作的专门人才。

主要课程：邓小平理论、哲学、应用文写作、计算机应用基础、英语语音、英语口语、英语听力、英语精读、英语阅读、外贸口语、服装英语、国际贸易、市场营销实务等。

夜大学：三年。

通信地址：北京市朝阳区和平街北口北京服装学院（邮编：100029）

咨询电话：64288238，64288239，64288275，64215552

E-mail：BictZjy@people.com.cn

北京工商大学简介

该校成人教育最早始于1982年，1999年6月三校合并组建北京工商大学后，成立“成人教育学院”。2003年5月更名为“继续教育学院”。成人教育主要依托本科11个学院及社科部、基础部、外语系（部）等三个教学系部雄厚的师资力量、先进的教学设施和良好的办学环境，开设了经、管、文、法、工等学科的30多个不同层次的专业，此外在全国设有12个函授站。

学院采取脱产、夜大、函授等多种办学形式，举办专升本、高起本和大专等多层次学院教育。其中本科生完成学业、成绩合格者可获得相应的学士学位。学院现设国际经济与贸易、金融学、法学、信息管理与信息系统、工商管理、会计学、计算机科学与技术等高中起点本科专业，国际经济与贸易、工商管理、会计学、市场营销、金融学、计算机科学与技术、财务管理、机械工程及自动化、物流管理、艺术设计等专升本专业以及会计学、金融财政、新闻学、电子商务、计算机应用管理、经济信息管理、市场营销、经济管理、外贸英语、信息管理与信息系统、广告艺术设计等专科专业。

学校地址：海淀区阜成路33号（邮编：100037）

咨询电话：68984656

网　　址：cj. btbu. edu. cn

E-mail：cjxy@pub. btbu. edu. cn

北京物资学院简介

北京物资学院成人教育学院位于北京市通州区果园42号。学院环境优美，交通便利，建有计算机实验室、语音教室、多媒体教室、图书阅览室、篮排球场、舞厅、健身房、阶梯教室等，教学生活设施齐全。十几年来，北京物资学院成人教育学院以北京物资学院校本部为依托，建立了一支热爱成教事业的品德优、授课好、比较稳定的、高质量的教师队伍，总数达300余人，其中高、中级职称的教师占全院教师总数的80%以上。成教学院坚持多层次，阶梯式办学，建立了一套较为完备的人才培养体系。

在成人教育方面，学院开设了会计学、经济学、市场营销、工商管理、信息管理与信息系统、人力资源管理、外贸英语、电子商务、物流管理、国际贸易等十多个专业，招收高中起点专科、高中起点本科、专科起点本科三种层次的成人高考的考生。成教学院以通州区果园42号校本部为主体，在北京市积极开展合作办学：在宣武门储库营设立成教学院分院（北京物资贸易职工学院），在石景山京源路68号设立成教学院西校区，在北京外国语大学、北京住总培训中心、京师会计学校等处设立分教学区。北京以外地区，成教学院在天津、河北、山东、河南、湖南、浙江、广东（深圳）、广西、云南、甘肃、新疆等10多个省自治区建立了函授站。学生可根据自身的实际情况，选择全日制脱产、业余或函授的学习形式。凡经全国成人高等教育统一考试被学院录取的学生，学完教学计划规定的全部课程，成绩合格者，学院颁发由教育部统一印制的毕业证书，国家承认学历。专升本和本科学生毕业后成绩合格，可授予学士学位。

在高等教育自学考试应用技术类（双证书）教育方面，学院面向各类中专、中技、职高、高中毕业生，开设了网络技术与服务、计算机应用、文秘、导游、市场营销、饭店管理等专业，学生免试入学，脱产或业余学习三年，成绩合格者发放高职自学考试大专文凭及相关专业的职业资格证书（双证书）。

在举办国民学历教育的同时，学院作为中国物流与采购联合会的物流师授权培训中心和用友公司的用友ERP软件认证培训中心，还开展了物流师职业资格认证培训、用友ERP软件认证培训工作。同时，学院积极与社会各企事业单位合作，开展各种形式岗位技能培训。

在新的历史时期，全院师生将以崭新的精神风貌，高举邓小平理论和“三个代表”思想的伟大旗帜，与时俱进，认真贯彻执行党的十六大精神，认真贯彻党的教育方针，不断深化教育教学改革，全面推进素质教育，为全面建设小康社会培养合格人才，为教育事业的发展作出更大贡献。

北京机械工业学院简介

北京机械工业学院是全日制普通高校，具有学士和硕士学位授予权。学院面向全国招收硕士生和本科生，设有成人教育学院，进行夜大、函大教育及会计职称考试辅导和英语职称考试辅导等各类岗位培训和继续教育。

夜大学招收专升本和专科生，招生专业如下：

专科：机电一体化、计算机及应用、会计学、工商管理、市场营销、外贸英语；

专升本：计算机科学与技术、会计学。

学生学完并通过全部课程，发给国家承认的专科或本科毕业证书，对符合学位授予条件的学生，授予学士学位。各专科专业均招收第二专业学生。

成教院地址：朝外金台西2号（邮编：100026）

乘车路线：乘9路、115、718、611路至水碓站下车；或乘101、112、118、846、725路至小庄站下车，向北300米即到。

咨询电话：85992344，85992516，85992373

校本部地址：清河小营东路12号（邮编：100085）

乘车路线：乘307、315、328、345、355、355（支线）、392、398、902、602、618、371、748、719、819路汽车到小营站下车，向东走200米即到。

咨询电话：62939262

网址：www. bim. edu. cn

北京信息职业技术学院简介

北京信息职业技术学院是一所经教育部批准设立的全日制综合性高等院校。其成人高等教育学院建于1980年，是国家承认的大学本、专科学历教育的普通高校所属的成人高等学院。学院以“塑造人才、服务社会”为办学宗旨，以培养适应生产、经营、建设、管理、服务第一线需要的复合应用型专门人才为教育目标。建校20多年来，为社会输送了大批人才。该校1990年被市成教局高教评估委员会定为A级学校，1992年被市政府授予“北京市成人高等教育先进学校”称号，1996年被市教委定为“北京市成人高校计算机学科培训中心校”，1997年经市教委评估，计算机应用专业、会计专业为“特色专业”，是教育部批准的全国首批35个“示范性软件职业技术学院”建设单位。

学院设有四个校区。院本部位于酒仙桥电子城，西区位于市中心金融街南端长椿街，东区位于朝阳区东坝，南区位于丰台区花乡。学院各校区交通便利，教学设施齐全，管理严格，环境优美。

学院现有各学历层次的在校生12 500人，专任教师350人，其中具有副教授以上职称的占30%。学院各校区教学手段现代、设备先进、质量过硬。目前开设专升本、专科等20余个人才需求热点专业，课程设置前沿、实用。追踪调查结果表明：其培养的人才很受用人单位欢迎，教学质量受到社会的赞誉和毕业生的一致好评。

北京轻工职业技术学院成人高等教育部简介

北京轻工职业技术学院成教部（原北京市轻工职工大学）具有多年举办成人高等教育的丰富的办学经验，师资力量雄厚、教学管理严谨、实验设备先进，并拥有自己的实习实训基地。20多年来，为社会培养了大批应用型专门人才。

学院十分重视专业建设，课程设置注重创新性和实用性，成教部2004年招生专业有：工商管理、电子商务、国际商务、商贸英语、会计、金融与保险、资产评估、物业管理、计算机网络技术、电子信息技术、多媒体艺术设计、电脑美术设计、广告艺术设计、环境艺术设计、人物形象设计、钢琴调律等。其中"工商管理"和"广告艺术设计"专业被北京市教委评为北京市成人高等教育特色专业；"钢琴调律"和"生物技术应用"专业被评为教育部教学改革试点专业，"多媒体艺术设计"专业被评为市教委教学改革试点专业。

学院成教部在北京市成人高校系统中率先全面实行学分制，自1985年开始至今已有20年的历史。学分制适应成人在职学习的特点，学生在选择学习科目和学习时间上，有一定的灵活性，有利于实行弹性学制，学生在二至六年内修满规定学分即可毕业，国家承认大专学历。

学校地址：北京市朝阳区左家庄北里2号（邮编：100028）

校内办公地址：办公楼206室、209室

咨询电话：84551509，64674976

学院网址：www.bqzy.edu.cn

成教部电邮：jxjyb@bqzy.edu.cn

北京电影学院继续教育学院简介

北京电影学院成人教育始创于1987年。其前身为夜大学，2002年更名为继续教育学院，依托北京电影学院丰富、优质的教学资源，是教育部及北京市教委批准的具有影视专业学历教育资格和函授教育资格的独立教学单位。

现在开设专业有：剧作、导演、美术设计、编导、录音、电影摄影、图片摄影、影视广告、动画（漫画）、影视节目制作、影视化妆、影视表演、节目主持人、影视模特等。

教学层次有：高中起点专科、高中起点本科、专科升本科。

学习形式有：全日制及业余学习。

京外教学点、函授站有：上海、大连、河南、河北、湖南、广西、安徽、四川、内蒙古、甘肃、新疆等。

2004年开始在一些站点设立专业考试考点，由学院派出专业考试小组到各考点进行专业考试，方便了外地广大考生。

提供的非学历教育有考前辅导班、专业证书班（如中级摄影师证书班等）、短期岗位培训班（如影视后期制作培训班等）、职业资格培训班（如艺术形象设计考级班等）、一年制的专业进修班、高中起点大学专科（含高等职业教育）、本科、专科起点升大学本科等，为热爱影视相关的广大考生提供了形式多样的学习平台。2004年，该院还被批准成为艺术形象设计特许培训（考试）定点单位。

该院的办学宗旨是普及影视文化，培养影视制作的实用人才。所以，该院始终将教学质量视为生命线，严格制定各专业教学计划，聘请优秀师资讲授，拥有严谨规范的教学管理、完善的教学及服务设施。学生以走读为主，均享受普校学生享有的教学资料、教学设备、图书借阅、电影观摩、文体活动等全部待遇。

多年来该院的成人教育硕果累累，各专业毕业生在国际国内相继获得了政府、专项、比赛等各类奖项。

北京电影学院继续教育学院与院内外的教学单位、传媒行业、影视制作团体保持着密切的联系与合作关系。继续教育学院欢迎每一位喜爱电影电视、广告传媒各专业的中外学生加入。

学院地址：北京市海淀区西土城路4号（邮政编码：100088）

校内办公地址：北京电影学院教学楼721室

咨询电话：010—82048899转252

学院网址：www. bfa. edu. cn

E-mail：cec@bfa. edu. cn

北京第二外国语学院继续教育学院简介

北京第二外国语学院从1965年开始举办成人教育，随着成人教育的发展，1996年学校成立了“成人教育学院”，2003年9月更名为“继续教育学院”。继续教育学院是二外直属的二级学院，负责全院各类成人教育的统一管理工作，主要有英语、日语两个专业。目前，学院成人学历教育方面，大专层次设有成人脱产大专班（两年制）、夜大学（三年制）以及各种专业第二学历班；本科层次有高中起点本科（脱产四年制、业余五年制）、专科起点本科（脱产两年制、业余三年制）。学院总部设在北京第二外国语学院内，现有在校成人教育学历生3 300余人，非学历教育生达数千人。

学院培养思想品德好，综合素质高，拥护四项基本原则，热爱社会主义祖国，有强烈的敬业精神、良好的职业道德，拥有现代经贸、旅游、外事等相关专业知识的各层次国际性、应用型的外语人才。

学院实行多层次、多规格的办学体制，以“外语加专业”为特色，外语教学与专业教学相结合，学历教育与非学历教育相结合。学院教学管理严谨，办学质量较高，不断向社会各界输送各种知识型、复合型的人才，得到了广大用人单位的一致好评；注重校园文化建设，开展丰富多彩的课外活动，为学生提供心理健康与咨询、勤工助学、毕业指导、就业推荐等服务；积极开展国际合作办学项目，现已被中国（教育部）留学服务中心列为英国国家高等教育文凭课程（HND）示范中心之一。通过该课程的学习，培养一批熟悉国际惯例、通晓外语，有专业（如商科、计算机、工商管理、物流、旅游酒店管理等）技能的国际化复合型高级人才；同时，还与教育部国家留学基金委员会东方国际教育交流合作，为学生出国深造提供了良好机会。学院经常邀请国内外知名专家学者来院讲学，从而为学院的教学科研、社会实践以及人才交流提供了良好的条件。学院设有英语培训中心，负责对各行各业出国人员进行英语听说强化培训，承担各企业单位委托的培训任务，举办各种外语短期培训班，成人高考考前辅导班，公共英语四、六级和专业英语四、八级考前辅导班，导游人员资格考试辅导班等。学院还是“北京市英语口语等级证书考试培训点、考试点”，承担着口语高级、中级、初级考试任务，并举办各级考试考前辅导班。学院一直是托福考点，并出色地完成教育部考试中心交给的托福考试工作。

学院成人教育纳入二外整体教育管理工作，具有优越的办学条件和现代化的教学设施。学院有不同规格的语言实验室、计算机实验室、网络中心和多媒体教学实验室，同时还建有校园网、电视台和先进的地面卫星接受系统。图书馆资源丰富，藏书量达50多万册，中外期刊1 000余种，并设有大型期刊阅览室、专业阅览室、电子阅览室以及先进的计算机网络服务系统。学院不断加强基础设施建设，各类体育场馆齐备，学生宿舍装配了电视机和电话，为广大学生创造了良好的学习和生活环境。

北京石油化工学院继续教育学院简介

北京石油化工学院是面向全国招生的普通高校。学校校内占地 25 万平方米，建有图书馆、体育馆等教学设施，校园内建筑面积 15 万平方米，校外建筑面积24 500平方米；拥有建筑面积8 426平方米的科技实验楼和建筑面积2 052平方米的行政办公楼，图书馆藏书 32 万余册。学校现设有材料与化工学院、机械工程学院、信息工程学院、经济管理学院、人文社科学院、国际教育学院和继续教育学院等 7 个二级学院；设数理部、外语部和体育部等 3 个教学部。在开展本科教学工作的同时，还与石油大学（北京）、北京化工大学、河北大学等重点大学联合开展硕士研究生教育；开展专、本科成人教育，形成了多学科、多层次、多形式办学发展的格局。

自北京石油化工学院继续教育学院成立至今，已为社会培养了大量的学用结合的实用型高级技术人才和综合素质较高的管理人才。经有关教育行政主管部门批准，继续面向社会招生。学校设有高起本科、高起专科、专升本科三个层次。学生在校学习期间，修满教学计划所规定的全部课程，成绩合格，发给国家承认的本科或专科毕业证书。本科毕业生符合学位条件者，授予相应的学位证书。

报名、录取

参见各省“全国成人高考”报名时间，统一参加全国成人高考入学考试，集中网上录取。

收费

按国家规定标准收费，请以报到通知为准。

合作办学

学院还与加拿大新康理工三一国际学院合作，联合培养适应国际人才市场需求的专业技术人才，聘请外籍教师授课，毕业颁发国、内外专科毕业证及技能等级证书。就业方向：首信诺基亚公司、清华同方、松下控制公司、松下精密有限公司、西门子公司、NEC、NCR 等著名企业。

重点专业介绍

1. 信息管理与信息系统

培养目标：本专业培养适应社会主义市场经济需要的德、智、体全面发展，具有坚实的现代管理科学的理论知识，掌握现代信息技术手段和系统方法的实用性高级人才。本专业的学生毕业后能够承担和从事各种类型的信息系统建设和管理工作。

课程设置：计算机应用基础、微积分、会计学原理、管理学原理、统计学概论、市场营销、经济法、C 语言程序设计、数据库原理、计算机网络、管理信息系统、信息系统分析与设计、电子商务、面向对象程序设计、信息发布与网页设计、高级语言程序设计、发展经济学、数据库应用、信息论基础。

2. 国际经济与贸易

培养目标：培养适应社会主义市场经济和现代化建设需要的德、智、体全面发展，具备从事国际贸易及其他涉外经济活动的经营与管理所需基本技能的专门人才。

课程设置：统计学概论、市场营销、经济法、发展经济学、世界市场行情、管理信息系统、国际金融、电子商务、外贸英语与商业函电、国际商法、国际结算、货币银行学、国际商法、商务英语口语、运筹学。

3. 会计学

培养目标：培养适应社会主义市场经济需要的德、智、体全面发展，具有经济、管理、财会等方面的知识和能力，能在企事业单位从事财务会计和管理、审计等方面工作的专门人才。

课程设置：管理会计学、财政学、财务管理、会计模拟、资产评估、概率论与数理统计、高级语言程序设计、微观经济学、宏观经济学、线性代数、高级会计、国际金融、管理信息系统、证券投资理论与实务、纳税会计、专业会计（银行、预算）。

4. 计算机科学与技术

培养目标：掌握计算机硬件、软件与应用的基本理论、基本技能，能从事计算机应用及软件系统设计、研究、开发、维护以及综合应用的高级工程技术人才。

课程设置：计算机文化基础、数字逻辑、数据结构、汇编语言、数据库原理及应用、计算机组成原理、接口技术、计算机网络、操作系统、软件工程导论、计算机图形学、VB程序设计、UNIX系统、C语言、编译原理、单片机原理及应用。

技能培训

学生在校期间参加与本专业相关的技能培训，经考核合格，可以取得国家劳动和社会保障部颁发的职业技能证书，能为学生的发展提供较好的发展空间。

学生就业

1. 北京作为全国的文化、艺术、教育中心、就业发展机会是全国之最。

2. 学院与首都众多公司、人才中心合作，以帮助学生就业。

咨询电话：81292103，81990695

联 系 人：朱闻鲒

E-mail：zhuwenjie@bipt. edu. cn

北京印刷学院简介

该院是以工科为主，兼有文科、艺术、管理的综合型普通高校，面向行业和社会招生。印院继续教育学院在全国近20个省、市建有20多个函授站点，有较雄厚的专兼职教师队伍，获“北京市普通高校1997年成人高等教育评估优良学校”称号。继续教育以专科为主，多层次多形式办学。2004年在北京招收函授、脱产专科和专升本考生。专升本专业有：印刷工程、艺术设计、编辑出版学；专科专业有：出版发行、企业管理、图文信息处理、印刷技术、电脑美术设计。

联系电话：60261147

北京信息工程学院简介

北京信息工程学院是一所中央与北京市共建，以北京市管理为主的普通高等学校。其前身是北京大学第二分校，始建于1978年。1985年1月，经教育部批准，学校更名为北京信息工程学院。原国家副主席王震为学校题写了校名。江泽民同志出席了学院更名大会，为校牌揭匾，并对学院的发展提出了希望和要求。

学院主要培养电子信息学科、经济管理学科等国民经济信息化建设所需的专门人才。现设有计算机科学与工程系、计算机信息系统系、信息与通信工程系、经济贸易系、工商管理系、基础一部、基础二部、社会科学部、体研室、高等职业技术教育部、成人高等教育部、计算中心等教学机构。

学院现有三个校区：苇子坑校区，清河校区，酒仙桥校区。成人教育部办公地点设在清河校区，负责统筹 、协调、组织和管理学院三个校区的成人教育工作。通过近些年的不断努力进取 ，在学院各级领导和部门的支持下，初步形成了多渠道、多层次、多形式和多学科的办学体系。

成人高等学历教育是学院教育事业的重要组成部分。改革开放以来，学院较早地开始招收高等学历教育的脱产班和各种类型的成人管理干部培训班，当时主要面向电子行业和社会招收了大量的学员，培养了大批有能力、有觉悟的管理干部，为全国电子行业的教育事业作出了贡献。进入20世纪90年代，学院成人教育为适应社会发展的需要，主要面向社会招收大量学生，开设了以电子信息类（计算机科学与技术、计算机软件、计算机信息管理等）、经济管理类（会计学、国际贸易、计算机财务会计、企业经营与管理等）、艺术类（装潢艺术设计、环境艺术设计）等社会急需专业，形成了一定的专业优势，积累了丰富的教学经验和管理经验，获得了学生及社会的认可与好评。

学院的成人教育工作主要依托全学院的教学资源，包括师资配备、教室、图书、试验、管理等各个方面，使成教教育的质量有基本保证。脱产班学生在校期间，学院设有专门的成教学生公寓，由专职班主任负责学生的学习和生活管理。

进入新世纪，北京信息工程学院的成人教育事业继承发扬了学院“创新、求实”的传统，积极拓展了学院的成人函授教育，经教育主管部门批准，已在黑龙江、山东、河北、河南、江苏、广东、广西、海南等省、区设立了12个函授站，目前各函授站在校生5 000余人，为广大有志青年提供了良好的学习机会。

北京信息工程学院的成人高等学历教育现有脱产、夜大学、函授等多种教育形式。学历层次有高中起点本科、专科起点本科、高中起点专科等。现通过全国成人高等教育统一入学考试主要招收社会在职从业人员和社会其他人员，学生学业期满各科成绩合格，由学院颁发国家统一的成人高等学历教育大学本、专科毕业证书，本科毕业生符合学位授予标准的可授予学士学位。

近期，按照北京市高校结构布局调整的安排，北京市决定该校与北京机械工业学院合并组建北京信息科技大学，现已进入筹备组建阶段，此项工作得到北京市委、市政府及教育部的高度重视。

网址：www. bxcgj. edu. cn

北京农业职业学院简介

北京农业职业学院是由原北京市农业管理干部学院和北京市农业学校合并组建的一所普通高等学校。学院现有7个系30多个专业，拥有电教室、语音室、图书馆等现代化设施及经验丰富的专兼职教师队伍，在校生6 500余人，已为京郊各级政府和企业培养了大批高级管理和技术应用人才。

学院成人高等教育设在北教学区，地处著名的香山风景区北京植物园东侧，空气清新，交通便利。2004年计划继续面向北京地区招收成人高等教育考生，计划招收专业有：会计、法律、金融、计算机应用、文秘（办公自动化）、电子商务。除在本院办学外，为方便广大在职考生，学院还在密云、房山、通州、昌平等区县设有办学点。

按照有关规定，学院每年都有部分学生经所在区县组织部批准，可办理户口农转非手续。其中在乡镇机关工作者可于毕业当年参加北京市录用公务员资格考试。

联系电话：82595048

联 系 人：张老师　王老师

北京艺术设计学院简介

北京艺术设计学院是北京市教委所属的一所艺术设计类普通高等学校。学院的前身是久负盛名的国家级重点中专校北京市工艺美术学校和北京市工艺美术品总公司职工大学。在40多年的艺术设计教育历程中，学院凭借其雄厚的实力、鲜明的办学特色，逐步形成了以普通高等教育为主体，兼容中专教育、成人高等学历教育和职业培训为一体的办学格局，并赢得了社会各界的认可。

学院的成人高等学历教育（大专）自1982年开始招生以来，结合现代社会的发展和需求，本着学用结合、因材施教和注重实效的原则，以培养学生综合素质和专业能力为目标，为国家培养了大量的艺术设计专门人才，其中许多人成为了著名画家、艺术设计师、工艺美术大师、科研或教学等领域的领导和骨干，为国家艺术设计领域作出了积极的贡献。

近年来，学院又努力拓宽办学模式，先后同英国肯特艺术设计学院、新西兰基督城理工学院、新加坡特许科技学院等多所国外院校在专业领域实行多种形式的合作与交流，借鉴国际继续教育和培训的先进经验，并结合国内成人教育的特点与动态，不断加大改革力度，提高教学质量，使学院朝着培养国际化综合性人才的方向发展。

目前，学院成人教育在成教部的统一管理下，本着面向社会、面向需求、面向职业岗位的原则，打破学科体系，重视实践环节，开设了装潢艺术设计、室内艺术设计、电脑美术设计、服装设计等相关艺术设计专业，以本院教师为师资主体，课程开设具有针对性，适合有相应艺术设计基础和工作经验的学生，注重培养学生的实际操作能力，为学生开展继续教育提供了良好的条件。

学院培养的学生就业渠道广，受到艺术设计公司、传媒艺术公司等单位的欢迎，有的学生还曾多次在国内外获得奖项。

北京政法职业学院简介

北京政法职业学院的前身为北京市政法管理干部学院，是1982年经北京市人民政府批准成立的市属高等法律院校。从2000年起开始承担普通高职教育任务，面向社会招收高级中等教育学校起点的大学专科学生，2003年经北京市政府批准成为普通高等法律职业学院。学院本着“立足政法，服务政法，面向社会，为法治建设提供人才和智力服务”的办学宗旨，经过20年的发展，已形成了相当规模的教育资源，承担着为首都司法、执法各部门及社会培养合格的应用型、技能型、复合型法律人才的任务。建院以来已为公安局、检察院、法院、司法局、安全局、党政机关、企事业单位培养了大量各种层次的法律专门人才。北京政法职业学院作为具有政法特色的法律教育学院，已初步形成以北京政法职业学院、北京市法律中高层次紧缺人才培训中心和首都司法干警教育培训基地为主体的多类型、多层次、多功能、规范化的综合性办学实体模式。现设有法律、律师事务、行政执法、罪犯矫治（狱政管理）、房地产法律实务、社区管理、司法文秘、涉外秘书、金融法律实务、国际商务法律、国际贸易法律、商务英语、计算机网络技术、计算机网络安全、计算机应用、办公自动化等16个专业，其中司法文秘为市级特色专业。学院现有各类在校生5 000余人，教职工380余人。图书馆各类藏书近20余万册。学院拥有高学历、高素质、结构合理、规模适度的专兼职教师队伍，现有专任教师近200人，拥有博士、硕士学位者占39%，具有高级职称者占24%以上。同时，学院还聘请国内外著名教授、专家学者80余名担任兼职教授、特聘研究员。

学院建立各种岗位资格证书培训、技术等级考试、考点，目前经市教育委员会批准，已设立全国计算机等级、全国计算机应用技术证书考试（NIT）、全国英语等级考试、北京市英语口语等级考试、剑桥办公管理国际证书考试、全国秘书职业资格鉴定、速录职业资格考试等17项考试、考点，开拓了多种培训渠道。

学院属于专科层次普通高等学院，同时举办成人高等学历教育，学院占地面积近600亩，建筑面积10余万平方米，拥有先进的办公楼、教学楼、模拟法庭、图书馆、计算机教室、语音教室、多媒体教室、电子阅览室等教学设施。5 000多平方米的体能训练中心正在建设中，近20万平方米的教学基地正在规划建设中。学院学生公寓配备电视、电话、空调、计算机终端接口。良好的学习和生活环境，是培养应用型、技能型、复合型法律人才的法学教育基地。

学院建有稳定的实习实训基地，同时是北京市政法系统委托的书记员人才培养基地。学院毕业生就业去向广阔，就业渠道畅通。高职毕业生有多种升学渠道和就业渠道。每年有15%的毕业生可以参加专升本推荐考试，升入普通本科学习，其他选择升学的毕业生可以自由选择成人高等学历教育专升本或网络教育专升本学习形式，毕业后均可取得国家承认的国民教育系列本科文凭，符合学位要求的可以授予学士学位。选择就业的毕业生就业渠道畅通。往届毕业生双向选择到最高人民法院，全国人大信息中心，中国残疾人联合会，北京市公安局、法院、检察院、司法局、安全局等政法系统，北京市交通执法系统，北京市监狱、劳教系统，北京市城管系统，北京市各律师事务所等单位均受到好评。目前，该院高职毕业生已走向全国并深受欢迎，如深圳法院系统。

成人高等教育专业及课程设置

专业名称	学制	主要课程设置	就业渠道
法律 （兼招二学历）	脱产2年 业余3年	法理、宪法、法律逻辑、应用文写作、民法、民事诉讼法、刑法、刑事诉讼法、行政法、行政诉讼法、经济法概论、涉外经济法、律师公证、司法文书、婚姻家庭法、国际私法、法医学、行政管理学、环境法、犯罪学、刑事侦查学、劳动法、国际法、中国法制史等。	1. 受北京市高级人民法院委托，为法院系统培养书记员。 2. 向检察院系统择优推荐书记员。 3. 为司法局培养司法助理员、基层法律工作者。 4. 为律师事务所培养律师助理及咨询服务人员。 5. 为劳教局、监管局培养狱政管理人员。 6. 在法院、检察院、公安局、交管局等政法单位及IT相关行业中从事计算机网络的组建、维护、管理等工作。
社区管理 （兼招二学历）	脱产2年	社会学、社会心理学、公共关系学、社区管理、社区服务、劳动与社会保障法、基层政权建设、民法、刑法、行政法、诉讼法、环保法、国外社区动态、城市建设与发展等。	
金融法律实务 （兼招二学历）	脱产2年	大学英语、金融职业道德、计算机基础与应用、经济应用数学、西方经济学、社会学、逻辑学、金融学、财政学、会计学原理与会计法、宪法学、审计学原理与审计法、民法学、刑法学、行政法学等。	
司法文秘 （兼招二学历）	脱产2年	大学英语、大学语文、计算机基础与应用、公共关系学、文书学、秘书学、行政管理学、档案管理学、民商法学、刑法学、经济法、刑事诉讼原理与实务、民事诉讼原理与实务、文献检索、司法文书、秘书实务、书记员工作概论、中文速记、计算机速录、摄影与摄像等。	
律师事务 （兼招二学历）	脱产2年	大学英语、大学语文、计算机基础与应用、律师法、中国律师制度、民商法原理与实务、刑法原理与实务、经济法概论、行政法与行政诉讼法、刑事诉讼法原理与实务、民事诉讼原理与实务、法律文书制作、律师实用心理学、律师实用口才学等。	
计算机网络技术 （兼招二学历）	脱产2年	高等数学、普通物理、数字电路、C语言、计算机网络基础、汇编语言、数据结构、数据库理论及应用、模拟电路、微机原理、计算机英语、Internet的原理与使用、网络安全与防范、网站的设计与实现、Internet的组建与管理、接口基础、Visual Basic、高科技犯罪概论、计算机维护与维修等。	

注：1. 成人业余班上课地点在通州东大文化培训学校。上课时间以周六、日为主。部分课时在工作日晚上。

2. 报读二学历：报读人持大专以上学历证书原件及复印件、身份证、一张近期一寸照片在12月底前到该院招生办公室报名，详情请电话咨询：65750431。

3. 该院高职专业不设置专业课考试。

本院地址：北京市朝阳区杨闸（邮编：100024）

咨询电话：65750431　65750417　65797788 转 6271、6273
传　　真：65750419
联 系 人：李伟　欧阳纯
网　　址：www. bj148. com/zfschool/index. html
　　　　　www. bjzhfgy. com
乘车路线：
1. 轻轨八通线管庄站下车，向北行至杨闸环岛入北路口。
2. 长安街向东直行上京通快速路，在会村收费站出快速路，向北行至杨闸环岛入北路口。
3. 乘 342 路、382 路、815 路、846 路杨闸北站下车，行至杨闸环岛入东北路口。
4. 地铁四惠站换乘公交 312 路、728 路、928 路杨闸站下车，行至杨闸环岛入北路口。
5. 通县北苑乘 342 路、928 路、930 路（区间）杨闸站下车，行至杨闸环岛入北路口。
东校区地址：通州玉带河大街 12 号
电　　话：80506972
乘车路线：1. 北京站乘 938 支线至玉桥北口站下车，向东行 200 米路南。
　　　　　2. 322、848、728 东关站下，转 372、728 支、938 至玉桥北口站下车，向东行 200 米路南。

北京财贸职业学院简介

北京财贸职业学院（北京市财贸管理干部学院），是经北京市政府批准、教育部备案的市属公办普通高等院校。学院成立于 1958 年，老一辈党和国家领导人陈云同志为该院题写了“北京市财贸管理干部学院”校名，邓颖超同志题写了“求实、严谨、团结、奋进”的校训。40 余年来学院在办学指导思想上坚持理念创新，精心构建职业能力为核心的“重基础、强能力、高素质”的应用型人才培养模式，共为国家培养各类专门人才 10 余万人，被首都企业界誉为“经理的摇篮”。教育部、市政府、市教委先后授予“全国成人高等教育评估优秀学校”、“北京市成人高等教育先进学校”、“北京市成人高等学校示范校”等荣誉称号。

学院设有工商管理系、财税系、金融系、信息系、外语系、物流系、旅游系、政法系、广告系、形象设计系、立信办学部、基础部、研究所、国际教育部、职业技能鉴定中心等系部。

专升本科专业有金融学、工商管理、会计学 3 个专业。专科专业有网络广告艺术、广告策划与制作、展示艺术设计、广告艺术设计、形象设计、经济信息管理、工商管理、市场营销、国际商务、旅游管理、金融、商务英语、会计、电子商务、物流管理、会计电算化等专业。

学院教学和科研力量雄厚。教职员工 480 人，其中教师 280 人，教授、副教授 89 人，享受国务院特殊津贴专家、北京市跨世纪优秀人才十余人；一批教学骨干担任全国和北京市学术社团负责人，在专业领域享有较高的社会知名度。

学院拥有东四校区、通州校区、涿州校区，总占地面积 442.3 亩。东四校区位于市中心黄金地段，交通便利，主要承办成人高等教育。学院学风严谨、教学管理规范，教学设备设施完善，重视信息化和现代化教学管理，有数字化教学技术系统、图书馆藏书丰富，设有专业的电子阅览室和网上检索系统，学生学习环境居同类院校领先水平，是广大考生求学深造的理想学校。

学院地址：北京市东城区东四南大街礼士胡同 41 号（邮编：100010）
咨询电话：65231250、65273995
学校网址：www. bjcgy. bjedu. gov. cn

北京市经济管理干部学院简介

北京市经济管理干部学院是经北京市政府批准、教育部备案的市属公办高等学校。学院于 1979 年 12 月创建，曾先后被教育部、北京市政府分别授予全国和北京市“成人高等教育先进学校”、“全国成人高等教育评估优秀学校”和“北京市成人高等学校示范校”荣誉称号。

学院现有南北两个校区，总占地1 300余亩，建筑面积 18 万平方米。学院设有工商管理系、财务会计系、经济贸易系、信息管理系和外国语言系等教学系，拥有一支数量适中、结构合理、素质精良的专兼结合的“双师型”师资队伍，形成了鲜明的教育风格和教学特色。教师中具有副教授以上职称的占教师总数的 53%以上，57%的教师具有研究生以上学历。具有配套的以应用型经济管理类专业为主体的专业结构体系，其中会计专业为教育部高等教育示范专业，工商管理专业为北京市高等教育特色专业。1996 年、1999 年分别被国家教委首批批准举办成人高等职业教育和普通高等职业教育。目前，学院已形成包括成人高等学历教育专科、本科及普通高等职业教育在内的多形式、多层次、多规格的办学体系和适度发展的办学规模。学院有严谨的教风、学风和科学、规范的管理，具有良好的育人环境。

成人高等教育在学院本部举办。学院本部位于北京市朝阳区花家地街 19 号，校园环境优美，育人气息浓郁，拥有功能齐全的教学楼、图书馆、演讲厅、学生公寓、餐厅、电教中心、语音室、专业实验室、计算机房和多媒体教室等配套的较先进的教学及生活设施，可为学生的学习和生活提供良好的条件。

学院的办学宗旨是：面向市场、服务经济，以社会需求为目标，以就业为导向，以能力培养为中心，培养复合型、实用型、技能型人才。学院依托国内外企业优势，积极创建专业品牌、师资品牌、人才品牌、管理品牌、环境品牌，为建设新型的具有特色的职业型高等院校而奋斗。

1. 工商管理（专升本）

培养目标：本专业培养掌握 MBA 知识体系和具备必备的管理能力的高级经营管理人才。

主要课程设置：系统分析与设计、管理经济学、货币银行学、国际经济法、管理学原理、营销管理、现代生产管理、人力资源开发与管理、公司理财、管理沟通、管理控制、项目决策与管理、企业战略管理、国际贸易等。

学制：脱产（两年）业余（三年）。

2. 会计学（专升本）

培养目标：本专业培养系统掌握会计专业的理论知识，熟悉本专业的实务操作，具有一定专业理论水平和较强的分析问题、解决问题能力的应用型、复合型高级管理人才。

主要课程设置：办公自动化与网络、企业管理概论、会计学、货币银行学、国际经济法、中级财务会计、成本会计、财务管理、管理会计、会计模拟、会计电算化、国际贸易、国际金融、审计应用、税收实务、资产评估等。

学制：业余（三年）。

3. 国际经济与贸易（专升本）

培养目标：本专业培养具有一定国际贸易理论知识和较强实际操作能力，富有创新和务实精神，能在涉外经济贸易部门、外资企业、国有企业及政府机构从事国际经济贸易管理工作的高级应用型人才。

主要课程设置：当代世界经济与政治、国际经济学、国际经济法、贸易英语、中国对外贸易、国际贸易实务、国际信贷实务、国际结算实务、跨国公司经营管理、国际金融实务、证券投资分析、电子商务等。

学制：脱产（两年）。

4. 工商管理（专科）

培养目标：本专业培养掌握工商管理知识体系，具有必备的管理能力，熟悉现代企业生产及管理流程，能够胜任工商企业经营管理实际工作的专门人才。

主要课程设置：经济学原理、管理学原理、组织行为学、人力资源开发与管理、企业战略管理、市场调查与预测、市场营销学、跨国公司经营管理、国际贸易实务、会计学原理、生产组织学、电子商务等。

学制：脱产（两年）业余（三年）。

5. 市场营销（专科）

培养目标：本专业培养具有英语和计算机特长、有较强营销专业技能、能够胜任企业营销管理和营销策划工作的应用型专门人才。

主要课程设置：市场营销学、国际贸易实务、市场调查与预测、营销策划、营销实务、公共关系实务、消费心理学、商务谈判实务、营销战略与决策、物流与供应链管理等。

学制：业余（三年）。

6. 电子商务（专科）

培养目标：本专业培养具有较强英语、计算机应用技能的，有一定电子商务理论和电子商务操作能力的应用型现代电子商务专门人才。

主要课程设置：国际贸易理论与实务、计算机网络基础、市场调查与预测、电子商务概论、网络营销、物流与供应链管理、国际营销、电子商务实务、商务谈判实务等。

学制：脱产（两年）业余（三年）。

7. 旅游与酒店管理（专科）

培养目标：本专业培养具有从事旅游或酒店管理与服务技能的应用型高级管理技术人才。

主要课程设置：旅游学概论、旅游经济学、旅游市场学、旅行社经营与管理、酒店管理与服务、导游知识与业务等。

学制：业余（三年）。

8. 工程造价（专科）

培养目标：本专业培养具备从事工程造价工作的知识和能力的，能够胜任各类建筑企业、事业单位的工程造价管理工作的高级技术应用型人才。

主要课程设置：建筑材料、施工技术、建筑工程预算、工程招投标与报价、装饰工程预算、房地产估价等。

学制：业余（三年）。

9. 金融与证券（专科）

培养目标：本专业培养具有较宽泛的专业理论基础和处理银行、证券、投资、信托等方面业务的能力，能够在商业银行、投资银行、信托投资公司、基金管理公司、证券公司和涉外金融机构及其他经济管理部门从事相关工作的应用型、技能型人才。

主要课程设置：货币银行学、国际金融实务、金融法规、财务会计实务、财务管理实务、资本市场实务、银行经营管理、证券投资分析、国际信贷实务等。

学制：脱产（两年）。

10. 国际商务（专科）

培养目标：本专业培养具有较高外语水平、计算机应用能力、国际贸易业务和国际商务实务操作技能的应用型专门人才。

主要课程设置：国际营销、国际贸易、国际贸易实务、国际金融、国际商法、跨国公司经营与管理、国际投资、外贸函电等。

学制：业余（三年）。

11. 国际经济与贸易（专科）

培养目标：本专业培养具有国际贸易的基本知识与基本技能，熟悉通行的国际贸易规则和惯例以及中国对外贸易的政策法规，掌握从事涉外经济贸易部门、外资企业及政府机构实际业务、管理工作的技能的应用型专门人才。

主要课程设置：货币银行学、市场营销学、期货市场学、国际贸易法、国际贸易实务、中国对外贸易、国际金融、国际经济合作、外贸函电等。

学制：业余（三年）。

12. 会计（专科）

培养目标：本专业培养具有会计核算、财务分析、报表编制和软件应用等方面知识、技能，能够从事会计核算、财务管理工作的应用型财会人员。

主要课程设置：会计原理、财务会计、会计报表分析、成本会计实务、会计模拟、税收实务、财务管理实务、管理会计实务、会计电算化、会计英语、审计实务等。

学制：脱产（两年）业余（三年）。

13. 外贸英语（专科）

培养目标：培养具有专业英语语言交际能力、掌握外经贸理论知识及基本技能的应用型人才。

主要课程设置：大学英语、英语听说、英语交谈、英美文化背景、外贸英语口语、外贸英语讨论、翻译技巧、贸易英语、国际商法、国际贸易、国际贸易实务、国际金融、国际营销、外贸函电等。

学制：业余（三年）。

14. 计算机应用（专科）

培养目标：本专业培养掌握计算机基础知识和基本原理，具有一定的软硬件操作、维护和开发能力，能够利用程序设计语言和数据库及开发工具，具有一定的产品营销能力的应用型技术和管理人才。

主要课程设置：计算机网络基础、网页的设计与制作、PASCAL 语言、Visual C、Visual Basic、可视化数据库设计、数据结构、办公自动化、多媒体软件的设计、软件工程、电子商务、会计信息系统分析与设计、计算机英语等。

学制：业余（四年）。

15. 计算机网络技术（专科）

培养目标：本专业培养具有计算机网络应用技术的基本理论和软件实际操作能力，能够从事计算机软硬件开发的计算机网络应用型人才。

主要课程设置：数据结构、计算机网络原理、局域网原理及规划、软件工程与管理信息系统、C 语言程序设计、NT 网络操作系统、可视化程序设计 VB、网络数据库原理与设计、网站建设与网页制作、Linux 网络操作系统、网页设计软件等。

学制：业余（四年）。

学院地址：北京市朝阳区花家地街 19 号（邮编：100102）

联系电话：64709690，64717862，64717861，80644560，80644567

信息电话：1608114

联 系 人：于瑞、杜育红

学院网址：www. bjiem. edu. cn

北京市计划劳动管理干部学院简介

北京市计划劳动管理干部学院是经教育部和北京市人民政府审定批准的独立设置的市属成人高校，是 1999 年北京市首次举办普通高等职业技术教育的九所成人高校之一。学院以高等职业技术教育为主，以培养高级技术应用型人才为目标，学生毕业实行多证书制。由于学院高等职业技术教育有特色，1993 年北京市首次高等职业技术教育经验交流会在该院召开。学院坚持“质量为本，创新为魂”的办学理念。在首都成人高校评估验收中，该院被评为“A”级院校。该院自 1992 年连续 12 年被评为“首都文明单位”和“首都文明单位标兵”。

学院拥有现代化的教学楼、实习实训楼以及学生公寓、食堂、浴室等配套设施。除具有图书馆、阅览室、微机教室、语音教室外，还建有计算机网络、会计、电子商务、人力资源管理、劳动与社会保障、电子政务等专业模拟实训室以及机械加工、电工、电子、数控加工中心、空调制冷、热能控制、汽车检测与维修专业等先进的实习车间。学院与法国国民教育部、法国雪铁龙公司联合成立了设在本院的“北京雪铁龙客户服务培训中心”，雪铁龙公司为该中心提供了全套现代化汽车检测设备，并有法国专家常年任教，该中心是学院汽车专业的主要实训基地。学院所有教室都安装了61英寸背投电视，能实现多媒体教学和网络学，为提高学生的学习效果和实操能力创造了良好的条件。

学院设有劳动经济管理系、工商管理系、安全工程系、职业技术教育系，现有15个专业，其中劳动与社会保障专业创办于1997年，2002年被市教委批准为北京地区高校高职高专教育专业教学改革示范专业，2003年1月被教育部批准为部级高职高专教育专业教学改革试点专业。学院是在京承担部级紧缺人才培训工程的两所高职院校之一。

学院拥有一支专业结构、学识水平与年龄层次合理的双师型专职师资队伍，其中具有高级职称的教师占35%；学院利用现代化教学设施，实施电子教学、多媒体教学、案例教学、实物场景教学等；学院为此建立了各种专业软件模拟实验室，为电子教学和多媒体教学提供了条件；同时聘用一批具有高级职称和实践经验丰富的兼职教师，共同完成高职学生的培养任务。

学院还建有生产实习指导教师培训中心，是北京市劳动和社会保障局授权的职业技能鉴定所，也是北京市高校职业技能鉴定考评基地；除本院的职业技能鉴定外，还负责清华大学、北京理工大学等6所高校的职业技能鉴定工作。学院设有毕业生就业指导工作委员会，配有专职工作人员，各系均有就业指导工作组，共同负责全院毕业生的推荐就业工作。学院现有在校大专生3 500余人，学生的“多证书制”培养模式受到用人单位的欢迎，就业率达到90%以上，其中汽车检测与维修和机电应用技术、物业工程管理专业毕业生就业率达100%。

北京广播电视大学简介

北京广播电视大学是一所以现代信息技术为主要手段，综合运用广播、电视、计算机网络、文字教材和视听教材等多种媒体进行远程教育的开放大学。

北京电大上与中央广播电视大学，下与所属分校（工作站），形成统筹规划、分级办学、分级管理、分工协作的远程教育系统。学校在全市各区县、各系统及部分中央在京单位设有50多个分校（工作站），构成覆盖全市、布局合理的远程开放教育网络。

北京电大以终身教育为己任，为社会各类成员的终身学习服务。目前学校已形成了本科、大专、中专多种层次，开放教育、成人高考统招、高职等多种形式的学历教育办学格局；同时大力开展各类岗位培训、考试培训、实用技术培训、老年教育等多种形式的非学历教育；积极建设远程教育的公共服务体系，为高等学校及其他教育机构提供远程教育学习支持服务。

北京电大拥有联接全市各区县分校（工作站）的宽带城域校园网、功能完备的卫星电视和VBI、IP接收系统、远程多媒体教学系统、远程教育信息传输和教学平台，形成了以计算机网络为基础，三级教学平台互动的远程教育教学环境。学校以学生和学习为中心，能够为学生提供网上教学、面授辅导、E-mail答疑、BBS讨论、电话咨询等多种形式的教学辅导和完善的学习支持服务。

北京教育学院简介

北京教育学院成立于1956年，是北京市教委直属的一所独立设置的成人高等师范学校，主要承担着基础教育、成人教育和职业教育教师及管理干部的本、专科学历教育和进修培训，同时面向社会培养各类高等职业技术人才。北京教育学院建院近50年来，经过几代人艰苦奋斗、不懈耕耘，已成为北京市教师培训基地、干部培训基地和党建研究中心（简称“两个基地一个中心”）。

目前，学院共有教职工603人，专职教师238人，其中教授12人，副教授98人，获曾宪梓教育基金奖10人，享受国务院及北京市政府特殊津贴的专家13人，全国优秀教师2人，北京市优秀教师和优秀教育工作者12人，北京市成人院校中青年骨干教师22人。在校学员15 000余人。

学院积极探索新的办学模式，广泛开展国际教育交流，与美国、日本、马来西亚、泰国、挪威、澳大利亚、新西兰、韩国、蒙古国等国家的教育机构建立了学术交流与合作关系，聘请外籍教师从事教学、科研活动。

学院占地面积86亩，建筑面积8万平方米。为方便学员就读，在城区四个校区办学：文科部、教育科学与管理部、信息技术部、初等教育系、外语系等设在德外黄寺大街什坊街2号院本部；综合理科部设在西直门外文兴街2号；体育艺术部设在地安门黄化门5号；职业教育部设在北二环鼓楼外大街56号。学院还与区县教育学院分院、教师进修学校和其他各类成人培训机构建立教学培训的联合体。

北京教育学院作为首都普、职、成三教融通的校长、教师的培训基地，全院教师“心系首都教育、造就首都教育家，情系学院发展、营造教师发展摇篮”，肩负着为北京市基础教育、中等职业教育和成人教育输送高水平师资的光荣而艰巨的任务，在北京率先基本实现教育现代化的发展战略中发挥着重要作用。

陕西航天职工大学简介

陕西航天职工大学是经教育部批准成立、由中国航天科技集团主管的一所正规化全日制高等教育院校。

学校位于古城西安南郊航天城内（中国航天科技集团第六研究院），南邻古长安文化风景区，北接高校林立的西安文化区。在航天高科技气氛的熏陶下，人杰地灵，钟灵毓秀。学校拥有设施完善、设计前卫的教学楼、图书馆、学生公寓楼、微机室、实验室、电子阅览室、语音室、运动场、食堂及生活服务设施，并拥有全国计算机等级考试辅导站。学校面向全国招生，生源现已覆盖11个省市、自治区。现已具有普通高等职业教育，成人大、中专，与西工大联办的工程硕士研究生教学班等，形成了以学历教育为主，中、高等职业教学并重的办学格局。

在办学过程中，该校始终将自身的优势与社会需求进行有机的结合，及时了解人才需求，掌握市场脉搏，先后开设了惯性仪表与导航、计算机信息管理、物业管理、经济信息管理与计算机应用、机械电子工程、临床医学、高等护理、英语、会计电算化、文秘与办公自动化、法律、工商管理、电子商务、科学管理、投资经济与管理等专业，深受广大考生的欢迎和认可。办学近20年来，始终坚持严格遵循国家教育方针，将严谨务实的治学态度和无私奉献的航天精神认真贯彻到教书育人的每个环节，以全新的内部运行机制、良好的教学与服务质量，为社会各界培养出大批合格的应用型、复合型人才。毕业生已成为航天、医疗、电子、机械、商业、通讯、电子网络等行业的骨干，为社会作出了卓越的贡献。

齐齐哈尔铁路运输职工大学简介

齐齐哈尔铁路运输职工大学坐落在美丽的鹤乡——齐齐哈尔市，学校创建于1980年，是经铁道部批准、教育部备案的全国成人高等学校。

建校20多年来，在铁道部、哈尔滨铁路局的大力支持下，经过几代教职工励精图治、艰苦创业，学校已经发展成为具有铁路专业特色的专科院校。现有铁道运输、铁道机车、铁道车辆、电信工程、计算机、铁道工程、经济管理7个系，专科开设26个专业。2001年该校与北京交通大学联合办学，成为北京交通大学现代远程教育齐齐哈尔教学中心，开办10个本科专业，面向哈局招收专升本学员。

学校建有22个专业实验室、16个实习实训基地，拥有P3/P4计算机近千台，实验室建设的规模与质量居同类高校的前列。教学仪器设备总价值3 000多万元，馆藏图书20万册，中外文期刊300余种。

学校师资力量雄厚，现有教师168名，其中具有副教授以上职称的教师69名。学校学术氛围浓厚，近年来有200多人次参加各种学术组织，在国外及国内省级以上学术刊物或会议发表论文900余篇。目前学校有全日制专科在校生2 136名，函授专科生 5 037名，还有与北京交通大学联办本科学生3 079名。

建校以来，学校始终坚持“主动适应、主动服务”于铁路运输生产和改革发展需要的办学宗旨，已先后为路内外输送大专毕业生10 000余名，通过联合办学方式培养本科生700余名，完成各种非学历培训34 000多人次。多数毕业生成为本单位业务骨干，部分已走上领导岗位。近年来围绕高职高专教育的培养目标，学校不断调整专业设置和教学内容体系，深化教学改革，强化能力培养，突出应用性、针对性，教学质量进一步提高，赢得了广泛的社会信誉。铁道部彭开宙副部长来该校视察工作时指出：“齐职大发展得很好，领导班子很团结，工作做得不错。”

目前，学校形成了团结、勤奋、求实、创新的良好校风，正以昂扬的士气，与时俱进，开拓创新，向着具有铁路特色、全国一流的成人高校迈进。

学校地址：齐齐哈尔市铁锋区龙华路庆胜街6号（邮编：161000）

联系电话：0452—2141372，2926461

网　　址：www.qqhrrc.com

国家法官学院简介

国家法官学院成立于1997年。其前身为全国法院干部业余法律大学（1985—2001）与中国高级法官培训中心（1988—1997）。

国家法官学院是最高人民法院所属的国家级法官培训机构，也是教育部批准设立的成人高等法律院校。学院承担的主要任务是预备法官培养与高级法官培训，同时也承担大学本科及专科学历教育。

国家法官学院坚持以邓小平理论和党的基本路线为指导，按照“三个代表”重要思想的要求，以培养具有现代法律意识和司法理念、适应新时期审判工作需要的审判专业人才及司法辅助人才为目标，贯彻理论联系实际、学用一致、按需施教、讲求实效的原则。学院现有专、兼职教授33名、副教授21名、讲师29名。

在最高法院的领导下，国家法官学院致力于建设现代化的、与国际接轨的全国法院系统教育培训基地与应用法学研究中心。在依法治国进程中，国家法官学院必将为促进人民法院改革，实现法官职业化，提高审判水平和效率，建立并完善具有中国特色的司法制度，作出积极的努力和贡献。

国家检察官学院简介

国家检察官学院是最高人民检察院直属的成人高等院校，是我国培养高层次、高素质检察人才的最高学府。

最高人民检察院于1989年创办中国高级检察官培训中心，1991年成立中央检察官管理学院，1998年更名为国家检察官学院。学院的主要任务是对地方各级检察长和高级检察官进行资格培训和继续教育，培养高素质检察官；同时面向社会，开展学历教育，培养应用型法律人才。

国家检察官学院位于北京著名风景区西山八大处，毗邻香山和奥运射击场馆，现有校园面积55亩。经国家发改委批准，学院扩建工程已于2004年动工，校园面积将达到300亩，建筑面积达到6万平方米以上。学院现有藏书8万余册；拥有现代化的电教中心、计算机房、语音教室、多媒体教室和阶梯教室、学术报告厅、多功能厅等教学设施；有篮球、排球、羽毛球、网球场等运动、娱乐设施，是一个设施完备、环境优美的教育培训基地。

国家检察官学院拥有一支以专职教师为主，专、兼、聘相结合的教师队伍，现有专职教师50多名，其中教授10名，副教授12名，博士12名；聘任38名国内外知名教授和学者为兼职教授、客座教授，邀请各学术领域的专家及检察业务专家授课。

国家检察官学院重视开展法学和检察理论研究，坚持“以教学带动科研，以科研促进教学”。学院编辑出版的《国家检察官学院学报》、《检察实践》、《检察论丛》三份学术刊物，在检察学理论研究和检察业务工作中发挥了积极作用。

国家检察官学院积极开展对外交流和国际合作，最高人民检察院检察官国际交流中心设在该院。先后有30多个国家的高级司法官员和学者来该院访问、讲学和研修。学院与法国、韩国、美国、英国、日本、加拿大、澳大利亚等10多个国家以及我国港澳台地区的法学教育培训机构和学术组织保持着稳定的联系，开展了多种形式、富有成效的交流和合作。

国家检察官学院的建设和发展得到了两代中央领导人、最高人民检察院历任领导的重视和关怀。邓小平、江泽民同志先后为学院题写院名，罗干、乔石、李铁映、陈丕显、彭冲、杨易辰、刘复之、张思卿、韩杼滨、贾春旺、罗豪才、王文元等领导同志先后视察学院，表达了对检察教育事业的重视和关怀。

天津市医药职工大学简介

天津市医药职工大学创建于1981年，是由天津市人民政府批准，经教育部备案，面向全国招生的多功能、多层次、多形式的综合性职工大学。学校以培养具有大学专科水平的医药高等应用人才为己任，学员毕业后颁发国家承认的大学毕业证书。

学校坐落在天津市北辰高教园区，学校占地面积102余亩，拥有南北两个校区三座教学楼、一座实验楼、一座能容纳1 200多名学生的宿舍楼、两个学生食堂和洗浴室；设有无机化学、有机化学、生物化学等教学实验室15个，计算机房3个，配有高档微机120余台，先进语音室2个，并配备了卫星接收系统。学校为学生配备了两座图书馆，馆内有藏书10万余册，各种报刊资料100多种。学校的全部设施为学生提供了优越的学习和生活条件。

学校现有教职员工193名，其中副教授9人，高级讲师40人，高级实验师2人，中级职称68人。所开设的专业课程有药学、制药、医药经营、中药制药，各专业均有高级职称的学科带头人负责把关教学，教学严谨，管理规范。学校以“崇德、严谨、勤奋、创新”为校训，形成了严谨治学、教书育人、勤奋学习、团结守纪的良好校风，是广大有志于投身于医药事业的学子的理想学府。

河北地质职工大学简介

河北地质职工大学隶属河北地质矿产勘查开发局，成立于1979年，1982年经河北省人民政府批准、教育部备案成为独立建制的高等学校，经过20年的发展已成为长江以北唯一一所具有地学特色的高等学校，是地矿行业和国土资源系统人才培育中心、省级文明单位。

学校办学实力雄厚。教师队伍年龄结构合理、学历层次高、实践经验丰富；教学设施齐全，有各类实验实习室、图书阅览室、电子阅览室、微机操作室、语音教室、闭路电视教学系统及多媒体教学设备；后勤设施完备，是理想的育人场所。

学校十分重视人才培养，坚持把教学质量放在首位。努力把学生培养成基础厚、知识宽、素质高、能力强的创新型人才。20年来，毕业生遍及河北省各地及大江南北。经过生产实践锻炼，大部分毕业生已成为工程师、高级工程师或担任重要领导职务，为祖国的基础工业作出了贡献。

中国人民公安大学简介

一、学校概况

中国人民公安大学是公安部直属的综合性高等学校，创办于1948年7月，历经华北公安干部学校、中央公安干部学校、中央人民公安学院和中央政法干部学校等时期。1984年1月，改建为全日制中国人民公安大学。1998年2月，中国人民公安大学与原中国人民警官大学合并，组建成新的中国人民公安大学。2000年10月，原北京交通人民警察学校划归中国人民公安大学。现有木樨地、团河和沙河三个校区，占地面积1 000余亩。党和国家三代领导集体对公安大学都很关心，毛泽东、李鹏、李岚清等同志为学校题词。彭真、罗瑞卿同志曾兼任过学校校长。学校坚持学历教育与在职培训相结合，建立并形成了包括博士研究生、硕士研究生、本科、专科等不同学历的教育层次，以及成人脱产、函授、夜大、自考等多种形式在内的成人高等教育体系，为公安系统培养了大批专门人才。学校设有10个系、4个教学部、1个博士学位授予点、10个硕士学位授予点、6个本科专业和13个专业方向，专业和专业方向覆盖了治安、侦查、国内安全保卫、刑事科学技术、网络信息安全、安全防范、交通管理、警察管理、涉外警务等公安业务工作。现有教学科研人员500余人，其中教授、副教授200余人。学校拥有比较先进和完备的教学科研基础设施，图书馆现有藏书62万余册，是公安系统藏书最齐全的图书馆。中国人民公安大学成人高等教育在以“教育要面向现代化、面向世界、面向未来”的办学思想指导下，以提高教育质量、服务公安一线为核心，锐意改革，积极探索成人高等教育发展的新思路，努力为公安队伍建设服务。

学校热烈欢迎公安民警和有志青年积极报考。

二、考生须知

（一）招生对象及范围

在职公安民警（生源计划表中招生范围一栏为“直属”）；具有高中（含中专）以上文化水平，有志于学习者（生源计划表中招生范围一栏为“非直属”）。

有关成人招生信息可通过中国人民公安大学校园网成人招生信息栏目查询：www.cppsu.edu.cn。

（二）专业设置及招生范围

1. 法学（专升本 函授）、法学（专升本 业余）

2. 法学（专科 函授）

（三）毕业待遇

学习期满，考核合格，颁发国家承认的成人本科、专科毕业证书；符合我校成人高等教育本科毕业生学士学位授予条件的，授予相应学士学位。

学校地址：北京市西城区木樨地南里甲 1 号（邮编：100038）

成人招生办电话：83903177，83903178

联 系 人：王航宇、姚晓龙

通信地址：北京市西城区木樨地南里甲 1 号公安大学成人招生办

中国青年政治学院夜大学简介

中国青年政治学院夜大学是 1985 年经团中央和国家教委批准备案的成人高等教育学校，自开办以来，已为社会培养了2 000余名毕业生。为了满足广大团员和青年入学深造的强烈愿望，适应选择职业的需要，2004 年各专业继续招生。

一、招生专业

本科：法学

专升本：法学、经济学

专科：行政管理、经济管理、文秘、法律

二、学制、学历

专科学制三年，本科学制五年，专升本学制三年。学生学完本专业规定的全部课程，经考试合格，颁发大学本、专科毕业证书，国家承认其学历。

三、招生对象

面向社会招生，考生自由报考。具有高中文化程度或同等学力，不受工龄、年龄限制，均可报名，凡已取得国家承认的大专以上学历者，可报专升本专业。

四、主要专业课程设置（根据社会发展需要，课程可调整）

各专业公共课：计算机基础知识、英语、哲学、逻辑学、写作等。

1. 行政管理专业：政治学、经济管理、行政管理、现代管理学、管理心理学、经济法、社会学、法学概论、公共关系、档案管理等。

2. 经济管理专业：经济数学（微积分、线性代数）、国民经济管理学、会计学原理、财政与金融、经济法、社会经济统计学、市场营销、西方经济学、管理心理学等。

3. 文秘专业：行政管理学、公共关系学、社会学、管理心理学、档案管理学、秘书学、写作、现代汉语等。

4. 法律专业：法学原理、宪法学、刑法学、民法学、知识产权法、经济法学、行政法学、刑事诉讼法、行政诉讼法、民事诉讼法、婚姻法、合同法等。

5. 法学本科：除学习法律专科课程外还学习国际私法、国际公法、中外法制史等。

6. 法学专升本：除学习法律专科课程外还学习司法文书、商法、税法、国际私法、国际经济法、保险法等。

7. 经济学专升本：线性代数、概率论与数理统计、货币银行学、企业管理、统计学、国际经济学、市场营销、国际金融、经济学说史、计量经济学、发展经济学、国民经济管理学。

五、授课时间

根据成人教育的特点和方便工作的原则，初步拟定每周六白天（8:30—16:30），另加两个晚上（18:00—20:30）上课。

六、报考方式

8月中旬在网上报名，参加10月份全国成人高校统一考试。专科考试科目：语文、数学、英语，本科加试地理、历史综合卷；法学专升本考试科目：政治、英语、民法；经济学专升本考试科目：政治、英语、高数（二）。凡成绩达到市招办确定的录取分数线的考生，学院全部录取并寄发录取通知书。

学院开办成人高考补习班、法学专升本辅导班，于即日起开始报名，聘请多年从事成人高考补习的教师授课。授课时间至9月底。联系电话：88567023，联系人：徐老师。

学校地址：海淀区西三环北路25号。

乘车路线：乘15、300、323、374、704、708、811、817、818、849、944、962、967、968、特5、小12、运通103、104、108路汽车至万寿寺站下车，路西，校内南教学大楼四层东侧428办公室。

联系电话：68425632，88567510

联 系 人：侯老师、时老师

国际关系学院简介

国际关系学院地处北京西北郊风景区，西望颐和园，东邻圆明园，毗邻北大、清华、中央党校等著名学府和中关村科技园区，精英荟萃和人杰地灵的条件使其地理位置和教育科研环境十分优越。

国际关系学院拥有50多年的成长和发展历史，以培养国家高级涉外工作专业人才著称。

国际关系学院拥有一支新老结合、忠诚敬业的优秀教师队伍。他们中既有多年从事国际事务工作、学术造诣深厚的专家学者，也有在教学岗位上成绩斐然、多次获得国家级奖项的知名教授。

国际关系学院具有先进的网络信息系统和电话教学设施，教学科研综合设施条件和学生人均占有资源已达到国内同类高校的先进水平。

北京电子科技学院简介

北京电子科技学院是一所为全国各级党政机关培养信息安全通信、信息系统安全、电子政务与办公自动化、管理与秘书专门人才的高等院校。学院隶属于中共中央办公厅。

北京电子科技学院的前身是1947年8月创建于河北平山的中央工委青年训练班，由中央工委直接管理。55年来，它经历了张家口军委工程学校、北京电子专科学校和北京电子科技学院等发展时期。

学院建校55年来，一直得到党中央和中央办公厅领导的关怀和重视。江泽民同志亲笔为学校题写校名并题词。温家宝、曾庆红、王刚等中央领导同志为学院的发展和建设作过许多重要指示并多次亲临学院视察工作。学院的建设和发展有得天独厚的政治优势和各项保障。

北京电子科技学院设有四个本科专业系：电子信息工程系、计算机科学与技术系、通信工程系、行政管理系；一个部：基础学科教学部；三个中心：实验教学中心、科研中心、成人教育中心；三个实习基地：电子实习基地、计算机实习基地、专业实习基地。教学设施优良，设备先进，生均教学资源在同类高校中名列前茅。这些年来，学院为党和国家输送了一大批高素质的人才，不少还走上了省、市、县的领导岗位。学院注重学生综合素质和创新能力的培养，在近年举行的全国大学生电子设计竞赛、全国数学建模比赛等各种比赛中学生均获得好成绩。学院面向全国招生，为提前录取院校。学生毕业前统一进行公务员考试，考试合格者发给公务员合格证书，根据用人单位需要，可由学院推荐到有关党政机关工作。

学院拥有一支学历、年龄结构较为合理的教师队伍。其中教授 16 名，副教授 62 名，博士硕士 59 名。有一批北京市级优秀教师和学科带头人，12 名有突出贡献者荣获政府特殊津贴。学院近四年完成教学科研立项 26 项，获省部级教学成果奖 2 项，有多项科研成果获省部级奖。2000 年 3 月，学院以鲜明的办学特色和较好的教学质量顺利通过教育部关于本科教学的合格性评价。

北京电子科技学院新校区位于北京市丰台区富丰路 7 号，占地 140 余亩，主要建筑包括 9 个功能齐全的多媒体教室的教学楼和电教中心、图书馆、文化艺术中心、学生公寓以及集餐饮、服务、娱乐为一体的综合服务楼。先进的教学设备，美丽的校园环境，为师生学习、工作和生活提供了良好的条件。1993 年以来，学院先后被北京市教委和北京市政府授予“文明校园”和“首都文明单位”称号，并一直保持着这两个光荣称号。

学院成人教育招生工作由学院成教中心学历部负责。

联系地址：北京市丰台区富丰路 7 号（邮编：100070）

联系电话：63742118

E-mail：cjzxxlb@besti. edu. cn

外交学院简介

外交学院是较早举办成人高等教育的院校之一，1985 年经教育部批准成立夜大学。1994 年成立成人教育部，负责全院成人学历教育和非学历教育，管理夜大学、外交部干部英语进修班的行政和教学工作，同时负责外交学院对外培训中心的管理。随着外交学院教育教学改革的深入发展，2000 年成人教育部已更名为成人教育学院。目前成教院设有英语、法语、日语、法学、国际经济与贸易等专业，以及高中起点升专科、高中起点升本科、专科第二学历、专科起点升本科等办学层次。本科学生完成教学计划规定的教学内容，考试成绩合格，并符合国务院学位委员会《关于授予成人高等教育本科毕业生学士学位暂行规定》的要求，学院将授予学士学位。2003 年英语专业本科毕业生 63 人取得了学士学位。2004 年在校学历生 900 多人，外交部干部英语进修班一个班，英语培训学员 700 多人。

成教院十分重视教学质量，聘请教学水平高、教学经验丰富、责任心强的教师任教；在教学计划的制定和执行、课堂教学和学生管理、课程考核和毕业诸方面都有严格的要求；不断总结办学经验，探索成人高等教育规律，逐步完善各项管理制度；同时更注重通过教学和管理的各个环节对学生进行热爱祖国、坚持四项基本原则教育，坚持邓小平理论和“三个代表”重要思想教育，培养他们具有扎实的专业知识、实际应用能力和开拓创新精神，使之成为德才兼备的复合型人才。

成教院重视教师队伍建设，积极引进人才，逐步形成一支起点高、年轻化、创新意识强、知识结构合理的专职教师队伍。随着成人教育事业的发展，成教院已在外省市开办了成人高等函授教育，并积极探索与国外名牌大学和教育机构合作办学的可能性。

成教院是一个能让全体工作人员充分展示自己才华、团结而充满活力、不断进取的集体。在外交学院党委领导下，成教院将本着以人为本，以学生为本的原则，努力为广大愿意来学习、进修、深造的各类学生服务。

北京体育大学简介

北京体育大学是全国唯一一所重点体育大学，师资力量雄厚，教学质量高，面向全国招生。成人教育学院主要由函授和进修两大类组成。

函授教育主要招收教练员、运动员、业余体校教练员和体育管理干部及大中小学在职体育教师。学员以自学为主、面授为辅，面授时数占总计划时数的三分之一，通过自学、面授、作业、辅导、答疑、考核六个环节完成学习任务。该校的函授教育自1982年恢复招生以来，至今已培养出不少著名的教练员、运动员、体育管理干部及体育教师。

目前，北京体育大学成人教育学院已有一支业务水平较高、事业心较强、相对稳定的教师队伍。承担进修教学任务的30名教师中，正副教授占90%；承担函授教学任务的50名教师中，正副教授占87%。现有在学人数：函授生4 000多名；进修生60名。

为进一步提高北京地区各级体育教师及教练员、运动员的专业水平，2004年继续在北京地区招收体育教育专升本科学员，计划招收60名，并可根据上线人数增加计划，按考生总成绩从高分到低分择优录取。

招生范围是各级体育教师、教练员、运动员及体育管理干部（包括应届专科毕业生）。符合免试条件的考生，请参照北京教育考试院的招生章程中所规定的免试条件，在8月28日到北京教育考试院成人招生办公室办理免试手续。

新生入学后利用寒暑假在北京体育大学校内面授。对已录取报到的新生，学校将进行全面复查，对其中不符合条件或弄虚作假、违纪舞弊者，无论何时发现，一律取消其入学资格，并报相关机构备案。

收费标准为2 300元/学年·人。

专升本科专业课加试报名在8月27日—29日进行，报名地点在北京体育大学成人教育学院。考试安排在10月24日上午9:00—11:00进行，加试科目为“学校体育学”，加试地点在北京体育大学教学楼。加试成绩作为录取的条件之一。

另外，运动训练专业的专科和专升本科将参加国家体育总局组织的单独招生考试，于5月至7月在北京体育大学成人教育学院报名，考试时间为11月第一周的周六和周日。体育教育专业专科计划招生30名，不对社会招生。

学校地址：北京市海淀区中关村北大街北京体育大学成人教育学院（邮政编码：100084）

校内办公地址：北京体育大学办公南楼216室

咨询电话：62989375，62989397

网　　址：www.bsu.edu.cn

E-mail：cjxy@bsu.edu.cn

中央戏剧学院成人教育学院简介

中央戏剧学院是教育部直属院校，是一所以戏剧影视艺术教育为主的艺术类大学，是中国戏剧艺术教育的最高学府之一，是我国戏剧、影视艺术教学与科研的中心，是从事戏剧影视艺术训练和实践的重要基地。

中央戏剧学院于1950年4月正式成立，毛泽东主席亲笔题写校名，前身是延安鲁迅艺术学院、华北大学文艺学院、南京国立戏剧专科学校。著名戏剧家欧阳予倩、著名表演艺术家金山、著名导演艺术家徐晓钟先后担任院长，曹禺、张庚、光未然、沙可夫、李伯钊等著名戏剧家曾担任过学院领导职务。党的三代领导人毛泽东、周恩来、朱德、彭德怀、陈毅、杨尚昆、李铁映、李岚清都曾先后接见中央戏剧学院师生和视察学院指导工作。

中央戏剧学院的校训是：团结、勤奋、严肃、活泼、创造。建院50年来，在坚持现实主义艺术原则的基础上，深入研究我国民族艺术的美学精神并广泛吸收西方现代戏剧中一切有价值的成果。在教学中，坚持理论与实践相结合，学生的基本功、基本技能、基础理论与独创性素质相结合；专业水平与道德情操并重，在艺术教学与实践中积累了深厚的艺术教育经验，经过不断的探索与实践，形成了自己的办学风格和教育体系，有着精研的学术传统和较高的学术地位，树立了良好的社会形象。

在培养的毕业生中，表演、导演、舞台美术、剧本创作、理论批评与艺术管理方面的高层次专业人才已遍布全国各省市的剧院（团）、电影厂、电视台、文艺刊物、研究机构和艺术院校，成为各个领域、各个部门的支柱力量。他们中的相当一部分人已成为蜚声中外的艺术家、学者、教授和作家。他们中有多人多次荣获文华奖，“五个一”工程奖，戏剧梅花奖，振兴话剧奖，电影金鸡奖、百花奖，电视金鹰奖、飞天奖以及国际电影大奖，如金熊奖、金狮奖、金拐棍奖、奥斯卡奖提名等，取得了令人瞩目的成就。此外，在中央戏剧学院学成回国的外国留学生遍布五大洲，成为传播中国戏剧文化、促进中外文化交流的使者。

中央戏剧学院成人教育学院成立于2001年，系中央戏剧学院所属二级学院，位于南四环与京开高速公路交叉点，占地30 000平方米，建筑面积逾49 000平方米。

中央戏剧学院成人教育学院继承和发展了中央戏剧学院严谨、求实的办学风格，坚持育人为本，以创新、求发展的思路，严格管理，注重教学质量，充分依靠学院学科齐全，师资力量雄厚的优势，开设了成人专科起点升本科、高中起点升专科、高中起点升本科等多种办学层次，努力为社会、艺术团体培养实用型的艺术人才。

学院内各项教学设施完备，设有52个排练教室、7个声乐台词教室、7个史论教室、5个形体教室、3个化妆教室、2个设计室、3个画室、2个服装教室、1个计算机教室，还有一个服装道具库，拥有数千件服装道具，为学生排练以及教学实习演出提供便利。教室内配有钢琴、电视、VCD、幻灯机、投影仪等现代化专业教学设备。

学院目前有表演（包括模特表演、儿童戏剧影视表演、相声表演）、导演（包括戏剧导演、戏剧影视导演）、舞台美术（包括舞美设计、人物造型、音乐音响设计）、戏剧文学和艺术管理五个专业，在校学生约1 100余人。2005年还增设了戏剧影视表演武功剧特长生班。

学院小剧场可容纳282名观众，是师生进行表导演汇报演出的良好场所，并以多媒体方式将两个阶梯教室及史论教室相连接，近800人可同时进行多媒体教学或召开大型电视会议。

成教学院建院之初，学院领导首先着手建设的是图书馆。到目前为止，图书馆已有藏书5万余册，平均每位学生45本书。图书馆现有面积550平方米，可容纳120人同时阅览。

遵照国家的有关规定，学院实行比较彻底的后勤社会化，后勤管理井井有条。根据学生的需求，后勤部门提供经济间、标准间和高档间三种规格的学生宿舍及学生公寓。大部分宿舍内配有彩电、VCD、饮水机、冰箱、空调、电话等现代化设施，宿舍楼内备有太阳能热水器，提供热水。

大食堂分为上下二层共计1 400平方米，可同时供应1 300人就餐。学校还设有清真食堂，为少数民族同学提供清真饮食。

综上所述，可以看出，中央戏剧学院成人教育学院具备良好的教学设施以及出色的教师队伍。同时，成人教育学院还拥有一支作风严谨、经验丰富、富有开拓精神的教学管理队伍。为了保障稳定与良好的教学秩序以及高水准的教学质量，学院成立了以导演、表演、戏剧文学、舞台美术等专家教授组成的“综合教研室”，监控并指导教学。

在稳定教学秩序的前提下，学院又在不断地进行教学改革。学院领导在反复地研究教育部有关成人教育大政方针后，在一系列教学研讨会的基础上，充分地吸收中央戏剧学院50年来的办学经验，对成教学院的教学进行了全面的、力度较大的改革。以表演专业为例，在专科的两年教学中，减掉“外国戏剧史”、“中国话剧史”、“中国戏曲史”等史论性课程，而加强专业技能技巧、艺术鉴赏等课程，从而形成以专业课、技能课以及鉴赏课为中心的三足鼎立之势，将上述“三史”等理论课程推到本科阶段去。学院相信，经过这样的改革，学生在专科学习阶段所掌握的知识将更加具有实用性，更能够适应演艺市场的需求，同时也在很大程度上将专科教学与本科教学分别开来，在本科阶段再加强史论方面的教学。这样的结果，必然使得专科、本科的教学疏朗起来，专业技能与专业理论更加条理化；亦可形成成人戏剧艺术教育的塔式结构，即专科具备一个庞大的基础，随着学历层次的逐渐上升，人数逐渐缩小，从而为学院本部的研究生提供一批又一批后备军，为祖国培养出各个层次的、适应不同需求的戏剧艺术人才。

成教学院充分发挥每位员工的潜力。为了促使教材与教学参考资料编写与出版的顺利进行，学院成立了“编辑委员会”，委员会由院长亲自挂帅，三位副院长及部分员工参与其间，负责组织教材的编写与出版。一部近400余万字的“中央戏剧学院教师文库”（包括《论表演》、《论声、台、形》、《论导演》、《论戏剧》、《论名剧》、《论舞台美术》等6种8册）已由中国戏剧出版社正式出版。该文库集中了中央戏剧学院建院50年来包括已故的、离退的、在职的专家教授的学术成果，集中展示学院在戏剧理论建树上的卓越贡献。更重要的是，她的出版，为全体“中戏人”，那些毕业的、在读的学生们，提供了阅读上的方便。学院还建立了中央戏剧学院成人教育学院网站，通过网站公布学院的重大事件，加强其与社会的广泛联系。网站中设有戏剧艺术人才库，为学生提供一个与社会广泛接触的良好空间。

中央戏剧学院成人教育学院敞开着大门，热烈地欢迎每一位求知若渴者。当你走进成教学院后，你一定会欣慰地说：“我不虚此行。”

学院地址：北京市丰台区马家楼路125号（邮编：100070）

咨询电话：9516888156，83720288，83720301

网　　址：www.zhongxiCJ.com

E-mail：zxcjzs02@263.net

北京大学简介

坐落在北京西郊著名园林风景区的北京大学是教育部直属的重点综合大学，她以光荣的革命传统和悠久的历史而闻名，以学科齐全、师资力量雄厚、科研成果显著而著称，以科学信息密集、校风优良而吸引着海内外莘莘学子。

北京大学的成人、继续教育是学校教育事业的重要组成部分，其历史可以上溯到1918年。当时任北京大学校长的著名民主革命家、教育家蔡元培先生就积极倡导平民教育，在北京大学开办了“平民夜校”和“校役夜班”。这一举措不仅翻开了北京大学成人、继续教育史上的第一页，也首开中国高等学校举办成人教育的历史先河。

新中国成立以后，北京大学继承和发扬了举办成人、继续教育的优良传统，早在20世纪50年代初就积极开展以培养社会主义建设者为目的的工农大众业余教育，并以接受行业系统委托，吸纳在职人员插班、进修等方式培养了大批科技、文化骨干，1956年开办了函授教育。

改革开放以来，北京大学进入了新的历史发展时期，以人才济济、硕果累累、改革进取的崭新形象立于世人面前。北京大学的成人、继续教育继承和发展了爱国、进步、民主、科学的传统和勤奋、严谨、求实、创新的学风，在各方面都取得了显著的成果，初步形成了多渠道、多规格、多层次、多形式和多学科的办学新体系。几十年中，北京大学成人、继续教育共向社会输送本、专科毕业生近4万名，非学历教育（含大学后继续教育）结业生8万多名。

2000年4月3日，北京大学与北京医科大学合并成立了新的北京大学，原北京医科大学更名为北京大学医学部。医学部雄厚的师资力量和良好的教学、科研条件以及几十年来开展医学成人、继续教育的丰富经验为北京大学成人教育、继续教育的改革发展增加了新的活力，也使北京大学的成人、继续教育科类更加齐全，内容更加丰富，结构更加合理，体系更加完善，一个与世界一流大学相称的成人、继续教育体系正在形成。

北京大学的成人高等学历教育有函授、夜大学、成人脱产班、现代远程教育等多种形式，招生对象为在职人员及部分社会青年，层次有高中起点本、专科及专科起点本科，学生毕业时，成绩合格，由北京大学发给国家承认的毕业证书，本科毕业生符合要求者授予相应的学士学位。

现代远程教育是北京大学在1999年增加的新的办学形式。作为教育部直属的著名高等学府，北京大学被确定为开展现代远程教育的试点院校之一。1998年北京大学根据教育部的指示精神，迅速研究、确定了现代远程教育的技术方案，并投入资金千万元组织开发了卫星通讯与计算机网络相结合的现代远程教育系统。该系统的运行方式为：教师在北大的教室上课，技术人员录像后，通过数字转换进入计算机系统并制成课件。课件通过中国教育电视台“鑫诺Ⅰ号”卫星传到各教学中心，学员可在教学中心的多媒体教室集中上课，也可在计算机上单独点播课件学习，有的专业还可以在家里用光盘学习，同时通过计算机网络与北大老师交流，以完成讨论答疑等教学环节。在已建立视频会议系统的教学中心，学生还可按学校的安排与授课教师进行实时的双向交流。目前北京大学校本部已在全国18个省、市、自治区设立了31个远程教育教学中心，医学部网络教育学院也与全国31个医学院校合作，建立了相应的医学网络教育分院或教学站点。

北京大学继续教育部是负责统筹、协调、组织和管理全校成人、继续教育工作的机构，在新的一年里，继续教育部将在校党委和校长的正确领导下，认真贯彻科教兴国战略，稳步推进成人、继续教育改革，促进教育质量的不断提高，努力培养更多的优秀人才，为社会的进步、文明的发展和北京大学建设世界一流大学目标的实现作出更大的贡献。

清华大学美术学院成人教育部简介

清华大学美术学院成人教育部（原中央工艺美术学院成人教育部），成立于20世纪80年代中期，是该院全面负责成人学历教育与非学历教育的教学单位。

国家承认学历的艺术设计专业设有环艺设计、装潢设计、服装设计、展示设计、工业设计等专业方向，近年来还开设了绘画专业。学习形式分为全日制与业余制两种。艺术设计远程教育开设有环艺设计、平面设计两个专业。从1999年起，根据学院发展要求，不再招收大专层次的学生，全部为专升本层次。上述艺术设计专业符合条件的毕业生可获得清华大学授予的学士学位。

在办好成人学历教育的同时，成人教育部还受清华大学和美术学院的委托承担了接受国内访问学者和进修教师、艺术设计专业短期培训、专升本及自学考试考前辅导、寒暑假及双休日美术基础教育等非学历的教学任务。

近20年来，美院成人教育坚持了“学以致用，适应市场”的办学原则，教学宗旨是：与发展社会主义市场经济相适应，以美化人民生活为目标，培养热爱社会主义祖国、热爱专业，适应现代工业、现代科学技术、现代生活方式、现代审美心理的，具有独立设计能力、投身艺术设计事业的专门人才。

学院以培养德、智、体、美全面发展的社会主义建设者为根本任务，不断深化教学改革，注重教学质量，严格教学管理，坚持社会主义办学方向，依托清华大学美术学院的办学特色和学科优势，为北京市和全国各地培养了大批艺术设计人才，他们在各自的工作岗位上为繁荣和发展我国的艺术设计事业作出了重要的贡献。

在清华大学建设世界一流大学的总体规划指导下，成人教育部将会在美术学院的直接领导下，在学科建设、专业设置、教材建设方面有更新的突破，将会继续保持与发扬学院艺术设计学科的特色，更好地适应现代经济建设的发展对人才培养的需要。

中国人民大学继续教育学院简介

中国人民大学在抗日战争烽火中诞生，历经陕北公学、华北联合大学、华北大学不同的发展阶段，是中国共产党创办的第一所新型大学，自创建之日起，便与中国共产党和中华民族同呼吸、共命运，始终奋进在时代的前列。

以毛泽东同志为核心的党的第一代领导集体亲手缔造了中国人民大学，奠定了中国人民大学生生不息的精神底蕴。她不仅以独特的历史，更以雄厚的学术实力，一流的教学成果蜚声国内外。中国人民大学人才辈出、名师云集，新中国高等教育特别是人文社会科学高等教育许多开创性的工作都是在这里萌发、成长并推广到全国的，她无愧为中国人文社会科学教育的一面旗帜。

中国人民大学是新中国成人高等教育事业的开创者，中国人民大学继续教育学院是具体组织实施成人高等教育、网络教育的教学实体和教学管理部门，学院面向在职人员，以非全日制学历教育为主，适当开展各种层次和类型的继续教育。50年来，中国人民大学成人高等教育在办学规模、办学质量、管理水平和社会声誉等方面，一直保持着国内领先水平。

1951年，新中国领导人刘少奇亲自批示创办中国人民大学高等函授教育，开创了我国以函授形式举办正规成人高等教育的先河。组织实施高等函授教育的部门最初是“中国人民大学函授教育委员会”，后来是“中国人民大学函授部”，1959年中国人民大学成立了最早的学院兼有行政管理职能和教学职能的办学实体“中国人民大学函授学院”。中国人民大学夜大学创办于1952年，是新中国普通高校中成立最早的夜大学，1984年中国人民大学夜大学并入函授学院，1994年函授学院更名为“中国人民大学成人高等教育学院”。1998年，在远距离高等函授教育基础上，中国人民大学成立网络教育学院，中国人民大学网络教育学院是我国成立最早的网络教育学院，其所创办的“网上人大”也是我国第一所主要采用计算机互联网教学模式的网上大学。

2004年为了整合教育资源，完善中国人民大学继续教育的管理体制，促进继续教育事业的持续稳定发展，学校将“中国人民大学成人高等教育学院”和“中国人民大学网络教育学院”合并，组建了“中国人民大学继续教育学院 ”。

中国人民大学成人高等教育、继续教育创办50多年来，在全国30个省、市、自治区设有函授教学辅导站或现代远程教育校外教学服务中心，累计培养本、专科毕业生八万余人，为国家经济建设培养了大批高级专门人才，不少毕业生成为了业务骨干和领导干部。我校成人教育、继续教育一直以优秀的教学质量享誉社会，1987年被授予全国普通高校成人教育先进单位，1998年被评为全国成人高等教育评估优秀学校。

中国人民大学继续教育学院将充分发挥原有的品牌优势和资源优势，开拓进取，提高教学质量和办学效益，按照以成人业余本科学历教育为主，适当开展各种层次和各种类型的继续教育的定位，采用夜大、函授、脱产和网络教育等多种形式，探索发展继续教育的新途径、新模式，学院力争在校党委和校长的领导下，努力把中国人民大学继续教育学院办成特色鲜明、结构合理、教育教学质量全国领先、人民满意的继续教育学院。

中国人民大学继续教育学院现任院长为陈兴滨，副院长为顾宗连、缪代文、郝成义。

中国人民大学继续教育学院设有学院办公室、成人教育部、网络教育部、教学研究部。

成教部目前有本、专科在读生10 532人（其中函授生2 918名，夜大生6 460名，脱产班学生1 154名），所设专业有：会计学、国际金融、国际会计、国际贸易、市场营销、工商管理、贸易经济、金融学、财政学、国际经济与贸易、人力资源管理、法学、新闻学、行政管理、计算机应用、外事英语和现代商务等18个专业。夜大学是北京地区的主要办学形式，1992年夜大学率先在全国成人高等教育领域试行以弹性学制和网上选课制为基本特点的学分制改革。学院从1998年开始招收高中起点成人脱产本、专科班，采取全日制教学方式，实行学年制管理。

成教部在编教职工 99 人，其中教师 46 人（教授 6 人，副教授 29 人，讲师 11 人）；教学行政管理人员 53 人（副高级以上职称 3 人）。

网教部在读生4 万余人。有会计学、金融、国际贸易、市场营销、工商管理、财政与税收、公共事业管理、中文、法学等 9 个专业。网教部现有教职员工 152 人。在全国 22 个省、自治区、直辖市设有 59 个校外教学服务中心。几年来累计完成各类网络课程 200 余门，出版网络教育系列教材 60 余种，构筑了集教学与管理于一体的“网上人大”技术平台，初步形成了以“五位一体教师队伍”、“十大基本教学环节”、“完全学分制”、“预约考试制”等为主要特色的网络教育“人大模式”。

北京师范大学简介

北京师范大学是一所历史悠久、具有光荣革命传统和优良校风的百年老校，其前身是 1902 年创办的京师大学堂师范馆，在国家“七五”期间被列为重点投资建设的十所大学之一。1996 年被首批列入国家“211 工程”建设序列，1999 年作为有特色的重点大学得到了国家和北京市的支持。2002 年 9 月 8 日，北京师范大学在人民大会堂隆重举行建校 100 周年庆祝大会，党和国家领导人江泽民、朱镕基等出席大会。江泽民同志作了关于教育创新的重要讲话，充分肯定了北京师范大学百年办学成就。

北京师范大学现有本科专业 52 个，有硕士学位授权点 127 个、博士学位授权点 69 个，14 个一级学科拥有硕士、博士学位授予权。学校现有教职工2 884人，有 22 个学院、6 个系和 14 个研究所。现有专任教师近 1 200余人，其中具有博士学位的教师占教师总数的 48.7%。有两院院士 14 人，国务院学科评议组成员 13 人，“长江学者”特聘教授 8 人。现有在校全日制本科生8 000余人、研究生5 000余人、留学生2 000余人。

北京师范大学积极开展国际学术交流与合作，与 30 多个国家和地区的百余所大学、国际组织和企业建立了经常性的交流协作关系。

北京师范大学以“学为人师，行为世范”作为校训，高度重视教育教学水平和科学研究工作。教学质量一直处于较高的水平，多次获得全国高校优秀教学成果奖和全国高校优秀教材奖，取得了一大批有重大意义和影响的研究成果。多年来为国家培养了大批革命家、教育家，为社会造就了大批从事教育、管理等工作的各类人才，毕业生遍布祖国的大江南北。

北京师范大学是我国最早创办成人高等教育的学校之一，20 世纪 50 年代初已开始举办成人函授教育和师资培训进修，1980 年和 1985 年先后创办并恢复了夜大学与函授教育，1988 年建立继续教育学院。1997 年 8 月，北京师范大学为了适应高等教育的发展，又将师大北校（原辅仁大学）作为北京师范大学成人高等教育和大学后继续教育的办学窗口和发展基地。2004 年 3 月成立了继续教育与教师培训学院。学院设有成人教育部、教学管理部、学生工作部、事业发展与国际合作部、教师与专家工作部、综合管理部等工作机构，拥有优质服务设施和现代化的教育管理机制。为了切实推进“科教兴国”战略，全面贯彻教育“面向世界、面向未来、面向现代化”的方针，学院已与国内国际许多著名的院校和科研机构建立了密切的合作和协作关系。

北京师范大学成人教育和继续教育根据国家经济建设需要和 21 世纪社会发展对人才的需求设置专业。夜大学自 1980 年创办以来，先后开设了 74 个专业，在校生人数达3 000余人。函授教育已开设了 41 个专业，现有在校生4 500余人，分布在全国 20 个省、市、自治区。脱产班开设了汉语言文学、计算机科学与技术、应用中文、国际贸易、计算机应用及艺术类本专科专业，现有在校人数3 000余人。十多年来，该校函授、夜大学和成人脱产班已为国家培养了几万名毕业生，受到社会的欢迎与肯定。1996 年 9 月，在教育部（原国家教委）和北京市教委组织的函授、夜大学教育检查评估中，该校函授、夜大学教育双双获优。

北京师范大学的成人教育与继续教育，坚持为基础教育服务、为我国现代化建设培养急需人才的方向，以培养师资为重点，为基础教育和现代化建设作出了重要贡献。北京师范大学的成人教育主要依托校内雄厚的师资力量进行教学，并对教学过程实行严格的监督检查与评估制度，从而保证了成人教育与继续教育的质量。

21世纪是教育立国、科技兴国的时代。北师大人正在为把学校建设成为综合性、开放式、有特色、国内一流、世界知名大学而努力奋斗。

学校地址：海淀区北太平庄（新街口外大街19号）

乘车路线：在北二环与三环之间，乘坐22、47、38、16、300、331、810、806、379、367、409、123、939、361、422、运通101、201、104等路公共汽车均可到达，距积水潭地铁站仅两站。

咨询电话：58808165，58808167

网　　址：www. sce. bnu. edu. cn

北京化工大学简介

北京化工大学创建于1958年，是教育部直属的全国重点大学、国家“211工程”重点建设大学。经过近50年的建设，逐渐发展成为理科基础坚实，工科实力雄厚，文、法、管、经济学科富有特色的多科性重点大学，形成了从继续教育到本科生教育、硕士研究生、博士研究生、博士后流动站以及留学生教育等多层次人才培养格局。

学校总体占地面积960亩，建筑面积48万平方米，办学实力雄厚。学校共有三个校区：东校区位于北三环东路；西校区坐落于紫竹院公园西侧；北校区位于北京市卫星城昌平区。

学校现设有11个学院，3个博士后流动站，13个博士点，30个硕士点，31个本科专业。目前，学校上下齐心协力，向着国内一流、国际知名的多科性研究型大学迈进。

建校以来，该校已为国家输送了近5万名建设人才。目前学校在校生总数已达19 200人，其中博士、硕士生2 600人，本科生10 600人，高职生1 000余人，函授、夜大学等继续教育学生近5 000人，另外还有百余名留学生。

学校师资力量雄厚，拥有一支学术造诣较深、经验丰富的教师队伍。学校教职工总数1 800人，正、副教授500人，中科院、工程院院士4人，云集了一批奋发有为的教育部“长江学者奖励计划”特聘教授、国家级中青年突出贡献专家和教育部“跨世纪优秀人才”等中青年学者。

北京化工大学成人教育于1961年开始招生，学院不仅与学校共享教学资源、共享雄厚的师资力量，还拥有一支了解成人教育特点、成教经验丰富的教学和管理队伍，函授教育遍布全国13个省、21个函授站（点）。成人教育学院燕山分院占地225亩，建筑面积26 000平方米，现建有9 000平方米教学楼、3 600平方米图书馆、6 000平方米实验大楼、3 000平方米食堂、4 000平方米宿舍楼。

成人教育学院现有各类在校生近5 000人，具有函授、夜大学、成人脱产班等多种办学形式的几十个专业。成人教育学院每年还举办多种形式的岗位培训和继续教育，为社会培养各种急需人才。目前学校在京的成人教育学生分别在东校区、西校区、成教学院燕山分院、昌平教学点等校区、教学点学习。2004年共计招收各类成人高等教育学生2 000人。

北京理工大学简介

北京理工大学是一所以理工为主，工、理、文协调发展的全国重点大学，其前身是1940年成立的延安自然科学院，是中国共产党创建的第一所理工科大学，也是我国首批颁布的重点大学，1995年被国家列入首批“211工程”建设计划，2000年以教育部、国防科工委和北京市政府重点共建的形式成为全国第十所进入国家高水平建设行列的学校，成为面向21世纪国家重点建设的大学。

建校60多年来，学校始终坚持“严谨、勤奋、求实、创新”的优良校风、学风，坚持“德才兼备、全面发展”的育人宗旨，坚持“理工渗透，融汇中外，贯古通今”的治学理念，坚持以法治校、以德治校、从严治校，形成了“研究生教育、普通高等教育、继续教育”三大教育体系协调发展的格局。学校现有信息科学技术学院、机电工程学院、机械与车辆工程学院、材料科学与工程学院、化工与环境学院、生命科学与技术学院、理学院、管理与经济学院、人文社会科学学院、设计艺术学院、软件学院、研究生院、继续教育学院暨现代远程教育学院、高等职业技术学院，建有秦皇岛分校、珠海校区和良乡校区；学校现有教职工3 500多人，其中两院院士8人、教授和副教授近1 300人。

北京理工大学成人教育始于1956年，1988年成立成人教育学院，2000年成立现代远程教育学院，同年被教育部批准为现代远程教育试点单位，2001年成人教育学院更名为继续教育学院。学院充分利用学校的办学优势和综合资源，不断加大教育投入，严格教学管理，现已发展成为具有机械、电子、化工、经济、管理、人文、法律等7个类别28个专业，包括专科、本科、专科升本科、第二专业等多层次学历与非学历教育的普通高校继续教育基地，为国家建设和国防事业培养了38 000多名各类应用型技术、管理人才。目前，学院拥有在读成人教育学生8 800余人，现代远程教育注册学生8 000多人。

继续教育学院的教学方式主要是夜大学习、脱产学习和函授学习，现已在河北、河南、湖北、山东、山西、江西、重庆、内蒙古、安徽、广东等地建有15个函授教学站；学院还常年设有考前辅导班，帮助广大考生把握重点、破解难点。现代远程教育学院的教学方式是以计算机网络技术、卫星技术为基础，以多媒体技术为主要手段，为学生提供跨时空、跨地域的学习机会，现已在云南、山西、黑龙江、河南、安徽、山东、江西、湖南、浙江、福建、内蒙古、陕西、河北、广东、辽宁等地建立了30多个现代远程教育校外学习中心，2004年招收第五批现代远程学历教育学生。2000年年初，学院成为国际继续工程教育协会会员单位，经国务院学位办批准，目前正在与美国犹他州立大学、加拿大北阿尔伯塔理工大学、德国德累斯顿工业大学合作开展高起本、专升本、硕士研究生的学历教育。

学院十分注重学生全面素质的培养、专业技能的训练、教学质量的提高，曾多次获得教育部、行业主管部门和北京市教委授予的“全国普通高校成人高教先进单位”、“北京市继续教育先进集体”、“全国成人高等教育评估优秀学校”等荣誉称号，在社会上赢得了良好的声誉。

北京科技大学简介

北京科技大学成立于1952年，是教育部直属的以工为主，工、理、管、文、经、法相结合的多科性全国重点大学，1997年首批进入国家“211工程”建设行列。建校以来，为国家培养各类人才6万多人。

学校共有专任教师1 000多名，其中中国科学院院士7名，中国工程院院士3名，教授、副教授619名，已形成全日制本科、专科、高职教育、研究生教育、成人教育、继续教育和远程教育多层次、较完整的人才培养体系。

管庄校区位于北京市朝阳区，设有北京科技大学二级学院，即职业技术学院、成人教育学院、远程教育学院、中日经济技术学院，以及北京科技大学培训中心，主要承担普通高等职业教育、普通高等教育二学位、中外合作办学、成人高等学历教育、远程教育、继续教育及职业技能培训等任务，1997 年我校成人教育学院被教育部评为全国成人高等教育评估优秀学校，2002 年有 13 位优秀毕业生考上研究生。

校区以学校为依托拥有相对独立的办学资源，设有本、专科专业 40 多个。目前校区在校脱产生为4 688人，在册学习的学生 13 000 余人。

北京交通大学简介

北京交通大学坐落在北京市西直门外，是教育部直属的全国重点大学。她的前身是清政府邮传部创办的北京铁路管理传习所及北京邮电学校。1921 年与上海、唐山两所工业专门学校合并，定名交通大学，下设京、沪、唐三校，该校称交通大学北京学校。新中国成立后，经政务院定名为北方交通大学，毛泽东主席任命著名桥梁专家茅以升院士为校长，并于 1951 年亲笔为学校题写了校名。1981 年国家批准该校为全国首批博士、硕士学位授予单位，相继批准可自行审定副教授、教授及博士生导师任职资格。1994 年 7 月该校率先通过国家教委组织的“211 工程 ”预审，成为首批进入“211 工程 ”建设的高校之一。2000 年 4 月原北京电力高等专科学校并入，学校划归教育部管理。

百年来，经数代交大人励精图治、艰苦奋斗，学校现已发展成为一所以工、管为主体，以信息与通信类和管理与经济类学科群为特色，工、管、经、理、文相结合的多科性重点大学，并成为培养铁路现代化建设高水平、高层次人才和解决铁路现代化建设与改革重大技术及政策问题的重要基地。近年来，学校各方面的发展又取得了长足的进步，校园面貌日新月异，教学质量和科研水平稳步提高，学术交流日益活跃，办学实力不断增强。

北京交通大学占地 64 万平方米，校舍建筑面积 56 万平方米。现设有电子信息工程学院、计算机与信息技术学院、经济管理学院、交通运输学院、土木建筑工程学院、机械与电子控制工程学院、电气工程学院、理学院、人文社会科学学院、远程与继续教育学院、研究生院、三个职业技术学院和两个在职管理、技术人员培训中心。拥有通信与信息系统、信号与信息处理、交通信息工程与控制、交通运输规划与管理、产业经济学等 5 个国家级重点学科，11 个部级重点学科；硕士点 71 个，博士点 28 个，并建有信息与通信工程、交通运输工程、产业经济学、土木工程、机械工程、控制科学与工程学科、电气工程、力学的 8 个博士后科研流动站。学校有 5 个学科获准设立“ 长江学者特聘教授 ”岗位。学校现有 22 个研究所和研究中心及 39 个实验室，其中包括交通运输系统仿真实验室和运输自动化实验室等一批全国一流的实验室；拥有教学、科研仪器设备固定资产 10 多亿元。现代化的图书馆藏书百余万册，中外文期刊 3 000余种，还有大量缩微、声像、光盘等各种非文字图书资料，采用计算机管理和文献检索，并建立了电子阅览室和音像室。学校现已建成居国内先进水平并与国际计算机网（Internet）相联的校园计算机网络，实现了与国际网络的资源共享。

北京交通大学师资力量雄厚，现有教职工2 500余人，其中从事教学与科研的人员 1 200余人、中国科学院和工程院院士 6 人、教授 212 人、副教授 442 人。迄今造就了一大批知名学者、工程技术专家和高级管理干部。全日制在校学生近 19 000人，其中硕、博研究生3 800余人，外国留学生 100 多人，函授、夜大、脱产班学生8 000余人。教书育人，科教兴国，在“ 提高教学质量，培养一流人才 ”的主旋律下，学校探索出一套适合校情的办学模式和方法，保证了教学质量持续稳定的提高，1997 年被教育部评为“ 本科和成人教育教学工作优秀学校 ”。先进的教学手段、现代化的教学环境、雄厚的办学实力使学校的声誉日益提高，吸引了莘莘学子，大批优秀高中毕业生及有志青年争先报考，学校的生源质量在逐年提高。一分耕耘，一分收获。该校毕业生就业率一直保持在 94% 以上。近年来在全国或北京地区高校各类考核、竞赛中，该校学生也取得了优异成绩，为母校增光添彩。

近十几年来，学校的科学研究领域日益开阔，在科研产业化方面开创了新的局面。学校承担了包括国家高技术计划“863”项目、国家发改委及科委科技攻关项目及自然科学基金重点项目在内的各种科研课题，获国家自然科学基金资助居全国前 50 名之内；近 3 年来，入选《 SCI 》、《 EI 》、《 ISTP 》三大检索系统的论文数增加了 58.6% ；2001 年我校科技园被评为北京市大学科技园。

北京交通大学是国家批准的首批接收外国留学生的高等院校。迄今共培养来自亚、非、欧、美的 40 个国家和地区的留学生和访问学者2 600余名，并先后与美、英、德、法、比、澳、日、俄、加、韩、乌克兰、新加坡等国的 40 多所大学及西门子、ABB 等国际著名高科技公司建立了合作关系。近年来，聘请了 20 多个国家和地区的1 000多名专家教授来校讲学和任教，近 30 位知名学者担任名誉教授和顾问教授，共派出 500 多名教师或留学生出国进修，主办或承办了多次大型国际学术会议。

1996 年，北京交通大学迎来了百年华诞。悠悠母校意、殷殷学子情，盛世盛典牵动了万千学子的心，海内外近万名校友、嘉宾云集校园，共叙友情。前国家主席、交通大学杰出校友江泽民亲笔题词：“ 继往开来，勇攀高峰，把交通大学建设成世界一流大学 ”，并为新落成的办公教学主楼题名“ 思源楼 ”。

世纪之初，北京交通大学正以团结、勤奋、求实、创新和谦虚谨慎、开拓进取的精神，向着国内一流、国际知名的社会主义大学的目标迈进。21 世纪的北京交通大学前景必将更加灿烂辉煌。

北京航空航天大学简介

北京航空航天大学（简称北航）创办于 1952 年，学校隶属于国防科学技术委员会，是一所以工为主，理、工、文、管相结合，具有航空航天特色的多科性科技大学。早在 20 世纪 50 年代，北航就是全国 16 所重点大学之一，“九五”伊始，北航又成为“211”工程首批建设的 15 所大学之一。北航也是由国务院直接任命校长的 15 所高等学府之一。

在成人高等学历教育方面，北航是全国首批被批准于 1956 年创办函授、夜大学的高等学校。目前学校的成人学历教育已形成了具有高中起点专科、高中起点本科、专科起点本科、第二学士学位等不同学历层次，脱产学习、函授学习、夜大学等不同学习形式的教学体系。作为北京航空航天大学高等教育的重要组成部分，成人高等学历教育已成为学校教学体系中的三大支柱之一。

中国农业大学简介

中国农业大学是教育部直属的、首批进入国家“211 工程”建设的重点大学。学校现设有农业与生物技术学院、生物学院、动物科技学院、动物医学院、食品科学与营养工程学院、资源与环境学院、工学院、水利与土木工程学院、信息与电气工程学院、经济管理学院、理学院、人文与发展学院、国际学院、继续教育学院和研究生院。其中继续教育学院是负责继续教育、成人学历教育、远程教育的管理部门和办学实体。目前，在校本（专）科生14 000多名，硕士生2 530多名，博士生1 460余名。学校师资力量雄厚，全校共有教职工1 170人，其中：中国科学院院士 5 人，中国工程院院士 5 人，教授 286 人，副教授 504 人。该校成人学历教育最早始于 1983 年，目前学校共设有 50 多个函授站（点），分布于 20 个省份，现在册函授生 9 000余人，在册脱产生6 000余人。

中国农业大学面向全国招收成人高等教育本专科学生，在京开设专业如下：

高中起点本科（脱产）：

动物医学、动物科学、法学、英语、会计学、工商管理、计算机科学与技术。

专科起点本科：

脱产：食品质量与安全、英语、园林、会计学、动物科学、机械设计制造及其自动化、计算机科学与技术、法学、工商管理。

函授或业余：动物医学、食品科学与工程、车辆工程、会计学、工商管理、计算机科学与技术、电气工程及其自动化、土木工程、农业水利工程等。

专科：

脱产：园林、旅游英语、畜牧兽医、动物营养与饲料科学、法学、电子信息与网络技术、电子信息与计算机应用技术、计算机信息管理、计算机应用、日用化学、财务会计、工商企业管理、计算机软件工程、汽车检测与维修等。

函授或业余：

食品科学与工程、畜牧兽医、计算机信息管理、机械电子工程、工商企业管理、财务会计、计算机网络技术、计算机科学与技术、电气工程及其自动化、电子信息工程、农业水利工程、建筑工程管理等。

西校区地址：北京市海淀区圆明园西 2 号（邮编：100094）

东校区地址：北京市海淀区清华东路 17 号（邮编：100083）

招办联系电话：62891381，62892592，62336483

联 系 人：曹老师、郭老师、陈老师

传　　真：62891039

学校主页：www. cau. edu. cn

E-mail：chjb@cau. edu. cn

北京林业大学简介

北京林业大学办学历史始于 1902 年的京师大学堂林科，后为北京大学森林系、北京农业大学森林系。1952 年全国院系调整，北京农业大学森林系与河北农大森林系合并独立设置北京林学院。1985 年更名为北京林业大学，1960 年被中央列为“全国重点高等院校”，1955 年开始招收研究生，1958 年开始招留学生，1981 年国务院批准该校为首批具有博士、硕士学位授予权的高校。1996 年被国家列为首批“211 工程”建设的高校之一，2000 年 2 月隶属教育部直属高校，12 月进入《面向 21 世纪教育振兴行动计划》高校行列。2000 年 6 月教育部批准学校试办研究生院，2004 年 4 月通过验收并转正。

北京林业大学是一所以林学、林业工程学、生物学等学科为特色，理、工、文、管、经、法相结合的多科性全国重点大学。目前，学校设有 11 个学院及研究生院。本科专业和专业方向 51 个，一级学科博士学位授权点 3 个，博士后流动站 4 个，博士点 28 个，硕士点 50 个，此外还有农业推广硕士和工程硕士 2 个专业硕士学位授予权，形成了以本科、硕士、博士、博士后培养为主，高职、成人教育、留学生和在职进修为辅的多层次人才培养的学科专业体系。

北京林业大学建校 50 多来，为国家培养了包括科技部部长、中国工程院副院长等一批著名学者在内的 4 万余名高级专门人才和一批外国留学生。学校现有在校学生19 000多人，其中本科生11 716人，研究生 2 168人。学校现有专任教师 630 人，其中非本校学源 202 人；教师中有中国工程院院士 5 人，博士生导师 141 人，教授 142 人，副教授 178 人；具有研究生学历的 377 人，其中，具有博士学位的 130 人，硕士学位的 225 人。国家级有突出贡献专家 8 人，省部级有突出贡献专家 22 人，国家“百千万人才工程”第一、二层次人选 5 人，省部级跨世纪学术与技术重点培养对象人选 18 人，国务院学位委员会第五届学科评议组成员 5 人。在国际学术机构担任理事、委员以上职务的有 10 多名，在国内二级以上学术团体担任常务理事以上职务的有 90 多人。

北京林业大学是我国重要的林业科学研究中心之一，在林业及生态环境方面承担着国家重大科研项目，并取得了大批重要科技成果。学校建有 3 个教育部重点开放实验室、1 个教育部园林环境工程中心、1 个北京市重点实验室、5 个国家林业局重点实验室和 1 个生物学国家理科人才培养基地，设有各类研究所 22 个、教学科研基地30个。2000年以来获得国家科技进步二等奖6项，入选全国百篇优秀博士论文两篇。

进入21世纪，北京林业大学全体教职员工正努力向着以本科教育为基础，重点发展研究生教育，积极发展成人教育和留学生教育，逐步开展远程教育，将学校建成国际知名的高水平、多科性、研究型林业大学的方向迈进。

该校成人教育自1956年开始招生，在近50年的发展过程中，始终坚持学校提出的“质量、结构、特色、效益”的办学方针，面向市场，不断调整专业结构和层次，已初步形成了多层次、多规格、多形式的办学模式，包括以函授、夜大学、成人脱产形式为基础的本、专科多层次的学历教育，开设了园林、工商管理、会计学、计算机科学与技术、艺术设计等20多个本、专科专业，分别在全国20个省、市、自治区建立了20个函授站（分院），在北京设立了2个夜大学及3个脱产教学基地。目前各类在籍学生达9 300余人。为鼓励学生努力学习，在脱产教育的学生中实行奖学金制度。

为了给广大学生创造良好的教学、生活环境，学院脱产教育的学生全部集中在三个脱产教学基地：清河小营菁英园教学基地、北京海淀北安河鹫峰艺术教学基地、北京大兴黄村北京林业管理干部学院教学基地。

中国协和医科大学简介

中国协和医科大学（简称协和医大）的前身是“北京协和医学院”，由美国洛克菲勒基金会于1917年创办。协和医大是卫生部直属高校，与中国医学科学院实行院校合一的管理体制。中国医学科学院成立于1956年，是我国唯一的国家级医学科学高级学术研究机构。中国医学科学院为协和医大提供雄厚的师资和技术力量，协和医大为医学科学院培养高层次的医学科学人才，相互依托，优势互补，教研相长。协和医大是学科门类齐全、综合优势显著的融医、教、研为一体的高等医学院校。

中国协和医科大学夜大学于1985年经教育部批准正式招生，1999年2月更名为成人教育学院，2003年12月更名为继续教育学院。十几年来，该校成人高等教育事业不断发展，为社会和用人单位培养了大量应用型专业人才，获得了较好的社会声誉。目前，该校成人高等教育开办了专升本和专科两个层次，设有医学检验学、护理学、医学影像学等专业。学习形式为业余和脱产两种。现有成人在校生1 500余人，每年成人高等教育毕业生300余人。

学校本部地处北京市繁华中心的东单王府井地区，距天安门仅一箭之遥，交通便利。

北京中医药大学继续教育学院简介

北京中医药大学兴办成人教育始于1983年，经过20余年的发展，现已初具规模，并于2001年将成人教育部更名为继续教育学院。

一、成人教育的办学宗旨

继续教育学院承担着北京中医药大学成人高等学历教育，坚持“为行业培养人才服务，为社会健康服务”的宗旨，主动适应社会经济发展的需要，与时俱进，开拓创新。遵循多层次、多形式、多途径的办学方针，以培养中医药应用型人才为目标，为社会发展、人类健康服务。

二、完善的管理体制

以提高教学质量和社会效益为目的，注重更新教学内容，提高教学质量，逐步完善了成人教育的教学管理体制。经过20余年的探索和不断改进，目前学校已建立了由主管教学的校领导分管，教学管理处协调，各院、系负责教学的院长、主任配合，专门的成人教育机构负责管理，校内各部门大力支持的完备的成人教育教学管理体制。

三、高素质的师资队伍

建立了相对稳定的专兼职相结合的高水平的成人教育教师队伍。除继续教育学院专职教师任课外，大部分课程由全校各院（系）统一安排教师授课。任课教师中既有博士、硕士学位的中青年教师，也有教学经验丰富的专家、教授。任课教师业务水平高，责任心强，治学严谨，保证了成人教育的教学质量，也受到学生好评。

四、深化教学改革，提高教育质量

学院遵循成人教育“按需施教，学用结合，以应用为主”的原则，重新修订了中医学、中药学、针灸推拿学和护理学专业的教学计划，并制定了中医、中药专业专升本科的教学计划，突出了培养应用型人才的教学内容。在修订教学计划的基础上，编写了适合成人教育本、专科学员使用的中医学、中药学、针灸推拿学、护理学四个专业计57门课程的教学大纲。

五、统筹规划，创建高水平的教学环境

学院成人教育教学环境和办学条件是依托学校雄厚教学资源而开办的。

1. 拥有先进的教学设备，如多媒体教室、电子影像课件等。

2. 优美的校园环境。全校占地面积25.3万平方米，总建筑面积27.7万平方米。

3. 拥有雄厚的中医药及中西医结合基础理论与临床医学科研力量，现有国家级重点学科6个、部局级重点学科10个、北京市重点学科3个，承担着国家级和省部级重要科研项目。

4. 附属东直门医院和东方医院，是学校临床教学、医疗和科研基地，为科室齐全、设备完善、综合服务能力强并具有中医专科专病特色的三级甲等医院。另外学校还在各大中医医院建立了临床教学和实习基地，保证了后期教学的顺利实施。

六、拓宽办学途径，增加新的专业

在原有中医、中药专业的基础上，2004年重开和新增了7个专业或专业方向，其中专升本：中医学专升本（中西医结合方向）、护理学专升本、公共事业管理专升本（卫生事业管理方向）；专科：中西医结合、中医骨伤学、工商管理专业（医药企业管理方向）、（药事管理方向）。

七、巩固现有规模，力争不断发展

该校成人教育分校本部夜大、外省函授两种办学形式，现有在校学生3 725名，其中校内夜大学生2 281名；外省教学站函授学生1 444名。

该校在全国7个省、市、自治区开设了10个教学站点，分别是：湖南长沙；福建厦门；山西太原；江西南昌；重庆万州；内蒙古包头；内蒙古牙克石；山东泰安；山东莱阳；内蒙古临河。

今后将增强宣传力度，拓宽办学途径，增加新的专业，使我院的办学规模不断发展。

八、2004年招生专业

1. 北京招生专业

（1）专科起点本科（学制三年）：中医学专业（临床医学方向）、中医学专业（中西医结合方向）；中药学专业、护理学专业。

（2）高中起点专科（学制四年）：中医学、中药学、针灸推拿学、护理学、中医骨伤学、中西医结合等。

2. 外省教学站招生专业

（1）专科起点本科（学制三年）：中药学、公共事业管理（卫生事业管理方向）。

（2）高中起点专科（学制四年）：中药学、护理学、工商管理专业（药事管理方向）。

继续教育学院本着“以人为本，以质取信”的原则，立足北京，面向全国，遵循增强创新意识的办学思路，以“更新观念，与时俱进”的办学理念，不断加强内涵建设，提高办学水平，必将为培养高素质的中医药应用型人才作出更大贡献。

学校地址：西校区（校本部）：北京朝阳区北三环东路11号和平街北口中医药大学继续教育学院

东校区：北京市朝阳区望京中环南路6号

邮政编码：100029

咨询电话：64286619

网　　址：www. bjucmp. edu. cn

中国政法大学简介

中国政法大学是一所教学与科研并重的、以培养政法专门人才为主的多科系大学，是教育部直属院校之一，现有各类在册学生22 000余人。

中国政法大学的成人高等教育从20世纪50年代初的干部培训发展到今天已有50多年的历史，函授站遍布14个省、市、自治区，共有33个面授站点，在册学生11 000余人。从1982年创办成人高等学历教育至今，已为国家培养出29 000余名专科和本科毕业生，其中本科毕业生10 000多人，5 300余人获得法学学士学位，部分毕业生还获得了硕士学位。

招生专业、招生计划、学制、学习形式、上课地址：

1. 高中起点本科法学专业300名（北京200名），学制4年，全日制，昌平校区；
2. 高中起点专科法律专业240名（北京120名），学制2年，全日制，昌平校区；
3. 高中起点专科法律专业230名（北京230名），学制3年，业余，海淀校区；
4. 高中起点专科法律专业530名（北京220名），学制3年，函授，海淀校区；
5. 专升本科法学专业300名（北京180名），学制2年，全日制，昌平校区；
6. 专升本科法学专业260名（北京260名），学制3年，业余，海淀校区；
7. 专升本科法学专业940名（北京160名），学制3年，函授，海淀校区。

中国政法大学继续教育学院招生办电话：

昌平校区：（010）69745577转4872、4873，89718127（传真）

海淀校区：62228803，62229971

学校地址：

昌平校区：北京市昌平区府学路27号中国政法大学继续教育学院（邮编：102249）

海淀校区：北京市海淀区西土城25号（蓟门桥西南角）中国政法大学联合楼227室（邮编：100088）

学校网址：www.cupl.edu.cn

北京外国语大学成人教育学院简介

北京外国语大学是教育部直属、国家重点建设“211工程”的百所大学之一。她的前身是创建于1941年的抗大三分校俄文大队。建校60年来，她培养出的60 000余名学子活跃在外交、经贸、金融、新闻、科研、教育等领域。她以“育中华外语人才，架世界沟通桥梁”为己任，为中国的经济建设和社会发展作出了巨大的贡献。

北京外国语大学开设有31种语言课程，是我国开设语种最多的外国语大学。学校现设英语学院、俄语学院、国际经济管理学院、国际交流学院、高级翻译学院、成人教育学院、法语系、德语系、日语系、西班牙语系、阿拉伯语系、东欧语系、亚非语系、社会科学部及外语语言研究所、外国文学研究所、国际问题研究所等。

学校有一支学术水平高、教学经验丰富的教师队伍，现有教师600多名，其中教授、副教授300多名，博士生导师30名，聘有外国专家70余名。学校占地面积500余亩，总建筑面积31万平方米，其中，教学用房建筑面积7.2万平方米，校园宜人，环境优美。学校拥有较先进的教学设备，“电教中心”设有数十个语言实验室和视听室，配有录像制作、演播、卫星接收等现代化电教设备。学校藏书70余万册，为培养高级专门人才提供了良好的条件。

成人教育学院是隶属于北京外国语大学的一个完整的相对独立的办学实体。1992年经原国家教委批准成立。首任院长为陈琳教授，现任院长为楼光庆教授。成人教育学院下设：高等学历教育办公室、高等学历教育教研室、香山教学区、培训中心一部、培训中心二部、北京市成人院校师资外语学科研修中心校、电教室等相应的教学、科研、教务机构。此外，由熊德倪教授、陈琳教授、罗廷亮教授、丁往道教授、刘承沛教授、李德教授、王家湘教授、朱凯教授、柳晓培教授、卞学恒教授、关仪教授等11名专家组成的顾问委员会，亲临课堂予以教学和指导。

在学校党委的正确领导和大力支持下，多年来，成人教育学院始终贯彻党的教育方针，坚持“质量是旗帜、质量是形象、质量是方向、质量是生命”的办学原则，使成人教育事业不断发展壮大。

成人教育学院现有100多名富有教学经验的中外籍专职教师、顾问和聘任教师，还有一支高素质的管理干部队伍。他们热爱教育事业，全身心地投入教学和管理工作。正是他们默默无闻的奉献精神，为国家、为社会培养了多个语种的本、专科毕业生和大量非学历外语培训生，并使成人教育学院在历次各级成人高等教育评估中均取得优异成绩。

成人教育学院成人高等学历教育现有57个班，在校生1 809人。

夜大学现开设英、日语专科起点本科、专科，西班牙语专科。现有27个班，在校学生780人。

脱产班开设有高中起点英语本科、专科，现有14个班，在校生430人。

香山教学区是成人教育学院校外教学区，基地总面积9 000多平方米，采取公寓制管理和封闭式教学管理模式。师资力量、教学质量和教学管理与校内一致，并为学生提供食宿。现开设脱产高中起点英语专科班，现有16个班、在校生599人。2004年开设英语脱产四年制高中起点本科班。

学校地址：北京市海淀区西三环北路19号北京外国语大学（邮编：100089）

咨询电话：88817858（成人招生办公室）

香山教学区：88818948，88816014，88817674，82590721，82590724

E-mail：cjyzs8888@sina. com

北京语言大学简介

北京语言大学（原北京语言学院）是教育部直属高校，是以对来华留学生进行汉语和中国文化教育为主要任务的国际型大学。每年都有来自160多个国家和地区的近6 000名外国学生、港澳同胞以及4 000多名中国学生同校学习，是北语显著的特色之一。

北京语言大学继续教育由北语继续教育网络教育学院举办，已有近20余年办学历史。她以北语国际型大学的校园语言环境为依托，为成人学生提供理想的学习英语或其他语言的场所和环境。

在人类社会步入21世纪，学习化、教育终身化社会已经到来的时刻，我们将逐步改变传统教育模式，充分利用现代化手段构架现代化的语言教学课程体系，采用课堂教学与多媒体课件学习相结合、多种教学手段综合运用的教学方法，积极探讨并逐步建立适应时代需要的、全新的教育教学理念及管理模式，使语言教育向纵深化方向发展。

为了给广大在职人员提供更便捷、更灵活的学习方式，北京语言大学继续教育网络教育学院于2002年1月开办了远程教育，并于2003年实现了网络教育与成人教育学分互认，学生根据自己的需要选择线下或线上学习，同时，对当年成人高考成绩不理想的考生，学院优先提供网络课程的学习机会，给予学生更多的学习选择和深造空间。

该校成人高等教育有夜大、脱产、远程（网络）教育等学习形式。其中夜大、远程教育为业余学习。授课方式为全面授、12学时/周和6学时/周。

该校成人高等教育学习时间分不同层次及学习形式，一般为2—6年不等，实行学分制。其中业余学习的面授、辅导时间一般安排在平时晚上两次，周六一次；远程教育面授时间一般安排在周末。上课地点见招生简章。

同时，北语继续教育学院相继推出了一系列非学历培训项目，目前已开设以下几项：成人高考培训班；PETS考试三、五级培训；CET-4与CET-6培训班；TEM-4与TEM-8培训班；国家机关、事业单位外语培训等。

学校网址：www. blcu. edu. cn

对外经济贸易大学简介

对外经济贸易大学创建于1951年。1953至1999年，由原国家外经贸部管辖。2000年6月，原中国金融学院与原对外经济贸易大学合并成立新的对外经济贸易大学，划归教育部直属。这是一所随着国家的发展而迅速扩展的全国重点大学，是一所在国内外享有盛誉的著名学府，1997年成为首批被列入国家高等教育“211工程”重点建设的高校。

现设有16个学院和1个直属系，设有研究生部和体育部，共有26个本科专业、19个硕士点、4个博士点，有2个博士后流动站、2个国家级重点学科和1个国家级人文社科研究基地。这是一所以国际经济与贸易、国际经济法、金融、工商管理、商务外语为学科特色和专业优势的多科性大学。学校的国际贸易学、国际法学为国家级重点学科。学校的工商管理硕士学位于1988年获得美国纽约州州立大学的承认，这标志着中国的工商管理教育首次为世界所接受。学校也是国家培训高级经济管理干部的基地之一，设有政府委托或与外国合办的10个高级在职培训机构。

中央民族大学简介

一、学校概况

中央民族大学坐落在名园荟萃、学府林立的中关村。校园环境典雅，学术氛围浓厚，信息畅通，交通便捷。

中央民族大学是国家“211工程”重点建设大学，也是教育部、北京市人民政府和国家民委重点共建的大学。目前，学校又跨入国家“985工程”——建设世界一流知名大学的行列。

学校经过50多年的建设与开拓，已发展成为文、史、哲、经、管、法、理、工、艺、医、教等学科门类齐全的综合性国家重点大学。现有16个学院，8个系部；有覆盖10个学科门类的67个本科专业，38个硕士学位授权点，17个博士学位授权点，2个博士后流动站；建有1个国家一级学科，2个国家级重点学科，9个省部级重点学科，2个国家文科基础学科人才培养和科学研究基地 。在校全日制普通本科生、各类研究生1.3万余人，在岗教职工1 600余名，其中正、副教授430余名。教师中有近60人担任国际、国内学术团体重要职务。

中央民族大学成人高等教育依托学校普通高等教育优良的办学条件和雄厚的办学实力，与时俱进，开拓创新，不断发展壮大，教育质量、管理水平显著提高，并逐步形成了自己的办学特色。现有各类成人在校生1.1万余人，教职工30余人；设有5个行政管理办公室，3个教研室，2个研究所；在全国各地建有28个函授站，1个分院。成人教育学院广泛开展国际合作交流，已与美国、俄罗斯等国家和我国台湾省的知名大学成人教育机构建立了学术交流与合作办学关系，目前正朝着建成国内普通高校中一流的成人教育学院迈进。

二、专业名称（北京）

（一）专升本

1. 夜大学

经济学、国际经济与贸易、会计学、汉语言文学、教育学、法学、美术学、艺术教育

2. 脱产

英语、音乐学（声乐、器乐）、舞蹈学

（二）高起本

1. 夜大学

会计学、金融学、法学、艺术教育

2. 脱产

法学、美术学、艺术教育

3. 脱产（走读）

会计学、美术学（艺术设计）

（三）专科

1. 夜大学

文化艺术事业管理、艺术教育、财会与金融（文理兼收）、市场营销（文理兼收）、物业管理（文理兼收）

2. 脱产

音乐教育（声乐、器乐）、图像艺术（摄影、摄像、编辑和三维艺术方向）、民族服饰设计与表演、影视表演、化妆艺术、舞蹈学、电脑美术设计、影视动画制作、艺术教育、幼儿艺术教育

三、联系方式

学校地址：北京市海淀区中关村南大街27号（邮编：100081）

学校电话：(010) 68932479，68936842

成人教育学院网址：www.adultedu.cun.edu.cn

招生办公室电子邮箱：mdcrzhaosheng@sohu.com

中国地质大学简介

中国地质大学是一所直属教育部管理，以理、工、文、经、管、法相结合的全国重点大学，是全国最早设立研究生院的33所学校之一，是首批进入国家“211工程”建设的大学。她的前身是创建于1952年的北京地质学院，为北京著名的八大学院之一。

中国地质大学坐落于高校云集、人才荟萃、学术氛围浓厚的北京市海淀区学院路，校园占地808亩，建筑面积50万平方米，教学环境优美，学术研究氛围浓厚，是学习和研究的理想场所。学校现设有12个院、系（部）；有5个国家重点学科，12个省部级重点学科；共设置47个本科专业，均具有学士学位授予权，50个硕士学科点、30个博士学科授权点和3个博士后流动站。

学校拥有雄厚的师资力量，有8名中国科学院院士、2名外籍院士、100名教授、181名副教授。学校拥有65万册藏书量的图书馆，有宽敞明亮的数字化综合教学楼；建有国际地学学术交流中心，2个国家级实验室，7个部级开放研究实验室，16个基础课实验室，24个专业、科研实验室。还有多个外语语音室、计算机房和多媒体教室，有体操房、健身房等辅助设施。为研究生、普通本科生和成人教育教学创造了良好条件。

成人教育学院是学校专门从事成人教育的教学实体和管理部门。最早起步的夜大学创办于1956年，48年来共培养各类学生1.5万余名。学院开设了理、工、文、管、法五大学科20多个专业，面向全国招生。

在学历层次上，既有高中起点升本科、专科，也有专科起点升本科。学习形式有脱产、函授、夜大学等，在校成人高等学历生2 000余名。在校外设有函授站、教学站。学院紧密结合成人教育的特点，经过多年的办学实践，培养和锻炼了一支教师队伍、行政管理队伍、教辅队伍，教师主要为学校现任研究生、普通本科生教学的老师，少量为学院长期聘任的兼职教师，其中高级职称40%以上，中级职称45%以上，绝大部分具有研究生学历，治学严谨；行政管理干部、教辅人员绝大多数是多年从事高等教育的教学工作者，有丰富的管理经验；脱产班配置了专职班主任，负责学生日常教学、生活管理、思想政治教育和组织学生的各类活动，在班级建立有班委会、团支部。校本部脱产学习毕业生就业形势较好，以京津地区就业为主，回生源地就业为辅；部分毕业生继续升学，如专升本、考研等；2003 年选派 8 名学生到俄罗斯留学。1996年，按照教育部成人高等教育教学评估指标体系，通过了由国土资源部组织的专家组和领导小组的评估，得到了评估组成员的一致好评；2000 年在北京市教委组织的成人本科教学质量调研中，得到进校调研专家组的高度评价；2003 年被评为“北京市高校招生工作先进集体”。学院重视北京市教委组织的统测课程的教学，多年来英语、微积分和计算机应用基础三门课程的通过率和优秀率均达到较高水平。学院坚持为国家经济建设和社会发展服务的办学方向，与国土资源部系统以及大型厂矿、企业、事业单位开展多种形式的合作办学，培养培训各类社会急需人才。

学校按照教育部 1998 年颁布的本科专业目录及要求，重新对成人高等教育教学计划进行了修订，同时在日常教学运行、学生学籍、学生管理、校外函授站、教学站管理等方面都制定了一整套较为完整的规章制度，使教学水平和管理水平趋于科学化、规范化，保证教育教学质量。

中国地质大学立足国内，放眼世界，培养“五强”人才，即爱国心和责任感强、计算机和外语能力强、创新意识和创新能力强、基础理论强、管理能力强的人才。按照“特色加精品”的办学理念，努力建设成地球科学领域世界一流大学。

学校地址：北京市海淀区学院路 29 号（邮编：100083）

招生咨询电话：(010) 82322381

学校网址：www.cugb.edu.cn

E-mail：czb@cugb.edu.cn

北京邮电大学简介

北京邮电大学是教育部直属、首批进入“211 工程”建设的全国重点大学，是我国最早举办成人高等教育的院校之一。经过 40 多年的发展，北邮已经成为一所以信息科技为特色、工学门类为主体、工管文理相结合的多科性大学，是我国信息科技人才的重要培养基地。北邮的成人教育曾获得“全国成人高等教育评估优秀学校”和“全国普通高校成人高教先进单位”的光荣称号。

北京邮电大学网络教育学院是承办北京邮电大学成人高等学历教育的专门机构，目前办有函授、夜大、现代远程教育、脱产、自学考试等多种形式的成人高等学历教育，为我国通信事业培养了大批专业人才。

中国矿业大学简介

中国矿业大学（北京校区）位于北京市高校密集的海淀区学院路，东眺国家奥林匹克公园，西望颐和园、圆明园与香山，学校占地面积 21.7 万平方米，总建筑面积 22.3 万平方米，固定资产27 995万元，图书馆藏书33万余册。

中国矿业大学是一所以工科为主，理、工、文、管相结合的全国重点大学，是列入国家“211工程”重点建设的高校之一，是全国首批具有博士和硕士授予权的高校之一。学校的发展始终得到了党和政府的亲切关怀。1994年，江泽民接见了我校余力教授，对“煤炭地下气化”科研项目作了重要批示。1996年，江泽民、吴邦国视察学校，并就能源发展战略及能源科技教育等问题作出重要指示。1999年，江泽民、李鹏为学校建校90周年题词：“开拓创新，严谨治学，把中国矿业大学办成一流的能源科技大学”，“发展能源科教事业，培养跨世纪优秀人才”。同年，李岚清亲临学校视察。

北京校区现设有研究生院和9个学院（资源与安全工程学院、化学与环境工程学院、机电与信息工程学院、管理学院、力学与建筑工程学院、基础科学学院、成人教育学院、中国矿业大学北京职业技术学院、安全科学技术学院），7个国家重点学科，9个省部级重点学科，5个具有博士、硕士整体授予权的一级学科，7个“长江学者奖励计划”特聘教授岗位设置学科，9个博士后科研流动站；有31个博士点，70个硕士点，53个本科专业。学校还是培养工商管理硕士（MBA）、在职工商管理硕士（EMBA）和工程硕士的单位。

北京校区现有教职工665人，其中专任教师300人。在教师中，有中国工程院院士5人、博士生导师63人，硕士生导师130人，教授77人，副教授108人。经过多年的努力，学校已经形成了研究生、本科生、成人教育多层次的办学格局，现有在校学生6 800多人。

中国矿业大学（北京校区）成人教育学院是成人学历教育、继续教育及远程教育的管理部门和办学实体。在办学过程中，正确树立成人教育的办学指导思想，立足培养21世纪德、智、体全面发展的应用型高级专门技术人才，体现成人教育的特点；严谨办学，规范管理，不断提高教育教学质量。中国矿业大学（北京校区）成人高等教育依托学校的师资力量及办学条件，面向全国招收成人高等学历教育脱产学生。

学校地址：北京市海淀区学院路丁11号（邮编：100083）

联系电话：(010) 62331516，(010) 82389393（传真）

学校网址：www.cumtb.edu.cn

E-mail：cjzb@cumtb.edu.cn

沈阳药科大学（北京函授站）简介

沈阳药科大学创建于1931年，是我国建校最早的中央和地方共建的高等药学学府，是全国两所综合性药科大学之一。学校目前有博士、硕士研究生1 400多名，本科生4 500多名，成人教育学生8 500多名，教授、副教授300多名。学校同20多个国家和地区建立了校际联系。

为了适应我国医药经济发展对药学人才的需求，沈阳药科大学成人教育学院承担了成人高等药学学历教育、继续教育等工作，高等学历教育形式和层次有高中起点本科（函授、脱产）、专科起点本科（函授、脱产）、高中起点专科（函授、脱产）；还承担了执业药师考前培训、执（从）业药师的继续教育以及各类培训工作。

学生经过全国成人高考入学，在校期间完成教学计划规定的全部课程，考试及格，发给由教育部统一印制、省教育厅验印、沈阳药科大学签发的毕业证书，国家承认学历。本科生学习优良者，通过三科学位考试课程，可获得理学学士学位。2003年有64.5%的本科毕业生获学士学位，20%的专升本的学生考取硕士研究生。

沈阳药科大学成人高等教育招生情况如下：

1. 招生层次：专科升本科。

2. 招生对象：国民教育系列高等学校或高等教育自学考试的大学专科毕业生（含应届专科毕业生）均可报名（不限原所学专业）。

3. 录取专业：药学。

4. 学习形式：函授学习（每周末一天）。

北京函授站地址：北京市丰台区宋家庄苇子坑148号（邮编：100078）

联系电话：87613211—2603

网　　址：www. bjyyjy. org. cn

总校网址：www. syphu. edu. cn

南华大学北京函授站（核干院）简介

南华大学是在原中南工学院和衡阳医学院的基础上合并组建的综合性大学，系湖南省和国防科工委共建的普通高校，涵盖工、医、文、经济、管理等五大学科门类，拥有30多个本、专科专业和21个成教专业，12个硕士学位授予点，具有40多年的办学历史。

核工业管理干部学院是中国核工业集团公司直属的一所成人高校，建院17年。学院坐落在北京市大兴区，校园环境优美，教学设施齐备，师资力量雄厚。2000年年底，经北京市教委和湖南省教育厅批准，南华大学在核工业管理干部学院设立了北京函授站。2004年继续在京招收成人高等教育专科起点升本科的学生。

1. 报考条件：成人高等教育面向社会招收拥护中国共产党的领导，愿为社会主义现代化建设服务，品德良好，遵纪守法，国家承认学历的各类高、中等学校在校生以外年满19周岁的在职、从业人员和社会其他人员。

2. 报考办法：考生凭身份证、专科毕业证原件及复印件到北京市成人招生办公室规定的区县成招办报名。

3. 专业：会计学，学制两年，学习形式为脱产。

4. 学生学完教学计划规定的全部课程，成绩合格，由南华大学发给国家承认学历的本科毕业证书，外语和毕业论文达到国家规定标准，可获得学士学位。

学校地址：北京市大兴区清源路甲1号

通讯地址：北京市1267信箱13分箱

邮　　编：102618

联 系 人：焦老师、陈老师

联系电话：69247887，69241313—3210

南华大学网站：www. nhu. edu. cn

中央美术学院继续教育学院简介

中央美术学院继续教育学院隶属于中央美术学院，是专门从事成人高等教育的二级学院，它的前身是2000年成立的中央美术学院成教部，2004年3月更名为中央美术学院继续教育学院。

继续教育是中央美术学院教育事业的重要组成部分。多年来，中央美术学院各二级学院根据社会需求，不断举办各种形式的进修、研修等继续教育性质的研修班，为社会培养了大量的美术人才。

世纪之交，各国在寻求21世纪教育对策的过程中，出现了各种教育思潮，终身教育正以波澜壮阔之势席卷全球，它不仅引起了日益众多的教育工作者的共鸣，而且被越来越多的国家决策者们所接受，成为教育改革的一个原则。中央美术学院继续教育学院的成立正是秉承“终身教育”的思想理念，依托中央美术学院强大的办学优势，逐步形成多种办学形式、多种培养层次、多种专业设置的办学体制，积极与社会合作，努力为国家建设培养出更多的美术、设计、教育等社会需求的复合型人才。

目前，继续教育学院开设的本、专科专业有：绘画（中国画、书法、油画）方向、设计（出版设计、平面设计、室内设计）方向、电脑美术、动画及各种非学历美术培训班。

中央财经大学简介

中央财经大学是教育部直属的一所面向全国，以经济学和管理学为主，法学、文学、理学等学科相互支撑、协调发展的多科性国家重点大学。学校的基本任务是为发展社会主义市场经济，培养政府财政税务部门、金融保险机构、公司企业单位和大专院校、科研机构所需的管理和教学科研高级专门人才。学校现设有财政与公共管理学院、金融学院、会计学院、商学院、经济学院等5个学院和保险系、投资经济系、信息管理系、法律系、中文系、外语系、经济数学系、体育经济与管理系、社会学系等9个直属系以及研究生部、继续教育学院、国际文化交流学院，设有财经研究所等15个科研机构。在经济学、管理学、法学、文学、理学等5个学科门类设有28个本科专业，拥有经济学科和管理学科本科专业设置自主权；拥有应用经济学一级学科博士学位授权点，在应用经济学、理论经济学、公共管理学、法学、工商管理等一级学科下设有15个博士学位授权点、29个硕士学位授权点和MBA授权点；拥有金融学、国民经济学、财政学和会计学等4个国家和北京市重点学科。成人教育有全日制、函授、夜大学及继续教育等多种办学形式，其中学历教育分高中起点专科、高中起点本科和专科起点本科层次。学校的各个硕士研究生点还广泛开展了在职人员以同等学力申请硕士学位的培训工作。学校各类在校生14 000余人，其中全日制本专科学生、博士和硕士研究生6 000余人。全校教职工1 000余人，其中专任教师500余人，有教授、副教授200余人，并拥有一批在全国有影响的知名学者和专家，此外，还聘请了百余名国内外知名的专家、学者担任学校的客座教授。学校拥有语音实验室、计算机实验室、多媒体教室等较为完备的现代化高等财经教育所必需的教学设施设备。

1999年10月29日，江泽民同志为该校建校50周年题词：“努力办好中央财经大学，为现代化建设输送高质量管理人才”。江泽民同志的重要题词，体现了党和国家领导人对我校的殷切关怀，对学校的建设和发展提出了更高的要求，更加坚定了我们办好学校的信心，激发我们积极投身高等教育改革的热情。

该校是全国最早举办成人教育的院校之一。早在20世纪五六十年代，学校就通过干部专修班等形式举办成人教育。1982年以来，学校的成人教育逐步转向以函授、夜大学和成人脱产班为主。除在校本部举办夜大学外，还先后在北京、河北、内蒙古、山西、吉林、天津、陕西、宁夏、新疆、山东、河南、黑龙江、辽宁、海南、云南、江苏、广东、安徽、甘肃、湖南、广西、江西、福建、四川等24个省、自治区、直辖市设立了47个函授站（点），其中目前有在校生的函授站（点）36个，开设了财政、税务、会计、金融（含保险）、市场营销、国际贸易、经济信息管理、新闻学等专业，现有在校生7 200余人，已累计培养函授、夜大学、干部专修科毕业生27 531名。

继续教育学院作为一个职能部门，主管学校的继续教育。长期以来，在上级教育行政部门的关怀支持下，在校党委的正确领导下，学院职工认真贯彻党和国家有关方针政策和法律法规，以“忠诚、团结、求实、创新”的校训为指导，坚持“严字当头，质量第一”，以质量求生存，以信誉求发展，积极探索继续教育的办学规律，励精图治，艰苦奋斗，与时俱进，开拓创新，实现了继续教育规模、结构、质量、效益的协调发展，树立了良好的品牌形象。

2004年北京地区计划招生专业有：脱产会计专科、夜大会计专科、夜大会计学专升本和金融学专升本、脱产会计学专升本（定向）。

教学管理：培养方案经专家、教授科学论证后制定。各学期教学任务由学校统一下达到各系、部，各系部选派教学经验丰富、责任心强的教师授课。

成绩考核规定：学校成人高等学历教育培养方案中规定开设的课程，除按规定批准免修免考课程外，一律实行成绩考核。学生可以申请免修已经学过的部分公共课，但必须办理有关手续方可免修。

毕业及学位授予：成人高等教育本（专）科学生毕业时只要符合毕业条件，由学校颁发教育部统一印制的成人高等教育本（专）科毕业证书，国家承认学历。符合学位授予条件的本科毕业生，由学校学位委员会授予学士学位。

本科学生毕业时学位授予标准：

（1）学生必须在规定的修业年限内完成专业培养方案所规定的课程，成绩合格，且课程补考门次累计未达到所修课程20%及以上；实行学分制管理的学生学分成绩不低于2.0（≥70分）；

（2）在校期间未受到记过以上纪律处分；

（3）无考试作弊行为；

（4）参加教育主管部门或学校组织的外语水平统一测试，成绩合格；

（5）毕业论文（设计）成绩不低于良。

夜大学上课时间一般为晚上和周末，上课地点在学校本部，每学期20周，具体时间详见录取通知书。脱产班授课在沙河校区。

学校地址：学校位于北京市海淀区学院南路39号。在北二环与三环之间。乘坐16、849、601、732（支）、921路公共汽车皂君庙站下车均能到达，仅距西直门地铁站2公里，交通十分便利。

通讯地址：北京市海淀区学院南路39号（邮编：100081）

咨询电话：010—62288322

传　　真：010—62288032

学校网址：www.cufe.edu.cn

中国美术学院成人教育学院简介

一、学院概况

中国美术学院（原浙江美术学院）是我国历史悠久的一所高层次、多系科重点美术院校，1928年由蔡元培先生创立。中国美术学院成人教育学院是中国美术学院负责成人学历教育和非学历继续教育的教学机构，专门从事成人学历教育和非学历教育的二级学院，它的前身是中国美院成人教育部，成立于1993年。1997年3月经文化部批准，正式成立中国美院成人教育学院。十年来，学院立足于教学，为社会输送了大量美术人才。

二、招生情况

成人教育学院的专业设置，以社会需求为前提，目前开设有中国画、油画、雕塑、绘画、美术教育、书法篆刻、视觉传达艺术设计、室内艺术设计、环境艺术设计等专业。学历教育层次设有四年制高中起点本科，二年制高中起点专科，二年制专科起点本科。报考学历教育的考生，均需参加每年全国统一的成人高考和学院的专业课加试。非学历教育的各专业进修班每学年均有招生，欲到学院进修者可直接向我院联系，经审核录取，修业期满成绩合格，颁发中国美术学院进修证明书。

三、联系方式

通讯地址：浙江杭州梅灵南路之江度假区梵村，中国美术学院成教学院（邮编：310008）

网　　址：www.zgmsxycj.com

E-mail：chinart1928@tom.com

南京信息工程大学简介

南京信息工程大学（原南京气象学院）是一所以大气科学、信息科学与技术和环境科学等学科为特色，理、工、商为主，兼有其他学科门类的多科性全国重点高校。学校设有19个系部、4个二级学院，具有学士、硕士、博士、博士后流动站构成的完整学位授予体系。毕业生受到社会各界的广泛认可与好评。目前，学校占地面积2 036亩，各类在校生15 000余人。校园环境幽雅、交通便捷、师资力量雄厚，是莘莘学子求学深造的理想场所。

南京信息工程大学成人教育学院有一支熟悉并热爱成人教育工作的管理干部和相对稳定、经验丰富的教师队伍。授课教师高、中级职称占75%以上。办学20余年来，学校素以注重质量、管理规范而著称，本着以质量求生存、求发展的思想，努力提高学生综合素质，培养了大批适应社会需要的专业人才，深受社会各界的青睐。

成人教育学院的学历教育办学形式有脱产、函授、夜大三种；学历层次有专升本、高起本、专科，可满足不同类型人员的需要。在全国设有18个函授站和教学点，2004年成人学历教育在校生5 500人；在校本部有独立的教学和住宿场所。北京地区志愿参加本专科学历教育的人员能提前半年向学院招生点申报分专业分层次的生源计划，列入北京市成人高校招生办公室招生计划后报考。学院还开办各种培训班，为各类人员提供接受继续教育的机会。

目前，学校正处于发展之中，新校区建设如火如荼。学校努力拓展办学空间、进一步优化办学条件，开展与国外大学联合办学，为创建国内知名大学而努力。

武汉大学北京市测绘设计研究院函授站简介

现武汉大学由原武汉测绘科技大学、武汉水利水电大学、武汉大学及湖北医科大学四校合并组成，是教育部直属的重点综合性大学，位于风景秀丽的武汉市东湖之滨、珞珈山麓。新组建的武汉大学优势互补，学科门类齐全，涵盖了哲、经、法、教育、文、史、理、工、农、医、管理等11大门类。现有本科专业185个，硕士学位授予点189个，博士学位授予点189个，博士后流动站11个，中国科学院、中国工程院院士5名，博士生导师350余人，国际欧亚科学院院士2名，现已成为我国综合实力强、教育质量和科研水平高、有着广泛国际影响的高等教育学府。

武汉大学成人高等教育多年来本着“适应需求，发挥优势，坚持特色，规范办学，严格管理，保证质量”的办学原则，充分发挥学科门类齐全，师资力量雄厚的优势，实行多层次，多渠道，多形式办学。50年来，为国家培养实用型、应用型、复合型急需人才，各类成人高等教育毕业生已达10余万人。

武汉大学北京市测绘设计研究院函授站（前身是武汉测绘科技大学华北函授站），隶属于武汉大学继续教育学院，成立于1982年，面向华北地区开展测绘学科高等函授教育，为北京、天津、河北、山西、内蒙古的测绘行业培养了大批高水平、高质量的测绘科技中、高级人才，这些人才为北京乃至华北地区的经济建设作出了卓越的贡献，为经济建设的各部门提供了优质的测绘保障。

武大北京函授站高等函授教育专科、高中起点本科、专科起点本科，主要是对需要接受高等文化教育和专业技术培养的人员，系统地进行高等文化科学基础知识与基础理论、专业知识和技术技能的教育，培养和造就为社会主义现代化建设服务，德、智、体、美全面发展，能较快适应工作需要的应用型、复合型高级专门人才。

20多年来，学校已培养专科、本科及具有硕士学位的研究生进修班毕业生1 000余人。目前学校在校生包括专科、专升本学生150多人。

学校根据社会主义市场经济发展的需要，积极开展与武汉大学各办学学院的合作，努力拓宽办学领域，近年来已开设并计划开设“测绘工程”专升本、“信息工程”专升本、“工程测量”专科、“地籍测量与土地管理”专科、“测绘科学与技术”研究生课程进修班、“地理信息系统”专科、本科班、“工民建”专科、本科班、“计算机科学与技术”专科、本科班等。

通讯地址：北京市海淀区羊坊店路15号（测绘院内）
邮政编码：100038
电话号码：63955085
E-mail：wdbjhsz@sina. com

中国人民武装警察部队学院简介

中国人民武装警察部队学院（简称武警学院），隶属于公安部，是国内学生数量规模最大的高等军事院校，是一所为边防、消防、警卫部队培养指挥管理人才和专业技术警官的部属高等院校。为满足首都消防工作人员参加本专业学历再教育的要求，经上级主管部门的批准，武警学院在北京市消防学校设立学历教育函授站，面向首都开展消防专业学历教育。设置专业有消防管理（专科）和消防工程（本科）。

学校地址：北京市朝阳区南豆各庄（北京市消防学校）
邮政编码：100023
咨询电话：67383125—24、25
联 系 人：韦增盈、刘康明

重庆大学（北京函授站）简介

一、学院简介

重庆大学是一所教育部直属的、拥有研究生院，本科专业涵盖了理、工、文、经、管、法、教育等学科门类的全国著名综合性重点大学，也是国家“211工程”首批重点建设大学。

重庆大学创办于1929年，早在20世纪40年代就成为一所拥有文、理、工、商、法、医等六个学院的国立综合性大学并闻名国内外。经过1952年的全国院系调整，重庆大学成为教育部直属的、以工为主的多科性大学，1960年被国家确定为首批全国重点大学。改革开放以来，重庆大学大力发展人文、经管、艺术、体育等学科专业，新学科专业的崛起进一步加速了重庆大学向综合性大学发展的进程。为了适应21世纪高等教育发展的需要，进一步提高学校的综合实力，根据国家有关高等教育管理体制改革的决定，重庆大学、重庆建筑大学、重庆建筑高等专科学校三校于2000年5月31日合并组建成新重庆大学，使得一直以机电、能源、材料、信息、经管等学科优势而著称的重庆大学在建筑、土木、环保等学科方面也处于全国较高水平。

重庆大学现有24个二级学院，拥有博士后流动站10个，一级学科博士学位授权点9个，二级学科博士学位授权点37个，硕士学位授权点83个以及工商硕士（MBA）、建筑学、工程硕士3个专业学位授权点，本科专业65个，专科专业14个。

面向未来，重庆大学抓住西部大开发以及教育部与重庆市共建重大的大好机遇，全面落实科教兴国的战略，坚持“扎根重庆、立足西南、面向西部、服务全国、走向世界”的办学思路，1998年在中建一局集团培训中心设立北京函授站，利用中建一局集团在建筑领域中专业与技术的优势，结合重庆大学的优良办学传统，旨在培养综合素质高、应用能力强的建筑领域专业人才，为把重庆大学建设成为国内一流、国际知名、具有自身特色研究型综合性大学而努力奋斗！

二、专业设置及介绍

1. 土木工程（三年制，专科升本科）

培养目标：本专业培养熟知土木工程基础理论和基础知识，在建筑工程领域具有设计、施工和管理等专长的高级技术人才。

主要课程：邓小平理论、材料力学、高等数学、英语、线性代数、结构力学、弹性力学、现代建筑材料、土力学及基础工程、房屋建筑学、马克思主义哲学原理、计算机语言、建筑经济与企业管理、建筑结构抗震、结构分析程序设计、钢筋混凝土与砌体结构、钢结构、高层建筑结构、建筑法规、高层建筑施工、计算机辅助设计、建筑监理概论等。

2. 工程管理（三年制，专科升本科）

培养目标：本专业培养系统掌握投资与工程造价管理基础理论和基础知识，完成造价工程师基本训练的、能从事建筑管理、建筑企业管理的高级工程技术管理人才。

主要课程：邓小平理论、英语、高等数学、微观经济学、工程建设信息管理、管理信息系统、线性代数、管理学原理、建筑力学、金融与资本市场、数据库原理、工程建设项目投资与融资、工程项目成本计划与控制、建筑结构、工程估价、工程项目预算软件应用、工程索赔、建筑工程事故分析与处理、房地产开发与经营管理、高层建筑施工等。

3. 建筑工程（四年制，高中起点专科）

培养目标：本专业培养建筑业第一线需要的，掌握建筑工程基本理论和基本技能，能从事建筑工程施工方面的工程技术应用型人才。

主要课程：邓小平理论、应用文写作、高等数学、画法几何与工程制图、英语、线性代数、建筑材料、理论力学、建筑工程测量、计算机文化基础、建筑应用电工、房屋建筑学、材料力学、法律与道德、建筑施工与管理、计算机辅助设计、结构力学、混凝土结构基本原理、地基与基础、建筑工程定额与预算、建筑法规、钢结构、房屋结构设计等。

4. 工程造价管理（三年制，高中起点专科）

培养目标：本专业培养具有一定的造价管理基础知识，会编制建筑、安装和装饰工程预算，能进行工程投标报价，能从事建筑行业经营管理的高级技术应用型人才。

主要课程：邓小平理论、英语、建筑工程材料、经济数学、计算机基础、建筑识图及房屋构造、电气工程识图及工艺、管道工程识图及工艺、建筑工程施工工艺、建筑结构概论、应用文写作、建筑企业管理、建筑工程定额与预算、安装工程定额与预算、装饰工程定额与预算、建筑技术经济学、工程招投标及合同管理、工程成本会计学、预算软件应用、财政与金融、工程造价管理、施工组织与网络计划等。

三、招生专业考试科目及考试大纲

1. 招生专业与考试科目

专业	考试科目	学制	备注
土木工程	英语、高等数学（一）、政治	3年	学年制
工程管理	英语、高等数学（二）、政治	3年	学年制
建筑工程	高起专理科	4年	学年制
工程造价管理	高起专文科、理科	3年	学年制

2. 考试大纲

全国成人高等教育入学考试大纲的有关科目内容。

3. 学历学位

学生学完教学计划所有规定课程，成绩合格，发给教育部统一电子注册并盖有重庆大学校章、校长签发的重庆大学（函授）毕业文凭。

符合学士学位授予条件的本科毕业生，授予学士学位。

四、培养形式及收费标准

1. 培养形式

函授（外埠院校在异地办学的一种形式，等同于业余及夜大）。

2. 上课时间

周六或周日。

3. 收费标准

专科：1 500元/学年·人。

本科：2 200元/学年·人。

五、招生对象、报名地点

1. 招生对象

高中起点专科：高中毕业或同等学力者；专科起点本科：持教育部核准的国民教育系列专科毕业证书者。

2. 录取方式：参加全国成人高等教育统一考试，并达到北京录取分数线的考生。

3. 报名地点：北京市各成人教育局及北京市指定报名点。

4. 学校地址：大兴区龙河路14号中建一局集团培训中心。

5. 学校交通：公交线366、410、610、901、937、943、957、962、968、特3可达。

6. 咨询电话：010—69239613

7. 网　　址：www.jzpx.com

广东亚视演艺职业学院简介

一、学院简介

（一）优美的校园环境、完善的生活设施

学院坐落在广东省东莞市现代制造业重镇、世界高尔夫名镇、文化教育强镇——塘厦，环境优美、绿树成荫、四季如春，形成院内有园、园中有山、山上有阁，同时还拥有3 000多亩湖面的艺术格局，排练厅、小剧场是你飞翔的舞台；制作室、摄影棚是你梦飞的翅膀；电梯化、室内空调、24小时热水供应的学生公寓，犹如走进了温馨的家。学院为学生的学习、生活提供了优良的条件。

（二）一流的师资队伍、独特的教学模式

学院云集了以著名表演艺术家、电视剧《三国演义》中刘备的饰演者孙彦军院长领衔的国内一大批著名影视表演艺术家、导演艺术家、影视摄影家、音响录音大师、声乐教育家、舞蹈教育家及艺术形象造型师。

学院已逐步形成鲜明的特色：与电视、舞台艺术事业鱼水相依的行业特色；多层次、多规格、多样化、开放式的实践教学、成品教学的办学特色；多学科兼容、相互参透，充分体现综合优势的学科特色；重视培养学生综合素质和职业道德，坚持理论和实践相结合的育人特色。

（三）人才辈出、硕果累累

短短的三年办学，在艺术家们的严谨治学和精心培育下，学生在全国、省市各类大赛中都取得了优异的成绩。20集大型电视连续剧《乱世奇才》，其导演、演员、美术设计、服装化装设计、摄影及后期制作等均由学院的师生担纲。大型舞台剧《黑草垛》、《歌星与猩猩》、《结婚》、《钦差大臣》、《婚姻场景》以及各系联合制作的十余部电视短片，都充分体现了学院的教学实力。

（四）完善的就业体系、广阔的就业前景

学院自创办以来，实行“经济与文化联姻、教学与实践结合、传统与现代呼应、成果与市场挂钩”的机制，重视基础训练，突出创作实践，关注市场需求，鼓励个性发展，每年为影视和舞台艺术培养了一批实用型、能力型、综合型人才，学院已逐步形成了保障就业体系，为毕业生开辟了广阔的就业前景。

目前，毕业生主要就业方向为：广东珠江三角洲各大媒体、艺术团体、影视剧组、广告公司、广播电台、中央电视台及地方电视台。除个别专业外，其他专业就业率达到100%。

广东亚视演艺职业学院2003年被广东省省情调查研究中心、广东省社会科学院竞争力评估研究中心评为广东省“竞争力20强高校”之一。

二、招生专业介绍

招生专业及课程设置

专业名称	学制（脱产）	学费（元/年）	培养目标	课程设置
影视表演	2年	17 000	具备一定文化素养和影视剧及话剧表演技能的实用型人才。	表演基础理论、表演技巧、人物形象创造、形体技巧、台词技巧、声乐、导演基础理论等。
影视动画	2年	19 000	能承担相应的影视电脑动画及广告网页等电脑美术设计制作任务的实用型人才。	艺术概论、影视美术设计与制作、动画原理与编导知识、2D电脑图像处理及动画、3D电脑空间设计与动画、动画后期音、视频编辑等。
音乐表演（声乐方向）	2年	14 000	具有一定的音乐基础理论知识和规范的演唱、演奏技能的实用型音乐表演人才。	艺术概论、视唱练耳、基本乐理、中外音乐史、基础和声、合唱与指挥、歌曲写作、声乐、钢琴、形体与舞蹈、舞台气质与技能技巧等。
主持与播音	2年	18 000	掌握语言艺术的基础知识和专业技巧、能完成电视节目主持任务及其他相关艺术工作的实用型电视节目主持人才。	节目主持技能技巧、节目制作、广播语言技巧、广播电视学概论、主持心理学、表演技巧、形体技巧、声乐基础、电视写作、电视编辑、服装化装基础、音乐美术欣赏等。
人物形象设计（化装与服装设计）	2年	14 000	掌握本专业必需的基础理论、基本技能实用型的影视（戏剧与时尚）人物形象设计人才。	艺术概论、素描、色彩、影视（戏剧与时尚）、人物服装、化装设计与技巧、影视美术概论、导演知识、摄影摄像知识等。

续前表

专业名称	学制（脱产）	学费（元/年）	培养目标	课程设置
装潢艺术设计	2年	14 000	具备在室内设计、装潢实施、工程预决算、施工管理等方面具有较强实际应用能力的高等技术实用型人才。	素描、色彩、平面构成、立体构成、装饰绘画、电脑平面设计、IT与标志设计、三维动画、室内设计等。
摄影摄像技术	2年	17 000	能熟练、全面地掌握、运用所学影视摄影（像）技能及专业知识。	摄影技术、电视制作、摄影（图片）造型基础、影视编导基础、影视摄影技巧、画面处理、影视照明技巧、影视摄影创作等。
音像技术（广播电视音响技术方向）	2年	17 800	具有从事传媒业的音响制作的基本操作技艺，能较快地适应传播行业中音响制作任务。	电子技术基础、音质评价、影视声音制作基础、电视声画艺术、数字音频技术、现代录音技术、同期录音及后期制作、数字音频工作站等。
舞蹈表演（舞蹈表演与编导）	2年	14 000	能独立完成表演并具有基本创造能力的专业技能的舞蹈表演人才。	艺术概论、中国舞蹈史、编舞基础、音乐基础理论、中国舞技术基础、中国民间舞、芭蕾舞技术基训、现代舞即兴、剧目排练、运动生理学、名作赏析等。

学校地址：广东省东莞市塘厦138区湖景路1号（邮编：523710）
招办电话：0769—7881233/7728928转3360/2188
网　　址：www. atvcn. com
　　　　　www. hkatv. com. cn
E-mail：atv@vip. sina. com

西南财经大学简介

西南财经大学位于有“天府之国”美誉的成都平原。学校原名四川财经学院，在1952年和1953年两次全国高等院校院系调整中，由西南地区17所财经院校、综合大学的部分系科合并组成，荟萃了西南地区大部分财经教育专家、教授。

1980年1月，学校由中国人民银行总行主管，1985年11月更名为西南财经大学，并确定为人民银行直属重点院校。1995年3月进入国家“211工程”重点建设的大学行列。2000年2月，学校以独立建制划转教育部管理。

经过52年的发展，学校现已形成以经济学和管理学学科为主体，金融为重点，其他学科协调发展，经、管、法、文、理、工相结合的办学特色；成为国家金融、经济部门高水平经济管理人才培养的重要基地，国家金融、西部经济建设与社会发展重要问题的研究基地，四川和西南地区经济与管理科学的国内外学术交流中心。

学校成人教育始于1982年，近年来，随着学校教育事业的不断发展，成人高等学历教育、高等自学考试助学及其他教育形式办学规模逐年扩大。现有各类在册学生万余人，其中全日制学生1 500余人。学校成教函授站和教学点遍及云、渝、粤等14个省（市、自治区）；同时，成人教育学院充分利用学校作为西部地区财经专业重点大学优秀的教学资源，大力开展干部继续教育，特别是致力于金融及经济领域中高级干部培训基地，现已形成了形式多样、层次齐全、专业设置齐备的成人教育体系。

2002年2月，教育部批准我校为现代远程教育试点院校，3月学校成立网络教育学院，与成人教育学院实行一套班子两块牌子，共同承担学校现代远程教育的人才培养。通过两年多的试点，学校网络教育取得较快发展，建有远程教育专用网站“西财在线”（www.swufe-online.com），具备了完善的网上导学服务体系。目前在四川、重庆、云南、北京、浙江等 省（市、自治区）招生，有在籍本专科学生万余人。

石油大学（北京）简介

石油大学［包括石油大学（北京）和石油大学（华东）］是一所直属教育部管理，首批进入“211工程”建设的全国重点大学。

石油大学（北京）现有12个二级教学院（系、部），22个本科专业，4个高等职业技术教育专科专业。学校拥有3个博士、硕士学位授权一级学科，3个博士后流动站、13个博士点、31个硕士点，在8个工程领域具有工程硕士学位授予权；拥有5个全国重点学科，1个国家级重点实验室和1个国家工科基础课程教学基地，教育部和北京重点实验室，中国石油、中国石化、中国海洋重点研究机构13个，14个省部级重点实验室和研究室。

石油大学（北京）拥有一支教学经验丰富、业务水平高的教师队伍。现有专任教师447名，其中：中国工程院院士2名，博士生导师72名，教授104名，副教授124名，“长江学者奖励计划”特聘教授3名，国家重点研究项目首席科学家1名；享受政府特殊津贴人员71名，教授级高级工程师2名，高级工程师14名，研究员6名，副研究员12名。

中华女子学院简介

该院是教育部批准备案的唯一一所本科层次的女子普通高等学校，隶属于全国妇联。陈慕华任学院名誉院长。学院坐落在北京亚运村姜庄湖畔，占地160亩，建筑面积13万平方米，藏书20万册，是一所具有女性特点的现代化的花园式高等学校。学院历史悠久，拥有较强的师资队伍以及先进的教学设施和设备。目前，学院设有十系一部和两个二级学院，即女性学系、社会工作系、法律系、学前教育管理系、人力资源管理系、经济管理系、外语系、艺术系、计算机系、金融系和基础教育部、中华高丽（职业）学院、继续教育学院。学院教学突出女性特点，着力培养应用型、复合型的优秀女性人才。

中国劳动关系学院简介

中国劳动关系学院（原中国工运学院）是中华全国总工会直属的普通高等院校，学院位于海淀区航天桥附近，毗邻中国电视塔和钓鱼台国宾馆，交通十分方便。学院前身是中华全国总工会干部学校，创建于1949年，1984年改建为中国工运学院，2003年5月经教育部批准，改制升格为普通本科高等院校。

学院经过多年的建设和发展，环境优美，教学设施先进，具备了良好的学习和生活条件，是北京市政府命名的“花园式单位”。目前校内建有办公楼、教学楼、综合楼、图书馆楼、礼堂、运动场、网球场、体育馆和学生宿舍楼等生活设施，并配有语音教室、计算机教室、多功能模拟教室、电化教室以及多媒体教学系统，学院图书馆藏书约30余万册实行网络化管理，学生宿舍实行公寓化管理，多个学生餐厅实行计算机管理。

学院在教学和科研方面力量雄厚，教师中有享受政府特殊津贴的专家、全国知名的老教授及一批中青年骨干教师。在教学过程中学院注意更新教学内容，改革课程设置、改进教学方法，提高教学质量。在工会法、劳动经济、劳动法、劳动关系等领域学院处于国内领先水平，并承担了多项国家社会科学基金项目，学报《工会理论与实践》是中国政治类全国中文核心期刊、劳动经济类全国中文核心期刊、工运类全国中文核心期刊。

学院重视与国内外教学及研究机构加强学术交流和联系，先后与美国、德国、英国、日本、澳大利亚、意大利等国家和地区的高等院校和科研机构建立了友好协作关系，并与国际劳工组织建立了长期的合作，多次派遣教师和学生出国开展学术交流活动。

建校以来，学院已为社会各界培养了近万名毕业生，他们中的大多数已成为各行各业的骨干力量。学院毕业生的就业与继续深造的比例达到80%。

目前学院设有劳动关系与工会学系、公共管理系、法学系、经济管理系以及英桥高等职业学院（二级学院）、理论基础部、计算机网络中心等。学院现有普通及成人本、专科在校生2 300人。学生毕业时成绩合格者均授予由教育部统一电子注册管理的国民教育系列的本科或专科毕业证书。

中国民航管理干部学院简介

中国民航管理干部学院于1984年8月成立。它是中国民航总局唯一一所部属成人高等院校。学院以学历教育为基础，以短期培训为重点，担负着为全民航系统培训中高级管理人才、后备干部和继续教育的任务。

学校位于北京市朝阳区花家地东路，建筑面积约5万平方米。绿树亭廊掩映成趣的校园建有功能齐全的教学楼、办公楼、图书馆、电化教育中心、计算机中心、语音实验室及可以承办大型国际会议的同声传译报告厅；有可供上千人开会、放映电影的大礼堂；有供千人同时用餐的餐厅；有设施良好的体育馆；有学生公寓、教工公寓等，并有各类图书资料10万册。学校拥有一支104人的高水平专职教师队伍，其中具有正高级职称的教师3人，副高及中级职称的教师98人。近20年来共培养了3 297名大学专科毕业生，并对40 321人进行了各类培训。目前，大学专科在校生700人。

中国环境管理干部学院简介

中国环境管理干部学院是1981年经国家环境保护总局批准、教育部备案的一所专门培养环境保护专业人才的全日制高等学府。原全国人大环境与资源委员会主任曲格平教授和国家环境保护总局解振华局长先后兼任学院院长。学院坐落在美丽的海滨城市——秦皇岛，西有中外闻名的避暑胜地北戴河，东有世界著名的长城重镇山海关，北依燕山，南临渤海，校园布局错落有致，环境优美。经过20多年的建设和发展，学院已成为全国的环境教育和信息交流中心，被誉为环保系统的“黄埔军校”和培养环保人才的“绿色摇篮”。学院现有教职工210人，其中博士5人、硕士42人、教授17人、副教授45人，在校生3 600余人。

学院现有环境科学系、环境工程系、生态学系、环境艺术系、人文与法学系和公共课部等5系1部，共24个专业，设有环境技术研究与实验中心、现代化教学中心、环境教育研究所、网络中心、语音室和电子阅览室等配套的教学、研究机构。中国与荷兰政府合作项目、由荷兰政府资助的水处理技术全模拟实验室——中荷水处理示范研究培训中心已在我院建成并正式投入使用。

学院自1986年开展环保专业学历教育，学生以脱产学习为主，现有在校普通高职学生2 800余人，成人大专生800余人。18年来，已有4 000多名毕业生从这里走上了环保工作第一线，他们有的已走上领导岗位，更多的则成为业务骨干，在环境管理、环境监理、环境信息管理、生态环境保护、环境监测、环境工程等领域取得了丰硕成果。

学院积极开展国际间的交流与合作，先后与美国、日本、荷兰、朝鲜等国家和我国香港、澳门、台湾地区的大学或环保机构建立了友好关系，互派访问学者，进行学术交流和研究。从1999年开始，与荷兰万豪学院建立了联合办学关系，学院已先后选送了5批毕业生赴万豪学院留学。此外，学院开设了成人大专和专升本函授教育，与北京大学联合举办了研究生班，与南开大学、西北农林科技大学、河北科技大学等高校联合开展了专升本教育。同时，还与地方环保局在当地联合开设了大专函授班；利用暑期，同地方环保主管部门联合举办多层次的各类专业短期培训班，提高环保在职干部的业务素质。

经过20余年的建设与发展，学院已具备了一定的办学规模，形成了多专业、多规格、多形式的办学体系，为我国培养了大批的环境保护专业人才。学院2004—2010年教育发展与建设规划已顺利通过了专家论证。展望未来，前程似锦，学院全体师生愿与全国环保战线上的同仁一道，抓住机遇，与时俱进，加速发展，为我国的环境保护事业作出应有的贡献！

学校地址：河北省秦皇岛市河北大街西段73号（邮编：066004）

联 系 人：吕振华

电　　话：（0335）8077743，8054225

网　　址：www.emcc.cn

E-mail：lzh1197@emcc.name

广播电影电视管理干部学院简介

广播电影电视管理干部学院原隶属于国家广播电影电视总局，是我国培养广播影视人才的主要基地之一。2000年9月按照国务院高校管理体制改革精神，划转山西省人民政府领导，由山西省人民政府与国家广播电影电视总局共建。学院地处山西省太原市内，占地面积207亩，建筑面积7万多平方米。

学院以面向广播电影电视系统为主，同时为行业及社会培养高等应用型专门人才，实行多层次、多规格、多形式的办学体制，既有普通高等职业教育，又有成人高等学历教育和以岗位培训、干部轮训为主要形式的继续教育。

学院面向全国招生，目前全日制在校学生近2 600人，另外年均培训广播影视系统内各类人员1 000余人。学院每年有计划地选拔一批优秀学生进入本科院校学习。学院现有教职工200多人，教师100余人，其中高级职称的教师占教师总数的30%。另外，学院有相对稳定的外聘教师50多名。为了提高教学质量，学院在强化专职教师队伍建设的同时，还聘请了余秋雨、腾格尔、孙小梅等近70名国内知名的专家、学者为学院的兼职或客座教授。

学院学生以较强的动手能力和扎实的理论专业功底受到用人单位的好评。近年来，学生毕业一次性就业率一直保持在95%以上，分布在中央电视台、中央人民广播电台、中国国际广播电台、凤凰卫视以及全国各省（市、自治区）的电视台、广播电台、影视节目制作公司、动画公司、广告公司等单位，其中大多数已成为独当一面的专业骨干。

学院有制作系、美术系、编播系和管理系等四个教学系，开设电视摄像、电视节目制作、录音艺术、影视多媒体、图片摄影、影视动画、影视广告、影视美术、影视人物形象设计、室内艺术设计、网络艺术设计、电视节目主持与播音、电视新闻采编与制作、电视节目编导、影视表演、电视制作管理、影视信息网络技术等专业。2002年经教育部专家组评审，学院影视动画和电视摄像专业被确定为全国高职高专教学改革试点专业，影视动画专业还被确定为国家级精品专业和全国高职高专产学合作项目。2003年，学院电视节目主持与播音专业和影视广告专业被确定为省级高职高专教学改革试点专业。

为拓宽办学渠道，学院先后与北京大学、上海交通大学、澳门科技大学、上海邦德学院、上海美术电影制片厂、北京电影学院、山东省广播电视学校、湖南省广播电视学校等单位合作办学。

学院现有较完备的教学设施和功能齐全的教学实训基地，教学仪器设备总价值4 500多万元，生均占有近2万元。主要教学实践实训室有：配备有先进的、完善的灯光、摄录设施和电视导播台的400平方米标准演播厅；配备有全数字录音设备的100平方米广播档录音棚；近十个配备有顶级SGI非线性视频工作站等设施的电视节目编辑室；配备有国内一流的动画制作设施的二维平面动画机房和三维图形图像实验室；具有广播影视教学特色的视听阅览室；省内唯一的高标准虚拟演播室；功能齐全的影视审片室；还有多媒体机房、摄影暗房、播音实验室、人物形象设计实验室、形体室、灯光室、语音室、多媒体教室和音乐教室等近百个。此外，还有中高档次的摄像机近百台，编辑机百余套。学院图书建设特色鲜明，专业图书藏书量12万多册，音像资料10万余盘（盒）。学院还建设有现代化的校园网。

1999年，学院高标准通过“山西省文明学校”验收。2000年山西省劳动竞赛委员会授予学院“集体一等功”称号。2001年被山西省委、省政府授予“山西省劳动模范单位”称号。同年，被太原市人民政府授予“太原市文明单位”和“太原市园林绿化标兵单位”称号。2003年又荣获了“太原市文明标兵单位”称号。

中央司法警官学院简介

中央司法警官学院是中华人民共和国司法部唯一直属高等院校，是全国监狱、劳教系统的最高学府。

学院坐落在距首都北京130公里的历史文化名城保定，交通便利，环境幽静。现占地面积428亩，建筑面积114 000平方米。学院创建于1956年，现有在校生近5 000人。

学院教学实体有监狱学系、劳教管理系、警察管理系、经济管理系、法律系、马列主义教研部、基础课教研部、警察体育教研部、院外教育部、培训部和电教微机中心。教学辅助单位有：图书馆、监狱劳教科学研究所、《中国监狱学刊》编辑部。学院设有监狱管理、劳教管理等13个专业，除举办学历教育外，还有领导干部岗位培训、警衔晋升培训、监所管理专业自学考试函授等多种形式。

学院现有专兼职教师260人，其中教授、副教授140余人，享受政府特殊津贴3人，部分教授曾参与国家立法活动，许多教授、学者学术成果突出，在全国监狱、法学界有相当的影响。近十年来，学院教师已出版各类专著、教材200余部，承担国家科研项目五项，省部级科研项目十五项，在省级以上刊物发表论文1 000余篇，研制开发计算机软件5套。另外，还聘请了一些著名的教授、学者担任学院的客座教授。学报《中国监狱学刊》被列为全国法律类中文核心期刊和中国人文社会科学核心期刊，是监狱系统重要的理论刊物。

学院拥有闭路电视、语音室、微机室、多媒体教室、狱侦实验室、心理学实验室、电算化实验室、办公自动化实验室等现代化教学设施。

学院重视国际间的学术交流，1991年以来，先后有英国、美国、芬兰、瑞士等国家和我国香港地区的代表团前来访问、考察、参观。学院也相继出访了英国、法国、德国、日本、泰国、越南、俄罗斯、澳大利亚等国家和我国香港地区。

学生在校期间实行严格的军事化管理，着人民警察服装。接受系统的专业知识学习的同时，进行警察体育、汽车、摩托车驾驶、射击等训练。多年来，学院为全国监狱、劳教系统培养了一大批优秀人才，从1997年和1999年两次毕业生追踪调查结果看，学院毕业生普遍具有专业思想牢固、专业知识扎实、专业技能熟练、适应工作能力强的优势，受到监狱、劳教系统的普遍欢迎。据1999年学院对600名毕业生的抽样调查表明，担任省（自治区、直辖市）司法厅副厅长、监狱管理局或劳教管理局局长、党委书记、副局长的有8人，占1.3%；担任监狱、劳教所科、处级领导的277人，占46.2%；有298人被评为各级先进工作者或立功受奖，占49.7%。学院的毕业生在监狱、劳教系统发挥着越来越重要的作用。

为贯彻落实党中央、国务院“依法治国”方略、“科教兴国”战略，学院党委根据学院实际，确定了学院发展的总体战略目标，“以邓小平理论为指导，与创建现代化文明监狱、劳教所同步发展，总体规划，分步实施，整体推进，重点突破，争取把学院建成全国监狱、劳教系统后备人才培养基地，高级司法警官培训基地，监管改造研究基地，具有一流的教学设施、一流的师资队伍、一流的科研水平、一流的管理水平”。

北京物资学院成人教育学院简介

一、学校概况

北京物资学院成人教育学院位于北京市通州区，全国闻名的古运河源头，学院环境优美，空气清新，交通便利。校园占地54亩，校舍面积12 000余平方米，其中教学楼近8 000平方米，学生宿舍2 000多平方米。建有计算机实验室、多媒体教室、图书阅览室、篮排球场，可容纳400余人的阶梯教室等，学习生活设施齐全。

十几年来，成人教育学院以物资学院校本部为依托，建立了一支热爱成教事业的品德优、授课好、比较稳定、高质量的教师队伍，总数达250余人，其中高、中级职称的教师占总数的80%以上。成教学院坚持多层次，阶梯式办学，建立了一套较为完备的人才培养体系。现开设会计学、经济学、市场营销、工商管理、信息管理与信息系统、人力资源管理、外贸英语等七个专业；招收高中起点专科、高中起点本科、专科起点本科三种层次的考生。到目前为止，已为社会培养了16 000多名电大生、自考生、夜大生、函授生、全日制脱产生，他们正在社会各条战线上发挥着重要作用。

成教院采取全日制脱产班和夜大班等多种办学形式，还在河北、山东、河南、湖南、广西、云南、新疆等七个省建立了函授站，进行函授教育；另外还与北京外国语大学合作开设了外贸英语班，在宣武门的成教学院分院（原物资贸易职工学院）开设了专科起点本科形式的业余班。凡经全国成人高等教育统一考试被成教院录取的学生，学完教学计划规定的全部课程，成绩合格者，学院颁发由教育部统一印制的毕业证书，国家承认学历。专升本和本科学生毕业后成绩合格，学院可授予学士学位。

学院全体教职工以“团结、勤奋、求实、奉献”的精神面貌，不断深化教育教学改革，开拓进取，获得了良好的社会声誉。

二、专业设置

（一）高中起点本科 专科起点本科

1. 会计学

高中起点本科脱产形式，学制四年；专科起点本科夜大形式，学制三年。通过系统的学习使学生适应社会主义市场经济发展的需要，具有坚定正确的政治方向，全面系统掌握会计专业的基本理论、基本知识和基本技能。可从事企事业单位财务工作，能独立完成中、高级财务分析管理工作，并能在中介机构从事注册会计师、注册评估师等社会服务工作。能熟练掌握一门外语，具备借助外文词典阅读，翻译本专业外文资料的能力等。

课程设置：哲学、大学英语、西方经济学、邓小平理论概论、财务会计、管理会计、成本会计、商品流通企业会计、货币银行学、审计学、财政税收、国际贸易、国际金融等。

2. 信息管理与信息系统

专科起点本科夜大形式，学制三年。通过系统的学习及大量的上机学习使学生适应社会主义市场经济发展的需要，具有坚定正确的政治方向，能够在计算机的基础上，运用信息处理及经济管理方面的知识进行经济信息管理与信息系统的设计、开发、维护、管理等工作，并且能够具备较强的实际动手能力。熟练掌握一门外语，具备借助外文词典阅读，翻译本专业外文资料的能力，具备综合、分析、判断、解决实际问题的能力。

课程设置：哲学、大学英语、西方经济学、邓小平理论概论、计算机原理、数据结构、数据库原理、计算机高级语言、操作系统、系统分析与设计、计算机组织结构、计算机网络、多媒体技术等。

（二）大学专科

1. 经济学（文理兼收，兼招二学历）

夜大、函授形式，学制三年。通过系统的学习，培养学生适应社会主义经济发展的需要，具有坚定的政治方向，德、智、体、美等全面发展，并能熟练掌握马克思主义基本经济理论，熟悉我国流通领域有关的方针、政策和法规，具备系统的国内贸易经营与管理的基本理论知识和技能。具有调查研究和分析解决问题的能力，并且能够熟练地掌握一门外语。

课程设置：哲学、政治经济学、英语、西方经济学、邓小平理论概论、计算机基础、产业经济学、会计学、财政学、统计学、物流学、国际贸易、货币银行学、市场营销学、工商税收、经济法、期货贸易等。

2. 会计学（文理兼收，兼招二学历）

脱产形式，学制两年；函授形式，学制三年。通过系统学习，使学生掌握马克思主义基本经济理论，了解国家有关方针政策和法规，初步掌握会计专业理论实务和专业技能，着重培养用计算机处理财务工作的能力，使学生毕业后基本能够适应企业财务工作。

课程设置：哲学、政治经济学、英语、西方经济学、邓小平理论概论、计算机基础、初级会计学、财务会计学、成本会计、管理会计、会计电算化、财政税收、货币银行学、统计学、经济法等。

3. 市场营销（文理兼收，兼招二学历）

函授形式，学制三年。通过系统学习及部分实践教学，使学生逐步适应社会主义市场经济发展的需要。充分了解马克思基本经济理论和有中国特色的社会主义基础理论，掌握现代化市场的基础理论、专业知识和实际工作技能，熟悉我国有关方针、政策和法规，具有市场营销活动的调查研究能力、决策能力、应变能力和开拓能力，并且能够熟悉掌握计算机技术。

课程设置：哲学、政治经济学、英语、西方经济学、邓小平理论概论、计算机基础、市场营销学、市场调查与预测、消费心理学、会计学、财政学、国际贸易、货币银行学、经济法、证券投资学、市场竞争战略等。

4. 信息管理与信息系统（文理兼收，兼招二学历）

脱产形式，学制两年；函授形式，学制三年。通过系统学习及长时间的上机实习，使学生能够在计算机基础上，运用信息处理及经济管理方面的知识进行经济信息管理与信息系统的设计、开发、维护、管理等工作，并且能够具备较强的实际动手能力。

课程设置：哲学、英语、西方经济学、邓小平理论概论、计算机原理、数据结构、数据库原理、计算机高级语言、操作系统、系统分析与设计、计算机组织结构等。

5. 人力资源管理（文理兼收，兼招二学历）

夜大、函授形式，学制三年。本专业培养适应社会主义市场经济发展需要，具有坚定正确的政治方向，德、智、体、美全面发展，熟练掌握人力资源开发与管理的理论知识和实际工作技能的高等人力资源管理专门人才。经过系统的学习，使学生掌握人力资源开发与管理的理论知识、工作技能与方法，适应现代人力资源管理工作的需要，并能够有效实施人力资源管理工作的需要。

课程设置：哲学、政治经济学、英语、西方经济学、邓小平理论概论、计算机基础、组织行为学、工商企业管理、人力资源经济学、人力资源开发与管理、社会保障、工资个人收入管理、职技开发与就业指导、劳动法、行政管理、人员素质测评、人力资源统计、人才学等。

6. 工商管理（文理兼收，兼招二学历）

脱产形式，学制两年。通过系统的学习，使学生了解马克思主义基本经济理论和有关企业管理方面的方针、政策，掌握现代管理理论和方法，具有分析决策能力和组织管理能力，并能够较熟练地掌握计算机技术和一门外语，可以到各类工商企业从事经营管理工作，也可以专门从事企业的采购、供应和销售等业务工作。

课程设置：哲学、政治经济学、英语、西方经济学、邓小平理论概论、计算机基础、数据库程序设计、管理学、管理信息系统、消费心理学、财政学、组织行为学、财务管理、市场营销学、人力资源管理、企业战略管理、运作管理等。

7. 外贸英语（限招文科，兼招二学历）

脱产形式，学制两年。通过系统学习和大量实践，使学生具备坚实的英语语言基础和熟练的听、说、读、写、译的能力，以及良好的英语表达能力和运用现代化办公设备的技能。熟悉国际贸易的基本理论和经营策略，对英语国家的社会经济有广泛全面的了解，有较强的涉外经贸交际能力。

课程设置：哲学、政治经济学、邓小平理论概论、经济数学基础、计算机基础与应用、英语精读、英语泛读、英语口语、英语听力、英语应用写作、外贸英语、国际贸易、国际市场、市场营销、进出口业务等与专业相关的各类课程。

第五部分

北京市1996—2005年成人高校招生统计

1996—2005年北京成人高校招生录取情况统计表

单位：人

年份	报考类别								录取															
	计划				报名				类别				生源		性别		年龄		学习形式			考生职业		
	合计	专科起点本科	高中起点本科	高中起点专科	合计	专科起点本科	高中起点本科	高中起点专科	合计	专科起点本科	高中起点本科	高中起点专科	北京	外埠	男	女	25周岁以下	25周岁以上	脱产	业余	函授	工人	干部及技术人员	不便分类从业人员
1996年	17 229	4 691	287	12 251	36 706	8 996	962	26 748	17 117	4 677	301	12 139	12 584	4 533	7 434	9 683	9 894	7 223	1 159	12 846	3 112	3 421	9 873	3 823
1997年	34 397	6 000	555	27 842	86 638	15 305	908	70 425	34 311	6 216	334	27 761	22 563	11 748	14 483	19 828	22 395	11 916	6 459	24 636	3 216	6 058	13 539	14 714
1998年	34 848	6 961	703	27 184	86 550	19 892	2 104	64 554	34 574	6 922	648	27 004	23 688	10 886	14 593	19 981	23 073	11 397	7 287	23 915	3 372	7 108	10 501	16 965
1999年	37 009	8 207	1 922	26 880	97 369	21 964	3 905	71 500	38 409	7 465	1 613	29 331	2 8122	10 287	15 791	22 618	23 860	14 549	7 621	27 258	3 530	5 068	10 521	22 820
2000年	47 356	11 736	2 456	33 164	111 068	29 387	7 489	74 192	47 399	11 626	2 954	32 819	36 664	10 735	19 287	28 112	25 107	18 292	8 369	35 266	3 764	7 613	16 638	23 148
2001年	55 408	15 509	4 629	35 270	129 587	32 827	17 872	78 888	62 089	16 625	4 887	40 577	49 506	12 583	26 391	35 698	42 152	19 937	15 644	42 527	3 918	7 985	13 171	40 933
2002年	59 866	16 581	5 483	37 802	172 652	50 264	30 423	91 965	67 070	18 866	5 492	42 712	50 221	16 849	27 145	39 925	48 631	18 439	21 991	41 315	3 764	4 280	13 221	49 569
2003年	64 144	19 964	5 009	39 171	181 699	64 549	35 115	82 035	66 975	19 962	5 114	41 899	50 569	16 406	26 177	40 798	53 427	15 445	25 970	39 696	3 217	4 303	25 644	37 028
2004年	69 628	22 151	5 144	42 333	115 383	44 346	19 197	51 840	73 929	24 423	4 964	44 542	5 256	21 365	27 465	46 464	59 045	14 884	23 171	48 520	2 238	1 714	19 788	52 427
2005年	72 200	25 265	5 542	41 393	135 292	43 982	25 486	65 824	74 952	23 958	5 132	45 862	56 895	18 057	29 023	45 929	56 883	18 069	21 809	50 889	2 254	1 682	19 952	53 318

附：

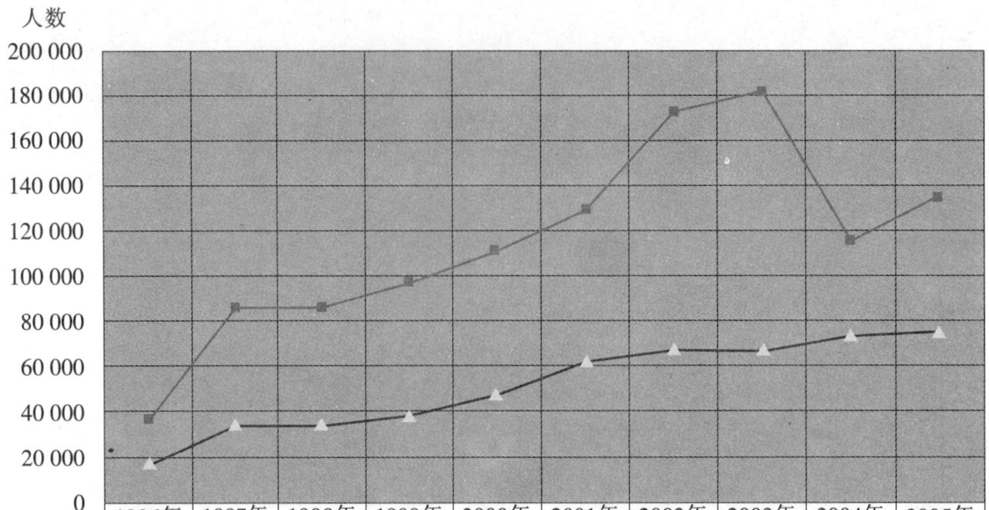

年份	1996年	1997年	1998年	1999年	2000年	2001年	2002年	2003年	2004年	2005年
报名人数	135 292	86 638	86 550	97 369	111 068	129 587	172 652	181 699	115 383	135 292
录取人数	17 117	34 311	34 574	38 409	47 399	62 089	67 070	66 975	73 929	74 952

图例：-■- 报名；-▲- 录取。

1996—2005年北京成人高校招生报名及录取情况

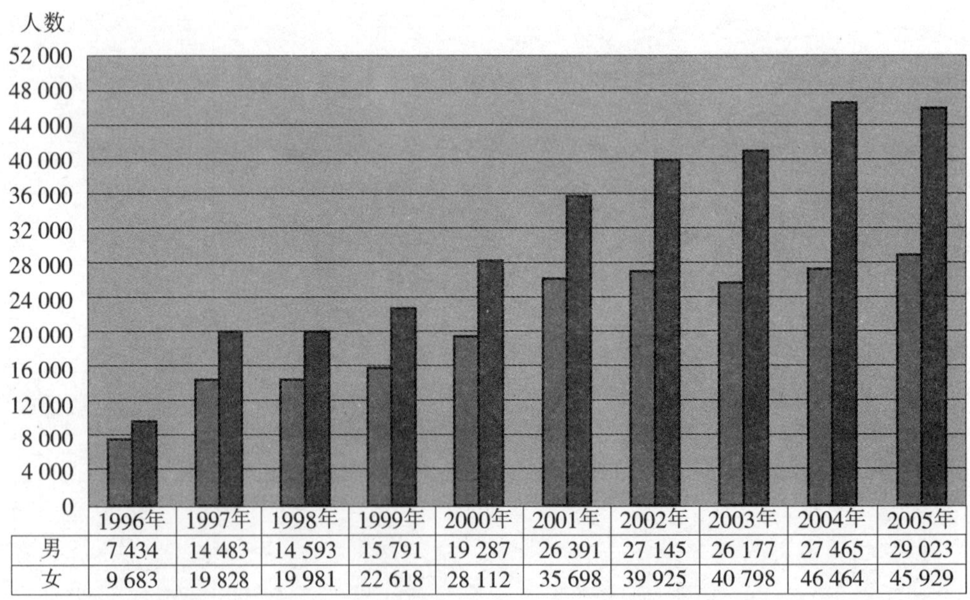

年份	1996年	1997年	1998年	1999年	2000年	2001年	2002年	2003年	2004年	2005年
男	7 434	14 483	14 593	15 791	19 287	26 391	27 145	26 177	27 465	29 023
女	9 683	19 828	19 981	22 618	28 112	35 698	39 925	40 798	46 464	45 929

图例：■ 男；■ 女。

1996—2005年北京成人高校招生录取性别比例

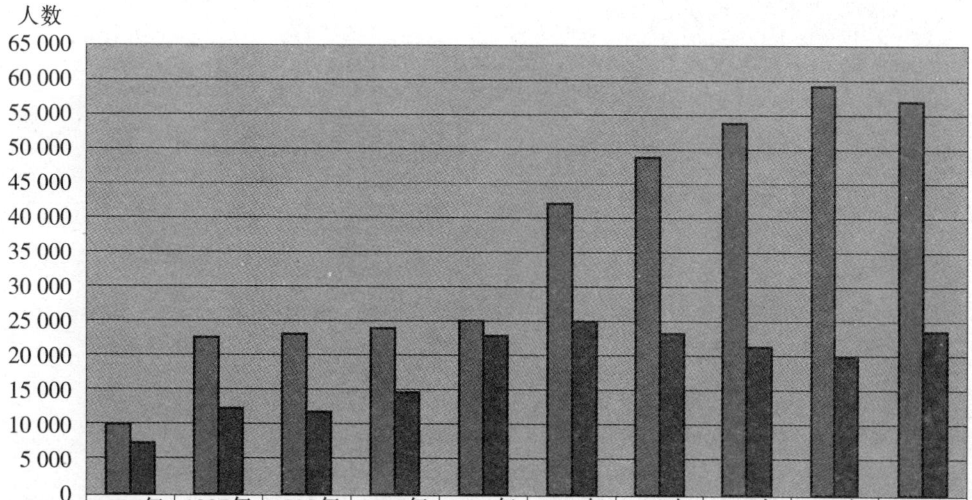

	1996年	1997年	1998年	1999年	2000年	2001年	2002年	2003年	2004年	2005年	年份
25周岁以下	9 894	22 395	23 073	23 860	25 107	42 152	48 631	53 427	59 045	56 883	
25周岁以上	7 223	11 916	11 397	14 549	18 292	19 937	18 439	15 445	14 884	18 069	

图例：■ 25 周岁以下；■ 25 周岁以上。

1996—2005 年北京成人高校录取年龄比例

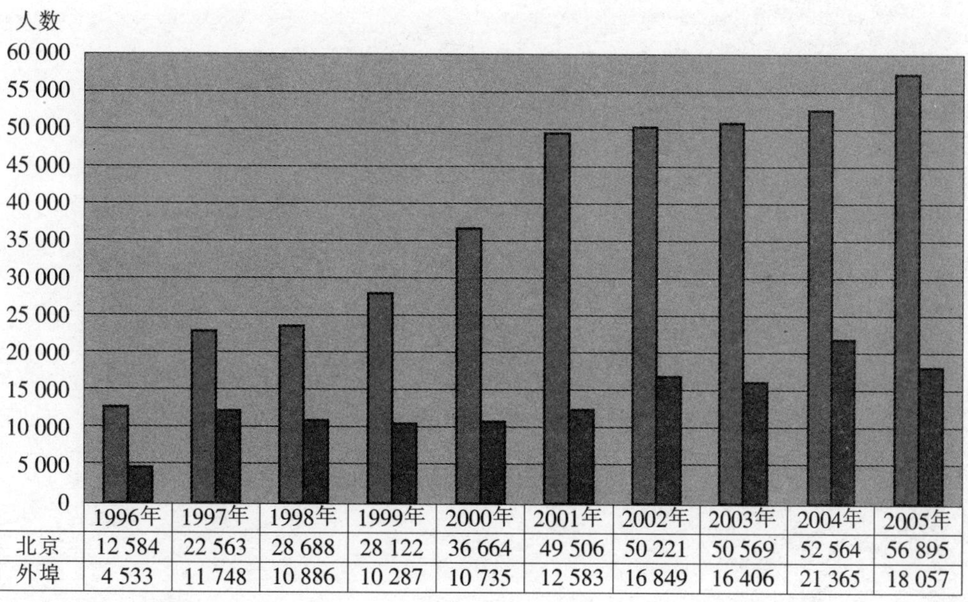

	1996年	1997年	1998年	1999年	2000年	2001年	2002年	2003年	2004年	2005年	年份
北京	12 584	22 563	28 688	28 122	36 664	49 506	50 221	50 569	52 564	56 895	
外埠	4 533	11 748	10 886	10 287	10 735	12 583	16 849	16 406	21 365	18 057	

图例：■ 北京；■ 外埠。

1996—2005 年北京成人高校录取生源比例

第六部分

北京市 1996—2005 年成人高校活动大事记

1996年

1月12日　北京市高校招生办公室发布《北京市1996年各类成人高等学校招生规定》和《北京市1996年各类成人高等学校举办大学专科起点本科班招生规定》(普通高校部分)。

1月15日　北京成人教育局成人教育考试办公室发布《北京市1996年各类成人高等学校招生规定》(独立设置成人高等学校部分)和《北京市1996年各类成人高等学校举办大学专科起点本科班招生规定》(独立设置成人高等学校部分)。

1月15日　北京市高校招生办公室下发《1996年普通高等学校成人高等教育招生考试考场编排的规定》(京高招成字［1996］005号)。首次使用按编排考场原则和代码规则，以考区为单位、报名号为工作号随机(打乱原报名号顺序)生成考生准考证号，按区、县所报考点和考点容量统计表编排考场，克服了相邻考生之间容易发生作弊的问题。为防止替考，要求各区县招办在下发准考证前进行塑封。

1月15日—17日　北京市1996年普通高校成人高等教育招生工作会议召开。参加会议的有各普通高等学校主管成人招生工作的负责同志，外地院校在京招生代办单位、各区、县高校招生办的负责同志共130余人。会议传达了1996年全国各类成人高校招生集体办公会精神，对北京市1996年的成人招生工作做了布置。

2月26日　北京市高校招生办公室和北京市成人教育考试办公室分别在《北京日报》公布《北京市1996年普通高校成人高等教育招生简章》和《北京市1996年独立设置成人高校招生简章》。

3月1日　北京市高校招生办公室在学府宾馆召开“北京市普通高校成人高等教育招生报名工作会议”，通报了1996年普通高校成人高等教育在京招生计划的汇总情况，对当年招生报名工作的指导思想、政策规定、日程安排及操作规程做了说明。各区县招生办公室工作人员参加了会议。

3月5日　北京市高校招生办公室在《北京日报》公布《北京市1996年普通高校成人高等教育招生学校、专业目录》。

3月5日　北京市高校招生办公室召开“北京市高等学校成人高等教育专升本科班报名工作会”，就当年招生报名工作的指导思想、政策规定、具体安排及操作办法做了说明。各专升本招生院校负责同志参加了会议。

3月12日　北京市成人教育考试办公室发布《关于北京广播电视大学大学基础班结业生续读成人高校的录取审批办法》[(96)成教考字005号]。

3月14日　北京市成人教育考试办公室发布《北京市成人教育考试办公室能力考试实施办法》[(96)成教考字第006号]。

3月10日—17日　全市各类成人高校招生统一报名。报名考生数共计94 935人。

4月19日　监印试卷人员入闱，试题开始印刷。

4月23，24日　北京市高校招生办公室分别召开普通高校成人高等教育在京招生高中起点、专科起点考试工作会。市高校招生办领导对考试中的各个环节做了详细说明，提出了明确要求，进行了具体布置。会议下发了监考工作程序、考生应试守则、监考员守则，并要求将相关文件下发到每个考试工作人员和考生手中。

4月25日　北京市高校招生办公室召开考试试卷评卷点工作会，下发了《北京市1996年各类成人高等学校招生考试评阅试卷工作规定》。担任阅卷工作的中国人民大学、清华大学、中国政法大学、北京大学、中央财政金融大学、中国协和医科大学、北京理工大学、首都师范大学、中国农业大学、北京服装学院、北京体育大学的阅卷负责人参加了会议。会议还就执行评阅试卷规定，坚持公平、公正、公开原则，掌握评卷标准等事宜进行了讨论，并达成高度共识。

4月29日　北京市成人教育考试办公室召开了北京市独立设置成人高校考务工作会，各区县成人教育局局长和成人教育招生办公室主任参加。会上，市教委副主任马叔平、委员胡晓松、考试院副院长周子寿作了重要讲话；会议传达了国家教委有关规定，布置了各项工作安排，提出了加强考试管理严肃考风考纪的具体措施。要求各区县认真贯彻国家教委《关于1996年高等学校招生全国统一考试工作中严肃考试纪律的通知》文件精神，重视并落实加强遵守考试纪律的宣传教育措施，使考试工作人员、考生及全社会都认识到考试的严肃性，根据本区县的实际情况，本着精心计划、精心准备、精心实施的原则组织考试。

5月11日—12日　1996年北京市各类成人高等学校招生统一考试正常进行。

5月13日—28日　评阅各类成人高校招生考试试卷。其中高中起点六个阅卷点共阅184 860份试卷，专升本科班十个阅卷点共阅36 722份试卷。

6月1日，3日　在北京广播电视大学阶梯教室进行考生成绩集中复核改错工作。市区县高招办、成考办负责人员及阅卷点教师参加了这次工作。

6月10日　各区县招生办公室公布考试成绩。首次通过“160招生信息台”为成人高考考生提供成绩查询服务，是年共接待4万余人次的电话查询。

6月3日—4日　北京市高校招生办公室补办“二学历、往届生”报名手续。

6月17日　北京市成人教育考试办公室公布《北京地区独立设置成人高校招生录取工作方案》[（96）成教考字第15号]。

6月20日　北京市高校招生办公室召开成人录取会议。市高校招生办副主任吴凤臣传达了国家教委全国各类成人高等教育招生录取工作会议精神，对今年的录取工作指导思想、政策规定及具体做法做了说明。会后下发有关文件。

6月24日—7月1日　北京市普通高校成人高等教育招生集中录取，共录取新生22 732人。其中高中起点8 602人，专升本4 677人，往届生1 204人，第二专业6 493人，预科转正1 756人。

9月27日　北京市高校招生办公室下发普通高校部分成人高等教育预科生的入学通知书。预科班办学地点分别设在首都师范大学、北京工业大学、北京联合大学、北京医科大学、中国人民大学五所学校。是年共录取预科生新生730人。

11月27日　北京教育考试院领导召集市成招办、市高招办负责人会议。宣布原市成人教育局成人教育考试办公室与北京市高等学校招生办公室成人教育招生科合并，组建北京市成人高校招生办公室，负责统一管理北京市成人教育招生工作。至此，北京市成人教育招生工作实现了全市统一归口管理的新模式。

12月4日　考试院成人高校招生办公室向市考试院领导汇报关于做好成人高校招生管理体制统一后的工作思路和安排。

12月25日　市考试院召集各区县政府文教办主任、教委主任、成教局局长、教育局局长、高招办主任、成招办主任会议。宣布市教委、市考试院做出的关于成人高校招生管理工作统一由成人高校招生办公室负责的决定。

1997年

1月9日　市成招办召集各区县教委、成教局主管成教工作的主任、局长及成招办主任会议，布置1997年成人高校招生工作。

1月26日—30日　召开北京市1997年各类成人高校招生工作会。会上传达了国家教委各类成人高校招生集体办公精神，明确了1997年招生工作的指导思想，部署了当年的招生工作。会议下发了《北京市区县成人教育招生办公室招生管理目标责任目标》、《北京市区县成人教育招生办公室招生考试工作目标管理实施细则》和《北京市区县成人教育招生办公室招生考试工作目标管理考评办法》。各区县成人招办及在京招生各院校代表参加了会议。

2月26日　召开专升本和二学历报名验证人员工作会。对验证工作人员进行政策、业务培训。

2月27日—28日　召开区县成招办报名工作会，布置报名工作。

3月3日　全市专升本报名工作会召开。会议公布了专升本报名工作具体步骤，提出统一要求。在京有专升本招生任务的学校参加会议。

3月4日　通过有关媒体向社会公布各类成人高校招生简章和招生专业目录。按国家教委文件要求，从1997年起，各类成人高校停止招收“往届生”。

3月4日—13日　集中审验报考专升本和二学历考生提供的国民教育系列毕业证书。在中国人民大学、北京师范大学、北京广播电视大学、市总工会职工大学开设了验证点。

3月9日—16日　各类成人高校在京招生统一报名，报名考生数共计97 293人。

4月19日 监印试卷人员入闱，试题开始印刷。

4月21—26日 市属高职班招生考试命题教师入闱。

4月22日 召开全市考试工作会，各考区、考点负责同志参加了会议。会议进一步强调了招生考试工作的有关规定，明确了考试组织工作程序和各项要求。

4月25日 召开全市评卷工作会。对全市评阅试卷工作提出了要求，并确定了北京大学、清华大学、首都师范大学、北京医科大学、北京中医药大学、北京广播电视大学、北京联合大学、中国政法大学、中央财经大学、北京理工大学、北京教育学院为评卷点。

5月10日—11日 全国各类成人高校招生统一考试。全市共设考区20个，考点138个，考场2 889个。国家教委、北京市教委、北京教育考试院等领导同志前往各考点视察组考工作。

5月13日—26日 评阅各类成人高校招生考试试卷。

5月17日—18日 能力考试专业课加试。北京市财贸管理干部学院、北京市房地产职工大学、北京市建设职工大学、北京市机械局职工大学组织能力考试专业课加试。

6月1日 集中进行考生成绩复核改错工作。市区县高招办、成考办负责人员及阅卷点教师参加了这项工作。

6月8日 通过160信息台发布考生考试成绩。

6月17日—20日 参加国家教育委员会组织的全国各类成人高校录取工作集体办公会。上报并确定北京市各类成人高校招生录取最低控制分数线。

6月25日 召开全市各类成人高校录取工作会。传达国家教委各类成人高校录取集体办公会精神，部署北京各类成人高校录取工作。

7月7日—18日 各类成人高校招生录取。在北京市招生的212所各类成人高等学校参加了录取工作。期间共录取新生45 131人。

7月10日—18日 通过160信息台发布新生录取名单。

9月1日—3日 招生录取补录工作。

9月24日—26日 召开成人教育招生院校招生研讨会，在京招生的15所院校负责同志出席了会议。会议就成人招生工作面临的新形势、新问题进行了广泛深入的研究和讨论。

10月20日—22日 召开各区县成招办总结会，全面交流、总结了当年成人招生的报名、组考等工作。

10月22日—24日 乡企劳模班总结会。

11月7日—10日 上海、天津、重庆、北京四市各类成人高校招生工作研讨会。

1998年

1月12日—16日 召开北京市1998年各类成人高校招生工作会。会上传达国家教委召开的全国各类成人高校招生工作集体办公会议精神，明确了1998年成人高校招生工作的指导思想，部署了当年的招生工作。各区县成招办和在京招生院校参加本次会议。

2月17日 《北京日报》、《北京青年报刊》分别刊登1998年北京市各类成人高校招生简章和招生学校介绍。

2月19日 《北京日报》刊登在京招生成人高校招生专业目录。

2月23日 召开各区县教委主任、成教局长座谈会。通报1997年的招生情况和1998年的招生工作思路。

2月23日—25日 召开区县成招办报名工作会。会上部署了全市报名工作，对区县成招办工作人员进行了业务培训；公布了1997年县成招办招生考试管理工作考评结果。

2月27日 召开全市专升本、“3+2”和“5+2”报名工作会。对专升本、“3+2”和“5+2”的报名工作提出了明确的要求。有关区县和相应招生院校参加了本次会议。

3月5日 召开专升本验证点工作人员培训会。对验证工作人员进行了业务培训。验证点设在中国人民大学、北京师范大学、北京广播电视大学、市总工会职工大学。

3月7日—13日　在四个验证点审验报考专升本考生的国民教育系列毕业证书。

3月8日—14日　各类成人高校招生统一报名，报名考生88 422人。部分区县中试行报名现场打印出考生信息的核对单供考生核对。

4月7日　教育部召开全国高等教育统一考试考风考纪电视电话会议。张天保副部长就加强考试管理、确保考试质量等问题发表了重要讲话。

4月8日　北京市高等学校招生委员会第一次会议，学习传达教育部电话会议精神，研究部署加强高等学校招生考试考风考纪建设工作。

4月24日　北京市政府召开全市各类招生考试考风考纪工作会。会上，市教委副主任耿学超传达了教育部全国高等教育统一考试考风考纪电视电话会议精神和张天保副部长的讲话，林文漪副市长就确保北京地区高等教育统一考试的质量，严格执行招生考试工作的有关规定等问题提出了要求。各区县主管教育的区县长、教委主任、教育局、成教局长及招生办主任参加了会议。

4月20日　监印试卷人员入闱，试题开始印刷。

4月27日　召开全市评卷工作会。对评卷工作提出了明确的要求，确定北京大学、清华大学、中国人民大学、中国协和医科大学、北京理工大学、北京中医药大学、中国政法大学、中央财经大学、首都师范大学、北京广播电视大学、北京教育学院为1998年各类成人高校招生考试试卷评阅点。

4月30日　市成招办召开各区县教委主任、成教局长会议，传达了教育部全国高等教育统一考试考风考纪电视电话会议精神和张天保副部长就加强考试管理、确保考试质量等问题的讲话，部署有关加强全国高等教育统一考试考风考纪建设工作。

5月9日—10日　全国各类成人高校招生统一考试。全市共设考区20个、考点150个、考场3 003个，应考考生共计86 550人。教育部成教司司长黄尧、市政协副主席韩汝琪、市人大科委主任林浦生、市政府督导室主任文教亨、市教委副主任马淑平、市考试院周子寿、王茂才、刘枫耘、袁家骢等领导分别视察了考点，看望了考生和工作人员。

5月11日—25日　各类成人高校招生考试评卷。全市评阅高中起点试卷共设6个评阅点评阅主观题部分，分别为：北京大学、首都师范大学、中国协和医科大学、北京中医药大学、北京广播电视大学、北京理工大学；客观题部分由北京市成招办负责评阅。专科起点本科班试卷评阅采取全市统一安排、相对集中的办法，分别安排在北京大学、清华大学、中国人民大学、中国协和医科大学、中国政法大学、中央财经大学、北京中医药大学、北京理工大学、北京教育学院。

5月16日—17日　全市“3＋2”、“5＋2”、部分艺术、体育院校专业加试专业课。考试期间，市成招办派巡视员到各考试点进行巡视检查。

5月27日—31日　组织各区县招办、阅卷工作人员复核考生考试成绩。

6月8日　通过信息台发布考生考试成绩。

6月9日　北京市成人高校招生办公室向市教育考试院院长办公会汇报考试情况和拟定的各类最低录取控制分数线。

6月12日—17日　参加全国各类成人高校招生录取工作集体办公会。会上教育部批准了北京市1998年划定的各类成人高校招生录取最低控制分数线。

6月18日　北京市高校招生委员会主任会议。市教育考试院领导到会汇报1998年度全国各类成人高校招生录取集体办公会精神和北京市各类成人高校招生录取工作进展情况。

6月23日　召开全市各类成人高校招生录取工作会。传达教育部召开的各类高校招生录取集体办公会精神，部署北京市录取工作。各区县招办和在京招生院校的有关负责同志参加了会议。

6月25日—7月8日　全市各类成人高校招生录取。232所各类成人高等学校在京招生，录取新生34 569人。另外，按规定录取了劳模免试预科生66人，普通预科生1 800人。

6月29日—7月8日　通过信息台发布录取新生信息。

9月27日—29日　召开部分院校招生工作研讨会。针对当年招生工作的主要成绩和发现问题进行讨论，研究了解决问题的办法。

10月19日—23日　市成人高校招生办公室参加教育部召开的全国各类成人高校招生总结会。

11月17日—19日　市成人高校招生办公室参加京、津、沪、渝成人高校招生工作交流会。

11月25日—27日　召开区县成招办招生工作总结会。各区县成人招办负责同志参加会议。会议认真总结了1998年成人教育招生工作情况，并公布1998年区县成招办招生考试管理工作考评结果，对考评成绩优秀者进行了表彰。

12月20日—23日　参加教育部在海口召开的全国成人高校招生工作集体办公会议。

1999年

1月12日　北京市政府召开北京市高等学校招生委员会主任会议。市成招办汇报了教育部有关1999年成人招生工作的要求。会议确定了北京市成人招生工作的具体办法和工作方向。北京市教委副主任、考试院院长耿学超主持了会议，林文漪副市长做了重要的讲话。

1月14日　召开1999年北京市各类成人高校招生工作记者招待会，《北京日报》、《北京晚报》、《北京青年报》、北京电视台等媒体记者到会。

1月15日　北京教育考试院成人教育招生办公室召开招生工作会，布置1999年北京各类成人高校招生工作。各区县招办和在京招生院校负责同志参加了会议。

2月21日　《北京日报》刊登1999年北京市各类成人高校招生简章。按教育部要求，专科起点本科非师范类考试办法有所调整：公共课和专业基础课实行全国统考，由教育部统一命题。专业课由招生学校组织命题、考试。刑法、民法由司法部组织命题。

2月24日—25日　北京教育考试院成人教育招生办公室召开北京地区区县成人招生办公室1999年成人高考报名工作会，部署当年的报名工作。

2月27日　在北京工人体育馆举办1999年成人高校招生咨询活动。这次活动是在1995—1998年停办四年后举办的，受到社会各界极大关注和招生院校及广大考生的热烈欢迎。参加咨询的院校共有106所，负责咨询的人员878名，接待4万余人问询。副市长林文漪，市委常委徐锡安，市政府副秘书长王伟，市教委副主任、考试院院长耿学超，市教委副主任马叔平，考试院副院长周子寿、王茂才，考试院副书记戴万云等领导到咨询现场视察工作。

3月8日—14日　北京市各类成人高校招生工作报名、验证阶段，共有106 541名各类考生报名。当年报名增设了艺术类专业志愿栏；对报考专升本科班和第二学历的考生首次尝试由城近六区县审验毕业证书、报名的办法并全部实现在报名现场由考生自已核对信息。

4月10日—11日　1998—1999年度预科班统一结业考试。同时在北京教育考试院成人教育招生办公室进行预科生抽考。考试完全按照成人高考的要求执行，首次实行预科班结业考试集中阅卷。

4月23日　召开由各区县成招办负责同志参加的组考工作会，落实教育部有关考风考纪文件的指示精神。要求在考试中严肃考风考纪，加大监督检查力度，加强巡视督查。全面布置考试组织工作。

5月4日　召开成人高考巡视员工作会议，培训巡考人员，安排巡考和考试中的监督检查工作。

5月8日—9日　全国各类成人高校招生统一考试。全市共设20个考区、163个考点、3 396个考场。考试期间，教育部副部长周远清、学生司司长瞿振元、副司长韩建华；市政府副秘书长王伟、市政协副主席李莸生、市人大教科文卫委员会副主任梁平、市政府教育督室副主任文教亨；部分区县政府、党委领导以及北京教育考试院负责同志对各区考场分别进行了巡视。

5月11日—25日　各类成人高校招生考试评卷。

5月27日—30日　组织各区县招办、阅卷工作人员复核考生考试成绩。

6月10日—15日　教育部在大连召开全国成人高校招生录取工作集体办公会议，各省、市的成人招生机构及各中央部委主管教育的机构参加会议。市成招办负责同志参加了此次会议。

6月18日　在北京教育考试院成人教育招生办公室召开1999年成人高校录取工作预备会议。按教育部文件要求，在录取政策上统一了录取照顾分数：高中起点为30分；专升本为20分。

6月28日—7月9日　召开1999年成人高校录取工作会，188所在京招生院校共录取新生38 409人；另外录取第二专业专科学历免试学生6 620人、预科生1 271人。在往年计算机辅助管理的基础上，尝试通过计算机网络在录取前向招生学校提供考生信息，为录取工作的顺利实施打下基础，也为今后实现计算机

“网上录取”进行了有益的探索。

9月6日—8日　在北京教育考试院成人高校招生办公室进行第二学历补报名工作。

10月27日—29日　召开校招生工作研讨会。在京招生的16所院校代表共同研讨了当年招生工作取得的成绩和存在的问题。

11月29日—12月1日　北京教育考试院成人招生办公室召开区县成人招生办公室“1999年北京市各类成人高校招生考试工作”评比、表彰大会，区县成人招生办公室主管成人招生的工作人员参加会议。

2000年

2000年1月6日—7日　教育部学生司在哈尔滨市召开2000年全国成人高校招生工作会。各省、市的成人招生机构及中央部委主管教育的机构参加会议。会议确定全国成人本科教育（含高中起点本科和专科起点本科）招生计划以及中央部委所属高校成人专科教育招生计划，由教育部负责制定并管理。地方所属成人专科教育招生计划由省级人民政府制定并管理。

2月21日　《北京日报》刊登2000年北京市各类成人高校招生简章。

2月22日　《北京青年报》刊登北京市部分成人高校招生简章和招生专业介绍。

2月22日—23日　召开各区县成招办和相关部门参加报名工作会，布置报名工作。

1月24日—25日　分别召开2000年北京市各类成人高校市属院校、部属院校招生工作会。会议总结了1999年北京市各类成人高校招生工作情况；传达了教育部学生司2000年全国成人高校集体办公会精神；结合北京市实际情况布置2000年招生工作。163所招生院校的主管招生的院校长及招办主任、各区县招办主任参加了会议。按教育部文件要求，从2000年起各类成人高等学校停止招收“资格生”。

2月25日　《北京日报》刊登2000北京市各类成人高校招生专业目录。

2月26日　北京市各类成人高校咨询活动在北京市劳动人民文化宫举行。97所院校共计900余人参加了活动，接待咨询考生3万余人。

3月8日—14日　北京市各类成人高校招生报名工作进行。共有116 643名各类考生报名参加2000年成人高考。

4月8日—9日　1999—2000年度预科班结业考试。同时在北京教育考试院成人教育招生办公室进行预科生抽考。

4月20日—24日　教育部考试指导中心在江苏省南京市召开2000年普通、成人高考考务管理工作会议，全国各省、市的招生机构及中央部委主管教育的机构参加了会议。

4月21日　召开各区县成招办2000年全国各类成人高校统一考试考务工作会。北京教育考试院副院长王茂才出席了会议。会议就成人高校统一考试工作做出了全面部署。

4月28日　北京教育考试院成人教育招生办公室在首都师范大学召开成人高考阅卷工作会。会议下发了《2000年北京市各类成人高等学校招生考试评阅试卷工作规定》，对试卷评阅工作做出具体要求。有关区县成招办和承担阅卷任务的高校负责同志参加了会议。

5月8日　召开成人高考巡视员工作会议，培训巡考人员，安排巡考和考试中的监督检查工作。

5月13日—14日　各类成人高校招生全国统一考试工作进行。全市共设考区20个。考点176个，考场3 818个。考试期间，教育部、市政府、市人大、市政协有关领导分别对人民大学考点、19中学考点、长安中学考点、北京四中考点、顺义考区、密云考区进行了巡视检查。北京教育考试院领导及院属处室的处长、主任共10余名同志分别对各区进行了巡视。

5月15至28日　各类成人高校招生考试评卷。全市评阅高中起点试卷共设6个评阅点评阅主观题部分，分别为：清华大学、北京师范大学、首都师范大学、中国协和医科大学、北京中医药大学、北京广播电视大学；客观题部分由北京市成招办负责评阅。

专科起点本科班试卷评阅采取全市统一安排、相对集中的办法，分别安排在清华大学、中国人民大学、北京师范大学、中国政法大学、北京教育学院。

5月31日—6月3日　组织各区县招办、阅卷工作人员复核考生考试成绩。

6月13日　在北京市政府一号楼301会议室召开高校招生委员会。市成招办汇报了成人招生工作的总体进展和录取最低控制分数划定情况。北京市教委副主任、教育考试院院耿学超主持了会议，林文漪副市长做了重要讲话。

6月14日　北京教育考试院召开记者招待会，发布2000年北京市成人高校全国统一招生考试综合信息。在京各主要媒体参加了会议。

6月16日—18日　教育部学生司在青岛市召开2000年全国成人高校招生录取工作会。全国各省、市级的成人招生机构及各中央部委主管教育的机构参加了会议。

6月27日—7月8日　北京教育考试院成人高校招生办公室召开2000年北京市各类成人高校录取工作会。130余所各类招生院校共录取各类新生53 862人，录取2001年度预科生1 474人。

9月6日—8日　在北京教育考试院成人高校招生办公室进行第二学历补报名工作。

9月12日—24日　市成招办组织区县成招办赴云南、四川等地考察电子档案和招生录取工作。

10月30日—11月1日　市成招办在昌平召开2000年北京市各类成人高校招生区县工作总结研讨会。

11月27日—28日　市成招办在昌平召开2000年15所成人高校研讨工作会。

2001年

2月7日　北京教育考试院成人高校招生办公室分别向北京市政府、市教委领导汇报工作，确定2001年北京成人高校招生方案。

2月12日—15日　召开2001年北京市成人高校招生工作会。北京教育考试院书记王健出席。会议总结2000年北京市成人高校招生工作情况；传达教育部学生司2001年全国成人高校集体办公会精神；结合北京市实际情况布置2001年招生工作。相对于2000年以前的招生办法，取消了报考“专升本”的工龄限制；减少了师范类“专升本”考试科目；增加了“3+2”科目改革的院校和专业。117所招生院校主管领导及招办主任、各区县招办主任参加了会议。

2月19日—23日　召开各区县成人招办计算机工作人员培训会。

2月22日　北京教育考试院召开2001年成人招生宣传新闻发布会。

2月26日　《北京日报》刊登2001年北京市各类成人高校招生简章。《北京青年报》刊登北京市部分成人高校简介。

3月2日　《北京日报》刊登2001年北京市成人高校招生专业目录。

3月3日　北京市成人高校咨询活动在地坛公园举行。98所院校出席了此次咨询活动，各校负责咨询的人员800余人。接待咨询者近4万余人。

3月8日—14日　北京市成人高校招生专升本、二学历专业毕业证书验证。全市设五个验证点，共接待36 436人。

3月9日—15日　成人高校招生报名工作进行。全市报名133 196人。海淀区、大兴区、顺义区采取了现场摄像报名的方式，具有准确、快捷、清晰的特点。建立了考生电子档案，实现了考生档案无纸化，为计算机网上录取打下了良好基础。

4月13日—28日　教育部在江西省南昌市召开2001年成人高校招生网上录取系统操作人员培训会，市成招办负责人参加会议。

5月9日　北京教育考试院成人教育招生办公室召开2001年成人高考巡视员工作会议。

5月12日—13日　成人高校招生全国统一考试正常进行。全市共设考区20个，考点201个，考场4 426个。考试期间，教育部副部长周远清、学生司司长瞿振元、副司长韩建华及考试中心副主任应书增等领导及北京教育考试院院长耿学超进行了巡视。

5月14日—28日　进行统一阅卷工作。

6月8日　市教育考试院、市成招办向林文漪副市长汇报北京市成人招生录取分数线。

6月9日—11日　教育部学生司在安徽省黄山市召开2001年全国成人高校招生录取工作会。北京教育考试院成招办负责人参加了会议。

6月15日　北京市教育考试院召开成人高校招生录取新闻发布会。成招办负责人到会通报录取分数线及录取工作意见。

6月26日　召开成人招生录取工作预备会。会议通报了教育部有关录取要求和北京市录取工作安排。在京招生的成人高校、各区县成招办负责同志参加了会议。

6月29日—7月15日　在昌平石油大学召开2001年北京市成人高校录取工作会。133所招生院校共录取新生66 752人，录取2002年度预科生1 976人。在录取工作中初步建立了北京市成人高校招生网上录取系统，试行了局域网上录取并取得圆满成功。录取期间，教育部学生司、市政协、市教委有关领导亲临现场视察工作。

7月25日—29日　召开预科生工作会。会议要求做好预科班工作的日常管理工作，对结业考试、阅卷，预科生的转正及抽考工作、预科班工作站巡视检查工作等提出要求，同时针对教学中发现的问题进行了研究。六所院校预科工作站负责人参加了会议。

8月6日　教育部学生司召开成人高校招生考试时间与考试科目改革研讨会，北京教育考试院成招办有关负责人出席会议。

9月5日—7日　在北京教育考试院成人教育招生办公室进行第二学历补报名工作。

9月25日—27日　教育部学生司召开2001年全国成人高校招生网上录取总结暨2000年全国成人高校招生网上录取工作研讨会，成招办有关负责人参加会议。

10月15日—17日　召开部分成人高校招生改革研讨会。针对成招工作的新问题进行研究讨论。

10月29日　北京教育考试院成招办在海淀区考试中心召开报名系统修订方案研讨会，部分区县招办主任及技术人员参加了会议。

10月30日—11月1日　京、津、沪、渝四市招生工作交流会在上海市召开，会议交流了成人招生工作经验，北京教育考试院成招办负责人出席了会议。

11月7日—12日　分别在朝阳区、海淀区、通州区、门头沟区招办召开成人高校招生工作座谈会，成招办负责人认真听取区县招办意见，为召开全市招生总结会奠定了良好的基础。

11月19日　召开成人高校招生科目改革研讨会，十所成人高校招生负责人参加会议。教育部学生司范卫宏副处长到会并讲话，考试院党委书记王健到会听取意见。

12月12日—14日　在石油大学（北京）召开了成人高校招生区县招办工作总结会。会议总结了2001年北京市成人高校招生工作，研讨2002年成人高校招生的有关问题。北京教育考试院党委书记王健出席了会议，各区县教委主管主任、考试中心主任及市、区县成招办的全体工作人员参加了会议。会议宣布了目标管理考评结果，为获奖的区县颁发奖项。

12月19日—21日　教育部在广西南宁市召开全国成人招生工作会议，北京教育考试院成招办有关负责人出席会议。

2002年

1月21日　召开成人招生科研课题立项讨论会，着手撰写“成人高校招生考试科目设置改革”和“招生信息计算机辅助管理系统的研究”两篇论文。

1月23日　向林文漪副市长汇报2002年北京市成人高校招生工作。

1月29日　在首都师范大学召开2002年北京市成人高校招生工作会。会议总结了2001年北京市成人高校招生工作，传达教育部2002年全国成人高校招生会议精神，结合北京市实际情况，布置北京市2002年成人招生工作。133所在京招生院校主管院校长及招办主任和各区县成招办主任参加了会议。

下午，北京教育考试院召开2002年成人高校招生工作新闻发布会。

2月25日　《北京日报》刊登了2002年北京市成人高等学校招生简章。《北京青年报》刊登了北京市部分成人高校简介。

2月25日—28日　召开各区县成招办招生计算机辅助系统培训会。各区县成招办主任和有关计算机技术人员参加了培训。

3月1日　《北京现代教育报——招生考试专刊》刊登2002年北京市成人高等学校招生专业目录。

3月3日　在地坛公园举行2002年北京市成人高校招生咨询活动。北京市委副书记龙新民视察了咨询现场。市教委副主任、考试院院长耿学超、考试院党委书记王健和有关领导到咨询现场指导工作。100余所招生学校、1 000余名工作人员参加了此次活动，4万余人到现场咨询。

3月10日—17日　组织各区县成招办接受考生报名。全市报名总数达171 240人。在报名过程中全面实行了报名现场采集考生图像的办法。

4月13日—14日　组织实施北京市成人高校预科生结业考试工作。

4月15日—16日　召开2002年北京市成人高校招生组考工作会。会议总结了2002年招生报名工作；进行“严肃考风考纪，加强廉政教育”；布置组考工作并提出工作要求。考试院党委书记王健到会并讲话，各区县成招办主任及有关工作人员参加了会议。

5月9日　召开2002年北京市成人高校招生全国统一考试巡视员工作会议。

5月11日—12日　2002年北京市成人高校招生全国统一考试工作。全市共设20个考区，267个考点，5 808个考场。

5月13日—25日　组织2002年北京市成人高校招生考试阅卷工作。共阅卷29科，试卷主观题73万份，客观题61万份。聘请阅卷工作人员1 631人。

6月10日—12日　参加教育部召开的2002年全国成人高校招生录取工作会议。

6月13日　考试院召开2002年北京市成人高校招生录取新闻发布会，通报了2002年最低录取控制分数线及录取工作原则。

6月24日　2002年北京市成人高校招生录取工作启动，在北方交通大学召开2002年北京市成人高校招生录取工作预备会。市教委副主任线联平等领导到会并讲话。133所在京招生学校的有关人员参加了会议。

6月25日—26日　在石油大学（北京）组织进行网上录取计算机辅助系统培训会。112所招生学校的有关人员参加了会议。

7月1日—15日　在石油大学（北京）召开2002年北京市成人高校招生录取工作会。128所招生学校共录取新生70 010人。此外，第二学历录取2 975人，录取2003年预科生2 134人。市教委、考试院有关领导到录取现场指导工作。在成功地进行成人高校招生局域网录取的基础上，对有条件的学校进行了计算机网上远程录取试点工作。

8月2日—8日　召开预科班工作会。7个预科生工作站的负责人参加了会议。

9月11日—25日　组织实施2002年北京市成人高校招生“专升本”新生入学资格复查工作。派出六个巡视组分别对全市67所招收“专升本”新生的学校进行检查，共审验毕业证书17 822个。

9月27日　召开2002年北京市成人高校招生“专升本”新生入学资格复查工作汇报会，总结了审验“专升本”新生毕业证书的有关情况，听取了有关院校对北京市成人招生工作的意见和建议。各巡视组组长及成招办有关人员参加了会议。

10月10日—16日　参加教育部学生司在兰州召开的成人高校网上录取系统功能完善分析工作会。

10月10日—11日　召开北京市部分成人高校招生工作研讨会。会议总结北京市2002年成人高校招生工作经验，找出存在的问题和解决的办法；针对教育部关于考试科目设置改革的有关精神，结合北京市实际情况，研究、讨论应对措施。15所在京招生成人高校的主管院长和招办主任以及考试院成招办全体人员参加会议。

10月15日—17日　分别在密云县、丰台区和燕山区成招办分组召开了区县成招办招生考试座谈会。回顾北京市2002年成人高校招生考试工作，总结取得的成绩和经验，找出工作中存在的问题。根据教育部招生考试工作改革的有关精神，结合北京市实际情况，研究应对措施。有关区县成招办主任和工作人员以及考试院成招办部分工作人员参加了会议。

10月28日　召开区县成招办工作计算机辅助管理系统需求讨论会。各区县相关工作人员参加了会议。

11月26日—28日　召开2002年北京市成人高校招生工作总结研讨会。会议总结2002年全市招生工作，邀请了中国成人教育协会常务副理事长董明传作了专题报告，部分区招办和招生学校作大会交流发言并分组对2003年北京市招生工作进行研讨。各区县、各招生学校代表共250余人参加会议。

12月23日—25日　参加教育部学生司在重庆召开的2003年全国成人高校招生工作会议。会议总结、交流2002年全国成人高校招生工作情况；研究、部署2003年招生工作。学生司姜钢副司长在会上作了重要讲话。

2003年

1月16日　在首都师范大学召开2003年北京市成人高校招生工作会。会议总结了2002年北京市成人高校招生工作，传达了教育部2003年全国成人高校招生工作会精神，分析了今年成招工作面临的形势及问题，对具体工作进行了安排。各区县成招办主任、各在京招生成人高校主管校（院）长和招办主任共180余人参加了会议。

2月22日　在石油大学（北京）召开了2003年北京市成人高校招生报名工作培训会。会议分析了招生工作面临的形势和任务，明确了重要工作环节，提出了具体工作要求。各区县成招办主任及工作人员共80余人参加了会议。

2月24日　在北京教育考试院网站和《北京现代教育报——招生考试专刊》登载2003年北京市成人高等学校招生简章。

2月27日　在北京人民广播电台“求学新干线”栏目就2003年北京市成人高校招生工作做现场广播咨询。

3月1日　在北京教育考试院网站和《北京现代教育报——招生考试专刊》登载2003年北京市成人高等学校招生专业目录。

3月8日　首次举办北京市成人高校招生网上、电话咨询。咨询活动持续5个小时，点击咨询网页达415 876人次，同时在线人数最高为12 000人，人均在线咨询时间25至30分钟；参与电话声讯咨询的考生近5 000人次，共解答考生各类问题1 740个。

3月10日—17日　全市成人高校招生报名。报名总数为158 965人。

3月19日—20日　进行全国劳动模范、优秀运动员免试生报名，报名人数为136人。

4月6日　2002—2003年度预科生结业考试，共有1547人参加了考试。

4月17日　面对非典型肺炎疫情和组考准备工作情况，在北京教育考试院召开2003年北京市成人高校招生组考工作会。会议分析了招生工作面临的形势和任务，要求各区县制定具体措施和方案，提出了加强考风考纪和防控“非典”力度，确保广大考试工作人员和考生生命安全等具体要求。各区县考试中心主任、区县成招办主任及工作人员80余人参加了会议。

4月24日　接教育部通知，2003年成人高校招生全国统一入学考试推迟到下半年进行。

7月4日　按教育部文件要求，公布2003年成人高校招生全国统一入学考试于2003年11月15日、16日两天举行。12月底前结束录取工作，录取新生于2004年春季入学。

7月28日—30日　在门头沟区召开2002—2003年度北京市成人高校招生预科班工作总结会。会议总结了预科班工作，对明年的预科工作进行了安排，提出工作任务及具体要求。各预科站的站长、工作人员、教研员40余人参加了会议。

8月20日　为贯彻落实教育部通知精神，满足考试时间推迟后已符合报名条件人员参加考试的要求，在北京教育考试院召开2003年北京市成人高校招生补报名工作会。会议对补报名工作进行了具体安排，明确了工作任务，提出了具体要求。会议各区县成招办主任及工作人员60余人参加了会议。

9月1日—15日　组织全市20个区县报名点进行2003年北京市成人高校招生补报名工作。补报名采取网上报名方式，9月1日至9月9日进行网上预报名；9月12日至15日网上预报名考生到区县成招办设立的报名站办理报名资格审查、摄像、缴纳报名考务费等确认手续。同时，对未采用网上报名方式的考生进行现场补报名。共接待21 089名考生报名，其中采取网上报名方式的共6 694人。

9月26日—27日　在顺义区召开2003年北京市成人高校招生补报名工作总结会。会议总结了补报名工作；研讨了网上报名出现的问题及改进办法；就完善网上报名方式提出了许多富有建设性的意见和建议。各区县成招办主任及工作人员30余人参加了会议。

10月28日　在北京教育考试院召开2003年北京市成人高校招生全国统一考试组考工作会。会议分析了组考工作面临的形势，指出工作中存在的主要问题，提出具体工作要求。各区县考试中心主任、成招办主任及工作人员共70余人参加了会议。

11月15日—16日　组织进行2003年北京市成人高校招生全国统一考试。全市共设20个考区、273个考点、6 091个考场，18万余名考生参加了考试。考试期间，考生情绪稳定，考场秩序井然。教育部、市教委有关领导视察指导了考试工作，中国残疾人联合会和北京残联的有关领导到北京联合大学特殊教育学院考点视察了残疾考生单独考试工作。考试院、区招办和考点负责人分别就组考情况和考试实施情况进行了汇报。教育部袁贵仁副部长肯定了北京市成招考试工作，就成人高等教育和招生考试工作提出了具体要求。

11月17日—30日　组织2003年北京市成人高校招生考试阅卷工作。

12月16日　在北京航空航天大学召开2003年北京市成人高校招生录取工作预备会。会议总结了当年的报名组考工作，分析了录取工作面临的形势，明确了录取工作指导思想、工作体制和原则，提出具体工作要求。各在京招生成人高校、各区县考试中心、区县成招办共300余人参加了会议。

12月17日—18日　在石油大学（北京）组织进行网上录取系统培训会。各在京招生有关院校录取工作人员参加了培训。

12月20日—29日　召开2003年北京市成人高校招生录取工作会，123所招生学校参加录取，共录取新生67 672人。其中，25所招生学校试行了网上远程录取。录取期间，计算机网络通畅，录取现场秩序良好，录取工作顺利。市政协有关领导和部分委员视察了录取现场，听取了工作汇报，对我市成人高校招生工作的改革与发展提出了意见和建议。

2004年

3月18日—19日　召开2004年北京市成人高校招生工作研讨会。会议就2004年招生工作内容和日程安排等进行了讨论，并提出许多建设性的意见和建议。部分区县考试中心主任、各区县成招办主任以及部分招生院校主管院、校长和招办主任共70余人参加了会议。

3月23日　在考试院召开了关于"成人高等学校招生考试内容和方式改革"课题研究的研讨会。北京师范大学、北京大学、中国人民大学、首都师范大学、北京电影学院、北京市经济管理干部学院和北京市朝阳区职工大学七所院校和考试院成招办的课题组成员参加了会议，中央教育科学研究所金宝成同志和院科研处郑启跃同志也参加了会议。考试院副院长刘枫耘同志到会并讲话。

会议对教育部委托北京教育考试院组织实施的"成人高等学校招生考试内容和方式改革"课题的研究工作进行了布置，在充分研讨的基础上，明确了各课题组成员的责任分工，确定由北京师范大学牵头，其他单位配合共同完成"成人高等学校招生考试内容和方式改革调研报告"，同时，完成"成人高校招生考试科目设置和考试内容及方式改革的政策研究"等七个子课题报告。

4月12日—14日　召开2003年北京市成人高校招生工作总结研讨会。会议对2003年成招工作进行了总结，指出了工作中存在的问题，提出2004年工作思路是巩固、完善、提高；与会人员就加强宣传、网上咨询、网上报名和网上远程录取等工作进行了讨论。

会议对获得全国和北京市高校招生工作先进集体和先进个人称号、2003年北京市成人高校招生区县工作目标管理优秀奖和2003年北京市成人高校招生优秀评卷员称号的单位和个人进行了表彰，范伯元、耿学超、王健、刘枫耘等领导同志为获表彰的集体和个人颁发了奖状和证书。部分区县考试中心主任、各区县成招办主任、各在京招生成人高校主管院、校长和招办主任共220人参加了会议。

5月25日　教育部发布《2004年成人高校招生办法》，其中规定：从2004年起，成人高校招生不再免试招收第二专业专科学历教育学生，拟报考的考生需参加成人高校招生全国统一入学考试，录取人数纳入招生学校当年招生计划总数。

6月29日　在首都师范大学召开了2004年北京市成人高校招生工作会。会议通报了国务院市委、市政府有关"加强国家教育考试环境综合整治工作"的精神，传达了教育部和北京市高校招生委员会有关要求，分析了北京市成人高校招生工作面临的形势和任务，对成招工作进行了全面布置。

会议指出要严格执行教育部各项招生政策，落实"保证考试安全保密和严肃考风考纪"的要求，突出抓好北京市考试环境综合整治工作；要加强领导，明确职责，做到制度到岗、责任到人，认真抓好每一个细节工作，提出"试卷要安全，考试要严格，评卷要公平，录取要公正"的具体要求。各在京招生成人高校主管校（院）长和招办主任、各区县考试中心主管主任和成招办主任共180人参加了会议。

7月4日　在北京教育考试院网站和《北京考试报》登载2004年北京市成人高等学校招生简章。简章中明确要求每一名考生都要在考前签订《诚信考试承诺书》。

7月11日—8月8日　在《北京考试报》上陆续刊登2004年在京招生的各成人高校“招生章程”、“答考生问”及部分招生学校简介及专业介绍等。

8月4日　通过北京人民广播电台交通台“1039茶馆”栏目就2004年北京市成人高校招生工作和广大考生比较关心的问题进行了咨询。

8月7日　对外经济贸易大学在本校组织了有中国人民大学等12所院校参加的成人招生联合咨询，近万人参加了咨询活动。

8月8日　在北京教育考试院网站和《北京考试报》登载2004年北京市成人高等学校招生专业目录。

8月10日—11日　召开2004年北京市成人高校招生报名工作会，强调要将“确保考试安全，严肃考风考纪，保证招生工作公平、公正”，加强对考生进行诚信考试方面的教育。另外，会议还就专升本毕业证书审验工作对有关招生学校、各区县成招办进行了业务培训。各区县考试中心主管主任、成招办主任及工作人员共80余人参加了会议。

8月13日　通过北京人民广播电台“首都生活在线”栏目就2004年北京市成人高校招生工作进行咨询宣传，现场回答考生利用手机短信方式提出的有关问题。

8月13日—14日　通过考试院网站举办有74所招生院校参加的2004年北京市成人高校招生网上咨询活动。网上咨询页面的点击率为201万余人次，参加文字咨询为45万余人次，共提出各类有关问题38 562个。

8月16日—29日　首次实行了全市网上报名方式，报名人数为115 442人。报名期间。报名系统运行正常，报名确认工作现场秩序井然，考生情绪稳定。对19 525名网上报名考生的调查问卷中反映出，对网上报名方式持肯定态度的考生为16 056人，占被调查考生的83%。

8月28日　进行全国劳动模范、优秀运动员免试生报名，报名人数为17人。

8月下旬　圆满完成课题研究任务。撰写“成人高等学校招生考试内容和方式改革调研报告”，以及“成人高校招生考试科目设置和考试内容及方式改革的对策研究”等七个子课题报告。

9月15日　召开了2004年北京市成人高校招生组考工作会。会议传达了教育部有关精神，通报了北京市成人高考报名情况，明确了组考工作面临的形势和任务，对我市的组考工作进行了布置，要求制定详细的组考方案和工作预案。强调要坚持依据法律办事，坚持依据规定办事，坚持维护考生的合法权益，坚持维护首都社会稳定，确保招生考试工作万无一失。区县考试中心主管主任、成招办主任及工作人员共70余人参加了会议。

9月19日　组织1 082名预科生参加了2003—2004年度预科生结业考试。

9月23日—24日　在平谷教工休养院召开报名工作研讨会。部分区县成招办、招生学校代表，考试院信息处、市教委教育网络和信息中心、北京工业大学课题组的有关领导和工作人员40人参加会议。与会人员分别就2004年的网上咨询和网上报名工作取得的成绩和发现的问题进行了讨论，并就进一步完善网上报名系统、操作规范等提出了许多建设性的意见和建议。

10月14日—15日　派出巡视员分赴各区县，检查试卷保密和组考工作落实情况。

10月16日—17日　举行2004年北京市成人高校招生全国统一考试。全市共设20个考区、173个考点、3 954个考场、11万余名考生参加了考试。

10月18日—26日　组织2004年北京市成人高校招生考试评阅试卷工作。

10月31日　组织各阅卷点、各区县成招办进行核分工作。

11月9日　召开2004年北京市成人高校招生录取工作预备会。会议通报了报名考试情况，传达了教育部有关文件精神，分析了录取工作面临的形势和问题，明确了录取工作指导思想、工作体制和原则，提出具体工作要求。各在京招生成人高校、各区县考试中心、区县成招办共300余人参加了会议。

11月15日—28日　在石油大学（北京）进行2004年北京市成人高校招生录取工作。录取工作继续采取了计算机局域网和远程异地录取相结合的方式进行，录取期间，系统运行正常，网络通畅，数据安全，工作进展顺利。共122所招生学校（其中48所招生学校实施了远程异地录取）参加了录取，录取新生72 919人。

12月16日　受教育部委托，召开了有北京现代职业学校等9所职高、中专、技校参加的“三校”教师座谈会。会议听取了与会人员对修订《全国各类成人高校招生复习考试大纲》内容的意见和建议。教育部学生司范卫宏副处长出席会议。

2005年

1月30日　召开了2004年考试院成招办工作总结研讨会。会上，办公室全体同志对2004年招生工作进行了充分的讨论，提出了存在的问题，确定了努力方向。

4月6日—7日　召开了2005年北京市区县成招办工作研讨会会议。会议通报了2004年招生总体情况和工作目标管理考评结果，对网上报名、证书验证、严肃考场纪律和2005年工作进程安排等问题进行专题研讨。

4月11日—12日　召开2005年北京市成人高校招生工作部分院校研讨会。会议就招生工作中存在的问题、建议及改革思路以及如何做好宣传工作、新生复查工作和入学考试科目改革后对招生院校的影响等问题进行了认真的研讨，征求了院校对2005年成招办工作进程安排的意见。21所在京招生院校参加了会议。

4月20日　在首都师范大学召开了2004年北京市成人高校招生工作总结会。会议通报了2004年北京市成人高校招生总体情况；招生院校及区县成招办代表在会上进行了交流经验的发言；对在被评选优秀的区县成招办进行了颁奖。

5月18日—19日　召开成人高校招生考试工作专题研讨会。会议对网上阅卷的迫切性和可行性进行了专题探讨；对专升本验证的时间和方式进行了深入研究；对网上报名、网上交费等工作提出建设性意见。部分区县招办、招生院校和相关技术部门人员参加会议。

5月23日—30日　在浙江召开2002—2003年度北京市成人高校预科班工作总结会议。全市7个预科工作站参加了会议。

6月11日　在北京化工大学召开北京成人高校招生宣传工作研讨会。北京市朝阳区职工大学、北京市丰台区职工大学、北京市总工会职工大学、北京工业大学、北京城市建设学院、北京大学、中国人民大学、北京化工大学、对外经济贸易大学、中央民族大学10所院校参加会议。会议就招生宣传工作的方式、效果、组织管理等方面的问题进行了研讨。

6月14日　在中央民族大学中就成人高考艺术类、体育类专业术科加试的组织工作及收费标准等问题召开部分招生院校研讨会。中央民族大学、首都体育师范学院、北京电影学院、中国传媒大学、清华大学美术学院、首都师范大学、中国音乐学院、北京舞蹈学院、宣武红旗业大等9所院校加了会议。

6月30日　召开北京成人高校招生工作会，全面布置当年招生工作。在京招生的113所成人高校、20个区县成招办参加了会议。

7月8日　考试院考务处召开成人招生报名光盘制作培训工作会。各个区县招办代表及考试院相关部门工作人员参加培训。

8月9日—10日　召开“2005年北京市成人高校招生报名工作培训会”，就网上报名和现场确认的程序、相关政策的把握、招生管理系统的维护以及网上缴费的操作要领、注意事项等作了专门的讲解，进行了现场演示。会议聘请了北京市公安局制证处和有验证工作经验的高校同志就身份证、毕业证的识别作了专题讲座。参加培训的有各区县考试中心主任及成招办工作人员。

8月12日—13日　北京教育考试院举办了2005年北京市成人高校招生网上咨询活动。首次采取了主会场与分会场分开的新办法，有103所在京招生成人高校参加了咨询活动。据统计，考生共提出各类问题35 256个，页面浏览量为494 146人次；访问人数为19 469人。

8月15日—29日　2005年北京市成人高校招生网上报名。期间系统运行正常，网上共报名考生133 904人。

9月1日—7日　2005年北京市成人高校招生报名资格确认。由考生本人到选定的区县成招办确认点办理报名资格审查、摄像、交费等报名手续。报名确认人数为114 192人。

9月16日　教育部在山西省召开全国各省市成招办主任工作会议，会议对成人高考招生工作相关事宜进行了研讨。

9月25日　北京市成人高校预科生结业考试在北京工业大学进行。全市预科生862名应考考生参加考试。

9月27日—28日　召开北京市2005年成人高考考务培训会，针对成人高考考务工作进行了业务培训，对试卷的安全保密及考务工作中的一些要点进行了重要解释。会议期间，教育部考试中心梁育民同志和北京市国家保密局监察处杨文忠同志分别就考务安全和保密工作向大会做了报告。各区县教委、考试中心、成招办有关负责同志和工作人员出席会议。

9月28日　召开北京市2005年成人高考阅卷工作会，就不断提高考试安全保密工作的水平和质量、确保阅卷工作万无一失进行了充分的讨论，提出了明确的要求。

10月14日　教育部副部长袁贵仁，北京市副市长、市高校招生委员会主任范伯元，教育部考试中心副主任戴家干等一行到西城区及朝阳区巡视成人高考考点情况。

10月15日—16日　进行北京市2005年全国成人高等教育统一入学考试。全市20个区县，设置166个考点，3 948个考场。114 192名应考考生参加考试。

10月30日　召开北京市成人高考违规、作弊处置专家工作组听证会。会议依据教育部18号令和北京市相关文件中对考试、阅卷中发现的违规、作弊情况的处理办法，邀请阅卷组专家、教师和区县招办、考区的负责同志共同参与判定，使之更加科学、准确。

11月3日—4日　分别在首都经济贸易大学、对外经济贸易大学召开部分院校招生工作研讨会。

11月9日　考试院成招办向北京市高校招生委员会汇报2005年成人高考招生录取情况，会议确定了最低控制分数线。北京市副市长、市高招委主任范伯元做重要讲话。

11月15日—16日　召开2005年北京市成人高校招生录取工作预备会，会上，教育部学生司学生处处长范卫宏、北京市教委副主任线联平、考试院院长王健、副院长吴凤臣、纪检委副书记周亦慧分别就成人招生录取工作要点问题和有关政策事项进行了工作报告及重要讲话。成招办主任董维祥就2005年北京市成人招生工作做工作报告。在京各招生院校参加会议。

11月17日　进行网上录取系统测试，在京各招生院校参加远程模拟数据测试演练。

11月20日—12月20日　在石油大学（北京）召开2005年北京市成人高校招生录取工作会，125所在京招生院校共录取新生74 003人。录取期间，北京市副市长范伯元、市政府副秘书长张健东、市教委副主任线联平和部分市政协委员到录取现场检查指导工作，会议听取了考试院成招办关于当年录取情况的工作汇报，对录取工作予以肯定。

第七部分

北京市 1996—2005 年成招科研论文索引

北京市 1996—2005 年成招科研论文一览表

题目	作者	单位	刊名	发表日期	类别
深化成人高等教育招生改革的几点思考	唐国华	中国矿业大学	《煤炭高等教育》	1995（01）	期刊
关于煤炭成人高等教育生源问题的探讨	张斌	中国矿业大学	《煤炭高等教育》	1995（02）	期刊
对成人高校招生考试的几点思考	张宝祥	北京市成人考试招生办公室	《北京成人教育》	1995（07）	期刊
适应市场经济改革医学成人高等教育	何德兰，高艳华，刘恩涌	河北省职工医学院	《继续医学教育》	1995（01）	期刊
成人高等教育领导管理体制的改革	王昆	中央教育科研所	《成人教育》	1995（01）	期刊
成人高等教育招生改革探讨	赵世远	重庆建筑大学成人教育学院	《高等建筑教育》	1995（02）	期刊
函授、夜大学是我国高等教育和成人高等教育的重要组成部分	张大也，张世平	国家教委成教司	《成人高教学刊》	1995（03）	期刊
成人高等教育必须走职业技术教育的道路	张有声	北京市成人教育科学研究所	《中国高教研究》	1995（03）	期刊
成人高等教育招生计划管理有关问题的思考	陈安军		中国高等教育	1995（03）	期刊
关于女子成人高等教育改革的几点思考	鲁沂	中华女子学院山东分院《妇女学苑》编辑部	《中华女子学院学报》	1995（04）	期刊
对世纪之交改革和发展首都成人高等教育的思考	贺宏志，荣燕宁，国育京		《北京成人教育》	1995（04）	期刊
开展多种联合办学发展成人高等教育	刘天申	北京市海淀区职工大学	《北京成人教育》	1995（05）	期刊
深化成人高等教育招生改革的思考	唐国华	中国矿业大学	《江苏高教》	1996（1）	期刊
浅谈我院招生工作面临的问题及对策	史万亨	北京政法职业学院	《北京政法职业学院学报》	1996（02）	期刊
办好成人高等教育，为民族地区的“两个转变”服务	曲木铁西	中央民族大学管理干部学院	《中央民族大学学报（哲学社会科学版）》	1996（04）	期刊
深化成人高等教育招生改革的思考	韩琼		《江苏高教》	1996（01）	期刊
开展成人高等职业教育应注意六个问题	何慕增	北京市物贸职工学院	《北京成人教育》	1996（10）	期刊
对普通高校成人高等教育考试的建议	苏德矿		《成人教育》	1996（Z1）	期刊
试论成人高等教育招生考试制度改革	齐永昌，顾成祥	上海市考试院	《复旦教育》	1997（1）	期刊
以评估为契机进一步推动成人高等教育的改革与发展	周广忠，钟志汉	北京理工大学成人教育学院	《北京理工大学高等教育研究》	1997（2）	期刊
21 世纪成人高等教育改革与发展的思考	周广忠，孙瑞萍	北京理工大学成人教育学院	《北京理工大学高等教育研究》	1997（4）	期刊
适应“两个转变”深化成人高等教育改革	陈文宝，马世儒	中华全国供销合作总社人事教育部、科技推广服务中心	《中国高教研究》	1997（02）	期刊

续前表

题目	作者	单位	刊名	发表日期	类别
提高教学质量促进成人高等教育发展	郭宪	北京中医药大学	《中医教育》	1997（03）	期刊
我国医学成人高等教育入学考试改革前后学生构成与理化知识状况的研究	课题协作组		《继续医学教育》	1997（03）	期刊
高等农业院校成人教育招生改革势在必行	李鹏	东北农业大学	《高等农业教育》	1997（03）	期刊
“移校办学”——农村成人高等学历教育管理的新尝试	徐向平，金炳福，李艳丽，徐晓云	北京市经济管理干部学院教务处	《北京市经济管理干部学院学报》	1997（03）	期刊
成人高等教育只会加强不会削弱	黄尧		《北京成人教育》	1997（05）	期刊
为成人开拓接受高等教育的渠道——英、澳两国相关政策的比较研究	马超	北京教育科学研究院成教所	《北京成人教育》	1997（10）	期刊
黄尧司长谈正确认识当前成人高等教育的形势			《北京成人教育》	1997（10）	期刊
谈成人高等教育招生制度改革	王其顺	不详	《中国成人教育》	1998（3）	期刊
面向21世纪中国交通成人高等教育发展的思考	董来超	北京交通管理干部学院	《交通高教研究》	1998（4）	期刊
成人高等学校特色论（续）	王蓉，苏华	北京市农业管理干部学院；北京市农业管理干部学院科研	《北京农业职业学院学报》	1998（04）	期刊
成人高等学校承担着调整、稳定我国高等教育比例结构的任务	张有声	北京市教委	《北京成人教育》	1998（01）	期刊
成人高考中医药类专业课试卷题型构成分析——成人高等学历教育讨论之一	王庆侠	北京中医药大学	《中医教育》	1998（02）	期刊
成人高等教育的发展与研究生教育制度的改革	邓瑞		《中国职工教育》	1998（02）	期刊
探索成人高等学历教育规律制定行之有效的措施	万炳奎	中国科学技术大学成教院	《教育与现代化》	1998（02）	期刊
终生教育理论与我国成人高等教育改革	孙中范	中国劳动关系学院	《北京成人教育》	1998（02）	期刊
成人高考中医药类“3＋2”考试分析研究——成人高等学历教育讨论之二	王庆侠，谢燕如	北京中医药大学	《中医教育》	1998（03）	期刊
北京中医药大学成教93级针灸专业学生来源与去向分析及成教招生讨论——成人高等学历教育讨论之三	王庆侠，谢燕如	北京中医药大学	《中医教育》	1998（04）	期刊
新形势下成人高等教育改革发展的几点思考	印德中，吴晓霞	北京师范大学社科处，对外经济贸易大学成人教育学院	《武汉大学学报（人文社会科学版）》	1998（04）	期刊
试论广播电视系统多层次成人高等教育的发展趋势与教学管理模式	胡芳	北京广播学院电视学院办公室	《现代传播·北京广播学院学报》	1998（05）	期刊

续前表

题目	作者	单位	刊名	发表日期	类别
高举邓小平理论伟大旗帜加快成人高等教育改革步伐	杨干忠，顾宗连，张践	中国人民大学成教院	《成人高教学刊》	1998（06）	期刊
试论图书馆意识在成人高等教育中的作用	曹坎荣	北京师范大学	《北京成人教育》	1998（07）	期刊
认真贯彻实施《高等教育法》努力推进成人高等教育事业的改革和发展	孙中范	中国劳动关系学院	《北京成人教育》	1998（12）	期刊
《成人高校企业管理专业的课程改革》（连载之一）	北京市总工会职工大学课题组	北京市总工会职工大学课题组	《北京市总工会职工大学学报》	1999（01）	期刊
成人高等教育改革与发展的若干对策	郑丽	中央农业管理干部学院院办公室	《北京农业职业学院学报》	1999（02）	期刊
实施终身教育与我国成人高等教育的发展方向	俞飒	北京市经济管理干部学院外语系	《北京市经济管理干部学院学报》	1999（02）	期刊
农业成人高等教育招生考试制度存在的问题与对策	李鹏，刘文选	东北农业大学，佳木斯大学工学院	《农机化研究》	1999（01）	期刊
成人高等教育应向职业技能型发展	沈云	北京市计划劳动管理干部学院工商系	《北京市计划劳动管理干部学院学报》	1999（02）	期刊
实施终身教育与我国成人高等教育的发展方向	俞飒	北京市经济管理干部学院外语系（北京市朝阳区花家地街19号）	《北京市经济管理干部学院学报》	1999（02）	期刊
加强成人高校招生工作，稳步发展成人高等教育	赵卫东	甘肃经济管理干部学院	《甘肃省经济管理干部学院学报》	1999（03）	期刊
成人高等教育的发展趋势和教学改革	沈云	北京市计划劳动管理干部学院教师	《北京市计划劳动管理干部学院学报》	1999（04）	期刊
试论我国成人高等教育的改革和发展	秦飞	中华女子学院院办	《中华女子学院学报》	1999（04）	期刊
对成人高等师范教育师生关系的探讨	高明书，卢强	北京教育学院	《北京教育学院学报》	1999（04）	期刊
认真贯彻《高等教育法》积极推进成人高校改革与发展	李永涛	北京市经济管理干部学院	《北京成人教育》	1999（04）	期刊
地方农业院校成人高等学历教育招生制度改革的思考	梁福有	山西农业大学成教部	《高等农业教育》	1999（05）	期刊
成人高等教育的目标及改革趋向	高伟佳，刘英	中国政法大学成教院	《中国成人教育》	1999（06）	期刊
关于提高成人高等职业教育专业学生实践能力的思考	徐艳	北京市成人教育学院	《职业技术教育》	1999（23）	期刊
比利时成人高等教育的招生政策简析	彭江	西南师大教育系	《成人高教学刊》	2000	期刊
成人专升本教育的发展及招生考试制度改革	胡扶功	国家教育部学生司招生处	《成人高教学刊》	2000	期刊
对成人高等教育招生改革的几点思考	张嘉生	西南师范大学成教院	《中国高校招生》	2000	期刊
函授教育与自学考试一体化探析	张清学	石油大学成人教育学院	《中国成人教育》	2000	期刊
增强服务意识搞好成人教育招生	徐达奇	安徽机电学院	《函授教育：继续教育研究》	2000	期刊

续前表

题目	作者	单位	刊名	发表日期	类别
对成人高等教育招生改革的几点思考	张嘉生	西南师范大学成教院	《中国高校招生》	2000(1)	期刊
普高扩招对成人高等教育的影响及对策	何解山	南昌大学成教院	《成人高等教育研究》	2000(1)	期刊
关于提高成人高等教育质量的思考	郝建楠,申华	北京科技大学管庄校区	《中国冶金教育》	2000(2)	期刊
如何开拓成人高等教育生源市场	孙雷	江苏省盐城工学院	《成人教育》	2000(3)	期刊
关于普通高校扩招对成人高教的影响与对策	毛纪登	淮海工学院成人教育学院	《淮海工学院学报》	2000(9)	期刊
成人高等教育的主体化趋势研究	冯学军	北京师范大学	《中国高等教育》	2000(21)	期刊
关于成人高等学历教育考试形式的探讨	栗秀文	中国矿业大学成人教育学院	《成人教育》	2000(Z1)	期刊
成人高等医学本科教育生源调查与分析	卿伟,潘辉英,陈明光	湖南医科大学成人教育学院	《医学教育》	2000(01)	期刊
深化高等院校成人教育的改革	范文斌	清华大学继续教育学院	《中国成人教育》	2000(01)	期刊
关于提高成人高等教育质量的思考	郝建楠,申华	北京科技大学管庄校区	《中国冶金教育》	2000(02)	期刊
改革成人高等教育的课程设置	丁永才	首都经贸大学	《成人高教学刊》	2000(03)	期刊
在成人高等教育中实施素质教育的几个问题	张惠君	北京邮电大学函授学院	《继续教育》	2000(04)	期刊
成人高等学校素质教育与教育改革	"成人高等学校素质教育与教育改革"课题组	北京市农业管理干部学院	《北京市农业管理干部学院学报》	2000(04)	期刊
对改革成人高等学历教育招生制度的看法	李俊霞	北京林业管理干部学院	《中国林业教育》	2000(06)	期刊
普通高校扩招对成人高等教育的影响及对策	何解山,廖淑梅	南昌大学成人教育学院,江西教育学院党委	《中国成人教育》	2000(08)	期刊
成人高教招生工作存在的若干问题	马可	襄攀学院成人教育学院	《中国成人教育》	2001	期刊
浅谈成人考试改革与素质教育提高	郑爱新	黑龙江大学成人教育学院	《成人教育》	2001	期刊
我国成人高校招生的任务和改革思路	黄继晏	江西省高招办	《江西教育科研》	2001	期刊
意大利成人高等教育招生政策的几个问题	彭江	重庆西南师大	《世界职业技术教育》	2001(2)	期刊
从素质教育的试点看成人高等教育的考试改革	胡藏喜	北京市房地产职工大学	《成人高教学刊》	2001(5)	期刊
成人高等教育的三个误区	谢笑珍	北京大学教育学院高教所	《成人教育》	2001(7)	期刊
影响学校函授教育质量的几个基本因素	李丹玲	北京师范大学继续教育学院	《邯郸师专学报》	2001(11)	期刊
关于成人高等教育招生改革的几点思考	黄莹,郑礼	复旦大学成人教育学院	《陕西师范大学继续教育学报》	2001(18—1)	期刊

续前表

题目	作者	单位	刊名	发表日期	类别
试论中等卫校招生面临的困境与对策	李友谊，王开贞等	山东省滨州卫生学校	《中等医学教育》	2001（19）	期刊
以崭新的面貌迎接新世纪的挑战	李继延	北京市计划劳动管理干部学院	《北京市计划劳动管理干部学院学报》	2001（01）	期刊
应用层次分析法探讨成人高等医学教育的制约因素	鞠丽荣	北京职工医学院	《继续医学教育》	2001（01）	期刊
关于改革成人高等教育招生考试制度的思考	韩琼	嘉兴学院	《嘉兴学院学报》	2001（05）	期刊
成人高等教育观念思辨与教学计划的优化	吴农	浙江师范大学成人教育学院	《成人教育》	2001（12）	期刊
成人高等教育招生规范化管理浅析	任俊莲	内蒙古自治区教育招生考试中心考务三处	《内蒙古电大学刊》	2002	期刊
成人高考失范问题探究	江新华	湖北师范学院教育系	《职教论坛》	2002	期刊
满足成人学习需求是成人招生改革的基本目标	刘规划	中央民族大学	《中国成人教育》	2002（11）	期刊
普通高校成教招生专业设置浅析	郑燕芬［1］ 林文普［2］	［1］不详［2］浙江大学成人教育学院	《中国成人教育》	2002	期刊
成人高等教育模式研究	叶冬蕾	北京工商大学	《山西财经大学学报:高等教育版》	2002（3）	期刊
普通高校成人高教招生走向例析	张海平，桂菁	湖北大学成人教育学院	《湖北大学成人教育学院学报》	2002（20）	期刊
加强和改革成人高等学历教育考试管理的思考	钟贤权	绵阳师范高等专科学校成教处	《绵阳师范高等专科学校学报》	2002（21）	期刊
成人高校SWOT分析及发展策略	周春跃	北京第二外国语学院	《北京第二外国语学院学报》	2002（03）	期刊
发展我校成人教育的对策	阎锦敏，朱宗武	北京林业大学	《中国林业教育》	2002（03）	期刊
关于中央民族大学成人教育工作的几点思考	任中夏	中央民族大学	《中央民族大学学报（哲学社会科学版）》	2002（05）	期刊
对提高成人高等学历教育质量的思考	王琦	北京师范大学数学系	《继续教育研究》	2002（06）	期刊
高等教育实行开放招生展望	华诚一		《中国成人教育》	2002（09）	期刊
招生体制改革浅谈	金友鹏		《高校招生》	2002（12）	期刊
成人高等医学教育招生改革对我院发展的影响及对策	石小龙	广元职工医学院	《成都中医药大学学报（教育科学版）》	2002（02）	期刊
成人高等教育考试方式与素质教育	季多武	湘潭大学成人教育学院	《湖南医科大学学报（社会科学版）》	2002（S1）	期刊
成人高等教育市场规范分析	卢小珠	广西工学院	《教育与职业》	2003	期刊
成人高教招生规模扩大后质量保证研究	黄德凯	广西师范学院成人教育学院	《继续教育研究》	2003	期刊
刍议成人高等学历教育信誉危机与考试改革	姜金，林轩红	西昌学院成人教育学院	《决策探索》	2003	期刊

续前表

题目	作者	单位	刊名	发表日期	类别
对成人院校招生工作的几点思考	苗树胜	西安交通大学职继学院	《世界职业技术教育》	2003	期刊
加强考试管理提高成教质量	贾瑞卿	北京市经济管理干部学院	《中国成人教育》	2003	期刊
成人高等教育教学模式探讨	赵玉茹	北京市崇文区职工大学	《北京广播电视大学学报》	2003（2）	期刊
对成人高等教育招生计划管理的探讨	张嘉生	西南师范大学成人教育学院	《求索》	2003（3）	期刊
论重点高校成人高等教育的几种形式	王琦	北京师范大学数学系	《继续教育研究》	2003（5）	期刊
我国成人高等教育生源市场的解析	翟丽萍	山东省青年管理干部学院	《工会论坛：山东省工会管理干部学院学报》	2003(9—4)	期刊
谈加强成人高校招生工作的规范化管理	马捷，曾建茹	中国矿大成教院	《中国成人教育》	2003（02）	期刊
成人高等教育跨越式发展的环境分析	严晓霞	中国人民大学成人高等教育学院	《理论学习与探索》	2003（05）	期刊
浅议我国现行成人高等教育招生制度存在的问题及改革措施	李鸿江	北京市招生办公室	《成人高教学刊》	2003（06）	期刊
首都民办高等教育发展定位及特色创新	王文源	北京教科院民教所	《科学中国人》	2003（10）	期刊
普通高校扩招对成人高等教育的影响及对策	邹凤羽	郑州工程学院成人教育学院	《河南职业技术师范学院学报（职业教育版）》	2003（01）	期刊
高等中医药成人学历教育面临的新问题——2002级成人中医药专业夜大专科学生入学前状况的调查分析	吉凤霞，王嵩，万红，王玉玫，李雪原	北京中医药大学继续教育学院	《中医教育》	2003（03）	期刊
加快成人高等教育招生体系信息化建设	王建，侯德俊，刘启亮	天津大学成人教育学院	《天津成人高等学校联合学报》	2003（03）	期刊
对成人高等教育扩招后确保教育质量的探讨	何贵中，王秀民	山东大学，山东大学	《山东省青年管理干部学院学报》	2003（03）	期刊
对成人高等教育招生计划管理的探讨	张嘉生	西南师范大学成人教育学院	《求索》	2003（03）	期刊
成人高等教育跨越式发展的环境分析	严晓霞	中国人民大学成人高等教育学院	《理论学习与探索》	2003（05）	期刊
成人高等学历教育中生源竞争因素的博弈分析	曾建新	南华大学成人教育学院	《继续教育研究》	2003（06）	期刊
论成人高等学历教育考试改革	姜金林	南阳理工学院成人教育学院	《南阳师范学院学报》	2003（08）	期刊
如何做好当前成人教育的招生工作	石华中，高晓波	上海水产大学	《中国成人教育》	2004	期刊
宣传措施得力成人招生见成效	李选政，刘社屏		《中州审计》	2004	期刊
扩招之后的成人高等教育质量：问题与对策	卢敏浪	广东技术师范学院成教处	《广东技术师范学院学报》	2004（1）	期刊

续前表

题目	作者	单位	刊名	发表日期	类别
关于成人高等教育几个关键词的解读——教育平等、学习化（型）社会、终身学习、教育市场化	缪代文	中国人民大学成教院	《成人高教学刊》	2004(4－42—47)	期刊
终身教育体系中成人高等教育的发展	刘颖，石鸿	北京科技大学	《中国冶金教育》	2004（5）	期刊
论成人高等教育课程设置的改革	张立华，陈晋南	北京理工大学继续教育学院	《中国成人教育》	2004（6）	期刊
成人高等教育体系对学生培养的影响及对策分析	屈善孝	北京广播学院	《山西高等学校社会科学学报》	2004(16 9)	期刊
试论加强成人高等教育考试的考风考纪建设	马欣		《济宁师范专科学校学报》	2004（25）	期刊
新形势下少数民族成人高等教育发展初探	朱雄全	中央民族大学	《西南民族大学学报：人文社会科学版》	2004(25—6)	期刊
论成人高等教育与普通高等教育的关系	李国斌，吕以乔，金秀娥	北京大学	《成人高教学刊》	2004（01）	期刊
关于改革我国成人高教招生制度的几点建议	武勤		《中国成人教育》	2004（04）	期刊
基于考生需求偏好的招生营销对策研究	郭国庆，王宏伟	中国人民大学商学院	《中国软科学》	2004（07）	期刊
浅析成人高校的弹性招生管理	栗秀文	中国矿业大学	《中国成人教育》	2004（11）	期刊
提高教学质量是成人高等教育发展的保障	牛焕双	首都师范大学化学系	《首都师范大学学报（自然科学版）》	2004（S2）	期刊
成人高等教育招生工作对教学质量的保证体系	陈国秋	东北大学辽宁	《武汉市经济管理干部学院学报》	2004（03）	期刊
我国成人高等教育招生考试的历史回顾和理性思考	李永涛	北京市经济管理干部学院	《河北大学成人教育学院学报》	2004（04）	期刊
改革招生方式试行开放招生深化成人高等教育发展	安丰生，乔爱国，汪海波	牡丹江医学院成教处	《牡丹江医学院学报》	2004（04）	期刊
终身教育体系中成人高等教育的发展	刘颖，石鸿	北京科技大学	《中国冶金教育》	2004（05）	期刊
高等中医药院校成人教育标准化考试的研究与实践	郑炳生，傅春华，洪雁，戎念丰，李如辉	浙江中医学院，成都中医药大学，浙江中医学院，浙江中医学院，浙江中医学院	《浙江中医学院学报》	2004（06）	期刊
论成人高等教育课程设置的改革	张立华，陈晋南	北京理工大学继续教育学院	《中国成人教育》	2004（06）	期刊
成人高等教育招生考试实行网上阅卷初探	李洪波	黑龙江大学成人教育学院、继续教育学院	《中国成人教育》	2004（11）	期刊
加入WTO后我国成人高等教育招生体制改革浅议	樊天民	陕西师范大学继续教育学院	《陕西师范大学继续教育学报》	2004（S1）	期刊
成人高等教育考务工作的问题与对策	宋修珍	山西医科大学	《山西高等学校社会科学学报》	2004（S1）	期刊

续前表

题目	作者	单位	刊名	发表日期	类别
成人高等教育半开卷考试管理模式探索	陈文宽	四川农业大学继续教育学院院长	《中国高等教育》	2004（Z2）	期刊
妇女的学习积极性日益高涨——北京市成人高校女学员入学情况分析	周韫玉	北京市成人教育学院	《北京成人教育》		期刊
专业再选择：成人高教专业管理新模式	李钰	电子科技大学成教院	《中国成人教育》		期刊
成人教育生源问题的几点思考	吕慧，李汉杰	不详	《中国成人教育》	2005	期刊
对当前成人高等学历教育招生制度的思考	陈晶晶	浙江工业大学成教院//浙江大学在读硕士研究生	《中国成人教育》	2005（01）	期刊
借鉴国外经验改革发展成人高等教育——《重新定义第三级教育》的启示	张立华	北京理工大学继续教育学院	《中国成人教育》	2005（3）	期刊
以就业为导向改革成人高等教育模式	屈善孝	中国传媒大学成教院	《中国成人教育》	2005（4）	期刊
我国成人高等教育生源市场的解析	杨林	山东省青年管理干部学院	《工会论坛：山东省工会管理干部学院学报》	2005(11—3)	期刊
成人高校招生工作中存在的问题及其对策	王兴涛	齐齐哈尔医学院成教处	《齐齐哈尔医学院学报》	2005（26）	期刊
中医药成人高等教育的现状与对策	王玉玫	北京中医药大学	《中国中医药现代远程教育》	2005（3 5）	期刊
成人高校招生考试的历史回顾和理性思考	课题组	北京市经济管理干部学院	《北京市经济管理干部学院学报》	2005（01）	期刊
中国女性高等教育发展的历史、现状与问题	马万华	北京大学教育学院	《教育发展研究》	2005（05）	期刊
论成人高等教育的招生标准	周光勇		《中国成人教育》	2005（07）	期刊
论成人高等学校招生改革	刘枫耘	北京教育考试院	《中国考试（研究版）》	2005（07）	期刊
完善成人高校的招生宣传	栗秀文	中国矿业大学成人教育学院	《成人教育》	2005（10）	期刊
高等医学院校成人教育生源变化及办学模式调整研究	梁斯	遵义医学院成人教育部	《遵义医学院学报》	2005（01）	期刊
论成人高等教育招生制度改革	马松庭	湖南工程学院成人教育学院	《中国成人教育》	2005（01）	期刊
中医药成人高等教育管理的实践	王玉玫	北京中医药大学继续教育学院	《中医药管理杂志》	2005（02）	期刊
当前成人高等学历教育招生生源滑坡原因及对策研究	杨跃兰	江西农业大学成人教育学院	《江西农业大学学报（社会科学版）》	2005（02）	期刊
成人高等教育招生考试制度改革刍议	高亚青，肖新	陕西教育学院招生办公室	《陕西教育学院学报》	2005（03）	期刊
高等中医药成人教育招生发展趋势浅析	王嵩	北京中医药大学继续教育学院	《中医教育》	2005（03）	期刊
我国成人高等教育生源市场的解析	杨林	山东省青年管理干部学院	《山东省工会管理干部学院学报》	2005（03）	期刊
成人高等教育的特征与科学发展观	李鸿江	北京市教育考试院	《成人高教学刊》	2005（04）	期刊

续前表

题目	作者	单位	刊名	发表日期	类别
中医药成人高等教育的现状与对策	王玉玫	北京中医药大学	《中国中医药现代远程教育》	2005（05）	期刊
略论成人高等教育的数量观与质量观	史彦，李印香	北京理工大学继续教育学院	《北京理工大学学报（社会科学版）》	2005（06）	期刊
从近三年我校夜大学报考人数动态看我校成人教育的发展	禹学海	首都医科大学继续教育学院	《首都医科大学学报》	2004(增刊)	期刊
对指定西医类成人专升本教育教学计划的几点思考	禹学海，王兵	首都医科大学成人教育中心	《首都医科大学学报》	2002(增刊)	期刊
转变观念，适应形势，发展成人高等教育	禹学海	首都医科大学成人教育处	《首都医科大学学报》	2001(增刊)	期刊
高等教育面向残疾人单考单招政策实施的回顾和展望	麻一青	北京市教委基础教育处	《北京特教》	2004（02）	期刊
论现代成人学习的终身化趋势	刘规划	中央民族大学	《江西社会科学》	2002（10）	期刊
发达的成人教育是全面建设小康社会的必然要求	刘规划	中央民族大学	《江西社会科学》	2002（12）	期刊
对成人高校招生对象和范围的探讨	范继芳	北京师范大学	《回顾与展望》		期刊
高等函授教育中考试作弊问题及对策	李丹玲	北京师范大学	《中小学教师培训》	2001（7）	期刊
我国大学后继续教育的发展情况及分析	李丹玲	北京师范大学	《高等师范教育研究》	2002（1）	期刊
新时期中学校长培训的管理与实践	王晓娟，曾文艺	北京师范大学	《继续教育》	2003（4）	期刊

图书在版编目（CIP）数据

北京成人教育招生改革与发展（1996—2005）/北京教育考试院组编
北京：中国人民大学出版社，2008
ISBN 978-7-300-09897-5

Ⅰ．北…
Ⅱ．北…
Ⅲ．成人教育：高等教育-招生-概况-北京市-1996—2005
Ⅳ．G724

中国版本图书馆 CIP 数据核字（2008）第 166394 号

北京成人教育招生改革与发展（1996—2005）
北京教育考试院　组编

出版发行	中国人民大学出版社		
社　　址	北京中关村大街 31 号	**邮政编码**	100080
电　　话	010－62511242（总编室）		010－62511398（质管部）
	010－82501766（邮购部）		010－62514148（门市部）
	010－62515195（发行公司）		010－62515275（盗版举报）
网　　址	http://www.crup.com.cn		
	http://www.ttrnet.com(人大教研网)		
经　　销	新华书店		
印　　刷	河北涿州星河印刷有限公司		
规　　格	210 mm×285 mm　16 开本	**版　　次**	2008 年 11 月第 1 版
印　　张	74 插页 3	**印　　次**	2008 年 11 月第 1 次印刷
字　　数	2 502 000	**定　　价**	198.00 元